U0906678

2020年卷 SICHUAN NONGCUN NIANJIAN 2020 NIANJUAN

四川農村年鑒

四川省人民政府　主管主办

电子科技大学出版社
University of Electronic Science and Technology of China Press
成　都

图书在版编目（CIP）数据

四川农村年鉴．2020年卷／四川省人民政府主管主办．--成都：电子科技大学出版社，2021.1
ISBN 978-7-5647-8759-2

Ⅰ.①四… Ⅱ.①四… Ⅲ.①农村经济－四川－2020－年鉴 Ⅳ.①F327.71-54

中国版本图书馆CIP数据核字（2021）第027349号

四川农村年鉴 2020年卷

四川省人民政府 主管主办

策划编辑 谢应成
责任编辑 谢应成

出版发行 电子科技大学出版社
成都市一环路东一段159号电子信息产业大厦九楼 邮编 610051
主 页 www.uestcp.com.cn
服务电话 028-83203399
邮购电话 028-86691186,83201495

印 刷 成都紫星印务有限公司
成品尺寸 210mm×285mm
印 张 48.75 彩页28
字 数 1817千字
版 次 2021年1月第一版
印 次 2021年1月第一次印刷
书 号 ISBN 978-7-5647-8759-2
定 价 408.00元（1光盘+本册）

官方网站

版权所有 侵权必究

编辑说明

《四川农村年鉴》是四川省人民政府主管主办，逐年记录全省农村经济社会发展、工作经验和研究成果的大型综合年刊；是新时代各级党委、政府、机关、企（事）业单位解决“三农”问题、决策“三农”工作、实施乡村振兴、精准扶贫脱贫、全面建成小康社会的重要参考书；是帮助国内外人士了解、认识、研究、投资四川的重要工具书，具有资政、存史的重要作用，自2005年创刊以来，截至2020年，已连续编纂出版16卷。

《四川农村年鉴（2020）》编纂出版工作以马克思列宁主义、毛泽东思想、邓小平理论、“三个代表”重要思想、科学发展观、习近平新时代中国特色社会主义思想为指导，坚持辩证唯物主义和历史唯物主义的立场、观点和方法，汇集了2019年度四川“三农”各个方面发展状况的文献资料、图片、研究成果以及农村工作经验，如实反映了全省农村经济社会的新发展、新成果、新情况。为全省各级党委、政府决策“三农”工作提供重要借鉴，为广大科研和教学工作者、国内外各界人士研究四川“三农”提供权威资料，增进各省、市、自治区及世界各国与四川在农村、经济、科技、文化及社会各个方面的交流合作，促进四川农村经济社会发展。

《四川农村年鉴（2020）》为大16开精装版本，入编资料均由各有关省直部门，各市（州）、县（市、区）政府及相关单位提供，图文并茂地专题介绍全省农村经济社会发展，分篇目、章目、类分目及条目编辑。为保持相关篇章的完整性和连贯性，对部分内容作了适当回顾，对一些篇章涉及2020年的内容亦作了相应保留。所登载的数据以统计局的统计口径为准，辅以行业主管部门提供的数据，由于统计口径和使用方法的不同，个别数据稍有出入。聚焦“三农”篇目中的涉农统计数据均来自《四川统计年鉴》。

《四川农村年鉴》的组稿、编辑、出版、发行等工作得到了各级各部门领导和社会各界人士的大力支持。由于本年鉴的入编单位较多，涉及面较广，工作量较大，书中难免存在不足之处，恳请广大读者尤其是供稿单位撰稿人批评指正，以便我们更好地改进工作，提高质量，服务发展。

《四川农村年鉴》
专家评审指导委员会

（按姓氏拼音排序）

陈一农　中央四川省委政研室原副巡视员

邓良基　四川省人大农业农村委原主任委员
　　　　四川农业大学原党委书记

杜受祜　四川省社会科学院原副院长
　　　　四川省委省政府决策咨询委员会委员、研究员

冯久先　国家统计局四川调查总队原副总队长

郭晓鸣　四川省社会科学院原副院长、研究员

黄　丽　四川省交通运输厅交通史志总编室总编辑（编审）

雷俊忠　原中共四川省委农村工作委员会二级巡视员
　　　　四川省委省政府决策咨询委员会委员

李洪仁　四川省人大常委会原副主任

李仁霖　四川省农业科学院原常务副院长

李泽民　四川省财政厅原一级巡视员

李兆权　原四川省文化厅副厅长

刘建军　四川省农业科学院原副院长

刘茂才　四川省社会科学院原院长、研究员

刘诗白　四川省社科联原主席

吕火明　四川省农业科学院党委书记

孟俊修　四川省人大常委会原副主任

彭大鹏　中共四川省委党校新农村建设研究中心副主任、副教授

舒维双　四川省人大农委原主任

唐建军　四川省人民政府原副秘书长

万崇实　四川省政协农委原副主任

文心田　四川省委省政府决策咨询委员会农业组原副组长
　　　　四川农业大学原校长、教授、博士生导师

谢学峰　中国民主建国会四川省委员会调研处处长

杨继瑞　成都市社科联名誉主席

杨忠好　原中共四川省委农村工作委员会巡视员

张田义　四川省人民政府原副巡视员

赵文欣　四川省委省政府决策咨询委员会原副主任

《四川农村年鉴》编辑部

名誉总编辑

张作哈

执行总编辑

刘　洁

副总编辑

文心田　王德才　廖亚兰

编　审

刘金明

编辑部主任

汤金丹

责任编辑

闵　慧　林　毅

美　编

李春玲

编　辑

唐　洁　谢秋燕

专栏负责人

王利主　罗　斌　吴华忠　车忠其　吴小楼

胡　鑫　樊晓东　尤绍良　赵　健　赵建生

李兴贵　伍金田　李祥发　余　刚

发行部主任、副主任

梁　蓉　贺易彬

《四川农村年鉴》协办单位

（排名不分先后）

四川省农业科学院
成都市人民政府
自贡市人民政府
攀枝花市人民政府
南充市人民政府
眉山市人民政府
甘孜藏族自治州人民政府
凉山彝族自治州人民政府
成都市新都区人民政府
成都市双流区人民政府
彭州市人民政府
崇州市人民政府
蒲江县人民政府
自贡市大安区人民政府
自贡市沿滩区人民政府
荣县人民政府
泸州市纳溪区人民政府
泸县人民政府
合江县人民政府
德阳市旌阳区人民政府
绵竹市人民政府
中江县人民政府
绵阳市游仙区人民政府
绵阳市安州区人民政府
梓潼县人民政府
广元市利州区人民政府
广元市昭化区人民政府
广元市朝天区人民政府
剑阁县人民政府
青川县人民政府
西充县人民政府
巴中市巴州区人民政府
南江县人民政府
平昌县人民政府
洪雅县人民政府
丹棱县人民政府
马尔康市人民政府
九寨沟县人民政府
壤塘县人民政府
九龙县人民政府
西昌市人民政府
越西县人民政府
甘洛县人民政府
中共昭觉县委办公室
凉山彝族自治州住房和城乡建设局
四川省德昌县职业高级中学

目　　录

特　　载

大　事　记

四 川 概 况

农业发展概况

现代农业建设

农村基础设施建设与管理

农村环境保护与乡村旅游

农村社会事业与民主法制建设

农村财政、金融与市场监管

扶贫开发与乡村振兴

市（州）、县（市、区）农村工作概况

调查与研究

附 录

编写组

彩色图片

Contents

Modern Agricultural Construction

Rural Infrastructure Construction and Management

Rural Environmental Protection and Tourism

Rural Social Programs and Democracy & Legal System Construction

Rural Fiscal, Financial and Market Supervision

Poverty Alleviation and Rural Revitalization

Overview of Rural Work of Municipalities (Prefectures) and Counties (Cities and Districts)

Investigations and Studies

Appendlxes

Group for Compilation

Color Image

集中精力抓好粮猪生产
加快建设“10+3”产业体系
开辟乡村振兴新篇章
确保农村全面建成小康社会

2019年，全省农业农村保持良好发展态势，全省“三农”系统坚持疫情防控和恢复生产“两手抓、两手硬、两不误、两促进”，最大限度把疫情对农业农村发展的影响降到最低。

2020年，各地各部门要正确认识疫情影响，增强做好“三农”工作的信心决心，慎终如始抓好农村地区疫情防控工作，牢牢稳住“三农”这个基本盘，千方百计完成粮食扩面增产、完成生猪产能恢复到常年水平，着力补上“三农”领域突出短板，着力促进农业为全省经济社会发展做出更大贡献，确保坚决打赢脱贫攻坚战，确保农村与全国全省同步全面建成小康社会。要扎实抓好粮食生产，保障粮食安全，不折不扣落实“藏粮于地、藏粮于技”战略，压紧压实粮食安全行政首长负责制，完成高标准农田建设任务，加快补齐水利设施短板，强化粮食科技支撑，圆满实现全年粮食扩面增产目标。要下真功夫完成生猪出栏任务，做到责任落实到位、政策扶持到位、工作推进到位、疫病防控和技术服务到位，全力做好猪肉保供稳价工作。要有力推动“10+3”现代农业产业发展取得更大实效，严格落实工作推进机制，抓实现代农业园区建设，夯实种业、农业装备、烘干冷链物流三大先导性支撑产业，扎实持续推进竹产业高质量发展，建设美丽乡村竹林风景线。要深化农业农村改革，加大力度创新乡村发展用地保障、投入保障、人才振兴机制，做好乡（镇）行政区划调整改革“后半篇”文章和村级建制调整改革，统筹抓好各项重点改革，进一步增强“三农”动力、活力。要把加强党对农村工作的领导、作风转变、督导考核落到实处，以更严的责任、更实的作风推动中央和省委“三农”决策部署落地见效。

2020年3月31日，省委农村工作会议在成都市召开。会议深入学习贯彻习近平总书记关于“三农”工作的重要论述和对四川工作系列重要指示精神，认真落实中央农村工作会议精神，以及省委书记彭清华和省长尹力对做好2020年“三农”工作的批示要求，总结工作、分析形势，安排部署2020年全省“三农”重点工作。会议以电视电话会议形式开到市、县。省委副书记、省委农村工作领导小组组长邓小刚出席会议并讲话。副省长杨洪波主持会议。副省长尧斯丹对2020年工作进行具体安排部署。省人大常委会副主任刘作明、副省长李云泽、省政协副主席祝春秀出席会议。

2020年8月17日—19日，省委书记彭清华（右二）到凉山州调研指导重大工程建设、脱贫攻坚、特色产业发展以及防汛减灾、森林草原防（灭）火专项整治等工作。彭清华强调，要坚定以习近平新时代中国特色社会主义思想为指导，全面贯彻党中央大政方针和省委决策部署，保持决战决胜态势，坚决攻克深度贫困堡垒，积极推进脱贫攻坚与乡村振兴有效衔接，科学有序开发用好水能资源，全力以赴支持国家重大工程建设，培育壮大特色优势产业，持续带动彝区群众脱贫致富。

2020年8月11日，省长尹力（左二）到芦山县查看暴雨灾情，慰问受灾群众，指导当地抢险救灾工作。尹力强调，要抓紧搜救失联人员，全力救治受伤人员，妥善安置受灾群众，同时密切跟踪研判雨情汛情，严密防范新的强降雨及次生灾害，千方百计保障人民群众生命财产安全。要进一步压紧压实责任，地方党委、政府要按照“党政同责、一岗双责”的要求加强组织领导，各部门要各司其职各负其责协同配合，严格落实值班值守、信息报送、会商调度等制度，严明防汛抢险救灾纪律，确保防汛抢险救灾工作有力有序有效。

2020年6月17日—18日，省政协主席柯尊平（左二）带队到阆中市调研督导脱贫攻坚和防汛减灾工作。柯尊平强调，要以高度的责任心和紧迫感进一步巩固脱贫攻坚成果，扎实做好防汛减灾工作，努力克服疫情不利影响，奋力夺取疫情防控和实现经济社会发展目标“双胜利”。省政协秘书长王建军参加调研督导。南充市委书记宋朝华、市政协党组书记潘国华陪同调研督导。

2020年5月20日，省委副书记邓小刚（中）到资阳市调研，强调要深入学习贯彻习近平总书记关于“三农”工作的重要论述、统筹推进疫情防控和经济社会发展系列重要讲话精神，全面落实党中央和省委推进成渝地区双城经济圈建设决策部署，扎实做好“六稳”工作、全面落实“六保”任务，更好发挥“三农”压舱石作用，为全省经济持续健康发展、夺取“双胜利”做出更大贡献。

2020年11月28日，省委常委、省直机关工委书记曲木史哈（左三）到眉山市调研现代农业发展情况，强调要深入贯彻党的十九届五中全会精神和习近平总书记关于“三农”工作的重要论述，全面落实党中央关于实施乡村振兴战略的决策部署，紧扣省委、省政府“农业多贡献”工作要求，以现代农业园区建设为引领，提品质、树品牌，扎实推进园区建设，不断推动提高现代农业供给质量和效益，为全省加快建设现代农业“10+3”产业体系贡献眉山力量。

2020年7月22日—23日，副省长尧斯丹（中）到广元市、德阳市调研脱贫攻坚、粮食和生猪生产、自然灾害防治等工作，强调要认真落实党中央、国务院和省委、省政府各项部署，做好国家脱贫攻坚普查督查相关工作，抓紧抓实防汛救灾和地质灾害防治各项措施，确保完成粮食和生猪生产年度目标任务。省政府副秘书长李君臣，自然资源厅、水利厅、农业农村厅、省扶贫开发局等负责同志参加调研。

第十一届乡村文化旅游节

2020年4月2日，以“安逸走四川·春游到仪陇”为主题的四川省第十一届（春季）乡村文化旅游节在仪陇县朱德故里景区开幕。开幕式上，“看山看水看天府”“秀山秀水秀果城”“游山游水游德乡”三个篇章的特色民俗演出展现了以天府文化、川北文化、客家文化为主的乡村特色、地域特点和天府风貌，让当地市民和游客感受到浓郁的历史文化和乡土人文风情。文化和旅游厅发布了2020首批50条四川乡村旅游精品线路和六大乡村旅游主题产品。全省各市（州）、县（市、区）分会场同步开展157项文化旅游活动。副省长杨兴平宣布开幕。

2020年7月17日，以“安逸走四川·避暑光雾山”为主题的四川省第十一届(夏季)乡村文化旅游节在南江县光雾山景区开幕。开幕式上发布了巴中南江光雾山汽车营地、乐山63号自驾营地、新津斑竹林318房车营地等8个2020首批四川自驾游精品营地。巴中市发布了五大精品旅游线路，聚焦千年米仓古道、秀美巴山民宿、森林康养避暑、溶洞地质研学、川陕苏区历史，将光雾山景区、米仓山景区、十八月潭景区、燕溪堂、诺水河溶洞群、川陕革命根据地博物馆等串联起来。南江县推出醉美玉湖龙舟邀请赛、醉美玉湖抢鱼活动、相约漂流·植梦西厢体验游、千人太极、庆祝丰收系列等20余项配套活动，全方位展现当地文化底蕴、风土人情、乡村旅游面貌以及文旅融合成果，为游客呈现丰富的文旅盛宴。副省长杨兴平出席相关活动并宣布开幕。

2020年10月22日，以“安逸四川·秋约盐都”为主题的四川省第十一届（秋季）乡村文化旅游节开幕式在自贡市尖山风景区启幕。旅游节由文化和旅游厅、农业农村厅、自贡市政府共同主办，自贡市文广旅局、自贡市农业农村局、自贡市商务局、自贡市自流井区政府、自贡市城市建设投资开发集团有限公司承办。开幕式上，文化和旅游厅发布了四川乡村旅游六大主题产品（秋冬版），自贡市推介了文旅农旅项目，并举行了四川省乡村文化旅游节会旗交接仪式。活动持续到10月31日，全面整合盐都“吃、住、行、游、购、娱”特色文旅资源，推出四大板块20个项目的“文旅大餐”，为广大游客全方位展示乡村振兴及乡村旅游发展成果，加快推进文旅产业恢复性增长和可持续发展，助推全省文化旅游高质量发展。副省长罗强出席开幕式并宣布开幕。省委宣传部副部长、文化旅游厅厅长戴允康，自贡市委书记范波，农业农村厅二级巡视员肖祥贵在开幕式上致辞。

2021年1月8日，因受新冠肺炎疫情影响，原定于2020年12月23日举办的主题为“安逸走四川，冰雪曾家山”的四川省第十一届（冬季）乡村文化旅游节在广元市朝天区“云上”开幕。活动期间，冰雪运动表演、南国冰雪运动项目推介暨冰雪文旅产业主旨演讲、乡村旅游项目体验三大主题活动，以及 “南国冰雪美”图片展，农旅产品、非遗展示暨特色美食品鉴，曾家山旅游区展览馆、汉王老街、曾家山原乡参观等特色活动轮番上演，全方位展现了朝天区的文化底蕴、风土人情、乡村旅游以及农文旅康融合发展的丰硕成果，共同为线上、线下游客带去别样的体验。开幕式上，为“四川省体育产业示范基地”“四川省体育产业示范项目”进行了集中授牌，并举行了四川省乡村文化旅游节会旗交接仪式。省政协副主席王正荣，文化和旅游厅副厅长严飒爽，农业农村厅副厅长肖小余，省体育局二级巡视员文碧伟，重庆市文旅委二级巡视员钟前元，市长邹自景，市政协主席杨凯，市委常委、区委书记蔡邦银出席活动。市委常委、宣传部部长袁敏主持活动。

2020年中国农民丰收节
四川省庆丰收活动

2020年9月22日，2020年中国农民丰收节四川省庆丰收活动在成都市新津区天府农业博览园开幕，活动由农业农村厅、成都市政府共同主办，成都市农业农村局、成都市新津区政府承办。活动以“庆丰收、迎小康、兴乡村”为主题，启动仪式被列入国家庆祝活动内容，并在“学习强国”平台进行网络直播。启动仪式上，为获得2019年度粮食生产丰收杯的市（县）、第四届乡村“手工艺大师”颁奖，举行了中国农业大学四川现代农业产业研究院（新津）签约和揭牌仪式，进行了重大农业项目签约，发布了庆丰收金秋消费季最受消费者喜爱的农产品、休闲农业与乡村旅游精品线路。省委副书记、省委农村工作领导小组组长邓小刚传达习近平总书记重要指示精神并致辞，省委常委、省直机关工委书记曲木史哈，副省长尧斯丹，中国农业大学校长孙其信出席启动仪式。

019年度四川省粮食生产“丰收杯”
颁奖仪式

“小金苹果”
中国地理标志产品

年末户籍人口

(万人)
7000
6000
5000
4000
3000
2000
1000
0
366 4263
568 4521
536 4152
689 5364
784 6288
830 6325
1102 6791
1565 6843
2355 6646
2785 6317
3116 5997
3272 5850
3347 5753
1952年 1957年 1962年 1970年 1978年 1980年 1990年 2000年 2010年 2015年 2017年 2018年 2019年
城镇人口
乡村人口

就业人员

(万人)
5000
4500
4000
3500
3000
2500
2000
1500
1000
500
0
3087 3260 3743 4265 4619 4658 4702 4773 4847 4872 4881 4889
1978年 1980年 1985年 1990年 1995年 2000年 2005年 2010年 2015年 2017年 2018年 2019年

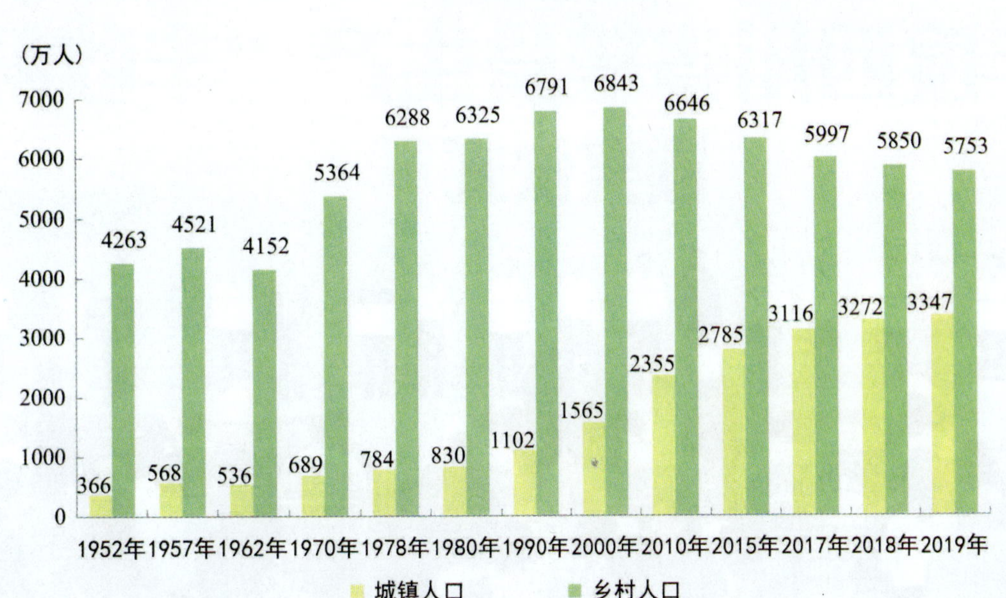

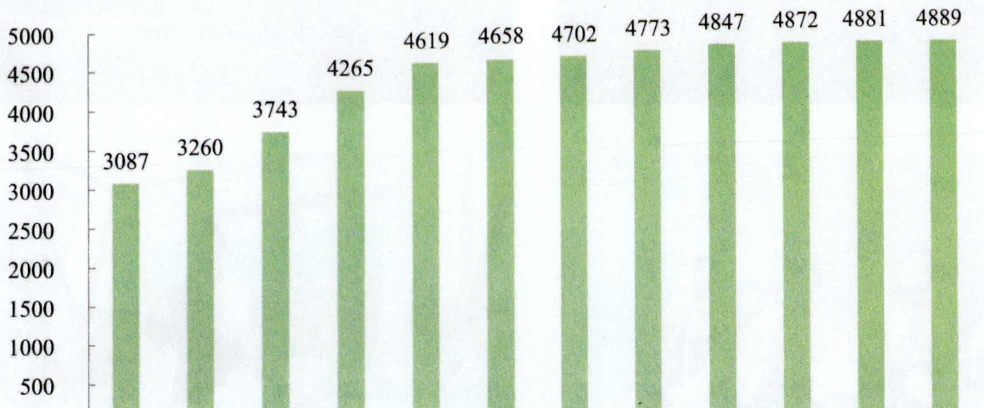

三次产业就业人员构成

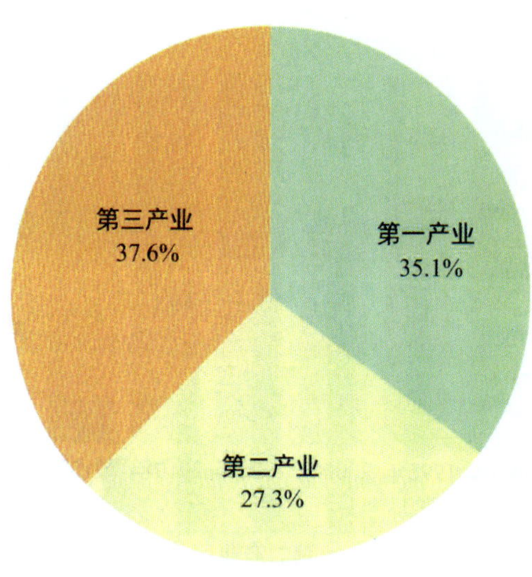

2019年

地区生产总值和增长速度

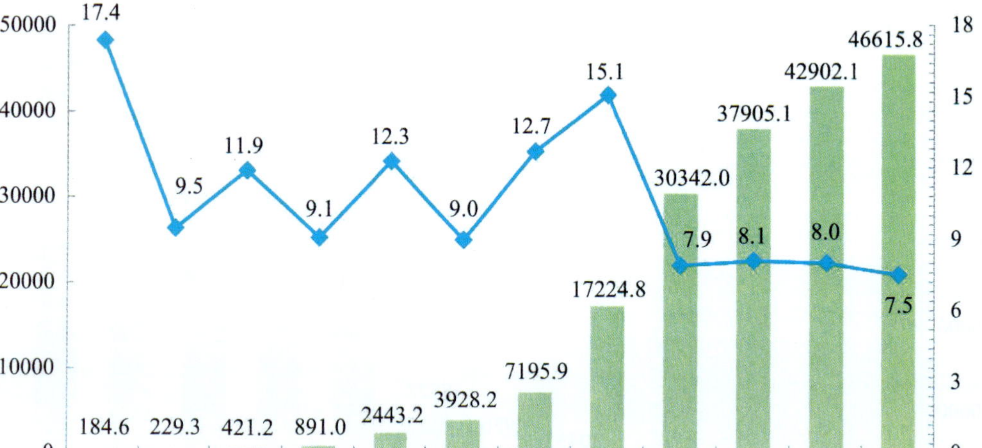

地区生产总值构成

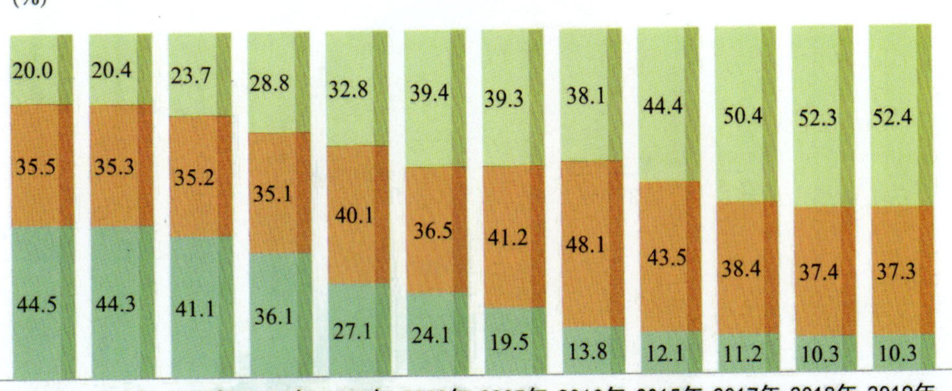

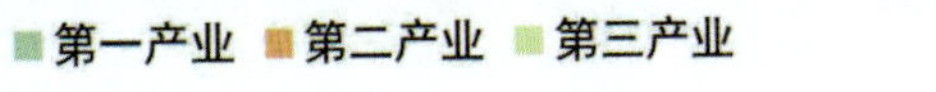

人均地区生产总值

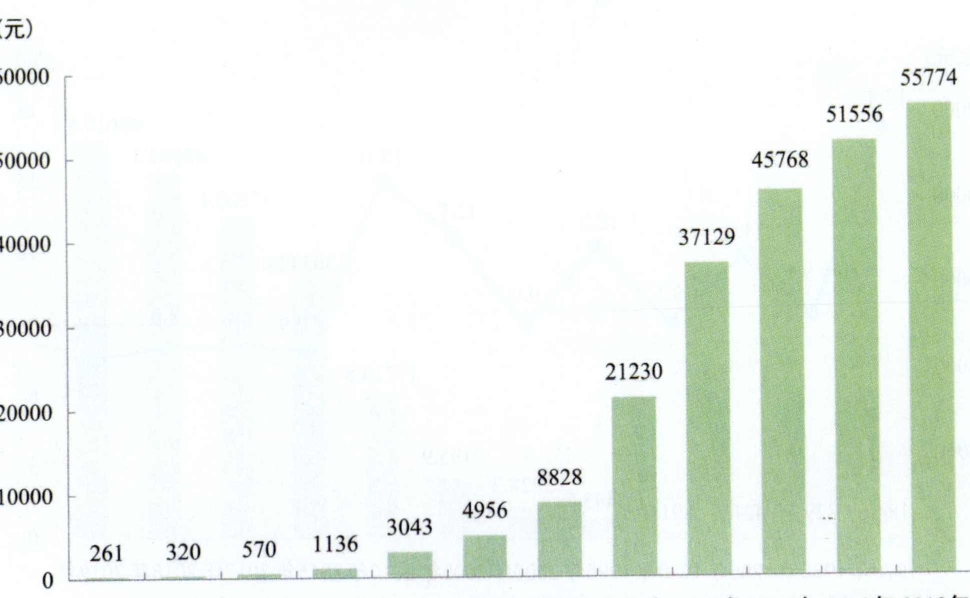

农林牧渔业总产值

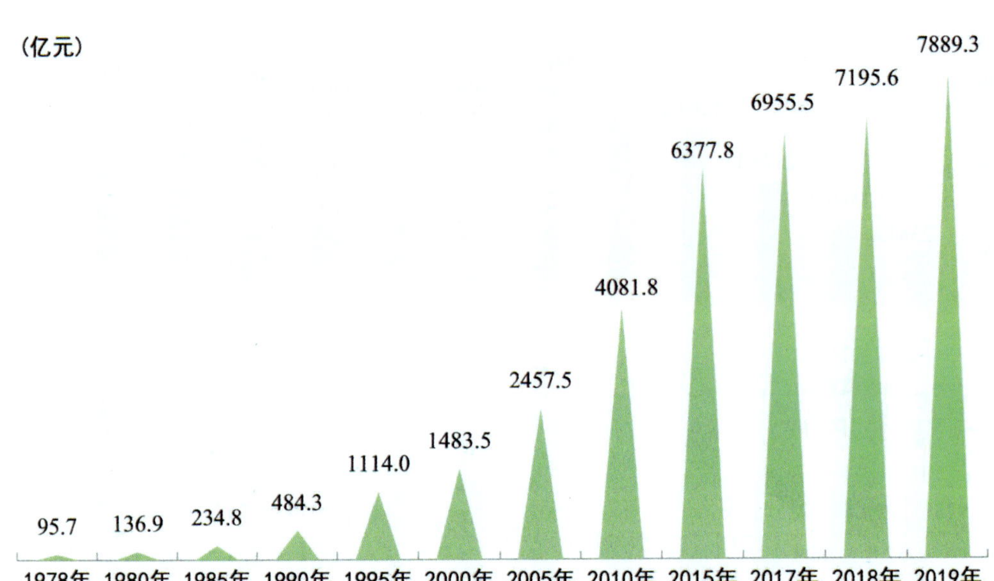

粮食作物和油料作物播种面积

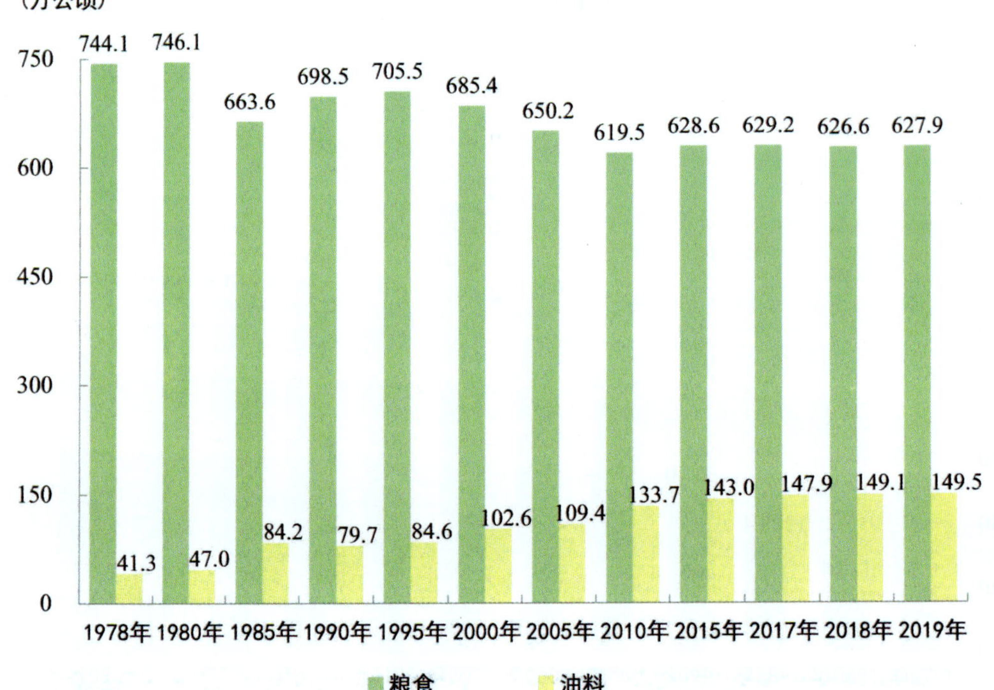

粮食产量和油料产量

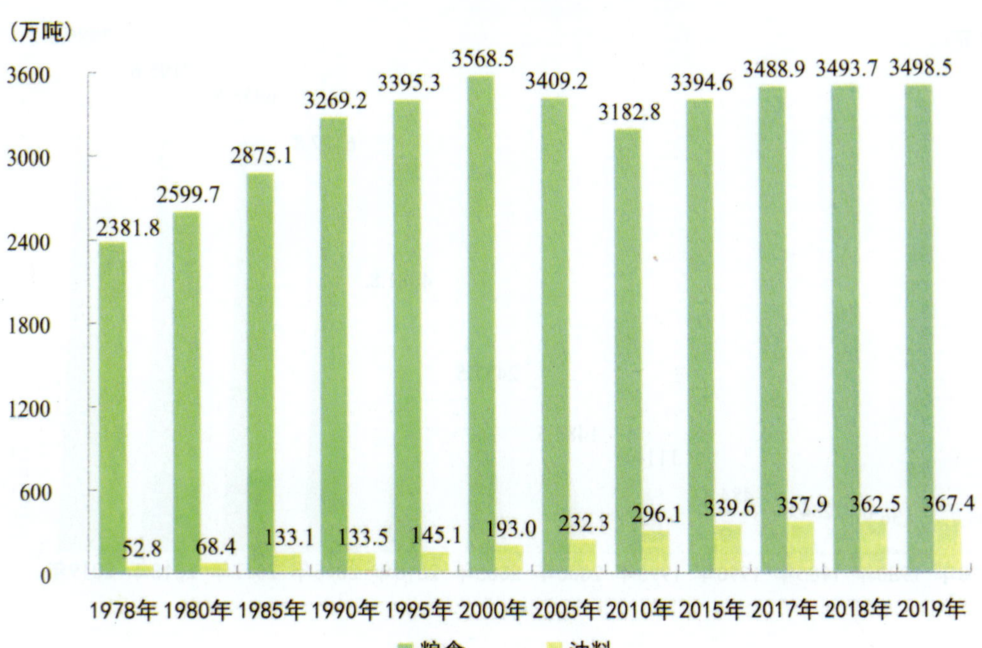

肉类总产量

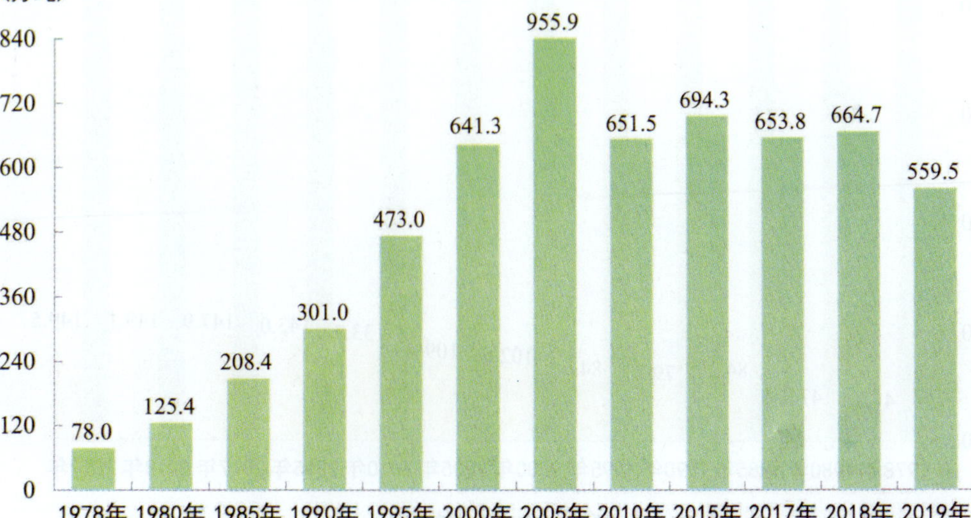

化肥施用量

（万吨）
280
240
200
160
120
80
40
0
62.5
80.4
103.1
143.9
182.9
212.6
220.9
248.0
252.1
242.0
235.2
222.8
1978年
1980年
1985年
1990年
1995年
2000年
2005年
2010年
2015年
2017年
2018年
2019年

农村用电量

（亿千瓦时）
200
160
120
80
40
0
7.7
9.4
19.3
33.0
61.2
82.8
112.9
141.7
174.8
188.4
198.6
205.8
1978年
1980年
1985年
1990年
1995年
2000年
2005年
2010年
2015年
2017年
2018年
2019年

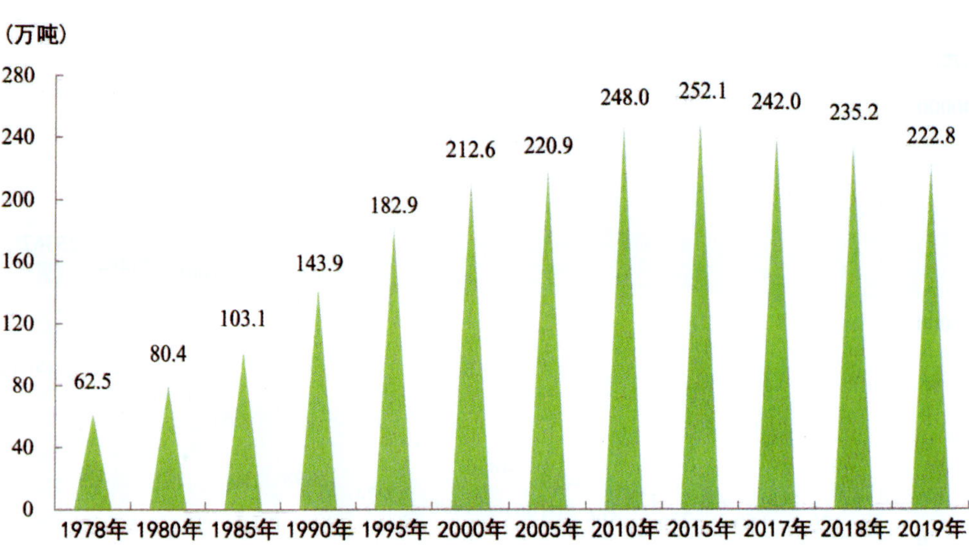

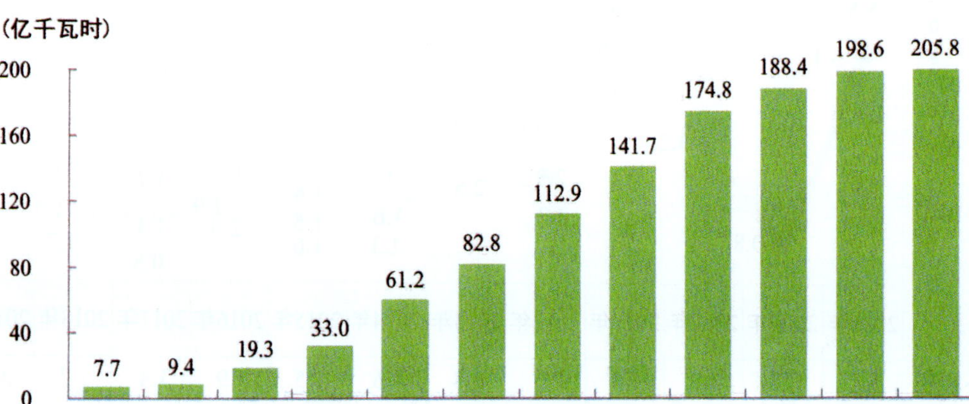

城乡居民人均消费收入

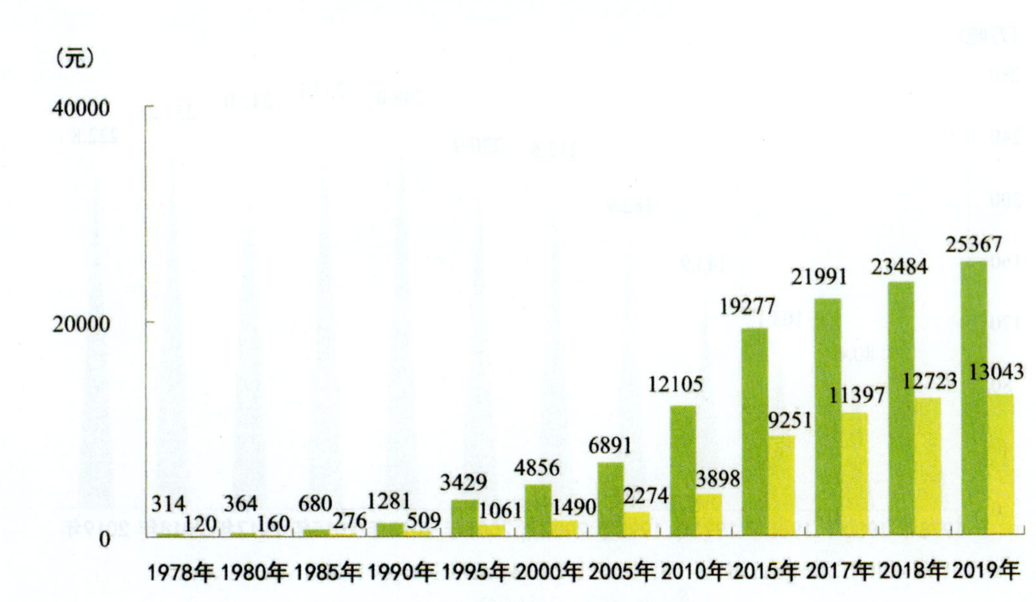

居民消费价格涨跌情况

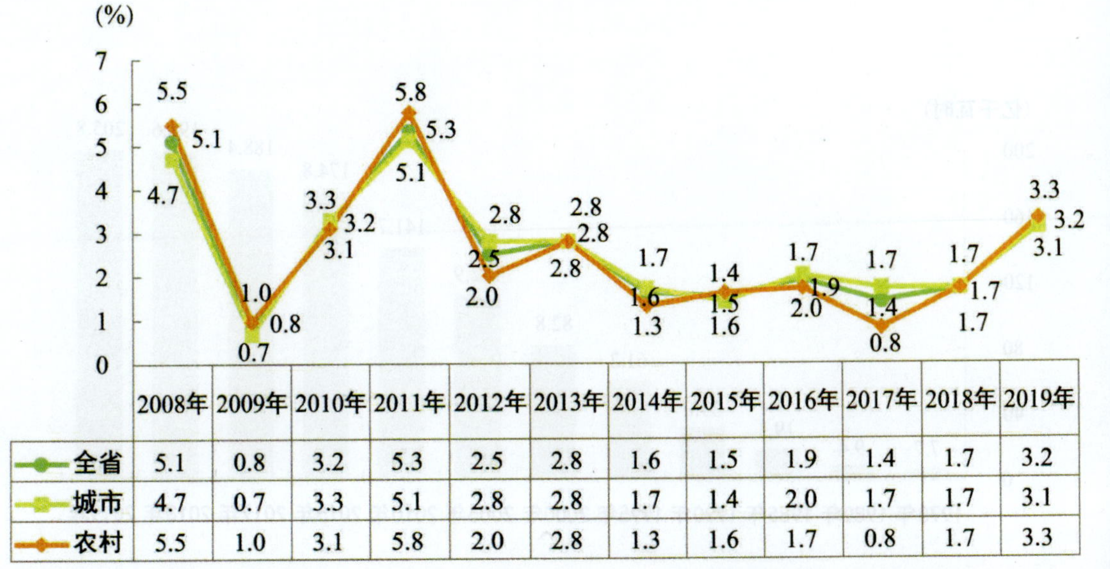

	2008年	2009年	2010年	2011年	2012年	2013年	2014年	2015年	2016年	2017年	2018年	2019年
全省	5.1	0.8	3.2	5.3	2.5	2.8	1.6	1.5	1.9	1.4	1.7	3.2
城市	4.7	0.7	3.3	5.1	2.8	2.8	1.7	1.4	2.0	1.7	1.7	3.1
农村	5.5	1.0	3.1	5.8	2.0	2.8	1.3	1.6	1.7	0.8	1.7	3.3

特　　载

关于坚持农业农村优先发展推动实施乡村振兴战略落地落实的意见

（川委发〔2019〕1号　2019年3月7日）

2018年，我省深入贯彻党中央、国务院实施乡村振兴战略部署，出台省委“一号文件”系统推进，召开省委十一届三次全会和全省乡村振兴大会作出进一步安排，制定系列政策文件，有力有序推进各项工作，全省乡村振兴实现良好开局。今明两年是全面建成小康社会的决胜期，推动实施乡村振兴战略，关键是抓好落地落实。

做好“三农”工作，要坚持以习近平新时代中国特色社会主义思想为指导，全面贯彻党的十九大精神，深入学习贯彻习近平总书记对四川工作系列重要指示精神，认真落实中央经济工作会议、中央农村工作会议、中央“一号文件”精神和省委、省政府部署，牢牢把握稳中求进工作总基调，落实高质量发展要求，坚持农业农村优先发展总方针，把实施乡村振兴战略作为新时代“三农”工作总抓手，对标全面建成小康社会“三农”领域必须完成的硬任务，围绕打赢脱贫攻坚战、推进农村人居环境整治和抓好粮食综合生产能力建设目标，扎实推动现代农业园区建设、农业农村重点改革和农民增收等工作，统筹推进乡村产业振兴、人才振兴、文化振兴、生态振兴、组织振兴，加快推进农业农村现代化，确保到2020年全面建成小康社会。

一、坚决打赢脱贫攻坚战，确保如期完成全面建成小康社会硬任务

（一）狠抓脱贫攻坚重点任务落实。聚焦脱贫目标标准，实施年度扶贫专项方案，重点解决好实现“两不愁、三保障”面临的突出问题。抓好贫困人口住房安全保障，高质量完成易地扶贫搬迁和农村危房改造任务，持续推进农村土坯房改造行动，统筹做好公共服务、产业就业等后续帮扶工作。开展深度贫困地区住房建设技术帮扶，培训农村建筑工匠，实施全过程监管和指导，强化各类农房建设项目质量安全。创新完善扶贫产品销售体系和产业扶贫带贫益贫机制，推广用好“四川扶贫”集体商标标识。强化就业扶贫，加大贫困劳动力技能培训和转移输出力度。聚焦特殊贫困群体，精准落实医疗、教育、养老、社会保险、低保、残疾扶助等扶贫保障政策。持续推进交通、水利、电力、网络、生态等扶贫，超前实施2020年度基础设施建设项目。

统筹推进东西部扶贫协作、定点扶贫、省内对口帮扶、驻村帮扶。推进扶贫扶志行动，健全群众参与脱贫攻坚工作机制。做好非贫困县非贫困村贫困户脱贫工作。2019年实现50万贫困人口脱贫、1482个贫困村退出、31个贫困县摘帽，藏区贫困县全部摘帽；到2020年全面解决区域性整体贫困，实现贫困县全部摘帽、贫困村全部退出、贫困人口全部脱贫。

（二）集中全力攻克深度贫困堡垒。落实凉山州、阿坝州、甘孜州深度贫困脱贫攻坚实施方案，聚力推进住房、产业、基础设施等“七大攻坚行动”。全面落实综合帮扶凉山州打赢脱贫攻坚战支持政策和工作措施。统筹省内发达市县、高等学校、医院、国有企业和金融机构等对口帮扶力量，实施组团式、集团化全域结对精准帮扶。加大对贫困发生率高于20%的深度贫困村脱贫攻坚帮扶力度。推动建设成都·大凉山农特产品加工贸易园区，建好成阿、甘眉、成甘、德阿、佛凉等飞地园区。

（三）建立完善稳定脱贫长效机制。保持扶贫政策的延续性和稳定性，对已脱贫对象继续给予扶持，做好脱贫攻坚与乡村振兴的衔接，将已摘帽的贫困县优先纳入乡村振兴战略支持范围。开展脱贫返贫动态监测，统筹抓好“回头看”“回头帮”，完善稳定脱贫长效机制。加强扶贫风险防范，抓好扶贫专项巡视发现问题整改工作，深化扶贫领域腐败和作风问题专项治理，统筹开展脱贫攻坚督查考评，切实减轻基层负担。总结提炼脱贫攻坚的实践创造和精神成果，修订《四川省农村扶贫开发条例》。研究谋划2020年后的扶贫战略思路。

二、扎实推进农村人居环境整治，坚决打好实施乡村振兴战略的第一仗

（四）大力推进农村人居环境整治“五大行动”。学习推广浙江“千村示范、万村整治”工程经验，全面推进“美丽四川·宜居乡村”建设，坚持整村推进、台账管理，由点到面，大力推进农村生活垃圾治理、污水治理、“厕所革命”、村庄清洁和畜禽粪污资源化利用“五大行动”，2019年建成“美丽四川·宜居乡村”达标村1.5万个，到2020年建成2.5万个。全面实施《四川省城乡垃圾处理设施建设三年推进方案》，加强垃圾收运处理体系建设，因地制宜确定垃圾收运处置模式，推进农村生活垃圾分类和资源化利用。建立行政村常态化保洁制度，逐步实现村民小组专职保洁员全覆盖。完善保洁费用财政补贴和农户付费合理分担机制，鼓励有条件的地方建立城乡统一的保洁制度，到2020年90%以上的行政村生活垃圾得到有效处理。实施《四川省农村生活污水治理五年实施方案》，推进“千村示范工程”建设，开展农村黑臭水体清理整治，推广生活污水源头减量和尾水回收利用，2019年50%以上的行政村具备生活污水处理能力。制定农村“厕所革命”指导意见。因地制宜推广适用于不同地区的农村卫生厕所标准和技术模式，推进农村户用厕所改建，结合村公共服务中心等配套改造农村公共厕所，2019年实现农村户用卫生厕所普及率达70%以上，行政村公共厕所全覆盖。落实《四川省农村人居环境整治村庄清洁行动方案》，抓好“三清两改一提升”，到2020年实现乡村环境基本干净整洁有序。围绕加快推进畜禽养殖废弃物资源化利用部署，落实“一控两减三基本”目标，发展种养循环农业，开展畜禽粪污资源化利用试点，支持畜牧大县整县推进畜禽粪污资源化利用，到2020年基本实现大规模养殖场畜禽粪污资源化利用。

（五）推动农业生产废弃物资源化利用。推进农作物秸秆综合利用，支持秸秆综合利用新技术产业化发展，加快一批整县推进秸秆综合利用试点县建设，到2020年农作物秸秆综合利用率达90%。建立完善农膜管理制度、农田地膜监测制度，推广生物可降解地膜，实现农膜使用和农田残膜回收利用减量化、资源化、无害化，到2020年废旧农膜回收率达80%。实施化肥、农药减量行动，推进11个有机肥替代化肥试点县建设，开展农村面源污染综合治理示范工程试点，严控高毒高风险农药使用。加强农药包装废弃物回收处置。推进农产品副产物及加工副产物综合利用。严防工业废水、废气、废渣下乡入地进田。

（六）推动农村“五网”建设提档升级。按照“四好农村路”要求，实施通乡油路、通村硬化路工程建设，有序推进较大人口规模的撤并建制村通硬化路，新（改）建农村公路2万公里。引导具备条件的地方推进行政村联网路建设，支持具备条件的行政村通客车。实施农村饮水安全巩固提升工程。加快新一轮农村电网升级改造和农村动力电全覆盖。实施清洁能源工程，逐步推动天然气向有条件的农村延伸。全面实施信息进村入户工程，推进“智慧乡村”“宽带乡村”“无线四川”等建设。

（七）加强乡村生态环境保护。深入开展大规模绿化全川行动，继续实施天然林保护，推进退耕还林还草、水土保持等重大生态工程。实施“六化”工程，开展植树造林、古树名木保护、湿地恢复等工作，加强乡村进出道路、集中居住点、房前屋后、休闲地绿化。全面落实河（湖）长制，开展美丽河湖建设。加强自然保护区等保护地建设和生物多样性保护，完善农村水源涵养区、自然湿地保护修复和生态补偿制度。加快小流域水土流失综合治理，推进生态清洁小流域建设。

（八）全面编制县域乡村振兴规划。落实县级党委、政府统筹推进乡村规划编制与实施的主体责任。综合考虑经济发展、产业布局、基础设施建设、文化保护等要素，尊重乡村发展规律，结合四川实际，突出四川特色，科学规划县域乡村布局，分类确定重点镇（特色镇、中心镇）、一般乡镇和重点村（中心村）、一般村，优先建设重点镇（特色镇、中心镇）和重点村（中心村）。与乡村振兴规划相结合，推动有条件的乡镇、行政村撤并整合，探索四川模式，提供四川经验。总结推广多规合一、落地落实的乡村振兴规划试点经验，统筹考虑农村人居环境整治、产业发展、用地布局、居民点建设等因素，指导编制县域乡村振兴“1+6”规划，把加强村规划作为实施乡村振兴战略的基础性工作，加快推进村规划编制。加强乡村风貌整体管控，引导农民参与规划编制，培养专业乡村规划队伍，组织动员社会力量开展规划服务。强化乡村振兴规划执行监管。

三、加强粮食综合生产能力建设，确保四川粮食安全

（九）优先保障粮食综合生产能力。深入推进“藏粮于地、藏粮于技”战略，强化永久基本农田特殊保护，开展耕地质量保育，坚决守住耕地红线，坚决保障粮食安全。2019年完成粮食生产功能区和重要农产品保护区4620万亩地块划定任务。集中抓好90个粮食生产重点县建设，推广粮油作物优质新品种，打造优质水稻、专用马铃薯、专用玉米、套作大豆、酿酒用高粱等主要粮食作物生产基地，确保粮食播种面积稳定在9000万亩以上，总产量稳定在700亿斤左右。集中连片建设200万亩粮油绿色高质高效示范区。抓好46个产油大县建设，打造成都平原、川中丘陵、川东北双低油菜产业带。

（十）加快建设高标准农田。以山水林田湖草系统治理为抓手，大力推进高标准农田建设，抓紧编制《全省高标准农田建设规划（2019—2022年）》，统一规划布局，完善项目管理、资金管理、建后管护、绩效考核等制度。完善高标准农田标准体系、定额体系，实施“三网”配套、生态修复、循环利用、质量提升、环境保护五大工程，推动建设模式绿色转型，稳步提高耕地质量和抗旱防洪除涝能力。推动高标准农田建设项目优先向粮食生产功能区和重要农产品保护区安排。2019年和2020年每年建成高标准农田400万亩以上，到2020年累计建成4430万亩。进一步加强农田水利建设，全面落实最严格水资源管理制度，实施国家农业节水行动，推进小型农田水利设施达标提质。开展区

域规模化高效节水灌溉，建设低压管道输水灌溉、喷灌、微灌等高效节水灌溉工程。新增有效灌溉面积240万亩，建成农田水利基本建设综合示范区1000万亩。

（十一）推进重大水利工程建设。实施“再造都江堰”水利大提升行动，完善“五横六纵”引水补水生态水网，构建节约高效、承载有力的水安全体系。加快推进向家坝灌区一期工程、李家岩水库等大中型水利工程建设，开工建设龙塘水库、江家口水库，加快都江堰等大型灌区续建配套与节水改造，实施重点中型灌区配套改造，新增和恢复蓄引提水能力1.2亿立方米。加强灾后水利薄弱环节建设，构建完善水旱灾害防治体系。探索建立水生态损害赔偿制度、水生态补偿机制、基层河（段）长表扬奖励机制。加快修订《四川省都江堰水利工程管理条例》，启动《四川省节约用水管理办法》立法工作。

（十二）积极推进农业科技创新。实施农业关键核心技术攻关行动，推动生物种业、智能农机、智慧农业、绿色投入品等领域自主创新。加快建设成都国家现代农业产业科技创新中心。鼓励农业科研院所、高等学校、农技推广部门、龙头企业、农民专业合作社等联合建设产业技术研究院、重点实验室、工程技术研究中心、技术创新中心和试验示范基地。培育农业企业创新主体，按规定落实高新技术企业税收优惠、企业研发费用加计扣除和普惠性财政奖励等政策。健全基层农技推广服务体系，强化农业科技创新与改革试点示范。建立健全农业科研成果产权制度。

四、以发展现代农业园区为抓手，擦亮农业大省金字招牌

（十三）高标准推进现代农业园区建设。落实《四川省现代农业园区建设考评激励方案》，配套出台支持政策，市（州）、县（市、区）制定现代农业园区建设推进方案和现代农业园区建设规划。围绕现代农业园区发展建设农产品优质生产基地。健全园区建设运营管理机制，整合涉农财政资金，引导资本、技术、人才等现代生产要素向园区集聚，高水平建设一批现代农业产业园区、农产品加工园区、农村产业融合园区、农业科技示范园区。加快中国天府农业博览园建设。出台现代农业园区星级管理办法，落实激励补助政策，严格实行动态考核管理。

（十四）加快推进生猪产业转型升级。制定并实施川猪产业振兴工作推进方案，强化政策支持和机制创新，推动生猪产业转型发展。调整全省生猪产业布局，科学规划生猪主产区种猪场、仔猪繁育场、育肥场、屠宰厂布局，将生猪养殖用地纳入当地国土空间规划。实施中小养殖场（户）标准化改造工程，开展生猪生产基地县建设，每年新（改、扩）建一批标准化养殖场。鼓励生猪产业化龙头企业全产业链发展，推动中小养殖农户融入现代生猪生产体系。严格落实“菜篮子”市长负责制，加强非洲猪瘟疫病防控，稳定生猪生产和猪肉市场供应。将防控非洲猪瘟稳定生猪生产纳入省级财政现代农业发展工程专项资金支持。

（十五）突出培育壮大“川字号”特色产业。制定川茶、川薯、川药、川竹、川果、川菜、川桑、川鱼、川椒等优势特色产业五年推进方案，编制四川省特色农产品名录。开展特色农产品优势区划分评级。实施“川字号”农产品优质生产基地建设行动，推进重要农产品生产保护区、特色农产品优势区和全国优质特色农产品供给基地、全国商品猪战略保障基地建设。启动建设安宁河流域现代特色农业示范区。实施“川字号”农产品初加工提升和精深加工拓展行动，重点支持配套一批集采收整理、筛选分级、清洗通风、冷藏保鲜、烘干包装等于一体的初加工设施设备。支持开展特色农产品（食品）加工研发。稳定名优白酒、肉食品、粮油、纺织服装、烟草、茶叶、中药材等千亿产业，发展花椒、核桃、调味品、竹业等特色产业。加强农产品质量安全体系建设。实施“川字号”农产品品牌建设“五大工程”，推进农产品“三品一标”示范创建，形成一批“川字号”地理标志品牌。

（十六）加快推进农业先导性产业发展。制定现代种业、现代农业物质装备、烘干冷链物流等先导性产业五年推进方案。加快现代种业发展，加强种质资源调查、保护和利用工作，强化农作物、林竹和畜禽水产育种攻关，建设种业创新中心和南繁基地，推进“川字号”特色产业核心育种基地（场）建设。启动种质资源基因库项目建设。建立省、市、县三级新品种示范展示体系。提升现代农业物质装备，加强农机装备科研机构、设备制造企业、农畜品种和农艺研究机构联合攻关，发展适宜丘陵山区农业生产的机械设备和配套农艺设施。加快优势特色农产品烘干和冷链物流设施建设，推广“中央厨房+配售网络”集成化经营。完善农村电商综合服务功能，支持供销、邮政、商贸等主体把服务网点延伸到乡村，建立完善县、乡、村三级电商运营服务网络。

（十七）进一步扩大农业开放合作。完善农业对外开放合作工作机制，加强政策统筹，各级各部门产业发展专项资金将农业对外合作项目作为重点支持领域。推进农产品出口备案基地建设，扩大高附加值特色优势农产品出口。开拓以“一带一路”沿线国家和地区为重点的农产品境外市场，培育农业“走出去”企业主体，推进省级境外农业合作示范区、农业对外开放合作试验区和川台农业合作示范基地提档升级。引进国外先进农业技术、品种、装备和人才，提高农业利用外资规模和水平。

（十八）加快推进数字农业发展。推进重要农产品全产业链大数据建设，加强全省数字农业农村系统建设。编制全省数字农业、智慧农业发展规划，开展数字农业园区建设试点。高标准建设全国数字农业试点项目。加快大数据、云计算、物联网等在农业生产中的广泛应用，推广“互联网+农业”等新技术新模式，推进农业基础设施信息化改造，逐步完善农业信息化服务体系。支持开展数字农业关键技术攻关。支持科研院所、高等学校、涉农企业提升数字农业发展能力，培育一批数字农业经营服务主体。

五、坚持以农民增收为中心，促进农民全面发展

（十九）多措并举促进农民持续增收。继续实施农民增收工作县（市、区）委书记和县（市、区）长负责制。推进三产融合助农增收，引导新型农业经营主体与农户建立契约型、股权型等分享全产业链增值收益的联结机制。实施乡村就业创业工程助农增收，积极搭建创业园区、孵化基地、众扶众筹等支撑平台，引导返乡农民工和农业企业到乡村建设基地、发展产业。深化农村产权制度改革助农增收，多种形式盘活农村资产资源，增加农民财产性收入。到2020年农村居民人均可支配收入达1.5万元。

（二十）推进返乡下乡人员创业。落实《促进返乡下乡创业二十二条措施》，鼓励支持农民工、大中专毕业生、复员转业退役军人等返乡下乡领办创办家庭农场（林场）、农民合作社、农业企业、农业社会化服务组织等，按规定享受小微企业扶持政策。支持返乡下乡创业企业创建国家级和省级技能大师工作室，按规定从就业创业补助资金中给予定额补助。鼓励有条件的地方设立返乡下乡创业扶持基金。实施引才回乡工程，支持设立专家服务基地，按规定开展省级返乡下乡创业明星、创业实体评选表扬活动，优化县乡发展营商环境。

（二十一）扎实做好服务农民工工作。分类实施农民工就业技能培训、岗位技能提升培训和创业培训、省级劳务品牌培训，加强农村转移劳动力城镇就业失业登记，稳定农村劳动力转移输出就业规模和收入水平。建设用好全省农民工网站平台。推进公共就业服务向乡镇、行政村延伸。加强农民工线上线下用工信息服务。精准做好外出农民工的建档工作，进一步落实加强农民工服务保障措施，在百万人口的农业大县统一设置农民工服务保障机构。注重在优秀农民工中培养选拔村干部。全面实施居住证制度。

（二十二）探索建立新型职业农民制度。总结推广新型职业农民制度试点经验，加强职业农民培育体系建设，逐步形成以农广校为依托，农业院校、科研院所等广泛参与的培育体系。实施新型职业农民培育工程，推行农民田间学校模式，探索菜单式学习、顶岗实训、创业孵化等培育方式。筹办四川职业农民学院。启动新型职业农民培育对象遴选工作，建立完善培育对象数据库，探索建立分级认定管理机制，2019年覆盖所有涉农县（市、区）。启动开展职业农民职称评定试点。

（二十三）发展乡村文化和社会事业。持续推进农村移风易俗工作，引导和鼓励农村基层群众性自治组织采取约束性强的措施，对婚丧陋习、天价彩礼、孝道式微等不良社会风气进行治理。传承保护农耕文明和优秀乡村文化，加强传统村落保护利用，培育推出“四川最美古村落”。加强村级综合文化服务中心建设，实施农村文化惠民工程，举办农民丰收节、农民艺术节等活动。办好四川广播电视台公共·乡村频道，切实解决农民群众收看地方电视节目难的问题。实施非物质文化遗产传承发展工程。深入实施乡村教育质量提升计划，推进城乡义务教育均衡发展，大力发展农村学前教育，加快普及高中阶段教育，发展面向农村的职业教育。开展健康乡村建设，加强乡镇卫生院、村卫生室标准化建设，加快建立城乡统一、重在农村的医疗卫生投入经费保障机制。加强城乡社会保障体系建设，实施全民参保计划，完善城乡居民基本养老保险待遇确定和基础养老金正常调整机制，落实特困人员救助供养制度，对符合享受低保条件的农户实行“应保尽保”。建立健全统一的城乡居民基本医疗保险制度，同步整合城乡居民大病保险，全面落实养老保险和医疗保险制度转移接续办法。加强农村养老服务设施建设。推进“明天计划”“童伴计划”，落实困难儿童保障制度，完善“三留守”关爱服务体系。推进村级“1+6”公共服务中心建设。推动建立城乡统筹的基本公共服务经费投入机制，完善农村基本公共服务标准。

六、深化农村改革，构建城乡融合发展新机制

（二十四）深入推进农村产权制度改革。全面完成农村承包地确权登记颁证，到2020年基本完成“房地一体”的农村集体建设用地和宅基地使用权确权登记颁证。建立全省统一的农村产权流转交易信息发布中心。鼓励县（市、区）探索设立农村产权政策性收储机构和基金。2019年基本完成农村集体资产清产核资，加快推进集体经营性资产股份合作制改革。加快建立新型农村集体经济组织，做好登记赋码工作，规范内部管理制度，2020年底前基本完成成员身份确认。实施新一轮农村改革突破“三加”工程，统筹推进“培育新型农业经营主体+扶持带动小农户发展”“引导工商资本下乡+支持集体经济组织发展”“引入现代经济要素+盘活农村资产资源”。加快供销合作社综合改革，推进国有林场林区和农场改革、农业水价综合改革，深化集体林权制度改革。加强农村改革试验区工作，持续开展城乡融合发展综合改革试点。

（二十五）深化农村土地制度改革。全面落实农村承包地“三权分置”。研究制定保持土地承包关系稳定并长久不变和第二轮土地承包到期后延包的具体办法。按照中央统一部署，推进农村土地征收制度改革和农村集体经营性建设用地入市改革，拓展宅基地制度改革试点。允许结合农村人居环境整治、土坯房改造等，在县域内开展乡村闲置校舍、厂房、废弃地等整治，盘活建设用地重点用于支持乡村新产业新业态发展和返乡下乡创业。各地按不低于省上下达年度新增建设用地计划总量的8%单列农业农村发展所需建设用地，优先满足乡村发展。落实农业设施用地政策，严禁擅自改变农业用途或以农业结构调整为名进行非农建设、占用基本农田。巩固“大棚房”问题整治成果。

（二十六）加快构建新型农业经营体系。把培育新型农业经营主体作为发展现代农业的重要内容，突出抓好家庭农场和农民合作社两类新型农业经营主体发展。开展农民合作社规范化建设整县推进行动。实施家庭农场培育计划，把扶持普通农户发展家庭农场作为优先任务。实施农业产业化龙头企业排头兵工程。推广土地股份合作社、土地托管、代耕代种等多种形式适度规模经营。建立联系帮扶农业企业、新型农业经营主体的工作机制，按规定和程序增加各级人大代表、政协委员中农业企业家比例。鼓励县级政府通过县级国有农业投资公司、县供销合作社或其他主体，牵头成立新型农业经营主体联合会。支持农民合作社联合社、农业产业协会（联盟）、粮食产业化联合体、农村合作经济组织联合会发展。实施小农户提升行动，推广“农户+”模式。持续开展新型农民合作联合社改革试点。

（二十七）建立乡村聚人气的体制机制。建立县域人才统筹使用制度和乡村人才定向委托培养制度，把乡村人才纳入各级人才培养计划予以重点支持。对作出突出贡献的各类人才按规定给予表扬奖励。建立县级青年公职人员到乡村挂职制度，探索县、乡新进公职人员到农村开展定期服务制度。建立第一书记派驻长效工作机制，全面向贫困村、软弱涣散村和集体经济空壳村派出第一书记，并向乡村振兴任务重的村拓展。实施万名紧缺大学生定向培养计划、乡村实用人才培训提能计划和专家下基层行动。在县域教育、卫生等领域和行业实行岗编适度分离，引导专业技术人才直接服务乡村基层。按规定适当放宽乡镇事业单位人员考核招聘条件，支持特设岗位引进急需紧缺专业人才，实行基层人才评价特殊支持政策。统筹乡镇站所改革，强化乡镇为农服务体系建设。明确乡镇农村经营管理工作机构，配备专业专职人员。实施激励农业科技人员创新创业促进行动。

（二十八）创新乡村发展投融资体制。落实财政支农投入稳定增长机制，涉农县（市、区）每年公共财政支出中对乡村振兴投入要达到一定比例，具体比例要求由各市（州）研究确定。按规定调整完善土地出让收入使用范围，提高农业农村投入比例，重点用于农村人居环境整治、村庄基础设施建设和高标准农田建设。推进城乡建设用地增减挂钩节余指标在市域内流转和贫困县节余指标在省域内流转，推进深度贫困地区节余指标跨省域调剂，所得收益全部用于脱贫攻坚和乡村振兴。总结推广贫困县统筹整合使用财政涉农资金试点经验。推进财政支农资金由直接补助改为基金、担保、贴息、股份、购买服务等方式。实施国有经济支持乡村振兴计划。鼓励支持国有企业控股或参股设立乡村振兴投资公司。把引导工商资本下乡作为促进民营经济发展的重要举措，按规定享受相关扶持政策。创新农村小型公共基础设施建管机制，按照国家规定简化审批程序，规范招投标适用范围。财政单项投资额度在200万元以下的农村小型公共基础设施项目的建设管理，可以依法采取村民自建、民办公助的方式，由农村集体经济组织实施。

（二十九）建立健全农村金融服务体系。建立县域银行业金融机构服务“三农”的激励约束机制，鼓励引导金融机构加大对乡村振兴的信贷支持力度。组织开展现代农业园区金融综合服务创新示范区建设。设立省级乡村振兴奖补资金。鼓励有条件的地方设立乡村振兴发展基金。依托人民银行货币信贷大数据系统，实施乡村振兴“川农贷”工程，支持建立乡村振兴农业产业发展贷款风险补偿金制度，按照国家有关规定推广农村土地承包经营权等抵押贷款。统筹推进省、市、县三级农业政策性担保体系建设。继续推进农村资金互助社、村级扶贫互助社改革试点。发展中央财政保费补贴型保险、地方特色农业保险和指数保险，探索“保险+”综合性金融服务。鼓励各地通过专项债券支持乡村振兴建设。建立农业产业化龙头企业直接融资辅导机制。实施“支付兴农工程”，深化农村信用体系和信用环境建设。

七、建立健全保障机制，推动乡村振兴战略落地见效

（三十）加强党委对实施乡村振兴战略的领导。坚持党委统一领导、政府负责、党委农村工作机构统筹协调的领导机制，落实省负总责、市县抓落实的工作机制，坚持五级书记抓乡村振兴。各级党委农村工作领导小组及其办事机构要牵头抓总，推动乡村振兴战略落地落实。建立各级党委常委会定期听取乡村振兴工作推进情况制度，落实市、县向上级党委、政府报告乡村振兴战略年度推进情况工作制度。加强乡村振兴统计监测工作。研究制定四川省乡村振兴促进条例。

（三十一）落实农业农村发展“四个优先”。坚持把落实“四个优先”的要求作为做好“三农”工作的头等大事，纳入重要议事日程。优先考虑“三农”干部配备，选好配强“三农”干部，把优秀干部充实到“三农”战线，注重选拔熟悉“三农”工作的干部充实各级党政班子，选优配强市、县党委、政府分管负责同志、农口部门主要负责同志。建立“三农”工作干部队伍培养、配备、管理、使用机制，落实关爱激励政策。优先满足“三农”发展要素配置，坚决破除妨碍城乡要素自由流动、平等交换的体制机制壁垒，改变农村要素单向流出格局，推动资源要素向农村流动。优先保障“三农”资金投入，建立乡村振兴财政投入保障制度，坚持把农业农村作为财政优先保障领域和金融优先服务领域，公共财政更大力度向“三农”倾斜，鼓励金融机构将县域新增贷款投向支持乡村振兴。地方政府债券资金要安排一定比例用于支持农村人居环境整治、村庄基础设施建设等重点领域。优先安排农村公共服务，推进城乡基本公共服务标准统一、制度并轨，实现从形式上的普惠向实质上的公平转变。

（三十二）加强基层组织建设和乡村治理。县级党委履行抓农村基层党组织建设的主体责任。完善农村基层党组织领导机制，坚持农村基层党组织领导地位。健全村级重要事项、重大问题由村党组织研究讨论机制。全面推行村党组织书记通过法定程序担任村民委员会主任，依法推行村“两委”班子成员交叉任职。建立农村基层党组织、基层群众性自治组织候选人联审机制。实施村党组织带头人队伍整体优化提升行动。对村“两委”换届开展“回头看”，坚决把受过刑事处罚、存在“村霸”和涉黑涉恶等问题的村“两委”班子成员清理出去。以县为单位对软弱涣散村党组织“一村一策”逐个整顿。实施优秀农民工定向回引培养工程。全面落实对村党组织书记县级党委备案管理制度。落实村党组织5年任期规定，推动全省村“两委”换届与县、乡换届同步进行。建立健全党组织领导的自治、法治、德治相结合的领导体制和工作机制。推进村（居）务公开民主，指导农村普遍制定或修订村规民约。成立红白理事会，推进移风易俗、殡葬改革，推动具有公益性节地生态安葬设施功能的乡村公益性公墓建设。健全以财政投入为主的稳定的村级组织运转经费保障制度，建立正常增长机制，确保县域内村级组织运转经费平均每年不低于8万元。开展乡村治理体系建设试点和乡村治理示范村镇创建。强化“平安乡村”建设，弘扬新时代“枫桥经验”，实施“雪亮工程”，推进反腐败斗争向基层延伸，扎实开展“扫黑除恶”专项斗争。

（三十三）强化实施乡村振兴战略考评激励。将乡村振兴考核纳入省委、省政府综合目标绩效考核，将考核结果作为干部任免、政策资金支持的重要参考。研究制定市、县党政领导班子和领导干部推进乡村振兴战略的实绩考核办法。实施乡村振兴战略考评激励办法，每年命名一批乡村振兴先进县（市、区）、先进乡镇、示范村。

四川农村经济和社会发展报告

四川省社会科学院农村发展研究所

2019年，四川省以习近平新时代中国特色社会主义思想和习近平总书记对四川工作系列重要指示精神为指导，对标全面建成小康社会“三农”工作必须完成的硬任务，围绕打赢脱贫攻坚战，推进农村人居环境整治、“10+3”优势特色产业发展和抓好粮食综合生产能力建设目标，扎实推动现代农业园区建设、农业农村重点改革和农民增收等工作，统筹推进乡村产业振兴、人才振兴、文化振兴、生态振兴、组织振兴，加快推进农业农村现代化，农业农村持续健康发展，为全省经济社会全局发展提供了有力支撑。2019年，全省农林牧渔业增加值达4938亿元，增长3%；农民人均可支配收入达14670元，增长10%。

一、2019年四川农业农村发展现状

（一）农业生产总体稳中趋缓

1.粮食生产平稳增长

在推进乡村振兴的同时扛稳粮食安全责任。2019年，全省粮食作物播种面积9419万亩，增加20.6万亩，增长0.2%；粮食总产量3498.5万吨，增加4.8万吨，增长0.1%，在全国各省（区、市）中居第九位，其中夏粮种植结构调整明显，播种面积略有减少，但单产提高，夏粮产量略增，藏粮于技效果显现。全省继续调整农作物种植结构，全年夏粮播种面积1655.13万亩，减少14.67万亩，减少0.9%；单产255.5千克/亩，提高4.3千克/亩，增长1.7%；产量422.9万吨，增加3.4万吨，增长0.8%。秋粮种植面积、产量稳中略增，全省秋粮播种面积7763.9万亩，增加35.3万亩，增长0.5%；单产396.1千克/亩，减少1.7千克/亩，减少0.4%；产量3075.6万吨，增加1.4万吨，增长0.05%。

2.特色产业稳定发展

省委、省政府出台了《关于加快建设现代农业“10+3”产业体系推进农业大省向农业强省跨越的意见》，针对川茶、川菜、川药等十大优势特色产业和三大先导性产业的系列发展政策措施不断发挥作用。全年经济作物播种面积5119.8万亩，增加95.1万亩，增长1.9%。主要经济作物中，蔬菜及食用菌产量达4638.4万吨，增长4.5%；中草药材产量49万吨，增长9.3%；茶叶产量32.6万吨，增长8.3%；水果产量1131.2万吨，增长4.7%；油料产量367.4万吨，增长1.3%，其中油菜籽产量实现十八连增。

3.畜牧生产趋稳向好

虽然遭受非洲猪瘟的持续影响，但在一系列恢复生猪生产举措的作用下，全年出栏生猪4852.6万头，超额完成4008万头目标，2019年年底前生猪产能止跌回升。牛、羊、禽出栏量持续增长，全年牛出栏291.7万头，增长5.6%；羊出栏1780.2万只，增长2.3%；家禽出栏78756.6万只，增长19.2%。非洲猪瘟防控和恢复生产稳步推进。一是坚决做好疫情排查处置。全省共累计排查生猪13.5亿头次、死亡和扑杀37.9万余头，检测非洲猪瘟样品近3625份。在交通要道设置动物卫生临时检查站1400余个，实行24小时应急值守，切断病毒传播链条。二是加快防疫体系建设。安排2019年中央财政专项动物防疫补助资金4.61亿元，省级财政专项动物防疫补助资金1.15亿元，用于全年强制免疫、强制扑杀和无害化处理等工作。开展“大清洗、大消毒”专项行动。组织开展重大动物疫病春季集中免疫工作。三是全力稳产保供。出台《关于印发促进生猪生产保障市场供应九条措施的通知》，压紧压实“菜篮子”市长负责制，将4008万头生猪生产基本保障任务落实到19个市（州）。集中开工一批生猪规模养殖场建设项目，成都市、广元市、眉山市等13个市的34个县（市、区）已开工建设养猪场项目93个，涉及投资101.21亿元，项目建成后预计新增生猪产能56万头。设立省、市、县三级种猪、仔猪协调调运办公室，协调调运种猪、仔猪82万头以上。四是严厉打击违法违规行为。联合公安、市场监督等部门重点打击非法经营、私屠滥宰、屠宰病死猪、注水注药、非法调运生猪及其制品、“洗猪”等违法行为，查处案件500余件。

4.林业持续健康发展

截至2019年年底，全省完成营造林900万亩，森林覆盖率再提高0.8个百分点，达39.63%；草原面积1.8亿亩，湿地面积2600余万亩，林草面积占全省辖区面积的3/4，林地面积3.6亿亩；森林蓄积18.6亿立方米，均居全国第三位；天然林保护工程、退耕还林工程任务总量居全国第三位，共有森林康养基地全国试点单位35处、省级森林康养基地278处、森林康养人家537处、自然教育基地103处、森林康养国际合作示范基地11处，林业总产值位居全国前十。

5.渔业生产稳步增长

全省从事水产养殖的农渔民收入继续保持增收的良好态势。水产业增量提质，打造特色水产健康养殖示范区35个，全省稻渔综合种养面积达150万亩，居西部第一位。全年水产养殖面积289万亩，增长1.59%；水产品产量157.7万吨，增长2.74%；实现渔业经济总产值504.15亿元，增长14.11%；全省农民人均渔业收入840元，增加104元。

（二）“质量兴农”“品牌强农”全面推进

1.农业生产方式加快绿色转型

全年农作物秸秆综合利用率达90%，废旧农膜回收率达80%。扎实推进农业投入品减量增效，持续推进化肥、农药减量行动，建设11个有机肥替代化肥试点县，化肥、农药使用量连续4年保持零增长，严控高毒高风险农药使用。全省发展种养循环农业2000万亩，主要农作物绿色防控覆盖率达29%以上。

2.农业产业融合发展提质增效

创建农业产业强镇22个；创建第二批国家农村产业融合发展示范园5个，数量居全国第二位。2条线路、3个地方入选全国60条美丽乡村精品景点线路。全年休闲农业总收入1600亿元，增长5.5%；农村电商销售额455亿元，增长27.3%。

3.农产品质量安全水平稳定

持续加强农产品质量安全监管，省级农产品质量安全例行监测总体合格率达99.5%，连续三年保持在99%以上，高于全国平均水平。农产品质量安全水平持续保持高位运行，其中蔬菜、水果、茶叶、畜禽蜂产品和水产品合格率分别为99.3%、98.7%、99.7%、99.5%和98.3%。全年共出动执法人员42.1万人次，检查各类生产经营主体25.6万家次，取缔关闭生猪屠宰场点9个，发放宣传资料161.8万余份，查办案件925件，移交司法机关15件，查获假劣农资59.4吨，挽回农民经济损失1801万元。

4.农产品品牌建设加快发展

全省累计发展“三品一标”农产品5370个，数量居西部地区第一位。14个产品入围全国首批保护地理标志产品，排名全国第一。向社会公开推介优秀农产品区域公用品牌10个、优质品牌农产品50个。组织10家企业参加2019年“品牌中国・四川行动”专题活动，安岳柠檬、东坡泡菜等入选2019年“四川省杰出区域品牌”前10强，郫县豆瓣、蒲江雀舌等优质农产品品牌荣登2019年区域品牌（地理标志产品）百强榜，“川字号”农产品在全国的影响力与日俱增。

5.“川字号”农产品加快“走出去”步伐

持续推进川渝、川粤、川浙等省际间区域农业合作交流，建设优势特色农产品出口试点示范基地7个。依托各类农业展会实现农产品现场销售2亿元，意向签约金额超250亿

元。举办第六届川台农业合作论坛和第七届四川农业合作发展大会暨农博会,共达成合作意向项目181个,投资额约1156亿元。

(三)现代农业园区示范引领"10+3"产业体系加快构建

1.建立推进机制

省委、省政府出台《关于加快建设现代农业"10+3"产业体系推进农业大省向农业强省跨域的意见》,建立"省领导分产业推进、市(州)抓县、县管园"的现代农业"10+3"产业体系推进机制,7位省领导分别牵头推进13个产业发展。

2.项目化培育省级园区

安排省级财政资金6亿元,培育60个园区发展"10+3"主导产业,带动市、县财政配套、社会和金融资本超过100亿元投入园区建设;中央财政安排9000万元,支持全省3个园区创建国家现代农业产业园。

3.推动"10+3"产业体系在园区率先落地

落实到现代农业园区内,在每个园区选择培育壮大1 ~ 2个主导产业。围绕现代农业十大产业落地,省、市、县布局建设园区620个,其中川粮油71个、川猪33个、川茶56个、川酒4个、川菜106个、川竹17个、川果247个、川药38个、川牛(羊)25个、川鱼23个。

4.园区引领优势特色产业持续稳定发展

全省粮食生产继续保持稳定态势,播种面积稳定在9400万亩以上,发展国家二级以上优质稻950万亩,建成粮油绿色高质高效示范区200个;畜牧业转型升级稳步推进,建成部、省级畜禽养殖标准示范场1199个,牛、羊、家禽出栏量分别增长3.8%、2.1%、15.6%;茶、菜、果、药等经济作物加快发展,申报认定8个国家级和48个省级特色农产品优势区,推进1000万亩现代经济作物产业标准化基地建设。

(四)农业农村改革持续深化

1.持续深化农村集体产权制度改革

安排中央财政资金2000万元专项用于农村集体资产清产核资,历时三年的清产核资工作按期完成。41.4万个村集体经济组织完成集体资产清产核资总计2193.9亿元,确认成员身份1650.6万人。全省农村集体产权制度改革省级试点范围已扩大到130个县(市、区),试点地区基础性改革工作基本完成。1292个村被纳入村级集体经济扶持范围,给予每村一次性补助100万元。

2.稳步推进农村土地"三权分置"

开展农村承包地确权登记颁证"回头看",全省确权颁证率达到94.3%。全面总结推广土地托管、土地入股、代耕代种等方式,引导土地经营权有序流转,全省耕地流转率超过40%,适度规模经营率达25.9%。在泸县、成都市郫都区开展农村宅基地"三权分置"试点。

3.加快培育新型职业农民和农业经营主体

在11个县开展新型职业农民制度试点,试点县共培育新型职业农民1.8万人,认定新型职业农民2201人,全省共新培育职业农民4万人。在全国率先实施现代农户家庭农场培育行动,协调专项资金3.3亿元,支持3141家家庭农场发展,新培育家庭农场2500家。扶持农民工返乡下乡创业,返乡农民工累计达68.2万人,创办企业17.6万家,带动就业218万人。下达2019年中央财政专项资金3.09亿元,扶持农民合作社2555个,新评定农民合作社省级示范社300个,省级示范社达2400个,国家级示范社达483个。培育农业产业化联合体50家、国家级龙头企业15家。

(五)农村农民生活水平持续提高

1.农村居民收入较快增长

农村居民年人均可支配收入为14670元,增长10%,比城镇居民人均可支配收入8.8%的增速高1.2个百分点。从来源看,人均工资性收入4662元,增长8.1%,占比为31.78%;人均经营净收入5641元,增长10.2%,占比为38.45%,在四大收入来源中比重最高;人均财产净收入456元,增长20.3%,占比为3.11%,在四大收入来源中比重最低;人均转移净收入3910元,增长11%,占比为26.65%。

2.农村居民生活消费平稳增长

农村居民年人均生活消费支出14056元,增长10.5%,其中服务性消费支出5313元,增长12.1%。

(六)农业基础设施建设

1."四好农村路"建设成效明显

近年来,全省全力建设"四好农村路",全省农村公路总里程达28.6万千米,位居全国第一。通过以示范引领、典型带路,对创建成功的省级示范县由省政府命名,一次性给予1000万元专项计划奖励;对创建成功的国家级示范县奖补资金2000万元。近三年来,全省共创建省级示范县45个、全国示范县10个。

2.高标准农田加快建设

理顺高标准农田建设体制,下达中央、省财政农田建设补助资金55亿元,截至10月底,建设高标准农田395.5万亩,累计建成3788.5万亩,获得国家高标准农田建设激励评价第6名,统一规划布局、统一建设标准、统一监管考核和统一上图入库的"五统一"农田建设管理体系正在加快形成。

3.农业科技创新能力不断加强

现代农业种业加快发展,种质资源基因库加快建设,完成162个农业县种质资源普查。建成现代化农作物种子生产基地9万亩。全面启动建设地方猪保种场资源备份场7个,开发地方特色种猪资源7个。国家现代农业产业技术体系四川创新团队总数达18个,有岗位专家218人。新建科技示范基地县(示范场)98个。3项研究成果获得省科技进步二等奖,3项成果获得省科技进步三等奖。

4.现代农业装备加快发展

制定《关于加快农业机械化和农机装备产业转型升级的实施意见》,打造蒲江县等智能农机装备提升示范区10个。完善农机购置补贴政策等16条政策措施,实施农机购置补贴资金9749万元。创建国家数字农业示范县,益农信息社实现农业园区全覆盖、行政村覆盖80%。

5.现代农业烘干冷链物流加快发展

落实项目资金4000万元,加快建设和提升农产品冷链物流产地集配中心105个,储备冷链物流项目800个,冷链物流静态库容达643万吨。新建产地初加工设施设备1000座,新增年烘干能力60万吨,农产品初加工率达56%。

(七)农村人居环境整治成效明显

1.扎实推进农村"厕所革命"

投入中央和省级资金17.67亿元,推进3000个农村"厕所革命"整村推进示范村和29个农村人居环境整治重点县建设。全省农村卫生厕所达标数1134万户,户用卫生厕所普及率达70%。

2.扎实开展村庄清洁行动

制订出台《四川省农村人居环境整治村庄清洁行动方案》,开展农村人居环境整治村庄清洁志愿服务行动,指导全省176个涉农县4.5万个行政村全面开展村庄清洁行动。

开展"美丽四川·宜居乡村"达标村评定工作。全省4.7万个行政村保洁员实现100%全覆盖,90%以上的行政村生活垃圾得到有效处理,26.9%的村具备生活污水处理能力。

3.扎实开展畜禽粪污资源化利用行动

安排中央、省级资金28亿元,在78个项目县开展畜禽粪污资源化利用试点,大力发展种养循环农业,推广农牧结合生态治理模式,覆盖全省70%以上的生猪养殖量。全省规模养殖场粪污处理设施装备配套率达90%,畜禽粪污综合利用率达70%。

(八)脱贫减贫工作成效

1.支持贫困地区产业发展

落实中央、省级资金17亿元,支持贫困地区农业产业发展,在全省161个有扶贫任务的县建设农业科技示范基地607个、粮油基地150万亩、现代经作产业基地60万亩。为26个深度贫困县各安排500万元,支持其建设现代农业园区,实现45个深度贫困县全覆盖。通过发展农业产业,预计实现19.28万户建档立卡贫困户实现脱贫。

2.落实技术帮扶力量

面向11501个贫困村共派出驻村农技员12424人,优化和组建农技专家服务团890个,整合专家7522人;优化和组建技术巡回服务小组3069个,累计培训基层农技人员54379人次、农牧民185.5万人次。

3.推进扶贫协作

组织凉山、甘孜、阿坝三州30余家企业参加全国"三区三州"贫困地区农产品产销对接专场活动,签订采购协议93单,协议金额8.19亿元。浙江、广东帮扶力度持续加大,到位财政性帮扶资金29.45亿元,实施帮扶项目992个。推进东西部扶贫协作,承接东部地区产业转移,截至10月底,完成投资79.4亿元,共建产业园区91个、"扶贫车间"228个,采购、销售结对帮扶地区特色农产品金额10.49亿元。

4.脱贫成效显著

全省扶贫资金投入持续加大,19个年度扶贫专项共投入各类资金1501亿元。全省实现50万人脱贫、1482个贫困村退出、31个贫困县达到退出标准,贫困发生率降至0.3%,其中2019年全省深度贫困地区四川累计减贫18.7万人、635个贫困村退出,藏区贫困县全部"摘帽"、凉山州彝区4个贫困县"摘帽"。

(九)乡村振兴工作激励机制加快形成

1.实施乡村振兴战略考评激励办法

制定四大经济区和川西北生态示范区五大类区考评标准,在全国率先建立乡村振兴统计监测制度,组织社会各界广泛参与评选工作,根据各地的乡村振兴推进情况和实施成效评选出乡村振兴先进县10个、先进乡(镇)50个、示范村500个,为全省各级实施乡村振兴战略树立了榜样。

2.加强农村投入

全年省级财政"三农"预算安排573.3亿元,占省级财力的38%,较上年增加73.7亿元,增长14.3%;省级财政农业专项投入221亿元,中央财政补助374亿元,共计595亿元,增加128亿元,增长27.4%;农田水利建设补助资金55亿元,全年新建高标准农田395.5万亩;聚焦"10+3"现代农业产业体系建设,安排财政资金9.96亿元。

3.实施省级现代农业园区考评

考核评定35个省级星级园区,按星级标准给予1000万～2000万元的一次性补助。各地对标省级园区,按照基地建设水平、科技支撑能力、融合发展水平、组织保障等标准分层分级建设现代农业园区200个。

4.开展农民增收工作先进县和农村改革工作先进县考评

落实《中国共产党农村工作条例》,压紧压实县(市、区)"三农"工作职责,对各地农民增收县委书记和县长负责制、年度重大农村改革任务落实工作情况进行评估,通报表扬农民增收示范县35个、农村改革工作先进县22个。

(十)"美丽四川·宜居乡村"建设

2019年,全省全面推进农村人居环境整治工作,全省乡村面貌发生了新的变化,农村卫生厕所普及率达70%,畜禽粪污综合利用率达68%,90%以上的行政村生活垃圾得到有效处理,33%的农户生活污水得到治理,行政村保洁员配备比例达93%以上。

1.规划编制

坚持以规划为指导,省级各牵头部门研究制定了多项行动指导意见,包括《关于推进农村"厕所革命"专项行动的指导意见》《关于建立健全农村生活垃圾收运处置体系的指导意见》《农村生活污水处理设施水污染物排放标准》《加强农村水环境治理助力乡村振兴战略实施的工作方案》《四川省乡村绿化美化行动方案》等。各市(州)按照省上推进方案要求,将农村人居环境整治纳入乡村振兴规划的核心内容,坚持"一张蓝图、一套规划",制订出台专项规划或工作方案,确定总体目标,明确责任单位、整治重点、治理标准、时间节点,细化建设项目,落实推进举措,推动工作有序进行。宜宾市先后出台了《宜宾市乡村振兴战略总体规划(2018—2022年)》《宜宾市农村人居环境整治三年行动实施方案》《"美丽宜宾·宜居乡村"推进方案(2018—2022年)》《关于全面推进农村生活垃圾治理的指导意见》《关于进一步推进全市"厕所革命"工作的实施意见》等近10个文件;巴中市先后印发了《"美丽巴中·宜居乡村"(2019—2020年)推进方案》《巴中市2019年度农村垃圾治理实施方案》《巴中市2019年度农村生活污水治理实施方案》《2019年巴中市农村"厕所革命"专项行动实施方案》《巴中市2019年畜禽养殖废弃物资源化利用实施方案》等多项指导文件;南充市出台了《南充市乡村振兴三年行动方案》《美丽南充·宜居乡村建设推进方案》《南充市农村人居环境整治三年行动方案》《南充市农村人居环境整治2019年工作推进方案》等;广元市制定了《广元市农村人居环境整治三年行动方案》《广元市农村生活污水治理五年实施方案》《广元市推进"厕所革命"三年行动方案》《广元市农村人居环境整治生活垃圾治理等六个指导意见》,并根据三类不同村分标准研究制定了《广元市农村人居环境整治2019年任务清单》。

2.农村人居环境整治"三大革命"

农村"垃圾革命"。一是完善农村生活垃圾收运处置体系,根据《四川省城乡垃圾处理设施三年推进方案》《关于建立健全农村生活垃圾收运处置体系的指导意见》等一系列文件的指导和要求,巩固提升"户分类、村收集、镇转运、县处理"的垃圾收运体系,鼓励支持各地在此基础上探索推广具有地域特点和示范作用的农村生活垃圾治理四川模式,提高垃圾收运处理水平。二是不断完善农村垃圾处理设施,全省农村建有垃圾收集设施63万个、乡(镇)转运站4767座,有转运及保洁车辆4.7万台,生活垃圾治理能力逐步增强。三是加快推进垃圾分类和资源化利用试点示范,制订《四川省生活垃圾分类和处置工作方案》，大力推进畜禽粪污综合利用，加快发展种养结合循环农业，统筹治理修复乡村生态环境和天然景观。在蒲江县、德阳市罗江区等7个县（区）开展农村生活垃圾分类和资源化利用试点示范，探索推广具有地域特点和示范作用的农村生活垃圾治理四川模式，取得了许多重要成果。蒲江县"二次四类，互联网+垃圾银行"的农村生活垃圾处理法、德阳市罗江区"进门六个好、出门五步走"的全域治理经验、丹棱县"因地制宜、分类收集、村民自治、市场运作"模式、武胜县"三桶一池、实现五化"模式、米易县"环保超市垃圾回收兑换"模式等均引导村民自觉建立起垃圾分类和资源回收利用的良好习惯。达州市推广"养殖场（小区）+第三方主体+种植基地（农户）"模式，实现畜禽养殖粪污异地还田利用，全市畜禽粪污资源化利用率达79%。四是加快农村生活垃圾治理信息系统平台研发和建设，推动农村生活垃圾治理实现远程集中管理和线上线下联动管理，提高农村生活垃圾治理智能化和现代化水平。

农村"污水革命"。一是开展农村生活污水处理设施现状摸底，建立县域农村生活污水治理台账，并加快乡村生活污水处理排放标准的制定，制定完成《四川省农村生活污水处理设施水污染物排放标准》。二是加快污水处理体系建设，推动乡（镇）污水收集处理设施民生工程建设，加强污水处理厂提质扩容，补齐农村生活污水处理设施建设短板。全省具备生活污水处理能力的行政村共1.2万个，占比为26.9%；受益农户560万户，其中接入城镇污水管网户107万户。三是将农村水治理任务全面纳入河（湖）长制治理体系，系统推进农村生活污水治理、农村面源污染防治、农村饮用水水源地环境保护、农村黑臭水体治理和农村水生态环境保护等工作。加强对畜禽养殖场污水的排放监管，对禁养区内畜禽养殖场进行拆除、关停，实现畜禽粪污综合利用率达68%以上，黑臭水体现象明显减少，农村污水治理率接近30%。四是实施生活污水治理试点示范行动，在苍溪县、仪陇县、阆中市、巴中市巴州区、南江县5个县（区）开展农村生活污水治理试点，重点支持全省1800个行政村实施生活污水治理"千村示范工程"。眉山市因地制宜探索出城镇污水处理系统集中处理、有动力或微动力一体化集中处理和家庭分散式三格池、五格池系统加小型人工湿地等污水处理方式，破解了不同区域生产生活污水处理难题。巴中市恩阳区探索出"延伸管网带动治理""一体化强动力治理""地埋式微动力治理""生化池无动力治理"四种生活污水治理模式。五是加强水生态文明建设，全面开展"水美新村"建设，全省建成"水美新村"1000个。

农村"厕所革命"。一是坚持分类施策、梯次推进，统筹推进农村公厕建设，稳步有序开展农村户用厕所建设和改造，以县为单位总结探索厕所改造的地区模式，分三类县逐村制订实施方案，逐户明确改厕技术模式，整村连片推进高原藏区、大小凉山彝区、盆周山区、平原地区和丘区人口大县等不同类型区域的"厕所革命"，开展3000个农村"厕所革命"整村推进示范村建设，确保"改一户成一户，改一村成一村"。二是探索不同类型的改厕技术模式，省委农办、农业农村厅等8部门联合印发《关于推进农村"厕所革命"专项行动的指导意见》，按照"宜水则水、宜旱则旱，宜分户则分户、宜集中则集中"的原则，根据地理环境、居住形态的差异，采取单户安装三格式化粪池、"沼改厕"等技术模式就地还田处理，联户建设罐式微动力设施分类处理，聚居点规划建设污水管网集中处理等方式，推进改厕技术模式，探索厕所粪污无害化处理，实现厕污共治户数243.5万户。各地在实践探索中取得了显著成效，武胜县、岳池县、阆中市、西充县等地探索出了单户式、联户式、厕污共治式"沼改厕"模式；宜宾市翠屏区创新提出了合理划分"两类区域"、科学设置财政补助"两类标准"、重点强化"三项保障"的"二二三"厕所革命模式；巴中市恩阳区结合巴山新居、易地扶贫搬迁、土坯房改造、乡村旅游发展等项目，全面推进农村改厕工作和粪污治理，新（改）建农村户厕6955户。

3.村容村貌提升"六化"工程

各地全面实施家园美化、道路硬化、村庄绿化、照明亮化、环境净化、乡土文化"六化"工程，乡村环境品质显著提升。推动家园美化，加快推进危房、土坯房改造，挖掘乡村建设特色，优化村落布局，着力提升乡村建筑和庭院的外观设计水平和环境品质。实施道路硬化，加快推进村内通组路建设，村内泥泞道路等问题得到显著改善，村民出行便利度明显提高。开展村庄绿化，推进房前屋后、河头沟渠、道路两侧闲置土地见缝插绿。严格划定古树名木保护范围和责任，加大对珍稀树种的保护力度，全省评定"省级森林小镇"48个，向国家推荐申请"国家森林乡村"445个。推动村庄亮化，有序推进乡村公共空间和道路推广使用节能灯具和新能源照明，加强设施管护，确保路灯正常使用。开展村庄净化，整治村庄公共空间和庭院中的私搭乱建、乱堆乱放、电气线路私拉乱接等现象，对废旧不用且濒临坍塌的杂物房、牛栏猪圈及残墙断壁等进行拆除整治，引导农户整齐堆放生产工具、生活用品、农用物资等物品。保护利用乡土文化，加强对乡村文化遗产的保护与挖掘，开展"四川最美古村落"评选，金堂县五凤镇金箱村等30个村落被纳入第二批"四川最美古村落"。甘孜州深入推进"圣洁甘孜·宜居乡村"建设，完成通乡通村硬化路建设244千米、村落节点及庭院绿化美化工程77千米，栽植各类景观树木及花卉137.9万株，被列入国家级传统村落名录111个、省级传统村落名录243个，挖掘非物质文化遗产128项。彭州市加强对川西林盘的保护与修复，以整田、护林、理水、改院、完善配套为重点，打造了小鱼洞渔江南、九尺镇谢家院子等一批林盘示范点。南部县制定了"六顺六净"标准，引导农户整齐堆放生产工具、生活用品、农用物资等物品，促进庭院内外整洁有序、室内卫生舒适。

4.城乡公共服务一体化、"六网一中心"工程

按照"四好农村路"建设要求，加快实施县、乡公路改（扩）建，村公路、便民路新建和窄路加宽，大力推进现代农业产业园道路建设，行政村联网路建设取得显著成效。构建输水补水网络，加速小型水利设施建设，加快灌区续建配套与现代化改造；整治、维修山坪塘；积极推广滴灌等高效节水技术；加快供水工程建设，全面推动农村饮用水安全提升。加快农村电网改造升级，着力解决电压不达标、不通动力电等问题。因地制宜推动沼气、太阳能利用等基础设施建设，统筹天然气建设，逐步实现天然气管道向农村地区延伸。开展"智慧乡村""宽带乡村""高清四川""光网四川""无线四川"建设，加快推动光纤宽带和4G网络在农村全覆盖。深入实施"雪亮工程"建设，加快完善以固

定视频监控、移动视频采集、视频联网入户、联动报警系统为基础，以县、乡（镇）、村三级监控平台为主体的农村公共安全视频监控体系建设，推动“雪亮工程”与城市“天网”联网应用。持续推进“1+6”公共服务中心建设，加快完善农村公共服务设施建设，推进农村社区化管理。阿坝州实施程城乡公共服务一体化工程，加强农村公路建设和客运设施管理，乡（镇）通客车率达82.22%，具备条件的建制村通客车率达84.65%；加快实施电网改造项目，极大地提高了地处偏远、交通不便、自然条件恶劣的广大藏区、羌区农牧民的用电质量和用电的可靠性；实现423个行政村通宽带和4G网络；基层社区综合服务设施建设不断完善，社区信息化水平和服务能力明显提升。

5.美丽经济“五变”工程

按照“园区变景区、田园变公园、家园变花园、农房变客房、产品变商品”的行动要求，各市（州）根据自身发展特点及市场需求，整合各类自然和人文资源，探索三产融合发展新模式，全力打造建设一批文旅特色小镇、特色村落，取得了许多建设经验。阿坝州加强景区景点带动辐射，培育出高原草地风光游、户外探险游、宗教文化游、康养休闲游、民俗风情游等一大批旅游新业态，初步探索浮云牧场“公司+农户”、羊茸哈德“管理公司+两委会+农户”、虎头山“能人+农户”等全域乡村旅游模式；开江县大力发展集体经济，探索了以“稻田+”综合种养为核心，以“稻法自然”为品牌的立体有机循环农业种养模式；南江县注重将乡村绿化、美化与庭院经济、经济林果相结合，鼓励采用乡土树种凸显乡土特色，将乡村美化与产业发展相结合，打造了一批“田园景区”。

6.山、水、林、田、湖草系统治理

高质量实施大规模“绿化全川”行动，继续实施新一轮退耕还林、退牧还草任务，开展森林、湿地生态治理和修复，全年完成营造林400万亩。全面落实河（湖）长制，加强对河湖的巡视巡查，将农村地区全部中小河流、水面面积在1平方千米的以下湖泊、水库、沟渠、山塘等纳入实施范围。全省87个国考断面中，优良水质断面达77个，占比为88.5%，同比上升6.9个百分点；无劣V类水质断面优于国家考核2.3个百分点。加强退化草地治理与改良，实施草原人工种草生态修复，推动草原生态保护区建设。作为长江生态屏障重要节点的宜宾市完成长江绿廊计划营造林项目工程的80%，完成退耕还林、天保公益林、森林抚育各类林业重点工程计划营造林项目的80%。

二、存在的主要问题与挑战

（一）生猪恢复生产压力较大

四川省是全国生猪大省，在肉类消费中猪肉占比最高，但在受到非洲猪瘟疫情冲击后，生猪存栏出现急剧下降态势，尽管禽、兔、鱼生产相对“短平快”，已在快速增长，但仍难以补充因生猪产能下降带来的肉类需求缺口。《促进生猪生产保障市场供应九条措施》在执行过程中由于部门配套实施细则不明，在土地、金融、防疫体系建设等方面还存在落地难问题，存栏的育肥猪和存栏能繁母猪数量均不足，留存下来的小母猪至少半年后才有生产能力，所以2020年3月—8月是生猪出栏最紧张的时期，猪肉供应可能出现较大短缺。

（二）农村人居环境整治难点还需重点突破

农村人居环境整治虽然已经取得明显的成效，但在推进农村人居环境整治“五大行动”中，农村污水得到有效治理的村只有20%左右，是农村人居环境整治工作的短中之短，还需要采取有效措施加快推进进度；在推进“五网工程”建设中，农村路网建设中的通组入户路建设滞后，交通系统没有资金支持，大量村组道路建设需求还得不到满足，导致农村“微循环”能力不足。

（三）农民持续增收压力较大

自经济发展进入中高速平稳状态后，农民的收入增速从2012年起呈现逐年放缓之势，由2011年的20.5%逐步下滑到2018年的9%。在宏观经济形势持续下行的大背景下，农民工资性收入和经营性收入增加困难较大。而且，从四大收入来源结构看，增加农民财产性收入是最大的短板，虽然通过农村产权制度改革为增加农民财产性收入提供了基础支撑，但多数地区的农村产权制度改革仍然停留在基础性改革层面，产权制度改革的成果没有得到充分的运用，不过这同时也预示着财产性收入还有很大的增长空间。一方面，农民的财产性收入还比较低，虽然近年来财产性收入增幅较大，但这主要是由于基数低形成的，从绝对数来看，人均财产净收入只有456元，占比仅为3.11%；另一方面，农村还有大量资产资源闲置浪费，没有得到充分利用。

（四）财政投入力度还需加强

实施乡村振兴战略，财政投入是关键，也是引导社会资本投入的重要杠杆，但从目前来看，财政振兴供需缺口还很大。一方面，财政支农资金总量不足、投入分散、使用效率不高，以高标准农田建设为例，建设补助标准太低，真正能达到旱涝保收、宜机作业、稳产高产、生态友好标准的高标准农田不到任务总量的1/3；另一方面，金融和社会资本投入农业农村的动力依然不足，130个县（市）（不包括市辖区）中有80个县（市）的存贷比都在50%以下，在全社会固定资产投资中，农林牧渔业的投入仅占5%左右且呈下滑趋势。

大 事 记

一 月

【1月4日】“三区三州”脱贫攻坚座谈会在凉山州召开。中共中央政治局委员、国务院扶贫开发领导小组组长胡春华出席座谈会并强调，要深入贯彻习近平总书记关于扶贫工作的重要论述，落实中央经济工作会议和中央农村工作会议精神，按照“三区三州”脱贫攻坚实施方案，进一步加大攻坚力度，瞄准突出问题和重点任务精准发力，确保“三区三州”同全国一道全面建成小康社会。

【1月9日】省扶贫开发局数据显示，2018年，全省实际减贫104万人，贫困发生率从2013年年底的9.6%下降至1.1%，30个计划“摘帽”贫困县各项退出指标均达到验收标准，年度目标任务顺利完成。

【1月10日】省政府督查室数据显示，2018年，全省扎实推进实施十项民生工程及20件民生实事，十项民生工程涉及的49个分项、92个小项及20件民生实事全面完成，群众民生获得感不断提升，其中“支持深度贫困县寄宿制学校宿舍建设”“代缴贫困人口、低保对象、特困人员等困难群体城乡居民基本养老保险个人缴费”是上年新纳入的民生实事。截至2019年年底，全省开工建设寄宿制学校宿舍10.4万平方米，为目标任务的104%；对建档立卡未标注脱贫的贫困人口、低保对象、特困人员等困难群体参加城乡居民基本养老保险的个人缴费部分，按照“应保尽保”原则，财政部门已按照每人每年100元标准全部给予代缴。

【1月16日】省委宣传部、省卫生健康委在甘洛县启动“四川省第十六届卫生下乡爱心服务团送卫生下乡”活动，来自四川大学华西医院、省人民医院、四川大学华西口腔医院等15家省级、4家州级、1家县级医疗卫生机构的60余名医疗专家、卫生工作人员开展现场义诊。

【1月17日】商务厅发布2018年电子商务数据，全省农村网络零售额达到926.22亿元，增长30.45%，在全国排名第四位，在全省整体网络零售额中占比21.7%，其中增幅最大的是农产品网络零售额，增长44.26%。

【1月21日】全省扶贫开发工作会议在成都市召开。会议深入学习贯彻习近平总书记关于扶贫工作的重要论述，全面落实全国扶贫开发工作会议、“三区三州”脱贫攻坚座谈会、四川省推动彝区藏区脱贫攻坚工作会议等会议精神，总结2018年全省脱贫攻坚工作，研究部署2019年重点工作，对脱贫攻坚作出再动员再部署。

△ 财政厅、民政厅下达2019年中央和省级财政困难群众救助补助资金70.1492亿元，其中中央资金63.9192亿元、省级资金6.23亿元，专项用于全省城乡低保、特困供养、临时救助、孤儿生活保障及流浪乞讨人员救助补助支出。

【1月23日】省委农村工作会议暨全省农村人居环境整治工作推进大会在成都市召开。会议深入学习贯彻习近平总书记关于“三农”工作的重要论述，认真落实中央农村工作会议精神，深入学习浙江“千万工程”经验，全面扎实推进农村人居环境整治会议精神和省委部署要求，部署“三农”工作重点任务。

【1月24日】凉山州2019年第一季度重点项目暨乐西高速公路建设项目集中开工仪式在美姑县九口乡乐西高速项目现场举行。乐西高速公路扶贫大通道的建设将对全州决战决胜脱贫攻坚和经济高质量发展起到巨大的推动作用。

△ 全省落实中央环境保护督察反馈意见整改工作领导小组办公室数据显示，截至2018年年底，中央第五环境保护督察组向四川移交的群众信访举报件涉及的9070个各类生态环境问题已整改完成8778个，整改完成率96.8%。各市（州）问题整改完成率较高的为遂宁市100%、宜宾市98.5%、广元市98.1%、成都市97.8%、泸州市97.8%；问题整改完成数量较多的为成都市3993个、绵阳市476个、南充市430个、德阳市412个、乐山市364个。

【1月25日】2019年全省公路工作会议召开。会议指出，2018年，交通运输厅对通乡通村公路破损路面开展专项整治，全省摸底排查出应整治公路里程1.1万千米，其中甘孜、阿坝、凉山三州地区约占30%。对于深度贫

困地区，整治资金由省级财政支持，按县、乡道30万元/千米、村道20万元/千米的标准进行补助。截至2018年年底，全省仅剩2700千米破损路面未完成整治，主要集中在“三州”地区。按照进度安排，将于2019年9月底前全面完成整治。

【1月】 省河湖保护局数据显示，全省已有273名湖长履职到位，省、市、县、乡、村五级湖长制度和体系全部建成。全省29个常年水域面积1平方千米以上湖泊均已设立各级湖长，其中跨省湖泊泸沽湖设立省级湖长2名。

【1月】 按照中央宣传部、中央精神文明建设指导委关于组织好2019年春节前向深度贫困地区家庭赠送电视机工作的统一部署，全省启动向34个县（市、区）困难群众赠送电视机工作，其中凉山州获赠1225台。

二　月

【2月1日】 全省首个扶贫产品公益广告——“大凉山苦荞茶”在中央广播电视总台综合频道、经济频道、国际频道、新闻频道以及中国之声、经济之声等12个频率频道、46个广告时段重复播出。

【2月12日】 国家知识产权局商标局公布12件“四川扶贫”集体商标的注册公示，标志着“四川扶贫”集体商标正式被核准注册受法律保护。

【2月18日】 全省正式开启“疫木除治月”攻坚战行动。全省在各疫区县（市、区）和乡（镇）成立除治作业班组1317个，主要负责疫木采伐和就地焚烧等销毁工作。攻坚战期间，各疫区采取“采伐木打好标记+坐标定位”“一把油锯一名监理员”模式把控疫木除治的数量和质量。保障措施上，省重大林业有害生物防控工作指挥部对各地实行除治进度周报管理，对除治进度严重滞后的疫区政府主要负责人进行批评或督导。

【2月18日—19日】 2018年贫困县退出专项评估检查培训会在成都市召开。全省2018年30个计划“摘帽”贫困县退出的实地评估检查环节于2月20日启动，3月10日前完成。全省30个计划“摘帽”贫困县中，国定贫困县有17个，由西南大学和江西财大2所省外高校负责评估检查；省定贫困县13个，由四川农大、省社科院等12家省内高校和科研机构负责评估检查。

【2月19日】 7辆满载茶叶的集装箱式货车驶出夹江县木城镇的四川省华义茶业有限公司，搭乘中欧班列前往乌兹别克斯坦，这是川茶首次直接出口至中亚。

【2月24日】 5时38分，荣县发生4.7级地震，震源深度5千米，震中位于荣县高山镇。全县房屋损坏1500余间，受灾群众6000余人，转移安置600人。

【2月28日】 全省人力资源和社会保障暨人社扶贫工作会议召开。会议指出，全省将实施农民工工作提升行动，通过加强省际劳务合作，进一步稳定川籍农民工省外就业规模，确保全省农民工转移就业稳定在2450万人左右。

【2月】 凉山州13个增减挂钩项目实施规划通过省级验收并获得合格证书，共产生增减挂钩节余指标2368亩，可产生指标收益超过7亿元，这是全省用土地政策助推凉山州脱贫攻坚的一个实例——一边是集约新建的彝家新寨，一边是老房子拆旧复垦，一增一减之间，产生的节余指标为凉山州带去数百亿元的扶贫资金，让贫困地区30余万名农民群众受益。

【2月】 农业农村厅、省发展改革委等8部门联合印发《关于推进农村“厕所革命”专项行动的指导意见》。《意见》指出，到2019年年底，全省将在城镇近郊区等基础条件较好的地区基本实现农村户用卫生厕所普及率达70%以上，力争90%以上的行政村至少有1处公共厕所，甘孜、阿坝、凉山等经济欠发达、深度贫困地区可根据实际情况适度放宽。

【2月】 全省将在38个贫困县安排实施75个农村土地整治扶贫项目。项目建设规模84.69万亩，建成后预计新增耕地6.83万亩，耕地质量平均提升一个等级，直接受益人口达到30余万人。75个项目分布在泸州、南充、广安、达州、宜宾、广元、绵阳、巴中、甘孜9个市（州），覆盖38个贫困县373个村，其中139个村为贫困村。所有项目将于6月底完成招投标，8月底开工建设，11月30日前全部完工。

【2月】 国家发展改革委、农业农村部等7部委下发通知，认定首批100个国家农村产业融合发展示范园。全省有5个示范园入选，数量仅次于河南的6个，位居全国第二，入选的5个示范园分别为泸州市纳溪区国家农村产业融合发展示范园、宜宾市翠屏区国家农村产业融合发展示范园、乐至县国家农村产业融合发展示范园、西充县国家农村产业融合发展示范园、苍溪县国家农村产业融合发展示范园。

三　月

【3月1日】 四川省移民工作会在成都市召开。会上指出，2018年，全省安置水库移民1.1万余人，完成投资近72亿元的移民项目建设，足额兑现110余万元移民直发直补资金。

【3月4日】 省委办公厅、省政府办公厅印发《关于在凉山州开展“树新风助脱贫”巾帼行动计划（2019—2020年）的通知》，决定在未来两年里，在凉山州11个深度贫困县开展“树新风助脱贫”巾帼行动计划，到2019年年底，“树新风助脱贫”局面初步形成；到2020年年底，文明习惯、科学家教、优良家风成为广大妇女和家庭的普遍共识，贫困家庭人居环境明显改善，禁毒防艾意识显著提高，科学育儿理念逐步形成，健康养护知识普遍推广，陈规陋习逐步摒弃，“树新风助脱贫”的长效机制进一步建立健全。根据巾帼行动计划方案，全年将开展4项重点工作，即洁美家庭创建、控辍保学、禁毒防艾、优生优育工作家庭宣传和动员。

【3月11日】 省绿化委数据显示，截至2018年年底，全省森林覆盖率达38.83%，上升0.8个百分点，高出全国平均值15个百分点以上。

【3月13日】 省委藏区办公室发布数据显示，2018年，全省藏区“六项民生工程计划”年度目标任务已完成，共计到位各级资金86.9亿元，较2017年增长15.7%。按照中央明确提出的2019年年底前在藏区基本消除绝对贫困的要求，全省将突出脱贫攻坚任务要求，推进各项民生工程落地落实，确保2019年四川藏区完成计划“摘帽”贫困县16个、退出贫困村305个、脱贫贫困人口4.3万人，实现贫困县全部“摘帽”贫困村全部退出的目标。

△ 全省春耕生产暨高标准农田建设现场会在大邑县召开。现场会提出，全省春耕工作将以现代农业园区建设为引领，围绕打造四川农业“10+3”产业体系的战略思路，抓好粮食生产，守住战略底线，补齐“藏粮于地”短板，如期完成4620万亩“两区”地块划定任务，打造成片连线的粮油绿色高质高效示范区200万亩，全省粮食适度规模经营面积同比提升5%。全省将保障粮食等主要农产品供给，力争全省国标二级以上优质稻种植面积达到950万亩。

【3月18日】 教育厅指出，全省计划投入近

10亿元，用于改善藏区学校办学条件，同时深化“一村一幼”计划和“9+3”计划，力争到2019年年底学前三年毛入园率达到80%、高中阶段毛入学率达到85%。

【3月19日—20日】 四川省精准帮扶“大走访”培训动员会召开。会议指出，精准帮扶“大走访”活动由驻村工作队、“第一书记”、帮扶干部和乡村干部共同完成，对象为625万名建档立卡贫困户、11501个贫困村以及派驻“第一书记”的非贫困村。

【3月30日】 18时，木里县雅砻江镇立尔村发生森林火灾，着火点海拔3800米左右，火场平均海拔4000米，多个火点位于悬崖峭壁上。3月31日下午，扑火人员在转场途中受瞬间风力风向突变影响，突遇山火爆燃，27名森林消防指战员和3名地方扑火人员失联。4月1日18时30分，经全力搜救，30名在扑火中遇难的人员遗体全部找到。

四 月

【4月1日】 省林草局数据显示，全省20%以上的林地和80%以上的草地资源分布在贫困地区，生态扶贫是这些地区贫困户脱贫增收的主要路径之一。全省已连续3年将60%以上的中央和省级林草财政资金向贫困县倾斜，通过“管绿”“植绿”“活绿”方式带动贫困农牧民增收。生态扶贫主要依托生态公益岗位设置、脱贫攻坚造林专业合作社和涉林涉草产业展开，全省已从建档立卡贫困户中选聘生态护林员、草管员7.96万名，占全省贫困县公益岗位总数的71%，带动33.5万人稳定脱贫。从上年开始在全省推广的脱贫攻坚造林专合社重点吸纳建档立卡贫困户以劳动力及其他生产资料入社，承接造林绿化等生态建设业务。全省各贫困县已组建造林专合社770个，共吸纳建档立卡贫困劳动力2万名，入社户人均年增收2000元。在成都市温江区、广元市朝天区、宜宾市叙州区、乐至县、普格县等地启动省级现代林业示范区建设，通过培育特色经济林草业，不断带动贫困户增收。

【4月3日】 成都市举行2019年乡村振兴重大项目开工仪式，计划实施乡村振兴重大项目484个，计划完成投资638.5亿元。项目涵盖农村产业、生态文明、基础设施建设等多个领域，其中10亿元以上的投资项目97个，投资额达410.7亿元，占总投资额的64.3%。484个项目中，在“西控”区域实施的有198个，投资额达273.1亿元，包括都江堰国际康养特色小镇、大邑安仁世界文博小镇建设等一批投资超百亿元项目，“西控”区域作为成都市乡村振兴主战场的地位不断凸显。

【4月11日】 四川省2019年贫困县“摘帽”工作现场推进会在古蔺县召开。会议指出，截至3月底，2019年全省50万预脱贫人口义务教育、基本医疗覆盖达标率已达98%以上，住房安全达标率达77.8%，31个计划“摘帽”贫困县的贫困人口均下降到1万人以下。

【4月18日】 甘孜州2019大渡河流域乡村振兴示范区推介会在成都市举行，会上推出7个特色村寨、6条精品线路。甘孜州大渡河流域是该州为成都及周边城市定制推出的“成都后花园·康养加休闲”旅游目的地。从2018年5月开始，甘孜州全面实施大渡河流域乡村振兴示范区建设，已打造特色民宿123家，改造民宿32家、农家乐16家，改造民宿试点样板房69户、民居风貌1700户；认定省级森林康养人家10家，创建森林自然教育基地1处、森林康养基地2处。整个大渡河流域乡村振兴示范区将于5月亮相。

【4月25日—26日】 作为2019（首届）农业科技成果转化大会暨第七届成都国际都市现代农业博览会亮点活动之一，农业科技成果路演拍卖及供需对接会专场活动在成都市举行，来自中国农业科学院各研究所、地方农科院、涉农高校等22家机构进行了24项农业科技成果路演推介，推介内容涉及种植、养殖、智能机械、农产品加工、资源与环境、农业信息化等领域，其中营养型高叶酸玉米、高胡萝卜素甘薯、高花青素甘薯等18项营养型农产品技术成果现场举行了拍卖活动，总成交额2903万元。

【4月28日】 省政府召开第26次常务会议，传达学习中共中央总书记、国家主席习近平在解决“两不愁、三保障”突出问题座谈会上的重要讲话精神和国务院近期重要会议、全国人大常委会水污染防治法执法检查座谈会精神，研究全省贯彻落实意见，安排部署脱贫攻坚、成都临空经济示范区发展和生态保护补偿等工作。会议批准平武县、广元市昭化区、广元市朝天区、青川县、阆中市、南江县、松潘县、九寨沟县、金川县、小金县、若尔盖县、红原县、康定市、丹巴县、九龙县、乡城县、稻城县17个国家级贫困县和乐山市金口河区、营山县、高县、筠连县、珙县、兴文县、岳池县、武胜县、邻水县、达州市达川区、开江县、大竹县、渠县13个省定贫困县退出贫困县序列。

【4月29日】 经济和信息化厅、农业农村厅、省政府驻北京办事处联合在北京举办“四川好水·天府名茶”品牌鉴赏推介活动，全省22家茶企、16家水企和4家饮料企业集中亮相，这是四川包装饮用水和茶叶企业首次组团“走出去”。

【4月30日—5月2日】 四川省商务厅与浙江省商务厅联合举办“四川扶贫”产品产销对接活动，全省上千种“川字号”特色农产品亮相浙江，助推“四川扶贫”产品拓宽营销渠道。对接活动上，川茶、川酒、川菜、川药、川果等“川字号”产品大受欢迎，其中包括200余种“四川扶贫”产品。全省200余家供应商与浙江100余家连锁超市、酒店餐饮、农产品电商等采购商企业展开对接。活动开幕式上，四川省商务厅与浙江省商务厅签署了商务扶贫协作框架协议，双方将进一步加强全方位合作。

【4月】 省委办公厅、省政府办公厅印发19个扶贫专项2019年实施方案，计划投入1320.74亿元，聚焦“两不愁、三保障”标准，确保完成31个贫困县、1482个贫困村、50万名建档立卡贫困人口脱贫的年度目标任务。19个扶贫专项包括农业产业扶贫、工业产业扶贫、商务扶贫、农村土地整治扶贫、科技扶贫、文化扶贫、生态建设扶贫、贫困家庭技能培训和就业促进、社会保障扶贫、新村建设扶贫、易地扶贫搬迁、教育扶贫、健康扶贫、交通建设扶贫、水利建设扶贫、信息通信建设扶贫、社会扶贫、财政扶贫、金融扶贫。每个扶贫专项方案均包括年度目标、重点工作、资金筹措等内容，资金清单和项目清单一并印发，成为该领域的年度扶贫“施工图”。

五 月

【5月3日】 第八届四川国际茶业博览会在成都市开幕，成交额达15.78亿元，接待观众26.7万人次，交易金额较上年增加3亿余元，再创新高；到会专业买家5.6万人次，增长32.1%。开幕式上，组委会为首次公开评选的“四川十大茶叶企业”和36家“天府龙芽”地理标志使用企业授牌，标志着川茶产业第一方阵集体亮相。

【5月7日】 全省农村住房建设试点工作推进会暨技术支持对接会召开。会议已确定在成都市郫都区等14个县（市、区）开展农村住

房建设试点。14个农村住房建设试点地区分别为成都市郫都区、蒲江县、米易县、德阳市罗江区、中江县、绵阳市游仙区、梓潼县、广元市昭化区、遂宁市安居区、内江市东兴区、华蓥市、南江县、得荣县、会理县。

【5月10日】 甘孜水电消纳产业示范园区建设在康定市瓦泽乡启动。该园区为全省四大水电消纳园区之一,规划面积3000亩。甘孜州已建成长河坝、猴子岩等一批大、中、小型电站,累计装机规模达1216万千瓦。由于外销不足,2018年甘孜州装机弃水超过180亿千瓦时,弃水窝电量占全省的1/3。该园区建成后,将解决甘孜州弃水窝电问题。

【5月11日】 省林草局指出,全年安排退牧还草工程任务181万亩,全部下达至川西高原和大小凉山地区的19个贫困县。为确保工程实施,中央财政将下达配套资金1.57亿元。从区域来看,退牧还草工程任务全部下达给甘孜、阿坝和凉山三州的19个贫困县。统计显示,全省有草原面积3.13亿亩,其中约1.54亿亩呈退化趋势。

【5月14日】 由全省50个小镇联合组建的四川文化旅游特色小镇文旅发展联盟正式成立。联盟由邛崃市平乐镇、崇州市街子镇、大邑县安仁镇等20个第一批四川省文化旅游特色小镇联合省内30个小镇共同发起。联盟成立后,将以文旅融合、区域发展、惠民富民为己任,构建全省文化旅游特色小镇文化共同体、学习共同体、发展共同体,促进资源共享、优势互补、创新合作、联盟自律,推动文化旅游特色小镇各领域多方位全链条深度融合发展,打造一批主题鲜明、功能完善、宜居宜游宜业的文旅特色小镇。

【5月21日】 由民政厅、凉山州政府主办,旨在为凉山贫困家庭白内障患者实施复明手术的"索玛花开"项目主题活动在越西县举行。民政厅计划3年投入福彩资金1000余万元,救治当地超过6000例白内障患者。"索玛花开"项目将覆盖凉山州17个县(市)。2019—2021年作为重点突破年,集中开展救治,随后将转入常规救治。2019年,主要在美姑县、越西县、喜德县实施;2020年,主要在雷波县、金阳县、布拖县、昭觉县实施;2021年,主要在木里县、盐源县、普格县、甘洛县实施。

【5月24日】 全省农业产业扶贫现场会暨深度贫困地区园区建设推进会在西昌市召开。会议指出,全年将以现代农业园区为载体,在贫困地区新建现代农业园区150个,支持符合条件的园区申报省级星级园区。2018年,全省通过发展农业产业实现35.95万名建档立卡贫困人口脱贫,占全省总脱贫人口的34.6%。

【5月29日】 全省安排落实中央、省困难群众救助补助资金106.6亿元,用于民生兜底保障。根据《四川省社会保障扶贫专项2019年实施方案》,全省共落实包括争取中央财政新增3.6亿元在内的困难群众救助补助资金106.6亿元,全部用于深度贫困地区,其中安排凉山州困难群众救助补助资金10.4亿元,保障47.8万名城乡低保人员和1.7万名特困救助供养人员的基本生活权益。

【5月】 作为四川省人才扶贫重大人才工程——《深度贫困县人才振兴工程2019年工作计划》出炉,《计划》对人才定向培养、在职培训、人才招引工程等提出了明确目标任务,全年计划为45个深度贫困县培养各类人才5.4万余名。在人才定向培养工程方面,采取定向招生、定向培养、定向上岗的方式,依托省内44所高校,为45个深度贫困县免费培养紧缺专业大学生1620名,为深度贫困县免费定向培养农村实用人才954名。在人才在职培训的5.4万余人中,既包括千名紧缺专业人才培养行动400名,又包括藏区乡(镇)"9+3"学历干部培训1320名;既着眼于当前脱贫攻坚急需开展专业人才培训(实施中小学教师素质能力提升培训13860名,县、乡医疗卫生人员能力提升培训4210名,林业专业技术人员能力提升培训1095名,产业技术技能人才能力提升培训1000名,环保人才能力提升培训352名),又着眼于乡村振兴开展乡土人才素质提能(包括"一村一幼"辅导员能力提升培训9000名、"一村一医"培训提能6980名、"一乡一全科"培训提能327名、"一村一名培训提升农技员"1330名、"一户一名技术能手"培训提能13770名)。

【5月】 全省将对8万余处农村饮用水水源地进行排查整治,确保农民群众喝上"放心水"。自2015年起,全省全面启动农村安全饮水工程,2019年年底前将基本扫除农村自来水覆盖盲点。

【5月】 国家能源局、国务院扶贫开发领导小组办公室下达"十三五"第二批光伏扶贫项目计划,涉及15个省(区)、165个县光伏扶贫项目,其中四川省共有57个光伏扶贫项目,涉及甘孜州、凉山州7个县、33个乡(镇)、3230户贫困户,装机总容量超过1.8万千瓦,建设资金超过1.3亿元,建设资金的来源主要是扶贫资金、定点帮扶资金以及社会捐赠资金等,计划在2019年年底前全容量建成并网。在中国"十三五"第一批光伏扶贫项目中,四川省有17个分布式光伏扶贫项目,涉及16个县,惠及建档立卡贫困村423个、贫困户3540户,将于2019年6月30日前全容量建成并网。

【5月】《四川省村规划编制技术导则(试行)》和《关于做好村规划编制工作的通知》正式下发,标志着全省村规划编制工作全面启动。规划将对原村庄规划、村庄建设规划、村土地利用规划、土地整治规划等村规划进行整合,实现"多规合一";统筹安排村域生态保护、耕地保护、产业发展、文化传承、基础设施、公共服务设施和农村居民点等各类空间,明确农村居民点类型,确定建设用地规模。《通知》明确,村规划由乡(镇)政府组织编制,市、县、乡三级党委、政府要强化对村规划工作的领导。各地可根据实际情况采用单独编制或连片编制方式推进村规划编制工作。鼓励建立具有本地特色的农村居民点分类体系,开展有针对性的村规划编制工作。

【5月】 全省75万余名农村留守儿童基本信息已全部录入管理系统,并实行动态管理。全省1.5万名无户籍儿童落实了户口登记,近2000名失学辍学儿童实现返校复学,近2万名失职父母受到批评教育,近10万名无人监护儿童和父或母无力监护的农村留守儿童通过委托监护机构临时监护等措施,全部落实了监护人。全省有儿童福利院73所、床位1.2万张,省、市儿童福利服务指导中心204所,未成年保护机构115个;在乡(镇)和村(居)一级共配备儿童督导员和"儿童主任"5.4万名,数量规模居全国第一位。

六 月

【6月4日—5日】 全省落实"两不愁、三保障"回头看大排查培训会在成都市举行。培训会指出,全省将从6月开始,集中2 ~ 3个月时间在全省161个有脱贫攻坚任务的县(市、区)开展拉网式大排查,全面摸清"两不愁、三保障"的突出问题,涉及190余万户625万名建档立卡贫困人口和非建档立卡特殊困难户。

【6月17日】 22时55分,长宁县发生6.0级地震,震源深度16千米。地震发生后,根据党和国家领导人习近平和李克强指示,应急

管理部、国家卫生健康委等部门派出工作组赶赴灾区指导救援救灾。自然资源部、水利部等有关部门指导地方排查震区周边风险隐患点。四川省、宜宾市组织桥梁、地质专家以及救援队等力量开展救灾工作，并紧急调拨帐篷、棉被、折叠床等救灾物资运抵灾区。省委书记彭清华、省长尹力作出批示，对抢险救援工作提出了要求。副省长尧斯丹率领应急管理厅等部门赶赴震中，国家矿山应急救援芙蓉队、宜宾市矿山救护队、兴文县矿山救护队、珙县安顺矿山救护队、筠连县矿山救援大队、叙永县矿山救护队和应急救援信息中心、云南东源矿山救护队等救援队紧急赶往现场实施救援。截至6月18日，地震已造成13人死亡、158人受伤、14万余人受灾，部分水电、交通、通信等基础设施受损；国家发展改革委安排四川省救灾应急补助中央预算内投资5000万元，用于地震灾区基础设施和公益性设施的应急恢复建设；财政厅启动财政应急预案，向宜宾市专调资金1000万元，其中长宁县600万元、珙县400万元。6月21日，搜救工作已基本结束，抗震救灾工作重点逐步从应急救援转向基础设施恢复、财产损失评估鉴定和灾后恢复重建。

【6月22日】 22时29分，珙县发生5.4级余震，震源深度10千米，造成珙县、长宁县31人受轻伤和轻微伤，其中留院观察治疗21人，均无生命危险。

【6月26日】 地理标志农产品保护工程启动仪式暨全国农产品地理标志培训班在眉山市启动，标志着全国正式开启地理标志农产品保护工程，其中"四川泡菜"等14个地理标志农产品被纳入首批保护工程。四川省自2008年启动农产品地理标志登记保护工作以来，登记数量已达170个，居全国第二位、西部第一位，带动发展401家用标企业。产品涵盖果品、蔬菜、茶叶、粮食、食用菌、肉、蛋等特色产业，其中种植业134个、畜牧业36个，分布于21个市（州），一批地理标志农产品已享誉全国。"四川泡菜""纳溪特早茶"被列入首批中欧地理标志保护互认互保产品。

【6月28日】 由省委组织部组织实施的脱贫攻坚系列专题大讲堂首次走进甘孜州，讲堂围绕"强化党建引领、推广先进经验、助力脱贫攻坚"专题，为甘孜州扶贫干部决战决胜脱贫攻坚启迪思路、集聚智慧、提升能力。大讲堂采取"主会场+分会场"网络直播方式进行，在康定市设立主会场，在18个县（市）及所辖乡（镇）设立335个分会场，州级相关单位分管负责人及业务科室负责人，各县（市）委书记、县（市）长、县级有关部门负责人，乡（镇）党政正职、各类帮扶干部、村干部等8300余人同步参加学习，实现了州、县、乡、村脱贫攻坚干部全覆盖培训。

【6月】 全省共有1155家企业（含新型农业经营主体）、2375个扶贫产品获得"四川扶贫"集体商标授权。

【6月】 省扶贫开发局数据显示，截至6月底，全省2019年50万名计划脱贫人口中，义务教育、基本医疗达标率均达100%，住房安全达标率超过86%；1482个计划退出贫困村中，通村硬化路、通信网络达标率均超过95%；31个计划"摘帽"贫困县中，乡（镇）标准中心校、卫生院达标率均超过96%，便民服务中心达标率超过87%。

七 月

【7月23日】 农业农村厅在德阳市罗江区举行《四川省现代农户家庭农场培育行动方案（2019—2022年）》新闻发布会，这是全国省级层面制定的第一个专门针对现代农户家庭农场培育的文件。《方案》明确，全省将从2019年启动现代农户家庭农场培育计划，把长期稳定务农的小农户培育成为家庭农场；到2022年，分两批次培育家庭农场5000家以上，其中以粮油为主的家庭农场占比将超过50%，养殖型和种养结合型的家庭农场占20%左右，培育对象将以农户为主体，农户经营须初具规模，土地流转有序，拥有一定技能水平且社会信用良好，年龄不超过60周岁。

【7月25日】 2019年农业产业强镇建设名录出炉，全国共有298个乡（镇）将开展产业强镇建设，四川省华蓥市禄市镇等22个乡（镇）入围，总数排名全国第二位，仅比全国第一的山东省少1位。每个乡（镇）将获得中央财政补助资金1000万元。

【7月26日】 藏区"摘帽"县脱贫攻坚工作推进会在炉霍县举行。会议指出，全年藏区4.3万名预脱贫人口中，住房安全达标率超过70%；16个计划"摘帽"县中，标准中心校达标率为95.67%、卫生院达标率为92.6%、便民服务中心达标率为74.12%。2019年，四川藏区剩余16个贫困县计划全部实现"摘帽"，藏区发展将迎来崭新一页。

【7月】 省林草局数据显示，天保工程实施20年来，全省累计治理荒漠化土地845万亩。四川土地荒漠化治理启动于20世纪90年代，先后启动了天保工程、退耕还林等。近年来，全省又先后把荒漠化地区生态修复纳入生态文明体制改革的重要内容，在全国率先统筹重点生态功能区转移支付，启动生态脆弱区综合治理项目，实施大规模国土绿化项目等。20年来，全省通过封山育林、人工造林、草地改良及修建水利水保设施等措施，累计治理岩溶区665万亩；通过探索柳沙障、沙袋沙障、植灌、防风林带等模式，完成沙化土地治理180万亩。全省开展荒漠化治理重点工程建设，组织开展第六次荒漠化和沙化监测，并扩大沙化土地封禁保护区试点范围。

【7月】 四川省农民工基本信息数据库信息显示，全省3500余万名农村劳动力个人档案已初步建立，其中包括2500余万名转移就业的农民工。数据库里加载的农民工个人档案包括农民工的姓名、性别、年龄、就业（失业）状况、社保参保情况、职业技能培训情况等，为给农民工提供精准的就业、培训等关心关爱服务提供了基础。通过大数据分析发现，全省农民工务工地主要集中在珠三角、长三角和京津冀地区，其中广东省最多。从结构上看，农民工男性比女性多；从年龄来看，41～50岁人数最多；从文化层次上看，初中学历人数最多，占66.18%；从从事产业上看，就业主要集中在第二、第三产业，所从事行业的前三位分别是制造业、建筑业以及居民服务、修理和其他服务业。

【7月】 平昌—青田东西部扶贫协作农产品双创产业园正式投入运营，全国首个青花椒交易中心在平昌县开业。东西部扶贫协作农产品双创产业园是经浙江省青田、四川省平昌两省两县共同确认的扶贫援建帮扶项目。产业园占地100亩，由青花椒交易中心、特色农产品交易市场、花椒精深加工车间、农产品主题馆、花椒体验展示馆、青田馆六大部分组成，预计年交易加工鲜花椒10万吨以上。

【7月】 农业农村部、财政部公布2019年国家现代农业产业园创建名单，全国共有45个现代农业产业园入围，其中四川省3个，分别为广汉市现代农业产业园、邛崃市现代农业产业园、安岳县现代农业产业园，入围数量与广东省并列第一。至此，全省国家现代农业产业园创建数量累计达7个，居全国第一位。

【7月】 省政府办公厅印发《关于加强古镇古村落古民居保护工作的意见》，提出到2025

年，全省古镇古村落古民居将统一实施建档挂牌保护，培育创建最美古镇20个、最美古村落100个。

【7月】 省委组织部印发《关于大力实施优秀农民工回引培养工程的意见》，明确全省将突出抓好回引、培养、使用、管理、激励等关键环节，把更多优秀农民工吸引回来、使用起来，力争通过2～3年努力，推动村党组织书记队伍的中优秀农民工成为主体，着力打造一支带头致富、带领致富的带头人队伍。

【7月】 国家统计局2019年夏粮产量数据公告显示，四川省夏粮产量稳中略增，达到422.9万吨，增产3.4万吨，增长0.8%，其中谷物产量248.5万吨、豆类产量30.2万吨、薯类产量144.2万吨。

【7月】 住房和城乡建设部等国家6部门联合公布2019年列入中央财政支持范围的中国传统村落名单，成都市金堂县五凤镇五凤溪社区、自贡市大安区三多寨徐家村、攀枝花市米易县麻陇彝族乡中心村等61个村（社区）入列，进入2019年中国传统村落中央财政支持范围，入选村落将一次性获得300万元的中央财政资金支持，用于中国传统村落的各类保护项目实施，其中四川省共有中国传统村落333个，已列入中央财政支持范围的有222个。

八　月

【8月1日】 四川农民工服务平台正式开通上线。

【8月8日】 全省进一步加强非洲猪瘟防控抓好生猪稳产保供电视电话会议在成都市召开。会议要求进一步坚持问题导向，确保在加强疫情防控、抓好稳产保供上打开新局面。会议指出，将重点针对生猪养殖场（户）、交易市场、屠宰场、无害化处理厂、饲料企业、肉品加工企业、生猪运输车辆、冷库冻库、餐厨剩余物收运转储地等开展疫情监测大排查和大清洗大消毒，严格实施禁调限运，严格落实餐厨剩余物饲喂监管，并规范疫情报告和处置，各地一旦发现疑似疫情或生猪不明原因大规模死亡，须第一时间逐级上报，严打收购、贩运、销售、随意丢弃病死猪和“炒猪”“洗猪”等违法犯罪行为，并从严追责问责。

【8月26日】 省非洲猪瘟防控应急指挥部公布由农业农村厅、省发展改革委等15个部门联合印发的《关于印发促进生猪生产保障市场供应九条措施的通知》，从稳定生产、保障市场供应等方面给出解决举措。

【8月29日—30日】 全国东西部扶贫协作“携手奔小康”培训班分别在泸州、宜宾两市举办，全国23个省负责东西部扶贫协作工作的180余人参加培训，这是国务院扶贫办第一次在四川省举办东西部扶贫协作“携手奔小康”培训班。

九　月

【9月9日—10日】 第三届四川村长论坛暨村社发展大会在广元市利州区白朝乡月坝村举行。论坛以“乡村振兴与人才先行”为主题，聚焦乡村振兴中的人才问题，发布了《2019四川乡村人才发展报告》。《报告》指出，当前全省有农业企业经营者1万余人、农民合作社带头人9.9万余人、农业技术推广人员3.7万余人、新型职业农民18.2万人，但各类型人才规模参差不齐、区域差距明显。《报告》建议，要改变人才发展观念，树立人才优先发展理念，建立乡村人才培育机制，搭建乡村人才与产业联合的发展平台，吸引更多更优质的人才到乡村创新创业。论坛还举行了主论坛、分论坛嘉宾对话、川东北特色农产品暨现代农业物质装备展示等活动，并为评选出的50个“2019四川特色村”和50个“2019四川乡村领军人才”颁发了荣誉证书，其中崇州市白头镇五星村等50个村、米易县垭口镇安全村党支部书记曾茂宏等50人获得该项荣誉。四川村长论坛是全国首个省级层面聚焦村级发展的重要平台，是全省“三农”领域特别是农村基层干部相互学习交流的重要载体，已连续举办三届。

【9月17日】 首届世界柠檬产业发展大会在资阳市举行。会上，中国农业科学院柑桔研究所、安岳县柠檬产业局发布首部《中国柠檬产业发展报告》蓝皮书，世界柠檬五大主产区土耳其、美国、意大利、西班牙和中国的参会代表共同发表《世界柠檬产业绿色发展宣言》。安岳县柠檬种植面积和鲜果产量均占全国的80%以上，柠檬加工产品种类和数量均占全国的80%以上。2018年，安岳县种植柠檬52万亩，年产量58万吨，实现总产值110亿元。安岳柠檬进入初级农产品类地理标志产品全国10强，品牌价值超过175亿元，居四川优势农产品品牌价值前茅，是“川果”金字招牌。

【9月20日】 四川生猪规模养殖场建设项目集中开工仪式在仁寿县举行。除眉山市主会场外，成都、广安、乐山、泸州、广元、宜宾、内江、自贡8市还设立了12个分会场，开工项目以眉山市仁寿县德康慈航祖代种猪场项目为领衔，共有13个项目，总投资额25亿元，建成后将新增生猪产能200万头以上。

△ 全国脱贫攻坚奖评选表彰工作办公室发布《2019年全国脱贫攻坚奖获奖先进个人和先进单位公告》，四川省4名个人和1个单位获奖，分别为小金县达维镇冒水村党支部书记陈望慧、四川省唐古拉风艺术团董事长李进、昭觉县四开乡梭梭拉打村帮扶干部布哈、省发展改革委以工代赈办副处长王正以及“学前学会普通话”凉山试点项目组。

【9月22日】 四川省金融扶贫创新案例推选结果出炉，20个金融扶贫创新案例脱颖而出。9月27日—29日，在成都宽窄巷子举办了“向祖国报告为扶贫加油”四川金融扶贫展，对20个四川金融扶贫创新案例进行集中展示，部分金融机构帮扶的特色农产品进行了现场展销。

【9月24日】 建设现代农业“10+3”产业体系推进会议在成都市召开。现代农业“10+3”产业体系即建设川粮油、川猪、川茶、川菜、川酒、川竹、川果、川药、川牛羊、川鱼十大优势特色产业和现代农业种业、现代农业装备、现代农业烘干冷链物流三大先导性支撑产业。

△ 中国天府农业博览园项目在成都市开工。农博园项目是省委、省政府着眼实施乡村振兴战略、推动四川由农业大省向农业强省跨越作出的重大部署，旨在坚持“农博引领+乡村振兴”总体思路，把农博园建设成为四川会展农业的标杆、产业融合发展的载体、乡村振兴的示范，引领带动实现全省“农业强、农村美、农民富”的目标。农博园规划面积129平方千米，其中核心区规划面积11平方千米。

【9月26日】 以“深化开放合作，推动乡村振兴”为主题的第七届四川农业合作发展大会暨农博会在成都市开幕。开幕式上举行了农业投资合作项目和农产品采购贸易项目签约仪式，共签订农业投资合作项目137个，合同金额1090亿元。农博会由省政府主办，农业农村厅、商务厅、省经济合作局、四川国际博览集团承办，阿根廷为主题国，遂宁市为主题市。展览展示总面积6万平方米，设置农业农村改革发展成就展区等六大展区，展览持续至9月

29日。该届农博会首次全产业链展示四川现代农业“10+3”产业体系，境外31个国家和地区、国内24个省（区、市）、全省21个市（州）组团参展，参展国家与国家馆设置数量均为历届之最，参展企业达1300余家。

△ 网络扶贫东西部协作暨试点工作推进活动在凉山州举行。2016年以来，全省积极实施网络扶贫行动计划，全力推进网络覆盖、农村电商、网络扶智、信息服务和网络公益五大工程建设，全省行政村光纤通达率、4G通达率分别达到98%、93%，信息高速路通达甘孜、阿坝、凉山等地贫困地区，44个贫困县获得国家级电子商务进农村综合示范项目，创建省级电子商务脱贫奔康示范县21个，电商产业扶贫链吸纳贫困人口就业超过2万人，促进贫困地区人均增收3250元。

【9月】《四川省人民政府关于加快推进农业机械化和农机装备产业转型升级的实施意见》印发。《意见》指出，到2020年全省农机总动力超过4800万千瓦，主要农作物耕种收综合机械化率达到63%，大宗经济作物全程机械化生产体系基本建立，设施农业、畜牧养殖、水产养殖和农产品初加工机械化取得突破。在推进农业生产全程全面机械化上，全省将聚焦十大“川字号”产业，率先在国家级、省级现代农业园区和农业科技园区开展全程全面机械化示范行动，着力整村整乡整县推进，力争到2025年，创建1000亩以上全程全面机械化示范区（基地）300个、示范县（市、区）60个。开展农机装备智能化提升示范，到2025年，全省将建成30～50个数字农业示范基地、20～30个农业电子商务示范企业。《意见》明确，将把“宜机化”纳入高标准农田建设、农村土地整治重要内容，到2025年，高标准农田、现代农业园区农机通达率达95%以上。推进沿江、沿河、沿湖机电提灌站建设和老旧提灌站更新改造，到2025年，新建改造提灌站1.5万座，保障常年机电灌溉能力2000万亩。

【9月】农业农村部公布2019年国家核心育种场名单，全国新遴选23家国家级畜禽核心育种场，其中四川龙日种畜场入选国家级肉牛核心育种场，四川南江黄羊原种场、成都蜀新黑山羊产业发展有限责任公司入选国家级肉羊核心育种场，四川肉羊育种场属首次入选“国家队”。至此，全省国家级核心育种场达到13家，其中生猪7家、肉牛2家、肉羊2家、肉鸡2家。

十　月

【10月10日】省政府与中国农业科学院签署战略合作协议，未来5年，双方将共同打造乡村振兴协同创新中心、农业科技成果示范推广中心、农业科技人才培育中心“三个中心”，助推四川擦亮农业大省金字招牌，加快实施乡村振兴战略。

【10月11日】以“科技兴农、数据赋能”为主题的2019年智慧农业科技创新研讨会暨示范观摩会在成都市召开。会上，中国农业科学院智慧农业创新团队首次展示了适合丘陵地区智慧农业领域的前沿操作系统，并将向包括四川在内的西南地区推广。农业云操作系统由中国农科院智慧农业创新团队自主研发，包括天空地农情信息时空数据库系统、物联网观测系统、农业大数据多维可视化系统等系统，配合智能巡田机器人、作业跟随机器人、无人除草机器人等云端一体化的农业智能作业装备，可实现无人化作业，田间生产效率将大幅提升。

【10月16日】全省共有7.6万家民营企业和商协会参与“万企帮万村”行动，7205家民营企业、商协会与7284个贫困村建立了结对帮扶关系，投入帮扶资金99.1亿元。

【10月17日】商务厅携手沃尔玛在沃尔玛深圳香蜜湖门店举行沃尔玛上市四川扶贫产品暨“川货出川”活动启动仪式。活动当天，商务厅与沃尔玛达成意向协议，计划将沃尔玛直采的凉山州盐源苹果数量增加一倍左右，达到1100余吨，这是沃尔玛第二次与商务厅携手将优质特色四川扶贫产品通过沃尔玛全渠道平台提供给全国顾客。

【10月21日】第六届中医药现代化国际科技大会在成都市开幕。会议指出，全省林源（林下或混种于林区）中药种植规模达336万亩，年产量达26万吨，均位居全国前列。

【10月25日】第二届四川最美古镇古村落创新发展论坛在理县举办，四川古镇古村落数字博物馆正式开馆。四川古镇古村落数字博物馆打开了一扇展示四川古镇古村落的窗口，通过信息技术手段对四川古镇古村落资源进行挖掘、梳理、保存、推广，以文字、图片、视频、音频、VR等形式集中展示四川古镇古村落的自然地理、传统建筑、村落地图、民俗文化、特色产业等，探讨四川古镇古村落传承与保护的新模式，推动古镇古村落保护发展。

【10月31日】省粮食和物资储备局、农发行四川省分行和中储粮集团成都分公司联合召开四川省2019年中籼稻最低收购价收购暨秋粮收购工作会，标志着2019年该项惠农工作正式拉开帷幕。2019年10月10日至2020年1月31日，只要符合启动条件并履行相关审批手续，即可以县为单位启动最低收购价收购工作，满足启动条件的市、县农民可以自主择机售粮。2019年，全省稻谷最低收购价格为2.52元/千克，与上年持平。

【10月】财政厅按照中央和省关于加大对粮油主产区利益补偿的决策部署，依照资金管理办法和上年度产粮大市（州）、大县（市）绩效评价结果，统筹财政粮食专项资金，报经省政府同意，安排省级财政产粮大市（县）奖励资金1.05亿元，其中泸州市、南充市、宜宾市、达州市、凉山州5个市（州）各奖励1000万元，南部县、通江县等11个县各奖励500万元。同时，省财政还新增3000万元产油大县奖励资金，用于奖励资中县、绵阳市游仙区、南充市嘉陵区的油料生产和产业发展。

【10月】财政厅、省发展改革委、农业农村厅、省粮食和物资储备局联合印发《四川省稻谷目标价格补贴专项资金管理办法》，明确了补贴对象、补贴标准、补贴资金兑付方式等，以确保政策落实到位。

【10月】全省出台《关于加快建设现代农业“10+3”产业体系 推进农业大省向农业强省跨越的意见》，提出到2022年的奋斗目标为：全省第一产业增加值达到5100亿元左右，年均增长3.6%左右；农村居民年人均可支配收入达到1.9万元左右，年均增长9%左右；涉农地区生产总值达到1.33万亿元；川粮油、川猪、川茶、川菜、川竹、川果、川药、川牛羊、川鱼产业综合产值分别达到3700亿元、3900亿元、1000亿元、3000亿元、1000亿元、1800亿元、1200亿元、3900亿元、1200亿元以上，川酒产业规模达到3800亿元以上；十大产业良种化率提高1～5个百分点，培育一批育繁推一体化的种业龙头企业；农机全产业链年产值突破1000亿元，农业综合机械化水平提高10个百分点以上；新型农业经营主体信息化水平达到55%，信息服务惠及80%以上的涉农农户；冷链物流设施静态库容达到800万吨以上，果蔬、肉类、水产品、奶类等农产品冷链流通率分别达到25%、47%、44%、60%以上；全省农业科技进步贡献率达到62%。

【10月】 经济和信息化厅公布首批省级农产品加工示范园区名单，邛崃市临邛工业园区、成都市郫都中国川菜产业园区等14家园区入选。入选后，示范园区可享受省级农产品加工示范园区专项资金支持等相关支持政策，同时实行“有进有退”的动态管理机制。

【10月】《四川省2019年贫困退出验收实施方案》印发。根据安排，对贫困户、贫困村验收工作于10月底前完成；11月20日前，完成贫困县退出初审；12月底前，完成贫困县退出专项评估检查，其中贫困村退出以“一低五有”为主要评价指标（“一低”指贫困村退出当年贫困发生率降至3%以下；“五有”指贫困村有集体经济、有硬化路、有卫生室、有文化室、有通信网络），贫困县退出以“一低三有”为主要评价指标（“一低”指贫困县退出当年综合贫困发生率降至3%以下；“三有”指乡乡有标准中心校、有达标卫生院、有便民服务中心）。

十一月

【11月1日】 以“世界的李白 李白的江油”为主题的2019李白故里文化旅游节在江油市青莲镇拉开帷幕，来自10余个国家和地区的400余名嘉宾齐聚江油。开幕式上，江油市向来自韩国、英国、阿根廷等8个国家的10位“李白文化推广形象大使”颁发证书。副省长杨兴平宣布开幕。

【11月2日】 第十届中国·四川（彭州）蔬菜博览会在彭州市开幕。该届菜博会以“壮丽七十年·蔬写新篇章”为主题，围绕生态、智慧、融合、开放四个维度，依托规模化标准化的蔬菜基地、蔬菜主题公园和天府蔬香博览园多方位展现中华人民共和国成立70年以来四川蔬菜产业发展成果和都市现代农业田园生态实景。该届菜博会持续至11月7日。农业农村部国家首席兽医师李金祥出席开幕式并讲话，副省长杨洪波、省政协副主席祝春秀出席开幕式。

【11月4日】 农业农村厅、财政厅联合下发《关于利用农机购置补贴资金开展农机化发展综合奖补试点工作的通知》，在全国率先启动利用农机购置补贴资金开展农机化发展综合奖补试点工作。根据《通知》，全省将重点开展薄弱关键环节机械化作业奖补、购机贷款贴息、补贴机具资质采信、“三合一”4项试点工作，对农业机械经营者积极购机、用机给予贷款贴息和作业补贴。

【11月5日】 在成都市举办的“天府菜油”团体标准发布会上，“天府菜油”首批5项团体标准（《天府菜油——油菜籽种植技术规范》《天府菜油——油菜籽》《天府菜油——油菜籽干燥与储藏技术规范》《天府菜油——浓香菜籽油加工技术规范》和《天府菜油——浓香菜籽油》）发布，意味着“天府菜油”有了正式的标准。川粮油居全省现代农业“10+3”产业体系十大优势特色产业之首。为做强“川字号”油菜籽和菜油产业，全省制订出台《四川省“天府菜油”行动实施方案》，并由省粮食行业协会申请注册区域公共品牌商标。省粮食和物资储备局启动制定“天府菜油”系列团体标准，坚持“从田间到餐桌”全程质量控制，构建原料、油品、副产物5个产品标准和种植、储存、加工4个技术规范的“5+4”团体标准体系。

【11月6日】 “大九寨”文旅发展联盟在九寨沟县成立。首批成员单位包括九寨沟县、汶川县、都江堰市、舟曲县等川、甘2省15个县（市）以及九寨沟风景名胜区管理局、四川省旅行社协会等5家单位（企业）。联盟成立后，将从资源共享、品牌共创、客源共济、市场共拓、人才共育、基础共建、区域共治7个方面加强“大九寨”品牌整体包装、策划和营销，打造环九寨国际生态文化旅游目的地品牌；将协商制定联盟景区景点互惠政策和酒店餐饮等优惠政策，促进市场互相开放。

【11月7日】 省政府召开全省根治拖欠农民工工资工作电视电话会，强调要全力推动全省根治欠薪工作迈上新台阶，坚决打赢根治欠薪攻坚战。副省长王一宏出席会议并讲话。会议对全省下一步根治欠薪工作进行了部署，要求做好2019年度国务院和省政府保障农民工工资支付考核；盯紧工程建设领域集中发力；狠抓政府投资工程项目和国企项目欠薪治理；切实抓好风险防控；压紧压实工作责任，坚决打赢根治欠薪攻坚战。

△ 第二届秦巴山区绿色农林产业投资贸易洽谈会在巴中市开幕。活动签约项目48个，投资总额53.34亿元。秦巴农洽会以“绿色秦巴、开放共赢”为主题，共有来自秦巴山区、浙川东西部扶贫协作城市、巴中友好城市等7个省（市）、13个成员方及260余家投资商、采购商、供货商、电商参会。第十二届全国政协副主席齐续春宣布大会开幕，副省长尧斯丹出席会议并讲话。

【11月10日】 农业农村部下发《关于命名第二批国家农产品质量安全县（市）的通知》，广元市被命名为“国家农产品质量安全市”；岳池县、达州市达川区、德阳市旌阳区、峨眉山市、洪雅县、华蓥市、理县、渠县、射洪市、通江县、宣汉县11个县（市、区）被命名为“国家农产品质量安全县”，总量居全国第二位。

【11月11日】 省委书记、省人大常委会主任彭清华在成都市主持召开天府旅游名县建设座谈会并讲话。省长尹力出席会议并讲话。座谈会上，文化和旅游厅汇报了推进天府旅游名县建设总体情况，首批天府旅游名县成都市青羊区、都江堰市、剑阁县、峨眉山市、阆中市、长宁县、广安市广安区、汶川县、稻城县、西昌市和天府旅游名县候选县广汉市、青川县作了汇报发言。

△ 国际生物质能源利用技术研讨会在成都市举行。截至2018年年底，全省户用沼气池达600余万口，农村户用沼气保有量位居全国第一，成为助力全省生态宜居美丽乡村建设和脱贫攻坚的重要抓手。该次研讨会由农业农村部沼气科学研究所主办，以“绿色、创新、合作、共赢”为主题，旨在促进学术进步、加强国际合作、推动生物质能源发展，来自美国、日本、德国等18个国家和地区的40余位专家学者以及来自国内200余所科研院校、管理部门和企业的400余名代表出席会议。农业农村部党组成员、中国农业科学院院长唐华俊，省政协副主席陈放出席活动并致辞。

【11月13日】 第十七届中国食品安全年会暨第十一届中国泡菜食品国际博览会在眉山市举行。2018年，全省泡菜产量达400万吨，占全国总产量的70%以上，销售额上亿元的企业达19家，泡菜产业已成为持续富民的产业。年会举行了分论坛、泡菜食品国际合作高峰对话、“味在眉山”食品产业产销对接会等18项特色活动。

【11月14日】 全省农村改革工作推进会在泸州市召开。会议就深入学习贯彻习近平总书记关于农村改革的重要论述和党的十九届四中全会精神，落实中央和省委部署要求，对全省农村改革进行再动员、再推进、再落实。省委副书记邓小刚出席会议并讲话。邓小刚指出，全省要增强“四个意识”、坚定“四个自信”、做到“两个维护”，认真落实中央和省委部署要求，准确把握农村改革的形势和任务，进一步总结工作、明晰思路、把准方向，有的

放矢推动农村改革取得新的突破性进展。

△ 第三届现代田园教育论坛在蒲江县举行，为期两天的论坛旨在搭建国内外教育交流与合作平台，积极推进乡村教育现代化发展。论坛上，蒲江县教育局和芬中创新与教育协会签署战略合作备忘录，将加强蒲江和芬兰教育的合作，今后蒲江乡村学子将有更多机会走出去感受芬兰的教育文化。

【11月15日】 四川省旅游资源规划开发质量评定委员会在文化和旅游厅官方网站发布公告，批准省内11个景区为国家4A级景区。11个景区分布在阿坝、甘孜、广元、巴中、德阳、广安、内江7个市（州），涵盖自然生态、红色旅游、传统文化等类型。

【11月16日】 凉山州2019年新时代乡村阅读季在西昌市大箐乡白庙村启动。凉山州委宣传部等单位向白庙村农家书屋赠送书籍及“学习强国”阅读机，并接通WIFI。该次乡村阅读季活动以“新时代、新乡村、新阅读、新作为”为主题，以“农家书屋”为平台，培育和践行社会主义核心价值观，为决胜脱贫攻坚凝心聚力。

△ 2019中法农业科技园一园一区启幕典礼在成都市天府新区眉山片区中法农业科技园举行。在法国国民议会议员代表团、眉山市相关部门负责人、天府新区眉山片区相关负责人、华侨城集团、法国欧倍欧集团及相关企业嘉宾等与会各方的见证下，左岸芳园芙乐小镇开街，国际农科先行区启动，标志着中法农业科技园在打造乡村振兴、中法地方友好合作和中法文化交流典范的道路上再进一步。2015年，在气候变化巴黎大会上，中法农业科技园被列入两国地方政府重点合作项目；2018年、2019年，项目连续两年被列入四川省100个重点建设项目。

【11月18日】 全国28个省（区、市）2020年中央财政专项扶贫资金预算提前下达，共计1136亿元，以期助力打赢脱贫攻坚战。该次提前下达的1136亿元资金约占2019年中央财政专项扶贫资金1261亿元的90%，其中继续重点加大对“三区三州”等深度贫困地区的支持力度，专门安排“三区三州”144亿元，并将资金分解到具体区、州。

【11月20日】 2019四川冰雪和温泉旅游节在甘孜州海螺沟景区开幕，标志着2019“安逸四川·冬游天府”旅游季正式开启。除开幕式外，节会还于11月21日—22日期间相继举办甘孜州旅游产品商品展销暨四川冬季旅游产品特卖会、海螺沟冰川温泉运动挑战赛、康巴美人模特秀暨2019海螺沟冰川温泉狂欢夜等8项分活动。此外，海螺沟景区在2019年11月11日至2020年3月31日期间（元旦、春节除外），每天限量推出1000张11元特价门票。

【11月21日】 为确保城乡低保等困难群众、生活无着落的流浪乞讨人员温暖过冬，全省启动“大爱四川 情满救助”寒冬送温暖专项救助行动，行动从11月中旬起至2020年3月底结束。专项救助行动期间，全省将开展“迎新春 暖万家”救助帮扶行动。结合低保专项治理和“不忘初心、牢记使命”主题教育，组织民政系统干部职工实施“四个逐一走访”（即逐一走访低保对象，建档立卡贫困户中的老年人、残疾人、儿童等重点救助对象；逐一走访2018年以来退出低保的老年人、残疾人、儿童；逐一走访低收入家庭、支出型贫困家庭、未脱贫建档立卡贫困户中的重病患者、重度残疾人；逐一走访因灾导致生活困难的家庭和脱贫攻坚“回头看”大排查排查出的“两不愁”问题户以及收入未达标的非建档立卡特殊困难群众），及时了解、掌握困难群众情况，高质量落实低保、特困和临时救助等社会救助政策。

【11月22日】 2019年四川省乡村学校少年宫项目负责人培训会在成都市举行。2019年，全省在中央和省级财政支持下共新建乡村学校少年宫219所，已全部建成并投入使用。219所乡村学校少年宫项目全部投放在贫困县，特别是对阿坝、甘孜、凉山等民族地区和国家级贫困县进行了重点倾斜扶持。项目学校校长是乡村学校少年宫的第一责任人。全省将积极探索将乡村学校少年宫纳入学校教育管理评估体系，与学校和校长的考核结果挂钩。

△ 第十七届中国国际农产品交易会发布中国农业品牌目录，11个“川字号”特色农产品区域公用品牌上榜，分别为安岳柠檬、苍溪红心猕猴桃、都江堰猕猴桃、丹棱桔橙、安州魔芋、安居红苕、南江黄羊、昭化王家贡米、筠连红茶、通江银耳、青川黑木耳。

△ 中国初级卫生保健基金会区域卫生发展精准扶贫项目捐赠仪式在叙永县江门镇举行。初保基金会向叙永县、古蔺县捐赠全自动生化分析仪、超声经颅多普勒血流分析仪等72套医疗设备，设备价值达1574万元，覆盖22个乡（镇）卫生院，用于基层医疗机构检验、影像设备升级换代，提升医疗服务质量。同时，泸州市兴泸投资集团有限公司捐赠200万元用于叙永县、古蔺县医疗设备安装、人员培训等，捐赠的医疗设备已安装并投用。省政协副主席王正荣出席捐赠仪式并讲话。

△ 2019年，全省已落实中央和省级财政资金5.91亿元，实施草原生态修复治理1646万亩。修复治理工作主要在甘孜、阿坝、凉山三州实施，主要措施涉及鼠虫害治理、围栏封育轮牧、人工草地建设、天然草原改良、黑土滩（毒害草）治理5项，其中面积最大的是鼠虫害治理，达到1327万亩，占总面积的80%以上。

【11月23日】 成都市高新区（简阳市）援藏工作队联合四川省红十字基金会童乐基金开展的“铁齿童牙——儿童龋齿防控，预防因龋返致贫”示范科普项目在德格县正式启动。德格县城关第一完全小学三年级130名学生及部分教师参与。项目方为德格城关一完小捐赠了价值近64000元的科普物资，包括学生手册、三分钟计时沙漏、儿童牙刷、变光镜、皮尺、家用视力表、标识笔等。

【11月24日】 省林草局印发《四川林草2025》，提及全省生态文明建设新目标为全省将全力构建“一轴五屏”的自然保护空间格局，不断修复全省生态环境，预计到2025年年底，全省森林覆盖率将达到41%，在2019年基础上再增加2.17个百分点。“一轴五屏”分别依据各地生态功能定位、生态脆弱程度划定。《四川林草2025》分别明确了各区域今后建设重点目标。“一轴”是指岷山—邛崃山自然保护轴。按照规划，该区域将重点借助大熊猫国家公园实施生态修复工程，强化各大熊猫栖息地保护力度。“五屏”则是指5个自然保护屏障，分别涵盖黄河源自然保护屏障、川西自然保护屏障、大巴山自然保护屏障、乌蒙山自然保护屏障、龙泉山自然保护屏障。根据规划，今后7年，这5个区域将分别重点针对天然草原和湿地、生物多样性、森林资源、生态脆弱区修复及龙泉山城市森林公园展开，同步开展国土绿化行动，逐步消除荒山荒坡、修复生态脆弱区。

△ 首届川籍农民工运动会（广州）在广州市举行，这是全省首次在省外举办服务川籍农民工的运动会。该届运动会由四川省体育局、广东省体育局、四川省人力资源和社会保障厅、四川省政府驻广州办事处联合主办，邀请了奥运冠军、世界冠军助阵。来自全省

19个市(州)在广东各领域的务工人员组团参赛,共有24个代表团、689人参加。比赛设置了乒乓球、集体跳绳、象棋、亲子接力、三人篮球、羽毛球、50米负重迎面接力等10个大项、13个小项的比赛。

【11月25日】 由新华社《瞭望东方周刊》与瞭望智库共同主办的2019中国幸福城市论坛在广州市举行,成都再次脱颖而出,位居"2019中国最具幸福感城市"名单榜首。这已经是成都市第12次获得"中国最具幸福感城市"称号,第11次位列榜首。"中国最具幸福感城市"调查推选活动已连续举办13届,已成为中国最具影响力的城市调查推选活动之一。2019地级及以上城市幸福感调查排名前十位的城市分别是:成都市、杭州市、宁波市、西安市、广州市、长沙市、温州市、台州市、铜川市、徐州市。当天,成都还摘得2019中国最具幸福感城市"城市吸引力最强市""幸福就业强市"两项荣誉。此外,成都市温江区获得"2019中国最具幸福感城市·美丽宜居城区"称号。

△ 省政府国有资产监督管理委员会与阿坝州政府在成都市签署战略合作框架协议,并启动"国有企业阿坝行"活动。双方将聚焦"一干多支、五区协同"区域发展新格局,促进在川国有企业与阿坝州重点在文化旅游、生态产业、基础设施建设和飞地园区建设4个方面开展深度合作,实现共同发展。

【11月26日】 生态环境厅完成对泸州、内江、巴中、德阳、凉山等5个市(州)的省级生态环保专项督察后,督察组完成第二轮专项督察任务,加上首轮对达州、南充、宜宾、绵阳、资阳5市开展的专项督察,已完成对10个市(州)的督察任务,2020年还将对其余11个市(州)开展专项督察,实现对21个市(州)专项督察全覆盖。

【11月28日】 中国·雅安藏茶文化旅游节开幕式在雅安市中国藏茶城茶祖广场举行,来自上海、广东、湖北、西藏等地的500余名嘉宾汇聚一堂,共谋藏茶产业和行业抱团发展策略。茶祖祭祀大典后,先后举行了"茶马古道"文旅发展联盟揭牌仪式、茶马古道旅游线路推介、中国藏茶联盟揭牌仪式等活动。省政协副主席祝春秀出席开幕式。

【11月】 从6月起,四川省在全国率先开展落实"两不愁、三保障"回头看大排查。历时3个多月,全省共抽派26万人,调查获得翔实、可靠、全面的数据。大排查结果表明,全省建档立卡贫困人口的"两不愁"问题基本解决,"三保障"还存在薄弱环节,最突出的短板集中在安全住房和安全饮水方面,全省各地已抓紧对大排查中发现的问题进行整改。省脱贫攻坚办要求,对已脱贫户和2019年脱贫户存在的问题,各地要在11月30日前整改落实到位;对2020年计划脱贫户存在的问题,各地要细化落实整改举措,明确时间表、责任人,逐项抓好整改,确保到2020年6月30日前全部整改到位。为巩固脱贫成果,全省将做到财政专项扶贫资金投入力度不减,财政涉农资金整合力度不减;建立返贫监测预警机制,对返贫人口和新发生贫困人口及时提供帮扶。

十二月

【12月5日】 成都市政府、凉山州政府签订合作协议,决定共建成都·大凉山农特产品加工贸易园区,立足凉山州资源禀赋,结合成都市场、资本、人才等要素资源,集两地之力,发挥各自优势,全力将园区打造成为农特产品加工贸易平台、全产业链发展重要引擎、人才培养重要基地、国家战略资源开发重要载体,努力建成全省一流"合作园区",成为全省合作示范园区典范。

【12月5日—6日】 全省推动"四好农村路"高质量发展现场会在成都市召开。会上为省政府命名的第三批17个"四好农村路"省级示范县现场授牌。至此,全省"四好农村路"省级示范县达45个。三年来,全省已创建"四好农村路"全国示范县10个,是全国数量最多的省份之一。

【12月7日】 省农信社联合社发布数据显示,截至10月底,四川农信生猪行业贷款余额38.58亿元,较年初净增4.87亿元,生猪行业贷款增速达14.5%。

【12月8日】 北京新发地·甜城味大千故里优质农产品产销对接暨中国资中·新发地国际农产品交易中心开工仪式在资中县举行。北京新发地市场是亚洲交易规模最大的农副产品专业批发市场,交易额、交易量连续18年蝉联全国同类市场第一。该次开工的项目占地面积248亩,建筑面积19万平方米,计划总投资约10亿元,是北京新发地布局西南市场的第一个区域性农产品批发市场。

【12月12日】 都江堰建堰2275周年纪念大会暨生态水利学术研讨会在都江堰市举行,海内外10余所高校、水利工程管理单位负责人展开交流。截至2019年年底,都江堰水利工程灌面已达1089万亩,并为2300余万城乡居民提供生产生活生态用水。

【12月12日—14日】 中共中央政治局常委、全国政协主席汪洋到凉山州调研脱贫攻坚工作。汪洋先后到昭觉县、金阳县走访了村寨、学校、卫生院、产业园区、易地扶贫搬迁安置点和在建工地,看望慰问贫困户和基层扶贫干部,并在西昌市主持召开脱贫攻坚调研座谈会,听取有关方面情况汇报。汪洋肯定了四川脱贫攻坚取得的显著成绩和民族地区发生的深刻变化,他指出,脱贫攻坚进入决战决胜、全面收官的关键阶段,各地要聚焦重点地区、突出问题,集中兵力攻克深度贫困堡垒,对工作难度大的县和村,要挂牌督战、以督促战,抓住控辍保学、基本医疗、易地扶贫搬迁、住房安全、饮水安全等薄弱环节,更好调度兵力、整合资源、确定战术,有序打好歼灭战;要保持脱贫攻坚期内扶持政策总体稳定,在大多数贫困人口实现脱贫的条件下,抓紧建立返贫监测预警和应急救助机制,对贫困人口、脱贫人口进行动态管理,及时做好返贫人口和新发生贫困人口的监测和帮扶。

【12月15日】 国家民委发布公告,决定命名阿坝州、甘孜州为"全国民族团结进步示范州"。至此,阿坝、甘孜、凉山三州均创建为"全国民族团结进步示范州",标志着全省民族团结进步创建工作取得了里程碑式的突破,圆满完成了省委十一届三次全会提出的目标任务。

【12月16日】 成都市青羊区对口援建得荣县最大工业项目——得荣县特色农产品加工交易园区正式开工建设,这是得荣县建设的首个工业园区。该项目总规划用地50亩,概算总投资1.1亿元,分三期建成。建成后,将形成加工、交易、仓储、物流、展示平台于一体的综合性产业园区,其中第一期项目计划建设2栋综合楼、5座标准化生产厂房,计划2020年9月完工。

【12月18日】 中央农办、农业农村部、中央组织部、中央宣传部、民政部、司法部共同批复,崇州市、米易县、德阳市罗江区、广元市利州区、隆昌市、西昌市6个县(市、区)成为全国乡村治理体系建设首批试点单位,全国共115个县(市、区)开展首批试点。试点期从批复之日至2021年12月底。

【12月19日】 藏羌彝文化产业走廊产业政

策和重点项目发布活动在成都市举行，文化和旅游厅发布了《藏羌彝文化产业走廊发展指南》，共推出文旅招商项目189个，投资总额1459亿元。藏羌彝文化产业走廊涉及川、黔、滇、藏、陕、甘、青7个省（区），四川省是国家藏羌彝文化产业走廊的中心区域，是唯一包含藏、羌、彝3个民族聚集区的省份，拥有全国唯一的羌族聚集区、最大的彝族聚集区和康藏核心区。产业走廊要将科技智能与文化旅游融合、将民族文化与优美生态环境融合、将大型复合项目与小型精品项目融合，重点推动新模式、新业态、新金融。

△ 2019年四川优质农产品（北京）展销周活动在北京全国农业展览馆正式启动。四川省以"建设'10+3'现代农业体系，擦亮四川农业大省金字招牌"为主题，携全省120家农业川企、1000余种"川字号"优质农产品参展。为期5天的2019年四川优质农产品（北京）展销周活动是同期举行的第十一届全国优质农产品（北京）展销周活动的重要组成部分。展销周活动上，四川展区吸引了众多农产品经销商、代理商、连锁超市、加工企业、集团采购单位、高等院校和大型餐饮连锁企业等采购商和专业观众到会采购。农业农村部总畜牧师马有祥出席启动仪式并致辞，省政协副主席祝春秀宣布活动启动。

△ 2019中国柑橘产业年会暨丹棱桔橙产销对接会在丹棱县举行。活动现场进行了中国晚熟柑橘（丹棱）大数据中心的授牌仪式，并组建晚熟柑橘产业联盟。

【12月20日】 四川省2019年"农民读书月"活动在理县薛城镇启动，标志着全省农民集中开展的全民阅读活动拉开帷幕。"农民读书月"活动以"倡导全民阅读 助力全面小康"为主题，将通过举办阅读活动成果展、"送书刊下乡"、惠民展销、亲子阅读、农业科技讲座、"乡风家训"现场书画、摄影展等活动吸引更多群众参与，促进全民阅读。启动仪式当天，包括"美丽阿坝·书香之旅"阿坝州全民阅读活动成果展、"乡土乡情"理县农民藏羌非遗手工作品展、"乡风家训"现场书画活动、"群众最喜爱的书"理县惠民图书展销等吸引当地群众积极参与。活动将持续到2020年2月。

【12月23日】 攀枝花市农林科学研究院在盐边县格萨拉乡人工栽培块菌园种植的块菌产出硕果，其中板栗树下单株最多结出9个块菌，单个块菌最重达650克，创下了国内块菌人工栽培单株产量最高、单个子实体最重的新纪录。在人工栽培块菌园内的12株板栗树下共采集到36个块菌子实体，其中长得最好的单个块菌直径15厘米，重量达650克。同时，园内的板栗树多数已挂果，实现了"树上结板栗、树下产块菌"的双重效益模式，提升了国内块菌人工栽培技术水平。

【12月26日】 全国乡村振兴农村人居环境整治大讲堂暨现场推进会在成都市郫都区四川战旗乡村振兴培训学院举行。会上，郫都区以打造全国农村人居环境示范样板为主题分享了"四领四创"的工作模式。在"四领四创"的助力下，郫都区农村无害化卫生户厕普及率超过90%、农村生活垃圾处置覆盖率达100%、农村生活污水处置覆盖率达85.6%，创建"美丽蓉城·宜居乡村"示范村、"美丽四川·宜居乡村"达标村134个。

△ 第二批成都市传统村落名录发布。蒲江县朝阳湖镇石象村、邛崃市火井镇高场街区、郫都区友爱镇兴福村兴福大院等12个村落入选。成都市将对其统一设置中国传统村落保护标志，实行挂牌保护。

△ 为贯彻落实《中华人民共和国环境保护法》《中华人民共和国水污染防治法》《四川省环境保护条例》等法律法规，加强农村水环境治理，改善农村人居环境，全省制定并印发《农村生活污水处理设施水污染物排放标准》，将于2020年1月1日起实施。

【12月27日】 全省非洲猪瘟防控复产保供最新进展和新举措新闻发布会在成都市举行，全省在已出台"猪九条"的基础上出台《促进生猪恢复生产八条措施》，确保2020年完成6000万头生猪出栏任务，全力促进全省2020年生猪生产基本恢复往年正常水平。

【12月27日—28日】 全国旅游厕所革命工作推进现场会在巴中市召开。2018—2019年，全国共建设旅游厕所5.37万座，已完成"新三年行动计划"目标的91%，其中2019年四川省新（改）建厕所602座，为年度目标任务的120.16%。截至2019年年底，全省已建成旅游厕所4800座，其中A级以上厕所占46.56%。

【12月29日】 国家发展改革委、中央农办、农业农村部等部门公布《国家城乡融合发展试验区改革方案》。《方案》明确设立11个国家城乡融合发展试验区，其中成都西部片区入选，试验范围为成都市温江区、郫都区、彭州市、都江堰市、崇州市、邛崃市、大邑县、蒲江县，试验面积约7672平方千米。根据《方案》要求，国家城乡融合发展试验区共11项试验任务，其中成都西部片区重点聚焦5项试验任务。

【12月30日】 全省完成最后450个行政村通光纤宽带任务。至此，全省实现4.7万个行政村"村村通光纤"。2016年以来，全省农村地区信息通信基础设施快速完善，累计落实中央和省级财政补助资金约12.4亿元，带动企业投资超40亿元，解决9797个行政村通光纤问题。

佛、自贡恐龙博物馆）；有中国优秀旅游城市21座、国家历史文化名城8座。截至2019年年底，全省有5A级旅游景区13家，在全国排名第四位；自然保护区166个，面积8.3万平方千米，占全省辖区总面积的17.1%，其中国家级自然保护区32个；有湿地公园64个，其中国家级湿地公园（含试点）29个、省级湿地公园35个；建立国家级风景名胜区15处、省级风景名胜区79处。全省有森林公园137处，总面积232.48万公顷，占全省辖区总面积的4.78%，其中国家级森林公园44处，森林公园总数位列全国前十。由于地质构造复杂、地质地貌景观丰富，地质遗迹类型多样，已发现地质遗迹220余处，有世界级地质公园3处、国家级地质公园19处，其数量居全国前列。截至2019年年底，全省共有博物馆256个、全国重点文物保护单位262处、省级文物保护单位1136处，国家级非物质文化遗产名录139项、省级非物质文化遗产名录611项，列入中国传统村落名录的传统村落333个（四川省主要资源类型及其地位见表2）。

表2　四川省主要资源类型及其地位

资源类型		地位
土地资源	国土面积	全国第5位，西部第4位
	耕地面积	全国第6位，西部第1位
	林地面积	全国第2位，西部第1位
	牧草面积	全国第5位，西部第4位
森林资源	森林面积	全国第4位
	森林蓄积	全国第3位
生物资源	高等植物种类	全国第2位
	蕨类植物种类	全国第2位
	裸子植物种类	全国第1位
	被子植物种类	全国第2位
	药用植物种类	全国第2位
	芳香油植物	全国第1位
	野生果类植物	全国第1位
	菌类资源	全国第1位
	国家重点保护野生动物种类	全国第1位
	陆生野生动物种类	全国第2位
	野生大熊猫种群数量	全国第1位
	鸟类	全国第2位
水能资源	理论蕴藏量	全国第2位
	技术可开发量	全国第1位
	经济可开发量	全国第1位
旅游资源	世界自然文化遗产数量	全国第2位
	5A级旅游景区数量	全国第4位
	地质公园数量	全国第1位
矿产资源	天然气等14种矿产查明资源储量	全国第1位
	铁矿、铂族金属等10种矿产查明资源储量	全国第2位

四川省自然资源科学研究院编写组

气候状况

综述

【基本情况】 2019年,全省平均气温15.4℃,较常年偏高0.5℃,排历史第9高位;全省平均降水量1034.4毫米,较常年偏多77.6毫米,偏多8%,居历史第16多位。年内暴雨分布广,大暴雨天气多,区域性暴雨过程多,属暴雨偏多年份。全省气象干旱总体为一般旱年,春旱和夏旱局地偏重,伏旱弱于常年。夏季高温天气范围广但大部地区强度一般。秋绵雨开始期接近常年,结束期推迟6天,雨期长度偏长6天,秋雨量偏多81.3毫米,综合强度属偏强年份。年内大风冰雹少,危害轻,全省平均雾日数多,暴雨引发的洪涝及地质灾害发生次数多。

【暴雨】 全省暴雨、大暴雨天气多,区域性暴雨多,属暴雨总体偏多年。

2019年,全省共计发生暴雨457站次,比常年多50站次,暴雨站次数列历史第10多位,其中大暴雨79站次,比常年平均多16站次。全省有2县站(古蔺、甘洛)日最大降水量为本站历史最大。峨眉山市8月3日的日降水量为211.5毫米,为2019年全省最大日降水量。10月3日—11日,通江站过程降水量达332.8毫米,为2019年全省最大过程降水量。

全省全年共出现6次区域性暴雨天气过程,分别为6月4日—5日、7月21日—23日、8月2日—3日、8月5日—6日、9月7日—8日、9月12日—15日,主要集中在盆地西南,其中7月下旬至8月上旬连续出现3次区域性暴雨。与常年相比,2019年区域性暴雨次数偏多2次。

【干旱】 全省气象干旱总体为一般旱年,春旱和夏旱局地偏重,伏旱弱于常年。

春旱。全省共有76县(盆地47县)发生了春旱,其中轻旱24县(盆地17县)、中旱22县(盆地17县)、重旱17县(盆地13县)、特旱13县(盆地0县),主要分布在攀西地区南部、甘孜州西南部和盆地西北部。与常年比较,春旱县数接近常年,部分地方旱情较重。2019年,四川省春旱总体属一般旱年。

夏旱。全省共有75县(盆地44县)发生了夏旱,其中轻旱39县(盆地30县)、中旱11县(盆地4县)、重旱8县(盆地2县)、特旱17县(盆地8县)。中度以上旱区主要分布在攀西地区南部、甘孜州西南部和盆地西北部。与常年比较,夏旱县数偏少14县,但部分地方旱情偏重。2019年,四川省夏旱总体属一般旱年。

伏旱。全省共有69县(盆地61县)发生了伏旱,其中轻旱41县(盆地33县)、中旱26县(盆地26县)、重旱2县(盆地2县)、特旱(盆地0县)。中度以上旱区主要分布在盆地中部、盆东北局部。全年发生伏旱县数较常年偏多14县,但轻旱县居多。2019年,四川省伏旱总体属轻旱年份。

【高温】 全省共有122站出现高温天气(日最高气温大于等于35℃),有49站日最高气温达38℃,分布于盆东北、盆中、盆南和攀西地区局地,其中泸州、达州、广安、凉山和攀枝花5市(州)有7站日最高气温在40℃及以上,叙永县日最高气温40.9℃,为全省最高。全省全年平均高温日数为11.8天,较常年偏多5.5天,位列历史同期第9多位。全省共有33站高温日数在20天及以上,其中泸州、达州、宜宾、凉山和攀枝花5市(州)有11站高温日数达30天及以上,盐边县和米易县高温日数分别达75天、72天,分列全省第1和第2多位。盐边县(75天)、米易县(72天)、攀枝花市(67天)、德昌县(39天)、普格县(12天)、得荣县(7天)、木里县(1天)7站高温日数破历史纪录。2019年,四川省高温天气为一般年。

【秋绵雨】 全省秋季(9—11月)平均降水日数48.6天,较常年偏多9.2天,位列历史同期第3多位。攀西地区南部降水日数偏少1 ~ 10.6天,其余地区降水日数偏多,盆北大部、盆中和盆西南东部偏多10 ~ 17.5天。全省平均日照时数为228.4小时,偏少21%,位列历史同期第1少位。全省大部地区日照时数偏少,盆地大部、攀西地区东北部和川西高原局部偏少2 ~ 5成。

2019年,全省平均最长连续降水日数为9.4天,偏多1.2天,位列历史同期第10多位。阿坝州大部、甘孜州局部、凉山州局部、盆东北南部、盆西北和盆南局部最长连续降水日数在10天以上,其中都江堰市和荥经县达20天,为全省最长。全省大部地区最长连续降水日数偏多,甘孜州西北部和东南部、攀西地区大部、盆地中南部分地区最长连续降水日数偏少。

根据华西秋雨监测指标,2019年四川省秋绵雨于8月30日开始,于11月7日结束,雨期长度为69天,秋雨量为299.8毫米。与常年比较,秋绵雨开始期与常年持平,结束期推迟6天,雨期长度偏长6天,秋雨量偏多81.3毫米,综合强度为偏强级。2019年,四川省秋绵雨属偏强年。

【大风冰雹】 全省大风冰雹天气较常年偏少偏轻。

4月9日,岳池县遭遇大风袭击,造成32021人受灾,农作物受灾6341.2公顷,严重损坏房屋310户,造成直接经济损失667.9万元。4月23日,泸定县发生冰雹天气,造成农作物受灾面积162.6公顷,粮食损失约390吨,造成直接经济损失540万元。4月27日,成都市遭受大风袭击,瞬时风速大于10米/秒,造成1人死亡,2人受伤。4月27日,雷波县遭受大风、冰雹袭击,冰雹最大直径为8毫米,造成11541人受灾,农作物受灾699.8公顷,绝收127.3公顷,造成直接经济损失约2601.5万元。

【雾】 全省平均雾日数为31.8天,比常年偏多1.5天。除1—2月、11—12月雾日数较常年偏少外,其余各月雾日数均多于常年,其中7月、9月全省雾日数均较常年偏多1.4天,1月、12月全省雾日数较常年分别偏少1.5天、1.9天。

除盆西北、盆中大部地区外,盆地其余大部地区全年雾日数在30 ~ 70天之间,江安、天全、峨眉、巴中、仪陇、通江和营山7站雾日数在100 ~ 140天之间,宜宾、屏山、兴文和峨眉山4站超过160天,峨眉山站年内雾日数达322天,为全省最多。

2019年,盆地区域性雾天气过程(连续3天以上范围超过20站)共出现15次,其中4月、5月、7月、8月无区域性雾天气过程。全年范围超过30站的区域性雾天气共出现29天,主要集中在12月和1月,分别为10天和9天,其中12月9日和1月31日雾天气发生范围分别达到72站和64站。

四川省气象局编写组

农业气象服务

【农村气象防灾减灾标准化建设】 为提升基层防灾减灾能力,在2018年完成5个试点县建设任务的基础上,继续在全省58个县开展基层防灾减灾预警服务能力试点建设(简称为"六个一"建设,即"一本账""一把尺""一张图""一张网""一队伍""一平台"建设)。通过建设,实现了基层气象防灾减灾救灾工作标准化、规范化,使气象现代化水平显著提高。"一平台",即四川省基层气象灾害预警服务平台,已基本建成,功能更加完善;"一张图",即各实施县气象灾害防御主图、气象灾害防御卫星影像图、气象灾害防御作战图,均已制作完成;"一本账",即基层防灾减灾资料,数据收集和录入已完成,历史灾情数据已整理入库;依托国家突发事件预警信息发布平台和现有的气象预警信息传播渠道建设的基层防灾减灾预警信息发布和传播“一张网”已覆盖各级基层气象灾害防御人员；基层气象防灾减灾“一队伍”更加完备，全省针对气象信息员全年培训111次，人数达9718人；基层气象防灾减灾业务制度规范“一把尺”更加完善，市、县气象局《基层气象灾害预警服务规范》《气象灾害分级防御服务规范》《重大气象灾害“叫应”制度》《气象灾害预警服务留痕管理制度》均已初步建立。

【智慧农业气象服务】 为农气象服务持续深入推进。以“三大平台”（四川省气象为农服务管理展示平台、四川省农业气象综合业务系统和四川e农手机客户端）为重点的智慧农业气象服务能力建设加速发展，不断推进乡村振兴战略贯彻落实。组织全省26个深度贫困实施县和6个为农服务实施县开展“三农”服务专项建设，实施县均已成立农业气象服务专家联盟并通过手机APP、QQ和微信群、建立联系卡制度、开展气象信息站服务、开展田间指导服务等方式，面向新型农业经营主体提供直通式气象服务。专项实施县面向新型农业经营主体开展服务的对象达4295个，占当地新型农业经营主体总数的87.2%。编制出台主要农作物气候区划129个、特色农业或设施农业气候区划139个、农业气象灾害风险区划131个。完善提升四川省农业气象综合业务系统功能，已初步构建四川省农业气象大数据库，完成猕猴桃、烤烟、茶叶等特色作物关键生育期预测模块开发。各地气象部门为当地特色作物开展了针对性服务，如成都市温江区局开展了桂花、梨花期预报，成都市龙泉驿区局开展了桃花花期预报，南江县局开展了红叶专题服务，为当地发展旅游提供专业观赏期气象服务。完成四川e农手机客户端第三期升级改造，新增为农服务、价格供求、防灾减灾三大功能模块，并在成都市双流区、崇州市、苍溪县、攀枝花市仁和区等6地试点应用，推进四川e农平台与全国智慧农业气象手机客户端后台数据支撑系统对接工作取得初步进展。

在全省开展贫困县乡（镇）自动气象站建设，共建设448个，实现了全省贫困县乡（镇）自动气象站全覆盖。建设农田小气候观测站数据传输平台，初步实现了观测数据高效融合和共享。优化农业气象数据库，农业气象数据支撑业务服务能力不断增强，新开发针对油菜的农用天气预报、农业气象灾害监测模块和定量化产量预报模块。农业气象科研工作取得新进展，完成攀西等示范重点区域太阳能资源详查和评估，完成草地生态模型在川西北高原草地的适用性分析研究；全省农业气象指标体系建设团队发表相关论文30余篇；在编论著有《四川省农业气象指标体系》《四川水稻气象》《四川马铃薯气象》；木竹类指标团队在“2019竹类病虫防控与资源开发四川省重点实验室学术年会”上做报告；指导宣汉、理县、白玉、丹巴、万源等地开展农业气象指标体系研究试验，为当地特色农作物产业发展提供了决策支撑。特色农业气象服务能力加快发展，四川省首次被纳入全国特色农业气象中心体系建设。

【人工影响天气服务】 优化干旱、冰雹多发地区人影业务布局，推进“西南区域人工影响天气能力建设工程”的立项实施。建设人影安全管理平台，增强乡村抵御干旱、冰雹灾害风险能力。新增6台新型火箭架，开展作业装备升级改造，17个市（州）完成人影装备物联网监控系统建设，覆盖率达60%以上。

人工增雨服务农业生产、生态文明建设和水资源开发。省级实施飞机增雨作业27架次，航时56余小时，作业范围覆盖四川盆地、攀西地区，影响面积19万余平方千米，增加降水3.6亿余立方米。全省地面增雨（雪）作业近650次，超过2018年，影响面积5万平方千米左右，使用炮弹4000余枚、火箭弹380余枚，增加降水2.5亿立方米。省级和成都市秋、冬季开展改善空气质量飞机增雨作业，盆地各市在秋、冬季开展改善空气质量的地面人工增雨消减雾霾作业87次。川西高原、凉山、自贡、绵阳等市（州）常态化开展森林草原防（灭）火作业50余次，降低森林草原火险等级。2019年春季，木里县、冕宁县连续出现森林火灾，省、州、县三级联动开展空地结合人工增雨作业，实施飞机作业3架次、地面作业20次，发射火箭弹97枚，为最终扑灭火灾发挥了重要作用。针对广元白龙湖和亭子口水库、眉山瓦屋山水库、凉山洛古水库及内江长萌水库开展增雨蓄水作业，取得显著成效。

人工防雹助力乡村振兴。在冰雹灾害频发区和重点防控区凉山、攀枝花、泸州、宜宾等市（州）开展地面防雹作业2600余次，影响面积3万余平方千米，使用炮弹近40000发、火箭弹近3100枚，减轻了冰雹灾害对农经作物（烤烟、水果等）生产的影响，保障了农民增产增收，助力乡村振兴。

人工消减雨保障重大活动。广元、阿坝、绵阳、内江、眉山、乐山、德阳等市（州）开展重大活动保障作业45次，消耗火箭弹210余枚。实施上下联动，开展跨区作业，做好四川国际航空航天展览会、第十八届世界警察和消防员大会等重大活动的气象保障服务。各地先后开展内江第十届大千龙舟经贸文化节、昆仑决世界格斗冠军赛、华蓥山旅游文化节、什邡风情国际雪茄节等重大活动的消云减雨作业服务，保障了活动的顺利开展。

四川省气象局编写组

行政区划及变更

【基本情况】 2019年，全省申报县级行政区划调整事项，一是射洪撤县设市获得国务院批准；二是向国务院申报会理撤县设市；三是向国务院申报新津撤县设区。

【地名管理工作】 做好地名普查成果转化，更新国家地名信息库词条1.4万余条，为《中国地名大会》上报13万余字的试题。举办不规范地名清理整治培训班，清理不规范地名3931条。完成标准化处理地名3204条，标准化率达81.5%。加强地名文化遗产保护，统计调查地名文化遗产400余个。盐亭县被民政部认定为“千年古县”。

【界线管理工作】 全年完成川甘界线第四轮联检任务、市（州）间35条县界和市（州）内的县界联检任务及80余条乡（镇）行政区域界线勘定工作。

【乡（镇）行政区划调整改革】 准确把握行政区划作为空间资源、权力资源、政策资源、组织资源等特性，在全省开展新一轮乡（镇）行政区划调整改革。

准确把握省情，站位全局统筹部署。2018年6月，省委在开展“大学习、大讨论、大调研”活动中，调研发现全省乡（镇、街道）总数达4610个，位居全国第一，相当于排在第二位河南省和第三位河北省的总和，乡（镇）数量过多稀释了公共资源，降低了服务效能，增加了运行成本，制约了经济发展，影响了乡村治理，迫切需要通过改革予以解决。2019年1月，省委、省政府成立乡（镇）行政区划调整改革领导小组及其办公室，第一时间向中央报告了基本考虑，向民政部、中央编办等国家部委沟通汇报。其间，省委书记彭清华亲自研究部署，省长尹力多次要求落实，领导小组办公室（民政厅）牵头抓总，会同各成员单位全力推动落实。

反复调研论证，精心做好顶层设计。2018

年7月以来，领导小组办公室（民政厅）重点就“乡（镇）怎么并”“政策怎么定”“风险怎么控”“组织怎么抓”等方面进行了谋划。在邀请区划专家来川指导、赴湖南省考察学习、经过46次反复论证的基础上，会同省委组织部、省委编办、省发改委、财政厅等部门起草形成了《关于推进乡（镇）行政区划调整改革的指导意见》及实施方案、机构设置和干部安置配套政策、投资配套政策、财政配套政策的“1+4”政策文件，搭建起了推进改革的总体制度框架。在总体思路上，贯彻新发展理念，鲜明提出“顺向调整、减量提质、分类实施、梯次推进”的改革思路，宜留则留、宜并则并、宜撤则撤、宜改则改，对地广人稀的高原藏区不作硬性要求，对民族乡和历史文化名镇原则上不作调整，不搞“一刀切”；在目标设定上，对标全国乡（镇）平均人口规模，依据“胡焕庸线”，区分平原、丘陵、山区和高原等不同地理环境，统筹考虑人口面积、经济发展、资源禀赋、文化传统、交通物流等因素，兼顾县域未来发展规划和建制村设置，分别模拟8套方案，经过反复论证，提出了全省乡（镇）建制减少1200个左右、减幅30%左右的目标；在配套政策上，针对群众最担心的办事不方便、干部最担心的得不到妥善安置、地方政府最担心的财政转移支付会减少等问题，明确了“乡（镇）编制不上收、财政转移支付不减少、基础设施建设不削弱、基本公共服务不降低、干部安排不悬空”的配套政策；在实施步骤上，考虑脱贫攻坚等因素，坚持试点先行、分批推进，第一批为非贫困县和已脱贫“摘帽”县，在国庆后启动，第二批为未脱贫“摘帽”县在脱贫“摘帽”后启动，确保基层干部心无旁骛抓脱贫。

科学审慎稳妥，推动改革部署落地。考虑到该次改革是全省县域经济版图的整体性重塑，是城乡融合发展格局的系统性再造，是基层治理体系和治理能力的结构性变革，关系十分重大。省委、省政府坚持试点探路、加强风险管控，确保依法依规稳妥推进。一是坚持试点探路。选择代表不同类区的自贡市、遂宁市、宜宾市、乐山市夹江县和南充市顺庆区、仪陇县3市3县（区）先行先试。通过试点，验证和完善了“1+4”政策体系，形成了一整套操作流程和工作机制，汇聚了改革共识、找准了改革方向。二是实行“挂图作战”。国庆节后，省委、省政府召开了全省乡（镇）行政区划调整改革工作会和培训会，启动全省面上改革工作。在实施过程中，领导小组办公室细化推进方案，编印“改革政策100问”，组建巡回指导组，明确任务书、时间表、路线图，有力有序推进改革。三是做细群众工作。在改革中，采取领导讲、专家谈、干部说、群众议等方式，对干部讲清楚人事安排、对群众讲清楚未来变化、对商家讲清楚蕴含商机、对乡贤讲清楚发展前景，对重点利益群体采取“一对一”“多对一”等方式进行谈话，消除干部群众疑虑。四是加强风险防控。建立风险评估、舆情应对、隐患排查、应急处置等机制，严格依法按程序推进改革。把握宣传的时效，在制订方案阶段“只做不说”，在组织实施阶段“又做又说”，最大限度凝聚正能量。

通过改革，全省乡（镇）实现了“面积扩大、人口集中、资源整合、要素聚集、结构优化”的目标，基本构建起适应乡村振兴和高质量发展需要、符合新时代基层政权建设定位的经济地理格局和乡（镇）行政管理体制。一是县域空间布局得到优化。全省第一批改革共减少乡（镇、街道）1170个，减幅达33.1%，待第二批（未脱贫“摘帽”县）改革完成后全省乡（镇、街道）将减少1500个左右，减幅达32.6%。乡（镇）平均面积从106平方千米增至156平方千米，平均户籍人口从1.8万人增至2.6万人，乡（镇）设置“多、小、密、弱”这一历史形成、制约发展的重大问题得到解决，形成了县域内多点支撑、多支发力的新格局。二是乡村振兴产业基础得到夯实。各地着眼打破区域界线和行政区划壁垒，将地缘相邻、主业相近、优势互补的乡（镇）进行整合，全省“六合一”乡（镇）的有2个、“五合一”的乡（镇）有2个、“四合一”的乡（镇）有35个、“三合一”的乡（镇）有189个、“二合一”的乡（镇）有712个，有力助推了特色产业集中连片、适度规模发展，在较大范围内盘活了农村资源，为乡村振兴提供了强力支撑。三是新型城镇化承载能力得到增强。准确把握人口转移和要素聚集趋势，立足于推动农民就地就近市民化，鼓励各地因地制宜、前瞻布局，较大幅度拓展和预留县城驻地镇、中心镇的发展空间，引导条件成熟的地方有序推进乡改镇、镇改街道，形成了一大批中心镇、重点镇、特色镇，全省5万人以上的乡（镇、街道）达417个，较改革前增加172个，增幅70%；10万人以上的乡（镇、街道）达86个，较改革前增加39个，增幅83%。四是基层治理服务效能得到提升。乡（镇）统一设置党建工作机构、综合行政执法机构、社会事务机构、便民服务中心，推动权力下放、资源下沉、管理下移，促进基层人权、事权、财权统一。改革后，全省乡（镇）平均行政编制32.77名、事业编制27.1名，分别比改革前增加10名和12.3名，改变了乡（镇）“事多人少”“官多兵少”的局面。五是乡（镇）干部队伍结构得到改善。通过改革，乡（镇）干部队伍实现新老交替，年龄结构、学历结构、来源结构得到明显改善，一批年富力强的干部走上了重要岗位，一批长期没有交流的干部得以交流，一批在乡（镇）工作多年的干部如愿回到了县城。全省涉改乡（镇）领导干部共16973名，其中因工作需要留任、新增职数安排7875名，占46.39%；交流回城7007名，占41.28%；晋升职级363名，占2.13%；保留待遇安置1088名，占6.41%；其他方式安置640人，占3.77%，乡（镇）干部干事创业的积极性得到了激发。

四川省民政厅编写组

人口情况

【户籍人口基本情况】 截至2019年11月25日，全省户籍总人口为9100.2万人，共3241.65万户，比上年户籍人口减少20.86万人；人口增长率为-0.23%，比上年下降0.31个百分点，其中男性4666.11万人、女性4434.09万人，男女性别比为105.23：100。全年出生登记106.9万人，死亡注销119.67万人；省外迁入14.43万人，迁往省外22.92万人，省内迁入47.78万人，省内迁出47.39万人。整体上看，2019年全省人口增长量和增长率均为近年来的较低水平。

【户籍人口城镇化进程】 截至2019年11月25日，全省乡村户籍人口5762.95万人，占全省户籍总人口的63.33%。全省183个县（市、区）中，城镇化率超过50%的县（市、区）共有34个，占比为18.38%，其中成都市22个县（市、区）中，城镇人口超过50%的县（市、区）有15个，较上年增加1个，占全省超过50%城镇化率的县（市、区）的44.1%。

全省增加城镇人口437.15万人，其中乡村人口转移城镇人口达100.76万人，占全省增加城镇人口比例为23.05%，较上年减少87.17万人。乡村人口转移城镇人口中，按照来自地区统计，“来自本市地”共91.4万人，占乡村人口转移城镇人口比例为90.71%；“来自本省外地市”共6.93万人，占乡村人口转移城镇人口比例为6.88%；“来自外省”共2.43万人，占乡村人口转移城镇人口比例为

2.41%。从统计分析情况,全省乡村转移人口数量明显减少,同时,各地城镇化进程中还有一些突出问题未解决,如一些地方已拆迁安置的农村居民户籍仍登记在已拆迁安置村(组)中,一些地方为完成户籍城镇化率任务将城乡分类代码修改,导致部分农村人口被统计为城镇居民。

【户籍人口流动趋势】 常住人口人户不一致现象普遍存在。随着"两化"建设全面加快,在本县(市、区)范围内,常住人口因就业、婚嫁、子女上学等各种原因,在户籍地址房屋以外新购房屋、租借房屋居住现象日益普遍,但其户籍并未迁移到实际居住地,导致其实际居住地址与户籍登记地址不一致现象普遍存在,且比例日益增加,截至2019年年底,全省实际居住地址和户籍登记地址不一致的人口占实有人口总数的比例约在50%左右。在经济越发达的地区和新建房屋越多的地方,往往人户不一致比例越高。

人口流动区域性、多样性特征日趋明显。主要呈现由农村向城镇流动、小城市向大城市流动、欠发达地区向发达地区流动的趋势,省内流动人口主要集中在大中城市。截至2019年年底,全省各市(州)实有人口和流动人口最多的均是成都市,实有人口已达2089.5万人,占全省实有人口比例为27.34%,其中44.5%都是流动人口。除成都市外,流入人口较多的市(州)有:绵阳市88.4万人、南充市50.7万人、宜宾市47.1万人、德阳市34.3万人。

局部区域已经出现人口比例"倒挂"。全省大城市城区及城郊接合部、新兴乡(镇)因产业聚集,流入人口数量剧增,一些乡(镇、街道)、工业园区等局部区域已出现户籍人口与流动人口"倒挂"现象,例如成都市新都区大丰镇户籍人口4000余人,流入人口达到近15万人,呈现出东部发达地区流动人口特点。

向省外流动人口总量大,但回流趋势明显。四川省是劳务输出大省,农业剩余劳动力大量向省外发达地区流动一直是全省流动人口一大特点,全省每年流出省外务工人员均在1000万人以上。2019年,全省流出到省外居住的户籍人口为1737.7万人,流出去往地主要集中在珠三角、长三角等南方经济发达地区,流出到北方地区相对较少。近年来,随着全省经济社会发展全面加快,产业聚集能力增强,加上沿海地区发展转型,全省在外务工人员回流趋势日趋明显,由外省回乡创业的人员逐年增多。

农民工群体"半城镇化"状态比较突出。在整个流动人口中,农民工群体数量最大,是流动人口的主力军。随着全省"两化"建设加快,大量农民工进入城镇从事二、三产业,约有900余万农民工群体虽然在城镇工作生活,但未将户籍迁移到城镇,处于"半城镇化"状态,在城乡之间两栖流动。许多农民工平时在城市务工经商,周末和节假日回到农村老家,城市近郊的一些农民工白天进入城镇务工,夜晚回农村住宅居住,处于"离乡不离土"状态。

四川省公安厅编写组

民族构成及分布

【基本情况】 四川省是一个多民族的省份,共有56个民族,其中少数民族55个,世居的少数民族有彝、藏、羌、苗、回、蒙古、傈僳、满、纳西、土家、白、布依、傣、壮14个民族。全省民族自治地方有甘孜州(辖18个县)、阿坝州(辖13个县)、凉山州(辖17个县/市,其中包括木里县)和峨边县、马边县、北川县,民族自治地方总人口790.96万人,约占全省总人口的8.69%;全省少数民族人口约599.4万人,约占全省总人口的6.95%,其中彝族333.6万人、藏族162.1万人、羌族34.4万人、苗族228680人、回族137089人、土家族98400人、蒙古族47277人、傈僳族25975人、其他少数民族155618人。另有米易、盐边、攀枝花市仁和区、平武、石棉、宝兴、汉源、荥经、乐山市金口河区、兴文、珙县、筠连、屏山、叙永、古蔺、宣汉16个民族待遇县(区)及83个民族乡。四川是全国最大彝族聚居区、第二大藏区和唯一的羌族聚居区。

全省民族自治地方辖区面积30.5万平方千米,占全省总面积的62.9%。民族地区地域辽阔,资源丰富。有森林面积973.7万公顷,占全省森林面积的83.1%;木材蓄积量10.22亿立方米,占全省木材蓄积量的66%;甘孜州、阿坝州的草原面积达2亿亩,是全国五大牧区之一;凉山州安宁河流域是四川省第二大平原,有可开发耕地面积800余万亩;有丰富的水能资源,蕴藏量超过1.6亿千瓦,可开发利用的水能资源约有6000余万千瓦;有多种矿产资源,已探明的有55种,其中金、银、锌、钒、钛、稀土等矿种储量占全省的90%以上,攀西地区素有"中国的乌拉尔"之称;中药材有2500种以上,野生食用菌众多,特别以松茸最为著名;有开发前景广阔的旅游资源,有世界自然遗产2处(九寨沟、黄龙寺)、国家重点名胜风景区6处(黄龙寺—九寨沟、贡嘎山、四姑娘山、邛海—螺髻山等),九寨沟风景名胜区、黄龙风景名胜区、泸定海螺沟冰川森林公园、小金四姑娘山被确定为5A级、4A级旅游区(点)。

四川省民族地区毗邻滇、黔、甘、陕、藏、青六省(区),位于青藏高原与四川盆地的衔接区域,自古就是中国的"民族走廊",也是多条大江大河的水源地和重要的生态屏障,素有"中华水塔"之称。

全省少数民族分布。彝族主要分布在凉山州、乐山市、攀枝花市;藏族主要分布在甘孜州、阿坝州和凉山州的木里县;羌族主要分布在阿坝州的汶川县、理县、茂县和绵阳市的北川县、盐亭县、平武县;苗族主要分布在泸州市、宜宾市、凉山州;回族主要散居在广元市的青川县、苍溪县,广安市的武胜县,南充市的阆中市,成都市的新都区、崇州市,宜宾市,凉山州的西昌市、德昌县、会理县,阿坝州的松潘县、阿坝县以及绵阳、内江、泸州、自贡等市;蒙古族主要散居在凉山州的盐源县、木里县及成都市等地;傈僳族主要散居在凉山州和攀枝花市;满族主要聚居在成都市;纳西族主要分布在凉山州的盐源县、木里县和攀枝花市的盐边县;土家族主要散居在各市(州);白族主要分布在凉山州和攀枝花市;布依族主要分布在凉山州;傣族主要分布在凉山州的会理县和攀枝花市;壮族主要分布在凉山州的宁南、木里、会东等县。

【宗教概况】 四川是一个宗教历史悠久、信教群众较多、宗教影响广泛的省份,佛教、道教、伊斯兰教、天主教、基督教俱全,藏传佛教在甘孜、阿坝、凉山三个自治州有着广泛的影响。全省有信教群众约1000万人,有宗教团体300余个、宗教院校7所、宗教工作机构212个、宗教教职人员6000余人、开放宗教活动场所3000余处。

2019年,全省开展了庆祝中华人民共和国成立70周年系列活动,展示了民族宗教工作的辉煌成就;策划开展了30余场次庆祝中华人民共和国成立70周年伟大成就宣传展示系列活动,参与全省经济社会发展系列新闻发布会及大型成就展,举行全省宗教界庆祝中华人民共和国成立70周年系列活动,发出了开展"爱国爱教爱家乡"主题教育活动倡议。组织省民族宗教委系统离退休老干部开展“我和我的祖国”主题活动；到西南民族大学参观交流，举办“书画”“摄影”“征文”主题展，共展出各类照片80张、书画36幅、征文6篇，各位老领导、老同志用镜头、用笔墨、用亲身经历记录着伟大祖国、感受党的民族政策光辉照耀和全省民族地区发生的翻天覆地变化。切实抓好新《条例》的贯彻实施，全面提升宗教事务依法管理能力和水平，修订颁布了《四川省宗教事务条例》。组织全省宗教事务执法资格考试，开展了宗教活动场所综合执法检查。依法加强朝觐事务管理，探索了好的经验和做法。编辑完成《藏传佛教政策法规选编》（汉藏双语版）并发放给藏传佛教寺庙。深化寺庙财税监管试点工作，不断健全工作机制，组织开展试点寺庙财务状况、经营状况、银行账户及资金情况调查摸排，在藏传佛教寺庙试点新模式取得良好的效果。始终坚持宗教中国化方向，引导宗教与社会主义社会相适应，指导重点宗教活动场所推进“坚定文化自信、坚持中国化方向”示范宗教场所建设，不断夯实爱国爱教的思想基础。举办“不忘初心，正信正行”——汉传佛教讲经交流会、四川天主教中国化神学思想研讨会等一系列活动，承办中国天主教第六届天主教中国化神学论坛，推动宗教界人士践行社会主义核心价值观。编印《文化自信，爱我中华 添彩四川暨基督教中国化成果上讲台论文与讲章汇编》等基督教中国化文集。举办16期由全省各宗教代表人士参加的“坚持宗教中国化方向”系列培训班，增强了宗教界人士对中华文化的自信心和认同感。

四川省民族宗教事务委员会编写组

四川农业和农村经济主要统计数据

农村经济运行基本情况

【基本情况】 扎实推进乡村振兴落地落实，在非洲猪瘟导致生猪生产下降的情况下，以“10+3”产业为抓手推进现代农业发展，全面落实《促进生猪生产保障市场供应九条措施》，推进适度规模化、标准化养殖，确保了全省农业农村经济的平稳运行。

【全省农业农村经济运行趋缓】 全省粮食生产稳定，主要经济作物产量增长，林业生产结构调整，生猪生产下降，牛（羊、禽）出栏形势良好，农林牧渔专业及辅助性活动保持较快增长，蔬菜、水果、茶叶、猪、牛、羊、禽、鱼等主要农产品价格上涨。经国家统计局核定，2019年全省实现农林牧渔业增加值4937.7亿元，按可比价计算，比上年增长3%，其中第一产业增加值4807.2亿元，增长2.8%，均比上年减缓了0.8个百分点（见图1）。

农业支撑第一产业发展，畜牧业生产同比下降。分行业看：农业实现增加值3091.1亿元，增长5.3%，为第一产业增加值增长贡献3.4个百分点；林业实现增加值203.5亿元，增长1.8%，为第一产业增加值增长贡献0.1个百分点；牧业实现增加值1356.5亿元，下降3.1%，为第一产业增加值增长拉低0.8个百分点；渔业实现增加值156.1亿元，增长3.9%，为第一产业增加值增长贡献0.1个百分点；农林牧渔专业及辅助性活动实现增加值130.5亿元，增长9.7%（见表1）。

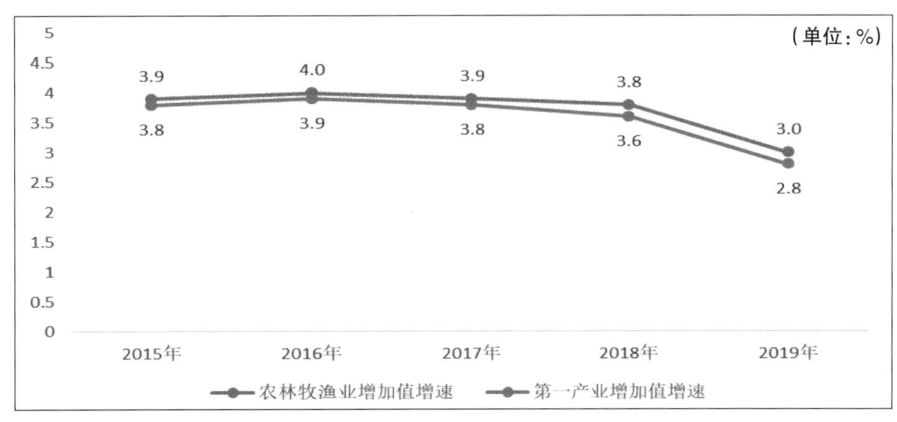

图1 2015—2019年四川省农林牧渔业及第一产业增加值增速

表1 四川省农林牧渔业增加值情况

指标名称	现价总量			可比价增速		
	2019年	2018年	增减(亿元)	2019年	2018年	增减(%)
农林牧渔业增加值	4937.7	4544.32	393.4	3	3.8	–0.8
其中：第一产业增加值	4807.23	4427.43	379.8	2.8	3.6	–0.8
1.农业增加值	3091.12	2918.7	172.42	5.3	4.4	0.9
2.林业增加值	203.5	229.73	–26.23	1.8	1.8	0
3.牧业增加值	1356.54	1131.19	225.35	–3.1	2	–5.1
4.渔业增加值	156.07	147.81	8.26	3.9	4.5	–0.6
5.农林牧渔专业及辅助性活动增加值	130.46	116.89	13.57	9.7	9.2	0.5

表2　2019年四川省粮食作物和主要经济作物生产情况

指标名称	播种面积				总产量			
	2019年	2018年	2019年比2018年 ±		2019年	2018年	2019年比2018年 ±	
			绝对量(万亩)	(%)			绝对量(万吨)	%
农作物	14539.8	14423	116.8	0.8	—	—	—	—
粮食作物(核定)	9419	9398.4	20.6	0.2	3498.5	3493.7	4.8	0.1
其中:夏粮	1655.1	1669.8	–14.7	–0.9	422.9	419.5	3.4	0.8
秋粮	7763.9	7728.6	35.3	0.5	3075.6	3074.2	1.4	0
1.谷物	6688.7	6719.2	–30.5	–0.5	2825.4	2830.9	–5.5	–0.2
2.豆类	839.7	787.4	52.3	6.6	129.9	121.5	8.4	6.9
3.薯类	1890.6	1891.8	–1.2	–0.1	543.2	541.3	1.9	0.4
经济作物(初步统计)	5120.8	5024.6	96.2	1.9	—	—	—	—
1.油料作物	2242.7	2236.8	5.9	0.3	367.4	362.5	4.8	1.3
其中:油菜籽	1833.9	1827.7	6.2	0.3	296.4	292.2	4.2	1.5
2.中草药材	203.9	186.2	17.7	9.5	49	44.8	4.2	9.3
3.蔬菜及食用菌	2119.5	2053.8	65.7	3.2	4639.1	4438	201.1	4.5
4.茶叶	—	—	—	—	32.6	30.1	2.5	8.3
5.水果	—	—	—	—	1131.2	1080.7	50.5	4.7

经济作物播种面积增长,部分品种产量增长较快。全省经济作物播种面积5120.8万亩,增加96.2万亩,增长1.9%;油料、蔬菜及食用菌、水果等主要经济作物生产良好,产量分别达367.4万吨、4639.1万吨和1131.2万吨,分别增长1.3%、4.5%和4.7%。中草药材、茶叶等经济效益高的作物产量增长较快,产量分别达49万吨和32.6万吨,分别增长9.3%和8.3%(见表2)。

各地践行"绿水青山就是金山银山"的理念,制订和组织实施年度造林绿化方案,采取多种形式推进大规模国土绿化行动。随着林业生产方式的转型升级,全省完成造林面积和未成林、成林抚育管理面积有所减少,但零星植树、竹木采伐及主要林产品产量稳中略增。林板家具制造业、竹产业、花卉苗木产业、核桃产业、林下种养业等有序发展。全年生产商品材231万立方米、大径竹1.8亿根、人造板450万立方米、木竹地板210万平方米。

生猪生产下降,牛(羊、禽)出栏保持增长。一是生猪出栏大幅下降。受非洲猪瘟疫情影响,2019年上半年,部分养殖户为规避疫情风险提前出栏生猪,被迫淘汰能繁母猪,导致仔猪供应紧张、生猪生产能力大幅下降。全省全年生猪出栏4852.6万头,减少1785.7万头,26.9%。分季度看:第一季度生猪出栏1611.2万头,5.9%;第二季度出栏1143.2万头,1.4%;第三季度出栏827.6万头,下降44.7%;第四季度出栏1270.6万头,下降44%。二是牛、羊出栏稳定增长。由于生猪生产下降,猪肉供应减少,带动了牛肉、羊肉消费增长,特别是进入冬季以来,牛肉消费增长明显。2019年,全省牛出栏291.7万头,增加15.5万头,增长5.6%,其中第四季度出栏89.9万头,增加8万头,增长9.8%,实现较快增长。羊出栏1780.2万只,增加39.3万只,增长2.3%,其中第四季度出栏555.5万只,增加14.3万只,增长2.6%。三是家禽出栏快速增长。随着肉食消费结构的转变,家禽因价格较低、烹饪方便更受老百姓欢迎,全年家禽出栏数量在猪肉供给日渐减少的情况下增速明显加快。2019年,全省家禽出栏78756.6万只,增加12685.6万只,增长19.2%。分季度看:第一季度出栏16868.5万只,增长2.5%;第二季度出栏14412.4万只,增长19.6%;第三季度出栏16802.1万只,增长28.5%;第四季度出栏30673.6万只,增长25.3%。四是肉类总产量减少,禽蛋、牛奶产量增长。受生猪出栏下降影响,全省肉类总产量减少。分品种看,猪肉产量353.4万吨,减少26.5%;牛肉产量36.4万吨,增长5.7%;羊肉产量27.1万吨,增长2.9%;禽肉产量119.7万吨,增长19%;兔肉产量21.2万吨,增长3.5%;其他肉类产量1.7万吨,减少1.8%(见表3)。禽蛋、牛奶需求较好,产量稳定增长。全年禽蛋产量161.7万吨,增长8.7%;牛奶产量66.7万吨,增长3.9%。

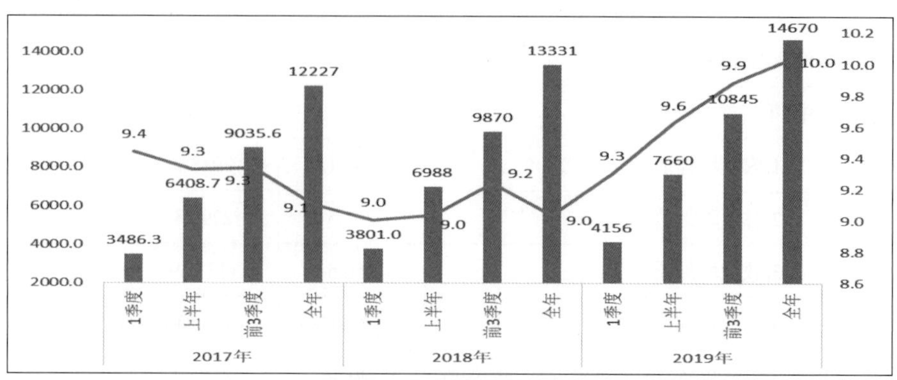

图2　2017—2019年四川省农村居民人均可支配收入增长情况

表3 2019年四川省肉类总产量情况

指标名称	产量				比重		
	2019年	2018年	2019年比2018年 ±		2019年	2018年	2019年比2018年 ±
			绝对额(万吨)	%			
肉类总产量	559.5	664.7	-105.2	-15.8	100	100	—
1.猪肉	353.4	481.2	-127.8	-26.5	63.2	72.4	-9.2
2.牛肉	36.4	34.5	2	5.7	6.5	5.2	1.3
3.羊肉	27.1	26.3	0.8	2.9	4.8	4	0.8
4.禽肉	119.7	100.6	19.1	19	21.4	15.1	6.3
5.兔肉	21.2	20.4	0.7	3.5	3.8	3.1	0.7
6.其他	1.7	1.7	0	-1.8	0.3	0.3	0

表4 2019年四川省农村居民人均可支配收入情况

指标名称	人均可支配收入				贡献率		
	2019年	2018年	2019年比2018年 ±		2019年	2018年	2019年比2018年 ±
			绝对额(元)	%			
可支配收入	14670	13331	1339	10	100	100	—
1.工资性收入	4662	4311	351	8.1	26.2	26.7	-0.5
2.经营净收入	5641	5117	524	10.2	39.1	26.8	12.3
3.财产净收入	456	379	77	20.3	5.8	5.2	0.6
4.转移净收入	3910	3524	387	11	28.9	41.3	-12.4

全省聚焦“稳量增收、提质增效、绿色发展、富裕农民”的目标不动摇，扎实推进“川鱼”振兴、长江流域禁捕等重点工作，保持了全省水产经济持续稳定发展态势。2019年，全省水产养殖面积289万亩，增长1.5%；水产品产量157.7万吨，增长2.7%，其中名特优水产品产量增长3.7%、常规水产品产量增长1.2%。分品种看：克氏原螯虾、河蟹、鮰鱼、鳜鱼、蛙、罗非鱼和草鱼产量增长较快，分别增长129.8%、113.3%、34%、14.9%、11.8%、5%和3%。分地区看，成都市、自贡市、德阳市、广元市、内江市、达州市水产品产量增长较快，分别增长4.8%、3.8%、4.4%、5.1%、3.3%和7.4%。

【农村居民可支配收入持续回升】 收入增速高于全国和城镇水平。2019年，全省农村常住居民人均可支配收入达14670元，增加1339元，增长10%，比全国农村常住居民人均可支配收入增速高0.4个百分点，比全省城镇常住居民人均可支配收入增速高1.2个百分点(见图2)。

经营净收入贡献最大。全省农产品价格明显上涨，全年农产品生产者价格指数达到115.6，为近10年来的最高水平。各类农产品生产者价格全面上涨，其中畜禽类产品价格大幅上涨，猪、牛、羊、禽生产价格同比分别上涨14.3%、11.5%、14.7%和6.5%；蔬菜、水果、茶叶生产价格分别上涨6.8%、13.7%、7.2%。农产品价格的上涨带动农村居民经营性净收入快速提高，2019年，全省农村常住居民人均经营净收入达5641元，增长10.2%，增速比上年提高4.1个百分点；对农村居民增收贡献率达39.1%，比上年提高12.3个百分点(见表4)。全省稳步推进土地“三权分置”工作，农村土地流转收入增加，农村集体资产清产核资工作如期完成，大力发展现代农业，加快一二三产业融合发展，农民合作社、乡村集体经济分红收益增加和乡村旅游提质增效，支撑农民财产净收入快速增长。2019年，全省农村常住居民人均财产净收入456元，增长20.3%，增速比上年加快2.6个百分点，继续保持快速增长的发展势头。

四川省统计局编写组

农村经济发展面临的主要困难

【猪瘟疫情防控压力依然存在】 非洲猪瘟疫苗尚未成功研发普及，疫情预计还会呈点状发生。全省生猪存栏下降趋势有所减缓，但春节前生猪和猪肉产品调运增多，疫情发生和传播的风险将增高。

【病虫害滋生风险较大】 2019年上半年，全国发生了“粮食杀手”草地贪夜蛾危害玉米、水稻、甘蔗、烟草等作物现象，草地贪夜蛾繁殖能力和迁飞能力强，危害很大。全省冬季平均气温较常年水平略偏高，降水量较常年均值正常略偏多，冬暖冬湿有利于病虫越冬，2020年草地贪夜蛾等病虫害发生的风险仍然很大，需要密切关注。

【农民收入持续较快增长压力较大】 2019年，全省农村居民可支配收入增速虽处于近年高位，但收入持续较快增长缺乏持续动力。当前，全国经济下行压力较大，农民工工资性收入增速相对稳定；脱贫攻坚、社会保障救助的各类补贴已经陆续到位，转移净收入难以有更大的上涨空间；全省主要农产品价格上涨，助推了农民经营净收入实现较快增长，但随着农产品特别是生猪生产逐步恢复，农产品价格将逐渐趋稳，经营净收入也会逐步稳定。

四川省统计局编写组

农业发展概况

种 植 业

【基本情况】 2019年，全省围绕打造四川农业“10+3”产业体系和年度工作计划，抓好粮油生产工作责任落实，加强技术指导服务，深化种植结构调整，全省粮油生产继续保持稳定发展态势。全省粮食作物播种面积9419万亩，居全国第7位。油料作物播种面积2242.5万亩，中草药材播种面积205.5万亩，蚕桑播种面积220万亩，蔬菜播种面积141.32119.5万亩。全年粮食总产量3498.5万吨，增长0.1%；油料产量367.4万吨，居全国第一位。川茶、川菜、川果、川药等经济作物总产量5624.66万吨、总产值3099.9亿元，分别增长1.49%、6.23%。蔬菜及食用菌产量4369.1万吨，增长4.5%；茶叶产量32.5万吨，增长8.2%；水果产量1136.7万吨，增长5.29%；中草药材产量49万吨，增长9.5%；蚕茧产量9.7万吨，增长4.7%；棉花产量0.28万吨，减少30.4%；麻产量3.2万吨，增长2.3%。川烟税利突破500亿元，增长10%以上。烟叶产量16万吨，减少1.3%。

【坚持“稳”字当头，着力稳政策、稳面积、稳产量】 稳政策。加强惠农政策宣传，会同财政厅编制耕地地力保护补贴资金兑付工作方案、稻谷补贴实施方案，及时足额兑付耕地地力保护补贴资金66.56亿元和稻谷补贴资金9.56亿元。稳面积。召开全省春耕生产暨高标准农田建设现场会，副省长尧斯丹参加会议并安排部署春季田管、春耕生产等春季农业生产工作；开展粮食安全省长责任制考核，落实各级政府抓粮食生产责任。稳产量。实施“藏粮于技”战略，继续联动实施部、省级粮油绿色高质高效创建，集中使用部、省级粮油高产创建资金和中央财政产油大县奖励资金2亿元，建成粮油绿色高质高效示范区200个，项目区节本增效达5%以上，示范引领了全省粮油生产绿色发展、平衡增产增效。依托种粮大户补贴、农业生产全程社会化服务等项目的实施，培育种粮大户、家庭农场、农民合作社、产业化龙头企业等新型粮油经营主体和社会化服务主体。全省粮食适度规模经营面积达290万亩。

【坚持“优”字为先，着力优布局、优结构、优品质】 优化区域布局。总结推广都江堰灌区“两区”划定百日行动的经验做法，组织农业、测绘、信息技术等领域的专家赴各地开展技术指导，有力确保了各地严格标准精准划定。全省已划定完成粮食生产功能区和重要农产品生产保护区地块面积3920万亩。优化种植结构。在89个粮油生产重点县（市、区）落实专项资金3亿元，开发冬闲田（土）扩种油菜150万亩，推广玉米大豆轮作或间套作扩种大豆50万亩，满足城乡居民食用植物油需求。制定酿酒专用粮生产基地建设指导意见，突出优势区域，在泸州市、宜宾市、自贡市等地的19个县（市、区），省、市、县共建设酿酒专用粮生产基地162万亩，为全省白酒产业提供了高质量原料。优化品质结构。在40个水稻重点县全面推广“稻香杯”优质品种，发展种粮大户带动、“大园区、小业主”全程托管、土地股份合作社、“两主体、四中心”等多种形式的经营模式，加快推动稻米产业化开发。深入推进“稻香杯”优质米评选，召开第六届“稻香杯”优质米评选会，组织专家进行食味品鉴，推荐新一批口感好、米质佳的优质品种。

【坚持“绿”字为要，多方协作推进绿色发展】 围绕农业投入品减量增效，切实发挥牵头作用，完善工作推进机制，抓好农药、肥料监管工作，推进种植业绿色可持续发展。一是明确职责分工。针对机构改革后，新增农药、肥料、植物检疫等方面职能职责，分管厅领导专门召集种植业与农药肥料处、植检站、植保站、土测中心、药检所负责人召开会议，研究具体分工，理顺部门职能职责。二是加强协作配合。处(站)与各部门既分工负责,又密切协作,及时组织研究分析工作推进中存在的问题,会审会签以厅名义报出的文函,推动农药、肥料以及植物检疫工作有序开展。同时,配合厅属相关单位做好化肥农药面源污染防治工作,督促指导各地推进化肥农药减量增效。三是履行监管职责。结合开展“不忘初心、牢记使命”主题教育,推进肥料、农药、农膜等投入品专项清理整治,初步摸清了肥料、农药等农业投入品家底,“部分农业投入品生产经营主体无证、冒证、一证多用”“市场上依然存在灭生性除草剂中非法添加百草枯成分”等一批突出问题得到了较好治理。四是推进减量增效。协调配合厅属相关单位深入开展化肥农药零增长行动,建设绿色生产示范区,扎实推进农业投入品减量增效。全年化肥、农药使用量继续保持“双减”。

【坚持“防”字为重,着力防灾减灾】 一是建立工作推进机制。针对机构改革后农业防灾减灾工作职责调整变化大的新情况,成立了由厅长任组长、分管厅领导为副组长,相关业务处(局、站)主要负责人为成员的农业防灾减灾统筹协调组,明确了各成员单位在农业防灾减灾工作中的职责分工。设立了农业防灾减灾专家组,12名专家来自种植业、畜牧业、水产业、农机化等防灾减灾重点行业,为开展农业防灾减灾提供了专家意见和技术支撑。二是构建上下贯通的工作体系。制定了《关于进一步加强农业灾情调度的通知》,加强农业灾情调度,并要求各市(州)上报农业防灾减灾分管领导和承办机构、联络人员,构建上下贯通的农业防灾减灾工作体系。三是牵头抓好农业防灾减灾工作。切实加强与应急管理、气象、自然资源、水利等部门的沟通衔接,及时收集汇总上报农业受灾情况,做好救灾物资和专业技术人员协调对接工作,组织各地科学开展生产自救和灾后恢复生产,尽量减轻灾害损失,保障农产品市场供应。四是协调配合抓好病虫害防控。配合厅属单位做好病虫害防控工作,特别是针对今年草地贪夜蛾首次迁入我省,可能大爆发并严重危害玉米、高粱等作物的严峻形势,省政府高度重视,各级农业农村部门积极应对,集中精力打赢了应急防控攻坚战。全省春玉米实际测定危害损失率为2.8%,夏玉米为3.9%左右,均低于农业农村部设定的5%的指标,全省挽回粮食损失近1亿千克,防控首战告捷。

中共四川省委农村工作领导小组办公室编写组

畜 牧 业

综 述

【基本情况】 2019年,全省推进非洲猪瘟等重大动物疫病防控、生猪稳产保供、牛羊禽兔蜂草业高质量发展、畜禽粪污资源化利用和养殖污染整治、屠宰行业“两项制度”落实、畜牧产业扶贫、生鲜乳质量监管等重点工作,成效显著。全年生猪出栏4852.6万头,下降26.9%;牛出栏291.7万头,增长5.6%;羊出栏1780.2万只,增长2.3%;肉禽出栏78756.6万只,增长19.2%。猪肉产量353.4万吨,下降26.5%;禽蛋产量161.7万吨,增长8.7%;牛奶产量66.7万吨,增长3.9%。

【重大动物疫病防控工作】 贯彻落实党中央、国务院和省委、省政府决策部署,清醒认识和准确把握非洲猪瘟疫情的严峻性、危害的严重性和防控的长期性,抓紧抓实非洲猪瘟等重大动物疫病防控工作。一是压紧压实各方责任。全省召开多次非洲猪瘟防控工作电视电话会议,省指挥部召开全体成员会议5次,农业农村厅召开多次专题工作会、座谈会,对全省防控工作进行研究部署。省指挥部印发文件20个,指挥部办公室印发文件110个,从严落实大排查、大清洗大消毒、餐厨剩余物禁喂、严格禁调限运等各项防控措施,毫不松懈坚决打好非洲猪瘟防控持久战,努力巩固提升防控成效。生猪基础存栏趋于稳定,生猪养殖加快转型升级,市场猪肉价格有所回落,供应尚足。二是坚决做好疫情排查处置。全省共累计排查生猪13.5亿头次,查处涉非洲猪瘟案件500余件,检测非洲猪瘟样品20.59万份。全省共发生非洲猪瘟疫情2起,其中5月若尔盖县发生1起疫情,7月夹江县发生1起疫情,疫情发生后,农业农村厅第一时间将有关情况报告厅主要领导并向省委、省政府报送了专报,并派出工作组赶赴疫点指导疫情处置工作,扑杀无害化生猪20153头,9月4日乐山夹江县疫区解除封锁,全省重新恢复为非疫情省份。三是抓好问题线索核查整改。9月以来,先后派出督导组、工作组、暗访组指导各地工作整改,解决问题,落实措施。国务院“互联网+督查”平台涉川非洲猪瘟121条问题线索、87件群众信访及舆情反映已全部整改到位,涉非洲猪瘟舆情趋于平稳。四是做好重大动物疫病强制免疫工作。组织全省开展高致病性禽流感、口蹄疫、小反刍兽疫等重大动物疫病集中免疫工作。猪口蹄疫累计免疫1731.7万头;牛口蹄疫累计免疫1205.6万头;羊口蹄疫累计免疫1024.6万只;高致病性禽流感累计免疫鸡18469.9万羽、鸭4637.4万羽、鹅1026.7万羽、其他禽496.2万羽;小反刍兽疫累计免疫606.9万只;羊棘球蚴病(包虫病)累计免疫198.2万只。其他非强制免疫病种猪瘟累计免疫1732.1万头;鸡新城疫累计免疫4537.1万羽。五是加强包虫病、布病、炭疽、结核病、狂犬病等重点人畜共患病防治。全省狂犬病共免疫442.2万只次,共完成犬只驱虫210.5万只次,血吸虫病共查家畜7.7万头次。动物布病血清学检测16万头,结核病检测1.6万头,对检测出的阳性均全部扑杀和无害化处理。六是推行“先打后补”政策。全省已有14个市(州)上报了疫苗直补计划,计划资金1700余万元。全年全省未发生区域性重大动物疫情。

【稳定生猪生产,推动其他畜禽高质量发展】 一是出台稳产保供各项政策。会同15个部门联合出台《关于印发促进生猪生产保障市场供应九条措施的通知》(川农〔2019〕99号),在“菜篮子”市长负责制、保障生猪养殖用地、规范禁养区划定和管理、加强基础设施建设、推进粪污资源化利用、落实补贴补助政策、落实贷款贴息政策、落实生猪保险政策、加大金融支持力度、加强畜牧队伍建设十个方面制定了具体实施措施,为稳定生猪生产保障猪肉市场供应提供了政策支持。二是压紧压实“菜篮子”市长负责制。突出生猪生产专项考核，划定生猪生产红线，将4008万头的生猪生产基本保障任务落实到19个市（州），并将生猪生产作为“菜篮子”考核专项内容，占总分的70%进行考核。三是全面开展畜禽养殖标准化建设。全省有扶贫目标任务的161个县（市、区）全年改（扩）建或新建畜禽标准化养殖场目标任务988个，已完成1100个（部省级100个以上），完成全年任务的113%。支持养殖场生产、环境控制、动物防疫、粪污资源化利用等环节的标准化改造和设备更新，提升规模养殖标准化水平。四是引进生猪产业龙头企业，快速布局发展生猪标准化规模养殖。9月以来，全省开工建设养猪场项目435个，投资152亿元，预计新增生猪产能近900万头；与新希望集团签订1200万头生猪产业化合作框架协议，加快推动实施。同时，各地陆续开工建设牛羊禽兔等其他畜牧产业项目，推动全省畜牧产业高质量发展。五是加强稳定生猪生产科技支撑。8月，组织全省生猪营养、疫病防控、育种领域权威专家成立了四川省稳定生猪生产专家指导组，先后召开了4次专家组会议，发布了全国第一个省级实用《非洲猪瘟感染后生猪复养技术指南》，并建立了专家分区联系服务机制。六是畅通种猪、仔猪“点对点”调运。设立了省、市、县三级种猪、仔猪协调调运办公室，全省协调调运种猪、仔猪73.05万头。前三季度，全省出栏生猪3582万头，同比下降18%；生猪存栏2930万头，环比下降16.9%，同比下降33.1%，其中能繁母猪存栏265.8万头，环比下降23.2%，同比下降32%。从行业调查看，全省生猪存栏1829.5万头，其中能繁母猪存栏192.8万头。全省在完成出栏基本任务的情况下，生猪精准出栏，计划出栏，保证了市面上猪肉的不断档、不脱销，维护了社会和市场的稳定。

【抓好生猪屠宰监管及畜禽粪污治理】 持续加强屠宰行业监管。及时开展落实生猪屠宰环节“两项制度”（非洲猪瘟自检和官方兽医派驻制度）百日行动，足额配备官方兽医，按时开展非洲猪瘟自检。组织开展屠宰企业精准信息核实，全省“三证”齐全生猪屠宰企业984家，较清理前减少434家；“两证”齐全牛羊家禽屠宰企业57家，减少20家。实开展专项整治，先后开展打击私屠滥宰防控非洲猪瘟保证生猪产品质量安全专项治理行动、加强屠宰监管防范非洲猪瘟疫情专项治理行动、“不忘初心、牢记使命”主题教育生猪屠宰专项整治行动等多项行动，共出动执法人员99079人次，累计立案148件，涉案物品1813吨，罚没金额39万元，移送公安机关案件4件，捣毁私屠滥宰窝点168个。推动屠宰行业转型升级，下发《关于进一步加强生猪屠宰监管工作的通知》，提出了压减数量促进转型升级、严格监管保障安全等方面的重点举措。开展省级标准化生猪屠宰厂创建，公布首批9家全省标准生猪屠宰厂。

项目化推进畜禽粪污资源化利用。加强项目管理工作，召开全省2019年畜禽粪污资源化利用项目实施工作培训会，组织8个督导组对在建项目实施县进行全覆盖督导检查，做好项目第三方评估和绩效考核工作。全力配合农村人居环境整治，督查指导各地开展好畜禽粪污资源化利用行动。

做好畜禽粪污污染防治。组织开展畜禽养殖禁养区划定排查及整改工作，加强排查指导，做好数据审核，推动问题整改。经排查，全省183个县（市、区）和13个高新区或经开区（含成都市天府新区）中，有81个县（市、区）、2个高新区需要调整畜禽养殖禁养区方案，全省拟调整禁养区8001个，占禁养区总数的46.45%。做好长江经济带生态环境污染问题整改，国家移交的2个长江生态环境问题督促地方已完成整改并组织开展现场核查、上报销号，自查的9个长江生态环境问题有6个已完成整改，其余问题整改工作有序推进。推进重点河湖养殖污染治理，抓好对长江（金沙江）、沱江流域、赤水河、琼河等重点流域畜禽粪污防治工作的指导，推进畜禽养殖污染防治。

【推进草牧业发展】 一是建立健全工作机制。按照机构改革后职能职责调整，主动与省林草局、原草原处座谈交流，完成草牧业政策项目、工作情况、档案资料的交接。组织农业农村厅有关处室和单位召开草牧业发展座谈会，围绕新形势下加快推进全省草牧业高质量发展任务明确协同推进草牧业发展工作机制。同时，各市（州）、县落实草牧业负责人和工作人员，全省迅速建立草牧业发展信息沟通平台。二是开展调研。抽调专家分4个组开展现代草牧业发展专题调研，形成了《四川省草牧业发展情况调查报告》。收集整理汇编各地草牧业发展的经验、做法等10种模式并下发各地，因地制宜指导高原牧区、平原丘区、盆州山区草产业和牛羊兔鹅等草食畜牧业协同发展。在深入调研的基础上草拟了川牛羊（畜禽饲草）产业振兴方案，完善了《川西北地区生态保护和高质量发展三年行动方案（2020—2022年）》。

落实政策项目。举办了农牧民补助奖励政策管理信息系统技术培训，编制了《四川省2019年农牧民补助奖励政策实施方案》，指导3州48个县做好农牧民补助奖励政策实施工作。建设99个人工饲草基地和153个牦牛（羊）养殖标准化圈舍及设施。督促41个南方现代草地畜牧业项目县加快项目建设进度，并做好自查自评，开展市级验收和省级绩效评估。

加强指导培训。加强牧区与农区草牧业发展分类指导，组织市、县草牧业分管负责人和技术人员，参加分别在成都、甘孜和古蔺举行的全省草牧业统计监测技术培训、牧区草牧业技术培训、农区草牧业技术培训暨现场推进会。

【奶业振兴及生鲜乳质量监管】 起草并以省政府名义印发了《四川省人民政府办公厅关于推进奶业振兴保障乳品质量安全的实施意见》（川办发〔2019〕1号），提出了全省奶业振兴的主要目标及具体措施；印发《四川省2019年生鲜乳质量安全监测计划》《四川省2019年生鲜乳质量安全监测计划》等文件，部署任务、明确目标、压实责任。组织省、市、县现场检查生鲜乳收购站709站次，检查运输车687车次，出动执法人员2159人次。全省抽检生鲜乳样品6610批次，其中市、县抽检样品6254批次（含快速检测），省级抽检样品100批次，第三方机构和部级抽检样品256批次，全年未发生生鲜乳重大质量安全事件。开展四川省奶业振兴与生鲜乳质量安全监管培训班1期，培训120余人。

【加强项目资金管理】 中央、省级财政共投入30.3亿元用于畜牧产业发展、动物防疫等。一是畜牧产业发展方面，全年生猪调出大县奖励资金3.18亿元，支持生猪养殖贷款贴息2213.93万元，2019—2020年计划两批中央预算内投资生猪规模化养殖场建设项目补助资金1.19亿元，蜂业提升项目500万元，牧区良种推广项目1965万元。二是动物防疫方面，中央财政专项动物防疫补助资金46118万元，省级财政专项动物防疫补助资金11529万元，应急物资采购资金500万元。三是畜禽粪污资源化利用项目方面，中央投资72440万元，同时从农业生产发展资金中切块3亿元，首次在15个非畜牧大县推进畜禽粪污资源化利用。四是草原牧业方面，国家安排甘孜、阿坝、凉山三州农牧民补助奖励资金88003万元，省级财政牧区草牧业生产方式转型升级资金4910万元。五是其他方面,省级财政安排大小凉山彝区综合扶贫开发专项2100万元,项目资金用于大小凉山13个县开展畜禽标准化养殖场建设。

【举行生猪规模养殖场建设项目集中开工活动】 9月20日,全省13个生猪规模养殖场建设项目集中开工。该次活动在眉山市设主会场,同时在成都、广安、乐山、泸州、广元、宜宾、内江、自贡8个市设立了12个分会场,为全省首次、全国独创的开工形势,为提振生猪养殖信心起到了巨大的宣传效果。

【发挥行业专家智库优势】 组织四川农业大学、四川大学、省市县三级技术推广部门的生猪营养、疫病防控、育种领域的权威专家成立了四川省稳定生猪生产专家指导组,发挥行业智库作用,为全省非洲猪瘟等重大动物疫情防控及稳定生猪生产政策制定提供了科学依据;编印《非洲猪瘟感染后生猪复养技术手册(试行)》,为全国第一个省级实用生猪复养技术手册,并印发7200本发放至各市(州),为养殖场(户)恢复生猪生产提供了有力的实用技术支撑;组织编写《农户猪舍养鸡技术指导手册》,为利用养猪农户弃养的圈舍,在不破坏猪舍现有结构和设施的基础上指导农户将猪舍改造为鸡舍,发展家禽养殖,规避了非洲猪瘟疫病风险。推进中小养殖场调整养殖结构。

中共四川省委农村工作领导小组办公室编写组

生猪价格波动体系建设

【生猪猪肉价格运行情况】 生猪生产。2019年前三季度,全省生猪出栏3582万头,减少18%;生猪存栏2930.2万头,减少33.1%,其中能繁母猪存栏265.8万头,减少32%。10月生猪生产已基本稳定,11月生猪存栏环比增长1%,猪饲料产量连续两月增长,生猪生产整体呈现止跌回升势头。全年出栏生猪4852.6万头,超额完成4008万头出栏任务,未出现生猪供应断档脱销情况。

猪肉价格。猪肉价格在年初震荡下行后自7月开始加速上行,至10月31日达到16.59元/千克,创下全省有监测数据以来的最高值,并拉动牛肉、羊肉等价格上涨。11月,受出栏及进口数量增加、低价冻品库存入市等因素影响,猪肉价格小幅回落。11月21日,猪肉价格达到最低点为13.515元/千克,较前期高点回落18.5%。12月底,全省猪肉均价为13.99元/千克,较前期高点回落15.7%。

【保供稳价工作】 启动应急监测,及时预测预警。新冠肺炎疫情以来,全省启动了应急价格监测机制,实行重要民生商品日监测报告制度,提高价格监测预警的时效性和准确性。为维护市场价格秩序,专门成立价格监测巡视组到多地主副食品市场巡查,密切关注猪肉类价格走势,做好市场分析与监测预警,及早发现苗头性、倾向性、潜在性问题。

增加政府冻猪肉储备。落实冻猪肉储备任务,省发展改革委会同省级相关部门召开生猪价格调控会商会议,专题研究全省冻猪肉储备最低收储量和收储时机。筹备召开全省重要民生商品保供稳价工作专题会议,要求各地严格落实"菜篮子"市(州)长负责制,按照属地管理原则明确地方政府冻猪肉储备任务。2019年,全省冻猪肉储备4.59万吨,超额完成国家下达的2.35万吨收储任务。

研究出台保供稳价政策。按照全省一盘棋,上下联动原则,结合全省实际,印发《关于贯彻落实〈应对非洲猪瘟疫情影响做好生猪市场保供稳价工作的方案〉分工方案》《〈应对后期猪肉价格上涨保障困难群众基本生活工作预案〉实施方案》《关于加强疫情防控期间价格调控有关工作的紧急通知》《关于切实做好政府冻猪肉储备调节工作的通知》等系列文件,明确促进生猪生产保障市场供应目标任务和责任分工,要求并指导各地合理把握投放节奏,创新收储和投放方式。2018年冬至前后至2020年元旦、春节期间,投放省级政府储备冻猪肉4500吨,确保了生猪猪肉市场供应不断档不脱销,市场价格秩序良好。

推动落实价格补贴联动机制。持续督促各市(州)及时启动、足额发放价格临时补贴。2019年,全省共计发放价格临时补贴约11.3亿元(含一次性生活价格补贴),惠及困难群众约3066万人次。印发《关于明确启动社会救助和保障标准与物价上涨挂钩联动机制有关事项的通知》《关于全省统一启动价格补贴联动机制的通知》,明确由省级财政根据联动机制实施时间和财政状况据实算账,通过调整预算支出结构或者从年度收回存量资金中给予市(州)适当补助。

四川省发展和改革委员会编写组

林业和草原

综　述

【基本情况】 2019年,全省林草系统发挥林草新机构、新职能新优势,圆满完成各项目标任务。全年落实省级以上财政资金90.2亿元,完成营造林938万亩,森林覆盖率达39.6%,森林蓄积达18.97亿立方米,草原综合植被覆盖度达85.6%;林业总产值达4100亿元,林业生态服务价值达1.9万亿元;森林火灾受害率0.041‰,林业有害生物成灾率0.04‰。

【生态治理修复】 全年实施草原生态修复治理1646万亩,其中围栏封育轮牧148万亩、人工草地建设24万亩、天然草原改良135万亩、鼠虫害治理1327万亩、黑土滩(毒害草)治理12万亩。编制川西北地区沙化土地土壤改良、沙棘栽培、封禁管护等技术规程,治理沙化土地11.3万亩,实施省级沙化土地封育保护试点1万亩,治理岩溶区400平方千米,综合治理长江上游干旱河谷4.5万亩;修复川西北高原退化湿地4.5万亩,实施退牧还湿11万亩,管护湿地482万亩。制发《四川省重要湿地认定办法》,推荐理塘无量河申报国际重要湿地、阆中创建国际湿地城市,5个国家级湿地公园(试点)通过验收、授牌。黄河、青衣江"河长制"年度任务完成,川甘两省携手保护黄河之源,建立若尔盖高原湿地信息共享平台。积极应对"6·17"长宁地震、"8·20"阿坝州山洪泥石流,第一时间到灾区指导救灾,支持灾后重建。九寨沟地震生态环境修复保护项目开工率达100%,完工率达57.89%,投资完成率达67.84%。天然林保护修复深入推进,有效管护森林2.87亿亩,完成公益林建设58

万亩，抚育国有中幼林115.3万亩。省委深改委审议通过《四川省天然林保护修复制度实施方案》，省人大专题审议民族地区贯彻《四川省天然林保护条例》情况。

【保护地体系建设】 大熊猫国家公园体制工作试点加快。四川省级管理局全面组建履职；省委编办批复管理分局机构设置方案，建立管理分局运行机制，7个市（州）管理分局挂牌成立。省林草局配合完成《大熊猫国家公园总体规划》编制，启动打桩定标、入口社区建设试点，实施国家公园试点建设项目7个，共1亿元。生产经营项目管理得到规范，通过国家公园中期评估。省委深改委审议通过《关于四川建立以国家公园为主体的自然保护地体系的实施意见》，启动自然保护地摸底评估，调整优化自然保护地范围或功能区14个，自然保护地体系得到完善。新设省级森林公园4个。机构改革后接收各类自然保护地194处，全省自然保护地总数达522处。

【林草产业发展】 全年新增现代林业产业基地150万亩，总规模达3080万亩。19个竹产业高质量发展重点培育县启动建设，培育现代竹林示范基地42万亩。8家企业被认定为第四批国家林业重点龙头企业，评选林草省级示范专合社29家；生产木材231万立方米、木竹人造板450万立方米、木竹地板210万平方米、特色经济林产品600万吨；生产竹浆100万吨、加工竹笋50万吨、竹家具20万套，竹业综合产值超过550亿元。旅游康养加快发展，全省各地举办花卉（果类）、红叶、草原、湿地等生态旅游节会100场次，实现生态旅游直接收入1150亿元。举办历时1个月的大熊猫国际生态旅游节，签署双边、多边合作协议31份，大熊猫品牌效益更加彰显。评定省级森林康养基地55处、森林自然教育基地33处、生态文明教育基地6处、森林康养人家104处，获批"国家森林康养基地"6处。推进广元市朝天区、宜宾市叙州区、泸州市纳溪区、乐至县、普格县5个国家和省级现代林业示范区建设，命名首批21个市（州）级现代林业示范区。实施建花海、办花市、过花节"三花并进"战略，首批确定省级花卉产业园区10个、省级花卉产业基地6个。

【资源保护管理】 省政府办公厅出台川西北民生项目木材替代行动指导意见，省林草局印发坚决禁止私砍滥伐森林的通知，协同推进新型建材和能源替代，川西北林木采伐量减少30%，森林覆盖率提高0.54个百分点。林地林木管理加强，全省3.7亿亩林地和2.6亿亩公益林落到地块图斑，实现"一张图""一套数"管理。森林督查核实查处问题图斑5.7万亩，立案5367起，依法收回林地8280亩。火灾防控力度空前，省委、省政府将防灭火指挥部办公室设在林草部门，防灭一体工作新机制基本建立，省、市、县三级防火机构队伍陆续到位，防火专家组成立，指挥部议事规则、火灾应急预案修订完善。省林草局全局动员开展为期2个月的蹲点指导，全年处置森林草原火灾141起，森林火灾次数、过火面积、受害面积分别减少40.4%、31%、56.3%。全年防治林业有害生物1017.31万亩次，无公害防治率达95.35%，产地检疫实现全覆盖；松材线虫病新发疫区4个，总数达40个，疫情发生面积、病死松树分别减少9%、33.96%，23个乡（镇）疫点实现无疫情。野生动植物保护加强，繁育成活大熊猫幼崽46只，人工圈养大熊猫521只，占全球的87%；救护野生大熊猫6只。第二次陆生野生动物、兰科植物调查取得阶段成效，巴中市首次发现珍稀濒危野生植物长圆叶山黑豆，卧龙首次发现纯白色大熊猫和特有物种巴朗山雪莲，极小种群野生植物迁地保护取得实效。打击破坏野生动物资源违法犯罪专项行动成效明显。

【林草脱贫攻坚】 全年新增生态护林护草员29938名，总计选聘81843名；组建脱贫攻坚造林专合社1080个，吸纳社员4.08万人，其中建档立卡贫困社员占人数社员总数的75.1%。保障民生项目，全年审核发放林木采伐许可证13.9万份，批准限额282.2万立方米；争取林地使用定额11.87万亩，落实各类建设项目使用林地定额11万亩；出台完善生猪养殖、脱贫攻坚等林地支持政策。行政审批高效推进，省级窗口完成31项权力事项划转，取消审批中介服务6项，办结林草行政许可事项2593件，收缴森林植被恢复费12.8亿元，在网上可办率超过90%，按时办结率、现场办结率、群众满意率、提前办结率均为100%，网上政务服务能力社会满意度调查网络投票中位列49个省级部门第9名。加强项目资金监管，印发《全面实施预算绩效管理工作推进方案》，完成21个市（州）21个县项目绩效评价和10个县资金稽查，全面排查2016—2018年度涉林涉草惠民补助资金19亿元，发现问题100余个。21个基层林业站通过国家标准化林业站验收，完成12个县的林业站整县推进建设。落实国有林场林区道路建设项目131个。森林保险参保率达73.07%。

【林草重点改革】 省林草局机关"三定"方案落地，内设机构22个，其中业务处室19个，领导干部和工作人员基本调整到位。优化事业单位设置，调整设立省草原工作总站，组建省大熊猫科学研究院。编制四川林草2025暨建设长江黄河上游生态屏障规划，明确了空间布局、重大工程、保护体系、林草产业、数字林草等11个方面的任务和举措。印发《关于实施林草生态"三业"工程助推脱贫攻坚和乡村振兴的意见》。出台《优化林草业发展环境指导意见》。修订完善《四川省集体林权流转管理办法》，累计流转林地348.9万宗、1913万亩，流转金额39.4亿元。国有林场改革任务全面完成，国有林区主体改革任务基本完成。

【林草支撑保障】 落实中央资金74.8亿元、省级资金15.4亿元，新争取草原生态修复保护资金5.53亿元。将集体公益林补助标准由每亩每年15元调增到16元。交通部将林场林区道路纳入项目库并启动建设，落实资金6.73亿元。世界银行批复"长江上游森林生态系统恢复项目"美元贷款1.5亿元。天全县储备林项目获得农发行贷款1.875亿元。科技支撑得到加强，培育林草重大科技成果35项，获得省政府科技进步奖6项，申报设立国家长期科研基地6个，林草科技成果推广转化率达60%、标准采用率达59%、科技进步贡献率达50%。成立四川省花椒和竹资源培育与利用科技创新团队，省草科院"青藏高原草种质资源与育种"创新团队获得国家林草局全国首批创新团队命名。争取国家西南生态大数据中心落户四川，与华为、腾讯、海康威视等企业签订数字林草建设战略合作协议，数字大熊猫公园建设项目启动。修订印发《四川省主要林木品种审定办法》、林木良种目录清单。林木种质资源普查工作全面开展，国家种质资源库建设有序推进，审（认）定林木品种12个，生产种子34.2万千克、苗木25.2亿株，主要造林树种良种使用率达69%。畅通干部交流渠道，优化干部队伍结构，完成处级干部选任100余人次，选拔一批高层次、年轻优秀干部充实到局机关和直属单位。加大专业技术人员培养，全省林草系统考评通过副高级职称292人、中级职称69人、工人技师150人，培训专业技术人才4300余人次。编辑出版《大熊猫图志》并赠送法国自然博物馆，开展新中国成立70周年、林草服务脱贫攻坚等系列主题宣传，妥善应对木里"3·30"等热点舆论，各级各类媒体刊播四川林草新闻(消息、专题)360余篇(条、部)。网站建设连续八年获得全国林业“十佳”省级网站,发布信息3700条,国家林草局采用数量连续九年居全国林草省级部门第一位。

四川省林业和草原局编写组

林草资源

【基本情况】 四川素有“天府之国”“大熊猫故乡”之称,是长江上游生态屏障建设的重要战略高地,也是全国生态旅游资源最为丰富的省份之一。截至2019年年底,全省森林覆盖率已达39.63%,森林面积居全国第四位,是全国第二大林区重要组成部分,被誉为生物资源宝库、自然景观胜地、中国西部花园。四川森林覆盖于多形地貌之上,有世界遗产5处、森林公园140个、湿地公园64个、风景名胜区93个、地质公园33个、自然保护区165个;生态旅游示范市(县)17个,省级以上森林小镇115个、星级森林人家1315个。大熊猫国家公园在四川涉及成都、德阳、绵阳、广元、眉山、雅安、阿坝7个市(州),都江堰、崇州、彭州、大邑、什邡、绵竹、绵阳市安州区、平武、北川、青川、洪雅、荥经、天全、宝兴、芦山、石棉、九寨沟、松潘、汶川、茂县20个县(市、区),总面积20177平方千米。

【森林和湿地】 依托唐家河国家级自然保护区、海螺沟国家森林公园、邛海国家湿地公园,形成了森林和湿地生态休闲养生、野生动植物观赏等生态旅游精品景区。若尔盖湿地被列为国际重要湿地名录,海螺沟、瓦屋山成为全国最具影响力森林公园,邛海湿地、老君山自然保护区成为全国最佳野生鸟类观赏地。依托林业产业基地、家庭林场、森林人家、林家乐,形成了一大批赏花型、品果型、避暑型、园艺型等乡村生态旅游产品,开发了木竹、干果、菌类、药材等系列旅游商品,使得省内外游客不仅能欣赏到优美的自然风光,更能体验瓜果采摘、森林漂流、农家美食等休闲旅游项目,生态旅游吸引能力大大增强,其中被誉为“地球之肾”的湿地资源在四川尤为丰富,全省湿地面积约2621.7万亩,占全省土地面积的3.6%。全省建立湿地类型自然保护区52个,甘孜州海子山、措普,阿坝州九寨沟、若尔盖,凉山州泸沽湖、邛海等地的湿地资源给人以原始古朴、神秘悠远、青翠苍茫之感,以其独特的自然景观吸引了大批游客前往览胜。

【生物多样性】 四川森林植被类型多样,垂直带谱完整,生物多样性极为丰富。拥有野生脊椎动物近1300种,其中大熊猫、金丝猴、扭角羚、白唇鹿等国家重点保护动物高达140余种。憨态可掬的大熊猫更是作为国宝名扬中外,已成为四川生态旅游的一大亮点。全省野生大熊猫数量、栖息地面积和人工圈养大熊猫数量三项都位居全球第一。大熊猫国家公园在四川涉及成都、德阳、绵阳、广元、眉山、雅安、阿坝7个市(州),都江堰、崇州、彭州、大邑、什邡、绵竹、安州、平武、北川、青川、洪雅、荥经、天全、宝兴、芦山、石棉、九寨沟、松潘、汶川、茂县20个县(市),总面积20177平方千米。围绕大熊猫这一珍稀自然资源所开展的文化生态之旅,深深地吸引着中外游客纷至沓来。全省拥有包含各类珍稀高等植物10000余种,其中涵盖有着“活化石”之称的珙桐,以及攀枝花苏铁、水青冈、连香树、桫椤等72种国家重点保护野生植物,为中国乃至世界自然生物资源宝库保留了珍稀的植物物种资源。

【旅游资源示范创建】 省林草局围绕全省大熊猫、森林、草原、湿地、竹类等生态旅游资源特点精心策划组织,获得2019中国森林旅游节四项大奖,省林草局获得“优秀组织单位”“优秀省级展示单位”两个称号,雅安市获得“优秀参展市县”称号,米仓山国家森林公园获得“优秀参展森林旅游地”称号。在2019中国森林旅游节全国森林旅游推介会上,四川斩获多项荣誉:二郎山国家森林公园入选“全国新兴森林旅游地”,大相岭森林古道入选“全国最美森林古道”,华蓥山国家森林公园入选“全国森林养生休闲地”,北川自然学堂入选“全国精品自然教育基地”。

按照《四川省林业和草原局关于实施生态“三业”工程推进绿色脱贫振兴的意见》要求,加快发展森林、湿地、乡村生态旅游,整合提升森林公园、湿地公园等自然公园生态旅游品质,高质量打造一批森林小镇、森林人家。突出重点领域,高质量建设森林小镇,省林草主管部门加强对各森林小镇的总体规划编制、绿化美化建设和生态旅游产业的行业指导,启动第三批森林小镇评选创建工作,全省共计48个省级森林小镇入选,累计认定省级森林小镇达115个;全国25个最美森林小镇中,四川省入选16个,占总数的64%,全省森林小镇建设走在全国前列。对成都、自贡、攀枝花等地申报的成都一盆万卷文化传播有限公司、邛崃守拙酒店等91个单位授予“四川省第三批四星级森林人家”称号,至此,全省四星级及以下的森林人家达1315家。科学开发生态旅游资源,高标准打造国家森林步道,围绕《关于全面推动四川林业高质量发展的意见》开展森林步道建设,打造穿越凉山、甘孜、阿坝、雅安的横断山国家森林步道,实施“十万千米森林健身步道”行动。

四川省林业和草原局编写组

森林资源保护管理

【基本情况】 四川省作为森林资源大省,是全国第二大林区的重要组成部分(全国三大林区分别是东北林区、西南林区、南方林区),在长江上游生态屏障建设中具有基础性、关键性和主体性。2019年,全省全面加强森林资源监管,持续实现森林资源“双增长”,森林面积达2.89亿亩,森林蓄积增加1806万立方米,达到18.97亿立方米;森林覆盖率提高0.8个百分点,达到39.63%。根据全国第九次森林资源清查结果,全省林地面积3.7亿亩,居全国第3位,排在内蒙古、云南之后,占全省辖区面积的51%;森林面积居全国第4位,排在内蒙古、云南、黑龙江之后;森林蓄积量居全国第3位,排在西藏、云南之后;森林覆盖率位列长江经济带11省(区、市)第8。

【川西北木材替代行动】 省政府办公厅出台指导意见,省林草局印发坚决禁止私砍滥伐森林通知。履行牵头部门职责,加强部门协同,督促落实政府主体责任,推进建材、能源替代,严格执行自用材政策,引导群众逐步改变烧柴做饭、伐木建房等传统习惯,“三州一县”林木采伐量同比减少30%。

【保障使用林地】 围绕“一干多支、五区协同”发展战略,省林草局服务全省重点项目建设,全年参与项目前期协调会50余次,优先办理229个重点项目使用林地2.14万亩。出台完善深度贫困县“边建边批”、通村通组道路、养猪林地支持政策。协调解决川藏铁路地勘、都四轨道交通、稻城宇宙射线观测站、永久占地手续过期等使用林地问题。全年争取林地定额11.87万亩,实施分类分级管理,落实1680宗各类建设项目永久使用林地11万亩。坚持便民服务,审核发放采伐许可证13.9万份,批准采伐362.5万立方米,其中占用限额282.2万立方米,未突破规定年限额计划;依法追加限额46宗8.3万立方米,满足了森林抚育、储备林建设项目以及病疫木、灾害木采伐清理需要；全面启动"十四五"森林采伐限额编制工作。在雅安市雨城区开展森林经营可持续试点。

【森林督查】 全省组织178个县对国家林草局移交的5.9万个疑似问题图斑开展现地核实和查处，并审核汇总上报省级成果，配合完成19个县的国家抽查。推动落实2018年森林督查问题查处和整改，全省立案5367起，依法收回林地0.83万亩，补种树木49万余株。配合成都专员办重点督办案件28起以及开展目标责任制考核、森林巡查、行政许可抽查、约谈等工作。配合开展国土三调、违建别墅清理、生态红线评估、高尔夫球场清理、违建墓地清理、小水电清理、小煤窑清理、生态环境损害赔偿、水库移民规划等涉林工作。

【"一张图"管理】 组织完成2019年林地变更调查和公益林更新纠错，将全省3.7亿亩林地和2.6亿亩公益林落到地块图斑，全面整合形成森林资源管理"一张图""一套数"。继续组织开展二类调查，摸清森林资源底数。加强调查监测成果应用，组织编制森林经营方案，做好市（州）"双增长"和县域经济涉林考核。

四川省林业和草原局编写组

草原资源保护管理

【基本情况】 2019年，全省草原面积共有3.13亿亩，占全省辖区面积的43%，其中可利用天然草原面积2.65亿亩，占全省草原总面积的84.7%。全省天然草原面积中有2.46亿亩集中连片分布在甘孜、阿坝、凉山三个民族自治州，属全国五大牧区之一。全省草原类型共有11类35组126个型，海拔270~5500米均有分布。全省全年各类饲草产量2695.6亿千克，折合干草777.8亿千克，可利用天然草原鲜草亩产平均333.2千克，载畜能力8436.1万羊单位，超载率达9.1%。全省退化草原总面积14864万亩，占全省可利用草原面积的55.9%。四川省级草原工作机构是"一处两站一院"，其中草原处主要职能是行政管理，草原监理站负责草原行政执法工作，草原工作总站负责草业技术推广，草原科学研究院负责技术研究，在省级以下分别设立草原科股、草原监理站和草原工作总站。全年落实中央和省级财政投资5.91亿元，实施草原生态修复治理1646万亩，其中围栏封育轮牧148万亩、建设人工草地（饲草）24万亩、改良天然草原135万亩、鼠虫害治理1327万亩、黑土滩（毒害草）治理12万亩。在石渠、色达、理塘、新龙、稻城、阿坝、红原、若尔盖、松潘、昭觉、美姑、布拖、金阳13县实施天然草原退牧还草工程，项目总投资20142万元，其中中央预算内投入16177万元、地方配套3965万元，实施围栏封育轮牧建设148万亩，补播改良75万亩，人工饲草13万亩，舍饲棚圈4000户、32万平方米，黑土滩治理6万亩，毒害草治理6万亩。"三州"48县利用中央绩效资金2.75亿元，建设家庭牧场131个，牲畜棚圈6145万户、49万平方米，种子基地1个、3000亩，人工草地10.84万亩，天然草原改良60万亩，草产品加工29个。草原综合植被盖度85.6%，增加0.5个百分点。

【退牧还草工程】 中央预算内国家天然草原退牧还草工程资金15770万元下达到石渠、色达、甘孜、理塘、炉霍、若尔盖、红原、木里、越西、美姑等19个项目实施县，其中划区轮牧围栏50万亩、退化草原改良81万亩、人工种草25万亩、黑土滩治理15万亩、毒害草治理10万亩。

【科技投入】 全年人工种草草原生态修复试点项目中投入草原科技支撑1200万元，其中乡土草种保育体系建设投资705万元、退化草原生态修复标准体系建设投资60万元、草原生物灾害防控与健康评价技术支撑体系建设投资375万元、技术服务与能力提升投资60万元，整合全省从事草原科学研究队伍，围绕乡土草种资源收集、保存、评价，资源圃建设，原种基地建设、种子认证体系建设、生态修复技术标准体系建设、草原生物灾害防控与健康评价技术支撑体系建设、技术服务与能力提升等方面开展工作。

【饲草生产】 全省全年各类饲草产量2695.6亿千克，折合干草777.8亿千克，其中天然草原鲜草产量884.9亿千克，增长1.74%；人工种草鲜草产量399.7亿千克；秸秆等其他饲草料折合干草377.5亿千克。全省可利用天然草原鲜草亩产平均333.2千克。

【草原退化情况】 全省退化草原总面积14864万亩，占全省可利用草原面积的55.9%，其中草原鼠虫害面积5505.3万亩次（鼠害4263.7万亩、虫害1241.6万亩）、鼠荒地面积1199万亩、毒害草面积4101.3万亩（其中紫茎泽兰面积1368.21万亩）、草原板结化面积5010.4万亩、牧草病害面积291万亩、草原沙化面积341.4万亩。

四川省林业和草原局编写组

野生动植物保护

【基本情况】 四川省地处中国西南部的长江和黄河上游地区，横跨四川盆地、青藏高原、横断山脉、云贵高原和秦巴山地五大地貌单元，纬度差异显著，海拔差异巨大，造就了四川独特的地形、地貌、气候、水文和土壤，南北物种在此得以交汇，现存动植物区系组成复杂，而第四纪冰川时期在这里没有直接受到北方大陆冰川的严重侵袭和破坏，许多古老物种在此得以保存，并在这独特的环境中继续演化，因而孑遗物种多、特有物种多，如此构成的生物多样性不可谓不丰富之极。四川是全球生物多样性25个保护热点地区之一，是具有全球保护价值的高原物种起源和进化中心，也是全国特有物种最多的省份、孑遗种和濒危种最为丰富的地区，全省分布高等植物近1.4万余种，占全国总数的1/3，其中木本植物3924种。在全国389种（类）重点保护野生植物中，四川省分布有72种，其中国家一级保护野生植物13种，包括光叶蕨、攀枝花苏铁、红豆杉、峨眉拟单性木兰、珙桐等；享誉世界、改写了西方园林历史的杜鹃花，全世界约有900余种，全国有600余种，四川省就有180余种，占全国所有种类的35%以上，占世界种类的20%以上。更突出的是，在四川省分布的杜鹃花种类多数是狭域而且稀有，90%以上的种类为全国特有种，省特有种占全部种类的40%以上。全省有脊椎动物1300余种，占全国总数的45%以上；被列入全国重点保护的野生动物有145种，其中国家一级重点保护野生动物有32种，包括大熊猫、川金丝猴、扭角羚、雪豹、白唇鹿、四川山鹧鸪等。在陆生脊椎动物中，全省特有野生动物数量居全国第一位。四川是大熊猫的模式标本产地和现代分布中心，有野生大熊猫1387只、人工圈养大熊猫521只，分别占全国总数的74.4%和86.8%。

【大熊猫保护再上新台阶】 全面加强野生大熊猫种群保护，在以大熊猫自然保护区为主的有关自然保护地继续开展红外相机监测，收集大量大熊猫及伴生动物的宝贵影图资料，并探索建立数据管理和分析系统；在大熊猫集中分布的岷山、邛崃山、大小相岭、凉山山系16个自然保护区开展第二次重点区域大熊猫种群动态监测，完成监测样线2044条，获取了大熊猫、主食竹、同域动物、干扰因素等一手资料，为科学评估大熊猫野生种群保护情况奠定了基础;组建人工圈养大熊猫省级放归科研团队,指导栗子坪国家级自然保护区持续开展放归大熊猫追踪监测、行为研究及DNA数据库建立等工作。开展大熊猫野外救护,九寨沟县救护的1只生病大熊猫在经过两个多月的周密救治与精心护理,康复,经组织专家论证,成功在救护地放归野外。全面加强人工圈养种群管理,指导省内大熊猫繁育研究机构开展大熊猫科研合作攻关,四川省域研究机构繁育成活幼崽46只,人工圈养大熊猫种群数量达521只,占全球圈养种群数量的86.8%。开展对外交流合作,配合完成大熊猫国际合作任务,欢送大熊猫"星二""毛二"赴丹麦,"如意""丁丁"赴俄罗斯旅居,欢迎旅美大熊猫"白云""小礼物""贝贝"回家;旅居比利时的"好好"产下一对龙凤胎,旅居德国的"梦梦"产下一对双胞胎。全省6个自然保护区参加第六届海峡两岸暨香港、澳门大熊猫保育教育研讨会,宣传了全省近年来在大熊猫保护、研究、自然教育等多方面取得的领先成果。

【聚焦热点与时俱进】 完成全国第二次陆生野生动物资源调查年度任务,组织科研院所200余人次完成雅砻江切割山地等11个地理单元的野外调查和内业整理,组织申报2020年沙鲁里北部山地等7个地理单元的野外调查任务。持续组织开展重点物种监测,在关键区域持续开展以雪豹、猫科动物、川金丝猴、盘羊、羚牛等为代表的重点物种监测,其中以卧龙国家级自然保护区为首的邛崃山系成功发现雪豹的生存、新龙县成功发现7种猫科动物的实体影像最为震撼,反映出调查区域生态系统处于完整、健康状态。及时开展野生动物疫情处置,组织开展重点地区野生大熊猫疫病防控,开展蜱虫等虫媒及其携带病原体专项调查;加强冬春、秋冬两季全省野生鸟类异常病亡和鸟类高致病性流感等疫病监测排查。推动陆生野生动物致害保险补偿试点。指导宝兴、青川结合政策性森林保险,探索落实《中华人民共和国野生动物保护法》野生动物致害保险试点机制;调研平武、雅江等地野生动物致害保险推动情况,学习借鉴云南、西藏等省(区)野生致害补偿工作实施情况,结合机构改革新形势探索全省野生动物致害补偿机制。支持实验动物资源战略储备基地建设,规范猕猴、藏酋猴、食蟹猴等灵长类动物驯养繁殖,支持省医院、华西医药等单位依法开展灵长类实验动物资源战略储备基地建设,打造规范繁养、资源共享、西南领航、全国领先的医药产业实验平台。

【调查保护纵深推进】 兰科植物专项调查成果丰硕。兰科植物种类繁多,中国兰科植物共计200属1723种,四川省范围内兰科植物野外生境保存较完好,全省大约有野生种400个。作为兰科植物分布大省,同时也是兰文化的发祥地之一,观赏兰科植物,特别是国兰在四川栽培历史长。为了掌握野外资源情况,组织开展全省兰科植物资源专项调查,全年完成调查样线200余条、样方2700余个,调查结果覆盖100余种兰科植物,累计记录兰科植物3300余次。通过调查,在通江县发现长圆叶山黑豆,在汶川、松潘、九寨沟等地发现保存良好的巴郎山杓兰野外居群,在盐源县发现斑叶杓兰野外居群。野生植物极小种群保护取得实效,为保护分布狭窄、现存种群数量极小的野生植物,组织实施极小种群迁地保护工程:距瓣尾囊草在江油市实施野外回归建立新居群;峨眉山市拟单性木兰在峨眉山五七桥、红椿坪建立起人工野外种群;光叶蕨人工孢子繁殖育苗试验取得突破;崖柏通过扦插和种子育苗培育出幼苗。科学提出植物名录调整建议,支持三峡集团在向家坝、溪洛渡水电站库区开展珍稀特有植物本底调查,为在凉山州建立植物园奠定基础;依据第二次重点保护野生植物资源调查初步成果和专家现场考察意见,向国家林草局提出调整《国家重点保护野生植物名录(第一批)》建议意见。

四川省林业和草原局编写组

森林和草原防(灭)火

【基本情况】 2019年,省林草局始终坚持"预防为主,积极消灭"的工作方针,结合机构改革及时重构森林草原防灭火新机制,持续在防火监测和火灾扑救上加压加力,遏制了一些地方森林火灾易发多发势头,及时扑救森林草原火灾。全省全年发生森林火灾135起(其中一般森林火灾102起,较大31起,重大、特别重大各1起),过火总面积3.71万亩,受害林草面积1.1万亩,损失林木蓄积30063立方米,森林火灾受害率为0.041‰,火灾次数、过火面积、受害面积分别较上年同比减少40.4%、31%、56.3%。3月30日下午,木里县发生森林火灾,四川森林消防总队凉山支队西昌大队组织消防队员开赴一线展开扑救;3月31日,消防队员每人负重15余千克,徒步行军8小时,在海拔3700余米的地方进行灭火工作;3月31日下午,明火被扑灭后,消防员在向山谷两个烟点迂回接近时遭遇林火爆燃,27名森林消防指战员和4名当地扑火人员牺牲。

【高位部署推动】 1月,省委书记彭清华、省长尹力专门就扑救九龙县森林火灾、做好全省森林草原防火工作作出重要批示,省长尹力到木里县指导"3·30"火灾扑救;省委常委曲木史哈蹲点凉山州10余天专项督导防灭火工作,副省长、指挥长尧斯丹4次到省指挥中心调度火情、多次深入川西高原和攀西地区等地调研指导;省林草局集中派出45个工作组对"三州三市"进行为期2个月的蹲点指导,会同应急厅16次联合派出工作组赴火场一线指导,市、县党政"一把手"亲自督察,各级指挥部成员单位通力协作,火灾频发、多发势头得到有效遏制。

【多措并举排除火灾风险】 广泛开展"严防森林草原火灾保护绿色美好家园"主题宣传月、宣传周和"六个一"活动,层层播发防火短信微信、公益短片,发布高火险警报19期,在火灾高风险期设立临时检查卡点1万余个,新增13万名巡护人员开展入山进林检查,下达火灾隐患整改通知书4900余份,收存火种5万余件,排查整治火灾隐患2万余处,在高火险区实施人工增雨(雪)150余次,实施计划烧除和林下可燃清理12万余亩,开设防火隔离带400余千米,清理高压输电线树障2万余株,森林草原火灾隐患得到大范围整治。

【火情火灾处置】 加强演练,做好扑救准备,10月,在冕宁县举办500余人参加的全省森林草原防火演练和技能竞赛,调度核查卫星林火热点107个、遥感热点114个,2小时反馈率达95%。27次派出赴火场工作组协调指导,出动扑火车辆4000余台次、扑火人员37000余人次,调派航空护林飞机11架,累计飞行700余小时,发送火场图文资料160余幅,实施吊桶洒水3500余吨,实施地空协同、机群灭火,保证了防灭火行动有力有序。

【完善防(灭)火机构】 省政府印发《关于调整完善四川省应急委员会的通知》,明确设立省森林草原防灭火指挥部,办公室设在省林草局。省委编委下发《关于进一步加强市县森林草原防火队伍建设的通知》,对市、县防火机构建设提出了明确要求,全省21市(州)、103个县(市、区)将森林(草原)防灭火指挥部办公室设在林草主管部门，16个市（州）单独设立、5个市合署设立了森林（草原）防火科。省指挥部印发《四川省森林草原火灾应急预案》《四川省森林草原防灭火指挥部工作规则》。省林草局、应急管理厅、公安厅及相关成员单位按照“不立不破”“抓重不抓漏”原则，主动作为，密切协作，较好地完成了省委、省政府交办的工作任务。

【追责问责】 省森防指办公室对火灾频发的冕宁等6县（市）政府主要负责人进行了集中约谈，全省各地约谈县、乡级干部323名，1058人受到不同程度的党纪政纪处理。及时调查复核凉山州19起森林火灾查处等情况。1064人因野外违规用火或因火灾肇事受到查处，其中行政拘留962人、刑事处罚102人。

四川省林业和草原局编写组

森林和草原病虫害防治

【基本情况】 2019年，全省林业有害生物发生面积1024.29万亩，减少1.22%，其中病害188.59万亩、虫害784.49万亩、鼠害51.21万亩；成灾面积1.41万亩，成灾率0.04‰；防治作业面积1017.31万亩次，无公害防治率达95.35%，测报准确率达97.5%，产地检疫实现全覆盖。松材线虫病是造成全省森林资源损失最为严重的重大外来有害生物，全年除治松材线虫病疫木369万株、除治面积102万亩。全年新增疫区4个，拔出疫区2个，疫区总数40个，以达州市、广安市、巴中市为主的川东北片区，以宜宾市、自贡市、泸州市为主的川南片区疫情连片发展，受灾程度较重。同时，疫情已入侵生态脆弱的攀西地区和剑门关、乐山大佛等景区。按照化学农药零增长、绿色防控比例逐年提高的要求，安排1627万元，在“三州”37个县实施病虫害防控1327万亩，其中鼠害防控827万亩、虫害防治500万亩。

【加强目标管理】 压实政府责任。4月，省政府与市（州）政府签订《2019—2021年松材线虫病防治目标责任书》，争取用3年时间彻底扭转全省疫情快速扩散和严重危害的局面。

加强应急管理。省委、省政府调整完善省应急委员会，将原省重大林业有害生物防控工作指挥部职责并入省动（植）物疫情事件指挥部，制定省重大植物疫情应急指挥部工作规则，明确成员单位职责，构建责任明确、工作落实的防治体系。分解落实任务，将国家下达全省的年度任务进行细化分解，落实到相关县（市、区）承担。

加强调研指导。防控指挥部和省林草局组织开展4轮松材线虫病防治调研指导，针对调研发现的除治进度滞后、疫木管理不到位等问题，省林草局对有关疫区政府主要负责人进行电话提醒，向疫区所在市级政府发出紧急督办函及问题整改函22份，向疫木非法调运所属市级林业主管部门发出调查处理函5份。

【提升预警能力】 加强日常巡查。构建以护林员为主的地面监测网格化管理平台，加强日常巡查监测，将调查和报告枯死松树等情况列入护林员职责，确保及时发现松材线虫病等灾情。

做实专项普查。开展松材线虫病春秋季普查工作，大力推进专业化调查和无人机监测，采取政府购买专业力量开展普查服务，并应用松材线虫病防控大数据平台对枯死松树实行精准定位管理。

规范疫情报告。严格执行松材线虫病疫情监测报告制度，在国家规定时限内向国家林草局、省政府上报疫情发生情况，并以省指挥部名义向所在地市级人民政府下发专项通知，明确防控主体责任和工作要求。

【防治控灾】 科学编审防治方案，编制省级2019年松材线虫病防治实施方案，审核40个疫区县年度防治实施方案。及时推进疫情除治，各地严格按照国家技术规定，及时组织专业队伍开展除治，在媒介昆虫羽化期前基本完成枯死松树除治和处理任务。

综合防治媒介昆虫。采取“立式诱木法”、高效诱捕器、喷施无公害药物等综合措施，防治媒介昆虫170余万亩次。

创新工作机制。开展“疫木除治月”攻坚战，实行除治进度周报管理，编印12期《重大林业有害生物防控工作要情》。定株管理疫木，推行采伐木“标记+定位”的管理模式，大部分疫区实现采伐木单株GPS定位。推进旁站式监管模式，通过购买服务或组织林业职工、乡镇干部进行监理。开展绩效评估，省林草局投入200万元购买第三方服务，组织开展春季除治质量及秋季疫情除治绩效评价。推进社会化防治，各地通过购买社会化服务开展蜀柏毒蛾、松毛虫春季防治工作，防治面积40余万亩；省防治协会举办2期培训班，对120余名从事松材线虫病疫情取样检测、防治技术和政策管理、疫情普查、防治施工及监理工作的人员进行培训。

加强重点区域防控。秦巴山区、攀西地区松林面积约占全省松林面积总量的74%，是全省松材线虫病防控的重点区域。攀西地区采取疫木就地粉碎的处置方式，疫木清理到位、处置彻底，疫情控制较好。秦巴山区着力疫情综合治理，采取以疫木就地焚烧为主、媒介昆虫综合防治的措施及时除治疫情。广元市在剑门关景区内采取打孔注药的方式，保护核心区域松树免遭疫情入侵。

【检疫御灾】 深化联防联治。开展长江上游四省（市）重点工作方案的推进落实，与周边省（市）开展联防联治专项行动。指导相邻地区建立健全渝西川东四地、渝北川东八区市县、川渝东部片区、川黔两省四县市、川陕渝3省10区（县）以及川滇、川甘两省及相邻地区联防联治协作机制。

开展专项行动。围绕松材线虫病疫木监管成立领导小组，印发实施方案，开展明察暗访，对跨省调运松木及其制品进行排查溯源；加大案件查处，各地整合林业、公安、检察、法院等执法力量，加大检疫违法案件查处力度，宜宾市叙州区、宜宾市翠屏区、彭州市先后查处4起违法运输、加工松疫木刑事案件，有力震慑了各类违法犯罪行为。三是发布疫情公告。发布《2019年四川省检疫性林业有害生物疫区名单公告》《2019年四川省松材线虫病疫点公告》；修订并调整省补充检疫性林业有害生物名单。

加强检疫监管。开展与检疫工作相关的法规和规范性文件清理工作。完成新版植物检疫证书的全省换领和启用工作。梳理林业植物检疫和病虫害防治方面的行政权力和公共服务事项，办理乐山市9个县（市、区）植物检疫证书出省签发委托授权事项。全年办理林业植物检疫证书166697份、林业植物检疫要求书69984份、产地检疫32050份。受国家林草局委托，对西昌天喜园艺有限责任公司“普及型国外引种试种苗圃”开展专家论证、现场查定和检疫引种审批工作。

【科技支撑】 探索监测新技术。联合省测绘局，利用无人机低空遥感监测技术对松材线虫病疫情开展监测普查，实现了大面积监测松林及精准定位枯死松树，总结形成了省级地方标准《无人机遥感监测松材线虫病致死松树技术规程》。

加强防控大数据管理。研发松材线虫病防控大数据平台，并配套开发专用野外调查APP软件，智能管理全省染病松树空间位置信息数据，实时掌握全省疫情发生及分布情况。

开展科学技术研究。协调科技厅立项开展《四川省松材线虫病快速检测技术及媒介昆虫生物学特性研究》；选派2名技术人员到日本山梨县研修松材线虫病防治技术，邀请2名山梨县林业专家到全省指导防治工作。

加强业务培训。举办2期全省林业植物检疫员上岗培训班、1期松材线虫病重点预防区域防治管理及技术培训班以及1期国家（省）级中心测报点培训班。通过采取深入基层宣讲防治政策、召开业务会议、派出骨干和选送人员外出参加培训等形式，培训业务人员上千人次。

【社会宣传】 在省级林业和森防宣传平台发布信息880条，其中被中国森防信息网采用80条。编印《关于松材线虫病重要文件汇编》5000份。与中国人保四川分公司合作签订森防宣传协议.拍摄制作《松材线虫病防治技术介绍》专题宣传片，刻录光盘300张，并面向松材线虫病疫区以及全省林业行业和全社会广泛宣传。参加庆祝建国70周年主题征文活动——“森防岁月稠”，推选6篇文章，其中3篇文章获奖。

四川省林业和草原局编写组

国有林场林区

【国有林场改革】 省林业和草原局不断完善国有林场改革的有关政策措施，按照国家对国有林场改革验收办法要求，逐条对照补短板，制定出台《四川省国有林场管理办法》《关于建立国有林场场长森林资源离任审计制度做好审计工作的通知》等文件，开展《四川省国有林场中长期发展规划(2020—2035年)》编制工作，向国家林草局上报《关于明确国有林场林地面积、经营总面积的定义及包括方面等的请示》《关于上报四川省国有林场备案登记材料的报告》，解决改革中出现的矛盾和问题。对全省国有林场改革工作进行全面梳理、查漏补缺，深入凉山、宜宾等地对照检查国有林场改革省级验收所提问题的整改情况，指导有关市（州）抓好整改完善。按照有关要求，完成国有林场危旧房改造工程建设情况总结评估自查，对国有林场棚户区改造进行督导。

【国有林场管理】 推进国有林场道路项目建设，补充完善国有林场道路建设项目库及年度建议计划。校核国有林场资源情况数据，收集汇总全省国有林场（自然保护地外的）国有人工商品林情况。组织开展国有林场改革纪录片《生态脊梁》拍摄案例搜集，组织参加2019年国有林场信息员培训班、2019年国有林场场长培训班、国有林场文化专委会会议、国有林场森林康养专委会会议。开江县国有林场等4个国有林场获得“全国十佳林场”“全国森林康养林场”称号；洪雅县国有林场、广元市国有林场、富顺县国有林场等多个国有林场参加庆祝中华人民共和国成立70周年主题演讲、主题征文、诗歌朗诵、书画摄影等比赛活动并获奖。布置安排有关各地和国有林场推荐国有林场优质森林康养产品。督促指导各地、各国有林场做好森林防火及防汛减灾等工作。

四川省林业和草原局编写组

水 产 业

【基本情况】 2019年，全省水产行业以实施乡村振兴战略为抓手，以渔业供给侧结构性改革为主线，聚焦“稳量增收、提质增效、绿色发展、富裕农民”的目标不动摇，念好“优、绿、特、强、新、实”六字经，扎实推进“川鱼”振兴、长江流域禁捕等重点工作，保持了全省水产经济持续稳定发展势头。全省全年水产养殖面积289万亩，增长1.59%；水产品产量157.7万吨，增长2.74%；实现渔业经济总产值504.15亿元，增长14.11%；农民人均渔业收入840元，增加104元。

【组织保障】 省委、省政府出台了《关于加快建设现代农业“10+3”产业体系 推进农业大省向农业强省跨越的意见》，并召开了全省建设现代农业“10+3”产业体系推进大会，省委书记彭清华出席会议并作重要讲话，对全省建设现代农业“10+3”产业体系进行了全面安排部署，并要求建立“省领导分产业推进、市(州)抓县、县管园”的推进机制。“川鱼”作为优势特色产业被纳入“10+3”产业建设，并明确由省人大常委会副主任刘作明联系指导，“川鱼”发展迎来了难得的发展机遇期。7月30日，省政府在隆昌市召开了全省现代水产产业发展现场推进会，对推进“川鱼”产业发展作出动员和部署。同时，在调研的基础上，经过征求包括省委农村工作领导小组组长、成员单位及农业农村系统在内的各方意见，提出了《川鱼产业振兴工作推进方案》。10月28日，省人大常委会召开了川鱼产业振兴工作情况汇报会，听取了农业农村厅、省发展改革委、财政厅等9部门支持“川鱼”产业振兴的举措及有关工作开展情况汇报，听取了部分水产龙头企业的意见建议，并对下一步抓好“川鱼”产业振兴作出了安排部署，特别是明确要把责任分解到相关省直部门，建立联络协调机制，确保各部门有效配合推进“川鱼”产业振兴。

【园区建设】 全省择优推荐6个县参与省级现代农业园区建设，为每个园区落实先期培育资金1000万元，建成隆昌、开江、新津3个省级星级水产园区。建成以后，隆昌市、开江县园区又分别一次性获得奖励补助1000万元、500万元，以促进园区内水产规模化、标准化、信息化建设，示范引领水产产业高质量绿色发展。

【绿色发展】 全省应独立编制养殖水域滩涂规划的108个县(市、区)已经全部颁布实施。推荐邛崃市、隆昌市和资中县参与2020年全国渔业健康养殖示范县创建活动，新增示范面积56.55万亩，增长34.15%，全省示范面积达到222.15万亩，全省大水面生态健康养殖面积达到130万亩。开展工程化循环水养殖试点，建成池塘内循环养殖槽165条，建成陆基集装箱式健康养殖、玻璃钢循环水养殖、高低位池塘循环水养殖示范基地50余个。全年新增省级以上原良种场4个，复查换证5个，总数达45个。完成长吻鮠原种驯化培育任务，采集整理1冬龄长吻鮠原种1400尾，选育保存2冬龄及以上长吻鮠3400余尾。

【品牌建设】 全省拥有有效期内的无公害水产品950个、绿色水产品3个、有机水产品9个，登记水产品地理标志12个。"雅鱼"被评为2019年度省级优秀农产品区域公用品牌，"润兆渔业"鱼子酱、"昇鱼尚水"鲢鳙、"弯哥"鱼米被评为2019年度省级优质品牌农产品。全省水产企业推介中国百强农产品区域公用品牌1个、省级优秀农产品区域公用品牌1个、省级优质品牌农产品5个。

【水产品质量安全监管】 省水产局在21个市（州）全面开展水产品兽药残留及非法投入品专项整治行动、"渔资打假暨放心渔资下乡"活动，全年部、省级共抽检水产品3811批次，总体合格率保持在98%以上。新立项省级水产地方标准9项，全省现行有效水产地方标准达85项。督导15个县（市、区）做好水产品质量安全监管标准化示范基地创建，新创建30个，全省累计建成示范基地137个。完成14个新增水生动物检疫申报点的设置和联网电子出证账号分配、证章制作发放等工作，联网电子出证1313份，其中跨省运输527份。实施四川地区渔业养殖污染普查，在成都、雅安、宜宾的5家养殖企业开展污染物排放监测，采集养殖水样46批次，完成184项次参数的检测工作。加强渔业生态环境监测，完成32批水样480项次参数的检测工作。

【长江流域禁捕退捕工作】 省政府高度重视禁捕工作，多次就做好禁捕工作作出批示和要求，责成农业农村厅牵头推进禁捕工作，并将禁捕工作纳入河长制绩效考核。农业农村厅牵头财政厅、人力资源社会保障厅制订了《四川省长江流域重点水域禁捕和建立补偿制度实施方案》，明确了市（州）、县（市、区）政府的主体责任和农业农村、财政、人社部门的具体责任。牵头省发展改革委等10厅（局）建立了《四川省长江流域水生生物保护暨长江禁捕工作协调机制》，制订了《四川省长江流域水生生物保护工作任务分工方案》。农业农村厅由厅长挂帅，厅级领导包片，分10个小组分别深入基层指导有禁捕工作任务的12个市及县（市、区）推进禁捕工作。中央下达全省禁捕奖补资金3.66亿元、过渡期补助资金6223万元，已拨付有关县（市、区）；协调省级财政落实奖补资金1.16亿元。

【资源养护】 全省开展禁渔工作，严格落实春季禁渔期、黄河流域禁渔和赤水河10年禁渔制度，开展"亮剑2019"系列专项执法行动，加强宣传教育和执法监督，保护渔业资源，维护渔业生产秩序。在全年系列专项执法行动中，全省共查处案件792起，共出动执法人员107879人次，出动检查车辆21878辆次，出动检查船艇4530艘次，没收违法捕捞渔获物17397.32千克，行政处罚案件792件939人，移送司法机关案件238件357人，罚款49.625万元。加强水生生物保护区管理，在水生生物保护区内实施国家重点生态功能区转移支付禁止开发区补助项目，组织开展保护区保护设施建设维护和本底资源调查。依法对涉水工程开展水生生物环境影响评价，共评价33件，明确补救资金4054.9万元。加强水生野生动物经营利用许可管理，办理省本级水产类行政审批事项358件，办理水产苗种出口及水生动物特许利用初审14件。以拯救长江鲟为重点，开展珍稀濒危水生野生动物保护行动。开展长江鲟亲本和苗种放流，放流长江鲟仔一代亲本50尾、幼鱼和鱼苗8万余尾；组织相关部门和单位加强长江鲟栖息地保护、驯养繁殖及人工增殖放流研究。

【科技创新】 全省多项水产科研成果获国家、省科技进步奖，其中由四川农业大学等单位联合完成的"草鱼健康养殖营养技术创新与应用"获得国家科技进步二等奖，"大口黑鲈秋季繁育及生态养殖关键技术创新与集成应用"获得四川省科技进步奖二等奖，"水电开发流域裂腹鱼类保护关键技术研究与应用""长江上游名优鱼类资源保护与利用"获得四川省科技进步奖三等奖；另有3项成果获评为中国水产学会"范蠡奖"。争取到2020年农业农村部农业重大技术协同推广计划试点四川省稻田综合种养关键技术集成与推广应用项目。以淡水鱼创新团队为引领推进科技服务，岗位专家团队参与基层技术指导141次，应急处理21次，开展科技培训59次，培训基层技术人员3921人次，示范推广面积22万亩。加强科技交流，通过2019四川小龙虾产业高峰论坛、第三届中国水产科技大会等平台，邀请麦康森、桂建芳院士及中国水产科学院、国家大宗淡水鱼创新团队专家到四川省开展水产科技交流和技术指导合作。开展新技术新模式试点示范，围绕水产业高质量绿色发展新要求，重点开展种养循环和循环水养殖新技术新模式的试验、试点和示范推广。围绕水产养殖减量增收、提质增效、转型升级，培训水产技术人员800余人。完成国家水生动物疫病监测任务，承担国家水生动物疫病监测任务共75份样本。

【产业扶贫】 印发了《四川省2019年渔业产业扶贫工作计划》，分解和压实全年渔业产业扶贫工作目标任务。在贫困地区建设稻渔综合种养、池塘工程化循环水养殖、冷水鱼养殖点等40个，通过试点示范，总结经验，为资源贫乏贫困地区、边远地区以水产业发展脱贫增收提供了新经验新模式。派出农技人员、专家到深度贫困县挂职和开展产业技术帮扶工作，帮助做好发展规划，并在技术、服务和项目方面进行全面支持。组织四川淡水鱼创新团队水产专家到贫困地区开展渔业发展指导和培训。参加产业扶贫优质产品展销对接，组团参加农业农村部在广东省珠海市举办的全国渔业扶贫产销对接活动以及2019亚太水产养殖展览会，雷波县马湖优佳莼菜种植有限公司与广东利达隆、佛山洪盛农业有限责任公司签订供销合同，金额达200万元。

【河（湖）长制工作】 建立健全工作机制。成立了农业农村厅河（湖）长制工作领导小组，设置了长江（金沙江）省级河长联络员办公室，细化责任分工，充实工作人员，确保履责到位。

牵头做好督查考核。修订完善了《长江（金沙江）一河一策管理保护方案》。协助省河长办对长江干流5个市（州）的2018年度河（湖）长制工作进行考核评估，考核结果均为良好。指导长江流域8个市（州）制定2019年度目标、问题、任务和责任"四张清单"，压紧压实属地管理责任。

加大督导检查力度。开展长江（金沙江）省级河长巡河督导工作，参加沱江、青衣江、大渡河等河流的巡河督导工作。9月上旬，会同生态环境厅、住房城乡建设厅和水利厅组成5个巡查组，对长江干流5个市（州）中央环保督察"回头看"反馈问题的整改落实情况进行实地督查。通过督查督导，促进了长江（金沙江）流域河湖治理和保护工作的开展。

协调推进河湖治理。先后组织召开长江（金沙江）河（湖）长制工作推进会和协调会，参加了民革中央和云、贵、川三省政协联合举办的中国赤水河流域生态文明建设协作推进会。对水电站下泄生态流量整改情况进行了抽查核实，并对川、滇两省共同推进长江上游河（湖）长制工作进行了专题研究，多途径多渠道协调推进河（湖）长制工作。

加强农村河湖整治工作。督促长江（流域）各县（市、区）及时出台《农村水环境治理工作方案（2019—2022年）》，加强农村面源污染防治工作。长江（金沙江）流域化肥农药连续四年实现零增长，畜禽粪污综合利用率达70%，规模养殖场粪污处理设施装备配套率达88%，废旧农膜回收率达74%以上，农村卫生厕所普及率达69%，实现了2019年度河长制工作目标。

四川省水产局编写组

特色效益农业

中药材产业

【基本情况】 2019年，全省林草中药材主要包括以杜仲、黄柏、厚朴、乌梅、辛夷、银杏、红豆杉等为主的木本药材，以金银花、黄连、白芨、重楼、石斛、天麻、柴胡等为主的林下药材。

【主要措施】 加大对林草中药材重点县建设的投入，从产业发展资金中拿出1100万元补贴5个重点县的基地建设。制定生产技术标准，规范种植，组织申报红景天等8项林草中药材地方标准，编制并印发了林草中药材规范化种植指导意见。加强良种繁育应用，加大对已审（认）定的7个树种24个良种的繁育推广支持力度，对通江县国家银杏良种基地2020年投入45万元用于良种基地的生产管护。加强技术支撑，组织开展林草中药材高效培育技术研究及成果鉴定，组织开展已有科技成果的转化推广。在"科技扶贫万里行"活动中增设了林草中药材产业技术服务团，重点对甘孜、色达、黑水、若尔盖、九寨沟等草原药材进行指导。通过开展"科技活动周"活动，加大林草中药材人才培训和宣传。

四川省林业和草原局编写组

特色经济林产业

【基本情况】 截至2019年年底，全省经济林面积约6450万亩，其中新造经济林198.67万亩、改培面积160.5万亩，结果面积3090万亩，年总产量达1410万吨，年产值达830亿元；加工产品598.8万吨，年产值达294.9亿元。经济林从业人数约1053.4万人，以种植、采收为主；经济林加工企业1211家，其中省级以上龙头企业124家，加工产品种类以水果、干果、茶叶、花椒、竹笋、核桃、油橄榄、油茶、木竹产品等为主；良种推广面积达1612.5万亩，良种使用率为25%。广元市核桃产量达20.08万吨，连续六年居全省市（州）产量第一位，居全国同级别地区第三位；油橄榄鲜果产量达5000吨，居全国第二位；木本油料综合产值达60亿元以上，种植户人均从木本油料产业获得收入达2800元以上，再创历史新高，带动10万名贫困人口实现稳定脱贫，实现了生态保护和脱贫攻坚一个战场、两场战役的"双赢"。

【政策措施】 按照省委、省政府《加快建设现代农业"10+3"产业体系推进农业大省向农业强省跨越的意见》（川委发〔2019〕21号）文件要求，深入实施乡村振兴战略，加快推进川果（水果、核桃）、川粮油（油橄榄）、川竹（花）等产业提档升级、高质量发展。省委农村工作领导小组出台《关于实施生态"三业"工程推进绿色脱贫振兴的意见》（川农领〔2019〕12号），省林草局出台《四川省林业和草原局关于印发加快竹产业高质量发展建设美丽乡村竹林风景线实施方案的通知》（川林发〔2019〕7号），地方各级林草主管部门相继出台《关于加快推进竹产业高质量发展建设美丽乡村竹林风景线的实施方案》（眉委办发〔2019〕7号）《中共雅安市委雅安市人民政府关于推进竹产业高质量发展建设美丽乡村竹林风景线的实施意见》（雅委发〔2019〕10号）等文件，细化措施，明确要求，推动全省竹产业高质量发展。

【资金保障】 整合国家工程项目资金、金融资金、企业和林农自筹资金用于特色水果、干果、木本药材、木本油料等特色经济林产业基地建设及产品加工。全年统筹省级财政乡村振兴、林业改革发展、森林植被恢复等林业项目资金共1.6亿元用于支持示范区发展，累计培育林业产业基地18.9万亩，修建生产作业道路466.8千米、灌溉水池4.6万立方米，建立林特产品初加工点252个、精深加工点55个，引进宜宾纸业、四川环龙新材料有限公司等重点龙头企业37家，示范区林产品加工转化率达80%，实现林业综合产值约155亿元，从高标准生产基地、精深加工、科技支撑、机制创新、利益联结等方面示范带动了全省经济林发展。成都市下达2019年7500万元专项资金用于发展以木本油料、森林药材、林产调料、森林食品等为主的现代林业产业；广元市整合涉农项目资金2000余万元专项用于核桃、油橄榄品种改良、丰产综合管护等抓点示范；宜宾市叙州区累计投入超3亿元，用于林业产业基础设施、基地、加工建设；雅安市雨城区投资约2700万元发展油茶产业；眉山市投入资金5000余万元发展竹产业。

【机制创新】 各地市（州）探索创新经营模式，完善利益链接机制，推动了特色经济林产业多元化和商品化发展。成都市推行"三权分置"改革，探索承包"退出制"、经营"共营制"、流转风险"防控制"、交易"入场制"、补贴"普惠制"、融资"多元制"、森林保护"山长制"；内江市探索林地流转、租地造林、合作造林等模式，发展适度规模经营，推广"龙头企业+农户+基地""龙头企业+合作社+农户+基地"或股份合作的林业产业发展模式，在坚持集体林地所有权不变和依法保障林农权益的前提下，鼓励和引导林农采取承包、租赁、转让、互换、入股、抵押、利润返还等形式与林业龙头企业建立紧密合理的利益链接机制。

【基地建设】 全省主要加强核桃、油橄榄、油茶、竹产业基地以及中药材等产业基地提质增效。广元市实施核桃品种改良15万亩以上,巩固深化核桃有机认证3万亩,建成稳产丰产有机示范基地30万亩以上,完成油橄榄品种改良0.4万亩、补植补栽1.16万亩,建设稳产丰产基地5万亩,实现木本油料基地挂果投产达126万亩,带动木本油料产业提质增效。同时,利用林下空间配套发展以中药材、花卉为主的林下经济,通过以耕代抚、以短养长,提升了木本油料基地的综合效益。宜宾市新栽竹林21.21万亩,低改竹林3.81万亩,丰产培育22.38万亩,建成现代竹业示范基地29.42万亩。眉山市新造、改造竹林2万余亩,建成竹区生产道路150余千米,建成竹原料、竹笋基地30万亩。

【科技支撑】 各地市(州)加大科技攻关,促进科技成果转化,开展适用技术培训、示范和推广。与中国林业科学院、省农科院、省林科院、四川农业大学等国内外科研院所在品种选育、种植管理、园区建设、产品研发等方面开展深入合作,聘请专家作技术指导,落实科技特派员和院士工作站制度,吸收专业技术人员从事生产和管理,提高科技化水平。成都市成立金堂县油橄榄专家工作站、"柑橘育种与栽培创新转化专家工作站"等专家工作站,并定期问诊产业发展,同时组建县级技术服务队到各个产业种植基地开展技术服务。

【品牌创建】 各地依托天然资源优势,突出绿色发展,加快特色经济林品牌战略建设步伐。南江县、广元市朝天区被授予"中国核桃之乡"称号,开江县被授予"中国油橄榄之乡"称号,旺苍县被授予"中国名优经济林杜仲之乡"称号,威远县被授予"中国无花果之乡"称号,都江堰市虹口乡被授予"中国厚朴之乡"称号。拥有"开江油橄榄""长宁苦笋""青神竹编"等知名品牌,朝天核桃现代林业示范区被评为第三批特色农产品优势区。

四川省林业和草原局编写组

农业合作与交流

农业对台合作与交流

【基本情况】 2019年,全省对台工作深入贯彻落实党的十九届三中、四中全会和习近平总书记在《告台湾同胞书》发表40周年纪念会上的重要讲话精神,将农业作为川台产业合作的重要抓手,加快涉台农业产业园区(基地)建设,与台湾积极开展农业对口交流合作,为全省决战脱贫攻坚和农业高质量发展贡献了力量。

【举办多场大型涉台农业交流活动】 1月11日,省委台办在成都市举办"40年我与四川同发展"台商台胞座谈会暨"台资明星企业"授牌仪式,省委台办、商务厅、省发展改革委等相关部门和在川台胞、台商代表80余人参加。会上,40家在川台资企业被授予"台资明星企业"称号,其中成都市中延榕珍菌业有限公司、绵阳市众益中药材科技开发有限公司、乐山市夹江天福观光茶园有限公司、达州市通川区清云河生态农业专业合作社、凉山州冕宁元升农业科技有限公司5家台资农业企业获得该项称号。

4月17日,由省农学会、省海峡两岸交流促进会、台湾《旺报》社、台湾云林县农会主办的第六届川台农业合作论坛在台湾云林县举行。副省长尧斯丹、台湾旺旺集团副董事长胡志强、云林县县长张丽善出席论坛并致辞。省有关部门、部分市(州)分管农业负责人和农业专家学者、相关行业协会、企业代表、台湾客家商会和高雄、新竹、苗栗、南投、彰化、云林等县(市)农会及企业代表等300余人参加论坛。论坛以"友善大地、永续农业"为主题,共谋合作、共商川台农业合作新模式、新路径。两岸嘉宾、专家围绕川台两地现代农业、乡村旅游、消费体验、平台建设等议题进行交流讨论。论坛促成双方签订合作意向项目44个,合作金额约66亿元。

8月25日—30日,由省委台办、省林草局、凉山州政府共同主办的2019第二届海峡两岸森林康养学术研讨会在会东县举行,中国林学会、中华林学会、台湾森林保健学会等海峡两岸115个机构的238名专家学者参会,与会专家围绕未来森林康养产学研融合发展进行了交流探讨。

9月16日—10月23日,省委台办、文化和旅游厅共同实施2019四川省乡村旅游带头人赴台交流项目,118位省内乡村旅游带头人分两批次到台北、台中、嘉义、高雄等地开展乡村民宿、文化创意、景观打造以及现代休闲农业等方面的学习交流。首批赴台的40余名学员大部分来自贫困县,尤其是阿坝、甘孜和凉山3个州深度贫困县村负责人通过到台湾学习培训,开阔了眼界、转变了思路、提升了素质,为当地脱贫攻坚助力。

【涉台农业园区和基地加快发展】 全省2个国家级台湾农民创业园、20个省级川台农业合作示范基地发展势头良好,基础设施和政务服务持续优化,示范带动效应明显,助力周边地区农民增收致富、农业产业提档升级取得新成效。

成都新津台湾农民创业园依托政策和人才优势,举办第三届(2019)海峡两岸青年大学生暑期农村社区服务研习营、文旅创意产业培训班、竹编工艺培训体验等活动,邀请农业农村部中国农垦经济发展中心副主任陈忠毅,立体竹编大师、非物质文化遗产传承人李永林等农业专家就创意设计、文旅融合、生态打造等理念、经验为当地政府、园区企业授课。12月28日,在新津县举行的第五届中国(成都)兴义论坛上,台资农业企业翔生集团代表园区企业发布了新津台创园社企倡议书,号召将追求可持续发展作为企业的战略选择,追求经济效益与承担社会责任并重。

12月23日—25日,在攀枝花市盐边县台湾农民创业园举办的三省四地台创园缔结友好单位签约活动上,四川新津台创园、四川盐边台创园、湖南岳阳台创园、福建漳浦台创园签订合作协议,正式缔结为友好单位,明确了合作原则、目标、机制,为三省四地搭建了"农业+"深化合作平台。

【川台农业交流合作成果丰硕】 川台农业基层和专业组织交流密切,台湾云林县、苗栗县等地农会、农田水利会,台湾中华普洱茶交流协会、台湾牛樟菇菌商业同业公会等农业基层团组、行业公会先后到成都、绵阳、德阳、遂宁等地参访交流，考察全省现代农业发展情况。台湾陶艺家王声斌、台湾竹艺大师叶基祥等农业专家分别到成都、泸州等地举办文创讲座，开展技能培训。20家台湾茶叶、茶器、茶点商家参展第三届国际（宜宾）茶叶年会，调研布局两岸茶产业市场。

6月18日—20日，台湾云林县县长张丽善率团来川参访，举办云林良品推介会。四川农产品经营集团有限公司与云林县农会现场签订了云林县农产品采购协议，签约金额达2200万元。

在川台资农业企业及台商获得感不断增强。台资企业蕃薯藤Tina打造的台湾风情街被评为成都“最美街道”。台资企业冕宁元升农业科技有限公司总经理林春福获得“四川省第四届农村乡土人才创新创业大赛”银奖；台资企业广安农丰农业开发有限公司董事长游中杰获得“2019四川省脱贫攻坚奖先进个人”称号。

【加强对台农业合作调研指导和服务】 全省高度重视对台农业合作。4月25日，省政协副主席、省工商联主席陈放率省政协视察组到遂宁市视察落实“川台70条”等惠台利民政策、支持台资农业企业发展、川台农业交流合作平台载体建设等工作。陈放强调，农业合作是川台务实合作的重要组成部分，要强化服务意识，发挥台湾现代农业的先发比较优势，搭建平台和载体，畅通省、市、县（区）纵向沟通渠道，加强部门间横向合作，因地制宜、因企施策，协调解决当前阻碍川台农业合作的堵点、痛点和难点。

10—11月，省委台办、农业农村厅组成联合调研组，到成都、绵阳、攀枝花、南充、泸州、眉山、凉山等13个市（州）实地调研台资农业企业和涉台农业园区，检视各地台资农业企业发展及“31条措施”“川台70条”等惠台利民政策中相关涉农政策的落地落实情况，形成了加强顶层设计制定川台农业合作中长期规划、加强平台载体建设增强示范引领和辐射带动作用、狠抓政策落实进一步优化营商环境等深化川台农业合作、助力乡村振兴发展的政策建议，供省委、省政府决策参考。

在全省持续开展服务台商走访，各级台办全覆盖实地走访台资企业，成都等地召开现场协调会，组织相关部门共同贴近服务当地台资农业企业，协调解决了一批困难和问题。全省营商环境持续优化，在川台资农业企业健康发展。

中共四川省委台湾工作办公室编写组

涉农招商引资

【基本情况】 2019年，省经济合作局依托平台，联动各方，加强服务，努力开展各项投资促进活动，省级重大平台活动签约农业项目141个，总投资额434亿元；签约食品饮料项目78个，总投资额368亿元。全年省级重大平台活动签约投资额10亿元以上项目430个、11508亿元，其中农业项目17个、237亿元，食品饮料项目13个、231亿元。

【抓平台搭建，重大活动取得新成效】 省委、省政府主要领导出席重大活动、会见重要客商、洽谈重大项目、协调重大问题，带队到重庆、广东、浙江、港澳台等地以及荷兰、英国、匈牙利、俄罗斯、捷克、冰岛、瑞典、哈萨克斯坦、智利、玻利维亚、哥斯达黎加、新加坡、韩国、日本等国开展招商引资，极大地激发了全省上下大抓招商的激情和干劲。省经济合作局始终着眼全省大局定位工作坐标，找准投资促进服务全省战略谋划的切入点，开展精准招商、精品招商、集群招商、以商招商，成效明显，举办了中外知名企业四川行、“小西博会”、川商发展大会、产业扶贫大会等系列重大投资促进活动，承办了第八次中日韩领导人会议的重要配套活动——第七届中日韩工商峰会，协办了2019年全国工商联主席高端峰会等，有针对性地举办了第七届四川农业博览会、第四届中国茶乡峨眉山国际茶文化博览交易会、2019国际（眉山）竹产业交易博览会、第九届“携手灯城·龙聚盐都”投资推介会、2019中国国际酒业博览会、2019中国国际名酒文化节等活动，现代农业和食品饮料产业签约正式合同项目219个，总投资额802亿元。

【抓招大引强，精品招商收获新成果】 加强与国内外500强企业、跨国公司和行业龙头企业的对接，引进德国通内斯集团在眉山市投资40亿元建设高水平养殖屠宰及肉食品深加工产业一体化项目，百事公司投资5000万美元在德阳市新建百事食品四川生产基地项目，温氏股份与乐山、冕宁、珙县等地签署了350万头一体化生猪养殖项目以及200万头生猪屠宰加工项目，四川绿初原牧业集团投资5亿元建设规模5000头的美姑牛业肉乳兼用牛全产业链项目，四川德康农牧食品集团在兴文县建设40万头生猪养殖项目，广东科荟生物科技产业有限公司投资10亿元在自贡市建设广东科荟（自贡）绿色循环农业经济项目；河北今麦郎食品有限公司在眉山市投资15亿元建设河北今麦郎（眉山）集团饮料生产项目等。

【抓“走出去、引进来”，境外交流合作有了新进展】 省领导到荷兰、英国、匈牙利、俄罗斯、捷克、冰岛、瑞典、韩国、日本等国开展交流促进活动。一是广泛宣传了四川投资环境和投资机遇。利用经贸科技合作交流会、对接会等平台和登门拜访、座谈交流、对接洽谈等方式与机构、企业负责人面对面地交流，增进了相互了解，展示了四川经济社会发展的良好态势、优良的投资环境和巨大的投资商机，树立了四川对外开放的良好形象。二是拓展了在境外的合作渠道。通过出访，与境外使领馆建立了良好关系。与境外商协会等机构开展深度对接和联系，加强了合作关系，拓宽了合作渠道，涵养了客商资源，为全省下阶段拓展境外的经济交流与合作搭建了平台。

【抓基础性工作，项目信息不断整合】 加强对客商资源和项目信息的整理，不断更新完善客商资源库和项目信息库。加强对现代农业、食品饮料等重点产业的分析，不断修改完善产业分析报告。加强走访调研，牵头到攀枝花市、凉山州开展“进千企、解难题、送服务、促发展”活动，到攀枝花市西区、仁和区、盐边县和西昌市、会理县、德昌县、喜德县、美姑县等地现场考察德昌供港果蔬基地建设等10余个重点项目，与企业面对面交流，直接了解企业存在的困难问题、发展的最新动向和市（州）园区落实“5+1”产业投资促进工作情况，听取外来企业在行政审批、要素保障、营商环境等方面的意见建议；分别到川酒集团、农夫山泉峨眉山生产基地、新华集团川渝大区公司、万科集团中西部城镇建设公司、江苏双良集团四川公司、广东星普医学科技公司成都公司等企业拜访调研，了解企业在川发展情况和新增项目信息；3次协调成都市投资促进局与成都市龙泉驿区就龙旺食品改（扩）建相关事宜进行沟通协调，召开专题会议，解决实际困难，做好相关服务工作。

【争取财政支持】 省经济合作局坚持项目为王、落地为本，服务基层、服务群众、服务企业，坚持不懈转作风，协调解决投资者的合理诉求，督促各方践约守诺，推动签约项目尽快转化为有效投资。抢抓省政府出台扩大开放促进投资28条政策措施机遇，加强对项目招引的前端支持，推动省政府建立了3亿元的省级财政招商引资重大项目激励奖补资金，并纳入财政预算。联合财政厅制定了《激励奖补资金管理办法》，完成2019年激励奖补项目的申报和评审考核。

【推动项目开工建设】 举办全省重大招商引资项目集中开工仪式，总投资5066亿元的382个项目集中开工。落实重大引进项目激励奖补办法，加强项目督查督办，2018年、2019年纳入督办的省级重大及专题投资促进活动签约项目的履约率、开工率、资金到位率分别为95.77%、90.23%、37.58%和87.5%、71.67%、18.96%。

【优化投资环境】 针对投资软环境、投资硬环境、客商权益保护等开展问卷调查，摸清四川投资环境存在的不足和短板，有针对性地提出意见建议，形成了《四川投资环境问卷调查情况报告》。开展“进千企、解难题、送服务、促发展”活动，加强重大引进项目跟踪服务，妥善解决投资者的合理诉求，提振了企业在川发展的信心决心。宣传“民营经济20条”等务实举措，当好外来企业的“娘家人”。

四川省经济合作局编写组

涉农会展

【基本情况】 2019年，全省共举办会展活动1720场，其中展览活动603场(展览总面积1020.8万平方米)、会议活动542场、节庆赛事活动575场。全省会展收入以及会展业促进招商引资能力继续保持平稳增长，全年会展活动直接收入250.2亿元，增长2%；拉动收入2201亿元，增长6.6%；总收入2451.2亿元，增长6.1%。首届自贡彩灯国际博览会、2019年第100届全国糖酒商品交易会、2019第八届绵阳之春国际车展暨川西北汽车文化节、第九届中国·达州秦巴地区商品交易会等展览规模均超过10万平方米。

全省农业类展览体现了与“10+3”现代农业体系十大特色产业的融合，如峨眉山国际茶文化博览交易会、国际(眉山)竹产业交易博览会等展览。全省农业领域经贸类展览共举办28场，展览面积超过50万平方米。1万平方米以上的农业类展览数量占全部农业类展览数量的53.6%，且主要集中在成都平原区，展览面积最大的是在成都市举办的四川农业博览会，展览面积达6万平方米。

【第100届全国糖酒商品交易会】 3月21日—23日，第100届全国糖酒商品交易会在成都市中国西部国际博览城开幕。该届糖酒会是糖酒会史上第30次在成都市举办。该届糖酒会参展厂商及展品来自40余个国家和地区，总数超过4000家，首次设立火锅专区。该届糖酒会展览总面积21万平方米，使用了中国西部国际博览城室内展馆15个、多功能厅1个以及室外广场主要区域。

海内外4000余家企业参加了展会，分别来自40余个国家和地区。除了传统的酒类、葡萄酒及国际烈酒、食品饮料、调味品、食品包装、食品机械六大展区之外，还设置了进口食品、连锁加盟、休闲食品、农产品、森林食品、国际啤酒、国际机械、电子商务、金融服务、酒具、火锅11个小型特色专区。新设立的火锅专区吸引了大量餐饮类采购商的关注，受到了川渝媒体的追捧，成为特色专区中一颗“新星”。众多企业以国家或地区组团形式参展，特别是国内各地方政府及地方特色产业商协会组织了多个企业展团，吸引了诸多采购商的目光。

在展团方面，法国、西班牙、澳大利亚、意大利、阿根廷、智利、德国、美国、加拿大、越南、巴西、葡萄牙、捷克、墨西哥、格鲁吉亚、摩尔多瓦、中国香港等近20个国家和地区以国家和地区官方组团的形式在葡萄酒及国际烈酒专区参展，印度尼西亚、韩国、新加坡、泰国、马来西亚、美国、俄罗斯以及中国香港、中国澳门、中国台湾等以官方组团形式在进口食品专区参展。此外，义乌进口商会、威海进口商会以及天津也以地方展团形式组织了所在地进口食品企业在进口食品专区参展。进口展商及进口产品的面积占展览总面积的32%。展会会期3天累计入场超40万人次。

展会期间，共计14场配套论坛活动在中国西部国际博览城举办，论坛聚焦行业大势总结分析、“互联网+”、智能制造、供应链金融等业内热门话题，涉及展览相关品类商业模式创新、2019年度市场行情分析研判等内容。

“智慧会展”成为该届糖酒会新的亮点。通过人脸识别、实时数据、大数据精准匹配等先进技术，主办方优化整合展会现场信息，推出集360展示、实时监控、定向交流等于一体的一站式数字化服务。通过APP、微信、糖酒会新版官方网站等数字化平台的建设和互联互通，观众可以从各个平台入口进行展会注册、新闻浏览、展商展品查询、商机发现和需求匹配，于会后使用VR-E线上糖酒会功能回顾百届糖酒会的精彩瞬间，获取参展企业资讯，实现线上线下参展的有机联动。

【2019第十三届中国国际酒业博览会】 3月24日，为期4天的第十三届中国国际酒业博览会在泸州市开幕，意大利为主宾国。中国酒业协会理事长王延才主持开幕式。意大利驻重庆总领事馆副总领事康达城、中国轻工业联合会会长张崇和、副省长李云泽分别致辞。省人大常委会副主任刘捷、省政协副主席崔保华出席活动。第十二届全国政协副主席刘晓峰宣布博览会开幕。该届酒博会以“举杯中国·品味世界”为主题，意大利、法国等40个国家的政商代表参会。酒博会安排重大活动和专项活动26项，较上年增加8项，包括开幕式、意大利开馆仪式及意大利活动周、中国国际酒业论坛等。酒博会分设国际精品馆、中国白酒精品馆、国内综合馆、国际综合馆暨“一带一路”国家馆和室外酒类技术装备馆。开幕式上，泸州市被命名为“中国酒城·泸州”。同时，泸州市举行了中国(四川)自贸试验区川南临港片区投资贸易洽谈会暨重点项目签约仪式，集中签约36个项目，总投资331.1亿元。中国国际酒业博览会自2014年永久落户泸州以来，已连续举办5届。

【第四届中国茶乡峨眉山国际茶文化博览交易会】 4月19日，第四届中国茶乡峨眉山国际茶文化博览交易会开幕。该届茶博会紧扣“茶汇乐山·缘结天下”主题，以“品牌引领茶产业高质量发展”为主线，彰显“峨眉山茶”区域品牌，开展了茶之道、茶之品、茶之旅三大活动。

会议期间，主办方举办了开幕式、以“茶叶出口贸易助推全域开放”为主题的论坛、无我茶会、茶道表演、茶企茶商产品展销、国际贸易洽谈、国际茶产业合作联盟成立仪式、茶旅游线路推介等系列活动。共有281家茶商参展，除了国内的210家茶企，还有来自韩国、加拿大、新加坡、澳大利亚等19个国家和地区的61家境外参展商。确定的采购商达230家，其中境外采购商达32家。

该届茶博会围绕科技、环保、安全、互动4个方面展开设计，“茶之道”主题馆的裸眼3D技术形象展示了茶叶从萌芽到生长的全过程，“茶之旅”的体感互动屏体现了互动性，游客、市民只需要动动手指就可以让自己融入乐山不同的旅游景点和茶园之中，并可拍照留念。

【第七届成都国际都市现代农业博览会】 4月25日—28日，第七届成都国际都市现代农业博览会在成都世纪城新国际会展中心4号馆举行。

该届农博会规模空前，来自俄罗斯、西班牙、德国、意大利、丹麦、英国、新西兰、澳大利亚、捷克等30个国家和地区，90个国内代表团参展。通过展览展示、论坛活动、商贸对接、宣传推广等多种渠道及形式实现全川现代农业发展成功展示、招商引资、品牌打造、技术转化、产品贸易等功能。

该届农博会共签约农业产业项目12个，总签约金额达356亿元。展期中，参展观众达12万余人次，其中专业采购商达4.6万人次。展会上，成都市天府源品牌营销策划有限公司向10家市级农产品区域公用品牌认证进行了授牌，其中眉山深山老邻生态农业有限公司是眉山首家获得授牌企业，也是该公司首次向成都市外的企业和农产品基地进行准入认证。“东坡岩柑”获得“天府源”品牌认证，迈出了东坡优质农产品品牌与成都农产品品牌融合发展的第一步。

【第八届中国·四川国际茶业博览会】 5月3日—6日，由中国茶叶学会、四川省市场营销协会、四川省供货商商会主办的第八届中国·四川国际茶业博览会在成都世纪城会展中心举行。该届茶博会以“精制川茶，精致生活”为主题，突出展示全省名优绿茶、红茶、黑茶、茉莉花茶等“一主三辅”茶叶产业，竹叶青、天府龙芽、巴蜀玉叶、蒙顶山茶、雅安藏茶、峨眉山茶以及泰国有机高山茶等品牌亮相。此外，茶博会举办了十大茶企评选，金奖茶叶、金奖茶器评选，最美茶席、最美茶空间评选等活动；举办了茶业发展研讨会、茶文化研讨会、茶品牌推介会、茶器品牌推介会、止语茶会、茶博“惠”欢乐购等茶事活动。

该届茶博会布展面积50000平方米，设置五大主题馆，分别是中国名茶四川馆2个馆、中国名茶省外馆1个、国际贸易馆1个、茶具艺术品馆1个，有六大茶类千种名茶、八大名窑万款茶器具及工艺品重磅集结亮相。活动共吸引到来自云南、福建、湖南、广西、广东等全国20余个省（市）的近千家茶行业企业参展。

【第五届中国（四川）国际旅游投资大会、第六届四川国际旅游交易博览会】 9月6日—9日，第五届中国（四川）国际旅游投资大会、第六届四川国际旅游交易博览会在乐山市开幕。省委书记、省人大常委会主任彭清华出席开幕式并致辞，亚太旅游协会首席运营官韦尔特曼、新加坡仁恒置地集团董事局主席钟声坚致辞，亚太旅游协会副主席黄顺华、尼泊尔文化旅游与民航部国务部部长巴哈杜尔·布哈、柬埔寨暹粒省副省长尼克·内龙出席。

第五届中国（四川）国际旅游投资大会以“文旅融合发展”为主题，举办了包括文旅融合投资新机遇推介、投资项目集体签约、全省文旅重大项目集中开工、重点项目发布及主旨演讲、项目线路考察等主体活动，着力打造全球文旅融合新平台、挖掘全球文旅融合新机会以及共享全球文旅融合新成果。第六届四川国际旅游交易博览会以“以文促旅、以旅彰文”为主题，围绕文旅融合，重点突出“大会、大赛、展示、交易、活动”五大板块，与亚太旅游协会联合打造峨眉高峰论坛，突出国际化平台优势，吸引了美国、法国、澳大利亚、摩洛哥、埃及等国家和地区的800余家展商参展，3.5万平方米展位面积全部被预订。60余项特色活动吸引了来自83个国家和地区的3350名嘉宾，参与范围、参与人数、国际化、专业化、市场化程度等均为历届之最。

活动围绕“大会、大赛、展示、交易、活动”五大板块，在“项目化、国际化、市场化、专业化”方向突破提升，规格高、规模大、人员多、关注度高。

【第七届四川农业博览会】 9月26日，第七届四川农业合作发展大会暨农博会开幕式在成都中国西部国际博览城举行。农业农村部、国务院发展研究中心等国家部（委）有关司（局）负责人，阿根廷、匈牙利、斯里兰卡、新西兰、巴基斯坦等国驻华使领馆有关负责人，国内外重要商协会和知名企业负责人，国内省（区、市）代表团成员，省直有关部门、市（州）和农业农村部门负责人等500余名中外嘉宾出席开幕式。

该届农博会以“深化开放合作，推动乡村振兴”为主题，展现中华人民共和国成立70年来，尤其是党的十八大以来，四川农业农村改革发展成就，通过农产品产销对接、品牌营销推广、农业招商引资，扩大农业对外开放合作，汇聚各方智慧和力量，持续擦亮四川农业大省金字招牌，推动乡村振兴战略在巴蜀大地落地生根，助推农业大省向农业强省跨越。该届农博会主题国为阿根廷，主题市为遂宁市。

开幕式举行了农业投资合作项目和农产品采购贸易项目签约仪式，全省年出栏1200万头生猪产业化项目、中国四川—乌干达农业产业园区合作共建项目、四川现代油橄榄产业园区合作共建项目、保利（青白江）绿源花世界农商文旅综合体项目、渠县温氏一体化肉鸡养殖项目、眉山市高端冷冻食材研发生产基地项目等11个项目代表上台签约，其他签约项目代表在会场同时签约。该届农博会共签订农业投资合作项目137个，合同金额1090亿元，当日参加现场集中签约的农业投资合作项目41个，合同金额700.6亿元；农产品采购贸易项目8个，合同金额7.18亿元。农博会期间，全省21个市（州）新推介农业投资合作项目150个，投资需求1603亿元。

该届农博会坚持展览展示与特色活动并举。展览展示总面积6万平方米，设有农业农村改革发展成就展区、现代农业“10+3”产业体系展区、农业投入品展区、现代农业园区建设展区、宜居乡村建设展区、对外开放合作展区六大展区。同时，举行了四川省2019农产品品牌推介活动、数字农业发展高峰论坛、第九届国际农业保险论坛、首届四川国际乡村艺术发展论坛、发展现代农业返乡农民工项目推介会、现代农机装备助推乡村振兴高峰论坛等重大活动，以及遂宁市农业推介会、最受欢迎农产品评选、农产品线上展销等配套专项活动。

该届农博会实现了多个突破：展示展览规模大，展会内容及重大活动丰富多元，创历届之最；序馆以小型“博物馆”形式，首次全面展示70年四川“三农”成就，展示农业大省金字招牌的亮点内涵；首次全产业链突出展示四川现代农业“10+3”产业体系；境外31个国家和地区、国内24个省（区、市）、全省21个市（州）组团参展，参展国家与国家馆设置数量均为历届之最，参展企业达1300余家。

【2019国际（眉山）竹产业交易博览会】 9月

27日，由中国轻工工艺品进出口商会、中国竹产业协会主办，省经济合作局、省林业和草原局和眉山市政府共同承办（国际竹藤组织为战略合作单位），以“竹子联通世界”为主题的2019国际（眉山）竹产业交易博览会在眉山市开幕，国际竹藤组织成员国嘉宾、全国部分竹主产区省主管部门领导、全国25个特色竹产业县（市）代表、全国从事竹产业研究的知名专家学者代表、国内外竹产业企业代表等出席开幕式。

作为竹产业展示的全球盛会，竹博会高水平建设国际竹产业展览中心，设置标准展位约400个，总面积13000平方米，包括竹产业国际展区、竹创意设计展区、竹工艺美术展区、竹生活用品展区、竹科技运用展区、竹食品食材展区等十大展区，集中展示各类竹产品以及竹产业研发、装备、康养等产业，来自澳大利亚、日本、泰国、印度、马达加斯加、厄瓜多尔等15个国家和地区的38家国际展商和商超以及国内367家参展商、537家采购商参会参展。

竹博会开幕式上，瑞士联邦伯尔尼州布里恩茨市向眉山市赠送了苏轼雕像，眉山市政府接受了礼品并回赠了竹编艺术品，这是继2018年两市签署友好合作备忘录后，双方围绕木雕技艺和竹编艺术的又一重要交流活动。

开幕式现场签约了汉阳湖忆村生态田园小镇、万亩雷竹生态产业链等8个项目，涉及竹生态旅游、竹基地建设、竹精深加工、竹人才培训、竹技术研发等投资合作内容。由眉山市首倡，洪雅县、青神县、邛崃市、长宁县等19个四川省首批竹产业高质量发展重点培育县在开幕式上联合发表了《推进竹产业高质量发展建设美丽乡村风景线“青神宣言”》，共同发出了“牢记嘱托，不辱使命，绿色发展，兴竹富民”的强大声音和坚强决心，掀开了四川竹产业发展新的篇章。

2019年上半年，青神县联合国际竹藤组织、国际竹藤中心、中国竹产业协会等单位共同发起北京国际设计周“竹与生活”2019国际（青神）竹产品创意设计大赛。开幕式上，为获得设计大赛优秀作品的10位设计师代表颁奖，获奖作品将在青神竹博馆永久展出，以引领和推动全球竹产品创意研发。同时，国际竹藤中心为青神县“青神竹产业博士工作站”授牌，标志着全国竹产业重点人才培养、科技研发基地落户青神县。

【第十七届中国食品安全年会暨第十一届中国泡菜食品国际博览会】 11月13日—17日，第十七届中国食品安全年会暨第十一届中国泡菜食品国际博览会在眉山市开幕。大会以“健康食品·世界共享”为主题，吸引了来自韩国、日本、俄罗斯等10个国家和地区的64家国际食品参展商及国内近300家参展商，展览面积约3万平方米。

开幕式上，北京首农食品集团、河南双汇投资发展股份有限公司等20家食品企业代表作了食品安全宣誓。在“第十七届中国食品安全高峰论坛”上，来自国家部委、协会和企业的嘉宾围绕“实施食品安全战略，助力健康中国建设”作了演讲。“食品安全卓越管理案例”“2018—2019食品安全管理创新十佳案例”“2018—2019食品安全科技创新十佳案例”亮相论坛。

博览会期间还举办了包括第十七届中国食品安全年会分论坛、泡菜食品国际合作高峰对话、“味在眉山”食品产业产销对接会、京东线上线下“中国泡菜食品国际博览会”、“国际泡菜+泡菜坛艺”制作大赛、东坡泡菜群众文化活动等共计18项特色活动。

【2019中国国际名酒文化节】 12月17日—21日，由中国酒业协会主办、中国轻工业联合会重点支持的第二届中国国际名酒文化节在“中国酒都”宜宾市举行。国际名酒文化节自2017年更名升级以来已是第二届，文化节以“酒都宜宾香醉世界”为主题，坚持“节俭、务实、安全”为原则，以将中国国际名酒文化节打造成为世界酒文化展示、交流、共享、合作的重要平台为目标，凸显“国际化、专业化、品牌化、产区化”，助推世界名酒间的文化交流。

该届国际名酒文化节共设会展、峰会、知识竞赛、投资推介、文化五大类14项活动，五粮液、茅台、洋河等100余家国内知名酒企和帝亚吉欧、保乐力加、百富门等来自20余个国家的60余家世界名酒企业、1000余个品牌登场。

文化节期间，宜宾市举办了投资推介会暨合作项目协议签署仪式，宣传推介宜宾比较优势、资源禀赋、产业基础和投资政策，并集中推出一批重大产业合作项目；举办了宜宾市首届大学生酒文化知识大赛，增强各高校对白酒产业发展的重视程度，为企业和高校发现和培养白酒专业人才，促进酒产业发展。宜宾国际会展中心举办了酒类展销、美食展销、名酒文化博览会等活动，让普通市民在展会上有逛头、有买头、有看头、有说头。此外，宜宾市发布了宜宾特色“白酒+文化”“白酒+美食”“白酒+休闲特色旅游线路产品”，并引进各种国际酒类节日，推进高质量发展，彰显“中国酒都”风采。

文化节期间，全球酒类产品汇集酒都，展品涵盖了白酒、红酒、啤酒、洋酒等，参展数量和质量都有新突破，使文化节国际范更浓、推动力更强、参与度更高，彰显大众化和博览性。同时，中国白酒名企与世界各大名酒企业发出环境保护、文化保护、理性饮酒等公益倡议，共同推动全球酒业交流合作、创新发展。

四川省经济合作局编写组

现代农业建设

农业科技工作

综　述

【基本情况】 2019年，全省农业科技工作坚持以科技创新引领行动为统揽，大力实施优质专用品种培育引进、优势特色产业瓶颈技术创新、农业机械化和信息化技术创新、农业科技创新体系建设、农业科技成果转化五大工程，扎实开展科技扶贫、县域科技创新两个专项，依靠科技创新高质量推进乡村振兴战略实施，工作取得明显成效。

【农业科技创新与成果转化】 实施农业科技成果转化专项项目49项、经费2000万元，重点支持农畜新品种及标准化种养殖、农产品精深加工及配送、绿色农业与土壤污染防控、农机装备及设施等领域先进适用农业科技成果的中试熟化和产业化示范。持续推进“星创天地”建设，优化提升“四川星创联盟”服务能力，通过科技部备案的国家级“星创天地”96家，居全国第三位、西部第一位。建设一批农业科技成果转化示范基地，重点支持优质高效突破性农畜新品种、病虫害绿色防控新技术等先进适用农业科技成果的转化应用，依托龙头企业促进农业科技成果转化与产业化，培养创新创业人才，孵化了一批家庭农场、专业大户、专业合作社、小微企业等新型农村经营主体，推动新品种、新技术、新模式、新工艺、新装备在田间地头、企业车间的示范应用。

【加强农作物及畜禽新品种选育】 围绕国家级育种制种基地建设，大力实施优质专用品种培育引进工程，推进农业品种源头创新，组织实施商业化育种、公益性育种和高技术育种平台项目58项，全年育成农作物及畜禽新品种115个。优质绿色高效杂交水稻新品种“川康优丝苗”通过国家审定，稻米品质稳定达到部颁和国标二级标准，在两年的国家区试中平均亩产量分别达650.08千克和642.7千克，比对照品种F优498分别增产3.07%和5%。全年推广作物新品种5000万亩以上、畜禽水产新品种(配套系)150万头(只)以上。19个育种类项目拟获得2019年度四川省科技进步奖(已公示)，其中省农科院“绿色优质高产玉米种质创新与新品种培育利用”拟获得2019年度四川省科技进步奖一等奖。

【农业科技创新产业链示范工程】 加强优势特色产业瓶颈技术创新，聚焦川茶、川果、川菜、川猪等“川字号”优势特色农业产业，大力实施优势特色产业瓶颈技术创新工程和农业机械化信息化技术创新工程，编制《四川省农产品精深加工技术攻关路线图》《四川省精制川茶技术攻关路线图》，全年突破制约产业发展的瓶颈和关键共性技术30项。开展非洲猪瘟综合防控技术研究，开发非洲猪瘟病毒快速检测方法3种。启动《草地贪夜蛾综合防控技术研究与示范》应急科技项目，初步筛选5种高效低风险化学药剂作为应急防控轮换使用。四川农业大学“草鱼健康养殖营养技术创新与应用”通过国家科技进步二等奖初评。全省共23个项目拟获得2019年度四川省科技进步奖(已公示)，其中四川农业大学“碳水化合物提高母猪繁殖效率的调控机制研究与应用”等3个项目拟获得2019年度四川省科技进步奖一等奖。

【加强农业科技创新体系建设】 组织制订《关于切实加强四川省农业科技园区建设发展的指导意见》《四川省农业科技园区管理

办法》。组织成都、宜宾、南充创建国家农业高新技术产业示范区，组织绵阳、遂宁和巴中国家农业科技园区通过国家验收，组织乐山、雅安、宜宾国家农业科技园区通过国家综合评估。持续推进农业领域重点实验室、工程技术研究中心、产业技术研究院等创新平台建设。

【实施科技扶贫专项】 制订出台《科技扶贫专项2019年实施方案》，落实科技扶贫专项资金1.9579亿元，完成全年资金计划的109.38%，其中争取中央引导地方科技发展专项科技扶贫项目、国家"三区"科技人员专项计划资金3118万元。突出抓好支撑产业发展和完善服务体系两大任务。支持实施科技扶贫产业发展类项目276项，新启动科技扶贫产业示范基地建设62个，引导50余家科研院所和高等学校、250余家企业投身科技产业扶贫主战场，助力贫困群众脱贫攻坚。持续推进"四川科技扶贫在线"平台建设。支持实施省级科技扶贫平台建设类转移支付备案项目101项、经费3072.77万元，持续推进88个重点贫困县、12个市（州）在线平台优化提升与运行维护。组织召开"四川科技扶贫在线"业务培训会。补助专家服务897.59万元，信息员服务391.22万元，有力激励了专家和信息员的工作积极性。全年在线平台实现专家服务达11万余人次，实现了对88个重点贫困县所有贫困村的全覆盖，在线平台已成为全省贫困群众依靠科技脱贫致富的好帮手。科技厅作为2018年定点扶贫先进单位被省委、省政府表扬。

【加强县域创新】 贯彻省政府办公厅《关于加快县域创新驱动发展的实施意见》（川办发〔2018〕60号），组织实施县域科技创新专项，安排经费2700万元，新启动建设科技型企业50家、科技示范村20个，大力支持县域开展以科技创新为核心的全面创新。安排经费1500万元，着力推进金堂县、隆昌市和什邡市国家创新型县（市）建设。加强县域创新驱动发展考核，将"规模以上工业高新技术产业主营业务收入及增速"纳入县域经济发展考核指标，将"农业科技进步贡献率"纳入乡村振兴先进县考核指标。

四川省科学技术厅编写组

人才开发及专业技术队伍建设

【农村科技人才队伍建设】 在秦巴山片区、乌蒙山片区、大小凉山彝区、高原藏区等12个市（州）88个县（市、区）选派"三区"科技人员1000名，为全省"三区"地区提供作物种植、水产养殖、中药材开发、畜牧兽医、动物遗传育种、景观规划、旅游开发、农产品加工等行业对口服务。在省级层面，重点组织西南民族大学、四川农业大学、省农科院等省内涉农高校和科研院所组织专家、教授等科技人员为"三区"服务，扩大"三区"人才专项工作的影响力。在鼓励政策上，突出人才激励，四川农业大学持续推动教师参与"三区"人才支持计划、科技人员专项计划的积极性和主动性，对派出人员在年终工作量以及绩效考评等各方面制定了一系列的政策激励措施。

科技特派员助推脱贫攻坚取得成效，按照"一县一团"的模式，组建扶贫科技特派员服务团140个，实现11501个贫困村科技特派员服务与创业全覆盖，有力促进了贫困地区特色优势产业提质增效、优化升级。争取国家"三区"科技人员专项计划资金2000万元，向全省88个"三区"县选派科技人员1000人。加强本土科技人员培训，争取专项资金118万元，培训来自"三区"县、秦巴山片区贫困县的本土科技人员471名。依托专项计划的实施，有力推进了全省贫困地区人才建设，为全省精准扶贫精准脱贫工作提供了智力支持和人才支撑。

【农业科技人员创新创业】 全面推进农业科技人员创新创业。全面落实《四川省激励科技人员创新创业十六条政策》等要求，持续推进农业科技人员"项目化、组团式"创新创业改革举措扩大试点，激发了广大农业科技人员的创新创业活力，加快了农业科技成果在贫困地区的转化与推广应用。持续推进96家国家级"星创天地"建设，通过创新带动创业、创业拉动就业增收，促进了贫困户创业致富、脱贫奔康。印发《科技厅关于深入推进激励农业科技人员创新创业改革试点的通知》，推动21个省、市级涉农科研院所、62个县（市、区）被纳入改革试点，明确了农业科技人员持股、离岗创办企业、兼职取酬、下放成果使用、处置和收益权等政策措施，支持农业科技人员领办、创办、联办农业科技型企业。加强组织实施，推动各地抓细化落实，省农科院提出"六个明确，一个允许"，细化科技成果转化的范围、方式、处置权限、收益分配、风险免责政策等。巴中市设立农业担保基金、小额贷款保证保险基金等五大农业担保基金，优先支持农业科技人员创办、领办、联办经济实体。全省5000余名农业科技人员参与改革试点，400余名科技人员离岗创新创业，创办企业实体200余家，兼职取酬科技人员1000余人，作价入股等有偿转让成果150余项，农业科技创新创业活力得到有效释放。

四川省科学技术厅编写组

"再造都江堰"水利大提升行动

【发展思路】 为贯彻落实省委十一届三次、四次全会决策部署，根据省委印发的《关于深入学习贯彻习近平总书记对四川工作系列重要指示精神的决定》（川委发〔2018〕16号）、《关于全面推动高质量发展的决定》（川委发〔2018〕17号）和水利部印发的《加快推进新时代水利现代化的指导意见》（水规计〔2018〕39号），水利厅在深入调研的基础上，编制了《"再造都江堰"水利大提升行动行动方案》，经省政府同意，于2019年1月印发，明确今后一段时间水利工作的总体思路、工作目标、区域水安全保障格局、重点任务、工作措施。计划到2035年，基本建成“五横六纵”（“五横”指都江堰灌区、玉溪河灌区、向家坝灌区、长征渠引水、引大济岷共5个西水东引工程；“六纵”指武都引水、升钟水库灌区、亭子口水库灌区、罐子坝水库灌区、大桥水库灌区、通口河引水共6个北水南补工程）引水补水生态水网，建成与基本实现社会主义现代化相协调的现代水治理体系。

【重点任务】 围绕高质量发展要求，加快构建严格高效的节水配水管理体系。坚持节水优先，加快实施国家节水行动，全面推进节水型社会建设，以刚性约束倒逼节水、以严格制度规范用水、以有效政策激励节水，加快形成全社会全覆盖节水格局，实现节水增产、节水增效、节水降耗、节水减排，包括落实最严格水资源管理制度、推进重点领域节水、加快节水载体建设、健全节水激励机制、培育全社会节水意识5个方面。

围绕区域发展新格局，加快构建以“五横六纵”为骨架的现代水利基础设施生态网络体系。按照“确有需要、生态安全、可以持续”的原则，以国家“172”重大水利工程为龙头，加快建设一批生态水利工程，形成以“五横六纵”引水补水生态水网为骨架、大中小微协调配套、蓄引提供泄排生态功能完备的现代水利基础设施生态网络体系，包括完善“五横六纵”引水补水生态水网、加强骨干水源工程建设、强化乡村振兴战略水安全保障3个方面。

围绕筑牢长江上游生态屏障，加快构建碧水长流的河湖保护体系。坚持节约优先、保护优先、自然恢复为主，严守生态保护红线，全面推进水生态保护和修复，维护河湖健康生命，实现河湖功能永续利用，建设“河畅、水清、岸绿、景美”的美好家园，筑牢长江上游生态屏障，包括全面落实河长制湖长制、加大河湖保护和监管力度、实施水生态修复和水系连通工程、加强水土流失综合防治4个方面。

围绕以人民为中心的发展思想，加快构建高效科学的水旱灾害防治体系。践行“两个坚持、三个转变”防灾减灾救灾理念，建设蓄泄兼备、调控自如的工程设施，完善监测预报预警系统，构建工程措施和非工程措施并重的现代水旱灾害防治体系，提升全社会水旱灾害防治能力，包括加快防洪控制性工程建设、加强灾后水利薄弱环节建设、加强水旱灾害防御能力建设3个方面。

围绕全面深化改革和立体全面开放，加快构建创新引领的现代水治理体系。坚持改革牵引、创新驱动，坚持四向拓展、全域开放，全面推进水利体制机制创新，切实加强水利对外交流合作，加快构建系统完备、科学规范、运行有效的水治理制度体系，不断释放水利发展的动力活力，包括推进农业水价综合改革和水资源税改革、创新水利投融资机制、深化水利工程建设与管理改革、强化水利科技创新和扩大水利开放合作、加强水法治建设和执法监管、推进智慧水利建设6个方面。

围绕社会主义核心价值观，加快构建蜀水文化体系。坚定文化自信，坚持中国特色社会主义文化发展道路，按照建设文化强省的要求，坚决维护意识形态安全，培育水利行业政治文化，挖掘传承优秀蜀水文化，大力推进蜀水文化建设，更好地满足人民群众精神文化需求，包括培育水利行业政治文化、加强蜀水文化建设、加强水利队伍建设3个方面。

【推进情况】 水利厅推进“再造都江堰”水利大提升行动，紧紧围绕“水利工程补短板夯弱项、水利行业强监管优服务”工作主线，以国家“172”重大水利工程为龙头，加快构建“五横六纵”引水补水生态水网、大中小微协调配套、蓄引提供泄排生态功能完备的现代水利基础设施生态网络体系。全年完成各类水利投资255亿元，纳入国家“172”重大水利项目的盐源龙塘水库及灌区、平昌江家口水库开工建设，全省在建大中型水利工程投资规模超过600亿元；全力推进主要江河堤防建设和中小河流防洪治理，建成堤防470千米；全面开展引大济岷工程、长征渠引水工程规划，全力推进固军水库、亭子口灌区、长江上游干流防洪治理3个拟开工“172”项目前期工作，深度谋划毗河供水二期和米市、青峪口、三坝、拐子沱水库等重点项目，创新组建省水利发展集团有限公司，为补齐补强水利工程短板弱项奠定基础。

四川省水利厅编写组

农业产业化基地建设

林草产业化建设

【基本情况】 2019年，全省林草产业贯彻落实林草“生态三业”工程助推脱贫攻坚和乡村振兴意见精神，加快发展以“大熊猫+”生态旅游业为旗舰，以竹子、木本油料、林草药材、木材、花卉、林下经济、野生动物、森林康养、草原湿地观光、现代草业为支撑的“1+10”现代特色林草产业。突出抓好林业产业扶贫，切实加强行业安全生产，持续推动直属企业改革发展。全省林草产业呈稳中有增的发展态势，全省现代林业产业基地达3086万亩，生产原木217万立方米、大径竹1.55亿根、人造板605万立方米、木竹地板111万平方米。全省木本油料产业基地面积达1979.5万亩，实现产值153亿元，其中核桃1846.8万亩，年产干果55.6万吨，年产核桃油2390吨，实现产值138.3亿元；油橄榄50.3万亩，年产鲜果2万吨，年产橄榄油2690吨，实现产值10.5亿元；油茶55.4万亩，年产鲜果2.9万吨，年产茶油3771吨，实现产值4.5亿元；其他基地27.3万亩。特色干果产量9.3万吨，森林药材产量27.9万吨，森林食品25.7万吨，林产饮料16万吨，林产调料产量10.5万吨。实现林草总产值3966亿元，增长6%，其中林业总产值3947亿元。

【川竹产业】 扎实推进川竹产业高质量发展。全省实现竹业总产值605.9亿元，增长31%，其中竹林培育、竹下种养和竹材(笋)采集等一产业产值120.2亿元，竹材、竹笋及竹下产品加工等二产业产值255.1亿元，竹旅游康养、竹产品储运及销售、技术咨询服务等三产业产值230.6亿元，分别增长12.9%、29.2%和45.5%。根据市场需求和资源状况，集中项目、资金推进低产低效竹林改造提升，应用新品种、新技术新建示范竹林基地，着力推进竹林扩面提质。全省新造竹林39万亩，低改复壮43万亩，总量达1803万亩；建成集中连片、集约高效的现代竹产业基地890万亩，增加60万亩，现代竹产业基地占比提高到49.4%。

以竹业主产县为重点，加大招商引资力度，推进竹产品加工转化，加快构建原料—初加工—深加工—产品销售全产业链，提高资源利用率和附加值。截至2019年年底，全省有竹笋、竹材初加工点2000余个，年加工鲜笋44万吨、竹材766万吨；有竹食品精深加工企业83家，年生产竹食品和调味品15.8万吨、竹保健医药产品10吨；有竹浆纸、竹家具、竹编及竹工艺品、竹活性炭、竹人造板、竹原纤维等竹材精深加工企业500家，年生产竹人造板29万立方米、竹家具400万件、竹编及竹工艺品2100万件、竹浆及纸制品189万吨、竹活性炭3万吨、竹地板15万平方米。按照“竹+花”“竹+树”等模式，各地结合生态修复、城乡绿化美化、竹业基地培育和旅游景点建设，以江河湖库路等重点区域为重点，启动建设一批集生态、经济、社会、文化效益于一体的竹林风景线。截至2019年年底，建成宜长兴、纳叙古等翠竹长廊(竹林大道)17条、370千米，初步建成竹林小镇7个、竹林人家69户。省林草局和宜宾市共同承办“首届中国(宜宾)国际竹产业发展峰会暨竹产品交易会”，与眉山市共同承办“国际(眉山)竹产业交易博览会”；指导眉山市参与北京世园会“四川日”活动，并在国际竹藤组织展园开展“眉山周”活动；指导搭建以竹为主题的“川竹馆”“林草馆”分别亮相第七届四川农博会和第七届成都农博会，集中展现“川竹”的品牌优势和产品特色。

【川花产业】 截至2019年年底，全省花卉种植面积达106万亩、控温室面积达625万平方米。推动“三花并进”，一是建花海。全省筛选确定了首批“世界茉莉花都”等十大花卉产业园区和“富华现代农业花卉”等六大花卉产业基地。二是办花市。指导各市(州)规范布局花木市场，举办节庆性(迎春、金秋)花市。全省14个市(州)举办了迎春花市。三是过花节。与成都市政府共同主办2019西部(成都)花博会。全年举办四川花卉(果类)生态旅游节活动近100场，在16个市(州)50余个县(市、区)开展花卉主题活动。

提升“川花”品牌影响，指导开展北京世园会“四川园”建设，室内展园获得金奖，室内展区获得银奖；组织川派盆景参加盆景国际竞赛，获得金奖2个、银奖7个、铜奖18个；指导温江银芽柳、西昌人参榕等优质花木借力成都自贸区青白江国际铁路港，实现四川花木20余个品种远销欧洲市场。

【现代林业示范区建设】 围绕示范区高质量发展，省、市(州)、县(市、区)建立健全协调机制、激励机制和联动机制，实施“521”发展战略，全面启动广元市朝天区、宜宾市叙州区、泸州市纳溪区、乐至县、普格县共5个国家级和省级现代林业示范区建设，分别与5个市(州)签署战略合作协议，成立了推进工作组；命名首批21个市(州)级现代林业示范区，各示范区结合本地资源优势和产业发展实际，同步编制示范区“四个一”资料，全面明确了示范区的建设范围、主导产业、发展目标、重点任务和进度安排。按照“良种化、规模化、集约化、标准化、设施化”的基本要求，各示范区采取新造、补植、抚育管理等措施，推进现代林业产业基地提质扩面；采取新建、改造、拓宽等措施，建设示范区生产作业道路、排灌设施或森林保护设施。26个示范区累计投入资金20.7亿元，其中省财政投入1.7亿元，地方整合涉农资金12亿元、社会融资7.1亿元、培育林业产业基地22.8万亩，修建林区产业道路410.1千米、对外连接道路169.4千米，灌溉水池6.3万立方米。按照全链提升、绿色发展思路，各示范区扬长补短，围绕主导优势产业着力推进旅游康养业、现代种养业、生态服务业协调发展，努力实现效益最大化，26个示范区创新森林康养模式，共建旅游步道678千米，打造森林人家72个，建设森林康养基地29个，接待旅游人数共511.4万人、实现旅游收入37.4亿元；采取“林药”“林菌”“林禽”等方式探索发展林下种养模式，新增林下种植基地5万亩、养殖基地1.4万亩。青神县、广元市朝天区、宜宾市叙州区、绵阳市游仙区、道孚县等林业示范区已成为全省林业一二三产业融合发展的示范“窗口”。

【林业产业扶贫】 指导贫困地区因地制宜新建、改造木质原料林、竹林和木本油料、木本药材、森林蔬菜、特色饮品等特色经济林，建设和发展优质高效的花卉产业、林下经济产业和生态旅游业。推动8个贫困县(市、区)建设现代林业示范区，6个贫困县(市、区)建设竹产业高质量发展重点培育县，4个贫困县(市、区)建设省级花卉产业园区(基地)。全年在“四大片区”培育林业产业基地80万亩。指导广元市朝天区创建第三批中国特色农产品优势区，推荐广元油橄榄参与第二批四川省特色农产品优势区评选。持续培育朝天核桃、大凉山花卉、汶川甜樱桃、俄色雪域茶、雅江松茸等特色林产品品牌，带动深度贫困县产业发展。

四川省林业和草原局编写组

农业科技园区建设

【农业科技园区和创新平台建设】 实施农业科技创新体系建设工程，全省有国家级农业科技园区10个，其中通过国家验收9个；有省级农业科技园区93个，覆盖全省21个市(州)。科技厅等5部门联合印发《关于切实加强四川省农业科技园区建设发展的指导意见》《四川省农业科技园区管理办法》，组织成都、宜宾、南充创建国家农业高新技术产业示范区，组织绵阳、遂宁和巴中国家农业科技园区通过国家验收，组织乐山、雅安、宜宾国家农业科技园完成国家综合评估。实施农业科技园区创新专项，围绕园区主导产业加强产业技术创新、成果转移转化、科技平台建设，推动国、省农业科技园区提质增效、提档升级。持续推进农业领域重点实验室、工程技术研究中心、产业技术研究院等创新平台建设，新组建“四川省肉制品精深加工工程技术研究中心”“四川省酿酒专用粮工程技术研究中心”2家省级工程技术研究中心。

【省级农业科技园区布局】 全省有省级农业科技园区93个，在空间分布上实现了全省21个市（州）全覆盖，在产业布局上有力支撑了四川现代农业“10+3”产业发展壮大。根据园区投资主体的不同，归为政府建设、科研单位建设、企业建设和合资共建四个类型；根据园区主导产业的不同，归为粮食型、蔬菜花卉型、林果型、养殖型、综合型五个类型。引导园区围绕培育创新主体、做强主导产业、集聚创新资源、强化科技服务、培训职业农民、促进融合共享、推动绿色发展七个方面，推进相关工作的开展。全年省级园区引进、孵化、培育企业2200家，建立农村专合组织或专业技术协会近1400个，示范推广新品种、新技术、新模式2000余项，培训农民170余万人次，辐射带动农户100余万户。同时，以农业科技园区为主阵地，大力推进全省农业科技创新体系建设，构建以国家园区为引领、省级园区为主体、市（州）级园区为基础的布局合理、层次分明、功能互补、特色鲜明、创新发展的园区体系。

【园区工作】 坚持把农业科技园区作为提高农业综合效益和竞争力，推进农业农村现代化和乡村振兴发展，加快四川由农业大省向农业强省跨越的重要抓手，着力促进园区向高端化、集聚化、融合化、绿色化、信息化方向发展。10个国家农业科技园区已建成面积达621.5万亩，其中核心区169.5万亩、示范区452万亩；总投入563965万元（增长22.6%），其中R&D总投入43220万元（增长14.7%）；入驻企业641家（增加139家），入驻科研单位78家（增加29家），建立研发机构132个（增加16家），建立“星创天地”“众创空间”等创新创业服务机构35个；当年引进和推广农业新品种、新技术、新设施等1046个（项），获得授权专利380项，培训各类技术人员15.9万人次；园区总产值达825.3亿元，三次产业比为15∶34∶51；利税81.6亿元，带动农户71.6万人，当年园区内农民人均可支配收入达2.01万元，高于所在地当年农民年人均可支配收入21.8%。园区劳动生产率、土地产出率、资源利用率不断提高，逐步成为全省农业先进技术成果展示区、农业创新驱动发展先行区、农业供给侧结构性改革试验区和乡村振兴发展示范区。

推动国家农业科技园区取得成效，其中四川乐山国家农业科技园区完成园区展示厅、园区星创天地的建设及园区专题片的制作；建立“美丽嘉州”公共平台；搭建乐山“科农帮”土壤地图信息服务平台，于11月正式投入使用。四川广安国家农业科技园区广安市委五届第126次常委会议确定成立县级行政管理单位——四川广安国家农业科技园区服务中心，独立负责园区规划、建设发展、招商引资等事务，有在职人员10名。四川雅安国家农业科技园区完成园区内水产示范区建设，完成藏茶城主干道风貌打造、生态停车场、茶祖广场、神农雕塑、背景墙雕塑、茶山打造、雅安茶厂工业旅游体验项目打造。四川宜宾国家农业科技园区完成金秋大道、环湖路等重点建设工程；建成5000余平方米的宜宾市农业科技企业孵化器并完成省级孵化器备案。四川内江国家农业科技园区被科技部农村中心纳入“100+N”开放协同创新体系布局全国首个试点园区；国家现代农业产业园获批建设；全省首个水果产业“五良”融合试点落地园区。四川南充国家农业科技园区。5月，南充国家农业科技园区亚洲有机示范村建设完成，亚洲有机产业创新发展（首届）峰会召开，亚洲有机峰会永久会址揭幕。四川巴中国家农业科技园区智慧总部创业孵化功能区建设完毕，恩阳芦笋示范区、猕猴桃示范区、南江大学生科技特派员扶贫创业示范基地等完成控制系统安装、信息采集系统数据收集汇总和控制软件开发。四川遂宁国家农业科技园区获得农商银行综合授信6000万元，为普力科技、平安制氧、铭泰顺等5家企业争取到银行授信额度1120万元，为通用医疗、隆鑫科技、聚塔科技3家企业争取财政补贴6.3万元。四川绵阳国家农业科技园区举办全国生态循环农业及秸秆利用现场交流活动、全国畜禽粪污资源化利用重点县培训会，循环农业经验在全国推广；新增各类孵化器、“众创空间”4个。四川德阳国家农业科技园区，9月，市委机构编制委员会核定园区事业编制12名，按照职能配置负责整个农业科技园区的运行和建设；成立园区投资平台公司和园区专家顾问委员会。

四川省科学技术厅编写组

先进农业科技园区选介

【四川乐山国家农业科技园区】 乐山国家农业科技园区建设园区包括总园和茶叶、畜牧、林竹、晚熟柑橘、高山蔬菜、中药材6个专业科技园。在高新区全面启动并完成总园建设，各专业园建设稳步推进。茶叶科技园建成茶叶加工、良种繁育、标准化种植、茶文化展示区、茶叶会展中心等，包括茶叶新品种繁育基地，名优绿茶、蒸青绿茶等茶叶深加工和出口基地，绿色高效生态茶园示范基地；畜牧科技园建成优质瘦肉型猪良种繁育基地、生猪加工基地、兔业加工基地、四川省兔业工程技术研究中心；林竹科技园开展良种竹类、林木的繁育，加工基地、四川省竹材林浆纸工程技术研究中心建设；晚熟柑橘科技园建设百里柑橘产业大环线，开展晚熟柑橘新品种的引进、试验、示范、繁育，晚熟柑橘标准化示范基地建设；高山蔬菜科技园开展高山蔬菜新品种的引进、试验、示范、繁育，标准化示范基地建设，新技术研究与运用；中药材科技园主要开展中药材新品种的引进、试验、示范、繁育，标准化示范基地建设，打造川牛膝科技示范基地、曼地亚红豆杉科技示范基地、天麻种植及加工示范园。

在乐山国家高新区建设国家农业科技园区总园，完成园区展示厅、园区星创天地的建设和园区专题片的制作，于11月正式投入使用。展示厅展示了园区建设20年的成效，星创天地融成果转化、企业孵化、品牌打造、投融资于一体，提供低成本、专业化、社会化、便捷化的农村科技创业服务，可容纳约20家种子期企业和20家初创期企业，第一批6家入孵企业已入驻，建立“美丽嘉州”公共平台，搭建乐山“科农帮”土壤地图信息服务平台，农业园区总园成为了乐山国家农业科技园区品牌成果的展示区，成为了乐山高新区总部经济的农业版块。新建一批出口绿茶加工生产线，开发利用夏秋茶，建设大宗茶叶出口基地，与茶叶科技园融合发展的四川省峨眉山市现代农业产业园被农业部认定为国家现代农业产业园；畜牧科技园猪肉精深加工项目完成FD肉和冻干肉加工线房屋主体结构建设；晚熟柑橘科技园

村建成洋姜产业扶贫示范基地800余亩，在青堤乡黄村建设优质稻产业扶贫基地400亩。依托西南大学柑研所，建立智慧橘园示范基地1100余亩；依托中科院亚热带生态农业研究所，建立巨型稻立体种养试验基地50亩；依托中科院蔬菜花卉研究所，建成辣椒新品种展示基地200余亩；依托省农科院，与县农业农村局、县农投公司共建沱牌、瞿河酒酿原料基地1500亩。中医院中药制剂中心主体工程已完工，白羽肉鸡冷冻库项目、肉牛屠宰厂前期准备工作有序推进，柠檬精深加工厂、2万吨核桃加工厂等项目相继开工建设。

【四川德阳国家农业科技园区】 园区坚持“新模式促融合、新科技提质量、新成果增效益、新主体振乡村”发展理念，以打造“中国西南地区高端经济作物产业创新融合发展示范样板”为创建目标。核心区通过推进“一带一心四区”建设着力促进特色产业全产业链创新发展和三产融合发展，建成猕猴桃、玫瑰、茶叶等主导产业基地1.8万亩。创建科技创新中心、工程技术中心（实验室）、科技专家大院、院士专家工作站、特派员专家工作站共10个，引进、研发和应用新品种、新技术、新工艺、新产品210余个，获得国家授权专利90余件、省级以上新品种权证10个。根据中共德阳市委相关文件，核定事业编制12名（人员参照公务员法管理），编外人员5名，内设3个办公室并按照职能配置负责整个农业科技园区的运行和建设。园区以四川华胜农业股份公司为龙头，建成高标准科技示范果园2400余亩，带动发展猕猴桃种植2.5万亩，形成与新西兰猕猴桃在南半球错季上市的产业基础。银谷玫瑰公司建成国内最大的大马士革玫瑰种植区，引进平阴、滇红、冷香、苦水等玫瑰品种200余种，种植面积达1.45万亩，其中大马士革玫瑰1.2万亩，鲜花年采收量突破500吨。建设高端经济作物育种创新功能区，育种攻关取得重大进展，选育出第一个四倍体红肉猕猴桃品种“华红四号”；“昌泰1号”大马士革玫瑰获得四川省良种审定证书。建设玫瑰和猕猴桃全产业链创新发展功能区，猕猴桃数字农业系统实现全程数据采集、追溯和可视化；促进产业链向中高端延伸，猕猴桃气调保鲜技术研究成果达到国际先进水平，现代化低温包装技术应用大幅提高了贮藏保鲜周期和作业效率。园区龙头企业共拥有具有自主知识产权新品种4个，获得美国、欧盟新品种权证2个，获得授权专利98件，新申请专利47件，推广转化科技成果13项。结合德阳市乡村振兴“双圈层”农业产业大环线建设，园区实施“画境绵竹·乡村旅游综合体”项目，建成乡村振兴发展示范点3个。启动“宜业、宜游、宜居”的玫瑰产业新城建设，深度挖掘玫瑰文化，带动大爱情产业、大健康产业、艺术产业、文旅产业联动发展。园区探索“种植优质化、基地景区化、产品多样化”的农旅结合发展新途径，在遵道镇棚花村示范打造集观光、体验、康养、科普、娱乐和电商服务于一体的猕猴桃特色农庄新业态。

四川省科学技术厅编写组

农产品加工业

综　　述

【基本情况】 2019年，全省规模以上农产品加工企业实现主营业务收入约9750亿元，增长9%；实现利润总额800亿元，增长17%，其中全省2421家规模以上饮料食品企业累计实现主营业务收入7228.3亿元，增长9.9%；实现利润总额693.4亿元，增长18.8%，全行业持续呈现稳定发展态势。

【重点行业】 全省1242家规模以上农副食品加工企业实现主营业务收入2440亿元，增长7%；实现利润总额115亿元，增长6.7%。501家规模以上食品制造企业实现主营业务收入1115亿元，增长8.8%；实现利润总额87亿元，增长10.4%。685家规模以上酒、饮料和精制茶制造企业实现主营业务收入3409亿元，增长11.9%；实现利润总额495亿元，增长26.7%。

【推动农产品加工园区建设】 制定《四川省农产品加工园区发展指南（2020—2022年）》，召开全省农产品加工园区建设现场推进会。评选第一批14个省级农产品加工示范园区，给予工业发展资金支持其技术创新、企业培育等方面建设，促进企业聚集集约发展。

【加强市场主体培育】 结合省内优势特色产业发展情况，分别专题召开全省包装饮用水产业发展推进会、全省肉制品加工产业发展推进会和南江黄羊产业发展推进会，帮助企业问诊把脉，增强企业发展信心，推动了益海粮油、雄健食品、米老头、双汇食品、长林肉类、德健黄羊等一批竞争能力强的重点企业加快发展；培育丹丹食品、文君茶、保宁醋等“专精特新”中小企业194家，郫县豆瓣、友嘉食品、美宁食品等高成长型中小企业87家，丁点儿食品、川南酿制等“行业小巨人”中小企业7家。

【支持重点项目建设】 坚持创新平台搭建和转型升级项目建设两手抓、两促进，支持农产品加工企业自建或联合高校、院所共建农产品精深加工领域产学研平台，开展技术协同创新；支持食品生产企业实施数字化智能化改造，成都市与阿里巴巴合作共建天天工厂数字示范产业园，帮助企业节约人工成本30%以上；支持眉山市研发“泡菜生产高效节水技术”“直投式功能菌”和“自控连续式发酵装备”等新技术新设备，填补了国内外空白。

【加强市场开拓】 开展全省食品饮料万亿产业重点企业开展与全国新零售平台招商对接活动等推广活动，实现活动成交额近7亿元。推荐千禾酱油、幺麻子藤椒油等10个品牌在“四川制造 中国荣耀专题栏目”上宣传报道。在中外知名企业四川行活动中共签订食品饮料类正式合同项目30个。

【食品安全工作】 印发《全省经信系统2019年食品安全重点工作要点》，召开全省食品饮料产业现场推进会暨经信系统食品安全工作会，举办全省食品工业企业诚信体系建设培训班。

四川省经济和信息化厅编写组

中药材加工业

【开展“三个一批”项目建设】 为继续落实省政府办公厅《关于开展“三个一批”建设推动中医药产业高质量发展的意见》文件精神，1—3月，省推进中医药强省建设工作领导小组办公室在前期制定发布“三个一批”（重点企业、重点产品、重点基地）项目招标指南、项目申报、评审以及立项的基础上，重新启动“三个一批”项目建设，分批联合经济和信息化厅、农业农村厅、省药品监督管理局、相关市（州）卫生健康委（中医药管理局）人员组成现场核查组，对入围项目进行现场核查。7月，省推进中医药强省建设工作领导小组办公室最终确定立项重点企业8家、重点中成药品种6个、重点中药饮片品种7种、重点中药材种植基地24个，于7月15日下达“三个一批”重点建设项目2019年度立项计划。

【推进“10+3”川药产业建设】 按照省委、省政府《关于加快建设现代农业“10+3”产业体系推进农业大省向农业强省跨越的意见》要求，根据现代农业“10+3”产业总体战略部署，将省中医药管理局作为“川药”产业第一牵头单位。11月13日，省委常委曲木史哈主持召开的川药产业振兴工作情况汇报会上听取了省中医药管理局关于中药材产业推进情况的专题汇报，讨论了《川药产业推进分工方案（讨论稿）》和《川药产业振兴推进方案（讨论稿）》。

【编制印发《四川省中药材产业发展规划（2018—2025年）》】 省推进中医药强省建设工作领导小组办公室组织专家通过实地调研、问卷调查、召开座谈会等多种形式掌握产业发展实际情况，广泛征求各有关部门和市（州）意见，召开多次规划编制讨论会和专家论证会，完成规划编制工作并于7月12日正式印发，通过规划合理布局全省重点品种中药材适生区域，确定符合全省实际的中药材产业发展思路，提出了“定产区、定品种、定重点县”的发展格局，科学指导全省中药材产业发展。

【推进中药材溯源工作】 为着力解决中药材质量难以保证的问题，省中医药管理局推进中药材溯源工作。9月25日，省中医药管理局会同商务厅等部门编制印发了《关于印发协同推进肉菜中药材等重要产品信息化追溯体系建设的意见落实措施的通知》（川商秩序〔2019〕21号），建立了工作联系机制，明确了各部门任务分工和具体落实措施。省中医药管理局协调国家中医药管理局，将四川省纳入国家中医药管理局中药材种植数据统计和溯源试点省份之一。根据国家中医药管理局统一部署，省中医药管理局安排中央专项经费50万元，选取苍溪县、南部县作为中药材种植数据统计和溯源试点县。

【制订《四川省中医药科研分险基金设立方案》】 为激励和保护企业中医药科技创新积极性，11月，省中医药管理局会同财政厅制订了《四川省中医药科研分险基金设立方案》，经征求相关省级部门和企业意见，完成《方案》的修订工作。

【推进花椒大健康产业发展】 为贯彻落实《四川省人民政府办公厅关于推进花椒产业持续健康发展的意见》文件精神，省中医药管理局对立项支持的26项花椒药用价值及大健康产品研发专项项目开展绩效检查，于11月26日向副省长尧斯丹作了专题汇报，并将推进情况以专报形式报省长尹力。竹叶花椒（藤椒）四川省地方药材和中药饮片标准已于12月16日由省药监局正式发布，该成果填补了全省长期以来缺乏竹叶花椒省级地方药材和中药饮片标准的空白，为川产竹叶花椒进军药材市场打下坚实基础。

【油樟大健康产品研发开展调研工作】 根据省委书记彭清华视察宜宾樟海和在川南经济区发展会上的指示精神，省中医药管理局就开发利用油樟资源进行了专题研究，4月，省中医药管理局组织省中医药科学院、成都中医药大学专家到宜宾市叙州区进行专题调研，编制了《开发油樟大健康产品，促进油樟产业高质量发展实施方案》。

四川省中医药管理局编写组

农产品市场安全监管

【实现抽查全覆盖，保护消费者合法权益】 省市场监管局利用“双随机、一公开”监督抽查系统，完善了抽查企业和承检机构数据库，制定了产品省级监督抽查实施细则，通过“双随机”方式对掺混肥料、氮肥、复混肥料、过磷酸钙、钾肥、磷肥、生物肥、水溶肥料、饲料级磷酸氢钙、微耕机、新型肥料、有机—无机复混肥料、有机肥料、农用薄膜、饲料粉碎机、机动脱粒机、碾米机等17种554家企业957批次产品进行抽检，合格879批次，不合格78批次，不合格产品检出率为8.2%。对取消许可管理的饲料粉碎机、机动脱粒机、水泵等重点工业产品实现了抽查全覆盖，有力督促了农机生产企业生产质量合格产品，保护了消费者的合法权益，维护了正常市场秩序。各市（州）加大对不合格产品生产（销售）企业的后处理力度，开展对生产（销售）企业的行政约谈，加大曝光力度，维护了农产品市场的安全稳定。

【开展农资产品安全风险监测】 全年开展有机肥料产品安全风险监测，从生产企业、流通领域（实体店）进行了样品采集工作，共采集31家企业生产或销售的150批次有机肥料产品，涉及标称产地为四川、广西、河北、河南、黑龙江、湖北、江西、内蒙古、宁夏、山东、山西、西藏、新疆、云南14个省（区、市）总计77家生产企业所生产的产品。省危化所对150批次有机肥料产品的抗生素磺胺嘧啶、磺胺二甲基嘧啶、磺胺甲嘧啶、磺胺甲恶唑、磺胺对甲氧嘧啶5个项目进行了测试与评估，根据风险评估分析，该次风险监测评估结论为“低风险”。

四川省市场监督管理局编写组

农产品进出口概况及年度特点

【基本情况】 2019年，全省实现农产品进出口总额106.51亿元，增长10.1%，占全省外贸进出口总值的1.6%，其中出口49.88亿元，下降0.5%；进口56.63亿元，增长21.4%。

【主要特点】 出口额排前三位的货物分别为白酒、调味品和烤烟，其中白酒出口9.9亿元，下降10.2%；调味品出口3.5亿元，增长14.8%；烤烟出口3.4亿元，下降28.8%。进口额排前三位的货物分别为黄大豆、婴幼儿食用零食和奶粉，其中黄大豆进口13.9亿元，下降6.4%；婴幼儿食用零食进口5.6亿元，增长137.2%；奶粉进口5.5亿元，增长58.6%。美国、日本、菲律宾、越南为前四大出口市场，其中出口美国4.2亿元，增长18.3%；出口日本3.5亿元，下降19.6%；出口菲律宾3亿元，下降7.5%；出口越南2.3亿元，增长11.4%。巴西、新西兰、泰国、阿根廷、美国为前五大进口来源地，其中自巴西进口8.03亿元，下降37%；自新西兰进口6.8亿元，增长53.6%；自泰国进口6.5亿元，增长2.1倍；自阿根廷进口4.9亿元，增长9.7倍；自美国进口4.8亿元，下降27.3%。

【以"六个强化"打好非洲猪瘟口岸防控攻坚战、持久战】 全省在面对极端严峻的非洲猪瘟防控形势，加强风险布控、进境监管、出口监管、监测检测、应急处置、一线督导，确保各项防控措施落地落实。全年共监测样品2357批，检出非洲猪瘟病毒核酸阳性25批次，严防非洲猪瘟疫情的传入和传出。

【保障进出口食品安全】 持续推进实施"进口食品安全放心工程"，组织落实进口预包装食品标签检验监督管理改革要求；妥善处置1批进口活虾检出禁用兽药情事，确保在进口食用水生动物成倍增长的情况下未发生安全事件；高度重视，多措并举，确保供港食品安全稳定；开展出口猪肉、水产品等高风险食品专项核查。全年关区共检验检疫监管进出口食品及化妆品8476批次、5.6亿美元，检出不合格18批次，未发生区域性、系统性食品安全事件。

【落实国家粮食安全战略成效明显】 做好进境粮食检疫监管，全年检验检疫进口高粱、豆类等粮食11万吨，完成100万吨国家战略进口储备粮计划、24万吨国家政策性去库存稻谷加工出口大米计划和180万吨调运入川加工、储存进口粮食的监管保障任务，快速处置300余吨进口霉变转基因大豆，切实保障了四川粮食需求的安全供给。

【以职能优势促进四川特色食品农产品扩大出口】 专题调研供港食品情况，形成对策建议报省政府。全力支持企业拓展国际市场，为川茶、川酒、川果、川药等四川特色产业对外贸易提供技术帮扶，落实"川台70条"食品农产品相关支持措施，指导供港食品加工企业"零缺陷"通过香港食环署现场检查。围绕"一带一路"倡议，开展中东欧国家食品农产品安全法律法规及监管体系研究。

【以指定监管场地建设促进口岸功能拓展】 推进青白江铁路口岸进口粮食、双流机场口岸进口肉类和冰鲜水产品、泸州港进口肉类等指定监管场地建设并通过海关总署验收。推进进境种猪指定隔离场建设，为种猪引进打下了坚实基础。

中华人民共和国成都海关编写组

粮食安全及商业

【基本情况】 2019年，全省有粮食行业机构1888个，其中行政管理部门139个、各级粮食行政管理部门所属事业单位87个、国有及国有控股粮食企业562家、内资非国有粮食企业1111家、港澳台商及外商企业46家；有粮食行业从业人员101860人，其中公务员1230人、事业单位785人、企业经营管理人员18395人。全省国有及国有控股粮食购销企业总资产281.9亿元，其中固定资产57.9亿元、流动资产170.7亿元；国有及国有控股粮食购销企业全年实现营业收入90.4亿元，盈利6556.3万元。

2019年，全省收购粮食433万吨，减少95万吨，其中收购小麦83万吨、稻谷281万吨、玉米56万吨、其他13万吨；收购油菜籽71万吨，减少8万吨。全年销售粮食1446万吨，增加171万吨，其中销售小麦301万吨、稻谷608万吨、玉米363万吨、其他粮食175万吨；销售食用植物油230万吨，增加14万吨，其中销售菜籽油133万吨、大豆油70万吨、其他油27万吨。

【粮食安全省长责任制考核工作突破创新】 省委、省政府高度重视粮食安全工作，省长尹力专题调研粮食安全工作并主持召开粮食安全专题会议。省政府常务会审定通过《四川省2019年度落实粮食安全省长责任制工作方案》，部署22项责任制重点任务，将粮食安全考核纳入省政府对市（州）政府目标管理范围，分值权重占1.5%，考核"指挥棒"作用发挥更加有力。四川省粮食安全省长责任制落实情况连续三年被国家评为"优秀"等级。

【执行稻谷最低价收购政策】 根据《做好2019年秋粮收购工作的通知》和《四川省超标稻谷收购处置实施方案》要求，省粮食和储备局坚持以市场化收购为主线，落实最低价收购政策，全力抓好粮食收购工作，切实保护种粮农民利益。两次高质量完成省政府收购约稿，均被国务院采纳。联合省农发行、中储粮成都公司召开秋粮收购视频部署会议，并于11月4日在11个市启动稻谷最低收购价预案。广泛宣传收购政策，先后在《四川日报》《粮油市场报》等新闻媒体宣传报道秋粮收购工作，让农民知晓国家政策。

【抓好抢险救灾应急保供】 全力应对荣县、珙县、长宁县等地震，保障粮食应急供应。调整完善粮食应急网点，粮食应急供应网点达4103个，日供应能力达9.6万吨；应急加工企业312家，日加工能力达4.9万吨；应急配送中心248个，日配送能力达3.1万吨；设立国家级信息监测点50个、省级信息监测点66个，应急网络体系不断健全。组织开展全省粮食应急演练和培训工作，提高应急反应和指挥能力并提供了示范，演练预案被国家粮食和储备局作为参考，国家粮食和储备局两次到四川省调研指导粮食应急工作，多省组织调研组到四川省交流学习。

【落实国家“北粮南运”政策】 全省研究制订了落实国家“北粮南运”政策方案，向国家争取向四川移库大豆100万吨，继续申请向四川安排移库玉米100万吨、小麦50万吨。

【开展产销衔接】 扎实推进产销合作，组织全省118家企业370余人参加首届全国第二届粮食交易大会，与黑龙江、山西、陕西、甘肃、湖北等省签订了粮食产销合作协议，为企业引粮入川搭建了合作平台，保障了四川所需粮源稳定。2019年，全省调入粮食1760万吨，其中铁路入川粮食1632万吨，减少13万吨；铁路出川粮食65万吨，增加40余万吨。

【地方粮食储备管理体制机制改革】 按照中央关于粮食储备管理体制机制改革若干意见要求，全省制定了《关于改革完善体制机制加强地方粮食储备安全管理的实施意见》，并经省委第七次全面深化改革会议审议通过，省委办公厅、省政府办公厅印发工作有序推进，这是粮食储备管理体制机制的一项重大改革，省粮食和储备局按照改革实施意见要求，研究制订细化方案，确保各项改革任务全面落实。

【推进《四川省粮食安全保障条例》立法】 省政府第24次常务会将《四川省粮食安全保障条例》列入调研类立法项目，省粮食和储备局，参加司法厅组织的2020年省政府立法计划立项论证会，并通过专家答辩。经过咨询论证、调研起草等形成了《条例》（草案代拟稿），并报送司法厅审查。省政府第40次常务会将《条例》列入制定类立法重点任务。同时，《条例》立法被纳入2020年四川省委常委会工作要点重要事项。

【推进“放管服”改革】 省粮食和储备局加快推进政府职能转变和简政放权，坚持新发展理念，以群众需求为出发点，以群众满意为落脚点，着力创新审批服务模式，不断推进行政许可办理流程，申请条件规范化、标准化、程序化、精简化，严格执行“三个清单”制度并实施动态管理，全面落实“证照分离”改革要求，稳步推进“多证合一”等政府职能转变事项改革，做到了让“信息多跑路、群众少跑腿、最多跑一次”，方便了办事企业和群众，提升了粮食和储备部门的治理能力。省粮食和储备局省本级政务服务事项实现了线上线下均可办理，“最多跑一次”100%、“全程网办”100%。截至2019年年底，全省有有效粮食收购许可证1694个。

【国有粮食企业改革持续深化】 成都、自贡、泸州、德阳等地指导企业整合资源、搞活经营、降本增效。全省共有327家国有粮食企业享受印花税、房产税、城镇土地使用税免税政策，全系统免税企业家数逐年增加。全省国有粮食企业财务状况持续改善，连续15年实现统算盈利。

【实施“天府菜油”行动】 全年完成“天府菜油”商标注册，组织15家川内骨干油脂企业成立产业创新联盟，发布实施首批5项标准和规范。在中央电视台、首都机场、双流机场等媒介投放广告宣传，通过西博会、中国粮食交易大会等国家级展会举办主题展5次。开展“天府菜油·香飘九州”全国行活动，在京沪渝等6地举办“天府菜油”专题推介会，现场签约协议销售超过3亿元。南部县等8个县建设“天府菜油”原料基地，启动成都、德阳2个市油菜籽种植调结构试点。

【推进“川粮油”产业发展】 推进“优质粮食工程”，指导彭州市等35个县（市、区）规划建设70个粮食产后服务中心项目点，新增大竹、三台2个县开展“中国好粮油”四川行动示范。广汉市产后服务网络实现全域覆盖，南江县“长赤牌翡翠米”、宣汉县“桃花米”等特色品牌做大做强。启动实施创建成都市郫都区等10个粮油产业高质量发展示范县，打造一批高质量发展示范典型。2019年，全省入统粮油工业总产值突破2000亿元。

【提升绿色科技储粮水平】 全年争取中央资金4741万元，新建仓容20.5万吨；新投入省级财政资金4.9亿元，规划建设和改造低温库仓容194.7万吨，全省科技储粮仓容达70%以上。印发《四川省绿色低温储粮技术研究汇编》，制定《四川省低温储粮技术操作规程》地方标准。加快实现省级平台和涉粮企业的互联互通，逐步做到全系统“一张网”。

【完成政策性粮食库存数量和质量大清查】 全省各级财政共安排大清查经费2564万元，组织检查人员5000余人次，对全省336家企业、1040个库点、8887个仓间的875万吨库存粮食逐仓逐货位进行了全面检查。结果表明，全省政策性粮食数量真实、质量良好、储存安全。运用省粮油监测站开发的信息化扦样系统，开展扦样、检验信息数字化处理试点，粮食检验信息化运用水平走在全国前列。各地抓好大清查，及时发现问题并进行整改，普查发现的561个问题全部整改完毕，一批长期困扰国有粮食企业发展的难题得到妥善解决，完成政策性粮食库存数量和质量大清查。

【加强粮食流通执法督查】 按照“双随机一公开”监管要求，加强政策性粮食销售出库、夏秋粮油收购和超标稻谷处置执法督查。全省开展各类粮食流通监督检查7189次，检查粮食企业11522家次，查处违法违规案件153例，维护了粮食流通市场秩序，切实保护了种粮农民利益，保障了国家强农惠农政策落地落实。

四川省粮食和物资储备局编写组

农村基础设施建设与管理

水利建设

综　述

【基本情况】 2019年,水利厅践行“节水优先、空间均衡、系统治理、两手发力”治水思路,推进水利脱贫攻坚、水旱灾害防御、水工程建设管理、水资源节约管理保护、水生态文明建设、水治理能力提升等重点工作,成效显著。

【聚焦脱贫攻坚,统筹推进乡村振兴】 聚焦深度贫困地区,落实水利资金62亿元,农村饮水安全巩固提升受益人口345.6万人(其中建档立卡贫困人口33.98万人),实施54个县水利工程维修养护,建设“水美新村”1000个,顺利完成德格县“摘帽”考核。

【坚持以防为主,全面防御水旱灾害】 成功应对“6·17”长宁地震、“7·29”甘洛群发山洪泥石流和“8·5”乐山、“8·20”汶川、“8·22”雅安暴雨洪灾,完成白格堰塞湖后期排险处置,重要江河堤防、水库水电站无一溃堤垮坝。细化完善抗旱预案,成功应对盆地北部局地冬干连春旱、攀西地区较大面积干旱。

【夯实水利基础,补齐补强工程短板】 加快推进68处在建大中型项目、盐源龙塘水库及灌区、平昌江家口水库开工建设,实施1161个水毁修复工程,完成599座病险水库除险加固,基本建成28处抗旱小型水库,稳步推进都江堰等大中型灌区续建配套节水改造。全面开展引大济岷工程、长征渠引水工程规划,全力推进固军水库、亭子口灌区、长江上游干流防洪治理3个拟建“172”项目前期工作,深度谋划毗河供水二期和米市水库等重点项目前期工作。全年完成各类水利投资255亿元。

【突出节水优先,加强水资源管理】 印发《四川省节水行动实施方案》,严控流域和区域取用水总量。加快县域节水型社会达标建设,推进40个节水型社会重点县建设,建立重点监控用水单位名录。提前完成国家水资源考核指标。制订实施跨市(州)主要江河流域水量分配方案和调度方案,实施岷江向沱江跨流域常态化生态补水。推进国家水资源监控能力二期项目,开展40个全国重要饮用水水源地安全保障达标建设。完成第三次水资源调查评价及取水工程(设施)核查登记,批准建设项目取水申请15个。

【推进水生态保护与修复】 全面加强河湖监管,查出河湖问题214个,全省各级约谈河(湖)长和部门负责人40人次。列入水利部台账的1176个“四乱”问题全部整改销号;拆除取缔长江干流岸线违规利用项目53个,规范整改174个;清理规范河湖采砂重点水域、敏感河段241处。新增治理面积5041平方千米,排查水保违法项目4118个,挂牌督办816个,补偿费征收金额创历史新高。牵头中央环保督察第70项和“回头看”第39项任务整改,3168座水电站下泄生态流量设施改造完成。

四川省水利厅编写组

水资源管理

【江河流域水量分配工作】 水利厅在全省已建立省、市、县三级行政区域的用水总量控制指标体系的基础上,按照水利部已经批复的嘉陵江等5条江河流域水量分配方案要求,编制完成了嘉陵江等12条江河流域水量分配方案,将全省2020年和2030年用水总量控制指标分解到主要河流套地级行政区,明确了主要河流用水总量控制指标、重要控制断面最小下泄流量和下泄水量。加快推进水权改革,6月,在北京召开了《四川省水权改革研究报告》项目验收会,一致通过验收。《四川省玉溪河初始水权分配方案》编制工作有序推进。

【水资源调度取得重大进展】 水利厅按照省

委要求的“兴利服从生态、区域服从流域、电调服从水调”原则，开展了岷江、沱江流域水资源联合调度。按照“定断面、定流量、定保证率、定预警等级、定责任、定监管期”的“六定”原则，编制完成了沱江、岷江流域水资源调度方案，明确了岷江和沱江生态流量控制断面和调度目标。明确了岷江向沱江的“两渠两河”补水通道，2018—2019年枯水期累计向沱江补水量11.4亿立方米，实现了毗河等重要河流不断流的目标，增强了沱江流域相关单位水生态环境保护意识，纠正了水利水电工程项目业主不履行生态流量泄放的错误行为，稳定改善了沱江流域的水生态环境质量，完成了嘉陵江、涪江、渠江、大渡河和青衣江等5条江河流域水资源调度方案编制工作，科学确定了77个重要控制断面的最小下泄流量、22个河道外取水户的最大取水量，明确了闸坝下泄水量和泄流时段，为改善河道水生态环境奠定了基础。

【取水许可管理逐步规范】 水利厅按照“先论证，后审批”“先核查，再验收，后发证”“先评估，后延续”“先上路，再规范”“水源、水量、用途、计量和退水五明确”等原则开展取水许可审批，切实加强取水许可审批过程中的水资源论证、取水验收、取水总结与计划、延续取水申请等工作，严把建设项目的水资源论证报告书审查关，把取水许可审批作为规范取水行为的首要抓手。出台了一系列取水许可、计划用水管理文件，严格取水许可事前、事中、事后管理，逐步规范取水许可证核发、换证、延续等手续。强化节水评价，在水资源论证中要求增加节水评价专章，分析评价用水合理性指标。2019年，水利厅审查建设项目水资源论证报告48个，批准建设项目取水申请15个，开展建设项目取水验收25个，核发取水许可证67套（含延续取水许可证套数）。完成了审计署长江经济带2016年至2017年生态环境保护相关政策措施落实情况和省长尹力自然资源资产任中审计整改，曲谷电站、什邡市供排水公司等无证取水行为已全部整改完成。

【取水工程（设施）核查登记工作稳步推进】 按照水利部及长江委的统一安排部署，坚持“全面核查、规范管理、整改到位”的总体原则，水利厅开展长江流域取水工程（设施）核查登记工作，为摸清家底、规范和加强取水管理奠定了基础。一是及时召开取水工程（设施）核查登记工作专题会，研究部署核查登记工作，并落实专人负责，明确了省水文局及18个市（州）水文局和省水利科学研究院为该项工作的技术支撑单位。二是制订并印发《四川省取水工程（设施）核查登记工作实施方案》，明确了核查登记工作的工作范围、工作内容、工作要求等内容。三是加强对取水工程核查登记工作的宣传培训指导。在市（州）、县（市、区）专题培训了取水工程核查登记工作。创新宣传方式，在水利厅门户网站发布“一图看懂四川省取水工程（设施）核查登记工作”，在四川水文公众号上发布了“你实现了取水工程核查（登记）自由了吗？”等政务信息。四是建立取水工程核查登记月报制度。明确了各市（州）的分管负责人、技术负责人和联络员，初步建立了工作信息即时通达的联络机制。建立了面向市、县的“核查登记工作技术支持”QQ工作群，相关技术人员组成在线值班小组，提供在线技术支撑，及时解决市、县在工作开展过程中遇到的问题。截至2019年年底，全省完成取水工程（设施）核查登记工作，取水工程项目总计26062个，取水工程（设施）共计31244个。

【水资源税改革继续深化】 四川省作为国家第二批水资源税改革试点省份，通过税改相关文件，明确了取水户安装计量设施、办理取水许可的法定责任。在税额设计上，地下水税负明显高于地表水税负，倒逼取水户改变用水方式，减少地下水开采，优化了用水结构，规范了水资源管理。自2017年12月1起实施水资源税改革以来，2018年共征收水资源税21.89亿元，2019年前三季度共征收水资源税16.54亿元，水资源税改革进展良好。

【最严格水资源管理制度考核有序推进】 做好迎接国家考核工作。利用省水资源考核办平台，抽调专人负责国家考核迎检工作，组织领导小组成员单位和水利厅相关处局提供考核自查报告及支撑材料，6月，编制完成四川省政府2018年度最严格水资源管理制度考核目标完成情况自查报告（代拟稿）。组织成员单位开展2019年度迎接国家考核工作，印发了迎接国家考核工作任务分工，组织成都市、内江市共计5个县（区）迎接国家“四不两直”现场检查，编制四川省政府2019年度最严格水资源管理制度考核自查报告（代拟稿）和复核技术报告。

抓好四川省对市（州）考核工作。按照省政府和水利厅领导要求，参照国家2019年度水资源考核工作方案，制订并向市（州）政府印发了《四川省实行最严格水资源管理制度考核办法》，明确提出了市（州）政府落实最严格水资源管理制度的工作任务、工作要求，各市（州）按照要求加快推进相关工作。

【用水总量得到有效控制】 加强用水总量统计工作，全省2018年用水总量为259亿立方米，未超过国家下达的用水总量控制红线指标。按照水利部《用水总量统计方案》和即将印发的《用水统计调查制度》要求，水利厅制定了适合县级填报的《四川省县级用水总量统计实施细则》，确定了“县级统计、市级审核、省级校核与抽查”工作机制。该细则覆盖了农业、工业、生活、生态所有行业，明确了调查对象名录建立和用水总量推算过程要求，为基层推算区域用水总量提供了科学计算方法。截至2019年年底，全省有用水总量统计调查对象10883个，前三季度灌溉用水户农业用水量为67.98亿立方米，自备水源工业企业为6.55亿立方米，公共供水户为30.98亿立方米。四川省调查对象名录总数占全国的1/6，比上年同期增长近3倍，超额完成国家下达的四川省2020年目标任务。同时，加强基层人员培训，对市、县两级具体经办人员进行全面培训，培训人次达200余人。编制完成2018年度水资源公报，并在四川省水利网公开发布。

四川省水利厅编写组

水利工程建设与管理

【“172”重大水利工程建设】 全省共有17处工程被列入全国172项节水供水重大水利工程名录，总库容（年引水量）150亿立方米，设计灌溉面积约3200万亩，供水人口约3600万人，总投资规模1000亿元，其中建成并竣工验收项目1处，续建项目11处，2019年新开工2处，其余3处项目拟于2020年开工。截至2019年年底，10处续建“172”项目（不含大型灌区续建配套）累计完成投资274.6亿元，占批复总投资的54.8%，其中2019年下达年度投资计划41.71亿元，完成年度投资38.4亿元，完成率92%。截至2019年年底，全省“172”项目建设进展情况具体为：武引二期灌区工程总体建设进度已完成92%，金峰水库沥青混凝土心墙填筑至474.7米高程（设计最大坝高88米，已填筑84米）。升钟灌区二期赵子河水库和应家沟水库基本完工，工程渠系完成90%。毗河供水一期工程总干渠全线贯通，总体建设进度完成95%。红鱼洞水库及灌区坝体沥青混凝土心墙浇筑至坝顶高程（坝高104.8米），灌区工程已开工右总干渠及恩巴支渠等5处，累计完成隧洞掘进30千米。李家岩水库工程于2019年年底通过导（截）流阶段验收并实现河道截流，溢洪道已完成开挖50%，右坝肩开挖完成40%。蓬溪船山灌区工程总体建设进度完成58%，其中白鹤林水库枢纽大坝填筑401.04米高程（最大坝高60米，已填筑40.54米），导截流移民专项验收完成。土溪口水库工程大坝右坝肩施工完成95%，右岸灌浆平洞已开挖完成86%；大坝左坝肩窑洞施工已完成，右岸高层灌浆平洞洞挖完成，低层灌浆平洞洞挖完成22.5%；大坝试验段碾压混凝土和左岸窑洞部位混凝土开始浇筑，水垫塘、二道坝等进行开挖及支护中。黄石盘水库工程已完成混凝土浇筑量的48%，其中左岸隔墙浇筑至设计高程360米；发电厂房进水口浇筑至高程362.6米（设计高程375.8米），主机间浇筑至高程339.8米（设计高程368.1米）；泄洪坝段1#坝体浇筑至高程363米，2#至4#坝体浇筑至高程344米（设计高程375.8米）。大桥水库灌区二期工程全线所有大型混凝土拌合站、钢结构加工场等重要临建设施建设完成，开工施工点19处。向家坝灌区北总干渠一期一步先行建设的龙洞岩隧洞进行施工支洞开挖工作，邛场分干渠自贡段于2019年年底启动建设。龙塘水库及灌区工程项目部驻地建设、管理站变电站场平、1–5#道路路基开挖、主要临时施工道路修建已完成，导流洞施工单位于11月进场。江家口水库于11月底开工建设施工道路准备工程。

【其他大型水利工程】 紫坪铺等4处工程基本建成，开展竣工验收相关工作，总库容59亿立方米，设计灌溉面积15万亩，总投资315亿元，其中紫坪铺水利枢纽（及灾后重建项目）于2011年9月全部建成，武都水库于2012年年底全部建成，亭子口水利枢纽于2019年6月全部建成，小井沟水利工程水库枢纽于2017年6月建成。

【投资完成情况】 2019年，水利厅负责管理的基本建设项目共下达投资计划84.35亿元（其中中央46.75亿元、地方37.6亿元），完成投资74.75亿元，已下达投资计划完成率为88.6%，涉及6类共120处项目，其中重大水利工程9处、中型水库12处、主要支流治理12处、大中型病险水库除险加固项目1处、中小河流治理项目81处、小型水库5处。

【项目推进情况】 全省在建中型水利工程58处，其中2019年年底基本完成建设累计达7处。主要江河堤防项目2019年规划建设堤防48.26千米，实际建成堤防27.5千米，通过修建堤防护岸工程和疏浚河道，保护人口42万人，保护面积56平方千米；被列入《灾后水利薄弱环节建设实施方案》的中小河流治理项目在建102个，完成综合治理河长2785千米，新建堤防1653千米，保护人口654万人、耕地138万亩。

【项目验收情况】 全年完成燕儿河水库工程等8处中型水利工程竣工验收，龙池寺水库1处小型水利工程竣工验收，14处中小河流治理项目验收，5处主要支流堤防项目竣工验收，1处病险水库和1处病险水闸竣工验收，委托成都市、乐山市、阿坝州进行中小河流治理项目完成验收21个。结合“放管服”改革要求，派出专家组主动对接地方，对多处工程进行了竣工验收技术指导。

【水利建设市场监管】 水利厅结合四川省实际，编制完成《四川省水利工程建设项目标准勘察设计、监理、施工招标文件（试用版）》三类招标文件范本，健全水利建设市场监管制度体系。加强招投标监管，全面启动省级层面水利工程建设项目招标投标全流程电子化运行。结合“四川水利信息化”建设，探索建立四川省市场主体信用信息平台、项目管理平台。

【建设管理创新】 规范验收制度，印发并督促落实《四川省水利厅关于加快推进全省水利工程验收工作有关事项的通知》《关于加快全省中小型水库工程验收的提示》等相关文件，督促地方加快推进验收相关准备工作。完善设计变更制度，组织省水利水电勘测设计研究院按照相关规程规范和技术标准，结合《水利工程设计变更管理暂行办法》，研究起草《水利工程设计变更管理工作指导意见》。按规定组织编制了《增值税税率调整后〈四川省水利水电工程设计概（估）算编制规定〉相应调整办法》并报省政府备案。组织省水利水电勘测设计研究院启动四川省水利水电工程系列定额及编制规定的修编工作。组织巴中市、凉山州水利局及江家口水库、龙塘水库及灌区2处工程地方政府和项目法人到湖北、贵州调研学习水利工程新型建管模式应用的先进经验，并实地考察了鄂北地区水资源配置工程和马岭水利工程，根据调研成果开展新型建管模式创新工作，并计划在江家口水库、龙塘水库及灌区2处工程试点创新。结合“放管服”改革要求，梳理并草拟了四川省水利工程建设分级分类管理相关制度。

四川省水利厅编写组

防汛抗旱工作

防汛工作

【严格落实安全责任】 水利厅在全国率先制定并印发《四川省水库安全管理和安全度汛责任人主要职责及工作要求（试行）》，明确了各责任人的具体责任和责任追究标准，规范推进水库安全度汛监管工作，要求各责任人保持通讯畅通，明确了各责任人的具体责任，熟悉承担的工作任务，做到“有责任人，懂干什么、怎么干，确实在岗”。水利厅组织各地逐库落实、逐级公告全省7800余座水利水库大坝安全管理政府、主管部门、管理单位责任人和安全度汛行政、技术、巡查值守责任人。在全省推广“三卡制”，即水库安全度汛政府责任人提示卡、水库安全减灾工作卡和水库安全避险明白卡。

【严格落实“三个重点环节”】 水利厅督促指导各地按照水利部提出的时间节点，逐座水库落实水雨情预测预报、调度方案、应急预案三个重点环节，并建立了责任、措施落实情况半月报制。2019年汛期期间，通过省、市、县各级联动实现了水库调度方案和安全管理应急预案编制、水雨情测报手段、巡查值守人员培训、应急和调度演练（或推演）逐库落实。

【突出抓好小型水库安全运行专项检查】 水利厅督导地方开展2018年、2019年水利部组织的小型水库安全运行专项督查发现问题整改工作。2018—2019年，全省被督查水库总数位居全国第二（仅次于湖南省），单座水库发现问题平均1.2个，为全国第五少（仅次于江苏、新疆兵团、山西、重庆）。

【全面开展培训和演练】 水利厅先后举办了全省水库安全管理和安全度汛培训班、小型水库安全运行专项检查工作培训班、全省小型水库标准化管理及维修养护工作培训班等，督促各市（州）、县（市、区）水行政主管部门加强技术指导和业务监督，加强并落实小型水库所在乡（镇）党政主体责任，理顺水库管理体制、健全管理制度、完善运行机制、加强管理措施，确保水库安全运行。

四川省水利厅编写组

抗旱工作

【提前安排部署】 在2019年年初召开的四川省防汛抗旱工作会议上，水利厅贯彻落实全国防汛抗旱工作会议有关精神，提早安排全年防汛抗旱工作，会后根据全国、全省防汛抗旱工作会议精神，对抗旱减灾、水库防汛工作进行了梳理，向媒体公示了各市级抗旱责任单位、责任领导。从2018年汛末开始加密旱情监测，并针对汛末蓄水不平衡及时发出《关于加强水利工程蓄水保水的通知》，要求各地抓住时机，千方百计增蓄、补蓄，力争多备抗旱水源。坚持水旱灾害会商制，3月底，副省长尧斯丹在全省森林草原防灭火和防汛抗旱工作电视电话会上要求四川各地强化旱情信息会商和综合评估、有针对性地制定人饮解困方案和保障措施、加强抗旱水源调度管理、适时开展人工增雨，做好抗旱春灌工作。水利厅已建立水旱灾害每月会商制，研判当月水雨情和旱情汛情，布置下月工作。2019年干旱期间，水利厅先后4次召开旱情专题会商会，研判旱情及发展趋势，落实抗旱保供水责任，部署抗旱措施。

【加强督促指导】 旱情发生后，水利厅先后4次派出省级抗旱工作组到会理县、攀枝花市仁和区、盐边县、米易县等主要旱区进行调研，督促各级水务部门切实加强技术指导，细化抗旱措施，强化水源调度，组织旱区群众实施应急打井、找水作业，利用已成抗旱应急水源工程发挥减灾效用。攀枝花市仁和区撒莲镇利用水车每日从抗旱应急备用井取水为当地群众送水解困，将旱情控制在最低限度。

【确保饮水安全】 为确保供水安全，督导旱区完善和细化“一县一策、一乡一策”人饮解困方案，落实保供措施。旱区各级党委、政府重视抗旱保供水工作，采取了包括新建抗旱应急工程、拉送水等措施，确保城乡居民生活用水。

【确保春耕生产】 旱期中，水利厅针对旱期抗旱水源紧缺，督促旱区全力做好蓄水保水工作，加强水源管理，做好大春生产用水计划调配，适时开展人工影响天气作业。攀西地区通过应急措施和加强水源调配确保供水，按时完成了年度水稻栽插任务，实现了全年大春播种计划面积，为全年粮食稳产奠定了坚实基础。

【全力投入】 全省财政全年下达攀西地区安全饮水中央、省级资金近4亿元。攀西各旱区党委、政府重视抗旱保供水工作，投入专项资金750万元，按“一旱点一预案”原则，修复抗旱备用井68处、饮水管道16千米，调水2600余万立方米，确保了城乡居民生活用水。凉山州组织旱区拉水送水，同时利用集雨水窖、提水设施解决生产用水，开展农业生产自救。

【减灾成效】 全省全年累计投入抗旱人数33.1万人，投入抗旱资金约6704万元，各级财政投入近3268万元，出动抗旱机具5.83万余台（套）次，出动拉水车5600辆次，实施人工增雨作业23次；抗旱浇地74万亩次，挽回粮食损失2.24万吨，挽回经济损失1.88亿元，共计挽回干旱损失2.6亿元，临时解决因旱饮水困难人口8万人的饮水问题，确保了旱区社会稳定。

四川省水利厅编写组

水文工作

水情预警、预报

【基本情况】 2019年，四川水文系统以“大水文”发展理念为中心思想，主动融入地方、服务地方，为全省防汛减灾、水资源管理、河长制湖长制工作以及生态文明建设提供及时、精准、全面的水文支撑服务。全省全年水文系统共抢测洪水386场次，开展洪水调查77场次，派出应急监测人员745人次，投入应急监测设备198台（套），较好地完成了汛期超警超保洪水的水文应急测报工作，为当地防汛抗旱、应急抢险救灾、水资源管理、水生态文明以及河（湖）长制工作提供了强有力的技术支撑，“一对一”的水文服务为保障人民群众生命财产安全做出了积极贡献。

【基础设施建设】 完成九寨沟生态水文实验站建设，项目总投资800万元。全省经历“8·20”等特大洪水，对阿坝、雅安、成都等地区水文局水文基础设施造成了较大损失，灾情发生后，第一时间完成灾情核实、统计和上报，落实水毁修复资金468万元，并在汛前完成水毁修复任务。为规范水文基本建设，先后出台了《四川省水文水资源勘测局基本建设项目建设管理指导意见》《省水文局关于印发〈水文基本建设管理容易发生问题及建议处理意见〉的函》《水文测报运行专项经费使用暂行规定》等规章制度。

【水文站网管理】 截至2019年年底，省水文局接手新建中小河流水文监测站（点）2998个，占建站总量的98.7%。协调落实运维经费保障，由于中小河流水文监测站点主要为地方防汛减灾和经济社会发展服务，属省、市（州）共建、共管事项，省、市（州）共同承担运行管理责任，共同落实运行维护经费。经与财政厅协商，新建水文站驻守人员经费由地方承担；运行维护管理经费省、市共同承担，通过水利厅调整水利发展资金结构，全省省级解决2468万元，市级解决2315万元。协调解决巡测业务用车，争取到省机关事务管理局同意新增67辆巡测用车的购置，全省水文系统的公务车编制在事业单位车改中，由原来的62辆增加到129辆。该批项目的建设极大地完善了全省水文站网布局，统一管理对水文融入地方、服务地方、增强水文实力，促进改革发展都具有重要意义。运行经费和巡测车辆的落实为省水文局全面推进水文监测方式改革奠定了物质基础。

【水文监测】 省水文局按照“驻巡结合、巡测优先、测报自动、应急补充”原则，建立了以测报中心为基本单位的巡测管理新模式。全省除18个水文站继续实行驻测外，划分了57个巡测片区，分别建立水文测报中心开展水文巡测工作。2019年以来，基本完成了水文测报中心“1+1”（1名劳务人员常年看守、1名在职人员汛期值守）管理模式，全力做好常规巡测与应急监测。各水文测报中心围绕辖区内水文监测、设备维护、水资源管理、资料整编、区域与流域水文水资源规律的研究等方面开展工作。在“8·20”阿坝州龙潭水电站大坝出现洪水翻坝过流险情时，威州水文巡测中心、马尔康水文巡测中心最先到达现场并开展工作，体现了“反应迅速、灵活机动、应急补充、协同应对”的水文巡测管理机制的优越性。

省水文局于1月底完成全省水位170站年、流量141站年、含沙量57站年等总计1260站年项水文资料的集中复审验收工作。水文资料入库率达100%，测验资料综合优良率达95%以上。全省监测的水文资料实现“日清月结，在线整编”，在经过分局初审的基础上、省局组织开展复审工作，对水文资料的完整性和数据的准确性、可靠性进行审查，并组织长江委上游局、重庆市、甘肃省、陕西省水文局和四川省各地区局等单位有关技术人员开展年度中华人民共和国水文年鉴第6卷第8册岷沱江区和第6卷第9册嘉陵江区水文资料会审工作，会审成果通过长江水利委员会和黄河水利委员会的流域验收和国家终审验收，验收后的水文资料刊印在《中华人民共和国水文年鉴》上。

【水情服务】 2019年汛期，四川省渠江、雅砻江、大渡河、青衣江、涪江等流域干流发生了超警戒洪水，除金沙江外其余流域均有支流出现超警戒或超保证水位洪水，其中36条河流62站次发生超警戒水位洪水，25条河流34站次发生超保证水位洪水。芦山河芦山站、宝兴河宝兴站、草坡河克充站发生重现期超100年一遇洪水，均为实测第一大洪水；马边河马边站、寿溪河郭家坝站发生重现期超50年一遇洪水，均为实测第一大洪水；古蔺河古蔺站发生重现期超30年一遇洪水，为实测第二大洪水。四川省水文系统连续迎战多轮暴雨洪水，完成防汛测报任务。一是提前部署，明确责任。汛前，开展水文测报与安全工作汛前检查。组织召开2019年四川省水情工作会和四川省水文系统防汛抗旱水文工作视频会议，强调全力做好2019年主汛期防汛测报工作。在沱江简阳河段开展了2019年水文应急测报演练。入汛后，严格实行局领导轮流带班，相关科室24小时值班制度。二是加强监控力度，确保报汛质量。2019年汛期，四川省水情预报中心接收水情信息近亿条，向国家防汛办、长江委、下游省份以及省内防汛部门报送水情信息6300余万条，发布水情简报118期，向国家防汛办、省防汛办、水利厅和省抗旱办及地方政府提供全省主要江河每月洪水趋势分析报告、场次洪水分析报告、阶段水情分析报告、汛期洪水特点分析等文字材料2337次，为有关单位提供咨询共计82000余次，并通过四川水文微信公众号和抖音官方账号为公众提供水情服务，发布《水情报汛质量通报》5期。汛期，全省平均30分钟到报率为96.3%，15分钟到报率为95.1%，遥测站8/20时来报率为95.1%。三是加强会商，超前预警。利用气象预警以及网格化降雨数值预报成果进行分析会商，超前预警江河洪水，延长预见期；利用洪水预警成果，对相应流域调蓄水库提出合理的预泄建议；根据实际降雨情况，滚动制作、发布精细化预警预报，为水库洪水错峰调度提供了可靠的水情信息。四是精准预报，优化调度。四川水情已实现全省重要支流和中小河流预警全覆盖，利用气象网格化降雨数值预报，实现江河洪水超前预警。2019年汛期，四川在全国水情预警汇集系统汛期中发布51次洪水预警，其中橙色9次、黄色16次、蓝色26次，发布1083站次重要支流及中小河流洪水预警；初步完成了岷江、涪江、嘉陵江、渠江、大渡河五大流域控制性水利工程的入库洪水预报方案和调度方案的编制；参与长江防总组织的长江流域98洪水调度推演，配合水利厅开展2010年渠江流域“7·16”洪水调度推演，为防洪调度和应急抢险工作积累了实战经验，汛期共向四川省防汛办提供水库调度建议近20次。在防御“7·21”大渡河最大洪水过程中，调度瀑布沟水库削峰滞洪，拦蓄洪量3.15亿立方米，削峰率达41.4%，使下游峨边县城洪水重现期由接近50年一遇降为常年洪水，减淹近2米，峨边县城以下大渡河和岷江段水位全线不超警，避免了近1万人因灾转移；在防御“8·2”马边特大洪水过程中，调度官帽舟电站拦蓄洪量1600万立方米，使马边河马边段洪水重现期由超100年一遇降为50年一遇，降低县城淹没水深1.5米，避免了3000余人因灾转移，减少城区直接经济损失约1.5亿元。全省全年开展洪水预报工作的站点由水利部要求的25个提升至109个。四川水情共计发布中长期预报127站，合格率为53.5%；发布主要江河和重要支流133站次短期洪水预报，合格率为86.5%。

【水文分析研究】 为切实加强四川省预警、预报、调度和公众服务体系，全面提升水文服务于防汛抗旱减灾工作的能力，省水文局水文情报预报中心利用气象预警、临近24小时和72小时网格化降雨数值预报超前预警江河洪水，延长预见期，并结合气象数值预报成果制作山洪风险预警图；利用洪水预警成果，对相应流域具有一定调节能力的水库提出合理的预泄建议；根据实际降雨情况，滚动制作、发布精细化预警预报，利用洪水预报成果提出洪水错峰调度、下游补偿调度等水库优化调度建议。

结合水情业务需求，省水文局着手打造面向省、市、县三级防汛人员，满足防汛值班、山洪防治、预警预报、会商调度等工作任务的预报调度一体化平台。前期召开多次联络会，已完成项目推进初步工作方案、系统功能需求调研、经费使用方案等工作。总体设计由四川大学牵头，多家单位协作，整体设计方案报告进入编制阶段，其中预报调度核心子模块设计已基本完成。

为规范水情工作，省水文局水情预报中心在水情值班、预警预报和主要江河洪水编号等方面制定了一系列制度及相关细则，已形成《水情值班管理制度》《水情值班工作细则》《水情预测预报预警发布制度》《水情预测预报预警工作细则》《四川省主要江河洪水编号规定》等制度的试行稿，2020年将在全省水文系统全面落实相关制度，切实推进水情工作制度化、规范化进程。

四川省水利厅编写组

水资源监测评价

【满足河长制需求，完成水资源公报与评价】 为满足河长制管理的要求，向四川省十大主要河流河长提供科学的研判依据，省水文局完成四川省水文（位）站历史洪水频率分析，支撑了四川省主要河流河道管理范围划定工作；基于《2018年四川省水资源公报》与《四川省主要江河水量简报》，继续对四川省十大主要河流的河道径流特征、供用水量、水质达标评价等情况进行了科学的分析与评价，有力支撑了河（湖）长制的科学管理。

【服务最严格水资源管理制度，完善水资源监控能力建设】 为服务最严格水资源管理制度，参与水资源管理支撑体系建设，省水文局完成《四川省人民政府关于2018年度实行最严格水资源管理制度自查情况的报告（代拟稿）》编辑并全面启动2019年考核工作，基本完成取用水监测、水功能区和饮用水水源地监测、市（州）断面监测三大体系建设。依托国家水资源监控系统对规模以上取水户取水量实施在线监测和适时评估，建立超指标取水示警系统。

【完成第三次水资源调查评价工作】 省水文局与省水利水电勘测设计研究院基本完成四川省第三次水资源调查评价工作，形成了降雨、径流、蒸发等单站分析与径流计算；分区地表（下）水资源量评价、出入境水量及重点流域水资源量评价；地表水等值线绘制；水资源质量分析；水生态评价与分析工作，为全省水资源调查评价工作奠定了基础。

【完成四川省7条主要江河水资源调度方案】 省水文局联合省水利水电勘测设计研究院、省水资源调度中心，完成岷江、沱江、嘉陵江、渠江、涪江、大渡河、青衣江7条主要江河水资源调度方案的编制，建立健全了流域水资源调度机制，协调了发电用水与生态用水关系，确保了生态补水顺利开展，推进了四川省生态文明建设。

【开展岷江、沱江流域水量调度（在线）监测】 为推进环保督察整改和河长制工作，四川省正式启动了岷江、沱江流域生态流量调度，组织了生态流量监控，发布沱江流域枯水期水量监测工作简报23期、岷江流域枯水期水量监测工作简报17期。为改革监测手段，编制并发布了《四川省主要江河流域控制断面流量在线监测设施建设技术指导意见（试行版）》《多媒体数据在线监测集成规约（试行版）》《数据交换管理规定（试行版）》《水资源数据交换接口技术细则(试行版)》等技术要求,已完成17个断面的在线监测工作。

【组织开展重点河流水量、水质监测】 自2019年3月开始,组织17个地区水文局于每月11日左右开展全省部分河流市(州)县(区)行政交界断面枯水期水量监测工作,共包含32条河流108个市(州)县(区)行政交界断面。共开展水量监测工作4次、水质监测工作3次。

四川省水利厅编写组

饮水民生工程

【建立农村饮水安全责任体系】 严格实行"省负总责,市、县抓落实"的工作机制,落实农村饮水安全管理地方人民政府的主体责任、水行政主管部门的行业监管责任、供水单位的运行管理责任"三个责任",并在《四川日报》对全省3899处千人以上供水工程在市、县两级"三个责任人"名单及监督服务电话予以公示,推动责任落实到人。督促市、县水利部门全面落实农村饮水安全行政首长负责制,加快建立健全农村供水工程运行管理机构、运行管理办法、运行管理经费"三项制度",促进农村供水工程良性运行管理的体制机制初步形成。

【加强农村饮水安全行业监管】 践行"水利工程补短板、水利行业强监管"的工作总基调,加强农村供水基础设施建设,健全完善农村饮水安全管理工作机制,不断提升行业监管水平。水利厅领导班子实行分组包片负责制,成立13个综合督导组,将农村饮水安全列为全省水利综合督导内容,采取"四不两直"工作方式开展调研暗访。建立完善半月调度,月通报,省级约谈,省、市联合督导工作机制,推动责任落实、措施落地。水利厅直属单位成立了11个调研帮扶工作组,定点帮扶凉山州11个深度贫困县,及时发现问题、协调解决问题,水利厅常驻凉山州帮扶服务和督战指导工作人员157人。公开公示农村饮水安全用水户"明白卡",推广运用水利部"12314"农村饮水安全问题监督平台,畅通群众监督渠道,通过行业监管与社会监督结合,倒逼农村饮水安全问题整改。

【加强农村饮用水水源地保护】 坚持以保障饮用水水源水质为核心,以"千吨万人"(日供水千吨或服务万人)水源地为重点,推进乡(镇)集中式饮用水水源地"划、立、治",开展水源地规范化建设和环境保护评估工作。截至2019年年底,全省划定饮用水水源保护区2118个,配合生态环境部门完成乡(镇)级饮用水水源地内环境违法问题清单梳理。整改完成中央环保督察反馈的水质抽检不合格乡(镇)饮用水水源地326处,整改完成率达87.4%。

【农村饮水安全脱贫攻坚取得决定性进展】 聚焦实现"两不愁、三保障"核心目标突出问题,举全厅、全行业之力,推进农村饮水安全脱贫攻坚,千方百计解决贫困人口饮水安全问题。截至2019年年底,全省建档立卡贫困人口饮水安全问题已基本解决。

【加快实施农村饮水安全巩固提升工程】 针对农村饮水安全不稳固、易反复等问题,继续推进农村饮水安全巩固提升工程建设,不断提升农村供水保障水平,巩固脱贫饮水安全成果。截至2019年年底,全省累计实现巩固提升受益人口1299万人(其中建档立卡贫困人口309.31万人),农村集中供水率达86.4%,自来水入户率达80.4%,提前实现"十三五"规划目标。

四川省水利厅编写组

水 利 科 技

【科技政策及科研项目】 2019年,全省水利行业部级科技项目结题1项,新增1项,正在执行1项;省级科技项目结题5项(其中科技厅科技项目2项、行业科技项目3项),新增6项(其中科技厅科技计划项目2项、行业科技项目4项),正在执行21项(其中科技厅科技计划项目7项、行业科技项目14项)。水利部水利技术示范项目"一种具有流量计量功能的一体化闸门"(编号:SF-TJ-201925)通过验收;"四川农田沟渠生态净化工程关键技术的示范应用""四川省季节性缺水区农艺节水与灌溉管理技术集成研究与示范"2个科技厅科技计划项目结题验收;"武都水库标准化运行管理研究及平台开发应用""水工碾压式沥青混凝土心墙施工常见问题试验研究""沥青混凝土土石坝心墙42毫米粗粒径碾压试验研究"3个行业科技项目结题验收。

【试点示范】 攀枝花市"超深纵向增强体混凝土防渗墙重构防渗体系"技术在大竹河水库、竹子坎水库加固工程中得到应用,坝体渗透稳定、渗漏量明显减少。"纵向增强体槽孔混凝土"技术在通江县方田坝、会东县马头山新建工程中得到应用。省水文水资源勘测局将"地理信息系统空间插值"技术应用于县级行政区水资源调查评价,是四川省首次提交的面积在25平方千米小区域的水文要素分析评价成果,作为水文要素查算工具,可广泛应用于小区域、小流域水资源调查评价。省都江堰人民渠第二管理处安装"渠系建筑物放水洞设施拦污导流栅装置"20余套进行试点,经过一年应用,安装了该装置的放水洞未发生堵塞现象。水利部水利技术示范项目"一种具有流量计量功能的一体化闸门"在省都江堰人民渠第一管理处已建设4处试点并运行良好。省水利科学研究院"基于农业物联网的雨水资源微循环灌溉系统"开始示范应用。

【应用推广】 水利厅编印《四川水利先进实用技术重点推广目录(2018—2019)》1册,推广水利新技术(产品)50余项;完成《四川水利科技创新专报》7期;举办"四川水利先进适用技术推介会"1次,推介水利先进适用技术30余项;协助水利部科技推广中心在成都市举办都江堰水利工程技术精准对接会1期。省水利科学研究院"四川典型灌区农业用水计量监测模式研究"构建不同应用场景的典型灌区农业用水计量监测模式在全省10个大型灌区、67个重点中型灌区和39个一般中型灌区中行应用。省水利水电勘测设计研究院将"3S"技术(即RS技术、GIS技术、GPS技术)在长征渠引水工程规划中推广使用,提高了工程设计时灌区分片、水资源计算、工程规划布置的效率。"灌区明渠边坡衬砌挂网抹面技术研究及应用"在都江堰灌区续建配套与节水改造工程和省都江堰人民渠第二管理处推广应用。毗河供水一期工程首次使用"渡槽造槽机"技术,达到了节省人工投入、缩短槽身浇筑时间的效果。省农田水利局"小型水库动态监管预警系统"在全省共完成安装"预警系统"3400余套,水库信息实现了实时采集。依托国家水资源监控能力建设项目,全省建立2127个取水水量在线监测点,全省年度监测水量127亿立方米;建立62个地表水饮用水水源地66个水质在线监测点,实现了四川省列入《全国重要饮用水水源地名录》的水源地水质在线监测全覆盖。

【成果奖励】 水利厅承担省政府科学技术进步奖水利电力专业组评审,推荐省科学技术进步奖水利电力专业组项目1项,获得1项国家发明专利——"土石坝纵向加固技术"。省水利科学研究院新增"一种水量的高精度计量器""一种黑臭水体复合生态处理系统"

等6项实用新型专利，获得"灌区用水总量统计系统V1.0""水文遥测数据接入处理系统V1.0"等6个软件著作权，参与的《山丘区精量低耗高效灌溉关键技术研究与应用》获得省科技进步二等奖；中国大坝工程学会水库大坝管理新技术产学研分会优秀论文李冰奖首次举办，评选出一等奖论文2项、二等奖4项、三等奖7项，其中《四川省智慧水利建设构想与思考》《纵向增强体土石坝在马头山水库中的应用》获得一等奖，《基于离散元法的碎屑流运动堆积过程数值模拟》《高心墙堆石坝变形分形预测方法研究》获得二等奖。四川省河湖局与自然资源部第三地理信息制图院共同研发的"智慧水利'一张图'基础信息与共享服务平台建设"项目在智慧水利应用中推广使用，并被水利部列入2020年《智慧水利优秀应用案例和典型解决方案推荐目录》。省都江堰人民渠第一管理处"基于5G边缘计算的智慧水利应用案例"的智慧水利管理平台获得2019年度MEC优秀商用案例奖。

【技术标准】 水利厅主办《工程建设标准强制性条文》宣贯培训班1期，培训人员90余人；省水利科学研究院组织实施河长制信息系统相关培训5次，累计培训人数达400人次。水利厅组织发布《多媒体数据在线监测集成规约(试行版)》(川项目办函〔2019〕8号)《四川省主要河流控制断面在线监测设施建设技术指导意见(试行版)》(川项目办〔2019〕8号)等5项技术文件，建立了在线监测工程建设标准规范体系。《四川省水库动态监管预警系统建设与管理技术规程》《水库大坝白蚁防治技术规程》《四川省河湖公园评价规范》3项水利类地方标准发布实施。

【国际合作、技术交流】 四川省水利学会第八届理事会第二次会议大坝建设学术交流会在内江市召开；水利厅参与申办2024年国际大坝委员会第28届大会暨第92届年会；与四川大学签署战略合作协议；出版《四川水利》正刊6期。组织专业技术和管理人员到瑞典开展现代化灌区水利生态建设及信息化管理技术培训，到以色列开展GBI智慧灌溉关键技术与绿色节水压采高效节水应用项目培训。省水利科学研究院联合大桥开发公司召开了大坝工程施工管理技术交流暨大桥水库下闸蓄水20周年总结会，举办了中国大坝工程学会水库大坝管理新技术产学研分会2019年年会暨水利信息化学术研讨会。都江堰建堰2275周年纪念大会暨生态水利学术研讨会在都江堰召开，发表各类科技论文近百篇。水利厅组织以色列驻成都总领馆商务领事开展座谈，就水资源管理、高效节水灌溉、节水型社会建设、脱贫攻坚、高职院校教师培训、新技术推荐等方面进行了交流；组织澜湄水资源合作部长级会议代表团进行技术交流；组织参加四川与以色列节水农业发展对话会。促进"乐在农家"项目在四川落地，旨在保护农村地区水资源，实现水资源的可持续开发利用。

四川省水利厅编写组

流域治理

【坚持规划引领，筑牢长江黄河生态保护屏障】 水利厅配合省发展改革委编制完成《川西北地区生态保护和高质量发展三年行动方案(2020—2022年)》，编制川西北地区生态保护和高质量发展三年行动水利工作方案(初稿)，配合水利部及黄河水利委员会编制黄河流域生态保护和高质量发展水利发展专项规划。

【坚持问题导向，着力加强重点流域监管】 水利厅贯彻水利部"水利工程补短板，水利行业强监管"的水利改革发展总基调，以河(湖)长制为抓手，着力加强重点流域监管。一是开展长江入河排污口排查整治专项行动，完成对长江干流、嘉陵江、岷江、沱江和赤水河流域现状排查。二是开展河湖"清四乱"专项行动和黄河"携手清四乱、保护母亲河"行动，全面完成1176个"四乱"问题整改销号，督促黄河四川段"四乱""违建"问题清理和整改，协助开展黄河流域"挖湖引水造景"情况排查。三是实施长江经济带岸线利用项目清理整治行动，拆除违规违建项目53个，规范整改174个。加快推进主要通航河流非法码头治理，摸排368个，整改落实202个。四是持续开展河长制湖长制工作巡河机制，全省各级河(湖)长巡河巡湖59万余次，查找河湖问题104598个，整改落实104402个，整改率99.8%，推动了全省河湖保护治理。五是开展黑臭水体治理攻坚行动，全省纳入"全国城市黑臭水体整治监管平台"的105条地级及以上城市建成区黑臭水体已治理竣工102条。

【坚持系统治理，着力加强重点流域保护】 加强防洪控制性水库工程建设，渠江流域红鱼洞水库、土溪口水库、黄石盘水库，新开工江家口水库加快建设；全力推进固军水库、青峪口水库工程前期工作。按水利部、国家发展改革委、财政部印发的《加快灾后水利薄弱环节建设实施方案》整体要求，持续推进主要支流治理、中小河流治理等流域薄弱环节建设，着力增强流域和区域防洪排涝减灾能力，保障人民群众生命财产安全。全年下达中央、省级资金17.5亿元(中央资金14.5亿元、省级资金3亿元)，主要用于嘉陵江、岷江、沱江、渠江4条主要支流治理和84条中小河流治理，综合治理河流466千米。根据水利部、财政部《关于开展水系连通及农村水系综合整治试点工作的通知》要求，水利厅确定20个条件成熟的项目上报水利部、财政部，最终确定崇州市、米易县、隆昌市入围试点范围。编制完成沱江等12条河流水量分配方案、制定印发岷江、沱江等7条跨市(州)重要江河流域水资源调度方案，实施岷江向沱江跨流域补水。明确河湖管理权责，加快推进重要河湖管理范围划定和河岸线规划编制，全省流域面积在1000平方千米以上的河流完成划界2万余千米。

四川省水利厅编写组

河(湖、库)管理

基本情况

【开展深化小型水库管理体制改革示范县创建】 印发了《四川省水利厅关于开展深化小型水库管理体制改革示范县创建的通知》，充分考虑水库数量、工作实效、财力状况等因素，在县(市、区)自荐、市(州)推荐的基础上，择优选定12个深化小型水库管理体制改革示范县创建县。召开了全省深化小型水库管理体制改革示范县座谈会，落实省级水利发展资金2400万元用于年度示范县创建工作，引导市、县财政加大投入，落实创建工作方案，对标改革目标任务，扎实推进改革示范工作。

【开展水库大坝安全鉴定及小型水库病险问题核查工作】 按照分级负责的原则，开展了全省新一轮水库大坝安全鉴定工作，其中将21座大中型水库新一轮安全鉴定成果上报水利部运管司及水利部大坝安全管理中心。组织省、市、县联动，全面开展小型水库病险问题审核，全省共有613座新增小型病险水库通过水利部大坝中心及长江委的复核，数量居全国第一位。

【小型病险水库除险加固工作】 在推进2019年599座小型病险水库除险加固工作的同

时，争取中央下达2020年度511座项目和资金63709万元，推进小型病险水库除险加固项目历史遗留问题整改，协助组织召开了除险加固项目法人培训会。

【小型水库工程维修养护工作】 争取中央和省级水利发展资金用于小型水库维修养护，全年共下达中央资金11978万元（占全国的8%）、省级资金2400万元，已全部分解下达到99个县（市、区）。同时，争取2020年度中央水利发展资金12017万元。通过印发通知，明确了资金用途、实施内容、项目实施等相关要求，力争发挥中央和省级补助资金的撬动作用，引导市、县财政资金投入，多渠道落实维修养护经费，促进水库工程安全和效益发挥。

【持续推进水库动态监管预警系统建设】 在全国率先出台《水库动态监管预警系统建设与管理技术规程》地方标准，按照统一规划、统一标准、统一管护的原则，指导市、县积极结合病险水库除险加固、水库工程维修养护和地方自筹资金建设等方式，持续推进水库动态监管预警系统建设。全省已有19个市（州）、130余个县（市、区）、3600余座水库完成动态监管预警系统建设，实现了水库全天候、移动化管理。

四川省水利厅编写组

河湖公园

【稳步推进试点建设】 在调研、论证并广泛征求意见的基础上，按照新出台的《四川省河湖公园评价规范》，水利厅印发了《四川省河湖公园建设试点实施方案（2019—2025年）》。指导9个试点单位编制完成《河湖公园建设试点工作方案》，开展了都江堰东风渠、绵阳仙海、开江县宝石湖河湖公园建设试点实施方案（或规划）的专家审查。印发了《关于报送全省首批河湖公园建设试点区相关建设项目清单的通知》，将河湖公园建设试点工作纳入《四川省水利工程补短板三年行动工作方案（2019—2021）》。在省级层面已将河湖公园建设试点纳入河湖水系连通、水利工程维修养护、灌区续建配套等项目资金安排的因素指标，为统筹河湖公园试点区域水利建设项目、加强项目支撑奠定了基础。

【加强引导激励】 将河湖公园试点建设和水利风景区建设统筹纳入全省河（湖）长制考核加分指标（100分中占2分）和天府旅游名县申报评价加分指标（各占0.4和0.1分），为党委政府牵头、部门协作配合，共同推进河湖公园持续健康发展提供了强力保障。

【加强学习交流】 全年共组织河湖公园和水利风景区相关单位参加了3期全国水利风景区建设与管理培训班、3期典型水利风景区建设与管理经验交流会，举办全省水利风景区、河湖公园建设与管理培训班。江苏省水利厅、广东佛山顺德区、徐州云龙湖管委会等先后到四川省学习交流河湖公园试点建设经验，水利部景区办、水利部发展研究中心、四川省文化和旅游厅、华北水利水电大学、云南大学等先后到水利厅开展调研、寻求合作。

【加强宣传推介】 除继续在省政府网站、《四川日报》、四川卫视、水利部官网等官方渠道开展常规宣传外，还推介四川省河湖公园和精品水利风景区参加水利部景区办、中国水利报社“水美中国景惠民生—礼赞中国水利70年”系列宣传活动。绵阳仙海入围第二届全国水工程与水文化有机融合案例候选名单。会同省水利学会、省老科协水利分会编制《水润天府 自在四川》系列丛书，已由中国水利水电出版社公开出版发行。

【改革成效经验】 通过首批河湖公园试点建设，各地结合地方实际，各有侧重，错位发展，在完善体制机制、加大资金筹措力度、加强项目支撑、优化管理运营、丰富产业特色、推动物质文明和精神文明协调发展等方面实现了新突破，取得了新成效。

省都江堰东风渠管理处组织开展了东风渠百里蜀水文化风管带规划建设研讨会，邀请全国水文化专家开展“走基层、送文化”活动，高标准编制河湖公园建设试点实施方案，致力于通过东风渠河湖公园建设，构建省直水管单位与地方政府协作配合的工作机制，为“一干多支”的发展战略提供坚实的水利支撑。

绵阳市仙海发挥管委会市级经济管理权和县级行政管理权的优势，结合河湖公园建设，启动总投资1.57亿元的江河湖库水系连通（引沉济芙）项目，将仙海湖与芙蓉溪、涪江等水系相互贯通，推进山水林田湖草的综合治理、系统治理、源头治理，补齐水生态修复治理短板。

开江县宝石湖将河湖公园建设与环宝石湖生态旅游规划和脱贫攻坚规划统筹协调、共同推进。在河湖公园建设中广开水生态补偿融资渠道，除县级财政稳定投入外，多行业整合项目资金，实施中型灌区渠道配套试点项目、环湖造林项目、入库水污染治理项目，将饮用水源保护区1824户5774人进行生态移民搬迁。

西昌市按照邛海—安宁河河湖公园建设规划，稳步实施“一带、三河、七湖、八湿地”建设，彰显“水在城中、城在水中、湖水相依、彩带环绕”的城市特色。邛海被评为“长江经济带最美河流（湖泊）”，并入选全国17个首批拟建设示范河湖名单。

南部县八尔湖坚持多元投入，破解资金难题。通过政府项目投资打底，统筹整合各行业项目资金4.3亿元，夯实水农文旅产业发展基底；通过企业融资作主体，县水务投资公司通过抵押贷款、发展基金融资等方式筹资11.2亿元，构建文旅产业发展空间；通过农户广泛参与，推行“以资抵股”的农企合作模式，全面密织服务游客休闲观光和康养度假的起居条件。

巴中市化湖整合水环境治理、旅游发展、公路建设、巴山新居建设等财政专项资金2亿元，完善了化湖内部基础设施，通过部门专项资金的小杠杆撬动景区建设大市场，吸引社会资本近5亿元投入化湖的发展建设。

大竹县百岛湖坚持“政府主导、企业主体、市场运作、社会参与”的筹融资模式，依托县级财政每年5000万元的专项资金，大力推行PPP模式，实现水利重点项目投资、建设、运营新突破，全力确保河湖公园建设资金保障。2019年整合水源工程、连通工程、公园湿地筹涉水项目资金2亿元。

苍溪县白鹭湖通过招商引资，在白鹭湖景区进行芍药规模化种植，于4月举办苍溪县首届“白鹭湖芍药花海艺术节”，有效将产业与旅游相融合；利用白桥水库灌区配套改造项目灌区智能化控制系统平台，完成了河湖公园环境监测和信息化数据平台建设。

青川县青竹江以建设生态保护型和综合利用型兼顾的河湖公园为发展定位，建设青竹江山水画廊，逐步成为青川县全域旅游发展格局的重点片区。

眉山市东坡湖通过艺术手法，将东坡精神与时代风貌融为一体，激励眉山人民传承东坡文化、弘扬东坡精神，追逐属于自己的“中国梦”。

四川省水利厅编写组

水土保持

【水土流失治理】 统筹推进水土流失治理和生态环境建设，以嘉陵江中下游、金沙江下游、岷江和沱江中下游等地区为重点，加快推进小流域水土流失综合治理、坡耕地综合整治，全省全年新增水土流失综合治理面积5041平方千米，建设水土保持生态清洁小流域18条，实施坡改梯6.72万亩。加大水土保持脱贫攻坚力度，全省88个贫困县水土保持扶贫资金投入4.43亿元，治理水土流失面积790平方千米。

【水土保持预防监督】 省级受理生产建设项目水土保持方案审批申请131项，办结率达100%。各地通过书面检查、遥感监管、“互联网+”和现场检查等方式，依法开展水土保持生产建设项目监督检查，实现对在建生产建设项目跟踪检查全覆盖。组织各地开展生产建设项目水土保持乱点乱象排查和整治工作，加强跟踪督办，累计完成水土保持乱点乱象线索整改销号310个。2019年，全省水土保持补偿费征收达10亿元。

【开展长江经济带生产建设项目水土保持监督执法专项行动】 创新提出“四个一批”工作方法，即“约谈一批、曝光一批、挂牌一批、处罚一批”。在专项行动中，全省约谈项目2399个，省、市、县挂牌督办项目816个，媒体曝光违法项目777个，发出整改通知4118份，完成整改3427个；立案260个，结案219个，查处176个，共计罚款1300余万元。查处了一批典型违法案件，成都市对“未验先投”的成都地铁10号线一期工程处罚20万元；资阳市雁江区对中韩跨国外资企业“现代汽车”生产项目水土保持设施“未验先投”案处罚35万元；宜宾市翠屏区对“未批先建”的阳光碧水长滩房产项目处罚50万元；青川县对广平高速“未批先弃”处罚15.8万元；天全县对“未验先投”的县商盟矿业公司处罚8万元。

【水土保持监测和信息化】 首次采用信息化遥感手段对全省183个县(市、区)进行了水土流失动态监测与消长分析评价，全面掌握了全省水土流失现状及变化情况。采用无人机和移动终端，对生产建设项目和水土保持重点工程进行监管。对15361个疑似违法违规扰动图斑现场复核，对4071个疑似违法违规项目逐一进行了核查处理。50个县实施生产建设项目“天地一体化”监管试点，完成国家水土保持重点工程26个县“图斑精细化”监管工作任务。全省20个监测站点全面恢复正常运行，落实水土流失动态监测专项经费和长效机制。

【水土保持规划实施评估和目标考核】 开展全国水土保持规划实施情况考核评估工作自查自评，形成了《四川省2019年度全国水土保持规划实施情况自查评估报告》。完成2019年度市(州)政府水土保持目标责任制落实情况专项考核工作，21个市(州)考核结果均为合格以上。

【水土保持国策宣传】 推进水土保持进党校和人大执法检查活动，全省21个市(州)和80%以上的县(市、区)人大常委会开展水土保持执法检查，省级机关党校、21个市(州)党校、部分县级党校把水土保持列入干部培训内容。建成省级水土保持科技示范园2个，创建省级生态清洁小流域4条。开展“一县一牌”“一乡一标”，市、县级地区树立广告牌270余块、宣传横幅4500余幅。

【国家水土保持重点防治工程】 全省实施的国家水土保持重点防治工程包括中央财政水利发展资金水土保持工程和中央预算内投资坡耕地水土流失综合治理工程。国家下达四川省水土保持重点工程总投资57159万元，其中中央财政水利发展资金水土保持工程投资33659万元，综合治理水土流失面积775平方千米，涉及40个县(市、区)；中央预算内投资坡耕地水土流失综合治理工程投资23500万元，实施坡改梯6.72万亩，涉及20个县(市、区)。项目实施过程中，整合资金8720万元，完成水土流失治理面积655.38平方千米，实施坡改梯5.77万亩，全面完成建设任务。

全省在实施国家水土保持重点工程建设过程中，践行以保护优先、生态修复为主的方针，各项目县(市、区)坚持山、水、林、田、湖、草系统治理，把水土流失综合治理与乡村振兴、脱贫攻坚有机结合，确保水土保持工程与项目区内其他生态建设项目协调推进，发挥财政资金效益。项目实施过程中，根据项目区不同的自然条件、人地矛盾状况、水土流失等特点，因地制宜，系统治理，两手发力，补齐水土保持短板，项目区形成水土保持与经济发展同步推进、生态保护与民生福祉同步改善的良好局面。项目区水土流失治理率达70%以上，各项治理措施正式发挥效益后，项目区水土流失强度逐步降低，土壤侵蚀量显著减少，植被覆盖率有效增加，水源涵蓄能力增强，小流域生态环境好转，农业生产条件改善，初步形成了比较完善的水土保持综合防护体系，实现了生态、经济、社会的协调发展。

【财政投入】 财政厅、水利厅以“川财农〔2019〕36号文”下达省级财政水利发展资金预算，其中下达水土保持项目资金12000万元，治理水土流失面积240平方千米。该资金结合国家脱贫攻坚的需要，全部下达给30个贫困县。

【其他行业水土流失治理】 全省加强相关行业部门沟通协调，落实资金，整合项目建设，发挥合力效应，统筹推进水土流失综合治理，推动水土流失提质提效，共同完成水土流失综合治理任务。水利部门牵头，组织发展改革、自然资源、农业农村、林草等部门共治理水土流失面积3152平方千米，其中林草部门治理水土流失面积1506平方千米，自然资源部门治理水土流失面积885平方千米，农业农村部门治理水土流失面积638平方千米，发改部门治理水土流失面积101平方千米。

【生态清洁小流域工程建设】 经县级申报，宣汉县大田沟、南部县八尔湖、南充市高坪区凤仪湾、宜宾市翠屏区涪溪河4个生态清洁小流域经水利厅综合评定，符合四川省水土保持生态文明清洁小流域建设工程评定标准，被命名为“四川省水土保持生态文明清洁小流域建设工程”。

【水土保持审批改革预防方面】 落实“放管服”改革，优化政务服务，提升服务效能。将水土保持行政许可事项列入“一体化”政务服务平台，大力推行“最多跑一次”改革，简化审批程序，全省全年共审批水土保持方案7752个(其中省级审批136个)，防治人为水土流失面积609.86平方千米。

【水土保护监督】 推进长江经济带生产建设项目水土保持监督执法专项行动。全省各级突出重点，压实责任，按照“四个一批”，即“约谈一批、曝光一批、挂牌一批、处罚一批”的举措大力推进，截至2019年年底，全省约谈项目2399个，媒体曝光违法项目777个，省、市、县挂牌督办项目816个，查处违法项目4118个，完成整改3427个，立案260个，结案219个，处罚176个，共计罚款1300余万元。查处了一批典型违法案件，水土保持监管的高压态势初步形成。水保司、长江委在对四川省专项行动督查后给予了高度肯定，认为四川的工作起到了引领、带动作用，走在流域最前列、居于长江首位。

全面开展水土保持监督检查。年初，以水利厅发文安排部署2019度生产建设项目水土保持监督检查工作，要求各地要采取书面检查、遥感检查、“互联网+”和现场检查等多种方式实现在建生产建设项目实施水土保持方案情况跟踪检查全覆盖。组织完成水利部下放监管项目和跨市州项目的自查工作，制订水土保持“双随机一公开”检查实施方案。完成对木里县容大矿业有限责任公司梭罗沟金矿(2000吨/天)改(扩)建项目、四川省雅砻江杨房沟水电站、四川省大渡河双江口水电站、四川省大渡河硬梁包水电站、四川雅安送出加强工程5个项目的检查。

水土保持信息化工作跃上新台阶。为适应水土保持信息化管理的新形势，精准发现问题，提高监管效能，对50个县实施了生产建设项目“天地一体化”监管试点，举办了面向全省所有县、市、区的遥感监管技术培训班，邀请水利部水保司监督处领导和水利部水土保持监测中心专家授课。组织市、县级水利部门在10月底完成了15361个疑似违规图班的现场复核工作，配合水利部水土保持监测中心完成了942个较大疑似违规图斑的现场复核，共查出4071个疑似违法违规项目，并逐一进行了核查处理。

【生态修复】 全省践行以节约优先、保护优先、自然恢复为主的方针，集中在嘉陵江源区、黄河源区、岷江源区等区域开展以封育保护、退牧还草、退耕还林、人工补种草地为主的生态修复，实施重点预防保护面积2800平方千米，林草植被得到有效恢复，水土资源得到有效保护。

【监测预报】 全省对所辖183个县(市、区)进行了全覆盖水土流失动态监测，其中91个县(市、区)为国家级水土流失重点防治区，由长江水利委员会长江流域水土保持监测中心完成；其余的92个县(市、区)为非国家级水土流失重点防治区，由省水土保持监测总站完成。两部分最终监测数据统一交由水利部水土保持监测中心进行整编并经水利部审查后下发。

自7月开始，省水土保持监测总站对水利部水土保持监测中心下发的卫星影像数据开展室内解译，收集、提取了植被覆盖、水土保持措施、DEM等相关数据，并完成县级野外复核技术培训和野外复核工作。11月，省水土保持总站完成所负责的92个县(市、区)的土壤侵蚀因子提取和水土流失模型计算等工作。截至2019年12月，形成成果通过黄河委员会水保局组织专家组审核。2020年1月，省级92个县(市、区)水土流失动态监测成果正式上报水利部水土保持监测中心。

根据2019年全国水土流失动态监测成果，全省水土流失面积为111040.43平方千米(不含冻融)，占全省辖区面积的22.58%，其中水力侵蚀面积为107481.85平方千米，占侵蚀面积的96.8%；风力侵蚀面积为3558.58平方千米，占侵蚀面积的3.2%。与2018年全国水土流失动态监测成果(112946.68平方千米，不含冻融)相比，全省水土流失面积减少1906.25平方千米，减幅为1.69%，其中水力侵蚀面积减少1789.34平方千米，减幅为1.64%；风力侵蚀面积减少116.91平方千米，减幅为3.18%。

完成《四川省2018年度水土保持公报》的编制和发布工作，完成全省20个直属监测点2019年监测成果整汇编工作。按照《中央财政水利发展资金水土保持工程建设管理办法》《水生态治理、中小河流治理等其他水利工程中央预算内投资专项管理办法》的要求，继续对全省中央财政水利发展资金水土保持工程、中央预算内投资坡耕地水土流失综合治理工程等49个国家水土保持重点工程开展水土保持监测工作。全省各级生产建设项目通过水土保持设施自主验收，完成水土保持监测成果项目合计2634个，其中省级项目260个，市、县级项目2374个。

四川省水利厅编写组

交通建设与管理

综　述

【基本情况】 2019年，全省交通运输系统以习近平新时代中国特色社会主义思想为指导，全面落实巩固、增强、提升、畅通“八字方针”，持续推动交通运输高质量发展。

【交通投资继续保持高位运行】 实施综合交通建设三年行动，全年公路、水路建设完成投资1805亿元，连续9年投资超千亿元。建成荣泸等7个项目(路段)，全省高速公路建成总里程突破7500千米；新增出川通道2个，总数达21个；新开工马久等项目9个、1066千米，高速公路建成和在建总里程突破1.1万千米。完成国、省干线公路提档升级1868千米，九寨沟地震、白格堰塞湖等交通恢复重建全面推进；普通国道PQI达到88.6，路况水平总体良好。岷江港航电综合开发工程有序推进，犍为航电枢纽船闸进入试运行，尖子山航电枢纽开工建设，嘉陵江川境段全线通航。

【交通脱贫攻坚取得决定性进展】 全年新(改)建农村公路2.5万千米，整治通乡通村破损路面2697千米，啃下最后一个不通硬化路的村——布拖县乌依乡阿布洛哈村这个“硬骨头”，实现了乡乡通油路、村村通硬化路；新增4520个建制村通客车，具备条件的建制村通客车率达98.9%；建制村通邮率达100%。建成贫困地区安全生命防护工程1.5万千米、渡改桥65座。全面启动实施新“甘推”“凉推”方案，两州交通投资均超百亿元。高水平举办全国和全省推动“四好农村路”高质量发展现场会，创建4个全国示范县、17个省级示范县，国家级示范县总数达10个，并列全国第一。交通运输部定点帮扶的小金、黑水、壤塘、色达4个县全部高质量脱贫“摘帽”；交通运输厅定点帮扶的沐川县和乐山市金口河区脱贫成果得到持续巩固，越西县初步具备脱贫“摘帽”条件。

【交通强省建设规划体系加速完善】 完成《四川交通强省总体发展战略研究》等系列研究成果，四川省被纳入全国第二批交通强国建设试点省份。修编出台《四川省高速公路网规划(2019—2035年)》，创新采用“高速化”公路方式并实现全覆盖。开展川藏铁路建设配套公路等方案研究，全面启动“十四五”规划研究。制订实施“五大经济区”交通协同发展实施方案，健全交通运输厅领导联系指导机制，下沉开展项目跟进、调研指导、问题反馈、工作调度。

【运输服务加快转型升级】 全省举办了全国取消高速公路省界收费站工作推进会，全面取消剩余9个省界收费站，完成车道改造、门架系统和入口治超安装联调。全省ETC用户数达930万人，安装率达80%，居全国第三位。完成货车收费政策调整，清理规范地方性通行费减免政策，全年优惠减

个，其中光纤端口5615.5万个，4G基站达28.1万个，全国排名第六位。全省行政村4G通达比例达98%，光纤通达率达100%。

【网络强省建设】 优化行业发展环境。注重规划引导，全省21个市（州）主城区完成规划编制，139个县（区）已开展规划编制，其中20个市（州）主城区和95个县（区）专规内容被纳入国土空间规划。印发《关于做好5G基站规划的通知》，持续推进站址规划编制，成都市5G基站站址规划已通过评审，宜宾、德阳、巴中、泸州、绵阳等市开展规划编制；制定《四川省跨行业信息通信基础设施合作建设指导意见》，推进共建共享，全面完成各项共建共享考核指标，杆路、管道共享率均达90%以上。

夯实信息基础设施。一是全面推进信息扶贫，助力脱贫攻坚。全年落实中央、省级财政补助资金和企业投资22亿元，完成第四批2178个、第五批426个（总任务20%）普遍服务试点年度建设任务，全省行政村4G通达率达98%；完成742个行政村通光纤任务，其中新建450个，全省行政村光纤通达率达100%；完成1482个年度计划退出贫困村通光纤任务，解决甘孜州、阿坝州、凉山州、乐山市1200千米重点道路沿线4G覆盖问题。二是推广农村信息化应用，促进农村产业经济发展。会同省内多部门推动农村中小学教育信息化，完成2683所中小学通宽带任务，全省中小学校（含教学点）宽带网络接入率为96.1%，超额完成年度目标任务。组织企业拓展信息化应用，全省建成3.96万个益农信息社，覆盖近85%的行政村；电商交易金额累计达235亿元，新增3.5亿元。

落实提速降费。加快基础设施升级演进，实施千兆宽带入户示范，千兆用户达5.6万户，全国排名第六位；光纤接入端口占比达95.6%，高于全国4.4个百分点。持续提高移动网络服务能力，全省4G基站达28.1万个，全国排名第六；建成5G基站10000个，全国排名第六，基本覆盖成都市主城区重点区域。增强互联网能力，成都国家级互联网骨干直联点扩容250G，达到660G；省际出口带宽增加1.5Tbps，达到30.8Tbps，全国排名第五。获得IPV6地址的LTE移动终端比例达95%，固定宽带终端比例达75%。在西部地区率先实现运营商间IP多媒体业务互通，并为下一代移动网络演进升级奠定基础。加强光纤到户通信审查验收，争取将通信纳入市政公用设施。通信资费降低方面，全省移动网络流量平均资费比上年底降低35%，让利消费者近104亿元（按上年底流量计）。中小企业宽带平均资费降低36%，全省在售公众套餐数量较上年底减少76%。将全省600余万户建档立卡贫困户纳入台账系统管理，推动企业针对建档立卡贫困户制定扶贫18元、28元等低资费套餐，降费幅度超过35%。全年精准降费惠及贫困用户数共计145万户，占全省总贫困人口的23.7%，降费金额2.14亿元。

【电信监管】 优化市场准入管理。精简行政审批，优化办理事项，增值电信业务许可审批期限由法定的60日缩短为15个工作日，发挥管理系统作用，实现网上办理。

规范通信市场秩序。全年开展双随机抽查，共检查企业504家；开展域名清理、商务楼宇宽带垄断整治，规范企业经营行为；开展码号资源清理、欠费催缴和号码回收，实现号码资源管理规范化和标准化。积极开展骚扰电话和垃圾短信专项治理，督促企业按期提供谢绝来电服务；顺利提供携号转网服务；深化信用管理制度，加强失信惩戒，健全信用修复机制，实施“诚信百千”工程，规范市场竞争行为，维护市场经营秩序。

规范建设市场秩序，深入推进共建共享。开展工程质量和安全生产监督，组织开展工程实体抽查，优化四川省通信工程项目招投标领域营商环境。2019年，全省通信建设工程质监申报率达95.7%，提高11.4个百分点。

抓好行风纠风，提升行业服务水平。设立省电信用户申诉中心，新建申诉处理系统，加强技术手段和能力，加强申诉举报处理规范化、标准化建设。截至11月底，省申诉中心受理申诉459件，调解申诉359件，解答咨询8204件，有责申诉量呈明显下降趋势。

漠视侵害群众利益问题整治工作成效显著。制订《落实漠视侵害群众利益问题专项整治工作实施方案》（川通局〔2019〕86号），组织第三方到6个县及农村地区开展关于落实漠视侵害群众利益问题专项整治以及农村网络使用维护实证监督调查。专项整治以来，全省农村基站平均退服时长降低2.83个小时，农村固定宽带故障申告数量下降17.3%，农村固定宽带故障申告平均处理时长降低1.99个小时。2019年，全省电信行业用户满意度指数为81.46，增加0.02点，达到“满意”水平；农村用户满意度指数为81.97，增加1.35点，达到“满意”水平。

【网络与信息安全】 推动网络综合治理体系建设。加强ICP、域名、IP等基础管理，深入开展“净网”等专项整治行动，及时处置违法违规网站和应用程序。2019年，全省电信行业网站备案准确率达99.12%，备案率达99.99%。

加强技术手段建设和运用。完成省级工业互联网安全监测与态势感知平台建设，平台已具备工业互联网基础资源管理、安全监测预警、分析处置、信息通报能力。完成反诈系统建设和优化，实现对涉诈电话号码、网址、APP的监测分析和预警处置能力，全年拦截涉诈呼叫1187万次，监测发现并拦截处置涉诈号码9.3万个、涉诈网址336个。完成移动网、固定网管控系统升级扩容和建设优化，提升精确管制能力，全年完成定期巡检960次，处置风险隐患10次，实现全年无重大安全生产事故运行目标。

治理网络乱象成效显著。加强网络安全威胁监测，开展提升网络数据安全保护能力专项行动、APP侵犯用户权益专项治理，建成网络安全应急指挥平台，健全全省网络安全威胁治理闭环管理机制。全年累计处置恶意网络资源、病毒、程序共101万个，修复网络安全漏洞等安全隐患约1000余个，处置主机受控、数据泄露、网页篡改等安全事件约1.5万个次，处置完成率达100%；累计下发整改通知书451份，约谈各类责任单位94家，治理网络乱象工作获得省委领导“成效明显”的肯定性批示。

【应急通信保障】 完善应急通信保障机制，应急通信分片牵头区域扩大到13个地市。科学预置应急通信装备，确保重点区域市（州）有卫星应急通信车、每个区（县）有2部以上卫星电话。提升农村自然灾害应急通信保障能力，全省1837部应急通信终端有1478部下沉至县及县以下，占比达80.46%。

加强应急通信保障基础。全面开展隐患排查，督促整改和检查，强化防灾减灾基础准备工作，提升通信网络容灾抗毁能力；完成四川应急通信保障能力建设示范工程项目建设，具备同时处置2起应急事件的能力。强化应急通信保障队伍建设，开展应急演练、培训、比武竞赛，不断提高保障队伍专业技术水平和实战能力。全年累计出动抢险人员15000余人次，在岗保障人员31567人次，出动通信保障车178辆次，出动应急抢险车辆3556辆次，处置木里森林火灾、宜宾6.0级地震、阿坝州特大洪水泥石流、资中5.2级地震等突发重大自然灾害，完成中华人民共和国成立70周年、西博会、中日韩工商峰会等重大活动通信保障任务。

四川省通信管理局编写组

四川农村信息网建设

【基本情况】 四川农村信息网(原四川农经网www.scnjw.gov.cn)是省政府主办，省气象局承办的农村经济综合信息网站，网站于2001年7月18日开通，开展农村经济综合信息和气象信息服务。四川农村信息网已建成省、市、县、乡4级信息服务体系：1个省级信息中心、20个市(州)信息分中心、174个县(市、区)信息服务中心、4500余个乡(镇)信息服务站和分布全省的37个市场价格信息采集点。网站涵盖了主站、20个市(州)分站、农产品价格供求发布系统、农产品价格供求GIS分析系统、农产品电子商务(中川农商)、气象公共服务和农产品气候品质认证溯源等多个平台，开设有市场、政策、科技、资讯、减灾、教育、休闲、新农村建设和气象9个板块，以文字、图片和视频方式，线上线下结合，解决了信息进村入户"一公里"问题，助力农民增产增收，为政府提供农经综合信息和气象决策服务。

全年组织发布农业科技、涉农法律政策和市场分析等各类农经信息28771条、农产品价格信息114103条、供求信息14168条，为广大农村用户提供农经信息服务。通过网站的农产品价格供求模块，完成全省及全国范围内农产品价格行情信息和供求信息的采集、编辑和发布，采集粮油、蔬菜和农资共25个种类的农产品市场行情信息，其中价格信息114103条、供求信息14168条，定期向公众及政府决策部门发布《农产品价格供求情况分析》12期。面向农业经营主体的"四川e农"手机APP，广泛应用于"直通式气象服务"，把气象服务延伸到了乡(镇)、社区、专合组织和种养殖大户，部分解决了气象服务进村入户难题，并在全省32个实施县试点应用，覆盖全省55.3%的新型经营主体。

【乡村信息员队伍建设】 推广全国智慧气象信息员管理平台，截至2019年年底，阿里钉钉软件激活人数为29455人，激活率达61.8%。全年平台预警浏览102929条，预警分发量17991条，培训查看13984次，累计登陆71798次，灾情上报170条，总活跃度达15.03%，较上年增长72.6%，全年活跃度排名全国第五。

【气候好产品】 全年开展特色农产品气候品质认证4项，为旺苍县茶叶、羊肚菌、木耳，资中血橙提供认证。通过气候好产品认证与溯源系统，面向公众提供农产品气候品质认证溯源信息查询业务，完成崇州市宝石梨、"稻虾藕遇"大米、双流区汇众生态农业有机大米、双流区永安四友农庄葡萄、双流区黄龙溪百安草莓等全程气候信息溯源服务，为"建和牌川沐28"茶叶和"南溪血橙"两个农产品企业发放1.75万枚气候品质认证标签。

四川省气象局编写组

农村邮政事业

综　　述

【基本情况】 2019年，省邮政公司努力发挥线上线下平台及多元化的优势，助力精准脱贫和乡村振兴攻坚战，以实际行动践行党和人民赋予的政治责任、社会责任和经济责任。在集团公司的整体部署下，四川省分公司围绕服务"三农"，以"主动运营，渠道赋能，协同发展，突出特色"为总体思路，围绕"四加强、四着力"全面推动农村电商高质量发展，打造四川邮政"开放共享、合作共赢"的综合服务平台，加快转型升级，不断提升服务农村、农业、农民的能力。

【农村邮政能力建设】 四川省分公司以满足人民群众用邮需求为核心，根据建制村直接通邮指标要求，摸清本地区建制村直接通邮真实情况，在此基础上加大能力投入，加强进度管控，因地制宜采取多种模式扎实推进实现全覆盖、可持续的建制村直接通邮，并按照"固定人员、固定地点、固定协议、固定频次"四个基本要求，全面规范提高直接通邮建制村的服务质量。

全年配发手持终端1921台、整体厢式车辆139台、电动三轮车55辆用于农村投递，并下达建制村直接通邮补贴5234.84万元。全省有普服网点6131处，补建空白局所正常运营率达100%，乡(镇)网点覆盖率达100%，建制村直接通邮率达100%。在通邮目标完成的基础上严格落实投递频次、巩固建制村通邮质量，通过建制村定位打卡等信息化手段加强农村投递生产监控，从普遍服务监督管理系统统计建制村投递打卡数据，并进行日常通报督导，全省建制村投递打卡率提升到99%以上。全省建制村中按址投交到户的有5341个，投交到村邮站的有10549个，投交到村委会的有23959个，投交到邮乐购站点、便民服务站、"三农"服务站的有3065个，投交到小卖部、超市、学校的有189个。全省已建成原产地气调库2个(盐源县、西充县)，农产品市、县仓储132个；面积6.7万平方米；专职配送车辆96台、冷链车17台。在全省规划打造批销精品线路200条，试点工作已在德阳市罗江区、简阳市、安岳县等地陆续展开。

【服务乡村振兴战略】 按照四川邮政服务乡村振兴战略工作要求，全省扎实推进"六大行动任务"落地，切入产业兴旺、生态宜居、乡风文明、治理有效、生活富裕各生产生活场景，全面服务乡村振兴。

推进农村电商发展。截至2019年年底，

全省累计上线商家1086家，上线商品9662款(SKU)，拉动实现社会消费品零售额7.69亿元；邮乐小店累计订单数达112.6万单，交易额2139万元。全省线上线下累计销售农产品1.09亿元，增长13.3%。通过极速鲜、惠农易邮箱项目的带动，加上平台造包的推动，全省共计收寄邮件1554万件，拉动实现农产品销售额9.27亿元。

普惠金融服务。全年共新增空白乡(镇)网点3个(乐山市、广安市、巴中市各1个)，上报总行新增网点规划32个，初步形成“农村电商+金融”“分销+金融”的综合化、特色化服务体系，其中“农村电商+金融”发展掌柜及掌柜会员45万户，沉淀金融资产158.7亿元；“分销+金融”在全省2325个网点开展优惠购活动，参与客户246万人次。

助力乡村文化繁荣。以“壮丽七十年·共舞新时代”为主题，开展上百场广场舞大赛，其中区(县)及乡(镇)比赛占比达70%。打造“川邮助农”、“川邮传媒”微博、抖音平台等线上媒体，帮助攀枝花、凉山、雅安、达州等分公司推广芒果、喜花椒、大樱桃、脆红李等地方农产品，取得了良好的口碑。在乡(镇)、村开展中小型图书巡展活动268场，促进了乡村精神文明建设。

脱贫攻坚成效明显。截至2019年年底，全省邮政已累计帮扶256个贫困村，累计开展扶贫项目507个，累计帮助18241名贫困人口脱贫。全年投入扶贫项目资金798.6万元，选派邮政脱产扶贫驻村干部188名，不定期参与扶贫的邮政干部900余名；凉山州分公司等一大批邮政企业获得“脱贫攻坚先进单位”称号；省分公司直属机关定点帮扶的仪陇县15个贫困村已于2018年通过国家脱贫验收，实现全县整体“摘帽”出列。

惠农合作有效推进。按照集团公司统一安排，将惠农合作项目纳入服务乡村振兴战略统筹规划，成立板块协同项目组，指派专人负责项目推进相关事宜。截至2019年年底，全省共计走访农村合作社1819个，走访覆盖率达99.18%；有664个农村合作社与当地邮政开展2项以上业务合作，业务合作率达36.21%；打造标杆合作社36个，标杆合作社完成率达600%。

中国邮政集团有限公司四川省分公司编写组

农村邮政综合服务体系建设

【基本情况】 2019年，省邮政公司加强与政府合作，完善农村邮政线上线下服务体系，开展电商扶贫，工业品下乡“最后一公里”和农产品进城“最初一公里”的服务能力得到增强。全年新增电子商务进农村示范县13个。按照“以支局为核心，形成一公里商圈、两三公里辐射圈、四五公里带动圈”的渠道布局思路，累计建成邮乐购站点2.73万个，培育优质邮乐购店6624个；在国家级贫困县建成扶贫地方馆27个，上线扶贫农产品570款(SKU)，实现交易订单39.03万笔，交易金额549.45万元。打造53款扶贫农产品，被四川省电子商务协会评选为2019年度“四川电子商务乡村振兴示范企业”。

【线上平台打造】 规范邮乐购平台网络零售运营流程，促进线上业务发展，加强风险防控。重点打造“原产品品控”“农产品包装寄递”和“线上线下组合销售”三个核心能力，制订《四川邮政农产品项目运作管理办法》《农产品寄递实施方案》，建立和完善农产品品控、包装、寄递、营销、金融、售后等一揽子流程，形成“川货出川”运营体系。运营公司的攀枝花凯特芒果、眉山东坡春见被评为“全国五十优农特产品”，凉山盐源苹果、雅安名山猕猴桃、安岳柠檬被评为“全国最受欢迎的五十强人气农产品”。以邮乐小店APP为主要微营销工具，营造全员微营销的活动氛围，促进小店用户形成日常分享机制，提升了邮乐小店分享活跃度，累计发展邮乐小店主50万个，全年实现订单112.6万单。聚焦省内名优农特产品和扶贫农产品，以“电商扶贫”和“川货出川”等重点产品及爆款促销产品为抓手，培育推广达人和扶贫能手。

【线下渠道建设】 完善渠道体系。通过政府对接、异业合作，加快推进邮乐购站点、扶贫网店建设和推广，建成邮乐购店2.73万个，其中农村电商扶贫示范网点1200个。构建“渠道+金融+寄递”协同场景，全省有3282个邮乐购站点开通掌柜贷业务，有4143个邮乐购站点叠加易邮自提业务；100%开通邮政扫码支付。以“叠加、代理”的模式，持续与省广电、省联通开展渠道互用和业务深度合作，实现功能升级，近5000个邮政网点开展联通号卡销售业务，在全省范围内开展代放联通号卡业务，在城乡网点、便民服务站、报刊亭及村邮站等结合“金融+号卡”“寄递+号卡”“简易险+号卡”和“集邮进校园+号卡”等多种业务融合发展模式，销售联通号卡37.24万张。截至2019年年底，全省已开通邮掌柜系统的广电渠道有近2000个，实现交易额239万元；邮政代收广电收视费315.46万元。

中国邮政集团有限公司四川省分公司编写组

农村环境保护与乡村旅游

生态建设

综　　述

【湿地资源】 根据全省第二次湿地资源调查结果显示，全省现有湿地总面积174.78万公顷，居全国第八位，低于全国5.5个百分点，其中天然湿地面积166.56万公顷，主要集中在四川西北部和西南部；人工湿地面积8.22万公顷，主要分布于成都平原及四川盆地周缘的丘陵和低山地区。全省已建成各级湿地自然保护区52个、湿地公园28个，湿地保护率不断增长。受全球气候变化及人为因素影响，全省湿地质量总体呈下降趋势，对比第一次湿地调查结果，大于100公顷的湿地斑块减少617.79公顷，湿地面积年萎缩率为0.55%，68%的湿地呈萎缩退化状态，因此亟待划定湿地生态红线，实施总量控制和分级管理，严禁侵占国家级湿地自然保护区和国家湿地公园，加强江河滩涂湿地的水质治理、水源保障和物种保护，以退养还滩、退牧还草、泥炭地恢复等方式扩大湿地面积。

【生物多样性及保护现状】 四川省是全球25个生物多样性热点地区之一，是全国重要的物种库和基因库，特有、孑遗物种丰富。全省有高等植物1万余种，其中裸子植物数量居全国第一位，被子植物数量居全国第二位；有国家重点保护野生植物72种、省重点保护植物18种。全省野生脊椎动物数量占全国总数的45%以上，居全国第二位。根据第四次全国大熊猫调查结果显示，全省有野生大熊猫1387只、大熊猫栖息地202.7万公顷，分别占全国总量的74.4%和78.7%。同时，在大熊猫分布区建立各类保护地总面积394.3万公顷，占全省总数的78.2%，野生大熊猫和66.7%的大熊猫栖息地得到了有效保护。

全省已建立各级各类自然保护区166处、风景名胜区95处、森林公园136处、湿地公园64个（含国家试点）、地质公园30处、世界自然与文化遗产地27处、水产种质资源保护区37处，另有生物多样性保护优先区域13个、市级生态功能保护区7个，还在全国率先开展大熊猫易地放归、人工繁育大熊猫野化训练和放归自然等救护工作。

【土地沙化状况及变化趋势】 全省有沙化土地和有明显沙化趋势的土地面积101.6万公顷，占全省土地总面积的2.09%，其中沙化土地86.31万公顷，占全省土地面积的1.77%；有明显沙化趋势的土地10.5万公顷，占全省土地面积的0.22%，沙化土地和有明显沙化趋势的土地面积明显减少。林草厅土地沙化监测报告数据表明，全省沙区防沙治沙工作的逐步实施已取得成效，全省土地沙化面积呈现稳步下降趋势。

【生态保护红线】 生态保护红线是保障和维护国家生态安全的底线和生命线，是重要的生态空间。2018年7月，省政府以川府发〔2018〕24号文印发《四川省生态保护红线方案》，确定了四川省生态保护红线总面积为14.8万平方千米，占全省辖区面积的30.45%，涵盖了水源涵养、生物多样性维护、水土保持功能极重要区，水土流失、土地沙化、石漠化极敏感区，自然保护区核心区、缓冲区和部分实验区、森林公园生态保育区和核心景观区，风景名胜区一级保护区（核心景区）、地质公园地质遗迹保护区、世界自然遗产地核心区、湿地公园湿地保育区和恢复重建区、饮用水水源保护区一级保护区、水产种质资源保护区核心区等法定保护区域，以及极小种群物种分布栖息地、国家一级公益林、重要湿地、雪山冰川、高原冻土、重要水生生境、特大和大型地质灾害隐患点等各类保护地。

全省生态保护红线空间分布呈“四轴九核”格局,其中“四轴”指大巴山、金沙江下游干热河谷、川东南山地及盆中丘陵区,呈带状分布;“九核”指若尔盖湿地(黄河源)、雅砻江源、大渡河源及大雪山、沙鲁里山、岷山、邛崃山、凉山—相岭、锦屏山,以水系、山系为骨架集中成片分布。全省生态保护红线划分为13个区块,主要分布在川西高原山地、盆周山地的水源涵养、生物多样性维护、水土保持生态功能富集区和金沙江下游水土流失敏感区、川东南石漠化敏感区。

【生态空间】 生态空间是指具有自然属性,以提供生态服务或生态产品为主体功能的辖区空间。四川省生态空间包含生态保护红线、生态服务功能重要区、生态环境敏感脆弱区、各级各类自然保护地和其他重要生态保护区。全省生态空间总面积为24.31万平方千米,占全省辖区面积的50%,除生态保护红线外,涵盖其他各类生态空间面积9.51万平方千米,约占全省辖区面积的19.55%。

四川省生态空间主要分布于川西高山高原、川西南山地和盆周山地,重点涵盖若尔盖草原湿地、川滇森林及生物多样性、秦巴生物多样性、大小凉山水土保持和生物多样性四大生态功能区,基本覆盖世界遗产地、国家公园、自然保护区、森林公园、湿地公园、地质公园、风景名胜区和水产种质资源保护区等点(块)状分布的典型生态系统,划定长江干流及重要支流的江河岸线与全省“四区八带多点(块)”生态安全战略格局相一致。

【生物多样性维护功能】 四川省生物多样性维护功能极重要和重要区域总面积为14.99万平方千米,占全省辖区面积的30.83%,主要分布在川西高山高原与四川盆地盆周山地,即岷山—邛崃山—大雪山—大凉山—沙鲁里山一带和盆地北缘米仓山—大巴山区域以及川西南山地和盆地南缘山区。

【水源涵养功能】 四川省水源涵养功能极重要和重要区域总面积为11.98万平方千米,占全省辖区面积的24.65%,主要分布于川西高山高原区、盆周山地,以及川西南山地区域,上述地区以山地为主,生态系统类型中林地、草地比例大,植被覆盖率高。

【水土保持功能】 四川省水土保持功能极重要和重要区域面积为7.74万平方千米,占全省辖区面积的15.93%,主要分布在龙门山山地区域以及雅砻江、大渡河、黄河源以及嘉陵江流域等水土保持重要区域。全省涉及国家级重点预防区23.97万平方千米、重点治理区11.72万平方千米,省级重点防治区3.92万平方千米、重点治理区5.72万平方千米。

【生态文明建设示范创建】 按照中央“推动生态文明示范创建、绿水青山就是金山银山实践创新基地建设活动”的要求,继续指导各地着力打造生态文明试点示范亮点工程。自2017年国家开展生态文明示范创建以来,全国共命名四批国家生态文明建设示范市(县)262个和“绿水青山就是金山银山”实践创新基地87个,全省先后建成国家生态文明建设示范县14个和“绿水青山就是金山银山”实践创新基地4个,命名数量连续三年位居全国前列、西部第一。

【强制性清洁生产审核工作】 按照《关于公布2019年强制性清洁生产审核重点企业名单的通知》要求,强力推进重点行业企业强制性清洁生产审核工作。纳入全省强制性清洁生产企业221家。纳入全省强制性清洁生产审核名单的企业已完成评估81家,验收37家,于2月、5月分批次对强制性清洁生产评估验收情况进行了通报。

【工业园区水气土协同预警体系建设】 按照《四川省工业园区水气土协同预警体系建设实施方案》要求,德阳、泸州、汉源、石棉和五通桥5个工业园区获得土壤污染防治专项资金支持,开展试点建设工作。同时,富顺、甘洛、绵竹、遂宁市船山区、崇州、彭州等园区已启动工作,编制实施方案,计划经过两年建设,全省100个主要工业园区基本建成水气土污染综合预警体系,提升了园区预警和应急能力。

【土壤污染防治先行试点区域建设】 全省设立省级土壤环境风险管控区3个和省级土壤污染综合防治先行示范区8个,并探索不同区域、不同类型土壤污染防治模式,在土壤污染防治制度创新、源头控制与风险管控、土壤监管能力建设、专项资金项目申报、土壤科研技术推广等方面开拓创新。11个试点区域已完成建设方案制订,土壤风险源管控清单建设、聘请土壤环保管家、推进试点示范项目等重点工作有序推进。

【宣传贯彻《土壤污染防治法》】 由省人大牵头,生态环境厅、自然资源厅、农业农村厅等省直部门,四川大学、四川农业大学等高校,省环科院、省地勘院等科研单位,四川电视台、《四川日报》等新闻媒体参与,共同开展法律宣传和贯彻,针对机关、企业和公众分别印发《土壤污染防治法》部门职责、企事业单位指南和应知应会等手册,并对泸州、宜宾、绵阳、广元、雅安、凉山等重点地区开展执法调研,同时召开新闻发布会,提高全社会对《土壤污染防治法》的认识和贯彻落实。

【土壤污染防治从业单位管理】 加强对土壤污染防治从业单位的管理,在2018年对9本地块土壤初步调查报告反馈编制单位修改完善的基础上,8月再次对编制质量达不到要求的9本初步调查报告反馈编制单位进行整改,并对审查把关不严的3位专家进行了约谈。前往广东省、重庆市等开展调研,学习从业单位管理经验,加强对全省土壤从业单位的管理。

【清洁生产审核信息化管理】 启用四川省强制性清洁生产管理系统,该系统集业务办理、统计分析、综合管理多个模块于一体,实现全过程网上办理,大幅减少了企业办理成本,提高了生态环境部门管理效率,在全国清洁生产管理实践中处在领先位置。

四川省生态环境厅编写组

“绿化全川”行动

【基本情况】 2019年,全省各市(州)、各部门贯彻党中央国务院及省委、省政府有关国土绿化的系列决策部署,发动社会各界力量,采取措施,推进大规模“绿化全川”行动,国土绿化取得了显著成效。全年完成营造林938万亩,为省政府下达目标的117.4%;森林覆盖率提高0.8个百分点,达39.6%;森林蓄积增加1806万立方米,达18.97亿立方米;草原综合植被盖度提高0.5个百分点,达85.6%。

【系统规划部署】 省绿化委员会召开第23次全体会议,系统安排部署2019年度绿化全川工作。省林草局编制印发《四川林草2025暨建设长江黄河上游生态屏障规划》,完善了国土绿化空间布局、重大工程、重点任务和保障措施。省发展改革委、水利厅、自然资源厅、省林草局联合印发《四川省长江两岸绿化造林实施方案(2019—2025年)》,系统谋划长江生态整治修复。

【创新全民义务植树】 省委书记彭清华、省长尹力等参加以“多种一棵树，多增一片绿，共建美好家园”为主题的2019年四川省和成都市党政军领导义务植树活动，彭清华就推进大规模“绿化全川”行动等国土绿化工作发表了重要讲话。省委、省政府召开“包山头”植树履责动员会和启动会，省直属机关工委、省林草局、教育厅、省国资委、省地方金融监管局联合制定印发《四川省直机关、高校、企业、金融机构龙泉山城市森林公园"包山头"植树履责活动三年总体方案》，188家省直机关、高校、企业、金融机构参与植树履责活动，参与职工14.2万人，年度捐款总额1423万元，植树造林面积6000亩。成都龙泉山城市森林公园、四川南河国家湿地公园获得全国首批“互联网+全民义务植树”基地称号。

【古树名木保护】 省人大农业与农村委员会办公室、省人大常委会法制工作委员会办公室、省林草局、司法厅、住房和城乡建设厅密切配合，高质量完成四川省古树名木保护立法工作。11月28日，省十三届人大常委会第十四次会议第二次全体会议全票表决通过了四川首个针对古树名木保护的法规——《四川省古树名木保护条例》。

【林草碳汇】 省林草局印发全省首个林草碳汇发展文件——《关于大力推进林草碳汇高质量发展的意见》，明确了全省林草碳汇项目规划布局、建设目标和重点任务。与成都市政府共同召开四川省林业碳汇国际研讨会，14家单位(企业)签订林草碳汇发展协议4份。启动第二轮全国林业碳汇计量体系建设和LULUCF碳汇计量监测工作，全省839个样地的区划判读和外业验证工作全部完成。

【竹林风景线初步建成】 贯彻落实习近平总书记来川视察时提出的“因地制宜发展竹产业，让竹林成为四川美丽乡村的一道风景线”重要指示精神，制订《加快竹产业高质量发展建设美丽乡村竹林风景线实施方案》，明确了以川南竹产业集群、成都平原竹文化创意区、大熊猫栖息地竹旅游区、青衣江、龙门山、渠江竹产业带为重点，推进翠竹长廊(竹林大道)、竹林小镇建设。泸州、乐山、宜宾、雅安、眉山等市建成10千米以上竹林风景线18条、394千米，以“宜长兴”“纳叙古”百里翠竹示范带和特色竹景观带为代表的竹林风景线初现成效。

【绿色创建成果显著】 眉山市创建为国家森林城市，南充市、资阳市和荥经县通过国家林业和草原局备案并启动国家森林城市创建。新增雅安市为省级森林城市，宝兴县和广元市朝天区为省级绿化模范县。认定第三批省级森林小镇48个，累计创建省级森林小镇115个，其中16个县(市、区)入选全国最美森林小镇，占全国入选总数(25个)的64%；认定四星级森林人家91家，全省星级森林人家累计达1315家；全省445个村被国家林草原局认定命名为“国家森林乡村”称号；创建并命名省级生态园林城镇8个、省级园林村1个、省级重点公园10个、省级园林式居住小区和园林式单位104个。全省城市和县城平均建成区绿地率增加0.46个百分点，达36.08%；建设区绿化覆盖率增加0.55个百分点，达40.55%；人均公园绿地面积增加0.49平方米，达12.97平方米。

【生态修复】 脆弱区生态修复进展明显。全年治理沙化土地36.8万亩，实施省级沙化土地封育保护试点1万亩，开展岩溶区治理400平方千米，综合治理长江上游干旱河谷4.5万亩。在川西高原组织实施若尔盖、长沙贡玛、海子山等重要湿地生态修复工程，修复高原退化湿地4.5万亩；在红原、理塘、稻城、松潘县持续开展省级湿地生态补偿试点，退牧还湿补偿11万亩，管护湿地482万亩。九寨沟地震灾后重建生态修复10.82万亩。自然资源厅完成废弃矿山和地质灾害损毁区域植被恢复1.97万亩。

四川省林业和草原局编写组

森林生态

自然保护地建设管理

【自然保护地建设管理】 理顺管理职能，加强与生态环境、农业农村、自然资源、住建等省级相关部门的沟通衔接，依据现行的法律、法规，逐步理顺各类保护地的管理职能，全年共接收自然保护地194个，其中自然保护区43个、风景名胜区94个、自然遗产27个、地质公园30个。规范审批流程，加强对自然保护区、风景名胜区、森林公园、湿地公园、地质公园、自然遗产地等自然保护地的监督管理，发挥相关专家在自然保护地保护和管理中的决策咨询作用，建立自然保护地专家库。规范自然保护区管理，研究制定《四川省自然保护区评审委员会组织和工作规则》，牵头成立全省第一届自然保护区评审委员会；经省政府批准，印发《自然保护区调整办理流程和申报要件清单》。全年审查上报国家级自然保护区总体规划9个；审查批复省级自然保护区总体规划5个；审查上报自然保护区范围和功能区调整20个，批复8个；审查上报新设省级森林公园4个，新增森林公园面积17.09万亩；组织审查森林公园总体规划16个，批复11个；审查批复省级森林公园经营范围或功能分区调整(确认)5个；审查上报国家级风景名胜区总体(详细)规划10个，批复2个。服务经济发展，争取国家林草局支持，及时履行涉及铁路建设等重大项目地质勘察工程进入自然保护地审批手续，审查森林公园内建设项目；组织审查自然保护区内建设项目102个，批复73个，上报29个；审查批复风景名胜区内建设项目35个；组织审查世界遗产内建设项目13个，批复5个。支持灾后重建，组织编制《“8·8”九寨沟地震灾后地质灾害综合治理对九寨沟世界自然遗产影响评价》《亚纳措地质灾害治理对世界自然遗产地九寨沟的影响评价报告》并报送联合国教科文组织世界遗产中心，组织评审《火花海保护与培育实验性研究影响报告及实施方案》《火花海保育项目对世界自然遗产地九寨沟的影响评价报告》并报送国家林草局，完成九寨沟景区道路及配套设施恢复重建项目等6个专家评审和项目审批工作。推进地质公园和遗产地工作，组织参加第六届亚太世界地质公园大会、第四十三届世界遗产大会，组织开展第九批国家地质公园和第十一批世界地质公园申报工作，配合完成青川地震遗迹国家地质公园验收并正式命名，配合联合教科文组织世界地质公园理事会对四川兴文世界地质公园进行考察，督促5处省级地质公园开展终验和挂牌命名工作。

【环保督察问题整改】 配合做好保护地内环保督察问题整改，调整充实省林业和草原局中央生态环境保护督察“回头看”反馈意见涉林草问题整改工作领导小组成员，制订《四川省林业和草原局关于中央环保督察及“回头看”整改工作方案》,实行局领导面上分片负责、分管局领导重点督导的工作推进机制,组建24个工作组包片开展全覆盖督导,完成77个自然保护区445个问题点位检查,局领导亲自带队,紧盯盐源泸沽湖、宜宾长江趸船、汶川草坡、茂县宝顶沟、卧龙保护区等重点问题开展督查;参与制订《四川省贯彻落实中央生态环境保护督察“回头看”及沱江流域水污染防治专项督察反馈意见整改方案》。组织完成自然保护区土地利用状况变化违法违规点位督查整改,配合完成“绿盾2019”自然保护地强化监督和长江经济带生态环境问题整改工作。召开推进自然保护区内旅游类和其他类问题整改销号工作座谈会,配合完成水电、矿业权问题整改销号抽查工作。会同生态环境厅联合印发《进一步清理整顿自然保护区内违法违规建设活动双月调度的通知》,清理核查保护区内已发现问题整改和新发现问题。制订《四川省林业和草原局重点区域违规违法占用国家资源挤占生态空间清理整治专项行动方案》,组织开展清理整治专项行动,清理排查问题126个。联合省发展改革委、水利厅、生态环境厅等省级部门,开展自然保护区内生态环境问题核查调研。组织调查光雾山—诺水河风景名胜区违规建设问题,参与青城山—都江堰和峨眉山农房违建专项督查。

【保护地整合优化】 6月,中办发〔2019〕42号文件出台后,省林草局跟进研究自然保护地整合优化政策和技术规范,组织开展自然保护地摸底调研和综合评估试点,形成《四川省自然保护地体系建设调研报告》《南江县自然保护地摸底调研报告》《贡嘎山自然保护区摸底调研报告》。研究起草《关于四川建立以国家公园为主体的自然保护地体系的实施意见》并经省委深改委第五次会议审议通过。制订自然保护地摸底评估工作方案和技术方案,印发《四川省林业和草原局关于开展全省自然保护地摸底评估工作的通知》。依托省林规院、省林科院组建49个技术工作组,每组至少配备1名熟悉地理信息系统、测绘技术的人员,并对200余名技术人员和120余名地方管理人员开展集中培训,解读自然保护地摸底调查工作的程序和技术要点。研究制定《四川省自然保护地管理评估办法》,组织开展自然保护地摸底评估业务培训,启动实施全省自然保护地摸底评估工作,按照“地方自查、省级核查、综合评估”步骤,完成522个保护地摸底调查,全面摸清了保护地的数量分布、保护现状、管理成效等情况,并采取现场调绘、图纸转绘、坐标变换、空间校正、地理配准等技术手段将每个保护地范围边界精准落实到2000国家大地坐标系,形成统一坐标系下的保护地“一张图”和《四川省自然保护地摸底调查报告》,为全省保护地整合优化奠定了坚实基础。建立以省林草局牵头的四川省统筹推进自然保护地体制改革工作厅际联席会议制度,构建省负总责、省直部门组织协调、市县具体抓落实的推进机制。完成全省自然保护地摸底调查和综合评估工作。制定自然保护地整合优化实施方案,启动自然保护地整合优化工作。

四川省林业和草原局编写组

湿地资源保护管理

【湿地资源状况】 根据2012年全省湿地资源调查统计结果,全省湿地总面积为2621.7万亩(不计水稻田),占全省面积的3.6%,其中,自然湿地面积为2498.4万亩(河流678.45万亩、湖泊55.95万亩、沼泽1763.85万亩),占全省湿地总面积的95.29%;人工湿地面积为123.3万亩(库塘119.7万亩,运河、输水河1.65万亩,水产养殖1.95万亩),占全省湿地总面积的4.71%。截至2019年年底,全省被列入国际重要湿地名录2处(分别为若尔盖、长沙贡玛);建立湿地公园64个,规划面积约为231.75万亩(公园内湿地面积为137.25万亩,约占60%),其中国家级湿地公园29个(含国家试点16个);建立各级湿地自然保护区52个,其中国家级湿地类型自然保护区8个。

【湿地资源管理】 组织开展创建若尔盖湿地国家公园前期调研论证,按照省委、省政府关于“加快设立若尔盖湿地国家公园”的工作安排,依据中办、国办《关于建立以国家公园为主体的自然保护地体系的指导意见》的要求,推进各类湿地自然保护地的优化、调整工作,并组织开展创建若尔盖湿地国家公园前期调研和论证。扎实推进重要湿地申报,印发了《四川省重要湿地认定办法》,按照国家重要湿地(含国际重要湿地)申报的标准和要求,全省申报国家重要湿地2处,申报国际重要湿地1处(理塘无量河),申报国际湿地城市1处(阆中市)。稳步推动国家湿地公园建设和验收工作,督查指导新津县、仁寿县、遂宁市、营山县、蓬安县、南部县、平昌县、松潘县、阿坝州、乐山市沙湾区等地国家湿地公园建设、保护管理、范围及功能区调整、验收准备等工作,新津县白鹤滩、仁寿县黑龙滩、松潘县岷江源、营山县清水湖、蓬安县相如湖通过国家湿地公园试点验收。协调推进湿地资源数据更新,配合完成“国土三调”,做好湿地资源的本底调查。推进全省泥炭沼泽碳库调查工作,指导省林草局调查规划院编制完成《四川省泥炭沼泽碳库调查工作方案》和《四川省泥炭沼泽碳库调查实施细则》;完成全省泥炭沼泽碳库调查基础资料收集、泥炭地分布情况摸底,并开展外业实地调查。

【湿地保护与修复项目】 若尔盖国际重要湿地保护与恢复重大工程(2018—2020年)中央预算内投资7100万元全部到位,地方配套750万元,计划恢复退化湿地9.6万亩,全年完成超过任务的60%。甘孜理塘海子山湿地保护修复重大工程获得中央预算内投资4500万元,已完成实施方案编制。投入中央财政补助资金3000万元,在犍为桫椤湖、大瓦山、广安白云湖等11处国家湿地公园和自然保护区实施湿地保护与恢复项目。投入省财政资金300万元,用于石渠普公坝、德格珠姆、色达果根塘3个省级湿地公园保护基础设施建设和监测设备购置。持续开展湿地生态效益补偿,共争取中央财政湿地补助资金2700万元,在若尔盖、长沙贡玛两处国际重要湿地开展生态效益补偿工作;安排省财政资金2205万元,持续在红原县、理塘县、稻城县、松潘县开展省级湿地生态补偿试点工作,补偿内容和面积包括退牧还湿补偿11万亩、湿地管护补助482万亩。

【湿地宣传和合作】 开展国际湿地公约履约工作。协助国家林草局完成若尔盖、石渠长沙贡玛国际重要湿地的年度生态监测工作。同世界自然基金会(WWF)、保护国际(CI)等国际组织合作,推进“扩大中国四川省湿地保护面积并增强湿地管理能力(GEF)项目”落地、落实。组织各地开展“世界湿地日”活动宣传,开办湿地自然教育、增设湿地课堂。举办四川黄河流域暨川西北高原湿地保护和发展战略研讨会,会议围绕习近平总书记“筑牢长江上游重要生态屏障”和“黄河流域生态保护和高质量座谈会”的重要指示精神，以实际行动落实省委决策部署，坚持生态优先、绿色发展，统筹山水林田湖草综合治理，加强省际间合作，共同筑牢长江黄河上游生态屏障，坚定守护“中华水塔”，四川黄河省级河长、省人大常委会副主任刘捷，国家林草局湿地管理司司长吴志民，省政协秘书长沈光明，省林草局局长刘宏葆，甘孜州、阿坝州州委、州政府领导出席会议并讲话。配合省河长制办公室完成河长制相关工作，组织协调青衣江流域雅安、眉山、乐山3市和黄河流域（含若尔盖湿地）阿坝州河长办及技术支撑单位完成2019年河长制工作清单和“一河一策”管理保护方案编制工作。陪同四川黄河省级河长、副省长尧斯丹完成四川黄河流域（含若尔盖湿地）巡护、督察工作。

四川省林业和草原局编写组

大熊猫国家公园

【基本情况】 2019年，大熊猫国家公园体制试点区涉及面积20177平方千米，其中核心保护区面积15517平方千米、一般控制区面积4659平方千米，占大熊猫国家公园总面积的74.36%；有野生大熊猫1227只，占大熊猫国家公园野生大熊猫总数的75.23%。有各类自然保护地66个。

【大熊猫国家公园体制试点】 1月7日，省委办公厅、省政府办公厅《关于印发〈四川省大熊猫国家公园管理机构设置实施方案〉的通知》（川委厅〔2019〕2号）规定，在省林草局加挂大熊猫国家公园四川省管理局牌子，局长由省林草局局长兼任，对管理分局机构设置、党组织设置、干部管理、经费保障、职责划分不断细化明确，初步建立了国家管理局—省管理局—管理分局三级管理机构体系。1月15日，省委常委、省直机关工委书记、省大熊猫国家公园试点工作推进领导小组组长曲木史哈出席大熊猫国家公园成都管理分局挂牌仪式，同时，大熊猫国家公园绵阳、雅安、广元、阿坝、德阳、眉山6个管理分局也挂牌成立。2月13日，全国第一部以记述大熊猫为主要内容的特色专志《四川省志·大熊猫志》正式出版并公开发行。3月10日，全国人大十三届二次会议四川代表团全体会议上讨论通过了关于加大大熊猫国家公园建设政策资金支持力度的建议。5月，全省正式启动大熊猫国家公园打桩定标试点工作。6月1日，省林草局、阿坝州政府、四川省交投集团在成都锦江宾馆举行《大熊猫国家公园卧龙、耿达入口社区规划合作协议》签约仪式。6月28日，省委组织部、省委编办、财政厅、省林草局联合印发《四川省大熊猫国家公园各管理分局运行机制意见》。7月，张绍军任大熊猫国家公园四川省管理局专职副局长。8月，《四川大熊猫国家公园》杂志第一期正式刊发。8月5日—10日，国家公园第二评估组对四川省大熊猫国家公园体制试点工作开展评估。8月10日，国家公园办在成都市召开大熊猫国家公园评估情况通报会。9月27日，按照自然资源部《大熊猫国家公园自然资源统一确权登记实施方案》工作部署，大熊猫国家公园确权登记工作协调会在成都市召开，标志着四川大熊猫国家公园自然资源统一确权登记工作正式进入实施阶段。10月10日，四川自然保护区自然教育引导员培训（第三期）在蜂桶寨国家级自然保护区举办，邀请了台湾荒野保护协会专家担任课程设计及讲解老师。10月13日，四川大熊猫自然保护区红外相机监测技术发展与展望研讨会在成都市召开。10月15日，大熊猫国家公园两省三县联合巡护反盗猎行动总结会在平武县举行。10月16日，2019四川省—犹他州自然资源与国家公园高级研讨会在四川农业大学温江校区召开。10月15日—16日，第六届海峡两岸暨香港、澳门大熊猫保育教育研讨会在北京市召开，会上四川代表交流了四川大熊猫保护研究成果。10月23日（国际雪豹日），四川卧龙国家级自然保护区管理局发布雪豹监测工作报告，监测数据显示，在保护区8片雪豹栖息地200余平方千米的范围内，近百台红外线相机共获取影像数据1072份、视频约2980秒，雪豹有效探测次数为286次。11月，大熊猫国家公园四川省管理局到四川大相岭省级自然保护区调研大相岭大熊猫野化放归工作。11月12日—14日，以“大熊猫繁育与技术研究”为主题的中国大熊猫繁育技术委员会2019年年会在成都市召开，开幕式上发布了2019年最新大熊猫数据，全球圈养大熊猫数量已达600只。11月14日，大熊猫国家公园四川省管理局在成都市召开社会组织助力大熊猫国家公园建设座谈会，会议邀请了世界自然基金会(WWF)、大自然保护协会(TNC)、阿拉善SEE基金会、山水自然保护中心、省绿化基金会、四川横断山杜鹃花保护研究中心、北京天恒信会计师事务所、建设银行成都支行等相关负责人参加。11月18日，大熊猫国家公园四川省管理局召开“智慧大熊猫国家公园融合发展”规划方案座谈会。12月6日，大熊猫国家公园四川省管理局与四川成都天府新区管委会在天府新区举行“大熊猫国家公园和公园城市建设”座谈会。

【大熊猫科学命名150周年纪念活动】 四川省是大熊猫的故乡和现今分布中心，通过持续实施野外大熊猫保护和人工繁育“双轮驱动”战略，全省大熊猫保护事业在野生大熊猫种群数量、大熊猫栖息地面积、人工圈养大熊猫种群数量、野化培训和放归自然大熊猫数量等方面均战绩不俗，近年来又探索将30余万亩的宝贵资源纳入大熊猫国家公园建设。时值大熊猫科学命名150周年之际，全省举办了多场活动。

发布《大熊猫图志》。在省政府新闻办指导下，省地方志工作办公室与省林草局联合编著和发行了《大熊猫图志》（中英文版），是四川省在大熊猫科学命名150周年之际为全世界准备的一份纪念。该书记述上限始于4000年前新石器时代末期，下限截至2018年，以1950年到2018年为主要记述时段，用图片、照片配合文字，从物种、生活、环境、研究、保护和文化六个篇章对大熊猫进行了概述，是全球首部以大熊猫为记述对象的官修图志。

举办2019中国（四川）大熊猫国际生态旅游节。围绕全省高质量发展和擦亮“三九大”金字招牌的战略目标定位，以纪念大熊猫科学发现150周年为重要历史节点，在国家林草局支持下，省林草局（大熊猫国家公园四川省管理局）、省政府新闻办、雅安市政府、阿坝州政府、世界自然基金会、阿拉善SEE基金会联合主办了2019中国（四川）大熊猫国际生态旅游节。该次大熊猫国际生态旅游节以“相约熊猫家园，欢聚美丽四川”为主题，国家相关部委、兄弟省（市）相关负责人参加了开幕式，全国政协常委、经济委员会副主任杨伟民，省委常委、省直机关工委书记曲木史哈，副省长尧斯丹，省政协副主席祝春秀，国家林草局总经济师杨超，大熊猫国家公园管理局局长向可文，省林草局（大熊猫国家公园四川省管理局）局长刘宏葆等出席开幕式。期间，还举办了第三届中国（四川）自然教育大会、国际熊猫日、大熊猫保护与生态文明建设暨纪念大熊猫科学发现150周年学术论坛、1864熊猫快闪、纪念大熊猫科学发现150周年暨大熊猫国家公园南部入口社区项目启动会和2019中国（四川）大熊猫国际生态旅游节闭幕式等26项系列活动，来自国内外科学研究、自然保护、文创旅游等领域的重要嘉宾、专家学者和自然保护工作者齐聚成都，围绕大熊猫生态保护与文化经济各方面进行了深入广泛地交流，10余家外国驻蓉领馆、国内外知名企业、社会组织及各领域著名专家学者等共计5000人次出席了系列活动。会议邀请了胡锦矗教授、乔治·夏勒博士、魏辅文院士、潘文石教授等8名中外专家嘉宾，并颁发了“大熊猫科学研究和保护终身成就奖”和“大熊猫科学研究和保护杰出贡献奖”。9月29日，省委常委、省直机关工委书记曲木史哈，副省长尧斯丹共同为省大熊猫科学研究院揭牌，省政协副主席祝春秀、中科院院士魏辅文、省林草局局长刘宏葆、省大熊猫科学研究院院长张志和见证揭牌。9月30日，省林草局局长、大熊猫国家公园四川省管理局局长刘宏葆接见美国著名博物学家、世界野生动物研究标杆人物乔治·夏勒博士，并就大熊猫保护事业展开精彩对话。节后，为延伸2019熊猫节的影响力，陆续举办2019中国（四川）大熊猫国际生态旅游节汶川（卧龙）分会场第三届四川省国家级羌族文化生态保护区成果展暨熊猫O2生态音乐季、中国（四川）第五届森林康养年会、相关研讨会等衍生活动。

举办大熊猫走向世界150周年历史文化展。恰值大熊猫走向世界150周年，也值中法建交55周年之际，9—11月，由省林草局指导，成都大熊猫繁育研究基地和法国国家自然历史博物馆主办，法国欧倍欧(OBEO)成都公司、央视网熊猫频道等机构支持的“熊猫拥抱世界”——大熊猫走向世界150周年历史文化展在法国国家自然历史博物馆举办。本次展览分为“熊猫与历史——大熊猫走向世界150周年展”“熊猫与保护—大熊猫保护成果展”“熊猫与艺术—大熊猫当代艺术展、大熊猫传统艺术展”“熊猫与爱—大熊猫科普互动展”和“中法农业科技园宣传展”五大板块，通过帷幔、展板、艺术品、文创品、实景直播、VR体验等多种形式与观众全面分享了大熊猫的历史故事、保护成绩、国际合作、科普知识、文化内涵、艺术魅力。法国国会副议长弗朗斯·弗卡莫，法国国家自然历史博物馆主席大卫·布鲁诺，国会前任部长弗朗索瓦·洛斯、议员瓦莱丽·巴津·弥格拉斯参加了开幕式。

纪念大熊猫、金丝猴科学发现150周年作品展。由中国野生动物保护协会、中华全国集邮联合会主办，成都大熊猫旅游文化产业促进会、九寨金丝猴森林公园承办，省野生动物保护协会协办的中国双宝·自然精灵——纪念大熊猫、金丝猴科学发现150周年作品展于11月29日在北京国家动物博物馆举行。该次作品展包括影像作品展示和主题邮集展示两个部分，其中影像作品部分主要展示摄影家周孟棋和薛康遴选出的80幅作品，其中周孟棋的40幅大熊猫摄影作品以“寻、观、育、归”四个主题为四个篇章，展示了大熊猫在自然环境中的日常状态、人工保护等；薛康先生的40幅金丝猴摄影作品以“春、夏、秋、冬”四个主题为四个篇章，展示了金丝猴在春夏秋冬四个季节中的不同生活状态、群居生活等。主题邮集部分展示了薛康先生编组的5框《大熊猫——珍稀可爱的宝宝》及5框《金丝猴——生态家园的精灵》两部邮集。中国野生动物保护协会陈凤学会长、法国国家自然历史博物馆馆长布鲁诺·戴维(BRUNODAVID)为“双宝”展览作了序言，中国邮政集团公司四川省分公司特别为该次展览发行纪念封一套2枚。

四川省林业和草原局编写组

荒漠化防治

【基本情况】 2019年，全省完成沙化土地治理11.3万亩，占全年沙化治理任务的113%；开展岩溶地区石漠化综合治理400平方千米；实施沙化土地封育保护试点1万亩。

【项目建设管理】 坚持尊重地方、突出重点、统筹兼顾，下达2019年省级防沙治沙资金6000万元，投向沙化土地治理、沙化土地封育保护修复试点和沙化监测三个领域；配合转下达岩溶地区石漠化综合治理工程投资1亿元。拟制治沙项目清单，建立项目建设动态库；组织开展年度重点沙区治沙项目实施成效监测；指导脱贫攻坚造林专合社做好防沙治沙项目对接、技术培训和项目建设工作；收集提炼若尔盖县、石渠县等全国防沙治沙综合示范区的防沙治沙经验模式及典型案例。组织编制《2018年度川西北沙化土地治理成效监测报告》，指导编制《川西北地区沙化土地立地分类》《川西北地区沙化土地土壤改良技术规程》《川西北沙地沙棘栽培技术规程》《川西北沙化土地治理封禁管护技术规程》等。

【项目储备申报】 按照国家林草局的安排部署，组织阿坝、凉山、雅安3个市（州）开展国家开发性金融推进荒漠化防治储备项目申报，其中若尔盖、红原、盐源、汉源等8个县申报10个储备项目，拟申请国家开发性金融贷款39.7亿元，已进入国家林草局荒漠司荒漠化防治储备项目库。衔接国家自然资源督察成都局、自然资源厅，取得全省地貌遗迹资源调查成果、未利用地分县数据等资料，为荒漠资源开发利用、裸岩石砾地治理等储备项目打下了坚实基础。

【项目评价审计】 按照林业“十三五”规划中期评估确定的省级防沙治沙专项规划目标任务，梳理项目实施情况，要求沙化土地治理州、县开展自查并整改，确保计划目标任务按期完成。指导有关项目县落实地块迎检。配合财政厅绩效评估组，实地到若尔盖、红原、松潘等县，为其开展省级防沙治沙项目绩效评价工作提供技术支撑。配合厘清省长尹力经济责任审计涉沙项目，通过调取资料、实地踏看、函询电询等方式，了解川西藏区沙化土地治理项目滞后原因，并提出整改措施建议。

【业务培训】 先后在西昌市、康定市组织开展两期全省第六次荒漠化和沙化监测工作培训，并协调自然资源厅领导及专家等授课，全省19个市（州）85个沙化监测县（市、区）的沙化监测管理人员和专业技术人员近300人参加培训。配合国家局，在成都市承办国家沙漠（石漠）公园建设管理培训会，全国18个省（区、市）林草部门、国家沙漠（石漠）公园及有关调查规划设计单位的代表共160余人参加培训。先后到山东、河北、云南等地参加国家局组织的防沙治沙政策培训、荒漠化与沙化监测总体技术培训、沙化土地封禁保护区管理与技术培训、石漠化防治论坛等各类工作培训，全年共培训10人次。参加省内的各类培训论坛，全年参加人数13人次。

【宣传报道】 印发《四川省林业和草原局关于做好2019年“世界防治荒漠化和干旱日”宣传工作的通知》，组织地方聚焦活动主题、统一宣传重点、丰富活动形式开展宣传。在“6·17”第25个荒漠日，先后在《四川日报》、《绿色天府》、今日头条、新华网等媒介开展专题宣传报道，并编印和发放荒漠化防治宣传品。在《绿色天府》第9期开展“实施荒漠化防治工程筑牢生态建设屏障”专期宣传，发表《防治土地荒漠化 推动绿色发展》署名文章，指导发表系列文章4篇。协助分管局领导公开发表署名文章《四川沙化土地治理现状及防治对策》。

【汇报座谈】 省林草局主动向国家林草局荒漠司领导汇报全省工作，争取支持。争取到国家局荒漠司领导首次到四川省实地指导工作。借助国家局组织的各类培训，对接上级领导，征求对四川工作的建议。适应机构改革后的职能职责，组织召开省级防沙治沙座谈会，听取基层工作意见建议。围绕荒漠生态系统治理，先后到雅安、乐山、凉山、宜宾、甘孜、阿坝、广安等市（州）开展调研10余次，增加对全省荒漠化、沙化和石漠化治理工作的认识；先后到林科院、草科院、林规院、四川农业大学，与荒漠专家开展交流座谈，努力破解荒漠化治理和发展难题。主动衔接中国地质调查局岩溶地质研究所，谋划工作对接机制。

四川省林业和草原局编写组

水污染防治

【全面完成水环境目标任务】 全省87个国考断面优良水质85个（自贡碳研所断面未正式反馈，现按达标计算），占比97.7%，增加9.2个百分点，出川断面水质全面达标；劣V类水质断面全面消除，减少1.15个百分点。267个全国重要江河湖泊水功能区达标254个，达标率达95.1%，增加2.2个百分点，达到国家考核要求。全省累计完成重点工程化学需氧量23.57万吨，氨氮减排量2.86万吨，化学需氧量、氨氮较2015年减少17.2%、16.7%，化学需氧量、氨氮有望提前一年完成“十三五”减排任务。

【推行河（湖）长制】 全省坚持以习近平生态文明思想为引领，全面推行河湖长制，切实担负筑牢长江上游生态屏障的政治责任。一是高位推动系统部署，省委书记、省总河长彭清华主持召开省总河长全体会议和川西北生态示范区协同发展暨长江黄河上游生态保护和高质量发展工作会议，在《求是》杂志发表《强化上游意识确保黄河清水东流》署名文章；省长、省总河长尹力主持召开全省河长制湖长制工作推进电视电话会议，多次作出批示，要求全省各级河长加强巡河巡湖。二是加强日常巡河督导，22位省级河（湖）长带头巡河巡湖36次，召开现场会议40余次，协调研究相关河湖突出问题；在省级河长的带动下，全省各级河（湖）长巡河巡湖59万余次，查找河湖问题102785个，落实整改102596个，整改率达99.8%，推动了河湖保护治理。三是开展河湖岸线整治保护，开展河湖“清四乱”专项行动和黄河“携手清四乱、保护母亲河”行动，完成“四乱”问题整改销号1176个；实施长江经济带岸线利用项目清理整治行动，拆除违规违建项目53个，规范整改174个；加快推进主要通航河流非法码头治理，摸排368个，整改落实202个；开展水电站下泄生态流量问题整改，因取水造成下游河道减水断流的3168个水电站下泄生态流量设施改造全部完成。四是加强河湖生态保护，编制完成沱江等12条河流水量分配方案和沱江流域水资源调度方案，实施岷江向沱江跨流域补水，完成江河湖库水系连通项目5个；加快推进重要河湖管理范围划定和河岸线规划编制，全省流域面积1000平方千米以上河流完成划界2万余千米；持续推进森林湿地保护，全省新增退耕还林落地到户面积25.26万亩。

【打好“碧水保卫战”】 全省以改善水生态环境质量为目标，创新治理机制，夯实责任落实，扎实开展城镇、工业、农村污染综合污染防治，加快推进解决水污染突出的环境问题。一是挂牌整治重点小流域，编制印发《重点小流域挂牌督办整治工作方案》，对岷江、沱江、涪江、渠江等23条重点小流域开展挂牌督办整治，全年20条小流域均达到年度整治目标要求，其中12条水质达到优良标准。二是开展劣V类国省考断面专项整治，印发实施《四川省长江流域劣V类国省控断面整治专项行动工作方案》，3个国控断面（二江寺、球溪河口、碳研所）、6个省控断面（毗河二桥、思蒙河口、醴泉河口、发轮河口、茫溪大桥、九曲河大桥）均消除劣V类水质。三是加强“三磷”专项排查整治，印发《四川省“三磷”专项排查整治行动工作方案》，开展“三磷”专项排查，发现问题99个，完成问题整治89个，完成率达89.9%。四是开展琼江污染攻坚，印发攻坚实施方案、成立攻坚指挥部、实施流域加密监测、健全联席协调会议制度，加快推动岳阳河、蟠龙河、姚市河等主要支流污染防治，光辉出川断面水质首次实现全年达标。五是加强污水处理设施补短。加快推进实施《四川省城镇污水和城乡垃圾三年推进方案》，启动城镇污水处理提质增效三年行动，全省完成投资738.4亿元，1837个项目全面开工，已完工1512个，完工率达82.3%。加快推进岷江、沱江流域污水处理设施提标改造工作，全省已完成提标改造项目79个，完成规模达181.1万吨/日。推进123家省级及以上工业园区完成污水处理设施建设。六是加强城市黑臭水体整治，通过工程治理、生态修复、城市管理、环境监管以及试点带动等方面持续用力，不断健全长制久清管护机制，切实改善城市水生态环境质量，全省完成102个城市黑臭整治并初见成效，完成率达97.1%。

【统筹推进流域综合污染防治】 全省坚持污染防治和生态保护“两手发力”，推进流域水污染治理、水生态修复、水资源保护“三水共治”，确保全省水生态功能逐步恢复、水环境质量持续改善。一是加强流域治理法制建设，迎接全国人大《水污染防治法》执法检查，得到委员长栗战书的肯定；推动出台《沱江流域水环境保护条例》，启动嘉陵江流域立法。二是加强流域规划引领，编制印发全省10条主要河流水污染防治规划，对岷江、沱江流域未达标国考断面全部制定实施限期达标规划。三是加强流域精准治污，建立健全“五个一”工作机制，对口帮扶隆昌市、巴中市巴州区以及乐山福华、巴中污水处理厂。组织省级沱江污染治理专家顾问团开展问题研究，实施2019—2020年枯水期重点小流域水质管控。四是加强流域治理协作，与甘肃、陕西等7个周边省签订流域联防联控合作协议。沱江流域横向生态补偿工作有序推进，流域治理补偿机制更加完善。五是统筹推进广元矿山涌水综合整治，指导广元市委、市政府印发实施《广元矿山综合治理实施方案》，完成媒体曝光的9个重点矿企涌水整治。六是加强专项资金争取，申报中央水污染防治项目22个，争取水污染防治资金14.15亿元用于流域治理；指导德阳市、南充市申报为全国黑臭水体示范城市，获得补助资金7亿元。全省主要河流水质实现持续改善和巩固，沱江16个国考断面水质优良比例为93.8%，增加31.3个百分点；岷江11个国考断面水质优良比例为90.9%，增加9.09个百分点；涪江12个国考断面全部达到优良水质，增加14.3个百分点；渠江、嘉陵江、雅砻江、青衣江、长江(金沙江)、大渡河、安宁河、黄河流域水质优良断面比例持续保持100%。

四川省生态环境厅编写组

农村生活污水治理

【基本情况】 农村人居环境整治是坚决打好实施乡村振兴战略的第一仗，农村生活污水治理作为农村人居环境整治“五大行动”之一，受到党中央、国务院的高度重视。生态环境厅扎实推进农村人居环境整治，按照机构改革要求，农村生活污水治理工作由原住房和城乡建设厅转隶到生态环境厅牵头负责，按照中央、国务院和省委、省政府的要求，系统梳理工作思路，加强工作措施，农村生活污水治理工作取得积极进展。

【积极调研，摸清现状】 生态环境厅先后到湖北、河南等省参加由生态环境部组织的全国典型地区农村生活污水治理调研，组织相关人员对成都、自贡、南充、阿坝等省内10个市(州)进行实地考察。同时，学习借鉴浙江“千万工程”经验，了解农村生活污水处理设施建设、运行、管理模式。先后4次组织21个市(州)开展农村生活污水治理摸底调查，建立了县域农村生活污水治理台账。截至2019年年底，全省农村生活污水得到有效收集处理的行政村有11832个(不含传统粪坑收集后资源化利用的农户)，占全省行政村总数的25.73%；生活污水得到收集处理的有584.81万户(不含传统粪坑)，占总户数的30.83%，其中接入城镇污水管网的126.5万户、接入生活污水处理设施的139.8万户、通过化粪池收集处理的390.2万户。

【因地制宜，统筹谋划】 按照中央农村工作领导小组办公室、生态环境部等9部委印发的《关于推进农村生活污水治理的指导意见》(中农发〔2019〕14号)以及省政府有关领导要求，3月，经省政府同意，生态环境厅与省委农村工作领导小组办公室、农业农村厅等8部门联合印发了《四川省农村生活污水治理三年推进方案》(以下简称《三推方案》)，明确了到2022年，力争全省农村生活污水得到有效治理的比例达到65%以上。全省《三推方案》最大的亮点就是“实”，在目标设置上，差异化设置了各市(州)目标，不搞“一刀切、齐步走”；在方法措施上提出了“就近纳管”“集中收治”“散户利用”等治理模式，真正使农村生活污水治理设施能够“建的好、用的起、管的住”。

【多措并举，稳步推进】 制定标准。12月，经省政府同意，生态环境厅和省市场监管局联合发布四川省《农村生活污水处理设施水污染物排放标准》，并于2020年1月1日起正式实施。

加大投入。2019年、2020年省财政共安排资金8亿元，专门用于支持农村生活污水治理“千村示范工程”建设。同时，争取中央农村环境整治资金4.632亿元(2019年2.3672亿元、2020年2.2648亿元)，实施农村生活污水、生活垃圾、饮用水源、非规模化养殖整治“四大行动”，2016—2019年已完成7480个行政村整治(2019年1841个)。

试点先行。选取苍溪县、阆中市、仪陇县、巴中市巴州区、南江县5个地区开展农村生活污水综合治理试点，通过试点探索符合实际的农村生活污水治理模式和技术，以点带面推动区域农村生活污水治理。

四川省生态环境厅编写组

土壤污染防治

土壤污染防治基础工作

【完善土壤环境管理政策文件】 印发《〈“土十条”四川省工作方案〉2019年度实施计划》(川污防攻坚办〔2019〕7号)，稳步推进年度各项重点工作。生态环境厅、自然资源厅、农业农村厅联合出台《关于贯彻落实土壤污染防治法推动解决四川省突出土壤污染问题的实施意见》(川环函〔2019〕1001号)，切实抓好土壤污染防治法的贯彻实施，加快推进全省土壤污染防治工作。

【开展“土十条”年度评估与季度调度】 完成全省“土十条”2018年度实施情况自评估报告，并上报生态环境部。生态环境厅、自然资源厅、城乡住房建设厅、农业农村厅联合对各市(州)2018年“土十条”重点工作完成情况进行评估，评估结果经省政府同意后向各地进行了公布。印发《关于按季调度“土十条”工作进展情况的通知》(川环办函〔2019〕411号)，调度省级有关部门和各地“土十条”任务落实情况。

【《土壤污染防治法》宣传贯彻】 开展生态环境厅厅务会会前学法，利用“环保大讲堂”、全省生态环境系统干部培训等契机进行《土壤污染防治法》解读，制作《〈土壤污染防治法〉宣传手册》向公众发放。省人大城环资委、生态环境厅印发《四川省深入贯彻〈土壤污染防治法〉实施方案》(川人城函〔2019〕14号)，通过开展送法进机关、进市(州)、进学校、进企业活动和执法调研，全力开展《土壤污染防治法》宣传贯彻工作。

四川省生态环境厅编写组

土壤污染状况详查工作

【做好农用地详查成果集成及应用工作】 完成全省农用地土壤污染详查工作，形成《四川省农用地土壤污染详查成果》，经省政府同意后上报生态环境部。印发《关于开展四川省农用地土壤污染状况详查阶段性成果初步共享与应用的函》(川环函〔2019〕630号)，全省21个市(州)共享成果数据，支持了各地农用地土壤质量类别划分和农用地分类管控以及辖区空间规划编制工作。

【推进重点行业企业用地调查】 建立“自审—内审—市级外审—省级外审”四级审核制度以及“线上线下”双重质控方式，全面完成5294个地块基础信息采集和空间信息整合，率先通过空间数据国家入库审查。开展地块风险筛查和布点，启动地块采样和分析测试试点。

【开展重点区域土壤污染状况评估】 印发《关于开展2019年度重点区域土壤污染状况评估工作的通知》(川环办函〔2019〕178号)，开展30个重点县(市、区)所在地城市集中式饮用水源地一、二级保护区陆域、30个工业园区周边、30个周边有农用地的矿山和尾矿库、各市(州)主城区垃圾填埋场和焚烧厂周边土壤污染状况评估工作。

四川省生态环境厅编写组

土壤环境管理

【推进农用地土壤环境管理】 落实《四川省农用地土壤环境管理办法》,配合农业农村厅开展农用地土壤环境类别划定试点和农用地分类管控。推进农用地周边涉镉等重金属重点行业企业排查整治,131家整治企业制订"一企一策"整治方案,56家企业已经完成整治任务,印发《关于进一步开展四川省涉镉等重金属重点行业企业排查的通知》(川环办函〔2019〕416号),根据农用地详查成果开展新一轮排查整治。

【推进建设用地土壤环境管理】 落实《四川省污染地块土壤环境管理办法》,加强污染地块调查评估、风险管控、治理修复和成效评估工作。生态环境厅、自然资源厅联合印发《关于建立建设用地土壤污染风险管控和修复名录的通知》(川环办函〔2019〕371号),严格执行建设用地土壤环境准入,公布《四川省建设用地土壤污染风险管控和修复名录(第一批)》。生态环境厅会同自然资源厅组织评审风险评估报告15本和成效评估报告2本。

【推进工矿用地土壤环境管理】 落实《四川省工矿用地土壤环境管理办法》,出台《四川省2019年度土壤污染重点监管单位名单》,更新公布899家土壤重点监管单位。印发《关于做好有毒有害物质地下储罐备案的通知》(川环办函〔2019〕198号),全省共计备案地下储罐2325个。印发《关于严格控制有毒有害物质排放防范土壤污染的通知》(川环办函〔2019〕441号),严格控制有毒有害物质排放。印发《四川省土壤污染重点监管单位、工业园区、污水集中处理设施和固体废物处置设施周边土壤环境监督性监测工作方案》(川环办函〔2019〕434号),开展新一轮土壤环境监督性监测工作。开展工业园区水气土协同预警建设,15个园区已启动建设,其中泸州、汉源等5个园区获得财政资金支持。

四川省生态环境厅编写组

土壤污染治理修复与试点示范

【实施土壤污染治理与修复试点项目】 按照《四川省土壤污染治理与修复规划》要求,全力开展土壤污染防治项目库建设,已有27个项目被纳入土壤污染专项资金项目库。推进实施6个国家级土壤污染治理与修复技术应用试点项目,对3个国家试点项目进行优化调整。

【加快先行试点示范区域建设】 印发《关于加强土壤环境风险管控试点区和土壤污染综合防治先行区建设的函》(川环函〔2019〕84号),提出了建设土壤污染防治先行试点区的总体要求、主要任务和考核指标。出台《关于加强土壤污染防治先行试点区建设工作的通知》(川环函〔2019〕426号),提出了先行试点区建设的重点工作。组织国家和省级专家对先行试点区进行现场调研和指导,组织崇州市等地代表赴国家先行区贵州省铜仁市学习先进经验。

四川省生态环境厅编写组

水源地保护

【基本情况】 2019年,生态环境厅贯彻省委、省政府《关于全面加强生态环境保护坚决打好污染防治攻坚战的实施意见》,落实《四川省打好饮用水水源地环境问题整治攻坚战实施方案》,以保障集中式饮用水水源安全为核心,聚焦水源地突出环境问题,全面推进划定水源保护区、设立保护区边界标志、整治保护区内环境违法问题,保障饮用水水源水质安全。

【修正《四川省饮用水水源保护管理条例》】 在保持原《四川省饮用水水源保护管理条例》(以下简称《条例》)总体框架和主体内容基本稳定的前提下,为适应新形势、明确新任务、落实新要求,解决原《条例》在实施过程中存在的问题,对标《水污染防治法》《农药管理条例》等上位法,生态环境厅会同有关部门对《条例》进行了必要的修正完善和调整补充,并报省政府和省人大常委会审议。9月26日,省十三届人大常委会第十三次会议表决通过《条例》修正案后公布施行,修正后的《条例》共7章48条,与原《条例》相比新增2条、修正23条。生态环境厅对新修正的《条例》进行了解读,并在官方网站、微信、微博等媒介平台开展了宣传工作。

【设立饮用水水源保护区】 科学论证、规范划定新设立的集中式饮用水水源地和未划定保护区的在用水源地,报请省政府划定德阳市华强沟水库等8个县级及以上集中式饮用水水源保护区;对取水口位置发生变化、保护范围不合理的水源保护区合理调整保护区范围,调整了雅安市徐家沟集中式饮用水水源地等4个水源保护区;关闭、合并水质不达标、水量不足、环境污染风险较高、难以整治的水源地,撤销彭州市西河水库集中式饮用水水源保护区等27个水源保护区,全省共有52个地级集中式饮用水水源地、235个县级集中式饮用水水源地。根据8月乡(镇)集中式饮用水水源地基础信息市(州)自查结果,全省在用乡(镇)级集中式水源2208个,1843个水源已划定保护区,划定率达83.5%。

【加强饮用水水源保护区监督管理】 结合中央生态环境保护督察"回头看"及沱江流域水污染防治专项督察发现问题整改、长江经济带生态环境问题整改,举一反三,排查水源地环境问题,组织开展县级及以上水源地环境问题整治"回头看",并将集中式饮用水水源保护管理作为重要内容纳入省级生态环境保护专项督察。开展地级、县级集中式饮用水水源地环境状况评估及农村饮用水水源环境状况抽样调查评估工作,其中地级集中式饮用水水源地环境状况评估报告已通过中国环科院组织的专家验收。

按照《2019年四川省生态环境监测方案》要求,加强水源水质监测。地级饮用水水源地每月监测一次,1—9月断面达标率和水质达标率均为100%,10月除德阳西郊地下水水源锰超标外,其他水源水质均达标;县级地表水型饮用水水源地每季度监测一次,前三季度断面达标率和水质达标率均为100%;县级地下水型饮用水水源地,每半年监测一次上半年点位断面达标率和水质达标率均为100%;实现县级及以上集中式饮用水水源水质监测全覆盖。对全省2775个乡(镇)开展饮用水水源地水质监测,其中地表水型饮用水水源监测断面2034个(河流型1485个、湖库型549个)、地下水型饮用水水源监测断面966个,第三季度,地表水型饮用水水源断面达标率达95.2%,地下水型饮用水水源点位达标率达91.1%。

【整治饮用水水源保护区突出环境问题】 在2018年完成地级、县级水源地环境问题整治基础上,以供水人口在10000人或日供水在

1000吨以上的饮用水水源地为重点，开展乡(镇)集中式饮用水水源地基础信息和环境问题调查，排查水源保护区划定、边界标志以及保护区内环境违法问题，10月初基本建立饮用水水源地名录和水源保护区环境问题清单。11月10日，印发《关于进一步加强集中式饮用水水源保护管理工作的通知》，要求各地进一步核对环境问题清单，明确工作目标同时督促各地抓紧开展整治工作。

推动饮用水水源水质达标，针对资阳市老鹰水库水质不能稳定达标的问题，指导成都市、资阳市生态环境部门落实《资阳市老鹰水库水质改善规划》，1—10月老鹰水库水质均达标。预期能够达到地级集中式饮用水水源地水质达到或优于Ⅲ类水质比例高于97%、县级集中式饮用水水源地水质达到或优于Ⅲ类水质比例高于90%、规模以上集中式饮用水水源地水质达到或优于Ⅲ类水质比例高于80%的工作目标。依据《饮用水水源保护区标志技术要求》规范设立水源保护区边界标志，地级、县级水源地均已设立保护区边界标志。

【加强水源地环境风险防控和信息公开】 督促指导各地编制完善集中式饮用水水源突发环境事件应急预案，完善饮用水水源保护区内道路两侧防撞栏、事故导流槽等应急防护工程设施，配齐防散落、溢流、渗漏设备。推进应急水源或备用水源建设，17个市(州)政府所在城市均已建成地级备用水源，乐山等地实现区域联网供水。推进水源地视频监控设施建设，根据各地自查情况，34个地级水源地和128个县级水源地已安装保护区视频监控设施。在生态环境厅官方网站上定期向社会公开县级及以上城市集中式饮用水水源水质信息，接受社会监督。

四川省生态环境厅编写组

环境保护

“十三五”时期全省生态环保领域工作开展总体情况

【环境保护的“四梁八柱”基本建立】 牢固树立和贯彻新发展理念，坚定推动中央关于生态文明建设和生态环境保护决策部署在全省落地落实。省委十届四次全会决定取消58个重点生态功能区县和生态脆弱国家扶贫开发重点县地区生产总值考核；省委十届八次全会作出了关于推进绿色发展建设美丽四川的《决定》，把生态文明建设融入治蜀兴川各领域全过程；省委十一届三次全会作出了《中共四川省委关于深入学习贯彻习近平总书记对四川工作系列重要指示精神的决定》和《中共四川省委关于全面推动高质量发展的决定》，对生态文明建设和生态环境保护作出了重点安排部署；省委十一届四次全会对持续打好污染防治攻坚战作出了进一步安排部署；省委十一届三次全会作出的两个《决定》对打好污染防治攻坚“八大战役”、开展绿色低碳循环发展“五大行动”作出战略部署；省委十一届六次全会作出了《关于深入贯彻党的十九届四中全会精神、推进城乡基层治理制度创新和能力建设的决定》，对切实提高城乡基层环境治理水平、改善人居环境质量作出了总体部署。先后出台了《四川省生态文明体制改革方案》等一系列重要文件，健全自然资源资产产权、自然资源有偿使用和生态补偿等制度，基本建立起“四梁八柱”性质的生态文明制度体系。

【污染防治攻坚战初战告捷】 大气环境质量明显改善。全省优良天数比例为89.1%，较2015年提高8.6个百分点；全省细颗粒物平均浓度为42.2μg/m³，较2015年(47.5μg/m³)减少11.2%；主要大气污染物排放量大幅减少，二氧化硫、氮氧化物排放量比2015年分别减少21.47%和14.64%。

地表水环境质量明显提升。国、省控断面水质达标率不断上升，已基本消除劣Ⅴ类断面。全省地表水省控及以上断面Ⅲ类比例为89.1%，比2015年(61.3%)增加27.8个百分点，其中国控断面优良水质比例达97.7%。11条重点流域水质均明显改善，干流水质均已稳定达标，污染主要集中在岷沱江部分支流。饮用水安全得到保障，全省52个地级以及235个县级集中式饮用水水源保护区均完成划定，一级保护区隔离设施设置全部完成，全省地级、县级、乡(镇)级饮用水水源地水质达标率分别达99.9%、99.2%、89.3%。

土壤固废污染治理不断推进。完成农用地土壤污染状况详查，逐步摸清全省土壤环境底数，土壤污染加重趋势得到遏制，土壤环境质量总体保持稳定，农用地和建设用地土壤环境安全得到基本保障，土壤风险得到基本管控。全省一般工业固废产生处置利用率为34.98%。危险废物集中处置能力大幅提升，新增工业固废处置利用能力161万吨/年；新增医疗废物集中处置能力为3.92万吨/年，全省医疗废物集中处置能力达8.94万吨/年。

生态文明示范创建走在全国前列。全省共建成国家生态文明建设示范县14个、“绿水青山就是金山银山”实践创新基地4个，生态文明示范创建西部领先。

【环境保护法规制度不断完善】 出台生态环境保护机构垂直管理制度改革配套文件，明确各级机构职能职责、管理体制、考核机制等细则，配套制度基本建立。推进省级生态环境保护专项督察，不断建立健全督察制度。先后颁布《四川省沱江流域水环境保护条例》等法规制度12部，实施《四川省环境空气质量考核激励暂行办法》《四川省水污染防治激励约束考核办法》等。推进生态补偿制度改革，印发了《四川省流域横向生态保护补偿奖励政策实施方案》，推动了赤水河、沱江流域横向生态保护补偿机制的落实和岷江、嘉陵江等流域横向生态保护补偿机制的建立。

四川省生态环境厅编写组

污染状况

【基本情况】 生态环境厅把生态文明建设纳入治蜀兴川总体布局，报请省委、省政府成立了以彭清华书记、尹力省长为双主任的生态环境保护委员会，召开了省生态环境保护委员会第一次会议、2020年省总河长全体会议；先后召开专题会议5次，研究部署中央生态环境保护督察和长江经济带警示片披露的问题整改工作。省委、省政府对2019年生态环境保护党政同责考核排名靠后的资阳市、德阳市、甘孜州进行了约谈，确保党中央、国务院的决策部署全面落实落地。

【打好“污染防治攻坚战”，生态环境质量实现持续改善】 综合施策开展大气污染防治。把成都平原和川南地区大气环境质量改善作为全省生态环境保护的重中之重，划定涉及15市77个县(市、区)的大气污染防治重点区域，统一实施大气污染物特别排放限值。实施国家重大科技专项——“成渝地区大气污染联防联控技术与集成示范项目”。修订重污染天气应急预案，统一区域应急标准，降低启动门槛，将1.75万家企业纳入应急管控清单。指导企业制定“一厂一策”，把涉及民生保障、绿色绩效考核的纳入豁免范围，避免“一刀切”。1—9月，全省未达标城市PM2.5平均浓度为32.1微克每立方米，同比减少13.7%；全省优良天数率为90.7%，同比增加2个百分点。

多措并举加强水污染防治。推进河(湖)长制，多位省领导带队巡河，督导解决难点问题。加强城市黑臭水体治理，全省105条城市黑臭水体完成治理104条，整治完成率达99%，达到国家考核要求。扎实做好乡(镇)行政区划和村级建制调整改革生态环境基础设施“后半篇”文章，推进农村生活污水治理三年行动，集中项目和资金完善乡(镇)污水处理设施建设，上半年投入资金近50亿元。统筹现有资金对部分环保公共设施项目进行贷款贴息，分别与农发行四川省分行、农行四川省分行签订合作协议，2019年计划共落实400亿元、三年内不少于1000亿元的信贷支持，切实解决部分地方生态环境基础设施资金短缺难题。1—9月，87个国考断面地表水水质优良断面占比96.6%，同比上升1.2个百分点，无劣V类水质断面；10个出川断面水质全部达到优良标准。统筹推进土壤和固废污染防治，完成全省农用地土壤污染详查，开展耕地土壤环境质量分类管理。完成全省重点行业企业用地5294个地块基础信息采集和空间信息整合，率先通过空间数据国家入库审查。抓好固危废综合处置，推动废铅酸电池集中收集试点，收贮规模达39.7万吨/年。对260座尾矿库环境污染治理建立“一库一档”，强力推进783个隐患问题整改。加强疫情期间医疗废物和社会零散口罩处置，未发生二次污染。与重庆市签订危险废物跨界转移“白名单”制度，加强跨省合作联动。

抓好督察发现问题整改。扎实推进中央生态环境保护督察和长江经济带问题整改，加强对上的沟通协调和对下的帮助指导，采取厅领导包片、召开视频调度会和暗访抽查指导、预警提示、行政约谈等多种方式推动问题整改。截至2019年年底，中央生态环境保护督察反馈意见中的89项整改任务已整改完成61项，移交信访涉及的9070个环境问题已整改完成98.7%，“回头看”期间督察组交办的3665个环境问题已整改完成96%。

【加快转变发展方式，绿色发展水平不断提高】 绿色发展区域格局基本形成。落实主体功能区战略布局，优化生态空间格局，统筹推进城市间同城化发展、区域一体化和协同发展，56个县(市)被纳入国家重点生态功能区，数量居全国第一。推动绿色城镇化发展，深入推进公园城市建设，突出抓好“海绵城市”建设试点。开展园林城市系列创建，累计创建国家园林城市(县城、镇)23个。打造“业兴、家富、人和、村美”的幸福美丽新村，探索形成以“小规模、组团式、微田园、生态化”为代表的四川美丽乡村建设模式。

绿色发展新动能加快培育。坚持以供给侧结构性改革为主线，大力实施创新驱动发展战略，努力推动由要素驱动向创新驱动转变。培育高端现代产业，加速推进产业接续替代和动能转换，推动落后产能退出，推进“散乱污”企业整治。加快发展绿色产业，节能环保、清洁能源产业营业收入分别达2186、4796亿元。扎实推进能源消费总量和强度“双控”，提前完成国家下达的“十三五”能耗强度下降目标任务，上半年全省单位GDP能耗下降2.25%。大力发展循环经济，持续推进园区循环化改造、资源循环利用基地、大宗固体废弃物综合利用基地、餐厨废弃物资源化利用和无害化处理等循环经济试点示范，全省秸秆综合利用率达89.5%。

绿色发展内生动力不断激发。坚持推进激励和约束并举的制度创新，建立健全财税、金融、价格等政策体系，形成促进绿色发展的利益导向机制。落实流域横向生态保护补偿奖励政策，在全国率先开展以退牧还湿补偿和湿地管护补助为主的省级湿地生态补偿试点。资源要素市场化配置改革加快推进，用能权交易市场正式启动，温室气体自愿减排交易市场稳步运行，电力现货市场交易规模不断扩大，在全国率先实行煤改电电价支持政策。

【加强生态保护修复，长江黄河上游重要生态屏障更加牢固】 不断优化空间规划体系。开展生态保护红线评估调整、研究优化主体功能区布局等基础工作，抓紧编制省级“1+5”辖区空间规划，在全国率先启动辖区空间生态修复规划编制工作并被纳入全国试点省份。统筹规划辖区空间修复活动，加快建设辖区空间规划“一张图”实施监督信息系统，不断优化辖区空间开发区域生态安全格局。

持续推进“绿化全川”行动。出台《四川省人民政府关于推动城市基础设施改造加强城市生态环境建设的指导意见》，推进城市生态环境建设和园林城市系列创建。持续开展大规模“绿化全川”行动，累计完成营造林252.76万亩。全面实施草原生态保护修复工程，开展草原围栏建设148万亩，退化草原补播改良75万亩。推进国家级绿色矿山试点工作，开展绿色矿山遴选工作，制定全省绿色矿山建设管理办法及评估考核标准，促进矿业绿色发展。

加强生态保护修复工作。围绕长江黄河流域高质量发展、成渝地区双城经济圈建设，提前谋划“十四五”国家“双重”重大工程。加快推进辖区空间重大生态修复工程建设，整合各类资金约130亿元，实施乌蒙山连片区域土地整治重大扶贫项目、长江干支流10千米及黄河流域废弃露天矿山生态修复等一批重大工程。抓好水土保持治理，加快推进国家水土保持重点工程建设，完成总投资

5.71亿元，治理水土流失面积694平方千米。抓好小水电清理整治，全面完成全省5010座小水电站摸底排查和整改台账建立工作。河湖"清四乱"不断规范化，全省1176个点位已全部按期完成整改。

四川省生态环境厅编写组

农村生活垃圾治理

【基本情况】 2019年，住房城乡建设厅贯彻落实《四川省农村人居环境整治三年行动实施方案》《"美丽四川宜居乡村"推进方案》相关文件的部门分工任务，加快建立农村生活垃圾处理模式，抓好非正规垃圾堆放点整治，改善农村人居环境。

【农村生活垃圾分类治理成效明显】 印发《关于加快推进农村生活垃圾分类和资源化利用示范工作的通知》，扎实指导成都市温江区、蒲江县、丹棱县等7个区（县）持续开展生活垃圾分类和资源化利用试点示范工作，各示范区（县）将农村生活垃圾分类治理和乡村振兴战略紧密结合，成效显著。一是环境效益明显，实行农村垃圾分类治理后，村容村貌显著提升，村庄环境干净整洁有序，村民环保意识和生态意识不断增强，乡村旅游逐渐兴旺。二是经济效益明显，实行农村生活垃圾分类治理后，可回收物回收率和易腐垃圾就地处理率显著提高，垃圾清运量和清运频次显著减少，7个试点区（县）农村生活垃圾回收利用率达31.8%。

【农村生活垃圾分类带动效应明显】 各地区坚持从实际出发，探索推广具有地域特点和示范作用的农村生活垃圾治理四川模式，如蒲江县采用"互联网+垃圾银行"的农村生活垃圾治理模式引入社会资本，完善再生资源回收体系；丹棱县采用"因地制宜、分类收集、村民自治、市场运作"模式，完善末端易腐垃圾机器堆肥处理；雅安市名山区采用"全民参与、源头减量、定时清运、垃圾不落地"的"高岗村模式"，实现村民垃圾分类成自然、易腐垃圾还院就地处理。在该基础上，全省总结提炼出简便易行、"接地气"的"二次四分法"，让复杂的垃圾分类认知简单化、操作简易化，农村生活垃圾分类正形成一种新时尚。

【农村生活垃圾收转运体系逐渐完善】 出台《关于完善农村生活垃圾收运处置体系的指导意见》，统筹农村生活垃圾收运处理设施布局，建立健全全省农村生活垃圾收运处置体系。以《全省城乡垃圾处理设施建设三年推进方案》为抓手，加快补齐农村垃圾处理设施设备突出短板。截至2020年2月，已开工乡村垃圾处理设施设备项目1009个，完工974个，累计完成投资18.1亿元，新（改）建城乡垃圾无害化处理能力1.91万吨/日、城乡垃圾收转运能力2.97万吨/日。全省90%的行政村均配有垃圾收转运设施，90%的行政村生活垃圾得到有效治理。

【全省非正规生活垃圾整治超目标完成】 开展专项排查，建立全省1618处非正规垃圾堆放点排查工作台账，通过住房和城乡建设部"非正规垃圾堆放点排查整治信息系统"建立非正规垃圾档案，对其进行动态管理。规范整治标准，出台《四川省非正规垃圾堆放点整治导则》，明确整治技术要点与技术措施，提供整治规范流程和整治模式类型，为各地科学有序开展非正规垃圾整治工作提供了技术参考。加快整治进度，截至2019年年底，已完成全省非正规垃圾堆放点整治销号1234处，整治销号率达76.3%，超额完成住建部下达的年度目标任务的60%。严格控制增量，结合"农村清洁行动"，清理整治河塘沟渠、房前屋后随意堆放、无人管理的垃圾，严禁城镇垃圾违法违规向农村转移，避免形成新的非正规垃圾堆放点。

四川省住房和城乡建设厅编写组

乡村旅游

综　述

【基本情况】 2019年，全省乡村旅游发展紧扣供给侧结构性改革，全面实施全省"一核五带"文旅发展布局，围绕助力脱贫攻坚、助农增收，牢牢把握"产业兴旺、生态宜居、乡风文明、治理有效、生活富裕"的乡村振兴战略总要求，推行"旅游+"，着力推动部门联合、资源整合、产业融合，不断扩大乡村旅游项目投资和建设，培育各类旅游产品品牌，为促进全省经济稳增长、惠民生、促开放发挥了积极作用。全省全年乡村旅游实现总收入3200亿元，实现助农增收人均预期达80余元。

【推进综合改革，激发市场活力】 抓住农业供给侧结构性改革契机，找准制约乡村旅游发展因素，解决理论与制度的供给，在补短板上下功夫，联合省发展改革委等17个部门制订印发《促进乡村旅游发展提质升级行动方案(2019—2022年)》，促进乡村旅游发展提质扩容，发挥乡村旅游对促进消费、改善民生和推动乡村旅游高质量、可持续发展的重要带动作用。

【优化产品供给，推进民宿健康发展】 为促进和规范全省民宿产业发展，启动制定《关于推进旅游民宿健康发展的指导意见》，报批工作有序推进。实施乡村民宿精品示范工程，建设彭州等五大乡村旅游示范集群，培育巴山民宿、龙门山民宿区域品牌，将打造乡村精品民宿作为推进乡村旅游发展的重要内容和新热点，建设乡村振兴综合体。

【加强文旅融合，建设文旅特色小镇】 发挥文旅特色小镇的引领带动作用，通过将其生活艺术化、艺术生活化丰富和提升人们的生活品质，不断满足人们不断增长的物质文化和精神文化生活需求，命名大邑县安仁镇等20个四川省首批文化旅游特色小镇。建立共享平台，形成推动发展的合力，组建成立四川文化旅游特色小镇文旅发展联盟并组织成员单位到浙江省杭州市、湖州市、丽水市等地进行实地考察培训。

【突出创新示范，开展乡村旅游重点村名录建设】 成都市郫都区战旗村、丹巴县甲居二村等12个村被纳入全国乡村旅游重点村名录。

7月28日，全国乡村旅游(民宿)工作现场会在成都市郫都区唐昌街道战旗村召开。

突出抓好乡村旅游“厕所革命”，会同农业农村、住建等部门，加快推动乡村旅游公共服务建设，完善沿路沿线旅游厕所、标识标牌等旅游基础设施。加快乡村智慧旅游建设提升，加快“互联网+旅游”在重点乡村旅游目的地全面布局，支持有条件的乡村旅游目的地开展全域智慧旅游体系建设试点。围绕“健康中国”战略，引导有条件的市(州)加快乡村绿道建设。

【加大招商引资力度，培育市场主体】 依托中国(四川)国际旅游投资大会、旅博会、文化旅游节等，加大对乡村旅游项目的策划包装，推介全省优选乡村旅游项目。将乡村旅游合作社作为带动农民经营乡村旅游的基本主体、发展农村集体经济的新型实体、创新农村社会管理的重要抓手，促进农业全面升级、农村全面进步、农民全面发展，广元市昭化区原乡乡村生态旅游专业合作社等9家乡村旅游合作社被评为四川省第十二批乡村旅游合作社示范社。

四川省文化和旅游厅编写组

生态旅游与森林康养

【基本情况】 2019年，省林草局按照《关于全面推动四川林业高质量发展的意见》和《四川省林业和草原局关于实施生态“三业”工程推进绿色脱贫振兴的意见》精神，实施“生态旅游+”工程，探索林业生态旅游与教育、文化、康养、运动等产业的融合发展，稳步推进森林小镇、森林人家、森林步道等生态旅游载体建设，促进森林康养、自然教育、运动体验等新业态蓬勃发展，丰富新时代生态文明建设的林草业内涵。全年接待生态旅游游客3.4亿人次，实现生态旅游直接收入1150亿元，带动社会收入2550亿元，林业生态旅游总收入连续多年居全国前列，是全国林业生态旅游经济强省。

【生态旅游节会】 2019年四川花卉(果类)节庆活动成效显著。省林草局从申报条件、审批程序、经费管理、安全监管与节会总结评估等环节做好生态旅游节会规范和监管工作。全年共举办花卉(果类)、大熊猫、红叶生态旅游节100余场，生态旅游节会体系更趋完善，节会活动成效显著，亮点突出，收到了良好的社会效益和经济效益；四川花卉(果类)节庆活动有力催生了花卉经济发展，促进了经济林果果农增收。全年经省政府批准举办的花卉(果类)节会涵盖16个市(州)、54个县(区、市)的23种花21种果共92场次。作为主会场的2019四川花卉(果类)生态旅游节暨第三届眉山樱花节亮点突出，推出了眉山浪漫樱花之旅“一日游”“二日游”“三日游”等精品线路20余条，串联起眉山市的各重点景区和特色乡村生态旅游景区景点近40个，掀起了眉山市深度文化游、生态康养游、美食美景游、研学教育游的热潮。同时与樱花节同步举行了贫困县生态旅游产品展示展销、自然生态教育体验大课堂公开课、创意市集、摄影展等活动，实现了花卉生态旅游和花卉产业经济效益最大化。全年在6个县(区)举办红叶节，以理县红叶节为主会场，另设分会场5处，即天全县、金川县、黑水县、南江县、青川唐家河，红叶生态旅游节带动了国有林区产业结构调整，助推了贫困区域生态保护与经济发展。举办2019中国(四川)大熊猫国际生态旅游节，助力大熊猫栖息地生态经济转型发展。

【创新宣传】 加强创新营销宣传，多样化宣传四川生态旅游。通过四川省林业和草原发布平台和四川生态旅游全搜索发布了花卉观赏指数39期和红叶观赏指数7期，引导了公众生态旅游出行。加强四川生态旅游网和四川生态旅游全搜索微信公众号等平台宣传工作，形成网络、刊物、微信平台、电视栏目全覆盖的生态旅游宣传营销格局。

【助力乡村振兴】 以生态旅游建设为依托，广大农村大力发展当地生态旅游，开发了一系列的乡村生态旅游产品，如体验养殖生态跑山鸡、种植有机蔬菜、培育经济林木产业以及森林特色产品，群众生活面貌大为改善，全省乡村生态旅游直接收入占生态旅游总收入的70%以上，农民人均从生态旅游取得收入500元左右。生态旅游已成为新型林产业的重要支柱，是林农致富、地方经济发展、农村产业结构调整和新农村建设的重要途径，成为巩固天然林保护工程、退耕还林工程、野生动植物保护及自然保护区建设工程成果的后续产业。

【森林康养】 持续开展示范单位创建。新评定省级森林康养基地55处、森林康养人家104处、森林康养人家104处，申报并获得中国林产联合会评定全省“森林康养全国试点基地单位”7处。向国家林草局等四部委申报推荐玉屏山、海子山等国 家森林康养基地6处，4处获得评定通过。深化普及推广森林康养，举办第二届“森林康养月”和“生态康养日”宣传活动、第二届海峡两岸森林康养研讨会暨会东县华山松森林康养旅游节、中国(四川)第五届森林康养年会，承接举办中国林产联合会主办的第三届中国森林康养与乡村振兴大会，深化了森林康养、自然教育等理念，发展模式等宣传普及和推广。加大森林康养研究，完成《森林康养步道建设标准》的研究和发布、完成《山地轨道交通项目助推都江堰—四姑娘山生态走廊带森林康养快速发展研究》、玉屏山森林康养基地的医学实证研究以及花椒等植物的森林康养价值研究、完成《大熊猫国家公园自然教育现状研究》的研究，启动《关于强化科学研究高质量推进森林康养发展的意见》研究工作。推进森林康养创新发展，加强森林康养协同合作与技术攻关，支持四川省林科院、规划院、林业中心医院等单位成立森林康养理论与文化创意、森林康养医学实证研究等6个森林康养省级创新联盟。推动森林康养区域集聚发展，发布都江堰—四姑娘山、玉屏—峨眉四川首批两条森林康养走廊。探索森林康养政策创新，将森林康养产业发展用地政策纳入省林草局印发的《关于优化全省林草业发展环境的指导意见(试行)》；开展利用年度工会费用开展森林康养体验的政策可行性探索。加强森林康养交流培训，与贵州省林草局签署《关于加强双方森林康养发展合作备忘录》；与台湾森林康养同行达成海峡两岸森林康养“会东共识”。

四川省林业和草原局编写组

农村社会事业与民主法制建设

农村教育事业

综　述

【**基本情况**】 2019年，全省有农村幼儿园9378所，在园幼儿166.86万人，专任教师(含园长)7.18万人；农村小学4791所，在校学生382.41万人(含在读农村留守儿童94.9万人)，校舍面积(含教学点)3028.28万平方米，专任教师24.52万人，生师比为15.6∶1；农村初中3217所，在校学生191.17万人(含在读农村留守儿童50.98万人)，校舍面积2956.03万平方米，专任教师15.11万人，生师比为12.65∶1。

【**教育精准扶贫**】 加强组织领导，教育厅成立"控辍保学"、乡乡有标准中心校建设、教师队伍建设、深度贫困地区教育质量提升、职业教育扶贫、高校对口帮扶、厅机关定点帮扶7个专项工作组，制定《四川教育扶贫专项2019年实施方案》《四川教育扶贫专项2019年度实施方案责任分工及31个摘帽县联系分工的通知》《深入落实综合帮扶凉山州脱贫攻坚政策的责任分工方案的通知》，明确教育扶贫工作责任分工。安排教育扶贫项目10大项29小项，投入资金216.05亿元。在民族地区建设学校586所，建设校舍面积68.7万平方米，新增学前学位5000余个；开办“一村一幼”幼教点4888个，招聘辅导员16174名，招收幼儿20.83万名，8381个村的幼儿多数可就近接受学前双语教育。88个贫困县中小学联网占比95%，深度贫困县联网占比84%；“班班通”多媒体配备率达74.9%。摸准全省106.13万名建档立卡贫困家庭学生情况，全年资助贫困学生748.8万余人次，实现“应助尽助”，无因贫失学辍学情况发生。实施“深度贫困县人才振兴工程”，招录深度贫困县免费定向培养紧缺专业大学生1658人、民族预科班和异地高中班2847人、“9+3”高职单招和五年中高职贯通3125人。为贫困地区招聘(募)教师8480名，向贫困地区选派支教教师4231名，培训中小学及幼儿教师9.8万余人次。124所中等职业学校和5所高等职业院校承担藏区、彝区“9+3”教育任务，招录学生12025人。省内1157所内地学校对口帮扶45个深度贫困县2630所学校，选派教师2000余人次，建立教师工作坊890余个。全省126所高校帮扶88个贫困县的236个贫困村，选派驻村干部407名，投入帮扶资金6020.2万元。加强与浙江、广东教育部门的沟通衔接，获得教育帮扶资金3.04亿元，签署帮扶协议154个，惠及学生17.3万人次。教育部与省政府签署《打赢教育脱贫攻坚战合作备忘录》，确保2020年年底前如期精准实现教育脱贫攻坚目标。

【**教育资助**】 全年安排落实学生资助中央和省级补助资金79.49亿元，各项资助政策全面落实。学前教育为82.61万名民族地区在园幼儿和其余地区“三儿”(家庭经济困难儿童、孤儿和残疾儿童)减免保教费；义务教育为831万余名在校学生免除学杂费，免费提供教科书和作业本，为179.07万名家庭经济困难学生提供生活补助；普通高中教育全面免除民族自治地区在校学生学费和教科书费，为47.71万名民族自治地区在校学生和其余地区家庭经济困难学生免除学费，为41.69万名家庭经济困难学生提供国家助学金；中等职业教育为80.62万名非艺术类相关表演专业学生免除学费，为23.39万名学生提供国家助学金，为6.47万名建档立卡贫困家庭中职学生提供生活费特别资助，1207名中职学生获得国家奖学金；高等教育为43.9万名省内地方属普通高校家庭经济困难本专科学生发放国家助学金，为3.73万名研究生提供国家助学金，为7.88万名建档立卡贫困家庭本专科学生提供学费和生活费特别资助，为15574名研究生提供学业奖学金，2125名本(专)科学生、750名研究生获得国家奖学金，44355

名家庭经济困难本专科学生获得励志奖学金，同时，为40.57万名高校学生提供近29.3亿元的国家助学贷款，为1.06万名服兵役高校学生提供1.36亿元的教育资助，为2746名艰苦边远地区基层就业省属高校毕业生提供4100万元的学费奖补。

【推普助力脱贫攻坚】 以推普助力脱贫攻坚引领全省2019年语言文字事业改革发展，要求各市（州）特别是阿坝州、甘孜州、凉山州等深度贫困地区将普通话普及率的提升纳入地方绩效考核，开展推普助力脱贫攻坚督导评估，层层压实地方政府主体责任。落实《教育部四川省人民政府打赢教育脱贫攻坚战合作备忘录》有关要求，在绵阳市召开2019年四川语言文字工作暨推普脱贫攻坚推进会，召开推普脱贫攻坚专项会议，明确推普脱贫攻坚的目标任务，对加快普通话县域普及、学前学会普通话、手机APP项目、学校语言文字工作达标建设、中华经典诵写讲演等工作进行部署。同时，向“三区三州”地区发放“中小学语文示范诵读库”100台、《幼儿普通话365句》7000册、《普通话1000句》5000册，对彝区藏区45个深度贫困县2729所“一村一幼”幼儿园支持教学设施设备补助资金1.04亿元。根据国务院扶贫办召开的“学前学会普通话”行动专题会议精神，从社会扶贫资金中安排1.3亿元，用于凉山州“学前学会普通话”行动。在凉山州11个深度贫困县及非贫困县民族乡（镇）2724个幼教点试点“学前学会普通话”，惠及儿童11.28万人，幼儿普通话合格率达81.5%。阿坝州、甘孜州、凉山州分别制定2019—2020学年青壮年农牧民普通话培训方案及经费预算，申请“三州”培训工作经费共250万元。教育部印发专题简报《四川推普脱贫进行时，重点聚焦“甘阿凉”》，宣传四川推普脱贫攻坚工作经验。

【对口支援助力脱贫攻坚】 加强与江苏、广东、浙江3省教育厅的沟通衔接，推动对口支援助力脱贫攻坚。教育厅分管领导带队到浙江省教育厅协调对接对口帮扶事宜。8月，浙江省教育厅到四川省开展推普助力脱贫攻坚结对工作，在原有绍兴市结对帮扶汶川县的基础上，新增杭州市、宁波市等12个市（县）全覆盖对口帮扶马尔康市、茂县等12个市（县），率先在全国实现省（市）与州（县）推普助力脱贫攻坚结对帮扶全覆盖。协调广东省教育厅将支持凉山州“学前学会普通话”项目纳入《粤川教育扶贫协作和对口支援协议》内容，广东省佛山市投入专项资金4700余万元，在师资培训、设施配备、工作经费等方面提供了重要保障。广东省教育厅工作组于8月到凉山州、甘孜州协调对接凉山州“学前学会普通话”项目学前教师和甘孜州骨干教师普通话培训事宜。按照教育部、国家语委、团中央要求，招募普通话水平达到二级甲等及以上的在校学生组建119支实践团队，深入阿坝、甘孜、凉山等民族地区进行普通话推广教学、义务宣传普及等工作。

【深度贫困县专项计划招生】 全省全年安排深度贫困县紧缺专业大学本科生和公办高职专科生免费定向培养计划专项招生计划1648人，实际录取1658人。其中，普通类本科批招生院校23所，录取775人；高职（专科）招生院校29所，录取883人。少数民族地区及深度贫困县本土人才培养专项计划普通类招生院校3所，其中本科预科招生计划数340人，录取人数340人；专科招生计划数200人，录取人数200人。全年对口招生招收深度贫困县免费医学生（专科）109人；“9+3”高职单招考生范围扩大到往届生，招收深度贫困县“9+3”专项计划新生104人。在全省深度贫困县开展五年中高职贯通免费定向培养试点招生工作，录取人数88人。

【特岗教师招聘和“银龄讲学计划”工作】 全年招聘特岗教师3022人，为德阳、广安、阿坝、甘孜、凉山等12个市（州）54个县（区）补充乡村教师，优化教师队伍结构。根据教育部、财政部的部署，继续实施“银龄讲学计划”，面向社会招募一批退休校长、教研员、特级教师、骨干教师，帮助提升农村学校教学水平和育人管理能力，全省共招募到岗“银龄讲学计划”教师393人。

【实施农村教师生活补助政策】 按照《四川省人民政府办公厅关于实施集中连片特殊困难地区和国家扶贫开发工作重点县农村教师生活补助政策的通知》《四川省人民政府办公厅关于印发乡村教师支持计划实施办法（2015—2020年）的通知》等文件精神，实施农村教师生活补助政策。全年投入中央综合奖补资金28330万元、省级专项补助资金46318万元，惠及“四大片区”88个县的农村教师175440人。

【实施师范生顶岗实习凉山州支教计划】 实施师范生顶岗实习凉山州支教计划，四川师范大学等14所高校组织1678名师生到美姑县等11个深度贫困县开展顶岗实习支教工作，缓解凉山州基础教育教师不足问题。

【实施全国乡村优秀青年教师培养奖励计划】 6月，教育部教师工作司、中国教师发展基金会继续实施乡村优秀青年教师培养奖励计划，古蔺县大寨苗族乡大寨中学杜爱明等18名教师入选。

【举办四川省第二届“最美乡村教师”评选活动】 8月，由教育厅主办，四川省教育基金会、四川教育报刊社联合承办的第二届“最美乡村教师”推选展评活动启动。经资格审核、专家评议、公示等程序，安岳县双龙街乡初级中学李良等21名教师被评选为四川省第二届“最美乡村教师”。

【开展“乡村教育圆梦”活动】 3月，由教育厅、省文明办主办，四川教育报刊社、新华文轩出版传媒股份有限公司、四川省陶行知研究会联合举办的“美丽教育情满四川——文轩教育‘太阳星公益行动’乡村教育圆梦活动”启动。通过一系列重点活动项目和对点扶持，继续挖掘打造四川省乡村学校振兴联盟学校的特色，让联盟学校成为全省乡村学校发展的样板和范本。开展多场“名师送教进乡村”“校园心理健康辅导”“师生研学”等活动，帮助提升乡村教师素养，开阔乡村学生视野。“乡村教育圆梦”活动已累计提供各类项目1800余个，直接受益师生约20万人次，间接受益100余万人次；累计捐赠设备、实物和现金近2000万元；累计举办乡村学生夏令营活动6次，开展各类形式的“送教下乡”活动50余场、乡村教师心理健康培训6次。

【开展“点亮凉山”教育脱贫攻坚公益行动】 由四川教育报刊社发起的“点亮凉山”教育脱贫攻坚公益行动整合社会各类资源，涉及研学资助、物资捐赠、人物宣传、教育信息化等内容，服务凉山州贫困地区教育事业，其中“双师课堂”覆盖学校拓展到6所，共有11个“双师班”近千名学生参与，并争取到25万元组织30余名表现突出的学生到北京研学；“走出大山看祖国”美育教育系列活动通过支付宝公益募集到近20万元，分别开展送教、画展、研学等活动；“益暖童心”活动通过联合成都文旅集团在成都市多个社区开展冬衣募捐活动，筹集到上千件冬衣及部分保暖物资，总价值达30余万元；“温暖一度”活动得到精锐国际教育集团4万元经费支持，用于购置净水器、书籍、文具等物资。

【启动“四川省构建留守女童社会安全保护网络白皮书”项目】 1月4日，“四川省构建留守女童社会安全保护网络白皮书”项目在西南财经大学启动。项目汇聚政府机构、高等院校、社会组织、新闻媒体、爱心企业等多方力量，组建高水平研究团队，对21个市（州）开展“四川省农村留守女童权益保障调研专项计划”调研，调研内容包括留守女童在基本生活、学习教育、心理健康、性侵害、家庭暴力等方面的生存现状，以及当地政府、学校、社会组织等社会安全保护网络多元主体在留守女童权益保障等方面的工作情况，在基本摸清四川省留守女童社会安全保护现状的基础上，为政府公共政策提供有力支撑。

四川省教育厅编写组

农村基础教育

学前教育

【发展农村学前教育】 全省各地把发展农村学前教育作为乡村振兴战略的重要内容，将幼儿园建设作为新农村公共服务设施统一规划。通过实施第三期学前教育行动计划新建公办幼儿园，原则上每个乡（镇）至少办好一所公办中心幼儿园，利用农村中小学闲置校舍和乡村公共服务设施改建幼儿园，大村独立建园，小村联合办园，推动农村学前教育事业发展。加快集中连片贫困地区乡村幼儿园建设，支持农村地区幼儿园改善办园条件。开展幼儿园“小学化”专项治理。鼓励城区公办示范园结对帮扶农村民办园，发挥乡（镇）中心幼儿园对村级幼儿园的辐射指导作用，提高农村幼儿园的办园水平。

【推进“学前学会普通话”行动】 按照“国家支持、省监督指导、州统筹实施”要求，依托“一村一幼”，在凉山州推进“学前学会普通话”行动试点，试点覆盖村级幼教点2724个，惠及幼儿11.28万人，并在全部覆盖凉山州所有幼教点和幼儿园的基础上扩展覆盖到了小凉山彝区。推进“学前学会普通话”管理信息化，上线运行凉山州“学前学会普通话”信息管理平台，加强“学前学会普通话”管理，不断提升教育教学质量，发挥“学前学会普通话”在“控辍保学”中的基础性作用。6月4日，全国“学前学会普通话”行动试点现场推进会在凉山州举行，国务院扶贫办党组书记、主任刘永富出席会议。省委办公厅以《四川省多措并举整合力量实施“学前学会普通话”破除彝族幼儿语言障碍》为题上报中央办公厅，介绍凉山州的成功经验。“学前学会普通话”凉山试点项目被评为“全国脱贫攻坚奖组织创新奖”。

四川省教育厅编写组

义务教育

【“控辍保学”工作】 全省将“控辍保学”工作列入教育部2019年厅长突破项目，聚焦彝区藏区，把“控辍保学”工作列入扶贫专项重点工作；成立“控辍保学”专项工作小组，针对性解决重点地区各方面具体问题；在落实“五长”责任制的基础上创新实施户籍与学籍比对核查、信息系统动态监控、派驻信息专员、分类复学、暗访督导、第一校长六项举措，实现对失（辍）学学生的精准锁定、动态监控、有效劝返和分类复学。6月18日，省政府在西昌市召开全省控辍保学暨农村学校建设工作电视电话会议，贯彻习近平总书记关于脱贫攻坚和教育工作的重要论述，全面落实全国“控辍保学”暨农村学校建设工作现场推进会精神和省委、省政府脱贫攻坚决策部署，安排全省“控辍保学”和农村学校建设重点工作。会议要求各地、各有关部门要切实提高思想认识，把打赢“控辍保学”攻坚战放到增强“四个意识”、坚定“四个自信”、做到“两个维护”的政治高度上去认识，作为全面建成小康社会、实现中华民族伟大复兴中国梦的重要工作来抓，打好“控辍保学”这场命运之战、未来之战、振兴之战、长治久安之战。截至2019年年底，全省九年义务教育巩固率达94.73%，179个县（市、区）实现义务教育基本均衡发展。教育部反馈四川省疑似失辍学人员已完成劝返和核减71889人，完成率达98.5%，中国教育新闻网和《光明日报》对该项工作进行了专门报道。

【完善城乡义务教育经费保障机制】 落实《四川省人民政府关于进一步完善城乡义务教育经费保障机制的实施意见》，会同财政厅印发《四川省城乡义务教育补助经费管理办法》。下达中央和省级“三免一补”资金85.58亿元，为831万名义务教育阶段学生免除学杂费，免费提供教科书和作业本，为179.07万名义务教育家庭经济困难学生提供生活补助；对义务教育家庭经济困难寄宿学生发放生活补助，做到“应补尽补”。统一城乡义务教育公用经费基准定额和分担政策，对城乡义务教育学校（含民办学校）按照每生每年普通小学不低于600元、普通初中不低于800元的基准定额补助公用经费。在该基础上，对寄宿制学校按照寄宿生年生均200元的标准增加公用经费补助，对农村地区不足100人的学校按100人核定公用经费，并继续对高海拔地区义务教育学校补助取暖费；对特殊教育学校和随班就读残疾学生按每生每年6000元的标准补助公用经费。

【举办全省农村义务教育学生营养改善计划工作专题培训班】 12月5日，教育厅、省学生营养办在成都市举办2019年秋季学期全省农村义务教育学生营养改善计划工作专题培训班，全省开展农村义务教育学生营养改善计划试点工作的19个市（州）营养办的负责人40余人参加了培训。在专题培训班上，教育厅对2019年全省农村义务教育阶段学生营养改善计划实施和开展截留克扣营养膳食补助专项整治工作情况进行了总结；财政厅通报了强化会计核算、确保资金安全相关情况；邀请省疾病控制中心负责人对《2012—2018年全省农村义务教育学生营养健康体质监测报告》进行了解读，结合国家五部委《关于进一步加强农村义务教育学生营养改善计划有关管理工作的通知》的精神，就学习贯彻《食品安全法实施条例》提出了要求。

四川省教育厅编写组

农村成人及职业教育

【涉农示范专业建设】 全省全年中等职业学校农林牧渔类专业共招收学生1.21万人，在校学生达2.7万人，毕业生达1.27万人。开展涉农示范专业建设，将四川省旺苍职业中学的现代农艺技术（茶学方向）专业、四川省荥经县职业高级中学的农村经济综合管理专业列入2019年四川省中等职业学校示范（特色）专业建设计划立项单位名单。

【实施“9+3”免费教育】 全省全年共招录民族地区“9+3”免费教育学生12025人，其中藏区2554人、大小凉山彝区9471人。下达“9+3”免费教育中央资金5000万元、省级补助资金14708.56万元。中等职业教育质量提升工程中央、省级补助资金投入民族地区、贫困地区资金达2.3亿元。落实“9+3”免费教育资助政策扩面工作，参照藏区州内中职学生“9+3”补助政策，对未实行“9+3”免费教育政策的其他集中连片特困地区29个县中职学校三年级在校学生给予每生每年1000元的生活补助，下达省级补助资金1786.58万元。

12月30日，教育厅召开四川省民族地区“9+3”免费教育计划实施10周年总结大会，全面总结四川省民族地区“9+3”免费教育计划10年来取得的成绩，交流展示“9+3”计划工作的经验和做法，对成都市教育局等100个先进集体、王尉等200名先进个人进行了通报表扬。10年来，中央和省级财政累计投入20.73亿元用于“9+3”免费教育计划，内地先后有100余所中等职业学校承担该项任务，累计招收藏区学生5万余人和大小凉山彝区学生近3万人，已有4.2万人毕业，毕业生初次就业率均超过98%，惠及民族地区家庭8万余个，其中来自偏远、贫困地区的农牧民家庭子女占90%以上。

【开展新型职业农民培训】 按照教育部等九部门联合下发的《关于进一步推进社区教育发展的意见》中关于“广泛开展农村实用技术培训和现代生活教育培训，大力开展新型职业农民培训”的要求，配合农业农村厅、人社厅等部门，围绕乡村产业发展，利用社区教育阵地，开展农村实用技术培训，发展乡村生态旅游，促进当地产业发展。通过举办乡村振兴讲坛（成都市郫都区战旗村）、致公圆梦大讲堂（泸州市）、农民夜校（自贡市、广元市）、田野教育学院（广安市邻水县）、乡村振兴学院（内江市）等方式，聘请专业技术人员实地开展农村实用技术、电子商务等培训，为当地发展经济提供智力支撑，先后共培训新型职业农民3.1万余人次、扶贫技能培训6.2万余人次，为1.4万余人次开展专业技术指导。成都市双流区永安社区教育学校先后开展实用技术培训、农村职业经理人培训和新型职业农民培训50余场次，参训3600余人次。

【职业教育扶贫】 全年实施中等职业教育质量提升工程，大力支持民族地区、贫困地区职业教育发展，支持贫困地区开展省级示范学校、省级示范（特色）专业和薄弱学校基础能力标准化建设。在全省中等职业教育质量提升工程中投入省级补助资金5.82亿元，其中民族地区、贫困地区投入资金达2.3亿元，占资金总额的39.57%，支持民族地区、贫困地区的18所省级中等职业示范校、8个省级中等职业示范（特色）专业和22所中等职业学校基本办学条件标准化建设。采取多对一的方式实施对口帮扶，电子科技大学、四川师范大学等14所省内公办高校对口帮扶西昌民族幼儿师范高等专科学校、阿坝职业学院和四川应用技术职业学院。

四川省教育厅编写组

希望工程

【基本情况】 2019年是希望工程实施30周年，省青少年发展基金会紧密围绕团省委中心工作，坚持助学育人的工作宗旨，全面助力精准扶贫，拓展青少年公益项目，不断加强社会合作。全年援建希望小学14所，配备图书室、电脑教室等设施设备共计32套，资助家庭经济困难学生（包括大、中、小学生）9256名。青基会获得第二届“四川慈善奖”最具影响力慈善组织称号，推荐华益民教授获得第二届“四川慈善奖”最具爱心慈善楷模称号。在全国希望工程实施三十年表彰活动中，推荐蓝剑饮品集团等4家爱心企业获得“公益之星”称号，推荐李小勇等5名受助学生获得“希望之星”称号，推荐王国娟等9名同志获得“奉献之星”称号，推荐宣汉县希望小学获得“希望小学之星”等称号。

【活动开展】 “带你一起看中国”——希望工程红色之旅。为庆祝中华人民共和国成立70周年，全面展现新中国成立以来的伟大成就，暑期组织5支红色小分队分别到北京、上海、贵州遵义、陕西延安、江西井冈山等地，采取参观和教学相结合的方式，开拓孩子们的眼界，让农村青少年生动形象地感受祖国的繁荣昌盛。

“希望工程·快乐六一”关爱活动。全年资助自贡市贡井区、米易县、泸县、仪陇县、雅安市雨城区、康定市6地希望公益服务中心在当地建设希望小学和乡村学校。

“希望工程·快乐六一”关爱活动。活动包括文艺演出、校园游园会、趣味运动会、书法绘画作品展等，共计2000余名师生及家长参加“希望工程暖冬关爱行动”。活动得到中国农业银行成都锦城支行、四川广播电台新闻频率106.1、四川新双立集团大众进口汽车、四川柏形时尚培训学校、爱心人士姚明明等企业和个人的大力支持，共募集资金19万元，采购暖冬爱心包1000个，分别为宝兴县大溪乡中心校、泸县方洞镇方洞中心小学校、雅安市雨城区晏场镇中心校、仪陇县果山小学校、米易县草场中心校、米易县草场乡横山小学、自贡市贡井区席草田小学、自贡市贡井区育才小学、自贡市贡井区莲花学校、自贡市贡井区五宝小学、自贡市贡井区龙潭小学、自贡市贡井区建设小学、自贡市贡井区高洞小学、巴塘县党巴村等地贫困家庭留守儿童送去温暖。

共青团四川省委编写组

农村文化、体育工作

涉农广播与电视工作

【基本情况】 2019年，全省涉农广播电视工作围绕庆祝中华人民共和国成立70周年工作主线，加大宣传力度，推进农村广播电视公共服务体系建设，提升广播电视节目制播能力，取得明显成效。全省广播综合覆盖人口达9112.32万人，覆盖率由2018年年底的97.84%提高到98.23%，其中农村广播综合人口覆盖率达97.7%，提高0.46%；全省电视综合覆盖人口达9178.4万人，覆盖率由2018年年底的98.79%提高到98.95%。全省农村广播节目播出时间21.68万小时，较上年增加1.97万小时，增长9.99%，占公共广播节目播出总时长的31.22%；全省农村广播节目制作时间3.94万小时，比上年增加0.68万小时，增长20.86%，占广播节目制作总时长的13.42%。

【广播电视宣传工作】 指导协调全省广播电视播出机构紧密围绕全面、立体展现四川乡村幸福美丽的画卷，宏观、精准记录四川从农业大省向农业强省跨越的步伐加强宣传报道，重点结合农民丰收节、农民工服务保障、食品安全专项整治、“天府菜油”行动等重要内容营造良好社会舆论氛围。指导四川广播电视台公共频道转型改版，创办升级成定位清晰、特色鲜明的《公共・乡村》频道，并于5月正式播出。全省各级播出机构先后推出《"壮丽70年·奋斗新时代"》《四川印记(1949—2019)》《主播看四川》《壮丽七十年七十村看变迁》《乡村直播间》《金字招牌》等一系列专栏专题、融媒体大型直播、大型新闻专题等节目，全方位、多视角讲述70年来巴蜀大地的变化和成就，营造了庆祝中华人民共和国成立70周年的浓厚氛围。开展"名记者、名主持人增强'四力'四川边界行"走基层采访活动，14路采访组辗转14个市(州)的30个边界县、行程6万千米，推出了《一街跨两省的党支部》《茶马古道上的边陲小镇》《代家村的"最后一公里"》等35期报道和50篇主播手记，"学习强国"平台首屏推荐，省、市主流媒体专栏报道点击量超数百万余次，腾讯、今日头条等媒体相继转载，中宣部刊发专题简报进行了推介，产生了较大反响。实施和开展"美丽四川"影视精品工程、"乡村振兴・美丽家园"网络视听节目精品创作传播工程和"滚滚看巨变巴蜀正青春"庆祝中华人民共和国成立70周年网络视听节目征集活动，推出精品力作。

【广播电视民生工程建设】 加快推进广播电视无线发射台基础设施建设，督促指导23个高山台站改造项目加快实施。提高县级广播电视台整体制作水平，督促指导10个县加快推进广播电视台制播能力提升工程建设。督促指导阿坝州、甘孜州及木里县加快推进藏区州、县节目覆盖工程建设，提高藏语节目译制、制作、播映和传播覆盖能力，满足民族地区群众收听收视需求。在甘孜州和阿坝州39所寄宿制学校实施"广播电视进藏区寄宿制学校四期工程"。

【广播电视公共服务体系建设】 制定《四川省广播电视公共服务效能提升方案》《四川省广播电视公共服务体系运行维护绩效评价暂行办法》，推动广播电视公共服务补短板、强弱项、提质量。举办全省广播电视公共服务建设现场培训班，学习推广岳池县广播电视公共服务"建管用"经验，确保广播电视户户通、长期通、优质通。全省广播电视公共服务建设、管理、运行的实践经验分别在国家广电总局在川召开的第一期广播电视公共服务和脱贫攻坚工作研讨班、全国广播电视公共服务工作座谈会上作经验交流。12月28日，以"惠民服务解难题，智慧广电进万家"为主题，在全省21个市(州)同步开展四川省首届广电惠民服务月活动，解决老百姓听广播看电视用宽带的"烦心事、揪心事、操心事"，完成"两项便民服务"和"六项惠民活动"任务，把活动办成为一件覆盖范围广、服务举措实、党委政府认可、人民群众欢迎的民生实事。

【广播电视脱贫攻坚】 举办全省广播电视脱贫攻坚培训班，印发《关于进一步做好广播电视民生实事和坚决打赢脱贫攻坚战的通知》，督促指导各地完成脱贫攻坚项目实施方案编制和备案135份(其中"户户通"99份、"村村响"24份、应急广播平台12份)。完成71.3万名减贫人口对应的减贫户通电视信号、1795个退出贫困村通广播年度脱贫攻坚任务，完成443个贫困村广播"村村响"、25万户电视"户户通"工程建设，提前一年全面完成脱贫攻坚各项目标任务。开展"两不愁、三保障"回头看大排查，6.24万户有收看电视需求但不能收看的问题全部整改完成。省广电局在2018年脱贫攻坚成效考核四个等次中被评定为最高等次"好"。

【应急广播建设】 省广电局编制了《四川省应急广播体系建设总体规划》《四川省2019年度深度贫困县应急广播体系建设实施方案》《四川省2019年度深度贫困县应急广播体系建设技术方案》等规范性文件，指导做好443个村级应急广播系统和12个贫困县县级应急广播体系的招标工作，督促指导21个深度贫困县加快推进应急广播体系建设。配合完成四川2019年省级抗震救灾综合演练。6月17日，长宁县发生地震，广播电视地震预警系统提前10秒向宜宾市预警，提前61秒向成都市预警。截至2019年年底，地震电视预警已覆盖全省21个市(州)141个县(市、区)。发挥应急广播"好帮手"作用，助力农村精神文明建设。全省多个地区探索利用广播"村村响"开设农民夜校，将习近平新时代中国特色社会主义思想分门别类制作成深入浅出的小专题在晚间固定时间播放，取得了良好宣讲效果。在村级末端，应急广播大喇叭将村规民约等反复播放，农村婚丧嫁娶大操大办等陋习明显改观。

四川省广播电视局编写组

农村体育事业

【体育赛事活动丰富多彩】 省体育局实施群众体育全域化国家战略，创新举办群众体育赛事活动，形成独具四川特色的群众体育品牌，其中第一次跨省举办川籍农民工运动会，第一次举办全省智力运动会，第一次以省体育局名义举办全省全民健身运动会，第一次举办大规模省直机关职工运动会，第一次全省联动开展"百万群众迎新登高"系列健身活动，第一次举行"千万群众健步走"活动，第一次开展"百城千乡万村"全民健身运动，第一次举办全省体育系统职工运动会。第一届川籍农民工运动会是全省第一次异地举办运动会、第一次跨省跨部门联合办赛、第一次由政府和企业联合办赛、第一次由劳务输出省份在劳务输入省份举办专门服务于农民工的运动会，开创了为异地农民工送健身服务的全国先例，取得了良好的政治效应和社会效应。全省全年组织开展各级各类群众体育赛事活动18700余场次，直接吸引4400余万人次参加。

【坚持体育为民惠民】 加快农民体育健身工程建设，全年新建农民体育健身工程8244个，实现了"三州"地区全覆盖。争取中央资金7416万元，补助84个大型体育场(馆)开展免费或低收费开放服务；投入省级资金1640万元，补助98个中小型体育场(馆)开展免费或低收费开放服务；完成10个政府向社会力量购买公共文化体育服务示范项目的民办体育场(馆)免费或低收费开放服务工作。全省全年各级各类体育场(馆)向公众开放服务达3898万人次，增加1212万人次，完成全年目标任务的145%，人民群众在体育领域的获得感和幸福感不断增强。

【举办各项群众体育专业培训】 全省举办各级社会体育指导员培训26328人，县级及以下培训占64%。同时，抓好群众体育管理干部培训、国民体质监测技术骨干人员培训、广播体操和工间操技术骨干人员培训等业务培训，覆盖全省21个市(州)。组织四川代表队参加2019年全国社会体育指导员交流展示大会，获得一等奖3个、二等奖1个、三等奖1个，获得优秀组织奖、最佳创意奖等奖项14个。

【青少年体育事业持续发展】 全年共举办省级青少年体育竞赛43项次，参赛运动员达23432人；31002名青少年运动员进行网上预注册，19857名运动员完成注册。全省举办青少年冬(夏)令营活动135项次，65214名青少年参加；举办省级各类培训班30期，共计3056人参加培训。对全省21个市(州)的2498名家庭经济困难的学生运动员进行体育助学金资助，资助金额达599.52万元。组织代表团参加全国第二届青年运动会，共获得71金63银73铜的成绩，获得"体育道德风尚奖"，实现了运动成绩和精神文明“双丰收”。

【开展体育特色扶贫】 省体育局继续牵头帮扶武胜县并参与帮扶雷波县。省体育局负责人全年组织带队到武胜县和雷波县开展扶贫活动17人次。实施“冠军扶贫”计划，组织2批20余名各类体育运动冠军到联系点开展扶贫扶智活动。推进帮扶项目建设，投入1123万元，用于彝家新寨、文体广场等基础设施建设和石蛙养殖、晚熟柑橘种植等特色产业发展。动员各级工会开展“以购代扶”活动，省体育局机关“以购代捐”总额达5万元。推动雷波县281个行政村农民体育健身工程率先实现全覆盖。指导武胜县申办和承办第二届全国青年运动会皮划艇静水预赛，承办2019年全国青少年体育冬（夏）令营（四川站）暨四川省青少年定向运动冬令营，举办“韵动中国·乡约武胜”2019武胜乡村马拉松赛，申办并承办2019年国际自盟自由式小轮车一级赛（中国武胜站）、2019年中国BMX自由式联赛总决赛等赛事，举办了四川省科学健身知识大讲堂进武胜—柔力球培训活动、雷波县“脱贫攻坚”运动会和职工周末篮球、足球联赛等。定点帮扶的雷波县帕哈乡特门村等4个贫困村已相继退出并通过验收，武胜县已退出贫困县序列并被评为“全省脱贫摘帽先进县”。

四川省体育局编写组

农村医疗卫生事业

【基本情况】 2019年，全省有医疗卫生机构83757个，有卫生人员79.43万人，其中卫生技术人员60.24万人。卫生技术人员中，有执业（助理）医师22.12万人、注册护士27.06万人；每千人口执业（助理）医师2.64人，每千人口注册护士3.23人，每万人口专业公共卫生机构人员5.81人。全省医疗卫生机构有病床位63.17万张，每千人口病床位7.54张。全省全年医疗卫生机构总诊疗5.6亿人次，入院1981.31万人。

【加强党的建设】 省卫生健康委推进“四好一强”领导班子创建，带动全系统增强“四个意识”、坚定“四个自信”、做到“两个维护”。出台《加强公立医院党的建设工作实施办法》，推动落实党委领导下的院长负责制。“不忘初心、牢记使命”主题教育扎实开展，制订学习、调研、专题党课等工作方案和专项整治方案。开展学习教育，建成四川卫生网上党史委史馆。结合“五个差距”“六个对照”，检视查找问题，抓实专项整改。加强干部监督管理，对委直属单位领导干部开展全覆盖政治体检。开展蒲波严重违纪违法案“以案促改”工作，深化“三项教育”“三项整治”。开展形式主义官僚主义突出问题集中整治，出台为基层减负19条整改措施，“文会督”大幅压减。举行中华人民共和国成立70周年系列庆祝活动，完成《四川卫生健康改革发展70年》编撰、《壮丽70年奋进健康路》文献纪录片摄制。举办“我和我的祖国”天使乐章文艺汇演和庆祝四川卫生健康70年书画摄影作品展，增强了全行业爱国主义的硬核力量。

【打好“健康扶贫攻坚战”】 实施“健康扶贫三年攻坚行动”，围绕解决贫困人口基本医疗有保障突出问题，全面消除贫困地区乡、村两级医疗卫生机构和人员“空白点”。推动形式主义、标准把握不精确等突出问题整改，全部实现销号。全省87个贫困县县医院达到二级及以上水平，31个计划“摘帽”贫困县乡（镇）卫生院、贫困村卫生室和村医100%达标，1482个计划退出贫困村卫生室达标率和村医合格率均实现100%。持续对建档立卡贫困人口实施免费健康体检。贫困人口全覆盖纳入基本医疗保险、大病保险、医疗救助范围，“一站式”结算政策和县域内先诊疗后付费制度全面落实，贫困患者县域内住院医疗费用个人支付占比7.47%。

【推进医疗卫生发展】 实施区域协同发展，出台《关于推动“一干多支、五区协同”区域发展加快落实全域分级诊疗制度的指导意见》，制定议事规则，召开五大经济区联席会议，签订战略合作框架协议。推进委省共建国家区域医疗中心试点，指导四川大学华西口腔医院等创建口腔国家医学中心、创伤国家医学中心和国家儿童区域医疗中心，争创癌症、精神、呼吸、神经等国家区域医疗中心。深入实施大型医院“高精尖优”发展、县级医院“服务主责”提升工程，158家三级公立医院纳入绩效考核，29家县医院被纳入国家全面提升县级医院综合能力项目。开展“优质服务基层行”，952家基层医疗卫生机构达标。推进疾控系统“爱岗敬业三年行动”，省疾控中心与中国疾控中心在川建立院士工作点。推动妇幼保健机构体制机制创新，开展绩效考核试点。

【启动实施“健康四川行动”】 省政府出台《推进健康四川行动的实施意见》，成立健康四川行动推进委员会和专家咨询委员会。印发《健康四川专项行动方案（2020—2030年）》，在国家15个专项行动基础上，结合四川特色，增加中医治未病健康促进、口腔健康促进和民族地区健康促进3个专项行动。举行“健康四川行动”、专项行动启动仪式，营造全社会共同参与健康四川行动的浓厚氛围，形成政府积极主导、社会广泛参与、个人尽责尽力的良好局面。

【深化医改全面推进】 公立医院改革不断深化，完成公立医院取消医用耗材加成改革，严控医疗费用不合理增长，全省公立医院门诊和住院次均费用增幅均控制在5%以下。推进现代医院管理制度建设，四川大学华西医院等6家医院、省妇幼保健院等43家医院分别纳入国家和省级试点，84家公立医院开展薪酬制度改革试点。分级诊疗制度不断健全，出台进一步完善分级诊疗制度的指导意见，开展分级诊疗评估。印发《家庭医生签约服务规范》，建成家庭医生示范工作室251个。有序推进医联体建设试点，全省建成医联体928个。开展社区医院建设试点，129家基层医疗卫生机构被确定为社区医院。药品供应保障不断强化，指导成都市做好国家组织药品集中采购和使用试点，完善国家基本药物制度实施方案，开展短缺药品使用监测，努力保障供应。综合监管机制不断完善，省政府出台改革完善医疗卫生行业综合监管制度的实施意见，构建多部门综合监管制度；医疗“三监管”纵深推进，启用新版监管指标和责任追究办法，接入医疗机构7000余家，筛查问题线索3000余条，四川医疗“三监管”入选国家卫生健康委2019年度“推进医改，服务百姓健康十大新举措”。完成“双随机”抽查2万余单，向社会公布典型案例20例。“放管服”改革成效不断显现，开展“一网通办”试点，取消14项证明事项和180余项纸质申请材料，行政许可事项100%实现“最多跑一次”。全年受理行政许可事项73万余件,按时办结率、群众评议满意率均为100%。

【公共卫生得到加强】 疾病防控大力推进。为8000余万名城乡居民提供14类基本公共卫生服务,对18个疾控机构进行等级评审。加强传染病防控和免疫规划,甲、乙类法定传染病报告发病率229.76/10万。加强慢病防控,全民健康生活方式行动县(市、区)覆盖率达100%,癌症筛查覆盖面不断扩大。开展社会心理服务体系建设试点,全省严重精神障碍报告患病率4.58‰、管理率96.15%。广泛开展爱国卫生运动,推进健康城市和健康村镇试点,攀枝花市、遂宁市通过国家卫生城市复审。

重大疾病有效防治。健全艾滋病“三线一网底”防治体系,全年建成检测实验室(含快检点)5092个,检测3500万人次,常住人口检测覆盖率42.16%,抗病毒治疗覆盖率93.28%,母婴传播率4.85%。凉山州4个重点县治疗覆盖率达93.05%。加强包虫病综合防治,新增筛查42万人次,目标人群筛查覆盖率达97.31%,其中石渠县试点以来累计筛查8.8万余人,筛查覆盖率为98.6%,为5600余名患者均提供免费药物治疗。推进结核病综合防治示范区建设,全省报告肺结核及疑似肺结核患者4.87万例,成功治疗率94.21%。全面落实重点地方病防治措施,实现全省消除疟疾目标,52个血吸虫病流行县(市、区)达到消除标准,大骨节病、克山病、耙子病等重点地方病消除状态持续巩固。

妇幼健康工作扎实开展。推进母婴安全行动计划,孕产妇和婴儿死亡率继续下降。为44万对拟婚夫妇提供免费婚检,为170余万名妇女提供免费“两癌”筛查和妇女病筛查。

职业健康得到加强。开展尘肺病防治攻坚行动,推动签订劳动卫生专项集体合同,创建职业健康示范园区2个和职业健康示范企业8家。发布食品安全地方标准《花椒油安全标准》,食源性疾病监测医疗机构增至698家。

卫生应急能力不断提升。全年及时报送突发事件79起,组建各类卫生应急队伍1210支,队员达1.4万人。成功应对长宁地震和阿坝州暴雨泥石流事件,完成79起紧急医学救援,首次将5G技术用于伤员远程诊疗和航空医疗转运,高效规范处置突发公共卫生事件27起。

【医疗服务持续改善】 医疗服务能力提升。实施进一步改善医疗服务行动计划,630家二级及以上医院通过室间质控,推行2个医学影像检查和19项临床检验项目结果互认。远程医疗体系覆盖2000余家医疗机构,远程会诊90余万人次,43%的三级公立医院开展分时段预约诊疗服务。全省656家医疗机构在线参与医院满意度第三方调查测评,患者满意度得分首次超过全国平均水平,员工满意度排名全国第一位。

质量安全不断加强。临床输血等18个质控中心实现市(州)分中心全覆盖。开展等级评审医院46家、巡查式评审医院17家。调整抗菌药物临床应用分级管理目录(2019年版),印发第一批重点监控合理用药药品目录(化药及生物制品)。推动无偿献血服务标准化建设,全年全省无偿献血采集量278.8吨,增长8.1%。

健康产业稳步发展。编制健康产业发展报告,开展实施项目评估。印发《关于进一步促进社会办医健康发展的实施意见》,组织5家社会办医院参加等级评审,推动社会办医重大项目落地。促进健康旅游、健康金融、健康保险等多领域融合发展,统筹推进资阳牙谷、细胞治疗等特色产业聚集区建设。制定5G智慧医疗标准规范,推进5G智慧医疗建设试点。

【中医药工作】 服务能力不断增强。推进国家中医药传承创新工程项目建设,持续实施中医药服务能力提升“十百千”工程,建设7个省级中医医疗区域中心。建成高层次人才培养基地1个,新增名医工作室7个,中医药适宜技术推广培训2.4万人次。

产业发展提档升级。印发《中药材产业发展规划》,填补了全省缺乏中药材整体规划的空白。推进“三个一批”项目,加强中药材溯源体系建设。构建“一核四区”中医药健康旅游发展格局,打造四川中医药健康旅游品牌。

科技创新有序推进。持续开展花椒药用价值挖掘及大健康产品研发,竹叶花椒四川省地方药材和中药饮片标准发布执行。新增省级临床医学研究中心4个,成立中医药循证医学研究中心和中医药健康产业技术创新联盟。

【人口家庭和老龄工作健康发展】 “一老一小”健康照护迈出新步,组建新一届省老龄工作委员会。印发《医疗卫生与养老服务相结合发展行动方案》,举办四川省第二届医养结合发展论坛。扩增医养结合服务供给,全省有医养结合服务机构2900余家、床位6.6万张。加快健全老年健康服务体系,二级以上医院老年医学科设置率达38.9%。推进国家级安宁疗护试点。省政府出台促进3岁以下婴幼儿照护服务发展的实施意见,试点开展婴幼儿托育照护服务。提升全面两孩政策生育保障水平,27个生育秩序整治重点县政策外多孩率持续下降。开展特殊家庭关怀扶助,兑现奖励扶助202万人、特别扶助17万人、“少生快富”3120户,将独生子女伤残、死亡家庭扶助标准分别提高到每人每月600元和760元,住院护理补贴保险制度全面落实。

【支撑保障统筹推进】 规划项目落地落实,完成“健康四川2030”规划纲要、“十三五”规划年度监测;全年争取中央预算内资金21.5亿元支持县级医院等项目建设,省级医疗卫生重点项目年度任务基本完成;国家西南区域质子治疗中心项目落户四川。法治建设深入实施,落实行政执法“三项制度”,推进行政权力规范运行,动态调整省、市、县行政权力事项,全年办理行政复议案件42件、行政诉讼案件21件,无败诉案件;深入推进“法律七进”活动和集体学法制度,队伍建设和科技创新取得新进展。协同推进院校医学教育改革,支持31所院校增设医药卫生类专业。巩固毕业后医学教育制度,启动疾控公卫医师规培试点,“五类”规培招收1万余人;出台《加强基层卫生人才队伍建设的若干措施》。优化职称评审,完善评价体系,评选天府名医20名、首席专家30名、领军人才63名,培训各级卫生管理干部和专业技术人员1.3万人。推进医学科技创新和成果转化,新建省医学重点学科(实验室、专科)63个,完成83家单位275个重点学科(专科)科技影响力评价和发布;立项国家级科研391项,部、省级637项,分别增长17.4%、15.6%。信息化建设不断加强,省政府印发《推进“互联网+医疗健康”示范省建设的实施方案》,审批设置14家互联网医院;开展“互联网+医疗健康”便民惠民服务行动,推动二级以上医院提供分时段预约诊疗等线上服务,全年网上预约挂号5000余万人次。国际合作交流持续深化,印发改进和加强援外医疗队工作实施意见,探索创新援非工作模式。争取引智项目,获批高端人才引进项目12项,西南医科大学附属医院塔奇曼教授获得2019年中国政府友谊奖。中医药国际合作持续深化,组建川港中医药发展联盟,合作共建荷兰中医药中心,黑山中医药中心被确定为2019年度国家中医药国际合作专项。

四川省卫生健康委员会编写组

农村基层政权建设

【抓好省委"两个"文件的贯彻实施】 贯彻落实《中共中央办公厅国务院办公厅关于加强乡(镇)政府服务能力建设的意见》(中办发〔2017〕17号)、《中共中央国务院关于加强和完善城乡社区治理的意见》(中发〔2017〕13号)要求,将推动落实省委、省政府"两个实施意见"情况纳入年度目标管理。1月,推动省委办公厅、省政府办公厅印发了《关于加强乡(镇)政府服务能力建设的实施意见》(川委办〔2018〕4号),对重点要推动落实的加快乡(镇)政府职能转变、扩大乡(镇)政府服务管理权限、推进乡(镇)行政执法改革等15项重点任务均列出了时间表、明确了责任主体。1月30日,印发了《四川省民政厅关于贯彻落实〈中共四川省委办公厅四川省人民政府办公厅关于加强乡(镇)政府服务能力建设的实施意见〉的通知》(川民发〔2018〕11号),在民政系统以务实举措推进中央《意见》的贯彻落实。4月,推动出台了《中共四川省委四川省人民政府关于进一步加强和完善城乡社区治理的实施意见》(川委发〔2018〕11号)。5月,印发了《四川省民政厅关于贯彻落实〈中共四川省委四川省人民政府关于进一步加强和完善城乡社区治理的实施意见〉的通知》(川民发〔2018〕66号),对贯彻落实文件精神提出了明确要求。截至2019年年底,21个市(州)均已拟定出台(即将出台)贯彻性文件,其中达州、遂宁、巴中、雅安、泸州、攀枝花、凉山、成都、绵阳、德阳、乐山、内江、宜宾、广安、眉山、阿坝、南充等20个市(州)党委、政府已出台加强乡(镇)政府服务能力建设的贯彻文件,成都、甘孜、达州、广安、泸州、巴中、内江、南充、遂宁、宜宾、攀枝花、凉山、眉山、雅安等21个市(州)党委、政府已出台社区治理的贯彻实施意见。

【推进城乡社区服务体系建设】 实施全国、全省《城乡社区服务体系建设"十三五"规划》,省本级投入资金4700万元,支持21个市(州)、147个县(市、区)的230个社区公共服务设施建设和绵阳、德阳等8个市的城乡社区公共服务综合信息平台建设;为规范省级社区建设补助资金的管理使用,制定下发《四川省民政厅关于省级社区建设补助资金使用管理办法》(川民发〔2018〕7号),并根据管理办法对全省2017年、2018年省级社区建设补助资金支持的社区建设实施项目开展了专项督查,对一些存在的问题及时进行了纠正。

【不断提升城乡社区治理能力和水平】 按照民政部关于做好全国社区治理和服务创新实验区工作的要求,完成成都市武侯区、青羊区全国社区治理和服务创新实验区建设终期评估工作,两区被民政部认定为第三批全国社区治理和服务创新实验区;推动新实验区创建申报工作,指导邛崃市、成都市金牛区等市(区)大力开展社区治理实验创新,向民政部推荐上报邛崃市等4个市(区)实验方案。指导成都市温江区按照工作方案有序开展全国街道服务管理创新实验区实验工作;指导成都市郫都区、攀枝花市仁和区、乐山市沙湾区围绕实验主题,扎实推进全国农村社区治理实验区各项实验任务。根据《民政部办公厅关于推广军门社区工作法和开展优秀社区工作法征集展示活动的通知》要求,推动各地组织学习军门社区工作法,开展对当地社区工作法的总结梳理和提炼完善,并征集到各地各具特色、可推广可复制可操作的社区工作法31个,向民政部推荐上报以成都市武侯区玉林街道黉门街社区工作法为代表的7个社区工作法,其中成都市武侯区玉林街道黉门街社区工作法、成都市武侯区火车南站街道长寿苑社区工作法、成都市温江区柳城街道南街社区工作法、自贡市沿滩区卫坪镇龙湖远达社区工作法、阆中市沙溪街道拥军街社区工作法5个工作法入选全国首批100个优秀社区工作法。根据中央和省委在加强和完善城乡社区治理的文件中提出的鼓励设立社区基金会,引导社会资金投向城乡社区治理领域的要求,探索指导各地推进社区治理发展基金会建设,已指导成都市武侯区成立了社区治理发展基金会,指导成都市成华区、邛崃市等有序推进筹备工作。根据《中共中央办公厅国务院办公厅印发〈关于以村民小组或自然村为基本单元的村民自治试点方案〉的通知》(厅字〔2016〕31号)要求,扎实推进以村民小组为基本单元的村民自治试点,指导宜宾市叙州区继续抓好试点工作,通过加强社会组织建设,整合各方力量,优化治理结构,解决了村民管理难、难管理的问题,实现了小组内村民共同管理组务,形成了"凝心聚集力好、利益联结好、运行模式好、治理体系好"的良好局面,试点村组集体经济均达到万元以上,农民年人均纯收入从试点前的14000元提高到16200元,村民幸福感、获得感明显增强。会同司法厅做好全国民主法治示范村(社区)创建工作,成都市成华区圣灯街道华林社区、荣县双石镇蔡家堰村、盐边县红格镇阳光社区等55个村(社区)被司法部、民政部表彰为第七批"全国民主法治示范村(社区)",数量居全国前列。

【推动健全自治、法治、德治相结合的乡村治理体系】 完善村规民约、建立红白理事会,促进乡风文明。组织开展修订完善村规民约蹲点指导和专题调研,出台了《四川省民政厅关于进一步发挥村规民约作用深入推进城乡基层社会治理工作的通知》《四川省民政厅关于建立红白理事会的指导意见》,指导各地通过召开村民会议或村民代表会议,建立红白理事会,旗帜鲜明反对天价彩礼,旗帜鲜明反对铺张浪费,反对婚丧大操大办。截至2019年年底,全省建立红白理事会的村(社区)达11089个,占比22.24%。红白理事会发挥积极作用,动真碰硬开展监督,遏制了农村滥办大办酒席现象,减轻了群众经济负担,切实引导村民形成文明乡风。推行阳光村务,扎实做好村务公开民主管理工作,推动《四川省村务公开条例》《四川省民政厅关于进一步加强村(居)务公开工作的通知》的落地落实。指导各地全面规范村务公开内容、程序、形式、时限,结合民政系统"四清"工作,先后派出17个调研组对30个县(市、区)实施《四川省村务公开条例》情况进行了督促指导,及时纠正不公开、不规范的问题。

【开展民政系统"扫黑除恶"专项斗争】 贯彻落实中央和省委、省政府关于开展"扫黑除恶"专项斗争的决策部署精神,成立了由厅党组书记、厅长益西达瓦任组长,厅党组成员、副厅长廖永康任副组长并兼任办公室主任,厅相关业务处室主要负责人为成员的四川省民政厅开展扫黑除恶专项斗争工作领导小组,先后下发了《四川省民政厅关于扎实做好开展扫黑除恶专项斗争有关工作的通知》(川民发〔2018〕93号)、《四川省民政厅关于认真开展扫黑除恶专项斗争依法整顿软弱涣散基层群众性自治组织的通知》(川民发〔2018〕96号)、《四川省关于印发〈全省民政系统深入推进扫黑除恶专项斗争重点工作任务分工方案〉的通知》(川民发〔2018〕115号)等5个文件,召开了全省民政系统开展“扫黑除恶”专项斗争推进会议,对全省民政系统开展“扫黑除恶”专项斗争工作进行了多角度多维度的具体安排,指导各级民政部门聚焦基层组织建设、聚焦基层有效治理和聚焦民生保障有力,扎实开展“扫黑除恶”专项斗争,大力整顿软弱涣散自治组织,同步加强制度建设,切实增强了全省基层群众性自治组织的“免疫力”。自专项斗争开展以来,在民政厅一行先后到31个乡(镇、街道)65个村(社区)开展实地督导,召开座谈会43次、走访干部群众180余人、查阅资料300余份,发现工作不力问题60余个,并有针对性地提出了整改指导意见;指导督促21个市(州)共计排查基层群众性自治组织成员“四种类型”线索1614起,其中涉黑涉恶23起、受过刑事处罚361起、有前科劣迹1173起、群众反映强烈意见较大57起,依法罢免41人,责令辞职165人,劝退及中止职务59人。通过依法整顿,切实发挥出了震慑警示作用,推动了基层群众性自治组织和基层组织良好政治生态的不断形成。

【开展村(居)自治组织代码赋码工作】 根据《民政部办公厅关于做好村(居)民委员会赋予统一社会信用代码有关准备工作的通知》《民政部办公厅关于做好基层群众性自治组织特别法人统一社会信用代码赋码工作的通知》等要求,指导全省各级民政部门做实做细数据录入、信息对比、代码赋予和代码证颁证工作,完成符合条件的基层群众性自治组织特别法人统一社会信用代码赋码工作。全省累计完成各项数据录入比对330余万条,实现给53006个村(居)民委员会(其中村民委员会45479个、居民委员会7527个)进行统一信用代码赋码和代码证颁证工作,在全省首次统一明确了村(居)民委员会的法人主体地位,赋码数据和证书颁发量居全国第三位。

四川省民政厅编写组

农村民主法制建设

农村审判工作

【基本情况】 2019年,全省法院牢牢把握司法为民、公正司法工作主线,忠实履行宪法法律赋予的职责,以“六个实质化”为统领,在“实”字上下功夫,各项工作实现新发展,农村审判工作取得新成绩。

【服务保障乡村振兴】 全省法院坚持把开展涉“三农”司法审判、服务和保障实施乡村振兴战略作为法院工作的重点,把服务保障乡村振兴、脱贫攻坚作为重大政治任务,纳入各级党组重要议事日程和“院长工程”,制定下发规范性意见,从刑事民事、环境资源、依法治村、脱贫攻坚等方面作出安排部署,明确时间表、任务图,压紧压实工作责任。省法院根据国家重大发展战略,在广泛调研的基础上,结合全省审判实际,制定下发《关于充分发挥审判职能作用 服务保障我省乡村振兴战略实施的意见》,从深刻认识实施乡村振兴战略的重大意义准确把握司法服务保障的指导思想和工作理念、充分发挥审判职能作用为实施乡村振兴战略提供良好法治环境、建立健全工作制度机制增强服务保障乡村振兴战略实施的工作实效3个方面推出24条服务举措,着力为农村振兴、农业高质量发展、农民生产增收提供优质、高效的司法保障和服务。

助推“美丽四川”建设。全年依法审理环境资源案件5741件,保障四川绽放独特的自然生态之美。加大环境资源犯罪打击力度,全年审理案件1071件2003人。同时,实行重大案件提级管辖,形成对环境资源犯罪的高压态势,高东惠因非法收购熊掌等野生动物制品被雅安中院依法判处有期徒刑10年。加大环境公益诉讼案件审判力度,全年审理案件235件。加强生态环境修复,判决补栽、补种树苗6.54万株,增殖、放流鱼苗48.58万尾。与生态环境厅等单位共定污染环境案件联席会议制度,与泸州中院等7个中院共建沱江流域审判协作机制,合力筑牢长江、黄河上游生态屏障,2件案例入选长江经济带生态环境保护十大典型案例。服务峨眉山等景区违建整治工作,打造阿坝法院“四圈四同”生态司法保护品牌,新设九寨沟、黄龙等旅游环保法庭,为全省建成世界重要旅游目的地提供司法服务。

推动诉讼服务提档升级。大力推进“一站式”诉讼服务中心建设,建成诉讼服务中心198个、诉讼服务站799个、诉讼服务点1358个,打造覆盖全省的诉讼服务“实体店”。全面应用网上诉讼服务中心、四川微法院,集成网上立案、送达、调解等功能,为当事人提供“掌上”诉讼服务,全年网上立案24.96万件次,送达32.31万件次,分别上升28.69%、210%。全面开展跨域立案服务,跨域立案2948件,同比增长11倍。严厉整治“年底不立案”现象,12月立案7.9万件,同比上升61.07%。全面实现全省法院电子档案异地查阅、跨院服务,广汉等地法院开通24小时自助服务,实现人民群众少跑腿、诉讼服务“不打烊”。

促进纠纷化解提速增效。落实“繁简分流、轻重分离、快慢分道”要求,完善“分调裁审”机制,凸显诉讼服务中心解纷“门诊部”功能。对适宜调解案件依法促成和解、达成协议,全省法院调撤案件35.07万件;落实简案快办,设立速裁团队379个,配备速裁法官739名,办理案件41.69万件,让纠纷化解步入“快车道”。探索在线审理,成都市郫都区法院涉互联网纠纷案件平均审理时间缩短至30天以内,为纠纷化解插上“科技之翼”。全省法院结案率达93.48%,创近五年新高。

加强民生权益司法保障。严厉打击校园霸凌、校园贷、校闹等违法犯罪,切实维护师生合法权益和正常教学秩序。严惩侵犯妇女、儿童、老人等合法权益犯罪,审理案件1.28万件,其中文铭伙同他人欺凌在校学生、强迫幼女卖淫,被判处有期徒刑18年;广安市广安区法院协兴法庭、巴中市恩阳区法院柳林法庭等被全国妇联表彰为维护妇女儿童权益先进集体。妥善审理教育、医疗、就业等领域案件2.81万件,保障民生福祉。稳妥审理涉灾案件,服务保障灾后重建。完善涉军维权协作机制,加强军人军属、退役军人权益保障。完成涉军停偿案件审执工作,获得中央军委等表彰。坚持“当赔则赔”,依法决定国家赔偿666.62万元。加强司法救助,发放救助金

4578.23万元，让群众感受到司法的温度。

【服务保障脱贫攻坚】 践行司法为民理念，制定诉讼服务中心实质化实施意见，发挥诉讼服务中心的枢纽作用，让司法服务保障更有温度、更有力度，切实增强人民群众的司法获得感。

服务保障精准脱贫。坚持公正司法、司法为民，以满足贫困群众司法需求为导向，建立扶贫领域民商事案件快审快结机制，严惩侵吞、挪用、私分扶贫款物等犯罪，妥善处理低保户资格认定等行政争议，保障扶贫政策落地落实。严厉打击走私、贩卖、运输、制造毒品等犯罪，依法判处刘和恩、余朝勇等毒品犯罪分子死刑。凉山地区毒品犯罪重刑率达59.56%，同比上升26.43个百分点，新收毒品犯罪案件同比下降37.87%，促进了当地“脱毒脱贫”。妥善审理涉农土地流转、股份合作等案件2368件，促进贫困地区产业振兴。派出干部757人进驻贫困村深度参与脱贫攻坚，荣县法院等7个单位被省委、省政府表彰为脱贫攻坚“五个一”帮扶先进集体。

【服务保障乡村治理体系和治理能力现代化】 落实总体国家安全观，充分发挥法治的“社会最佳稳定器”作用，制定诉源治理实质化实施意见，全面推进诉源治理，促进政府治理、社会调节、居民自治良性互动，助推国家治理体系和治理能力现代化。

坚决维护安全稳定。持续深入开展反分裂反渗透斗争，严厉打击颠覆国家政权等犯罪，坚决守住国家安全底线。严惩涉恐、涉枪、涉爆及故意杀人、强奸、绑架等犯罪，全年审理案件2891件3681人，营造了安全稳定的社会环境。严惩职务犯罪，审理案件844件1131人，其中原处级以上干部99人。严惩“两抢一盗”、电信诈骗、传销、危害食品药品安全等犯罪，审理案件1.43万件2.03万人，保障了群众生命财产安全。依法审理“鑫圆共享”百亿传销案，判处杨志伟等43人有期徒刑。公正高效审理特赦案件1300余件，激励相关人员改过自新，促进社会稳定，乌尼某某特赦案被中央电视台《新闻联播》栏目等报道。

推进“扫黑除恶”。坚持精准打击，出台督办程序等规定，审理涉黑恶及“保护伞”犯罪案件359件2745人，涉黑、涉恶犯罪重刑率分别达61.44%、26.3%，“饶氏兄弟”等社会关注的黑恶势力受到依法严惩。严厉打击欺行霸市、操纵经营“黄赌毒”等黑恶犯罪，有力铲除危害社会的“毒瘤”，“村霸”梁忠银把持基层政权、垄断砂石开采、非法占用农用地等，被判处有期徒刑20年。开展“打财断血”专项执行行动，执结案件344件，执行到位8122.71万元。坚持深挖根治，排查移送涉黑恶及“保护伞”线索291条，全省法院“扫黑除恶”专项斗争走在全国前列。

监督支持依法行政。加大对规范性文件附带审查力度，妥善审理涉登记、审批、许可等行政案件886件，助力“放管服”改革。依法审理信息公开案件819件，判决政府履行信息公开职责132件，助推“阳光政府”建设。稳妥审理政府特许经营、国有自然资源使用权出让等行政协议案件202件，依法认定违约责任，助推政务诚信建设。发布行政审判白皮书，通报行政机关涉诉情况，建立省级府院主要负责人联席会议机制，获得省委、最高法院肯定。

推进诉源治理。落实“坚持把非诉讼纠纷解决机制挺在前面”要求，提请将诉源治理纳入依法治省工作要点，推动形成党委主抓“一盘棋”格局。总结深化“眉山经验”，参与制定《四川省纠纷多元化解条例》，巩固诉源治理创新成果，全省设立律师调解室180个，吸纳37个公证机构和1750个调解组织参与调解，为当事人提供“一站式”多元解纷服务。出台意见加强和规范司法确认，确认调解协议1.16万件，增长49.7%；省法院发布典型案例146件，全省法院发送司法建议1163件，为社会提供规则指引。参与“宪法法律进高校”“法律七进”活动，涌现出彭州“牡丹讲坛”、凉山“金鹰普法”等法治宣传品牌。叙永县法院摩尼法庭全力保障少数民族乡村治理，被国务院表彰为“民族团结进步模范集体”。全省法院新收案件增幅回落6.31个百分点，其中遂宁、资阳等7个市（州）实现负增长，诉源治理成效初显。

四川省高级人民法院编写组

农村检察工作

【基本情况】 2019年，全省检察机关落实省委关于乡村振兴、打赢精准脱贫攻坚战、推进城乡基层治理等重大决策部署，充分发挥检察职能，立足办案，积极推动农村社会治理和法治建设，维护农村地区群众合法权益，把践行初心和使命贯穿农村检察工作全过程，为全面建成小康社会提供司法保障。

【助力脱贫攻坚】 创新推动国家司法救助和社会救助融入脱贫攻坚，全省各级检察机关与当地扶贫移民局建立工作机制，对扶贫中的司法救助对象优先受理、优先审查、优先发放，加强与民政、人社、教育等部门及相关群团组织的沟通协作，实现“多位一体救助+扶贫”的效果。全省三级检察机关对口联系帮扶498个贫困村，先后选派600余名检察干警担任贫困村“第一书记”、驻村干部，开展基层组织建设、基础设施建设、产业发展等帮扶工作。结合司法办案，深入剖析土地征用、生态公益林补助、残疾人专项补助等领域社会治理新问题，针对发现的制度缺陷和管理漏洞提出检察建议，推动扶贫政策和扶贫资金走好“最后一公里”。组织救助对象参加就业创业培训，促进其自力更生走出困境，凉山州检察机关针对办案中发现的贫困人员以盗伐林木获取收入等问题联合多部门推动全州11个深度贫困县将贫困人口聘为生态护林员。利用农民夜校、“法治讲堂”、现场庭审、文艺会演、警示教育等方式开展“送法下乡”活动，针对村民关心的合同纠纷、劳工权益保护、未成年人权益保护等问题，开展入户宣传和解释答疑，努力提高群众的法治意识。全省检察机关有7个监察院被省委、省政府评为“脱贫攻坚先进集体”，23名检察干警被评为“脱贫攻坚先进个人”。

【发挥公益诉讼职能，助力农村生态环境保护】 践行“绿水青山就是金山银山”的硬道理，加强生态环境领域司法保护，全省各级检察机关围绕污染防治攻坚战、脱贫攻坚战、长江经济带发展等重大部署开展“维护长江上游生态屏障安全”“携手清四乱 保护母亲河”等跨区域跨部门专项行动，参与组建“岷江流域生态环境资源保护检察联盟”和“青衣江段检察官志愿者联盟”，通过办案督促修复被污染、被破坏、违法占用的林地、耕地、湿地、草原等5598亩，督促治理恢复被污染水源地688亩，清理被污染水域216亩，督促关停和整治造成农村环境污染的养殖场136家，督促清理生活垃圾和固体废物14万吨，实现双赢、多赢、共赢。推进公益保护跨区域协作，建立“三山五江一河”（贡嘎山、华蓥山、瓦屋山、岷江、沱江、嘉陵江、金沙江、青衣江、大渡河）跨区域协作机制，与周边六省（渝、黔、滇、藏、陕、青）检察机关共建长江上游、嘉陵江、赤水河、乌江流域保护跨区域协作机制。巴中市检察院携手广元、汉中等川陕4县（区）15部门建立米仓山生态资源联动保护机制，共同守护好一方山水。古蔺县检察院办理贵州省习水县检察院移送的赤水河生态保护公益诉讼案被评为“全国检察机关服务保障长江经济带发展典型案例”。高县检察院针对非洲猪瘟疫情防控开展监督，督促相关单位投入1000余万元开展疫情防控，助力疫区封锁解除。

【推进农村地区法治建设】 严厉打击涉农领域违法犯罪活动，开展“扫黑除恶”专项斗争，严惩称霸一方、欺压百姓的“村霸”和宗族恶势力犯罪，深挖彻查背后的“保护伞”。突出打击故意杀人、故意伤害、强奸、“盗抢骗”等侵犯农民群众人身、财产合法权益、影响农民群众安全感的恶性犯罪，努力营造安全稳定的农村生产生活环境。开展“农资打假”专项行动，对生产销售假药以及伪劣农药、兽药、化肥、种子和侵犯农产品商标权等坑农害农犯罪予以严厉打击。参与扶贫领域腐败和作风问题专项治理，对虚报冒领、截留私分扶贫资金、收受贿赂等犯罪以及扶贫项目建设、扶贫资金管理、非法占用农用地、挪用农业专项资金等领域犯罪开通涉农案件办理绿色通道，快捕快诉，维护农民群众合法权益，全年共办理扶贫及涉农领域职务犯罪案件81件，处理110人。雅安市检察机关建立涉农领域犯罪专项预防调查工作机制，依托统一业务应用系统，从职务犯罪、其他刑事犯罪等方面核查“一肩挑”候选人违法犯罪记录，推动当地党组织书记担任村民委员会主任工作顺利举行。

【延伸检察职能，促进乡村社会治理】 贯彻新时期“枫桥经验”，农村实地走访，及时收集农民诉求，就地妥善化解矛盾纠纷。巴中市检察机关在贫困村设立检察联络站，围绕完善基层组织民主决策机制、为民服务机制等问题提出修订完善党务、村务基层组织管理制度等意见，推动建强村“两委”。针对易滋生黑恶势力的重点行业、重点领域、重点区域的监管漏洞和薄弱环节，发出涉及基层治理检察建议，并对农村藏区治理、基层组织人员涉黑恶犯罪情况开展专题调研，有关调研报告被全国高检院扫黑办采用。以县检察院为阵地建好群众家门口的检察院，建好12309检察服务中心，将传统的接待方式与现代信息科技手段相结合，建立集来信、来访、电话、网络、视频接访及“邮政信访绿色通道”于一体的多元化诉求渠道，引导农村群众依法就地表达诉求。营山县检察院自主研发的“掌上检察院”获得全国政法智能化建设“智慧检务十大解决方案”。全面落实“群众来信件件有回复”制度，严格执行“7日内程序回复、3个月内办理过程或结果答复”工作要求，用有温度的回复及时回应农村群众的司法诉求。

【维护农村地区群众合法权益】 做好农村地区妇女、儿童司法保护。严厉打击侵害农村留守妇女儿童犯罪，积极参加全省打击整治组织凉山籍女性外流卖淫专项行动，组织开展反拐防拐宣传，加强对民族地区农村妇女和未成年人的综合保护。积极参与禁毒人民战争，强化诉讼监督，严打利用未成年人和孕期哺乳期妇女运输毒品等毒品犯罪。坚持对涉罪未成年人宽容不纵容，全面推进亲职教育，未成年人检察案件中亲职教育覆盖率达90%以上。到农村地区开展“法治进校园”巡讲，检察官受聘担任法治副校长和法治辅导员，做好未成年人犯罪预防工作。加强留守儿童和困境儿童保护工作，促进建立健全留守儿童和困难儿童关爱维权长效机制。省检察院联合省律协到扶贫帮扶点古蔺县开展法治慰问专项活动，通过法治课形式向51名留守儿童传授防拐、防性侵等自我保护知识，并为夏加小学赠送书籍、文具等学习用品。专门制定未成年人司法救助办法，发现涉案未成年人及其家庭因案致贫、因案返贫、因案失学的，及时依法进行司法救助。服务保障“控辍保学”，在办理涉未成年人案件中落实特别程序，减少未成年人因案辍学。甘孜、阿坝藏区检察机关坚持深入学校、寺庙、农户开展法治宣传，与相关部门共建“无辍学校”，尽力防止适龄儿童入寺学经、做工、务农、放牧等情况发生。凉山检察机关出台依法促进控辍保学工作六条实施意见，劝返679名农村失（辍）学学生复学。

【依法维护农民工群体合法权益】 全省检察机关主动开展法律服务，为农民工维权提供帮助。内江市东兴区检察院与司法局合作设立“农民工维权工作站”，引导农民工依法维权。以解决农民工讨薪问题为重点参与“根治欠薪冬季攻坚行动”。一方面，发挥刑事检察职能，依法打击拒不支付农民工劳动报酬犯罪，全省共起诉拒不支付劳动报酬犯罪74件。安岳县检察院在办理邹某某拒不支付劳动报酬案件时，办案人员在梳理谅解书及案件情况说明时发现可能还存在拖欠另外16名农民工工资的线索，及时与公安机关沟通，引导公安机关补充16名农民工证据，维护了每一名农民工的合法权益；另一方面，发挥民事检察职能，支持农民工依法讨薪，全年办理支持农民工依法讨薪案件643件，同比上升42.89%，涉案金额1567万元。引导农民工依法维权，自贡市自流井区检察院与法院会签工作意见，对支持农民工起诉的案件法院要及时主动查找被执行人财产线索，对执行取得的款项，法院要简化审批发放手续，让农民工及时、足额领取。南江县检察院支持岳某宇等15名农民工起诉，协助其拿到被拖欠3年共计85.9万元的工资。广汉市检察院在办理王某某等9名农民工讨薪执行监督案中，发现法院已冻结的被执行人账户余额足以支付拖欠工资但未及时划扣，立即提出检察建议，督促法院及时将劳务工资兑付到位。

四川省人民检察院编写组

农村司法行政工作

【推动农村普法宣传】 司法厅以法律进乡村（社区）为主要抓手，持续实施乡村（社区）法治宣传“六个一”工程，即在每个村（社区）建立一支普法小分队，制定一部村规民约，配备一名法律顾问，建设一个法治宣传栏和图书室，培养一名“法律明白人”，每户发放一张法律服务联系卡。全省村（社区）组建村（社区）法治宣传队伍7000余支，培养“法律明白人”48万余人，发放便民法律服务联系卡220余万张，加快形成“法律顾问+村（社区）干部+法律明白人+人民调解员”的村居依法治理组织框架，服务乡村振兴战略。加强乡村社区法治文化阵地建设，在全省累计设立法治宣传栏2.8万余个、法律图书室（角）3.3万余个。在民族地区开展“宪法藏区行”，实施“彝族母语普法行动”，助力少数民族地区依法治理、禁毒防艾和脱贫攻坚。

【推进村（社区）法律顾问工作】 推进村（社区）法律顾问工作，全省40623个村（社区）中有39943个村（社区）配备法律顾问，共有法律顾问9511人，其中组织律师4920人担任18728个村（社区）的法律顾问，组织基层法律服务工作者2235人担任14764个村（社区）的法律顾问，组织其他具有法律知识背景2356人担任7062个村（社区）的法律顾问。组织村（社区）法律顾问深入村（组）、田坝地头，通过“以集群法”、农民夜校等方式开展普法宣传7431次，举办法治讲座5061次，提供法律咨询服务110万余人次，培养“法律明白人”27758人。开展法律风险防控和矛盾纠纷分类调处工作，共化解确权纠纷、邻里边界、劳动用工、婚姻家庭、财产分割等矛盾纠纷1万余件。

【农村人民调解工作】 学习“枫桥经验”，发挥人民调解组织的作用，到田间地头、农村院落开展调解工作，化解村民矛盾，维护农村社会和谐稳定。加强县、乡、村、村民小组、农村院落人民调解网络建设，推进乡（镇）、村人民调解委员会规范化建设，截至2019年年底，全省有村调委会45848个、调解员218207人，乡（镇）调委会4232个、调解员29761人，全年村调委会调解案件197516件、乡（镇）调委会调解案件69169件，调解山林土地纠纷20220件。

【推进农村基层司法所建设】 制订《司法所按月推进计划》，新建规范化司法所511个，累计建成规范化司法所4120个，全省新增司法所面积23084平方米，所均面积达130.78平方米。制定《司法所服务乡村振兴的实施意见》并在全省试点，构建以司法所为主导的常态化、全业务、全时空农村法治宣传、法律服务、依法治理体系，助力全省农业全面升级、农村全面进步、农民全面发展。

【开展农民工法律援助】 司法厅面向全省21万家企业开展"农民工劳动合同普查与体检"行动，开展根治拖欠农民工工资工作普法宣传活动779场次。各类人民调解组织化解农民工欠薪纠纷4603件，涉及金额19061万元。法律服务工作者参与农民工欠薪维权33637人次。公证机构办理赋强公证277件；司法鉴定机构提供专业技术支持931件。各级法律援助机构受理农民工讨薪维权案件13053件，调解拖欠农民工工资纠纷4315件，为农民工讨回欠薪、挽回经济损失28522万元。

【推进基层法治示范创建】 全年命名第二批省级法治示范县（市、区）27个、法治示范乡镇（街道）60个、学法用法示范机关（单位）96个。会同民政厅对已命名的全国民主法治示范村（社区）进行复核检查，注销4个，撤销8个。11月15日，眉山市东坡区法律援助律师到铁投璟瑞府项目工地开展"法援惠民生服务农民工"公益法律服务行动。

四川省司法厅编写组

农村社会治安综合治理

【以乡（镇）行政区划调整改革为契机，优化农村派出所力量布局】 针对"一乡（镇）一所"建设带来的全省派出所"多、小、密、弱"、警力资源严重分散、警务运行效能不高等问题，公安厅抓住全省乡（镇）行政区划调整改革机遇，着眼社会治安实际需要，打破行政区划界限，在城市按照人口、警情需要设置派出所，在农村推行"中心派出所+警务室"模式，推动派出所力量布局更优化、警力使用更高效。截至2019年年底，全省派出所数量从改革前的4461个减少至2677个，警力由平均每所5人上升为10人，全省5人以下派出所数量减少81%。

【以村级建制调整改革为引领，改革重塑乡村警务体系】 公安厅下发"一号文件"，将加强派出所工作作为各级公安机关"一号工程"组织实施，并明确将"推进社区治理"作为新时代派出所的职责任务。全面推行派出所"一室两队"（勤务指挥室、社区警务队、办案队）改革，推动公安机关重心向派出所下移、派出所重心向社区下移，社区（农村）警务室与居委会（村）同址办公，社区民警由"下社区"向"在社区"转变。全省社区（农村）专职民警由改革前的4200人增加至6025人，其中3547名社区民警兼任社区（村）副书记或副主任，实现社区警务与社区治理的深度融合。一大批穿警服的副书记与广大村（社区）干部进村入户，组织整合社会力量资源，成立各类"义警组织""平安联盟"，实现警民联动、平安共创，促进了基层治理工作共建共治共享。

【以"枫桥式公安派出所"创建为载体，提升平安建设成效】 贯彻落实习近平总书记关于把新时代"枫桥经验"坚持好发展好，把党的群众路线坚持好贯彻好的重要指示，部署全省公安派出所围绕"基础牢、出事少、治安好、党和人民满意"的目标，全面开展"枫桥式公安派出所"创建活动，激励全省公安派出所和广大民（辅）警勇于探索创新、积极担当作为，不断坚持和发展新时代"枫桥经验"，努力做到矛盾不上交、平安不出事、服务不缺位，推动平安四川建设迈上新台阶。全省6个派出所被公安部命名为首批"枫桥式公安派出所"，数量为全国最多。

【以城乡治理融合发展为目标，夯实农村基层治理根基】 开展"六进六边"工作，指导全省公安派出所进农村、进社区、进家庭、进企业、进学校、进寺庙，将"六进六边"工作与"一标三实"信息采集紧密结合，推动人、地、事、物、组织等基础要素的全面采集、动态维护。全年共到农村走访容易藏污纳垢"小场所"新增采集从业人员9.6万人，走访农村空巢老人、留守儿童38.2万人，在采集信息的同时，会同有关部门和基层力量加强情报信息收集，坚持"一事一策"，共排查重大涉稳涉访、治安消防风险隐患186405起，并开展调处化解工作。截至2019年年底，全省共采集标准地址5910.1万个、实有房屋4369.9万套、实有人口信息8132.4万条、实有单位258.6万家、从业人员信息2077.1万条。

【以专项行动为契机，严厉打击农村突出违法犯罪问题】 贯彻落实省委、省政府《加强农民工服务保障十六条措施》精神，加强农民工群体安全稳定服务工作，在妥善处置因欠薪引发的涉稳事件的同时，履行职责，开展打击恶意拖欠农民工工资违法犯罪专项行动，切实维护农民工合法权益。协助组织部门对全省4000余个软弱涣散村（社区）党组织开展整顿转化，依法对269名受过刑事处罚和党纪处分人员进行调整清理，有力巩固了党的执政根基。深化"扫黑除恶"专项斗争，全省刑事案件、八类严重暴力犯罪案件在2018年明显下降的基础上分别同比下降11.3%、11.75%，社会大局稳定的良好局面不断巩固，人民群众的安全感、满意度不断提升。

四川省公安厅编写组

农村居民家庭生活

【基本情况】 2019年，全省坚持以农业供给侧结构性改革为主线，以实施乡村振兴战略为总抓手，加快推进农业农村现代化，全省农村经济形势总体稳中有增、稳中有进，农村居民收入实现较快增长，生活水平持续提升。全省农村常住居民人均可支配收入为14670元，增长10%；人均生活消费支出为14056元，增长10.5%。

【农村居民增收主要特点】 从总体看，收入增速持续回升。2019年，四川省农村居民人均可支配收入为14670元，增长10%，增速较2018年和2017年分别提升1和0.9个百分点，

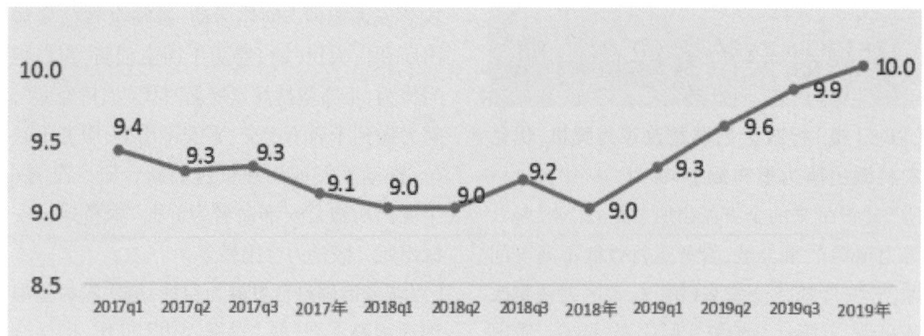

图1　2017—2019年四川省农村居民人均可支配收入增长情况(%)

为近三年增速最高值(见图1)。

从构成看,收入增长各具特点。一是工资性收入平稳增长。全省各级各部门坚持把稳定农民工就业放在突出位置,密切关注中美贸易摩擦对就业的影响,推进各项稳就业政策措施落实落地,农村劳动力转移就业总量持续高位运行,全年全省农民工总量为2165.6万人,增长0.1%;外出农民工人均月收入4413元,增长9.2%,推动农村居民工资性收入实现平稳较快增长,全省农村居民年人均工资性收入为4662元,增长8.1%,增速较上年提升0.8个百分点。二是经营净收入贡献有力。全省全年农业生产稳定发展,粮油总产量稳步增长;农业投资力度持续加大,全年中央及省级财政农业专项投入共计581亿元,增长22.3%;农产品生产价格指数逐季上扬,累计同比上涨15.6%,涨幅创10年之最,四大类农产品价格全面上涨,畜牧业产品价格上涨尤其突出,带动牧业收入较上年增长30.5%。各因素合力推动农村居民经营净收入较快增长,全省农村居民年人均经营净收入为5641元,增长10.2%,增速较上年提升4.1个百分点,增速回升态势明显。经营净收入增收贡献率达39.1%,是推动农村居民收入实现较快增长的主要依托。三是财产净收入增长最快。全省土地"三权分置"工作稳步推进,农村承包土地确权颁证率达94.3%,耕地流转率超过40%,适度规模经营率达26.7%,农村土地流转收入稳步增加;农村集体产权制度改革全面推进,集体资产清产核资工作如期完成,农民合作社、乡村集体经济分红收益持续增加;乡村旅游不断提质增效,乡村旅游实现总收入3200亿元。以上共同支撑农民财产净收入快速增长,农村居民年人均财产净收入为456元,增长20.3%,增速较上年提升2.6个百分点,为收入增长最快项。四是转移净收入增速回落。伴随着脱贫攻坚持续发力,城乡居民最低生活保障标准、基本养老金标准持续上调,农村特困人员救助供养工作不断加强,物价补贴发放工作全面落实,全省农村居民年人均转移净收入为3911元,增长11%,增速较上年回落3.9个百分点,回落趋势明显,主要源于农业相关改革性转移支付,特别是脱贫攻坚的补贴标准、范围基本定型,贫困县退出,新增政策尚未出台,政策性红利呈减少趋势,转移净收入增速相对减缓,表明农村居民增收对政策的依赖性逐渐减弱。

从占比看,呈现"两升一降一持平"。从收入四大类占比情况看,经营净收入占比最大,为38.4%,与上年持平;工资性收入次之,占比为31.8%,较上年减少0.5个百分点;转移净收入占比为26.7%,较上年提升0.3个百分点;财产净收入虽占比最小,仅为3.1%,但较上年提升0.3个百分点,提升势头强劲。农村居民收入占比变化表明,随着乡村振兴战略的持续推进,农村居民家庭财产、转移净收入等占比逐年扩大,收入来源、渠道更趋多元化(见图2)。

横向比较看,绝对值和增速居全国中游。2019年,农村居民人均可支配收入为14670元,绝对值在全国31个省(区、市)中排第21位,在西部12个省(区、市)中排第3位,次于内蒙古和重庆,增长10%,高于全国平均增速0.4个百分点,在全国31个省(区、市)中排第7位,在西部12个省(区、市)中排第6位。四川省占全国平均水平(16021元)的比重为91.6%,提高0.4个百分点,四川农村居民人均可支配收入逐渐稳步接近全国平均水平。

【农村居民消费变动的主要特点】 伴随收入的稳定增长,农村居民生活消费支出也呈现平稳增长,分项消费支出各具特点,消费升级趋势明显。

消费增速有所放缓。2019年,农村居民人均生活消费支出为14056元,增长10.5%,增速分别较2018年和2017年低1.1和1.3个百分点,为近三年消费增速较低水平(见图3)。

八大分项消费支出呈现全面增长。对比农村居民各分项消费支出情况,八大类支出呈现全面增长态势,但分项支出增长差距明显。其中,医疗保健、交通通信、教育文化娱乐和居住等发展型消费表现突出,全年人均分别支出1621元、1808元、1065元和2748元,增速分别为14.6%、14.5%、14%和9.9%;食品类消费支出因食品价格大幅上涨而加快增长,全年人均支出4879元,增长8.8%,增速较上年提升3个百分点;其他用品及服务、生活用品及服务和衣着分别支出258元、917元和760元,增速分别为8.4%、6.7%和6.1%,实

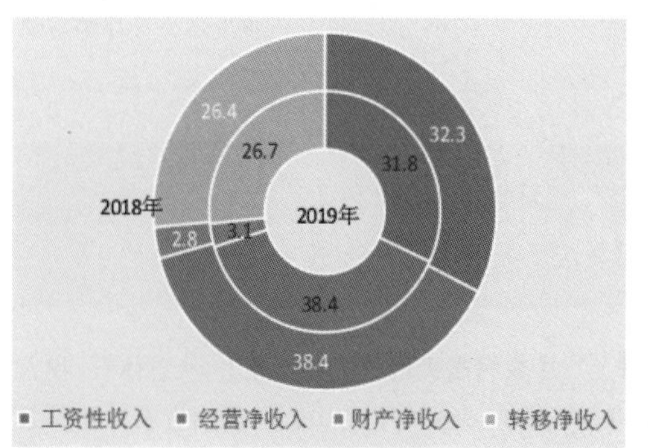

图2　2018—2019年四川省农村居民人均可支配收入构成情况(%)

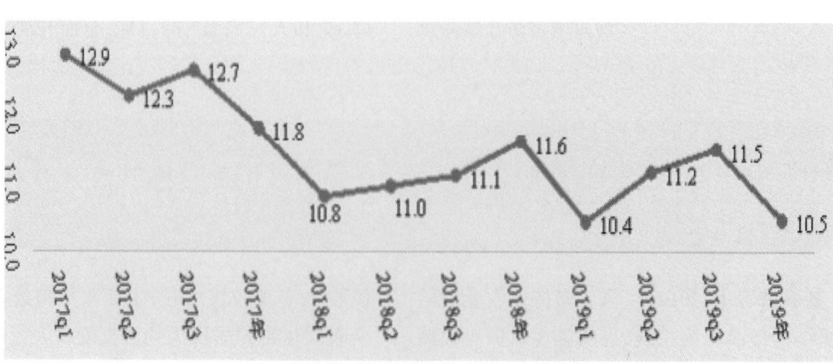

图3　2017—2019年四川省农村居民人均生活消费支出增长情况(%)

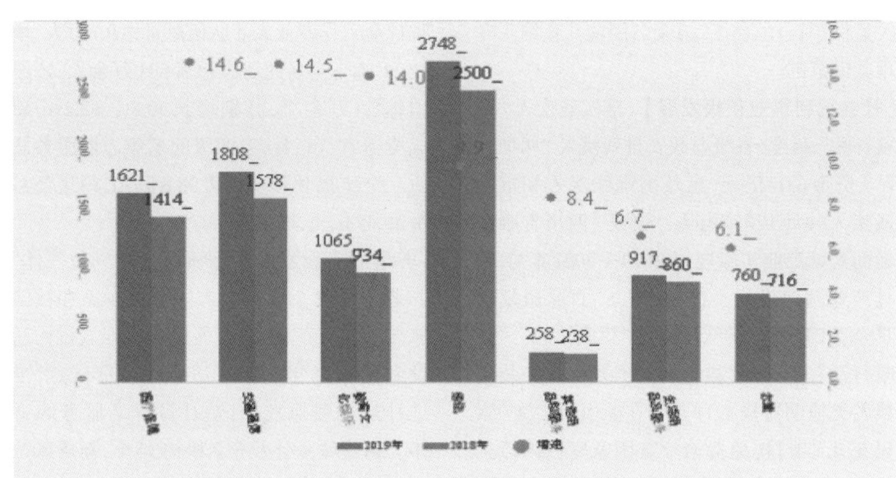

图4　2018—2019年四川省农村居民人均生活消费支出对比情况

现平稳增长。

消费结构不断升级。一是恩格尔系数持续降低。2019年，全省农村居民恩格尔系数为34.7%，较上年减少0.5个百分点。二是发展型消费支出占比提高。在八大项支出中，增长表现突出的医疗保健、交通通信、教育文化娱乐和居住项均为发展型消费支出项，四项支出占比由上年的50.5%提升至51.5%，持续保持增长势头。三是服务性消费占比持续增加。农村居民服务性、商品性消费支出分别为5313元、8743元，分别增长12.1%和9.5%，其中服务性消费占比由上年的37.2%提升至37.8%，预计占比提升仍将持续（见图4）。

【促进农村居民收入消费稳步增长的建议】 坚持就业优先战略，推动农村居民就业增收。坚持把稳就业作为农村居民收入稳步增长的基础工作来抓，针对全省农民工就业多集中在基础性岗位的实际，强调农民工技能培训和产业发展提质增效并重，健全更充分更高质量就业的促进机制。加大"双创"支持力度，通过介绍推荐发展项目、强化典型示范带动、加大政策扶持力度、完善金融支持机制、加强服务体系建设、畅通信息咨询渠道等举措为农民工返乡创业就业提供全方位支持。持续完善工资指导机制，结合经济发展和物价变动等因素，适时调整最低工资标准，促进中低收入群体工资合理增长。

依托农村供给侧改革，促进农村居民经营增收。结合乡村振兴战略契机，推进农村社会基础设施建设，加快补齐农村发展短板。继续实施高标准农田建设、改造和复垦，研发和筛选农业新品种，注重新技术的推广使用，提高农业生产机械化水平，促进农业现代化发展。加强农村电商主体培育和人才培育，加快推进流通基础设施和农村电商（物流）服务体系建设，依托农村电子商务网络，拓展农产品销售渠道，打造农产品品牌，助力优质农产品走向市场。

紧扣产权制度改革，促进农村居民财产增收。贯彻落实新修改的《土地管理法》，全面推进农村产权制度改革，结合各地实际探索建立土地承包收入不断增加的土地产权流转交易机制。加强农村集体"三资"管理，创新农村集体经济发展方式，多渠道发展壮大农村集体经济，不断提升集体经济分红收入和土地承包收入。以"农业+"为抓手，创新特色业态，开发一批特色鲜明、形式多样的乡村产品，推进农业、林业与旅游、文化、康养等一二三产业深度融合，带动农村居民房租等财产性收入平稳增长。

加强社会保障力度，促进农村居民转移增收。持续加大财政支农投入，确保在公共财政投入上对农业农村优先保障。改革财政扶贫方式，通过增设农村公益性岗位等多种方式带动农村贫困地区群众就近就业。通过城乡公共服务一体化，提升农村基本公共服务水平，减轻农村教育、医疗负担，切实增加农村居民的收入获得感。继续推行低保、特困群体参加基本医疗保险全面资助，健全低收入群体基本生活保障标准与物价挂钩的联动机制，确保农村居民转移收入继续保持较快增长。

结合消费升级特点，提升农村居民消费质量。加快推进农村地区公路、供水、环保、电网、物流、网络通信等基础设施建设，推动城乡基础设施互联互通，为农村消费升级打牢基础。加快农村融资平台建设，鼓励支持银行开展农村生产信贷和个人消费信贷业务。探索建立信用销售和信用信贷顺畅衔接机制，鼓励农村居民适度提前消费。以法制构筑安全消费环境，将工商、质检、食品安全和市场管理等公共服务延伸至广大农村地区。完善农村市场监管体制，加强农村地区消费者权利意识的宣传教育。鼓励企业通过代理合作等方式将售后服务延伸至乡村地区，全面提升居民消费水平和质量。

国家统计局四川调查总队编写组

农村居民社会保障

【脱贫攻坚兜底保障扎实推进】 民政厅牵头制订并推进《四川省脱贫攻坚社会保障扶贫专项2019年实施方案》，落实社会保障扶贫专项资金14.18亿元，新增单列支持深度贫困地区兜底保障资金3.59亿元。抓好"两不愁、三保障"大排查问题整改，加强农村低保制度与扶贫开发政策的有效衔接，将150万名建档立卡贫困人口纳入低保兜底保障。全省农村低保标准低限提高到4200元/年，超过国家扶贫标准。实施社会组织参与深度贫困县脱贫攻坚"种子基金"项目63个；1815个全省性社会组织及其会员单位共投入资金14.6亿元，实施脱贫攻坚项目4669个，惠及群众47万人次。创新实施"索玛花开""爱佑凉山""稚爱天使·童心同行"等扶贫项目，助推凉山州脱贫攻坚。推进万源市、红原县定点扶贫工作，投入引进扶贫资金2000余万元，实施扶贫项目50个。

【社会救助作用发挥明显】 科学研制城乡最低生活保障标准低限，分别提高至540元/月和350元/月，年均增幅分别为9.2%和16.8%，将429万名困难群众纳入城乡最低生活保障范围。实施临时救助30.5万人次，人均救助820余元。调整特困人员救助供养标准低限，不低于当地城乡最低生活保障标准的1.3倍，农村生活不能自理特困人员集中供养率达38%。开展农村低保专项治理，规范生活无着的流浪乞讨人员救助管理工作。开展“夏季送清凉、寒冬送温暖”专项行动，救助流浪乞讨人员9.5万人次。持续推动原襄渝铁路西段伤残民兵民工及遗属生活补助工作，落实60年代初精减退职老职工生活补助政策，维护特殊群体合法权益。

【儿童关爱保护水平稳步提升】 推动建立省领导挂帅的省级大儿童工作格局，联合12部门制发《关于进一步加强实事无人抚养儿童保障工作的实施意见》，开展儿童福利机构婴幼儿托育照护试点，落实孤儿基本生活补助标准自然增长机制，机构养育和社会散居孤儿保障标准分别提高到1400元/月/人和900元/月/人。加强对困境儿童和农村留守儿童的关爱保护，实施“合力监护、相伴成长”等儿童关爱保护项目，为14335名儿童落实户口登记，为9.59万名无人监护儿童和父母无力监护的儿童落实监护责任人，1893名失学辍学儿童实现返校复学，“福彩圆梦·孤儿助学工程”惠及孤儿2500名。开展“爱佑凉山”关爱保护行动，将1.7万余名困境儿童纳入专项救助范围。

【社会福利事业积极发展】 落实残疾人“两项补贴”制度，省级财政安排残疾人“两项补贴”资金6.07亿元，惠及困难残疾人和重度残疾人共计120余万人。制发《四川省康复辅助器具产业实施规划(2019—2021年)》，辅具产业园建设稳步推进，举办“百家康复辅具企业四川行”活动；实施“福康工程”“晚晴行动”项目，为2982名贫困残疾人安装更换各类辅助器具4918具。在凉山州实施“索玛花开”项目，免费治疗贫困家庭白内障患者2023例。

【慈善事业和社会工作、志愿服务有序发展】 树立四川慈善典型，完成第二届“四川慈善奖”评比表彰工作，发起首个“天府慈善月”活动，启动“四川慈善大讲堂”，打造慈善政策宣讲平台、慈善领域交流平台和慈善组织提能增质学习平台。加强慈善活动监管，建立全省性慈善组织信息公开台账，开展慈善组织投资活动排查，备案公开募捐方案340个。开展多种慈善活动，为凉山州“一村一幼”幼教点募捐善款和物资共计1498万元。全省社会工作专业人才队伍总量达9.7万人，增长24.1%；实名注册志愿者801万余人、志愿团体3.1万余个，分别增长50.8%、63.2%，建成覆盖省、市、县、乡四级的老年志愿服务队伍。全年福利彩票销售98.8亿元，筹集公益金29.47亿元，增幅达6.97%。

【养老服务业发展】 全面推动“三位一体”养老融合，2个市被纳入国家级居家和社区养老服务改革试点，开展嵌入式养老机构建设和困难老年人居家适老化改造试点，推进社区助餐服务，打造社区养老服务综合体。新建城乡公办养老机构34个，新增床位8465张；适老化改造养老机构427个，床位4.9万张。推进养老院服务质量建设专项行动，2382个养老机构达到服务质量基本规范标准，达标率达69%。推进农村敬老院“四个转变”，绘制农村养老服务地图，实施农村敬老院布局调整和功能提升，110个县(区)建立留守老人和分散供养特困老年人巡访制度。举办第三届中国(四川)国际养老服务业暨养老产业博览会，签约项目23个、金额92亿元。

四川省民政厅编写组

农村危(旧)房改造

【基本情况】 2019年是脱贫攻坚纪律作风保障年，也是中央确定的全面启动4类重点对象存量危房改造的目标年，住房城乡建设厅贯彻落实中央和省委关于脱贫攻坚决策的部署，以《住房城乡建设部财政部国务院扶贫办关于决战决胜脱贫攻坚进一步做好农村危房改造工作的通知》为行动指南，以农村危房改造为抓手，统筹推进脱贫攻坚安全住房建设，按期完成21.9万户4类重点对象存量危房改造的开工目标。

【实施4类重点对象存量危房改造任务】 中央共安排下达全省4类重点对象农村危房改造任务21.3万户，为确保农村危房改造任务精准实施，住房城乡建设厅在正式安排下达任务和补助资金到实施县之前组织各市(州)住房城乡建设部门对前期上报数据进行了再次复核确认，最终据实安排下达各地改造任务20.3万户。12月，结合住房和城乡建设部、财政部等国家五部委《关于做好农村危房改造“回头看”排查工作》的通知要求，对农村危房改造存量进行了确认，最终锁定全省4类重点对象农村危房改造年度任务21.9万户，并及时开展统计调度和跟踪督导，确保各地在年底前全面完成开工目标。

【持续发挥农房建设统筹管理联席会议机制作用】 省农村住房统筹管理联席会议办公室全年召开4次联席会议和5次专题会议，及时研究解决影响危房改造进度和脱贫攻坚农房建设质量的问题；在阆中市召开了全省农村住房建设质量安全现场会，现场交流学习农房建设经验，做好示范引领；在凉山州召开了脱贫攻坚农村危房改造现场推进会，并针对农村危房改造对象识别、建设进度和新开工农房技术帮扶向凉山州统联办发出3份工作预警函，督促凉山州采取紧急措施推动相关工作，保证与全省整体进度不脱节。

【加强技术指导和培训】 出台《关于加强农房建设质量安全管理的通知》《四川省农村住房竣工验收管理指导意见》，加强对农村危房改造等脱贫攻坚农房建设的质量监管。会同省发展改革委、省扶贫开发局印发《关于进一步加强农村危房改造档案管理的通知》，对“一户一档”资料和档案信息化录入作了规范。在成都市组织召开全省脱贫攻坚农房建设暨农村危房改造业务培训会，针对脱贫攻坚农房建设和农村危房改造方面的法律法规、最新政策、问题防范、软件操作等进行了讲解授课。针对乐山市、凉山州大小凉山彝区农房建设管理人才缺乏的实际，组织召开2019年度深度贫困县建设人才重点培训，共培训规划建设人员100人次。

【加大对凉山州深度贫困地区的帮扶力度】 住房和城乡建设部副部长倪虹会同国务院扶贫办、财政部调研凉山州脱贫攻坚农村危房改造时争取国家部委向凉山州彝区深度贫困县3类重点对象危房改造户每户追加0.5万元的补助标准，省级财政每户追加1万元的补助标准，与彝家新寨住房建设补助标准持平。针对凉山州深度贫困地区脱贫攻坚农房建设点多面广与当地监管力量严重不足的现实矛盾，出台了《凉山州脱贫攻坚农房建设巡检工作方案》，从省内相关企业中抽调53名专业技术人员组建巡检工作组，对易地扶贫搬迁、彝家新寨等农房建设进行巡检，对集中安置点项目及多户联建项目做到逐一检查，逐步帮助当地建立健全农房质量安全监管体系，督促整改质量问题，并开展培训以引导提升凉山农房建设各参与主体的规范意识和安全意识。

【开展漠视侵害群众利益问题专项整治】 会同财政厅等省级五部门联合制定印发《关于印发在"不忘初心、牢记使命"主体教育中专项整治保障贫困户基本住房安全方面漠视侵害群众利益问题实施方案的通知》，明确了基层干部以权谋私、对象识别不精准、改造进度滞后、改造质量不合格、补助资金不规范五个方面的整治重点，组织开展了为期一个月的专项整治工作，省、市、县三级共接到专项整治期间保障贫困户基本住房安全漠视侵害群众利益监督举报问题22条，已基本处理完毕并销号，其中对于住房城乡建设部转来的5条重点线索，住房城乡建设厅直接开展现场调查处理。对于省纪委书记王雁飞在主持召开的"脱贫攻坚纪律作风保障年"活动推进会上提到的木里县牦牛坪村易地扶贫搬迁聚居点农房出现开裂漏水问题，督促凉山州开展了现场调查和核实处理。通过专项整治，加强了系统作风建设，密切了基层干群关系，取得了群众可感知的整改工作成效。

四川省住房和城乡建设厅编写组

农村群团工作

农村青少年工作

【关爱服务农村留守儿童】 为落实省委、省政府加强农民工服务保障、关爱农村留守儿童的重要要求，春节期间，协调各市（州）团组织和青年志愿者开展"关爱农村留守儿童、服务外出农民工"专题调研工作，得到团中央、省委、省政府及社会各界的肯定。团中央书记处"第一书记"贺军科批示将调研成果印发《全团要讯》，省委副书记邓小刚、副省长王一宏等先后在团省委调研报告上作出重要批示，省委《每日要情》进行专题刊载。

持续开展"快乐学校"关爱农村留守儿童品牌活动。加强与《中国青年报》的合作，持续开展"快乐学校"大学生暑期关爱留守儿童志愿服务活动，探索开展借助网络众筹等方式募集活动资金及拓展项目影响力。面向省内各高校征集15支暑期志愿服务实践队伍，于7月中下旬到全省8个市（州）"童伴计划"项目村开展为期15天的志愿服务，为农村留守儿童开展安全自护教育，提供文化教育、美艺教育、心理辅导等服务，共计服务农村留守儿童1.12万人次。

【"童伴计划"项目】 5月，团省委组织召开全省"童伴计划"项目推进视频会，全面梳理总结2016—2018年"童伴计划"试点情况，梳理总结在项目管理、制度设计和督导考核等方面成效经验、存在的问题，将新时期关爱工作目标确定为"提质扩面"。制定下发《四川省共青团"童伴计划"建设和管理制度汇编》、"童伴妈妈""六个一"工作职责、《关于进一步推进"童伴计划"提质扩面的通知》，统一制作下发服装、工牌、"童伴之家"标牌标识等物料；不断优化项目，完成对"童伴妈妈"、"童伴之家"、服务儿童等数据的统一建档立卡，摸清底数，理顺管理关系，推动项目运行逐步实现标准化、规范化、科学化。

2019年年初，党组主要负责人向省"两会"提交了"童伴计划"的提案建议，进行了大会发言，争取各方重视和支持。由共青团省委副书记、党组成员张征带队到团中央和中国青基会进行了专题汇报，为项目推动争取更多资源。5月16日，共青团四川省委、中国青年报社、四川青年志愿者协会联合北京大学资源，以"弘扬五四精神、助力教育扶贫"为主题，在西南交通大学犀浦校区举行启动仪式，旨在通过开展关爱贫困地区留守儿童的志愿者支教活动号召更多新时代有志青年自觉弘扬"五四"精神，扎根乡村基层，助力教育扶贫。与公安厅加强合作，5月23日，在巴中市启动全省"童伴计划"反拐宣传进村社系列活动。"五一"期间，协调中央电视台《新闻调查》栏目到南江县拍摄"童伴计划"专题纪录片，并于6月8日在黄金时段播出。6月中旬，专题稿件《为留守儿童找个妈妈：四川"童伴计划"从试点向标准化推广》被多家主流媒体刊发，营造了良好的舆论氛围。共青团黑龙江省委选派2名同志到四川省学习借鉴"童伴计划"项目组织实施方法。8月，中央电视台著名主持人敬一丹带领《新闻调查》栏目组到邛崃市和遂宁市就"童伴计划"进行了专题采访。

继2018年团中央书记处"第一书记"贺军科要求总结提炼四川"童伴计划"项目经验，并在全国复制推广，推动、深化农村留守儿童关爱工作后，9月，全国首批"童心港湾"建设工作培训推进会议在遂宁市召开。会上，团中央书记处书记傅振邦针对"童心港湾"项目试点工作向全国共青团组织提出了具体要求。在113个全国首批"童心港湾"建设中，团中央支持遂宁市、宜宾市、巴中市共计21个项目，占首批项目总数的18.6%。

共青团四川省委编写组

农村残疾人工作

【基本情况】 省委、省政府高度重视残疾人事业发展，省委书记彭清华、副书记邓小刚先后会见自强模范及助残先进代表和残疾人励志报告团并就发展残疾人事业作出重要指示；省政府时任副省长王一宏8次出席有关活动，强力推动相关工作。省残联被省委、省政府通报表彰为"2018年先进定点扶贫省直部门（单位）"，被中国残联、国家体育总局表彰为"全国体育工作先进单位"；省残联党组被评为"2019年省直机关'四好一强'领导班子创建活动先进班子"。

【残疾人脱贫攻坚】 省残联把打赢残疾人脱贫攻坚战作为最大的政治任务，全省建档立卡未脱贫贫困残疾人从4.9万人减少到0.717万人，为9.1万名建档立卡残疾人发放生活补贴1.33亿元。配合民政厅核实102万名重度残疾人护理补贴和72万名困难残疾人生活补贴发放。投入资金4986万元，对15119户贫困残疾人家庭实施无障碍改造。配合住建部门对2.89万户贫困残疾人家庭实施危房改造。投入省级财政专项扶贫资金1000万元，在34个县（市、区）实施"股权量化"扶贫项目，帮助

1300名农村建档立卡贫困残疾人增加收入。推动落实省残联与浙江、广东残联签订东西部残疾人扶贫协作协议，实施残疾人扶贫协作项目112个，落实资金物资4300余万元。举办全国残疾人脱贫先进事迹视频报告会四川专场，72.99万人在线观看。牵头统筹协调8家参与定点帮扶单位，共投入资金2500余万元，帮助小金县进一步巩固脱贫攻坚成果。

【就业创业、特殊教育和社会保障】 省残联会同教育厅、民政厅等17个部门出台《关于进一步做好残疾人就业创业工作的若干政策措施》，提出11条创新举措。与京东、58同城签订电商助残和就业助残合作协议，助推残疾人产品销售和就业创业。组织开展"2019暖风行动"高校残疾毕业生就业专场招聘会，提供适残就业岗位1500余个，签订就业协议207份。以省政府名义评选表彰"四川省残疾人就业工作先进单位和先进个人"各100个（名）。协调推进第二期特殊教育提升计划，适龄残疾儿童入学率达91.26%；发放残疾人教育资助金2835万元，惠及残疾学生24054人；全省高校录取560名残疾学生，创历史新高。继续实施"阳光家园计划"项目，为4.6万名重度肢体残疾人和智力、精神残疾人提供托养等服务。

【康复工作】 省残联贯彻落实《四川省人民政府关于建立残疾儿童康复救助制度的实施意见》，指导21个市（州）出台残疾儿童康复救助制度，成都、宜宾、达州等11个市（州）在救助范围、救助标准等方面有较大突破；出台《四川省残疾儿童康复服务机构准入标准（试行）》，对全省302家残疾儿童康复服务定点机构实行规范化管理；全年共投入资金1.85亿元，惠及残疾儿童13069名。协调推动辅具适配全覆盖试点工作，全省有需求的残疾儿童和持证残疾人基本型辅助器具适配率达76.3%；实施脑瘫康复等重点项目8个，全省有需求的残疾儿童和持证残疾人基本康复覆盖率达90%。省八一康复中心等直属机构服务能力进一步提升，全年服务患者59.2万人次，业务总收入增长29%；省听力语言康复中心开展人工耳蜗及助听器调试（验配）230人；全年送训和培训残疾人康复技术人员235期、17483人。省残疾人辅助器具资源中心（国家辅助器具西南区域中心）主体工程已完工；争取中央补助新建县级康复（托养）中心7个，全省县级以上康复托养服务设施达242个。

【文化体育事业】 全年推动四川残疾人艺术团走进贫困县（区）、企业、高校、社区、乡村励志演出50场。全省已建成公共图书馆盲人阅览室90个、残疾人文化创意产业基地17个、残疾人特殊艺术人才培养基地80个。组织299名残疾人运动员参加全国第十届残运会暨第七届特奥会，在竞技类体育项目获得金牌49枚、银牌29枚、铜牌31枚，金牌和奖牌总数均位列全国第10，其中单板滑雪、越野滑雪两个项目实现金牌、奖牌历史性突破。组织25名残疾人选手参加第六届全国残疾人职业技能大赛暨第三届全国残疾人展能节，其中3人进入前八名、4人获得锐意拼搏奖、8人获得优秀技能奖，实现竞赛成绩与精神文明"双丰收"。与人力资源社会保障厅联合组织推荐"全国自强模范"7名、"全国助残先进集体"4个、"全国助残先进个人"4名、"残疾人之家"4个、"全国残联系统先进工作者"1名。

【主题活动开展】 省残联利用全国助残日、残疾预防日、国际残疾人日等策划组织三大系列示范性引领性主题活动，其中联合教育厅、人力资源社会保障厅、团省委成立的残疾人励志报告团走进机关、企业、医院、学校累计开展巡回报告9场，172.44万人通过风直播等4个直播平台在线观看首场报告会。同时，注重发挥助残社会组织作用，四川省残疾人福利基金会和成都市残疾人福利基金会筹集款物合计11580万余元，中国狮子联会四川代表处捐赠款物1086万余元，服务残疾人16万人次。

四川省残疾人联合会编写组

劳务开发、农民创业与就业

农村劳务开发

【基本情况】 就业形势保持总体稳定。2019年，全省实施"稳就业15条""四个一批"等就业政策，开展"春风行动"和东西部劳务协作。截至2019年年底，全省农村劳动力转移输出2480余万人，占全省农村劳动力总量3380.3万人的73.4%。

省内就业容量持续扩大。全年省内转移就业1370余万人，比省外多300余万人。

返乡创业态势喜人。贯彻落实返乡下乡创业22条措施，不断加大支持力度，"归雁经济"持续给力。开展返乡创业先进市（州）、县（市、区）考核激励活动，截至2019年年底，全省农民工返乡创业累计68.2万人，创办企业17.6万家，带动就业218万人，实现创业产值4000余亿元，相当于2018年全省GDP的12%，全省农民人均工资性收入达8173元，农民工人均工资性收入达1.9万元，成为推动全省经济高质量发展的重要力量。

【农民工整体技能水平显著提升】 培训内容精准化。实施以"春潮行动""求学圆梦行动"和劳务品牌培训为主要内容的农民工技能培训，满足现代产业发展和乡村振兴的人才需求。

培训模式便捷化。推行农民工培训"互联网+"新模式，推行企业新型学徒制培训，依托农民工服务网站和手机APP拓展培训功能。

培训机制科学化。采取线上和线下培训相结合、学历教育与短期技能培训相结合、输出地与输入地培训相结合的方式，截至2019年年底，全省培训农民工87.4万余人次，其中品牌培训6.8万人、返乡创业培训2万余人、新型职业农民培训14.2万人。

【优秀农民工"回引工程"深入推进】 农民工党组织体系日益健全。依托驻外联络机构、本地商会、协会和企业等全覆盖建立农民工服务管理党组织，确保农民工返乡能"接上头"、出去能"管到头"。

定向回引机制逐步完善。全省逐级建立完善优秀农民工、农民工后备力量、农民工村干部"三本台账"。截至2019年年底，全省新增农民工村党支部书记2544名，新发展农民工党员4202名，储备优秀农民工8.9万名、农民工村干部2.5万名、农民工后备力量3.9万名。

优秀农民工村干部待遇逐步提高。全面推行返乡优秀农民工村党组织书记"一肩挑"村委会主任、担任村集体经济组织和合作经济组织负责人，并按一定比例兼职兼薪。

【农民工劳动合法权益得到有力保障】 根治农民工欠薪取得新进展。加强工程建设领域欠薪源头治理，严格执行施工总承包企业直发农民工工资、工资专用账户、工资保证金、欠薪应急周转金等制度，加大政府投资工程项目监督考核和督查问责力度。截至2019年年底，全省查办欠薪案件1432件，涉及工资达1.2亿元，欠薪案件和金额同比分别下降43%、88%；公布重大违法案件61件，纳入黑名单管理17件，移送涉嫌拒不支付劳动报酬案件92件。

劳动争议仲裁力度不断加大。制定了快立、快调、快审、快结办案机制。全省共为1400余名农民工审结工资争议案件1300余件，涉案金额达3200余万元。

法律援助。组织开展律师进工地进项目公益法律服务、农民工维权案件优秀案例评选、法制宣传等系列活动。全省共受理农民工民事法律援助案件1890件，为农民工提供法律咨询4.9万人次。

【农民工服务保障各项工作全面推进】 常态化推进农村"三留守"人员关爱活动。组织开展了亲情团聚、"童伴计划"、"我为农民工家庭办件事"、女性农民工"两癌"救助等系列活动。全年共帮助3700余名留守儿童与亲人团聚。

创新开展农民工文体活动。先后组织农民工参加农民工原创文艺作品大赛、首届"在外川籍农民工运动会"。全年共有260余万人参与各类文体活动，丰富了川籍农民工文体生活。

优化农民工服务平台。开发建设农民工服务网、"蜀乡亲"手机APP和服务微信小程序"三位一体"的农民工网络服务平台，开设"看家望乡""村里的事"等特色栏目。建立"农民工个人档案"基本信息库，精准掌握农民工数量、用工去向和个人情况等基本信息。对接全省12345政务服务平台，开通婚姻生育、医疗保障、文化生活、就业服务、子女入学、社会保障、交通服务、权益维护、证照办理、金融服务、地区特色11大类共33项服务内容。截至2019年年底，农民工网络服务平台使用量达160余万人，网站访问1.9万余次，小程序访问2.1万余次，APP访问2.1亿次；APP下载3.1万次，累计办理事项3.3万余项；农民工后台内容管理系统累计访问量136万余次，累计采集信息63.2万条，发布信息32.9万条。

【农民工市民化进程加快推进】 随迁子女入学无障碍。落实以居住证为主要依据的随迁子女入学政策，努力扩大城镇义务教育办学资源，创新落实"三免一补"政策。开展随迁子女入学网上申请试点，实现随迁子女入学、转学和升学"只跑一次"，随迁子女在流入地接受义务教育超过50万人。

住房保障改善显关怀。实施"农民工住房保障行动"，将农民工纳入城镇公租房住房保障体系，每年将30%的公租房定向提供给农民工。出台指导意见将农民工住房保障制度化，继续发放公租房租赁补贴，允许农民工个人自愿缴存公积金。全省已累计向农民工提供公租房10万余套，受益农民工超过30万人。

卫生健康服务贴民心。拟订《四川省推进健康中国行动(2019—2030年)职业健康保护专项行动实施方案》。实现了用人单位职业病危害申报率、职业病危害定期检测率、接触职业病危害的劳动者在岗健康检查率和用人单位主要负责人、职业健康管理人员和劳动者培训"4个95%以上"的目标任务。

服务保障常态化。春节期间协调铁路交通部门开通专列(专车)、预留团体票、开设专门购票窗口，在车站、码头等交通集散地设立便捷服务点，为农民工返乡、返岗提供交通保障。建立走访慰问全覆盖、证照办理等专项行动和留守人员关爱机制，满足农民工多元服务需求。全年累计开通农民工火车专列64趟、客运专车4.9万余班次，走访慰问农民工1435万人次，发放慰问金1.8亿余元，办理各类证照134余万件次，开展就业专场招聘1300余场。

【农民工工作机构日益健全】 加强责任主体。全省各级党委、政府把农民工服务保障工作作为"一把手"工程，省委书记彭清华多次主持召开农民工服务保障工作专题会议和广州、杭州川籍农民工座谈会。将农民工服务保障工作纳入目标考核的重要内容，压紧压实各级党委、政府的主体责任。

健全工作机构。省、市、县三级调整充实农民工工作领导小组，在省本级、10个劳务输出大市、122个劳务输出大县分别成立农民工服务中心，省政府各驻外办设立农民工工作处，全省农民工服务机构专职工作人员达1500余名，基本形成了领导小组牵头抓总、成员单位各司其职，省、市、县、乡、村五级联动，社会广泛参与的良好工作格局。

加强专题调研。对四川改革开放以来的农民工发展和对经济社会做出的主要贡献、阶段特点、主要问题和今后方向进行了专题调研，形成了《改革开放以来四川农民工发展报告》，为新时期农民工工作提供了科学决策依据。

加大宣传报道。运用报纸杂志、电视广播、服务平台等线上线下媒体，全方位、多渠道、广角度宣传农民工政策措施和优秀农民工在就业创业、发展产业、乡村建设、带动群众致富中涌现的先进典型事迹。

【农民工工作氛围日渐浓厚】 加大工作宣传，与《四川日报》、四川电视台、《人力资源报》等单位签订合作协议，借力新媒体开辟宣传专栏，围绕农民工服务保障，撰写工作信息，宣传四川经验。全年召开农民工工作新闻发布会2次，直播农民工运动会1次，中央和省级主流媒体累计发布农民工宣传稿件逾1000余条。加大政策宣传，编印《农民工维权手册》10万份、《农民工工作政策汇编》10万份、扑克口袋书1万份，提升农民工政策知晓度。12月，在全国农民工工作暨保障农民工工资支付工作电视电话会议上，国务院副总理胡春华在讲话中对四川省农民工返乡创业工作予以了肯定。

四川省人力资源和社会保障厅编写组

农村青年就业与创业

【青春助力扶贫】 团省委开展巴塘县定点帮扶工作，开展"两不愁、三保障"回头看大排查，明确18项定点帮扶重点举措，制订年度定点帮扶计划，团省委获评为全省定点帮扶先进单位，并在全省社会扶贫工作推进暨脱贫攻坚奖表彰大会上作交流发言。组织召开四川省青联助力脱贫攻坚专题会，发挥青联、青企协作用助力脱贫攻坚。全面助力凉山脱贫攻坚，创新建设青春扶贫超市，深入实施"火苗计划"，推动帮扶工作扎实开展。

【农民工服务保障】 深入贯彻落实省委关于加强农民工服务保障工作的安排部署，开展"青春志愿·爱在旅途"春运志愿服务，协调开通"青春快线""共青团号"等专列18趟，覆盖外出农民工1.8万人。加强对驻外团(工)委的联系指导，组织机关部室主要负责人分别走访川籍农民工集中地区，制发调查问卷2300余份，全力做好农民工服务保障。开展"关爱农村留守儿童、服务外出农民工"专题调研，得到团中央、省委、省政府及社会各界的肯定。推动留守儿童关爱"童伴计划"提质扩面,承办团中央“童心港湾”建设工作培训推进会议,发扬自我奋斗精神,推动全省建成项目村527个。

【农村青年就业与创业】 培养农村青年致富带头人才队伍,完成“乡村伙伴计划”农村青年人才振兴工程第一期培训。会同农业农村厅实施“乡村伙伴计划”农村青年人才振兴工程,开展2批次为期2周的集中课堂培训和1批次的实地考察交流,完成第一期50名创业青年培训,取得良好成效。持续实施农村青年电商培育工程,采取项目化申办方式,拨付经费18万元在全省8个市(州)、县(区)举办农村青年电商示范培训省级示范班8期,培训创业青年1000余人次。联合中国慈善联合会、清华大学社会学系等举办农村创业青年网络培训,21个市(州)近4600名农村创业青年参加,其中20名学员参加了清华大学线下实训。举办“返乡创业青年暨农村青年致富带头人训练营”,邀请5位专家专题授课,组织开展1场团建、1次实地考察调研和1场“青春助力乡村振兴”青年论坛,培训返乡创业青年等120余人。

推进“中国青创商城”建设。“五四”期间,邀请张一山、王俊凯等明星在微博发起“五四青春扶贫行动”,阅读量达1.5亿人次,销售贫困户土鸡蛋12万个。在高新紫竹广场、肖家河步行街组织开展两场社区线下推广活动,销售商品近20万元。参加第一届全国青年创新创业交流会和第四届国际创新创业博览会,进行重点主题推介。商城已开通省级馆和专区6个,入驻创业青年项目200余个、产品400余款,访问人数超500万人次,交易额达150万余元。

共青团四川省委编写组

民族地区教育工作

【基本情况】 2019年,全省民族自治地方51个县(市)共有幼儿园及中小学校3468所,在校学生169.48万人,其中幼儿园1671所,在园幼儿36.07万人;小学1457所,在校学生84.08万人;初中235所,在校学生33.76万人;高中阶段教育学校92所,在校学生15.48万人;特殊教育学校12所,在校学生849人;工读学校1所,在校学生51人。

【实施“三大工程”建设】 为实施《民族地区教育发展十年行动计划(2011—2020年)》、“大小凉山彝区教育扶贫提升工程”、“三区三州”教育脱贫攻坚“三大工程”,全年共筹措资金13.5亿元,用于安排校舍建设项目392个,为222所学校配备图书、仪器设备,为743个班级购置信息技术设备,购买卧具1626套,为凉山州安宁河地带6个县的义务教育阶段学生发放生活补助,培训教师及“一村一幼”辅导员2万余名。

【实施“藏区教育发展振兴计划”】 全年筹措资金12亿余元用于实施十五年免费教育、公费师范生培养、营养改善、农村教师生活补助、特别资助政策和267个校舍建设项目等教育民生实事,助推藏区32个县(市)完成义务教育均衡发展任务、实现“应免尽免”“应助尽助”。

【推动双语教育内涵发展】 着眼打造铸牢中华民族共同体意识的共同语言环境,全面加强国家通用语言文字教育,从9月秋季开学起,民族地区中小学统一使用统编《语文》教材教学。加强民族文字教材建设,组织完成《道德与法治》《中国历史》《数学》《科学》等新教材的编译及审查,编制印发《四川省民族地区2019—2020学年度藏、彝文版教学用书目录》,做到“课前到书、人手一册”。

【开展英语教学试点】 自9月起,在甘孜、阿坝、凉山3个少数民族自治州1/3的小学开展英语教学试点,从小学一年级开始系统学习英语课程。针对民族地区英语教学起步晚、底子薄、师资缺等问题,对甘孜、阿坝、凉山3州的952名英语任课教师进行培训。同时,选取国内外趣味性强的视频资源、简单易唱的英语歌曲为主要教学材料,设计统一教案,录制课堂实录,打造系列“立体式教材”,并通过“四川云教”网络教学平台免费向民族地区辐射,当地英语教师与远程英语教师一同开展“双师课堂”。在民族地区小学开设英语课程已被纳入四川扶贫攻坚项目,教育厅要求相关地区调整预算,在人、财、物等方面提供有力保障。同时,加强考核评估,要求教研部门要加强教研和指导,不断提高教学和管理水平。

【实施“一村一幼”计划】 按照“大村独立举办、小村联合举办、一村一幼、一村多幼、多村一幼”的思路,“三州”48个县(市)及马边县、峨边县、乐山市金口河区、北川县52个县(市、区)开办“一村一幼”幼教点4888个,招收幼儿20.8万人。同时,按每名每月2000元的标准为16577名辅导员发放劳务补助4.02亿元,46个县(市)按不同标准为辅导员购买社保。组织省内19所普通高校对7661名“一村一幼”辅导员进行一个月的能力提升培训,参训辅导员普通话水平和保教保育水平显著提升。依托“一村一幼”,凉山州2724个幼教点开展“学前学会普通话”行动试点,11万余名幼儿普通话合格率达81.5%,试点项目获得“2019年全国脱贫攻坚创新奖”。

【研发民族地区教师教材教法资源】 为提升民族地区教师适应教学的能力,创新研发民族地区教师教材教法资源。截至2019年年底,已在四川教育资源公共服务平台上线资源课1200余节,民族地区数万名教师试看。

【实施“校对校”对口帮扶】 组织省内10个市74个县(市、区)1176所中小学及幼儿园结对帮扶45个深度贫困县的1299所中小学及幼儿园。全年帮扶地共选派骨干教师和管理人员2630余人次到结对学校支教,开展送培送教活动2800余场次,建立工作研修坊1700余个,帮助培养学生2240名,援助物质资金1740余万元;受扶地共选派2350人次骨干教师、管理人员到结对学校跟岗学习、挂职锻炼,23800余名教师参加“送培送教”活动,13900余名教师参加工作坊研修,77000余名学生参加“心连心”“手拉手”活动。

【实施“少数民族高层次骨干人才培养计划”】 通过四川政务服务网完成对1200名考生的资格审查,并与184名考生签订协议。同时,做好2019年毕业生档案接转及保管工作。北京大学、清华大学等53所高校共录取四川“少数民族高层次人才培养计划”研究生246名,其中硕士研究生213名、博士研究生33名。

【落实民族自治地方十五年免费教育政策】 继续实施十五年免费教育计划,在实施义务教育“三免一补”政策和中等职业免学费政策的基础上,投入中央和省级资金30802万元,免除3年幼儿保教费,免除3年普通高中学生学费并为其免费提供教科书,惠及学前幼儿和普通高中学生45万名。

四川省教育厅编写组

农村财政、金融与市场监管

农村财政与金融

农村金融工作

【基本情况】 2019年，省地方金融监管局稳妥推进新型农村金融机构改革试点工作。截至2019年年底，全省共有农业融资担保法人机构61家，实收资本共计104.38亿元；小贷公司250家，注册资本金445.15亿元；经省地方金融监管局批准的农资社6家，股金总额2559.86万元；农村产权交易所1家，在全省设立12家分公司、7家子公司，注册资本共计5000万元，并推动在宜宾市、巴中市等市（州）设立新的分支机构。

【业务发展】 新型农村金融经营机构始终坚持立足服务"三农"、小微企业，探索创新，不断满足实体经济发展的融资需求。截至2019年年底，全省农业融资担保公司在保余额224.42亿元，在保客户总数54781户，其中为51575家农业小微企业和农村居民（含个体工商户）提供在保余额共计164.63亿元；小额贷款公司贷款余额496.38亿元，其中"三农"和小微贷款余额391.86亿元；农资社贷款余额2236.13万元，贷款余额户数140户。成都农村产权交易所成交各类农村产权2636宗、面积34.38万亩，成交金额172.65亿元，自成立已累计成交各类农村产权1.93万余宗、面积263.35万亩，累计成交金额1067亿元，交易规模在全国处于领先地位，是全国首个交易规模破千亿的农村产权交易所。

【持续加大信贷投放力度】 四川银保监局印发专项通知部署"三农"金融服务工作，以实施乡村振兴战略为"三农"金融服务工作总抓手，大力发展农村普惠金融，支持农业农村优先发展。同时，加强监管考核引领，采取按季监测通报涉农贷款投放进度、及时约谈涉农贷款考核不达标机构等方式，引导金融机构加大"三农"信贷投放，引导金融资源向四川省农村重点领域和薄弱环节倾斜，向"10+3"特色产业体系聚集，全力支持农业供给侧结构性改革，助力四川省由农业大省向农业强省跨越。截至2019年年底，全省银行业机构涉农贷款余额1.74万亿元，占各项贷款总额的27.66%，实现连续5年持续增长。

【开展"三农"金融服务创新】 稳步推进"三权"抵押贷款试点。四川银保监局组织辖区内银行业机构深化农村承包土地经营权、农民住房财产权、农村集体经营性建设用地使用权抵押贷款试点工作，努力缓解"三农"贷款缺乏抵押物的困境。截至2019年年底，全省共有13个县（市、区）被纳入"三权"试点，"三权"抵押贷款余额合计28.19亿元。

深化"双基"惠农贷款模式。引导辖区内涉农银行业机构加深与基层党组织合作，继续深入推进"双基合作惠农贷款"模式，支持农户与新型农业经营主体的发展，进一步增强农村经济发展活力。截至2019年年底，全省涉农银行业机构已与3400余个乡（镇）开展"双基合作"，成立村级信贷工作室超过11000家。

【推进农村基础金融服务基本全覆盖】 为更扎实做好农村基础金融服务工作，努力在2020年年底基本实现"基础金融服务不出村，综合金融服务不出镇"的目标，四川银保监局多次开展摸底调查，并更新制定《银行业金融机构空白乡镇分年度覆盖规划（2019—2020）》和《保险服务空白乡镇分年度覆盖规划（2019—2020年）》。鼓励并引导银行保险机构下沉服务重心，到乡（镇）一级设立银行机构网点和提供保险金融服务，并综合运用电子机具、流动服务、便民服务点等手段丰富农村基础金融服务方式，提升农村基础金融服务质效。截至2019年年底，全省已有2890个乡（镇）实现了银行业机构网点覆盖，覆盖率为84.01%；已有3020个乡（镇）提供保险服务覆盖，覆盖率为87.79%，全省所有行政村均已通过电子机具、金融联络员、便民服务站等形式实现基础金融服务覆盖。

【推进新型农村金融机构发展壮大】 推进小额贷款公司行业评级，实行分类监管，对行业评级高，支持小微、“三农”和民营经济发展的公司研究“一企一策”专项帮扶措施，支持其创新业务、拓宽融资渠道；对评级低的公司，加强引导或限制业务，逐步实现行业优胜劣汰。推动财政金融互动政策细化落实，根据《关于印发〈四川省财政金融互动奖补资金管理办法〉的通知》（川财规〔2019〕5号）要求，组织农担公司、小贷公司积极申报。

【引导新型农村金融机构创新产品】 引导农业担保公司围绕全省农业产业发展方向，围绕粮食安全、脱贫攻坚创新产品，推出了“川粮贷”“川猪贷”“川茶贷”等13个专属信贷产品。省农担公司会同农业银行、邮储银行率先在全国推出种粮农户政策性信贷担保专属产品——“惠农担·粮易贷”。该产品实行“零抵押、低利率、快审批、随借随还”政策，把种粮农户信用贷款额度直接提升到100万元，融资成本降低到6%以内（担保费按0.5%收取）。该产品得到中央媒体和国务院官网的专题报道，入围年度“中国三农创新榜”，被中国融资担保行业协会和国家融资担保基金联合评定为“三农”类优秀金融产品。

【加强新型农村金融机构监管力度】 全省持续推进小贷行业清理整顿工作，共清退小贷公司38家。加大小贷公司月度非现场检查和年度合规经营检查力度，实现地方金融机构预警监管平台全线上监测，并根据运行实际效果进行动态调整。引入会计师事务所、律师事务所等第三方机构加大现场检查力度。加大防范监管次生风险工作指导。2017年11月，银保监会、农业部、供销总社等5部委联合下发关于农资社的风险提示，要求贯彻落实全国金融工作会议要求，由各地承担地方金融监管职责的职能机构牵头组织开展摸底排查风险。省地方金融监管局与农业农村厅、省供销社联合开展检查，对不合规的机构进行限期整改或清退，将合规的机构统一纳入规范管理。

【金融体制改革】 四川银保监局在农信社改革中加强省联社管理职责，指导省联社修订章程，完善法人机构示范章程，推进省联社改革、履职评价、现场检查发现问题并进行整改，将强化公司治理作为农商行改革补短板的核心。继续坚持“成熟一家、组建一家”的原则，以更高标准扎实稳妥推动农村商业银行组建工作，全年新组建农商行1家。截至2019年年底，全省组建农商行总数达69家，农商行数量居西部地区首位。改革后的农商行股本得到充实、股权结构得到优化、优质股东参与到法人治理，法人治理不断完善，管理能力和风控水平得到提升，初步实现了从“换牌子”到“换机制”的转变。深入推动省联社强化履职，重点推进省联社改革、履职评价、现场检查发现问题整改等工作，指导省联社完成章程修订，完善法人机构示范章程，要求农合机构将加强党的领导载入章程。

四川省地方金融监管局编写组、中国银行保险监督管理委员会四川监管局编写组

中国农业发展银行四川省分行涉农工作

【基本情况】 中国农业发展银行四川省分行是全国唯一一家农业政策性银行在川机构，下辖21个二级分行、2个直属支行、89个县级支行。2019年，农发行省分行发放各类贷款655亿元，列农发行系统第7位，其中向“三区三州”发放贷款42亿元，占农发行系统向“三区三州”贷款发放总额的58.8%；贷款余额达2513亿元，列省内金融机构第6位，比年初增加343亿元，增长15.81%，其中扶贫贷款余额1048亿元，占全部贷款的42%，居全国农发行系统第3位，比年初增加126亿元，增长13.67%。

【服务“粮安工程”，助力守好管好“天府粮仓”】 按照“多收粮、收好粮、防风险”的原则，在保障各级地方政府粮油增储、轮换及政策性托市收储资金足额供应的前提下，支持各类收购主体开展市场化收购，并向生产加工销售消费全产业链延伸，助力管好“天府粮仓”，守住粮食安全的核心和底线。全年累收累放粮油类贷款220亿元，累计支持企业收购稻谷19.285亿千克、小麦8.165亿千克、玉米4.875亿千克、油菜籽0.43亿千克、红高粱0.35亿千克，支持的粮油购销量占全省商品粮油市场份额的72%。同时，向猪肉储备、饲料加工、生猪养殖、屠宰加工等领域投放各类贷款30亿元，全力保障“餐桌”供应。聚焦高标准农田建设和土地增减挂钩、农村土地流转，落实“藏粮于地、藏粮于技”战略，投放贷款34亿元，助力全省90个粮食生产重点县和46个产油大县建设。

【服务脱贫攻坚，发挥金融扶贫主力先锋模范作用】 聚焦全省88个贫困县，对标“两不愁、三保障”，推动信贷资源向22个专项扶贫规划及年度减贫任务重点区域聚焦，围绕农村路网、农村安全饮水、乡村医疗点等公共服务设施、住房安全和产业园区建设等重点领域精准发力，累计发放贷款266亿元，占全部贷款累放总数的41%，持续大力度服务脱贫攻坚。向甘孜、阿坝、凉山等深度贫困地区聚焦发力，实现管理力量、办贷流程、差异化信贷政策“三下沉”，“三州”行年底贷款余额135亿元，较年初增加33亿元，增长32%，其中精准扶贫贷款余额50亿元，较年初增加17.6亿元，增长50%。

【服务乡村振兴，推动农村产业兴旺】 把握“做园区、强产业、建物流”主线，加大农业产业化龙头企业、现代农业产业园区、农村物流体系及休闲农业、乡村旅游和农村康养等产业发展，促进农村一二三产业融合发展。全年累计发放涉农产业发展类贷款132亿元，助力壮大“10+3”特色农业产业体系，信贷支持的昭觉县虹谷拉达现代农业产业扶贫项目得到来川调研的全国政协主席汪洋的肯定。推进线上线下联动，与省农业信贷担保公司联合推动“政银担”分险合作模式落地，破解民营小微企业融资难、融资贵难题，截至2019年年底，小微民营企业贷款客户188户、余额6亿元，分别较年初增加165户、5亿元。

【服务环境保护，助力生态宜居建设】 围绕

农村污水垃圾治理、"厕所革命"、村容村貌提升"六化工程"等乡村建设短板领域，累计支持长江大保护、农村人居环境整治、城乡生态基础设施建设等生态环境建设与保护类贷款和基金项目300余个，累计发放涉农基础设施类贷款425亿元，占全部贷款投放总数的65%。贯彻落实党中央、国务院关于长江经济带共抓大保护战略部署，围绕水利建设、生态环境建设与保护、农村人居环境"三大板块"，做强"水利银行"特色品牌，发放贷款超过100亿元，持续为四川打赢蓝天碧水净土保卫战提供源源不断的金融强援，获得四川2018年度最佳绿色金融奖。

中国农业发展银行四川省分行编写组

中国农业银行股份有限公司四川省分行涉农工作

【基本情况】 2019年，农行省分行坚持新发展理念，围绕农业"10+3"、工业"5+1"、服务业"4+6"发展战略，全面对接"农业改革、农村宜居、农民富裕"三大任务，全力助推脱贫攻坚，持续加大对经济社会重点领域、关键环节、薄弱短板的支持力度，促进四川县域经济高质量发展。截至2019年年底，全行县域贷款创纪录增加304亿元，涉农贷款创纪录增加214亿元。

【百亿贷款助力重大项目"建起来"】 围绕"农业强、农村美"，着力抓重点、创产品、优服务，全年县域新发放项目贷款202亿元，全力对接省内农田水利、农村土地整理、美丽新村建设、新型城镇化、旅游、农村基础设施等98个重大项目建设。实现开工国家172水库、县域5A级景区、泸县宅基地改革项目金融服务全覆盖。

【百亿贷款助力贫困群众"站起来"】 把脱贫攻坚作为最大的政治责任、最大的民生工程、最大的发展机遇，坚持扶贫、扶志、扶智同向发力，服务带动25万户贫困户"拔穷根、摘贫帽"。2019年，全省88个贫困县贷款总额较年初增加168.2亿元，增速高于全行平均水平；金融精准扶贫贷款余额811.3亿元，保持全省大型商业银行首位。

【百亿贷款助力农业主体"强起来"】 围绕"10+3"现代农业体系，利用金融科技手段，深化银担、银政、银企合作，缓解新型经营主体"融资难、融资贵"问题。全年投放贷款239.5亿元，支持193家龙头企业、1.3万个家庭农场（专业大户）、2.3万户农户建基地、搞加工、创品牌。全行重点龙头企业贷款余额位居全国农行第二、省内四大行第一。

【惠农工程助力服务渠道"通起来"】 着力搭建"惠农e通"平台，推进"惠农通"工程，截至2019年年底，累计发行惠农卡1016万张，在农村设立惠农服务点4.8万个，普及掌上银行等互联网产品816万户，服务代理新农保（合）等涉农项目891个，让全省农民群众"人不出村、足不出户"就能享受到现代金融服务。

【着力"四个振兴"，加强重点领域金融服务】 农行省分行把金融服务乡村振兴战略作为服务"三农"工作的总抓手，实施服务乡村振兴"七大行动"，着力"四个振兴"、全力脱贫攻坚，加大重点领域信贷投放力度，全力成为全省服务乡村振兴战略的主流银行。

全力支持"产业振兴"。聚焦"10+3"现代农业体系建设，实施百优特色产区营销行动，制订全产业链金融服务方案，提供全方位集成化金融服务。全年投放贷款61.5亿元，助力打造了"大凉山"、"净土阿坝"、"圣洁甘孜"、竹叶青茶叶、苍溪红心猕猴桃、会理石榴、攀枝花芒果等高品质、有口碑的"川字号"农业品牌和特色农产品。

全力支持"生态振兴"。聚焦美丽宜居乡村建设，紧扣"美丽四川——宜居乡村"建设部署，围绕农村垃圾、污水、厕所"三大革命"，出台专门信贷政策和信贷产品，不断加大服务力度。发放贷款9.7亿元，支持仪陇、旺苍、阆中等地实施河道治理、污水处理和供排水项目；发放贷款15亿元，支持西昌、平昌、岳池等地实施10个棚户区改造项目；首创"安居贷"，发放贷款5.3亿元，支持凉山州1.1万名农民住上新房子等。

全力支持"人才振兴"。聚焦"排头兵"，创新运用理财、结算、融资等多元化金融服务，支持564家国家、省级重点龙头企业"排头兵"做强做优，发挥联农带农作用，全年对其中173家重点龙头企业投放贷款151.6亿元，提供债券、票据等非信贷融资35亿元。

全力支持"文化振兴"。聚焦县域旅游产业发展，落实与文旅厅战略合作协议，创新推广"全域旅游贷""景区收益权质押贷"等产品，支持县域旅游"游购娱吃住行"六要素。截至2019年年底，县域旅游贷款余额93亿元，贷款2.2亿元支持蜀南竹海景区及当地竹产业多业态发展；金融服务覆盖全省10个天府旅游名县、3个全域旅游示范区、160余个4A级及以上景区等。

全力支持脱贫攻坚。聚焦深度贫困地区，分别制定助力凉山州、深度贫困地区打赢脱贫攻坚战专项政策，逐县（区）制订金融服务方案，在基础设施、特色资源、特色产业和到户扶贫上下足"绣花"功夫。截至2019年年底，45个深度贫困县支行贷款余额510.4亿元，较年初增加76亿元，增速高于全行平均水平4.4个百分点。聚焦帮扶扶贫，全面参与各级党政主导的定点扶贫工作，其中总分行领导班子36人次深入挂点深度贫困县专题指导；向九龙、稻城两个定点联系县捐赠60万元，投放贷款保持同业第一名；累计选派驻村干部154名，为"四行"最多；引荐4家东部企业到四川省开展捐资助学、产业扶贫、爱心捐赠。聚焦作风建设，构建省、市、县三级行党委书记抓扶贫的工作格局，开展中央脱贫攻坚专项巡视反馈问题整改、脱贫攻坚专项巡视、金融扶贫领域发现问题"回头看"及漠视侵害群众利益问题专项整治，坚决防范金融扶贫领域腐败和作风等问题，确保政策落得到地、成效经得起检验。

【实施"三大工程"，提升普惠金融服务水平】 农行省分行立足下沉服务重心，实施数字化转型，构建"六位一体"渠道体系，力争形成"不论远或近、服务零距离"的全覆盖格局，让农民"足不出村、足不出户"就能全天候、全时空享受全面的金融服务。

实施网点转型工程。顺应乡（镇）行政区划调整和网点智能化发展趋势，优布局、推转型、强投入，做到网点设立优先考虑贫困地区、建设资金优先保障县域网点、网点转型优先支持县域网点、设备投放优先考虑县域网点。

实施"惠农通"工程。推进以"一张卡、一个代理服务点、一台电子机具、一揽子金融服务"为核心内容的"金穗惠农通"工程，已覆盖全省72%的行政村，其中在66个扶贫重点县新布放电子机具4580台，覆盖82.4%的行政村，消除了甘孜雅砻江上游平均海拔4000米以上的“生命禁区”金融空白点。

实施电商进农村工程。利用互联网金融，打造“惠农e商”平台，为龙头企业、农产品市场、农村商超等产业链客户提供“电商+金融”服务，助力“工业品下乡、农产品进城”。

【加强“三大支撑”，提升服务“三农”能力】 着力构建金融扶贫和服务“三农”工作长效保障机制，主动将中央重大部署转化为服务“三农”的体制机制、转化为服务“三农”的工作举措、转化为推动脱贫攻坚和农业农村发展的实际效果，不断提升服务“三农”的能力和水平。

激活支行，加强经营单元支撑。精准定位、分类指导，根据资源禀赋、主体功能区定位和经营基础，把全省139家县域支行划分为重点发展、提升发展、稳健发展、聚焦扶贫4类，并出台分类指导意见，激发县支行经营活力，更好地服务县域经济发展。

找准路径，加强服务模式支撑。构建“大数据”商业模式，全面启动农户信息建档工作，推广农户线上融资“七大模式”，助力“贷得到、贷得快、用得好”。截至2019年年底，“惠农e贷”余额92.4亿元，较年初增加68.4亿元，覆盖183个县（市、区），服务农户6.7万户。

加大投入，加强政策资源支撑。加大政策支持力度，对“三农”重点项目开通绿色服务通道，提高办贷效率；对深度贫困地区，在客户准入、业务授权等方面制定优于内地的信贷政策；出台小额信贷、法人精准扶贫贷款业务尽职免责办法，提升从业人员工作动力。加大资源投入力度，优先满足县支行支持地方经济信贷规模、财务费用、劳动用工等经营资源合理需求，新增用工70%以上用于县域支行。

中国农业银行股份有限公司四川省分行编写组

新型农村金融机构

【培育新型农村金融机构】 四川银保监局引导新型农村金融机构立足县域金融承载能力和实际需求，优化网点布局，下沉服务重心。截至2019年年底，全省新型农村金融机构共有56家，其中村镇银行53家、贷款公司2家、农村资金互助社1家；设立网点294个，比年初新增12个，已覆盖除攀枝花市、甘孜州和阿坝州以外的18个市（州）、77个县（市、区），其中国定贫困县17个、地震灾区29个、革命老区38个。

【加强支农支小市场定位监管】 2019年，四川银保监局围绕服务“三农”和小微企业，通过监测分析、现场督导、会议敦促、监管会谈等方式督促省内新型农村金融机构坚守本位、回归主业，提升普惠金融服务能力。截至2019年年底，全省村镇银行涉农贷款余额352.33亿元，比年初增加25.73亿元，完成涉农贷款持续增长目标。普惠型小微贷款余额312.44亿元，比年初增长12.93%，高于各项贷款增速1.64个百分点；贷款户数比年初增加5342户，整体完成小微贷款“两增”目标。

【合规意识和风险意识不断增强】 四川银保监局督促新型农村金融机构坚持支农支小市场定位，健全公司治理，加快转型发展，加强风险防控，提升服务实体经济质效。一是加强股东行为监管，推动监事长规范履职，加快股东股权问题整改，推动实现股权托管，加强关联交易管理和风险防控，优化公司治理架构，构建合规经营和风险管控的长效机制。二是实施分类监管，推动机构实现达标升级，2019年村镇银行监管总体评级结果较上一年度继续提升。三是加强重点风险防控，推动信用风险化解，风险压降成效明显。

四川省地方金融监督管理局编写组、中国银行保险监督管理委员会四川监管局编写组

涉农保险

【基本情况】 2019年，为不断满足“三农”领域日益增长的风险保障需求，全省保险机构推出了除农业保险外的农房保险、土地流转履约保证保险、涉农意外保险等涉农保险产品，丰富保险类别，拓宽保险服务范围。截至2019年年底，全省共有农险品种80种，其中中央财政补贴品种13种、地方特色农险品种67种；农业保险累计实现原保险保费收入26.58亿元，业务规模居全国第10位，服务参保农户超过1357.61万户次，承担农业生产风险保障1897.28亿元，向277.25万户次农户支付赔款32.19亿元，赔款支付金额排名全国第二。全省共有农村营销服务部687个、乡（镇）工作站5693个、村级服务点48753个，已基本实现经营政策性农业保险的保险机构县域机构全覆盖。

【支持生猪稳产保供】 2019年，受生猪疫情影响，生猪养殖业受到冲击，为贯彻落实党中央国务院稳定生猪生产保障市场供应的部署要求，四川银保监局联合地方政府部门出台了“猪九条”“金融猪八条”“规范生猪保险七条措施”等一系列支持生猪稳产保供政策，督促保险公司加大保险政策宣传力度，扩大全省生猪保险覆盖面，履行生猪保险理赔职责，确保应赔、尽赔、快赔，最大限度减少生猪养殖户损失，帮助恢复生猪生产。2019年，全省保险机构为212.8万户次生猪养殖户提供风险保障184.5亿元，承保育肥猪、能繁母猪2643.5万头；支付赔款19.2亿元，增长56.9%，是同期保费收入的2.5倍，占全省农业保险赔款支出的58.4%。

【特色产品助力脱贫攻坚】 “扶贫保”继续惠及建档立卡贫困户。该产品已在21个市（州）127个县全面铺开，2019年参保建档立卡贫困户152.68万户，提供风险保障1412.03亿元，向6.38万户次建档立卡贫困户支付赔款6474.3万元。

牦牛保险持续为稳藏富藏提供能量。牦牛保险为四川藏区3.69万户牧民的210.26万头牦牛提供风险保障42.1亿元，增长4.78%；支付赔款2.6亿元，受益农户10.88万户次。

“惠农保”造福彝区。“惠农保”共为8552户农户提供农房保险，为143.13万人提供小额人身保险、自然灾害公众责任保险，累计提供风险保障1053.79亿元，支付赔款630.94万元。

【创新产品和服务】 继续推进农业大灾保险试点工作。全年为35个农业大灾保险试点县共提供风险保险保障6.12亿元，支付赔款1711.2万元。全省涉农保险（不含农业保险）实现保费收入8806.06万元，提供风险保

障525亿元，已解决赔款5919.16万元。通过“保险增信、信贷支持”的金融模式，提高农户等级，缓解了农户“贷款难、贷款贵”问题。试点“保粮惠农贷”“政银保”合作等模式，“农业保险+险资直投”开展融资1.81亿元。在成本指数基础上，创新开展了价格、收入及气象指数等12类保险产品，并试点开展“保险+期货”保险，助推农险从物化成本损失风险向“自然灾害+市场价格”综合保障升级。探索开展商业农险，鼓励各保险公司通过“中央+地方+商业”的组合模式支持各类新型经营主体发展，推进现代生态农业产业化发展。

中国银行保险监督管理委员会四川监管局编写组

管理与监督

涉农工商监管

【加强农资市场监管，维护农民合法权益】 省市场监管局按照“红盾春雷”行动的统一部署，加强农资市场监管，维护农民合法权益。突出重点，加大力度，多方联合，重点对农资经营门店、农作物主产区、农资案件多发区、区域交界处以及农资批发市场，对流通领域2128个批次的化肥和253个批次的农膜组织开展了省级农资商品质量抽检。全省市场监督管理系统共查处农资案件689件，罚没款659.97万元。

【联合执法】 按照省农资市场监管工作协商机制，省市场监管局联合多方力量，共同围绕农资市场监管中的重点、难点问题开展联合执法行动。深化《四川省工商行政管理局关于贯彻落实四川省农资市场监管协商座谈会精神情况的函》文件精神，坚决打击破坏农资市场的行为，促进农资市场的监管。

【土壤污染防治】 通过加强农资市场监管和执法七大措施，执行省政府土壤污染防治工作。确定以肥料、农膜、成品油、煤炭、石油焦等10类有关商品的抽检为主开展土壤污染防治工作，牵头并联合省发展改革委、经济和信息化厅、公安厅、环境保护厅、农业农村厅、省供销社等8家单位，采取查阅资料、听取汇报等方式，从7个方面对全省农资市场监管与执法情况进行了一次全面督导，掌握了农资市场监管与执法阶段性工作开展情况，推动了土壤污染防治工作的开展。

【农民教育深化年活动】 巩固开展农民教育深化年活动，以深化农民专业合作社、商标、广告、合同等法律法规知识及惠农政策的宣传活动为重点，采取多种形式广泛宣传法律法规，大力开展各项涉及“三农”的业务帮扶对接服务，搭建起了工商部门支持“三农”的服务平台，为农产品规模化、品牌化经营，推进新农村建设，促进农民快速致富起到了积极作用。同时，重点推广法国国家农业研究院的专利杂交技术（使杂交油菜产量更高）的案例并调查了杂交油菜对农民和下游用户的社会经济影响，以及知识产权对他们的影响，将其获得专利的油菜技术推荐给农户，起到了广泛而深入的影响。

【野生动物保护专项整治行动】 6—11月，省市场监管局联合省林草局组织全省开展野生动物保护专项整治行动，确定了整治方式，明确了三个重点整治范围和五项重点整治内容，提出了三项整治要求，同时加强统筹协调，督促各地联系省级相关部门按照要求开展整治。各地以联合检查、联合执法为抓手，针对集贸、批发、农产品、花鸟、古玩、中药材、餐馆饭店、广告领域、网络交易平台等开展野生动物大排查大整治，重点打击非法销售野生动物及制品行为，共检查经营者25061户，联合执法4286户，查处案件7件，维护了全省生态安全，满足了人民群众对良好生态环境的需求。

四川省市场监督管理局编写组

涉农物价管理

【加强农产品价格监管】 落实粮食价格政策，稳定全省农业生产和农民收入。一是及时公布了2019年国家稻谷最低收购价格政策。2019年生产的早籼稻（三等，下同）、中晚籼稻和粳稻最低收购价格分别为每50千克120元、126元、130元，保持2018年水平不变。二是公布了2019年小麦最低收购价格，价格为每50千克112元，较2018年下调3元。三是公布了2020年小麦最低收购价格，价格为每50千克112元，与2019年持平。在粮食市场价格疲软的情况下，国家粮食最低收购保护价下调，对完善最低收购价政策、增强政策的灵活性和弹性、推进粮食收储制度和价格形成机制改革、激发市场活力、优化生产结构、促进优质优价起到一定的积极作用。

加强农资价格监管工作。春耕期间继续关注农资市场价格。2019年，化肥行业从供大于求向供求平衡转变，同时受成本上升、国际市场因素影响，化肥价格高位运行。为保护农民的种粮积极性和稳定农资市场价格，在调查研究的基础上，配合委经贸处会同财政厅、农业农村厅、省市场监管局下发了《关于做好2019年春耕化肥生产供应和价格稳定工作的通知》（川发改经贸〔2019〕201号），要求相关部门和地区采取保障化肥生产，加强化肥调运，做好化肥储备，加强信贷对生产和流通企业的支持，加强农资服务，推动化肥施用减量增效，维护市场秩序，加强市场监测等措施，切实保障春耕期间化肥供应充足和价格相对稳定。

【农产品成本调查质量稳步提升】 巩固常规农产品调查。优化调整全省农产品成本调查点、调查户、调查品种，调查网络不断完善。全面完成种植业、饲养业和畜牧业等25个品种常规调查，完成新增大豆调查任务以及7个品种的直报调查、3个专项调查和主要农产品成本预测调查，分析上报数据上百万个，为国家制定稻谷等主要农产品政策提供了依据。

深化特色农产品调查。组织开展绿茶、甜橙等11个省级特色品种生产成本调查，制定调查技术规范和指标体系，第一时间掌握研判各特色品种成本收益情况。指导各市（州）开展优势特色农产品成本收益调查，助推农业结构调整和脱贫攻坚。成都二荆条、眉山晚熟柑橘、巴中金银花等调查得到当地党委、政府的肯定。

促进流通环节降本增效。建立和完善流通环节成本收益调查制度，每季度深入分析蔬菜和猪肉在流通环节中成本构成，定期在省发展改革委网站向公众公布猪肉、蔬菜流通环节成本收益调查情况，准确反映猪肉、蔬菜价格走向，对稳定和降低流通费用发挥引导作用。

加强数据分析和运用。加强调查数据的分析及趋势研判，组织开展了调查成果转化年活动。撰写的《存粮减售粮降收益低》调查报告被省政府政策研究室《微参考》采用，并专送省领导阅。研究形成《四川省主要粮食生产成本收益调研报告》，为全省制定农业政策提供了参考。

同时，民生事项应急调查不断拓展，开展生猪生产应急调查。针对中美贸易摩擦、"非洲猪瘟"疫情，按月开展生猪生产现状和市场价格的应急调查，深入生猪养殖一线走访养殖户，召开价格、补贴、保险等专题座谈会，及时掌握生猪养殖行业应急处置情况。全年形成生猪应急调查简报13期，形成《四川省生猪生产成本收益情况调研报告》报国家发展改革委。

【加强农产品价格监测预警】 开展常规监测。全年向省委、省政府和国家发展改革委上报全省主副食品价格监测周报49期，全省生猪及饲料价格监测周报49期，春耕农资价格应急监测周报9期，节假日市场价格应急监测报告6期。向省委维稳办报送全省主副食品市场价格动态49期。继续做好实时价格应急监测调查和西部6个省（区、市）主副食品价格应急监测协调和数据交流汇总工作，并做到了常态化，随时保障周边省市场价格调取比对，及时掌握变动走势。全年累计发布西部6省主副食品价格应急监测周报49期。

及时启动应急监测。6月17日，长宁县发生6.0级地震，省发展改革委价格监测局按照统一安排，第一时间派出工作组赶赴震区指导应急价格监测工作，并启动了市场价格监测应急预案，对居民生活的必需品加强价格监测，及时了解和掌握市场民生商品，特别是主副食品的价格情况，一旦价格出现异常变动，及时预警。从监测的情况看，长宁县地震灾区市场商品供应充足，价格总体平稳。

开展有针对性的调研工作。围绕社会普遍关注的民生商品价格持续走高现象，加大市场调查研究工作，派员分别到全省18个市（县）基层监测点，就生猪、蔬菜、粮食、农资等重要民生商品价格情况进行了市场调研。特别是针对猪肉类价格的持续上涨，组织人员多次开展猪肉类价格专项调研，对全省猪肉类及其替代品市场价格情况存在的问题进行实地了解掌握，适时作出后期走势预判并提出相关政策建议。

四川省发展和改革委员会编写组

涉农审计工作

【基本情况】 2019年，审计厅继续把扶贫审计作为重大政治任务摆在首位，把乡村振兴战略审计作为推动"三农"工作提质增效的重要抓手，创新工作思路，优化审计方法，发挥国家审计宏观治理作用。

【深化"全覆盖"，持续推进脱贫攻坚任务完成和成效巩固】 审计厅联合审计署成都特派办，成立了四川扶贫审计"两统筹"协调小组，按照全省审计"一盘棋"思路，创新推进扶贫审计项目和审计组织方式"两统筹"，持续深化对88个贫困县和73个"插花"扶贫县审计全覆盖。对纳入审计署项目计划的12个贫困县，围绕确保2020年脱贫攻坚任务如期全面完成，紧扣"精准、安全、绩效"，突出"两不愁、三保障"重点任务，揭示在实现义务教育、基本医疗、住房安全和农村安全饮水有保障方面的新情况、新问题，揭示贫困地区和贫困群众存在的返贫风险，推动建立健全解决相对贫困的长效机制，巩固脱贫攻坚成果。对凉山州11个贫困县，重点对重大扶贫工程项目推进和省委、省政府34条政策、16项帮扶措施落实情况，以及东西部扶贫协作政策落实情况开展审计，促进责任落实、工作落地。对计划2019年"摘帽"的20个贫困县，加强对"两不愁、三保障"落实到位情况的审计，推动高质量通过脱贫验收；对已"摘帽"县和"插花"扶贫县，重点检查是否落实总书记"摘帽不摘政策，摘帽不摘责任，摘帽不摘帮扶，摘帽不摘监管"指示精神，促进防范返贫风险。2019年，全省共查出扶贫领域问题2601个，相比以往年度，现场审计时间平均缩减37%，问题个数增长39%，问题类型也更加丰实，集中反映了现阶段脱贫攻坚工作存在的困难、短板以及返贫和新发生贫困的风险等新问题。

【探索"新课题"，推进乡村振兴体制机制完善】 为打好乡村振兴战略实施的基础，做好扶贫审计与乡村振兴审计的有效衔接，审计厅组织实施了95个县2018年度乡村振兴战略实施情况专项审计调查，重点关注乡村振兴工作机制建立、持续改善农村人居环境、农业生产能力建设、农民专业合作社管理运行等情况。通过专项审计调查，完成了《乡村振兴战略背景下的国家审计路径研究》课题，向省委、省政府提交的《审计建议加大农村人居环境整治统筹推进力度》《审计建议进一步规范农村土地经营权流转》等专报被采用，推动了全省乡村振兴战略相关体制机制的完善和政策措施的有效落实。

【突出"治已病"，多措并举强力抓实整改】 高位推动，统筹抓总。8月，审计厅推动省委审计委员会出台了《关于进一步加强审计发现问题整改工作的意见》，把加强党的领导贯穿于审计整改工作的各方面和全过程，建立健全党委总揽、人大监督、政府督办、职能部门分工督导和被审计单位具体落实的审计整改工作机制，强化审计机关与执纪执法部门工作协调，加大审计结果和审计整改公开力度。

分类施策，标本兼治。落实"三个区分开来"重要要求，对审计发现的问题，坚持从背景、原因、决策程序、产生后果等方面综合分析，准确界定问题性质、区分责任，分类细化措施，精准推动整改。对于违纪违规触碰"红线"的问题，坚决"咬住"不放松，杜绝整改打折扣，省委、省政府对整改不力的地方，部门（单位）进行了约谈督导，加力加压确保整改落实；对于存在较大风险的压"黄线"问题，注重警示提醒、以帮促改，通过加强法纪意识、采取有效措施防止问题恶化；对于闯“斑马线”的问题，注重从制度机制层面推动补漏补短，促进职能部门提高履职尽责水平。以点带面，举一反三。省委、省政府督查室将扶贫审计结果运用到对市、县脱贫攻坚工作的考评；省纪委监委运用审计成果开展了惠民惠农补贴“一卡通”问题、农机购置补贴、涉农保险补贴问题专项治理和扶贫领域形式主义和官僚主义问题专项整治等活动；省委“不忘初心、牢记使命”主题教育领导小组将审计发现的饮水安全不达标、通村公路建设质量差、未能实现“厕所革命”省定目标、套取技能培训补助资金等10余类突出问题纳入涉农领域惠民工程和扶贫工程问题排查整治重点内容。

【注重“防未病”，创新举措强化风险防范】 推动防范重大风险。在2018年“一卡通”审计和专项治理的基础上，2019年继续跟踪关注试点情况，揭示了社会保障卡“一卡通”试点存在的五方面问题，有针对性地提出3条建议，《审计反映“一卡通”试点成效初显仍需完善》专报得到了省纪委书记王雁飞的批示，促进了试点工作的完善并于7月在全省全面推开。该案例以《紧盯“小卡片”做好“大文章”——四川整治扶贫“一卡通”中的腐败问题》为题，被纳入中共中央组织部组织编写的《贯彻落实习近平新时代中国特色社会主义思想在改革发展稳定中攻坚克难案例》。

深化源头治理。6月，审计厅联合审计署成都特派办梳理总结了近年扶贫审计发现的脱贫攻坚政策措施精准落实、扶贫资金项目管理和绩效、东西部扶贫协作推进、脱贫质量和成效等六个方面的24个普遍性、规律性风险点，在全国省一级率先制定了《四川省扶贫工作风险提示清单》，并由省脱贫攻坚领导小组办公室下发市、县，要求各地对照自查。161个县对照自查发现并整改问题6000余个，收回或盘活资金8.46亿元，完善制度规定543项。

推动行业规范管理。向省发展改革委、交通运输厅、人力资源和社会保障厅、水利厅、农业农村厅等单位函送了农业农村审计发现的相关问题和情况。全省运用涉农审计成果建立健全200余项规章制度，推动了相关行业的治理和规范。

四川省审计厅编写组

农产品标准化体系建设

【规划编制】 全省按照第九批各示范区项目“结合实际，规划先行，顶层设计”的思路，各示范区结合地方“十三五”规划和地方产业规划进行规划编制，所有规划均在有关专家的指导下进行多次修订并最终通过评审，各示范区共编制专项规划3项。全省各级财政在第九批农业标准化示范区建设方面共投入经费近6亿元，其中涵盖硬件设施和基础条件的改造，同时鼓励示范区企业自筹资金。

【标准制定】 在示范区建设中，结合示范项目实际，加快市、县两级农业标准的制定，建立和完善了标准体系，重点研制核心关键标准。从通过考核的6个示范项目来看，各示范区均形成了覆盖示范项目产前、产中和产后的标准体系，很多地方还制定了与示范工作相适应的基础建设、管理服务和产业文化等配套标准。

【加强宣贯培训力度和广度】 各示范区利用广播、电视、网络、报刊、新媒体等和采取现场推广、技术讲座、专家大院、网络教学等多种形式，分层次、分类别、多渠道、大规模，创新新媒体宣传形式，创制农业技术“SOP”手册，研发标准科普e站，切实加强了对相关标准的宣贯培训力度和广度。第九批农业标准化示范区建设共举办各种培训班、现场会600余场次，编印发放各类技术资料、技术“百宝书”15万余册（份），培训各类标准化技术人员及农户80万余人次。

【示范区创建】 各示范区坚持以示范为带动，试点“农业标准化示范点培育库”制度，采取以点带面的工作模式进行示范区创建工作。全省6个农业标准化示范区建设项目共建设项目示范点近200个，示范效果明显，保证了示范区的引领示范作用，极大地提高了农业标准化工作的推进效率，在示范区内营造了争当争创示范点的良好氛围。

【建立农产品质量安全追溯平台】 各示范区着力夯实质量基础，创造性地将标准语言转化为数字语言，以特优产品为载体，以农产品质量安全标准体系为理论支撑，以国家、省、市各级标准为质量安全追溯依据，建立示范区农产品质量安全追溯平台，确保示范区农产品质量安全，实现从生产到售后全过程可查询。在保障示范区农产品质量安全的同时，不断提升示范特色农产品的知名度和品牌影响力。

【推进标准化与品牌化战略】 各示范区坚持标准化与品牌化战略，突出标准对品牌的托举功能，不断深化标准、质量、品牌关系，不断推进标准与市场接轨。

四川省市场监督管理局编写组

扶贫开发与乡村振兴

扶 贫 开 发

综　　述

【基本情况】 2019年，全省全面落实党中央、国务院关于脱贫攻坚决策部署，始终聚焦“两不愁、三保障”（实现农村贫困人口不愁吃、不愁穿，义务教育、基本医疗、住房安全有保障）、聚焦深度贫困地区，推进责任落实、政策落实、工作落实，年度目标任务圆满完成。全年实施19个年度扶贫专项，投入各类资金1501.06亿元，占年度计划的113.65%，其中财政资金999.6亿元，占年度计划的117.29%；实施项目30729个，实现50万人减贫、1482个贫困村退出、31个贫困县“摘帽”，贫困发生率从2013年年底的9.6%下降至2019年年底的0.3%，在国务院扶贫开发领导小组对省级党委和政府扶贫开发工作成效考核中被评为“综合评价好”的省份。

【思想引领】 全省脱贫攻坚工作坚持以习近平新时代中国特色社会主义思想为指导，学习贯彻习近平总书记关于扶贫工作的重要论述，坚持把脱贫攻坚作为最大的政治责任、最大的民生工程、最大的发展机遇，作为“不忘初心、牢记使命”主题教育的生动实践，确保年度目标任务圆满完成。全省结合“不忘初心、牢记使命”主题教育，采取专题学习、集中培训、征文活动、调查研究等方式，学习习近平总书记对四川工作系列重要指示批示精神，学习《习近平扶贫论述摘编》，增强“四个意识”，坚定“四个自信”，做到“两个维护”，凝聚脱贫攻坚的政治自觉、思想自觉和行动自觉；先后召开10次省委常委会会议、4次省政府常务会议和8次省脱贫攻坚领导小组会（专题会），传达学习有关精神，研究部署脱贫攻坚重大工作。组织实施打赢脱贫攻坚战三年行动，召开全省落实“两不愁、三保障”回头看大排查工作部署会议、全省推动彝区藏区脱贫攻坚工作会议、全省扶贫开发工作会议等，有组织、高质量地推动各项工作落实。

【资金投入】 全年安排下达中央和省级财政专项扶贫资金155.52亿元，比上年（下同）的130.79亿元增加24.73亿元，增长18.91%，其中中央财政专项扶贫资金91.47亿元，增加14.50亿元，增长18.84%；省级财政专项扶贫资金64.06亿元，增加10.24亿元，增长19.03%。统筹资金整合，严格按照国家财政涉农资金整合试点政策要求，推进实施“蓄水统配”“截长补短”“引流归口”等整合模式，构建起贯穿资金整合全过程、各环节的制度体系。全省88个贫困县共整合财政涉农资金272亿元，解决了贫困县脱贫攻坚筹资难题，弥补了农业生产发展和农村基础设施建设等脱贫攻坚“短板”。

【作风建设】 省扶贫开发局始终把开展扶贫领域作风问题治理作为打赢脱贫攻坚战的重要战场，强化目标导向，强化责任担当，强化问题意识，全面系统清除作风问题形成根源，较真碰硬压缩作风问题滋生空间，严惩严治，形成对作风问题的强大震慑，标本兼治，构建扶贫领域作风建设长效机制，推动扶贫领域作风明显改善，促进脱贫攻坚各项政策措施全面落实。制订扶贫领域作风问题专项治理“1+10”方案，巩固深化扶贫领域“3+X”专项整治成果，全面查找扶贫领域作风建设存在的突出问题，形成“十强十少十不准”“三学三晒三查三问”等长效机制751个。逗硬抓好中央第四巡视组反馈四川脱贫攻坚问题、中央脱贫攻坚专项巡视指出共性问题，以及省委第二巡视组、第五巡视组反馈意见整改工作，针对75个问题靶向施策分类改、举一反三全面改、全程跟踪督促改，指导有关地区抓好省委第五轮巡视反馈脱贫攻坚方面有关问题整改，切实做好巡视整改“下半篇文章”。落实中央“基层减负年”、省委“脱贫攻坚纪律作风保障年”活动要求，清理扶贫领域工程项目22.09万个。出台整治扶贫领域形式主义、官僚主义问题的“四条措施”，基层填表报数事项减少56%，留痕事项减少48%，督查检查考核事项减少74%，切实为基层减负降压。扎实开展全省惠民惠农财政补贴资金“一卡通”管理问题、扶贫领域形式主义官僚主义及不精不准、不严不实问题、“两不愁、三保障”回头看大排查发现问题、贫困县“摘帽”后“四不摘”落实不好问题等专项整治工作，深入整改问题、健全制度、堵塞漏洞。严格贯彻落实中央八项规定精神和省委、省政府十项规定实施细则，依规落实办公用房、住房、用车、交通、工作人员配备、休假休息等规定，将“四不两直”工作法推广到基层，严控“三公”经费，精简会议文件1/3以上。

【关心关爱扶贫干部】 坚持严管和厚爱结合、激励和约束并重，严格落实关心激励脱贫攻坚一线干部22条措施，加强关心关怀和“战时激励”，让驻村帮扶干部心无旁骛轻装上阵、坚定信心接续奋战。把驻村帮扶干部纳入全省脱贫攻坚表扬并单列指标，省委、省政府全年通报表扬帮扶干部1400人。实行提拔任用、交流重用、职级晋升、岗位晋聘、公务员遴选“五个优先”，全年提拔重用脱贫攻坚一线干部1244人，选拔317人进入乡（镇）领导班子。严格落实待遇保障，从省管党费中划拨3450.3万元，用于贫困村驻村帮扶力量临时党组织开展工作；省财政按每村每年2万元的标准，全额保障艰苦边远二类以上民族地区贫困村驻村工作队工作经费；将各地援藏、援彝干部人才政策经费纳入均衡性转移支付全额计算拨付。分层分级常态化、全覆盖走访慰问因公负伤、不幸去世脱贫攻坚一线干部及家属，为驻村帮扶干部全覆盖购买人身意外伤害保险，发放意外死亡、伤害和身患特定地方性疾病风险保障基金一次性补助400余万元。

【扶贫项目资金监管】 落实“省负总责”主体责任，健全扶贫资金项目监管制度。全面梳理原有扶贫资金监管政策措施，形成系统的扶贫资金使用监管制度，以省政府办公厅名义印发《关于进一步建立和完善扶贫资金使用管理长效机制的通知》，建立和完善扶贫资金使用管理党政同责责任机制等“七大长效机制”。印发《四川省扶贫资金项目公告公示参考模板》和《关于加强2019年扶贫资金项目公开工作的通知》，对各级各部门在落实公开内容、完善公开方式等方面提出明确要求，对用于脱贫攻坚的资金项目全覆盖实行公告公示。推广监管创新模式，实行第三方检查机制，委托专业机构对美姑县、盐源县、巴塘县等8个县开展扶贫资金项目实施实地检查，收到实效。规范项目实施，编制四川省《进一步规范完善县级脱贫攻坚项目库建设操作指南》，统一明确全省县级脱贫攻坚项目库的建库、用库、管库等基本流程，为基层建好、用好、管好项目库提供了简便易行的“施工图”。注重入库项目与贫困户的联结机制，合理确定贫困户受益点以及与合作社、龙头企业等组织的利益联结方式，精准对接扶贫项目和资金，精细编制年度扶贫专项实施方案，在脱贫攻坚项目库中选好、选优扶贫项目。加强要素保障，创造项目实施条件，加快项目组织实施和竣工验收决算，建立扶贫项目财政评审“绿色通道”，简化程序，优化流程，加速项目推进，加快资金支出。

【脱贫攻坚退出考核】 9月29日，省脱贫攻坚办印发《四川省2019年贫困退出验收实施方案》，按照“省级负责县、市级负责村、县级负责户”的分级负责验收要求，逐级开展贫困退出年度验收工作。在贫困人口和贫困村退出验收的基础上，省脱贫攻坚领导小组委托江西财经大学为2019年贫困县退出技术总控组选聘承担过国家贫困县退出抽查的河南大学、湖北民族大学、重庆工商大学、湖南大学、南宁师范大学、四川农业大学6所第三方评估单位负责31个贫困县的专项评估检查。经检查评估，年度计划“摘帽”的31个县全部达到贫困县退出标准，在面向社会公示征求退出意见后，按程序报省脱贫攻坚领导小组审议，由省政府批准退出并公告。11月20日，省脱贫攻坚领导小组印发《关于印发2019年脱贫攻坚成效考核实施方案（办法）的通知》，将党委和政府脱贫攻坚工作成效考核、省内对口帮扶涉藏州县和彝区贫困县工作考核、贫困村“五个一”帮扶工作考核、省直部门（单位）定点扶贫工作考核、扶贫专项年度工作考核、东西部扶贫协作和涉藏州县携手奔小康成效考核统称为脱贫攻坚成效考核，由省直相关行业部门牵头，省脱贫攻坚领导小组统筹开展，减轻了基层负担。脱贫攻坚成效考核工作总体按照市（县）总结、过程考核、结果考核、成果汇总、综合评价等方式进行，实地考核采取县际间交叉考核、第三方评估等方式开展，并在实地考核期间从省直相关部门、川内媒体抽调人员组成督导组和媒体暗访组开展督导暗访工作。考核结果经省脱贫攻坚办研究汇总，报请省考核协调小组、省脱贫攻坚领导小组和省委、省政府审定。根据考核结果，省委、省政府对成都市等14个脱贫攻坚先进市（州）、叙永县等77个脱贫攻坚先进县（市、区）、400名一线优秀扶贫干部、100个省内对口帮扶涉藏州县和彝区贫困县先进集体和300名先进个人以及330个脱贫攻坚“五个一”帮扶先进集体和1399名先进个人、130个定点扶贫先进省直部门（单位）、易地扶贫搬迁7个扶贫专项先进集体予以表扬；分层分级对发现问题突出的有关市（州）、县（市、区）党政主要负责人或分管负责人进行约谈，指出相关问题，提出整改要求并督促其整改。

【脱贫成果巩固】 扎实开展脱贫攻坚“回头看”“回头帮”，印发《关于印发〈精准帮扶“大走访”活动方案〉的通知》，组织各地全面核准贫困村、贫困户基础信息、帮扶信息及产业发展等情况，针对个别指标不达标的已脱贫户，制定问题清单、整改清单、责任清单，对标补短，做到家底清、情况明、补短准，夯实脱贫攻坚工作基础。开展脱贫不稳定户、边缘易致贫户摸排工作，6月，结合落实“两不愁、三保障”回头看大排查工作，对非建档立卡特殊困难户（即边缘易致贫户）进行了摸排。11月，按照国务院扶贫办工作安排，全省在2019年度扶贫对象动态管理工作中同步完成脱贫不稳定户和边缘易致贫户的摸排走访、信息录入工作。按照省委、省政府工作安排部署，提早谋划启动防止返贫监测和帮扶的前期工作，到德阳市罗江区、北川县开展调研，制订《防止返贫监测和帮扶工作方案》，在全国范围内率先探索建立防止返贫监测和帮扶机制。

四川省扶贫开发局编写组

全面实现“两不愁、三保障”年度目标

【基本情况】 2019年，全省把解决“两不愁、三保障”突出问题作为决战决胜脱贫攻坚战的关键环节，全面抓好抓实各项扶贫工作，攻克突出问题，加快补齐短板，稳定实现农村贫困人口不愁吃、不愁穿，义务教育、基本医疗、住房安全有保障，确保脱贫攻坚目标任务全面实现。

【产业扶贫】 全省农业产业扶贫项目落地10558个，比上年增长55.8%，累计达17333个；依靠农业产业实现脱贫20.95万人，累计达316.95万人。培育四川省扶贫龙头企业159家，长期稳定带动79162户贫困户增收；新培育农民合作社省级示范社285个，培育运行机制健全的村级集体经济组织4264个；建立致富带头人名录库录入3.54万人，举办产业扶贫培训班2期，培训骨干700余人；建立产业扶贫新型经营主体带贫“数据库”，35881个新型经营主体带动50.93万户贫困群众增收。建成光伏扶贫电站91座，利用光伏扶贫收益开发公益岗位6187个。出台《关于深入开展消费扶贫助力打赢脱贫攻坚战的实施意见》，明确11项重点任务；创建全省“消费扶贫”数据库，线上销售贫困地区农副产品21.8亿元，带动贫困户6.45万户22.7万人增收；线下组织购买贫困地区农副产品25.7亿元，带动贫困户27.76万户92.01万人增收。大力推广“四川扶贫”公益品牌，在7月举行的第十一届中国国际商标品牌节（银川站）上首次亮相并获得金奖，全省用标企业、用标产品分别增加至1756家、3999个，广元红心猕猴桃等6个扶贫产品在中央电视台“广告精准扶贫”播出。巩固32个省级旅游扶贫示范区、592个省级旅游扶贫示范村创建成果。推进“7+2”工业产业扶贫行动，带动贫困地区16595人就业，新增中小微企业1937家。落实省级科技扶贫项目393项，支持重点贫困县建立科技扶贫产业示范基地62个。

【就业扶贫】 落实就业扶贫“十五条措施”，全省贫困劳动力外出务工199.5万人，其中省外务工92.8万人、省内区外务工39.1万人、区内务工67.6万人。建成“扶贫车间”631个，认定省级就业扶贫基地189个，吸纳带动贫困群众就业3.7万余人。公益性岗位累计安置贫困劳动力14.2万人。组织开展“雨露计划”“春风行动”“扶贫专班”等专项活动，为全省16.7万名贫困劳动力提供政策宣传、岗位推介、技能培训、权益维护等公共就业创业服务。

【健康扶贫】 全省卫生健康、扶贫部门紧密协作，聚焦“基本医疗有保障”目标，做好健康扶贫各项工作，年度“摘帽”贫困县、退出贫困村和脱贫人口健康扶贫各项“摘帽”退出指标如期完成。全年投入健康扶贫专项资金21.53亿元，增长20.07%。严格执行贫困患者县域内定点医疗机构住院“先诊疗后付费”和“一站式结算”政策，县域内就诊率达99.14%。患有4类慢病贫困人口家庭医生签约服务做到“应签尽签”，签约率达99.82%。全省贫困地区乡、村两级医疗卫生机构消除无机构和人员“空白点”；31个计划“摘帽”贫困县乡（镇）卫生院、1482个计划退出贫困村卫生室标准化建设和合格村医配置实现达标；贫困人口全部被纳入基本医疗保险、大病保险、医疗救助覆盖范围，参保率达100%；贫困患者县域内住院医疗费用个人支付占比控制在7.48%以内。全省脱贫攻坚回头看大排查重点内容“基本医疗有保障”共排查出未参保、违规收取住院押金、报销政策落实不到位、存在“零自付”、存在看不起病现象、没有签约家庭医生和签约服务宣传不到位7类问题，涉及27088户的问题，并逐一整改销号，整改率达100%。

【教育扶贫】 全省教育、扶贫部门紧密配合，紧扣“义务教育有保障”，扎实做好教育扶贫各项工作。全年投入教育扶贫资金216.05亿元，连续实现5年增长。全面落实国家资助政策和15年免费教育政策，资助学生748.8万余人次，贫困学生实现应助尽助，无因贫失学辍学发生。在民族地区建设学校586所、面积68.7万平方米，新增学前学位5000余个。控辍保学全面落实“五长”责任，会同民宗、公安、司法等部门，打击使用童工、童婚等违法行为；健全入学台账和信息化管理系统，对失辍学学生实行动态监控、逐一化解销号。“学前学会普通话”行动在凉山州所有幼儿园、幼教点全面实施，覆盖幼儿园、幼教点3895个，招收学前儿童26.96万人；乐山市在金口河区、马边县、峨边县全面开展“学前学会普通话”行动扩大试点，覆盖347个幼儿班、9191名幼儿。招录深度贫困县免费定向培养紧缺专业大学生1658人；完成民族预科班和异地高中班计划，共招录深度贫困县学生2847人；“9+3”高职单招和五年中高职贯通培养招录3125人。与浙江、广东教育部门开展对接1200余次，争取教育帮扶资金3.34亿元，签署帮扶协议154个，惠及学生17.3万人次，培训教师2.3万人次。

【住房安全】 坚持把易地扶贫搬迁作为“关键工程”，全力推进项目建设进度，截至2019年年底，全省“十三五”期间136.5万人的搬迁任务已建成住房涉及131.27万人，建成率达96.5%；搬迁入住126.6万人，搬迁入住率达93%。同步推进产业配套、就业安置、社区融入等后续扶持，已搬迁人口中脱贫117.8万人，脱贫率达86.6%。全省累计实施建档立卡贫困户农村危房改造49.2万户，其中确定的1.3万户建档立卡贫困户农村危房改造存量任务全部完工。同时，建立“农房建设专项巡检机制”，加大巡检力度，加强农房建设质量安全管理。

【基础设施建设】 推进交通设施建设，全省新（改）建农村公路2.5万千米（其中贫困地区1.8万千米）。全面完成通乡通村破损路面整治，新增3个乡（镇）、24个建制村通硬化路，提前一年实现100%乡（镇）、建制村通硬化路的目标。高度重视饮水安全问题，全省建成农村集中供水工程0.76万处、分散工程1.41万处，受益人口403.5万人，其中贫困人口33.98万人。加大电力设施改建投入，通过农网改造专项资金，共投入4835.98万元，新建和改造10千伏线路105.08千米，配变59台，低压线路141.65千米，户表工程0.44万户，解决深度贫困地区2州8县42村569户2673人的供电达标问题。完善通信网络，1482个计划退出贫困村通光纤，基本实现全省贫困村100%通光纤任务；完成深度贫困地区1200千米重点道路沿线移动通信网络覆盖工程，基本实现深度贫困地区重点道路沿线移动通信网络全覆盖。

四川省扶贫开发局编写组

“两不愁、三保障”回头看大排查

【基本情况】 2019年,全省学习贯彻习近平总书记重要讲话精神,落实国务院扶贫开发领导小组印发的《关于解决“两不愁三保障”突出问题的指导意见》要求,从6月开始,对全省所有建档立卡贫困户、易地扶贫搬迁户、非建档立卡特殊困难户(边缘户)开展落实“两不愁、三保障”回头看大排查工作,为夺取2020年脱贫攻坚全面胜利打下了坚实基础。

【摸清底数】 从6月开始,全省集中3个月时间,26万余人直接参与大排查工作,对161个县(市、区)4115个乡(镇)11501个贫困村32790个非贫困村进行全覆盖排查,摸清底数、找准突出问题、明晰攻坚重点。全省共排查建档立卡贫困户1888322户6085410人;排查易地扶贫搬迁户379304户1360461人;在摸排全部农户的基础上,共排查非建档立卡特殊困难户37656户;共排查出贫困户“两不愁、三保障”突出问题105488户;排查易地扶贫搬迁问题43542户;排查帮扶工作问题102492户。排查发现,全省贫困人口从2013年年底的625万人减少到2018年年底的71万人,贫困户年人均可支配收入由2014年的2417.22元增长至2018年的6709.55元,年平均增长1000元以上,群众对脱贫攻坚工作满意度达99.47%。大排查发现,贫困户“两不愁、三保障”突出问题主要集中在凉山州,最突出短板在住房安全和饮水安全方面。

【整改问题】 印发《关于落实“两不愁三保障”回头看大排查成果运用的指导意见》,聚焦发现问题,按照“建立台账、分类分级、制订方案、集中整改、逐一销号、建章立制、报告结果”7个环节扎实整改。坚持自上而下分类整改,以“发点球”的形式将具体信息数据逐一反馈到15个“两不愁、三保障”省直相关行业部门及其主要负责人,发通报到市、县脱贫攻坚领导小组,为其分析研究解决问题提供数据支撑。坚持自下而上分层整改,发挥县级党政整改的责任主体和乡村两级的具体工作责任,村级能解决的问题由村级解决,不能解决的问题由上一级落实,一层一层推动问题解决到位,实现问题一户一户解决、一户一户销号。坚持面对面销号回访,结合2019年贫困退出验收和2020年脱贫攻坚问题整改清零行动,按照“五定”工作法,逐户进行回访,逐级认定销号。从2020年6月28日起,省脱贫攻坚领导小组组织精干力量利用10天左右时间采取“入户检查、专项检查、监督检查”方式,对大排查发现的问题整改情况进行了全覆盖检查,验证了大排查整改成效,回头看大排查发现的问题总体整改到位。

四川省扶贫开发局编写组

深度贫困地区脱贫攻坚

【基本情况】 2019年,全省围绕“两不愁、三保障”,统筹谋划、精准施策,加力实干,召开全省性工作会议3次,对深度贫困脱贫攻坚进行总体部署,统筹推动工作落实,全面完成深度贫困地区年度目标任务。全省深度贫困地区减贫18.7万人,从2013年年底的116万人减少至2019年年底的18万人;退出贫困村635个;实现涉藏州县所有贫困县“摘帽”,区域性整体贫困问题总体解决;凉山州4个贫困县“摘帽”,实现贫困县“摘帽”零的突破。

【加大支持力度】 全省出台16条工作措施,确保综合帮扶凉山34条特殊支持政策终端见效。制定《关于切实做好凉山州脱贫攻坚综合帮扶工作队财政经费保障的指导意见》,发挥5700余名综合帮扶干部作用,统筹推进各项工作。针对涉藏3州9县和雅砻江上游24个深度贫困乡(镇)特殊困难问题,按照每乡450万元的标准共安排资金1.1亿元对标补短。

【解决突出问题】 住房安全方面,投入资金82.01亿元,实施易地扶贫搬迁2.4万户12.14万人、彝家新寨建设2.16万户7.58万人、涉藏州县新居建设0.98万户3.45万人。基础设施方面,新(改)建农村公路1283千米,新(改)建农村输电线路105.08千米,累计解决11.3万名贫困人口饮水不安全问题,635个贫困村实现通光纤。义务教育方面,大力实施民族地区教育发展十年行动计划、大小凉山彝区“教育扶贫提升工程”等重大项目,新(改)建校舍49.3万平方米,21个脱贫“摘帽”县乡中心校全部达到标准化要求。全面落实控辍保学“五长责任制”,劝返辍学学生6.11万人,贫困家庭适龄子女全部入学就读。“学前学会普通话”凉山试点项目组获得2019年全国脱贫攻坚组织创新奖。基本医疗方面,实施医疗卫生机构建设填平补齐工程,21个计划“摘帽”县县、乡、村三级医疗机构全部达标。推进深度贫困县卫生人才振兴工程,定向培养深度贫困县医学生354人。实施对口支援“传帮带”工程,选派支援人员1306人。推进医疗帮扶政策到户到人,贫困人口100%建立健康档案,贫困人口参加城乡居民基本医疗保险个人缴费由财政全额代缴,贫困户县域内就医自费支付比例控制在5%以内。

【夯实脱贫基础】 抓好产业扶贫。新(改)建粮油基地、现代经作产业基地23.2万亩,新(改)建畜禽标准化养殖场、水产养殖示范基地78个;建设现代农业园区26个、农产品初加工设施198座,培育农民合作社380个、农民合作社省级示范社34个;新建农业科技示范基地110个,培育农业科技示范户9500户;新建县、乡(镇)、村级电商服务站点200个。建成光伏扶贫电站82座,利用光伏扶贫收益开发公益岗位6123个。创新设立“四川扶贫”公益性集体商标标识,将贫困地区产品优势转化为市场优势,破解深度贫困地区农产品市场对接不畅、流通成本高等瓶颈问题,彝区和涉藏州县用标企业、用标产品个数分别达331个、777个。做大做强区域品牌,“三品一标”农产品达235个,“大凉山”“圣洁甘孜”“净土阿坝”等区域公共品牌影响力明显增强。

推进就业扶贫。全面落实就业扶贫“十五条措施”和彝区转移就业“八条措施”,培训贫困劳动力7.2万人。通过东西部扶贫协作、省内对口帮扶、“春风送岗”等途径,组织开展专场招聘会104场,认定就业“扶贫车间”215个、就业扶贫基地44个,实现贫困劳动力新增转移就业5.1万人。优先保障特殊困难群体就业,为2019年计划退出村每村开发公益性岗位5个以上,累计开发护林员、草管员、巡路员等各类公益性岗位4.7万个。

激发内生动力。开展感恩奋进教育,利用农民夜校组织贫困群众学文化、学政策、学法律、学技术,倡导勤劳致富、脱贫光荣等舆论导向,引导贫困群众增强脱贫信心。采用以奖代补、劳务补助、以工代赈等方式,推广

"星级奖励""村民积分制管理"等模式，鼓励引导贫困群众破除"等靠要"思想、自力更生创造美好生活。坚持示范带动，组织开展"脱贫致富标兵"等先进典型评选活动，发挥榜样力量，不断激发贫困群众内生动力。

【解决特殊难题】 坚持把提高脱贫质量放在首位，将脱贫攻坚与解决深度贫困地区特殊困难结合起来，统筹推进，综合治理。持续加强彝区禁毒防艾工作，颁布施行《凉山州禁毒条例》。开展毒品专项打击整治行动，继续推进"绿色家园"和艾滋病（重大疾病）医疗救治中心建设，凉山州吸毒人员新增人数比上年下降51%，艾滋病治疗覆盖率达90.2%，感染孕产妇治疗覆盖率达100%。加强计划生育秩序整治，着力转变思想观念，凉山彝区政策外多孩率下降至4.61%。落实凉山州自发搬迁贫困人口扶持政策，新识别的凉山州外自发搬迁贫困人口的具体困难问题，切实消除扶贫盲区。持续加强涉藏州县地方病防治，深化包虫病综合防治试点，巩固大骨节病防治成果，全面推广包虫病防治"石渠模式"，包虫病检出率下降至0.04%，大骨节病连续8年无新增病例。坚持破旧立新，加强薄养厚葬、高额彩礼等问题专项治理，建立健全村规民约，开展"和谐乡村行"群众宣讲、"树新风助脱贫"巾帼行动、"洁美家庭"创建、汉藏"双语"联合宣讲等工作，深度贫困地区文明新风逐步形成。

四川省扶贫开发局编写组

构建大扶贫格局

【东西部扶贫协作】 广东省委书记李希、浙江省委书记车俊先后率团到川调研考察，省长尹力分别带两省考察对接；召开川浙、川粤联席会议共5次，推动东西部扶贫协作工作深入开展。编制2019年度川浙、川粤东西部扶贫协作和对口支援项目计划，落实到位财政资金29.45亿元，实施项目992个。出台《关于进一步完善东西部扶贫协作和对口支援信息报送工作机制和档案管理机制的通知》，及时、准确、全面掌握各地工作推进情况；修订《四川省东西部扶贫协作项目资金管理实施办法》，优化项目审批程序；组织专项调研，对各地在东西部扶贫协作工作项目进展、资金使用、项目审计等方面进行督导。选派148名干部、694名专业技术人才到浙江、广东两省挂职锻炼和交流学习；为浙江、广东两省选派到川的157名挂职干部、1709名专业技术人才提供必要保障，搭建良好干事平台。实现稳定就业29.28万人，帮助2.58万名贫困人口就地就近就业。引导浙江、广东两省275家企业到贫困地区投资兴业助贫，实际到位资金190.58亿元，带动贫困人口5.71万人增收。加强产销对接，线上线下销售贫困地区农产品价值21.46亿元。与浙江、广东两省实现乡（镇）结对151对、村村结对104对、村企结对1475对、学校结对370对、医院结对287对。在宜宾市、泸州市举办全国携手奔小康行动培训班，交流经验做法，推动东西部扶贫协作工作再上新台阶。

【省内对口帮扶】 坚持把省内对口帮扶作为抓党建促脱贫攻坚的重要内容，全力推动工作落实。编制2019年度实施方案和项目清单，全年投入帮扶资金15.96亿元，超计划46%；实施帮扶项目1251个，实现计划的103%。围绕群众增收抓产业促就业，投入资金5.5亿元，实施产业就业类项目289个。支持特色农牧业发展，帮助建成农产品种植基地10.96万亩、养殖基地97个。做强文旅产业，引进旅游产业项目94个，支持发展农（牧）家乐68家。开展受扶地群众技能培训，培训1.5万人次，帮助5667名贫困群众实现转移就业、就近就业。围绕安居乐业抓好住房建设，投入资金1.3亿元，实施住房建设项目49个。新建涉藏州县新居2591户、彝家新寨303户，实施危旧房改造或功能性改造4268户，切实改善贫困群众居住环境和居住质量。围绕提升公共服务、办好教育医疗，引入优质教育和医疗资源，选派2612名教师、医生开展组团式支教、支医；帮助18所中学、46所小学、25所幼儿园改造提升教学条件，支持67所乡中心卫生院和54个村卫生室完成达标建设；组织开展巡诊义诊活动1309次，诊疗服务群众23万余人次。开展干部人才帮扶，促进帮受双方观念互通、思路互动、技术互学、做法互鉴。动员援藏援彝干部人才发挥专业技术特长，传帮带本地干部人才7089人。加强培养培训，接收2872名产业发展、规划建设、教科文卫等领域干部人才到帮扶地顶岗锻炼，举办专题培训班810期，培训3.8万人次。

【长效扶贫机制构建】 以构建机制、创新模式、发挥作用为重点，推动政府援助向社会参与转变，组织帮扶地1437个部门、679个乡（镇）、2216个村（社区）、1201家企业、989所学校、435家医疗机构、217个社会组织与受扶地对应单位结成对子，形成多层次、多领域、全方位的帮扶格局。推动财政投入向社会投资转变，全年引入社会帮扶资金3.1亿元，比原计划翻了一番。成都市锦江区等地通过实施"众筹"扶贫模式，广泛动员民营企业、民主党派、爱心人士等为受扶地筹资捐物。推动"输血"式帮扶向"造血"式帮扶转变，探索产业发展、智力支援新模式。新津县运用互联网平台，引入优质社会资本和新型管理理念发展"共享农庄"。实现小金县农村闲置资源开发对接市场消费需求。推动受扶地产业发展对接现代市场体系，德阳、宜宾等地通过引进新品种新技术、打造特色品牌、组织专场展销等方式，帮助受扶地拓宽产品销路、壮大产业规模，推动市场经济理念和发展能力提升。推动省内对口帮扶和东西部扶贫协作资源有效整合，遂宁市船山区通过"三方四地"模式，发挥船山区的区位优势、浙江省的产业优势以及理县的政策优势，探索出资源整合、共帮共建、利益共享的有效路径。

【定点扶贫】 全年24个中央在川定点扶贫部门（单位）发挥自身优势，为定点扶贫县出谋划策、解决实际问题，直接投入资金8.6亿元，实施帮扶项目357个，帮助引进资金2.7亿元，部门（单位）领导带队到定点扶贫县考察调研1400人次；选派挂职干部107人，举办各类培训班210期，培训基层干部和各类技术人才23959人次，实现劳务就业4214人次，实现劳务收入0.21亿元。379个省直部门（单位）履职尽责，助推定点扶贫县打好脱贫攻坚战，直接投入资金6.26亿元，实施项目2363个，帮助引进资金13.25亿元，领导带队到定点扶贫县调研15113人次；举办各类培训班5176期，培训各类人才97754人次，实现劳务就业13891人次，实现劳务收入1.34亿元。

【社会各界扶贫】 全年香港地区各界扶贫促进会先后组织10批134人次到南江县开展考察调研、慈善捐助和义诊活动，落实到位资金4000万元。四川省老区建设促进会对老区农村妇女开展技能培训14期，培训3000余人。四川省扶贫开发协会加强与广东有关社会团体的扶贫合作，组织“四川扶贫”集体商标成员单位、会员企业参加广东东西部扶贫协作产品交易市场开业暨首届广东东西部扶贫协作产品交易博览会和“四川扶贫”商标品牌产品推介会，经验模式得到各方的肯定。四川西部扶贫资源开发中心开展2019年百工技师工程，选拔援助建档立卡贫困户学生295人，举办首届百工技师工程教育扶贫计划受助学生毕业典礼暨就业大会，首届868名毕业学生全部与公司签约，实现“培育一名技师，脱贫一个家庭”的目标。省扶贫基金会全年募集扶贫资金4.46亿元、物资0.56亿元。启动“万企帮万村”精准扶贫行动提质增效督导考评活动，全省有7.6万家民营企业、商（协）会参与脱贫攻坚，7249家民营企业和商（协）会与7332个贫困村建立结对帮扶关系，实施帮扶项目14859个，结对投入资金92.6亿元，帮扶贫困群众101.3万人。制订《中国长江三峡集团支持四川凉山彝区脱贫攻坚捐赠资金使用2019年度实施计划》，三峡集团拨付资金4亿元，项目惠及285个贫困村、64887名贫困人口。

四川省扶贫开发局编写组

科技扶贫

【学习贯彻习近平总书记对脱贫攻坚重要指示要求情况】 科技厅学习习近平总书记关于扶贫工作的重要论述，贯彻习近平总书记来川视察重要讲话精神以及在解决“两不愁、三保障”突出问题座谈会上的重要讲话精神。印发《科技扶贫专项2019年实施方案》，明确年度目标、重点工作、资金筹集及保障举措等，要求市、县科技管理部门对照目标，细化举措，精心组织，务必取得实效。印发《四川省科学技术厅关于开展落实“两不愁三保障”回头看大排查工作的通知》，要求全省科技系统主动参与大排查工作，推动扶贫领域问题整改，扎实推进科技扶贫专项。

【科技扶贫专项年度目标任务完成情况】 贯彻落实《中共四川省委办公厅四川省人民政府办公厅关于印发19个扶贫专项2019年实施方案的通知》（川委厅〔2019〕25号）要求，以科技支撑产业发展和科技服务体系建设为抓手，通过科技项目推广“产业推动、企业带动、院（校）地联动、在线互动、创业拉动”科技扶贫“五动”模式。全年落实科技扶贫专项经费19579万元，超额完成计划目标任务。一是争取中央引导地方科技发展专项科技扶贫项目15项；国家“三区”科技人员专项计划选派“三区”科技人员1000名（其中深度贫困县380名），到贫困地区开展技术服务和创新创业。二是落实省级科技扶贫项目393项，其中实施产业发展类项目276项（深度贫困县90项），支持重点贫困县建立科技扶贫产业示范基地62个（深度贫困县28个）；实施平台建设类项目101项，持续推进“四川科技扶贫在线”平台优化提升，完善104个市、县运管中心建设，建立专家服务队伍1.94万人、信息员队伍5.38万人，完成在线技术咨询服务11万余人次；实施科技扶贫科普培训项目16项，提升贫困群众科学文化素质；兑现2018年科技扶贫服务补助。

【深度贫困地区脱贫攻坚推进情况】 着力支持全省深度贫困地区脱贫攻坚。实施“三区三州”等深度贫困地区科技扶贫产业发展类项目90项，其中示范基地项目28项，科技特派员服务与创业项目、面上项目60余项。支持深度贫困县开展科技扶贫产业示范。实施省级科技扶贫平台建设类转移支付备案项目45项，优化提升深度贫困县“四川科技扶贫在线”平台功能和服务。

【实施“三区”科技人员专项计划】 加强“三区”科技人员队伍建设，争取国家“三区”科技人员专项计划资金2000万元，向全省88个“三区”县选派科技人员1000人；加强本土科技人员培训，争取专项资金118万元，培训来自“三区”县、秦巴山片区贫困县本土科技人员471名。依托专项计划的实施，有力推进了全省贫困地区人才建设，为全省精准扶贫精准脱贫工作提供了智力支持和人才支撑。

【组织开展科技扶贫产业示范基地项目中期检查】 印发《四川省科学技术厅关于开省级科技扶贫产业示范基地项目中期检查的通知》（川科农〔2019〕6号），采取单位自查、市州检查、省厅检查的方式，对2017年立项和2018年第一批立项的省级科技扶贫产业示范基地项目从基地建设、科技支撑、科技服务、精准扶贫和经费使用等方面开展中期检查。

四川省科学技术厅编写组

大中型水利水电工程移民

【移民安置规划】 全省严格遵循法律法规开展移民规划审核审批，办理移民安置规划大纲及规划报告等事项71件。优化办事流程，压缩大中型水利水电工程移民安置规划审核办理时限，承诺时间从14个工作日压缩至8个工作日，压缩比例达43%。创新工作机制，从操作程序、工作要件、时间节点等方面梳理，制定四川省大中型水利水电工程规划工作流程图。优化决策程序，按照“区分事项、简化程序、分层审定”的原则，出台《移民工作议事决策清单》。加强信息平台建设，研发全省移民信息管理系统并正式上线运行，初步构建起全省移民安置管理信息网、移民资金信息网、移民后期扶持管理信息网“三网联动”的信息网络体系，基本实现全省移民资金项目全链条、动态式监测。优化政策体系，结合“废改立”工作要求，从移民工作“三个阶段、六个环节”入手，集中对中央和四川省相关政策进行系统梳理，分阶段、分环节制定政策清单，形成全省水库移民工作“2+3+12”的主要政策框架体系，政策文件从51个清理至17个。化解疑难杂症，聚焦雅砻江、金沙江、岷江、大渡河“三江一河”流域，坚持“靶心向内、问题导向”，开展调研，形成《全省移民安置突出问题攻坚克难调研报告》，梳理问题185个。采取优化程序、加强监督、专班推进等方式，加快符合移民政策问题的处理进程；不断创新思路、加强协调，加大现行政策外与移民相关问题的处理力度，形成了一批示范样板，针对溪洛渡、向家坝水电站收口工作创新提出“总量控制、包干使用、一揽子解决”的解决思路。

【移民安置实施】 全省搬迁安置移民1.2万人、生产安置移民0.8万人。对141座在建大中型水利水电工程建立移民安置“目标制+清单制+责任制+时限制”的专项台账。明确42座省管水利水电工程移民安置任务计划742项。完成重大变更立项审核79项、重大变更报告审核74项，授权综合监理监督，开展一般变更审核工作，确保移民安置实施合法合规。完成官地、沙坪二级2座大型水电站，布西、烟岗、跑马坪、斜卡4座中型水电站移民安置竣工验收，15座大中型水利水电工程截流移民安置验收及9座工程蓄水移民安置验收，官地、沙坪二级水电站移民安置竣工验收工作树立了行业标杆和典范，为全省乃至全国移民安置工作提供了宝贵经验，四川移民安置工作经验做法形成专题材料报水利部并在全国推广。自贡小井沟水库、大渡河沿线乐山境内等移民安置与新农村建设、乡村振兴结合，确保移民安居乐业。

【移民后期扶持】 按照"补短板""强监管"的工作要求，将移民后期扶持工作融入全省脱贫攻坚、乡村振兴、改善民生、维护稳定等工作大局中谋篇布局，在移民群众收益、生产生活条件、库区和移民安置区的经济社会发展、脱贫致富奔康上使长劲、出实招。完善并优化政策规章制度，研究出台《四川省大中型水利水电工程移民后期扶持资金管理办法》《四川省大中型水利水电工程移民后期扶持项目管理办法》。各地结合地域和生态特点实际，采取"一村一策，整村推进"的措施，宜农则农、宜牧则牧、宜工则工、宜旅游则旅游，加大投入，结合脱贫攻坚，整合部门资金，有序推进水库移民美丽乡村建设。全省投入美丽家园建设资金7.1亿元，开展移民美丽家园项目建设1374个；投入生产开发及配套设施项目资金5.19亿元，建设生产开发及配套设施项目1457个；建成美丽移民新村78个、"一村一品"移民村98个，项目扶持受益移民村2531个，惠及移民87万人。探索移民产业发展新机制，扶持发展一批成长性好、带动力强的特色优势产业项目，壮大移民村集体经济收入，促进移民致富增收。

【移民资金监管】 严格实行以批准规划、计划为依据、对应计划项目拨付计划资金，实现计划与规划对应、项目与资金对应，为移民年度计划任务的顺利完成提供保障，维护计划执行的严肃性和约束性。全年下达42个大型在建水电站移民资金94.03亿元，筹措资金89.08亿元，拨付资金84.73亿元。创新管理手段，全面推进移民资金信息化管理，推进全省移民资金管理信息系统的运行，实现移民资金的全面管理、动态管理和实时监控，加强资金监管及内、外部监督力度。加强会计基础工作，完成本级54套移民账务资金2019年度核算管理工作，确保财务信息真实可靠；加强市(州)、县(市、区)业务指导，做好各地存量资金的清理、消化工作，确保移民资金安全、高效运行。

【移民审计稽查】 以依法移民为基本遵循，加强审计稽查监督管理，有序推进在建移民工程项目内部审计和移民安置、移民后扶稽查工作。强化问题整改，保障移民资金使用精准、合规，提升移民工作水平，促进移民安置工程顺利推进，库区经济社会取得长足进步，移民合法权益得到保障。配合水利部完成对成都市李家岩水库征地补偿和移民安置资金使用管理情况稽察工作；配合水利部对荣县、阆中市、南江县开展2018年大中型水库移民后期扶持资金使用管理情况审计；对阆中市、南江县开展绩效评价工作，绩效评价结果被水利部、财政部评定为优。完成2018年度巴中市黄石盘水库征地补偿和移民安置资金管理情况稽察工作，完成广元市昭化区、青川县和冕宁县、雷波县4县(区)2015—2017年移民后期扶持政策实施情况稽查工作，完成自贡市小井沟水库、达州市土溪口水库及灌区工程建设征地补偿和移民安置资金管理在建稽查及米易县、沐川县、渠县3县移民后期扶持稽查工作。

四川省扶贫开发局编写组

乡村振兴

综　述

【基本情况】 2019年，省发展改革委以实施乡村振兴战略为抓手，以推进农业供给侧结构性改革为主线，以"不忘初心、牢记使命"主题教育为促进，大力推动现代农业"10+3"产业体系建设和农村产业融合发展，加快推进重大水利生态基础设施建设，着力加强粮油、生猪等重要农产品生产保供，开展农村人居环境整治，各项工作取得较好成效，为促进全省农业和农村经济持续健康发展做出了贡献。

【推进乡村振兴战略实施，促进农村产业融合发展】 实施国家和省级乡村振兴战略规划，研究提出了《四川省乡村振兴战略规划(2018—2022年)》省级部门和委内处室任务分工方案。开展长江经济带生态保护修复工作调研，针对天然林保护、退牧还草、水土保持等工作开展情况进行深入分析，研究出台了《四川省长江两岸造林绿化实施方案》，指导各地加快长江两岸防护林建设。指导宜宾市翠屏区、西充县等5个县创建国家农村产业融合发展示范园；探索农村产业融合发展新模式、新经验，争取峨眉山市、岳池县、资中县、仁寿县、新津县5个县(市)的农村产业融合示范园被纳入国家第二批创建名单。

【推进农林水利重大项目建设，加大基础设施领域补短板力度】 研究和把握国家支农政策，会同有关部门主动与国家相关部委对接，努力争取国家加大对全省农业和农村经济发展的支持力度。全年共争取农林水利项目中央预算内投资70.31亿元，主要用于全省重大水利工程、农村人居环境、农村饮水安全巩固提升、高标准农田、退耕还林、退牧还草等重点项目建设。协调推动纳入172重大水利工程前期工作，江家口水库工程可行性研究报告获得国家发展改革委批复，完成向家坝灌区北总干渠一期工程初步设计报告、盐源县龙塘水库及灌区工程可行性研究报告的审查批复。推进重大生态保护建设工程和农业重大项目建设，组织实施天然林资源保护、退耕还林还草、石漠化综合治理、湿地保护与恢复等工程；指导成都市加快推进天府农博园建设，推进农耕文明博物馆项目前期工作。加强项目管理，加强中央预算内投资项目调度培训，依托投资项目在线审批监管平台，每月按期落实项目调度工作，协调解决项目在调度过程中的问题，推动项目规范有序实施。会同财政厅、水利厅研究形成了《四川省大中型水利工程推进方案》，明确未来三年全省大中型水利工程推进建设计划和资金安排，推进大中型水利工程省级投资补助标准和方式调整，报省政府审定。

【推进川东北经济区振兴发展，贯彻"一干多支"发展战略】 一是完善目标任务支持体系。构建川东北经济区协同发展政策支撑体系，研究制订《2019年重点任务清单》，实行"清单制+责任制"管理，细化梳理"2019—2020年川东北经济区十大标志性工程"，并加强追踪落实保障措施，推进工程建设。二是扎实推进川东北经济区"三个十大"项目建设。加强省级工作协调，紧扣建设东向北向出川综合交通枢纽和川渝陕甘结合部区域经济中心的发展定位，梳理川东北5市提出的交通基础设施推进过程中需要帮助解决的问题，并协调解决，交通、产业、平台建设等项目取得多点突破，区域发展支撑短板全方位补齐。三是抓好市际合作落地落实。全面对标川东北5市在省委、省政府实施"一干多支"发展战略，通过梳理合作协议、各项目标任务和工作内容，明确工作目标、时间节点、推进措施和保障机制，指导各地联合印发《川东北经济区市际合作协议落实方案》，实行每月定期通报。

【加强涉农投资领域改革，做好事项落实】 根据农业投资改革要求，会同农业农村厅完成中央预算内投资补助地方农业项目投资计划管理调整工作，形成新的工作合力。积极应对农业农村领域的突发事件。参与非洲猪瘟防控工作，启动一批生猪规模化养殖场中央预算内投资项目建设，促进生猪恢复生产，有效保供。会同水利厅开展农村饮水安全等民生水利问题的专项清理，对排查出的问题研究制定专项整改措施，并督促各地逐一对标问题落实销号。推进落实河(湖)长工作要求，履行雅砻江省级河长联络员单位职责，完成《雅砻江一河一策管理保护方案》的修编工作，制定印发了《2019年度雅砻江省级河长湖长制工作清单》，配合省级河长开展雅砻江巡河督导和考核工作。做好经济形势分析工作，按季度开展农业农村经济形势分析，根据委党组统一安排，牵头完成对广安市二、三季度经济社会发展形势的调研督导工作。

四川省发展和改革委员会编写组

"美丽四川·宜居乡村"建设

【加强统筹协调，形成合力整体推进】 明确职责分工。全省机构改革完成后，为了明确涉农部门的责任和任务，在武胜县召开了全省宜居乡村农村人居环境整治现场推进会，会议聚焦农村人居环境工作"谁来做、怎么做、做什么"的问题，理顺了部门职责分工，明确了由农业农村部门负责牵头统筹并具体负责农村"厕所革命"、畜禽粪污处理利用和村庄清洁行动，住房城乡建设厅负责垃圾治理，生态环境厅负责污水处理。各地也按照省上的部署明确了职责任务，有序推进工作。

建立统筹机制。建立了由省委副书记任总召集人、18个省级部门为成员的农村人居环境整治联席会议制度，成立了推进办负责协调联络、上传下达等日常工作，并创新了农业农村、发改、财政、住建、环保五部门会商制度，及时沟通情况、解决存在问题。

加强督导落实。在成都市、武胜县和隆昌市分季度召开了4次全省农村人居环境整治现场推进会，高位部署任务，明确推进要求，并组织4个联合督查组对射洪市等8个县(市、区)开展了专项明察暗访、调研督导，对发现的问题督导整改。

【注重摸清底数，夯实工作基础】 摸清底数。统筹协调相关部门基本摸清了全省农村人居环境整治厕所、垃圾、污水等重点任务底数，特别是农村"厕所革命"方面，采取"自查+复核"的方式，通过"五上五下"摸清了全省农村总户数为1875万户，农村卫生厕所达标数为1134万户，需新(改)建无害化卫生厕所741万户。

合理确定任务。根据底数情况，结合全省农村实际，合理确定了农村人居环境整治目标任务为2019年重点安排推进农村"厕所革命"整村推进示范村建设3000个，实施农村无害化卫生厕所建设114.9万户，开展非正规垃圾堆放点整治等存量垃圾治理1213处，实施行政村生活污水治理"千村示范工程"1800个，推进县畜禽粪污资源化利用项目78个。

完善农村人居环境整治数据库。各地通过摸底调查的数据完善农村人居环境整治数据库，构建农村人居环境信息系统。绵阳市开发的绵阳市农村人居环境信息系统实现了与国家农村人居环境信息系统平台的无缝对接。

【坚持分类推进，探索技术标准】 从全省来看，立足地形、地貌复杂，高原、山区、丘陵、平原并存的实际，把全省108个县分成了平原县、丘陵县、山区县三种类型，结合不同类型村庄的发展水平、人文特征开展分类指导，制定差异化的整治标准和建设内容，鼓励各地区探索行之有效的农村环境治理模式、技术标准和经验。在推进成德绵等条件较好地区的农村人居环境整治时，注重同步提升整体风貌和发展乡村旅游；在推进川南、川东北等条件一般的地区时，先集中整治垃圾污水和改厕、改圈等突出短板；在推进大小凉山及高原藏区等深度贫困地区时，以干净整洁为基本要求，不脱离脱贫攻坚这个主线。各地区也根据实际情况因地制宜分类推进"三大革命"，广元市按照三类村庄类型因地制宜推广六种生活污水处理方式，即大型聚居点建小型污水处理站、分散户建小型沼气池(化粪池)、小型聚居点或农家乐建人工湿地稳定塘、大型种养殖业建大型沼气池、景区附近建污水处理罐；大英县采取"三分"治垃圾，将垃圾分为可回收垃圾、易腐垃圾、不可回收及其他垃圾，新村聚居点农户先将垃圾分类投放在村"两委"配置的收集桶，垃圾分拣员其后将各户的分类垃圾投放到垃圾集中投放点，再由镇统一运输到县垃圾处理厂集中处理，实现垃圾分类投放、分类收集、分类处置；芦山县根据县域特征，探索、总结制定了全国第一个地方标准《厕所革命农村户厕建设与管理规范》，雅安市在该规范基础上补充完善形成了雅安标准并在全市推广。

【坚持试点示范，突出重点任务】 坚持试点示范，点面结合。按照"美丽四川·宜居乡村"建设的总体要求，聚焦乡村振兴先进县创建，重点推进29个农村人居环境重点县建设。各市(县)按照"先易后难、抓点带面”“连点成线、连线成片、连片成面”的思路,坚持重点示范和整村推进相结合,并加强典型村的示范和带动作用。彭州市在20个镇(街道)设置7个市级示范点,每个镇(街道)设置1个镇级示范点,并由村(社区)组织农户现场参观学习示范村的先进经验,提高农民群众对卫生厕所重要性的认识;甘孜州将大渡河流域作为示范区,整合州级财政资金重点支持大渡河流域示范区先试先行,率先发展。

推进农村“厕所革命”。结合中央和省的任务目标,争取中央财政资金9.1777亿元(居全国第二位),配套省级资金2.6亿元,重点推进3000个“厕所革命”整村推进示范村建设,惠及114万户农户。

加快推进农村污水治理。整合中央、省资金6.3亿元,推进全省1800个行政村“千村示范工程”建设,重点开展农村生态环境综合整治、农村污水处理设施建设及配套管网建设等工作。

加强推进农村垃圾治理。累计完成投资14.3亿元,推进农村垃圾分类收集、集中处理利用、非正规垃圾堆放点整治等重点任务。

全力推进畜禽粪污资源化利用。争取中央资金18亿元,整县制推进全省78个县开展畜禽粪污资源化利用和规模化、标准化养殖场建设,覆盖全省70%以上的生猪产能。

【坚持建管并重,加强常态长效机制建设】 建立村庄保洁制度。指导各地探索“政府给一点、集体补一点、群众出一点”的保洁员薪酬保障机制,合理设定保洁员岗位数量和职责任务,优先配备中心村、重点村、特色村的保洁员;根据各地实际情况,确定保洁员工资,全省保洁员最低工资为160元/月(茂县)、最高工资为2083元/月(丹棱县),平均财政支付占比约85%,集体补助约5%,群众出资约10%。

统筹力量推进管护。注重发动村级力量,将保洁员机制建设与农村污水、垃圾、厕所的常态管护统筹推进,促进农村人居环境的常态管护。鼓励社会主体参与农村人居环境整治,吸引社会资本30余亿元投入农村垃圾、污水、厕所等项目建设。

发挥农民主体作用。鼓励指导各地在方案制订、项目实施、资金筹措、长效管护等方面引导农民参与。政府主要补助公共部分,农民根据自身需求和经济实力承担室内部分,群众积极性较高。彭州市“广泛宣传发动群众全程参与”改厕经验被农业农村部、国家卫生健康委评选为全国农村厕所革命九大典型范例之一。

四川省社会科学院农村发展研究所编写组

城乡融合发展

【基本情况】 2019年,全省坚持农业农村优先发展,以协调推进乡村振兴战略和新型城镇化战略为抓手,以缩小城乡发展差距和居民生活水平差距为目标,建立健全城乡融合发展体制机制和政策体系,加快形成以工促农、城乡互补、全面融合、共同繁荣的新型城乡融合发展取得新成效。

【健全城乡融合发展体制机制】 全省分别从有利于城乡要素合理配置、城乡基本公共服务普惠共享、城乡基础设施一体化发展、乡村经济多元化发展、农民收入持续增长等方面建立健全体制机制,消除影响城乡融合发展的体制机制障碍。

【补齐(乡)镇垃圾污水设施建设短板】 全年在7个区(县)开展农村生活垃圾分类和资源化利用试点示范,全省建制镇污水设施覆盖率达71%,增加21个百分点。

【推进农村垃圾治理】 省发展改革委出台《建立健全农村生活垃圾收运处置体系的指导意见》,创新推广农村生活垃圾分类“二次四分法”,启动开发“全省农村垃圾收转运设施APP”,非正规生活垃圾整治销号率达86.4%,超额完成年度目标任务,在全国农村生活垃圾治理现场会上被给予了肯定。

【注重留存乡土记忆】 省政府出台《加强古镇古村落古民居保护工作的意见》,完成《四川省传统村落保护条例》起草。全省入选第五批国家级传统村落108个,评选出省级第四批传统村落177个、“四川最美古村落”30个。在眉山市召开“历史村落的未来”国际会议,在理县举办第二届“四川省最美古镇古村落创新发展论坛”。四川电视台《乡村印象》连续32期全方位宣传展示古镇古村落魅力。

【提高农房建设水平】 省发展改革委出台《四川省农房风貌指引导则》,分区域推动农房风貌整治与提升。因地制宜推广应用现代夯土技术和装配式技术,在得荣、米易、中江、绵阳市游仙区等地建成一批彰显巴蜀文化、民族特色的宜居型农房。

【推进铁路沿线环境治理】 省委主要领导多次作出重要批示,省政府2次召开全省会议进行安排部署,先后出台2个全省治理工作方案,会同铁路部门统筹推进实施。提前完成国家铁路局整治目标任务,完成动车沿线隐患问题治理,铁路沿线城乡面貌明显改善。

【推进特色小镇和重点小城镇建设】 推进乡(镇)行政区划调整改革,大力培育特色小城镇,全年下达省预算内投资6000万元,支持宜宾市南溪区裴石镇、攀枝花市仁和区大田镇等11个特色小城镇项目建设。开展“百镇建设行动”,累计培育全国重点镇277个。推动中心镇建设,支持全省41个10万人口以上非县级政府驻地特大镇打造县域经济副中心。

四川省发展和改革委员会编写组

新型城镇化建设

【基本情况】 2019年,全省新型城镇化工作始终坚持以人为核心,不断提高城镇发展质量,全省常住人口城镇化率达53.79%,提前一年完成《四川省新型城镇化规划》要求的目标任务;户籍人口城镇化率达36.78%,超额完成年初省政府下达的目标任务。

【城镇化发展格局不断优化】 落实“一干多支”发展战略,大力推进以人为核心的城镇化,出台22条支持四大城市群和15条支持七个区域中心城市加快发展的政策措施,制定18条支持成都平原经济区住建领域协同发展措施。成都平原城市群示范带动作用明显,川南、川东北、攀西城市群竞相发展,达州市、自贡市跨入百万人口城市行列,全省百万以上人口城市达7个。新增的100个“百镇建设行动”试点镇通过考核验收,省级特色小城镇新增37个。全省城镇化“一轴三带、四群一区”总体格局初步形成,由1个特大城市、6个大城市、8个中等城市、138个小城市和1531个小城镇构成的城镇体系基本形成。

【城市建设管理质量稳步提高】 全省全年

城市(县城)累计完成市政基础设施投资1400亿元。1837个"三推"项目累计开工1776个,完工1271个。编制《四川省城镇污水处理提质增效三年行动方案(2019-2021年)》,加快实施污水管网建设改造,全省已排查城市污水管网3667.2千米,新建1464.9千米,改造808.6千米。纳入全国城市建成区黑臭水体整治监管平台地级及以上城市黑臭水体103个,已治理竣工101个,提前一年完成国家下达的工作目标。全省建成海绵项目959个、458.9平方千米。成都、绵阳、遂宁3个城市申报创建为国家节水型城市;攀枝花、绵阳等5个城市应急备用水源工程建设达到工作要求;北川县在全国城镇供水规范化管理抽查考核中名列第一。全省新建地下综合管廊57.8千米,累计建成166千米,在建417.3千米;城市道路长度达到2.5万千米,人均道路面积14.29平方米。成都地铁和有轨电车累计开通运营8条线路、341.3千米,在建10条线路、334.8千米。全省新(改)建公共厕所6385座,完成率达105.6%。省级数字城管平台与17个地级市实现互联互通,13个国家智慧城市试点和11个省级智慧社区试点成效明显。

【城市生态宜居环境持续改善】 持续开展园林城市创建。宜宾、资阳、广元、仪陇、洪雅等地创建国家园林城市(县城)通过国家验收。全省创建并命名8个省级生态园林城镇、1个省级园林村、10个省级重点公园、104个省级园林式居住小区和园林式单位。

推进城市生态环境建设。省政府出台《推动城市基础设施改造加强城市生态环境建设的指导意见》。支持成都市开展公园城市建设先行先试,成都公园城市建设案例入选联合国《中国人类发展报告特别版》,被选为最具代表性的中国城市发展典型成功经验。自贡等11个市(县)借鉴成都经验,推进城市生态环境建设试点。

实施"城市双修"。召开全省城市生态修复和城市修补现场推进会,17个"城市双修"省级试点市(县)共完成项目657个。城市生态修复"双百工程"竣工项目108个、126.3平方千米,在建项目84个、102.7平方千米。

加强历史文化保护。持续推动保护专项规划的编制与修编,完成2个省级历史文化名城保护规划审查,开展3个国家历史文化名城保护规划修编。开展历史建筑保护利用,确定成都市、富顺县为省级试点城市。

推进城市设计和城市体检。遂宁市、隆昌市、九寨沟县等6个省级城市设计试点工作稳步提升,编制20余项城市设计相关规划。成都市、遂宁市被列为全国首批城市体检试点。

推进生活垃圾分类工作。报请省政府出台《四川省生活垃圾分类和处置工作方案》,开展系列生活垃圾分类宣传活动,在18个地级以上城市全面启动生活垃圾强制分类。

【实施"百镇建设行动"】 省财政对第一批通过考核验收的100个新增试点镇给予5亿元的资金支持,主要用于试点镇市政公用设施项目建设。组织开展第二批100个新增试点镇考核验收工作。实施"百镇建设行动"阶段性评估,试点工作取得明显成效,2019年"百镇建设行动"试点镇完成基础及公共服务设施建设投资超300亿元、产业项目建设投资超600亿元。

【特色小城镇培育】 全年新增第三批省级特色小城镇37个,全省共有120个特色小城镇,其中20个被列为国家级特色小城镇,数量居全国前列、中西部省份第一,在全省形成了一批生态宜居、文化创意、科技教育、现代农业、旅游休闲、商贸物流、特色工业等类型多样、富有活力的特色小城镇。

【补齐乡(镇)设施短板】 制订《四川省乡镇污水处理设施建设技术帮扶工作方案》,召开乡镇污水项目推进会暨技术帮扶工作座谈会,采用"科研院所+专业技术人员+地方政府"方式邀请技术帮扶单位建立"一对一"联系指导机制。召开全省《三推方案》项目推进会、PPP项目培训会和技术指导对接会,加快补齐乡(镇)污水短板,全省除"三州"以外地级市建制镇污水设施覆盖率达84%,增加34个百分点。

【加强培训和宣传引导】 营造"百镇建设行动"良好舆论氛围,多层次、多角度开展村镇建设管理业务培训。10月,在理县举办第二届"四川最美古镇古村落创新发展论坛",相关行业领导、国内专家学者、知名企业及古镇古村落代表为古镇古村落发展建言献策,有力促进了全省古镇古村落创新发展,扩大了古镇古村落的影响力。

【谋划做大做强中心镇工作】 为贯彻落实省委、省政府关于"做大做强中心镇"的工作部署,启动中心镇指导意见编制起草工作。广泛开展省内调研和重点小城镇评估工作,研究形成中心镇认定标准、培育规模和创建模式,为中心镇指导意见编制起草工作提供了技术支持。推动将中心镇工作纳入省委十一届六次全会和省委经济体制改革重大事项。

四川省发展和改革委员会编写组
四川省住房和城乡建设厅编写组

市(州)、县(市、区)农村工作概况

成 都 市

【基本情况】 2019年,全市辖11区5市4县,辖区面积1.24万平方千米。

【年度农业和农村经济运行】 2019年,全市农林牧渔业总产值1003.34亿元,增长2.12%,其中农业产值665.77亿元,增长5.88%;林业产值26.79亿元,增长3.99%;牧业产值250亿元,减少6.86%;渔业产值29.97亿元,增长4.22%。农林牧渔业增加值30.82亿元,增长7.4%,其中农业增加值473.96亿元,增长5.62%;林业增加值14.94亿元,增长3.76%;牧业增加值106.43亿元,减少7.23%;渔业增加值16.84亿元,增长4.08%。农村居民年人均可支配收入达24357元,增长10%。

农业产业化发展。学习宣传贯彻新修订的《中华人民共和国农民专业合作社法》,突出抓好农民合作社和家庭农场两类新型农业经营主体建设,指导农民合作社和家庭农场完善内部管理机制、加强规范运行。制定出台《成都市市级示范农民合作社评定管理办法》和《成都市市级示范家庭农场评定管理办法》,构建省、市、县三级示范体系,提升全市农民合作社和家庭农场发展的质量和服务能力。联合市市场监督局、市发改委等11部门开展农民专业合作社"空壳社"专项清理,对经营异常的合作社进行分类清理整顿。落实2019年中央财政农业生产发展资金2737万元,支持农民合作社和家庭农场改善生产经营条件,壮大自身实力。全市新培育农民合作社724家,累计达11395家;新培育家庭农场1306家,累计达7541家。新增省级示范场55家,累计达117家;新增省级示范社18家,累计达255家。全年新培育国家级农业产业化重点龙头企业2家、农业产业化经营市级重点龙头企业18家和2家上市企业;2家农业产业化联合体获得中央财政资金支持项目;完成18家"天府农业版"挂牌上市企业推荐上报;支持新希望集团争创世界500强企业。截至2019年年底,全市累计培育发展市级以上农业产业化重点龙头企业422家,其中国家级28家、省级132家、市级262家。

农用地产权制度改革。坚持农村基本经营制度,构建和完善承包地"三权分置"格局,在落实所有权、稳定承包权的基础上,放活土地经营权,引导农户将土地经营权通过入股、出租等方式向新型农业经营主体规范有序流转,发展农业适度规模经营。推广"农业共营制""土地预流转+履约保证保险""大园区+小业主"等多种适度规模经营方式。全市农业适度规模经营面积达555.6万亩,规模经营率达70.6%。继续保持土地承包关系稳定并长久不变,衔接落实好第二轮土地承包到期后再延长三十年政策。推进承包地"三权分置",完善"三权分置"办法的实施意见,引导土地经营权通过入股、出租、托管等方式规范有序流转。推进土地承包经营权退出试点,建立承包经营权价值评估体系,不断完善土地承包经营权有偿退出审查制度、补偿机制、服务机制和退地农户社会保障制度,全市土地承包经营权退出试点退出承包地面积70.193亩,涉及农户98户。探索农村宅基地"三权分置"登记试点工作,结合农村集体产权制度改革,开展宅基地使用权、地上房屋所有权和使用权"三权分置"登记试点,以及分置后宅基地使用权和地上房屋所有权、使用权转移或抵押登记试点,为形成"三权分置"确权登记的办法及流程,建立产权清晰、市场定价、交易安全的农村宅基地使用权流转市场,实现农村宅基地使用权及农房出租等多种形式放活创造条件。稳妥推进多项权属关系下的土地入市交易新模式,探索以社会资本、村集体、政府等为主体,盘活农村集体建设用地、农民闲置用房、农村闲置集体资产,促进一二三产业融合发展。

农村集体产权制度改革。指导各县(市、区)开展农村集体资产清产核资"回头看"和自查验收工作，全市农村集体资产清产核资工作顺利通过省级验收。开展集体资产股份化改革，引导集体经济组织在清产核资的基础上，民主确定成员身份并将集体资产量化至本集体成员，完善股份权能，赋予农民对集体资产股份占有、收益、有偿退出及继承的权利。截至2019年年底，全市村级集体资产股份化改革完成率达82.5%。全面推进集体经济组织登记赋码，赋予集体经济组织平等参与市场经营的主体地位，全市集体经济组织登记赋码3200个。运用农村集体产权制度改革成果，结合区位条件和资源禀赋，通过开展土地整治、盘活资产、发展服务等新举措发展壮大集体经济，市级财政投入5400万元，支持30个集体经济组织实施“农村集体经济+农商文旅体融合发展”试点项目。5月8日，成都市获批全国第四批农村集体产权制度改革整市试点。印发《成都市农村集体产权制度改革试点方案》，在全面完成农村集体资产清产核资的基础上，有序推进集体经济组织成员身份确认、集体资产股份量化，全市村级集体资产股份合作制改革完成率达82.5%。开展农村集体经济组织登记赋码，完成农村集体经济组织登记赋码3257个。申报并获批全国探索农村集体经济新的实现形式和运行机制试验，引导农村集体经济组织通过“集体经济+”新模式，发展“农业+”新产业新业态，壮大集体经济，探索形成了“集体经济联营制”和集体经济“四合一”发展新模式。

农产品品牌战略实施。通过举办“第七届成都国际都市现代农业博览会”、“三州”特色农产品推介会等节会活动，组织农业企业参加第六届川台农业合作论坛、成都企业市州行、意大利米兰国际食品展等国内外大型会展活动，打造成都品牌。按照“立足成都、服务全川”的思路，全力打造农产品品牌孵化服务平台并启动“农产品品牌孵化服务平台提升建设机制模式研究”课题项目。截至2019年年底，全市培育市级农业区域公用品牌1个、县级农业区域公用品牌10个，农业品牌及产品累计获得中国驰名商标33个、省著名商标157个、省名牌产品121个、市著名商标202个，地理标志保护产品46个、地理标志证明商标31个、农产品地理标志22个。截至2019年年底，完成“天府拾味”四川特色农产礼包的开发，形成4个系列30余款产品。“天府源”市级农产品区域公用品牌累计已准入生产基地100个、检测基地3个、文创基地3个，64家企业的200个品类被列为准入产品。

【种植业】 全市粮食作物播种面积564.9万亩，减少9.7万亩，减少1.69%；产量225.9万吨，减少4.3万吨，减少1.9%；单产400千克/亩，减少1.1千克/亩，减少0.27%。全市油料作物种植面积210.1万亩，减少15万亩，减少6.7%；产量35.4万吨，减少1.88万吨，减少5%；单产168.6千克/亩，增加2.9千克/亩，增长1.8%。水稻栽插面积222.7万亩，减少8.2万亩，减少3.5%；产量118.9万吨，减少4.1万吨，减少3.3%；单产533.9千克/亩，增加1千克/亩，增长0.17%。全市玉米栽植以鲜食玉米为主，种植面积143.5万亩，减少3万亩，减少2.1%；产量56.5万吨，减少1.2万吨，减少2.1%；单产393.5千克/亩，减少0.5千克/亩，减少0.1%。小麦播种面积53.9万亩，减少2.1万亩，减少3.8%；产量16.3万吨，减少0.05万吨，减少0.3%；单产302千克/亩，增加10.4千克/亩，增长3.7%。

油菜种植面积188万亩，减少14.3万亩，减少7.1%；产量31.3万吨，减少1.8万吨，减少5.5%；单产166.5千克/亩，增加3千克/亩，增长1.8%。马铃薯种植面积36.6万亩，增加0.3万亩，增长1%；产量10.4万吨，增加0.2万吨，增长2.43%；单产284.4千克/亩，减少3.6千克/亩，减少1.3%。甘薯种植面积52万亩，增加2.6万亩，增长5.2%；产量14.8万吨，增加0.4万吨，增长2.7%；单产283.6千克/亩，减少13.4千克/亩，减少4.5%。豆类种植面积59.1万亩，单产153.6千克/亩，产量9.1万吨，其中大豆种植面积33.1万亩，单产161.5千克/亩，产量5.3万吨；其他豆类种植面积25.7万亩，单产143.4千克/亩，产量3.7万吨。全市有小麦、水稻50亩及以上的规模化生产新型经营主体1398个，补贴面积89.5万亩（小麦37.2万亩、水稻52.3万亩），补助资金17895.15万元。全市主要经济作物栽培面积稳定在600万亩左右。全市蔬菜种植面积262.77万亩，产量606.21万吨，分别增长4.06%、5.27%；总产值达130亿元以上，位居全省第一；“彭州大蒜”被评为省级特色农产品优势区。全市果树栽培面积169.96万亩，产量170.3万吨，分别增长2.88%、1.81%，其中柑橘类水果产量74.2万吨、桃产量29.6万吨、葡萄产量12.9万吨、梨产量5.2万吨、猕猴桃产量27.6万吨。全市茶园面积30.73万亩，其中投产面积27.04万亩，良种面积28.11万亩；茶叶产量2.29万吨，增长0.81%；茶叶鲜叶产值15.39亿元，名优茶产值12.3亿元，茶叶出口值达500万美元；培育茶叶龙头企业30家，其中亿元以上龙头企业4家；培育茶叶合作社77个，其中省级示范社12个。根据浙江大学CARD中国农业品牌研究中心中国茶叶品牌价值评估课题组《2019中国茶叶区域公用品牌价值评估报告》显示，邛崃黑茶区域公用品牌价值评估约5.64亿元，排名第90名。全市食用菌总产量77.44万吨，总产值51.63亿元，“金堂羊肚菌”被评为省级特色农产品优势区。全市中药材种植面积20.9万亩，产量5.3万吨，产值达14亿元，其中川芎、黄连、厚朴、黄柏种植面积分别为7.7万亩、4.1万亩、2.4万亩、1.3万亩，产量分别为2.3万吨、0.38万吨、1.01万吨、0.52万吨，产值分别为3.3亿元、3.2亿元、1.2亿元、0.83亿元。蚕桑面积2.3万亩，投产面积2.1万亩，产量511吨，总产值3000万元。花生播种面积21.97万亩，亩产188千克，产量4.13万吨。甘蔗种植面积0.39万亩，亩产2667千克，产量1.04万吨。烟叶种植面积0.16万亩，亩产229千克，产量359吨，其中烤烟种植面积790亩，亩产224千克，产量177吨。食用坚果产量合计5068吨，其中核桃4574吨、板栗487吨。

【耕地地力保护补贴】 2019年，全市耕地地力保护补贴核实面积为6669827.1亩，补贴标准为97.7元/亩，补贴资金651642103.39元，惠及3151个村43224个社区1902979户农户6092093人。

【稻谷目标价格补贴】 全年稻谷补贴面积为1381705.115亩，补贴标准为61.87元/亩，补贴资金8548.61万元，补贴户数458672户，惠及18个县（市、区）283个乡（镇）2555个村26412个组（社区）。

【种业发展】 全市种业产业稳步发展，全市现有农作物制种基地12万亩。持证种子企业89家，其中上市企业2家、全国种业信用骨干企业1家、国家级龙头企业1家、省级龙头企业3家、市级龙头企业7家，注册资金达14亿元以上。新申请品种保护32件，获授权26件。全年共安排新品种试验点位27个，引进新品种362个，其中水稻30个、玉米20个、小麦13个、油菜26个、蔬菜273个。全年保有杂交水稻、玉米制种基地2万余亩，生产杂交水稻、玉米种子414万千克。

种子市场监管。严格实行市场准入制度，依法初审种子生产经营许可证18个；受理种子经营变更4个，备案2个。在杂交玉米、水稻制种花期对辖区内14家制种企业1.8万余亩的51个品种制种基地开展巡查及农业转基因生物监管专项检查。在春、秋两季种子市场专项抽检中共抽取水稻、玉米、蔬菜等种子样品919个，合格率达98%以上。全年调解水稻、莴笋、大白菜、油菜、食用菌等种子纠纷14起，为种子企业和种植户挽回经济损失490余万元。

【畜牧业】 全市生猪出栏369.23万头，存栏158.25万头；牛出栏3.63万头；羊出栏81.42万只；家禽出栏7964.39万只，存栏3266.13万只；肉类总产量43.72万吨，其中猪肉产量26.86万吨、禽肉产量13.18万吨、牛肉产量0.45万吨、羊肉产量1.26万吨；禽蛋产量19.5万吨，牛奶产量7.7万吨。全年创建市级畜禽标准化建设场28家，其中生猪20家、奶牛1家、肉羊5家、肉鸡1家、放养鸡1家。

畜禽良种培育。成都蜀新黑山羊产业发展有限责任公司种羊场获批为国家肉羊核心育种场，成为全市第一个国家级肉羊核心育种场。截至2019年年底，全市创建国家级核心育种场2家、省级核心育种场7家，其中生猪国家级1家、省级4家，肉羊国家级1家、省级2家，肉兔省级2家。

畜禽养殖污染综合治理。一是落实中央环境保护督察反馈意见并进行了整改，全面完成中央环保督察"回头看"反馈意见省整改任务第八项、长江经济带生态环境国家移交问题和自查问题整改。二是开展畜禽养殖禁养区划定情况排查和专项整改，查找禁养区划定方案中存在的超过法律法规规定范围划定禁养区的情形并进行整改。崇州市、新津县、郫都区等6个县(市、区)调整了禁养区划定方案。修订后全市禁养区数量为853个，减少204个；禁养区面积为6125.88平方千米，减少804平方千米，减少11.6%。三是全面总结推广投资少、处理效果好、运行费用低的畜禽粪污资源化利用模式和种养循环方式，督促指导养殖场(户)因地制宜采取就地就近还田、异地循环、生产有机肥、发展沼气等方式发展种养循环农业。全市规模养殖场粪污处理设施装备配套率达91 %以上，畜禽粪污综合利用率达86%以上。

非洲猪瘟防控。严格落实非洲猪瘟防控属地管理责任、部门监管责任和生产经营主体责任。加强防控措施，加强对生猪养殖和猪肉流通环节的监测排查，严格生猪调运监管，加强餐厨废弃物处置监管，严禁泔水喂猪，按照"早、快、严、小"的原则果断处置疫情。开展监督执法与检疫监管专项整治、猪肉产品规范经营与储运专项整治、餐厨剩余物规范处置专项政治行动三大专项整治行动，落实生猪屠宰环节非洲猪瘟自检和官方兽医派驻制度。落实养殖场(户)动物防疫主体责任，加强生物安全防护设施和制度建设，全面提升生物安全水平。全面清理规模化猪场和种猪场周边小散养殖场(户)，支持养殖企业建立生物安全隔离带。全年累计排查生猪养殖场(户)187万家(户)次、生猪6600万头次，排查屠宰场7300个次，排查无害化处理厂850个次，全年未发生非洲猪瘟疫情。

重大动物疫病防控。全年共计免疫牲畜口蹄疫634.99万头次、禽流感6215.15万羽、猪瘟585.36万头、羊小反刍兽疫27.99万只，重大动物疫病常年免疫密度达90%以上，抗体合格率达70%以上。共完成动物疫病样品检测7.02万份，其中非洲猪瘟样品检测5.76万份。

人畜共患病防治。全年共免疫犬只狂犬病78.77万只，免疫密度超过97%；病原学检测4593只次，未发现阳性。全年共监测家畜血吸虫病4486头次，扩大化疗1967头(只)次，邛崃市、大邑县通过了全省血吸虫病消除达标评估和考核，全市所有县(市、区)均已达到血吸虫病消除标准。

家畜布病、结核病防控净化。全市全年共监测牛羊布病21766头次，个体阳性率达0.24%；牛结核病6759头次，个体阳性率达0.93%。复检呈阳性的家畜已按相关要求全部扑杀和无害化处理，并对同群家畜进行了全群监测。

生猪屠宰管理。落实属地管理责任、部门监管责任、屠宰企业食品质量安全主体责任。一是加强执法检查，督促屠宰企业严把生猪入场关和产品出厂关，严格执行生猪屠宰操作规程，全市共出动执法人员4200余人次，检查屠宰企业和私屠滥宰多发地域1300余个次。二是严格按照设施标准化、环境整洁化、生产规范化、处理无害化和监管常态化的总体要求，推进全市生猪屠宰企业标准化建设。10月，四川金忠食品股份有限公司、成都春源食品有限公司两家生猪定点屠宰企业通过标准化创建验收，成为全省标准化生猪屠宰厂(第一批)企业。三是结合全市开展的生猪屠宰环节"扫黑除恶"专项斗争，开展生猪屠宰监管"扫雷行动"等专项整治行动，摸排屠宰行业屠宰病死畜禽、注水或注入其他物质、违法添加"瘦肉精"等线索以及充当违法行为"保护伞"问题。

兽药监管。全年完成农业农村厅下达的兽药监督抽检任务100批；组织开展兽药产品批准文号现场核查83批次，抽样产品734个；组织5家规模养殖场开展使用环节兽药二维码追溯试点；组织开展蛋鸡养殖规范用药告知和承诺工作，发放告知书8745份，与蛋鸡养殖户签订承诺书698份。四川省鑫又新禽业有限公司被农业农村部确定为全国首批兽用抗菌药使用减量化行动试点达标养殖场。

饲料添加剂管理。全市共抽检饲料样品311批次，其中生产环节抽检饲料产品282批次、养殖和使用环节抽检饲料产品17批次、经营环节抽检饲料产品12批次，产品质量合格率达99.3%，完成农业农村厅下达的饲料产品合格率98%的目标任务。组织开展饲料中非法添加和滥用药物饲料添加剂专项检查，全市查办的"成都市某饲料有限公司使用限制使用的药物饲料添加剂生产饲料案"被农业农村部评为优秀案卷并作为全国10个农业行政执法典型案例进行通报。

【水产业】 全市养殖面积11523公顷，增加71公顷，增长0.62%；水产品总产量149321吨，增加6803吨，增长4.77%；实现渔业经济总产值127.43亿元，增加35.73亿元，增长38.96%。有水产品加工企业6家，水产品加工量3660吨；休闲渔业基地96个；苗种生产场站46个；水产专业合作社246个；水产专业协会8个；家庭渔场79个；水产养殖面积在20亩以上的养殖大户750户，面积2710公顷。全市有稻渔综合种养面积12.8万亩，稻田养殖水产品产量1.38万吨；有国家级稻渔综合种养示范区、省级稻渔综合种养示范基地各1家。

水产科技推广应用。推广内循环、玻璃钢、高低位池塘、高低位稻田等循环水养殖模式，探索鱼菜共生模式，培育了"渔耕田"家庭农场品牌；开展池塘精养技术指导，推广生态制剂调水、底排污等科学养殖技术和大型水库"人放天养"增殖模式；开展水产养殖规范用药行动，规范养殖用药。编制《虹鳟繁育防疫技术规范》《鲑鳟鱼健康养殖技术规范食用鱼》《唇䱻人工繁殖技术规范》《花䱻人工繁殖技术规范》《淡水池塘养殖尾水生态处理技术规范》《陆基式玻璃钢池循环水养殖技术规范》6项四川省区域性地方标准，规范成都市范围内虹鳟繁殖防疫、鲑鳟鱼健康养殖、花䱻和唇䱻人工繁殖及玻璃钢循环水养殖、养殖尾水处理。整理近年来推广成果"生物质提升转化集成创新"，获得2016—2018年度全国农牧渔业丰收奖三等奖。

现代渔业发展。依托现有的1家国家级

水产原种场、3家省级水产良种场，抓好良种体系建设，不断壮大产业基础，四川润兆渔业有限公司申报中央财政四川省彭州市国家重口裂腹鱼种质资源场建设项目。依托四川省水产学校、成都市动物疫病预防控制中心、成都市农林科学院等科研机构，组织全市渔业行政主管部门相关负责人以及相关养殖企业、合作社、家庭养殖场的法人、业主进行养殖技术和用药专项培训。推行"五统一"经营模式（即统一苗种、统一饲料、统一技术、统一鱼病防治、统一销售），促进水产养殖规模化、标准化生产。创建农业部水产健康养殖示范场7家、省级水产健康养殖示范场81家。全年出口鱼子酱21吨、烤鳗鱼400吨。

水生动植物保护。开展水生野生动物宣传、保护和救助工作，救助国家二级保护动物6尾。开展淡水经济鱼类增殖放流活动3次，放流苗种325万尾，补充了淡水经济鱼类种群，修复了水域生态环境。建成成都市水生野生动物保护基地（一期），初步具备了水生动物救助、渔业资源保护宣传教育、珍稀濒危物种研究等基础条件。开展珍稀特有物种研究，完成白甲鱼人工繁育技术研究，启动四川省重点保护动物、成都市特有种——成都鱲的相关研究工作。

春季禁渔。3月1日—6月30日，在全市天然水域依法实施春季禁渔。禁渔期间，全市共播放宣传视频1270分钟，召开各类禁渔工作会议186次，通过电视、报刊、新媒体等播放音（视）频资料169次、刊文23篇，报道187次，在沿河、沿湖重点水域树立永久性宣传牌76块，悬挂标语横幅2475幅（张），出动宣传车、船2480台（艘）次，出动渔政宣传人员1700余人次，发放宣传资料100618份；开展跨区域、跨部门、跨行业联合执法行动575次、渔政专项执法检查913次，出动执法力量19875人次，劝离8756人次；受理各类举报193起，查缴非法捕捞工具910套（件），放生渔获物614.5千克；现场处罚非法游钓人员133名，行政罚款9000元；向公安机关移交犯罪线索15起，涉案嫌疑人19人，追究刑事责任8人，确保了渔民上岸、渔船入港、河鱼无市目标任务的完成。

【农业项目财政投入】 全年各级财政支农专项投入到位资金35.25亿元，其中中央15.78亿元、省级6.13亿元、市级13.34亿元。中央预算内总投资1.69亿元，其中争取中央投资0.96亿元、地方投资0.72亿元。

【农业政策措施落实】 1月7日，市委办公厅、市政府办公厅印发《推进成都农业绿色发展实施方案》（成委办〔2019〕1号），对全市加快推进生态农业建设、促进农业绿色发展、可持续发展，全面推进美丽宜居公园城市建设做出了部署。2月22日，市政府出台《高质量推进"菜篮子"工程建设的意见》（成府函〔2019〕18号），全面贯彻国务院、省政府关于"菜篮子"工程建设工作要求，对全面落实"菜篮子"市长负责制，高质量推进市场调控有序、质量安全可靠、应急保障完备的"菜篮子"工程建设，实现保总量、提质量、稳价格，构建绿色安全、优质高效的现代农业供给体系，切实保障和改善民生等工作提出了意见。6月28日，市委办公厅、市政府办公厅印发《成都市现代农业功能区及园区建设考评激励实施方案》（成委厅〔2019〕112号），贯彻落实中省委办公厅、省政府办公厅关于《四川省现代农业园区建设考评激励方案》（川委厅〔2018〕50号）精神，对市级现代农业园区开展认定、考评、命名、激励等工作进行了部署，全年考评认定市级现代农业园区15个，其中五星级4个、四星级5个、三星级6个，并择优推荐申报省级现代农业产业园。9月12日，市政府办公厅印发《稳定生猪生产保障市场供应十条措施的通知》（成办发〔2019〕30号），贯彻落实国家、省、市关于促进生猪生产保障市场供应的有关要求，提出了落实"菜篮子"市长负责制生猪发展建设任务、推动生猪全产业链融合发展、着力加强现代良繁体系建设、加快推进生猪产业绿色发展、全面提升生物安全水平、切实加强动物防疫工作、全力保障生猪产业发展用地、强化生猪产业金融支持、完善猪肉市场供应保障机制、严格落实责任加强组织保障十条措施，全力恢复生猪生产。

【农业金融保险政策落实】 开展政策性农业保险保费问题专项治理工作，会同市财政局开展政策性农业保险保费问题专项治理复查工作，牵头组织对都江堰市、彭州市、青白江区、郫都区和天府新区的复查工作。发挥农业保险风险分担作用，切实保护农民利益。根据生产需要，及时调整和修改政策性农业方案。围绕粮油、蔬菜、畜禽三大主导产业和花卉苗木、伏季水果、茶叶、猕猴桃、食用菌、中药材、水产七大特色产业，在稳妥推进10个险种政策性传统农业保险（中央、省给予保费补贴）和14个自主创新险种政策性特色农业保险的基础上，创新政策性特色农业保险试点险种，以"扩面、增品、提标"为导向，推动主要"菜篮子"产品参保全覆盖，降低生产者自然及市场经营风险，提高保障水平。探索创新调整蔬菜价格指数保险、调整政策性生猪价格指数保险，在猕猴桃、大米、桃、柑橘、大蒜上开展品质保险试点，促进全市特色产业健康发展。

【农商文旅体融合发展】 把农商文旅体融合发展作为乡村产业振兴和新时代现代农业发展的方向和途径，围绕都市现代农业产业生态圈和功能区（园区）发展、特色镇和川西林盘建设、乡村生态价值转化等，大力发展新经济，培育发展新动能。全市累计建成涉农国家A级景区44个，其中4A级涉农旅游景区20个；龙泉驿区双槐村、温江区幸福村、崇州市五星村、蒲江县金花村、新都区回南社区、郫都区青杠树村、彭州市宝山村、郫都区战旗村、蒲江县明月村9个新村被农业农村部命名为"中国美丽休闲乡村"。全年组织开展乡村旅游节庆活动36场，接待游客超1.32亿人，增长11.48%；乡村旅游总收入达489.17亿元，增长24.2%。

推动农商文旅体融合发展。推动农商文旅体空间融合、业态融合、功能融合，结合特色镇和乡村绿道建设、川西林盘保护修复等重大工程，加强可进入、可参与的农业赏游场景植入，大力培育休闲农业、体验农业、创意农业等新型业态。组织实施农商文旅融合暨集体产权制度改革试点项目30个，提升建设服务全川的农商文旅体融合发展平台，筹备成立"天府农商文旅体融合发展联盟"。参加市政府主办的2019成都全球创新创业交易会——城市机会清单发布活动，发布报送乡村振兴应用场景需求信息7条，资金需求超180亿元。金堂县竹篙镇、都江堰市胥家镇获批开展2019年全国农业产业强镇示范建设；支持郫都区、金堂县创建全国农村一二三产业融合发展先导区。

推动休闲农业和乡村旅游提档升级。实施休闲农业和乡村旅游精品工程，建设一批美丽乡村、休闲农庄、乡村民宿等精品项目，发展乡村共享经济、创意农业等新业态。节假日期间，联合市文旅局，围绕"高颜值、国际范、生活味、归属感""慢生活、绿道风、林盘游、最成都"等主题，通过新华社、新华网、《四川日报》、今日头条、凤凰新闻、《成都日报》、成都发布、网易等30余个媒体推出"逛绿道、耍林盘、游小镇、驻民宿"精品特色游线路100余条。郫都区唐昌街道战旗村、蒲江县甘溪镇明月村、彭州市龙门山镇宝山村、都江堰市柳街镇七里社4个村落入选全国乡村旅游重点村。全市有各类休闲农业和乡村旅游等经营主体6556家。评选"成都主题旅游目的地"60个。创建示范农业主题公园75个，其中省级示范农业主题公园17个；创建省级示范休闲农庄40个。

挖掘乡村传统文化内涵。加强乡村传统文化资源保护利用，挖掘川西林盘农耕文化内涵，将文化优势转化为特色发展优势，推动乡村传统文化与产业融合，为农业农村发展注入"文化之魂"。举办2019年中国农民丰收节四川省"庆丰收 迎华诞"启动仪式暨成都战旗村庆丰收活动；支持新津天府农耕文明博物馆、郫都巴蜀农耕文化博物馆建设；"四川郫都林盘农耕文化系统"申报为中国重要农业文化遗产。

【农民负担监管及权益维护】 构建农民负担日常监管长效机制，开展村级组织负担、涉农乱收费乱摊派治理，抓实农村义务教育、农民建房、农业用水用电、殡葬服务、计划生育等涉农收费领域排查，清理整顿村级组织乱收费现象，纠正和查处违规收费和摊派行为；依法公开涉农收费目录，加大涉农收费和减负政策宣传力度，全面落实农业支持保护补贴、农机购置补贴、种粮大户补贴等各项强农惠农政策，村级"一事一议"筹资筹劳较往年减少。规范农村集体"三资"管理，升级完善农村集体"三资"监管系统，推进农村财务管理公开化、透明化、规范化，切实保障农民的知情权、监督权。

【农民增收促进工程】 实施农民增收促进工程，出台《成都市进一步加强农民工服务保障工作方案》《关于进一步促进返乡下乡创业的实施意见》，促进农村富余劳动力转移就业。深化农村集体产权制度改革、农村集体资产股份化改革，推进农村产权入场交易，提高农民财产性收入。推动农业功能区和产业园区建设，加快推进农商文旅体融合发展，引导小农户与现代农业有机衔接，提高农村居民经营性收入。加大涉农补贴、社会保障等方面的支持力度，确保强农惠农政策落地落实。全市农村居民年人均可支配收入达24357元，增长10%，城乡居民收入比缩小至1.88∶1。

【信息进村入户工程实施】 全市信息进村入户工程基本覆盖所有行政村，"政府+运营商+服务商"三位一体的推进机制得到完善，农村"信息高速公路"基本修通，服务延伸到村、信息精准到户，基层信息服务体系基本健全，服务农业农村经济社会发展的能力得到提升，同时涌现出一批优秀信息员。

【成都服务全川农业科技创新联盟成立】 8月6日，由市农业农村局发起，国家成都农业科技中心牵头，成立了由64家产学研单位共260位农业专家、企业家和农业经营主体负责人等参加的成都服务全川农业科技创新联盟，中国农业科学院副院长梅旭荣为理事长，并组建了由中国工程院院士王汉中领衔的联盟咨询委员会，建立了以环成都平原经济区为中心，覆盖川南经济区、川东北经济区、攀西经济区、川西北生态示范区的农业科技创新服务协同体系，同时聘用5名专家作为服务五区农业发展的首席专家，对接五区科技创新和产业发展实际需求，共建科技创新服务示范区。联盟将坚持以"一干多支五区协同，科技引领服务三农"为宗旨，围绕全川"10+3"优势先导产业发展需要，协同推进农业科技创新和成果转化应用，助力乡村振兴战略实施。

【"乡村振兴"战略实施】 全市始终把实施乡村振兴摆在整个城市工作中来考量，印发《成都市乡村振兴战略规划(2018—2022年)》。严格执行县级层面的农村工作领导小组由县委书记任组长，其成员由相关部门主要负责人组成等刚性规定。持续加大支持力度，组建乡村振兴发展基金，各级财政对乡村振兴的投入超过400亿元。坚持以项目为中心推动乡村振兴战略实施，策划推出乡村振兴重大项目484个，完成投资1042.3亿元。制定完善考评激励办法，评选乡村振兴先进县(市、区)4个、先进乡(镇)14个、示范村(社区)120个和星级园区15个，并安排资金2.5亿元给予激励。加强统筹协调，发挥市委农村工作领导小组的统筹作用，细化重点工作任务，实行台账管理、每月通报进展。采取现场会方式，组织开展乡村振兴"竞进拉练"活动4次。

产业振兴。以现代农业园区建设为重点，推进乡村产业振兴。坚持以功能布局引导构建城乡融合格局，以融合裂变加快孕育新兴业态，以体制机制创新推进供给侧结构性改革，高水平规划建设现代农业园区。邛崃天府现代种业园入选国家现代农业产业园创建名单，郫都中国川菜产业园、邛崃绿色食品产业功能区(临邛工业园区)、蒲江中德中小企业合作区获批为全省首批农产品加工示范园区。一是高标准提升园区基础条件，加快推进中国天府农业博览园等"7+7"现代农业功能区及园区建设，新建高标准农田30.71万亩、高效节水灌溉4万亩，全市农业适度规模经营率达70.6%。二是推进农业绿色发展，新增农业品牌60个，全市"三品一标"农产品达1362个；粮食作物播种面积564.9万亩，蔬菜种植面积保持在250万亩以上。强化生猪产业转型升级，出台《成都市生猪产业发展若干政策措施》，落实地产生猪任务，全市猪肉储备达到2.5万吨。三是推动农商文旅体融合发展，探索"IP＋产业"、场景体验等发展新方式，打造特色文化酒店和主题民宿60个、乡村文创基地和农业主题公园70个。

人才振兴。以专业人才下乡入乡为支撑，推进乡村人才振兴。坚持引育并举，加强院地合作，实施外出务工人员回乡创业工程、农村劳动力技能培训工程、农业职业经理人培训工程。引进知名骨干专家26名及乡村规划师、科技带头人等急需紧缺专业技术人才1.3万余名，培训新型职业农民10万余人，新认定农业职业经理人2190人，促进返乡农民工就业9.27万余人。加强队伍建设，实施"百镇千村头雁孵化工程"和"千村万人村(社区)后备干部孵化行动"，储备村(社区)后备干部1.5万余人并实行"导师制"管理，加强传帮带，促进能力提升。

文化振兴。以乡村文化传承发展为血脉，推进乡村文化振兴。持续推进乡村文明建设，大力弘扬社会主义核心价值观，开展道德模范评选，推动文明村(镇)、文明院落、文明家庭等群众性精神文明创建，新增市级"三美"示范村75个、文明村(镇)/标兵295个，县级及以上文明村(镇)创建比例达50%。探索农村公共文化供给新方式，开展"走基层"文化惠民活动1024场，参与群众100万余人次；编制《天府文化保护利用规划纲要》，创新实景体验、网红品牌"首店经济"分享机制，打造乡村文化新场景，以蒲江明月窑、崇州道明竹艺等非遗文化为载体，建设文化旅游特色村落和乡村文化旅游目的地。

生态振兴。以农村人居环境整治为突破，推进乡村生态振兴。一是高位谋划推动农村人居环境整治，组建工作专班，实施规划提升、垃圾治理、污水治理、"厕所革命"、绿化美化、基础设施提升、乡村治理提升、健康卫生乡村八大专项行动。全年新创建国家级卫生乡(镇)17个、"美丽四川·宜居乡村"达标村1761个，全市行政村生活垃圾集中处理覆盖率达99%，20户以上农民集中居住区生活污水处理设施覆盖率达30%，完成户厕改造

28万户。二是注重乡村生态价值转化，突出抓好特色镇（街区）建设和川西林盘保护修复，启动规划建设特色镇（街区）120个，重点打造30个；启动川西林盘保护修复321个，重点打造高品质精品林盘107个；开展规划设计方案全球征集活动，举办特色镇（街区）和川西林盘品牌宣传推介招商引资活动；签约重大项目35个，签约金额1117.35亿元。三是加强山水林田湖系统治理，实施龙泉山生态提升工程9.9万亩；探索龙泉山区域生态赎买机制，赎买林地50507亩，惠及农户9716户。全面落实河（湖）长制，启动水库管理达标建设84座，完成水土流失综合治理127平方千米，基本消除黑臭水体。编制大地景观再造规划及建设技术导则，新（改）建乡村绿道689千米，初步建成都江堰精华灌区、龙泉山城市森林公园等大地景观试点示范项目10个，以绿道为轴，塑造大美乡村新形态、生活消费新场景。

组织振兴。以党建统领共治共享为保障，推进乡村组织振兴。一是加强农村基层党建，出台“加强农村党建18条”，大力推进县、乡党委抓乡促村，对软弱涣散村（社区）党组织实行县、乡领导包村、“一村一策”整顿转化；制定《关于坚持和加强农村基层党组织领导扶持壮大村级集体经济的若干政策措施》，全市511个村党组织书记通过法定程序担任村委会主任和集体经济组织、合作组织负责人。“成都市推动乡村组织人才振兴促融城旺乡”项目经验做法入选“中国三农创新榜十大榜样”。二是加强乡村发展治理，编制发布全国首部市级层面的《成都市城乡社区发展治理总体规划(2018—2035年)》；举办党建引领城乡社区发展治理·成都论坛；组织实施“平安社区百日攻坚”、国际化社区打造、居民生活品质提升等12类社区营造专项行动；大力推行“四议两公开一监督”机制，基层治理更具发展活力。三是加强“平安乡村”建设，实施“一所一品”警务战略，深化“1+3+N”专群联动模式和“公调衔接”制度，开展农业领域“扫黑除恶”治乱专项整治行动。四是全面提升农村公共服务和社会事业，农村义务教育入学率保持100%，完成基层医疗卫生机构基础设施提升改造50家、诊疗设备提档升级120家、村卫生室公有化标准化建设500个，城乡居民养老保险参保率保持在95%以上，新（改）建农村公路200千米，4G网络实现全域覆盖，行政村（社区）光纤通达率达100%，农村集中供水率达85%。

【新村建设】 全市围绕建设全面体现新发展理念的城市和全面美丽宜居公园城市建设总体目标，以建设美丽宜居乡村为导向，以农村垃圾、污水治理、“厕所革命”和村容村貌提升为主攻方向，全力推进农村人居环境整治，各项工作取得新进展新成效。彭州市“广泛宣传发动群众全程参与”农村户厕改造经验被农业农村部和国家卫生健康委评为全国农村厕所革命九大典型遴选范例，郫都区唐昌街道战旗村“党建引领社会组织协同治理”作为首批推介的全国乡村治理典型案例。崇州市被确定为乡村治理体系建设全国首批试点县，都江堰市柳街镇，温江区和盛镇土桥村、彭州市龙门山镇宝山村、邛崃市牟礼镇小塘村、新津县永商镇烽火村、大邑县王泗镇庙湾村、蒲江县甘溪镇明月村、天府新区三星街道南新村7个村被中央农办、农业农村部、中央宣传部、民政部、司法部共同认定为全国乡村治理示范乡镇、示范村。

争取中央、省奖补资金14643万元，其中“厕所革命”示范村建设获得中央、省财政补助资金8463万元，崇州市、新津县、蒲江县农村人居环境整治重点县建设获得省级财政奖补6000万元。

【“三美示范村”创建】 制定《关于构建党组织领导下的“一核三治、共建共治共享”基层治理机制的意见》，发挥村党组织的引领作用，将生产生活方式变革、“三大革命”、整治乡村风貌等内容纳入村规民约，全市新增村规民约1148条。引导社会组织、社会企业等参与垃圾治理、污水治理、“厕所革命”等专项行动，全市205家各类组织共参与治理项目774个。回引培养优秀农民工，全年回引优秀农民工村支部书记1092人、优秀农民工1.5万余人，带动乡村文明新风。

【移民安置与扶持】 截至2019年年底，全市共安置大中型水利水电工程移民108848人，其中市内大中型水利水电工程安置94084人、市外大中型水利水电工程安置14764人。市内有大型水库4座、移民65271人（紫坪铺水库18345人、三岔水库37476人、毗河供水一期工程3882人、李家岩水库工程5568人），中型水库11座、移民28813人。市外水库移民14764人（瀑布沟水电站移民8254人、其他大中型水利水电工程自主迁入移民6510人）。全市有移民后期扶持人口77197人（直发直补58846人、项目扶持18351人），其中直发直补移民人口分布在全市20个县（市、区）及成都市高新区、天府新区；项目扶持移民人口分布在成都市高新区、龙泉驿区、简阳市、都江堰市、彭州市、崇州市、金堂县、蒲江县。全市已建大中型水利工程12座，在建水利工程3座，拟建水利工程2座。2019年移民后扶项目资金9619.6万元，涉及省级库区基金8518万元、指标项目资金1101.6万元；发放移民后扶直补资金3569.94万元。

移民安置。抓好四川省李家岩水库工程移民安置，截至2019年年底，李家岩水库导流隧洞工程掘进402米，签订安置协议1206户3857人。累计实施生产安置2058人，其中社会保障安置1777人、自谋职业281人；累计实施搬迁安置3943人，其中集中安置点安置1034人、货币安置2909人。截流水位以下库底清理工作已经按标准清理完成。截至2019年年底，累计支出移民资金144375.42万元，其中农村移民补偿57185.42万元、工业企业和专业项目补偿20759.37万元、库底清理85.94万元、缴纳社保预存款43，425.24万元。7月17日，省政府以《关于李家岩水库建设用地的批复》（川府土〔2019〕645号）批复同意建设用地574.3686公顷。截至2019年年底，毗河供水一期工程（成都段）移民安置累计永久征地4757.21亩。12月20日，毗河供水一期工程完成截流验收工作；12月底，项目业主进行通水试验，毗河水通过一期工程主干渠顺利到达资阳、遂宁两市，具备了通水条件。

移民后期扶持。全年实现移民直发直补金通过“一卡通”平台发放。开展移民后期扶持政策实施情况监测评估工作，完成移民后期扶持资金绩效评价工作。实施后扶项目274个，开展移民技术技能、新型职业培训1048人次。

【扶贫攻坚】 全市在2017年全面完成简阳市116个省定贫困村和76813名建档立卡贫困人口减贫任务的基础上启动脱贫攻坚三年巩固提升行动，在基础配套、产业发展、项目促建、民生改善等方面持续精准发力。截至2019年年底，全市贫困户人均纯收入突破10102元，基本公共服务主要领域指标接近全市平均水平，全市经济薄弱村和产业帮扶户的农民人均可支配收入达到所在县（市、区）同期水平的65%以上，脱贫攻坚巩固提升年度各项目标任务完成。

脱贫成果巩固。全市围绕巩固提升脱贫攻坚成果，聚焦乡村振兴，一是提升现代农业带动能力。高标准推进简阳扶贫产业园区提档升级，建成现代农业产业基地17.2万亩，打造悠然岛、奇迹高坡、十里荷花等精品带贫项目。创新“四合一”发展模式,壮大贫困村集体经济,组建新型集体经济组织1957个,培育贫困村创业致富带头人355名,引领脱贫攻坚和乡村振兴连片示范建设。二是提升基础设施支撑能力。加快“四好农村路”建设,累计建成扶贫路1270千米,114个贫困村实现20户以上聚居点和村民小组通达水泥(沥青)路。加快农田水利建设,建成高标准农田8.69万亩、水利设施1600余处。优化公共服务供给,提升打造95个贫困村党群服务中心,新(改、扩)建54所义务教育标准化学校,完成11所乡(镇)卫生院标准化建设。通过实施易地扶贫搬迁等项目,稳定保障8814户贫困户住房安全。三是提升乡村社会治理能力。开展党建结对帮扶,为每个贫困村动态培育储备1名党组织书记后备干部。深化村民自治,发挥村民理事会、监事会、议事会作用,按照“四议两公开一监督”程序决策村级重大事务。推进法治扶贫,全覆盖设立村级法律咨询服务平台,落实“一村一法律”顾问。加强道德建设,完善村规民约,开展道德模范、文明家庭等评选活动,全市先后有4名群众获得全省脱贫攻坚奖。四是提升财政金融服务能力。坚持政府投入主体和主导作用,在市、县两级财政在一次性给予116个贫困村每村500万元资金扶持的基础上,每年安排1亿余元扶贫专项资金实施到村到户扶贫项目,帮扶区县按每村每年20万元的标准落实帮扶资金,累计已整合各级各类资金超过30亿元支持脱贫攻坚。加大金融扶贫力度,累计为2.5万户贫困户发放扶贫小额信贷1.06亿元。引导贫困户参保“扶贫保”,降低意外返贫风险。五是提升社会民生保障能力。将简阳市低保标准逐年提高至650元,增幅连续三年超过11%。全额资助贫困人口参加城乡居民基本医疗保险和大病保险。延伸覆盖城乡统筹“5+1”医疗救助,累计救助贫困患者105万人次,医保报销逾4亿元。落实贫困学生全学龄资助政策和教育引导,累计发放资助资金1.14亿元,资助贫困学生9.6万人次。加大农业实用技术培训,促成1.5万名贫困劳动力转移就业。开展“两摸一核”,确定22户边缘户和32户脱贫监测户,并研究落实扶持政策。

援藏帮彝。全市落实中央治藏兴藏建藏战略部署和省委构建“一干多支、五区协同”区域发展新格局要求,助力省内19个藏区深度贫困县按期全部脱贫“摘帽”。一是完善政策配套。精准对接当地需求出台系列支持政策,深化资金项目、民生事业、产业提升、园区合作、社会力量、人才智力“六项援助行动”,累计投入援助资金29亿元,实施援助项目1651个,全域提升受援县发展质量。二是深化产业合作。做强文旅产业,帮助打造旅游村寨159个。完成三地旅游协同发展规划编制,共推世界旅游目的地建设。推动园区合作共建,加快成阿工业园区提档升级和成甘工业园区综合承载能力建设,完善支持政策和利益分享机制,形成互促共赢格局。三是加强人才交流。落实援受双方“一把手”定期互访制度,市、县两级主要领导、帮扶单位先后到藏区开展调研和对接工作106次。分批选派干部人才6200余人次开展驻藏帮扶,累计接收藏区挂职锻炼干部869人次和异地代培学生946名。举办专题培训班1078批次,帮助藏区培训各类干部人才6.7万人次,切实提升引领攻坚和服务发展能力。引导全市30余家企业到藏区投资26.2亿元,在成都市农牧产品专销点帮销产品1500余吨,甘孜州、阿坝州参展农博会签约订单4800余万元。

【农业机械化】 全市农机总数量达30万台(套),农机总动力达384万千瓦以上。全年完成机械化作业面积1424万亩,其中机耕613万亩、水稻机械化种植154.5万亩、小麦机收55万亩、油菜机收178万亩,主要农作物耕种收综合机械化水平达77%。全年共发放中央农机购置补贴2535.2万元、市级补贴1213.3万元,补贴农机具2337台(套),受益农户1437户。全年共投入农机推广资金1000万元、试验示范项目资金300万元。崇州市、邛崃市、新都区、温江区被农业农村部评为主要农作物全程机械化示范县。全市未发生农业安全生产死亡事故。全年未发生安全生产责任事故。

【“服务全川”共享平台构建】 围绕省委“一干多支”发展战略部署,发挥“主干”城市作用,示范辐射引领带动兄弟市(州)同发展共繁荣。提升建设“七大共享平台”,农村土地交易服务平台实现省内18个市(州)、120个县(市、区)联网运行,累计成交各类农村产权1.87万余宗,金额1024.4亿元;“农贷通”农村金融综合服务平台入驻一级金融机构105家,发布金融产品775个,累计发放贷款11519笔、金额147.14亿元。加强农业区域合作,与省内市(州)开展各层级合作对接100余场次,达成合作协议和投资协议60余个;先后举办成都—甘孜区域合作暨农商对接会等活动8场,达成攀枝花芒果直销采购等协议超过10亿元。

【川西林盘保护提升】 围绕全市“建设美丽宜居公园城市”的总体要求,坚持人与自然和谐共生,坚持传承发展提升农耕文明,通过提升林盘产业功能、修复生态环境、再造建筑形态,系统规划打造一批形态优美、特色鲜明、魅力独具的川西林盘。

加强规划设计引领。按照“景观化、景区化、可进入、可参与”的理念,遵循“多改少拆”“三原四不”(原生态、原住房、原材料,不大拆大建、不挖山填塘、不过度设计、不冒进求洋)的原则,深化川西林盘保护修复规划设计,着力保留林盘“山、水、田、林、院”的原生肌理和集生产、生态、生活、文化、景观于一体的原乡生活场景,着力将川西林盘融入全域旅游、融入天府绿道、融入农商文旅体产业功能,构建生产共营、生活共融、生态共享的川西林盘生产生活圈。全年新启动川西林盘保护修复321个,编制完成高品质精品林盘保护修复实施方案107个。开展首届特色镇(街区)建设和川西林盘保护修复规划设计方案全球征集活动,发布川西林盘规划设计方案征集公告16个。

支持特色产业发展。坚持以特色产业发展引领消费供给创新、消费感知提升、消费格局营造,以顺应市民美好生活向往和多元消费需求促进产业升级、特色彰显,挖掘林盘良好的生态环境和优美的山水田园景观、深厚的传统文化,结合林盘区位优势及林盘资源,确定林盘产业发展方向,既突出林盘的产业特色,又融入全域成都产业布局和产业生态圈,将林盘产业培育成为成都产业链、价值链、创新链的组成环节,推动林盘产业错位发展和融合发展,植入会议博览、休闲旅游、文创体验等现代功能业态,打造以白瓷文化传承体验带动民宿发展的磁峰镇蟠龙文创聚落精品林盘、以乡村亲子研学为主要业态的天府新区周家大院林盘,以手工体验带动休闲旅游发展的温江区寿安镇岷江村“九坊宿墅”。

提升承载能力。以农村人居环境整治、绿道等基础设施旅游化改造等为重点,做优生态本底,加强设施配套,提升林盘承载能力。实施以“整田、护林、理水、改院”为重点的林盘生态景观提升;加强林盘对外联系交通道路和绿道建设,完成“四好农村路”建设项目里程50千米,新建各级绿道748.4千米;加强生活垃圾、污水处理设施、能源、通信、文化体育等基础设施建设,全市农村生活垃圾收运覆盖率达99%以上,建成农村生活污水处理设施1509处,天然气实现“镇镇通”,行政村光网通达率达99.66%。

创新保护修复模式。坚持“政府主导、企业主体、商业化逻辑”，创新川西林盘保护修复模式，鼓励和引导群众通过盘活房屋、土地等资源参与川西林盘保护修复，大邑县安仁镇引入华侨城集团，采取村级集体经济组织和专业化企业进行合作的模式，打造南岸美村（黄瓜寺林盘）；温江区寿安镇岷江村与上海星域集团按照“村民+村集体+公司”合作模式，联合打造“九坊宿墅”项目，实现集体经济发展壮大和村民享受项目发展红利，企业、集体、村民多方共赢利益联结机制。

加大政策支持力度。落实财政资金，撬动社会投资，设立成都市特色镇（街区）建设和川西林盘保护修复专项资金，用于支持川西林盘重点项目的基础设施配套生态环境保护项目，通过市级专项资金“筑巢”，引导撬动社会资金投入。全年安排财政资金4500万元，重点支持60个川西林盘保护修复项目。打造形成了天府新区周家大院林盘、大邑稻乡渔歌林盘、蒲江花开麟凤林盘等一批生态价值转化效果明显的川西林盘，全市累计打造3A级林盘景区37个、2A级林盘景区15个。

【特色镇（街区）建设工程】 全市以优化规划设计为引领，重塑发展格局。按照《成都市乡村振兴战略规划（2018—2022年）》《成都市乡村振兴空间发展规划》要求，制订“大美田园”“天府农耕”“秀湖云田”3条示范走廊规划实施工作方案，初步构建形成“走廊+单元”的城乡融合发展格局。完善规划管控标准，构建形成了“一规定《成都市镇村规划管理技术规定》、一办法《成都市实用性村规划编制办法》、一导则《成都市镇村规划技术导则》、一示范《实用性村规划范本》”实用性镇村规划技术标准体系。完善乡村规划师制度，研究制定《成都市乡村规划师管理办法》，推动优秀规划资源下乡。开展首届特色镇（街区）建设和川西林盘保护修复规划设计方案全球征集活动，借智国内外知名优秀策划、规划、设计团队，为成都市特色镇（街区）建设和川西林盘保护修复提供一批“国际范”“天府味”的蓝图样板。

以完善功能配套为基础，增强承载能力。城乡交通体系不断完善，完成“四好农村路”建设50千米，累计投资1.6亿元，新建成各级绿道748.4千米。乡（镇）污水处理率达70%以上，基本实现天然气“镇镇通”；城镇社区和农村集中居住区生活垃圾分类户数为321.12万户，分类覆盖率达51.5%。公共服务配套设施不断健全，实施与高校共建附属学校、组建区域教育联盟、名校领办托管等，缩小区域、城乡、校际差距，全市建立249对（共498所）城乡结对学校，共建设、领办托管学校49所。完成50家社区卫生服务中心（乡/镇卫生院）基础设施提升改造、120家社区卫生服务中心（乡/镇卫生院）诊疗设备提档升级。

以重大项目建设为支撑，夯实发展基础。落实财政资金，撬动社会投资，全年将2亿元成都市特色镇（街区）建设和川西林盘保护修复专项资金用于支持26个特色镇（街区）建设和60个川西林盘保护修复项目，优先用于支持已引入社会资本的特色镇（街区）和川西林盘重点项目的基础设施配套生态环境保护项目，通过市级专项资金“筑巢”，引导撬动社会资金投入。加强项目招引，开展成都市农商文旅体、特色镇（街区）和川西林盘品牌宣传推介和招商引资活动，全面梳理和深度挖掘2019年启动的30个重点建设特色镇（街区）和107个高品质精品林盘资源，策划包装农商文旅体、特色镇（街区）和川西林盘重大项目202个，三站推介活动共签约项目35个，签约金额1117.35亿元。推动特色镇（街区）实施项目列入中央、省、市重点建设项目，启动安仁世界文博小镇、黄龙溪古镇景区提档升级以及白鹿音乐小镇等特色镇（街区）重点项目20个，总投资1350.12亿元，全年完成投资31.24亿元，其中省重点项目4个，总投资505.96亿元，全年完成投资18.81亿元。

以提升生活品质为目标，推动宜业宜居。深入推进城乡社区发展治理，健全自治、法治、德治相结合的新型基层治理体系，大力推动社区15分钟生活圈建设。崇州市被确定为乡村治理体系建设全国首批试点县，都江堰市柳街镇、温江区和盛镇土桥村等7个村被中央农办、农业农村部、中央宣传部、民政部、司法部共同认定为全国乡村治理示范乡镇、示范村。开展村庄清洁美化提升行动，累计清理农村生活垃圾86.6万吨、村沟村塘淤泥48.6万吨，清除村内残垣断壁11860处，张贴宣传标语29786条，推动城乡环境美化提升。强化古镇古村落、古木名树保护，全市共有各级历史文化名镇27个（国家级7个、省级10个）、历史文化名村8个（省级1个）、各级传统村落71个（国家级10个、省级15个）；完成古树名木普查统计工作，全市现有古树名木9628株。加强风貌管控，建立农村住房建设专业化队伍，组织县（市、区）开展农村建筑工匠培训，全市已累计培训农村建筑工匠1305人并颁发全省统一的合格证书。

以全面深化改革为突破，增强发展动力。完善人才激励政策，鼓励青年人才到远郊县、市就业创业，温江区制定出台成都医学城高层次人才创新创业支持政策，郫都区制定“郫都菁英”产业人才计划若干政策，注重把优秀专业管理人才和领导人才选派到特色镇党政领导岗位，全年共选派35名党政干部、18名专业干部到特色镇所在镇（街道）任职。完善土地政策，制定《成都市优化城乡建设用地增减挂钩项目管理工作高效助推乡村振兴实施意见》，支持县（市、区）实施农村土地综合整治，对增减挂钩项目管理进行“三强化”（规划管控、生态保护、统筹推进）“三优化”（审批权限、立项审批流程、验收复核流程）“三明确”（职责、标准、节余指标使用方式），缩短审批流程，提高行政效率，全年批准立项16个，整理土地规模4064亩。加强用地支持，全年单列全市土地利用计划总量的9%、357公顷用于支持农村新产业新业态发展。制定《成都市农村集体经营性建设用地使用权入市指导意见（试行）》，规范集体经营性建设用地入市。探索实行“点状供地”和“混合供地”。探索特色镇（街区）和川西林盘公共服务和基础设施投资社会化推进模式，将符合要求的项目纳入“项目清单+城市合伙人”，通过民间投资推介发布会等方式面向社会进行推介。

【全国第二批农村改革试验区建设】 自2014年11月成都市获批第二批全国农村改革试验区以来，全市累计承担16项试验任务，2019年已经到期待验收任务8项，新增拓展试验任务4项。成都市多项农业农村改革经验做法在部委、全省得到推广，“农村金融改革”经验先后被农业农村部《农村改革动态》、省委农办《农村改革专刊》推广，“农业经营体制机制创新”“农村集体资产股份合作制改革”等7项改革经验被农业农村部编辑出版的《农村改革试验区改革实践案例集》推广。

【国家城乡融合发展试验区建设】 12月19日，国家发展改革委等18部委联合印发《关于开展国家城乡融合发展试验区工作的通知》（发改规划〔2019〕1947号），批准成都市西部片区成为国家城乡融合发展试验区。按照试验区要求，成都市启动《四川成都西部片区国家城乡融合发展试验区实施方案》编制工作，围绕建立城乡有序流动的人口迁徙制度、建立农村集体经营性建设用地入市制

加强以县级为农服务中心为支撑的基层经营服务体系的能力和水平。二是农民专业合作社建设。领办创办农民专业合作社，开展农民专业合作社示范社创建，做好示范社申报、发展质量跟踪监测工作。提升服务农民专业合作社的能力水平，为农民专业合作社等各类新型农业经营主体提供代理记账、政务代办、信息咨询、项目申报、档案管理等多种服务。开展“空壳社”清理整顿工作，系统清理专业合作社“空壳社”256个，全市农民专业合作社由1447个增加到1632个，其中供销社参股领办的专业合作社39个、国家级农民专业合作社示范社26个，获得供销总社评定的农民专业合作社示范社6个、省级农民专业合作社示范社80个。

为农服务体系建设。农业生产服务。一是发挥农资供应主渠道作用，扎实抓好全年的大、小春耕农资备供工作，做好春耕期间农资价格的旬报工作，加强市场分析预测、货源衔接和采购、调运，充实农资库存，做到供需总量平衡、结构合理，满足农业生产需要。全年农资销售额21.74亿元，增长5.5%。二是发挥农资放心店和“庄稼医院”作用，推行技物结合、技术承包、全程服务等方式，主动与种植大户、农民合作社等新型农业经营组织联系，根据用户需求，定制服务内容，形成按需送货、因地配肥、技术到户的“一条龙”模式，及时将用户需要的农资商品配送到用户手中并指导用户科学用药，合理施肥。全市有农资放心店1303家、“庄稼医院”816个。三是开展农资统购、统配试点工作，健全农业投入品配送网络。全市已建立龙泉驿区、崇州市、大邑县、温江区、青白江区、新都区、金堂县7家县级农资物流配送中心，农业生产服务收入累计达11878.09万元，增长78.31%。落实农业农村部惠农工程实施建设工作，在崇州市试点实施“2019年中央财政农业生产发展资金农业生产托管服务项目”，崇州市供销社参与该项目农业社会化服务体系任务1.1万亩，为总任务7万亩的15.71%。组织各县(市、区)供销社社有企业参加四川新春年货购物节，并在第七届中国·成都国际都市现代农业博览会专门设立了供销社展馆，展示、推广和销售供销社社有企业经营的农产品200余类，销售额18.4万元，签订正式合同7份、意向性合同64个。组织参加2019四川省供销合作社—澳门供应商联合会名优农产品采购洽谈会，成都参展的名优农产品受到澳门采购商的青睐，双方签订合作协议，将成都名优农产品引入澳门市场。农产品购销额较快增长，系统农副产品购进总额达30.26亿元，增长17.74%；农产品平台交易额实现17.53亿元，增长6.08%。龙泉驿区、新都区、双流区供销社以“三社”融合发展的方式建立服务全市城区居民的“解忧超市”“共享超市”“城市消费合作社”“蠢都味体验超市”，开拓创新了城市供销社发展之路。截至2019年年底，全市农村综合服务社由1847个增加到2360个，村级覆盖率达85.04%。

【农业展会活动】 2019（首届）全国农业科技成果转化大会。4月25日—26日，由中国农业科学院和成都市政府主办，全国农业科技成果转移服务中心、国家种业科技成果产权交易中心等承办的2019（首届）全国农业科技成果转化大会在成都市举行。大会共举办各类农业科技论坛28个，发布全国重大农业科技成果100项、优秀农业科技成果1000项，展出国内外农业先进技术产品1300个，举行农业科技成果路演拍卖和研发创新、科企对接活动4次，现场推介科技成果24项、拍卖科技成果18项，达成初步合作意向60项，成果转化交易和科企合作签约近10亿元。

第七届成都国际都市现代农业博览会。4月25日—28日，大会在成都市举办，该届展会携手中国农业科学院共同举办，来自境外30个国家和地区、国内70个省外城市代表团、20个省内地(市)州代表团和成都22个县(市、区)参展，国内外展商达1800余家，观展群众近12万余人次。展期现场成交额6100万元，产品贸易签约金额25.6亿元；招商引资农业项目12个，实现签约金额356亿元。

2019品牌农业发展国际研讨会。10月26日—27日，“2019品牌农业发展国际研讨会”在蒲江县举行，会议吸引了30余个国家的专家学者、农业行业组织和国内有关省(市)、行业部门、企业代表约500人参加。研讨会通过新华社、《人民日报》、中国新闻网等60余家媒体集中宣传报道，提升了成都品牌农业的知名度和影响力。会议期间，举办了“天赐臻品世界共享”优质农产品推介、展示，成都天府源、蒲江猕猴桃、海升枝纯、云朵玫瑰、泸定羊肚菌等国内特色农产品与来自泰国、马来西亚、西班牙等10余个国家特色农产品同台展示推介。

彭州菜博会。11月1日—5日，彭州菜博会在彭州市濛阳镇举办。该次菜博会继续采用田园办会与室内办展相融合，蔬菜大地实景展现与全产业链展品展销相结合的展览方式，通过开放式、全景式、沉浸式立体展呈，全面展示中华人民共和国成立70年来四川蔬菜全产业链发展成果。农业农村部、省政府、省政协相关领导，农业农村厅及市政府分管领导，13个四川蔬菜主销省(直辖市、自治区)农业农村部门负责人，四川省“10+3”产业体系成员单位领导，21个市(州)及71个蔬菜、辣椒、花椒重点县政府分管领导及农业农村部门负责人，成都市22个县(市、区)政府分管领导及农业农村部门负责人，国内知名专家学者、相关行业产学研代表，国内大型蔬菜批发市场、出口经销商、农业龙头企业和农民专业合作社、家庭农场代表等1200余人参加会议。会上举办了多场项目推介暨产销对接签约仪式、培训会、国际蔬菜产业发展高峰论坛等活动，参会参观总人数近40万人次。

中国农民丰收节。9月23日，以“天府大地庆丰收战旗飘飘迎华诞”为主题的“2019年中国农民丰收节四川省‘庆丰收 迎华诞’启动仪式暨成都战旗村庆丰收活动”在郫都区唐昌街道战旗村举行。省委常委、省直机关工委书记曲木史哈，市委常委左正出席活动并致辞，省、市相关部门负责人出席了启动仪式，各县(市、区)分管领导、农业农村部门负责同志、农民代表共计500余人参加了启动仪式。启动仪式上进行了乡村旅游精品线路推介，举行了“四川郫都林盘农耕文化系统研究中心”揭牌仪式和袁隆平杂交水稻科学园揭牌仪式，发布了乡村振兴战旗指数，与五所院校签订了“共建科技引领乡村振兴联合体战略合作协议”，举办了2019年“中国农民丰收节·四川"摄影作品展和成都市、郫都区建国70周年农业农村成就展、“庆丰收消费季"成都市优质农产品展示展销和“大地欢歌丰收印象”田园文化展示活动。各县(市、区)根据当地农时农事特点、乡村优秀文化传统和“三农”发展实际开展了有特色的活动。截至2019年年底，全市共举办各类丰收节庆祝活动32场，10余万人次参加。

【主要领导人】 市委书记：范锐平；市长：罗强；市人大常委会主任：唐川平；市政协主席：李仲彬；分管农业副市长：刘旭光。

成都市编写组

锦江区

【基本情况】 2019年，全区辖11个街道，辖区面积61.12平方千米。户籍人口61.65万人，常住人口71.63万人，人口自然增长率5.198‰。

2019年，全区GDP1.11亿元，增长0.1%。全年实现农业增加值0.68亿元，增长0.5%。

【乡村振兴】 深化农村综合配套改革。制定《农村集体经济组织登记赋码工作规程及业务流程》《中共锦江区委农业和农村体制改革专项小组2019年工作要点》，开展农村集体资产股份化改革试点，完成3个涉农街道11个集体经济组织的清产核资工作，完成农村集体经济组织登记赋码，成立涉农社区股份经济合作社，推进体制机制创新。

推动“三圣花乡”转型升级。编制《“三圣花乡”转型升级总体策划方案》《“三圣花乡”农房收储实施方案》和扶持政策，制定“花乡农居”升级设计方案和产业规划、形态、业态技术导则，重塑“花乡记忆”“牛王庙记”“光影梅林”等盛景。收储农房60余套，组建景区商业运营管理公司，与4家企业达成投资协议。

专项清理“大棚房”。完成“大棚房”第一批次535.7亩41个项目95个点位的整治整改任务。推进“大棚房”问题另案处置工作，验收项目307个，总面积665.7亩。

严防非洲猪瘟。检查农家乐经营企业360余家，督促农贸市场消毒1.2万平方米，未发现养殖畜禽和生猪私屠滥宰违规违法行为。检查生猪1075头、生猪制品86.92吨，查处案件1起。

【农业执法】 加强市场监管，全年出动执法车辆1190辆次、执法人员2762人次，开展农药、瘦肉精、生鲜乳、兽用抗生素、生猪屠宰监管“扫雷行动”“三鱼两药”、农资打假等农产品质量安全专项整治行动执法检查，检查农业投入品经营企业1670家次。严格渔政执法，禁宰禁养，天然水域渔政执法受理并查处群众举报29起，现场制止垂钓行为1220起，劝导违法垂钓860人次；严厉打击私屠滥宰、违法贩运生猪等违法行为，区域高速路进出口调运监管检查运输生猪、生猪产品车辆38车次，检查生猪1033头、生猪产品116.3236吨。全年共查处违法案件（一般程序）7起，罚没款项合计4.6295万元。

【人才建设】 针对农村改革、公园城市建设、安全生产等领域开展专业技术人才培训，利用安全生产培训会、农村集体经济改革—“三资”业务培训会、物资管理培训会等形式组织开展人才培训活动10余次，参加培训人员300余人次。组织开展“蓉漂”人才荟等系列活动，搭建企业人才需求平台；组织2家企业开展进校园活动，搭建校企精准对接平台；开展农村手工艺大师推荐工作，完成1名棕编手工艺人参加省第三届农村手工艺大师评选的推荐工作。

【主要领导人】 区委书记：陈历章；区人大常委会主任：何立祥；区长：王乾；区政协主席：张松；分管农业副区长：王庆。

锦江区编写组

青 羊 区

【基本情况】 2019年，全区辖12个街道79个社区，辖区面积66平方千米，其中永久基本农田面积188公顷。年末常住人口122.97万人，户籍人口71.9万人；人口出生率9.96‰，人口自然增长率4.99‰。全区绿化覆盖率43.11%。

2019年，全区GDP1283.93亿元，增长7.2%，其中第一产业增加值0.01亿元，下降72.1%；第二产业增加值175.02亿元，增长4.8%；第三产业增加值1108.91亿元，增长7.6%。三次产业结构比为0∶13.6∶86.4。全年完成全口径财政收入281.52亿元，增长8.3%。完成一般公共预算收入92.89亿元，增长0.4%；完成一般公共预算支出58.06亿元，增长1.9%。全年落实减税降费政策共计39.34亿元。完成固定资产投资308亿元，增长10.1%。社会消费品零售总额981.2亿元，增长7.9%。有省级产业集聚区（开发区）2个、市级产业功能区3个、市级文创产业园6个。

有区属各类学校50所（含寄读学校2所），在校学生8.11万人，其中普通小学33所，在校学生57159人；普通中学14所，在校学生22403人；普通中等专业学校1所，在校学生1552人；学龄儿童入学率100%。有各级医疗卫生机构749家，病床位13249张。新引进新经济500强企业4家，新增省级以上企业技术中心3家、市级企业技术中心6家、创新创业载体1家、高新技术企业160家，建立院士（专家）工作站5个，实现高新技术产业产值500亿元，增长9%。全社会研发投入总量47.37亿元，万人有效发明专利拥有量21.68件，完成技术合同交易额45.4亿元，科技进步贡献率65%以上。有区属图书馆、文化馆、有线电视台各1个，省、市图书馆、美术馆、博物馆、剧场、体育中心等公共文化设施12个。

【年度农业和农村经济运行】 2019年，全区城乡居民基本养老保险覆盖率、基本医疗保险参保率分别达95%、98%以上。全年吸纳大学生就业创业6136人。青羊区获评为“中国最佳国际营商环境城区”“全省首批天府旅游名县（区）”等称号。

【农村土地流转监管】 加强农村土地流转监管，坚持社区具体引导，农户先分别流转给所在发包的组，组级在村级组织监督和组织以村级组织与项目业主、土地流入单位签订合同，确保农户100%领取流转费，全面完成农村土地承包经营权流转管理改革试点任务。

【农村集体“三资”管理】 推进涉农集体“三资”清产核资工作，涉及涉农街道3个、农村集体经济组织172个，其中村级集体经济组织21个、组级集体经济组织151个。清理核实集体资产311224261.01元，其中村级资产264750149.83元、组级资产46474111.18元；货币资金247675611.75元，其中村级资金204364358.2元、组级资金43311253.54元；集体土地总面积22230.87亩，其中村级824.62亩、组级21406.25亩。

【农村集体资产股份化改革试点】 全区印发《中共成都市青羊区委农村工作领导小组办公室关于印发〈青羊区农村集体产权制度改革试点方案〉的通知》（成青委农领办发〔2019〕2号），明确改革的时间表和路线图，推进产权制度改革。全区21个涉农社区已完成14个社区原村集体资产股份合作制改革工作，完成率达66.7%；完成大石桥、董家坝、康河3个股份经济合作联社登记赋码工作。

【乡村振兴】 全区加强组织领导、精心安排部署和提高思想认识等方面着手，统筹推动乡村产业振兴、人才振兴、文化振兴、生态振兴和组织振兴，健全城乡融合体制机制，努力彰显“公园城市”的乡村表达；对区委农村工作领导小组成员进行调整完善，制定工作规则和工作细则；新引进“蓉漂计划”专家1名，评选“青羊工匠”62名；开展“一站式”便民服务、“法律服务进院落”等活动，举办文化惠民活动4310场；推进107千米农村道路扬尘整治和常规维护建设养护；推进农村“垃圾革命”，生活垃圾无害化处理率达100%。

【动物疫病防控及防疫监管】 做好春、秋两季动物重大疫病防控工作，到社区开展动物疫病防控知识宣传，提高群众对重大动物疫病的防疫意识，全年累计发放动物防疫宣传资料1万余份；组织力量免疫犬只狂犬病14350只、高致病性禽流感313针次，指导养殖户消毒养殖环境面积1万余平方米。开展产地检疫，严格检疫申报制度，全年累计受理动物检疫申报307头（只）；开展泔水ASF紧急流调监测采样，完成全区ASF流调监测任务；开展犬只狂犬病检测，监测结果均为阴性；做好非洲猪瘟防控工作，加大对3个涉农街道的排查，确保全区无疫情发生；加强动物诊疗机构监管，严格执业兽医备案注册，建立病死动物无害化处理长效机制，全年备案注册执业兽医师135名，处理无主动物尸体113具。全年编发动物防疫防控工作简报14期、非洲猪瘟防控工作专报25期，全区全年无一例重大动物疫情发生。

【农产品质量安全监管】 全区在做好农药、兽药等农业投入品监管的基础上，安排巡查人员开展对蔬菜捡种人员、水产养殖户的农产品质量安全宣传，发放宣传资料、明白卡，督促落实农产品质量安全责任，要求注意合理用药，不使用禁限用农药、兽药，严格执行休药期制度。协助市级农产品质量安全中心对蔬菜农药残留以及肉类、水产品兽药残留进行监测性抽检，以及对“瘦肉精”进行抽检，全年未发现超标现象。配合市场监管部门督促市场开办方落实农产品市场准入制，严把农产品市场准入关，水产品、畜禽产品须有检疫证明等相关凭证，蔬菜须经批发市场快速检测合格方能进场。

【都市阳台农业】 全年依托青羊社区教育学院和成都坊田香馨农业科技有限公司完成都市阳台农业发展项目和楼顶农业示范项目建设，在社区居民院落和学校建立阳台农业示范基地25个，面积约5780平方米，全年免费提供蔬菜苗10万余株；坊田·天空农场楼顶农业示范项目接待观光人流量达18万余人次，开展农耕教育2368人次。农业农村厅官网对青羊区实践都市阳台农业的做法进行了刊发，四川电视台二套等媒体对此进行了宣传报道。

【秸秆综合利用和禁烧工作】 全区农作物秸秆综合利用和禁烧工作按照“因地制宜、多措并举、疏堵结合、以用促禁”的原则，突出工作重点，加强督查巡查和完善保障措施，逐级签订目标责任书，加强对农户、捡种人员的宣传，大、小春期间，全区共计悬挂宣传标语、横幅150幅，发放宣传资料2000份；加强全面巡查、重点巡查，在重要农时节点出动汽车、摩托车82辆次，巡查人员150人次深入一线巡查，加强目标管理和严格考核；采取田边堆沤、远运处理等利用方式，全年农作物秸秆综合利用率达100%，实现“不见烟雾、不见火光、不见黑斑”的禁烧工作目标，全面完成市政府下达的工作目标任务。

【绿化建设与管理】 全区推进三级绿道体系建设，协同市级平台公司建成区域级绿道9千米、在建14千米（锦城绿道、锦江绿道），自组力量建成光华大道、日月大道、金沙滨河绿道、星河绿道等城区级和社区级绿道84.17千米、在建25千米；实施小游园微绿地建设，完成青羊新城张家碾三组、盐井十组等8个小游园微绿地建设；完善新城公共绿地配套，建成占地面积5.5万平方米的万花公园，并串绿道形成1310米长的健康步道；助力推进锦城绿道建设，向市级平台公司移交锦城绿道生态用地面积5.92平方千米，保障施工进场；协力市级平台公司加快“寻香道”项目建设，该项目起于蜀都大道十二桥西郊河，止于二环路清水河大桥，沿河绿道长约10千米，核心区域面积187.4公顷，已完成浣花溪示范段光彩、雾森工程打造。

【企业服务】 全区全力支持四川菊乐食品股份有限公司上市，组织10余家涉农企业参加国内外大型会展活动18场，提升企业品牌影响力，青羊区获得“第23届中国四川新春年货节优秀组织奖”“第七届成都国际都市现代农业博览会最佳组织奖”；解决企业高层次人才购房产权办理、扶持项目申报等问题，为龙头企业兑现扶持奖励资金230余万元；推荐企业申报4类项目2020年扶持奖励资金，获批400余万元；助力新注册农业项目开工，完成杨洪斌投资四川干邦亚农科技有限公司、遂宁市自然人投资现代农业总部和中化现代农业有限公司投资西部区域总部3个新注册农业项目开工目标任务。

【主要领导人】 区委书记：戴志勇；区人大常委会主任：蔡祯文；区长：詹庆；区政协主席：沈萍；分管统筹城乡工作常务副区长：王志刚。

青羊区编写组

金 牛 区

【基本情况】 2019年，全区辖13个街道，辖区面积108平方千米。年末户籍总人口76.75万人，人口自然增长率3.21‰。

2019年，全区GDP1289.7亿元，增长7.4%，其中第一产业增加值0.1亿元，减少8.6%；第二产业增加值234.4亿元，增长8.7%（工业产值131.8亿元，增长4.3%）；第三产业增加值1055.2亿元，增长7%。三次产业对经济增长的贡献率分别为-0.01%、25.33%和74.68%。全年接待游客1480万人次，实现旅游收入290亿元。

社会消费品零售总额947.8亿元，按可比口径计算，增长9.8%。地方公共财政预算总收入完成87.7亿元，按同口径计算，增长2.9%；公共财政预算总支出68.9亿元，减少4.9%，其中农林水事务支出0.9亿元。农业产业化龙头企业国家级、省级、市级分别为1家、1家、1家。

有中小学校81所，在校学生11.25万人，教职工0.82万人，其中普通中学27所，在校学生3.43万人；小学48所，在校学生7.16万人；学龄儿童入学率100%。有文化馆1个，公共图书馆1个。有卫生机构743个，病床位13211张，卫生技术人员15083人。

【农业产业化发展】 全区有市级以上农业产业化龙头企业3家，其中国家级有四川徽记食品股份有限公司1家、省级有成都孔师傅食品有限公司，新增成都市山妹子蜂业有限公司为市级农业产业化龙头企业。四川徽记食品股份有限公司全年实现销售收入8.09亿元，成都孔师傅食品有限公司全年实现销售收入1576.6万元，成都山妹子蜂业有限公司全年实现销售收入5418.2万元。获得中国驰名商标认证农业产业化企业1家（四川徽记食品股份有限公司），有中国驰名商标2个（“徽记”及“好巴食”商标）。帮助企业申报农业标准化品牌化建设项目奖励资金137.1万元。

【耕地保护】 全区对辖区内基本农田保护界碑和界桩进行实地检查，发现问题并及时修复整改，对全天候遥感监测疑似占用图斑、耕地认定不实疑似图斑等及时进行现场核实。完成2019年度耕地保护目标任务9000亩和永久基本农田保护目标5052.99亩。结合辖区实际，完成全区永久基本农田储备区建设252亩。

【集体土地征后实施】 全年完成527户农户和139家企业的协议签订工作；完成10户司法助拆；完成征后实施2000余亩，保障了杜家太华和金牛宾馆项目用地。

【社区发展治理专项保障资金】 全年共向110个社区拨付社区保障资金4289.1万元，社区共组织实施党组织服务群众、社区居民素质提升、社区总体营造、社区志愿服务等各类项目1245个，使用资金4179.7万元，资金使用率为97.45%。在项目实施中，社区引入专业社会组织开展多样化服务，同时培育一批社区自组织，促进区域化党建单位、社区党员、社区居民、社区志愿者、社工、专家等参与社区事务的积极性，及时解决关注度高的民生问题。

【农产品质量安全监管】 开展“质量月”活动，安排部署国庆期间农产品质量安全监管相关工作。投入9.5万元，开展农残快检项目，完成样本2400个，检测合格率达99.7%。对生产经营假劣农药、兽药和非法打开窨井盖打捞地沟油违法行为开展执法检查。严禁剧毒农药、禁用农药、限用农药用于蔬菜等鲜食农产品生产，对伪劣和禁限农药开展3次、对伪劣和涉爆化肥开展2次专项执法检查；对2家兽药经营门店，4家种子、农药、肥料、饲料、地膜农资销售门店进行集中检查。进行非洲猪瘟病害猪肉产品防控，整治畜禽宰杀违规销售行为。全区未发生农产品生产和水产品养殖安全违法案件。

【动物疫病防控】 全年处理畜禽禁宰、动物诊疗等各类交办件56起。组织犬只狂犬病灭活单苗8800头份，对辖区内犬只实施集中免疫8656只；采集犬只唾液样本202份，均无阳性；采集血清样本40份，狂犬免疫抗体检测率达100%。对注册执业医师开展年度备案77人，对动物诊疗机构实施年度备案37家。新增加动物诊疗机构2家。注册兽医师23人，注销10人。发放动物免疫证13200张，出具动物检疫合格证明78份。集中无害化处理病死畜禽共1240千克，全年无重大动物疫病疫情发生。

【绿道绿地建设】 落实市委“高标准打造展现天府文化、体现国际水准的生态绿道”重大部署，践行“绿道+”理念，将绿道、公园、小游园微绿地有机串联，生态、生活、生产整合赋能，场景、产业、价值植入共生，通过探索绿道体系转化为绿色经济的发展路径和模式提升生态项目的“造血”功能，实现绿道自我运营维护平衡和可持续发展。全年完成三级绿道建设40.4千米，其中区域级绿道建成锦江绿道（北三环路—青少年活动中心）4.5千米；城区级绿道建成金凤凰大道（天龙大道—金新路段）、金芙蓉大道（金牛大道—交大路段）、新金牛公园共5.43千米；社区级绿道建成沙河源公园、九里春晓片区、枣子巷等30.47千米。社区级绿道中新建“回家的路”5条，分别为串联九里春晓片区公园体系的九里堤北路、展现中医文化的枣子巷、展现摄影艺术特色的金府巷、展现照壁文化的花照壁东街、展现三国文化的黄忠一期（黄忠祠游园段）。全年被国家、省、市、区等各级媒体宣传报道200余次，其中新金牛公园、府河摄影公园、沙河源公园等公园绿道建设被重点突出报道。绿道建设信息被市委办公厅、市公园局等单位采用推广6次。统筹协调开展城市公园绿地、附属绿地建设，新增园林绿地面积57.34公顷。

【水环境保护】 全区水环境质量考核目标完成率为100%，府河高桥断面、东风渠大湾桥断面水质达到Ⅲ类，沙河泰宏桥断面水质达到Ⅳ类。对府河园林大队、西北桥、沙河大桥、泰宏桥、杨泗堰踏水桥、洞子口老街、磨底河金凤路、大庆路、教育宾馆等扣缴断面（跨界断面水质超标资金扣缴制度）进行每月一次水质监测。对区内包括府河、沙河、东风渠、磨底河、九道堰、毗河、金牛支渠、南堰河、金牛四斗渠、饮马河、桃花江、凤凰河、杨泗堰、茅草堰、沱江河、沙河排洪渠、凤凰河二沟、清水河、二道河、杨柳河、黄门堰等21条主要河道共计设置44个监测断面，并每月进行一次的水质监测。在沱江流域九道堰、毗河、牟珠堰、明月排洪渠、金马支渠、羊堰支渠、友谊支渠等河道共18个断面进行监测，每月进行一次水质监测。在重点河道磨底河、南堰河、杨泗堰共加密设置断面11个，每周进行一次水质监测。对西郊河、凤凰河、沙河排洪渠等6条河流每月组织开展一次黑臭水体监测。对交大排洪渠临时污水处理站进行每月一次的水质监测、对凤凰河二沟人工湿地进行每季度一次的水质监测。编写《成都市金牛区水质质量月报》，及时反映全区环境水质质量状况。

【结对帮扶】 全区为简阳市周家乡楼子坝村拨付帮扶资金20万元，修建蓄水池20个。拨付4359万元，对口帮扶石渠县，并推进年度26个帮扶项目规范有序完成。全区42个党政部门、15个街道、21个社区、6个群团组织、50家企业、30所学校、3所医院与石渠县相关部门结对开展帮扶活动，拨付其他财政帮扶资金252.5万元，引导各界无偿捐款、捐物折值共计1634.4万元。促成区内49家企业完成与石渠县67个村结对，并组织捐款捐物折值共计300余万元，表彰16家优秀爱心企业。落实资金120万元，升级改造石渠县11所农村小学（幼儿园）教育教学设备，为石渠学校采购高原蒸饭车9台、70寸交互式液晶一体机36套。落实专项资金70万元，对石渠县300余名贫困学生按照每生1000 ~ 4000元的标准给予奖励补助。3月，金牛区第六批援藏队医疗队先后到石渠县开展妇科疾病筛查、包虫病筛查、疾病防治宣传及诊疗、免费送药及用药指导等工作。2019年度实施方案医疗保障帮扶项目安排资金145万元。区属卫健系统组织捐赠医疗器械、药品、物资折合人民币37万元；组织社会捐赠药品、物资折合人民币31万元。组织开展精准扶贫体检5次和“送温暖下基层”义诊7次，惠及藏区贫困群众超过2.5万人。对石渠县29个采样点的生活饮用水菌落进行检测，指导学校和幼儿园开展传染病防控工作17次，指导卫生院开展传染病防治13次。开展巡回医疗，共体检2252人、预防接种300余人、参与诊疗6800人次。落实《致公党四川省委教育帮扶凉山行动金牛区教育局与布拖县教育局学校（幼儿园）结对帮扶框架协议》，1月，邀请布拖女子足球队及教练到金牛跟岗学习；4月，创新开展远程视频帮扶，并组织3名布拖县教师参加E级教练员培训；5月，组织49人到布拖县开展实地帮扶；7月，选拔20名女足苗子到金牛区学校进行全跟班学习；11月，组织13个单位及学校的22名教师赴布拖县开展2019年下半年帮扶活动。

【主要领导人】 区委书记：金城；区人大常委会主任：周道富；区长：周德强；区政协主席：岳李；分管农业副区长：任继斌。

金牛区编写组

武侯区

【基本情况】 2019年，全区辖11个街道87个社区，辖区面积75.36平方千米，其中实际耕地保有量3770亩。年末户籍总户数26.67万户，户籍总人口66.13万人，常住人口109.91万人，人口城镇化率100%，人口出生率13.9‰，户籍人口自然增长率1.8‰。全区园林绿地面积2315.5万平方米，绿地率39.5%；绿化覆盖面积2666.7万平方米，绿化覆盖率45.5%；人均公园绿地面积16.52平方米。

2019年，全区GDP1201.5亿元，增长7.4%。全年一般公共预算收入99.48亿元，同口径增长0.2%。社会消费品零售总额1078亿元，增长9.9%。固定资产投资完成361亿元，同口径增长3.2%。全年外贸进出口总额101.1亿元。

【农业产业化发展】 全区有农业产业化龙头企业6家，其中国家级龙头企业1家（新希望集团有限公司）、省级龙头企业4家（新希望集团有限公司、成都香香嘴食品有限公司、四川隆生集团有限公司、四川省老邻居商贸连锁有限责任公司）、市级龙头企业2家（成都中际投资有限公司、成都现代农业发展投资有限公司）。全年6家农业产业化龙头企业累计实现销售收入1068.5亿元。武侯区被农业农村厅评为2019年度全省农村经营管理工作成绩突出单位。

【耕地保护】 全区严守红线，加强落实耕地保护责任。市政府与区政府、区政府与涉农街道层层签订耕地保护目标责任书，建立健全耕地保护目标年度考核制度。全区将耕地保护作为年度目标考核的重要内容，并将耕地保护目标完成情况列入街道主要领导离任审计的重要内容。建立街道、社区联络制度，层层压实责任，设置专人负责，将耕地保护责任落实到社区、落实到户。全区年度耕地保有量目标为3300亩，实际耕地保有量3770亩，其中武侯区城市周边永久基本农田划定目标1326亩，实际划定1332亩。区规划和自然资源局协调区环城生态管委会、华兴街道及金花桥街道在文昌社区和三河社区通过复垦整理出耕地270余亩作为基本农田储备区，为下一步国土规划基本农田调整腾出预留空间。

【农村集体资产清产核资】 全区制订《农村集体资产清产核资"回头看"及检查验收工作实施方案》，成立工作组开展联合检查验收，完成全国农村集体资产清产核资系统内相关数据的交汇、审核和上报。全年清理核实资产总计93586.6万元，资源性资产（集体土地）总面积33956.39亩。武侯区被省农村经营管理总站评为"农村集体资产管理突出单位"。

【农村集体资产股份化改革试点】 全区制订《农村集体产权制度改革试点方案》，印发《关于认真做好农村集体经济组织登记赋码工作的通知》，分解股份化改革试点工作重点环节目标任务，指导永康、陆坝等16个涉农社区先行开展股份合作制改革试点。汇编发放《农村集体产权制度改革政策读本》300余册，细化集体经济组织登记赋码业务流程，组织街道、社区基层工作人员进行集中培训，指导社区因地制宜、"一村一策"推进改革工作。

【农产品展示展销会】 全区组织对口帮扶简阳市、白玉县的涉农企业简阳禾盛源牧业有限公司、四川天椒科技有限公司和区属龙头企业成都香香嘴食品有限公司等涉农企业参加2019（首届）全国农业科技成果转化大会暨第七届成都国际都市现代农业博览会、第七届四川农业博览会、第七届北京国际优质农产品展示交易会、深圳礼品展、北京农产品展销周等7场农产品展示展销会，扩大帮扶地区特色农产品销售渠道，为涉农企业产品宣传推广和业务拓展提供服务。

【大中型水库移民扶持政策落实】 全区落实大中型水库移民扶持政策，贯彻执行省、市关于"一卡通"工作有关要求，协助55名符合资金发放政策的移民完成新型社保卡办理，确保辖区移民100%持卡并及时发放移民后期扶持资金到卡上。全年发放移民后期扶持资金32550元，惠及大中型水库移民55人。

【动物重大疫病防控】 开展春季、秋季动物防疫工作，及时为居民饲养宠物、信鸽开展犬猫类狂犬病和信鸽类高致病性禽流感疫苗注射，累计注射狂犬病疫苗20282只，免疫率达98%以上；为76003羽信鸽注射禽流感疫苗，免疫率达100%。督促指导辖区农贸市场开展环境消杀工作，实施消毒5.68万平方米。强化狂犬病监测，采集送检犬只血清样品40份、唾液样品180份，检测均全部合格。全年无动物重大疫情发生。

【动物卫生监督】 全区执行动物和动物产品产地检疫监管，利用四川智慧动监信息化平台为28家生猪运输企业和个人办理二维码电子注册生猪运输备案表。运用国家兽药综合查询系统，督促全区17家兽药经营企业实现兽药追溯率100%。落实官方兽医报备检疫和申报出证制度，实现武侯区动物检疫合格证明联网电子出证，全年出具动物检疫合格证592份。

【动物诊疗机构管理】 全区有动物诊疗机构46家，其中新增动物诊疗机构2家、动物诊所升级动物医院3家。区水务局加强与成都市动物卫生监督执法支队、区综合行政执法局的联合执法监管，依法取缔2家动物医院的定点免疫资质，联合查处1起违法销售国家一级水生野生动物红珊瑚案件并移交公安机关依法处理。

【秸秆禁烧和综合利用】 全区组织开展大、小春期间农作物秸秆综合利用和禁烧工作，严禁露天焚烧秸秆和生产生活垃圾以及向河道、沟渠抛弃秸秆和生产生活垃圾。全年开展秸秆综合利用和禁烧工作宣传活动30余场次，发放禁烧宣传资料18000余份，悬挂宣传横幅120余条，张贴宣传标语500余条、宣传画报35份，出动巡查车2000余台次、巡查人员9800余人次，实现"不见烟雾、不见火光、不见黑斑"目标，全区秸秆综合利用率达97%以上。

【供销社综合改革】 10月10日，全区制订了深化区供销社综合改革实施方案，召开武侯区供销社第三届社员代表大会，选举11名理事组成第三届理事会，选举5名监事组成第三届监事会，健全"三会"制度，恢复和建立供销社法人治理机制体制，不断深化区供销社综合改革工作。

【供销社资产管理和处置】 区供销社按照《武侯区供销合作社联合社理事会所属物业试行分类确定租价的暂行办法》《武侯区供销社系统房屋租赁管理细则》等管理制度，落实房屋租金催收责任，规范社有资产管理，为区供销社系统15处对外租赁房屋建立动态管理台账。制定完善《武侯区供销合作社联合社理事会确定物业租赁"第三方"评估机构的评选办法》，对租赁到期房屋及时聘请第三方进行价格评估以确定租赁价格，按程序完成租赁合同签订，确保资产效益。

【农资供应与服务】 区供销社通过农资"放心店"开展服务"三农"工作，常年为农民群众免费维修农机具，向农民群众发放农技指导宣传资料，开展免费送肥到家服务，保持6个自营的基层供销社和2个庄稼医院的数量，全年实现农资销售收入263万余元。

【主要领导人】 区委书记：巫敏（12月止），陈麟（12月始）；区人大常委会主任：王力平；区长：林丽；区政协主席：伍本康；分管农业区委常委：潘永革。

武侯区编写组

成　华　区

【基本情况】 2019年，全区辖11个街道110个社区居委会，辖区面积109.3平方千米，其中建成区土地面积85.52平方千米、城市建设用地面积78.65平方千米。全年常住人口96.02万人，户籍总人口790238人；出生人口12377人，人口出生率15.8‰，增加3.06个千分点；死亡人口12348人，人口死亡率15.77‰，减少3.2个千分点；人口自然增长率0.03‰。

【年度农业和农村经济运行】 2019年，全区实现农业总产值794万元，减少33.4%。农作物播种面积692亩，减少247亩，减少26.3%；蔬菜种植面积692亩，产量1059吨，减少29.7%。

农村集体资产股份制改革。开展清产核资"回头看"，严格对标《全市农村集体资产清产核资"回头看"标准》，对资源性资产、经营性资产、现金、债权债务等项目进行全面梳理和查漏补缺，同时规范和完善清产核资工作档案，开展自查工作并迎接市农业农村局检查组的抽查。加强专项资金拨付和使用监管，印发《成华区2019年中央农业生产发展资金用于农村集体资产清产核资项目使用实施方案》，明确专项资金的安排和使用方向，确保专项资金专款专用；推进集体产权制度改革，制订《成华区农村集体产权制度改革试点方案》，明确工作职责和工作任务，加强培训指导，召开培训工作会，对集体产权制度改革工作进行动员部署和业务培训，协调解决推进中遇到的困难和问题，各试点社区按照工作要求扎实推进试点工作。

农村集体“三资”管理。按照农村集体“三资”管理有关规定，加大指导和监督力度，推进农村集体“三资”规范化管理建设，维护农民群众的合法权益，促进基层党风廉政建设和农村社会稳定；加强农村集体经济财务公开工作，完善和运用好农村集体“三资”监管系统，加强与基层公开服务平台的对接，实现对农村集体“三资”管理情况的实时查询、实时分析、实时监管，在设置的固定公开栏进行财务公开，解答群众提出的质疑和问题，听取群众的意见和建议，推进农村集体“三资”管理常态化和规范化。开展农村集体“三资”管理监督检查，重点检查督查各项“三资”制度的落实情况、农村集体财务的公开情况，并利用农村集体“三资”监管平台开展日常监管检查，实时监控“三资”变化情况、公示情况，对出现预警提示信息的及时通报处理，维护群众的知情权、监督权。

【乡村振兴】 加快实施乡村振兴工作，推进美丽宜居“公园城市”建设，实施新型社区建设，推进涉农区域人居环境整治，推进人才培育，助力乡村人才振兴。

美丽宜居“公园城市”建设。按期推进熊猫星球项目（熊猫之都北湖片区）整体方案并已基本确定，熊猫星球项目范围内核心公益性项目——熊猫基地扩建项目完成方案设计；按照市委、市政府工作安排，加快拆迁交地工作，已向市绿道公司移交2086亩生态用地，熊猫基地扩建成华范围全部完成移交。

锦城绿道建设。推进锦城绿道建设，环城生态区范围内锦城绿道项目建设总量为55.33千米，其中一级绿道24.4千米、二级绿道30.93千米，4个特色园区、2个特色小镇。截至2019年年底，全区环城生态区完成农户搬迁拆除7583户2.4万人，占总数的87%；完成企业搬迁拆除261家，占总数的65%；完成土地整理2.4万亩，占总面积的86%；完成绕城内侧500米及外侧500米、丛树片区以及外环片区楔形生态用地8517亩移交。

新型社区建设。全区实施新型社区建设，涉农区域建成基础配套设施项目13个，建成市政配套项目7个（道路10条4千米、桥梁4座）；建成河道、沟渠及道路绿化提升项目2个（河道改造4条7.5千米，道路绿化改造1条5千米）；建成电力迁改项目4个，迁改长度11千米。推进新型社区建设，环城生态区新型社区建成安置房项目3个，建筑面积45.9万平方米，安置人员4700人；在建配套中学2所、小学1所、幼儿园1所、农贸市场2个、文化活动中心1个、公厕1个、卫生服务中心1个。

涉农区域人居环境整治。推进涉农区域人居环境整治，开展“拆违增序”行动，坚持遏制违法建设新增，逐步消减违法建设存量，打造东方惠城外铁路沿线“两拆一增”示范点位，“一高两铁”周边环境综合整治作为成华经验向全市推广；打造全市首个无违建小区——向龙小区，探索出一条“共拆、共建、共享、共管”的违法建设治理新路径，和谐拆违的“向龙经验”获得新华社专访。开展“增亮添韵”行动，编制夜间照明专项规划，加快构建“一心两轴三环四路五区十桥多节点”的城市夜景光彩体系，完成《成华区景观照明专项规划》编制；开展“洁面增净”“更新增配”行动，加快环卫基础设施建设，致力路垃圾压缩站建成并投入运行，新山垃圾压缩站开展环保升级，全年新建公厕2座、改造公厕11座；推进生活垃圾分类，覆盖小区、院落、学校、机关单位、城市综合体等各类主体500个，实现机关事业单位生活垃圾分类100%全覆盖，学校生活垃圾分类覆盖率达60%；开展“蓝天保卫战”，实施涉农区域露天焚烧秸秆常态化管控工程，秸秆禁烧期间共投放宣传横幅标语及警示牌523幅，印发纸质宣传资料9360份，每天出动秸秆禁烧督查巡查车辆534车次、巡查监管人员712人次，全年农作物秸秆综合利用率达97%；持续推进“碧水保卫战”，开展“清河”“清四乱”专项行动，发现问题下河口80个，查明下河口污染源410处，处理下河口60个，处理下河口污染源340处；清理河道淤泥10万吨、建渣1400吨、漂浮物890吨、两岸垃圾杂物875吨；建成市级水质水量自动监测站3个，实时监测主要河道出境水质，沙河杆塔厂断面、东风渠十陵断面水质均为Ⅱ类，高于年度目标要求。

【对口援建和帮扶】 全区对口帮扶工作聚焦巩固丹巴县脱贫攻坚成效、简阳市与成都市高标准同步发展目标，紧盯特殊困难群众，坚持精准式帮扶、“造血式”援助、内生式脱贫帮扶模式，持续推进对口帮扶丹巴县及简阳市9个贫困村帮扶工作，助推丹巴县和简阳市贫困村脱贫攻坚取得新突破、迈上新台阶。

对口援建丹巴县。全年投入区级财政帮扶资金3636万元，其中财政资金2821万元、其他财政资金815万元，启动实施幸福美丽新村、川贝母种植基地建设等项目20个，推动丹巴县巩固脱贫攻坚成效。为打好脱贫攻坚巩固提升战，紧盯短板、发挥优势，制订《成华区2019年对口帮扶丹巴县工作计划》，计划重心向改善丹巴县民生、发展农业产业、培育专业人才等领域倾斜，列出8大类26项重点工作。3月，组织33家企业在丹巴县举办专场招聘会，提供餐饮服务、市场营销等就业岗位1000个，发布就业信息20次。全年开展技能培训3期，完成转移就业60人。遴选47名援藏干部到丹巴县支援，其中援藏干部人才28人、驻村工作队员16人、挂职深度贫困乡（镇）党委副书记3人；接收丹巴县12名党政干部到成华区顶岗锻炼。利用智慧教育平台和现代教育技术，成都华西中学和丹巴高中通过资源共享、远程互动的方式，支持丹巴县高中开设“成华网班”，帮助丹巴县整体提升教育教学质量。组织108个社区与丹巴县的54个贫困村结对，4000名社区党员与丹巴县2200名贫困户结对；持续落实“街道对口乡（镇）每年不得少于30万元投入”的硬性规定，“一户一策”开展脱贫致富、定期互访、联系就医、藏区儿童都市体验等精准帮扶。选派49名临时援藏干部、专业技术人才蹲点指导，20个区级职能部门建立“导师帮扶制度”，指导培训、挂职实训丹巴县干部人才320人次；实施43个乡（镇）村级帮扶项目，逐步形成“全面整体攻坚，全线精准攻坚，全程分类攻坚，全员协同攻坚”的“全域帮扶”新路子。围绕丹巴县独特的自然和人文资源优势，坚持把旅游业培育成为丹巴县脱贫奔小康的支柱产业，突出“造血”能力，提升丹巴旅游产业的知名度和美誉度，赞助200万元支持丹巴县举办第四届甘孜州山地文化旅游节，助力丹巴县争创天府旅游名县；“探索区域旅游协作新路径，打造脱贫奔小康新引擎”经验材料在省内对口帮扶藏区彝区贫困县工作推进会上作为经验材料进行书面交流。

对口帮扶简阳市贫困村。全区在扶贫攻坚工作中履行好首位城市中心城区的责任担当精神要求，召开全区扶贫攻坚专题工作会议，制订《成华区2019年对口帮扶简阳市贫困村工作计划》，向对口帮扶的简阳市9个贫困村每村拨付帮扶资金20万元，持续实施十里坝街道农业产业园、石钟镇农业产业园和新市镇柑橘种植基地建设等5个项目。为推进对口帮扶简阳市贫困村工作，区领导、对口帮扶区级部门和街道主要领导到简阳市相关乡(镇)调研,帮助解决当地大葱、草莓等销售难题;为践行"扶贫必扶智"理念,阻断贫困代际传递,开展"成华—简阳"结对互动交流44次,选派3名教师到简阳市明德小学支教,加强对23所中小学校和幼儿园的结对帮扶。区农业和水务局组织5批次的农业技术人员到田间地头进行实地指导培训,切实提高其素能;围绕简阳市的自然资源优势和短板,帮助受扶村建设太阳能路灯50盏,修建水渠、滴灌设施3000米,改善村民生产生活质量。截至2019年年底,受扶农民人均可支配收入1.5万元,受扶村集体经济平均增收4万元,平均增幅高于简阳市平均水平。

【农产品法律法规培训】 开展"法律七进"等法制宣传活动,加强对执法监管人员的法制教育;结合2019年行政权力事项责任清单清理核实工作,组织相关农业行政综合执法人员开展新颁布的农业法律法规学习教育;组织开展成华区农民实用技术培训会暨农产品质量安全宣传会,向农业科技推广骨干及部分科技示范户印发《农产品质量安全法》《农药合理使用准则》等相关资料;坚持"谁执法谁普法"制度,将普法教育与执法检查相结合,开展农产品质量安全暨农业法律法规现场宣传指导活动。

【农产品质量安全监管】 全年出动80人次对全区饲料生产企业、兽药经营企业开展农业投入品生产、经营环节全覆盖执法监管检查12次,对5个农药样品进行监督抽检并全部合格,对3个批次6个饲料样品进行抽检并全部合格;加强兽药经营企业GSP后续监管,全面开展兽药经营追溯工作,13家兽药经营企业均在国家兽药产品追溯系统中完成注册并上传数据;对龙潭蔬菜种植户630个蔬菜样本进行农药残留快速抽样检测,抽检合格率达100%;立案查处农业投入品质量安全案件1件,案件查处率及结案率达100%。全区全年无重大食品暨农产品质量安全事故发生。

【动植物疫情防控】 全区采取集中免疫与日常预防的综合防控措施,全面完成市农业局下达的动物疫病防控工作目标任务,全年集中免疫犬只15595只,免疫率达100%;采集犬只唾液测毒送样200例、血清采样40例并送成都市疫病防控中心检测,检测结果均符合要求;做好非洲猪瘟防控工作,加强畜禽禁养巡查,防止禁养区内出现畜禽复养和生猪私屠滥宰等违法行为,巩固禁养区整治成果,全年区域内未发生疫情。

【主要领导人】 区委书记:刘光强;区人大常委会主任:刘鸿;区长:蒲发友;区政协主席:李榕;分管农业副区长:韩际舒。

成华区编写组

龙泉驿区

【基本情况】 2019年,全区辖7个街道3镇76个村82个社区,辖区面积556.98平方千米,其中建成区89.49平方千米、耕地面积7886公顷。年末常住人口94.63万人、户籍人口74万人,人口出生率15.33‰,人口自然增长率8.8‰,人口密度1699人/平方千米。森林覆盖率41.92%。

【乡村振兴】 加快建设水蜜桃产业园,实施漫香庄园等田园综合体项目,打造龙泉山特色民宿群,加快建设梵木创艺、华侨城科创文旅小镇等项目。新完成67个村(涉农社区)集体产权制度改革,新培育新型农业经营主体73个,创建乡村振兴示范村7个、先进镇1个。举办第33届国际桃花节、仙人掌音乐节等活动,蔚然花海创建国家4A级旅游景区,洛带古镇入选全省旅游满意度50强景区。"梦里桃乡"水蜜桃产业园获评成都市四星级农业园区。第一产业增加值35.1亿元,文创产业实现增加值46亿元。

【惠民工程实施】 全年建成安居住房43万平方米,安置群众6700余人;开工建设人才公寓1308套;安居保障工作成效被中央电视台一套报道。新增养老服务设施10个、老年助餐服务点28个。城镇新增就业1.4万人,城镇登记失业率3.5%。实施全民参保登记计划,城乡居民基本养老保险、基本医疗保险参保覆盖率分别达98.5%、99.3%。推动教育事业均衡发展,建成投用青台山小学等11所学校,新增学位1.8万个,英国克雷格公学(成都七中国际部)开工建设,实施全域中小学课后延时服务。龙华社区卫生服务中心改造等3个项目建成投用,新增床位142张;实施"妇幼阳光"等医卫惠民措施,惠及群众540万人次;"华西—龙泉"医联体建设被中央电视台《新闻联播》栏目报道。开行定制公交8条,优化调整公交12条。新增基层文化服务中心示范点2个,开展文体活动200余场,获评为文化和旅游部中国图书馆年会"2019书香城市奖"。

【生态环境建设】 实施"治霾十条",全面落实河长制,推进陡沟河污水处理二厂建设、平安污水处理厂迁建等项目,改善主要河道断面水质,增绿增景1.6万亩,实施新造幼林地抚育3.5万亩,获评为国家级"绿化模范单位"。实施驿马河生态修复工程和十陵城区景观整治工程,陡沟河带状公园建成开放,新增绿道35千米、绿地170公顷、小游园微绿地32个,城市绿化率36.6%。全年全区空气优良天数303天、增加21天,空气优良天数率83%。实施"五态提升",启动4个城中村改造,完成3个棚户区、10个老旧院落改造,整治背街小巷5条;大面街道五星社区、龙泉街道崇德社区等6个社区创建全市百佳示范社区。推进大运村周边风貌整治,消除"蓝顶"737万平方米,拆除违建49万平方米。

【主要领导人】 区委书记:何勋;区人大常委会主任:任闻宇;区长:杜海波;区政协主席:孙波;分管农业副区长:曾勇达。

龙泉驿区编写组

青白江区

【基本情况】 2019年,全区辖7个镇(街道)83个村(社区),辖区面积378.94平方千米,总人口60万人。全年接待游客1620万人次,增长17.4%;实现旅游总收入30.2亿元,增长62.4%。

【文旅规划编制及项目建设】 制订《大力发展文旅经济加快建设文化旅游强区实施方案》《创建天府旅游名县工作方案》,明确建设文化旅游强区的目标任务、发展布局、重点项目和实施路径。协同区委宣传部出台《青白江区促进文化创意产业发展若干政策》。加快文旅产业项目落地,新签约乐客森(成都)户外运动乐园、云海紫杉、自然王国等文旅项目4个。推进城厢天府文化古镇、云溪漫谷等重大文旅项目建设。拜访复星集团、宝能集团、宋城集团、山海文旅等11家6类500强企业、上市公司、文旅龙头企业,与亿利集团洽谈弥牟生态文旅项目,与品尊音乐洽谈刘诗昆音乐艺术培训西南总部项目。加快推进城厢古城遗址保护范围调整工作,为项目建设争取更多发展空间。优化文勘流程,加大与市考古队、区级相关部门的沟通协调,压缩时间至3天/100亩,比全市平均水平提速300%,已完成文勘项目72个,总面积约6000亩,确保万达城市综合体、深国际、中核会议中心等重大项目及时开工。

【文旅提档升级】 "我的田园"旅游度假区建成亲子研学主题乐园;66号房车度假营地服务提档升级。举办樱花旅游文化节、品牌房交会、欧洲商品购物节、樱花美食节、乡村旅游节,共接待游客51万人次,拉动服务业增收超过1亿元。

【公共文化服务体系建设】 完成区博物馆提档升级，接待国内外游客10万余人次，已成为对外文化交流展示的窗口。新建公共文体设施6个，提档升级17个，广播室数字化提升22个，建成区文化馆分馆1个、区图书馆分馆2个。话剧《大宋御史·赵抃》在国家大剧院进行展演，是全区原创剧目首次登上国家最高艺术舞台。

【文化活动】 举办青白江区庆祝中华人民共和国成立70周年文艺晚会，激发了全区人民的爱国热情和干事创业激情。开展音乐剧《传奇凤凰湖》、话剧《大宋御史·赵抃》驻场演出30场。举办百姓春晚、百村文体、绣川讲坛、城市篮球联赛等群众性文体活动3500场次，弘扬了社会主义核心价值观。

【加强"一带一路"国际文化交流】 举办匈牙利巴托克·贝拉合唱团音乐会、跑酷世界杯、国际乒乓球公开赛等国际、国家级文体活动15场，共有美国、法国、韩国、匈牙利、捷克等50余个国家和地区的270余名外籍运动员、音乐家参赛及开展文化交流。自创文化品牌TST国际街舞邀请赛在澳大利亚举办分站赛；举办第十届樱花旅游文化节，策划"樱你而绽放"快闪活动，以千人共唱《我的祖国》方式激发了群众热爱祖国、热爱家乡的热情，成为全区首个点播量达到200余万次的新媒体产品。大弯街道双元村出土的青铜器到意大利罗马、那不勒斯进行巡展。

【主要领导人】 区委书记：张胜；区人大常委会主任：张丽；区长：池勇；区政协主席：范维；分管农业副区长：张彬。

青白江区编写组

新　都　区

【基本情况】 2019年，全区辖2镇7个街道，辖区面积496平方千米，其中耕地面积30.26万亩，人均耕地面积1.29亩。年末总人口82.04万人（户籍人口），增长2.6%；人口出生率13.52‰，增加1.4个千分点；人口自然增长率4.87‰，减少26.9个千分点。

2019年，全区GDP824.8亿元，增长8%，其中第一产业增加值35亿元，增长2.4%；第二产业增加值268.7亿元，增长8.2%；第三产业增加值521.1亿元，增长8.1%。三次产业对经济增长的贡献率分别为1.2%、42.3%和56.5%。全年接待游客1779.9万人，其中乡村旅游接待游客1131.09万人次；实现旅游总收入44亿元，其中乡村旅游收入12.52亿元。

社会消费品零售总额213.9亿元，增长10.6%。地方公共财政预算总收入完成60.1亿元，增长0.7%；公共财政预算总支出88.6亿元，增长5%。金融机构各项存款余额1012.5亿元，比上年初增长8.7%；各项贷款余额484.8亿元，比年初增长8.9%。全年农业保费收入0.0188亿元，减少64.5%；处理各项赔款和给付金额384万元，减少31.7%。

有各类学校320所，在校学生23.8万人，教职工1.7万人，其中普通高校3所，在校本（专）科学生5.4万人；普通中学43所，在校学生4.2万人；小学33所，在校学生8.2万人。有艺术表演团体5个，文化馆1个，公共图书馆1个，博物馆2个。有卫生机构710个，病床位6509张，卫生技术人员8529人。

【年度农业和农村经济运行】 2019年，全区实现农业总产值54.9亿元，增长3.4%；全区全年农业增加值达35亿元，增长2.4%。农民年人均可支配收入达27237元，增长9.7%。全年水产品产量2604吨，增加121吨；实现渔业产值5017万元、经济总产值11010万元。

2019年新都区主要农产品产量

主要农产品	单位	产量	同比(%)
粮食	万吨	13.7885	–3.4
水稻	万吨	10.8782	–4.8
小麦	万吨	2.0277	0
玉米	万吨	0.35	9.4
马铃薯	万吨	0.38	1.2
油菜籽	万吨	1.6405	–9.3
蔬菜	万吨	30.1713	4.5
水果	万吨	1.7326	4.8
肉类	万吨	0.8899	–30.5
猪肉	万吨	0.3098	–39.1
牛肉	万吨	0.0071	–45.4
羊肉	万吨	0.0005	–58.3
禽肉	万吨	0.5463	–24.3
兔肉	万吨	0.0262	–27
禽蛋	万吨	0.8354	–25.5
水产品	万吨	0.2604	4.9
牛奶	万吨	0.6471	–23.3

农用地产权制度改革。完成全区13个镇（街道）218个村2622个社区共计2840个集体经济组织农村集体资产完成清产核资工作的数据汇交工作。全面推进农村集体资产股份合作制改革，建立农村集体资产管理、经营、利益联系机制，共完成198个村股份化改革工作，并对15个农村集体经济组织颁证赋码。

农产品品牌战略实施。全区共有382家种养殖业生产经营主体，其中家庭农场和种养大户175（个户）、合作社119家、企业47家、个体小户(20亩以下)41户。认证"三品一标"认证农产品82个，认证面积194444.43亩，其中无公害农产品4个，认证面积113000亩；绿色食品19个，认证面积45933.38亩；有机食品57个，认证面积5511.05亩；地理标志农产品2个，认证面积30000亩。

【种植业】 全年粮食作物播种面积28.91万亩，产量13.8万吨，其中水稻播种面积20万亩，产量10.9万吨；小麦播种面积6.2万亩，产量2万吨；杂粮（玉米、红薯、豆类、马铃薯）播种面积1.99万亩，产量0.9万吨。经济作物播种面积24.38万亩，产量32.27万吨，其中油菜种植面积10.09万亩，产量1.6万吨；蔬菜种植面积13.64万亩，产量30.2万吨；瓜果类种植面积0.18万亩，产量0.47万吨；花卉种植面积0.47万亩，盆栽植物64.4万盆。全年实现种植业总产值29.28亿元，增长3.9%。

【林业】 全年实现林业产值522360万元，其中第一产业产值63392万元、第二产业产值333768万元、林业旅游与休闲服务产业产值125200万元。完成义务植树109.63万株（含管护），实际植树10.46万株，新增森林面积0.00227万亩，新增森林蓄积0.1万立方米，森林覆盖率达20.63%。全年森林采伐限额指标控制在381立方米以内。全年查处林业行政案件6件，救护野生动物78头（只）。

【畜牧业】 全年出栏生猪41819头、牛541头、羊354只、兔177150只、禽3210628只；肉类总产量8724吨，禽蛋产量8091吨，奶产量5059吨；实现畜牧业总产值37751万元。

【乡村产业振兴】 高标准规划建设134.6平方千米现代农业产业园，发展优质粮油、生态蔬菜、花果融合产业，以新繁泡菜（食品）产业园为基础，推动建设农产品精深加工示范区。加快高标准农田建设和地力提升，建设高标准农田3万亩和完成1.7万亩勘察设计，推广主要作物测土配方施肥技术51.7万亩，构建完善县域耕地质量数据监测平台。发展精品高效农业，以“六优”“五品”为核心着力培育优质白玉苦瓜、蒜黄、羊肚菌等代表性农产品，申创成都市农业物联网示范基地，完成园艺作物智慧农业新技术示范验收，农产品精深加工率达71.5%，实现收入92.6亿元。开展农产品品牌建设推广工作，27家企业准入使用“蓉都味”“天府源”公用品牌，新增农产品品牌质量认证5个，新都大蒜申创为农业农村部地理标志登记保护农产品。推动农商文旅体融合发展，通过“产业植入+场景营造”推动建成天府沸腾小镇、尖锋运动公园、拾里庭院等一批诠释“公园城市”乡村表达的特色小镇组团和川西林盘群落，全年乡村旅游总收入12.52亿元，增长16.03%。

【扶贫开发】 严格按照精准识别申报、评议、审核、公示、备案的标准化流程，扎实开展2018—2020年成都市新阶段农村扶贫开发帮扶对象精准识别工作，全区无符合条件的经济薄弱村；截至申报日（12月10日），全区无产业帮扶户申报的情况。聚力对口帮扶简阳市雷家镇、石钟镇（原望水乡、雷家乡、平窝乡）2个镇9个省定已脱贫贫困村和6个经济薄弱村脱贫攻坚，开展“查问题、找不足、补短板”，帮助各镇优化完善脱贫攻坚阶段对口帮扶资金拟实施项目规划，优化调整脱贫攻坚对口帮扶结余资金400余万元，规划道路、农田水利等基础设施建设对口帮扶项目15个，巩固简阳市对口帮扶脱贫攻坚阶段性成果。加强与岳池县的友好往来和务实合作，精准聚焦岳池县白庙镇郑家村生态农家产业组团项目，项目建筑面积2000平方米，全区拟支持资金400万元，打造集食、宿、娱于一体的乡村旅游产业组团，建成后将交付村集体，鼓励引导群众参与经营、解决劳动力就业，助农增收。

【农业机械化】 全区有主要农机2559台，农机总动力达28.11万千瓦。全年农机社会化服务完成机耕39.4万亩、机播33.5万亩、机收37.6万亩，全区主要农作物耕播收机械化水平达94.14%。全年新增绿色高性能插秧机20台、无人植保机10台、大型烘干机16台。

【农村教育】 全年培训从业型新型职业农民900人、新型农业经营主体带头人241人、现代青年农场主4名，新增农业职业经理人培训80人、知识更新培训80人。经评定，新增农业职业经理人70人，全区有初级农业职业经理人289名、中级102人、高级12名，总计有农业职业经理人403人。

【农村科技】 全年共引进、试验、示范、推广新品种、新技术、新药剂、新机具28项（其中新品种21个、新技术3项、新机具4类）。建立农业科技示范基地2个，主推先进实用集成技术机械化插秧、旱育秧及旱育抛秧、适期早播早栽、测土配方施肥、病虫绿色防控、机直播6项技术，技术到位率达96%。推广小麦免耕浅旋播种技术面积达15000亩以上，推广大型无人机农药喷施设备面积达10000亩以上。在百亩核心示范区、千亩展示区集中成片示范高产新品种C两优华占、深两优0858等，并分片实施机械化插秧等技术，展示了新品种、新技术成片示范的作用和效果。清流镇水稻万亩绿色高产高效示范片平均亩产564千克。

【农村卫生】 开展农村环境综合整治工作，打造“美丽蓉城·宜居乡村”示范村（社区）19个、百村容貌整治村（社区）1个，完成农村户厕改造40282户。召开农村人居环境整治拉练现场会5次，开展镇（街道）农村人居环境整治工作评比5次，评选出最差村（社区）30个。区人大对农村人居环境整治审议1次，区政协对农村人居环境整治视察2次，在整治过程中，清流镇翠云村深入挖掘和发动本地优秀人才，发挥示范带动作用，通过“重用年轻人、挖掘手艺人、发动传承人、带动勤快人、激励创业人”号召全民参与，整合工作力量；军屯镇五灵村探索出“3+3+N”的模式（“3”即织好“三张网”：织好“宣传网”“责任网”“督促网”。“3”即唱好“三部曲”：突出群众主体，唱好“自治曲”；着力“三清四改”，唱好“整治曲”；建立长效机制，唱好“管护曲”。“N”即催生“多(N)业态”，齐头并进促振兴）。

【农村生态建设及环境保护】 编制了《新都区2019年全域增绿工作方案》，印发了《2019年新都区全域增绿目标考核办法》，完成8个小游园微绿地建设，新增绿地面积50公顷；城市道路增绿15条；新增立体绿化面积10000平方米；完成5个拆墙透绿；完成2个“花重锦官”点位建设，新增芙蓉点位3个；完成正因、毗河印象2个花园式特色街区建设；完成29千米香城绿道建设；打造回家的路5条；完成森林增量提质910亩；完成25个林盘生态管护与修复；完成2个园林式居住小区申报工作；完成特色村建设1个、新农村绿色家园建设1个。加强野生动植物和湿地资源保护，利用各种媒体渠道办好“爱鸟周”“湿地日”“野生动物宣传月”等宣传活动，确保候鸟迁徙和湿地安全。抓好野生动物（鸟类）疫病疫情的监测防控工作，加强对全区宠物鸟、野生禽鸟的检查和管理，做好重点区域排查巡护，发现鸟类不正常死亡等现象后及时取样送检，并及时向防控指挥部报告，全年未发生野生动物（鸟类）疫病疫情。全年对花鸟市场和区内餐饮经营单位开展野保执法检查8次，受理书记信箱、区长信箱及群众转交的野生动物救助16起，救护野生动物78头（只）。

【农产品质量安全监管】 农业农村部食品质量监督分析测试中心（成都）抽检成都优耕生态农业有限公司等2家农业公司的蔬菜样品9个，合格率为100%；省级农产品例行抽检全区35个样品，检测合格率为100%；市农业质量监测中心抽查134个样品，合格率为98.5%；区农产品质量检测中心例行抽检1000个样品，合格率为99.6%；区农产品质量检测中心风险监测100个样品，合格率为100%；全区11个镇、61个村、16个种植业基地的农产品质量安全快检室，共快检样本29489个，合格率为99.94%。10月30日，区农产品质量检测中心通过农业农村厅和省技术监督局组织的2019年四川省农产品质量安全检测技术能力验证考核。深化国家农产品质量安全区和四川省农产品质量安全监管示范区工作，全区农产品质量安全工作进入常态化监管模式。在全区设立11个镇（街道）农质员、155名村级协管员，在各生产基地设立了农产品质量安全内检员，负责生产基地农产品质量安全监管、检测工作，形成区、镇、村、生产基地四级监管责任网络，实现监管全覆盖。对生产主体开展了定期与不定期的生产制度建立情况、主体责任落实、生产档案建立、安全追溯平台的更新、农业投入品使用及生产技术规程操作的监督检查。全年各镇（街道）农质员上传移动监管信息4476条，上传农产品快速检测信息25480条。

【数字农业】 全区建成新都园艺作物智慧农业新技术示范项目，并完成项目验收。全区建有市级农业电商示范镇3个，新繁绿色蔬菜电商小镇获评为市级三星级现代农业园区，企业自建农业电商销售平台企业2家，开展农业电商销售业务的市级以上农业龙头企业5家。依托“云图生活”“菜易通”“蠡都味”等农村电子商务平台，全区实现农业电商销售额4.5亿元（含农资）。全年主动公开政府信息265条。加强新都农业的微信、微博管理及时更新、互动，在新浪、腾讯发布微博1935条，在微信公众号发布文章信息99条；向成都农业信息网、西部农业、中国成都在线合计报送信息3000余条，多渠道、多角度宣传了全区农业发展现状。

【主要领导人】 区委书记：许兴国；区人大常委会主任：戴军；区长：李云；区政协主席：方正行；分管农业副区长：张文豪。

新都区编写组

温江区

【基本情况】 2019年，全区辖6个街道3个镇，辖区面积277平方千米，总人口102万人。

2019年，全区实现第一产业增加值22.29亿元，增长2.6%。农民年人均可支配收入达30138元，增长9.5%。完成农业固定资产投资10.08亿元。

【新型农业经营主体培育】 温江区被农业农村厅确定为农民专业合作社质量提升整区推进试点区，新培育农民专业合作社3个，新创建市级示范合作社1个；新培育家庭农场5家，新创建市级示范家庭农场1家。指导寿安镇团结桥社区、清水村，万春镇新升村、镇江村，永宁街道天王社区，和盛镇土桥村、东宫寺社区、临江村、春林村、铁篱村申报2019年集体经济薄弱村扶持发展项目并实施，逐步消除集体经济薄弱村。

【农用地产权制度改革】 根据《中共成都市温江区委办公室成都市温江区人民政府办公室印发〈关于完善农村土地所有权承包权经营权“三权分置”的实施办法〉的通知》（温委办〔2019〕2号）要求，全面落实第二轮土地承包到期后再延长30年政策，扩面开展农村土地经营权长期流转试点。印发《中共成都市温江区委 成都市温江区人民政府关于深化农村集体产权制度改革发展壮大农村集体经济的实施意见》（温委发〔2019〕2号），开展集体经济组织登记赋码工作，截至2019年年底，完成94个村级集体经济组织登记赋码工作。

【农产品品牌创建】 加强对农业公共品牌的推介和宣传，协调农产品加工业协会及企业参与国家、省、市、区各级展示展销活动6次，扩大了温江造名优特新农产品和鱼凫尚品的品牌影响力。完成2019年度农产品电商网络销售情况调查工作，全年农产品电商网络销售额达1.63亿元。

【畜牧业】 非洲猪瘟防控。组织镇（街道）养殖场（户）、屠宰企业等开展环境消毒，加强生物安全防护，发放消毒药3吨；在养殖、屠宰环节开展全覆盖排查抽样检测，共检测287份；在生猪运输环节开展监督抽样20份；在五芳斋、正大食品有限公司等猪肉产品加工企业对调运来自疫情省份的猪肉产品开展监督采样送检3次（15份），均未发现非洲猪瘟呈阳性情况。

动物检疫。每日按照生猪屠宰量3%的数量进行抽样检测，确保猪肉产品的质量，督促企业履职尽责，全面落实防控指挥部的要求，开展非洲猪瘟检测工作；抓好产品质量监督关，监督抽样产品4批次，检测猪肉10个样、猪肝4个样，均合格。全年养殖环节检疫生猪1640头、犬59只；屠宰环节检疫生猪96.3余万头，处理病害生猪443头、猪肉不可食用部分近12.79万千克，执法查处及打捞105头；检测“瘦肉精”3.9万头；佩戴生猪电子耳标0.83万套。全年禽流感免疫1.5万只，狂犬病免疫犬只25176只，猪口蹄疫、猪瘟、狂犬病等各项动物重大疫病均做到“应免尽免”。全年查处违反动物防疫法方面案件3起，罚款5.89万元。

饲料管理。严格按照《饲料质量安全管理规范》对区内13家饲料企业进行5大项26个内容的专项查验，完成监督抽样18个。开展饲料安全生产检查30次，对查出的问题，均责令企业及时进行整改。

兽药生产经营清理。加强对兽药生产和经营环节的安全监管，对区内的7家兽药生产企业和21家经营企业实行全覆盖《国家兽药产品追溯系统》注册管理。开展病源微生物实验室备案和兽药专项整治活动，规范兽药生产经营行为，严厉打击制售假劣兽药、违法销售违禁和未经批准使用的兽用抗菌药物和人用抗菌药物流入兽药市场的行为，保证兽用抗菌药和生物制品的生产使用安全。全年开展规范兽药生产经营行为的专项检查2次、例行检查5次，督查督办2次，未发生行业安全生产事故。

兽医医政管理。通过对区内30家动物诊疗机构的清查和备案管理，全面加强动物诊疗活动管理，严厉打击动物诊疗机构、执业兽医和乡村兽医无证经营、违规售药、非法行医、执业行为失范等违法行为，促进了动物诊疗市场的健康发展。

【水产业】 水产安全管理。加大渔业安全宣传和安全隐患排查，加强对鱼用饲料及鱼药使用、鱼苗来源、病死鱼无害化处理的日常监管及水产品药残抽检，规范建立工作台账，对发现的问题及时进行整改，与区内的水产养殖场签订质量安全和生产安全责任书。开展汛期安全隐患排查2次、日常检查4次，开展水产品风险抽样检测10个。

渔政管理。在禁渔期（3月1日—6月30日）加强渔政宣传工作，发放宣传资料1500余份，劝退垂钓爱好者在禁渔期垂钓78人次，处理举报17次。

【都市现代农业发展】 建成并运营农高创新中心（一期），入驻农业科技企业33家，农科e站、蓉e检、川农牛e购上线运行；加紧推进国家大学科技园、农创中心（二期）落地建设。启动和提档升级乡村振兴示范园、农创中心应用场景、百花盆景园、成都花木（农产品）进出口园区、禾晟德花木进出口示范园、万春花卉集中批发市场等项目建设。以“一核一带三区”（“一核”即三邑园林，“一带”即江安河光华展示带，“三区”即百花盆景园、先锋盆景园、天星编艺公园）为中心打造川派盆景文化游览场景，将花木产业“一带一路”走深走实，温江花木全年出口额为1020万美元。举办2019金温江绿道新春花会、第16届温江兰花节暨兰花交易会、第三届四川生态旅游博览会（西部·成都花木博览会）、农民丰收节、五月玫瑰节、第五届“开秧门”农耕文化节等休闲农业与乡村旅游节等活动。

【扶贫开发】 巩固提升区内184户相对贫困户脱贫成果，建立完善动态识别、长效帮扶工作机制。落实16个区级帮扶单位和2个镇、8个村（社区）定点帮扶简阳市禾丰镇、三合镇2镇8村帮扶项目，落实帮扶资金480万元，实施帮扶项目19个。

【特色镇建设和川西林盘保护修复】 立足4个特色镇和100个林盘聚落“4+100”镇村规划体系，重点打造永宁镇“三医人才小镇”和寿安镇“岷江桂雨小镇”2个特色镇，万春镇依田桃源二期、郭家院子（先锋盆景园）和文家院子（半亩方塘），和盛镇“玉盘别院”和“和美逸院”，寿安镇杨家院子（九坊宿墅手工作坊）6个精品林盘，着力建通道、强配套、优风貌，不断提升农村生活宜居度和产业承载力。

少3.65%；玉米30378吨，减少0.45%；大豆5866吨，增长4.36%。油料产量18242吨，减少4.37%。糖料产量372吨，增长118.82%。水果产量35708吨，其中园林水果产量18098吨，减少4.91%。蔬菜产量1162273吨，增长8.16%。肉类总产量33900吨，减少22.56%，其中猪肉20320吨，减少0.32%；牛肉595吨；羊肉127吨；禽肉12222吨。禽蛋产量11421吨。奶类产量6721吨，减少9.3%。

【招商引资及农业品牌发展】 加大都市现代农业招商引资力度，完成项目包装10个，新签约亿元以上项目3个、金额4.5亿元，引进到位内资约7亿元。菜博会实现历史性突破，共签订农业投资项目21个，协议资金约200亿元；线上线下达成蔬菜产销105.1万吨，协议金额14.2亿元。继续夯实全市"三品一标"农产品基础，培育"润兆渔业"品牌产品为2019年四川省优质品牌农产品。全市"三品一标"农产品达125个，"三品一标"农产品基地面积达46730公顷。

【农业转型升级】 推进现代农业功能区(园区)建设，创建成都市级现代农业园区1个。加强九尺镇产业强镇示范项目，九尺冷链物流、天府蔬香博览园等项目建设有序推进，促进优势产业提档升级。推进产业融合发展，向成都市申报小鱼洞、葛仙山、升平镇2019年农商文旅体产业融合暨产权制度改革项目3个，获得成都市级财政资金支持540万元。夯实农业生产基础，大棚房专项整治通过农业备案审核34宗，全面完成高标准农田建设0.77万亩；健全农产品监管体系，加强市级检测中心和疫控中心建设，镇(街道)检测站、村(社区)检测室达118个。

【农村人居环境整治】 开展村容村貌整治，申报创建"美丽蓉城·宜居乡村"示范村20个、"美丽四川·宜居乡村"达标村156个、百村容貌整治15个。开展特色镇(街区)和川西林盘保护修复，新启动建设川西林盘17个，重点打造蟠龙文创聚落林盘、鱼凫竹海、汤家院子、三圣乡鹭栖香楠4个高质量精品林盘；发展磁峰民宿小镇、敖平川芎药泉小镇、丽春航空动力小镇、白鹿音乐小镇4个主导产业突出、辐射效应明显、规模适度合理的特色镇。开展农村户厕改造，全面完成全市需改厕总户数53214座任务，实现两年完成成都市三年改厕目标，全市广泛宣传发动群众全程参与户厕改造入选全国农村"厕所革命"九大典型范例。开展村庄清洁行动，重点清理城郊接合部、农村集中居住区、散居院落乱堆放垃圾，排查非正规垃圾堆放点，清理积存垃圾200余处，整治铁路沿线环境卫生问题88个，拆除涉河道沟渠垃圾房(池)60余个。

【健全城乡融合体制机制】 培育壮大农村集体经济组织，深化农村产权制度改革，开展清产核资，共清理核实农村集体资产50.31亿元。推进农村集体资产股份化改革，创新"1+C+N"的乡村开发模式，建立集体股份经济联合社8家。彭州市在全省农村改革大会上作集体经济改革经验方面的交流发言。深化农村金融改革，实施乡村振兴农村产业发展贷款风险补偿金项目入库673个，发放贷款490万元，农村金融改革经验被农业农村部、四川省"三农"刊物予以刊载。全市"农贷通"平台发放贷款2489笔、17.99亿元，分别增长43.99%和55.7%，居成都前列。培育乡村振兴优秀人才队伍，引进规划、文创、旅游、营销等各类乡村振兴人才483名，培育新型职业农民1880人、基层农技人员125人。

【动物疫情防控】 做好非洲猪瘟防控工作，全年共计处置染疫生猪1.62万头，补贴资金1300余万元。稳定生猪生产，保障市场供应。加强标准化规模种猪场建设，重点升级改造种猪场11家，新建标准化规模种猪场4家；推动生猪标准化养殖场建设，新(扩)建标准化规模养殖场8家。

【主要领导人】 市委书记：徐刚；市人大常委会主任：谢扬；市长：王锋君；市政协主席：吴石泉；分管农业副市长：龚昌华。

彭州市编写组

邛 崃 市

【基本情况】 2019年，全市辖8镇6个街道200个行政村71个社区，辖区面积1377平方千米，城市建成区面积达26.37平方千米。年末总人口65.19万人(户籍人口)，减少0.4%，其中户籍城镇人口32.63万人、户籍乡村人口32.56万人；出生人口6673人，人口出生率10.23‰，人口自然增长率-2.3‰。全市森林覆盖率48.57%，建成区绿化覆盖率43.34%，人均公园绿地面积30.72平方米。

2019年，全市GDP3307307万元，增长9%，其中第一产业增加值472671万元，增长3.2%；第二产业增加值1375555万元，增长8.1%(工业产值1042928万元，增长9.9%)；第三产业增加值1459081万元，增长12.2%。全年接待国内旅游人数1631万人次，实现旅游收入169亿元。

公路通车里程2539千米，其中乡村公路757千米。社会消费品零售总额1013195万元，增长11.3%。地方一般公共财政预算总收入完成251048万元，增长20.2%；一般公共财政预算总支出502701万元，增长12.7%，其中农林水投入844886万元，增长27.9%。金融机构各项存款余额4669898万元，增长6.1%；各项贷款余额2360074万元，增长9.1%。全市有涉农企业184家，其中成都市级以上农业产业化龙头企业39家(国家级4家、省级11家)。

有各类学校66所，中小学专任教师3372人，其中普通中学31所，在校学生22336人；小学32所，在校学生28591人，学龄儿童入学率100%；中等职业中学2所；特殊教育学校1所。有体育场和影剧院5个，公共图书馆1个(馆藏图书32.9万册)。有卫生机构42个，病床位4808张，卫生技术人员3275人。城镇基本医疗保险16.33万人，增长4.9%；城乡居民基本医疗保险参保人数44.54万人，减少2.8%；城镇职工基本养老保险参保人数17.86万人，增长4.4%；城乡居民养老保险参保人数24.68万人，增长1.9%。

【年度农业和农村经济运行】 2019年，全市出台了《邛崃市农业科技体制改革试点激励农业科技人员创新创业工作实施办法》。实现农业总产值793459万元，增长2.5%；生猪、茶叶、猕猴桃、食用菌、水果、蔬菜等特色优势农产品产量保持稳定增长。城镇居民年人均收入达32126元，增长4.4%；农村居民年人均可支配收入达22499元，增长10.3%。依托9个农业综合服务站的农残快速检测室和65个村级检测室实现对全市主要农产品生产基地抽检全域覆盖，全年农产品检测合格率在99.1%以上。

2019年邛崃市主要农产品产量

主要农产品	单位	产量	同比(%)
粮食	万吨	23.79	0.6
水稻	万吨	14.76	—
小麦	万吨	3.2	—
玉米	万吨	4.41	—
马铃薯	万吨	0.82	—

菜电商小镇获评为市级三星级现代农业园区，企业自建农业电商销售平台企业2家，开展农业电商销售业务的市级以上农业龙头企业5家。依托"云图生活""菜易通""蠢都味"等农村电子商务平台，全区实现农业电商销售额4.5亿元（含农资）。全年主动公开政府信息265条。加强新都农业的微信、微博管理及时更新、互动，在新浪、腾讯发布微博1935条，在微信公众号发布文章信息99条；向成都农业信息网、西部农业、中国成都在线合计报送信息3000余条，多渠道、多角度宣传了全区农业发展现状。

【主要领导人】 区委书记：许兴国；区人大常委会主任：戴军；区长：李云；区政协主席：方正行；分管农业副区长：张文豪。

新都区编写组

温江区

【基本情况】 2019年，全区辖6个街道3个镇，辖区面积277平方千米，总人口102万人。

2019年，全区实现第一产业增加值22.29亿元，增长2.6%。农民年人均可支配收入达30138元，增长9.5%。完成农业固定资产投资10.08亿元。

【新型农业经营主体培育】 温江区被农业农村厅确定为农民专业合作社质量提升整区推进试点区，新培育农民专业合作社3个，新创建市级示范合作社1个；新培育家庭农场5家，新创建市级示范家庭农场1家。指导寿安镇团结桥社区、清水村，万春镇新升村、镇江村，永宁街道天王社区，和盛镇土桥村、东宫寺社区、临江村、春林村、铁篱村申报2019年集体经济薄弱村扶持发展项目并实施，逐步消除集体经济薄弱村。

【农用地产权制度改革】 根据《中共成都市温江区委办公室成都市温江区人民政府办公室印发〈关于完善农村土地所有权承包权经营权"三权分置"的实施办法〉的通知》（温委办〔2019〕2号）要求，全面落实第二轮土地承包到期后再延长30年政策，扩面开展农村土地经营权长期流转试点。印发《中共成都市温江区委 成都市温江区人民政府关于深化农村集体产权制度改革发展壮大农村集体经济的实施意见》（温委发〔2019〕2号），开展集体经济组织登记赋码工作，截至2019年年底，完成94个村级集体经济组织登记赋码工作。

【农产品品牌创建】 加强对农业公共品牌的推介和宣传，协调农产品加工业协会及企业参与国家、省、市、区各级展示展销活动6次，扩大了温江造名优特新农产品和鱼凫尚品的品牌影响力。完成2019年度农产品电商网络销售情况调查工作，全年农产品电商网络销售额达1.63亿元。

【畜牧业】 非洲猪瘟防控。组织镇（街道）养殖场（户）、屠宰企业等开展环境消毒，加强生物安全防护，发放消毒药3吨；在养殖、屠宰环节开展全覆盖排查抽样检测，共检测287份；在生猪运输环节开展监督抽样20份；在五芳斋、正大食品有限公司等猪肉产品加工企业对调运来自疫情省份的猪肉产品开展监督采样送检3次（15份），均未发现非洲猪瘟呈阳性情况。

动物检疫。每日按照生猪屠宰量3%的数量进行抽样检测，确保猪肉产品的质量，督促企业履职尽责，全面落实防控指挥部的要求，开展非洲猪瘟检测工作；抓好产品质量监督关，监督抽样产品4批次，检测猪肉10个样、猪肝4个样，均合格。全年养殖环节检疫生猪1640头、犬59只；屠宰环节检疫生猪96.3余万头，处理病害生猪443头、猪肉不可食用部分近12.79万千克，执法查处及打捞105头；检测"瘦肉精"3.9万头；佩戴生猪电子耳标0.83万套。全年禽流感免疫1.5万只，狂犬病免疫犬只25176只，猪口蹄疫、猪瘟、狂犬病等各项动物重大疫病均做到"应免尽免"。全年查处违反动物防疫法方面案件3起，罚款5.89万元。

饲料管理。严格按照《饲料质量安全管理规范》对区内13家饲料企业进行5大项26个内容的专项查验，完成监督抽样18个。开展饲料安全生产检查30次，对查出的问题，均责令企业及时进行整改。

兽药生产经营清理。加强对兽药生产和经营环节的安全监管，对区内的7家兽药生产企业和21家经营企业实行全覆盖《国家兽药产品追溯系统》注册管理。开展病源微生物实验室备案和兽药专项整治活动，规范兽药生产经营行为，严厉打击制售假劣兽药、违法销售违禁和未经批准使用的兽用抗菌药物和人用抗菌药物流入兽药市场的行为，保证兽用抗菌药和生物制品的生产使用安全。全年开展规范兽药生产经营行为的专项检查2次、例行检查5次，督查督办2次，未发生行业安全生产事故。

兽医医政管理。通过对区内30家动物诊疗机构的清查和备案管理，全面加强动物诊疗活动管理，严厉打击动物诊疗机构、执业兽医和乡村兽医无证经营、违规售药、非法行医、执业行为失范等违法行为，促进了动物诊疗市场的健康发展。

【水产业】 水产安全管理。加大渔业安全宣传和安全隐患排查，加强对鱼用饲料及鱼药使用、鱼苗来源、病死鱼无害化处理的日常监管及水产品药残抽检，规范建立工作台账，对发现的问题及时进行整改，与区内的水产养殖场签订质量安全和生产安全责任书。开展汛期安全隐患排查2次、日常检查4次，开展水产品风险抽样检测10个。

渔政管理。在禁渔期（3月1日—6月30日）加强渔政宣传工作，发放宣传资料1500余份，劝退垂钓爱好者在禁渔期垂钓78人次，处理举报17次。

【都市现代农业发展】 建成并运营农高创新中心（一期），入驻农业科技企业33家，农科e站、蓉e检、川农牛e购上线运行；加紧推进国家大学科技园、农创中心（二期）落地建设。启动和提档升级乡村振兴示范园、农创中心应用场景、百花盆景园、成都花木（农产品）进出口园区、禾晟德花木进出口示范园、万春花卉集中批发市场等项目建设。以"一核一带三区"（"一核"即三邑园林，"一带"即江安河光华展示带，"三区"即百花盆景园、先锋盆景园、天星编艺公园）为中心打造川派盆景文化游览场景，将花木产业"一带一路"走深走实，温江花木全年出口额为1020万美元。举办2019金温江绿道新春花会、第16届温江兰花节暨兰花交易会、第三届四川生态旅游博览会（西部・成都花木博览会）、农民丰收节、五月玫瑰节、第五届"开秧门"农耕文化节等休闲农业与乡村旅游节等活动。

【扶贫开发】 巩固提升区内184户相对贫困户脱贫成果，建立完善动态识别、长效帮扶工作机制。落实16个区级帮扶单位和2个镇、8个村（社区）定点帮扶简阳市禾丰镇、三合镇2镇8村帮扶项目，落实帮扶资金480万元，实施帮扶项目19个。

【特色镇建设和川西林盘保护修复】 立足4个特色镇和100个林盘聚落"4+100"镇村规划体系，重点打造永宁镇"三医人才小镇"和寿安镇"岷江桂雨小镇"2个特色镇，万春镇依田桃源二期、郭家院子（先锋盆景园）和文家院子（半亩方塘），和盛镇"玉盘别院"和"和美逸院"，寿安镇杨家院子（九坊宿墅手工作坊）6个精品林盘，着力建通道、强配套、优风貌，不断提升农村生活宜居度和产业承载力。

全社会参与齐抓共管的工作格局。组织修订并印发《成都市双流区森林草原防灭火应对处置预案》。加强森林防火基础建设,新购置森林防火及应急救援设备工具,同时科学割设防火隔离带30千米;创新森林防火巡山护林机制模式,建立山头长制,共落实山头长73人,开展护林防火和野生动物保护日常巡查,及时打击滥捕乱猎野生动物行为,对全区森林资源实行全覆盖、网格化管理;在森林防火期及高风险期开展常态化森林火灾隐患排查整治,加强林区野外火源管控,在林区严格实行火种火源禁入制,并在林区主要入口处设置临时检查点,严格控制火源进入林区;开展多渠道、多形式的森林防火宣传,提高群众安全意识,营造"森林防火,人人有责"的氛围;在春节、清明、"五一"等重点防火期加强领导带班和24小时应急值守及做好救援准备,实现森林防火"打早、打小、打了"的目标。截至2019年年底,全区已连续33年无较大以上森林火灾发生。协助森林公安局严厉打击任何破坏森林资源行为,全年共查处11件破坏森林资源行政案件。

【畜牧业】 全区存栏生猪5269头(其中能繁母猪378头)、牛430头、羊2050只、小家畜禽47.1614万羽(只);出栏生猪5.1599万头、牛0.0076万头、羊0.3463万只、小家畜禽121.0264万羽(只);肉类总产量0.6005万吨,禽蛋产量0.1642万吨,牛奶产量0.1318万吨;实现畜牧业总产值2.712亿元。区农业农村局开展动物防疫外包服务,应免生猪、牛、羊、鸡、鸭以及其他禽类的免疫率均达100%;开展"瘦肉精"检测5128头份,无一例阳性。

动物卫生监督管理。对养殖、收购贩运、交易和动物诊疗等各环节开展动物卫生监督管理工作,全年开展各环节日常监督巡查721场次。规范开展产地、贮藏后调运检疫工作,全年受理生猪产地检疫1091批次、37700头,羊产地检疫2批次、10只,马产地检疫15批次、220匹,禽类主动申报216批次、140118羽,犬猫主动申报38批次、38只;开展动物产品储藏后调运31106批次、346.8643万千克。全年出具检疫证明32442张。

生猪屠宰监督管理。贯彻落实2019年畜禽屠宰监管"扫雷行动"实施方案,加大对已关闭取缔的生猪屠宰场(点)的巡查监督;在私屠滥宰易发区、多发区开展集中整治行动,严厉打击私屠滥宰、注水或注入其他物质等违法行为;规范活禽交易和宰杀以及牛、羊屠宰行为,维护畜产品质量安全。"扫雷行动"期间,共发放宣传资料7208份;举办培训班17次,培训人员488人;捣毁疑似私屠滥宰、注水窝点2个。

畜禽养殖污染专项整治。印发《养殖污染防治暨排口监管工作方案》,建立《2017年以来关闭养殖场(户)监管台账》和《养殖污染源下河排口治理监管台账》,新关闭禁养区畜禽养殖场(户)104家、养殖区粪污整治达不到要求的畜禽养殖场(户)64家、加强监督检查,实现了2017年以来关闭的315户养殖场(户)未出现复养和新增,2018年整治到位的9条流域54个养殖污染源下河排口未发生反弹。全区14家畜禽规模养殖场粪污处理设施设备配套率达100%;160户养殖专业户及以上规模养殖场养殖废弃物资源化利用实现全覆盖,养殖粪污无害化处理和资源化利用率达95%以上。

【水产业】 全区水产养殖面积稳定在8696亩,水产品产量8180吨,生产鱼苗1.5亿尾,实现渔业产值1.53亿元。专项整治水产养殖污染,取缔冰鲜鱼投喂和化肥养鱼,推行80 ∶ 20水产健康养殖模式,在饮用水源地和水库取消网箱养鱼;开展"春季禁渔"和打击破坏海龟资源违法行为专项执法行动、四川省"中国渔政亮剑2019"系列专项执法行动,对成都农产品中心批发市场以及辖区野生鱼餐馆、河鱼经营户、天然水域进行监管巡查,发放宣传资料170份,共出动执法车辆40台次、执法人员164人次,挡获游钓、捕鱼当事人20人,收缴渔竿39根、其他工具23套,没收渔获物9.5千克,立案查处13人,处理简易程序(书面警告)案件13件。养殖基地、渔业专业合社进行宣传,普及水产品质量安全知识,推广健康养殖技术、科学用药知识;出动检查人员80人次开展水产养殖投入品使用专项检查,未发现使用水产品抗生素、禁用化合物;开展80批次水产品质量安全抽检,合格率为100%。

【乡村振兴】 全面实施乡村振兴战略,推进"十大重点工程"和"五项重点改革",先后制订印发《2019年成都市双流区实施乡村振兴战略推进城乡融合发展行动计划》(双委办发〔2019〕57号)等纲领性文件,推动各项工作落地落实,加快推进乡村振兴发展。

制订《2019年成都市双流区实施乡村振兴战略推进城乡融合发展行动计划》,开展"一带一区一走廊"规划前期调查,完成编制3个川西林盘修复保护规划,打造生态型林盘2个。完成"大美田园""天府农耕"2条市级示范走廊区域内基本情况摸底调查,编制具体建设方案,建立工作清单和项目库,策划一批重点项目。加快推动乡村产业多元发展,推动草莓、牧山香梨、蓝莓等果蔬标准化生产改造,建成水果标准化生产示范基地0.9万亩、蔬菜标准化种植基地6.35万亩次,全区水果和蔬菜标准化生产率达50.8%。

乡村产业振兴。深化农业供给侧结构性改革,培育农民专业合作社等农业经营主体,探索发展合作社联盟,成立空港聚力农业农民专业合作社联合社。实施"农业+"行动,围绕双流冬草莓等特色产业,提升建设产业融合园5个,新建成农业主题公园、农业文创基地4个。加快推进黄龙溪·欢乐田园等项目建设,引进总投资10亿元的"桃沅岛"农业产业化项目。加快提升乡村旅游服务智慧化水平,完善旅游标识标牌、绿道驿站等,创建市级乡村旅游"四改一提升"示范点1个,举办空港花田·彩色熊猫生活节等农事节会6场。全年实现乡村旅游总收入近40亿元,农村电子商务销售额突破6.2亿元。

乡村人才振兴。加强新型职业农民培育,建成涵盖农业全产业链、以本土人才为主体的农业职业经理人队伍383人,组织开展培训560人次。推进农业智库建设,成立美丽乡村建设专家审查委员会,组建涵盖城乡规划、建筑设计、文化旅游、农业农经等领域专家库,提高农业产业化项目、村庄规划等专业化审查水平。引入高校专家、教授参与农业产业发展,与省农科院等科研院校合作建立蓝莓生产技术试验推广基地2个,推广新品种、新技术6项。实施村级后备干部"孵化行动",选拔培育后备干部300余人,新招募"村大"志愿者44名,不断壮大"一懂两爱""三农"工作队伍。

乡村文化振兴。扩大农村公共文化有效供给,提升建设基层综合性文化服务中心40个,夯实"15分钟公共文化服务圈",开展"空港群音荟"等文化惠民演出活动170余场次。促进城乡教育均衡优质发展,新建中小学、公办幼儿园8所,新增学位近6500个,补充教师队伍174人,落实教育惠民资金1.73亿元。推进乡村文明建设,促进农村好家风、好家训传承发扬,累计培育市级"三美"示范村30个、市级以上文明镇6个、文明村(社区)22个。弘扬地域文化,在全市率先完成文化资源普查并形成区镇两级普查成果,建成槐轩陈列室等“乡愁馆”4个、村（社区）乡愁记忆陈列室（馆）18个。加强黄龙溪“火龙灯舞”“船工号子”等非遗文化保护传承力度，提升双流乡村文化内涵。

乡村生态振兴。围绕“一港三心四组团”区域协同发展公园城市格局，编制完善国土空间规划和“大美田园”“天府农耕”2条市级乡村振兴示范走廊规划。推进全域增绿，统筹实施永安湖城市森林公园等生态项目，新建成空港绿道63千米、“小游园、微绿地”15个。加快推进黄龙溪水韵古镇等4个特色镇建设和十新林盘等10个川西林盘保护修复。推进农村垃圾、污水、厕所“三大革命”，深化农村生活垃圾分类和清运体系建设管理，突出抓好41段黑臭水体治理截污工作，完成农村户厕改造2007座和“厕所革命”示范村建设4个，创建人居环境治理省级达标村57个、市级示范村12个。

乡村组织振兴。加强基层党组织建设，选优配强基层头雁，选派21名干部下沉村（社区）担任“第一书记”，确定28名村党组织书记、村委会主任“一肩挑”人选，组织村（社区）党组织书记素能提升培训600余人次。深入推进共建共治共享，落实每月“议事日”制度，建立完善幸福美丽新村“五个自主”自治管理机制，开展“双示范”行动和党员志愿者服务活动3万余人次。出台《成都市双流区城乡社区发展分类治理实施意见》，设立300万元社区营造专项基金，实施“拾忆传承·古蜀桃芙”等社区营造公益创投项目40个。持续开展法治讲座556场次，新建“社区法律之家”5个，推进村（社区）法律顾问工作全覆盖。深化农村“扫黑除恶”专项斗争，集中整治农村“黄赌毒”、违规经营乱象；打造基层派出所“一所一品”，开展“1+3+N”专群协作联动行动808次。

【幸福美丽新村建设】 印发《“美丽双流·宜居乡村”推进方案（2019—2020年）》等4个方案，集中整治农村环境。完成永安镇双坝二期等3个新村建设。流转金桥镇、永安镇127.26亩集体建设用地指标。抓好“大棚房”问题整治，开展设施农用地备案32宗，指导制定拆后提升发展方案项目19个。

【扶贫开发】 全区在区财政安排扶持资金303.9万元的基础上通过“三扶三帮”（扶志、扶慧、扶能；领导包镇帮扶、干部包户帮扶、社会捐助帮扶）助“三业”（产业、就业、创业），大力实施产业扶贫、就业扶贫、医疗救助扶贫、助学帮扶、低保兜底扶贫和社会扶贫，全区城乡相对贫困户1013户2999人已于2017年年底全部实现脱贫。

完善脱贫攻坚巩固提升机制。坚持脱贫不脱帮扶、脱贫不脱政策的要求，完善“领导小组牵头揽总、领导小组成员单位各负其责、帮扶单位齐抓共管”工作推进机制，建立健全区领导结对帮扶机制和“造血”式帮扶机制，树立“重实干、强执行、抓落实”的工作导向。2018年以来，对每户已脱贫户落实至少1名区级领导或区级部门帮扶责任人，1名镇（街道）领导、1名镇（街道）干部结对帮扶，区级领导每年走访结对帮扶户不少于2次，区级部门帮扶干部每季度上门走访不少于1次，镇（街道）帮扶干部每月上门走访不少于1次。全年帮扶领导和帮扶干部开展结对帮扶2379人次，解决帮扶户生产生活等方面的问题48个。

精准扶贫和脱贫。加快扶贫项目的实施、验收进度，已于9月将项目补助资金861万元全部拨付到位。持续开展扶贫领域微腐败、作风问题专项整治，抓好抓实因户施策不精准、“造血式”扶贫办法不多、扶贫同扶智扶志结合做得不够、资金使用监管不严等3类7个问题整改，坚持边查边改，把脱贫攻坚工作深入到联系服务群众“最后一公里”。按照省委、省政府的工作要求，对全区1013户已脱贫的城乡相对贫困户开展了一次横向到边、纵向到底的拉网式大排查，不折不扣进行对标“体检”，全面摸清在“两不愁、三保障”方面因疾病、意外事故等原因存在返贫可能的突出问题。针对问题强化措施，落实财政资金，实施“扶贫保”参保，全面推广“小额扶贫保险”参保工作。开展“扶贫日”系列活动，募集扶贫资金583596.9元，主要用于全区扶贫对象疾病、意外等保险购买以及本地困难群众医疗援助、就业援助、扶贫助学等领域。各镇（街道）、区级部门结合自身工作职能职责，围绕农业产业带动增收、后续扶持等主题，不断完善脱贫攻坚政策体系、优化农业产业空间布局、加快提升基础设施和公共服务保障水平，消除返贫风险。

对口帮扶简阳市脱贫攻坚。实行区级领导挂点联系、区级部门（单位）定点帮扶简阳市相关镇村的制度，区级领导、区级部门干部共40余人次到简阳市平泉镇、金马镇和五星乡开展实地调研，指导镇、村扶贫项目的推进和产业发展。按照每村每年20万元的标准拨付到位帮扶资金260万元，帮助简阳市11个贫困村以及2个经济薄弱村发展特色产业、建设基础设施等，相关镇、村的项目有序推进。区级单位主动对接帮扶镇村需求，采取实地查看、入户座谈、现场办公等方式深入简阳市对口帮扶镇村开展帮扶工作。人武部根据金马镇红坝村产业发展现状，另外安排帮扶资金30余万元用于红坝村产业发展。区扶贫办、区文旅广新局、区规划和自然资源局、区法院、兴城公司等单位通过举办文化惠民活动、走访慰问等方式帮助贫困户增强感恩之心，激发奔康内生动力。区卫生健康局通过“引进来”的方式，主动邀请简阳市平泉镇、施家镇、五星乡卫生院一行12人到黄水镇卫生院开展为期2天的交流学习，指导开展医护人员互动交流学习，帮助提升对口帮扶乡（镇）的基本公共服务水平。按照“不忘初心、牢记使命”主题教育活动的要求，区扶贫办会同相关部门指导简阳市相关乡（镇）、村采取积极措施完成对“两不愁、三保障”回头看大排查中发现的资料不完善、贫困人口危房改造不到位等问题的整改。

【乡村旅游】 按照绿色发展理念和农商文旅体融合发展的思路，推进城投集团景山生命健康小镇、上海蓝田公司景观蔬菜项目等落地双流。桃沅田园综合体项目成功签约，计划总投资10亿元。组织天味公司等农业企业参加成都市第七届农博会，举办第二届中国农民丰收节，更好地展示了双流都市现代农业整体形象。完善空港花田项目配套设施，举办了首届彩色熊猫生活节等活动，被评为四川100网红打卡地。黄龙溪农创园建成开园，吸引众多游客齐聚打卡。全年接待游客1609.4万人次，增长20.1%；实现旅游收入46.7亿元，增长37.31%。

【农村水利】 继续实施农田水利工程，整治塘堰40口、水闸14处、渠道5千米，修复整理河道及渠道2.1千米，综合治理水土流失面积2平方千米，恢复改善灌面0.5万亩，农田灌溉水有效利用系数达0.61；推进农业水价综合改革，开展改革示范区建设及部分主要渠道提灌站计量设施安装，完成汛末蓄水1018万立方米。

【农业机械化】 依托农机项目加大农机新技术、新机具推广力度，规范农机合作社建设，稳步推进和提高农机化水平，全年新购先进大中型农机具36台（套），全区主要农作物综合机械化水平达85.7%，排名全市前五位；在黄水镇高石村召开水稻育秧现场会，现场培训320余人次。

突破性成效。大气污染防治方面。一是实施科技治霾行动，持续开展大气污染成因分析，编制并印发《都江堰市空气质量限期达标规划》。二是深化工业企业污染减排，推进重点涉气企业提标减排，着力在水泥、铸造、砖瓦窑企业打造3家绿色发展标杆企业，督促指导拉法基水泥公司完成低氮燃烧装置改造，氮氧化物排放浓度同比下降50微克/立方米。三是深化移动源整治，责令27辆超标柴油车限期整改，核发非道路移动机械备案登记标志424台，检查非道路移动机械770台次。机动车尾气遥感监测工作走在全省前列，将柴油车管理纳入成都市"大户制试点管理"。全市空气质量优良天数315天，优良天数增加58天，优良率86.3%，优良率上升13.7%，位列成都市第三；PM2.5年均浓度35.6微克/立方米，下降13.8%，位列成都市第二，全面完成了成都市下达的空气质量目标任务，空气质量达5年来最好水平。

水污染防治方面。一是出台《2019年都江堰市水污染防治工作实施方案》，完成2018年度地市级、县城级、乡（镇）级集中式饮用水水源评估。二是全面启动乡（镇）级集中式饮用水水源地环境问题整治，推进西区水厂沙黑河饮用水水源地规范化建设。三是加快推进三大流域水生态治理，完成城区2.5环内排水管网体系改造工程，完成污水管网建设12.81千米、雨水管网建设17.25千米。四是开展长江入河排污口现场排查，核实入河排污口180个。全市各集中式饮用水水源地水质达标率100%，6个地表水出境断面水质均达到地表水环境质量II类标准。

生态环境管控从严有力。一是严把环保准入关。落实"三线一单"，严格实施"三区四线"管控，启动347.79平方千米省级生态保护红线区域勘界定标，完成118个建设项目环评审批和105个建设项目环保"三同时"验收。二是从严监管执法。切实履行环境监管职责，开展污染源"双随机"抽查，加大"昼查+夜查"、节假日突击检查力度，依法查处环境违法行为74起，下达责令整改通知书41份，累计处罚金额342万余元；受理办结群众各类环境信访投诉1056件。

【农产品质量安全监管】 巩固追溯体系应用，树立全省追溯标杆。拓展国家首批追溯平台试运行县成果，在农产品生产、销售全程追溯的基础上实施可视化追溯，龙头企业、"三品一标"等规模主体100%入驻追溯平台管理。全面落实组织、政策、资金、督查四大保障，支持农产品"带证上网、带码上线、带标上市"，倒逼生产、流通环节规范运行。《农民日报》《四川日报》《四川农村日报》先后就都江堰市追溯工作示范性做法进行了报道；农业农村厅、《四川日报》对都江堰市农产品质量安全追溯体系建设情况进行了宣传采编，拟将四川省追溯工作拍摄成"舌尖上的中国"的成效（全省共两个拍摄点位：都江堰市和邛崃市）。加强质量安全监管，深入开展风险防控专项整治。制发《关于进一步加强农产品质量安全工作的通知》，每季度定期召开农产品质量安全监测结果分析会，加强风险防控。盯住农业投入品管控，组织对全市生产经营主体开展日常监管巡查，加强对重要节假日、重点产业、重点环节的监管，实时上传监管信息到成都市和国家监管平台。加强宣传引导，发放宣传资料2万余份，采取媒介宣传、实验室开放日活动、开展食品安全周、专项整治、农资打假等多种形式，宣传农产品质量安全工作成效、普及农产品质量安全知识。实施农业标准化，持续推进绿色农业品牌农业建设。指导蓝莓、小浆果、蔬菜、猕猴桃质量安全联盟建立健全规章制度和质量管理体系。制订《都江堰市田园综合体农产品质量兴农项目实施方案》，建立猕猴桃出口示范区疫病疫情监测预报分析系统，开展"都江堰茶叶"农产品地理标志核心保护区建设，都江堰绿茶、红茶、白茶、祥侬鸡肉和祥侬鸡蛋5个产品被纳入全国名特优新农产品名录，"都江堰市铜马沟牌雷竹笋""都江堰猕猴桃""都江堰市玉垒山牌猕猴桃""都江堰市青城牌绿茶""都江堰市青城道茶牌绿茶"、"都江堰市都江龙池牌绿茶"6个产品获得国家生态原产地产品保护(5个证书，包含6个产品)，"三品一标"农产品认证数达80个。都江堰市龙池镇云腾茶叶农民专业合作社、都江堰天赐猕源农业有限公司、四川圣寿源农业有限公司3家企业开展全国农产品全程质量控制技术体系(CAQS-GAP)试点工作。启动有机产品认证示范区创建工作，成立有机产品认证示范区创建领导小组，办公室设在都江堰市农业农村局，12月，获批2019年度"四川省有机产品认证示范创建区"。建立健全信用管理档案，试点食用农产品合格证管理。将全市80%以上的规模生产经营主体纳入成都市诚信监管体系及网格化移动监管体系管理，建立健全生产经营主体信用档案（包括主体名称、信用代码、行政许可、行政处罚、认证登记、监督检查、奖励等），择优选择55家生产经营主体开展食用农产品合格证管理试点工作全面完成市食安办和市强市办各项工作任务，一是按照市食安办工作要求，制定《都江堰市农业农村局关于印发都江堰市开展质量提升行动任务分解表的通知》，并按照文件要求组织相关科室开展各项工作。二是根据市强市办印发的《2019年都江堰市质量（品质）提升暨质量强市目标细化分解方案》，结合自身职能职责，认证完成各项目标任务。三是动员推荐5家有代表性的企业（四川都江堰青城茶叶有限公司、成都德弘农业发展有限公司、都江堰市凯达绿色发展有限公司、成都和信恒业农业开发有限责任公司、都江堰天赐猕源农业有限公司）申报市长质量奖。

重点开展农产品质量安全例行监测、风险监测、重点品种监测等任务，同时结合中心职能开展科学研究工作。全年共抽检农产品样品1114份，检出不合格样品4份，样品总合格率为99.6%，其中抽检种植业产品1031份，检出不合格样品4份，样品合格率为99.6%；畜禽产品81份，样品合格率为100%；水产品2份，样品合格率为100%。全年定性快速检测20975个，合格率为100%。

开展孢子芥（儿菜）、草莓、青椒、葡萄、猕猴桃质量安全专项监测工作，增加风险较高的项目烯酰吗啉、噻螨酮、嘧霉胺、噻虫啉、四螨嗪、茚虫威、嘧菌酯、肟菌酯、抑霉唑、丁酰肼、氯吡脲、阿维菌素等，其中儿菜抽检12份样品、草莓抽检37份样品、青椒抽检35份样品、葡萄抽检35份样品、猕猴桃抽检34份样品，发现1份葡萄样品烯酰吗啉药物含量超过5毫克/千克，专项检测合格率为99.3%。

配合上级业务部门开展农产品质量安全各类监测工作。全年共完成292个样品的抽样工作，其中农业农村部监督抽检15份、四川省例行抽检68份、四川省风险监测30份、成都市例行监测179份，合格率均为100%。

逐条核对补充抽样及检测相关信息，已陆续建立并完善完成国家追溯平台信息43条，4期农产品质量安全监测通报，5份风险监测评估报告，4期例行监测结果报表，便于中心取阅分析各项监测信息。

重视业务培训，不断提升中心人员专业技能和综合素质。全年共外出培训6人次，培训内容主要涵盖质量体系管理、检测技术提升、信息、检测实验室安全和法律法规等方面。加强中心质量体系建设，确保中心检测工作的权威性。第三版体系实施后，4月进行一次年度内审，审核范围覆盖本中心质量管理体系涉及的各部门和各要素，发现不符合项2项。同时，中心采取包括能力验证、加标回收、留样再测试和样品平行实验等方法对检测结果的有效性进行控制。6月，参加农业农村厅的能力验证。7月，参加省市场监督管理局的能力验证，均达到全部合格满意。

【数字农业】 新媒体运行。围绕全市农业农村中心工作开展宣传，抓好中央、省、市各级党代会、农村工作会等精神宣传，多方面展现都江堰市农业农村工作成效。"乡约都江堰"发布信息139条，被"学习强国"采用1篇；微博发布信息289条，今日头条发布信息44条，整合微信公众号"都江堰法治农林"、都江堰市蔬菜价格信息网到乡约都江堰微信平台。全年无内容安全事故发生。

数字乡村建设。一是益农信息社。对全市211个益农信息社相关情况进行大调研，并及时统计梳理相关问题并向运营商电信公司反馈。对信息员情况进行全面更新，开展2019年都江堰市农民手机应用技能暨益农社培训会，截至11月，益农社活跃数从上半年的1家增加到22家。二是农业信息化。完成全国农业农村信息化发展水平监测试点相关数据填报。对全市数字乡村发展情况进行调研，走访已有5家成都市农业信息化示范基地，组织3家业主申报2019年第二批农业农村信息化项目。推动已有信息化基地接入成都市"四情"监测系统。依托农业农村部产业强镇、绿色优质高效循环两大项目，开展小雅轩、拾光山丘农业物联网子项目建设。都江堰市被列为农村电商全国十强县。

【农村留守儿童帮扶】 组建关爱留守儿童服务队，为儿童提供个案跟进服务和早期教育辅导服务，以回应儿童个性化需求，促进儿童发展。组成一支由社工、大学生志愿者、社会爱心人士组成的关爱留守儿童服务队，针对15名儿童以"一对一"的方式提供个案跟进服务；以"社工+志愿者"的方式为20名0～6岁儿童开展早期教育辅导，促进儿童全面发展，提升儿童早期发展水平。开展儿童主任培训，提升儿童主任工作能力，分片区面向都江堰各社区儿童福利主任200余人开展"儿童保护从身边做起"主题培训，邀请儿童方面的专家介绍和分享作为一名儿童工作者应该具备的素质和承担的责任，并以宣讲的方式明确儿童主任的工作职责。推动开展特殊群体儿童巡查工作，助力儿童的日常关怀。开展儿童保护法律政策宣传，营造儿童友好的环境氛围，4月，以"社工+志愿者"的方式，在聚源镇、中兴镇、玉堂镇和蒲阳镇等乡（镇）开展儿童保护法律政策宣传，发放宣传页2000余份。广泛动员社会资源，关心支持儿童成长，推动成立都江堰市教育公益联盟，共计10余家教育培训机构加入，并为留守儿童捐赠50余个免费公益学位；支持成立都江堰市上善社工关爱基金，为儿童服务的常态化创造条件；六一儿童节期间，链接都江堰市餐饮协会为90余名儿童实现节日心愿；春节前夕，动员19家爱心单位为全市200余名儿童分发"温暖包"，将党和政府对儿童的关心和关怀送达到儿童手中。开展各类社区主题活动，增长儿童见识，促进亲子互动，组织开展多次"童看成都"活动，让儿童感受到祖国的飞速发展和变化，鼓励儿童从小树立远大理想，共开展主题活动10余次，500余人次参与。

【劳务开发与返乡创业】 开展"春风行动"。以"促进转移就业，支持返乡创业，助力增收脱贫"为主题的"春风行动"系列活动，活动中共举办招聘会11场，发放"春风卡"等各内资料1.4万余份。开展技能培训。开展"乡村振兴，技能先行"系列培训活动，大规模开展农民工职业技能培训，已开展返乡农民工创业培训240人。开展"回引"工作，实施"优秀农民工定向回引培养工程"，先后到北京、上海、深圳开展2019年农民工政策项目宣传推介会，引导外出农民工返乡创业、奉献家乡。树立创业典型。加大对全市返乡创业的优秀企业家和模范人物的宣传力度，引导更多人返乡创业，激发劳动致富内生动力。提供生活服务和维权服务。在各乡（镇、街道）开展"送岗位、送政策、送培训、送服务"农民工服务专项活动，在完善就业创业服务的基础上，注重开展法律维权行动，维护农民工合法权益。

【主要领导人】 市委书记：李云；市人大常委会主任：王聪；市长：何维楷；市政协主席：丁小平；分管农业副市长：陈丽娜。

都江堰市编写组

彭 州 市

【基本情况】 2019年，全市辖18镇2个街道，辖区面积1421平方千米，其中耕地面积50703公顷、高标准农田面积25859公顷。有户籍户数296641户，有户籍人口798654人（其中乡村人口531101人）。耕地灌溉面积38840公顷。

2019年，全市GDP5254836万元，增长27.66%，其中第一产业增加值633268万元，增长17.44%（农林牧渔业总产值995940万元，增长10.95%）；第二产业增加值2827668万元，增长29.15%（工业增加值2579828万元）；第三产业增长29.27%。全年接待游客19158000人次，实现旅游收入756000万元。

一般公共预算收入完成357120万元，增长0.42%；一般公共预算支出508769万元，增长8.9%，其中乡村振兴支出77761.8万元，增长12.27%。年末金融机构各项存款余额6631632万元，增长8.25%；各项贷款余额3231461万元，增长9.19%，其中农业及支农贷款余额2235000万元，增长7.95%。社会消费品零售总额1087655.1万元，增长11.65%。全社会固定资产投资完成2515898万元。

公路里程2757千米，其中等级公路（含高级、一、二、三和四级公路）2729千米，公路客运周转量54000万人千米，公路货运周转量9800万吨千米。固定电话用户152498户，移动电话用户1110000户，互联网宽带接入用户336600户，邮电业务总量71591万元。有普通中学33所、小学23所，普通中学专任教师2433人、小学专任教师2213人，普通中学在校学生24031人、小学在校学生40304人。全年专利授权635人。有县级图书馆1个（藏书量344000册），县级文化馆1个，剧场、影剧院1个，体育场（馆）2个。有医疗卫生机构539个，病床位6299张，医疗卫生技术人员5621人。农村居民每百户年末家用汽车拥有量68辆，增长1.49%。

【年度农业和农村经济运行】 2019年，全市农村居民人均可支配收入23504元，增长9.9%。全市农业机械总动力达40万千瓦。彭州市获得"全国农村创新创业典型县"称号、"四川省农村改革先进县"提名。川芎特色产业园被评定为成都市级四星级园区并提名为2019年省级现代农业产业园。先后承办全国农业产业强镇现场会、2019年中国农民丰收节"蔬香金彭·年年鱼庆"庆丰收全国直播活动、四川省川菜产业推进大会、成都市乡村振兴现场推进会暨稳定生猪生产保障市场供应工作会等大型会议。

【种养殖业】 全市粮食作物播种面积35891公顷，减少3.16%，其中水稻22240公顷，减少5.23%；小麦833公顷，减少6.72%；玉米4833公顷，减少0.7%；大豆2080公顷，增长4.37%。油料作物播种面积6879公顷，减少4.83%。蔬菜种植面积30426公顷，增长4.64%。粮食总产量246363吨，减少3.71%，其中稻谷产量181078吨，减少5.09%；小麦3938吨，减少3.65%；玉米30378吨，减少0.45%；大豆5866吨，增长4.36%。油料产量18242吨，减少4.37%。糖料产量372吨，增长118.82%。水果产量35708吨，其中园林水果产量18098吨，减少4.91%。蔬菜产量1162273吨，增长8.16%。肉类总产量33900吨，减少22.56%，其中猪肉20320吨，减少0.32%；牛肉595吨；羊肉127吨；禽肉12222吨。禽蛋产量11421吨。奶类产量6721吨，减少9.3%。

【招商引资及农业品牌发展】 加大都市现代农业招商引资力度，完成项目包装10个，新签约亿元以上项目3个、金额4.5亿元，引进到位内资约7亿元。菜博会实现历史性突破，共签订农业投资项目21个，协议资金约200亿元；线上线下达成蔬菜产销105.1万吨，协议金额14.2亿元。继续夯实全市"三品一标"农产品基础，培育"润兆渔业"品牌产品为2019年四川省优质品牌农产品。全市"三品一标"农产品达125个，"三品一标"农产品基地面积达46730公顷。

【农业转型升级】 推进现代农业功能区(园区)建设，创建成都市级现代农业园区1个。加强九尺镇产业强镇示范项目，九尺冷链物流、天府蔬香博览园等项目建设有序推进，促进优势产业提档升级。推进产业融合发展，向成都市申报小鱼洞、葛仙山、升平镇2019年农商文旅体产业融合暨产权制度改革项目3个，获得成都市级财政资金支持540万元。夯实农业生产基础，大棚房专项整治通过农业备案审核34宗，全面完成高标准农田建设0.77万亩；健全农产品监管体系，加强市级检测中心和疫控中心建设，镇(街道)检测站、村(社区)检测室达118个。

【农村人居环境整治】 开展村容村貌整治，申报创建"美丽蓉城·宜居乡村"示范村20个、"美丽四川·宜居乡村"达标村156个、百村容貌整治15个。开展特色镇(街区)和川西林盘保护修复，新启动建设川西林盘17个，重点打造蟠龙文创聚落林盘、鱼凫竹海、汤家院子、三圣乡鹭栖香楠4个高质量精品林盘；发展磁峰民宿小镇、敖平川芎药泉小镇、丽春航空动力小镇、白鹿音乐小镇4个主导产业突出、辐射效应明显、规模适度合理的特色镇。开展农村户厕改造，全面完成全市需改厕总户数53214座任务，实现两年完成成都市三年改厕目标，全市广泛宣传发动群众全程参与户厕改造入选全国农村"厕所革命"九大典型范例。开展村庄清洁行动，重点清理城郊接合部、农村集中居住区、散居院落乱堆放垃圾，排查非正规垃圾堆放点，清理积存垃圾200余处，整治铁路沿线环境卫生问题88个，拆除涉河道沟渠垃圾房(池)60余个。

【健全城乡融合体制机制】 培育壮大农村集体经济组织，深化农村产权制度改革，开展清产核资，共清理核实农村集体资产50.31亿元。推进农村集体资产股份化改革，创新"1+C+N"的乡村开发模式，建立集体股份经济联合社8家。彭州市在全省农村改革大会上作集体经济改革经验方面的交流发言。深化农村金融改革，实施乡村振兴农村产业发展贷款风险补偿金项目入库673个，发放贷款490万元，农村金融改革经验被农业农村部、四川省"三农"刊物予以刊载。全市"农贷通"平台发放贷款2489笔、17.99亿元，分别增长43.99%和55.7%，居成都前列。培育乡村振兴优秀人才队伍，引进规划、文创、旅游、营销等各类乡村振兴人才483名，培育新型职业农民1880人、基层农技人员125人。

【动物疫情防控】 做好非洲猪瘟防控工作，全年共计处置染疫生猪1.62万头，补贴资金1300余万元。稳定生猪生产，保障市场供应。加强标准化规模种猪场建设，重点升级改造种猪场11家，新建标准化规模种猪场4家；推动生猪标准化养殖场建设，新(扩)建标准化规模养殖场8家。

【主要领导人】 市委书记：徐刚；市人大常委会主任：谢扬；市长：王锋君；市政协主席：吴石泉；分管农业副市长：龚昌华。

彭州市编写组

邛 崃 市

【基本情况】 2019年，全市辖8镇6个街道200个行政村71个社区，辖区面积1377平方千米，城市建成区面积达26.37平方千米。年末总人口65.19万人(户籍人口)，减少0.4%，其中户籍城镇人口32.63万人、户籍乡村人口32.56万人；出生人口6673人，人口出生率10.23‰，人口自然增长率-2.3‰。全市森林覆盖率48.57%，建成区绿化覆盖率43.34%，人均公园绿地面积30.72平方米。

2019年，全市GDP3307307万元，增长9%，其中第一产业增加值472671万元，增长3.2%；第二产业增加值1375555万元，增长8.1%(工业产值1042928万元，增长9.9%)；第三产业增加值1459081万元，增长12.2%。全年接待国内旅游人数1631万人次，实现旅游收入169亿元。

公路通车里程2539千米，其中乡村公路757千米。社会消费品零售总额1013195万元，增长11.3%。地方一般公共财政预算总收入完成251048万元，增长20.2%；一般公共财政预算总支出502701万元，增长12.7%，其中农林水投入844886万元，增长27.9%。金融机构各项存款余额4669898万元，增长6.1%；各项贷款余额2360074万元，增长9.1%。全市有涉农企业184家，其中成都市级以上农业产业化龙头企业39家(国家级4家、省级11家)。

有各类学校66所，中小学专任教师3372人，其中普通中学31所，在校学生22336人；小学32所，在校学生28591人，学龄儿童入学率100%；中等职业中学2所；特殊教育学校1所。有体育场和影剧院5个，公共图书馆1个(馆藏图书32.9万册)。有卫生机构42个，病床位4808张，卫生技术人员3275人。城镇基本医疗保险16.33万人，增长4.9%；城乡居民基本医疗保险参保人数44.54万人，减少2.8%；城镇职工基本养老保险参保人数17.86万人，增长4.4%；城乡居民养老保险参保人数24.68万人，增长1.9%。

【年度农业和农村经济运行】 2019年，全市出台了《邛崃市农业科技体制改革试点激励农业科技人员创新创业工作实施办法》。实现农业总产值793459万元，增长2.5%；生猪、茶叶、猕猴桃、食用菌、水果、蔬菜等特色优势农产品产量保持稳定增长。城镇居民年人均收入达32126元，增长4.4%；农村居民年人均可支配收入达22499元，增长10.3%。依托9个农业综合服务站的农残快速检测室和65个村级检测室实现对全市主要农产品生产基地抽检全域覆盖，全年农产品检测合格率在99.1%以上。

2019年邛崃市主要农产品产量

主要农产品	单位	产量	同比(%)
粮食	万吨	23.79	0.6
水稻	万吨	14.76	—
小麦	万吨	3.2	—
玉米	万吨	4.41	—
马铃薯	万吨	0.82	—

续表

油菜籽	万吨	2.24	-15.2
蔬菜	万吨	30.66	—
水果	万吨	12.76	25.6
肉类	万吨	6.42	-34
猪肉	万吨	4.97	-40.8
牛羊肉	万吨	5.02	-40.8
禽蛋	万吨	1.02	13.6
水产品	万吨	1.66	10
奶类	万吨	3.1	12.2

新型农业经营主体培育。全市工商注册涉农企业184家；累计培育农业产业化重点龙头企业39家，其中国家级重点龙头企业4家、省级重点龙头企业11家。全市工商注册农民专业合作社963家，新注册合作社63家；累计培育示范合作社43家，其中成都市示范17家、省级示范24家、国家级示范2家。全市工商注册家庭农场1628家，新注册家庭农场462家；累计培育示范家庭农场31家，其中成都市示范18家、省级示范13家。

农用地产权制度改革。全面落实农村承包土地“三权分置”制度，开展农村产权确权颁证工作，累计办理农村土地经营权证209宗、农业设施所有权证25宗，全年新增办理农村土地经营权证19宗、农业设施所有权证4宗。采取租赁、入股等方式盘活农村集体建设用地资源，挂牌交易4宗（平乐顺河园、水口金山村、前进凤凰苑、桑园向阳村）、29.32亩，其中1宗（水口金山村）已摘牌。成都市下达邛崃农商文旅融合暨集体产权制度改革试点项目2个，给予每个项目180万元的财政补助，按照程序，确定为桑园镇向阳村欣茂农业科普文创园和夹关镇临江社区农商文旅体融合发展服务综合体2个项目，采取全资独营或股权投资“集体经济+”的新机制和“农业+”的新模式引导集体经济组织建立产权明晰、管理规范、利益共享的运行机制。推进农村集体资产股份化改革，完成农村集体经济组织登记赋码148个。开展农村产权抵押融资工作，累计完成农村土地经营权抵押融资58宗、贷款15411万元，农业生产设施所有权抵押融资16宗、贷款7110万元，全年新增农村土地经营权抵押融资3宗、贷款570万元，农业生产设施所有权抵押融资5宗、贷款4100万元。

农产品品牌战略实施。全市有“三品一标”农产品79个，其中有机农产品47个、绿色农产品8个、无公害农产品20个、国家地理标志保护产品4个（“邛崃黑茶”“邛崃黑猪”“邛酒”“邛崃猕猴桃”）、国家生态原产地保护产品3个（邛崃文君绿茶、宏杨牌邛崃猕猴桃、黑虎滩桑园番茄）。围绕“10+3”农业产业体系，大力培育主导产业品牌，以行业协会为依托，开展行业标准制定与宣传培训，累计开展农产品生产技术培训70场次；新增“三品一标”认证产品5个；先后组织品牌农产品企业参加“成都造·中国行”活动、中国茶博会、成都茶博会、四川农博会、优质农产品博览会、可持续发展博览会等展示展销活动，扩大农业品牌影响力；委托专业机构开展乡（镇）特色农产品品牌设计与策划，并构建品牌农产品线上营销平台。

现代农业园区建设。一是现代茶产业示范园。示范园区位于市西南山丘区，涵盖夹关镇临江社区、熊营村、龚店村、拴马村和临济镇黄庙社区共2个乡（镇）5个村（社区），面积21.31平方千米，核心区茶叶种植面积10448亩。示范园区有国家级茶企1家，省级茶企2家，国家级、省级农业专业合作社各1家，以茶产业为主推进产业兴旺，发展千年黑茶，并依托2000余年的茶叶生产历史和茶林大地景观全力推进农商文旅跨界融合，实施“农业+文化（旅游）”行动，形成特色文旅品牌，推动园区内酒店、农产品销售额大幅增加，实现群众增收致富。二是稻渔综合种养现代农业园。稻渔综合种养建设区域主要分布在牟礼、回龙、冉义、前进等8个乡（镇），主要包括“稻鱼”“稻鳅”“稻虾”和“稻鸭”4种种养模式。全市建成稻渔综合种养示范区6000余亩，带动全市发展稻渔综合种养2万亩，其中发展稻虾种养8000余亩，实现亩均增收5000元以上。承办全省稻渔综合种养现场会，并创建为国家级稻渔综合种养示范区，获得“第一批省级稻渔综合种养示范基地”称号。三是天府现代种业园（原名成都邛崃现代农业种业产业园）是成都市级重点农业功能区中唯一的种业产业功能区，是承载四川省“10+3”农业产业体系先导性支撑产业（现代种业）的核心园区之一，入选2019年“国家现代农业产业园”创建名单，再次被认定为“国家级杂交水稻制种基地”。园区举办了“藏粮于技”科技论坛、长江上游水稻新品种集中展示示范现场观摩会和“川康优丝苗”水稻新品种发布会等大型活动。园区以现代种业、优质粮油为主导产业，构建以杂交水稻、油菜种业为基础，畜禽、水产、蔬菜等为辅的种业格局。园区规划面积99.4平方千米，集聚种业及关联企业共30家，建成以2.8万亩杂交水稻为主的种业基地3.5万亩，年繁殖水产种苗2.3亿尾，年生产马铃薯原种3400万粒，有畜禽（蜂）遗传资源保（育）种场4个。园区签约种业及深加工项目共6个、平台类项目4个；校园企地合作签约合作协议共4个；与中国农科院签订合作协议3个；与中国农科院11个院所确立合作共建关系，聘请省农科院副院长为首席科学家，建立四川农业大学、省农科院科研实习基地等1个；新兴粮油与四川大学合作共建博士工作站和四川农业学科研实习基地1个。

【种植业】 全年粮食作物播种面积56.13万亩，产量23.79万吨。粮食规模化种植面积不断扩大，50亩以上粮食规模化种植面积达22.89万亩。水稻播种面积27.8万亩，产量14.8万吨；玉米播种面积11.2万亩，产量4.4万吨；小麦播种面积10.5万亩，产量3.2万吨；油菜播种面积12.45万亩，产量2.24万吨。蔬菜种植面积约17.5万亩，年产量31.6万吨，年产值约7.67亿元；水果种植面积约17万亩，年产量约20万余万吨，年产值约15亿元；茶叶种植面积13万亩，投产面积10万亩，干茶产量1.08万吨，茶产业综合产值达11亿元；中药材种植面积约6.15万亩，其中“三木”（黄柏、厚朴、杜仲）药材5万亩、其他中药材1.15万亩；红薯种植面积约1万亩，产量约0.3万吨；马铃薯种植面积约1.9万亩，产量约0.5万吨；食用菌种植面积约3500亩，产量约7000吨。

【林业】 全年实施林木种苗生产经营许可4宗，其中生产经营2宗、仅经营2宗；全市有苗木种子生产经营许可证在有效期内的单位共16家。执行“双随机”检查，联合森林公安局、病虫害防疫站对林木种苗生产经营单位进行检查，确保林木种子生产经营安全。牵头组织举办花卉果类生态旅游节共6个，举办采茶节、桃花节、李花生态旅游节、高山蓝莓节和油菜花乡村旅游节、高埂万亩文君荷塘荷花节节庆活动6个。全市创建省级森林小镇2个、省级森林康养基地3家、省级森林康养人家4家、成都市森林人家14家，分布于天台山、南宝山、高何等地，逐步形成森林康养产业集群。对现有古树名木加强日常巡护管理；规范古树名木管理及安全，打击涉及古树名木保护违法犯罪行为，聘请省林科院对南宝山镇秋园村、水口镇金山村死亡楠木进行鉴定，并依法按鉴定结果进行处理。依法查验木材运输证，制止违法运输行为，依法对运输的林木及其产品的病虫害情况履行检查职能，对367辆运输木材的车辆进行查验登记；依法对珍贵、稀有野生动物及制品进行检查。

【畜牧业】 邛崃市是国家生猪调出大县，全市有具有种畜禽经营许可证的养殖场10个，其中生猪种畜禽场8个，存栏种猪7000余头；奶牛种畜禽场2个，存栏优质奶牛4000余头。有春源、金忠、乐天、盛强4家生猪宰杀加工企业，其中金忠公司为国家级龙头企业、春源公司为省级龙头企业。全市生猪良种面提高到98%以上，年出栏500头以上的生猪规模养殖面提高到62%，养殖场粪污综合利用率达98%。全市共计开展畜禽保险险种（商品猪、能繁母猪、奶牛、小家畜禽、生猪价格指数）5种。有动物诊疗机构7家，其中动物诊所5家、动物医院2家。全年生猪末期存栏23.11万头（其中能繁母猪存栏2.22万头），牛存栏1.14万头，羊存栏1万只；生猪出栏68.12万头，牛出栏0.17万头，羊出栏0.95万只，兔出栏34.37万只，家禽出栏816.14万只；牛奶产量3.1万吨，禽蛋产量1.02吨，肉类总产量9.74万吨。

【水产业】 全年水产养殖面积10665亩，其中池塘养殖面积8910亩；水产品养殖产量达2万吨，实现养殖产值3亿余元，优质水产品产值达65%。全市建成具备一定规模的特色水产养殖基地32家；建成稻渔综合种养面积2万余亩，示范区面积6000亩，其中稻虾种养面积达5000亩；建成国家级稻渔综合种养示范区、邛崃冷水鱼养殖基地、文君鲈鱼循环水养殖示范基地、南宝山水产养殖基地、冉义名优鱼养殖基地、宝林石斑鱼养殖基地、虹波水产良种渔场、尚琳生态大闸蟹养殖基地等。加强水产养殖管理，全年开展随机巡查12次，随机巡查养殖基地30余家，签订渔业安全责任书100余份；指导养殖户加强鱼塘管控，改进养殖技术，所有养殖尾水不得直接外排；提倡建设内外循环水养殖试点示范，建成规范化水产养殖内循环养殖示范基地1个。创建省级水产养殖健康养殖示范场5家、国家级水产健康养殖示范场4家、国家级稻渔综合种养示范基地5000亩。

【现代农业发展】 全市初步形成“成新蒲、邛州大道、西部山丘区”3条都市现代农业示范带。累计建成高标准农田33.4万亩、规模化标准产业基地66.5万亩，发展粮油规模种植21万亩、茶叶13万亩、猕猴桃10万亩，打造微牧农庄、嘉林生态农场等种养循环示范基地7个。全年实现农业增加值48.47亿元，增长3.3%。加强现代农业生产体系建设，促进茶叶基地、猕猴桃基地、生猪养殖基地标准化建设，加强农业信息技术在产业基地中的运用；加强邛茶、邛崃黑猪、邛崃猕猴桃等特色优质农产品品质建设，开展优势特色农产品品牌建设，通过线上线下渠道加大品牌营销；深化农业生产社会服务建设，争取上级财政资金支持，推动农机、植保、畜禽粪便转运等社会化服务发展。全年培育粮食规模化种植（50亩以上）生产经营主体398个，培训青年农场主6人、新型农业经营主体带头人430人。开展从业型新型职业农民培训1500余人，完成部级新型职业农民培训446人、农业职业经理人培训780人。

【农商文旅体融合发展】 探索“特色镇+林盘+民宿”农商文旅体融合发展模式，邀请知名策划团队和行业专家参与特色镇和川西林盘策划设计，挖掘邛窑文化、文君文化等天府文化内涵，实施十方堂文创小镇、现代种业小镇等9个特色镇建设；坚持特色化、差异化发展，统筹谋划产业业态和主题功能，实施茶兰林盘、徐上林盘等25个川西林盘建设；依托川西林盘独特的自然风貌、人文气息，探索“政府引导+群众主体+项目带动+社会投入”发展模式，打造“椒兰山房”“竹上花楸”等高端精品民宿20个；新建城乡绿道32.7千米，相关做法被《成都改革》第79期刊载。培育天府红谷、“中国酒村”等一批新产业新业态，平乐镇获评“全省第一批文旅特色小镇”。举办第九届成都（邛崃）采茶节、2019成都（邛崃）中国农民丰收节等节庆活动，南宝山特色山货节入选2019年全国“中国农民丰收节”100个乡村文化活动。

【农田水利】 实施完成2018年暴雨洪水损毁修复水利工程、徐公堰水毁恢复重建工程、2018年棠子沟水毁修复工程、楠杆堰水毁修复工程4个水毁修复项目。全年从都江堰外江管理处和四川省玉溪河灌区管理局购买农业用水17967.2万立方米，支出购水费用445.32万元，保障了全市农业灌溉用水需求。通过精细管理、科学调水，完成35万亩的水稻栽插任务。优化水资源配置，加快推进河渠连通、区域互济，提高水资源调控水平，围绕都市现代农业产业提升、高标准农田连片建设，大力发展高效节水灌溉，完成茶园乡高效节水灌溉工程和邛崃市卧龙镇高效节水灌溉工程，完成高效节水灌溉面积0.26万亩，全市高效节水灌溉面积达2.25万亩。

【农业机械化】 邛崃市是国家级主要农作物全程机械化示范县，全年主要农作物耕种收综合机械化水平达85.09%。全年全市农业耕种收综合作业水平达85.09%，机耕作业达64万亩，常年提水保灌面积达18万亩，机械化播种46.1万亩，机收面积51.8万亩；主要农作物病虫害统防统治面积38万亩，统防统治覆盖率达50%。按“市域全覆盖”的要求逐级签订农机安全生产责任书，加强农机驾驶员的安全意识，全年机构与机构之间共签订40份，机构与机手工之间共签订120份，无农机死亡和重大事故发生。落实农机化发展扶持政策，全年申请农机购置补贴的农户和合作社共152户，补贴农机具191台（套），申请补贴资金600.61万元，补贴资金全部划拨到户。依托成都市级农机现代化发展项目，在高埂镇街道联合村和园林村新建省级标准化提灌站2处；依托省级智慧灌溉建设试点项目，在羊安镇汤营村邛崃市鑫果种植专业合作社建设智慧灌溉试点1处。

【农村科技】 制定《邛崃市农业科技体制改革试点激励农业科技人员创新创业工作实施办法》，全市2名农业科技人员申报兼职取酬方式开展创新创业。举办“周末磁场”“凤兮归崃”“邛州英才”等“引才引智”活动，建立农业人才培养对象库1046人。与中国农科院、省农科院、四川农业大学等科研院校建立深度合作关系，建立科研实习基地等1个，加快试验示范粮油新品种200余个、示范面积1万余亩，全市农业科技贡献率达60%以上。全市建立科技示范基地2个（邛崃市文君茶叶科技示范基地、冉义粮油科技示范基地）。举办天府现代种业园高产优质绿色水稻新品种川康优苗信息发布会、长江上游水稻200余个新品种集中展示现场观摩暨展示评价培训会，示范推广水稻全程绿色防控技术和机插秧测深施肥节氮技术及机直播生产技术等新型机械化种植技术。

【农村法制建设】 坚持会前学法与中心组学法相结合制度，推动研究问题先学法、决策问题遵循法、解决问题依据法，健全和完善法律顾问制度。把部门论证、公众参与、民主协商、专家论证、风险评估、合法性审查和集体讨论决定作为重大行政决策的必经程序，建立决策失误责任追究和责任倒查机制。抓好规范性文件合法性审查。探索建立行政处罚“三张清单”。按照“严格执法、公正执法、文明执法”要求，落实行政执法责任制，开展行政执法规范化建设。落实行政执法人员资格管理制度，严格行政执法人员资格审查，清理规范执法主体和执法队伍。落实“谁执法谁普法”普法责任制，深入推进“法律七进”活动，结合“一村一讲堂”活动，先后组织专业人员开展《中华人民共和国农产品质量安全法》《农药管理条例》《中华人民共和国动物检疫法》《中华人民共和国土壤污染防治法》进村、社区普法宣传10余次。

【农村生态建设及环境保护】 推进农村人居环境整治，实施农村生活垃圾治理、污水治理、“厕所革命”等五大行动。创新“环节管理—种养循环—管理闭环”三环联动治污模式，相关做法被成都市河长制办公室刊载。全年完成农村户厕改造任务14508户，新建环卫公厕9座，改造15座；推广无人值守垃圾回收站模式，新增垃圾分类自助投放点29个。全域开展村庄清洁美化提升行动，清理农村生活垃圾43000余吨、村沟村塘淤泥35000余吨、村内残垣断壁310余处，建成夹关镇临江社区、平乐镇关帝村等“水美乡村”5个。推进禁养区养殖场（户）关闭工作，拆除圈舍3.6万平方米。通过推广应用测土配方施肥技术、有机肥替代化肥、水肥一体化、秸秆还田等措施，实现化肥减量5%以上。完成酸化土壤治理30000亩、粮油作物产地耕地土壤质量提升5000亩和轻中度污染土壤治理2500亩。

【农产品质量安全监管】 全市主要农产品质量安全监测合格率在98%以上，全年未发生重大农产品质量安全事件。加大对“三品一标”认证企业的抽检比例和频次，全年抽检检测合格率达100%。依托成都市农产品质量安全检测监管溯源平台，开通移动巡查手机APP，全市249名涉农行政村村级协管员和各级监管员通过移动网络实时上传和查阅监管信息，监管对象覆盖全市1000余家生产经营主体。发挥三级农产品质量监测体系作用，全年检测农产品1106个，检测合格率达99.1%以上；依托9个农业综合服务站的农残快速检测室和65个村级检测室实现对全市主要农产品生产基地抽检全域覆盖。制订《2019年邛崃市农产品质量安全及农资打假专项整治行动方案》，开展专项整治行动，出动执法人员4800人次，检查生产基地93个、企业45家，共签订农产品质量安全承诺书138份。全年完成生产环节食用农产品质量安全监督抽检260个批次、无公害农产品监督抽检2个批次，完成市级农业投入品监督抽检273个批次（农药160个批次、饲料85个批次、兽药22批次、肥料6批次）。

【主要领导人】 市委书记：惠朝旭；市人大常委会主任：刘忠；市长：惠朝旭（7月止），王林（7月始）；市政协主席：欧俊波；分管农业副市长：代会明。

邛崃市编写组

崇州市

【基本情况】 2019年，全市辖6个街道9镇188个行政村65个社区，辖区面积1089平方千米。

【年度农业和农村经济运行】 2019年，全市农林牧渔服务业总产值达71.8亿元，增长5.6%，其中农业总产值39.4亿元，增长6.6%；林业总产值1.2亿元，增长4.7%；牧业总产值27亿元，增长4.7%；渔业总产值1.7亿元，增长4.8%；农业服务业总产值2.5亿元，增长3.8%。全市农林牧渔业增加值达44.34亿元，增长2.8%，其中农业增加值32.56亿元，增长6.3%；林业增加值1.01亿元，增长4.8%；牧业增加值8.67亿元，减少9.6%；渔业增加值0.89亿元，增长6.2%；农业服务业增加值1.22亿元，增长7.8%。农村居民年人均可支配收入达23625元，增长10.2%。城乡居民收入比缩小为1.65：1。

农业产业化发展。全市工商注册农民合作社达810个（其中土地股份合作社265个），其中国家级示范农民合作社5个、省级示范农民合作社13个、成都市级示范农民合作社9个。全市工商注册家庭农场达778家，其中省级示范家庭农场18家、成都市级示范家庭农场26家。全市农业企业达279家，其中市级以上农业产业化龙头企业达23家。全市土地适度规模经营44.48万亩，土地适度规模经营率达76%。

现代农业产业园区建设。聚焦农业绿色发展，推进粮油融合发展产业园建设。建成长江中上游优质粮油中试熟化基地1000亩（新品种田间超市）、稻田综合种养核心示范区2.5万亩，建成中化集团优质粮油MAP农业技术服务中心、华川集团优质水稻基地4万亩。国家现代农业示范区农业现代化水平获得农业农村部第三方评估组好评。崇州市天府优质粮油融合发展园区被评为成都市五星级现代农业园区，成都崇州市粮油现代农业园区被评为四川省五星级现代农业园区。

【种养殖业】 全市粮食作物播种面积46.68万亩，产量21.83万吨，增长0.2%；油料作物种植面积17.28万亩，产量2.7万吨，增长0.7%；蔬菜种植面积10.83万亩，产量31.69万吨，增长2.8%。全年生猪出栏36.61万头，减少37.4%。肉类总产量44236吨，减少24.6%，其中猪肉产量26510吨，减少37.6%；禽蛋产量3.8万吨，增长4.1%。水产品产量1.33万吨，增长30.9%。

重大动植物疫病防控。全市猪瘟、口蹄疫、高致病性猪蓝耳病、禽流感、鸡新城疫群体免疫密度常年保持在90%以上，其中应免畜禽免疫密度达100%，畜禽有效免疫抗体合格率达70%以上。加强动物产地检疫、屠宰检疫，全年开展生猪产地检疫18.57万头、家禽产地检疫1329.21万羽，开展生猪屠宰检疫46.59万头、家禽屠宰检疫352.06万羽。全年无重大农产品质量安全事件和区域性、系统性重大动物、农作物疫情发生。

【农业农村改革】 聚焦深化农业农村改革，推进农业农村深化改革。全面完成农村集体资产清产核资“回头看”工作，全域推进农村集体资产股份合作制改革试点，组建村级股份经济合作联合社150个，村级集体经营性资产股份化改革村占比达65%。推进“四加工程”，实施“农商文旅体+集体产权制度改革”试点项目2个，探索形成白头镇五星村集体经济发展“2234”机制。全国政府购买农业公益性服务机制创新试点通过农业农村部绩效考评。全国土地经营权入股发展农业产业化经营试点交流现场会在崇州市召开。深化崇州“1+3+7”农村金融综合服务体系，全市累计发放各类农村产权抵押贷款1182笔、23.53亿元；“农贷通”累计线上融资申请1491笔、11.51亿元，累计放款982笔、8.22亿元；完成各类农村产权交易22宗、交易金额19869.26万元。持续推进国家、省、成都市改革试点，全省城乡融合发展综合试点有序推进，探索形成“八大制度”供给体系。崇州市被列为全国115个开展乡村治理体系建设试点示范县。

【乡村振兴】 崇州市全省乡村振兴规划编制试点“1+6”规划体系于5月14日通过省委农

办评审，绘制形成“多规合一”的乡村价值地图。编制完成2个特色小镇策划规划、6个精品林盘规划设计方案。落实农业农村优先发展，制定出台《关于大力实施乡村振兴战略加快推进高质量发展2019年行动方案》等配套文件6个。健全“三级书记抓”工作机制，实行乡（镇）党委、政府实施乡村振兴战略年度报告制度。设立乡村振兴风险补偿基金500万元，推动乡村振兴战略实施的落地落实。

【农业招商项目建设】 聚焦农业招商引资，推进农业重大项目建设。3月26日，举行2019年重大项目暨产业功能区重大项目集中开工仪式，集中开工项目32个。推进巨星梓潼猪场改造、四川众乐乐生猪屠宰等重大农业项目，全年完成农业固定资产投资入库项目32个，完成农业固定资产投资17.6亿元。全面完成2018年高标准农田建设1500亩；实施2019年高标准农田建设25000亩，完成年度建设进度任务。争取中央高标准农田建设、省级现代农业园区培育、畜禽粪污资源化利用、全省农村人居环境整治重点县、特色镇建设和川西林盘保护等上级涉农财政项目资金投入近1.2亿元。

【农业机械化】 全市有大中型拖拉机905台、小型拖拉机5528台、联合收割机967台，农业机械总动力达42.08万千瓦。全年机耕作业面积42802公顷，机电灌溉作业面积8300公顷，机播面积34602公顷，机收面积38402公顷，全市农机化率达92.7%。

落实安全生产“一岗双责”主体责任，加强农业安全生产监管。开展“百日安全”、“安全生产月”、安全生产大检查等活动，加强农业、牧业、渔业安全生产监管，全年无涉农生产安全责任事故发生。加强农机安全生产，同农机生产企业签订安全责任书，同农机手签订农机安全责任卡，全年无农机安全责任事故发生。

【农业农村信息化建设】 聚焦农业数字经济发展，推进“农业+互联网”建设。引进北京奥科美公司建设农业大数据平台，发展农业数字经济。引进北京农信互联集团计划投资“西南总部项目”5亿元，实施科技振兴，在崇州市建设西南地区最大的农业数据汇聚中心，打造猪链网，服务川猪振兴。搭建“农机智慧云仓”平台，线上线下结合，实现农情监测、农机调度、机手培训一体化发展。联合京东、苏宁等组建“天府好米联盟”，培育稻虾藕遇、小亭米等品牌，发展农村电商营销。全市全年农产品电商销售收入17.3亿元，增长32%。

【农村人居环境整治】 崇州市被列为全省农村人居环境整治重点县，全市投入农村人居环境整治建设资金20762.07万元。抓好农村户厕改造提升，统筹推进精品林盘、一般林盘、整村推进村、散居农户农村户厕改造“四同步”，完成农村户厕改造任务13815户的100%，其中11个整村推进村完成农村户厕改造任务3810户的100%。抓好村庄清洁美化提升，完成“百村容貌”整治村8个，198个村“美丽四川·宜居乡村”、30个“美丽蓉城·宜居乡村”达标。抓好特色镇建设和川西林盘保护修复，重新梳理规划建设慢享湿地小镇等特色小镇5个，加快建设川西旅游环线、水木北部乡村2条川西林盘聚落示范带，建成严家弯、乌尤驿等5个精品林盘，实施精品林盘6个、一般林盘建设26个。打造川西林盘景区，竹艺村创建4A林盘景区，植入厉空山等30个渗透叠加的多元消费场景，带动区域价值整体提升，“蜀风雅韵、百村百态”的乡村形态加速呈现。

【农产品质量安全监管】 加强落实农产品质量监管属地管理责任制，健全全域农产品质量安全监管台账，全市列入监管的农业经营主体达1740家，实现农产品质量监管网格化管理。推进“标准化+品牌化”双轮驱动，创建国家农业综合标准化示范市。健全农产品质量安全检测体系，全年开展农产品质量安全定量监测1083组，合格率为99.3%；农药残留快速检测24001组，合格率为99.9%。

【农业综合行政执法】 全面推行行政执法公示制度、执法全过程记录制度、重大执法决定法制审核制度“三项制度”，按照“双随机、一公开”要求开展农资专项治理行动，全年检查各类管理相对人720余家次。加大农业行政执法查处力度，严厉打击农业行业违法行为，全年立案查处农业行政违法案件58件，结案46件，收缴罚款74.59万元。

【惠民政策与民生工程】 全市发放耕地地力保护补贴资金4277.57万元，发放成都市级粮食规模化生产财政奖补补贴资金4877.48万元，发放稻谷补贴资金1003.68万元，发放农机购置补贴资金483.58万元。加大新型农民培育力度，全市培训新型职业农民1245人。加大精准扶贫力度，全市2个经济薄弱村人均可支配收入为17294元，增长33.3%，高于成都市同期增长23.3个百分点，达到崇州市同期收入水平的73.2%。35户产业帮扶户人均可支配收入为16381元，增长20.2%，达到崇州市同期收入水平的69.3%。精准扶贫实现“两不愁、三保障”和“四个好”目标。

【名优特新农产品】 崇州大米。崇州市素有“西蜀粮仓”之美誉，崇州大米因原产于崇州市而得名，种植历史悠久，东晋史学家常璩的《华阳国志》中便有描述：“小亭有好稻田。”常璩是蜀郡江原（今四川成都崇州）人，其所述“小亭”应在今崇州市隆兴镇附近，考古发掘出的紫竹村遗址可为证。

崇州市地处成都平原经济区腹心地带，具有土地集中连片、土壤肥沃、属都江堰精华灌区等优势，水质良好、水源充沛，盛产稻谷，种植出的崇州大米具有垩白粒少、垩白度低、米饭气味正常、口感软硬适中、可咀嚼性好、米粒完整性较好、有光泽、饭香味浓郁的特点。

崇州市先后成为全国新增千亿斤粮食生产能力建设市、国家级粮食生产功能区示范区、国家级主要农作物全程机械化示范市、四川省粮食主要产区，具有优质的生产基地和完备的农业生产体系。2018年，崇州市推广稻田综合种养面积近5万亩，形成“一水两用、一田双收、水土共治、粮渔共赢”的立体循环农业发展模式。在稻田中同时饲养鱼、虾和鸭，鱼、虾、鸭可以为水稻提供天然肥料、翻松泥土、增加水里的氧气含量，有利于水稻的生长。而水稻引来的各种昆虫又为鱼、虾、鸭提供食物，而且虾对农药敏感，所以，在这片鱼虾和谐共生的稻田里种出了营养、健康的生态崇州大米。

四川·崇州中国好粮油大米加工项目开机投产暨合作签约仪式在崇州市举行。随着该项目的落地，在崇州将实现日加工水稻300吨、年加工水稻约9万吨。这也是崇州都市农业产业功能区围绕粮油基地建设，以科技创新为引领，吸引优质企业投资落户、带动农民增收致富、为乡村振兴贡献力量的有力举措。

【主要领导人】 市委书记：欧昭；市人大常委会主任：易孔盛；市长：尹念红；市政协主席：杨火清；分管农业副市长：郑文学。

崇州市编写组

简 阳 市

【基本情况】 2019年，全市辖18镇10个街道（不含成都高新区托管区域），辖区面积2213.5平方千米（含成都高新区托管区域473.76平方千米），其中耕地面积10.7万公顷。年末总人口117.12万人（户籍人口），人口出生率10.4‰。

2019年，全市GDP504.05亿元，增长8.5%，其中第一产业增加值75.81亿元，增长2.9%；第二产业增加值164.61亿元，增长7.2%；第三产业增加值263.63亿元，增长11.5%。三次产业对经济增长的贡献率分别为4.8%、36%和59.2%。

公路通车里程2467.9千米（其中乡村公路2055.1千米），密度1500米/平方千米。有各类学校194所，在校学生118349人，教职工8008人，其中普通中学5所，在校学生12745人；小学67所，在校学生44206人；学龄儿童入学率100%。

【农产品品牌战略实施】 截至2019年年底，全市共有“三品一标”农产品131个，获证企业72家，总面积201505.6亩，年生产总量437168.9吨，其中无公害农产品84个，获证企业36家，总面积36695.85亩，年生产总量24509.1吨；绿色食品31个，获证企业26家，总面积33643亩，年生产总量50189.8吨；有机产品15个，获证企业9家，总面积11166.75亩，年生产总量2470吨；农产品地理标志1个，用标企业3家，总面积120000亩，年生产总量360000吨。

【现代农业园区建设】 全年农业园区完成投资10.08亿元，发展产业6.83万亩。出台了《中共简阳市委办公室、简阳市人民政府办公室关于印发〈简阳市现代农业园区建设考评激励实施方案〉的通知》（办字〔2019〕127号）。组织开展2019年度简阳市级农业园区评定，其中简阳伏季水果现代农业产业园和成都一口吖吖高效农业生态园被评定为简阳市四星级农业园区，简阳市平息阳春玉桃产业园、中国·江源五丰农业产业园被评定为简阳市三星级农业园区；简阳伏季水果现代农业产业园创建为2019年度成都市三星级现代农业园区。

【畜牧业】 全市生猪出栏52.46万头，山羊出栏48.53万只，禽兔出栏974.61万只，禽蛋产量2.8万吨；实现畜牧年产值49.9亿元，畜牧业产值占农林牧渔业总产值的比重达41.02%。建立生猪三级良种繁育体系，生猪良种面达93.85%；肉牛良种面达91.24%，山羊良种面达99%，禽兔良种面达97%。全年共创建成都市级标准化示范场8个，其中生猪标准化示范场4个、肉羊标准化示范场3个、放养鸡标准化示范场1个。建立畜产品质量安全追溯体系，全市规模化养殖企业生产记录档案建档率达100%，屠宰企业规范化管理率达100%，全市未发生重大畜禽养殖污染事件。

【水产业】 全年水产品总产量2.7717万吨，增长4.2%，产量居成都市第一名；实现产值5.87亿元，增长32.8%。平泉街道荷桥村新建智能工厂化循环水（RAS）养殖示范系统3套（100立方米/套）。全市累计完成稻田综合种养面积15000亩。全年无水产食品安全事故发生、无渔业生产安全事故发生。

【乡村振兴】 全市聚焦乡村振兴战略“十大重点工程”“五项重点改革”和农村人居环境整治、农村“884”工程建设，出台简阳市乡村振兴《行动计划》、连片示范区《工作方案》和《考评激励办法》等7个指导性文件，推动农业全面升级、农村全面进步、农民全面发展。全年新（改）建乡村道路415千米，新建公办幼儿园16所，改造薄弱学校66所，通天然气村累计达364个，消除土坯房8200户，新增公交（客运）线路7条，建成文化馆分馆18个、图书馆分馆21个、文化站18个，完成9个全民健身中心建设，打造40个乡村健身路径，农村面貌持续改善。制定下发引才引智系列政策10余个，引进高层次人才70名。在全省首创成立青年农民学院，建立“5+2”教育培训模式。优选重用村干部1400余人、党组织书记200余人，储备村“两委”后备干部2000余名；积累职业经理人920人、实用技术人才7490人、社工人才325人，为乡村振兴提供了人才支持。组建联合党委、园区党委等52个，建立驻外流动党支部46个，登记社会组织330个；健全农村党建10项制度，加强党对基层组织的领导。开展乡村振兴考评激励工作，评选出简阳市本级先进乡（镇）5个、示范村25个，创建成都市级先进镇1个、成都市级示范村5个、省级示范村2个。推进7个乡村振兴连片发展示范区建设，全年完成投资10.2亿元（其中整合项目资金2.4亿元，撬动社会资本7.8亿元），新增产业基地1.5万亩，新（改）建村（组）道路38千米、乡村绿道10千米、生产便道50千米，新建涉及1380户的农民新村10个。在成都市2019年度乡村振兴“十大案例”评选活动中，简阳市获得“十大乡村创意项目”“十佳返乡农业创业大学生”“十大最美川西林盘”“十佳‘三美’示范乡村”4个奖项。

【农村水利】 全市围绕“兴水、供水、节水、净水、治水、管水”新目标，加快现代农田水利基础设施建设。启动2019年市级财政农田水利项目和2019年“水美乡村”建设，按照“强基础、优生态、美环境、促发展”的总取向，采取连线成片打造的方式，培育“河畅水清、功能健全、岸绿景美、人水和谐”的“水美乡村”示范带，为农业因水而强、农村因水而美、农民因水而富，构建成都特色的城乡水务融合发展新格局做出更大贡献，于11月评选出平泉镇荷桥村、飞龙乡协议村为精品“水美乡村”，镇金镇红庙山村、老龙村，云龙镇千佛村，简城镇大葫村为达标“水美乡村”。按照长期规划和短期规划相结合的原则，全力助推农村水利基础设施建设，打造连片建设高效节水灌溉示范工程，在雷家、永宁、禾丰、灵仙、同合和老龙等山丘地区共计完成高效节水灌溉1.4507万亩，其中管道灌溉1.39万亩、喷灌0.06万亩。在总结先期改革经验的基础上，制订并下发《简阳市农业水价综合改革实施方案》（简府办函〔2019〕127号），明确了农业水价综合改革指导思想、基本原则、改革目标、实施步骤、重点任务和保障措施；简阳市发改局、简阳市水务局联合下发《关于我市节水灌溉农业供水价格的通知》（简发改发〔2019〕386号），明确了农业灌溉用水价格和计收方式；简阳市水务局下发《关于下达2019年度取水计划的通知》（简水发〔2019〕25号），全面实行水资源总量控制、定额管理，提高水资源利用效率，完成水价改革1万亩的目标。

【农业机械化】 全年完成机耕作业面积129.7万亩、机播作业面积33.65万亩、机收作业面积58.45万亩，全市农机总动力达50.35万千瓦，主要农作物机械化综合水平达56.67%。完成提灌站建设任务25座，其中新建14座、技改11座。全年共计争取项目资金773.291万元，其中农机购置补贴中央补贴资金183.791余万元，受益农户459户，补贴机具591台，结算达90%以上；争取成都市级农机购置累加补贴资金114.8万元。2019年成都市级、2019年简阳市本级提灌站建设项目投入资金总额为474.7万元。

【农村文化】 全市推进村文化室建设，完成140个村文化室建设，移交乡（镇）使用129个，均配送了设备设施。为平泉镇荷桥村、禾丰镇丙灵村等贫困村配置了LED宣传栏、音响及民风廊。实施文体基础设施提升工程，完成平泉镇等10个点位建设。实施广播电视基础设施三年提升行动，完成100个村有线广播电视网络数字化、双向化、智能化升级改造。完成应急广播系统建设规划设计，并通过省局评审。以“庆祝中华人民共和国成

社区教育。11月21日，五凤镇社区教育学校接待重庆市社区教育骨干教师培训班50名学员考察学习。四川省成人教育与职业教育协会将金堂县五凤镇社区教育学校纳入省级培训实地考察学习基地。创建市级优质社区教育学校1所（五凤镇社区教育学校）、示范社区教育工作站2个（赵镇中河路社区教育工作站和福兴镇圆觉寺社区教育工作站）。举办2019年金堂县"全民终身学习活动周"启动仪式。开展社区教育专题培训4次，培训400余人次。开展第四期"社区雏鹰"公益活动项目400余个。开展第五届"能者为师·寻找社区好教师"活动，推选2位教师参加市级决赛，获得三等奖。开展"最成都·市民课堂"200余场次，1万余人次参与。编印社区教育读本《孝善行》，评选《栖贤楼贤》《悠悠家风铸乡魂》《川剧座唱》《畜牧养殖技术手册》《藤编、竹编制作手册》为县优秀社区教育读本。

【农村文化】 农村公共文化服务体系逐渐完善。全县21个乡（镇、街道）综合性文化服务中心、232个村（社区）文化活动室均按要求配套相应设施设备，并全部向群众免费开放，构建形成以县城为中心、乡（镇、街道）为主干、村（社区）为支撑的公共文化服务体系。

农村公共文化服务队伍发展壮大。全县乡（镇、街道）综合性文化服务中心和村（社区）文化活动室共有专（兼）职工作人员400余人，各乡（镇、街道）配备3名及以上专（兼）职人员，各村（社区）配备1名及以上宣传文化辅导员。各镇（街道）结合区域特色，建成1～2支特色文化队伍。

农村公共文化服务供给丰富多样。农村文化活动在形式上从单一的文化演出向展览、阅读、宣讲、比赛、体育健身等发展，全县组织开展"成都文化四季风"、文艺汇演、公益电影放映、全民阅读、广场舞比赛、节日游园会、非遗展演等各类活动4000余场，节日文化、广场文化、乡村文化、社区文化等系列群众文化活动明显增多。联合中央电视台录制"CCTV—7《乡村大舞台》走进成都金堂"节目，打造"百姓春晚""百姓星期天"等农村文化活动特色品牌。

【农村卫生】 推进总投资3.3亿元的"十三五"基层医疗卫生机构硬件提升工程，完成26家村卫生室的公有化和标准化建设，完成4个基层医疗卫生机构的基础设施提升改造。31家公立医疗机构参与国家"4+7"试点城市药品集中采购和使用工作，全面落实取消药品加成补助372.2万元。深化分级诊疗，县域就诊率90.5%，上转患者1673人次，下转患者580人次，下转率超过30%，乡（镇）卫生院（社区卫生服务中心）诊疗量平均增幅6.52%。全面推行居民健康档案三格化管理（即将居民健康档案按照流动人群、一般人群和重点人群分类管理），建立居民健康档案674712份，建档率达96.25%，其中电子健康档案674147份，电子建档率96.17%。高血压、糖尿病患者规范管理率分别为81.56%、80.42%；精神障碍患者在管3454人，免费救助严重精神障碍患者298人，严重精神障碍患者社区管理率达96.56%。

全面实施妇幼健康服务项目，全年免费婚检夫妇3646对，孕前优生健康检查已婚待孕夫妇2490对；新生儿疾病免费筛查率99.38%、听力筛查率99.3%，孕产妇死亡率为零，婴儿死亡率2.5‰，5岁以下儿童死亡率3.58‰。全年无突发公共卫生事件发生，无甲类传染病报告，乙类传染病发病率197.05/10万。国家免疫规划基础免疫接种率为99.49%，强化免疫接种率为99.69%。对121户改厕农户进行入户调查，完成对改厕乡（镇）和农户的技术培训、健康宣传、效果评估等工作。

【农村法制建设】 筑体系、惠民生，基层法治保障展现真实效。制定《关于推进全县公共法律服务体系建设的实施意见》，开展"公共法律服务质量提升年"活动，县、镇、村三级公共法律服务实体平台不断完善，县级司法行政指挥中心以及覆盖县、乡、村三级的视频在线咨询系统建设有序推进。加强律师参与"12348"公共法律服务热线值班，全年累计线上解答群众法律咨询800余人次；健全交调、医调、价调等9个专业性行业性人民调解组织，矛盾纠纷多元化解机制不断完善。深化"三调联动"机制，在县法院建立人民调解工作室；在23个公安派出所入驻69名专（兼）职人民调解员，其中在水城、赵渡等12个公安派出所设立人民调解工作室，入驻专职人民调解员13名。建成广兴镇九龙村、竹篙镇常乐社区、土桥镇永兴社区3个一级村（社区）"法律之家"。推广"院落互助联盟"，深化"五老+律师+法律援助"组合参与涉法涉诉信访案件化解，全县各级人民调解组织化解各类矛盾纠纷1663件，其中重大疑难复杂案件111件。"坝坝法庭"调解邻里纠纷，"以案说法"推进诉源治理，共通过"坝坝法庭"调解案件40件。为村民提供法律咨询和法律帮助，解答法律问题700余次，帮助修订村规民约50余条，在农村招商引资、农业产业化经营、集体资产经营等方面提供法律咨询、合同审查、法律风险提示等服务80余次。开展农民工讨薪法律援助专项行动，为520余名农民工挽回经济损失450余万元。有序推进刑事案件审判阶段律师辩护全覆盖工作，累计办理法律援助案件1000余件、其他法律援助事项5400余件。落实公证办理事项"一次性告知"制度，坚持开展"5+1"公证延时服务，畅通公证"绿色通道"，全年累计办理各类公证8000余件，减免费用3万余元，公证送达法律文书300余件。

建机制、促改革，推进农村公正规范文明执法。印发《金堂县农村宅基地审批和住房建设管理暂行办法》，从规划选址、建房标准、申请条件、审批管理、监督管理等入手，明确各镇（街道）及相关部门职能职责，确保宅基地申请审查、审核批准、执法监督等各环节履职到位、管理到位，规范农村建房审批管理。督促县级执法部门执法力量下沉，加强基层执法队伍建设，采用"在编+派驻"方式解决基层执法力量薄弱问题，基层执法所在编人员共89名。深化交通运输、生态环境保护、文化市场、市场监管、农业5个领域综合执法改革，建立综合执法事项"一事一表"，逐项将综合执法事项分为巡查、发现、立案、调查、处罚、整改等多个环节，明确行政执法事项各环节责任主体和各部门具体任务，着力解决"属地管理"责任不清，县、乡两级推诿扯皮等问题。不断完善执法程序，创新执法方式，提高执法能力，全面实施"互联网+综合执法"，利用信息化手段提升执法效能。

抓关键、拓渠道，学法普法注入强动力。发挥村法律顾问专业优势，组织开展以案说法、法治大讲堂等活动，在村民大会、村民代表大会时间节点开展普法讲座，宣传国家法律、法规。依托200个法律顾问微信群，实时在线推送最新法律法规及政策。坚持开展"诉源五治"，培育乡风文明，逐渐形成办事依法、遇事找法、解决问题用法、化解矛盾靠法的良好氛围。针对关键人群开展青少年学法用法调研座谈；开展"开学第一课""我与宪法""青少年防性侵"等专题法治宣传活动60余场；推进"宪法法律进高校"、"宪法驻我心"、"12·4"宪法宣传周主题活动、开展"追梦青春·与法同行"抖音短视频大赛和"我最喜爱的高校法治宣传代言人"网络评选。全年累计开展法治大讲堂2400余场、"法律七进” 1500余次。“金堂普法网”“法韵金堂微信”“法治金堂微博”客户端作用深入发挥，通过新媒体平台累计发布普法信息1200余条，“指尖”上的普法和法律服务更加便捷。

抓引领，重创新，乡村法治振兴找准着力点。在竹篙镇、土桥镇打造乡村法治振兴示范点，以“六提升、四发挥、两创建、一壮大”为导向，着力提升村（社区）党员、村（社区）干部等6类关键人员的法治素养。建立“外出务工经商人员+法律顾问+村（社区）干部+司法所人员”微信群，开展调解员培训11次、“说事评理”7次。邀请市民观察员、镇人大和政协代表等组成评议团，开展民主法治示范村（社区）“回头看”活动，巩固和扩大示范创建工作成果。

【农村交通】 全年建设完工金堂大道“大智造”高板片区段市政改造工程、工农大桥、云合镇二桥、家珍大道上跨达成铁路桥及引桥工程、竹转路改造工程、转龙镇红桂路新建工程。金简仁快速通道、成金简快速通道、金堂县白果通用机场西环线建设工程、省道422线赵镇至淮口道路改造工程、淮州湾大桥及连接线工程（红岩寺大桥）、福兴大道、淮（口）金（龙）大道、金堂县竹篙镇场镇南环线工程、金堂县竹篙镇场镇北环线工程、隆盛大道等项目有序推进。

【涉农招商引资】 2019年，全县3000万元以上的农业招商引资重大项目35个，增长9.37%；项目总投资11.9亿元，增长21.43%。到位资金4.66万元，增长21.67%。

【农村社会保障】 加强基层服务平台建设。各乡（镇）、村（社区）基层平台均配备自助服务一体机，群众办理业务更加方便快捷。创新工作模式，简化经办流程，推进社保业务下沉，加强对基层工作人员的业务培训，提高服务水平，让“数据多跑路，群众少跑腿”落到实处，打通服务群众“最后一公里”，多渠道实现高效能服务。

提高政策宣传覆盖面。通过创新宣传方式、改变宣传角度、拓宽宣传途径等方式强化宣传效果，同时运用全民参保扩面专项行动成果推进精准扩面。组织工作人员到场镇、社区发放宣传资料，解答群众普遍关心的热点问题。通过微信公众号、网络、报刊等媒体大力宣传政策，强群众对城乡居民养老保险政策的熟悉度、知晓率。建立社保待遇领取资格核查认证“无忧”模式，通过数据联网对比，分析判断参保人的养老待遇领取资格。同时，加强主动服务，发挥乡（镇）、村（社区）基层服务平台作用，通过开展社区文娱活动、健康体检、上门走访等方式主动认证，全年共认证17.7万人。

【农村生态建设及环境保护】 全县境内三个考核断面毗河一桥、三皇庙和宏缘水质全面达到地表水Ⅲ类要求，出境宏缘断面主要污染物氨氮、总磷浓度分别下降24.15%、18.74%；北河、东风水库、红旗水库3个集中式饮用水水源地水质达标率100%。逐步提高环境保护工作目标考核分值权重，运用目标考核倒逼乡（镇）和部门切实履行生态文明建设和生态环境保护职责。同时，严格实施《金堂县乡镇（街道）生态环境保护工作办法》，每年由县财政拨款设立环保工作经费，按照奖惩制度严格考核环保工作成效，有力激发基层环保工作的自觉性、主动性和创造性。不断构建完善“政府发挥主导作用、企业履行主体责任、社会组织及公众参与和监督”的生态环境保护机制。6月，县环境保护工作委员会被生态环境部评为中国生态文明奖先进集体。通过加强环境执法“双随机”检查、持续推进污染防治攻坚战、参与专项行动实战练兵、推动环境行政执法与司法联动等，有力打击环境违法行为。全年下达处罚决定书142件，处罚金额723.52万元；移交公安机关行政拘留3件，刑事犯罪1件，查封扣押2件，按日计罚1件，移送法院强制执行20件。加强环境智能监测体系建设，实现县域环境监测监管信息化、精准化，建设县城空气质量网格化监测微站25个、乡（镇、街道）空气质量小型自动监测站21个、工业园区空气质量监测站3个；启动“水环境全覆盖监控系统”建设，在全县水质重点监测断面建设水质自动监测站10个，在3个饮用水水源地建成水质预警监测站4个；通过向第三方购买服务，在全县23个污水处理厂布设54台（套）自动监测仪。对6个村（社区）开展环境综合整治，包括福兴镇圆觉寺村、金龙镇谢杨坝村、金龙镇净因寺村、官仓街道双江社区、三星镇双龙桥村、转龙镇龙灯桥村，项目总投资349.8万元，受益人口7250人，4月开工建设，10月完成全部治理并通过验收，截至2019年年底，设施建设运行情况良好，改善了当地生活环境，改善了群众生产、生活条件。注重土壤环境综合治理，秸秆综合利用率达97.95%，农膜回收率达78%以上，农药包装废弃物回收率达65.3%，全年化肥用量比上年减少0.2%。

【农产品质量安全监管】 实施信息化监管，531家农产品生产经营主体入驻、使用国家农产品质量安全追溯平台。监管、检测体系有效运转，全年监管农产品生产基地10428次；快检农产品72784批次，合格率达99.9%；定量检测农产品1200批次，合格率达99.7%；国家、省、市对全县农产品例行监测抽样检测合格率达100%。加强农产品质量安全执法，全年执法监督抽样农产品、农资产品588个，合格率达99.5%；查处农业案件28件、动物卫生类违法案件15件，立案查处结案率达100%。

【农村市场体系建设】 “互联网+”平台建设。推进“农贷通”平台建设，于2016年9月7日成立县“农贷通”平台建设暨农村产权交易体系建设工作推进领导小组，各乡（镇、街道）、村（社区）按照“搭建一个平台、建设三个服务中心、建设三个服务站”的要求搭建“政银企”综合性融资服务平台，建设镇级“三合一”服务中心21个、村级“三合一”服务站148个，已完成所有挂牌和制度上墙，并确定工作人员负责农村产权交易信息的收集发布和金融服务工作。

“农贷通”风险资金归集到位。《金堂县“农贷通”平台建设和农村产权交易体系建设工作方案》经政府常务会议、县委常委会议讨论通过后，在已建立400万元农村产权抵押融资风险基金的基础上，由县农投公司增资到500万元，已建立500万元规模的县农村产权抵押融资风险补偿基金。

发挥“农贷通”平台服务农村金融需求效用。配合成都金控征信公司完成各镇中心复核员，各村级编辑员、采集员、审核员的账号配置，农行金堂支行、建行金堂支行、金堂汇金村镇银行等金融机构进入“农贷通”平台系统，相关工作已全面开展，让金融机构与农户、新型经营主体信息对称，解决农村金融服务“最后一公里”的问题，使有融资需求的新型农业经营主体、农户通过“农贷通”平台能够更好、更快、更方便的贷款。

农村金融工作。一是推动农村金融产品与服务创新。鼓励县域内各金融机构拓宽“三农”融资渠道，扩大涉农贷款规模。全县全年涉农贷款258.26亿元，较年初增长12.88%。县域内农商行金堂支行、农行金堂支行、金堂县汇金村镇银行等金融机构均推出了“农户小额信用贷款”“惠农e贷”“汇金仁精准扶贫贷”等支农惠农金融产品，提供农村金融服务。二是高度重视打击非法集资工作。在农村深入宣传非法集资相关法律政策，让群众正确识别，进行科学的投资理财，对于非法集资不参与、能识别、敢揭发。在建立防范金融风险专班后，各部门通力合作，密切配合，形成上下联动、横向配合、通力合作的工作格局，确保政策宣传到位、案件处理到位、善后处理到位、责任追查到位。三是提升县新农担公司担保实力。县新农担公司2019年年底在保197笔78728万元，其中涉农担保 149笔56378万元(含“支农再贷款”担保15 笔4650万元)，涉农担保业务占比71.61%，涉及种植、养殖、加工、物流、销售、休闲观光等现代农业各产业链。为解决“三农”企业缺乏可抵押资产等问题，结合全市“农贷通”平台建设，利用农村产权、农村“新四权”做反担保措施完成贷款担保；利用客户可抵押物及应收账款、仓储、存货质押、优质客户信用结合等方式为客户完成融资担保。公司与省信用再担保公司合作，发挥其增信、分险职能，降低企业成本、分担公司担保风险，并将担保业务主动申请纳入农村信用体系，更好地服务“三农”融资需求。

政策性农业保险。全县政策性农业保险总保费收入6979.78万元，其中财政补助资金5130.16万元、农户自缴1849.62万元，体现了农业保险支农惠农的功能。县财政局会同农投公司做好2019年度政策性农业保险补助专项资金的申报工作，市财政对全县2019年政策性农业保险(传统和特色)县级财政承担部分给予40%的补助，对上申请补助资金676.74万元。

【数字农业】 金堂县是全省丘区现代农业重点县和农业大县，按照市农业农村局项目备案制要求，通过公布《金堂县2019年农业物联网示范基地项目申报指南》并组织专家评审，四川田岭涧生物科技发展有限公司作为农业物联网示范基地，承担项目建设任务；按照省、市安排部署，与电信公司合作，在全县建立益农社130个，培训基层信息员100余人，培训农村生产经营大户300余人。

【农村留守儿童帮扶】 全县整合各大中专院校团学组织、“青年文明号”集体、青年志愿服务队、少先队辅导员志愿服务队、青联委员、西部志愿者、青少年活动中心、公益类青年社会组织等共青团关爱力量，形成多元参与的力量纽带。联合县民政局、县少工委印发《实施方案》，明确关爱频次，并围绕留守儿童成长需求大力实施“童伴成长”“童梦启航”“童看成都”“童心圆梦”“快乐童学”“守护童年”六大关爱行动，努力实现对辖区农村留守儿童关爱全覆盖。借助“童伴计划”项目，为村(社区)配备“童伴妈妈”，同时借助专业力量，常态化开展家访、留守儿童档案登记等工作，并每周开展童伴活动，已累计开展60余场，服务留守儿童1200余人次。联合澜天社工淮口、平桥、广兴等10个乡(镇)巡回开展守护童年行动，加强了孩子们的自护意识与自护能力。同时，与县内外10余所高校建立长期合作关系，利用大学生志愿者暑期开展“三下乡”青春关爱行动，成都航院、成都大学、成都文理学院均与乡(镇)结对开展陪伴活动，其中成都航院已连续7年、每年同时在4 ~ 6个乡(镇)开展为期1周的暑期陪伴活动。由团县委对关爱资源进行统筹，将各关爱力量分别与各乡(镇)进行结对，乡(镇)及村(社区)团组织对关爱需求、活动场所、参与人数等予以保障，确保服务常态化。

【劳务开发与返乡创业】 劳务开发。全年农村劳动力转移输出22.45万人，实现农村富余劳动力向非农产业转移就业新增8012人，开展城乡劳动力技能培训1.03万人。全年累计举办各类招聘会165场，参加企业0.35万余家，提供就业岗位4.65万余个，参加人数3.82万人次，达成意向性协议0.79万人。制订并实施《2019年春风行动暨春季巡回招聘服务活动计划》，将人社政策、就业信息、就业岗位送到城乡劳动者家门口，期间共举办大型招聘会30场，提供就业岗位2.53万余个，参加招聘企业994家次，参加群众达1.76万余人，达成意向性协议0.36万余人。

返乡创业。着力实施回乡创业“千人百亿”五年计划，不断优化创业环境，加快建立政策扶持、创业培训、创业服务“三位一体”工作机制，实现创业信息、创业平台、创业服务和创业成果共享，形成具有金堂特色的农民工返乡创业格局。实施“千人百亿”回引、培育、创业、提升、保障“五大行动计划”。对在校大学生进行创业培训共培训1620人，对返乡农民工进行创业培训，共培训80人；促进高校毕业生实现创业72人(发放创业补贴50万元)，发放创业担保贷款650万元。

【项目建设】 完善农业项目管理制度，形成项目信息管理、申报、评定、建设、考核全程闭环管理模式，规范管理财政支农在建项目150个，涉及资金4.76亿元。扎实推进全县109个乡村振兴项目建设，促建聚峰谷农村产业融合发展项目和油橄榄产业园2个重大项目；新引进项目50个，计划总投资15.1亿元，全年完成农业固定资产投资18.6亿元。

【名优特新农产品】 金堂铁皮石斛。金堂铁皮石斛从20世纪60年代开始种植，种植历史悠久。金堂铁皮石斛略具清香气，味淡，后微甘，嚼之初有黏性，继有粘滞感，无渣或少渣滓，有几十种化学物质，可促进血液循环，增强心脏功能，促进肠胃运动，增强消化功能，显著提高人体内的SOD(超氧化物歧化酶)水平，降低LPO(过氧化脂质)，由于金堂铁皮石斛所具有的种种特殊功效，被誉为“人间仙草”。

为了更好发挥金堂铁皮石斛经济效益，金堂县引导域内企业重视产学研结合，主导参与金堂铁皮石斛产业标准化、规范化和产学研体系的建立，分别与中科院成都分院生物研究所、四川省中医药科学院、四川大学、四川农业大学、成都中医药大学建立了深度合作关系，致力于金堂铁皮石斛食品和药品等一系列深加工产品的研发，开发金堂铁皮石斛的药用价值，拓展并促进金堂铁皮石斛产品多层次和多元化，拓宽销售渠道的同时，以满足不同群体各异的健康需求。

【主要领导人】 县委书记：辜学斌；县人大常委会主任：陈文建；县长：古建桥；县政协主席：邓忠；分管农业副县长：黄朔(10月止)，陈黎(11月始)。

金堂县编写组

大邑县

【基本情况】 2019年，全县辖8镇3个街道，辖区面积1327平方千米。有户籍人口50.92万人、常住人口51.49万人，其中农业人口31.8万人，占总人口的61.9%。有森林面积71967公顷、自然保护区面积31790公顷，森林覆盖率56.14%。是国家农产品质量安全监管示范县、四川省首家全国农业综合标准化示范县、四川省有机产品认证示范创建县、农业部农业数字化应用示范建设项目县，2019年获评成都市农村改革工作先进县。

2019年，全县GDP285.69亿元，增长8.3%，其中第一产业实现增加值42.06亿元，增长2.6%；第二产业实现增加值112.77亿元，增长8%；第三产业实现增加值130.86亿元，增长10.6%。一二三产业结构比为14.7∶39.5 ∶45.8，三次产业对经济增长的贡献率分别为4.3%、46.5%、49.2%。按常住人口计算，人均GDP55679元，增长7.8%。全年分别接待国内游客2005.26万人次、境外游客8.19万人次，分别增长3%和减少4%；实现国内旅游综合收入80.75亿元、旅游创汇3407.9万美元，分别增长27%和减少6%。

全年固定资产投资比上年增长10.9%。全年完成地方财政收入37.6亿元，增长22.1%，其中地方一般公共预算收入15.06亿元，增长8.2%；财政支出57.96亿元，增长24.7%，其中地方一般公共预算支出32.75亿元，增长9.8%。社会消费品零售总额72.52亿元，增长9%，其中乡村零售总额24.56亿元，增长10.4%。金融机构各项存款余额354.97亿元，增长10.3%；年末全部金融机构各项贷款余额183.96亿元，增长9.5%。全年保费总收入4.35亿元，增长11%，其中处理各项赔款和给付金额2.26亿元，减少19.5%。

有固定电话用户13.7万户，增长3.8%；移动电话用户63.22万户，增长2.7%；互联网用户数25.14万户，增长13.5%。

公路总里程1663.1千米，其中国道13.9千米、省道139千米（含S8高速公路）、县道139.6千米、乡道584.4千米、村道769.2千米、专用公路17千米。公路旅客运输1699万人次，公路客运周转量28440万人千米；完成公路货物运输287万吨，公路货运周转量达20529万吨千米。

有中小学37所，其中单设小学17所、普通中学20所；中小学在校学生4.22万人，专任教师0.29万人；有中等职业教育学校3所，专任教师204人；幼儿园75所，在园幼儿1.5万人，专任教师0.09万人；学龄儿童入学率100%，初中升学率101%，高中升学率96%。有卫生机构436个，其中医院、卫生院43个；医院、卫生院技术人员0.34万人，其中执业（助理）医师0.11万人；总床位4766张，其中医院3225张。

【年度农业和农村经济运行】 2019年，全县实现农林牧渔业总产值71.02亿元，增长2.6%，其中种植业26.68亿元，增长16.3%；林业1.71亿元，增长12%；牧业38.74亿元，减少6.3%；渔业2.49亿元，增长2.8%；农林牧渔服务业1.39亿元，增长6.4%。全年实现农业增加值38.44亿元，增长2.7%，占全县GDP的13.2%。农村居民年人均可支配收入达23737元，增加2119元，增长9.8%；农村居民年人均消费性支出17885元，增加1988元，增长12.5%。

农业产业化发展。全县有各类涉农经营主体1172家（含林业），其中涉农企业332家、农民专业合作社450个、家庭农场390个；市级以上农业产业化重点龙头企业22家，其中省级6家；农业职业经理人1444人（持证），2019年新培育400人（未评级）；新培育新型职业农民1329人。全县涉农经营主体893家已全面复工。

农用地产权制度改革。全县农村土地确权面积32.6万亩，土地适度规模流转面积28.8万亩，农用地适度规模经营率达约88%。全县土地流转费均价为1000元/亩（农村土地流转履约保证保险按此标准）。

农产品品牌战略实施。打造"西岭绿源"农业公共品牌，国家出口食品农产品质量安全示范区创建通过省级验收，"安仁葡萄"地理标志保护示范区建设通过省级验收；完成12家企业出口备案，制定15大县域核心生产标准50余项，通过1项省标立项。全县有"三品一标"农产品97个，其中有机农产品46个、绿色农产品11个、无公害农产品30个、地理标志农产品10个。建成有机农业生产基地1万亩。农业产业化龙头企业中有2家获得"中国驰名商标"（蜀之源、友嘉）、22家企业30个品牌获得"成都市著名商标"。

现代农业园区建设。大邑安仁都市现代农业园区、大邑县稻乡渔歌现代农业（粮食）产业园区、天府道源中药材产业园区3个10万亩产业园区分别以特色水果、优质粮油、中药材为主导产业，形成了生态果蔬、优质粮油、林竹药、名优水产等特色优势产业，建成葡萄产业种植基地、生态蔬菜基地、食用菌种植基地、红梅产业发展基地、中药材基地万亩特色农产品基地5个以及农产品出口基地4家，建成格林庄园、向阳花农场、金谷域庄园等休闲体验农业项目37个。大邑安仁都市现代农业园区、大邑县稻乡渔歌现代农业（粮食）产业园区分别获评市级三星级、五星级现代农业产业园。

【种养殖业】 全县农作物播种面积59.6万亩，其中粮食作物播种面积37.2万亩，产量15.76万吨，增长0.5%（小麦产量3.31万吨，减少0.5%；水稻产量9.51万吨，增长0.7%）。经济作物播种面积13.4万亩，蔬菜产量21.9万吨，水果产量3.4万吨，油菜籽产量0.71万吨。全年出栏生猪34.7万头，肉类产量4.29万吨；出栏家禽915.5万只，禽蛋产量2.49万吨。水产品产量9234吨。"两区"划定粮食生产功能区19.1万亩、重要农产品生产保护区6万亩，建成高标准农田16.07万亩（入库面积，含国土、发改和农发办项目）。

【乡村振兴】 全年实施乡村振兴重点项目32个，稻乡渔歌、智慧田园等6个重大项目建设加快推进；获评市级实施乡村振兴战略推进城乡融合发展先进镇1个（安仁镇）；实施乡村振兴战略推进城乡融合发展示范村（社区）8个（沙渠街道祥和村、安仁镇新福村、安仁镇、蒲墩村、王泗镇庙湾村、王泗镇七一村、新场镇桐林村、安仁镇兰田社区、青霞街道分水社区），省级实施乡村振兴战略推进城乡融合发展示范村（社区）2个（安仁镇新福村、沙渠街道祥和村）。

【"公园城市"建设】 制定美丽宜居"公园城市"规划建设导则，西岭雪山下的"公园城市"意境加快呈现。实施"全域增绿"，累计建成各级绿道144.7千米，其中新建绿道20.5千米；县城建成区绿化面积9.62平方千米，绿化覆盖率达39.5%；新增绿地面积1.02平方千米；全县森林覆盖率达56.14%。举办"一带一路·世界城市文化旅游"论坛、世界华人滑雪大赛（亚洲站）、安仁双年展、名镇博览会、山一国际女性电影展、南国国际冰雪节、天府丰收节等一系列具有影响力的活动。

【社会治理】 社区"五态"显著提升，坚持市场化机制、商业化逻辑，统筹推进社区发展治理"五大行动"，全年完成老旧院落改造8个、城中村改造1274户，整治背街小巷38条，建设"小游园·微绿地"3个、社区绿道项目4个，实施"两拆一增"项目20个，建成村（社区）综治中心198个。实施"社区微更新"项目139个，建成示范特色街区8条。深化党建引领城乡社区发展治理"双示范"建设，紧扣"文旅大邑"主线，开展"五大行动""七大攻坚"，实行包片联系专人督导，推动40个县级示范社区、32个县级示范小区建设，6个市级示范社区、5个市级示范小区通过市达标验收，打造"百佳示范社区"5个、"百佳示范小区"4个，"双百佳"获评数均位列郊区新城第一。

【农业机械化】 全县有大中型拖拉机2860台、配套农具4128台、插秧机158台、烘干机70台、联合收割机176台，农机总动力达26.502万千瓦。农机化作业服务组织24个、196人，全县农作物耕种收综合机械化水平达83%以上。

【农村文化】 全年免费开放图书馆、文化馆、20个乡（镇）综合文化站（活动中心）、"5·12"抗震救灾纪念馆。新建基层综合文化服务中心示范点2个。开展"成都文化四季风"等大中小型文化、艺术展演活动60余场、"走基层"文化惠民文艺演出40场。

【农村社会保障】 全县全年城乡居民基本医疗保险参保人数34.63万人。全年完成城乡社区日间照料中心7个、14个村级养老服务站点建设。有各种社会福利机构5个，床位

1748张。农村居民最低生活保障人数5098人。有救助站1个，救助78人次。

【主要领导人】 县委书记：李燎；县人大常委会主任：马良清；县长：连华；县政协主席：张昌勇；分管农业副县长：李建康。

大邑县编写组

蒲 江 县

【基本情况】 2019年，全县辖2个街道6个镇，辖区面积583平方千米，总人口28万人，森林覆盖率66.89%，是全国首批、全省首个国家生态文明建设示范县。

【新型农业经营主体培育】 全县市级以上农业产业化重点龙头企业21家，其中国家级龙头企业2家、省级8家、市级11家；新增市级农业产业化重点龙头企业1家——四川至诚农业科技有限公司；培育农业"明星主体"100家。鼓励农民合作社和家庭农场组建联合社、产业联盟等各类联合体，抱团发展，新培育家庭农场27家，累计达369家；新培育农民专业合作社36家，累计达547家；新增省级示范家庭农场2家，3家获评为省级示范专业合作社。新培育新型职业农民1650人，累计达2419人；新培育农业职业经理人300人，累计达1651人。

【农业品牌建设】 参展参会。组织参加全国农交会、四川（国际）茶博会、成都国际都市现代农业博览会、香港亚洲国际水果蔬菜展览会等展会，在中央电视台、春熙路商圈、成都地铁、北京和成都机场等进行品牌形象宣传，蒲江猕猴桃国庆期间亮相北京天安门"辉煌的中国"成就展，提升了蒲江农业的品牌影响力。蒲江县获评中国国际有机产品博览会"年度魅力生态县"称号，获评"中国有机30年全域有机创新奖"；"蒲江雀舌""蒲江丑柑""蒲江猕猴桃"获得"四川省十大杰出区域品牌"称号，全部进入2019全国区域品牌价值前50强，综合价值达374.53亿元；"蒲江猕猴桃""蒲江丑柑"获评2019年度中国果业最受欢迎的猕猴桃和柑橘区域公共品牌10强。蒲茗坊获准首批使用"天府龙芽"地理标志，"蒲议"牌米花糖获评"2019年四川省优质品牌农产品"。

加强农业对外开放。依托"全省农业对外开放合作试验区"建设，加大农产品出口，建成农产品出口备案基地2.9万亩，助推鲜农纷享、三千米甜等市场主体将蒲江优质农产品出口到东南亚、欧盟等国际市场。

【现代农业园区建设】 蒲江特色水果现代农业产业园。蒲江特色水果现代农业产业园于2019年被评为国家级现代农业园区，总规划面积337.4平方千米，涉及1个街道3个镇（鹤山街道、西来镇、大塘镇、大兴镇）、74个村（社区），其中核心区面积10平方千米。园区以6万亩猕猴桃和18万亩晚熟柑橘标准种植、农业服务、分选加工、水果交易、冷链物流、产业融合发展为重点，形成以"有机绿谷、世界果园"为总体定位的"川果"主导产业功能区。园区已建成由果港、果园、果市、果景、果居五大功能区域组成的天府农创园，该区域地处县城北郊鹤山街道狮子树村，面积10平方千米，已建成国家现代农业产业园综合服务中心、水果现代农业物流中心、国家柑橘标准化种植示范区，产业特征明显、产业集聚度高。

茶叶现代农业产业园。蒲江县茶叶现代农业产业园于2019年被评为成都市五星级产业园，产业园总面积70.58平方千米，核心区位于蒲江县成佳镇，辖2个社区6个行政村，总人口1.2万人，辐射周边石象村、水口村、炉坪村、藕塘村、明月村。园区茶叶种植面积10万亩，核心区有茶园2.2万亩，主导产业占园区农业产值的94.2%，占播种面积的90%。园区有茶叶加工企业33家，其中市级以上农业产业化龙头企业3家。承办第九届成都采茶节、中国·成都天府绿道第十届自行车车迷健身节等旅游赛会活动，全年共接待游客131万人次，实现旅游收入3.67亿元。

【现代农业产业发展】 柑橘产业。蒲江县是国家柑橘生产标准化示范区，全县柑橘总面积25万亩，其中无公害、绿色、有机、GAP认证面积4.67万亩；2019年投产面积22.5万亩，亩均产量1650千克，均价5.4元/千克，总产量37.1万吨，实现一产产值21亿元。

猕猴桃产业。蒲江县是国家级猕猴桃标准化示范区、出口猕猴桃质量安全示范区，是全球三大黄肉型品种"金艳"和红心类优新品种"东红"两个专利品种的种植基地。全县发展猕猴桃10万亩，其中无公害、绿色、有机、GAP认证面积3万亩；2019年猕猴桃投产面积9.6万亩，亩均产量1150千克，均价6.24元/千克，总产量11.1万吨，实现一产产值6.93亿元。

茶产业。蒲江县是国家级猕猴桃标准化示范区，全县茶园总面积10万亩，投产面积10万亩，其中无公害、绿色、有机、GAP认证面积0.95万亩；茶叶良种优质率达99%，亩均产量600千克，均价12元/千克，总产量1万吨（干叶），实现一产产值7.2亿元。成佳镇为茶叶种植核心区（面积2.2万亩）。

畜牧产业。蒲江县是全国首批畜牧业绿色发展示范县、生猪调出大县、国家无规定动物疫病区示范区、四川省现代畜牧业重点县。全县畜牧产业形成以生猪养殖为主导，鸡、兔、鸭等为支撑的畜牧产业发展体系，有标准化生猪规模养殖场102个（其中部级标准化示范场1个、省级标准化示范场1个、市级标准化示范场7个），常年出栏生猪45万头以上，年产值达13亿元。通过与德康集团、大北农集团、傲龙集团等企业合作，推广"龙头企业+中小养殖户"的生猪代养新模式，推动畜牧产业向产业化、智能化、科技化方向发展。制订《蒲江县稳定生猪生产保障市场供应工作实施方案》，加强非洲猪瘟防控、猪肉及其产品质量安全监管，确保市场供应。争取中央资金2118.5万元，整县推进畜禽粪污资源化利用。

【绿色有机产业发展】 发布国内第一个县域公共有机品牌——"田蒲田"，建成8S欧标核心示范基地1万亩，新增有机认证1.56万亩、绿色食品认证1.36万亩，全县"三品"及GAP认证面积达11万亩，全国绿色食品原料（猕猴桃）标准化生产基地创建通过验收。县农产品质量安全监督检验检测站通过实验室"双认证"复评审，年定量检测农产品农残1162批次，以县级检测站为核心，58个镇村级检测室开展农产品农残快检24000余批次，产品合格率在99.9%以上。

【农业农村综合改革】 土地制度改革。推动农村集体经营性建设用地入市，新增集体建设用地使用权挂牌交易3宗、面积6.88亩；深化集体建设用地开发利用，流转闲置集体建设用地4宗；推动农村产权抵押融资，新增办理农村经营权抵押贷款6宗、金额1180万元。

农村集体产权制度改革。新增43个村（社区）完成集体经济组织股份化改革，完成炉坪村股份经济合作联合社、水口村股份经济合作联合社等登记赋码工作。

农村金融改革。创新"政银担"金融支农模式，组建"蒲江县乡村振兴农业产业发展贷款风险补偿金"，筹集风险补偿金2425万元，完成授信贷款57笔6659万元；"农贷通"平台发放贷款841笔9.1亿元，贷款贴息99万元。设立乡村振兴专项资金，制定《蒲江县乡村振兴专项资金管理办法》，清理涉农存量资金2600万元实施乡村振兴项目8个。

供销合作社综合改革。建立和完善县联社"三会"制度，新建村级综合服务社42家，全县村级综合服务社覆盖率达100%，基层社覆盖率达100%。成立蒲江县农业社会化服务联合会，提升综合为农服务能力。

【乡村振兴】 示范创建成效显著。聚焦“十大重点工程”和“五项重点改革”，制定《蒲江县实施乡村振兴战略2019年目标任务分解表》，明确58项具体工作的任务书、时间表和路线图，获评为“2019年度四川省实施乡村振兴战略工作先进县”“2019年度成都市实施乡村振兴战略推进城乡融合发展先进县”；明月村、狮子树村、插旗山村、炉坪村4个村获评为“2019年度四川省实施乡村振兴战略工作示范村”，明月村、两河村、炉坪村、狮子树村、水口村、插旗山村、同心社区、彭河社区8个村（社区）获评为“2019年度成都市实施乡村振兴战略推进城乡融合发展示范村（社区）”。

产业基础不断夯实。主导产业全面实现园区化发展，获评为国家现代农业产业园和成都市2019年度现代农业产业园区（五星级）。新增国家级龙头企业1家、市级龙头企业1家，省级示范专合社3家、省级示范家庭农场2家。品牌农业发展国际研讨会永久落户蒲江。

农民收入持续增长。全县农民年人均可支配收入达23788元，排名全省第9位，增长10%，获评为“全市农民增收工作先进县”。

人居环境持续改善。按照《蒲江县农村人居环境整治三年行动实施意见》要求，推进“七改七化”工程，打造人居环境示范村17个，实施农村“厕所革命”整村推进示范村9个、百村容貌整治村8个，农村人居环境整治做法被《四川日报》刊登，获评为“全省农村人居环境整治重点县”。创建“美丽四川·宜居乡村”达标村110个、“美丽蓉城·宜居乡村”示范村30个，甘溪镇明月村获评为农业农村部“全国乡村治理示范村”和“2019年中国美丽休闲乡村”。

人才支撑持续提升。全县获评农业农村部“全国农村青年致富带头人”1人、四川省乡村手工艺大师2人、市级十佳职业经理人5人、市级优秀职业经理人7人、成都工匠4人、蒲江果匠6人、雀舌传人3人。

内生动力持续增强。全县农村土地制度改革相关经验入选《四川改革案例集》，农村人居环境整治工作做法被《三农要情》采用，农商文旅体融合发展工作做法被《四川改革动态》采用，农业社会化服务工作做法被《农村工作研究》采用。

【农商文旅体融合发展】 举办农业节会。举办2019“蒲江丑柑节”暨蒲江丑柑产销对接会、第九届成都采茶节、第12届成都猕猴桃节开幕晚会暨“蒲江猕猴桃”产销对接会、2019品牌农业发展国际研讨会等节会，吸引游客到蒲江休闲观光、农事体验、文化体验、品尝美食。

启动2019年特色镇建设和川西林盘保护修复。启动实施寿安德式精工小镇、大兴国际猕猴桃公园小镇等5个特色镇建设，以及成佳花开麟凤、西来铁牛寨等4个精品林盘和朝阳湖蓝莓谷赵沟林盘、西来刘巷子林盘等15个林盘建设，完成11个规划方案编制。实施西来镇那日生活乐园、白云云顶水乡等71个项目建设，落实各类投资17.1亿元。打造插旗山村、麟凤村等融合发展示范乡村，甘溪镇明月村入选农业农村部“2019年中国美丽休闲乡村”。

【农业基础设施建设】 坚持完善农业基础设施，实施耕地质量提升与保护20万亩，重点打造5万亩产业基金项目核心区；依托农业综合开发、高效节水灌溉等项目，建成高标准农田1.72万亩。

【农业科技创新推广】 成立“农业副产物循环利用国家地方联合工程研究中心”；与华测检测、四川农业大学共建农产品精深加工研究中心；加强与四川农业大学、中国科学院武汉植物园等科研院所的合作，建成柑橘工程技术中心、天敌工厂、“农业科技小院”1个，新建柑橘、猕猴桃新品种试验示范园2个，柑橘母本园1个，柑橘猕猴桃新技术新模式展示园2个，引进“明日见”“媛小春”等柑橘新品种25个，“金红50”“金猕”等猕猴桃新品种11个；获评省政府科技进步三等奖1个、国家科技进步二等奖1个。坚持“政府主导、社会参与”，成立三大产业专家服务团，开展柑橘树脂病、猕猴桃溃疡病调查，印发蒲江县“三大产业”提升方案、生产技术资料及灾害天气主要农作物防灾减灾技术要点，到村（社区）开展技术培训和服务指导。新建海越、五里村农业专合社等10个物联网示范基地。大力推广耕整地机械、水果分级机、采茶机等农机装备。

【机构改革】 2月18日，蒲江县农业农村局正式挂牌成立，将县发改局的农业投资项目、县财政局的农业综合开发项目、县国土资源局的农田整治项目、县水务局的农田水利建设项目管理职责调整到县农业农村局，将原农业和林业局的林业管理、森林、湿地资源调查和确权登记管理以及自然保护区管理职责，监督指导农业面源污染治理职责，渔船检验和监督管理职责划转到其他部门。

【“党建+”引领模式】 开展“不忘初心、牢记使命”主题教育，开展中心组理论学习18次、支部“三会一课”15次、“固定党日”36次，激发了党员干部干事创业活力。评选局优秀共产党员22人，1人被省委、省政府评为2018年脱贫攻坚凉山州综合帮扶工作队优秀队员。深化社区共驻共建，支持齐心社区打造社区“溪鹭耕夫”项目1个。确立“践行一懂两爱，奋进乡村振兴”机关党建品牌，实施机关党建文化营造。推进《党建引领高质量发展23条》，牵头打造鲜农分享、插旗山村等6个党建引领乡村振兴示范点位。开展省、市、巡视（巡察）问题整改工作，牵头整改落实反馈问题7个。

【主要领导人】 县委书记：刘刚；县人大常委会主任：安建东；县长：王凯；县政协主席：杨亚琼；分管农业副县长：赵武斌。

蒲江县编写组

新 津 县

【基本情况】 2019年，全县辖1乡10镇1个街道，辖区面积329.02平方千米，其中耕地面积22.84万亩，减少0.47%；基本农田16.24万亩。年末总人口31.8817万人（户籍人口），减少0.025%%；人口出生率-1.13‰，减少1‰；人口自然出生率1.13‰，减少1‰。全县耕地有效灌面和保证灌面分别达到耕地总面积的88.78%和83.72%；本地水资源总量1.35亿立方米，人均占有水资源量423.46立方米。有森林面积12.82万亩，林地面积3.09万亩，森林覆盖率25.98%，森林蓄积量26.98万立方米。

2019年，全县GDP374.72亿元，按可比价格计算（下同），增长8.6%，其中第一产业增加值21.48亿元，增长3%，农、林、牧、渔及农林牧渔服务业增加值之比为54.7∶0.9∶38.2∶4.1∶2.1；第二产业增加值159.19亿元，增长7.6%（工业增加值134.19亿元，增长9%）；第三产业增加值194.05亿元，增长10.5%。三次产业对GDP的贡献率分别为2%、46.6%、51.4%。全年接待游客1738万人，实现旅游收入49.7亿元，其中乡村旅游收入37.28亿元。

公路通车里程843.97千米（其中乡村公路637.41千米），密度255.7米/平方千米，21.64千米/万人。地方公共财政预算总收入完成27.6亿元，增长15.4%；公共财政预算总支出34.08亿元，增长5.1%，其中农业投入11985万元，占支出的4%。金融机构各项存款余额353.09亿元，比年初增长12.04%；各项贷款余额280.57亿元，比年初增长15.86%，其中支持农业产业化发展项目贷款(涉农贷款)170.05亿元。全年农业保费收入0.14亿元；处理各项赔款和给付金额2314万元，增长12%。有农业产业化龙头企业31家，完成农业投资13.56亿元。

有各类学校71所，教育中心、研究院4个，其中普通中学13所、小学14所；在职教职工2332人，各级各类名师322人；在校(园)学生(幼儿)38825人，义务阶段入学率达100%。有文化馆1个，公共图书馆1个，博物馆8个。有卫生机构171个，病床位2678张，卫生技术人员2656人。城乡居民基本医疗保险参保人数19.09万人，参保率达99.06%。

【年度农业和农村经济运行】 2019年，全县实现农业总产值36.57亿元，增长3.1%；全年农业增加值达21.48亿元，增长3%。农民年人均可支配收入达24345元，增长10.1%。

2019年新津县主要农产品产量

主要农产品	单位	产量	同比(%)
粮食	万吨	6.19	-1.7
水稻	万吨	4.83	0.53
小麦	万吨	0.8	0.45
玉米	万吨	0.51	2.64
马铃薯	万吨	0.11	7.6
油菜籽	万吨	1.01	1.02
蔬菜	万吨	21.35	11.19
水果	万吨	5.06	13.94
肉类	万吨	2.821	-0.979
猪肉	万吨	0.9243	-0.9757
牛肉	万吨	0.0041	0.0001
羊肉	万吨	0.0057	-0.0003
禽肉	万吨	1.6318	-0.0682
兔肉	万吨	0.2163	0.0163
禽蛋	万吨	1.1108	-0.0992
水产品	万吨	1.26	5
牛奶	万吨	0.1629	-0.0371

农业产业化发展。全县依托中粮、花中花、毛哥食品等龙头企业促进农工互动，延伸产业链条，提高产品附加值，助力农业龙头企业做大做强，带动农民增收致富，增加税收收入，增强全县财政实力。全年实现农产品加工产值200亿元以上。成都市花中花农业发展有限责任公司被评为国家级重点龙头企业，四川心道天堂生态农业发展有限公司、四川希望农业科技博览园有限公司被评为市级龙头企业。

农用地产权制度改革。开展“新四权”确权颁证工作，全年共颁发农村土地经营权证258本、养殖水面经营权证28本、生产设施所有权证28本、小型水利设施所有权证3605本。全县实现土地规模经营17.89万亩，适度规模经营率达77%。

农产品品牌战略实施。推动“三品一标”发展，全年新增无公害农产品1个、有机转换农产品3个，共有“三品一标”农产品93个，其中有机产品65个、绿色产品3个、无公害农产品23个、地理标志农产品2个(新津韭黄、新津黄辣丁)。全县有机农产品种植面积1400亩，绿色农产品种植面积101070亩，无公害农产品种植面积20910亩，地理标志(新津韭黄)农产品种植面积7256公顷。

现代农业园区建设。培育省级现代农业园区，“稻渔”园区申报创建为市星级现代农业产业园区并开展省星级现代农业产业园区申报创建。继续推进天府农博园建设，在农博园区域内实施农田大地景观及核心区道路提升等基础设施建设，在天府农博创新中心实施农业创新科技服务平台建设等项目。完成安西镇高标准农田建设7700亩。

【种植业】 全年粮食作物播种面积13.14万亩，产量6.19万吨，其中水稻播种面积8.87万亩，产量4.83万吨；小麦播种面积2.65万亩，产量0.8万吨。油菜种植面积5.77万亩，油菜籽总产量1.01万吨。蔬菜种植面积10.2万亩(含复种)，鲜菜总产量21.35万吨，实现蔬菜总产值5.4亿元。水果种植面积4.2万亩，产量5.06万吨，总产值达5.1亿元。全年印发《植物病虫情报》16期，重大病虫害预报准确率达98%以上。全县主要农作物绿色防控覆盖率达50%，主要农作物专业化统防统治覆盖率达50%。引进、试验、示范推广蔬菜、水稻、葡萄等农业新品种59个，推广新技术12项、新材料3个。

【林业】 全年净增森林面积0.055万亩，净增森林蓄积0.7139万立方米。加强林地征占用审核审批管理，严格执行林地保护利用规划，引导节约集约利用林地，全年共办理林地征占用12宗，涉及林地面积0.0467万亩；加强森林资源监测和相关数据更新管理，聘请林业专业机构完成全县森林资源管理“一张图”年度更新，实行森林资源数据动态管理；加强林木采伐许可监管，森林采伐审批严格控制在森林采伐限额内，有效制止乱砍滥伐行为。

【畜牧业】 全年畜牧业总产值18.5亿元，占农林牧渔业总产值的50.6%；畜牧业增加值8.38亿元，占农林牧渔业总增加值的38.2%。全年出栏生猪12.6万头、家禽975万只、兔146万只，分别减少53%、2.4%、7.1%；肉类总产量2.8万吨，禽蛋产量1.11万吨，牛奶产量0.2吨。全年共免疫猪O型口蹄疫8.13万头、猪瘟8.13万头，免疫密度达100%；牛O型口蹄疫626头次，免疫密度达100%；羊O型口蹄疫0.2万只次，免疫密度达99.4%；鸡禽流感102万羽、鸭禽流感34.5万羽、鹅禽流感2.5万只，免疫密度均达100%；鹌鹑禽流感300万羽。

全年处理养殖污染各类投诉件17起，群众满意度达100%。推广“公司+农户”“合作社+农户”“公司+养殖场”等新型养殖模式，引导和支持养殖业发展“畜—沼—粮”“畜—沼—菜”等农业种养循环经济模式，完成1家规模养殖场标准化场建设。指导开展饲料、兽药行业质量、生产安全、职业健康等培训。开展企业安全检查40余家次，指导企业50余家次，检查指导覆盖率达100%，配合省、市对14家饲料企业开展生产许可证到期续展现场审查；配合农业农村部完成中储粮油、华西农研、新津希望3家饲料企业的检查和监督抽样任务。开展21家饲料生产企业信息统计报送工作，全年饲料总产量达132万余吨(其中单一饲料产量33万余吨)，产值达48亿余元(其中单一饲料产值9亿余元)。

【水产业】 全县共有养殖水面8565亩，其中池塘8400亩；水产品产量由2018年的12000

吨增加到2019年的12600吨，增长5%；水产品产值由2018年的19380万元增加到2019年的20349万元，增长5%，渔业总产值占农业总产值的6.1%；名特优养殖面积占全县养殖面积的35%。推广稻田综合种养达5500亩。继续实施稻田养殖政策性保险工作，保费分摊比例为县级75%，农户缴25%，增强了农业生产抗御风险的能力。推广池塘高效增氧技术、池塘微生态制剂水质调控技术、鱼菜共生循环养殖技术、渔用膨化饲料技术、池塘内循环养殖、玻璃钢循环养殖、稻田底排污循环养殖等健康养殖技术5000亩。全年完成水产品质量安全抽检141批次，合格率达100%，未发现水产品质量安全隐患。

【农村扶贫和移民工作】 全县完成2019年县级产业帮扶户新增识别工作。以产业发展促进简阳五合乡脱贫攻坚，完成简阳市五合乡农业产业园500亩核心区建设及五合乡新型产业发展项目，全乡金秋砂糖桔种植面积达2300余亩，形成以金秋砂糖桔、晚白桃、核桃为主的“一橘两桃”产业支柱格局，全乡5000亩现代农业产业园初步建成。全年移民后期扶持人口核减8人、核增1人；协助人社、财政部门完成“一卡通”平台建设，实现后期扶持直发直补资金通过“一卡通”系统安全、及时、足额发放，全年发放直发直补资金62.005万元。

【乡村旅游】 全县接待乡村旅游游客1303.5万人次，实现乡村旅游收入37.28亿元。依托农业园区、川西民居、民风民俗、地域人文等特色资源，开发观光农业、民俗体验、非遗研习、特色民宿等旅游产品，开展中国四季乡村音乐季、农博旅游节、农民丰收节等“丰收季”活动，举办2019四川花卉（果类）生态旅游节分会场暨成都·新津第二十届梨花节、第十二届花舞人间杜鹃花节，促进乡村旅游发展。

全年培育乡村旅游新业态、新场景7个，其中培育A级林盘景区3个，花源镇东华村被评定为成都市3A级林盘景区，安西镇方兴社区、月花社区被评定为成都市2A级林盘景区；培育白鹤滩国家湿地公园、蕃薯藤TINA庄园、重归亚特兰蒂斯、集趣东华旅游区主题旅游目的地4个。完成梨花溪综合服务中心、白鹤滩国家湿地公园游客中心和停车场建设，新（改）建公厕、旅游厕所73座，改造农村旱厕574个。组织开展“百名厨师进乡村旅游集聚区”等活动，促进农民更新服务理念，提高服务质量。指导花胜雪、花自在等4家农家乐完成提档升级。

【农村水利】 完成全县2018年省级财政水利发展资金高效节水灌溉和农业水价综合改革工程、新津县邓双镇罗山村高效节水工程、新津县2018年安西镇月花村水美乡村建设项目、新津县五津街道办临江村渠道整治工程。为解决小型农田水利工程地域分散、工程管护滞后问题，采用“谁投资、谁建设、谁使用、谁管理”的原则进行管理，将建成的高效节水点位移交给业主管护，并与业主签订移交清单，明确管护责任，确保水利工程能长期发挥效益。农田水利建设完成后，解决了项目区内农业生产用水的问题，保障了项目区干旱时期农业生产用水需求，缓解了雨季洪涝灾害，改善了项目区内的生产、生活环境条件，综合灌溉效益明显增加，促进了当地百姓增产增收。

【农业机械化】 全县有各类农业机械2.23万台（套），总动力16.6万千瓦，综合机械化率达87%。全年农业机械耕作18.1万亩，作业率96.01%；机械化收割16.65万亩，作业率89.52%；机播12.95万亩，作业率69.62%；机械化秸秆还田8万亩，作业率48%；机械化植保作业53.6万亩，作业率92%；农副产品加工作业16万吨；引进高性能拖拉机、粮食清选机、粮食烘干机、旋耕机、撒肥机、水稻插秧机、秸秆还田机等新农机具77台。全年完成农机购置补贴249.531万元，推广农业机械77台，购机补贴资金结算进度达100%，全县农机化率达87%。有农机专业合作社19个，农机合作社作业服务面积达23.52万亩。全年完成油菜机耕5.6万亩、机播4.3万亩、机收5.3万亩，小麦机耕2.6万亩、机播2.6万亩、机收2.6万亩，水稻机耕8.8万亩、机插秧6万亩、机收8.7万亩；机械化秸秆还田8万亩；常年提水保灌面积13.5万亩，新建、改造提升农村机电提灌站50座。参加年检的拖拉机交强险参保率为100%，农机安全监理上牌发证合法性抽查合格率达100%。全年派出农机安全监理员32人次，查出农机具安全技术事故隐患4起，驾驶（操作）人员证照不齐、违章作业6起。

【农村教育】 全年完成山顶小学建设并投运，加快推进五津幼儿园团结岛分园、花源幼儿园白云分园、市机关三幼新津分园等项目建设，新增优质学位近2000个。加快农村名师、名校长队伍建设，万和小学郑英、安西小学王鹏入选成都市第一批小学校长领航班，花源初中鲁莉、普兴小学曾小斌入选成都市第一批农村学校校长领航班，雷忠、郭燕、李贵斌、王鹏4位农村中小学、幼儿园校（园）长被评为新津县“十佳”校（园）长。深化学前教育集团管理一体发展，邓双幼儿园被评为“成都市一级幼儿园”，杨柳幼儿园等5所幼儿园被评为“成都市二级幼儿园”，五津幼儿园、龙马幼儿园、金明幼儿园被评为“全国首批足球特色幼儿园”；五津三小、山顶小学分别被纳入外实校、新津一小名校集团，文井小学、兴乐小学被评为“成都市新优质学校”，实验高中创建为“四川省阳光体育示范校”。

【农村科技】 开展新型职业农民培训476人，其中新型经营主体培训462人，青年农场主培训10人，省、市级农业职业经理人调训4人；开展农业职业经理人培训250人，其中农业职业经理人新增培训80人、知识更新培训80人、邀请中国农科院专家培训20人、乡村振兴培训30人、农业职业经理人实训40人。开展农业职业经理人评定工作，评定初级51人、中级37人、推荐评定高级1人；开展农民职称评定工作；完成农业职业经理人社保补助审核。推荐全省表彰返乡创业农民工1人，推荐市级评选优秀农业职业经理人1人，推荐表彰“新津工匠”5人，评选表彰全县“十佳”农业职业经理人10人。围绕科技农业和特色产业发展方向，确定2个农业科技示范基地建设，示范展示农业重大品种、关键技术和育苗育种。

以深化区域科技自主创新能力建设为主线，以科技项目为抓手，推动区域科技创新和以高新技术产业为重点的科技成果转化，着力构建以企业为主体、市场为导向、产学研合作的创新体系，推进科技与经济发展深度融合。四川大陆水产科技发展有限公司、中粮（成都）粮油工业有限公司、四川特驱投资集团有限公司3家企业获得省级以上科技项目立项3项，获得项目支持资金300万元。中以津惠公司获得高新技术企业认定。

【农村文化】 全县先后投入5000余万元，对县文化馆、图书馆，乡（镇）综合文化站、基层综合文化服务中心（综合文化活动室）进行提档升级，实现县、乡（镇）、村（社区）公共文化服务三级网络全覆盖。全县106个村（社区）建立96个基层综合性文化服务中心、106个健身晨（晚）练点、102个农家书屋、90个村广播室、287套全民健身设施（覆盖率达100%），建筑面积在100 ~ 500平方米之间，基本形成“5+4+N+1”的基层公共文化服务模式。

12个乡(镇、街道)均配备1名文化站站长(在编)、1名文化专干、2名文化站工作人员;各村(社区)均配备1名村(社区)文化宣传辅导员(1名三级以上社会体育指导员);发展各类文化社团及业余文艺队伍150个(支),每个乡(镇)打造1支特色文艺团队,每个村(社区)建立1 ~ 2支业余文艺团队。将乡(镇、街道)、村(社区)公共文化服务常年经费按常住人口每人每年8元的标准纳入财政预算,并足额落实到位。全年开展读书看报、文艺演出、文化鉴赏、观看影视、公益培训等各类群众文化活动2600余场次。

【农村法制建设】 持续推进"一村(社区)一法律顾问"工作,加强社区治理,夯实基层法治保障。聘任法律顾问24名,实现106个村(社区)法律顾问全覆盖。实行微信值班制度,实现法律问题线上解答和法律服务线上预约。全年村(社区)法律顾问共走访群众2975人次,接访咨询2555人次,为村居"两委"出具书面法律意见书8件,开展法治讲座203场,调解矛盾纠纷126件,审查合同350份,开展其他法律服务14次。

助力基层法律服务,主动服务乡村振兴战略。以市局开展"业务技能大比武"活动为契机提升司法所人员综合素质,组织加强司法所工作人员理论、技能学习;围绕发挥职能服务乡村振兴,印发司法所"433"服务乡村振兴实施方案和目标分解表,构建"433"乡村振兴服务体系。司法所全年共计开展法治宣传142次,受教育5.9万人,解答群众法律咨询455件,为基层政府提供法律意见建议144条,参与制定规范性文件5份。

【农村卫生】 全面巩固国家卫生县城建设成果,开展"健康细胞"工程,创建省级卫生村19个、市级健康镇2个、市级健康村2个和健康家庭120个,安西镇健康镇优秀实践案例入选成都市全国健康城市示范案例。持续推进"十三五"基层医疗卫生机构硬件能力提升工程,完成新平镇、邓双镇、普兴镇3个乡(镇)卫生院改造及33个村卫生室公有化、标准化建设项目。全面升级"健康新津"微信服务平台,增加13家基层医疗机构预约挂号功能和县人民医院分时段预约就诊功能,全年累计服务20万人次。

【农村交通】 全县完成邓双镇伍石桥拆除重建,新(改)建农村公路12千米,农村公路路面使用性能指数PQI值为86.74。开展公路日常巡查及定期巡查,建立巡查台账,及时完善、修复公路设施,维修县级农村公路路面32000平方米,更新路面标线16000平方米、波形钢护栏约1190米、道路交通标志牌81套,增设桥梁限载限重标志126套,修复桥梁栏杆88米。

【涉农招商引资】 2019年,全县1亿元以上的农业招商引资重大项目3个,分别是蓝城集团农旅融合发展示范项目、陶然·柑桔中国芯博览园项目、兴城人居天府农博酒店项目,项目协议资金19.5亿元。

【农村社会保障】 全面推进城乡社会保障体系建设,落实城乡居民养老保险制度,全年城乡居民社会养老保险基金总收入20086万元,基金总支出22160万元,期末基金累计结余46305万元。掌握最新的贫困和低保人员信息,做实数据台账动态管理,保障社保精准扶贫到位,为1010名贫困人员开通城乡个人账户,涉及72万余元。

严格执行中央、省、市征地政策不走样,精准把握政策执行口径,稳步推进被征地农民养老保障工作,截至12月,全县被征地农民养老保险累计参保5.51万人,占户籍总人数31.88万人的17.28%,全年共为3万余名被征地农民发放社保待遇7.1亿元。

持续推进全民参保工作,提高城乡居民基本养老保险待遇水平,实现"应保尽保"。坚持"多缴多得、长缴多得"原则,适度稳步提升养老保险待遇水平,截至12月,全县城乡居民参保112051人,参保覆盖率达96.57%,按时足额发放城乡养老保险待遇21212万元。基础养老金调整惠及全县3.35万名参保群众,待遇从98元提高到105元,每人每月净增待遇额7元,已全部发放到位,资金拨付率达100%。

【农村生态建设及环境保护】 制订《新津县2018—2019年蓝天保卫战冬季战役方案》《新津县打赢蓝天保卫战实施方案》《新津县2019年大气污染防治工作行动方案》《新津县2019年夏季臭氧污染防控行动方案》等一系列专项方案,细化管控措施,推进大气环境监测网络建设,完成11个乡(镇)小型空气标准子站PM2.5、O3指标新增,开展颗粒物激光雷达扫描、VOCs走航监测及VOCs在线监控预警。开展大气污染防治专项督查,加强机动车和非道路移动机械综合治理,联合相关部门开展机动车路检。建立污染源管控清单,开展涉气企业执法检查215家次,重点检查企业VOCs污染治理设施是否正常运行。扎实开展小春秸秆禁烧,严查露天焚烧环境违法行为。

制订《2019年新津县水污染防治工作实施方案》,明确责任单位和治理任务,加大水污染防治力度。制定印发《新津县集中式饮用水水源地环境保护规划(2017—2020)》《新津县打好饮用水水源地问题整治攻坚战实施方案》和《新津县乡镇集中式饮用水水源保护区环境问题整改方案》,有序推进乡(镇)饮用水水源地环境问题整治。制定《新津县入河排污口排查整治工作推进方案》,开展入河排污口排查工作。建立健全测管协同机制,加强水环境执法检查,重拳打击偷排、超标排放等行为。全县国考岷江岳店子断面年均水质类别为Ⅲ类,省考南河老南河大桥断面年均水质类别为Ⅳ类,市考西河龙王渡口断面年均水质类别为Ⅱ类,集中式饮用水水源地水质均100%达标。

开展畜禽养殖场问题排查整治,梳理畜禽养殖场(户)污染问题,建立台账,逐户落实整改措施并限期整改,完成率达100%;推进畜禽粪污资源化利用工作,层层签订畜禽废弃物资源化利用目标责任书,压实责任;编制《四川省2019年新津县畜禽粪污资源化利用项目实施方案》,争取中央资金,支持规模养殖场收贮运社会化等粪污处理设施建设。大力推广测土配方施肥技术,全年共计推广配方肥35万亩次,推广指导农户科学用肥5000人次,制定水稻、油菜、小麦等作物的施肥建议卡共计9种,稳步提高化肥利用率,实现化肥使用量零增长,降低环境化肥输入量。制订《新津县饮用水水源保护区稻田生态补偿试点方案》,对在饮用水水源保护区内使用绿色防控技术、施用有机肥并实施秸秆综合利用的规模化种植水稻实行生态补偿机制。

【农产品质量安全监管】 全年生产环节食用农产品质量安全例行监测合格率达99.4%,未发生重大农产品质量安全事故;持续推动农产品质量安全追溯体系建设,4个生产经营主体被纳入国家级农产品质量安全追溯监管信息平台,54个生产经营主体被纳入省级农产品质量安全追溯监管信息平台,60个生产经营主体被纳入市级农产品质量安全追溯监管信息平台,"三品一标"农产品被全部纳入追溯平台。在全县50家生产经营主体开展食用农产品合格证管理试点,引导规模生产经营主体开具合格证,以产地证明、合格证明、二维码等形式明确农产品生产主体、质量等相关信息,明确主体责任,落实质量安全控制措施,切实执行产地准出和市场准入制度,防止不合格农产品流出产地。

开展“不忘初心，牢记使命”、农资打假等农产品质量安全专项整治行动，集中进行以农产品质量安全为主题的宣传，联合公安、商投、市场监管开展专项整治，出动人员110余人次。全年开展农产品质量安全执法检查230次，出动执法人员685人次，查处兽药、农药、饲料、化肥、动物卫生监督案件36件，全部办结，罚没款合计54.4万余元。开展四川省县级农产品质量安全监测抽检50个、成都市农产品质量安全检测县级监督抽检1000个、全县农产品质量监管农残快速检测38400个，农产品质量安全监管覆盖率达100%。新津县创建为省级食品安全示范县。

非洲猪瘟防控，检查农贸市场525家次、肉制品生产企业10家次、冻库326家次、猪肉经营户5114户次、餐饮单位1288家次、超市53家次，排查封存生猪产品28吨；指导花源镇、安西镇建设标准化农村群宴办宴点2处。开展“春雷行动2019”、整治“保健”市场乱象百日行动等执法行动，立案查处案件389件，结案316件，案值66.462万元，罚没894.2余万元，“春雷行动2019”暨“保健市场”乱象百日行动先进集体获得省市场监管局通报表扬。加大“放心舒心消费示范单位”创建力度，新建消费维权站4个，受理各类投诉举报1449件，为消费者挽回损失113.07万元，群众满意率达100%。开展流通领域商品抽检122批次、生产领域产品抽检149批次、县级食品抽检1044批次，探索“互联网+市场监管”模式，农贸市场二维码溯源率达70%以上；利用群宴智慧平台，实现报备、审查、监管网络化，简化备案程序，备案数达4273例。

【农村留守儿童帮扶】 对全县留守儿童情况展开调查，对其学习、生活、心理、安全、健康状况进行调查登记，全面了解留守儿童的生存状况和成长需求，并建立留守儿童档案。在调查研究、掌握第一手资料的基础上，立足实际，研究制定切实可行的应对措施，增强工作的针对性和实效性。通过对留守儿童问题的调查、分析与研究，找到了影响留守儿童健康成长的原因，有针对性地提出了行之有效的措施和办法，狠抓落实，全面推广“关爱工程”，为留守儿童营造了健康、快乐、平等、和谐的成长环境。同时加强领导，形成合力，大力宣传，建立目标责任制，确保留守儿童入学率、巩固率均达100%。

【劳务开发与返乡创业】 搭建求职用工平台，兜牢就业底线。建立线上、线下招聘双向驱动，“常规招聘+专场招聘+委托招聘”协同推进的“2+3”就业招聘模式，依托“春风行动”“金秋招聘月”等活动，相继在区、镇、社区举办65场大型招聘会。同时，增加常规招聘会召开场次。全年人力资源市场提供就业岗位4.7万余个，达成就业意向8000余人，实现农村富余劳动力转移就业3024人。加大创业支持力度，促进返乡创业，根据劳动者创业就业的需求，开展订单培训、定向培训、定点培训，全年开展农民工返乡创业、川籍农民工劳务品牌培训7期，培训157人次。落实创业担保贷款政策，完善创业担保贷款长效机制，提高放贷效率，为自主创业农民发放创业担保贷款45万元。全年劳务输出63861人，实现收入175667.6万元。

【主要领导人】 县委书记：唐华；县人大常委会主任：孙英元；县长：钟静远；县政协主席：蒋莉；分管农业副县长：叶尚敏。

新津县编写组

自贡市

【基本情况】 2019年，全市辖6个区（县）90个乡（镇）25个街道，辖区面积4381平方千米，其中耕地面积324.98万亩，比上年增长0.16%。年末总人口320万人（户籍人口），减少0.81%。全市耕地有效灌面占耕地总面积的53.44%，森林覆盖率35.22%。

2019年，全市GDP1428.49亿元，增长7.8%，其中第一产业增加值202.36亿元，增长2.9%；第二产业增加值572.7亿元，增长8.2%；第三产业增加值653.43亿元，增长8.7%。三次产业对经济增长的贡献率分别为11.2%、41.7%和47.1%。全年接待游客4730.15万人次，实现旅游收入4400.9万元。

公路通车里程6620.7千米。社会消费品零售总额693.63亿元，增长10.8%。金融机构各项存款余额2068.48亿元，比上年初增长21.1%；各项贷款余额1198.43亿元，比年初增长18.6%。

有各类学校714所，在校学生394597人，教职工23300人，其中普通中学141所，在校学生133848人；小学114所，在校学生16670人；学龄儿童入学率100%。有文化馆7个，县级图书馆7个。有卫生机构2238个，病床位23776张，卫生技术人员20435人。

【年度农业和农村经济运行】 2019年，全市实现农业总产值324.23亿元，增长2%；全市全年农林牧渔业增加值达205.02亿元，增长3%。农民年人均可支配收入达17277元，增长10.1%。

2019年自贡市主要农产品产量

主要农产品	单位	产量	同比(%)
粮食	万吨	138.7	0.3
水稻	万吨	73.02	-0.17
小麦	万吨	0.27	-22.9
玉米	万吨	25.99	-7.74
马铃薯	万吨	6.58	-0.97
油菜籽	万吨	12.33	3.29
蔬菜	万吨	222.2	6.09
水果	万吨	49.67	3.78

续表

肉类	万吨	30.24	-3.72
猪肉	万吨	9.84	-38.58
牛肉	万吨	0.66	3.13
羊肉	万吨	1.68	5
禽肉	万吨	5.37	7.4
兔肉	万吨	7.94	-0.63
禽蛋	万吨	5.71	0
水产品	万吨	8.05	3.8
牛奶	万吨	1.46	-13.1

2019年自贡市省级(及以上)农业产业化重点龙头企业名单

企业名称	注册资金（万元）	法人代表	示范等级	年度产值（万元）	主营产品
四川省远达集团富顺县美乐食品有限公司	5000	王明聪	国家级	49309	香辣酱系列调味品
四川巴尔农牧集团有限公司	3040	李金玉	国家级	154777.2	生猪、饲料、兽药
四川省旺林堂药业有限公司	1550	赵旺林	省级	15877	中、西药品
富顺县蜀佳味业有限公司	1010	李亭钢	省级	5063	香辣酱
四川省六顺农业开发有限公司	6666.7	刘世均	省级	8272.6	黑山羊种羊、羔羊
自贡市锦程农业开发有限公司	500	陶玉惠	省级	8327	商品猪、商品鸭、商品牛
四川省洛源食品有限公司	1600	龚平	省级	8983.8	甜橙果汁饮料
四川省贡富食品有限公司	3000	陈让斌	省级	3080	竹笋食品、肉制品
富顺橘园酒店管理有限公司	2580	康鹏	省级	1726.6	餐饮、水上乐园
自贡市新星源食品有限公司	10000	谢旭英	省级	42518.8	冷鲜肉
四川龙都茶业(集团)有限公司	4158	古亭	省级	19013	茶叶
四川旭阳药业有限责任公司	3000	韩业祥	省级	15130.1	中成药
四川绿食佳农业有限公司	2000	虞桂兰	省级	5470.4	蔬菜、水果
四川绿茗春茶业有限公司	1000	邹华春	省级	11356.7	绿茗春牌绿茶、花茶
四川大农和农业开发有限公司	1000	吴剑	省级	5512.6	大米
荣县阳光农业发展有限公司	1000	易建国	省级	17163	大米
自贡市雄丰粮油有限公司	900	詹泽云	省级	16243	大米
自贡市春兰茶业有限公司	860	黄革文	省级	8156.6	茶叶
自贡市毓祥农业开发有限公司	5000	徐和平	省级	3950	生鲜肉、生猪
自贡市博宏丝绸有限公司	30800	王世明	省级	12031	棉布、真丝绸
四川太源井醋业有限公司	600	王勋	省级	5215	醋、酱油
自贡市天花井食品有限公司	560	雷本江	省级	8865	长明火边子牛肉、牛佛烘肘、长明冷吃兔
四川金瑞克动物药业有限公司	1850	周富杰	省级	5231	兽用类产品
自贡盐味源食品有限公司	690	徐伯春	省级	5320	酸菜、火锅底料
自贡花香田园循环农业有限公司	2000	罗翔翼	省级	2274	花卉、苗木
四川金福星生物科技有限公司	600	李柏君	省级	14709	饲料
自贡德康畜牧有限公司	2000	熊太权	省级	8959.2	猪
四川自贡百味斋食品股份有限公司	1663	朱俊岭	省级	25203.8	火锅底料、调味料
四川牧天食品股份有限公司	5722.5	张苠	省级	3658	冷吃兔
富顺锦明笋竹食品有限公司	1060	吴宗涛	省级	—	竹笋

2019年自贡市省级（及以上）示范农民专业合作经济组织名单

合作组织名称	注册资金（万元）	法人代表	示范等级	年度产值（万元）	主营产品
自贡市大安区三绿水产专业合作社	270	朱建聪	国家级	1700	水产品（鱼）
自贡双河农牧专业合作社	1660	张劲松	国家级	400	山羊
富顺县世英农牧专业合作社	1300	陈久春	国家级	2000	甜橙
富顺县舒适水产专业合作社	300	胡明莉	国家级	200	水产品
自贡市兴贵果蔬种植专业合作社	283.6	陈兴贵	国家级	150.1	西瓜、甜瓜、草莓、葡萄
自贡市沿滩区立丰花椒专业合作社	150	胡华	国家级	1497	花椒
自贡市牧天种养殖专业合作社	5600	代淑英	国家级	1830	种养殖及农产品加工
自流井区农团食用菌农民专业合作社	185	古常林	国家级	575	食用菌种植
贡井区成佳大头菜专业合作社	200	王信宽	国家级	1200	蔬菜
自贡市贡井区桥头土鸡专业合作社	50	沈敬良	国家级	2960	活家禽
自贡市五宝宏运花生专业合作社	1430.1	胡立文	国家级	9500	花生
自贡市旭水河玉米专业合作社	147.5	罗文彬	国家级	2300	蔬菜、玉米
荣县荣林油茶种植专业合作社	120	朱学权	国家级	516	油茶、统销
荣县金桥鼎新蔬菜专业合作社	16.8	杨玉梅	国家级	120	蔬菜
荣县鼎新双贵马铃薯种植专业合作社	114.6	李双怀	国家级	108.7	马铃薯
自贡市四海养鸡专业合作社	342	丁四海	国家级	65	蛋鸡
荣县东奇谷物种植专业合作社	400	吴剑	国家级	826	粮食、统销
荣县和牧山羊养殖专业合作社	1050	乔文霞	国家级	40.8	羊业
荣县聚丰养蚕专业合作社	200	虞东	国家级	2014.6	蚕业、统销
自贡市大安区庙坝肉牛专业合作社	226	刘利	省级	3200	肉牛
自贡市明宇果业专业合作社	500	李刚	省级	300	柑橘
自贡市牛佛养蜂专业合作社	168	王敏	省级	280	蜂蜜
自贡市艾康农机专业合作社	230	康径	省级	60	农机服务
大安区茂盛草编专业合作社	100	钟述云	省级	500	草编制品
自贡市家明蔬菜专业合作社	201	许家明	省级	1400	蔬菜
自贡市大安区大安联成花椒专业合作社	180	陈凯	省级	130	花椒
自贡市嘉东生猪专业合作社	100	陈俊才	省级	360	生猪
自贡市康犇养殖专业合作社	377	钟杰	省级	280	肉牛
自贡市星易达农牧专业合作社	600	贺盛平	省级	325	养猪
富顺县安溪镇马山村甜橙专业合作社	258	何峰	省级	2000	甜橙
富顺县板桥镇柑竹湾村甜橙专业合作社	565	袁光才	省级	300	甜橙
富顺县白岩山水果专业合作社	51	王和友	省级	1338	柚子
富顺县滨江竹业专业合作社	176	刘滨	省级	2000	竹业
富顺县东湖镇棬坝养鱼专业合作社	445	杨小东	省级	2500	水产品
富顺县福善镇油茶种植专业合作社	2000	黄世武	省级	300	油茶
富顺县富和乡和平村甜橙专业合作社	72	孙永康	省级	260	甜橙
富顺县富又顺油茶专业合作社	520	聂玉昆	省级	400	油茶
富顺县浩南生猪养殖专业合作社	12.1	刘浩南	省级	50	生猪
富顺县宏源农机服务专业合作社	207.9	谢勇	省级	79	水稻

续表1

富顺县九叶青花椒专业合作社	400	王霞	省级	400	花椒
富顺县六顺黑山羊专业合作社	660.25	李祖英	省级	3560	黑山羊
富顺县土桥水产养殖专业合作社	619	袁永富	省级	2800	水产
富顺县长滩镇蔬菜专业合作社	17	钟孝云	省级	580	蔬菜
富顺县田野农机专业合作社	200	刘道金	省级	220	水稻
自贡市立志生猪养殖专业合作社	622	陈至凯	省级	688.1	生猪
自贡市杨柳溪水产专业合作社	185.99	杜银江	省级	707	水产品
自贡市互惠粮油专业合作社	150	李健	省级	241.7	稻谷、米
自贡市九台山瓜椒专业合作社	200	明从健	省级	862.6	花椒
自贡市九洪蜀江特种水产养殖专业合作社	300	明光银	省级	316.2	水产
自贡市沿滩区刘山乡红丰密柚专业合作社	260.4	曾彬仁	省级	131.5	蜜柚、柑橘
自贡市沿滩区金银湖农民蛋鸡养殖专业合作社	381	伍瑜英	省级	355.1	蛋鸡、鸡蛋
自贡市全福养鸡专业合作社	82	黄其	省级	154.7	蛋鸡、鸡蛋
自贡市大丰收种植专业合作社	100	龚全昌	省级	76	桃子、农旅
自贡市沿滩区黄市镇红旗村众合甜橙农民专业合作社	80	郭世高	省级	285	柑橘
自流井区荣边水果专业合作社	200	杨福贤	省级	460	水果种植
自贡市白庙塔罗科血橙专业合作社	100	李必祥	省级	950	血橙
自贡市宝绿土豆专业合作社	120.3	郭维彬	省级	1700	土豆种植
贡井区金子山果业专业合作	130	莫东华	省级	700	葡萄
自贡市日月方元农业专业合作社	680	郎险峰	省级	600	花卉、观光
贡井区安捷农机专业合作社	680	彭长明	省级	3200	农机服务
贡井区万鑫奶牛养殖专业合作社	600	刘强	省级	1000	奶
贡井区五宝水产专业合作社	330	兰玉康	省级	2200	鱼业
自贡市满园春水果专业合作社	131.3	刘满春	省级	300	血橙
自贡市贡井区天池山蔬菜专业合作社	0.48	刘国诚	省级	50	蔬菜
自贡市牧旺生猪养殖专业合作社	210	梁先富	省级	5630	生猪
自贡市家财养鸡专业合作社	668	陈家财	省级	3650	活家禽
自贡市福兴种养殖专业合作社	800	黄云森	省级	1680	蔬果、蔬菜、水产、农旅
自贡市天成畜禽养殖专业合作社	200	杨洪	省级	3300	鸡蛋、禽苗
自贡市先科农机专业合作社	377	王强	省级	1080	蔬菜种植、水产养殖、农机服务农机服务
自贡市龙潭蔬菜专业合作社	276.62	刘邦成	省级	21780	蔬菜种植、农产品销售
自贡市宝新隆农业专业合作社联合社	1200	刘立涌	省级	24000	花生、马铃薯种植、水产生猪养殖、农机服务
自贡市众力生猪养殖专业合作社	1505.35	向玉林	省级	8000	生猪养殖
荣县双古茶叶专业合作社	513.8	朱永财	省级	125	茶叶种植
荣县兴农农作物种植专业合作社	1426.7	丁朝冲	省级	500	农作物种植销售
荣县绿食佳蔬菜专业合作社	319	杨国军	省级	32	蔬菜、水果、花卉、技术服务
荣县华鑫养兔专业合作社	95.7	刘雪琴	省级	301.5	饲养兔、兔销售
荣县沙溪土花生种植专业合作社	45.6	秦文杰	省级	60	花生、茶叶等种植
荣县春兰茶叶专业合作社	167.9	黄革文	省级	284.6	茶叶
荣县佳诚农机服务专业合作社	160	李成富	省级	66.9	农机服务
荣县升茂林木种植专业合作社	509.8	曾惠	省级	103.5	林业

续表2

荣县家好生猪养殖专业合作社	208	刘志宣	省级	2851.6	生猪养殖
荣县民众中药材种植专业合作社	26	邱爱	省级	1000	中药材
荣县度佳镇利娟农作物种植专业合作社	200	胡利娟	省级	233	农作物种植、销售
荣县兴明畜禽养殖专业合作社	100.98	李兴明	省级	186	养殖
荣县青青源水果种植专业合作社	320	朱碧英	省级	79.4	水果、蔬菜种植
荣县剑华谷物种植专业合作社	1080	罗剑华	省级	83.9	粮食、果蔬、统销
荣县兴溢养鱼专业合作社	116	罗小平	省级	1201	养殖
荣县天天果蔬专业合作社	2002.9	卢正元	省级	1200	水果蔬菜种植、销售；组织采购
荣县白岩石油茶种植专业合作社	1500	肖志伟	省级	820	茶叶、油茶种植、销售
荣县双古镇荣福肉牛养殖专业合作社	81	曹钶	省级	260	肉牛
荣县绿源兔业专业合作社	1100	曹全洪	省级	529	兔业
荣县正紫中药材专业合作社	52.34	张小平	省级	300	中药材种植

2019年自贡市家庭农场经营情况统计表（前10位）

家庭农场名称	注册资金（万元）	法人代表	年度产值（万元）	主营产品
自流井阳光雨露家庭农场	98	袁代彬	156	葡萄
自贡市四月阳光家庭农场	70	钟玉淋	200	蔬菜
自贡市必祥种养殖家庭农场（贡井）	500	李必祥	960	生猪
大安区星大家庭农场	300	贺胜宇	560	生猪
沿滩区瓦市镇向东藤椒家庭农场	80	汪东海	200	花椒
荣县南翠家庭农场	50	邓翠英	360	兔
荣县皓瀚家庭农场	500	邓兴才	1100	生猪
荣县凤之源蛋鸡养殖家庭农场	800	吴体才	1800	鸡蛋
富顺县麻状元种养殖家庭农场	80	伍从春	240	花椒
富顺县安溪镇马安甜橙种植家庭农场	180	何峰	250	甜橙

农村集体产权制度改革。全面完成农村集体资产清产核资21.9亿元、集体土地463.3万亩。启动农村集体经济组织成员身份确认和集体资产股份制改革试点，组织完成集体经济登记赋码103个村。首创农村集体经济发展试点（扶持）村筛选机制，争取财政资金3600万元支持44个村发展集体经济，共实现农村集体经济收入1400.7万元，村集体经济收入达9.24万元。

农产品品牌战略实施。推进品牌培育，全市有“三品一标”农产品215个（无公害农产品141个、绿色食品72个、地理标志农产品2个）。组织“三品一标”农产品及农产品企业先后参加成都农博会、眉山泡菜博览会、泸州农交会，区域性公共品牌“自然贡品”获得“最具潜力区域公用农产品品牌”奖，共筛选三批共46家优秀品牌。

现代农业园区建设。构建现代农业园区推进体系，印发《加快推进自贡市现代农业园区高标准建设实施方案（2019—2022）》，制定《自贡市市级现代农业园区认定管理办法（试行）》，打造“一区六园”（市级建设1个规模近150平方千米的现代农业产业园区，6个区（县）分别建设1个规模10万亩以上的特色产业现代农业园区）。新（改）建主导产业基地11.97万亩。建设初加工中心（基地）11处，新增产能2万吨。实施产业基地景观化建设2万亩，打造农业主题公园和休闲美丽乡村6个。全年电商销售率提升5个百分点。当年园区完成投资17.59亿元。外引上市企业和产业龙头11家，入驻园区企业637家。

【种植业】 全年粮食作物播种面积347.25万亩，产量138.7万吨；油料作物播种面积106.95万亩，产量15.88万吨。建成粮油绿色高产高效示范区51个，划定粮食生产功能区和重要农产品生产保护区“两区”面积185.1万亩。8月14日—16日、11月20日，农业农村部茶叶协同推广项目茶叶机采技术现场培训会、全省薯类优质高效生产现场技术培训会分别在自贡市召开。

【林业】 全年营造林10.74万亩，绿化道路125.7千米，新增城市绿地50公顷，累计完成工程造林1.2万亩。全年共有241万人次参加义务植树，栽植树木约350万株。新造竹林0.38万亩，提质增效1万亩；荣县木本油茶种植面积达15.71万亩，抚育油茶中幼林0.36万亩，新造油茶0.23万亩。全市核桃种植面积达6.4万亩。全市有苗圃201处，育苗面积9987亩，其中国有2个，育苗面积131亩；苗木总产量937.5万株，其中容器育苗514万株、良种育苗360.5万株。全市主要工程造林面积4.93万亩，其中良种造林面积2.79万亩，良种使用率达56.7%。

【畜牧业】 全年肉、蛋、奶产量分别达30.21万吨、5.71万吨和1.64万吨，实现畜牧业总产值（现价）136.35亿元，其中非猪牧业产值70.74亿元，占畜牧业总产值的51.88%。推进100万头生猪基地建设，全年生猪出栏达182.3万头。增加生猪可养区面积353.97公顷；建成年出栏2.5万只肉鸡养殖棚舍608个60万平方米，新增出栏黄羽肉鸡330.62万只。新（改、扩）建标准化规模养殖场52个，畜禽规模养殖标准化生产面达78%，增加2个百分点。截至2019年年底，全市生猪存栏环比增长10.68%（其中能繁母猪存栏环比增长8.05%），生猪出栏环比增长6.64%。

制订出台《促进生猪生产保障市场供应实施方案》，落实能繁母猪50元/头市级财政补贴，自繁自养家庭农场每个养殖单元（年出栏1000头）25万元财政补助，以及规模场、种猪场50万~500万元中央财政补贴。大安立华牧业公司饲料厂、肉鸡销售平台、种鸡场、孵化中心、有机肥厂等配套设施全部建成并投产。依托四川德康、江苏立华、四川巴尔农牧等龙头企业，全市畜禽产业化经营带动面达75%，增加1个百分点。按照“3～5头猪当量1亩地”要求，推行就地消纳、异地使用和第三方处理利用相结合的模式，畜禽粪污综合利用率达87.71%，规模养殖场粪污处理设施装备配套率达99.79%。

【水产业】 全年养殖水面9071公顷，实现渔业产值20.24亿元。渔业船舶371艘，改造老旧池塘76.67公顷。开展稻渔综合种养示范基地创建，推进稻渔综合种养集中连片发展，提档升级稻虾、稻鳖、稻鳅、稻蟹、稻鱼等综合种养模式。推广抗倒伏、适应性强的紧穗型“川优6203”“旌优127”等高产优质水稻品种与蛙、鳖、虾、鳅等高附加值养殖品种混养模式。建成自流井区荣边—仲权—漆树、大安区大牛路沿线、沿滩区仙市—沿滩—黄市—永安—刘山沿线、贡井区建设镇及省道305沿线休闲观光渔业基地。在荣县双石镇引入智慧渔业项目。组织实施天然水域渔业资源增殖放流，在釜溪河段投放流鳙、鲢鱼苗共160万尾。指导富顺县完成470艘渔船和881位渔民禁捕工作。

【乡村振兴】 全域重构经济地理，调整设立街道13个，打造中心镇8个，合并调优特色镇10个，同步撤并村（社区）363个，增扩180平方千米的产城发展空间，经济规模提高到调整前的1.6倍。出台《自贡市乡村振兴战略规划（2019—2022）》，40%的镇、村启动“多规合一”编制。发展生猪、茶叶、柑橘、蔬菜（花椒）、兔禽（羊）五大产业，划定沱江河、越溪河、旭水河流域、国道348自贡段沿线和荣县西北片区等特色产业发展重点区域，规划建设国家级现代农业产业园3个、省星级园区7个、市级现代农业园区10个，创建国家农业可持续发展试验示范区1个。建成国家历史文化名镇5个、省级特色小城镇7个、四川最美古村落4个，申报“美丽四川·宜居乡村”329个。累计创建国家级农业龙头企业2家、国家级产业强镇2个、省级农产品特色优势区4个、省四星级现代农业园区1个，新认定全国“一村一品”示范镇1个。新建成初加工基地（中心）11个，发展农产品加工规上企业87家。打造全国休闲农业与乡村旅游示范点3个、省级示范休闲农庄和主题公园17个。“自然贡品”被列入全省农产品十大区域公用品牌。

建成国家特大型生物天然气工程2座。完成土坯房改造2.3万户、风貌塑造0.8万户。村客车通达率达100%。村级文化服务中心全覆盖，农村电网全面升级改造，完成“一江两河”绿化工程。新（改）建特色产业基地30万亩，茶叶机采率达70%。95%的行政村生活垃圾得到有效处理；48.8%的行政村生活污水得到有效治理；户用卫生厕所普及率达79.7%，畜禽粪污资源化利用率达79.7%。完成农村集体资产清产核资清查核实资产21.9亿元、集体土地463.3万亩；完成土地确权登记，颁证率达99.3%，土地流转率达39.1%，村集体经济总收入7817.2万元，村均收入9.3万元。培养农业领军团队2个、领军人才（优秀专家）20人。建设现代农业创新创业园区6个，累计吸引返乡创业人员2.8万人，创办企业3895家，带动就业12.4万人；创建农业农村部第二批全国农村创新创业典型县1个。创建省级实施乡村振兴战略先进乡（镇）2个、示范村13个。近三年整合涉农资金206.8亿元，每年每个区（县）完成拆旧复垦1000亩以上，并预留5%的节余指标用于发展村集体经济。

【扶贫开发】 全年66名计划脱贫人口高质量脱贫，完成113个贫困村、15.1万名贫困人口巩固提升目标，无一村一人返贫。投入产业扶贫资金10461.3万元，完成项目9个，建设高标准农田11.55万亩，新增农机动力1.781万千瓦，新建及改造提灌站5座，建成扶贫产业基地10个。27家企业申报使用“四川扶贫”商标，实现将80%以上的贫困户聚集在产业链上。投入就业扶贫资金2467万元，开展就业扶贫专场招聘会138场，开展就业扶贫技能培训2794人，促进贫困劳动力就业2134人，开发农村公益性岗位兜底安置贫困劳动力就业4233人。建立就业扶贫基地、“扶贫车间”29个，吸纳贫困劳动力就业757人；发放创业补贴21万元，扶持21名贫困劳动力实现创业。新（改）建农村公路621千米，排查整治农村安全饮水工程70处，完成异地扶贫搬迁住房建设任务217户674人。按照“缺啥补啥”原则，改善12104户贫困户居住环境。

全年投入资金9512.85万元，资助家庭经济困难（包括建档立卡贫困家庭）、学前教育至高等教育学生9.54万人次。中等职业教育特有政策免除1515名建档立卡贫困家庭子女住宿费、课本费和作业本费以及技能鉴定费145.26万元，向2073人发放建档立卡中等职业教育特别资助金179.95万元。全市实现春季学期15186名、秋季学期14394名义务教育建档立卡贫困家庭学生100%入学。

持续巩固“十一免两补一减一控”“两保、三救助、三基金”医疗救助，减免诊疗费、会诊费、机构5%和起付线共16.51万人次、1456.82万余元，贫困患者县域内住院、慢性病门诊维持治疗费用个人支付占比控制在8.71%。大病救治病种扩增至42种，全年大病救治5779人次、3242.7万元，卫生扶贫基金救助2.82万人次、779.88万元。财政为贫困人口代缴基本医保和大病保险的参保率达100%。

将农村低保标准提高到4320元/年，将4.9万名贫困人口纳入“低保兜底一批”政策保障，将3046名建档立卡贫困户纳入特困人员供养；按100元/人/年的标准为1.26万名建档立卡贫困人口代缴城乡居民基本养老保险；发放残疾人扶贫对象生活费补贴775.7万元。

【乡村旅游】 全市有A级景区13处，其中4A级景区7处、3A级景区5处、2A级景区1处；有星级饭店13家，其中五星级1家、四星级3家、三星级4家、二星级4家、一星级1家；星级农家乐98家，星级乡村酒店6家；旅行社20家，其中出境组团社2家。全年接待游客4730.15万人次，增长2.4%。中华彩灯大世界一期起步区建成开园，方特恐龙王国6个主题馆主体工程完工。举办第二十五届自贡国际恐龙灯会、2019四川国际文化旅游节暨第二届华侨城·自贡国际恐龙灯光节、自贡市第十五届乡村旅游节、自贡市第二十届飞龙峡桃花生态旅游节等文旅活动。市盐业历史博物馆获得首批“2019四川省旅游景区满意度50强”称号。

【农村水利】 小井沟水利工程完成年度投资2.22亿元；向家坝灌区工程完成年度投资7.01亿元；狸狐洞水库完成年度投资4620万元；楼房湾水库完成年度投资5000万元；大坡山水库完成年度投资2000万元。农村供水工程完成投资2660万元，建成管网延伸供水工程5处，巩固提升5.5138万人的农村居民饮水安全，其中建卡贫困人口0.035万人。完成中央、省环保督察整改。省、市污水“三推方案”建设年度任务建成东部第二污水处理厂，并通水试运行；建成东部污水处理厂（一期）主体土建工程；完成5座城市污水处理厂和84座乡（镇）污水处理厂（站）提标改造，并通水试运行；新建延伸和维修改造污水管网140千米。核查出取水工程1631处，完成9个岷沱江下泄生态流量监测点建设任务，调配水量1.1亿立方米，向旭水河、釜溪河生态补水2200万立方米，改善了河流的水环境质量。完成3个区（县）整治病险水库24座，完成农业水价综合改革灌溉面积13万亩，完成小型水库维修养护26座。全年共审批水土保持方案341件，其中报告24件，足额征收水土保持补偿费2619万元。全年共完成水土流失治理面积94平方千米。

【农业机械化】 市财政安排农村机电提灌站维修改造补助资金200万元，新建、改造提灌站12处。全年修复、改造机电提灌设备4791台25477千瓦，其中修复提灌站210处213台9400千瓦、改造提灌站131处133台4609千瓦；新增提水设备724台3326千瓦，其中新增提灌站25处25台985.5千瓦。全年新增控灌面积5.36万亩，组织提水7276万立方米，灌溉130.21万亩次。

【农村科技】 以项目为载体，重点开展农业科技创新，其中“荣县科技特派团产业扶贫项目”“旧院黑鸡新品种引进及林下生态养殖技术示范与推广”“人居环境地面下水道有毒气体排放净化处理的研究与应用”3个农业项目被列入四川省重点科技计划，共获得省级资金70万元支持；“优质红茶标准化生产关键工艺研究与示范”“水稻新品种蓉优189的选育及应用”“青花椒早结丰产栽培技术研究与示范”等20个项目被列入自贡市市级重点科技计划；进行中药材竹叶柴、水稻新品种蓉优189、优质鲜食马铃薯等新品种试验示范4项，进行可控式冷链发酵腌菜等新技术研究7项，推广白鹅林下生态养殖技术新模式等5项。全年实施助农脱贫示范项目18个，培育市级科技扶贫示范村4个、示范户15户。全市所有区（县）113个贫困村实现科技特派员全覆盖。

【农村教育】 全年教育经费总投入53.68亿元，增长8.71%。投资627万元，完成富顺县100所农村学校旱厕改造。实施乡村教师周转房及运动场软化工程项目，开工建设教师周转房69套，开工软化运动场地农村中小学校62所，完成投资1.3亿元。新（改、扩）建公办园26所，有60个乡（镇）建成独立的规范性中心幼儿园，治理城镇小区配套幼儿园61所。全市适龄儿童少年入学率达100%，九年义务教育巩固率达99.8%。全市共解决随迁子女入（转）学2322人。

教育扶贫资助投入28873.41万元，全覆盖学前教育到高等教育的各级各类学生29万人次。农村学前教育减免0.91万名“三儿”保教费966.69万元；农村义务教育投入受益学生23.13万人；农村中等职业教育投入2394.81万元；农村普通高中投入2399.44万元；高等教育投入696万元。全面免除学费、发放国家助学金，免除建档立卡贫困家庭学生课本费、作业本费和技能鉴定费并补助生活费。各学段发放教育扶贫救助基金984万元，受益学生1.25万人。全市所有学校包括农村小学、教学点100%接入互联网，所有接入电信、移动、联通网络学校的出口带宽均达200兆。

【农村文化】 全市有乡（镇）综合文化站65个、街道文化活动中心25个；不可移动文物点2404处，其中全国重点文物保护单位12处、联合申报的国家级文物保护点5个；“非遗”项目104个，其中国家级“非遗”项目4个、省级“非遗”项目13个；国家历史文化名镇5个、国家级传统村落13个、省级历史文化街区8条；文化产业法人单位2000余家，其中注册彩灯企业997家，国家文化出口重点企业累计36家次。自贡灯会累计在全球70个以上国家和地区展出，彩灯企业分别占国内、国外市场份额的85%和92%以上。全年举办投资推介会4次，签约项目2个。全年文化服务贸易额增长60%，文化产业法人单位主营业务收入70余亿元。围绕春节、庆祝中华人民共和国成立70周年等重要时间节点，举办各类文化活动1580余场，服务群众200余万人次；组织开展青少年DIY制作、残疾人演讲、经典诵读等阅读活动，全年累计接待读者30余万人次。新推出自贡本土原创剧目2部，共展演40场；新创作舞蹈、歌曲、小品、杂技等文艺节目28个。3月1日，颁布施行《自贡市井盐历史文化遗迹保护条例》。新增第八批全国重点文物保护单位名录2处、第九批省级文物保护单位名录11处。

【农村卫生】 全市有农村医疗机构1582个，其中乡（镇）卫生院96个、村卫生室1486个；乡（镇）卫生院编制人数3034人，在编人数2844人；编制病床位2930张，实有床位4001张。建成健康管理站47个，累计建成105个，实现全覆盖。全市基层机构达到“优质服务基层行”活动推荐标准的有5家、基本标准的有18家，建成省级家庭医生示范工作室5家、星级团队5个、市级家庭医生示范工作室11个。建立居民电子健康档案277.26万份，电子建档率达95.56%；规范化管理高血压13.56万人、糖尿病4.51万人，规范化管理率分别达81.08%、78.95%；建立合格家庭医生团队1315个，签约城乡居民159.03万人，签约率达54.81%。全市贫困人口基本医保参保率100%。建成113个甲级贫困村卫生室且配备合格村医，贫困人口县域内就诊率达99.19%，贫困患者县域内住院和慢性病门诊维持治疗医疗费用个人支付占比控制在9.17%。全市近三年累计补充基层卫生人员1000余人。全年举办培训班10期，培训人员1500余人。

【农村法制建设】 立足公共法律服务、普法宣传等职能，创新开展乡村振兴法治示范创建活动。全年办理法律援助案件1971件、公证案件13821件，接受委托司法鉴定案件5502件。加强乡村法律宣传阵地建设，村（社区）全覆盖建成法治宣传讲堂（咨询辅导站）、法律图书角、法治宣传橱窗，富顺县构建起“村村响”广播、电视台，《自贡日报》开设整版法治栏目，地方报刊设立《法治专栏》，营造了浓厚的农村法治宣传氛围。全年律师、基层法律服务工作者接待农民工1000余人次，发放法治宣传手册5000余份，依法解答涉及劳动用工、保险、民事权益等领域的咨询；到村（社区）开展法制讲座200余次，提供现场法律服务500余小时，参与矛盾纠纷化解500余件次。全市设立人民调解委员会1440个，全年调解矛盾纠纷9452件，调解成功9361件，成功率达99.04%。落实驻派出所人民调解员186人、专项经费253.66万元。

【农村交通】 截至2019年年底，全市农村公路总里程达5703千米，其中县道494千米、乡道844千米、专用道54千米、村道4311千米，农村公路里程占地方公路总里程的89.3%，农村公路路网密度达145.9千米/百平方千米，等级公路比例为94.8%。建成农村客运站154个，乡（镇）客运站场拥有率达100%；开通农村客运班线239条，有客运车辆706辆；陆续投入52台预约响应式服务车辆，提供预约响应式服务；客运覆盖100%的乡（镇）政府驻地和建制村，全市乡（镇）全部实现乡乡通油路(水泥路)、行政村全部实现通畅目标,113个贫困村村道按省、市脱贫考核标准全部硬化。沿滩区、富顺县相继创建为“四好农村路”省级示范县。围绕“对接大通道,区域可循环”目标,除编制《自贡市综合交通枢纽规划》《自贡市“十三五”综合交通运输发展规划》外,还专项编制了《自贡市乡镇及街道过境道路规划》。

【涉农招商引资】 全市3000万元以上的农业招商引资重大项目3个,均为内资项目,比上年增长50%;项目总投资3.318亿元,比上年减少79%。到位资金9100万元。

2019年自贡市3000万元以上招商引资项目表

项目	总投资(万元)	投资内容	投资方	项目进度
30万羽蛋鸡养殖项目	6380	项目建筑面积约为39400平方米,其中蛋鸡鸡舍8栋,每栋面积2160平方米,共新建标准化蛋鸡鸡舍总面积17280平方米;育雏室2栋,面积4320平方米;饲料加工设备等辅助生产设施4640平方米;管理设施建筑1600平方米;项目购置各种生产设备1480组(套、台、辆)、辅助生产设备68套(台)、工具车辆3辆。建设1座600平方米仓库、1个30平方米消毒池、2000平方米的鸡粪堆放室,年养殖蛋鸡30万只,年产鸡蛋18万千克	荣县余氏养殖有限公司	一期存栏蛋鸡26万只项目已建设完成,存栏蛋鸡10万只
荣县双石镇乡村振兴优质杂柑基地(树人)建设项目	20000	高标准建设5000亩优质杂柑示范基地(按实际测量面积计算),项目基地按功能规划为:设施农业区、田园风光区、农作物迷宫区、休闲区、水果采摘区、餐饮区、生活管理区;新建及购置雨水回收池、幕帘系统、加热系统、水肥一体化系统、电气系统及其他园区配套设备	四川树人旅游开发有限公司	四川树人旅游开发公司在双石镇预计总投资2亿元,在蔡家堰村、金台村、大竹林村流转土地约3100亩,完成土地整理起垄约2152亩,栽植苗木、施生物有机肥、覆盖地布2152亩,安装主管2152亩、滴灌带600亩,拨付财政补助资金343.4万元
自贡市富顺县粮宝养殖基地建设项目	6800	项目占地30余亩,新建猪舍6栋,约占地5000平方米;新建沼气发酵池2个,新建办公、住宿用房及库房,进出通道消毒设施设备,并完善厂房相关配套基础设施设备及厂房周围道路等的基础设施建设	富顺粮宝农业开发有限公司	已建设完工并投入使用

【农村社会保障】 全年累计保障城乡低保户183万人次,发放资金3.66亿元;临时救助1.5万人次,发放救助金930.21万元;将农村低保月保障标准提高到360元/人/月;为应对因非洲猪瘟造成的物价上涨压力,累计向困难群众发放临时价格补贴5640万元;累计救助流浪乞讨人员873人次。全市共发放困难残疾人补贴36万人次,发放资金3305万元,其中发放重度残疾人补贴39万人次,发放资金2345万元。

提高农村养老服务水平,维修、改造公办养老机构22个,提升改造养老床位1800张。实施中德、市校、协会“三位一体”养老护理培训计划,全年培训800余人次。创新养老服务模式,支持44家机构(民办机构35家)购买责任险,6.6万名老人参加老年人意外伤害保险。全市9.23万名80周岁以上老人享受普惠性高龄津贴,实施特殊老人购买居家养老服务80183人次。提高2.3万余名特困老人供养标准,农村特困人员月基本生活标准提高至500元/月,全失能特困人员护理标准提高至400元/月。

优化基层治理体系,减少建制村289个,出台《自贡市关于建立红白理事会的指导意见》,督促指导基层设立红白理事会700余个。出台《自贡市绿色惠民殡葬实施办法》,争取省级资金760万元对遗体接运等6项基本殡葬服务项目进行补贴,实现基本殡葬服务全覆盖。

【农村生态建设及环境保护】 出台《饮用水水源地环境问题整治攻坚方案》及年度实施方案,编制《自贡市集中式饮用水水源地环境保护规划》,完成旭水河重滩堰、烈士堰水库和27个乡(镇)集中式饮用水水源地保护区划分技术报告,完成全市乡(镇)集中式饮用水主用水源环境基础信息采集和环境状况调查及评估。全年乡(镇)集中式饮用水水源地水质达标率达78%,县级及以上饮用水水源地水质达标率达100%。

严控秸秆禁烧,推进土壤污染防治,完成197个地块的基础信息采集,对其中53个地块进行采样监测;19家土壤重点监管单位开展土壤污染隐患排查及土壤和地下水自行监测工作。推进张化渣场整治,在先期投入580余万元实施风险管控应急抢险工程的基础上高标准制订整改方案,会同中国化工集团投资3.5亿元开展张化渣场整治工作。

截至2019年年底,全市累计完成281个行政村的农村环境综合整治。印发《自贡市农村生活污水治理工作方案》,开展农村生活污水治理现状摸排工作。完成59个行政村的农村环境综合整治。

【农产品质量安全监管】 开展农药及农药使用、“瘦肉精”、生鲜乳违禁物质、兽用抗菌药经营使用、生猪屠宰、水产品禁用药物和有毒有害物质、农资打假七大农产品质量安全专项整治行动,全年共出动执法人员19130人次,检查生产经营企业8056家次,查处问题39起,涉及金额27.69万元,责令整改90起。组织开展省级农产品质量安全例行监测,抽检蔬、果、茶、菌等种植业产品，肉（肝）、蛋等畜产品以及水产品共672个，总体合格率为99.7%。2月，自流井区、贡井区通过省级农产品质量安全监管示范县创建，获得省政府认定授牌；自贡市通过省级农产品质量安全监管示范市创建，获得省政府认定授牌。

【农村市场体系建设】 全市有银行业金融机构17家、支行及营业网点509家，银行业金融机构从业人员5327人，其中农村金融机构4家、支行及营业网点184家，农村金融机构从业人员1342人。全年银行业金融机构人民币存款余额2068.48亿元，比年初增长21.02%；人民币贷款余额1198.43亿元，比年初增长18.17%，其中涉农贷款383.24亿元，比年初增长8.05%。全市有保险公司29家，其中财险公司15家、寿险公司14家。全市开办政策性农业保险公司4家。全年保险公司实现保费收入44.33亿元，比上年初增长4.15%，其中农业保费收入3795.92万元，减少40.52%；处理各项涉农赔款和给付金额8459.29万元，增长103.76%。

【数字农业】 全市有服务站点（益农社）987个，其中一类社296个、二类社394个、三类社297个，初步建立起一个快速高效、上下联动的市、县、乡、村四级农业信息网络服务体系。推进"互联网+农业"，将互联网技术与农业生产环节紧密结合。建成机电提灌信息化站（大安区何市镇三和村二组机电提灌站），并利用手机APP软件操作控制提灌站运行，实行远程控制、数据监测、自动报警等信息化处理。在生猪防疫上普及推广"耳标"，应用"二维码"技术，全市畜牧业生产物联网技术应用率达30%左右。在川南农副产品批发市场建设投运四川省"菜篮子"农产品价格预警信息采集系统，实现"菜篮子"农产品品种、价格动态监测。

一体化政务服务平台、农药经营监管平台、农村土地承包经营管理信息平台、新型农业经营主体信息直报系统、人居环境整治系统、农安信息系统、全国畜牧业统计监测系统等27个农业政务信息化系统正常运行，各级农业农村部门已实现电子政务无纸化办公，市级建成视频会议系统。全市智慧城市大数据中心已建成并启用。233家企业家纳入省级农产品质量监管追溯平台。开通"富农信"自贡市农业农村局微信公众平台。全市共建有县级农业信息服务机构6个、乡级农业信息服务站点92个。

【农村留守儿童帮扶】 全市共有农村留守儿童35698人。建立困境儿童保障和留守儿童关爱保护工作联席会议制度，落实家庭监护、强制报告、临时监护、"控辍保学"、户口登记五项责任，严厉依法打击遗弃行为，从保障基本生活、保障基本医疗、提高教育保障水平、健全监督保护机制等方面分类保障留守儿童的各项权益。全民政系统组织开展儿童关爱保护周、暑期儿童关爱保护活动、暑期留守儿童亲情团聚夏令营等活动，开展"爱心捐赠温暖寒冬""公益暖冬"等慰问活动，关心关爱留守儿童。动态更新全国"三留守"信息系统的各项信息。

【劳务开发与返乡创业】 全市农村劳动力总量达137.19万人，转移就业90.38万人，其中省内就业45.92万人、省外就业44.46万人。全年举办农民工专场招聘会220余场，发布用工岗位15万余个次，帮助农民工达成就业意向1万余人。出台《促进返乡下乡创业22条措施》，实施"返乡创业"工程，新增返乡创业2549人，返乡创业总人数达2.89万人，带动就业12.82万人。打造特色劳务品牌，开设彩灯工匠、盐帮大厨、盐都建工、家政服务等技能培训课程，免费培训农民工8878余人。

【涉农节会会展】 9月26日—29日，第七届四川农业博览会在成都西博城举办，全市58家农业和涉农企业480个品种参展。28日，举办自贡市农业农村招商引资推介暨"田园荣州"品牌发布会，签订荣县麦子山淘汰蛋鸡深加工项目协议等3个项目，计划投资23.08亿元，另签订采购贸易协议2个共2200万元，其中投资20亿元的沿滩区国家现代化花椒产业园项目、投资3亿元的富顺县10万亩绿色高粱基地建设项目被纳入省农博会开幕式上台签约项目。自贡市参展的农产品现场销售总额达320万元，通过电商平台宣传营销189万元，场下签订购销合同或意向协议1500余万元，招商引资签约金额和贸易采购协议金额均位于全省前列，在川南四市中名列前茅。12月7日，在中国（泸州）第四届农产品交易博览会期间举办了自贡市农业农村招商引资（泸州）推介会，现场签订现代农业产业园果蔬示范基地、建设冷链物流基础设施等3个项目，计划投资25.68亿元，另签订采购贸易协议2个共153万元，达成意向采购协议金额1700万元。

【重点乡（镇）选介】 沿滩区黄市镇。黄市镇位于沿滩区中心腹地，东靠沿滩镇和王井镇，南毗九洪乡，西邻永安镇，北接兴隆镇，距自贡中心城区14千米，距富顺县城15千米，自隆高速公路、省道305线、国道206线、县道王舒路和规划建设的自泸大件路呈扇形分布横贯全境，辖区内各村村道互联畅通，镇域内外交通便利，承东启西、连南贯北，是"南丝绸之路"上的一个站口。黄市镇隶属富顺县，全镇辖7个村1个社区共95个村（居）民小组，辖区面积34.5平方千米，有耕地3.1万亩，总人口3万余人。全镇引进发展培育柑橘、花椒两大优势产业1万余亩。黄市镇率先探索"新型小城镇、新农村综合体、新村聚居点、新型农家大院""四级居住"模式，率先探索农村产权抵押融资和金融精准扶贫"四方合作"机制，率先探索农村院落"微自治"，经验在省、市推广。黄市镇是自贡市首个省级以工代赈新农村建设示范片项目区、市环城产业暨现代农业产业带和市级统筹城乡综合配套改革实验区、市扩权强镇试点乡（镇）、自贡市"十大最美乡（镇）"、省"十三五"重点打造的现代农业型特色小镇、省第四批"百镇建设行动"试点镇和和全市首批特色小镇示范镇。近年来，先后获得全市"三农工作先进乡（镇）""基层党建示范单位"等称号。

沿滩区沿滩镇。沿滩镇位于自贡市区东南部，釜溪河中游，距市中心10千米，自隆、乐自高速、省道305线跨境而过，釜溪河穿境，素有"十里水路连八街，千年盐运第一城"的美誉，水陆交通十分便捷。全镇下辖11个村4个社区206个村（居）民小组，辖区面积40.02平方千米，其中耕地面积28253亩、城区建成区面积2.2平方千米（不含工业集中区）；户籍总人口5.04万人，其中城区聚集人口2.5万余人。沿滩镇先后获得"国家卫生乡镇""四川省平安社区""自贡市基层党建示范乡镇""自贡市食品安全示范乡镇""自贡市级文明乡镇""自贡市双拥工作先进集体"等称号。辖区詹井村被评为省级"四好村"、省级"乡村振兴示范村"和省级"文化扶贫示范村"；有人民村、跃进村、飞跃村等市级"四好村"，詹井村、宜民村、跃进村（原和平村）等市级"文明村"。全镇实施"两大战略"，加快融入"一园三片区"突破发展，新签约项目5个，云图控股上市企业投资的自贡交通物流学院项目成功签约落地。发展新材料、电力装备等产业，现有华侨凤凰、西蜀电力等规上工业企业8家，其中自贡天龙化工有限公司产品主要用于航空航天、军舰、轮船等尖端领域，自贡大成电子材料有限公司90%的产品远销海外。

沿滩区永安镇。永安镇位于沿滩区腹心地带，东与黄市镇、九洪乡交界，南与联络、富全二镇接壤，西与自流井区仲权镇相邻，北与兴隆镇相联，距自贡市区16千米。全镇辖11个村2个社区133个村(居)民小组，辖区面积52.93平方千米；人口4.2万人(其中农业人口3.9万人)，常住人口2.6万人，场镇常住人口0.4万人。辖区有少数民族人口109人，涵盖壮族、彝族、藏族、白族等17个少数民族。全镇全年地区生产总值34.89亿元，全年税费收入2623万元，固定资产投资5.5亿元，社会消费品零售限上商贸营业额5200万元，规模工业总产值共计17.5亿元，招商引资8.7亿元；城镇居民可支配收入35170元，农村居民可支配收入16879元。全镇发展特色花卉250余亩，建成省级花卉产业基地1个；发展花椒12000亩，建成市级现代农业(花椒)产业园1个、市级农民工创业示范基地1个；建成标准化肉牛基地1个、年出栏6万只肉兔养殖场1个。辖区工业以机械制造、纺织产业为主，有规模以上工业企业6家。有文创企业2家，文创专利20余个，全年实现年产值1.7亿元、对外贸易额1300万元。永安镇2017年被命名为四川省旅游休闲特色小镇，2019年创建为省级实施乡村振兴战略先进乡(镇)、四川省“百镇建设”试点镇。

大安区何市镇。何市镇位于大安区东北部，是大安区中郊农业大镇。全镇辖13个村1个社区285个村民小组，辖区面积70.6平方千米，其中耕地6.3万亩；总人口5.3万人，其中城镇人口2220人、农村人口3.61万人。全年招商引资到位资金4.16亿元，固定资产投资2.73亿元，地方一般公共预算收入2143.58万元，农村居民可支配收入17059元。何市镇先后被列为四川省第二批试点小城镇、“四川省百镇建设试点乡(镇)”、自贡市扩权强镇试点镇、自贡市环城现代农业暨新农村示范建设示范镇、“全国农业产业强镇建设镇”、省级实施乡村振兴战略先进乡镇。全镇紧扣乡村振兴战略要求，推进农业产业化发展，新建鸡棚56条，累计建成219条，年出栏肉鸡550万羽，年产值近1900万元。年产18万吨的立华牧业饲料加工厂和交易平台基本建成。鼓励引导发展水肥一体化建设，建成柑橘等特色产业3000余亩，培育柑橘苗木18万余株。开展土地整理项目，整治土地8640亩。承接、延长现代农业园区产业链，配合农业园区抓好产业推进。依托农业园区建设，合力推进“龙头企业+基地+专合社+农户”新形式。

荣县双古镇。双古镇位于荣县西北，北接内江市威远县，西临井研县、仁寿县，成宜高速穿境而过(在建)。全镇辖24个村及2个社区居委会，辖区面积117.16平方千米，有人口3.47万人；地方一般性预算收入1066.54万元，城镇居民人均可支配收入3.45万元，增长8.1%；农村居民人均可支配收入1.6万元，增长9.2%。全镇以茶叶为主导产业，新增茶园面积2500亩，茶园投产面积达5.1万亩；推广茶叶机械化管理茶园技术，有采茶机3680台、修剪机1385台、机械化采茶便民服务队18支，鲜茶叶产量3000万千克，加工产值2.1亿元，综合产值达6亿元，茶叶远销河南、浙江、福建、广西、峨眉等省内外地区，为全国“一村一品”示范村镇。辖区有以省级重点龙头企业为代表的多家茶叶企业，有春兰芗牌“春兰雀舌”“春兰雀舌·尚品”等多个获得“绿色食品”认证产品。辖区自贡市春兰茶业有限公司入选首批“四川省精制川茶自动化清洁化加工示范企业”，获得专利新型实用技术10余种。2019年农业农村部重大技术协同推广项目(茶叶机采技术)现场培训会在双古镇召开。

【农村大事记】 1月5日，中农联·川南农产品电商物流园一期项目投入使用。该物流园位于自流井区现代综合物流园区，总占地面积约32.7公顷，总投资31亿元，分3期建设。经过两年时间的建设，电商物流园一期项目——农批市场完工，该项目占地162亩，建筑面积10万平方米，包括农特产品交易区、蔬菜交易区、水果交易区、干调副食交易区、水产副食交易区、冷链仓储区及市场配套等。

1月23日，省委农村工作会议暨全省人居环境整治工作推进大会在成都市召开。大会宣读了《省委办公厅、省政府办公厅关于表扬2018年度重大农村改革任务推进示范县(市、区)的通报》，沿滩区被评为2018年度全省重大农村改革任务推进示范区。

2月1日，自贡市及自流井区、贡井区被省政府认定为“第六批四川省农产品质量安全监管示范市县”。

2月19日，市农业农村局正式挂牌成立。按照省委、省政府批复的《自贡市机构改革方案》要求，将市委农村工作委员会的职责，市农牧业局的职责，以及市发展和改革委员会的农业投资项目、市财政局的农业综合开发项目、市国土资源局的农田整治项目、市水务局的农田水利建设项目管理职责等整合，组建市农业农村局，作为市政府工作部门，挂市扶贫开发局牌子。

2月，自贡市通过省级农产品质量安全监管示范市创建。

3月11日，市委农村工作会议、全市农村人居环境整治工作推进大会暨扶贫开发工作会议召开。会议传达了贯彻省委农村工作会议和全省扶贫开发工作会议精神，全面总结了2018年农业农村和脱贫攻坚工作，对2019年全市推进乡村振兴战略落地落实、农村人居环境整治和脱贫攻坚工作做出了全面部署。市委副书记李国贵出席会议并讲话，会议由市委常委、副市长杨智艳主持。

6月，“富顺再生稻”入选全国首批地理标志农产品保护工程，为全省入选该保护工程的14个农产品之一。

7月24日，荣县双古镇入选2019年国家农业产业强镇名单。该名单由农业农村部、财政部发布，荣县双古镇是全省22个入选乡(镇)之一，也是全市唯一入围的乡(镇)。

8月14日—16日，农业农村部茶叶协同推广项目茶叶机采技术现场培训在自贡市召开。农业农村厅副厅长杨波出席会议，省科研院校、省茶叶学会、茶叶创新团队，11个主产茶市农业农村局分管局长、经作站或茶产业发展中心负责人，30个重点产茶县(区)农业农村局分管局长、经作站(茶叶)站负责人，省内重点茶叶加工企业参会人员共135人参加培训。

9月18日，沿滩九洪西瓜节入选2019年中国农民丰收节100个乡村文化活动名单。该活动由中国农民丰收节组织指导委员会办公室指导、农民日报社组织开展，全省有3个文化活动入选，其中九洪西瓜文化节是川南唯一入选的文化活动。

9月24日，富顺县互助镇(柑橘)入选第九批全国“一村一品”示范村镇名单。互助镇以柑橘为主导产业，种植面积近1070公顷，年产值2.3亿元。

11月20日，全省薯类优质高效生产现场技术培训会在自贡市召开，来自全省薯类良繁及基地建设重点市(州)及县(市、区)、部分薯类企业负责人、有关单位专家等100余人参加。

12月31日，富顺县被农业农村部评为第二批全国农村创新创业典型县，是全省获评的6个县(市、区)之一，也是全市唯一获评的县(区)。

【主要领导人】 市委书记：李刚；市人大常委会主任：谭豹；市长：何树平；市政协主席：游开余；分管农业副市长：鲜光鹏。

自贡市编写组

自流井区

【基本情况】 2019年，全区辖9个街道3镇38村48个社区，辖区面积154.99平方千米。总人口36.69万人。全区农业增加值增长3.1%，农民年人均可支配收入增长10.1%。

【农村产权制度改革】 按照清产核资、成员界定、股权设置、资产量化和建章立制五步工作法，实现了“资产变股权、资金变股金、村民变股东”的股改目标。全区共完成清产核资单位474个，其中村级48个、组级426个；账面资产总额为12133.26万元，其中经营性资产总额5745.126万元；核实资产总额35130.7万元，其中经营性资产总额10471.31万元；集体土地总面积22.874万亩，其中农用地总面积19.62万亩。全面完成9个行政村农村集体产权制度改革试点任务，成立9个村级股份经济合作社。

【农产品品牌战略实施】 代区政府起草了《自流井区“三品一标”农产品认证奖励办法》。全年新增获证绿色食品3个，完成绿色食品续展换证3个，新申报审核无公害水产品6个，审核无公害水产品复查换证产品6个，全区“三品一标”农产品总数达38个。

【种植业】 全区大春粮食作物播种面积7.94万亩，增长1.28%；产量2.89万吨，增长1.55%。小春粮食作物播种面积3.91万亩，增长3.62%；产量0.3655万吨，增长3.25%。蔬菜播种面积4.41万亩，增长1.7%；产量8.56万吨，增长2.18%。

粮油高产创建。开展“中稻+再生稻”高产栽培技术要点、玉米膜侧集雨高产栽培技术、优质酿酒高粱栽培技术、大豆套作高产高效栽培技术要点、秋冬马铃薯高产高效栽培技术培训。开展粮油高产创建活动，按照市上对水稻、玉米、马铃薯、套作大豆、高粱、彩薯（蓬薯13号）繁殖六大作物高产协作攻关的要求，重点实施“中稻+再生稻”、玉米膜侧、马铃薯、套作大豆、高粱、彩薯（蓬薯13号）繁殖高产攻关创建活动，各乡（镇）也因地制宜建立了粮油高产创建示范基地。

植物保护和检疫。一是制定2019年自流井区农作物病虫害防治预案，并印发到各乡（镇）农业综合服务中心和农资经营户、农业专合组织、种植大户等。二是加强农作物病虫害监测与预警，采取系统监测与面上调查相结合，对全区农作物主要病虫草害进行了预测预报，及时传递病虫草害信息，编制发布植保情报5期，预报准确率达90%以上，为决策和指导防治提供了科学依据。三是高度重视草地贪夜蛾防控工作，认识草地贪夜蛾发生危害的严重性、做好草地贪夜蛾防控工作的艰巨性和做好防控工作对保障粮食安全的重要性，成立了自流井区草地贪夜蛾监测防控工作领导小组，制订了2019年草地贪夜蛾监测防控方案，并印发到相关部门和乡（镇）政府；层层召开工作会和技术培训会，全区共召开宣传培训会46次，参训人员2340人次，发放宣传挂图150份、技术资料7000份，提高了广大干部和群众对草地贪夜蛾的辨识和防控能力。开展普查工作，建立区和乡（镇）普查防控网络，以玉米、高粱、水稻等易害作物为重点调查作物，组织和调动农技人员、植保专业人员、村（组）干部和农户广泛参与虫情普查，做到区不漏乡、乡不漏村、村不漏组、组不漏户、户不漏田，全区共普查玉米等作物2.1万余亩，实际发生1.1亩，玉米平均被害株率为4.1%、百株虫量为6.2头，低于全省和自贡市的危害水平，全面掌握了虫情动态并全力做好了防控工作。7月2日，区农业农村局植保站、荣边镇农业中心技术人员一行在荣边镇大山村4组村民龙正华玉米地内发现疑似幼虫，通过省植保专家确认为草地贪夜蛾，7月3日立即采购电动喷雾机5台、防治药物2千克，组织人员10人对发生虫害的玉米地及周边玉米、高粱地块51亩进行专业化统防统治，防控处置率达100%，确保了虫害不扩散。

【畜牧业】 全年出栏生猪4.7万头、肉牛0.16万头、山羊1.6万只、小家禽畜80万只，禽蛋产量0.24万吨，牛奶产量0.1920万吨，肉类总产量0.8万吨。

非洲猪瘟防控。自2018年8月全国爆发非洲猪瘟疫情以来，相邻的宜宾市、乐山市陆续爆发疫情，全区全力开展非洲猪瘟防控工作，坚持对养殖场（户）、屠宰场进行每日排查，共计排查养殖场、屠宰场计30000余次；发放非洲猪瘟防控告知书20000余份；与养殖户签订禁止泔水喂猪承诺书上千份；悬挂宣传横幅20余幅；对生猪屠宰企业、生猪养殖户、无害化收集点等发放防控挂图400余套、防治知识手册1000余本；张贴防控明白纸500余张。把规模生猪养殖场和尖山种猪国家级核心场作为防控工作的重中之重，协助德康公司建成隔离带3千米，促成3千米范围内的生猪清退复养工作。全区未发生非洲猪瘟疫情。

动物疫病防疫。全年免疫猪瘟1.67万头，免疫率为95%；免疫猪口蹄疫1.67万头，免疫率为95%；免疫牛口蹄疫234头，免疫率为98%；免疫羊口蹄疫0.17万只，免疫率为95%；免疫羊小反刍兽疫0.175万只，免疫率为98%；免疫禽流感39.32万羽，免疫率为99%，做到了全区畜禽“应免尽免”，应免率达100%。共消毒圈舍面积59.57万平方米，消毒面达100%。

兽药饲料及其畜产品质量安全。开展畜产品质量安全监督管理，全区所有规模养殖场和养殖专业户均已签订《畜产品安全承诺书》，生产企业签订《安全生产承诺书》，经营企业签订《经营安全承诺书》，提高了各服务对象的安全意识，杜绝全区畜产品安全事件的发生。

兽药工作。全区共有兽药店12家，各店均制度上墙、记录完善、兽药摆放整齐、规范。集中开展打击兽药非法行医专项检查、兽药及兽药残留专项整治、兽药产品标签和说明书规范行动等专项行动，宣传贯彻实施《兽用处方药和非处方药管理办法》《兽药经营质量管理规范》《兽药产品标签和说明书规范》，完成省、市抽检任务。

饲料工作。全区有饲料和饲料添加剂生产企业4家、饲料经营企业（户）12家（户），各经营企业均已通过全区的统一培训，《饲料及饲料添加剂管理条例》及相关制度上墙，进出货记录完善，店面卫生整洁，各项售后服务有效推进。集中开展查处无证生产饲料和饲料添加剂、“六打六治”打非治违等专项行动。迎接省、市兽药饲料抽检各2次，共抽检3家企业9个样品。开展全区“饲料人”坚持以食品安全为前提的教育活动，把好生产关、销售关、使用关，确保全区畜产品的健康与安全。

【农牧渔业综合执法】 一是执法检查与普法。每月对辖区农资、兽药等从业者开展执法检查及普法工作，累计出动执法人员176次、执法车辆70次，发放普法资料340份。二是执法抽样工作。对辖区畜禽水产、水果等农产品共计抽样17次，经检测均合格。三是案件查办。全年办理动监、农药、种子、渔业案件19起。四是渔政工作。开展禁渔期宣传、执法巡逻，禁渔期累计出动执法人员420人次，张贴政府通告36份，发放并张贴自制宣传资料760份，清理天然水域“地笼网”等非法捕捞渔具30副，查办非法捕捞案件1起，保护了辖区天然水域渔业资源。五是非洲猪瘟防控执法。对高速收费站、畜牧兽医站、屠宰企业、养殖企业、养殖大户等共计发放防控宣传资料1200余份，出动执法人员200余人次，查办泔水喂猪案件1起；落实中央、省、市、区文件精神，召开行业"扫黑除恶"座谈会2次，摸排涉黑涉恶、行业乱象线索10次，发放"扫黑除恶"专项斗争宣传资料100余份，联合公安部门对屠宰经营户进行约谈1次，查办专项斗争农业重点领域非法捕捞、农资制假售假案件3起。

【乡村振兴】 对照目标任务，以发展美丽经济、推动乡村振兴发展为工作总目标。一是区委书记和区长联合召开自流井区创建四川省实施乡村振兴战略先进区暨农村人居环境整治重点县工作推进会，针对工作中的问题专题研究部署，明确工作责任主体，压实责任，建立每周一次的乡（镇）部门联合推动工作会商机制。二是通过招商引资推动园区建设，以荣边镇现代农业示范园区为核心，加快现代农村产业发展步伐，打造农业产业高质量发展标杆、全域景观化典范、农村产业深度融合样板、经营主体多元合作带动小农户发展榜样，辐射带动仲权、漆树和农团等乡（镇）现代农业、绿色农业的发展，带动农民增收致富。三是各级各部门落实工作职责，协同会商形成合力。明确全区乡村振兴中人居环境整治工作以点破面先树标杆，再以点带面的工作思路，确定仲权镇竹元村、荣边尖山村、飞龙峡新国村作为全区人居环境整治和"厕所革命"的排头兵，推动先试先建树起标杆。同时，在全域开展"三清两改一提升"村庄清洁行动，建立垃圾收运处置模式，实现90%以上的村生活垃圾得到有效处理，65%以上的村生活污水得到有效处理，100%的乡（镇）有正常运行的污水处理厂，村民小组保洁员配备率达100%，农村户用卫生厕所改造有序推进，化肥农药用量减少15%以上，农业废弃物资源化利用及回收处置率大于75%，"六网"基础设施建设水平不断提升。

【扶贫攻坚】 一是自力更生"搞种养"。对具有一定发展能力和条件的贫困人口逐户研究分析产业发展前景可行性，提供相关种养殖业技术培训，进行专项扶贫资金补助，解决贫困户资金技术问题。二是龙头带动"下订单"。整合金融扶贫、土地、财政奖补等政策资源，加大对农业龙头企业的培育和支持力度，探索"订单农业"产业扶贫道路。由企业提供技术支持、免费赠送种苗、产业保护价收购等，着力解决贫困户技术不足、销路不畅、防市场风险能力弱等问题，以仲权特色火鸡、三友红酒葡萄等为代表的一批龙头企业与贫困户签订订单合作协议。全年仲权火鸡养殖公司免费提供鸡苗2批300余只，自贡三友园林公司先后为农团乡、漆树乡120余户贫困户提供葡萄种苗发展种植200余亩。三是入股分红"保收益"。针对部分"老弱病残"无力发展生产的贫困群众，引导和鼓励其通过土地、小额信贷及产业扶持基金入股分红，确保定额保底收益。全区实现贫困户土地入股37亩，小额信贷2000万元、产业扶持基金600万资金入股企业，受益贫困群众1200余户，分红收益达140万元。四是引进项目"促就业"。统筹全域发展，启动实施以仲权镇彩灯小镇、漆树乡颐养小镇为代表的特色小镇建设，全力推进乡村振兴，构建大扶贫格局。现代农业示范园区、花满盐都、荣边特色水果等一批新型农业产业蓬勃发展，为贫困群众就近就地解决就业提供了便捷支持。全区累计引进各类农业产业项目40余个，解决贫困人口就业300余人，实现人均增收18000元。

【"技术走基层"】 选派60名区、乡（镇）农业技术人员组成16个基层农技巡回服务工作小组，分村对全区建档立卡产业贫困户进行技术帮扶，共开展农技巡回服务165次，技术指导1583人次，累计发放宣传资料2150份。

【农村生态建设及环境保护】 实施畜禽粪污资源化利用工程。制订《自流井区加快推进畜禽养殖废弃物资源化利用工作方案》及《自流井区畜禽养殖污染整治工作实施方案》，加强监督力度和宣传力度；编制《畜牧业转型升级绿色发展工作任务责任清单》，推行种养平衡、生态循环绿色发展模式，实行畜禽粪污就地消纳利用和异地处理利用相结合；建立健全畜禽粪污资源化利用路线图和追溯体系。全区粪污综合利用率达75%。

实施病死畜禽无害化处理工程。全区在漆树乡建成病死畜禽无害化处理收集点并正式投入使用。完成所有养殖场（户）的病死畜禽无害化处理协议的签订，并落实到位，无害化集中处理率达100%。

开展化肥、农药"零增长"行动。开展技术宣传培训，实施化肥农药减量增效示范工作，全区已完成3个化肥农药减量增效示范点的挂牌工作。开展病虫害专业化统防统治，在荣边镇建立绿色防控区0.08万亩，推广生物农药，选用高效环保型农药品种组成最佳用药组合，减少化学农药过量使用，全区主要农作物专业化统防统治率达42%，绿色防控覆盖率达32%，全面完成目标任务。

调整种植业结构与布局。与茂源等省内外客商洽谈对接，推广绿色防控技术1项。推进园区产业主干道等基础设施建设，完成部分土地整理，新建中农联优质柑橘基地1000亩。

【农产品质量安全监管】 制订《2019年自流井区蔬菜水果农药残留监测方案》《2019年自流井区养殖动物"瘦肉精"专项监测方案》，全区共抽检农产品1452个，未检出不合格样品。配合完成全省农产品例行监测抽检样品113个，不合格1个，合格率为99.1%，完成上级下达的合格率任务。在全区范围内开展"瘦肉精"集中拉网式监测2次，其中养殖环节共抽检"瘦肉精"样品532份，检测结果均为阴性。新增获证绿色食品3个，完成绿色食品续展换证3个、无公害水产品复查换证产品6个。对全区农产品质量安全重点监管对象开展巡回检查30余次，对发现存在问题的企业要求限期整改，及时消除安全隐患。对农资单位开展农产品质量安全培训2次；结合新型职业农民培训开展农产品质量安全相关知识培训2次，累计培训达40课时；组织开展农产品安全户外宣传10余次，发放各类宣传资料6000余份。

【"两区"划定】 自流井区粮食生产功能区和重要农产品生产保护区划定工作通过省级成果认定和完成国家数据汇交工作，在全市领先。实际完成任务指标划定面积40584.29亩，其中划定水稻生产功能区22253.84亩、玉米生产功能区18330.44亩，范围涉及5个乡（镇）34个村，划定片块60个、地块2895个。

【主要领导人】 区委书记：黄志勇；区人大常委会主任：何永海；区长：向军；区政协主席：刘茂常；分管农业副区长：贾小龙。

自流井区编写组

贡井区

【基本情况】 2019年，全区辖9个街道3镇，辖区面积154.99平方千米。年末总人口36.69万人，人口出生率5.52‰，人口自然增长率99.18‰。

【年度农业和农村经济运行】 2019年，全区农业增加值实现22.6338亿元，增长2.9%。农村居民年人均可支配收入达17798元，增长10%。

农产品品牌战略实施。全区通过无公害农产品产地整体认定，全区获得"三品一标"

认证农产品73个，其中有机产品45个、绿色食品1个、无公害农产品27个。全区46家企业入驻追溯平台。

现代农业园区建设。围绕市“一区六园”建设目标，配合开展自贡现代农业示范园区建设工作，加快推进全区农村产业融合发展示范园区建设进度，争取省级现代农业园区培育项目资金1000万元、水土保持资金1200万元、高标准农田建设资金1500万元，整合重大项目投入园区建设7个，完成园区产业主干道、支干道、机耕道建设80千米，硬化道路10千米，整理土地2.67万亩。旭水河果蔬现代农业园区创建为市级现代农业园区。

【种植业】 全区农作物播种面积63.6576万亩，其中粮食作物播种面积34.7505万亩；粮食总产量11.8566万吨，其中小春粮食产量0.7569万吨、大春粮食产量11.0997万吨。全年蔬菜及食用菌种植面积达11.7457万亩，产量32.3973万吨。瓜果类种植面积达0.1717万亩，产量0.3665万吨。在全区推广2019年省级财政乡村振兴转移支付“酿酒专用粮基地建设”项目，计划完成3万亩，实际完成3.05万亩。在示范区共选取30个田块进行测产，平均亩产282千克。引导农民减少玉米播种面积，增加高粱种植面积，引进郎酒集团以“保底价”回收高粱籽，既保障了粮食播种面积，提高了粮食种植效益，又增加了农户收益。

【畜牧业】 全年实现畜牧业产值9.69亿元，占农业总产值的比例提高3.2%。生猪存栏6.42万头，其中能繁母猪存栏0.52万头；生猪出栏13.66万头。牛存栏3104头，其中奶牛存栏1305头、肉牛存栏1799头；肉牛出栏757头，增长4.1%。羊存栏3.59万只；羊出栏5.35万只，增长3.4%。家禽存栏118.69万羽，其中蛋鸡存栏42.34万羽、肉鸡存栏69.24万羽；家禽出栏403.07万羽，增长6.8%。肉兔存栏88.48万只；出栏387.32万只，增长3.4%。肉类产量2.08万吨，增长2.2%，其中猪肉0.94万吨、牛肉101吨、羊肉731吨、禽肉6193吨、兔肉4355吨。禽蛋产量6414吨，增长6.7%。牛奶产量7344吨，增长3.2%。

【水产业】 全年水产品产量14950吨，增长3.82%；实现产值3.65亿元，增长4.2%。推广池塘“圈养”零排放、稻渔综合种养等健康养殖技术，共创建省级健康养殖示范场68个，面积约为11700亩，比重达65%。渔政执法人员采取明察暗访的形式，共组织开展集中执法检查19次（联合公安部门执法4次），共出动执法人员70余人次、车辆19车次，捣毁地笼115余个、巨型拦河网2个，收缴非法钓鱼工具3套，挡获电鱼违法分子3人（其中移交司法机关追述刑事责任2人），查处非法捕捞案1例，就地放生野生鱼类150余千克。加强渔船安全监管，维护正常作业秩序，做好渔业船舶证书换发证、捕捞许可证年审等工作，发证74个；完善《贡井区渔船档案资料》，做到“一船一档、一档一表”。

【乡村振兴】 编制形成以加速起步区和核心区建设为重点的年度实施方案，高标准推进园区建设。推进农民集中居住，加快推进中心村、新村聚居点、农家大院建设，建成中心村9个、新村聚居点22个、农家大院39个。全域实施农村环境综合整治“六改三清”行动，完成风貌塑造760户、土坯房整治改造2640户、80千米农村公路建设、“一江两河”1267亩绿色长廊建设，完成艾叶镇“四川最美古村落”申报，评选卫生庭院、文明卫生户10户。

【农村改革】 推进农村“三大革命”。一是推进农村“厕所革命”。全区户用卫生厕所普及率达73.2%，“厕所革命”已完工1865户，新（改）建农村公共厕所33座、乡村旅游点厕所1座。二是推进农村“垃圾革命”，每镇对标打造1个区级示范点，打造桥头镇白房村、龙潭镇将军村市级示范点2个。三是推进农村“污水革命”。完成镇黑臭水体摸排工作，整改到位疑似黑臭水体1个，完成50%的农村黑臭水体整治。完成新建3个新村聚居点污水处理设施，完成镇污水处理厂（站）提标改造9座，完成新建延伸污水管网3.8千米。建成水美新村4个，“千村示范”工程已完工22个，农村山坪塘“清水工程”已完成1175口。

【宜居乡村建设】 按照“扶贫解困、产业提升、旧村改造、环境整治、文化传承”五大行动要求，坚持“建、改、保”相结合，推进市下特色小镇、中心村、新村聚居点、农家大院建设，完成美丽宜居乡村建设25个。

【扶贫攻坚】 全区全年无省定减贫目标任务，主要目标任务为巩固提升减贫成效、持续落实各项帮扶措施和政策。实现已脱贫人口11234人全面巩固提升，占目标任务的100%，贫困户住房安全、基本医疗、义务教育、饮用水安全、生活用电、广播电视信号得到全面保障。全年到位各级财政专项扶贫资金2588万元；使用扶贫开发基金2431.105万元，安排项目18个，其中在建5个、完工13个。落实“四项基金”1847.5万元，其中落实教育扶贫救助基金500万元，累计救助5000余人次247.006万元；落实产业扶持基金324.35万元，已发放43.5万元，涉及贫困户99户；落实卫生扶贫救助基金527.06万元，已救助12856人次196.25万元；落实小额信贷分险基金500万元，累计发放贷款682户2443.04万元。落实小额贷款贴息119.24万元。

【农产品质量安全监管】 建立农产品质量安全追溯系统，与省级追溯信息平台对接，并在本地区推广使用。对无公害农产品基地、农业标准化示范基地的农产品实施生产期间的产品监测，农残快速检测2845个样，合格率为99.7%。

【农村基础设施建设】 基本完成桥头镇白房村等村“1+4”综合示范建设工作，白房、重滩党群服务中心已投入使用，白房村聚居点已建成并顺利入住，麻柳党群服务中心主体工程已基本完成；重滩聚居点联建房完成15套房屋的主体工程。按照市上要求，筛选确定第二轮领导联系抓点示范村10个，各涉及乡村制订了具体的工作方案，各类项目有序推进。为加强农村人居环境建设，结合省上“千村示范”工程建设，以位于旭水河沿岸、场镇周边、水库周边、饮用水附近、贡井区郊区为原则，筛选58个聚居点作为本次试点工程，分别为长土镇16个、桥头镇7个、建设镇6个、艾叶镇11个、龙潭镇14个、成佳镇4个，已完工33个点位。结合“1+4”综合示范村建设，在桥头镇白房村、建设镇重滩村党群服务中心高标准改建农村厕所2座，已完成修建任务并投入使用。

【主要领导人】 区委书记：黄劲；区人大常委会主任：林勇；区长：张洪涛；区政协主席：罗洪艳；分管农业副区长：吴正刚。

贡井区编写组

大 安 区

【基本情况】 2019年，全区辖9镇6个街道，辖区面积399.82平方千米，其中耕地面积34.44万亩、基本农田24.18万亩。年末总人口42.87万人（户籍人口），人口出生率8‰，人口自然增长率1.5‰。全区耕地有效灌面和保证灌面分别达到耕地总面积的28.3%和29.1%；本地水资源总量1.27亿立方米，人均占有水资源量292.02立方米。林地面积0.47万公顷，有林地面积0.41万公顷，活立木总蓄积量13.16万立方米，森林覆盖率22.97%。

2019年，全区GDP165.29亿元，增长7.2%，其中第一产业增加值19.19亿元，增长2.8%；

第二产业增加值81.94亿元，增长7.5%；第三产业增加值64.16亿元，增长8%。三次产业对经济增长的贡献率分别为3.6%、60.7%和35.7%。全年接待游客843万人，实现旅游总收入73亿元，其中乡村旅游收入14.6亿元。

农村公路总里程798千米，密度1995米/平方千米、20千米/万人。社会消费品零售总额70.1亿元，增长9.7%。地方公共财政预算总收入完成21.5292亿元；公共财政预算总支出20.778亿元，其中农业投入18248万元，占支出的8.78%。完成农业产业化项目11个，完成投资34023万元。农业产业化龙头企业省级、市级、区级分别为3家、15家、1家。

有各类学校109所，在校学生53985人，教职工3155人，其中普通高校1所，在校本（专）科学生9000人，增长12.3%；普通中学13所，在校学生11982人；小学50所，在校学生18140人；学龄儿童入学率100%。有艺术表演团体5个，文化馆1个，公共图书馆1个。有卫生机构187个，病床位3032张，卫生技术人员1053人。新型农村合作医疗参合人数308023人，新型农村社会养老保险参保人数135899人。

【年度农业和农村经济运行】 2019年，全区实现农业总产值31.08亿元，增长3.25%；农业增加值达19.37亿元，增长2.9%；柑橘、核桃、肉鸡、肉牛等特色优势农产品产量保持稳定增长。农民年人均可支配收入达17059元，增长9.9%。创建省级乡村振兴示范村2个、省级示范农业主题公园1个，培育省级农业产业化联合体1个，建成基层农业综合服务站12个。完成省、市例行监督抽样139个，区、乡两级农产品抽样8200个，检测合格率均为100%。

2019年大安区主要农产品产量

主要农产品	单位	产量	同比(%)
粮食	万吨	11.12	0.55
水稻	万吨	4.38	–0.08
玉米	万吨	3.27	–1.14
马铃薯	万吨	0.41	3.99
油菜籽	万吨	1.67	4.7
蔬菜	万吨	26.65	5.96
水果	万吨	1.15	3.03
肉类	万吨	2.5119	5.3
猪肉	万吨	0.8186	–18.4
牛肉	万吨	0.1056	5.9
羊肉	万吨	0.1082	5.7
禽肉	万吨	0.9446	45.9
兔肉	万吨	0.4682	1.8
禽蛋	万吨	0.6619	–0.6
水产品	万吨	0.8923	4
牛奶	万吨	0.4507	–5.4

农业产业化发展。全区共有农业产业化龙头企业19家，其中省级3家、市级15家、区级1家。按经营方式划分，有9家农业生产型企业、8家农产品加工型企业、其他类型2家。全年企业营业总收入达81051万元，其中种养殖产品销售收入47591万元、农产品加工产品销售收入21976万元；实现利润总额达13582万元，上缴税金592万元；完成固定资产总投资12243万元，年末固定资产总额达30829万元；带动农户18943户，其中订单农户5682户、建档立卡贫困户399户。全区经工商登记在册的农民专业合作社221个，其中2019年新注册24个；注册资金19435万元；入社成员11389人，带动农户61217户，入社成员人均年增收1880元，带动农民人均纯收入增收750元。全年成立村集体资产经营管理有限公司10家。

农村产权制度改革。以“三清两建一公开”为抓手，在全面清产核资的基础上，推进农村集体产权制度改革，全区100%的行政村完成清产核资工作任务，初步清理集体资产3.2亿元，其中经营性资产8157.23万元。有序推进永嘉乡瓦高村、凤凰乡永胜村等16个村2个村民小组开展集体资产股份制改革试点，村集体资产总额达1.18亿元，其中经营性资产3504.415万元。成立农村集体经济联合社18个、集体资产管理公司11家，组建贫困户参与的农民合作社26个，引导2184户农户参与。

农产品品牌战略实施。全区有“三品一标”农产品30个，其中种植业产品6个、畜牧业产品3个、水产品21个。复查换证企业7家。长明集团自贡市天花井食品有限公司申报的火边子牛肉和自贡市大安区团结镇农业综合服务中心申报的团结镇生姜、萝卜分别于2012年和2017年完成认证，自贡市天花井食品有限公司申报的“自贡火边子牛肉”于2015年2月获准使用地理标志保护产品专用标志，“长明”牌牛肉、“长明”牌冷吃兔、“牛佛”牌烘肘于2017年3月被授予四川名牌产品称号，长明、牛佛被授予四川省著名商标称号。组织开展无公害农产品产地认定工作，全区无公害农产品生产面积达214890亩，占全区耕地总面积的99%，于2017年完成全区无公害农产品产地认定的复查换证工作。

现代农业园区建设。对标市级园区创建标准，创建市级园区1个。园区逐步形成以肉鸡为主、柑橘为辅的产业发展格局，新建鸡棚12条，累计达133条，种鸡场、孵化场、饲料厂、有机肥料厂、交易中心建成并投入运营。园区新引进锄禾、品源、同城公司等业主，发展柑橘产业1200亩，累计达5900亩；完成长滩河防洪堤三期1.2千米防洪渠基础建设，游步道6.3千米、黑盐滩坝大桥建成通车，农产品产地集配中心建成并投入试运营，建成冷藏库4个、水产标准集散网箱120个，配送车辆4台；整合重点项目13个，开工建设13个，完成投资12500万元。园区实施八甲村、黄桷村、蔡家村200户农房风貌整治，重点对核心区6个节点进行打造，在周边实施人居环境整治及庭院改造，同步实施厕所改造、垃圾分类处理、污水治理“三大革命”。打造农旅展销示范厅，建设200平方米的含沙盘模拟、综合讲解、产品展销一体等多功能的综合直观性农业园区展销示范厅。培育和引进新型农业经营主体35个。

【种植业】 全年完成小春作物收割20.3万余亩，小春粮食产量0.65万吨；完成大春作物收割40.5万余亩，大春粮食产量10.78万吨；全年粮食总产量11万吨。建成高标准农田1.5万亩、柑橘等特色产业基地3万亩。创建玉米侧膜高产高效栽培示范片100亩、“中稻+再生稻”绿色高产高效栽培示范片200亩、春马铃薯绿色高产高效栽培示范片50亩。

【林业】 全区林地保有量为70637亩；新增森林蓄积0.47万立方米，减少0.0623万立方米（林木采伐0.0003万立方米、其他方式0.062

四川農村年鑒

《四川农村年鉴》是由四川省人民政府主管主办，逐年记载全省农村经济社会发展、工作经验和研究成果的大型综合年刊；是新时代省委省政府解决“三农”问题、决策“三农”工作、实施乡村振兴、精准脱贫扶贫、全面建成小康社会的重要参考书；是帮助国内外人士了解、认识、研究、投资四川的重要工具书，具有资政、存史的重要作用。《四川农村年鉴》在全省农村经济社会发展中的作用日益彰显，已成为四川“三农”工作的“蓝皮书”，传达着四川“三农”发展的正能量。

2005年8月，经四川省政府领导同意，成立了以省政府分管领导任主任，省直有关部门负责人、市（州）政府分管领导为成员的《四川农村年鉴》编辑委员会（川府办发电〔2005〕72号），编纂出版《四川农村年鉴》2005年卷（创刊卷），截至2020年，已连续编纂出版16卷。本着对历史高度负责的态度，客观、公正地记录事实，在“5·12”汶川特大地震发生2周年之际，2010年5月，编纂出版了80余万字的《四川农村年鉴·抗震救灾专卷》；为适应信息化时代的发展需要，更好地发挥《四川农村年鉴》的大数据作用，2013年8月，建立了《四川农村年鉴》官方网站——“四川农鉴网”（www.njw.sc.cn）；在做好《四川农村年鉴》编纂工作的同时，充分发挥编委会的编辑出版农村系列丛书的职能作用，挖掘自身潜力，拓展编纂业务，2009年开始与四川省文化和旅游厅（原省旅发委）合作，编纂出版《四川旅游年鉴》，截至2019年，已连续编纂出版9卷；2011年8月，与省总工会合作，编纂出版112万字的《“5·12”汶川特大地震·四川工会抗震救灾志》；2018年12月，联合编纂出版40万字的《中国力量——“5·12”汶川特大地震灾后重建纪实》；2019年10月，中华人民共和国成立70周年之际，联合编纂了《四川“三农”70年大事记（1949—2019）》。10余年来，《四川农村年鉴》相继获得省级、国家级多项大奖，2012年卷获得四川省第十五次地方志优秀成果奖。2013年卷被中国版协评为第五届年鉴编纂出版质量综合二等奖。2016年12月，2014年卷被四川省地方志工作办公室、四川省地方志学会评为四川省第十七次地方志优秀成果二等奖。2017年3月，2015年卷被中国出版协会年鉴工作委员会评为2015—2016年度年鉴编校质量检查评比一等奖。2018年12月，2017年卷被四川省地方志工作办公室评为四川省第十八次地方志优秀成果（年鉴类）三等奖。2019年1月，2017年卷被中国出版协会评为第六届年鉴编纂出版质量（综合奖）二等奖；中国出版协会年鉴工作委员会评为第六届年鉴编纂出版质量框架设计，条目编写，装帧设计，检索、编校质量和出版时效四个单项二等奖。2021年1月，2019年卷被四川省地方志工作办公室等单位评为四川省第十九次地方志优秀成果（年鉴类）二等奖。

《四川农村年鉴》将以习近平新时代中国特色社会主义思想为指导，继续当好全省农村经济社会发展的记录者，全面、翔实记录省委、省政府事关“三农”的重大战略决策部署和各项目标完成情况，客观、系统地记述四川与全国同步全面建成小康社会的发展历程，为全省农村经济社会持续健康发展提供重要借鉴。

四川省人民政府办公厅

四川省人民政府办公厅
关于做好《四川农村年鉴》2013年卷组稿编辑工作的通知

各市（州）、县（市、区）人民政府，省政府有关部门、有关直属机构，有关单位：

为切实做好《四川农村年鉴》2013年卷组稿编辑工作，全面、翔实地反映我省农村经济社会发展情况，现将有关事项通知如下。

一、请各地、各有关部门做好年鉴编写组的人员调整工作，名单报编辑部备案。

二、各地、各有关部门要认真做好本地区、本部门的《四川农村年鉴》组稿及发行工作，严格按照《〈四川农村年鉴〉2013年卷编辑大纲》要求，系统收集整理反映本地区、本系统、本行业、本单位上一年度农业农村工作的相关资料，并准确、及时报送相关资料。届时编辑部将派员协助搞好此项工作。

三、请于2013年8月31日前将2013年卷相关资料报送至编辑部。（联系人：廖亚兰　冯莉枝，联系电话：028—86602577、

四川省人民政府办公厅

四川省人民政府办公厅
关于做好《四川农村年鉴》2014年卷组稿编辑工作的通知

各市（州）、县（市、区）人民政府，省政府有关部门、有关直属机构，有关单位：

为切实做好《四川农村年鉴》2014年卷组稿编辑工作，全面、翔实地反映我省农村经济社会发展情况，现将有关事项通知如下。

一、请各地、各有关部门做好年鉴编写组的人员调整工作，名单报编辑部备案。

二、各地、各有关部门要认真做好本地区、本部门的《四川农村年鉴》组稿编辑工作，严格按照《〈四川农村年鉴〉2014年卷编辑大纲》（可在四川农鉴网（www.njw.sc.cn）下载）要求，系统收集整理反映本地区、本系统、本行业、本单位上一年度农业农村工作的相关资料，并准确、及时报送至编辑部。届时编辑部将派员协助搞好此项工作。

三、请于2014年8月31日前将2014年卷相关资料报送至编辑部。（联系人：廖亚兰、汤金丹；联系电话：028—86602577、

四川省戒毒管理局

司法厅党委书记、厅长刘志诚（右四）到白玉县开展主题教育活动

省戒毒管理局党委委员、机关党委书记孙玉洪（正左五）到新龙县洛鲁村开展扶贫调研

四川省是脱贫攻坚任务最繁重的省份之一，习近平指出，脱贫攻坚越往后难度越大，越要压实责任、精准施策、过细工作；现在扶贫的关键是要精准发力，向基层聚焦、聚力。凉山地区是全国禁毒重点整治地区，毒品问题和贫困问题交织叠加，不仅有贫困之忧，还有毒品之祸。四川毒品问题与其他问题交织的特点决定了四川禁毒工作"不仅是脱贫工作也是社会治理工作"。为深入贯彻落实党中央作出的打赢"三大攻坚战"、决胜全面建成小康社会的重大部署，四川司法行政戒毒系统立足职能职责，将戒毒工作延伸至脱贫攻坚的主战场，系统融合、联动联治，助力脱贫攻坚。2019年，省戒毒管理局帮扶的白玉县、新龙县洛鲁村实现户脱贫、村退出、县"摘帽"，为全省脱贫攻坚工作做出了重要贡献。

坚持党建引领，实现协同攻坚。坚持政治引领，广泛动员全警参战，统筹推进禁毒人民战争和脱贫攻坚决战。全系统先后选派38名优秀民警担任"第一书记"、驻村干部和综合帮扶队员。全系统与新龙县、白玉县35户建档立卡贫困户"结对认亲"，省

司法厅党委委员，省戒毒管理局党委书记、局长安家爱（左三）到白玉县贫困户家中走访慰问

戒毒管理局机关党支部与新龙县洛鲁村、白玉县戈德村党支部结对联建，两县扶贫干部和凉山州5个"爱之家工作站"建立临时党支部，建强战斗堡垒，为打赢脱贫攻坚战提供了有力保证。在凉山彝族地区，坚持治贫先治毒、扶贫先扫毒，与相关部门建立集中收治转送工作机制，确保凉山籍戒毒人员依法依规应收尽收，期满解除人员无缝对接，配合重拳肃毒、全民拒毒、全域防艾，推动建立强制隔离戒毒、社区戒毒、社区康复、自愿戒毒的戒毒一体化新格局，以毒品之治来破解贫困之危。

坚持职能融入，推动法治扶贫。在甘孜藏区，发挥戒毒职能优势，开展法治扶贫，为藏区经济社会发展提供法治保障。投入资金50余万元，建设村级法治宣传栏、法治文化墙、法治广场，印制藏汉双语法治宣传资料；协调内地律师事务所与当地司法局签订合作协议，培训行政执法人员；加强寺庙法治宣传，开展"送法进寺庙"活动，建设亚青寺法律援助中心。在凉山彝区，搭建全面服务困难戒毒人员工作桥梁，建立与凉山州公安机关、卫健委等单位常态化的对接联络工作机制，实施"1+15+N"戒毒康复和"绿色家园"工作模式；投资200余万元建立5个"爱之家禁毒防艾法律服务工作站"，将治毒、治病、治贫、治愚相结合，深入开展多元化禁毒扶贫工作。

坚持"造血""输血"，实现精准扶贫。开展医疗扶贫、技术扶贫、教育扶贫等专项行动。结合藏区实际，因地制宜发展特色产业，总投资400余万元，打造"高山花海"旅游项目，修建藏家乐帐篷城、集体超市，发展犏母牛、蔬菜大棚、40余亩高原雪菊、20余亩青杠木耳等种养殖业，建设磨面坊、野生菌类加工坊、农产品交易中心等集体经济，以具体的产业扶贫措施提升贫困群众增收能力，年人均增收达4000余元，实现从外部"输血"

民警出征宣誓大会

省戒毒管理局机关到凉山州开展禁毒扶贫工作

禁毒防艾法律服务工作站岗前培训

“爱之家”美姑工作站民警普法进彝区

工作站的民警向学生展示仿真毒品

走出大山看世界——组织凉山小朋友到成都强戒所开展禁毒防艾教育

教育扶贫——白玉县章都乡戈德村教育基金发放仪式

为贫困学生发放物资

到自身“造血”的转变。大力实施消费扶贫，协助组织开展扶贫产品展销、帮助扶贫产品销售，运用四川戒毒官方宣传平台进行产品宣传推广，近三年来全省司法行政戒毒系统累计采购扶贫产品900余万元。加大教育扶贫力度，2016年，协助设立30万元“司法之光”教育助学基金，2019年，再次设立6.5万元教育助学基金，先后帮助96名藏区贫困适龄儿童接受教育。协助司法厅开展“格桑花·法伴我成长”贫困地区青少年润育计划，连续4年组织120余名贫困学生到成都市参加夏令营活动。4次组织定点扶贫村干部和学校教师到绵阳、北川、都江堰、成都等地学习考察。截至2019年，白玉县和新龙县控辍保学率达到100%，新龙县皮察乡考出了有史以来第一个本科生，高原贫乡飞出了金凤凰，教育扶贫成效逐渐凸显。

省戒毒管理局援建新龙县“高山花海”项目。图为驻村临时党支部民警带领村民参加“高山花海”建设

扶贫民警清理路障

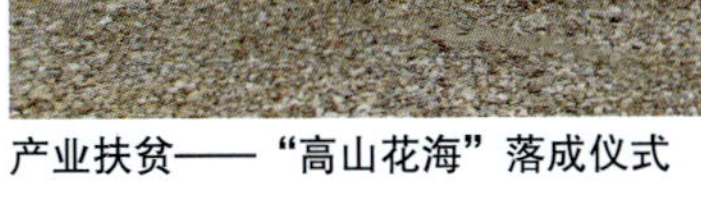
产业扶贫——“高山花海”落成仪式

白玉县章都乡戈德村新貌

召开成渝地区双城经济圈农业科技创新联盟成立大会

在隆昌市稻鱼综合种养基地开展成渝地区双城经济圈调研

到重庆渝北国家农业高新技术产业示范区开展成渝地区双城经济圈调研

驻村工作队实地查看农作物生产情况

食用菌专家团队到甘孜州开展技术指导

到昭觉县解放乡火普村讲授专题党课

到昭觉县解放乡火普村与多单位联合开展主题党日进彝家活动

与甘孜州召开“院州”农业科技合作座谈会

阿坝县茸安乡职尕村村民代表为省农科院赠送锦旗

院蓝莓专家到布拖县开展蓝莓种植技术指导

油菜专家到木里县依吉乡开展农业技术培训

植保专家为村民讲授病虫害防控知识

一手抓疫情防控，一手抓春耕生产

科技支撑脱贫攻坚与乡村振兴有效衔接现场会

时任省委常委、省直机关工委书记曲木史哈（左一）参会并作重要讲话

时任省委常委、省直机关工委书记曲木史哈（中）参观农业科技支撑脱贫攻坚与乡村振兴现场展品推进会

四川省农业科学院凉山分院揭牌

2020年特色川果院士专家论坛

德昌县乐跃镇万亩枇杷基地现场观摩

西昌市万亩葡萄示范基地现场观摩

昭觉县解放乡火普村食用菌基地现场观摩

农业科技支撑脱贫攻坚与乡村振兴现场推进会

2020年现代农业科技示范农场对接会

四川省地方电力局（四川省河湖保护局）

党委书记、局长刘锐

省地方电力局（省河湖保护局）办公区

根据省委、省政府和水利厅赋予省地方电力局的工作职责，省地方电力局（省河湖保护局）承担以下主要职责：全省河长制湖长制工作；河湖保护的支持保障和技术支撑等工作职责；按规定指导农村水能资源开发工作，指导水电农村电气化和小水电代燃料工作。

省地方电力局（省河湖保护局）党委召开庆祝建党99周年暨表彰大会

成 都 市

中共成都市委十三届六次全会暨市委经济工作会议

市委农村工作会议

2019年，成都市坚持以习近平新时代中国特色社会主义思想为指导，全面贯彻落实习近平对四川工作系列重要指示精神，全面落实党中央、国务院和省委、省政府关于农业农村工作的系列部署，把实施乡村振兴战略作为“三农”工作的总抓手，大力推进现代农业功能区、特色镇（街区）和川西林盘建设，扎实抓好农村人居环境整治，持续推进农商文旅体融合发展，全市农业增加值631.7亿元，同比增长2.7%；农村居民人均可支配收入24357元，同比增长10%。全市市级以上农业龙头企业发展到422家，有农民合作社11395家，有家庭农场7541家、新型职业农民10.1万人、农业生产社会化服务组织2817家。休闲农业乡村旅游接待游客约1.18亿人次，实现综合收入约450亿元。

【乡村振兴战略实施】市委、市政府高度重视乡村振兴工作，始终把实施乡村振兴摆在整个城市工作中来考量，印发《成都市乡村振兴战略规划（2018—2022年）》。严格执行县级层面的农村工作领导小组由县委书记任组长，其成员由相关部门主要负责人组成等刚性规定，持续加大支持力度，组建乡村振兴发展基金，各级财政对乡村振兴的投入超过400亿元。坚持以项目为中心推动乡村振兴战略实施，策划推出乡村振兴重大项目484个，完

由中国农业科学院与联合国粮农组织、国际农业研究磋商组织和成都市人民政府共同主办的第六届国际农科院院长高层研讨会在成都市召开

全国推动“四好农村路”高质量发展现场会在蒲江县召开

第七届四川农业博览会在成都中国西部国际博览城开幕

成投资1042.3亿元。评选乡村振兴先进县（市、区）4个、先进乡（镇）14个、示范村（社区）120个和星级园区15个。

以现代农业园区建设为重点，推进乡村产业振兴。坚持以功能布局引导构建城乡融合格局，以融合裂变加快孕育新兴业态，以体制机制创新推进供给侧结构性改革，高水平规划建设现代农业园区。邛崃天府现代种业园入选国家现代农业产业园创建名单，郫都中国川菜产业园、邛崃绿色食品产业功能区（临邛工业园区）、蒲江中德中小企业合作区获批全省首批农产品加工示范园区。

以专业人才下乡入乡为支撑，推进乡村人才振兴。坚持引育并举，强化院地合作，大力实施外出务工人员回乡创业工程、农村劳动力技能培训工程、农业职业经理人培训工程。加强队伍建设，实施“百镇千村头雁孵化工程”和“千村万人村（社区）后备干部孵化行动”，储备村（社区）后备干部1.5万余人并实行“导师制”管理，加强“传帮带”，促进能力提升。

以乡村文化传承发展为血脉，推进乡村文化振兴。持续推进乡村文明建设，大力弘扬社会主义核心价值观，开展道德模范评选，积极推动文明村（镇）、文明院落、文明家庭等群众性精神文明创建，新增市级“三美”示范村75个、文明村（镇）（标兵）295个，县级及以上文明村（镇）创建比例达50%。编制《天府文化保护利用规划纲要》，创新实景体验、网红品牌“首店经济”分享机制，打造乡村文化新场景，以蒲江明月窑、崇州道明竹艺等非遗文化为载体建设文化旅游特色村落和乡村文化旅游目的地。

以农村人居环境整治为突破，推进乡村生态振兴。高位谋划推动农村人居环境整治，组建工作专班，深入实施规划提升、垃圾治理、污水治理、“厕所革命”、绿化美化、基础设施提升、乡村治理提升、健康卫生乡村“八大专项行动”；注重乡村生态价值转化，突出抓特色镇（街区）建设和川西林盘保护修复；加强山水林田湖系统治理，实施龙泉山生态提升工程，探索龙泉山区域生态赎买机制，赎买林地50507亩，惠及农户9716户；全面落实河（湖）长制，编制大地景观再造规划及建设技术导则，新（改）建乡村绿道689千米，建成都江堰精华灌区、龙泉山城市森林公园等大地景观试点示范项目10个，以绿道为轴塑造大美乡村新形态、生活消费新场景。

以党建统领共治共享为保障，推进乡村组织振兴。强化农村基层党建，出台“加强农村党建18条”，大力推进县、乡党委抓乡促村，对软弱涣散村（社区）党组织实行县、乡领导包村，“一村一策”整顿转化；制定《关于坚持和加强农村基层党组织领导扶持壮大村级集体经济的若干政策措施》。2019年，“成都市推动乡村组织人才振兴促融城旺乡”项目经验做法入选“中国三农创新榜十大榜样”；强化乡村发展治理，编制发布全国首部市级层面的《成都市城乡社区发展治理总体规划（2018—2035年）》，成功举办党建引领城乡社区发展治理·成都论坛；加强平安乡村建设，大力实施“一所一品”警务战略，深化“1+3+N”专群联动模式和“公调衔接”制度，开展农业领域“扫黑除恶”治乱专项整治行动；全面提升农村公共服务和社会

第二届公园城市论坛在成都中国西部国际博览城举行

第七届中日韩工商峰会全体会议在成都市举行

成都国家城乡融合发展试验区建设动员会暨“西控”工作推进会

成都市乡村振兴现场推进会暨稳定生猪生产保障市场供应工作会在彭州市召开

推动休闲农业和乡村旅游提档升级。实施休闲农业和乡村旅游精品工程，建设一批美丽乡村、休闲农庄、乡村民宿等精品项目，积极发展乡村共享经济、创意农业等新业态。通过新华社、新华网、《四川日报》、今日头条、凤凰新闻、《成都日报》、成都发布、网易等30余个媒体推出百条“逛绿道、耍林盘、游小镇、驻民宿”精品特色游线路，休闲农业和乡村旅游显示度与影响力显著提升，温江九方宿墅、新都沸腾小镇、川西音乐林盘等脱颖而出。郫都区唐昌街道战旗村、蒲江县甘溪镇明月村、彭州市龙门山镇宝山村、都江堰市柳街镇七里社区等4个村落入选全国乡村旅游重点村。

四川省商务厅、中国电商扶贫联盟主办的中国电商扶贫联盟（四川）贫困地区特色农产品品牌推介洽谈会在成都市举行

【国家城乡融合发展试验区】2019年，国家发展改革委等18部委联合印发《关于开展国家城乡融合发展试验区工作的通知》，批准成都市西部片区成为国家城乡融合发展试验区。按照试验区要求，成都市启动《四川成都西部片区国家城乡融合发展试验区实施方案》编制工作，围绕建立城乡有序流动的人口迁徙制度、建立农村集体经营性建设用地入市制度、完善农村产权抵押担保权能、搭建城乡产业协调发展平台和建立生态产品价值实现机制五项重点任务，探索构建促进城乡融合发展的体制机制和

成都全市农业农村项目招引攻坚集中签约仪式暨工作调度会在青白江区举行

成都市40个乡村振兴暨一产业重大项目集中开工仪式在彭州市举行

中国水产行业顶级盛会——2019第三届中国水产科技大会在成都通威国际中心举行

第十八届世警会在双流区开幕

2019成都马拉松开跑

政策体系。

【国家统筹城乡配套改革试验区】2019年，成都市聚焦“十大重点工程”“五项重点改革”和“七大共享平台”建设，着力深化土地、金融、人才和科技等要素市场化配置体制机制改革，深入推动乡（镇）区划调整和功能区管理体制改革，探索推进以农商文旅体融合发展为路径的生态价值转化机制改革，加快推动城乡融合发展。成都市探索的“农村一、二、三产业融合发展”“加快农业转移人口市民化”等5项改革经验在《国家发展改革委办公厅关于推广第二批国家新型城镇化综合试点等地区经验的通知》中推广。

【2019（首届）全国农业科技成果转化大会】2019年4月25日—26日，由中国农业科学院和成都市人民政府主办，全国农业科技成果转移服务中心、国家种业科技成果产权交易中心等机构承办的2019（首届）全国农业科技成果转化大会在成都市举行。大会共举办各类农业科技论坛28个，发布全国重大农业科技成果100项、优秀农业科技成果1000项，展出国内外农业先进技术产品1300个，成果转化交易和科企合作签约近10亿元，开创了农业科技成果转化工作先河。

【第六届国际农科院院长高层研讨会】2019年，由中国农业科学院、成都市人民政府、联合国粮农组织、国际农业研究磋商组织、国际原子能机构主办，四川省农业科学院、成都市农业农村局、国家成都农业科技中心承办的第六届国际农科院院长高层研讨会（GLAST-2019）在成都市举行。该届研讨会的成功举行为成都农业科技创新发展、促进成都农业对外交流、提升科技创新水平提供了重要的机遇。成都也利用研讨会举办的契机，向全球农业专家学者展示了新时代成都形象和成都农业农村面貌，为成都农业科技创新发展“借脑借智”，助推成都“三农”工作再上新台阶。

成都市选手代表四川省参加2019年中国技能大赛——第二届全国农业行业职业技能大赛并取得佳绩

2020年成都市农机行业职业技能竞赛在温江区举办

市农业农村局农技总站到彭州市葛仙山镇举办春季果树管理及修剪技术现场培训会

由市农业农村局、市商务局等部门组织的“流动菜市”走进各大社区，满足了市民疫情期间生活需求

——全国第三批主要农作物生产全程机械化示范区

——全省农民增收工作先进县（市、区）

——县级政府政务诚信评估蝉联全省第一

——连续24年跻身四川省县域经济十强

——获评成都市全市农村改革工作先进县（市、区）

成都市新都区

成都市委书记范锐平（中）一行到新都区泥巴沱森林公园调研“公园城市”建设情况

成都市委常委左正（右一）带领市农业农村局等部门到新繁镇“锦绣田园”绿色蔬菜电商小镇调研

成都市副市长刘旭光（前排右三）率队到三河街道就食品安全和特种设备工作进行调研

新时代的新都，致力建设全面践行新发展理念的“公园城市”示范区，紧扣现代化国际范成北新中心城区发展定位，认真践行新发展理念，竞进争先、真抓实干、聚力攻坚，开创了新都改革发展新局面。全区辖区面积496平方千米，2019年，全区实现地区生产总值825亿元，一般公共预算收入60.1亿元。荣获全省农民增收先进县、连续24年跻身四川省县域经济十强，荣获四川省县域经济进步县（市、区），连续获评全国综合实力、绿色发展、投资潜力、科技创新、新型城镇化质量、政府信用6个“百强区”。

省中医药管理局党组书记、局长田兴军（左三）到新都区调研中医药健康旅游示范项目建设情况

区委书记许兴国（左一）到新繁镇调研绿色蔬菜电商小镇建设情况

区人大常委会主任戴军（右二）到桂湖街道瓦店社区走访慰问优抚对象

区长王忠诚（左二）到石板滩街道了解城市有机更新和防汛工作

区政协主席方正行（右二）调研新民镇农商文旅体项目建设情况

区农业农村局党组书记、局长马兴华（右一）带队检查“两会”期间农业安全及疫情防控工作

成都市新都区第十八届人民代表大会第四次会议开幕

电商蔬菜小镇种植基地

西南地区最大的仓储物流园——“京东亚洲一号”成都新都物流园区

制，并积极向动车组高级维修、动车组制造等领域拓展。

新都航空产业充分发挥中航成飞、成发和成发涡轮研究院等头部企业旗帜效应，航空大部件核心配套企业纷纷落户，C919、ARJ21、C929机头部段将实现新都产。

新都公路物流占全省总量的50%，与蓉欧铁路港形成公铁联运无缝对接，集聚了安博、阿里菜鸟、德国邮政（DHL）、普洛斯、传化等一批世界级物流巨头，京东亚洲一号智能物流年处理能力破亿单。

西部家具在成都，成都家具半新都。新都是全国四大家具集散地之一，坚持创意设计牵引，推动传统家具制造向智能家居一体化解决方案升级，培育了好迪、帝标、好风景等一大批有根企业。坚持 “研发设计+现代制造+现代服务”联动推进，有效链接技术、资本、人才，促进5G、工业互联网、人工智能等新技术、新产业、新模式快速兴起，新经济应用场景不断拓展。

新机制做强新平台

坚持以产业生态圈创新生态链推进经济工作组织方式转变，按照“人城产”逻辑和独立成市理念，聚焦聚力打造现代交通产业功能区、智慧物流产业园、智能家居产业城，促进企业配套链、供应链、价值链紧密合作，实现“上下楼就是上下游，功能区就是生态圈”，产业基础高级化、产业链现代化水平显著提升。

创新“指挥部+管委会+平台公司”推进机制，前瞻布局人才公寓、标准厂房、活力公园，集中打造高品质科创空间，构建现代化设施平台、公共技术平台和生活性服务平台。坚持贴近从业群体需求规划建设生活场景、消费场景和公共服务配套，推进

清流镇万亩亿元粮经复合示范基地

省农科院创新示范园（新都片区）

都市休闲观光农业喜获丰收

“新都大蒜”获评国家农产品地理标志产品

"泡菜之乡"——新繁镇

新繁泡菜

园区、景区、校区与产业社区有机融合，以片区开发思路建设未来城市、理想社区。

新场景赋能新消费

新都，流量枢纽，要素汇聚，氤氲市井烟火，站上时尚前沿。坚持以TOD综合开发重塑成北区域消费中心格局，大力发展首店经济、假日经济，打造集特色餐饮、时尚潮购、生态游憩、夜宴夜游于一体的"绿道+""公园+"消费新场景，为消费者增进体验，为投资者创造空间。

熊猫国际旅游度假区联动沸腾小镇、漫花庄园等网红打卡地，"熊猫+火锅"文化IP熠熠生辉，"抱着熊猫吃火锅，听着音乐去滑雪"引领消费潮流。新，都在这里。宜商宜业宜游宜居，新都欢迎您！

清流镇翠云路改造、斑竹园"四好农村路"示范道路提升工程

天府沸腾小镇

农旅相融——新都区漫花庄园

"公园城市"新都——泥巴沱森林公园

丁家大院——新农村农民新居

三河镇二台子新农村社区文化场馆

省委书记、省人大常委会主任彭清华（中）陪同来川考察的贵州省党政代表团到双流区特驱集团、四川铁骑力士等企业参观

省委常委、成都市委书记范锐平（右三）一行调研双流区高品质科创空间芯谷研创城

省委常委、省直机关工委书记曲木史哈（右二）一行调研位于双流机场2号航站楼的商投集团扶贫产品直销店

老茶馆、海蒂花园、黄龙溪·欢乐田园等“IP+产业”、场景体验、文化感知等新业态，空港花田、彭镇老茶馆获评四川100网红打卡地。2019年，累计接待游客1609.4万人，实现旅游收入46.70亿元，其中乡村旅游接待游客729.97万人，同比增长28.2%；乡村旅游收入18.6亿元，同比增长31.9%。

【支持转移就业，增长工资收入】发布工资指导线，引导用人单位合理确定农民工工资水平和增长幅度，保障农民工劳动报酬，维护农民工权益，及时调整双流区最低工资标准。加强劳动保障监察执法，建立农民工工资支付月排查制度，检查用人单位7200余户（次），协调处理劳动保障投诉案件2840件，受理建筑领域拖欠农民工工资投诉198件，处理率达100%。推进农民工

成都市委副书记、市长罗强（右一）到双流区成都农产品中心批发市场开展粮食安全和“菜篮子”工程调研

区委书记鲜荣生（右二）调研怡心湖建设情况

区人大常委会主任陈琳（前排右二）视察美丽宜居空港公园城市建设情况

区长袁顺明（前排右二）率队到川投国网公司调研大运会场馆改造情况

区政协主席、白河河长李德龙（右三）率队对白河水环境治理工作进行调研

时任区委常委、统战部部长毛军（前排右一）在“庆丰收 迎小康”中国农民丰收节双流区活动现场参观

技能培训，提升农民工技能，举办培训117期，培训农民工及失地农民5885人，拨付培训补贴724余万元。省级劳务品牌培训30人。2019年，全区劳务输出达7.5万人，劳务收入达22.78亿元，农民工人均月工资为4328元，较上年增长8.2%。落实农民工返乡创业服务各项措施，实现返乡创业1717人，带动就业3623人。开展农民及大学生创业培训20期，培训597人。将就业创业所需资金纳入年度民生工程预算，建立返乡创业孵化基地、返乡创业园区，设立农民及大学生创业专项资金60万元，支持农民及大学生创业。

【抓重点求突破，擦亮脱贫成色】按照“四不摘”要求，健全长效工作机制，巩固区内脱贫攻坚成效。对1013户脱贫户开展“一对一”常态化监测，动态掌握增收点、风险点、返贫点，同步推动脱贫攻坚与乡村振兴有机衔接，提升脱贫含金量。引导公司、企业、“能人”帮助脱贫户发展草莓、葡萄、二荆条辣椒等特色产业，建设粮油等标准化生产示范基地3个，带动脱贫户继续增收致富。生活垃圾分类收运处置体系覆盖率达90%、处理率达98%，20户以上集中居住区生活污水处理设施覆盖率达60%，新建20户以上聚居点集中供水率达100%，改善了脱贫户生产生活条件，提升幸福感和获得感。针对因意外事故、因病因残致贫返贫问题，强化民政“5+1”医疗救助和社会保险保障，推动“扶贫保”参保率全覆盖，推广“小额扶贫保险”，提高651户边缘户抵御风险能力。坚持扶贫、扶志、扶智相结合，推进新农

区委常委、区总工会主席刘伟（左五）专题研究区农业农村现代化“十四五”规划工作

区自贸局专职副局长胡劲松（右三）到彭镇调研农业农村工作

副区长陈建霖（前排右一）到常湖中学实验学校调研食品卫生与安全工作

区人大常委会副主任张晓华（左一），区政协副主席李根富（右一），区乡村振兴局局长李云（左二）参加秋季植树活动

2019年度“中国营商环境百佳示范县市”

2019年度“中国全面小康十大示范县市”

双流区荣获2020中国最具幸福感城市（城区）

云华社区获评“三美”示范社区

欢乐田园获评成都市第二届乡村振兴“十大案例”

“源起瞿上　丰收双流　荣耀航都”——2020年中国农民丰收节庆丰收活动在永安镇开幕

第21届黄甲麻羊美食文化节

双流区第二批援鄂医疗队出征

黄龙溪镇村民连夜收割，将50吨时令蔬菜捐赠给武汉市

援建的巴塘县新农村一角

援建的巴塘县教育园区

“四川R26成都‘电商直播产业园’”项目正式落户双流区

党建引领社区发展怡心街道特色品牌文化竹艺馆

村建设，建成农家书屋（图书室）134个，广泛开展“百姓故事会”“文化志愿者帮村行动”，定期组织文化、科技、卫生“三下乡”活动。统筹实施产业帮扶、项目帮扶、智力帮扶、民生帮扶“四大行动”，共拨付扶持资金290万元，全方位对口帮扶简阳市金马镇、平泉镇、五星乡，11个村顺利“摘帽”，861户贫困户顺利脱贫，助推同步奔康。

【改善基础设施，保障民生工程】投资2600万元，实施农业用水保障提升工程、岁修工程等，完善农田水利设施，进一步夯实农业生产基础。拨付资金783万元，实施散居农户自来水安装工作，为3613户散居农村用户、13户“五保户”、82户“低保户”接通自来水。加快镇（村）道路建设步伐，2019年，双流区镇（村）公路建设工程总里程为14.84千米，农村公路“白+黑”工程总里程为24.87千米。

成都双流国际机场T2航站楼获得“詹天佑”奖

2019年世警会赛事场馆——双流体育中心

2019年四川省乡村学校少年宫项目负责人培训会在双流区召开

双流区2019年新增农业职业经理人培训

东升街道“红色联盟”启动仪式现场，为居民解难事、办实事

黄甲街道长埂社区共享超市314户股民分红会

中国（四川）自由贸易试验区成都高新综合保税区双流园区

大飞机示范产业园

黄甲麻羊

双流二荆条辣椒

永安葡萄

双流蓝莓

永安冬草莓

彭镇柑梓新村

黄水镇云华新村

黄甲街道八角社区八角水寨

永安镇双坝新村

欢乐田园

永安湖城市森林公园

空港中央公园

空港花田

双流西站

国家4A级景区——黄龙溪古镇

彭 州 市

第十届中国·四川（彭州）蔬菜博览会在天府蔬香博览园广场开幕。农业农村部国家首席兽医师李金祥（左四），副省长杨洪波（右四），省政协副主席祝春秀（左三），省委农办主任、农业农村厅厅长杨秀彬（右三），成都市副市长牛清报（左二）等出席开幕式

农业农村部政策与改革司司长赵阳（左二）在彭州市调研农村改革工作

近年来，彭州市委、市政府坚持农业农村工作精兵强将攻山头、典型引路稳阵地，大力实施乡村振兴战略，推动全市农业经济健康平稳运行，农村人居环境持续改善。先后获得“全国农村创新创业典型县”“四川省农村改革先进县”称号，川芎特色产业园被评定为成都市四星级园区。先后承办全国农业产业强镇现场会、2019年中国农民丰收节“蔬香金彭·年年鱼庆”庆丰收全国直播活动、四川省川菜产业推进大会、成都市乡村振兴现场推进会暨稳定生猪生产保障市场供应工作会等大型会议。全年农村居民人均可支配收入达23504元，同比增长9.9%。

近年来，彭州市大力推进农村产权制度改革，探索壮大集体经济，全市农村集体资产达51亿元（原值），集体土地面积达147万亩。坚持将发展农村集体经济作为实施乡村振兴战略、构建长效机制和高标准全面建成小康社会的有力抓手和重要途径，将开展农村集体资产股份化改革与创新发展集体经济协同推进，成功探索“1+C+N”的集体经济发展模式，群众以现金、闲置资源折价入股形式加入合作社并取得股权证，实现“三级治理、三次分红、股权量化、七项收入”，构建起了整镇抱团发展的集体经济组织集群，其基本模式、组织制度及政策创新值得借鉴。

彭州市委、市政府认真贯彻落实国务院《推进普惠金融发展规划（2016—2020年）》，结合成都农村金融综合服务改革试点，聚焦农村普惠金融服务“痛点”“断点”“堵点”“难

成都市委常委左正（前排左二）到彭州市调研

成都市副市长牛清报（右二）到蔬菜博览会现场参观

市委书记王锋君（前排左三）调研熊猫绿道建设工作

400余名来自全国各地的特色产业强镇建设任务乡（镇）负责人齐聚彭州，考察、学习彭州市产业融合发展与特色产业强镇的经验与模式

副市长龚昌华（左一）到白鹿镇白鹿场社区调研

中国农业科学院都市研究所与彭州市政府签订乡村振兴战略合作协议

点”“盲点”，以创新数字普惠金融平台为突破口，组织开展了系列探索，取得了明显成效，创造了农村普惠金融的“彭州经验”，并作为样本在成都全市推广。截至2019年年底，彭州“农贷通”平台累计发放贷款3173笔、20.25亿元。为接续农村普惠金融服务下沉落地“最后一公里”的“断点”，彭州市建立农村金融综合服务站324个，做到了行政村全覆盖。截至2019年年底，已通过试点村站新增彭州“农贷通”平台注册用户5252人，累计发放贷款698笔、12002万元，办理农业保险389笔，引荐农村产权交易12宗，初步实现村站收入可持续和服务多样化，在打通农村普惠金融服务的“最后一公里”方面成功“破冰”。

彭州市蔬菜全产业链大数据中心建设创新项目被农业农村部确定为2018年度全国县域数字农业农村发展水平评价创新项目

彭州“农贷通”平台村级服务站市场化改革获得中国银保监会肯定

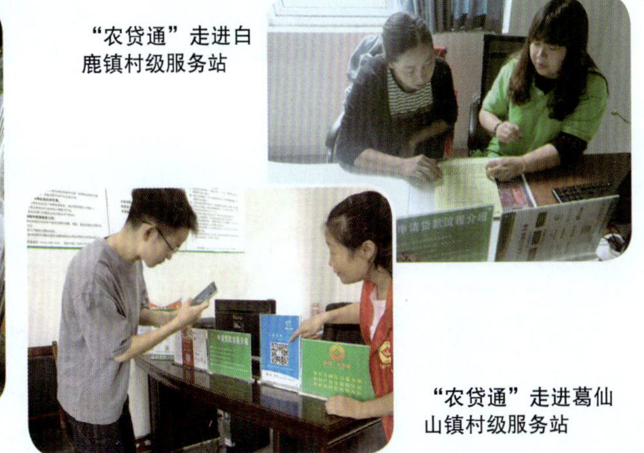
“农贷通”走进白鹿镇村级服务站

“农贷通”走进葛仙山镇村级服务站

城乡融合发展

幸福美丽新村

全国高标准农田建设及绿色防控工作现场会在崇州市召开

思想，全力以赴抓好保障和改善民生各项工作，积极回应人民对美好生活的向往。社会事业全面进步。67项省、成都市民生实事全面完成、41项本级民生实事顺利推进，连续九次荣获“四川省双拥模范城”称号。公共文化服务切实加强，完成25个乡（镇、街道）图文分馆、60个村（社区）服务点和2个村级综合性文化服务中心示范点建设；高水平承办四川省“万人赏月诵中秋”集中展演、国际风筝邀请赛暨全国传统风筝锦标赛、四川省第七届自驾赏花节，举办第七届中国成都国际非物质文化遗产节—多彩巴蜀·道明国际竹文化节等大型赛事。扎实推进“平安崇州”建设，深入实施“平安社区工程百日攻坚行动”；妥善做好农民工工资保障工作；严格实施食品药品安全监管；“七五”普法攻坚计划扎实推进；全覆盖建成“群众工作之家”254个，“8·20”洪灾救援处置及时，有效保障了人民群众的生命财产安全。安全生产形势总体平稳，连续五年被评为成都市安全生产先进集体。

四川省第六届“稻香杯”水稻优质新品种现场考察会在崇州市召开，各院士、专家在田间参观品种展示

市农业农村局组织开展绿色食品认证现场核查

“崇州蜂蜜”通过农产品地理标志现场核查

全国30余名党刊编辑、记者到崇州市采访乡村振兴、高质量发展、基层治理等工作

市农业农村局开展企业农产品包装培训

崇州市举行“5G+农业无人作业示范区挂牌仪式暨崇州市农民丰收节开镰仪式”

幸福美丽新村

——国家智慧城市试点城市
——国家农业综合标准化示范市
——全国首批55个水系连通及农村水系综合整治试点县
——四川省首批天府旅游名县候选县
——天府优质粮油融合发展产业功能区
——四川省五星级现代农业园区获奖代表

崇州市

崇州，古称“蜀州”，地处成都平原西部、“天府之国”腹心，素有“蜀中之蜀”“蜀门重镇”之美誉。辖区面积1089平方千米，呈“四山一水五分田”格局，有常住人口66.67万人，是距成都天府广场较近的郊区新城，是四川省首批命名的历史文化名城，是国家新型工业化产业示范基地（大数据特色）、国家智慧城市试点城市、国家全域旅游示范区创建单位、国家农业综合标准化示范市、国家家具质量提升示范区。

崇州以“生态宜居的现代田园城市”为城市发展目标，持续推进经济高质量发展，推进乡村振兴，深化改革创新；持续优化生态环境，增进民生福祉，加强政府自身建设。2019年，全市实现地区生产总值381.1亿元，比上年增长8.6%，按常住人口计算，人均地区生产总值57232元，增长8.4%。

城市功能品质不断提升，空间布局不断优化。以国土空间规划编制为牵引，推动国民经济和社会发展规划、城乡规划、土地

省委常委、省直机关工委书记曲木史哈（前排左三）一行到崇州市华川集团天府良仓考察调研

副省长尧斯丹（右一）到崇州市就自然灾害防治、水利重点项目建设和农业生产等工作开展调研

省政协副主席祝春秀（前排左一）率在蓉的省政协委员50余人“组团”到崇州市调研乡村振兴与生态文明建设工作

国家统计局农村司司长李锁强（前排左二）率调研组到崇州市调研农业发展和生猪生产工作

成都市副市长刘旭光（右二）到崇州市专项督导防汛减灾工作

农业农村部农田建设管理司二级巡视员吴洪伟（左二）一行到崇州市考察调研街子镇茶园村产业发展及乡村振兴等工作

市委书记欧昭（左三）先后到部分街道和重点区域现场督导防汛抗洪工作

市人大常委会主任易孔盛（左一）到怀远镇富强村调研枇杷、茶产业发展情况

利用规划、生态环境保护规划等多规合一。扎实推进乡（镇）行政区划调整和体制机制改革，25个乡（镇、街道）调整为9个镇6个街道，进一步优化城乡空间，重塑产业经济地理。推进4个城区片区控制性详规法定化，引导城市建设风貌美化。规划“一脉两轴三带五环”绿道体系，引领“公园城市”建设。城建攻坚扎实推进。新开工海绵城市项目12个，续建48个，完工12个。完成向荣街115户棚户区和6个老旧院落改造。建成开通竹艺村、大数据产业园等5G基站300余个。完成14个城乡农贸市场雨污分流和4个城区农贸市场升级改造。推动5条背街小巷提档升级，完成宫保里示范街区打造，元通镇麒麟街被成都市评为“最美街道”。完成24.4千米农村公路改造提升，创建为四川省“四好农村路”示范县。城乡社区发展治理成效明显。紧扣高品质和谐宜居生活社区建设，全域达标创建、全域分类治理、全域示范引领深入推进，社区工作站改革提质扩面，4个社区、3个小区分别获评成都市“百佳示范社区”“百佳示范小区”。

乡村振兴战略深入实施。坚持农业农村优先发展，加快推进乡村价值统筹利用，入选全国乡村治理体系建设首批试点单位，被评为成都市实施乡村振兴战略先进县。农业农村改革持续深化。“林业共营制”被中央改革办推广，土地经营权入股发展农业产业化经营“崇州经验”得到农业农村部肯定；都市农业功能

崇州市第十八届人民代表大会第五次会议

市农业农村局召开专题学习会集中学习党的十九届五中全会精神

市长尹念红（中）率领市卫健局、市场监管局等部门负责人就创建国家卫生城市工作进行现场办公

市政协主席杨火清（前排左二）到大划镇走访慰问寒门学子及贫困党员

市委副书记骆良云（左二）到街子镇调研重大旅游项目推进工作

区建设管理体制改革、农村金融、粮油全产业链先导区建设和农商文旅体融合发展等改革实践分别在农业农村部、全省会议上作经验交流。深化全国农村集体产权制度改革，探索形成集体经济发展“2234”机制。政府购买农业公益性服务机制创新试点通过农业农村部绩效考评。农村人居环境整治扎实有效，深入推进农村“三大革命”。198个“美丽四川，宜居乡村”和30个“美丽蓉城，宜居乡村”示范村创建达到验收标准。“三清三改”扎实推进，完成“百村容貌”整治村8个。蜀风雅韵乡村新形态加快塑造。乡村振兴“1+6+N”规划体系通过四川省评审，绘制完成乡村价值地图，规划建设慢享湿地小镇等特色小镇5个，桤泉镇获评“省级特色小城镇”。加快建设2条川西林盘聚落示范带，

市委常委、宣传部部长廖冬雪（左二）调研医疗保障系统工作

市委常委、市总工会主席王成龙（中）到观胜镇、文井江镇等地督导防汛减灾工作

市委常委、常务副市长陈耿（前排右一）到文井江镇就森林防火等工作开展调研

副市长文国洪（左三）率队调研白头镇和乐村饮水安全问题

副市长郑文学（左一）专题调研农村饮水安全工作

市农业农村局党组书记、局长罗加勇（左二）到观胜镇猕猴桃生产基地调研

完成9个川西林盘生态价值核算，建成5个精品林盘，启动6个精品林盘、26个一般林盘保护修复；竹艺村、严家弯湾获评“川西林盘发展示范单位”，廖家木艺村、隆兴徐家渡林盘等被评定为3A级林盘景区。新建和提升各级绿道72千米，累计建成256千米，植入“历空山”“归野民宿”等新消费场景，乡村资源价值加快转化为发展优势。

生态环境质量持续优化。牢固树立“绿水青山就是金山银山”理念，不断改善环境质量，夯实绿色本底，强化生态供给。环境质量进一步改善。大气环境质量创近年新高，全年空气质量优良天数295天，同比增加36天；空气质量改善幅度居成都市第二名。深入实施“治水十条”，全面落实河（湖）长制，主要河流水质全面达标，全市优良水体占比提升至90.5%。生态本底进一步夯实。以山地生态涵养区等4个主体功能区为单元，深入实施全域生态空间分区管控，确保基本农田保有量、开发强度“两个不突破”，着力构建崇州生态环境屏障。全面启动国家生态文明示范市建设，“1+1+4R”生态修复机制被省委改革办推广。深入实施全域增绿，扎实开展“两线三边三化”生态筑景，城市“五级绿网”加快建设，统筹推进桤木河湿地等3个公园城市示范区项目，李家岩水库、大熊猫国家公园等功能性生态工程加快建设，建成开放340亩明湖公园，提升改造体育公园，新增绿地44万平方米，森林覆盖率提升至42.01%。

民生社会事业不断发展。坚定践行“以人民为中心”的发展

市农业农村局“不忘初心　牢记使命”主题教育专题党课

崇州市2020年大春粮食生产工作会

川西林盘道明竹艺村

观胜镇联义村严家弯湾川西林盘

全国高标准农田建设及绿色防控工作现场会在崇州市召开

思想，全力以赴抓好保障和改善民生各项工作，积极回应人民对美好生活的向往。社会事业全面进步。67项省、成都市民生实事全面完成、41项本级民生实事顺利推进，连续九次荣获“四川省双拥模范城”称号。公共文化服务切实加强，完成25个乡（镇、街道）图文分馆、60个村（社区）服务点和2个村级综合性文化服务中心示范点建设；高水平承办四川省“万人赏月诵中秋”集中展演、国际风筝邀请赛暨全国传统风筝锦标赛、四川省第七届自驾赏花节，举办第七届中国成都国际非物质文化遗产节—多彩巴蜀·道明国际竹文化节等大型赛事。扎实推进“平安崇州”建设，深入实施“平安社区工程百日攻坚行动”；妥善做好农民工工资保障工作；严格实施食品药品安全监管；“七五”普法攻坚计划扎实推进；全覆盖建成“群众工作之家”254个，“8·20”洪灾救援处置及时，有效保障了人民群众的生命财产安全。安全生产形势总体平稳，连续五年被评为成都市安全生产先进集体。

四川省第六届“稻香杯”水稻优质新品种现场考察会在崇州市召开，各院士、专家在田间参观品种展示

市农业农村局组织开展绿色食品认证现场核查

“崇州蜂蜜”通过农产品地理标志现场核查

全国30余名党刊编辑、记者到崇州市采访乡村振兴、高质量发展、基层治理等工作

市农业农村局开展企业农产品包装培训

崇州市举行“5G+农业无人作业示范区挂牌仪式暨崇州市农民丰收节开镰仪式”

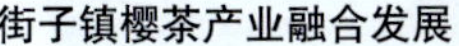

街子镇樱茶产业融合发展

道明竹艺村

崇州市现代粮食产业园区稻鱼综合种养示范基地

崇州市现代粮食产业园区隆兴镇青桥土地股份合作社

崇州市现代粮食产业园区四川农业大学现代农业研发基地

产村相融的白头镇

四川农村社会化服务总部崇州中心

崇州市现代粮食产业园区粮食烘干中心

历史文化名城，文旅体农融合发展——崇州市

观胜镇联义村严家弯湾林盘

崇州牌坊

元通古镇

九龙沟牌坊

市貌河道

琴鹤大桥

白头镇大雨村“鲜道·幸福里”林盘景观

美丽新村一角——隆兴镇荷塘月色

桤木河流域水系连通湿地公园

明湖公园

陇海三郎国际旅游度假区

慢享湿地小镇天府国际慢城项目建成的“风吹稻花”慢城酒店鸟瞰图

慢享湿地小镇油菜花赏花节

简 阳 市

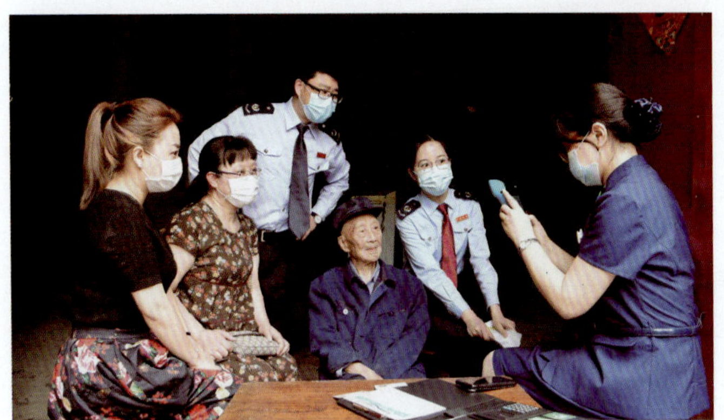

市税务局联合多部门到贫困村开展税法宣传活动

施家镇龙河村（贫困村）驻村工作队上门宣讲扶贫政策

禾丰镇安全村（贫困村）原驻村“第一书记”张瑾走访村民

贫困人口全部脱贫是全面建成小康社会的底线任务。为进一步加强对脱贫攻坚工作的组织领导，2016年1月，简阳市脱贫攻坚领导小组成立，并下设办公室（简阳市扶贫开发办公室）在简阳市财政局。2016年11月，根据《中共简阳市委机构编制委员会关于调整简阳市扶贫移民工作机构的通知》（简委编发〔2016〕65号），将简阳市财政局承担的扶贫开发工作职责和简阳市水务局承担的移民安置工作职责划转到简阳市人民政府办公室，将简阳市财政局内设的简阳市扶贫开发办公室划转到简阳市人民政府办公室，更名为“简阳市扶贫和移民工作办公室”，为简阳市人民政府办公室内设机构；将

简阳市城区图

2020年简阳市决战决胜脱贫攻坚宣誓会议

简阳市水务局下设的简阳市水利水电工程移民办公室整体划归简阳市人民政府办公室管理，更名为“简阳市扶贫移民服务中心”，内设综合科、项目服务科、移民后扶科、信息统计科。2019年3月，根据《中共简阳市委办公室 简阳市人民政府办公室关于印发〈简阳市人民政府办公室职能配置、内设机构和人员编制规定〉的通知》（办字〔2019〕47号），撤销简阳市扶贫和移民工作办公室，在简阳市人民政府办公室内设扶贫开发科、移民安置科，具体负责扶贫开发、移民安置相关工作。

作为成都市脱贫攻坚主战场，简阳市始终将脱贫攻坚作为首要政治任务、第一民生工程和最大发展机遇，紧紧围绕“两年脱贫攻坚、三年巩固提升、五年高标准全面小康”战略目标，五年来先后从各单位抽调挂职干部98名，累计投入资金33.98亿元，动员6200余名干部投身到这场人民战役，脱贫攻坚力度之大、规模之广、影响之深前所未有。在全市上下尽锐出战、攻坚克难，14个区（县）倾力支持、合力帮扶下，截至2017年年底，简阳市116个省定贫困村退出，建档立卡贫困人口25336户76813人如期脱贫。在全面完成减贫任务后，简阳市保持攻坚力度不减，扎实推进“五大提升”行动，持续巩固提升脱贫成效。截至2020年年底，全市建档立卡贫困户家庭年人均纯收入达12670元，年均增长34.63%，并顺利通过射洪市交叉考核组成效考核，按期高质量打赢脱贫攻坚收官战。2016—2020年，简阳市连续五年被省委、省政府表彰为“脱贫攻坚先进县”，书写了简阳市战胜贫困、圆梦小康的壮丽篇章，为全省减贫事业留下了浓墨重彩的一笔。

云龙镇新建的中心卫生院

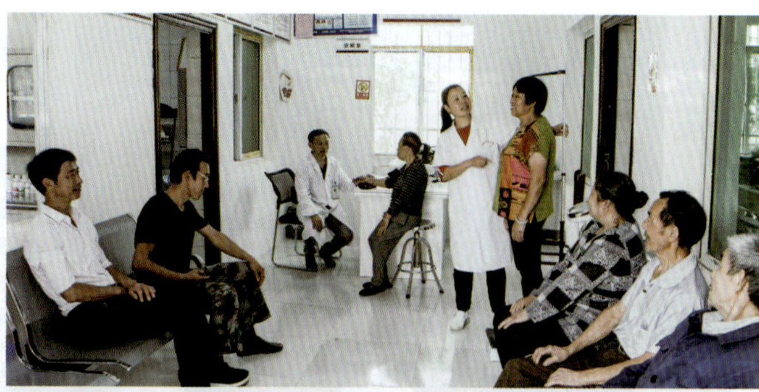
禾丰镇碑垭村（贫困村）卫生室

新建的九义校

新建的简阳市明德小学全貌

平泉街道协议村（贫困村）易地搬迁点

荷桥之路展示厅

平泉街道新桥村（贫困村）村道

原飞龙乡协议村（贫困村）易地扶贫搬迁集中安置点

三星镇共和村（贫困村）聚居点

平泉街道荷桥村（贫困村）“家风荷桥”风貌改造

云龙镇龙潭村（贫困村）文化生活

“德青源”（简阳）现代蛋鸡产业示范项目

禾丰镇丙灵村（贫困村）碑垭口黄金柚种植专业合作社

东溪街道龙溪村（贫困村）林下养鸡产业

平泉街道太阳村（贫困村）莲藕产业

简阳晚白桃喜获丰收

禾丰镇大棚蔬菜喜获丰收

宏缘镇大堰村（贫困村）喜迎葡萄丰收

云龙镇龙潭村（贫困村）金秋砂糖桔产业

施家镇兴隆村（贫困村）柑橘苗圃

平泉街道协议村（贫困村）大棚蔬菜基地

平泉街道龙王村（贫困村）胡萝卜产业

—全国农业标准化示范区

—“四好农村路”全国（全省）示范县

—全国首批国家生态文明建设示范县

—全国休闲农业和乡村旅游示范县

—全省首批实施乡村振兴战略工作先进县

—全省农村人居环境整治重点县

—全省首批农产品加工示范园区

蒲　江　县

省委常委、成都市委书记范锐平（右三）到蒲江县调研产业功能区建设和农商文旅体融合发展情况

省委常委、省直机关工委书记曲木史哈（前排左三）到蒲江县调研水果和春茶生产销售工作

副省长尧斯丹（右二）到蒲江县调研农田水利设施建设情况

蒲江县深入学习贯彻习近平总书记对四川及成都工作系列重要指示精神，认真落实中央、省委、市委关于实施乡村振兴战略的决策部署，聚焦“五大振兴”扎实开展示范创建，推动农业全面升级、农村全面进步、农民全面发展。2018年，全省乡村振兴大会代表莅临蒲江县参观，全省乡风文明工作现场会和全国、全省推动“四好农村路”高质量发展现场会相继在蒲江县召开。2019年，蒲江县获评国家现代农业产业园、“四好农村路”全国示范县、全省农村人居环境整治重点县、全省（全市）乡村振兴先进县，农民人均可支配收入达23788元，名列全省第9位，获评全市农民增收先进县。全县农村呈现以富带美、以美促富的良好局面。

省委农办主任、农业农村厅厅长杨秀彬（右一）到蒲江县调研国家现代农业产业园建设情况

成都市委常委左正（中）到蒲江县调研农村人居环境整治工作

成都市副市长刘旭光（右二）到蒲江县调研农田水利设施建设工作

县委书记刘刚（中）调研农商文旅融合发展工作推进情况

时任县长王凯（左二）调研朝阳湖镇云顶水乡田园综合体项目建设工作

县长赵钢（右四）调研防汛减灾和地质灾害防治工作

县委常委、县总工会主席陈贵（中）调研国家现代农业产业园柑橘工程技术中心柑橘品种繁育情况

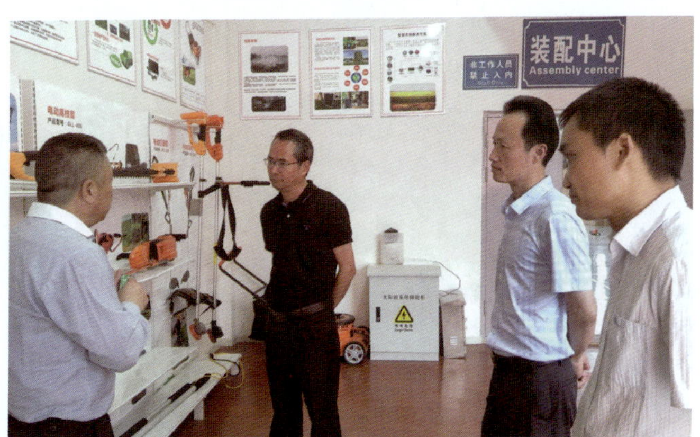

副县长赵武斌（左二）调研农业社会化服务工作

万亩猕猴桃标准化种植基地

成新蒲快速路两旁的猕猴桃产业园区

一、坚持把实施乡村振兴战略作为新时代“三农”工作总抓手，聚焦全面振兴持续用功着力

认真学习贯彻《中国共产党农村工作条例》，县委书记任“一线总指挥”，全面落实三级书记抓乡村振兴领导责任制。结合县情实际，制订《蒲江县实施乡村振兴战略的实施方案》，明确乡村振兴62项具体工作的任务书、时间表和路线图，并纳入县级目标管理，强化日常督查，确保落地落实。积极探索“多规合一”工作机制，编制出台《蒲江县乡村振兴战略空间发展规划》《蒲江县全域旅游发展总体规划》《蒲江县乡村艺术普及规范》《蒲江县党建引领高质量发展23条》等系列规划文件。坚决打赢乡村振兴“首场硬仗”，制定实施《蒲江县农村人居环境整治三年行动实施意见》等文件。

着力高质量发展，奋力推进产业振兴。坚持茶叶、柑橘、猕猴桃“三业并举”，规模化、标准化、市场化“三化联动”，品种、品质、品牌“三品提升”，三大产业集中连片发展45万亩，完成耕地质量提升95万亩次，建成物联网示范基地20个、绿色有机基地5.85万亩，获评国家级农业标准化示范区、国家有机产品认证示范区、国家有机食品生产基地建设示范县。建成柑橘、猕猴桃工程技术中心，引培优新品种38个。“蒲江雀舌”“蒲江丑柑”“蒲江猕猴桃”荣获“四川省十大杰出区域品牌”，全部进入2019全国区域品牌价值前50强，综合价值达374.53亿元；带动企业品牌30个、产品品牌62个，获评国家地理标志产品保护示范区、全省农业对外开放合作试验区。发布国内首个县域公共有机品牌——“田蒲田”，获评“中国有机30年全域有机创新奖”，品牌农业发展国际研讨会永久落户蒲江。

着力激活创新活力，奋力推进人才振兴。建立由县人才办牵头、行业主管单位负责的“1+8”人才评价体系。健全乡村人才激励机制，设立5000万元人才专项资金，建成人才公寓6.6万平方米，引进规划、文创、旅游、营销等领域高素质人才1000余名。创新“培训培训者工程”等人才培育机制，培育乡村工匠、文化能人、非遗传承人、乡村规划师等乡村一线人才1800人；创新“双元制”人才培养模式，依托AHK、KUKA等职教机构，培训实用人才5000余人次，成功举办两届工匠技能大赛，西部首个“长风计划”全国示范区落户蒲江。2019年获评省级乡村手工艺大师2人、市级优秀职业经理人2人、“成都工匠”3人、蒲江果匠6人、雀舌传人3人，人才振兴相关做法被中央电视台报道。

着力增强精神动力，奋力推进文化振兴。深入实施文化惠民工程，加快建设蒲江博物馆新馆，乡（镇）综合文化站、村（社区）文化服务中心实现全覆盖，打造龙腾狮舞闹元宵等一批特色公共文化服务品牌，开展天府绿道自行车车迷节等系列活动。注重文化传承，弘扬天府文化，推进“鹤山书院文化”等地域文化品牌建设，举办“天府文化与魏了翁——纪念魏了翁诞辰840周

万亩茶叶标准化种植基地

万亩柑橘标准化种植基地

蓝莓谷旅游休闲采摘农场（休闲农业）

甘成茶道（休闲农业）

年学术交流会”系列活动，创建“美丽四川·宜居乡村”达标村110个、“美丽蓉城·宜居乡村”示范村30个；县级以上文明乡（镇）7个、文明村（社区）占比95%，市级文明村（社区）9个、省级文明村（社区）2个、全国文明村（社区）3个，获评“中国地名文化遗产千年古县”“四川省民间文化艺术之乡”称号。

着力践行“两山”理论，奋力推进生态振兴。编制完成全省首个县级环境功能区划、全省丘陵地区首个生态文明建设规划，构建“三线一单”环境管理空间，健全自然资源用途管制，探索建立环境信用评价体系，被列为全省首批生态保护红线划定试点地区。全面推进农村人居环境整治，创建人居环境示范村17个、农村“厕所革命”整村推进示范村8个、百村容貌整治村8个，“七改七化”工作做法被列入全省乡村振兴大会现场考察。创新推行林长制，全县森林覆盖率达66.79%；坚决打好“蓝天”“碧水”“净土”保卫战，获批全国农村有机废弃物资源化利用试点县、全国农村生活垃圾分类和资源化利用示范县建设。

着力夯实基层基础，奋力推进组织振兴。制定实施党建引领高质量发展23条措施，坚持党建引领城乡社区发展治理，构建“一核三治、共建共享”乡村治理新机制，村规民约、居民公约等实现城乡社区全覆盖，明月村获评全国乡村治理示范村。培育先进基层党组织102个，其中全国先进2个、全省先进20个，涌现出党的十九大代表姚庆英、全国农业劳动模范赵兴丽等一大批优秀农村基层党组织书记。获评“全省平安建设先进县”。

二、着力打造乡村产业振兴样板区，实现产业园建设全覆盖

坚持将产业园建设作为乡村产业振兴的“牛鼻子”，紧紧围绕“10+3”产业体系，充分发挥蒲江生态禀赋优势，依托柑橘、猕猴桃和茶叶产业基础，按照“三业两园”建设思路，抓重点、补短板、强基础，总体实现了“主导产业鲜明、要素高度聚集、设施装备先进、生产方式绿色、经济效益显著、辐射带动有力”的建设目标，为擦亮四川农业大省金字招牌贡献了蒲江力量。

坚持规划引领。编制《成都市蒲江县现代农业园区建设总体规划（2019—2022）》《成都市蒲江县特色水果现代农业产业园总体规划（2018—2022）》《蒲江县成佳镇茶叶现代农业园区发展规划》，推进现代农业产业园建设全域全面覆盖，茶叶现代农业产业园获评成都市现代农业园区（五星级），特色水果（柑橘、猕猴桃）现代农业产业园成功创建为国家现代农业产业园。

坚持融合发展。以产业园为载体，大力推动农业与旅游、文创、电商等领域深度融合。以全域旅游思路探索实施“产业园+特色小镇+川西林盘”建设模式，高标准推进全域幸福美丽新村建设，建成新农村综合体130个，实施特色镇建设5个、川西林盘保护修复45个，获评全国农村产业融合发展试点示范县，获批

猕猴桃工程技术中心

天府农创园

成都市武侯区水务局

2019年新一轮机构改革调整后，成都市武侯区水务局单位名称由“成都市武侯区统筹城乡工作局”改为“武侯区水务局”，设8个业务科室和1个水务服务中心，主要负责武侯区水务和农业农村工作，并牵头负责武侯区对口帮扶简阳市脱贫攻坚工作。具体职责为：

一、贯彻实施国家、省、市有关水务工作方针和法律、法规、规章；负责编制拟定水资源利用计划、区管河道流域的综合规划和专业规划并负责实施。

二、牵头负责全区河道管护工作；指导和监督各街道办事处河道管理和水污染防治工作。

三、按规定制定水务工程建设有关制度并组织实施，负责河道治理建设工作、水利基础设施的建设与管理、水利维修工作的计划和实施、区级自建污水处理站运行管理工作；指导全区水务系统服务体系建设。

四、负责全区水土保持工作；拟定水土保持工程措施规划并组织实施；组织水土流失的监测和综合防治工作；负责水资源保护工作，指导地下水开发利用和地下水资源管理保护；负责全区节约用水和农村饮水安全工作。

五、负责全区河道的行政管理及管护范围内砂石资源的开发利用和保护；负责对临时占用河道、河堤通道的行政监督管理；组织全区重大建设项目防洪方面的论证工作。

六、负责指导水务行业、水务系统的安全生产工作，组织实施水务工程建设、水务基础设施运行的安全监督管理；组织指导对重大水务安全事故的调查处理；负责全区河道水利工程的汛期水毁抢修工作。

七、负责制定和实施全防汛预案；组织、指导全区防汛应急演练；组织、指导全区防汛物资的储备和管理；承担防汛信息的收集、分析、上报和传递；开展防汛宣传和培训工作；负责水情旱情监测预警工作；负责应急水量调度工作；承担全区防御洪水应急抢险的技术保障工作；承担区防汛抗旱指挥部办公室日常工作。

八、贯彻执行《中华人民共和国农业法》等有关法律、法规和规章以及与农业农村经济有关的方针政策；执行“三农”有关地方性政策；拟定全区农业和农村经济发展战略及产业政策、中长期发展规划和年度计划并组织实施；参与拟定有关农业财政补贴等政策建议；负责全区农业投资项目职责。

九、负责农业农村经济发展战略及产业政策研究；会同区级有关部门提出深化农村经济体制改革和稳定完善农村基本经营制度的政策建议；负责全区农业综合开发管理工作；指导农业新产业、新业态发展；负责农业服务体系建设；负责农业农村人才建设工作。

十、负责执行深化农村经济体制改革和巩固完善农村基本经营制度；负责农村集体产权制度改革，指导农村集体经济组织发展、集体资产管理；负责全区农田整治项目的管理监督工作；监督、指导减轻农民负担工作。

十一、牵头协调涉农街道的农业农村相关工作；负责农村扶贫开发工作；协调水库移民安置以及后期扶持工作；组织开展农业区域经济合作；承担农业统计工作。

十二、承担依法履行农业、农机行政监管职能；负责对有关农业生产资料、农业投入品和农产品种养殖环节的质量安全监督管理工作；负责畜禽屠宰监督管理工作；负责动物防疫、检疫及疫病扑灭工作；负责兽医医政、兽药药政及执业兽医的管理工作；负责秸秆禁烧和综合利用工作；负责农业行业安全生产和职业健康工作。

十三、承办区委、区政府交办的其他事项。

对口帮扶简阳市脱贫攻坚工作情况。2016年以来，武侯区水务局深入贯彻中央和省、市关于扶贫工作的部署，聚焦“两不愁、三保障”“四个好”脱贫攻坚目标，坚定政治站位，坚持精准帮扶，以项目帮扶为抓手、以人才帮扶为支撑、以社会帮扶为桥梁，助力8个贫困村脱贫“摘帽”，4个经济薄弱村产业“夯基筑台”。倾力抓好项目建设，概算投入8317万余元实施5批次46个项目，涵盖住房、水利、交通、产业、文化等方面，建成项目极大改善了受扶地群众生产生活条件。持续开展就业帮扶，动员110余家企业提供岗位2100余个，实现就业130余人。创新开展社会帮贫，募集社会企业助贫、助学资金147万元。发动企（事）业单位和个人采购农副产品实施消费扶贫。创新开展智力帮扶，以多种方式培训乡、村干部160余人次。2017—2019年连续三年被成都市农业农村局评为“脱贫攻坚对口帮扶工作先进单位”，2020年被四川省脱贫攻坚领导小组表彰为“全省脱贫攻坚先进集体”。

简阳市脱贫攻坚农业产业项目招商会

组织开展生猪养殖中的日常管理就业技能培训

在简阳市三星镇组织举办就业扶贫现场招聘会

援建的简阳市新星乡雷公庙村便民服务中心配套设施项目

援建的简阳市同合乡柑子村贫困户集中居住点项目

简阳市三星镇宽沟村60亩芍药种植项目完成育苗

援建的蔬菜育苗中心

援建的蔬菜大棚投产

荣县鼎新镇大棚蔬菜产业扶贫基地

荣县粮经复合种植产业扶贫基地

自流井区仲权镇生态产业扶贫基地

聚集攻坚力量，引领带动脱贫奔康

一是基层党建引领。大力实施优秀农民工回引培养“红色引擎计划”，全市优秀农民工任村党组织书记327人，占比46.12%，成为带领贫困群众脱贫奔康的主力。二是“第一书记”带头。建立“第一书记”选派、管理和考评工作机制，累计选派“第一书记”2095人，28人获评全省优秀；113个贫困村村均集体经济收入5.1万元，是2016年的3.6倍；打造“支部+阵地+产业+新居”农村党建示范点130个，372个软弱涣散村党组织战斗力显著提升。三是驻村干部帮扶。建立帮扶工作机制和联席会议制度，全市成立113个驻村工作队，累计派出200名驻村工作组组长、775名驻村干部、199名驻村农技员；市、县、乡三级分别建立帮扶结对、帮扶工作和驻村干部、驻村工作4本台账，实行台账管理和动态管理，切实做到真帮实扶。

沿滩区瓦市镇金沙村龙虾产业扶贫基地

沿滩区黄市镇甜橙产业扶贫基地

荣县乐德镇万亩小辣椒产业扶贫基地

富顺县兜山镇杨家村蔬菜产业扶贫基地

贡井区成佳镇大头菜产业扶贫基地

富顺县东湖街道顺河村蔬菜产业扶贫基地

荣县长山镇得胜村

富顺县狮市镇马安村易地扶贫搬迁集中安置点

贡井区桥头镇白房村新村聚居点

自流井区飞龙峡镇尖山村新村聚居点

大安区三多寨镇同春村新村聚居点

荣县留佳镇凤龙村移民新村

沿滩区瓦市镇合星村新村聚居点

沿滩区仙市镇百胜村新村风貌

荣县保华镇红豆树村杨家山移民新村

富顺县板桥镇石龙村易地扶贫搬迁集中安置点

荣县旭阳镇马石村易地扶贫搬迁集中安置点

大安区何市镇瓦高村易地扶贫搬迁集中安置点

荣县观山镇水池村高标准农田

富顺县代寺镇李子村村道

荣县来牟镇一洞桥村茶叶扶贫基地

大安区3500万羽一体化养鸡扶贫项目

荣县就业扶贫专场招聘会

贡井区大头菜产业带动就业

富顺县李桥镇农民运动会

沿滩区“第一书记”代言扶贫产品活动

自贡市千所农民夜校公开赛课活动

新店镇共和村在脱贫攻坚中的华丽蜕变

何市镇黄桷村

和谐共融

全面落实贫困家庭学生帮扶政策，持续开展“江姐家乡助你上大学”助学活动，帮助445名贫困学生圆梦大学校园。严格落实医疗救助政策，设立17个“一站式”医疗服务窗口，安排专项资金组织贫困户进行长期慢性病免费鉴定，3037名贫困人口享受免费救助。深化乡风文明建设，深入开展社会主义核心价值观宣讲实践活动，广泛开展“五好家庭”评定选塑，带动形成良好家风、民风、乡风。深化平安建设，推动农村“三治联动”，社会和谐稳定。

三多寨镇八甲村老塘房民俗广场

脱贫奔康梦已圆，乡村振兴路更坚。5年的攻坚克难、5年的砥砺奋进，在大安这片美丽的农村大地上，一座座整洁秀美的新村拔地而起，一条条宽敞干净的乡村公路纵横交错，一张张脱贫后开心的笑脸温暖人心。靠双手脱贫、靠勤劳奔康已成为大安人矢志不渝的追求和高尚品质。在新的伟大征程上，大安区将坚持以习近平新时代中国特色社会主义思想为指导，认真贯彻落实党的十九届五中全会精神，全力推动脱贫攻坚成果与乡村全面振兴战略有效衔接，加快建设开明开放幸福美丽欣欣向荣新大安！

新店镇何院村异地搬迁聚居点集中居住区一角

三多寨镇同春新村

何市镇瓦高村异地扶贫搬迁集中居住区

何市镇瓦高新村

三多寨镇八甲村三绿农产品集配中心

工业扶贫

村民垃圾分类培训现场

2019年“江姐家乡助你上大学”暨“金秋助学”启动仪式

大山铺镇丹鑫村电商扶贫站点

大安区科技之春暨返乡农民工科普宣传文艺汇演活动

三多寨镇八甲村柑橘技术培训会

组织贫困户观看坝坝电影

自贡市沿滩区

人力资源社会保障部原副部长、中国就业促进会会长张小建（右二）率队到沿滩区调研彩灯之乡文化创意产业园的品牌培育，彩灯、草雕制作技艺，园区就业、用工及技能培训等情况

人力资源社会保障厅副厅长田杰（前排左三）视察沿滩区就业工作

近年来，自贡市沿滩区委、区政府认真贯彻中央、省委和市委关于决战决胜脱贫攻坚和实施乡村振兴战略的决策部署，把实施乡村振兴战略作为新时代做好“三农”工作的总抓手，加快推动“一园三片区”建设，加快构建现代农业产业体系、生产体系和经营体系，集中力量打造“中国彩灯之乡”乡村振兴示范片，推进一、三产业融合和城乡一体化发展。

现代农业产业加快发展。大力推进柑橘、花椒现代农业产业园建设，推动农产品加工由低层次向高附加值迈进。以现代农业园区为依托，积极拓展农业观光、休闲、旅游等多种产业，已建成彩灯之乡文创园、观音湖花卉苗木基地、汇龙堂恐龙大世界、万亩花椒—柑橘产业园、亲子游乐精品线等特色产业园区和基地，持续举办了草雕节、花卉节、采摘节等“信步沿滩·美过周末”系列乡村旅游活动，促进了沿滩一、三产业融合发展。加快实施“区域品牌+产品品牌+企业品牌”提升计划，新培育优质农产品31个。

农村人居环境大幅改善。完成农村公路网硬化134千米，新

区委书记黄雪智（左三）率队调研基层社会治理和疫情防控工作

区长易冬（前排右二）在“创业家乡乐业沿滩”招聘会现场了解企业需求和农民工求职意愿

（改）建“1+6”公共服务中心42个，水、电、气、网实现新村聚居点全覆盖。整治“散乱污”企业116家、畜禽养殖场337家，累计改建户厕2000余户，生态环境进一步优化。全年分别创建省级、市级“四好村”12个、44个，百胜村被评为国家美丽乡村示范村。成功打造岸滩坝、横冲咀2个农村人居环境整治示范点位。

农民幸福感获得进一步提升。大力实施移风易俗、家风家训、文明创评等乡风建设“十大工程”，深入挖掘农耕文化蕴含的优秀思想、人文精神、道德规范，大力推动仙市古镇、农民版画、石雕草编等特色文化资源向文化产业转化，形成了一批地域特色文化品牌。大力推进平安社区建设，推行“道德银行”“四微行动”等有效治理模式，扎实推进“一卡通”、涉农权证、村级工程项目等专项清理整顿行动，切实维护了群众切身利益，村民自治制度和农村治安防控体系得到进一步强化。

副区长曾义刚（左一）陪同成都医学院研究生院领导一行到上善颐养社区养老院实地考察智慧健康小屋运行情况

农村重大改革取得显著成效。重点实施村级集体经济发展、农村产权抵押融资、农村资金互助3项省级改革试点，统筹推进农村集体产权、农村土地、农村金融等改革，有效改进了农村资源激活不足、产业发展质量不高等问题。2017年、2018年连续两年被评为全市唯一一家全省推进农村重大改革任务示范县。

沿滩区彩灯制作技能大赛

沿滩区设置优秀返乡农民工创业作品展示区，帮助农民工宣传创业项目和产品

全湾污水处理厂

沿滩镇詹井村路貌

沿滩镇詹井村易地扶贫搬迁集中安置点

瓦市镇合星新村

黄市镇群英新村

刘山乡云丰新村

永安镇云龙新村

王井镇太源井新农家大院

仙市镇正街新貌

仙市镇百胜新村

长山镇胡家大院

美丽新农村——望佳镇品山村

乐德镇回龙殿村黄莲湾农家大院

双石镇蔡家堰村

4.012亿元。成功承办农业农村部协同推广项目茶叶机采技术现场培训会，茶叶机采工作获得省委书记彭清华亲自批示。采取有力措施，抓好非洲猪瘟防控及猪肉保供给工作，创建省级标准化示范场3个，复核部级标准化示范场1个、省级标准化示范场5个，全县规模化养殖面达70%以上，成功引进德康公司荣县50万头生猪产业化项目和温氏3500万羽一体化肉鸡项目。2019年，全县出栏生猪48.2万头、肉牛6588头、肉羊31.5万只、肉兔1040万只、家禽745.7万只。农业增加值增长3.2%；农民可支配收入

双石镇插旗村

宜居乡村

旭阳镇马石村

玉章故里·漫画小镇一角

观山镇水池村高标准农田全景

高标准农田建设项目区

增长10.3%（全市排名第一），被省委、省政府表彰为“农民增收先进县”。四是生态宜居乡村建设不断推进。全县农村户用卫生厕所普及率达70%以上，完成7856户农村户用厕所改造任务。畜禽粪污资源化利用率达90%。主要农作物绿色防控技术覆盖率达32%，主要农作物病虫害统防统治覆盖率达42%。推广测土配方施肥技术130万亩，秸秆还田34.2万亩，农药、化肥使用量实现负增长。完成新（改）建农村聚居点50个、中心村15个、农家大院60个。五是涉农改革全面深化。农村土地承包经营权确权登记工作基本完成，农村集体资产清产核资工作顺利通过省检验收。成功申报为20个全国农村集体产权制度改革试点单位之一，全面启动296个村3972个组的股份制改革工作。深入推进省级新型职业农民制度试点，研究制定教育培训、认定管理和政策扶持配套制度，全年培育新型职业农民447人，认定颁证初级新型职业农民58名。建立初、中级农民职称评审专家库，认定初级职称120人、中级职称31人。出台《荣县新型职业农民社会保险补贴的实施方案》，已有17人享受社会保险补贴。不断壮大村集体经济，全年共实现集体经济收入1848万元，村均收入6.22万元，全面消除“空壳村”。加快推进农村金融体制改革，探索农村房屋产权融资实现形式，累计放款242笔，共计1.0869亿元。

红土地

小井沟水库

石笋沟现代农业园区

自贡市第十六届乡村文化旅游节暨第九届荣县大佛文化旅游节开幕式

农旅融合

攀枝花市

盐边县国胜乡民胜村“第一书记”方宏（左二）走访核查贫困户产业情况

米易县得石镇副镇长汪杨力组织马鹿寨村创办村集体经济实现旅游创收

一、市脱贫攻坚领导小组办公室职责

市脱贫攻坚领导小组下设办公室在市扶贫开发局，负责按照市脱贫攻坚领导小组的安排部署，做好全市脱贫攻坚工作的统筹协调和具体工作的组织落实。负责制定全市脱贫攻坚规划，明确年度减贫目标任务；细化制定全市脱贫攻坚政策措施，指导县（区）、抓好主体责任落实；组织行业部门抓好专项扶贫工作；组织开展督查检查，对目标任务完成情况加强督促监督；组织开展贫困户脱贫抽查和贫困村退出验收，确保完成年度目标任务；抓好县（区）、部门年度脱贫攻坚考评工作。

二、市扶贫开发局在脱贫攻坚工作中的职责

市扶贫开发局具体负责贫困对象的精准识别和建档立卡贫困对象动态管理；负责与财政局共同做好财政专项扶贫资金的分配下达和监督管理，组织开展绩效评价工作。牵头负责制订社会扶贫专项年度实施方案并组织实施，用好管好社会扶贫资金，加强监督检查；负责定点联系帮扶盐边县红果乡白沙沟村。

攀枝花市18家非公经济组织为米易县凉山自发搬迁贫困人口聚居村捐赠帮扶资金225万元

企业帮扶米易县麻陇乡马井村

米易县丙谷镇新安村贫困户为丙谷镇人民政府送去锦旗

盐边县向深圳市输送贫困户务工人员

仁和区平地镇波西村开展厨师培训

2017年，米易县撒莲镇金花塘村贫困户开展“7个好”评比活动

米易县新山傈僳族乡新山村“约德节”活动

就业奔康榜样：米易县白马镇村民张毅参加“勤劳奋进当先锋 最美家庭作表率”脱贫攻坚主题活动

盐边县永兴镇贫困户发展苦瓜产业

省创业致富榜样：仁和区村民邓小兵查看种植的百香果长势情况

盐边县红宝乡苗族贫困户发展茶产业

仁和区大田镇班庄村脱贫户黄永贵在自家石榴地里采摘石榴

仁和区同德镇双河村脱贫户采摘青花椒

仁和区大龙潭彝族乡大龙潭村脱贫户拉家常

仁和区务本乡葩地村寒坡岭组脱贫户一起绣花

仁和区布德镇老村子社区江家湾组脱贫户沙务牛一家

仁和区务本乡寒坡岭贫困户赶集归来

盐边县彝家新寨贫困户住房建设

盐边县红果乡白沙沟村凉山自发搬迁贫困户新房

盐边县格萨拉彝族乡大湾村母亲树彝家新寨聚居点建设前全景

盐边县格萨拉彝族乡大湾村母亲树彝家新寨聚居点建设后全景

米易县白坡彝族乡桐子林村贫困户聚居点新建住房风貌

仁和区大龙潭彝族乡村容村貌

仁和区平地镇辣子哨村村容村貌

盐 边 县

农业农村厅巡视组到盐边县永生公司冷水鱼基地调研

盐边属攀枝花市辖县，是二滩水电站库区主淹没县、全省扩权强县试点县，享受少数民族县待遇县。全县辖区面积3269平方千米，占全市总面积的44%，辖6镇6乡（其中民族乡4个）80个村8个社区，总人口20.96万人，有彝、傈僳、苗等30个少数民族，少数民族总人口6.24万人。2019年，全县地区生产总值增长6.4%；规上工业增加值增长6.6%；全社会固定资产投资增长12.5%；社会消费品零售总额增长10.5%；城镇、农村居民人均可支配收入分别增长8.7%、9.9%；完成一般公共财政预算收入7亿元，同比增长16.7%。

历史悠久。盐边是古南丝绸之路的主通道、傈僳族的祖居地，新石器时期就有人类活动，汉武帝元鼎六年（前111年）置大筰县，古老的“筰人”就在这片土地上繁衍生息，开启了三源河、雅砻江流域人类文明史，形成了苗族斗釜歌、筰山锅庄、苗族绷鼓仪式、仡佬族“送年节”、傈僳族婚礼等特色民族文化遗产，绘就了绚丽多彩的大筰文化画卷。宣统元年（1909年）设厅，始名盐边；民国2年（1913年）正式设盐边县。盐边原属四川省西昌地区，1978年划属渡口市（现攀枝花市）。

气候独特。盐边地处南亚热带干热河谷气候区，日照充足，热量丰富，年均日照时数2700小时，年均气温20.5℃，冬季温暖，夏季凉爽，盛产芒果、桑椹、脐橙等特色水果，一年四季鲜果不断；境内最高海拔4195.5米，最低海拔967米，年均降雨量1100毫米，年均湿度在55%～60%之间，长年舒适干爽，对风湿性关节炎、气管炎等常见疾病具有显著的自然疗效；环境空气质量优良率稳定在95%以上，$PM_{2.5}$值常年低于23微克/立方米，特别适合呼吸系统疾病患者静养。

资源富集。盐边矿产资源富甲一方，已探明矿种48个。钒钛磁铁矿储量42.3亿吨，占全市的53%；煤、铬、镍、铜、锰、铅、锌、石墨等都具有较好的开发潜力。清洁能源潜力巨大，有20千米以上河流12条，天然水资源总量20.6亿立方米，可开发风力发电44.6万千瓦、光伏发电100万千瓦，二滩水电站、桐子林水电站位于盐边县。生物资源丰富多样，有野生动物563种、野生植物548种，森林覆盖率达63.88%。

山川秀美。盐边是大香格里拉生态旅游圈的南大门，是攀枝花市的“百里生态长廊”。县域内阳光温泉、高山草甸、高峡平湖、天坑地漏、飞瀑林海等自然景观星罗密布，已建成二滩国家森林公园、格萨拉生态旅游区、红格温泉旅游度假区、择木龙杜鹃花海等13个景区、63个景点。其中，国家4A级旅游景区2个、省级地质公园1个、省级自然保护区1个。

在推进乡村振兴、推动高质量发展和高效能治理的新征程中，县委、县政府团结带领全县各族人民，深入贯彻落实省委“一干多支，五区协同”“四向拓展，全域开放”战略部署和市委“一二三五”总体工作思路，主动融入全市“两城”建设，全力推动成渝地区双城经济圈建设，深入推进工业强县、农业活县、康养名县、生态立县四项行动，全力做好钒钛、阳光“两篇文章”，为推动治蜀兴川再上新台阶积极贡献盐边力量！

烟叶生产

高标准农田建设

永兴镇粮食生产

四川省都江堰管理局

都江堰水利工程鸟瞰

灌区田园风光

双流空港中央公园

天府新区兴隆湖

始建于战国时期的都江堰，距今已有2000余年，其科学的设计理念和治水实践创造了人与自然和谐共生的生态文明典范，被习近平誉为“因势利导建设的大型生态水利工程，不仅造福当时，而且泽被后世”。

一、历久弥新，泽被后世

公元前256年，秦国蜀郡守李冰主持修建都江堰，由此拉开了都江堰泽被川西平原的恢弘画卷。都江堰建成后，从根本上改变了蜀地洪水泛滥的局面，重塑了成都平原水系格局，成就了“水旱从人，不知饥馑，时无荒年”的“天府之国”。2000余年来，成都平原政治、经济、社会和文化的兴盛无不包含着都江堰“细细浸润、节节延伸”的涓涓之功。如今，都江堰承担着成都、绵阳、乐山、德阳、遂宁、眉山、资阳7市37县（市、区）1091万亩农田灌溉以及2000余万城乡人民的生活、生产及生态环境用水任务。都江堰灌区以占全省约5%的土地贡献出全省25%的粮食产能、近50%的地区生产总值，养育了全省33%的人口，塑造了四川省经济社会最繁荣发达的腹心区域，构成了四川省经济量最大、经济活力最强的成都“主干”和环成都经济圈。

二、因势利导，治水之道

2018年5月，习近平总书记在全国生态环境保护大会上指出：“始建于战国时期的都江堰，距今已有2000多年历史，就是根据岷江的洪涝规律和成都平原悬江的地势特点，因势利导建设的大型生态水利工程，不仅造福当时，而且泽被后世。”这是对都江堰治水法则的精准概括。“因势”，体现了建造都江堰对自然的尊重和敬畏；“利导”，体现在尊重自然规律的基础上对自然进行利用和改造。都江堰的建造以最小的工程量成功解决了引水、泄洪、排沙等一系列技术难题，展现了人与自然和谐共生的治水哲学，都江堰也因此成为世界上最伟大的水利工程和生态水利工程的典范。

三、和谐共生，生态之启

作为世界文化遗产、世界灌溉工程遗产，都江堰不仅仅是单纯的文化景观，而首先是造福人民的“活文物”。2000余年来，人们遵循“人与自然和谐共生”的治水理念，在应对自然挑战和谋求自身发展的历史进程中实现了都江堰社会效益、经济效益和生态效益的相互促进。都江堰的成功既是水利工程技术与管理技术的成功运用，也是人水和谐理念和天人合一智慧的生动实践，这对于推进新时期治水实践尤其是生态水利工程建设有着重要启迪——必须坚持造福人类和保护自然相统一、必须坚持顺应自然和改造自然相统一、必须坚持造福当时和泽被后世相统一、必须坚持历史传承和时代创新相统一。

四、生生不息，永续发展

2014年，习近平总书记提出“节水优先、空间均衡、系统治理、两手发力”的治水思路，推动治水实践不断深入。当前，我国正处于实现“两个一百年”奋斗目标的历史交汇期，新时代都江堰承担着保障灌区经济社会高质量发展、生态用水安全、推进都江堰世界遗产保护传承、助力成都加快建设美丽宜居公园城市和世界文化名城等重大使命。在新时代，我们必须坚定以习近平新时代中国特色社会主义思想为指导，增强“四个意识”，坚定“四个自信”，坚决做到“两个维护”，把坚持和加强党对水利事业的全面领导和水利行业党的建设工作融合贯彻于水利全部工作的各领域、各方面、各环节，切实践行中央治水思路，保护好都江堰这一弥足珍贵的人类文明遗产，秉持好都江堰生态水利工程的发展理念，传承其生态价值观，传播生态文化符号，让古堰永续利用、造福万代！

孝泉镇2019年“春风行动”系列招聘会助力脱贫攻坚

黄许荞老头食品公司“扶贫车间”

旌韵高槐·文创小镇

新中镇龙居村

孝感镇红伏村工厂化育秧

柏隆镇稻田养鸭

无人机植保

中国和海全景

德阳市罗江区

德阳市乡村振兴暨现代农业园区建设工作会议在罗江区召开

德阳市2019年川菜川剧文化周闭幕式在德阳广电中心举行

德阳市罗江区位于成德绵经济带主轴，区位独特，南距双流国际机场70千米、北到绵阳机场38千米，成绵乐城际列车每天20班次公交化运行，是成渝地区双城经济圈、成德眉资同城化、成德绵一体化重要交通节点、产业节点和物流节点。罗江是全国首批生态示范县、全国休闲农业与乡村旅游示范县、全国农村人居环境整治试点县、全国乡村治理体系建设试点县、省级历史文化名城。罗江距今已有1700余年历史，自古为蜀都门户，三国文化、调元文化、佛教文化灿若星河，是清代大才子李调元的故乡，李调元官至正四品直隶通永道道员，被誉为“川菜川剧之父”。

罗江区省级农产品加工园区

国家级水稻制种基地

机械化播（插）种

白马关镇万佛村农村人居环境整治——污水处理

鄢家镇星光村岭上花开农业公园

诗意乡村+农耕体验旅游路线——蟠龙镇大回湾

金山镇大井村彩色小镇

中　江　县

中江县2019年第三、第四季度乡村振兴现场会召开，县委书记苏刚（前排左一）参加会议

中江县脱贫攻坚工作推进大会召开，县委书记苏刚（左六）、县长李霞（右五）参加会议

中江县是全国“双百人物”、特级英雄黄继光的故乡，地处四川盆地西北部，是典型的丘陵农业大县、人力资源大县。地势西北高、东南低，南北最长115千米，东西最宽55千米，与8个县（市、区）接壤（东邻三台县，南连大英县、乐至县，西接金堂县、广汉市，北毗德阳市旌阳区、罗江区和绵阳市涪城区）。全县总人口138万人，辖区面积2200平方千米，辖30个乡（镇），村级建制调整后，全县村（社区）减至522个。先后被评为全国粮食生产先进县、全国食品工业强县、全省“三农”工作先进县，2019年获评全省县域经济发展先进县。全县共有建档立卡贫困人口36890户86145人，截至2019年年底，全县已累计减贫36871户90291人，贫困发生率从7.2%降至0.5%，获评2019年全省脱贫攻坚先进县。

区位优势突出。中江西临成都、北依德阳、东靠绵阳、南接遂宁，位于成都“一小时经济圈”内，分别距成都66千米、绵阳51千米、德阳37千米、遂宁130千米，达成铁路、成南高速、成巴高速、中金快速通道穿境而过，随着成都三绕、德遂高速、成绵高速扩容等重大交通项目的建设，未来几年内，境内将拥有6条高速公路，里程将超过200千米，成为全省拥有高速公路里程最长的县，交通区位优势将更加明显，有助于中江在招商引资、产业发展、统筹城乡等领域实现更大突破。

人文历史悠久。中江周属蜀国，秦属蜀郡，汉为郪县地，三国时蜀置伍城县，隋改县名为玄武，宋改玄武为中江，至今已有千年历史，孕育了苏易简、苏舜钦、苏舜元和陈豹隐等一大批历史名人。境内有“五庙南北塔”、古郪国遗址、古铜山遗址、隋代飞乌县遗址、塔梁子崖墓群等众多文物古迹和人文景观，中江手工挂面制作工艺、仓山大乐被列为四川省非物质

继光千岛湖

中江县金穗源粮食专业合作社

中药材现代农业园区

文化遗产。

发展资源丰富。中江空气质量总体优良，境内有涪江水系和沱江水系主要河流23条、中型水库5座、小型水库62座；都江堰灌区人民渠主干渠130余千米，配套支渠3000余千米，总蓄水能力达2.5亿立方米以上。境内天然气探明储量1500亿立方米，年产气量已超过10亿立方米。人力资源丰富，劳动力资源总数超过80万人，其中富余劳动力达40万人以上；职业中专等学校常年培训实用性人才1万余人，可为企业源源不断地提供良好的人力支撑。县城凯江、东江、西江三江织城，22座小山丘星罗棋布，是打造生态宜居美丽城市的潜力所在。

未来前景广阔。当前，中央提出推动成渝地区“双城经济圈”建设，省委大力实施“一干多支”发展战略和推进成德眉资同城化发展，成都“东进”等战略机遇叠加。中江位于成渝地区双城经济圈的核心区域，作为连接成都平原经济区、川东北经济区的重要战略支撑点、推进成德同城发展的“桥头堡”，迎来了融入区域协同发展的重大机遇。

2019年，全县实现地区生产总值379.2亿元，增长7.9%；三次产业结构比为21.4：41.4：37.2；规上工业增加值增长8.1%；服务业增加值增长8.8%；全社会固定资产投资增长8.3%；社会消费品零售总额增长10.8%；一般公共预算收入10.7亿元，增长1%；城乡居民人均可支配收入分别为33707元、15611元，分别增长8.6%、10.1%。

工厂化养蚕

生猪养殖场

绵　竹　市

省委依法治省办主任，司法厅党委书记、厅长刘志诚（左二）调研绵竹市乡村法治建设工作

绵竹市位于四川盆地西北部，距成都约60千米，处于成都1小时经济圈内，先后荣获全国休闲农业与乡村旅游示范县、全省农村改革工作先进县、省级特色农产品优势区、“中国民间文化艺术之乡”、四川省旅游强县等称号，并入选天府旅游名县候选县。境内旅游资源丰富，乡村旅游发达，有国家4A级景区3个、国家3A级景区2个、国家级森林公园1个、国家级花卉主题公园1个。

近年来，绵竹市紧紧围绕“全省转型发展示范区，休闲度假目的地”战略定位，服务于“工业强市，文旅名城，美丽家园”的建设目标，坚决执行绵竹市发展“863”计划，加快推进乡村

德阳市长何礼（右四）调研绵竹市春耕生产情况

司法部普治局二级巡视员、依法治理处处长肖志清（前排左二）调研绵竹市基层乡村治理工作

德阳市委副书记刘会英（中）调研绵竹市农业生产工作

市委书记陈万见（右三）调研绵竹市农业项目建设情况

市长李栋（左一）调研农业产业发展情况

副市长李强在海南博鳌“美丽乡村”论坛发言

振兴战略。2019年，全市粮食生产实现27.7万吨；农村居民可支配收入达20213元，同比增长9.9%；农林牧渔服务业增加值实现33.39亿，增长3.13%。特色产业持续壮大，猕猴桃走出国门出口欧盟，沿山猕猴桃现代农业园区获评为德阳市二星级园区并被纳入省级现代农业园区培育项目。乡村振兴示范建设成绩不凡。孝德镇年画村、孝德镇年俗村、九龙镇棚花村入选全省实施乡村振兴战略工作示范村，九龙镇被评为德阳市乡村振兴战略先进镇，精心打造了“乡遇画里”文创社区、孝德镇年俗村、板桥镇五星村“竹篱人家”生态社区、遵道镇棚花村乡村振兴示范点位，高标准承办了德阳市2019年一季度乡村振兴现场会……

农村交通——月季大道

猕猴桃现代农业园区

三溪香茗茶叶种植基地

亮工祠征收保护问题；加强文物保护主体责任，加强对文保单位的安全巡查。丰富群众业余文化生活，延伸基层文化服务功能，全面推行"三馆一站"等文化阵地免费开放、延时错时服务，全年接待群众280人次，开展各类公益培训6次。举办第七届中国成都国际非遗节社区实践系列活动以及大安区首届牛佛龙舟美食节活动。

【农村卫生】 新店镇被全国爱卫会命名为国家卫生乡(镇)，回龙镇被四川省爱卫办命名为四川省卫生乡(镇)，打造何市中心卫生院为全市医院党建示范点，打造盐都植物园主题公园，打造江姐中学为健康促进示范院校。按照"一站一特色"，打造乡(镇)卫生院健康管理站8个，为辖区群众定制"个性化"医疗健康及公共卫生服务。创新推行贫困村卫生室"健康服务站"试点建设，就近提供基本公共卫生服务，解决服务贫困群众"最后一公里"问题。创新推行健康扶贫"一站式"服务，优化"先诊疗、后结算"。开展"医院帮垫资、群众少跑腿"服务，全年为贫困患者住院提供"一站式"服务7127人次，患者从入院到出院只支付10%以内的自付费用；将辖区贫困户申请卫生扶贫基金救助归口到乡(镇)卫生院，贫困户只需将申报资料交卫生院，由卫生院负责资料的上报，资料审核通过后贫困户就能领到打卡直发的救助金。创新贫困群众医疗保障信息协调交换机制，乡(镇)卫生院及村组、村医之间建立信息交换机制，落实专人定期对贫困人口进行信息交换和跟踪服务，解决外出务工人员返乡后参加免费健康体检，协助报销医疗费用，申请民政医疗救助、卫生扶贫救助基金救助等问题，第一时间上门宣传政策，医疗健康扶贫政策落实不留空白。全年安排使用卫生扶贫基金救助4631人次，支付卫生扶贫基金229.185万元；开展辖区建档立卡贫困人口免费健康体检18382人，体检率达100%。救助农村贫困母亲，发放全国"两癌"救助资金22万元；救助城市低保贫困母亲，发放省级"两癌"救助资金2万元。

【农村法制建设】 全年建成乡(镇、街道)调委会15个、村民调委会89个、居民调委会34个。全区各级人民调解组织共调处纠纷3119起，调解成功率达97%(其中化解重大疑难案件10起、预防纠纷350起)，开展矛盾纠纷排查4048次。全年为农村农业人口解答法律咨询1102人次，提供法律援助50件；培养乡村"法律明白人"1263人，为26个贫困村聘请法律顾问，帮助15个村完善"村规民约"；开展"送劳动法进工地"宣传活动、农民工维权法治宣传活动等专题活动12场次；发放《公共法律服务便民卡》4000余份、《大安区"七五"普法读本》1500余本。

【农村交通】 全年新建桥梁3座，改造危桥1座，渡改公路桥1座、改造桥梁2座。建成机械化养护中心。实施大山铺铁路物流园区骨干道路、牛佛沱江二桥及连接线等骨干道路工程，完成太大路、自华路、威自路等县道及何瓦路、何永路、芦联路等乡道建设约120千米，村道硬化、黑化、窄加宽、标识标线及路侧护栏改造提升等约130千米。申报创建省级"四好农村路"示范县。全区9镇2个街道89个行政村全部通客车，其中70个行政村通过20条农村客运班线120辆客运班车覆盖，另有29个村通过城市公交或响应式客运服务覆盖。

【涉农招商引资】 2019年，全区3000万元以上的农业招商引资重大项目5个，项目总投资3.42亿元。

【农村社会保障】 全区农村居民参保人数135899人。"三类"贫困人员中符合养老保险兜底政策的人数为15812人，城乡居民养老保险实际代缴15812人，完成市下达目标任务的118.38%；区级资金实际拨付158.12万元，100%拨付到位。逢"赶场天"组织人员到各乡(镇、街道)巡回宣传，发放宣传手册6万余份，回应缴与不缴、缴多缴少、缴早缴晚等群众关心的热点问题，引导群众对参保缴费引起关注。全年征收城乡居民养老保险金1807.7万元，增长48.02%；累计发放待遇57.78万人，发放养老金6227.4万元，追回冒领金44.87万元。

【农村生态建设及环境保护】 高度重视农村生态建设及保护工作，通过建立四级分片包干责任体系、督促各乡(镇)与辖区7万余户农户签订农作物秸秆禁烧承诺书、开展"5+2""白+黑"模式秸秆禁烧联合巡查、开展无人机巡查、建立"地面+天空""人防+技防"立体巡查体系，科技助力推进秸秆禁烧常态化管理工作。加强秸秆禁烧宣传和处罚力度，全年发放秸秆禁烧宣传资料3000余份，共计对露天焚烧行为人处罚金8000余元，秸秆禁烧工作取得明显成效。加大对6个乡(镇)饮用水水源地的保护力度，明确饮用水水源地禁养范围，完成饮用水水源地交通道路风险排查，修复破损隔离网800余米，新增标识标牌30余块，落实部门交办整改问题3件。全年开展联合执法8次，收缴渔具60具，放生鱼类37.5千克，遏制了在饮用水源地垂钓行为。投资100余万元，修建龙骨水库山污水治理设施，已正常投运。投入30余万元，修建三多寨八甲村农村污水治理试点工程。完成8个行政村的农村环境综合整治任务。

【农产品质量安全监管】 全年完成无公害农产品复查换证8个，全区无公害农产品产地面积稳定在21.5万亩。省级农产品质量安全例行监测抽检任务完成率为100%，省级农产品安全例行监测合格率为100%，生产经营主体入驻省级追溯管理平台数增加10户，全年无重大农产品质量安全事件发生。全年办农业综合执法案件16件，移交刑事司法案件2件，罚款3.7万元，没收电鱼工具2套，没收假种子19千克、过期农药0.8千克，执法案件查处结案率为100%。区农产品检验监测中心"双认证"(农产品质量安全检测机构考核和检验检测机构资质认定)相关事宜有序推进。

【农村市场体系建设】 为发挥种植业保险在稳定粮油生产、增强其抗风险能力的作用，促进农业生产持续稳定健康发展，增强护航能力，全年油菜品种投保3328.07亩，缴纳保费合计3.39万元，定损赔付面积20.81亩，金额3007.59元。筹备搭建自贡市首创农产品质量安全智慧监管与服务平台，该平台集成网格化移动监管、风险监测协作、农业物联网管理、视频监控等17个监管与服务平台于一体，实现区级部门—镇(街道)、镇(街道)—企业、区级部门—企业的全链条闭环式监管与服务体系建设，同时以物联网等大数据为载体，为服务农业提供了更为科学直观可靠的依据。

【数字农业】 持续开展农业农村信息化发展水平检测与评价工作，建立完善全区数字农业填报体系，乡(镇)级信息服务站实现全覆盖，村级信息服务站覆盖率达90%，全区已实现行政村宽带网络全覆盖。

【农村留守家庭(儿童、学生)帮扶】 开展走基层、送温暖—"让爱传递·情暖妇幼"系列慰问活动，慰问贫困妇女251名，共发放棉被、台灯等慰问物资价值5万余元。组织各乡(镇)街道和区级部门慰问城乡中小学少年、儿童，送去慰问品价值5万余元。开展"三八维权周·送法到您身边"维权宣传活动2场，现场设置法律宣传栏，发放《妇女权益保护法》《反家暴法》《婚姻法》等宣传资料、环保袋1200余份。开展"巾帼维权大讲堂"8场，将"护航成长·紫薇花蕾"儿童保护情景剧刻录成光盘并发放到各镇(街道)、村（社区），共播放60余场次。组织35个家庭参与“浓情五月·感恩母亲”亲子阅读活动。开展“儿童之家”建设，完成25个“儿童之家”建设任务。

【劳务开发与返乡创业】 全年举办创业就业招聘会7场，吸引6000余人参加。开展“春风行动”“就业援助月”等专题公共就业服务系列活动19场次，提供就业岗位4600余个，免费提供就业服务4600余人次，帮助就业700余人，发放宣传资料60000余份。实行农村劳动力实名制动态管理，更新、完善就业扶贫信息数据6400余条，筛选锁定符合条件的未脱贫贫困家庭劳动力7976人。全年累计发放创业担保贷款1011万元，引领29名大学生自主创业，带动就业73人；举办大安区首届创新创业大赛，大赛设一等奖2名、二等奖3名、三等奖5名，分别授予奖金5万元、4万元、3万元，授予“大安区2019年创新创业明星”“大安区2019年创新创业之星”“大安区2019年创新创业典型”称号。通过多种渠道和方式做好创业大赛的宣传动员和组织工作，激发全区活力，全力打造“双创”新高地。全年失业人员再就业1639人，就业困难对象实现就业522人；开展劳务品牌培训220人，返乡下乡创业培训126人，青年劳动者技能培训875人。对创业的在校大学生和毕业5年内的高校毕业生给予创业补贴、创业担保贷款等政策扶持，发放创业补贴29人，兑现奖补29万元，实现“应补尽补”。开发公益性岗位1046个，带动1024人就业，实现贫困劳动力转移就业1700余人，发放农村公益性岗位补贴合计430万余元。

【主要领导人】 区委书记：张昭国；区人大常委会主任：钟淳；区长：杨斌（9月止），黄如贝（9月始）；区政协主席：罗旭东；分管农业副区长：刘勇。

大安区编写组

沿滩区

【基本情况】 2019年，全区辖1乡9镇2个街道，辖区面积463平方千米，其中耕地面积26446公顷，比上年增长0.6%，人均耕地面积1.53亩；基本农田24.25万亩。年末总人口39.29万人（户籍人口），减少0.2%；人口出生率9.6‰，减少0.7个千分点；人口自然增长率-3.04‰，减少6.99个千分点。全区耕地有效灌面和保证灌面分别达到耕地总面积的58%和62%。有林业用地6341.0011公顷，有林地面积11167公顷，森林覆盖率23.8%。

2019年，全区GDP217.62亿元，增长10.1%，其中第一产业增加值22.36亿元，增长2.8%，农、林、牧、渔及农林牧渔服务业之比为69.3∶6∶17.3∶6.4∶1；第二产业增加值121.12亿元，增长11.5%（工业增加值95.21亿元，增长11.9%）；第三产业增加值74.14亿元，增长9.3%。三次产业对经济增长的贡献率分别为2.4%、70.2%和27.4%。全年接待游客582.02万人，实现旅游收入37.98亿元，其中乡村旅游收入28.16亿元。

公路通车里程795.7千米。社会消费品零售总额83.37亿元，增长10.3%。地方公共财政预算总收入完成4.07亿元，增长14.5%；公共财政预算总支出16.8亿元，减少14.7%，其中农业投入19740万元，占支出的11.75%。金融机构各项存款余额118.8亿元，比上年初增长18.6%；各项贷款余额30.87亿元，比年初减少16.2%。农业产业化龙头企业省级、市级分别为3家、17家。

有公办学校30所，在校学生37191人，专任教师2004人；普通中学14所，在校学生11608人；小学12所，在校学生18797人；学龄儿童入学率100%。有艺术表演团体65个，文化馆1个，公共图书馆1个。有卫生机构230个，病床位1328张，医院、卫生院技术人员1024人。城乡居民基本医疗保险参保人数284598人，参保率99%；城乡居民基本养老保险参保人数146612人，参保率93.2%；被征地农民养老保险参保人数17294人，占总人数的100%。

【年度农业和农村经济运行】 2019年，全区出台了2个规划、政策。实现农业总产值34.88亿元，增长3%；全区全年农业增加值达22.58亿元，增长2.9%。农民年人均可支配收入达17096元，增长10.2%。全区农产品质量抽检合格率比年初提高1.3个百分点；建成12个基层农业综合服务站。

2019年沿滩区主要农产品产量

主要农产品	单位	产量	同比(%)
粮食	万吨	16.33854	-0.35
水稻	万吨	8.9857	-0.44
玉米	万吨	2.7643	-22.59
马铃薯	万吨	1.88502	-2.04
油菜籽	万吨	1.5357	0.7
蔬菜	万吨	27.9672	4.9
水果	万吨	0.7191	9.1
肉类	万吨	1.8106	-6.2
猪肉	万吨	0.8783	-19.8
牛肉	万吨	0.0092	4.5
羊肉	万吨	0.0671	2.8
禽肉	万吨	0.5138	18.5
兔肉	万吨	0.3293	4.5
禽蛋	万吨	0.918	7.8
水产品	万吨	1.367	3.74

农用地产权制度改革。全年办理设施农用地22宗。全年完成供地16宗，面积50.08公顷，获得出让金8.48亿元；完成土地报征1个批次14.4公顷；完成农用地转用3批次5.38公顷；领取批文6个，总面积108.23公顷。开展全区国土“三调”，初步成果已通过市、省和部审查；完成2018年度土地变更调查工作的成果上报并通过农业农村部审查；完成耕地质量等别监测和更新评价工作；开展储备补充耕地和已验收增减挂钩项目核实整改工作，成果已上报农业农村厅和农业农村部审查。深化挂钩项目，完成辖区内货币化安置项目第3批次的验收和第4批次、第5批次的自查及确权公示；易地扶贫搬迁挂钩项目集中安置区建设已完成，拆旧复垦330亩。黄市镇碾子滩饮用水水源地保护区挂钩项目涉及搬迁农户195户，已拆旧复垦140亩，农户安置建新区已确定选址；富全三期项目已完成拆旧复垦单位和项目设计单位招标工作。开展土地整理，实施3个乡（镇）5个村的土地整理项目，总投资3329.23万元。争取财政专项债券资金5000万元，覆盖项目区贫困人口2000人。全年共计开展违法用地动态巡查190个工作日，出勤400人次，覆盖率达100%，制发《责令停止违法行为通知书》18份，挽回耕地损失100余亩；立案查处违法案

层文化管家。实施“三馆一站”免费开放，全区16个文化场馆实现免费开放，支付民生资金125万元。开展“送文化下乡”活动5场，组织开展群众文化活动及文化队伍培训100余场。

【农村法制建设】 全区有区公共法律服务中心1个、乡（镇、街道）公共法律服务工作站12个，全区113个村（社区）均配备了法律顾问，实现法律顾问全覆盖。开辟法律援助专案服务新通道，创造性将金海陶瓷、新天地群体性涉法涉诉案件纳入法律援助范围，受理群体性援助案件2起，涉及群众381人，其中韦业新天地债权纠纷案件已结案，为当事人挽回经济损失3000余万元。为农民工办理讨薪、劳动争议及工伤等案件开通绿色通道，指派律师、基层法律服务工作者办理农民工讨薪案件，共办理农民工讨薪案件295件，为农民工讨回欠薪400余万元。

【农村交通】 全年完成对上争取项目资金20392万元，完成区下达目标任务10000万元的203.92%。配合抓好自泸大件路等项目建设；推进省道213线沿滩区段改线项目建设，完成C段土地的组卷报征，启动C段征地拆迁；加快推进沿滩区农村公路提升改建扶贫项目建设，新（改）建村（组）道路88.08千米。全年完成交通固定资产投资12.6亿元，完成区下达目标任务11.4亿元的110.53%。抓好环保专项整治行动和“扫黑除恶”专项斗争活动，开展“春节蓝天保卫战”等相关工作，抓好牵头负责的沿滩区道路扬尘和沿滩区汽修行业环境保护两个专项整治行动。加大道路客运市场乱象整治力度，教育、告诫涉嫌非法营运的110余辆“黑车”立即停止违法经营活动，行政拘留1人，查扣涉嫌非法营运的“黑车”3辆，行政处罚案件3起，占全市行政处罚案件总数的50%。

【涉农招商引资】 2019年，全区引进3000万元以上的农业招商引资重大项目1个，为内资项目，项目计划总投资4.7亿元。

【农村社会保障】 全区有农村低保户6770户12243人，全年累计发放农村低保142909人次2042.45万元；有农村特困人员1995人，集中供养特困人员900人，累计发放农村特困人员供养金和护理费23575人次1200.79万元；累计向持有二代残疾证的城乡低保对象发放残疾人生活补贴39652人次356.87万元；累计向持有二代残疾证的重度一级、二级残疾人发放重度护理补贴58320人次355.37万元。

【农村生态建设及环境保护】 全年编制完成《自贡市沿滩区乡村生态规划》。推进畜禽养殖场粪污处理专项整治，持续对全区267个规模养殖场开展畜禽粪污处理专项整治，突出抓好畜禽粪污资源化利用，共建设畜禽规模养殖场粪污设施83个，设施装备配套率达96.94%，畜禽粪污综合利用率达78.2%。持续开展农业面源污染监测，全年化肥使用量16635吨，减少1.2%；有机肥使用量41806吨，增长5%。同时，推广新型高效植保机械，推进绿色防控和统防统治融合的措施，对症选药，促进农药减量增效，提高防治效果，全年农药施用量494吨，减少8.5%，农药减量效果明显。加快农村环境综合整治，推进农村人居环境综合整治工作。2016—2019年，共有36个行政村完成农村环境综合整治项目。农村“厕所革命”稳步推进，截至2019年年底，10个乡（镇）2个街道共107个行政村完成975座户厕改厕、11座公厕改造和5座新建公厕任务。全面推进生态健康养殖，区生态环境局、区农业农村局联合制订《自贡市沿滩区畜禽养殖禁养区和适养区调整方案（征求意见稿）》并在区政府网站进行30日的公示，《方案》合理划定了畜禽养殖禁养区、适养区，规范了畜禽养殖禁养区划定和管理，促进了生猪生产发展，优化了畜禽养殖产业布局，引导畜牧业绿色发展，统筹畜禽养殖生产布局与环境保护，促进畜禽养殖业发展和加强环境保护“双赢”，全面改善了环境质量，保障了群众生产生活条件，促进环境保护和畜牧业协调发展。彻底清理非法养殖，依法关闭或搬迁禁养区内的畜禽养殖场（小区）和专业户，并对养殖设施和废弃物进行彻底清拆清理。推行现代化高效规模养殖场，推进适度规模化养殖。开展畜禽养殖污染专项排查整治行动。实施线下网格化巡查与线上智能化防控相结合的监管机制，运用信息化手段加强执法监管，对规模化生猪养殖场实施在线智能化防控并将其纳入当地畜牧和环保部门监管平台。调整优化水产养殖布局，严格控制水库网箱养殖规模，实施养殖塘生态化改造。

【农产品质量安全监管】 全年完成省级例行抽检63个、市级抽检19个，合格率均达100%。开展农产品质量安全监督抽检，对重点企业、专合社及大型业主建的有农残快速检测室配备快速检测设备，共计完成农残快速检测3763个，其中区级检测室完成1016个、乡（镇）农业中心完成2747个，合格率达99.8%，全区农产品质量安全监管示范县通过省级复审。沿滩区通过无公害农产品产地区（县）整体认定，花椒、葡萄、西瓜、草莓等24个品种获得无公害农产品认证，向东藤椒、兴贵西瓜、刘山蜜柚等9个农产品获得绿色农产品认证。

【农村市场体系建设】 全区有银行网点45个，年末金融机构各项存款余额1187975.15万元，其中住户储蓄存款余额1088550.73万元；年末金融机构各项贷款余额308651.16万元，其中农业及支农贷款余额121791.2万元。持续推进乡村振兴贷、农村产权抵押融资贷款合作，全年发放乡村振兴贷贷款9笔1520万元，累计发放10笔2450万元；农村产权抵押融资贷款48笔3932万元，累计发放189笔13765万元，有利于缓解农业农村融资难的问题。

【农村留守家庭（儿童、学生）帮扶】 一是建立留守儿童信息管理数据库。开展留守儿童摸底排查工作，完善农村留守儿童信息建档制度，信息系统里已录入5102名留守儿童，其中男性2642人、女性2460人，并明确专人对信息系统进行动态管理，对实现信息采集、动态更新提供了平台支撑和技术保障。落实留守儿童安全监护责任，通过开展“合力监护、相伴成长”专项行动，督促受委托监护人签订《农村留守儿童委托监护责任确认书》，力争将全区留守儿童纳入监护范围，切实兜住农村留守儿童人身安全底线，确保留守儿童得到妥善监护照料。二是设立村（居）儿童主任。启动全国村（居）儿童主任（乡/镇督导员）管理系统，各乡（镇）设儿童督导员1人，各村（居）设儿童主任1人，共计113人。通过细化各级责任，加强对留守儿童和困境儿童的监护情况实行动态管理，保障监护责任落实到位。三是开展关爱服务。开展元旦、春节、“六一”送温暖活动，为全区留守儿童、困难儿童送去关爱。动员社会力量，社工组织、大学生志愿者对农村留守儿童开展心理疏导与情感慰藉以及精神、文化层面的营养输送，为困难留守儿童家庭提供生活、医疗、住房救助。区慈善会为黄市镇15名困难大学生定向捐赠78460元，为6名农村困难大学生发放省本级慈善助学帮困金26000元；联合区教育局开展“栋梁工程——家乡助你上大学”活动，为3名困难大学生发放助学金6000元。

【劳务开发与返乡创业】 全区搭建就业平台，组织开展就业培训，加强政策落实保障，促进农民工返乡创业。累计组织开展“就业援助月”“春风行动”“民营企业周”“送岗下乡入村”等专场招聘会18场次，吸引用人单位559个，提供岗位21167个，求职人数7710人，现场签订意向性用工协议583人。开展建档立卡贫困户"创业+技能"培训、GYB创业培训、大学生SYB创业培训、扶贫培训、彩灯制作培训等18场次，培训劳动者1431人，带动6名贫困人员创业。召开返乡创业座谈会5场，吸引120余人参加，帮助36人返乡创业。突出高校毕业生创业辅导，发放创业补贴14万元。组织申报过渡性公益性岗位1081人，发放农村劳动力转移就业辅助性工作补贴1449人，企业吸纳就业困难人员（建档立卡贫困户）15人，发放公益性岗位补贴、辅助性工作补贴、岗位补贴和社保补贴等各类补贴976.3万元。全年企业劳动合同签订率97.11%；受理劳动人事争议案件52件，法定时效内结案率达100%；劳动保障监察受理投诉110起，涉及劳动者240余人，涉及金额200余万元，办结率达100%。

【主要领导人】 区委书记：邹天才（3月止），黄雪智（4月始）；区人大常委会主任：黄翠梅；区长：易冬；区政协主席：王朝华；分管农业副区长：曾义刚。

沿滩区编写组

荣　县

【基本情况】 2019年，全县辖19镇2个街道，辖区面积1606平方千米，其中耕地面积99.7万亩，增长0.01%，人均耕地面积1.5亩；基本农田85.66万亩。年末总人口66.4045万人（户籍人口），增长0.87%；人口出生率7.32‰，增加1.02个千分点；人口自然增长率2.71%，增加3.83个千分点。全县耕地有效灌面和保证灌面分别达到耕地总面积的58.06%和43.58%；本地水资源总量6.57亿立方米，人均占有水资源量1191立方米。有林业用地5.468万公顷，有林地面积5.0855万公顷，活立木总蓄积量287万立方米，森林覆盖率43%。

2019年，全县GDP219.95亿元，增长7.5%，其中第一产业增加值69.15亿元，增长3.1%，农、林、牧、渔及农林牧渔服务业之比为65.3 ∶ 9.3 ∶ 22.2 ∶ 2.5 ∶ 0.8；第二产业增加值72.26亿元，增长10.7%（规上工业产值170.92亿元，增长14.8%）；第三产业增加值78.54亿元，增长7.4%。三次产业对经济增长的贡献率分别为11.5%、57.4%和31%。劳务输出209652人，收入503200万元。全年接待游客846.7万人，实现旅游收入703000万元，其中乡村旅游收入281200万元。

公路通车里程4176.808千米（其中乡村公路3740.108千米），密度259.5千米/百平方千米，59.67千米/万人。社会消费品零售总额100.54亿元，增长11.5%。地方一般公共财政预算总收入完成6.27亿元，增长14%；一般公共财政预算总支出32.83亿元，增长2.79%，其中农业投入46521万元，占支出的14%。完成重大农业产业化项目11个，完成投资13.1461亿元。农业产业化龙头企业国家级、省级、市级、县级分别为1家、12家、36家、57家。

有各类学校179所，在校学生65585人，教职工4851人，其中普通中学31所，在校学生26908人；小学26所，在校学生28215人；学龄儿童入学率100%。完成省级以上科技成果5项。有艺术表演团体1个，文化馆1个，公共图书馆1个，博物馆1个。有卫生机构566个，病床位3587张，卫生技术人员3091人。新型农村合作医疗参合人数559136人，参合率99%；新型农村社会养老保险参保人数30.96万人，参保率105.3%；被征地农民养老保险参保人数18250人，占总人数的13.54%。

【年度农业和农村经济运行】 2019年，全县实现农业总产值109.87亿元；全县全年农业增加值达69.69亿元，增长3.2%；粮油、蔬菜、水果、油茶等特色优势农产品产量保持稳定增长。农民年人均可支配收入达17158元，增长10.3%。在农业生产中，科技投入的占比或科技贡献率53%。全县农产品质量抽检合格率为100%；建成21个基层农业综合服务站。

【种植业】 全县农作物播种面积162.58万亩，其中粮食作物播种面积103.67万亩，增长1.6%；粮食产量42.26万吨、油菜籽产量2.4吨、蔬菜产量722855万吨、水果产量17.91万吨。新（改）建果园1.64万亩、茶园2万亩、中药材0.4万亩。发展中稻—再生稻、高粱—再生高粱、套作大豆、马铃薯等粮食作物，启动赖河坝粮油（稻渔）现代农业园区建设。持续打造中稻+再生稻"百千米长廊"，建成绿色高质高效中稻+再生稻示范片8万亩、玉米高产示范片1万亩、订单高粱示范片7000亩、秋冬马铃薯示范片1万亩、大豆示范片5000亩。小春粮食产量2.1万吨，增长2%。加强科技支撑，利用袁隆平院士工作站、川农大博士工作站、省农科院专家工作站等平台，加强新品种、新技术的引进和试验示范，重点抓好秋马铃薯、稻菜轮作、粮经复合、"中稻+再生稻"、玉米套作大豆等的高产示范；启动水稻粳改籼选种试验并取得初步成效，已建成试验基地220亩，完成粳稻品种试验示范24个。

【林业】 全县义务植树60万人次，植树70万株。完成国家森林乡村创建4个、省级森林康养基地创建1个、森林人家创建2户。完成"一江两河"绿色长廊工程建设2341.5亩，完成营造林4.5万亩。完成全县149株古树名木数的据库录入工作。巩固退耕还林成果8.21万亩，落实退耕还林补助47.56万元。继续开展林业有害生物防控工作，实施松毛虫、松褐天牛飞机防治3.1万亩，春秋季松材线虫病普查，防范了森林病虫害发生，确保了森林资源安全。开展林产品质量安全监测工作，共完成油茶、麻竹100个批次的产品及土壤检测。全县森林面积净增长1.7464万亩，森林蓄积净增长7.957万立方米，森林覆盖率增加0.72个百分点。

【畜牧业】 实施国家级生猪调出大县奖励资金建设项目、羊基地县建设项目、遗传资源保护项目、畜禽粪污资源化利用整县推进项目，国家财政分别投资359万元、50万元、40万元（其中川南黑山羊25万元、四川麻鸭15万元）、1200万元。全年生猪出栏48.145万头、肉羊出栏31.4662万只、肉牛出栏6588头、小家禽出栏745.7166万只、肉兔出栏1039.8013万只。肉类总产量6.3846万吨，牛奶产量645吨，禽蛋产量1.3151万吨。全县生猪等主要畜禽规模化养殖比重达76%，畜禽规模化养殖标准化生产面72%，畜禽粪污资源化利用率达90%。实施畜禽养殖标准化示范创建，新增省级标准化畜禽养殖示范场2个、市级标准化畜禽示范场6个，新（改、扩）建生猪标准化规模养殖场（小区）14个。全县年出栏生猪50头以上养殖场（户）1229户，年出栏肉羊150只以上632户，年出栏肉兔2000只以上640户，蛋鸡年存栏500只以上137户。

【水产业】 全县养殖面积2243公顷（其中池塘养殖面积1402公顷、水库养殖面积549公顷、河沟养殖面积292公顷），有稻田养殖面积5780公顷。水产品产量16721吨，增加612吨，增长3.8%，其中养殖产量16306吨，增加652吨，增长4.2%；捕捞产量415吨，减少40吨，减少8.8%；渔业经济总产值33764万元，增加54万元，增长0.2%，其中渔业产值27410万元、渔业流通和服务业产值6354万元。

【乡村振兴】 全县实施乡村振兴"358"工作方针（三区定位、五个转变、八大工程），树立全域"大农业"意识，贯通各级"大干线"体系，构建资源"大整合"机制，把乡村振兴作为推进高质量发展的新引擎，全力探索构建制度送去价值1.2万元的慰问物资。发挥社会关爱作用,为留守儿童募集爱心礼包500套。

【劳务开发与返乡创业】 加强农村劳动力实名制信息动态管理,全县农村劳动力转移就业20.96万人,其中省外转移9.66万人、省内转移11.3万人,实现劳务收入50.32亿元。多措并举,促进高效高质量就业,人力资源市场及时更新用工信息,121个用工单位提供岗位3947个,为2962个求职者进行求职登记和职业指导服务;开展各类公共就业服务专项活动及乡(镇)流动招聘会37场,达成就业意向751人,整合资源和资金,开发农村公益性岗位,安置贫困劳动力1041人就业。推进农民工等群体返乡创业工作,新增农民工等返乡人员创业979人,创办企业(个体)等生产经营主体539个,吸纳就业人员1226人。落实创业政策,全年发放创业补贴85万元;为105名各类城乡创业者发放创业担保贷款2423万元。开展创业培训,开展农民工等人员返乡下乡创业培训420人。参加创业大赛,全县2个项目在自贡市2019年创新创业大赛中被授予"自贡市创新创业典型"称号,其中自贡美加电子商务有限公司代表自贡市参加四川省第二届"天府杯"创业大赛退役军人创业组决赛,获得退役军人创业组决赛第三名,被授予"退役军人创业之星"称号,并获得全省总决赛优胜奖。做好创业服务,全年开展创业专家服务团活动5次,为创业大赛选手、返乡创业者提供赛前指导和创业服务。

【主要领导人】 县委书记:韩明祝;县人大常委会主任:宋成文;县长:郑小清;县政协主席:邹崇霞;分管农业副县长:刘纯忠。

荣县编写组

富顺县

【基本情况】 2019年,全县辖17个乡(镇)3个街道208个行政村63个社区,辖区面积1342平方千米。总人口106.7万人,其中农业人口65.97万人。城镇化率43.42%,森林覆盖率31.64%。

【年度农业和农村经济运行】 2019年,全县实现农林牧渔生产总值102.5亿元,增长3%,其中农业(种植业)总产值57.47亿元,增长5.4%;牧业总产值27.05亿元,减少3.5%;渔业总产值3.43亿元,增长4.2%。农业增加值64.1亿元,增长2.9%。农村居民年人均可支配收入达17241元,增长10.1%。全年水产品产量2.27万吨,增长3.5%。

新型农业经营主体培育。全年新培育县级家庭农场58个、市级家庭农场8家、省级家庭农场4家,新培育省级农民专业合作社1家。全县县级、市级和省级家庭农场分别为88家、21家和15家,县级、市级和省级示范专合社分别为30家、29家和17家;有专业合作社545家、入统家庭农场(规模户)1066家。

农产品品牌战略实施。富顺县全国绿色食品原料(水稻、高粱、小麦)标准化生产基地成功续报,续报面积33.8万亩。地理标志农产品"富顺再生稻"被纳入国家首批保护工程(全省共有14个地理标志农产品被纳入首批保护工程),获得保护项目资金500万元。富顺县省级农产品质量安全监管示范县通过省级复审考核,继续保持"监管示范县"称号。

现代农业园区建设。以苗仙湖狮市现代农业园区为基础,以省级园区培育项目实施为重点,配套打捆高标准农田项目、扶贫资金等涉农项目,建成苗仙湖融合示范园区标准化柑橘基地7000亩、稻粱基地2000亩、蔬菜基地2000亩、生猪规模养殖场4个。富顺县柑橘现代农业园区被省政府命名为四星级现代农业园区。

【种植业】 全年粮食作物播种面积8.63万公顷,增长0.88%,粮食总产量54.12万吨,增长0.1%,其中小春粮食产量3.6万吨,增长1.1%;大春粮食产量50.5万吨,与上年持平。油料产量4.97万吨,增长4.2%,其中油菜籽产量4.26万吨,增长4.5%。再生稻种植面积43.86万亩,单产165.8千克,总产量达7.27万吨。全县种植蔬菜1.25万公顷,产量53.59万吨,增长3%;实现产值21.35亿元。水果种植面积1.93万公顷,产量10.46万吨(不含瓜果类),增长9.9%,实现产值5.31亿元。柑橘产业以苗仙湖现代农业产业融合园区、板永种养循环综合示范园区、小三峡特色柑橘示范园区为重点改造提升、新建标准化基地,推行标准化生产,新建柑橘基地0.72万亩,改建1.05万亩;新建蔬菜基地0.2万亩,改建0.3万亩。全县养蚕8000张,产茧294吨,蚕茧产值1093.1万元;生产桑果850吨,实现产值1000万元。全年实现桑园复合经营产值2600万元,总产值5754万元,生产蚕种10万张。

【畜牧业】 全县出栏生猪42.19万头,减少28.7%;出栏肉牛0.99万头,增长5.6%;出栏肉羊42.65万只,增长2.3%;出栏家禽101.66万只,增长17%;出栏肉兔1158万只,增长8%。全年肉类总产量6.85万吨,减少11.7%;禽蛋产量12750吨,增长1.7%。全县生猪存栏25.66万头,其中能繁母猪存栏2.58万头,减少27.9%;肉羊存栏20.02万只,增长2.6%;肉牛存栏1.59万头,增长5.2%;家禽存栏394.6万只,增长7.5%;肉兔存栏182.45万只,增长6.2%。全年排查非洲猪瘟818.43万头次,处置疑似重大动物疫情点2个,处置生猪469头。全年无重大动物疫病区域性流行发生。

【农村改革】 对208个村4432个村民小组的资产和资源性资产进行清理,核实资产总额88720万元、资源性资产集体土地总面积185.58万亩。在总结李桥镇石盘村等9个村建立村经济联合社经验的基础上,对120个村开展成员身份界定和组建经济联合社。全年土地流转总面积26.35万亩,流转率为35%,其中规模流转15.88万亩,涉及910个农业经营主体。富顺县被省委办公厅、省政府办公厅评为"2019年度全省农村改革先进县"。

全年全县村集体经济总收入885.33万元,增长14.15%,村均集体经济收入4.26万元,其中5万元以上的村有46个,占村总数的22.12%;超过10万元、低于100万元的村有15个,占村总数的7.21%;2万元以下的村有134个,占村总数的64.42%。34个贫困村集体经济总收入124.3万元,村均集体经济收入3.66万元,人均集体经济收入9.92元。

【乡村振兴】 与浙江大学、四川省社会科学院等高校院所合作编制乡村振兴规划,"1+7+3+9"规划体系编制工作有序推进,"1+7"规划编制已通过省级审查,3个重点镇、9个重点村规划已基本完成。编制乡村振兴建设项目346个,总投资953亿元。狮市镇、狮市镇马安村和花园村被省委、省政府评为"2019年四川省实施乡村振兴战略工作先进乡镇、示范村"。

【农村扶贫和移民工作】 推进"161"保障机制,落实"一把手"负责制和"三级书记一起抓"工作机制;创新"54321"结对帮扶、"54321"扶贫资金整合等六大机制。以产业培育为重点,形成县建农业园区、镇创经营主体、村办集体经济、户有主导产业的四级产业扶贫体系,探索出"园区+基地+贫困户"等五种产业发展模式,将90%以上的贫困户吸附在主导产业链上。投入7.32亿元,实施"六大工程"和22个专项计划,全县16608户、51289人实现脱贫"摘帽"。富顺县被省委、省政府评为"2019年度脱贫攻坚先进县"。

移民工作。全年兑现移民后期扶持直补资金130.93万元,实施省下达869万元后扶专项资金项目建设。完成跨年度移民后期扶持项目规划及设计、预算、财评等前期工作，项目总投资1548.8万元，涉及11个乡（镇）23个行政村，受益群众16438人次，受益移民人口2221人次。大坡上水库移民安置点基础设施建设有序推进。

【高标准农田建设】 新增全国千亿斤粮食生产能力田间工程建设项目，总投资1500万元，其中中央预算内资金1200万元，在代寺镇旭光村、明星村、丰光村和白果村实施。

【农村科技人才培训】 省、市下达资金105万元，培育新型职业农民342人，其中新型农业经营主体带头人319人、青年农场主10人、农业职业经理人13人。5月，全省新型职业农民培育工作现场会在富顺县召开。农业农村部公布第二批全国农村创新创业典型县名单，全国共计100个，富顺县入选，为自贡市唯一一个。

【农村人居环境整治】 整合项目资金2.5亿元，实施"五大行动"（农村生活垃圾治理、农村"厕所革命"、生活污水治理、畜禽粪污资源化利用、"村庄清洁"行动），优化城乡生活垃圾收运体系，改造垃圾收集点5022个，建成垃圾压缩转运站8座，城乡垃圾处理率分别达98%、93%；新（改）建户厕7528户，打造代寺、板永等路域环境示范段200千米，塑造农房风貌2024户。全市人居环境整治现场会在富顺县召开，《富顺县分类处理生活污水》《富顺县创新体制机制推进农村人居环境全域治理》等经验材料被省农村人居环境整治工作专刊《三农要情》采用并在全省推广。

【渔政执法与安全】 成立县春季禁渔工作领导小组，落实17个片区渔民组长禁渔责任制。全年查处各类渔业行政案件6起，其中移交公安机关4起，没收和销毁违法网具503张（套），予以渔业行政处罚罚款9000元。开展长江流域富顺段禁捕工作，全面完成长江流域富顺段470艘渔船、881位捕捞渔民退捕工作，补贴资金4081.0309万元。

【惠农政策】 全年完成耕地地力保护补贴面积560417.2万亩，补贴资金7924.29万元，补贴212621户，亩均补助141.4元；完成2018年稻谷补贴面积262880.2万亩，补贴资金1669.29万元，补贴81208户，亩均补助63.5元，均在规定时间内按要求将补贴资金打卡发放到农户。配合保险公司开展政策性种植业保险工作，水稻、玉米、高粱投保总面积443644.32亩，保费799.440776万元，大春投保作物因灾理赔资金约300万元（赔付工作未完成），种植业保险工作完成情况在全市名列前茅。为950户农户购置补贴机具967台（其中大中型机械10台），实施补贴资金63.066万元，带动农户投入购机资金164.731万元，实现项目总投资227.797万元。开展渔业互助保险及禁渔期低保发放工作，办理渔民参保人员877人，渔民投保17.58万元。办理互保理赔案件3起，结案1起，理赔0.6万元。为全县城镇户口渔民解决禁渔期的最低生活保障，享受低保渔民184户，安排低保补助资金58.968万元。发放能繁母猪养殖补贴25.95万元。

【主要领导人】 县委书记：邹登权；县人大常委会主任：郭洁；县长：曹友良；县政协主席：程刚远；分管农业副县长：王揖辉。

富顺县编写组

攀枝花市

【基本情况】 2019年，全市辖3区2县。年末户籍总人口108.37万人，其中农业人口51.81万人、非农业人口56.56万人；年末常住人口121.4万人，人口自然增长率3.16‰；城镇化率66.77%，提高0.18个百分点。

2019年，全市GDP1010.13万元，增长6.3%，其中第一产业增加值91.68亿元，增长3.4%，对经济增长的贡献率为3.6%，拉动经济增长0.23个百分点；第二产业增加值550.74亿元，增长5.7%，对经济增长的贡献率为60.5%，拉动经济增长3.79个百分点；第三产业增加值367.71亿元，增长8.5%，对经济增长的贡献率为35.9%，拉动经济增长2.24个百分点。人均GDP8.25万元。三次产业结构比由上年的9.1∶55.6∶35.3调整为9.1∶54.5∶36.4。城镇消费品零售额329.6亿元，增长11%；乡村消费品零售额32.4亿元，增长11.5%，乡村消费增速快于城镇消费增速0.5个百分点。

【年度农业和农村经济运行】 2019年，全市实现农林牧渔业总产值140.12亿元，增长3.1%。全市园林水果总产量40.87万吨，增长7.27%。大春粮食作物播种面积3.7万公顷，小春粮食作物播种面积0.8万公顷，与上年同期相比稳中有升；大小春粮食产量增长1.19%。农村居民年人均纯收入达16708元，增长8.9%。

2019年攀枝花市主要农产品产量

主要农产品	单位	产量
粮食	万吨	25.7
水稻	万吨	23.3
小麦	万吨	0.86
玉米	万吨	14.6
马铃薯	万吨	1.37
油菜籽	万吨	0.3
蔬菜	万吨	87.4
水果	万吨	40.87
肉类	万吨	5.19
猪肉	万吨	3.26
牛肉	万吨	0.44
羊肉	万吨	0.74
禽肉	万吨	0.71
兔肉	万吨	0.02
禽蛋	万吨	1.03
水产品	万吨	1.43
牛奶	万吨	0.02

续表

攀枝花市润物果蔬种植专业合作社	50	张文凯	省级	211	水果、蔬菜种植
米易县高山印象种养殖专业合作社	810	李正友	省级	88	生猪
盐边县国胜乡会才种养殖专业合作社	165.26	刘再会	省级	217.66	裂腹鱼、核桃、茶叶
米易县康健惠民种植专业合作社	746	何康健	省级	156.75	蔬菜、水果
攀枝花市山鼎种养殖专业合作社	496.275	杨康林	省级	184	橄榄果、芒果
米易县盛云养殖专业合作社	205.88	郭友文	省级	69.55	牛、豪猪、香猪、羊
攀枝花金佳泰种养殖农民专业合作社	206.35	刘家升	省级	586.57	芒果种植
攀枝花市贤芳种植养殖专业合作社	602	谢贤芳	省级	254	芒果、生猪
攀枝花市联心莲藕种植专业合作社	56	杨杰	省级	50	莲藕种植、销售
米易县金硕香芒果种植专业合作社	1498	黄从祥	省级	54	芒果
米易县小三峡芒果种植专业合作社	1146	田井才	省级	116.87	芒果
米易县傈鑫核桃种植专业合作社	522	李福安	省级	155	核桃
米易县拿虎湾水产养殖专业合作社	81	胡泽武	省级	136.87	水产养殖
米易县黄草樱桃种植专业合作社	50	孔维军	省级	677.46	樱桃
米易县绿怡果蔬种植专业合作社	100	冷天华	省级	67.07	蔬菜、水果
米易县盛丰枇杷种植专业合作社	760.3	张华	省级	173	枇杷
米易县寿康水果种植专业合作社	188	杨宗寿	省级	63.74	水果
米易县仙山核桃种植专业合作社	363.5	郭友文	省级	76	核桃
米易县富民芒果专业合作社	473	刘代学	省级	951.6	芒果
米易县鑫农果蔬种植专业合作社	971	曾茂宏	省级	282	蔬菜、水果
米易县水晶观烤烟综合服务专业合作社	175.8	查绍华	省级	112.86	烤烟
米易县润民种植专业合作社	50	刘思学	省级	1603.24	蔬菜、水果
米易县安顺果蔬种植专业合作社	1337	李安顺	省级	139	水果、蔬菜
米易县攀越枇杷种植专业合作社	798.3	曾绍斌	国家级	122.33	枇杷

2019年攀枝花市家庭农场经营情况统计表(前10位)

家庭农场名称	注册资金(万元)	法人代表	年度产值(万元)	主营产品
攀枝花市西区东巴农场	200	钟继武	80	花椒
盐边县火烧天种养殖家庭农场	320	文梅	211.93	番茄
盐边县国胜乡正琪家庭农场	418	谢正琪	328.6	蔬菜
盐边县明国种养殖家庭农场	245.43	谢明国	82.33	猪、蔬菜
盐边县国胜乡源源家庭农场	271	杨媛媛	162	肉牛
米易县兴林芒果种植家庭农场	340.55	刘兴林	162.5	芒果
米易县幸福家庭农场	310	郝廷湘	166.85	枇杷
米易县金穗芒果种植家庭农场有限公司	416	刘金旺	240	芒果
米易县杨在英家庭农场	710	杨在英	227.5	番茄
米易县天文家庭农场	100	邹天文	138.66	鸡

农产品品牌战略实施。坚持实施“公用品牌+企业品牌”的“双品牌”发展战略,继续打造和提升攀枝花芒果、攀枝花枇杷特色农产品区域公用品牌,形成“一早一晚”品牌体系。新增“三品一标”农产品3个,总数达101个。举办以“促进芒果产业高质量发展,完善产业体系”为主题的中国·攀枝花芒果产业峰会。开展农产品品牌体系建设情况调查,对全市农产品品牌发展的现状和当前影响品牌发展的问题等进行了分析研究,形成了《关于农产品品牌体系建设情况的调查报告》,印发了《攀枝花市2019年农业品牌建设推进方案》《攀枝花市完善农业品牌体系实施方案》,通过制定管理办法、推动部门联动、形成奖惩机制、加强市场监管、开拓营销市场推动攀枝花芒果品牌管理步入规范化、程序化轨道。组织参加第七届成都国际都市现代农业博览会、第七届四川农业博览会、中国国际农产品交易会等,通过参展、电商平台(包括自建、第三方、抖音等新媒体、社交媒体)宣传营销销售总额达194.3万元,场下签订购销合同或意向协议800万元。通过举办农业投资项目推介暨现场会,签约项目8个共计6.23亿元。

现代农业园区建设。立足区域实际,弥补发展短板,注入工业发展理念,加快推进现代农业园区建设。一是制定支持政策。印发《攀枝花市现代农业园区建设考评激励方案》《攀枝花市级现代农业园区星级评定管理办法》《攀枝花市现代农业园区规划实施方案》，对全市近5年的园区建设工作进行了安排部署，明确了现代农业园区建设的任务、标准和工作要求，是全市今后一段时期推进现代农业园区建设的重要依据。二是加强规划引领。指导各县（区）编制现代农业园区建设总体规划，布局各级各类园区建设。编制了全市现代农业园区总体规划，各县（区）都编制了现代农业园区建设总体规划。三是构建发展体系。构建从国家级到县级的农业园区梯次发展体系和各级各类园区竞相发展格局。全市已建成11个县（区）级现代农业园区；完成市级现代农业园区考核评定工作，评定市星级园区6个（五星级2个、四星级1个、三星级3个）。抓好省级现代农业园区培育工作，5月，仁和区大龙潭总发现代农业园区（芒果）和米易县丙谷现代农业园区（蔬菜）被纳入2019年省级现代农业园区培育工作名单，省财政对每个园区安排1000万元的培育资金，两个园区均于7月开工，各项建设按实施方案推进。四是推进农产品加工园区建设。针对全市农产品加工较为薄弱的现状，推动出台促进农产品加工能力发展的措施。《关于大力推动农产品加工园区发展的实施意见（代拟稿）》和《市领导联系指导农产品精深加工产业机制工作规则（代拟稿）》经多次修改上报市政府审定。发展产地初加工，围绕水果、蔬菜等主导产业，就地就近开展烘干、保鲜、包装、储藏等产地初加工和商品化处理，促进农产品减损增效。建成初加工设施68个、冷链冷藏设施93个，初加工能力达43.4万吨，初加工率在80%以上；推进园区建设，各县（区）加工园区规划、选址、招商和建设相关工作有序推进，全市计划建设农产品加工园区3个，引导加工型龙头企业入驻园区。仁和总发农产品加工园区于3月开工建设；米易县引进国家农业产业化重点龙头企业四川省吉香居食品股份有限公司和千禾味业公司成立米易时光实业公司，投资1.8亿元建设食品加工厂，已建成2条生产线并投产；盐边益民农产品加工园区的远正农业于6月取得食品生产许可证。五是推进盐边台湾农民创业园建设。用好“台创园”国字号招牌，将“台创园”纳入盐边现代农业园区建设范围进行整体打造，努力将盐边台创园建设成为攀台农业合作的核心载体。盐边台创园在2018年第三方评价中得分77.4分，在全国28家台创园中排名第21位，比2017年度排名上升4名。六是推进国家现代农业示范区建设。10月，开展国家现代农业示范区监测评价工作，攀枝花市国家现代农业示范区自评得分75.07分，整体继续呈现上升发展态势。推荐仁和区、米易县申报基本实现农业现代化县，促进国家现代农业示范区持续健康发展。

【种植业】 全市粮食生产情况良好。一方面，推广高产优质水稻玉米品种；另一方面，推广旱育秧技术、地膜育秧、配方施肥等农业新技术，通过水改旱、间套作、加强晚秋生产、加强科技提高单产等措施，即使发生了草地贪夜蛾，但都在控制范围内。全市粮油作物播种面积71.7万亩（油菜种植2.9万亩、花生种植1.1亩），其中小春粮油作物播种面积14.2万亩，产量2.25万吨（粮食作物播种面积11.3万亩，产量2.05万吨；油菜播种面积2.9亩，产量0.2万吨）；大春粮油作物播种面积57.5亩，产量23.7万吨（其中粮食作物播种面积56.4万亩，产量23.6万吨；花生种植面积1.1亩，产量0.1万吨）。

植物检疫。针对性开展红火蚁、黄瓜绿斑驳花叶病毒病、番茄溃疡病、瓜类果斑病、咖啡果小蠹等专项调查，仅有红火蚁在全市发生，显著低于全国、全省的发生数量；印发《红火蚁识别与监控》技术宣传小册20000份，举办检疫性有害生物技术培训班24期，培训人员4000余人次。开展植物检疫宣传活动6次，设立宣传点14个，现场咨询3120人次，出动宣传车16车次，张贴标语条幅58条，发放宣传资料13500份；争取红火蚁防控资金320余万元，采取政府购买服务的方式招标专业化防治公司进行统防统治，全市统防统治面积达9万余万亩次。

病虫害防治。制定了《草地贪夜蛾防控技术方案》《草地贪夜蛾应急防控预案》，印发了《草地贪夜蛾紧急查治通知》，召开了草地贪夜蛾紧急防控工作会，部署了草地贪夜蛾监测预警工作，明确了草地贪夜蛾监测防控责任。全年出动调查人员1000余人次，调查面积24万余亩；技术指导1200余次，受益农民13900余人次；开展技术培训58期，培训农民3510人次；设置监测点217个，发布预警及防治简报16期，印发张贴挂图5700份；开展媒体宣传3次，发送短信（微信）4000余条；争取草地贪夜蛾应急防控资金210余万元。全市草地贪夜蛾发生面积9.8万亩，防治面积15.4万亩次，防控处置率达100%，危害损失率为3.65%（显著低于部、省的控制指标），未造成玉米作物成片受灾，综合防效达90%以上，实现了“虫口夺粮”，保障了粮食作物稳产增收。

农药市场监管。农药经营许可审批环节严按程序、严审资质、严验现场、严把门槛，始终做到资格审查有章可循、有法可依，确保了全市经营门店有证率达100%；全面推行“九制度一规程”管理制度，统一制定并印发相关制度和岗位操作规程600余套，确保制度上墙覆盖率达100%，真正实现用制度管人、管事；举办以法律法规、农药知识、植保知识、安全常识等为重点的农药经营人员素质培训班11期，参训人员2100余人次，印发技术资料5000余份，农药经营者业务知识水平得到提升，守法意识、责任意识、安全意识和诚信意识得到增强；坚持开展以春耕夏播时节为重点农时、以农药批发商家为重点对象、以经营聚集场镇为重点区域、以禁限用高风险农药为重点产品的全覆盖监督检查，出动执法人员320余人次，检查农药经营单位近1200家次，检查农药产品22400余批次，抽检农药样品40个，依法查处违法案件25起，罚款2万余元，严厉打击了违法违规经营行为，全力规范了农药经营市场秩序，全面净化了农药市场环境。

【畜牧业】 完成2018年度畜禽废弃物资源化利用自查工作，代市政府起草了《攀枝花市人民政府关于报送2018年畜禽养殖废弃物资源化利用情况自查报告的函》（攀府函〔2019〕66号）并经报送农业农村厅和生态环境厅；完成编制《关于对《中共攀枝花市委攀枝花市人民政府关于对〈攀枝花市落实中央第五环境保护督察组督察反馈意见整改实施方案〉部分内容进行调整的通知》工作开展情况的报告》，开展畜禽养殖禁养区重新划定和调整工作。完成《关于对〈关于推进奶业振兴保障乳品质量安全的实施意见〉落实情况的报告》，督促指导仁和区成立全市首家生鲜乳收购站，并配合完成第三方现场抽检工作；结合农业农村厅下达的3个养殖场的建设目标任务，开展畜禽养殖标准化建设创建；完成生猪稳产增产保供承诺目标的工作，以2019年生猪生产基本保障任务为基数，承诺2020年至2022年生猪存、出栏数量；开展畜禽水产生产情况月报告制度；开展规模养猪场月度监测工作，对直联直报系统中设计出栏500头以上或设计存栏300头以上的规模养猪场实行月度跟踪监测和录入系统；按时报送生猪产业恢复生产相关情况。

动物卫生监管。全年高致病性禽流感、口蹄疫、小反刍兽疫、猪瘟等重大动物疫病继续实施强制免疫，群体免疫密度常年保持在95%以上，其中应免畜禽集中免疫密度达头企业1家，为攀枝花市丽新园艺有限公司；市级龙头企业3家，为攀枝花市龙达面粉有限公司、攀枝花市恒业现代农业开发有限公司、攀枝花市甲鸟牧业有限公司。有农民专业合作社23家，其中省级示范合作社3家；家庭农场22家，其中省级示范家庭农场5家。

【集体资产清产核资验收】8月19日，市自然资源和规划局总工程师方毅率队检查验收西区集体资产清产核资完成情况，区农业农村和交通运输局党组书记、局长王彬，格里坪镇镇长吴奏等10人参加验收，具体通过听取汇报、查阅资料、实地盘点、入户访谈等方式开展。经查，西区农村集体资产清产核资工作核实资产总额3.32亿元，集体土地总面积11133.33公顷，并通过市级农村集体资产清查核资验收。

【种植业】全年粮食作物播种面积347公顷，产量1641吨，减少19.6%。蔬菜种植面积175公顷，增长0.6%；产量11211吨，增长1.4%。其中，叶菜类面积70公顷，产量6218吨；甘蓝、块根、块茎类面积22公顷，产量1314吨；瓜菜类、菜用豆类面积43公顷，产量1850吨；茄果菜类、葱蒜类面积40公顷，产量1767吨；水生菜类、其他蔬菜、食用菌等类产量62吨。全年水果种植面积1295公顷，产量5050吨，增长3.3%。全区以芒果种植为主，主要分布在庄上村、新庄村、滥坝村、苦荞村。全年芒果种植面积1238.4公顷，产量4500吨，增长13.41%，实现产值3600万元。

种子市场专项检查。9月5日—11日，区农业农村和交通运输局开展辖区农资市场大检查，现场查验农资经营门市出售的农药、种子、化肥等。通过查看农资经营户经营执照、进货及销售台账记录，对所销售农资的包装、标签、产品质量进行查验，重点检查非法经营销售假冒伪劣、过期农资等情况，未发现销售假冒伪劣、过期农资等情况。同时，向农资经营门市发放《中华人民共和国农产品质量安全法》《中华人民共和国农药管理条例》《中华人民共和国种子法》《肥料登记管理办法》等宣传资料120余份。全年开展农资市场专项检查4次，未发现销售假劣种子、套牌种子、转基因玉米等情况，所查种子标签标注内容规范、完整、无伪造或涂改等情况。

草地贪夜蛾防治。6月14日，区农业农村和交通运输局联合格里坪镇相关工作人员到玉米种植区域查看灾情，均发现草地贪夜蛾。通过现场查看，草地贪夜蛾主要危害玉米幼苗期和拔节期，以啃食叶片和叶心为主。工作人员将疫情发生情况及时通报农户和农技人员，开展指导防治工作。6月18日，西区草地贪夜蛾监测防控工作培训会在格里坪镇举办，村（社区）干部及村民50余人参会，发放宣传资料50份。会上，区农业农村和交通运输局技术人员讲解了草地贪夜蛾田间危害状、形态特征、生活习性和调查方法、防治技术等。全年举办草地贪夜蛾防治培训班2期，受训210人次；田间技术指导12次，受益农民300余人次；防治面积281.4公顷，发放价值1万元的药品物资。

青花椒实用技术培训。5月21日，区农业农村和交通运输局邀请市农林科学院花椒种植专家到竹林坡村对花椒种植大户及村民现场进行抗旱减灾指导。在培训现场，专家引导村民树立“先保树、后保产”意识，指导修剪枯枝，减少树体蒸发，保存树势，减少损失，提出在旱灾水源不足时，要节约用水，将有效水源用在保护有效收成上；做好旱灾后可能出现的病虫害防治工作，加强农业基础设施建设，为农业稳产丰收奠定基础。全区全年农业农村和交通运输局开展青花椒实用技术培训3期，参训村民100余人次。

芒果实用技术培训。11月8日，区农业农村和交通运输局邀请市农林科学院专家到庄上村开展冬季芒果种植管理培训，30余人参训。培训采用现场教学方式详细讲解芒果种植冬季清园、采摘后修枝、霜冻天气防冻措施、树干涂白、整形修剪等并进行现场示范；围绕实现有效施肥、有机肥替代化肥、病虫害绿色防控等方面进行讲解，与村民交流、解答疑惑。全年开展芒果种植管理技术培训6期，培训村民300余人次；利用庄上村芒果种植农村实用人才培养示范基地培训农村实用人才300余人次。

【畜牧业】全年生猪出栏11008头，减少20.2%；生猪存栏5938头，减少31.8%；大家畜出栏254头，增长1.1%；羊出栏4260只，增长0.5%；家禽出栏640886只，增长8.5%。全年肉类总产量1846吨，减少6.8%，其中禽肉产量921吨，增长8.5%；禽蛋产量1448吨，增长1.1%。实现畜牧业总产值14070万元，增长0.04%。

非洲猪瘟防控。8月26日，攀枝花市西区非洲猪瘟防控应急指挥部印发《攀枝花市西区非洲猪瘟防控应急指挥部关于调整指挥部成员的通知》，因机构调整和人员变动，对指挥部成员进行了调整，明确各部门职责和分工。8月30日，联合攀枝花市公安局西区分局在河门口屠宰场召开教育警示培训会，生猪贩运户、鲜肉经营户80余人参训。通过讲解典型案例，要求生猪贩运户和肉经营户守法经营，严禁非法调运经营生猪及产品，违法犯罪的将从重处罚。10月30日，印发《关于进一步加强非洲猪瘟防控和生产保供工作的通知》，落实属地管理责任，加大排查监测管控力度，加强对生猪及其产品调运、病死猪无害化处理，市场和冷库生猪产品，生猪屠宰环节，餐厨剩余物处置等方面的监管。设立格里坪超限检测站、经堂村马上街岔路口、新庄高速收费站出口、陶家渡高速收费站出口4个临时查堵点，对扣留的70辆车辆携带的550余千克猪肉及产品进行无害化处理；查处从云南进入的经营、运输生猪未附检疫证明案7起，处罚款8.48万元，对110余头生猪予以劝返。指派动物检疫人员24小时驻屠宰场排查，排查入场生猪49274头，未发现疑似非洲猪瘟病猪；监督攀枝花世翔食品有限公司无害化处理病死病害猪及产品50头，病死病害猪数量均在正常范围，无异常增加；指派专人现场监督生猪圈舍、屠宰车间开展每日清洗消毒工作，监督运输生猪和产品车辆消毒12410辆次。

布病监测。6月，区动物疫病预防控制中心对辖区养羊大户开展布病监测，采集羊血清样品45份，经过实验室虎红平板凝集试验，全部为阴性，全区山羊尚未携带（人畜共患病）布病病原。

畜禽污染防治。区农业农村和交通运输局开展畜禽养殖污染防治工作。11月7日，印发《攀枝花市人民政府办公室关于明确畜禽养殖污染防治、产业园区和城镇污水处理设施建设管理职责分工的通知》，明确畜禽养殖污染防治工作由环保部门统一监督管理，区农业农村和交通运输局负责畜禽养殖废弃物综合利用的指导和服务。12月22日、25日，会同攀枝花市西区生态环境局对辖区畜禽屠宰场进行拉网式检查，出动4人，检查屠宰企业4家，未发现畜禽粪污相关问题。全年开展巡查13次，出动人员31人次，督促蛋鸡养殖户整改晾晒鸡粪问题1起。同时，将畜禽养殖污染整治纳入春秋“两防”，集中培训社区（村）干部和村动物防疫员2次60余人，对畜禽散养户开展2次入户养殖粪污处理利用指导，指导200余人次。

春、秋两季动物集中强制免疫。区农业农村和交通运输局开展春、秋两季动物集中强制免疫工作。全区累积免疫注射古典猪瘟、猪口蹄疫0.85万头，牛口蹄疫0.07万头，羊口蹄疫1.04万只，小反刍兽疫0.4万只，鸡新城疫、禽流感48万羽，鸭禽流感4万羽，鹅禽流感2万羽，免疫率达100%；经省、市交叉检查，古典猪瘟、口蹄疫、高致病性禽流感、鸡新城疫、小反刍兽疫等免疫密度达100%，古典猪瘟、口蹄疫、高致病性禽流感、鸡新城疫、小反刍兽疫的免疫抗体滴度均达到农业农村部规定的70%以上标准。

狂犬病免疫。区动物疫病预防控制中心利用免费免疫点"宠爱动物诊所"开展免疫工作。每月15日被定为狂犬病犬只免费免疫日，免费免疫注射狂犬病单苗（国产），全年免费免疫犬只965只。

【水产渔政管理】 3月21日，区农业农村和交通运输局与攀枝花市渔政管理站、仁和区渔政站组成联合执法组，在庄上至观音岩电站金沙江段开展打击电鱼专项执法整治行动，未发现违法捕鱼行为。8月16日，与攀枝花市渔政管理站、仁和区渔政站和华坪县公证处等单位共同监督金沙水电站增殖放流工作，放生长薄鳅、岩原鲤、白甲鱼3个金沙江鱼类品种23万余尾。全年在辖区天然水域主要道口、社区宣传栏张贴《禁渔通告》60余份，与镇级河长和村级河长在辖区天然水域开展执法巡查25次，收缴禁渔期捕鱼、钓鱼渔具13具，批评教育5人次，未发现电鱼、毒鱼等行为。

【农业补贴】 全年发放支持耕地地力保护补贴3329户、55.99万元，兑现2018年稻谷补贴133户、3969.5元，兑现2019年稻谷补贴121户、6600元。开展政策性、特色农业保险，芒果价格保险和芒果特色农业保险投保66.67公顷，区级财政补助12.47万元；玉米保险投保187.47公顷，区级财政补助4088.73元。

【新型职业农民培育】 11月11日—22日，区农业农村和交通运输局委托攀枝花市华森职业学校承办2019年西区新型职业农民培育工作，新型经营主体带头人26人、现代青年农场主2人、农业职业经理人2人参训。培训采取课堂与现场教学相结合的方式，讲授农产品电子商务、果树种植生产技术、农业行业发展现状与未来发展趋势、主要病虫害绿色防控技术、测土配方施肥技术、芒果市场营销等内容。

【农村人居环境整治】 4月16日，西区2019年乡村振兴暨农村人居环境整治工作推进会在格里坪镇政府会议室召开。区委组织部部长、区委农村工作领导小组组长李彬，区政府副区长、区委农村工作领导小组副组长张林出席会议。4月，通过实地调研、驻村指导，了解米易县学习人居环境试点开展情况，印发《攀枝花市西区2019年度农村新（改）建厕所工作实施方案》。投入区级资金160余万元，新（改）建农村户用卫生厕所，完成改厕853户。

【农业面源污染治理】 区农业农村和交通运输局印发《西区农药化肥废弃包装物回收处置实施方案》《关于进一步规范农药经营行为的通知》《关于进一步规范农药使用行为的通知》，对辖区农药、化肥包装废弃物进行规范化管理。开展镇、村、社区三级整治，集中清理丢弃在田间地头的农业固体废弃物；新建农药化肥废弃包装物回收转运点1个；定期或不定期对辖区农资经营部开展监督检查；发放《农业面源污染防治知识宣传手册》3500份，新修订《农药管理条例》250本、《农药化肥废弃包装物回收告知书》5500份。

【农畜产品质量安全监管】 区农业农村和交通运输局开展农畜产品质量监管工作。通过日常抽查和重点抽检相结合的方式到辖区农产品生产经营主体进行现场监测，经拍照、拍摄、录入等，及时将巡查情况记录并上报。全年完成省级农产品质量安全例行监测抽检4次，抽检样品96个，市级送检15个样，检查合格率达100%；安排专人在河门口生猪定点屠宰场（A类屠宰场）驻点，实行24小时动态监管；对攀枝花世翔食品有限公司屠宰场生猪实施屠宰检疫，检疫合格生猪49274头，监督销毁病害生猪及产品50头；检疫攀枝花市甲鸟牧业有限责任公司禽类24.77万羽，销毁挤压致死禽类428羽；屠宰、养殖环节检测"瘦肉精"5437份，全部为阴性；采样检测畜禽产品95份，检测均合格。

【农机监管】 4月17日，区农业农村和交通运输局联合攀枝花市公安局西区分局对辖区变型拖拉机开展安全大检查，向驾驶员发放《致变型拖拉机驾驶人的一封信》25份，未发现违法违规行为。4月22日，会同格里坪镇政府对9台农用拖拉机进行集中年检，年检率、合格率均达100%。全年开展农机安全生产检查6次，发放宣传资料50份，未发生农机交通安全事故。

【沼气安全】 6月10日—21日，区农业农村和交通运输局集中开展沼气安全生产专项检查，检查在用沼气池密封情况300户，通过检查管路管件、灶具、调控器等设备，向沼气用户讲解沼气安全管理、安全用气、安全出料和安全救护4个方面知识，引导用户养成沼气安全使用好习惯，发放安全使用沼气宣传单500份。全年开展沼气安全检查5次，未发现隐患，全区全年未发生沼气安全事故。

【中国·攀枝花芒果产业峰会】 9月23日，西区组织参加在金海明珠大酒店举办的中国·攀枝花芒果产业峰会，攀枝花市龙果农业有限公司、攀枝花市腾杨芒果专业合作社、攀枝花市宗展农业有限公司、攀枝花市西区箐阳家庭农场、攀枝花市井口家庭农场等7家新型农业经营主体参会。产业峰会主要围绕芒果种植技术及深加工技术开展，推介会上，西区新型农业经营主体就芒果的种植、加工技术与西区政府及外地芒果生产经营主体进行了交流，西区政府与攀枝花市宗展农业开发有限公司签订芒果深加工意向合作项目1个。

【第七届农业博览会】 9月26日—29日，西区组织参加在成都中国西部国际博览城举办的第七届四川农业博览会，攀枝花市恒业现代农业发展有限公司、攀枝花市丽新园艺技术有限公司、攀枝花市金泓鑫康养有限公司、攀枝花市甲鸟牧业有限公司参会展出了黑鸡枞系列产品（冻干黑鸡枞、麻辣黑鸡枞、黑鸡枞干品、黑鸡枞曲奇饼、黑鸡枞酱、野生菌等）、特色花卉、噹噹鸡、金丝皇菊等特色农产品。在攀枝花市农业投资项目贸易签约仪式上，西区政府与沃圃生（北京）科技有限公司签订攀枝花市西区沃圃生智慧农业产业园项目投资协议书，投资1.2亿元。

【"科技之春"宣传活动】 3月29日，区农业农村和交通运输局参加在格里坪镇漂流广场举行的2019年西区"科技之春"科普活动月集中宣传活动。活动采取现场讲解、相互交流、发放资料等方式，发放芒果种植培训、农业机械法律法规、农业面源污染防治、红火蚁识别、禁止泔水喂猪等宣传资料300余份。

【机构改革】 2月28日，攀枝花市西区农业农村和交通运输局挂牌成立。区委常委、组织部部长毛志强出席揭牌仪式，区农业农村和交通运输局全体干部职工参加揭牌仪式。按照《中共攀枝花市委办公室攀枝花市人民政府办公室关于印发〈攀枝花市西区机构改革方案〉的通知》，将原攀枝花市西区农林畜牧局的农业农村和畜牧管理职责、原攀枝花市西区交通运输局的职责及攀枝花市西区发展和改革局的农业投资项目、攀枝花市西区财政局的农业综合开发项目、攀枝花市西区水务局的农田水利建设项目管理职责等整合，组建区农业农村和交通运输局，作为攀枝花市西区人民政府工作部门。

【主要领导人】 区委书记：龙勇；区人大常委会主任：叶勇；区长：胡昱冰；区政协主席：袁大勇；分管农业副区长：程砾。

西区编写组

仁　和　区

【基本情况】 2019年，全区辖6乡8镇1个街道，辖区面积1729平方千米，其中耕地面积28.76万亩。年末总人口27.95万人（户籍人口）。全区GDP223.01亿元，增长7.5%，其中第一产业增加值27.5亿元，增长3.2%。

【年度农业和农村经济运行】 2019年，全区实现农业总产值42亿元，增长2.8%；全区全年农业增加值达27.7亿元，增长3.3%。农民年人均可支配收入达19236元，增长9.9%。全区养殖场及屠宰场、上市猪肉和猪肉产品等抽检结果均全部合格；蔬菜产品质量例行监测抽检农药残留合格率为100%。全年水产品产量0.289万吨，增长0.94%。

2019年仁和区主要农产品产量

主要农产品	单位	产量	同比(%)
粮食	万吨	4.27	0.12
水稻	万吨	0.84	0.19
小麦	万吨	0.11	–4.65
玉米	万吨	2.98	0.31
马铃薯	万吨	0.04	–0.49
油菜籽	万吨	0.01	–5.13
蔬菜	万吨	28.52	4.61
水果	万吨	15.45	6.9
肉类	万吨	1.47	–8.58
猪肉	万吨	0.9	–15.98
牛肉	万吨	0.11	2.37
羊肉	万吨	0.2	2.38
禽肉	万吨	0.23	11.24
兔肉	万吨	0.01	1.52
禽蛋	万吨	0.37	1.58
水产品	万吨	0.289	0.94
牛奶	万吨	0.01	3.01

农用地产权制度改革。完成全区80个村级618个组级集体经济组织的清产核资工作。7月，完成区级自验；8—9月，通过省、市级验收。制定并印发《仁和区农村集体资产股份制改革成员资格界定工作流程》《仁和区农村集体资产股份制改革股份量化工作相关程序》《仁和区农村集体资产股份经济合作社管理制度》《仁和区农村集体经济组织登记赋码申报程序》和《档案整理目录》。发放《仁和区农村集体资产股份合作制改革——致农民朋友的一封信》3.8万份、《仁和区农村集体产权制度改革知识问答》1.4万份；发放《股份制改革工作手册》2200份到乡（镇）村（组）工作人员。完成3个股份经济合作社赋码工作。仁和区被农业农村厅评为“2019年度全省农村经营管理工作突出单位”。

农产品品牌战略实施。编制《攀枝花市仁和区地理标志农产品生产设施及品牌建设项目实施方案》，重点提升地理标志农产品综合生产能力、品牌建设和知识产权保护能力。培育壮大农民专业合作社12家。通过以奖代补方式，扶持18个经营主体申报农业产业化扶持政策奖补资金。完善“三品一标”农产品生产经营主体名录信用档案信息的整理、归集和录入，推进农业企业和绿色食品、有机农产品、地理标志农产品可追溯。

现代农业园区建设。全区以乡村振兴战略为中心，以现代农业园区建设为抓手，统筹推进农村“五位一体”建设。完善基地基础设施，硬化机耕道64.6千米，滴灌20140亩，新建水池39850立方米，新建养殖小区3座、5200平方米。提高农产品初加工水平，建设交易市场12900平方米、园区初加工场地面积33671平方米，实现交易量27636吨。加速电子商务发展，建立20条农产品网上销售渠道，年销售芒果26491.45吨，实现销售额38271万元。高度融合休闲农业，围绕“1轴2翼1园”开展123产融合发展布局，形成湖影山庄、荔枝山庄、柠檬庄园、26度芒果主题公园、混撒拉山庄、月畔湾等规模乡村旅游景区，年接待能力达10万人次。完善社会化服务体系，各类社会化服务组织达108个，社会化服务覆盖率达60%以上。现代农业产业园区共投入资金17643.59万元，其中上级财政资金5086万元、区级财政配套资金998.99万元、社会资本11558.6万元。创建省级四星级园区1个，市级五星级园区1个、三星级园区1个。

【种植业】 全区粮食作物播种面积11.82万亩，产量4.27万吨，分别增长0.5%、0.12%；蔬菜种植面积7.87万亩，产量28.52万吨，分别增长3.94%、4.61%；果园种植面积35.25万亩，水果产量15.45万吨，分别增长7.2%、6.9%，其中芒果种植面积30.1万亩，产量11.01万吨。

烟叶发展。全区6个乡（镇）20个村72个村民小组807户烟农烟叶种植面积1000公顷，完成100%；收购烟叶41000担，完成102.5%。烟叶均价27.43元/千克，增长4.69%；收购金额5622.8万元，增长4.69%；收缴烟叶税1237万元，增长4.69%。投保面积887.2公顷，全年受灾面积62.07公顷，保险公司赔付金额26.35万元。全年发放烟叶种植补贴466.5万元，增长7.35%。开展烟叶田间管理、病虫害综合防治、成熟采烤、分级扎把等培训，培训烟农3228人次、职业烟农615户。大龙潭乡干坝子村继续保持“烤烟万担村”称号。继续开展STP（可持续发展）专项工作。推进烟基工程建设，新建机耕道16条9.95千米、沟渠16条8.4千米，总投资400万元；啊喇烟站开工修建，工程量完成30%，完成投资300万元。仁和区被农业农村厅评为“2019年度四川省植保工作绩效考核突出单位”。

【林业】 森林资源保护。建立完善网格化管理机制，落实管护责任，优化保护和发展森林资源考核机制。使用中央专项资金175.6万元，对21.637万亩国有林实施有效管护，落实国有林管护人员73名，设立护林站（点）6个，国有林保险投保18万余元。使用中央和省级专项资金366.59万元，兑付全区24.85万亩公益林生态效益补偿；使用中央专项资金513.26万元，兑付全区65.6318万亩天然商品林停伐管护补助。

森林防火。加强防火宣传教育，发放宣传资料132000份，制作安装碑牌、标语共计5842块；排查火灾隐患500余个点位，检查输电线路117千米，实施计划烧除68233亩，铲烧防火隔离带124.1千米；组建109人的专业扑火队，聘用护林员153名，在重点区域增加114名防守人员；设立检查站6个、瞭望台3个，发动村（组）干部在监督、巡查、宣传等方面的作用。全年发生火情、火灾共43起，其中省级认定统计8起，受害森林面积128.25亩，森林火灾受害率为0.067‰，区林业局被省林草局评为“2019年森林防火先进单位”。

林业有害生物防治。加强宣传教育和监管力度，建立五级监测网络体系，采用多种形式进行宣传教育。开展松材线虫病春季普查，共发现枯死松树1964株；开展松墨天牛监测和防治，在重点林区设置管护点13个（其中监测点10个、防治点3个），挂设诱捕器110个，落实管护监测人员13人，监测诱捕松墨天牛7132只；开展62家苗圃和林区红火蚁日常监测，防治面积220亩。完成仁和国家级中心测报点森防能力提升项目建设。

野生动植物保护。开展苏铁自然保护区、大黑山森林公园、平地、宝鼎猕猴等自然保护区的全面清查和古树名木的补充调查隐患排查处理。规范野生动物驯养繁殖经营，鼓励依法依规发展野生动物驯养繁殖和经营利用。开展野生动植物保护救助和专项执法检查，对13家野生动物驯养繁殖场所、农贸市场、农家乐、餐馆进行全面清查，清查巡护路线12条，挡获野生动物鹧鸪2只，查获野生动物死体6只，收缴捕鸟夹3个、粘网2副，共救助野生动物40只。

林业行政执法。核实违法违规问题图斑103个、面积96.0702公顷，林木采伐蓄积1684立方米；依法查处各类涉林行政案件174起，罚款77.5492万元。全年森林总面积增加6212.3亩，净增森林面积5338.7亩，任务完成率为102.67%；净增森林蓄积17.186万立方米，任务完成率为100.5%；林地保有量为1906877.6亩，全面完成2019年森林资源“双增长”目标任务。

森林植物检疫执法。建立联防联检机制，与川滇毗邻区（县）永仁、华坪签订林业有害生物联防联检协议，实现信息互通、资源共享、协同配合、联合防控，确保辖区森林资源和生态安全，抵御和降低重大林业有害生物事件的发生及危害。联合市、区相关部门开展检疫执法，对辖区3家涉木加工企业、55家苗圃、3处通信公司设备仓储、1处风电设备仓储、机电市场及物流仓储开展检疫执法检查。

退耕还林。巩固退耕还林成果，做好补植补造工作，确保退耕还林工程建设质量及保存率。全年兑现未到期退耕还林面积1345.4亩，补助资金35万元。

林业产业。做好特色经果林产业，确保全区经果林面积不减，全区有核桃4.4万亩、板栗2万亩、坚果基地2000亩。加快森林康养产业发展，申报国家级森林康养基地1家、省级康养基地1家、三星级森林人家4家、国家级森林乡村1个；投入专项资金110万元，重点建设万宝营和乌拉风情谷2个省级森林康养基地。探索新方式，在啊喇盛世农庄实施森林小木屋建设试点项目。

林业精准扶贫。发挥造林专业合作社的作用，鼓励和支持贫困群众参与林业生态建设，将生态功能区大河流域生态修复一、二、三期2019年管护工程交由攀枝花弘升利造林专业合作社实施，指导完成全林除草管护1181.1亩，参与社员人均增收5000元，实现林业生态建设与脱贫攻坚双赢共进。落实生态保护公益岗位，使用中央专项资金11.72万元，在啊喇乡选聘27名有劳动能力的建档立卡贫困户参与森林管护巡护，多渠道促进贫困群众增收脱贫。安排专项资金155万元，实施造林补贴项目5500亩，助贫增收。

深化改革。按照国家《关于加快培育新型林业经营主体的指导意见》和《四川省政府办公厅关于扶持发展脱贫攻坚造林专业合作社的意见》要求，培育新型林业经营主体，落实和加强扶持政策，指导啊喇彝族乡按照“党支部+专合组织+贫困户”模式，成立脱贫攻坚造林专业合作社2家，不断推进新型林业经营体系建设。深化林权制度改革，共调查调处林权纠纷5起、林权纠纷信访5件，协助法院调查有关林权问题4件，配合完成林权查封3宗，变更林权登记29宗。

林业要素保障。加快推进全区项目特别是重大项目征占用林地和采伐林木手续办理，加强服务意识，增强法制观念，做好林业法规政策的宣传教育，主动对接相关部门，提高林地征占用办理效率。全年办理林地征占用62宗，征占用林地面积88.7786公顷；办理林木采伐许可71宗，采伐木材蓄积5140立方米。

【畜牧业】 全年肉类总产量1.47万吨，减少8.58%。牛出栏8312头，增长1.5%；猪出栏122705头，减少16.5%；羊出栏128356只，增长2.7%；禽出栏1589329只，增长11.3%。

非洲猪瘟防控。为防止非洲猪瘟疫情，对辖区内的规模养殖场、屠宰场以及农村散养户进行非洲猪瘟疫情排查，严格落实日报告制度，共排查生猪192.9962万头次，未发生猪不明原因死亡以及其他可疑情况。对生猪及其产品调运开展检疫监管，设立非洲猪瘟查堵点36个，在国道、省道等车流量较大道路查堵点配备公安人员协助查堵，共查处违规调运生猪及生猪产品案件69起。全年共发放消毒药品32.82吨，围绕生物安全防护、从业人员清洁消毒、运输车辆、运输通道、圈舍环境、垫料等重点环节开展消毒灭源工作。对辖区内饲料经营企业进行再核查，核查饲料经营户77户，未发现经营含猪血液制品饲料行为。张贴《加强非洲猪瘟疫情防控的通告》800余份，发放《禁止泔水喂猪宣传明白纸》1400余份。仁和区被农业农村厅评为“2019年度全省农业（畜牧）统计监测工作突出单位”。

【乡村振兴】 按照“多规衔接、多规合一”的原则，统筹区域城乡规划、土地利用总体规划、产业发展规划、环境保护规划、经济和社会发展规划等，启动《仁和区乡村振兴战略规划（2018—2022年）》编制前期工作。大龙潭乡创建为省级乡村振兴先进乡，大龙潭乡混撒拉村、大田镇片那立村创建为省级乡村振兴示范村。仁和区被省政府评为“2019年度全省农村改革工作先进县”。

【农村扶贫和移民工作】 全区编制并印发18个扶贫专项实施方案；开展精准帮扶“大走访”活动方案，发现并纠正基础信息不符1002条，对2578户建档立卡贫困户和140户非建档立卡困难户进行入户排查；安排扶贫项目28个，资金2169.6万元；三峡捐赠资金安排项目11个，资金495万元；全区全年易地扶贫搬迁任务共计47户219人，已全部完成住房建设。继续落实好“雨露计划”，完成205人春季学期申请享受政策学生系统审核，补助资金15.375万元已发放到位；在全省脱贫攻坚县区交叉检查验收工作中，通过南充县顺庆区验收。

移民搬迁安置工作。完成乌东德水电站大龙潭乡、平地镇201户移民安置补偿协议签订工作，共集中安置678人；开展安置点临时生活用水工程建设工作，完成命卡安置点、金拉路、防护工程电力、通信设施的设计和搬迁工作。完成金沙水电站生产安置人口69人的安置工作，完成11家企业单位货币补偿工作及7家企事业单位迁复建建设工作，对金沙水电站淹没区内库底开展清理工作；开展梅子箐水库扩建工程梅子箐组47户216人搬迁安置协议签订工作，并启动移民建房工作，已完成安置点对外连接道路工程建设工作，同时对梅子箐水库扩建工程导（截）流阶段移民安置进行自验、初验；启动观音岩水电站临时用地复垦工程建设工作，启动金台子移民三亩其他土地配置工作，完成仁和区观音岩水电站建设征地移民安置补偿资金使用情况清理工作。

【农村水利】 水利重点建设项目。全年实施重点水利建设项目127处，工程总投资1.6亿元，其中大河大田段、巴关河同德段新建堤防6千米，2018年小型病险水库除险加固16座，建设同德镇仙人洞、布德镇磨刀沟、回龙湾农村饮水集中供水工程3处，总发小流域水土流失综合治理面积14.6平方千米、水库动态监测系统安装85座等工程完工并发挥效益；大河总发乡红星段新建堤防1.49千米，2019年小型病险水库除险加固16座开工建设；仁和区命卡、棉花地移民安置点集中供水工程、大河总发乡立新段防洪治理、大河土城段防洪治理3处工程已完成审批和资金落实。全年建成水利项目恢复蓄引提水能力200万立方米，恢复改善农田灌溉面积1.8万亩，提升巩固农村饮水人口0.5万人。

防汛减灾。落实以行政首长负责制为核心的防汛责任制度，建立部门组织、乡（镇）排查、人大督查、社会参与的防汛隐患排查整改机制；加强水情、雨情预警预报，协调领导组织召开防汛会商会15次；开展塘库、防汛隐患点“三查、三避让”，督促整改防汛隐患112处；建立抢险队伍、物资储备、应急车辆台账，抢险力量实时能战能用；坚持24小时值班带班制度，及时上传下达工情、灾情，全面完成不发生因汛人员伤亡目标任务。

抗旱防旱。全年安排资金300万元，在太平乡、中坝乡、同德镇等乡（镇）实施山坪塘整治、渠系输水、提灌站和人饮等一批应急工程。组织研判雨情、水情和预测旱情，提前组织开展全区塘库蓄水保水工作。及时向区委、区政府报告全区塘库蓄水及旱情趋势，制订《仁和区今冬明春抗旱减灾工作方案》。按照“先生活，后生产，兼顾生态”原则，加强水源统筹管理，编制完成“一库一策”塘库调度用水计划方案，最大限度发挥已有塘库蓄水效益；组织抓好水利设施整修，开展水毁水利修复和提灌站、机电井等抗旱设施维修；协调有关部门完成农业产业结构调整及敬老院、贫困户等特殊群体供水保障方案。

河（湖）长制工作。推进河（湖）长制，将库容10万立方米及以上的库、设计输水工作1立方米每秒及以上的渠道补充纳入河长制责任体系，实现河（湖）长制责任体制全覆盖。全区河（湖）长完成巡河1958次，其中区级河（湖）长巡河324次、乡级河（湖）长巡河1634次。组织完成12条河流“一河（湖）一策”管理保护方案修编和河湖“四张清单”编制工作。持续开展河湖“清四乱”专项行动5次，出动人员800余人次、车辆35台次。完成塘坝河水电站下泄生态流量整改，建立运行管理及生态监管长效机制。实施大河城区段、阳光家园桥至仁和污水处理厂段、总发湾控桥、红星桥等重点河段河道疏浚清淤12千米，清除河道淤堵物6万立方米。胜利水库县级集中式饮用水水源地和占田、双河口等4个乡（镇）级集中式饮用水水源地规范化建设全面完成。主要河湖水质实现年度预期目标，饮用水水源地水质优良率达100%。

水利精准扶贫。把农业生产生活供水保障作为脱贫攻坚首要政治任务，组织开展贫困村、户供水需求调查，全力“补短板，强质量”，编制完成《仁和区水利建设扶贫专项2019年实施方案》。安排水利资金400万元，争取其他行业资金300余万元，在脱贫村实施水利项目10处，开展基层水利技术人才培训110人次，脱贫水利持续巩固提升。组织开展“两不愁、三保障”回头看大排查工作，对排查出饮水质量不高的14户贫困户及时协调资金建设饮水安全工程，实现户户通自来水。

水资源管理。实行最严格水资源管理制度，大力实施水资源消耗总量和强度“双控”行动，全面建立水资源“三条红线”管控机制。全年水资源用水总量为1.87亿立方米，占控制目标总量的95.2%。推进四川省第二批节水型社会建设重点县创建，建设节水型公共机构42个，并通过省考核组初步核查。加快推进农业综合水价改革，完成水价改革任务1万亩，水费征收机制不断建立健全，农民主体意识不断增强，管理水平较大提升。制定《仁和区农村饮水工程运行管理办法》，推行农村饮水工程市场化运营，形成“以水养水”的良性机制。引入社会资本大兴水利，整合资金2亿元建成下普达水库、杨家湾山坪塘一批水源，“水中央”湿地公园、大龙潭集镇供水等一批水生态治理和民生工程开工建设。

【农村生态建设及环境保护】 生态修复。结合仁和区干热河谷生态系统现状，加快推进造林绿化和生态修复项目，持续改善生态环境，推进乡村振兴。投入资金62万元，对城区后山（重点生态功能区一、二、三、四期工程）1664亩造林进行管护。安排专项资金700万元，完成棉沙湾下半山（重点生态功能区六期工程）193亩山体造林项目；安排专项资金200万元，完成普达阳光康和北苑后侧山体217.3亩生态修复治理项目；安排省级返还的森林植被恢复费671.89万元，实施棉纱湾上半山248.93亩造林绿化项目，项目已开工建设；安排专项资金1400万元，对青山公墓及周边300余亩荒山进行造林绿化（重点生态功能区七八期工程），已完成作业设计；争取专项资金900万元，实施城区后山质量提升项目，已完成作业设计。完成布德镇中心村万亩荷花基地景观打造，栽植苗木744株，绿化面积3530.9平方米；完成啊喇乡农业综合开发林业生态治理项目，人工造林面积201.7亩，森林抚育1836亩。

“厕所革命”。完成8个乡（镇）20个村7230户户厕改造，项目总投资2892万元，农村卫生厕所普及率达85.16%。

“垃圾革命”。全区在5个乡（镇）9个村开展垃圾治理试点，投入资金177万元，用于购买垃圾压缩车、垃圾箱、垃圾桶等环卫设施；开展垃圾分类和资源化利用村2个，配置分类垃圾桶130个；清理农村生活垃圾5500余吨，在30个行政村开展垃圾分类处置推广。

“污水革命”。在42个村进行“污水革命”试点，投入资金10963万元，建设分散式污水处理设施、生态池、人工湿地、污水管网，新建三格化粪池等项目，生活污水处理率达70%。开展“美丽四川·宜居乡村”示范创建，13个乡（镇）全面创建“美丽四川·宜居乡村”，30个村被市级评定为“美丽四川·宜居乡村”。

【农产品质量安全监管】 全年抽检蔬菜、水果和食用菌样品1254个，所抽样品中氨基甲酸酯类和有机磷类（即高毒类）农药残留合格率为100%，未发生重大农产品质量安全事件。对3家到期换证的绿色食品获证企业开展产地环境、质量控制措施、农事记录等现场复查；在5个乡（镇）和1个重点村实施乡（镇）农产品质量安全标准化服务站（点）建设项目；新增8家农产品生产主体加入省级农产品质量安全追溯系统。

【高标准农田建设】 全年新建高标准农田1.9万亩，其中高效节水灌溉面积0.8万亩，项目总投资4349.13万元，其中中央财政投资2200万元、地方财政投资1760万元、农户自筹389.13万元。

【新型职业农民培训】 对大田镇、大龙潭乡、总发乡、太平乡4个乡（镇）301个家庭农场主开展新型农业经营主体带头人和青年农场主培训，投入培训资金2.1万元；对大龙潭乡、总发乡、前进镇、中坝乡、啊喇乡5个乡（镇）11位种养殖大户及农民专业合作社人员开展农业职业经理人调训，投入培训资金11万元；对大龙潭乡8个村102个村民小组、总发乡4个村29个村民小组共计278人开展为期14天的新型农民经营主体带头人培训，投入培训资金90万元。

【农村集体土地征收工作】 继续开展攀大高速项目、成昆铁路项目、火车南站站前基础设施项目等建设工程的征地补偿、安置政策宣传解释工作；完成风力发电项目、缅气入攀项目等征地补偿资金结算工作；向省、市部门深入咨询相关政策，做好农村集体土地征收补偿安置政策调整。

【主要领导人】 区委书记：任礎军；区人大常委会主任：谭进；区长：蔡君；区政协主席：孙永发；分管农业副区长：罗雪明。

仁和区编写组

米 易 县

【基本情况】 2019年，全县辖7镇4乡87个村，辖区面积2153平方千米，其中耕地面积39.8万亩、基本农田面积27.8万亩。年末总人口22.75万人（户籍人口），人口自然增长率6.92‰。

2019年，全县GDP148.83亿元，增长6.3%，人均GDP64150元，增长6.7%，其中第一产业增加值31.95亿元，增长3.5%（农、林、牧、渔及其服务业总产值48.92亿元）；第二产业增加值62.75亿元，增长6%；第三产业增加值54.13亿元，增长8.5%。三次产业对经济增长的贡献率分别为9.3%、53.7%、37%，分别拉动经济增长0.6、3.4、2.3个百分点。三次产业结构比为21.5∶42.2∶36.4。

【年度农业和农村经济运行】 2019年，全县实现农业总产值48.92亿元，增长3.4%，其中农业产值40.31亿元、林业产值0.81亿元、牧业产值6.08亿元、渔业产值1.43亿元、农林牧渔服务业产值0.29亿元；全县全年农业增加值达31.95亿元，增长3.6%。农民年人均可支配收入达18932元，增长10%。在粮食、生猪、蔬菜生产中，科技投入的占比或科技贡献率62.5%。全县农产品质量抽检合格率达100%；建成11个基层农业综合服务站。全县机耕水平达78.1%。

农业产业化发展。持续提升安宁河谷10万亩粮经复合、中山区25万亩特色水果以及中高山区20万亩林果、6亩烟叶、178个畜牧养殖场“三个产业带”（安宁河谷稻菜轮作产业带、二半山区特色水果产业带、中高山区优质林果及畜牧烤烟产业带）和早春蔬菜、特色水果、优质烤烟、畜牧水产、特色花卉“五大特色产业”。全县建成高标准农田21.67万亩，有“三品一标”农产品达87个。全县农村经营主体总量达5093家（农民专业合作社396个、家庭农场269家、专业大户4400户、龙头企业28家），其中省级示范社18个、省级示范农场10家、省级龙头企业6家。

农村集体产权制度改革。自开展农村集体产权制度改革以来，全县根据省、市推进改革的决策部署，围绕建立“归属清晰、权能完整、流转顺畅、保护严格”的农村集体产权制度要求，采取“试点先行、规范操作、梯次跟进”的工作方式，坚持问题导向，注重民主程序、聚焦工作难点，严格按照时间节点和工作要求，推进改革的各项工作。截至2019年年底，村（组）清产核资共清查核实经营性资产14.91元、非经营性资产3.21亿元、资源性资产163.37万亩；村（组）成员身份确认共确认成员191409人；股权量化共量化经营性资产14.02亿元、非经营性资产3.2亿元、资源性资产83.3万亩，涉及人口185030人。

农产品品牌战略实施。出台《米易县推进农业标准化生产的意见（试行）》《米易县推进农业标准化生产工作方案》等，推广新型农业实用技术，建立标准园，推进农业标准化生产。坚持以“阳光米易”农产品区域公共品牌为引领，抓好“阳光米易”品牌+经营主体自主品牌捆绑打造的双品牌战略，培育和扶持农业经营主体申报“三品一标”农产品，国家认证数量达87个（无公害农产品43个、绿色食品7个、有机产品3个、有机转换产品29个、农产品地理标志2个、国家地理标志3个），开展“国家有机产品认证示范县”创建工作。全县有农业品牌32个，“一枝山”“迷易红”等省、市知名商标，“攀越”“敞开整”“攀西果果”等商标在市场中具有一定影响力。创建农产品出口备案基地5个，备案面积1.1万亩。米易番茄远销俄罗斯，米易枇杷、米易芒果出口加拿大，农产品出口增长20%。

现代农业园区建设。针对全县农业发展产业链条短、科技支撑不足、联农带农不紧密、产业融合缺乏载体、资金投入不足等短板，编制《米易县现代农业园区总体规划》《米易县现代农业产业园建设规划》《丙谷稻菜现代农业园区建设规划》等园区建设规划，增强园区建设引领导向。聚焦产业要素、农业装备、产业融合等短板，统筹项目，推进园区建设，建成市级星级园区2个，其中丙谷小河流域稻菜现代农业园区被评为市级五星级园区并推荐为省级五星级园区，龙华枇杷现代农业园区被评为市级三星级园区。全县累计投入资金2亿元，实施5个现代农业园区建设，5个园区（丙谷蔬菜、撒莲蔬菜、草场枇杷、新山芒果、白马樱桃）建设总面积达10.6万亩，合计总产值达15亿元，受益农户达1.5万户。加快现代农业园区建设，建成市级园区2个（枇杷现代农业产业园区、稻菜现代产业园区）、县级园区3个（米易县丙谷现代农业园区、米易县丙谷现代农业园区、米易县撒莲垭口现代农业园区）。米易金润民农业发展有限责任公司在丙谷镇建成攀西地区首条园区自动化果蔬（番茄）分选分级生产线，农业产业园区成为农业要素高度聚集、联农带农效益明显的有效载体，园区内大数据引领米易农业向数字农业、智慧农业迈进。

【种养殖业】 全年早春蔬菜种植面积6.42万亩，增加0.42万亩；产量34.4万吨，增加8.6万吨；外销均价4.69元/千克，实现销售收入16.15亿元，增加8.75亿元。早春枇杷种植面积2.79万亩，与上年持平；产量1.21万吨，增长10%；销售均价27.5元/千克，增长1.9%；实现销售收入3.33亿元，增长12.12%。全县生猪出栏16万头，肉牛出栏1.5万头，肉羊出栏13万只，家禽出栏53万羽。

【林业】 加强林政资源管理，将全县森林资源保护纳入政府目标绩效管理，签订《保护和发展森林资源目标责任书》，压实责任，出台《关于进一步加强森林资源保护管理工作的实施意见》，完成米易县2019年度森林资源双增长任务目标检查验收。全面落实森林管护责任制，聘用专职巡山管护人员128人，支付巡山管护补助资金153.6万元。将公益林与耕地冲突、林地与耕地冲突进行协调处理，完善更新全县林地数据库和公益林数据库并通过省林草局检查验收，兑现集体和个人所有公益林森林生态效益补偿和天然商品林停伐管护补助资金1132万元。严把采伐审批关口，严控采伐数量，全年采伐量0.2万立方米，占限额的2.6%，未突破控制指标。全年立案刑事案件17起，破获15件，破案率达88.2%；查处各类林业行政案件136起，查处率达100%；林业行政处罚140人次，收缴木材55立方米，林业行政罚款82万余元。开展林业有害生物防治，林业有害生物成灾率达1.2‰，种苗产地检疫率达100%，无公害防治率达100%，测报准确率达97%，未发生松材线虫病害。开展退耕还林工作，巩固7万亩退耕还林工程成果，加强苗木后期管护；续建2015年新一轮退耕还林工程1.03万亩，续建2018年新一轮退耕还林工程0.32万亩，完成5000亩封山育林公益林建设工作；8月，新一轮退耕还林1.03万亩通过国家级检查验收。完成核桃提质增效基地建设项目，建设面积500亩，建设小型林下养鸡基地2个。完成林产品质量安全监测260个样品的检测工作。完成花卉产业园区基地扩建项目实施方案的编制。全县特色林果业基地保有面积26667公顷，实现林业产值21.1亿元。

【水产业】 全县有养殖水域面积718公顷，其中池塘（包括山坪塘）255公顷、水库（含二滩库区）410公顷、溪河53公顷、稻田20公顷（稻田养殖面积未计入养殖水域面积）。全年水产品产量7575吨，生产苗种28亿尾，渔业价格从第二季度开始持续上涨，渔业经济稳步提升。

【乡村振兴】 全县按照实施乡村振兴战略“产业兴旺、生态宜居、乡风文明、治理有效、生活富裕”的总体要求，聚焦创建省级乡村振兴先进县，以全力推进农业高质量发展、集中攻坚农村人居环境整治等为重点，统筹推进“五大振兴”。米易县先后被评为全国乡村治理体系建设试点示范县，被认定为全省首批乡村振兴规划试点县和重点培育县、省现代农业产业园区培育县、省农村人居环境整治重点县、省畜禽粪污资源化利用重点县等，走出了一条具有米易特色的乡村振兴之路。

【扶贫开发】 全面落实中央、国务院和省委、省政府关于脱贫攻坚的部署要求，推进脱贫攻坚责任落实、政策落实和工作落实，编制印发《米易县2019高质量巩固提升脱贫攻坚成果实施方案》《米易县2019年凉山自发搬迁贫困人口精准扶贫实施方案》《米易县脱贫攻坚责任、政策、工作“三落实”工作手册》等系列方案、办法；印发《米易县2019年脱贫攻坚督查巡查办法》《米易县2019年脱贫攻坚考核办法》，建立协调议事机制，每月由县委、县政府分管领导定期召开月调度会，及时解决工作中存在的问题，攻破难点，推进脱贫攻坚各项工作。16个扶贫专项共投入资金2.7亿元，实施到户产业增收项目5164人、危房新建项目498户，维修加固151户，硬化村（组）道路96.916千米，新建砂石路44.44千米，维修整治135.855千米，实施安全饮水管网527.9千米，建设桥梁6座，新建蓄水池42口，建设文化活动中心（广场）3个，建设沟渠6.97千米等，改善了贫困地区贫困群众生产生活、交通出行条件，增强了发展后劲，各项脱贫退出指标高质量达标。全县已退出的25个贫困村和已脱贫的3402户12915人贫困户高质量达到2019年脱贫标准；429户2238人达到2019年脱贫退出标准，退出贫困人口序列，并通过四川省脱贫攻坚成效交叉考核、国家财政专项扶贫资金绩效第三方评估和国家脱贫攻坚成效第三方评估。

【乡村旅游】 聚焦引进建设一批农文旅融合项目，通过在果蔬产业园、生态农庄等建设中注入乡村旅游、康养元素，持续推动“旅游+康养+农业”互融互促、健康发展。先后投入1000余万元，建成年处理15万吨的果蔬农产品预冷保鲜设施，农产品初加工率达80%，引进吉香居、千禾味业、黄老五等一批食品加工企业，建成“米易时光”果蔬冻干生产线2条、金润民果蔬（西红柿）分选分级生产线1条等，促成黄老五农产品深加工产业融合项目开工建设，新增农产品加工业产值6亿元。“攀稀果果”系列果干，“果然友”系列冻干食品，古法制作的枇杷膏、雪梨膏、枇杷酒等康养产品不断丰富。推动“产区变景区、田园变公园、农舍变旅舍、产品变礼品”，做实“康养+农业”，总投资超过200亿元的益满达国家级休闲渔业基地、米易梯田、东方太阳谷等数十个产业融合项目加快建设，全域全龄全时阳光康养旅游品牌在全国打响，特色乡村旅游成为群众新的增收致富渠道，全年接待游客600万人次，实现旅游收入73亿元，分别增长15.9%、12.8%。全县年收入在200万元的农民增收致富状元超过1000名，收入在100万元的农民增收状元超过3000名。

【农村水利】 全年基本完成马鞍山水库工程量的97%，7月15日水库开始蓄水试运行，12月12日完成蓄水阶段移民安置终验。全面完成麻晃引水工程，3月完成所有建设内容，5月30日通水试运行，截至2019年年底，向晃桥水库累计补水417万立方米，向海塔水库累计补水110万立方米。继续推进老街子水库工程可行性研究阶段工作，完成编制《米易县老街子水库工程建设征地实物调查细则及工作方案》，该方案于11月7日经县政府审查批准通过，12月10日通过攀枝花扶贫开发局审查。4月24日，启动丙海水利枢纽工程可研编制，9月18日通过水利厅技术审查。新山水库工程扩容调整初步设计报告通过水利厅技术审查。实施防洪治理工程，完成丙谷镇小河汇入口段（投资1237.9万元，新建堤防3.27千米）、普威镇普威河独树段（投资1111.4万元，新建堤防2.5千米）、安宁河干流米易县草场乡河段（投资2405万元，新建堤防1.85千米）、米易县南部新城干河沟（投资1700万元，治理河段0.49千米）、米易县草场乡克朗村（投资600.47万元，治理河段0.64千米）防洪治理工程建设，完成安宁河米易县红旗河坝、水塘、撒莲镇三段防洪治理工程立项和初设招标工作。

【农村科技】 长期与中国热带作物科学院建立院地合作关系，投入516万元建设米易县现代农业科技创新孵化中心；建成集蔬菜新品种新技术示范、蔬菜种苗育苗及科普教育于一体的现代农业示范园9个，年种苗繁育能力达1亿株，带动园区主导产业良种覆盖率达98%，农作物耕种收综合机械化率达62%，农业科技进步贡献率为62.5%。

【农村教育】 全县义务教育阶段学校共计32所（其中单设小学2所、乡（镇）中心学校11所、九年一贯制学校1所、村小教学点14所、初级中学4所），义务教育阶段在校学生20871人。全县有适龄儿童（7～15周岁）18899人，其中小学阶段适龄人口12628人，初中阶段适龄人口6271人全部入学，入学率达100%。

全面推进教育行业风险管理服务保障体系建设，公（民）办学校全部参加校方责任险和食品安全责任险，学生居民医疗保险参保率达100%，涉教商业保险管理规范有序。继续开展城乡环境综合治理“进学校”活动，校园绿化、美化、亮化、净化得到提升；对民族中学校、丙谷镇中心学校、湾丘彝族乡村幼等学校和幼儿园进行厕所改造。做实、做细学生资助工作，全面落实学生资助政策，构建教育精准扶贫资助体系，按照“精准资助，应助尽助”的原则，让贫困家庭学生都享受到相应的资助，帮助学生完成学业，全县每年投入学生资助资金2200余万元，实现了“不让学生因家庭贫困而失学”的资助目标。大学生生源地助学贷款工作成效显著，学生资助中心加强宣传工作，支持贫困家庭学生贷款，米易县学生资助中心办理国家开发银行生源地助学贷款全年贷款1871人，金额1280.7万元，人数、金额都居攀枝花市区（县）第一位，生源地助学贷款工作连续被四川省学生资助中心考核为“优秀”。改善义务教育学校食堂条件，按照食堂食品安全管理要求，协调相关部门，资金投入，对义务教育学校食堂进行新建、改建，添置设备设施，大大改善了学校食堂的条件，提高了食堂食品安全水平，全县义务教育学校食堂供餐率达97%（按学校数计算）。同时，对义务教育学校食堂食品原材料米、面、油、蔬菜、肉类、干杂、调料实行政府招标采购，确保食品原材料供货质量，大大提高了学校食品安全保障水平。指导学校开展“小手拉大手”活动，通过改造学生浴室、厕所、宿舍，改善学校条件。通过加强管理，让学生养成勤洗手、勤洗澡、讲卫生的良好习惯，并带动家长改变不良生活习惯，让“养成好习惯”成为全县农村的新常态；抓住学生这个安全教育纽带，发挥中小学生对家庭的影响监督作用，在全县37所中小学校、51所幼儿园33000余名学生中开展“小手拉大手安全伴我行”“河流千万条，安全第一条”“走入家庭走近心灵”等系列安全教育活动，召开安全教育家长会70余场、消防应急疏散演练100余次，每周发送安全温馨提示短信30000余条，开展森林防火、消防安全主题班会800余场，发放《倡导文明祭祀，严防森林火灾——致全县人民的一封信》30000余份，通过悬挂横幅、LED显示屏、职工会、校会、黑板报、QQ群、微信群等方式对师生进行了深度的防溺水、森林防火、消防安全、交通安全等安全教育，确保把安全知识宣传到每一位学生和家长，形成了教育一个孩子、带动一个家庭，人人争做安全宣传员和监督员的良好局面。开展“新时代好少年”主题教育读书活动，在“我为祖国点赞”中择优推荐上报演讲及朗诵类视频6个、书画类作品10件、征文类作品10件，经市组委会评选，全县共获得演讲及朗诵类二等奖1名，书画类二等奖2名、三等奖4名，征文类一等奖1名、优秀指导教师奖1名。开展以“诵古今经典、书华夏文明、讲中国故事、演蜀风川韵”为主题的中华经典诵写讲演系列活动，推荐上报优秀作品诵经典7个、讲经典9个、写经典26篇、创经典27篇；举办以“诵读经典抒发爱国情怀”为主题的米易县第五届中小学生经典诵读比赛，全县共47支423名学生参赛；开展“颛顼故里·游学之旅”文旅康体验活动，参加师生60人；举办以“融经典于笔墨，寄襟怀于书艺”为主题的书法比赛，全县共有456名选手参加初赛，25位教师及家长代表参与现场书法展示，140名选手入围现场书法决赛；组织举办第十九届中小学生田径运动会等10项比赛、第十届中小学生合唱节等3项艺术活动，促进了学校体育、艺术活动的开展，丰富了师生校园生活，提升了师生素质，陶冶了师生情操。组织全县中小学校开展“一木环保”活动，全县学校2018—2019学年两次收集废旧书本等达25.5吨，由文轩米易分公司统一送交回收公司再利用。为激发师生爱国热情，对师生进行爱国主义教育，将“不忘初心、牢记使命”主题教育、爱国主义教育等活动融入到学校教育活动中，指导师生践行社会主义核心价值观，要求各中小学校和幼儿园9月29日举行升国旗仪式。“六一”前夕，组织看望4所小学和2所幼儿园的部分优秀儿童和贫困家庭儿童，为小朋友发放慰问金3万元；先后印发《米易县教育和体育局关于做好控辍保学工作通知》等多个文件，指导乡（镇）、学校开展“控辍保学”工作，各学校制订方案将招生范围义务教育阶段适龄儿童“控辍保学”工作责任落实到人，采取《中华人民共和国义务教育法》宣传、家访等形式巩固普九成果；劝返辍学学生，耐心做好厌学学生和家长的工作，完成凉山自发搬迁人口适龄儿童台账、省户籍学籍系统台账、“两不愁、三保障”回头看台账和攀枝花市精准帮扶6 ~ 15周岁人口信息4个台账的核查销账工作，确保了义务教育阶段适龄儿童义务教育有保障。开展“同心圆·新光情”师生视力关爱活动，由米易新光眼镜行为全县中小学校师生免费检测视力和免费配送眼镜。

【农村文化】 全县12个乡（镇）12个社区87个行政村均设置了乡（镇）综合文化站和基层综合文化中心，设置率达100%。新建成新山傈僳展览馆并投入使用。启动8个已“摘帽”贫困村文化院坝建设，并将在脱贫指标的基础对贫困村文化活动室进行提档升级，推动农村公共文化服务再上新台阶。

公共文化服务效能方面。一是持续开展“送文化下乡”活动，指导乡（镇）、村（社区）群众业余演出队因地制宜广泛开展群众性活动，每年不少于4场；按照“每村每月放映一场电影”的要求开展农村公益电影放映，活跃乡村文化舞台，丰富基层精神文化生活。全年面向12个乡（镇）开展“送文化下乡”演出活动20场，放映农村公益电影1100余场。二是面向基层文化阵地管理人员开展至少1次全脱产培训，着力提升其管理能力和服务水平，为发挥好全县农村及社区公共服务站点的功能和作用、开展群众文化活动、促进全县文化大发展大繁荣提供了智力支持。三是培育乡村文化能人，鼓励扶持农村业余文艺社团建设，制定《米易县繁荣群众文化活动奖励扶持办法》，通过举办各类群众性文化活动，让村民成为了文化活动的主角。全县共有非遗传人34名，99个村（社区）各有1支20人以上的业余文艺演出队，体制外登记在册文艺团体4个、演艺人员164人。四是组建文化志愿服务队伍。全县共招募文化志愿服务者87名并配备至87个村，根据各村的实际情况和村民文化需求，在村“两委”负责人和乡（镇）文化站的指导下开展各类文化志愿服务，协助全县每年开展基层文化活动400余场次。五是抓品牌推介，助推农文旅融合发展。举办“清凉度假在米易·巴适又安逸”、“夏日芳华·芭蕉箐”第二节清凉荷花节、“骑白马·挂黄榜”、普威篝火晚会、“县文化馆文化惠民工程进乡村”等大型文化活动。

【农村卫生】 聚焦农村生活垃圾治理、农村污水治理、农村厕所改造、农业生产废弃物资源化利用和村容村貌提升“五大行动”，编制出台米易县农村人居环境整治三年行动方案、年度实施方案以及“五大行动”专项方案。开展村庄清洁行动，全域推进美丽宜居乡村建设，建成幸福美丽新村53个，“美丽四川·宜居乡村”达标村75个，省、市级“四好村”78个，省级特色小镇2个。垃圾治理全覆盖，采购发放垃圾车50台，新建县、乡垃圾中转站4座，配备保洁员884名，814个村民小组实现保洁员全覆盖，87个村垃圾处理率达100%，全面建立“户分类、村收集、镇转运、县处理”的垃圾收储运一体化模式。污水得到有效治理，通过探索建立“集镇建污水处理设施”“新村聚居点建人工湿地”“散户推行厕污共治”三种模式，新建乡（镇、集镇）污水处理厂、人工湿地7个，恢复污水处理设施21台（套），实现全县100%的乡（镇）有污水处理厂、100%的行政村污水得到有效治理。卫生厕所普及达标，明确“四有一能”（有门、有墙、有顶、有便器、能洗澡）建设标准、3000元/户资金补助标准，探索厕污分离和厕污共治模式，完成10233户厕所改造任务，累计建成户用卫生厕所4.7万户、农村公厕87座，全县户用卫生厕所普及率达96%、农村公厕普及率达100%。农业废弃物实现综合利用，探索以肥料化、饲料化、燃料化推进秸秆综合利用，全县秸秆综合利用率达92%；探索以米易县农药经营协会为回收主体，全县272个农资经营户为回收网点的“谁生产、谁回收”生产者责任延伸制试点，全县农膜和农药包装废弃物回收利用率达92%；争取畜禽粪污资源化利用项目资金2000万元，新建（改造）规模养殖场16家和专业养殖户粪污处理设施79家，全县畜禽粪污综合利用率达91.33%，无害化处理率达100%。村容村貌显著提升，制定《米易县村容村貌提升实施方案》，突出米易乡土风情、民族特色和地域特点，编制印发经济、适用、美观的户型图2套，供建房群众选择；开展花园农家和村庄绿化行动，在房前屋后、河塘沟渠、道路两侧闲置土地见缝插绿、搞好绿化，打造美丽宜居的生态空间。

【农村法制建设】 全县已建成县级标准化公共法律服务中心1个、乡（镇）公共法律服务工作站12个、村（社区）公共法律服务工作室99个（其中村级公共法律服务工作室87个），投入法律援助专项经费合计22万元，实现公共法律服务工作站（室）建成覆盖率达100%。各村（社区）分别与律师事务所、法律服务所签订《米易县"一村（社区）一法律顾问"服务合同》，"一村（社区）一法律顾问"覆盖率为100%。县、乡、村三级公共法律服务平台以"法律七进"活动为载体，落实"谁执法谁普法"责任制，大力实施精准普法，法治文化阵地建设不断加强，法治文化不断繁荣，法治示范创建加快推进，法治氛围广泛营造，法治精神深入人心。全年开展各类法治宣传活动620余场次，发放宣传资料185000余份，法治宣传围裙、扇子、环保袋等宣传品共计65000余个，漫画读本45000余册，现场提供法律咨询3000余人次；举办培训讲座260余场次；开展"法治大讲堂"7期；为群众提供法律咨询服务2220余人次，其中共接待农民工法律咨询234人次、办理农民工讨薪专项案件90件90人，讨得欠薪59万余元；代写法律文书32份；办理法律援助178件；办理公证140件，共排查各类矛盾纠纷1711件；12348法网、12348法律服务热线均已开通，为群众提供了优质、高效、无偿或低廉的法律服务，最大限度地发挥了法律服务效能。

【农村交通】 以道路交通安全综合治理、农村道路交通安全管理、集中整治酒驾等专项行动为载体，紧盯源头企业监管和路面管控、农村地区摩托车、拖拉机和变形拖拉机、事故多发时段和路段、高风险企业、风险隐患七项重点工作，坚持严查、严处、严管。全年立案交通事故类案件1232起（其中轻微事故1153起、一般事故62起、死亡事故17起），死亡19人，伤76人，直接经济损失151890元，与上年同期相比，立案数上升0.41%（轻微事故上升5.59%、一般事故下降47.46%、死亡事故持平），死亡人数上升11.76%，伤人数减少50.33%，直接经济损失下降13.38%。

【农村社会保障】 全县城乡居民社会养老保险参保人数101597人，完成目标任务9.1万人的111.6%。城乡居民医疗保险参保人数189627人，参保率达98%，征收医保基金4435.97万元，其中为建档立卡贫困人口18067人代缴个人缴费资金397万元（省级资金146万元、县级资金251万元），贫困人口参保率达100%。在全市范围内率先从民政部门全面承接城乡医疗救助工作；率先在全市各县区内实现城乡医疗救助"一卡通"发放，医疗救助款直拨患者社会保障卡；率先在全市各县（区）内实现医疗救助"一单制"结算，为彻底解决群众往返跑路找救助、基层耗时费力搞审核问题找到突破口。在白马镇黄草村、挂榜村2家村卫生室先行开通"村医通"医保结算系统，为基层参保群众提供更加方便快捷的医保结算服务。同时，对接市医保局，解决村卫生室在使用"村医通"进行医保结算时存在的网络使用、系统维护、刷卡机具购买经费困难等问题。印发《米易县医疗保障扶贫三年行动实施方案》，完成建档立卡贫困人员、城乡残疾人参加城乡居民医保登记22050人，其中建档立卡贫困人员18067人（含全部凉山籍自发迁居户5164人）、城乡残疾人3983人。

【农村生态建设及环境保护】 重点抓农村改厕、畜禽粪污资源化利用、秸秆综合利用、废旧农膜和农药包装废弃物回收处置及农药减量控害、化肥减量增效等农业生态环境保护工作。按照粪污分离、厕污共治模式，投入资金5574.5万元，以"四有一能"的建设标准、3000元/户资金补助标准开展户用卫生厕所改造10233户，累计建成户用卫生厕所4.7万户，全县户用卫生厕所普及率达96%。争取资金2000万元，整体推进畜禽粪污资源化综合利用，全县畜禽粪污资源化综合利用率达91.33%。整合资金和项目，推广测土配方施肥、增施有机肥、高效新型肥料替代传统化肥、秸秆还田、水肥一体化等化肥减量增效技术，全年化肥施用量为5771吨，减少1955吨，减少25.3%。全年开展秸秆粉碎还田、秸秆腐熟还田现场观摩活动2场次、技术培训5场次1500人次；采购有机肥2023吨，推广增施有机肥和有机肥替代化肥技术44710亩；通过培训、田间指导等方式，引导农户、种植大户、新型农业经营主体使用沼液、堆肥、牛粪、羊粪等农家肥约16万亩；在蔬菜和芒果上推广缓释肥料、水溶肥料、生物菌肥等高效新型肥料0.06万吨，推广面积6万亩；采购秸秆腐熟剂4.6万包，推广秸秆腐熟还田4.6万亩。培育科学施肥社会化服务组织20个，配方肥施用面积18.5万亩、用肥0.19万吨，测土配方施肥技术覆盖率达95.2%；测土配方技术推广面积37.5万亩。全年实施包括生态调控、理化诱控、生物防治、科学用药在内的农作物有害生物绿色防控31.21万亩，绿色防控覆盖率达61.19%；建立枇杷病虫害全程绿色防控示范片5000亩；以植物专业化防治组织统防统治、组织农户统一时间群防群治等形式，实施重大病虫害专业化统防统治11.91万亩次，覆盖率达50.94%。通过"政府购买服务"的方式，由植保专业化防治企业实施农业检疫性有害生物—红火蚁专业化统防统治示范2000亩次。全年农药使用量177吨，减少60吨，减少25.32%，实现农药使用负增长。

【农产品质量安全监管】 加强农产品质量安全监管，出台《关于进一步加强米易特色农产品监管的指导意见》《米易县农产品质量安全监管实施意见》，推行农业投入品经营备案制、农产品市场准入准出等制度；构建农产品质量追溯体系，搭建"米易县农产品质量安全追溯平台"并实现与省级平台对接，44家农业新型经营主体入驻省平台；推行特色农产品采收信息发布、经营"诚信红线""黑名单"等制度，为广大消费者提供"放心"农产品；加强农产品质量安全监测，县、乡、村（专合社）"三位一体"农产品检验检测机构、站点定期开展农畜产品农药残留、"瘦肉精"等监测工作，及时反馈全县农产品安全生产信息，保障了全县农产品质量安全。以国家有机产品认证示范县和省级农产品质量安全监管示范县创建为契机，抓好农产品质量安全，贯彻落实农产品质量安全党政同责责任制，及时做好农产品质量监管工作。全县农业系统认定的绿色、有机、地理标志产品获证单位36家，并入驻国家级、省级追溯平台（新增6家）；配合省级农产品质量安全监督抽检样品34个，经检测，均达标；依法打击食用农产品质量安全违法行为，查办违反禁渔期规定进行捕捞案件9起、使用电捕鱼器捕捞案件3起；农业行政执法处罚案件3起，增加2起，增长15.38%。开展种子市场检查、种子检查、农药市场监督抽查、规范兽药生产经营行为、农资打假专项行动和农资打假宣传培训等相关工作；落实政府、企业责任，大力加强畜禽屠宰监管，做好病死畜禽无害化处理。采取全面排查、联防联控、加强检疫、加大宣传和做好应急准备等措施，落实非洲猪瘟防控工作。联合各职能部门累计出动200余人次，动用车辆40台次，发放宣传单2000余份，受教育群众达2600余人；对全县257家农药经营门市进行走访检查，检查兽药经营市场4次，检查兽药12家次、饲料400余户次，全年未发生任何重大农产品安全事件。

【农村市场体系建设】 推进“互联网+农业”发展，全年实现线上交易额2.5亿元，增长19%，基本形成以枇杷、芒果、火龙果、雪梨、红糖等农特产品为代表的特色电商产业。依托“阳光米易”区域公用品牌，带动“攀越枇杷”“老高山”“姐妹花”“攀稀果果”等一批极具地方特色的农特产品品牌发展。

【数字农业】 加快数字农业试点示范，突出科技增效，初步建成米易县农业大数据信息服务中心。建成县级电子商务服务中心1个、乡村电子商务站点50个、益农信息社84个，成立米易电子商务研究院。围绕蔬菜、水果特色产业，建立绿怡蔬菜现代农业示范园等5个智能水肥一体化示范应用点。

【主要领导人】 县委书记：王飚；县人大常委会主任：董明远；县长：班宏；县政协主席：王万华；分管农业副县长：唐良德。

米易县编写组

盐边县

【基本情况】 2019年，全县辖12乡4镇，辖区面积3269平方千米，其中耕地面积41.8万亩，与上年持平，人均耕地面积2亩。年末总人口20.95万人（户籍人口），增长0.56%；人口出生率12.11‰。

2019年，全县GDP123.8亿元，减少13.65%，其中第一产业增加值27.24亿元，增长141.47%；第二产业增加值67.73亿元，减少30.1%（工业产值65.79亿元）；第三产业增加值28.83亿元，减少18.08%。三次产业对经济增长的贡献率分别为22%、55%和23%。全年接待游客638.86万人，实现旅游总收入851900万元，其中乡村旅游收入851900万元。

公路通车里程1855千米，密度0.57米/平方千米，88.54千米/万人。社会消费品零售总额22.49亿元，增长10.47%。地方公共财政预算总收入完成7亿元；公共财政预算总支出17.49亿元，增长10.58%，其中农业投入38977万元，占支出的22.28%。金融机构各项存款余额81.06亿元，比上年初增长16.94%；各项贷款余额47.78亿元，比年初减少10.46%，其中支持农业产业化发展项目贷款27.12万元。

有各类学校23所，在校学生21390人，教职工1745人，其中普通中学7所，在校学生8197人；小学16所，在校学生13193人；学龄儿童入学率100%。有文化馆1个，公共图书馆1个。有卫生机构259个，病床位819张，卫生技术人员1026人。

【年度农业和农村经济运行】 2019年，全县实现农业总产值41.73亿元，增长88.66%。农民年人均可支配收入达17046元，增长9.9%。在粮食、生猪、蔬菜生产中，科技投入的占比或科技贡献率62.5%；建成16个基层农业综合服务站。

2019年盐边县主要农产品产量

主要农产品	单位	产量	同比(%)
粮食	万吨	9.7329	-0.05
水稻	万吨	1.509	-0.61
小麦	万吨	0.6493	-0.17
玉米	万吨	6.1166	0.51
马铃薯	万吨	0.914	-4.03
油菜籽	万吨	0.1619	-1.7
蔬菜	万吨	14.7914	4.65
水果	万吨	2.5095	-0.72
肉类	万吨	1.8662	—
猪肉	万吨	1.2568	—
牛肉	万吨	0.1264	—
羊肉	万吨	0.2378	—
禽肉	万吨	0.1439	—
兔肉	万吨	0.0004	—
禽蛋	万吨	0.0571	—
水产品	万吨	0.291	—

【种植业】 全年粮食作物播种面积19032万平方米，其中玉米10421万平方米、水稻1973万平方米、小麦2124万平方米、马铃薯2110万平方米，粮食总产量9732.9万千克。蔬菜复种面积4182万平方米，产量14791.4万千克。水果种植面积20059万平方米，其中新增水果基地面积811万平方米，总产量10538.4万千克。桑树种植面积达8333.3万平方米，共生产蚕茧296.3万千克。茶园实有面积703万平方米，全年生产干茶9.4万千克。

【畜牧业】 全年生猪出栏204016头，肉牛出栏10335头，肉羊出栏120329只，家禽出栏1037351只；生猪存栏136110头，牛存栏30175头，羊存栏196134只，家禽存栏733802只，能繁母猪存栏14317头，能繁母羊存栏97032只，能繁母牛存栏9989头，全年肉类总产量1866.3万千克。

【乡村振兴】 搭建乡村振兴“政银企”金融服务平台，全年累计为27家新型农业经营主体发放贷款2285万元。以乡村振兴先进示范创建为抓手，申报1镇5村为全省实施乡村振兴先进乡镇、示范村，已完成县级命名、申请市级验收。以农村人居环境整治为突破口，实施“厕所革命”，全年投入资金1718万元，实施居民无害化厕所改造5623户，其中纳入省级民生工程2925户。以产业园区建设为重要手段，申报芒果、蚕桑产业园为市级农业产业园。

【扶贫开发】 持续巩固产业发展，发展种植业45406.1亩，养蚕1936张，出栏畜禽43771头（羽），完成率均超过100%。开展农村实用技术培训，完成实用技术培训70期、7000余人次，完成计划任务的95%。产业扶持基金方面持续发力，全县产业扶持基金规模达1955.85万元，已全部拨付到各乡（镇），覆盖全县所有贫困村和“插花户”村。截至2019年年底，已累计借款1747.01万元，惠及贫困户2215户。

【农村水利】 全县高标准农田建设项目争取到中央财政专项资金2562万元、省级财政专项资金938万元、县级配套资金56.85万元、结合农户以物折资投劳折资264.51万元，在永兴镇、益民乡、桐子林镇、红格镇建设高标准农田2.2万亩（含高效节水灌溉面积1万亩）。

【农业机械化】 开展“农机百日活动”“农机安全生产月”“变型拖拉机专项整治”“三秋

农机安全大检查”4项专项活动。全年发放农机购置补贴资金34.955万元，补贴农机具145台，受益农户138户。

【农村科技】 农业技术服务体系建设。利用现有专业技术力量开展特色种养殖业、农村能源、农业机械和测土配方施肥等实用技术培训，完成农业实用技术培训7000余人次。同时，利用农广校资源办好中专班教育，完成2016—2019级职业中专畜牧兽医班教学任务，59人报名函授学习，其中57名学员拿到中专毕业证书，毕业率达96.6%。推进2019年新型职业农民培训工作，培训职业经理人1名、青年农场主1名，筹备其余37名新型农业经营主体带头人、1名青年农场主(省级)、2名职业经理人(省级)培训工作。

主要农作物良种覆盖率。实施良种工程，加强良种推广应用力度，推广应用水稻、玉米、马铃薯等主要农作物优良品种60个以上，全县主要农作物良种覆盖率达90%以上。加强种子(种苗)质量监管工作，种子质量抽检合格率达98%。

主要畜禽良种覆盖率。全县有畜禽良种扩繁场5个，其中2个已取得省级扩繁场资格；建设牛冷冻精液配送站1个、牛冷冻精液配种点3个，引进西门塔尔牛、安格斯牛等优良肉牛品种及建昌黑山羊、简阳大耳羊、川中黑山羊、杜泊羊等优良肉羊品种，通过人工授精或本交进行杂交改良、良种扩繁，养殖场(小区)基本实现自繁自养和品种良种化。全县畜禽良种推广面牛67.6%、羊95.5%，良种化率显著提高。

技术应用与推广。在国胜乡和渔门镇建设现代蚕桑标准化基地1000亩，已建成桑园790亩，新建产业路1千米，有序实施1.7千米道路硬化；已完成550亩桑园土壤改良有机肥采购，实施采摘步道和梯步建设；开展技术培训1期。对不同果树、蔬菜在生长时期的管理技术开展科技培训，并深入田间地头进行实地讲解、操作示范。在桐子林镇、益民乡、红格镇、渔门镇、永兴镇、国胜乡、惠民乡、鳡鱼彝族乡、红果彝族乡、和爱彝族乡等乡(镇)进行芒果、蔬菜栽培管理技术、病虫害防治技术、嫁接技术培训。推广杀虫灯、黄板进行果树病虫害综合防治。

【农村生态建设及环境保护】 畜禽粪污资源化利用整县推进项目。项目建设年度为2020—2025年，计划总投资4879.02万元，通过规模化养殖场畜禽粪污收集和处理利用设施设备与配套设施改造升级、有机肥加工厂建设等不断提升全县畜禽粪污资源化利用水平。

“厕所革命”。项目计划投资626.24万元，拟在5个乡(镇)12个村2238户实施“厕所革命”整村推进示范建设，不断提高卫生厕所普及率，加快推进全县农村人居环境整治，提升农村人居环境水平。

【农产品质量安全监管】 抓好农业行政综合执法、动植物疫病防控和农产品质量安全监督检测工作，确保全年不发生农产品质量安全事故，不断巩固提升四川省农产品质量安全监管示范县和国家级出口芒果质量安全示范区创建成果，走“质量强农之路”。以质量建设为依托，推动农业品牌建设，申报绿色食品、有机食品和无公害农产品以及农产品地理标志等认定认证，不断扩大盐边县特色农产品的知名度和影响力。

【农村市场体系建设】 加强政银合作，县政府与攀枝花农商银行签订《乡村振兴战略合作协议》，为县内农业企业争取“惠商贷”、商超供应链贷款等金融服务，授信总额达30亿元；发挥财政资金的杠杆作用，设立盐边县乡村振兴农业产业发展贷款风险金，由县财政安排3000万元的风险保证金，撬动金融资金3亿元，为符合条件的经营主体提供融资渠道，形成政银联合支持农业产业发展新格局。截至2019年年底，全县共有30家新型农业经营主体按照《盐边县乡村振兴农业产业发展贷款风险补偿金组建方案》申请贷款，共发放贷款2435万元。拓宽合作银行范围，在与农商银行合作的基础上，拟将农业银行和邮储银行纳入合作银行范围。

【名优特新农产品】 盐边魔芋。相传很久以前，四川峨眉山的道士用魔芋块茎淀粉生产的雪魔芋豆腐色棕黄，其形酷似多孔海绵，味道鲜美，饶有风味，为峨眉山一珍品。后来四川一带均有食用魔芋的习惯，盐边县也有种植魔芋食用魔芋的习俗，最初只是民间自产自食，规模不大。“十三五”规划之后，盐边县在政府的支持引导下，加大了魔芋的种植和研究力度，魔芋种植加工技术不断提高，各种专业设备不断改进完善，产品的质量有明显改观，并且通过“科技—种植—加工—销售”一体化的良性循环模式发展盐边魔芋产业，助力乡村振兴。

盐边魔芋呈扁球形，顶部中央下凹，暗红褐色，肉质根，有纤维状须根。盐边魔芋具有较高的食用和医用价值，含有多种氨基酸、矿物质微量元素和丰富的食物纤维，可促进肠胃蠕动，帮助人体消化，对防治结肠癌、乳腺癌有特效；盐边魔芋低热、低脂、低糖，具有减肥、降血压、降血糖、防癌补钙等功效；魔芋性寒、味辛，入药可消肿去毒，主治痈疮、肿毒、瘰疬、结块等症，是一种“天赐良药”。

截至目前，盐边魔芋种植面积8000余亩，示范户达175户，亩产量达800 ~ 3500千克，按照5 ~ 7元每千克进行计算，亩产值能够达到0.4万 ~ 2.45万元左右，经济创收可观。盐边魔芋的种植资源圃、魔芋引种观察基地已初步建成，引进花魔芋、白魔芋和珠芽魔芋三个品系，粗、精加工和深加工技术成熟，并系统机械化，产品丰富，产业链不断延伸。以村为单位，全面登记魔芋产业，摸清家底，致力于把盐边魔芋产业发展成为优选产业，让村民持续增收，稳住脱贫成果。

【主要领导人】 县委书记：王岩辞(7月止)，李春华(7月始)；县人大常委会主任：任平；县长：谭兴忠；县政协主席：肖方敏；分管农业副县长：李晓康。

盐边县编写组

泸州市

【基本情况】 2019年，全市有10乡111镇23个街道，辖区面积12232.34平方千米。全市公安户籍登记总户数157.59万户，户籍总人口508.54万人，其中乡村人口298.33万人、城镇人口210.2万人，户籍人口城镇化率为41.33%；市辖区户籍人口152.36万人，其中城镇人口118.79万人、乡村人口33.57万人；迁入人口2.14万人，迁出人口3.37万人。年末常住人口432.94万人，其中乡村常住人口207.84万人、城镇常住人口225.1万人，常住人口城镇化率为52%，提高1.54个百分点；市辖区常住人口150.04万人，其中城镇人口

113.17万人、乡村人口36.87万人。

【年度农业和农村经济运行】 2019年，全市实现农业产业总值357.2亿元，增加39.4亿元；农林牧渔业增加值达221.4亿元，增长2.8%，其中第一产业增加值217亿元，增长2.6%。农村居民年人均可支配收入达16531元，在全省排第10位；增加1548元，增长10.3%，在全省排第7位，比全省平均水平（10%）高0.3个百分点。

新型农业经营主体培育。全年新培育市级重点龙头企业15家，截至2019年年底，全市共注册龙头企业国家级1家、省级40家、市级260家。争取中央财政资金1122万元用于培育发展农民专业合作社，新增市级以上农民合作社示范社40个，其中国家级8个、省级13个、市级19个，全市共注册农民合作社4650个，并组织专业合作社参加全省农博会、各地展销会、全省十一届优质农产品迎春大联展。全市发展培育家庭农场113家、示范类家庭农场9家，共计达122家；全市工商注册家庭农场2732家，其中在农业农村部门备案1778家，已录入农业农村部家庭农场各名录系统2029家。全市培育新型职业农民2600人、农业职业经理人65人、农村实用人才50名，学员满意度达90%以上。江阳区被列入全省高素质农民培训中线上线下融合培训试点；评选"酒城三农之星"50名，带动脱贫攻坚新型农业经营主体12名。四川宏基新型生态农业集团有限公司等6家农业龙头企业在"天府农业板"挂牌；泸县被列入全省农民合作社质量提升整县推进试点县。

农产品品牌战略实施。全年新增"三品一标"农产品15个，全市已累计认证"三品一标"农产品349个，保有量203个，其中无公害农产品149个、绿色食品34个、有机食品12个、地理标志农产品8个。4月，"酒城优品"农产品区域公用品牌集体商标由市政府授权泸州市农业产业化龙头企业联合会申请注册登记，待国家知识产权局审核批准；"泸州桂圆"被列入全省重点培育的10个区域公用品牌之一；古蔺"天条"面、纳溪"瀚源"有机茶入选2019年四川优质品牌农产品重点打造名单；"泸州桂圆"地理标志证明商标已完成LOGO标识设计，并由泸州市园艺学会委托四川鼎宏商标代理有限公司申请注册登记。

现代农业园区建设。出台《泸州市现代农业园区建设考评激励方案》《现代农业园区认定评分标准》，争取省级培育资金3800万元、市级培育资金1000万元，整合高标准农田建设、现代农业、畜禽粪污资源化利用等涉农资金4亿余元，撬动金融、社会资金15.4亿元。指导区（县）编制现代农业园区区域发展规划和推进方案，引导、支持发展有一定规模的农业园区69个；培育认定县级以上现代农业园区53个，其中市星级园区7个、省级现代农业园区1个。纳溪区创建为国家农村产业融合发展示范园，江阳区董允坝蔬菜、泸县谭坝"高粱+油菜"、合江三江荔枝、纳溪梅岭茶产业4个农业园区被列入省级现代农业园区培育名单并通过省委农办组织的交叉考评。

【产业和技术扶贫】 全市为324个贫困村每村派驻1名农技员。市农业农村局3个联系村落实产业扶持基金不低于50万元。建设农业科技试验示范基地19个，推广优良品种248个、适用技术136项，发放培训资料34.85万份，利用QQ、微信、E农通、农技宝等发送农技信息1.6万余条，驻村农技员到位率和专家服务团指导服务面均达100%，农业主推技术到位率达95%以上。全市种植业、农机、畜牧和水产乡（镇）或区域公益性农技推广机构人员开展省级骨干人才培训和市级组织培训，共计培训1202人，评选市级现代农业技术培训基地15家。

【种植业】 全市粮食作物播种面积593.5万亩，产量229.1万吨，与上年同期基本持平，其中三级以上优质稻品种推广面积稳定在160万亩以上。酿酒专用高粱面积达26.6万亩，产量9.1万吨，面积和产量位居全省第一；高粱订单面积达90%以上，在江阳区石寨镇建设全省唯一的省级高粱良种繁育基地。划定粮食生产功能区和重要农产品生产保护区342万亩并通过省级验收。建设水稻和高粱绿色高产高效创建示范片40个、30.45万余亩，辐射带动面积超过150万亩，其中在泸县实施部级水稻绿色高质高效创建项目，创建万亩示范片20个；在江阳区、龙马潭区、纳溪区、泸县、合江县、叙永县和古蔺县等区（县）实施省级酿酒高粱高产创建核心示范片12个、3.1万亩，建设高粱高产创建示范片20个、10.45万亩。

水果种植面积193万亩，其中名优水果基地108万亩，水果总产量62.3万吨，实现产值58亿元。柑橘种植面积93万亩，占全市水果总面积的48.2%，为全市第一大水果产业。赤水河甜橙种植总面积25万亩，产量10.3万吨，实现产值6.7亿元，均价较其他甜橙高62%以上。合江真龙柚种植总面积31.5万亩，产量8万吨，实现产值9.3亿元，均价是其他柚品种的2倍。荔枝、龙眼产业面积和产量均占全市的95%以上，合江荔枝是国家特色农业产业优势区。荔枝种植面积32.6万亩，产量创历史新高，为3.44万吨，增产1.5万吨，增长88%，实现总产值15.4亿元，增长34%。合江带绿荔枝入选全国农作物种植资源十大特异资源品种。全市龙眼种植面积达31.2万亩，产量6.2万吨，减产1.2万吨，减少22%，实现产值约6.2亿元，较上年略有减少。龙眼种植面积和产量均占全市的95%以上，泸州桂圆创建为省级特色农产品优势区。

绿色蔬菜产业初步形成沿长江和沱江春提早秋延后蔬菜种植区、丘陵特色加工蔬菜种植区以及古、叙高山错季蔬菜种植区。全市蔬菜播栽面积126万亩，产量300万吨，实现产值60亿元。先后打造"长江大地菜""江之阳"蔬菜等品牌，泸州刘氏泡菜、靠得住、百绿食品等蔬菜龙头企业不断壮大，"江之阳"蔬菜成为省级特色农产品优势区。

特色经济作物。一是茶叶产业。泸州茶叶比江浙一带早一个月，比川西北早7～15天，是全球同纬度地区最早的茶叶产区。全市茶叶种植面积43.2万亩，产量3.2万吨，实现综合产值75亿元，纳溪特早茶成为省级特色农产品优势区。2019年，全市茶叶综合产值同比增长近30%，全市25万户茶农仅茶叶一项人均增收近680元。二是中药材产业。全市有中药材资源1144种、药用植物174科，是赶黄草的原产地和金钗石斛、川佛手的道地产地。全市各类中药材种植面积近22万亩（未包括桂圆），产量7.5万吨，实现产值5.6亿元。建成泸县太伏枳实示范园区、古蔺龙山金银花示范园区和箭竹中药材示范园区，古蔺县成为全省中药材重点县。

【畜牧业】 全市有国家优质生猪战略保障基地县5个、四川省现代畜牧业重点县2个。全年生猪存栏203万头、出栏323万头，创建畜禽标准化养殖场70家。肉牛存栏18.7万头、出栏7.09万头，其中古蔺县、叙永县占90%左右。肉羊存栏38.5万只、出栏51.9万只，家禽存栏2283.6万羽、出栏3772.6万羽。

动物卫生监督。全年完成产地检疫生猪147.611万头、牛0.4609万头、羊0.7476万只、禽类578.5931万羽，检出不合格禽类0.1123万羽，畜禽产地检疫乡（镇）覆盖面达100%，申报检疫率达100%。完成畜禽屠宰检疫生猪109.743万头，不合格生猪0.0586万头；牛（羊）1.9433万头（只）；禽类313.9062万羽，不合格

效益补偿金完成兑现166232.5元，兑现面积11270亩；前一轮退耕还林补助资金完成兑现750000元，兑现面积6000亩；新一轮退耕还林补助资金完成兑现1480000元，兑现面积3700亩。完成成片造林及以株折亩的零星和四旁造林约1.1万亩。通过除草砍灌施肥及采伐老竹等方式，完成低产低效林和竹林改造4.2万亩，超额完成上级下达的营造林任务。全年共完成征占用林地审批19个批次，共计使用林地15.5438公顷，收取森林植被恢复费2978480元；完成1332个图斑的调查；违法使用林地清理工作全面结束，清理问题地块293个，农村公路建设、农民建设、养殖业建设等较为突出，经全面筛查核实后将61个案件移送森林公安查处；森林资源"双增长"全面完成，森林面积增加1.3322万亩，森林蓄积增加2.46万亩，森林覆盖率达57%。

【森林防火】 区政府与各镇签订森林资源防火责任书，各镇与村(社区)村民和有关单位签订森林防火责任书。组织指导各镇(街道)成立半专业扑火队伍16支706人，投入资金171.1万元。全年排查火灾风险隐患29起、危险化学品隐患16起，全部及时整改到位；接报火警36起，全部及时扑灭，受损率控制在0.1‰以内。

【特色产业】 全区建成茶园基地31.2万亩，茶叶总产量2万吨，实现茶产业综合产值74.5亿元，"纳溪特早茶"品牌价值达45.22亿元。举办"寻找最美中国茶文化传承人"、四川第七届茶叶开采活动周、中国农民丰收节泸州庆丰收活动等大型活动，在人民网举办"纳溪特早茶"新茶上市媒体见面会。在全国率先启动竹替代塑料制品行动，纳溪区被授予四川省唯一的"现代竹产业示范区"称号，获评为"全国茶业百强县""省级特色产业优势区"。

【乡村振兴】 全区以实施乡村振兴战略为"三农"工作总抓手，制订《纳溪区实施乡村振兴战略考评激励工作方案(实行)》《纳溪区现代农业园区建设考评激励方案》《"生态纳溪·宜居乡村"建设推进方案》等系列文件，构建乡村振兴的制度框架体系。创新工作举措，选聘53名乡村振兴特聘村主任到村任职，其经验做法写进《中共泸州市委关于深入贯彻党的十九届四中全会精神和省委十一届六次全会精神加强城乡基层治理制度创新和能力建设的决定》。全年创建省级乡村振兴示范村3个、市级乡村振兴先进镇1个、市级乡村振兴示范村8个；创建省级农业主题公园、市级四星级现代农业园区各1个。

【农村改革】 持续推进全省涉农资金整合打捆试点县(区)、全省农村土地流转收益保证贷款试点县(区)、全省农村产权抵押融资试点县(区)、全省农村改革综合试验区、全省城乡融合发展综合改革试点，重点破解"人、地、钱"等制约乡村振兴战略实施的瓶颈，为乡村振兴提供制度保障。在发展壮大村集体经济方面，制定《泸州市纳溪区扶持村(社区)集体经济若干措施(试行)》。花田酒地、大渡口镇平桥村作为全省农村改革工作推进会现场参观点，"创新农业农村投融资机制筹集各类乡村发展资金"等改革经验做法被推广应用。

【美丽宜居乡村建设】 以农村人居环境整治"五大行动"为主攻方向，全力推进农村厕所、污水、垃圾"三大革命"，全年改造完成农村危房709户(建档立卡贫困户242户、其他"三类"对象户467户)；实施乡村"厕所革命"1座，新建公厕1座，大渡口镇、白节镇、护国镇、合面镇、天仙镇等重点镇带动全区小城镇建设投资2.5亿元；合面镇获得500万元省级小城镇建设专项资金，护国镇获得320万元市级小城镇专项资金，用于小城镇基础设施建设；天仙镇被列入省级拓展"百镇建设行动"试点镇并通过省、市复核考评。创建省级宜居乡村达标村50个、市级宜居乡村达标村60个。大渡口镇民强村入选全国乡村旅游重点村名录，合面镇创建为"全国卫生乡(镇)"，上马镇被评为"省级森林小镇"，天仙镇乐道古村入选第二批四川省最美古村落。

【扶贫攻坚】 全区精准识别省级贫困村10个、建档立卡贫困户7403户22001人，经2017年省级交叉考核验收，贫困村、贫困人口全部脱贫退出。纳溪区2016年、2017年连续两年获得"全省脱贫攻坚先进县(区)"称号，2018年、2019年主要任务是巩固提升脱贫攻坚成果，全区建档立卡贫困人口为6862户、19418人(动态调整)。完成省级交叉考核反馈问题整改，完成市委巡察反馈问题整改，高质量开展脱贫攻坚"两不愁、三保障"回头看大排查，10个已"摘帽"村、6862户19418名已脱贫群众的脱贫成果得到巩固提升，并通过省级脱贫攻坚成效实地交叉考核。加强低保兜底救助，发挥民政兜底保障作用，确保脱贫户不返贫，巩固脱贫成果。1—6月，全区农村低保标准为320元按月补差，自7月起提高到380元按月补差，确保超过脱贫线。加强"精准识别"，做到"应保尽保"，将2871名建档立卡贫困对象纳入农村低保予以兜底。

【乡村旅游】 全区有星级宾馆4家、A级景区12个、省级旅游度假区1个。纳溪区创建为四川省首批全域旅游示范区，被列入第二批国家全域旅游示范区创建名单，创建为四川省旅游强区和省级全域旅游示范区并被文化和旅游部确立为国家文化旅游改革发展调研联系点；区委书记徐利被评为四川省十大旅游产业"感动杰出人物"；大渡口镇民强村被文化和旅游部、国家发展改革委列为第一批全国乡村旅游重点村，花田酒地景区获得四川省"金熊猫"奖先进集体，"彩韵纳溪"、蝴蝶画和启玉庄园朝帝有机葡萄酒获得"2019四川特色旅游商品大赛"银奖；凤凰湖景区、四川活之酿酿酒公社、世宏蝶艺文化有限公司等旅游企业被表彰为泸州市文化旅游工作先进集体；天仙硐景区被评为市级文明风景旅游区。全年接待游客996.07万人次，增长4.69%；实现旅游收入108.67亿元，增长15.65%。

继续实施旅游项目攻坚，重点推进"百年护国城"、华商同心文化园、世界茶酒小镇等项目。世界茶酒小镇、黄龙湖旅游区等项目被纳入2019年全省文化旅游发展重点支撑项目建设，"全域旅游示范区"项目被列入省委、省政府100个重点推进的文旅项目，华商同心文化园、黄龙湖旅游区被纳入市重点和市级"六大攻坚行动"，所有项目均按投资体量和形象进度超额完成全年目标任务。引进北京幸福酒久景区管理有限公司，签约投资约10亿元，围绕"美丽经济"打造天仙硐·美丽谷，力争将其建设成为泸州市精品旅游项目和川滇黔渝休闲度假旅游目的地。

举办以"好享纳溪·四季有约"为统揽的品牌节庆活动，举办国家文化和旅游部改革发展调研联系点交流研讨活动、四川省第七届茶叶活动开采周、第四届中国美酒音乐季开幕式暨纳溪区全民阅读启动仪式、"第四届美酒音乐·欢乐季"、纳溪贡茶扶贫春芽媒体见面会、2020年庆新春—清溪杯首届彩灯诗词大赛、2019年中国旅游日庆祝活动(泸州)暨黄龙湖丛林漂流季系列活动、青创杯"唱响纳溪·群星璀璨"青年歌手大赛、"我们的节日·中秋"群众文化艺术活动——庆祝中华人民共和国成立70周年暨四川省2019年"万人赏月诵中秋"集中展演纳溪区分会场"等活动10余次，通过举办节庆活动，以节促旅；对接泸州地区的主要媒体，通过平面媒体和立体媒体相结合、传统媒体和新兴媒体相结合、官媒和自媒体相结合，线上线下多渠道宣传纳溪旅游；按照游客共享的思路，对接旅行社和旅游景区，构建旅游线路，打造外部游客通道。

按照要求完成并纳入国家旅游厕所建设系统1个新建、2个改建任务。开展A级景区和星级宾馆的复核以及星级农家乐（乡村度假酒店）的评定、复核工作，天竹源被评为四星级农家乐，牟观山庄等8家农家乐被评为二星级农家乐。全年发放旅游安全和法律法规宣传资料2000余份，开展涉旅专项大检查4次，出动检查人员800余人次，检查星级宾馆、星级农家乐、A级景区400余家次，全年未发生一起涉旅安全事故。全年共接受旅游咨询100余次，接受旅游投诉件6起，调解成功率达100%。

【农村水利】 云回水库放水隧洞累计完成70%，溢洪道尾水砼、消力池砼完成浇筑，溢洪洞、大坝基础全部完成，齿槽完成40%，场内施工道路、围堰以下库区清理、施工截流、管理房均已完成。玉水水库完成《坝址（渠线）选择》《正常蓄水位选择》《施工总布置》三个专题批复，移民调查细则已编制完成并上报，进行水保、环评等专题编制工作。进行河坝水库初步设计修改，已完成补充地勘工作；龙凤水库可研报告已送市上审查；河坝水库已完成初设修改，报专家审查。清风水库、新田湾水库、大田口水库、五八水库、烂湖塘水库5座水库进行除险加固，均已完工。长江上游干流纳溪段防洪治理工程可研报告已经国家发展改革委审查。永宁河段防洪护岸工程已完成初步摸底，进行规划调整。黄桷坝水库供水站水源保护工程已形成初步论证意见，准备聘请专业机构进行详细论证。制订《泸州市纳溪区贯彻落实〈全面落实湖长制的实施意见〉实施方案》，将全区水库纳入河湖长制管理，落实2个中型、5个小(1)型水库河（库）长联络员单位及其工作职责。完成除2座中型水库以外其他水库的"一湖（库）一策"修编并印发。持续开展"四项行动"（清河、护岸、净水、保水）、"清四乱"（乱堆、乱占、乱采、乱建）等专项行动。制定重点河流工作清单任务并抓好落实，要求各职能部门对照职能职责推进。开展河道管理范围划定，完成全区50平方千米以上河流50%的划定工作。按照中央环保督查工作组要求，及时组织并安排了水电站和水库下泄生态流量分析报告编制工作，明确了任务清单、责任主体、整改时限和要求，已有27个水电站（水库）按照要求编制了生态下泄流量分析报告并获得批复，水利厅已建立水电站生态流量监管系统，待发改部门安装监控设施后统一接入监控平台。落实最严格水资源管理"三条红线"制度。严格用水总量控制，严格执行建设项目水资源论证制度，规范取水许可证的发放、水量核定等工作，确保全区用水总量不高于2.04亿立方米；严格用水效率控制，推进节水型机关建设，区级机关公共机构节水型单位建成率超过85%；推进火电、钢铁、造纸、纺织、印染、石油炼制5个行业节水型社会建设，确保全区万元国内生产总值用水量、万元工业增加值用水量比2015年减少18.7%，农田灌溉水有效利用系数提高到0.497。清水溪水库灌区维修管渠1.4千米，安装管道计量设施1处，实施水价改革面积0.06万亩；马庙水库渠区维修泄洪口19处、放水闸21处、渠（管）道5.83千米（含管道闸阀、排砂阀、管道过滤器等）、山坪塘1口、蓄水池1口；安装左干渠杉树湾支渠、三江支渠、野鹿溪支渠、石银支渠，右干渠铜鼓支渠、新房支渠、长安支渠、清凉支渠、新乐支渠，明渠不锈钢水位尺共9处，采用"水位尺+便携式流量仪"的方式计量，新增管渠水表计量设施18处；实施水价改革面积3.16万亩。治理水土流失面积51平方千米。对在建开发建设项目进行监督检查70次；依法查处水土保持违法案件2件；全年依法征收开发建设项目水土保持补偿费288.86万元。完成上级下达全区388个图斑的水土流失动态监测野外复核工作及2012—2018年多类项目的水土保持措施图斑内业勾绘工作，并将复核结果上报至水利厅，为国家级和省级水土流失动态监测工作提供了基础资料支撑。合面镇太山村"国家水土保持科技示范园区""全国中小学生水土保持教育社会实践基地"创建工作全面铺开。

【农业机械化】 全区推广应用各类农业机械10万台，装备农机总动力达28.9万千瓦，增长1.33%。主要农作物耕种收机械化作业面积85万亩，农机综合机械化率达62.4%，高出全省平均水平1.4%，高出全市平均水平5.2%。

【耕地保护】 压紧压实耕地保护责任，严格执行基本农田保护制度和"五个不准"的规定，保证基本农田的数量、质量、区位和利用状况得到落实。保护区设立保护标志59块，设立界桩300根，并落实保护责任人，完成上级下达的耕地保有量59.9万亩、基本农田保护面积48.779万亩的目标任务。根据永久基本农田储备区划定的相关文件规定，完成基本农田储备区划定工作，划定面积14316亩。白节镇、龙车镇、大渡口镇3个"双挂钩"项目获农业农村厅立项批复，批复挂钩周转指标530.5695亩；申请立项5个，涉及丰乐、上马、打古等镇，已完成5个双挂钩项目的"一下"和"二下"内外业核查工作并通过省级核查。完成验收土地整理项目10个，新增耕地指标12792亩；完成验收结余资金项目6个、高标准基本农田项目1个，8个土地整理项目完成农业农村厅备案。完成土地整理项目区耕地田坎补充调查工作，完成40个土地整治项目新增耕地核查工作。协调解决土地整理等项目民工工资1400余万元。组织开展"大棚房"清理整治、重点区域违法违规占用国家资源挤占生态空间行为清理整治、违规确权河滩地清理等专项行动和卫片执法监察等工作，拆除新乐镇毕红园·蒙古部落、程兴再生资源回收有限公司、护国镇邑东廊桥搅拌站、护翔驾校、永宁街道朱坪村6社建材加工厂、鱼羊鲜农家乐、安富街道金山坡综合市场等多处违法违规建筑。核查年度卫片图斑393个、季度卫片图斑141个。持续推进自然资源和规划领域"扫黑除恶"专项斗争、"打非治违"等工作。

【农村教育】 全区有中小学校33所，其中普通高中2所（省示高中1所、市示高中1所）、职业高中3所（省重1所、民办2所）、中心小学16所、初级中学9所、九年一贯制学校3所（其中民办1所），村小校点59个（其中含19所完小），另有特殊学校1所、教科研中心1所；幼儿园58所，其中公办9所、民办49所；各类体育场地861个（场地面积52万平方米），各类体育组织21个。

全面推进素质教育，不断提升内涵发展。区教育和体育局获得全市初中和高中教育质量综合评价一等奖，纳溪中学、护国中学、江南职中均获同类学校综合评价一等奖，合面中学被评为全国教育系统先进集体。学前教育加快发展，新增独立镇（街道）中心幼儿园7所，增加公办幼儿园学位1868个。义务教育阶段质量稳步提升，9所初中获评全市素质教育优秀学校。江南职中获得"2019年全省民族地区'9+3'免费教育计划工作先进集体"称号，4月被教育厅确定为四川省示范中等职业学校项目建设学校，建设期3年。

区教育和体育局全面深化教育改革，不断打造特色教育。一是教育信息化发展经验已成典型。中央电视台四套中文国际频道《走遍中国》对纳溪区"同步课堂"进行了宣传报道;先后4次受邀在教育部举办的2019年教育厅局长教育信息化专题培训班上作专题讲座,交流纳溪区教育信息化助力区域教育均衡发展的先进经验;纳溪区申报为四川省"基于教学改革、融合信息技术的新型教与学模式"实验区。二是教师队伍素质明显提升。国培项目获得教育厅2017—2018年度中小学国培项目考核评估"优秀"(全省共计37个国培项目县参评,5个项目县获得优秀),国培项目纳溪经验在四川省国培项目管理者高级研修班作经验交流,并被报送教育部。江南职中校长陈斌和纳溪中学校长温国富被授予"四川省中小学名校长"称号;纳溪中学教师被评为正高级教师,实现教育系统正高级"零突破"。在市级获奖优秀论文、优秀案例达122篇,教育科研成果获得省阶段性成果三等奖1个、市阶段性成果奖4个,3名教师在全市优质课竞赛中获一等奖。三是研学旅行纵深化发展,区域影响力不断增强。与市电大合作打造的"诗酒文化线路、品茶悟道线路、绿色农耕线路、红色革命线路"4条市级研学线路共接待区内外师生、家长及考察参观团2万人次(其中区外学生5000人次),扩大了纳溪"四育合一"乡村研学实践教育改革工作的区域影响力,研学实践教育经验在全省综合实践教育论坛上作经验交流,举办了第二届川江教育论坛,以研学实践为主题,省内外500余名专家、教师参与,扩大了纳溪影响力。四是创新教育模式协调推进。"四育合一"创新教育申报教育部2019年重点课题。以深圳创新教育吴庆元专家团队为引领,打造具有纳溪模式的创新教育,2019年秋期,全区中小学校以走进课堂和社团活动两种主要方式,以"专家团队带动试点校+试点校带动全域推进"形式,实现城区、乡(镇)学校创新教育同步协调发展,全域全员全程开展创新教育。

推进扶贫工作,助力打赢脱贫攻坚战。一是扎实推进定点帮扶工作。区教育和体育局每个季度到合面镇马桥村调研指导工作,局机关干部职工坚持开展每月一次定点帮扶活动,为贫困户制定巩固帮扶措施。二是精准落实教育扶贫资金。全年共发放各类教育资助金2186万元,资助学生29577人次,惠及建档立卡学生10372人次;办理生源地助学贷款4145人,发放资金3082.48万元,切实保障了对贫困学生的资助全覆盖。开展养殖技术培训、协调社会帮扶、发挥教育扶贫政策优势等,切实做好对合面镇马桥村及54户贫困户的定点帮扶工作。区教育和体育局获评为2019年社会扶贫先进单位。

4月,纳溪区"中小学校长职级制改革"被正式确立为教育厅教育体制机制改革重点试点项目,修订《中小学校长职级制改革试点申报任务书》。理顺了管理体制,打破了管人用人体制机制,取消中小学校长行政级别;推进现代学校制度建设,政府与学校职能逐渐分离;基本消除了校长"官员化"、学校"衙门化"现象,基本实现校长管理学校手段"去行政化"。全面开展多形式"云溪未来乡土教育家"高强度培训,校长队伍专业素质快速提升,全区义务教育阶段学校取得泸州市教育质量优秀学校入围比例最高的成绩。

加强队伍建设,提升队伍素质。一是培训课程建设特色化。建立教科研训人员专业提升课程;做精"金字塔"塔尖层次的"云溪未来乡土教育家"培训课程和"心理健康教育能力提升"特色培训课程;优化"岗前培训+实操培训+提炼总结"三段式新教师培训课程;着眼乡村教师能力提升需求,建立乡村教师学科阶梯性培训课程。二是完成第35个教师节表扬工作。评选全国教育系统先进集体1个,评选省级"四川省中小学名校长"2名,推荐市优秀教育工作者3名、市优秀班主任9名、市优秀教师18名,推荐区十佳校长10名、优秀教育工作者30名、优秀班主任30名、区优秀教师90名、教育爱心人士(企业)10名。三是强力推进国培落地生根。做好国培经验总结,形成了6种实践性、操作性强的研修模式。全年开展"送教下乡"研修活动18次、工作坊研修活动10次、网校整合研修活动18次。形成区、校两级研修成果,组织开展全区国培总结即校本研修成果推广会1次,纳溪区被评为"四川省国培项目优秀县"。四是开展援藏、援彝和支教活动。全区派出援彝凉山6人、援藏稻城11人、支教叙永县3人,派出合面镇马桥村驻村干部1人。

【农村文化】 "科技、文化、卫生"三下乡文艺演出到乡(镇),活动分为文艺演出、书画摄影、有奖知识问答三个部分,吸引近6000名观众观看演出;开展"闹元宵"群众文化活动,演出现场集音乐、舞蹈、小品与杂技等为一体,吸引2500人次群众参与。为关爱留守儿童及老人,在新乐镇敬老院进行了捐赠和慰问演出;结合"四川省曲艺研究院下基层——纳溪行"活动,召集全区乡(镇、街道)文化专干进行专业培训;以传统节日"端午节"为重点,组织开展公共文化服务活动、进街道系列文化活动,服务群众超过3000人次。组织参加"四川第七届茶叶开采活动周"开幕式,原创节目《纳溪贡茶》为现场观众奉上了一场茶文化"盛宴"。在2019中国丝绸之路国际博览会上展演纳溪民歌《这山没有那山高》;2019年中国旅游日(泸州)庆祝活动暨黄龙湖丛林漂流季系列活动演绎了《大渡口之恋》《我在新乐等你》《争奇斗艳》《器乐合奏》等;在"第二届龙舟文化节"上展示了《凤凰湖,我们的家乡!》。举办为期半个月的纳溪区2019年民歌传承培训。为庆祝中华人民共和国成立70周年,举行"秀美纳溪·百姓舞台青创杯唱响纳溪·群星璀璨"青年歌手大赛。文化馆常年免费对外开放,全年接待约20000人次;开设排练厅、演艺厅、展览厅等免费开放项目8项,全年开设公益文化艺术培训班共11科,已完成培训的班级有茶艺班、旗袍秀班、舞蹈班、合唱团、手机摄影、花艺、曲艺培训等11个班,培训1750人次,服务群众约8000人次。

开展"节日致英雄——清明祭系列活动"、"5·18"国际博物馆日、流动博物馆送文化进校园活动、"文化和自然遗产日"亲子活动、"不忘初心、牢记使命"主题教育活动和走进红色印迹教育基地活动。扩大文物事业社会影响力,开展泸州东500千伏变电站220千伏配套工程沿线收资及路径、龙车镇建坝村4社页岩矿区、棉花坡梓桐二队页岩矿区、护国镇石柱村6社马达田页岩矿区等建设项目区的地面文物勘查工作;对长湿新城和医教园区建设工程中发现的地下文物开展抢救性发掘;对护国镇大云村大坟包清代古墓葬进行实地调查。紧急制止紫阳大道延伸段项目对护国战争棉花坡战役战壕遗址的破坏。对全区375处不可移动文物文旅资源点进行了全面普查登记。加强文物保护单位"三防"(安防、消防、防雷)项目建设,开展文物安全专项检查。组织省级非遗"纳溪民歌""永宁河船工号子"进逸夫实验小学、江南职中等校园和社区活动。在护国战争纪念馆举办"文化和自然遗产日"亲子活动,上百人参加,先后参与花生酥、蝴蝶画和香囊的制作。完成2019年非遗普查工作,其中许氏传统木工、竹雕等6个项目具有较高价值,并对其进行了挖掘和记录。按照省政府"传承多彩文化,创享美好生活"的主题,开展了非遗展示、展演和社区实验活动,非遗项目杨师白马鸡、蝴蝶画、护国陈醋、纳溪泡糖、川南雀舌手工茶、渠坝豆腐干、普照山手工苕粉、怡养坊桂花酒参加了泸州分会场江阳区伞里古街的展示展销活动。举办了“文化遗产日”集中宣传活动，活动分为文化遗产保护图片展、纳溪历史优秀建筑摄影展、《非遗法》和区文化遗产保护情况的宣传三部分，共计发放宣传材料1000余份。对民间音乐“纳溪民歌”和“永宁河船工号子”进行传承保护，完成省级非遗代表性传承人陈开才和王绍文抢救性保护记录工作。

全区有区级总馆（二级图书馆）1个、乡（镇、街道）分馆13个、“一卡通”基层点189个，实现了区、镇（街道）、村（社区）三级网络100%全覆盖；纸质图书总藏量6万册、电子图书藏书量10万册，全年免费开放接待读者3.6万人次，借阅图书7万余册次；开展全民阅读推广活动18场近40次，累计参与8000余人次，纳溪区获得“四川省全民阅读优秀组织奖”“四川省全民阅读先进单位”等称号，特色优质阅读服务品牌“清凉夏日快乐阅读”获得泸州市青年志愿服务项目典型案例三等奖、“泸州市最佳志愿服务项目”等称号。《泸州市纳溪区图书馆“清凉夏日快乐阅读”未成年人阅读推广活动调研报告》被中国图书馆学会收入《全国县级图书馆建设和服务创新案例汇编》一书，组织选手参加“泸州市2019年少年儿童阅读年”系列活动，连续七次获得“优秀组织奖”。

实行政府购买服务方式，与广电网络纳溪分公司签订服务协议，委托其负责全区“村村响”“户户通”终端设备及5个地面数字电视基站信源线路等运行维护，切实保障广播电视长期通、优质通。全年经常性开展农村“村村响”“户户通”系统及广播电视转播台、中继站、传输线路、用户终端等的运行维护，保障了广播电视信号发射前端、传输线路长期通、正常通。全年共送省维修直播卫星接收设备78套、应急广播终端设备216个，更新补充安装直播卫星和地面数字“户户通”接收设备403套，共抢修维护地面数字无线基站及信源光缆线路90余次，更换光缆线路10余千米，保障了农户收视权益。

【农村体育】 全区农民健身工程建设任务全面完成，新增健身路径35条（每条5件），完成农民体育健身工程4个，在天仙镇新建标准门球场2个，全区经常参加体育锻炼人数占总人数的比重达43%。承办了川渝滇黔毗邻地区门球赛、泸州市庆丰收民俗体育活动、泸州市第二届龙舟文化节、泸州市幼儿体操交流活动、泸州市农村老年体育基础设施建设现场推进会。区幼儿园参加四川省青少年体操锦标赛得获女子乙组集体自由体操第五名；打古小学获得市青少年校园足球联赛女子甲组冠军；在2019年全国青少年体育冬夏令营（四川泸州站）暨泸州市首届幼儿体育展示大会中，纳溪区参赛幼儿园获得6个金奖、4个银奖、3个最佳编排奖、1个最佳组织奖、81枚幼儿金牌。

【农村卫生】 全区共有镇卫生院12所、村卫生室498个，其中一体化村管理卫生站263个，全区形成以区级医疗单位为中心、镇卫生院为枢纽、村卫生站为基础的三级医疗防保网络，农村群众基本医疗保障不断提升。全年为城乡居民免费提供12类基本公共卫生服务。城乡居民电子健康档案完成45.17万份，建档率达96.45%，完成率达103.71%。免费孕前优生健康检查完成1028对，完成目标任务的101.78%；自愿免费婚前医学检查完成2328.5对，婚检率达100.54%；为53名贫困孕产妇提供免费住院分娩服务。全区共救助贫困白内障患者20例，完成目标任务的100%。

全民预防保健工作稳步推进。全区完成免费健康体检162493人，完成目标任务数的97.91%，其中完成建档立卡贫困人口免费健康体检11435人。实施分类健康管理145753人，基公卫人群重点管理率达81.72%，精准管理人群管理率达82.89%。加强随访服务、健康干预和健康指导等各项措施，降低人群发病、致残、致死风险。5月19日，纳溪区承办2019年泸州市“世界家庭医生日”宣传活动。

推进妇幼健康服务工作。孕产妇健康系统管理率90.87%、高危孕产妇管理率100%、孕产妇住院分娩率100%；0～6岁儿童健康管理率96.21%，3岁以下儿童系统管理率94.77%，5岁以下儿童死亡率6.46‰，婴儿死亡率3.04‰。完成农村育龄妇女免费增补叶酸，预防艾滋病、梅毒和乙肝母婴传播项目和农村妇女“两癌”筛查等妇幼公共卫生工作任务。组织参加全市妇幼健康技能竞赛，获得团体二等奖、理论知识笔试和综合知识抢答两个单项一等奖。

健康扶贫。为贫困人口免费提供艾滋病抗病毒药物和抗结核一线药物治疗，免费提供基本公共卫生服务。对重点人群实施“2+1”精准管理，切实做好健康管理服务工作。贫困人口家庭医生签约率为100%，重点对居家签约对象中高血压、糖尿病、结核病、严重精神障碍四种慢性病患者提供健康服务，全年随访4次。卫生扶贫基金全年救助建档立卡贫困人口325人次，救助金额171.28万元。

贯彻落实农村计划生育家庭奖励扶助和特别扶助政策，审核符合农村计划生育家庭奖励扶助对象14168人、计划生育家庭特别扶助对象995人、计划生育特殊人群扶助对象601人，发放奖励（特别）扶助资金2446万元。补助“持证”农村独生子女父母参加城乡居民基本医疗保险47950人，落实补助资金593万元。增发农村“持证”60周岁以上独生子女父母享受社保生活补助9144人，落实补助资金527万元。实施计生特殊家庭安居工程建设5户，落实补助资金30万元。受理计生特殊家庭住院护理补助97人，落实护理补助资金9.7万元。全面完成省、市人口目标任务，全区计划生育工作主要指标完成良好，截至12月，全区人口出生率7.56‰，人口自然增长率1.69‰，出生性别比为108.18。

泸州市（含纳溪区）通过国家卫生城市复审，被全国爱卫会继续确认为国家卫生城市。天仙镇、合面镇创建国家卫生乡（镇）通过省级考核评审，龙车镇、白节镇、丰乐镇、打古镇创建“省级卫生镇”复审通过市级评审。全区有47个村被命名为“省级卫生村”，15个单位被命名为“省级卫生单位”，27个单位被命名为“省级无烟单位”。完成15个“省级卫生村”、33个省级“卫生单位”、12个“省级无烟单位”的前期申报工作。区财政投入经费27.5万元，完成病媒生物常规防治和春、秋季集中灭“四害”工作。

健康城市建设工作。推进健康城市“十大工程”建设，开展健康村镇建设考核评审。大渡口镇、安富街道等10个镇（街道）达到“二星”健康镇（街道）标准，新乐镇、丰乐镇等5个镇达到“一星”健康镇标准；合面镇太山村、护国镇德红村等19个村（社区）达到“二星”健康村（社区）标准，打古镇紫微村、龙车镇建坝村等17个村（社区）达到“一星”健康村（社区）标准；护国镇德红村、永宁街道打渔山社区、江宁壹号生活小区和四川天宇油脂化学有限公司接受市级“三星”健康细胞评审，全面完成健康城市、健康村镇建设目标任务。

医疗待遇。全年医疗保险基金共计支出38528万元，占医保基金总收入的84%，其中城乡居民医疗保险基金待遇支出26515万元。城乡居民门诊34万人次，统筹支付1806万元；住院报销12.8万人次，统筹支付24709万元，政策范围内住院报销比例达78%。

医疗救助。制定城乡医疗救助“一卡通”实施细则，规范审核、资金发放流程，实现城乡医疗救助职能划转的平稳过渡。与区内39家定点医疗机构签订《城乡医疗救助补充协议》,保障城乡医疗救助实现"一站式"结算。全年救助困难群众37722人次,落实医疗救助资金2520万元。

医保扶贫。完成全区19418名建档立卡贫困人口城乡居民医疗保险、医疗扶贫附加险资助参保工作,落实资金629.18万元,建档立卡贫困人口参保率达100%。对全区医疗扶贫政策进行调整,实现县域内建档立卡贫困人口住院个人支付费用控制在5%以内,普通门诊限额报销、慢性病门诊维持治疗费用个人支付占比控制在10%以内,并实行"一站式"结算。建档立卡贫困人口在区内住院14719人次,基本医保报销3188.19万元,医疗机构减免85.86万元,大病医疗保险赔付141.07万元,医保倾斜支付643.88万元,城乡医疗救助998.73万元、政府统筹53.63万元;建档立卡贫困人口普通门诊就医4.27万人次,医疗机构减免2.92万元,基本医疗保险报销182.51万元,精准扶贫附加险赔付111.35万元,门诊统筹支付141.76万元;建档立卡贫困人口慢性病门诊就医0.25万人次,医疗机构减免0.17万元,基本医疗保险报销15.49万元,城乡医疗救助6.9万元。

【农村交通】 农村公路建设。全区农村公路建设(2017—2019年)项目为2019年竣工项目,累计完成新(改)建硬化路170千米、安保工程51千米,完成投资约2.25亿元,有效路面实现3.5米不等宽到6.5米的跃升。完成40千米重点扶贫公路工程施工设计图专家评审。

渡改桥建设。完成双河场、双河口、乐道子、河沟子、真金滩、湾滩6座渡改桥建设,实现投资目标7000万元。丝厂大桥投资8400万元,已完成水下桩基和承台施工,进行桥梁上部构造施工。河边上渡改桥已完成工程设计,将于2020年开工建设。桥长1500余米的河东长江大桥于12月开工建设,各项工作有序推进。全区开行公交线路26条,投入公交车113台;开行农村客运线路41条,投入农村客运车辆108台,其中农村客运66台;建成占地17亩、总功率为1250千瓦的城区充电站1座,实现同时供30台新能源公交车充电,年度投资额达5000万元。全区实现所有乡(镇)通公交、76%的建制村通公交、100%的建制村通客运。

【农村社会保障】 制发《纳溪区农村低保专项治理工作要点的通知》,按照"一户一档一表一册"核查比对思路,查阅各镇(街道)低保资金台账,通过与全区社会救助系统逐一核对,检查低保申请、审批程序、发放形式、资金到位情况、档案管理等方面存在的漏洞。集中开展专项检查12场次,进村入户走访救助对象200余户,查出资金发放不及时、程序不规范、印证资料欠缺、救助不精准等问题10余个。出台《关于进一步加强社会救助工作的通知》,对之前的救助政策进行了微调和解释,对个别因年龄条件、残疾等级或者无法提供有关资料但是确实生活困难的群众采取特事特办等方式纳入保障,自文件下发之日起,新增农村最低生活保障651户1351人(占全年新增比例的81%),扩大了救助覆盖面,实现"应保尽保、应救尽救"。加大对临时救助、特困人员、困难残疾人等特殊困难群体的救助力度,其中临时救助困难群众2601人次,发放救助资金205.6万元;累计救助特困人员2.85万人次,发放救助资金1313.26万元;发放重度残疾人护理补贴5.83万人次,发放金额336.69万元;将困难残疾人生活补贴标准提高到每人每月90元,纳溪区目标任务人数为3540人,实际完成3800人,完成目标任务数的106.7%,全年累计救助困难残疾人4.58万人次,发放困难残疾人生活补贴412.57万元。城乡低保方面,1—6月农村低保标准为320元按月补差,从7月起提高到380元按月补差,累计救助7.3864万人次,发放救助金1176.67万元。全区城乡居民养老保险参保和缴费分别为151919人和54332人,分别增加11524人和1420人。全年各项待遇支付及时、足额、准确,新增城乡居民养老保险养老金人员100%使用社保卡领取待遇,发放城乡居民养老保险待遇8573.23万元,增加438.74万元;城乡居保待遇领取人员社会化管理6.7万人,覆盖面达100%。

专项救助方面。联合区公安分局对长期滞留全区的流浪乞讨人员进行科学合理安置,已累计安置流浪乞讨人员712人次,资助返乡或护送返乡人数共82人次(其中省外13人、省内69人),累计支出流浪乞讨人员救助40万元。加强对孤儿、事实孤儿的救助力度,累计救助孤儿755人次,发放救助资金64.26万元;累计救助事实孤儿1354人次,发放救助资金38.98万元。开展"慈善情暖万家"春节慰问活动,慰问贫困户60户,发放慰问金3万元;开展元旦、春节"送温暖"活动,发放资金18万元,救助群众200余人;开展福彩慈善和"小城大爱"帮困助学,救助困难大学生、中等职业学校和高中新生50余名,发放助学金20余万元;推进"慈善一日捐"和栋梁工程捐款,大病救助困难群众20名,落实救助资金10万元。

养老体系。筹措居家养老服务经费240万元,为8000名困难家庭的失能老人和80周岁以上的高龄老人提供居家养老服务;推进养老服务质量提升工作,115项养老服务质量指标要求已逐步实现;全面完成纳溪区社会救助福利中心养老床位适老化改造工程,改造床位100张,项目总投入100万元;全面完成大渡口镇、护国镇、龙车镇和新乐镇4所农村敬老院养老床位适老化改造工程,改造床位350张,项目总投入350万元;新建白节镇金田村、渠坝镇清凉村、打古镇银马村、上马镇黄桷坝村、护国镇凤仪村和黄花村、丰乐镇马村、棉花坡镇金凤村、大渡口镇太和村和天仙镇将军村共10个农村社区日间照料中心;设立老龄宣传点18个,散发宣传单3万余张,开办宣传栏和村、社区宣传橱窗80余期。组织开展老年人防诈骗、防电信诈骗讲座,发放宣传资料10000余份。"敬老月"期间,慰问困难高龄老人43人,发放慰问金12900元;慰问养老机构7家,发放米12袋、油12桶、牛奶86箱等慰问品;发放高龄津贴359.37万元。

劳动保障。成立根治欠薪领导小组,完善联席会议制度,专题研究根治欠薪问题,加大企业失信联合惩戒和恶意欠薪案件查办力度,形成齐抓共管的格局。以工程建设领域为重点,开展根治欠薪日常巡查,全面落实保障农民工工资支付制度,保障农民工权益,在建项目和新开工项目民工工资支付率达100%。全年共受理劳动争议仲裁案件189件,其中仲裁裁决115件、仲裁调解61件、调解撤诉13件,结案率达100%,为劳动者挽回经济损失308万元;开展专项检查活动2次,深入用人单位140余家,涉及劳动者5000余人;为400余名劳动者提供劳动保障法律政策解答,查处劳动违法案件8件,全部如期结案,为劳动者追收劳动报酬214万元;受理申请工伤案件148件,认定完毕145件,不予认定3件。8月,成立正科级财政全额拨款事业单位农民工服务中心,核定事业编制7名,统筹推进全区农民工服务工作。制订《加强农民工服务保障方案》,开展今冬明春农民工返乡专车、走访慰问、根治欠薪、证照办理、就业专场招聘、健康保健、"送文化下乡"、文明志愿服务等农民工服务保障八大专项行动。3月,成立中共泸州市纳溪区农民工综合委员会,印发了《2019年农民工党建工作要点》,发挥党的政治优势和组织优势,以党建引领和带动农民工服务保障工作。推进区、镇、村（社区）三级公共服务平台标准化建设，已建成的217个基层平台共配置428名基层人力资源和社会保障公共服务平台工作人员，下延基层办理群众参保、查询、缴费、资格认证等33项业务，实现了“最多跑一次”智能化服务。

【农村电商】 加快推进农村电商物流建设，解决买卖难问题。抓好25个农村电商网点运营工作，全区两条物流运营线路共派件108600件，收件98900件。培养农村电商人才，全年共培训电商人才1600人次。依托“赶场天”电商平台、深圳“社区客厅”平台，新建数字平桥云溪产品馆，完善纳溪体验店、平桥纳溪产品展示馆，完成阿里巴巴县域（纳溪）电商项目签约。以线上线下推广、专营店、展销、微商等方式，组织企业参加成都食材展等各种展示展销会12次，推广宣传销售纳溪产品。

【有害生物防控】 全年产地检疫率100%，测报准确率100%，完成2019年度省级中心测报点工作任务。全区获得2018年度省级中心测报点工作考核良好第一名；全年无公害防治率达98%，成灾率为零。

【创业就业】 全区失业人员再就业2010人，其中困难对象再就业648人；开发公益性岗位安置各类就业援助对象716人，其中贫困劳动力591人；开展职业技能培训2401人、就业扶贫培训691人、创业培训410人；促进创业1752人，创业带动就业4053人，发放创业担保贷款2450万元。开展各类招聘活动20余场，为智能终端、数字经济等企业输送人员3000余人。

【供销合作】 全年供销经营服务总额达75000万元，利润总额345万元。完成镇（街道）级再生资源回收利用网点全覆盖；新型基层供销社实现全覆盖；新培育发展供销社参控股企业1家，新发展加盟企业1家，新发展农民专业合作社1个，培训农村电子商务人员1600人。全面完成打古、合面、渠坝、龙车、棉花坡、安富和大渡口镇平桥村新型基层社建设，示范社上马镇川帮供销社建设工作，新型基层社已完成规划，同时完成2018年上马、护国、丰乐、天仙新型基层社及永宁示范社验收工作，实现新型基层社全覆盖。

【农业安全】 全面推进农作物病虫害防治工作，全区小麦病虫害防治面积1.12万亩，挽回小春农作物产量174.64吨。印发《泸州市纳溪区2019年草地贪夜蛾普查和阻截防控技术实施方案（试行）》，防控外来入侵者。全面推进重大动物疫病防控工作，印发《关于完善非洲猪瘟防控监管长效机制实施意见》等文件，严防死守非洲猪瘟疫病的传播和蔓延，加快恢复生猪生产。推进渔业生态资源保护工作，严格落实长江纳溪段禁渔工作，严厉打击电鱼、炸鱼等破坏生态环境违法犯罪行为，坚决查处违法捕捞、破坏生态环境行为。全面严控农村秸秆焚烧，建立网格化管控和区、镇、村三级巡查机制，坚决防止大气污染，守护纳溪的“蓝天”。全面加强21000口农村沼气池的安全管理，安排农村沼气池安全管理员38人，专人专班负责沼气池的安全管理，获评“2019年度全省农村能源工作先进单位”。全面推进农机具安全、农产品质量安全等工作，全年未发生农业安全事件。

【地质灾害防治】 严格执行“汛前排查、汛期巡查、汛后核查”和“雨前排查、雨中巡查、雨后核查”的三排查机制，组织开展荣县“2·24”地震次生地质灾害排查、2019汛前地质灾害排查、“6·17”长宁地震次生地质灾害排查以及汛期地质灾害隐患集中排查。截至2018年年底，辖区有地质灾害隐患点22处，新增地质灾害隐患点7处，销号隐患点18处，截至2019年年底，全区有地质灾害隐患点11处，其中滑坡3处、不稳定斜坡5处、崩塌3处，共计威胁174户582人，地质灾害隐患点均逐点落实了防灾措施。全年省、市地质灾害综合防治体系建设下达全区地质灾害工程治理项目2个，全部竣工验收；下达避险搬迁任务27户，全部搬迁。加强学习培训和应急演练，全面加强全区干群的避险防灾知识，全区地质灾害点连续19年实现零伤亡。

【机构改革】 中共泸州市纳溪区委农工委、泸州市纳溪区农业局合并组建“泸州市纳溪区农业农村局”，统筹推进全区“三农”工作。中共泸州市纳溪区委农村工作领导小组办公室（简称“区委农办”）设在区农业农村局。

【主要领导人】 区委书记：徐利；区人大常委会主任：詹忠平；区长：谭荣兵；区政协主席：熊杰；分管农业副区长：冯怀玉。

纳溪区编写组

泸县

【基本情况】 2019年，全县辖19个镇1个街道，辖区面积1525平方千米，其中耕地面积127.15万亩，与上年持平，人均耕地面积1.19亩；基本农田111.36万亩。年末总人口106.72万人（户籍人口），减少0.51%；人口出生率8‰。

2019年，全县GDP378.4466亿元，增长6.4%，其中第一产业增加值55.3亿元，增长2.6%，农、林、牧、渔及农林牧渔服务业之比为57.44 ∶ 3.24 ∶ 32.3 ∶ 5.66 ∶ 1.36；第二产业增加值206.63亿元，增长6.8%（工业产值397.2亿元，增长9.8%）；第三产业增加值116.52亿元，增长8%。三次产业对经济增长的贡献率分别为6.3%、59.7%和34%。全年转移就业农民工42.89万人，外出务工39.36万人，自主创业3.53万人；实现劳务收入77.09亿元。全年实现旅游收入667.59万元，其中乡村旅游收入715000万元。

公路通车里程4815千米（其中乡村公路4575千米），密度3.16千米/平方千米，44.58千米/万人。社会消费品零售总额146.91亿元，增长11.2%。地方一般公共预算收入完成15.88亿元，增长5.08%；一般公共预算支出52.18亿元，减少2.95%，其中农业投入7.01亿元，占支出的13.42%。金融机构各项存款余额378.32亿元，比年初增长8.16%；各项贷款余额207.21亿元，比年初增长30.6%，其中支持农业产业化发展项目贷款113.6亿元。全年农业保费收入4258.31万元，减少2.94%；处理各项赔款金额5044.73万元，增长63.21%。农业产业化龙头企业省级、市级分别为4家、26家。

有义务教育学校87所，普通高中6所，职业学校3所；幼儿园176个，其中公办中心幼儿园20个、中心幼儿园分园41个、中心幼儿园村级幼儿园47个、民办幼儿园68个；特殊教育学校1所；社区教育学院1所；教师进修学校1所。在校（园）学生（幼儿）16万余人，在职教师8000余名，退休教师3200余名。有艺术表演团体127个，文化馆1个，公共图书馆1个，博物馆2个。有卫生机构1260个，病床位4314张，卫生技术人员4283人。城乡居民基本医疗保险参保人数952184人，参保率98.03%；城乡居民养老保险参保人数492080人，参保率93%。

【年度农业和农村经济运行】 2019年，全县实现农业总产值91.98亿元，增长2.64%；全年农业增加值达56.06亿元，增长2.75%。农民年人均可支配收入达18237元，增长10%。在粮食、生猪、蔬菜生产中，科技投入的占比或科技贡献率62%。全县农产品质量安全抽检合格率98.5%。全年认证绿色食品1个、无公害农产品5个。全年创建省级乡村振兴先进镇1个、示范村4个。

2019年泸县主要农产品产量

主要农产品	单位	产量	同比(%)
粮食	万吨	53.43	-0.45
水稻	万吨	31.98	-0.25
小麦	万吨	0.12	-10.62
玉米	万吨	9.14	-9.05
马铃薯	万吨	2.15	30.78
油菜籽	万吨	3.14	1.85
蔬菜	万吨	65.6	2.88
水果	万吨	7.59	1.36
肉类	万吨	9.69	-9.4
猪肉	万吨	6.33	-19.1
牛肉	万吨	0.032	6.69
羊肉	万吨	0.128	8.01
禽肉	万吨	2.53	19.47
兔肉	万吨	0.657	11.36
禽蛋	万吨	1.32	4.03
水产品	万吨	3.91	0.7

新型农业经营主体培育。一是推动土地流转工作,全县累计流转土地26.67万亩,全年新增土地流转面积1.37万亩(新增规模以上流转面积0.25万亩)。二是培育多元新型农业经营主体。全年累计发展龙头企业40家、农民合作社530家、家庭农场930家,其中新增市级以上龙头企业2家、市级以上农民合作社示范社5家、市级以上家庭农场6家、返乡创业企业6家;发展农业职业经理人10人,培育新型职业农民411人。三是完善社会化服务体系。实施农业社会化服务示范县建设项目,培育新型农业经营主体18家。以政府购买农业社会化服务的形式,开展水稻耕、种、防、收、烘干等环节的社会化服务,服务面积达3.4万亩。

农村集体产权制度改革。泸县是全国农村集体产权制度改革试点县。通过清产核资,全县共清理资产24.43亿元,其中经营性资产3.27亿元、非经营性资产21.16亿元;共清理集体土地138.97万亩,其中农用地112.55万亩、建设用地15.78万亩、未利用地10.64万亩,并按照镇、村、组三级分别落实权属,清产核资工作实现全面摸清家底,厘清了资产权属。推动股份合作制改革,以民主、公开、公平的形式,将农村集体资产以份额的形式量化给经确认的94.51万名集体经济组织成员。落实集体资产所有权、农民的管理监督权、集体收益分配权,调动了农民管理集体、壮大集体的热情。全县251个村召开了股东代表大会,讨论选举组织机构成员,完善制定章程和其他管理制度,在2018年年底前全部完成登记赋码。以农村集体产权制度改革为基础,农村集体经济组织以村级股份经济合作联合社的名称取得法人资格,成为参与市场经营主体。在村党支部的领导下,各村以村级股份经济合作联合社为主体,盘活农村集体资产,以自营或入股、合作、租赁等形式与其他市场主体合作,承接国家支农惠农项目,探索出"三社融合"发展模式,参与农业社会化服务。

现代农业园区建设。全县抓好现代农业园区建设培育工作,泸县谭坝园区被纳入省级园区培育名单。园区为突出主导产业"高粱+油菜",引进七川农业发展有限公司入驻,规模化、标准化、智能化发展相关产业。同时,开始首轮县级现代农业园区认定,认定县级园区6个,其中五星级2个、四星级2个、三星级2个。择优推荐申报市级园区2个,争创省级园区1个。

【种植业】 全县种植业以效益为中心,围绕优质稻、酿酒高粱和再生稻三大优势产业,通过抓集成技术推广和规模经营推广水稻国标三级米以上优质稻面积占100%,其中二级优质稻面积占60%;全面推广优质糯红高粱,发展订单种植。全年粮食播种面积123.4万亩,产量53.43万吨,其中水稻55万亩,产量31.98万吨;玉米23.1万亩,产量9.14万吨;高粱6.5万亩,产量2.2万吨。油菜籽播种面积16.3万亩,产量3.14万吨。努力打造地方特色稻米品牌,打造出"世兰香""川·泸"牌原生态系列优质稻米和川南特色产品——再生稻米,并于2019年年初通过中国绿色食品发展中心"中国绿色食品"认证。

【林业】 全年完成营造林1.2万亩,义务植树217万株,新建县级"四大班子"义务植树示范基地1个、面积150亩;管护国有林3.34万亩,发放验收合格的集体与个人公益林生态效益补偿3.3万亩,巩固退耕还林成果7.2万亩。新增森林面积0.4175万亩,新增森林蓄积1.07万立方米,森林覆盖率增加0.2个百分点。严格执行森林采伐限额管理和凭证采伐,采伐消耗森林蓄积2.43万立方米,占年森林采伐限额的52.62%,控制在采伐限额之内。森林火灾高风险区综合治理项目建设任务全面完成并通过竣工验收,全县国有林场自筹300余万元建设森林火险高清视频监测系统,新增高清探头12个,累计建成高清探头16个,实行全天监测森林资源,全年未发生森林火灾,森林火灾损失率控制在0.1‰以内。

【畜牧业】 加强动物防疫工作,印发非洲猪瘟防控宣传资料10万余份,累计使用消毒药物100余吨,采集样品1500余份。全年猪瘟免疫50万余头、口蹄疫免疫50万余头;牛(羊)口蹄疫共免疫3万余头(只);羊小反刍兽疫免疫4万余只;禽流感免疫鸡300万羽、水禽200万羽;犬猫狂犬病免疫6万余只。圈舍消毒面积达1000万平方米,防疫监督到位、应急反应处置到位,群体免疫密度达100%,各项免疫抗体合格率均达到国家规定的标准。无害化处理病死猪7.9573万头、羊443只、牛28头、鸡9348千克、鱼10795.1千克、产品7219千克。全年生猪出栏85.5万头,建成存栏8000头种猪场1个、存栏3000头种猪场1个、存栏3000头以上生猪寄养场2个,开工建设存栏6000头生猪寄养场2个。

【水产业】 全年水产品总产量3.91万吨,增加272吨,增长0.7%;实现渔业经济总产值6.15亿元,增长8.27%;生产水花鱼苗2亿尾,投放鱼种4010吨。全县有水库1.65万亩、山坪塘4.63万亩,稻田蓄水养鱼5.04万亩,新发展稻渔综合种养8630亩,其中完成贫困村福集镇螺丝山村新建稻虾基地600亩、方洞镇庆丰村新建稻虾基地200亩、喻寺镇邹燕村改(扩)建基地1个70亩,农民人均渔业增收实现48元的目标。

【扶贫攻坚】 泸县是扶贫开发工作任务县,全县深刻把握精准扶贫精准脱贫基本方略,以"大走访""大排查"为载体,聚焦解决"两不愁、三保障"突出问题,全面巩固提升脱贫质量。截至2019年年底,经过贫困人口动态管理,全县有建档立卡贫困户20560户55775人,其中脱贫监测户98户,全部通过巩固达标验收;全面解决非建档立卡群众的特殊困难,绝对贫困现象全面消除。

【农业信息化建设】 全县按照“一个中心一个平台N个应用”顶层设计模式，建成“泸县智慧农业大数据中心”，包括种业、畜牧、园区、植保、农机、农资、农经等业务应用与数据，构建起“互联网+农业”信息服务体系，实现科学指导农业生产经营管理、政府决策监管和社会公众服务，推进现代农业标准化、科学化、精准化发展。

【农村水利】 全县开展重点水源工程前期工作，牛滩土公庙水库完成可研技术审查。抓好项目建设，着力补齐水利工程短板，除险加固病险水库8座；完成村镇供水改造二期工程、神仙桥集中供水站兆雅段管网改造、神仙桥集中供水站取水口搬迁等工程建设任务，巩固提升5万余人的饮水安全品质。完成九曲河防洪治理工程5千米，治理坡耕地5700亩。县水务局被水利厅评为农村水利、水土保持、节约用水等工作先进集体。持续实施农业水价综合改革，试行分类核算定价和定额管理，完成改革面积21.5万亩，“节水减排”效果明显。9月，泸县在全省农业水价综合改革工作视频会议上作了交流发言；12月，在水利部作交流发言。

【农业机械化】 泸县是四川省农机化先进县、全国平安农机示范县。截至2019年年底，全县主要农作物耕种收全程机械化水平达67.15%，提高1.35%。有各类农业机械20余万台，其中拖拉机32台、耕整地机械9809台、栽植机械170台、田间管理机械545台、联合收割机254台、植保无人机12架；新增提水控灌设备703台、2480千瓦，新建和改造提灌站6座、245千瓦，有“物联网+提灌站”29座。全年补贴各类农机具2604台，完成农机购置补贴补贴资金263.96万元，其中中央补贴资金169.3万元、县级补贴资金94.66万元，2432户农民受益，农机购置补贴中央资金结算进度达100%。

【农村科技】 水稻、高粱推广轻简栽培、规范化栽培和“耕、种、防、收”全程机械化栽培，再生稻推广适时足量施用粒芽肥等配套技术，提高单产、降低种粮成本。

【农村教育】 泸县是全国首批义务教育发展基本均衡县、国家级农村职业教育和成人教育示范县是全国社区教育实验区、国家学前教育改革发展实验区。一是学前教育普惠发展。贯彻落实《中共中央国务院关于学前教育深化改革规范发展的若干意见》，推进泸县学前教育健康发展。创建县级环境创设先进园1所、示范园3所、特色幼儿园2所、市级示范幼儿园2所。二是义务教育均衡发展。全县“一分三率”指标大幅提升，实现全面丰收。三是普通高中优质发展。推进高中阶段教育普及攻坚计划，深化普通高中课程改革。四是职成教育创新发展。泸县建校建筑工程施工专业经省教厅批准，获得省级建设资金300万元，开始为期两年的省级示范专业建设，在泸州市中职学校文化课统一检测中，人均总分、数学平均分全市领先。五是特殊教育协同发展。依托特教学校，发挥资源优势，让适龄残疾儿童接受正规特殊教育。全年建成资源教室6个、资源中心1个，在建资源教室8个。

【农村卫生】 全县重点围绕“农村生活垃圾分类处理、农村户用卫生厕所改造、开展村庄清洁行动”三大攻坚行动，开展“美丽泸县·宜居乡村”示范村建设，创建“美丽泸县·宜居乡村”省级达标村55个。

【农村法制建设】 全县将法治宣传进万家活动与脱贫攻坚、走服引、创文、创卫等各项工作相结合，通过宣传活动提高广大人民群众的法治意识，引导人民群众依法维护自身权益。以法治宣传服务乡村振兴为重点，以推进乡村法治文化阵地建设为抓手，推进“法律进乡村(社区)”。全县组织开展法治专题培训138场次，组织开展各类法治宣传活动239次，涉及144959人次；发布法治微博854条，推送法治微信905条、手机报51期，各类点击阅读量逾100万次；组织开展法治文艺演出57场次，放映法治电影62场次，播放法治广播节目84期，向各级新闻媒体推送法治宣传信息161条。

【涉农招商引资】 2019年，全县3000万元以上的农业招商引资重大项目2个，均为内资项目，项目总投资5.4亿元，前期规划工作有序进行。

【农产品质量安全监管】 农产品质量安全监管、检测、执法体系健全，农产品抽检合格率达98.5%，有“三品一标”农产品53个，农产品质量安全稳步提升，省级农产品质量安全监管示范县成果得到巩固。继续推进国家龙眼栽培综合标准化示范区、国家泸县青花椒标准化示范区建设和四川省有机产品认证示范创建区建设，打造农产品品牌。泸县熟龙龙眼专业合作社联合社、泸县牛滩金山寺生姜专业合作社、四川泸州龙城粮油购销有限公司、泸县云龙镇供销合作社等15家企业开展有机认证面积7179亩，有机转换认证面积15904亩。组织申报“四川扶贫”集体商标。“熟龙龙眼”“桑葚酵素”“桑葚酵素酒”“延年稻富硒米”获得“四川扶贫”集体商标授权证书，全县已有6个产品获得“四川扶贫”集体商标标识。统一实行病虫害绿色防控，确保农产品质量安全。

【农村市场体系建设】 在加强与淘宝、苏宁易购、供销e家、积纳有品等大型知名电商平台合作的基础上，与京东对接合作，借助京东品牌与渠道优势，组织龙眼鲜果等产品在京东平台开设的中国特产·泸县扶贫馆销售，搭上电商快车，致力打造中国晚熟龙眼第一品牌，助推泸县晚熟龙眼品牌走向全国。借助京东电商、果品龙头企业、专合社、农产品经纪人和果农，组织开展推销、采取线上线下销售，带动销售龙眼鲜果达3.5万吨以上。

【农村留守家庭帮扶】 在全县掀起“百名能手促发展，千名执委访妇情，万名典范树新风”热潮。在贫困村、乡村振兴示范村、人居环境整治示范村共组建40个“巾帼互助队”，开展文明新风、卫生习惯、垃圾分类大宣讲，挖掘一批致富能手，打造一批示范基地，开展一批形式多样的活动，选树一批先进典型。全县“巾帼互助队”成员达2000余人，走访贫困户2365户，集中帮助打扫卫生1563户次，督促检查卫生120场次。实行“幸福使者派驻贫困村”制度，组织开展扶贫扶志感恩奋进、养成好习惯、形成好风气巡回宣讲203场，让好家风、好家教深入人心。

【农村留守学生帮扶】 全县学前减免保教费、义务教育家庭经济困难学生生活费补助、普高国家助学金和免学费、中职国家助学金、中职和本专科特别资助等项目资助从学前到高校家庭经济困难学生共8.3万人次，发放资助资金5770万元，其中资助泸县籍建档立卡贫困家庭学生8887人，发放资助金1391万元。通过与国开行和农商行合作，共向9600名泸县籍高校学生发放助学贷款，全年发放贴息贷款7000万元，回收到期本息9312笔，回收资金3000万元。

【劳务开发与返乡创业】 全年失业人员再就业1600人，完成目标任务的106.67%；就业困难人员就业510人，完成目标任务的113.33%；促进成功创业1526人，完成目标任务的152.6%；发放创业担保贷款2179万元，完成目标任务的103.7%；农村劳动者累计转移就业42.83万人，实现劳务收入77.09亿元，各项目标任务完成较好。

【主要领导人】 县委书记：肖刚；县人大常委会主任：颜习林；县长：曹阳；县政协主席：李镇；分管农业副县长：先泽平。

泸县编写组

合 江 县

【基本情况】 2019年，全县辖19镇2个街道，辖区面积2414平方千米，其中耕地面积107.6万亩，人均耕地面积1.54亩；基本农田85.9万亩。年末总人口89.5564万人（户籍人口），减少0.3%；人口出生率8.43‰，增加0.16个千分点；人口自然增长率1.37‰，减少0.37个千分点。有林业用地13.6万公顷，有林地面积12.9893万公顷，活立木总蓄积量654.92万立方米，森林覆盖率56.58%。

2019年，全县GDP243.2亿元，增长7.8%，其中第一产业增加值40.4亿元，增长2.7%，农、林、牧、渔及农林牧渔服务业之比为54.35：3.82：34.91：4.59：2.33；第二产业增加值108.9亿元，增长9.5%；第三产业增加值93.9亿元，增长8.2%。三次产业对经济增长的贡献率分别为6.1%、55.7%和38.2%。劳务输出28.3万人，收入58.128亿元。全年接待游客743.29万人，实现旅游收入80.03亿元。

公路通车里程2133千米（其中乡村公路1580千米），密度883米/平方千米，23.4千米/万人。社会消费品零售总额1118.6亿元，增长11.3%。地方公共财政预算总收入完成9.3亿元，同口径增长11%；公共财政预算总支出43.8亿元，增长4%，其中农业投入6.5亿元，占支出的14.8%。金融机构各项存款余额331亿元，比上年初增长9.85%；各项贷款余额145亿元，比年初增长11.5%，其中涉农贷款余额87.39亿元。全年政策性农业保险保费收入0.25亿元，处理各项赔款和给付金额2066万元，增长26.36%。完成农业产业化项目15个，完成投资6.88万元。农业产业化龙头企业国家级、省级、市级、县级分别为1家、5家、25家、50家。

有各类学校229所，在校学生15.72万人，教职工6353人，其中普通高校1所，在校本（专）科学生0.82万人，增长30.16%；普通高中5所，在校学生1.6万人；中等职业学校3所，在校学生1.2万人；初级中学24所，在校学生4.3万人；小学74所，在校学生5.8万人；特殊教育学校1所，在校学生0.014万人；幼儿园121所，在园幼儿近2万人，学龄儿童入学率100%。有艺术表演团体22个，文化馆1个，公共图书馆1个，博物馆1个。有卫生机构827个，病床位4265张，卫生技术人员5350人。城乡居民医保参保人数796894人，参保率98.132%。新型农村社会养老保险参保人数356158人，参保率92.8%；农转非人员养老保险参保人数13171人，占农业总人数的19.63%。

【年度农业和农村经济运行】 2019年，全县出台了《合江县乡村振兴战略规划》等规划、政策。实现农业总产值68亿元，增长2.6%；全县全年农业增加值达41.3亿元，增长2.7%；荔枝、真龙柚、金钗石斛、花椒、生猪等特色优势农产品产量保持稳定增长。农民年人均可支配收入达17441元，增长10.1%。全县农产品质量抽检合格率达99%以上；建成27个基层农业综合服务站。

2019年合江县主要农产品产量

主要农产品	单位	产量	同比(%)
粮食	万吨	50.2	–0.4
水稻	万吨	29.9	–0.4
小麦	万吨	0.4	–7.8
玉米	万吨	7.5	–9.8
马铃薯	万吨	2.9	–0.1
油菜籽	万吨	0.5	2.5
蔬菜	万吨	45.1	4.5
水果	万吨	6.9	34.1
肉类	万吨	6.1	–16
猪肉	万吨	4.4	–23.4
牛肉	万吨	0.05	0.6
羊肉	万吨	0.3	1.69
禽肉	万吨	1.4	12.9
兔肉	万吨	0.08	1.7
禽蛋	万吨	1.3	8.8
水产品	万吨	1.9	3.4

农业产业化发展。引进蓝田集团投资10亿元建设占地150亩，集仓储冷链、产品研发、商贸物流、展销展示、电子商务于一体的特色农产品交易中心，推动农业产业化发展。全年投资建设农业产业发展、农业基础设施提升、农村宜居环境提升等农业重点项目15个，完成投资6.88亿元。截至2019年年底，全县已培育农民专业合作社760个，其中国家级示范社5个、省级示范社22个、市级示范社42个；培育家庭农场405个，其中省级示范场16个、市级示范场8个；培育农村种植大户5752户、养殖大户3486户、其他大户298户。

农村集体产权制度改革。全县土地流转面积达31.95万亩，增长22.8%。全县284个行政村完成清产核资，资产总额达315451万元，其中流动资产9901万元、农业资产187632万元、长期资产1095万元、固定资产116508万元、其他资产315万元。稳步推进全县农村集体产权制度改革，完成全县60%的农村产权制度改革任务。全县284个村全年集体经济经营性总收入630.8万元，村均收入2.22万元，其中年集体经济收入在20万元以上的村4个，占1.4%；10万～20万元之间的村6个，占2.1%；3万～10万元之间的村71个，占25%；3万元以下的村203个，占71.5%。

农产品品牌战略实施。加大农产品标准化、品牌化建设力度，推行农产品市场准入机制和农产品合格证制度实施。一是加强品牌创建、保护、宣传和应用，举办合江荔枝节、真龙柚采摘节，参加各类农产品推介会，打响合江农产品的品牌知名度，提高市场占有率，发挥品牌效应。二是加强农业产地环境监测，统一对品牌农产品开展定期抽检，加大农业投入品行政执法监管力度，加强县、镇（街道）、企业三级质量追溯管理。三是完善品牌认证登记保护、产品防伪标识使用和证后监管，参与建设产品质量、知识产权等领域失信联合惩戒机制，严厉打击侵犯知识产权和制售假冒伪劣商品行为，保护农产品品牌形象。四是健全农产品品牌创建奖补制度，对取得“三品一标”认证、农交会金奖、国家名牌、省名牌、中国驰名商标和省著名商标、质量管理体系认证等品牌创建的新型农业经营主体给予政策扶持。

现代农业园区建设。全年启动三江荔枝现代农业园区建设，并创建为省四星级现代农业园区。不断探索真龙柚产业规模化标准化发展，逐步完善真龙柚现代农业园区建设规划。设立县现代农业园区管委会正科级单位，负责园区规划建设和示范创建工作，命名合江荔枝、真龙镇真龙柚、参宝镇花椒、凤鸣镇金钗石斛、榕山镇沃柑、白沙镇佛手、白米镇稻虾、望龙镇真龙柚8个县级园区。全年荔枝种植面积5.8万亩，总产值6.8亿元。建有规模化养殖场2个，年出栏生猪20万头、仔猪2万头，实现"荔枝+生猪"种养循环模式，高标准农田占比89.1%，机械化耕作水平95%；建有分拣中心5处、冷藏库42座，产地初加工率86.9%，冷链运输率80%；农业废弃物资源化利用及回收率88.6%。电商销售占比47.9%。有各类社会化服务组织26个。获得国家地理标志保护产品和无公害农产品产地认定，"三品一标"认证率达100%。与国家荔枝龙眼产业技术体系合作成立合江工作站，成立晚熟荔枝研究所，良种覆盖率达100%。培育龙头企业国家级1家、省级1家、市级1家。建立"黄谷保底，按股分红""产销联运，订单农业"等模式，带动园区农户年人均可支配收入达2.17万元，高出全县水平27.6%。整合各类涉农资金0.28亿元，撬动社会资金1.76亿元。合江荔枝被认定为"中国特色农产品优势区"，合江真龙柚被认定为"四川省特色农产品优势区"，合江带绿荔枝入选全国十大优异种质资源，合江荔枝现代农业园区创建为省四星级园区。

【种植业】 全县粮食作物播种面积117.3万亩，增加0.3万亩，产量50.2万吨，其中小春粮食作物播种面积11.6万亩，产量2.8万吨；大春粮食作物播种面积105.7万亩，产量47.4万吨。油菜、花生、芝麻种植面积8.3万亩，产量0.8万吨。蔬菜种植面积15万亩，产量45.1万吨。新增粮食作物适度规模经营面积0.06万亩；开展绿色高效示范，推广优质稻种植面积50万亩；开展酿酒高粱基地建设，全县发展高粱面积8.8万亩，产量3.1万吨。发展"订单农业"，与郎酒集团签订糯红高粱扶贫产业发展订单面积10万亩，与茅台集团签订有机小麦发展订单面积6.13万亩。发展特色产业，全县荔枝种植面积30.6万亩，产量3000万千克；真龙柚种植面积30.8万亩，产量8500万千克；花椒种植面积4.5万亩，鲜品产量900万千克。根据第四次全国中药资源普查，合江县有药用资源573种，其中有金钗石斛、黄精、佛手、枳壳、淡竹叶、白笈等重点中药材57种，中药材年产量约2.55万千克。

【林业】 全县以公益林建设、造林补助、林业保护恢复、植被恢复费等项目为依托，开展营造林工作，全年共完成营造林8.62万亩，完成任务数的107.75%；实施国有林管护14.71万亩；加大退耕还林工程管理力度，巩固退耕还林地10.97万亩。建设现代林业产业基地3.06万亩，其中新建1.39万亩、改造1.67万亩；建设"竹—药""竹—菌"生态种植基地5000亩；新（改）建林区道路90千米；建设竹林大道18千米；新建竹类初加工企业8家，新增林业专合社3个，成立合江生态林竹工业园区；华盛竹业年产30万平方米重组竹型材项目建成投产。全年实现林业总产值69.9亿元，增长22.67%。

【畜牧业】 全年出台《合江县生猪产业稳产保供实施方案》《合江县现代生猪养殖园补助办法》。完成合江温氏60万头生猪产业一体化项目年度建设任务。榕右永安种猪场、虎头种猪场建成投产并引种1.6万头，生产优质仔猪30余万头。建成年出栏1000头的温氏合作家庭农场202个单元；引进业主建设年出栏6万～8万头的现代生猪养殖园7个，已完成选址、测绘、土地流转等前期工作；引进合江温氏100万头生猪屠宰项目，已完成选址、框架协议签订、测绘等工作，项目建成后将实现生猪产业育、繁、养、宰、销全产业链发展。开展畜禽粪污资源化利用整县推进项目建设，完成38个养殖场粪污设施改造，畜禽粪污综合利用率达75%以上，规模养殖场粪污处理设施装备配套率达95%以上。全年出栏生猪73.55万头；肉牛0.39万头，增长0.59%；出栏山羊17.76万只，增长2.45%；出栏家禽966.51万羽，增长12.64%。

【水产业】 全力做好长江河渔民退捕转产上岸工作，长江流域合江段共实施转产捕捞渔民242人、捕捞渔业船舶130艘、渔业辅助船舶15艘、其他辅助捕捞设备75套；制订《长江合江段禁捕补偿实施方案》，有序推进长江流域合江段禁捕工作，在全省率先全部完成捕捞渔业船舶和渔具的报废处置工作，并在全省禁捕工作会议上作经验交流。全年水产品总产量19005吨，增加761吨，增长3.4%；实现渔业总产值32373万元，增加2580万元，增长8.7%。

【乡村振兴】 全县以列入全省乡村振兴规划试点县为契机，着力推进乡村振兴先进示范创建，在全市率先成立荔城乡村振兴学院，乡村振兴战略"1+7+N"规划在全市率先通过省级评审。全市乡村振兴现场推进会两次在合江县召开，创建省级示范村4个、市级先进镇1个、市级示范村10个。将"三大革命"与"村庄清洁行动"相结合，以"三清三改一提升"为主要内容，统筹整合项目资金7.61亿元，大力实施农村人居环境整治项目，初步建立"户分类、村收集、镇转运、县处理"的垃圾收运处置模式，实现80%的行政村生活垃圾得到处理；统筹推进污水处理设施建设，探索"厌氧+湿地"生态处理工艺，实现50%的行政村生活污水得到处理；采用"厕污共治"的模式，统筹推进农村厕所改造和粪污治理，全县农村户用卫生厕所普及率达75%；实施村庄建设"六网""六化"提升工程，创建"美丽四川·宜居乡村"省级达标村41个、市级达标村75个、县级达标村91个。

【扶贫开发】 全年实现64个贫困村全部退出、8.2万名贫困群众全部脱贫，贫困发生率从10.8%降至零，消除了绝对贫困。全面完成脱贫攻坚各项目标任务，有10个村、3415人脱贫，10个退出村贫困发生率全部降至2%以下；依托村集体资产经营管理有限公司，通过盘活集体资产、承包劳务服务、经营分红等途径，284个村集体经济经营性总收入达630.8万元，村均收入2.22万元，10个退出村集体经济收入达标率达100%；新（改）建农村公路94千米；实现通信网络覆盖；持续巩固提升贫困村卫生室服务水平，新（改）建村文化室10个，实现村村有标准卫生室、文化室。全年户脱贫"一超六有"全部达标，所有脱贫户年人均纯收入稳定达3850元以上；实施建档立卡贫困户C、D级危房改造128户，新增变电器96台，安装自来水管网285千米，为500户贫困户免费安装电视信号接收器。全面兑现教育扶贫政策，严格落实"六长"责任制，为7.5万人次减免、奖补各类资金3921万元，确保没有义务教育阶段的贫困学生失学、辍学。开展健康扶贫，以医疗救助扶持、公共卫生保障等"五大行动"为载体，推行"预防+治疗+救助"医疗服务；实施全民预防保健，对体检出患病者提供"2+1"跟踪服务和家庭医生签约服务；通过"三保险、三救助、三基金"等途径为建档立卡贫困人口实施医疗救助保障，解决4.9万人次1.4亿元的住院费用、33.6万人次2719.5万元的门诊费用。

【乡村旅游】 全县有国家森林乡村6个、星级乡村酒店6家、省级示范休闲农庄2个、省级森林小镇1个、省级森林康养基地1个、省级示范休闲农庄2个、省级旅游商品购物点1个、省级乡村旅游特色业态经营点2个、省级乡村旅游示范村3个、省级乡村旅游扶贫示范村4个。一是尧坝镇创建为四川省首批文旅特色小镇，11月承办了泸州市乡村振兴现场会。二是石龙镇上游金棠山庄创建为三星上海仁德基金会公募平台，向个人、企业众筹资金12万元，将投入收益所得用于关爱帮扶困境儿童。

【劳务开发与返乡创业】 全年失业人员再就业1582人，就业困难对象再就业538人。开展就业扶贫培训730人，开展青年劳动者技能培训1261人，开展品牌培训360人、创业培训786人。开发乡村公益性岗位2124个，发放补贴1482.54万元；失业保险参保人数26096人。全年举办招聘会25场，全县贫困劳动力转移就业1.9万人。创建文旅、真龙柚、现代农业等4个市级返乡创业园区和生态林竹产业返乡下乡创业园、生态康养返乡下乡创业示范园等7个县级创业示范园，新增孵化载体面积60000平方米；各园区累计回引返乡创业项目147个，辐射带动就业5000余人；征集入库返乡下乡创业项目150余个，遴选100余名各类人才建立返创专家库，评选出第一批"创业导师"；认定省、市级众创空间各1家；7个镇被县委、县政府命名为农民工返乡下乡创业示范乡(镇)，表彰返乡创业致富带头人和"创业明星"19名；发放创业担保贷款4252万元，扶持培育成功创业1352人，带动就业3622人。合江县创建为"四川省返乡下乡创业工作先进县"。

【主要领导人】 县委书记：张季頫；县人大常委会主任：王亚容；县长：胥兴贵；县政协主席：李子辉；分管农业副县长：王波(4月止)，陈益良(5月始，6月止)，张毅(7月始)。

合江县编写组

叙 永 县

【基本情况】 2019年，全县辖25个乡(镇)230个行政村35个社区，辖区面积2977平方千米，总人口72.42万人。

叙永县是国家扶贫开发工作重点县和乌蒙山连片特困地区县、全国造林绿化先进县、全国"平安农机"示范县、四川省林业经济10强县、四川省竹林基地建设重点县、四川省第二轮新农村建设成片推进示范县、四川省粮经复合产业基地重点县、四川省现代畜牧业建设重点县、四川省少数民族待遇县、四川省首批历史文化名城。

【年度农业和农村经济运行】 2019年，全县农林牧渔业总产值50.3亿元，增长2.7%；农林牧渔业增加值达31.64亿元，增长2.7%，其中第一产业增加值31.25亿元，增长2.7%，增速居全市第一位。农村居民年人均可支配收入达13243元，增长10.7%，增速居全市第一位。全县渔业养殖面积421公顷，特种水产养殖面积100亩，投放鱼种335吨，渔业水产品总产量2881吨。全市新增市级龙头企业3家，省、市级示范农民专合社6个，省、市级家庭农场6个。叙永县脱贫攻坚工作成效考核综合评价、东西部扶贫协作成效评价两项位列全省第一，被省上评为脱贫工作先进县；被四川烟草工作领导小组评为"现代烟草农业发展成效突出县"；摩尼镇被泸州市委、市政府评为2019年度泸州市实施乡村振兴战略工作先进乡(镇)，向林镇棉竹村、江门镇青云村、石厢子彝族乡堰塘村被泸州市委、市政府评为2019年度泸州市实施乡村振兴战略工作示范村；水尾镇西溪村被第三届四川村长论坛暨村社发展大会评为2019四川省特色村(生态宜居村)。

农用地产权制度改革。推进"三权分置"。一是开展农村承包地确权登记颁证"回头看"工作，全面排查权证未发放到户、暂缓确权等情况，切实解决漏人漏地、面积四至不准等信息不准确问题，调解处理权属争议和矛盾纠纷。规范确权档案和数据管理，确保把权证颁发到农户手中，颁证收尾工作能够全面结束。二是加强土地流转的规范化管理，全年实现土地流转面积16.8万亩，其中耕地规模经营面积5.6万亩，土地承包经营权流转增长1%，新增耕地规模经营面积0.61万亩。三是做好仲裁调解，化解矛盾纠纷。全年共接待群众来访及咨询33人次；办结农村土地承包经营权纠纷仲裁申请2件，不予受理2件；处理信访3件，仲裁裁决1件。

农村集体产权制度改革。全县25个乡(镇)230个行政村19个涉农社区1689个村民小组和38个居民小组开展农村集体资产清产核资工作并已完成检查验收工作，督促指导各乡(镇)推进农村集体产权制度改革。

村级集体经济发展。将发展村级集体经济作为脱贫攻坚的重要举措来抓，村级集体经济不断壮大，围绕"改革集体产权制度、壮大新型集体经济、创新扶持方式、财税金融支持、健全完善配套机制"五个重点领域，以"三化三突破"为抓手，配套出台扶持发展村集体经济5类30条措施，全力推进村集体经济发展，并在发展过程中总结、不断探索壮大集体经济新举措，村集体经济发展较快。全年计划实施集体经济项目40个(其中省级项目7个)，均按规划方案实施，已全面竣工并完成验收。截至12月，全县266个村(社区)集体经济收益累计达4925万元，村(社区)均18.5万元，人均67元，其中90个贫困村集体经济收益累计达2463万元，人均112元。

现代农业园区建设。全县有县级现代农业园区8个，其中五星级现代农业园区2个(叙永县赤水河流域精品水果现代农业园区、叙永县麻城高山蔬菜〈食用菌〉现代农业园区)、四星级现代农业园区3个(叙永县落卜东牛牧场现代农业园区、叙永县马岭优质糯稻现代农业园区、叙永县合乐生态种养现代农业园区)、三星级现代农业园区3个(叙永县红岩茶叶现代农业园区、叙永县后山万头生猪现代农业园区、叙永县枧槽丰岩乌鸡现代农业园区)。叙永县赤水河流域精品水果现代农业园区被评为泸州市三星级现代农业园区。

【种植业】 全年粮食作物播种面积110万亩，产量35.6万吨，其中小春粮食作物播种面积15万亩，产量3.5万吨；大春粮食作物播种面积95万亩，产量32.1万吨。红岩坝茶叶基地、叙永县黄草坪茶叶科技示范基地被评为泸州市十大最美茶园、基地。

【畜牧业】 全县生猪存栏32.52万头，育肥猪出栏60万头，增长3.1%；牛存栏7.28万头、出栏3万头，增长5.2%；羊存栏2.25万只、出栏2万只，增长1.2%；家禽(兔)存栏208万只、出栏200万只，增长5.8%。

动物疫病防控。全县共发放猪口蹄疫合成肽疫苗96.2万毫升、牛羊口蹄疫灭活疫苗24万毫升、高致病性禽流感(H5+H7)疫苗156万毫升、猪瘟活疫苗110万头份、小反刍兽疫疫苗5.2万头份、兽用狂犬病疫苗1.1万头份，免疫生猪95万头、牛6.5万头、羊2万只、禽220万羽、狂犬病1.05万只，消毒圈舍2000万平方米，免疫密度达97.8%。采集禽血清样本250份、猪血清样本310份、牛羊(含猫、犬)血清样本350份进行免疫抗体检测和布病检测，经实验室检测，猪瘟抗体合格率达77.5%，猪O型口蹄疫抗体合格率达76%，牛O型—亚洲I型口蹄疫抗体合格率达77.2%，羊O型—亚洲I型口蹄疫抗体合格率达81.6%，禽流感H5+H7抗体合格率达82.5%。检测牛布病100头，全部为阴性；检测羊(含猫、犬)布病250只，初筛75份阳性，对初筛为阳性的羊(含猫、犬)及同群羊(含猫、犬)全部扑杀并进行无害化处理。

兽医兽药管理。兽药监督管理。完成新增兽药经营企业申请兽药经营许可证换证23家，完成乡(镇)兽药经营门市申请换证资料初审10家。全县取得兽药经营许可证的企业全部在国家兽药产品追溯系统上注册并通过审核。从严对辖区内的兽药经营门市进行监督管理，监督检查兽药经营门市120余家次、畜禽养殖场（厂）100家，制发责令整改通知书40余份。加强抽样监测，对3家兽药经营企业的4个样品进行抽样送检。

畜禽屠宰监督管理。严格落实企业主体责任，13家屠宰企业签订《叙永县动物屠宰加工企业安全工作责任书》。严格日常监管，推进远程监控系统建设。12个生猪定点屠宰场远程联网视频监控系统建设完成。联合食药监、公安、工商等部门共同对生猪产品进行市场巡查，严厉打击私屠滥宰和"白板肉"上市行为，规范生猪屠宰经营。指导大石宏业生猪屠宰厂搬迁重建，已正常运营；指导分水玖玖生猪定点屠宰场选址新建；指导龙凤生猪定点屠宰场筹备搬迁选址新建。

非洲猪瘟防控。自8月1日全国发生首例非洲猪瘟起，一是落实责任，实行责任包保并与屠宰企业、养猪场等签订责任书，对全县生猪养殖场（户）、动物检疫申报点、12个生猪定点屠宰场和2个动物检查站进行摸底排查，特别是对泔水饲喂生猪养殖场的排查，严格禁止使用泔水饲喂生猪。二是通过微信、QQ等社交网络、书写标语、乡（镇）逢场宣传、发送资料传单等形式，加强对非洲猪瘟的科普宣传，共计发放屠宰场防范非洲猪瘟5落实、《叙永县屠宰场告知书》、《非洲猪瘟明白卡》和各类宣传资料10万余份，提高了群众对非洲猪瘟的认识，防止由非洲猪瘟带来不必要的恐慌。三是在大石、水潦、分水、石坝等18个边境乡（镇）设立81个临时检查站，严格24小时值班值守，加强对过境车辆的检查和消毒，严禁疫情省和陆路途径疫情省的生猪及产品入川。四是联合公安、交通等部门开展违法行为查处，严厉打击应当依法开展畜禽产地检疫而未检验、无检疫合格证贩运动物或动物产品、未按国家规定佩戴畜禽标识等行为。

畜牧品种改良。全年开展生猪常温精液人工授精配种5万窝，新发展优质母猪2500余头，优质生猪改良面达90%以上。

【特色产业】 全县水果种植面积21.09万亩（精品果业面积13万亩），增长1.44%；投产面积12.62万亩，增长2.43%；总产量6.41万吨，减少10.22%；实现产值3.957亿元（按市场价计），增长1.12%。茶叶种植面积6.98万亩，增长1.9%；投产面积3.3万亩，增长0.61%；产量0.242万吨，增长1.26%；实现产值1.17亿元（按市场价计），增长1.19%。蔬菜种植面积23.16万亩，增长0.96%；产量25.07万吨，增长3.85%；实现产值3.714亿元（按市场价计），增长1.59%。改造低效竹林3万亩，新增竹林面积4万亩；中药材种植面积1.51万亩；烤烟种植面积3.38万亩，产量8.32万担（均价5.96元/千克）。全年休闲农业（乡村旅游）接待游客255万人次，实现经营收入21.62亿元。麻城年产1400万袋黑皮鸡枞菌产业全面投产，带动发展高山蔬菜种植10万亩；赤水河流域5000亩高标准现代柑橘核心示范园建成投产，带动种植特色水果2万亩。

【产业扶贫】 产业体系持续优化。以"四大产业带"为主阵地，围绕脱贫"布产业、招企业、抓项目、建机制"，采取"龙头企业+专合社+基地+贫困户"模式，做优南部高寒山区特色种植（食用菌）产业、赤水河流域特色经果产业、中部片区畜牧种养循环产业以及北部丘陵地区优质糯稻、林竹、乡村旅游四大扶贫产业带。建立龙头企业、农民合作社、村集体经济组织带动到户扶贫机制，发展"短平快"产业带动贫困户，实现产业项目对依靠产业帮扶的贫困户全覆盖、对贫困户技术帮扶全覆盖、贫困村集体经济组织全覆盖。一是做强特色优势产业，加快推进一二三产业融合发展。建成赤水河流域标准化柑橘示范园5000亩、现代农业产业融合示园区2个。认定叙永县赤水河流域精品水果现代农业园区等8个园区为县级现代农业园区，其中五星级园区2个、四星级园区3个、三星级园区3个。引进山东联盛菌业有限公司，抢抓东西部扶贫协作机遇，争取东西部协作项目资金1500万元，按照"产研结合、示范带动、聚合发展"思路，在麻城镇建设集科研、加工、培训于一体的年产1400万袋黑皮鸡枞菌产业扶贫园区，项目可实现年产值1.75亿元，带动超过3000户贫困户增收，其中东西部协作项目资金可直接带动805户贫困户增收。建成存栏1万头叙永巨星公司后山吴家坪种猪场1个，启动建设存栏1万头四川德康公司马岭凤凰种猪场1个；新建年出栏1000头商品猪寄养场40个单元，累计建成100个单元，实现全年新增出栏10万头育肥猪的生产能力。东牛牧场饲养肉牛1000余头，预计年出栏2000头，种植优质牧草5000余亩；带动全县发展10头以上适度规模母牛养殖户和年出栏50头以上育肥牛场155个。浙江龙游宗泰公司牵头实施10万只蛋鸡项目，在落卜、合乐等5个乡（镇）发展农户500户，分五批实施完成10万只蛋鸡规模养殖。老窖集团在枧槽乡建设完成存栏5000只丰岩乌骨鸡种鸡场1个，项目将通过合作社模式带动发展农户饲养丰岩乌骨鸡50万只。二是生产体系不断健全，夯实基础条件。建设高标准农田5.01万亩，划定粮食生产功能区面积680374.78亩，推广酸化土壤改良技术3.5万亩。建设农产品产地环境长期定位监测点2个，组织实施耕地质量等级变更评价与农产品产地环境例行监测。开展技术培训指导，驻村农技员、巡回服务小组、专家服务团通过院坝会、入户指导、现场示范、"农民夜校"等形式，在春耕生产、关键农时季节、农户需求等环节开展各类实用技术培训与巡回指导服务643次，培训农民26340人次，发放各类技术资料64300余份。开展新技术、新品种的示范、推广，培育科技示范户140余户，推广新技术6项。实施山区早熟组合水稻品种试验14个、生产品种试验5个。加强生猪人工授精改良工作，全年开展生猪常温精液人工授精配种1.8万窝，人工授精改良推广应用面达70%以上；新发展优质母猪3000余头，优质生猪改良面达90%以上。三是经营体系继续完善，增强农业经营主体带动力。全县新增农民合作社36个、新增家庭农场41个、新培育省级示范社2个、市级示范社2个、市级示范家庭农场2个。组织24家农业企业参加国家、省、市组织的各类展示展销活动，拓展农产品销售市场，进行品牌宣传培育。

【宜居新村建设】 全年创建实施乡村振兴战略工作市级先进试点镇1个（摩尼镇）、省级示范村3个（石厢子彝族乡堰塘村、江门镇青云村、向林镇棉竹村）、市级示范村4个（石厢子彝族乡堰塘村、江门镇青云村、向林镇棉竹村、落卜镇云山坝村），创建"美丽庭院"示范15户；建成省级宜居乡村达标村30个、市级宜居乡村达标村60个，改造农村危（旧）房1774户、农村土坯房2151户。水尾镇西溪村被第三届四川村长论坛暨村社发展大会评为"2019四川省特色村（生态宜居村）"。

【农业机械化】 全县新建和改造农机化生产道路222千米，投入资金11100万元，其中财政补助资金7770万元、自筹资金3330万元；新建和改造提灌站4座，投入资金18万元，新增农机动力0.462万千瓦。截至2019年年底，全县累计建设农机化生产道路198.5千米，完成任务的89.41%；农机总动力达41.56万千瓦。推广各类新型农机具896台，农机购置补贴资金中央资金结算进度达98%以上，受益农户739户。开展农机安全生产打非治违和变型拖拉机专项整治，补换驾驶证22本，注销驾驶证6本，接受群众政策咨询和驾驶证查验64人次，全年未登记注册一辆变型拖拉机，做到“增量为零，逐年递减”。

【农村基础设施建设】 全年建成高标准农田5.01万亩（新增），维修提灌站4座，修建农田水利渠系1.8千米，整治山坪塘42口，新建蓄水池3口，改善农村公路225千米，治理水土流失面积22.86平方千米，新（改）建通乡、通村公路100千米。评选命名星级文明户100户，整体提升基层文化服务中心10个，乡（镇）综合文化站达标率大于80%，“雪亮工程”运行稳定率达100%。全县形成了以高速公路、国道为骨架，乡（镇）驻地为结点，县、乡公路为依托，村社公路为环绕的公路网络；倒流河水库、纳坪水库、龙洞水库、高木顶水库等中小型水库枢纽工程正常使用，小农水项目不断推进，渠系供（引）水系统逐渐完善，基本解决了农业农村人畜饮水、生产用水问题。农村教育、医疗、文化、卫生等社会事业快速发展，农村水、电、路、房和信息化建设全面提速，宽带互联网实现村级全覆盖。农村党群干群关系更加融洽，生态环境持续向好，社会风气不断改善。

【农村科技】 建立健全县、乡、村农技服务体系，开展农业科技人员进村技术扶贫行动。调整优化贫困村农技员、专家服务团和非贫困村农技巡回服务小组。继续在90个贫困村每个村派驻驻村农业科技人员，在141个非贫困村安排农技巡回服务小组；调整农业专家服务团，确保每个专家服务团中有熟悉种植业人员2名、养殖人员2名，优化调整技术帮扶人员89人。在贫困村培育新型农业经营主体和科技示范户，全年培训贫困户29095户，培育科技示范户344户，开展新技术试验示范推广7项，示范推广新品种13个（示范面积3645亩），示范推广各类畜禽鱼类65000余头（只、尾），发放各类宣传培训资料10.5万份，确保每村有2名（户）以上会经营、懂技术、善管理的“致富明白人”。全县有新型职业农民267人。在农业农村厅主办的全省猕猴桃重大技术协同推广交流培训暨首届四川省猕猴桃品鉴会上，黄坭镇希旺猕猴桃专业合作社选送的127号翠香品种猕猴桃获得首届四川猕猴桃品鉴会黄绿肉组金奖。

【农作物病虫害防治及农产品质量监管】 开展农作物重大病虫灾害监测预警，预报准确率达90%以上。指导实施重大病虫害防治面积114.2万亩次，挽回损失3.56万吨，病虫害损失率为2.57%。接受省、市专项抽检和例行抽检，抽取蔬菜、水果、食用菌、畜禽产品等样品148个，县级抽检样品200个，抽检合格率均在98%以上。

【农村生态建设及环境保护】 聚焦中央环保督察交办的重点案件、省级环保督察发现的突出问题、群众投诉举报的热点难点问题，把禁养区养殖污染、渔业水域环境保护、秸秆综合利用、病死畜禽无害化处理等农业环境突出问题作为重点，开展专项治理行动。推动农作物秸秆综合利用和严禁露天焚烧秸秆工作。推进化肥、农药使用量零增长。推广测土配方施肥、秸秆还田和新型肥料，增施有机肥等技术措施，提升耕地地力，改良土壤结构；实施绿色防控技术示范、专业化统防统治，加强农药安全使用技术宣传，化学农药使用量大幅减少。加强畜禽养殖污染治理，调整划定叙永县畜禽养殖禁养区，明确严禁在禁养区新（扩）建各类畜禽规模养殖场，严格执行养殖区新建畜禽养殖项目必须同步完成治污设施建设；推进标准化规模养殖，实行干湿分离、雨污分离、固液分离，以干清粪方式暗沟排污，建设粪污收集、贮存、处理和利用设施，推行种养循环利用、畜禽粪污综合利用、规模场粪污综合利用。

全面推进农村改厕工作，完成10个村2526户“厕所革命”整村推进工作任务。完成12个乡（镇）污水处理厂新建及10个集聚点污水处理设施建设，完成配套管网建设14.179千米，78626户农户生活污水得到治理。完成22个乡（镇）生活垃圾压缩中转站建设，200个易地扶贫集中安置点生活垃圾收集库点全面建成并投入使用，160个村的生活垃圾得到处理。

【农业行政执法】 加强行政审批管理。全年接受县级种子代理商备案20个、种子零售商备案352个，备案品种701个，其中玉米品种367个、水稻品种334个。全年办理农药经营许可证46张。

加强农资市场管理。培训种子、农药、兽药、农机等经营人员746人次。开展农资打假工作，出动执法车辆119次、执法人员565人次，对城区和25个乡（镇）经营种子、农药、兽药、农机等经销户以及养殖场、屠宰场进行专项检查，共检查种子经营户283户、农药经营户57家、肥料经营户34家、农机经营户10家，实现对全县养殖场、屠宰场全覆盖检查，抽检种子样品41个（其中玉米6个、水稻22个）、肥料20个、农药20个，检查农产品生产基地及专合社、水产养殖专合社13家，检查渔船6艘，查处农资经营者证照不全或无证无照经营、未备案、经营台账未建立或未健全、未向购买农资者开具发票（收据）等违规经营97起，责令改正7起；立案94件，办结90件。全年产地检疫生猪20.5万头，检查运输生猪车辆4850辆、动物12.8万余头（羽），对动物运输车辆消毒2135车次，确保了重大动物疫情期间外疫不传入叙永县。

【惠农政策】 及时传达贯彻中央、省委“一号文件”精神，组织开展专题调研，制订宣传贯彻落实方案，并列入县、乡综合目标管理考核层层落实。采取会议、宣传团、“科技三下乡”、报刊、广播、电视、印发宣传资料等多种形式贯彻落实，到乡村开展巡回宣传、指导和发放资料，做到惠农利民政策家喻户晓。

【农业投入】 全县财政对农村基础设施建设投入资金52150.42万元，增长11%；对现代农业发展扶持投入资金1995万元，增长14%；农机购置补贴资金36.901万元，发放涉农补贴13285.42万元；争取上级涉农项目资金6.76亿元，新增涉农贷款74453.09万元。

【劳务开发】 全县农村外出务工20.94万人，增长4.05%；实现工资性收入55.89亿元，增长9.46%。创造农村公益性就业岗位2652个，实现工资收入1258.84万元。通过举办招聘会为企业和求职者搭建供需平台，提供双向选择的机会，促进农村劳动力转移就业。

【主要领导人】 县委书记：陈景强；县人大常委会主任：张秋平；县长：唐杰；县政协主席：马刚；分管农业副县长：夏征勇。

叙永县编写组

古蔺县

【基本情况】 2019年，全县辖17镇3个街道3个少数民族乡39个社区246个行政村，辖区面积3184平方千米。总人口87万人。

2019年，全县GDP172.3亿元，增长6.4%。实现农林牧渔总产值46.2亿元，增长12.32%。地方一般公共预算收入16.5亿元；全社会固定资产投资增长10%；规模以上工业增加值增长7.6%；社会消费品零售总额54.7亿元，增长11.1%。农村居民年人均可支配收入达14034元，增长10.6%。

农业产业化发展。截至2019年年底，全

县登记注册农民合作社1687个、家庭农场869家，辐射带动农户19457户。全县累计申报国家级示范社2个、省级示范社14个、市级示范社35个，省级示范场9个、市级示范场14个；农业龙头企业35家，其中省级龙头企业3家、市级龙头企业32家。

农产品品牌战略实施。实施品牌建设“孵化、提升、创新、整合、信息”五大工程，全方位、多层次营销“蔺字号”品牌。坚持举办“四川扶贫·书记代言”系列活动，参加中国西部国际博览会、四川优质农产品推荐会等展示展销，加大特色农产品对外宣传和推广力度，提升产品知名度。54类农产品获得“四川扶贫”公益性集体商标授权。“三品一标”农产品保有量59个，其中无公害农产品41个、绿色食品6个、有机食品8个、农产品地理标志证明商标3个、农产品地理标志原产地保护1个；“古蔺丫杈猪”“古蔺赶黄草”申报农产品地理标志登记保护工作有序进行，“蔺州·马蹄”牌甜橙获得“四川省优质品牌农产品”称号并创建著名商标，公开向社会推荐。

【种植业】 全县粮食作物播种面积122.3万亩，产量37.11万吨，新增粮食规模化经营面积5%以上，其中水稻播种面积10万亩、玉米播种面积72万亩；酿酒高粱种植面积5万亩，核心示范区2万亩，产量1.5万吨；小麦种植面积1万亩；马铃薯种植面积16万亩（小春12万亩、大春4万亩）。油菜种植面积12万亩，油菜籽产量1.5万吨。全年新建水果生产基地4万亩，其中甜橙2万亩、猕猴桃2万亩。全县水果产量18.68万吨，实现产值8.89亿元。蔬菜种植面积（含复种）23.7万亩，增长3%；产量58.86万吨，增长2.37%；实现产值8.86亿元，增长10.06%。打造以赶黄草为主，天门冬、吴茱萸、金银花等药材为辅的百亿中药材行业，全县新建中药材生产基地0.2万亩，总面积11.2万亩；产量2.78万吨，实现产值3.89亿元。全年兑现耕地地力保护补贴6665.4万元，享受补贴农户16.2万户，享受补贴面积58.6万亩；兑现稻谷补贴382.55万元，享受补贴农户2.6404万户，享受补贴面积6.76万亩。划定粮食生产功能区55万亩，其中水稻生产功能区13万亩、玉米生产功能区42万亩；划定重要农产品生产保护区5万亩（种植油菜）。

【特色产业】 古蔺甜橙。以“橙海蜜源”和“古郎橙海”为中心新建甜橙基地2万亩，全县甜橙种植规模达18万亩，投产8.83万亩，年产量8.34万吨，实现产值5.56亿元，产区果农户均增收2500元。

蔺州绿肉猕猴桃。以大村、东新猕猴桃现代产业园区为重点新建猕猴桃基地2万亩，全县猕猴桃种植规模达3.2万亩，投产面积1.2万亩，年产量1.2万吨，实现产值2亿元，产区果农户均增收3000元。

高山绿茶。全年向上争取省级财政农业改革创新科技示范奖补专项资金400万元，在德耀镇、马嘶镇、马蹄镇、丹桂镇新发展茶叶基地2400亩，改造茶园650亩。茶叶种植总面积达5万亩，投产3.4万亩，产量1300余吨，实现茶叶总产值15700万元。

高山蔬菜。全县高山蔬菜种植面积23万亩（含复种），年产量58.86万吨，实现产值8.86亿元。

山地烤烟。全年山地烤烟种植面积3.4万亩，产量7.68万担。

道地中药材。全年新建中药材基地0.2万亩，新发展中药材6.5万亩，品种以赶黄草、天冬（天门冬）、山银花、黄柏为主。发展面积分别为赶黄草2万亩、天冬（天门冬）0.5万亩、山银花2万亩、横柏2万亩。

蔺州蜂蜜。以黄荆原始森林、赤水河沿岸为中心，新发展蜂群2万群，全县蜂群养殖规模达7.3万群，蜂蜜产品年产量550吨，实现年产值5450万元。

【畜牧业】 畜牧养殖产业不断做强，全县出栏生猪49万头、肉牛5.52万头、肉羊14.6万只、禽115.3万羽，实现畜牧产值16亿元。

生猪。全县生猪存栏31.05万头，出栏49万头，其中丫杈猪存栏3.7万头，出栏5.4万头。全面完成市分解任务，实现年产值6亿元，新建标准化生猪养殖场10个。招引巨星、新希望集团在石屏、石堡、皇华、德耀、东新等乡（镇）规划修建万头规模种猪养殖场3个、年出栏5000头以上标准化育肥猪场8个。

肉牛。打造提升云上牛郎生态循环农业综合体，以牛郎牧业为核心，全县肉牛出栏5.52万头，覆盖20个乡（镇）32个贫困村，辐射带动6000余户贫困户年户均增收3000元以上。

【水产业】 全年生产鱼苗110万尾，投放鱼种355余吨，成鱼1130吨，增殖放流岩原鲤鱼7.5万尾。加强赤水河10年全面禁渔工作，禁止电炸毒鱼行为。

【农业农村改革】 深化农村各项改革事业，不断激发农村发展活力。全面完成农村产权制度改革，完成农村土地承包经营权确权登记及农村集体土地所有权、集体建设用地使用权确权登记颁证工作。加快推进“厕所革命”，完成11个村整村推进，累计改造厕所2380户。健全扶贫体制机制，完善精准扶贫责任体系、考核机制、干部驻村帮扶机制，落实扶贫开发责任、权力、资金、任务“四到县”制度，建立扶贫对象动态调整机制。发展壮大集体经济，支持新型农村集体经济组织通过股份合作、集体自主、租赁托管等形式盘活农村闲置资产资源。

【农业机械化】 全年修复、改造提灌机具1751台次、9020千瓦。全年计划完成中央补贴资金100万元，实际下达中央资金90万元。推广机具2939台，直接受益农户2462户，实际完成中央和县级配套农机购置补贴资金144.583万元（其中中央补贴资金103.377万元、县级财政配套补贴资金41.206万元），带动农民自筹购机资金374.853万元。全县农机总动力达27.25万千瓦，净增0.5万千瓦。全年农机化作业面积70.76万亩，其中农机合作社机械化作业面积3.9万亩。全县主要农作物综合机械化水平达51.3%。

【高标准农田建设】 全年投入财政资金5160万元，在二郎镇铁桥村、石笋村、水泉村、复陶村，古蔺镇金山村、青阳村、北朝村、小水村，太平镇走马村、城伍村实施高标准农田项目建设，平整土地3020亩，改良土壤7800亩；建设高标准农田3.4万亩，其中高效节水灌溉面积0.3万亩。建设渠（管）道40.4千米（其中渠道2.35千米、管道38.056千米），整治山坪塘14座，新建蓄水池21口，建设田间道路61.048千米（其中机耕路33.533千米）、生产路27.515千米，进行耕地质量监测1项。

【农村生态建设及环境保护】 全年推广测土配方施肥技术面积110万亩、配方施肥面积70万亩，化肥使用减量增效明显；建立肥效试验点14个，面积2万亩；设立耕地质量监测点13个；加强秸秆禁烧和综合循环利用，秸秆资源化利用率达88%。开展畜禽粪污综合治理，调查统计达标畜禽养殖场（户）62个（户），其中存在问题的养殖场（户）20个（户），全部完成整改；推广“雨污分离”“干湿分离”“沼气处理”“种养结合”“还田还土”等治污方式，全县畜禽规模养殖场运转粪污1.6万吨、还田2万亩，畜禽粪污综合利用率达75%，规模化养殖场粪污处理设施配备率达85%。

【名优特新农产品】 古蔺酱酒。古蔺县酿造酱酒历史悠久，可追溯到公元前135年，汉武帝钦命，将今古蔺县二郎滩一带生产的酱酒定为贡酒，特供皇家享用，距今已有2000

余年历史。古蔺酱酒主产区位于四川盆地南缘赤水河流域，具备酱酒酿造得天独厚、不可复制的地理气候条件，古蔺酱酒产区属独特的干热河谷小气候，具有冬暖夏热、高温高湿、少风少雨、无霜期长、日照充足，种植的糯高粱具有颗粒坚实、饱满、均匀截面呈玻璃质地状、支链淀粉含量高达95%以上、单宁含量丰富、耐蒸煮、耐搅拌、高温高湿条件下不易糊烂等特点，是酿造顶好酱酒的优质原料；古蔺县生态环境好，空气中的微生物种类、数量多又活跃，形成区域稳定、独特且不可复制的空气酿酒微生物生态系统；古蔺县紫红色的土壤中砂质和砾土含量高，土壤松散、孔隙大、渗透性强，地表水经层层过滤、吸收、转化，带走了土质中的多种有益矿物质成为十分理想的酿酒用水。古蔺酱酒遵循古法酿制，严格按照节气进行，季节性强，通常是端午采曲、重阳下沙，多轮次高温堆积发酵，高温接酒。古蔺酱酒酱香突出，幽雅细致，酒体醇厚，回味悠长，清澈透明，色泽微黄。

【主要领导人】 县委书记：李万忠；县人大常委会主任：孙克刚；县长：陈廷俊；县政协主席：孙应举；分管农业副县长：兰杰。

古蔺县编写组

德 阳 市

【基本情况】 2019年，全市辖4乡67镇13个街道，辖区面积5911平方千米，其中耕地面积372.2万亩，比上年减少0.2%，农业人口人均耕地面积0.97亩；基本农田316.62万亩。年末总人口384.4万人（户籍人口），减少0.7%；人口出生率7.9‰，减少0.6个千分点；人口自然增长率-4.9‰，减少6.7个千分点。全市耕地有效灌面达到耕地总面积的95.5%；本地水资源总量33.2亿立方米，人均占有水资源量931.4立方米。有林业用地19.12万公顷，有林地面积16.7万公顷，活立木总蓄积量1390.1万立方米，森林覆盖率25%。

2019年，全市GDP2335.9亿元，增长7.2%，其中第一产业增加值234.6亿元，增长2.5%；第二产业增加值1184.4亿元，增长7.8%（工业产值1085.9亿元，增长8.8%）；第三产业增加值916.9亿元，增长7.7%。三次产业对经济增长的贡献率分别为10%、50.7%和39.3%。劳务输出116.7万人，收入291.07亿元。全年接待游客5156.2万人，实现旅游收入462.6亿元，其中乡村旅游收入323.82亿元。

公路通车里程8627千米（其中乡村公路7456千米），密度1.45千米/平方千米，22.4千米/万人。社会消费品零售总额893.99亿元，增长10.6%。地方公共财政预算总收入完成124.96亿元，增长6.28%；公共财政预算总支出288.2亿元，增长5.97%，其中农业投入284100万元，占支出的9.86%。金融机构各项存款余额2924.77亿元，比上年初增长7.53%；各项贷款余额1662.18亿元，比年初增长13.89%，其中支持农业产业化发展项目贷款710.33亿元。全年农业保费收入4223万元，减少68.42%；处理各项赔款和给付金额39.7万元，减少11.11%。完成农业产业化项目28个，完成投资286000万元。农业产业化龙头企业国家级、省级、市级分别为3家、36家、289家。

有各类学校494所，在校学生438459人，教职工34172人，其中普通高校11所，在校本（专）科学生119732人；普通中学147所，在校学生133978人；小学336所，在校学生184749人；学龄儿童入学率100%。有艺术表演团体52个，文化馆7个，公共图书馆7个，博物馆10个。有卫生机构2822个，病床位26352张，卫生技术人员24743人。城乡居民基本养老保险参保人数1388921人，参保率98.39%。

【年度农业和农村经济运行】 2019年，全市出台了《德阳市实施乡村振兴战略规划（2018—2022年）》。实现农业总产值406.33亿元，增长2.1%；全市全年农业增加值达234.6亿元，增长2.9%；蔬菜、食用菌、水果、中药材、蚕桑等特色优势农产品产量保持稳定增长。农民年人均可支配收入达18249元，增长10%。

2019年德阳市主要农产品产量

主要农产品	单位	产量	同比(%)
粮食	万吨	195.3	0.25
水稻	万吨	99.46	-0.17
小麦	万吨	39.67	0.5
玉米	万吨	38.62	0.11
马铃薯	万吨	5.44	0.14
油菜籽	万吨	20.8	-0.5
蔬菜	万吨	239.7	4.27
水果	万吨	25.7	0.44
肉类	万吨	29.12	-15.74
猪肉	万吨	14.74	-32.28
牛肉	万吨	0.74	6.03
羊肉	万吨	0.33	2.25
禽肉	万吨	11.19	15.54
兔肉	万吨	2.08	1.97
禽蛋	万吨	12.59	8.63
水产品	万吨	6.41	4.4
牛奶	万吨	1.06	1.07

农业产业化发展。建成“双圈层”现代农业产业大环线，构建“2531”现代农业产业体系，粮油和生猪两大主导产业稳步发展；蔬菜、食用菌、水果、中药材、蚕桑五大特色产业总面积达140万亩；广汉市、罗江区、中江县3个农产品加工园区已累计入驻农产品加工企业133家，年产值达400亿元；广汉北新国家级农产品交易市场交易农产品品种50余个，年交易额达35亿元。全市发展市级以上农业产业化龙头企业289家、农民合作社3742家、家庭农场1982个，培育高素质农民1.4万人。

2019年德阳市省级农业产业化重点龙头企业名单

企业名称	注册资金（万元）	法人代表	示范等级	年度产值（万元）	主营产品
四川省旌晶食品有限公司	500	陈德长	省级	5682.16	谷物微粉系列产品
四川在生源面粉有限公司	600	刘家上	省级	14048	精制面粉
德阳市洪国种养殖发展有限公司	50	杨洪国	省级	589.85	生猪
四川畜丰猪业有限公司	100	左军	省级	4797	肉类
德阳市明润农业开发有限公司	900	兰顺明	省级	767.32	羊肚菌
德阳市金兴农机制造有限责任公司	1000	解立胜	省级	6723	3.0型联合收割机
四川爱达乐食品有限责任公司	9000	蒋子明	省级	40001	吐司
四川御康农业科技有限公司	2000	刘卫	省级	56972	菜籽油
德阳星桥粮油食品有限公司	216	刘晓英	省级	5256	星桥大米
四川米老头食品工业集团股份有限公司	6225	杨晓勇	国家级	63831	杂粮
益海（广汉）粮油饲料有限公司	12600	穆彦魁	省级	411945.4	食用油
四川盛龙食品有限公司	1030	龙会建	省级	9565	白条肉
四川省广汉熊家婆食品有限责任公司	510	黄晓辉	省级	4887	兔肉类制品
广汉市康达食品有限公司	200	刘凤兴	省级	5343	猪肉制品
四川皇承记食品有限公司	200	刘贵	省级	4995	干辣椒
四川蓝剑饮品集团有限公司	5000	郭一民	省级	150272	其他（植物蛋白饮料）
四川道泉老坛酸菜股份有限公司	5000	周后成	国家级	27912.98	蔬菜类
四川宇豪食品有限公司	500	曹勇	省级	5652	粮食类
四川什邡但氏食品有限责任公司	800	但功禄	省级	5843	“但氏”豆腐干
四川省什邡市绿康源生态农业有限公司	300	王勇	省级	1693	肉类
四川朝天香食品有限公司	1000	郭小芳	省级	13088	牛油火锅底料
四川唯怡饮料食品有限公司	280	邹宗凤	省级	113572	紫标唯怡
四川省绵竹市富王粮油公司	3000	王清富	省级	10209.41	粮食类
银谷玫瑰科技有限公司	12000	戴竹清	省级	700.43	玫瑰时光食品
绵竹三溪香茗茶叶有限责任公司	107.4	谢世千	省级	3126	茶叶类
绵竹赵君记食品有限责任公司	1000	赵喜强	省级	2257	肉类
四川华胜农业股份有限公司	5700	白峰	省级	1204.59	水果
四川逢春制药有限公司	10000	黎黎	国家级	80220.5	中成药
四川万凤粮油有限公司	1000	胡泽万	省级	15354	面粉
四川雄健实业有限公司	10580	陈明雄	省级	74934	小麦粉
四川省奉献农业有限公司	400	谢朝维	省级	4234	生猪
四川来金燕食品有限公司	3080	熊昌建	省级	6390	农产品大豆精深加工
四川德阳市年丰食品有限公司	5000	王长严	省级	113208.4	油料类
四川江中源食品有限公司	1100	黄鹏高	省级	8569.79	方便火锅
广汉市润土农业服务有限公司	300	黄维爱	省级	1100	蔬菜、中药材种植
四川省绵竹市恒丰粮油有限责任公司	200	罗明元	省级	3000	粮油类

2019年德阳市省级（及以上）示范农民专业合作经济组织名单

合作组织名称	注册资金（万元）	示范等级	年产值（万元）	主营产品
德阳市利丰粮油种植专业合作社	439	省级	643	水稻、小麦机械化收割
什邡市川仓种植专业合作社	181	省级	129	蔬菜、水稻、油菜种植、收购、加工、销售
中江县长辉粮食专业合作社	500	省级	276	水稻、小麦
德阳市罗江区蟠龙新型农民合作联合社	417	省级	1092	青花椒、大米
中江县青藕粮食专业合作社	256	省级	384	小麦、油菜、稻谷、大米、蚕桑
中江县远成兔业专业合作社	550	省级	768	养殖兔业、供应种兔、成品回收

(区)19名农村科技特派员为依托,先后举办核桃管护、青花椒病虫害防治、猕猴桃病虫害防治、水稻育种等培训班80期,培训5000余人次,引进"川蜜香玉""东方蜜1号"等新品种30个,集成示范新技术10项,转化新成果15项,辐射带动农户3000余户、8000余亩,助农增收近400万元。

【农村教育】 全区11个乡(镇)至少有1所初中、1所中心小学、1所小学附设幼儿园,有农村单设初中9所、单设小学13所(含5个教学点)、九年一贯制学校4所。农村有在园幼儿3407人,减少225人;小学生6022人,减少718人;初中学生1858人,减少299人。农村学校专任教师中有初职84人、中职73人、高职42人、先进教育工作者13人。农村学校先进教育工作者共申报5项课题。注重体育特色打造,促进区域内学校内涵发展,办学品位显著提升,双东小学校、天元烛光小学、德阳十中、孝泉民族小学、黄许博爱小学、孝泉中学、袁家可育学校建成"德阳市阳光体育示范学校",孝泉中学、孝泉民族小学、天元烛光小学、德阳九中、黄许博爱小学建成"全国青少年校园足球特色学校建设单位",孝泉中学、黄许博爱小学建成"德阳市足球布点学校"。深挖孝泉镇德孝文化、戏曲文化传统内涵,通过"戏曲进校园"方式进行传承,将孝泉民族小学和孝泉中学打造成为旌阳区首批"戏曲进校园"试点学校,选送孝泉民族小学《柜中缘》和孝泉中学《安安送米》参加四川省第五届中小学生川剧传习展演。孝泉民族小学被评为市级"美育实践基地",其"社戏乡音班戏曲团"被评为"市级优秀艺术社团"并受邀到韩国江陵参加第十七届国际青少年艺术节。

【农村文化】 全区11个乡(镇)3个街道开展"不忘初心、牢记使命"走基层文艺"创城"惠民演出活动20场,开展书香旌阳全民阅读活动,举办四川省2019"万人赏月诵中秋"集中展演德阳市旌阳区分会场展演"诵中秋、迎国庆·月满中秋、诗韵旌阳"活动。在已经形成的"正月上九会、二月花卉节、三月李花节、四月月季展、五月蓝莓采摘节、六七月赏荷月、八月山地自行车赛、九月蔬果采摘节、十月孝文化旅游周"的基础上,举办动漫节、音乐节、城市灯光秀、摄影展、特色商品大赛、美食大赛等不同主题的特色活动。创新开展体验游、美文、美图评选等活动,注入新的元素和活力,打造具有一定影响力和地区风采的文化活动品牌。举办成德同城文化惠民群众性公益培训活动17场,学习借鉴成都市的先进理念和成功经验,提升全区整体文化水平。举办舞蹈、声乐、非遗、摄影等讲座14场,累计受益1000余人。举办文体旅系统干部职工和乡(镇)文化专干业务素质提升专项培训,300余名文化骨干参加培训。

【农村卫生】 全区累计建立城乡居民电子健康档案近70万份;预防接种建证率达99.26%,免疫规划疫苗接种率达90%以上;老年人健康体检率67.41%;高血压患者规范管理率80.47%;Ⅱ型糖尿病患者规范管理率70.29%;严重精神障碍患者规范管理率90.14%;肺结核患者管理率98.08%;65岁以上老年人中医药健康管理率65.67%;0~36个月儿童中医药健康管理服务率81.03%;传染病疫情报告率及及时报告率均为100%,未发生突发公共卫生事件。全区共组建家庭医生签约团队147个,累计签约344265人,签约率达45.6%。全年县域内住院3731人次,发放卫生扶贫救助基金补助174.0227万元,个人支付比例9.49%;县域内门诊慢病4062人次,发放卫生扶贫救助基金补助0.1935万元,个人支付比例0.13%;县域外住院468人次,发放卫生扶贫救助基金补助88.73万余元。2017—2019年累计完成11399名建档立卡贫困人员免费健康体检工作。

【农村法制建设】 搭建农村普法教育平台,全面落实乡村(社区)法治文化"六个一"工程。各村(社区)均建立"法律图书角",培养"法律明白人"4000余人,组建法律服务小分队35支,开展"三下乡"、"四进社区"、村(社区)干部法治专题培训等各类宣传活动150余场次,下乡放映法治电影180余场次。全区乡(镇)、村配备调解员共计711人,全年调解涉农案件1454件,调解成功1453件。全区所有村均配备法律顾问,全年开展法治讲座350余场次,提供法律意见书或法律建议400余件次,提供法律咨询3000余人次。开通农民工讨薪、精准扶贫建卡户法律援助"绿色通道",办理农民工法律援助案件233件,为农民工讨薪400余万元。妇女及未成年人获得法律援助1400余人次。组织全区100余名行政执法人员开展培训,充实基层执法力量。对全区涉农事务依法开展前置合法性审查,严把法律关,全年共审查涉农规范性文件22件。

【农村交通】 全区公路通车里程762.184千米,其中农村公路653.358千米。融入德阳市"双圈层大环线",完成"双圈层"现代农业产业内环线16.7千米道路建设。开展农发行贷款项目"十三路一桥"建设工作,完成投资8538万元,新建道路42千米。严格落实农村公路养护经费省补"7351"养护资金政策,投资637万元,完成德茂路、德孝路、古什路、芦德路等路面坑凼修补2400平方米;修补德孝路杨嘉段下穿路肩200余米;更换波形护栏300米,清洗波形护栏16000米;刷白行道树3700株,修剪行道树枝叶645株;清理公路边沟200.39千米。全区有客运企业15家(其中主要从事旅游客运5家、城乡公交6家、班线客运3家,乡村出租客运1家)、道路货运企业236家(其中普货运输企业150家、大件运输企业69家、危险货物运输企业17家);各类营运车辆7956辆,其中客运383辆、危货539辆、普货7034辆;客运线路65条,其中城乡公交线路11条、班线客运线路45条、乡村客运线路9条。

【涉农招商引资】 全区3000万元以上的农业招商引资重大项目4个,均为内资项目,增长33%;项目总投资1.65亿元,减少89.4%。协议资金16475万元,减少89.4%;到位资金16475万元,减少70.95%。

【农村社会保障】 全区参保人数共计44.11万人,其中城乡居民医保参保人数32.7万人;居民医保参保率达99.34%,9.8万名特殊群体100%参保;基本医疗保险待遇享受人次共计114.22万人次,待遇支付共计22022.64万元。全区25家医疗救助定点医疗机构全部实现"一站式"联网结算,结算率达98%。"事后救助"全部实现"一卡通"支付,救助比例和救助封顶额度处于全市较高水平,城乡特困人员和孤儿的救助比例均达100%,其他救助对象比例在70%~75%之间,年度救助上限额达4万元/人。全年救助5451人次,发放救助金969.38万元。全区贫困人口县域内门诊特殊疾病、住院政策范围内费用报销比例均达90%以上,贫困人口医保倾斜支付5896人次、137万元。

【农村生态建设及环境保护】 开展农村垃圾、污水、厕所、彩钢棚整治"四大行动",全面改善农村人居环境。新(改)建农村户用卫生厕所4107座,完成15个整村推进示范村改厕任务。建成柏隆、孝泉、德新、黄许、东湖街道高槐村、新中镇麻柳堰6个污水处理站(厂),实现了50%的行政村具有生活污水处理能力。行政村保洁员覆盖率达100%,90%以上的行政村生活垃圾得到治理。完成德中路、德茂路沿线及"双圈层"农业产业大环线区域、镇村主要道路沿线周边及可视范围内彩钢棚（房）整治76.41万平方米，整治率达100%；完成其他区域彩钢棚（房）整治189.6万平方米，整治率达50%。实施化肥农药减量化行动，探索秸秆综合利用机制，辖区内废旧农膜、农药包装废弃物均得到合理处理和回收利用，农村生态环境持续改善。全区无重大生态环境污染事件发生，被列入中央环保督查和省级环保督查整改范围的均已整改完毕。

【农产品质量安全监管】 配合开展部、省、市三级种植业农产品质量安全例行、专项监测和绿色食品抽检，合格率达98%以上；完成县级农产品质量安全例行监测，检测“瘦肉精”16000余份，结果均为阴性；定量检测蔬菜、食用菌样品200个，合格率达99.5%；完成蔬菜农药残留快速检测1236个，合格率达99.8%。旌阳区被农业农村部评为“第二批国家农产品质量安全县”。

【农村市场体系建设】 全区整合快递物流站点43个，优化邮政公司镇、村农村电商服务站点75个，培训农村电商从业人员200人次；建成藏彝春天生活馆、蜀莱商城线下O2O体验店1家，“德小鲜”线下O2O体验店5家，实现现场体验、线上下单、网订店取、配送到家“一站式”服务；推广使用“旌耘”区域公共品牌，36家“三品一标”生产经营主体共85个农产品获得“旌耘”商标使用权；推行“食用农产品合格证”，50余家生产经营主体开具电子合格证16962张。开展农业信贷担保贷款，增加2019年乡村振兴农业产业发展贷款风险补偿金500万元，总规模达1087万元，完成农业担保贷款1.99亿元。

【农村留守儿童（学生）帮扶】 团区委对留守儿童（学生）实行动态管理，截至2019年年底，共建有“童伴之家”1个、“留守儿童之家”24个，覆盖留守儿童1466人。针对农村留守儿童（学生）部署开展系列帮扶活动，拓宽关爱载体，在全区不断扩展“童伴之家”“留守儿童之家”覆盖面，依托“童伴之家”“留守儿童之家”等团属阵地开展温暖关爱、心理辅导、游戏娱乐等关爱活动228次，覆盖留守儿童（学生）达5000余人次。不断丰富帮扶方式，物质、精神双重“上险”，牵头开展“爱心午餐”、“金秋助学”、“老少牵手，温暖童心”暖冬慰问、“圆梦”公益慰问等活动；联合区关工委、区教育局等单位筹措慰问金21万余元，慰问农村中小学校近10所，捐赠教学设备、学习用品价值6000余元。

【劳务开发与返乡创业】 全区通过“四川省就业服务管理系统”和“德阳公共招聘网”实现市、区、街道（乡/镇）、村（社区）四级的就业信息共享。组织开展“春风行动”“民营企业招聘周”“送岗位、送政策下乡”和“精准扶贫、促进就业”等各类招聘会51场，市内外用人单位2100家进场，提供就业岗位4.7万余个，吸引城乡求职劳动者4万余名，达成意向性就业协议7300余份。开展中式烹调师、美容美发、电工、焊工等技能培训50余期，培训人员1800余人。通过有组织或“一带一”的方式，累计实现转移就业11.8万人，其中新增农村劳动力转移就业2000余人，实现收入25亿元。全年共有2221名农民工实现返乡创业，其中创办各类企业的有275人，从事个体工商经营的有1210人，从事农、林、水、牧等创业经营的有736人，带动就业4200余人。参加德阳市第三届“千理眼”创业大赛，组织参赛项目200个，有4个参赛项目进入市级决赛、2个参赛项目进入省级决赛。

【名优特新农产品】 旌阳中稻。德阳市旌阳区依靠优越的区位自然条件，本着生态、现代、持续的稻米产业目标，努力打造旌阳中稻米基地。旌阳中稻是在季节上处于早熟类型和晚熟类型之间的中熟类型水稻，种植历史悠久。

旌阳中稻具有生育期短、株矮的优势，其颗粒饱满、色泽金黄，产量与一般水稻持平偏上，米粒完整，支链淀粉含量高，专用于米线、河粉等食品制作，深受米制品加工市场的青睐。旌阳中稻优质专用、效益突显、市场俏销，每千克的市场价格比杂交稻高出0.5元左右，农户每亩增收200~300元，企业通过加工销售，每年实现利润1000万元以上。旌阳区通过“企业+基地+服务体系”模式，大力发展旌阳中稻米订单生产。2005年以前，旌阳中稻种植面积不到5000亩，随着种粮大户不断涌现，2017年种植面积达10.2万亩，占全区水稻种植面积的39.5%；2020年，全区种植面积超过12万亩，占全区水稻种植面积的47.5%，“桂朝二号”及“桂朝十三号稻米”订单面积8万亩，实现了企业和种植户双赢的目标。截至2020年年底，全区种植旌阳中稻的种粮大户及平坝区域水稻种植农户达到95%以上，一步步把一个多年的“小品种”做出了“大文章”。

为促进旌阳中稻的良性发展，德阳市旌阳区农业农村局组织相关专业人士为种植户提供培训，定期发布病虫害信息，指导种植户合理搭配常规中稻和优质杂交水稻的种植规模，同时不断加大宣传力度，多次组织产品参加展销活动，产品大量销售到重庆、云南、贵州等省（市），有力提升了旌阳中稻品牌知名度及外界认可度。

【主要领导人】 区委书记：邓平；区人大常委会主任：徐蓉；区长：陈天航；区政协主席：梁仕全；分管农业副区长：袁敏。

旌阳区编写组

罗 江 区

【基本情况】 2019年，全区辖7镇，辖区面积447.88平方千米，其中耕地面积37.15万亩，人均耕地面积1.52亩；基本农田32.62万亩。年末总人口24.35万人（户籍人口），减少0.9%；人口出生率7.5‰，减少1.3个千分点；人口自然增长率-5.9‰，减少8.7个千分点。全区有效灌面1.334万公顷；本地水资源总量1.3264亿立方米，人均占有水资源量574.2立方米。有林业用地6193.8377公顷，有林地面积5935.1351公顷，活立木总蓄积量27.9万立方米，森林覆盖率40.58%。

2019年，全区GDP141.8亿元，增长8.3%，其中第一产业增加值19.97亿元，增长2.1%，农、林、牧、渔及农林牧渔服务业之比为49.2∶1.3∶38.8∶6.1∶4.6；第二产业增加值81.58亿元，增长10.3%（工业产值400.6亿元，增长12.1%）；第三产业增加值40.26亿元，增长7.6%。三次产业对经济增长的贡献率分别为4.1%、71.9%和24%。全年转移就业6.9万人，实现劳务收入192400万元。全年接待游客546.55万人，实现旅游收入518000万元，其中乡村旅游收入388500万元。

公路通车里程640.75千米（其中乡村公路511.12千米），密度143千米/百平方千米，26千米/万人。社会消费品零售总额36.76亿元，增长10.6%。地方公共财政预算总收入完成4.23亿元，增长5.2%；公共财政预算总支出16.2亿元，增长20.6%，其中农业投入3.94亿元，占支出的24%。金融机构各项存款余额116.4亿元，比上年初增长11.4%；各项贷款余额66.2亿元，比年初增长18.2%，其中支持农业产业化发展项目贷款10649万元。农业产业化龙头企业省级、市级分别为2家、33家。

有各类学校63所，在校学生4.1万人，教职工2415人，其中普通高校2所，在校本（专）科学生16688人，增长20.65%；普通中学8所，在校学生8090人；小学18所（含特教中心），全年风险补偿金规模达1087万元，发放贷款4331万元，集合担保业务贷款余额达1.4亿元。发展乡村文化和社会事业，推广乡风文明活动，试行"院落长"负责制，以"搞好卫生、码好柴草、放好农具、栽好花草"标准开展全域院落自理。开展"孝子孝媳""好家风示范家庭""最美院落"和"送福到家"活动，形成崇尚、学习、追随先进的良好风尚。前后获得德阳市乡村振兴示范村、全国乡村治理示范村、四川省乡村振兴先进镇、示范村等称号。

【扶贫开发】 全市"四套班子"主要领导联系脱贫难度最大的5个村，26名在职县级领导干部联系91户贫困户，统筹74个党政机关（乡/镇）、55所中小学校、26所医院卫生院作为帮扶单位，选派"第一书记"71人，安排结对帮扶责任人6085人。财政扶贫资金方面，争取中央和省级财政扶贫资金922万元，全市财政安排财政扶贫资金2009万元。严格执行财政专项扶贫资金管理办法，因户施策、因地制宜，严格把控资金使用范围和标准。扶贫救助基金方面，卫生扶贫救助基金规模达500万元，发放救助金299万元；教育扶贫救助基金规模达500万元，发放救助金99万元；扶贫小额信贷分险基金规模达410万元。投入250万元，为5个脱贫任务重的德阳市级贫困村建立产业扶持基金；投入548万元，为24个村集体经济收入较低的村建立产业扶持基金。社会扶贫资金方面，全国扶贫日期间，全市公益募捐款物37余万元。

【乡村旅游】 全市共有各类宾馆、酒店140余家，床位8000余张；旅行社及分支机构60余家；以乡村旅游为主题的国家A级景区3家（易家河坝乡村旅游区4A级、松林桃花山乡村旅游区2A级、段家大院子川西古民居园区2A级）；登记注册农家乐106家，累计营业面积逾40万平方米。全市乡村旅游行业直接从业人员近3500余人，基本形成了具有一定规模和水平的乡村旅游产业体系。全年接待游客1059.41万人次，增长7.94%；实现旅游综合收入102.13亿元，增长25.65%。

【农村水利】 全年续建、新建和拟开工项目共22个，总投资56681万元。推进水利渠系建设、江河堤防建设、骨干水源和重大项目建设、安全饮水建设、山洪灾害防治和水毁修复等工作，提升水利改善民生能力。

【农业机械化】 全市农机总动力达26.9万千瓦，增加0.6万千瓦，增长2.3%。全市主要农作物农机化综合水平达82.1%。全年实施农机购置补贴中央资金560.958万元，受益农户291户，补贴农机具495台；推广全省首台智能化自动驾驶拖拉机。

【农村科技】 发挥高校、科研院所、农业龙头企业、专家大院的技术和人才优势，完善农业科技创新体系，依靠科技创新激发农业农村发展新活力。依托小麦、水稻、油菜专家大院农业科技"三大院"，引进或培育农业科技特派员，组建四川省农业科技特派团1个，开展精准扶贫、乡村振兴等社会化服务。全年争取省、市农业科技计划8项，攻克绿色、安全、高效种养殖关键共性技术20个，中试、熟化优势特色农业科技成果7项。依托隆平高科种业、米老头等龙头企业实施优质专用品种培育引进科技工程，加快广汉市6000亩小麦良种繁育和5万亩杂交水稻制种基地建设。邀请各类农业专家实施农业科技培训，全年共开展田间培训、现场专题讲座、技术专题培训等科技培训会8期。

【农村教育】 改（扩）建学校。2018—2019年，对两所乡（镇）学校进行改（扩）建，包括广汉市三水小学新建教学综合楼及附属工程；计划投资1000万元，对广汉一小新建教学综合楼及附属工程进行改（扩）建。三水小学改建工程已开工。金雁小学建设进展顺利，2020年秋季已计划招生一年级新生300余人。按照国家、省、市相关要求，推进小区配套幼儿园治理工作。优先将闲置的中小学校校舍用于学前教育，避免出现"边建设、边闲置"的现象。

推行"订单"培养，走"产、学"结合的发展道路。制定《广汉市教育局关于四川省广汉市职业中专学校基本办学条件标准化建设的总体规划（2018—2020年）》，继续保障资金投入，完善职业教育基本设施，加强对中等职业学校的支持力度。

开展新型农民多样培训。组织农校联合职业技术学校，针对应届初中毕业生1863人开展应初培训，加强新型农民队伍建设。定期开展脱盲人员巩固班、劳动力转移、农民实用技术培训等，共计参加培训148233人次，帮助农民增产创收。

构建城乡联盟，提升农村教育质量。2018年9月成立广汉市中小学五大教育联盟，涉及20所单设小学；单设初中成立三大教育联盟，涉及15所学校；九年一贯制学校成立三大教育联盟，涉及8个学校；成立广汉市"学前教育城乡合作共建共同体"，发挥广汉第一幼儿园、广汉第二幼儿园等5所省、市级示范性幼儿园的示范辐射作用，每个城市公办园对口帮扶12所乡（镇）中心园和民办园，提升农村学前教育水平。

【农村文化】 全市有乡（镇）综合文化站18个、乡（镇）文化广场18个、基层综合性文化服务中心218个、村文化活动室182个、行政村和社区书屋222个、幸福美丽新村文化院坝51个、农民工文化驿站19个、留守儿童"文化之家"18个。投入1674万元，建成文化信息资源共享工程广汉市支中心1个、乡（镇）基层服务站18个、行政村服务室80个。持续开展"四季广汉"系列文体活动，全年共开展文体活动80余场，不断满足群众精神生活需求。

【农村卫生】 广汉市通过国家慢性病综合防控示范区复评审和全国基层中医药工作先进单位省级评审，创建"全国第三批健康促进县"，获得"省内对口帮扶藏区彝区贫困县先进集体""慢性病防控先进集体"等称号。全市居民电子健康档案建档率达94.98%，儿童免疫规划疫苗接种率达95%以上，糖尿病、高血压等慢性病患者、严重精神障碍患者、肺结核、老年人、0～6岁儿童、孕产妇等重点人群管理质量持续提升，代表德阳市接受基本公共卫生省级绩效评价，取得优异成绩。开展健康教育与健康促进行动，居民健康素养水平较上年提升1.52个百分点。

【农村法制建设】 健全法治建设队伍，增强乡村法治建设力量。健全乡村调解员队伍，组建人民调解微信群，全市各级调解组织共受理并调解各类民间纠纷1218件，调解成功1211件，累计协议金额2291.98万元；规范社区矫正工作队伍，依法对全市200余名社区矫正人员进行监管教育。按照省、市关于推进公共法律服务体系建设和法律服务助力乡村振兴战略的相关工作要求，抓好"一村一法律顾问"制度的落实落地，先后组织全市44名律师、12名基层法律服务工作者入驻村公共法律服务室，围绕乡村治理、脱贫攻坚、农村法治建设、产权交易等方面主要从担任法律顾问、调解矛盾纠纷、宣讲法律知识、提供法律服务、依托乡村一站式便民服务中心建立村公共法律服务工作室几个方面发力。

开展法治示范创建，夯实乡村法治建设基础。一是健全党组织领导下的群众自治机制。二是严格执行"四议两公开"制度，加大对村级党务、村务、财务的公开力度，确保村级事务在阳光下规范运作。三是实施民主治村工作机制，依法选举村级干部，保障村民的选举权和被选举权。四是引导村民共同参与讨论、修订和遵守村村规民约，形成依法立约、以约治理的良好格局。五是举办各类道德讲堂，开展“最美家庭”“最美人物”“星级文明户”征集评选，树立良好家风、弘扬公序良俗，累计评选“最美家庭”30户、“最美人物”180名、“星级文明户”2700余户。按照“组织建设有力、民主建设规范、法治建设扎实、社会和谐发展”的创规标准，全市有1个村被命名为国家级民主法治示范村、1个社区被命名为省级依法治村（社区）示范村（社区），45个村（社区）被命名为德阳市级民主法治示范村（社区）、89个村（社区）被命名为县级民主法治示范村（社区）。

【农村交通】 全市农村公路里程达1119.7千米，其中县道147.5千米、乡道252.4千米、专道15.1千米、村道704.7千米。全年建设农村道路160千米，修建桥梁21座，被省政府评为“四好农村路”省级示范县。

【涉农招商引资】 全市3000万元以上的农业招商引资重大项目1个，为内资项目；项目总投资0.8亿元。

【农村社会保障】 全市城乡居民基本养老保险参保人数15.1万人，续保人数6.81万人，征收基金3602.9万元，支出8626.97万元。代缴建档立卡未脱贫人员、低保对象、特困人员三类困难群体城乡居民基本养老保险个人缴费56.25万元。

【农村生态建设及环境保护】 按照全市河长制“四张清单”要求，全面完成吊河堰沟、小柳堰、老黄桶堰（南兴场镇义安村段）等26条重点农村黑臭水体整治计划，共计整治长度约为55.94千米，完成2019年度黑臭水体整治工作。按照央督反馈意见整改要求，全面完成青白江支渠清淤工作，整治范围涉及青白江流域（广汉段）的32条重点沟渠和所涉及的小沟（渠）系，整治长度约为298千米，其中2019年整治长度约为97千米。启动农村生活污水治理工作，按照农村人居环境整治工作要求，制订《广汉市农村生活污水革命实施方案》，完成农村生活污水现状调查，开展农村生活污水治理试点工作。

【农产品质量安全监管】 全市重大动物疫病及人畜共患病防控实现常态化，未发生非洲猪瘟等重大动物疫情，应免动物免疫率100%，群体免疫密度保持在95%以上，免疫保护率在70%以上，免疫合格率达到农业农村部标准，完成全年血防、狂防任务。全面落实无害化统一集中收集，加强死亡动物无害化处理工作，无一例病死及注水猪肉上市。规范肉牛屠宰行业，西南地区规模最大的标准化肉牛屠宰场——向阳江南肉牛屠宰场经过2年建设，年屠宰肉牛达10万头，已正式投入使用。全市共有“三品一标”有效期内产品107个产品，通过省级审核新申报无公害产品26个，全年“三品一标”农产品达133个。

【数字农业】 利用现代农业产业园项目资金，建设数字乡村运营支持中心，对数字乡村建设进行探索，旨在解决乡村振兴中的数据采集、信息普及、培训、监管追溯、补贴发放、农村金融等方面的问题，打通各闭环系统，达到资源优化、共享的目的。从新型职业农民、农村金融、农业保险、农产品安全、智慧农机、农村产权、电子商务等方面建立框架，全市数字乡村应用支持平台已初步构建。

【农村市场体系建设】 全市主要依托中国邮政广汉支公司已建成县级农村电商仓储配送中心1个，面积2000余平方米；建成覆盖全市183个行政村的便民服务站238个（其中邮乐购示范店32个、商超类的便民服务站149个、其他类89个），配套设施逐步完善，解决了农村电商中仓储和物流等方面的难题，累计建设资金达500余万元。同时，打造“雒禾禾”邮乐特色馆；做好“我是广汉人，我为广汉代言”活动；参与商务与经济局组织的各类培训活动。

【农村留守儿童（学生）帮扶】 全面提升儿童福利保障水平。加强儿童福利保障，全面提高孤儿养育水平，集中养育孤儿基本生活费由每人每月1300元提高到每人每月1400元，社会散居孤儿基本生活费由每人每月810元提高到每人每月900元。全年共发放孤儿及艾滋病儿童基本生活保障金337人次、30.9万元。实施孤儿“明天计划”工程，组织7名孤儿进行健康检查，资助体检费用5600元；为全市4名就读中专、大专和本科的孤儿发放“福彩圆梦孤儿助学项目”助学金，每人每年资助1万元。优化儿童福利管理，通过开展农村留守儿童和困境儿童排查、年满18岁孤儿在校就读情况排查、事实无人抚养儿童排查等工作，摸清全市儿童数据，全市共有农村留守儿童159人、困境儿童337人、事实无人抚养儿童10人。完善儿童保障机制，由市慈善会出资6.5万元，市民政局通过政府购买服务的方式，委托广汉市菁苗科普协会和西高镇忠心幼儿园在西高、高坪、新平、金轮、松林等农村留守儿童和困境儿童较多的乡（镇）实施假期关爱、安全教育、亲子活动等儿童关爱保护服务项目，直接或间接惠及人数达1000余人次。在全市开展“10元·微爱”活动，共募捐到爱心基金30余万元，增长50%。组织中小学生参观关爱教育基地20余场，参与学生3000余人次。建立“儿童之家”121个，将全市120余名儿童纳入关工委重点帮扶救助范围。开展“暖冬”活动，为全市104名贫困困难儿童送去新年礼物。开展“奖学金”评选活动，发放奖学金5万元。建立大病儿童医疗救助制度，为5名大病儿童发放就助金4万余元；慰问特殊学校2次。

【劳务开发与返乡创业】 开展就业创业服务、技能培训、公共平台服务、工资支付、走访慰问、表彰激励等重点工作，增强农民工获得感、幸福感和安全感，引导农民工就近就地就业创业，为全市民营经济发展提供人力资源保障，为乡村振兴注入人才资源活力。

加强技能培训，提升就业能力。因地施训，助力乡村振兴，重点围绕各镇、街道产业需求和群众实际，结合西高镇5000余亩稻虾养殖观光产业，量身定制以小龙虾特色美食烹饪为主的培训项目，直接带动就业60余人，实现产业开发与农民工致富双丰收。结合服务业发展需求，开展养老、育婴、家政等就业前景好、工资水平高的现代生活型服务业技能培训，育婴员国家职业资格鉴定合格率居德阳市之首。全年有针对性地开设风味面食小吃、糕点烘焙、美容师、电弧焊等16个实用培训项目，技能培训2680人，发放各类培训补贴294.818万元。

加强创业服务，提高创业水平。加强创业平台建设，德阳高新西区创新创业服务中心通过省级创业孵化基地复核，落实补贴资金30万元，吸引返乡创业等企业入驻95家；南丰镇格瑞蔬菜专业合作社被评定为德阳市级创新创业园区，落实补贴资金15万元，园内已吸纳8名大学生、10名返乡农民工在园区创业，带动农民就业48人，吸纳建档立卡贫困劳动力就业8人。承办德阳千里眼创业大赛返乡下乡组决赛，开展“创业指导进乡村”服务，为258名农民工开展创业意识培训，为62名符合条件的返乡创业者发放补贴57万元，为42名农民工和3家农民工创业企业发放创业担保贷款1383万元。

加强政策扶持，优化发展环境。出台《广汉市创新创业园区（孵化基地）认定管理暂行办法》《贫困劳动者以工代训培训实施方案》《关于培训机构代为申请贫困劳动力职业技能培训生活费补贴的通知》等政策，鼓励农民工参与培训、主动就业、积极创业，鼓励企业吸纳农民工、提升职业技能。全年为248人发放企业技能提升补贴49万元，落实稳岗补贴3011万元，涉及企业257家，助推企艺术特色学校4所、德阳市艺术特色7所、德阳市书法教育优秀学校18所、什邡市书香校园优秀级学校4所、什邡市级各类示范学校36所。依托4个校际协同发展联盟和13个各级名师工作室，开展"城乡联合教研""教师互派交流""青年教师成长平台"等活动，不断扩大优质教育覆盖面，促进县域内义务教育优质均衡发展。成立彭什区域教育协同发展联盟，组织什邡中学等10所学校与彭州市学校结对，助推彭什区域协同发展。创新启动"家庭教育名师乡村行"活动，邀请名师到基层学校为家长举办讲座，帮助家长掌握科学教育方法，累计开展"家教名师乡村行"10余次，受益家长达3000余人次。什邡市学校已与喜德县42所学校全部结对，每所学校都选派教师到对口学校支教、选派干部到对口学校挂职锻炼，推动两地在办学、教育教学、教学科研、教师培训等方面的合作。

【农村文化】 全市16个镇(街道)综合文化站(中心)全部免费开放。持续推进四川省第一批现代公共文化服务体系示范县建设，完善村、社区基层公共文化服务设施，建成市图书馆分馆24个，实现市、镇分馆间通借通还"一卡通"；建成文化馆分馆8个，创建为四川省第一批现代公共文化服务体系示范县。在南泉镇团结村召开规范农家书屋运行现场会，对全市农家书屋管理员进行培训，不断规范农家书屋运行。为全市123个村48个社区招募村、社区文化志愿者(服务期一年)171人，由市文化馆组织开展基层村、社区文艺人才大培训，对招募的村、社区文化志愿者进行全面培训。成届制开展"什邡之夏"广场文化活动、"送文化进城"演出、"书香什邡、全民阅读"读书系列活动、"迎新年灯舞大赛"等大型群众文化活动；开展"送文艺演出下乡"群众文化活动32场，观众累计超过20万人次。

【农村卫生】 推行优质服务基层行活动，6家卫生院通过首批优质服务基层行达标创建，启动师古、南泉社区医院试点创建工作。继续推进医共体建设，市人民医院、市中医医院牵头与17家基层医疗卫生机构建立医共体，医共体学校第一期培训班顺利结业，派出3名市级医疗机构业务骨干到基层挂任副院长，提升基层医疗技术及运营管理能力。健全基层中医药体系，全市基层医疗机构均设立了中医集中诊疗区，124个行政村卫生室均配备了能中会西的乡村医生。全市全年基层诊疗量达226.01万人次，占全市总诊量的67.56%。持续促进基本公共卫生服务均等化水平，南泉镇卫生院建成医养结合示范单位。精准定位推进家庭医生签约服务，全市建立家庭医生签约服务团队123支，已签约重点人群70414人，签约率达54.14%，常住建档立卡贫困人口实现全覆盖签约。全年共采集、检测农村饮用水水样402件。红白镇新创建国家卫生镇通过省爱卫办技术评估，师古镇、冰川镇通过国家卫生镇复审，新创建省卫生镇1个、省卫生村(社区)18个。

【农村法制建设】 完成司法行政机构改革，市委依法治市办和新组建的司法局正式挂牌成立。全面落实法治政府建设第一责任人职责，推行行政执法"三项制度"和减证便民行动。建立合法性审查机制，开展行政规范性文件专项清理。基层政务公开"两化"试点工作"什邡经验"在全国推广。全年受理法律援助案件314件，提供法律援助服务2315人次，调解民间纠纷2514件，以"三书模式"盘活农村闲置资产。全年举办法治宣传活动1800余场次、法治讲座580场次，累计培育"法律明白人"6000余人，普法工作获得全国"七五"普法中期先进称号。完成人民调解委员会、人民调解员评星定级和乡(镇)行政区划调整改革后司法所合并工作，推进农民工劳动合同普查和企业"法治体检"活动，在6个镇(街道)设立驻派出所调解室。完成社区矫正中心建设，建立社区劳动服务基地2个、村(社区)社区矫正工作站6个。

【农村交通】 全市公路通镇通村率达100%。有汽车客运站24个、乡村招呼站15个、有公交站(点)112个；建成投运新能源充电站1个，有充电桩50个，充电终端100个；有物流寄递网点或配送服务站98个。建成蓥钟公路等农村公路改善提升项目4个43.9千米，实施县、乡道生命安全防护工程28.4千米，完成民生实事改建项目及专项扶贫项目任务。全市班线客运及农村客运安全运行2016万千米，输运旅客130万人次；城乡公交安全运行523万千米，输运旅客480.1万人次，增长1.47%。加强超限运输治理，龙桥、洛水等检测站(点)联网监控100%，车辆超限率控制在3%以下；稳定农村客运，开行农村客运线路9条，通镇通村覆盖率为100%；健全农村公路市、镇、村三级管理机构，制定《农村公路养护管理考核办法》，指导农村公路日常养护70次，确保道路"畅、洁、舒、美"。

【农村社会保障】 从2018年12月1日起，全市基础养老金待遇从93元调整到100元，截至2019年年底，全市城乡居民养老保险参保人数187806人，待遇领取人数69845人。全年城乡居民医疗保险个人缴费标准为基本医疗一档290元/人/年、二档390元/人/年，补充保险70元/人/年；未满18周岁的未成年和中小学、大中专(职)院校学生按245元/人/年的标准缴费，补充保险25元/人/年。全市全年参保人数为268528人，参保率达58.12%。

【农村生态建设及环境保护】 全市将9个村庄作为"千村示范"整治村。全市64个村完成生活污水治理，15个农村集中式饮用水源地完成保护区的标识标牌安装。持续推进化肥使用量零增长行动，大力推广测土配方施肥技术，发布配方13个，发放施肥建议卡2000份，开展田间肥料对比试验6个，建立化肥减量增效示范区2万亩，辐射带动全市化肥使用量实现负增长。推进农药减量控害，通过加强农药经营管理、推广绿色防控和统防统治技术、加快植保专合组织发展、完善病虫测报点等措施，农药使用量呈逐年降低的趋势。全市年产秸秆约18万余吨，综合利用量14.76万吨，其中肥料化利用12.43万吨、饲料化利用0.74万吨、燃料化利用0.31万吨、基料化利用0.15万吨、原料化利用1.13万吨，农作物秸秆综合利用率达96.09%。投资420万元用于畜禽养殖废弃物资源化利用，通过补贴畜禽粪污还田利用运输车辆和管道机械设备购置、补贴田间储液池(罐)设施建设等，完成畜禽粪污还田利用配套设施设备建设，利用建成的管网系统和运输车辆开展畜禽粪污还田利用工作。全年畜禽养殖废弃物资源化利用率达88%，规模化畜禽养殖场(小区)粪污处理设施设备配套率达95%。

【农产品质量安全监管】 推进农产品质量安全示范县创建，建立完善村级农产品质量安全协管员制度。对批发市场、农贸市场、超市等开办者和经营者推行入市管理、质量检测、信息公示、不合格产品退市等制度，批发市场年度有检测记录不少于500批次，农贸市场年度有检测记录不少于200批次。完善重点监管对象档案管理，加快质量安全追溯体系建设，要求生产者登录国家级农产品质量安全可追溯系统平台，"三品一标"企业100%登录。3家农业企业被农业农村部农产品质量安全中心评为"全国农产品全程质量控制技术体系(CAQS—GAP)试点生产经营主体"。

【农村市场体系建设】 全市本外币各项存款余额301.74亿元，增长9.14%；各项贷款余额173.75亿元，增长14.93%。引导督促涉农金融分支机构加大对"三农"政策支持和资源配置的支持力度，截至2019年年底，全市涉农贷款余额112.45亿元，比年初增加11.92亿元，占全年贷款的比例为64.72%。加大金融精准扶贫信贷支持力度，投放扶贫小额信贷，截至2019年年底，全市建档立卡贫困户扶贫小额贷款余额605户、金额1999.13万元，较年初增加25.05万元；产业扶贫贷款余额101551.6万元，较年初增加46828万元；项目扶贫贷款余额200738.8万元，与年初持平。持续加大对产业化龙头企业、农民专合社等新型农村经营主体的信贷支持力度，引导农村企业和农户发展绿色优质农产品和生态产品。继续推进土地流转收益保证贷款和农村产权抵押融资试点工作，推动农村土地承包经营权等产权流转，改善农村融资环境，截至2019年年底，发放支农再贷款3笔、金额0.8亿元。利用现代金融科技手段，改进农村地区支付结算环境，截至2019年年底，全市银行机构共发放各类银行卡190.84万余张，布放各类ATM机设备205台、各类POS机1552个，设立助农取款服务点368个，全面实现基础金融服务在农村地区全覆盖。

【农村留守儿童（学生）】 全市成立关爱“留守学生（儿童）”工作领导小组，指定专人负责具体工作，从制度上确保工作顺利推进。团市委、教育、公安、民政、妇联等部门密切配合，发挥社会教育独特优势，推动形成学校教育、家庭教育和社会教育相结合的教育网络，建立健全留守学生监护工作体系。在蓥华镇仁和村建立什邡市第一个“童伴之家”，覆盖留守儿童家庭16户。开展兴趣培养、文化补习、心理辅导、冬（夏）令营，让广大留守学生感受到社会的关爱。全年共集中开展大型留守儿童关爱活动6次，结对帮扶留守学生300余名。

【劳务开发与返乡创业】 成立劳务开发暨农民工服务保障工作领导小组，共有35个成员单位，共同从解决农民工面临的现实问题出发，不断探索加强和改进对农民工群体开展基本公共服务的新思路和新办法，逐步建立健全覆盖本地农民工的功能完善、作用明显、群众满意的服务体系，为改善农民工服务和留乡发展创造必要环境和条件。全市农村劳动力资源总量达21.9791万人，其中转移就业输出总量13.4076万人（省内12.6569万人、省外0.7507万人），共实现劳务收入35.1904亿元。扶持返乡农民工实现创业80人，落实创业补贴资金63.8万元。

【主要领导人】 市委书记：卿伟；市人大常委会主任：鞠道志；市长：王洪（2月代理，4月始）；市政协主席：殷萍；分管农业副市长：赖朋。

什邡市编写组

绵竹市

【基本情况】 2019年，全市辖10镇2个街道，辖区面积1246平方千米，其中耕地面积51.56万亩，与上年持平，人均耕地面积0.96亩；基本农田42.4万亩。年末总人口49.63万人（户籍人口），减少0.7%；人口出生率6.7‰，减少0.7个千分点；人口自然增长率–4‰，减少4.9个千分点。全市耕地有效灌面35.5万亩，达到耕地总面积的68.9%；本地水资源总量10.5515亿立方米，人均占有水资源量2224立方米。有林业用地6.54万公顷，有林地面积3.95万公顷，活立木总蓄积量507.77万立方米，森林覆盖率32.47%。

2019年，全市GDP340.1亿元，增长8.7%，其中第一产业增加值30.7亿元，增长2.6%，农、林、牧、渔及农林牧渔服务业之比为62.9∶4.5∶22.3∶2.2∶8.1；第二产业增加值190.3亿元，增长9%（工业产值181.6亿元，增长9%）；第三产业增加值119.1亿元，增长10%。三次产业对经济增长的贡献率分别为3.2%、60.5%和36.3%。有农村劳动力23.49万人，劳务输出16.14万人，收入42.58万元。全年接待游客1000.05万人，实现旅游收入91亿元。

公路通车里程1509.599千米（其中乡村公路1359.5千米），密度103米/平方千米，29千米/万人。社会消费品零售总额104.6亿元，增长11%。地方公共财政预算总收入完成69.6亿元，增长9.5%；公共财政预算总支出46.8亿元，增长14.7%，其中农业投入4.9197万元，占支出的13.62%。金融机构各项存款余额384.4亿元，比上年初增长14.9%；各项贷款余额144.3亿元，比年初增长13.2%，其中支持农业产业化发展项目贷款17968.91万元。完成农业产业化项目2个，完成投资1571.85万元。农业产业化龙头企业省级、德阳市级、绵竹市级分别为6家、45家、48家。

有各类学校82所，在校学生57564人，教职工3049人，其中普通高校1所，在校本（专）科学生12513人，减少28.3%；普通中学13所，在校学生12239人；小学24所，在校学生19614人；学龄儿童入学率100%，与上年持平。全年有成果转移转化项目1项，5家企业备案为省级成果转移转化示范企业。有艺术表演团体2个，文化馆1个，公共图书馆1个，博物馆2个。有卫生机构321个，病床位4405张，卫生技术人员3422人。城乡居民养老保险参保人数195000人；新型农村社会养老保险参保人数187986人，参保率99.99%。

【年度农业和农村经济运行】 2019年，全市实现农业总产值53.9亿元，增长2.33%；全市全年农业增加值达33.4亿元，增长3.13%。农民年人均可支配收入达20213.07元，增长9.88%。在粮食、生猪、蔬菜生产中，科技投入的占比或科技贡献率为58%。全市农产品质量省级例行检测抽检合格率达98%以上。

2019年绵竹市主要农产品产量

主要农产品	单位	产量	同比(%)
粮食	万吨	27.7	0.4
水稻	万吨	18	–0.15
小麦	万吨	8.2	1.1
玉米	万吨	0.6	3.7
马铃薯	万吨	0.4	–0.4
油菜籽	万吨	1.4	0.8
蔬菜	万吨	36.1	1.2
水果	万吨	1.8	0.9
肉类	万吨	3.2	–32
猪肉	万吨	2.2	–42.7
牛肉	万吨	0.06	9.4
羊肉	万吨	0.009	6.8
禽肉	万吨	0.9	12
兔肉	万吨	0.1	0
禽蛋	万吨	1.1	6.3
水产品	万吨	0.8	2
牛奶	万吨	0.2	2

农用地产权制度改革。制定《绵竹市农业和农村体制改革2019年工作要点》，明确了7项重点工作及巩固提升的28项改革任务。拓宽农业农村投融资渠道，整合涉农资金1.199亿元，投入农村基础设施建设、乡村振兴示范点建设等；创新"三书"模式，推进农村集体资产规范处置，绵竹农交所全年挂牌成交项目成交166宗，累计交易金额3.719亿元，流转面积3.1万亩；开展乡村振兴农业产业发展贷款担保，已出具贷款项目确认函54个，确认担保金额4780万元；注资5000万元，成立绵竹市竹兴农业投资发展有限公司。全市全年所有村集体及组集体均已完成成员资格界定、股份量化、集体经济组织章程制定工作，全市151个行政村集体经济组织完成登记赋码。

农产品品牌战略实施。推进农产品品牌建设，加大对企业品牌培育、推广的扶持力度，主动参与省农博会、博鳌美丽乡村推介活动等省、市各级农业展示展销及农产品推介活动；组织5家企业参加四川省首届猕猴桃品鉴会，四川华胜农业公司生产的红实2号获得红肉类金奖，绵竹佳源专合社生产的红阳获得最佳风味奖，四川山牧农业开发有限公司生产的猕猴桃产品获得绿色食品证书；四川华胜农业公司同澳大利亚签订猕猴桃品种种植授权，华胜农业向欧盟出口猕猴桃1000千克，实现了全市特色农产品零出口的突破。

现代农业园区建设。全市以玫瑰、猕猴桃、茶叶、粮油、蔬菜、生猪六大产业园区建设为抓手，推动农业高质量发展。玫瑰现代农业园区种植玫瑰1.5万亩，引进月季、玫瑰品种3000余个，拥有精油、干花、食品3条生产线，培育了"艾洛""珞诗未""玫瑰时光"三大品牌。猕猴桃现代农业园区核心区种植规模1.2万亩，有华胜、棚花农业等猕猴桃专营龙头企业15家，年产量1万吨，产值达1.4亿元。沿山猕猴桃现代农业园区被纳入省星级园区培育，获得省级支持资金1000万元并创建为德阳市二星级现代农业园区。生猪种养循环现代农业园区通过牧原公司大型养殖场示范带动和"德康公司+家庭农场"的养殖模式发展标准化养殖家庭农场110个，年出栏优质种猪3万头、商品猪40万头。茶叶现代农业园区以赵坡茶产业园区为主，面积0.6万余亩，有三溪香茗、绵竹蜀峰和绵竹方针3家茶叶加工企业，创建有机食品茶3个、绿色食品茶2个，形成了以"赵坡绿剑""九顶飘雪""玫瑰红茶"等为代表的绵竹产业品牌，有绿茶、茉莉花茶系列产品50余个。粮油现代农业园区总面积10万亩，有以省级农业产业化龙头企业"富王粮油"为代表的农业经营主体160余家，全年生产粮食7.1万吨。大蒜现代农业园区总面积3.5万亩，年产量近8.5万吨，产值近3亿元；园区内建有冷藏库、果蔬通风库等初加工设施30余座，初加工能力达0.6万千克；有专合社、家庭农场100余家，广济大蒜基地、什地齐天蔬菜基地被评为省级万亩亿元示范区。

【种植业】 全市大小春粮食作物总播种面积67.01万亩，粮食总产量27.7万吨；油菜播种面积7.71万亩，总产量1.35万吨。蔬菜及食用菌种植面积15.55万亩，总产量35.5万吨。全年发放各项强农惠农政策补贴8239.681833万元，开展大小春技术培训10000人次。全市良种使用面积达69.16万亩，其中水稻34.22万亩、小麦27.94万亩、油菜7万亩，良种覆盖率92.56%。引进包括超级稻、籼稻、粳稻等在内的30余个品种和多个水稻机械化插秧品种对比试验，主导技术落实覆盖率超过90%。

【林业】 全年组织管护国有林24.11万亩，规范发放18.38万亩集体公益林生态效益补偿资金，巩固退耕还林成果3万亩，完成营造林0.78万亩。全年完成义务植树65万株，新增森林面积0.3018万亩、森林蓄积19.31万立方米，森林覆盖率增加0.14个百分点，实现林业产值27.37亿元，农民人均从林业获得收入3460元。全市全年无森林火灾发生，森林病虫害成灾率为零，无超限额采伐发生。

【畜牧业】 全年出栏生猪29.43万头、牛0.44万头、羊0.357万只、家禽583.41万只、兔76.82万只。抓好夏季重大动物疫病防控，对861个生猪养殖场开展包场排查，设立非洲猪瘟防控检查站6个；完成国务院、农业农村厅移交的信访举报线索办理回复工作，办理违反非洲猪瘟防控相关规定的案件27起，破获"3·22"涉嫌妨害动植物防疫检疫案

【水产业】 全年水产品产量7546吨，增长2%。完成禁渔工作，发放禁渔宣传资料1200余份，散发《禁渔告知书》300份，对3起电鱼违法案件进行了没收电捕鱼器、罚款的行政处罚。开展水产品质量安全执法工作，全年开展水产养殖生产单位执法检查75场次，出动执法人员225人次，未发现非法添加、滥用添加剂和违规使用违禁药物等违法违规行为；抓好违残抽检工作，全年风险监测各类水产品共12个样，未发现违禁添加物残留；省、市抽检草鱼、鲢鱼、鳟鱼、鲟鱼等10个样，全部合格。新市镇开发渔场、绵竹市盛昌源农业科技有限公司通过四川省水产健康养殖示范场创建验收。

【乡村振兴】 举办德阳市2019年度乡村振兴现场会，全省人大农业农村工作座谈会代表到绵竹市就幸福美丽新村建设、乡村振兴发展、农旅融合等进行调研。科学编制九龙镇等3个村乡村振兴重点村规划、九龙(镇)村振兴重点镇规划、绵竹市乡村振兴战略规划及绵竹市农业园区规划。做好景城一体廊道绵九段、四季花田改造提升等重点文旅项目的规划，让乡村振兴蓝图更加清晰。加快实施九龙山花厢·花宿等一批文旅项目建设，打造了"乡遇画里"文创社区、孝德镇年俗村、遵道镇棚花村等乡村振兴示范点位，推动农业产业与农村电商、旅游、创意文化等产业深度融合。按照"整村推进、质量导向、群众自愿"的原则，推进农村"厕所革命"，科学制订"1+1+16"工作方案，推进16个农村"厕所革命"示范村建设，涉及改厕农户8477户；新(改)建公共厕所15座，其中新建9座、改建6座，农村人居环境质量明显提升。

【扶贫开发】 开发式扶贫和保障式扶贫相结合，持续开展"回头看""回头帮"。统筹落实中央、省、县三级财政专项扶贫资金3169.76万元，用于支持贫困户"五改三建"和生产发展的到户项目、开发农村特殊公益性岗位等项目；开展落实"两不愁、三保障"回头看大排查及问题整改工作，组织排查力量764人累计完成调查问卷10363户，共排查出问题1456个，所有问题整改完毕。全市全年1.1万户建档立卡贫困户、1.9万人稳定达到2019年脱贫标准无返贫，顺利完成全年目标任务。

【乡村旅游】 全市共有国家4A级景区3处，国家3A级景区2处，四川省旅游度假区1处，国家级地质公园2处，国家级森林公园1处，国家级花卉公园1处，全国休闲农业与乡村旅游示范点1处，全国农业旅游示范点1处，四川省乡村旅游特色乡镇2处、精品村寨4处。入围首批天府旅游名县候选县。全市建成大小景点50余处。有三星级饭店1家(床位215张)，其他宾馆、旅社、乡村客栈、民宿260余家，床位10200余张；旅行社4家，分社9家，服务网点22家，农家乐500余家，为乡村旅游提供农副产品的农户2000余家，文旅产业从业人员超过7万人。全年接待游客1000.05万人次，增长41.65%；实现旅游收入

90.98亿元，增长25.83%。

【农村水利】 加快农业农村基础设施建设，实施“一镇一基础设施”建设项目，投资1297.7万元，在21个乡（镇）实施道路交通、文化广场、农田水利设施等项目21个；完成2018—2019年度高标准农田建设工作，建成高标准农田1.22万亩、渠道33.145千米、机耕道10.21千米；完成支渠维修补烂262.7千米、疏掏斗农毛渠2625.6千米，塘库蓄水总量达1340万立方米，疏掏清淤渠道11.282千米，对1337口机沉井进行维修清淤，新增机沉井5口，新建、整治渠系建筑物共296处，配套智能量水系统6套；完成包含供水管网4处在内的汉旺镇自来水厂（含兴隆镇供水管网）、群新水厂（含拱星镇、绵远镇供水管网）、武都水厂（含东北镇供水管网）、富新镇自来水厂、新市镇自来水厂等共计9处工程的移交工作。

【农业机械化】 全市有各类联合收割机1152台、各类型拖拉机3856台、各类耕作机械6254台，全年农机总动力达30.35万千瓦。全市机耕面积64万亩、机收面积61万亩、水稻机插秧25万亩，主要农作物耕种收机械化水平达81.3%。完成绵竹市2019年度“十大民生工程”更新改造机电提灌项目，投资总额34.72万元，更新改造71处。

【农村科技】 全年组织2名基层农技人员参加省级农技人员骨干培训，109名农技人员参加市级调训，270余名农技人员利用全国农业远程教育平台参加农业部2019年农技人员知识更新培训。全年培训新型职业农民885人，其中培训省级青年农场主7人、市级职业经理人10人、新型经营主体262人、高标准农田606人。

【农村教育】 全年举办“九顶问道·中国西部教育先锋对话”、学前教育开放周、四川省2019年中小学食品安全暨后勤保障会议等活动；实行城乡教师、干部轮岗交流制度，组建了城乡学校教育盟，探索实行“名校带N校”的教育发展模式，印发了《绵竹市乡村教师支持计划实施细则（2015—2020年）的通知》和《关于推进义务教育学校干部教师交流轮岗实施意见》等文件，努力推进义务教育师资配备均衡，绵竹教育城乡一体化发展更有实效。加大对农村学校教师的补充力度，通过公开考试招聘、特岗教师招聘、人才回引等方式为农村学校补充新鲜血液，全年招聘特岗教师99名。鼓励和支持普惠性学前教育，促进义务教育均衡发展。健全“控辍保学”机制，全市小学巩固率达100%，初中巩固率达99.76%。围绕“优质”和“均衡”发展目标，新组建绵竹市第二届“名校长工作坊”1个、“名师工作室”8个、“1+4”学校联盟。健全农村留守儿童关爱保护体系，完善关爱阵地建设。

【农村文化】 全市21个乡（镇）均建立了综合文化站（其中九龙、遵道、汉旺、孝德4个为省级综合文化示范），151个行政村均建立了文化室和“农家书屋”，全市市、镇、村三级公共文化服务体系基本建成。市文化馆、图书馆、年画博物馆、市博物馆（文管所）、体育中心等文体设施常年免费开放。实施文化馆图书馆总分馆建设，整合全市资源，重点向农村倾斜。推进幸福美丽乡村文化院坝建设，应急广播“村村响”已覆盖农村绝大多数地区。实施广电网络全覆盖，保证建档立卡贫困户免费收看电视节目。加大对农村体育健身设施的采购，推进体育中心户建设。国民体质监测中心到各乡（镇）为村民免费监测。

【农村卫生】 按照标准化建设要求，对乡（镇）卫生院及村卫生站进行了原址重建或选址重建，每个乡（镇）均建有1所乡（镇）卫生院，2019年乡（镇）行政区划调整后全市乡（镇）卫生院数量未有变化，有乡（镇）卫生院共25家、编制床位1130张、专业技术人员723人（其中执业（助理）医师307人、护士236人）。全年门（急）诊111.9万人次，年住院3.98万人次。每个行政村均有1所或2所村卫生站，共161所，在册乡村医生622名。全年开展基层医护人员培训、中医药人员培训、乡村医生培训共8期，600余人次参加培训。绵竹市第二中医医院（富新镇卫生院）通过国家二级甲等中医医院等级评审，并被确定为德阳市第二批医养结合试点单位。汉旺镇卫生院、孝德镇卫生院、土门镇卫生院、新市镇卫生院达到四川省“优质服务基层行”推荐标准。

【农村法制建设】 筹备全省乡村法治建设现场会工作，探索形成符合绵竹实际的乡村法治建设“三维”工作法，编制了《枫桥经验在绵竹（经典案例选编）》《绵竹市全时空全业务公共法律服务宣传画册》等书2册；印制了《法律七进绵竹年画释法》系列读本2000套、1.2万册，并被明确为司法部基层依法治理驻在式调研基地和《四川省乡村振兴法治规划》起草调研及先行先试地；实施“七五”普法，开展宪法教育，常态化开展好普法宣传教育。开展“1+N”法制宣传主题活动，牵头在各乡（镇）组织并参与法治宣传活动50余场，发放宣传资料30000余份，解答群众法律咨询2000余人次。组建21支法律服务小分队、231支法律服务志愿者队伍，培养3000余名村（社区）“法律明白人”，实现203个村（社区）法律顾问全覆盖。加快法治文化建设，建成法治文化长廊2个（星镇法治文化长廊、九龙镇法治文化长廊）、法治文化广场11个（绵远镇法治文化广场、天池乡法治文化广场、兴隆镇法治文化广场、富新镇法治文化广场、清平镇法治文化广场、汉旺镇法治文化广场、广济镇天平村法治文化广场、广济镇新和村法治文化广场、遵道镇棚花村法治文化广场、板桥镇竹篱人家、孝德镇年画村法治文化广场），举办法治主题文艺巡演5次；统筹推进司法行政指挥中心建设。深化“四点四级”模式，推进公共法律服务平台标准化、规范化和信息化建设，已初步建成市、乡（镇）公共法律服务工作站21个，公共法律服务工作室203个。推进法律援助民生工程，扩大法律援助覆盖面，开展岁末年初农民工维权等专项活动，共接待解答农民工咨询872人次，受理农民工讨薪案件126件，办结65件，撰写典型案例2篇。推进村（居）法律顾问工作，开展法制宣讲227场次，提供法律咨询2100余次，调解矛盾纠纷29件。全年共受理法律援助案件265件，办结案件252件，办理其他法律援助事项2351件，受援人群2841人次，为受援人取得经济利益或挽回经济损失400余万元。持续开展农民工劳动合同普查和体检专项工作，推进企业法治体检，开展专项服务活动2次。

【农村交通】 2019年是全市“交通大会战”承上启下的一年，重大项目集中落地，全年完成投资约5亿元。省道107线石亭江一号桥、绵远河富新大桥建成通车；绵茂公路香港援建段工程3月通过德阳市交通运输局组织的工程竣工验收，工程质量评定为优良。绵茂公路9月底施工方便道已基本抢通，各工点陆续恢复施工。绵土路（汉旺镇至广济镇公路）改造工程顺利推进，其中省道216线九龙、遵道段施工单位已完成桥梁施工和九龙花乡示范段路面工程；茂遂高速绵茂段已被纳入《四川高速公路网规划》（2018—2035），开展可行性方案研究，力争纳入交通运输厅近期规划实施项目；德阿快速通道含什地绵远河大桥全长19.6千米，总投资约1.5亿元，已完工通车；完成总投资403.62万元的公路安防工程，绵竹市创建为第三批省级“四好农村路”示范县。新增、改（扩）建农村公路约100千米，投入资金5000余万元，并配套完成骑游道路建设。全市与省内10个州、县(市)开通了客运班车,市内城乡公交客运实现乡乡通,村村通率达100%。

【农村社会保障】 推进建档立卡贫困户、低保对象、特困人员等困难群体参加城乡居民社会养老保险,通过开展部门间数据联动筛选、入户动员组织参保登记等工作,基本实现贫困人员参加城乡居民社会养老保险全覆盖。全市全年城乡居民养老保险参保人数195000人(其中农村居民参保人数187986人),参保率为99.99%,基本实现"应保尽保、人人参保"。为全市40926名建档立卡贫困户、低保对象、特困人员等困难群体标注特殊人员参保身份;对符合政府代缴最低标准养老保险费的8361名贫困人员实现代缴并计入个人账户,代缴总金额83.31万元。

【农村生态建设及环境保护】 推进绿色可持续发展,全年化肥施用量为23155吨;推广绿色防控技术15万亩,绿色防控覆盖率达30.74%,其中猕猴桃、玫瑰、茶叶基本实现绿色防控全覆盖;加强病虫害专业化防治,全市水稻、小麦、玉米三大作物病虫害专业化防治面积达47.8万亩次,覆盖率达46.64%;共推广药剂拌种和带药移栽技术48.5万亩;完成植保无人机防治20.09万亩次,全市植保无人机达30台。全年累计使用农药224.8吨,减少0.18吨;推广测土配方施肥技术85万亩、水肥一体化面积1.1万亩。全面推行河(湖)长制有力有效,集中开展河湖"清四乱",摸排出"四乱"问题32个,投入人力117人次、铲车8台次、运输车辆53台次,清理9条河道的杂草、垃圾、漂浮物。推进畜禽养殖污染综合整治,对畜禽养殖污染整改户加快验收工作,及时兑现整改补助;督促乡(镇)建立长效管控机制,建立巡查队,防止禁养区内被关闭的养殖场死灰复燃,并督促养殖户落实养殖场粪污处理利用台账管理,保证粪污处理设施正常运行,并还田进行资源化利用。做好新市工业园区内及周边24、25、26支渠的畜禽养殖污染整治工作,配合市生态环境局、水利局做好畜禽养殖污染整治工作,根据制订的《新市镇工业园区农业面源污染控制方案》要求,督促相关养殖场(户)进行了全面整改,同时通过日常监管加强对畜禽养殖污染的控制。

【农产品质量安全监管】 全年完成农业农村厅2019年县级监测任务,全市未发生重大农产品安全事故,监测蔬菜、茶叶等样品50个,完成37个农残指标及镉、铬、铅、砷、汞重金属指标的检测;风险监测草鱼等共样品12个,未发现违禁添加物残留;省、市抽检草鱼等样品10个,全部合格。全年对饲料行业监督检查24次,出动执法人员76人次,发放告知书12份,签订责任书24份,发放重大动物疫病防控告知书196份;严厉打击违规调运生猪、违法运输生猪、经营未经检疫的生猪产品等违法违纪案件,办结案件23件,罚款6782.5元,移交公安机关3件;加强对兽药经营和使用环节的监管,出动执法车辆106车次,出动执法人员1719人次,对全市19家兽药经营企业及大型养殖场(户)等兽药使用企业进行拉网式检查。绵竹市农产品质量安全监督检验检测中心于12月28日—29日通过四川省食品检验机构资质认证书(CMA证书)和农产品质量安全检测机构考核证书(CATL证书)双认证资格复评审。

【农村市场体系建设】 全市已全面实现银行网点和保险服务乡(镇)一级全覆盖、基础金融服务行政村一级全覆盖,全市共有助农取款服务点633个。全年各项存款余额381.92亿元,各项贷款余额143.75亿元,其中涉农贷款余额74亿元。绵竹农商银行、浦发村镇银行等5家银行合作开设了农业产业发展贷款风险补偿金账户,风险补偿金余额达1128.25万元。5家银行以"粮易贷""富农e贷"、集合担保、企业担保等多种模式共发放乡村振兴农业产业发展贷款17968.91万元。全市有保险业机构23家、营业网点47个、从业人员2268人,全年实现保费收入8.03亿元。开展政策性农业保险工作,发挥保险在农业生产中的保障作用,缓解农业灾害压力。全年共承保育肥猪8.85万头,财政补贴保费205.8万元;承保能繁母猪2.74万头,财政补贴保费131.52万元。受非洲猪瘟疫情影响,共理赔4720余万元。

【农村留守儿童帮扶】 全市有"留守学生之家"26所,标准化配备基础性生活设施,确保做到有人管理、制度完善、档案齐全;健全关爱阵地,引进上海真爱梦想公益基金会等资源,建立"留守儿童之家"示范点,采用"周末+暑期"的课程形式,着力打造"儿童之家"特色服务,全年开展活动147场,服务4536人次;实施"关爱农民工子女""圆梦留守儿童—观家乡新貌之旅""大手牵小手,书香暖童心""呵护成长 远离伤害"法律宣传进校园等公益项目活动,覆盖上千名留守儿童,为其健康成长营造了良好环境;统筹协同专业社会组织,开展留守儿童普查工作,建立健全留守儿童档案,确保关爱帮扶落实落地。

【劳务开发与返乡创业】 搭建就业信息平台,完善公共服务,拓宽劳动者就业渠道。全市有农村劳动力23.49万人,转移就业16.14万人,实现劳务收入42.58亿元。组织返乡农民工参加创业培训148人,完成全年目标任务的105%;组织农民工参加劳务品牌培训443人,完成全年目标任务的112%。全年共组织举办招聘会16场,其中就业扶贫专场招聘会3场,提供就业岗位4150个,达成就业意向547人。针对贫困劳动力开发农村公益性岗位1200个,安置1143人,发放农村公益性岗位补贴485.96万元;针对60岁以上有劳动能力和劳动意愿的贫困劳动力,开发特殊农村公益性岗位950个,安置60岁以上贫困人员863人,发放特殊农村公益性岗位补贴384.52万元;举办四川省第二届"天府杯"创业大赛德阳选拔赛暨第三届"千里眼"创业大赛,在返乡下乡创业组市级决赛中,绵竹木板醇香文化传播有限公司取得第二名并代表德阳市参加四川省第二届天府杯省级分组决赛。

【主要领导人】 市委书记:陈万见;市人大常委会主任:张映琪;市长:李栋;市政协主席:侯光辉;分管农业副市长:张丽珂(3月止),曾学武(3月始,6月止),李强(6月始)。

绵竹市编写组

中 江 县

【基本情况】 2019年,全县辖4乡26镇,辖区面积2200平方千米,其中耕地面积152.4万亩,比上年减少0.05%;基本农田138.5985万亩。年末总人口137.86万人(户籍人口),减少1.16%;人口出生率8.05‰,减少0.66个千分点;人口自然增长率-7.65‰,减少9.97个千分点。本地水资源总量7.41亿立方米,人均占有水资源量686.8立方米。有林业用地5.95万公顷,有林地面积5.89万公顷,活立木总蓄积量440.71万立方米,森林覆盖率29.19%。

2019年,全县GDP379.2亿元,增长7.9%,其中第一产业增加值81.2亿元,增长2.8%(第一产业增加值不包含农林牧渔服务业增加值);第二产业增加值157亿元,增长10%(全部工业增加值139.7亿元,增长9.7%);第三产业增加值141亿元,增长8.8%。三次产业对经济增长的贡献率分别为8.4%、54.1%和37.5%。劳务输出50.6万人,收入126.5亿元。全年接待游客873.15万人次,实现旅游收入

700309万元，其中乡村旅游收入50000万元。

公路通车里程3115千米。社会消费品零售总额204.7亿元，增长10.8%。地方公共财政预算总收入完成10.715亿元，增长1%；公共财政预算总支出55.9594亿元，增长12.34%，其中农业投入80006万元，占支出的14.3%。金融机构各项存款余额471.88亿元，比上年初增长8.28%；各项贷款余额199.65亿元，比年初增长19.17%，其中支持农业产业化发展项目贷款20621.45万元。全年农业保费收入0.19亿元；处理各项赔款和给付金额2854.93万元。农业产业化龙头企业国家级、省级、市级、县级分别为1家、6家、32家、4家。

有各类学校366所，在校学生145940人，教职工9209人，其中普通高完中5所，在校学生15220人；普通职业中专1所（民办），在校学生7216人；初中50所，在校学生32863人；小学179所，在校学生65334人；幼儿园130所，在园幼儿25189人；特殊教育学校1所，在校学生137人；学龄儿童入学率100%。完成省级以上科技成果6项，1项科技成果获省级及以上科技进步奖。有艺术表演团体6个，文化馆1个，公共图书馆1个，博物馆1个。有卫生机构1019个，病床位5719张，卫生技术人员4097人。城乡居民医疗保险参保人数1014468人，参保率98.2%；新型农村社会养老保险参保人数58.2万人，参保率97.12%。

【年度农业和农村经济运行】 2019年，全县实现农业总产值139.4亿元，增长2.3%；全县全年农业增加值达83.2亿元，增长3%。农民年人均可支配收入达15611元，增长10.1%。在粮食、生猪、蔬菜生产中，科技投入的占比或科技贡献率为54%。

2019年中江县主要农产品产量

主要农产品	单位	产量	同比(%)
粮食	万吨	81.15	-0.12
水稻	万吨	22.43	-1.02
小麦	万吨	12.06	-0.21
玉米	万吨	33.13	-0.25
马铃薯	万吨	3.34	-0.95
油菜籽	万吨	7.76	10.23
蔬菜	万吨	47.4	3.9
水果	万吨	6.1	-3.1
肉类	万吨	11.242	-6.1
猪肉	万吨	6.2	-17.8
牛肉	万吨	0.4	7.7
羊肉	万吨	0.3	1.5
禽肉	万吨	3.6	18.1
兔肉	万吨	0.9	2.2
禽蛋	万吨	5.2253	9.2
水产品	万吨	1	8.7
牛奶	万吨	0.06	—

农业产业化发展。全县有农产品生产经营主体673家，其中农业生产企业36家，占总数的5.35%；农民专业合作社451个，占总数的67.01%；家庭农场39个，占总数的5.79%；20亩以上的种植大户147家，占总数的21.85%。

农用地产权制度改革。一是继续做好农村土地承包经营权确权登记颁证工作。按照省、市要求，全面完成全县农村土地承包经营权确权登记数据脱密工作。二是贯彻落实农村土地所有权承包权经营权分置办法。结合全县实际，县委办公室、县政府办公室印发《关于印发〈中江县完善农村土地所有权承包权经营权分置办法的贯彻落实意见〉的通知》（江委办〔2018〕57号）。制定下发《中江县农村土地经营权证管理办法（试行）》，对规模经营大户发放《农村土地经营权证》，保障其土地经营权的相关权利。三是建立健全土地流转规范管理制度。为加强全县土地流转监督管理工作，根据《中共中江县委办公室、中江县人民政府办公室关于印发〈进一步引导农村土地经营权规范有序流转发展农业适度规模经营的实施意见〉的通知》（江委办〔2016〕68号）文件精神，出台《中江县农业农村局关于加强全县土地流转监督管理的通知》（江农发〔2019〕197号），加强对全县土地流转的监督管理。

农产品品牌战略实施。实施“质量强县、品牌兴县”战略，整合全县特色优质农产品资源，打造中江名优农产品品牌群体，提升中江农产品的市场知名度和产品竞争力，让中江品牌“走出去”。一是做大有机产业。以国家有机产品认证示范县创建县建设为契机，引导农民专合社、龙头企业等新型农业经营主体开展有机产品认证，取得有机认证和有机转换认证证书25张、产品36个。二是做强区域品牌。依托中江益农电子商务有限公司建成中江品牌馆，为新型农业经营主体提供品牌设计、“三品一标”、产品开发等孵化服务。以“江江好”区域品牌建设为着力点，探索“品牌+电商”“品牌+乡村旅游”“品牌+双创”等模式，做大做优中江农特产品品牌，加快推进新型农业经营主体开展品牌孵化、品牌营销服务，推动全县注册农产品商标678个，孵化“三品一标”104个，取得“中江挂面”“中江白芍”“中江丹参”3个地理标志产品。按照“统一标准、严格授权、双标协同、动态管理”的思路，推广并授权使用“江江好”区域品牌，20家企业38个产品获得授权。三是做好扶贫销售。全县32个产品获得“四川扶贫”公益商标标识使用权；建设中江消费扶贫产品电商平台，搭建扶贫产品溯源系统，上线产品达38种；设置中江扶贫产品销售专区，加强品牌推广，助推中江扶贫产品实现销售额45.6亿元。

现代农业园区建设。11月11日，中共中江县现代农业园区工作领导小组正式成立。按照县级、市级、省级梯次培育的思路，推进现代农业园区建设，培育、认定县级农业园区128个，中江县龙泉山丹参白芍现代农业园区创建为市级现代农业园区、省三星级现代农业园区。中江县龙泉山丹参白芍现代农业园区规划在县域内龙泉山脉集凤镇石垭子村、银冯村、何家山村、高屋村、云梯村，合兴乡和睦村、尖寨村、劲松村，共涵盖2个乡（镇）8个村77个社区以及中药材加工物流园。园区耕地面积15198亩，有4602户11781人。中江丹参、中江白芍种植面积9241亩，产地初加工率100%，开发多个精深加工产品，实现加工集群化。依托“中江芍药谷”省级示范农业主题公园，已连续举办7届芍药赏花节，建有川北道地药材交易中心公共服务平台，提供全产业链社会化服务，实现产品全程可追溯。中江丹参、中江白芍获得“原产地证明商标”和“国家地理标志保护产品”认证，培育初、深加工产品品牌10余个。园区长期和四川农业大学等科研机构合作，制定地方标准10个，开展品种审定、组织培育等研究。园区包含国家级龙头企业、市级龙头企业、国家级专合社在内的各类新型农业经营主体16个，有新型职业农民113人，全年整合财政资金3451.8万元，建立“五金”利益联结机制。

【种植业】 全县粮油作物播种面积266.61万亩，其中粮食作物播种面积215.47万亩，粮食产量81.15万吨，减少0.095万吨，减少0.12%；油料作物播种面积51.14万亩，油料产量10.23万吨，增加0.62万吨，增长6.4%。全县小春粮食作物播种面积46.91万亩，产量14.31万吨，增加0.1万吨，增长0.72%；油菜播种面积39.25万亩，产量7.76万吨，增加0.72万吨，增长10.23%。在小春粮食作物中，小麦播种面积38.18万亩，产量12.06万吨，减少0.21%；马铃薯播种面积11.51万亩，产量3.34万吨，减少0.95%。全县大春粮食作物播种面积168.56万亩，产量66.85万吨，减少0.2万吨；花生播种面积11.9万亩，产量2.47万吨，减少4.07%。在大春粮食作物中，水稻播种面积41.5万亩，产量22.43万吨，减少0.23万吨，减少1.02%；玉米播种面积77.32万亩，产量33.13万吨，减少0.08万吨，减少0.25%；红薯播种面积18.05万亩，产量5.55万吨，减少2.02%；大豆播种面积25.47万亩，产量3.95万吨，增长8.59%；绿豆播种面积0.11万亩，产量0.02万吨，与上年持平。

高产高效创建。以农业相关项目为依托，全县共建设粮油高质高效示范片6个，其中水稻、油菜各1个，玉米、小麦各2个，示范面积共7.6万亩，辐射面积28万亩。以永太镇、黄鹿镇、辑庆镇、南山镇等乡（镇）为核心，实施水稻高质高效创建，示范面积0.4万亩，辐射面积1.5万亩，9月25日，德阳市农业农村局组织省、市相关专家进行现场测产验收，专家组认为，集成机插秧优良品种、集中育秧、机械化插秧、机防与机收、机械侧深施肥、有机培肥等绿色高产高效生产技术的示范区水稻平均亩产为656.4千克，达到高产高效创建预期目标。在辑庆镇、南山镇、兴隆镇、合兴乡、清河乡、玉兴镇、龙台镇、南华镇8个乡（镇）建立优质油菜绿色高质高效创建示范片，示范面积5万亩，辐射普兴镇、永丰乡等乡（镇），辐射面积达20万亩，5月13日，农业农村厅组织省、市相关专家对绿色粮油高质高效创建油菜示范区进行现场测产验收，集成优良品种、直播增密、轻简高效、测土配方、绿色防控和机收等关键技术的示范区油菜平均亩产为188.2千克，最高亩产225千克，达到高产创建目标；以辑庆镇、南山镇、合兴乡、双龙镇、继光镇、广福镇、仓山镇等乡（镇）为核心，实施玉米高质高效创建，示范面积1.3万亩，辐射带动通济、回龙、玉兴、龙台、永安、永太、黄鹿和青市等乡（镇），辐射面积3.5万亩，8月4日，农业农村厅组织有关专家验收，万亩示范片平均亩产578.2千克；在通济镇、永太镇、黄鹿镇、青市乡、南山镇、辑庆镇、合兴乡、广福镇、永兴镇、白果乡和继光镇等乡（镇）实施小麦高质高效创建和麦玉豆新三熟示范，示范面积0.9万亩，辐射面积3万亩，其中在永太镇建立优质专用小麦示范基地0.4万亩。

【耕地地力保护补贴和粮食适度规模经营】 耕地地力保护补贴。全县坚持将耕地地力保护补贴资金采用补贴资金与耕地面积挂钩的原则，补贴给拥有耕地承包权的种地农民，使享受补贴的农民耕地不撂荒、地力不降低。全年耕地地力保护项目涉及全县45个乡（镇），补贴面积96.98万亩，亩均补贴标准为150.72元，共计发放补贴资金14669.75万元，受益农户达35.34万户，受益人口120万人。

粮食适度规模经营。为发挥种粮大户的示范带动效应，促进全县粮食适度规模经营，根据《中江县2019年种粮大户补贴实施方案》要求，按照对种粮大户的补贴遵循“统一标准，简便易行”“谁种粮补贴谁”“多种多得，少种少得”“公开、公平、公正”“分档补贴”的原则，明确补贴的种粮大户是指承包或租种耕地达到一定规模，集中种植主要粮食作物的农户、法人或其他组织，并按经营主体划分，主要有种粮农户、农民专业合作社、家庭农场、土地股份合作社、农业产业化龙头企业5种类型，要求粮食种植面积：种粮农户不低于30亩，家庭农场不低于100亩，土地股份合作社不低于200亩，农民专业合作社不低于300亩，农业产业化龙头企业不低于500亩。根据以上要求，核实全县种粮大户115户，其中农民专业合作社10户、家庭农场3户，补贴面积18127.4亩。

【林业】 继续坚持“生态建设产业化、产业发展生态化”的发展思路，大力发展林业特色产业。一是实施省级返还森林植被恢复建设项目，总投资543.837万元（其中专项补助173.565万元、群众自筹370.272万元），在青市、瓦店、永太、通济、东北、富兴、广福、普兴、高店、永兴、永安、柏树、集凤13个乡（镇）新发展经果林3857亩，其中杂柑493亩、大枣270亩、桃500亩、李320亩、青花椒1030亩、中江柚1000亩、佛手120亩、其他经果林124亩。二是整合历年林业结余资金实施造林项目，总投资95.88万元（其中专项补助30.6万元、群众自筹65.28万元），新建特色经果林680亩，其中回龙镇225亩（大枣、杂柑）、玉兴镇335亩（桃、杂柑）、集凤镇120亩（李子、青花椒、大枣）。三是整合历年结余专项资金实施核桃品种高换技改项目，总投资60万元（其中专项补助26万元、群众自筹34万元），技改低产核桃树2.5万株（面积650亩），其中永丰乡0.3万株、万福镇1万株、广福镇0.9万株、继光镇0.3万株，共采集核桃优良品种穗条1.25万支。

【畜牧业】 全年出栏生猪86.06万头、肉牛3.62万头、肉羊17.21万只、小家禽2236.55万只、兔692.62万只，肉类总产量112420吨，禽蛋总产量52253吨，实现畜牧业产值58.46亿元。全县有年出栏500头及以上的生猪养殖场500余家、年出栏100头及以上的肉牛规模场40余家、年出栏35000只及以上的肉鸡规模场80家，建成2个部级和8个省级畜禽标准化养殖示范场。

【水产业】 全县有宜渔水面15.1258万亩（其中宜渔稻田10万亩）。全年养殖面积达3237公顷，其中稻渔综合种养面积432公顷，稳中有升；全年渔业经济总产值达2.86亿元以上，增长20%以上；成鱼总产量达1万余吨，增长8%以上，渔业经济总产值和成鱼总产量增长速度位居全市前列。全县名特优水产品年产量和种类持续增加。全年接受部、省、市级监督抽样水产品11样次，检测合格率均达100%；共出动检查人员205人次，发放宣传资料2400余份，检查水产单位74家次。

产业结构持续调整。按照省、市安排部署，发展渔业新型业态。加快渔业产业结构调整，加强水产品品牌建设，发展名特优水产养殖，引导推广绿色健康养殖，推动水产养殖、加工、物流、休闲等一二三产业互动融合发展，延伸产业链，提高综合效益。按照“一张蓝图绘到底”的工作思路，继续推动“3+3+4”现代水产产业发展战略。一是打好“三张牌”，即打好有机稻鱼品牌、生态水库鱼品牌、池塘健康养殖品牌。二是做强“三只虾”，即做强南美白对虾、克氏原螯虾、红螯螯虾“三只虾”。三是养好“四类鱼”，即养好鲈鱼、黄颡鱼、泥鳅、四大家鱼“四类鱼”。

金融创新有突破。推动全国首创的水产全产业链联盟暨“政、企、银、交、担、保”（政府搭台把政策、企业唱戏服务好、银行垫资保发展、农交鉴证变资产、农担担保提底气、保险援手抗风险）“六位一体”创新模式在全县试点试验，为水产产业提供人才、技术、资金、保险、交易等全方位的服务，促进以点带面、全面发展。

水产渔政教育培训。加强水产新型职业农民培育，组织新型职业农民培训（水产专题班）1期，培训100余人次，同时组织部分学员到省内外多个规范养殖基地、水产园区、美丽渔村参观学习。举办淡水渔业发展峰会，共计80余人参加。举行德渔高质量发展暨水产金融研讨会，来自全市的100余名水产养殖业主和金融机构、技术企业代表参加会议。

渔业水域生态保护。开展春季禁渔，加强宣传报道，共悬挂横幅45幅，张贴《中江县畜牧局中江县公安局关于全县天然水域春季禁渔的通告》3260份，开展专题报道6次；出动执法车48架次、执法人员183人次，检查涉鱼餐馆30次，检查农贸市场、水产销售摊点19次及重点捕捞监控区28次，接受网络和电话举报20次，查获电捕鱼案件9起，没收放流野生鱼类52.64千克；加强与法院、检察院、公安、河长制办的协同配合，形成打击合力。通过广泛的宣传报道、严格的执法，提高了广大群众的法律意识，遏制了电、毒、炸鱼等违法捕捞事件的发生，保护了天然江河鱼类资源。

【乡村振兴】 近年来，全县始终坚持“工业强县、农业固县、三产活县、开放兴县”的发展战略，践行“绿水青山就是金山银山”的发展理念，城乡面貌发生了巨大改变，县域综合实力不断增强，先后获得全国粮食生产先进县标兵、全国生猪调出大县、中国西部百强县、全省县域经济发展先进县、省现代农业建设重点县等称号。

顶层设计体系全。优规划、重引领，从顶层设计上构建了“1+3+N”的乡村振兴战略政策体系，“1”，即出台了《关于坚持农业农村优先发展推动实施乡村振兴战略落地落实的意见》；“3”，即出台了《关于推进畜牧业绿色发展暨美丽生态牧场创建工作的实施意见》《关于印发〈关于推进“美丽中江·宜居乡村”建设的实施意见〉及〈“美丽中江·宜居乡村”建设考评方案〉》《关于印发〈关于推进中江县现代农业园区建设的实施意见〉》；“N”，即出台了农田、水利、秸秆综合利用等相关配套实施文件，为全县实施乡村振兴提供了政策依据和路线图。

产业兴旺成效显。全县结合传统优势产业和新兴产业确定了“2+2”产业发展方向，即优质粮油和现代畜牧+道地中药材和优质蚕桑，已基本建成以集凤、辑庆道地中药材为主的中西片乡（镇）丹参白芍现代农业园区；以仓山、太安、会龙优质蚕桑为主的南片乡（镇）蚕桑现代农业园区；以永太、黄鹿优质粮油为主的北片乡（镇）粮油现代农业园区；以温氏、奉献等为主的现代美丽生态牧场。

生态宜居游人醉。按照“小规模、组团式、微田园、生态化”的要求，全县加快新农村建设步伐，初步形成“一核五带微田园”的农旅发展格局，“一核”，即中江县城旅游中心；“五带”，即仓山、清河、南山、集凤和永太农旅融合带；“微田园”，即以高坝村、青云村、西阁村等为代表的小尺度、融自然、承乡愁的宜居新村，以西眉湖、继光湖、“荷韵·南山”、尖寨荷塘为代表的湖光山色、田园风光，以芍药花、桃花、樱花、油菜花、梅花为代表的春华秋实、乡村旅游，以石林谷、凯江河大回湾、铜山文化、挂面村为代表的自然风光和历史文化。

乡风文明奏和谐。围绕“乡风文明”要求，凝聚乡村正能量。通过村规民约，提升乡风文明；通过院落坝坝会，加大提升各项方针政策的宣传力度，推动核心价值体系落地生根；通过环境卫生评比，改善乡村面貌；通过文化书屋，提高村民农业技能和素质；通过文化活动，丰富乡村文化，农民群众幸福感、获得感不断增强。

治理有效促平安。健全乡村治理体系，加强农村基层党组织建设，发挥党组织书记带头人的引领作用，提升农村基层党组织的组织力。注重道德教化，引导群众向上向善、孝老爱亲、重义守信、勤俭持家；引导群众自我管理、自我服务、自我提高，实现家庭和睦、邻里和谐。始终紧抓社会治理不放松，通过开展法制教育宣传、禁毒整治、“扫黑除恶”、平安建设等措施，确保农村社会环境和谐稳定。

【扶贫开发】 全县共投入财政专项扶贫资金16884.09万元，增长71.34%，安排项目163个；德阳市统筹各县财政扶贫资金4542.41万元，安排项目54个。全县投入产业扶持基金7212.5万元，涉及308个村；投入1350万元，扶持扶贫产业园26个。

【乡村旅游】 全年接待游客873.15万人次，实现旅游总收入70.0309亿元，其中乡村旅游收入5亿元。按照国家3A级景区标准，启动四川盆底大地艺术景区、太安红泉桃花谷、中江芍药谷、荷韵·南山3A级景区创建工作。实施乡村旅游提升行动，加快推进中江石林谷、四川盆底大地艺术景区、中国芍药谷、荷韵·南山、瓦店乡大回湾等乡村旅游项目建设，不断提升乡村旅游接待能力。全年举办乡村旅游节会活动21场，其中策划的“乡村振兴·文旅先行”系列活动先后在太安、普兴、元兴、集凤、悦来、仓山、杰兴等地展开，吸引游客超过600万人次，实现旅游收入50余亿元。

【农村水利】 中江县获得水利厅“四川省深化小型水库管理体制改革示范县创建工作评估审核第二名；获得省都江堰人民渠第二管理处“人民渠二处灌区2018年度用水管理工作先进单位”“灌区2018年度冬修工作先进单位”称号；在2018年度水土保持目标责任制考核中获得（中江县得分96分）第一名；获得德阳市政府农田水利基本建设指挥部2018年度农田水利基本建设“立农杯”竞赛水利项目第一名；获得德阳市水土保持委员会办公室“2018年度水土流失治理工作先进单位”称号；获得市水土保持委员会办公室“2019年度生产建设项目水土流失治理工作先进单位”等称号。

聚焦项目，夯实水利基础设施。计划续建、新开工、储备项目共计26个，完成年度投资3.69亿元，占任务的101%。聚焦中心工作，措施精准，成效明显。保春灌放水、保防洪度汛、保安全稳定、聚力脱贫攻坚，划分任务表格，落实工作任务，成效显著。聚焦党建工作，全面提升党建引领保障。强业务、抓培训、树人才，扎实开展党风廉政建设，筑牢思想防线。强化党内监督，坚持“党建引领水利”，让党的水利政策落地见效。

项目建设。全年续建、新开工、储备项目共计25个，总投资39.99亿元，截至12月，完成年度投资3.95亿元，其中续建项目8个，总投资8.42亿元，2019年完成投资2.5亿元；新开工项目12个，总投资4.65亿元，全年完成投资1.28亿元；储备项目5个，总投资26.9亿元，完成投资0.17亿元。

春灌工作。一是春灌前及时督促完成3760余千米渠道的岁修除淤，并投资220万元对全县16条县管干支渠水毁修复490余处的主要水毁工程进行水毁整治。二是抓好蓄水、保水、补水工作，并加强与人民渠二处的联系，及时补水，使全县蓄水量于春灌前达到1.56亿立方米。三是根据农事季节，编制完善2019年全县用水计划，为灌区输提水9200万立方米，确保38万亩水稻栽插用水。四是通过双河口支渠为金堂县供水2000万立方米、通过继光水库向大英县输水650万立方米，解决了金堂县、大英县人饮用水困难问题。

防汛工作。一是及时完善、印发各类防汛预案，严格落实以行政首长负责制为主的各项防汛责任制，动态管理防指成员、水库责任人，确保防汛责任人和职责有效衔接，明确水库、江河险工段、城镇和山洪灾害易发区等重点防洪部位的防汛管理责任。二是加强汛前检查，督促乡（镇）和部门加大检查力度，特别是对水库、河流、城镇低洼地带、山洪灾害易发区、码头、桥梁等重点防洪部位，发现问题并限时整改。三是加强值班值守，畅通雨情、水情信息，提前预防险情，全年通过短信预警平台共发送重大气象信息、水情信息20万余条。四是做好处突应急准备，主要是做好冲锋舟、救生船、发电机等应急物资的清点，补充采购100万元的防汛抢险物资，做好重要水利工程监测设施的维护和保养。五是制作并下发避险明白卡和减灾工作卡6000余张，成立抢险队伍52个、约4000人，组织开展相关培训和演练，提高防汛队伍处突应急能力，为全年安全度汛提供了强有力的保障。

饮水安全。一是按照饮水安全的4项指标，组织全体干部职工对全县农村建档立卡贫困人口饮水安全进行全面排查，针对排查出的950户群众饮水不安全问题，制订全县农村建档立卡贫困人口饮水安全保障工程实施方案，通过中江县2019年中央预算内投资农村饮水安全巩固提升工程（中央资金250万元）全面解决。二是普兴镇东升村、伏龙村管网延伸工程计划实施供水管网延伸工程3处，设计供水规模为281立方米/秒，解决3930人饮水的安全问题。三是计划实施饮水工程27处，其中管网延伸工程1处、维修养护工程26处，解决22674人的饮水安全问题，包含建档立卡贫困人口1391户、3173人。

依法行政。一是依法行政，落实水利权力清单、责任清单、效能清单、负面清单制度，做到“法无授权不可为，法定职权必须为”，按照政务服务流程化、规范化要求，全年共办理行政审批事项85件。二是严格执法，加强水利综合执法巡查，以凯江河、小东河、中型水库、县管干支渠为重点开展执法巡查147次。密切配合公安、国土和沿河乡（镇），主动出击，加强联动，形成严厉打击的高压态势，共查处侵占河道案1起，罚款800元；查处水利工程转包案1起，罚款13.89048万元；查处水土保持案件1起，罚款14.9万元。三是做好“扫黑除恶”工作，结合全县水利工作实际，利用宣传标语、横幅等方式进行广泛宣传，加大“扫黑除恶”宣传的工作力度，营造全县涉水领域“扫黑除恶”工作氛围；加强与公安、国土等部门以及乡（镇）的协调配合，对“扫黑除恶”相关重要事项召开联席会议进行讨论。加强河道砂石管理，坚持河道巡查，开展河道巡查157次。同时，加大巡查力度，深挖摸排涉水领域“扫黑除恶”线索，共计摸排线索37条（其中“清四乱”28条、其他线索9条），已全部处理完成。

精准扶贫。一是制订《中江县水利建设扶贫专项2019年实施方案》，通过分散打井、引山泉水、邻里取水、集中供水站管网延伸等措施，完成950户2144名建档立卡贫困人口的饮水安全目标任务。二是通过“两不愁、三保障”回头看大排查，发现饮水安全问题574户、问题746项，于9月30日全面完成整改。三是开展对通山乡、永安镇、柏树乡、白果乡、太平乡、广福镇开展综合帮扶工作，提供管材管网延伸6500米；整治大口井63口并采取措施确保各乡（镇）饮水安全；整治塘堰7口等。四是结对帮扶石泉乡、东北镇2个乡（镇），选派“第一书记”4名，县水利局201名干部职工结对帮扶建档立卡贫困户945户2040人（基层站79名干部职工结对帮扶贫困户419户931人）；组织帮扶干部全覆盖走访40余次，共计走访约4580人次。同时，选派3名水利干部援藏援彝，对农村饮水安全进行技术帮扶。通过到帮扶贫困户家中面对面搞宣传、讲政策、拉家常，开展“以购代扶”活动，水利局“以购代扶”农产品21263元，扶贫捐赠日活动共计捐款14500元。

河（湖）长制。一是建立健全河（湖）长工作机制体制，制定河（湖）长制工作年度“四张清单”，明确工作要点，落实工作任务。二是通过召开中江县河长制工作领导小组会议、河（湖）长制工作推进会议，安排部署工作，协调解决重大问题；召开部门联席会，指导督促县级河长联络员单位履职尽责。三是县河长办结合县委组织部、县委党校联合举办的“中江县2019年村（社区）党支部书记培训班”的教学内容，组织开展业务培训，村（社区）河长762人参训，实现业务提升全覆盖；加强与相邻县（市、区）的沟通协作，实现流域共管共护。四是县河长办会同县委目标办、县水利局组成河（湖）长制业务技术指导与督查组，对各乡（镇）开展工作指导与督查；开展河湖“清四乱”专项行动，接受省河长办河湖“清四乱”回头看专项检查、省环保“回头看”督查，对县城饮用水源地黄鹿水库进行专项水环境集中整治，并接受省政府环保督查稽查。五是落实“六大任务”，创建11个节水型单位；调整划定农村集中式饮用水源地保护区；编制《中江县2018年度水资源公报》；开展河湖管理范围划定；实施广福镇郪江河、普兴镇仓山河、南华镇辑庆河防洪治理工程项目；实施青马沟、彭家沟等5座小型病险水库除险加固工程项目；开展全县河湖管理范围内的垃圾清运，建立水环境卫生长效机制；与三台、罗江、金堂等地签订联防联控合作协议；实施水土治理项目，加强河道生态补水，2019年生态补水共5263万立方米；开展6座水电站下泄生态流量整改和流量监测；实施冯家楼、马力河堰改闸项目。

水土流失综合治理。中江县冯店小流域水土流失综合治理项目于6月30日开工，12月底完工。项目实施地点位于冯店镇，涉及9个村，以犁辕沟村、古石村为示范区，项目总投资537.12万元，其中中央资金424万元、省级资金54万元、地方配套资金59.12万元。项目实施内容为坡改梯24.17公顷，栽植经果林69.1公顷，栽植水土保持林8.54公顷，保土耕作768.28公顷，实施封禁治理343.91公顷，新修生产便道8.9千米，新建截排水沟3.6千米，新建蓄水池11口、沉沙凼11口，整治山坪塘2座，综合治理水土流失面积12.14平方千米。

【农业机械化】 全年完成小麦机耕37.3万亩、机播27.5万亩、机收36万亩，油菜机耕38.5万亩、机播10万亩、机收21.5万亩，水稻机耕41万亩、机播（插）14.5万亩、机收39.7万亩，玉米机耕76.5万亩、机播16.5万亩、机收5.5万亩，主要农作物耕种收综合机械化水平达64.48%；农机总动力达65.65万千瓦。全年农业社会化服务面积14.9万亩。修复、技改和新建提灌站115座，新增排灌动力0.05万千瓦，新增和恢复提水能力3.5万立方米/时、灌溉面积2.06万亩。

农机化新技术推广。全年推广暗化育秧31万盘，推广机插秧同步侧深施肥1.75万亩，推广玉米机械化粒收1500亩。开展多种形式的农机户技术培训，全年共计培训520人次；推广青贮饲料生产及收贮全程机械化取得成效；创建四川省全程机械化生产+综合农事服务中心3个。

农业行业安全。制定《中江县农业行业安全生产监管责任清单》，开展安全宣传“五进”——进农村工作、安全生产“排险除患”集中整治行动，由于监管、宣传、巡查到位，农业行业坚决贯彻执行各项安全生产制度，防患处置有效，全年未发生安全事故。

【农村科技】 全县围绕打赢"脱贫攻坚战"中心工作，不断加强农业科技创新体系建设，推进激发农业科技人员创新创业改革，优化科技创新创业环境，加强农业科技成果转化和科学普及与适用技术培训，促进农业升级、农村发展和农民增收。

农业科技成果转化。加强农产品高产高效安全生产技术支撑，重点围绕粮油、中药材等优势产业和区域特色产业，开展产业化技术集成研究与示范推广应用攻关。围绕生物医药等社会发展领域开展技术攻关，研发新产品，运用推广新技术。全年组织实施农业科技项目16项，其中获得国、省、市资金支持项目8项。围绕全县农业产业特色，实施"川白芍生态种植技术在贫困山区标准化示范与推广""西眉春白酒产业升级关键技术研究与集成示范基地""中江县大雅1号杂交柑橘高产高效栽培技术示范推广""川丹参产业化关键技术集成示范与推广（科技示范村）""用于奶牛乳腺炎的RXK乳房灌注液的研制""九叶青花椒产业示范基地建设""中江丹参组培苗示范推广"等农业科技项目，其中四川德成动物保健品有限公司实施的"中（成）药再评价研究技术的建立与应用"获得2019年省科技进步奖三等奖。

科学普及与技术培训。3月27日，中江县第二十四届科技、文化、卫生"三下乡"活动在太安镇举行，举办了"水稻高产高效生产技术""果树栽培技术"等培训讲座，组织科普成员单位开展了科普知识宣传咨询和科普大篷车进校园活动，展示了机器人科普交流、3D打印、无人机播种等现代科技成果，参加人数达750余人，发放各类资料和物资8600余份。依托市派农村科技特派员及县内农业专家，开展大田作物、道地中药材、蚕桑、养殖水产、林果等产业科技扶贫适用技术培训51场，培训3000余人次。

【农村教育】 学前教育健康发展。一是按照"广覆盖、保基本、有质量"的要求，大力发展公办幼儿园，扶持民办幼儿园，努力形成公办民办并举的办园格局。二是坚持公益性和普惠性，构建覆盖城乡、布局合理的学前教育公共服务体系，为幼儿和家长提供方便就近、灵活多样、多种层次的学前教育服务。新增普惠性民办幼儿园21所，全县普惠性民办幼儿园共计39所。3～5周岁学前三年毛入园率为95.2%。三是保教质量持续提高。举行全县幼儿园教师培训和手工制作比赛，全县共300余名幼儿教师参加培训和比赛。组织城乡公（民）办幼儿园参加德阳市区域游戏及观察反思案例评比活动，经过初赛和复赛，推选大东街幼儿园、永太镇中心幼儿园、仓山镇中心幼儿园、通济镇新世纪幼儿园、乔丹天使之爱幼儿园参加市级决赛，获得2个一等奖、2个二等奖、1个三等奖。加大城区优质学前教育资源向农村的辐射力度，实施城乡幼儿园"1+N结对共建提升计划"。全县城区6所优质公办幼儿园分别结对2～3所乡（镇）中心幼儿园和民办幼儿园。全县杜绝学前教育"小学化"。

义务教育均衡发展。一是持续巩固义务教育普及成果。完善"控辍保学"部门协调机制，落实"六长责任制"，将义务教育入学情况纳入对乡（镇）政府履行教育职责和脱贫攻坚工作的考核，督促监护人送适龄儿童、少年入学并完成义务教育。全县九年义务教育年巩固率达98%。二是优化农村学校布局。制定《四川省中江县农村义务教育学校布局专项规划（2018—2020年）》，合并村教学点3所。三是提升校园标准化建设水平。探索建立全县农村义务教育学校校园管理标准，初步拟定《中江县"农村义务教育学校校园管理标准"工作方案》，分"学校探索""县级探索""全面实验""总结提炼"四个阶段开展，持续推进全县农村学校管理标准化建设。四是深化校际协同共建。持续优化"1+N"结对共建学校搭配，不断健全结对共建工作机制。下发《中江县教育局关于进一步做好"1+N"结对共建工作的通知》，根据各学校发展实际，调整了部分学校结对组合，明确了工作任务，确保结对共建工作取得实效。各结对共建学校相继召开结对共建工作专项会议，制订工作计划和实施方案，确定工作重点，相互协调合作，推进结对共建工作稳步开展。五是加强乡村小规模学校建设。制订2019年中江县"小而优小而美"乡村小规模学校评估方案，评选出"小而优小而美"的小规模学校8所，激励全县各乡村学校不断提升其办学水平。

职业教育与成人教育。全县职业教育以就业为主导，以"三农"为基点，以学生为本位，以市场为导向，培养学生的职业能力、职业素养及适应未来社会发展的能力，增强其对市场的适应能力和为经济社会服务的能力。全县已初步构建了以中等职业教育为重点，职业学校教育与职业培训并举，初、中、高等职业教育相衔接，并与普通教育、成人教育相互沟通，与市场需求和劳动就业紧密结合，结构合理、灵活开放、特色鲜明、自主发展的现代职业教育体系。围绕提高农村劳动者素质这一目标，以职业技术教育和实用技术教育为重点，以实施"三教统筹"和"农科教结合"为主要内容，构建终身学习体系，实施科教兴乡兴县工程，逐步形成以中江县职业中专校为龙头，乡（镇）农业技术服务中心为阵地的成人教育体系；开展农村劳动力转移培训，及时部署重点工作，落实培训任务，加强工作督查，开展多种形式的职业培训和实用技术培训，使回乡初高中生能普遍接受职业技术培训，为全民学习、全民素质提升营造了良好氛围。

特殊教育。全县有特殊教育学校1所、教学班9个，在校学生137人，教职工33人。实施特殊教育提升计划，推广"特教+职教"教育模式，特殊教育学校聋哑学生实现100%就业。全县开展随班就读工作的学校148所，其中小学98所、初中50所。全县在读残疾儿童、少年1315人，其中随班就读871人、送教上门307人、特校就读137人，残疾儿童、少年入学率达99.17%。一是做好特教常规工作。摸清家底，建立学生个人档案，及时分类安排入学。加强教学常规督促检查，提高特殊教育效果。二是加大特殊教育资源教室建设力度。根据《教育部办公厅关于印发〈普通学校特殊教育资源教室建设指南〉的通知》（教基二厅〔2016〕1号）的要求，为提高全县特殊教育（随班就读、送教上门）的教学水平，推动特殊教育资源教室建设，规范特殊教育资源教室的管理与运用，在冯店镇中心小学校、永兴镇中心小学校、悦来镇中心小学校召开特殊教育资源教室建设及管理运用研讨会。截至2019年年底，全县建成特殊教育资源教室34间。三是财政投入到位，确保特殊教育活动正常开展。全县特殊教育活动经费已提高到每年每生6000元，县级配套初中标准为40元/生、小学标准为20元/生。

全面深化改革，教学质量不断攀升。在教改实践中，全县以培育精品学校、培养"三型教师"和为高中输送优质生源为目标，研发了基于发展教师职业能力和学生核心素养的校本型"三改"一体化（校改、班改、课改）大教研教改理论体系并强力推行，实施校改、班改、课改等协同改革。持续优化"1+N"结对共建学校搭配，不断健全结对共建工作机制。

加大教育投入，推进基础项目建设。严格按照中央和省上关于深化教育体制机制改革的相关要求，加大对教育经费的投入，全面落实教育优先发展战略，在财政资金投入上优先保障教育发展；优化教育经费支出结构，确保一般公共预算教育支出逐年只增不减，确保按在校学生人数平均的一般公共预算教育支出逐年只增不减，为“办好人民满意教育”提供教育经费保障。国家财政性教育经费投入13.46亿元，其中一般公共预算教育经费投入10.84亿元，增长11.2%。普通小学生均一般公共预算教育事业费为7622.73元，，增长10.86%；普通初中生均一般公共预算教育事业费为9817.42元，增长4.35%；普通高中生均一般公共预算教育事业费为7858.54元，增长10.39%。继续推进“学前教育第三期行动计划”“薄改能力提升”“新高考综合改革”等重大工程，推进西山小学迁建、南渡幼儿园、中江中学食堂等重大建设项目，全年投入资金9500万元，实施项目74个，新（改、扩）建、维修校舍95000平方米，保障了各类学校基本办学条件，提升了服务能力，推进义务教育学校标准化建设和均衡发展。

加强教师管理，师资水平持续提升。抓好师德建设，实行师德考核“一票否决”制；开展“寻找我身边的好教师”“四川好人”“优秀教师事迹报告”等活动，广泛宣传师德典型，树立榜样，引领教师；开展第四届人民教师艺术节、“庆祝建国70周年，中华精典读诵写演讲”、“不忘初心，立德树人”、“无毒中江，我敢担当”教师征文等比赛活动，传播教育正能量，提高教师修养。实施“阳光招聘”，确保教师“进得来”，顺利完成教师招聘工作，公招教师297人，达到计划招聘的99%；招聘特岗教师200名，达到计划招聘的100%。实施优秀教师、骨干教师轮岗交流。以国培为重点，全员培训为基础，校本培训为补充，发挥名师的辐射引领作用，开展“教育专家下基层”“名师工作室”“名师献课”“学术讲座”等活动，教师业务水平不断提升。

坚持立德树人，促进学生全面发展。高度重视未成年人思想教育，开展法治宣传教育，通过“新时代好少年推荐”“网上祭英烈”“优秀童谣传唱”等活动培育和践行社会主义核心价值观。加强科技艺体教育，举办第三届科技节、第十五届艺术人才大赛、2019年田径、围棋运动会等活动，丰富学校文化建设，促进学生全面发展。城北中学、辑庆学校等5所学校被市、县评为“文明校园”，“玄武印画艺术工作坊”“巧思绘画手工坊”“雏鹰合唱团”等被评为“德阳市优秀学生团体”。

助力中江脱贫攻坚，教育行业扶贫成绩显著。通过签订责任书、入学情况核查、失学儿童劝返等，全力做好“控辍保学”工作，确保适龄儿童全部入学。利用“开学季”“家长会”“大家访”等时机，广泛宣传教育扶贫政策；帮助受资助的贫困学子及家长理清享受资助情况，做到“宣传全覆盖，受助全知晓”。落实资助政策，管好资助资金，优先资助建档立卡贫困家庭学生，向53274人次学前儿童、中小学生、高中及中职学生发放各类补助资金6534万元，其中为16404名建档立卡贫困学子提供资助资金1802万元。教育系统835名帮扶干部严格按县委、县政府和乡（镇）党委、政府工作安排，扎实开展走村入户、结对帮扶工作，帮助4493户贫困户脱贫。

【农村文化】 组织举办“送春联下乡”活动覆盖30个乡（镇）的45个场镇；举办“文艺小分队到基层”文艺演出8场次；在凯江镇火神庙举办春节庙会川剧演出、民俗展演系列活动10余场次；举办“科技之春”三下乡文艺（兴隆）演出1场次；举办中江庙会川剧演出50场次；举办中江县2020年文化惠民演出96场次，覆盖全县所有乡（镇）场镇和部分行政村；指导乡（镇）举办普兴大地艺术节、玉兴镇第三届芍药赏花节、永太镇小桥村芍药赏花节、集凤镇乡村旅游节、荷韵南山赏花节、悦来镇贵妃枣采摘节、永安镇首届柚子采摘节的开幕式文艺演出，共计217场次，受益群众达20余万人次。指导乡（镇）综合文化站、村文化活动室、社区文化活动中心在做好疫情防控的前提下持续实施免费开放工作，并组织开展基层群众文化活动220余场次。

【农村卫生】 全县建设村卫生站项目12个，总投资98万元，其中白果乡6个、双龙镇5个、广福镇1个，均已完工并全部投入使用。按照《四川省卫生和计划生育委员会关于完善药品配备政策支持分级诊疗制度的通知》《四川省卫生计生委关于完善社区卫生服务站慢性病等药品配备使用的通知》要求，对医疗机构基本药物采购金额占药品（不含中药饮片）总采购金额的比例进行调整，中心卫生院、社区卫生服务中心不低于60%，一般乡（镇）卫生院、社区卫生服务站不低于65%，村卫生室不低于100%。在维护国家基本药物主体地位的同时，城市社区卫生服务中心和农村乡（镇）卫生院按规定从医保药品报销目录中配备使用一定数量或比例的非基本药物，满足患者用药需求。全年基层医疗机构上网采购基本药物20733.58万元，县直医疗机构上网采购基本药物16917.9万元，让利群众5648万元。继续实施“一共、三联、两促进”发展战略，逐步实现城乡医疗同质化。5月28日，中江县人民医院对中江县辑庆中心卫生院以托管方式建立紧密型医联体，基本搭建全县医共体制度框架。推动《中江县推动医养结合等健康服务业发展的实施意见》《中江县医养结合实施方案》和《关于推动医养结合等健康服务业项目招商引资的通知》的实施。100%的基层医疗机构按照就近就地、安全便捷的原则与养老机构建立合作关系。规范双向转诊、基层首诊工作，加强急慢分治、上下联动体制建设。分级诊疗、双向转诊制度不断完善，基层医疗机构与县、市和省级医疗机构转诊更为顺畅，县域内就诊率达90%以上，逐步形成“小病在基层，大病到医院，康复回社区”的就医格局。全年开展查螺1380.7万平方米，完成率100%；反复巩固灭螺506万平方米，完成率100%；人群血检查病4.39万人，粪检查病1398人，完成率100%，未发现阳性病人；完成重疫区人群扩大化疗4108人，晚血救助3人次。完成国家监测点、风险监测、业务技术培训、督导、资料、“四好美丽新村”血防综合治理示范区建设等血防相关工作任务；在疫区开展血防健康教育影像宣传4次，覆盖8.6万人；组织召开会议及开展血防讲座16场次，广播96场次，覆盖4.2万余人次，制作版报168期，发放健康教育知识读本1.5万册，发放宣传资料3万份；中、小学开展血防知识课的学校12所，36班次，听课1.6万人，健康教育覆盖30万人次；组织农业、国土、水利等部门全面完成血防综合治理项目，改善了疫区环境，抑制了钉螺孳生。

全年全县报告法定传染病4180例，发病率环比上升6.15%；乙类传染病报告发病数2796例，发病率环比减少4.53%；丙类传染病报告发病数1384例，发病率环比上升37.17%；报告接种国家免疫规划疫苗应种161253剂次，实种160804剂次，接种率99.72%。基础免疫接种率均在96.82%以上，加强免疫接种率均在99.46%以上。共报告死亡病例9960例，达到6‰目标要求。对“三热”病人疟疾血检1256人次，无阳性血片。依托健康危害因素监测平台，主动开展各项监测工作：食品安全委托抽检1家共25件；饮用水监测覆盖45个乡（镇）、101个饮用水项目监测点采集水样202件，水质检测中心检测水样641件，学校自备水源（含净化水）检测81件，农村建档立卡贫困人口饮水安全保障工程抽检水样125件，“7·22”“7·28”洪灾后饮水应急检测水样6件，调查处置生活饮用水投诉事件20起水样34件；及时申请并发放民政生活补助和医保特殊疾病门诊补助；组织推进中江县“三线”管理办公室建设，建立“三线一网底”防治体系，完善“三线”管理办公室工作制度，每月召开例会，协调解决“三线”管理办公室存在问题，定期开展联合督导，促进各项防治工作顺利开展。

依法完成省、市下达任务，监督覆盖率均达100%。完成学校卫生监督126户；生活饮用水卫生监督62户，生活饮用水卫生许可证新办证3个；消毒产品卫生监督3户；公共场所卫生监督375户，新办公共场所卫生许可证36个；医疗卫生监督994户，其中县直医疗机构8个、乡（镇）卫生院（中心卫生院）45个、社区卫生服务中心4个、社区卫生服务站10个、村卫生站752个、门诊部1个、诊所171个、校医室3个。完成各类举报投诉16件，及时处理率达100%。全年行政处罚一般程序立案46件，结案45件，罚没共计120822元，其中医疗卫生处罚立案14件，罚没共计114822元，已结案13件，未结案1件已申请人民法院强制执行（处罚金额6000元）；学校卫生处罚立案27件，结案27件，罚款共计2000元。全年建成省级卫生镇3个、市级卫生镇3个，省级卫生村40个、市级卫生村40个，省级无烟单位10个。

中医药管理。3月8日，成立“川北道地中药材交易中心暨产业扶贫（中药材）创新型综合服务平台”，该交易中心服务平台将开展中药材产业发展服务、仓储物流经营管理、电子商务及电子信息化推广应用、中药材种植、销售与服务、中药材质量评价、检测与服务等业务。7月9日，组织县级医院、社区卫生服务中心及部分乡（镇）卫生院举行“中医中药中国行”大型义诊活动，共计发放中医药宣传资料800余份，接受群众咨询300余人次、义诊310余人次，开具中医处方137张。全县社区服务中心中医馆打造和中医科设置完成率达100%，乡（镇）卫生院中医馆打造完成率达90%以上；乡（镇）卫生院、社区卫生服务中心均能运用6种以上中医药技术方法开展常见病、多发病基本医疗和预防保健服务，80%的村卫生室运用4种以上中医药技术方法提供服务。全县中医备案诊所共6个，其中诊所转备案制中医诊所3个。全年中医全科医师转岗培训合格14名。四川逢春制药有限公司丹参基地、万生农业科技有限责任公司丹参基地申报为“三个一批”重点中药材丹参种植基地建设项目。

医疗卫生服务。全县共建立居民纸质健康档案102.11万份，建档率达94.9%；建立电子档案101.45万份，建档率达94.28%。7类重点人群健康管理服务继续加强，其中规范健康管理服务0～6岁儿童系统管理6.21万人，管理率85.18%；65岁以上老年人管理8.96万人，管理率72.2%；原发性高血压患者在管8.81万人，规范管理7.23万人，规范管理率为82.17%；Ⅱ型糖尿病患者在管3.25万人，规范管理2.51万人，规范管理率达77.21%；严重精神障碍患者检出5559人，检出率为5.16‰，在管5263人，管理率为94.68%；管理结核病患者537人，管理率为99.44%；家庭医生当年签约57.52万人，重点人群签约28.56万人，常住贫困人口家庭医生签约7.91万人；中医药健康服务基本达到规范要求。孕产妇系统管理率为95.96%，3岁以下儿童系统管理率为96.48%，婴儿死亡率、5岁以下儿童死亡率分别为3.32‰、4.28‰；新法接生率为100%，住院分娩率为100%，剖宫产率为51.29%；孕产妇死亡率为10.71/10万。全年完成农村妇女宫颈癌筛查28002例，正常人数20711人，患病率为26.04%；乳腺癌筛查2242例，正常人数2227人，患病率为0.67%。农村孕产妇叶酸补服率达87.93%。组织相关人员参加乡村医生考试，合格21人，充实了乡村医生队伍；组织开展基层岗位练兵，提高了基层医疗卫生人员基本医疗和基本公共卫生服务管理水平。

健康扶贫。在有户籍和身份证的基础上，应参加城乡居民医疗保险的建档立卡贫困人口参保率达100%。贫困人口中的常住人口家庭医生签约覆盖率达100%，“先诊疗后付费”、“一站式”结算服务等政策全面落实。在册贫困人口累计免费健康体检8.16万人，体检率达94.7%。贫困人口县域内定点医疗机构住院和慢性病门诊维持治疗费用个人支付占比均控制在10%以内，依规转诊到县域外住院治疗得到有效救助，通过基本医保、大病保险、补充医疗保险、倾斜支付、医疗救助、卫生扶贫救助基金救助等措施，为贫困户报销、减免、补助各类医疗费用14326万元。

医疗卫生保障。在严格审核申请贫困人口医疗救助基金资料的基础上，简化审批流程，提高办事效率，发挥卫生扶贫救助基金作用。贫困人口县域内住院享受“先诊疗后付费”和“一站式”结算服务，县域内住院和慢性病门诊维持诊疗费用需要卫生扶贫救助基金救助的，由医疗机构先行垫付，并代为申请卫生扶贫救助基金。依规转诊到县域外住院治疗的贫困人口回户籍所在乡（镇）政府申请卫生扶贫救助基金。全年卫生扶贫救助基金专户实际拨付资金2037.08万元，惠及32010人次，其中县域内住院30669人次，救助金额1845.37万元；依规转诊到县域外住院354人次，救助金额184.1万元；门诊慢性病救助987人次，救助金额7.61万元。

计划生育政策。全县奖励扶助对象累计33559人，发放标准为960元/人/年，共发放奖扶金3221.664万元；特扶对象累计1476人，其中伤残357人，资金发放标准为7200元/人/年；死亡1119人，资金发放标准为9120元/人/年，共发放特扶金1277.568万元。再生育关怀项目中，独生子女死亡对象累计40人，资金补助标准为4200元/人/年，独生子女死亡实现再生育共2户，一次性资金补助标准为3600元/户，共计发放补助金17.52万元。资助1338名特扶对象按照320元/人/年的标准免费参加2019年度城乡居民基本医疗保险，投入资金42.5664万元；1355名特扶对象按照76.5元/人/年的标准免费参加补充医疗保险，投入资金10.36575万元，共计投入资金52.93215万元；由乡（镇）组织为111名符合条件的特扶对象按照100元/人/年的标准参加城乡居民养老保险，共投入资金1.11万元；按照200元/人/年的标准，为1476名特扶对象、40名再生育关怀对象购买住院护理险，投入资金30.32万元。全年为45124名独生子女父母发放奖励金438.7万元。

计划生育管理服务。一是加强全面两孩政策宣传培训，加强服务能力。利用重大节假日、电视、报纸、手机短信、政务微信等新闻媒体进行两孩政策宣传，各乡（镇）结合实际印制宣传资料发放到村（居）、组和农户手中，组织全县卫生健康干部就全面两孩政策与网上预约具体操作进行培训。二是稳定卫生健康队伍，加强基层建设。全县乡（镇）卫生健康工作人员73人，其中专职23人、公务员14人。各村由妇联主席兼职负责计划生育工作。三是优化办事程序，高效服务为民。45个乡（镇）均设立计划生育办证窗口，生育服务证可现场即时办理，也可通过网上便民服务平台和手机微信平台预约办理，提高了办事效率和群众满意度。全年共办理生育服务证11006件，登记率达98.92%；办理特殊情形再生育审批1人。全年共上缴县财政社会抚养费专户11.82万元,发出征收决定书13例。

【农村法制建设】 社区矫正和安置帮教工作扎实开展,对两类特殊人群的监管到位,社区服刑人员和刑满释放人员的重新犯罪率均严控在2‰以内,维护了社会的安全稳定。开展人民调解工作,加强矛盾纠纷排查调处力度,培训人民调解员3384人次,排查纠纷4060次,调解纠纷2306件,调解成功2271件,涉案金额743.35万元,调解成功率达98%以上。不断完善公共法律服务体系,依靠司法所、公共法律服务站(室、点)和村(社区)法律顾问提供法治宣传、法治教育和法律援助等服务。主动融入乡村振兴工作,参与其规划制定,建言献策。主动参与禁毒、"扫黑除恶"等工作,以开展工作促进教化群众,不断增强群众的法治意识,营造良好的法治氛围。

【农村交通】 全县有乡道公路109条、866.692千米,村道公路1605.765千米,所有乡(镇)和建制村均达通畅要求。广郪路(红苕坡至大垭口段)公路改建工程建设里程13.82千米,为四级公路,路基宽度6.5米,沥青砼路面,于2017年8月开工,2019年1月完工。新妙路(妙峰场镇至大边界段)公路改建工程建设里程7.3千米,为四级公路,路基宽度4.5米,水泥砼路面,于2017年4月开工,2019年1月完工。仓谭路(和家沟到场沟垭口段)公路改建工程建设里程11.2千米,为四级公路,路基宽度6.5米,沥青砼路面,于2017年9月开工,2019年1月完工。联宝路(转龙村至双柏树村段)公路改建工程建设里程5.4千米,为四级公路,路基宽度6.5米,水泥砼路面(原路加宽),于2018年11月开工,2019年3月完工。太兴路(柑园村至太平乡段)公路改善工程建设里程6.38千米,为四级公路,沥青砼路面,于2017年8月开工,2019年9月完工。继光至通山道路(继广路+通石路)改建工程建设里程12.371千米,为三级公路,路基宽度7.5米,沥青砼路面,于2019年2月开工,计划2020年8月完工。芦德路(六松至永太段)路面改善工程主路线全长8千米,通济镇苕坡村居民聚集点支线长0.943千米,为四级公路,路基宽度6.5米,沥青砼路面,于2019年11月开工,计划2020年2月完工。九高路(六松至二环路坭金路口段)路面改善工程路线全长9.25千米,为四级公路,路基宽度6.5米,沥青砼路面,于2019年12月开工,计划2020年2月完工。三金路(龙台场镇过境段)改线工程建设里程4.04千米,为三级公路,沥青砼路面,于2018年7月开工,计划2020年5月完工。三金路(永安场镇过境段)改线工程建设里程3.6千米,为三级公路,沥青砼路面,于2018年8月开工,计划2020年5月完工。九高路(六松场镇段)路面改善工程建设里程3千米,为四级公路,沥青砼路面,于2019年3月开工,8月完工。九高路(古店广汉界至集凤向家垭口段)路面改善工程建设里程16.204千米,为四级公路,沥青砼路面,于2019年11月开工,计划2020年3月完工。太安至永丰段公路(太元路+谭永路)改建工程建设里程16.907千米,为四级公路,沥青砼路面,于2019年2月开工,计划2020年8月完工。集栖路(会棚场镇出口至向家垭口段)路面改善工程建设里程6.65千米,四级公路,沥青砼路面。于2019年11月开工,计划2020年5月完工。回龙大桥新建工程路线全长1.5千米,其中桥梁长307米,桥梁总宽9.5米,为三级公路,路基宽度8.5米,沥青砼路面,于2016年1月开工,2018年8月已完工,处于试运营期。清河拱桥危桥改造项目新建桥梁全长36.02米,于2018年12月开工,2019年9月底完工。古什路新丰桥危桥改造工程新建桥梁全长60米,于2019年9月开工,计划2020年5月完工。元兴乡小学渡口改人行吊桥建设工程新建吊桥长155米、宽2米,于2018年6月开工,2019年3月完工。玉兴镇玉兴渡口改人行吊桥建设工程新建吊桥长155米、宽2米,2018年8月开工,于2019年5月完工。截至2019年年底,全县村及以下道路共建成5818.24千米,其中2019年利用农村公路改造扶贫贷款资金和群众筹资投劳、个人捐款等新建村内道路277.24千米,已实施水泥混凝土路面加宽225.6千米,增设错车道1134个。继广路、建黄路、隆跃路等道路安全生命防护工程全长269千米,于2019年11月开工,计划2020年6月完工。县、乡道公路交叉路口"六个一"工程建设项目涉及75条县、乡道,共89个路口,建设内容为道路信息碑、标志标牌、道口柱、道口反光镜、人行道及让行标线、标志,于2019年11月开工,计划2020年2月完工。

【涉农招商引资】 2019年,全县3000万元以上的农业招商引资重大项目14个,均为内资项目,增长40%;项目总投资15.27亿元。协议资金152700万元,到位资金98460万元。

【农村社会保障】 全县城乡居民养老保险参保人数58.2万人,其中16～59周岁35.1万人,60周岁及以上待遇领取人数23.1万人,新增参保人数1.87万人,注销养老保险关系9521人;办理到龄待遇领取人员0.89万人;转移养老保险关系1556人。全年基金总收入36351.44万元,减少2.05%;基金总支出29084.97万元,增长0.42%。经清理核实,2019年为23593名建档立卡未标注脱贫的贫困人口(含返贫)、低保对象、特困人员代缴城乡居民基本养老保险费,代缴率达100%,共计代缴金额235.93万元。为599名登记在册的贫困人员办理待遇领取审批手续,并按规定为其发放城乡居民基本养老保险待遇。

【农产品质量安全监管】 根据农业农村厅《关于开展2019年全省农产品质量安全例行监测(风险监测)工作的通知》(川农函〔2019〕167号)安排部署,资阳市农业质量监测检测中心对全县进行了3个季度的抽检,共抽检样品112个,其中蔬菜40个、食用菌12个、水果10个、猪肉10个、猪肝10个、牛肉5个、禽肉10个、禽蛋10个,合格率达100%,完成上级下达全县省级农产品质量安全例行监测合格率稳定在97%以上的目标。根据农业农村厅《关于开展2019年无公害(种植业)产品风险监测的通知》(川绿发〔2019〕28号)要求,完成省级无公害(种植业)产品风险监测6个,其中蔬菜1个、水果4个、花椒1个,样品检测合格率达100%。农业农村厅下达中江县农产品质量安全检验检测站县级例行抽样小麦10个、玉米10个、大米10个,样品检测合格率达100%。完成市级农产品质量安全监督抽查抽样任务21个,其中蔬菜9个、畜产品9个、水产品3个,监督检测合格率达100%,问题查出率为零。完成农业农村部级油料专项风险监测抽样油菜籽任务41个、国家稻谷专项10个,任务完成率达100%。完成省级小麦专项抽检10个、省级生姜专项抽检2个,任务完成率达100%。完成市级稻谷专项监测抽样任务8个,任务完成率达100%。

【农村生态建设及环境保护】 空气质量改善明显。全县空气质量有效监测天数为365天,其中优良天数为336天,优良率为92.1%,上升10.4%。环境违法行政处罚力度加强。全年共立案46件,处罚到位金额460余万元;向公安机关移交3起,行政拘留3人,查封扣押3起。流域水质全面达标。实施郪江短期应急处置和治理,郪江象山断面和凯江西平断面达到Ⅲ类水质标准。突出重点,打好污染防治攻坚战。实施全域全年秸秆（垃圾）露天禁烧、道路抽检240辆机动车尾气等，推进农村污水治理。继续实施郪江短期应急处置和治理，对5家企业土壤污染进行监督性监测；对10家重点企业和5家非重点企业开展规范化考核，转移危险废物约1300吨。持续用力，督促环保问题整改。统筹协调抓好2019年省级生态环境保护专项督察工作，督促25件限期整改环保问题整改全面完成。严格程序，完成全国第二次污染源普查阶段性工作。中江县2019年省级农村生活污水治理"千村示范工程"争取省财政以奖代补资金533万元，同时整合农业农村局"厕所革命"资金552.48万元，对23个村5727户单户10个农村聚居点进行农村生活污水治理于2020年4月开工，计划于2020年12月竣工。项目通过新建一体化污水处理设施对农村聚居点进行治理；通过户厕改造，配备三格式化粪池对散户生活污水进行治理，已完成20个村的治理任务。

【农村市场体系建设】 加快农产品流通市场搭建。一是加快推进乡（镇）农贸市场建设。建成辑庆农贸市场，开工建设凯北农贸市场，完成服装城农贸市场升级改造项目并于8月投运。二是组织涉农企业参会参展，带动农产品销售。共组织106家企业参加市场拓展"三大活动"和各种乡村旅游节会，带动农产品销售750万元。

打破流通瓶颈。依托全国电子商务进农村综合示范县项目，健全县、乡、村三级物流体系，形成了县有中心、乡（镇）有站、村有点的农村电子商务流通服务体系。协助邮政推进"快递下乡"工程，实施电信普遍服务试点，截至2019年年底，全县30个乡（镇）快递网点已实现100%全覆盖，63个村已实现快递到村。全县宽带网络实现村村通，提升了农产品流通的基础设施条件。促进解决农产品等滞销问题，打通农产品上行的"最后一公里"。

开展中江产品进平台活动。运用各类线上线下交易平台，重点引导中江县"三品一标"扶贫产品开展网络销售。中江挂面、中江丹参、中江桑茶、八宝油糕等特色产品通过直播带货及淘宝、天猫等线上销售渠道助力销售产品6000余万元。

创新扶贫产品销售体系。一是抓好扶贫产品认定。引导年丰、万凤等30家企业44个产品取得"四川扶贫"集体商标标识，10家企业在国务院"消费扶贫网"注册登记并进入全国扶贫产品目录，带动建档立卡贫困人口269户445人增收，在全省73个非贫困县"四川扶贫"公益品牌用标情况排名全省第四、德阳市第一。二是抓好扶贫产品专区建设。在蔬菜、水果批发市场设立"四川扶贫产品销售专区"；在阳光盛源、洋洋百货等4家商超设立"四川扶贫产品销售专柜"，累计销售扶贫产品650万元。三是抓好扶贫产品"五进"活动。县长李霞走进直播间，为中江挂面"代言"；爱育农业、绿道农业等在成德绵50余个小区开展"中江电商扶贫产品进社区"活动，累计销售扶贫产品1000余万元；年丰、雄健等扶贫龙头企业与红旗、永辉、伊藤等大型商超合作，累计销售扶贫产品1亿元；中江挂面等20余款扶贫产品进入淘宝、京东等电商平台销售，全县电子商务交易额达25.1亿元，增长23%；累计组织200余家次"四川扶贫"标识企业参加"川货全国行"等展销活动，与浙江、广州建立东西部扶贫协作机制，累计销售产品2.068亿元。

【数字农业】 按照"立足长远、统筹规划、分步实施、重点突破"的原则，推动现代信息技术与农业社会化服务相结合，整合供销、农业、商务等部门资源，建成以"中江数字农业服务中心、中江农业农村信息网、中江农业社会化服务综合平台"为构架的中江数字农业服务平台，实现了"数据实时""智能控制""品质可溯""精准对接"四大目标，平台已经接入农民专业合作社81家、家庭农场23家。

依托农业大数据和农业物联网，聚焦农业产业链，推动数字技术与农业产业的深度融合，在农业种植、水产和畜禽养殖等场景中获取农业大数据，进行实时监测、分析和处理，实现远程自动化调控。同时，通过大量数据收集处理，构建中江农业大数据库，全面掌握全县农业发展状况，为全县农业产业发展提供数据支撑，推动中江农业信息化和现代化。

利用平台为农民专业合作社、家庭农场、农户等新型农业经营主体提供产前、产中、产后的供需精准对接，建成中江消费扶贫产品电商平台及扶贫产品溯源系统，借助天猫、京东、苏宁易购等知名电商平台对中江特色产品进行全网营销，全县农产品电商交易额达4.5亿元。

【农村留守儿童帮扶】 全县开展"金秋助学""我要上大学"等活动，争取到帮扶资金共计21.4万元，帮助50名贫困新生实现了大学梦。在元旦、春节、"六一"期间，走访慰问建档立卡贫困户子女570名，为其发放慰问金、衣物等物资，共计价值25.1万元。联合县关工委发起"10元·微爱"行动，共募集到社会各界捐款100万元，并使用部分资金在多所学校开展"三个工程""两大行动"，通过"三个工程""两大行动"携手"爱加一"公益社团、中江县留守儿童艺术团、爱心企业帮助特困青少年达3200余人次。8月6日—10日，县委组织部、县人社局、总工会、团县委、县妇联、县关工委、县教育局联合开展"爱心相伴·团聚圆梦"留守儿童到北京亲情夏令营活动，来自全县各乡（镇）的11名留守儿童前往北京与在外务工的父母团聚，开启了一场传承革命传统、感受历史文化、体会父母艰辛的成长之旅。实施"童伴计划"，在留守学生集中的镇、村改建40个"童伴之家"，实现团的工作力量、服务项目在留守儿童身边有形化、日常化，服务留守儿童的各项需求，让留守儿童感受到"家"的温暖。

【劳务开发与返乡创业】 促进农民工转移就业，利用"中江找工作"微信公众号发布招聘信息，全年累计发布招聘信息60期，推送县内外1288家企业3万个岗位，缓解企业"用工难"和劳动者"求职难"的难题。定期开展现场招聘会，组织县内外企业提供优质岗位，定于每月16日在人力资源市场开展现场招聘会，为全县有需求的劳动者提供岗位，同时解决县内民营企业招工难、用工难的难题。

开展职业培训，促进高质量就业，依托定点培训机构开展农民工品牌培训419人、返乡创业培训190人。抓实就业扶贫，实施公益性岗位兜底就业。开发农村公益性岗位，安置建档立卡贫困家庭劳动者就业6725人。建设就业"扶贫车间"（基地）吸纳就业，建设四川省就业扶贫示范基地3个、德阳市就业扶贫示范基地18个、县就业"扶贫车间"10个。加强农民工维权服务，处理劳务纠纷80件，帮助447人挽回经济损失525.9万元。

支持农民工和农民企业家返乡创业。全县农民工返乡创业累计26301人，其中从事第一产业389人，占比1.48%；第二产业2139人，占比8.13%；第三产业23548人，占比89.53%；其他225人，占比0.86%；农民工返乡创业项目吸纳就业约7.5万人。全年促进农民工成功创业65人，发放创业贷款2109万元。

【主要领导人】 县委书记：苏刚；县人大常委会主任：陈立贵；县长：李霞；县政协主席：杨晓刚；分管农业副县长：袁海。

中江县编写组

续表2

北川维斯特农业科技集团有限公司	12000	张强	省级	40146	魔芋制品
四川省羌山农牧科技股份有限公司	20183	张鑫羲	省级	30120.35	生猪养殖
绵阳安福魔芋开发有限公司	580	赵曦	省级	8175.88	魔芋粉、魔芋制品、自热方便食品、各种肉制品
北川禹珍实业有限公司	1000	王华祁	省级	5000	腌腊制品、干制菌类等
北川羌族自治县禹农农业开发有限公司	200	李水清	省级	5000	长毛兔、娃娃鱼、冷水鱼、土鸡、鸡蛋、娃娃鱼挂面、鲫鱼挂面
四川新科汇农业投资开发有限公司	2000	何云	省级	6820	乡村旅游
绵阳钟沟生态农业科技有限公司	500	顾毅	省级	6520	生猪养殖、加工
四川天水缘生态农业开发有限公司	10000	陈奉明	省级	3862	水果种植、加工
四川建丰林业有限公司	18800	李建兵	省级	25791	刨花板
绵阳三合农业科技开发有限责任公司	1768.3	白志强	省级	3600	猕猴桃
绵阳长林食品股份有限公司	9800	陈庆荣	省级	70396	肉类加工品
绵阳建丰林产有限公司	6000	李建兵	省级	36443	中密度纤维板
四川福欣食品有限公司	2000	王辉	省级	12301	饭扫光、川老汇

2019年绵阳市省级(及以上)示范农民专业合作经济组织名单

合作组织名称	注册资金(万元)	法人代表	示范等级	年度产值(万元)	主营产品
绵阳市涪城区关帝土鸡专业合作社	116	王安廷	国家级	1400	土鸡
绵阳市涪城区莲花池水产养殖专业合作社	404.8	廖述高	国家级	1200	“四大家鱼”、鲈鱼
绵阳市涪城区蜀源蔬菜种植专业合作社	500	罗仁肤	国家级	434	蔬菜(青菜加工)
绵阳市游仙区止语种养殖专业合作社	1000	黄鑫	国家级	650	核桃、油牡丹
绵阳市金汇丰水产养殖专业合作社	500	杨启明	国家级	1800	甲鱼、鲫鱼、鳙鱼
绵阳市联兴生猪专业合作社	500	蒋建宇	国家级	300	生猪
四川圣康蛋鸡养殖专业合作社	500	刘玉华	国家级	2802	蛋鸡、鸡蛋
绵阳市安州区益昌薯类种植专业合作社	350.74	谭小燕	国家级	1150	红薯、土豆
绵阳市安州区金花蔬菜专业合作社	260	薛兴全	国家级	164	无花果、蔬菜
绵阳市拓普无花果种植专业合作社	600	唐显明	国家级	1480	无花果
绵阳市安州区龙腾农机服务专业合作社	310	张勇	国家级	1800	粮油种植、农业社会化服务
江油市麻舒舒双椒生态种植专业合作社	1010	强茂林	国家级	300	辣椒、花椒
江油市蜀岭种养殖农民专业合作社联合社	1560.2	王仕全	国家级	281	生猪、蔬菜、中药材
江油市白玉村六旺养猪专业合作社	1255	杨再刚	国家级	480	生猪
江油市云强水产养殖专业合作社	230	薛云强	国家级	160	虾、蟹
三台县立新镇科美蔬菜种植专业合作社	160	何强	国家级	2140	蔬菜种植、销售、加工
三台县前锋丰凯蔬菜种植专业合作社	169.76	张书久	国家级	1200	蔬菜种植、销售及加工,食品生产(烧烤肉串、休闲食品)
三台县刘营青龙生猪养殖专业合作社	280	朱忠全	国家级	4300	生猪
三台县万家旺农机专业合作社	500	郭莉君	国家级	295	农业社会化服务
三台县广联农业植保专业合作社	168	吕开广	国家级	247	农业社会化服务
三台县潼川镇大兴农机专业合作社	1000	王开安	国家级	396	粮油种植、农业社会化服务
梓潼县天宝柑桔专业合作社	500	王有鸿	国家级	1210	蜜柚、柑橘
梓潼富库葛根专业合作社	5200	杨刚	国家级	2813	葛根茶、葛根粉、葛根面
梓潼县东怡水果专业合作社	615.359	赵茂群	国家级	300	水果
盐亭县富驿辣椒专业合作社	770	庞加映	国家级	1046	辣椒
盐亭县八角花椒种植专业合作社	266	胡容	国家级	2369	花椒
盐亭县良永生猪养殖专业合作社	5660	黄永淮	国家级	764	生猪
盐亭县恒兴渔业养殖专业合作社	331.1	范国齐	国家级	364	渔业

续表2

盐亭县绿缘经济林种植专业合作社	5164.2	唐周钢	国家级	512	核桃
盐亭县嫘祖蛋鸡养殖专业合作社	350	谭君	国家级	845	蛋鸡
平武县土城中药材种植专业合作社	137.1	王克君	国家级	680	中药材
平武县石坎核桃专业合作社	100	康朝彦	国家级	300	核桃
北川羌族自治县禹羌绿宝猕猴桃农民专业合作社	200	母志国	国家级	180	猕猴桃、李子
北川羌族自治县石椅水果专业合作社	108	陈爱军	国家级	460	枇杷、李子、猕猴桃
北川羌族自治县蓝色春天土鸡养殖专业合作社	445	蒋松林	国家级	1000	土鸡
绵阳市涪城区庄稼汉蔬菜专业合作社	153.62	崔兴禄	省级	104	蔬菜
绵阳市涪城区杨家绿岛葡萄种植专业合作社	1946	尹林	省级	325	葡萄
绵阳市涪城区祥林花椒专业合作社	117.14	蒋林	省级	800	花椒
绵阳市涪城区字库蔬菜种植专业合作社	1000	邱大东	省级	110	蔬菜
绵阳市涪城区涪关蔬菜种植专业合作社	600	李爱	省级	120	蔬菜
绵阳市涪城区三木鸵鸟养殖专业合作社	250	王森	省级	650	鸵鸟
绵阳市涪城区喜洋洋草莓种植农民专业合作社	99	马建军	省级	120	草莓
绵阳市涪城区俊兰牡丹种植专业合作社	300	陈加辉	省级	127	油牡丹
绵阳市涪城区幸福兴新旺葡萄种植专业合作社	202.2	李开禄	省级	473	葡萄
绵阳大昊特种水产专业合作社	500	刘映钰	省级	886	水产品
绵阳市游仙区仙力蚕业专业合作社	50	杨平	省级	1100	蚕茧
绵阳市游仙区国春芦笋专业合作社	200	杨国春	省级	452	芦笋、食用菌、蔬菜、花卉、中药材、林木种植
绵阳万亩田生态农业专业合作社	836.92	肖春	省级	700	蔬菜
绵阳市杰辉金银花种植专业合作社	100	贾永剑	省级	1900	青花椒、核桃
绵阳市永腾种植专业合作社	500	黄昭强	省级	180	葡萄
绵阳市联利木本油料作物种植专业合作社	1200	潘翠英	省级	2300	核桃、粑粑柑
绵阳市鑫祥种养殖专业合作社	212.7	王平	省级	120	粮油种植
绵阳新有粮油作物种植专业合作社	31	文开银	省级	1200	粮食仓储、加工，农机、植保和烘干
绵阳市凤樾果蔬种植专业合作社	600	李叶彦	省级	17	水果、蔬菜
绵阳市游仙区共赢种养殖专业合作社	12	钟少波	省级	100	胭脂脆桃
绵阳市游仙区福康中药材种植专业合作社	100	李薪	省级	1500	中药材
绵阳果老源农作物种植专业合作社	4671	霍剑	省级	1168	葡萄、青梅、猕猴桃
绵阳市游仙区益现添种养殖专业合作社	83.74	罗文相	省级	372	中药材
绵阳市游仙区西贝农作物种植专业合作社	100	贾进宗	省级	260	粮油种植
绵阳市深蓝水产养殖专业合作社	628	王道勇	省级	1200	小龙虾、泥鳅、黄鳝
绵阳市余家旱湾水果种植专业合作社	3000	皮良	省级	95	李子、桃
绵阳市黑虎寨种养殖专业合作社	600	李永川	省级	203	家禽
绵阳市游仙区崇林水果种植专业合作社	50.1	贾星金	省级	185	杂柑种植
绵阳市木龙观胡萝卜种植专业合作社	562.2	卢飞	省级	433	红萝卜
绵阳市辉跃农作物种植专业合作社	50	杨先跃	省级	441	水稻、小麦
绵阳市铜瓦枇杷专业合作社	94.1	田光武	省级	1400	枇杷
绵阳市安州区永福农机专业合作社	534.2128	林启平	省级	900	粮油种植、农业社会化服务
绵阳谷雨绿色农产品专业合作社联合社	280	杨正华	省级	200	水稻、花生、玉米、调味料
绵阳市安州区杰康生态养殖专业合作社	480	唐春华	省级	400	生猪
绵阳市安州区红心猕猴桃种植专业合作社	1000	陈年辉	省级	560	猕猴桃种植、销售
绵阳市安州区新农农机专业合作社	200	谭娅	省级	860	粮油种植、农业社会化服务
绵阳市安州区长青树蔬菜种植专业合作社	230.5188	青芬	省级	708	蔬菜、水果种植
绵阳市安州区沸水镇天台山中药材种植专业合作社	500	张军	省级	137	中药材
绵阳市安州区高川乡超超中药材种植专业合作社	210.6	马骏	省级	120	中药材
绵阳市安州区桑枣金三鑫玫瑰种植专业合作社	450	李代金	省级	400	玫瑰系列产品

续表3

绵阳市安州区森泰养鸡专业合作社	266	田述芬	省级	9427	鸡、鸡蛋
绵阳市安州区兴仁山地土鸡养殖专业合作社	150	杨兴富	省级	6100	土鸡
绵阳开心果蔬种植专业合作社	160	彭林	省级	120	猕猴桃、柑橘
绵阳市安州区永成蔬菜种植专业合作社	134.892	周刚	省级	470	粮食种植,蔬菜种植、冷藏
绵阳市安州区高川乡天池中药材种植专业合作社	369.7	李远顺	省级	829	中药材
绵阳市安州区龙盛达粮油种植专业合作社	200	刘云伟	省级	31	莲米、水果、蔬菜
绵阳市山地葛根种植专业合作社	165	易诗蕴	省级	430	葛根
绵阳市安州区绿态折耳根种植专业合作社	104.8	雷加珍	省级	29	折耳根
绵阳松华农机专业合作社	380	唐德美	省级	130	粮油种植、农业社会化服务
绵阳市安州区自然生态养猪专业合作社	101.1	蔡义云	省级	600	生猪
绵阳市安州区佛手中药材种植专业合作社	300	陈金友	省级	347	佛手
绵阳市安州区秀水镇辽安粮经种植专业合作社	212.3221	李军	省级	720	粮食、蔬菜、食用菌
绵阳健绿林果种植专业合作社	260	李莉	省级	260	水果
江油市青林口德惠白花桃种植专业合作社	530.5	李玉林	省级	240	桃
江油市地道附子种植专业合作社	259	付启华	省级	495	附子
江油市九岭镇苏溪折耳根种植专业合作社	347	赵作军	省级	2380	折耳根
江油市菜篮子种养殖专业合作社	607	兰友军	省级	480	蔬菜、生猪
江油市梨园蛋鸡养殖专业合作社	4000	刘勇军	省级	280	蛋鸡、鸡蛋
江油市白玉果香水果种植专业合作社	357	张永斌	省级	163	猕猴桃、桃子、枇杷
江油市孝均畜禽养殖农民专业合作社	420	沈孝均	省级	368	山羊、蔬菜、桃
江油市重兴乡良琪苗木种植专业合作社	289.6	熊良菊	省级	320	花卉、名贵风景苗木
江油市馨川中药材种植农民专业合作社	110	唐年军	省级	280	附子
江油市向阳种养殖农民专业合作社	448	何向阳	省级	450	鹅
江油市维农农机专业合作社	400	张开莲	省级	500	粮油种植、农业社会化服务
江油市酆旺种植专业合作社	138	王丽	省级	319	大米、水果
江油市众望农机作业专业合作社	89.6	邓育银	省级	227	粮油种植、农业社会化服务
江油市太平镇潢辣婆海椒种植专业合作社	600	黄元秀	省级	388	海椒酱系列调味品、泡菜
江油市亿宝种养殖专业合作社	300	翁国兵	省级	301	桃、李子
江油市贯福生态种养殖专业合作社	500	魏国刚	省级	150	稻米
江油市东云种养殖专业合作社	600	关云	省级	476	粮油种植
江油市大堰镇幸福明天种养殖专业合作社	52.78	陈洪远	省级	110	花椒、粮油
江油市益弘种养殖专业合作社	280	李晓鸿	省级	282	核桃、土鸡、草鱼
四川省三台县崭山米枣专业合作社	101.78	文伯毅	省级	110	米枣
三台县乐安镇富乐花生专业合作社	168.64	姜维彪	省级	105	花生
三台县新生镇坤发绿色生猪养殖专业合作社	526	黄坤元	省级	500	生猪
三台县金鼓条粉生产专业合作社	200.4	梁艳	省级	1700	红薯
三台县永明镇本源麦冬种植专业合作社	360	罗德木	省级	1165	麦冬
绵阳市三台县里程川主绿色生猪养殖专业合作社	200	周朝林	省级	4112	生猪
三台县新德镇福田生态鱼养殖专业合作社	646	李辉	省级	1920	“四大家鱼”
三台县永亨合祥水果种植农民专业合作社	260	郭宗根	省级	170	丑柑、冬桃、脆红李
三台县老马合兴鸵鸟养殖专业合作社	200	仲志伟	省级	310	鸵鸟
三台县藤丰藤椒农民专业合作社	870	陈诚	省级	710	藤椒
三台县涪城麦冬产业化生产专业合作社	1480	杨运东	省级	985	麦冬
三台县茂光水果种植专业合作社	300	羊绍琼	省级	101	核桃、枇杷、桃、柚子
三台县好友生猪养殖专业合作社	500	郭宗友	省级	3600	生猪
三台县新秀植保专业合作社	200	江红梅	省级	190	农业社会化服务
三台县宇科核桃专业合作社	500	吴波	省级	800	核桃
三台县新鲁镇欧邓粮油种植专业合作社	65	邓俊	省级	130	粮油种植

续表4

三台县五根柏藤椒种植专业合作社	260.3	周仁龙	省级	1280	藤椒
三台县石安镇联合蚕桑养殖专业合作社	163	景吉武	省级	370	桑树、养蚕、桑叶
三台县民兴生猪养殖专业合作社	1250.92	张兴	省级	190	生猪、蔬菜、水果
三台县雨顺核桃种植专业合作社	500	王强	省级	109	核桃、种苗、柑橘、桃、李子
三台县双乐乡奕川水产养殖农民专业合作社	509	李晓川	省级	386	泥鳅酱、泥鳅干、稻秋香大米
三台县龙树弘远核桃种植专业合作社	1306.6	袁弘	省级	183	核桃
三台县双乐乡百盛种植养殖农民专业合作社	600	王小斌	省级	231	柑橘
三台县新德镇万顺枇杷种植专业合作社	150	黄香	省级	118	枇杷
三台县金丰农机专业合作社	165	曹正东	省级	162	麦冬机耕、机械化采挖
三台县秋林镇聚英种植养殖专业合作社	450	李桂琼	省级	112	粮油种植
三台县岔湾村藤椒种植专业合作社	227.65	张文	省级	155	藤椒、粮油
三台县嘉宴藤椒种植专业合作社	235	彭振甫	省级	258	蔬菜、藤椒
三台县广利乡霞晖种植农民专业合作社	150	王秀群	省级	116	蔬菜、藤椒、柑橘
三台县花园镇明志麦冬加工专业合作社	1203.65	刘志伟	省级	180	麦冬加工
三台县建平镇昌武果蔬种植专业合作社	55	曾昌武	省级	308	桃、李子、柑橘、榨菜
三台县永松药材种植专业合作社	600	梁小坤	省级	270	柚子、佛手
三台县刘营镇鑫农绿色果蔬专业合作社	266.1	巫成宝	省级	150	草莓、桃、辣椒
梓潼县裕丰蔬菜专业合作社	1180	黄利蓉	省级	200	蔬菜
梓潼县鑫盛果蔬专业合作社	151.794	李培瑞	省级	120	水果、蔬菜
梓潼县凤凰山桔梗专业合作社	280	梁智刚	省级	2491	桔梗、丹参等中药材
梓潼县富强核桃种植专业合作社	280	梁洪华	省级	448	蜜柚、柑橘
梓潼县禾稼欢农机专业合作社	334.5	潘自雄	省级	2000	粮油种植、农业社会化服务
梓潼县仁和镇兴旺生猪养殖专业合作社	500	张雄	省级	2000	生猪
梓潼绿环养殖专业合作社	124.3	吴蓉	省级	120	有机香猪
梓潼沁丰生猪养殖专业合作社	1215.3	文光菊	省级	4383	生猪
梓潼县迎春土地承包经营权股份专业合作社	532.55	王定秋	省级	168	水果、药材
梓潼县梦想水果种植专业合作社	2000	杨旭渊	省级	421	胭脂脆桃
梓潼县家家福生姜专业合作社	147.09	罗君	省级	125	生姜
梓潼县齐力养殖专业合作社	106	肖刚	省级	160	大鲵养殖、销售
梓潼县中勺牡丹种植专业合作社	500	蒋从君	省级	153	牡丹油、牡丹苗，销售鲜切花、园林灌木
盐亭天府肉羊养殖专业合作社	354.16	赵文伯	省级	917	肉羊
盐亭县鑫兴生猪养殖专业合作社	2326.2	余春	省级	8652	生猪
盐亭县双惠高粱种植专业合作社	711	潘文斌	省级	29	高粱
盐亭县宇丰农机专业合作社	1587	胥执宇	省级	1887	农业社会化服务
盐亭县谢氏藕种植专业合作社	518	谢宗旭	省级	1350	藕
盐亭县奇骏果树种植专业合作社	2100	何奇骏	省级	200	桃
盐亭县云强红薯种植专业合作社	276.91	何强	省级	196	红薯、玉米、小麦
盐亭县佳贝特蛋鸡养殖专业合作社	1276	冯国伦	省级	1952	蛋鸡
盐亭县龙珠葡萄种植专业合作社	360	刘文平	省级	766	葡萄
盐亭县安家镇琼兴生猪养殖专业合作社	858	李奉琼	省级	1120	生猪
盐亭县林峰蜜柚种植专业合作社	759	何林	省级	132	柚子、杂柑
盐亭县浩森渔业养殖专业合作社	930	汤春秀	省级	298	鲈鱼、江团等
绵阳嫘祖蚕业养殖专业合作社	413.1	王成伟	省级	240	蚕茧
盐亭县众勤畜禽养殖专业合作社	360	姚帮俊	省级	285	肉牛
平武县鑫富核桃专业合作社	150	李分全	省级	50	核桃
平武县响岩镇清水蜜桃专业合作社	43	罗明富	省级	300	蜜桃
平武县畜旺生猪饲养专业合作社	48.6	肖燕	省级	100	生猪、猪肉

续表5

平武县民大蔬菜专业合作社	40	严松林	省级	150	蔬菜
绵阳市平武县崇山中药材种植专业合作社	146	田泽勇	省级	300	天麻、香菇
平武县来凤蔬菜种植专业合作社	101	杨家兵	省级	50.8	蔬菜、中药材
平武县匡合厚朴种植专业合作社	1000	王泽银	省级	91.1962	厚朴、厚朴木
平武县雪源养猪专业合作社	1340	王锋	省级	480	生猪
平武县虎牙藏族乡跃青养殖专业合作社	845	张青山	省级	71.5	冷水鱼、鳟鱼
平武县武恩种植专业合作社	100	杨约早	省级	55	蔬菜、水果、家禽
平武县永诚天麻种植专业合作社	302	肖会	省级	51	天麻等中药材
平武县虎牙藏族乡天路种植专业合作社	518.88	谢德伦	省级	420	蔬菜、水果、中药材
平武县鹏景藏香猪饲养专业合作社	200	陶鹏	省级	148.5	藏香猪、生态黑猪
平武县五仙菌类专业合作社	380.3	王俊明	省级	468	灵芝、赤松茸
北川羌族自治县塔坪子养兔专业合作社	350	李水清	省级	1200	兔、鱼
北川羌族自治县羌禾高山生态蔬菜专业合作社	463.5	杨永贵	省级	160	蔬菜
北川神禹果蔬种植专业合作社	2000	席成友	省级	180	核桃
北川羌族自治县百花中药材专业合作社	248	肖兴强	省级	180	厚朴、天麻、白芨、木香等
北川羌族自治县金鼓茶叶种植专业合作社	548	邓绪恩	省级	200	茶叶
北川羌族自治县景家苔子茶种植专业合作社	100	胡彦贵	省级	163	茶叶
北川羌族自治县吉羌种养殖专业合作社	200	陈德斌	省级	562	娃娃鱼、金尊鱼
北川羌笛苔子茶种植专业合作社	1000	牛义贵	省级	300	茶叶
北川羌族自治县正河民俗旅游专业合作社	880	何飞	省级	1200	旅游
北川羌族自治县拿巴日格旅游专业合作社	551	陈勇	省级	650	旅游
北川羌族自治县振兴茶叶种植专业合作社	200	吴红	省级	248	茶叶
北川羌族自治县芽地中药材种植专业合作社	50.9506	韩贵文	省级	600	厚朴、黄连、木香等
北川羌族自治县生济养殖专业合作社	180	陈继斌	省级	650	生猪
北川羌族自治县羌龙谷茶业种植专业合作社	355.96	李永杰	省级	780	茶叶
北川嘉华中药材种植专业合作社	400.95	李家兴	省级	100	重楼

2019年绵阳市家庭农场经营情况统计表(前10位)

家庭农场名称	注册资金(万元)	法人代表	年度产值(万元)	主营产品
江油市明利家庭农场	20	杨维明	400	马铃薯、粮油、蔬菜
三台县金石镇宏梅家庭农场	25	林红梅	263.6	粮食种植、农机社会化服务
绵阳市梓潼县佳裕家庭农场	50	古国洪	685.79	种植(水稻、玉米、小麦)、农机社会化服务
北川羌族自治县陈家坝乡川荣农场	60	石玉亮	236	养殖(土猪)
盐亭县旭升家庭农场	130	宋仕俊	256	马铃薯、青储玉米、胡萝卜
盐亭县柏梓国荣家庭农场	200	范国齐	320.6	水产养殖(鱼)
盐亭县复明荣修家庭农场	80	程荣修	132.7	养殖(生猪、肉鸭)
三台县刘营镇连心果业家庭农场	90	殷家贤	90.13	水果种植(桃、柑橘)
绵阳市涪城区秀美家庭农场	80	赵康	98.5	水产养殖
绵阳市安州区黄土启勇家庭农场	15	林启勇	50	水稻、油菜

农用地产权制度改革。全面完成承包地确权登记颁证及“回头看”,并通过农业农村部政策与改革司委托第三方开展的工作评估,基本实现应颁尽颁、应确尽确。全年颁发土地经营权证177本,农村承包地流转总面积达163万亩,流转率达39.5%,其中30亩以上规模经营面积达144.6万亩,规模经营率达35.2%。加快推进“房地一体”的农村集体建设用地和宅基地使用权确权登记颁证工作,登记发证93.21万份,发证率达82.53%。推动农村资源要素合理流动,办理各类农村产权流转交易鉴证1030宗,交易金额24.78亿元。

农产品品牌战略实施。全市深化“两个创建”,支持盐亭县申报国家农产品质量安全示范县,三台县通过省级农产品质量安全监管示范县资格复审,巩固了绵阳市四川省农产品质量安全示范市、安州区国家农产品质量安全县创建成果。各地通过设立财政引导资金、把发展“三品一标”农产品纳入政府目标考核等措施,支持新型农业经营主体申报“三品一标”认证。全年“三品一标”农产品认证新增(含换证、续展)112个,全市农业系统认定的“三品一标”农产品达526个。涪城区、三台县检测站通过“双认证”验收,省级农产品检测合格率保持在97%以上。"北川茶叶"、游仙"仙特"大米、和平武"大山老槽"蜂蜜分别被列为2019年"四川省优秀农产品区域公用品牌"和"四川省优质品牌农产品"，游仙"三国冬枣"获得2019年第二十届中国绿色食品博览会金奖，"梓江鳜鱼"成为全市首个、全省第9个获得地理标志登记的水产品。

现代农业园区建设。截至2019年年底，全市已建成现代农业园区52个，其中被纳入国家现代农业产业园创建管理体系园区1个、省五星级园区1个、市星级园区8个、县级园区37个，形成国家、省、市、县四级现代农业园区建设及创建体系。全市园区总产值达153.17亿元，占全市第一产业总产值的50.64%；人均可支配收入达1.91万元，超出全市农村居民人均可支配收入1300余元，超出全省平均水平5.2%。在全省率先印发《绵阳市现代农业园区建设总体规划(2019—2023年)》(绵委办〔2019〕27号)和《绵阳市现代农业园区建设推进方案》(绵委办发〔2019〕23号)，全市9个县(市、区)均已编制县域现代农业园区建设规划。引进聚集铁骑力士、台沃科技、天虹丝绸等各类经营主体1092个，吸引返乡下乡创业人员近2万人，带动47.24万人融入园区发展。率先将"沃野绵州"的生态实践在园区集中试验示范，全市一半以上的园区种养循环覆盖面积达90%以上。全市园区高标准农田占比达69.04%，高于全市23个百分点；农产品初加率达75%，高于全市平均水平20个百分点。园区"三品一标"农产品达286个，占全市总数的50.6%；打造"涪城麦冬"等地理标志农产品25个。培育出"圣迪乐村"鸡蛋等全国农交会"金奖"产品8个，数量位居全省第一。"七彩之虹"有机生丝成为APEC(亚太经合组织)会议国家领导人着装原料丝，为LV、芬迪等国际奢侈品品牌供应原料。全市各类园区与中科院、中国农科院、中农大等科研院所开展深度合作，建立唐华俊、向仲怀等专家(院士)工作站30余个，组建国家级企业技术中心(冯光德实验室)、国家星火计划龙头企业技术创新中心等重点实验室8个，并与高校共建博士后工作站。

【种植业】 全市粮食作物播种面积40万公顷，产量230.5万吨，其中稻谷播种面积11.84万公顷，产量93.2万吨；玉米播种面积14.84万公顷，产量82.29万吨；小麦播种面积8.27万公顷，产量36.74万吨。油料作物播种面积17万公顷(其中油菜籽种植面积14.66万公顷)，产量44.5万吨(其中油菜籽产量36.75万吨)。

【林业】 全市完成营造林78.7万亩，巩固退耕还林成果61.75万亩，有效管护国有林459.65万亩、集体和个人公益林338.04万亩、天然商品林341.27万亩；有林业用地面积123.3446万公顷，有森林面积112.736万公顷，森林蓄积量9492.75万立方米，森林覆盖率为55.65%。全市有自然保护区13个(国家级4个、省级5个、县级4个)。新建国家级林下经济示范基地1个、省级花卉产业基地1个、省级森林康养基地3个、省级森林小镇2个、市级花卉林木示范基地9个。全年林业有害生物成灾率控制在3‰以下，森林火灾受害率低于0.1‰。

【畜牧业】 全力打好非洲猪瘟防控阵地战和生猪稳产保供攻坚战，加快推进生猪产业转型升级。全年出栏生猪279.06万头，超额完成省下达的目标任务，实现生猪供应100%自给；外调仔猪80万头。在全国出现非洲猪瘟疫病后，出台应急预案，在全国率先编制《非洲猪瘟防控工作指引》，明确15条硬措施。分级实施网格化管理，建立"市级领导包县、县级领导包乡、乡(镇)领导包村、村(社区)干部包户"的联防联控工作体系。守住规模化猪场和种猪场的安全防线，以三大国家核心育种场、全省唯一川藏黑猪原种场、8个大型扩繁场、10个万头育肥场为核心，集中开展周边中小散养户清退、消毒工作，建立生物安全隔离区，保护存栏原种猪3.1万头。

坚持"三个突出"，完成生猪稳产保供硬任务。制订《现代农业六大重点产业发展规划及年度行动方案》，把优质生猪列为重点培育的现代农业主导产品，出台"猪十条"等政策，稳定"两场"生产能力。全市生猪产业产值占畜牧业总产值的40%。依托正大、铁骑力士等6家国家级龙头企业，构建起集种猪、育肥、饲料、屠宰加工、有机肥厂于一体的全产业链。创新"龙头企业+合作社+家庭农场""1+5产业扶贫"等模式，带动中小养殖场(户)410个，出栏生猪110.2万头。12月29日，中央电视台《焦点访谈》栏目专题报道了三台县以龙头企业带动中小养殖场(户)发展经验，农业农村部"2019年全国大型生猪养殖企业帮带中小户发展座谈会"在绵阳市召开。依托现代农业特色园区建设，以"产业共建、疫病共防、环境共治、利益共享"的方式建设无疫小区。推行"园区+基地""园区+公司+农户"等模式，促进现代农业园区与生猪标准化养殖场深度融合，全市建成以生猪和麦冬等为主导产品的市级以上现代农业园区8个。

聚力"三个推动"，探索产业转型升级特色路。改(扩)建中小散养户360户。新建标准化养殖场54个，总数达548个，其中省、部级示范场61个。推行"政府引导、多元合作、企业领建、共享共赢"发展模式，鼓励支持中小养猪场扩大养殖规模，全市建成年出栏5000头以上的大型规模化养殖场56个，规模化养殖率达59.88%，位居全省前列。全市规范调整之后有禁养区540个，面积3146.5792平方千米。全域实施"沃野绵州"现代生态循环农业工程，坚持"以种定养、以养定种、种养结合"，整县推进实施畜禽粪污资源化项目，实现种养循环有机结合，全市畜禽粪污综合利用率达98%，生态循环农业覆盖面达58.6%。

【水产业】 全市水产养殖面积22642公顷、稻田养鱼面积4833公顷，水产品产量119271吨，增长2.11%；实现渔业经济总产值361979.5万元，增长7.34%；人均占有水产品24.46千克。根据部、省对长江流域重点水域禁捕工作的部署，2019—2020年，三台县、盐亭县、梓潼县、江油市、涪城区的170艘捕捞渔船退出捕捞，中央财政、省级财政分别下达全市退捕专项资金737.588万元、177.12万元，完成4个水产种质资源保护区所在的三台县、盐亭县、梓潼县、江油市166艘渔船的退捕工作。12月29日，三台县奕川水产养殖专业合作社投资600余万元建设的水产品精深加工厂正式投入生产，年加工能力400 ~ 600吨，达产后年产值可达2000万元以上。12月25日，农业农村部中国绿色食品发展中心在北京市召开2019年第一次农产品地理标志登记专家评审会，盐亭县梓江鳜鱼养殖协会申报的"梓江鳜鱼"通过专家组评审，并在《中华人民共和国农产品地理标志登记公示》(2019第1号)进行公示。

【乡村振兴】 统筹推进实施乡村振兴战略。开展市级实施乡村振兴战略考评激励工作，从11月1日起，在县(市、区)自评并提出创建市级先进县、先进乡(镇)和示范村的基础上，市委农办牵头市委组织部、市委宣传部等8个市级部门成立3个工作组到9个县(市、区)36个乡(镇)100个村实地开展考评，最终评选出2019年市级实施乡村振兴战略先进县1个、先进乡(镇)10个和示范村50个，经市委农村工作领导小组会议研究同意，提请市委、市政府命名，并在2020年市委农村工作会议上授牌。在评选市级乡村振兴先进单位的基础上，涪城区被评为省级实施乡村振兴战略先进区，游仙区新桥镇等3个乡(镇)被评为省级先进乡(镇),江油市大康镇星火村等36个村被评为省级示范村,全市共获得省级实施乡村振兴先进单位奖励资金9660万元。

【扶贫开发】 全市坚持区域扶贫与“插花”式扶贫、开发式扶贫与保障性扶贫、合力攻坚与自我脱贫、提升质量与巩固成效“四个并重”,先后召开市脱贫攻坚领导小组会议、全市扶贫开发工作会议等4次会议,对脱贫攻坚工作作出全面动员和系统部署。印发《绵阳市2019年脱贫攻坚工作要点》《2019年全市脱贫攻坚重点工作任务清单》,制订《绵阳市19个扶贫专项2019年实施方案》,细化工作措施,全面落实脱贫攻坚任务。全市有35名市级领导、84个市级部门对口联系贫困村,520名干部任贫困村“第一书记”,182名干部任20户以上非贫困村“第一书记”;市、县领导增加联系帮扶贫困户超过20户的非贫困村435个,市、县党政机关增加联系帮扶贫困户超过20户的非贫困村363个。落实非贫困村产业扶持基金8639万元,支持“插花”式贫困户产业发展和非贫困村集体经济发展。将市级财政专项扶贫资金的66%用于解决“插花”贫困问题,推动统筹解决“插花”式贫困问题实施方案落地落实。全市建立致贫返贫预警处置基金1214.9万元,根据农户实际情况建立致贫返贫三级预警动态台账,对触发预警的农户进行分类研判综合施策,对现行政策难以解决的预警农户按程序使用基金予以特别救助。全年全市实现贫困人口脱贫9415人、贫困村退出46个,平武县经省政府第26次常务会批准退出国家级贫困县序列。至此,全市所有贫困户脱贫、贫困村退出、贫困县“摘帽”,贫困发生率下降至零。全年全市在各级各类媒体刊(播)发脱贫攻坚新闻、文章、信息4100余篇次,其中在中央、省级媒体刊(播)540余篇次,在市级媒体刊(播)2560余篇次。开展2019年扶贫日系列活动。组织开展第三届绵阳市“脱贫达人”评选,评出奋进奖、贡献奖(集体)、奉献奖、创新奖先进共40名(个);推荐全国脱贫攻坚奖、全省脱贫攻坚奖候选人(单位)15人,李代全、张志敏等5人,江油星乙集团公司均获得2019年全省脱贫攻坚奖。

【乡村旅游】 全市共有全国休闲农业和乡村旅游示范县1个、四川省乡村旅游强县1个、四川省乡村旅游特色乡(镇)6个、四川省文化旅游特色小镇1个、乡村旅游扶贫示范区1个、中国美丽休闲乡村1个、四川省乡村旅游精品村寨8个、乡村旅游扶贫示范村35个;星级农家乐、乡村酒店427家,其中四星级以上农家乐49家、四星级以上乡村酒店14家。全市全年接待乡村旅游游客3603.36万人次,实现营业收入196.98亿元,吸纳农民就业7.5万人,带动17.56万农民受益。

2—3月,开展乡村旅游领域“大棚房”专项清理整治工作,对辖区内A级旅游景区、2019年重点旅游项目库项目、星级农家乐(乡村酒店)等进行全面清理整治,共发现问题19个,全部查处并整改到位,坚守“农地农用”原则。4月25日,省政府办公厅公布首批文化旅游特色小镇,江油市青莲镇入选(全省20个)。5—12月,在全市范围内开展星级农家乐(乡村酒店)大清查、大核查行动,对依法经营、安全环保、食品卫生、服务质量等情况进行了全面检查,其中20家被取消星级、10家被勒令整改。7月9日,首届“2019四川最佳乡村旅游目的地”评选名单出炉,共评选出首届“美丽天府最美农家乐”“大美四川最佳乡村酒店”110家,绵阳市获奖总量居各市(州)前茅,其中绵阳柚香园休闲山庄、涪城区兰庭生态园、安州区巴蜀鱼都获评为“十大四川品牌农家乐”,壮源贡呈·耦耕园获评为“十大四川创新示范农家乐”,北川羌王竹海、北川县云贯羌寨、清水溪度假山庄获评为“十大四川特色风情农家乐”,安州区汇森山庄、猫儿沟农庄获评为“十大四川星级农家乐”,平武县九州锦都大酒店获评为“十佳创新示范乡村酒店”,安州区翎谷濯缨酒店获评“十佳最具地方特色乡村酒店”。11月,平武县祥宇养业有限公司总经理曾跃入选2019年度全国乡村文化和旅游能人支持项目。12月20日,安州区枣皮走廊·蝴蝶谷景区获批为国家3A级旅游景区,“枣皮走廊·蝴蝶谷”景区以创建“乡村旅游目的地”为目标,突出“休闲+康养”主题,做强漂流旅游、做精乡村民宿、做优康养服务,先后获得“全省帮扶示范基地”“四川省旅游扶贫示范村”“绵阳市康养人家”等称号。

【农村水利】 截至12月,全市实有水利工程22.9万处,水利工程蓄引能力26.3亿立方米,实际供水18.82亿立方米。有规模以上灌区73处,其中大型灌区1处、中型灌区25处、小型灌区47处;水库831座,其中大型水库2座、中型水库10座、小型水库819座;山坪塘52726座;石河堰3682处;小型泵站4886座;窖池13357处。

【农业机械化】 全市农机总动力达343万千瓦,增长1.5%;主要农作物耕种收综合机械化水平达61.2%,增加3个百分点。全年农机投入支出总量达37391万元,其中一般行政事业支出1237万元、基础建设支出23811万元、农业机械购置支出12344万元。全市兑付农机购置补贴资金2985.2万元,补贴农机具6172台,直接受益农户4456户。通过实施农业机械购置补贴强农惠农政策,全市新增各类农机具6100余台(套),带动全市农机装备的优化升级。通过示范推广,全市油菜机播和机收、水稻机插、玉米机收等薄弱环节农机具大幅增加,其中大中型拖拉机增长5.91%、播种机增长21.2%、乘坐式水稻插秧机增长8.21%、谷物联合收割机增长3.63%、其他收获机械增长36.5%、秸秆粉碎还田机增长13.5%、谷物烘干机增长18.46%、畜牧饲养机械增长17.75%、畜禽粪污处理机械增长46.02%。全市在农业机械上安装农业用北斗终端1232套,“绵阳市农机精准作业平台”上线运行,监测服务耕、种、收等环节作业面积53.68万亩。水稻机械化插秧技术推广取得新进展,机械化种植面积达5.35万公顷,增长40.4%;油菜机播面积达3.7万公顷,增长18.97%;油菜机收面积达7.81万公顷,增长14.85%;玉米机收面积达1.34万公顷,增长94.2%。通过对农机大户的培育和引导,新增农机专业合作社3个,总计达111个。

【农村科技】 全市对上争取资金,开展农业技术培训,推广优质绿色高效技术,多项农业科技成果获得四川省科技进步奖、绵阳市科技进步奖。全年粮食生产主推技术到位率达96.7%。全市实现水稻机械栽植5.35万公顷、油菜机播3.7万公顷、油菜机收7.81万公顷,主要农作物耕种收综合机械化水平达61.2%。

全市将下达的中央资金705万元用于加强基层农技推广体系建设、推进基层农技推广体系改革创新、提升基层农技人员服务能力、建设长期稳定的农业科技示范基地、培育具有示范带动作用的农业科技示范主体、示范推广农业优质绿色高效技术、加强农技推广服务信息化建设等事项。对部分资金进行整合后,实际用于基层农技推广体系建设的资金455万元。对全市980名基层农技人员进行知识更新培训,提升基层农技推广队伍能力和水平;建设农业科技试验示范基地21个;结合技术扶贫及农户产业发展情况,培育农业科技示范主体2470户;推广应用中国农技推广APP,全市农技员使用率达90%以上;结合农业科技示范主体和农业科技示范基地，开展新技术示范推广，全市示范推广优质绿色高效技术60项。

全省农业农村系统选派549名专业技术人员到全市520个贫困村开展"一对一"农业技术帮扶、技术扶贫行动，农技扶贫覆盖率达100%。组建的12个专家服务团为贫困村提供菜单式服务。全年技术帮扶人员协助贫困村编制产业发展规划520份，组织开展各类培训11.9万人次，发放技术宣传资料12.8万册（份），利用QQ、微信、农技宝等指导农技技术9.4万条，驻村农技人员推广主导品种32个、主推技术14项。

【农村教育】 全市落实城乡义务教育经费保障机制，统一城乡义务教育学校生均公用经费基准定额，对城乡义务教育学校（含民办学校）按不低于小学600元/生/年、初中800元/生/年的标准补助公用经费，在此基础上，对寄宿制学校寄宿生按照200元/生/年、特殊教育学校和随班就读残疾学生按6000元/生/年的标准补助公用经费；对学生规模不足100人的农村小学和教学点均按100人以上核定公用经费，共惠及全市城乡义务教育中小学校学生42.95万人。

【农村文化】 全市招募选派"三区计划"文化工作者41人到基层从事群众文化服务，组织或参与基层文艺展演进乡村（社区）活动480余次、演出420余场、文艺辅导300余批次，受益群众约15万人次。

推进农村公共文化服务标准化建设，巩固文化扶贫建设成果，加快转变农村文化发展方式，实现广播"村村响"、电视"户户通"、村村有文化活动。举办四川省"万人赏月诵中秋"分会场展演，三台县举办第三届农民丰收节暨郪汉文化旅游节，北川羌族自治县青片乡上五村等30个村获评为2019年全省"文化扶贫示范村"。全年举办文化专干、群众文艺骨干培训班12期，免费放映农村公益电影38964场，开展"送文艺、送戏曲到乡（镇）、社区"活动90余场，完成绵州大舞台惠民演出季100余场，村级综合文化服务中心和农家（社区）书屋全部免费开放并实行错时延时开放。

市文广旅局出台《绵阳市2019年"书香绵州·美丽绵阳"全民阅读活动实施方案》。举办绵阳市纪念"4·23"世界读书日暨2019年全民阅读活动启动仪式、第三届"书香之家"评选活动，开展"文轩教育杯"绵阳市青少年"时刻听党话 永远跟党走"读书教育活动、2019年暑期"我的书屋·我的梦"农村少年儿童阅读实践活动。组织绵阳电视台、绵阳日报社、市图书馆、新华文轩绵阳分公司、绵阳市吟诵学会、涪城区全民阅读辅导志愿者服务队等多家单位开展社会宣传活动，全民阅读社会宣传影响力不断扩大。

9月23日，三台县农民丰收节暨郪汉文化旅游节在郪江古镇开幕。该届农民丰收节是三台县举办的第三届农民丰收节。活动期间组织开展了农民丰收歌会、乡村振兴摄影展、特色农产品和现代农机具展示展销、农耕文化展示与体验等系列活动，全面展示了三台县的农业发展成果。同时，郪汉文化旅游节还举行了名人说郪、郪城渔猎、绣球招亲、"郪"喜临门、民俗巡游等12个重点节目和17个日常节目。

11月，第二批四川省现代公共文化服务体系示范县创建资格名单公示，全省共有7个县（区）获得创建资格，绵阳市涪城区名列其中。12月，省委宣传部、农业农村厅、文化和旅游厅、省广电局、省体育局、省扶贫开发局联合公布2019年四川省"文化扶贫示范村"名单，北川县青片乡上五村等30个村上榜。

【农村卫生】 全年各级财政对全市补助资金总额达1.26亿余元。截至9月，已累计建立城乡居民电子健康档案464万余份，电子建档率达96.14%；高血压患者规范化管理率达83.46%，糖尿病患者规范化管理率达81.13%，居民对基本公共卫生服务的获得感和满意度得到提升。

基层医疗服务能力得到提升。一是启动优质服务基层行活动，全市291家基层医疗机构开展创建，推荐报送61家基层医疗机构进入省级复核阶段。二是启动社区医院试点，加强基层医疗机构基础设施建设，提升医疗服务能力和水平。三是启动县域紧密型医共体建设。在平武县试点开展县域紧密型医共体建设，整合县、乡、村三级医疗卫生服务资源，推动医共体内人员、财务、设施设备、药品、医保总额等统筹调配，构建优质高效的新型卫生健康服务新模式。四是组织开展行政区划调整基层综合改革专项调研，前后4次配合省人大、市人大、市政协对基层医疗服务体系的专题调研，到游仙区、三台县、江油市、平武县摸清基础情况，代政府草拟基层卫生医疗服务体系的相关情况，提供决策参考。

民生实事项目有序推进。一是开展贫困人口免费健康体检，截至10月底，安州区、江油市、三台县、盐亭县、北川县共体检102597人，已完成项目的97.5%。二是基本公共卫生服务项目顺利推进，全市已完成项目的97.63%，资金拨付进度达91.85%。三是推进家庭医生签约服务，电子化签约率达96.14%。四是继续推动落实乡村医生退出生活补助，符合条件的退出乡村医生生活补助发放率达100%。

细化家庭医生签约服务。在全省首创将家庭医生团队纳入帮扶力量，形成"六个一"帮扶，打造"党建+家庭医生签约服务"模式，"指挥棒"的作用更加有力。选取游仙区、梓潼县、江油市共7个乡（镇）卫生院开展四川省家庭医生示范工作室建设，打造家庭医生示范模板。加强部门联动，协调联系医保部门，推动全市家庭医生签约服务费的落地落实。全市有家庭医生团队1979个，签约常住人口274万余人，签约服务率达96.16%，其中电子化签约96.14万人、重点人群签约110万余人，常住建档立卡贫困人口签约服务实现全覆盖。

【农村法制建设】 全市围绕《绵阳市乡村振兴战略规划（2018—2022年）》，加强党对法治乡村建设的领导，健全"党建+自治、法治、德治"的"一核三治"基层治理模式，提升乡村治理体系和治理能力法治化水平，探索开辟法治护农、法治强农、法治兴农的绵阳法治乡村建设之路，为乡村产业振兴、人才振兴、文化振兴、生态振兴和组织振兴提供法治保障。制定出台了《绵阳市法治乡村建设三年行动方案（2020—2022年）》（绵法委发〔2020〕7号）。以"法律走基层"为载体，开展《环境保护法》《森林法》《土地承包法》《继承法》《道路安全交通法》等法律法规宣传，培养乡村"法律明白人"2000余名。以重大节庆日为契机，组织司法、行政执法和法律服务工作者在火车站、汽车站等重要交通路口设立法治宣传、法律服务法律工作站（点），为返乡农民工免费提供法律服务。全年举办法治讲座1600场次、法治文艺演出180场次，发放宣传资料180余万份，服务群众近200万人次。建立县级公共法律服务中心、乡（镇）"百姓说事点"（法律咨询室）、村（社区）派驻司法行政工作室四级公共法律服务平台906个，基本实现公共法律服务全覆盖。以"民主法治示范村（社区）"建设为载体，通过典型示范，引领带动法治乡村建设。突出示范建设质量，落实"全国民主法治示范村"建设标准，推进"民主法治示范村（社区）"建设科学化、规范化。完善民主法治示范村（社区）等基层法治示范创建工作机制和考核评价体系，探索建立"民主法治示范村（社区）"第三方评价机制。游仙区魏城镇铁炉村、安州区睢水镇白河村、平武县高村乡民主村被推荐为第八批“全国民主法治示范村(社区)”。

【农村交通】 全年实施农村公路项目296个,其中完工项目271个、在建20个、开展前期工作5个。截至2019年年底,全市建成县、乡道199千米,在建60千米;建成村道1168千米,在建230千米。三台县刘营渡改公路桥、朱家滩渡改公路桥等6个渡改公路桥项目持续推进建设。

农村公路建设。全市农村公路建设紧密衔接精准扶贫、产业发展等规划,以县、乡道改善提升,窄路基路面加宽,渡改公路桥等专项为重点,编制交通基础设施脱贫实施方案;大力实施通乡通畅、通村通畅工程,加快建设产业路、扶贫路,切实解决贫困地区农民群众“出行难”问题,提升农村路网服务脱贫攻坚的能力,尤其注重提高北川、平武的交通基础设施水平。全市9个县(市、区)全部提前实现乡(镇)和建制村通硬化路“两个100%”目标(100%的建制乡通油路、100%的建制村通硬化路),520个省定贫困村通硬化路率全部达100%。加强农村公路质量监管,制订了《绵阳市农村公路质量提升专项行动实施方案》,落实资金,对渡改桥、危桥改造等专项共62个项目开展专项检查,确保工程质量。

农村客运服务。全市新建乡(镇)综合服务站1个,建成乡(镇)港湾式车站10个、村级招呼站(牌)168个,完成30座汽车客运站“厕所革命”改造任务。全市乡(镇)、建制村客车通达率均达100%,提前一年完成交通运输脱贫攻坚兜底目标。

“四好农村路”创建。全市继续推进全省“四好农村路”示范县、全市“四好农村路”示范乡(镇)等创建工作。1月,安州区沸水镇等13个乡(镇)通过市交通运输局的考核,被认定为绵阳市第一批“四好农村路”示范乡(镇),并获得市级示范乡(镇)奖励资金总计260万元。2月,63个村通过县(市、区)政府组织的考核,成为绵阳市首批“四好农村路”示范村。4月,涪城区、北川县、三台县先后接受省“四好农村路”示范县考评组“四好农村路”省级示范县创建工作考评验收。

【涉农招商引资】 2019年,全市3000万元以上的农业招商引资重大项目59个,其中外资项目1个、内资项目58个,项目总投资47.821亿元。

2019年绵阳市3000万元以上招商引资项目表

项目	总投资(亿元)	投资内容	投资方
乡村旅游综合体项目	1.85	一期投资0.65亿元,修建园区农耕道路及必需基础设施和农业观光种植;二期投资1.2亿元,新建乡村旅游配套设施及农产品深加工区	厦门市联承投资管理有限公司
三台县远惠商贸有限公司	0.3	麦冬及日本柴胡等中药材的精加工、购销	三台县远惠商贸有限公司
梦达农牧养殖项目	0.3	养殖	梦达农牧养殖项目
现代农业综合开发	0.6	种植700亩优质果树,养殖生猪5000头,建设300亩现代观光园	应华林
种养循环农业开发	0.4	种植500亩优质果树,养殖400头生猪	何春燕
如意养殖场	0.3	生猪养殖	王茹
建平镇姚家沟村现代农业项目	0.3	一期建设果蔬种植基地,二期打造现代化农业观光农业,三期建设乡村旅游酒店	绵阳善食农业开发有限公司
新建木材加工企业	0.315	木材加工	四川三味教学设备有限责任公司
三台县百顷镇新诚耘家庭农场	0.3	中草药种植、加工、销售;农作物种植、加工、销售;家禽、家畜养殖及销售	三台县百顷镇新诚耘家庭农场
四川中农绿野农业有限公司	0.5	种植100亩薯类,新建5000平方米的农业观光设施面积	四川中农绿野农业有限公司
现代农业种养和秸秆综合利用项目	0.904	种植巨菌草2000亩和粮食、优质玉米2031亩,建设农产品、各种饲料、秸秆综合利用、果树种植、粮食烘干等项目	三台豪发家庭农场
芦溪文旅度假村项目	0.6	新建农文林旅休闲度假村	广东惠州金迪投资有限公司
花海人间主体乐园	3	新建集观光、旅游、康养于一体的大型生态体验园	四川芦石生态农业有限公司
优质鱼苗培育基地项目	0.6	建设优质鱼苗培育基地,进行休闲垂钓、观光游览、户外体验等	四川省裕丰投资有限公司
四川美恒轩实业有限公司	0.5	制造、销售家具;销售农副产品、机械设备、五金产品、电子产品	赵学军、李英共同入股
银桥村中药材种植和立体农业乡村旅游观光园	0.35	种植中药材、乡村旅游、土特农产品、小作坊烤酒、农家乐	四川平发建筑工程有限公司
青梅种植基地	0.3	青梅、藤椒、芍药种植	绵阳万博园生态农业开发有限公司
嘉禾农业种养基地	0.5	种养殖、食品加工、民俗旅游	成都大德长久文化传媒有限公司

续表1

三台县德强家庭农场	0.3	水产养殖、销售；果树、中药材种植、销售；休闲农业观光	李德
梓荣泰汽车销售、维修项目	0.32	新建汽车销售、维修生产线及办公、生活配套设施	绵阳市梓荣泰汽车贸易有限公司
停车场项目、观光农业合作项目、农家小院合作项目、水产养殖合作项目。	1.2	停车场、观光农业、农家小院、水产养殖	苏州园舍房地产投资咨询有限公司
断石农业观光园	0.46	藤椒、黄桃、莲藕种植和泥鳅养殖以及新建农家乐	绵阳五谷丰农业开发有限公司
太极集团药品耗材集中配送中心	0.4	药品、耗材的制造和供应	太极集团
姚家沟村现代农业项目	0.5	一期建设稻蛙共育基地200亩（涉及田型调整、设施农业）；二期扩大稻蛙共育基地300亩。	四川腾源商贸有限公司
四川龙麦农业科技有限责任公司项目	0.6	榨菜种植及加工	四川龙麦农业科技有限责任公司
鲁班镇生态观光农业综合开发	1.1	农业产品种养殖、采摘、旅游观光、休闲娱乐、中药材种植	四川铁基建筑工程有限公司
建筑机械生产线	0.8	兴建建筑机械制造加工生产线	四川卓达建筑机械租赁有限公司
三台县新生镇木桂村观光农业项目	0.352	观光农业	严涛
2500亩青梅种植及农业观光	0.5	种植1500亩青梅、500亩藤椒及500亩其他作物	绵阳雨澳农业开发有限公司
凯江村“浪漫爱情”主题观光园“7.11”灾后重建项目项目	0.36	重建基础设施、玫瑰产业观光园；扩建浪漫爱情主题婚纱摄影基地、激情沙滩休闲园、凯江水上乐园等	吴于波
三台县畜禽粪污及其他有机废弃物资源化利用集中处理项目	0.75	建设1座粪污资源集中处理工程有机肥厂、土壤性质监测评估平台及主导建立畜禽粪污收、储、运服务体系	台沃科技集团股份有限公司
藤椒产业融合发展	5	一期总投资3000万元，在芦溪镇五柏村建设优质种苗培育基地、标准化种植示范及产业基地、科普及培训基地，约3000亩；二期投资2000万元，在芦溪镇五柏村建设藤椒科技创意体验中心及藤椒社会化服务中心和藤椒科技馆，作为三台县藤椒产业对外宣传展示、产品体验、科学技术普及、产业社会化服务的窗口，提升藤椒的产业影响力和产业综合发展能力；三期计划投资2.7亿元，在芦溪镇五柏村建设“中国·麻匠镇”，集中打造集乡村旅游、藤椒民俗、藤椒文化、藤椒美食、藤椒科技研发、藤椒创客中心等于一体的特色小镇；四期计划投资1.8亿元，拟占地100亩，由甲方纳入统一规划，乙方建成藤椒物流仓储及交易中心	丽江梓江旅游开发有限公司
四川泰翱农业科技有限公司	0.3	有机肥生产、销售	何仁波
星级酒店项目	0.8	建设星级酒店1座	绵阳市群力农业开发有限公司
“郪府牌”老窖庄园建设	0.5	建设“郪府牌”老窖庄园酒窖、产品展示厅、庄园建设等	绵阳梓商农业科技（集团）有限责任公司
西平镇红梁村生态农业开发及旅游观光项目	0.4	跑山鸡养殖、生态农业产品深加工、开展生态农业观光旅游项目	四川省箕绻桑麻生态农业开发有限公司
三台县新鲁镇宇良家庭农场	0.35	发展500亩商品菜种植、1000头以上藏香猪养殖	邓林

续表2

小型人工智能机器人生产项目	0.3	建设小型人工智能机器人生产线，新建生产线1条和办公、生活配套各1套。	成都祥安运达商贸有限公司
桌面级3D打印机生产项目	0.4	建设桌面级3D打印机生产线，新建生产线1条和办公、生活配套各1套	成都竭诚汇商贸有限公司
小型新材料模具生产项目	0.5	建设小型新材料模具生产线，新建生产线1条和办公、生活配套各1套	成都东捷诚商务服务有限公司
瑞鑫发中高档家具生产项目	0.35	新建家具生产线3条和办公、生活配套各1套，其中一期建设家具生产线1条、办公和生活配套各1套，二期建设家具生产线2条	惠州市惠阳区瑞鑫发家具有限公司
基于多元共渗的金属材料表面处理改性	0.8	机械零件防腐蚀处理，机械零件、机电产品、新材料的研发、生产、销售及售后服务	四川金润中鸿科技有限责任公司
生态农业开发、旅游观光及服务	0.42	农作物种植与销售、家禽家畜养殖与销售、花卉苗木种植与销售、生态农业观光旅游项目开发、餐饮服务等	四川维喜生态农业有限公司
陈家祠村、双手磨村生态农业观光园	0.8	在三台县景福镇陈家祠村、双手磨村建设以农业观光、农事体验、民俗旅游为主的农业综合体项目2800亩，总投资8000万元	绵阳藤丰农业发展有限公司
争胜镇农产品绿色烘烤招商协议	0.5	年烘烤麦冬等中药材1万吨（干重）、粮食10万吨（干重），加工生物质秸秆燃料0.5万吨（干重）	四川老李科技有限公司
安居镇天井坝村塑胶制品制造、销售、运输项目	0.5	塑胶制品制造、销售，普通货物运输等	东莞市中诚协达实业投资有限公司
高堰乡旅游开发项目	0.41	旅游开发	四川力世康现代农业科技有限公司
四川富广兴畜牧有限公司10万套种鸡场建设项目	0.6	孵化小鸡	四川富广兴畜牧有限公司
三台县长久页岩砖厂建设	0.44	新建19000平方米的厂房及办公、生活配套用房	曾勇
龙凤村药材种植项目	0.56	麦冬、金银花、半夏、丹参等中药材种植、经销商加盟代理，包装推广产品及进行产品粗加工	黄锋先
三台县幸福镇小龙虾养殖项目	0.4	在幸福镇上塘村、鼓锣村、春燕村采取土地流转承包方式流转土地1200亩进行小龙虾养殖	四川安勃劳务有限公司
盐亭“丝源桑海”田园综合体项目	0.3	乙方计划投资约3000万元，于2020年建成以高灯镇为中心的“丝源桑海”示范园区2000亩；以合作社形式推广带动当地农户种植优质高产桑园3000亩，总面积达5000亩以上。在此基础上建设现代化、标准化蚕业养殖基地，打造集栽桑养蚕、商贸服务、农事体验、休闲观光于一体的“丝源桑海”田园综合体	四川嘉塬亿泽现代农业科技有限公司
全自动化蛋种鸡产业基地项目	2.1	项目计划总投资约2.1亿元，在黄甸镇三学村使用约50亩工业用地，引进世界上最先进的全自动化孵化设备建成年产6000万羽蛋种鸡孵化加工厂；在大兴乡大联村使用约25亩工业用地，建设年产3万吨的生物饲料厂；在黄甸镇使用约20亩工业用地，建设有机肥料厂	贵州凤集生态农业科技有限公司

续表3

150万头生猪全产业链生产基地建设项目	2.3	项目计划总投资230000万元，分两期建设，其中一期投资约210000万元，主要建设祖代猪场、父母代种猪场、公猪站、保育育肥场、办公服务中心、洗消中心等，并在猪场周边配套建设田园综合体，实施畜禽废弃物资源化综合利用，配套建设好氧堆肥发酵装置、有机肥生产线、配套大型肥料设施设备；二期投资约20000万元，新建现代化生猪屠宰及肉制品加工项目，主要建设待宰圈舍、“屠宰+分割”全自动、冷却冷藏区、肉制品精加工调理区、辅助供应区等	新希望六和集团有限公司
康丰源智能化畜禽养殖园区建设项目	1.8	智能化畜禽养殖	绵阳市康丰源农牧有限公司
绵阳游仙区山湾农庄运营管理项目	1.16	山湾农庄运营管理	绵阳乡愁文化旅游开发有限公司
标准化奶牛养殖场	3	标准化养殖奶牛3000头	新希望生态牧业有限公司
万亩柠檬产业园	2.4	种植柠檬10000亩	四川省鑫希夷农业开发有限公司
状元故里农业产业化和民俗风情项目	0.87	农业产业化和民俗风情旅游	绵阳大汉投资集团有限公司

【农村社会保障】 加大农村困难群众社会救助保障力度，加强农村低保与扶贫开发政策的有效衔接，将33416名无法通过产业扶持和就业帮扶的建档立卡贫困人口全部纳入农村低保兜底。同时，持续提升农村最低生活保障力度，从7月1日起，全市农村低保标准由原来的320元/月调整到350元/月。扩大农村最低生活保障范围，截至2019年年底，全市共有农村最低生活保障对象6.03万户9.38万人，支出保障资金2.37亿元。加强农村特困人员供养工作，加大对农村敬老院硬件、软件设施建设和环境改造力度，对农村敬老院进行了拉网式安全隐患大排查，保障了农村敬老院居住环境。全市共有农村特困人员21550人，供养机构207个、床位21180张，工作人员840人、护理人员552人。

【农村生态建设及环境保护】 结合乡村振兴战略的实施，统筹协调推进农村环境综合整治，以农村生活污水治理、饮用水水源地保护为切入口补齐农村环境治理短板，推动全市农村生态建设及环境保护工作。

农村生活污水治理。成立农村生活污水治理专项工作组，印发《绵阳市农村人居环境整治三年行动实施方案》《绵阳市农村生活污水治理五年实施方案》《绵阳市2019年农村生活污水治理专项行动方案》等方案。全市生活污水得到有效治理的行政村（即行政村生活污水处理率≥60%）为1409个，占比45.03%。按照“因地制宜”“梯次推进”的基本思路，立足全市农村生活污水治理实际情况，启动12个县（市、区）（园区）县域农村生活污水治理专项规划编制。统筹推进并完成150个行政村环境综合治理任务，行政村的生活污水处理率、生活垃圾无害化处理率、畜禽粪污利用率、饮用水合格率均达到标准。

乡（镇）集中式饮用水水源地保护。划定调整乡（镇）集中式饮用水水源保护区176个，撤销原保护区118个。指导各地优化乡（镇）水源地空间布局，引导有条件的地区加快采取延伸城镇供水管网或者建设跨村、跨乡（镇）联片集中供水工程等方式科学减少饮用水源地数量，降低环境安全管控风险。启动乡（镇）集中式饮用水源地规范化建设并制定环境问题整改方案，按照《饮用水水源保护区标志技术要求》（HJ/T433）《道路交通标志和标线》（GB5768）等有关规定，对各乡（镇）饮用水水源地保护区标志进行查漏补缺，规范、整齐、统一设置界碑、交通警示牌和宣传牌等标识，合理设置隔离防护。

【农产品质量安全监管】 深化“两个创建”。安州区通过农业农村部国家农产品质量安全县交叉复审，盐亭县入围第三批国家农产品质量安全县，江油市、盐亭县通过省级农产品质量安全监管示范县资格复审，“两个创建”工作取得显著成效。各地通过设立财政引导资金、把发展“三品一标”农产品纳入政府目标考核等措施，支持新型农业经营主体申报“三品一标”认证，全年新申报“三品一标”农产品144个，其中发展绿色有机产品51个，“三品一标”农产品累计达1006个。组织制定《涪城麦冬病虫害防控技术规程》《阳荷种植技术规范》等8项绵阳农业区域性地方标准。全面试行食用农产品合格证制度，开展七大专项整治行动，省级主要农产品检测合格率达99.1%。游仙区农产品检测站通过“双认证”。“台沃香米”被列入2020年四川省“50个优质品牌农产品”，“三国冬枣”“辉达粮油”获得21届全国绿博会金奖。

【农村市场体系建设】 加强财政金融互动。先后出台《绵阳市人民政府办公室关于继续实施财政金融互动和鼓励企业直接融资财政政策的通知》《绵阳市财政局、绵阳市金融工作局等4部门关于印发绵阳市财政金融互动和鼓励企业直接融资市级财政奖补资金管理办法的通知》《绵阳市财政局、绵阳市金融工作局等4部门关于绵阳市财政金融互动和鼓励企业直接融资市级财政奖补资金审核事项的补充通知》等系列文件，引导金融机构创新金融产品，综合考虑年度贷款增量、增长幅度、存贷比、信贷资金结构、信用贷款增量等因素，对金融机构给予奖励补助。

完善基层金融服务布局。一是支持空白乡（镇）银行机构网点建设，通过现场调研、监管约谈等多种方式督促承建机构按时保质完成覆盖任务。7月，平武县黄羊关藏族乡机构网点开业，至此，绵阳辖区内14个金融机构空白乡（镇）均完成网点建设任务，实现了全市银行机构乡（镇）一级全覆盖，解决了辖内偏远地区群众金融服务空白问题。二是通过辖区内银行保险机构自查和分局督查相结合的方式，全面梳理全市各乡（镇、街道）、行政村（社区）基础金融服务覆盖情况，不断加强辖内基础金融服务，确保行政村金融服务覆盖率达100%。三是指导辖区内各银行机构不断丰富金融服务方式，探索发展电话银行、手机银行等现代金融服务方式，为偏远地区群众提供便捷的转账、贷款发放、小额存取现等金融服务，推动基础金融服务工作提质增效。

健全基层融资担保服务体系。加强《四川省地方金融监督管理条例》的宣传、解读、落实，建立市、县两级监管协调机制，构建统一、分层的监管体系。督促全部政府性融资担保公司和民营融资担保公司接入线上监管系统，推动市级政府性融资担保公司通过与县（市、区）、园区融资担保机构开展业务合作等方式下沉业务重心，支持县（市、区）、园区融资担保公司通过增资或并购重组等方式做优做强。全市有融资担保机构37家，融资担保服务已实现县域全覆盖。

【数字农业】 按照《四川省人民政府关于加快推进四川省数字经济与实体经济深度融合发展的实施意见》（川府发〔2018〕36号）和《绵阳市人民政府关于印发绵阳市"互联网+"行动计划(2016—2020年)的通知》（绵府函〔2016〕146号）等文件精神，加快农业供给侧结构性改革，转变农业发展方式，推动农业数字化转型升级。一是农业生产数字化程度不断提升。坚持以农业物联网建设为突破口，加快建设"互联网+"现代农业示范工程，在安州、江油、三台、梓潼、盐亭等县（市、区）开展大田种植、设施园艺、畜禽水产养殖等不同类型的农业物联网试验示范基地建设。坚持以物联网建设为重点，建成省级农业物联网示范基地2个〔（四川圣迪乐村生态食品股份有限公司（梓潼）〕、绵阳五谷丰农业开发有限公司（涪城），规模物联网技术应用的农业企业60余家，入驻省农产品质量安全追溯平台的企业达331家，生猪追溯实现全覆盖；农作物遥感测量和粮食产量调查面积约3万亩，覆盖全市128个样本村；有植保无人机有100余台，可实现农作物病虫害统防统治面积达20万亩。二是数字农业试点示范有序开展。全市有7家企业申报四川省数字农业试点项目的储备项目。三台县成为国家级数字农业试点县，获得国家支持资金1200万元(2021年实施完毕)。游仙区1000亩智慧灌溉试点项目主体工程已基本完工，建成后可实现区域灌溉节水60%以上，每年增收节支73.6万元。安州区购置北斗终端系统装置200余套，对4个农机专业合作社的农机设备进行智能化改造，实现农机服务智能化管理。江油市对15处泵站安装信息采集传感器和信号接收装置，实现泵站系统的手机远程控制。三台县御咖食品有限公司建设的环境监控系统可实现对存栏15000头种猪猪舍的环境监控和污水处理，每年可向市场提供2000余吨有机颗粒肥成品，综合经济效益可达200万元/年。四川代代为本农业科技有限公司已完成5000亩麦冬基地的环控设备和监控设备的安装调试，麦冬全产业链数字化管理平台已安装完成。三是农业信息化服务能力明显加强。实施"百千万惠民工程"，加强与镇（村）、经营主体和龙头企业等的信息共享。持续加强与绵阳电视台、《绵阳日报》等市内主流媒体的合作，全方位、多层次、多视角传递农业信息，宣传绵阳"三农"工作特点；全面实施农业信息进村入户工程，完成2762个益农信息社建设，实现行政村全覆盖；依托益农信息社网点，开展益农"暖心行"活动100余场，惠及农民1.5万人次。

【农村留守儿童帮扶】 全市共有农村留守儿童共33356名，配备儿童主任3632名和儿童督导员334名；建立未成年保护中心9个、儿童福利服务指导中心10个，开展儿童督导员、儿童主任培训53场次2607人，引入19个社会组织开展农村留守儿童关爱活动52期，对5356名农村留守儿童开展心理辅导；在六一儿童节、春节等节假日走访慰问农村留守儿童家庭936名，发放慰问金及慰问品共计18.35万元。投入65万元，在涪城、游仙、北川3地实施"百镇千村 助爱牵手"儿童关爱项目。

【名优特新农产品】 涪城蚕茧。涪城区栽桑养蚕历史可追溯到前清末年，独特的气候环境条件使其成为生产优质蚕茧和优质生丝的最佳适宜区。"涪城蚕茧"茧色洁白，毛茧出丝率、解舒率均优于桑蚕干茧1级（最高级）。独特的品质使"涪城蚕茧"缫制的超6A级生丝出口欧洲，成为欧洲奢侈品稳定原料供应商。11月，农业农村部公布了全国名特优新农产品名录，"涪城蚕茧"榜上有名。"涪城蚕茧"是绵阳国家级农业科技园区的核心产业，拥有国家地理标志证明商标，年产量达3300吨，蚕丝年均总产值达3.5亿元，多年来获得多项荣誉称号。该次入选全国名特优新农产品，也是该批次四川省唯一入选的全国名特优新农产品，同时也是绵阳市首家入选的名特优新农产品。

【劳务开发与返乡创业】 全市按照突出重点、精准施策、精准发力的思路，提升贫困家庭劳动力就业能力，拓宽贫困家庭劳动力就业增收渠道。全年新建市级就业扶贫基地、示范村20个。组织开展贫困人口就业培训2820人次。开展扶贫专场招聘会54场，提供岗位9.99万个，实现贫困劳动力就业（含务农）10.76万人。开发公益性岗位5318个，安置5280人。发放创业担保贷款8002万元，扶持创业3000余人，其中农民工返乡创业2118人。全市农民工返乡创业累计达4.03万人，带动就业13.6万人。

【涉农节会会展】 6月14日—16日，以"争茗斗艺 礼韵绵州"为主题的第三届农博会·茶文化在绵阳市会展中心举行。活动启用会展中心B馆，设置独立展位40个、独立展区10个，展览面积逾6000平方米。茶文化节是川北地区最具影响力的茶业盛会，来自平武、北川、安州及成都、德阳、广元、乐山、西双版纳等地70余家茶叶及相关参展商同台展示，产品涵盖绿茶、黑茶、黄茶、红茶、白茶、青茶六大茶系茶品。文化节期间举办了名优茶叶产销对接会，近20家绵阳本地商贸超市、电商平台、餐饮、酒店等茶叶需求方现场组团采购名优茶产品。现场还举办了2019绵州茶艺大赛、巴蜀笑星摆茶馆龙门阵、"楚汉之争"象棋大赛、武当太极演艺、阅茗猜茶、古韵旗袍秀等活动。展会共吸引近2万人次观展，现场成交总金额逾210万元，意向成交额约630万元。

【主要领导人】 市委书记：刘超；市人大常委会主任：马华；市长：元方；市政协主席：张锦明；分管农业副市长：经大忠。

绵阳市编写组

涪　城　区

【基本情况】 2019年，全区辖1乡13镇11个街道，辖区面积555平方千米，其中耕地面积16825公顷，减少1.22%，人均耕地面积0.02公顷；基本农田10734公顷。年末总人口74.92万人（户籍人口），增长0.99%；人口出生率11.48‰，人口自然增长率1.07‰。全区耕地有效灌面达到耕地总面积的61.8%；本地水资源总量98.86亿立方米，人均占有水资源量1028.72立方米。有林业用地0.84万公顷，活立木总蓄积量50.3万立方米，森林覆盖率22.2%。

2019年，全区GDP1025.06亿元，增长8.3%，其中第一产业增加值23.28亿元，增长2.9%；第二产业增加值474.11亿元，增长7.6%（工业增加值389.18亿元，增长7.7%）；第三产业增加值527.67亿元，增长9.5%。三次产业对经济增长的贡献率分别为0.72%、51.3%和47.98%。全年接待游客925.23万人，实现旅游收入

128.28亿元，其中乡村旅游收入6.19亿元。

有公路通车里程1305.746千米，其中农村公路1130.475千米，路网密度达235.5千米/百平方千米。社会消费品零售总额228亿元，增长11.5%。地方公共财政预算总收入完成21.48亿元，增长3.1%；公共财政预算总支出36.23亿元，增长24.5%，其中农业投入18219万元，占支出的5%。金融机构各项存款余额2411.83亿元，比上年初增长20.09%；各项贷款余额1336.62亿元，比年初增长13.87%。有农业产业化龙头企业45家，其中省级、市级、区级分别为8家、42家、45家。

有各类学校185所，在校学生98302人，教职工7066人，其中普通中学41所，在校学生97003人；小学43所，在校学生76526人；学龄儿童入学率100%。1项科技成果获得省级及以上科技进步奖。有艺术表演团体30个，文化馆1个，公共图书馆1个。有卫生机构552个，病床位9146张，卫生技术人员11070人。城乡居民基本医疗保险参保人数511601人，参合率99%；城乡居民参加基本养老保险参保人数98546人，参保率90%。

【年度农业和农村经济运行】 2019年，全区实现第一产业总产值37.61亿元；优质蔬菜、精品蚕桑等特色优势农产品产量保持稳定增长。农民年人均可支配收入达21685元。在粮食、生猪、蔬菜生产中，科技投入的占比或科技贡献率达65%。全区淡水养殖产量1.2855万吨，实现渔业经济总产值6.96亿元，增长2.3%。

2019年涪城区主要农产品产量

主要农产品	单位	产量	同比(%)
粮食	万吨	8.6079	2.4
水稻	万吨	4.3842	1.8
小麦	万吨	1.0027	4.8
玉米	万吨	2.456	2
马铃薯	万吨	0.278	2.89
油菜作物	万吨	2.3248	1.1
蔬菜	万吨	39.95	3.6
水果	万吨	1.7985	-8.69
肉类	万吨	2.3435	-11.3
猪肉	万吨	0.9985	-32.4
牛肉	万吨	0.0371	4.2
羊肉	万吨	0.0054	5.9
禽肉	万吨	1.2705	16.3
兔肉	万吨	0.032	5.3
禽蛋	万吨	0.521	0.5
水产品	万吨	1.3182	-0.1
牛奶	万吨	0.2923	-27.1

农业产业化发展。出台《加快构建政策体系培新农业经营主体的实施意见》，新发展农民专业合作社1家（正常运行的农民专业合作社总数125家）、家庭农场1家（总计55家），新评定区级示范社4家，推荐市级示范社2家，新创建省级示范社家个。

农产品品牌战略实施。开展“三品一标”农产品认证，全区“三品一标”农产品认证总数103个。“涪城蚕茧”成为绵阳市首个被正式纳入全国名特优新农产品名录的产品，八零农庄等3家生产主体被农业农村部农产品质量安全中心列为全国农产品全程质量控制技术体系试点生产经营主体。“涪城芦笋”获得国家农产品地理标志产品认证。全区主要农产品质量安全监测合格率稳定在97%以上。

现代农业园区建设。梯次推进现代农业园区建设，将涪城区蚕桑现代农业园区等6个现代农业园区纳入绵阳市现代农业园区总体规划，构建省、市、区三级农业园区规划体系。申报创建市五星级现代农业园区，围绕创建工作，健全园区建设运营领导机制，编制现代农业园区规划，编制完成《涪城区千鹤桑田现代农业园区规划(2019—2023)》，出台《涪城区现代农业园区建设推进方案》及《千鹤桑田现代农业园区创建工作责任清单》，科学指导全区农业园区体系建设。整合财政资金4070万元（其中财政资金2420万元），用于核心区66.67公顷标准化蚕桑基地、院士工作站和蚕桑展示馆等项目建设。12月，涪城区蚕桑现代农业园区被绵阳市政府命名为绵阳市五星级现代农业园区。

【种植业】 全区农作物播种面积3.35万公顷，其中粮食作物播种面积1.36万公顷，产量8.61万吨，增长2.41%；油料作物播种面积0.82万公顷，产量2.3万吨，增长1.1%。有桑园面积0.233万公顷，年发蚕种7.5万张，年产鲜茧3150吨。全区优势特色产业面积1.63万公顷，占农作物播种面积的52.9%。全区蔬菜、水果已完成缴费承保376.67公顷（蔬菜34.33公顷、水果242.34公顷），蚕桑完成缴费承保33162.7张（蚕桑）。新建或改造经作基地526.67公顷。开展绿色防控示范面积0.72万公顷、病虫害专业化统防统治面积0.89万公顷，农药减量9%，化肥减量7%。全区植物疫情防控处置率达100%，统防统治率达54.91%，绿色防控率达33.67%。

【畜牧业】 全区出栏生猪13.68万头、家禽870.2万羽。开展重大动物疫病强制免疫及非洲猪瘟等重大动物疫病防控，未发生区域性重大动物疫情。全区规模养殖粪污资源化利用率达93%以上。

【乡村振兴】 成立实施乡村振兴战略领导小组及专项工作小组，建立完善责任分工、工作保障、督促检查、考核评价、问责奖惩五大工作机制，编制《绵阳市涪城区实施乡村振兴战略乡（镇）、村两级考评激励办法（试行）》《涪城区2019年度实施乡村振兴战略考核办法》以及45个指标专项方案等创建工作方案，先后通过省级乡村振兴先进县交叉考评和省复核考评组的复核验收，3月27日，被省委、省政府命名为“2019年度实施乡村振兴战略工作先进区”。

【扶贫攻坚】 全区有建档立卡贫困户1099户2729人、边缘户29户83人、脱贫监测户3户5人、非建档立卡特殊困难户33户。制订涪城区《18个扶贫专项2019年实施方案》，编制18个扶贫专项，落实扶贫项目75个，累计整合投入各类资金约1.7亿元。全年投入财政专项扶贫资金922万元，其中中央、省财政专项扶贫资金174万元，市级财政专项扶贫资金303万元，配套区级财政专项扶贫资金445万元。建立致贫返贫预警救助机制，成立469万元的致贫返贫救助基金，出台《涪城区致贫返贫预警对象扶持措施》，分类建立返贫预警台账。引导76家社会团体、基金会、民办非企业单位等成立“涪城区扶贫促进会”。推行“互联网+社会扶贫”模式，加强“中国社会扶贫网”的宣传推广。

261.94万元。

【乡村旅游】 全区培育特色主题文化农家乐2家，新建遇见·栖心等精品民宿3家，举办罗浮山温泉康养文化节等节庆活动66场次，菜花节、乡村文化旅游节等活动吸引游客50万人次，枣皮走廊·蝴蝶谷获评为3A级景区，柚香园、巴蜀鱼都等7家农家乐获评为"2019四川最佳乡村旅游目的地"。全年接待游客1206.5万人次，实现旅游收入96.6亿元。

【农村水利】 全面落实河（湖）长制，配合做好白河供水和"引通济安"工程建设；完成6条主要河流和23座水电站"一河（站）一策"管理保护方案编制，启动辖区内8处水毁工程修复和10座水库维修除险加固工程，有序推进迎新乡凯江大溪段防洪治理工程和山洪预警监测站点升级改造，开展安县凯江流域和汪家沟小流域水土流失综合治理。抓好61处重点堤防险工险段整治，新建堤防4千米，完成岁修清淤沟渠369千米，维修、整治渠道84.5千米，新增蓄水能力10万立方米，改善灌面4.9万亩，建成高效节水灌面7400亩。春末蓄水量达4425万立方米，占应蓄水量的96%。

【农业机械化】 全区有大中型拖拉机1870台、配套农具1920台、高性能联合收割机1560台、小型耕整地机6693台、农用植保无人机49架，累计在册拖拉机、联合收割机2158台，有持证农机驾驶操作人员1692人；年检拖拉机507台，年检率达44.9%；有农机专业合作社18家、农机维修经营网点42个、农机维修从业人员123人。全年完成农机购置国家补贴农机具253台（套）472.02万元；完成机耕面积49785公顷，机播面积27508公顷，机收面积44389公顷，机电灌溉面积13533公顷，机械植保面积43616公顷，机械质保农产品22.022万吨，机械化秸秆还田34627公顷，农机专业合作社作业服务面积26074公顷。全区农机总动力达41.91万千瓦，主要农作物耕种收综合机械化水平达81.2%。安州区入选全国第四批主要农作物生产全程机械化示范县，永福农机"全程机械化+综合农事"入选农业农村部首批服务中心典型案例。

【农村科技】 培育农业科技型企业，全年新认定49家农业科技型中小企业，其中绵阳市安州区益昌薯类种植专业合作社获得四川省科学技术进步一等奖。实施科技特派员项目，5月在黄土镇芋河村召开启动仪式，成立科技特派团，选派县级科技特派员13名，并签订帮扶协议，以产业发展助推农业经济实现新增长。

【农村教育】 全区有各级各类学校及教育和体育事业单位45（个）所；有公办幼儿园21所、民办幼儿园59所，在园幼儿11355人，入园率达104.8%。全区有义务教育适龄6～15周岁人口41321人，其中1875人为建档立卡贫困户，无人因贫失学或辍学，有6～14周岁适龄残疾儿童少年287人，其中缓学11人，274人在读，入学率达99.3%。

【农村文化】 全区18个镇文化站、230个村文化室、27个社区书屋全部实行免费开放，村（社区）累计开放时间30余万小时，新增图书13800册，惠及群众13万余人。举办"安州区乡（镇）文艺汇演""文化惠民·文化扶贫村村行""安州大舞台文化惠民戏剧周"和"山歌会"等品牌群众文化活动，完成中央电视台《乡村大舞台》节目录制，全年举办群众文化活动近300场次。加大非遗传承，"中国春社·雎水踩桥"申报国家级非遗项目，刘俗兵、邓忠华分别申报为"金钱板""安州区花庙土陶制作技艺"市级非遗项目代表性传承人。

【农村卫生】 全区有乡（镇）卫生院18所、民营医疗机构5家、村卫生室237家，开放性病床位2029张，卫生专业技术人员2086人，乡村医生366名，全区237个村卫生室均能提供中医药服务，18个乡（镇）卫生院设置中医科室并建成中医馆。组建县级医联体1个、家医服务团队112个，完成电子化签约服务24.26万人，率先在全省实现乡（镇）卫生院"医疗收费电子票据"系统全覆盖。全年完成39万人免费基本公共卫生服务，完成率达100.7%。

【农村法制建设】 全年受理农民工法律援助案件300余件，涉及金额280余万元；开展农民工法律援助宣传80余场，服务农民6000余人次。以"中国春社·雎水踩桥"民俗活动为平台，有机融合现代法治精神，打造大型法治文化阵地，成立法治文艺志愿队伍，开展镇、村法治与禁毒文艺巡演30余场次，农村法治氛围逐年浓厚。

【农村交通】 全年完成村道改善工程41.713千米、村道加宽工程47.6千米。全区累计开行农村客运班线71条、城乡公交7条，建成等级客运站13个、招呼站115个；累计建成农村公路1955.05千米，其中县道114.23千米、乡道213.62千米、村道1565.39千米、其他公路61.81千米，乡（镇）、行政村通畅率分别达100%，"半小时区域交通圈"基本形成。

【涉农招商引资】 全区3000万元以上的农业招商引资重大项目2个，均为内资项目；项目总投资2.4亿元，增长9.5%；协议资金2.4万元，增长9.5%；到位资金0.8亿元。

【农村社会保障】 全区城乡居民养老保险参保人数23.3万人，城乡居民医疗保险参保人数37.48万人。全年享受农村最低生活保障4839户7893人，发放低保资金2102.97万元；享受城乡特困供养人员2247户2258人，发放特困人员供养金1242.32万元；临时救助困难群众1070人次，发放临时救助资金107.71万元。养老保障水平持续提升，2019年人均养老金每月增长87.45元，为全区75685名城乡居民提高养老金待遇，超额完成省级民生目标任务。

【农村生态建设及环境保护】 开展新农药、新技术试验示范，全区农药使用量415.21吨，减少10.33吨，减少2.43%；开展配方施肥技术推广82.6万亩次，配方施肥技术到户率达96.3%；化肥用量（折纯）1.58万吨，较上年减少547吨，减少3.59%。健全农药包装废弃物回收机制，全年回收农药包装废弃物269.7万个，回收处置率达67%。推广秸秆"五化"综合利用技术，全区秸秆综合利用量达28.6万吨，其中肥料化利用13.8万吨、饲料化利用8.5万吨、能源化利用4.8万吨、基料化利用1.3万吨、原料化利用0.2万吨，秸秆综合利用率达98%。做好全国第二次污染源普查，推进畜禽养殖场改造升级，调整完善畜禽养殖禁养区，优化畜禽产业结构布局，全年新（改、扩）建畜禽标准化养殖场（小区）7个，规模养殖场粪污处理设施装备配套率达100%，大型规模养殖场粪污处理设施装备配套率达100%，全区畜禽粪污综合利用率达76%。

【农产品质量安全监管】 对全区18个乡（镇）的农贸市场、种植基地、专业合作社、种养殖大户的农产品、畜产品或水产品进行抽样检测。定量检测农兽药残留、重金属样品600个，合格样品599个，合格率达99.8%；蔬果农药残留抽样快速检测6429个，合格样品6389个，合格率达99%。健全农产品质量追溯体系，全年实现对52个农产品和206批次农产品全过程追溯；加强农产品质量安全建设，实现移动平台"三入三化"网格化监管，全年对273家生产单位开展移动巡检1216次，提高了农产品质量监管水平和监管效率。

【农村市场体系建设】 推进电子商务进农村，全区累计建成村级电商服务站209个，农村淘宝向"天猫优品"转型升级，实现销售额2400万元。加强益农信息社管理，建立区、镇、村三级服务网络，以争创省级示范"益农标杆县”为抓手，整合各种农业项目及企业资源，丰富益农信息社点位服务，加大特色农产品销售，持续探索益农信息社运营模式。截至2019年年底，全区建有益农信息社223个，覆盖全州221个行政村，覆盖率达96%。

【农村留守儿童关爱保护】 建立儿童关爱保护保障联席会议制度，加大推进农村留守儿童、困境儿童关爱保护保障工作，开展“合力监护、相伴成长”农村留守儿童关爱保护专项行动。加强“孤儿助学”工程，为8名符合条件的学生各发放补助资金1万元；全年落实32名孤儿和94名事实孤儿基本生活费68.5万元。

【劳务开发与返乡创业】 出台《绵阳市安州区促进返乡下乡创业二十四条措施》，成立安州返乡创业指导团队，量身定制8大类60余个创业项目，指导全区返乡创业建设，全年新建返乡创业示范园区3个、返乡创业示范基地54个，吸引180余人回乡创业。安州区被评为“四川省返乡下乡创业工作先进县”。

【主要领导人】 区委书记：姚永红；区人大常委会主任：梁建；区长：李昊天（10月止），胡斌（10月始）；区政协主席：赵奎；分管农业副区长：刘云相。

安州区编写组

江 油 市

【基本情况】 2019年，全市辖39个乡（镇）3个街道和1个省级高新技术产业园区，辖区面积2719平方千米。年末总人口85.83万人（户籍人口），人口出生率8.06‰，人口自然增长率1.15‰。森林覆盖率50.07%。

2019年，全市GDP456.29亿元，增长8%，其中第一产业增加值50.36亿元，增长3%；第二产业增加值195.22亿元，增长7.8%；第三产业增加值210.71亿元，增长9.4%。三次产业对经济增长的贡献率分别为3.8%、49.4%和46.8%。

公路通车里程2601千米。社会消费品零售总额180.28亿元，增长11.4%。实现财政总收入74.56亿元，增长17.7%；公共财政预算总支出58.54亿元，增长15%。金融机构各项存款余额586.27亿元，增长12.3%；各项贷款余额304.07亿元，增长15.4%。农业产业化龙头企业国家级、省级、市级、县级分别为7家、17家、10家、134家。

有各类学校171所，在校学生9.05万人，教职工4597人，其中幼儿园90所，在园幼儿2.02万人；小学57所，在校学生3.67万人；初中17所，在校学生1.57万人；普通高中4所，在校学生1.24万人；中等职业学校2所，在校学生5301人；特殊教育学校1所，在校学生131人。

【年度农业和农村经济运行】 2019年，全市实现农林牧渔业总产值82.54亿元，增长2.7%；全市全年农业增加值达52.14亿元，增长3.1%。农村居民年人均可支配收入达18821元，增长10.2%。

2019年江油市主要农产品产量

主要农产品	单位	产量	同比(%)
粮食	万吨	28.72	0.2
水稻	万吨	16.84	–0.3
小麦	万吨	3.38	–0.2
玉米	万吨	6.86	0.4
马铃薯	万吨	1.12	2.3
油菜籽	万吨	5.35	0.5
蔬菜	万吨	40.52	2.8
肉类	万吨	5.66	–4.4
禽蛋	万吨	2.12	4.3
牛奶	万吨	0.2	–23.1

农业产业化发展。全年培育绵阳市级及以上龙头企业42家、农业专合社837家、家庭农场619家。创新“1+N”组织模式，实现新型经营主体和村集体经济同步壮大，发挥新型农业经营主体的纽带作用，构建利益联结机制，带动农户13.2万户，为农民创商品收入44亿元，户均增收1360元。

农用地产权制度改革。推进八项重大农村改革，探索创新村、组集体股份经济合作社之间，集体股份经济合作社与新型农业经营主体及其他市场主体之间的联结合作模式，并在全市39个村试点推广；实施“大棚房”清理整治行动，清理违规占用耕地94.48亩；探索农村土地所有权、承包权和经营权“三权分置”，确权农户16.96万户，颁证16.84万份，颁证率达95.14%；流转土地26.28万亩，占全市耕地总面积的24.8%。

农产品品牌战略实施。全年新认证“三品一标”农产品31个，续展“三品一标”农产品4个。落实《江油市农产品“三品一标”及品牌农业奖励办法》，奖补农产品“三品一标”及品牌农业企业10家，奖补“三品一标”及品牌农业品牌23个，落实奖补资金共计25.4万元。

现代农业园区建设。建有江油市级现代农业园区6个、现代农业产业基地29个，有规模化粮油种植基地3.05万亩、商品蔬菜种植基地12.32万亩、特色水果种植基地5.47万亩、特色中药材种植基地1.28万亩、特色花卉种植基地2.5万亩、畜禽标准化养殖场13个、水产养殖示范基地1个、农业科技示范基地5个。

【种植业】 全市粮食作物播种面积45765公顷，产量28.72万吨，其中水稻播种面积21927公顷，产量16.84万吨；小麦播种面积7547公顷，产量3.38万吨。油料播种面积21904公顷，产量5.92万吨，其中油菜播栽面积20446公顷，产量5.35万吨。全市蔬菜种植面积12979公顷，产量40.52万吨；水果种植面积5336公顷，产量6.08万吨；中药材种植面积825公顷，产量0.8万吨。

【畜牧业】 全市生猪出栏40.04万头，减少16.8%；牛出栏1.3万头，增长5.7%。出售和自宰活家禽1226.3万只，增长17.6%；出售和自宰家兔423.6万只，增长5.1%。肉类总产量5.65万吨，减少4.4%；禽蛋产量2.1万吨，增长4.3%；蜂蜜产量1663吨，蜂业总产值7936万元，产蜂蜡3600千克。

【水产业】 全年水产品总产量14621吨，增长3.8%，其中生产鱼苗鱼种1400吨，投放各类鱼种1560吨（13860万尾）；渔业经济总产值达4.26亿元，增长7.3%。

【扶贫攻坚】 全市77个贫困村全部退出，34582名贫困人口脱贫，贫困发生率下降至零，实现“四年集中攻坚、两年巩固提升”阶段性目标。全年市财政直接投入贫困村、贫困户资金达4.46亿元；投资11.43亿元，建设北部山区生态旅游环线110千米，乡村道路通行能力全面提升。建立贫困村产业扶持基金2991.6万元，发放小额信贷7577户，累计1.78亿元。

【产业融合发展】 按照文农林旅多产业深度融合的发展模式，推进园区物联网、电商、商品化处理设施建设，新建农产品产地初加工设施8座，建成冷藏、烘干等农产品初加工设施349座；建设规模以上现代农业产业园区

11个；创建国家级"一村一品"示范村1个。全市休闲农业与乡村旅游经营单位达578家，年接待游客540万人次，综合经营性收入约26.5亿元。

【农村水利】 全年实施水利项目23个，治理水土流失面积22.86平方千米；改善灌面0.5万亩；实施第一批农村饮水安全巩固提升工程。建设"三新"展示区17个、面积9850亩；建设泵站28处，整治塘堰42口。

【农业机械化】 全年完成机耕作业面积111万亩、机播作业面积30.6万亩、机收作业面积60.7万亩、机电提水量7750万立方米，主要农作物耕种收综合机械化生产水平达75.18%。建成机耕作业道39.94千米；建成贯山水稻油菜全程机械化生产示范区5000亩。全市农机总动力达72.2万千瓦。

【农村生态建设及环境保护】 开展农村"厕所革命"及粪污治理、村容村貌提升专项行动，实施省级新村集中供气项目2处；实施民生工程项目(31个行政村)和"厕所革命"整村推进项目，新(改)建厕所15481户，新建乡村旅游点公厕1座；配套建设农村粪便抽运机和田间储粪池，畜禽粪污综合利用率达95%以上，规模养殖场粪污处理设施装备配套率达95%，大型规模养殖场粪污处理设备装备率达100%，畜禽粪污基本实现资源化利用。

【农产品质量安全监管】 全年督查乡(镇)农产品质量安全监管服务站62个次、农资经营店78个次、兽药经营店26家，抽检农产品样品1380个，合格率达100%；重大动物疫病群体应免率、畜禽屠宰监管率均达100%；检测样品2.03万份，排查生猪124.8236万头次、屠宰场1809次；主要作物绿色防控覆盖率达37.7%，统防统治覆盖率达50.5%。

【主要领导人】 市委书记：周涛；市人大常委会主任：冯钢(1月止)，胥洪(2月始)；市长：柳江；市政协主席：李平；分管农业副市长：李海(9月止)，薛长灏(9月始)。

江油市编写组

梓 潼 县

【基本情况】 2019年，全县辖1乡15镇，辖区面积1443.92平方千米，其中耕地面积77.27万亩，人均耕地面积2亩；基本农田62.33万亩。年末总人口37.27万人(户籍人口)，减少1.1%；人口出生2831人。全县耕地灌溉面积22790公顷，灌溉面积25080公顷；本地水资源总量4.98亿立方米，人均占有水资源量1310立方米。全县有林地面积为92.1万亩，活立木总蓄积量334万立方米，森林覆盖率43.46%。

2019年，全县GDP138.34亿元，增长7.6%，其中第一产业增加值29.88亿元，增长3.1%，农、林、牧、渔及农林牧渔服务业之比为62.9：4.8：24.9：3.8：3.6；第二产业增加值45.12亿元，增长8%（工业产值60.58亿元，增长3.96%）；第三产业增加值63.33亿元，增长9.5%。劳务输出9.7万人，收入10000万元。

公路通车里程2962.3千米(其中乡村公路2755.8千米)，密度205千米/百平方千米。社会消费品零售总额52.98亿元，增长11%。地方一般公共财政预算总收入完成3亿元，增长14.4%；地方一般公共财政预算总支出23.21亿元，增长20%，其中农林水支出4.32亿元，占支出的18.6%。农业产业化龙头企业省级、市级、县级分别为4家、36家、8家。

有各类学校104所，在校学生44842人，教职工3136人，其中普通高校1所，在校本(专)科学生9600人，增长47%；普通中学1所，在校学生3302人；小学32所，在校学生15264人；学龄儿童入学率100%。有艺术表演团体5个，文化馆1个，公共图书馆1个，博物馆1个。有村卫生室162个，基层乡村医生290人；民营医疗机构9所，个体诊所、医务室及其他医疗机构共76所，病床位1699张，卫生技术人员2240人。城乡居民基本医疗保险参保人数307769人，参保率99%；新型农村社会养老保险参保人数217905人，参保率98%；被征地农民养老保险参保人数3645人，占总人数的100%。

【年度农业和农村经济运行】 2019年，全县实现农业总产值49.77亿元，增长2.8%；全县全年农业增加值达19.49亿元，增长5.4%。农民年人均可支配收入达17076元，增长10.1%。全县农产品质量抽检合格率比年初提高0.2个百分点。全年新增"三品一标"农产品3个。完成32个集中式饮用水规范化建设，共建成农村供水工程17666处，受益人口13.23万人，占农村总人口的43.8%。

2019年梓潼县主要农产品产量

主要农产品	单位	产量	同比(%)
粮食	万吨	50.815	0.66
水稻	万吨	11.4631	0.16
小麦	万吨	6.8485	1.51
玉米	万吨	10.0881	0.49
马铃薯	万吨	0.206	−3.89
油菜籽	万吨	4.4887	4.1
蔬菜	万吨	22.3719	2
水果	万吨	4.4724	3.4
肉类	万吨	4.6515	−9.81
猪肉	万吨	2.908	−21.32
牛肉	万吨	0.1630	3.49
羊肉	万吨	0.3484	4.78
禽肉	万吨	1.186	28.05
兔肉	万吨	0.0412	1.23
禽蛋	万吨	2.8365	18.48
水产品	万吨	1.25	3.73

农业产业化发展。全县注册登记的农民专业合作社达397个、家庭农场达683家；登记注册各类农民专业合作组织397个，其中国家级专合社有4个、省级专合社8个、市级专合社8个、县级专业合作社7个，农民合作社成员共计1.02万人，农民成员占95%以上；省级示范家庭农场8个、市级示范家庭农场14个、县级示范家庭农场33个，农业产业化龙头企业省级4家、市级36家、县级8家。

农用地产权制度改革。全县完成9.3万户承包农户、73.4万个田地块、实测面积69.3万亩耕地的确权登记颁证工作，颁发《农村土地承包经营权证书》9.3万本，颁证率达99.5%。完成全县农村小型水利工程确权颁证10408处、所有权证2227本、使用权10408本，颁证率达100%。建立健全县、乡(镇)、村三级农村产权交易体系，全年农村产权流转交易中心办理土地36宗、面积5297.3亩，交易金额1149.39万元；林地13宗、面积2571.2亩，交易金额133.34万元。放活土地经营权，全县土地流转总面积达15.9万亩，占总耕地面积的36%。

现代农业园区建设。先后整合产业强镇、水稻制种基地建设等项目资金1.5亿元用于园区建设，并与四川农业大学、省农科院、西南科技大学等科研院校开展校地合作，共建试验示范园1000余亩。通过资金支持和科技支撑，创建梓潼县“水稻制种+优质粮油”现代农业园区等县级现代农业园区4个，其中梓潼县蜜柚+生猪生态循环现代农业园区被认定为市级四星级现代农业园区。

【种植业】 全县水稻制种面积5.01万亩，生产水稻种子1120万千克，产值达1.7亿元以上；建立中药材示范基地3个；蜜柚种植面积达17万亩，挂果面积9万亩，总产量48万吨，实现总产值6.72亿元。

【林业】 全县林地面积92.1万亩，其中集体林地90.12万亩、国有林地1.98万亩，活立木蓄积量334万立方米，森林覆盖率达43.46%。修建林区生产便道和作业便道42.7千米、林区蓄水池30200立方米、森林防火瞭望塔7座，清理防火隔离带22140平方米；新建中药材基地4200亩，低改核桃产业基地1500亩，建设林下种菌基地13000亩，新建特色水果基地2500亩、珍稀林木基地1200亩、油桐基地1500亩；林业产值达34.43亿元，林业生态旅游产值达9亿元。

【畜牧业】 全县生猪出栏42.3万头，新建投产生猪代养场27栋(其中扶贫代养场8栋)；小家禽存栏585万羽，肉牛出栏1.17万头；新建畜禽标准化养殖场51栋。

【水产业】 全县有无公害养殖基地3000亩、认定的无公害养殖水产品品种6个，有水产专业合作社9个、家庭农场12个、水产科技示范户200户。全县养殖面积4.5万亩，投放鱼种1980吨，实现水产品总产量12500吨，实现产值2.22亿元。

【高标准农田】 截至2019年年底，全县累计建设(含改造)高标准农田达41万余亩，占耕地面积的53%；累计投入项目资金5.8亿元，受益农户达10余万人。

【乡村振兴】 全县坚持农业农村优先发展，加快建设丘区经济强县，实现“农业富县”，突出产业兴旺和生态宜居两大重点，通过开展省、市、县级考评激励，创建省级示范村3个，市级先进乡镇5个、市级示范村5个，县级乡镇3个、县级示范村15个。

【扶贫开发】 全县55栋扶贫代养场全部投产，“以奖代补”自主发展产业469户，落实扶贫道路建设30余千米。帮扶单位投入800万元、项目20个，引进300万元、项目15个。帮助就业培训1262人次，实现就业900人次。以购代扶购买贫困地区农产品1300万元，社会捐资助学5.55万元，“百企帮百村”29家企业帮扶投入120万元，购买“扶贫保”40.43万元。信息扶贫办理惠民套餐750户，赠送终端1200台，安装宽带500户。

【乡村旅游】 两弹城“三线核武研制基地旧址”被国务院核定公布为第八批全国重点文物保护单位。举办2019年度全县乡村旅游节启动仪式，举办宏仁桑葚、自强荷花节、金宝李采摘和石牛胭脂脆桃采摘、许州天宝蜜柚节等乡村旅游节庆活动10余场。3月9日，在梓潼县举行第四届海峡两岸文昌文化交流活动。利用微信公众号、新媒体、自媒体等多种平台，加大宣传力度，以此吸引周边顾客。

【农业机械化】 全年使用中央农机购置补贴资金700万元，补贴农机具749台(套)，受益农户520户。全县农机总动力达32万千瓦，有拖拉机7452台、耕整机械14234台、种植施肥机械187台、大型联合收割机1129台。安装北斗终端320套。全县共建设农机专业合作社11家，合作社作业面积8万亩。全县主要农作物机播面积97.9万亩、机耕面积87.3万亩、机收57.5万亩、机播(机插)24.9万亩，水稻、小麦、油菜、玉米等主要农作物机械化综合水平达64%。

【农村科技】 举办第二十四届“科技之春”科普活动月集中宣传活动，开展文艺演出、实用技术培训、发放科普宣传资料、名医健康义诊和现场咨询服务等活动，设立宣传摊点30个，展出科技展板18块，发放科普宣传资料25000余份，为群众义诊150余人次，现场接受群众咨询达400余人次。

【农村文化】 全年完成6个村文化院坝建设。全县“三馆一站”免费开放工作有序推进，32个乡(镇)文化站所有公共文化设施全部向群众免费开放；县图书馆累计依托乡(镇)综合文化站和社区文化室挂牌16个图书馆分馆。完成500户电视“户户通”建设，全县建档立卡贫困户6647户全部实现通电视信号。持续开展“送文化(戏曲)下乡”工作，全年开展“送文化(戏曲)下乡”演出30场次。推动公共免费WIFI“文旅绵阳”信息平台建设，投入资金405000元，建设点位100个。

【农村法制建设】 全县村(社区)建立专兼职法治宣传队伍230个，落实“一村(社区)一法律顾问”181人，全县所有执法部门、乡(镇)、学校法律顾问覆盖面达100%，“一村一法律顾问”实现100%全覆盖。开展“送法下乡”、法治文艺节目巡演12场次，发放宣传资料4万余份，接受群众咨询6000余人次。创建省级法治示范村(社区)1个、市级法治示范村(社区)2个、县级法治示范村(社区)14个。

【农村交通】 将“四好农村路”建设与“五大行动”相结合，发展产业道路和旅游道路，建成县、乡道5.1千米，村(社区)道250千米，完成建制村通客车28个、客运站厕所改造2个、农村港湾式客运站建设1个。对上争取交通项目11个，争取上级补助资金2.5亿元。县财政共投入交通建设资金6376万元，公路养护资金705万元，保障全县交通运输事业发展。

【农村人居环境整治】 全县建成乡(镇)垃圾中转站32个，新(改)建农村生活垃圾分类收集点753个，建成乡(镇)回收站142个、村级回收点22个，建成垃圾压缩转运站5个。全县乡(镇)建成清扫保洁转运队32支，配备乡(镇)、村环卫人员1509人，乡、村共设置垃圾桶(箱)3947个、垃圾收运车辆192辆，296个行政村生活垃圾得到有效治理，治理率达90%。农村存量生活垃圾28处已全面停止堆放。

【农村社会保障】 全县建成村级农村幸福院49家、老人日间照料中心58家。全县共改造公办养老机构床位350张；为12861名困难家庭失能老人和80周岁以上高龄老人提供居家养老服务。

【农村留守儿童帮扶】 完善全县4522名留守儿童、261名困境儿童、33名孤儿系统数据，100%签订《农村留守儿童委托监护责任确认书》。全年助学困境儿童13名，发放助学救助金10400元。全县329个村、20个社区配备了“儿童主任”，乡(镇)配备了儿童督导员。

【劳务开发与返乡创业】 开展职业技能培训57期1683人，完成目标任务的67.8%，其中创业培训270人，完成目标任务的245.45%；品牌培训390人，完成目标任务的108.33%；培训建档立卡贫困劳动力42人。发放创业担保贷款67笔，共921万元，完成目标任务的204.67%。

【主要领导人】 县委书记:周琳；县人大常委会主任:杜林平；县长:贺旺；县政协主席:敬友忠；分管农业副县长:汪敏。

梓潼县编写组

平 武 县

【基本情况】 2019年，全县辖25个乡(镇)16个街道，辖区面积5974平方千米，其中耕地面积31.61万亩，减少0.5%，人均耕地面积2.12亩；基本农田3950万亩。年末总人口175654万人(户籍人口)，减少0.01%；人口出生率6.15‰，减少0.15个千分点；人口自然增长率-1‰，减少0.61个千分点。全县耕地有效灌面和保证灌面分别达到耕地总面积的14.5%和9.43%；本地水资源总量48.6亿立方米，人均占有水资源量30353立方米。有林业用地48.61万公顷，有林地面积46万公顷，森林覆盖率77.26%。

2019年，全县GDP54.15亿元，增长6.3%，其中第一产业增加值9.22亿元，增长2.8%，农、林、牧、渔及农林牧渔服务业之比为459：202：257：3：29；第二产业增加值19.7亿元，增长5.8%（工业产值12.62亿元，增长5%)；第三产业增加值25.23亿元，增长8.3%。三次产业对经济增长的贡献率分别为17%、36.4%和46.6%。劳务输出37115人。全年接待游客457.96万人次，实现旅游收入44.35亿元，其中乡村旅游收入44.35万元。

公路通车里程1577.54千米，其中等级公路(含高速、一级、二级、三级、四级公路)1502.11千米、等级外公路75.43千米。社会消费品零售总额19.32亿元，增长10.8%。地方公共财政预算总收入完成2.85亿元，公共财政预算总支出17.51亿元。金融机构各项存款余额85.91亿元，各项贷款余额70.3亿元。全年农业保费收入0.0189亿元，增长5.6%。完成农业产业化项目23个，完成投资4682.78万元。农业产业化龙头企业省级、市级、县级分别为1家、31家、28家。

有幼儿园21所，在园幼儿2742人；小学39所，在校学生6380人，专任老师525人；中等职业教育学校1所，在校学生574人，专任老师35人；学龄儿童入学率100%，小学毕业生升学率100%，初中升学率98.9%，高中阶段毛入学率89.9%。完成省级以上科技成果18项。有文化馆1个，公共图书馆1个。有卫生机构276个，病床位766张，卫生技术人员1137人。

【年度农业和农村经济运行】 2019年，全县实现农业总产值6.63亿元，增长6%；全县全年农业增加值达9.22亿元，增长2.8%。农民年人均可支配收入达13838元，增长10.9%。全县农产品质量抽检合格率为100%；建成25个基层农业综合服务站。

2019年平武县主要农产品产量

主要农产品	单位	产量	同比(%)
粮食	万吨	101208.2	0.97
水稻	万吨	2993	0.03
小麦	万吨	2510.3	–0.06
玉米	万吨	69668	0.65
马铃薯	万吨	21560.9	2.25
油菜籽	万吨	4510	–0.08
蔬菜	万吨	36928	0.86
水果	万吨	2046	0.78
肉类	万吨	1.088	–4
猪肉	万吨	0.799	–9.4
牛肉	万吨	0.1131	6.3
羊肉	万吨	0.0656	6.5
禽肉	万吨	0.108	34.2
兔肉	万吨	0.0023	4.5
禽蛋	万吨	0.132	8.1
水产品	万吨	0.0236	2.6

农业产业化发展。全县产业扶持基金规模达5665万元，共使用产业扶持资金5347.3万元。组织申报农民合作社省级示范社1个、家庭农场省级示范场4家，培育村级集体经济组织8个。

农用地产权制度改革。加快推进土地确权颁证工作，出台《关于完善农村土地所有权承包权经营权分置办法的实施方案》，加强"三权分置"宣传，创新土地流转形式，鼓励承包农户依法采取转包、出租、互换、转让及入股等方式流转承包地，鼓励农民在自愿前提下采取互换并地方式解决承包地细碎化问题。全县确权登记农户41414户，确权登记面积51.27万亩；完成确权颁证3.7272万本，占确权农户总数的90%。全年流转承包地6.244万亩，其中出租3.067万亩、转让0.0461万亩、互换0.05万亩。

农产品品牌战略实施。全县"三品一标"农产品认证总数达71个，其中绿色食品18个(绿色食品复查换证9个)、有机食品(转换)29个(有机新申报7个、再认证22个)、无公害农产品16个、地理标志农产品8个。对5个绿色食品进行年检。

现代农业园区建设。出台了《平武县现代农业园区建设推进方案》，成立了平武县现代农业园区建设领导小组，建立了现代农业园区管委会，有序推进现代农业园区建设。打造平武茶叶现代农业园区、平武印象梅林现代农业园区和平武厚朴现代农业园区3个县级现代农业园区，并将平武茶叶现代农业园区作为优秀代表创建市级现代农业园区。

【种植业】 全县粮食作物播种面积2.52万公顷，产量10.12万吨，其中大春粮食产量7.98万吨，增长1.5%；小春粮食产量2.16万吨，增长2.3%。全年油料产量0.49万吨。茶叶产量0.19万吨，增长0.8%。

【林业】 全县有林业用地48.61万公顷，新增森林蓄积29.53万立方米，森林面积46万公顷，森林覆盖率77.26%。林业有害生物成灾率控制在3‰以内，森林火灾损失率控制在0.1‰以内。开展虎牙大峡谷、王朗旅游服务。发展各乡(镇)毛叶山桐子产业，巩固2017年、2018年毛叶山桐子基地0.28万公顷。建成国家级森林康养基地1家、省级森林康养人家8家、省级森林康养基地7个、市级康养人家31家、县级森林康养人家44家、省级森林自然教育基地3个、四星级森林人家3家。完成2018年新一轮退耕还林任务，巩固前一轮退耕还林成果0.82万公顷、2014年新一轮退耕还林0.13万公顷，兑现前一轮退耕还林补助资金40.3155万元。全年实现林业产业产值19.88亿元(其中生态旅游收入9.3亿元)，农民人均林业收入2580元。

【畜牧业】 全年生猪出栏10.87万头，减少13%；牛出栏0.9万头，增长6.2%；羊出栏4.42万只，增长5.9%；活家禽出栏78.02万只，增长37.2%。生猪存栏8.19万头，减少5.6%；牛存栏1.6万头，增长6.5%；羊存栏3.85万只，增长5.1%；活家禽存栏66.01万只，增长31.5%。全年肉类总产量1.09万吨，减少4%，其中猪肉产量0.8万吨，减少9.4%，禽蛋产量0.15万吨，增长9.2%；天然蜂蜜产量0.19万吨，增长2.8%；

【水产业】 加强对水库、河塘、滩涂养殖户的监管，坚持“产出来”和“管出来”相结合；加强对使用禁止药物以及不按照休药期间使用渔药行为的监管，因地制宜发展健康养殖。稳定池塘养殖规模，推广生态养殖、池塘内循环养殖等健康养殖技术和池塘底排净水技术、养殖水质改良等节能减排技术。鼓励发展名特优水产品养殖，支持水产品产销结合。落实禁渔期制度，加强禁渔宣传，安排人员巡河，保护天然水域鱼类资源和水域生态环境，严厉打击非法捕捞行为。全年水产品总产量236吨，实现产值1665万元。渔政现场执法处理42次122人次，立案查处非法电鱼案件2起（其中移送司法机关1件、行政处罚1件），案件办结率100%；没收非法电鱼工具2套，行政处罚金额总计300元。

【乡村振兴】 全年共投入7186万元，用于平通、“古城—高村”、锁江乡村振兴三大片区、6个乡（镇）的乡村振兴示范片区打造，实施五彩稻、紫云英、金花葵等农旅产业结合示范项目，新建乡村旅游观景平台、旅客集散中心，建设智慧旅游物联网及系统设施，开展农村人居环境整治专项活动，新建公共文化基础设施，组建村旅游合作社、乡旅游运营公司、农业产业合作社、村级投资企业、村民道德银行。以发展特色产业为抓手，不断深化供给侧结构改革，按照绵阳市“六大重点产业”“十大主导产品”规划、平武县“135N”农业产业结构布局，坚持“做特色、做精品”理念，新（改）建水果、蔬菜、黄牛、中药材等产业基地17个，新建平武县茶叶现代农业园区1个，巩固建设毛叶山桐子基地4.26万亩，建成天麻花粉繁育基地10亩，天麻林下种植达8万亩，建设厚朴产业示范基地1400亩；改良核桃品种210亩，建设核桃采穗园40亩，推广核桃新品种面积1.5万亩；开展马铃薯脱毒种薯高产示范1万亩，开发马铃薯主食化产品；与市农科院和西科大进行科研合作，选育出适合山区栽植的魔芋品种5种，并开展魔芋种苗繁育工作，完成繁育面积36亩；栽植雷竹2500余亩；开工建设高标准农田2.2万亩，新培育县级龙头企业8家。

【扶贫开发】 全年完成全县最后6个村302户674人的退出贫困任务。4月29日，《四川省人民政府关于批准平武县等30个县（市、区）退出贫困县序列的通知》（川府函〔2019〕81号）批准平武县退出国家级贫困县序列。在248个村构建村规民约、道德评议、乡风监督“三大体系”及“基础化+差异化”的道德评议标准。开展农村人居环境整治专项行动，推进70个村“美丽四川·宜居乡村”示范建设。

【乡村旅游】 全面启动平通印象梅林4A级景区、龙安义佛山3A级景区创建工作。有序推进平南农旅小镇项目、大熊猫国家公园虎牙入口示范社区项目建设。完成阔达藏族乡精品民宿示范点等10余个旅游接待点的道路、厕所、生态停车场等基础设施改造提升。新（改）建游客中心3个、精品民宿70家，实现收入4435万元，增长9.23%。

【农村水利】 完成2019年灌溉渠道恢复工程前期工作，项目涉及古城镇和高村乡2个乡（镇），投资400万元，其中古城镇灌溉渠道恢复工程投资200万元、高村乡灌溉渠道恢复工程投资200万元。完成小型水利工程确权登记工作前期工作，县财政安排专项资金100万元，用于小型水利工程确权登记服务采购，并进行采购审批工作。推进高标准农田建设项目。对全县248个行政村450余处供水工程进行水质检测，指导项目乡（镇）实施2019年农村饮水安全巩固提升工程。

【农业机械化】 全县有拖拉机404台（套）9429千瓦、耕整地机械890台（套）4587千瓦、水稻插秧机34台（套）61千瓦、联合收割机31台1028千瓦，农业机械总动力达100117千瓦，其中柴油发动机动力73351千瓦、汽油发动机动力3796千瓦、电动机动力22970千瓦。

【农村科技】 制订《平武县科技扶贫专项2019年实施方案》，做好省、市、县三级产业扶贫试点示范，助推贫困户增产增收；加强科技扶贫平台建设，发挥“四川科技扶贫在线”平台作用，开展科技扶贫在线技术服务2267项，完成目标任务的151.1%；开展实用技术、科技人才和企业能力提升培训，开展天麻、马铃薯、青椒、当归种植等技术培训8期，培训人员260人次。编印中药材种植技术、农膜选用及使用方法技术资料3类，发放3000份（册）。支持高村五彩稻种植、熊猫谷养蜂技术革新、壹比特科技教育示范课、古城镇山河村毛叶山桐子种植、关坝自然教育+乡村旅游项目5个。支持帮扶村古城镇山河村毛叶山桐子种苗8250株，价值24750元，并开展栽植培育技术培训；投入资金2000元修复水毁堰塘，惠及全村5个村民小组，赠送贫困户电烧水壶和暖水瓶60套。全年累计举办培训班240个，培训农民11000人次。全县建设科技示范基地2个，培育科技示范户113户。

【农村文化】 全年农村广播覆盖率达100%，有线电视入户率达33.84%。完成3个“村村响”建设，完成19个村文化院坝、6个村文化室达标、9个村文化服务中心提升、3个贫困村村级广播系统、9户贫困户广播电视“户户通”建设；248个村农家书屋和16个社区书屋实现每周开放不少于5天，每天开放时间不低于4小时。组织开展文化、科技、卫生“三下乡”活动2次，春节系列文化活动15场、文艺小分队演出活动12场，“送戏下乡”演出230场，248个村农家书屋更新图书14880册；免费培训基层文艺爱好者600人，指导基层文艺团队50支；248个行政村放映公益电影2976场。

【农村卫生】 全县有乡（镇）中心卫生院25个，村卫生室220个，个体诊所、医务室21个，门诊部1个，乡村医生和卫生员154人。对辖区内常住人口签约服务覆盖率达62%，重点人群签约服务覆盖率达80%，建档立卡贫困人口签约服务覆盖率达100%。以“居民全程健康管理”为基础，以高血压、Ⅱ型糖尿病等慢性病为重点，实施14类国家基本公共卫生服务项目。医疗卫生单位组成家庭医生服务团队264支，通过与签约居民签订家庭医生服务协议书，为居民家庭提供健康体检、健康档案建立、用药指导、健康教育和特殊人群随访治疗等个性化医疗保健服务。

【农村法制建设】 全年受理社情民意收集、民生服务代办、矛盾纠纷化解、突发事件报告等各类事件7251件，办结7251件，办结率达100%。网格员协助公安采集“一标三实”“两清”信息8000条，开展“扫黄打非”宣传活动280人，收集其他信息36条；网格员与司法所、卫生院、派出所开展流动人口、特殊人群的服务管理和治安隐患排查、流动人口宣传核查工作2828次，录入流动人口信息2892条、出租房信息3599条、工作信息2116条，上报吸毒人员信息553条、重症精神障碍患者信息35条，发现治安隐患17条，开展防范邪教活动宣传530人次；参与“扫黑除恶”专项斗争群众宣传894次，影响18565人，协助核查涉黑涉恶线索13次。

【农村交通】 土城藏族乡至杨柳村村道硬化工程投资1145万元；平武县PPP村通社路新建工程新建通社路55千米，投资3300万元，于2019年年底进场；平武县C146提升改造12.78千米，投资3756万元。省道216线平武泗耳杨柳至场镇断改建提升工程增量工程总投资

283万元。全年通过县脱贫攻坚领导小组、县发改局等渠道下达交通道路、桥梁、安防、窄路加宽等项目78个，总投资16262.53万元。

【农村社会保障】 全县农村最低生活保障标准为350元/月，增长9.4%；享受最低生活保障补助的农村居民有7294人，减少42.6%。有敬老院8个、社区服务设施311个。开展孤弃儿童、留守儿童、困境儿童摸底排查，做好孤儿救助金调标、发放工作，协调解决留守儿童、困境儿童就学、就医等基本权益问题，发放孤儿生活保障金224人、35万元。

【农村生态建设及环境保护】 开展畜禽养殖废弃物及秸秆资源化利用行动、废旧农膜回收利用和处理利用行动，推广经济高效、循环利用的畜禽养殖模式，鼓励和引导农户对畜禽粪污进行堆肥处理，就近就地循环用于农村能源和农用有机肥；结合农村"厕所革命"，支持建设农村粪污处理设施，实现粪液综合循环利用，全县畜禽粪污综合利用率达95%，规模养殖场粪污处理设施装备配套率达95%，大型规模养殖场粪污处理设施装备配套率达100%。推广秸秆饲料化、肥料化、能源化和基料化利用技术，加强秸秆综合利用，全县秸秆综合利用率达95.4%；推进可降解地膜应用试验和试点示范，扶持废旧地膜回收网点建设，全县废旧农膜回收利用率达80%以上。有序推进农药肥料包装废弃物回收处理工作，探索回收模式，划分生产企业、经营单位和使用者的回收义务，鼓励使用者自发回收农药肥料包装废弃物，引导社会化服务组织开展农药肥料包装废弃物回收服务，全县农药包装废弃物回收率达72%以上。

【农产品质量安全监管】 全年开展专项抽检共9批次98个产品，检测合格率达100%，检测抽样范围覆盖茶叶、水果、食用菌、蔬菜、猪肝、牛肉、蜂蜜等品种。开展每月一次的农产品农药残留速测，突出重点事件、重点区域、重点品种，开展农药残留快速检测工作，全县共抽检蔬菜、水果等600个，检测抑制率均不超过50%，合格率达100%。全年未发生农产品质量安全事件。

【农村市场体系建设】 全面推进生态信息农业建设，运用"互联网+"和物联网新技术组建平武智慧农旅平台，建设平武智慧农业。以虎牙上游、平通牛飞、高村民主为试点，全县实现所有农产品均能通过电商平台销售。通过乡村振兴农业产业发展贷款风险补偿金对93家新型农业经营主体贷款资格进行联审，合作银行实际向全县37家新型农业经营主体发放贷款金额合计3034.96万元。建立智慧农旅数据大平台；申报数字农业试点，康昕集团与阿里巴巴在大桥镇大安村建立"淘相甜"蜂蜜数字农业基地。

【劳务开发与返乡创业】 全县有乡村人口14.31万人、农村劳动力9.07万人，农村劳动力在外务工农民工3.7万人，主要分布在川外的新疆、江苏、西藏、福建、广东及川内的成都、绵阳和甘孜、阿坝、凉山地区，实现务工收入12亿元。5月，建成省、市、县、乡、村一体的农民工服务平台，成立农民工服务管理综合委员会、劳务开发暨农民工工作领导小组。11月6日，在浙江省衢州市衢江区设置"流动党员之家"、农民工服务工作站。全年培训农村劳动力23期1447人，通过多种具体措施引领37246名农民工就业，其中建档立卡贫困农民工3360人；扶持自主创业40人，扶持贫困劳动力自主创业70人；开展拖欠农民工工资问题专项整治，开展专项检查行动60次，协调调解农民工纠纷30起。

【主要领导人】 县委书记：李治平；县人大常委会主任：何充；县长：黄骏；县政协主席：廖玉平；分管农业副县长：孟松林(7月止)，郑茂君(7月始)。

平武县编写组

北川羌族自治县

【基本情况】 2019年，全县辖13乡10镇311个街道，辖区面积3083平方千米，其中耕地面积25.8万亩，增长48%，人均耕地面积4.1亩；基本农田19.8万亩。年末总人口23.278万人(户籍人口)，减少0.714%；人口出生率0.9%，减少0.28个千分点；人口自然增长率-0.39%，增加3.29个千分点。全县耕地有效灌面达到耕地总面积的1.33%；本地水资源总量20.92亿立方米，人均占有水资源量0.89亿立方米。有林业用地0.17万公顷，有林地面积19.43万公顷，活立木总蓄积量2058.28万立方米，森林覆盖率65.81%。

2019年，全县GDP73.88亿元，增长8.1%，其中第一产业增加值11.97亿元，增长2.8%，农、林、牧、渔及农林牧渔服务业之比为7.97∶4.12∶7.29∶0.244∶0.65；第二产业增加值19.6亿元，增长8.3%（工业产值41.05亿元，增长15.6%）；第三产业增加值42.31亿元，增长9.6%。劳务输出5.4万人，收入16.2亿元。全年接待游客876.02万人，实现旅游收入1020300万元，其中乡村旅游收入357105万元。

公路通车里程2706.344千米，其中国道97.813千米、省道217.111千米、县道22.402千米、乡道482.839千米、专用道路16.009千米、村道1870.17千米。社会消费品零售总额32.56亿元，增长11.2%。地方公共财政预算总收入完成3.41亿元，减少38.11%；公共财政预算总支出29.79亿元，增长13.96%，其中农业投入3.7万元，占支出的12.42%。金融机构各项存款余额134.65亿元，比上年初减少4.09%；各项贷款余额109.1亿元，比年初减少3.3%，其中支持农业产业化发展项目贷款84837万元。全年农业保费收入0.085766亿元；处理各项赔款和给付金额0.18566万元。完成农业产业化项目19个，完成投资1550.962万元。农业产业化龙头企业省级、市级、县级分别为6家、37家、3家。

有各类学校52所，在校学生27562人，教职工2248人，其中普通高中1所，在校学生3031人；普通初中10所，在校学生5093人；小学25所，在校学生11484人；学龄儿童入学率100%。完成省级及以上科技成果5项。有艺术表演团体15个，文化馆1个，公共图书馆1个，博物馆1个。有卫生机构375个，病床位1266张，卫生技术人员1560人。新型农村合作医疗参合人数192698人，参合率98.81%；新型农村社会养老保险参保人数69028人，参保率93.68%。

【年度农业和农村经济运行】 2019年，全县实现农业总产值12.37亿元，增长2.9%；全县全年农业增加值达5.57亿元，增长4.3%。农民年人均可支配收入达14485元，增长10.9%。全县农产品质量抽检合格率达98%以上；建成19个基层农业综合服务站。全年完成主要农作物机耕面积17.45万亩、机播面积0.5万亩、机收面积1.9万亩，农业机械化率达30.6%。有大春备案玉米品种197个、水稻品种42个，有网上备案代理商22个、乡(镇)零售商38个，备案率达100%。

2019年北川羌族自治县主要农产品产量

主要农产品	单位	产量	同比(%)
粮食	万吨	8.68	0.3
水稻	万吨	0.75	0.16
小麦	万吨	0.0022	-0.19

续表

玉米	万吨	5.18	2.6
马铃薯	万吨	2.38	3.7
油菜籽	万吨	0.83	1.11
蔬菜	万吨	7.74	0.25
水果	万吨	0.49	0.31
肉类	万吨	1.9067	–3.8
猪肉	万吨	1.2716	–8.6
牛肉	万吨	0.0782	2.6
羊肉	万吨	0.3635	1.6
禽肉	万吨	0.2383	17.5
兔肉	万吨	0.0091	3.4
禽蛋	万吨	0.3565	23.2
水产品	万吨	0.13	0.6

农业产业化发展。在擂鼓、曲山、都贯等乡新增茶叶、枇杷、肉羊、肉牛等标准化农业产业基地27个。全县有合作社548个、家庭农场289家。全县集体资产总计141673.17万元，其中流动资产27781.52万元、农业资产6090.8万元、长期资产3227.25万元、固定资产104573.6万元；资源性资产集体土地总面积3229278.75亩，其中农用地面积3089700.37亩、建设用地面积92010.28亩、未利用地面积47568.1亩。

农用地产权制度改革。全县农用地总面积307.42万亩。全县颁发农村土地承包经营权证46873户，颁证率为100%，基本实现“应颁尽颁”，夯实了农民土地财产权。

农产品品牌战略实施。全县有“三品一标”认证有效期内农产品41个，其中无公害农产品8个、绿色食品7个、有机食品23个、地理标志保护产品2个、地理标志证明商标1个。新增有机农产品14个，新增有机产品获证企业4家、有机产品6种、证书7张，县内有机认证面积达770公顷。

现代农业园区建设。编制《北川羌族自治县现代农业园区规划》《北川羌族自治县茶叶现代农业园区规划》。围绕中药材、高山蔬菜、特色水果、优质魔芋、精品茶叶和畜牧水产六大重点产业，重点培育茶叶现代农业园区、安昌镇稻鱼综合种养现代农业园区、坝底乡蔬菜现代农业园区、片口乡中羌药材现代农业园区、桂溪镇永乐生猪繁育现代农业园区，其中茶叶现代农业园区被评为市级五星现代园区。

【种植业】 全年蔬菜（含食用菌）种植面积10万余亩；水果种植面积2.65万余亩；茶叶种植面积8.35万亩，产量920余吨，鲜叶产值5300余万元；魔芋种植面积新增6758.6亩，总面积达6.68万亩；草本药材种植面积14万余亩；桑园面积1100余亩，养蚕2000余张，产量70余吨，产值达260余万元。

【林业】 全县森林面积19.45万公顷，森林覆盖率达65.81%。有自然保护区3个，保护区面积5.49万公顷，其中国家级自然保护区2个，保护区面积4.61万公顷。造林面积0.1万公顷。实有封山（沙）育林面积0.75万公顷，对森林实施有效管护面积达13.32万公顷。全年林产品产量2.91万吨，其中水果0.49万吨、干果131吨。

【畜牧业】 全县生猪出栏17.51万头，减少12.4%；北川白山羊出栏22.51万只，增长1.2%；小家禽（含兔）出栏177.55万只，增长16.56%。肉类总产量19607吨，减少3.8%。

【水产业】 持续推进以安昌镇为中心的稻渔生态综合种养项目发展，新发展稻渔项目580亩，逐步打造稻渔园区项目。适度引导以擂鼓镇猫儿石村吉羌种养殖专业合作社为中心的休闲渔业发展，助推全县旅游业发展。

【乡村振兴】 全县全面落实中央、省委、市委关于实施乡村振兴战略工作的决策部署，实施乡村振兴战略。创建省级实施乡村振兴战略先进乡（镇）1个、示范村4个，创建市级实施乡村振兴战略先进乡（镇）1个、示范村5个。

【扶贫开发】 全年投入帮扶资金135.6万元，动员全县109家企业帮扶93个贫困村，投入帮扶资金2814.44万元，实施“雨露计划”，春、秋两季补助628人次76.06万元。开展“扶贫日”系列活动，募捐资金673.72万元，捐赠物资折资171.07万元。

【乡村旅游】 全年创建3A级景区1个（青片乡正河村），桂溪镇入选四川省特色小镇。牵手“四川文化旅游特色小镇联盟”，打造星级农家乐18家。打造特色民宿5家、精品村寨12家。泛美航空、318自驾营地、飞鸿草上运动综合体等10余个重大项目完工并开业，完成投资60余亿元。打造休闲民俗、山水风光等精品路线6条。开通A级景区和旅游重点乡（镇）公交线路4条、观光专线2条，实现“零乘换”。建成酒店、羌家乐、民宿200余家，有标准床位2.8万余个。建成A级旅游厕所50座，新建厕所44座、新晋A级厕所19座，免费开放旅游厕所225座，并在百度地图及高德地图全部上传。开展乡村旅游培训15期，培训乡村旅游管理、服务人员1500人次。

【农村水利】 全年共批复2个批次饮水安全巩固提升项目9个，批复总投资628.81万元。完成3500人的饮水安全巩固提升。水质检测全覆盖，水质检测合格率达100%。

【农村科技】 全县实现所有行政村信息员全覆盖，农技专家在线解决农户种养殖技术咨询2200余条。邀请西南科技大学、绵阳师范学院、绵阳农科院及全县农技专家32人共同组建北川科技特派团，对全县93个贫困村开展结对帮扶。发挥“三区”专家人才作用，对接30名专家为本县涉农企业提供专家智力帮扶。争取省级农村领域科技计划项目5个、市级农村科技计划项目1个。

【农村教育】 全年实施校舍新（改、扩）建项目共31个，计划投资19695.49万元。共投入1542.38万元，全面实施营养改善计划，受益学生共16500余人。招聘教师82名，分配71名在农村学校工作。全县义务教育入学率达100%。

【农村文化】 县图书馆、文化馆、羌博馆免费开放，19个乡（镇）综合文化站、310个村文化活动室、33个社区文化室配齐报纸杂志、科普读物、文体广电器材。组建音乐、美术、摄影、作家、沙朗等文艺协会20余个，吸纳会员1200余名。培育乡（镇）、社区、景区景点文化团队300余个，演职人员达2000人。选配乡（镇）文化专干23名，培养文化志愿者357名，每年培训近2万人次，受众达5万人次。推动20余种非遗项目产业化，研发生产羌绣、草编、羌漆等文创旅游商品100余种，铸就汇德轩、云云羌等特色文创品牌，实现年产值近5亿元。全年申报非遗项目9项，其中市级1项、县级8项；申报非遗传承人47人，其中市级10人、县级37人。

【农村卫生】 全县三医监管制度建立并运行，严格按照三医监管制度落实工作；推进爱国卫生工作，开展健康知识普及，推广文明健康生活习惯。健全卫生基层医疗卫生服务体系，做实医联体和医共体建设，做细家庭签约服务，继续取消公立医院药品加成，控制医疗费用不合理增长。县中羌医医院托管桂溪镇卫生院，促进优质资源下沉，确保分级诊疗落实，桂溪镇卫生院服务能力明显提升，同期收入增长25.4%，诊疗量增长0.062%，出院患者增长41.8%。

【农村法制建设】 推进农村法治建设，拓展"法律七进"，持续实施"法律进乡村(社区)"活动。开展"法治+民族特色乡风文明""法治+脱贫攻坚""法治+乡村振兴""法治+互联网"等特色工作；全面落实"一村(社区)一法律顾问"制度，实施"法律明白人"培育工程。加快乡(镇)、村和社区公共法律服务中心(站、室)建设，依托法律援助、法治宣传、人民调解、律师服务、公证服务资源和力量，建成乡(镇)公共法律服务站23个，在车站建立公共法律服务室1个，打通服务群众的"最后一公里"。

【农村社会保障】 为建档立卡未标注脱贫的贫困人口、低保对象、特困人员6438人代缴城乡居民社会养老保险，完成绵阳市目标督查任务4418人的145.72%。代缴贫困人口、低保对象、特困人员等困难群体城乡居民基本养老保险个人缴费1.3313万人，完成目标任务0.5625万人的236.67%。

【农村生态建设及环境保护】 推进农村"厕所革命"，实施厕污共治，全县202个行政村有140个具备生活污水处理能力，占比达69.3%。畜禽粪便实现资源化利用，大型规模养殖场粪污处理设施装备配套率达100%，禽粪便综合利用率达80%以上。持续推进农村垃圾集中治理工作，全县农村垃圾集中处理率达85%以上。

【农村市场体系建设】 全年政策性农业保险签单保费788.51万元。各级财政下达政策农业保险专项资金745.3万元，其中中央财政资金488万元、省级财政资金257.3万元、县级财政配套资金77.06万元。全年共支付各级财政补贴资金630.01万元，其中支付承保机构中央、省级专款552.95万元(中央资金377.52万元、省级资金175.43万元)、县级配套资金77.06万元。

【劳务开发与返乡创业】 管好用好公共招聘网，及时收集、发布用工和求职信息，举办"春风行动""就业援助月"等活动，推送就业信息、提供创业服务等，促进农村富余劳动力转移就业5.4万人，帮助劳动力就业增收。通过能人引回、评选创业先进、认定创业基地，发放政府贴息创业担保贷款、大学生创业奖补资金、大学生创业项目吸纳就业补贴。开展创业项目巡诊活动和创业项目推荐活动，实施"创业成就梦想，服务在身边"等创业交流指导活动，在全县形成了良好的创业氛围，成就了一批创业能人。

【主要领导人】 县委书记：赖俊；县人大常委会主任：张周凯；县长：瞿永安；县政协主席：刘平安；分管农业副县长：李桂炳(10月止)，唐丽(10月始)。

北川羌族自治县编写组

三　台　县

【基本情况】 2019年，全县辖13乡49镇1个街道，辖区面积2659平方千米，其中耕地面积118.35万亩，减少0.3%，人均耕地面积0.86亩。年末总人口139.12万人(户籍人口)，减少1.6%；人口出生率9.8‰，增加0.3个千分点；人口自然增长率7.7‰，增加7.7个千分点。本地水资源总量5.94亿立方米，人均占有水资源量838立方米。有林业用地9.16万公顷，有林地面积9.93万公顷，活立木总蓄积量407.27万立方米，森林覆盖率34.8%。

2019年，全县GDP379.72亿元，增长8%，其中第一产业增加值81.39亿元，增长3.1%，农、林、牧、渔及农林牧渔服务业之比为57.7 ∶ 3.8 ∶ 32.3 ∶ 2.8 ∶ 3.4；第二产业增加值123.53亿元，增长8.6%(工业产值146.42亿元，增长21%)；第三产业增加值174.8亿元，增长9.9%。劳务输出50.48万人，收入801200万元。全年接待游客800万人，实现旅游收入720400万元。

公路通车里程3471千米，其中乡村公路2700千米。社会消费品零售总额197.76亿元，增长11.5%。地方公共财政预算总收入完成11.09亿元，增长8.8%；公共财政预算总支出66.36亿元，增长14%，其中农业投入112000万元，占支出的16.9%。金融机构各项存款余额439.67亿元，比上年初增长7.2%；各项贷款余额207.66亿元，比年初增长20.4%。全年农业保费收入0.62亿元；处理各项赔款和给付金额15382.77万元，增长23%。完成农业产业化项目3个，完成投资1978.66万元。农业产业化龙头企业国家级、省级、市级、县级分别为1家、5家、53家、35家。

有各类学校355所，在校学生14.1万人，教职工13012人，其中普通中学68所，在校学生49505人；小学109所，在校学生62185人；学龄儿童入学率100%。有艺术表演团体73个，文化馆1个，公共图书馆1个，博物馆1个。有卫生机构1142个，病床位8223张，卫生技术人员5043人。城乡居民基本医疗保险参保人数1162122人，参保率98%；城乡居民社会养老保险覆盖70.6万人。

【年度农业和农村经济运行】 2019年，全县实现农业总产值135.15亿元，增长2.9%；全县全年农业增加值达81.39亿元，增长3.1%；麦冬、藤椒、生猪、粮油、蔬菜等特色优势农产品产量保持稳定增长。农民年人均可支配收入达17152元，增长10%。建成63个基层农业综合服务站。

2019年三台县主要农产品产量

主要农产品	单位	产量	同比(%)
粮食	万吨	65.94	0.1
水稻	万吨	20.71	-0.5
小麦	万吨	9.98	-0.3
玉米	万吨	28.72	-0.3
马铃薯	万吨	0.87	3.5
油菜籽	万吨	11.5	-0.5
蔬菜	万吨	36.1	1.8
水果	万吨	5.59	2.4
肉类	万吨	9.8	-10.4
猪肉	万吨	6.49	-18.5
牛肉	万吨	0.44	5.2
羊肉	万吨	0.21	-4.9
禽肉	万吨	2.34	16.2
兔肉	万吨	0.29	-2.1
禽蛋	万吨	3.88	5.5
水产品	万吨	2.07	3
牛奶	万吨	0.1457	7.8

农业产业化发展。争取到农业产业化联合体培育项目2个，财政专项资金632万元、市级财政贴息和担保补贴资金200万元。新培育种养殖大户166家、家庭农场31家、农民专业合作社79家，全县新型农业经营主体总数达4594家。新增市级农业产业化龙头企业2家，递补市级龙头企业3家，新增县级龙头企业4家，全县县级以上龙头企业总数达94家，其中省级6家（其中台沃科技集团被认定为国家重点龙头企业）、市级53家，带动发展麦冬产业基地5.9万亩、藤椒产业基地20万亩，建成铁骑三台御咖1.5万头扩繁场、1000头种猪场及明兴农业国家育种场。率先启动联合体建设，组建四川台沃现代粮油、三台代代为本麦冬2个联合体，创新建立梓州智谷小龙虾产业联盟、水果产业联盟。

农用地产权制度改革。全县基本完成农村土地承包经营权确权登记工作，确权面积171万亩，登记承包地335万块，向农户颁发农村土地承包经营权证32.47万本，颁证率超过95%，确权登记成果首批数据汇交农业农村部。探索农村土地承包权、经营权分离，在双乐乡宋观庙村、协和乡红花园村颁发农村土地承包权证、农村土地经营权证1037户，颁证耕地面积3570亩。探索向规模流转经营主体颁发流转土地经营权证，颁发流转土地经营权证书154本，涉及面积3.71万亩，开展土地经营权抵押融资6546万元。全县土地流转总面积47.37万亩，其中规模流转面积（30亩及以上）15.63万亩；生产托管面积58.7万亩。

农产品品牌战略实施。有序开展“三品一标”培育和认证，组织20家主体派员参加市级内检员培训，新认证14家、产品27个，全县“三品一标”认证主体累计达41家，农产品累计达99个。组织重点主体签订农产品质量安全责任书、承诺书，加强“三品一标”证后监管，推进50余个农业生产经营主体基地品牌化建设。对2016—2018年新认证的35个“三品一标”农产品、16家主体奖补现金15.6万元。公布2018年“梓州智造”我最喜爱的农产品品牌主体名单10家。组织1家经营主体6个产品参加“川货全国行·广州站”、50家经营主体参加迎春产品展销活动。借助农产品采摘节组织6家经营主体参加产品展销活动，推进孵化、提升、创新、整合、信息等农产品品牌“五大工程”建设，提升三台农产品的知名度和影响力。

现代农业园区建设。全县确定“1+2+5+N”（1个国家园区+2个省级园区+5个市级园区+N个县级园区）的创建目标，麦冬种养循环现代农业园区已建成麦冬标准化种植基地2.4万余亩、国家级核心育种场和万头扩繁场各1个，完成麦冬饮品加工线、绿溪优食谷加工园、生猪博物馆、生猪交易中心、乡村振兴讲习所等相关配套产业建设，实现一二三产业融合发展。梓州藤椒现代农业园区已建成藤椒标准化种植基地0.8万亩，建成圣菲伦藤椒加工企业、藤椒展览馆、青藤小镇等配套产业，藤椒系列产品加工能力达3万余吨，开发出“五柏藤”“麻呼鲜生”“花青藤悦”等20余个特色品牌。推进建平镇优质粮油产业园、建设镇蔬菜产业园等县级园区建设。麦冬种养循环现代农业园区创建市五星级现代农业园区，梓州藤椒现代农业园区创建为市四星级现代农业园区。

【种植业】 全县粮食产量65.94万吨，增加0.05万吨，增长0.1%；油料产量14.87万吨，减少0.1%。建成优质大米生产基地30万亩，通过优质大米工程的实施实现亩均增产150千克、亩均增收500元左右，带动贫困户5408户、贫困人口9738人参与到优质大米工程中，实现贫困户户均增收588元，人均增收194.5元。建成生态种养大米基地2万亩、绿色及无公害大米基地28万亩；支持四川台沃、绿洲公司、奕川水产、平强专合社等建立优质大米生产基地近10万亩，实现订单加价收购；在建平镇集中连片打造水稻产业园核心区500亩，辐射周边5000亩。在乐安、建平、八洞、新鲁、芦溪等乡（镇）和专业合作社及种植大户建立高产高效示范片100000亩，在金石镇、永明镇发展优质弱筋小麦品种绵麦312约2100余亩，在建设镇繁殖优质弱筋小麦品种川麦66共260亩，在全县范围内种植优质酿酒弱筋小麦品种绵麦367约5万亩；依托社会化服务发展青贮玉米30000亩，在金鼓镇发展高淀粉红薯等特色甘薯1000余亩。

【林业】 全县林业产业基地面积达25430公顷，实现林业总产值42.9亿元。全年完成造林面积867公顷，全县森林面积达99313.33公顷，森林覆盖率为34.75%。落实全县307.66公顷国有林管护责任，继续巩固退耕还林成果3666.66公顷。实施大规模“绿化梓州”行动，全县参加春季植树造林人数32万余人，植树100万余株。全面完成金鼓国家柏木良种基地年度任务，通过省级考核验收。全县实现林下套种面积1500公顷，新建生产作业道路17千米。全县松材线虫病发生面积为零，主要林业有害生物成灾率控制在3‰以下。全年森林火灾损失率低于0.05‰，无重特大森林火灾和人员伤亡事故发生。

【畜牧业】 全县生猪出栏89.31万头，减少19.2%；生猪存栏58.5万头，减少10.9%。出栏家禽1616.22万只，增长16.7%。全年肉类总产量9.8万吨，减少10.4%。新增1000平方米以上的标准化生猪适度规模养殖场10个、年出栏20万只的肉鸭场1个、存栏60万只蛋鸡场1个。通过生猪良种补贴项目，大力实施畜禽改良工程。全县年出栏50头以上的适度规模养殖户达1523户，年出栏500头以上的适度规模养殖户达528户（其中万头猪场10个），规模比重达55%。经工商注册的生猪专合社和家庭农场有112个，其中国家级示范社1个、省级示范社3个，构建育种、扩繁、生产三级配套的生猪良繁体系和县、乡、村、场四级人工授精网络，建成种母猪场14个（其中核心育种场2个）、种公猪站2个、发精点51个，三元杂交面达90%以上。有序推进明兴农业育繁推一体化项目、15万头养殖小区项目、铁骑力士60万头A级屠宰场项目建设，工业园区熟食品加工基地正式投产；新希望3个大型生猪扩繁场、4个育肥场建成投产；正邦集团金石华惠1.2万头种猪场加紧建设，其中已有2栋圈舍投入使用；明兴农业生猪公园正式竣工，示范功能不断增强。同时，各龙头企业不断提高辐射带动能力，已发展年出栏1000头以上生猪代养户180余户，其中新希望35户、铁骑力士52户、正邦45户、大北农1户、正大2户、明兴农业30余户、湖南佳和农牧15户。

【水产业】 全年水产品产量2.07万吨，实现产值5.75亿元。实施凯江国家级水产种质资源保护区增殖放流工作。新增省级标准化示范场16个、国家级示范场4个。在鲁班水库、红旗堰水库、团结水库推广实施大水面养殖。联合森林公安开展打击非法捕捞野生生物犯罪行动，出动车辆200余次、执法人员500余人次，共计查获电鱼案件28件，移送司法机关28件，法院宣判3件；劝离钓鱼爱好者3000人以上，行政处罚3件。

【乡村振兴】 28项农村改革有序推进，全县实现“三变”改革的村达500个，村级集体经济逐步壮大。办理《农村产权交易鉴证书》95宗，交易金额1.5亿元。新增土地流转面积2.22万亩，累计流转面积达47.37万亩。累计发展家庭农场685家、农民合作社

1570家、产业化龙头企业94家、农业社会化服务组织268家，参与农户15.4万户，带动农民人均增收300元以上。确立农村土坯房改建和“三大革命”的“1+3”工作重点，大力实施“百村示范、千村整治”，全县累计完成农村土坯房改造9.03万户，开工建设日处理1000吨生活垃圾的焚烧电站1座、垃圾压缩中转站11个，生活垃圾有效治理的村达到849个；建成49个乡（镇）生活污水处理厂并投入运行，农村生活污水有效治理的村有77个；新（改）建农村公共厕所121座，改造农村户用厕所40162户。以“六化”建设为重点推进村容村貌提质升级，新建乡村道路324千米，道路加宽156千米，新建入户路107千米。开展农业面源污染防治，主要农作物绿色防控率和统防覆盖率分别达49.3%、60.1%，秸秆综合利用率、废旧农膜回收利用率分别达90%、83%以上。开展卫生创建，乐安镇、立新镇顺利通过国家卫生乡（镇）创建暗访检查和技术评估，申报创建的7个省级卫生乡（镇）、128个省级卫生村、7个市级卫生乡（镇）、106个市级卫生村全部通过考核，全县省级卫生乡（镇）覆盖率达63%，省级卫生村覆盖率达48%。获评市级文明乡（镇）5个、市级文明村10个，县级文明镇7个、县级文明村120个。组织开展文化、科技、卫生、法律“四下乡”系列活动，“文艺轻骑兵·惠民村村行”送戏下乡活动，农民丰收节等活动110余场次，放映农村公益电影11184场，服务群众100万余人次。

【扶贫开发】 全县30个拟退出村全部达标，2336户5063名拟退出贫困人口全部脱贫，贫困人口脱贫、贫困村退出年度计划完成率均达100%，实现全县贫困对象全面脱贫。整合涉农部门资金0.96亿元，用于30个计划脱贫“摘帽”村的基础设施建设，平均每村320万元。投入1.88亿元，推进378个村易地扶贫搬迁基础设施项目建设。投入317万元，建成电商农产品生产扶贫示范基地4个，开展“农村电子商务+精准扶贫”专业培训11期，构建“产业基地+电商平台+市场+贫困户”的“造血”扶贫模式，通过电商产业链带动户均增收500元。投入687万元，用于开展就业扶贫工作，建设就业扶贫示范村2个、就业扶贫示范基地2个。累计在贫困村开发公益性岗位683个，其中在30个预脱贫村开发公益性岗位155个。全年开展建档立卡贫困家庭劳动力培训22个班次，贫困家庭劳动力转移就业规模保持在1万人以上。

【乡村旅游】 全县发展休闲农业经营主体86家，其中现代农业景区4个、农业主体公园3个、休闲专业村6个、休闲农庄15个、农家乐58家。举办农民节、油菜花节、桃花节等农事节庆13个，年接待游客597万人次，实现综合性经营收入11641万元，带动4457户农户增收、2120人就业。

【农村水利】 全县完成水利固定资产投资1.66亿元，推动实施在建水利项目128个。完成永和埝进水口灾后重建投资1480万元，完成韩家湾等5座病险水库除险加固投资700万元，推动鲁班、武引、团结等大中型灌区“最后一公里”续建配套和节水改造建设。投资1000万元，实施农业高效节水，新建蓄水池11口，新建、改造提灌泵站4处，铺设输水管道280千米，新增节水灌面1万亩，完成农业水价综合改革7.79万亩，新建量水堰48处、自动计量5套，整治山坪塘5口，改造末节渠3.43千米，维修闸门3处。新建集中供水3处、管网延伸1处，巩固提升5处；落实20人以上扶贫安置点供水67处、20人以下扶贫安置点供水38处，到位分散供水443处，新建小集中供水112处，解决机改前43个乡（镇）14590人的饮水安全问题，其中建档立卡贫困户5446人。完善水利脱贫专项规划，在24个贫困村累计为200余人次开展水利扶贫项目建设，并对16处集中供水落实专门方案，结合都宏水业、鲁班、红旗堰、新德系列大集中供水，推进城乡供水一体化，排查完成71个问题整改并通过省、市验收。结合投资277万元的水利发展项目，先后在石安镇白禅寺、高埝乡龙头村和石桩村精修山坪塘2口，改造渠系8.44千米。推动完成永安电厂7799万元、红旗堰鸿煊和斌莉电站390万元“十三五”水电增效扩容改造。贯彻《水土保持法》，开展长江经济带生产建设项目水保监督执法，处罚9.5万元，收缴水土保持补偿费1500万元，综合治理湘江村小流域水土流失11.43平方千米，累计完成高棚沟、文家沟等5条小流域“十三五”水土安全治理42平方千米，创建打造国家级水土保持科技示范园区。

【农业机械化】 全县实施农机购置补贴400万元，补贴拖拉机、联合收割机等各类机具1000台（套）。新增农机装备总动力0.9万千瓦时，总动力达68万千瓦时，完成工作目标的300%。完成新（改）建电力提灌站29处45台1773千瓦时，完成率达275%，实现提蓄水7180万立方米，保栽保灌水稻18万亩，旱地浇灌8.8万亩。全年完成各类农作物机耕面积195万亩、机播面积46.8万亩、机收面积108.5万亩，分别完成市局下达目标任务的101.4%、100.5%、100.8%，农机化综合水平提升1.11%，达58.1%。完成新（改）建农业生产道路90千米，完成率达100%。全年出动检查人员30余人次，开展农机市场大检查，发放各类宣传资料1000余份。新晋国家级农机专合社示范社1家、省级1家，国家级农机专合社达2家、省级达3家；新培育农机专业合作社2家，累计达35家。承办四川省玉米生产全程机械化技术培训会，承接中国农业大学杨敏丽专家团队开展麦玉全程机械化生产技术调研。探索出玉米机械化生产最佳种植模式，辐射带动玉米全程机械化生产2000亩以上，麦冬产业辐射带动全县麦冬机械化采挖2000亩以上。

【农村教育】 全面落实国家教育资助政策，全年发放各类资助资金4854.6475万元（不含助学贷款）。分别发放学前教育“三儿”保教费减免资助金8180人次480.702万元，义务教育学校家庭经济困难学生生活补助资金34347人次1915.3375万元，普通高中贫困学生免学费8328人次383.088万元，普通高中学生国家助学金8328人次836.1万元，中等职业贫困学生国家助学金998人次99.92万元，中等职业学生免学费5736人次573.6万元，中等职业建档立卡学生生活费补助金1056人次52.8万元，贫困大学新生入学交通费及生活费99人次6.5万元，本专科建档立卡学生学费及生活费补助金849人次339.6万元，建档立卡贫困学生教育扶贫救助金1361人次167万元。办理全日制在校贫困大学生生源地信用助学贷款2002人次1427.7891万元。市、县两级财政投入资金10879万元，在全县所有农村义务教育学校继续实施免费午餐计划，68498名学生受益。

【农村科技】 全县完成2018年度新型职业农民培训项目和科技推广体系项目，共计建成科技示范基地3个，完成课题10个。组织基层农技人员140人参加基层农技人员知识更新培训，共计安排培训班5个班次。开展2019年主推品种、主推技术遴选。组织科技人员参加全县科技下乡活动，召开特色水果现场技术培训会议。完成“四川省三台县涪城麦冬集成技术推广与应用科技惠民工程”计划项目，通过科学技术厅组织的财务验收和技术验收，帮助药农人均增收1200元以上，帮助17个贫困村共909户计2761人脱贫“摘帽”。

【农村文化】 全县组织开展元旦、春节系列活动、“我和我的祖国”快闪系列活动、“梓州大舞台—我们的节日”、“国庆七天乐”等群众文化活动50余场次，服务群众60万余人。坚持延时错时免费开放服务，开设舞蹈、音乐、美术、健身等13个专业、20个班，注册学员1000余名。举办“家乡情振兴梦”群众春节联欢晚会活动以及三台县庆祝新中国成立70周年“礼赞新中国放歌新时代”群众歌咏会。以“梓州艺术讲堂”为平台，开展川剧、音乐、剪纸、健康等讲座共6期，辅导2000余人次。创作“一家亲”“我和我的祖国”等为主题的巨幅作品。开展“文艺轻骑兵 文化惠民村村行”送戏下乡活动45场次，服务群众20余万人。组织“党员志愿服务队”开展“送温暖”慰问演出活动30余场次。打造完成以“悦读时光”为载体的老西街城南分馆全民阅读项目，开展“三台故事”“三台历史”“非遗展览”“专家讲座”“阅读时光”等系列文化沙龙。

【农村卫生】 全县有乡（镇）卫生院62所、社区服务中心3个、个体诊所及村卫计室1091个，有开放性病床位8223张、卫生专业技术人员4394人。全县基本药物管理制度不断加强，基层医疗卫生机构上网采购率、集中支付率均保持在100%。分级诊疗和县、乡双向转诊协议签约率达100%，家庭医生团队签约服务率达70%，重点人群达80%以上。加快医疗卫生服务体系建设，贫困村卫生室达标率为100%。规范化建立电子档案，贫困人口建档率达100%。全年免费婚检率达99.28%，孕产妇住院分娩率达100%，新生儿疾病筛查率达99.58%。计划生育家庭23938人获得奖励和特别扶助资金1065.36万元。

【农村法制建设】 开展春节前返乡务工人员专题法治宣传活动、法治扶贫公益宣讲活动等主题活动以及大型“送法下乡”活动4次。全县共计建立乡（镇）公共法律服务站63个、村公共法律服务工作室256个。全县公共法律服务工作站（室）办理法律援助案件496件、法律援助事项3332件，调解纠纷2611件，办理公证3177件，解答咨询6825人次，引导其他法律服务6820人次。全县共开展矛盾纠纷排查1513次，受理矛盾纠纷1813件，调解矛盾纠纷1813件，调解成功1723件，调解率达100%，调解成功率达95%以上。“一村一法律顾问”基本实现全覆盖，继续为贫困村选派免费法律顾问，维护群众合法权益，挽回经济损失4.13万元，服务群众246人次。落实帮教措施，帮教率达100%。

【农村交通】 全县争取到上级各类补助资金1.92亿元，完成交通建设投资12亿元。通用机场前期工作加快推进，成德南高速西平互通、德遂高速三台段、G5京昆扩容（三台段）开工，绵遂内城际铁路可研方案已经专家组评审。全面完成国道247线青山扁灾害防治工程。国道247线永明至花园段工程开工建设，正在进行征地拆迁、场平和清表工作。省道209线塔山至永新段工程已完成征地拆迁工作并进入施工阶段。建成三金路（三标段）、富复路、刘黑路、观菊路、古下路、古进路、景建路等7条县、乡道78.5千米，完成综改区配套村道路、台沃有机肥道路等2条产业道路建设20.9千米，扩建村道路383千米。完成朱家滩渡改桥1座和危桥改造5座。开工建设2018年村道安保工程51.47千米和县、乡道17座危桥改造工程。全面完成八洞、幸福、古井、金石4个客运站“厕所革命”和交通扶贫任务。投入资金2800余万元，建成县机械化养护和应急保通中心；投入养护资金1228万元，清扫路面13253万平方米，绿化补植1.1万余株，清理桥梁伸缩缝5.1万米。投入隐患治理资金1127万元，治理省道地质灾害1处和6条县、乡道路面隐患。

【农村社会保障】 全县城乡居民社会养老保险覆盖人数70.6万人，其中参保缴费人数25.05万人，基本实现城乡居民社会养老保险全覆盖的目标。全年为符合城乡居民社会养老保险待遇领取人员22.17万人累计发放养老金2.87亿元。贯彻落实16 ~ 59周岁建档立卡未标注脱贫人员、低保对象、特困人员城乡居民基本养老保险政府代缴工作，对28028人进行身份认定并代缴；将年满60周岁、未领取国家规定的基本养老保险待遇的贫困人员全部纳入城乡居民基本养老保险，并按月发放城乡居民基本养老保险待遇。高度重视死亡冒领追回工作，追回770人，追回金额56.5万元。城乡居民医保参保人数116.2万人，基金收入8.59亿元，审核各项待遇180.6万人次、基金支付7.27亿元。全县159名孤儿均被纳入孤儿基本生活保障；将25名符合条件的孤儿纳入“助学工程”，全年发放助学金25万元。

【农村生态建设及环境保护】 全县获得2019年度省级农村污水治理“千村示范工程”补助资金共计970.64万元，县财政专项预算1500万元用于农村人居环境整治。深入实施农村垃圾、污水、厕所“三大革命”，开展“村庄清洁”和“百村示范、千村整治”两大行动，农村人居环境得到明显改善，全面完成省、市下达全县的农村人居环境整治年度目标任务，全县农村行政村生活污水累计治理率达37.75%，97.8%的行政村生活垃圾得到有效治理，农村卫生厕所普及率达74.9%，通村道路硬化率达100%。培育宜居乡村达标村287个。全县畜禽规模养殖场（户）粪污处理设施配套率达100%，粪污资源化利用率达96.77%。对全县24处乡（镇）集中式饮用水水源地保护区进行重新划定，推进保护区规范化建设，乡（镇）集中式饮用水水源地水质合格率达100%。

【农产品质量安全监管】 全年争取到乡（镇）农产品质量安全监管标准化服务站建设5个（村级服务点1个）、全国农产品全程质量控制技术体系（CAQS-GAP）试点、农产品质量安全追溯示范建设、农产品出口试点示范基地（麦冬）建设项目4个，累计146万元。指导50余家“三品一标”生产经营主体按标生产。县级监督抽检农产品样品1000余个；组织乡（镇、街道）开展农残抽样检测12000余个，蔬菜、水果、中药材等禁用农药检出为零，样品合格率在98%以上；完成省级农产品质量安全例行监测抽样100个，市级农产品质量安全执法监督抽样45个，县级麦冬产品抽样15个。开展食品农产品质量安全宣传周活动，开展宣传活动近50次，发放宣传资料2800余份。入驻省级农产品质量安全追溯管理信息平台、国家追溯平台生产经营主体分别达57家、6家，入驻产品197个，出售产品454批次。巩固体提升国家级出口食品农产品麦冬质量安全示范区建设成果，加快推进省级监管示范县资格复审。

【农村市场体系建设】 拟定《三台县乡村振兴农业产业发展贷款风险补偿金实施方案》，在中国农业银行三台县支行、邮储银行三台支行和三台农商银行开设风险补偿金专户。推进锦泰保险“保粮惠农贷”，完成水稻保险面积18249亩。公开遴选藤椒保险试点工作承保机构3家，完成承保面积18000亩。

【数字农业】 争取到国家数字农业试点县项目，其中中央财政投资1200万元、地方财政投资600万元。编制完成数字农业试点项目设计，做好项目前期准备工作，开展建设主体招标。

【农村留守儿童帮扶】 全县有农村留守儿童10396人、困境儿童1372人。开展关爱服务，签订农村留守儿童委托确认书10396份，为

136名孤儿购买居民医疗保险，为1372名困境儿童落实低保、困残、建档立卡等救助，节日期间对80余名留守和困境儿童送去关怀和慰问。全县共有留守学生（儿童）关爱阵地347处，其中家庭教育工作站1个、"家长学校" 173所、乡村（社区）少年宫173所，实现"乡村（社区）少年宫" 全覆盖。开展留守儿童和困境儿童关爱活动近280次、专题教育活动270余场次，参与志愿者达2400余人。

【劳务开发与返乡创业】 全县农村劳动力实名制动态管理73.5万人，农村劳动力转移输出50.48万人，劳务收入突破80.12亿元。全年完成各类培训8651人，其中技能培训脱贫行动565人。开展"创办你的企业(SYB)" 培训943人、品牌培训360人，建档立卡贫困家庭劳动力培训60人。全年回引713名农民工等人员返乡创办经营实体570家，吸纳带动就业2000人以上。发放农民工返乡创业补贴89.8万元；为1家企业发放创业担保贷款300万元，为80户创业群众发放创业担保贷款1042万元。三台县获得"四川省返乡创业先进县" 称号。

【主要领导人】 县委书记：马辉；县人大常委会主任：杨增辉；县长：吴明禹（11月止），李昊天（11月始）；县政协主席：贺强华；分管农业副县长：汪楠。

三台县编写组

盐 亭 县

【基本情况】 2019年，全县辖2乡14镇1个街道，辖区面积1645平方千米，其中耕地面积86.04万亩，减少9%，人均耕地面积1.56亩；基本农田保护目标72.2万亩。年末总人口53.7万人（户籍人口），减少2.2%；人口出生率7.9‰，减少1.22个千分点；人口自然增长率1.25‰，减少0.82个千分点。全县耕地有效灌面和保证灌面分别达到耕地总面积的65%和15%；本地水资源总量3.6亿立方米，人均占有水资源量647立方米。有林业用地8.13万公顷，有林地面积7.33万公顷，活立木总蓄积量824.87万立方米，森林覆盖率49.39%。

2019年，全县GDP161.39亿元，增长7.8%，其中第一产业增加值36.18亿元，增长3%；第二产业增加值41.28亿元，增长8.5%；第三产业增加值83.93亿元，增长9.6%。全年接待游客242.39万人，实现旅游收入125200万元，其中乡村旅游收入29000万元。

公路通车里程2376.142千米（其中乡村公路1905.601千米），密度1444.46米/平方千米。社会消费品零售总额72.81亿元，增长11.1%。地方公共财政预算总收入完成3.9亿元，增长5.3%；一般公共财政预算总支出40.3亿元，增长18%，其中农业投入5.2万元，占支出的13%。金融机构各项存款余额185.89亿元，比上年初增长6.7%；各项贷款余额88.95亿元，比年初增长15.73%，其中支持农业产业化发展项目贷款5857.1万元。全年农业保费收入2326.41亿元，增长38.22%。农业产业化龙头企业省级、市级分别为3家、43家。

有各类学校130所，在校学生44295人，教职工3904人，其中普通中学21所，在校学生14365人；小学47所，在校学生18978人；学龄儿童入学率100%。有艺术表演团体354个，文化馆1个，公共图书馆1个，博物馆2个。有卫生机构611个，病床位3142张，卫生技术人员2297人。城乡居民养老保险制度覆盖人数261169人，参保缴费人数109689人，征收基金5607万元。

【年度农业和农村经济运行】 2019年，全县实现农业总产值60.9亿元，增长2.7%；全县全年农业增加值达37.67亿元，增长3.2%。农民年人均可支配收入达16919元，增长10%。农产品质量抽检合格率为100%；建成17个基层农业综合服务站。培育县级农民专业合作社6家、市级农民专业合作社3家、省级农民专业合作社1家，县级家庭农场7家、市级家庭农场8家、省级家庭农场10家。

2019年盐亭县主要农产品产量

主要农产品	单位	产量	同比(%)
粮食	万吨	29.37	0.42
水稻	万吨	7.92	–0.33
小麦	万吨	6.56	–0.14
玉米	万吨	13.33	–0.14
马铃薯	万吨	0.79	7.62
油菜籽	万吨	3.78	1.93
蔬菜	万吨	14.06	3.89
水果	万吨	4.24	1.15
肉类	万吨	4.51	–8.28
猪肉	万吨	2.55	–19.49
牛肉	万吨	0.2	2.9
羊肉	万吨	0.34	2.68
禽肉	万吨	1.35	16.15
兔肉	万吨	0.06	15.1
禽蛋	万吨	2.22	10.14
水产品	万吨	2.02	1.51

新型集体经济组织发展。在林山乡林园村、富驿镇回龙村等20个村推广集体经营性资产股份制合作模式。全面完成农场集体资产清产核资，全县清产核资单位数共计2341个（其中村395个、组1946个），集体资产总额为167812.99万元，负债21422.18万元，所有者权益146390.81万元；集体土地总面积186.74万亩；组建并赋码村集体经济组织22个。

农用地产权制度改革。按照《农业农村部办公厅关于开展农村承包地确权登记颁证"回头看" 的工作方案的通知》（农办政改〔2019〕5号）文件要求，对全县农村土地承包地确权登记颁证工作进行了"回头看"，完成柏梓、来龙、茶亭、剑河、安家、两河等乡（镇）的土地确权"回头看" 问题整改。全面完成集体资产清产核资，组建集体经济组织20个，完成村集体经营性资产股份制改造20个。出台《关于完善农村土地所有权承包权经营权分置办法的实施方案》，在全面完成农村土地经营权确权颁证的基础上落实集体所有权，保护农户承包权，放活经营权，形成"三权分置" 格局。

农产品品牌战略实施。按照国家和地方行业标准，制定《盐亭桑叶》《梓江鳜鱼》农业地方标准2项。实施以保障质量安全为核心的农业品牌发展战略，全县已取得"三品一标" 有效证书的企业共23家、产品39个；新申报"三品一标" 认证企业6家、产品13个，其中绿色企业3家、产品6个，无公害企业1家、产品5个，地理标志企业2家、产品2个。

现代农业园区建设。11月4日，盐亭县西部水产现代农业园区、盐亭县花果嫘乡现代农业园区、盐亭县七里花乡现代农业园区被县政府命名为县级现代农业园区。12月9日，盐亭县西部水产现代农业园区被绵阳市政府认定为市级四星级现代农业园区。

【种植业】 全县粮食作物播种面积78.26万亩，增加0.37万亩，增长0.47%；产量32.34万吨，增加0.78万吨，增长2.47%。油料作物播种面积26.36万亩，增加0.27万亩，增长1.03%；产量3.78万吨，增加0.07万吨，增长1.88%。新建水果、藤椒、中药材、蚕桑、稻渔综合种养等特色农业基地6万亩。藤椒种植面积达6万亩，产量2539.9吨，实现产值5418.2万元；优质水果生产基地10.52万亩，产量7.04万吨，实现产值2.762亿元。全县桑园面积达1.4万亩，养蚕4276张，产茧169吨，实现产值690万元。蔬菜种植面积15万亩，产量23万吨，实现产值6.02亿元。中药材种植面积3万亩，产量3.542万吨，实现产值2.2724亿元。杂柑种植面积6万亩。

【林业】 开展森林生态效益补偿金发放工作。完成全县一、二、三级共计271株名木古树（一级9株、二级37株、三级225株）的现场核查、定级挂牌、资料建档等工作。实施新一轮退耕还林2000亩（含巨龙镇、嫘祖镇、高渠镇、富驿镇共计6个社），完成世行项目打捆造林补贴项目4000亩，在西陵镇和大兴乡实施业主自主造林1200亩，完成义务植树39万株。兑现2020年度退耕还林完善政策补助资金180.4万元，新一轮退耕还林2016年度第三次补助资金280万元，2018年度新一轮退耕还林第二次补助资金90万元，2018年新一轮退耕还林第一次现金补助150万元。

【畜牧业】 受非洲猪瘟影响，全县生猪生产大幅下降，牛、羊、禽、兔稳定发展。全年生猪存栏23.2万头，减少11.28%，其中能繁母猪存栏2.25万头，减少8.16%；生猪出栏35.445万头，减少18.81%。牛存栏4.0145万头，羊存栏18.032万只，兔存栏17.9035万只，禽存栏511.6699万只，分别增长3%、2.5%、3.2%、14.31%；出栏肉牛17464头、肉羊23.206万只、肉兔43.6993万只、小家禽886.008万只，分别增长2.9%、2.77%、2.72%、16.97%。全年实现畜牧业产值19.65亿元，减少26.06%，其中猪、羊主导产业产值11.14亿元，减少19.75%。

【水产业】 全年共繁育、引进鱼苗1.7亿尾，投放鱼种2380吨，水产品产量2.02万吨，实现渔业经济总产值4.3亿元。封江禁渔期间，加强对餐馆、市场、河道的突击检查，做到江河无渔船，船内无渔网，市场、餐桌无野鱼，河边无垂钓。全年共查处非法捕捞20起，没收钓具5套、电鱼工具21套，刑事立案11件。人工增殖放流鱼类123万尾。做好水产养殖创建工作，创建省级水产健康养殖示范场7个、国家级水产健康养殖示范场1个，创建地理标志水产品1个。

【乡村振兴】 制定《盐亭县实施乡村振兴考评激励办法》，建立乡村振兴考评体系，成立以书记、县长为指挥长的盐亭县乡村振兴战略指挥部，下设综合协调、项目推进、产业振兴、文化振兴、组织振兴、人才振兴、环境整治7个小组，统筹推进全县乡村振兴战略的实施。培育命名县级乡村振兴先进乡（镇）3个、示范村37个；创建市级先进乡（镇）1个、示范村6个，省级示范村5个。

【扶贫开发】 开展“大走访”“大排查”，补齐脱贫攻坚工作中的薄弱环节，退出贫困村10个，减贫1581人，全县建档立卡贫困人口人均可支配收入达8988元，比2014年增长235%。新建优质水果基地2.2万亩、优质中药材基地4600亩、标准化生猪养殖单元22个，提升改造藤椒基地3.1万亩。实施易地扶贫搬迁239户610人，改造贫困户危房106户；卫生扶贫救助基金救助县域内外患者6903人次212.4万元；发放教育救助基金1484人186.055万元，教育扶贫救助基金救助2737人186.2万元；将4918户8211名贫困人口纳入低保范围，发放低保补助金1462万元。

【乡村旅游】 全县形成了以西部花都—中华龙凤谷—西部水产为核心的梓江沿岸乡村旅游环线，以花果嫘乡、七里花香为依托的现代农业休闲观光乡村旅游示范区。构建多元化乡村旅游产品体系，举办了剑河乡第四届油菜花文化旅游节、花果嫘乡首届桃花节、第四届走马岭梨花节、2019年歧伯行乡等10余个乡村旅游节庆活动。全县共有各类挂牌认证农家乐28家。玉龙山景区被绵阳市委、市政府授予“文明景区”称号。

【农村水利】 实施农村安全饮水项目，筹措资金2300万元，建成集中供水工程85处，分散打井1550处，3.1万名群众喝上放心水。实施水库除险加固、小型水源工程、乡村振兴债券等项目，投资2400万元，新建麻秧双龙庙小（2）型水库1座，整治病险水库24座，维修山坪塘216座、石河堰56座，小型水源工程新增蓄引提水能力530万立方米。

【农业机械化】 全年完成农机购置补贴中央资金338.869万元，补贴各类农业机械3140台（套），受益农户2271户。全县农机总动力达42.01万千瓦，其中耕地机械29200台（套）16.05万千瓦、植保机械2857台（套）0.55万千瓦、排灌机械3451台（套）3.6万千瓦、收获机械1308台（套）2.88万千瓦、收获后处理机械22266台（套）3.83万千瓦、农产品加工机械26926台（套）5.23万千瓦、渔业机械876台（套）0.13万千瓦、畜牧养殖机械4346台（套）1.71万千瓦。截至2019年年底，全县有农机服务组织834个（其中农机专业合作社19个）、农机维修点80个。全县主要农作物耕种收机械化作业水平达59.57%。

【农村科技】 全县有市级科普示范乡（镇）1个、县级社科普级基地1个、县级科普示范乡（镇）10个、农业科技服务站36个、农业科技服务中心36个、社区科普服务站56个、社区科普大学20所，有县级科技特派员团队1个88人、县级畜牧科技特派员团队1个15人、县级农业和畜牧科技人员1800余人。

【农村教育】 全面改善义务教育学校办学条件，有力推进义务教育标准化建设，全县共投入资金3168万元，用于64个项目建设。全县义务教育学生入学和巩固率均达到国家相关要求，建档立卡贫困户家庭义务教育学生全部入学。

【农村文化】 截至2019年年底，全县有乡（镇、街道）综合文化站35个，村级（社区）基层综合性文化服务中心399个、农家（社区）书屋399个，乡（镇、街道）广电文化中心各类公共文化服务设施均实现全年免费开放。为全县农家书屋补充更新图书1.6万册；完成折弓乡笔尖村、玉龙镇梓江村等10个贫困村退出“有文化室”（“十个有”标准）脱贫目标任务，配置健身器材、电脑、投影等各类文体娱乐、电子设备760台件。全县所有乡（镇、街道）广播电视文化中心均完善了图书阅览室、电子阅览室、多功能活动厅等功能室；申报四川省2019年“文化扶贫示范村”4个。

【农村卫生】 全县有乡（镇）卫生院34个、社区服务中心1个，村卫生室保留为484个。全县34个乡（镇）和凤灵社区卫生和计划生育服务中心全年门诊92万人次，住院4.3万余人次。9个中心卫生院对标“优质服务基层行”活动，两河、富驿中心卫生院接受市级验收，两河镇中心卫生院达到国家卫生健康委公布的“优质服务基层行”《基本标准》。全县38家医疗机构购买了医疗责任保险，已完成案例赔付11起，未交案5起，已结案和预计赔款金额71.1万元，赔付率达89.89%。

【农村法制建设】 全县有村(社区)公共法律服务站254个,村(社区)公共法律服务站实现法律服务资源"一站式"整合。建成村(社区)调解委员会254个,调解矛盾纠纷921件,调解成功919件,调解成功率达99.78%。全县共有村(社区)法律图书角347个,藏书2000册。

【农村社会保障】 加大农村低保覆盖范围,疫情期间走访慰问困难群众1522户,发放救助金26.7万元、救助物资3.8万元。不断提高社会保障标准,全县农村低保标准提高到410元/人/月,农村残疾人生活补贴标准提高到100元/人/月。做好农村养老服务工作,印发实施《关于推进养老服务建设高质量发展的实施方案》,撤并养老院8所,顺次推进闲置资产的移交和盘活工作;开展互助养老试点,实施居家养老服务项目;推进敬老院公建民营工作,拟定首批7个公建民营敬老院方案。

【农村生态建设及环境保护】 围绕农村生活污水治理、饮用水水源地环境保护、畜禽养殖污染防治、生活垃圾治理等方面开展农村环境综合治理,农村生活污水处理率达67.7%,生活垃圾无害化处理率达100%,畜禽粪便综合利用率达90%,饮用水卫生合格率达90%。全县对乡(镇)集中式饮用水水源地进行了重新规划调整。

【农产品质量安全监管】 全年共检疫生猪30余万头、其他畜禽100余万头(只),检出病死畜禽0.1万余头(只)、不合格动物产品0.6吨,均作无害化处理;完成"瘦肉精"检测1万余份,均为阴性;严格种植基地抽检,为基地配备农残检测仪8套,构建部、省、市、县、乡(镇、街道)、企业"六道检测防线",同时实行企业自检、乡(镇)常检、县级例检、部省市抽检,完成例行上级监测、专项抽检173个样,县、乡、基地种植业快速检测1200余个样。

【农村留守儿童(学生)帮扶】 全县义务教育阶段有在读留守学生14763人,其中男生7568人、女生7195人;小学10638人、初中4135人。县教体局制定2019年农村留守儿童关爱保护工作要点,建立和完善留守儿童基本情况台账,优先安排留守儿童就读寄宿制学校。

【主要领导人】 县委书记:袁明(11月止),向赟(11月始);县人大常委会主任:何光明;县长:向赟;县政协主席:黄加伦;分管农业副县长:衡洪志。

盐亭县编写组

广 元 市

【基本情况】 2019年,全市辖3区4县,辖区面积1.63万平方千米,其中耕地面积32.79万公顷。有户籍人口298.86万人,其中女性145.65万人、男性153.22万人,分别占总人口的48.7%和51.3%;城镇人口76.41万人、乡村人口222.45万人,分别占总人口的25.6%和74.4%。有常住人口267.5万人,其中城镇人口126.26万人、乡村人口141.24万人。常住人口城镇化率47.2%,提高1.57个百分点。人口出生率8.55‰,人口死亡率6.13‰,人口自然增长率2.42‰。森林覆盖率57.22%,提高0.41个百分点。

2019年,全市GDP941.85亿元,增长7.5%,其中第一产业增加值153.01亿元,增长3.1%;第二产业增加值389.68亿元,增长8.2%;第三产业增加值399.16亿元,增长8.4%。一二三次产业对经济增长的贡献率分别为6.3%、52.1%、41.6%,分别拉动经济增长0.5个、3.9个、3.1个百分点。人均GDP35262元,增长7.2%。三次产业结构比由上年的16.6∶40.9∶42.5调整为16.2∶41.4∶42.4。第一产业增加值占GDP的比重比上年下降0.4个百分点;第二产业增加值比重比上年提高0.5个百分点,其中工业增加值比重提高0.6个百分点;第三产业增加值比重比上年下降0.1个百分点。全年接待游客5623.45万人次,增长11.8%;实现旅游总收入502.62亿元,增长19.8%。

全社会固定资产投资比上年增长12.7%。社会消费品零售总额446.9亿元,增长10.3%。全年公共预算总收入完成93.75亿元,增长2.4%,其中地方一般公共预算收入48.49亿元,增长1.7%;一般公共预算支出259.09亿元,减少6.5%。金融机构各项存款余额1560.42亿元,增长5.4%;金融机构各项贷款余额920.87亿元,增长13.1%。全年保费收入44.87亿元,增长7.4%。

公路总里程20033千米,其中等级公路17175千米,高速公路392千米,国、省公路2021千米。全年公路客货运输周转量84.8亿吨千米,增长7.6%。有固定电话用户52.67万户,增长7.4%;移动电话用户274.97万户,增长5.9%。全年取得重大科技成果50项。专利申请1232件,专利授权787件,其中有效发明专利拥有量237件。

有各类学校746所(不含农村小学和小学教学点),在校学生38.53万人,专任教师2.71万人,其中高校3所,在校学生2.55万人,专任教师719人;中等职业教育学校12所,在校学生1.99万人,专任教师1189人;普通高中28所,在校学生4.8万人,专任教师3923人;普通初中126所,在校学生6.89万人,专任教师6547人;小学校265所,在校学生15.39万人,专任教师11871人;幼儿园305所,在园幼儿6.84万人,专任教师2714人;特殊教育学校5所,在校学生633人,专任教师142人;工读学校1所,在校学生50人,专任教师17人。有艺术表演团体203个(国有1个、民间202个),文化馆9个,乡(镇)综合文化站230个,社区文化中心240个,博物馆(纪念馆)12个,公共图书馆8个(公共图书馆总藏书153.16万册)。有广播电视台5个,广播覆盖率95%;有线电视用户48.12万户,直播卫星用户21万户,地面数字电视用户3.5万户,电视覆盖率100%;广播电视综合覆盖率98%。有农村公益电影固定放映点112个、电影放映队211个。有医疗卫生机构3544个(含村卫生室),病床位23892张,卫生技术人员19136人(执业/助理医师6714人、注册护士8174人,每千人口拥有病床8.93张,每千人口拥有卫生技术人员7.15个,其中乡(镇)卫生院248个、社区卫生服务中心(站)21个,病床位5956张,卫生技术人员4676人;村卫生室2503个,乡村医生、卫生员2682人。城乡居民基本养老保险参保人数126.74万人,城乡居民基本医疗保险参保人数232.85万人。

【年度农业和农村经济运行】 2019年,全市农村居民人均可支配收入达13127元,增加1273元,增长10.7%。人均生活消费支出11021元,增长10.9%。城乡居民人均收入比值由上年的2.58缩小为2.55。全年营造林面积27340公顷，其中造林面积8127公顷。

【种植业】 全年粮食作物播种面积31.24万公顷，增长0.4%；产量157.66万吨，增长0.8%。其中，小春粮食产量39.18万吨，增长1.8%；大春粮食产量118.48万吨，增长0.5%。油料产量25.99万吨，增长2.5%。

【畜牧业】 全年出栏生猪300.86万头，减少18.2%；出栏牛8.54万头，增长8.1%；出栏羊58.21万只，增长4.3%；出栏家禽2602.3万只，增长27%。全年肉类总产量28.79万吨，减少11.6%，其中猪肉产量22.13万吨，减少16.5%。

【农业机械化】 全年新增农田有效灌面2390公顷，发展节水灌面2390公顷，综合治理水土流失面积30700公顷。年末农机总动力达290.12万千瓦，增长1.9%。全年化肥施用量（折纯）9.73万吨，减少5.7%。

【农村社会保障】 全市享受农村最低生活保障17.06万人，发放保障金3.1亿元。城乡医疗救助2.98万人次，资助特殊群体（包含低保、“五保”、优抚、特困供养、孤儿、残疾等各类特殊群体）参保16.44万人。全年福彩销售30976万元，增长1.7%。筹集公益金8700余万元（其中市、县两级留存2100余万元），增长2%。

【主要领导人】 市委书记：王菲；市人大常委会主任：邓光志；市长：邹自景；市政协主席：杨凯；分管农业副市长：杨浩。

广元市编写组

利 州 区

【基本情况】 2019年，全区辖3乡6镇8个街道，辖区面积1533.76平方千米，其中耕地面积32.55万亩。年末总人口49.19万人（户籍人口），增长0.1%；人口出生率12.1‰，人口自然增长率2.4‰。全区耕地有效灌面达到耕地总面积的25.99%。有林地面积9.75万公顷，森林覆盖率为63.65%。

2019年，全区GDP325.8亿元，增长8.3%，其中第一产业增加值13.24亿元，增长3.2%；第二产业增加值150.63亿元，增长8.3%（工业增加值116.18亿元，增长9.6%）；第三产业增加值161.93亿元，增长8.6%。三次产业对经济增长的贡献率分别为1.5%、53.2%、45.3%。全年接待游客1769万人次，实现旅游总收入122.4亿元，其中乡村旅游收入52.9亿元。

农村公路总里程达1901千米。社会消费品零售总额172.7亿元，增长10.4%。一般公共预算总收入完成32.77亿元（不含市本级），其中地方公共财政收入70385万元，增长4.58%。民生类支出达19.73亿元，占地方一般公共预算支出的66.35%。金融机构各项存款余额627.12亿元，增长5.4%；各项贷款余额403.94亿元，增长12%。全年保费总收入实现22.64亿元，减少6.4%。一般公共预算总支出327650万元，其中地方一般公共预算支出297308万元，增长8.6%，其中农业投入（农林水支出）64199万元，占支出的21.59%。农业产业化龙头企业省级、市级、区级分别为7家、18家、11家。

有幼儿园88所（含民办独立园79所、民办附属园4所、公办独立园9所、公办附属园46所）、小学38所（公办33所、民办5所）、初中19所（其中公办单设初中6所、民办单设初中1所，公办九年一贯制12所）、高中9所（公办高级中学2所、公办完全中学2所、公办十二年一贯制2所、民办十二年一贯制3所）、特殊学校1所（公办）、中职5所（其中公办3所、其他部门办2所）、工读学校1所（公办）；在校学生78670人，其中高中生15389人、初中生20665人、小学生42616人；义务教育阶段入学率为100%。有图书馆1个，文化馆1个，文化站17个（含图书室）。有卫生机构623个，卫生技术人员8419人。城乡居民医疗保险参保人数31.16万人，城乡居民社会养老保险参保人数6.55万人。

【年度农业和农村经济运行】 2019年，全区农林牧渔总产值达24.54亿元，增长3.3%，其中农业产值12.52亿元，增长10%；蔬菜、核桃、食用菌等特色优势农产品产量保持稳定增长。农村居民年人均可支配收入达13558元，增长10.9%。全年流转耕地（30亩以上）0.23万亩，增长0.97%。

2019年利州区主要农产品产量

主要农产品	单位	产量	同比(%)
粮食	万吨	7.97	1.4
水稻	万吨	2.59	0.5
小麦	万吨	1.29	2.8
玉米	万吨	2.96	1.3
马铃薯	万吨	0.64	3.4
油菜籽	万吨	0.3	3.4
蔬菜	万吨	42.15	1.9
水果	万吨	2.63	0.9
肉类	万吨	1.51	-17.8
猪肉	万吨	1.17	-23
牛肉	万吨	0.1	0.11
羊肉	万吨	0.05	0.06
禽肉	万吨	0.19	0.02
兔肉	万吨	0.004	0.9
禽蛋	万吨	0.24	4.8
水产品	万吨	0.43	-9.4

农业产业化发展。一是规模化特色优势产业基地建设。全区建立科技示范基地2个，新（改）建粮油基地0.8万亩。新（改）建现代经作基地0.5万亩，新建现代农业融合示范园2个、农业主体公园2个、休闲农业专业村3个、家庭农场省级示范场4个、现代农业园区1个。全区龙头企业固定资产总值达20.1亿元，实现销售收入61.1亿元，其中省级龙头企业实现销售收入45.4亿元、市级龙头企业实现销售收入10.2亿元、区级龙头企业实现销售收入5.5亿元，纯利润达4.3亿元，上缴税金0.73亿元，获得各类知识产权81项，带动农户33884户，龙头企业农户带动面达67.8%。建立农民专业合作社483家，其中创建国家级农民专业合作社示范社3家、省级示范社12家、市级示范社30家。累计认定龙头企业36家，其中省级7家、市级17家、区级12家。

农村集体产权制度改革。全区完成176个村1051个组的集体经济组织成员确认，共确认成员18.33万人；全面完成176个村1051个组的集体资产资源的清产核资，共清理资产总额10.24亿元（其中经营性资产0.53亿元）、资源27.87万亩。完成股权量化工作，按照“只设个人股、不设集体股”，“生不增、死不减、可继承、可内部转让”的股权静态管理原则，将资产资源均等量化到成员，资产以股量化，资源以份量化，共量化资产10.24亿元、资源27.87万亩。建立市场运行法人，按照“一司三社”模式，挂牌成立农村集体经济组织283个，其中集体资产经营管理有限责任公司1个、集体股份经济合作联合社248个、集体经济合作联合社34个，农村集体经济组织挂牌率达100%。登记发证集体经济组织283个，其中农业农村局登记发证282个、工商局注册登记1个。健全集体资产监督管理体系，建强区、乡、村三级农经管理体系，配齐配强管理人员，每个乡(镇、街道)落实1 ~ 2名专(兼)职干部。完善农村集体经济组织登记、集体经济发展重大决策报告、审计等办法和制度。同时，指导集体经济组织建立健全集体经济组织成员登记、股权管理、年度收益分配等制度。

农产品品牌战略实施。一是有机农产品认证推进有力。与区质监局联合制定了《利州区有机产业发展规划(2018年—2023年)》，指导大石镇五一村的桃子、橄榄、核桃，龙潭乡的无花果，大石镇和荣山镇的稻谷相继获得有机转换证书，金洞乡和白朝乡的香菇、木耳相继获得有机证书。二是开展“三品一标”认证工作。新认证无公害农产品3个、绿色食品1个、有机产品2个，全区“三品一标”农产品累计达51个。三是开展品牌宣传推介。全年参加省、市农业部门组织的到北京、兰州、成都等地开展的农产品推介活动10次，参展企业48家次，展销收入2100万元。推介利州香菇、利州橄榄油、利州杜仲山鸡、月坝石斛、正友皮蛋等特色区域品牌，不断提升利州区农业品牌的知名度。

现代农业园区建设。全区围绕服务城市、富裕农村的工作思路，把握市场需求导向，集聚土地、资本、科技、人才、信息等现代要素，以打造月坝高山湿地特色小镇为契机，成片推进利州西片区乡村振兴示范片建设，打造“清江流彩，富乐田园”，实现“五园”共建，全面完成新建三江现代农业园区和巩固提升月坝现代农业园区的各项建设任务。为推动农业农村工作发展、实现农业与二、三产业深度融合，构建现代农业和城乡一体化发展新格局，促进农业增效、农民增收和农村繁荣，成为实现乡村振兴产业兴旺的坚实基础和核心载体。园区核心区月坝村被农业农村部命名为“中国美丽休闲乡村”，徐家村被农业农村厅命名为“省级农业主题公园”。园区举办了2018年四川美丽田园欢乐游暨月坝山珍节、2019年四川省第三届村长论坛暨村社发展大会，受到省、市领导和群众好评。月坝村在“十一”期间日接待游客达2万余人，月坝村已成为广元市网红打卡地，排名百度广元必游景点第六名。

【种植业】 全区新建城市调节蔬菜基地面积1280亩，其中大棚200亩、露地蔬菜基地面积1080亩；蔬菜种植面积22.7万亩，产量53万吨；新增商品菜0.35万亩，新增蔬菜产量1.2万吨。三江现代农业园区种植露地蔬菜900亩，灵芝50亩，香菇、木耳300万椴(袋)，道地药材300余亩；栽植梨树150亩，栽植杏树及部分甜柿400亩。

【林业】 注重园区示范，加快产业发展。一是巩固提升大荣、宝轮菖溪河等现代林业园区，对现代林业园区进行全面提质增效，完成园区核桃、油橄榄丰产管理1万余亩；规划建设以“一区四园六带”为主要内容的利州木本油料现代林业示范区，重点打造大荣木本油料园区，实施园区核桃补植补栽600亩、品种改良1200亩、丰产管理1800亩，开展油橄榄补植补栽500亩、品种改良600亩、丰产管理1200亩，完成套种林下芍药、金丝皇菊2000亩。二是实施核桃品种改良3万亩、丰产管理5万亩，油橄榄品种改良3000亩、补植补栽7000亩；发展木质食用菌4800万锻，产量4800吨；在大石、工农、三堆等乡(镇)新建笋用竹基地5000亩，抚育改造5000亩；发展石斛、芍药等林下种植和林业养殖等林下经济1万亩。三是完成龙潭旅游区赏花经济产业基地蜡梅栽植100亩、芍药种植50亩，规范建成花卉苗圃100亩。开展白朝月坝特色小镇旅游沿线赏花经济带建设，新栽植墨西哥鼠尾草1.5万平方米、金丝皇菊200亩，巩固提升乡土树种主题大道建设18千米，全面完成年度建设任务；规范建成赤化镇“花花世界”核心区花卉观赏基地400亩，累计接待游客突破20万人次。全区全年实现林业综合产值31亿元，农民从林业人均获得收入达3675元。

【畜牧业】 重点将突破性发展肉牛(肉羊)养殖、加快推进剑门关土鸡产业、稳定生猪生产、实现畜禽粪污资源化利用和助力脱贫攻坚作为重要任务，推进全区现代畜牧业发展，全区现代畜牧业发展趋势向好，适度规模养殖比例提高4%，规模养殖畜禽粪污综合利用率达82.61%，畜禽养殖场配备粪污处理设施设备达95%以上。全年出栏生猪16.4万头；出栏肉牛0.85万头，增长10%；出栏肉羊3.3万只，增长6%；出栏家禽154万羽，增长12%。

【新村建设】 全区累计投入资金1.8亿元，建成幸福美丽新村17个、扶贫新村4个，提升改造新村集聚点9个，分别创建省级“四好村”11个、市级“四好村”22个。金洞乡松柏村、荣山镇宋坪村等8个村被命名为省级传统村落，白朝乡月坝村入选“全国森林小镇”并被评为“全国最美森林小镇100例”。全区率先启动月坝乡村振兴试验区、龙潭乡村振兴示范带和14个乡村振兴示范村建设，其中月坝乡村振兴试验区产业发展初具形态，公共服务、基础设施、社会治理等加快完善；龙潭乡村振兴示范带完成规划初稿，14个乡村振兴示范村建设有序推进，赤化镇泥窝村等16个村被评为“最美村庄”。

【农村扶贫和移民工作】 全区脱贫成效实现巩固提升。一是产业扶贫助力脱贫攻坚。制定《广元市利州区优质粮油和七大全产业链发展2019年工作清单》，编制《利州区2019年产业扶贫工作要点》，为全区高质量发展农业特色产业和产业扶贫提供了政策保障；结合贫困村产业发展现状，发挥产业示范带动效应，大力发展绿色果蔬、生态养殖、道地中药材等特色产业。全区农村集体经济经营性收入共实现598.27余万元，人均达32.53元，其中54个贫困村实现129.11万元，人均达35.77元。二是立足全区特有的“纵横立体”科技扶贫工作联动新模式，推行“三诊式服务”新做法，开展科技培训与技术指导工作。全区派出坐诊式服务人员1900人次，接待群众18000余人次，发放技术资料27000余份。全区巡回式服务派出服务团专家110批次、350余人次，培训11000余人次，发放资料18500余份。15个巡回服务小组开展巡回技术指导1200余次，培训指导贫困户13000余人次，发放技术资料19400余册(份)；在关键农事季节驻村开展技术指导服务570余天。54名驻村农技员问诊式服务全区建卡贫困户、产业发展户14000余户次。全区开展技术培训2900余次，培训34500余人次，其中在关键农事农时季节在贫困村开展技术培训440余次。开展常态化的入户入地技术指导产业农民近4万人次。三是农村能源扶贫有序推进。利用农村闲置沼气池，全年“沼改厕”2260口，解决了农村厕所粪污污染治理难题。四是部门帮扶工作扎实有效。对帮扶的荣山镇中口村、槐树村，围绕发展生态民俗旅游，制定《广元市利州区农业农村局2019年部门帮扶工作重点》。四是累计建成村特色产业园128个，户办产业园1.5万个，培育新型经营主体54家，累计建成星级农家乐61家；持续开展送政策、送技术、送信息、送项目等活动和“农业技术零距离”行动，促进和带动农民增收致富。五是产业扶持基金带动强。累计为全区54个贫困村筹集产业扶持基金2064.3万元，村均38.23万元；累计使用产业扶持基金1901.11万元，占筹集基金总额的92.1%。累计为52个非贫困村筹集产业扶持基金500万元，村均9.62万元；已使用产业扶持基金437.73万元，占筹集基金总额的87.55%。“两项基金”解决了约1.6万名贫困人口产业发展缺乏启动资金的难题。

【乡村旅游】 全区不断丰富农、旅产品体系，加快形成“以农促旅、以旅强农、产业融合、优势互补”的发展新格局，助推广元市建设中国生态康养旅游名市，为利州区建设综合实力一流的现代化市辖区贡献了重要力量。一是科学规划布局。按照“全域打造、系统规划”的理念，推动农业旅游产业健康快速发展。以实施“乡村振兴”战略、中国生态康养旅游名市建设为契机，找准利州区农旅融合及各大产业发展的目标定位，以规划为先导有序发展休闲农业和乡村旅游，在“近城、靠景、依产、沿路”的布局基础上形成空间上的资源开发梯度和时间上的淡旺季调配，避免重复建设，实现景区（景点）间的资源互补，持续提升全区休闲农业和乡村旅游整体品牌形象。重点依托“四山两湖”（黄蛟山、天曌山、南山、黑石坡、白龙湖、栖凤湖）的地理格局，加快编制《利州区全域旅游发展规划》，加快构建“一心三带五基地多组团”多点多极康养旅游布局形态，推动农旅产业同频共振。二是加强项目支撑。全区共谋划实施项目59个，计划总投资300亿元，先后培育打造了天曌山国家4A级景区、月坝旅游小镇、女皇温泉、漫天岭国际滑草场、南山芳香农业公园、菖溪河漂流、山水欢歌、竹子溪湿地公园、水韵井田等一批景区（景点），提升了全区旅游品质。三是做强乡村旅游。利州区先后被评为中国优秀旅游城市、省级乡村旅游强区、省级乡村旅游示范区，全区乡村旅游接待游客1543.8万人次，实现收入52.9亿元，分别增长26%和15%，占全区旅游人数总数、收入总数的60%以上。

【农业机械化】 全区新建和改造提灌站11座；非税罚没收入0.812万元；新增农机总动力0.22万千瓦，农机合作社机械化服务面积5700亩；拖拉机年检率为75%，无违规上牌和发证，全年无重大及以上农业行业安全生产事故发生。

【农村科技】 全年完成新型职业农民培育培训291人，含生产经营型208人、专业服务型72人，其中生产经营型分为生态养殖培训班42人、优质粮油培训班45人、线上线下融合试点特色水果培训班55人、绿色蔬菜培训66人；专业服务型为农药经销员培训班72人。组织新型职业农民11人分别参加2018年度现代青年农场主第二期培训、2019年度现代青年农场主培训班及“省级农业职业经理人”“市级农业职业经理人”培训学习。合作共建龙潭乡利州红梨农业科技示范基地、宝轮镇生态果蔬种植农业示范基地2个农业科技示范基地，遴选并培育科技示范户180户。培训农业技术推广人才205人次。

【农村生态建设及环境保护】 加快农村人居环境整治，抢抓被列入全省农村人居环境整治重点县契机，全面实施农村人居环境整治“4+2”专项行动。完成聚居点污水治理项目26个；新（改）建农村公厕14座，完成农村户用卫生厕所改造21126户；农村生活垃圾得到有效治理的行政村比例达100%。

【农产品质量安全监管】 加强农产品质量安全监管，创新监管模式。制定《广元市利州区农产品质量安全“黑名单”管理办法》，加强生产环节巡查和农产品质量安全知识宣传，完成风险监测任务，提升检测水平。全年定性检测农畜水产品样品10300余批次，合格率达100%。区级农产品检验监测中心通过检验检测机构省级能力验证考核。创建市级农产品质量安全示范乡（镇）2个、区级农产品质量安全监管示范村3个，创建为国家农产品质量安全示范区，全区全年无重大农产品安全事件发生。

【农业项目投资】 全区完成固定资产投资入库3.28亿元。全年入库特色水果产业示范园建设项目、梨树农业发展基地、广元市利州区现代农业发展工程果蔬类冷链物流集配中心、生态休闲农业项目4个，项目总投资0.81亿元；协助乡（镇）入库利州区农业综合开发高标准农田建设项目、工农镇小岩村现代农业园区建设项目、白朝乡精品葡萄产业园建设项目和广元市利州区上西街道吴家濠村股份经济合作合作社等项目8个，项目总投资1.05亿元。

【主要领导人】 区委书记：刘襄渝；区人大常委会主任：陈内召；区长：唐文辉；区政协主席：陈蕾；分管农业副区长：张磊。

利州区编写组

昭 化 区

【基本情况】 2019年，全区辖12镇，辖区面积1433.47平方千米，其中耕地面积42.01万亩、基本农田30万亩。年末总人口23.4万人，人口出生率10.02‰，人口自然增长率3.44‰。水资源年平均总量113亿立方米，年末有效灌溉面积14.09万亩。有林业用地8.2667万公顷，活立木总蓄积量831.4173万立方米，森林覆盖率57.03%。

2019年，全区GDP65.24亿元，增长9.8%，其中第一产业增加值15.96亿元，增长3.5%；第二产业增加值25.11亿元，增长10.5%；第三产业增加值27.92亿元，增长11.5%。

公路通车里程3540千米。社会消费品零售总额26.69亿元，增长11.7%。地方公共财政预算总收入完成2.21亿元，增长15%。农业产业化龙头企业省级、市级分别为3家、13家。

有各类学校65所，在校学生14723人，教职工1565人，其中普通中学14所，在校学生5363人；小学36所，在校学生6308人；学龄儿童入学率100%。有文化馆1个，公共图书馆1个，博物馆1个。有卫生机构265个，病床位1050张，卫生技术人员957人。新型农村合作医疗参合人数19.4万人，参合率100%；新型农村社会养老保险参保人数12.81万人，参保率61.92%。

【年度农业和农村经济运行】 2019年，全区出台了《广元市昭化区乡村振兴战略规划（2018—2022年）》和《关于坚持农业农村优先发展全面推进乡村振兴的实施意见》等一系列配套文件。全年实现农牧渔业总产值24.61亿元。农民年人均可支配收入达12935元，增长14.1%。科技对经济增长的贡献率达59.2%。全区农产品质量抽检合格率达100%。

2019年昭化区主要农产品产量

主要农产品	单位	产量	同比(%)
粮食	万吨	12.55	0.6
水稻	万吨	6.85	0.1
小麦	万吨	0.76	–1.7
玉米	万吨	4.06	1.5
豆类	万吨	0.45	–0.7
薯类	万吨	0.97	2.2

续表

油料	万吨	2.64	1.6
蔬菜及食用菌	万吨	38.98	7
肉类总产量	万吨	4.38	4
禽蛋总产量	万吨	0.22	29
出栏生猪	万头	58.52	2.3
牛	万头	0.67	3.5
羊	万只	5.46	−0.9
家禽	万只	1246.78	6

现代农业园区建设。坚持“三园联动”“四级同建”，推进产业高质量发展。统筹布局国家、省、市、区四级现代农业园区，累计建成市级以上现代农业园区11个、乡村特色产业园291个、户办产业小庭院8000个。围绕“补齐短板、壮大主体、延长链条、建活机制”等工作重点，改造提升百安、金石等已建成园区，梯次推进已建成市级园区体质增效、提档升级，创建双凤省星级现代农业园区。

【种植业】 稳定基本农田32万亩，建成高标准农田2.91万亩，启动高标准农田建设1万亩。全年粮油作物播种面积45.16万亩，粮油产量12.55万吨；建成优质油菜、小麦、马铃薯基地23万亩，发展大春优质粮油生产订单面积18万亩。引进新品种44个，其中水稻品种26个、玉米品种8个、油菜品种10个。开展草地贪夜蛾、稻水象甲等重大作物病虫害统防统治40万亩次，防治率达100%。农作物良种覆盖率达95%以上。全年抽送检农产品26379例，合格率达99%；纳入农产品生产监管经营主体1300个，覆盖率为96%。完成农产品安全培训5000人次。农产品投入品执法198人次，取缔农产品安全隐患企业15家，查封伪劣农资经营商铺4家，全年无重大农产品生产安全事故，昭化区通过全国食品安全县创建答辩。

【林业】 推进“绿化全川昭化实践”，全区森林覆盖率达56.27%。开展退耕还林抚育补植，巩固退耕还林9.38万亩。推进天保工程二期建设，依法管护森林资源120万亩。全区共有国家级湿地公园1个、省级森林公园1个、省级自然保护区1个。

【特色产业】 按照“百亿全产业链”发展思路，发展重点特色产业5个，围绕“一核一带”，采取“路轴布局、连片开发”，新建猕猴桃基地1.2万亩，避雨大棚设施1400亩，脆桃、脆李特色水果基地8000亩，新建剑门关土鸡扩繁场21个、生猪扩繁场2个。年出栏剑门关土鸡360万羽、生猪39万头、生态肉牛2.1万头、肉羊3.9万只，水产品产量0.9万吨。完成市政府下达的50吨冷冻肉储备任务。猕猴桃产量1.8万吨，脆桃、脆李、核桃等特色水果产量1.2万吨。新增产地初加工点9个，实现农产品加工转化率65%；新建冷藏保鲜库4个，冷藏烘干能力达5万吨；新建先进冷链配送中心1个，冷链运输率达60%。全年特色农产品总产值达42亿元，增长3.13%。

【产业支撑】 实施“互联网+”行动，开展“农超对接”活动，依托昭化古城、剑门蜀道等文化旅游资源，发展“香约桃博园”“五房白鸡园”等农旅融合新业态。围绕“化肥农药减量增效”，全面推广测土配方施肥和摸下精准滴灌水肥一体化技术；围绕“清洁生产”，实施废弃农膜、投入品包装定点回收，新建粪污无害化处理及资源化利用设施9处，实现农业废弃物资源化利用及回收处置率98%；实施“质量兴农”行动，建立农业生产准入负面清单、经营主体生产档案、农产品质量安全追溯制度，配套建设追溯平台71家，实现主导产业追溯华管理覆盖率达80%。完成农产品质量抽检428次8385个样品，检验合格率为100%。完成紫云猕猴桃专业合作社、天雄关蔬菜专业合作社等无公害农产品换证15个，广元市山清米业有限公司生产的昭化贡米、稻渔生态米、王家贡米、荷花香米4个产品被认定为绿色食品A级产品，天埌农业、仙和甜柿等26个产品获得有机（转换）证书，全区有效期内“三品一标”农产品数量达78个。参加绿博会、西博会等各类展览会5次，稻渔米获得全国稻渔米评比金奖；举办王家贡米营销订货会、紫云猕猴桃营销订货会等营销订货会4次，在各类展销会上签订农产品订购合同金额4800万元。农产品质量检测中心通过省级“双认证”，全年无重大农产品质量安全事故发生。创建为国家农产品质量安全县。

【农村改革】 探索推出“集体资产变股权、财政资金变股金、合作经营分红利”的集体资产改革昭化路径，完成土地承包经营权确权颁证。实施壮大集体经济工程，扶持壮大贫困村集体经济63个，实现经营性收入525.46万元，确认集体经济组织成员21.78万人。按照“户改场、场入社、社接会、会连市”的发展路径，培育发展家庭农场93家、农民合作社41家，建成益农信息社170家，带动农户5.78万户。组建专家服务团15个，派驻农技巡回服务组29个，到位驻村农技员63人，培训产业实用人才3500名、农业领军人才120名、新型职业农民450人。争取中央、省项目资金1.98亿元，东西部扶贫协作项目资金0.113亿元，完成固定资产投资入库4.5亿元，出库3.059亿元，撬动社会投资5.3亿元，启动大型建设项目33个。盘活农村闲置宅基地1500亩，流转土地4300亩、林地9.48万亩，实现抵押贷款720万元。

【乡村振兴】 出台乡村振兴规划，厘清实施乡村振兴思路。成立实施乡村振兴战略领导小组，明确三级书记抓乡村振兴职责。编制出台《关于坚持农业农村优先发展全面推进乡村振兴的实施意见》《广元市昭化区乡村振兴战略规划(2018—2022年)》《广元市昭化区2019年乡村振兴示范创建实施方案》等规划方案，实施人居环境“三大革命”，打赢人居环境整治首场硬仗。出台《广元市昭化区人居环境整治三年行动实施方案》《2019年农村人居环境整治试点示范实施方案》，突出示范引领，精准打造美丽宜居村落，打造特色场镇73个。有序推进垃圾分类处理，推动生活垃圾有效治理，乡（镇）垃圾中转站覆盖率达100%，有效治理率达95%。实施厕污共治，采用“污水管网管城镇、人工湿地管乡村、化粪池管农户”的建设模式和“三个三”的农村户用厕所改造模式，通过改建结合，实现改厕和农村生活污水治理有效衔接，新建无害化厕所3536户，改厕12000户，实现户用厕所普及率达100%。配置污水处理设施165处，生活污水处理率达75%。完成河塘清淤、房前屋后黑臭水整治，实施五级路网美化、宜居乡村美颜、污染综合整治三大行动，全覆盖建立四级农膜回收处理体系，村级公共服务占比为100%，危旧房改造工作受到国务院督查组的激励奖励。全面完成临港花果长廊2019年市级先行先试试验区建设，完成省级乡村振兴先进乡（镇）昭化镇建设任务，昭化镇天雄村、战胜村，射箭乡晒金村创建为省级乡村振兴示范村。

【统筹城乡与新型城镇化】 城市综合开发建设持续推进，汽车站片区、农资公司片区等棚改工程稳步实施，碧桂园·月亮湾、卡尔城二期加快建设。市政基础设施配套不断改善，新建雨污管网9.3千米，城区道路改建、滨河路改造提升等项目基本完工。城市景观不断丰富，俏姑娘山和福寿山提升工程加快推进，平乐绿道全面建成，新增城市绿地2万平方米，全国园林城市创建成功，全国文明城市创建取得实效。全区城镇化率达37.68%，提高1.26个百分点。建成区面积3.99平方千米，人均公园绿地面积20.47平方米，建成区绿化覆盖率、绿地率分别为36.37%和31.49%。拓展“百镇建设行动”，王家棚户区改造项目全面启动，建成国家级重点镇2个，昭化镇获得“四川最美小镇”称号。

【扶贫攻坚】 全年围绕农业产业扶贫专项年度目标任务和扶贫领域突出问题进行整改，投入资金1.02亿元(其中中央资金1501.79万元、省级资金6556.58万元、区级资金430万元、东西部协作资金1130万元、社会资金4079.45万元)，统筹推进当年扶贫任务与实现稳定脱贫协调、高质量脱贫退出与乡村振兴相互促进，扶持2019年拟退出的荣华村、佛岩村、艺丰村、玉莲村4个贫困村依靠产业拟脱贫733人产业发展，巩固提升59个已退出贫困村和依靠产业已脱贫的17857人产业发展，贫困村村集体经济分红达13元。

【乡村旅游】 推动文旅融合发展，重点景区品质实现上档升级，柏林院子、广元窑文创产业基地、昭化院子、张家大院、柏林古镇二期风貌改造等16个项目加快推进，推出广元市首部沉浸式演艺《葭萌春秋》、夜色酒吧等旅游新业态，建成葭萌驿、詹林小筑等精品民宿，新建栖凤峡旅游区，建成卡尔温泉小镇、肥肠美食街、平乐休闲绿道等新型旅游项目，桃博园、红军山创建为国家3A级景区。全区全年接待游客728.55万人次，实现旅游总收入62.89亿元。

【农村水利】 全年完成病险水库整治6座，新增高效节水灌面3000亩。农村户用自来水实现全覆盖，农村安全饮水经验在全省推广。全区有效灌溉面达14.09万亩，新建(整治)渠系35千米，治理水土流失面积31.5平方千米。

【农业机械化】 全区有农机户21471户、从业人员21530人，农机总动力达32.21万千瓦，主要农作物耕、种、收综合机械化水平为61%。培育农机专业合作社7个、机械修理网点30个、农机零配件销售点46个。

【农村科技】 申报省级科技计划项目10项，实施省、市科技计划项目立项9个，争取省、市科技项目资金203万元。取得“藤椒精品园建设及精深加工研究与示范推广”等市级科技成果4项，全年转化科技成果20余项，科技成果转化产值达20.5亿元。培育天垠农业、香香嘴食品等国家级科技型企业6家，新增市级科技型中小企业11家，高新技术产业主营业务收入完成6.97亿元。推动食典豆豆香与四川大学、浩翔农业与西南科技大学、四川俊业与西南大学等签订校企合作协议8项，完成技术合同认定登记额800万元，通过校企合作，建立食用菌工程技术中心1家，石墨硅负极材料、羊血清提取等实验室5家。

【农村文化】 全区有文化馆1个、公共图书馆1个、藏书总量9.5万册、文化站28个、村级文化活动室210个、博物馆1个。有文艺协会8个、文艺团体35个，全年创作各类文艺作品50余件。全年共放映农村公益电影2866场次，放映校园爱国主义电影280场次。

【农村卫生】 全区建立居民健康档案18万份，规范建档率达82%。区中医院、区疾控中心创建为二级乙等医疗卫生机构，并按需配齐乡(镇)全自动生化分析仪、DR等医疗设备。明觉、梅树等4个乡(镇)卫生院被评为全国满意乡(镇)卫生院，巡回诊疗惠及8万余人次。

【农村法制建设】 出台《广元市昭化区关于进一步规范政府合同、规范性文件合法性审查程序的通知》(昭府办函〔2019〕42号)，明确政府合同、规范性文件合法性审查流程，规范性文件实行“三统一”制度。加快推进“互联网+政务服务”，一体化政务服务平台延伸到全区134个村，实现区、镇、村政务服务“一张网”，基本实现政务服务事项网上办理。按照“一个领域一支执法队伍”原则设置了农业、文化市场、市场监管、交通运输四个领域综合执法机构，纳入综合行政执法局的行政执法权132项。全区建成三级调委会272个，人民调解入驻派出所7个，聘用调解员1526个，全年调处矛盾纠纷1481起，《“1234”体系助力智能平台添翼推动矛盾纠纷多元化解工作提质增效》被省多元化解办汇编刊发。以便民服务站、村级调委会、基层司法所等为载体，全区建成镇、村公共法律服务中心(站、室)106个，法律援助联络点293个，全年办理各类法律援助案件300余件，挽回经济损失近300万元。区法律援助“五零”服务工作经验被“四川普法”微信公众号宣传推广。

【农村交通】 在22个乡(镇、街道)18个贫困村和38个非贫困村中新建村道31.2千米，加宽村道43.99千米，新建通组道路91.74千米，新建明觉五房、柳桥小寺山等园区道路11.921千米，实施危桥重建工程1座，投资近1.5亿元。

【农村社会保障】 全区城乡居保覆盖人数12.92万人，参保缴费人数7.26万人。培育返乡创业实体507个。转移输出农村劳动力7.9万人，实现劳务收入19.3亿元。新型农村合作医疗覆盖面100%。

【农村生态建设及环境保护】 全面完成中央环保督察“回头看”反馈问题整改。逗硬落实河(湖)长制，完成城区饮用水源地迁建，城乡集中饮用水源地水质达标率达100%，主要河流水质保持在Ⅱ类以上。开展秸秆禁烧、城市扬尘等专项治理，城区空气质量优良率稳定在93.5%以上，进入全省第一批秸秆全域综合利用试点县。挂牌整治面源污染57处，建成区、乡、村三级农膜回收体系，土壤环境质量保持稳定。全年生活垃圾无害化处理率达100%，污水处理厂集中处理率达95%。

【农村市场体系建设】 全区农村金融机构各类存款余额862110万元，增长10%；金融机构各类贷款余额511319元，增长21.4%。全年农村保险全年保费收入14438万元，增长0.6%。实施“互联网+”，创建农产品电商示范基地、微商城昭化特色馆等，培育农村电商经营主体94家，昭化区创建为全国电子商务进农村示范县(区)。

【主要领导人】 区委书记：陈正永；区人大常委会主任：贾小玲；区长：龙兆学；区政协主席：石含玖；分管农业副区长：付健。

昭化区编写组

朝 天 区

【基本情况】 2019年，全区辖12个乡(镇、街道)，辖区面积1613平方千米，有人口21万人。

【乡村振兴】 制定出台《关于开展“兴乡行动”的实施意见》《关于开展“城乡融合行动”的实施意见》《朝天区农村人居环境整治三年行动实施方案》《关于实施乡村振兴战略全面做好2019年农业农村工作的意见》等文件，完善实施乡村振兴战略“1+4+N”框架体系。完成曾家山乡村振兴先行先试市级试验区建设任务，建成“朝—羊—蒲”幸福美丽新村升级版。推进农村人居环境整治，100%的行政村生活垃圾得到有效治理、71.8%的行政村生活污水得到有效处理，农村卫生厕所普及率达92.5%，畜禽粪污资源化利用率达85%以上。推进全域新村建设，完成曾家、羊木2个片区和转斗核桃产业园区全域新村建设任务，涉及农户11340户（其中转斗镇620户），全区新农村建设覆盖96%的行政村、92%的农户。

【项目建设】 完成"多彩曾家山"项目年度建设任务，种植花卉2665.5亩。黑山羊全产业链农旅融合项目一期建成投产，建成标准化种羊圈舍10000平方米、配套设施2000平方米，引种黑山羊1000只。建成高标准农田3万亩、高效节水灌溉0.2万亩，新建沼气集中供气工程2处。争取国家现代农业产业强镇项目和省级现代农业园区培育项目等重大项目5个，招引洪鑫食用菌产业基地建设亿元项目。

【现代农业园区建设】 平曾现代农业园区创建为市级等级园区，拟争创省级星级园区；启动并建成羊木现代农业园区；启动平溪蔬菜、曾家山土鸡、中子核桃、羊木食用菌、羊西食用菌5个老园区的提质增效工作，完成两河口现代农业园区年度提升任务。新建户办特色小产业园1031个，巩固提升村特色产业示范园253个、户办特色小产业园21481个。

【农产品品牌战略实施】 朝天区入选首届美丽中国田园博览会"十佳田园城市"，创建为"中国生食蔬菜之乡"、朝天核桃中国特色农产品优势区。注册"曾家山·露地好菜"商标，曾家山甘蓝、朝天核桃进入全国特色种植产品目录，李家乡（蔬菜）被评为全国"一村一品"示范村镇。全区累计认证"三品一标"农产品71个，新认证"三品一标"农产品47个，其中有机（有机转换）产品认证证书27张、产品43个，绿色食品A级认证3个，无公害农产品认证1个；蔬菜有机转换认证面积1.12万亩，水果、花生等认证面积0.23万亩，黄羊、黑山羊等认证规模200余只。

【扶贫攻坚】 持续推进集体经济发展扶贫，退出的4个贫困村人均集体经济经营性收入达30.41元，完成目标任务的202.7%；60个贫困村人均集体经济经营性收入达27.69元，增长43%，完成目标任务的430%；150个非贫困村人均集体经济经营性收入达11.53元，完成目标任务的192.2%。牵头抓好产业扶贫、宜居乡村建设扶贫，全面完成3个乡（镇）6个村（其中贫困村2个）和文安乡郭家村1个组共198户贫困户的脱贫攻坚年度帮扶工作任务。

【非洲猪瘟防控】 全区设立非洲猪瘟防控临时检查消毒站点158个，截至2019年年底，优化至53个，严格执行24小时值班制度，落实全区非洲猪瘟防控物资采购经费60.94万元。严格开展应急工作，处置重大疑似病例13起，未造成疫病扩散蔓延。健全监测链条，坚持日常监测排查，监测非洲猪瘟样品2223份，签订承诺书490份，发放告知书1024份；开展基层兽医技术人员集中培训3期，现场指导360人次，指导操作人员1500人；发放非洲猪瘟防控宣传资料15000份，张贴标语160条，集中培训防控"明白人"3000人次。全年累计监督检查入川生猪车辆133车5.6653万头，生猪产品1271车28328.3吨，防止了非洲猪瘟外来输入。

【农村法制建设】 加强执法体系建设，规范农业行政执法行为，全年年检执法证件91个，新申领农业综合执法证3个；对办理的32件行政处罚和18件行政许可案卷进行了评查，合格率达100%，优秀率达80%，执法和服务对象的满意率达95%以上；备案重大行政处罚案件47件。落实"放管服"工作，及时清理"最多跑一次""全程网办"事项，严格落实"双随机一公开"的执法监管模式，完善"两库一单"。规范行政审批，推动行权管理工作和四川省一体化政务服务平台建设，推进"两法衔接"信息平台应用。全年共办理行政审批事项10项，许可8073件，不予许可2件，按时办结率达100%，群众满意率达100%；共运行22项55873件，实现行政权力事项在一体化政务服务平台运行率达100%。制定并实施《2019年朝天区农业法治工作要点》，推进农业系统依法治区各项工作，全年共受理调解各类纠纷31起，调解成功率达95%。开展"送法下乡"活动11次，开展普法宣传6场次，发放宣传资料近20000份，接待群众咨询1100余人次，营造了浓厚的农业法治宣传氛围。

【主要领导人】 区委书记：蔡邦银；区人大常委会主任：梁黎；区长：伏玉琼；区政协主席：张晓春；分管农业副区长：杨金军。

朝天区编写组

旺苍县

【基本情况】 2019年，全县辖17乡18镇，辖区面积2987平方千米，其中耕地面积4.64万公顷。年末总人口45万人，人口出生率8.99‰，人口自然增长率2.74‰。

【文旅扶贫】 完成11个贫困村、83个非贫困村新（改、扩）建任务；提升86个已退出贫困村的综合文化服务中心建设、服务内容；组织开展"情暖百姓送文化（戏曲）下乡"活动210场次，组织开展公益电影放映4 224场；完成97个贫困村"农村实用技术"专柜建设任务；解决2 069户贫困群众看电视难问题；建设乡村少年宫1个、文化院坝7个。投资370万元，完成全县38个乡（镇、街道）352个行政村2个景区的广播升级改造，用互联网IP广播取代了传统广播功能，实现了自主交互式功能。全年按照6个片区进行日常工作督导100次，按7个片区进行验收迎检工作专项督导14次。东河镇凤阳村、龙凤镇人民村被评为"全省文化扶贫示范村"。探索总结文化广电扶贫经验的《打通"最后一公里"服务群众"零距离"》在《广元日报》刊登。三台县和昭化区文旅体局先后到旺苍县交流学习应急广播系统建设工作经验。全市文化行业扶贫工作现场会在旺苍县召开，通过脱贫攻坚成效考核和第三方评估验收工作。新建体育协会组织1个，完成全省国民体质监测旺苍监测点样本抽样检测800余人；完成2019年度"农民体育健身工程"器材安装和25个非贫困村健身器材发放工作；完成全县体育场地资源普查、"十三五"期间全县社会足球场现状调查以及四块新建或改建场地的选址上报工作。

【旅游提档升级】 全面启动米仓山大峡谷创建国家4A级景区、创建天府旅游名县"双创"工作以及省级全域旅游示范区和鹿亭贡茶温泉省级旅游度假区建设。召开全县文化和旅游发展大会，鹿亭温泉正式开业。新发展投资500万元以上、配套设施完善的农家乐3家。完成木门景区4A级市级复核工作、2016—2018年所建20座旅游厕所百度地图标注工作、2019年5座旅游厕所新（改）建工作。规范完善旅游引导体系建设，完善游客服务中心旅游咨询引导及特色产品宣传职能，为10个农家乐设置旅游标识标牌。推进旅游服务人性化、品质化，举办旅游安全、食品安全、应急管理等培训班3期。

【公共文化服务体系建设】 县图书馆、文化馆、美术馆、体育场馆、木门军事会议纪念馆和乡镇综合文化站、社区文化活动中心、村级文化活动室、农家书屋等馆（站、室）全部免费延时、错时向城乡群众开放，全年接待各地游客和本地城乡群众70万人次。举办腰鼓、手拍鼓、乡村支客、广场舞等各类培训班11期，共培训学员1 200人次。围绕"建国70周年"等主题活动，创作《不能没有你》《办酒》等优秀作品50件。举办重大节庆、主题展演等活动共13项39场次。开展中国·旺苍第九届米仓山采茶节、首届四川·旺苍高山杜鹃赏花节、第五届“红城杯”美术展等系列文化旅游活动，努力提升品牌文化活动的影响力。持续推动“书香红城”建设，组织开展“送图书下乡”、“美术进校园”、“诗意童年”、“4·23”世界读书日等系列活动40场次，同时采取政府购买服务方式，在全市率先开展“游泳课进校园”活动。指导乡镇（街道）和县级部门、体育协会组织开展群众性全民健身活动40余次，组织开展县级体育活动11次。

【文化市场监管】 全年出动执法人员370余人次、执法车辆24次，对全县景区、星级酒店（农家乐）、互联网上网服务场所、娱乐场所等人员聚集场所的消防安全、防火防盗、文明旅游、环境整治以及旅游餐饮场所食品安全等进行拉网式检查。签订《安全生产目标管理责任书》110份，发放《致全县人民群众开展扫黑除恶专项斗争的一封信》500份，填写《旺苍县扫黑除恶专项斗争问卷调查》近700份，摸排文化娱乐场所、旅游企业、广电行业共计127家，梳理、清理、整治行业乱点乱象，处理证照不全、违规经营等问题94条，上报涉恶线索2条。播出、推送各类“扫黑除恶”专项斗争的新闻、消息近80条，演出文艺节目60余个次。全年受理行政审批事项26件，办结26件，办结率、满意率均为100%。

【非物质文化遗产保护】 非物质文化遗产保护机制初步形成，举办非遗技艺培训班1期，申报旺苍端公戏为国家级非遗保护名录，木门醪糟、棕编等非遗产品在“文化和自然遗产日”广元主会场活动中展览，“木门会议会址”展陈提升大纲、展陈版式文本被省委宣传部审核通过并报中宣部终审。邀请市上专家对嘉川府衙旧址进行现场调研及评审，对旧址下一步的保护利用工作提出了意见及建议。

【文物保护】 开展文物“大调研”活动，先后争取和接待市文物专家樊建川、何新东等专业人士及其团队对全县革命文物、三线遗址、嘉川府衙旧址、民俗文化等文旅资源的保护利用工作“问诊把脉”、调研指导。木门会议旧址申报为全国重点文物保护单位。为全县29处文保单位设立保护标志碑。

【主要领导人】 县委书记：唐文辉；县人大常委会主任：朱桂桦；县长：余飞宇；县政协主席：赵俊科；分管农业副县长：谭江。

旺苍县编写组

剑 阁 县

【基本情况】 2019年，全县辖27镇30乡，辖区面积3204平方千米。年末户籍总人口64.83万人，其中乡村人口55.43万人、城镇人口9.4万人。年末城镇常住人口21.06万人，城市化率42.45%，增加2.42个百分点。人口出生率9.08%，人口死亡率6.74%，人口自然增长率2.34%。

2019年，全县GDP143.15亿元，增长7.1%，增速比全国平均水平高1.0个百分点，比全省、全市平均水平均低0.4个百分点，其中第一产业增加值36.66亿元，增长3.2%；第二产业增加值51.44亿元，增长9%（工业增加值36.63亿元，增长9.4%）；第三产业增加值55.05亿元，增长7.7%。一二三次产业对经济增长的贡献率分别为11.2%、52.2%和36.5%，分别拉动经济增长0.8个、3.7个、2.6个百分点。人均GDP28890元，增长7%。三次产业结构比由上年的26.2 : 35.1 : 38.7调整为25.6 : 35.9 : 38.4。

全社会固定资产投资完成额比上年增长12.5%。社会消费品零售总额61.69亿元，增长10.3%。地方一般公共预算收入完成3.51亿元，减少22.8%，其中税收收入1.91亿元，减少19.8%；非税收入1.6亿元，减少26.2%。地方一般公共预算支出38.54亿元，减少18.6%。年末金融机构各项存款余额207.65亿元，增长5.8%；金融机构各项贷款余额99.38亿元，增长11.8%。全年保费收入5.65亿元，减少0.1%。

公路总里程3697千米，其中等级公路3063千米、国道公路144千米、农村公路2644千米。公路运输总周转量42158万吨千米，增长15.8%，其中货运周转量40102万吨千米，增长17.8%；客运周转量20559万人千米，减少15%。

有各类学校121所（不含小学教学点），在校学生6.84万人，专任教师4752人，其中普通高中5所，在校学生0.79万人，专任教师803人；普通初中17所，在校学生1.24万人，专任教师1059人；中等职业教育学校3所，在校学生0.41万人，专任教师311人；小学61所，在校学生2.98万人，专任教师2256人；幼儿园33所，在园幼儿1.3万人，幼儿教师254人；特殊教育学校1所，在校学生102人，专任教师25人；职业培训机构1所，在校学生1050人，专任教师44人。全年专利申请量109件，其中发明专利申请量41件。新培育建立国家高新技术企业2家、省级科技扶贫示范基地1个。有艺术表演团体5个，文化馆1个，美术馆1个，博物馆（纪念馆）1个，乡（镇）综合文化站57个，公共图书馆1个（总藏书20万册）。

【年度农业和农村经济运行】 2019年，全县农林牧渔业总产值64.01亿元，增长3.2%。全年淡水养殖面积5040公顷，水产品产量8477吨，增长9.6%。全体居民人均可支配收入达19818元，增长10.9%。按常住地分，城镇居民人均可支配收入33663元，增加2991元，增长9.8%，人均生活消费性支出22123元，增长9.4%；农村居民人均可支配收入12919元，增加1236元，增长10.6%，人均生活消费性支出10881元，增长11%。全年新增综合治理水土流失面积20平方千米，除险加固小型病险水库11座；新建集中式供水工程408处，解决1.64万人的安全饮水问题。年末农机总动力达91.09万千瓦，增长2%。化肥施用量（折纯）2.93万吨，减少4.7%。普安城区过境公路及绵万高速剑阁段建设有序推进，新建通村水泥路326.1千米，提升改造县、乡道211.4千米。

【种植业】 全县粮食作物播种面积133.65万亩，增长0.3%；产量45.63万吨，增长0.5%，获得全省粮食“丰收杯”称号，其中小春粮食产量12.26万吨，增长1.5%；大春粮食产量33.37万吨，增长0.2%。经济作物中，油料产量11.84万吨，增长1.5%，其中油菜产量8.05万吨，增长2%；蔬菜产量35万吨，增长2%；烟叶产量0.31万吨，减少16.6%；药材产量0.51万吨，增长23.7%。

【畜牧业】 全年出栏生猪78.32万头，减少17.4%；出栏牛1.59万头，增长11.4%；出栏羊16.23万只，增长4.2%；出栏小家禽837.31万只，增长20.9%。肉类总产量7.64万吨，减少9.3%，其中猪肉产量5.83万吨，减少14.6%。

【林业】 全年完成营造林面积4499公顷，其中造林面积2153公顷。全县森林覆盖率达52.47%，提高0.71个百分点。有自然保护区2个，保护面积5.0572万公顷。实施核桃品种改良3.02万亩，挂果面积达2.5万亩，产量1.55万吨。

【乡村旅游】 剑阁县创建为全省首批十大天府旅游名县，跻身2019中国县域旅游竞争力百强县，剑门关景区获得第四届中国文旅产业“金峰奖”“中国高铁沿线十佳景区”“四川十大文旅新地标”等称号。承办第九届蜀道文化旅游节等活动。全年接待游客1000.2万人次，增长12.2%，其中景区接待游客500.85万人次，增长29.3%；实现旅游总收入122.9亿元，增长11.2%，其中实现票务综合收入2.9亿元，增长32.2%。

【农村文化】 建成1个县级应急广播平台、57个乡（镇）应急广播站、580个村（社区）广播室，广播覆盖率达98.7%；有线电视用户6.5万户，直播卫星用户3.2万户，地面数字电视用户1.6万户，电视覆盖率达98.2%；广播电视综合覆盖率达98.5%。有农村公益电影固定放映点57个，放映公益性电影2715场次。全年组织开展群众性文化活动85场次，开展各项文化专场活动15场次、"送戏下乡"文化惠民演出298场次。

【劳务开发】 全年开展劳动者技能培训2789人，劳务品牌培训400人；建立就业见习基地7个，发放见习补贴13.68万元；引领大学生创业23人，发放创业补贴23万元、小额担保贷款3391万元。全年登记入库农村劳动力32.07万人，组织召开招聘会26场；举办培训班139期，培训5000人。拓展输出渠道，全年转移输出劳动力23.95万人，实现劳务收入48.85亿元。

【农村社会保障】 农村基本医疗保障制度不断健全，城乡居民基本医疗保险实际参保人数52.72万人。全年享受农村最低生活保障40.5504万人次，发放保障金7076.28万元。全年救助困难群众51.45万人次，发放困难救助金12121.3万元。养老服务事业取得新进展，城乡社区居家养老服务覆盖率均达80%；"五保户"集中供养率达21.6%，发放"五保"供养金1373.25万元。

【主要领导人】 县委书记：张世忠；县人大常委会主任：张大勇；县长：范为民；县政协主席：孔金山；分管农业副县长：张晓军。

剑阁县编写组

青 川 县

【基本情况】 2019年，全县辖12镇8乡（2个回族乡）178个行政村（社区），辖区面积3216平方千米。年末户籍总人口225760人，其中女性109073人、男性116687人，分别占总人口的48.3%和51.7%；城镇人口50645人、乡村人口175115人，分别占总人口的22.4%和77.6%。年末常住人口21.4万人，其中城镇人口8.06万人、乡村人口13.34万人，人口出生率5.95‰，人口死亡率5.6‰，人口自然增长率为0.34‰。城镇化率为37.65%，提高1.48个百分点。全县森林面积236254公顷，森林覆盖率达73.77%。是国家重点生态功能区、首批国家全域旅游示范区、中国国家旅游最佳生态旅游目的地、国家生态原产地产品保护示范区、国家有机产品认证示范区、全国绿色食品原料标准化生产基地、"中国名茶之乡"、"中国食用菌之乡"。

2019年，全县GDP483180万元，增长6.9%，第一产业增加值104394万元，增长3%；第二产业增加值137903万元，增长9.9%；第三产业增加值240883万元，增长6.3%。三次产业对经济增长的贡献率分别为9.2%、49.9%、40.9%，分别拉动经济增长0.6个、3.5个、2.8个百分点。人均GDP22631元，增长6.6%。三次产业结构比由上年的22∶27.4∶50.6调整为21.6∶28.5∶49.9。

全社会固定资产投资增长12.5%。社会消费品零售总额240729万元，增长10.4%，其中乡村消费品零售额102076万元，增长9.9%。公共财政总收入（三级收入）完成50532万元，增长21%；地方一般公共预算收入完成24779万元，增长25%，其中税收收入完成15524万元，增长5.1%。一般公共预算支出实现185919万元，减少15.6%。年末各项存款余额947338万元，比年初增加41276万元，增长4.6%，其中住户存款余额667942万元，增长13.2%；年末各项贷款余额636071万元，比年初增加41599万元，增长7%。有各类保险机构共11家，实现各类保费收入19801万元，增长16.5%。

公路总里程2477千米，其中等级公路2075千米。全年完成公路运输周转总量36698万吨千米，增长15.8%，其中公路客运周转量5996万人千米，减少10.3%；公路货运周转量36098万吨千米，增长16.3%。全年邮政主营业务收入2948万元，增长10.7%。有固定电话用户23151户，减少16.8%；移动电话用户179983万户，增长3.7%；互联网用户53499户，增长14.6%。

有各类学校72所，教职工2433人（其中专任教师2284人），在校学生19812人，其中普通高中在校学生2437人、初中在校学生3153人、小学在校学生9205人；幼儿园22所，在园幼儿3894人。有各级各类医疗机构335个（含村卫生室），病床位970张，卫生技术人员1060人，其中乡（镇）卫生院36个，实有病床位364张，卫生技术人员405人；村卫生室268个，乡（镇）医生和卫生技术人员326人。

【年度农业和农村经济运行】 2019年，全县实现农业总产值205743万元，增长3.1%。农村居民年人均可支配收入达12891元，增长10.8%，其中工资性收入4735元，增长10.6%；经营净收入4786元，增长11.5%；财产净收入259元，增长9.2%；转移净收入3111元，增长10.1%。人均生活消费支出10877元，增长10.9%。农村居民恩格尔系数为36.5%，降低1.4个百分点。城乡居民人均收入倍差为2.48，比上年缩小0.03。农村贫困人口减少173人，贫困发生率降至0.01%。有机食品品牌认证达14个。新增农田有效灌溉面积360公顷。农业机械总动力达9.5万千瓦。

【种植业】 全年农作物播种面积48248公顷，增加1034公顷，其中粮食作物播种面积30123公顷，增加423公顷；油料作物播种面积11049公顷，减少72公顷；蔬菜及食用菌种植面积4298公顷，增加220公顷；药材播种面积2500公顷，增加370公顷；其他农作物播种面积250公顷，增加94公顷。全年粮食产量126669吨，增长1.7%，其中小春粮食产量25951吨，增长8.5%；大春粮食产量100718吨，增长0.1%。油料作物产量18743吨，增长18.8%。蔬菜及食用菌产量110665吨，增长4.9%。药材产量6671吨，增长14.4%。茶叶产量7788吨，增长21%。

【畜牧业】 全年肉类总产量18375吨，减少13.3%，其中猪肉产量10797吨，减少22.4%；牛肉产量1504吨，增长10%；羊肉产量1156吨，增长6.1%；禽肉产量3643吨，增长40.5%。禽蛋产量3406吨，增长14.8%。生猪存栏82535头，减少39.9%；生猪出栏149371头，减少23.1%。

【乡村旅游】 推动旅游产品全域布局、旅游要素全域配置、旅游设施全域优化、旅游产业全域覆盖，青川县创建为国家全域旅游示范区。全年接待国内外游客901万人次，增长48.9%；实现旅游综合收入103亿元，增长57.3%。

【农村文化】 公共文化服务体系建设不断加强，县图书馆、县美术馆、县博物馆、县文化馆及乡（镇）综合文化站持续免费开放。全年开展"送文化送戏下乡"216场，放映农村公益电影2376场。有文化场馆1个，剧场、影剧院10个，公共图书馆1个，博物馆、展览馆2个，农家书屋198个，社区书屋40个，规模以上文化企业1家。全县广播覆盖率达97.5%，电视覆盖率达99.4%；光纤电视用户4万户，有线电视入户率达65%。社区健身指导站实现全覆盖，乡（镇）健身知识普及、健身活动开展和健身器材设施维护覆盖率达100%。开展全民健身活动，组织各类体育健身活动30余次，举办"薪火传承，中国健康跑"2019中国青川国际半程马拉松赛、2019年青川县乒乓球比赛等县级体育活动18次。

【农村社会保障】 全县城乡居民基本养老保险参保人数107153人，城乡居民基本医疗保险参保人数184195人。全年发放"十大救助"资金271.4万元，救助困难群众4750人次。全年享受农村最低生活保障9187人，发放保障金2330.1万元。

【主要领导人】 县委书记：罗云；县人大常委会主任：王治；县长：刘自强；县政协主席：杨政国；分管农业副县长：罗建中。

青川县编写组

苍 溪 县

【基本情况】 2019年，全县辖31个乡（镇）464个村（社区），辖区面积2330平方千米。户籍总人口75.09万人，其中非农业人口12.94万人、农业人口62.15万人。总户数26.8万户。有常住人口61.3万人，增加0.1万人，其中城镇人口24.23万人。全年出生人口6172人，人口出生率7.60‰；死亡人口5184人，人口死亡率6.38‰；人口自然增长率1.22‰。

2019年，全县GDP165.63亿元，增长7.3%，其中第一产业增加值41.74亿元，增长2.9%；第二产业增加值52.98亿元，增长9.2%；第三产业增加值70.91亿元，增长8.4%。人均GDP27041元，增加2029元，增长7.1%。三次产业对经济增长的贡献率分别为9.9%、45.5%和44.6%，分别拉动经济增长0.7个、3.3个和3.3个百分点。三次产业结构比由上年的25.8：31.3：42.9调整为25.2：32：42.8。全年接待游客766.16万人次，增长9.3%；实现旅游收入54.42亿元，增长18.2%。

社会消费品零售总额77.58亿元，增长10.2%，其中乡村消费品零售额37.5亿元，增长13.6%。全社会固定资产投资（不含亭子口）117.69亿元，增长19.2%。全年财政总收入22.29亿元，增长12.6%，其中地方一般公共预算收入6.1亿元，增长11%；财政总支出56.48亿元，减少0.7%，其中一般公共财政支出45.06亿元，与上年持平。年末金融机构各项存款余额318.77亿元，比年初增长5.2%，其中城乡居民储蓄存款余额250.91亿元，比年初增长10.4%；金融机构各项贷款余额156.74亿元，比年初增长11.7%。全年保费收入8.56亿元，比上年增长15%。

公路总里程3875千米，其中等级公路3629千米。全年公路运输总周转量107897万吨千米，其中客运周转量15865万人千米、货运周转量106310万吨千米。有固定电话用户11.8万户、移动电话58.6万部，每百人拥有移动电话78部；有宽带用户21.5万户。

有学校160所，在校学生83142人，教职工6212人（专任教师5732人），其中小学在校学生38198人、普通中学在校学生31890人。初等义务教育入学率、完成率、毕业率均达100%；初级中等义务教育入学率、完成率、毕业率均达100%，超过省定标准。农村青壮年文盲率控制在0.7%以下，脱盲学员巩固率保持100%。全年申请专利136件。有文化馆2个，体育场1个，剧场、影剧院4个，展览馆4个，公共图书馆图书总藏量295.3千册、电子图书总藏量143200册。有卫生机构73个，医院、卫生院病床位4087张，医院、卫生院技术人员2798人。城乡居民基本养老保险参保人数31.46万人，城乡居民医疗保险参保人数57.33万人。

【年度农业和农村经济运行】 2019年，全县全体居民人均可支配收入达19458元，增加1862元，增长10.6%，其中农村居民年人均可支配收入达13300元，增加1294元，增长10.8%。水产品产量1.69万吨。

【种养殖业】 全县粮食作物播种面积119.64万亩，其中小春粮食作物播种面积37.48万亩、大春粮食作物播种面积82.16万亩；粮食总产量43.54万吨，增长0.5%，其中小春粮食产量10.64万吨，增长0.01%；大春粮食产量32.9万吨，增长0.21%。油料产量6.3万吨，增长2.3%。水果产量21.55万吨，增长3.3%。生猪出栏80.72万头，家禽出栏571.81万只。肉类总产量7.79万吨，减少9.6%。

【统筹城乡发展】 统筹推进嘉陵江阆苍南段生态廊道建设，加快全线长7千米的赵家山安置区主干道工程骑游道项目建设。高速路出口快速通道绿化工程已全面建成。一品天下·苍溪会客厅、汽车小镇、梨仙湖湿地公园、鳌鱼湾生态康养旅游、火车站站前广场综合体一期、百利大桥、滨江嘉陵绿道等项目建设加快推进。县城建成区面积19.77平方千米，新增1.27平方千米；城镇化率达39.53%，提高2.42个百分点。

【农村水利及农业机械化】 新建、整治山坪塘98口，新建、维修渠道135千米，新建防旱池156口。完成节水灌溉项目5个，新增灌溉面积5000亩，新增蓄水量32万立方米。新建高标准农田2.6万亩、田间排灌渠系89千米。新建和改造提灌站21座、农机化生产道路79千米，推广农机具9600台（套）。新品种运用率达98%，标准化种植覆盖率达95%，主要农作物专业化统防统治覆盖率达48.7%，主要农作物绿色防控技术覆盖率达43.3%，规模养殖场粪污无害化处理和资源化利用率达95%以上。农业机械总动力达87.1万千瓦，增长1.99%。

【农村文化】 全县公共图书馆、文化馆、39个乡（镇）综合文化站以及文化活动广场、公共文化设施设备常年面向社会免费开放，免费开放率达100%。县图书馆共举办各类活动40余场，惠及4700余人；县文化馆组织文艺活动60余场，50000余人参与。全年新通有线电视村11个，有线电视通村率达97%。新增城乡有线电视用户2000户，累计入户10.58万户，其中农村7.39万户。完成电视转播时间160.31万小时。广播电视混合覆盖率99.9%。

【农村生态建设及环境保护】 持续推进天然林保护和退耕还林两大生态工程建设，全县森林覆盖率达49.95%。建成集中供水工程45处、管网延伸工程96处、联户供水工程67处、分散供水工程84处，安装管网148千米。集中式饮用水水源地水质达标率100%。新建云峰、歧坪等7个乡（镇）污水处理厂，新建污水管网63千米，乡（镇）生活污水处置率达55.8%。全面推广户分类、村收集、乡（镇）转运、集中焚烧发电处置方式，规范整治垃圾场2座，新建中转站6处，封场35座，乡（镇）生活垃圾收集转运设施覆盖率达100%。完成农户厕所改造1.9万户，新（改）建公共厕所78座，农村卫生厕所普及率达80.2%。

【农村社会保障】 全年享受农村居民最低生活保障4.78万人，发放低保金7941.5万元；集中供养农村特困人员4082人，发放特困补助金2617.4万元。全年实施城乡医疗救助52961人次，发放医疗救助资金1291.7万元；临时救助人口6039人，发放救助金634万元。年末新型农村合作医疗覆盖面100%。

【主要领导人】 县委书记：张寿于；县人大常委会主任：冯明；县长：杨祖斌；县政协主席：王天会；分管农业副县长：谢龙飞。

苍溪县编写组

遂 宁 市

【基本情况】 2019年,全市辖1市2区2县,辖区面积5325平方千米。

【年度农业和农村经济运行】 2019年,全市实现农林牧渔业总产值309.98亿元,增长3.4%,其中农业总产值163.94亿元,增长6.4%;林业总产值13.35亿元,增长3.7%;牧业总产值114.21亿元,减少1.4%;渔业总产值9.46亿元,增长3.2%;农林牧渔服务业总产值9.01亿元,增长17.7%。 农民年人均可支配收入达16358元,增长10.2%,居全省第10位。农业增加值增速为3%,居全省第11位。

农业产业化发展。做强龙头企业,推荐申报齐全农牧集团股份有限公司为第六批农业产业化国家重点龙头企业。探索建设农业产业化联合体,安居区3家大米产业化联合体发展典型案例被推荐到农业农村部。开展农民合作社示范社创建,创建省级示范社12家、市级示范社30家。发展家庭农场,组织74个家庭农场申报省级示范场。

农村集体产权制度改革及农用地产权制度改革。全面完成农村集体产权制度改革试点阶段性任务。推进农村承包地"三权分置",已颁发承包经营权证69.74万本,颁证率达94.79%。引导土地有序流转,全市共流转家庭承包耕地104.92万亩。农村土地资源不断激活,率先启动市、县国土空间总体规划同步编制工作,整理捐退建设用地指标1500余亩。开展"两权"抵押贷款试点工作,累计发放农村土地流转经营权抵押贷款5.8亿元。全市保险机构全年实现农业保险保费赔付1.09亿元,增长21. 86%。涉农融资担保在保余额4.83亿元,占比为34.33%。

【乡村振兴】 科学编制《遂宁市乡村振兴战略规划(2018— 2022年)》,并指导县(市、区)编制县域乡村振兴规划,实现"一套蓝图、一套规划"。抓好乡村振兴试点,在全省率先启动10个村作为市级乡村振兴试点村,在乡村产业发展、村庄建设、土地整治、人居环境整治等方面探索路径,在总结提炼可推广、可复制的发展模式和工作经验方面取得初步成效。10个试点村共建设50万元以上重点项目102个,整合各类涉农项目资金4.14亿元,发展特色主导产业基地1.4万亩。开展乡村振兴示范创建,出台《遂宁市实施乡村振兴战略考评激励办法(试行)》,认定市级先进县(市、区)1个、先进乡(镇)4个、示范村30个,择优推荐省级先进。打造符合丘陵地区实际和川中民居特色的美丽宜居乡村,推进村容村貌提升,推荐申报美丽四川·宜居乡村达标村717个。安居区白马镇毗卢寺村、大英县卓简井镇关昌村入选第一批四川最美古村落。持续推进农村移风易俗工作,把社会主义核心价值观、"杜绝铺张浪费"、"孝老爱亲"等内容纳入村规民约制定内容。不断规范"红白理事会",全市依托"红白理事会"办理的农村酒宴规范率达80%以上。坚持把农业农村作为各级财政支出的优先保障领域,确保财政投入与乡村振兴目标相适应。按规定调整完善土地出让收入使用范围,提高农业农村投入比例。全市乡村振兴农业产业发展贷款风险补偿金筹资规模达1.2亿元,引导发放农业产业发展贷款近3亿元。

严格落实市、县、乡、村四级书记抓乡村振兴,按规定调整完善市、县两级农村工作领导小组成员名单,各县(市、区)委农村工作领导小组组长均由县(市、区)委书记担任。选拔使用熟悉农业农村工作的"三农"干部,全年累计提拔重用县(市、区)副县级领导干部17名,提拔县(市、区)正科级领导干部9名〔其中乡(镇)党委书记2名〕,从市农业农村局提拔1名科长担任班子副职。全面推行村党组织书记和村主任"一肩挑",全市"一肩挑"比例达70%以上。面向优秀农民工等群体选拔职业村支部书记50名。压紧压实基层党建工作责任,把抓党建促乡村振兴纳入各地各部门年度目标考核和各级党组织书记抓基层党建工作述职评议考核重要内容。发挥基层党组织的引导和推动作用,探索"产联式合作社"模式,走出了一条集体增收、群众致富、企业赢利的脱贫新路子。实施"四议两公开一监督"机制,保障村民合法权益和村集体利益。

【园区建设及产业融合发展】 把现代农业园区作为推进农业高质量发展的有效载体和重要平台,培育省星级现代农业园区3个,规划县级现代农业园区45个,认定市级现代农业园区6个。围绕"10+3"特色优势产业,持续推进农业产业结构调整,推进产业融合发展。发展农产品加工业,建设农产品加工园区5个,培育规模以上农产品加工企业133家。加快173千米农旅文融合产业大环线建设,推进"农业+文化、科技、教育、旅游、康养"等产业有机融合,建成各类休闲农业主体700余家。抓好省级农产品质量安全监管示范市建设,全市330家企业的1782个农产品被纳入质量安全追溯系统。持续推进"三品一标"农产品示范创建,培育"三品一标"农产品555个。"遂宁鲜"获得"四川省优秀农产品区域公用品牌",已授权100家会员单位1000余个产品使用"遂宁鲜"标识。

【农村文化】 构建四级公共文化服务体系,2019年度77个退出贫困村的文化室、广播"村村响"和8521户电视"户户通"建设任务全面完成。挖掘船山"龙舞"文化、蓬溪"书画"文化、射洪"诗酒"文化资源,引导群众组织开展文化活动,传承发展农村优秀传统文化。

【农村生态建设及环境保护】 建立常态化工作推进机制,统筹推进农村生活垃圾治理、污水治理、"厕所革命"、村庄清洁和畜禽粪污资源化利用"五大行动"。全市投入农村生活垃圾治理经费2.6亿元,配备农村垃圾收集池等设施29.7万个。推进"千村示范工程"建设,加强农村生活污水治理和农村饮用水水源保护。全市已建有乡(镇)生活污水处理站88个,年处理能力达2065万吨。建立联席会议制度和"六个一"推进机制,推进农村"厕所革命",探索形成三大类11种不同的治理模式,落实农村户厕改造专项资金4.1亿元。截至11月底,全市已完成农村户厕改造28.91万户。全程推进畜禽粪污资源化利用,全市共新(改、扩)建标准化规模养殖场(小区)105个,创建省、市、县级畜禽标准化养殖场106个,规模养殖场粪污处理设施装备配套率达93. 8%。

【助农增收】 持续加强农民增收工作县(市、区)委书记和县(市、区)长负责制,逐级传导压力,层层压实责任,把乡(镇)党委、政府纳入农民增收工作考核体系,严格进行量化考核。全市323 个贫困村已全部退出,贫困人口脱贫比例达99.94%。脱贫户家庭人均纯收入平均达6350元,退出村集体经济收入平均达5.16万元。相继出台加强农民工服务保障18条和促进返乡下乡创业22条措施,制定新一轮就业扶贫15条和稳就业15条等政策措施，扎实开展农民工返乡就业创业服务；在全省率先建立覆盖市、县、乡、村四级的农民工服务管理工作体系，做到全覆盖、无死角服务保障农民工。健全新型职业农民培训体系，重点培养一批产业发展带头人、农村电商人才、农村职业经理人、乡村工匠、文化能人和非遗传承人等。全市共培育新型职业农民1300余人。

【主要领导人】 市委书记：邵革军；市人大常委会主任：刘云；市长：邓正权；市政协主席：刘德福；分管农业副市长：邓为。

遂宁市编写组

船山区

【基本情况】 2019年，全区辖7个乡（镇）5个街道，辖区面积488.6平方千米。

【农业产业化发展】 全年累计建成特色产业基地426个，其中优质水果8.5万亩、标准化蔬菜基地5万亩（复种面积12.5万亩）、优质花卉1.2万亩、特色中药材1万亩、标准化生态养殖小区5个。全年粮食产量12.32万吨、油料产量2.4万吨、蔬菜产量25万吨。

【现代农业园区建设】 桂花"生猪+柑橘"现代农业产业园以永河现代农业产业园为核心区，规划"1+8+10"全域园区发展体系，"1"即永河国家级现代农业产业园；"8"即辐射带动唐家乡、桂花镇、河沙镇、仁里镇、老池乡、永兴镇、复桥镇、龙凤镇8个乡（镇）特色产业发展；"10"即以"生猪+柑橘"为主导产业，以川粮油、川猪、川茶、川药、川菜、川果、川渔七大产业为重点打造10个省级、市级、区级现代农业园区。园区规划总面积54000亩，涉及8个乡（镇）64个行政村，其中贫困村17个。全年计划总投资31784万元，其中省级培育资金1000万元、市级财政资金100万元、区级财政整合各类涉农项目资金8870万元、带动社会投资12974万元、银行贷款8800万元。桂花"生猪+柑橘"现代农业产业园被评为省五星级现代农业产业园区。

【种植业】 全区粮食作物播种面积27.5万亩，粮食产量12.32万吨；油料作物播种面积11.3万亩，产量2.4万吨。经济作物基地面积达12.1万亩，其中蔬菜基地面积4.5万亩，产量25万吨；水果基地面积6.5万亩，产量7.2万吨；中药材基地面积1.1万亩，产量1.1万吨。在仁里镇、永兴镇、规划镇、唐家乡4个乡（镇）35个行政村实施2万亩集中产油区并建设特色优质油菜基地2000亩。通过项目实施，全区油菜产量增长3.4%。

【畜牧业】 全年出栏生猪42.0876万头、肉牛0.369万头、肉羊4.6842万只、小家畜禽271.1546万只，畜牧业产值增长1.5%；非猪肉产量占肉类总产量的比例提高5个百分点。新（改、扩）建畜禽规模化养殖小区3个。结合《遂宁市船山区"十三五"畜牧业发展规划》《遂宁市船山区推进畜牧业转型升级绿色发展工作实施方案》等方案配合编制《遂宁市船山区国家现代农业产业园创建方案》《遂宁市船山区国家现代农业产业园建设规划》，申报省级五星级农业园区。获得国家生猪调出大县监测调查工作优秀单位、全省生猪生产监测预警工作突出单位、市农业局动物卫生安全工作等4个单项表彰。

疫病防控。一是牵头非洲猪瘟疫情防控工作，在交通关键节点设置临时检查站7个，堵截病毒来源；出动1.4万余人次，每日开展养殖环节和屠宰环节排查，加强血清和环境样抽检；发放消毒药品43吨、应急物资3000余件（套），累计消毒面积达430余万平方米，疫病防控得到有效应对。二是加强集中免疫，全年共免疫禽类171.45万羽，其中鸡118.87万羽、鸭41.46万羽、鹅10.82万羽、其他禽类0.3万羽；免疫畜类14.67万头（只），其中猪12.45万头、牛1.01万头、羊1.21万只，免疫率、牲畜耳标佩戴率、免疫档案建档率均达100%，群体免疫密度常年保持在95%以上，免疫抗体合格率达70%以上。

环节监管。一是抓好产地检疫和屠宰检疫。根据《动物防疫法》《动物检疫管理办法》和《动物检疫操作规程》要求，坚持检疫申报制，规范检疫行为，确保不发生重大动物疫情和动物源性食品安全事件。全年产地检疫生猪52.32万头、牛0.41万头、家禽281.0426万羽，屠宰检疫生猪56.2603万头、肉牛0.5244万头、家禽34.6722万羽，全区产地检疫率、屠宰检疫率、病死猪无害化处理率、上市猪肉检疫持证率均达100%。二是加强质量监管。全年共出动执法检查人员6000余人次、车辆300余车次，检查厂（场、点、门市）900个次；对全区10个生猪定点屠宰场共监督抽检猪尿液10.8369万份，并开展"瘦肉精"快速检测试纸检测，结果均为阴性；督促企业落实"瘦肉精"自检工作，全区畜产品质量安全实现零事故。三是做好无害化处理。严格按照日常监管、定期巡查原则，对无害化处理制度执行情况、设施设备运转情况、记录记载、处理后产品流向及动物防疫条件执行情况等内容进行全面监管，全区养殖环节共无害化处理病害猪2.3384万头，屠宰环节共无害化处理病害猪830头、产品148.14吨。

【水产业】 全区塘库堰生态水产养殖面积1.22万亩，稻田综合种养面积3825亩；养殖水产品种20余种，水产品（养殖+捕捞）总产量6470吨，实现渔业经济2.41亿元。全区有养殖户638户、家庭渔场2个、水产养殖专业合作社17个，共有会员750余人；有国家无公害养殖基地5家，有国家水产健康养殖基地5家、省级水产健康养殖基地3家，面积2780亩，无公害水产品种26个；苗种场站3家，养殖面积198亩，繁育专用池面积1260平方米，年繁育能力8600万尾。"四大家鱼"产量占水产品总量的57%，泥鳅、黄腊丁、娃娃鱼、鲶鱼等名特优品种产量占水产品总量的38%左右，无公害水产品产量占水产品总量的35%，水产良种覆盖率达90%以上；农民年人均渔业增收35元；水产品质量安全合格率达100%，渔业安全生产无安全事故发生。

渔政管理。全年共出动执法人员350人次，收缴违法渔获物31千克并放江，销毁违法网具533张，没收电捕鱼器2套、"三无"船只2只，批评教育（钓鱼）违法人员160余人，紧急处置群众举报案件32件。3月1日，承办以"维护涪江水域生态平衡，保护渔业资源"为主题的遂宁市2019年天然水域春季禁渔活动启动仪式。

质量监管。全区建立国家级无公害水产品基地5家、国家级水产健康养殖示范场5家，复查换证1家，面积185公顷，认证无公害水产品26个。全年新增国家级无公害基地1家，认证无公害水产品4个；新增创建国家级和省级水产健康养殖示范场3家，面积46公顷；无公害水产品产量占全区水产品总产量的1/3以上。一是组织培训，提高技能，对全区养殖大户和捕捞渔民分4期155人进行现场考察和集中学习相结合的培训，主推农业农村部《池塘"一改五化"集成养殖技术》《克氏原螯虾生态养殖技术》《池塘"鱼—水生植物"生态循环技术》《稻田绿色种养技术》《鱼虾混养技术》《池塘底排污水质改良关键技术》等技术，主推养殖方式有水库生态养殖、山坪塘散养、池塘精养、稻田综合种养等，主推农业农村部养殖品种有鲤鱼、草鱼、鲫鱼、鲢鱼、鳙鱼、斑点叉尾鮰、武昌鱼、泥鳅、大鲵、胭脂鱼、黄颡鱼、小龙虾等，并签订《水产品质量安全承诺书》和《渔船安全管理责任书》,各业主承诺不会违规使用投入品和滥用食品添加剂,从源头上确保水产品质量安全。二是加强水产品质量安全监测,完成省、部级水产品监督检测16个样品,全部合格;对全区15个养殖基地抽样30个样品进行快速检测,未检出孔雀石绿、氯霉素、呋喃唑酮类等,全区生产的水产品质量安全全部合格。

新型农业经营主体培育。坚持以发展水产家庭农场、养殖专业户、龙头企业、专业合作社为重点,着力培植新型渔业生产经营主体,推动水产经济发展。全年注册发展家庭渔场2个,发展水产专合组织17个,带动农户0.6万户,年可实现渔业产值200万元以上水产龙头企业6家,已被评为市级产业化龙头企业3家、省级重点专合组织2家、国家级水产示范农民合作组织2家。

项目建设。市级特色水产项目由财政补助30万元,一是在船山区鹤林水乡养殖专业合作社新建观景亭6处,为实木结构;新建基地守护钢结构房10平方米。二是在船山区绿森专合社新建池塘1口,新增水域面积2亩,塘内长100米、宽10米,开挖深度1米,筑坡高度1.5米,内坡斜高1.5米,外坡斜高1.5米,为池塘土方开挖,并进行主副池埂填筑;对旧渔池垮塌部分进行填筑,长10米、高1.5米、宽1.5米,共计开挖土方24656立方米。三是在保升乡太和桥村投放优质鱼种10万尾,并统一由太和桥村养殖,壮大集体经济并带领贫困户致富。

安全生产。一是高度重视渔业船舶安全生产工作。多次组织人员对沿涪江捕捞渔船进行拉网式安全执法检查。加大安全隐患排查整改力度,严禁渔船载人载物和摆渡,严禁酒后作业,严禁夜间作业,严禁作业时不穿救生衣,严禁暑期间学生上船玩耍,发现1起,整改完备1起,并作好检查记录,努力构建渔船安全管理长效机制,遏制渔船安全事故,切实保障人民生命财产安全,渔民人心稳定,渔区社会秩序稳定。二是对养殖企业的安全检查。督促各企业、养殖户建立水产品质量安全管理制度,设立水产品质量安全员,记录养殖日志;做好养殖鱼病预测、水质检测,指导建立养殖日志,申报无公害水产品基地、渔药、渔饲料正确使用等基础性工作;推广使用产地证明等措施,加强养殖基地水产品质量安全监管。全年检查养殖企业19家,签订安全责任书19份;发现违规养殖2家,整改完善2家。

污染治理。加大对全区60条天然河流和37座水库的巡查检查力度,按法律法规处理群众投诉因养殖污染水质事件2件,立即整改2件。2019年水产养殖污染防治工作任务是对30亩以上水产养殖基地治污设施进行改造,达到养殖用水排放标准。一是业主自筹投入资金310万元,整治21家养殖基地,面积2963亩(规模以上池塘养殖11家2925亩、特种养殖10家38亩)。二是通过养殖户自筹和政府适当补助,投入资金1044万元(其中财政累计补助444万元),配备进水沉淀池和养殖尾水生态净化池以及相应设施设备的达11家、2925亩,规模化水产养殖基地(全区规模化水产养殖基地41家、面积4526亩)净化设施设备配备率达30%以上。

渔业保险。按照区政府办《关于做好全区农业保险工作的通知》(遂船府〔2018〕7号)文件和区财政局《2015年船山区特色农业保险实施方案》(遂船财发〔2015〕141号)文件精神,坚持农渔民投保自愿的原则,由中华联合财产保险股份有限公司自2018年起对船山区渔业养殖进行政策性财产保险:政策性农业保险(渔业)保险乡(镇)为仁里镇、唐家乡、河沙镇、桂花镇4个乡(镇),有保户7户,投保面积1005.84亩,保险总费用150876元,其中渔业养殖户保险费占50%、75438元,财政补贴保险费占50%、75438元;第一季度保险乡(镇)为唐家乡、仁里镇等5个乡(镇),保户2户,投保面积580亩,保险总费用87000元。严格按照国务院《农业保险条例》规定,做到政策公开透明、操作规范,确保承保不留死角、查勘快速及时、理赔快捷高效,做好与农户的沟通解释,及时化解矛盾,保障参保农(渔)户利益,确保农业(水产)保险工作顺利开展。

退捕转产。一是到村到户对合法办证渔民进行国家退捕转产转业政策宣传、解释,征求渔民的正当合理诉求。二是船山区合法渔民退捕转产转业是第二批,国家要求退出时间是2020年12月31日止,持有合法《中华人民共和国内陆渔业船舶证书》并纳入全国内陆渔船管理系统管理的捕捞渔民有15户,按户口簿登记,主要集中在老池镇铜锣村。未按时交付渔船网具和签订转产协议的捕捞渔民不再纳入转产实施范围,按相关法规注销其渔船证书,并从2020年6月30日起禁止其在涪江船山段天然水域捕捞作业。三是补偿资金安排。市区财政将统筹上级财政补助资金和本级财力用于退捕渔民临时生活补助、社会保障、职业技能培训以及禁捕直接相关的宣传动员、执法管理、突发事件应急处置等方面。一次性补助用于收回渔民捕捞权和专用生产设备报废,并直接发放到符合条件的退捕渔民;过渡期补助用于禁捕宣传动员、提前退捕奖励、加强执法管理、突发事件应急处置与禁捕直接相关的工作。

【农业机械化】 全年粮油作物机械化率达71%,其中实施油菜机耕、机播、机收和统防统治近6.8万亩。全区农业机械化综合水平为62.5%。

【农村科技】 加快农业科技成果转化应用,瞄准最新农业科技成果,立足现代农业发展需要,加大科技成果引进试验、集成配套、示范推广力度。参与全国"粮食稳定增产行动"。实施农业科技大培训、大示范、大推广,推进新一轮粮食丰产科技工程。组织农业科技人员到一线开展服务,示范主导品种1万亩,推广主推技术1万亩,开展实用技术培训10万人次以上,带动主导品种、主推技术入户率达90%以上。

病虫害统防统治。牢固树立"绿色植保""公共植保"的理念,落实"预防为主,综合防治"的植保方针,紧扣粮食安全和农民增收两大主题,明确自身职责,抓好农作物病虫害监测预警、绿色防控、专业化防治及高风险病虫监控等各项技术服务措施落实。加大对草地贪夜蛾的监测和防控力度,在草地贪夜蛾高风险发生区设立60个监测点和30个普查点,对监测点进行定时数据收集和普查点进行定点调查。全年草地贪夜蛾发生面积0.48万亩,开展应急防控0.8万亩次。

【主要领导人】 区委书记:曹斌;区人大常委会主任:蒲体德;区长:韩麟;区政协主席:卢赐义;分管农业副区长:郑良。

船山区编写组

安 居 区

【基本情况】 2019年,全区辖16镇2个街道,辖区面积1258平方千米,其中耕地面积7.75万公顷。

【年度农业和农村经济运行】 2019年,全区实现农业总产值31.76亿元,增长5.8%。农民年人均可支配收入达15940元,增长10.2%,其中工资性收入5731元,增长4.6%;家庭经营性收入6680元,增长12.6%;财产性收入424元,增长20.4%;转移性收入3105元,增长14.8%。安居区是全国产粮大县、全国新增千亿斤粮食生产能力建设县、全国蔬菜产业重点县、全国平安农机示范区、全国生猪调出大县、全省产油大县、全省农业机械化示范建设县、省级现代农业示范园区、省级农产品质量安全监管示范区。

新型农业经营主体培育。新增家庭农场46家、农民合作社52家，分别达345家、797家；全国农民合作社国家级示范社达5个。全区有省级示范社22个、市级示范社40个、省级家庭农场示范场22个、省级重点龙头企业4家，有全省第一家种植业家庭农场——绍兵家庭农场。

农村集体产权制度改革。全面完成农村集体资产清产核资，共清理集体资产14.66亿元，其中经营性资产0.37亿元、非经营性资产14.29亿元、资源性资产153.71万亩。完成农村集体经济组织成员资格确认工作，确认农村集体经济组织成员24.36万户、74.43万人。完成农村集体资产股权量化工作，量化经营性资产2992.37万元、非经营性资产13.5亿元、未承包到户的资源性资产69475亩。

农产品品牌战略实施。全年新增“三品一标”农产品15个，累计达117个，其中有机食品34个、无公害农产品52个、绿色食品29个、地理标志保护产品2个。进入“遂宁鲜”协会21家。“安居红薯”入选中国农业品牌目录，“524红苕”和塘河沙田柚获得“四川省优质品牌农产品”称号。全区创建为省级有机产品认证示范区。

【乡村振兴】 全年创建市级乡村振兴先进镇1个（玉丰镇）、示范村7个，创建省级乡村振兴示范村7个。创建市级四星级园区1个（三家大米现代农业园区）、区级园区10个。完成87269户户用厕所改造。

【农业基础设施建设】 全年建成高标准农田55万亩，占耕地面积113.9万亩（国土二调面积）的48.3%。全区新建、改造农村电力提灌站156个，农机总动力达24.11万千瓦，主要农作物耕种收综合机械化水平达63%。

【种植业】 全区农作物总播种面积158.5万亩，其中粮食作物播种面积116万亩，产量39.7万吨；小麦播种面积26.4万亩；水稻播种面积25.5万亩；玉米播种面积33.66万亩；红薯播种面积12.3万亩（“524红薯”5万亩）；油料作物播种面积18.8万亩，产量3.5万吨。“524红苕”获得四川省2019年度科技进步一等奖。全区蔬菜累计播种面积13.6万亩，产量35.3万吨，实现产值8.5亿元；在横山、三家、安居、分水等镇建成绿色蔬菜基地0.7万亩。新建水果基地0.5万亩，全区水果种植规模达16.2万亩（其中柑橘8.9万亩、早熟梨4.8万亩、其他2.5万亩），产量8.028万吨，实现产值2.88亿元。

【畜牧业】 绿色畜牧。坚持“农牧结合、种养平衡”的原则，发展绿色畜牧业，完成44家畜禽养殖场粪污处理设施装备提升。全区出栏生猪75.34万头、肉牛0.33万头、肉羊4.49万只、家禽553.99万只、肉兔108.55万只，肉类总产量6.84万吨，禽蛋产量2.12万吨，实现畜牧业产值32.58亿元。

标准化示范场建设。按照“畜禽良种化、养殖设施化、生产规范化、防疫制度化、粪污无害化、粪便资源化、监管常态化”标准，支持畜禽养殖企业完善标准化体系，推动规模养殖场开展标准化技术改造，新（改、扩）建畜禽标准化示范场11个。

畜产品质量安全监管。监管畜产品质量安全，加强产地检疫和屠宰检疫，将“瘦肉精”检测纳入常规工作，全年共检测“瘦肉精”29854份；规范兽药饲料经营秩序，严厉查处违法违规案件21起，处罚金7.53万元。病死动物无害化处理中心运转正常，共处理全市病害育肥猪90324头、仔猪21998头、小家禽26943羽、屠宰废弃物114吨。

动物防疫。开展春防和秋防工作，对全区畜禽进行强制免疫，重大动物疫病免疫密度达100%，消毒面达100%，重大动物疫病免疫有效抗体平均合格率达98.7%，全年未发生一例重大动物疫情，防疫工作顺利通过省、市检查验收。

【水产业】 生态健康养殖。全区规模化水产养殖基地净化设施设备配备率达40%。全区生态水产养殖面积1881公顷、稻渔综合种养面积5220公顷，生产鱼苗4.78亿尾，投放鱼种1840吨，水产品产量1.77万吨，实现渔业经济总产值3.42亿元。

监管整治。开展水产养殖专项整治行动，对琼江河流域沿河200米范围内的131家养殖户进行管控，禁止水产养殖尾水直排入河，保护了水域生态环境。全面完成捕捞渔船退捕任务79艘，完成率为100%，实现天然水域全面禁捕。

水产品质量安全监管。对规模水产养殖基地进行网格化属地监管，加强水产品投入管理，全年部、省、市水产品质量安全抽检合格率均为100%。

【主要领导人】 区委书记：管昭；区人大常委会主任：邓立；区长：吴军；区政协主席：李劲（10月止），陈俊（11月提名）；分管农业副区长：舒玉明。

安居区编写组

射洪市

【基本情况】 2019年，全市辖21镇2个街道1个经济开发区，辖区面积1496平方千米。

【年度农业和农村经济运行】 2019年，全市第一产业增加值61.41亿元，增长2.5%，对经济增长的贡献率为5%，拉动经济增长0.4个百分点。全年实现农林牧渔业总产值96.24亿元，增长3.2%，其中农业总产值59.78亿元，增长4.7%；林业总产值3.43亿元，增长4.4%；牧业总产值28.48亿元，减少1.8%；渔业总产值1.83亿元，增长4.8%；农林牧渔服务业总产值2.72亿元，增长15%。农村居民年人均可支配收入达17099元，增加1566元，增长10.1%。规划建成现代农业园区12个，射洪市获得“全国第二批农产品质量安全县”称号，被推介为全国农村创新创业典型县；金华镇和瞿河镇高家沟村获评为全国乡村治理示范村镇；获得“全省农村改革先进市”称号，向上争取支农资金3.17亿元。

新型农业经营主体培育。全市共成立合作社675家，新增55家；农业企业303家，新增16家；家庭农场400家，新增163家；种养大户1869户，新增48户。创建县级示范社14家、省级示范社2家；创建市级龙头企业2家、家庭农场23家；申报省级家庭农场20个。组织开展“空壳社”清理，完成注销公告挂网53个，清理退出46个。培育新型职业农民284人，认定245人。新建农业科技示范基地2个，培育科技示范主体200人。

农用地产权制度改革。做好确权颁证扫尾工作，移交档案资料，完成数字化加工处理和数据库汇交，开展确权颁证“回头看”工作。加强土地流转管理，制定《射洪县农村土地流转资格审查、流转合同备案管理办法（试行）》，全市流转土地230000亩。加强全县土地流转风险保障金监管。全面完成清产核资，核实集体资产21.59亿元、村组集体资源187.33万亩。成立股份经济合作联合社570个、股份经济合作社14个。村级登记赋码307个，组级登记赋码14个。

【特色产业发展】 科学规划产业布局，确立柑橘、粮曲、蔬菜三大主导产业，突出白羽肉鸡、生猪等特优产业，构建“三带十二园”现代农业布局。推进舍得酿酒专用粮基地建设,抓好百里农环线建设工作。新建提升柑橘特色产业基地0.9万亩、绿色蔬菜产业基地2万亩、优质粮油基地2.5万亩、水稻制种基地5000亩、玉米制种基地2000亩。全年生猪出栏96万头,增长1.05%;肉牛出栏3.8万头,增长5.55%;肉羊出栏11万只,增长8.6%;禽出栏700万只,增长6.06%。水产品总产量1.2万吨。

【动植物疫病防控】 开展春秋动物防疫工作,全年免疫注射动物口蹄疫148.3万头、家禽禽流感352.8万羽、小反刍兽疫2.09万头。严格动植物检疫制度,屠宰检疫生猪30.1284万头、禽160.2006万羽,产地检疫生猪39.6万头、禽722.6万羽,产地检疫农作物总面积2万亩、种子429.8万千克。加大重大动植物疫病防控力度,全面落实非洲猪瘟大排查大消毒制度,消毒圈舍达497.18万平方米,排查生猪1381.5万头。开展草地贪夜蛾等生物病虫害灾情测报和防控工作。

【乡村振兴】 推进农村人居环境整治,推进市级试点工作,青岗村、青龙村2个市级试点村27个重点项目基本完工。创建市级乡村振兴先进镇1个、示范村7个,省级乡村振兴先进镇1个、示范村4个,全国乡村治理示范镇1个、示范村1个。推进农村人居环境整治,完成39个示范村10026户厕改造,新(改)建公厕28座;新建农村生活垃圾处理压缩中转站12座;新建农村生活污水处理设施10座;清理农村生活垃圾2.44万吨、水塘834口、沟渠1464千米、淤泥0.92万吨,清除村内残垣断壁377处。全市秸秆综合利用总量达36.8万吨,利用率达88%;畜禽粪污资源化利用率达90%。加强农村能源利用与开发,实施新村集中供气项目2个。

【扶贫攻坚】 开展驻村帮扶,为4个结对帮扶贫困村落实共计57万元,班子到村调研66人次,帮扶干部进村帮扶756人次。投入资金4309.4万元,实施项目13个,覆盖到村数为276个,依靠农业产业脱贫2615人。壮大村集体经济,80个贫困村集体经济收入总额为358万元,均达3万元以上。用活产业扶持基金,累计使用3016万元,占总量的119.7%。农业技术扶贫实现全覆盖,驻村农技员进村入户达4800余次,开展集中培训320余次;科技小分队在非贫困村开展技术服务50余次,培训贫困户5万余人次。

【农村基础设施及项目建设】 全年建设高标准农田7.01万亩、高效节水0.4万亩,其中绿色示范高标准农田2万亩,涉及贫困村高标准农田建设5万亩;扶持新型农业经营主体6个,其中龙头企业4家、合作社1个、家庭农场1个;落实资金1.44亿元,其中财政资金1.27亿元、社会资金0.17亿元(农业农村局完成项目3个,建成高标准农田4.02万亩,落实资金10235.4万元,其中财政资金8520万元、新型农业经营主体投入1585.4万元、社会自筹资金130万元);新建优质粮油基地2.5万亩;复兴(原伏河)青花椒基地完成苗木培育和栽种3千亩;齐全种猪场竣工投产,绿旺种猪场完成2万平方米的圈舍建设目标;农业社会化服务完成机械化作业109.5万亩;完成机棚、仓库6.22万余平方米推进乡村振兴市级试点村建设;完成创建乡村人才振兴县级示范村4个、示范户40户;有序推进畜禽粪污资源化利用整县推进项目,4个粪污处理中心和1个有机肥加工厂已完成勘探设计。

【农业机械化】 落实农机购置补贴政策,共补贴农机570台231.59万元,机具总投资962.1万元。夯实基础设施,检测、维修、整治提灌机械456处464台13860千瓦,农机总动力达35.5万千瓦,完成提蓄水800余万立方米。抓好农事服务超市建设,已登记注册农机专合社23个,建成农机库棚5万余平方米、粮油储备库0.62万余平方米、烘干场0.6万余平方米;有各类农机2500余台(套),年作业超过100万亩。

【农产品质量安全监管】 开展农残日常抽检监测,完成省、市农产品例行抽检110个,定量农产品监测抽检50个,农残速测抽样9600个,抽检"三品一标"农产品样、水样、土样20个,合格率均为100%。养殖环节全程监管,检测"瘦肉精"样本4265份,覆盖率合格率达100%,未发现违法添加"瘦肉精"的行为。抓好农产品品牌培育,累计培育"三品一标"获证农产品84个,22家企业120个品牌农产品被纳入"遂宁鲜"区域农产品公用品牌许可。组织金柠、峻原等多家企业参加各类展销活动,现场销售350万元。

【农业执法】 加强法治宣传教育,印发宣传资料12万余份;开展法制培训6次,培训800余人。开展执法行动,出动执法车辆380余台次、执法人员1500余人次,对农业投入品经营、使用进行规范清理整顿。开展打击非法捕捞专项执法行动。严厉打击农业非法活动,立案查处违法违规案件28起(其中4卷被市农业农村局评为优秀案卷、1卷被市司法局评为优秀案卷),累计罚没款13.08万元。

【主要领导人】 市委书记:蒋喻新;市人大常委会主任:税清亮;市长:张韬;市政协主席:袁渊;分管农业副市长:何小江。

射洪市编写组

蓬 溪 县

【基本情况】 2019年,全县辖19个乡(镇)1个街道,辖区面积1251平方千米。

2019年,蓬溪县全县实现第一产业增加值29.77亿元,增长4.1%,超目标0.5个百分点;农民人均可支配收入达15917元,增长10.38%,超目标0.98个百分点,第一产业增加值和农民人均可支配收入各季度增幅均居全市第一位,获评为全省农民增收工作先进县。

【年度农业和农村经济运行】 主办或协办2019年第二届农民丰收节、任隆仙桃桃花节、第三届万象郁金香艺术观赏节和其他特色农业园区采摘活动,促进了产业融合发展。超额完成全社会固定资产投资入库任务,实施"三县一城"市、县级重点项目5个,招商亿元以上农业项目2个,争取到位资金1.69亿元。

新型农业经营主体培育。新增种养殖专业大户158户、家庭农场38家、农民专业合作社31家、农业企业4家;新增全国农民专业合作社示范社1家,省级农民专业合作社示范社4家、省级家庭农场示范场26家,市级农民专业合作社示范社8家、市级家庭农场示范场39家。琪英菌业被推荐为国家农业产业化龙头企业,深川养殖专合社获评为国家级水产健康养殖示范场。

农用地产权制度改革。全县农村土地"三权分置"改革工作经验在全省农经工作会上发言,被评为2019年度全省农村经营管理工作成绩突出单位;探索多种路径模式,创新农业经营机制的做法和成效得到省委领导的肯定,蓬溪县作为5个区(县)之一在全省农村改革工作推进会上交流。

现代农业园区建设。对标对表考核指标,补短板,强弱项,在产业发展、基础设施、产品加工、农业新业态、品牌创建、科技支撑、联农带农等各个方面取得了显著成效,省委书记彭清华等领导在视察园区时给予了高度评价,园区建设工作先后被中央电视台新闻频道、《人民日报》、《四川日报》、《西南商报》等主流媒体报道。天红食用菌蔬菜现代农业园区已通过市级四星级园区验收,接受了省考评组现场考评和复查。

【乡村振兴】 在乡村振兴先进镇、示范村创建方面,对照33个子项标准,出台实施方案和考评办法，抓好专题培训、项目推进、督导检查、对接申报，1个乡村振兴先进镇7个示范村已通过市级命名和省级现场考评。省委农办、农业农村厅拟命名天福镇为全省乡村振兴先进镇，拱市村、八角村、宝梵村、翰林村、涪兴坝村、牛角沟村6个村为全省乡村振兴示范村。在特色小镇创建方面，天福镇被命名为第三批省级特色小镇，被列入全国农业产业强镇培育名单。全县整合项目资金1.2亿元投入到农村无害化及卫生厕所改造，全面完成7.04万户年度厕改任务，农村户用卫生厕所普及率达80.2%，全县破解“五大难题”的改厕经验在全市专刊上登载。牵头组织各责任单位开展创建工作，由于全国第二批农产品质量安全县未验收，第三批尚未启动，农业农村厅已将建设县列入第三批“国安县”培育名单。在省级有机食品认证示范区创建方面，组织县内农业企业有机产品复查换证7个，绿然公司甜菜心、芥蓝心、豆尖3个品种通过欧盟官方有机认证。开展农产品抽样检测样品524个，合格率达100%，完成省级农产品质量安全复检工作。筹办省农科院乡村振兴讲习所蓬溪工作站挂牌仪式，为乡村人才振兴增添了新动力、带来了新活力。筹办现代农业园区、乡村振兴战略先进镇示范村、农民增收县委书记和县长负责制3项省级交叉考评活动，得到省考评组和市、县领导的好评。中国乡镇企业协会食用菌产业分会授予蓬溪县“全国食用菌工厂化生产示范县”称号。《三联促三变，深化改革助振兴》被省委农办《三农要情》登载。

【特色产业发展】 全年粮食总产量32万吨、油料产量5.04万吨，完成年度稳产增产目标。“1+3+N”现代农业产业布局更加优化，全县特色农业产业面积达54.2万亩。实施经济作物标准化生产基地建设2万亩，新（改、扩）建畜禽标准化养殖场53个，创建省级生猪标准化养殖场3家。

【农村科技】 完成高标准农田建设4.63万亩，新建农机化生产道路62千米；新建农村电力提灌站4处，主要农作物耕种收机械化水平达62.8%。开展水稻、玉米高产高效示范片3个、面积4.3万亩，完成“两区”划定44.1257万亩。

【扶贫攻坚】 全县83个贫困村已发展农业产业面积7.37万亩，超额完成目标计划。牵头组织实施的产业扶贫专项通过省级交叉验收，得分9.3分，全市排名第一，产业扶持基金使用率达84.8%，惠及贫困人口1.08万人。83个贫困村实现经营性收入285.7万元，村均3.44万元，其中19个退出贫困村实现集体经营性收入65.9万元，村均3.46万元，全部实现3万元以上的目标。县农业农村局联系的宝梵镇宝梵村、赤城镇下店子村等6个贫困村全面通过验收考核。13名援彝干部在深度贫困地区驻村综合帮扶工作成绩得到当地党委政府、彝族同胞的认可。

【农村生态建设及环境保护】 全年实现化肥、农药零增长。农膜、农药包装废弃物回收率达50.8%，提高0.2个百分点。全县农作物秸秆利用率达91.9%。农资、农机、渔政、动植物检疫执法监管到位，有害生物监测防控措施得力，保障了农业生产安全。“大棚房”整治全面完成。

【惠农补贴】 实施农机购置补贴政策，结算补贴资金128万元；实施耕地地力保护补贴政策，兑现补贴资金6441.3万元；实施稻谷补贴政策，发放补贴资金756万元。

【机构改革】 2月，根据县机构改革实施方案，将原县委农办、县畜牧食品局、县农业局的职能整合，将原县水务局、县发改局、县农发办等部门部分职能调入，设立蓬溪县农业农村局。县农业农村局系县政府职能组成部门，机构性质为行政机关。

县农业农村局主要职责是：统筹研究和组织实施全县“三农”工作的发展战略、中长期规划、重大政策；统筹实施乡村振兴战略，牵头组织改善全县农村人居环境，指导农村精神文明和优秀农耕文化建设；拟订深化全县农村经济体制改革和巩固完善农村基本经营制度的政策措施；指导全县乡村特色产业、农产品加工业（产地初加工）、休闲农业和乡村企业发展工作；负责全县种植业、养殖业、农业机械化等农业各产业的监督管理；负责拟订全县农业全产业机械化、智能化、数字化发展规划并组织实施；负责全县农产品质量安全监督管理；组织开展全县农业资源区划和资源保护工作；负责全县有关农业生产资料和农业投入品的监督管理；负责全县农业防灾减灾、动植物重大病虫害防治工作；负责全县农业投资管理和农田建设管理；拟订全县农业科研、农技推广的规划、计划和有关政策并组织实施，牵头推动农业科技体制改革和农业科技创新体系建设；指导全县农业农村人才工作；牵头开展全县农业对外合作工作；统筹协调和监督指导全县农业综合执法；负责职业范围内的安全生产和职业健康、生态环境保护、审批服务便民化等工作；完成县委和县政府交办的其他任务。

县农业农村局机关设置办公室、政策法规股、人事股、科教股、计划财务股、乡村治理股、生产管理股7个内设机构。局下属农技中心、农经中心、农安中心、乡村振兴发展中心、执法大队、食用菌（蔬菜）发展办公室、疫控中心、动监所、农机监理站9个事业单位，改革后有局干部职工265人（含乡/镇兽防站）、公务员26人、参公人员27人、机关工勤2人、事业人员210人（含31个乡/镇畜牧兽医防疫检疫站）。

【主要领导人】 县委书记：邓斌；县人大常委会主任：黄元章；县长：肖霞；县政协主席：张璋；分管农业副县长：唐志强。

蓬溪县编写组

大 英 县

【基本情况】 2019年，全县辖9镇1个街道，辖区面积702.6平方米。全年第一产业增加值实现29.08亿元，增长2.3%。农村居民年人均可支配收入达16165元，增长10.28%，位居遂宁市第二名。全县农村户用卫生厕所普及率达89%。

【种养殖业】 全县农作物播种面积82.95万亩，其中粮食作物播种面积58.19万亩、经济作物播种面积24.76万亩，粮、经作物播种面积比为7∶3。水稻种植面积11.07万亩，单产526千克，总产量5.82万吨，90%以上为国标二级以上优质稻，5%左右为糯稻。小麦种植面积8.5万亩，单产274.4千克，总产量2.33万吨。玉米种植面积24.3万亩，单产381.5千克，总产量9.27万吨。甘薯种植面积4.45万亩，单产309千克，总产量1.38万吨。大豆种植面积6.22万亩，单产145千克，总产量0.9万吨。全县出栏生猪49.17万头、肉牛0.39万头、肉羊3.96万只、家禽435.91万只、肉兔185.35万只，同比分别增长-14.04%、24.34%、7.41%、16.65%、-2.82%。

【水产业】 全年水产养殖面积1.6万亩，水产品总产量8980吨，渔业经济总产值2.8005亿元，人均水产品占有量15.81千克。全县稻田综合种养面积达0.1万亩。有50亩以上规模养殖户28户、县级渔业协会1个、乡（镇）渔业协会2个、水产养殖专业合作社8个，共有会员1000余人。创建四川省特色农产品（黄颡鱼、小龙虾）优势区、典型水产类农旅基地2个。全面实施完成长江流域退捕转产，完成全县65户合法捕捞渔民捕捞证书回收及船只全面退捕。在禁渔期间加大宣传，加强巡查，查获非法捕捞渔政案件8起，移送6起，遏制了非法捕鱼行为，渔民守法意识大大提高。

【乡村振兴试点示范村创建】 落实乡村振兴债券1200万元、市级试点资金200万元，安排县级财政乡村振兴专项资金预算1000万元，同步开展乡村振兴市级、县级试点村建设和示范创建，隆盛镇创建为市级乡村振兴先进镇和市级农民增收先进镇，隆盛镇杜家寨村和后坝村、蓬莱镇三溪口村、卓筒井镇为千屏村、回马镇枯井村、玉峰镇斗笠村、象山镇文龙村7个村创建为市级乡村振兴示范村。大英县中药材现代农业园区创建为市级园区。大英县委、县政府获评为农村人居环境整治、农田水利基本建设工作先进集体。

【农业农村改革】 全县通过开展清产核资、界定成员身份、股权量化等工作，扎实推进农村集体产权制度改革，各项工作取得阶段性成效。一是清产核资应清尽清。全县共清理核实农村集体资产总额69804.12万元，其中经营性资产1894.62万元、非经营性资产67909.5万元；资源性资产的土地总面积104.35万亩（农用地80.32万亩、建设用地16.63万亩、未利用地7.4万亩）；公益林48544立方米，商品林641907立方米。二是科学界定成员身份。通过宣传、动员、申请、审核、审批、公示、讨论，全县村集体经济组织成员申报413929人，确认413736人，未被确认193人。三是合理进行股权量化。根据各村（居）实际，经集体成员讨论通过，全县293个村已完成股权量化经营性资产1894.6万元、非经营性资产62358.9万元、资源性资产6.57万亩，并有序成立了村级集体经济组织。

【农村科技】 全县推广测土配方施肥面积56.9万亩，占作物施肥总面积68.6%；病虫害统防统治面积41.5万亩，统防统治覆盖率为46.59%；农业机械化面积49.4万亩，机械化率达62.44%；推广绿色高产高效示范面积1.6万亩，辐射带动全县水稻、玉米、油菜等作物40万亩；实施沼液还田面积21万亩；秸秆综合利用总量15万吨；主要粮食作物主推技术到位率达96%以上。

【农村生态建设及环境保护】 各镇（街道）采取集中招标、村民委托、集中时间、集中人力、统一施工等方式落实建设施工队伍，采取分户、联户、统一接入城镇，建设集中污水处理站等多种方式灵活全面推进“厕所革命”，全年完成农村户用卫生厕所改造48500户，占市下达全年目标的105%，累计完成投资8700余万元；规划建设镇公共厕所10座、村公厕163座。采用污染治理与资源利用相结合、工程措施与生态措施相结合、集中与分散相结合等多种方式持续推进农村污水治理，新开工污水处理项目5个，18个乡（镇）已建成污水处理厂，53个乡村聚居点污水处理设施正常运行，174个村具备污水治理能力，占行政村总数的60%，占年度计划的90%。实施规模养殖场污染治理2.0版，加强对全县227户规模养殖场粪便贮存、处理、利用设施设备运行监管，推进生态种养循环利用，促进畜禽排泄物综合治理和资源化处置，推广循环利用养殖场110家，实施种养结合养殖场115家，推广“工厂化+人工湿地”等粪污处理工艺2家，227套规模养殖场粪污处理设施装备全部运行，规模养殖场装备配备率和粪污处理率均达100%，畜禽粪污无害化处理率达90%以上。结合脱贫攻坚，组织力量进村入户开展“六净六顺”活动，以庭院为重点，持续纠正农村脏乱差，提升村容村貌，建成美丽四川·宜居乡村达标村107个。

【高标准农田建设】 组织实施2019年高标准农田建设项目，计划总投资3214.8万元，计划建设任务2万亩，共有2个项目片区，已完成建设任务1.66万亩，占计划建设任务的83%；完成投资2433万元，占计划投资的76%。

【农产品质量安全监管】 加强农产品环节监管和源头监管，把蔬菜、水果、水产品等抽样检查纳入常态化。加强人员配备，健全监管体系，将全县主要农产品和“三品一标”获证单位的产品全部纳入监测范围，对县、乡（镇）农产品质量安全监测工作实行目标管理。全省例行开展抽样检测，对蔬菜、水果、肉、蛋、禽进行抽样，合格率均为100%；抽样检测水稻、玉米种子，合格率均为100%。全年产地检疫畜禽41.6万头（只、羽），屠宰检疫动物产品5832吨，养殖环节无害化处理病死生猪6560头；检测“瘦肉精”单卡6681套，继续巩固全县“瘦肉精”“零检出”成果，无重大农产品安全事件发生。推广特色优质农产品56个，有16家企业49个农产品被授权使用“遂宁鲜”区域公品牌，全县有效期内“三品一标”农产品总数达55个。

【机构改革】 大英县农业农村局（简称“县农业农村局”）是县政府工作部门，为正科级。县农业农村局成立于2月，是由原农业局、畜牧局、县委农办、农发办4个单位重新组建的工作部门。县委农村工作领导小组办公室（简称“县委农办”）设在县农业农村局，接受县委农村工作领导小组的直接领导，承担县委农村工作领导小组的具体工作，组织开展“三农”重大问题的政策研究，协调督促有关方面落实县委农村工作领导小组决定事项、工作部署和要求等。设置县委农办秘书股，负责处理县委农办日常事务。县农业农村局内设机构根据工作需要承担县委农办相关工作，接受县委农办的统筹协调。

县农业农村局的主要职责是贯彻落实党中央关于“三农”工作的方针政策和省委、市委、县委决策部署，在履行职责过程中坚持和加强党对“三农”工作的集中统一领导。

县农业农村局下设办公室、农业生产发展股、乡村治理股、农业农村改革促进股、政策法规和行业管理股、计划投资财务股、人事政工股7个内设机构。机关党委负责机关和所属事业单位党群工作和内部审计工作，机关党委办公室按照县委规定设置。县农业农村系统共有干部职工218人。

【名优特新农产品】 大英枳壳。唐代以前积实、枳壳不分。《神农本草经》仅载积实，列木部中品，记“积实，味苦，寒。主大风在皮肤中，如麻豆苦痒，除寒热结，止利，长肌肉，利五藏，益气轻身。生川泽”。大英枳壳呈半球形，直径4～7厘米。外果皮棕褐色，有颗粒状突起，突起的先端有凹点状油室；切面中果皮黄白色，光滑而稍隆起，厚1～1.3厘米，边缘有1～2列油室；质地坚硬，不易折断；气味清香，有微酸味，油脂含量丰富。大英枳壳一般于7月果皮尚绿时采收，自中部横切为两半，晒干或低温干燥。具有理气宽中，行滞消胀之功效。常用于胸胁气滞，胀满疼痛，食积不化，痰饮内停，脏器下垂。近年来，在县委、县政府的坚强领导下，全县上下按照“农业多贡献、园区当先锋”的总体思路，立足区域特色优势，优化产业结构，加大财政投入力度，大力发展特色产业大英枳壳、大英刺梨，助力乡村振兴。大英县围绕中药材园区的产业特色和发展定位，加强资金、人才、科技、土地等发展要素聚集，推进产业结构调整，园区综合生产质效呈现出逐年向好发展态势。截至目前，园区的主导产业大英枳壳、大英刺梨分别达到5050亩、2300亩，建设优质果蔬基地5600余亩。同时，实施枳壳行间套种、连作发展白芷3000亩、紫苏2000亩，配套建设刺梨、猕猴桃、中药材等初加工设施5处，辐射带动全县发展优质中药材12000亩。2020年实现园区总产值3.54亿元，实现农业总产值2.53亿元，主导产业产值2.27亿元，主导产业产值占园区总产值的64.1%，主导产业加工转化率达到85%。

大英刺梨。早在公元1640年，由田雯所撰的《黔书》中就有记载："实如安石榴而较小，味甘而微酸，食之可以解闷，可消滞；渍汁煎之以蜜，可作膏，正不减于梨楂也。"公元1870年刘善述《本草便方二亭集》进一步论述："刺梨甘酸涩止痢，根治牙痛崩带易，红花甘平泄痢止，叶疗疥金疮痢。由此可知，把刺梨用作医疗的历史已久。20世纪40年代初，营养学家进一步证实刺利的营养价值；80年代，科学家们对刺梨进行了较全面系统的研究，进一步探明刺梨的药用价值。大英刺梨鲜果可直接食用，果扁球形，直径3～4厘米，绿红色，外面密生针刺；萼片宿存，直立。花期4—5月，果期6—8月。果实富含维生素B、P、及C，味甜酸，含大量维生素，可供食用及药用，生食或制蜜饯、酿酒，药用能解暑消食，还可作为熬糖酿酒的原料。根皮、茎皮含鞣质，提制栲胶，根药用，能消食健脾，收敛止泻；叶泡茶，能解热降暑；种子可榨油。花朵美丽，栽培供观赏用。枝干多刺可以为绿篱。大英刺梨晒干后制成刺梨干果，可入药，含丰富的维生素B、C及胡萝卜素、苹果酸、柠檬酸等成分。常用于胃阴不足，食欲减退，消化不良，或饮食积滞，饱胀满闷，腹泻便溏；热病或暑热伤津，口干口渴，心烦发热，小便短赤。近年来，在县委、县政府的坚强领导下，全县上下按照"农业多贡献、园区当先锋"的总体思路，立足区域特色优势，优化产业结构，加大财政投入力度，大力发展特色产业大英枳壳、大英刺梨，助力乡村振兴。大英县围绕中药材园区的产业特色和发展定位，加强资金、人才、科技、土地等发展要素聚集，推进产业结构调整，园区综合生产质效呈现出逐年向好发展态势。截至目前，园区的主导产业大英枳壳、大英刺梨分别达到5050亩、2300亩，建设优质果蔬基地5600余亩。同时，实施枳壳行间套种、连作发展白芷3000亩、紫苏2000亩，配套建设刺梨、猕猴桃、中药材等初加工设施5处，辐射带动全县发展优质中药材12000亩。2020年实现园区总产值3.54亿元、农业总产值2.53亿元、主导产业产值2.27亿元，主导产业产值占园区总产值的64.1%，主导产业加工转化率达到85%。

【主要领导人】 县委书记：胡道军；县人大常委会主任：朱俊华；县长：胡铭超；县政协主席：张钰；分管农业副县长：杜锐。

大英县编写组

内 江 市

【基本情况】 2019年，全市辖70镇13个街道，辖区面积5384.72平方千米，其中耕地面积27.39万公顷。年末户籍人口408.18万人，常住人口370万人，人口城镇化率50.58%，人口出生率9.43‰，人口自然增长率2.38‰。森林覆盖率32.48%。

2019年，全市GDP1433.3亿元，增长7.8%，其中第一产业增加值240.5亿元、第二产业增加值489.88亿元、第三产业增加值702.92亿元。

【种植业】 新建高标准农田16.5万亩、农业园区12个，新增稻渔综合种养推广面积8万亩，全年粮食总产量稳定在170万吨以上，小龙虾、泥鳅、鲶鱼产量居全省第一位。100万头"内江黑猪"产业化项目加快实施，累计建成家庭农场养殖单元213个。2个村获评为"全国一村一品示范村"。"资中血橙"种植面积达26万亩，占全国血橙种植面积的60%。建成全国最大的无花果全产业链集中发展区，获得2023年第7届世界无花果大会举办权。

【民生工程】 完成"30件民生实事"和民生"十有行动"目标任务。全市民生支出177.7亿元，占一般公共预算支出的65.3%，高于全省平均水平。开展农民工服务保障工作，新增城镇就业5.2万人，城镇登记失业率3.7%。投入各类专项扶贫资金13.9亿元，带动发展特色种植业1.6万亩、养殖业82.6万只（头），完成易地扶贫搬迁83户236人、贫困户危房改造4476户。新开发公益性岗位安置贫困家庭劳动力就业440人，为贫困人口免费健康体检9.5万人。全年实现65个贫困村退出、1.45万名贫困人口脱贫。新建公办幼儿园8所，改（扩）建公办幼儿园8所，新增民办幼儿园18所；新增义务教育阶段学位1.04万个，彻底消除66人及以上超大班额，为2.2万名义务教育家庭经济困难寄宿制学生发放生活补助，为3.8万名农村义务教育在校学生提供免费营养午餐。推进医药卫生体制改革，落实药品集中采购和使用试点扩围工作，3所三甲医院与四川大学华西医院建立协同诊疗体系，开通省内医保异地结算医院38家，创建为全国基层中医药工作先进单位。建设完成广播"村村响"65个、电视"户户通"7483户。承办省级以上体育赛事8次，首次举办国际半程马拉松赛，新建村级农民体育健身工程351个。继续为困难家庭失能老人提供居家养老服务，向80周岁以上老人发放高龄补贴，改造农村公办适老化床位1512张。15.6万名残疾人享受到"量体裁衣"式服务。新（改）建标准化农贸市场（便民服务点）29个、公共厕所244座。

【农村生态建设及环境保护】 推进沱江流域综合治理。开展沱江流域（内江段）水环境综合治理与可持续发展国家试点，编制实施沱江流域文化生态带点线面发展与保护空间布局规划；抓好城市黑臭水体治理示范城市建设，完成城区11条黑臭水体整治；全面落实河（湖）长制，开展全流域协同治理，加大球溪河、威远河、隆昌河等主要河流治理力度，确保沱江干流内江出境断面保持Ⅲ类水质，球溪河河口断面、威远河廖家堰断面水质达到省考核要求。统筹山水林田湖草系统治理。落实主体功能区规划，严守生态红线，提升生态系统自我修复功能；实施大规模绿化内江行动，完成造林10万亩；贯彻实施《内江市城市园林绿化条例》；加强水土流失综合治理，加强湿地保护，恢复国土生态功能。推动形成绿色生产生活方式。发展壮大节能环保、清洁能源等产业，推进资源全面节约和循环利用，促进产业布局与资源环境承载能力相适应；倡导简约适度、绿色低碳生活方式，开展绿色家庭、绿色学校、绿色社区等示范创建，增强全民环保意识。

【抗震救灾】 内江境内"9·8"威远5.4级地震和"12·18"资中5.2级地震发生后，全市专业救援力量震后半小时内到达震中，受伤人员5小时内得到有效救治，水、电、气、路、通信14小时内全面恢复。2944名受灾群众当天全部得到妥善安置，838户受损房屋如期完成维修加固，抗震救灾和灾后恢复重建取得阶段性胜利。

【主要领导人】 市委书记：马波；市人大常委会主任：李发强；市长：任晓春（12月止），郑莉（12月代理）；市政协主席：戴震；分管农业副市长：田文平。

内江市编写组

市 中 区

【基本情况】 2019年，全区辖5个街道7镇，辖区面积386.2平方千米。

【农村集体产权制度改革】 继续深化农村集体产权制度改革，在全国集体产权制度改革试点区、省级试点的基础上，探索出宣传发动、方案制订、清产核资、明确成员身份、股权量化、登记赋码、建章立制、资产运营“八步工作法”，明晰集体产权，完善“三会”机构，成立集体经济组织，赋予集体经济组织市场主体地位。出台《农村集体产权制度改革试点方案》等4个政策文件，制定清产核资、确认成员身份、规范管理集体经济组织等5个操作性强的指导办法。截至2019年年底，全区颁发土地承包经营权证书57914本。完善并健全农村产权流转交易市场体系，进入农村产权交易平台挂牌流转1771.99公顷，交易率达90%以上。继续推广土地承包经营权退出“三换模式”，截至2019年年底，全区共退出土地3218户400.53公顷。村级和组级共确认集体经济组织成员55.8万人、集体资产9.78亿元、资源性资产45.59万亩，量化股权56.75万股（其中集体股0.95万股）。

【现代农业园区建设】 全区围绕万亩柑橘（柠檬）、优质畜禽、竹产业、特色水产4大主导产业合理布局，制定出台《内江市市中区现代农业园区建设实施方案》《园区创建考核激励办法》等文件。根据创建国、省、市的现代农业产业园区的标准，围绕基地建设、设施设备、产品加工、农业新业态、品牌建设、科技支撑、组织方式与保障措施8个方面，不断夯实园区基础、补齐短板。全年创建2个市级园区（永安都市现代农业园区、朝阳高标准柑橘农业园区）、6个区级园区（永安都市现代农业园区、朝阳高标准柑橘农业园区、全安特色果蔬现代农业园区、凌家农副产品加工现代农业园区、龙门藤椒现代农业园区、伏龙特色水产现代农业园区）。

【种植业】 粮食作物。全区粮食作物播种面积2.24万公顷，产量11.67万吨。小春粮食播种面积1464公顷，产量0.46万吨，其中马铃薯465公顷，产量（折粮）0.2万吨；豌豆、蚕豆999公顷，产量0.26万吨。大春粮食播种面积20920公顷，产量11.21万吨，其中水稻4565公顷，产量3.73万吨；玉米8119公顷，产量4.87万吨；红薯3703公顷，产量1.68万吨；马铃薯491公顷，产量（折粮）0.2万吨。

经济作物。全区经济作物种植面积0.943万公顷，产量25.11万吨。蔬菜种植面积0.64万公顷，产量21.2万吨。果树种植面积0.293万公顷，产量3.75万吨，其中柑橘种植面积0.21万公顷，产量2.55万吨；柠檬种植面积0.07万公顷，产量0.9万吨；葡萄种植面积0.013万公顷，产量0.3万吨。花椒种植面积0.01公顷，产量0.16万吨。

植保植检。全年农作物病虫害发生面积109.57万亩次，防治114.57万亩次，防治率达104.6%；主要作物专业化统防统治覆盖率达41.5%；主要作物绿色防控覆盖率达32.3%；粮经作物主产区农药包装废弃物回收率达70.6%；植物疫情防控处置率达100%。全年病虫害防治挽回粮食损失18251吨，挽回蔬菜水果损失23618吨，挽回油料损失5932吨。全年水稻种植面积6.73万亩，稻水象甲发生面积2600亩，占水稻种植面积的3.9%，主要涉及龙门、伏龙、凌家、永安4个镇16个村，全区采取“统治越冬代成虫，挑治第一代幼虫，兼治第一代成虫”的防控策略，对疫区采取专业化统防统治，开展稻水象甲阻截防控4500亩次。对朝阳镇黄桷桥村6社202亩春见溃疡病实施重剪病枝，保留无叶主枝，施药保护，留园观察一年。对首次入侵的草地贪夜蛾实施重点监测，做到“发现有一点，防治一片”，全年发生375亩，防治840亩，防效95%以上，未造成灾害性损失。全区共有柑橘苗木繁育单位6个，共繁育柑橘苗木157.6亩，累计114.5万株；开展粮油种子产地检疫257.16亩，并进行产地检疫申报登记，开展产地检疫田间调查，做好产地检疫记录，全部实施产地检疫，未发现检疫性病虫，严格签发产地检疫合格证书。开展调运检疫11批次，其中粮油种子2.6万千克，柑橘苗木7.41万株，未发现检疫性有害生物。

【畜牧业】 畜禽养殖。全区坚持以区域化布局、规模化养殖、标准化生产、产业化经营、社会化服务为方向，继续实施畜禽良种化养殖、畜禽标准化生产、畜禽产业化经营“三大工程”。在100万头“内江黑猪”开发利用产业化项目的带动下，全区新（改、扩）建现代化畜禽养殖场7个，创建省级标准化示范场5个、市级标准化示范场2个；备案登记生猪养殖家庭农场3个，建成内江黑猪养殖家庭农场3个，猪舍面积达12400平方米，共12个养殖单元。猪三元杂交面达86%，肉牛良种及杂交面达68%，肉羊良种及杂交面达90%，家禽良种面达99.5%，兔良种面达99.5%。全区规模养殖发展势头良好，500头以上生猪出栏比重占36%，50头以上肉牛出栏比重占67%，300只以上肉羊出栏比重占13%，3万只以上肉鸡出栏比重占45%，100头以上奶牛存栏比重占53%，1万只以上蛋鸡存栏比重占96%。受疫情影响，全年出栏生猪15.96万头，下降28.51%；肉牛、肉羊、家禽、肉兔出栏分别增长1.14%、2.74%、21.63%、3.57%。全年肉类产量下降5.56%，禽蛋类、奶类产量分别增长10.21%、1.67%。

畜禽养殖污染防治。加强畜禽养殖场的规范和常态化管理，畜禽规模养殖场全面配套粪污处理设施和设备，全面推行种养结合，对新（改、扩）建的畜禽养殖场严格执行环境影响评价制度和“治污设施同时设计、同时施工和同时使用”制度。畜禽养殖场建立粪污处理台账，做到粪污处理去向明确，粪污不外排。在长江经济带农业面源污染治理专项的带动下，完善畜禽规模养殖场粪污处理实施设备建设。同时，创新畜禽粪污的科学利用，完善以沼气处理为主的畜禽粪便处理模式，大中型规模养殖场原则上要建立与其饲养规模相适应的沼气池，对畜禽粪污进行沼气化处理。开展农业综合利用，鼓励养殖企业、规模养殖场通过生物发酵处理畜禽粪便，生产有机肥半成品，扩大产能，全面推行种养循环。全区规模养殖场配套废弃物处理设施率95%以上，畜禽粪便综合利用率达85%，畜禽粪污综合利用率提高10%，畜禽规模养殖场粪污处理设施装备配套率提高5%。

重大动物疫病防控。全年组织开展春、秋季重大动物疫病防控工作，坚持对猪瘟、口蹄疫、仔猪阉割打“双针”，对猪瘟、口蹄疫、禽流感、小反刍兽疫，实行春、秋季集中强制免疫，夏、冬季补免，每月16日前后补针，规模养殖场按程序免疫。依法对高致病性禽流感、口蹄疫、猪瘟等重大动物疫病实施强制免疫，做到“应免尽免”。全年共免疫猪瘟125645头、猪口蹄疫125645头、牛口蹄疫1703头、羊口蹄疫6151只、羊小反刍兽疫6151只、鸡禽流感2156265只、鸭禽流感362667只、鹅禽流感25140只、狂犬病14137只，动物疫病免疫率达100%。加强畜禽检疫工作，全年产地检疫猪67318头、牛519头、羊367只、鸡463.8462万只、鸭25.3191万只、鹅1.6136万只、兔44.6611万只，屠宰检疫猪100095头、牛6675头、羊2481只、鸡28.0618万只、鸭28.249万只、鹅0.9553万只，产地和屠宰检疫率均达100%。严格执行病死动物“五不一处理”（即不宰杀、不食用、不销售、不转运、不丢弃和集中无害化处理）制度，发挥村级动物疫病健康巡查小组的作用，对发现的病死动物一律作无害化处理，确保全年动物防疫目标任务圆满完成。加强畜禽抽样监测，全年检测畜禽血清样品2419份，其中猪瘟150份，合格率92.66%；猪口蹄疫150份，合格率94.33%；牛（羊）口蹄疫40份，合格率100%；禽流感1085份，合格率98.91%；小反刍兽疫15份，合格率80%，免疫抗体平均合格率均达到农业农村部要求。全年检测牛（羊）布病、结核样品841份（头、只），非洲猪瘟样品138份，结果均为阴性。

非洲猪瘟防控。继续开展非洲猪瘟各项防控工作，把非洲猪瘟防控作为保民生、促稳定的重要工作来抓。全年共发放宣传资料3.2万余份，张贴宣传画417张；组织执法人员检查养殖场、屠宰场42064户次，排查生猪693547头次；行政执法立案9件，结案9件，处理管理相对人11人次，罚款69140元；出动消毒人员16572人次，使用消毒药剂25134千克，对全区所有畜禽圈舍、屠宰场、载畜工具、无害化处理收集点进行地毯式消毒灭源。在全区共设立临时检查站9个，实行车辆运输生猪备案登记管理。

畜禽产品安全监管。加强兽药、饲料等养殖业投入品监管，指导规模养殖场建立用药记录制度，严格执行兽药安全使用规定，规范兽药经营企业行为。开展“瘦肉精”“三聚氰胺”等违禁药品专项整治行动，禁止不合格投入品进入流通和使用环节，全区“瘦肉精”检出率为零。加强畜产品安全监测，完成省、市农业农村厅（局）下达的畜产品、兽药饲料等抽样监测任务，合格率均达100%。

畜牧业行政执法。全年开展饲料、兽药安全宣传教育，发放宣传资料1600份，接待群众咨询280人。加强饲料、兽药监督管理，组织执法人员对8个乡（镇、街道）的饲料、兽药经营企业和饲料生产企业进行专项检查，查看购销记录、购销单据、兽药饲料产品标签规范、生产日期、产品有效期等，饲料、兽药合格率均达100%。加大对涉嫌添加违禁物质的执法检查力度，出动执法和畜牧技术人员320人次，对全区兽药GSP认证的9家兽药店进行执法检查，未发现擅自添加非处方药、禁用兽药、人用药品等行为，合格率达100%。全年未发生畜禽产品安全事故。

【水产业】 区水产渔政局更名为内江市市中区渔业发展中心，为副科级事业单位，归口内江市市中区农业农村局。区渔业发展中心设立综合股、渔业产业发展股、渔业生产安全股、水生动物防疫检疫股4个内设机构；重新核定事业编制16名，其中主任1名、副主任2名、中层职数4名。全区有渔业户4983户、渔业人口15074人，其中传统渔民1767人；渔业从业人员9709人，其中专业从业人员4210人；机动渔业船104艘，总吨位120.7吨，总功率851.46千瓦。

渔业生产。全年水产品总产量7144吨，实现渔业产值98732万元，完成水产电子商务交易额29487万元。全区水产养殖面积（含稻田养鱼面积）2885公顷，其中池塘养殖面积641公顷，产量3491吨；水库养殖面积371公顷，产量1039吨；河沟养殖面积116公顷，产量297吨；稻田养殖面积1756公项，产量1979吨，其中新增稻渔综合种养推广面积156公顷。实施特色水产产业高质量发展，结合《市中区养殖水域滩涂规划》提早调研布局，编制《内江市中区特色水产产业高质量发展的实施意见》《2019年渔业产业规划》，制订伏龙镇渔业园区（含牛角田村、大湾村、大屋冲村）建设方案，利用2019年项目资金做好伏龙镇渔业园区规划建设工作，确保项目顺利实施，促进全区渔业健康发展。在做好绿色渔业的前提下，推广大水面水库生态健康养殖、工厂化养殖新模式，引进新品种，全年扩建南美白对虾工厂化养殖3000平方米，实现水产养殖废水零排放；开展大水面水库生态健康养殖技术培训，支持构建可持续发展的水库生态环境治理体系。编制《市中区渔业发展资金补助管理办法》，针对特色水产养殖进行政策及技术扶持，引导全区特色水产向生态、环保、健康高质量发展。全年新增小龙虾养殖面积600余亩，新增产量58吨；引进工厂化养殖南美白对虾3000立方米，新增产量33吨。为提高养殖户的积极性、帮助农户增收，通过开展稻渔综合种养技术培训，推动养殖品种和养殖模式提质增效，除养殖常规品种外，发展以“稻虾”“稻鳅”“稻花鱼”等特色水产为主的稻渔综合种养模式，截至10月底，市中区稻渔综合种养技术推广面积达2340亩，累计推广稻渔综合种养面积10965亩，帮助农民增收达1000元/亩。

渔业安全工作。全区共有农业农村部健康养殖示范场4个，申报省级水产健康养殖示范场10个、省级农民合作社示范社1个、省级家庭农场示范场1个、无公害水产养殖基地7个、无公害水产品21个。全年累计抽检水产品样品70个，涉及全区各个水产养殖场、家庭农场、水产交易市场等，检验合格率达100%。全年对全区养殖场所进行渔业安全检查260场次，发放水产品食品安全宣传资料260份，并组织召开大型水产品质量安全培训会议3次。全年全区未发生水产品食品安全事故。

渔业保险。开展特色水产养殖参保工作，制订《内江市市中区特色农业保险方案（2020—2022年）》，将政策性保险和商业保险有机结合，优势互补，在参险品种、方式上更加灵活，促进了市中区水产养殖户参保。截至10月，全区水产养殖参保专合社6个，参保面积达1100亩，降低了企业养殖风险。

渔政管理和行政执法。春季禁渔工作从3月1日—6月30日，春季禁渔期间，全区出动执法检查车船21次、执法人员447人次，查处橡皮船1艘、木船1艘、地笼13个、草靶子95个，没收违法捕捞渔获物35千克，对35家餐馆的违禁广告、招牌进行现场清除或规范。以“扫黑除恶”专项斗争为契机，联合区公安局、区财政局等8部门制订了《内江市市中区打击电鱼活动专项整治行动实施方案》，加强行业领域“扫黑除恶”专项斗争电鱼乱象治理工作。全区出动执法艇84艘次、执法车辆64辆次、执法人员345人次，组织联合执法8次，发放宣传资料1100余份，张贴标语12幅，组织召开专题会议3次，没收捕捞渔获物28千克，收缴条网123张、各类渔网共计9袋约250千克，拆除4米×4米网箱1个，查获并收缴非法销售电鱼工具12个，行政处罚7人、罚款4400元。区水产渔政局落实渔用柴油补贴政策，对全区104艘捕捞机动渔船共计补助27.597万元。

【农业机械化】 全区有农机户3891户、从业人员2210人，其中农机化作业服务专业户7户、从业人员19人，农机维修厂（点）9家、从业人员36人；农机经销点6家、从业人员28人；有乡村农机从业人员4025人，其中拖拉机和联合收割机驾驶员162人、农机维修人员35人，获得农机职业技能鉴定证书人员175人。全区农业机械总动力达250604千瓦,其中柴油发动机动力110550千瓦、汽油发动机动力61690千瓦、电动机动力78364千瓦;有拖拉机285台、1206千瓦,耕整机3218台、12073千瓦,农用排灌动力机械2739台、54182千瓦。全区农业机械原值6392万元,净值2631万元。

农机应用和管理。全年完成机耕面积6893公顷、机播面积5062公顷、机电灌溉面积7068公顷、机械植保面积2306公顷。全区主要农作物耕种收综合机械化水平为59.93%,其中水稻机耕面积4362公顷,水稻机械种植面积4085公顷;油菜机耕面积2871公顷,油菜机械种植面积2633公顷。全年农机运输作业量3021万吨千米,其中农业运输作业量2934万吨千米。全年完成农机化作业收入19085万元,实现利润8039万元。发放农机购置补贴资金31.4万元,受益农户118户。群众投资482万元,建设机耕便民道16.7千米。

【农村能源建设】 全区推广应用太阳能利用装置500平方米,新(改)省柴节煤炉灶500台,新建集中供气沼气工程2处:完成永安镇下元村2019年省级新村集中供气工程项目,项目总投资27万元(其中省级资金26万元、业主自筹1万元),建设预处理池5立方米,常温发酵池200立方米,沼渣、沼液暂存池60立方米,湿式气柜20立方米及输送装置等配套设施,日均产气量40立方米,集中供气40户;完成永安镇连部湾村2019年省级新村集中供气工程项目,项目总投资28万元(其中省级资金26万元、业主自筹2万元),建设预处理池5立方米,常温发酵池200立方米,沼渣、沼液暂存池50立方米,湿式气柜20立方米及输送装置等配套设施,日均产气量40立方米,集中供气40户。全年新增农村沼气用户80户,推广沼气综合利用2000户、生态家园模式500户,沼液浸种1000公顷。

【农业新品种和新技术推广】 全区推广水稻旱育秧栽培、水稻保优提质绿色高效栽培、水稻免耕栽培、水稻全程机械化生产技术、玉米节本增效技术、玉米乳苗移栽、"玉一豆"套作栽培、油菜合理密植、油菜增施硼肥、马铃薯脱毒栽培等农业新技术。完成新技术推广面积20000公顷,配方肥推广面积16000公顷,其中推广水稻旱育秧栽培4565公顷、"玉一豆"套作栽培6493公顷、油菜合理密植354公顷。举办农业新技术培训班10期,培训乡(镇)农技人员、村(社区)干部和农户1.2万人次。发放农业技术资料3万余份、农业技术建议卡2万余张,为2万余户农户免费提供农业种植技术。

【农业行政执法】 区农业农村局全年对种子、农药、化肥、兽药、鱼饲料经营点开展执法检查63次,发放各类高毒有机磷农药和种子、兽药、鱼饲料宣传资料1200余份,未发现违规经营行为。继续开展产地检疫、调运检疫、屠宰运输检疫、农资市场巡查检疫和非法捕鱼巡查工作,全年立案16件,其中运输生猪产品未附有检疫证明立案5件,罚款280558元;屠宰生猪未附有检疫证明立案2件,罚款36582元;销售、收购国务院畜牧兽医行政主管部门规定应当加施生猪检疫标识而没有标识的畜禽立案1件,罚款2000元;阻碍动物卫生监督检查立案1件,罚款2500元;非法捕鱼立案7件,罚款8000元,并没收捕鱼工具。

【全国农村改革试验区建设】 持续发展壮大农村集体经济。全区继续推行"三三五二"模式发展农村集体经济,加强措施。探索构建区、镇、村"公司+中心+合作社"集体经济发展三大体系,筹建扶贫农产品综合超市,结合"四位一体"农合联,构建"线上+线下"双线运营平台,为村集体提供一条稳定的产、供、销链条。不断完善集体经济组织管理机制,探索形成党支部、村委会、集体经济组织多元共治的治理模式,三方相互分工,协作配合,促进农村集体经济健康发展。建立奖惩双向激励机制,明确容错免责情况和正向激励情况,增强集体经济带头人发展集体经济的信心和动力。截至2019年年底,全区有集体经营收入的村增加至140个,累计实现集体经济收入650余万元。

创新集体建设用地利用方式。探索土地"腾退—集中—利用"路径,出台《实施村庄建设用地优化调整方案》,将农户自愿腾退的宅基地与村集体存量零星建设用地经村庄整治、优化布局,形成节余建设用地指标,并将其按规范程序转化为集体经营性建设用地集中利用,再经农村产权交易中心采取"公开挂牌、公开拍卖"的方式引进社会资本,通过作价联营等方式发展乡村旅游、健康养老等新产业新业态,壮大集体经济。截至2019年年底,通过作价入股联营的方式盘活11.54亩农村集体建设用地,作价290.16万元,与业主联营开发旅游项目,村集体每年获取不低于竞得总价4%的收益,实现年收益12万元,确保集体资产增值保值不流失,形成村集体增收长效机制。

探索宅基地资格权自愿有偿退出和放活使用权两条路径。在巩固所有权地位的基础上,出台《自愿有偿退出宅基地资格权改革指导意见》《农村宅基地"三权分置"改革暂行办法》。引导已在城市落户的农户自愿按5.5万元/亩的价格退出宅基地资格权39宗;鼓励农户以入股、联营、转让等方式盘活宅基地使用权,宅基地资格权人和受让权人均按照转让总价2%向村集体一次性缴纳有偿使用收益调节金和公共资源占用费,盘活农村闲置农房资源。

【农村配套改革】 继续推进金融改革,构建多元金融投入体系。创新"两权抵押+乡村振兴+特色产业基金"金融支持体系,出台《内江市市中区农村土地经营权抵押融资试点工作实施方案》《内江市市中区乡村振兴农业产业发展贷款风险补偿金管理办法》等3方案6办法,截至2019年年底,累计贷款4亿元,破解了村集体和新型农业经营主体产业发展资金难题。

加快财政支农方式转变,探索财政"补"改"投"改革。出台《财政支农资金"补"改"投"改革实施方案》,将财政投入资金和其他基础设施建设量化为集体经济组织资产。全年共引导村集体和新型农业经营主体承接"补"改"投"项目70个,项目总投资达1.1亿元,每年实现村集体经济收益219.57万元,形成村集体经济长效稳定增收机制。

探索创新集体收益分配机制,以"两个平台"为依托,采取抱团联建等方式,形成"村集体+农户""村集体+公司""村集体+村集体""村集体+平台"等多层次、多渠道、多形式的利益联结机制,推进村集体经济良性发展。

【主要领导人】 区委书记:黄俊伟;区人大常委会主任:张晓亮;区长:兰徐;区政协主席:黄文勇;分管农业副区长:柳永胜。

市中区编写组

东 兴 区

【基本情况】 2019年,全区辖4乡20镇3个街道,辖区面积1181平方千米。总人口86.77万人,其中农业人口74.6万人;农村劳动力50.1万个。有耕地面积55.72万亩,其中土地面积24.4万亩。

【年度农业和农村经济运行】 2019年,全区农业增加值实现增速3.2%,农村居民可支配收入实现增速9.7%。全年完成非税收入23.2万元,全社会固定资产投资70000万元。实施新型职业农民培育计划，培训现代青年农场主2人、农业职业经理人6人、新型经营主体带头人78人。

农业产业化发展。抓省、市级农业产业化龙头企业的培育壮大，在科技改造、土地征用、信贷资金、电力运输、财政扶持等方面给予支持，新申报市级重点龙头企业3家；新培育农民专业合作社59个，累计培育农民专业合作社804个，其中国家级示范社3个、省级示范社18个、市级示范社11个；培育家庭农场12个。持续加大涉农资金整合力度，共申报实施投资收益新模式项目6个。全年新增放贷32笔，金额2175万元，累计发放农村产权抵押融资贷款108笔8598万元，解决了85家新型农业经营主体的融资难问题。开展现代农业园区创建工作，全年评定区级现代农业园区5个，申报市级现代农业园区3个。

农用地产权制度改革。全年农村承包地确权登记工作颁证157586本，完成率达94.3%。推进"房地一体"的农村不动产依申请确权登记工作，共办理农村不动产新建登记305件。全区累计实现农村产权流转入市交易117宗，土地流转面积3.9万亩，交易额达3.38亿元，其中2019年交易34宗，土地流转面积1.2万亩，交易额达0.4亿元。探索建立东兴区农村建设用地总量控制制度，推进城乡建设用地增减挂钩结余指标在市域范围内流转，已立项"双挂钩"项目2个，9个项目被纳入"双挂钩"项目库。

农产品品牌战略实施。全区"三品一标"农产品存量达40个，其中无公害农产品39个、地理标志农产品1个。打造"甜城味@东兴味道"品牌，推出黄背木耳、九叶青花椒、醉美太平3个农特产品网销品牌。

【种植业】 全区小春农作物播种面积41.23万亩，产量29万吨，其中小春粮食作物播种面积9.05万亩，产量2.82万吨；油料作物播种面积20.5万亩，产量3.1万吨；蔬菜（含菜用瓜）种植面积9.4万亩，产量22.88万吨；小春新增园林水果产量8.27万吨。大春农作物播种面积126.42万亩，产量86.13万吨，其中粮食作物播种面积91.5万亩，产量34.29万吨；油料作物播种面积7.66万亩，产量1.18万吨；糖料作物播种面积0.18万亩，产量0.62万吨；药材种植面积0.7万亩，产量0.12万吨；蔬菜（含菜用瓜）种植面积21万亩，产量46.2万吨；果用瓜种植面积1.13万亩，产量3.73万吨。大春新增其他青饲料播种面积4.3万亩。全年粮食总产量达37.11万吨，油料产量4.28万吨，均较往年有所增长。全年优质水稻播种面积23.73万亩，水稻良种面积29.7万亩，玉米良种面积20万亩，马铃薯良种面积16.4万亩，红薯良种面积12.8万亩，油菜良种面积15.4万亩，花生良种面积5.8万亩。

【特色产业】 实施"12345"现代农业提升行动，推进"351"特色农业产业发展，推进田家、双桥、双才、高梁、新店、同福、三烈、石子8个重点镇特色农业产业发展，建设特色村54个、专业村55个、精品村26个。推进万亩蚕桑产业示范片建设，全年发种47986张。申报郭北镇青台村柑橘园主题公园项目。发展农村电商示范镇1个、示范村3个，以电商助力乡村振兴。

【畜牧业】 全区生猪行业受到非洲猪瘟影响后，大大降低了生猪存栏。全区加大对畜牧养殖业的结构调整，严格落实省"猪十条"政策扶持，力保全区"畜牧大县"的金字招牌。全年生猪存栏20.1589万头，其中能繁母猪1.189万头；牛存栏1.345万头，其中奶牛0.1526万头；羊存栏6.33万只；家禽存栏478.8063万羽，其中鸡存栏335.1644万羽；兔存栏75.2588万只。全年生猪出栏52.81万头，牛出栏0.6355万头，羊出栏11.6528万只，家禽出栏677.6754万羽，兔出栏115.2132万只。全年肉产品总产量达5.2115万吨；禽蛋和奶的产量分别达0.8412万吨和0.2814万吨，均较往年有所提升。

【水产业】 全年水产品总产量28530吨，增长1.8%；实现渔业经济总产值93030万元，增长12.7%。全年推动建设内循环养殖基地5个，覆盖养殖水面600余亩。新推广稻渔综合种养技术3.4万亩，建设稻渔综合种养示范基地5个，稻渔综合种养水产品产量7000吨，稻渔综合种养平均产值达2200元/亩，比传统种植高1200元/亩。通过财政扶持、推广良种良法、引进养殖业主等方式大力发展特色水产养殖，优化养殖品种结构，全区特色水产养殖面积3.7万亩，年产特色水产品1.95万吨，养殖品种主要有黄颡鱼、叉尾鮰、鲈鱼、小龙虾、青蛙等12个品种。

【新村建设】 按照《"美丽内江·宜居乡村"达标村考评标准》要求，推广"小规模、组团式、微田园、生态化"建设模式，抓好"三清两改一提升"，拟申报"美丽内江·宜居乡村"达标村69个、"美丽东兴·宜居乡村"达标村100个。全力推动2019年东兴区乡村振兴转移支付资金建设项目工作，根据东兴区财政局《关于下达2019年省级财政乡村振兴转移支付资金的通知》（内东区财综改资〔2019〕4号）要求，从省级财政乡村振兴转移支付资金中按照10万元/村的标准对2018年申报成功的26个省级"四好村"给予奖补。

【农业机械化】 全年引进推广新型农机958台，农机总数达14.65万台（套），农机总动力达37.66万千瓦。全区主要农作物机耕面积59.82万亩、机播面积20.35万亩、机收面积31.86万亩，四大主要粮油作物的耕种收综合机械化水平达59.27%。全年到生产现场对农机手进行现场操作培训，培训人数达198人。全区有农机专业合作社14个，全年作业面积达4.82万亩，增长6.2%。新建农机化生产道路3.62千米，新建和改造提灌站26座，全区机电提灌保灌面积达20.36万亩。

【高标准农田建设】 全区高标准农田建设项目共完成建设任务3.63万亩，包括田型调整2.09万亩；建设排灌渠7.003千米、田间耕作道生产路26.011千米、机耕道33.359千米、山坪塘1口、蓄水池340口、囤水田216口。

【农村能源建设】 全年新增沼气用户80户，占年度目标任务的100%；推广沼液浸种2900公顷，占年度目标任务的145%；新建生态家园模式1400户，占年度目标任务的140%；推广沼气综合利用农户18500户，占年度目标任务的123%；完成太阳能利用装置1400平方米，占年度目标任务的140%；新（改）建省柴节煤炉灶1350台，占年度目标任务的135%；巩固和维护已建户用沼气工程260口、规模化大型沼气工程2处、集中供气沼气工程5处。全区农村沼气安全生产大培训活动培训110人次，全区全年无安全生产事故发生。

东兴区2019年两处省级重点项目新村集中供气沼气工程分别是双桥镇元觉村三组和双桥镇双鼓村三组农业公共安全与生态资源利用工程，两处工程项目总投资共计65万元，其中每一处省级投资26万元、地方配套2.5万元、农户自筹4万元。截至12月10日，项目前期施工手续基本完成，即将进入项目政府采购和施工安装阶段，工程预计2020年3月底竣工。

东兴区2019年种养循环农业示范基地选择在四川弘济生态养殖有限公司位于同福镇云台村十一组的养殖基地实施，基地建有自动化猪舍18栋，总面积达10000平方米，建有预处理池、沼气池和沼液暂存池近3000立方米，新建成1200立方米的发酵罐、600立方米的储气罐、120千瓦的发电机组、沼气脱水、净化调控、用气设备以及沼液灌溉输配系统等,配备现代化的仓储、办公、宿舍及全自动消毒线、检验分析室等。

【农产品质量安全监管】 全年对全区范围内的农产品生产基地、大型农贸市场、蔬菜批发市场、无公害农产品进行例行抽检,抽取670个蔬菜样品进行农残检测,合格率达100%。开展业务培训15批次,全面提升乡(镇)监管员等相关人员的业务素质。以咨询、发放宣传资料、知识问答等形式开展农产品质量安全宣传活动29次,设立现场宣传咨询点5个,接待咨询者672人次,发放各类宣传资料1万余份。开展种子质量专项检查活动,对全区范围内的种子市场进行拉网式检查,共抽检包括"泸优908""川优6203"等水稻品种,"天单101""华选6号"等玉米品种,"川油43""德5油33"等油菜品种,"泰国架豆""挂得多小五叶豇豆"等蔬菜品种,农作物种子24个,合格率达95.8%,超目标任务0.8个百分点。

【农业执法】 全年共计出动农业执法人员80次,出动执法人员约560人,出动执法车辆57台次,检查全区经营企业单位共计858个次,其中检查经营企业单位涉及种子的229个次,涉及肥料的257个次,涉及农药的362个次;肥料抽样3个,送检1个;立案查处案件5件,全部结案,共处罚款0.7万元,办案结案率100%,其中包括销售农作物种子未按规定备案案件2起、销售农肥包装标签标识不符案件3起,无一起行政复议和行政诉讼案件。

【主要领导人】 区委书记:徐炼英;区人大常委会主任:罗代金;区长:康厚林;区政协主席:黄真桥;分管农业副区长:李万勇。

东兴区编写组

隆 昌 市

【基本情况】 2019年,全市辖11镇2个街道,辖区面积794平方千米,其中耕地面积69.1746万亩,人均耕地面积1.24亩;基本农田51.58万亩。年末总人口76.38万人(户籍人口),人口出生率9.01‰,人口自然增长率2.02‰。

2019年,全市GDP292.06亿元,增长8%,其中第一产业增加值41.5亿元,增长3%;第二产业增加值97.96亿元,增长8.9%;第三产业增加值152.6亿元,增长8.8%。三次产业对经济增长的贡献率分别为5.52%、41.23%和53.25%。

【年度农业和农村经济运行】 2019年,全市实现农业总产值66.72亿元,增长3.2%;全年农业增加值达41.5亿元,增长3%。农民年人均可支配收入达16524元,增长10.5%。

农用地产权制度改革。全面完成农村土地承包经营权确权颁证工作,已经颁发到户149216本,全市共计开展确权352个村3671个组14.9262万户58.38万人。农村家庭承包土地流转面积13.28万亩,其中30亩以上规模经营面积6.38万亩。健全完善农村资产评估体系,推进农村产权进入公开市场流转交易,全年通过多种形式引导农村土地进场规范流转2031.67亩,合同金额553.09万元。

农产品品牌战略实施。打造隆昌渔果品牌,提炼隆昌中稻、晚稻、再生稻和红鲤、白鲫、小龙虾优势,创建"隆昌稻田鱼""隆昌鱼香米"区域公共品牌;创建彰显隆昌特色的柑橘产业品牌。全市"三品一标"农产品累计达32个,新建农产品初加工设施11座。全力推进中国·隆昌首届小龙虾美食文化旅游节准备工作。

现代农业园区建设。探索"园区+企业+合作社+农户"等发展模式,创新利益链接机制,努力将小农户带入现代农业发展轨道,让农民分享全产业链收益,实现农民持续稳定增收。全市创建市级五星级现代农业园区2个、三星级现代林业园区2个,其中古湖稻渔现代农业园区被列入省级培育对象。

【种植业】 全年农作物播种面积110.07万亩,其中粮食作物播种面积75.982万亩,产量32.534万吨(小春粮食作物播种面积3.2505万亩,产量0.6683万吨;大春粮食作物播种面积72.7315万亩,产量31.8657万吨)。油料作物播种面积18.378万亩,产量2.4173万吨(其中油菜种植面积14.8725万亩,产量2.0298万吨。蔬菜种植面积13.9515万亩,产量44.2996万吨。

【林业】 全年完成大规模绿化隆昌行动1.73万亩,其中人工造林1.07万亩、营林0.66万亩。新建竹产业基地6500亩,巩固提升竹产业基地4000亩;新建油茶基地6500亩,巩固提升油茶林基地2000亩。全年新增现代林业产业基地1.7万亩,建设界市竹海现代林业园区1个,启动建设红旗竹海竹林景观廊道和市级竹林小镇——界市镇,助推隆昌市森艺油茶农民专业合作社发展为省级林业专合社;界市竹海现代林业园区创建为隆昌市级园区,被省林草局命名为首批市州级现代林业示范区;石燕茶乡现代林业园区创建为隆昌市级园区、内江市级园区。

【畜牧业】 全年出栏生猪37.057万头、活家禽923.4188万只,肉类总产量4.307万吨,奶类产量12吨,禽蛋产量7562吨。发展100万头"内江黑猪"产业项目,新建内江黑猪标准场16个单元,新增省级畜禽养殖标准化示范场2个。抓好非洲猪瘟防控,加强监管执法,严把"动物入川指定通道"及22个临时公路动物监督检查站,落实产地检疫、屠宰检疫、调运规定。加强饲料投入品监管,办理违法案件13起,处罚金17.5万余元。加强泔水喂猪行为的打击力度,立案查处泔水喂猪行为6起,共处罚金7600元。

【水产业】 全年水产养殖面积15.765万亩,其中稻田综合种养面积12.63万亩,占水产品养殖总面积的80%以上;池塘养殖面积占比12%。水产品产量41716吨,其中淡水捕捞鱼类3122吨;淡水养殖鱼类38594吨,其中虾蟹类5400吨。

【乡村振兴】 全年评定实施乡村振兴工作战略先进镇4个、示范村20个,创建内江市实施乡村振兴战略工作示范县(市)和先进镇2个、示范村9个,创建省级实施乡村振兴示范村5个。

【扶贫开发】 全年投入各类专项扶贫资金1.65亿元,推进19个扶贫专项,实施"五个一批"。完成贫困户危房改造1168户,低保兜底保障9210人。发放资助金269.33万元,资助贫困学生3108人次。累计发放扶贫小额贷款2932.26万元,带动发展柑橘等特色种植业3000余亩,养殖畜禽24.08万只(头)。全年实现11个贫困村退出、3483名贫困人口脱贫,至此,全市49个贫困村全部退出、3.25万名贫困人口全部脱贫,贫困发生率下降至零。

【乡村旅游】 2018年10月—2019年9月,全市接待游客总人数1055.56万人,增长17.29%;实现旅游总收入82.45亿元,增长20.75%。确定"147"旅游发展思路,加快推进美丽乡村及休闲农业发展,全市已申报全国特色景观旅游名镇(村)1个、省级特色小镇1个、省级传统村落5个。引进有实力的业主进行适度规模经营、集中连片开发,培育新型经营主体,促进投资主体多元化,成立新型农村合作组织,引导村民自主参与,累计完成土地流转1.2万亩。将文化植入旅游景区,打造生态观赏、采摘体验、科技休闲等特色乡村旅游产品,打造花漫水乡、万花谷、田园牧歌、泡菜哥山庄、川东竹海等一批具有发展前景的乡村旅游项目。建成乡村旅游环线59.6千米,提升乡村基础设施和乡村旅游公共服务体系建设。开发包装乡村旅游商品58个。新（改、扩）建乡村旅游景点A级旅游厕所27座。

【农村水利】 全年综合治理水土流失面积18平方千米，完成发电量5380万千瓦。全年解决73名建档立卡贫困人口饮水不安全问题，农村饮水安全巩固提升受益人口7200人。全面完成石盘滩水电管理站应急整治工程，完成船闸下游挡水墙、引航墙、消力池帷幕灌浆水毁应急整治；全面完成大型灌区省级配套资金工程，整治提灌站2座，自动化改造灌区闸门10座，整治渠道1.2千米。实施河道生态补水，对隆昌河、龙市河、三江河实施生态补水，累计生态补水4600万立方米；启动石盘滩提水充蓄古宇庙水库工程，全年提水3200万立方米，确保了全市河流生态流量和城乡生产生活用水。

【农业机械化】 全市水稻耕种收综合机械化水平达78.92%，综合机械化率达65.01%。全年开展农机化培训710人次。年检拖拉机386台，开展农业机械安全监督检查37次，检查拖拉机259台、联合收割机32台，查处违法、违规13起。

【农村科技】 组建川渝新经济稻渔综合种养专家大院，建成省级畜牧标准化示范场2个、省级水产良种场2个、省级农业园区1个、市级农业园区2个、标准化规模养殖场15个，无公害农产品认证面积38.7万亩。主要农作物良种覆盖率达98%，新技术新模式覆盖率达85%以上。

【农村教育】 全年学前教育毛入园率达93.92%，超过内江市平均水平，义务教育巩固率持续提高。化解80个大班额，全部消除超大班额。加快中心集镇、农村薄弱学校建设，隆华路小学新建、隆昌七中新建食堂等一批项目竣工并投入使用，双凤中心校新建教学楼、东区宝峰幼儿园等项目快速推进，“城镇挤”“乡村弱”问题逐步缓解。农村义务教育学校免费午餐惠及学生7060人。

【农村文化】 开展退出贫困村“三室”建设，新建退出贫困村文化室11个、阅报宣传栏11个。全年到贫困村开展“送文化下乡”演出活动51场次。开展文化惠民，全市17个镇（街道）综合文化站和2个街道文化服务中心实现免费开放。做好农家书屋出版物补充更新工作，全年为每个农家书屋补充更新图书60册、刊物9种。

【农村卫生】 全市农村共有基层医疗机构728所，基层医疗机构开放床位855张，共有医务人员894人（不含卫生室）。基层总诊疗人次数为136.16万人次，住院诊疗量4.01万人次，远程影像医联体完成2.23万人次的远程影像诊断业务。全年农村居民健康档案建档率为99.5%；免费体检65岁以上老年人5.3675万人；高血压患者规范管理率达81.95%，糖尿病患者规范管理率达78.52%，签约常住人口46.5663万人。

【农村法制建设】 推进“七五”普法规划在农村全面落实，开展“送法进农村”，结合“农民夜校”“四下乡”等专题活动开展法治宣传活动2000余次，推送法治资讯、法律常识以及以案释法案例等动态普法微文360条，发放各类法律法规宣传资料13万余份；开展基层法治示范创建，古湖街道、山川镇获评为四川省第二批省级法治示范镇（街道）。规范农村人民调解委员会阵地建设，全年共开展矛盾纠纷排查19777次，发放人民调解宣传资料3万余份，共预防各类纠纷1521件，调解各类矛盾纠纷11164件，调解成功率达98%。规范建设市公共法律服务中心、19个镇（街道）公共法律服务工作站、413个公共法律服务工作室，完善落实“一村一社区”法律顾问，建立法律顾问微信群19个。全年解答法律咨询总计3280人次，受理法律援助申请256人次，发放公共法律服务宣传资料2万余份。

【农村交通】 全市农村公路总里程1766千米，其中县道253千米、乡道124千米、村道1389千米。全年新（改）建县、乡道78千米，通村公路110千米；安装县、乡、村道波形护栏27千米，标志标牌640块。购入新能源公交车15辆，并投放到黄家镇片区、龙市镇片区4条城乡公交客运线路运营，实现农村客运公交化改造。建成农村客运招呼站25个。

【涉农招商引资】 2019年，全市3000万元以上的农业招商引资重大项目19个，增长46.15%；项目总投资50.58亿元，增长43.49%；到位资金21.78亿元，增长212.48%。

【农村社会保障】 调整农村最低生活保障标准，从7月起将农村居民最低生活保障标准由320元/月/人调整到360元/月/人。开展农村低保领域漠视群众利益专项治理工作，将未脱贫建档立卡贫困户中依靠家庭供养且无法单独立户的重度残疾人、重病患者等完全丧失劳动能力和部分丧失劳动能力且无法依靠产业帮扶脱贫的贫困人口纳入低保，实现“应保尽保”。推进养老服务体系建设，加大敬老院建设力度，启动黄家敬老院建设项目，项目完成后可新增床位150张；完成界市、渔箭两个敬老院工程项目建设，新增床位190张；完成龙市、圣灯镇中心敬老院295张床位的适老化提升改造工程。

【农村生态建设及环境保护】 实施“一控两减三基四治理”，减少农业污染，改善农业生产环境；探索和实施秸秆综合利用、畜禽养殖废弃物资源化利用和农膜回收利用；突出畜禽养殖污染治理和生猪屠宰场污染治理、肥水养鱼治理、生态修复治理。推广种养循环农业发展模式和技术，在稻渔、柑橘园区配套建设生猪标准场，在内江黑猪等标准养殖场配套建设柑橘产业基地。截至2019年年底，全市完成农作物秸秆及农业废弃物综合利用投资2620万元，建成秸秆综合利用示范点5个；新建畜禽养殖沼气池37口，落实消纳基地2000余亩。

【农产品质量安全监管】 实行农产品常态化抽检，完成农业农村部级葡萄专项抽检1次、省级例行抽检2次、市级专项监测3次，合格率均为100%，市级农产品农药残留合格率达99%以上。不断提升农业标准化生产水平，保障绿色优质农产品供给，创建粮油绿色高产高效示范区10万亩、现代经济作物产业标准化基地2万亩、生猪屠宰标准化厂10个。全市获得“三品一标”认证产品总数达28个，其中无公害农产品27个、绿色食品1个；获得认证企业7家，基地面积达10000亩以上。

【农村留守儿童帮扶】 开展农村留守儿童排查工作，为排查出的46名无户籍农村留守儿童落实户口，为45名孤儿及艾滋病毒感染儿童落实基本生活保障。全市共建成“儿童之家”414个，并配备432名儿童福利督导员（主任）从事儿童福利具体工作。

【劳务开发与返乡创业】 全市农村劳动力36万余人，其中常年外出务工22.76万人，实现劳务纯收入35.69亿元。创新推行农民工服务保障“6+1”工作模式，从主体责任、培育引导、要素保障、财政支持等多环节入手，推行“返乡下乡创业+充分就业”，开展各类招聘活动95场次，实施农民工等返乡下乡创业培训316人、劳务品牌培训362人、青年劳动技能培训1237人，提供就业岗位1.17万余个；推行“返乡下乡创业+脱贫攻坚”，鼓励各类生产经营主体吸纳贫困家庭劳动力就业，建立省级就业扶贫基地2个。建成返乡下乡创业园区5个，新增农民工返乡创业243人，引领大学生创业14人，新增产值3.85亿元，吸纳就业805人。

乐山市

【基本情况】 2019年，全市辖4区1市6县，辖区面积1.27万平方千米。

【年度农业和农村经济运行】 2019年，全市实现农业总产值385.96亿元，增长3%；实现农业增加值242.68亿元，增长2.8%。农村居民年人均可支配收入达16728元，增长10.2%。

农业产业化发展。发挥"土壤地图"效能，发挥现代农业园区的示范引领作用，抓好茶叶、畜牧、蔬菜、柑橘等特色优势产业发展，新（改）建现代经作标准化基地15万亩，新（改）建标准化养殖场（小区）61个，新建高标准农田10.44万亩，新（改）建农产品产地初加工设施44座。鼓励发展家庭农场、农民合作社、农业企业等新型农业经营主体，全市有农民合作社4038个，其中国家级示范社31个、省级示范社140个、市级示范社314个；家庭农场2051个，其中省级示范场84个、市级示范场100个。支持新型农业经营主体开展农业社会化服务，犍为县、沐川县、马边县被列为农业生产托管项目县，共计获得项目资金1000万元。鼓励农业产业化重点龙头企业发展，申报四川森态源生物科技有限公司为第六批农业产业化国家重点龙头企业，组织四川一枝春茶业有限公司、四川省井研县食品有限责任公司、四川华义茶叶有限公司申报农业产业化联合体，马边县劳动乡被批准为全国产业强镇建设，金口河区中药材（川牛膝）、峨眉山茶叶、井研晚熟柑橘、马边高山茶申报为第二批"四川省特色农产品优势区"，犍为县世界茉莉花博览园、井研县集益晚熟柑橘农业主题公园、井研县三青台农业主题公园申报为第二批省级示范农业主题公园，推介犍为县嘉阳—桫椤湖为全国2019年精品景点线路。

土地确权颁证。按照农业农村部、农业农村厅要求，在全市开展农村土地承包经营权确权登记颁证"回头看"工作，全市证书到户情况入户抽查真实率达100%，颁证率达97.99%，除因纠纷等客观因素需要缓确部分外，已确权部分全部完成颁证。

集体资产清产核资。全市2039个村级集体经济组织、16790个组级集体经济组织已全部录入全国农村集体资产清产核资管理系统。全市农村集体资产清产核资工作共清查集体土地1026.1万亩，清理核实各类资产424253.5万元，其中村级资产283151.2万元、组级资产141102.3万元；经营性资产72949.1万元，非经营性资产351304.4万元，通过省级验收。

【种植业】 全年粮油产量稳中有升，耕地面积稳定在408万亩，其中粮食作物播种面积325万亩，产量122.2万吨，与上年基本持平；油料作物播种面积69.7万亩，产量8.24万吨，增长0.25%。其中，水稻播种面积127万亩，产量65.2万吨；玉米种植面积107.2万亩，产量36.3万吨；红薯播种面积30.2万亩；马铃薯播种面积31.1万亩，产量8万吨；油菜种植面积62.4万亩，产量7.2万吨。蔬菜播种面积109万亩，产量310万吨，实现产值61亿元。水果播种面积69万亩，产量52万吨，实现产值15.5亿元。中药材在地面积35万亩，产量9.6万吨（干货），实现产值12亿元。食用菌产量2.2万吨，实现产值1.4亿元。

【畜牧业】 全年出栏生猪193.2万头、牛3.1万头、羊33.2万只、家禽4453.5万只，分别减少37%、6%、3.5%、24.7%。肉类总产量22.52万吨、禽蛋产量13.4万吨，实现畜牧达总产值154亿元。

畜禽养殖污染防治。井研县、犍为县畜禽粪污资源化利用整县推进等项目进展顺利，结合整县推进项目建立区域粪污处理中心4个。新（改、扩）建标准化养殖场61个。开展畜禽禁养区排查调整工作，取消了超出法律法规的禁限养规定，调减禁养区面积近2000平方千米；开展畜禽养殖污染防治监管和技术服务工作，治理养殖场126家，查处环境违法行为为12起，罚款49.3万元。推广县域大循环、园区中循环、主体小循环模式，实现种植用地和养殖用地的均衡化配置，按照每亩不超过3头猪的粪污消纳标准，在粮食生产基地和现代农业园区就地建设种养循环基地35个，全市畜禽粪污资源化利用率达75%，规模场设施配套率达95%。

动物疫病防控。开展口蹄疫等重大动物疫病强制免疫，共免疫生猪352.7万头次、牛14.9万头次、羊49.9万只次、家禽3867.3万羽次，应免密度达100%，免疫抗体水平达到农业农村部规定的70%以上标准。加强防疫体系建设，提升防疫能力，获得2019年四川省兽医系统实验室检测技能竞赛（市州）第一名。抓好非洲猪瘟"封、堵、控、防"防控策略，7月17日，夹江县发生非洲猪瘟疫情，做好疫情处置，于9月2日解除疫区封锁，10月，全市生猪养殖数量实现止跌回升，实现稳产保供工作。

种草养畜。全市人工种草24.499万亩。实施"川草换肉""以秸秆换肉奶"工程。以点带面，突出示范基地建设，抓好4000亩人工优质牧草示范基地建设、秸秆青贮和黄贮技术的推广应用，主推饲用玉米、皇竹草、象草、三叶草、黑麦草等优良牧草。南方草地项目建设成效明显：马边县南方草地项目中央投资400万元，已到位350万元，已完成建设内容的95%，带动农户453户，户均增收2300元，比其他农户多增收60%；峨边县南方草地项目中央投资350万元，已到位150万元，已完成建设内容的80%，带动农户135户，户均增收2250元，比其他农户多增收52%。

【水产业】 全年水产品产量12.2万吨（名优特色水产品产量5.7万吨），实现渔业经济产值32.4亿元，增长10%。新增水产养殖面积5000亩，水产苗种生产能力明显提升，冷水鱼养殖发展势头迅猛，马边县袁家溪冷水鱼繁育项目已建成投产。

水产品质量安全。全年共举办水产品质量安全培训41次，培训养殖户、鱼药、鱼饲料经销商、营销人员4500人次；出动宣传车48台次，张贴宣传标语240余幅，发放宣传资料8000余份；开展违禁渔药专项检查80次；组织水产品质量快速抽检60批次，合格率100%，全市未发现非法添加和滥用食品添加剂行为。

春季禁渔。市农业农村局、市公安局联合印发了《长江流域乐山境内春季禁渔的通告》，印发禁渔宣传资料1万余份、禁渔通告6000份，张贴标语526幅。市中区（含长江流域珍稀特有鱼类国家级水产种质资源保护区）152艘渔船退捕工作顺利完成。全年对交界水域、难管重点水域开展巡江执法检查83次，检查涉鱼餐馆52余次、水产品市场25余次。全年共查处电鱼案件38起，暂扣违法船只21艘，没收违法渔具1516件（套）；移交司法部门处理33起，已刑事处理9件，判刑12人，共计判处生态修复补偿费45909元。

【特色优势产业】 围绕现代农业"一区六带"建设布局，以现代农业园区建设为载体，出台《乐山市现代农业园区建设考评激励方案》（乐委办〔2019〕54号），加快制定市、县、乡三级联动现代农业园区规划，制订《乐山市加快建设现代农业产业体系实施方案》(乐委办发〔2019〕17号),加快构建农业“8+3”现代产业体系。以现代农业园区建设为抓手,继续提升峨眉山市现代农业产业园为国家级现代农业园区,打造犍为县清溪茉莉茶现代农业园区、井研县集益晚熟柑橘现代农业园区为省级三星级现代农业园区,打造峨边县白沙河流域果蔬现代农业园区、马边彝族自治县福来高山茶叶现代农业园区等11个园区为市级现代农业园区,共打造茶叶、柑橘、中药材等现代农业园区36个。

【农业机械化】 全年完成农机购置补贴资金497.886万元,新增农机总动力3.966万千瓦,主要农作物耕种收机械化水平达56.01%,提高1.01%。农机合作社机械化作业面积增长5%,完成提灌站更新改造43座,机电提灌保灌面积90万亩。建成山地轨道运输系统1套,解决了丘陵山区果园内运输环节的问题。

【农技推广】 通过农技员驻村技术服务、产业扶贫、“科技万里行”等活动,推进良种良法到田到户,全市粮油实用技术推广面积持续扩大。全年推广水稻旱育秧22.5万亩,宽窄行规范化栽培48.8万亩,抛秧21.4万亩,机插秧5.1万亩,水稻直播0.4万亩;玉米地膜覆盖栽培38.1万亩,玉米育苗移栽45.8万亩,种子包衣54.9万亩;推广“双低”优质油菜47.9万亩,油菜免耕直播20.7万亩。

【农村人才队伍建设】 加强农村实用人才队伍建设,实施新型职业农民培育工程,优先把家庭农场主、合作社负责人纳入新型职业农民培训,不断壮大新农村建设人才队伍。加强部门协同配合、整合培育资源,健全农村实用人才和新型职业农民认定扶持等各项制度。全年共完成农村实用人才培训75名、新型职业农民培育1998名,其中现代青年农场主49人(含2018年22人)、农业职业经理人53人(省级10人、市级43人)、新型农业经营主体带头人1896人。

【农村生态建设及环境保护】 突出农村人居环境整治,抓实宜居乡村建设。建立农村人居环境整治联席会议制度,先后召开农村人居环境整治联席会议、专题会议13次。印发《乐山市农村人居环境整治试点示范工作方案》(乐委农领办〔2019〕4号),组织在4个县14个乡(镇)44个村开展试点示范。以垃圾、污水、厕所、村容村貌治理为重点,建设“美丽四川·宜居乡村”达标村760个,新(改)建农村户用卫生厕所11万余座,整村推进135个村户厕改造,全市户用卫生厕所普及率达77.2%;新(改)建集镇公厕181座、集镇市场公厕113座、行政村公厕1305座,新(改)建生态旅游示范区等景区旅游厕所45座、乡村旅游厕所78座、加油站公厕18座,全市90%以上的行政村建有公共厕所。乡(镇)污水处理设施实现全覆盖,建设农村一体化污水处理设施349个,30%以上的行政村生活污水得到有效处理;建成投用乡(镇)垃圾中转站(库)103个(其中压缩中转站56个),城市生活垃圾环保发电项目投入运营,生活垃圾得到有效处理的行政村占比97%。

秸秆禁烧和综合利用。制发乐山市源头治理秸秆禁烧和2019年冬春季秸秆禁烧巡查工作方案,抓责任化落实,建立市、县、乡、村四级责任机制,把责任落实到田块,建立秸秆“收、储、运、用”体系,即以组为单位建立秸秆收集点,以村为单位设立秸秆堆放储存场所,乡(镇)配套转运设施设备,县(市、区)集中处理。同时,鼓励和支持企业、社会化服务组织、新型农业经营主参与秸秆收储、转运和处理。继续推进秸秆“五化”利用,全年秸秆综合利用量88.45万吨,综合利用率为91.6%,其中肥料化、饲料化、基料化、燃料化、原料化利用率分别达63.16%、7.06%、1.01%、21.36%、0.14%。

面源污染防治。一是畜禽养殖污染防治。划定禁养区4658平方千米;整治养殖场(户)11686家,其中关闭禁养区内养殖场2365家;建立畜禽粪污资源化利用示范点15个,畜禽规模养殖场粪污处理装备配套率达95%,畜禽粪污资源化利用率达75%。二是水产养殖污染防治。完成天然水域的围网、网箱的拆除工作,加大对肥水养鱼的清理整治工作。完成水产养殖污染调查和划定水产禁养区、限养区规划工作。推广无公害养殖4.98万亩,占全市水产养殖面积的41%。三是种植业污染防治。实施化肥、农药使用量零增长行动,开展化肥、农药减量利用和替代利用,严格限制高毒农药使用,加快推广测土配方示范和农作物病虫害绿色防控等新技术,引导科学合理施肥施药。推进有机肥替代化肥和废弃农膜回收,完善废旧地膜和农药包装废弃物等回收处理制度。示范推广农膜减量替代技术,开展废旧农膜回收利用试点,全市废旧农膜回收利用率达79.1%,增长4.3%。开展农药包装废弃物回收工作,全市粮经作物主产区农药包装废弃物回收率达73.38%。

【农产品质量安全监管】 完善农产品质量检验检测体系,248家生产经营主体、445个产品、4353个批次量入驻省级追溯管理信息平台。全市有有效期内“三品一标”农产品276个、无公害基地230万亩、绿色食品基地38.5万亩。省级农产品质量安全例行监测合格率达99.7%,全年未发生农产品质量安全事故。马边金星边河、沐川森态源、峨边五旺竹海、井研繁盛超果创建为四川优质品牌农产品,“峨眉山茶”获得四川优秀区域公用品牌,沙湾区、峨眉山市、金口河区跻身全省中药材基地重点县。

【全国农药经营门店标准化管理服务试点】 为加强农药质量管理,推进科学安全用药,率先在夹江县和犍为县开展全国农药经营门店标准化管理服务试点,试点建设内容包括对试点门店进行深度升级改造,建立产品可追溯管理体系,落实依法诚信经营、购药科学指导、农药废弃物回收等制度,做到农药质量有保证、来源可追溯、流向可追踪、购药有指导。全市共建成全国首批农药经营标准化管理服务试点门店15个(夹江县10个、犍为县5个)。

【农村能源建设】 持续巩固农村能源扶贫专项建设成果,推动了农村沼气扶贫项目与贫困农户的利益联结机制。开展“沼渣、沼液”综合利用,探索“三沼”高值利用模式,发挥农村能源扶贫项目综合效益,助力生态循环农业加快发展。全市完成新村集中供气工程建设7处,供气614户,投入432万元,其中马边县、峨边县新增新村集中供气工程3处,供气246户;井研县、市中区新增新村集中供气工程4处,供气368户。

【农业病虫害防治】 在全市建立多个粮、经、果、蔬病虫害监测点,对草地贪夜蛾、小麦条锈病、马铃薯晚疫病、油菜菌核病、稻瘟病、二化螟等重点病虫害进行监测,推广生态调控技术、生物防治技术、理化诱控技术、科学使用药剂技术等优化集成绿色防控关键技术,推进农作物病虫害专业化统防统治。全年农作物病虫草鼠害发生面积1389.58万亩次,防治2003.45万亩次,挽回损失24.68万吨。

【防灾减灾】 开展农业灾情信息调度,及时上报农业灾情信息。研究制定抗灾救灾技术对策,开展灾后农业生产技术指导,争取农业生产救灾资金400万元,用于种植业生产、水产养殖、畜牧养殖场等灾后恢复生产。

【农业信息化建设】 加快推进农业信息化建设,将高新信息技术广泛地应用在农业生产、质量监管、产品营销过程中,推进现代农业发展,提高农业质量效益;通过农业信息化典型示范的打造,以点带面推进全市农业信息化生产;建成“优农帮”农资监管追溯平台,

1000余家农资生产商、经销商被纳入平台备案登记，全市经销农资产品追溯率达100%；加快推进"互联网+农业"发展，依托新乐山优选、京东到家、美团闪送、沃尔玛到家、步步高better购等电商平台，推行线上下单、快递配送和重点商超线上销售等活动模式，推进农产品线上销售；抓好全市1820个益农信息社的运营发展，信息社农产品实现线上销售，打造益农社省级标杆11家、市级标杆31家。

【农业对外交流】 融入成渝城市群发展合作，推动农产品出口基地建设，指导蔬菜直供港澳备案基地建设和茶叶出品备案基地建设，加快推进成都—乐山农业区域合作框架协议的五大合作内容（加强龙头企业合作、建设提升品牌服务平台、建设提升农产品交易平台、合作共享产业融合发展服务平台、合作共享农业博览综合服务平台）的落地落实，指导市农投集团做好与成都市推进区域品牌战略合作协议落实。

【主要领导人】 市委书记：彭琳；市人大常委会主任：赖淑芳；市长：张彤；市政协主席：易凡；分管农业副市长：陈长明。

乐山市编写组

市中区

【基本情况】 2019年，全区辖12镇5个街道，辖区面积837平方千米，其中耕地面积28631公顷。年末户籍总人口64.42万人，年末常住人口69.3万人，人口城镇化率74.81%。人口出生率9.39‰，人口自然增长率1.14‰。森林覆盖率38.11%。

2019年，全区GDP403. 3亿元，增长6%。有卫生机构551家，其中医院31家、卫生院25家、妇幼保健院2家；有卫生机构人员9712人，其中卫生技术人员8064人；卫生机构病床位8847张，其中医院病床位7273张、卫生院病床位902张。

【年度农业和农村经济运行】 2019年，全区农村居民人均可支配收入19363元，增加1786元，增长10.2%。人均消费性支出17205元，增加1240元，增长7.8%。农村居民恩格尔系数为35.0%。年末住户存款余额578.23亿元，增加75.85亿元，增长15.1%。

【扶贫攻坚】 全年投入17个扶贫专项资金1.88亿元，支出各类扶贫专项资金1.60亿元，支出占比为95.46%。完成普仁乡、剑峰乡、童家镇村道提升工程投资855.59万元，完成青平村道提升主体工程投资700万元。实施入户路硬化500户、院坝路面硬化144户。为60户贫困户解决饮水安全问题；投入资金400余万元，为2200余户贫困户实施"厕污共治"。小额信贷贴息覆盖建档立卡贫困户2111户，户均增收1188.23元。开展种养殖技术培训47期3686人次，提供技术服务611次；开展就业培训23场1901人次。组织专场招聘会13场次，达成就业意向1323人，送岗位下乡入村196次。开发公益性岗位537个，扶贫车间解决贫困劳动力就业20人，升级、新建阿里巴巴服务站点10个。

【乡村旅游】 推进苏稽古镇、厚宇巴哈体育小镇、归园田居等旅游项目，完成项目投资1.39亿元。全年接待游客1721万人次，增长20%；实现旅游综合收入362亿元，增长15%。全年接待国内外游客1735.51万人次，增长21%，其中接待国内游客1729.63万人次，增长20.8%；接待入境过夜游客5.88万人次，增长78.2%。实现旅游总收入363.5亿元，增长15.3%，其中国内旅游收入362.63亿元，增长15.2%；旅游外汇收入1253.73万美元，增长87.2%。全区有旅游星级饭店3家。

【劳务开发】 全年参加职业技能培训792人，完成率120%；参加劳务品牌培训135人，完成率135%；参加返乡创业培训40人，完成率133%；就业见习79人，完成率112.9%。发放大学生创业补贴40万元，发放创业担保贷款1140万元。扶持自主创业61人，带动（吸纳）就业113人。

【主要领导人】 区委书记：陈有波；区人大常委会主任：肖兴军；区长：许天毅；分管农业副区长：易海波。

市中区编写组

五通桥区

【基本情况】 2019年，全区辖8镇，辖区面积465.52平方千米。

【年度农业和农村经济运行】 2019年，全区水产养殖面积223公顷，总产量5015吨。农民年人均可支配收入达16303元，增长10.01%。

【种植业】 全年农作物播种面积19.0697万亩，粮食总产量8.0722万吨，增加829吨，增长1.04%。蔬菜种植面积11.39万亩，产量13.6万吨；水果种植面积4.39万亩，产量4.11万吨；茶叶种植面积5.3万亩，产量0.3万吨。特色产业产值占农业总产值的比重达87.5%。

【畜牧业】 全年出栏生猪11.3369万头、小家禽471.0119万只、牛982头、羊6124只，肉类总产量1.6195万吨。全区共免疫猪瘟12.57万头，猪（牛、羊）口蹄疫14.31万头（只），鸡、鸭、鹅禽流感254.5万羽，小反刍兽0.55万头，犬2万余只，免疫密度达100%。将常年消毒与集中免疫消毒有机结合起来，全年共使用消毒药水20余吨，对全区实行大清洗、大消毒，重点区域、养殖场所消毒面达100%。全区动物疫病形势稳定，无重大动物疫情发生。

【特色产业】 编制《五通桥区现代农业产业融合发展规划（2018—2025年）》，构建"一带四区六廊"的现代农业融合发展布局，推广"土壤地图"使用，推进特色产业标准化、规模化生产，新（改）建现代经作标准化基地5000亩，新（改）建标准化养殖场4个，发展杨柳火龙果、西岸蓝莓、西坝生姜、明杰蔬菜等一批"小而精"特色产业，规避了同质竞争。规划布局现代农业园区9个，加快杨柳农旅融合园区和西坝果蔬园区创建工作，创建牛华芽菜、红军花果山等3个特色产业品牌和杏林、新春、万里特色村3个。发展"农业+旅游""农业+文创""农业+康养""农业+电商"新业态，促进农业全环节、全链条升级升值，举办辉山李花油菜花节、新云燕山荷花节、石麟许店水蜜桃采摘节。农产品品质显著增强，完善农产品质量标准、检验检测、监管追溯体系，实施农业公用品牌和农产品（企业）品牌"双轮驱动"战略，培育有效期内"三品一标"农产品42个，培育芽芝春、香雾春等知、著名商标5个。完成农村土地承包经营权确权登记颁证，确权土地24.54万亩，颁发证书5.34万本。全面推进农村集体产权制度改革，完成34个行政村农村集体产权改革。清理农村集体"三资"资产总额13299.41万元、资源性资产28.8万亩。努力构建农村新型经营体系，现有国家级农业龙头企业1家、省级2家、市级8家；成立农民合作社191个，工商登记注册的家庭农场共181个，其中国家级示范社2个、省级示范社13个、市级示范社15个，省级示范场6家、市级示范场10个。推广"龙头企业+合作社+基地+农户"发展模式，流转土地6.4万亩，将小农户纳入农业发展链条，规避了农业生产风险，提高了农业生产效益。

【扶贫攻坚】 全区有2607户6238人建档立卡贫困人口，2019年人均纯收入达6288元。

加强组织领导。贯彻落实《全面打赢脱贫攻坚战三年行动指导意见》，领导小组实行区委、区政府主要负责同志任组长的"双组长制"，坚持每季度召开1次专题会议；实行脱贫攻坚"四个亲自"责任制，开展区、镇、村三级书记遍访贫困对象行动，由党政主要领导带队到村、到户走访调研；区级帮扶部门发挥单位优势，协调落实帮扶村扶贫项目和资金，确保政策落实到户到人、项目落地到村到组。选好、管好、用好干部队伍，组建“三个一”帮扶力量，选派“第一书记”77名，组建农业技术巡回服务小组12支，选派党员干部2100余人，全覆盖“一对一”结对帮扶。结合“五必访”“亲情工作法”落实帮扶责任，严格执行每月到户走访制度，关心贫困对象生产生活，帮助解决其实际困难。

切实解决群众困难。党委、政府层层签订《脱贫攻坚责任书》，立下“军令状”，明确目标任务。围绕贫困户“两不愁、三保障”，突出贫困人口产业扶持、住房改造、医疗保障等工作重点，研究出台《扶持农业产业化发展的实施意见》《扶持贫困户产业发展的实施意见》《扶贫小额信贷实施方案》《住房改造的实施意见》《健康扶贫实施方案》等脱贫攻坚政策方案，并结合每户实际制定个性化帮扶措施，将政策落实并体现到帮扶工作中。解决贫困人口住房安全问题，出台《关于贫困户住房改造的实施意见》，明确将土墙房、木板房、石板房，因年久失修导致房屋破损严重，房屋裂缝、结构变形不宜居住，院坝、厨房、厕所等设施功能不完善和其他不符合住房安全保障5类贫困户住房纳入改造范围，分拆除重建类和维修改造类，并结合实际制定了面积标准和补助标准。解决贫困人口产业发展问题，针对贫困人口缺门路、缺资金、缺技术、缺劳动力的实际，落实举措扶持贫困户产业发展，试点探索劳动收入奖励计划，根据家庭每月收入给予不同档次的补助，贫困户越肯劳动创收，补助就越高，经验做法受到上级的肯定并上报中央改革办。

用好财政扶贫专项资金。中央、省、市、区共下达财政扶贫专项资金1245.3万元，建成产业发展基地5个，新建道路4.3千米，为373户贫困户购买净水器、小额信贷贴息、各类保险、“雨露计划”、新建房屋等。

【农村人居环境整治】 抓好统筹协调。统筹推进全面农村人居环境整治工作，制定了《五通桥区乡村振兴战略发展规划(2018—2022)》《五通桥区农村人居环境整治三年行动实施方案》《五通桥区2019年度农村户用卫生厕所新(改)建专项工作实施方案》等，建立了农村人居环境整治联席会议制度，成立了乡村振兴工作领导小组，统筹协调全区乡村振兴和农村人居环境整治工作。

抓好村容村貌。发挥党建引领作用，通过微信、标语、传单等立体化宣传方式发动广大群众从庭院打扫、道路清扫、河渠清理、黑臭水体清理等最基础做起，开展“三清两改一提升”“四清四拆”行动，突出“四好村”、美丽新村、特色村、乡村振兴先进镇示范村建设，村庄环境卫生得到有效整治，村容村貌明显提升。创建幸福美丽新村10个，累计创建省级四好村19个、市级107个、区级112个；创建省级乡村振兴示范村2个、市级乡村振兴先进镇1个。

抓好农村“厕所革命”。先后组织带领相关镇村干部和区级部门前往丹棱县、犍为县参观学习户用厕所改造经。针对城镇周边区域、散户居住区域、畜禽养殖聚集区域等不同情况，采用粪污入网集中处理、沼气厌氧发酵、三格式化粪池处理等方式，打造金粟镇刘家山村、辉山镇杏林村、新云乡燕山村等示范村8个，并建立督导跟踪机制确保废物无害化处理。全年完成农村户用厕所新(改)建8468户，农村户用卫生厕所达标总数59395户，普及率达89.3%。

抓好农业面源污染整治。持续实施农药化肥零增长计划，推广测土配方施肥、水肥一体灌溉、绿色防控、统防统治等新技术，禁施高毒、高残农药，化肥农药使用量实现负增长。加大农作物秸秆“五化”利用，农作物秸秆综合利用率达90%。配齐废弃物处理设施设备，畜禽粪污综合利用率达75%以上，规模养殖场粪污处理设施装备配套率达95%以上。

【农业综合执法】 推进依法治区工作，建立健全学习普法机制，定期学习贯彻农业相关法律法规。利用“3·15”、科技文化卫生三下乡、法律宣传周等活动广泛宣传涉农法律法规政策，印发各类宣传资料1.5万余份。录入《动物及动物产品检疫合格证》核发1万余件，受理办结《动物防疫条件合格证》3件、《兽药经营许可证》1件、《农药经营许可证》53件、《畜禽二级扩繁生产经营许可》1件。采取日常巡查、突击检查与专项行动相结合方式，全年共出动执法人员370余人次，整顿农资市场12个，检查农资门店418个，立案查处农药经销商违法经营行为1件。开展“瘦肉精”类添加物检测，1—10月共抽检“瘦肉精”8477头份，检测结果均为阴性；对全区适度规模养殖户(猪、牛、羊)进行拉网式“瘦肉精”检测，共监测养殖户266家1944头份，未发现使用“瘦肉精”和非法添加其他物质的行为。加大农业综合执法力度，按照机构改革有关要求，移交36项行政许可事项。加强渔政监管，加强对茫溪河流域、涌斯江水域、岷江水域等河段的禁渔期管理，共出动车辆200余台次、执法人员450余人次，制止劝返禁渔期钓鱼、捕鱼行为60余起，行政处罚案件2起，向司法机关移送4起违法禁渔期规定捕鱼案件。

【主要领导人】 区委书记：张国清；区人大常委会主任：王读红；区长：李良；区政协主席：宿建军；分管农业副区长：陈德全。

五通桥区编写组

沙　湾　区

【基本情况】 2019年，全区辖8镇1个街道，辖区面积610.89平方千米，其中耕地面积13294公顷。年末户籍人口17.26万人，减少1.4%；常住人口17万人，人口城镇化率55.4%，人口自然增长率-6.57‰。森林覆盖率65.97%。

【现代农业发展】 围绕乡村振兴，发展现代农业。打造产业化基地18个，建成农产品初深加工企业12家、区级现代农业园区5个。创建乡村振兴省级示范村2个，市级先进乡镇1个、示范村4个。发展中药材、茶叶、林竹、果蔬等特色农业产业，新增果蔬面积5500亩、中药材7000亩，建成出口茶叶质量安全示范基地3万亩，在谭坝乡建成全省最大的佛手柑种植基地1个。沙湾区被列为全省中药材产业重点县并创建为全省中药材产业示范区和全省农业标准化示范区。建成区级现代农业园区5个，沙湾区谭坝佛手柑现代农业园区创建为市级现代农业园区。新培育家庭农场18个、农民合作社10个，建成农产品加工企业12家。发展“甜心猕猴桃”“金冈茶”等“三品一标”农产品10个，“范店黄连”申请注册为国家地理标志集体商标，蜀景苑生态观光农场获得1项国家发明专利。全年生猪出栏80890头，减少41.3%；牛出栏1353头，增长2.6%；羊出栏7785只，增长2.6%；小家禽出栏297万只，增长18.4%。完成工程造林200公顷，全区森林面积39945.4公顷。

【城乡统筹发展】 全年投资6.31亿元，新(改)建城区农贸市场5个，对城区15条主次街道的建筑立面、人行道实施“精品街”提升改造；完成沫若大道南段、金广路街道和基础设施隐患整治，拆除城市违建149处；改造旱厕82座；规范整治“三无小区”74个，对27条主干道和88条背街小巷实施24小时精细化管理和保洁；推进城区生活污水收集管网建设。建成沫江草坝棚户区改造工程二期三标段住房360户。推进农村危旧房改造,完成旧房改造218户,实施集镇住房风貌提升1100户,拆除农村废弃房屋2800平方米。新(改)建农户厕所7000余户,全区卫生厕所普及率85%。完成规模养殖场畜禽粪污治理34家,畜禽粪污综合利用率84.6%。实施农村生活垃圾"户分类—村收集—镇转运—区处理"模式,新建片区垃圾中转站2个、镇垃圾中转站12个,全区行政村生活垃圾有效治理率达90%。加农镇、葫芦镇创建为国家卫生乡(镇),沙湾镇天车村、谭坝永丰村等10个村被评为省级卫生村。

【社会民生】 聚焦"两不愁、三保障"开展"回头帮"工作,实现2629户6555名贫困户全部达标脱贫。完成贫困户危旧房改造154户,巩固提升安全饮水6456人。实施教育资助4092人次,开展职业技能培训355人次。设立农村公益性岗位350个,安置贫困家庭劳动力300人,贫困人口参保、家庭医生签约服务实现全覆盖。新实施"村企共建"项目26个,建立就业扶贫车间5个,带动村集体经济收入500余万元。对口帮扶金口河区工作获全省先进。投入资金1.15亿元,完成6项工程类民生项目23件民生实事。城镇新增就业3911人,实现农村劳动力转移就业63352人。依法根治拖欠农民工工资问题,为950名农民工追回工资1046万元。城乡居民社会养老保险参保人数60329人,参加城乡居民医疗保险12.97万人。发放低保金2690万元,其中发放农村低保金1110万元。为12945名困难残疾人发放生活补助116万元,为6475名80周岁以上老年人发放高龄津贴440万元。投入财政资金2.03亿元支持教育发展。落实中小学教育经费保障机制、农村义务教育营养改善计划、经济困难家庭学生资助等教育惠民政策,惠及学生16610人次。

【主要领导人】 区委书记:袁仕伦;区人大常委会主任:文明;区长:左小林;区政协主席:黄大敏;分管农业副区长:王旭东。

沙湾区编写组

金口河区

【基本情况】 2019年,全区辖2镇3乡(其中彝族乡2个),辖区面积598平方千米,其中耕地面积3522.87公顷。全年实现农业总产值62200.5万元,增长4%。农民年人均可支配收入达15734元,增长10.05%。

【农用地产权制度改革及农业产业化发展】 引导规范流转土地5000余亩,闲置土地利用率明显提高;完成农村集体经济产权制度改革,清产核资工作获得省、市检查组好评;培育新型经营主体,创建省级示范社2家、市级示范社5家,新培育省级家庭农场14家。

【农产品品牌战略实施】 重点推进中药材、高山蔬菜、茶叶、核桃、大鲵、高山藤椒等优势特色产业全产业链融合发展,建成中药材、高山蔬菜、藤椒等绿色有机农产品基地5.17万亩,建成"蛋鸡+有机肥""肉牛+蓝莓+药材"种养循环示范园2个;实施品牌兴农战略,培育"金口金品"公共区域品牌,打造板厂坪乌天麻、大瓦山珍食用菌、德福源老鹰茶、云逸鲜香藤椒等优势农产品11个。新增"三品一标"农产品认证2个。

【扶贫攻坚】 产业扶贫。巩固脱贫攻坚成果,建设现代农业园区2个,新建农产品初加工设施1处。全面完成中药材产业基地建设、标准化畜禽养殖场建设、耕地地力保护补贴3个项目实施,改(扩)建标准化畜禽养殖场1个。继续探索实践"龙头企业+贫困户"利益联结机制,分红634万余元,惠及建档立卡贫困人口4424人,实现贫困户通过产业扶贫持续稳定增收。

东西部扶贫协作。建设总投资6700万元、规划总用地面积约5万平方米的金口河区生态食品加工园区,并引进6家特色农产品加工企业入驻园区,农产品检验检测、电商服务、冷链物流、农产品深加工、农产品展示等功能一应俱全,填补了多年以来全区特色农产品在精深加工方面的空白。攻坚乡村振兴示范区项目在永胜乡和平村建设中药材种植核心面积1000亩,带动发展3000亩,建成"农旅融合"的中药材市级现代农业园区,打造永胜乡村振兴市级先进示范乡(镇)。

【农村人居环境整治】 按照"四清三改两化一提升"的总体要求,开展整村推进新民村、联合村等6个村的"厕所革命"试点工作,新(改)建农村户用厕所1803户,乡(镇)、市场公厕11座;统筹推进林丰村、和平村等7个村"厕污共治",农村生活污水处理覆盖率达50%。全覆盖开展农村生活垃圾分类处理,实现减量化、资源化和无害化处理。打造省级乡村振兴示范村1个、市级先进乡(镇)1个、市级示范村2个。

【农产品质量安全监管】 严格开展产地检疫和屠宰检疫,屠宰检疫申报18314头,检疫18314头,检疫合格率达100%。无害化处理病死生猪413头、牛11头、家禽1516羽,从源头上防止了重大动物疫情的发生。加强农业投入品监管,从源头上保证了农产品质量安全。开展农资经营户的相关法律、法规集中培训3次,检查农资市场18次。坚持开展农产品农残超标例行检测,全年例行检测蔬菜样品260个次,合格率为100%。全年未发生农产品质量安全事故。

【渔政管理】 通过电视媒体、宣传车辆滚动播放《中华人民共和国渔业法》《禁渔期通告》等法律法规。加强对重点区域、重点河段的日常检查、巡查,加大对电鱼、违反禁渔期禁渔区规定等违法行为的依法打击力度。

【农机监管】 加大农机安全监管力度,全年共发送农机安全宣传短信20条,开展现场解答群众提问15次,发放宣传资料1500份;检查农业机械35台(套),整治农机安全隐患2个;检审拖拉机3台,换发拖拉机驾驶证12人,签订安全责任书和安全承诺书50份,实现全区无重大农机事故发生。

【主要领导人】 区委书记:张建红;区人大常委会主任:周碧洪;区长:段俊辉;区政协主席:胡宗义;分管农业副区长:姚迅逸。

金口河区编写组

峨眉山市

【基本情况】 2019年,全市辖1乡10镇2个街道,辖区面积1183平方千米,其中耕地面积23518公顷。

【乡村振兴】 全市实施农村户厕改造19079户,完成乐山市下达目标任务的100.7%。峨眉山市创建为"乐山市2019年度实施乡村振兴战略工作先进县",普兴乡被命名为"乐山市2019年度实施乡村振兴战略工作先进乡镇",符溪镇战斗村、普兴乡永安村、乐都镇红卫村、桂花桥镇红山村、龙门乡王山村被命名为"乐山市2019年度实施乡村振兴战略工作示范村。

【扶贫攻坚】 全市集中利用50天时间对17个乡(镇)的211个村、3879户贫困户和24户非建档立卡特殊困难户进行全覆盖入户排查和对标"体检",精准找问题、建台账、抓补短。整合资金1.23亿元,围绕农业产业、旅游、文化、生态建设、就业促进、社会保障、新村建设、教育、健康、交通等14个扶贫专项实施扶贫项目56个。依托"贫困家庭奋进计划"的实施,激励2345户贫困户发展种植3199亩、养殖4.42万头(只),鼓励400名贫困人口实现就业,评选“三星”家庭397户、“孝老敬老”家庭583户。通过“带动主体+”“农旅融合+”“电商+”等助农增收业态建成电商服务示范基地、物流中心、扶贫“加工坊”和“就业车间”建立“合作社+”“联合体”“集体经济组织+”等带农助农增收模式，贫困户家庭人均纯收入达10024.38元，比2016年增长118.9%。

【国家农产品质量安全县创建】 通过严明“三大监管责任”、健全“六大监管体系”、创新“三大监管路径”等，形成了以市、乡（镇）、村（组）、经营主体为“四级联动”的推动农业绿色、低碳、循环发展的长效工作机制。10月，被农业农村部授予“国家农产品质量安全县”称号。

【国家现代农业产业园创建】 紧扣“一核一轴三片”功能布局，整合投入各级财政资金9.1亿元，撬动金融及社会力量投入16亿元，完成基地、加工、融合、服务、市场等6大版块、45项创建任务，高质量通过农业农村部、财政部验收，被命名为第二批国家现代农业产业园，其中园区内的禅茶康养体验基地入选“2019中国美丽茶园”，推动产业间交叉融合、园村一体、产镇相融等业态纵深发展。

【非洲猪瘟防控】 成立以市政府主要领导任指挥长、分管领导任副指挥长、市级相关部门和18个乡（镇）负责人为成员的峨眉山市非洲猪瘟防控应急指挥部，组建非洲猪瘟防控工作专家组，制发《峨眉山市非洲猪瘟疫情应急预案实施方案》等指导性文件，建立联席会议、日报日报等制度，从“查、控、防、管、堵”5个方面落实部门联动联防机制，全面落实“大排查、大清洗、大消毒”等防控措施，并加强应急处置，非洲猪瘟防控工作效果显著。

【主要领导人】 市委书记：高鹏凌；市人大常委会主任：辜廷齐；市长：吴小怡；市政协主席：周健；分管农业副市长：谢建平。

峨眉山市编写组

犍为县

【基本情况】 2019年，全县辖15镇，辖区面积1375.4平方千米，其中耕地面积54501公顷。

【农村集体产权制度改革】 推进农村集体产权制度改革，已完成347个村、2894个组级的清产核资工作，清查账面资产总额29237.51万元、核实资产总额44969.74万元，清查核实集体土地总面积138.59万亩。完成347个村的产权制度改革试点工作，成员确认以及编制成员花名册的完成比例为100%，完成347个村的登记赋码工作，确认成员42.81万人，确认户数13.42万户，量化股本总额34527.77万元（其中成员股本总额22665.67万元、集体股本总额11364.98万元）。

【乡村振兴】 将乡村振兴摆在“三农”工作的重要位置，按照“产业兴旺、生态宜居、乡风文明、治理有效、生活富裕”的总要求，推进实施乡村振兴战略。一是高标准编制规划。坚持规划先行，不断修改完善乡村振兴“1+7+15”规划编制，并于5月通过全省县域乡村振兴规划试点评审。二是重点推进“六大工程”。农村污水治理工程。已建成32个乡（镇）（提标改造）污水处理厂和3个聚居点污水处理设施，开展农村黑臭水体治理摸底排查。道路美化工程。重点对乡（镇）断头路、联网路、重要干线公路、旅游环线道路等开展美化工程，完成道路黑化38.3千米、绿化美化195千米、多彩乡村绿化提升工程4112亩。垃圾净化工程。全县75%的行政村、80%的村民小组配齐专职保洁和清运队伍，修建地埋式垃圾库43座、农村生活垃圾收集池2585个，完成39个集镇区、26个村级再生资源回收网点建设，拆除重点点位垃圾池39座，安放分类垃圾桶180个，完成玉津镇、罗城镇2个生活垃圾压缩中转站建设。“厕所革命”工程。以改善农村厕所卫生状况为目标，完成141座公厕、6770座户厕改造任务。农村风貌优化工程。申报创建“四川最美古村落”1个，完成村庄规划32个、农村危旧房改造245户、农房风貌整治49户，拆除无人居住危房3户，整治庭院817户，实施花园、果园、菜园栅栏围护3200米。乡风文明提升工程。有序推进乡风文明建设“十大行动”，开展“星级文明户”创评活动，完成23个乡村振兴重点村（储备村）应急广播系统建设，推进农民健身工程、农家书屋图书更新等。

【扶贫攻坚】 全县坚持把脱贫攻坚作为头等大事和第一民生工程，全力实施扶贫战略行动，全年共脱贫24户81人，全县贫困发生率从2014年的7.2%下降到零。一是抓结对帮扶。严格落实“1+3+N”帮扶、县领导挂联乡（镇）机制，选派101名“第一书记”到村任职，5734名干部全覆盖结对帮扶贫困户，组建37支农技巡回服务小组。全年共开展3类培训30班（次），培训9000余人次。二是抓产业扶贫。实施财政专项扶贫资金项目，通过以奖代补落实246.8万元发展种植业384亩、养殖家禽81000余只，依靠农业产业脱贫57人，带动脱贫贫困户人均增收1683元。三是抓“五个一批”项目建设。实施产业就业发展一批14224人、易地扶贫搬迁安置一批2672人、医疗救助扶持一批8273人、教育扶持一批4719人、社会保障兜底一批11087人。全年整合资金13.4亿元，实施扶贫专项17个，已拨付9亿元，其中落实农业产业扶贫资金4058.98万元，已全部拨付到位。四是抓扶贫领域工程项目专项清理。对2017年以来立项建设的农村住房、乡村公路、公用基础设施等扶贫领域工程项目进行全面清理，共清理完成扶贫领域工程项目665个，完成审计整改614个，共涉及资金21722.7万元，清理发现的5个问题已全面整改到位。五是抓“两不愁、三保障”回头看。对所有贫困户、985户易地扶贫搬迁户和非建档立卡特殊困难户开展横向到边、纵向到底的拉网式大排查，发现问题5420个，整改5420个，完成率达100%。六是抓动态调整。针对往年对象识别不精准、贫困户退出不及时问题，首次建立季度贫困人口动态调整机制，通过动态调整新增贫困户258人，动态调减1156人。七是防致贫返贫。统筹县级财政、扶贫“两会”捐赠资金200万元，建立犍为县防止致贫返贫基金。落实44.5万元，帮助47户自主搬迁困难户补短板。

【产业发展】 一是稳定粮食生产。全县粮食播种面积64万亩。建成1万亩优质稻示范片1个、0.1万亩高山有机稻核心区1个，带动全县发展国标三级以上优质“头季稻+再生稻”生产模式16.7万亩，各扩种油菜和大豆1.5万亩。二是加快恢复生猪生产。针对疫情造成生猪存栏量锐减情况，调动养殖场（户）的复产积极性，逐步恢复生猪基础产能。原有的10个大型生猪规模养殖场原址复产或改（扩）建工作有序推进，另选址新建9个生（种）猪规模养殖场。三是加强“三品一标”认证。已通过“三品一标”农产品认证26个，其中认证无公害农产品10个、绿色食品产品6个、有机食品7个；犍为茉莉茶、犍为姜、金石井柑橘获得国家地理标志称号。四是优化农业产业机构。全面完成53.23万亩粮食生产功能区和重要农产品生产保护区划定省级验收工作；培育壮大新型农业经营主体，累计注册农民合作社459个、联合社4个、家庭农场402家、县级以上农业龙头企业27家。五是突破农业核心技术。与电子科技大学合作研发的智能茉莉花采摘设备已进入田间试验；与中国科学院亚热带农业生态研究所合作筛选培育茉莉新品种，提升西南茉莉花良种繁育能力；与常州大学徐建峰教授技术团队合作，成立犍为蜀姜生物科技有限公司,研发姜黄产品;建立巨人稻专业种养、产业化运作、品牌化销售的运行机制,走农特产品高定路线。

【项目建设】 推进高标准农田建设。通过整合资金、农民自筹等方式,新建高标准农田7500亩,完成目标任务的150%,全县已累计建成高标准农田15.85万亩。

推动园区建设。实行政策扶持项目建园、龙头企业联结基地建园、科研机构产学研对接建园等多种建设模式,建成综合性特色现代农业园区5000亩,并申报省级评审。

保障项目落实。世界茉莉博览园—田园综合体项目已完成投资3.1亿元,茉莉花街、古茶坊、织锦花田等完成主体建设。"天御·新农新城"项目规划建设集九大功能于一体的综合性农产品集散园区,占地168亩,总投资4.5亿元,一、二期工程已完工。

【农业执法监管】 抓好农村面源污染控制。围绕"一控两减三基本"目标,加强农药、农膜和畜禽粪污治理。广泛推广适期揭膜技术,重点扶持废旧地膜处置企业,加强75个旧膜回收网点建设,开展新型可降解地膜的试验示范;加大秸秆"五化"综合利用,重点抓好8个县级秸秆综合利用示范点指导,建立秸秆收储点28个,依托第三方回收秸秆270吨,全县秸秆综合利用率达89.2%。

推进农药、化肥减量行动。建立病虫害监测预警体系,发布预警信息5200条,推行高效低毒低残留化学农药和生物农药施用6.9万亩。

加强监管,保障农业发展安全。完成部、省、市各级农产品例行、监督、风险、专项抽检21次369个,合格率达100%;完成农产品风险监测240个,其中定量检测样品100个、快速检测样品140个,无不合格农产品;按照"4挂钩"要求推进国家追溯平台推广应用,已有10个生产经营主体入驻。加强农业综合执法。以打击违法违规行为、规范市场秩序为目标,加大农业执法力度,全年出动执法人员4870余人次,调解纠纷4起,立案38起,结案38起,其中移送公安局3起,移送市场和质量监督管理局1起,罚没款10.7万元。

【主要领导人】 县委书记:王策鸿;县人大常委会主任:韩广琦;县长:熊建新;县政协主席:余德金;分管农业副县长:陈光勇。

犍为县编写组

井 研 县

【基本情况】 2019年,全县辖15镇(街道)199个行政村,辖区面积840平方千米,其中耕地面积64.7万亩。年末总人口42万人,其中农村人口31.5万人。农村居民年人均可支配收入达16133元,增长10.1%。

【产业基地建设】 实施"藏粮于地、藏粮于技"战略,累计统筹推进高标准农田建设18万亩。发展优质晚熟杂交柑橘基地9.6万亩,带动全县种植柑橘20万亩。建成部、省级标准化示范养殖场9个,新建标准化示范养殖场7家,提标改造规模化养殖场120家,粪污处理设施装备配套率达100%。

【农产品品牌战略实施】 创建省级农产品质量安全监管示范县,推进智慧农业建设,运用物联网、大数据、云计算等现代信息技术实现基地到市场的产销精准对接,农产品生产端到消费端质量安全全域监管。实施"区域+企业"双品牌战略,打造"井研柑橘"区域公用品牌,核准注册地理标志商标,全县保持有效期内"三品一标"农产品认证55个(其中无公害农产品27个、绿色食品17个、有机产品11个),新增四川省优质品牌农产品1个。组团参加西博会、农博会、茶博会及省内外农产品展销推介会,吸引尼泊尔、日本等国外使团到井研县调研考察,扩大了井研农特产品的知名度、美誉度。

【现代农业园区建设】 成立县现代农业园区管理委员会,出台《井研县现代农业园区建设考评激励方案》《井研县现代农业园区建设管理办法》《井研县现代农业园区建设推进方案》等政策文件,依托繁盛果业、橘源专合社等,在集益乡、研经镇、金峰乡建设现代农业柑橘园区,新建标准化晚熟杂交优质柑橘基地2万亩;依托蓝雁畜牧、奕嘉怡、仟和牧业等,以畜禽粪污资源化利用中心为纽带,在千佛镇、金峰乡、纯复乡建设现代农业畜牧园区;依托丰润水产、富强水产等,在分全乡、纯复乡建设现代农业水产园区;依托奇能米业、林翔米业等,在三教乡、宝五乡建设现代农业粮油园区,"四大园区"串珠成链,形成覆盖面积达300平方千米的百里产业大环线。完成市级现代农业园区申报1个,创建省级三星级现代农业园区1个。

【种养殖业及水产业】 全县小春粮食作物播种面积1.8万亩,产量3245吨;油菜种植面积10.5万亩,产量1.4万吨,增长2.2%;大春水稻播种面积22.9万亩,玉米播种面积17.1万亩,薯类种植面积13万亩;大豆种植面积8.6万亩,增长4.3%。出栏生猪42万头、肉牛0.3万头、肉羊8万只、肉兔600万只、小家禽599.3万只,均较上年同期平稳增长。发展水产养殖面积5.8万亩,其中水库养殖2万亩、池塘养殖(稻鱼、稻虾、藕鱼综合种养)3.8万亩,实现水产品产量3.8万吨,实现渔业综合产值9亿元。

【农村改革】 做好农村土地确权颁证扫尾工作,颁证到户100804户,占应发证书的98.74%。推动农村集体产权制度改革,全面完成清产核资工作,核实资产总额10425万元(其中经营性资产1703万元,清查核实集体土地总面积84.5万亩,其中农用地79.7万亩、建设用地4.8万亩)。实现全县199个行政村集体经济组织成立完成率100%,量化资产14569.2万元,认定成员33.7万人。推动农村土地规范有序流转,全县累计流转土地达15.29万亩,占全县承包耕地面积的38.4%,推动了全县农业规模化集约化标准化发展。

【绿色发展】 坚持"一控两减三基本",深入实施化肥农药零增长行动,依托畜禽粪污资源化利用整县推进、果菜茶有机肥替代化肥试点、绿色高质高效示范、土壤重金属污染综合防治试点项目推进畜禽养殖设施化、生产规范化、防疫制度化、粪污资源化,推广示范"畜禽养殖+沼气工程+绿色种植"循环发展模式,建成种养循环基地91个,推进水产养殖尾水治理试点2300亩,建立耕地质量调查点138个,实现畜禽粪污综合利用率90%以上。

【产业融合发展】 推动联农利益融合。推进全省农村改革综合试验区建设,建立小农户与现代农业发展衔接机制,探索返租倒包、科技示范、股权量化、龙头带动、合作发展模式,形成"大园区+小业主+种植户""企业+基地+种植户"式抱团发展。创新代耕代种、联耕联种、土地托管等专业化服务14.9万亩。培育市级以上农业产业化龙头企业26家;培育农民专合社369个(其中国家级示范社7个、省级示范社17个)、家庭农场396个(其中省级示范场8家),增长22.6%。

推动产村一体融合。协同推进现代农业和美丽乡村建设,以人居环境整治"三大革命""五大行动"为重点,加快建设以产兴村、以村促产、产村相融、宜居宜业的幸福美丽新村、"四好村"、水美新村、美丽渔村。在集益乡幸福村等9个乡(镇)14个行政村推进新(改)建农村户厕8899户。

推动业态多元融合。加快农业种植、养殖、加工、销售、服务等一体化发展,推进一二三产业融合发展,拓展农业功能多样化,提高农业产业链增值能力，建成休闲垂钓基地11个、生态康养示范园1个、渔业主题公园2个，办好农民丰收节、采果节、橘颂文化节、全国库钓冠军赛等特色农旅活动，提升“井研农业”的附加值。

【动植物疫病防控】 开展稻水象甲、水稻细条纹病、柑橘黄龙病、溃疡病、草地贪夜蛾等病虫害监测调查、信息采集。持续加强动物重大疫病排查，及时掌握疫情动态，做到早发现、早处置。全年共排查养猪场（户）场点11.09万个（户）次，排查生猪343.76万头次，发放疫苗200万头份，确保全县动物疫病群体免疫密度常年维持在95%以上，免疫抗体合格率在75%以上，取得非洲猪瘟防控阶段性成果，实现国家强制免疫病种全年无区域性疫病流行。

【集中农资专项整治】 推进依法治县，开展农业领域“扫黑除恶”专项行动、农药专项整治行动、农作物种子春秋季专项整治行动、隐形添加百草枯专项整治行动、农资打假专项整治行动、秋季蔬菜种子有害生物专项整治行动，对全县农药、种子、肥料、饲料、兽药经营门店，以及农产品生产企业、专合社、家庭农场、屠宰场等生产经营主体进行拉网式排查，严厉打击各类违法违规行为，出动执法人员500余人次、执法车辆150余台次，共查处案件11件，罚款2万元，挽回经济损失9.8万元。

【渔业资源保护】 开展春季禁渔期巡察执法，严厉打击炸鱼、毒鱼、电鱼等渔业违法行为，促进渔业资源保护利用。全年共开展禁渔执法、水产品安全专项巡查60余次，出动执法人员200人次，收缴渔具52套（根），行政罚款0.5万元；水生态修复补偿投放鱼苗262千克，推进了渔业资源保护。

【助农支农】 向上争取财政项目资金1.8亿元，包装生成农业项目50余个，其中实施农业财政资金“拨改投”15个，投入财政资金9517万元，实现投资收益602万元；完善“政府+银行+担保机构”的金融支农体系，发放财金互动信贷担保贷款66笔5297万元，引导金融资本投入现代农业建设；签约落地四川新希望集团、巨星集团、华西希望特驱集团、江西正邦集团、福建傲农集团等大型龙头养殖企业9家入驻井研，吸引社会资本200余家携资近60亿元为井研农业注入资金“活水”。

【主要领导人】 县委书记：周华荣；县人大常委会主任：鲁志杰；县长：刘勇；县政协主席：杜宏；分管农业副县长：罗卉。

井研县编写组

夹江县

【基本情况】 2019年，全县辖7镇2个街道，辖区面积748.47平方千米，其中耕地面积16008公顷。年末户籍人口34.35万人，常住人口33.1万人，人口出生率8.5‰，人口自然增长率-0.2‰。森林覆盖率42.73%。农村居民年人均可支配收入达18796元，增长10.1%。

有小学25所、普通中学18所、中等职业技术学校1所，在校学生32620人，专任教师1896人。有卫生机构（含村卫生室）309个，卫生机构病床位2493张，卫生技术人员1897人。有社会福利院1家，社会福利院床位205张；城乡养老机构10个，城乡养老机构床位1026张。被纳入农村居民最低生活保障5978人、农村特困人员675人。

【茶叶出口】 实施“3511”工程，采取“五大行动”，以“五大园区”建设为抓手，构建现代农业茶产业体系，实现“一稳定”“两翻番”“三打造”“四提高”目标。全年夹江茶叶种植面积27.5万亩，良种覆盖率89.1%，产茶3.6万吨；茶叶加工产值30.1亿元，综合产值56.2亿元，其中出口绿茶2.6万吨，出口额超8亿元，出口量和出口额居全省第一位，被评为全国重点产茶县。全县有洪椿茶业、新场茶叶园区、绿山针生态茶叶基地、百岳茶业公司等出口茶基地和茶叶加工企业260余家，形成了以绿茶为主，花茶、藏茶为辅的“一主两辅”产品体系。重点培育洪椿茶业、华义茶业、百岳茶业等出口加工企业，华义、洪椿取得了自营出口权，远销摩洛哥、哈萨克斯坦等国家和地区。2月19日，夹江华义茶叶首次出口乌兹别克斯坦启动仪式在木城镇举行，出口茶叶120吨、货值59万美元。11月13日，夹江县被中国食品土畜进出口商会授予“中国绿茶出口强县”称号。

【旅游基础设施建设】 以东风堰4A级景区创建、天福茶园扩容提质为抓手，全面提升旅游景区（景点）基础设施水平。开展禅意小镇钢琴、藏文化、彝文化、收音机及纸、年画等特色博物馆布置工作。完成天福茶园改造3500余亩，完成园区环形路网1.9千米、茶山休闲环形路网4千米、观光便道2千米建设；完成青州乡团结村特色村落规划工作。完成旅游厕所新（改）建工程2座，完成全县18座旅游厕所GPS定位和电子地图上线工作，解决了游客“入厕难”问题。

【农旅融合发展】 始终坚持“农旅融合”的发展路径，结合乡村振兴战略，挖掘乡（镇）地域文化内涵，构建全域旅游格局。突出茶旅融合，以第四届茶博会为载体，在天福茶园举办“茶文化之旅”系列活动，策划“茶之旅”特色旅游路线；举办采茶节、枇杷采摘节、李子采摘节等各类乡村旅游文化活动，接待游客2万余人，帮助群众增收320余万元。

【主要领导人】 县委书记：龚德勤；县人大常委会主任：张晋锐；县长：袁月；县政协主席：林建国；分管农业副县长：胡超。

夹江县编写组

沐川县

【基本情况】 2019年，全县辖8镇5乡，辖区面积1408平方千米，其中耕地面积17048公顷。

【年度农业和农村经济运行】 2019年，全县实现农业总产值26.95亿元，增长2.8%。农民年人均可支配收入达15717元，增长10.3%。全年兑现政策性补贴2026.75万元，其中耕地地力保护补贴2016.39万元、农机购机补贴10.36万元。

【种养殖业】 全县粮食作物播种面积30.26万亩，产量10.05万吨，增加3510吨；油菜播种面积4.78万亩，产量5467吨，与上年持平；出栏畜禽160.84万头（只），增长5.31%，其中出栏家禽106.98万只、兔31.57万只，分别增长8.9%、4.2%。生态水产品产量2790吨，增长1.45%。

【特色产业基地建设】 立足全县资源优势和农业产业现状，编制《沐川县现代农业园区规划及建设推进方案（2019—2022年）》，规划至2022年，全县培育现代农业园区20个，争取认定国家级园区1个、省级园区2个、市级园区4个、县级园区16个。制定《沐川县现代农业园区建设考评激励方案》《县级现代农业园区管理办法》，在资金、技术、人力上实行倾斜支持，建设茶叶、猕猴桃等特色产业基地3.7万亩，建成县级园区2个、市级园区1个。新（改）建特色产业基地1.2万亩，其中改造茶园0.5万亩；新建药蔬基地0.3万亩，水果、刺梨基地0.4万亩。4月，举办沐川首届竹乡采茶节，组建采茶队7个、采茶人员35人；组织参加4月第四届峨眉山市国际茶博会、5月第八届四川国际茶博会和9月第七届四川农业博览会，展位面积780余平方米，参展企业17家次，参展茶品100余个，现场销售及签定订单2400余万元。9月，在全国机采茶现场会上作经验交流发言。

【农村改革】 开展土地确权“回头看”工作，颁发《农村土地承包经营权证》56337本，确权登记数据库通过省厅新标准检测。农村集体产权制度改革被纳入国家第四批试点县，开展相关人员培训885人次。完成清产核资及数据录入；清理集体资产18329.7万元，其中经营性资产10072.13万元；集体土地154.08万亩，其中农用地147.16万亩；完成建和凤凰村、炭库新开村、沐溪阳雀村、高笋龙河村4个村股份制改革试点；建立沐川县产权制度改革系统并全面投入使用。抽调1名局领导和5名工作人员，配合县纪委开展全县农民专业合作社专项清理整顿行动。加强产业扶持基金管理与使用，坚持月报告和台账制度，截至2019年年底，全县使用产业扶持基金3679.98万元(其中贫困村2575万元、非贫困村1104.98万元)，基金使用率为107.6%。全县新型经营主体达1674个，增加60个，其中市级以上示范社24个、省级家庭农场8个、市级以上农业产业化龙头企业17家，带动农户达4.31万户，带动农户面达71.8%。

【新村建设】 新建省级“四好新村”8个(茨湾村、阳雀村、张村村、铁炉村、安坪村、乐群村、石马村、严湾村)；建成国家级“一村一品”示范村3个(富和乡、利店镇、炭库石碑村)、市级“一村一品”示范村6个(炭库石碑村、富和花山村、利店大桥村、永福万寿村、建和河口村、新凡罗柘村)，其中新建市级“一村一品”示范村3个；高笋乡安坪村建成市级美丽休闲乡村。推进农村垃圾、污水、厕所、村貌“四大革命”，牵头完成新(改)建农村户用厕所5070户和20个村垃圾分类及村容村貌整治试点工作，全县已建农村卫生厕所60123户，普及率为92.8%。

【农业产业扶贫】 编报2019年农业产业扶贫专项实施方案，分解目标任务及项目责任，明确牵头领导、责任股室及责任人，落实专人负责按月报送；印发《沐川县农业产业扶贫项目实施指南》，规范项目申报、实施、检查验收、报账等流程，编印农业产业扶贫、技术扶贫资料汇编(十)50册。全年农业产业发展投资11931.58万元，其中中央、省、市资金4527.27万元，涉农整合资金6089.31万元，东西部扶贫协作资金1315万元，承担项目79个，发展茶叶、猕猴桃等特色产业基地1.2万亩，养殖畜禽3万头(只)。培育新型职业农民297人，安装使用农技推广APP，开展“三县一区”农业人才培训242人，开展农村种养技术培训2.36万人次。新引进茶叶、乌骨鸡等加工企业2家，其中年生产能力1万吨以上的大宗茶企业1家；实施东西部扶贫协作项目，新(改)建茶叶、中药材等扶贫加工车间9个，扶持农业社会化扶贫组织6个。全省产业扶贫现场会在沐川县召开，县长余斌作经验交流。

【农产品质量安全监管】 巩固省级农产品质量安全监管示范县创建成果，举办农产品质量安全培训250人次，加强元旦、春节、国庆等节假日期间农产品质量安全监管；按省、市要求，全面推广应用国家级、省级、市级追溯监管平台，建立县级追溯监管平台，已入驻追溯监管平台142户，其中入驻国家级平台33户、省级平台22户，纳入质量安全追溯管理的农产品115个。实行农产品每月常态化抽检，完成蔬菜水果风险监测100个、农产品质量快检4000个，配合省、市开展农产品质量安全例行抽检和监督抽检147个，检测合格率均达100%。协助县电商中心做好“沐源尚品”公共品牌培育工作，完成“三品一标”认换证10个，茶叶、猕猴桃、魔芋、活禽等32个农产品获得“四川扶贫”集体商标用标。

【农业行业安全】 全面落实全市“一头双线九责”动物防疫目标责任，加强非洲猪瘟重点防控，建立临时检查站20个，排查生猪36.18万头次；加强县外猪只入境检查。全年免疫牲畜78.2万头份、家禽354万羽份，采测动物免疫血清1250份，抗体检测合格率达80%以上；开展圈舍场地消毒470万平方米，全年无重大动物疫病流行。组织农机驾驶员安全学习30次631人次，发放宣传资料631份，签订安全承诺书、责任书各298份；检审车183辆(台)，占应检车辆的72%，报废拖拉机9台，参检入保率达100%，全县无重大以上农机安全事故发生。落实安全生产行政首长负责制，建立定期报送制度，坚持在汛期、节假日、两会等重要时段加强农业企业危化品、农机、农村沼气、农药等农业安全宣传，做好安全隐患排查、整治，全年未发生重大农业安全生产事故。加强信访维稳，处理各类信访案件34件、土地纠纷案件86件。

【主要领导人】 县委书记：鲁力；县人大常委会主任：胥大齐；县长：余斌；县政协主席：刘凤枢；分管农业副县长：张强。

沐川县编写组

峨边彝族自治县

【基本情况】 2019年，全县辖13乡6镇(其中8个为纯彝族乡/镇)，辖区面积2382平方千米，其中耕地面积17597公顷。

【扶贫攻坚】 结对帮扶。派出38名干部组成5个结对帮扶小组，对五渡镇先锋村、工农村、双凤村、葛村村和新场乡羊子岩村、桃花村2个乡(镇)6个村213户672名贫困人口进行“一对一”结对帮扶，逐户逐人全面摸清贫困户家底，制定帮扶工作实施方案与目标，并根据帮扶工作展开情况及时改进、完善帮扶措施，按照“一户一策”因户施策，做到到户到人情况精准。

农技服务。派出55名干部对55个贫困村开展驻村农技服务工作，组织开展实用技术培训277场次、农民夜校165场次、现场教学391场次，受益群众12060人次；针对草地贪夜蛾虫害，开展排查147次，并采取多种形式宣传草地贪夜蛾的起源、形态特征、生物学习性、传播方式、危害特点及防控措施等，发放宣传挂图300余份、宣传资料2.3万余份。

“三收一送”。建立由主要负责人、纪检监察、结对帮扶组组长组成的社情民意研判处置机制，利用派出的38名结对帮扶干部在2个乡(镇)6个村开展的“三收一送”活动收集群众问题诉求36件，并全部解决。

【产业发展】 产业发展资金。投入财政资金10039万元，在全县131个村发展种养产业，其中投入财政资金8219万元，在106个贫困村发展种养产业；投入财政资金1820万元，在25个非贫困村发展种养产业。

产业扶持基金。全县106个贫困村和25个非贫困村产业扶持基金共借出7120.9297万元，惠及农户3023户11181人；村集体经济发展基金借出1111万元，惠及农户1990户6558人。

产业稳步发展。依托果蔬产业强镇示范，辐射带动“三河流域”新建桃子、李子、苹果特色水果基地11217.5亩，种植高山蔬菜23000亩，种植药材2400亩。在新林镇楠木村、五渡镇新街村、双凤村新建茶园500亩。新建养兔场4个，年出栏肉兔30万只；新建肉鸭养殖场2个，年出栏肉鸭40万只。投放鱼种28吨，水产品总产量68吨，其中养殖产量56吨、捕捞产量12吨；完成渔业经济总产值244万元，其中渔业产值120万元、渔业流通和服务业产值124万元。

【非洲猪瘟防控】 在县境内主要进出口公路设立了7个临时检查点。自开展非洲猪瘟防控工作以来，对生猪养殖场排查共出动执法人员9222人次，检查13510场次；对生猪屠宰厂共出动执法人员992人次，检查423场次，发放告知书13128份；政策宣讲15453场次，宣讲28102人次；培训684场次，培训1676人次。

【动物免疫检疫】 按照“政府保密度，部门保质量”的总体要求，组织部署重大动物疫病防控工作，落实各项防控措施，确保了全县动物疫病的稳定控制，确保无区域性重大动物疫病发生，保障了养殖业的健康发展。对生猪实施仔猪断奶免疫猪瘟和口蹄疫并佩戴标识，28天后进行强化免疫，对其他畜禽的相关病种每年春秋两次实行集中免疫后每月补免或强化免疫，推进重大动物疫病免疫常态化，建立有效免疫保护屏障。共免疫猪瘟19.2917万头次，免疫密度为100%；猪口蹄疫19.0978万头次，免疫密度为100%；牛口蹄疫1.4195万头次，免疫密度为100%；羊口蹄疫4.1445万只次，免疫密度为100%；小反刍兽疫3.2145万只，免疫密度为100%；鸡高致病性禽流感39.4987万羽次，免疫密度为100%。全年累计发放猪口蹄疫合成肽苗27.46万毫升、牛（羊）口蹄疫O型–A型二价灭活苗7.56万毫升、高致病性禽流感疫H5+H7苗25.175万毫升、猪瘟脾淋苗27.96万头份、狂犬病疫苗0.6209万头份、羊小反刍疫苗4.295万只份、猪免疫耳标15.032万套、牛免疫耳标0.4104万套、羊免疫耳标1.2857万套，发放消毒药品4.64吨、《动物免疫档案》558本。开展生猪产地检疫57807头、牛产地检疫333头、羊产地检疫172只，屠宰检疫生猪21304头。屠宰环节无害化处理病害猪16头，消毒车辆7842车次，报检受检疫率达100%；生猪养殖环节无害化处理病死猪1378头。完成屠宰环节“瘦肉精”检测815头份、生产环节“瘦肉精”检测8540头份，未发现“瘦肉精”阳性反应。

【农村法制建设】 开展“法律七进”“学法用法”“七五普法”等工作，结合精准扶贫开展“送法进村（社区）”工作。悬挂宣传标语30幅，组建法律知识宣讲团2个，举办培训班4期，集中下乡宣讲20次，印发宣传资料22000余份，培训20000人次。

【农业行政执法】 加强执法检查力度。由综合执法股牵头，相关站股配合，加大执法检查和案件查办力度，对全县19个乡（镇）和城区集贸市场农资经营户开展定期和不定期检查。共出动执法人员480人次，全覆盖检查种子、农药、肥料、饲料、兽药农资经营户和生猪屠宰场所550家次。

严格案件查处。行政处罚案件4起(禁渔期违法捕捞案2起、劣质农药案2起)，责令整改10起，矛盾纠纷调解3起，批评教育15人次，没收劣质农药8千克、渔获物3.74千克、渔网20架，扣押渔杆14个，罚没金额5400元。

加大环保整治力度。配合县环保部门大力整治规模场和专业户的粪污排放，全县所有养殖场和专业户90%以上都具备堆粪场、沼气池、化粪池、排污管道、田间灌溉池等设施。对全县40家关闭拆除养殖场进行大排查，无死灰复燃现象发生。开展《中华人民共和国渔业法》和《四川省〈中华人民共和国渔业法〉实施办法》等法律法规的宣传，张贴《乐山市农业农村局、乐山市公安局关于长江流域乐山境内春季禁渔的通告》100份；发放渔业法律、法规宣传资料520份。从2月1日禁渔期开始，联合公安、工商部门对全县的农贸水产品市场进行了12次检查；对峨边县城各宾馆、饭店、车站、码头及各乡（镇）农贸水产品市场进行了5次大检查；对境内段大渡河、官料河、白沙河、西河进行了6次巡回、反复检查。

【种子管理】 做好种子生产的经营登记备案工作，登记备案种子经营主体54户，备案品种32647千克，其中玉米品种117个，数量29880千克；水稻品种43个，数量2767千克。开展种子市场检查，对各种子经营门店进行检查，从经营资质、经营品种、经营台账到品种经营特征特性告知情况逐一进行检查和询问，杜绝停止推广品种和未审先推情况的发生，做到种子经营品种质量的可追溯管理，确保了农民用种质量安全。开展新品种的引进试验与示范工作，引进杂交玉米新品种21个，与农技站共同引进马铃薯新品种9个，分别在新林镇、红花乡进行了试验，为全县杂交玉米及马铃薯品种更新换代做好了准备。

【农产品质量安全监管】 加强领导，量化目标责任。一是成立县农业农村局质量强县领导小组，确保农产品生产质量安全。二是制订农产品质量安全突发事件应急预案，设立农产品质量安全监管举报电话，确保，措施到位。三是将农产品质量安全经费纳入年初财政预算规划，落实财政专项经费保障工作有序推进。四是健全乡（镇）农产品质量安全机构，确保全县19个乡（镇）农产品质量安全工作有专人负责、有健全的检验检测设备及场所。五是将农产品质量安全工作纳入县政府绩效考核范围。先后制订《峨边彝族自治县农产品质量安全监管工作实施方案》《峨边彝族自治县农产品质量安全专项整治方案》《峨边彝族自治县农产品质量安全突发事件应急预案》等。专题召开会议研究质量强县工作。召开春秋季动物疫病防控工作及农产品质量安全工作会、乡（镇）农产品农残检测员培训会等。

加强监管，确保质量安全。一是实施农业民生工程保障项目。推进质量监管信息化工作，全面开展农业公共安全保障工程。对农业生产经营主体进行规范管理，建立收储运环节主体及县域内农产品生产经营重点监管对象档案和农资经营主体信息化管理系统，涵盖1个县级监管平台、19个乡（镇）农技站。二是开展创建省级农产品质量安全监管示范县。加强农产品质量安全监管，建立农业投入品生产、销售、使用制度，全县42家农资经营店全部建立了经营台账，签订了质量安全责任书、承诺书。全年出动执法人员80人次，检查农资经营网点及农产品生产经营主体42家。开展进村入户宣传指导30场次，发放相关资料1.5万余份；开展农业标准化生产技术、农产品质量安全相关知识专题培训3场次，培训农产品质量安全监管和协管人员、农业企业、专合社、农资经营主体265人次。三是严格质量检测工作，确保不发生重大农产品质量安全事故。开展果蔬、茶等农产品农残检测512个，检测合格率达100%。全县未发生重大农产品质量安全事件，农产品质量安全形势平稳向好。四是加强食品安全，开展专项整治。开展“食品安全月”宣传活动，强化农业投入品管理，开展“三品一标”标识、“瘦肉精”、三聚氰胺、抗生素和制假售假以及收储运环节非法添加等项整治行动，出动执法人员160人次，检查农资经营网点及农产品生产经营主体190家次。同时，对全县重点种养殖大户的饲料使用情况进行专项检查，未发现有添加任何违禁药品的现象。开展畜禽养殖环节投入品使用情况专项检查行动，共计监督检查260个（户）场次，出动执法人员270余人次。五是加强宣传，推进农业品牌发展工作。组织全县“三品一标”农产品生产企业、合作社参加旅博会、茶博会等各类博览会，宣传峨边县生态农产品、旅游产品、特色农业。加大品牌建设力度，打造地方标志产品“峨岭云边”。六是准确及时发布农产品质量安全信息。及时掌握农产品质量安全不同阶段的动态，实行动态管理。

【院地合作】 加强与省农科院的技术合作，以峨边特色果蔬产业科技合作为重点，利用省农科院园艺所科研成果、人才与实验条件等优势，开展产业发展咨询、实施方案制订、共建核心示范基地、关键技术研发推广、科技成果转让、科技人才培训等合作，建立驻峨边博士工作站。在“三河流域”开展特色果蔬产业技术培训现场会18场次3000余人，培育特色果蔬栽培技术骨干32人；为新型职业农民培训授课26课时1000余人次。累计推广早中晚熟搭配桃系列品种10392亩、柑系列品种700亩。

【主要领导人】 县委书记:谭焰;县人大常委会主任:胡光;县长:栗那针尔;县政协主席:巫新华;分管农业副县长:谢世华。

峨边彝族自治县编写组

马边彝族自治县

【基本情况】 2019年,全县辖5镇15乡,辖区面积2293平方千米,其中耕地面积27257公顷。农村居民年人均可支配收入达12671元,增长11.4%,其中工资性收入5429元,增长10.8%;家庭经营性净收入4382元,增长5.7%;财产性净收入179元,增长20%;转移性净收入2681元,增长23%。

【现代农业园区建设】 雪口山河流域现代农业产业示范园区建设工程项目已全面完成基础设施建设。8月23日,马边县上报的《关于审定马边彝族自治县2019年省级现代农业园区(茶叶)培育工作实施方案的请示》经市农业农村局、市财政局审批同意,园区项目建设工作有序推进。《马边彝族自治县现代农业园区总体规划(2019—2023年)》已完成初稿编制工作。印发《马边彝族自治县现代农业园区建设管理办法》(马府办函〔2019〕179号)和《马边彝族自治县现代农业园区建设考评激励方案》(马府办函〔2019〕180号),并组织开展园区申报、创建工作。完成福来高山茶叶现代农业园区县级园区评定工作和市级现代园区申报工作。根据《农业农村部办公厅 财政部办公厅关于批准开展2019年农业产业强镇建设的通知》要求,拟定《劳动乡2019年农业产业强镇示范建设工作方案》并通过农业农村厅审定,项目建设有序推进。

【种植业】 在荣丁、劳动、民主等粮食主产乡(镇)创建高产示范片,带动以玉米良种推广、玉米规范化栽培、水稻旱育秧、抛秧、脱毒马铃薯规范化种植、病虫综防等为主的实用技术推广面积达28万亩次,为完成全年粮油生产目标任务打下了良好基础。开展紫色马铃薯适应性种植试验,确定紫色马铃薯蓉紫芋5号可继续在全县马铃薯种植区扩大面积示范。全县粮食总产量93505吨,增加430吨。

病虫害综合防治。一是开展草地贪夜蛾应急监测与防控的组织实施工作,做到了把迁入县域内的草地贪夜蛾有效防控。二是开展植保技术示范,实现主要作物绿色防控覆盖率达35.5%,比省定标准30%增加18.33个百分点。三是推行专业化统防统治,实现三大粮食作物专业化统防统治覆盖率达40.16%,超任务1.16个百分点。四是实施农药减量控害行动计划,将农作物病虫草鼠螺害实际损失率控制到1.22%,比省定标准4%少2.78个百分点;农药使用量减少27.22%;生物农药使用量比例由上年的17.47%上升到26.91%;粮食作物主产区农药包装废弃物回收率达70.2%,比省定标准高0.2个百分点。

【畜牧水产业】 全年出栏生猪13万头、牛6991头、羊10.49万只、禽57万只、兔2.01万只,畜牧生产平均增长3.2%以上。为贫困户发放乌金猪种母猪47头。加大对跑山猪、跑山鸡等特色畜禽养殖的帮扶力度,特色养殖销路不断拓宽,市场占有率不断增大。水产养殖面积196亩,养殖大鲵10万尾以上;水产品产量143吨,增长3.6%。巨海渔业在袁家溪发展冷水鱼繁育基地二期工程全面完成。新(改)建畜禽标准化适度规模养殖场5个,养殖废弃物资源化利用率达75%以上,实现种养循环生态农业。

动物疫病检疫防控。开展动物春、秋两防工作,严格落实动物强制免疫工作。成立非洲猪瘟应急防控指挥部,设置临时检查站36个,共计排查车辆27.3万辆、场点1.2万个次、生猪60.74万头次,其中养殖场(户)58.1万头次;组织开展全县2次大排查、2次全覆盖消毒、1次全覆盖采样工作;检测样品800余份,发放宣传海报和防控手册2000余份,制定规模养殖场防控技术指导建议,确定专人负责收集并及时报送防控工作情况。抓好动物产地检疫工作,全县动物产地检疫生猪59475头、牛330头、羊2361只;抓好动物屠宰检疫工作,屠宰检疫生猪32512头、牛293头、羊54只,屠宰检疫率达100%。抓好"瘦肉精"监测工作,全县共检测"瘦肉精"7489头份,检测结果全部为阴性。抓好生猪无害化处理工作。全县生猪养殖环节无害化处理生猪336头,涉及劳动、建设等12个乡(镇)。

【乡村振兴】 印发《马边彝族自治县农村人居环境整治"五清"行动实施方案》《马边彝族自治县"厕所革命"(2018—2020年)实施方案》《马边彝族自治县农村人居环境整治责任分工方案》《关于集中开展农村人居环境整治村庄清洁行动的通知》等文件,以美丽宜居村庄建设为导向,以农村垃圾、污水治理、人畜禽粪污和村容村貌提升为主攻方向,结合农村人居环境整治"三大革命"、"五大行动"、"四清四拆"、村庄清洁等工作,着力推进农村人居环境整治工作。全面完成5742户"厕所革命"建设任务;完成民生工程户用卫生厕所改造2000户,完成率达100%。组织开展乡村振兴先进乡(镇)、示范村创建工作,加快推进劳动乡福来村和下溪镇珍珠桥村"厕所革命"整村推进工作。

【扶贫攻坚】 全年共派出147名帮扶干部结对帮扶全县626户贫困户,同时在民主乡小谷溪村、雪峰村、丰产村和梅子坝村设立帮扶工作站,共派出59名帮扶干部驻村协助乡村开展脱贫攻坚工作。加强技术指导,全年累计开展各类产业扶贫技术培训200余期,共培训1.5万余人次,发放技术资料2400余份,社会化科技服务覆盖率增长12%,实现2200名建档立卡贫困人口脱贫。安排农业产业发展项目资金2122.4013万元,实施产业发展项目总计19个,已报账1955.6318万元。安排"6+X"名优特农业产业发展项目资金900万元,用于茶叶、猕猴桃、优质畜禽及其他特色种养业发展,已报账1066.7695万元,新(改)建或改造现代经作农业产业基地9325亩,建成规模化养殖场30个。

【农业基础设施建设】 全年建设高标准农田24129.5亩,超目标任务19129.5亩。新建下溪镇珍珠桥村和荍坝乡金华村集中供气站2处,修复老河坝乡水毁集中供气站1处。

【优势特色效益农业】 新(改)建茶园1.2万亩,建成茶叶机采示范点面积1000亩。协助森林茶业、金星茶业、高山茶叶等企业完成有机茶基地及产品加工认证工作。完成马边高山、金星茶业等6家茶叶加工厂进行提档升级改造;对全县8家茶叶合作社、家庭农场茶叶加工提档升级改造。举办"山水彝乡·春茶飘香"中国乐山·马边第三届(2019)小凉山采茶节,组团参加第十届全省农民合作社和家庭农场优质农产品迎春大联展等重大茶事活动,提升了马边茶的知名度,"马边绿茶"区域品牌价值达13.76亿元。与中国茶叶研究所、四川省茶叶研究所签订战略合作协议,与省茶科所合作选育的黄茶品种"彝黄1号"登记工作有序推进;与中茶所合作实施马边茶叶加工工艺提升项目、有机茶发展项目,不定期邀请科研院校专家到马边开展茶叶产业发展培训,提升全县茶叶生产标准化程度,提高产品质量。全县茶叶鲜叶总产量5.58万吨,实现总产值8.8亿元,农民人均鲜叶收入4988元,分别增长8.6%、3.5%、2.3%;折合干茶总产量1.1万吨,实现产值11亿元、综合产值18亿元,分别增长0.5%、1.1%、2.9%。

【农业技术推广体系建设】 全年培训现代青年农场主4人、农业职业经理人3人、新型农业经营主体带头人201人。培育科技示范主体370户，特聘农技员5人，组织开展基层农技人员培训共65人、“一村一名”农技员提能培训33人。组织33人到凉山州农业学校参加2019年人才振兴工程深度贫困县农村实用人才免费定向培养；组织24名村“两委”干部分别到陕西省梁家河村和湖北省星光村参加农村实用人才带头人培训班；组织45人参加由浙江绍兴与马边共同举办的东西部协作农业致富带头人培训班。评定农技推广员和助理农技师（初级职称）175人、农技师（中级职称）16人、高级农技师（高级职称）35人。组织8家企业参加第七届四川农博会。全县“三品一标”农产品认证数量8个，其中无公害产品1个、绿色食品3个、有机食品2个、地理标志产品2个。新增农民专业合作社17家、家庭农场25家，申报省级农民合作社示范社1个。申请安排277万元支持17个农民专业合作社和14个家庭农场（规模经营户）发展茶叶加工、猕猴桃种植、畜禽养殖、水产、竹笋等产业。

【农产品质量安全监管】 贯彻落实《中华人民共和国农产品质量安全法》，做好农产品质量安全日常监测，及时了解全县农产品质量安全状况。截至12月，配合农业农村部食品质量监督检验测试中心、省农科院、遂宁市农产品检验监测中心、凉山州农产品质量安全检测中心和乐山市农业质量检验检测中心对全县茶叶、蔬菜、畜禽、水果等农畜产品进行抽样10批次，抽样110个。全年无农产品质量安全事故发生。

【农业行政执法】 牵头组织开展为期三个月的农村假冒伪劣食品专项整治行动，引导农村食品生产经营者守法经营，提高了广大农村群众的辨别假冒伪劣食品的能力，确保了群众的饮食安全。抽调2名工作人员参加了为期5天的食品药品安全问题联合整治行动，到荣丁镇、下溪镇、苏坝镇、袁家溪乡、民主乡、民建镇6个乡（镇）对场镇上的小商店、药店、农资店、兽药店、农贸市场和学校食堂等场所进行检查，共检查农资经营店4家、兽药经营店3家、农贸市场2家，其中对农资、兽药经营店的擅自扩大经营范围、进销货台账不全、货物摆放不规范等违规行为现场下达《责令改正通知书》，共计责令整改农资店2家，未发现有生产、销售劣质农产品违法违规行为。

【主要领导人】 县委书记：郭正强；县人大常委会主任：阿库拉蒙；县长：沙万强；县政协主席：孙燕平；分管农业副县长：曲别曲一。

马边彝族自治县编写组

南 充 市

【基本情况】 2019年，全市辖3区1市5县，辖区面积1.25万平方千米，户籍总人口723.71万人，减少4.54万人，其中城镇人口210.76万人、乡村人口512.95万人。全年出生人口6.69万人，死亡人口3.85万人，人口自然增长率3.75‰。年末常住人口643.5万人，城镇化率49.72%，提高1.6个百分点。

2019年，全市GDP2322.2亿元，增长8%，增速居全省第4位，其中第一产业增加值404.25亿元，增长2.9%；第二产业增加值937.62亿元，增长9.4%；第三产业增加值980.36亿元，增长9.3%。三次产业对经济增长的贡献率分别为7.3%、50.1%和42.6%。人均GDP36073元，增长7.9%。三次产业结构比由上年17.3：40.2：42.4调整为17.4：40.4：42.2。全年接待游客7315.6万人次，增长27.5%；实现旅游总收入742.53亿元，增长28.1%。

公路总里程2.31万千米，其中高速公路通车里程574.06千米。完成公路货运周转量109.21亿吨千米，减少1.6%；完成公路客运周转量25.11亿人千米，减少17.7%。一般公共预算收入123.32亿元，减少9.3%，其中税收性收入75.32亿元，增长6.4%；一般公共预算支出555.25亿元，增长12.1%。年末金融机构人民币各项存款余额3540.73亿元，增长7.5%；人民币各项贷款余额2268.61亿元，增长15.7%。全社会固定资产投资增长13.3%，增速居全省第3位。社会消费品零售总额1068.9亿元，增长11.3%，增速居全省第2位。规上工业增加值增长10%，增速居全省第3位。

有小学271所，在校学生35.67万人，小学学龄儿童入学率100%；初中427所，在校学生18.53万人；普通高中64所，在校学生11.82万人；中等职业教育学校35所，在校学生5.74万人；特殊教育学校9所，在校学生1693人；普通高校4所，在校学生6.38万人。全年获得省科技进步奖11项。全年申请专利2834件，其中发明专利506件；授权专利1518件。有文化馆10个，文化站242个，公共图书馆10个，博物馆8个，文物保护管理机构28个，全国重点文物保护单位18处，省级文物保护单位112处，市、县级文物保护单位500处。有国家级非物质文化遗产名录5项，省级非物质文化遗产名录29项。

有广播电视台7座，广播综合覆盖率99.29%；有线电视用户42.73万户，电视综合覆盖率99.42%。有医疗卫生机构（含村卫生室）8457个，其中医院166个、基层医疗卫生机构8250个；医疗卫生机构病床位43726张，增长4.9%；卫生技术人员35879人，增长2.9%，其中执业医师12077人、执业助理医师1990人、注册护士15101人。

【年度农业和农村经济运行】 2019年，全市农村居民年人均可支配收入达15027元，增长10.6%，增速居全省第4位。新增农业机械总动力5.37万千瓦，农业机械总动力达303.37万千瓦，增长1.8%。

【种植业】 全年粮食作物播种面积55.8万公顷，减少0.15%。油料作物播种面积15.2万公顷，增长1.9%。蔬菜播种面积15.4万公顷，增长3.9%。全年粮食产量307.78万吨，增长0.2%，其中夏粮产量59.20万吨，增长1%；秋粮产量248.58万吨，增长0.03%。经济作物中，油料产量40.95万吨，增长2.4%；蔬菜产量377.79万吨，增长5.2%；园林水果产量55.41万吨，增长5.4%。

【林业】 全年完成造林面积1.11万公顷，其中人工造林0.98万公顷。林业重点工程完成造林面积666.7公顷，占全部造林面积的6%。天保工程年末实有森林管护面积19.07万公顷。全市有自然保护区3个。森林覆盖率41%，提高0.4个百分点。

【畜牧业】 全年生猪出栏476.15万头，减少28.8%；牛出栏12.21万头，增长4.5%；羊出栏196.43万只，增长3.9%。全年肉类总产量47.69万吨，减少18.3%。

【水产业】 全年水产养殖面积1.48万公

顷，增长1.8%；水产品产量11.53万吨，增长2.5%，其中养殖水产品产量11.15万吨，增长2.7%；捕捞水产品产量0.39万吨，减少3.5%。

【农村水利】 全年新增农田有效灌溉面积0.4万公顷，有效灌溉面积达23.17万公顷。累计综合治理水土流失面积5984.9平方千米，其中新增228.2平方千米。

【农村社会保障】 全市农村"低保"人员56.24万人，增加2.09万人；农村最低生活保障人均补助为155.8元/月。符合条件的"五保"供养对象全部纳入供养范围，共计5.6万人，其中集中供养"五保"人数1.18万人，集中供养率21%。养老服务设施总床位数3.57万张。建立社区服务机构1222个。销售福利彩票5.69亿元，直接接受捐赠12.1万元。

【主要领导人】 市委书记：宋朝华；市人大常委会主任：袁险峰；市长：吴群刚；市政协主席：吴小可；分管农业副市长：沈一凡。

南充市编写组

顺庆区

【基本情况】 2019年，全区辖7个乡(镇)12个街道82个城市社区2个农村社区108个行政村，辖区面积542.86平方千米。户籍总户数24.58万户，总人口66.34万人，增加0.26万人，其中农村人口22.25万人、城镇人口44.09万人。有常住人口72.1万人，增加0.09万人，其中城镇人口59.7万人、农村人口12.4万人，城镇化率82.86%，提升0.21个百分点。全年出生人口6294人，人口出生率9.49‰；死亡人口2130人，人口死亡率3.2‰；人口自然增长率6.28‰。

2019年，全区GDP440.15亿元，增长8.2%，其中第一产业增加值25.44亿元，增长2.9%；第二产业增加值174.53亿元，增长8%；第三产业增加值240.17亿元，增长9.2%。三次产业结构比由上年的5.75：39.07：55.18调整为5.78：39.65：54.57，三次产业对经济增长的贡献率分别达2.5%、42.2%、55.4%。人均GDP61089元，增长8.1%。一般公共预算收入18.64亿元，增长9.3%；一般公共预算支出58.05亿元，增长29.5%。

有幼儿园(含附属园)129所，小学31所，普通中学(含九年一贯制学校、单设初中、高中)35所，中职学校5所，大中专院校9所，教师进修校1所，成人高校2所，特殊教育学校1所。有公共图书馆1个，文化馆1个，乡(镇)文化站18个，图书室315个，文物保护单位18个。全区广播覆盖率99.1%，电视覆盖率99.8%，有线广播电视在看户数29410户。有卫生机构768个，其中医院49个、社区卫生服务中心(站)47个、卫生院20个、村卫生室248个；有病床位9876张；在岗职工14429人，其中卫生技术人员9508人、执业(助理)医师3875人、注册护士5573人。

【种植业】 全年粮食作物播种面积2.58万公顷，油料播种面积0.57万公顷，蔬菜播种面积1.17万公顷，瓜果类播种面积0.05万公顷。全年粮食总产量14.58万吨，增长1.5%，其中小春粮食产量2.28万吨，增长2.7%；大春粮食产量12.3万吨，增长1.3%。经济作物中，油料产量1.62万吨，增长2.6%；蔬菜及食用菌产量32.25万吨，增长5.6%。

【畜牧业】 全年生猪出栏18.02万头，减少28.7%；牛出栏0.64万头，增长3.5%；羊出栏16.13万只，增长3.8%；兔出栏112.35万头，增长3.6%。全年肉类总产量2.8万吨，减少9.5%，其中猪肉产量1.27万吨，减少28.1%。

【主要领导人】 区委书记：陈泽斌；区人大常委会主任：陈琳；区长：蒲鹏程；区政协主席：吴斌；分管农业副区长：杨春林。

顺庆区编写组

高坪区

【基本情况】 2019年，全区辖19个乡(镇、街道)，辖区面积806平方千米，其中耕地面积36938公顷。户籍总人口59.53万人，减少0.19万人，其中乡村人口36.45万人、城镇人口23.08万人。全年出生人口5882人，人口出生率9.65‰；死亡人口2950人，人口死亡率4.84‰；人口自然增长率4.81‰。常住人口61.5万人；城镇化率48.45%，提高2.1个百分点。森林面积26930公顷(含非林地面积)，森林覆盖率33.5%。

2019年，全区GDP203.14亿元，增长8.3%，其中第一产业增加值32.16亿元，增长2.8%；第二产业增加值83.83亿元，增长9.6%；第三产业增加值87.15亿元，增长9.6%。三次产业对经济增长的贡献率分别为6.3%、50.3%和43.4%。人均GPD33057元，增长8%。三次产业结构比由上年的15.7：40.9：43.4调整为15.8：41.3：42.9。一般公共预算收入(区级)8.64亿元，增长15.7%；地方一般公共预算支出(区级)46.01亿元，增长9.2%。

公路总里程2876千米，其中等级公路(含一、二、三、四等级公路)2300千米、高速公路122千米)。有小学34所，在校学生37108人，专任教师1862人；普通中学36所，在校学生33815人，专任教师2852人；中等职业教育学校6所，在校学生10216人，专任教师406人；学龄儿童入学率100%，初中升学率91.9%，高中升学率82.4%。全年申请专利150件，其中发明专利33件。有文化馆1个，文化站32个，公共图书馆1个(总藏量702000册)。有文物保护管理机构1个，全国重点文物保护单位1处，省级文物保护单位5处，市、区级文物保护单位19处。有省级非物质文化遗产名录4项。全区广播覆盖率98.81%，电视覆盖率98.81%，有线电视用户9.27万户。有医疗卫生机构620个，病床位1633张，卫生机构人员3887人。

【年度农业和农村经济运行】 2019年，全区农林牧渔业总产值51.98亿元，增长3.1%，其中农业产值29.08亿元，增长7.8%；林业产值0.94亿元，增长5.3%；牧业产值20.14亿元，减少4.2%；渔业产值1.56亿元，增长5%；农林牧渔服务业产值0.25亿元，增长23%。全年农村居民人均可支配收入14495元，增长10.4%，其中工资性收入7216元，增长9.4%；家庭经营收入2767元，增长19.4%；财产性收入280元，增长14.8%；转移性收入4232元，增长6.6%。农村居民人均生活消费支出11218元，增长8.9%，其中食品烟酒支出4484元，增长14.4%。农村居民恩格尔系数为40%。全年水产养殖面积3066公顷，水产品产量10500吨，其中养殖水产品产量10290吨、捕捞水产品产量210吨。

【种植业】 全年粮食作物播种面积35826公顷，减少0.2%。油料作物播种面积7361公顷，增长2.7%。蔬菜播种面积23415公顷，增长3%。全年粮食总产量20.72万吨，增长0.1%，其中夏粮产量3.53万吨，增长1.1%；秋粮产量17.19万吨，减少0.2%。经济作物中，油料作物产量2.30万吨，增长3.3%。蔬菜及食用菌产量46.83万吨，增长4.3%。园林水果产量14.24万吨，增长6%。

【畜牧业】 全年出栏生猪37.46万头，减少29.1%。出栏牛3697头，增长4.1%。羊出栏12.61万只，增长3%。家禽出栏747.69万只，增长21.9%。肉类总产量4.01万吨，减少18.8%。

【农村社会保障】 全区有各种社会福利收养性单位数46个，床位3957张。农村居民最低生活保障人数38458人，农村居民最低生活保障人均补助145元/月。

【主要领导人】 区委书记：袁华斌；区人大常

委会主任：杨天武；区长：陈多平；区政协主席：傅天贵；分管农业副区长：寇兴奎。

高坪区编写组

嘉陵区

【基本情况】 2019年，全区辖2乡17镇5个街道506个村民委员会87个居民委员会，辖区面积1179平方千米。

【旅游扶贫】 加快推进“一大线”（一立镇、大观乡、大通镇、新庙乡）乡村旅游环线建设，按照“统一规划、分段打造”发展思路，持续打造新庙乡合兴嘴村“果桑采摘休闲观光园”，开发桑果酒、桑叶茶等特色产品；依托赵子河水库和“绿地农业”，推动大通镇芝麻湾村农业产业发展，扩大经果林、有机蔬菜及花卉栽种面积；推进一立镇塘湾村、三溪口村美丽乡村建设，联合下太霄村、围塘坝村集中发展成片成规模的农业产业观光园。推动石楼乡旅游扶贫产业发展，成片栽种花卉和经果林；完善石楼乡袁家店村、龙塘沟村基础设施建设，完成袁家店村垂钓区主体建设，龙塘沟村游步道和荷塘建设有序推进，带动周边村民致富增收。完成双桂“中国桑茶主题农业公园”旅游标识标牌及部分景观小品建设。发展乡村节会活动，推动民俗旅游，举办了第八届嘉陵蛑蟆节，协同新庙乡举办果桑采摘节，吸引游客30余万人。

【重点文旅项目建设及招商引资】 天乐谷旅游区项目进展顺利，完善中华孝道市民公园建设，建成七星广场、六星栈桥、桥南广场、桥南游客中心、孝心苑等项目，亲子小镇、童话乐园、非遗商街等项目前期准备工作有序推进；大兴乡丝路花语项目规划已完成，并通过嘉陵城乡一体化规划委员会审批，完成了土地调型并栽植苗木2000余亩，启动连接高速公路至景区大门的道路建设，完成景区部分节点；依格尔丝绸博物馆接待游客20余万人次，实现旅游收入3000余万元；按照“全市乡村文化旅游节”活动安排，举办了蛑蟆节、桃花节、果桑节、品果节等活动，以节造势、以势促节，乡村旅游实现收入达到15亿元。引进深圳市恩歌源集团计划投资3.5亿元，打造七宝寺书香小镇；引进四川省华中建设集团计划投资8亿元，在天星乡打造集自然景观、风俗人文、科普教育于一体的天笙寨项目。两个项目均已进入规划设计阶段。

【公共文化服务体系建设】 完善文化设施，投入资金416万元，为全区乡镇、村文化站免费配送会议平板、台式电脑、文件柜等文化设备，同时按照每村每年补充60册图书的标准，完成全区行政村农家书屋的图书配送工作；投入资金80万元，采购35000余册图书，充实了图书馆藏书种类；投入资金20余万元，对区文化馆用于免费开放的综合排练厅和4个培训教室进行升级装修；完成30个行政村广播建设任务及360户“户户通”工程建设任务，全年维修设备1000余套。组织全区乡（镇）文化站站长开展培训，提升其业务能力及工作积极性。投入资金50万元，在大兴、七宝寺新建旅游厕所2座。

【非物质文化遗产及文物保护】 在陈寿公园开展“文化和自然遗产日”宣传活动，展示全区文化遗产保护成果，提高群众对文化遗产的保护意识。加强文物保护，根据属地管理和“谁使用，谁负责”的管理原则，与各乡镇及文物管理使用单位签订文物保护安全责任书，联合相关部门对全区文物保护单位（点）进行安全检查20余次，为10处文物保护单位（点）更换、充灌灭火器共计100具，对部分重要文物保护单位（点）安装文物保护标志牌并设立安全警示牌；聘请专家制订《南充市嘉陵区羊龙庙节孝坊维修保护方案》。申报七宝寺被国务院公布为第八批全国重点文物保护单位，全区“国保”单位实现零的突破。

【主要领导人】 区委书记：廖伦志；区人大常委会主任：戚辉；区长：史燚；区政协主席：白青云；分管农业副区长：申庆超。

嘉陵区编写组

阆中市

【基本情况】 2019年，全市辖23个乡（镇）5个街道，辖区面积1878平方千米。总人口88万人，其中城区人口25万人。

【文旅重点项目建设】 继续抓好阆中水城重点项目建设，严格按照南充市下达的任务要求细化分解到每月，水城项目建设按计划有序推进。牵头做好木艺博物馆建设项目，地下室主体结构建设已完成，南段已完成地下室主体结构施工及地上现代木结构制作，北段地上主体结构已封顶并已购置部分木易展品。落下闳纪念馆建设及观星楼改造工程已完工。策划包装文旅项目，争引资金，策划上报凤舞天宫文化旅游特色小镇项目申报四川省文旅融合示范项目，拟争取资金1000万元；包装阆中市“灵云水乡”项目申报文化和旅游部等七部委关于文化旅游合融投融资优选项目，已通过南充市文旅局专家组的复核，拟争取融资金额6亿元，并全盘谋划编报“十四五”项目规划。

【天府旅游名县创建】 3月，阆中市天府旅游名县创建工作完成创建申报各项工作。4月，进入首批天府旅游名县行列。5月，正式加入“天府旅游名县文旅发展联盟”，联盟成员之间实行资源共享战略，共同设立对外营销网点，开拓整体营销新格局，依托联盟平台倾力打造阆中文旅形象。阆中市获得“中国最具魅力文化旅游城市”称号。

【公共文化服务体系建设】 全市24个退出贫困村（含2019年退出的15个省定贫困村）综合文化服务中心（文化室）全部达标，5200户贫困户（含“回头看”）实现广播电视全覆盖，升级建设1个县级应急广播体系，购买公共文化服务“送文化下乡和戏曲进乡村”300场，补充更新471个行政村（含社区）农家书屋图书，举办文化管家及基层文化队伍培训4期。坚持活动创新，推进文化服务上档升级，举办各类文化活动。音乐类作品《亮花鞋》获得国家级群众文化政府最高奖——“群星奖”，实现了阆中文艺表演“双突破”，即首次征战最高舞台、首次夺得最高奖项。《阆中之恋》MV获得“迈阿密—美洲·中国电视艺术周金珍珠奖项——音乐电影金奖”。

【非物质文化遗产及文物保护】 加强文物本体保护，向上申报“国保”单位“三防”和本体维修立项项目，持续推进巴巴寺、贡院、永安寺维修工程和永安寺消防安防工程建设以及保护利用工程建设。加强文物安全监管工作，共计出动巡查人员380余人次，填写文物保护单位检查记录260余份，保障了全市无文物安全事故发生。申报省级文物保护单位4处（灵山遗址、文庙、二龙精兰院、玉台湖广会馆）。组织“亮花鞋”、川北王皮影等12个非物质文化遗产项目参加第七届中国成都国际非物质文化遗产节，完成“阆中春节习俗”“保宁醋传统酿造工艺”申报国家级第五批非物质文化遗产代表性项目工作，“阆中春节习俗”申报为四川省非物质文化遗产。

【主要领导人】 市委书记：张斌；市人大常委会主任：费国宏；市长：杨德宇；市政协主席：陈绍荣；分管农业副市长：刘勇。

阆中市编写组

南部县

【基本情况】 2019年，全县辖42个乡（镇、街道),辖区面积2235平方千米。全县总人口123.6万人,其中农业人口102.6万人、非农业人口21万人。全年出生人口12544人,人口出生率9.46‰;死亡人口6282人,人口死亡率4.74‰,人口自然增长率4.72‰。

【年度农业和农村经济运行】 2019年,全县农村居民人均可支配收入16517元,增长10.8%,其中工资性收入7164元,增长9.1%;经营净收入5558元,增长10.7%;财产净收入302元,增长19.4%;转移净收入3493元,增长13.9%。

【扶贫攻坚】 实施东西部扶贫协作,升钟镇花园示范厕所全面竣工,旅游扶贫人才培训圆满结业。抓好"广电收视保障",投入170万元,完成全县198个贫困村广电覆盖及传输线路维护,完成15户"有需求不能收看电视"贫困户设备补充供给。重视督导反馈问题,围绕省委在巡视时指出的"个别村图书室利用率不高""桐坪乡个别村委会活动室相应配套设施不完善""大王镇雨台山村个别贫困户存在等、靠、要思想"等情况,发放了大量文体器材、图书资料,健全了管理细则、长效机制。继续巩固脱贫户产业周转金持续见效,"四小工程"稳定增收;全面整改"两不愁、三保障"问题清单,发展集体经济,做优长效产业,完善动态管理系统,做到精准摸底、精准施策、精准扶持。

【文旅项目建设】 升钟湖景区成立国家级旅游度假区创建工作领导小组,完成景区重大项目可研、环评、初设等,对接中交一公局、金海鼎盛集团完成升钟湖3P项目落地及康养项目合作框架协议;满福坝"四馆一中心"(图书馆、文化馆、博物馆、县大剧院、游客接待中心)完成规划、可研、地质勘查、概念设计方案、施工图设计、征地拆迁等,进行场地平整;八尔湖旅游二期项目完成商业古街主体、八仙文化广场主体、耳子湾停车场基础建设。全县文旅重大项目累计投入37.5亿元。

【文旅市场监管】 结合开展绿色频率、频道创建活动,新办《书香》《记忆》栏目2个。严格落实"两台"安播责任制,全面取缔违规广告,全力净化广电声频、荧屏。加强全县文旅市场规范整治力度,全年举办歌舞娱乐场所、网吧、印刷复印等经营业主培训班6期,累计培训821人次;开展专项整治行动12次,出动执法人员1298人次,查处歌舞娱乐场所违规经营28起,歇业11家,超时营业、噪音扰民问题25家,停业整顿36家;捣毁电玩城4家;整改问题网吧6家,处罚接纳未成年人网吧10家;整治印刷复印违规经营场所7家,没收非法印刷复制品140余册。

【公共文化服务体系建设】 全年累计投入文化惠民资金899万元,完成20个乡(镇)综合文化站、70个村级文化广场、5个社区文化活动中心、110个村(社区)的文体设备采购、配送及安装,完成铁鞭乡、太霞乡2个分馆建设,开展"戏曲进乡村"演出560余场、马王皮影巡演50余场。7月,经联合国教科文组织评审通过,南部皮影戏正式被列入联合国"世界人类非物质文化遗产名录"。南部县文化馆正式被审定批准为"四川省第一批非物质文化遗产体验基地"。10月,南部元代永安庙、明代观音庙入选第八批全国重点文物保护单位,待核定情况公布。

【主要领导人】 县委书记:张根生;县人大常委会主任:胡修云;县长:黄波;县政协主席:时春英;分管农业副县长:杜彬。

南部县编写组

西 充 县

【基本情况】 2019年,全县辖5乡16镇2个街道,辖区面积1108.6平方千米。

【年度农业和农村经济运行】 2019年,全县实现农林牧渔总产值62.72亿元,增长3.6%,其中农业产值31.9亿元,增长7.8%;林业产值0.99亿元,增长5.3%;牧业产值27.54亿元,减少0.2%;渔业产值1.76亿元,增长5.3%;农林牧渔服务业产值0.52亿元,增长6.9%。农村居民年人均可支配收入达13400元,增加1307元,增长10.8%;农民年人均生活消费支出达11273元,增长9%。

新型农村经营主体培育。申报农民专业合作社示范社项目资金和社会化服务项目资金524万元;新增国、省、市新型农业经营主体58个;乡(镇)经营业主流转土地39万亩。在全省率先试点,对业主经营大户流转的18.9万亩土地办理农村流转土地经营权证,试点创建省级家庭农场97家。

农用地产权制度改革。完善农村土地确权颁证和集体清产核资工作,截至2019年年底,全县承包土地发证率达95%以上,并第二次按新标准向农业农村厅提供土地确权汇交数据;清产核资清理出集体资产总额21.57亿元、土地类资源性资产161.27万亩。

农产品品牌战略实施。筹办西充亚洲有机产业创新发展(首届)峰会,展示西充有机农产品;申请"西充亚洲有机产业创新发展峰会"LOGO商标注册和版权登记;组织产品参加上海国际有机博览会等活动5次;新注册有机农产品商标5个。根据市农业农村局《南充市农产品区域公用品牌"好充食"使用管理办法》规定,南充市9个县(市、区)范围内符合条件的初级农产品及其加工产品经批准均可使用"好充食"商标。全年新建有机食品生产基地2.5万余亩,新增认证面积1万余亩。建成有机食品生产基地21万亩,其中有机认证或有机转换认证面积13万亩;100个品种获得有机认证。

现代农业园区建设。出台《南充市西充县2019—2022年现代农业园区建设总体规划》。依托现代农业园区构建现代农业"6+3"产业体系,西充"国家农业高新技术产业示范区"被列为四川省创建国家农业高新技术产业示范区培育对象。招引四川蓝润实业集团有限公司建设50万头生猪养殖加工全产业链项目投资25亿元、四川省荣海生态农业开发有限公司建设太平生态农业示范园区项目1.2亿元。完成固定资产投资入库资金13.93亿元。西充县现代农业园区被批准为首批国家产业融合发展示范园,西充香桃现代农业园区被评为四川省五星级现代农业园区,西充来有生态农业主题公园被评为省级示范农业主题公园。

【种植业】 全年粮食作物播种面积49724.14公顷,产量31.49万吨;油料作物播种面积15719公顷,产量4.24万吨;蔬菜及食用菌种植面积14327公顷,产量47.53万吨;园林水果总产量4.31万吨,其中柑橘3.36万吨、桃子0.65万吨。

粮油产业。建设"义青观(仁和)"现代粮油产业拉练现场;继续实施"10+2"大事,粮油产业核心基地完成槐树片区和德仁和农业公司青狮、义兴、仁和等地粮油种植及收购点建设等工作;香薯产业招引培育新型经营主体完成核心基地金山乡种苗繁育园区建设2000亩;依托2019年省级财政现代农业发展工程项目,完成农业农村厅下达的5000亩红薯种植目标任务。完成全县粮食生产功能区和重要农产品生产保护区"两区"划定47万亩的工作目标任务。实施2019年产油大县项目,开展水肥一体化、秸秆全域综合利用试点示范技术推广工作。8月20日前后,完成2018年水稻绿色高质高效创建项目测产验收。西充县获得2018年度四川省粮食生产"丰收杯","优质专用甘薯产业关键技术创新与集成推广"获得四川省科学技术进步一等奖。

【特色产业】 柑橘产业。完善2万余亩金太线晚熟柑橘拓展区和车龙乡1800亩晚熟柑橘基地建设及仁和、凤和、双凤3个乡（镇）28个村晚熟柑橘基地的提档升级。

香桃产业。充国香桃精品环线规划区提档升级香桃产业8200亩。12月，南充市委农村工作领导小组认定“西充县桃农业产业园”为首批市级现代农业园区。

西充“二荆条”辣椒产业。建立西充“二荆条”辣椒良种示范种植商品基地2万亩和良种选繁基地150亩。

【林业】 加强森林资源培育和管护，完成89个村的柑橘、花椒等2.35万亩经济林木的栽植工作；对1.3万亩公益林地开展森林抚育、生态疏发等工作；完成6176亩青花椒和核桃基地的验收、200亩竹产业的抚育改造等工作。全年办理林权相关登记100余宗，完成涉林惠农惠民财政补贴资金社会保障卡的办理工作，完成公益林区划调整成果和2019年森林督查成果的上报工作；完成青龙湖国家湿地公园、百福寺森林公园等自然保护地摸底调查和涉林违规墓地、违占重点生态区域建设项目的清理工作。依法加强对野生动物的驯养繁殖、经营利用和古树名木的保护工作，严厉打击各类生态资源违法行为，办理林业行政案件15件；专项整治“散、乱、污”木材加工企业57家。全年召开森林防火工作会议5次，成功处置森林防火事件37起。组织指导林业有害病虫害调查防治和检疫8万亩，对3万亩蜀柏毒蛾开展人工防治。

【畜牧业】 全年新建存栏生猪1000头以上养殖场20个，招引大型龙头企业蓝润集团（西充县年出栏50万头生猪项目）。全县出栏肉猪49.47万头、家禽541.31万只、肉羊10.04万只、肉兔100.56万只，肉、蛋、奶产量分别达4.9万吨、2.18万吨、0.56万吨；畜牧业可比总产值为23.86亿元。

非洲猪瘟疫情防控。发布《西充县非洲猪瘟防控应急预案》等。一是取缔泔水喂猪。设立举报电话，市场监管局负责泔水源头监管、城管局负责泔水转运和处理、农业农村局负责养殖场管控，基层按照“乡（镇）干部包片、村（组）干部盯场（户）、群众监督”的办法全面关停使用餐厨剩余物喂猪的养殖场。二是开展“大清洗、大消毒”活动。农业农村局牵头采购戊二醛等消毒药100余吨和防护用品等，统一技术督导乡（镇）工作；乡（镇）政府按照乡、村干部和村级防疫员分区定责的包联责任制，对辖区内的道路、垃圾场、市场、养殖场（户）等进行一个月5次的全面消毒。三是设立非洲猪瘟临时检查站，实行24小时轮换值班。全年强制扑杀和无害化处理临床可疑的发病生猪2.4万余头。

禽流感疫情防控。10月2日，县政府召开全县禽流感紧急防控工作会议，采取分区防控、紧急预防注射疫苗、强制免疫等手段防控疫情。

【蚕业】 争取到位2019年省级特色产业发展资金500万元；促成四川桑乖乖食品科技有限公司桑葚酒生产线全面建成。以项目建设为抓手，不断优化蚕桑产业布局，推进宝马河现代高效蚕桑产业园区和义兴有机产桑产业园区建设。引进推广“嘉陵20号”“新塔桑”等新桑品种，改良率达95%以上；“8字号”“川山×蜀水”等新蚕品种推广率达100%；推广良桑快速建园、“小蚕共育、大蚕省力化饲育、自动上蔟”等省力化养蚕技术，提高养蚕效益。通过土地流转培育蚕桑大户和农场主，全县巩固发展拥有桑园10~30亩、年养蚕20 ~ 60张的养殖大户20户、家庭农场1个、蚕业合作社10个，共流转规模土地面积8000亩。推动蚕桑产业供给侧改革，开发桑尖茶、桑枝菌、桑饲料，形成桑树利用的系列化产品生产僵蚕、蚕沙有机肥料、蚕沙保健枕，拓展养蚕出口创汇；依托义兴友林蚕业合作社、南充昱恒公司，传承蚕桑生产的厚重历史文化，注重蚕桑生产的人文发展，展示桑园氧吧健身、蚕桑食品品味、蚕桑农家乐等绿色生态体验，接待游客2万人次。实施蚕桑旅游综合开发，完成现代蚕桑资源综合开发循环利用基地建设、扶君蚕桑文化体验园区建设、中南有机僵蚕核心示范基地建设等项目。

【新村建设】 根据《西充县2019年新村建设扶贫专项实施方案》《西充县人居环境整治五大行动实施方案》，围绕“贫困户住房安全有保障”目标，结合全县乡村振兴五大行动，统筹推进贫困村新村建设工作。规划建设“212线乡村振兴示范带”义青线、绵西线（常林乡—仁和镇），实施民居改造3500户。全年新建聚居点6个，续建13个，总面积8万平方米，同步推动基础配套设施建设；共计改造农村危旧房2000户，其中建档立卡贫困户、“五保户”、“低保户”、残疾户1500户，全面完成全县民居改造任务。凤鸣镇双龙桥村获得“全国乡村治理示范村”和“四川省实施乡村振兴战略工作示范村”称号，双凤镇跳蹬河村、义兴镇盐水垭村、古楼镇过江楼村和赵家庙村获得“四川省实施乡村振兴战略工作示范村”称号。

【农村扶贫和移民工作】 印发脱贫攻坚年度实施方案等指导性文件35个，构建“三挂钩”“五个一”等帮扶联系机制，实现所有县级领导、115个县级部门、5700名县、乡干部等帮扶力量与贫困村、贫困户结对帮扶全覆盖，培训科技示范户和致富带头人594人。聚焦300户652人的减贫任务，22636户49593名已脱贫人口巩固提升和已退出的97个贫困村对标补短工作，整合项目资金8259万元。投入资金2500万元用于地处偏远、通达度差、人均收入水平低、贫困人口较多的50个“四类村”项目建设，统筹贫困村和非贫困村同步帮扶。截至2019年年底，完成安全饮水、水利设施、产业道路等基础设施建设项目248个，新建现代农业产业基地1.3万亩，养殖家禽2万只，新建贫困村道路（产业路）30.985千米、安全饮水工程47处，新建、整治山坪塘（水库）25座、渠系6.518千米；对全县44个乡（镇）、112个帮扶单位、139名“第一书记”、200名驻村工作队员开展全覆盖业务培训等；利用举办文艺汇演、发放宣传资料、义务诊疗等方式，向群众宣传惠民政策；组织开展全县“五个一”帮扶访贫问苦活动，组建专家团队开展免费健康体检、农业技术培训等活动。同时开展暗访督查50余次，印发暗访通报20期，加强纪律监督检查工作。

完成九龙潭水库建设工程和移民申报、搬迁入住工作，平稳有序推进升钟二期工程临时占地复垦移民生产安置和武都引水工程移民征地拆迁安置工作；完成移民避险解困两个集中安置点项目主体工程，附属工程建设预计年底竣工。到移民乡村开展实地调研，帮助移民释疑解惑，确保移民“搬得出、稳得住、有事做、能致富”。为全县4352名大中型水库移民在互联网上建立数据库，确保移民后期扶持“一卡通”惠农直补资金及时精准有序发放。全年接待移民来信来访125人次。

【乡村旅游】 争创国家全域旅游示范区，编制《西充县2018—2025年全域旅游规划》；重点编制张澜故里提档升级规划、凤鸣—义兴有机慢生活示范带规划；编报全省文化和旅游重点项目36个；全面启动西充历史文化旅游资源大普查。实施重点项目建设，抓好“10+2件大事”“农业公园和乡村旅游目的地建设工程”，投资2500万元，建成集培训中心、民宿乡舍、有机文化博览馆等于一体的亚洲有机村，作为亚洲有机峰会永久会址；投资1000万元，对仙林来有农业公园进行提档升级，种植观赏牡丹30000株，举办牡丹文化节，开拓了乡村旅游又一亮点；投资500万元，对古楼香桃源旅游区进行提档升级，打造西充乡村旅游重要节点。开展立体营销，以“一会(亚洲有机峰会)、两节(桃花节、‘一乡一节’)、一赛事(国际乡村马拉松赛事)”为抓手，桃花节、“诗画田园・悦读西充”全民阅读活动、中秋诗会等文旅特色活动在中央电视台播出8次。举办西充县第七届桃花节、仙林牡丹文化节、双洛乡老家湾莲花文化节，开展生态田园・有机西充“全国著名作家看西充”采风活动，加快农旅、文旅、商旅融合发展。创新体制机制，研究农旅、文旅、商旅等融合发展，创新工作举措，探索“文旅+”发展新模式，创建“一乡一节”文旅品牌，利用全县香桃、牡丹、玫瑰、荷花、柑橘等产业，通过政府主导、部门引领、乡(镇)支持、企业承办的方式举办“一乡一节”四季花事节庆活动，出台《西充县一乡一节实施细则》，调动乡(镇)、企业、社会资本、群众参与的文旅节庆办会机制。培育特色文旅小镇、特色村落、特色民宿，丰富乡村旅游新业态，莲池镇成为四川省文旅特色小镇文旅发展联盟成员单位，培育凤鸣镇双龙桥村、仁和镇禾舍农民专业合作社民宿为“南充市文旅特色村落”“南充市特色民宿”。

【农村水利】 加强项目储备。以骨干水利工程、河湖水系连通、城乡供水一体化、水环境综合整治等为重点，申报储备重大水利项目44个、96.63亿元，其中“引嘉入西”复安水库、河湖水系连通等项目前期工作全面启动，全年争取到位中央、省项目资金12700万元。

重点水利项目快速推进。骨干水利工程，板凳垭应急水源水库基本建成，进入试蓄水阶段；海贝水库前期工作全面完成，新的建设资金来源争取工作有序推进，复安囤蓄水库开展前期工作，16座小型病险水库除险加固工程全面竣工。河道治理工程，龙滩河双凤段、芦溪河岱林段、太平段河道防洪治理工程全面完成，综合治理河道7.01千米；西河金泉段、晋城段工程完成前期工作，已启动施工招标。水土保持工程，金泉项目区坡耕地水土流失综合治理工程高标准完成，治理水土流失面积2500亩；金山项目区全面启动，计划综合治理面积1800亩。

河湖治理保护和防汛减灾工作成效明显。健全组织领导体系，把河(湖)长制工作纳入全县经济社会发展全局规划。加快推进实施城乡污水和垃圾处理三年行动方案，审批设置入河排污口46个，新建乡(镇)污水处理站21座。实施守河护岸行动，划定城乡饮用水水源保护区42个，新建生态护岸34千米。实施保水净水行动，落实督查整改机制，中央环保督察的7件涉水案件已完成整改6件。加快推进“四河”治理工作，修订《西充县防洪总体预案》并上报市局审查批复，县政府与乡(镇)及相关部门签订防汛目标责任书，确保县、乡、村三级防汛责任的落实。开展汛前检查，共排查重点部位120余处，发现隐患295处，完成整改276处，其余加紧抢时整改；储备发放防汛物资16万余件；组织开展全县防汛抢险综合应急演练2次，发布预警预报信息3次，电话通知102次，电话抽查值班378次。全县全年共出现区域性暴雨天气过程6次，均未出现人员伤亡和较大财产损失。

【农村教育】 西充县创建为全国义务教育基本均衡县。争取城乡义务教育补助、学前教育发展、科技专项等国、省资金16617.2万元。固定资产入库10469万元。招引新鸥鹏教育城项目，计划投资100亿元，缓解农村学龄儿童进城入学压力。紧扣全县“10+2件大事”，投入资金10809万元，实施项目64个，其中南充科技职业学院一期工程全面完成并纳入全国统一招生，多扶初中、青龙小学主体工程完工。贯彻教育部“教育信息化2.0行动计划”，围绕“三全两高一大”研究制定县域发展规划。开展农民体育健身工程建设等重点工作、重点环节的廉政风险防控监督。

农村教育扶贫纵深推进。对标“义务教育有保障”，做实“控辍保学”，全面落实“六长”责任制，通过户籍、学籍、扶贫系统“三方”比对，严密监控义务教育阶段适龄儿童少年就读情况。全面落实各阶段学生国家助学政策，累计发放各类资助2324.4万余元，其中国家普惠性资助贫困学生1.5万余人次1985.3万余元、地方财政资助困难师生662人100万元、教育扶贫救助基金资助建档立卡学生860人100万元、建档立卡本专科和中职特别资助138人次139.1万元。全年办理生源地助学贷款2821人次、2143万余元。落实主要领导每季度到村研究一次工作制度和帮扶干部“一月一走访”制度，常态开展“进村入户”大走访活动，走访联系扶贫村70余人次，慰问贫困户76户。不断规范办学行为，义务教育学校遵循“学校划片招生、学生免试就近”原则招生，严格执行高中阶段学校招生政策，依法保护“三残”少年儿童、进城务工人员随迁子女等特殊群体入学。响应国家高职“百万扩招”计划，组织1780名高职考生参加普通高考。

加强教育科研，《基于乡村教育振兴的学生生态自主管理育人模式建构研究》《不可忽视的德育工作：班级开学典礼》分别获得省优秀实践创新案例一等奖、二等奖。

【农村卫生】 全面推进实施贫困人口“医疗救助扶持、公共卫生保障、医疗能力提升、卫生人才培植、生育秩序整治”五大行动，实现县帮乡、乡帮村的组团式帮扶，通过基本医保、大病救助、民政救助、政府兜底等方式，全面完成300户652名贫困人口退出、贫困患者县域内住院和慢性病门诊维持治疗医疗费用个人支付占比控制在10%以内的目标任务。2016年以来，县财政投入村卫生室专项建设资金2310万元，对全县未建村卫生室的70个贫困村、315个非贫困村进行村卫生室建设，实现村村都有卫生室，惠及贫困人口22314户48696人；通过聘用执业(助理)医师到村卫生室、乡聘村用、卫生院医生驻点、巡回医疗等方式，实现97个贫困村村村均有1名合格村医。财政投入243.48万元，为贫困人口开展免费健康体检，体检率达100%。开展“八个一”活动，提升了群众知晓率。采取“卫生+教育”扶贫新模式，与南充卫生学校合作，为全县有意愿的40名建档立卡贫困人口开展卫生中职免费教育。契合乡村振兴战略，推进签约服务进机关、社区、农村、学校等，建立签约服务收费和激励政策。探索由公立医院专科医师与基层全科医生、护理人员组成医疗团队，对下转慢性病和康复期患者进行管理和指导。全县贫困人口、计划生育奖特扶家庭签约率达100%。建立促进优质医疗资源上下贯通的考核和激励机制，增强基层服务能力，方便群众就近就医。探索建立紧密型医疗集团(县中医医院、义兴、双凤中心卫生院选择和一家乡(镇)卫生院建立紧密型医疗集团)，实行县、乡医疗卫生机构一体化管理。发挥医保对建档立卡贫困人口的托底保障作用，救治贫困和弱势患者，确保贫困人口县域内住院医疗费用个人支付占比不超过10%。探索建立由政府出资资助贫困人口参加商业补充医疗保险，提高医疗保障能力，降低医保基金压力。全面推行药品采购“两票制”改革，压缩中间环节，降低虚高价格，完善县、乡、村一体化配送机制。全县突发急性传染病有效处置率达100%，突发公共卫生事件及时报告率达100%。继续加强中医药适宜技术推广服务人员培训，全县各乡(镇)中心卫生院均能开展10种以上、村卫生室均能开展6种以上的中医药适宜技术服务，基层中医药服务量达45%以上。全年共派遣23名医务人员对口支援乡（镇）卫生院和6名医务人员对口支援民族地区，提高了受援单位和地区的医疗卫生服务能力和水平。贯彻《中华人民共和国环境保护法》，加强督导检查，建立问责机制，全面落实"医疗三废"的规范管理，建立和完善全县医疗废物集中规范处置的长效机制。针对中央环保督察"回头看"工作，督促县人民医院、车龙乡卫生院规范完善省环保督查存在的问题。规范医疗废水处置和排放，对暂无条件建立污水处理系统的乡（镇）卫生院按照简易生化流程规范处理，基本完善了污水处理系统；规范落实医疗废弃包装物处置工作。

【农村法制建设】 贯彻落实《西充县党政主要负责人履行推进法治建设第一责任人职责十项制度》《西充县落实依法治理"4+5"工作推进机制实施方案》，印发《中共西充县委全面依法治县委员会办公室关于印发〈2019年度西充县党政主要负责人履行法治建设第一责任人述法考评方案〉的通知》，在全县范围内开展年终述法测评工作。开展农业"三下乡"活动，为来访群众解答农业政策法规等相关知识。创建行政执法规范化示范窗口，履行对农业行政执法的监督职责。全面清理行权事项，规范新的一体化运行平台。在双凤、多扶等6个重点乡（镇）建立安监、城管等执法中队，设立"一站式便民服务中心"，全面提升乡（镇）社会治理水平。加大重点领域执法力度，追缴农民工工资457万元，处罚涉事企业1家，处罚金1万元，并将行政处罚信息依法上网公示。推进"法律七进"，持续保证省级"法律七进"示范创建点凤鸣镇双龙桥村、全国民主法治示范村多扶镇老林沟村、法治示范教育基地张澜故居的法治环境维护。落实《关于进一步加强村（居）基层民主管理工作的实施意见》，推动基层治理能力水平全面提升。对全国民主法治示范村多扶镇老林沟村、省级"法律七进"示范点凤鸣镇双龙桥村等实行全年动态管理，建立动态管理台账。在建设乡（镇）公共法律服务站和村级公共法律服务室方面，依托乡（镇）司法所建设44个公共法律服务站，并建立健全工作规范和工作制度，每半年对工作人员进行集中培训1次；已建成村级公共法律服务室621个，建立村级法律顾问值班制度和工作台账，定期开展法律咨询等工作。成立县、乡（镇）、村（社区）三级矛盾纠纷调解组织，实现调解格局全覆盖。印发《西充县司法局关于充分发挥司法行政职能保障服务经济发展的实施意见》，8个法律服务所的34名基层法律服务工作者已与44个乡（镇）621个村（社区）形成"一对一"法律顾问，实现对口法律服务全覆盖，已基本形成"上联乡（镇）、下通村（社区）"的"一村一法律顾问"法律服务体系。

【农村交通】 加强交通扶贫工作，重点推进"四好农村路"建设，出台《关于大力推进"四好农村路"建设的实施意见》。县、乡道改（扩）建工程完成投资2.354亿元，村道加宽项目完成投资1.262亿元，全县农村公路总里程达3600余千米，实现所有乡（镇）和行政村通水泥路（油路），提前6年实现"村村通"。定点帮扶的多扶镇破头山村已于2017年实现脱贫，在此基础上，严格落实帮扶责任，派驻"第一书记"驻村帮扶，全局干部职工坚持每月走访开展帮扶工作，全年走访慰问贫困户500余人次；争取省补资金用于村级道路绿化提升工程建设，安排资金约40万元对帮扶村进行柑橘园产业路及配套设施建设，完成年度帮扶任务。县城至占山段路基、桥涵建设，县城至永清道路进行征地拆迁工作，乡村振兴凤鸣镇至义兴镇产业联网路工程20千米建设全面完工。全年改造危桥5座，全长78米。新建客运线路港湾式招呼站30个、招呼站牌100个，提升打造全县道路客运运输安全、舒适、美观、环保的运行线路。

【农村社会保障】 城乡居民医疗保险参保人数478497人，农村居民最低生活保障人数61636人；新型农村社会养老保险参保人数270003人。有各种社会福利收养性单位45个、床位3297床。

【农村生态建设及环境保护】 持续抓好中央、省环保督察问题整改，发布《关于进一步明确县级部门（单位）、乡（镇）生态环境保护工作职责的通知》，落实生态环境保护"党政同责、一岗双责"机制。加强对39个乡（镇）集中式饮用水水源地的巡查，加强对濛溪河多扶段、虹溪河、龙滩河等重点小流域的综合治理，组织实施西充河生态修复治理工程。提请县人大常委会开展为期4个月的《水污染防治法》执法情况专项检查。开展河道巡查110余次，整治河道、清淤疏浚约6千米，打捞、清运水面漂浮物7吨余。有序推进西充河沿线乡（镇）18座污水处理设施升级改造，完成建设乡（镇）污水处理站22座，配套建设污水收集管网近30千米，完成小水电站下泄生态流量改造8座。设置47个小流域乡（镇）交界断面水质监测分析，其中8个市控断面水质优良比例为75%，象溪河、虹溪河黑臭水体现象基本消除，红旗水库、九龙潭水库水质稳定达到地表水Ⅲ类，乡（镇）集中式饮用水水源地水质优良比例达92.3%。开展第二次全国污染源普查，完成585个行政村污染物核算工作。全面启动国家生态文明建设示范县和省级生态示范标杆县创建工作，严格落实生态保护红线管理要求；牵头开展义兴园区规划环评的调整修订，加快推进多扶工业集中区的跟踪环评工作，完成核发污水处理厂（站）等排污许可证。全面实施畜禽粪污资源化利用、水产资源保护与健康养殖技术推广、农药减量控害、有机肥取代化肥等有机农业基地建设措施，全年新建有机食品生产基地2.5万余亩，全县已累计建成有机食品生产基地21万亩，其中有机认证或有机转换认证面积达13万亩。整村实施"厕所革命"工程，开展"宜居乡村"建设，西充县被中央农村工作领导小组办公室、农业农村部评为全国村庄清洁行动先进县。

【主要领导人】 县委书记：孙骏；县人大常委会主任：张伟；县长：张光全；县政协主席：付杰修；分管农业副县长：何德清。

西充县编写组

仪陇县

【基本情况】 2019年，全县辖36个乡（镇）1个街道，辖区面积1791平方千米。

【农业产业化发展】 全年新增登记备案农民专业合作社36家、家庭农场67家，培育省级农民专业合作示范社2家、市级合作示范社3家、省级示范家庭农场2家、市级示范家庭农场6家。仪陇县五福食用菌农民专业合作社被农业农村部评为国家级农民合作社示范社，仪陇县合力辉煌农机农民专业合作社被农业农村厅评为2019年第十一批省级示范社。

【农用地产权制度改革】 全年开展37个乡（镇）888个村6098个社的农村土地确权颁证工作，登记农户22.9万户，登记承包人口68.6万人。全年新增流转面积3万亩，累计流转土地35.75万亩，其中规模流转面积22.3万亩，农村土地流转总收入达1.65亿元，实现农民财产性增收200元以上。全年受理、办结农村土地承包纠纷案件16起，审核设施农业审核备案6起。兑现各项惠农政策，打卡直发耕地地力保护补贴资金8898.45万元、稻谷种植补贴资金1210万元。

【农村集体资产产权制度改革】 全县完成清产核资工作，核查农村集体经济组织7212个(村级919个、组级6293个)，农村集体资产总额21.63亿元，净资产13.98亿元，资源性资产总面积为161万亩。

【种植业】 全年新(改)建粮油生产基地12万亩，推广"四新"示范基地3万亩，粮油总产量56.62万吨，其中粮食产量50.1万吨、油料产量6.52万吨。完成双胜镇晚熟柑橘栽植2万亩，配套建设水、电、田、路、通信"五网"基础设施。新(改)建蔬菜基地3万亩，完成3万亩辣椒加工型蔬菜和2万亩鲜食大豆种植，培育100亩以上新型经营主体7个。新(改)建中药材基地3万亩，完成义路镇3000亩道地中药材示范基地建设，建成中药材收储加工中心1座。建成土门等乡(镇)标准蚕桑园区2.3万亩，有序推进基础设施配套和标准化管护，全年蚕茧产量2750吨。9月19日，全省蚕桑产业发展现场推进会在仪陇县召开。

种子质量监管。全年检查种子经营户280户，未发现违法违规经营行为和品种;抽检水稻、玉米品种57个，未发现转基因品种。完成双胜镇永旗合作社17个水稻新品种示范和复兴镇卫星村22个玉米新品种示范。

【畜牧业】 全年出栏肥猪83.2万头、肉牛3.358万头、肉羊22.138万只、家禽800.5万羽。一是全力恢复生猪生产。启动温氏柳垭12万头仔猪繁育场建设，完成6个生猪规模养殖场建设和22个生猪规模养殖场粪污处理设施改造。新培育肉牛适度规模养殖大户12户，其中新建饲养肉牛100头以上标准化规模场3个。二是推进种养循环综合利用。依托海升、利达丰、中味等种植龙头企业，签订粪污消纳协议380份，落实消纳土地10.2万亩。依托海升、甘霖龙头企业，建设水肥一体化种养循环示范基地5万亩。三是健全社会化服务组织。建成农业废弃物处理中心1个，年处理废弃物15万吨，生产有机肥5万吨;建设沼液储运社会化服务组织3个，储运沼液还田1万吨;按照"品种良种化、养殖设施化、生产规范化、防疫制度化、粪污无害化和资源化"要求，整治养殖场(户)210家(户)，创建的省级、市级标准化示范场7个。

非洲猪瘟防控。开展非洲猪瘟全覆盖监测行动，督促指导养殖场严格落实消毒、免疫等防疫制度，规范建立养殖档案及经营台账。严格检疫申报审核，规范开展产地检疫和屠宰检疫。监督无害化处理病死(害)生猪7225头，其中规模养殖场无害化处理病死生猪6138头、散养农户无害化处理病死生猪1087头、生猪定点屠宰场无害化处理病害生猪393头。

动物疫情防控。全年检疫生猪285654头，出具产地检疫合格证明23259张，出具屠宰检疫合格证明89723张，产地检疫和屠宰生猪检疫率达100%;屠宰环节检测"瘦肉精"13524头(份)。

【水产业】 全年推广稻渔综合种养面积1000亩;建成工厂化南北对虾养殖基地1处、500亩，渔业产业园4个、3000亩，美丽渔村1个、500亩。全年水产品产量达1.3万吨。

【项目资金争取】 推进"四项工作"。一是农业招商。招引四川泽濠水产开发有限公司、香港中南海集团、恒川水产养殖有限公司、成都久香源粮油有限公司等企业投资8.5亿元发展现代农业。二是资金争取。全年争取中央、省、市涉农项目38个，到位资金4.65亿元。三是项目储备。储备高标准农田建设、优质粮油产业、优质蚕桑全产业链园区建设等项目35个。四是重点项目。实施温氏生猪产业一体化建设、现代柑橘产业园建设、优质蚕桑基地、畜禽粪污资源化利用等农业重点项目12个，总投资15.185亿元。

【扶贫攻坚】 持续巩固脱贫成果。一是加强产业园区管护指导。健全285个贫困村产业发展台账，明确园区管护责任主体。二是加大科技扶贫力度。培育新型职业农民769人。开展"下乡进园"科技培训活动，开展业务培训1.58万人次，提升产业园区业主和技术人员的管护技能。三是开展结对帮扶。轮换"第一书记"5名，下派驻村工作队队员27名，持续开展联系的26个贫困村、9个非贫困村和职工联系的1370户贫困户结对帮扶工作。

【农业基础设施建设】 加强基础设施建设。一是高标准农田建设。完成双胜、铜鼓、土门、义路、福临等乡(镇)3.6万亩高标准农田建设，配套修建沟渠5.96千米、产业便道80千米，改善农业生产灌溉面积0.5万亩，实现"四网"配套，提升农业机械化率。二是农村能源建设。完成柴井乡肖家沟村、日兴镇矮桥村2处附属配套设施工程建设，集中供气112户。三是农业机械化建设。新培育农机专业合作社2个，申报市级示范农机合作社1个，筹备申报国家级示范农机合作社1个。完成新政镇四方山、复兴千丘田、观紫自生和柳垭水巷子提灌站4处102千瓦建设，新增提水设备164台(套)905千瓦，维修改造提灌机具598台8998千瓦。全年完成机耕85.8万亩、机收82.3万亩、机械化抛插秧1.8万亩，全县农机总动力达44.15万千瓦，增长2.91%;农机化综合水平达50.5%。

【农业行业安全】 加强行业安全监管。一是农业综合执法。清理行权事项329项。立案查处种子违法案件4件、农药案件1件、非法捕捞水产品案件4起，移交公安机关追究刑事责任3起，行政处罚1起，其中2件行政处罚案件被农业农村厅评为优秀案卷。二是农业安全监管。排查行业安全隐患32起，现场勒令立即整改28起，限期整改4起，整改率100%;排查沼气项目工程18处，发现问题5起，现场整改4起，限时整改1起。检查拖拉机893台，现场纠违41台，移交交警处理17台，强制报废车辆10辆。年检拖拉机和联合收割机1089台，注销报废车辆160台，新登记注册10台，新办驾驶证168本。培训安全人员1.7万人次，印制行业安全生产宣传资料5.2万份(册)。

【农业保险】 全年承保水稻、生猪等农业保险25.2万户，为农户提供5.6亿元的农业风险保障，赔付869万元，惠及群众3.2万户次。开展地方特色农业保险试点，承保晚熟柑橘等水果3.5万亩，牛、羊4000头(只)，桑蚕3000张。

【农业信息服务】 持续提升农业信息服务能力，利用仪陇政府门户网、南充农业信息网、四川农业信息网、QQ群、微信群等相关农业网站网络平台广泛宣传仪陇农业。全年《农民日报》刊发文章2篇，在仪陇政府网发布信息125条次，省、市相关网站发布信息32条次。

【机构改革】 因机构改革，将原县发展和改革局的农业投资项目、县财政局农业综合开发项目、县国土资源局农田整治项目、县水务局农田水利建设项目管理职责等划入县农业农村局，不再保留县委农村工作委员会和县农牧业局;将原县农牧业局的渔船检验和监督管理职责划入县交通运输局，重新组建仪陇县农业农村局，县委农村工作领导小组办公室设在县农业农村局。2月26日，仪陇县农业农村局正式挂牌成立。根据县委办、县政府办《关于印发仪陇县农业农村局职能配置、内设机构和人员编制规定的通知》(仪委办〔2019〕76号)，县农业农村局内设办公室(信访股、市场信息股)、政策法规与审计监督股、农村改革与合作经济管理股(统计股)、宜居乡村建设治理股(宅基地管理股)、特色产业发展股、发展规划与农业园区股(县委农办工作股)、农产品质量监管与品牌培育股(绿色食品办公室)、种植业与农药肥料管理股、畜牧兽医股(饲料兽药股)、渔业渔政股、农田建设管理股、农业机械化股(安全生产办公室)、科技教育股、计划投资财务股、人事股15个机构;仪陇县农村能源建设中心、仪陇县农机监理站、仪陇县农村经济发展中心、仪陇县农业执法大队、仪陇县动物卫生监督所5个参公事业单位;仪陇县农业广播电视学校、仪陇县水产站、仪陇县国营原种场3个事业副科技单位;仪陇动物疫病预防控制中心、仪陇县农业技术推广站、仪陇县农田水利建设站、仪陇县畜牧站、仪陇县蚕业站、仪陇县农情信息服务站、仪陇县农业特色产业站、仪陇县植保站、仪陇县农产品质量安全检测站、仪陇县宜居乡村建设站10个事业站;37个乡(镇)畜牧兽医站。

截至2019年年底,县农业农村局有在职职工491人,其中公务员(含参公人员)85人、事业管理人员6人、专业技术人员360人(正高级职称2人、副高级职称25人、中级职称107人、初级职称226人)、工勤人员40人;退休人员450人,其中机保管理人员230人、社保管理人员220人。

2019年,县农业农村局被省委、省政府评为“2018年脱贫攻坚‘五个一’帮扶先进集体”,被南充市委、市政府评为“2018年脱贫攻坚工作先进集体”;被农业农村部畜牧兽医局评为“2018年度畜牧业统计监测工作综合考评生产监测、价格监测优秀单位”;被农业农村厅评为“2019年度四川省农业生产社会化服务工作成绩突出单位”“2019年度全省农村经营管理工作成绩突出单位”“2019年度四川省农作物病虫监测预警工作绩效考核突出单位”“2019年度四川省绿色植保示范县工作绩效考核突出单位”;被南充市农业农村局评为“2019年度农业信息工作先进集体”“2019年南充市现代渔业发展先进单位”“南充市渔民退捕转产工作先进单位”“2019年全市畜牧生产(畜禽粪污资源化利用)及饲料(饲料监管)工作先进单位”“2019年全市非洲猪瘟防控工作先进单位”“2019年全市动物卫生监督执法工作先进单位”“2019年全市重大动物疫病防控工作先进单位”“2019年农业执法工作先进单位”“2019年度蚕桑工作先进集体”。

【主要领导人】 县委书记:陈科;县人大常委会主任:郑元勤;县长:郭宗海;县政协主席:李俊;分管农业副县长:陈智。

仪陇县编写组

营山县

【基本情况】 2019年,全县辖26个乡(镇)3个街道269个行政村95个社区,辖区面积1635平方千米,总人口97万人,常住人口25万人,是国家卫生县城、省级环境优美示范县城、首批省级生态园林县城、省级综治模范县城、省级文明城市。

【旅游“厕所革命”】 完善厕所管理制度及标识信息,对全县旅游厕所进行全面摸底、调查,摸清旅游厕所建设等级、位置、设施设备运行状况、人员管理等,并建立排查工作台账。采取“定点、定员、定时”的方式加强厕所管理,落实保洁人员,实行“专人专厕”,加大日常巡查力度,及时维护设施,确保各旅游厕所干净、卫生、无异味,不断提升景区服务水平,树立良好的旅游形象。

【文旅招商引资及项目建设】 全年向上争取项目资金1540.056万元,其中争取中央公共文化服务体系建设专项资金265.19万元、争取中央和省级公共文化服务体系建设专项资金167.22万元、争取省级公共文化服务体系建设专项资金670.3万元、争取中央和省补助免费开放专项资金272.8万元。争取县级“村村响”财政配套资金708.9万元。将资金捆绑使用,严格按照资金管理办法合法程序合理开支,文化旅游基础设施建设全面推进。村级文化活动阵地建设全面铺开,在巩固上年建设成果的基础上新建村文化活动室17个;针对广播通村、电视通户工程,开展大排查工作并进行查漏补缺。做好项目谋划和申报工作,先后谋划清水湖国家湿地公园建设工程、仁和国际广场建设项目、芙蓉水镇产业园、耕读原乡文旅项目、营山县文化中心建设项目等,并被纳入全市文化和旅游发展重点项目。

【公共文化服务体系建设】 实施文化惠民工程,坚持经费无拖延、全要素保障,群众无障碍、零门槛进入,推进“三馆一所一站”(文化馆、图书馆、美术馆,文物管理所,乡镇综合文化站)、“一书屋”(村农家书屋)免费开放。向社会公示服务项目,做到规范化、制度化、常态化。县文化馆、图书馆、美术馆等公共文化活动阵地实施错时开放,每周免费开放时间达56小时以上,乡(镇)综合文化站每周免费开放时间达40小时以上,村综合文化室每周免费开放时间达30小时以上,全县全年公共文化活动阵地免费开放时间达2000小时以上,接待参与文化活动的人数达40余万人次。县图书馆打造亲子阅读服务品牌,开辟亲子阅读专区,设立绘本专柜,面向3 ~ 10岁少年儿童开展亲子阅读推广活动,已举办16期,参与人数达300人次。组织开展“送图书、送春联、送摄影、送演出、送文化信息、送文化辅导、送展览下乡进村”活动。开展“送演出到脱贫攻坚第一线”演出8场,惠及5000人次。邀请四川曲艺研究院到营山县开展文化惠民演出,省内知名音乐歌手到营山县开展音乐会等,全年邀请多名文艺专家到营山县授课近30次,共培训相关专业人员2000余人。

【主要领导人】 县委书记:黄金盛;县人大常委会主任:斯顺平;县长:罗明远;县政协主席:蔡良斌;分管农业副县长:何铮。

营山县编写组

蓬安县

【基本情况】 2019年,全县辖21个乡(镇)84个社区228个行政村,辖区面积1332平方千米。总人口(户籍)67.11万人,其中城镇人口12.76万人、乡村人口54.35万人。全年出生人口6475人,人口出生率为10.99‰;死亡人口4445人,人口死亡率7.54‰;人口自然增长率为3.45‰。有常住人口57.7万人,常住人口城镇化率43.01%。

2019年,全县GDP201.25亿元,增长7.9%,其中第一产业增加值42.67亿元,增长3%;第二产业增加值90.04亿元,增长9.6%;第三产业增加值68.54亿元,增长9.5%。从生产的角度看,第一产业对经济增长的贡献率为9.2%,拉动经济增长0.8个百分点;第二产业对经济增长的贡献率为57.1%,拉动经济增长4.5个百分点;第三产业对经济增长的贡献率为33.7%,拉动经济增长2.7个百分点。按常住人口计算,人均GDP34909元,增长7.6%。三次产业结构比由上年的23.5∶42.9∶33.6调整为21.2∶44.7∶34.1。全年接待游客726.56万人次,增长17.1%;实现旅游总收入59.72亿元,增长28.2%。

公路里程2097千米,其中国道66千米、省道95千米、县道410千米、乡道188千米。地方公共预算收入65814万元,增长9.3%;地方公共预算支出461938万元,增长26.6%。金融机构各项存款余额241.79亿元,比年初增加12.76亿元,增长5.6%;金融机构各项贷款余额96.72亿元,比年初增长16.7%。

有基础教育校(园)139所,其中小学36所、初中34所、高中6所、九年一贯制学校20所、十二年一贯制学校1所、幼儿园62所、特殊教育学校1所。基础教育在校学生69001人,增长1.2%,其中学前教育在校学生14179人,增长11.03%;小学在校学生30140人,下降4.2%;初中在校学生15944人,增长4.2%;高中在校学生8560人,增长0.9%;特殊教育在校学生178人,减少6.8%。基础教育教职工5011人,增长3.3%,其中专任教师4550人,增长1.3%。有文化馆1个,乡(镇、街道)社会事业服务中心(综合文化站)21个,公共图书馆1个(图书总藏量30万册)。有文物保护单位16处,其中省级单位9个、市级单位7个。广播覆盖人口66.74万人,电视覆盖人口30.6万人,有线电视入户率63%,电视覆盖率89%。有乡(镇、街道)广播站21个,广播通村率100%,广播覆盖率91%。年末固定电话用户87572户,增长16.5%,其中农村用户49500户,增长14.8%;移动电话用户44.12万户,增长8.1%;国际互联网用户16.43万户,增长44.1%。通电话行政村597个,通话率100%。有卫生机构59个,病床位3763张,卫生机构技术人员2210人(其中执业医师700人、执业助理医师100人、注册护士898人、药剂人员123人、检验人员127人、其他卫生技术人员1118人)。

【年度农业和农村经济运行】 2019年,全县实现农林牧渔总产值691352万元(现价),增长8.2%,其中农业总产值385411万元,增长7.5%;林业总产值17124万元,增长5.4 %;牧业总产值248263万元,增长9.1%;渔业总产值28756万元,增长9%;农林牧渔服务业总产值11799万元,增长16.04%。

【种植业】 全县粮食作物播种面积80.2万亩,减少0.3%;产量30.2万吨,增长0.3%,其中水稻播种面积24万亩,增长0.4%;产量12.6万吨,减少0.79%。小麦播种面积13.5万亩,减少3.6%;产量3.9万吨,与上年持平。玉米播种面积18.7万亩,增长1.1%;产量7.1万吨,增长1.4%。油料作物种植面积21.6万亩,产量4.6万吨,增长3.2%,其中油菜籽种植面积18.6万亩,产量3.3万吨,增长3.5%;花生种植面积11.1万亩,产量1.5万吨,增长2.7%;园林水果产量10.2万吨,增长5.8%,其中柑橘类产量8.8万吨、桃产量0.3万吨。

【林业】 全县森林面积达52410.9公顷,森林管护面积21060公顷。全年共完成人工造林1067公顷,完成育苗2025亩。森林覆盖率达39.26%。

【畜牧业】 全年出栏生猪35.4万头,减少33.1%;出栏牛1.2万头,增长3.8%;出栏羊17.98万只,增长3.8%。生猪存栏28.22万头,减少20.8%;牛存栏1.98万头,增长1.9%;羊存栏11.99万只,增长3.2%。肉类总产量40724吨,减少20.4%,其中猪肉产量26466吨,减少31.5%。

【农村社会保障】 全县城乡居民医疗保险参保人数达55.7万人,征收基金25941.14万元,基金支出45268.41万元。全县纳入低保对象共86032人,其中农村低保71588人。全县共有敬老院31家,集中供养670人;救助机构1家,床位20余张。

【主要领导人】 县委书记:崔竹君;县人大常委会主任:何林忠;县长:唐方春;县政协主席:刘晓林;分管农业副县长:陈崛。

蓬安县编写组

宜宾市

【基本情况】 2019年,全市辖13区7县,辖区面积1.33万平方千米。年末总人口551.5万人(户籍人口),减少0.15%;人口出生率9.24‰,减少1.98个千分点;人口自然增长率3.64‰,减少1.38个千分点。有林业用地55.51万公顷,有林地面积51.6万公顷,活立木总蓄积量2403万立方米,森林覆盖率49.42%。

2019年,全市GDP2601.89亿元,增长8.8%,其中第一产业增加值277.64亿元,增长2.9%(农林牧渔业增加值283.46亿元,增长3%);第二产业增加值1308.92亿元,增长9.6%(工业增加值990.82亿元,增长9.5%);第三产业增加值1015.33亿元,增长9.8%。三次产业对经济增长的贡献率分别为4.2%、57%和38.8%。全年接待游客7906万人次,实现旅游收入826亿元,其中乡村旅游收入210亿元。

公路通车里程20211千米。社会消费品零售总额1045.06亿元,增长10.4%。地方一般公共预算收入完成175.49亿元,增长9.1%;一般公共预算支出463.62亿元,增长11.4%。金融机构各项存款余额3367亿元,比上年初增长13.1%;各项贷款余额1972亿元,比年初增长20.5%。全年农业保费收入12.32亿元,减少18.13%;处理各项赔款和给付金额14093.67万元,增长7.41%。完成农业产业化项目3个,完成投资948万元。农业产业化龙头企业国家级、省级、市级、县级分别为2家、49家、198家、209家。

有各类学校1571所,在校学生92.19万人,专任教师5.39万人,其中普通高校2所,在校本(专)科学生3.16人,增长11.9%;普通中学286所,在校学生27.72万人;小学307所,在校学生37.41万人。有艺术表演团体7个,文化馆11个,公共图书馆10个,博物馆12个。有医疗卫生机构5120个,其中医院135个(民营医院102个)、基层医疗卫生机构4945个、专业公共卫生机构37个;医疗卫生机构实有病床位35242张,卫生技术人员29805人;医疗机构总诊疗人次2500.42万人次。基层医疗卫生机构中乡(镇)卫生院175个,社区卫生服务中心14个,社区卫生服务站32个;执业医师和执业助理医师5641人,注册护士10049人;基层医疗卫生机构总诊疗人次1407.7万人次,出院人数29.7万人次。参加城乡居民基本养老保险人数192.1万人,参加城乡居民基本医疗保险人数445.14万人;参加工伤保险人数40.75万人,其中农民工15.98万人。

【年度农业和农村经济运行】 2019年,全市出台了《中共宜宾市委宜宾市人民政府关于加快建设现代农业“6+3”产业体系推进农业大市向农业强市跨越的意见》《宜宾市现代农业强市“6+3”特色产业振兴规划(2019—2025年)》《关于切实抓好2019年烤烟生产工作的意见》等文件。实现农业总产值451亿元,增长2.8%;全市全年农业增加值达278亿元,增长2.9%;竹、茶叶、酿酒专用粮、水果、油樟、蚕桑、生猪、肉牛等特色优势农产品产量保持稳定增长。农民年人均可支配收入达16999元,增长10.4%。

2019年宜宾市主要农产品产量

主要农产品	单位	产量	同比(%)
粮食	万吨	253.0206	-0.11
水稻	万吨	123.036	-0.52
小麦	万吨	0.2949	-13.17
玉米	万吨	73.0581	-4.01
马铃薯	万吨	15.3043	0.28
油菜籽	万吨	9.2606	1.57
蔬菜	万吨	280.5273	5.61
水果	万吨	67.7666	0.54
肉类	万吨	41.2854	-10.35
猪肉	万吨	30.5487	-16.81
牛肉	万吨	1.622	11.1
羊肉	万吨	0.5485	3.49
禽肉	万吨	7.1518	19.2
兔肉	万吨	1.4093	5.96
禽蛋	万吨	4.4734	9.07
水产品	万吨	11.05	3.05
牛奶	万吨	0.3683	11.61

新型农业经营主体培育。全市新发展新型经营主体1087个，总数达1.2万个，其中新认定市级以上龙头企业33家，总数达250家；新增国家级龙头企业1家，总数达2家；省级龙头企业总数达52家。新增家庭农场744家，总数达5752家，其中省级示范场71家。新增农民合作社310个，总数达6539个；新增省级示范合作社14个，总数达145个。培育新型职业农民2697人，其中新型农业经营主体带头人2574人、现代青年农场主68人、农业职业经理人55人，发挥了新型农业经营主体引领现代农业园区发展的示范作用。

农村土地制度改革。开展农村承包土地承包经营权确权登记颁证"回头看"并通过省级验收，颁证106万本，占应颁总数的99%。探索农村产权"三权分置"机制模式，以乡村振兴示范区（现代农业园区）为载体，集成推进改革，加快推进土地承包经营权流转，全市耕地流转面积达110万亩以上。探索开展农村集体建设用地使用权流转，开展农村闲置宅基地和闲置住宅盘活利用。探索土地经营权抵押融资试点，累计融资额达2.5亿元。全市土地纠纷仲裁考评居全省第4位。

农村集体产权制度改革。完成农村集体资产清产核资，共清查核实资产101.37亿元，资源性资产集体土地总面积达1607.78万亩。在各县（区）分别选择一个村开展农村产权制度改革试点，基本完成县（区）试点方案制订，在翠屏区、南溪区同步召开全市农村产权制度改革试点交易现场会，交易农村产权项目21宗，金额达600万余元。启动1610个村农村集体资产股份合作制改革试点，完成645个村，成立村、社级农村集体经济组织6893个，促进农民财产性增收。全省农村改革暨农村经营管理工作会在叙州区召开，叙州区被省委办公厅、省政府办公厅评为"2018年度全省重大农村改革任务推进示范县（市、区）"。叙州区、翠屏区、长宁县被农业农村厅评为"2019年度全省农村经营管理工作成绩突出单位"。

农产品品牌战略实施。全市有四川省优质品牌农产品9个（天府龙芽、川红红茶、娥天歌鹅、早白尖茶、碎米宜宾芽菜、鹿鸣牌绿茶、醒世红茶·黄金白露红茶、岩门秀芽绿茶、桫椤乌鸡和乌鸡蛋）。全市有由农业部门管理的"三品一标"农产品550个，其中无公害农产品437个、绿色食品104个、地理标志保护农产品9个（宜宾早茶、屏山炒青、竹海长裙竹荪、江安大白李、江安夏橙、宜宾茵红李、宜宾糯红高粱、筠连红茶、大塔荔枝），完成目标任务511个的107.6%。"筠连红茶"获得中国农业品牌目录农产品区域公用品牌，"宜宾早茶"获评为中国特色农产品优势区，"大塔荔枝"获得农业农村部农产品地理标志认证。开展2019年宜宾市十大优质品牌农产品评选认定活动。

现代农业园区建设。将现代农业园区建设作为推进"6+3"产业体系建设和实施乡村振兴战略的重要载体，坚持规划先行、强化引导、改革创新、要素聚集，念好"优、绿、特、强、新、实"六字经，现代农业园区建设加快推进。以宜宾国家级农业科技园区为核心，南溪区长兴镇酿酒专用粮现代农业园区创建为省三星级现代农业园区，翠屏区环金秋湖茶叶现代农业园区、叙州区蕨溪镇天宫山十万亩茶旅融合示范园、长宁县开佛镇肉牛现代农业园区、珙县底洞镇蚕桑现代农业园区4个现代农业园区被纳入省星级现代农业培育园区。新认定市级现代农业园区11个、区（县）级现代农业园区17个，各级现代农业园区共37个，初步形成了省级、市级、区（县）级四级现代农业园区发展体系。园区共覆盖86个乡（镇）、13个特色产业，累计总投资114.6亿元，县级以上园区产业总面积达104万亩，带动农户19.7万户，总产值159亿元，助农增收32亿元。

2019年宜宾市省级（及以上）农业产业化重点龙头企业名单

企业名称	注册资金（万元）	法人代表	示范等级	年度产值（万元）	主营产品
四川省茶业集团股份有限公司	20800	颜泽文	国家级	66154	茶叶生产、加工，农业旅游
四川宜宾碎米芽菜有限公司	2800	郭毅	省级	5164	碎米芽菜
四川省和久农业集团有限公司	5000	钟燕华	省级	8441	食用大米、酿酒原粮等
四川省宜宾市叙府酒业股份有限公司	5000	李高和	省级	14426	粮食加工
宜宾市富康食品有限公司	2000	刘川秀	省级	5254	蔬菜种植、加工
宜宾顺风畜牧业有限公司	800	朱顺彬	省级	7303	生猪养殖、加工
四川云辰园林科技有限公司	5000	卢维	省级	11061	林木种植、农业旅游

续表

四川鑫锐投资有限公司	5000	周朝忠	省级	505200	农产品流通
宜宾市申酉辰明威农业发展有限公司	4900	孙力民	省级	6155.79	茶叶生产、加工,农业旅游
宜宾黄桷庄粮油集团有限公司	2700	李家海	省级	12184	粮油加工
宜宾市久顺食品有限公司	203	朱顺平	省级	39870	鲜猪肉、分割肉
四川宜宾宝香园食品有限公司	520	罗鹏	省级	1560	叙府芽菜
宜宾县吉新商贸有限责任公司	160	杨继新	省级	8147	花生深加工
四川宜宾九彩虹生态农业科技有限公司	60	李兴海	省级	3100	生猪系列产品
四川宜宾长兴畜牧产业化科技有限公司	7000	廖鹏程	省级	4320	生猪
宜宾红楼梦酒业股份有限公司	20000	文万彬	省级	10995	红楼梦系列、金钗系列、梦酒系列
四川省青潭粮油有限公司	1000	罗军	省级	4655.1	粮油
四川省宜宾市汇宝食品有限责任公司	1018	唐智	省级	13224	鲜猪肉、腌腊制品
四川省好耕农业集团有限公司	3000	杨华兴	省级	50657	粮食、生猪
四川横竖生物科技股份有限公司	3113.93	王正武	省级	6824	实验猴
宜宾纸业股份有限公司	12636	易从	省级	153000	食品包装原纸、生活用纸原纸及成品
四川南溪徽记食品有限公司	1000	吕金刚	省级	18353.37	豆制品(经典豆干、素肉、Q豆干、鱼豆干)
四川锦城林业开发有限公司	350	唐明蓉	省级	5002	燕宜竹笋系列食品、香菇等
四川省宜宾市长兴酒业有限公司	4600	李刚	省级	29500	白酒
宜宾市娥天歌食品有限公司	660	徐纲	省级	10002.76	“娥天歌”牌鹅肉休闲食品
四川嘉福乐食品有限公司	1000	王红	省级	18000	生猪、牛、禽类屠宰,生猪销售及冷链配送
四川省宜宾市华夏酒业有限公司	1188	黄建平	省级	14290	基酒、“华夏春”牌系列酒
江安德康生猪养殖有限公司	1000	熊太权	省级	32000	生猪
四川天竹竹资源开发有限公司	137525	张振宇	省级	30000	竹化纤浆粕、化学纤维、纺织品、竹造纸浆、机制纸生产及销售
宜宾长宁盛园食品有限公司	300	李世元	省级	3500	竹荪
长宁县大旗竹业有限公司	500	蒯良友	省级	3621	全竹碳化折叠床、竹板材、竹围帘
四川省宜宾竹海酒业有限公司	3600	宋永铸	省级	8000	“竹海牌”系列白酒
四川牛九牛农业股份有限公司	16047	黄杨	省级	5984	肉牛养殖及销售、牛肉精深加工
国美酒业四川有限公司	3000	武玉杰	省级	6435	白酒
四川省宜宾高洲酒业有限责任公司	8000	杨永祥	省级	79584	白酒
四川省高县华盛纸业有限公司	2770.8	凌彬	省级	6831	竹浆牛皮纸
高县立华蚕茧有限公司	3000	彭忠	省级	58763	蚕茧生丝
四川早白尖茶业有限	3000	张德勋	省级	25630	红茶、绿茶
宜宾川红茶业集团有限公司	13500	孙洪	省级	25770	红茶、绿茶
四川峰顶寺茶业有限公司	4000	李鑫	省级	15370	红绿、绿茶
四川蓝伯特生物科技股份有限公司	4000	田永奎	省级	8450	青蒿素
宜宾市双星茶业有限责任公司	1008	周涛	省级	11074.7	红茶、绿茶加工及销售
宜宾醒世茶业有限责任公司	500	陈蓉	省级	5279	茶叶
宜宾市乌蒙韵茶业股份有限公司	10000	王杜绢	省级	6959	红茶
珙县智溢茧丝绸有限公司	1000	余力	省级	19000	干正茧、蚕丝制品
四川省珙县鹿鸣茶业有限公司	647	蒋晓波	省级	5114	茶叶
宜宾龙茶花海旅游开发有限公司	941	张成龙	省级	680	旅游景点开发,花卉、盆景、果树苗培植及其技术培训,花卉、药器具零售,农副产品贩运
兴文县飞龙食品有限责任公司	6000	何守飞	省级	3996	家禽屠宰、加工及销售
兴文石海竹木制品有限公司	1071	杜建平	省级	5000	竹木制品和加工
宜宾满园春色茶业有限公司	500	朱晓方	省级	5500.2	茶叶
宜宾五尺道集团有限公司	1000	刘成宽	省级	15103.76	生猪白条

【种植业】 特色优质粮油产业。围绕建成以高粱为主的全省酿酒专用粮第一强市的目标，实施以五粮液、溯源农业等为龙头带动的产业化经营。全市粮食作物播种面积635.74万亩，产量253.02万吨，居全省第3位。油料播种面积110.8万亩，产量15.65万吨，其中酿酒专用粮播种面积102万亩，增长86.64%；产量43.9万吨，增长92.5%；一产产值达18.1亿元，综合产值达61.6亿元，面积、产量、产值均居全省第1位。在2018年度省粮食安全省长责任制考核工作中，宜宾市政府被评为优秀单位并排名第一。“四川省酿酒专用粮工程技术研究中心”在中国白酒学院（宜宾校区）正式挂牌成立。宜宾市被认定为四川省特色农产品糯红高粱优势区，宜宾市起草的《四川糯红高粱生产技术规程》正式发布为省级地方标准。全省酿酒专用粮基地建设工作现场会在宜宾市召开。

优势名优茶叶产业。全市出台了《关于支持现代特色茶产业高质量发展的实施意见》《宜宾市茶产业发展规划(2019—2021年)》。实施“233”茶业发展战略，举办了茶业“一会一节”活动，宜宾市被国际茶叶委员会授予“世界（中国）早茶之都”称号。与“三山一早”区域建立川茶产业发展协作机制的做法获得省委书记彭清华“此举甚好，值得支持”的肯定性批示。组织重点茶企参加第三届中国国际茶叶博览会、第八届四川国际茶业博览会等专业展会，开展“天府龙芽·宜宾早茶”入驻2019年中国北京世界园艺博览会、“2018年度宜宾市十大茶叶企业和十大茶叶企业家”评选等活动，在五粮液机场建设天府龙芽·宜宾茶VIP茶室及品牌茶体验店，推进天府龙芽·品质川茶上海营销中心建设，多形式进行品牌宣传推广，提升了宜宾茶市场知名度。在第十五届中国茶业经济年会上，高县、筠连县被评为“2019中国茶业百强县”（全省共4个），川茶集团公司、峰顶寺茶业公司等11家（全省36家）宜宾茶企被授予“天府龙芽”地理标志首批使用企业。宜宾市被农业农村部、国家发展改革委等九部门认定为宜宾早茶中国特色农产品优势区，由宜宾市茶叶站作为第一完成单位申报的《宜宾早茶标准化生产技术集成与推广应用》项目获得农业农村部2016—2018年度全国农牧渔业丰收奖成果奖三等奖，宜宾市茶叶站被农业农村部评为“全国农业农村系统先进集体”。2019年，全市茶园面积达125万亩，增长5.3%；干茶产量8.2万吨，增长17.14%；茶业综合产值达218亿元，增长32.1%。

现代特色蚕桑产业。围绕实现“三基地十园区百亿元”的蚕桑产业发展战略目标，实施以四川新丝路、智溢公司等为龙头带动的产业化经营。全市新（改）建标准化桑园5万亩，总面积达55万亩，增长10%；产茧2.2万吨，增长12.24%，居全省第2位；综合产值达60亿元，增长20%，宜宾市被认定为四川省特色农产品桑蚕茧优势区。中国蚕学会授予四川省3个蚕业优势县“中国蚕桑之乡”称号，其中2个为高县和珙县，全省累计有4个县获此荣誉。率先在全国集成推广《石漠化地区绿色高效蚕桑产业关键技术集成创新与应用推广》成果，并获得四川省科技进步奖二等奖。举办2019全国茧丝绸行业产销形势分析会暨全国优质茧基地现场交流会，提升了对外知名度。

特色优质水果产业。围绕实现“两区百园”的发展战略目标，实施以乾力农业、嘉道博文等为龙头带动的产业化经营。全市新（改）建标准化水果基地10万亩，总面积87.3万亩，产量67.8万吨，增长3.5%；综合产值达85亿元，增长8.6%，面积、产量分别居全省第4位、第5位。以“五聚焦、五强化”措施推进江安县桐梓镇姜庙村“白李天下”乡村振兴示范区水果产业基地建设。“大塔荔枝”“南溪血橙”分别获得农业农村部地理标志农产品登记认证和国家知识产权局地理标志证明商标。

推进绿色品质蔬菜、优质特色烤烟、道地中药材等特色优势产业的产业化经营，助推产业扶贫。全市新（改）建标准化蔬菜基地2.8万亩，总面积达121.4万亩，产量达278万吨，综合产值达114亿元；种植烤烟5.06万亩，收购烟叶12.37万担，综合产值达5.8亿元；新（改）建道地中药材标准化基地5.2万亩，总面积达6.6万亩，生物制药综合产值达45亿元。

【林业】 全年完成营造林76.17万亩，占目标任务的127.37%；森林面积净增15.1万亩，达983.7万亩，占目标任务的125%；森林蓄积量净增48.8万立方米，占目标任务的174.3%，达2275万立方米；森林覆盖率达49.42%，增加0.75个百分点；建成现代林业产业基地47.7万亩，实现林业总产值399.21亿元，占年度目标任务的114%；农民人均从林业中获得收入2428元，占年度目标任务的100%。全市森林火灾损失率控制在0.1‰以内，林业有害生物成灾率控制在3‰以内。

竹产业。一是做优资源，打造美丽风景。全年完成竹资源培育50.7万亩，其中新造竹林22.34万亩、更新改造竹林3.98万亩、丰产培育竹林24.38万亩；全面完成“宜长兴”百里翠竹示范带景观节点和沿线竹景观打造，总计完成34个景观节点建设任务，公路沿线营造竹林8.74万亩（其中新造竹林2.51万亩、更新改造竹林0.65万亩、丰产培育竹林5.58万亩）。二是培育龙头发展精深加工。以竹浆纸竹浆粕、竹型材竹板材、竹家具日用品、竹食品竹饮料等竹产品加工为重点，引进、培育行业龙头企业。新签约竹产业投资项目28个，协议总投资114亿元，引进四川天琦竹业等一批有影响力的竹产品精深加工企业入驻宜宾。支持宜宾纸业、四川天竹等市内竹产业企业做大做强，推动“专精特新”小微企业发展壮大。规划建设5个现代竹加工园区，建成集产、学、研于一体的宜宾林竹产业研究院，提高竹精深加工水平。全市新增规模以上竹精深加工企业9家，竹精深加工企业实现产值90亿元。三是竹旅融合打造最美竹海。紧扣建设世界竹文化竹生态旅游目的地，打造蜀南竹海、兴文石海、大竹海精品旅游环线，蜀南竹海创5A级景区通过省级景观评估，规划建设竹生态文化旅游特色镇10个、特色村100个。世界竹文化博物馆、竹文化主题公园等项目加快推进，具有国际影响力的竹文化旅游品牌逐步彰显。四是推动开放合作。6月13日—16日，首届中国（宜宾）国际竹产业发展峰会暨竹产品交易会在宜宾市举办，共计29个国家近700名嘉宾、138家企业参会参展，签约投资项目26个，协议总投资107.83亿元；现场商品成交1.9亿元，签订采购合同9.9亿元。深化与浙江农林大学合作，打破行政、事业体制局限，共同组建了宜宾林竹产业研究院，宜宾学院竹学院组建工作有序推进，逐步形成产学研协同创新体系，推动科技成果转化。

生态建设。一是持续建设长江绿廊。实施长江水系森林专项建设，在长江、金沙江、岷江宜宾段沿江两岸建设护岸林、护坡林，在山体中部建设水源涵养林，在山顶部建设水土保持林，截至2019年年底，宜宾长江两岸共完成营造林3.09万亩，其中完成人工造林0.95万亩、完成抚育等森林质量精准提升2.14万亩，累计投入生态建设和保护资金2020万元。区划集体公益林26.62万亩，常年管护国有林0.43万亩。二是推进大规模绿化。按照《大规模绿化宜宾行动实施方案》，扎实开展农村森林绿化、城市森林添彩等八大绿化行动。以长江两岸生态修复为重点，全市完成营造林76.17万亩，其中人工造林33.62万亩（含新造竹22.34万亩）、中幼林抚育和低产低效林改造等森林质量精准提升及封育管护42.55万亩。全市规划、建设义务植树基地10个，参加义务植树302.6万人，共植树（竹）1407.8万株。三是有序推进林业重点工程建设。有序推进年度天保工程集体公益林生态效益补偿工作，完成天保公益林造林0.6万亩、退耕还林0.89万亩，省级财政造林绿化5.4万亩、中央财政造林补贴5.7万亩，国家储备林建设造林0.6万亩，长江两岸造林2万亩、珍稀林木基地建设0.16万亩、样版基地0.2万亩、森林质量提升3.3万亩、植被恢复费3.77万亩等18类64项工程建设项目工共27.32万亩。全市核定集体公益林森林管护面积318.34万亩，已将管护责任全部落实到50万余户农户，并严格按民生工程资金要求将全部生态效益补偿金4887.67万元发放到林农手中。全面完成退耕还林管护89.17万亩，全面完成2015年度、2017年度新一轮退耕还林县级自查验收工作，通过国家林草局对2015年度新一轮退耕还林和省林草局对2017年度新一轮退耕还林的检查验收。四是加强生物多样性保护。组织开展陆生野生动物资源及其栖息地调查、重点保护野生植物资源调查工作。严厉打击加强查处破坏野生动物违法犯罪活动，切实保护加湿地资源和珍稀濒危植物，共出动731人次，清理猎网、猎套、猎夹173具；检查人工繁育单位和经营利用活动场所710家；设置监测巡护线路89条，出动监测巡护人员1780人次，监测巡护面积220万亩；查处破坏野生动植物资源违法犯罪活动，办理行政案件39起、刑事案件50起；开展保护野生动物宣传活动67次，接受宣传教育12万人次。有序推进珍稀濒危物种疏花水柏枝和小黄花茶拯救保护工作。加强自然保护区和湿地公园的监管，对林业自然保护区和湿地公园内违法违规建设处置整改到位。

资源管护。一是林政资源管理继续加强。全面落实保护发展森林资源目标责任制，及时分解下达和签订年度森林资源"双增"目标，确保目标全面完成。严格执行林地用途管制，切实做好重大工程项目使用林地服务，完成成自宜城际铁路、市政府2019年批次用地等重点项目使用林地审核报批，加大向家坝灌区北干渠、宜彝高速等重大项目使用林地审批服务。全年依法审核审批工程项目使用林地443宗，涉及林地701.5公顷，解缴森林植被恢复费约9607.8万元。严格限额管理和凭证采伐制度，切实强化林木采伐管理，全市共发放林木采伐许可证1.3余万份，发证采伐蓄积38.9万立方米，无超限额发证和超限额采伐林木现象发生。二是森林火灾防控有力。通过抓组织领导，确保责任落实，开展森林防火专项督查活动，抓好森林防火责任制、防火宣传、林区野外火源管理、火灾隐患排查等方面工作的落实，整合力量提升森林防火力量，强化专业应急处突队伍技能培训。全市12119森林火灾报警电话共接报森林火警132次，经核实全年共发生森林火灾42起，其中一般性森林火灾2起，其余均为荒火；过火面积10.087公顷，受害面积0.98公顷，受灾林木92.1立方米、幼苗1.6万株。全年无重特大森林火灾发生及人员伤亡事故发生，森林火灾受害率控制在0.1‰以内，火灾次数和受灾面积较上年均有减少，最大限度减少了灾害损失，确保了林区森林资源安全和林区社会稳定。三是加强有害生物防控。对全市912.5万亩森林进行森林病虫害普查监测，全年全市林业有害生物发生面积51.93万亩，预测准确率为95%。通过生物、化学、人工、物理等综合防治措施，共防治以松材线虫病为主的林业有害生物面积48.66万亩，防治率为93.72%，其中无公害防治面积为47.91万亩，无公害防治率为98.5%。四是不断加强森林公安工作。严格队伍管理，围绕服务宜宾林业生态建设，加大打击涉林违法犯罪力度，组织开展"打击破坏野生动物资源犯罪""禁种铲毒""林区扫黑除恶专项斗争""火案侦破查处""森林资源督查移交案件线索查处"等专项打击行动。全市森林公安机关共立案受理涉林违法犯罪案件1077件，侦结查处1048起，依法打击处理违法犯罪人员1283人次，收缴林木木材410.2立方米、活立木260株、野生动物3889只（头）、野生动物及制品58.838千克，放飞放生野生动物2048只（头），收缴猎具173副、猎枪6支、子弹20发。市森林公安局获得集体三等功，4人获得个人三等功，4个单位获得集体嘉奖，12人获得个人嘉奖。

产业发展。一是林竹产业发展态势良好。发挥全市区域优势和特色经济林产业优势，推进竹、油樟、油茶、漆树等特色优势林业产业发展，建设现代林业产业高质量发展示范区和产业基地，加大基地基础设施配套建设，推进基地建设园区化、景观化，把特色经济林产业与文化旅游、休闲康养业发展结合起来，夯实产业发展基础，打造"宜宾特色林产业"名片，促进农民持续增收，服务助推乡村振兴战略。全市全年实现林业总产值399.21亿元（其中第一产业产值122亿元、第二产业产值156亿元、第三产业产值120亿元），增长1%；竹产业总产值218.89亿元，其中第一产业产值38.83亿元、第二产业产值96.97亿元、第三产业产值83.1亿元。二是支持龙头企业做强。按照扶优、扶强要求，以提升精深加工、冷链贮运能力为重点，培育扶持资源节约、产销一体、效益良好的特色经济林产业化龙头企业。引导企业完善法人治理结构，建立现代企业制度，推广"企业带动、农户参与、协会统筹、金融服务、保险兜底、政府帮助"的多方合作模式，完善利益联接机制，推动区域优势产业发展。重点帮助宜宾纸业、四川天竹、柯瑞马以及竹木家具、森林食品加工等大中型木竹企业发展，推进林竹资源的转化利用，推进林农经营性收入的稳定增长。三是推进现代林业园区建设。结合扶贫攻坚、乡村振兴战略，推进"宜宾油樟现代林业示范区"建设。重点抓好樟油粗油集中加工点和油樟矮化密植机采示范基地建设，全力推进油樟精深加工，集中延伸油樟产业链条，做优油樟产业。全市油樟林规模达49.6万亩，综合产值达34.36亿元。四是生态旅游森林康养快速发展。举办了中国·四川第五届森林康养年会，长宁县国家森林城市马拉松和珙县首届山地马拉松邀请赛赛事，佛现山栀子花节、高县李花节、屏山县梨花文化节等省级生态旅游花卉（果类）节会，展示和宣传了全市良好生态环境，丰富了生态文化。全市林业生态旅游业，尤其是竹生态旅游业发展情况良好，生态旅游人数达2600万人次，实现收入99亿元，增长22.2%。

林业改革。一是全面提升林竹业社会化服务体系。宜宾国际竹产品交易中心初步建成；探索森林康养策划、森林资源一张图、现代林业示范区建设、退耕还林、竹产业招商规划、竹风景线、松材线虫病监测等涉林市场化运作服务；培育林业专业合作社累计达587个，组织入社农户10.99万户，经营面积53.45万亩，年经营收入9.57亿元。二是探索项目资金改革。针对林业项目资金需求矛盾突出、投入结构单一、使用分散、成效不明显等问题，打破传统思维，改革部门利益，引入市场配置资源和专业机构运作，筹集林业项目资金1000万元，开展"惠林贷"政银担合作，授权市农担公司设立"惠林贷"担保风险基金并存入邮储宜宾分行，实现担保风险基金放大10倍以内定向支持林竹业资源培育、企业经营加工、生态旅游和森林康养等林竹产业高质量发展。完成29个项目推荐，推荐贷款金额2950万元；放贷13笔，放贷金额1750万元。三是深化集体林权制度改革。新增林权流转面积1.96万亩，年末累计流转面积达111.72万亩，初步实现林业适度规模经营；新增林权流转金额688.1万元，累计林权流转金额达5.6亿元；新增抵押林地面积3.07万亩，累计抵押林地面积达45.41万亩；新增林权抵押贷款1.22亿元，累计发放贷款16.9亿元。全市参保林地面积528.47万亩，保险金额38.9亿元；缴纳保险费451.2万元，赔付金额33.61万元。四是国有林场深化改革有序推进。全市13个国有林场均落实了林场法人自主权，实行场长负责制、落实目标考核责任制和森林资源离任审计制度，同时推行公益林日常管护引入市场机制，向林场周边林农购买服务。建立国有林场制度化监测考核体系，加强对国有林场森林资源保护的管理考核。

林业脱贫攻坚。编制完成生态扶贫实施方案和生态扶贫任务清单、资金清单，落实脱贫攻坚项目资金9239万元，占目标任务的118.06%；实施生态建设扶贫项目7个，占目标任务的116.67%；投入财政资金1543万元，在建档立卡贫困人口中精准选聘生态护林员2975人，新增907人，带动10000余名贫困人员实现稳定脱贫；组建脱贫攻坚造林合作社36个，注册资金共计5185.98万元，吸纳贫困社员637人，承接造林绿化任务19110亩，发放劳务费用429.98万元，参加造林的贫困社员人均获得4905元的劳务收入。做好脱贫攻坚结对帮扶工作，全年增加生态护林员岗位6名，投入资金36万元在屏山县新安镇红庙村开展森林抚育3000亩，通过项目实施增加村民收入；帮助叙州区樟海镇红庙村建设烤烟基地500亩、白茶70亩，完成防火道建设3.8千米，全村最后共6户、25名建档立卡贫困户如期实现脱贫，已脱贫的58户、250名建卡贫困户无1户返贫，红庙村在2019年全面消除贫困。

【畜牧业】 现代特色生猪产业。加大生猪精深加工招商引资力度，实施以德康、温氏为龙头带动的产业化经营。建立政府融资平台，推出“金猪贷”“惠农贷”等贷款品种支持生猪产业。以“龙头企业+合作代养场”模式发展生猪养殖，新增投入16.5亿元，累计投入40.05亿元。市财政补助1145万元，新建年出栏1000头以上生猪生产线229条，全市累计达603条，新增产能60.3万头。全市出栏生猪405.7万头，其中外调生猪86.78万头，增长128.4%，出栏量居全省第4位、川南地区第1位；综合产值达390.3亿元，增长19.8%。

现代特色肉牛产业。突出种养循环和全产业链发展，实施以长宁九牛、亨博利公司为龙头带动的产业化经营。推广“1+N”融资担保贷款联动机制，抓好筠连县百亿优质肉牛产业发展、长宁九牛现代农业园区创建和珙县亨博利万头母牛下乡项目建设，撬动金融资金4.9亿元，支持2万余户养殖场(户)投入肉牛良繁基地建设和育肥生产，筹办首届筠连黄牛文化艺术节。全年发展年出栏100头以上规模养殖场129个、龙头企业5家，全市出栏肉牛17.2万头，增长29.1%，出栏量居全省第4位、川南地区第1位；综合产值达260.6亿元，增长22.7%。针对非洲猪瘟疫情蔓延的严峻形势，全面督导检查力度，切实抓好监测预警、日常监测、信息报送、联防联控和科普宣传等环节工作落实，严控疫情发生蔓延。

【水产业】 围绕建成长江上游名优水产示范市的目标，制定了《关于加快水产产业发展工作的意见》，实施高质量池塘养殖、稻(藕)鱼综合种养、现代设施渔业相结合等现代特色水产业发展。贯彻落实习近平总书记“共抓大保护、不搞大开发”理念和中央、省关于长江流域禁捕工作部署，全市率先完成对水生生物保护区520艘渔船、1040名渔民的退捕转产工作，并在全省作经验交流。新建国家级水产健康养殖示范场1个、省级11个。举办了“长江鲟拯救行动计划——亲本放归和种群重建行动”和“长江水生生物保护宣传系列活动”启动仪式。全市水产养殖面积达6万亩，居全省第3位；水产品产量达11.05万吨，增长3.05%；综合产值达28.5亿元，增长5.5%。

【乡村振兴】 创新运用城市化建设理念规划乡村建设、用工业园区的投入机制强化农业园区投融资保障，支持县(区)政府组建国有农业投资公司助推乡村振兴示范，编制出台了《宜宾市乡村振兴战略总体规划(2018—2022年)》，全面建立和落实乡村振兴战略党政“一把手”第一责任人制度和市、县抓落实工作机制，坚持规划引领、统筹推进。截至2019年年底，建成乡村振兴示范区11个，项目完工458个，完工率达96.4%；累计完成投资21.18亿元，完成率达98.9%。翠屏区创建为2019年度四川省实施乡村振兴战略先进县(区)，江安县阳春镇、南溪区裴石镇2个镇创建为先进乡(镇)，翠屏区宋家镇胡坝社区村、南溪区刘家镇大庙村、叙州区樟海镇和丰社区村等30个村创造为示范村；翠屏区、南溪区、江安县3个县(区)创建为2019年度全市实施乡村振兴战略先进县(区)，翠屏区宋家镇等11个乡(镇)创建为先进乡(镇)，胡坝社区村等40个村创建为示范村。

抓产业强支撑，农业特色优势产业发展壮大。坚持走“建大基地、育大龙头、创大品牌、促大整合”的现代农业强市路子，突出建设以“酒、竹、茶”为代表的“6+3”农业特色优势产业体系，不断推动乡村产业振兴。做强“竹、茶、酿酒专用粮、水果和现代生猪”5个百万级以上产业基地，2019年规模分别达350万亩、125万亩、102万亩、90万亩、405万头；蚕桑、油樟、肉牛、水产稳定增长，规模分别达55万亩、50万亩、17万头、11万吨。新增国家级龙头企业1家、市级33家；新增农民合作社310家、家庭农场744家，总数分别达6539家、5752家。全年实现农产品精深加工产业主营业务收入160亿元。

抓环境促宜居，“美丽宜宾·宜居乡村”加快建成。实施农村人居环境整治“五大行动”，建立厕所革命“五个一”多元投入模式，带动整合投入资金2.1亿元，新(改)建农村卫生户厕84771户，其中民生工程新(改)建户厕11072户；新(改)建农村公厕52座，建成整村推进“厕所革命”示范村170个。建成“美丽宜宾·宜居乡村”达标村1272个，累计达957个。有国家级传统村落9个、省级50个，四川最美古村落4个，培育国家级特色小城镇1个、省级6个。推进现代农业装备建设，新增农机总动力5.93万千瓦，新(改)建提灌站111座，新增控制灌溉面积7.72万亩；年检拖拉机5136台，年检率达70%。实施“农村公路三年攻坚行动”，新(改)建农村公路1300千米。推广信息化项目试点示范工作，全市首座“互联网+标准化提灌站”投入使用，叙州区被评为全国县域数字农业农村发展先进县(全省仅有2个县/区)。全市2354个益农信息社累计便民服务1.2万次。牵头做好全域秸秆禁烧工作，实施5级督查巡查机制，市、县、乡、村、组网格员巡查51万余人次，悬挂宣传标语、条幅、岩标1.3万余幅；推进秸秆综合利用和收储体系建设，综合利用率达96.5%，为“蓝天保卫战”做出了贡献。全年抽检农药样品40个，测土配方施肥技术覆盖370万亩，农药、化肥使用量继续零增长。柑橘木虱和黄龙病、草地贪夜蛾等监测防控、农作物病虫监测预警三项工作被农业农村厅评为突出贡献奖。新建大型沼气工程2处、省级新村集中供气沼气工程8处，宜宾市被列为全省农村厕所革命“厕改沼”试点市。抓好全市8个畜禽粪污资源化利用整县推进项目,畜禽粪污综合利用率达80%以上。全面完成河长制工作涉及的农村面源污染、畜禽污染防控等任务,并在全市河长制考核中获得"优秀"等级,改善了农业生态环境质量。

抓组织强保障,乡村善治新气象加快形成。坚持以基层组织建设为核心,推进农村基层治理系统化、多元化。推进乡(镇)行政区划调整、村建制调整改革,补齐选优村党组织书记73名、村委会主任122名,村党组织核心作用全面强化。实施"聚火"工程、农村干部人才学历提升工程,回引优秀农民工返乡创业,从中选拔村党组织书记849人;联合在宜高校开办大专学历班,培养农村干部人才1857人。开展法治宣传教育和基层法治示范创建活动,建成公共法律县(区)服务中心11个、乡(镇)服务工作站185个、村服务工作室2400个,平安建设群众满意度测评位列全省第4。出台《宜宾市精神文明委员会关于加强"宜宾榜样"先进典型学习宣传工作的意见》(宜市文明委〔2019〕12号),开展新时代文明实践活动2000余次,培育文明乡风、良好家风、淳朴民风。加强乡村公共文化服务建设,农村文化阵地多元发展,命名市级核心价值观示范点51个、爱国主义教育基地9个,乡(镇)综合性文化站、村(社区)文化室覆盖率均达100%。持续推进文明创评活动,县级以上文明乡(镇)、文明村覆盖率分别达90%以上、60%以上,形成"南溪家风经验""兴文移风易俗经验""江安县积分管理"等工作品牌。

【扶贫开发】 宜宾市属国家乌蒙山连片特困地区,其中国家乌蒙山连片特困地县(区)1个(屏山县)、四川省乌蒙山连片特困地县(区)4个(高县、筠连县、珙县、兴文县),全市建档立卡贫困人口11.22万户38.79万人,有贫困村471个,贫困人口、贫困村分别占全省总数的5.97%、4.1%。截至2019年年底,全市实现所有贫困县"摘帽"、所有贫困村退出、所有贫困人口实现脱贫的脱贫攻坚既定目标。

全面落实国务院扶贫办和省委、省政府部署,及时召开市委全会、市委常委会、市政府常务会、领导组会、专题会议等学习领会和系统部署,出台《宜宾市打赢脱贫攻坚三年行动方案》《19个扶贫专项2019年实施方案》等文件,推动全市各级党员干部准确把握核心要义和精神实质,坚定用以武装头脑、指导实践、推动工作,确保全市脱贫攻坚工作始终沿着正确方向前进。

突出组织保障,压紧压实工作责任。发挥政治优势、制度优势,推进市、县、乡、村四级书记抓脱贫,层层立下军令状。在省、市未明确设立脱贫攻坚机构的情况下,宜宾市最先设立市、县、乡三级脱贫攻坚领导组和办公室,组建精准扶贫、精准脱贫的综合协调机构和办事机构。从市到乡组建了党政主要负责同志任组长的脱贫攻坚领导组,36名市级领导带头联系52个贫困村;明确各级副书记协助书记分管脱贫攻坚,5个贫困县均派驻1名专职扶贫副书记;全市471个贫困村"五个一"帮扶力量全覆盖,588个扶贫任务较重的非贫困村"三个一"全覆盖。扶贫投入逐年增加,2016—2019年市、县两级财政投入资金超过14亿元,在21个市(州)中排名靠前。建立健全现场推进、常态暗访、定期报告、督查考核等工作机制,持续传导责任压力。

突出精准方略,系统推进各项工作。自觉把精准扶贫作为一项系统工程来抓,把"精准、达标、满意、创新"四大工程贯穿于识别帮扶退出全过程,作为推动脱贫攻坚政策落实、工作落实、责任落实的有效载体。精准识别方面,多次开展精准识别"回头看"和贫困人口动态管理,锁定剩余贫困人口。精准帮扶方面,落实教育扶贫政策,建立教育扶贫救助基金,落实"十免四补助",建立卫生扶贫救助基金,实施危房改造、易地扶贫搬迁、地质灾害避险搬迁安置,解决贫困户的住房安全问题。精准退出方面,按照县验收户、市验收村的要求,分级分层开展贫困退出验收,其中高县、筠连县、珙县、兴文县等4个"摘帽"县初审工作组由"摘帽"县县长任组长、抽调234名干部交叉检查验收,被检查县与检查县的行政"一把手"负连带责任。

突出产业就业,增强群众"造血"能力。重点发展特色产业,依托五粮液、川茶集团等龙头企业,在贫困地区因地制宜发展竹、茶、酿酒专用粮、果、桑、油樟和生猪、肉牛、水产等"6+3"特色优势产业,在全省率先建立起每个村不低于50万元的产业扶持基金,为有劳动能力的贫困户落实1 ~ 2个稳定增收项目。471个贫困村均确定并发展了1个以上主导产业。完善利益联结机制,大力引进和培育龙头企业、专合组织等经营主体,构建龙头带动、合作经营等利益联结新机制,着力解决整体带动与贫困户自身发展能力问题。全市220户市级以上农业产业化龙头企业带动农户13万户,各类农民专合组织6069个,带动农户3.2万户。促进就业增收,扶持壮大智能终端、纺织、农产品加工等劳动密集型企业,在同等条件下优先招聘符合条件的贫困群众,五粮液圣山制衣等企业在贫困村设立"扶贫车间",带动贫困群众就地就近就业。

突出重点难点,创新脱贫攻坚模式。创新扶贫投入模式,将财政扶贫资金股权量化到贫困户,创新补改投、补改金、补改购、补改保、补改贴"五补五改"模式,特别是将财政扶贫资金以贫困户股份的形式投入新型农业经营主体,带动贫困群众增收。创新产权抵押融资模式,针对农村产权流转后不能确权颁证、没有抵押物无法向银行融资、产业发展小而散等问题,通过农村集体产权确权颁证向银行抵押融资,破解贫困地区产业发展融资难问题,其中叙州区已实现林权抵押融资4.02亿元,带动林区贫困户户均增收3000元以上。创新市带贫困县模式,市一医院、二医院托管贫困县医院,市三中、宜宾职业技术学院等与贫困县联合办学,确保贫困群众及子女就地就近看好病、上好学。

突出工作统筹,凝聚社会强大合力。统筹好定点扶贫、东西部扶贫协作、省内对口帮扶、社会扶贫等,动员人大、政协、人民团体、社会组织、企事业单位等各方面力量精准参与脱贫攻坚,着力构建脱贫攻坚大扶贫格局。深化定点扶贫引领作用,1147个中央、省、市、县帮扶单位率先垂范扎实做好帮扶工作,帮扶资金逐年递增。深化对口帮扶,选派优秀年轻后备干部到藏区彝区挂职锻炼,落实帮扶资金、项目助力藏区彝区脱贫攻坚工作。深化东西扶贫协作,抢抓嘉兴市海盐县帮扶屏山县机遇,合作共建屏山·海盐纺织扶贫产业园,已落户纺织企业26家,总投资超过100亿元。深化"扶贫日"系列活动,发动社会各界主动参与扶贫工作,通过"以购助扶"等方式募集扶贫资金。

【乡村旅游】 全市乡村旅游接待游客2371.719万人次,实现乡村旅游收入210亿元。

乡村旅游景区建设。加快乡村旅游景区旅游专线公交、公路服务区、自驾车露营地等项目建设,进一步完善旅游厕所、旅游标识标牌、智慧服务等建设。全年创建4A级景区3个,分别是横江古镇景区、龙茶花海景区、胜天红岩山景区;创建3A级景区9个,分别是幸福·胡坝景区、翠屏山景区、金秋湖茶博园景区、赵一曼故居景区、春风里景区、长江第一湾景区、洪谟故里景区、水泸坝景区、凉水湾景区;创建省级生态旅游示范区4家,分别是茶·香生态园景区、幸福公社景区、蜀南花海景区、鹿鸣茶海旅游区。

乡村旅游品牌创建。李庄古镇获评省级文旅特色小镇，创建竹特色镇8个、竹特色村37个。指导长宁竹林七贤阁精品民宿、筠连清溪沟、天河温泉酒店、翠屏区橙香源山庄、南溪区蟠龙山庄、江安县青峰山庄、筠连县伊甸园、兴文县生态王庄成功创建为五星级农家乐（乡村酒店）。

乡村旅游产品打造以及宣传营销。深入挖掘民俗文化及特色产业文化，聚焦乡村旅游文创旅创产品打造。包装推出“乌鸡宴”“全竹宴”“豆腐宴”等特色餐饮和农副土特产品，以乡村土特产为基础转化为旅游商品80余种。举办2019年度中国宜宾“哪吒杯”文创旅创特色商品评选展示活动和文创旅创特色商品展示活动，对评选出的2019年度宜宾文创旅创特色商品生产企业通过官方微博、微信、“嗨宜宾”宣传等形式，免费提供广电电商平台商品入驻和对外宣传推广展销。指导长宁县第十八届佛来山梨花节、叙州区喜捷镇李花节、屏山县锦屏镇第四届梨花文化旅游节、翠屏区象鼻街道“走进观斗山畅享自然美”首届招商引资推荐会暨乡村振兴农旅文化活动等节庆活动120余次，大力推介贫困地区特色旅游线路和旅游产品，发展乡村旅游，助力脱贫攻坚，实现农民增收致富。

乡村旅游项目建设。推进中国油樟小镇建设项目、江安“白李天下”乡村振兴项目、水泸坝乡村旅游综合体验项目、春风村创建国家4A级景区项目、龙华古镇八仙山景区基础设施建设项目等乡村旅游项目建设，打造集生态农业、观光旅游、休闲度假、生态康养于一体的乡村旅游景区。落地实施长江生态文旅产业综合开发、天宫山茶旅融合示范区、永江村文旅综合体等项目23个，总投资410亿元。入选四川省重点推进项目4个，申报四川省文旅融合示范项目1个，争取项目资金800万元。

乡村旅游人才培训。对照国家文化和旅游部出台的《旅游民宿基本要求与评价》标准，加强对各县（区）民宿点位筛选和创建指导工作。举办全市星级农家乐、旅游民宿管理人员培训班，培训提升全市星级农家乐、旅游民宿从业人员服务技能和水平。

【农村水利】 全市累计建成水利工程70748处，其中水库440座（大型水库1座、中型水库12座、小型水库427座）。蓄引提水总量能力达11.61亿立方米，灌溉面积累计达301.07万亩，有效灌溉面积累计达284.615万亩，节水灌溉面积累计达207.31万亩，实际耕地灌溉面积217.52万亩。

水利发展规划。提前谋划《宜宾市“十四五”水利水发展规划》思路方向，已完成项目初步梳理。江安县仁和水库已经省政府完成建设征地范围内禁止新增建设项目和迁入人口审批，全力推进可研报告及专题编制；屏山县马蹄山水库已开展可研报告编制；叙州区五岔湖水库已完成可研技术审批。加快推动新县城岷江堤防、岷江喜捷红楼梦防洪堤（一期）可研报告编制。完成川南经济一体化清单任务中越溪河流域综合治理实施方案编制，配合水利厅开展长征渠引水工程规划修编和国土空间规划水利专项。

向家坝灌区工程。该工程是国务院加快推进的172项重大水利工程之一，也是四川省“五横六纵”引水补水生态水网的重要组成部分，向家坝灌区北总干渠一期一步工程于2018年12月3日开工建设，概算总投资约76亿元。2019年，龙洞岩隧洞工程1#、3#、4#施工支洞贯通，2#施工支洞累计进尺630米，主洞累计进尺2879米；喜捷/真溪支渠工程已开展喜捷支渠与一曼大道交叉段涵洞施工；邱场分干渠自贡段工程已完成2#暗涵征地及场地平整工作。

农村饮水安全工程。按照《“十三五”农村饮水安全巩固提升规划》坚持以集中供水为主、联户供水为辅、分散供水为补充，以解决贫困人口饮水安全问题为主线，全年投资1.3亿余元，建设工程1056处，其中集中供水工程105处、分散式供水工程951处。解决全市建档立卡贫困群众1822人饮水安全问题，辐射受益人口16.99万人。全市农村集中供水率达81.8%，农村自来水普及率达76.6%，农村供水保证率达95%，农村供水水质合格率达100%。探索国有公司统一管理农村饮水安全工程模式，南溪区、兴文县、高县等地农村饮水安全工程移交国有公司管理，实现了农村饮水安全工程管理的规范化、标准化、制度化。

在建水库工程。全市9座在建中小型水库建设有序推进，全年完成总投资约4.2亿元，其中1座中型水库中长宁县东山水库已全面完工，其余5座中型水库（筠连县王家沟、兴文县新坝、叙州区蟠龙湖、南溪区龙滚滩、高县二龙滩水库）除二龙滩水库外，枢纽工程均已完工，二龙滩水库枢纽工程已完成总工程量的77%，渠系工程均加快推进；3座小（1）型水库中后沟水库已全面完工，芭茅沟水库枢纽工程完成98%，渠道工程完成38%，中坝水库枢纽工程已完工，渠系工程完成总工程量的55%。

中小河流治理工程。全市下达长宁县城区长宁河工业园区段防洪治理工程、江安县长宁河红桥镇观音寺至下坨桥段防洪治理工程、筠连县大雪山镇镇舟河防洪治理工程3个项目投资计划，总投资5873.74万元，综合治理河长14.87千米，计划2020年汛前全面完成建设任务。

水库整治工程建设。全年实施39座小型病险水库除险加固项目，共争取到中央、省资金4974万元，在翠屏区、南溪区、叙州区、长宁县、江安县及高县实施，已完成大坝安全鉴定核查和初步设计报告审批，并于2019年年底全面开工建设。

水土流失综合治理及水土保持规划与预防监督。全年水土流失治理面积183平方千米，截至2019年年底，全市累计治理水土流失面积5791平方千米。开展长江经济带生产建设项目水土保持监督执法专项行动，全年审批水土保持方案431个，排查违法项目206个，发出整改通知206份，完成整改206个；约谈违法项目143个，立案13个，结案13个。中央电视台一套《晚间新闻》栏目对全市水土流失治理成效给予了肯定性宣传报道。

洪灾受损情况。2019年入汛以来，全市区域内降水呈西多东少的分布态势，降雨密集时段主要集中在6月到8月，具有空间分布不均，呈现雨强、大，持续时间长等特点。4月15日—9月30日，全市共发生“6·14”“7·21”“7·28”“8·2”“8·5”五次较大的区域性暴雨过程，其中过程最大降雨量出现在8月5日—6日，叙州区龙池乡降雨量达251.8毫米，属特大暴雨；暴雨出现范围最广的一次是8月5日—6日，在该次降雨过程中，暴雨站点35个，大暴雨站点16个，特大暴雨站点1个；长江最大洪峰出现在8月7日凌晨1时，水位273.43米，相应流量28000立方米每秒。2019年，全市受灾人口8.7万人，紧急转移1319人，倒塌房屋324间，无人员因灾死亡；农作物受灾面积8.05万亩，因洪涝灾害造成的直接经济损失19769.501万元，其中水利工程水毁直接经济损失1001.63万元。在抗御灾害中，投入抢险人数478人次，投入编织袋0.05万条，总物资消耗折算资金55万元。

全面推行河（湖）长制。坚持以全面落

"微治理"力量，建立"老徐调解工作室""夕阳红调解工作室"等个人调解室30个。全年人民调解员共化解矛盾纠纷3.4万余件，成功率达99.6%。

【农村交通】全年完成交通建设投资113亿元，增长25.8%，超额完成交通运输厅下达目标的28.4%，超额完成市政府目标10.2%；对外开放大通道建设全面推进；"四好农村路"创建位居全省第二位；宜宾市被交通运输厅推荐为全国交通运输系统先进集体（全省4个市/州交通运输局之一，排第二名）上报交通运输部。

抓投资稳增长，交通项目建设势头强劲。农村公路全覆盖推进实施，深入开展农村窄路面加宽、扶贫路、旅游路、产业路建设，新（改）建农村公路1305千米。高县创建为"四好农村路"国家级示范县（全市累计有2个，全省共10个，全国200个），位居全省第二位，长宁县创建为"四好农村路"省级示范县（全市累计有3个，全省共45个）。内河水运建设不断推进，宜宾港志城作业区新增3个1000吨级散货泊位，累计建成1000吨级多用途泊位4个、重载滚装泊位1个、1000吨级重大件泊位1个、1000吨级散货泊位3个，建成进境粮食指定口岸、保税物流中心（B型），获批国家临时开放口岸，10月28日，万吨级船舶"祥福928"从宜宾首航。全年集装箱年吞吐量达42万标箱。

聚力脱贫攻坚，交通精准扶贫成效显著。一是交通扶贫精准有力。制订《宜宾市交通建设扶贫2019年实施方案》，重点向高县、筠连县、珙县、兴文县、屏山县倾斜，加强县（区）交通基础设施建设，完成省、市交通扶贫目标任务。二是脱贫基础更加牢固。加大对贫困县、贫困村建设资金的倾斜力度，自实施交通大会战以来，安排有建设需求的退出贫困村计划292千米，市级补助资金8760万元，实现全市所有建制村100%通硬化路、100%通客车。三是定点帮扶全面完成。全系统各单位围绕村脱贫"一低五有"、贫困户脱贫"一超六有"标准精心组织、精准帮扶，全面实现帮扶贫困户脱贫、帮扶村脱贫目标，顺利通过国家、省级扶贫验收。

着力服务提升，运输服务保障提质增效。一是道路路况水平不断提高。干线公路、农村公路养护管理体系逐步建立并完善，完成国道353线屏山县双河口至锦屏库区段11处高边坡整治、屏山富荣镇溜砂岩段边坡排危处置、省道436线自贡界至翠屏区金坪镇段和国道547线龙头至兴文段共90公路路段的预防性养护，完成干线公路5座病危桥的整治和中都河大桥的灾毁重建等工作。路政巡查执法不断增强，公路超载率控制在1%以下。二是道路运输站场不断完善。紧紧围绕成贵高铁，建成宜宾西站、屏山站、泥溪站并投入运营，长宁站、兴文站加快建设。传化物流货运枢纽站建成并投运。建成乡（镇）港湾客运站30个、村级招呼站牌420个，完成214个建制村通客车任务，建制村通客车率达100%。三是道路运输市场不断规范。联合公安持续开展"打非治违"专项行动，重点整治中心城区出租车、班线旅游包车及超长客运，全年查处案件2504起，其中非法营运1252起（黑车1034起、非法网约车218起），仅中心城区就有479起（其中黑车323起、非法网约车156起），出租车违规705起、客车违规278起、货车违规179起、网约车违规52起、危货运输车辆违规11起，共处罚金485万元，维护了交通运输良好秩序。

【涉农招商引资】2019年，全市3000万元以上的农业招商引资重大项目24个，协议资金35.248亿元。

2019年宜宾市3000万元以上招商引资项目表

项目	总投资（亿元）	投资内容	投资方	项目进度
翠屏区龙盛现代农业生态科技产业园项目	4.2	拟在翠屏区建设现代农业生态科技产业园，主要开展农产品种植加工、食品加工，打造文化旅游、康养、特色小镇	山东龙盛食品股份有限公司	该项目一产已流转土地约1000亩，约20亩辣椒苗已经全部移栽完成，田间管网、沼液储存池等辣椒灌溉设施建设完成。修建蔬菜大棚2座，购买农机具，修建1.5米宽产业路3千米。二产龙盛绿色农产品加工产项目已经完成打围、平场，供电设施已完成，园区路面已硬化部分，厂房修建材料已到位，厂房地基已完成，准备进行主体建设
翠屏区现代油樟产业示范园项目	2	以翠屏区白花镇为核心区建设标准化油樟种植及生态旅游基地1万亩，其他镇为拓展区，新增油樟种植基地2万亩；以白花镇为核心、辐射有建设条件的宗场镇、双谊镇、邱场镇、金坪镇、王场镇等建设油樟油初加工集中提取厂8个；在双谊工业园区建设精深加工厂1个；建成油樟产业技术研究院，同时成立省级技术中心1个、省级工程技术中心1个、博士后科研工作站1个	四川宸煜林业开发有限责任公司	完成苗圃浇灌设施的安装；与重庆、成都设备厂家衔接矮化采摘机械的定制；完成金秋湖镇渔乡村1000亩矮化示范园区约500亩除草工作；完成白花镇许家村集中提炼厂的地基浇灌工作；完成金秋湖镇谢坝社区1000亩茶林套种樟树的协议签订

续表1

四川楚蜀林业科技发展有限责任公司油樟产业综合基地项目	1.2	建设油樟种植园区，项目选址在叙州区李场镇、高场镇。建设周期为2年，投资1.2亿元，全面建成投产后将实现年收入3.5亿元、净利润7千万元左右、缴纳税收120万元，新增就业岗位2000人左右	股东有湖北客商、北京客商、杭州楚蜀投资有限公司	已种植油樟800亩，油樟提取厂一期已试运营
宜宾市昌其林业开发有限公司竹产业开发项目	0.5	一期新建6个竹切片厂，二期新建1万亩丰产示范林	宜宾市昌其林业开发有限公司（法人为重庆人）	已平场、种植竹子，已部分竣工
宜宾石城山现代蚕业融合示范园项目	5	建设现代蚕业科技示范园，辐射带动农户建设5万亩蚕桑标准化高效种养示范区	四川省宜宾市叙州区天蚕丝绸有限责任公司	已大片种植桑树，建成养蚕棚，已部分竣工投产
宜宾镓萱农业发展有限公司镓萱农业生态园项目	1	建设农业种植园区、生态农业种植体验区、绿色畜牧业养殖区、传统农耕文化民俗展示厅、垂钓休闲区等，项目总投资1亿元，建成后预计产值0.9亿元，税收0.075亿元，提供就业岗位110个，用地1800亩。	宜宾镓萱农业发展有限公司	已竣工投产
古罗镇油茶产业融合发展	0.3	建设3万亩油茶种植基地、观光旅游园区	四川华利油茶开发有限公司（法人为重庆人）	已种植油茶树近万亩，已部分竣工
四川金骑仕生态农业发展有限公司（南溪区）南溪区竹文化双创园项目	2	一期建设2000亩雷竹种植基地（土地整理、道路、水源等基础设施建设）和民宿文化创意体验示范园区；二期建设1000亩雷竹种植基地，建设雷竹产品深加工工厂，其中包括雷竹种植0.55亿元、民宿文化创意体验示范园区0.85亿元、竹产品深加工工厂0.6亿元	四川金骑仕生态农业发展有限公司	已竣工投产
江安县竹资源综合开发利用项目	1.2	项目总投资约12000万元，用地约23000亩，规划建设周期为5年，分两期进行建设。项目一期规划建设1个集优质竹种苗圃、优质竹种林基地、竹加工厂于一体的竹资源综合利用项目，项目二期规划建设1个林下种植基地和1个竹文化康养中心	宜宾圣亚博业农业开发有限公司	一期已建成10000亩竹种苗圃、优质竹种林基地，二期项目因资金问题企业新的投资股东引进工作有序推进
竹乡鸡产业园项目	1	项目总投资1亿元，发展竹林乌鸡养殖项目，新建种鸡场、竹鸡孵化场、竹林散养示范场、有机肥加工厂，预计2年内完成全部项目投资建设。项目建成后预计年产值可实现6亿元，年创利税3000万元，可直接吸纳就业400人，预计带动1000个以上农户脱贫致富	赤水市洪盛农业有限公司	已建成部分规模养殖场
江安万亩酿酒专用粮种植观光旅游示范园项目	1.3	项目分两期建设：一期项目流转3000亩，建设以高粱为主的酿酒专用粮基地以及职工宿舍、仓储、地磅设施等；二期项目流转7000亩，建设以高粱为的主酿酒专用粮的立体种植观光园及其附属农业设施	宜宾长江欢乐岛农业旅游投资发展有限公司	已完成土地流转和部分高粱种植
江安县麻衣种养循环现代农业产业示范园项目	2	项目选址怡乐镇麻衣村，用地约1559亩，发展特色水果、红粱、供港蔬菜等特色产业，其中供港蔬菜种植面积不少于1000亩	江安德康饲料有限公司	已完成土地流转和部分蔬菜种植
江安县现代化蓝莓种植基地项目	3	拟选址在江安县阳春镇玛瑙湖，占地约20000亩，投资约3亿元，建设现代化蓝莓产业园	泸州联强建筑工程有限公司	土地平场工作有序推进
长宁县东方牛九生态肉牛三产融合发展建设项目	4	建设标准化肉牛养殖基地、物流配送、仓储加工等成熟生产线	东方集团	该项目因市场因素，投资主体已放弃投资，后有新的投资商接手继续运营

续表2

塘坝乡平阳村桐子叶基地项目	0.5	项目选址塘坝乡坪阳村，新种植300亩桐子叶及进行桐树苗木培育、种植技术服务等	筠连县东篱农业发展有限公司	已竣工投产
筠连县团林苗族乡山地乌骨鸡投资开发项目	0.5	项目拟选址筠连县团林乡杉新村，计划投资5000万元，新建1000亩养鸡场、观光园、餐饮娱乐场所、乌鸡文化庄园等设施	成都市夜宴天天鸭脑壳餐饮管理有限责任公司	一期养殖车间、鸡舍以及办公用房已投入使用
筠连县锦坤生猪养殖有限责任公司养殖基地建设项目	0.65	项目选址筠连县大雪山镇五河村，项目总投资6500万元，新建生猪养殖基地3个，占地面积300亩，包括办公室、职工房、机器设备采购、基地运输、加宽道路	中江客商	养殖基地建设工作有序推进
珙县国有林场七角山工区"竹+桢楠"培育示范基地项目	0.39	该项目建设"竹+桢楠"示范基地1000亩，购桢楠大苗4.2万株，新建防火通道长12千米×宽4.5米并硬化及两旁绿化，防火便道长10千米×宽1.5米，修建房屋1200平方米、水塘3330平方米等电力安装配套基础设施	浙江客商康微	已竣工投产
鹿鸣茶叶无尘化生产车间建设项目	1.6	该车间建设面积约10000平方米，占地面积150亩，总投资1.6亿元	宜宾市桐韵农业发展公司、云南客商储清周	有序推进事业单位改制收尾工作
珙县上罗镇后营村现代养殖小区项目	0.3	项目选址珙县上罗镇后营村，新建高效化养猪小区、仓库、办公楼、住宿楼及配套附属设施	广东温氏食品集团股份有限公司	场平工程已完工，猪场建设工作有序推进
兴文县莲花镇莲虾套养及观光旅游项目	0.66	项目协议投资0.66亿元，在兴文县莲花镇建设莲藕种植及小龙虾养殖基地1000亩，配套建设集旅游观光基础设施建设、餐饮娱乐等于一体的农旅项目	四川农亦安绿色农业发展有限公司	已部分竣工(投产)
屏山县屏山镇贡丰立体农业科技产业园项目(一期)	0.49	项目选址屏山县屏山镇蒋坝村，计划用地约400亩，建设孵化厂、稻蛙养殖基地、鸭嘴鱼养殖区、跑山鸡养殖区、黑水牤养殖区、生态体验馆等。项目于4月启动建设，预计建成后可年产商品蛙200吨、黑水牤2000吨、鸭嘴鱼35吨、生太鸡25万羽，年产值约4000万元，解决用工30余人。	四川贡丰精密件制造有限公司	前期黑水虻养殖已投产。由于疫情影响，暂停养殖。澳洲龙虾养殖基地、黑水虻厂房、游客体验中心建设工作有序推进
屏山县祖代种兔场建设项目	0.43	项目选址屏山县屏山镇蒋坝村，用地120亩，新建祖代种兔场1个及种养循环和科研培训基地。建设周期约1年，全面建成后可实现年销售收入5600万元	四川天牧农业集团有限公司	开展项目前期工作
屏山县特色水果产业开发项目	1.03	项目总投资1.03亿元，其中贸易投资项目1800万元、田园综合体项目1500万元、仓储物流加工农业综合体项目(一期)7000万元。田园综合体项目选址鸭池乡，打造柑橘示范基地，通过示范基地建设带动全县发展20000亩订单模式的水果产业基地，预计3年后年产值将达到2000万元、年上缴税收40万元以上。仓储物流加工农业综合体项目选址王场工业园区，打造集仓储、物流、分装、冷链、电商孵化园一体化的农业综合体，建成后将实现年产值1亿元，年税收500万元，新增和带动就业2000人以上	广州展卉贸易有限公司	已进行土地平场

【农村社会保障】 新型农村社会养老保险。全市自2009年起开始试点新型农村社会养老保险，2012年在全市范围内全面开展新型农村社会养老保险工作，2014年按照国家和省的部署合并新型农村社会养老保险和城镇居民社会养老保险，实施统一的城乡居民基本养老保险。全市全年城乡居民基本养老保险参保人数1921035人，其中农村户籍参保人员1862601人，农村户籍参保人员缴纳本年度养老保险费808184人，领取养老保险待遇719251人，月人均养老金为104.8元，较上年增长8.52%；城乡居民基本养老保险全年基金总收入137540万元(其中征缴收入31113万元)，总支出105829万元(其中养老待遇支出95776万元)，截至2019年年底，基

金累计结余208695万元。继续推进缴费年龄段内建档立卡未标注脱贫的贫困人口、低保对象、特困人员等困难群体的城乡居民基本养老保险政府代缴工作，全面落实贫困人员参保工作任务，为全市98156人（其中农村户籍人口94946人）实现最低标准城乡居民基本养老保险费的代缴，完成年初省政府下达目标任务7.55万人的130.01%，为14.33万余名登记在册的建档立卡贫困人口（含已脱贫）、低保对象、特困人员等困难群体中年满60周岁且未领取国家规定的基本养老保险待遇的人员按月发放城乡居民基本养老保险待遇（未缴足养老保险的年限不再补缴）。全年共将12166人按照新调整的被征地农民养老保障办法纳入相应保障。

农村医疗保障。全市城乡居民参保人数445.9万人，参保率达99.08%；人均缴费220元，财政补助提高30～520元，参保群众待遇保障水平快速提高，保障范围扩大，贫困人口就医更有保障，医保缴费更加便捷，异地就医更加惠民，农村居民实现病有所医、医有所保。一是完善大病保险政策。提高大病保险待遇水平，大病保险个人筹资标准增加15元。建档立卡贫困人口、农村特困供养人员、农村低保对象大病保险起付线降低50%，支付比例提高5%；城市低保、城乡低收入家庭重度残疾人、民政重点优抚对象等特殊困难群体大病保险报销比例提高5%。二是完善城乡居民门诊统筹制度。出台《宜宾市进一步完善城乡居民基本医疗保险门诊统筹政策方案》，对参保居民发生的普通门诊费用不设起付线并按比例报销，每人每年可报销150元。三是建立“两病”门诊用药保障机制。出台《关于完善城乡居民高血压糖尿病门诊用药保障机制实施办法的通知》，统筹基金支付比例为50%，高血压最高支付限额每人每年200元，糖尿病最高支付限额每人每年300元。全市“两病”认定1249人，就诊1440人次，药品总费用11.76万元，基金支付5.6万元。四是落实医保扶贫三年行动实施方案。全市建卡贫困参保人数385998人，财政按居民基本医保个人缴费标准220元全额代缴，实现了贫困人口参保全覆盖，财政100%代缴。实现农村贫困人口基本医保、大病保险、医疗救助三重保障制度全覆盖；建档立卡贫困患者在县域内住院不设起付线、政策范围内费用按90%报销；门诊特殊疾病政策范围内医疗费用报销比例从70%提高到90%。医疗救助托底能力不断提升，年度救助范围内农村贫困人口政策范围内个人自付住院费用救助比例不低于70%。五是参保缴费更方便。参保缴费通过税务APP、“社保E”缴费，实现缴费“一机在手，足不出户”；实现基本医疗保险、大病保险（补充保险）、精准扶贫、医疗救助“一站式”结算，解决了“多头报销、多处跑路”问题。六是异地就医更便捷。备案手续不断简化，备案渠道逐步拓宽，实现备案地和参保地均可享受医保报销的“备案双享受”服务。允许先备案后补充材料，农民工和就业创业人员异地就医备案更为便捷。

农村最低生活保障。一是最低生活保障工作规范有序。将全市农村低保月标准提高至380元，截至2019年年底，保障农村低保对象59955户、126957人，全年累计支出农村低保金34182.1万元，累计月人均补差达228元。持续推进农村低保专项治理工作，制发《关于社会救助家庭经济状况核查认定有关问题的指导意见》《关于持续开展农村低保领域漠视侵害群众利益问题专项整治工作的通知》，专项行动期间共清退低保对象5191户11311人，新增4980户12231人；发现问题线索28条，查证属实15条，移交纪检部门3条（涉及干部3人）。开展村居民委员会成员、村居民小组长亲属享受低保备案自查，37166人并全部签订承诺书，其中享受低保备案846人，核查清退不符合条件人员14人。二是临时救助救急难功能逐步显现。市民政局、市财政局联合印发《关于进一步加强和改进临时救助工作的实施意见》《关于脱贫攻坚中充分发挥临时救助兜底保障作用的通知》，明确防止脱贫群众返贫、备用金规范管理等具体措施，指导县（区）建立乡（镇、街道）临时救助备用金制度，全年对因病、因灾、交通事故等急难型或支出型原因造成生活临时性困难的家庭或个人实施临时救助14046人次，人均救助水平达975元，临时救助“兜底中的兜底”制度效能显著发挥。三是特困群众专项帮扶继续发挥作用。自2014年以来，全市针对城乡特殊困难群众相继建立起医疗、就业、死亡抚慰、成年孤儿等9项救助帮扶制度。2019年，通过市、县财政足额预算投入资金，全市累计帮扶特殊困难群众91693人次，支出专项资金2872.01万元。四是流浪乞讨人员救助管理扎实开展。全市救助流浪乞讨人员3203人次，对找不到户籍地的均在24小时内发布寻亲公告，对查不到身份的救助人员全部在公办机构托养。实施主动救助，加强救助管理协同机制建设，严格执行巡查机制，全年开展街面巡查共计1173次。开展“寒冬送温暖”“夏季送清凉”专项救助行动，行动期间开展街面巡查870次、街面劝导1056人次，实施救助1094人次。五是试点下放救助确认权限取得实效。全市制定《推进社会救助确认权限下放乡（镇）人民政府（街道办事处）试点工作的意见》，在翠屏区、叙州区、高县选择7个乡（镇、街道）开展社会救助确认权限下放试点工作。

提高特困人员救助供养标准。印发《关于提高全市特困人员救助供养标准的通知》（宜民政〔2019〕231号），明确从10月1日起，将农村散居特困人员基本生活标准从每人每月550元提高至650元，惠及全市1.8万余名农村散居特困人员。

【农村生态建设及环境保护】 持续推动生态创建。持续实施《宜宾市生态市建设规划（修编）》《宜宾市生态城市建设规划》《宜宾市长江上游绿色生态市规划纲要》等生态规划，生态创建向高层次发展，各县（区）编制《生态文明建设示范区（县）规划》，长宁县、江安县、南溪区已编制完成，翠屏区、叙州区、高县、珙县、筠连县、兴文县、屏山县已启动。

加强农村水源保护。各县（区）全面完成集中式饮用水水源地保护区划定，编制完成乡（镇）集中式饮用水水源地保护与发展规划。对全市“千吨万人”水源地开展摸底调查，完成32个“千吨万人”水源地“划、立”工作，规范化治理工作按照计划推进。翠屏区、南溪区和江安县，加强沱江流域在宜宾区域支流的环境综合整治，完成方案编制，启动相关前期工作。全市乡（镇）集中式饮用水水源地水质达标率达99%。

推进农村环境综合整治。新建、升级、改造乡（镇）、农村生活污水处理设施20个。完成畜禽养殖禁养区规范调整，禁养区从原统计个数为795个调整为502个，调整47.55%；面积从1935.3888平方千米调整为1506.2049平方千米，减少429.1839平方千米，减少22.18%。重点治理畜禽养殖场10家、农家乐20家，实施村庄环境综合整治120个。开展秸秆禁烧专项行动，焚烧秸秆屡禁不止问题得到好转。投入585万元，建成宜宾市秸秆禁烧可视化监控系统，快速发现、快速处置作用发挥较好。

推进土壤污染治理与修复。落实土壤污染防治行动计划环境保护方案，治理与修复工作有序实施。实施土壤污染调查，全面铺开对全市261家重点行业企业基础信息采集工作，经筛选最终确定为143家，又经风险筛查确定对29家重点行业企业开展布点监测。对中心城区2个饮用水水源保护区等14个地块开展土壤污染状况评估，14个评估报告已通过专家评审，上报生态环境厅获得通过并备案。江安县土壤污染治理与修复试点示范项目获得中央资金3300万元，已完成投资2038.3万元，完成任务的80%。屏山县土壤污染治理与修复试点示范项目获得中央资金3100万元，治理修复2223.45亩，累计完成投资约2342.1万元，已于2019年年底全面完成通过验收。

完成自然保护区问题整改。汲取甘肃祁连山自然保护区存在问题的教训，开展“绿盾2019”专项行动，对全市各级各类自然保护区存在的问题开展自查自纠，加强问题整改，自然保护区主要存在的95个问题全面整改完成并销号。自然保护区、生态功能区的日常监管不断加强。按照上级要求，市自然资源规划局会同市生态环境局开展生态保护红线调整工作，加强372.6平方千米生态保护红线管控。

【农产品质量安全监管】 农产品质量监测。在配合完成农业农村部、农业农村厅监测任务的基础上，结合产业发展和执法监管需求，调整优化监测计划，市级以监督抽查为主，加强检打联动，提高监测的科学性和针对性。开展市级农产品监督抽查，抽检320个样品；开展市级茶叶专项抽检，抽检60个样品，对在省级、市级监督抽查中发现的4个不合格农产品交县（区）农业农村部门进行了执法处置。省级农产品质量安全例行监测合格率达99.37%，完成目标任务97%的要求。全市全年未发生农产品质量安全事件。

专项整治行动。牵头开展农药及农药残留、兽用抗菌药及兽药残留、生猪屠宰监管、“瘦肉精”、生鲜乳、水产品兽药残留及非法投入品和农资打假等农产品质量安全专项整治行动，共出动执法人员55611人次，发放宣传材料28.257万份，检查生产经营企业29594家次，立案55起，办结41件，罚款17.235万元。

农产品网上追溯。推进国家级、省级农业龙头企业，绿色食品，有机农产品，地理标志农产品生产经营主体加入平台并开展产品追溯管理，全市有247家农产品生产经营主体加入国家级平台、280家农产品生产经营主体加入省级平台。

农业标准化建设。围绕以粮油、茶叶、蔬菜、水果、蚕桑、烤烟六大特色优势产业为主的种植业和以生猪、牛羊、禽兔等为主的养殖业发展，先后制定《宜宾市优质蚕桑茧生产技术规程系列地方标准》《宜宾绿色茶产品生产技术规范系列地方标准》《宜宾市酿酒原料生产技术规程》和“屏山炒青”“筠连红茶”“宜宾茵红李”“大塔荔枝”等品牌产品地方标准共27个，新立项地方标准目录中涵盖酿酒专用粮生产技术规范系列6个。

【农村市场体系建设】 农产品销售渠道深入拓展。市、县、乡（镇）三级商务扶贫渠道不断拓展，通过“川货全国行”“万企出国门”活动以及与大型电商平台加强合作，帮助全市贫困地区产品“走出去”。组织屏山县、高县的2家企业参加广交会；组织20家“四川扶贫”标识企业参加2019四川扶贫产品暨名优特新商品广州推介活动，现场签订6000余万元的意向性合作协议；组织高县、珙县、屏山县、兴文县等县（区）的9家企业参加第23届四川新春年货购物节；组织珙县、高县、筠连县、兴文县的10家企业参加“川货全国行广州站”活动；组织珙县、高县、屏山县的15家企业参加在浙江省杭州市举办的四川“扶贫产品”东西部协作（浙江行）对接活动，累计现场销售10.94万元，合同金额21.5万元，达成意向协议金额128.7万元；组织珙县餐饮协会、高县顶古山薯业、兴文宇庆食品参加在湖南省长沙市举办的2019年中国国际食品餐饮博览会；组织筠连县、屏山县、珙县的四川扶贫企业参加在广西壮族自治区南宁市举办的第16届“东盟博览会”。9月11日，筠连县与北方销区十六省茶协茶叶合作秘书处签订《北方销区十六省市茶叶合作协议书》。全年“四川扶贫”标识企业扶贫产品销售额达1.2亿元。通过参加农业农村厅组织的各项扶贫产品帮扶对接活动，全市部分扶贫产品已进入重庆、河南、浙江、江苏、广州等地的商超。

流通服务网点不断完善。优化县、乡、村三级物流配送体系，翠屏区、叙州区等9个电商园区建成运营，建立乡（镇）服务站146个、村级服务点721个，打通了“工业品下乡、农产品进”双向流通渠道。全市全年实现农村网络零售额18.16亿元，其中农村实物型网络零售额9.59亿元、服务型网络零售额8.57亿元，增长33.96%，高于全省2.23个百分点。

【高标准农田建设】 制定《宜宾市高标准农田建设技术要求》，突出抓好“三网”配套、生态修复、种养循环、质量提升和环境保护“五大工程”，全面完成2019年度高标准农田建设任务29.59万亩，建成示范区33个。争取2020年度高标准农田建设任务27万亩，开工建设项目区29个，开工率达82.9%；在建面积达20.51万亩，进度达75.96%。抓好10个万亩相对连片的核心示范区建设，提升翠屏区环金秋湖现代早茶、江安县“白李天下”等现代农业园区形象。

【农业对外开放合作】 主动抢抓“一带一路”和“突出南向”发展机遇，全年组织252个新型经营主体先后参加第七届四川农业博览会、第三届中国国际茶业博览会等博览会（展会），展示展销特色农产品2300余个，现场销售和协议销售金额达6.23亿元。全年共完成农业招商引资签约项目14个，总投资38.35亿元。市党政代表团和5家涉农企业到老挝、柬埔寨、尼泊尔就农业、茶业等领域合作进行了交流，提升了全市农业对外开放的美誉度。

【农村留守家庭（儿童、学生）帮扶】 加大投入。全年投入70万元，在南溪区、叙州区实施“百镇全村·助爱牵手”儿童关爱服务项目，通过政府购买服务方式，由第三方机构对辖区内纳入系统管理的农村留守儿童开展全覆盖关爱。市级福彩公益金投入60万元，支持开展“童伴计划”项目。

营造关爱农村留守儿童（困境儿童）社会氛围。通过主流媒体和微博、微信公众号、手机APP等新媒体广泛开展男女平等基本国策、儿童优先原则、“两纲”“两法”等政策法律宣传。启动“建设法治宜宾 巾帼在行动”大型法治宣传活动，组织公检法司等市政府妇儿工委相关成员单位等到县（区）乡（镇）开展关爱留守儿童、远离毒品、创建平安家庭、“法治大讲堂”“预防性侵”等法治宣传260余次，发放资料10万余份；举办法律知识和安全知识讲座13场，培训1000余人；组织学习“天府小妹微普法”课堂12期。弘扬社会主义核心价值观和中华民族恤孤慈幼的传统美德，强化全社会保护儿童权利的意识，强化家庭履责的法律意识，强化全民关爱留守儿童（困境儿童）的责任意识，营造社会关爱氛围。

建立巾帼志愿服务机制。建立“代理妈妈”“爱心妈妈”队伍，与留守儿童（困境儿童）结成“一帮一”或“多帮一”对子。市女企业家协会与屏山县富荣镇柏香村的24名留守（困境）儿童结成帮扶对子，每年给予帮扶对象28800元的资金帮扶。叙州区成立春霞关爱儿童志愿者协会并在农村留守女童中开展生活帮扶、学业辅导、情感抚慰、心理疏导、安全知识传递，为困境儿童提供家庭教育、预防性侵、困难帮扶等各种服务，共开展各类公益服务1100余次，直接受益对象达10万人以上。建立亲情交流制度，开通亲情热线电话，开展“亲情大讲堂”活动。利用元旦、春节、清明节等留守学生（儿童）父母返乡的集中期，专门聘请法律专家和学者为留守学生（儿童）父母讲解“如何与孩子相处”“如何激发孩子持久的学习动力”“如何教育叛逆期的孩子”“如何提高孩子自我保护能力”等内容，组织开展“父母大课堂”家庭教育公益讲座66期。

实施农村留守儿童（困境儿童）关爱行动。精准识别关爱对象，开展农村留守儿童“合力监护·相伴成长”“农村留守儿童、困境儿童动态管理精准化提升年”专项行动，摸清情况。截至2019年年底，全市有农村留守儿童45010人。建设民生实事“儿童之家”320个，投入建设资金670万元，依托村（社区）阵地、学校等场所建成“儿童之家”2645个，建成市级以上乡村学校少年宫234个，为农村留守儿童（困境儿童）健康成长提供了阵地支持。建立关爱队伍，选配2722名儿童督导员和儿童主任，负责推进农村留守儿童关爱保护和困境儿童保障等工作。建立留守儿童（困境儿童）关爱服务机制，组建“代理爸爸妈妈”“五老”等志愿者队伍，结对帮扶留守儿童和困境儿童29000余人。开展“把爱带回家”特别行动、“七彩假期、快乐童年”、“希望之旅”、“大爱宜宾情暖寒冬 关爱进家”、“六一”慰问等关爱活动，为留守儿童捐资及捐赠书包、玩具、衣服、学习用品、体育用品等。组织104名留守儿童分到浙江、重庆、成都等地开展“游学夏令营异地探亲”活动，加强留守儿童和父母的情感联系，关心留守儿童身心健康，建设和谐家庭。组织各级妇联及巾帼志愿者参与抗震救灾和灾后重建工作，建立灾区帐篷“儿童之家”9个、临时社区妇女“儿童之家”1个，服务留守妇女儿童3500余人次；为灾区募集物资255万余元、资金8.47万元；争取省妇联资金14.4万元，在灾区建立省级妇女“儿童之家”示范点2个。争取中科院在灾区建立心理援助宜宾工作站，开展为期1年的妇女儿童心理健康服务。团市委联合市民政局、市教体局等相关市级部门组织开展以服务农村留守儿童和贫困家庭子女的“情暖童心”志愿服务活动，来自清华大学、中国农业大学、首都师范大学、南开大学、四川大学、西南交通大学等26所高校的600余名大学生组成“情暖童心”“爱心暑托”志愿服务队99个，分别到全市各关爱服务点开展关爱陪伴和托管教育服务，覆盖农村留守儿童和贫困家庭子女5900余名。同时，组织开展全市暑期留守儿童亲情团聚夏令营活动，来自叙州区、长宁县、珙县、高县的140名城乡少年参加活动。各县（区）也分别开展城乡少年手拉手活动，结成互助对子326对，让城乡少年加强联系交流，共同成长进步。

建立全国留守儿童关爱示范点。4—11月，在叙州区商州镇铜锣村启动全国妇联“情系留守儿童相伴成长成才”项目，制订了项目工作方案，村上组建了妈妈互助队，通过系统性排摸、登记，为64名留守儿童建卡立档。建立了留守儿童家长教育联系制度，利用定期家长会、重大节假日家长回乡之机对留守儿童进行家访。六一儿童节，组织叙州区妇联、区检察院、移动叙州分公司和商州镇等单位为32名困境留守儿童及监护人发放了禁毒防艾、预防电信诱骗的宣传资料和儿童手表、书包、文具套装、手机、电话卡等价值15000元的慰问品，开展了禁毒防艾宣讲会、留守儿童保护安全知识、预防通信诈骗专题宣讲会。7月12日—18日，组织北京航空航天大学10名师生家庭教育志愿者在商州镇铜锣村、商州村、晒金村开展家庭教育志愿服务活动。共开展团体心理辅导、安全教育、品格教育、科技教育、环保宣传教育、预防性侵、作业辅导、家庭教育、手工DIY、经典颂读等家庭教育服务活动32场，参加活动1662人次。组织春霞关爱儿童志愿者协会通过集中结对、团队游戏、团体辅导等方式开展了家访、生命诞生教育、性别平等教育等主题活动主题活动4次，参加的志愿者40人次，服务儿童90人次、家长50人次。

持续实施关爱项目。实施“心向阳光”“爱心暑托”“童伴计划”“百镇全村·助爱牵手”等儿童关爱项目。开展“打拐、防拐”宣传工作，净化校园周边环境，及时发现、查处侵犯未成年人权益的违法活动。市第十六中学成功教育转化7名特殊留守儿童回到普通学校学习。结合“六一”、“宪法日”“禁毒日”等时间节点开展未成年人权益保护、防诈骗、防溺水等宣传270余次。全市全年共新增“童伴计划”项目点位10个，特色打造“童伴之家”10个，“童伴妈妈”每周固定开放“童伴之家”不低于16个小时，每月至少举办1次以感恩、自护、避险、法治等主题的活动，广泛宣传发放《青少年自护手册》《防溺水安全知识手册》《灾害避险安全知识手册》，落实“童伴妈妈”常态化家访制度，帮助解决上户问题、低保办理、失学返校等诉求89例。春节期间，全市“童伴计划”项目点组织开展“返乡家长座谈会”，累计宣传发放返乡创业就业扶持政策、招聘信息汇编等资料1万余份，40余位家长在“童伴计划”的带动影响下返乡创业就业。全市在2019年全省“童伴计划”项目推进视频会上作为先进典型做经验交流，经验做法被四川新闻网、《宜宾日报》、宜宾新闻网等省、市主流媒体专题报道。

“暖冬行动”助力留守儿童圆梦微心愿。1月17日，团市委全体机关干部职工到高县罗场镇天堂村和兴场村开展2019年“青春扶贫 温暖过冬”三下乡服务活动，向60名农村留守儿童、经济困难家庭青少年赠送了学习文具和新年礼物，祝愿他们温暖幸福过新年。市、县（区）团委组织开展“暖冬行动”系列活动之“爱在冬日”“圆梦微心愿”。1月25日，团市委组织宜宾市青联委员部分代表走进屏山县书楼镇初级中学和新安镇红庙村开展“暖冬行动”暨青联委员“圆梦微心愿”活动，看望和慰问贫困学子和留守儿童，通过线下“微心愿”征集、线上“微心愿”认领的形式，共认领屏山县各乡（镇）199名留守儿童和贫困学子的“微心愿”；各县（区）团委持续开展关爱慰问重点青少年群体“爱在冬日”活动，帮助农村留守儿童、贫困农民工家庭子女实现“微心愿”1997个。宜宾共青团系统通过“暖冬行动”共计为2172名困境青少年送去爱心礼包、慰问物资等合计89.7万元。

加强“控辍保学”工作。督促指导2019年拟“摘帽”贫困县——屏山县完成乡乡有标准中心校和义务教育有保障“摘帽”指标。继续推进东西部扶贫协作相关工作，加大兜底保障力度，投入兜底保障资金5665.26万元，按照市、县（区）财政各承担50%的原则，市级配套2832.63万元，资助各学段建档立卡贫困户子女14.11万人次。管好用好教育救助基金，累计筹措教育救助基金7267万元，资助87236人次。举办教育心理扶贫“双益工程”项目第三期心理健康教育研修班及进行基地建设，培训贫困县教师以专业的心理教育方法助力贫困学生健康成长。

【劳务开发与返乡创业】 全年农村劳动力转移输出168.36万人，其中市内就业60.12万人、市外省内就业25.72万人、省外就业82.51万人；实现劳务收入384.54亿元。农民工返乡创业总人数9.1万人，创办企业1.15万家、个体工商户7.06万户。

加强组织领导。2月，印发《关于加强农民工工作的意见》(宜发〔2019〕2号)，要求全市各级党委、政府要高度重视农民工工作，加强对农民工工作的领导，党委、政府“一把手”亲自抓，分管领导具体抓，并将其纳入经济社会发展年度计划和中长期规划，与党委、政府中心工作同部署、同检查、同落实。

健全体制机制。调整充实市农民工工作领导小组，所有县(区)成立正科级农民工服务中心，136个乡(镇)全部设立农民工服务中心，村建立农民工作站。在北京、中山、东莞、深圳、嘉兴等宜宾籍农民工较为集中的地方建立宜宾市驻外农民工服务中心。

就业创业稳中向好。1月，印发《关于进一步做好返乡下乡创业工作的通知》(宜府办函〔2019〕2号)，出台了19条支持返乡下乡创业的政策措施。2月，印发《关于宜宾市优秀农民工和宜宾市创新创业之星的通报》(〔2019〕19号)，表彰了全市100名优秀农民工和10名“创新创业之星”。全年举办各类招聘会305场，组织开展“送岗位下乡入村”活动217场，提供就业岗位11.5万个，达成就业意向2.5万人，其中开展宜宾临港智能终端专场招聘会225场，智能终端企业新增农民工员工4100人。在临港经开区建立宜宾市农民工科技创新孵化基地，在叙州区建立宜宾市农民工科技创新孵化园。举办宜宾市第二届返乡青年创业项目展示交流会。翠屏区、叙州区被评为全省返乡下乡创业先进县(区)。全年为返乡创业农民工568人发放创业担保贷款6654万元，占当年个人担保贷款发放总额的66.5%。

技能培训稳步推进。实施“十万农村青年技能培训工程”，全年有4万余名农民工参与了各类技能培训和创业培训。开展省级项目劳务品牌培训116期，培训5811人，其中初级4593人、中级953人、高级265人。开展返乡创业培训75期，培训2825人。

服务保障全面提升。春节期间，全市各级各部门组织开展了返乡农民工全覆盖走访慰问活动，发放慰问品折合454万元，累计发放慰问金881万元。开辟返乡农民工办证“绿色通道”，办理身份证3.72万人、出国(境)证件3.28万人、驾驶证件805人。做好农民工出行服务，增设深夜“最后一公里”直达专车和宜宾至杭州、广州临时专列。长宁“6·17”地震之后，市人社、交通部门协调开行灾区农民工返乡免费专车28班次，帮助800余名农民工返乡救灾。保障5997名农民工子女中心城区入学，组织490余名留守儿童到北京、浙江、重庆等地开展暑期亲情团聚夏令营活动。分别为女性农民工开展宫颈癌、乳腺癌筛查3.48万人、2.96万人。分配农民工公租房114套，为91户农民工发放租赁补贴。市、县(区)、乡(镇)落实专人做好全省农民工服务网的信息录入及审核工作，全年正式发布各类信息7647条。建立“宜宾市农民工之家”微信公众号，每周一、三、五按时推送农民工服务资讯。组织500余名志愿者建立22个志愿服务站点为农民工提供志愿服务，服务农民工约5万人次。开展“送文化下乡”活动900余场。

回引培养站高谋远。实施农民工回引“聚火工程”，加强党的建设，加强政治激励。在农民工外出务工相对集中地组建了70个流动党员党组织，对20039名优秀农民工实行“一人一档”管理，纳入村级后备力量4722名、入党积极分子1840人，推荐1217名返乡优秀农民工担任各级党代表、人大代表、政协委员，推荐403名优秀农民工参加各级劳动模范、道德模范、先进工作者评选。结合村建制调整改革，选拔3965名农民工进入村“两委”班子，其中村党组织书记878人。

【创新农业投入机制】 全年围绕高标准农田、七大主导产业等重点领域储备项目36个，总投资112.45亿元，其中列入市重点项目3个，完成投资8.01亿元，占任务的104.2%。全年共争取中省财政资金16.8亿元，增长8.26%；带动金融资金和社会资本投入55亿元，增长37%。协助组建成都农交所宜宾分所，加快区(县)农村产权交易、评估、收储“三中心”建设。协助县(区)党委、政府组建国有农业投资公司12家。与市农担公司、市县级农村商业银行签订了“乡村振兴贷”三方合作协议，全市新增贷款10.8亿元，其中市本级9236万元，并经省级绩效考评合格，获得省级奖补资金1449万元。与市金融工作局共同完成首届天府金融论坛宜宾分场暨“天府农业板”开板仪式工作，全市66家农业龙头企业在“天府农业板”成功挂牌，占全省的85.7%，标志着全市农业企业借助资本市场缓解融资困境取得突破性进展。

【加快地震灾后恢复重建】 抓实灾后恢复重建规划编制，指导长宁县、兴文县受灾地区加快推进项目工作。全市恢复重建项目共38个(维修加固项目已全部完工)，计划投资86880万元，其中已投入使用8个，在建26个，未开工4个，截至11月，完成投资27487万元，投资完成率达77.04%。争取中央、省级政策和项目支持，确保用两年时间全面完成灾后恢复重建任务。

【涉农节会会展】 3月17日—20日，以“长江首城·茶和天下”为主题的第三届国际(宜宾)茶业年会举办，首次邀请尼泊尔联邦民主共和国担任主宾国，30余个国家的100余名国际嘉宾、200余位知名企业代表和60余个行业组织负责人齐聚宜宾。该届年会共收集签约合作项目70个，签约总金额105.82亿元，其中茶产业项目50个，签约总金额57.49亿元；其他产业项目20个，签约总金额48.33亿元，涉及投资、购销、技术合作等类别。

6月13日—16日，首届中国(宜宾)国际竹产业发展峰会暨竹产品交易会举行。共计29个国家近700名嘉宾、138家企业参会参展，签约投资项目26个，协议总投资107.83亿元；现场商品成交1.9亿元，签订采购合同9.9亿元。

【重点乡(镇)选介】 叙州区横江镇。横江镇位于川滇结合部，距云南省水富市14千米，与云南省水富市向家坝镇隔河相望，自古被誉为“川滇咽喉”。全镇辖区面积196平方千米，建成区面积0.7平方千米，总人口60015人，是国家级历史文化名镇、四川省首批特色小镇(川滇商号)、四川省文化特色小镇。境内拥有横江古镇国家4A级景区、石城山省级森林公园、金钟村国家级传统村落、石城山岩墓群国家级文物保护单位、石城山10万亩现代蚕桑示范园等文化旅游资源，坐落在向家坝水电站复龙换流站现代清洁能源基地，有规模以上企业2家、限上企业1家。全镇GDP达14.4亿元，三次产业结构比为19.4 ：53.2 ：27.4。

长宁县竹海镇。该镇位于长宁县中部，长(宁)龙(头)旅游公路越境而过，即将通车的宜叙高速竹海连接线和正在建设的国道547线两条旅游公路横跨竹海镇全境，交通便捷。全镇辖区面积145.24平方千米，总人口约5.15万人，森林覆盖率为64%。境内主要分布有楠竹、黄竹、慈竹、绵竹、杂交竹等竹类482种5933公顷，拥有“世界罕见、国内唯一”以竹类资源为主的国家风景名胜区、国家4A级旅游景区、中国旅游胜地四十佳、中国最美十大森林之一、世界“绿色环球21”认证景区——蜀南竹海，国家3A级旅游景区藕花洲和竹海酒庄，建有全球面积最大、竹类品种最多的竹类系统生态园——“世纪竹园”，以及文武宫等旅游资源，是全省首批唯一一个以生态旅游命名的试点镇，被誉为“川南碧玉”；现有规模以上企业1家、限上企业6家。全镇GDP达14.74亿元，生态旅游业对GDP的贡献率达11%，三次产业结构比为23.63 ：47.85 ：28.52。

【农村大事记】 1月28日，宜宾市农业农村局正式挂牌成立。

3月5日，“宜宾柚樟”现代林业示范区启动仪式在叙州区举行。

5月3日—6日，在第八届四川国际茶业博览会上，川茶集团、川红集团获得“四川十大茶叶企业”称号，全市12家茶企（占全省1/3）获批为“天府龙芽”地理标志首批使用企业。

5月7日—8日，2019全国茧丝绸行业产销形势分析会暨全国优质茧基地现场交流会在高县举办。

5月21日，市委农村工作会议暨全市农村人居环境整治工作推进大会召开。

5月28日，全省农村改革暨农村经营管理工作会议在叙州区召开。

9月21日，“天府龙芽·宜宾早茶”入驻中国北京世界园艺博览会茶文化体验馆。

10月11日，全省现代林业示范区高质量发展现场推进会在宜宾市召开。

10月17日，“精致川茶产业发展·茶与健康”第五届四川参事研讨会议在高县召开。

11月7日，以“践行‘两山’理论，助力全民健康——宜人宜宾·康养樟海”为主题的第五届森林康养年会在叙州区举办。年会期间宜宾市共签约项目7个，协议总投资272.2亿元。

11月10日，第二届“工匠杯”天府龙芽宜宾秋茶和首届“工匠杯”天府龙芽·宜宾茉莉花茶评比活动结束。经过网络投票和现场评审两个阶段后，最终评选出工夫红茶、绿茶、茉莉花茶三个类别的一、二、三等奖。

12月13日，全市66家农业龙头企业在“天府农业板”挂牌，作为2019年天府金融论坛专业论坛之一，2019天府金融论坛宜宾分场暨“天府农业板”开板仪式在成都市举行。活动现场，宜宾市分别与多家银行签署了《战略合作协议》；挂牌企业代表川红集团、宜宾市南溪区溯源农业投资开发有限公司等分别进行了股权转让、债券发行仪式。

【主要领导人】 市委书记：刘中伯；市人大常委会主任：陆振华；市长：杜紫平；市政协主席：吕晓莉；分管农业副市长：张平。

宜宾市编写组

翠屏区

【基本情况】 2019年，全区辖12镇8个街道，辖区面积1530平方千米。

【新型农业经营主体培育】 培育现代农户家庭农场94家，新培育家庭农场省级示范场4家、市级示范场8家。新增区级示范社8个，累计培育市级示范社5个、省级示范社3个，全区共培育专合组织831家。申报市级龙头企业6家，新认定区级龙头企业7家，全区累计培育龙头企业70家，其中国家级1家、省级9家、市级30家。全区龙头企业总资产达50.74亿元，固定资产达14.11亿元，实现销售收入70亿元、利润3亿元，辐射带动农户40万户。

【农用地产权制度改革】 完成农村土地承包经营权确权登记工作，继续深化农村土地“三权分置”。完善农村土地调解仲裁体系建设，依法调解仲裁农村土地承包纠纷95件。探索筹建区产权交易中心和镇村农村集体产权交易服务站，挂牌李庄镇高桥村农村产权交易服务站。新型经营主体和农业企业蓬勃发展，全区累计向合作社、家庭农场和企业等规模流转耕地15810.533公顷。同时，根据乡村振兴农业产业发展贷款风险补偿金管理办法，向18户新型经营主体发放贷款1375万元。

【农村集体产权制度及宅基地改革】 翠屏区被确定为全国第四批农村集体产权制度改革试点区，在全面完成全区339个村级组织和2979个社的农村集体资产清产核资工作的基础上，选择在高桥村、丘陵村、安石村3个村开展试点工作。3个试点村已完成改革试点方案制定和成员资格认定，成立了股份经济合作社，发放了集体经济组织登记证，颁发了农村集体资产股权证，实现确权到人、颁证到户。试点村核心区域全面开展林地现场核实、图斑勾绘、完善权属调查，宅基地及房屋的测绘、资料收集、数据入库，水利工程定位定点等工作，已颁发林权证95宗、农村小型水利设施所有权7本、农村小型水利设施使用权证29处、农村集体宅基地和住宅流转经营权证1本；完成514宗宅基地及房屋的测绘、资料收集、数据入库工作，颁发集体建设用地（宅基地）使用权及房屋所有权证280户，“确九权，颁十证”改革试点成果初显。

【现代农业园区建设】 编制《宜宾市翠屏区现代农业园区总体规划（2019—2023年）》，推进辖区农业园区建设，重点培育北域环金秋湖生态早茶基地宜宾市翠屏区茶叶农业产业园和南域宜长线宜宾市翠屏区晚熟柑橘现代农业园区2个特色优势产业现代农业园区。推进橘香小镇、幸福胡坝、茶缘牧歌、七彩茶园等20余个200公顷以上规模的三产融合乡村振兴现代农业核心示范园区建设。

【种植业】 全区粮食作物播种面积51986公顷，产量33.86万吨，减少0.42%，其中稻谷播种面积27787公顷，产量22.42万吨；玉米播种面积10013公顷，产量5.9359万吨。落实粮食补贴政策，发放2019年稻谷补贴资金1418.10854万元，补贴面积14892.969公顷，涉及农户90030户。

粮食高产创建。建设水稻丰产科技工程翠屏区示范区6000公顷，示范区主导推广“德香4103”水稻品种，优良品种覆盖率达100%，“稻渔种养”、测土配方施肥、再生稻高产集成等技术实现全覆盖。经测产，核心示范区内杂交中稻—再生稻平均0.067公顷产量为854.05千克。

水果生产。围绕实施乡村振兴战略和宜长兴产业带建设，制订《宜宾市翠屏区晚熟柑橘产业融合发展规划》，推进全区水果生产。新发展果园面积579.667公顷，改造提升老旧果园1000公顷，新建标准化优质晚熟柑橘基地3个，全年水果生产面积达5541公顷，增长11.68%；水果总产量81859万吨，增长11.11%。

茶叶生产。编制《宜宾市翠屏区泛北域生态早茶高质量产业发展规划》《宜宾市翠屏区2019年标准化机采茶叶基地建设项目实施方案》，整合涉农项目，开展环金秋湖乡村振兴战略示范区建设，新建标准化茶园800公顷，改造低产茶园666.667公顷，新增标准化机采基地1333.333公顷。经区划调整，原宜宾县划转至翠屏区的镇建有已投产茶园，全区新增茶园1098公顷，增长18.84%；当年采摘面积新增1700公顷，增长37.73%；茶叶总产量6329吨，增长103.96%。累计培育各类涉茶企业15家，涉茶企业茶叶初加工产能达1.5万吨/年、精深加工产能达2万吨/年。培育茶叶专业合作社38个。培育“叙府金芽”“优黑优红”等名优茶叶品牌，其中“叙府”被评为“中国驰名商标”。同时，承办全省首届精制川茶产业培育（现场）推进会议，举办“第三届国际（宜宾）茶业年会”茶乡之旅现场活动、中国·宜宾2019年己亥岁“喊茶活动”，提高了宜宾早茶的品牌知名度。

蔬菜生产。依托蔬菜加工龙头企业，推进辖区蔬菜产业化发展。招商引资注册成立宜宾龙盛食品股份有限公司，在李端镇新建辣椒种植基地1000公顷，打造集农产品加工、竹加工、食品加工、文旅、康养于一体的辣椒特色小镇。新建辣椒品比园、辣椒种植示范基地80公顷，并逐步推进辣椒加工厂建设。持续推进芽菜产业发展，成立宜宾市翠屏区芽菜协会，举办翠屏区芽菜发展大会，创建并获得四川省特色农产品（宜宾芽菜专用青菜）优势区认定。全年新发展蔬菜基地200余公顷，发展蔬菜种植面积1.28万公顷，蔬菜总产量39.04万吨，总产值14.8亿元。

植物检疫。完善柑橘黄龙病、柑橘溃疡病、稻水象甲监测和防控工作，开展全区性检疫培训2次，发放柑橘黄龙病、溃疡病等检疫性有害生物防控技术资料5000余份，检疫性有害生物宣传挂图5000余份，设置柑橘黄龙病监测点40个。设置草地贪夜蛾监测预警点60个，实现动态监测和防控，草地贪夜蛾得到了控制。

病虫害防治。在粮丰工程示范区、稻瘟病常发区等地区开展专业化统防统治、绿色防控等，全区开展专业化统防统治面积23333.333公顷；开展农作物绿色防控示范面积3666.667公顷，辐射带动辖区农户等开展绿色防控，绿色防控覆盖率达47%。

【畜牧业】 全区生猪出栏40.3208万头，猪肉产量3.0874万吨，减少9.1%；牛出栏0.5705万头，牛肉产量712吨，增加8.7%；羊出栏2.1704万只，羊肉产量306吨，增长10.9%；家禽出栏425.8713万羽。禽肉类总产量5999吨，增长16.1%；禽蛋产量6551吨，增长23.56%；兔出栏55.7833万只，兔肉产量791吨，增长4.4%；奶类产量1850吨，增长1.09%。肉类总产量38682吨，减少5.3%。全年实现生猪产业综合产值61.6亿元，肉牛产业综合产值32.5亿元。

畜禽标准化养殖。全年新建年出栏生猪1000头以上的标准化规模养殖场6个，累计创建市级以上畜禽标准化示范场26个。申报2019年中央财政专项资金项目（非畜牧大县畜禽粪污资源化利用），争取中央财政专项资金2000万元，对规模养殖场、养殖专业户、龙头企业代养场及环境敏感地带养殖场（户）粪污处理设施设备进行升级改造及建设区域粪污处理中心、有机肥加工厂等。

动物疫病流调与监测。更新酶标仪、洗板机、荧光PCR等血清学和病原学检测实验仪器设备，提升了动物疫病监测的预警预报能力。设立区级流调监测点76个，辐射全区养殖区域的动物疫病监测与流行病学调查工作。开展重大动物疫病日常监测，监测各类动物疫病7754头（羽）次。

动物检疫。全年产地检疫生猪24.8019万头、牛0.5518万头、羊0.4523万只、禽89.6871万羽、其他动物1.5860万头（只）；消毒车辆5.5万辆，屠宰检疫动物产品猪29.0229万头、禽7.104万羽。全年共计监测采样“瘦肉精”23972头份。

动物卫生监督。全年立案查处案件43起，罚款29.28万元；无害化处理病死生猪20898头，累计审核关停生猪定点屠宰企业27家。加强非洲猪瘟调运监管工作，与交通部门、公安部门等单位联合开展调运监管，设立13个非洲猪瘟宣传检查点和4个泔水检查点，查处违规调运生猪及其产品案件24起。

【水产业】 全年新发展成立水产养殖专业合作社5个，全区共有水产养殖专业合作社30余个，专合社水产养殖总面积达620公顷，带动周边农民从事水产养殖800公顷。全年全区水产品总产量32718吨，渔业经济总产值达97652万元。全年共查获违法行为14起，现场销毁禁用网具440余副，收缴、销毁涉鱼三无船只17艘，收缴鱼竿100余副。共处理举报30余起，出动执法人员890人次。

【耕地保护与质量提升】 倡导灵活开展粮菜、粮经等轮作，在茶园、果园推广以“茶—林—畜—沼”“畜—沼—果”“果—菜（菌）”为主要模式的生态循环农业，在水稻高产栽培基地等推广测土配方施肥技术、病虫害绿色综合防控、有机肥替代化肥等技术，传统方式与高新技术结合、用与养结合，保障了耕地品质。同时，开展耕地质量调查监测与评价项目，调查采样并化验土样218个。实施耕地保护与质量提升土壤酸化耕地改良项目，改良酸化土壤2133.333公顷。完成2018—2019年度高标准农田建设1833.333公顷，完成翠屏区2019—2020年度高标准农田建设项目计划工程量的40%。为掌握氮磷流失基本情况，抽样调查全区种植业氮磷流失基本情况和115个典型田块。发放耕地地力保护补贴资金5177.7052万元，涉及农户145413户。

【化肥减量项目】 实施2018年果菜茶有机肥替代化肥试点项目，有机整合中央财政畜禽粪污资源化利用项目，开展茶园有机肥替代化肥试点1333.333公顷。实施高粱—芽菜轮作秸秆再利用科技项目，全区秸秆还田面积达33333.333公顷。全区化肥用量从13163吨（折纯）减少到11103吨。

【农业机械化】 全区农业机械拥有量达6.53万台（套），农业机械总动力达23.89万千瓦，全区主要农作物和经济作物耕种收综合机械化水平达65.12%。完成农机购置补贴资金106.82万元，新增各类补贴农机具2350余台（套），受益农户达2438户。全年完成机耕道建设100千米。新建提灌站5台180千瓦，新增提水控灌设备2601560千瓦，全区有固定机电提灌349台、12913千瓦，常年提水保灌面积11000公顷。

农机安全监理。全面落实农机安全生产规章制度等，开展变量拖拉机专项整治、农机安全生产督导检查、农机安全生产宣传教育活动等。完成拖拉机年检852台，年检率达59.45%；依法将连续三年未参加安全检验的289台拖拉机号牌、行驶证公告作废、注销登记。签订农机安全责任书852份，“严禁双超”责任书、承诺书852份，排查农机经营单位3个、维修企业2家，入户检查农机户200余户。

【基层农技推广体系改革与建设】 实施2019年中央财政农业生产发展资金基层农技推广体系改革与建设补助项目，制定《宜宾市翠屏区2019年基层农技推广体系改革与建设实施方案》，建立农业科技示范基地2个。全年培育农业科技示范户170户、基层农业技术人员120名。

【农村生态建设及环境保护】 推进大气、土壤和水环境保护工作，开展农业面源污染治理、耕地质量提升与长江上游生态环境保护工作。抓实环保督察问题整改，拆迁位于新规划的宋家工业园区的宋家蛋鸡场和位于机场快速通道规划路线上的兰特蛋鸡场，取缔七星湖屠宰场，规范双龙湖屠宰场。科学调整划定全区畜禽养殖禁养区，开展以消纳畜禽养殖粪便为主的有机肥替代化肥试点县项目、中央财政畜禽粪污资源化利用项目和农药减量增效控害行动，全区建立有机肥替代化肥示范片1333.333公顷，畜禽粪污资源化利用率达91.45%，全区减少农药用量10%以上。抓实秸秆禁烧和综合利用，扩大宣传，严格管控，悬挂秸秆禁烧标语横幅等4409幅，发放告知书156889份，经济处罚243人。实施“高粱—芽菜”轮作秸秆再利用科技项目，开展秸秆收储体系建设试点，并与秸秆收储利用公司洽谈，推动秸秆收储粉碎市场化运作。加强长江上游珍稀鱼类自然保护，增殖放流长江鲟1600尾、胭脂鱼3.64万尾、清波2000尾、岩原鲤苗5.5万尾、翘嘴红鲌4000尾、鲫鱼苗6000尾。加强执法监管，查获各类违法案件14起。落实长江渔民退捕政策，拆解辖区渔民所属50艘渔船及捕捞工具，长江重点水域翠屏区段全面禁捕。

【农村人居环境整治】 全面落实中央、省、市农村人居环境整治三年行动方案决策部署，推动实施农村“垃圾革命”，构建“户分类、村收集、镇转运、区处理”的四级处理体系，村民小组保洁员配备率达100%，建设垃圾分类收集点1213个，发放垃圾分类收集桶75748个，全区生活垃圾得到有效处理的村达100%。推动实施“农村污水革命”，按照接管治理、集中治理、分散治理模式，建设有正常运行的污水处理厂的镇11个，占比91.67%；建成污水处理站（池）32座、污水收集干管65.744千米，全区生活污水得到有效处理的村达70%以上。推动实施农村“厕所革命”，实施农村户用卫生厕所建改4.1万余户，全区农村户用卫生厕所普及率达95%以上。推动实施农村“住房革命”，实施旧村改造行动，确保完成3250户土坯房改造和417户危房改造。推动实施农村“设施革命”，坚持结合、整合、融合原则，加快农村“六网”建设提档升级，新（改）建农村公路100千米以上，实现通组公路全覆盖；加大自来水、天然气、宽带、4G网络等基础配套建设力度，持续改善农村居民生活条件。

【农产品质量安全监管】 新申报无公害农产品认证14个，复查换证40个；新申报绿色食品认证3个，续展认证2个，全区有效期内“三品一标”农产品达137个。全年累计开展农产品样品监测4892个，开展农产品质量安全专项检查行动6次。全区接受部、省、市农产品质量安全抽检合格率达98%以上。

【农村沼气建设】 全区农村户用沼气共计62546户（区划调整后由叙州区划入14161户，翠屏区划出2673户），占适宜建池农户数的比例达85%。建成大中型沼气工程2处。开展碳减排交易3417户。加强沼气工程和户用沼气池管护及农村能源安全生产与技术培训，全年未发生沼气安全事故。

【乡风文明建设】 注重乡村文化传承和乡风文明建设齐抓共管，加强对传统村落、乡土建筑的保护修缮，加大对李庄草龙、宜宾面塑等民间艺术的传承保护力度，培养乡土文化能人和民间文化传承人200余人。深挖乡村文化资源，打造柑橘文化节、早茶文化节、农民丰收节等节庆品牌。借力“翠屏之春”、迎春舞龙大赛文化体育活动等，开展文明村镇创建、乡（镇）综合文化站提档升级和基层综合文化服务中心规范化建设工程和“文明翠屏·身边好人”评选活动等，创建区级以上文明镇11个、文明村198个，高标准打造综合文化站17个、文化服务中心324个。加强和谐乡村治理，完善“一约一队四会一体系”群众自治机制，实现“民主管村”“民主治村”。培育“法治”新观念，建立区、镇、村三级公共法律服务平台，深化“七五”普法和法律“十二进”，乡（镇）法律援助工作站实施全域覆盖。

【名优特新农产品】 翠屏晚橘。宜宾市翠屏区柑橘栽培历史悠久，种植翠屏晚橘已有近40余年的历史，在全区内均有种植。因翠屏区地属三江河谷亚热带气候区，兼具南亚热带属性，全年无周期性冻害，固而晚熟的翠屏晚橘品种可安全越冬，是中国晚熟柑橘栽培生态最适区。进入新千年，由政府引导，树立“绿色、生态、高效”发展理念，实施名牌战略，结合翠屏区气候特点，加强栽培管理技术，不断提高“翠屏晚橘”品质，经过20余年的努力，现在的“翠屏晚橘”具有果实果皮橙色或橙红色，鲜艳具光泽，易剥皮；果肉橙色或橙红色，脆嫩化渣，汁多，甜酸适度，香气和风味浓等特定品质，广受消费者喜爱。

近年来，翠屏区依托已建成的四川柑橘育种栽培创新转化院士工作站川南示范基地、国家现代农业产业技术体系四川水果创新团队柑橘示范基地和四川省现代农业科技创新成果转化示范基地，通过省农科院有关专家的现场指导，使种植出的翠屏晚橘品质稳定、优越，逐渐提高了翠屏区晚橘竞争力。

翠屏区按照全省柑橘产业发展规划，发展柑橘产业，“翠屏晚橘”亩产量2～3吨，售价每千克5～10元，亩产值10000～30000元，对促进农民增收、乡村振兴建设工作起到了积极作用，全区已建立营销服务体系和电商平台，严格按照绿色食品标准化生产。

【主要领导人】 区委书记：曾从钦；区人大常委会主任：程政；区长：李强；区政协主席：黄继军；分管农业副区长：宋仕伟。

翠屏区编写组

南 溪 区

【基本情况】 2019年，全区辖8镇3个街道，辖区面积676平方千米，总人口41.5万人。

【现代农业园区建设】 新建长兴仙临酿酒专用粮现代农业园区，并获得省级、市级现代农业园区命名；新建江南镇南溪血橙现代农业园区、汪建镇宜宾早茶现代农业园区，并获得区级现代农业园区命名，编制宜宾市南溪区现代农业园区建设总体规划及推进方案和部分园区规划；新建“万亩地亿元钱”粮经复合示范基地2个、面积2.12万亩，打造现代农业特色蔬菜产业园1个、面积0.5万亩；创建省级农业主题公园1个（裴石月亮湾），举办农旅节庆活动9次。

【种养殖业】 全区粮食产量19万吨；蔬菜种植面积29.96万亩，鲜菜总产量65万吨，鲜菜产值10.32亿元；培育竹资源6.3万亩，竹产业总产值38.19亿元；水果基地面积9.44万亩，产量7.18万吨，鲜果产值3.034亿元。全年出栏生猪36万头、牛0.27万头、羊5万只、家禽600万只，畜牧业总产值14.87亿元；水产品总产量0.82万吨，渔业总产值1.6亿元。农村居民年人均可支配收入达17238元。

【农村产权制度改革试点】 推进农村产权制度改革试点，出台《南溪区农村土地股份合作制改革实施意见》《宜宾市南溪区扶持村集体经济发展推动乡村振兴的实施意见》。在刘家镇大庙村率先试点探索实施“1+3”发展战略。组建农村产权收储中心、价值评估服务中心、交易中心“三中心”，以租用方式盘活闲置农房9处1637平方米，有偿腾退利用农村宅基地和闲置农房35户5439.36平方米，通过新组建的交易平台实现农村产权交易出让7宗。

【扶贫攻坚】 一是开展农业技术巡回服务。成立6个巡回小组，全年共下村开展技术指导440次，开展技术培训36次，发放各种技术资料5000余份。二是开展助耕服务。帮助缺少劳动力有需要的贫困户解决耕、种、管、收的实际问题。全年共出动助耕机具263台次、助耕队员715人次，为全区11个镇（街道）137户缺少劳动力的贫困户提供助耕服务，助耕面积370.13亩，财政补贴专项扶贫资金11.8万余元，惠及贫困人口450余人。三是做好产业扶持基金管理督导。全年召开产业扶持基金专题督导和培训会4次，培训71人次。

【农村人居环境整治】 一是立足清脏。推进垃圾分类，建设垃圾分类亭194个、垃圾收集点1507个、再生资源回收点72处；完善垃圾收运体系，配备保洁员1086人，配置各类垃圾转运车辆203辆（机动61辆、非机动142辆），“户分类、村收集、镇运输、县处理”垃圾收运处置体系初步建成。二是聚焦改厕。完成新（改）建农村卫生厕所4064户、公共厕所27座；完成农村户用沼气池建设和验收600余口，建设集中供气工程2处；在22个村整体推进实施厕所无害化处理，惠及农户5210户。三是突出治污，建成乡（镇）污水处理厂12个、村级生活污水处理项目43个，提升了农村污水处理水平。

【农产品质量安全监管】 巩固省级农产品质量安全监管示范县创建成果。全年区级累计抽检样品1000余个，乡(镇)速测样品2000余个，样品合格率达99.8%以上，农产品生产企业、农民专合社等生产主体开展自检达200次以上；开展食用农产品农残超标整治工作专项治理行动，确保农产品质量安全水平稳步提升，蔬菜、水果农药残留在部、省、市例行监测中合格率保持在99%以上，农作物种子质量抽检合格率达100%。

【农业生态治理】 围绕"一控两减三基本"目标，抓好农业面源污染防治，加大对农膜科学使用的技术指导和农田残膜回收利用的监督管理，全年使用农膜935吨，采取农户再利用、废品收购等方式回收农膜861吨，农膜回收率达92.1%。继续实施化肥减量零增长行动。全年累计发放测土配方施肥建议卡5万余张，指导全区推广配方施肥60万亩次，主要农作物测土配方施肥技术推广覆盖率达90.5%，主要农作物肥料利用率达35.6%。化肥、农药使用增长率均持续实现负增长。

【农业综合执法】 加大农业综合执法力度，加强法律法规的宣传。全年出动执法人员398人次、执法车辆120台次，检查农资经营门店150个次、专合社40余个，下发责令整改通知书30份，搜缴假冒伪劣农资15千克，立案调查处理案件15起，累计办理案件15件，共计罚款0.71万元。全年查处各类林业行政案件61件、刑事案件4起，上报案卷评查2件。开展林区巡查110余次，全年未发生林区安全事故及种毒案件。

【主要领导人】 区委书记：肖敏；区人大常委会主任：刘吉斌；区长：何永宏；区政协主席：余水情；分管农业副区长：谢明春。

南溪区编写组

叙州区

【基本情况】 2019年，全区辖12镇2乡3个街道，辖区面积2570平方千米，其中耕地面积7.93万公顷。

【年度农业和农村经济运行】 2019年，全区实现农林牧渔总产值74.88亿元，增长1.59%；增加值45.27亿元，增长2.05%。农村居民年人均可支配收入达17138元，增长10.4%。

【种植业】 粮食产量稳定提升。全年粮食作物播种面积148.84万亩，粮食总产量56.48万吨。一是突出粮食生产提档升级，从要产量向要品质转型。二是围绕"酿酒专用粮"建设专用粮订单生产基地。三是发挥区域优势，实施"调麦扩薯增油"计划。四是开展新品种、新技术示范推广，实施"藏粮于地，藏粮于技"方针。

特色产业迅速发展。一是水果。新发展荔枝等特色水果面积5000亩，水果产量达10.5万吨，实现产值4.2亿元。"大塔荔枝"通过农业农村部地理标志产品登记保护。二是蔬菜。全区蔬菜栽培面积11.2万亩，产量26.88万吨，实现产值6.72亿元，蔬菜综合产值达10.75亿元。三是蚕桑。全区桑园面积达4.7万亩，年发蚕种3.2万张，鲜茧产量1300吨，农户茧款收入5525万元，蚕桑综合产值达1.75亿元。四是茶叶。全区茶园面积21.5万亩，总产量8150吨(其中名优茶4966吨、大宗茶2833吨)，茶叶综合总产值达25.8亿元。

【畜牧业】 全区出栏生猪73.5万头、肉兔502.5万只、肉牛0.65万头、肉羊6.12万只、小家禽728.6万只，肉类总产量74282吨，禽蛋产量6055吨，分别增长-17.97%、16.19%、8.3%、7.37%、5.6%、-13.78%、5.52%。实现畜牧业产值33.5亿元，减少6.94%；助农增收120元。

非洲猪瘟防控。指导乡(镇、街道)开展生猪监测排查工作，开展兽医实验室检测，全年开展非洲猪瘟专项检测6548份。督促各乡(镇、街道)开展大清洗大消毒工作，为生猪健康养殖创造有利条件。牵头编制《宜宾市叙州区生猪异常发病死亡处置管理办法》，为及时处置异常发病猪只、维护养殖农户利益、防止病原扩散、及时恢复生猪生产起到了推动作用。

【水产业】 全年水产品总产量19500吨，实现渔业总产值57000万元。抓好渔业新型经营主体发展，新发展渔业合作社3个、渔业家庭农场5个。继续抓好渔业产业发展，建成名优特色水产养殖基地2000亩。举办水产、渔政各类培训班25期，累计培训1800余人次。抓好水产品牌创建工作，指导普安镇土主村稻香坛家庭农场争创国家级示范家庭农场。

【农村改革】 一是确权颁证攻坚扫尾。完成确权登记原宜宾县26个乡(镇)523个村225699户，已颁发证书222607户，颁证率达97.18%。二是农村产权改革推向深入。453个村4616个组全面完成清产核资，总额达20.43亿元，增加16.38亿元，农村产权流转交易标准化试点通过国家验收。三是"三资"监管严格规范。加强农村集体"三资监管平台"监管，产业扶持基金规模已达3373.8万元，出借使用2367.794万元，使用率达70.18%，惠及贫困户5024户。四是"三权分置"步伐加快。全区农业适度规模经营面积达16万亩，办理农村土地经营权证143宗，抵押融资总额1.664亿元。五是惠农补贴落实到户，兑现2018年稻谷补贴1660万元、2019年耕地地力保护补贴7278万元。

【乡村振兴示范创建】 印发《宜宾市叙州区乡村振兴战略省级、市级示范村暨市级先进乡镇创建工作方案》，确立"区级领导联系指导、区级相关部门责任帮扶"工作制度。创建省级示范村2个、市级示范村3个、市级先进乡(镇)1个，考评认定区级示范村20个、区级先进乡(镇)3个。

【新村建设】 打造园区，促进乡村振兴提速。天宫山茶旅融合产业示范园完成天宫山整体开发总规编制工作，开展控详规划的编制相关工作，茶韵广场预计于2020年1月全面建成，已完成天宫山国有建设存量土地测绘203亩。李场大塔晚熟荔枝园核心示范区面积5000亩，投资7313万余元，基本完成园区项目编制，完成景区大门项目建设等项目，通过土地整理新建建高标准荔枝园3500亩。岷江蔬菜产业示范园通过实施省级现代农业重点县项目投资2500余万元，重点开展蔬菜大棚、蔬菜商品化处理等建设，开展蔬菜等作物的新品种、新技术科技示范，开展招商引资、培育本土企业和新型经营主体；启动国际农发基金优势农产品基地建设项目，投资3517万元，建设农产品种植基地367公顷。石城山蚕桑产业示范园在复龙片投资400万元续建2018年省级现代农业产业发展蚕桑融合示范园区项目，实施区级财政蚕桑产业发展项目1万亩桑园的嫁接，在园区的庆高、松峰等村推进蚕桑产业发展项目5个，财政投资260余万元。两江全域旅游示范园以少娥山植物园建设为核心，计划投资1000万元，重点规划3000亩特色水果园建设，打造完成少娥山—幸福公社—綵山—十里花香—万花谷等近郊乡村旅游环线。成宜高速公路沿线现代农业经济带投资180万元，实施花生高产高效示范1万亩、油菜高产高效示范6万亩；计划建设高标准农田1.5万亩，已完成0.45万亩。

【农业机械化】 新建机耕便民道266千米；维修、改造机电提灌设备1573台(套)10676千瓦；新建和改造提站13座774千瓦，提水3430万立方米，保灌面积34万亩；落实农机购置补贴资金201.785万元，新增各类农业机械3492台(套)，农机总动力达496100千瓦。全年完成机耕98.5万亩、机播17.6万亩、机收24.8万亩，主要农作物耕种收综合机械化水平达53.5%。

【高标准农田建设】 依托“全国新增1000亿斤粮食生产能力田间工程”建设、2017年产油大县奖励资金使用项目基础设施建设、2017年省财政现代农业发展工程高标准农田建设等项目，完成高标准农田建设3.18万亩。

【农村能源建设】 支持农民新建农村沼气池800口，完成目标任务的100%；新增太阳能集热面积800平方米，改省柴灶300户；有序推进横江镇马林村新村集中供气项目建设，已完成工程建设并进行设备安装调试；在29个村开展农村户用卫生厕所改造7370户，卫生厕所实现整村全覆盖，无害化卫生厕所普及率达90%。在37个村开展中央专项彩票公益金支持农村公共厕所项目，新建农村公共厕所2座，改建3座。配合CDM清洁机制项目公司开展沼气项目核查。加强政策法规的宣传贯彻力度，开展农村能源建设管理法规宣传活动1次；举办沼气安全和技术培训班2期次，培训技术人员155人。开展“安全生产月”活动，将安全生产检查常态化，开展安全专项检查58次，发放安全宣传资料15000余份，并对检查中发现的问题进行了整改。

【农业安全】 新获认证登记的绿色食品18个、地理标志农产品1个，全区已获认证登记的“三品一标”农产品达89个，其中无公害农产品累计52个、绿色食品31个、有机产品4个、地理标志农产品2个。抓好农产品监测，配合部、省、市级抽检全区农产品样品157个，合格率达99.4%；监测抽检速测果蔬样品3000个以上，占目标任务的100%。全面抓好农机安全，开展变型拖拉机专项整治和全国“安全生产月”活动，落实农业安全生产一岗双责，切实抓好拖拉机年度检验工作。

【农村人居环境整治】 推进农村生活垃圾专项治理，生活垃圾得到有效处理的行政村有450个，清理农村生活垃圾1.62万吨。分类治理农村生活污水，16337户农户生活污水纳入城镇污水管网，占比7.2%；农村生活污水乱排、乱放得到有效处理的行政村41个，占比9.1%。推进畜禽粪污资源化利用，全区畜禽粪污资源化利用率达75%。推进“厕所革命”，建设农村公共厕所369座，覆盖265个行政村，覆盖率达58.8%；改造农村户用厕所16.5万户，普及率达73.1%。

【主要领导人】 区委书记：丁应虎；区人大常委会主任：罗平；区长：陈良云；区政协主席：钟建华；分管农业副区长：向华。

叙州区编写组

江安县

【基本情况】 2019年，全县辖14镇，辖区面积948.49平方千米，其中耕地面积3.41万公顷。全县粮食产量实现“十三连增”。全年实现农业产值23.47亿元，增长7.46%；牧业产值12.58亿元；渔业产值2.22亿元，增长4.17%。农村居民年人均可支配收入达17001元，增长10.4%，连续7年高于城镇居民年人均可支配收入增幅。

【种植业】 全年建设酿酒专用高粱基地11万亩，产量651.6万千克，亩产值2027.2元，总产值3649万元，亩纯收益1279.2元，比大面积亩纯收益增长28%，总增收益505.8万元。建设酿酒专用水稻基地13万亩，总产量4520万千克，亩产值1536.8元，总产值12294.4万元，亩纯收益820元，比大面积亩纯收益增加220元，总增收益1760万元。柑橘产量1.87万吨，产值6.12亿元，增长9.32%。全年未发生重大农产品质量安全事故和重大植物疫情。

【畜牧业】 全年生猪存栏24.11万头、出栏36.59万头；肉牛存栏1万头、出栏0.35万头；肉羊存栏3.87万只、出栏5.38万只；禽出栏577.63万羽，增长10.2%；兔出栏123.5万只，增长1%。禽蛋产量0.31万吨，增长3.8%。蚕茧产量0.01万吨，增长3.5%。江安县创建为全国生猪大县、现代畜牧业重点县。

动物疫病防控。全面推进动物疫情监测和流行病学调查工作，组织开展高致病性禽流感、口蹄疫、高致病性猪蓝耳病、猪瘟等动物疫病的血清学监测工作，共检测猪血清210份，其中猪瘟抗体合格血清172份，合格率为82%；口蹄疫抗体血清合格174份，合格率为83%；蓝耳病抗体合格血清169份，合格率为80%。检测牛（羊）血清131份，其中口蹄疫抗体合格血清114份，合格率为87%；检测禽流感血清224份，其中禽流感抗体合格血清198份，合格率为88%。采集猪组织样146份，禽口腔、泄殖腔拭子110份，用于病原学监测，监测结果全部呈阴性。开展非洲猪瘟防控监测工作，安排部署非洲猪瘟防控工作，全面开展采样监测工作，共监测全血、组织、环境拭子样品13000余份，未发现非洲猪瘟病原阳性。

【水产业】 全县水产品总产量1.38万吨，实现产值2.18亿元，增长2.65%；渔业养殖面积达1170公顷，出水成鱼1.37万吨，增长3.01%。整合涉农资金助推特色水产发展，引进七彩湖特种水产公司发展工厂化鳗鱼养殖项目（出口日本），建成鱼塘76口，投放鱼苗350万尾。全年未发生重大渔业质量安全事故，实现“平安渔业”目标。

【农村改革】 全面完成土地承包经营权确权登记颁证工作，完成农村土地承包管理系统建设，构建农村土地承包经营纠纷调解仲裁体系。通过土地互换、出租、转包、转让、股份合作等多种形式流转土地10.7万亩，占全县耕地总面积的28%，激发了农村土地潜能。全面完成农村集体资产清产核资工作，推进农村集体资产股份制改革，共批准成立村股份经济合作社296个。

【乡村振兴】 建立城市“双修”动态项目库，坚持“一城两山三河”的城市生态空间格局，全县森林覆盖率达42.5%。推进农村人居环境整治“五大行动”等，新开工建设农村生活垃圾处理设施18座，并全面推进垃圾分类收集处理设施建设，新开工建设农村生活污水处理设施21座。新开工建设农村公厕5座，开工建设农村户厕4000余户。实施畜禽粪污资源化利用整县推进项目，对全县176家规模养殖场进行粪污处理设施升级改造。建成“美丽四川·宜居乡村”达标村124个、“美丽宜宾·宜居乡村”达标村82个。夕佳山镇五里村入选省级最美古村落、坝上村入选全省十佳最美古村落，仁和镇鹿鸣村入选国家级传统村落，全县城乡融合发展、互为促进、和谐共生的格局逐渐形成。

【扶贫攻坚】 全年推进7个农业产业扶贫项目建设，投入资金1272.25万元，在全县初步形成了柑橘、李子、蚕桑、花椒、蔬菜等为特色的贫困村、贫困户脱贫的特色产业经济带（片）。通过对专合组织和其他集体经济组织的培育、实施项目补贴，直接解决了部分贫困户的收入增长和幅射带动大批贫困村、贫困户的产业发展。对贫困村和贫困户开展针对性的农业技术培训，培训10000人次以上，提高了贫困户的农业和生产技术水平。

【农业基础设施建设】 全县共完成高标准农田建设2.68万亩（其中绿色示范区面积0.6万亩、覆盖“两区”面积2.68万亩、“三网”配套面积1.62万亩）；田网建设工程完成田型调整0.23万亩；渠网建设工程完成排灌渠（含PE管道）95.75千米、小型水源工程建设137处；路网建设工程完成机耕道5.4千米、生产道建设21.84千米；土壤改良面积3.7万亩（高标准农田建设项目1.4万亩）；建成农建示范区面积0.42万亩；完成高效节水灌溉建设面积1.23万亩;常年提水保灌面积12万亩。

【强农惠农政策】 全年耕地地力补贴标准为135.35元/亩,已发放补贴32.97万亩、4462.59万元;稻谷补贴标准为57元/亩,已发放补贴20.04万亩、1142.53万元;落实中央农机购置补贴79.648万元,补贴农业机械1263台,直接受益农户1069户,补贴推广微耕机、旋耕机、插秧机、收割机、碾米设备等农机种类20余种。

【农业执法】 全年检查农资经销户265家,罚收不合格种子500余千克,查扣假农药15个品种150余瓶(袋),监督退回不合格肥料3个品种30余吨,并印发禁渔文件、通告10份,动员部署禁渔工作会议26次,电视电台报道17次,报纸刊登文章14篇,新媒体平台宣传10次,出动宣传车(船)172次。联合开展执法行动48次,出动执法车150次、执法船艇126艘次,参加执法944人次,共办理涉农行政执法案件25件,共计罚款1.84万元,其中秸秆焚烧类案件17件,罚款1.15万元;农药种子类案件5件,罚款0.39万元;渔政类案件3件,罚款0.3万元。没收违法捕捞渔获物86.5千克并放江,取缔违禁渔具138件5770米,收缴电捕鱼器具20套,劝导和阻止非法捕捞、游钓人员500余起,打击了涉农违法行为。

【名优特新农产品】 江安夏橙。江安夏橙是产自于四川省宜宾市江安县的一种甜橙,种植历史悠久。1943年由"夏橙之父"西南农业大学张文湘教授从美国加尼佛尼亚州引入,由于气候适合而大面积种植,至今已有78年的种植历史,成为江安县水果的重要代表品种。在江安县政府主导下,实施夏橙品种培优抚壮,不断提高其品质和质量,从中选育出的"江安夏橙35号""无核夏橙"等多个优良品系已在生产上广泛使用,并取得了很大的成功,现江安夏橙是江安县的优势特色产业,也必将成为江安县巩固脱贫攻坚成果同乡村振兴有效衔接的主导产业。江安夏橙果实中等大小,亚球形至短椭圆形,果面橙色,果皮较薄、中等粗细。果肉橙色至深橙色,质地较细,多汁,较化渣,酸甜适中,风味浓郁,富香气,无核或少核,品质上等。单果重130 ~ 170克,可溶性固形物12.5% ~ 13.5%,含有丰富的维生素,鲜食、加工皆宜。每年4月上旬开花,花期一个月;果实挂树越冬,翌年4月下旬成熟,具有果实成熟期与花期、幼果期同时并存的特点。每逢春夏之交万亩橙园花果飘香,呈现"花的海洋,果的世界",十分具有观赏性。目前,江安县夏橙生产面积达7万亩,总产量3万吨,是全国最大的晚熟甜橙——夏橙的生产基地,被农业部列为甜橙发展优势区域。江安夏橙不仅是四川省优质果品、农业部优质果品,还是中国国际农业博览会名牌产品,其产品远销俄罗斯及中国香港、广东、上海、成都等地,深受消费者的好评。

迎安蜜本南瓜。迎安蜜本南瓜产自于宜宾市,是一种杂交南瓜,属蔓生植物。近年来,受到政府重视,大力发展迎安蜜本南瓜产业,由专业合作社强化业务,指导种植,不断提高迎安蜜本南瓜品质。同时,严格控制农药化肥使用,主要使用农家肥,确保南瓜达8成以上熟后才进行采摘,自然存放,并拒绝在瓜头上抹药,使产品绿色天然。迎安蜜本南瓜瓜棒锤形,头小尾肥大,种子少,长约36厘米,横径约14.5厘米,成熟时有白粉,瓜皮橙黄色,肉厚,肉质面,细致,水分少,味甜,爽口,单瓜重1.5 ~ 3千克。迎安蜜本南瓜属早中熟品种,定植后85 ~ 90天可收获,春植为1—3月,秋植为7—8月,抗逆性强,适应性广,品质优良,亩产可达3000千克,含有丰富的蛋白质、维生素、矿物质和多种微量元素,适合烹调和深加工。目前,江安县90%以上的农民种植迎安蜜本南瓜,形成了万亩蜜本南瓜的产业规模(核心区5000亩),成为川南第一南瓜基地。销售收入从2005年不足70万元增加到2016年2500万元,人均增收500元,为迎安及周边乡(镇)致富带来良好效益。近年来,迎安蜜本南瓜获得了无公害认证、农业部绿色食品认证,迎安蜜本南瓜得到了越来越多消费者的认可。

【主要领导人】 县委书记:李强;县人大常委会主任:赵文年;县长:朱莉;县政协主席:黄明;分管农业副县长:王文华。

江安县编写组

长宁县

【基本情况】 2019年,全县辖13镇,辖区面积941.71平方千米。农民年人均纯收入达17470元,增长10.3%。

【种植业】 谷物种植。落实"藏粮于地、藏粮于技"战略,稳定粮油生产。全县粮食作物播栽面积52.13万亩(优质水稻种植面积26.48万亩),粮食产量达22.35万吨,粮油综合产值达7.2亿元。建成酿酒专用粮基地18万亩,其中酿酒专用红粮6万亩、酿酒专用水稻12万亩;优质水稻种植面积达12万亩;油料作物种植面积12.21万亩,油料作物总产量达1.84万吨。建成酿酒专用红粮核心示范基地4个,示范面积1万亩,其中在梅白镇永兴—力行、硐底镇五一—新堡、下长镇新华—长江建成3个3000亩酿酒专用糯红高粱集中连片示范片,在梅白镇文化村建成1000亩全程机械化示范片,辐射带动全县推广种植酿酒专用红粮6万亩。在竹海镇(原桃坪乡)建成3000亩酿酒专用水稻集中连片示范片、酿酒专用水稻核心示范区,梅白镇同心村、竹海镇永江村各建成1000亩水稻"五新"科技示范片,共5000亩,带动全县种植酿酒专用水稻12万亩。全县完成订单收购面积9.7万亩。

豆类、油料和薯类种植。抓好农业供给侧结构性改革,开展耕地轮作休耕制度试点,推进油菜扩种和大豆轮作或间套作落实,在下长镇、梅白镇、硐底镇、长宁镇(含开佛镇)等镇实施扩种油菜和轮作或间套作扩种大豆,全县完成耕地轮作休耕试点共1.2万亩,其中扩种油菜0.7万亩、轮作或间套作扩种大豆0.5万亩,辐射带动全县大豆种植4万亩,产量达0.68万吨;油菜种植10.27万亩,产量达1.49万吨;红薯种植6.9万亩,产量达2万吨。

蔬菜、食用菌种植。全县蔬菜种植面积8.66万亩,产量16.26万吨,实现产值6.74亿元。竹荪种植基地达2.5万亩,其中棘托竹荪1.2万亩、长裙竹荪1.3万亩,实现产值5亿元。在富兴乡新建林下竹荪示范基地500亩,引进红托、冬荪2个竹荪新品种,初步形成"春有长裙、夏有棘托、秋有红托、冬有冬荪"的生产格局。

水果种植。全县水果种植面积10.42万亩,实现产值3.89亿元,其中柑橘种植面积4.8万亩,实现产值1.87亿元。重点发展晚熟柑橘产业,全县新建柑橘基地1万亩,改造提升老果园基地1.5万亩,并在梅白镇打造500亩柑橘标准化示范基地1个。

中药材种植。全县中药材种植面积2.3万亩,实现产值0.74亿元。

农作物病虫害防控。在梅白、竹海、双河、长宁等镇建立专业化统防统治核心示范区2.8万亩。依托24个各类植保防治组织实施农作物"托管"模式,全县实施稻田"托管"模式的各类作物面积达2.2万余亩,农作物病虫害专业化统防统治面积达42万亩次,病虫害专业化统防统治覆盖率达40%,病虫害损失率控制在3%以下。绿色防控核心示范面积3万亩,绿色防控面积21万亩,绿色防控覆盖率达40%。

【种子管理】 按照新《种子法》及其配套规章的有关规定,全县对进入市场销售的种子进行网上备案，共有24家种子经销商进行网上备案，乡（镇）种子经营户也进行了网上备案，备案率达85%。对辖区内189户种子经营户进行不定期检查，全年累计出动执法人员950人次，检查经营户455户，整顿市场352个，抽检种子20个，其中水稻10个、玉米10个，抽检合格率达100%。在长宁镇龙柱村示范推广水稻新品种58个。

【农业机械化】 全县有农机服务组织及农机户23426个、从业人员49016人，其中农机专业合作社5个，社员44人；农机户23426户，从业人员49016人。全县有农机维修厂及维修点39个、从业人员54人；有乡村农机从业人员47667人。全年完成主要农作物机耕面积46.29万亩，其中水稻26.12万亩、玉米10.9万亩、油菜9.27万亩；完成主要农作物机播面积9.27万亩，其中水稻7.21万亩、玉米1.03万亩、油菜1.03万亩；完成主要农作物机收面积10.41万亩，其中水稻8.35万亩、玉米1.03万亩、油菜1.03万亩。

农机安全生产。全年开展农机安全宣传18次，发放宣传资料3000余份，签订安全生产责任书798份，发送农机安全宣传短信息9600余条，开展农机驾驶员安全培训2600余人次。全年开展拖拉机安全检查148次，检查拖拉机486台次，纠正违章作业62台次。全年未发生重伤及以上农机安全生产责任事故。

农机新技术、新机具推广。推广水稻机械化育插秧、机防、机收、油菜机播和高粱机播农机化新技术5项，全县主要农作物耕、种、收综合机械化水平达51.05%，促进了农业增效和农民增收。

【农产品质量安全监管】 农产品抽检。一是开展县、乡两级农产品抽检。从农产品生产基地、农贸市场、农产品超市抽检果蔬、食用菌等农产品样品1800个，抽检合格率达98%。二是配合开展省级农产品质量安全例行监测49个，其中抽检蔬菜14个、食用菌5个、猪肉5个、牛肉5个、禽肉10个，合格率达100%。全县全年农产品质量安全事故零发生。

开展"三品一标"农产品认证。全年新增"三品一标"农产品5个，其中无公害农产品认证4个、绿色食品认证1个，全县"三品一标"农产品达60个。

【农业重点项目建设】 完成总投资7500万元的长宁县"宜长兴"酿酒专用水稻产业发展项目和总投资4000万元的长宁县"宜长兴"酿酒专用红粮产业发展项目；完成全国新增1000亿斤粮食生产能力长宁县2018年田间工程建设项目；完成长宁县长宁镇2018年国家农业综合开发高标准农田建设示范工程项目，总投资1153万元；完成宜宾广联养殖有限公司长宁分公司大型沼气工程，总投资1500万元；完成长宁县青贮玉米示范区建设项目，总投资1300万元；加快推进长宁县晚熟柑橘产业化开发项目，完成长宁县竹海镇永江乡村振兴示范区建设项目前期工作，总投资11245万元。

【抗震救灾及恢复重建】 按照重建委的安排部署，县农业农村局负责牵头实施灾区农村居民聚居点（联建房）建设、农业基础设施重建、双河凉糕小镇、双河乡村振兴示范点建设等灾后恢复重建工作。全县6个农村聚居点（联建房）建设中，葡萄大水聚居点、杨柳村灾后联建房、合家村灾后联建房已完成选址、红线范围确定、地形图测绘；硐底镇治平村聚居点、梅硐镇石陇村联建房、龙头镇江河村联建房已完成选址、规划设计、地勘、地质灾害危险性评估，已于10月底开工建设。农村基础设施重建、乡村振兴示范区建设工作已完成推进方案编制，12月全部启动建设。

【主要领导人】 县委书记：董茂成；县人大常委会主任：宋开云；县长：贾利华；县政协主席：周小平；分管农业副县长：王志刚。

长宁县编写组

高　县

【基本情况】 2019年，全县辖13镇，辖区面积941.71平方千米。

【年度农业和农村经济运行】 2019年，全县实现农业生产总值41.92亿元。农村居民年人均可支配收入达17045元，增长10.7%。新培育新型经营主体140个，其中市级以上重点龙头企业4家；四川早白尖茶业有限公司获评农业产业化国家重点龙头企业。建成高标准农田3.3万亩，农业综合机械化率达51%。

【种植业】 全县完成"两区"划定任务43万亩，建成酿酒专用粮基地11.2万亩。粮食播种面积69.4万亩，产量26.26万吨，粮油综合产值达8亿元。特色产业不断壮大，茶园总面积2.18万公顷，茶叶产量2.5万吨；桑园面积1.513万公顷，发种21万张，蚕茧产量0.9万吨，蚕农茧款收入4.02亿元。重点打造大雁岭、黄草坪、916、蜀山茶海、蜀南桑海等5个现代农业园区。在全省首创构建小蚕专业化共育体系，新建500 ~ 1000张以上专业化小蚕共育工厂13个、养蚕大棚207个，小蚕共育率达85%，仪评优质茧超过75%。实施蚕桑以奖代补惠农政策，打造高端优质茧丝基地，干茧能缫制5A丝以上近90%、能缫制6A丝占比达33.1%，蚕业规模、质量、效益再创新高。承办2019年全国茧丝绸行业产销形势分析会暨全国优质茧丝基地现场交流会。

【畜牧业】 依托高县德康30万头生猪产业化生态循环经济项目建设，推进畜禽标准化养殖，新增年出栏1000头生猪养殖单元85个，改（扩）建出栏生猪500头以上规模养殖场35个，培育家庭农场188个，生猪规模养殖率达51.62%，标准化养殖率达80%。加快种养业循环一体化、肉牛良繁基地项目建设，建成肉牛良繁场1个、肉牛良繁小区2个。全县肉类总产量达4万吨、禽蛋产量4398吨，实现畜牧业产值23.49亿元，增长18.16%。

【水产业】 全年发展水产养殖面积420公顷，投放苗种1270吨，水产品总产量5490吨，增长2.6%；实现渔业总产值1.94亿元，增长3.9%。举办2019年南广河流域人工增殖放流活动，全流域8个放流点共投放9个品种的各类规格种苗0.5万余千克，投入资金13万元。

【乡村振兴】 围绕县委构建"一区一带、一路两翼、一河百点"乡村振兴发展布局和"2+1+6"重点目标，抓好乡村振兴示范工程建设。以"服务宜宾市、融入宜宾城、吸纳宜宾人"为目标定位，坚持"农旅结合、景村一体"要求，投资12680.1万元，实施流米李科技产业园等29个项目，加快胜天红岩山乡村振兴示范区建设；总投资5500万元，实施绿色循环优质高效示范建设等项目17个，巩固提升大雁岭乡村振兴示范区。庆岭镇创建为市级乡村振兴战略工作先进镇，大屋村、文武村、人民村3个村分别创建为省、市级乡村振兴示范村。

【产业扶贫】 制定贫困村产业发展规划，落实农业产业扶贫专项资金3346.05万元，与213户建卡贫困户建立"一对一"对口帮扶。培育职业经理人、青年农场主等新型职业农民420名，开展农村实用技能培训2516人次。新建乡村振兴示范区1个、先进镇1个、示范村3个，打造省级茶叶主题公园1个，建立农业科技示范基地5个，培育科技示范户200户，"心连网"扶贫项目被农业农村部信息中心评为全国县域数字农业农村发展水平评价创新项目。全县有建档立卡贫困户4150户13285人依托茶桑产业脱贫。实施农村承包地、宅基地"三权分置"，盘活农村闲置资源，助力农民增收，清产核资完成率达100%，量化资产

41176.9万元，成立农村集体经济组织195个。

【现代农业发展】 围绕茶、蚕、竹、畜、粮传统特色优势产业，优化产业布局，打造"山上茶叶产业带、坝下蚕桑产业带、河谷林竹产业带"。实施茶、桑高质量发展三年行动，重点打造了"妈妈最爱喝的茶——高县黄金芽"公共区域品牌。推行小蚕共育工厂模式，建立以"技术员+共育工厂+共育户+蚕农"为支撑的小蚕共育服务体系。加快推进德康50万头生猪产业循环项目建设，胜天1200头祖父代种猪场建成投产。

【农产品质量安全监管】 开展省级有机产品认证示范县创建工作，打造省级优质品牌农产品2个，新增"三品一标"农产品6个，"三品一标"有效期内农产品达66个。完成国家级、省级、市级农产品、畜产品、水产品质量安全监测任务；完成部、省、市农产品质量安全例行风险监测和监督抽检177个，抽检合格率达99.4%；完成农产品风险监测任务3945个，合格率达99.9%，任务率完成为131.5%。

【农业综合执法】 加强农业综合执法，共出动执法人员5000余人次，对县内鲜销市场和10个定点屠宰场，26个农药、种子经营市场，225户种子经营户等开展定期和不定期的全面排查，检查企业及生产经营户4000余个，整顿市场100余个，办结案件32件。完成拖拉机年度检验480台，新培训拖拉机驾驶员26人，办理驾驶证期满换证275个，全面保障了农业行业安全发展。

【主要领导人】 县委书记：李康；县人大常委会主任：邓志刚；县长：黄修国；县政协主席：廖益萍；分管农业副县长：何彬。

高县编写组

筠 连 县

【基本情况】 2019年，全县辖7镇5乡，辖区面积1256.35平方千米，其中耕地面积3.7万公顷。

【新型农业经营主体培育】 全县共培育新型职业农民172人，创建市级畜禽标准化养殖场4个（筠连县嘉岳农业发展有限公司自由养牛场、筠连县筠连镇五凤肉牛专业合作社集中育肥场、筠连县普秋农业发展有限公司养牛场、筠连县东东农业发展有限公司养牛场）、省级畜禽标准化养殖场1个（宜宾牛犇食品有限公司联络肉牛育肥场）。新增家庭农场64个，累计达308个。新培育市级家庭农场示范场4个（巡司镇茗香家庭农场、顺聪家庭农场、裕盛家庭农场、乐义乡茂盛家庭农场），累计达12个；省级示范家庭农场4个（万事兴家庭农场、静心家庭农场、凤凰桃苑种植家庭农场、巡司镇马朝均家庭农场），累计达6个；农民合作社省级示范社1个（老鹳林养殖专业合作社）。

【种植业】 全年粮食作物总播种面积34005公顷，增长0.24%，其中大春粮食作物播种面积29635公顷，增长0.24%；小春粮食作物播种面积4370公顷，增长0.23%。粮食总产量177124吨，增长0.66%，其中大春粮食产量159235吨，增长0.35%；小春粮食产量17889吨，增长3.43%。

茶业。全县有茶农4.78万户；有茶叶专业合作社117个、家庭农场32个，其中国家级示范社1个、省级示范社2个、市级示范社4个；有茶叶加工企业69家，其中省级龙头企业3家、市级龙头企业5家、县级龙头企业6家。全县有涉茶企业302家，其中大户（30亩以上）201户。完成巡司镇茶文化特色小镇总体规划和茶旅特色小镇施工方案设计，投资240万元（均为县级财政资金）建成8.3亩的巡司镇鲜叶交易市场。全县茶园面积达17346公顷，生产茶叶14605吨，其中绿茶9848吨、红茶2736吨、苦丁茶2021吨。

【畜牧业】 全年出栏肉猪42.17万头，减少9.1%；出栏肉牛5.32万头，增长7.8%；出栏羊0.79万只，增长2.6%；家禽出栏252.95万只，增长7.4%。肉类总产量4.33万吨，减少4.8%，其中猪肉产量3.28万吨，减少8.2%；牛肉产量0.66万吨，增长8%。禽蛋产量0.19万吨，增长4.9%。生猪存栏28.71万头，牛存栏11.09万头，羊存栏0.7万只，兔存栏9.91万只。

【乡村振兴】 全县推进乡村振兴战略，已编制完成《筠连县乡村振兴战略规划（2018—2022年）》等一系列规划，已建成全国乡村治理示范村1个、省级乡村振兴示范村2个，建成省级"厕所革命"示范村10个、"美丽四川·宜居乡村"达标村65个、市级现代农业园区1个、市级乡村振兴示范乡（镇）1个、市级乡村振兴先进村4个、"美丽宜宾·宜居乡村"达标村97个、县级现代农业园区5个，建成宜宾市乡村振兴示范区2个。统筹推进筠连县2019年农村人居环境整治项目建设，完成筠连县佳乐富农副产品专业合作社规模化大型沼气工程项目。

【扶贫攻坚】 科技扶贫。全县共培育新型职业农民172人、科技示范户370户；建立科技示范基地8个，其中种植业示范基地2个、养殖业示范场6个。

产业扶贫。全县61个贫困村共落实产业扶持基金3324万元，非贫困村共落实产业扶持发展基金774万元，基金共计4098万元；全县61个贫困村共使用产业扶持基金共2443.24万元，其中借给贫困户产业发展1598.55万元、村集体经济发展844.69万元。

【主要领导人】 县委书记：王萍；县人大常委会主任：何跃；县长：刘朝平；县政协主席：黄静；分管农业副县长：徐劲松。

筠连县编写组

珙 县

【基本情况】 2019年，全县辖10镇3乡，辖区面积1149.5平方千米，其中耕地面积3.46万公顷。

【年度农业和农村经济运行】 2019年，全县农村居民年人均可支配收入达17106元，促农增收1606元，其中工资性收入4534元，促农增收380元；经营净收入8737元，促农增收897元；财产净收入399元，促农增收39元；转移净收入3436元，促农增收290元。全年水产品产量4100吨，增长5%。

新型农业经营主体培育。全县共培育市级以上龙头企业16家、农民专业合作社640个、家庭农场（林牧）387家、专业大户50户，其中国家级示范社1家、省级龙头企业3家、省级示范社16家、省级家庭农（林牧）场示范场12家、市级示范家庭农（林牧）场10家。

农用地产权制度改革。制订《农村集体产权制度改实施意见》《农村集体产权制度改实施方案》。召开会议82次，培训业务人员3512人。全县243个村、1652社已全面完成全国农村集体资产清产核资管理系统录入工作，完成率达100%。开展农村承包地确权登记颁证"回头看"，全县应颁证农户76493户，实际颁证到户73525本，办证率达96.12%；确权登记面积65.51万亩，发证63.98万亩；"回头看"收回问题证书6985本，占发证总数的9.5%。加快推进"房地一体"的农村集体建设用地和宅基地使用权确权登记颁证工作，完成外业测绘85554户，占总量的94%，完成资料收集录入81925户，占总量的90%；完成内业地籍图制作68124宗、宗地图和房产平面图制作21998宗，颁发农房《不动产权证书》500本。全县流转土地16.8万亩，土地流转增长率提高1.5%，适度规模经营占比增长8%。

【种植业】 全县粮食作物播种面积52.83万亩，其中小春粮食作物播种面积3.1万亩、大春粮食作物播种面积49.73万亩，实现粮食总产量18.86万吨，占目标任务的100%，增长0.2%，其中小春粮食产量0.83万吨、大春粮食产量18.17万吨。油料栽种面积10.6万亩，产量1.31万吨，占目标任务的100.7%。发展酿酒专用粮5万亩（核心示范区面积0.3万亩），占目标任务的125%。发展粮食适度规模经营1.18万亩，占目标任务的100%。发展二级以上优质水稻8万亩、特色粮油订单生产4万亩。开展标准化技术推广13万亩、"粮改饲"高产示范1万亩。划定粮食生产功能区和重要农产品生产保护区20.4万亩。全县桑园面积20.08万亩，年发放蚕种20.0142万张，增加13024张；增长6.96%。产茧9345.7吨，增加1060.56吨，增长12.8%；蚕农茧款收入4.3468亿元，增加4035.96万元，增长10.24%；综合产值达18亿元，蚕业促农人均增收150元。全县茶叶面积15.07万亩，茶叶产量9520吨，增加418吨，增长4.5%。全年实现农业综合产值13.1亿元（农业产值4.953亿元、加工产值5.357亿元、服务产值2.79亿元），增加1.01亿元，增长8.4%。烤烟移栽面积0.8万亩，占目标任务的100%；收购烤烟20380担，占目标任务的100%；实现产值2761.82万元。绿色蔬菜累计种植面积11.965万亩，产量27.5万吨；实现综合产值11.64亿元，增长2.1%。水果种植面积4.3万亩，产量1.05万吨；实现综合产值0.35亿元，增长9.38%。

【畜牧业】 全年生猪出栏41.15万头，实现综合产值64.19亿元；肉牛出栏1.33万头，实现综合产值16.75亿元；羊出栏1.084万只，增长6.28%；兔出栏66.728万只，增长16.11%；家禽出栏211.3426万只，增长2.91%。禽蛋产量5630吨，增长0.84%；肉类总产量44573吨，增长12.46%。实现畜牧业助农增收491元，占目标任务的149.7%，增速排名全市第一位。

动物疫病防控。全县召开非洲猪瘟专题会议60余次，发放宣传资料1万余份，培训基层应急处置队伍100余次、养殖户3000余户，规范处置疫情20起，无害化处理生猪3000余头。共设立检查点28个，开展联合执法检查11次，立案49起，结案32起，罚款23万元，无害处理生猪185头。全县共免疫猪瘟38.5万头，占应免数的100%；猪口蹄疫38.5万头，占应免数的100%；猪蓝耳病38.5万头，占应免数的100%；牛口蹄疫7.2万头，占应免数的100%；羊口蹄疫0.6万只，占应免数的100%；禽流感210.5万羽（鸡181.9万羽，占应免数的100%；鸭25.6万羽，占应免数的100%；鹅3万羽，占应免数的100%）；羊小反刍兽疫、山羊痘0.6万头，占应免数的100%。消毒畜禽圈舍及环境面积1200万平方米，发放宣传资料2万余份。

【乡村振兴】 以"345N"珙县乡村振兴总体空间布局为总体思路，按照珙县"一镇一园一景一带"乡村振兴战略规划，以"产业转型再造绿水青山，乡村振兴展望金山银山"为目标，投入资金3700万元，打造"三合·万物生"微田园乡村振兴示范项目，为全县矿山废弃地生态修复提供了范例。创建省级实施乡村振兴战略先进村2个（上罗镇代家村、孝儿镇宝山村）；创建"美丽四川·宜居乡村"达标村56个、"美丽宜宾·宜居乡村"达标村93个，全面完成市、县级达标村建设及厕所改革工作。

【扶贫攻坚】 紧盯全县11个贫困村退出和1653户5377名贫困人口脱贫目标，推进全县产业路硬化、产业发展及产业基础设施配套、农产品加工等82个产业扶贫项目建设（总计资金4768.85万元）。加强产业扶持基金管理，发放各贫困村基金2517.84万元，使用率达78%，惠及贫困户1687户、贫困人口6285人。开展"两不愁、三保障"回头看大排查。

【重点项目建设】 全县高标准农田建设总任务为2.8万亩（高效节水灌溉建设2000亩），项目计划总投资5640万元；在底洞镇锦绣村、芭蕉村、两河村、陈泗村以及富源村5个村实施蚕桑现代农业园区培育项目，并于12月创建为宜宾市现代农业园区；温氏"双百万"头生猪一体化项目动工建设，计划建设温氏家庭农场306条生产线，已建成200条。

【农业机械化】 全年新增农机动力1282台、3680千瓦。全年完成主要农作物机耕面积43.36万亩，占任务的105.7%；机播面积4.54万亩，占任务的100.2%；机收面积5.63万亩，占任务的101.6%；主要农作物耕种收综合机械化水平47.4%。修复、改造、新增提灌机械任务390台，完成456台，其中改造提灌站2座，占任务的116.9%。推广农机新机具1282台，受益农户914户，完成农机购置补贴58.955万元，带动农户投入购置机具资金179万元。新建农机化生产道路90千米，累计完成101千米，占任务的112.2%。

【农技推广及科技服务】 制定出台《珙县农业社会化服务指导意见》，遴选农技人员50名，在全县遴选并培育科技示范户200户；培育新型职业农民215人，其中新型经营主体带头人205人、现代青年农场主6人、农业职业经理人4人。完成病虫害统防统治与绿色防控新技术的融合示范23.76万亩次，增长2.8%；农作物重大病虫害绿色防控覆盖面积占全县农作物面积的45%。桑树、蚕种的优良化和小蚕共育推广面达100%，七批次滚动式养蚕推广面达100%，小蚕三龄前共育技术推广面达100%，纸板方格蔟推广面达100%，桑蚕病虫害统防统消技术推广面达98%，预约仪评售茧实现全覆盖。

【农业执法】 开展农药市场检查，出动农业执法人员126人次，检查企业（生产经营户）101家，整顿市场17个，立案查处违法农资经营行为6起，全部结案，罚款1.508万元。备案登记饲料经营户148户，备案生产厂家49个、经营产品836个；备案兽药经营38户，备案兽药处方药672种、兽用非处方药1128种。全年监督检查4348个次，勒令整改饲料、兽药经营企业2家。抽检生产基地农产品样品4500个，合格率达99.7%以上。召开农资生产经营主体及监管人员会议17期，培训600余人次。

【主要领导人】 县委书记：叶盛；县人大常委会主任：翁毅；县长：徐创军；县政协主席：孙怀勇；分管农业副县长：李智。

珙县编写组

兴 文 县

【基本情况】 2019年，全县辖8镇4乡，辖区面积1380平方千米。

【农村改革】 一是持续开展土地确权"回头看"工作，提高颁证工作效率。截至2019年年底，全县12个乡（镇）236个行政村应发证书10.6714万本，实发证书10.5870万本，发证率达99.21%，在全市10区（县）中名列前茅。二是完善土地"三权分置"，引导土地规范有序流转。三是加强督导，确保产业扶持基金规范高效使用。四是创新模式，发展壮大村集体经济。通过盘活集体资产资源、推进土地经营、组建施工队伍、经营农业服务等"8+N"种模式拓宽增收渠道，不断发展壮大村集体经济。全县村集体经济收入达1308.76万元。五是规范扶持，培育新型农业经营主体。申报市级示范场7家、省级示范场5家，待省、市审核。六是稳步推进，有序开展农村集体产权制度改革工作。出台了《中共兴文县委办公室兴文县人民政府办公室关于成立兴文县农村集体产权制度改革工作领导小组的通知》（〔2019〕63号）、《兴文县关于稳步推进农村集体产权制度改革的实施意见》（兴委发〔2019〕15号）《兴文县农村集体经济组织成员界定指导意见》等文件，并通过清产核资省、市级验收检查,申报为全国试点县。

【乡村振兴示范区建设】 一是高标准规划引领示范区建设。编制、修订、完善了《"宜长兴"现代特色农业示范区(兴文段)总体规划》《兴文县实施乡村振兴战略总体规划(2018—2022)》《兴文县僰王山镇水泸坝富硒大米产业园规划》《僰王山镇永寿片乡村振兴示范区规划》等乡村振兴战略规划。二是高要求推进示范区建设。建设水泸坝富硒大米产业园,完成白鹭观景台和大米博物馆等一期建设项目。推进水泸坝示范区二期项目建设,已完成稻田轮作中药材泽泻600余亩。推进高标准农田和沧水岩游客集散中心、停车场等僰王山景区配套设施建设。永寿片乡村振兴示范区计划总投入1.4679亿元,第一期已投入4866万元,完成示范区省、市、县三级幸福美丽新村建设、翠冠梨产业培育,7.4千米道路黑化,通村通畅公路,小型水利工程,风貌改造,石漠化治理,党群活动中心建设8个项目;第二期计划投入9813万元,已完成投资7000余万元,发展翠冠梨4700亩、林下套种酒红菇120亩;完成乌骨鸡圈舍标准化改造,成立联合党总支和专合社党支部,宜宾市干训基地兴文培训点投入运营,进行帐篷酒店、巨石阵景观池、环城南路、河道治理、道路升级改造、4A级景区创建等项目建设并实行倒排工期制。三是推进先进乡(镇)和示范村创建工作。已制订了省、市级乡村振兴先进乡(镇)和示范村创建方案,力争将僰王山镇创建为全县第一个省、市级乡村振兴先进乡(镇),将僰王山镇水泸坝村、群会村、永寿社区村、太安村,共乐镇毛村,仙峰苗族乡群鱼村、周家镇周家村创建为全县第一批市级乡村振兴示范村。

【"宜长兴"乡村振兴示范区(兴文段)建设】 一是推进富硒粮油基地建设。在水泸坝3500亩核心示范区内全域打造9个示范基地,运用"五新"技术,推广粮经复合示范模式,带动全县22万亩富硒粮油生产。二是推进酿酒专用粮基地建设。建设酿酒专用粮基地4.2万亩,其中高粱1万亩、水稻1.2万亩、玉米2万亩。建成"万亩地亿元钱"高效种植模式示范片1个。利用温、光、水、气、肥等资源优势,创新示范"稻渔耦合"等高效种养模式,整合田园风光、农耕文化、创意农业等要素,建立各具特色的"田园综合体"和"三产融合"发展模式,助推乡村旅游,开创粮油产业三产互动发展新局面。

【扶贫攻坚】 抓实产业扶贫工作。省农业产业扶贫投入资金399.8万元,已全部实施完成。农业支柱产业(蚕桑)初步成型,全县桑园面积达9.1万余亩,覆盖全县12个乡(镇)115个村438个社区,14850户栽桑,11486户养蚕(其中贫困村22个、贫困户2102户,养蚕10251张,产茧54.36万千克,茧款收入2720.85万元),全县共养蚕89302张,生产蚕茧435.2558万千克,实现产值19642.58万元,带动养蚕户年均增收17347.43元。

推进新村扶贫工作。全面完成农村危房和农村土坯房改造140户,统筹推进新村配套设施建设。整合资金1.08亿元,不断提升贫困村和非重点贫困村生态环境基础配套设施建设,加快推进乌蒙新村建设,实施休闲农业和推进乡村旅游发展示范片建设。

加强"五个一"帮扶工作。按照"一村一名农技员"的要求,继续加强对57名农业科技人员、2个农技专家服务团和11个巡回小组的日常监管,切实做好对57个贫困村、70余个非重点贫困村的技术帮扶。

加强对口帮扶联系村的走访慰问,全年捐赠化肥、日用品等物资折合人民币20.284万元。组织干部职工到共乐镇共乐村、福寿村、八角村、鹤盘山村,古宋镇星火村等开展"三联三同"工作,提高群众满意度。

抓实产业扶持基金监管,确保既规范使用,又充分挖掘潜力。全年产业扶持基金3306.6万元,借出基金1470.33万元,其中贫困户入股村资公司967.729万元、新型经营主体502.5万元,惠及50个村集体经济组织1609户贫困户2683人。

持续壮大村集体经济。2017年全面消除"空壳村"后,截至2019年年底,全县村级集体经济收入1308.76万元,其中5万元以上的村53个,人均收入20元以上的村109个。

【特色优势产业发展】 探索桑园林下种养立体综合开发模式,以"人平两亩桑,脱贫奔小康"为蚕业发展思路,在周家镇建设"万亩地亿元钱"示范区1个,打造"桑+N"产业发展模式,发展桑园林下种植彩云菇、竹荪、魔芋和养殖乌骨鸡,加大桑园综合利用力度。打造现代蚕业融合示范园区申报仙峰苗族乡群鱼村为中国美丽休闲乡村,已进入公示阶段。

推进农业园区建设。建成以富硒水稻为主连片5500亩的水泸坝现代农业公园、以茶文化为主的九龙山现代农业公园;推进以蚕茧生产和林下种植为主的兴文县石海银珠现代蚕业融合示范园区,以翠冠梨和林下养殖乌骨鸡、种植蘑菇为主的永寿现代农业园区,以晚熟柑橘为主的五星晚熟柑橘种植园区等一批现代农业园区建设。

加快发展中(苗)医药。全县已规范种植红豆杉、枳壳、重楼、银杏等中(苗)药材2.7万亩,主要包括以发展枳壳为主的僰王山中药材种植示范园,以发展泽泻为主的大河苗族乡和僰王山镇中药材种植示范园,以发展药用花椒为主的古宋镇、共乐镇、莲花镇中药材种植示范园。

稳步发展其他经济林果。稳步发展以茶叶新品种为主的九丝东风茶叶种植示范园,以沃柑、脐橙为主的五星、共乐、古宋水果园,以采摘体验农业为主的共乐休闲农业示范园。新建现代特色水果产业标准化基地0.6万亩,改造提升老果园基地0.3万亩,打造现代特色水果产业园2个。全年水果产量2.1万吨,果业综合产值0.62亿元。

【农村人居环境整治】 抓好全域秸秆禁烧工作。成立全域秸秆禁烧专项行动领导小组,制订并印发《兴文县2019年大气污染防治攻坚战"全域秸秆禁烧"专项行动方案》,明确重点管控区,实施全域秸秆禁烧。不断加强全域秸秆禁烧工作的宣传、巡查、督查力度,全年查获焚烧秸秆案件40余起、火点216个,处罚金额达4万元,发通报8期,约谈3个乡(镇)干部28名,大面积焚烧秸秆现象得到控制。

推动宜居乡村建设。拟创建"美丽四川·宜居乡村"达标村63个、"美丽宜宾·宜居乡村"达标村95个,已启动申报工作。以永寿村等10个行政村为重点,全域推进僰王山镇、共乐镇、周家镇农村"厕所革命",新(改)建卫生厕所1400余户。完成40个农村聚居点污水处理设施的前期启动工作,村庄生活垃圾有效治理率达90%,全县畜禽粪污综合利用率达88.6%,规模养殖场粪污处理设施装备配套率达92%。

【农业产业转型升级】 策划包装农业产业项目,牵头开展农业项目投资促进活动,全面推进投资促进各项工作。截至2019年年底,共完成新签约农业项目4个,引进市外到位资金11160万元;策划包装项目4个;围绕全县重点农业产业,编制投资促进分析报告2篇。集中力量打好招商引资"百日攻坚战",策划包装农业产业项目4个,完成新签约落地农业项目5个,签约总投资2.52亿元;完成年度新开工项目4个,竣工投产项目3个。全年实现固定资产投资6500万元,实现建筑业总产值1.09亿元。对上争取项目资金,共争取上级财政资金15108万元，其中中央资金12623万元、省级资金2478万元。

【科技支撑体系建设】 加强农技推广体系建设。推广使用农作物新品种1个、农业主推技术1项，引进新机具1种；建立水泸坝和共乐坝"五新"示范基地2个，核心示范片6000亩；购机补贴机具460台，补贴资金36.421万元，推广使用各类农机具460台，主要农作物耕种收综合机械化水平达49.1%。

加强"五新"科技应用推广。建设绿色高产高效示范4.5万亩、"万亩地亿元钱"模式示范片1个；粮油产业物联网示范区2个、创意农业示范点2个。

加强科技服务。调整充实驻村农村员57名，发挥农技员、农技巡回团、专家服务团作用，对57个贫困村和77个重点非贫困村进行技术指导12000人次，建设科技基地5个，培育致富带头人（科技示范户）180户。

【农业人才工作】 一是开展农业实用技术培训，提高农民素质。全年开展农业实用技术培训1.7万人次，涉及113个行政村、2060户贫困户；开展现场技术指导110次，发放技术资料3万余份。二是推进新型职业农民培训，全年完成新型职业农民培训298人，完成基层农技人员知识更新培训70人。三是重点对贫困村农户进行测土配方施肥、秸秆综合利用、地力培肥等技术培训。

【农业资源保护】 一是推进耕地质量提升工作。推广测土配肥施肥、有机肥使用、绿肥种植等技术，全县完成配方肥推广面积30万亩，农用有机肥及商品有机肥利用量达10万亩，推广绿肥种植8万亩。推进农作物秸秆综合利用，全县秸秆综合利用率达88%以上。二是推进耕地质量等级变更调查评价。在上年全县取样67个点位的基础上继续在原点采集土样67个，并新增点位68个、植株样20个，原67个点已全部送样检测，新增68个点位已完成实施方案编制。三是加强河库长制工作管控力度。推进《兴文县人民政府绿色行动计划2017—2020》，将"化肥零增长、农药减量控害"落实到河库长制工作中，与共乐镇做好沟通协调，加强对泥沙河治理的宣传。推广测土配方施肥技术，建设高产绿色防控示范片。四是推进2019年耕地轮作休耕制度试点（扩种油菜）项目，在"宜长兴"乡村振兴示范带（兴文段）僰王山镇、古宋镇、共乐镇、五星镇、麒麟苗族乡、大河苗族乡、大坝苗族乡等乡（镇）扩种油菜3.3万亩，全县共种植油菜4.2万亩。五是全面完成市政府下达的"两区"划定任务33.66万亩，其中室内外作业数据经省级验收合格，待省级现场全面验收。

【农业农村生产条件改善】 一是继续推进农机提灌设施、机耕道建设。新建农机化生产道路110千米（共投入1860万元，其中国家资金700万元、群众投劳集资550万元、其他社会投入600万元），完成任务的110%。技改电力提灌站4座87千瓦，维修电力提灌站5座，修复改造提灌机械56台368千瓦，新增提水控灌设备101台369千瓦。全年机电提水346万立方米（共投入资金56万元，其中国家资金46万元、群众投入10万元）。二是全县农机总动力达225413千瓦，增长2%。全年完成机耕面积45.5万亩、机播机插面积5.8万亩、机电灌溉面积12.49万亩、机收面积11万亩、机械化植保31万亩、机械化烘干7200吨，耕种收综合机械化水平达49.5%，增长0.5%。三是推进高标准农田建设。2018—2019年全县高标准农田建设目标任务为4.38万亩，已完成4.58万亩，完成率达104.6%，并完成2019年新开工高标准农田3万亩建设任务。四是争取上级财政资金26万元，完成周家镇周家村新村集中供气工程建设。新建机耕便民道109千米，改造、维修机电提灌站7座140千瓦，常年提水保灌面积8.3万亩。

【农业生产安全】 一是保障农村能源安全，建立全县农村沼气池信息管理平台，培训沼气技术员50人次。开展安全检查80次，出动监管人员323人次，逐户检查沼气安全28733口，排查、排除安全隐患100余起，与乡（镇）签订安全生产责任书15份。开展安全宣传15场次，发放沼气安全生产宣传资料5万余份。二是做好农业病虫害防控工作。全县粮食作物病虫害发生面积69.5万亩次，防治67.8万亩次，占发生面积的97.6%。草地贪夜蛾首次危害发生面积为1950亩，防治处置率达100%，防控总面积3200亩，综合防控效果达92%以上，危害损失率仅为2.8%，遏制了草地贪夜蛾暴发成灾。三是加强农机安全监管，开展安全检查69次，出动人员208人次，检查农机646台次，签订安全生产责任书100余份。四是加强农资市场整治，对集贸市场农资销售网点进行全面检查，抽检农药等农资样品合格率达100%。五是抓好农产品质量安全工作，以创建省食品安全示范县为契机，通过开展农产品质量安全宣传培训、扩大追溯管理覆盖面、强化检测监测工作、建设农产品安全质量服务站等措施，全县农产品质量安全水平得到明显提升，未发生农产品质量安全事故。

【主要领导人】 县委书记：张健；县人大常委会主任：陈凡；县长：石进；县政协主席：张红；分管农业副县长：赵仲康。

兴文县编写组

屏山县

【基本情况】 2019年，全县辖8镇3乡，辖区面积1504平方千米，其中耕地面积33693.3公顷。总人口32万人。

【年度农业和农村经济运行】 2019年，全县实现农林牧渔业总产值31.003亿元，增长2.45%；农林牧渔业增加值19.4431亿元，增长2.72%。农村居民年人均可支配收入达14265元，增加1409元，增长11%，增幅排名全市第一位。通过宜宾市惠农惠民财政补贴资金"一卡通"监管平台发放耕地地力保护补贴资金2456.73万元和2018年稻谷补贴资金209万元。

新型农业经营主体培育。新培育农民专业合作社68个，创建省级示范社1个（屏山县永清白茶种植农民专业合作社）；新培育家庭农场81个，创建市级示范家庭农场1个（屏山县益清家庭农场）。

农用地土地改革。除向家坝库区移民村组外，其余农村土地承包确权登记颁证工作全部完成。完成全县259个村（社区）1771个村民小组共计2030个清查单位的农村集体资产清产核资和系统数据录入工作并通过市级审核。

【种植业】 全年粮食作物播种面积17649.2公顷，总产量95230.4吨，其中小春粮食作物播种面积2565.2公顷，产量8227.4吨；油菜籽播种面积4776.3公顷，产量7845.3吨。大春粮食作物播栽面积15084公顷，减少167公顷；产量87003吨，减少299吨。水稻播种面积4020公顷，产量29180吨，与上年基本持平。玉米播种面积9520公顷，增加40公顷；产量53230吨，增加221吨。蔬菜种植面积3400公顷，产量56545吨。魔芋播种面积3200公顷，产量15400吨，其中白魔芋播种面积3000公顷，产量14500吨。烤烟播种面积693.3公顷，收购烟叶2.64万担，实现产值3495.83万元。茵红李种植面积8000公顷，居全省前列，产量7万吨（因气候原因减产4万余吨），实现产值5亿元。创新"六统一"标准化生产模式，建成示范基地420公顷，提升茵红李产值1.5亿元。茶园面积14000公顷，其中新建白茶基地200公顷、抹茶基地66.7公顷；干茶产量15000吨，实现综合产值257500万元。桑园面积386.7公顷，主要分布在鸭池乡。引进海盐县蚕桑专家陆建生指导建成屏山镇越红村蚕桑科技园，发放蚕种1800张，产茧78.4吨，养蚕单产43.6千克/张，蚕农茧款收入341.88万元。

【畜牧业】 全年实现畜牧业产值75237万元，增长1.8%，实现农民畜牧产业人均增收265元。培育扶持新型农业经营主体67个，其中农民专业合作社10个、家庭农场47个、专业大户10户。全年出栏生猪19.1053万头、肉牛0.45万头、肉羊15.6423万只、肉兔103.1817万只、家禽152.9957，存栏生猪10.9215万头、肉牛0.9272万头、肉羊9.8569万只、肉兔101.3492万只、家禽130.929万羽。全年肉类总产量20582吨，其中猪肉产量14723吨、牛肉产量574吨、羊肉产量2003吨、兔肉产量1118吨、家禽肉产量2154吨。禽蛋产量2226吨，蜂蜜产量103吨。

项目建设。中都镇双河村8000头父母代种猪场完成2栋配怀舍和1栋分娩舍基础工程建设和场区内道路路基建设。启动清平彝族乡英雄村种猪场(1500头曾祖代种猪场和3500头祖代母猪培育场)、屏边彝族乡塘湾村(5400头祖代母猪场和15000头父母代母猪培育场)种猪场和龙溪乡人民村万头育肥场建设。开工建设存栏500头生猪代养场40个单元场，投产运行16个单元场，出栏生猪5529头，存栏生猪5385头，带动贫困户493户。

【水产业】 全县水产养殖面积321公顷，投放淡水鱼苗201万尾、鱼种苗221吨，淡水产品总产量1142吨，实现渔业总产值4860万元。引进佳宜养殖有限公司投资1000万元打造龙华镇鱼孔村特色冷水鱼示范基地3公顷。在鸭池、龙华等乡(镇)建成特色水产养殖(细鳞鱼、泥鳅、小龙虾、石蛙)26家、水域面积53公顷。在龙溪乡、龙华镇、清平彝族乡全流域实施生态放流养殖试验，养殖面积约67公顷。依托伟煌农业开发公司，建设澳洲龙虾养殖基地10公顷，投放虾苗60万尾，试验推广家庭农场2个。

【乡村振兴】 编制《屏山县乡村振兴规划(2018—2022年)》及屏山镇等15个乡(镇)乡村振兴规划以及《屏山县锦屏镇锦屏山乡村振兴示范区规划》《屏山县屏山镇蒋坝村乡村振兴总体规划》。锦屏镇锦屏村、大乘镇双峰村创建为省级乡村振兴示范村，鸭池乡越红村创建为市级乡村振兴示范村，锦屏镇创建为市级乡村振兴先进乡(镇)。

锦屏镇锦屏山乡村振兴示范区。以创建"中国李子小镇"、4A级景区、省级现代农业园区为目标，建成高标准茶果套种基地667公顷，引进"信阳毛峰"茶叶公司和超农塑水果包装厂2个新型经营主体，新建电子商务服务站3个；新建垃圾池100口、农村公厕3座，完成农房风貌改造120户；建设乡村文化记忆保护示范工程5个，保护传统民居和农业遗迹10处；新增观景台2处、茶园民宿2处、农家客栈1处，举办2019四川花卉(果类)生态旅游节分会场暨屏山县第四届梨花文化旅游节。

屏山镇蒋坝村乡村振兴示范区。一是突出产业主导，建成66.7公顷的好李科技示范园、66.7公顷的梦里水乡种养示范园、66.7公顷的稻渔共作循环产业园和33.3公顷的彝族风情园。二是突出生态宜居，黑化环线道路12.5千米，改造农房风貌92户，完善2个观光亭、过塘龙船和2.5千米步游道建设，安装太阳能路灯50盏，新建入户便民路5千米、分类垃圾池5处和垃圾收集房5处及公厕等公共设施；配套建设66.7公顷高标准农田，整治河堤2千米。三是坚持党建引领，锻造发展新动力，推行"154"工作法，制定《蒋坝村积分管理办法》和《积分奖励细则》，开辟基层治理新途径。

【农业机械化】 全年完成机耕面积28213公顷、机播面积1133公顷、机收面积1733公顷，主要农作物耕种收综合机械化率达42.35%。全县有机电提灌站8座，总装机容量428千瓦，有效灌溉面积506公顷，受益农户1256户、5100人。投入涉农项目资金776.43万元，新建乡村机耕路42.33千米。全年办理拖拉机驾驶证期满换证29件、拖拉机驾驶证补证1件，年末累计在册拖拉机驾驶人443人。摸底调查登记和更新外籍变型拖拉机207台。兑现中央财政农机购置补贴资金19.11万元，带动农民投入购置资金83万元，补贴各类农机具242台，受益农户182户。

【动植物疫病防控】 农作物病虫害防控。全年农作物病虫害防治68700公顷次，开展农田灭鼠9567公顷，经济作物病虫害防治40200公顷次。开展种子苗木产地检疫3次，调运检疫25批次60余万株。在5个乡(镇)31个村93个果园监测点以及新安镇、锦屏镇、书楼镇的5个远程视频监测点开展柑橘黄龙病和柑橘木虱定点监测，防治柑橘木虱5440公顷，其中使用无人机防治233.3公顷。巩固茶叶、水果等绿色防控核心示范区6个、面积1500公顷。

动物疫病防控。全年调运各类疫苗166.49万毫升/头(羽)份，使用消毒液8.55吨，免疫畜禽121.45万头份(羽)。贮存各各类应急疫苗16.862万毫升，发放口蹄疫、禽流感、猪蓝耳、猪瘟、小反刍抗体快速检测卡4680张，免疫抗体监测合格率均达70%以上。开展布疫监测4次，发放监测卡2000张，结果均为阴性。免疫犬只0.34万只份，全年未发生人畜共患病事件。

【农村科技】 选派贫困村驻村农技员78名，建立非贫困村农业技术巡回服务小组和专家服务团队，特聘农技员2人，培育新型职业农民8人、科技示范户300户，建设示范基地3个。农技人员通过"中国农技推广"APP发布农情、农技信息、农业热点信息等276篇次，提供各季节农业生产情报10次。

【农产品质量安全监管】 完成省、市农产品监督抽检样品146个，开展农残快速检测984个，省级农产品质量安全例行监测合格率为100%。新获得"三品一标"认证产品3个，累计有效期内"三品一标"农产品达59个。有63家生产企业(专合社)加入国家农产品质量安全追溯管理信息平台，创建为四川省农产品质量安全监管示范县。

【耕地质量建设和农业环境保护】 "两区"划定。完成粮食生产功能区和重要农产品生产保护区划定目标任务2720公顷，划定地块数据均上图入库。

耕地质量建设。推广专合社统配配方肥料400余吨、商品有机肥料3200余吨。完成116个农产品产地例行监测土壤的取样与送检，取样范围涉及全县15个乡(镇)115个村。完成屏山镇乡村振兴示范区高标准农田建设220公顷。

农业环境保护。开展秸秆禁烧和综合利用宣传，秸秆综合利用率达86.8%。在宜宾市首次试行农药包装废弃物有偿回收，回收转运农药包装废弃物16吨。全县畜禽规模养殖场粪污处理设施和废弃物处理利用设施装备配套率均达100%，畜禽粪污综合利用率达90%。

【农业综合行政执法】 开展农资打假、不合格农药排查、"三品一标"检查、禁用农药排查等专项行动，立案查处问题农资案件8起。完成产地检疫生猪77737头、牛735头、羊2620头、禽105195只，生猪屠宰出具动物产品检疫证60793张，产地和定点屠宰检疫率均达100%。联合县公安局、县市场监管局等部门开展畜产品安全专项检测13次，立案查处违法案件35

起，罚款20余万元。开展各类执法行动320余次，完成船舶检验64艘；查处非法电鱼案件4起，移送案件3起，刑事处罚5人；办理行政案件1起，行政处罚2人，罚款0.11万元。

【农村能源建设】 全年开展农能安全检查18次，发放宣传资料4500余份，通过多种方式开展安全培训774人次；抽查户用项目355户，检查沼气工程安全12次。完成CDM项目第六期农村户用沼气池碳减排监测工作。建成龙华镇新村集中供气工程、鸭池乡大坝村屏山县五尺道生态食品有限公司大型沼气工程、龙溪乡农民村省级新村集中供气工程项目和屏山镇大坝村种养循环农业示范基地。

【主要领导人】 县委书记：邱东林；县人大常委会主任：余湛；县长：李川；县政协主席：张华全；分管农业副县长：沈蜀华。

屏山县编写组

广安市

【基本情况】 2019年，全市辖10乡99镇15个街道，辖区面积6339平方千米。年末总人口459.28万人（户籍人口），增长1%；人口出生率7.19‰，减少0.73个千分点；人口自然增长率1.49‰，减少0.48个千分点。本地水资源总量29.3亿立方米，人均占有水资源量911.6立方米。有林业用地19.7万公顷，有林地面积17.5万公顷，活立木总蓄积量848.4万立方米，森林覆盖率39.2%。

2019年，全市GDP1250.4亿元，增长7.5%，其中第一产业增加值204.3亿元，增长2.8%；第二产业增加值411亿元，增长8.2%；第三产业增加值635.1亿元，增长8.5%。三次产业对经济增长的贡献率分别为6.2%、44%和49.8%。全社会从业人员216.21万人。社会消费品零售总额554亿元，增长10.8%。劳务输出157.1万人，收入2964600万元。全年接待游客4052.12万人，实现旅游收入4631000万元，其中乡村旅游收入2350000万元。

地方公共财政预算总收入完成85.67亿元，增长7.02%；公共财政预算总支出304.35亿元，增长5.3%，其中农业投入486481万元，占支出的15.98%。金融机构各项存款余额1984.85亿元，较年初增长6.14%；各项贷款余额930.23亿元，较年初增长14.23%，其中涉农贷款金额525.34亿元。全年农业保费收入8782.65万元，处理各项赔款和给付金额6858.93万元。农业产业化龙头企业国家级、省级、市级、县级分别为1家、28家、45家、200家。

有艺术表演团体23个，文化馆7个，公共图书馆7个，博物馆4个。有卫生机构3443个，病床位21310张，卫生技术人员17153人。城乡居民基本养老保险参保人数1974233人，参保率91.01%；被征地农民养老保险参保人数178808人，占全市农村人口总人数的5.22%。

【年度农业和农村经济运行】 2019年，全市实现农林牧渔业总产值331.7亿元，增长2.9%；全市全年农林牧渔业增加值达209.5亿元，增长3%。农民年人均可支配收入达16445元，增长10.1%。

2019年广安市主要农产品产量

主要农产品	单位	产量	同比(%)
粮食	万吨	180	0.04
水稻	万吨	104.7	0.4
小麦	万吨	2.1327	—
玉米	万吨	44.8	0.7
马铃薯	万吨	12.634	—
油菜籽	万吨	8.16	—
蔬菜	万吨	246	4.24
水果	万吨	19.48	4.2
肉类	万吨	24.94	–24.6
猪肉	万吨	18.52	–33
牛肉	万吨	0.28	6.6
羊肉	万吨	0.3	3.5
禽肉	万吨	5.05	20.6
兔肉	万吨	0.72	13.8
禽蛋	万吨	7.76	12.1
牛奶	万吨	0.28	3.1

2019年广安市省级（及以上）农业产业化重点龙头企业名单

企业名称	注册资金（万元）	法人代表	示范等级	年度产值（万元）	主营产品
广安布衣农业有限公司	500	黄波	省级	6854	果蔬种植、禽类及水产养殖
广安聚丰贸易有限公司	500	罗光秀	省级	5602	蔬菜种植、加工
广安故里情食品有限公司	200	李森林	省级	2600	蛋
四川广安春叶食品有限公司	500	叶友	省级	6527	豆瓣酱
四川广安和诚林业开发有限责任公司	800	黄志标	省级	9308	青花椒
四川欧阳农业集团有限公司	2000	欧阳晓玲	省级	17696	蜜梨
华蓥市德嘉农业科技有限公司	200	李松满	省级	11487	葡萄

续表

华蓥市超奇农产品有限公司	200	何少奇	省级	4970	柠檬
华蓥市新农科技开发有限公司	1000	李天云	省级	2512	桃子
四川省金泰林业有限公司	1000	张小平	省级	2325	油樟
四川省银丰食品有限公司	400	许斌	省级	15318	米粉
岳池特驱种猪繁育有限公司	500	胡伟	省级	20502	生猪
四川省岳池特曲酒业有限公司	1000	陈建国	省级	14356	白酒
广安高垭口生态农业有限责任公司	1370	李东	省级	5220	鸡蛋
武胜县醉巴斯麻辣牛肉食品有限责任公司	1000	李胜萍	省级	8522	麻辣牛肉、猪肉等产品
四川天瑞仁合生态农牧开发集团股份有限公司	9800	屈永强	省级	3140	肉类罐头等
四川安泰茧丝绸集团有限公司	5000	唐定云	省级	46719	丝绸产品等
广安万千集团有限公司	2000	鲁力	省级	25951	饲料
武胜县醉仙麻辣牛肉食品有限责任公司	500	成兴国	省级	16392	牛肉制品
广安天兆食品有限公司	3000	余定富	省级	5418	白条肉
四川缪氏现代农业发展有限公司	500	缪敏	省级	5104	葡萄
邻水县钰锦现代农业园区有限责任公司	3000	甘元超	省级	4279	柑橘
邻水县东鑫农业发展有限公司	100	包飞	省级	5638	柑橘
邻水县柑桔产业开发有限公司	1280	昌定益	省级	3748	柑橘
四川省金泰林业有限公司	1000	张小平	省级	3095	樟油
四川广安和诚林业开发有限责任公司	800	黄志标	国家级	9309	花椒产品
四川林典农业有限责任公司	200	丁莉	省级	3012	花椒产品

2019年广安市省级示范农专业合作经济组织名单

合作组织名称	注册资金（万元）	法人代表	示范等级	年度产值（万元）	行业分类	主营产品
广安梁王青花椒种植专业合作社	333.77	严皎	省级	280	林业	青花椒、花椒
广安市广安区伟峰杨梅专业合作社	229.1	张立楷	省级	145	种植业	优质杨梅
广安鑫宜农机农艺专业合作社	200	宋光华	省级	389	种养殖业	粮食、水产
广安缘宏种植专业合作社	1011	袁学翠	省级	235	种植业	柚子
武胜县三禾亿发种植专业合作社	1200	徐和平	省级	258.65	种植业	砂糖桔，大雅、南丰蜜桔
华蓥市蜀地花海生态农业专业合作社	1200	王晓龙	省级	1423	林业	紫薇、海棠、插花、玫瑰、梅花等苗木
岳池苟角银杏种植专业合作社	1050	赵辉	省级	792	林业	银杏、经济林苗木、中药材

2019年广安市家庭农场经营情况统计表（前10位）

家庭农场名称	注册资金（万元）	法人代表	年度产值（万元）	行业分类	主营产品
广安市广安区福万加水稻种植家庭农场	50	熊小兰	70	种植业	水稻、油菜
广安市广安区绿雅家庭农场	150	邓明桥	10	种植业	桃子、李子、梨、葡萄等水果
广安市圆梦松针种养家庭农场	1000	汪学琼	326	川茶、川果、川粮油	茶叶、水果、水稻
华蓥市阳和镇宏发家庭农场	—	祝玉兵	80	川果	葡萄
邻水县甘坝乡鸿林农场	20	梅林	200	种养结合	肉牛、生猪
邻水县九龙镇现代人农业家庭农场	100	鲁小东	108	种植业	葡萄、草莓
岳池县苟角镇饭滩古桥家庭农场	—	蒋乙源	210	其他	莲藕、小龙虾
岳池北城壁仙庙生态家庭农场	—	唐清华	350	川果	柑橘
武胜县胜利镇羊天下家庭农场	20	舒龙	25	种养殖	山羊、大雅柑
武胜翠橘园家庭农场	100	陈翠兰	50	种植	大雅柑

农业产业化发展。全年新培育县级以上家庭农场199个，全市专业大户、家庭农场、农民专业合作社、农业龙头企业分别达3892个、1799个、3513个、257家。邻水县盛世种植专业合作社“规范发展强服务，服务‘三农’促多赢”运行模式成为全省唯一入选的全国农民合作社推广典型案例。30个家庭农场被命名为市级示范场，21个家庭农场被命名为四川省第五批省级示范场。

农用地产权制度改革。全市6个县(市、区)及3个园区严格按照农村土地确权登记“九步工作法”(包括成立机构、落实人员、培训、宣传动员、摸清底数、审核完善、登记颁证、整理归档、总结验收)开展工作。截至2019年年底,全市92.66万户承包农户的土地确权登记工作基本结束,并通过省上专家组检查验收。全市颁发承包经营权证89.97万本,颁证率达97.1%。根据农业产业发展规划,按照“农民自愿、平等协商、签订合同、合同备案”的程序和“依法、自愿、有偿”的原则,流转农村土地,全市农村土地流转总面积94.5万亩,占农村家庭承包耕地面积的37.9%。

农村集体产权制度改革。制定出台《关于调整广安市农村集体产权制度改革工作领导小组组成人员的通知》(广市农产改〔2019〕1号)《关于印发〈广安市农村集体产权制度改革工作领导小组工作规则〉〈广安市农村集体产权制度改革工作领导小组办公室工作细则〉〈广安市农村集体产权制度改革工作领导小组成员单位职责〉的通知》(广市农产改〔2019〕2号)《转发省农村集体产权制度改革联席会议办公室关于进一步深化农村集体产权制度改革的通知》(广市农产改办〔2019〕1号)。组织召开动员培训会议,对农村集体资产清产核资工作进行了全面安排和重点培训,同时加强工作督促指导,全力抓好推进清产核资、账表填制、数据录入审核工作。截至2019年年底,全市清产核资工作基本完成,并通过农业农村厅检查验收。全市26266个清查单位(其中村级2839个、组级23427个)共清查核实农村集体资产总额20.53亿元,其中经营性资产3.47亿元、非经营性资产17.06亿元;农村集体土地总面积680.27万亩,其中农用地面积623.07万亩。

农产品品牌战略实施。支持“三品一标”农产品申报认证、专卖店或专销区建设,推行农产品包装标识上市,加强质量标志使用及证后监管;持续做强“华蓥山”公用品牌,利用农交会、优质农产品展销周等营销推广平台举办“华蓥山”公用品牌推介活动,实施“互联网+”品牌农产品展销战略,扩大广安品牌农产品的知名度。全市申报认证农业农村部门认可且在有效期内的“三品一标”农产品达219个,“广安龙安柚”被评为“四川省十大优秀农产品区域公用品牌”,缪老头、广安松针、武胜脐橙被评为“四川省五十大优质品牌农产品”。

现代农业园区建设。组织申报省级现代农业园区4个,广安区龙安乡龙安柚现代农业园区、武胜县猛山乡蚕桑现代农业园区分别通过农业农村厅五星级、四星级现代农业园区推荐公示;建成广安区龙安乡龙安柚现代农业园区、邻水县钰锦脐橙现代农业园区、华蓥市禄市镇广安蜜梨现代农业园区、武胜县猛山乡蚕桑现代农业园区、岳池县顾县镇中药材现代农业园区、前锋区虎城—观塘花椒现代农业园区、武胜县三溪镇柑橘现代农业园区等市级现代农业园区7个,县级现代农业园区15个。

【种植业】 全年粮食作物播种面积430.1万亩,产量179.96万吨,增加0.1万吨,其中小春粮食作物播种面积50.1万亩,产量11.6万吨,增加0.1万吨;大春粮食作物播种面积380万亩,产量168.4万吨,与上年持平。油菜播种面积56.9万亩,与上年持平;产量8.2万吨,增加0.2万吨。由广安市农业技术推广站主持实施的《水稻“六改”绿色高质高效技术集成与推广》项目获得农业农村部2016—2018年度全国农牧渔业丰收奖农业技术推广成果奖三等奖。全市水稻旱育秧栽培面积达133.2万亩,水稻人工直播面积达20万亩,良种、综合技术到位率达97%以上。推广名特优、专用、新奇品种国标二级以上优质稻面积达80万亩,“双低”油菜面积达49.9万亩。

“两区”划定成果通过省级验收。全市“两区”划定通过省级成果认定。全市“两区”划定地块面积303.64万亩(其中稻田183.76万亩、旱地119.88万亩),超任务数21.64万亩。粮食生产功能区353.25万亩,其中水稻生产功能区183.76万亩、玉米生产功能区119.88万亩、小麦生产功能区49.61万亩(小麦与水稻复种区14.44万亩、小麦与玉米复种区35.17万亩)。油菜籽生产保护区53.54万亩。全市蔬菜播栽面积98万亩,产量245万吨,分别增加1.8万亩、9万吨,分别增长1.9%、3.9%;新(改)建蔬菜产业标准化基地7万亩,新发展精品蔬菜8万亩,引进试验示范名优特新蔬菜新品种40余个,新引进培育蔬菜种植业主7个,发展蔬菜专业合作社4个。全市水果种植面积29.493万亩,其中柑橘19.143万亩;水果产量18.6997万吨,其中柑橘产量15.1224万吨。

种子管理。全年培训种子从业人员850人次,发放普法、良种推广等宣传资料1万余份,累计宣传人次达4万余次;抽检种子样品100个批次,抽检合格率达97%;加强种子网上备案工作,备案率达95%;展示示范水稻新品种40个、玉米新品种40个、其他品种40个;主要农作物良种推广覆盖率达96%以上。

植保植检。全市建立农作物病虫害绿色防控示范区面积96.5万亩,带动推广绿色防控面积190.7万亩,主要农作物病虫害绿色防控覆盖率达30.34%。规范完善植保社会化服务组织,办理农药经营许可证545件。加强疫情防控,发布植保情报105期次、病虫电视预报12期次,群发预警手机短信15000余条。粮食高产创建区和病虫害重发区全部实行专业化统防统治,主要农作物病虫害专业化统防统治面积达170.71万亩次,覆盖率达40.98%。探索构建农药包装废弃物回收体系,全市已建立农药包装废弃物回收点1037个,回收农药包装废弃物37.782吨,粮经作物主产区农药包装废弃物回收率达60.3%。全年农药使用量(制剂量)889.45吨,减少5.54%。

5月22日,在岳池县裕民镇羊山寺村8组玉米地首次发现草地贪夜蛾。针对草地贪夜蛾,全市组织开展统防统治,印发了《广安市草地贪夜蛾应急防控方案》,设置监测点789个,安装性诱捕器1350余套,组织1300余名专业技术人员进行田间普查,普查面积27.3万亩次,发放各种技术资料、宣传挂图、明白纸等共计12万份;开展专题培训329次,培训人数达56000余人,通过抓早抓小、打点保面,将草地贪夜蛾扑灭在迁入初期和低龄阶段,全市草地贪夜蛾发生面积9758.8.8亩,防治面积18080亩,区域防控处置率达100%,危害损失率控制在2%以内。全年发生稻水象甲16677亩,施药防治面积40902亩次;农作物病虫草鼠害发生面积1095.82万亩次,防治面积1125.79万亩次,防治面积占应防面积的102.73%,挽回粮食损失29.22万吨、经济作物20.8万吨,实际损失粮食3.12万吨、经济作物2.94万吨,病虫害损失率达2.07%。

土壤肥料。全市建成高标准农田20.92万亩,其中绿色示范区面积4.9万亩,完成总投资40737.55万元,完成田土调型6.6万亩、修筑地埂721千米、地力培肥11.22万亩,新建排灌渠152千米、水源工程725座(口)。全年测土配方施肥采集土样1156个,土壤化验5061项次,开展“3414”“2+X”“肥料校正”等田间试验25个,发布配方32个,发放施肥建议卡7万份。全年测土配方施肥技术推广面积511.7万亩次,配方肥施用面积152万亩次,施用量3.5万吨,覆盖水稻、玉米、油菜等粮油作物和果树、蔬菜等经济作物。

蚕业工作。全市蚕桑产业严格基地建设

质量、种苗质量、栽管养质量标准，试验桑园一步成园技术，推广“622”栽植模式等。全市全年新栽桑6396亩，新增标准化桑园5000亩，投产桑园面积达22145亩，其中饲料桑园19550亩、果桑面积2595亩。武胜县全面建成2万亩优质蚕桑基地。全市蚕桑基地乡(镇)发展到30个，有蚕桑专业村94个，经营桑园面积在10亩以上的种植业主、合作社、家庭农场等发展至100余个，养蚕农户达9633户，打造2万亩省级蚕桑现代农业产业园1个。全市养蚕5.31万张，生产蚕茧209.3万千克，实现蚕桑产业综合产值2.24亿元，分别增长1.3%、5.8%和10.9%。

【畜牧业】 全年出栏生猪258.6万头、家禽3530.6万只、肉牛2.42万头、肉羊21.1万只、肉兔502.7万只，分别增长-31.8%、19.7%、6.5%、3.2%、2%；肉、蛋、奶产量分别为24.94万吨、7.76万吨、2770吨，分别增长-24.8%、12.1%、3.1%；实现畜牧业产值121.2亿元、增加值60.5亿元。

畜禽疫病防控。继续坚持防堵封控策略，严格执行禁调限运等规定，切实抓好大宣传大教育、大清洗大消毒、大排查大监测、大监管大执法等重要防控措施落地落实，确保了全市未发生非洲猪瘟等重大动物疫情。在高速公路出口及毗邻重庆的国道、省道、县道等公路入口设立非洲猪瘟防控临时检查点62个，在市境内设立临时消毒点760个，建立洗消中心11座，发放使用消毒药品344.32吨，石灰、烧碱1322.6吨，麻袋、棕垫76356张，消毒面积147.4公顷。排查生猪养殖场(户)72.33万家(户)次、2852.73万头次，排查生猪屠宰场2.77万个次、111.05万头次；排查生猪贩运2.28万辆次、54.64万头，排查饲料生产(经营)企业5.68万家次，处理非法调运生猪1484头、生猪产品25385千克，处罚款20.75万元。调查核实、及时妥善处理国务院“互联网+督查”等反馈问题15起。

全市累计组织调运口蹄疫740.21万毫升(万头份)、猪瘟疫苗705万头份、高致病性禽流感疫苗1465万毫升、小反刍兽疫疫苗14万头份，春、秋两季累计免疫猪口蹄疫179.82万头、牛口蹄疫9.96万头、羊口蹄疫15.93万只、猪瘟179.82万头、高致病性禽流感2135.16万羽、小反刍兽疫14.87万只，免疫密度、免疫标识佩戴率均达100%。开展牛(羊)布病监测7728头(只)，未监测到阳性病例。检测环境、病死猪、屠宰场留样样品4339份，4294份为阴性，对45份疑似阳性样品开展溯源调查，均来源于市外调入被污染。开展血清学检测2070份，抗体合格率达95%；监测病原学样品192份，均为阴性。

生猪屠宰监管。持续加强生猪屠宰监管，抓好生猪屠宰场点清理压减、“两项制度”、“扫雷行动”、安全生产及“扫黑除恶”等工作落实。全市生猪定点屠宰场点由原107个压减至60个，依法取消生猪定点屠宰场资格48个，派驻官方兽医225名，监督屠宰场点自检非洲猪瘟10.97万头份、“瘦肉精”7.81万份。全年累计出动执法人员10073人次，开展执法检查4878次、联合执法13次，查处违法案件11起，捣毁私屠滥宰窝点2个。12月，全市生猪定点屠宰场点通过农业农村部组织开展的生猪屠宰企业资格复核。

饲料兽药监管。开展饲料净化行动和兽药市场清洁行动，全市共有饲料生产企业5家，工业饲料总产量21.09万吨，总产值6.49亿元，总营业收入6.53亿元；共有兽药经营企业41家，均严格落实《兽药经营质量管理规范》和二维码追溯工作要求；武胜县中太农业科技有限责任公司申报为省级抗菌药减量示范场。全市共出动执法检查人员285人次，检查饲料生产企业5家、兽药经营企业34家、饲料兽药使用单位576家，完成饲料兽药质量监督抽样47批次，依法对广安舒渝饲料厂生产的“舒渝888乳猪浓缩料”铜、锌指标超过国家规定限量，卫生指标铬超过国家规定允许量进行了立案查处。

动物卫生监督。全年举办各类业务培训20余次，官方兽医、动物卫生监督执法人员培训面达100%。183个动物检疫申报点全年共受理产地检疫申报12万余次，检疫各类畜禽1336.87万头(只)，其中生猪137.82万头；屠宰检疫肉产品7633.53万千克，其中猪肉产品7389.63万千克，检疫监管面达100%；监督无害化处理病死畜禽9963头。邻水城南、武胜沿口、华蓥溪口3个跨省调运动物及产品指定通道检疫申报点全年共检查出入川动物及产品1.2万车次，监督检查生猪5.13万头、牛(羊)1.56万头(只)、猪肉产品309.82万千克、牛肉6.67万千克、羊肉4.58万千克、禽类产品372.91万千克。全年开展畜产品监督抽样3次，共抽取猪肉、鸡蛋、牛羊尿等样品200余份，检测合格率达100%。全市共办理动物卫生监督行政执法案件116件，处罚款3.1万元，结案率达100%。加强广渝合作，与重庆市签订《重大动物疫病联防联控合作协议》；8月29日，在武胜县召开广渝(合川)非洲猪瘟等重大动物疫病联防工作座谈会，建立动物疫病联防联控机制。

畜禽养殖污染防治。印发《关于组织开展畜禽养殖禁养区划定自查自纠工作的通知》，依法依规调整禁养区划定，开展禁养区内规模养殖场全面清理排查，累计关停、拆迁养殖场1149个。争取国家专项资金1.8亿元，在武胜、邻水等县(市、区)实施畜禽粪污资源化利用整县推进项目，全市规模养殖场粪污处理设施设备配套率达85.17%，畜禽粪污资源化综合利用率达99.05%。全面推进标准化建设，新(改、扩)建畜禽标准化规模养殖场66个。印发《广安市生猪定点屠宰专项整治行动方案》，全面完成屠宰场延期整改和屠宰资格审核工作，共关停、取缔、整合生猪定点屠宰场48家，60家生猪定点屠宰场经验收通过并依法取得“三证”。严格执行病死畜禽“五不一处理”，全年未出现抛弃病死畜禽事件，病死畜禽无害处理监管率达100%。

【林业】 全市新增现代林业产业基地4.5万亩，其中花卉苗木0.35万亩、油樟产业0.75万亩、竹产业2.2万亩、其他1.2万亩；新增林业加工企业3家、农民合作社省级示范社2个；创建省级森林小镇3个、省级森林康养人家11家、省级森林康养基地3个、省级自然教育基地2个、四星级森林人家3个；实现林业总产值100.15亿元，农民人均从林业获得收入1580元。8月，华蓥市海棠博览园区被省林草局评定为省级十大花卉产业园区，华蓥市柏木山油樟现代林业示范区被省林草局评定为市级现代林业示范区。

【水产业】 重点开展水产渔政项目资金争取、渔业基地建设、水产健康养殖示范场建设、新型渔业主体培育、稻渔综合种养、绿色健康养殖、水产种业体系建设、老旧池塘标准化改造等一系列工作。全市共争取水产渔政项目资金7300万元，新(改、扩)建渔业基地9个，培育新型渔业主体8个，标准化改造池塘1600亩，创建国家级水产健康养殖场2个、创建省级水产健康养殖场地37个，建设稻渔综合种养面积10000亩(其中稻渔综合种养示范基地面积4000亩)，建设大水面生态养殖2万亩，池塘工程化循环水养殖10条，陆基集装箱健康养殖3个。全年水产品总产量6.71万吨，增长1.76%；实现渔业经济总产值15.19亿元，增长6.79%。

水产技术。推广小龙虾、银鲫、澳虾、草鱼、鲢、鳙良种等新品种，推广稻鱼(虾)共作、池塘高效增氧、池塘微生态制剂水质调控、池塘工程化循环水养殖、集装箱式养殖等水产养殖技术，发放水产技术资料2.85万份，培训2150人次，接受技术咨询1600人次。开展水产扶贫工作，给予水产实用技术培训和指导。

渔业安全。开展水产品质量、渔船安全、渔业生态安全三大平安渔业专项整治行动，落实渔船安全生产责任制，加强水产品质量安全监管和重大水生动物疫病监测预警，保障渔业水域生态环境安全。组织渔民开展安全学习培训，开展渔业船舶检验登记、汛期渔业安全风险隐患排查、冬春渔业船舶安全大检查等渔船安全执法检查活动，培训2600人次，查处渔船违章作业4件，没收并销毁渔船4艘。全年市级抽检水产品质量检测样品30个，合格率达100%。

渔业保护。重点开展长江流域重点水域禁捕工作，抓好中央、省环保督查"回头看""河湖长制"和"洁净水"行动，实行春季禁渔制度，加强水产种质资源保护区管理和水生野生动物保护，严厉打击电鱼、炸鱼、毒鱼等非法捕捞活动。完成4个国家级水产种质资源保护区569艘渔船退捕任务，向江河放流鱼种590万尾。全年查处水产渔政案件73件、电鱼46起，行政处罚94人，刑事（行政）拘留25人。

水产养殖污染防治。加强养殖水域滩涂管理，发布《广安市养殖水域滩涂规划（2018—2030年）》（广安府办发〔2019〕43号），依法划定水产养殖禁养区、限养区和养殖区，妥善处理生产发展与生态保护的关系。贯彻落实农业农村部等十部委《关于加快推进水产养殖业绿色发展的若干意见》，以满足人民对优质水产品和优美生态环境的需求为目标，优化水产养殖业绿色发展的空间布局、产业结构和生产方式，推广池塘健康养殖、稻渔综合种养、大水面生态养殖、池塘工程化循环水养殖、陆基集装箱式健康养殖、江河放流增殖等模式，改善渔业水域生态环境，保护水生态。

【乡村旅游】 实施乡村旅游提升发展示范项目工程，广安区南桥溪谷、前锋区欢喜坪旅游度假区、华蓥市现代农业园区乡村旅游示范片区、岳池农家文化旅游园区、武胜县白坪—飞龙乡村旅游度假区、邻水县贵人槽乡村旅游区等乡村旅游项目加快推进，岳池农家生态文化旅游区被纳入四川省文化旅游融合示范项目，全市乡村旅游项目完成投资36亿元。实施乡村旅游品牌创建行动，岳池农家生态文化旅游区创建为国家4A级旅游景区，岳池县银城花海、华蓥市君兰天下、邻水县缪氏庄园创建为国家3A级旅游景区。坚持节会带动，策划举办华蓥山旅游文化节、四川"万人赏月诵中秋"广安市岳池县分会场活动，2019年武胜县第二届农民丰收节暨第三届糍粑节主题文化活动、五华山的大丽花节等节会活动30余个，扩大了广安旅游影响力。

【休闲农业】 按照生产化景区建设标准，结合现代农业示范基地建设，配套完善旅游步道、观景平台等基础设施，一片产业发展一片景区。依托产区资源禀赋，发展"节会经济"，广安龙安柚文化旅游节、华蓥山文化旅游节、岳池农家文化旅游节、岳池米粉美食节暨特色餐饮大赛、邻水大丽花旅游文化节等特色节庆活动有力开展。建成全国休闲农业与乡村旅游示范县1个、示范点2个，形成接待能力的乡村旅游景区31个，广安区被评为天府旅游名县。开展农村人居环境整治，推进"美丽广安·宜居乡村"建设，建成中国传统村落11个、四川最美古村落2个；建成幸福美丽新村1071个，占行政村总数的39%。按照"差异化、特色化、品牌化"的工作思路，建成村史馆、乡愁体验园等文化设施1382个，中国农业公园1个，橙海阳光、缪氏庄园、广安蜜梨主题公园等省级农业主题公园13个。

【农村水利】 全市水利工作围绕"水利工程补短板、水利行业强监管"水利改革发展总基调，河长制、洁净水、防汛抗旱、水土保持等多项工作得到水利厅和市委、市政府领导的肯定和表扬，在年度目标绩效考核中被评为"好"等级。全市到位各类水利资金9.05亿元，新开工水利项目79个，完工62个，完成水利项目建设投资8.52亿元。

【农村能源】 全年实现农村能源建设总投资2407万元，建成规模化大型沼气工程项目2处、省级新村集中供气项目24处、县级自建集中供气点项目7处，共新增沼气厌氧发酵容积0.86万立方米，增加沼气使用农户1311户，全市沼气厌氧发酵总容积达136万立方米，沼气使用农户达25.33万户。规范项目管理、严把工程质量关，沼气工程建设规范，全部项目均实现当年建设、当年竣工投产。加强安全生产管理，全年开展春节、国庆两次重大节假日农村能源集中安全大排查；在6月开展为期一个月的农村能源安全生产月活动；在全市组织开展沼气工程安全生产责任清单制试点；组织人员到达州市开展农能安全检查，迎接遂宁市代表省办对广安市进农能安全检查，全年农能行业安全运行，未发生安全生产事故。市农能办被省农能办评为2019年度全省农村能源工作先进单位、2019年全省农村能源信息宣传先进单位。

【农业机械化】 全市新增农机总动力4.48万千瓦，新建提灌站11处，修复、改造提灌站98处。全年兑现农机购置补贴547.365万元，新增农机具12069台（套）；开展督查20余次；开展农机购置补贴专项清理"回头看"，入户核实107户，核查农机具116台（套），涉及补贴资金126.1590万元；农机购置补贴受益农户9965户。投入各类农机具7.738万台（套），完成机耕整地361万亩、水稻机收169万亩。整顿和规范农机销售维修市场、农机补贴产品质量投诉监管和农机消费领域打假，维护农机消费者合法权益，检修各类农机具5.9万余台（套）。

农机安全监管。将农机安全监督管理纳入全市农业发展目标考核，各级农机主管部门将农机安全生产监管工作目标任务层层分解，层层签订安全生产责任书、承诺书，实现农机安全上下联动、齐抓共管的良好格局，全年未发生农机安全事故。严格规范拖拉机、联合收割机注册登记、检验、考试"三大源头"管理，注册拖拉机、联合收割机78台，年检拖拉机、联合收割机804台，年检率46.45%；注销报废拖拉机、联合收割机712台，拖拉机、联合收割机在册数1899台；新增拖拉机、联合收割机驾驶人员141人，驾驶人员在册数3976人。公安、交警、农机监理协作配合，持续开展变型拖拉机专项整治行动，开展各类检查129次，检查拖拉机、联合收割机533台，纠正违章28起，收缴拖拉机号牌3副，拆除微耕机挂接拖斗1台。

【农村科技】 推进培育新型农业经营主体和职业农民，制定出台《广安市农业职业经理人评价管理办法》《广安市现代农户家庭农场培育行动方案（2019—2022年）》《广安市家庭农场市级示范场评定管理办法（试行）》《广安市新型职业农民培育基地和师资队伍建设管理办法》，全年培育新型职业农民2570人，累计达15570人，广安市中心分校被评为年度四川省农广校系统农民教育培训工作先进集体。在武胜县率先开展新型职业农民制度试点工作，培育新型职业农民100人；开展职业农民职称评定26人，培育新型经营主体100余个，种植面积达8500亩，带动周边1500余户农户增收致富。深化基层农技推广体系改革，建立科技示范基地15个，推广绿色防控、种养循环、秸秆正常接收电视信号，保障了平台运行、设施维修并及时发布应急信息，统计上报系统运行情况。全年共组织开展文化志愿者到基层文化惠民服务系列活动达100场次以上。

【农村卫生】 对卫生扶贫救助基金管理办法进行修订，优化救助手续，提高救助标准，加大卫生扶贫救助基金政策宣传力度，已救助贫困患者1039人次，累计发放救助资金200余万元，减轻了贫困群众就医负担。制订《广安区2019年贫困白内障患者复明项目实施方案》，由区人民医院负责贫困白内障患者复明项目，已累计救助贫困白内障患者121人，使用项目资金6.6万元，项目资金已全部拨付到位。实施贫困村卫生室标准化建设和贫困人口免费健康体检，印发《广安区2019年贫困人口健康体检实施方案》，累计为39369名贫困人口开展健康体检，并组织人员对贫困人口健康体检工作实施单位进行全面督导检查。实施大病集中救治一批，开展农村贫困人口大病专项救治，对患有大病的农村贫困人口实施集中救治，全区需救治6019人，已集中救治6019人，救治率达100%；实施慢病签约服务管理一批，做好家庭医生履约服务，贫困人口家庭医生签约已实现100%全覆盖；实施重病兜底保障一批，全区重病人数为262人，已救治262人，救治率达100%。

【农村法制建设】 加强农村法治宣传教育，提高农民的法律意识和法治素质，为创建“平安乡村”、构建社会主义和谐社会营造良好的法治环境，全年共组织司法所工作人员、律师、公证员等开展法治宣传活动35次，普法宣传受益人数9000余人次，发放各类宣传资料8000余份，现场解答问题400余个，引导群众办事依法、遇事找法、解决问题用法、化解矛盾靠法。借助主流媒体和网络、微博、微信等新兴媒体贯彻落实以案释法制度；建立健全“广安区法治宣传”微信公众号、官方微博，及时更新法治动态70余条；利用“法润賨州”APP—广安区板块，及时传播法治要闻和法治动态50余条，扩大普法宣传影响力。各乡(镇)司法所联动建立公共法律服务咨询群，司法所负责人任群主，邀请各村(社区)干部入群，及时解答涉及法律援助、人民调解、公证业务等咨询，自微信群建立以来，发布典型案例700余个，发布生活常识350条次，接受法律问题咨询14000人次，法律问题回复800余次。

【农村交通】 优化农村交通运输环境，新(改)建村(组)公路159.22千米，实施窄路基路面拓宽改造工程119千米，启动建设美丽乡村旅游产业环线公路40千米；新增设岔口标志440块，铸造减速带2100米、热熔减速振荡标线2000平方米，安装太阳能爆闪警示灯15套。

农村公路养护管理。全年共清扫路面68968992平方米，清理水沟991175米、路肩1312800平方米，处治各类公路病害7800平方米，转运土石方4500立方米，清理各类危树85棵，设立警示标志110余块，农村公路技术状况指数MQI达90，路面使用性能指数PQI达89。

加强农村道路巡查执法力度。全年开展部门联合执法20余次，出动路政执法人员2620人次、宣传车290次，执法人员上路巡查率100%；共排查清理路障31处，查处损坏公路附属设施行为6起；查处非法营运车辆203台；治理超限运输车辆390余台次，转运货物1475吨，超限运输车辆控制在3%以内；处理货运车辆冲闯超限站案件3起，货运车辆超限超载案件16起，路政案件查处率100%，结案率100%。

【涉农招商引资】 2019年，全区3000万元以上的农业招商引资重大项目15个，均为内资项目，分别比上年增长7%；项目总投资2.51亿元，增长8.3%。协议资金10.83万元，增长8.9%，完成年度任务的102%；到位资金2.51万元，增长8.3%，完成年度任务的102%。

【农村社会保障】 全区城乡居民养老保险覆盖人数为35.4万人(含园区)，全年缴费人数15.2万人，已全面完成目标任务。全区基础养老金月标准人均100元，征缴基金3537.59万元，收到各级财政补助资金共计14522.18万元，发放养老金15556.63万元。社会保障扶贫工作全面完成社保扶贫及民生工程代缴城乡居民养老保险28324人，完成目标任务的125.3%。全年开展政策宣传人次共计15万人次，培训乡(镇、街道)、村(社区)两级工作人员共计1000人次。加强待遇领取人员资格认证工作，追回重复领取养老金，防止基金流失。

【农村生态建设及环境保护】 全年共修建乡(镇)生活污水处理站26座，实现乡(镇、场镇)污水处理站全覆盖；建成村级污水处理设施93个。一是加大污水治理设施运维人员培训力度。农村污水治理设施运维采用“户收集+村处理+镇统筹+公司服务+部门监管”的方式，村级污水治理设施运维主体均为所在地乡(镇)政府，乡(镇)人民政府委托专人管理乡(镇)污水治理设施，广安区鸿浩水务投资有限公司为乡(镇)污水治理设施技术服务公司，由鸿浩水务定期对管理人员进行技能培训。同时，通过“6·5”环境宣传日、“世界水日”组织中信集团等专业运维公司对农村污水治理设施管理人员进行集中培训，保证农村生活污水治理设施的基本问题管理人员能解决，难点问题交由技术服务公司解决，以保障乡(镇)污水治理设施正常运行。二是加强污水处理站出水水质监督监测频次。委托第三方机构按照一季度一次的频次，对24座正常运行的乡(镇)污水处理站出水水质和水量进行监督性监测，通过水质状况及时掌握污水处理站的运行状态，并将监督性监测结果报送市生态环境局、区住建和区水务局等相关部门；市生态环境局每月对2座城市污水处理厂开展监督性监测，对农村集中生活污水治理设施随机进行监督性监测，并要求安装流量计。三是推进污水处理设施主要污染物总量削减。“十二五”期间，全区通过广安兴亚污水治理有限公司和恒升镇污水处理站共实现水污染物化学需氧量削减2966吨、氨氮削减363吨。全年通过花桥二污等14座乡(镇)污水处理站，实现化学需氧量削减583吨、氨氮削减65吨。

【农产品质量安全监管】 全区有农产品注册商标132件，“三品一标”农产品数31个(无公害农产品22个、绿色农产品9个)，“广安龙安柚”创建为省级十大区域农产品公用品牌。全年共监督监测农贸市场45个次、批发市场2个次、基地71个次，监测样品305批次，监测参数74项5045份次，监测结果全部合格。

【农村市场体系建设】 全年发放金融精准扶贫贷款48.98亿元，其中个人精准扶贫贷款4.74亿元、产业精准扶贫贷款31.5亿元、项目精准扶贫贷款12.74亿元。严格落实金融扶贫政策，一是发挥保险经济助推器作用，支持保险机构开设水稻、玉米、育肥猪、森林等中央政策性农业保险及水果、果树、大棚蔬菜、生猪价格指数、花椒等地方特色农业保险品种，推广“扶贫保”保险产品，采取“政融保”(政府+险资+担保)模式为农业业主、种养农户提供支农融资业务，提升保险保障服务水平。全区实现保费收入33.35亿元，其中人寿险保费收入28.06亿元、财产险保费收入5.29亿元；保险赔付支出8.14亿元，其中人寿险赔付支出4.87亿元、财产险赔付支出3.27亿元。二是继续开展“支付惠农示范工程”创建活动，发挥示范站(点)对所辖区域支付服务环境的引领和带动作用，确保村村都有助农取款点，贫困居民足不出乡就能得到小额取款、查询、转账、汇款、缴费等基础金融服务。三是引导金融机构开展“送金融知识下乡”活动，通过向村民派发金融知识宣传资料、解答村民咨询等方式讲解普惠金融知识和政策，提高村民对金融知识的了解，增强贫困地区金融消费者的权益保护意识以及运用金融发展经济的能力。

【项目建设】 争取到四川省产油大县示范县、中国特色农产品优势区、全国畜禽粪污资源化利用整县推进项目、中央预算内高标准农田建设项目、农业农村部“农业产业强镇示范建设”等政策项目9个，资金总计1.1336亿元，其中已用好政策3个、正在使用政策6个。争取到2019年中央财政农业生产发展资金、2019年省级财政现代农业发展工程资金等29个项目，已到位资金2.5亿元，增长73.25%。

【农村留守儿童帮扶】 健全特殊儿童关爱体系。坚持以流入地政府为主和全日制公办学校为主的“两为主”政策，将进城务工随迁子女纳入每年的招生方案，保障随迁子女入学权利。全年3300名进城务工随迁子女被安排在城区公办学校就读。

【劳务开发与返乡创业】 全年农村劳动力转移输出26.56万人，其中省外17.88万人，实现劳务收入46.48亿元。完成劳务品牌培训410人、农民工返乡创业培训234人。新增返乡下乡创业599人，推动落实返乡创业和创业担保贷款1148万元，发放返乡创业补贴6万元。创办实体226个，总投资1.3亿元，实现总产值3.8亿元，带动2000余人就业。

【主要领导人】 区委书记：文建平；区人大常委会主任：尹才宏；区长：刘永明；区政协主席：刘昌杰；分管农业副区长：龙涛。

广安区编写组

前锋区

【基本情况】 2019年，全区辖8镇4个街道，辖区面积505.6平方千米。年末总人口36.7178万人（户籍人口），减少0.42%；人口出生率10.38‰，减少0.05个千分点；人口自然增长率0.02‰，减少2.58个千分点。有林业用地1.49万公顷，有林地面积1.213万公顷，活立木总蓄积量87.5万立方米，森林覆盖率41.8%。

公路通车里程1169.76千米（其中乡村公路1018.81千米），密度0.1米/平方千米，2千米/万人。全年农业保费收入0.0618亿元，增长37.33%；处理各项赔款和给付金额296万元，减少26%。劳务输出102900人，收入228990万元。

有各类学校99所，在校学生34612人，教职工1960人，其中普通中学20所，在校学生11598人；小学19所，在校学生14994人；学龄儿童入学率100%。有卫生机构242个，病床位915张，卫生技术人员803人。城乡居民基本养老保险参保人数20.35万人。

2019年前锋区主要农产品产量

主要农产品	单位	产量	同比(%)
粮食	万吨	10.83	1
水稻	万吨	7.3	1.2
小麦	万吨	0.1	–0.3
玉米	万吨	2.3	0.3
马铃薯	万吨	0.4	2.4
油菜籽	万吨	0.81	3.4

农产品品牌战略实施。全区累计认证“三品一标”农产品22个，其中无公害农产品18个、绿色食品1个、地理标志产品3个。实施品牌建设工程，推进孵化、提升、创新、整合、信息农产品品牌建设“五大工程”，培育壮大“华蓥山公用品牌+企业品牌+产品品牌”的农产品品牌体系。组织辖区农业生产企业参加中国农业品牌提升行动，持续做大做强“华蓥山”公用品牌。利用西博会、农博会、农交会、绿博会等营销推广平台，将辖区内优质农产品推广出去，同时实施“互联网+”品牌农产品展销行动，通过益农信息社、知名电商平台拓展线上营销推广，扩大全区优质农产品的品牌知名度和影响力。

【种植业】 全区粮食作物播种面积24.2万亩，增加0.28万亩，增长1.2%；粮食产量10.8万吨，增加1110吨，增长1%，其中小春粮食作物播种面积1.82万亩，产量0.41万吨，增加45吨，增长0.2%；大春粮食作物播种面积22.39万亩，产量10.41万吨，增加1052吨，增长0.1%。水稻播种面积13.6万亩，玉米播种面积5.5万亩。红薯产量0.54万吨，增长1.3%；大豆产量0.11万吨，增长1.5%。油菜播种面积5.1万亩，产量0.81万吨，增加269吨，增长3.4%。

【林业】 全年完成营造林任务4.766万亩，全面完成省上下达的2019年度天然林资源保护工程和退耕还林工程建设任务，实施天然林管护12.29万亩，新增森林面积11000亩，净增森林蓄积5.7万立方米，森林覆盖率增长0.86%，林地保有量22.3万亩，新建林业产业基地0.3万亩，无森林火灾发生，林业有害生物成灾率控制在3‰以内。全区林业产总值5.6亿元，农民人均从林业上获得收入720元。一是全面完成全年营造林任务。实施“大规模绿化前锋”行动，利用春、秋、冬季植树造林的黄金时节，推进2019年“大规模绿化前锋行动”造林绿化工作，完成全年营造林任务4.286万亩，其中乡村增绿工程2万亩、山体生态修复工程0.7万亩、江河湖库防护工程0.7万亩、交通廊道添彩工程25千米、城市森林提升工程0.286万亩、森林资源保护工程0.6万亩。开展义务植树活动，3月12日，组织区级机关干部职工、各乡（镇、街道）党政主要负责人及志愿者共600余人在桂兴镇联丰村开展主题为“植树造林·建设美丽前锋”的春季义务植树活动，为2019年“大规模绿化前锋”行动、华蓥山美化彩化绿化和山水林田湖等项目的建设拉开了序幕，掀起了春季植树和“大规模绿化前锋”行动的热潮。开展华蓥山绿化美化彩化工程，围绕市委、市政府提出的“三年会战、漫山红遍”及“绿化、彩化、美化、资源化”的总体要求，区属国有企业及脱贫攻坚造林专合社在桂兴镇完成华蓥山绿化彩化美化4000亩，栽植银杏30万株。推进华蓥山区山水林田湖草工程，通过实施林业项目“三大工程”建设，完成森林质量精准提升13500亩、植被恢复3540亩、野生动植物与湿地保护与修复28200亩，提升了全区自然生态的系统功能，保护了生物的多样性。二是加快林业产业发展力度。推进基地建设，在观阁镇建设苗木花卉基地1000亩；在小井乡发展枳壳1000亩、油橄榄1000亩。培育特色品牌，引导经营主体自觉参与行业认证和品牌创建，全区共培育市级以上林业龙头企业1家、新增林业专合组织3个，新申请注册商标3件。三是抓好育苗及种苗管理。完成林木种苗培育基地建设2000亩，培育各类苗木300万株，90%以上的苗木质量达一、二级，保证了全区各项林业生态工作造林及其他各类国土绿化、美化造林用苗。同时加大种苗执法力度，加强全区苗木质量管理，严格实行种苗准入制。四是完成公益林更新工作。启动公益林更新工作，区财政投入30余万元公开招标林业调查设计队伍，按照技术要求，经“调出、补进、修正”后技术审核，确定公益林调出5373.01公顷，补进1718.49公顷，并建立档案资料和数据库，使公益林的山头地块、图、表、册、人完全一致，为今后公益林的规范管理和保证新区建设用地奠定了坚实基础。五是开展天然林资源保护。签订2019年度保护发展森林资源目标责任书21份，完成天保工程公益林1000亩人工造林建设任务，巩固退耕还林成果6.88万亩，管护国有林4.44万亩，补偿集体和个人所有公益林7.86万亩。六是完成森林资源“双增长”任务。全区净增森林面积11000亩(目标值10880亩)，净增森林蓄积5.7万立方米(目标值1.6万立方米)，林地保有量达22.3万亩(目标值21.9万亩)，湿地保有量达1095.45公顷(目标值1095.45公顷)。七是全面加强森林资源保护力度。加大执法力度，森林公安分局全年开展各项专项行动，共查处各类案件34件(其中刑事案件4件、林业行政案件30件)，行政处罚31人次。严防森林火灾发生，严格落实森林防火责任，排查和整治森林火灾隐患57处，砍割坟头防火隔离带21650座，砍除隔离带80千米，印制《前锋区政府森林防火禁火令》8000张，发放宣传资料10万余份；印制《森林防火宣传册》6000册，发放防火宣传T恤衫2500件、宣传口袋2000个，向林区学生发放森林防火宣传拉画笔1万支，确保无森林火灾发生。加大林业有害生物防治力度，全区开展林业有害生物防治2.6万亩。重点监控松材线虫病、无根藤等重大林业有害生物的发生蔓延，清理枯死松树1700余株，对945株无根藤危害树木和2000平方米地被物进行清理，提高了防治效率，降低了防治成本，林业有害生物成灾率控制在3‰以下。

【水产业】 开展水产技术宣传和咨询，推广稻田生态综合种养技术、池塘内循环水养殖技术、水库生态放牧式增养殖技术。发展水产养殖业，引进南美白对虾新型养殖技术，壮大全区水产养殖品种；推广现代渔业机械、养殖水体及养殖数据实时监控设备、智能设施渔业控制系统等创新成果，提高全区科学养鱼水平。

【扶贫开发】 以“绣花”功夫持续攻坚，完成18个村退出、307户888人脱贫，脱贫攻坚实现再战再胜。一是落实打好精准脱贫攻坚战部署。编制《前锋区2019年统筹整合财政涉农资金使用方案》《前锋区2019年统筹整合财政涉农资金使用调整方案》《关于印发18个扶贫专项2019年实施方案的通知》，整合涉农资金7695万元。更新区级2018—2020脱贫攻坚项目库，入库资金7.31亿元，2019年到村到户项目全面完成。出台《打赢打好脱贫攻坚三年行动实施意见》，将2018—2020年全区脱贫攻坚工作内容逐项分解，并落实责任。聚焦2018年脱贫攻坚成效考核发现问题及中巡组反馈的共性问题，对照自查梳理的七大类22项问题，制定整改方案，除产业和习惯风气类需长期坚持整改外，其余问题已全部整改到位。二是“两不愁、三保障”突出问题整改更加彻底到位。开展“两不愁、三保障”回头看大排查，全区通过大排查共发现建档立卡贫困户问题1327个、非建档立卡特殊困难户问题260个，除尚有7户建档立卡贫困户未取得联系外，其余问题均已整改完成。“三保障”质量不断提升，投入各级扶贫资金712.56万元，实施农村危房、“五改三建”等，落实安全住房保障；建立精准帮扶、普惠资助、社会救助“三位一体”教育帮扶机制，设立500万元的教育扶贫救助基金，资助贫困学生730名，劝返流失学生21人，落实教育保障；优先落实贫困人口“十免四补助”医疗扶持政策，区财政安排资金105.09万元，实现贫困人口基本医保100%保障，设立501.7万元的卫生扶贫救助基金，救助396人次，使用116.3万元，落实医疗保障。扶贫对象动态管理精准，动态调整贫困人口1030人次，完成人口信息增减录入，确保系统数据与贫困户实际、帮扶手册一致。三是“两主两辅一补”保障群众收入举措更加及时有效。坚持以发展产业和促进就业为主，保障贫困户核心收入。坚持长短结合，发展花椒、茶叶、枳壳等产业，贫困村实现“一村一业”。建立完善利益联结机制，脱贫产业100%与贫困户、村集体挂钩。实行送工奖励和提供职工公寓等措施，促进贫困剩余劳动力在园区企业就业，努力消除有劳动力的家庭“零就业”。坚持以发展庭院经济和解决公益性岗位为辅，保障贫困户日常基本收入。支持发展庭院经济，发展养殖小家禽、种植蔬菜等，助力贫困户月均增收300元。落实公益性岗位，开发村级公益性岗位，帮助收入不达标或不稳定的贫困户、临界户增收。坚持以低保兜底为补充，保障贫困户最低生活收入。针对种养殖能力弱、无务工就业能力的特殊困难群体，采取低保兜底保障，加强兜底保障。四是创新举措调动群众内生动力更加持久深入。“回头看、回头帮”添动力，用好用活“十看五帮三机制”经验，全面开展“回头看、回头帮”，定期开展动态监测，落实“一对一”帮扶举措，确保已脱贫人口稳定脱贫、同步奔康。教育引导激活力，用好用活“二分四步六评比”工作法，助推群众养成好习惯、形成好风气；宣传勤劳致富、自力更生等先进典型，引导群众牢固树立“勤劳致富光荣，懒惰致贫可耻”思想观念，消除等靠要思想。技术培训强内力，全区组织“第一书记”、驻村工作队队长、村“三职”干部、大学生村干部、农技员、专合组织负责人、致富带头人、农村实用人才，扶贫系统干部、部门行业系统干部进行全覆盖培训，加强政企对接，实现“输血”式扶贫向“造血”式扶贫转变。五是脱贫攻坚责任体系更加完善健全。区级领导责任再压实，在原“九个一”驻村帮扶体系的基础上，由区委、区人大、区政府、区政协主要领导分片包乡强力督导脱贫攻坚，调整18名区级领导“一对一”定点联系2019年拟退出贫困村，统筹包干村户脱贫工作。帮扶人员全参与，将脱贫攻坚帮扶工作任务调整覆盖至全区66个区级部门、所有乡(镇、街道)，全面实现帮扶任务单位及干部全覆盖。继续按照《前锋区2018年度脱贫攻坚帮扶工作与重点工作绩效挂钩考核办法》和《前锋区脱贫攻坚工作问责办法(试行)》，坚持严肃问责，加压驱动帮扶人员履职尽责。激励措施再添力，确保《前锋区贯彻落实关心爱护脱贫攻坚一线干部激发干事创业活力办法的实施方案》的落地落实，促进“第一书记”等干部在脱贫一线愿意干、加油干，提升攻坚士气。推荐全区脱贫攻坚干部、企业代表获得省级脱贫攻坚各类奖项13人、市级8人，区委、区政府表扬脱贫攻坚先进集体24个、优秀“第一书记”20人、“先进个人”59人。

【农业机械化】 全区拥有大中型拖拉机8台、联合收割机6台、水稻插秧机20台，农机总动力达18.83万千瓦。全年完成机耕22.4万亩、机收14.8万亩、机播10.6万亩，主要农作物机械化率达67.38%。全年开展农机安全监理、驾驶、农机管理等培训600人次；拖拉机、联合收割机年检审7台；完成推广各类农业机械623台，发放购置补贴资金34.026万元。

【农村卫生】 以健康前锋建设为导向，以办“区域性最好的医疗”为中心，实现医药卫生体制改革任务完成率达90.9%，计划生育及母婴安全目标管理责任制落实率达100%，传染病发病率低于全市平均水平。明确了乡(镇)卫生院(中心卫生院)、民营医院、区级医

德阳市气象局

市委书记靳磊（中）到市气象局会商指导防汛调度工作

市政协主席张万平（中）一行调研智慧气象服务地方经济建设情况

省气象局局长杨卫东（右二）检查指导德阳市汛期气象服务工作，听取党组书记、局长邓勃（左四）汛期气象服务工作汇报

德阳市气象局成立于1994年，现有职工59人，其中中、高级技术人员占79.1%，大学以上学历占91.5%；有机关党委1个、党支部3个，中共党员54人（在职党员34人、退休党员20人）。

一、机构设置

德阳市气象局辖广汉、什邡、绵竹、中江、罗江5个县（市、区）气象局。市气象局设3个内设机构、5个直属单位、3个地方事业机构。

二、文化建设及工作业绩

近年来，德阳市气象局以“天地有大美而不言”为引领，立足“德阳气象局与您风雨同舟”的服务理念，以“厚德载物、司天为民、科学严谨、创新奉献”的核心气象文化力量凝聚人心，在业务服务、防灾减灾、改革创新、文明创建等方面取得显著成效。2006年建成省级文明单位，2016年建成省级最佳文明单位，2017年建成全国文明单位，2020年全国文明单位通过复检。

德阳气象工作受到各级党政领导及上级管理部门的一致肯定。近年来，先后被中国气象局、人力资源社会保障部评为“全国气象工作先进集体”；被省政府评为“防汛减灾先进集体”；被省、市爱卫会同时命名为“无烟单位”；被省气象局评为“特别优秀达标单位”“重大气象服务先进单位”；被市委、市政府评为“学法用法示范单位”“依法行政示范单位”“文明城市创建先进集体”；被市委评为“德阳市网络宣传管理工作示范单位”“德阳市示范（新浪）政务微博”；被市政府评为“水旱灾害防御工作先进集体”“安全生产一等示范单位”“节水示范单位”；被市妇联评为“德阳市巾帼建功先进集体”；始终保持“四川省卫生先进单位”称号；建成“全国气象科普教育基地”“四川省科普教育基地”“青少年社会实践教育基地”“四川省科普惠民共享基地”。

党组书记、局长邓勃（左二）率队到阿坝县气象局开展对口帮扶工作

党组书记、局长邓勃（右二）到社区疫情防控一线慰问部门志愿者

市气象局实施人工增雨作业缓减持续数日的旱情

德阳市产品质量监督检验所

市场监管局局长杨方清（中）、局机关党委书记田涛（右二）出席局“扶贫帮困”会议

局总经济师李训宇（左三）率队调研扶贫工作

德阳市产品质量监督检验所是德阳市市场监督管理局直属事业单位，是具有独立法人和第三方公正地位的综合型、公益型产品质量检验机构。按照市委、市政府的统一安排部署，质检所紧紧围绕全市脱贫总体目标，以产业扶贫为引领，坚持“思想认识、措施落实、帮扶成效”三到位，强化组织领导、产业扶贫、物资帮扶，做到责任到人、任务落实、帮扶见效。组织带领职工真抓实干、克难攻坚，扎实、有序、稳步推进中江县思源村、红马村和松湾村脱贫攻坚工作实施步伐。

按照市委、市政府坚持问题导向，质检所完善工作机制，压实工作责任，以“帮思想、帮门路、帮技术、帮资金”为主要内容，创新开展扶贫工作。一是结对子。引领党员与扶贫户结对子，攀“穷亲戚”、认兄弟，面对面了解百姓疾苦，有针对性地开展调研帮扶，快速实现“一超六有”。二是找短板。围绕增强“造血”功能，强化人才培养；加快梳理制约生产发展能力的作业道、渠系、塘堰等基础设施短板，形成清单，协调帮助解决。三是助民生。推进土坯房改造，着重抓好安全住房保障；通过整合社会资源、开展结对帮扶、提供资金信息技术等形式，帮助定点帮扶村发展特色产业、改善村容村貌，解决村委各村（组）道路、积水、路灯问题，协助建设文明生态村。四是抓宣传。积极宣传党和政府的扶贫政策，转变扶贫户“从要我富”到“我要富”的思想，消除或逐步消除困难户和困难党员同志“等、靠、要”思想，激发贫困群众生产致富的能动性和主动性，成为质检所扶贫工作必须要重视并加以有效解决的一项工作。质检所在资金和项目支持的基础上，积极开展“科技下乡”和“质量知识宣传进乡镇”活动，进一步提升村民的科技文化综合素质，为农民增收、脱贫致富提供强有力的技术保障。

近年来，质检所自筹帮扶资金，保质保量完成了129户贫困户和红马村脱贫，协调农业、交通、水利等各级政府机构专项帮扶资金420余万元；新建房屋23处，发展产业路4千米；设置道旗10盏、路灯86组，建设入户路26条；完成“厕所革命”242户；修建垃圾池1个；土地增减挂钩（盘活利用农村宅基地）43户；建成永安镇新兴产业示范村——红马藤椒产业园，脱贫攻坚工作取得明显成效。

市质检所所长黄琼（中）、纤检所副所长杨斌（左一）、藤椒园总经理吴绍恩（右一）到中江县红马藤椒专业合作社调研

“第一书记”杨斌（左一）进行产业考察

产业园

四川省都江堰东风渠管理处

水利厅厅长胡云（右二）调研督导凉山州农村饮水安全脱贫攻坚工作，东风渠管理处处长万忠海（左三）陪同调研

东风渠参与2020年成都德阳资阳联合抗御超标洪水防汛演练

四川省都江堰东风渠管理处是四川省水利厅直属大型水利工程管理单位，东风渠灌区地处成都平原腹心地带，管辖干渠16条，总长816千米，灌溉面积291.72万亩，主要承担着向成都、眉山2市19个县（市）区和天府新区输送生活、生产、生态用水，以及向黑龙滩、龙泉山两大水库灌区输水的任务。近五年，平均从都江堰引水55亿立方米，优先保证成都市生活及工业供水10亿立方米，提供灌区农业用水13亿立方米，向龙泉山、黑龙滩两大水库灌区输水6亿立方米，枯水期提供生态用水11亿立方米，汛期提供生态用水约5亿立方米，通过河（渠）道安全排水约10亿立方米。

毗河节制泄洪闸

东风渠管理处现有在职职工364人、离退休职工354人，处辖12个职能科室、11个水利站、3个经济实体、24个党支部，有270名党员、5个团支部、1个女工委员会、14个基层工会。单位多次被评为“全省农村水利工作先进集体”，先后被评为“省级最佳文明单位”“全国精神文明创建工作先进单位”“全国水利文明单位”“全省民族团结进步模范集体”。2020年，创建为“全国文明单位”，已进入公示阶段。

近年来，东风渠管理处深入践行“节水优先、空间均衡、系统治理、两手发力”新时期中央治水思路，主动服务“一干多支、五区协同”发展战略及成都市“东进”战略，按照水利工程补短板夯弱项、水利行业强监管优服务的主线要求和水利厅“十项要求”，践行“和谐、共赢、共享”灌区发展理念，以创建全国文明单位为抓手，扎实推进“163”发展规划，狠抓供水服务、工程管理、防汛安全、水政监管等各项工作，进一步增强水资源科学配置能力、推进水资源高效利用、提高公共服务水平、强化水利工程建设和信息化建设，不断提升水利治理体系和治理能力现代化水平，为灌区粮食安全及经济社会发展，特别是国家中心城市成都市的经济社会发展、千万群众生产生活及社会稳定提供了坚实的水利支撑。

徐堰河罗家桥引水闸

同福博爱新村

管委会，由区委书记、区长分别兼任党工委书记和管委会主任，区政府分管副区长兼任党工委副书记，区委办主任兼任常务副主任，配备1名专职副主任，设置4个办事机构和7个农业专业园区推进办，全面协调推进城乡融合发展。

坚持条块结合，在要素配置上优先满足。在编制完成《绵阳市游仙区乡村振兴规划（2018—2022）》的基础上，对112个行政村因地制宜、科学编制“多规合一”的村庄规划，绘制全域乡村振兴“一张图”，实现镇、村规划全覆盖。在制订2020年土地利用年度计划时，安排8%新增建设用地指标用于农村新业态新产业用地，实际用于乡村重点产业及项目用地占比10.3%。调查摸底可整理农村闲置宅基地207户260亩，编制游仙区农村产业融合发展规划等重点规划，吸引各类社会资本3.2亿元、金融机构资金2.2亿元。

统筹各方资源，在资金投入上优先保障。始终坚持把乡村振兴投入作为区级财政支出的优先保障领域，通过盘活存量、优化增量、增加总量，形成了支农投入稳定增长机制。近三年，全区乡村振兴总计投入55.2亿元（2018年14亿元、2019年17.8亿元、2020年预计投入23.4亿元），其中基础设施建设投入13.5亿元、民生事业投入15.4亿元、公共服务投入11.8亿元、人居环境投入9.4亿元、科学技术投入1.3亿元，预计2020年乡村振兴投入在一般公共预算支出中占比79.1%，较上年增长31.5%。总投资14.8亿元的“芙蓉花溪”乡村振兴综合项目抓紧建设，计划2020年年底基本完工，这条兼具交通路、旅游路、产业路三大功能于一体的综合项目将成为推动游仙区乡村振兴的新引擎。积极对接金融机构加快乡村振兴发展贷款，搭建平台畅通银行企业合作渠道，已协助农业企业落实贷款90.1亿元，全力保障“钱”流向农村。

突出民生导向，在公共服务上优先安排。坚持将城乡义务教育经费全面纳入财政保障范围，近三年，推进41所义务教育学校扩容建设，并重点向农村倾斜，最大程度实现教育资源均衡

街子镇王猛村地膜种植高产田

“桑梓禅缘”信义镇曾家垭村

梓绵镇盐井坝村山湾农庄

五粮液酿酒专用粮基地

小枧湿地公园

化。探索构建“八区三中心”医疗卫生服务新体系，确保基层基本医疗“全覆盖”，让农村群众在“半小时医疗救治圈”内实现“小病完全能看好、大病基本不用跑”。对全区符合城乡低保、城乡特困救助的困难群体做到“应保尽保”“应扶尽扶”，改造、提升19个农村公办养老机构和福利机构，加快推动城乡基本公共服务均等化。全面提升农村基础设施保障能力，新（改）建县、乡道82.4千米，村道342.4千米，城市公交通达所有乡（镇）。着力建设“水美游仙”，投资5882万元，新（精）修塘堰103口，新修水渠283千米；大力实施“引沉济芙”“引清济芙”等水系连通工程，全区渠系水利用系数由0.67提升到0.85，灌溉时间缩短5～10天，水费成本降低近40%。目前，农村地区公路硬化率、卫生饮水率、4G覆盖率、电气通达率均达100%。

二、抓关键环节，全面推动“五大振兴”

建设现代农业园区，助推乡村产业转型升级。以优质粮油、绿色蔬菜、花卉林果、优质蚕桑、生态养殖五大产业为基础，大力发展花舞游仙、果满山川、桑梓家园、渔虾稻田、粮油制种、道地药材、川菜硅谷等7个现代农业园区，在每个园区内推行“科学种田、种养循环、生态田园”，依托园区发展农机装备和冷链物流，高标准推进现代农业园区建设。2019年举办首届农业产业招商推介会，成功招引农业产业项目8.4亿元。依托园区发展“三品一标”农产品131个，培育农业企业223户、专合社430家、家庭农场293家、种养大户455户，搭建起“接二连三”的现代农业产业体系。

实施人才回引工程，集聚乡村振兴职业农民。搭建优秀农民工服务平台和回引机制，新吸引420余名优秀人员回乡创业、54名优秀农民工到村任职、12名退休干部归乡开办家庭农场。鲜明提出要把“根”在农村、家在农村、产业在农村的人员选拔为村干部，鼓励村干部带头在农村从事生产经营活动，规范村干部经商办企业行为，重构村干部与村民的利益链接关系，推动实现“好人治村”向“能人治村”转变，全区村级党组织书记平均年

川仙渔村

魏城镇枫清湾红叶正艳

园区航拍

小龙虾喜获丰收

省、市种业发展部门陪同西藏人大常委会到游仙区调研种业发展

游仙名优特新农产品推介暨2019四川（绵阳游仙）迎春购物月川货大拜年活动

龄45岁，比上届下降2.5岁。通过培训班、宣讲会、“传帮带”就地培养爱农业、懂技术、善经营的新型职业农民1455人次，有新型职业农民的村民小组占比达75%。与中科院亚热带农业生态研究所合作共建“印遇龙院士工作站”；与省农科院、西南大学等院校围绕现代农业园区建设、特色产业培育等领域加强合作，不断增强游仙区乡村振兴的人才支撑、技术支撑。

着力“信义游仙”建设，全面引领提升文明乡风。以传承和弘扬红色文明、培育和发展绿色文明、倡导和推进精神文明、宣扬和推动法治文明为目标，广泛开展文明村镇、星级文明户、“新乡贤”评选等创建活动25场次，评选“新乡贤”50人。大力推进“新时代文明实践中心”建设，建立1个中心、12个所、172个站、312个点，辐射全区所有群众聚居点，促进文明活动更接地气、更有人气。引导全区干部群众遵从认同“党员有信仰、企业重信誉、群众守信用，尊重发展规律遵道义、忠诚组织家庭尽忠义、关爱弱势群体讲仁义”的信义文化，着力培养文明乡风、良好家风、淳朴民风。近三年，成功创建全国乡村治理示范村1个、全国文明村镇2个、省级文明村镇1个，县（区）级及以上文明镇占比100%，县（区）级及以上文明村占比62.2%。

开展人居环境整治，大力建设美丽宜居乡村。聚焦农村生活垃圾治理、污水治理、“厕所革命”、村容村貌提升“四大工程”，组织动员全体区级领导、部门深入镇（村）开展农村环境大整治志愿服务活动，先后有干部、群众18万人次参与环境秩序大整治、家庭卫生大扫除、个人言行好习惯“两大一好”专项行动。近三年，先后投入1.2亿元完成仙鹤湖等饮用水水源地规范化整治，投入7000余万元用于农村环卫建设。全区112个行政村中，生活垃圾得到有效处置的村占比100%，生活污水得到有效处理的村占比93%，农村户用卫生厕所普及率达95%，秸秆综合利用率（占可收集资源量）达100%，成功创建国家级生态乡镇1个、省级生态乡镇15个，“美丽四川·宜居乡村”实现全覆盖培育。全国农田水利建设管理座谈会、全国灌区管理办法修订工作研讨会和全省农业水价综合改革工作现场会、全省农村能源助推成渝现代高效特色农业带建设现场会、全省农作物秸秆综合利用重点县建设工作推进会先后在游仙区召开。

围绕两项改革“后半篇”文章，提升基层治理能力。在镇、村建制调整改革中，56%的乡（镇）和49%的村被撤并，全市减幅最高，努力形成大村带小村、强村带弱村、资源集约、人口聚集、治理有序的基层治理新格局。结合镇、村建制调整改革，首批向乡（镇、街道）下放148项权限，全面提升基层政权运行能力和干部服务群众能力。全区112个村全部完成村规民约修订工作。按照党组织、经济组织、社会组织3个“三分之一”原则，重新优化使用村级组织活动场所。大力推进基层公共法律服务体系标准化建设，充分发挥“电管家”“网格员”“河（湖）长”等人员作用，支持辖区内春天社工、一凡公益等21个社会组织向农村发展延伸，聚焦养老、文化、培训、公益等领域提供高质量社会服务，全省矛盾纠纷多元化解创新工作推进会在游仙区召开，获评“四川省村民自治模范区”，2020年被列为全省全面依法治县示范试点单位。

三、抓改革创新，全面激活内生动力

探索创新建设“山湾农庄”，趟出一条丘陵地区乡村振兴之路。立足辖区浅丘地形地貌，坚持从微观基本单元入手，开创性提出“山湾农庄1235”发展思路，力争让每一名村（社）干部

游仙新城

游仙区农业农村局秸秆回收利用推广现场会

全省农村能源助推成渝现代高效特色农业带建设现场会在游仙区召开

和每一家农户都能找到参与乡村振兴的着力点，让每个山湾成为一个利益共同体、乡村新业态、发展新空间，已按照产业带动型、生态康养型、农旅结合型、种养循环型等类型建成“山湾农庄”50个，力争到2022年覆盖全区所有村组。鹤林绿洲成功入选全国森林康养基地试点单位，原创小品《山湾农庄的笑声》获得四川省2020年乡村艺术节群众文艺作品大赛戏曲类第三名。

扎实推进全国农村集体产权制度改革试点，破解农村产权关系不明晰的问题。全面清理出农村集体资产12.7亿元，确认农村集体经济组织成员33.8万人，建立农村集体经济组织2282个。积极探索资源入市、资金入股、村民参股等模式，实现集体经济和农民收入“双提升”。探索推行“三大模块强监督、四屏联动便查询、三级响应问效率”机制，有效遏制农村集体“三资”领域微腐败。试点经验入选第二批全国60个农村集体产权制度改革典型经验并推广。

先行先试开展农村宅基地“三权分置”改革试点，激活农村资源要素。探索农民闲置宅基地和闲置农房试点政策，分类开展宅基地权益保障、宅基地有偿使用和自愿有偿退出改革，赋予农民更多财产权利。截止目前，试点镇已腾退宅基地202亩，复垦260亩，整理集体建设用地511亩，解决产业发展用地84.5亩，为集体增收870万元，相关做法得到副省长尧斯丹充分肯定，经验材料在省委农办《三农要情》刊发并推荐上报农业农村部。

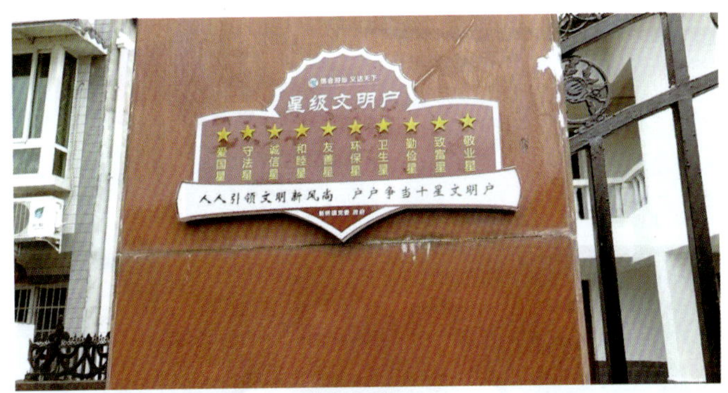

新桥镇同福村开展“星级文明户”评选

鹤林绿洲曲径通幽

搭建农业社会化服务渠道，打通服务三农“最后一公里”。创新打造全省首个农业社会化服务“一站式”综合体，设立农机驾驶培训学校、新型职业农民技术培训学校和农机、农资、农能、农信、农技服务平台等多个社会化综合服务门市，一站调度农机、指导农技、发放农资，得到省委常委曲木史哈等领导的高度评价。建成“游仙农事一体化服务”平台，通过微信小程序链接职业农民经理人，一键解决所有农业生产要素服务。成立全市首家土地托管中心，采用全托、半托、代管三种方式，服务3县10镇3228户农户，托管土地14335亩，改革经验入选第二批全国农业社会化服务典型案例。

安州区就业扶贫基地

乐兴镇8组污水处理设施

桑枣镇飞龙村农村人居环境整治专栏

农旅结合、产业扶贫——特色民宿带动群众增收致富

睢水镇农旅结合助农增收

农旅相融——兴仁乡竹涧山庄

特色民宿带动群众增收致富

游仙区农业农村局秸秆回收利用推广现场会

全省农村能源助推成渝现代高效特色农业带建设现场会在游仙区召开

和每一家农户都能找到参与乡村振兴的着力点，让每个山湾成为一个利益共同体、乡村新业态、发展新空间，已按照产业带动型、生态康养型、农旅结合型、种养循环型等类型建成“山湾农庄”50个，力争到2022年覆盖全区所有村组。鹤林绿洲成功入选全国森林康养基地试点单位，原创小品《山湾农庄的笑声》获得四川省2020年乡村艺术节群众文艺作品大赛戏曲类第三名。

扎实推进全国农村集体产权制度改革试点，破解农村产权关系不明晰的问题。全面清理出农村集体资产12.7亿元，确认农村集体经济组织成员33.8万人，建立农村集体经济组织2282个。积极探索资源入市、资金入股、村民参股等模式，实现集体经济和农民收入“双提升”。探索推行“三大模块强监督、四屏联动便查询、三级响应问效率”机制，有效遏制农村集体“三资”领域微腐败。试点经验入选第二批全国60个农村集体产权制度改革典型经验并推广。

先行先试开展农村宅基地“三权分置”改革试点，激活农村资源要素。探索农民闲置宅基地和闲置农房试点政策，分类开展宅基地权益保障、宅基地有偿使用和自愿有偿退出改革，赋予农民更多财产权利。截止目前，试点镇已腾退宅基地202亩，复垦260亩，整理集体建设用地511亩，解决产业发展用地84.5亩，为集体增收870万元，相关做法得到副省长尧斯丹充分肯定，经验材料在省委农办《三农要情》刊发并推荐上报农业农村部。

搭建农业社会化服务渠道，打通服务三农“最后一公里”。创新打造全省首个农业社会化服务“一站式”综合体，设立农机驾驶培训学校、新型职业农民技术培训学校和农机、农资、农能、农信、农技服务平台等多个社会化综合服务门市，一站调度农机、指导农技、发放农资，得到省委常委曲木史哈等领导的高度评价。建成“游仙农事一体化服务”平台，通过微信小程序链接职业农民经理人，一键解决所有农业生产要素服务。成立全市首家土地托管中心，采用全托、半托、代管三种方式，服务3县10镇3228户农户，托管土地14335亩，改革经验入选第二批全国农业社会化服务典型案例。

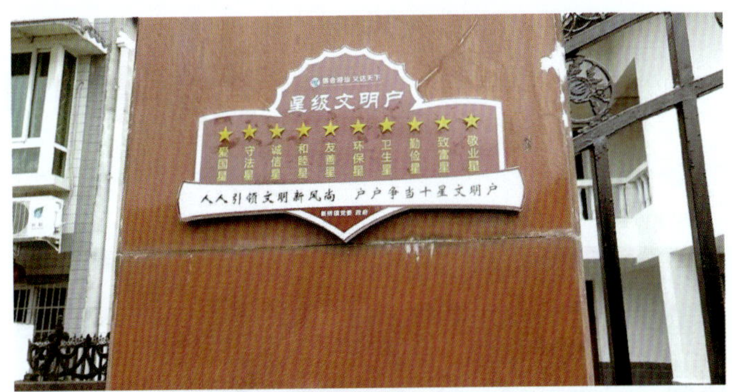

新桥镇同福村开展“星级文明户”评选

鹤林绿洲曲径通幽

——全国文明城市

——国家卫生城市

——中国宜居宜业典范县

——全国魔芋产业之乡

——国家农产品质量安全县

——全国第四批主要农作物全程机械化示范县

——全省农民增收工作先进县（市、区）

绵阳市安州区

省政协主席柯尊平（中）到安州区开展“党的建设”课题调研

省供销社党组书记、主任任晓春（左二）带队到安州区调研供销工作

绵阳市安州区原为安县，2016年3月经国务院批复同意撤县设区，同年5月20日挂牌成立。辖区面积1181.14平方千米，辖10个乡（镇）230个行政村27个社区，总人口44.15万人。是全国文明城市、国家卫生城市、中国宜居宜业典范县、中国经济发展转型示范县、全国科技进步先进县、国家农产品质量安全县、四川县域经济发展进步区。

安州历史悠久、人文荟萃，置县于东晋永和三年，迄今已有1600余年的历史，是清代旷世才子李调元的桑梓和现代著名作家沙汀的故里。安州区位于国家科技城集中发展区核心区域，是绵阳城市新中心，紧邻成绵广高速、国道108线、绵渝高速3条高等级公路，成绵高速复线途经安州区并在宝林镇设双向出入口，正在修建的成兰铁路穿境而过并在睢水镇设有绵阳市境内唯一的客货两用站，境内省道418线、旅游环线、绵安第二快速通道等骨干道路与辽宁大道、辽安路、成青路等构架起“一横八纵一环”的全域交通新体系，以城区为核心的区域“半小时经济圈”基本形成。工业形成了汽车及零部件、电子信息、医药食

安州全景

绵阳市长元方（右三）到安州区调研旅游产业发展情况

绵阳市委常委、组织部部长岳勇（右五）一行到安州区调研脱贫攻坚、村集体经济发展等工作

区委书记姚永红（前排左二）调研宝林镇蔬菜产业发展情况

区长胡斌（中）到乡（镇）督导森林防（灭）火和脱贫攻坚工作

品三大产业集群，现有规上工业企业123家、产值亿元以上企业66家、科技型中小企业770家，工业园区成功申报为四川省新型工业化产业示范基地，四川绵阳汽车产业园入驻汽车整车及零部件企业35家。农业注重一、三产业互动、农旅融合，“花城果乡”“幸福七里”“猕猴桃走廊”等产业示范片蓬勃发展，认证“三品一标”农产品68个，“安县魔芋”被评为国家地理标志保护产品，优质粮油园区被纳入省级现代农业园区培育目录，先后获得国家级杂交水稻制种基地县、全国粮食生产先进单位等称号。服务业以全域旅游为引领，主打温泉旅游、乡村旅游和健康养老三大品牌，拥有全国唯一的海绵生物礁国家地质公园、唐代修建的佛教名地飞鸣禅院，千佛山国家森林公园繁衍生息着大熊猫、珙桐等珍稀野生动植物，罗浮山温泉被世界温泉及气候养生联合会认证为“世界级疗养温泉”，其丰富优质的微量元素可与

全省县域经济发展大会召开，安州区获得“县域经济发展进步县”称号

全省小春生产现场会在安州区召开

全省农业重大技术协同推广项目机插秧同步侧深施肥技术培训会在安州区召开

绵阳市安州区现代农业园区建设工作会召开

区委农村工作会议召开

法国“薇姿”温泉相媲美。被誉为“西蜀明珠”的白水湖成为中国舟钓路亚精英赛的“梦幻钓场”，建成国家4A级景区1个、国家3A级景区5个，曾荣膺网民票选的“最美中国·生态旅游目的地”称号，被评为四川省乡村旅游示范县。

2019年，全区实现地区生产总值185.53亿元，同比增长8.5%；规模以上工业增加值增速达11.4%；全社会固定资产投资同比增长19.2%；社会消费品零售总额85.23亿元，同比增长11.4%；地方一般公共预算收入7.4亿元，其中税收收入占比达75.33%；城镇和农村居民人均可支配收入分别达35378元和18552元，三次产业结构比为15.1∶45.7∶39.2。

全省小春生产现场会在绵阳市召开，参会代表先后到秀水镇、河清镇和工业园区等地参观了解农业示范区建设情况

绵阳市优质稻产业推进暨小春新品种现场观摩培训会在安州区召开，参会专家组50余人现场观摩培训

安州区优质粮油现代农业园区

“安州魔芋”入选“中国农业品牌目录2019农产品区域公用品牌”

无花果喜获丰收

川西北无花果新型农业基地

高标准农田

西南地区首家采用隧道式通风、大跨度集中养殖工艺的安州区鸿丰奶牛场

安州区现代农业园区大棚蔬菜种植区

塔水镇七里村四通八达的产业路

国家4A级景区罗浮山脚下的成青路与桑河路

黄土镇芋河村椪柑大丰收

指代红心猕猴桃深受消费者喜爱

塔水镇千亩甘蔗喜获丰收

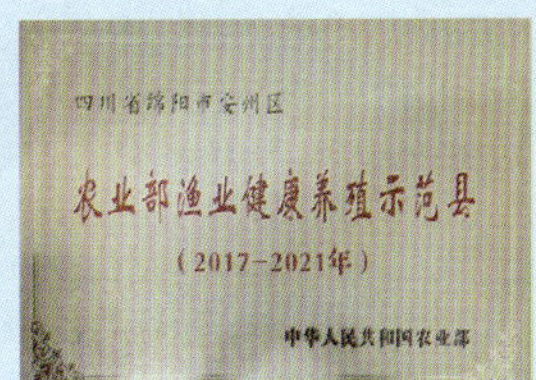

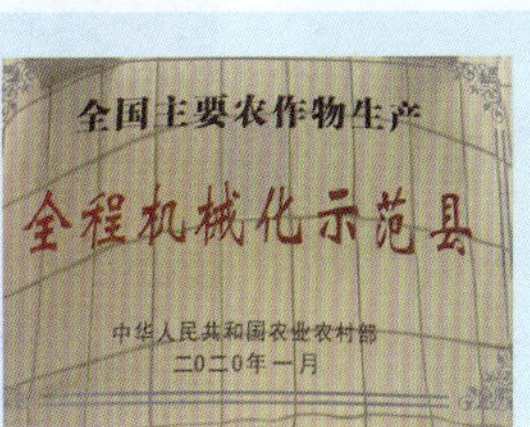

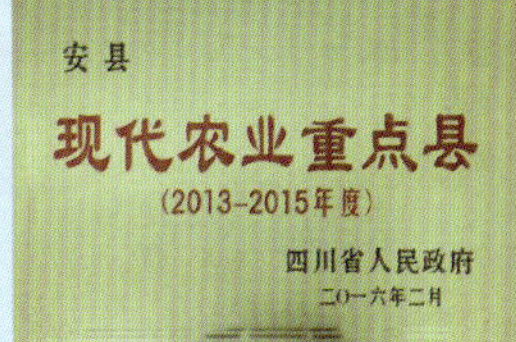

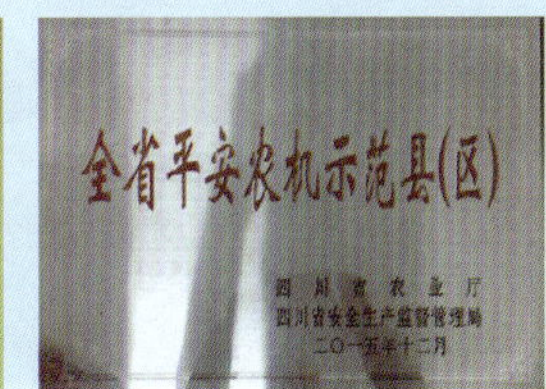

安州区就业扶贫基地

乐兴镇8组污水处理设施

桑枣镇飞龙村农村人居环境整治专栏

农旅结合、产业扶贫——特色民宿带动群众增收致富

睢水镇农旅结合助农增收

农旅相融——兴仁乡竹涧山庄

特色民宿带动群众增收致富

南开大学师生与农户热情交谈，献计安州产业发展

区农业农村局“第一书记”带动贫困村通过发展产业致富

秀水镇珍珠村党建及群众活动阵地

秀水镇龙泉村美丽新村

桑枣镇飞龙村美丽新村

四通八达的安州交通为农副产品输出提供有利条件

致富奔康路——齐枫路

秀水镇珍珠村美丽村道

晓坝春色

梓　潼　县

省委常委、组织部部长王正谱（中）到梓潼县调研

农业农村厅厅长杨秀彬（中）一行到卧龙镇、七曲山等地调研梓潼县水稻制种基地建设、“蜜柚+生猪”种养循环及现代农业园区建设情况

梓潼，因“东依梓林，西枕潼水”而得名，西北倚剑门天险，西南铺天府锦绣，被誉为“古蜀道上一颗璀璨的明珠”。梓潼自古有“五谷皆宜之乡，林蚕丰茂之里”的美称，辖区面积1443.92平方千米，总人口38万人，辖16个乡（镇）1个经济开发区，是全国食品工业强县、全国生态食品县、全国农产品加工创业基地、国家级水稻制种基地县、全国农村中医药工作先进单位、全国供销合作社电子商务示范县、国家义务教育发展基本均衡县、四川省文明城市、四川省卫生城市、全省农产品质量安全监管示范县、四川省现代畜牧业重点县、四川省现代林业重点县、四川省农业产业化经营工作先进县、四川省水利工作先进县、四川省法治县、四川省双拥先进县。2019年，全县实现地区生产总值138.34亿元，同比增长7.6%；农业增加值增长3.2%；规模以上工业增加值增长9%；服务业增加值增长9.5%；地方一般公共预算收入3亿元，同口径增长14.4%；全社会固定资产投资68亿元；社会消费品零售总额53亿元，增长11%；城镇居民人均可支配收入34071元，增长8.8%；农村居民人均可支配收入17076元，增长10.1%。

梓潼历史悠久，底蕴深厚。梓潼文昌文化博大精深，“北孔子、南文昌”，七曲山大庙被誉为“文昌祖庭”，是中华文昌文化的发祥地。文昌洞经古乐韵律高雅，被列入“国家级非物质文化遗产保护名录”，素有“音乐活化石”之美誉。七曲山大庙内现存有元、明、清三代殿堂楼阁23处，被著名建筑学家梁思成誉为“古建筑博物馆”。梓潼七曲山钟灵毓秀，现有千年古柏2万余株，是全国最大的纯古柏林，被誉为“古柏大观园”“森林活化石”“天然氧吧”。七曲山风景区先后被评为国家4A级旅游景区、全国重点文物保护单位、国家森林公园、全国文明单位，荣膺四川省“金熊猫”奖。

梓潼产业融合，繁荣兴盛。文旅产业融合发展。致力于推动

宏仁镇潼江河谷现代农业产业园区

绵阳市委书记刘超（右一）到玛瑙镇大埝村慰问困难群众

绵阳市长元方（中）一行到文兴镇火花村集中安置点调研脱贫攻坚工作

县委书记周琳（前排左三）视察绵苍高速建设情况

县长刘强（左二）视察产业发展情况

县委副书记邓志军（右一）调研卧龙镇小麦测产统计工作

副县长汪敏（中）到演武镇调研辣椒产业发展情况

梓潼县潼江河谷优质粮油现代农业园区

卧龙镇牛头山国航标准化农业示范园

许州镇20万亩蜜柚种植基地

牛头山生态柑橘现代农业园区

文化旅游深度融合发展，积极创建天府旅游名县和全域旅游示范区。强化文旅精品线路推广，深挖文昌文化、红色文化内涵，培育“三线记忆·革命激情”文旅品牌，成功打造文昌祈福游、红色文化研学游、文旅特色小镇游等精品线路。成功举办第四届海峡两岸文昌文化交流活动、第二届“文昌杯”华语诗歌大赛颁奖晚会、“文昌杯”两岸青年巴蜀文化创意设计大赛等大型活动，在海内外享有较高的知名度、美誉度，完成拍摄中央电视台纪录片《中国影像方志·梓潼篇》，“两弹城”作为“壮丽70年·奋斗新时代”报道典型登陆《新闻联播》头条、《人民日报》头版。现代农业蓬勃发展。着力乡村振兴战略，持续深化农业供给侧结构性改革，全面实施《梓潼县现代农业重点产业、主导产品及空间布局方案》，现代农业基地规模达71万亩，2019年创建产业强镇1个，创建省级示范合作社8家、省级示范家庭农场8家；市级以上示范家庭农场共22家，其中市级现代农业园区1个。蜜柚、生猪、水稻制种、蛋鸡四大优势产业实现四个全省第一，“天宝蜜柚”荣获“四川省优质品牌农产品”称号，是绵阳市首个直接出口的大宗水果产品。许州天宝蜜柚核心示范基地被评为“四川十佳农业供给侧结构性改革示范基地”，成功争取省级“天府菜油”项目，入选省川菜产业重点县。工业经济趋稳向好。工业园区建成面积4.17平方千米，入驻企业104家。园区实现工业总产值49.08亿元，成功创建为全国农产品加工创业基地、省级小企业创业基地和农产品加工示范基地。围绕“绿色食品、生物医药”两大主导产业，以长林肉类、圣迪乐蛋品、福欣食品、金柚谷为主导的绿色食品工业园初具规模，食品加工企业实现总产值15.12亿元。

梓潼纵深开放，活力迸发。梓潼区位独特，国道108线纵贯南北，国道347线横穿东西，绵苍高速开工建设，G5绵广高速复线进展有序，茂盐高速进入省网规划，国道347线连接线新建工

县城风貌

绵苍高速

武引支渠梓潼宏仁段

循环农业示范基地

规模化产业基地

程、国道108线道路建设工程、省道209线改建工程推进顺利，S302线大修工程全面完工，内联外通的大交通格局加速成型。着力打通政务服务“最后一公里”，实施“一网通办”“一窗受理、集成服务”，实现“最多跑一次”的政务服务事项达到100%，政务服务环境进一步优化。成功对接5大类53项发展事项，推动产业发展互补互促、基础设施共建共享。

梓潼环境优美，宜居宜业。牢固树立“绿水青山就是金山银山”的理念，生态环境独具优势，全县林地覆盖面积92.1万亩，森林覆盖率达43.46％。全面推行河（湖）长制，集中开展水环境综合整治，全面收回河道采砂权，疏浚河道13千米，新建生态堤防10.6千米。农村人居环境切实改善，全县90%以上的行政村生活垃圾得到治理，全县农村卫生厕所普及率达88%，规模化畜禽粪污资源化利用率达90%以上，被评为“全市农村人居环境整治工作先进单位”。

许州镇“1+5”扶贫代养场

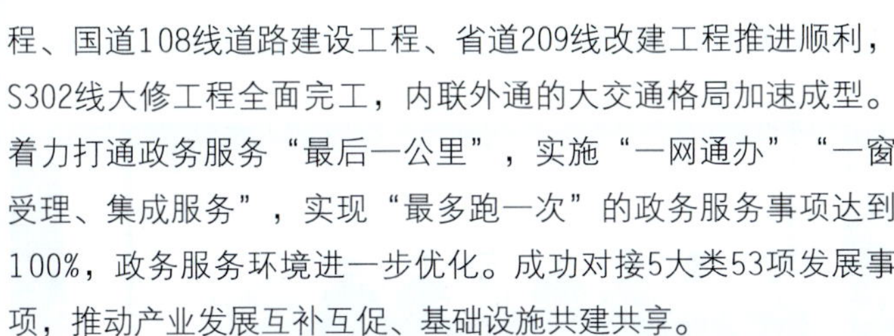

梓潼县“1+5”产业扶贫助农增收分红现场

2020年梓潼县贫困村创业致富带头人培训开班仪式

脱贫攻坚，精准扶贫。梓潼县属典型的丘区农业县。2014年精准识别贫困人口1.96万人、省定贫困村29个，全县贫困发生率6.3%，其中“插花”式贫困人口1.55万人，占比79.4%。六年来，县委、县政府综合考虑梓潼经济社会实情、脱贫攻坚急需和“三农”改革发展形势，始终坚持从政治高度加以重视、从发展角度上加以谋划，攻坚目标方向更明确，基础保障更扎实，策略措施更科学，走出了一条“梓潼脱贫攻坚”路子，奏响了一曲“梓潼脱贫攻坚”凯歌。截至2018年年底，29个贫困村全部退出；截至2019年9月底，全县贫困人口全部脱贫。全县55栋扶贫代养场全部投产，“以奖代补”自主发展产业469户，落实扶贫道路建设30余千米。帮扶单位投入800万元、项目20个，引进300万元、项目15个。帮助就业培训1262人次，实现就业900人次。“以购代扶”购买贫困地区农产品1300万元，社会捐资助学5.55万元，“百企帮百村”29家企业帮扶投入120万元，购买“扶贫保”40.43万元。信息扶贫办理惠民套餐750户，赠送终端1200台，安装宽带500户。

乡村振兴。2019年，全县上下深入贯彻落实党的十九大精神和实施乡村振兴战略重大决策部署，坚持农业农村优先发展，加快建设丘区经济强县实现“农业富县”，突出产业兴旺和生态宜居两大重点，通过开展省、市、县级考评激励，成功创建省级示范村3个、市级先进乡（镇）5个、市级示范村5个、县级乡（镇）3个、县级示范村15个。

现代农业园区建设。2019年，先后整合产业强镇、水稻制种基地建设等项目资金1.5亿元用于园区建设，并与川农大、省农科院、西科大等科研院校开展校地合作，共建试验示范园1000余

省农科院绵阳分院开展扶贫帮扶活动，蔬菜专家对辣椒种植户进行现场技术指导

梓潼县交泰乡“1+5”扶贫代养场分红大会现场

梓潼县“1+5”扶贫模式成效显著，108户贫困户享受“分红”喜脱贫

梓潼县贫困残疾人农村实用技术培训班开班典礼

自强荷花节开幕式

鸭鹤崖菜花节

亩，通过资金支持和科技支撑，成功创建梓潼县水稻制种+优质粮油现代农业园区等县级现代农业园区4个，其中梓潼县蜜柚+生猪生态循环现代农业园区被认定为市级四星级现代农业园区。

乡村旅游。两弹城“三线核武研制基地旧址”成功被国务院核定公布为第八批全国重点文物保护单位。成功举办2019年度全县乡村旅游节启动仪式，举办宏仁桑葚节、自强荷花节、金宝李采摘和石牛胭脂脆桃采摘、许州天宝蜜柚节等乡村旅游节庆活动10余场。2019年3月9日，在梓潼县举行了第四届海峡两岸文昌文化交流活动。充分利用微信公众号、新媒体、自媒体等多种平台加大宣传力度，以吸引周边顾客来梓消费。

许州镇天宝蜜柚节

梓潼县委、县政府面临发展新形势新机遇，坚定以习近平新时代中国特色社会主义思想为指导，全面贯彻落实党中央国务院、省委、省政府、市委、市政府决策部署，紧紧围绕“团结奋进勇登攀，创新打造后花园”目标，深入实施“文旅兴县、农业富县、工业强县、绿色发展、改善民生和党的建设”六大工程，开拓创新、勇争一流，锐意进取、苦干实干，为加快建设四川丘区经济强县和“绵阳后花园”，坚决夺取全面建成小康社会伟大胜利而努力奋斗！

文昌镇东风村美丽新村

宏仁镇金宝村美丽新村

文兴镇火花村集中安置点

宏仁镇金宝村

——中国天麻之乡

——全国民族团结进步示范区

——省级食品安全示范县

——连续两年被省委、省政府表彰为脱贫攻坚先进县

平 武 县

省政协副主席祝春秀（前排右一）到平武县调研精制川茶产业发展情况

省委宣传部副部长，文化和旅游厅党组书记、厅长戴允康（右一）带队到平武县调研脱贫攻坚及文旅产业推进情况

平武县位于四川盆地西北部，青藏高原向盆地过渡边缘地带、涪江上游地区，辖区面积5974平方千米，辖6镇14乡，有汉、藏、羌、回等20个民族。平武大熊猫数量居全国之首，被誉为“熊猫故乡”“天下大熊猫第一县”。农副土特产品有茶叶、核桃、蚕桑、木耳、香菇、“三木”药材、天麻、蜂蜜等1800余种，曾规划为全国茶叶、木耳、生漆生产基地县。平武旅游资源丰富，羌族文化、白马文化、三国文化、报恩文化、红色文化等文化特色鲜明，藏羌民俗浓郁古朴。距九寨沟177千米、距黄龙寺124千米，是九寨沟、黄龙寺风景区名副其实的“东线门户”，因其路况完善而景点相连，被中外游客誉为“黄金旅程”。

经济。2019年，全县实现地区生产总值54.15 亿元，同比增长 6.3%；完成第一产业增加值9.22亿元，同比增长2.8%；规模以上工业增加值同比增长4.9%；实现服务业增加值25.23亿元，同比增长8.3%；社会消费品零售总额19.32亿元，同比增长10.8%；城镇居民人均可支配收入33652元，同比增长9.8%；农村居民人均可支配收入13838元，同比增长10.9%。

平武县城

"两新连万村，党建助振兴"助力平武县乡村振兴公益活动

产业转型升级。农业产业新培育认定县级龙头企业8家，成立农民专合社35家、家庭农场36家。天麻、绿茶、中药材等农产品生产基地达94万余亩，"三品一标"农产品总数达74个，成功获得"中国天麻之乡"荣誉称号。全县畜禽出栏总量74.93万头（只），其中生猪出栏 12 万头。

城乡协调发展。全力推进实施"交通大会战"项目，全年完成投资6.99亿元，新（改）建农村道路1700余千米。城建攻坚深入推进棚户区改造，签订房屋征收补偿协议260户，兑付资金 1.6 亿元。乡村振兴统筹整合资金6906万元，率先在高村乡开展乡村振兴试点示范，建设老河沟流域乡村振兴示范带。切实抓好传统

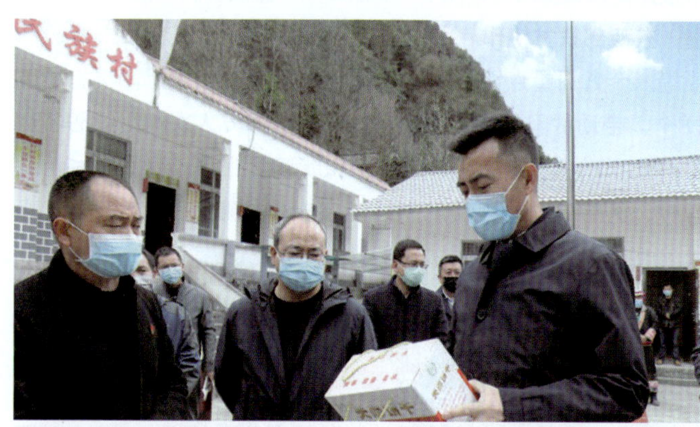
绵阳市委书记刘超（右一）到平木座藏族乡、黄羊关藏族乡等偏远乡（镇）调研脱贫攻坚工作

绵阳市委农办主任，市农业农村局党组书记、局长贾友忠（左二）率队到平武县调研指导脱贫攻坚和农业产业发展情况

平武县遭受暴雨袭击，县委书记李治平（前排中）带队到受灾严重的乡（镇）查看灾情，并看望慰问受灾群众和奋战在抢险救灾一线的干部群众

县脱贫攻坚成效实地考核情况交流会在平武县召开

平武县获得"金农奖·2019中国天麻之乡"称号

平武县2019年“扶贫日”专题活动

巩固成效再提升　谱写平武新篇章——平武县举行2019年“扶贫日”公益募捐活动

村落保护，成功申报豆叩镇银岭村为“四川最美古村落”，创建申报龙安镇义佛山村等70个“美丽四川·宜居乡村”。

东西部扶贫协作。衢江平武携手并进，在资金、人才、产业等六个方面重点协作，2019年投入资金3300万元，实施项目18个，带动贫困户344人；互派人才交流357人次；组织59名贫困群众、20名贫困学生赴衢务工和就读职业中专；安排村企、学校、医院等结对帮扶71对；落实对口捐赠资金335万元、帮扶资金587万元，完成消费扶贫2201万元；引进5家东部地区企业，完成投资3.54亿元；设立川内首个励志奖学金并每年注入资金100万元。

脱贫攻坚。2014年，平武县识别建档立卡贫困人口6896户19543人、贫困村73个，贫困发生率12.8%。自脱贫攻坚工作开展以来，全县瞄准“两不愁、三保障”对症下药，聚焦“五个一批”精准施策，紧扣“六个精准”靶向发力，2019年整合资金

平武县2019年大型消费扶贫活动

优质农产品进绵州暨白马西羌非遗文化展示展演活动

全省首个浙川东西部扶贫协作百万励志奖在平武县发放

衢江—平武东西部就业帮扶劳务协作2020年夏季招聘会活动启动

旧堡羌族乡第三届“农民艺术节”

“科技下乡”助力平武藏乡经济发展

帮扶干部为贫困户送去电视机

坝子乡高山蔬菜产业园

白马藏族乡上壳子古寨脱贫产业路

3.53亿元，实施19个专项扶贫，新建桥梁16座，硬化道路129.28千米，开发农村公益性岗位962个，培训贫困劳动力3090人，促进贫困人口人均增收729元，完成674名贫困人口脱贫、6个贫困村退出任务。2019年4月，省政府批复平武县正式退出贫困县序列。脱贫“摘帽”后，平武县坚决落实“四个不摘”要求，始终聚焦“三精准、三落实、三保障”补短板、强弱项，下“绣花”功夫、发精准之力，全县贫困人口全部脱贫、贫困村全部退出，连续两年被省委、省政府表彰为脱贫攻坚先进县。

白马藏族乡亚者造祖村扒昔加古寨

帮扶干部在贫困户的家庭农场内帮忙喂鸡

白马藏族乡上壳子古寨新式养蜂场

古城镇阳南村东西部扶贫协作项目肉牛养殖场

古城镇天麻种植基地培育天麻

县委宣传部组织的消费扶贫帮助群众增收

龙安镇枕流村原种稻田

高村乡新貌

建设中的九绵高速平武段

——国家卫生城市

——中国人居环境范例奖城市

——全国乡村治理体系建设试点单位

——中国西部生态环境最佳和最适宜人居的城市之一

——2019年度“全省农村改革工作先进县（区）”

广元市利州区

原农业部副部长陈晓华（前排右三）到利州区调研

省委常委、省直机关工委书记曲木史哈（前排左二）、省人大常委会副主任王铭晖（前排左三）、省政协副主席祝春秀（前排右一）等一行听取利州区农村集体产权制度改革现场点汇报

广元市委书记王菲（前排右二）到龙潭乡调研农村产权制度改革工作

广元市长邹自景（右一）到利州区调研农村集体经济发展工作

农业农村部发展计划司副司长刘北桦（前排左二）到利州区泥窝现代农业园区检查指导工作

区委书记李昱隆（中）到龙潭乡、宝轮镇、白朝乡等地调研脱贫攻坚工作

区人大常委会主任陈内召（右一）调研嘉陵街道脱贫攻坚工作

区政协主席陈蕾（前排右二）到雪峰街道、龙潭乡等地调研

利州区是广元市管辖的一个市辖区，地处四川盆地北部边缘、嘉陵江上游，位于川、陕、甘三省交汇处、广元市中部，东邻旺苍县，南连剑阁县、昭化区，西接青川县，北界朝天区，介于东经105° 27′～106° 04′、北纬32° 19′～32° 37′之间，是广元市的政治、经济、文化中心。利州区素有“女皇故里”“川北门户”之称，境内有皇泽寺、千佛崖、天曌山、白龙湖、凤凰山等风景名胜。

利州区是中国历史上唯一的女皇帝武则天的诞生地，至今已有2300余年的建城历史。1985年广元撤县建市，原

代区长郭祖炎（中）到金洞乡石青村、松柏村等地调研各地特色产业发展情况

区委常委、统战部部长李兴鸿（中）到基层调研决战决胜脱贫攻坚总复习摸排工作

副区长张磊（左三）督导检查南河街道森林防火工作

第三届四川村长论坛暨村社发展大会在白朝乡月坝村举行

全市文化和旅游发展大会参会人员到昭化区参观考察

全省生猪规模养殖场建设项目集中开工仪式广元分会场活动在昭化区举行

2019年，全区地区生产总值调增6.2亿元，实现65.24亿元，增长7.3%，增速居全市第三位；全社会固定资产投资增长21.8%，增速居全市第一位；社会消费品零售总额实现26.69亿元，增长9%；规模以上工业增加值增长7.1%；地方一般公共预算收入实现2.21亿元，增长1.1%；城乡居民人均可支配收入分别达33055元、12935元，分别增长9.5%、10.8%，增速分别居全市第三位、全市第二位。

特色农业发展提质增效。农业园区质效不断提升，五房药博园加快推进，双凤园区创建为省级星级园区、省级农业主题公园；优质粮油稳量提质，建立全国首个山区稻渔综合种养地方标准，稻渔综合种养面积突破2万亩，“王家贡米”成功创建为全国特色农产品区域公用品牌；土鸡产业实现突破性发展，川北地区规模最大的剑门关土鸡扩繁场基本建成，土鸡出栏突破700万羽；生猪稳产保供和非洲猪瘟防控成效明显，生猪稳产保供要处理好“十对关系”经验在全省推广，副总理胡春华对昭化生猪稳产保供工作给予了充分肯定。新型农业经营主体不断壮大，新增国家级标准化示范场1家、省级专合社6家。特色农业品牌影响力持续扩大，新认证“三品一标”农产品26个，认证数位居全市第一，建成有机产品基地2万亩。农民收入持续增加，被省委、省政府表彰为农民增收工作先进县（区）。

区委农村工作领导小组第一次全体会议召开

美丽乡村建设取得新进展。创建省级乡村振兴示范村3个。农村人居环境整治“三大革命”成效显著，全面完成24个非正规垃圾填埋场整治，污水处理“三推”项目加快实施，农村卫生厕所普及率达85%以上。建成“美丽四川·宜居乡村”达标村73个。农田水利基础配套不断完善，新建各类产业路300千米，建成高标准农田2.3万亩，整治病险水库、山坪塘68座，农村集中供水率达96%以上，群众生产更加便捷、生活更加幸福。

民生保障坚强有力。新增城镇就业岗位2000余个，登记失业率为3.9%。累计建立农民工服务中心12个，开展拖欠农民工工资专项整治，农民工服务保障“十大行动”获得省委、省政府表扬。点对点对贫困群众、农民工等特殊群体进行法律援助，被司

全市园区“大比武”现场会

市、区领导走进青牛镇、陈江乡督导脱贫攻坚工作并与群众亲切交谈

区人大常委会主任陈内召（右一）调研嘉陵街道脱贫攻坚工作

代区长郭祖炎（中）到金洞乡石青村、松柏村等地调研各地特色产业发展情况

区政协主席陈蕾（前排右二）到雪峰街道、龙潭乡等地调研

区委常委、统战部部长李兴鸿（中）到基层调研决战决胜脱贫攻坚总复习摸排工作

利州区是广元市管辖的一个市辖区，地处四川盆地北部边缘、嘉陵江上游，位于川、陕、甘三省交汇处、广元市中部，东邻旺苍县，南连剑阁县、昭化区，西接青川县，北界朝天区，介于东经105° 27′～106° 04′、北纬32° 19′～32° 37′之间，是广元市的政治、经济、文化中心。利州区素有“女皇故里”“川北门户”之称，境内有皇泽寺、千佛崖、天曌山、白龙湖、凤凰山等风景名胜。

利州区是中国历史上唯一的女皇帝武则天的诞生地，至今已有2300余年的建城历史。1985年广元撤县建市，原

副区长张磊（左三）督导检查南河街道森林防火工作

第三届四川村长论坛暨村社发展大会在白朝乡月坝村举行

科研人员到田边

龙潭乡桃园村中药材培训

农村产权制度改革后的“七权”同确

徐家香菇园采收季

农产品加工企业——广元市龙洲园食品有限责任公司

农产品加工企业——四川省精珍味业有限公司

农产品加工企业——四川百夫长清真饮品股份有限公司

剑门关土鸡养殖

吕家坝蔬菜园

龙潭乡建设村花艺农场

利州区工农现代农业园区

五味子种植基地

荣山镇中口村特色经作园区

光伏温控大棚

复梦园农庄

龙潭乡界牌新村

梦里水乡——宝轮镇苟村

白龙湖新村

宝轮镇石羊新村

——国家级农业标准化示范县

——国家级稻渔综合种养示范县

——全省农民增收工作先进县（区）

——全国绿色农业十佳粮油地标品牌地

广元市昭化区

广元市委书记王菲（前排左二）及市、区领导到昭化区了解中国西部（广元）绿色家居产业城项目建设情况

广元市长邹自景（左二）到石井铺镇调研剑门关土鸡繁育及产销一体化项目建设情况

广元市昭化区地处四川省北部，是蜀道三国重镇，史誉“巴蜀第一县，蜀国第二都”。辖区面积1440平方千米，总人口24万人，是典型的农业区、秦巴山区连片扶贫重点县（区）、移民库区。昭化自然生态优势突出，森林覆盖率57%，环境空气质量优良率达95%以上，主要河流水质稳定在Ⅱ类及以上标准。昭化环境区位优势明显，农业主产区工业“三废”污染基本为零，特色农业生产环境良好。兰渝铁路、西成客专等4条高速穿境而过，位于昭化区的内陆第一港——广元港已开港通航。雨润、中粮油脂等农业加工企业落户昭化。昭化生物物种资源丰富，境内具有开发价值的经济、药用、珍稀植物260余种，食用菌10种以上，同时，以老鹰茶、天麻、青冈菌等为代表的纯天然珍稀产品深受旅游消费者喜爱。

广元市昭化区猕猴桃现代农业园区——双凤猕猴桃产业园

农业农村厅党组副书记、副厅长杨朝波（前排右一）一行调研昭化区中蜂养殖情况

广元市副市长、区委书记陈正永（中）到香溪乡、清水乡等地就脱贫攻坚和农业产业发展进行督导调研

区人大常委会主任贾小玲（左一）带队检查督导“一会一节”筹备工作

区长龙兆学（右二）到红岩镇、虎跳镇、清水镇等地调研产业发展情况

区政协主席石含玖（右一）带队看望慰问王家镇基层老党员与贫困户

区委副书记杜非（左一）带领林业、农业等部门到柏林沟镇察看畜牧、农业产业发展情况

区委副书记王静（左一）调研龙凤农业园区产业发展情况

疫情期间为保障“菜篮子”供给，区农业农村局局长王振江（右三）到射箭镇五房村药博园察看园区建设情况

全市文化和旅游发展大会参会人员到昭化区参观考察

全省生猪规模养殖场建设项目集中开工仪式广元分会场活动在昭化区举行

2019年，全区地区生产总值调增6.2亿元，实现65.24亿元，增长7.3%，增速居全市第三位；全社会固定资产投资增长21.8%，增速居全市第一位；社会消费品零售总额实现26.69亿元，增长9%；规模以上工业增加值增长7.1%；地方一般公共预算收入实现2.21亿元，增长1.1%；城乡居民人均可支配收入分别达33055元、12935元，分别增长9.5%、10.8%，增速分别居全市第三位、全市第二位。

特色农业发展提质增效。农业园区质效不断提升，五房药博园加快推进，双凤园区创建为省级星级园区、省级农业主题公园；优质粮油稳量提质，建立全国首个山区稻渔综合种养地方标准，稻渔综合种养面积突破2万亩，“王家贡米”成功创建为全国特色农产品区域公用品牌；土鸡产业实现突破性发展，川北地区规模最大的剑门关土鸡扩繁场基本建成，土鸡出栏突破700万羽；生猪稳产保供和非洲猪瘟防控成效明显，生猪稳产保供要处理好“十对关系”经验在全省推广，副总理胡春华对昭化生猪稳产保供工作给予了充分肯定。新型农业经营主体不断壮大，新增国家级标准化示范场1家、省级专合社6家。特色农业品牌影响力持续扩大，新认证“三品一标”农产品26个，认证数位居全市第一，建成有机产品基地2万亩。农民收入持续增加，被省委、省政府表彰为农民增收工作先进县（区）。

区委农村工作领导小组第一次全体会议召开

美丽乡村建设取得新进展。创建省级乡村振兴示范村3个。农村人居环境整治“三大革命”成效显著，全面完成24个非正规垃圾填埋场整治，污水处理“三推”项目加快实施，农村卫生厕所普及率达85%以上。建成“美丽四川·宜居乡村”达标村73个。农田水利基础配套不断完善，新建各类产业路300千米，建成高标准农田2.3万亩，整治病险水库、山坪塘68座，农村集中供水率达96%以上，群众生产更加便捷、生活更加幸福。

民生保障坚强有力。新增城镇就业岗位2000余个，登记失业率为3.9%。累计建立农民工服务中心12个，开展拖欠农民工工资专项整治，农民工服务保障“十大行动”获得省委、省政府表扬。点对点对贫困群众、农民工等特殊群体进行法律援助，被司

全市园区“大比武”现场会

市、区领导走进青牛镇、陈江乡督导脱贫攻坚工作并与群众亲切交谈

特色水果夏季管理技术培训现场会

组织优秀农民工回引培养现场

法部表彰为全国法律援助先进集体。城乡居民“两险”覆盖人数达19万人，医保“一站式”结算在全省推广。

脱贫成果全面巩固。昭化区获得全省2018年“摘帽”县（区）考核“好”等次。所有贫困群众住上安全住房，昭化区农村危房改造工作作为全省唯一县（区）受到国务院通报表扬。全面保持教育、医疗、兜底等扶贫政策的稳定性，贫困群众获得感显著增强。

东西部扶贫协作高效推进。“龙泉·昭化”创业创新产业园建成投运，千亩食用菌产业园、归雁工程、中蜂产业等协作项目带动2811名贫困人口稳定增收，“水陆空网”立体产业扶贫模式得到市政府肯定。创新“组团式”医疗服务，开设区内首个血透室，方便群众就近就诊。成功承办全市东西部劳务扶贫协作现场会。昭化区代表浙、川两省高质量通过国家东西部扶贫协作考核。

社会治理扎实有效。大力推广新时代“枫桥经验”，深化“平安昭化”建设，健全以“雪亮工程”“天网工程”为骨架的立体化治安防控体系，平安建设群众满意度居全省第五位，连续三年被表彰为全省平安建设先进县（区），连续十年未发生食品安全重大责任事故，成功创建为省级食品安全示范县（区）、全省“双拥”模范城市。

农业产业人才助力乡村振兴“大比武”暨庆祝第二届农民丰收节活动现场

昭化区农特产直供中心

东西部扶贫协作“昭化严选”电商平台产品展示厅

产业分红群众笑开颜

陈江乡辣椒喜获丰收

红岩镇黄金梨喜获丰收

黄龙乡水磨村灵芝种植现场

标准化生猪养殖园区

集体经济——大朝乡松宁村乌金猪代养场

明觉镇剑门关土鸡林下养殖基地

广元市昭化区猕猴桃现代农业园区——大坝猕猴桃产业园

广元市昭化区猕猴桃现代农业园区——灯杆猕猴桃产业园

王磨片稻渔综合种养示范基地

广元市昭化区猕猴桃现代农业园区——猕猴桃初精深加工基地

广元市昭化区猕猴桃现代农业园区——3A级景区桃博园

中型水库——大寨水库导流渠

清水乡清凉村清泉湾易地扶贫搬迁安置点

虎跳镇南斗新村

柳桥乡普子村新貌

平乐荷花节

大朝乡柿子节

——中国核桃之乡

——中国高山生态蔬菜之乡

——全国绿色农业示范区

——国家级特色农产品优势区

——四川省“三农”工作先进县（区）

广元市朝天区

广元市委常委、区委书记蔡邦银（右二）到基层调研脱贫攻坚工作

区人大常委会主任梁黎（右一）到基层调研脱贫攻坚工作

广元市朝天区踞秦岭南麓、川陕接合部，辖区面积1613平方千米，辖12个乡（镇），有人口21万人，其中农业人口17.63万人。朝天历史悠久、文化璀璨，生态优美、物华天宝，素有“秦蜀锁钥”“川北门户”之称，享有“栈道之都、养生天堂”之美誉。千年古蜀道、千里嘉陵江在此时空交汇，蜀道亚高原、康养曾家山谱写时代华章，“中国核桃之乡”“中国高山生态蔬菜之乡”“中国生食蔬菜之乡”“中国民间文化艺术之乡”绽放夺目光辉。

朝天，是国家级贫困县（区）、秦巴山区连片扶贫开发地区。近年来，在以习近平同志为核心的党中央的坚强领导下，勤劳朴实的朝天儿女大力发扬“自强不息、团结拼搏、不甘落后、勇争一流”的新时期朝天精神，向贫困宣战、向小康迈进，坚决夺取脱贫攻坚战的全面胜利。截至2019年年底，全区贫困发生

区长伏玉琼（左二）调研朝天核桃现代林业示范区建设情况

区政协主席张晓春（右一）到大滩镇郭家村、红梅村调研指导脱贫攻坚工作

区委副书记张开翅（左三）带队开展环保专项检查

区委常委、政法委书记、区总工会主席甘兴礼（左二）到高寒偏远乡（镇）开展“送温暖”活动

率由2014年的13.45%下降到0.01%，成功实现脱贫“摘帽”，被省委、省政府表彰为先进“摘帽”县，并在年度成效考核、驻村帮扶、东西部扶贫协作考核中均获得了“好”的等次。近年来还先后获得全省县域经济发展先进县（区）、全省“三农”工作先进县（区）等荣誉称号。

【全域规划引领：统筹谋划绘蓝图】 突出资源特色，确立农业发展思路。按照“升级五大产业，新村全域覆盖，农民收入翻番，实现脱贫奔康”的农业农村“二十四字”工作思路，加快转变农业发展方式，坚持走产出高效、产品安全、资源节约、环境友好的山区特色农业现代化发展道路。

突出全域推进，确立新村建设规划。把全域幸福美丽新村作为发展目标，以5条百里新村示范走廊为基础，分片提升，全域推进，到2021年，把全区所有行政村全部建成宜居乡村。

突出融合发展，确立乡村振兴蓝图。全面构建实施乡村振兴战略“1+4+N”顶层设计，聚力开展强村行动、兴乡行动、城乡融合行动“三大行动”，大力实施脱贫攻坚工程、生态振兴工程、产业振兴工程、文化振兴工程、民生振兴工程、社会治理振兴工程、改革创新工程“七大工程”，为农业全面升级、农村全面进步、农民全面发展绘就了建设蓝图。

【全域特色产业：质效并举助增收】 做大特色产业规模。大力发展核桃、蔬菜、畜牧、食用菌、蚕桑以及藤椒、中药材、

全省高山蔬菜产业发展现场会在朝天区召开

小水果等“5+N”农业特色主导产业，核桃规模达到50万亩，产量连续11年稳居全省县（区）首位。蔬菜种植面积达到40万亩，曾家山建成全省最大的高山露地绿色蔬菜基地，被誉为“中国高山生态蔬菜之乡”"中国生食蔬菜之乡"。

做实融合发展文章。坚持良种、良法、良田、良机、良制“五良”融合，建基地、搞加工、创品牌、促链接、融市场，农旅文融合发展成效显著。全面建成10个万亩现代农业产业园区，曾家山创建为中国农业公园，平曾蔬菜现代农业园区被评为省三星级园区。先后获得全国绿色农业示范区、国家农产品质量

朝天区万亩现代核桃产业基地

2019全国“村长”论坛（曾家山）夏季峰会暨第二届中国生食蔬菜节在朝天区开幕

四川省现代农业“五良”融合暨农业装备转型升级推进会在朝天区召开

全省高山蔬菜产业发展现场会在朝天区召开，与会代表观摩现场

第二届美丽中国田园博览会2020年“中国农民丰收节”广元庆丰收活动现场

安全县（区）、国家地理标志产品保护示范区、国家级特色农产品优势区、四川省乡村旅游示范县（区）等重要荣誉。

做强群众增收基础。2019年，全区农村居民人均可支配收入增速连续7年居全市第一位，其中特色产业增收占比达到60%以上。2015年、2016年、2018年、2019年，朝天区四度荣获全省农民增收工作先进县（区）称号。全区努力克服新冠肺炎疫情影响，坚持“农业多贡献”，助农增收各项工作继续走在全市前列。

【全域美丽新村：夯实基础强服务】全域推进建新村。截至2019年年底，幸福美丽新村累计覆盖100%的乡（镇）、93%的行政村、86.4%的农户，其中曾家片、羊木片实现全域覆盖。全力配套路、水、电、气、讯建设，全区通村、通组公路硬化率均达100%；群众生活用电、安全人饮、广播电视、通信网络100%达标。

“三大项目”建新房。坚持生态宜居，大力推进灾后危房重建、易地扶贫搬迁、旧村落改造提升等农村安居工程。全区通过农户自建和项目补助新建住房3.8万余户，完成危房改造6200余户，完成9086人易地搬迁，“菜单式”易地扶贫搬迁工作案例获评《人民日报》“大国攻坚·决胜2020”推荐案例并作经验推广。

完善配套惠民生。将政府公共服务职能逐步向村延伸，配套建设文化体育、医疗卫生、物流配送、商业网点等“1+N”公共服务中心，实现村级公共服务体系全覆盖，农村群众就近就能享

曾家山美丽中国田园

李家镇汪家蓝莓园

临溪乡桃树村产村相融

受到文化、体育、医疗、金融、购物、培训等多种公共服务。

【全域文明乡风：综合治理促和谐】 纵深推进乡（镇）行政区划调整和村级建制调整改革，全面优化空间布局。全区乡（镇）由25个调整为12个，减幅52%；建制村由214个调整为124个，减幅42%；村民小组由1455个调整为1006个，减幅31%；优化社区设置，由原来的7个优化为15个。

坚持在农村基层党建、村民民主自治、社会综合治理、精神文明建设等方面统筹发力，协调并进，有效实现资源在基层整合、服务在基层拓展、问题在基层解决、民心在基层凝聚的目标，群众对基层党组织的满意率达98%以上。

曾家山中国农业公园核心区

2020 广元·曾家山美丽乡村健康跑活动

中子镇校场村现代农业产业区

——全国文化先进县

——国家卫生县城

——四川省县域经济发展先进县

——四川省首批“四好农村路”省级示范县

——首批天府旅游名县

剑 阁 县

剑阁地处四川盆地北缘、广元市西南，古称“剑州”，素有“蜀北屏障、两川咽喉”之称，辖区面积3204平方千米，辖29个乡（镇），总人口68万人。2014年，全县精准识别贫困村163个、贫困人口32893户97665人，贫困发生率16.5%。近年来，全县上下深入学习贯彻习近平总书记关于扶贫工作的重要论述，坚决落实党中央、省委、市委脱贫攻坚决策部署，把脱贫攻坚作为最大政治责任、最大民生工程、最大发展机遇，坚持“三精准”，严格“三落实”，夯实“三保障”。2020年2月18日，经省政府批准退出贫困县序列。至2020年10月，累计实现163个贫困村退出、32924户96885人脱贫，贫困发生率降至零。

剑阁县“四个三”打好产业扶贫“关键牌”

为高质量打赢脱贫攻坚收官战，剑阁县紧紧围绕“发展产业”这个根本，加大产业扶贫工作力度，创新益贫带贫联结机制，农业产业扶贫取得明显成效。

把住“三道关口”，扎实推进项目建设。一是精准对标，把好项目“规划关”。按照县现代农业发展总体规划，聚焦“四区四园”空间布局，以“三园联动”为载体，科学谋划贫困村、贫困户产业布局。2019年规划贫困村特色产业园、贫困户脱贫增收自强园、产业扶贫集体经济基地等20类项目304个；2020年规划巩固提升农业产业基地、易地扶贫搬迁后续产业发展、资产收益扶贫等18类项目123个，形成县有特色、乡（镇）有主导、村有骨干、户有门路的特色产业发展格局。二是精准投入，把好资金“整合关”。坚持规划引领，统筹安排资金，精准发力，确保资金绩效。2019年以来累计落实农业产业扶贫资金23951.37万元（含财政专项7151.37万元），其中2019年13750.37万元（财政专项3709.37万元）、2020年10201万元（财政专项3442万元），全力保证产业扶贫资金需求。三是精准管控，把好项目“实施关”。对产业扶贫项目实行周报告、月调度、季督查，及时指导

国家5A级景区——剑门关

省委常委、省直机关工委书记曲木史哈（右一）到柏垭乡井泉村调研脱贫攻坚工作

副省长尧斯丹（前排左二）到剑阁县调研产业扶贫、易地扶贫搬迁工作

省政协副主席张雨东（左三）一行到剑门关镇桂花村调研脱贫攻坚工作

退役军人事务厅厅长鞠波（左三）到剑门关镇调研扶贫帮扶工作

项目方案编制、设计、立项，灵活运用招投标、“以工代赈”、“一事一议”、业主自建等方式，有序推进项目建设。2019年，304个项目完工率达100%，拨付资金13530万元，占98.4%；2020年，123个项目完工率达100%，如期完成既定目标

突出“三个强化”，务实发展扶贫产业。一是强化主体带动，提升产业发展质量。引进四川巨星、中农标准三分田、蜀道元牛等龙头公司，带动180余家农业企业、636个农民专业合作社参与产业扶贫。全县建成种植业扶贫基地400个、养殖业扶贫基地224个、农产品加工业扶贫基地76个，建成现代农业园区16个、特色产业基地15万亩、贫困户脱贫增收自强园2.7万个。

广元市委书记王菲（右四）到下寺镇调研脱贫攻坚工作

广元市长邹自景（左一）到柏垭乡井泉村、鹤龄镇金银村等地调研脱贫攻坚及园区建设情况

县委书记张世忠（右二）到张王镇调研

省扶贫开发局党组副书记、副局长向此德（右四）到板桥红旗现代农业产业园区调研青川县产业扶贫工作

县委书记罗云（中）在茶坝乡贫困村调研脱贫攻坚工作

县长刘自强（右二）到木鱼镇实地了解产业发展情况

县人大常委会主任王治（中）到包联的姚渡镇指导脱贫攻坚工作

县政协主席杨政国（中）到姚渡镇曹家河开展河（湖）长制巡河工作

县委常委、组织部部长牟淬华（右二）在石坝乡调研危旧房改造工作

副县长罗建中（右二）到关庄镇固井村九岭垭易地扶贫搬迁安置点就脱贫攻坚工作进行调研

县政府办副主任、县扶贫开发局局长刘会方（左一）慰问贫困户

健康扶贫——凉水镇卫生院开展贫困人口特殊门诊集中办理现场

教育扶贫——骑马乡标准中心校

群众需求抓好帮扶工作。四是乡（镇）、村（组）负责抓好责任落实、政策落地、项目实施、问题整改等工作。

发挥党员干部群众作用。县“四大班子”领导、6251名党员干部、79个贫困村驻村工作队、260名“第一书记”、79名农技员、649名省（市）帮扶干部闻令而动、尽锐出战，25万青川人民弘扬“两幅标语”精神（即“出自己的力，流自己的汗，自己的事情自己干”和“有手有脚有条命，天大的困难能战胜”两幅标语），在3216平方千米的青川大地上展开了一场脱贫攻坚大决战。

强化资金项目投入。累计统筹各类财政资金26.85亿元，在基础设施、公共服务、产业就业等方面累计实施5173个脱贫攻坚项目。

广泛动员社会力量。36家国有企业、52家农业产业化龙头企业、100余个新型农业经营主体主动参与脱贫攻坚。与浙江省湖州市吴兴区签订《携手奔康结对帮扶协议》，吴兴区59家企业与71个贫困村、12个乡村振兴示范村开展结对帮扶，结成帮扶对子133对，为青川脱贫攻坚注入了强大动力。

脱贫攻坚综合成效

通过七年的合力攻坚，2020年脱贫人口人均可支配收入预计实现14116元，较2019年的12891元收入增幅达9.5%。全县建档立卡贫困人口人均纯收入达9989.9元，年均增长11.2%；通村道路硬化率由65%提高到100%；累计解决1.77万名贫困人口饮水安全、8014户贫困户住房安全问题，无一人因贫辍学、因病致贫返贫。2018年实现整县高质量脱贫“摘帽”；2020年累计减贫9809户30338人，71个贫困村全部退出。

工作特色亮点

（一）脱贫攻坚连战连捷。2017年，脱贫攻坚和东西部扶贫协作代表四川省接受国家省际交叉成效考核。2018年、2019年脱贫攻坚和东西部扶贫协作连续获得全省成效考核先进县，得到省委、省政府表彰，走在全省贫困县前列。

交通扶贫——凉水镇至楼子乡通乡通村路

十八道拐——茶坝乡至观音店乡脱贫奔康路

桥楼乡美丽乡村

蓬　溪　县

县长黄亚军（右四）陪同农业农村厅领导调研蓬溪县扶贫产业发展情况

蓬溪县位于四川盆地中部偏东，辖区面积1251平方千米，辖19个乡（镇）1个街道，共有262个行政村59个社区，总人口近80万人，是“中国革命老区”“中国书法之乡”“中国门都”“国家现代农业示范区”。蓬溪县是传统的丘陵农业区，脱贫攻坚任务既繁重又艰巨，全县共有省定贫困村67个（村建制调整前83个）、建档立卡贫困户2.4万户5.2万人，贫困村和贫困户“小集中、大分散、个体性”“插花”式特征明显。自脱贫攻坚战打响以来，蓬溪县委、县政府始终坚持以习近平扶贫开发战略思想为根本遵循，将脱贫攻坚作为最大的政治责任、最大的民生工程、最大的发展机遇，凝聚全员全社会力量，下足精准“绣花”功夫，高质量完成67个贫困村、2.4万户贫困户、5.2万名建档立卡贫困人口的减贫目标（其中2014—2019年完成2.4万户5.2万人脱贫，67个贫困村全部退出；2020年完成5户16人脱贫）。先后代表四川省接受并顺利通过2017年度国家脱贫攻坚成效考核验收、2018年国务院脱贫攻坚专项督导，成功承办2018年全省社会扶贫现场会、2019年全省就业扶贫现场会，“扶贫车间”和社会扶贫等工作受到彭清华、邓小刚、曲木史哈等省领导的充分肯定和高度评价，2017—2020年连续4年获得全省脱贫攻坚成效综合评价“好”，是全省片区外73个区（县）中实现“4连好”的4个县（区）之一。常乐镇拱市联村党委书记蒋乙嘉获评全国首届脱贫攻坚奖，三凤镇兰草村“第一书记”李琳是中国社会扶贫网4个代言人之一、获评全省脱贫攻坚奋进奖，吉星泰米种植专业合作社理事长敬燕春获得“全国农村青年致富带头人”称号。

——汇聚各方力量，构建扶贫帮扶大格局。26名县级领导以上率下、带头冲锋，全覆盖联系20个乡（镇）（乡/镇行政区划调整前为31个）、67个贫困村（村建制调整前83个）；县委书记、乡（镇）党委书记、村支部书记、“第一书记”扎实开展“书记遍访行动”，全覆盖走访贫困村、贫困户；87个帮扶部门、301名“第一书记”（其中2020年新增派129名）、0.9万名帮扶干部全覆盖联系贫困村、重点非贫困村及2.2万户贫困户（经动态调整后现有贫困户）；1456名人大代表、214名政协委员持续开展“脱贫攻坚人大代表在行动”“政协委员—我为扶贫做件事”活动；扎实开展“万企帮万村”活动，128家民营企业与67个（原建制83个）贫困村结对共建，构建起了各级合力战贫、协力攻坚的扶贫大格局。

蓬溪县扶贫开发局授牌仪式

蓬溪县乡村振兴局挂牌成立

三凤镇兰草村“第一书记”李琳获得“省脱贫攻坚先进个人”奖（兰草村“第一书记”李琳被评为中国社会扶贫网“最美代言人”，兰草村成为全省试点村）

蓬溪县天福返乡创业园挂牌仪式

——有效整合资源，推动基础条件大改善。自2014年以来，全县累计整合投入涉农资金64.96亿元（其中财政专项扶贫资金5.2亿元、整合其他资金59.76亿元），累计建成易地扶贫搬迁集中安置点120个，完成搬迁安置3406户9906人，完成贫困户危房改造13597户、土坯房整治934户（全县12024户），完成安全饮水设施新（改、扩）建2246处，新（改、扩）建道路610千米，整治塘堰964口，新建（整治）渠道114千米，新（改）建标准化村文化室89个、村卫生室83个，新建4G基站994个，铺设光纤主干网300千米、同轴网络350千米，贫困村、贫困户生产生活条件发生了翻天覆地的变化。

在外成立农民工服务管理综合党委，服务带动农民工返乡创业就业

天福镇双桥村村民肖坤金成立农夫家庭农场发展特色产业（被评为全省第一批省级示范农场）

新会镇骡埝村家庭农场

赤城镇长兴村乡约银行为群众兑换物品

通过政府购买公共服务、志愿者服务等多种方式，鼓励支持专业社工组织进驻贫困村，探索物质资金帮扶与心理社会支持相结合、基本救助服务与专业化个性化服务相补充的社会扶贫新模式

大石镇牛角沟村党性教育基地

大石镇牛角沟村依托红色资源促进农文旅融合发展，图为学员在牛角沟村开展党性教育

群利镇九龙坡村南部片区社会扶贫服务中心

——全力富民惠民，贫困群众获得大实惠。贫困人口年人均纯收入由2015年年底的3373元增加到2020年的9790元，增长比例达190%，年均增幅达23.75%，比同期农民人均纯收入增幅高出近14个百分点。整合优化社会救助管理部门资源，创新建立“1+8+N”社会救助体系，在国家出台的8项基本和专项救助基础上，新增贫困大学新生、困难儿童、贫困优抚对象、贫困残疾人等12项专项救助，累计资助建档立卡贫困家庭学生27318名；全额代缴基本医疗保险3190.63万元，发放医疗救助1362.91万元，共发放低保兜底资金、城乡居民养老保险资金、困难残疾人扶助资金、农村特困人员救助供养资金等政策性保障资金3.97亿元，切实兜牢了贫困群众的民生底线。

驻村工作队察看琯溪蜜柚种植情况

入户开展“两不愁三保障”大排查工作

任隆镇苏家沟村大排查整改会

蓬溪县大排查工作反馈问题县级会商会议

市水利局到蓬溪县检查大排查整改情况

疫情期间，高升乡阶檐村驻村工作队开展复工复产活动，为村民点种玉米

大石镇组织农技专家对贫困户进行枇杷种植技术培训

文井镇映井场村驻村工作队与村"两委"开展入户"摆龙门阵"核查走访工作

常乐镇拱市村党委书记（左二）蒋乙嘉指导村民种植千叶佛莲

组织贫困劳动力进企业参观活动

消费扶贫展

荣誉证书

授予 蓬溪县扶贫开发局

四川省脱贫攻坚奖先进集体

四川省脱贫攻坚领导小组
二〇二〇年十月十七日

2020年10月17日，被四川省脱贫攻坚领导小组授予"四川省脱贫攻坚奖先进集体"

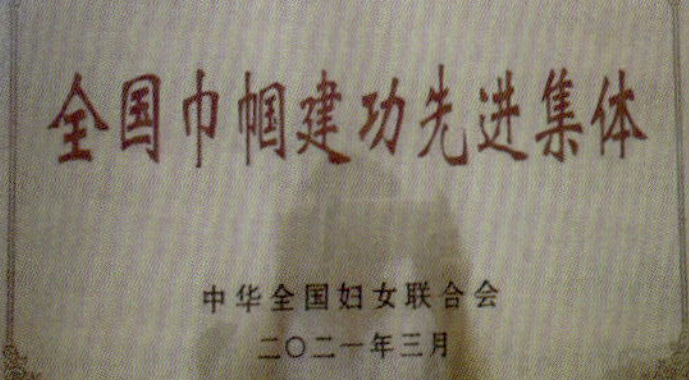
全国巾帼建功先进集体

中华全国妇女联合会
二〇二一年三月

2021年3月，被全国妇联表彰为"全国巾帼建功先进集体"

内江市市中区

种植业。粮食作物。全区粮食作物播种面积2.24万公顷，产量11.67万吨。小春粮食播种面积1464公顷，产量0.46万吨，其中马铃薯465公顷，产量（折粮）0.2万吨；豌豆、蚕豆999公顷，产量0.26万吨。大春粮食播种面积20920公顷，产量11.21万吨，其中水稻4565公顷，产量3.73万吨；玉米8119公顷，产量4.87万吨；红薯3703公顷，产量1.68万吨；马铃薯491公顷，产量（折粮）0.2万吨。

经济作物。全区经济作物种植面积0.943万公顷，产量25.11万吨。蔬菜种植面积0.64万公顷，产量21.2万吨。果树种植面积0.293万公顷，产量3.75万吨，其中柑橘种植面积0.21万公顷，产量2.55万吨；柠檬种植面积0.07万公顷，产量0.9万吨；葡萄种植面积0.013万公顷，产量0.3万吨。花椒种植面积0.01公顷，产量0.16万吨。

植保植检。全年农作物病虫害发生面积109.57万亩次，防治114.57万亩次，防治率达104.6%；主要作物专业化统防统治覆盖率达41.5%；主要作物绿色防控覆盖率达32.3%；粮经作物主产区农药包装废弃物回收率达70.6%；植物疫情防控处置率达100%。全年病虫害防治挽回粮食损失18251吨，挽回蔬菜水果损失23618吨，挽回油料损失5932吨。

全年水稻种植面积6.73万亩，稻水象甲发生面积2600亩，占水稻种植面积的3.9%，主要涉及龙门、伏龙、凌家、永安4个镇16个村，全区采取“统治越冬代成虫，挑治第一代幼虫，兼治第一代成虫”的防控策略，对疫区采取专业化统防统治，开展稻水象甲阻截防控4500亩次。对朝阳镇黄桷桥村6社202亩春见溃疡病实施重剪病枝，保留无叶主枝，施药保护，留园观察一年。对首次入侵的草地贪夜蛾实施重点监测，做到“发现有一点，防治

全国农村综合改革试验区前沿阵地——永安镇尚腾新村

内江市市中区农业农村局正式挂牌成立，区委副书记李了了（左六）、副区长柳永胜（右五）出席挂牌仪式

市中区高标准柑橘农业园区

朝阳镇园山村智慧柑橘产业

一片”，全年发生375亩，防治840亩，防效95%以上，未造成灾害性损失。

全区共有柑橘苗木繁育单位6个，共繁育柑橘苗木157.6亩，累计114.5万株；开展粮油种子产地检疫257.16亩，并进行产地检疫申报登记，开展产地检疫田间调查，做好产地检疫记录，全部实施产地检疫，未发现检疫性病虫，严格签发产地检疫合格证书。开展调运检疫11批次，其中粮油种子2.6万千克，柑橘苗木7.41万株，未发现检疫性有害生物。

畜牧业。畜禽养殖。全区坚持以区域化布局、规模化养殖、标准化生产、产业化经营、社会化服务为方向，继续实施畜禽良种化养殖、畜禽标准化生产、畜禽产业化经营“三大工程”。在100万头“内江黑猪”开发利用产业化项目的带动下，全区新（改、扩）建现代化畜禽养殖场7个，创建省级标准化示范场5个、市级标准化示范场2个；备案登记生猪养殖家庭农场3个，建成内江黑猪养殖家庭农场3个，猪舍面积达12400平方米，共12个养殖单元。猪三元杂交面达86%，肉牛良种及杂交面达68%，肉羊良种及杂交面达90%，家禽良种面达99.5%，兔良种面达99.5%。全区规模养殖发展势头良好，500头以上生猪出栏比重占36%，50头以上肉牛出栏比重占67%，300只以上肉羊出栏比重占13%，3万只以上肉鸡出栏比重占45%，100头以上奶牛存栏比重占53%，1万只以上蛋鸡存栏比重占96%。受疫情影响，全年出栏生猪15.96万头，下降28.51%； 肉牛、肉羊、家禽、肉兔出栏分别增长1.14%、2.74%、21.63%、3.57%。全年肉类下降5.56%，禽蛋类、奶类产量分别增长10.21%、1.67%。

永安镇尚腾新村特种水产养殖基地

西部观赏鱼基地

凌家镇水口村养猪场

畜禽养殖污染防治。加强畜禽养殖场的规范和常态化管理，畜禽规模养殖场全面配套粪污处理设施和设备，全面推行种养结合，对新（改、扩）建的畜禽养殖场严格执行环境影响评价制度和"治污设施同时设计、同时施工和同时使用"制度。畜禽养殖场建立粪污处理台账，做到粪污处理去向明确，粪污不外排。在长江经济带农业面源污染治理专项的带动下，完善畜禽规模养殖场粪污处理实施设备建设。同时，创新畜禽粪污的科学利用，完善以沼气处理为主的畜禽粪便处理模式，大中型规模养殖场原则上要建立与其饲养规模相适应的沼气池，对畜禽粪污进行沼气化处理。开展农业综合利用，鼓励养殖企业、规模养殖场通过生物发酵处理畜禽粪便，生产有机肥半成品，扩大产能，全面推行种养循环。全区规模养殖场配套废弃物处理设施率95%以上，畜禽粪便综合利用率达85%，畜禽粪污综合利用率提高10%，畜禽规模养殖场粪污处理设施装备配套率提高5%。

重大动物疫病防控。全年组织开展春、秋季重大动物疫病防控工作，坚持对猪瘟、口蹄疫、仔猪阉割打"双针"，对猪瘟、口蹄疫、禽流感、小反刍兽疫，实行春、秋季集中强制免疫，夏、冬季补免，每月16日前后补针，规模养殖场按程序免疫。依法对高致病性禽流感、口蹄疫、猪瘟等重大动物疫病实施强制免疫，做到"应免尽免"，不留空档。全年共免疫猪瘟125645头、猪口蹄疫125645头、牛口蹄疫1703头、羊口蹄疫6151只、羊小反刍兽疫6151只、鸡禽流感2156265只、鸭禽流感362667只、鹅禽流感25140只、狂犬病14137只，动物疫病免疫率达100%。加强畜禽检疫工作，全年产地检疫猪67318头、牛519头、羊367只、鸡463.8462万只、鸭25.3191万只、鹅1.6136万只、兔44.6611万只，屠宰检疫猪100095头、牛6675头、羊2481只、鸡28.0618万只、鸭28.249万只、鹅0.9553万只，产地和屠宰检疫率均达100%。严格执行病死动物"五不一处理"（即不宰杀、不食用、不销售、不转运、不丢弃和集中无害化处理）制度，发挥村级动物疫病健康巡查小组的作用，对发现的病死动物一律作无害化处理，确保全年动物防疫目标任务圆满完成。加强畜禽抽样监测，全年检测畜禽血清样品2419份，其中猪瘟150份，合格率92.66%；猪口蹄疫150份，合格率94.33%；牛（羊）口蹄疫40份，合格率100%；禽流感1085份，合格率98.91%；小反刍兽疫15份，合格率80%，免疫抗体平均合格率均达到农业农村部要求。全年检测牛（羊）布病、结核样品841份（头），非洲猪瘟样品138份，结果均为阴性。

非洲猪瘟防控。继续开展非洲猪瘟各项防控工作，把非洲猪瘟防控作为保民生、促稳定的重要工作来抓。全年共发放宣传资料3.2万余份，张贴宣传画417张；组织执法人员检查养殖场、屠宰场42064户次，排查生猪693547头次；行政执法立案9件，结案9件，处理管理相对人11人次，罚款69140元；出动消毒人员16572人次，使用消毒药剂25134千克，对全区所有畜禽圈舍、屠宰场、载畜工具、无害化处理收集点进行地毯式消毒灭源。在全区共设立临时检查站9个，实行车辆运输生猪备案登记管理。

畜禽产品安全监管。加强兽药、饲料等养殖业投入品监管，指导规模养殖场建立用药记录制度，严格执行兽药安全使用规定，规范兽药经营企业行为。开展"瘦肉精""三聚氰胺"等违禁药品专项整治行动，禁止不合格投入品进入流通和使用环节，全区"瘦肉精"检出率为零。加强畜产品安全监测，完成省、市农业农村厅（局）下达的畜产品、兽药饲料等抽样监测任务，合格率均达100%。

畜牧业行政执法。全年开展饲料、兽药安全宣传教育，发放宣传资料1600份，接待群众咨询280人。加强饲料、兽药监督管理，组织执法人员对8个乡（镇、街道）的饲料、兽药经营企业和饲料生产企业进行专项检查，查看购销记录、购销单据、兽药饲料产品标签规范、生产日期、产品有效期等，饲料、兽药合格率均达100%。加大对涉嫌添加违禁物质的执法检查力度，出动执法和畜牧技术人员320人次，对全区兽药GSP认证的9家兽药店进行执法检查，未发现擅自添加非处方药、禁用兽药、人用药品等行为，合格率达100%。全年未发生畜禽产品安全事故。

水产业。区水产渔政局更名为内江市市中区渔业发展中心，为副科级事业单位，归口内江市市中区农业农村局。区渔业发展中心设立综合股、渔业产业发展股、渔业生产安全股、水生动

全安镇花洞村易地扶贫搬迁聚居点

物防疫检疫股4个内设机构；重新核定事业编制16名，其中主任1名、副主任2名、中层职数4名。全区有渔业户4983户、渔业人口15074人，其中传统渔民1767人；渔业从业人员9709人，其中专业从业人员4210人；机动渔业船104艘，总吨位120.7吨，总功率851.46千瓦。

渔业生产。全年水产品总产量7144吨，实现渔业产值98732万元，完成水产电子商务交易额29487万元。全区水产养殖面积（含稻田养鱼面积）2885公顷，其中池塘养殖面积641公顷，产量3491吨；水库养殖面积371公顷，产量1039吨；河沟养殖面积116公顷，产量297吨；稻田养殖面积1756公顷，产量1979吨，其中新增稻渔综合种养推广面积156公顷。实施特色水产产业高质量发展，结合《市中区养殖水域滩涂规划》提早调研布局，编制《内江市中区特色水产产业高质量发展的实施意见》《2019年渔业产业规划》，制订伏龙镇渔业园区（含牛角田村、大湾村、大屋冲村）建设方案，充分利用2019年项目资金做好伏龙镇渔业园区规划建设工作，确保项目顺利实施，促进全区渔业健康发展。在做好绿色渔业的前提下，推广大水面水库生态健康养殖、工厂化养殖新模式，引进新品种，全年扩建南美白对虾工厂化养殖3000平方米，实现水产养殖废水零排放；开展大水面水库生态健康养殖技术培训，支持构建可持续发展的水库生态环境治理体系。编制《市中区渔业发展资金补助管理办法》，针对特色水产养殖进行政策及技术扶持，引导全区特色水产向生态、环保、健康高质量发展。全年新增小龙虾养殖面积600余亩，新增产量58吨；引进工厂化养殖南美白对虾3000立方米，新增产量33吨。为提高养殖户的积极性、帮助农户增收，通过开展稻渔综合种养技术培训，推动养殖品种和养殖模式提质增效，除养殖常规品种外，发展以“稻虾”“稻鳅”“稻花鱼”等特色水产为主的稻渔综合种养模式，截至10月底，市中区稻渔综合种养技术推广面积达2340亩，累计推广稻渔综合种养面积10965亩，帮助农民增收达1000元/亩。

渔业安全工作。全区共有农业农村部健康养殖示范场4个，申报省级水产健康养殖示范场10个、省级农民合作社示范社1个、省级家庭农场示范场1个、无公害水产养殖基地7个、无公害水产品21个。全年累计抽检水产品样品70个，涉及全区各个水产养殖场、家庭农场、水产交易市场等，检验合格率达100%。全年对全区养殖场所进行渔业安全检查260场次，发放水产品食品安全宣传资料260份，并组织召开大型水产品质量安全

永安镇尚腾新村

内江市组织系统庆祝中华人民共和国成立70周年暨“践行十爱、展组工风采”文艺汇演

内江市组织系统“践行十爱、展组工风采”暨庆祝建党97周年文艺汇演

内江市委组织部、内江师范学院到联系帮扶村开展“送文化下乡”活动

内江市组织系统“践行十爱、展组工风采”第三届运动会

内江市组织系统“践行十爱、展组工风采”诗朗诵比赛

荣誉证书

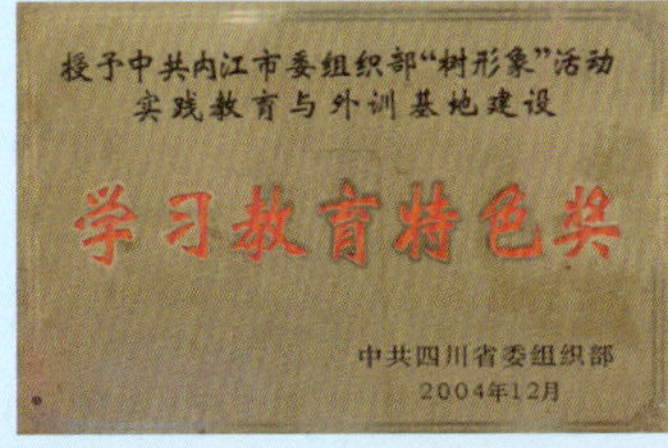

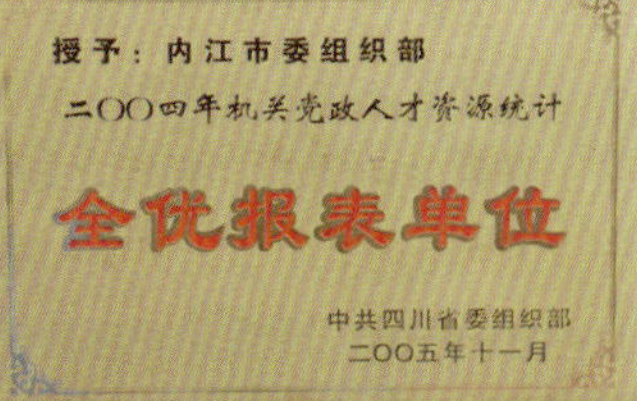

授予：内江市委组织部
二00五年机关党政人才统计
全优报表单位
中共四川省委组织部
二00六年十一月

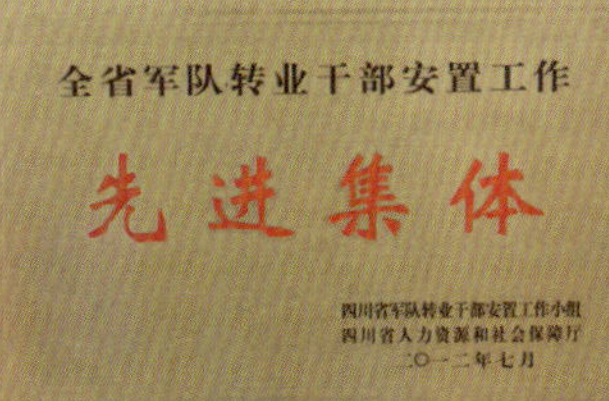

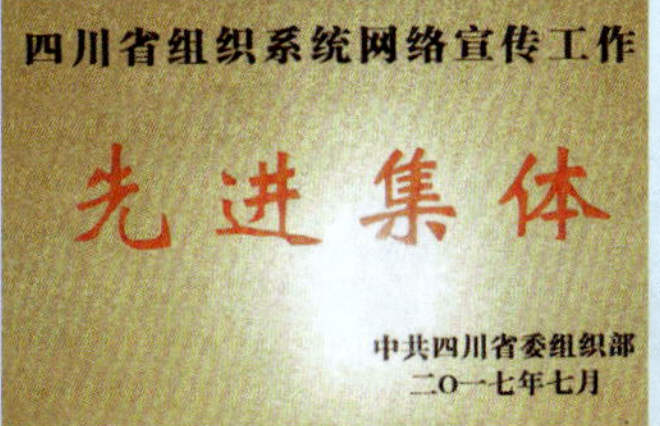

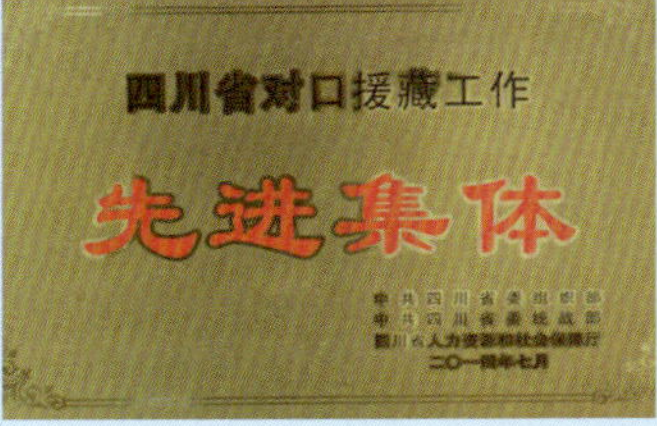

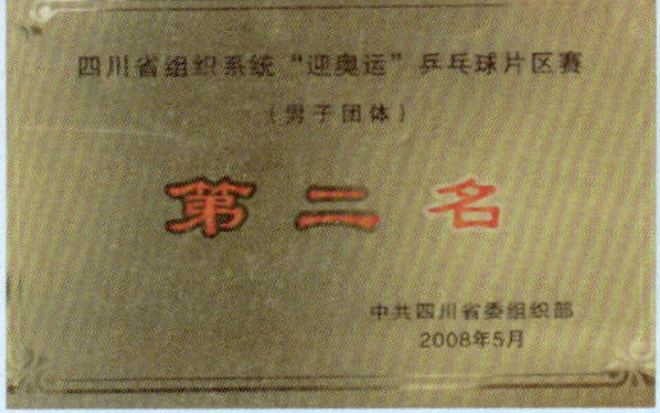

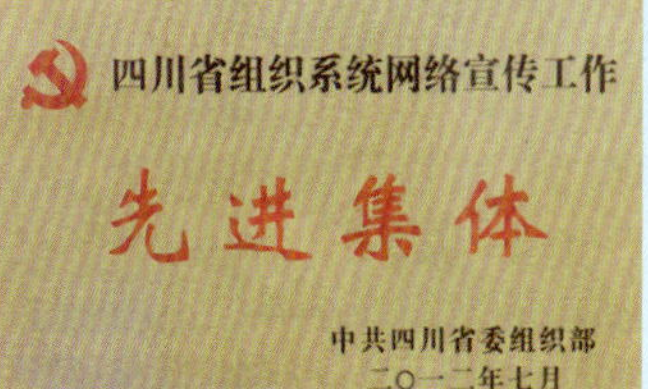

南 充 市

市委书记宋朝华（中）到高坪区阙家镇本味农业产业有限公司调研扶贫产品产销情况

市人大常委会主任袁险峰（右一）到南部县谢河镇走访慰问贫困群众

南充市位于四川盆地东北部、嘉陵江中游，辖3区1市5县，人口760万人，辖区面积1.25万平方千米，是四川省第二人口大市、中国优秀旅游城市、国家园林城市、全国清洁能源示范城市、久负盛名的“绸都”，国家规划确定的成渝经济区北部中心城市、成渝城市群区域中心城市和川陕革命老区重要节点城市，中心城区建成面积126平方千米、有人口125万人。经省统计局统一核算，2019年全市实现地区生产总值（GDP）2322.22亿元，列全省第5位、川东北地区第1位；增速为8%，列全省第4位，比全国、全省平均水平分别高1.9个百分点、0.5个百分点。

历史悠久，人文荟萃。南充有2200余年的建城史，早在唐尧、虞舜之前便谓“果氏之国”，春秋以来历为都、州、郡、府、道之治所。中华人民共和国成立后，南充是省级行政机构川北行署的驻地，胡耀邦同志曾任川北行署主任。南充是三国文化和春节文化的发祥地，民风淳朴，民俗优雅，三国文化、丝绸文化、红色文化和嘉陵江文化交融生辉，川北大木偶、川北灯戏、川北剪纸、川北皮影饮誉中外，孕育了辞赋大家司马相如、史学大家陈寿、天文历法巨匠落下闳和忠义大将军纪信等众多历史名人。南充是川陕革命根据地的重要组成部分，朱德元帅、罗瑞卿大将、民主革命家张澜以及共产主义战士张思德均诞生于此，有5万余名英雄儿女参加红军。

环境优美，宜居宜游。隽秀嘉陵江婉约而至，悠悠西河如玉带穿织，山融于城，城融于水，山水人文和谐相融，现代山水田园城市特质明显。南充四季分明，气候宜人，环境优美，境内森林覆盖率39.96%，空气质量优良。南充位于嘉陵江生态旅游线和三国文化旅游线，风景名胜遍布，风光旖旎秀美，三国遗迹、古城风水、将帅故里、嘉陵风光魅力独具，全市共有A级景区18个，其中4A级景区7个，阆中古城、朱德故里风景区为国家5A级旅游景区。市政公共服务设施完善，中心城区北部新城、下中坝

市长吴群刚（左二）到仪陇县马鞍镇险岩村视察脱贫奔康食用菌产业园

市政协主席潘国华（左三）到蓬安县柳滩乡三角滩村调研脱贫攻坚工作

市委副书记、市关工委主任古正举（左二）到高坪区御史乡调研花椒产业园建设情况

市委常委、市总工会主席李在伟（右二）到阆中市调研脱贫攻坚工作

等城市新区加快发展，大润发、家乐福、沃尔玛、王府井等入驻南充，金融机构网点遍布城乡。

资源丰富，科教兴盛。南充是国家重要的商品粮和农副产品生产基地，牧业、果业、蚕业、林业、优质粮油等资源十分丰富，素有“水果之乡”“丝绸之都”的美誉。南充地处西南最大岩盐沉积盆地核心，盐卤储量1.8万亿吨，石油天然气资源丰富，现已开发龙岗、元坝两个特大气田，嘉陵江南充段9级航电工程装机容量92万千瓦，是四川省石油天然气和能源化工基地。南充科教资源丰富，实力雄厚，是川东北区域科教文化中心，拥有西南石油大学、西华师范大学、川北医学院等普通高校4所、科研机构85个和中职学校42家。全市卫生机构（含村卫生室）8712个，其中医院132个、基层医疗卫生机构8506个。市、县、乡、村公共文化服务网络实现全覆盖。

区位优越，交通便捷。南充位于成都、重庆、西安三角经济区要冲，地处成渝经济区的重要节点，自古就有“西通蜀都、东向鄂楚、北引三秦、南联重庆”之地利，是西部重要的交通枢纽城市。达成、兰渝两条铁路在南充十字交会，高速公路增至10条，通车里程位居全省第二，实现县县通高速；开通航线增至17条，“一港三码头”开港营运，立体交通网络基本形成。

副市长沈一凡（前排左二）到蓬安县新园乡宽敞沟村调研脱贫奔康产业园建设情况

经济活跃，市场繁荣。南充是川东北经济、物流、商贸和金融中心，正在加快构建以现代工业、现代服务业和现代农业为主导的经济发展高地。全市工业园区建成面积达100平方千米，规模以上工业企业656家，已形成汽车汽配、油气化工、丝纺服装、现代物流、现代农业等优势产业，新能源、新材料、电子信息、生物制药等潜力产业快速发展。南充商贸繁荣，市场体系完善，金融、保险、人才、劳务等要素市场活跃，拥有川东北最大的粮油、生猪、茧丝绸和小商品批发市场。

全市脱贫攻坚总结推进会

阆中市老观镇平安村于2018年退出贫困村序列

巴基斯坦减贫官员到高坪区考察学习

嘉陵区贫困群众为帮扶干部点赞

吉利“及时雨”走进嘉陵区汉塘小学

高坪区“送医下乡”——分科诊断、科学把脉

蓬安县贫困群众到农家书屋读“新书”

南部县残疾人缝纫培训实操现场

南充市长吴群刚（中）看望慰问贫困群众

南充市政府副秘书长、市扶贫开发局局长马家斌（中）到一立镇塘湾村调研产业园发展情况

区长张青松（右二）到双桂镇邓家沟村调研扶贫产业发展情况

区政协主席白青云（左二）调研七宝寺镇脱贫攻坚工作

南充市委常委、市委统战部部长、原区委书记廖伦志（右一）到里坝镇贫困村调研扶贫工作

区委书记史燚（中）到双桂镇茶桑产业基地调研

区人大常委会主任张学军（左一）调研冯家坝村黄金茧产业发展情况

区委副书记宇旻（左三）到龙蟠镇共商安居之策

河西镇江中村蔬菜种植基地

龙岭镇三教寺村脱贫奔康产业园

李渡镇阁老坟村柑橘产业

凤垭山天乐谷农旅结合（日接待游客达10万人次）

大通镇银海丝绸黄金茧生产基地

大通镇天兆猪业余氏5.0猪场

吉安河流域万亩现代循环农业示范园

便捷的交通枢纽构建“半小时经济圈”

南湖街道南海新农村综合体

大通镇升钟二期赵子河水库

嘉陵新城

南充高中嘉陵校区

文峰街道土地挂钩项目美丽新乡村

一立镇塘湾村川东北特色民居

四川省就业扶贫新村——大通镇芝麻湾村

里坝镇攀桂湾村召开脱贫攻坚党员大会

贫困户为帮扶干部点赞

四川大学华西口腔医院为桥龙乡的孩子进行免费口腔检查及治疗

金宝镇天宫宝村贫困户入股合作社领取分红

武义—嘉陵东西部扶贫协作联席会

大通镇扶贫小车间助力大就业

75岁的刘承英享受“一站式”医疗服务

贫困户脱贫致富的感恩喜悦

参观双龙农牧基地

外宾参观西充台商火龙果种植基地

西充县第三届"中国梦·劳动美"职工职业技能大赛分会场（观凤乡管家桥村）

桃花节活动现场

嘉和兴农业园区

龙滩河农业基地

东太乡鱼池寺村农田综合示范区

金太线晚熟柑橘种植基地

广 安 市

2019年，全市辖10乡99镇15个街道，辖区面积6339平方千米。年末总人口459.28万人（户籍人口），增长1%；人口出生率7.19‰，减少0.73个千分点；人口自然增长率1.49‰，减少0.48个千分点。本地水资源总量29.3亿立方米，人均占有水资源量911.6立方米。有林业用地19.7万公顷，有林地面积17.5万公顷，活立木总蓄积量848.4万立方米，森林覆盖率39.2%。

2019年，全市GDP1250.4亿元，增长7.5%，其中第一产业增加值204.3亿元，增长2.8%；第二产业增加值411亿元，增长8.2%；第三产业增加值635.1亿元，增长8.5%。三次产业对经济增长的贡献率分别为6.2%、44%和49.8%。全社会从业人员216.21万人。社会消费品零售总额554亿元，增长10.8%。劳务输出157.1万人，收入2964600万元。全年接待游客4052.12万人，实现旅游收入4631000万元，其中乡村旅游收入2350000万元。

地方公共财政预算总收入完成85.67亿元，增长7.02%；公共财政预算总支出304.35亿元，增长5.3%，其中农业投入486481万元，占支出的15.98%。金融机构各项存款余额1984.85亿元，较年初增长6.14%；各项贷款余额930.23亿元，较年初增长14.23%，其中涉农贷款金额525.34亿元。全年农业保费收入8782.65万元，处理各项赔款和给付金额6858.93万元。农业产业化龙头企业国家级、省级、市级、县级分别为1家、28家、45家、200家。

有艺术表演团体23个，文化馆7个，公共图书馆7个，博物馆4个。有卫生机构3443个，病床位21310张，卫生技术人员17153人。城乡居民基本养老保险参保人数1974233人，参保率91.01%；被征地农民养老保险参保人数178808人，占全市农村人口总人数的5.22%。

2019年，全市实现农林牧渔业总产值331.7亿元，增长2.9%；全市全年农林牧渔业增加值达209.5亿元，增长3%。农民

部署推进全市大春生产工作

全市大春生产专题会议

年人均可支配收入达16445元，增长10.1%。

种植业。全年粮食作物播种面积430.1万亩，产量179.96万吨，增加0.1万吨，其中小春粮食作物播种面积50.1万亩，产量11.6万吨，增加0.1万吨；大春粮食作物播种面积380万亩，产量168.4万吨，与上年持平。油菜播种面积56.9万亩，与上年持平；产量8.2万吨，增加0.2万吨。由广安市农业技术推广站主持实施的《水稻“六改”绿色高质高效技术集成与推广》项目获得农业农村部2016—2018年度全国农牧渔业丰收奖农业技术推广成果奖三等奖。全市水稻旱育秧栽培面积达133.2万亩，水稻人工直播面积达20万亩，良种、综合技术到位率达97%以上。大力推广名特优、专用、新奇品种国标二级以上优质稻面积达80万亩，“双低”油菜面积达49.9万亩。

“两区”划定成果通过省级验收。全市“两区”划定通过省级成果认定。全市“两区”划定地块面积303.64万亩（其中稻田183.76万亩、旱地119.88万亩），超任务数21.64万亩。粮食生产功能区353.25万亩，其中水稻生产功能区183.76万亩、玉米生产功能区119.88万亩、小麦生产功能区49.61万亩（小麦与水稻复种区14.44万亩、小麦与玉米复种区35.17万亩）。油菜籽生产保护区53.54万亩。全市蔬菜播栽面积98万亩，产量245万吨，分别增加1.8万亩、9万吨，分别增长1.9%、3.9%；新（改）建蔬菜产业标准化基地7万亩，新发展精品蔬菜8万亩，引进试验示范名优特新蔬菜新品种40余个，新引进培育蔬菜种植业主7个，发展蔬菜专业合作社4个。全市水果种植面积29.493万亩，其中柑橘19.143万亩；水果产量18.6997万吨，其中柑橘产量15.1224万吨。

畜牧业。全年出栏生猪258.6万头、家禽3530.6万只、肉牛2.42万头、肉羊21.1万只、肉兔502.7万只，分别增长-31.8%、19.7%、6.5%、3.2%、2%；肉、蛋、奶产量分别为24.94万吨、7.76万吨、2770吨，分别增长-24.8%、12.1%、3.1%；实现畜牧业产值121.2亿元、增加值60.5亿元。

林业。全市新增现代林业产业基地4.5万亩，其中花卉苗木0.35万亩、油樟产业0.75万亩、竹产业2.2万亩、其他1.2万亩；新增林业加工企业3个、农民合作社省级示范社2个；创建省级森林小镇3个、省级森林康养人家11家、省级森林康养基地3个、省级自然教育基地2个、四星级森林人家3个；实现林业总产值100.15亿元，农民人均从林业获得收入1580元。8月，华蓥市海棠博览园区被省林草局评定为省级十大花卉产业园区，华蓥市柏木山油樟现代林业示范区被省林草局确定为市级现代林业示范区。

水产业。发布《广安市养殖水域滩涂规划（2018—2030年）》（广安府办发〔2019〕43号），依法划定水产养殖禁养区、限养区和养殖区，重点开展水产渔政项目资金争取、渔业基地建设、水产健康养殖示范场建设、新型渔业主体培育、稻渔综合种养、绿色健康养殖、水产种业体系建设、老旧池塘标准化改造等一系列工作。全市共争取水产渔政项目资金7300万元，新（改、扩）建渔业基地9个，培育新型渔业主体8个，标准化池

广安市深入实施乡村振兴工程专题培训班开班仪式

塘改造1600亩，创建国家级水产健康养殖场2个、创建省级水产健康养殖场地37个，建设稻渔综合种养面积10000亩（其中稻渔综合种养示范基地面积4000亩），建设大水面生态养殖2万亩，池塘工程化循环水养殖10条，陆基集装箱健康养殖3个。全年水产品总产量6.71万吨，增长1.76%；实现渔业经济总产值15.19亿元，增长6.79%。

乡村旅游。实施乡村旅游提升发展示范项目工程，广安区南桥溪谷、前锋区欢喜坪旅游度假区、华蓥市现代农业园区乡村旅游示范片区、岳池农家文化旅游园区、武胜县白坪—飞龙乡村旅游度假区、邻水县贵人槽乡村旅游区等乡村旅游项目加快推进，岳池农家生态文化旅游区被纳入四川省文化旅游融合示范项目，全市乡村旅游项目完成投资36亿元。实施乡村旅游品牌创建行动，岳池农家生态文化旅游区创建为国家4A级旅游景区，岳池县银城花海、华蓥市君兰天下、邻水县缪氏庄园创建为国家3A级旅游景区。坚持节会带动，策划举办华蓥山旅游文化节、四川“万人赏月诵中秋”广安市岳池县分会场活动，2019年武胜县第二届农民丰收节暨第三届糍粑节主题文化活动、五华山的大丽花节等节会活动30余个，扩大了广安旅游影响力。

广安区龙安柚现代农业园区

休闲农业。按照生产化景区建设标准，结合现代农业示范基地建设，配套完善旅游步道、观景平台等基础设施，一片产业发展一片景区。依托产区资源禀赋，大力发展"节会经济"，广安龙安柚文化旅游节、华蓥山文化旅游节、岳池农家文化旅游节、岳池米粉美食节暨特色餐饮大赛、邻水大丽花旅游文化节等特色节庆活动开展得如火如荼。建成全国休闲农业与乡村旅游示范县1个、示范点2个，形成接待能力的乡村旅游景区31个，广安区被评为天府旅游名县。大力开展农村人居环境整治，深入推进"美丽广安·宜居乡村"建设，建成中国传统村落11个、四川最美古村落2个；建成幸福美丽新村1071个，占行政村总数的39%。按照"差异化、特色化、品牌化"的工作思路，村史馆、乡愁体验园等文化设施1382个，建成中国农业公园1个，橙海阳光、缪氏庄园、广安蜜梨主题公园等省级农业主题公园13个。

市委书记李建勤（右一）视察工作

农村水利。全市水利工作紧紧围绕"水利工程补短板、水利行业强监管"水利改革发展总基调，河长制、洁净水、防汛抗旱、水土保持等多项工作得到水利厅和市委、市政府领导的肯定和表扬，在年度目标绩效考核中被评为"好"等级。全市到位各类水利资金9.05亿元，新开工水利项目79个，完工62个，完成水利项目建设投资8.52亿元。

柚子丰收

农村能源。全年实现农村能源建设总投资2407万元，建成规模化大型沼气工程项目2处、省级新村集中供气项目24处、县级自建集中供气点项目7处，共新增沼气厌氧发酵容积0.86万立方米，增加沼气使用农户1311户，全市沼气厌氧发酵总容积达136万立方米，沼气使用农户达25.33万户。规范项目管理、严把工程质量关，沼气工程建设规范，全部项目均实现当年建设、当年竣工投产。加强安全生产管理，全年开展春节、国庆两次重大节假日农村能源集中安全大排查；在6月开展为期一个月的农村

武胜县蚕桑现代农业园区

能源安全生产月活动；在全市组织开展沼气工程安全生产责任清单制试点；组织人员到达州市开展农能安全检查，迎接遂宁市代表省办对广安市进农能安全检查，全年农能行业安全运行，未发生安全生产事故。市农能办被省农能办评为2019年度全省农村能源工作先进单位、2019年全省农村能源信息宣传先进单位。

农业机械化。全市新增农机总动力4.48万千瓦，新建提灌站11处，修复、改造提灌站98处。全年兑现农机购置补贴547.365万元，新增农机具12069台（套）；开展督查20余次；开展农机购置补贴专项清理“回头看”，入户核实107户，核查农机具116台（套），涉及补贴资金126.1590万元；农机购置补贴受益农户9965户。投入各类农机具7.738万台（套），完成机耕整地361万亩、水稻机收169万亩。大力整顿和规范农机销售维修市场、农机补贴产品质量投诉监管和农机消费领域打假，维护农机消费者合法权益，检修各类农机具5.9万余台（套）。

农村科技。大力推进培育新型农业经营主体和职业农民，制定出台《广安市农业职业经理人评价管理办法》《广安市现

广安蜜梨现代农业园区

袁市镇大光明村高标准农田水稻绿色防控病虫害（诱捕器性诱剂灭虫）

长安乡高标准农田建设

长安乡黄泥坡村花椒种植基地

长安乡贵人槽产业发展

钰锦现代农业园区观景平台

庄园鸟瞰图

“厕所革命”——丰禾镇鱼鳞滩村示范点

中国农业银行金融精准扶贫重点支持项目

大洪河生态鱼

2020年广安市农民丰收节文艺汇演

秋色

广安市广安区扶贫开发局

区委书记文建平（左三）到龙安乡高潮村督导脱贫攻坚工作，向贫困户了解情况

区长吴荣胜（右二）到白马乡调研脱贫攻坚工作

广安区是邓小平同志的家乡，取“广土安辑”之意而得名，地处“川东门户”，面积1030平方千米，辖19个乡（镇）6个街道（含协兴园区2个乡镇，枣山园区1个镇、1个街道），总人口89.8万人，属国家级贫困县、秦巴山区集中连片特困地区。2014年识别认定贫困村136个、贫困人口16807户54483人，贫困发生率8.3%。广安区在脱贫攻坚工作中，注重建立工作保障机制，压实责任、铁腕执纪，以高效务实、实用管用的推进机制确保脱贫攻坚战打赢、打得漂亮。

东西部扶贫协作联席会

一、建立“三项授权”督办机制。成立以区人大常委会主任为组长，纪委书记、组织部部长为副组长的督查组，抽调20余人分片交叉、高密度不间断督查，每天督查通报、每周排名约谈。区委授予督查组“三项权力”，即有权决定干部停职、有权启动问责、有权决定岗位调整。凡涉及脱贫攻坚的重要工作安排，均召开区、乡、村三级干部参加的千人大会统一部署，避免工作要求层层递减、责任落实打下折扣。所有区级领导常态蹲点督导，与乡（镇）会商解决具体问题；所有帮扶单位、驻村工作组、帮扶责任人全部下沉，由乡（镇）统一调度使用。实行乡（镇）

广安区召开赴赴浙江省湖州市南浔区挂职交流学习动员会

广安区到昭觉县慰问看望驻凉帮扶工作队

龙安乡大云山产业扶贫带

崇望乡油菜种植基地

会商制度，乡（镇）党委书记每周向区委、区政府主要领导、分管领导短信汇报工作情况。区委、区政府定期汇总情况，分析问题，研究整改措施。创建脱贫攻坚微信群，通过晒进度、谈经验、剖不足鼓舞士气，推动比学赶超。

二、建立“三个挂钩”考核机制。出台脱贫攻坚工作考核奖惩办法和年度奖励实施细则，实行脱贫工作与绩效考核、评先评优、职级晋升“三挂钩”。组建脱贫成效考核组，实行“悬帽”攻坚、论功行赏，将工作实绩突出、群众认可度高的干部及时纳入提拔重用范围，上浮脱贫攻坚工作先进集体职工和先进个人当年度绩效奖金，优先考虑单位主要负责人和先进个人评先评优、提拔重用。强化正面激励，出台《关心爱护脱贫攻坚一线干部的激励措施》，拿出部分区级部门和乡（镇）正科、副科岗位“悬帽”，对作风务实、业绩优秀、群众认可的扶贫干部通过一线考察论功行赏、提拔重用。采编《脱贫攻坚先锋》，先进典型在全区大会上进行交流发言，推荐先进集体、先进个人荣获省、市表彰，激励“后进”向榜样看齐。对脱贫攻坚做得好的村、村（组）干部和支持脱贫攻坚的群众分类制定奖励措施，逗硬兑现，营造了全民参与支持脱贫攻坚的良好氛围。

三、建立“四个一律”问责机制。从严追责问责，对未完成脱贫任务的，科级及以下干部一律就地免职；责任单位、责任人取消其评先评优资格，绩效考核一律一票否决；村（组）干部在“两委”换届中一律不得提名为候选人；专业技术人员2年内一律不得晋升专业技术职务。如因区级领导干部履职不力导致工作出现严重问题的，由区委提出追责问责建议，报请市委处理。5个专项督查组、2个暗访组实行双线全覆盖督查问责。自开展脱贫攻坚以来，全区立案查处29人，3个乡（镇）领导班子被组织约谈，4名干部被停职检查，11名干部被诫勉谈话，以最严纪律保障脱贫攻坚战务必打胜。

崇望乡自力村蔬菜种植基地

贫困户利用帮扶资金发展山羊养殖产业

到重庆市菜园坝出售花桥镇霞林村集体产业——泥鳅

贫困群众领取小额信贷资金

蒲莲乡群众喜领养老保险证

东西部协作投资建设的崇望乡合力村中峰养殖基地

花桥镇霞林村集体产业——泥鳅装箱送往成都通威三联水产市场

新建的乡村公路

龙安乡勇敢村新村风貌

区人武部到肖溪镇竹山村开荒种植花椒，帮助发展集体经济

广安市商会到石笋镇开展结对帮扶捐赠活动

区公共交易中心到贫困村肖溪镇菱角村开展端午活动

区政协工作人员与联系村干部共商发展大计

广安区第一期农民工返乡创业提升培训班

四川省林业厅赴广安区科技扶贫现场培训会

贫困户厨艺技能培训促进再就业活动

“千师进万户”帮扶活动

区政协开展“走基层　送温暖”活动

欢乐农家大赛走进贫困村

在恒升镇开展扶贫专场招聘会

肖溪镇漆寨村公路修建前

肖溪镇漆寨村公路修建后

官盛镇报国村旧房

官盛镇报国村易地搬迁房屋

贫困户老式电视机

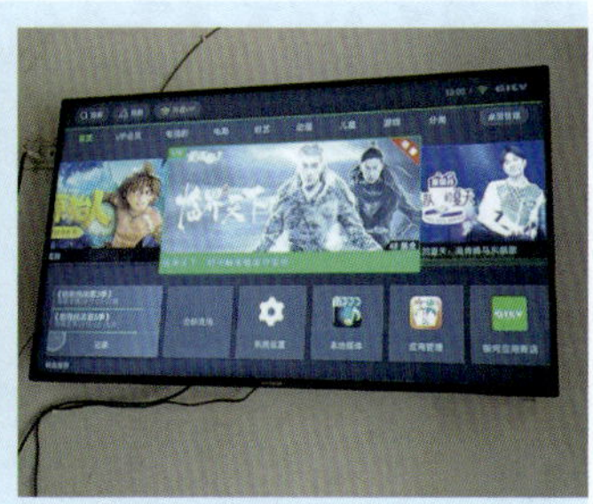
贫困户新电视机

崇望乡大地花谷工程前期

崇望乡大地花谷建成后

巴中市巴州区

巴中市委书记罗增斌（中）到巴州区调研脱贫攻坚工作

巴中市长何平（中）到巴州区调研易地扶贫搬迁工作

近年来，巴中市巴州区委、区政府立足边远山区、革命老区、集中连片贫困区“三区叠加”的区情，认真贯彻落实中央、省、市脱贫攻坚决策部署，采取“4+3两步走”战略，打出“2+22+N”组合拳，实施精准扶贫、连片开发与整体推进“三轮驱动”，“三个关键”确保住房安全，“产居结合”筑牢精准扶贫基石，“三权分置”盘活资产收益，“四

曾口镇书台村

巴中市人大常委会副主任、区委书记张平阳（中）调研乡村治理工作

区长何光平（中）到三江镇调研巴药产业发展情况

分机制”全面推进问题整改，“三治同步”增强内生动力，“5431”深化挂包驻帮，“六个到村到户”持续提升脱贫成效。通过六年的全力攻坚，113个贫困村全部达标退出，78398名贫困人口全部顺利脱贫，年均减贫1.3万余人，巴州区成为巴中市首轮脱贫“摘帽”区（县），为巴中市脱贫“摘帽”工作树立了标杆、作出了示范，先后获得“四川省十年扶贫开发先进集体”“四川省社会扶贫先进集体”“四川省脱贫摘帽先进县”等殊荣。全国第二批农村改革试验顺利通过国家和省中期评估验收，多次成功承办全国性脱贫攻坚现场会，非洲法语国家扶贫官员及国内多个省（市）前来考察学习。2018年，省政府正式批准巴州区退出国家贫困县序列；2019年，实现全域整体脱贫。

巴州区召开脱贫攻坚领导小组第40次（扩大）会议

花溪乡新庙村新村聚居点

大茅坪镇白云村千佛寺新村聚居点

梁永镇宏福村新村聚居点

聚焦重点难点

近年来，巴州区以基础扶贫为抓手，筑牢脱贫根基，切实改善农村基础条件。自2014年起实施“交通大会战”以来，新建、改建、改造国、省、县、乡、村五级公路和通村联网路、聚居点联结路、产业园区路2255千米，实现了所有乡（镇）和建制村通水泥路或油路，形成了“外通、内联、畅乡、通村、到户”的交通网络体系；实施安全饮水、防洪减灾、农田水利建设等“五大工程”，全面保障农村生产生活生态用水；实施农网改造升级和天然气进农村工程，新建（改造）高低压线路4565千米以上，增换配电变压器1275台，铺设天然气管网740余千米，3.6万户农户用上了天然气。

坚持“建、改、保”相结合的原则，整合实施易地扶贫搬

李家大院巴山民宿（桃花游憩）

“巴山民宿”——休憩木屋

大茅坪镇农家书屋

花溪乡天星村村民活动

化成镇长滩河村新村聚居点

梁永镇宏福村新村聚居点

让老百姓安居乐业

迁、土地增减挂钩、土地整理、土坯房改造、“巴山新居”工程、地质灾害避让搬迁、生态移民搬迁等项目，统筹推进贫困户和非贫困户安居保障工程。2014年以来，全区共新建、改造、保护农村房屋5万套，惠及15万余人，贫困户安全住房保障率达100%；坚持“小规模、组团式、微田园、生态化”的理念，按照“三靠六不选”的原则，深入推进幸福美丽新村建设，建成聚居点676个，集中安置2.9万户10.2万人；对C级土坯房进行排危加固、功能完善、形象提升，实施改顶、改厨、改厕、改水、改阴阳沟、建入户路“五改一建”，惠及1.72万户农户。同时，加强路、水、电、讯等基础设施建设和以党群活动中心为依托的“1+N”公共服务设施配套建设，让农民就近享受较为完善的公共服务。

龙背乡清泉村李家院子新村聚居点

清江镇巾字村新村聚居点

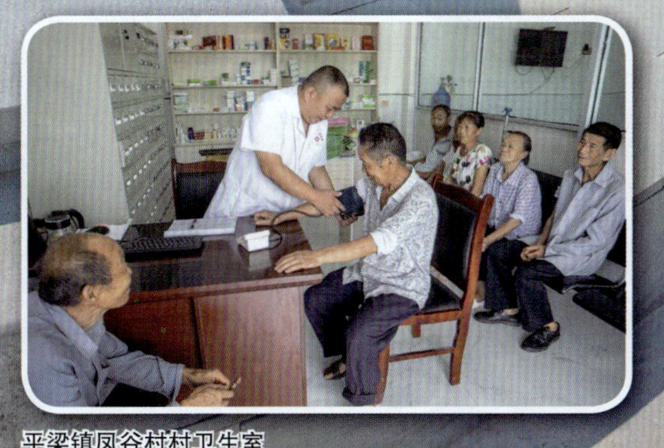
平梁镇凤谷村村卫生室

凌云乡印山坪村

曾口镇现代农业园区

大茅坪镇孟家村白芍产业基地

因地制宜抓产

近年来，巴州区将道地药材作为脱贫攻坚中的主导产业，已建成中药材种植基地14.7万亩，盘活撂荒土地2万余亩，解决6.8万名农民就业问题，引导和支持1.5万名在外农民工返乡就业，占农村留守劳动力的38%。形成“六区四基地”，即6个万亩种植区和4个重点基地。在重点乡（镇）和重要基地建成初加工厂15个、流通网点25个。

巴州区按照“大园区+新型经营主体”思路，确定丹参、白芍、枳壳、姜黄4个主导品种，落实“农口部门+帮扶部门”挂包责任，高标准打造万亩连片种植区核心区6个，培育龙头企业、专合社、家庭农场等道地药材种植新型经营主体150个以上。巴州区先后被表彰为“四川省中医药产业发展示范县

平梁镇相坪村皂刺产业园

龙背乡清泉村水产养殖基地

平梁镇相坪村巴药种植基地

水宁寺镇龙台村巴药产业发展

化湖清风景区

化成镇陈家嘴村枳壳种植基地

化成镇白庙村珍稀苗木种植基地

让群众腰包鼓起来

区”“全国基层中医药工作先进单位”。

除了道地药材，巴州区还把有机果蔬、优质粮油、生态畜禽作为“立区产业”，引进培育秦岭药业、唯鸿菌业等龙头企业56家，构建“公司+专合社+农户”等利益联结机制，带动1.3万户建档立卡贫困户通过土地流转、园区务工、入股分红、订单生产等方式参与产业发展。截至目前，建成猕猴桃、食用菌等果蔬基地20.3万亩；畜禽肉类总产量达5.65万吨；67个农产品获得“三品一标”认证。同时，区政府按照每人每年1 300元的标准安排奖补资金，支持有劳动力的1.8万户贫困家庭发展“万元增收工程”，人均年增收约2600元。

清江镇石柱村丹参繁育基地

玉堂街道办事处苏山坪农业产业园

水宁寺镇水宁村白芍黄精种植基地

宁寺镇香炉村标准化养殖场

市委书记慕新海在第十七届中国食品安全年会暨第十一届中国泡菜食品国际博览会开幕式上致辞

由联合国教科文组织主办、市政府承办的“历史村镇的未来”国际会议在眉山市开幕

农业农村部政策与改革司司长赵阳（前排左二）一行到彭山区调研农村金融改革创新工作

农业农村部农产品质量安全监管司副司长程金根（右二）调研丹棱县农产品地理标志保护工作

国家发展改革委价格监测中心副主任孙泉（前排右五）一行到眉山市调研生猪生产和价格形势

副市长肖忠良（左一）调研指导东坡区正大集团300万只蛋鸡项目建设

化成镇陈家嘴村枳壳种植基地

化成镇白庙村珍稀苗木种植基地

让群众腰包鼓起来

区”“全国基层中医药工作先进单位”。

除了道地药材，巴州区还把有机果蔬、优质粮油、生态畜禽作为“立区产业”，引进培育秦岭药业、唯鸿菌业等龙头企业56家，构建“公司+专合社+农户”等利益联结机制，带动1.3万户建档立卡贫困户通过土地流转、园区务工、入股分红、订单生产等方式参与产业发展。截至目前，建成猕猴桃、食用菌等果蔬基地20.3万亩；畜禽肉类总产量达5.65万吨；67个农产品获得“三品一标”认证。同时，区政府按照每人每年1300元的标准安排奖补资金，支持有劳动力的1.8万户贫困家庭发展“万元增收工程”，人均年增收约2600元。

清江镇石柱村丹参繁育基地

玉堂街道办事处苏山坪农业产业园

水宁寺镇水宁村白芍黄精种植基地

宁寺镇香炉村标准化养殖场

金枝玉叶园区

全方位推进乡村振兴

南江县扎实做好脱贫攻坚与乡村振兴的有机衔接，按照“产业兴旺、生态宜居、乡风文明、治理有效、生活富裕”总要求，全县217个集中安置点8420户全部搬迁入住新居，对30699户贫困户和非贫困户按照政策标准全面实施危房改造。规范24个乡（镇）便民服务中心，48个乡（镇）标准中心校和乡（镇）卫生院全面达标，516个村卫生室、文化室完成新、（改、扩）建，达标率为100%。农村生活用电得到全面保障，全县所有行政村实现通信网络覆盖。

全县农村公路达5056.3千米，乡（镇）、行政村通达率为100%，乡（镇）通畅率、行政村通畅率均为100%，获得“省级四好农村路示范县”称号。全县共兴建各类水利工程137处，新增蓄水量30万立方米，累计解决55.57万名农村人口饮水安全问题；农村自来水通村率和普及率均达100%。农田有效灌溉面积达20.91万亩，建成高标准农田44.8万亩。

全县发展农业特色产业近60万亩，其中规模发展富硒茶10.5万亩、核桃31.3万亩、金银花13.2万亩。南江黄羊养殖场（户）达1678户，年饲养38万只。培育家庭农场750家、农民专合社1170家、种养大户1332户。全县“三品一标”农产品102个，其中国家地理标志保护产品2个。62家生产经营主体入驻农产品质量安全追溯平台。

全年转移输出农村劳动力22.12万人，实现劳务收入71亿元。回引返乡创业精英375人，领办创办投资100万元以上的经济实体71家，带回发展资金1.1亿元，提供就业岗位1500余个，带动2800余人务工就业。

南江镇石光村

正直镇花桥新村

熊包梁供水站

红光镇玉白渔业新村

沙河镇幸福红光新村

山青水秀乡村美

十八月潭自驾游营地旅游道路

云顶茶乡国家4A级景区

长赤镇青杠村乡村振兴新面貌

朱公乡幸福美丽新村

元顶子茶叶产业路

元潭镇万寿菊产业路

云顶镇南鹰村茶产业

猕猴桃产业园

兴马镇庙坪村金银花种植基地

特色产业基地

现代化农业生产基地

茶叶丰收采茶忙

金银花采摘节

关坝镇小田村产村相融

北极牧场南江黄羊规模养殖

农产品展示展销

得胜镇牛市

邱家镇燕山村茶叶产业园

三十二梁国家4A级景区茶叶产业园

灵山镇莲藕种植基地

土兴镇铁城村花椒产业园采摘忙

土兴镇铁城村花椒产业园

牛角坑水库建设工程

板庙镇龙王村海升农业产业园

青凤镇龙井村产业路

平昌县城至板庙镇道路

平昌县青花椒交易中心

平昌县电子商务产业园

雅安市名山区

副省长尧斯丹（后排右二）到解放乡银木村调研脱贫攻坚工作

雅安市委书记兰开驰（右二）到解放乡调研脱贫攻坚工作

雅安市名山区位于四川盆地西南边缘，辖区面积614平方千米，辖2个街道11个镇，总人口27.79万人，是“南方丝路”的主要通道及“川藏茶马古道”起点，是世界茶文化发源地、世界茶文明发祥地、中国绿茶第一区、中国唯一以茶叶为主题的“国家茶叶公园”，先后被评为全国农村一、二、三产业融合发展先导区、国家农村产业融合发展示范区、全国休闲农业与乡村旅游示范区。2019年，全区城镇居民人均可支配收入达33416元，农村居民人均可支配收入达15703元；银行存款总额149亿元，人均存款53640元。

脱贫攻坚战开展以来，区委、区政府深入学习贯彻习近平总书记关于扶贫工作重要论述，聚焦全区42个贫困村（建制村调整后34个）和建档立卡贫困户5489户15860人，抓住重点，突破难点，尽锐出战，精准“绣花”，坚决打赢脱贫攻坚硬仗。2017年，全区所有贫困户脱贫，2018年，所有贫困村退出；巩固提升中，无一人辍学、无一户返贫。名山区获得“2018年四川省脱贫攻坚先进市（县）”称号，解放乡获得“2018年四川省脱贫攻坚先进集体”荣誉称号；多个帮扶单位、多名帮扶干部荣获省、市表彰、表扬。2020年高质量通过国家脱贫攻坚普查，圆满

区脱贫攻坚领导小组召开第22次领导小组会

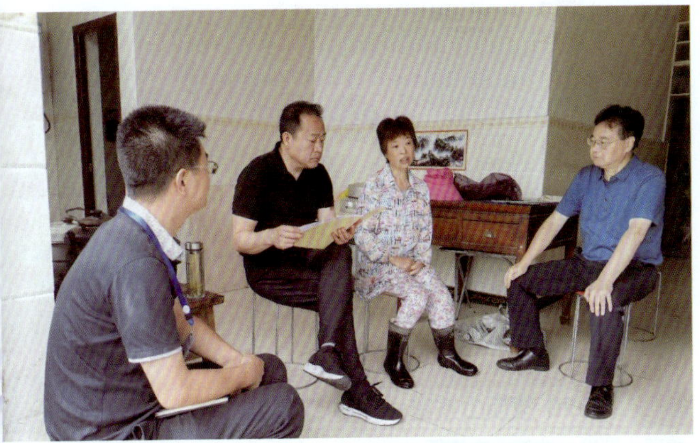
雅安市委副书记白云（左二）、市扶贫开发局局长韩永康（右一）到名山区调研脱贫攻坚工作

完成省、市脱贫攻坚既定目标任务。

脱贫攻坚中，牢牢把握产业助力脱贫攻坚这个关键，夯实长效增收项目。全区茶园面积达35万亩，茶叶总产量4.92万吨，综合产值58亿元，在全国264个茶叶主产县县域茶产业发展综合实力排位中位居全国第四、四川第一。发展的百公里百万亩茶产业带提质扩面推动茶旅融合发展，辐射带动1.56万名贫困人口稳定脱贫、17.8万名茶农增收致富。巩固和新发展猕猴桃种植面积1.16万亩，年产量1.27万吨，综合产值1.3亿元。同时，创新发展泉水村羊肚菌、康乐村脆红李、六合村蔬菜种植等特色产业，脱贫成效进一步巩固提升。

脱贫攻坚中，围绕贫困户、贫困村脱贫退出标准，全面改善交通、电力、水利等农村基础设施，提升、改造农村公路317.6千米，成功创建“四好农村路”省级示范县，“中国至美茶园绿道”被评为“中国十佳茶旅路线”；农村集中供水率达99%以上；全面消除农村低电压问题，贫困村全部实现村村通动力电；升级改造通信网络，实现通信信号和宽带互联网全覆盖；建成全区42个标准化文化室和卫生室。

脱贫攻坚中，全面落实教育、医疗、金融、低保、就业等惠民扶贫政策，基层治理能力、村级集体经济、文化活动阵地全面提升，群众的脱贫意识、感恩意识、法制意识全面增强。成功创建4个省级“文化扶贫示范村”，万古镇沙河村成功创建省级“旅游扶贫示范村”。

副区长廖春雷（左二）到茅河镇慰问困难党员

区委书记金武（左）走访脱贫户

区长周万友（左一）督导脱贫攻坚工作

区委副书记陈永康（右二）到蒙阳街道周坪村调研指导脱贫攻坚工作

区扶贫开发局党组书记、局长朱大峰（左一）一行到车岭镇悔沟村指导脱贫攻坚工作

隆力奇助力名山区全面脱贫计划捐赠仪式

蒙顶山茶第一背篓上市直播

“第一书记”讲述脱贫故事

教育扶贫全覆盖行动启动仪式

名山区红旗帜巡回医疗专家组为建档立卡贫困患者分析病情

消费扶贫

“扶贫车间”

“送金融服务下乡”活动

“春风行动”惠民生

“感恩从心开始”

文化惠民活动

前进镇泉水村股权量化项目股权证书发放仪式

助残志愿者上门服务

茶香游道

茅河镇临溪新村

农村供水总厂

交通便捷的致富路

产村相融

帮扶工作送鸡苗

蒙顶山茶种植基地

前进镇泉水村羊肚菌产业扶贫基地

眉山市

农业农村部党组成员、中央农办秘书局局长吴宏耀（左三）一行到眉山市实地调研农业园区建设、农村人居环境整治等工作。省委农办主任、农业农村厅厅长杨秀彬（左一）等省、市领导陪同调研

省委常委、组织部部长王正谱（前排右二）调研天府新区眉山片区和6个县（区）经济发展、乡村振兴等工作

眉山，古称眉州，位于四川盆地西南边缘，介于岷峨之间，因峨眉山而得名。

眉山建置于南齐建武三年（496年），历史上曾为郡、州、专区治所。1997年5月30日，由乐山市划出眉山县、仁寿县、彭山县、洪雅县、丹棱县、青神县，建立眉山地区。2000年6月10日，经国务院批准，撤销眉山地区，设立地级眉山市，同年12月19日正式挂牌。眉山市辖1区5县（东坡区、仁寿县、彭山县、洪雅县、丹棱县、青神县），眉山市人民政府驻东坡区，是四川省最年轻的地级市。2014年10月20日，彭山撤县建区。2019年，眉山市辖2区4县（东坡区、彭山区、仁寿县、洪雅县、丹棱县、青神县），是国家级天府新区、成都经济区和大峨眉国际旅游区的重要组成部分。

眉山市土地面积7140平方千米，有人口342.26万人。全市共有62个镇5个乡13个街道办事处313个居民委员会（社区）1050个村委会10469个村（居）民小组。

眉山，是宋代大文豪苏洵、苏轼、苏辙三父子（史称"三苏"）的故乡，自然人文旅游资源丰富，境内东坡文化、长寿文化、道教文化、佛教文化、竹文化、水文化等源远流长。

眉山市传统美食特产、工艺品众多，东坡肘子、东坡鱼、东坡松花蛋、芝麻糕、青神的工艺竹编和仁寿的火凤凰陶瓷工艺品等享誉巴蜀，名扬海外。

省委常委、省直机关工委书记曲木史哈（左二）参观全省农博会眉山馆

副省长尧斯丹（前排右一）调研仁寿县德康慈航祖代种猪场建设工作

市委书记慕新海在第十七届中国食品安全年会暨第十一届中国泡菜食品国际博览会开幕式上致辞

由联合国教科文组织主办、市政府承办的“历史村镇的未来”国际会议在眉山市开幕

农业农村部政策与改革司司长赵阳（前排左二）一行到彭山区调研农村金融改革创新工作

农业农村部农产品质量安全监管司副司长程金根（右二）调研丹棱县农产品地理标志保护工作

国家发展改革委价格监测中心副主任孙泉（前排右五）一行到眉山市调研生猪生产和价格形势

副市长肖忠良（左一）调研指导东坡区正大集团300万只蛋鸡项目建设

嘉宾参观眉山会展中心展区

2019年“眉山春橘·爱媛38”果王评选会

“眉山春橘”等7个眉山品牌入选“中国农产品百强标志性品牌”

东坡区召开农村人居环境整治现场会

彭山区黄丰镇合力村人居环境综合治理

丹棱县群力村人居环境整治

东坡区尚义镇龚村村容村貌提升

洪雅县止戈镇安宁村

省级新农村——仁寿县钟祥镇中华渔村

省级新农村——东坡区思蒙镇花池渔村

全球领先、西南最大的单体现代智能连栋温室大棚——西南智慧农业产业园

泡菜原料种植基地带动和惠及农户22万户，年增收近8亿元

中法农业园区150亩法国薰衣草田和生菜种植基地

洪雅县中保镇集约化鲟鱼循环水养殖

眉山市东坡区伟继水产种业有限公司开展的池塘渔稻生态种养模式

四川乐或湖鳖业有限公司（仁寿县黑龙滩甲鱼养殖场）省级中华鳖良种繁育场

洪雅县中保镇蓝翔养殖专业合作社猪场进行圈舍升级改造

东坡区崇礼镇华诚4.7万头生猪专业育肥场

泡菜生产车间

眉山市彭山区

眉山市政协主席王影聪（左一）视察农村厕所改造情况

彭山，古称武阳，建制于秦，至今已有2300余年历史，总人口约34.58万人，辖区面积465平方千米，辖5个街道3个镇（其中委托天府新区眉山片区管理1个街道1个镇），是天府新区重要组成部分。彭山交通区位明显，北接成都市双流区、新津县、邛崃市、蒲江县，距成都市区45千米，距双流国际机场27千米，南距眉山市区12千米，距乐山大件码头75千米。剑南大道南延线贯穿全境，成都第二、第三绕城高速、G5京昆高速、G93成渝环线高速、成都平原经济区环线高速、国道G245线、眉山工业大道、成绵乐城际高铁、成昆铁路、成昆复线、岷江航道纵横交错，实现了出省、出国、出海交通基础设施的互联互通。

眉山市政协农业委主任陈明芳（左三）视察农村人居环境整治情况

区委书记罗万东（右二）参加乡村振兴拉练活动

区长郭红（左二）参与乡村振兴拉练活动

区委常委王松（右三）带队慰问非洲猪瘟卡点值守人员

荣誉表彰

授予 四川省眉山市彭山区农业农村局

“人民满意的公务员集体”称号

中共中央组织部　中共中央宣传部

二〇一九年六月

彭山区黄丰镇丰华村：

荣获2019年度四川省实施乡村振兴战略工作

示范村

中共四川省委　四川省人民政府

二〇二〇年三月

彭山区观音街道果园村：

荣获2019年度四川省实施乡村振兴战略工作

示范村

中共四川省委　四川省人民政府

二〇二〇年三月

金融支农现场会

四川农业大学调研组一行到彭山区调研农地抵押、农业技术推广、社会化服务等工作情况

彭山是人杰地灵之地，素有“长寿之乡”“忠孝之邦”的美誉。先后孕育了寿高880余岁的商贤大夫彭祖、刚正不阿的东汉忠臣张纲和孝感天下的西晋《陈情表》作者李密。彭山历史文化底蕴深厚，早在西汉时期就形成了世界上最早的茶叶交易市场，是茶马古道的必经之地和重要港口。彭山江口古战场沉银遗址面积约1平方千米，出水包括“西王赏功”金币、银币，藩王府金封册、银封册、“蜀王金宝”等文物4.2万余件。2018年，江口明末古战场遗址考古发掘获评为“全国十大考古新发现”“四川十大历史文化地标”。

2019四川省第十届乡村文化旅游节暨彭山第十届橘花节

第10届彭山葡萄采摘节

岷江现代农业园区航拍图

川泽泻产业发展

稻药园区

葡萄标准化种植基地

柑橘标准化生产基地

谢家镇污水处理厂

乡村风貌

武阳镇泥湾村风貌改造

疗机构首诊，由区人民医院统一上转市人民医院的就诊程序，区内住院逐级转诊程序不断完善，确保了"大病不出区、小病不出乡"。基本公共卫生服务项目工作不断规范，通过省卫生健康委绩效评价，全区城乡居民电子健康档案建档率达99.63%，高血压患者规范管理率达80.3%，Ⅱ型糖尿病患者规范管理率达71.29%，严重精神障碍患者规范管理率达93.04%。家庭医生签约服务不断做实做细，加大对重点人群、重点病种提供签约服务保障力度，全区家庭医生签约率为76.51%，其中重点人群签约率达82.41%、贫困人群和特殊家庭签约率达100%。区妇幼保健计生服务中心与前锋中心卫生院整合运行工作稳步推进，加大妇幼健康工作培训力度，妇幼健康服务能力不断提升。全年完成婚检1600对，任务完成率100%；免费孕前优生健康检查3320人，任务完成率100%；孕产妇死亡率为零；婴儿死亡率2.7‰，5岁以下儿童死亡率4.1‰。完成艾滋病防治"三线"管理办公室建设，艾滋病筛查率达20%以上，艾滋病感染者和病人抗病毒治疗覆盖率达88%以上，抗病毒治疗成功率达88%以上，艾滋病母婴传播率控制在4%以下。全区传染病报告率达100%，确保了全区无传染病暴发流行、传染病发病率低于全市平均水平。全年创建省级卫生乡（镇）1个、省级卫生村5个、省级卫生单位2个、省级无烟单位2个，评选卫生庭院10个，全区省级卫生乡（镇）、卫生村覆盖率分别达88.89%、53.17%。全年共办理《生育服务证》2422份，其中一孩1371份、二孩1051份，符合政策生育率达98.2%；为符合条件的计划生育对象打卡发放奖励扶助金602.4万元、特别扶助金224.964万元；慰问计划生育特殊家庭人员218人，共发放慰问金和慰问品价值10.33万元。对接区民政局，承接老龄工作职能，制定全区老龄健康和健康服务业工作要点，开展老年健康宣传周、"敬老月"走访慰问等活动，提升了老龄健康服务能力。"健康扶贫工程"精准实施，继续落实贫困人口基本医疗保障政策，组织开展基本医疗有保障专项排查工作，核准贫困人口健康状况和核实基本医疗保障政策落实情况，确保了贫困人口"人人享有基本医疗保障"。全区贫困人口100%参加城乡居民基本医疗保险，全年县域内住院治疗2911人次，个人支付87.56万元，占比7.7%。加大乡村医生到岗执业督查力度，18个退出村有乡村医生/执业（助理）医师21人，每个退出村配备1～2名乡村医生（执业/助理医师），确保了退出村"村村有合格乡村医生"。继续组织实施卫生扶贫救助基金救助，全年救助贫困患者396人次，救助金额116.3万元。组织18名2019年退出村"第一书记"到四川大学华西广安医院健康管理中心体检，脱贫贫困村"第一书记"健康体检民生实事任务完成率达100%，提前完成该项民生实事。全年为3.6279万名慢性病患者、儿童、老人、孕产妇等提供14类基本公共卫生服务，目标人群覆盖率达113.37%，提前并超额完成该项任务。持续为21.58万名城乡居民免费提供基本公共卫生服务，对12422名贫困人口进行免费健康体检，为符合条件的计划生育对象（应奖励扶助6278人、特别扶助218人）提供计划生育扶助保障。启动产妇分娩住得上单间工程，新（改）建妇产单间病房10间；免费为1800例孕妇筛查唐氏综合征均按进度完成。

【农村法制建设】 践行"一月一主题"法治宣传活动形式，紧扣"3·15""6·26""12·4"等重大主题宣传日开展法治宣传活动，推动形成普法与用法同步推进的新局面。开通"前锋普法"微信公众号、"法治前锋"微博、抖音，让法律"触手可及"。开播《举案释法》14期，以依法治理案例为素材，以案说法、贴近生活，广受好评。加强法治文化阵地建设，芦溪河法治文化公园已建成并对外开放。全年到镇、村开展各类宪法主题宣传学习会23场次，开展宣传活动42次，发放宣传资料7万余册，发布微博普法信息132条、微信普法信息36条。坚持完善和发展新时代"枫桥经验"，确保矛盾纠纷"诉源治理"，协调相关单位健全"公调对接""诉调对接""访调对接"工作机制并纵深推进。全区共建立乡（镇、街道）调委会12个、村居调委会238个；组织开展人民调解培训10场次，调解员培训率达100%；有乡（镇、街道）和专业性、行业性调解员1716名，其中专职人民调解员12名；小纠纷"随手调"和疑难复杂纠纷"三三调解"制度不断完善。全年共接待当事人来访2.5万人，累计调解各类纠纷12064件，调解成功率达99%以上；防止群体性上访284批次2713人，防止民间纠纷转化为刑事案件129件236人，预防纠纷3939件，减少了大量"民转刑"案件和群体性上访事件，联合调解成功前锋区观阁镇"老章办新证"矛盾纠纷案。贯彻落实《关于完善法律援助制度的意见》，结合《四川省法律援助条例》，灵活掌握经济困难标准，将经济困难标准确定为城乡居民最低生活保障标准的2倍或2倍以上执行，将经济困难群众和残疾人、妇女、未成年人、低保户、"五保"老人以及劳动模范、军人军属、见义勇为者、请不起律师的申诉人等群体纳入法律援助对象；有序放宽法律援助受理条件，将未明确规定的医患纠纷、征地拆迁、交通事故、安全生产事故、突发性事件中的当事人也纳入受援人群体，努力实现"应援尽援"。响应实行刑事案件全覆盖和配合检察院实施认罪认罚制度，为更多的人提供法律援助服务。针对老、弱、病、残、军人开通法律援助"绿色通道"，优先援助；为行动不变的困难群众提供上门服务，同时实行"一次性"告知，推进"一站式"服务；建立办案质量评查跟踪流程制度，开展法律援助案件回访活动，将法律援助质量列入评选先进、支付补助依据，不断提升服务质量，巩固工作成效。对于复杂疑难案件，专门指派工作经验丰富的律师给予援助，并通过召开案件讨论会的形式集思广益，确保法律援助质量。全年共提供涉农援助案件300余件，其中包括受理广安正大房地产开发有限公司破产的相关房屋买卖合同纠纷10余起、河南40余名农民工讨薪等案件，把人民群众解决矛盾纠纷的方式引导到法治轨道上来，防止群体性事件或重大信访案件的发生。

【农村交通】 启动陕西镇巴经广安至重庆高速公路前期工作；建成并通车国道350线改线段港前大道15千米；小井至光辉旅游公路实现全线通车；完成流杯滩渠江大桥至前锋城区快速通道路基工程的50%；启动大店至方山旅游公路、前锋城区至龙滩产业公路等项目建设。推动交通规划编制工作，完成《广安市前锋区交通运输总体规划（2018—2030年）》《2018—2030年交通国土空间利用规划》编制工作。争取广安（前锋）至达州（渠县）快速通道、华蓥（天池）至前锋（四方山—欢喜坪）至大竹（庙坝）公路、华蓥至前锋快速通道、广安火车站至广安港物流运输专线挤进全省干线公路、铁路规划。谋划争取撤乡并镇，升级改造撤并建制村道路200千米。围绕脱贫"摘帽"对"通乡油路、通村公路"目标要求，推进脱贫攻坚工作，全力保障农村公路安全出行，全区脱贫攻坚农村公路质量安全监督覆盖率达100%；推进"四好农村路"建设，形成了通村通组路、产业路、旅游路、"四好农村公路"示范路等构成的多极路网，全区农村交通条件明显改善，极大地方便了群众的生产生活，提升了贫困村及全区农民的生活质量，提升了农村公路服务水平。推进农村公路基础设施建设,县、乡道黑化率达100%,村级公路通畅率达100%。

【农村市场体系建设】 全年电子商务交易额实现增速28%以上,网络零售额实现增速30%以上。一是开展电商扶贫。推广“电商+产业+农户”和“电商+微供+农户”电商扶贫模式,引导企业在销售扶贫产品时使用“四川扶贫”标识,和诚花椒已上线京东商城(自营),老磨坊粮油入驻“兴农网”;在特可信农贸市场设立前锋区农产品运营中心,在代市镇会龙村建立农产品展示展销中心,集中销售、推广区内的扶贫产品。二是抓好农超对接。发挥毗邻重庆的地缘优势,推动重庆大型商超企业与和诚花椒、老磨坊粮油等涉农企业、专业合作社开展“山城四进”等合作,全年销售花椒、粮油等扶贫主导产品5000余万元,推动了农产品进超市、进商场,扩大了全区扶贫产品的知名度。三是创新推动消费扶贫。引导区内机关事业单位、国有企业、医院学校采购扶贫产品,通过拓展销售渠道、宣传推广和开展“以购代捐”活动等方式,帮助区内农产品构建了便捷、高效和稳定的销售渠道。

【农村留守家庭(儿童、学生)帮扶】 全区共有18周岁以下儿童54705人,其中留守儿童3704人、困境儿童2060人、孤儿31人、事实无人抚养儿童24人、残疾儿童446人。全区纳入建档立卡贫困户家庭儿童308人、纳入特困供养儿童45人、纳入低保家庭儿童1211人(农村低保884人、城市低保327人)。一是开展专项行动。在全区开展农村留守儿童“合力监护,相伴成长”关爱保护专项行动,分别在代市镇、观塘镇、前锋实验学校等11个单位建设“留守儿童之家”12所,并不定期开展“心灵关爱、陪伴成长”“周末亲情电话”“自己的事情自己做”等系列活动,共有100余名儿童参与。各镇(街道)配备儿童督导员1名,每个村配备“儿童主任”1名,定期与留守儿童交流、沟通,掌握其思想、生活情况,及时掌握其成绩变化、表现情况,并鼓励其参加各项活动,增强其自信心和上进心。二是实行动态管理。建立农村留守儿童和困境儿童基本信息数据库,录入信息3704条。根据前期摸排情况,在全区开展《农村留守儿童委托监护责任确认书》签订专项活动,并建立留守儿童和困境儿童信息台账,完全掌握留守儿童的家庭组成、生活照料、教育就学、健康状况等基本信息。同时实行“一人一档、即时更新”动态管理机制,为儿童保障工作提供信息支持。三是加强监督保护。加强家庭监护主体责任,对存在监护缺失的家庭进行排查梳理和监护干预;对不履行监护职责的,依法追究监护人的法律责任;对有关人员和有关单位对监护人不履行监护职责或严重侵害儿童合法权益的,依法申请人民法院撤销其监护人资格并另行指定监护人;对于依法收养的儿童,民政部门完善和加强监护人抚养监护能力评估制度,妥善落实抚养监护要求。

【劳务开发与返乡创业】 统筹做好农民工返岗复工工作。一是加强宣传,帮助就业。通过广播、电视、微信、交通运输出行、就业信息网和农民工公共服务平台等渠道,发布企业宣传资料和用工岗位信息,搭建对接本地企业及待业农民工就业平台,帮助农民工就近就地就业,减轻疫情影响。二是精准开展人岗对接。按照“集中统一、成规模、成批量”的原则,开展“点对点、一站式”返岗服务,2月14日,前锋区首班“春风行动”返岗专车从前锋发车,28名农民工搭乘“春风行动”返岗专车前往广东东莞,成为前锋节后首批集中返岗的农民工;2月21日,做好广安至广州返岗专列活动,前锋籍393名农民工搭乘专列返岗;2月27日,做好广安至湖州返岗专列活动,前锋籍14名农民工从武胜搭乘专列返岗。同时,会同交通部门开通省际专车、乡(镇)至园区专车,帮助农民工返岗出行。三是稳定和扩大农民工就业创业。大规模开展农民工职业技能培训,紧密围绕农民工能力提升和前锋区实际用工所需,优化整合培训资源,对有劳动能力提升和创业意愿需要的农民工提供免费劳务品牌培训。开展劳务品牌培训900人,通过开展烹饪、家政服务等具有前锋特色的劳务品牌培训,不断提高返乡农民工的就业技能水平,提升就业能力。深入推进农民工返乡创业工作,为返乡创业农民工牵线铺路,提供资金和技能扶持,开展返乡创业培训420人,培训内容涵盖创业能力培训、项目指导等,以提升农民工对创业的认识,增强法律法规知识、经营管理理念、金融投资理财等方面的知识储备。

【主要领导人】 区委书记:米亮;区人大常委会主任:罗金林;区长:张伟;区政协主席:蔡丽华;分管农业副区长:张力文。

前锋区编写组

华 蓥 市

【基本情况】 2019年,全市辖8镇1乡3个街道,辖区面积464平方千米,其中耕地面积1.44万公顷。

【种植业】 出台2019年大春、小春农业生产指导意见,对全市粮食生产工作统一安排部署,推动全市春耕生产工作的开展,实现全年农业生产目标。全市粮食播种面积31万亩,产量10.5万吨。油菜播种面积2万亩,产量0.2万吨。

推广高产优质良种。水稻重点选用宜香优2115、宜香优4245等品种;玉米重点选用华试919、金荣一号等品种;大豆重点选用中豆12、南夏豆32等品种;红薯推广南紫薯015、南薯012、川薯219等品种;花生主要推广天府22、天府24、天府28等品种,确保优质高产良种覆盖率达98%以上。将粮油高产创建工作列入产业扶贫工作重要内容。结合农业机械化示范基地、粮油标准化生产示范片创建工作,在永兴、明月、阳和、禄市等地开展大春粮食高产创建活动,新建粮经复合产业示范基地5000亩;培育粮油高产示范基地10万亩,其中水稻5万亩,玉米3万亩,马铃薯1万亩,大豆、油菜各0.5万亩。

【畜牧业】 全年出栏生猪135143头、羊22790只、家禽2448857只、家兔1392097只,猪肉产量9773吨、羊肉产量293吨、家禽产量3435吨、家兔产量1941吨。新建年出栏肉牛800头的标准化规模养殖场1个,改(扩)建生猪标准化养殖场1个。

【水产业】 全市水产养殖面积7440亩,水产品总产量达3626吨,其中养殖产量3467吨,捕捞产量74吨;实现水产养殖产值5500万元、渔业经济总产值6200万元。全年新增水产养殖企业3家,改(扩)建渔业基地2个,创建四川省省级水产健康养殖示范场1家,创建无公害农产品水产养殖场1家。引进推广4个名特优新品种(石斑蛙、鸭嘴鲟、裸鲤和小龙虾),其中石斑蛙推广面积达150亩、鸭嘴鲟和裸鲤推广面积达150亩、小龙虾推广面积达800亩。

【农村改革】 全市新增土地流转面积2万亩。完成产权制度改革农村集体资产清产核资工作,含村级集体经济组织121个、组级集体经济组织812个,其中开展村级集体资产清产核资工作的经济组织112个,开展组级集体资产清产核资工作的经济组织812个。健全农村产权抵押融资体系,引导金融资本投入农业,解决农业产业发展“融资难”“融资贵”问题。建立经营主题数据库,全市共有66家新型农业经营主体被纳入全市财金互动助推农业产业发展信贷担保合作项目目录系统。开展“一事一议”项目初勘工作，实地走访禄市镇月亮坡村、阳和镇偏岩子村、古桥街道回龙村等32个村，初步核查“一事一议”项目35个，村民筹资164.225万元，以资代劳777.26万元，村民投劳39196人，申请财政奖补资金达988余万元，项目主要包括村级公路硬化与拓宽、便民路维修及道路护栏维修等。

【乡村振兴】 完善政策机制，先后草拟出台《2019年农业农村工作意见》《华蓥市实施乡村振兴战略考评激励办法（试行）》《华蓥市实施乡村振兴战略先进乡（镇）、示范村考评标准》等文件，全力做好乡村振兴各项政策和制度保障工作。确定阳和镇为2019年省级先进乡（镇）创建目标。确定高兴镇宋家垭村为省级示范村创建目标，安排1500余万元用于过境沿线和重要节点、场镇农户庭院、房屋风貌、环境美化、氛围营造、户厕改造、垃圾治理等方面，创建省级先进乡（镇）1个、示范村4个，创建广安市级先进乡（镇）1个、示范村7个。

【农业机械化】 全年共办理拖拉机和联合收割机注册登记3台、注销登记8台，颁发年检合格签证453台，辖区内过户7台；办理驾驶员期满换证9人，系统自动注销驾驶证502本。出动宣传人员80余人次，组织开展农机安全生产专项检查12次，检查各类农机具近120台次，发放宣传资料600余份，接受咨询和受教育群众达200人次。

【农村生态建设及环境保护】 以生猪、肉牛等为重点，推动规模养殖场配套建设粪污无害化处理和综合利用设施，加快推广畜禽粪污肥料化、能源化利用技术。探索有机肥生产和使用补贴制度，不断提高畜禽粪污利用率。对环保设施不规范的规模养殖场进行全面整改，废弃物处理设施配套比例达50%以上，畜禽粪便综合利用率达75%以上。

【主要领导人】 市委书记：肖伟华；市人大常委会主任：刘光文；市长：谭焰；市政协主席：陈云栋；分管农业副市长：王治伟。

华蓥市编写组

岳池县

【基本情况】 2019年，全县辖2乡23镇2个街道，辖区面积1479平方千米，其中耕地面积126.1995万亩，人均耕地面积1.0937亩；基本农田100.397万亩。年末总人口116.04万人（户籍人口）；人口出生率7.36%，减少0.6个千分点；人口自然增长率1.3%，减少0.5个千分点。全县耕地有效灌面达到耕地总面积的44.95%；本地水资源总量5.4171亿立方米，人均占有水资源量459立方米。有林业用地50.5万公顷，有林地面积47.8万公顷，活立木总蓄积量66.4万立方米，森林覆盖率33.01%。

2019年，全县GDP251.3亿元，增长7.4%，其中第一产业增加值49.2亿元，增长2.8%，农、林、牧、渔及农林牧渔服务业比为63.96：1.65：29.03：3.01：2.35；第二产业增加值77.2亿元，增长8.6%（工业产值256.1亿元，增长11.9%；工业增加值43.2亿元，增长9.5%）；第三产业增加值124.9亿元，增长8.5%。三次产业对经济增长的贡献率分别为7.4%、42.2%和50.3%。有从业人员498649人，劳务输出39.24万人，实现劳务收入232.796亿元。全年接待游客498.92万人，实现旅游收入50亿元，其中乡村旅游收入150030万元。

公路通车里程4400.088千米（其中乡村公路3751.388千米），密度2975米/平方千米，37.29千米/万人。社会消费品零售总额121亿元，增长11.1%。地方公共财政预算总收入完成14.04亿元，增长5.7%；公共财政预算总支出57.06亿元，增长4.91%，其中农业投入10.75万元，占支出的18.84%。完成农业产业化项目7个，完成投资5000万元。农业产业化龙头企业省级、市级分别为4家、15家。

有各类学校257所，在校学生125051人，教职工7549人，其中普通中学6所，在校学生13730人；小学94所，在校学生54148人；学龄儿童入学率100%。完成省级及以上以上科技成果2项，1项科技成果获得省级及以上科技进步奖提名。有艺术表演团体3个，文化馆1个，公共图书馆1个。有卫生机构1013个，有编制病床位3415张，医疗卫生技术人员4755人。全县城乡居民基本养老保险覆盖人数45.29万人，参保缴费人数17.8万人，新增参保人数35793人，累计缴费收入7617.2万元，发放待遇19.1万人，累计发放养老金2.3亿元；城乡合作医疗参合人数94.75万人，参合率81.65%；城乡养老保险参保人数45.29万人，参保率39.03%。

【年度农业和农村经济运行】 2019年，全县实现农业总产值77.6亿元，增长2.9%；全县全年农业增加值达32.2亿元，增长6.4%。农民年人均可支配收入达16585元，增长10.2%。在粮食、生猪、蔬菜生产中，科技投入的占比或科技贡献率62%。全县农产品质量抽检合格率比年初提高0.02个百分点；建成27个基层农业综合服务站。

农用地产权制度改革。稳步推进农村承包地“三权分置”，对全县23.4万户承包农户110.49万亩承包地进行确权登记，确权登记率为98.2%，发放农村土地承包经营权证23.1万本，发证到户率达98.7%。全年新增流转土地面积1.56万亩，累计流转土地面积61.33万亩，占全县耕地面积的55.1%，其中累计规模流转土地面积34.15万亩，占全县耕地面积的30.9%。新颁发农村土地经营权证8本，新登记流转土地面积0.22万亩，累计颁发农村土地经营权证290本，累计登记流转土地面积10.03万亩。继续实行农村土地经营权证抵押贷款试点，累计办理农村土地经营权融资担保抵押贷款89笔、11380万元。

农产品品牌战略实施。推进商标注册、无公害农产品、绿色食品、有机食品和农产品地理标志认证等工作，全面提升农业绿色化、优质化、特色化、品牌化水平。全年新注册农产品商标49件，总数达800件；新申报认证桑葚、花椒、柑橘等无公害农产品6个；完成稻谷、小麦、玉米、西瓜、辣椒、茄子、黄瓜、南瓜等15个无公害农产品复查换证工作；完成1个绿色食品续展认证工作。全县已累计通过认证并在有效期内的无公害农产品、绿色食品、有机食品共49个、97.71万亩、96.78万吨；累计培育黄龙贡米、岳池米粉、顾县豆干、伏龙鸭、西板豆豉、高垭口鸡蛋、顺福来油脂、林典花椒、银特蔬菜、辰农蔬菜、紫晶葡萄、稻渔香等农产品品牌27个，培育省级名牌产品2个（莲桥牌莲子米粉、丘山牌岳池特曲酒）。

现代农业园区建设。全年创建县级及以上现代农业园区4个，其中顾县中药材现代农业园区创建为市级现代农业园区。全县建成现代农业示范基地70.5万亩，优质粮油基地35万亩，建成中药材基地6万亩、藤椒基地9万亩、蔬菜基地15万亩、柑橘产业基地5.5万亩；建成规模以上生猪养殖场134个，建成高标准农田47.41万亩；建成农业产地初加工设施146座，年初加工能力达150万吨。围绕黄龙贡米、顾县豆干等优势产业，创建国家级品牌3个、中国驰名商标1个、国家级地理标识产品1个。建成顾县中药材省级农业主题公园1个。

【种植业】 全年农作物播种面积164.38万亩，增加1.36万亩，其中粮食作物播种面积107.89万亩（水稻59.92万亩、玉米22.54万亩、小麦1.68万亩、大豆2.78万亩、马铃薯12.12万亩、红薯8.6万亩），粮食产量48.11万吨，减少

0.25%。油菜种植面积15.77万亩，产量2.01万吨，增长2.29%；花生种植面积2.39万亩，产量0.43万吨，增长4.32%；蔬菜种植面积31.16万亩，产量73.62万吨，增长4.95%；中药材种植面积0.87万亩，产量0.046万吨，增长19.11%；水果（含果用瓜）产量7.34万吨，增长4.1%。顾县镇（中药材）被农业农村部认定为第九批全国“一村一品”示范村镇。

【林业】 全年完成营造林面积2.968万亩，其中人工造林面积1.698万亩。完成新一轮退耕还林0.45万亩、天然林保护工程0.2万亩、造林补贴0.57万亩。新建花卉苗木繁育基地610亩，新建“花街”2条、“花道”3条、“花园”2个、“花村”6个，乡村栽植花卉苗木折合面积1312亩。

【畜牧业】 全年生猪、牛、羊、兔、家禽分别出栏61.19万头、0.57万头、2.63万只、63.9万只、811.59万只，肉类总产量5.74万吨，禽蛋产量2.12万吨，实现畜牧业总产值26.3亿元。新（改、扩）建畜禽标准化规模养殖场（小区）2个，畜禽粪污综合利用率为79.61%，大型规模养殖场畜禽粪污处理设施装备配套率达100%。

【水产业】 全年渔业养殖面积31935亩（不含稻田养鱼面积），水产品产量1.63万吨，实现渔业产值4.24亿元，农民人均渔业收入368元。新建渔业基地5个、面积732亩，创建省级水产健康养殖示范场23个，新成立水产专业组织5个。扩大异育银鲫、大口鲶、武昌鱼、青波、黄腊丁等名优水产品养殖规模，引进鲈鱼、裸斑、淡水雪鱼、甲鱼等养殖新品种，名特优水产品产量达6900余吨，占全年水产品总产量的42%。完成渠江岳池段捕捞渔民退捕转产工作，拆解渔船111艘，转产渔民211人。

【乡村振兴】 坚持“多规合一”，编制完成全县乡村振兴六个专项规划和试点规划，初步构建乡村振兴“1+6+N”规划体系。制定出台《岳池县实施乡村振兴战略考评激励办法》，评定县级先进乡（镇）5个、示范村30个，创建市级先进乡（镇）3个、示范村14个，创建省级先进乡（镇）1个、示范村7个。石垭镇张口楼村被农业农村部评为“全国乡村治理示范村”，并承办全市实施乡村振兴战略重点工程现场会。

【扶贫开发】 全年完成8705名贫困人口脱贫、75个贫困村退出的年度任务，贫困发生率降至零，56所乡（镇）中心校、43所乡（镇）卫生院、43个乡（镇）便民服务中心全部达标，实现全域全员脱贫。坚持走基础扶贫、产业扶贫发展道路，筹集脱贫攻坚资金4.31亿元，实施易地扶贫搬迁2369户、危房改造2802户、地质灾害避险搬迁30户；加快建设脱贫攻坚六大产业示范带，建成新型农业经营主体130个。

移民后扶稳步推进。一是项目建设有序推进。召开全县移民后扶工作会1次，重点解决乡（镇）区划调整后人员业务不熟、村（组）人员政策不清等问题。二是库区基金使用效益明显。到位库区基金3662万元，投资39万元在三峡移民安置区开展环境整治，拟在苟角镇9个移民后扶村进行连片试点示范，改善后扶村生产基础条件。三是移民安置稳妥有序。回龙寺水库工程完成各类土地征收1214.03亩，移民搬迁175户、599人，使用移民资金6897.21万元，移民群众生产生活条件明显改善。

【乡村旅游】 全县文旅工作以争创天府旅游名县为工作目标，推进“文化+”“旅游+”“文旅+”战略，打响岳池文化和旅游品牌，促进岳池文旅发展。编制《古镇古村古树名木保护规划》。岳池农家生态文化旅游区创建为国家4A级景区，实现全县没有4A级景区的历史突破，同时该项目被评为省级文旅融合示范项目，获得补助资金800万元，成为全市获得单笔省级文旅资金支持最高的补助项目。

岳池县中医药健康旅游区按照省级旅游度假区标准进行打造，药材种植规模不断扩大、旅游业态不断丰富、服务设施不断完善、接待能力不断提升，举办了首届中医药健康旅游节。银城花海景区、鳄鱼谷珍禽观光生态园等旅游景区、景点项目日趋完善。全县共培育旅游商品25种。围绕“一镇一节”，开展排榜第五届李花节、白庙樱花节、花园桃花节等各具特色的乡村旅游节会活动20余次，扩大了全县旅游节会的知名度与影响力。纪录片《岳池农家乐复乐》获得全省“乡村振兴・美丽家园”2019年四川省网络视听节目精品创作传播工程优秀奖。全年共接待游客498.92万人次，实现旅游综合收入50亿元。

【农村水利】 河长制工作深入推进。一是全面丈量摸排。按照“量、建、分、改”四个步骤，集中开展“双脚丈量河流”行动2次，排查点位3682个，发现河流污染源729个，上图标注456个，制订整改方案55个，河流污染源已全部完成整改。二是落实问题清单。制定并印发县级12条河流2019年度“四张清单”，共梳理并完成问题清单六大类247项。三是开展河道管理范围划定工作。开展嘉陵江、渠江、西溪河、长滩寺河干流河道管理范围划定工作，同步启动其余8条流域面积在50平方千米以上河流河湖管理范围划定工作。四是加强水环境治理。投入1025万元，落实1431名保洁人员对全县139条河流进行保洁，共打捞水葫芦、浮萍等水面漂浮物35.5万千克，清理沿岸垃圾12.4万千克。为全市提供参观现场10余次，在全市会议作经验交流发言2次，在《人民日报》、四川经济网、《四川科技报》、《广安日报》等主流媒体宣传报道30余次，河长制工作得到省、市肯定。

“洁净水”行动卓有成效。投资5.6亿元，建成场镇管网265千米，提标扩容改造污水处理厂（站）20座。截至2019年年底，全县累计建成污水处理厂（站）51座，其中重点排污单位2座、非重点排污单位1座、乡（镇）44座、新农村4座，已投入运行并开展监测43座，运行率达84.3%，达标率达95.3%，全部实现一级A标排放标准。投资3.3亿元，实施洁净水“八大专项”行动，完成洁净水项目36个，推动全县实现污水“零直排”目标。

水电站生态管理。全县共有14个水电站，其中回龙水库渠首电站已退出，其余13个水电站总装机容量25台、46160千瓦。采取安装泄水管道、设置泄水闸、安装在线监测设备措施，对13个水电站实施生态流量下泄监督管理，确保了按规定下泄生态流量。

水利工程。全县有各类水利基础设施5456处，其中水库70座、山坪塘3816口、石河堰189处、提灌站131处、其他工程1248处；渠道1849千米，占设计渠道总长度的82.25%；蓄引提水能力2.01亿立方米。水利工程设计控灌面积44.55万亩，有效灌面41.31万亩。

农田水利。全年完成农田水利建设总投资5.45亿元，投劳126.85万个，修建各类农田水利设施4318处，完工4156处，新增蓄水能力980万立方米，新增农业有效灌面8700亩，恢复改善灌面3500亩，新增节水灌面4600亩，农业综合抗旱能力显著增强。坚持山、水、林、田、路综合治理，治理水土流失面积8.34平方千米。坚持“有险必除，除险必固，还一库清水于民”的原则，完成丰谷寺、仁和、唐家盖、大水河、文家沟、小清溪、小碉楼7座病险水库除险加固，确保了下游3.94万人的生命财产安全，避免了2.26万亩农田受灾，水库的防洪度汛、蓄水灌溉、安全运行能力明显增强。

脱贫帮扶。投资3245.93万元，实施2019年脱贫攻坚农村饮水安全巩固提升项目，解决因大规模、大范围管网延伸导致的供水水量不够、水压不足等问题。新建青鱼塘和红旗水库供水工程，新增日供水能力5000立方米。完成管网延伸供水工程63处，新建蓄引山泉水工程25处、分散式打井200处，巩固提升8.68万人的（其中建档贫困人口1194人）饮水安全问题，全县农村集中供水率提升至75%。投资338.13万元，通过分散式打井、管网延伸、蓄引山泉水、安装家用过滤净水设施、安装水泵、铺设供水管道、架设动力缆线、更换水泵、修复及维修破裂水管等措施，实施“两不愁、三保障”回头看大排查农村饮水安全项目，巩固提升424户1651人饮水安全问题。

重点水利工程。一是全民水库引调水工程。全民水库引调水工程是长滩寺河补水工程之一，主要新建取水浮船1艘，铺设输水管道3.9千米；安装抽水水泵4台，设计功率640千瓦，抽水扬程50米，日抽水量6万立方米。抽水泵站位于花园镇高坑桥村5组、全民水库高坑桥码头处，输水管道终点位于响水滩水库左干渠杨家坡渡槽出口处，通过响水滩水库左干渠在县城月亮湾广场处进入余家河公园向长滩寺河、余家河、龙湖输水。该项目于4月20日开工建设，12月30日完工，开始向余家河输水，完成投资2200万元，每日可向长滩寺河补水6万立方米，改善了长滩寺河、余家河、龙湖水质，提升了县城城东新区水生态环境质量。二是新建回龙寺水库。回龙寺水库是国家发展改革委、水利部纳入全国“十二五”中型水库建设规划和川渝合作经济示范区规划的中型水库。水库总库容2007万立方米，正常水位418米，正常库容1717万立方米，水库大坝位于岳池县天平镇蒋山镇村，水库坝址以上控制集雨面积48.95平方千米，是一座以农业灌溉为主，兼具防洪、供水等综合利用的水利工程。水库主要承担岳池县苟角镇和广安区悦来镇等7个乡（镇）共6.3万亩农田灌溉用水，担负3.14万名城镇人口、4.7万名农村人口饮水和13.59万头牲畜用水任务。省发展改革委批复工程总投资8.411亿元，水利厅批复工程初步设计概算总投资8.623亿元，截至2019年年底，已到位省级投资33602万元，政府贴息建设债券基金8000万元，地方配套资金12000万元，移民工作已完成全部建设征地移民搬迁工作，完成500千瓦超高压电力线路迁（改）建，共征用土地3318.3亩，拆除房屋255户、5.352万平方米；枢纽主体工程已完成建设任务，大坝填筑至坝顶418米设计高程，放水设施已完成导流放空取水洞进出口段、闸室段、隧洞段砼浇筑，溢洪道已完成进口段、闸室段、泄槽段、消力池砼浇筑；渠道工程已完成花园支渠大部分管沟开挖、管道安装、桃尔山隧洞开挖等。共完成工程投资54800万元。三是嘉陵江水源供水工程。嘉陵江水源供水工程是蓉广合作的重点民生工程，引进成都市兴蓉环境股份有限公司投资建设，采用特许经营模式实施，由成都市兴蓉环境股份有限公司在岳池县注册的岳池兴蓉自来水有限责任公司特许经营30年（含建设期）后无偿移交岳池县政府。该工程概算总投资约6.7亿元，日供水规模15万立方米，其中一期工程概算投资4.97亿元，日供水规模8万立方米。

水政执法。通过整合执法队伍、加强能力建设、武装执法装备，执法手段不断增强，形成了有法必依、违法必究、执法必严的法制环境，营造了良好的水利建设管理秩序，为水利建设和管理提供了坚强保障。一是强宣传。通过“世界水日”“中国水周”“科技下乡”等宣传活动，印发宣传资料11000余份，张贴宣传标语63幅，开展电视宣传5次，增强全民水法规意识。二是严查处。坚持联合执法制度，开展联合专项执法，出动海事执法艇6次，参加执法人员50余人次，没收并现场销毁非法地笼网230余千克。巡查水库86次。开展水行政执法，查处水事违法行为27起，调解水事纠纷2起。三是严打击。集中开展砂石资源整治活动，维护砂石资源开采秩序。开展各类执法检查活动127次，与广安区、武胜县、重庆市合川区、南充市高坪区等临近县市（区）开展联合执法检查5次，下发停止违法通知15份，制止涉水违法行为11起，立案查处河道采砂违法案件4件，清理河道非法堆码1起，处罚金46.8万元，没收非法所得3.51万元。

乡（镇）供水经营管理。全县农村日供水规模达4.6万立方米，覆盖全县116个村（社区），供水人口达67万人。乡（镇）供水经营管理由岳池县水利水电开发实业公司实行自主经营、独立核算、自我积累、持续发展，公司对各供水站采取报账制，加强成本核算，实行目标管理；各供水站建立健全设备操作运行制度、水处理检查制度、抄表收费制度、材料管理制度、维修安装责任制度等规章制度，做到管理专业化、供水商品化、服务社会化，实现以水养水，按照“补偿成本、合理收益、优质优价、公平负担”的原则，实行有偿供水，计量收费，合理定价，严格执行县物价局批准的生活用水2.8 ~ 3.5元/立方米，其他用水3.5 ~ 4.2元/立方米的水价政策。建立工程更新改造基金，实行专户储存、专款专用。按照“一事一议”规定，建立以村或联村为主的饮水管理协会，实行“协会+农户”机制，加强与用水户的沟通、联系，协商解决具体问题，构建农村饮水自用自管模式，建成管水协会组织113个，服务供水人口12.5万人。

【农业机械化】 全县有拖拉机367台9858千瓦、耕整机26952台133830千瓦、排灌机械14858台（套）98352千瓦、联合收割机170台6800千瓦、农田水利基本建设机械272台14120千瓦，农业机械总动力达60.1万千瓦。全年完成机耕面积102.5万亩、机收面积69.36万亩、机播面积38.7万亩、机械灌溉面积80.4万亩、机械化植保面积75.25万亩，主要农作物农机化综合水平达68.49%。全年完成农机运输16750万吨/千米，粮食脱粒38.6万吨，农副产品加工68.5万吨，饲料加工9.2万吨。抓好农机安全生产监管，全县拖拉机年检审率达95%以上，实现农机安全事故零发生。实施农机购置补贴，推广新机具3226台（套），惠及农户2949户，补贴资金213.02万元。

【农村教育】 通过引进高层次人才、签约免费师范生、招（考）聘等方式，增补教师516名，78%的新教师优先补充到农村学校，全县师资整体水平有所提升。严格兑现农村义务教育学校教师每月每人400元生活补贴，落实乡（镇）工作补贴，并按照二类学校111元/月/人、三类学校222元/月/人、四类学校377元/月/人的标准发放农村学校教职工补贴，稳定农村教师队伍。实施教师健康体检，做好教职工“互助互济”工作。先后组织新聘教师、县级骨干教师、班主任、学科教师进行各类培训8512人次，培训优秀校（园）长、骨干教师、英语教师、幼儿教师、信息技术教师612人次。推行“城乡教师对口交流”和“城乡学校结对帮扶”等活动，全县36所优质学校和62所边远薄弱学校结为共建学校。全年选派20名城区学校教师到农村学校支教，选派164名农村学校教师到城区学校或中心校交流学习，全县共交流教师492名，城乡教育质量稳定提升，教师工作积极性和主动性不断增强。全县实施营养改善计划的农村义务教育学校（含教学点、村小）共有133所，惠及学生55211人，涉及资金4079.88万元。开展学校食堂食品安全卫生知识培训和食堂财务专账业务人员知识培训达1000余人次，提高了相关人员的安全和管理意识。

【农村文化】 全县建成标准化文化室75个；升级1个县级应急广播平台、43个乡（镇）平台、1个村的应急广播，建成菊花山应急广播奖补政策受到省际交叉考评组的肯定。利用好扶持周转金推进"一村一品"产业扶贫，全市累计下达扶持周转金5240万元，受益农户达3708户。同时，抓好抓实2个乡(镇)5个贫困村的定点帮扶工作。

【农业机械化】全年兑现农机购置补贴资金32.399万元，补贴农机具924台(套)，受益农户850户。新建农机化生产道路3.2千米。新增农机动力0.35万千瓦。全年完成机耕24803.58公顷、机播2827.72公顷、机收6338公顷，主要农作物耕种收综合机械化水平达35%。

【涉农招商引资】打好招商引资和本地企业培育组合拳，加快旧院黑鸡、富硒茶叶、蜂桶蜂蜜等特色农产品和中药材精深加工开发。招引500强蓝润集团投资建设50万头生猪全产业链项目，扶持巴山雀舌、花萼食品、立川食品等农业产业化重点龙头企业做大做强。

【农产品质量安全监管】加强农业投入品监管，各类种植业产品、畜产品、水产品抽检合格率达100%。全年检查整顿全市各类农资市场152个次，处理农资打假及食品质量安全案件11件。万源市通过省级农产品质量安全监管示范县资格复审。

【耕地质量建设】完成黄钟镇、石人乡2个乡(镇)5个村的增加500亿公斤粮食生产能力田间工程建设项目666.67公顷，太平镇、石塘镇、白羊乡3个乡(镇)4个村的农业综合开发存量资金土地治理项目626.67公顷，大沙镇5个村、沙滩镇4个村的省投资国土整理项目1466.67公顷，共建设高标准农田2760公顷。修建农田排灌渠系220条、64.4千米，蓄水池50口、5300立方米；田型调整200公顷，修筑田土埂47条、16.9千米；土地加工313.33公顷(其中增厚土层6.67公顷、深挖冬闲土66.67公顷、改良质地240公顷)，地力培肥466.67公顷；新建人行道31.2千米，整治机耕道19.2千米。浙川东西部扶贫协作茶叶基地基础设施建设项目投资555万元，建设面积2600亩，新建沟渠10.445千米、生产路6.259千米、喷灌管网8.83千米。

【主要领导人】市委书记：吴晓勇；市人大常委会主任：刘家忠；市长：倪欣；市政协主席：杨晓波；分管农业副市长：李秋。

万源市编写组

宣汉县

【基本情况】2019年，全县辖31镇23乡(其中4个土家族乡)，辖区面积4272平方千米，其中耕地面积11.74万公顷。

【农村土地"三权分置"】引导农民依法自愿有偿流转土地经营权，鼓励农民在自愿的前提下以土地经营权入股合作社、龙头企业，形成土地流转、土地入股、土地托管等多种规模经营模式。全年新增土地流转面积约847公顷(其中扣除因部分业主资金链断裂、经营不善已经退还群众面积260公顷，实际净增加587公顷)，增长4.28%，全县累计流转土地面积达20327公顷，占全县耕地面积60313公顷(二轮土地确权面积约105333公顷)的33.7%，其中流转面积在2公顷以上的15060公顷，增加467公顷。全县土地出租费用平均为6000～9000元/公顷，最高为18000元/公顷，低则免费。通过土地折价入股的面积达2887公顷。

【新型农业经营主体培育】全县已初步形成以农民专业合作社为骨干、家庭农场和专业大户为纽带、农业产业化龙头企业为支撑的新型农业经营体系，共有在册农民合作社1312个(不包含注销99个、吊销1个)、家庭农场420家(不包含注销34家)。全年新成立农民合作社92个、家庭农场64家，评选省级示范合作社4个。

【现代农业园区建设】委托四川省畜科院、四川吉地城乡规划设计有限公司等专业规划团队完成全县园区总体规划，共规划国家级、省级、市级、县级现代农业园区23个，"蜀宣花牛+优质牧草"、庙安脆李被评为市级现代农业园区，评定宣汉县蜀宣花牛+优质牧草现代农业园区(大成镇)、宣汉县庙安脆李现代农业园区(庙安乡)、宣汉县勤巴脆李现代农业园区(毛坝镇)、宣汉县铭远生态现代农业园区(茶河镇)、宣汉县稻渔田园综合体现代农业园区(胡家镇)5个县级现代农业园区。

【种植业】全县粮食作物播种面积95192公顷，产量58.06万吨，增长0.62%，其中稻谷24.3万吨，减少0.69%；玉米19.4万吨，增长2.1%。油料种植面积33208公顷，增加59公顷，增长0.18%；油料产量9.27万吨，增长0.83%。在黄金、普光、土主、胡家、东乡、天生、七里、柏树8个乡(镇)建立油菜绿色高质高效示范片800公顷，平均亩产202.3千克。引进推广"双低"油菜新品种20个，在柏树镇、黄金镇建立标准化、规范化"双低"优质油菜新品种展示田面积7公顷；示范推广油菜免(少)耕栽培、人工直(撒、条)播、机耕机播机收等轻简化栽培技术，在黄金、普光、胡家等项目乡(镇)建立油菜轻简化栽培示范片73公顷；示范推广"稻—菜—油""稻—芋—油""稻—油""玉—油"等油菜种植模式。全县水稻种植推行"控肥增效、控药减害、控水减耗、控膜减污"，集成高质高效标准化水稻绿色高效技术模式，建立的800公顷水稻绿色高质高效创建示范片平均亩产630.5千克。在峰城、桃花、老君、大成、明月、七里等乡(镇)建立玉米产业转型升级示范片1467公顷，并以青贮玉米生产示范为重点，持续推进"粮改饲"工作，青贮玉米示范片平均亩产4150千克。

蔬菜生产。全县蔬菜种植面积1.33万公顷，产量50万吨，总产值超10亿元。引进珠芽魔芋新品种，并在厂溪、黄金、柳池等乡(镇)开展引种试验。与五粮液集团合作，在峰城、柳池等乡(镇)发展酿酒型专用高粱新品种订单333公顷；引进12个高粱新品种进行品比筛选试验，开展高粱轻简化栽培试验和药效试验。

水果生产。全县新发展优质特色水果533公顷，其中樊哙镇发展脆桃43公顷，三墩、渡口、漆树、毛坝、凤鸣等乡(镇)发展脆李480公顷，新华镇发展柑橘10公顷。全县水果种植总面积达12833公顷，总产量7.6万吨，实现产值3.62亿元，其中"宣汉脆李"种植面积6333公顷，产量4.5万吨，实现产值2.3亿元。庙安现代脆李园区被评为市级现代农业园区，"宣汉脆李"销往北京、上海、杭州、广州、深圳、西安等全国20余个大中城市，均价在10元/千克以上，年销量达2万吨以上。

茶叶生产。全年新发展茶叶基地347公顷，其中樊哙、石铁、漆碑等乡(镇)发展良种绿茶313公顷，东林、樊哙等地发展白茶、黄茶33公顷，在黄金镇改造低产茶园20公顷，全县茶园面积达12133公顷，总产量达0.64万吨，茶叶鲜叶产值达2.5亿元，综合产值达6.5亿元。在石铁、樊哙、漆碑、东林、马渡关等乡(镇)建成标准茶园1667公顷，培育机采茶园1333公顷。组织茶叶企业参加四川第八届国际茶叶博览会、香港国际茶展，"当春玉芽"、虹跃牌"雪眉茶"获得四川第八届国际茶叶博览会名优茶产品评比金奖，县农业农村局获得优秀组织奖，宣汉县九顶茶叶有限公司获得四川省"天府龙芽"农产品地理标志使用权。

经济作物。在黄金、老君、龙泉、渡口、天生、七里等地发展香菇、木耳、平菇等食用菌5000万袋，产值达亿元。通过品牌创建、展销会加大“老君香菇”“黄金木耳”品牌对外宣传，销售食用菌30万千克。在七里、三墩、南坝等地稳定果桑基地200公顷，在黄金镇发展柞蚕基地67公顷。全县黄连、云木香、木瓜、杜仲、黄柏、天麻等名贵道地中药材种植面积达3667公顷以上，为农业创收上亿元。

植物保护。全年农作物病虫草鼠害共计发生面积15.43万公顷次，属中等发生年份，累计防治面积17.91万公顷次，其中病虫害防治14.87万公顷次、草害防治2.61万公顷次、鼠害防治0.43万公顷次；开展专业化统防统治面积6.37万公顷，占病虫害防治面积的42.82%；推广绿色防控技术20余项，开展绿色防控面积5.65万公顷，占种植面积的36.63%。全年共计挽回农作物损失4.79万吨，实际损失1.14万吨，综合损失率为1.74%，完全控制在4%目标以下。全年无农作物重大病虫灾害损失，防控工作成效显著，确保了全县粮食安全。19日，草地贪夜蛾首次迁入七里镇新芽村为害，随后陆续迁入并扩展到普光、南坝、天生、君塘等29个乡（镇），全年累计发生面积586.7公顷，防治面积1000公顷以上。

植物检疫。全年产地检疫水稻种子和各类苗木184.2公顷，折合41.035万千克、260.1万株（支、穗），签发产地检疫合格证19份，涉及13种作物29个品种，产地检疫率为100%；调入农作物种子种苗共450批次，涉及25种作物、352个品种，折合14.775万千克、3444.99万株。全年抽检种子52批次1.32万千克，各类种苗70批次110余万株，抽检率为38.5%；柑橘黄龙病、柑橘溃疡病、柠檬黄脉病等检疫性有害生物未有发现；稻水象甲疫情防控成效显著，胡家、双河、大成、红岭4个乡（镇）的10个村发生面积253公顷，在疫情发生区域全部开展了统防统治，植物疫情处置率达100%，控制了稻水象甲的传播蔓延。

农药监管。继续开展高毒农药替代工作，落实减量控制行动。全年农药使用量为277.61吨，折百量为85.97吨，分别减少5.47%、3.35%，实现了农药使用量零增长目标。开展农药包装废弃物回收工作，减少农业面源污染，全县共建立农药包装废弃物回收站点545个，放置回收桶884个，共计回收农药包装废弃物4.11吨，回收处置率达29.05%。

种子工作。组织执法人员对全县54个乡（镇）种子销售门店进行不定期抽查，出动35余车次、执法人员160人次，检查种子经营门店300余家，对违规经营的门市以书面形式下发限期整改通知书20余份，发放法律、法规及农资宣传材料2000余份。农作物种子网备案门店207家、备案单1769个，经营销售品种721个，其中水稻品种265个、玉米品种310个、蔬菜品种146个，从源头上保障了全县农作物种子的质量安全。承担国家、省水稻、玉米新品种试验示范任务11个组别、208个品种，面积达4.43公顷。完成市种子管理站下达的种子质量监督检验任务30个，其中水稻15个、玉米15个，所抽样品经过种子室内检验检测（水分、净度和发芽率），合格率达100%；对中种集团绵阳水稻种业公司、四川仲帮种业有限公司等3家种业公司7个点生产的11个组合133公顷水稻制种田块抽取父、母本样本11份，经检测均不含转基因成分。6月19日，在峰城镇野鸭村、老君乡彩云社区、双河镇玛瑙村以及科创联合体自主试验基地抽取样品37份，经检测未发现转基因成分。6月24日，在七里镇新芽村4组向家坝现场销毁四川道明农业玉米试验联合体实施的“玉米平丘组区域试验”不合格品种7个，面积0.084公顷，防止了不合格种子流入下一个环节，确保了农业用种安全。

【畜牧业】 受全国非洲猪瘟疫情影响，全县肉类总产量7.72万吨，减少8.26%，其中猪肉产量4.37万吨，减少22.52%；牛肉产量1.09万吨，增长7.26%；羊肉产量0.42万吨，增长2.9%。禽蛋产量1.25万吨，增长10.89%。牛奶产量1.79万吨，增长6.52%。生猪存栏39.83万头，减少23.95%；生猪出栏59.45万头，减少23.97%。牛存栏16.13万头，增长3.22%；羊存栏19.02万只，增长4.07%。全年实现畜牧业产值36亿元。全县推广良种禽866万只，完成生猪改良8.7万窝次，生猪人工授精率达86%。改良配种牛8.37万头（其中冻精配种7.06万头），牛改良面达75%。引进良种公猪80头，新增换养外二杂母猪1.2万余头，全县生猪三元杂交改良面达92.33%，其中外三元杂交面达88.04%。全县存栏蜀宣花牛9.5万头，出栏4.5万头，向外推广蜀宣花牛2.5万头，实现牛业产值9.5亿元。牛产品加工企业全年实现销售收入4.8亿元。佳肴食品有限公司开发牛肉产品30余种，畅销省内外，年销售收入达1500万元，创利税100万元以上。全县新建成标准化畜禽养殖场30个，新增畜禽专业合作社37个、家庭农场32个。以蜀宣花牛为主导产业申报为全国农业产业强镇、全省特色农产品优势区，“蜀宣花牛+优质牧草”现代农业园区被评为市级现代农业园区。已培育国家、省、市加工龙头企业7家，其中国家级标准化示范场1家（七里宣汉大巴山牧业有限公司奶牛场）、四川省重点龙头企业3家。宣汉县牛犇养殖专业合作社、宣汉县青松岭家禽养殖专业合作社被农业农村厅评为省级畜禽标准化养殖场。承办全省第二次畜禽养殖废弃物资源化利用论坛，完成156家规模场、236户养殖大户（家庭农场）、31家特色种植基地的粪污资源化利用项目建设任务“三个精准、三种模式、三大机制”，得到各级领导、专家的认可，全县畜禽粪污资源化利用率达90%。

动物疫病防控。全年共免疫口蹄疫138.61万头、猪瘟69.91万头、高致病性禽流感1211.44万羽（只）、小反刍兽疫12.5万只，免疫密度均达应免畜禽的100%，全面完成各项工作任务。县、乡两级安排专人负责疫情信息收集和报送工作，重点负责高致病性禽流感、口蹄疫等重大动物疫病以及狂犬病、布病、结核病等人畜共患病的监测工作。分别于4月中旬—5月上旬、9月下旬—10月中旬集中开展牛羊布病、结核病“两病”普查工作，对全县奶牛、种牛、蜀宣花牛等95个牛场和45个羊场进行全覆盖抽样监测。将非洲猪瘟纳入县委、县政府重点工作全域督查，全年开展专项督查6次。

畜产品安全。全年实施产地检疫38.9万头（羽），其中猪20.2万头、牛0.9万头、羊1.8万只、禽类16万羽；屠宰检疫15.71万头；养殖环节无害化处理病死生猪2200头，屠宰环节无害化处理病死猪20头，病害动物产品折合6.4万千克。动物及动物产品申报受检率、产地、屠宰检疫、肉品检验开展面均达100%，无害化处理率达100%；省级樊哙检查站对8326头生猪、171头牛、16.8832万羽禽类进行查证验物签章确认。协助省质检中心和市动监所开展畜产品兽药残留抽检5批次，共102个样品，包括猪肉（肝）样品48个（屠宰场14个、农贸市场14个、超市20个），牛（羊）肉样品16个（屠宰场4个、农贸市场4个、批发市场4个、超市4个），禽肉蛋样品34个（规模养殖场户17户），蜂蜜、尿样10个，抽检样品全部合格；实施“瘦肉精”拉网式监测和日常监测，其中养殖环节共检测12700头份、屠宰环节共检测5200头份，结果均为阴性。共复查换证兽药经营企业2家；新申请畜产品无公害基地2家。严格动物卫生监督执法，推进“兽用抗生素”“动物移动监管”“生猪调运监管”“定点屠宰扫雷行动”“非洲猪瘟防控”5个专项整治，立案查处违规案件15件，罚款6万余元。

饲草饲料。全县完成优质牧草和饲用作物种植15207公顷，其中环保党政同责重点工作167公顷；完成农作物秸秆饲料化处理利用35.11万吨，秸秆饲料化处理利用率达30%。发展种草养畜、秸秆饲料化利用示范户604户，建立峰城镇野鸭村和龙泉村、七里镇民主村和马蹄村、大成镇瓦窑村和柏林村、黄石乡金竹寨村等种草养畜、秸秆饲料化利用示范片。建立宣汉大巴山牧业有限公司七里牧场养殖奶牛、大成镇锦宏蜀宣花牛养殖场养殖肉牛和宣汉县天上红缨种养殖专业合作社养殖肉牛示范点。在峰城、大成、塔河、黄石等乡（镇）打造裹包青贮全株玉米饲料示范点105个。全县饲料作物面积占种植面积的比重较上年提高1%。全年无草原火灾事故的发生。

【水产业】 全年水产品产量20460吨，增长7.3%；实现渔业经济总产值33883万元，增长8.4%；鱼种投放量达4360吨，农民人均渔业收入510元，人均增收40元。在后河特有鱼类国家级水产种质资源保护区设立界碑、界牌4个，增殖放流白甲1175千克；在巴山大峡谷河流增殖放流大鲵亲鱼40尾、成鱼80尾、鱼种1000尾、岩原鲤鱼种50000尾。在花池、漆树新发展小龙虾养殖基地2个，面积1500亩，产量达50吨。开展水产品质量安全专项整治活动4次，完成风险检测13个品种582个样品、监督检测12个品种25个样品，检测合格率均为100%，确保了水产品质量安全。全年查处渔业案件13件，渔业案件结案率达100%。宣汉县开源水产养殖专业合作社、宣汉县紫色佳人种养殖专业合作社创建为省级健康养殖示范场。12月31日，全县全部完成渔民退捕目标任务，所有渔民全部上岸，回收并注销《中华人民共和国内陆渔业船舶证书》292本，由三方回收机构现场回收拆解渔船292艘，销毁网具5840张。

【乡村振兴】 统筹整合涉农项目资金（含县本级财政投入）5000余万元，按照“六有”标准，实施“六大工程”，集中点、线、片整体打造，实现引领区（君塘、红岭、大成3个乡/镇5个村）基础设施和民生保障大提升、特色产业和乡村旅游大发展、农村面貌和农民收入大变化，构建了“引领示范、统筹推进”的良好脱贫攻坚引领新格局，引领示范区建设效果明显。实施农村人居环境整治，推进50个村的“厕所革命”，新（改）建厕屋5523户，新（改）建厕下7709户，新（改）建农村公厕27座。规范庭院经济（微田园）3000平方米，保护性修缮古院落2个，治理农村生活污水2处，配套完善垃圾处理设施，改善农村居住环境，提升百姓幸福生活指数。吸引4921名“三类人才”投身农村建设，创办领办经济实体1246个，实现农业产值12.6亿元。

【乡村治理】 探索出“四会管村”“五步议事”“三项监督”的“453”依法治村模式，让群众真正“知村情、议村政、监村事、促村兴”，干群关系不断融洽，群众的法律意识全面增强。全县491个村79个社区实现“一村（社区）一约一章程”。依据《村规民约》化解1473件矛盾纠纷，干预并规范场镇居民乱摆酒席事件162次。君塘镇洋烈农村社区被司法部、民政部表彰为第六批“全国民主法治示范村”，东乡（镇）津碧社区、庙安乡八庙村等9个村（社区）被市依法治市办表彰为“法治示范村（社区）”。

【农业机械化】 全年新增农业机械6000余台（套），增加农机总动力0.95万千瓦，达59.2874万千瓦。全年完成机耕84573公顷、机收36861公顷、机播18069公顷，综合机械化作业（耕、种、收）水平提升1.94%，达53.97%。新（改）建标美化提灌站12座、269.8千瓦，修复提灌站28处、626千瓦，改造提灌站6台、176.5千瓦，新增提灌设备220台、1560千瓦（占计划任务的100%）。全县有固定提灌站265座，有效灌面12000公顷，辐射灌面16667公顷；整合涉农资金1.5亿元，建设农机化生产道路220千米，累计总里程达11994千米（水泥路7626千米、泥结碎石路4418千米）。完成农机购置补贴资金317.555万元，推广各类农机具6676台（套），受益农户5992户。

【高标准农田建设】 完成对国土部门实施的5个土地整理项目的检查督促。在7个乡（镇）16个村完成高标准农田建设2867公顷，全县累计建成高标准农田23634公顷。

【农村能源建设】 全年累计建设农村户用沼气池4.6万口、沼气工程54处（大型沼气工程10处、集中供气工程17处、小型沼气工程27处），建成沼气后续服务网点116个，配置沼气服务车辆19台（抽渣车15台、挂臂车2台、平板车1台、特种服务车1台）；推广农村高效低排生物质炉6786台、以电代柴产品1.15万套、太阳能光板3.1万平方米，建设“三沼”综合利用示范基地32处。

【惠农补贴】 完成全县25.5万户农户耕地地力保护补贴社保卡（“一卡通”）办卡的清理、核实。完成耕地地力保护补贴254978户，补贴面积54011.35公顷，补贴标准为1866元/公顷，兑付资金10078.52万元。兑付2018年稻谷补贴121505户，补贴面积18206.34公顷，补贴标准为961.5元/公顷，补贴资金1749.89万元；总付2019年稻谷补贴110522户，补贴面积16113公顷，补贴标准为937.8元/公顷，补贴资金1511.08万元。

【农业保险】 全县水稻投保34628.89公顷、玉米投保42123公顷、食用菌投保720.39公顷、脆李投保5859.64公顷，其中水稻出险1200公顷，理赔249.4万元；玉米出险3333公顷，理赔648.4万元；油菜出险467公顷，理赔60.1万元。育肥猪投保30.5万头、能繁母猪投保2.53万头、山羊投保0.25万只、蜀宣花牛投保1.46万头，其中育肥猪出险11159头，理赔707.09万元；能繁母猪出险1739头，理赔173.9万元；山羊出险104只，理赔3.72万元；蜀宣花牛出险985头，理赔553.47万元。

【农产品质量安全监管】 新增15家种植业企业推行食用农产品合格证管理制度，涉及28个乡（镇）30余个贫困村；制作食用农产品合格证、投入品管理等相关制度120余套，其中设计制作统一的食用农产品合格证50套。新建农产品农药残留快速检测室5家、追溯体系10家。推行农产品质量安全信用管理试点工作，将全县80家生产经营主体纳入信用管理及网格化移动监管体系，涉及54个乡（镇）80余个贫困村；在四川松柏生态农业有限公司和民刚专业合作社实施农业社会化服务农业生产废弃物处理项目。5月，参加由农业农村厅组织的大米中总砷、总镉能力验证；6月，参加由省市场监督管理局组织的蔬菜中毒死蜱能力验证，所有参数均达到要求，通过能力验证。全年抽检时令蔬菜、水果、食用菌等农产品46批次4300个样品，其中定量检测300个，合格率为100%；定性检测4000个，合格率为99.4%。新增无公害农产品5个（宣汉县君逸种植专业合作社5个蔬菜产品）、绿色食品2个（宣汉县圣水果蔬专业合作社2个水果产品）。

【主要领导人】 县委书记：唐廷教；县人大常委会主任：李逢友；县长：冯永刚；县政协主席：徐代琼；分管农业副县长：吴中凡。

宣汉县编写组

大竹县

【基本情况】 2019年，全县辖31乡20镇3个街道374个村，有耕地面积90.32万亩。有乡村户数27.29万户，减少0.3万户；乡村人口

91.78万人，减少0.61万人；乡村劳动力49.12万人，减少0.4万人；乡村从业人员44.29万人，减少0.61万人；农业从业人员18.79万人，减少0.4万人。

【新型农业经营主体培育】 全县新创建省级标准化示范场2家、市级标准化示范场6家、县级标准化示范场10家，全县累计创建省、市、县级标准化示范场45家，累计培育养殖大户860户。

【现代农业园区建设】 全年创建市级现代农业园区2个：达州市大竹县月华糯稻—醪糟、铜锣山白茶现代农业园区。培育认定县级现代农业园区10个：大竹县月华糯稻-醪糟、铜锣山白茶、二郎香椿、莲印苎麻、高明优质水稻制种、庙坝秦王桃、乌木稻虾综合种养、人和柑橘、高穴黑花生、竹北蔬菜现代农业园区。抓组织保障，强领导，成立以县委副书记、副县长任组长，县农财两家负责人、“两办”负责人为副组长，县级有关责任单位分管负责人为成员的园区建设工作领导小组，下设办公室，设在县农业农村局。园区实行领导挂包管理，采取“一季一调度、半年一会诊、一年一比拼”的方式开展专项督导，倒逼各项工作按时间进度有序推进、全面落实，先后召开专题会议研究部署园区工作6次、县级领导现场办公8次。抓规划保障，强布局，按照省、市、县现代农业园区建设标准及有关要求，结合全县乡村振兴战略规划，第一时间组织相关单位股室牵头，及早安排布置委托专业设计单位编制全县现代农业园区县域总体规划和未来五年拟创建的市级以上现代农业园区专项规划，编制完成《大竹县现代农业园区县域总体规划》《大竹县月华糯稻—醪糟市级现代农业园区建设规划》《大竹县铜锣山白茶市级现代农业园区规划》,《中共大竹县委办公室大竹县人民政府办公室关于印发〈大竹县现代农业园区建设推进方案(2019—2023年)〉的通知》（竹委办〔2019〕76号）于9月编制完成并印发至各乡（镇）。抓资金保障，强整合，采取政府补助、部门整合、业主自筹等方式，县财政各设立了香椿、白茶、糯稻、苎麻四大产业专项资金500万元，捆绑整合高标准农田建设、国土整理、扶贫开发、小农水、新农村建设、财政支农资金等10余个涉农项目资金1.1亿元，筹集建设资金2.9亿元，为现代农业园区建设筑牢了坚实的资金保障。抓政策保障，强激励，对园区建设实行先建后补的激励机制，县本级财政拟分别对创建成国家、省、市、县级现代农业园区一次性补助1000万元、200万元、50万元、20万元，其中国家级100万元、省级20万元、市级10万元、县级5万元用于工作经费。

【种植业】 全县粮食作物播种面积167万亩，产量60.8万吨，其中大春粮食作物播种面积129万亩，产量52.97万吨，减少0.1%；小春粮食作物播种面积38万亩，产量7.83万吨，增长0.8%。部级水稻高质高效创建项目在清水镇、高穴镇、乌木镇、团坝镇、清水镇、庙坝镇、牌坊乡、高穴镇、人和乡等30个乡（镇）建立10万亩水稻绿色高质高效示范片，其中核心示范片3万亩，平均亩产518.43千克，比大面积移栽水稻亩增36.43千克，增产7.55%。在全县范围内开展油菜绿色高产高效创建，建立油菜高质高效核心示范片1个，面积2万亩，涉及竹北、人和、杨家、清河、柏林、高穴、清水7个乡（镇）32个村。全县粮食作物播种面积167.114万亩（水稻55.13万亩、玉米37.76万亩、薯类43.4万亩、小麦7.05万亩、高粱1.4万亩、豆类10.644万亩），油料作物播种面积26.1405万亩（油菜21.5985万亩、花生4.542万亩）。在清水镇、高穴镇、乌木镇、团坝镇、清水镇、庙坝镇、牌坊乡、高穴镇、人和乡、中华乡、观音镇、白坝乡、石桥铺镇等乡（镇）建立水稻绿色高质高效示范片2个、面积21000亩，其中核心示范片6000亩，绿色高质高效示范片平均亩产607千克，其中核心示范片平均亩产656.3千克。在高穴镇木牌村和石河村主抓的500余亩水稻直播高产示范片亩产比大面积移栽稻亩增66.26千克，增产13.61%。全县集中育秧栽插面积达26万余亩，占总面积的47.16%。水稻直播示范3.3万亩，平均产量563.28千克。全县水稻种植面积55.13万亩，增长0.88%；产量26.8483万吨。

【特色产业发展】 擦亮香椿、苎麻、糯稻、白茶“四张名片”，全年新建特色产业基地3.1万亩，其中苎麻5000亩、糯稻1万亩、香椿3000亩、白茶1万亩、特色水果3000亩、水产养殖2000亩、特色水果（桃、李、梨等）4000亩。全县累计建成现代农业特色产业基地60万亩，其中苎麻13.5万亩、糯稻17万亩、香椿11.8万亩、茶叶5.22万亩、特色水果8.8万亩；水产养殖面积2.97万亩。

【畜牧业】 全县出栏生猪61.08万头、牛4.22万头、羊26.3万只、家禽1904.73万只，肉类总产量8.29万吨，禽蛋产量3.9万吨，实现畜牧业产值36亿元。

动物疫病防控。开展春、秋两季动物集中免疫接种及日常的补免工作，重大动物疫病强制性免疫应免动物数量分别为猪53万头、牛6万头、羊10.8万只、鸡350万羽、鸭65万羽、鹅15万羽；高致病性禽流感、牲畜口蹄疫等各类应免畜禽重大动物疫病免疫密度均达100%，畜禽圈舍及其交易市场等重点场所消毒面积达100%，牲畜免疫标识佩挂率达100%；开展狂犬病免疫工作，扑杀流浪犬，狂犬病免疫率达96.35%，全县无一例重大动物疫情和人畜共患狂犬病例发生。开展非洲猪瘟防控，对全县发生疑似的疫情及时开展诊断工作，共对全县39个乡（镇、街道）开展疫情诊断300余次；严格按照农业农村部的要求，对40台生猪运输车辆进行了登记备案；投资150万元完成实验室建设，提升了非洲猪瘟检测能力。全县无非洲猪瘟疫情发生。

养殖污染治理。县畜牧发展促进中心共出动700余人次，对养殖场（户）开展指导与服务7000余场（户）次，督查养殖场700余场次，对在养殖污染治理中存在的问题提出了整改指导意见；中央环保督察“回头看”信访件4件（主办2件、协办2件）、省环保督察信访件1件均如期整改完成。

依法治牧。全年共立案处罚违法案件27件，全部做到了事实清楚、证据确凿、程序合法、处理适当，无被撤销、变更、确认违法情形。

畜禽标准化。引导规模养殖场按照“畜禽良种化、养殖设施化、生产规范化、防疫制度化、粪污无害化”要求，改造基础设施、完善管理制度，提高标准化、规模化养殖水平。全年新创建省级标准化示范场2家、市级标准化示范场6家、县级标准化示范场10家，全县累计创建省、市、县级标准化示范场45个。

畜禽品种改良。开展生猪改良推广、优质肉牛推广工作。自然天成农牧有限公司、鑫茂种猪繁育专业合作社、大竹县国竹生态农业科技有限公司创建为县级种畜禽场；引进优良种猪2196头；完成肉牛改良配种8367窝次，使用国家优质肉牛国补冻精9472只；良种禽推广面达97.94%。

饲草饲料。草业工作以科学发展观为指导，利用科普宣传、技术培训等形式，重点宣传玉米秸秆的青贮、袋贮实用技术以及草业高效利用技术，推广果草间作、林草间作模式以及肉羊育肥综合配套技术、种草养畜和秸秆养畜技术，全县种植优质牧草及饲用作物9.5万亩，处理及利用秸秆22.3万吨；按照南方现代草地畜牧业项目建设要求，采购牧草种子15.7吨、肥料187.16吨、设施设备11台（套），改建羊舍2401平方米，新建青贮壕2701.16立方米、储草棚2400平方米、堆粪棚300平方米，硬化田间作业通道610米，改良天然草地780亩，栽种饲用作物7581亩，编印技术资料2000本，开展技术培训5期、培训502人次。

【水产业】 渔业基地建设。在乌木、欧家、杨家等乡（镇）高标准实施省级现代农业综合发展转移支付资金支持小龙虾繁育基地建设项目，完成投资400万元（其中省级财政补助资金200万元），建成小龙虾繁育基地1000余亩，年可生产小龙虾亲本5.7万千克、商品虾9.3万千克、虾苗1.5亿尾，年经济效益可达2000万元，四川百岛湖生态农业开发有限公司建成的小龙虾繁育场申报为省级克氏原螯虾良种场，同时也是全省乃至中国西部第一家小龙虾良种场。在乌木、石河、柏林、杨家、杨通等乡（镇）加快实施2019年省级乡村振兴转移支付资金支持"10+4"农业产业体系培育项目，完成投资1000余万元（其中省级财政补助资金200万元），建成标准化规模化稻虾综合种养基地2000亩，年可生产小龙虾20万千克、绿色优质水稻80万千克，年经济收入可达3000万元。全年新增规模化水产养殖基地5个、水产养殖专业合作社（公司）10个。全县水产养殖面积达3.0045万亩，水产品总产量1.93万吨，水产品总产值达4.8亿元。

鱼病防治和水产食品安全。全年共计对150余个水产品样品进行产地检测，在农业农村厅下达的第三方检测机构对全县水产规模养殖场的抽测项目实施中，四川威尔检测有限公司对全县各地50家养殖场抽取样品检测，100个检测结果全部合格，确保了水产品源头安全。开展水产健康养殖示范推广工作，不断规范养殖业主的养殖行为，创建水产健康养殖示范场，全年创建国家级水产健康养殖示范场2家、省级水产健康养殖示范场1家。开展水产食品安全专项整治行动，加大对鱼药、鱼饲料和水产食品的检查力度，全年开展鱼药和鱼饲料专项治理整顿工作6次，对全县3处鱼药及鱼饲料销售点和50余户水产养殖户使用的鱼药、鱼饲料及库存品进行了检查，未发现禁用鱼药和劣质饲料，确保了水产食品舌尖上的安全。

渔政执法。从3月1日起至6月30日止实施天然水域的禁渔区、禁渔期制度。开展人工增殖放流活动，全年在东柳河流域柳城溪支流石河河段、杨家支流河段、石桥铺镇河段等天然水域增殖放流鱼苗10余万尾，较上年增长16.4%，天然水域渔业资源得到有效保护和增殖。加强渔业法律法规宣传，组织渔政执法人员采取张贴和散发宣传资料等多种形式进行普法宣传，强调禁渔区、禁渔期禁渔和保护渔业资源的重要性，使广大群众增强保护渔业资源的自觉性和主动性。加强渔政执法管理，维护渔业生产秩序，严格按照《渔业法》《行政处罚法》《四川省渔业法实施办法》等法律法规规定执法，全年共查获电捕鱼32起，没收各种非法渔具400件，签订各种承诺书145份，巡河巡库180余次，渔政执法案件办结率为99%，依法维护了全县渔业生产的正常秩序。

【扶贫攻坚】 全年专题研究脱贫攻坚工作12次，主要领导到平桥村专题研究脱贫攻坚工作12次、班子成员6次，全年开展走访慰问和帮扶活动12次，共投入帮扶资金约5万余元（含物资折现），实现脱贫29户78人，平桥村于3月通过贫困村退出省级验收；驻村农技员举办培训班120余次，培训新型职业农民70余人次、基层农技员人员200余人次、农牧民4000余人次，累计发放资料5000余份；协助贫困村制定产业规划和方案60篇，培养示范户68户，推广实用技术72项、优良品种86个，解决关键技术问题65个，建立科技示范基地达76个。

【农村能源建设】 全年下达省级财政农业公共安全与生态资源保护利用工程支持农业产业扶贫资金208万元，新建新村集中供气工程4处，分别为2019年大竹县黄家乡建泉村省级新村沼气集中供气工程、2019年大竹县清水镇红星村省级新村沼气集中供气工程、2019年大竹县川主乡白牛村省级新村沼气集中供气工程、2019年大竹县清河镇快活村省级新村沼气集中供气工程。工程总供气农户320户（含26户贫困户66个贫困人口），投入资金215.2万元，其中省级财政补助208万元、业主自筹资金7.2万元。项目通过省级评审、市级批复，项目主体工程4月完成村级招标，8月中旬完成主体工程，11月30日全面完成工程建设，12月10日通过县级验收。工程年产沼气115200立方米，处理畜禽粪污7776吨，减少COD排放总量399.2吨，减排温室气体约262吨，分别节约N、P、K肥4.52吨、131.2吨、34吨。全面落实以乡（镇）为主体的属地管理责任制，抓好沼气安全知识大培训、沼气安全大宣传、安全隐患大排查、安全服务进万家等活动，从根源上杜绝安全事故发生，确保人民生命财产安全，促进农村沼气安全生产管理再上新台阶，全县无沼气生产安全事故发生。

【农产品质量安全监管】 完成省级农产品质量安全监管示范县资格复审工作，召开达州市省级农产品质量安全监管示范市（县）资格复审情况反馈会，大竹县以189.9分居全市第一名，通过省级农产品安全监管示范县复审验收。加强农产品品牌创建监管，确保品牌农产品质量，截至2019年年底，全县在用"三品一标"农产品68个，其中有机产品14个、绿色食品12个、无公害农产品37个、地理标志产品5个（市场监管4个）（种植业），"东汉"商标获得国家著名商标称号，"木鱼池"商标获得"省级优质农产品"称号。加强农业投入品质量安全监管，对全县种子、农药、化肥、农产品生产企业进行拉网式检查，全年累计出动执法人员1000余人次、车辆200台次，立案查处各类违法案件14起，罚没金额6.7万元，其中种子3件（皆为标签标识不合规种子案）、农药9件、农产品质量安全2件；农药执法抽样18个，肥料执法抽样6个，种子执法抽样20个，农产品质量执法抽样15个。农产品检测速测共检测1018个样品，合格1015个，合格率达99.71%；乡（镇、街道）抽检2307个，合格2297个，合格率达99.57%，高于全省的合格率。配合省、市例行抽检，配合农业农村部、农业农村厅、市农业农村局抽检完成率为100%，监测合格率为100%。全年新申报通过有机农产品11个、绿色食品2个、续展绿色食品1个、无公害农产品认证3个，截至2019年年底，全县有无公害农产品28个、绿色食品14个、有机产品14个、地理标志产品4个（其中农业部门1个、质监部门3个），共计60个。全年监督抽检各类种子样品81个，种子质量合格率达100%；种子经营网上备案率达100%，乡（镇）种子零售经销门店网上备案率达85%以上；对城区内的农药批发商进行检查并抽检，抽取、送检农药样品18个；严查过期农药、禁用高毒高残留农药、农药登记证过期、套证冒证、农药标签不规范等违法经营行为，确保全县农业生产用药安全。全年发放有关法律法规、识别假劣农资、科学使用农资等资料5000份，印制标语横幅17条。获得农业农村厅优秀案卷1件，获得市农业农村局优秀案卷1件，大竹县农业农村局被市农业农村局表彰为"执法先进单位"。

畜产品质量监管。重点加强"瘦肉精"、三聚氰胺、黄曲霉素M1抽检，对规模养殖场（户）开展"瘦肉精"拉网式专项检测2次，共检测"瘦肉精"10566头份，"瘦肉精"检出率为零，检测结果全为阴性；完成奶牛养殖场生鲜乳奶样抽取60个，开展三聚氰胺、β–内酰胺酶、黄曲霉素M1检测，检查覆盖率为

100%，合格率为100%。督促全县官方兽医人员严格按照检疫操作规范开展检疫工作，畜禽产地检疫率和屠宰检疫率均达100%。全年无害化处理病死猪7800余头，病死猪无害化处理率达100%。推行绿色生态养殖理念，鼓励养殖企业进行绿色食品认证和无公害农（畜）产品认证，2家蛋鸡养殖场通过无公害畜产品换证复查。

【主要领导人】 县委书记：何洪波；县人大常委会主任：蔡文华；县长：李志超；县政协主席：曾伟；分管农业副县长：刘杰。

大竹县编写组

渠　县

【基本情况】 2019年，全县辖37个乡（镇），辖区面积2018.37 平方千米，其中耕地面积11.79 万公顷。

【现代农业园区建设】 李馥青花椒、渠南—中滩柑橘现代农业园区建设制定了《渠县现代农业园区建设推进方案（2019—2023年）》（渠委办发〔2019〕44号），编制了《渠县现代农业园区建设总体规划（2019—2023年）》。成立了以书记、县长任组长，分管领导任副组长，县级相关部门负责人为成员的渠县现代农业园区建设领导小组。领导小组下设办公室于县农业农村局，负责领导小组的日常工作。各乡（镇）也相应成立了园区建设领导小组，形成了县、乡、村主要领导抓园区建设的工作机制。县农业农村局整合2017年省级现代农业产业园培育、2018年农业部产业兴村强镇、2019年高标准农田建设、2019年省级现代农业园区培育、2019年省级农业产业化联合体等涉农项目，全面启动园区建设工作，重点支持园区基地基础设施、特色产业发展、农业机械化装备、产地初加工中心、一二三产业融合、特色农业品牌创建、科技支撑等建设。在中滩镇天山村集中扩建柠檬基地66.67公顷，新建蓄水池2口、生产路1900米、运输道路350米，新建休闲驿站5座、农耕文华展示厅1处、智慧农业中心1处；在中滩桔香农民专业合作社、亚博柠檬基地、华橙酒业、吉胜辣椒等基地建设组装式冷藏库26座、2600吨/批；在李馥青花椒现代农业产业园规划建设渠北双桥游客按待中心1处、智慧物联网1套、李馥红寺村双椒主题公园1个、祈丰台景观1处、李馥凤凰新村登山栈道1000米、油菜基地大地景观1处、灯塔村花椒烘干中心2000平方米。

【种植业】 全县粮食作物播种面积11.85万公顷，产量65.3万吨，增加0.093万公顷，增产0.5万吨；油料作物（以油菜、花生为主）播种面积2.73万公顷，产量6.4万吨，增加0.1亩，增产0.7万吨。围绕望溪、琅琊、李渡、中滩、有庆、宝城等现代粮油生产优势区域，全县共建成高标准农田2.84万公顷、粮油烘干房70座，基础设施建设不断完善。宣传农村各项优惠政策，农民种粮的积极性得到调动，耕地撂荒现象得到遏制。全年共发放耕地地力补贴、农机购置补贴等近1.2亿元，强农惠民政策不断落实。

【特色产业发展】 一是优质粮油产业。支持国沃农业稻谷精深加工，创建富硒大米、古賨香米、古賨贡米、珍珠米企业品牌，打造有庆—宝城、贵福—涌兴、琅琊—望溪三大粮仓；以推广"双低"油菜品种为重点，打造"一带三廊"天府菜油示范种植基地（渠江产业带、达营高速走廊、南大梁高速走廊、318国道走廊），创建产油大县示范县，带动全县种植粮食11.8万公顷，产量65万吨；种植油菜1.87万公顷，产量4.2万吨，实现十四连增。

现代经作产业。利用现代植物组培技术培育和推广三月花、武坪早等黄花早熟品种，继续擦亮"中国黄花之乡"招牌。依托四川吉胜食品龙头企业，发展特色海椒订单生产基地0.13万公顷。推广大雅、沃柑等晚熟柑橘，打造长江上游优质晚熟柑橘产业带0.67万公顷。依托秀岭春天、四川蜀凰生态农业有限公司等龙头企业，打造集生态种植、现代加工、康养旅游于一体的富硒茶、白茶产业带。

畜牧水产业。推广斑点叉尾鮰、南美白对虾、小龙虾、美国青蛙等，重点打造中滩、双土、琅琊、渠江镇、定远、龙凤、静边、清溪场、贵福等乡（镇）的池塘养殖区。

【农村改革】 土地确权。推进承包地确权登记颁证，打印60个乡（镇）30.4万本土地证书，全县承包地确权登记颁证率达98%。制定《贯彻所有权、承包权、经营权分置实施意见》，全面贯彻落实《关于保持土地承包关系稳定并长久不变的意见》，稳定30年承包土地不变，全年推进规模流转土地340公顷。

土地流转监管。鼓励和引导种养大户、农民合作社、龙头企业、工商资本等新型经营主体进入农业发展，推行产业论证备案、土地流转备案"双备案"制度，防范农业生产风险。全县共流转土地2.24万公顷，其中规模流转土地1.83万公顷、规模经营业主663户。

村级集体经济。制订《渠县扶持发展村集体经济实施方案》，完成10个试点村的登记赋码工作。制定下发《渠县扶持发展村级集体经济12条措施》，指导村集体因地制宜制定实施方案。为抓好"优秀农民工回引培养工程"，持续宣传推荐各地特色产业和村集体经济项目，汇编形成了《渠县行政村项目指引手册》，建立了发展农村集体经济联席会议制度。

【乡村振兴】 配合县发改局编制完成《渠县乡村振兴战略规（2018—2020）》；立足渠南、中滩2个乡（镇）的自然禀赋、人文地理，打造渠南—中滩乡村振兴示范区；按照县委、县政府的统一部署，拟将渠南镇、中滩镇争创省级先进乡（镇），拟将李馥镇凤凰村、万寿乡灵感村、渠南镇大山村、岩峰镇回龙村、水口镇汉亭村、安北乡平桥村、巨光乡金土村、定远镇团寨村、临巴镇凉桥村、中滩镇天山村10个村创建为全省乡村振兴示范村。

【宜居乡村建设】 "厕所革命"。制订了《渠县农村"厕所革命"整村推进实施方案》，并选取渠南镇大山村、中滩镇天山村等作为示范村、示范户先期进行改造建设。全县对135个村13618户实施卫生厕所建设，对50个村6370户无害化厕所进行了改造，改建农村公共厕所27座。

农村生活垃圾治理。全县清理农村生活垃圾30365吨，清理村沟村塘淤泥261270吨，清除村内残垣断壁3955处，张贴宣传标语4011幅。全县已建成生活垃圾"户分类、村收集"的模式，生活垃圾实现集中清运的行政村（居委会）569个，占全县行政村（居委会）总数的100%。全县有村民小组（农村居民小组）569个，配有保洁员569人，配备率达100%。农村环境"脏乱差"问题初步解决，村容村貌得到有效改善。

农村生活污水治理。制定出台了《农村生活污水治理的实施意见》，全县8个乡（镇）建立正常运行的污水处理厂，通过污水设施处理实现生活污水净化的村50个。在异地搬迁、新村聚居点建设50个污水处理设备，配套建设管网10000米、太阳能电力系统50套、设备间2000平方米、清水池50个及附属设施，农村生活污水治污排入城镇管网17850户，生活污水排入集中处理设施2600户，生活污水排入分户或联户处理设施3260户。

畜禽粪污资源化利用。出台了《渠县加快推进畜禽养殖废弃物资源化利用工作方案》（渠府办〔2018〕47号），成立了渠县畜禽粪污资源化利用整县推进项目工作工作领导小组(渠府办〔2018〕46号)。新(改、扩)建标准化畜禽养殖场24处,全县291个规模养殖场通过畜禽粪污处理设施装备配套验收;对90个大型规模养殖场全部进行畜禽粪污处理设施装备配套验收。

种植业污染防控。发展新型经营主体,实行区域化种植。通过农机专业合作社、家庭农场和种粮大户等新型农民经营主体,以创建无公害、绿色、有机食品和地理标志为抓手,发展区域化种植,推广“一村一品”,进行集中指导、集中管理和集中治理污染。同时,推广测土配方施肥和专业病虫害防治,减少和避免农药残留。全县全年化肥使用量4.1万吨、农药307.5吨,分别减少0.23万吨、1.2吨,分别减少3.1%、0.4%。

农村生态环境治理。按照“小规模、组团式、微田园、生态化”规划建设模式,实施发展美丽经济“五变”行动。依托现代农业园区建设,在中滩镇天山村扩建柠檬基地1000亩,新建蓄水池2口、生产路1900米、机耕道350米,新建休闲驿站5座、农耕文华展示厅1处、智慧农业中心1处、组装式冷藏库26座。在李馥青花椒现代农业园区规划建设游客按待中心1处、智慧物联网1套、双椒主题公园1个、祈丰台景观1处、登山栈道1000米、油菜基地大地景观1处、花椒初加工中心1座。在临巴镇凉桥村、岩峰镇鹞山村等地的村口、路侧和滨水地带实施绿化1.6公顷。在安北乡平桥村、新市镇五通村等村开展绿化和发展庭院经济林果3500处,在宋家乡鸡山村、平安乡福安村等采用乡村树种,凸显地域乡土特色。在李馥镇凤凰村、高硐村推广使用清洁能源,优化农村能源结构。

【临巴田园综合体建设】 县农业农村局引进四川国沃希隆农业发展有限公司、成都农科源科技有限公司完成临巴田园综合体产业发展布局:完成多彩水稻种植33.33公顷、观赏向日葵种植33.33公顷,在临巴镇群团村整村发展中药材种植;整合2017年省级现代农业园区项目、2019年高标准农田建设项目,完成宽6米的环形主干道路水稳层及沥青混凝土铺设;完成宽4.5米的次干道路砼浇筑、环线线路水稳层铺设、路沿浇筑;完成10000米护坡施工、下河堤2.5米宽路面砼建筑;完成渠道、蓄水池、提灌站建设,电力设施安装;完成田地整治。

【扶贫攻坚】 制订《农业产业扶贫专项2019年实施方案》(渠委办发〔2019〕23号),全县发展粮油产业2000公顷、现代经作基地1200公顷(蚕桑28.67公顷、水果342.67公顷、花椒252公顷、蔬菜383.33公顷、中药材74公顷、水产74公顷、其他98.67公顷),新建农产品初加工设施31座;建设畜禽养殖标准化养殖场23个;新建高标准农田133.33公顷,计划投资300万元,已完成规划选址和方案编制及招投标,在锡溪—临巴片区、渠南—中滩—鲜渡片区建设高标准农田100公顷;新培育农民合作社省级示范社2个、家庭农场省级示范场2个、农业科技示范户780户。发展村级集体经济10个(5个贫困村)试点村。

【基础设施建设】 高标准农田建设。农业农村厅下达给渠县高标准农田建设资金6939万元,建设任务3000公顷(其中节水灌溉400公顷)。按照省、市文件及技术要求,全县高标准农田建设在锡溪、临巴、李馥、渠北、鲜渡、中滩、渠南7个乡(镇)23个村(社区),分3个片区实施。

机电提灌建设。县农业农村局整合2018年度涉农项目资金、2019年度高标准农田项目资金共计1764万元投入农机提灌站建设,新建机电提灌设备220台(套)1400千瓦,改建电力提灌站22座766千瓦,实现有效节水灌溉面积500余公顷。

农机化生产道路建设。整合农业综合开发、土地整理、高标准农田建设等资金6811.6万元,建设农机化生产道路212千米;整合涉农项目资金6611.6万元、县级资金200万元,用于贫困村农村道路建设,所有农村道路建设已移交给当地乡村投入使用。

【农产品质量安全监管】 成立了县长任组长,分管副县长任副组长,县级相关部门和各乡(镇)主要负责人为成员的渠县农产品质量安全工作领导小组,领导小组下设办公室在县农业农村局。60个乡(镇)全部挂牌成立了农产品质量安全服务站,县农产品质检站获得省级计量认证和安全检测机构考核“双认证”。全县先后建成粮油、黄花、柑橘、花椒等标准化生产基地2.67余万公顷,建成农产品质量安全监管核心示范区8个。全县“三品一标”农产品认证总数42个,其中无公害农产品22个(畜产品11个)、绿色食品8个、有机食品11个、地理标志产品1个。开展农产品日常检测,建立了县、乡、村三级检测网络,全年乡(镇)农残快速抽检样品达10万个,合格率达98%;县级例行监测样品300个,合格率达98.4%;配合国家、省、市各项抽检工作,协助国家监督抽检1次、农业农村厅交叉抽检4次,省级例行监测合格率达98.7%,确保了农产品安全。

【农业行政执法】 农业执法。全年出动农业行政执法人员1200人次,检查乡(镇)60个,检查生产企业、经营门店600余家,检查种子品种114个、农药品种148个、肥料品种31个、蔬菜基地和专业合作社35个,协调种子纠纷37起,立案查处农资案件16起,为农民挽回经济损失180余万元。

专项治理。组织开展“3·15”法制宣传街头法律法规咨询活动、“送法下乡”活动、《行政复议法》宣传月活动等,利用“宕渠农业”“以案说法”“法制之窗”等广播电视网络开办了农资打假专栏。开展街头宣传咨询活动25次,印发宣传资料20000余份,制作展板14块、标语横幅150条,接待群众咨询3600余人次,组织农民收看中央电视台7套“3·15”电视专题节目52万人次开展农业法律法规宣传,在活动中,展出假劣种子、农药、肥料品种20余种,提高了农民的鉴别能力。组织开展农资经销商培训5期、1230人次。

【主要领导人】 县委书记:苟小莉;县人大常委会主任:何世斌;县长:王飞虎;县政协主席:李佳林;分管农业副县长:牟军。

渠县编写组

开 江 县

【基本情况】 2019年,全县辖13镇7乡,辖区面积1033平方千米,其中耕地面积2.47万公顷。

【年度农业和农村经济运行】 2019年,全县农林牧渔业总产值达60.1亿元,增长3.3%;农业增加值达37.3亿元,增长3.5%。全年创建“三品一标”农产品9个,其中有机食品2个、无公害农产品5个、地理标志证明商标2个。围绕织密水、田、路“三张网”,推进土壤有机质提升行动,全县高标准农田达31万亩,全程机械化率达85%;新建田间道路700余千米,实现了“田成方、路相通、渠相连、土肥沃”。全年共抽检农产品2607个,合格率达98.7%;抽检水产品110个,合格率达100%。新建新村供气工程3处和省级新村集中供气工程7处,未发生安全事故。完成拖拉机年检1426台,年检合格率达77%;注销拖拉机牌证376个。

新型农业经营主体培育。全县新型农业经营主体达1799家,新增培育151家,增长9%。遴选30个家庭农场作为省、市重点培育对象,鸿发家庭农场入选全国26家典型示范家庭农场。新培育市级示范合作社6家、市级示范家庭农场4家。

现代农业园区建设。按照“以种定养、以养定种、有机循环”原则，写好“稻田+”“果林+”2篇文章。全县发展“稻田+鱼、虾、蟹、蛙”产业基地4万亩、“果林+鸡、蔬菜、中药材”产业基地5万亩，实现年产大闸蟹、小龙虾、生态鱼等特色水产品375万千克以上，实现产值2.5亿元。新发展现代农业园区2个，创建市级现代农业园区2个，“稻田+”现代农业园区申报创建省级现代农业园区工作有序推进。

【种养殖业】 全年粮油播种面积稳定在72.3万亩，总产量稳定在36.5万吨；出栏生猪30.6万头、家禽1200万只、牛1.3万头、羊12.9万只，肉类总产量4.4万吨，禽蛋总产量1.46万吨。

动植物疫情防控。全年主要农作物病虫害发生总面积85.8万亩次，防治总面积94.3万亩次，挽回作物损失1.95万吨，实现了把病虫害危害损失率控制在3%以下的经济目标。成立非洲猪瘟等重大动物疫病防控领导小组，印发防控宣传资料3万份，排查养殖场（户）41.3万场（户）次、交易市场40场次、屠宰场1103场次、生猪4.2万头次，设立非洲猪瘟防控临时检查消毒站17个，立案查处非法调运动物及产品案件3件。开展产地检疫生猪4.8万余头、牛（羊）3.7万余头（只）、家禽133.6万余只（羽），屠宰检疫生猪3.95万头，检出并无害化处理病害动物及非食用产品2460千克，端掉私屠滥宰黑窝点5个。

【农村改革】 完成农村土地承包经营权确权面积58.9万亩，颁证率达99%。5个推进股份制改革工作试点村全部颁发了股权证书，已全面完成20个乡（镇）227个村（社区）1556个村民小组的农村集体资产清产核资，完成80%以上的集体经济组织成员确认和13个集体经济组织的登记赋码打证工作；选取22个行政村作为中、省、市级扶持村级集体经济发展试点村；稳步推进“三权分置”工作，全县流转土地10.67万亩；实施新型职业农民培育工程，累计培育新型职业农民3602名，返乡创业人员1824人，各类“土专家”“田秀才”356人；统筹财政涉农资金5.8亿元支持乡村振兴重点项目、主导产业建设。全年涉农贷款金额60.4亿元，占全县贷款总额的65.41%；利用央行扶贫再贷款发放扶贫贷款1亿元，“政融保”融资支农1715万元。建成农村饮水安全巩固提升工程53处，受益人口1.7万人。先后与阿里巴巴、京东等大型企业建立合作关系，全县农产品电商从业个体和企业已近100余户（家）。15家农牧产品加工企业建成冷链物流项目，冻库总容积2300余吨。

【乡村振兴】 围绕乡村振兴试点示范建设、现代农业园区建设和美丽宜居乡村建设三大重点，建成覆盖4个乡（镇）19个村的乡村振兴示范区，筹办全市乡村振兴暨农村人居环境整治现场会。首批创建市级乡村振兴先进乡（镇）1个、示范村7个，申报创建宜居乡村达标村53个。

【扶贫攻坚】 锁定“实现剩余的未脱贫人口稳定脱贫，持续提升51个退出贫困村和5.56万名脱贫人口脱贫成效”的年度目标任务，开展“六大提升行动”，持续在“真脱贫、防返贫”上下足功夫。全县完成1.1万亩粮油高质高效示范片播种、栽植工作，在任市镇黄泥磅村新建现代经作产业基地0.4万亩。驻村农技员、农业技术巡回小组适时开展田间技术指导和培训，全县51名驻村农技员共计走访贫困户3570户，进村次数累计达1683次，累计开展集中培训213次6420人、分户培训723次2412人，共计发放资料15000份，推广新品种46个、新技术31项。巡回小组为村完善了产业扶贫规划、因户制定切实可行的发展措施，全年累计进村开展工作360次，集中培训50次、分户培训165次，解决农业生产与发展技术问题78个，走访贫困户2920户，发放资料11680余份；新建或改造现代经作产业基地0.4万亩；建成畜禽标准化养殖场1个和水产示范养殖基地1个；新增农机动力0.5万千瓦；在靖安乡高洞村、广福镇双河口村、骑龙乡六家坝村3处建成新村集中供气项目，均已完成验收。全县剩余的1683户3959名贫困人口顺利通过验收认定，全部退出贫困序列，已脱贫人口无一返贫。

【农村人居环境整治】 推进“三大革命”，新建无害化厕所5348户，建成卫生厕所75238户，普及率达71%。新建新村聚居点生活污水处理站1座、乡（镇）污水处理厂6个、投运联户污水处理设施150个，建立分类垃圾收集点50个，调剂3台3吨电动垃圾压缩车。全县行政村专职保洁人员配备率达100%。加强畜禽粪污综合利用，全县畜禽粪污综合利用率达79%，规模化养殖场粪污综合利用率达89%，规模化养殖场粪污处理设施设备装备配套率达85%。

【助农增收】 坚持把就业创业作为农民增收主渠道，新创办企业20家，吸纳农村劳动力就地就近就业1785人。全县农村劳动力转移就业17.8万人，实现劳务收入26.7亿元。

【主要领导人】 县委书记：罗建；县人大常委会主任：马林；县长：周建平；县政协主席：杜勇；分管农业副县长：余学海。

开江县编写组

巴 中 市

【基本情况】 2019年，全市辖2区3县，辖区面积1.23万平方千米。有常住人口331.92万人，减少0.28万人，其中乡村人口188.03万人。全年出生人口3.89万人，人口出生率10.19‰，减少1.17个千分点；死亡人口1.92万人，人口死亡率5.27‰，减少0.19个千分点；人口自然增长率4.92‰，减少0.98个千分点；计划生育率为98.42%，增加0.35个百分点。城镇化率43.35%，增加1.5个百分点。有森林面积76.91万公顷，增长0.7%；森林覆盖率62.5%，增加0.4个百分点。

2019年，全市GDP754.29亿元，增长6%，其中第一产业增加值124亿元，增长2.6%；第二产业增加值242.12亿元，增长2.9%；第三产业增加值388.17亿元，增长9.3%。人均GDP22715元，增长5.9%。三次产业结构比由上年的15.4∶33.8∶50.8调整为16.4∶32.1∶51.5。三次产业对经济增长的贡献率分别为6.3%、17.6%和76.1%，分别拉动GDP增长0.4个、1.1个和4.5个百分点。全年转移输出劳动力168万人，增长35.9%；实现劳务收入175.29亿元，增长2%。其中，转移输出农村劳动力122.7万人，增长2.9%；实现劳务总收入175.38亿元，增长2.2%。

全社会固定资产投资减少10.7%。社会消费品零售总额347.06亿元，增长8%，其中乡村消费品零售额65.75亿元，增长7.6%。地方一般公共预算收入47.67亿元，增长4.9%；一般公共预算支出311.75亿元，减少1.3%。年末金融机构人民币存款余额1298.15亿元，增长4.1%；贷款余额804.3亿元，增长12.3%。

公路通车里程18524.65千米，增长7.8%，其中高速公路356千米、国道575.6千米、省道1247.09千米、县道685.42千米、乡道2007.87千米、村道13604.77千米；公路通村率100%，行政村客运班车通达率98.52%。全年完成邮电业务总量138.94亿元，增长60.5%。有固定电话用户46.83万户，增长6.7%；移动电话用户282.93万户，增长2.6%；固定互联网宽带接入用户78.64万户，增长12.3%。

有各类学校713所，增加8所；在校学生495464人，减少2.1%；专任教师35720万人，增长2%，其中幼儿园271所，在园幼儿87916人，专任教师2706人，幼儿学前一年毛入园率99.5%；普通小学203所、小学教学点1565个，在校学生196454人，专任教师16086人，小学学龄儿童净入学率和升学率均为100%；普通初中学校168所，在校学生100354人，专任教师9645人，初中学龄人口净入学率100%；普通高中学校49所，在校学生78074人，专任教师5647人，高中阶段毛入学率93.5%；中等职业教育学校16所，在校学生25037人，专任教师1270人；特殊教育学校5所，在校学生580人，专任教师117人；高等职业教育学校1所，在校学生7049人，专任教师249人。全年争取实施国家级科技项目4项、省级科技项目59项，引进和转化科技成果32项。有公共图书馆6个（图书藏量145.76万册）、档案馆5个（档案藏量64.5万卷）、文化馆（站）206个。有剧场和影剧院14个、艺术表演团体29个、文艺表演场所97个，群众文化设施建设面积46.83万平方米。有广播电视台4个，广播节目综合人口覆盖率98.87%，电视节目综合人口覆盖率99.7%；直播卫星用户36.47万户，直播卫星入户率27.7%；有线电视用户19.32万户，有线电视入户率14.7%；光纤电视通村率94.3%。有医疗卫生机构3349个，增加75个，其中医院78个、妇幼保健院6个、乡（镇）卫生院230个、疾病预防控制中心6个、卫生监督所（中心）6个、社区卫生服务中心（站）31个、诊所（卫生所、医务室）533个、村级卫生室2443个；卫生技术人员17714人，增长5.5%，其中执业医师5004人、执业助理医师1998人、注册护师护士7198人、药师721人、技师1082人、其他卫技人员1580人；病床位22651张，增长4.1%，其中医院14954张、乡（镇）卫生院6765张、妇幼保健院440张、社区服务中心（站）472张。养老保险参保人数172.94万人，增长5%；养老保险发放人数78.24万人，减少0.8%；累计发放养老保险金62.68亿元，增长8%。城乡居民养老保险参保率为99%。

【年度农业和农村经济运行】 2019年，全市农村居民年人均可支配收入达13232元，增长10.2%；农村居民年人均生活消费支出11090元，增长9.2%；农村居民恩格尔系数为41.2%，减少2.3个百分点。全年水产养殖面积1.1万公顷，增长2%；水产品产量6.84万吨，减少3.3%。

【种植业】 全年粮食作物播种面积33.84万公顷，增长0.03%，其中小春粮食作物播种面积9.37万公顷，减少0.9%；大春粮食作物播种面积24.47万公顷，增长0.4%。全年油料作物播种面积8.15万公顷，增长2.7%；中草药材播种面积2.09万公顷，增长4.3%；蔬菜及食用菌播种面积6.62万公顷，增长5%。全年粮食总产量191万吨，增长0.2%，其中小春粮食产量37.91万吨，增长0.9%；大春粮食产量153.1万吨，减少1.1%。经济作物中，油料产量16.83万吨，增长2.8%；蔬菜及食用菌产量159.66万吨，增长5.3%；茶叶产量1.12万吨，增4.7%；水果产量7.76万吨，增长5.8%；中草药材产量4.94万吨，增长5.6%。全年农作物受灾面积3.52万公顷，减少14.4%，其中绝收面积0.11万公顷，增长14.2%。全年农作物因洪灾、旱灾、雪灾、低温冻害以及地质灾害等造成的直接经济损失9779万元，增长95.6%。

【畜牧业】 全年肉猪出栏250.7万头，减少28.3%；牛出栏19.49万头，增长3.7%；羊出栏98.5万只，增长3.3%；家禽出栏1344.7万只，增长16.8%。禽蛋产量6.65万吨，增长3.7%。肉类总产量24.38万吨，减少21.1%，其中猪肉产量18.12万吨，减少28.5%；牛肉产量2.34万吨，增长5.8%；羊肉产量1.48万吨，增长3%；禽肉产量2.01万吨，增长15.6%。

【林业】 全年植树造林1.24万公顷，减少28.2%，其中退耕还林工程0.4万公顷，减少50%。全年发放退耕还林补贴1.04亿元，减少16.9%。年末活立木蓄积量6402万立方米，增长1.4%。

【统筹城乡和新型城镇化建设】 加快推进新型城镇化，全市城镇化率为43.35%，提高1.5个百分点；市中心城区建成区面积60.63平方千米，常住人口69.9万人；“三县”建成区面积52.67平方千米，常住人口63.44万人。持续开展城市“双修”，开工改造城镇危旧房棚户区4144户，实施老旧小区改造项目107个、既有住宅增设电梯149部；整治背街小巷30条，新（改）建城镇公厕459座；拆除围墙6448米、违建17.48万平方米，新增绿化7000平方米。深入实施乡村振兴战略，编制完成若干规划，创建省级特色镇和乡村振兴先进乡镇4个、省级乡村振兴示范村25个，建成“美丽巴中・宜居乡村”300个，28个村人选国家、省传统村落和“四川最美古村落”。

【扶贫攻坚】 按照每人每年2300元（2010年不变价）的农村贫困标准计算，全市有农村贫困人口1942人，减少60460人，贫困发生率降至0.06%。全覆盖开展落实“两不愁、三保障”回头看大排查，统筹整合财政涉农资金21.04亿元，帮助12.27万名贫困家庭劳动力转移就业，易地扶贫搬迁1995户6704人；农村危房改造完工20136户；解决71.32万人安全饮水问题，教育资助45.8万人次，医疗扶助17.65万人次，发放社保兜底补贴（助）5.5亿元。

【农村水利及农业机械化】 全市有水利工程13.66万座（处），减少2.2%；总蓄水能力3.74亿立方米，增长0.9%。年末有效灌面9.69万公顷，增长1.3%。全年综合治理水土流失面积34.71万公顷，增长5.6%。全年建成高标准农田23.79万亩，增长4.7%。有农村饮水安全达标人口262.98万人，增长0.6%。农村自来水通村率和普及率均达100%。年末农业机械总动力191.3万千瓦，增长0.6%。

【主要领导人】 市委书记：罗增斌；市人大常委会主任：魏文通；市长：何平；市政协主席：朱冬；分管农业副市长：克克。

巴中市编写组

巴州区

【基本情况】 2019年，全区辖2乡14镇6个街道。有农村户数14.7万户、农村人口51.6万人。全区GDP191.92亿元，增长7.1%。地方一般公共预算收入完成7.89亿元，增长0.3%。

公路通车里程3801.37千米（其中乡村公路3620.66千米），密度2937.46米/平方千米，53.26千米/万人。有公立医疗卫生计生机构52个，其中区级医疗卫生计生单位7个、乡（镇）卫生院（中心卫生院 ）36个、社区卫生服务中心8个、社区卫生服务站5个、民营医院6家、村卫生室382个、个体诊所224个；有编制病床位2948张，平均每千人拥有床位4.4张；有卫生专业技术人员3868人，平均每千人拥有卫生技术人员5.5人；有乡村医生626人。

【年度农业和农村经济运行】 2019年，全区实现农业总产值35.75亿元（可比价格31.62亿元），增长2.6%。农村居民年人均可支配收入达13317元，增长10.4%。新建和技改提灌站11座。实施国家农机购置补贴政策，补贴农户189户，补贴资金21.2万元。加强农产品质量安全检测，完成农产品质量安全风险监测和监督抽查2200个样，合格率达100%。抓好农产品优质品牌培育和推介，申报"三品一标"农产品9个；组织巴中老廖家等企业赴成都等地参加展示展销会，展出15种具有地方特色的优质农产品。

农业产业化发展。新培育专业合作社40家、家庭农场22家，其中获得省级示范社3家、省级家庭农场3家；新认定市级农业龙头企业5家；清理农民专业合作社"空壳社"356家。

农用地产权制度改革。完成26个乡（镇、街道）的农村土地承包经营权确权登记颁证工作，完成证书打印105948本，占总数的96.4%；向农户颁证101948本，占总数的93.7%；证书纠错率达95%。对巾字、佛龛、枇杷等6种"三权分置"实现模式进行归纳与提升，提出农村承包土地退出国家收储理念。将2018年4项改革试验成果报送区委审定，并报农业农村部验证认定，国家验收组对巴州区承担的土地承包经营权流转管理试点、土地承包经营权有偿退出试点、以农村社区为基本单位的村民自治试点三项国家级到期试点任务进行了验收，试验任务受到专家组的肯定。在全省农村改革工作推进会上，区长杨波以"盘活用好土地资源增强乡村发展动力"为题作了经验交流发言，巴州区被省委表彰为全省农村改革先进县（区）。

农村集体产权制度改革。推进农村集体资产股份制改革，419个村（居）2396个组完成清产核资，完成村（居）组涉及2815个单位的农村集体产权制度改革的清产核资系统报表；405个村2300个组完成集体经济组织成员身份认定；357个村2038个组完成股权量化，量化资产13.5亿元。完成41个村的农村集体经济组织登记赋码，率先在鼎山镇连通村、大和乡界牌村、羊凤乡首市村等12个乡（镇）的25个村建立村集体经济组织并实质运营。

【特色产业发展】 突出道地中药发展，坚持以长效木本药材为主，推广丹参、白芍、枳壳3个主导品种，在清江镇建成丹参良繁基地核心区500亩，在凌云乡建成枳壳良繁基地300亩，大和花城果香、清江秦巴药博园等3000亩药旅融合示范园建设加快推进，全区新发展中药材2.6万亩。发展有机果蔬，培育绿色有机品牌，新建有机果蔬面积3000亩，改造低产果园8000亩，建成食用菌产业项目核心示范基地150亩和菌棒加工厂房生产线2条。完成《北部山区茶产业实施方案》编制，新建茶叶基地2580亩。开展绿色高产创建，建立优质粮油现代化基地2.1万亩，完成大豆试点约束性任务0.5万亩。全年粮食总产量30.74万吨（其中小春粮食7.9199万吨、大春粮食26.0642万吨）、油料产量2.1万吨，巴州区获得省政府粮食生产"丰收杯"奖。依托巴中温氏畜业，建成年产猪苗12万头的曾口镇二龙场种猪场，年产猪苗13万头的羊鼎种猪场（二期）竣工投产，年产猪苗10万头的关渡猪场开工建设。新建南江黄羊一级扩繁基地1个，在花溪乡建成南江黄羊标准化养殖场1个，在水宁寺镇建成青峪猪标准化养殖场1个，在平梁镇建成年出栏3.5万只的标准化养鸡场1个。推广稻田养殖，在曾口镇龙潭村和龙背乡清泉村新建水产园区2个，新增养殖渔业水面4100亩。加快现代农业产业园区建设，打造巴州区现代农业猕猴桃种植示范园区1000亩、巴州五彩生态茶旅综合体2000亩和巴州区北部山区彩叶苗木基地，巴州区道地药材现代农业产业园和巴州区清江果蔬现代农业园区分别被市政府认定为五星级、三星级现代农业园区。

【动物疫病防控及病虫害防治】 持续加强非洲猪瘟等重大动物疫病防控及其他流行病学调查与常规监测工作，做好动植物疫病防控和农作物有害生物绿色防控，建立植物疫病省级重点监测点40个，监测点覆盖面积1万亩，防治病虫等有害生物120.27万亩次，挽回粮油作物损失2.4万余吨。5月29日，在龙背乡天马村1社玉米地剥查到疑似草地贪夜蛾幼虫后，加强草地贪夜蛾防治，全区应急防控面积7490亩，实施小麦病虫害统防统治2万亩、柑橘病虫害绿色防控0.5万亩。

【林业】 严格林地用途管制，依法打击破坏森林和野生动植物资源的违法犯罪行为。全年办理征占用林地4宗、面积7.744公顷，完成森林督查及森林资源管理"一张图"问题核实和调查处理工作。推进造林绿化，完成营造林3.2万亩；推进国家森林城市提升，义务植树25万余株；打造彩林廊道108.5千米，补植县、乡道绿化723千米，完成河道绿化27千米，培育林下经济1.1万亩。完善天然林保护制度，兑现生态效益补偿资金533万元。巩固退耕还林成果，兑现退耕还林补偿资金465万元。在建档立卡贫困人口中选聘生态护林员582名，兑现管护报酬279.367万元。建成省级、市级森林康养基地各1个，省星级森林人家4家。加强松材线虫病稳控，坚持以疫木除治为核心，在媒介昆虫羽化前集中除治疫木5.8万株，及时阻止拟调入全区的松材线虫病疫区未经无害化处理的松木及制品15起，开展松木制品复检101起。加强森林防灭火稳防，逗硬落实主体责任，深化宣传教育，全年快速处置一般森林火灾32起（其中因上坟祭祖引发火灾7起、因民事生产用火引发火灾15起、起火原因不明10起），森林火灾发生率较以往同期有所下降。

【扶贫攻坚】 落实拟脱贫对象"一村一案""一户一策"，开展扶贫对象动态管理，加强脱贫攻坚业务指导，4390人如期脱贫、9个贫困村顺利退出，实现全面消除绝对贫困目标。推进东西扶贫协作，18个协作项目有力推进，六大类19类指标已基本完成。新促成15家企业与贫困村签订帮扶协议，开展"10·17"扶贫日活动。完成惠农惠民资金"一卡通"清理6190张。持续推进67个移民后扶项目，接受省2018年移民后扶政策实施重点县监测评估。

【农村水利】 通过延伸管网、引泉、改井建设等方式重点解决全区9个乡（镇）15个村整户新增贫困户共计23户58人的农村饮水安全问题，梳理并录入系统涉及农村饮水安全的相关问题10个。龙洞沟水库灌区省级中型灌区配套改造试点项目一期工程完工并组织项目法人验收。区政府统筹安排2114万元用于灾后水利薄弱环节建设病险水库建设项目15座病险水库建设，已通过项目法人组织的法人验收。完成水利部核查新增病险水库13座入库及安全鉴定；6座水库纳入水利提升项目规划；完成寒溪寺新扩建小(1)型水库可研报告技术审查；完成水库防汛责任人的收集整理并核实上报；完成106座水库汛前、汛中检查以及防汛预案和水库运行调度管理方案的编制、审批。

【农村科技】 全区建设科技扶贫示范基地3个、创新创业基地1个、科技扶贫示范村2个；引进转化科技成果10项，研发农业新产品5个；培育国家农业高新技术企业1家、省级科技成果转移转化示范企业4家，备案入库国家科技型中小企业5家；建成国家级、省级创新创业平台2个；签约引进“三区”科技人才15名，组建产业科技特派员服务团5支；遴选特派员25名，开展科技精准服务35次，解决技术难题10个；组织开展创新创业、“送科技下乡”等大型活动3场次，举办实用技术培训10期，培育科技致富带头人50名，培训农户5000人次，发放技术手册2万余册（份）；建设优化四川科技扶贫在线巴州区平台，入库专家302名、信息员1000名、贫困户3万余人，解决农村产业技术咨询7656条，挽回经济损失100余万元。加强农业技术指导，为113个建档立卡贫困村派驻驻村农技员124人，组建118个农业技术巡回服务小组到260个非贫困村开展技术巡回服务，举办培训班，示范推广新技术16项，推广新品种31个。加快农田基础建设，在平梁、宕梁、曾口、鼎山等乡（镇）建成高标准农田5.8亩、高标准农田绿色示范区0.3万亩。全区实现科学实用技术推广、农业技术服务指导、贫困劳动力技术培训“三个全覆盖”。

【农村交通】 全年新（改、续）建县、乡公路及乡村旅游（产业）公路、通村公路、通组联网公路46条143.3千米，其中县、乡公路4条47.954千米，乡村旅游（产业）公路5条34.9千米，通村公路9条15.114千米，通组联网公路28条45.354千米。建立配置合理、运作高效、保障有力的农村公路养护与应急保通体系，全区设置县级养护站6个、乡（镇）养护道班23个、村级养护队393个、机械化养护中心1个，推动农村公路养护管理工作规范化、常态化、机械化；将农村公路养护纳入一般转移支付基数，将县、乡、村三级道路养护补助资金全部纳入财政预算，建立稳定的增长机制，满足养护管理需求，实现农村公路“畅、洁、绿、美、安”。全区有农村客运公司6家、客运车辆770余辆，开通城乡农村公交线路6条、农村客运班线110条，提供210余辆农村客运车辆开展预约式响应服务，全区所有行政村均通客运。建设三级物流网络体系，建成区级配送服务中心32家、乡（镇）物流场站46个、农村网点393个，建制村物流网点实现全覆盖，实现了村民“出门有路，抬脚上车”和“购物不出村、销售不出村、创业不出村”。

【农村卫生】 推进医药卫生体制改革，出台《巴州区医疗服务共同体改革试点方案》，组建区域医共体3个；开展平梁片区紧密型医共体试点工作。全面实施乡村卫生一体化改革，建立村医进退出机制。推进农村卫生体系建设，分批对45名乡（镇）卫生院业务骨干和420名乡村医生进行理论和适宜技术培训。截至2019年年底，全区44个乡（镇、街道）均建成达标卫生院（社区卫生服务中心），382个行政村均建成达标卫生室。中医药服务能力得到极大提升，乡乡设置中医馆，配齐设施设备52台（件）；村村建立中医角，配齐设施设备33台（件）和合格村医1名。推进基本公共卫生服务，以家庭医生签约服务为抓手，试点推行电子化签约，规范建立纸质健康档案和电子档案，全区建立纸质健康档案65.81万份，建档率达96.53%，规范化电子建档率达95.22%。规范高血压、糖尿病、重精神病型慢病管理；开展免费婚孕检、艾梅乙阻断项目、“两癌”筛查、孕产妇和儿童健康管理工作；开展健康、文化“三下乡”和“健康知识村村讲”活动。全区所有建制乡（镇）卫生院、社区卫生服务中心均达到标准化建设水平且建有中医馆；所有行政村均建有标准化村卫生室和中医角，基本医疗服务、公共卫生服务及中医药服务覆盖率达100%。

【农村低保工作】 围绕“应保尽保”，清理纠正农村低保政策落实不到位问题；围绕“应兜尽兜”，清理纠正因病致贫、因病返贫人口兜底保障政策落实不到位问题；规范资金使用，确保社会救助资金精准发放到位。全年对20881户46771名农村低保对象发放农村低保金（含农村低保兜底资金）5893.84万元。

【农村人居环境整治】 把开展农村人居环境整治作为打好乡村振兴的第一战，以建设美丽宜居乡村为导向，统筹实施垃圾处理、污水处理、“厕所革命”、畜禽粪污处理利用和村村清洁“五大行动”，制订了《巴州区农村人居环境整治行动方案》，在巴中市电视台开展了“推进人居环境整治·建设美丽宜居巴州”政务访谈。启动3个市级乡村振兴示范镇、9个年度脱贫村和28个整村推进村。开展“厕所革命”行动，完成28个村整村推进农村人居环境整治工作，建成户用卫生厕所14682户，其中新建2786户、改造11896户；建成乡村公厕34座，其中新建27座、改造7座。坚持“源头减量、过程控制、末端利用”的治理理念，实施畜禽粪污资源化利用整区推进项目，改（扩）建6个规模养殖场设施设备，在鼎山镇黄梁村、白果坝村新建1800亩种养循环示范场1个，粪污设施设备配套达100%，粪污处理利用率达100%。将水宁寺镇、化成镇、三江镇作为省、市级乡村振兴先进乡（镇）创建，化成镇长滩河村等25个村作为市级示范村创建。

【劳务开发与返乡创业】 全区转移输出劳动力22.83万人（其中省外务工12.53万人、省内务工10.3万人），实现劳务收入102.54亿元。全年共发放小额信贷、分险基金贷款等创业贷款2155万元；新增回引返乡下乡创业人员604人，创办中小微企业118家，带动2400余人就业，实现产值1.28亿元。

【农村留守儿童（青少年、学生）关爱】 以全区各级“青少年之家”为载体，大力实施青少年成长成才关爱行动。南坝、红岩社区“三知书堂—青少年之家”通过向社会购买服务的方式，全年常态化为青少年提供心理关爱、学业辅导、兴趣培训等方面的成长服务；做实共青团“圆梦”“青字号”系列品牌活动，为100余名留守儿童完成“微心愿”、为181名学生送去“圆梦大礼包”，资助贫困大学生24名，在化成镇长滩河村、清江镇昆山村打造星级“童伴之家”2个。开展“青春护航”法治进校园活动8场次，构建学校、家庭、社会“三位一体”的未成年人保护教育网络。

【名优特新农产品】四川老廖家风味食品有限公司。公司于2008年在巴中市成立。公司占地60余亩，有员工200余人，按照欧美标准兴建3条生产线。公司通过了国际ISO质量管理体系认证，专注于集大巴山黄牛肉及禽类产品的研发、生产、仓储、销售和服务于一体的现代化农牧加工企业。

自古，廖氏善卤，秦巴深处廖氏尤善卤牛肉，创“祖卤”之法，“廖氏千年祖卤，香满八百秦川”。公司秉承“守千年祖法，采秦巴百草，选深山黄牛，卤廖氏风味，做百年老店”的祖训，坚持按照祖方配制卤料，严格按照祖法熬制卤水，遵循繁杂的卤制工艺，一工一序一丝不苟，坚持选择优质上乘的新鲜牛肉，坚决杜绝任何防腐剂和添加剂。根据老廖家祖卤特性和市场需求，先后成功开发了餐桌类祖卤牛肉、腱子牛肉、休闲类红叶牛肉片、手撕牛肉数十个产品和规格。“老廖家”品牌祖卤牛肉因为选材上乘、风味独特、口感浓郁，令人爱不释口，很快走出秦巴，远销全国各地。在公司整体经营目标和规划，组建了一支专业高效的营销团队，快速开发了更多市场，逐步建立了较为完善的线上线下销售网络，并进入了国际国内大中型连锁超市。

经过10年的不懈努力，公司成为了四川省地方名优产品，并获得“全国十佳优秀诚信品牌企业”“四川名特产”“巴中市知名商标”“四川省著名商标”“省级农业产业化重点龙头企业”“全国质量诚信优秀企业”等20余项荣誉称号。公司有独立的知识产权获省级科技成果转换6项，省级发明专利22项，公司独立设计外观专利9项。

【主要领导人】 区委书记：张平阳；区人大常委会主任：杨斌；区长：杨波；区政协主席：邵瑜；分管农业副区长：周永红。

巴州区编写组

恩 阳 区

【基本情况】 2019年，全区辖18个镇（街道），辖区面积1152.71平方千米。全区GDP87.1亿元，增长7.5%。三次产业结构比调整为22.6∶28.3∶49.1。全社会固定资产投资增长0.3%；规上工业增加值增速8.6%。社会消费品零售总额27.43亿元，增长8.1%。地方一般公共预算收入6.53亿元，增长6%。

【年度农业和农村经济运行】 2019年，全区实现农林牧渔增加值20.31亿元，增长2.7%。农村居民年人均可支配收入达13499元，增长10.3%。全年争取无偿补助资金项目122个，到位资金13.54亿元。深化农村产权制度改革、农村承包土地“三权分置”，全年流转土地2.1万亩，抵押融资1.5亿元。新（改）建县、乡联网路88千米，通村通畅和产业发展道路950千米。黄石盘水库加快建设，完成25座病险水库除险加固，全省首批节水型社会建设达标县（区）通过验收。升级改造67个行政村宽带网络，城乡基础网络更加完善。抓实非洲猪瘟、松材线虫、草地贪夜蛾等动植物疫病防控。抓好安全生产、防汛减灾、食品药品等领域隐患排查治理，成功应对“6·20”洪涝灾害，连续7年实现地质灾害零伤亡。与中国芦笋协会、北京农科院、省农科院等合作，建成恩阳芦笋研发中心，制定全省芦笋种植地方标准。围绕食品饮料、现代农业、商贸物流、文化旅游“四大主导产业”招强引优，招引蓝润集团、浙江全欧进出口贸易有限公司等企业投资恩阳建设发展。参加中外知名企业四川行、西洽会、秦巴农洽会等活动，签约项目61个，到位资金100.9亿元。

农业产业化发展。全年培育新型职业农民456名、农民专业合作社224个，新增农业产业化龙头企业4家、“三品一标”农产品11个。恩阳区被列入国家农民合作社质量提升整县推进试点县。园区建设提档升级，柳林食品工业园被列入全省首批“农产品加工示范园区”，新入园企业4家。加强主体培育，新培育规上工业企业3家、小微企业20家；绿阳科技、胡婆婆食品等8家企业入列全省首批扶贫龙头企业。

【特色农业产业发展】 发展优质粮油、品质果蔬、生态养殖，划定“两区”44万亩，新建高标准农田3.2万亩，新植芦笋3500亩，建成芦笋核心示范园30个、粮油绿色防控示范片4万亩。恩阳区被评为2019年产粮大县粮食监测调查工作先进县，下八庙凤凰包特色产业园区被列入国家级农业科技示范园，恩阳芦笋产业园被评为省级特色农产品优势区。

【乡村振兴】 紧抓入列全省首批乡村振兴规划试点县（区）机遇，全区“1+6+N”乡村振兴规划通过省级评审，启动柳林、渔溪等10个省级特色小镇规划编制。坚持对标达标，实施“五大工程”，推动“五大振兴”，加快“三类九带”41个乡村振兴示范村建设。新（改）建农村户用卫生厕所1.43万户，完成40个聚居点污水处理设施安装，配备村垃圾清运设施279套。建成畜禽标准化养殖场（小区）362个。全区被列入全国村庄清洁行动先进县（区），柳林罐子沟村跻身全国乡村治理示范村，明阳高店子社区被评为全国文明村，下八庙镇、群乐新河社区等6个村（社区）被命名为省级实施乡村振兴战略先进乡镇和示范村。

【统筹城乡发展】 新城开发加快推进。完成恩阳城区控规修编，黄石国际旅游度假区规划全面落地，规划形成“七星伴月、四水绕城、一轴双心、五区共荣”的新城发展格局。加强基础建设，建成规划11路、规划40路，义阳大桥、义阳山南路、马鞍都市山水廊道、琵琶滩大桥等加快建设，新建供水管网17千米、燃气管网5千米。加强功能配套，大巴山干部学院选址恩阳，建成巴陕高速恩阳综合服务区一期、区妇幼保健院、区教育技能培训中心、区一小曾家坝幼儿园，恩阳医养园项目有序推进。恩阳首座、登科华府、高庐御品湾等商业综合体加快建设，销售商品房97万平方米、44.3亿元。加强城市管理，第六届全国文明城市创建通过年度测评。

【扶贫攻坚】 聚焦“两不愁、三保障”，推进脱贫攻坚年度实施方案和22个扶贫专项，统筹抓好易地扶贫搬迁后续扶持。开展“两不愁、三保障”回头看大排查，组建333个排查组，全覆盖摸排22981户贫困户、443户非建档立卡特殊困难户，发现并整改问题3723个。加强“五个一”驻村帮扶，支持援彝综合帮扶。抓实巡视、审计、考核等反馈问题整改。选树一批先进典型，41个集体和个人获得省、市表扬。深化扶智扶志，开展“五大主题”教育活动，群众内生动力不断激发。年度6个贫困村3166名贫困人口顺利退出，实现全区整体脱贫，连续三年被省委、省政府表彰为“脱贫攻坚先进县（区）”。

【全域旅游】 黄石国际旅游度假区建设有序推进，恩阳古镇入列全省首批“文旅特色小镇”。举办首届古镇音乐美食节、第三届芦笋文化艺术节，全年实现旅游综合收入27.08亿元，增长34.32%。

【农村社会事业】 全面完成省、市、区民生实事，全年民生支出30.17亿元。改造农村薄弱学校41所，建成幼儿园3所，义务教育阶段适龄儿童入学率、毕业率均达100%。区人民医院兴隆分院建成投用，区中医院达到二级乙等中医院标准，完成3个乡（镇）敬老院适老化改造。全面落实贫困人口、特困供养人员、重度残疾人财政代缴医保政策。成立区农民工服务中心，建立农民工域外党组织，畅通农民工“绿色维权”通道。做好“双拥优抚”，全区被评为“全省双拥先进县（区）”。

【农村生态建设及环境保护】 打好污染防治“八大攻坚战”，推进中央、省环保督察及“回头看”、生态环境部西南督察局跟踪督察反馈问题整改，页岩砖厂、“大棚房”、违建别墅问题有效整改。全面推进河（湖）长制，开展“五大行动”，尹家等8个集镇污水处理站加快建设，改（扩）建乡（镇）垃圾中转站11个；Ⅴ类水体全面消除，城区集中式饮用水达标率100%，13条主要河流出入境断面水质达到Ⅲ类标准。实施“九大绿化行动”，义务植树186万株，治理水土流失面积22.86平方千米，生态红线有效保护。加强环保执法，查处环境违法案件15件。推进秸秆等“五禁烧”专项整治，“绿水青山就是金山银山”实践创新基地成果更加巩固。

【返乡创业】 加强创业政策扶持，发放创业贷款1820万元；建立在外成功人士库，回引创业人员406人，创办实体经济93个。举办首届青年创新创业大赛，被评为全省首批返乡下乡创业先进县。

【主要领导人】 区委书记：梁津华；区人大常委会主任：朱继中；区长：王清平；区政协主席：肖平；分管农业副区长：邓洪昆。

恩阳区编写组

南 江 县

【基本情况】 2019年，全县辖31镇1个街道，辖区面积3389平方千米，其中耕地面积98.5万亩，人均耕地面积1.51亩。年末常住人口60.6万人，其中城镇人口23.28万人、乡村人口37.32万人。全年出生人口5678人，人口出生率8.7‰；死亡人口4107人，人口死亡率6.3‰；人口自然增长率2.4‰。城镇化率38.41%，提高1.79个百分点。全年水资源总量14.6375亿立方米，总供水量9300万立方米。有森林面积23.15万公顷，森林覆盖率70.72%。

2019年，全县GDP137.89亿元，增长2.2%，其中第一产业增加值24.4亿元，增长2.6%；第二产业增加值47.75亿元，增长1.2%；第三产业增加值65.73亿元，增长2.8%。三次产业对经济增长的贡献率分别为18.7%、22%、59.3%，分别拉动GDP增长0.4个、0.5个、1.3个百分点。人均GDP22704元，增长2.7%。三次产业结构比由上年的15.9：35.8：48.3调整为17.7：34.6：47.7。全县劳务输出22.12万人，收入71亿元。全年接待游客1012万人次，实现旅游收入87.3亿元。

公路通车里程5056.3千米，密度149千米/百平方千米、77千米/万人。地方公共财政预算总收入完成7.76亿元，增长2.1%；公共财政预算总支出49.12亿元，减少0.8%，其中农业投入14.8亿元。金融机构各项存款余额251.29亿元，增长7.9%；各项贷款余额122.4亿元，增长5.8%。完成农业产业化项目32个，完成投资4亿元。农业产业化龙头企业省级、市级分别为9家、22家。

有各类学校487所，在校学生（学历教育）88234人，教职工6431人（专任教师6107人），其中完全中学8所，在校学生12537人；小学55所、小学教学点347个，在校学生33219人；小学学龄儿童入学率100%，小学毕业率100%，小升初升学率100%。有剧场和影剧院1个，体育馆1个，艺术表演团体1个，文化馆1个，文化站32个，公共图书馆1个，博物馆1个。完成省级及以上科技成果11项。有卫生机构671个，病床位2856张，卫生技术人员3827人。

【年度农业和农村经济运行】 2019年，全县实现农业总产值20.11亿元，增长5.7%；生猪、茶叶、黄羊、食用菌、伏季水果、蔬菜等特色优势农产品产量保持稳定增长。农村居民年人均可支配收入达13205元，增长10.1%；农村居民年人均生活消费支出达10640元，增长6.1%。全县农产品质量抽检合格率100%；建成32个基层农业综合服务站。全年水产养殖面积1880公顷，水产品产量1.13万吨，实现渔业产值1.12亿元。

2019年南江县主要农产品产量

主要农产品	单位	产量	同比(%)
粮食	万吨	38.76	0.2
水稻	万吨	12.69	–0.3
小麦	万吨	3.3	–1.1
玉米	万吨	14.05	0.4
马铃薯	万吨	4.24	2.8
油菜籽	万吨	2.7	4.7
蔬菜	万吨	31.59	5.8
肉类	万吨	5.74	–16.8
猪肉	万吨	3.81	–25.1
牛肉	万吨	5.82	3.5
羊肉	万吨	0.85	3.3
禽蛋	万吨	1.23	4.2
水产品	万吨	1.13	–3.3

农业产业化发展。全县发展特色农业产业近60万亩，其中规模发展富硒茶10.5万亩、核桃31.3万亩、金银花13.2万亩；南江黄羊养殖场（户）达1678家（户），年饲养量达38万只。培育家庭农场750家，其中省级示范场16家；农民专合社1170家、种养大户1332户。建成全国首个黄羊交易中心，南江黄羊"125借羊还羊"模式被联合国评为全球减贫优秀案例。

农产品品牌战略实施。加快推动南江黄羊欧盟有机食品认证、国内有机绿色食品认证和南江金银花申报列入《中国药典》。加强质量追溯体系建设，持续加大地理标志产品保护和使用力度，推进线上营销和线下体验一体化经营，提高"南江产、南江造"特优农产品的知名度和市场竞争力。南江黄羊、南江大叶茶、南江金银花、南江核桃区域公共品牌价值分别达33.14亿元、12.73亿元、6.19亿元、5亿元。培育特色农产品龙头企业125家，其中省级9家、市级20家。南江黄羊、金银花创建为国家地理标志保护产品，南江黄羊获得"国家驰名商标"认证并入选中国农业品牌目录。

现代农业园区建设。坚持规划引领，围绕打造"国际羊都""秦巴药谷""全国新时代特色产业扶贫典型样板"发展定位，编制完成《南江县现代农业产业园五年规划》。按照园区、景区、社区"三区同建"思路和"南茶、北羊、中蔬（粮）"产业布局，建设南江黄羊、金银花、茶叶、核桃、优质粮油等15个现代农业产业园，其中省级1个、市级3个、县级11个。南江县被批准创建国家现代农业产业园，云顶茶乡现代农业产业园创建为国家4A级景区。

【种植业】 全年粮食作物播种面积6.89万公顷，减少0.02%，其中玉米增长0.2%，小麦减少3.5%，水稻增长0.3%。全年经济作物播种面积4.18万公顷，其中油菜籽1.57万公顷，增长8%；花生921公顷，增长1.4%；中草药材6135公顷，增长12.2%；蔬菜1.71万公顷，增长5.2%。全年粮食产量38.76万吨，增长0.2%，其中小春粮食产量7.65万吨，增长1.2%；大春粮食产量31.1万吨，减少0.02%。经济作物中，油料产量3万吨，增长4.4%；中草药产量8533吨，增长17.9%；蔬菜产量31.59万吨，增长5.8%；茶叶产量2636吨，增长6.4%；水果产量2.66万吨，增长5.7%。

【畜牧业】 全年出栏生猪52.53万头、牛4.31万头、南江黄羊57.01万只、家禽321.39万只；肉类总产量5.74万吨，其中猪肉3.81万吨、牛肉0.58万吨、羊肉0.85万吨。引进四川蓝润集团生猪全产业链项目，项目涵盖5万头种猪饲养项目、年产50万吨饲料加工项目、年产20万吨有机肥项目，总投资28亿元，是南江县首个生猪全产业链项目。在成都市举办"品南江黄羊美食览梦幻光雾仙山"第四届南江黄羊（成都）美食文化节暨营销推广活动。

【林业】 推进大规模绿化工作，全年植树造林2733公顷，森林覆盖率达70.72%，增长0.72%。实施退耕还林工程，完成退耕还林1933.3公顷，增长1.9倍，发放退耕还林补贴0.35亿元。年末活立木蓄积量达2091万立方米，增长27.3%。商品木材产量2.26万立方米，减少15%。

【农村水利】 全年农田水利建设资金支出3.52亿元，兴建各类水利工程137处，新增蓄水量30万立方米，累计解决55.57万名农村人口饮水安全问题，其中当年解决5.52万人，农村自来水通村率和普及率均达100%。年末总蓄水能力达7100万立方米，年末工程蓄水总量6200万立方米。农田有效灌溉面积达20.91万亩。新增水土流失治理面积5020公顷，累计综合治理水土流失面积达91030公顷。全年水资源总量14.6375亿立方米，总供水量9300万立方米。

【农村改革】 坚持把推进农村改革作为促进农村经济发展的重要抓手，推进农村土地经营权、承包权、使用权"三权分置"改革，全县48个乡（镇）完成资料归档和发放权证，确权农户13.7万户，颁证13.3万户；规范流转土地19万亩，分类调解土地纠纷30余起。发挥农村闲置农房、宅基地资源优势，依法依规流转、租赁给农村创新创业、务工就业人员，把农村资源变资本。放活经营权、盘活"三块地"，争取农村集体经营性建设用地入市，实现变"死资产"为"活资金"。巩固农村集体产权制度改革成果，全面完成农村集体经济组织赋码登记，壮大村级集体经济资产规模，激发农村发展活力。全县543个村（社区）完成村集体资产清产核资，成立土地股份合作社19个、村集体资产管理公司521家。全县村集体经济收入达5万~10万元的村有49个，10万元以上的村有25个。正直镇沿溪河村按照"721"利益分配机制实现村集体每年收益12万元，农户每年收益60万元，吸纳当地农户20余人常年务工，人均增收700余元，带动146户482人（其中贫困户8户26人）稳定增收。

【乡村振兴】 坚持把实施乡村振兴战略作为服务"三农"、振兴"三农"的中心工作，制订出台《南江县乡村振兴战略规划（2018—2022年）主要任务分工方案》《南江县推动乡村振兴建设实施方案》。南江县入选2019中国最美县域榜单；下两镇下两社区、双流镇元包村入选中国传统村落名录；红光镇被评为乡村振兴省级先进乡（镇），红光镇、赤溪镇被评为市级先进乡（镇），创建乡村振兴省级示范村5个、市级示范村10个。

【扶贫开发】 4月，南江县通过省第三方评估验收，全县脱贫人口错退率为零，贫困人口漏评率为零，综合贫困发生率降至1.47%，群众认可度达99.69%，被省政府批准正式退出贫困县序列。7月，经国家第三方评估抽查，全县综合贫困发生率为1.5%，漏评率、错退率均为零，群众认可度达98.18%，符合脱贫"摘帽"条件。2019年计划退出的19个村、0.8万人全部达到脱贫标准，并通过市、县脱贫退出验收，全县贫困村、贫困人口、贫困发生率全部清零。按照"可推广、可复制"要求，先后积累"三三"分类攻坚机制、易地扶贫搬迁"三靠三进"、产业发展"借羊还羊""三个1/3"股权量化分红、开办村级后备干部专修班等多项经验做法，被《人民日报》等中央、省级主流媒体宣传报道。"乡村道德银行助推脱贫攻坚实践与探索"被中央农村工作领导小组办公室等11部门印发并在全国推广学习，"黄羊养殖产业扶贫案例"入选全球减贫案例征集活动最佳案例，"彩票公益金项目管理暨实施经验""乡村道德银行推进农村新风培树助力脱贫攻坚等先进经验"在国务院扶贫办举办的研讨班上交流推广，"建档立卡贫困对象精准识别"被国务院扶贫办作为2019年脱贫攻坚案例选编全国推广学习，"东西部扶贫协作、政协发力、助推"红黄白"三色产业落地南江"得到省政协主要领导签批并发至全省推广学习。

【乡村旅游】 立足丰富的自然资源和优越的区位优势，以创建天府旅游名县为抓手，加快推进七彩长滩、醉美玉湖、植梦西厢、云顶茶乡、花果红光、光雾禾谷、梦境光雾山等乡村文旅示范区旅游基础及配套服务设施建设。打造光雾山、云顶茶乡、醉美玉湖、七彩长滩、米仓山森林公园4个国家4A级景区，创建光雾山国家5A级景区，南江县入选首批天府旅游名县候选县，改造提升乡村旅游示范村和传统村落16个。发展生态观光、采摘体验、休闲康养等新业态，建成现代农业园区1个，新建农产品初加工设施9座，新建农业主题公园1个、美丽休闲乡村1个、乡村文旅商品馆10个，带动发展农家乐、茶家乐、渔家乐、农家旅馆以及农村超市等200余家，年接待游客20余万人次，实现农旅融合综合收入1亿元以上。举办第五届"云顶茶乡"茶文化旅游节、杨梅节、第三届金银花采摘节等乡村文化旅游节庆活动20余个，促进园区变景区、产品变商品，实现农旅融合发展。

【农业机械化】 全年购置各种类型补贴目录内农机具792台（套），发放农机购置补贴资金56万元，兑付率为100%，受益农户达779户。推广农业机械化技术，开展机耕、机种、机管、机收等全程机械化作业，促进农机农艺有机融合，全县主要农作物耕种收综合机械化水平达50%以上。

【农村教育】 全县32个镇（街道）至少有1所初中、1所中心小学、1所乡（镇）幼儿园。有农村单设高中3所、单设初中6所、单设小学49所、九年一贯制学校19所。农村有在校园幼儿9557人，减少948人；小学生21888人，减少1366人；初中学生9139人，减少1065人。农村学校专任教师中有初级职称1348人、中级职称1482人、高级职称1387人、先进教育工作者100人。农村学校参加高考1708人，本科上线率38.6%。全县通过"三免一补"等政策资助学生6.96万人；教育扶贫救助基金资助贫困家庭学生692名；香港困难学生资助项目资助贫困学生500名；全县义务教育阶段适龄儿童少年无一例因贫辍学。依托巴中村政学院培训基层干部274人，培育优秀农民552人。推动全县义务教育均衡快速发展，全面统筹城乡义务教育资源配置，加强乡（镇）中心学校统筹、辐射和指导作用，推动由基本均衡向优质均衡发展。小河职业中学获评为全国教育系统先进集体，长赤镇龙池学校被命名为中国工农红军四川南江龙池苏维埃列宁红军小学，大巴山农民工培训学校在南江县小河职业中学挂牌成立。公山幼儿园等民生工程幼儿园、长赤中学等周转宿舍完工并投入使用。新（改、扩）建校舍11万平方米、运动场地6.5万平方米，购置多媒体设备400套，全面提升全县教育质量水平。

【农业科技】 全面完成"四川科技扶贫在线"信息指挥管理系统优化升级，全年开展在线技术咨询服务4000余次，开展在线平台专家、信息员业务培训1300人次，600余户贫困户参加科技扶贫特色产业实用技术培训。聘请省、市、县级农业科技专家8人，组建科技特派员服务团深入全县156个贫困村开展技术指导、技术咨询、创业指导等科技服务20余次。征集农业产业集成技术9项，新建农业科技示范基地2个，指导建立产业基地339个，培育科技示范户520户、新型职业农民240人，研发集中示范新品种9个、新技术12项，建立新模式5个，培养科技致富带头人66名。推进激励农业科技人员创新创业改革，南江黄羊科学研究所获得省级农业科技人员创新创业改革试点科研单位，其"肉用山羊重要经济性状关键功能基因的发掘与应用"获得省科学技术进步奖二等奖。南江万事康生物科技有限公司获得四川省2019年国家高新技术企业认定，四川七彩林业科股份有限公司通过2019年国家高新技术企业复审，四川民森农业开发有限公司等20余家科技型中小企业申报国家科技型中小企业评定。全县有效期内高新技术企业4家，其中2019年国家科技型中小企业备案15家；实现高新技术产值12.5亿元。

【农村文化】 全县有乡（镇）图书站32个（每站约储藏图书2000册），书刊文献总藏量达43.8万册（含分馆）；乡（镇）文化站32个。全年举办文化展览7次，参观人数3万余人次。有剧场和影剧院1个、艺术表演团体（光雾山文艺中心）1个，群众文化设施建设面积2.448万平方米，全年演出154场，观看人数13万人次。全县有博物馆3个，文物藏品34383件；有文物保护管理机构4个，有国家级重点文物保护单位1处、省级27处、市（县）级52处。全年博物馆接待观众19.9万人次。有非物质文化遗产名录144项，其中国家级1项、省级2项；有国家4A级风景名胜区4个、县级以上文物保护区1个。有广播电视台1个，广播节目综合人口覆盖率为99.14%，电视节目综合人口覆盖率为99.89%；直播卫星用户7.782万户，直播卫星入户率为57.37%；有线电视用户6.8万户，有线电视入户率为31%；光纤电视通村率为84%。

【农村卫生】 全县有医疗卫生机构671个，编制病床位2856张，卫生技术人员3827人（其中乡村医生631名）。按照“合理布局、便民利民”原则，推进医疗卫生计生服务体系建设，形成了以3个县级医院、48个乡（镇）卫生院、5个社区卫生服务中心、522个村卫生室为主体的城乡医疗卫生服务体系和“半小时卫生服务圈”。全面推行分级诊疗、双向转诊制度，全县医疗机构共开设转诊办理窗口60余个，签订双向转诊协议300余份，县、乡医疗机构双向转诊覆盖率100%。截至2019年年底，全县建立电子健康档案60.7万份，电子档案建档率为99.08%。组建“1+3+1”家庭医生签约服务团队〔1名乡村医生、3名乡（镇）医生、1名县级医生〕156个。组建高血压、糖尿病等10个专业疾病专家组指导基层开展家庭医生签约服务，常住人口签约数49.62万人，签约率为80%，其中重点人群签约数19.75万人，签约率为97%；建档立卡贫困户签约率为100%，满意度达95%以上。全县城乡居民医保参保率97.3%，各级财政补助资金总额提高到520元/人。加大人才招引力度，全年招引卫生人才60名，累计培训6000余人次，选派全科医生转岗培训50名，下派对口支援医师47名，累计参加住院医师规培43人，开展传帮带行动25人，选派优秀骨干到二级以上医院进修50人次，开展村医培训1000余人次。

【农村法制建设】 全面贯彻落实《中国共产党农村基层组织工作条例》，持续加强农村基层党组织建设，选优配强农村基层党组织带头人，健全党组织领导的自治、法治、德治相结合的农村治理体系，提升农村法治建设质量。实施农村“法律明白人”培育工程，打造一支群众身边的普法宣传带头人队伍，全县共培育农村基层党员干部法律“明白人”骨干1000余名，在重点乡（镇）设立“法治村长”近百名、在村（居）委设置“法治副主任”300余名。完成全县第一批抽查行政执法案件的案卷评查工作，发现并反馈问题11个，评选优秀执法卷宗10例（其中3例参加市级评选）。开展“证照分离”改革事项审批监管情况专项监督，赴部门窗口检查5次，实地抽查行政许可案件20件。开展“取消保留”证明事项专项清理工作，取消证明事项16项，实现减证便民。健全农民工法律援助异地协作机制，在南江籍农民工集中城市设立法律援助工作站，开展异地援助处理拖欠农民工工资专项活动，帮助办理全县在外务工人员追索劳动报酬案件403件，涉及民工1000余名，挽回经济损失近1.6亿元。深化“平安乡村”建设，建立各类调解组织478个，有兼职人民调解员2248名，扶持和培育“杨志调解室”“王大姐调解室”等一批以个人名字命名的社会公益性调解工作室，全年共化解矛盾纠纷1.2万余件，化解成功率达99.7%以上；为全县建档立卡贫困户办理法律援助案件1326件次，解答法律咨询8534人次。全县贫困村中创建为法治示范村（社区）104个，下两镇江口村创建为“全国民主法治示范村”，长赤镇禹王宫社区、正直镇长滩村获得“市级法治示范村（社区）”等称号。

【农村交通】 全年完成县、乡道改善提升工程2条27千米，建成通村公路13条8.19千米，建成扶贫产业环线工程50条224.82千米，建成农村公路安全生命防护工程19条89.1千米，建成村道窄路面加宽工程9条44.2千米，建成建制村联网路44条230.37千米，建成村内通组路46条193.73千米、特色产业路4条17.8千米，完成“畅返不畅”道路整治及水毁恢复工程39条296.554千米。建成村级招呼站（牌）25个、五级客运站1个、独立桥面1个。全县农村公路里程达5056.3千米，占全县公路总里程的91%，乡（镇）、行政村通达率均达100%，乡（镇）通畅率（通油路或水泥路）达100%，行政村通畅率达100%。聚焦脱贫攻坚“四小产业”发展，新建产业路271千米、扶贫环线路348千米，有力助推全县特色产业发展。南江县获得“省级‘四好农村路’示范县”称号，并创建“‘四好农村路’国家级示范县”。

【涉农招商引资】 全年完成国内市外到位资金8.5亿元，占年度目标任务的121.4%；新引进开工项目8个，完成招商引资项目专案21个，竣工项目4个，引进重大产业项目2个。

【农村社会保障】 全面落实城乡居民基本养老保险和医疗保险制度，统筹推进城乡社会救助体系建设，推动社会保障扶贫政策落地落实，实现城乡居民基本养老和医疗保险制度全覆盖，加强城乡特困人群兜底保障，全面提升社会保障能力。全年城乡居民基本养老保险参保人数29.6万人，为建档立卡未标注脱贫人员、低保对象、特困人群1.6万人代缴养老保险。参加城乡居民医疗保险人数57.69万人。纳入城乡居民最低生活保障5.2万人，其中农村居民最低生活保障人员4.9万人，并将符合条件的农村分散供养特困人员1963人全部纳入供养范围。建立收养性社会服务机构4个，设置床位400张。建成城乡社区老年人日间照料中心108个。

【农村生态建设及环境保护】 全年安排用于污染治理、环境监察、监测能力建设等环保专项资金6357万元。修订完善《有机食品生产基地示范县（试点）建设规划》和《有机食品生产基地示范县（试点）实施方案》，全面启动生态文明建设示范县基地调研工作。每月对养生潭、东榆、元潭、赶场、大河五个断面的地表水、县城集中式饮用水水源（金台水库）进行定时采样监测。全县共建立污水处理厂21个、垃圾处理站51个。在正直镇长滩村、赤溪镇西厢村、红光镇柏山村、下两镇帽坝村4个乡（镇）9个村开展农村生活污水治理试点，投资560万元进行生活污水分级处理，惠及群众308户1200余人。发挥环评的“控制闸”“调节器”和“撒手锏”作用，严格执行《中华人民共和国环境影响评价法》等相关法律法规，全年共办理环保案件294件（其中环评审批41件、环保竣工验收（固体废物）43件、网上备案210件），评议率达99.9%，满意率达100%，按时办结率达100%。推进畜禽粪污资源化利用项目，聚焦畜禽粪污、农作物秸秆、废旧农膜及农药包装等废弃物，探索建立收储利用体系，全县畜禽养殖场粪污无害化处理和资源化利用率均达96.48%，规模化养殖场（小区）配套建设废弃物处理设施比例达100%。

围绕“厕所革命、垃圾处理、污水治理、村庄清洁、美丽新居”五大行动，坚持“示范引领、整村推进、分类处理、利用优先”原则，着力推进农村人居环境整治工作，“路畅、水清、院洁、民乐、村美”的宜居乡村逐步呈现。一是垃圾治理。全县关闭页岩砖厂19家，拆除敞口垃圾池1200余口，清理垃圾填埋场6个，新购置电动垃圾转运车10辆，新建农村户用垃圾收集箱2000套、村垃圾收集点转运设施100套。二是污水治理。全县启动污水治理项目22个，建成污水集中处理点32处，铺设污水管道6000米，安装三格式玻纤化粪池5800余套，6220户厕污得到有效治理。三是“厕所革命”。投入资金4亿元，新（改）建农村户用卫生厕所1.6万户，全县农村户用卫生厕所普及率达85%。新（改）建农村公厕32座、农村旅游点厕所7座，四是清洁能源。累计投入畜禽养殖废弃物资源化利用整县推进项目资金2.39亿元，建成种养循环示范基地22个、规模化沼气工程21座、有机肥生产厂2家，43家生猪养殖企业、18家肉牛养殖企业、74家黄羊养殖场畜禽养殖废弃物得到有效利用。全县畜禽粪污资源化利用率达96%，规模化养殖场（小区）配套建设废弃物处理设施比例达100%，农作物秸秆、畜禽粪便和残膜基本得到资源化利用。

【农产品质量安全监管】 围绕突出问题和薄弱环节，全方位加强农产品质量安全监管，开展重大节庆专项检查2次、“三品一标”专项检查1次、无公害农产品包装标识及地理标志农产品专项检查1次。全年接受省级农产品质量安全例行监测抽样4次、茶叶专项监测1次，共抽检蔬菜、食用菌、茶叶、畜禽等样品127个；接受市级农产品质量安全监督抽样2次，共抽取样品19个；开展县级农残快检42次，检测样品1020个；开展“瘦肉精”快速监测45次，检测“瘦肉精”14574份，合格率均达100%，全年未发生重大农产品质量安全事件。全县有效期内“三品一标”农产品达102个，其中国家地理标志保护产品2个。62家生产经营主体入驻农产品质量安全追溯平台。

【农村市场体系建设】 建立“互联网+农业”“电商+园区”等发展模式，采取线上线下交易，通过淘宝、天猫等网络平台做通市场，全县建立乡村物流站点34个、益农信息社425家。推进现代特色农业示范区建设，加快促进新品种、新技术、新设备研发，加强“互联网+”等用于农业生产，发展高附加值、高品质的农产品，促进特色产业现代化、标准化、规模化发展。借助“银行+保险+期货”扶贫项目，联合运作平安财险、华泰期货，探索创新金融模式，引导全县农户、农民专合社、涉农企业参与，惠及贫困户1000余户，降低了各参保主体的养殖风险。

【农村基层治理体系建设】 健全村务监督机制。加强村务监督委员会作用的发挥，推行村级事务“阳光工程”，依托村民代表会议、议事会、理事会、监事会等平台，形成了“民事民议、民事民办、民事民管”的多层次基层协商格局。

加强基层党组织建设。以加强村级党组织、带头人队伍和党员队伍建设为重点，以集中整治软弱涣散村级党组织，村支部书记、主任“一肩挑”为抓手，推进抓党建促乡村振兴、促脱贫攻坚等工作，280个村实现村党组织书记、村主任“一肩挑”，比例达90.6%；班子整体平均年龄为44.5岁，其中村党组织书记平均年龄为44岁；班子结构明显优化，呈现年龄减少、学历提升、整体功能提升“一降两升”的特点。同时，严格按照习近平总书记关于“四个不摘”的重要指示要求，保持攻坚强度不变，持续向贫困村派驻“第一书记”，不断增强全县农村基层党组织活力。

完善基层管理体系。坚持分类别、分行业、分区域、分领域推进城乡基层治理示范点创建，以点带面，以面带全，打造乡村治理现代化样板和小区社会治理品牌。持续推进“七五”普法，推动法治宣传教育进农村、进社区，持续提高乡村干部群众法治素养。不断完善基层司法调解等纠纷调处机制，基层矛盾纠纷逐年减少，上访案件发生率逐年减少。推进农村社会治安防控体系建设，开展“扫黑除恶”专项斗争，严厉打击农村黑恶势力、宗族恶势力、黄赌毒、盗拐骗等违法犯罪行为，全县社会安全感和满意度持续提升。

【劳务开发与返乡创业】 全年转移输出农村劳动力22.12万人，其中贫困劳动力5.37万人，实现劳务收入71亿元。开展贫困家庭实用技术培训、劳务品牌培训、返乡创业培训等各类培训27期1069人。按照“走出去、引回来”的思路，回引创业成功人士、劳务经纪人、返乡农民工创新创业375人，领办创办投资100万元以上的经济实体71家，带回发展资金1.1亿元，提供就业岗位1500余个，带动2800余人务工就业。

【主要领导人】 县委书记：李本勇；县人大常委会主任：万林；县长：李善君；县政协主席：符大纲；分管农业副县长：赵燕飞。

南江县编写组

通　江　县

【基本情况】 2019年，全县辖30镇2乡1个街道，辖区面积4116.58平方千米，总人口80.2万人。

2019年，全县GDP133.96亿元，增长6.9%。规上工业增加值增速为1%。社会消费品零售总额70.32亿元，增长7.7%。农村居民年人均可支配收入达13216元，增长10.3%。被评为全省县域经济发展先进县、全省农民增收工作先进县、全省平安建设先进县。

【年度农业和农村经济运行】 全年新增“三品一标”农产品4个，巴山牧业被农业农村部认定为全国农业产业化重点龙头企业。构建安全可靠、保障有力的能源和通信网络，4口天然气井完成钻探作业，新（改）建电网320.9千米，草池220千伏变电站竣工投运；524个行政村有线宽带覆盖率达100%，新增4G基站86座。

【特色农业】 全年粮油产量达42.7万吨；建设高标准农田3.8万亩，发展食用菌3.5亿袋、茶叶1.7万亩、中药材1.2万亩、青花椒3万亩、核桃1万亩；新（改）建畜禽标准化养殖场12个，创建部、省级畜禽养殖标准化示范场2个。抓好非洲猪瘟防控工作，全县畜牧业总产值达29.4亿元。通江银耳现代农业产业园入选省级星级现代农业园区培育计划，通江银耳等农特产品首次搭乘中欧班列走向世界。创建为第二批国家农产品质量安全县、第三批中国特色农产品优势区、全国区域性农产品产地仓储冷链物流设施建设示范县。

【统筹城乡发展】 城市建设加力加速，实施城建项目12个，壁州大道、东方广场等项目竣工投运；诺江镇城中村棚户区改造、环高明湖经济带、置信剑桥城等重点项目全速推进，西城棚改及基础设施配套项目基本完工，城区河道排污口治理全面完成；新增城区停车位1500个、绿地2万平方米；防范化解房地产市场风险，全年销售商品房29.96万平方米，非住宅去库存10.8万平方米；加快推进老旧小区适老化改造，健全物业管理机制，提高物业服务水平，市民宜居幸福指数不断提升。乡村面貌更加秀美，完成诺水河等12个中心场镇土地利用局部规划调整；推进诺水河、

巴灵台社区、土垭镇石峰村获评国家级传统村落；完成白衣、驷马等乡（镇）950户棚户区改造；建成“美丽四川、宜居乡村”达标村163个，特色镇村建设深入推进。

【扶贫开发】 全面完成年度减贫任务，实现32个贫困村退出、24495名贫困人口脱贫、贫困县脱贫“摘帽”，21个扶贫专项通过考评。全县贫困家庭年转移就业规模2.61万人，6.35万户农村安全住房问题全面解决，10.6万余名义务教育阶段适龄学生无一人因贫辍学，财政全额代缴贫困群众基本医疗保险，县域内住院费用自付比例控制在10%以内，“两不愁、三保障”问题精准解决。发挥和挖掘社会扶贫的巨大潜力，推进社会扶贫开发进程，发动民营企业、商（协）会参与“万企帮万村”精准扶贫行动，全县191家民营企业参与平昌县“万企帮万村”精准扶贫行动（其中平昌本地企业174家、丽水市青田县企业17家），帮扶146个贫困村42245名贫困人口，共实施帮扶项目431个。开展“挂包驻帮”定点扶贫，定点帮扶单位深入所挂联的贫困村、非贫困村开展帮扶工作，直接投入资金达1099万元，实施帮扶项目30余个，14351名建档立卡贫困人口受益。刚性落实“雨露计划”资助政策，5182名贫困家庭子女享受职业教育助学补助，累计发放补助金额388.65万元。开展健康保险扶贫，“顶梁柱”保险项目已理赔616人次，理赔金额达139.2万元。推进“百工技师”工程，招收7名学生就读成都机电工程学校。做实“扶贫日”系列活动，社会各界捐赠现金248万元，物质折价420万元，特色扶贫捐赠资金120万元，中国社会扶贫网捐赠资金3000元，共计788.3万元。全年推荐表彰脱贫攻坚省级先进个人4名，市级先进集体8个、先进个人15名，爱心企业3家，脱贫致富光荣户35名。高位推进东西部扶贫协作，实施东西部扶贫协作项目15个，到位帮扶资金3770万元。全年统筹整合涉农资金7.69亿元，发放扶贫小额信贷4.62亿元、产业扶持资金4530万元；精准选派4000余名干部组建517个驻村工作队，196个单位、1.67万余名帮扶干部结对帮扶，精准对标施策，脱贫攻坚取得显著成效。

【乡村旅游】 全年完成34个农村“厕所革命”整村推进示范村建设任务和农村人居环境整治重点县项目，新建农村户用卫生厕所18082座、乡村公厕43座。创建乡村振兴省级示范村4个、市级先进乡（镇）2个、市级示范村9个、“美丽四川·宜居乡村”达标村160个，培育“巴山民宿”4家，云台龙尾村和鹿鸣石龙村被评为“全国美丽休闲乡村”。全县92%以上的城乡居民安全饮水实现同网同质。

【农村水利】 全年实施饮水安全、小型病险水库除险加固、小型水源工程建设3个项目。统筹实施乡（镇）骨干供水和农村安全饮水建设两大供水工程，骨干供水工程累计投资6亿余元，新建元山、凤凰、镇龙三座水厂，延伸县城三水厂管网和建设23座加压泵站，铺设主管网420余千米、支管网5500余千米，覆盖486个村（居）48万人；饮水安全分散补短工程累计投资7700.78万元，建设村级集中供水工程220处、分散供水工程1498处，解决全县261个村11.03万人（其中贫困人口1.8万人）的饮水安全问题。实施支果石、螺蛳等27座小型病险水库除险加固工程，新增和改善灌溉面积0.58万亩，新增蓄水16.5万立方米，实现项目覆盖区域农业亩均产量提高24千克，受益贫困户4006人。小型水源工程完成投资232.56万元，整治山坪塘10口，新建蓄水池2口、渠道1.06千米，新增有效灌溉面积0.12万亩，恢复改善灌溉面积0.63万亩，新增节水灌溉面积0.18万亩，新增蓄引提水能力6.28万立方米。

【农村土地整治】 实施土地整治扶贫专项3个，涉及3个乡（镇）12个行政村，通过土地平整、灌溉与排水、田间道路等工程的实施，实现新增有效耕地面积、提升耕地质量、改善生态环境，建成高标准农田，改善贫困村群众的生产生活条件，增加贫困村农民收入。完成坡改梯1619.6亩、格田整理4453.88亩，整治山坪塘48口，新建蓄水池102口、渠道7999米，硬化田间道29456米，建设生产路17823米。

【农村科技】 新建“四川科技扶贫在线”平昌县运管中心大数据分析可视化系统，拓展了“科技扶贫在线”电商服务功能。探索“12345”平台运行模式和“333”平台运行机制，科技信息服务覆盖所有贫困村和贫困户，已入库贫困户32493户、专家657名、信息员1215名、技术供给42条、产业支撑18家、供销企业28家，全县信息咨询7678条，有效解决7469条，解答率达97.3%。在巩固“三十二梁”市科技扶贫示范基地、板庙镇海升科技扶贫示范园的基础上，新建西兴镇皇家山科技扶贫示范基地1个，核心区域面积1200亩，引进茶树新品种1个，推广配套生态高效种植与精深加工技术，辐射带动西兴镇皇山村、五童村、光明村、白龙村连片发展茶叶3000亩，带动72户贫困户发展茶叶增收。实施“三区”科技人才计划，聘用科技顾问1名，选派省级专家19名，服务全县骨干产业和重点企业；推荐本地科技人员4人参加“三区”科技人员能力提升培训班和第五期秦巴山片区科技特派员农村科技创业骨干培训班。联合西华大学聘用科技特派员10人，组建科技特派团1个，面向县域贫困村开展技术咨询、现场指导、创业辅导等精准服务23场次。实施“生态种养与畜禽粪污无害化处理循环利用技术集成示范”“平昌县优势特色产业科技特派员团队创新创业服务”等项目8个。

【农村教育】 聚焦“控辍保学”，创新实施“三四五六”“控辍保学”工作法，构建了县政府主导，教科体局和乡（镇）牵头主抓，学校和村（社区）为主力的“三级”联动网络，完善了“局领导包片、校领导包校（点）、班主任包班、科任教师包学生”的“四包”机制，健全了省外就读学生“有就读学校的名称、有就读年级、有就读班主任的姓名及联系电话、有就读学校学生学习的场景、有学生家长或直系亲属的证明材料”的“五有”档案，做到了领导、措施、责任、经费、督查、执法“六个到位”。坚持“依法控辍、管理控辍、教改控辍、联动控辍”，采取“责任堵流、助学控流、治学回流”等措施，使全县106073名义务教育阶段适龄儿童一个不少，全部入学。对46名适龄特殊学生，以“一人一案”的原则，采取随班就读、上特殊学校、送教上门等方式切实解决其受教育问题，凡涉及“送教上门”的学校制定有专门的实施方案，配有承担“送教上门”服务的教师，做到了“三有”（有切实可行的个别化教育方案，有送教教案、有场景图）。聚焦政策落实，按照“应助尽助”的原则，全年精准发放学前“三儿”资助、义务教育阶段免作业本费和贫困寄宿学生生活补助、普通高中、中等职业教育助学金和免学费、中等职业教育三年级生活补助、中等职业教育和本专科建档立卡特别资助7061.5万元，发放生源地信用助学贷款8158万元。聚焦条件达标，对照生均教学及辅助用房面积、生均图书配置、师生比、教师学历四个指标，纵深推进乡（镇）标准中心校建设，全年实施项目67个，接受评估验收的43所乡（镇）中心校生均教学及辅助用房面积5.91平方米，生均图书配备27.68册，超过省定标准；接受评估验收的43所乡（镇）中心校有义务教育阶段学生32752人、教职工2975人、教师编制2777个，各校师生比均不低于1∶21，学历达标率为100%，乡（镇）标准中心校建设全面达标。聚焦质量提升，每学期净回流优秀学生150人左右。大力加强农村小村管理，提高农村小学管理水平和教育教学质量。

【农村文化】 完成贫困村文化室建设57个，贫困村广播“村村响”建设26个，贫困户通电视信号建设15519户，贫困村阅报栏建设60个，农家书屋补充更新12万册，农村公益电影放映5460场次。丰富群众文化活动，创立“律动巴山·享约水乡”群众文化活动品牌，围绕“文润水乡、情满水乡、德行水乡、富盈水乡、乐在水乡”主题，采取政府购买服务和市场化运作相结合的方式开展系列群众文化活动50余场次，其中美好生活@平昌——致“最可爱的人”2019新年慰问联欢会、“送欢乐 下基层”四川省文学艺术界联合会文艺惠民活动走进平昌、平昌县“双创之星”创业事迹报告会暨首届新乡贤第二届文明家庭颁奖大会、县音协县新的社会阶层迎新晚会、双鹿乡首届新春乡约会、佛头山第16届登山节、元山首届桃花节、鹿鸣采茶节、县志愿者协会成立大会暨“爱心筑梦·你我同行”公益晚会、巴中市第24届“科技之春”科普活动月启动仪式、青凤第四届巴山芍药节、五木南天门玫瑰风情旅游节暨首届全县青年交友联谊会、第六届巴中市摄影大会（白衣古镇举办）、四川花卉（果类）生态旅游节分会场暨第四届巴中平昌青花椒采摘文化旅游节、庆祝中国共产党建党98周年文艺演出、白衣古镇2019星光灿烂啤酒音乐节、平昌县庆祝建军92周年暨“十佳退役军人、十佳军烈属、十佳好君少”颁奖大会、驷马水乡大峡谷水上电音节、“礼赞新时代歌咏新白衣”文艺采风活动、平昌首届茶文化艺术节、“壮丽70年共舞新时代·我和我的祖国“2019年平昌县群众广场舞大赛等大型文化活动提振了全县干部群众打赢脱贫攻坚战的士气。组织县内原创文艺节目参加国家、省、市各级文艺展演，歌舞节目《追梦》参加长江艺术节展演、“非常梦想”四川省第三届农民工原创作品颁奖晚会、四川省2019“百舟竞渡迎端午”活动；国家级非物质文化遗产“翻山铰子”参加庆祝中华人民共和国成立70周年游园活动、山西卫视《歌从黄河来》栏目录播、四川省乡村非物质文化展演；原创歌舞类节目《就爱那片田》《打三朝》参加2019年第七届全国部分省市文化馆“百馆联动”系列文旅嘉年华巴中文艺专场演出活动；举办全市“文化和自然遗产日”文艺演出活动，其中《就爱那片田》获得第二届四川艺术节四川“群星奖”“我和我的祖国——四川省第四届群众广场舞总结展演”一等奖；扶持响滩川剧团、《柳州民歌》系列节目及《皮影》《船工号子》等本土节目在全县大型文艺演出活动中常态演出。推动全县“红色文艺轻骑兵”队伍建设，围绕脱贫攻坚编创小品、情景歌舞、快板、竹琴等节目10余个，开展“送文化下乡”活动50场次。

【农村卫生】 为全县12.56万名贫困人口代缴城乡居民基本医疗保险个人缴费部分（2019年220元/人），贫困人口参保率达100%。整合县、乡、村人力资源力量，统筹开展巡回医疗、免费体检、慢病筛查等工作，根据贫困患者患病情况，坚持分类施治，做到“小病不出乡、大病不出县”的目标，全年大病集中救治11497人次，慢病签约管理11542人次，重病兜底9215人次。全面落实“十免四补助”政策，县域内定点医疗机构对贫困人口就诊免收一般诊疗费4.5万人次、免收院内会诊费0.52万人次；免费开展白内障复明手术200人；免费开展艾滋病抗病毒和抗结核一线药物治疗646人；免费实施贫困孕产妇住院分娩服务308人；县残联为32名贫困残疾儿童开展康复训练并提供辅具适配。坚持“强县级、活乡（镇）、稳村（社）”的发展思路，推进县、乡、村服务体系建设，改善城乡医疗条件和环境。加快推进医疗机构和重点学科建设，丽水市青田县医疗技术专家对县第二人民医院重症医学科及骨科进行对口支援。借力“互联网+”满足健康需求，依托医疗健康服务上线平台，横连三甲医院与基层医疗机构，纵接农村患者享有知名专家诊疗服务，县人民医院、县中医医院、县第二人民医院院外全年会诊总数159人次，其中远程137人次，占远程会诊总量的86.1%，彻底解决了贫困患者不用出县就能享受省级专家就诊的难题。加强基层人才队伍建设，引进高层次专业技术人才3名，公开招聘专业技术人员180名，订单定向培养本科生安置6名、中专生安置30名，“三支一扶”招募6名；完成全科医生转岗培训38人次、农村订单定向医学生规范化培训6人次，继续教育3248人次、驻村工作帮扶业务培训4284人次，提高医护人员服务水平。筑牢乡村一体化网底建设，全县聘用村医1041名，夯实基层卫生组织服务能力。深入实施家庭医生签约服务，组建“4个一”（县级医院1名医师、卫生院1名全科医生或执业医师和1名护理人员、村卫生室1名乡村医生）家庭医生签约服务团队，签约式开展基本公共卫生和一般诊疗免费服务，做到签约一人、履约一人。建立计划生育奖励扶助和计划生育特别扶助措施，并对该类人员进行“一对一”帮扶，彻底解决计划生育后遗症带来的实际困难，全年兑现计划生育奖励扶助9078人871.4万元，兑现计划生育特别扶助475人404.6万元。

【农村交通】 全年实施项目289个，建成省道203线镇龙至喜神和省道304线金宝至响滩两条国省干线公路47千米。建成农村公路741.98千米，其中江口镇至白衣旅游公路14千米、村道窄路基加宽111千米、村内通组路201.3千米、建制村联网路101.05千米、农村公路生命安全防护工程314.63千米。全面完成黄梅溪渡改公路桥、张溪口渡改人行桥、泥滩子渡改人行桥、白沙溪桥、社口河桥桥梁工程以及建设村级招呼站20个。全年开展脱贫攻坚村社道路建设培训1次，培训乡（镇）分管领导和乡（镇）交管站人员120人次；开展交通安全培训4次，培训交通企业和项目建设管理人员190人次。

【农村电力】 全年实施项目44个，新建与改造10千伏线路27.95千米，新建与改造低压线路247.257千米，新增与更换配电变压器76台、总容量1.06万千伏安，解决了所涉及贫困村供电设施落后、供电能力不足的问题，贫困村配网供电能力和供电质量全面提升，全县32个村（社区）13891户（贫困户2728户、非贫困户11163户）生活用电电压值均达标，满足了村村通动力电的要求。完成2019年易地扶贫搬迁安置用电安装工作，涉及易迁户顺利入住。

【农村通信】 全年实施项目39个，重点解决了37个行政村4G网络覆盖及2个贫困村通光纤问题，覆盖贫困村11个。全县所有贫困村实现至少有1处互联网覆盖。

【涉农招商引资】 2019年，全县3000万元以上的农业招商引资重大项目13个，均为内资项目，项目总投资12.46亿元，完成全年任务的3.7 %；到位资金7.02万元，完成年度任务的7.3%。

【农村社会保障】 突出政策落实，彰显兜底成效，全年农村低保对象29583户70148人，城乡低保覆盖率由2018年的6.2%提高到8.3%；建档立卡贫困户纳入农村低保12298户32186人，占农村低保总人数的45.88%；将符合条件的1371名建档立卡残疾人纳入扶贫生活补贴范围，发放补贴资金154.92万元。坚持构建农村养老服务体系，助推脱贫攻坚，严格执行农村分散供养、集中供养特困人员每人每月400元、800元生活补助标准，惠及2815人，发放资金1645万元。改善服务质量，18所农村养老服务中心全部实现公建民营，惠及570名特困老人。拓宽服务对象，率先将建档立卡贫困户中的151名失能老人纳入养老服务中心、医养融合机构集中供养，成为全省典范。严格贯彻落实基本养老保险资助参保政策，按每人每年100元的标准符合条件的建档立卡贫困对象68807人、低保对象11802人、特困供养对象704人、重点残疾人对象5215人代缴养老保险金865.28万元。实施建档立卡贫困户因灾受损重建补助11户33人，发放补助资金5.9万元；实施建档立卡贫困户医疗救助133人次30.37万元；实施建档立卡贫困户临时救助475人次122.65万元。累计投入资金236.72万元，资助特困供养对象1443人、重度残疾人9317人参加2019年度基本医疗保险。

【农村生态建设及环境保护】 全年共实施生态扶贫项目6项，支出资金3704.07万元，其中选聘生态护林员591人，全部来源于建档立卡贫困户，实现人均增收6128元（为每人购买意外伤害保险200元）；兑现生态效益补偿738.32万元，兑现2017年新一轮退耕还林补助600万元；兑现2015年新一轮退耕还林补助1692万元；兑现上一轮退耕还林巩固补助199.75万元；建设公益林2000亩，惠及9个乡（镇）18个村（居）。全县累计实施新一轮退耕还林10.98万亩，带动发展青花椒产业35万亩、核桃8.3万亩，撬动社会资金近10亿元，其中花椒产业惠及43个乡（镇）480余个行政村贫困户20852户67049人，通过园区务工、土地流转、入股分红、产品销售等方式，帮助群众实现户均增收811元；核桃产业覆盖27个乡（镇）131个村（居），其中贫困村42个，惠及贫困户2934户10611人，帮助群众实现户均增收800元。集中力量解决农村"脏乱差"问题，重点推进农村生活垃圾治理、污水处理、卫生厕所改造，加快推进人畜分离、村庄绿化，全面推行农村生活垃圾村收集、乡转运、县处理的管理模式，新建和改造一批乡（镇）、社区、聚居点污水处理站。

【农村留守家庭（儿童、学生）帮扶】 构建"部门联动帮扶，干部结对帮扶，社会力量志愿帮扶"的留守学生关爱网络。建立"留守儿童之家"126所、"心语交流室"90所，选聘1200余名"代理家长"，配备专兼职心理教师100余名。开展"建立一份留守学生家庭档案，制定一张留守儿童家校联系卡，建立一份留守儿童成长档案，落实一个帮教人员"关爱留守儿童"四个一"活动、"万名教师访万家"活动，通过"爱心、关心、细心、悉心"的"四心"模式，弥补留守儿童家庭教育缺失。发动成功人士、爱心企业捐赠资金，建立"留守儿童关爱基金"，为家庭困难的留守学生提供帮助。

【劳务开发与返乡创业】 建立健全"一库五名单"，在村落实劳动保障协理员，实现"一库五名单"建设县域全覆盖，全县累计登记贫困人口12.5万人、贫困劳动力7.1万人。先后组织举办大型招聘活动7场次，推荐就业3700余人，其中贫困劳动力1430人。到贫困村举办就业扶贫小微招聘活动5场次，提供就业岗位1000余个，推荐贫困家庭劳动力转移就业450余人。新建成大寨镇大屋村、兰草镇梁铜村等9个就业扶贫示范村。在得胜、龙岗等乡（镇）引进纽扣生产、服装、农副产品、木炭加工等企业，建成就业"扶贫车间"8个、就业扶贫基地1个，带动吸纳贫困人口就业95人，并落实吸纳就业奖励、就业扶贫基地奖补和创业贷款等扶持政策，努力实现企业盈利、贫困户增收的"双赢"目标。扶持贫困劳动力就业创业，兑现贫困劳动力创业补贴32人32万元，兑现农村生产经营主体吸纳贫困劳动力就业补贴161家118.1万元；托底安置贫困家庭劳动力5901名，并按300元每人每月的标准兑现岗位补贴达1302.8万元。围绕全县两个"3+1"特色产业布局，实现每个贫困村均建有1个1000亩以上的返乡创业示范园，全年带动贫困人口就地就近就业1300人；加快培育新型工业，入驻各类企业及实体106家，带动贫困劳动力就业690人；全域化发展乡村旅游，带动贫困劳动力就业530人；发展新型化电子商务，吸纳贫困劳动力就业680人；依托全县10个域外劳务基地联络处开展订单培训、定向输出，全年共转移输出贫困劳动力3200余人。采取"集中授课+知识测试+实训操作"的培训模式，提高培训实效，使培训工作接地气、服水土、见成效，全年累计培训建档立卡贫困劳动力5881人，其中组织开展职业技能培训115期4435人，其中贫困劳动力2776人；组织开展农村实用技术培训81期3323人，其中贫困劳动力3105人。促进高校毕业生实现创业20人。

【主要领导人】 县委书记：蒲开文；县人大常委会主任：谢友先；县长：李余良；县政协主席郑南贵；分管农业副县长：吴智明。

平昌县编写组

雅安市

【基本情况】 2019年，全市辖2区6县，辖区面积1.53万平方千米。有常住人口154.1万人，常住人口城镇化率48.37%，提高1.52个百分点。全年出生人口15366人，人口出生率10.04‰；死亡人口14924人，人口死亡率9.75‰；人口自然增长率0.29‰。有森林管护面积845700公顷，森林覆盖率67.38%。全年实现旅游总收入391.97亿元，增长22.4%。

2019年，全市GDP723.79亿元，增长8%，其中第一产业增加值128.05亿元，增长3.1%；第二产业增加值227.2亿元，增长7.8%；第三产业增加值368.54亿元，增长9.7%。三次产业对经济增长的贡献率分别为5.8%、37.7%和56.5%。全市人均GDP46984元，增长8%。三次产业结构比调整为17.7 ： 31.4 ： 50.9。

社会消费品零售总额267.6亿元，增长10.2%，其中乡村消费品零售额82.47亿元，增长10.6%。全社会固定资产投资增长10.5%。地方一般公共预算收入43.01亿元，增长11.3%，其中税收收入31.4亿元，占地方一般公共预算收入的比重为73%；一般公共预算支出145.61亿元，增长11.5%。金融机构人民币各项存款余额1206.49亿元，比年初增加80.21亿元，比年初增长7.1%；各项贷款余额764.79亿元，比年初增加104.27亿元，比年初增长15.9%。

全年完成客运量1736万人，减少2%；完成客运周转量60531万人千米，减少6.9%。完成货运量5325.6万吨，增长4.4%；完成货运周转量582350万吨千米，增长7.7%。有固定电话用户26.01万户，移动电话用户174.54万户。

有各类学校546所（高等教育附设中职

班和高等教育院校不计入校数)，在校学生212504人，教职工16751人(其中专任教师14455人)，其中幼儿园286所，在园儿童(幼儿园、附设班)45015人；小学161所(有小学教学点120个)，在校学生85349人；初中72所(初级中学50所、九年一贯制学校22所)，在校学生47577人，“普九”人口覆盖率100%；特殊教育学校3所，在校学生186人；普通高中学校16所，在校学生22221人；中等职业教育学校8所(另有雅安职业技术学院附设中职班1个)，在校学生12156人。全年专利授权量783件，其中发明专利授权量49件；有效发明专利381件，每万人发明专利拥有量2.47件。有文化馆9个，文化站138个，公共图书馆9个，美术馆4个，农家书屋1017个，社区书屋187个。有博物馆(纪念馆)12个，文物保护管理机构9个。有全国重点文物保护单位11处，省级文物保护单位47处，市、县级文物保护单位158处；国家级非物质文化遗产名录3项，省级以上非物质文化遗产名录23项。广播综合人口覆盖率达98.2%，电视综合人口覆盖率达99%，有线电视用户达23万户。有医疗卫生机构1573个(含村卫生室916个、专业公共卫生机构30个)，病床位13230张，卫生技术人员12837人(其中执业医师3587人、执业助理医师1023人、注册护士5415人)。城乡居民养老保险覆盖45.58万人，增加2.37万人。城乡居民基本医疗保险覆盖123.65万人，参保覆盖率稳定在98%以上。

【年度农业和农村经济运行】2019年，全市农村居民人均可支配收入14586元，增长10.1%；农村居民人均生活消费支出12189元，增长9.6%，其中食品烟酒支出增长8.6%，生活用品及服务支出增长6.2%，交通通信支出增长11.8%，医疗保健支出增长13%。全年完成营造林面积21210公顷。全年水产养殖面积836公顷，增长4.6%；水产品产量10390吨，增长1.6%，其中养殖产量10300吨、捕捞产量90吨。全年农村用电量78293万千瓦时，增长3%。新建农民体育健身工程212个。

【种植业】全年粮食作物播种面积6.91万公顷，增加0.01万公顷，增长0.1%；油料作物播种面积0.79万公顷，增长1%；中草药材播种面积0.73万公顷，增长3.8%；蔬菜播种面积3.08万公顷，增长1.7%。全年粮食总产量35.88万吨，增加0.1万吨，增长0.3%，其中小春粮食产量增长0.1%，大春粮食产量增长0.3%。经济作物中，油料产量1.48万吨，增长1.2%；蔬菜产量71.88万吨，增长2.2%；茶叶产量8.81万吨，增长4.8%；园林水果产量45.12万吨，增长14.1%。

【畜牧业】全年生猪出栏99.5万头，减少19.0%；牛出栏5.34万头，增长2.8%；羊出栏22.54万只，增长2.6%；家禽出栏866.68万只，增长13.7%；兔出栏393.58万只，减少0.5%。禽蛋产量2.61万吨，增长7.8%；牛奶产量3.53万吨，增长19.2%。

【农村水利】全年新增农田有效灌溉面积210公顷，全市有效灌溉面积53930公顷。全年新增综合治理水土流失面积174.75平方千米，2011年以来全市累计治理水土流失面积1538.67平方千米。全年解决改善农村饮水不安全人口9.13万人。新增农业机械总动力1.04万千瓦，农业机械总动力达165.3万千瓦，增长0.6%。

【农村教育】全市实现义务教育全部免费，全年免除学杂费、教科书费、作业本费共计26.58万人次，补助贫困寄宿生生活费18248人；农村义务教育学生营养改善计划覆盖91496人；减免学前教育保教费24475人；为家庭经济困难普通高中学生发放生活补助7041人，免除学费6950人；为中等职业学校家庭经济困难学生发放生活补助2229人，免除学费5084人；资助普通高校家庭经济困难学生5117人，发放国家励志奖学金330人。

【农村交通】全年交通建设完成固定资产投资58.7亿元，其中高速公路项目完成投资13亿元，国、省干线公路项目完成投资37.73亿元，农村公路建设项目完成投资5.48亿元(建设里程446千米，其中县、乡道公路建设89千米，村道公路建设326千米，美丽乡村示范公路建设31千米)，危桥、安保、大中修等专项工程完成投资2.49亿元。

【主要领导人】市委书记：兰开驰；市人大常委会主任：李伊林；市长：邹瑾；市政协主席：杨承一；分管农业副市长：王双全。

雅安市编写组

雨城区

【基本情况】2019年，全区辖8镇5个街道，辖区面积1067平方千米。

【景区提档升级】加快推进碧峰峡创建国家5A级景区、雅安茶厂创建国家3A级景区工作。加强旅游景区管理水平和服务质量，促进旅游景区建设精致化、经营规范化、服务标准化、管理人性化。4月，上里古镇创建为四川省首批文旅特色小镇。

【特色业态打造】全区乡(镇)实行点状供地，全力支持民宿发展，全区已建成精品民宿12家，在建民宿20余家。合江镇引进文创项目10余个、艺术家10余名，建立“艺术家+工作室+基地+服务”产学研销的发展模式，打造茶山艺林民宿集群。碧峰峡组建“旅游合作社”“民宿协会”，引导农家乐向精品民宿提档升级，全区初步形成了碧峰峡、合江、多营民宿集群，“生态、业态、文态、形态”四态合一的局面加速形成。

【旅游环境优化】升级改造省道104线、省道105线，新(改)建A级及以上旅游厕所20座，新建旅游驿站1个，完善全域全景导览图和重点景区标识标牌，建设雨城区大数据中心，全面提升旅游基础设施。建立旅游市场综合监管联合执法机制和投诉统一受理机制，实施“1+3+N”旅游市场综合执法，开展旅游市场综合整治200余次，召开安全生产工作会4次，开展各类安全检查80余次。开展旅游沿线环境提升工程，加强对景区、车站、旅游通道、宾馆等游客聚集区的治安管理，推进旅游景区、景点“扫黑除恶”，旅游环境不断优化。

【公共文化服务体系建设】区图书馆、文化馆和博物馆实现延时、错时免费开放。文化馆编排《晏场高台舞起来》《满庭芳》等歌舞节目参加市、区各类文艺演出，协同区委宣传部组织千人快闪《我和我的祖国》，庆祝中华人民共和国70周年华诞；优化公益培训课程，与市文化馆和区青少年活动中心密切合作，增加课程数量，丰富了群众业余文化生活。区图书馆新办借阅证120张，继续开展读书会和“朗读者”品牌活动；延伸服务，开展2019年“书香雨城 全民阅读”活动、“耕读筑梦家乡”雨城区农家书屋读书活动等全民阅读系列活动。全面完成春节、全国“两会”、节假日等重要节点广播电视安全播出工作。加强对广播“村村响”系统的日常运维，建设完成周公山地面数字电视发射台并投入使用。

【非物质文化遗产及文物保护】文管所落实文物安全月巡查制度，召开2019年全区文物安全工作会，明确文物安全责任；开展野外不可移动文物信息录入，发现一处规模较大的近现代战壕遗址，考古调查进入论证阶段；开展西康博物馆展陈提升工作，完成设计方案并提交市委、市政府审定；开展文物保护单位申报，新增全国文物保护单位1处(明德中学)、省级文物保护单位3处(节孝总坊、陈家山石牌坊、杨家大院建筑群)。非遗中心完成省级非物质文化遗产代表性传承人抢救性记录工程抬阁(晏场高台)杨昌荣项目影片的拍摄制作,完成市级非遗传统工艺项目普查。推进非遗进校园传习活动,开展"我们的节日"非遗展演与传承活动。

【主要领导人】 区委书记:高福强;区人大常委会主任:杨仕全;区长:陈建伟;区政协主席:李建敏;分管农业副区长:廖鹏。

雨城区编写组

名 山 区

【基本情况】 2019年,全区辖11镇2个街道,辖区面积614.27平方千米。森林资源总面积4.85万公顷,其中林地上的森林资源面积2.91万公顷,占森林资源总面积的59.83%;非林地上的森林资源面积1.945万公顷占森林资源总面积的40.17%。森林覆盖率54%,国土绿化覆盖率达78.9%。

2019年,全区GDP982646万元,增长8.1%,其中第一产业增加值289694万元,增长3%;第二产业增加值304455万元,增长9.9%;第三产业增加值388497万元,增长9.3%。三次产业对经济增长的贡献率分别为8.2%、42.8%和49%,分别拉动地区生产总值增长0.7个百分点、3.5个百分点、4个百分点。全区人均GDP36530元。三次产业结构比调整为29.5∶31∶39.5。

【年度农业和农村经济运行】 2019年,全区实现农林牧渔业总产值432633万元,其中种植业产值322858万元、牧业产值93124万元、渔业产值4124万元、林业产值3082万元、农林牧渔服务业产值7435万元。名山区创建为市级乡村振兴先进区,创建省级乡村振兴先进乡镇1个、示范村2个,市级乡村振兴先进乡镇1个、示范村6个。蒙顶山茶叶现代农业园区创建为四川省五星级现代农业园区。全年义务植树70余万株,完成营造林2.26万亩。全年水产品总产量4200吨。

【种养殖业】 全区粮食作物播种面积16.27万亩,产量6.76万吨。有茶园面积23126公顷,其中采摘面积21748公顷;茶叶产量50686吨。"蒙顶山茶"品牌价值达33.65亿元,提高2.93亿元,全国排名第八位,持续名列四川茶叶第一品牌。全区生猪存栏290122头,其中能繁母猪存栏25892头;生猪出栏426401头;猪肉产量30527吨。

【全域旅游发展】 做优顶层设计。制定《雅安市名山区促进全域旅游扶持奖励措施》《关于大力推进文旅融合发展加快建设成都大都市区康养休闲目的地的实施意见》,编制《雅安市名山区全域旅游规划》,营造促进文旅产业发展的浓厚氛围,推动文旅产业大发展、大繁荣。

创建A级景区。建成红草坪、龙滩子、蒙顶酒庄景区3个国家3A级景区。加快推进蒙顶山景区建成国家5A级景区、牛碾坪及月亮湖建成国家4A级景区,蒙顶山5A级景区提升改造工作已全面启动,牛碾坪、月亮湖景区已通过省检专家组现场检查。

培育旅游业态。以中国至美茶园绿道旅游环线为载体,不断提升重要景观节点建设水平,培育一批精品民宿和特色茶家乐,已建成遇见芳华、过溪、水云间、骑龙小茶院、玩土乐园、栀子院等民宿12家。

建设旅游厕所。新建2座、改建4座旅游厕所。指导辖区内旅游厕所完善管理制度,制定管理、保洁、监督"三张清单",做好制度上墙。

旅游营销。注册"名山文旅"微信公众号,确定名山旅游宣传口号、旅游形象LOGO,建成名山区全域旅游智慧导览系统,塑造名山旅游新形象。

【旅游项目建设】 加快建设蒙顶山生态文化旅游康养产业园,已开工建设中国·蒙顶山世界茶都A1地块、中国酒香茶乡田园综合体等9个项目,完成项目投资4.63亿元;做好蒙顶山生态文化旅游康养产业园征地搬迁、土地出让等工作,保障项目建设用地需求,同步完善水、电、气、路等基础设施;建立"投资项目化、项目责任化、责任具体化"的工作机制,落实好产业园项目推进责任分工,每周召开一次工作推进例会并形成常态化。

【主要领导人】 区委书记:金武;区人大常委会主任:王绍忠;区长:周万有;区政协主席:张忠春;分管农业副区长:廖春雷。

名山区编写组

天 全 县

【基本情况】 2019年,全县辖7镇3乡,辖区面积2400平方千米。

【旅游规划编制】《天全县旅游发展总体规划(2018—2033)》和《天全县全域旅游发展规划(2018—2021)》《天全县城旅游总体规划》等重点旅游专项规划通过专家组评审,成为天全文化旅游发展的指南针,"川藏线上最具水润风情的康养旅游目的地"的目标得到明确,"二郎山下水润天全"旅游品牌成为共识。

【文旅重点项目建设】 围绕"抓项目就是抓发展,抓大项目就是抓大发展"的思路,把项目建设作为推进天府旅游名县创建的有力抓手,项目建设取得重大进展。一是喇叭河景区整体提升工程投资约1800万元,完成游客中心墙、柱模板支设,候车区廊架部位及停车场雨水、污水预埋管道,强、弱电预埋,入口雕塑制作安装,候车区堡坎波形护栏。二是正山堂蒙山茶森林(博物园)项目在编制《蒙山茶森林(博物园)概念规划》的基础上,与县住建局密切对接,编制完成《蒙山茶森林(博物园)项目选址论证》,项目面积约4310亩,初步形成区域面积图。三是投资约2100万元,完成天全县欣妙酒庄旅游综合体项目土地回收。四是仁义红军村基础设施建设项目投资3000万元,完成景观游步道、风情街样板房打造及栈道便道进场施工。五是完成红灵山祈福养生休闲旅游区项目现场踏勘,雅康高速多功出口标志性标识牌项目竣工验收。六是二郎山熊猫旅游小镇旅游基础设施建设项目累计完成投资约200万元,已完成项目土地的测绘和地热的初勘。七是计划争取资金2500万元,开展2019年度国家文物局批准的甘溪坡茶马古道驿站遗址保护修缮项目设计工作。八是争取到旅游厕所补助资金68万元,率先完成全国旅游厕所管理系统中32座厕所的百度地图标注,完成率排名全市第一位。完成6座旅游厕所建设任务。

【公共文化服务体系建设】 利用专项资金30万元,对40个非贫困村文化室进行打造提升。推进全县2个"五人制"社会足球场选址。开展体育人才选拔,向省、市体育部门输送优秀体育苗子共计48人。开展广播电视"村村响"安装,维护140余次;维护应急广播120余次、"户户通"故障180余次,解决贫困户和特殊困难户143户电视信号问题,让全县138个村6个社区实现"村村响",7500余户农户正常收看电视,并采取有力举措确保中华人民共和国成立70周年等重点时段安全优质播出。图书馆文化馆总分馆制建设稳步推进,总阅读人数达42600人次,图书借还8629册次,办理读者证10752张。全年执法人员排查并整改安全隐患5处,办结案件1件,收缴各类非法书刊120余册(张),散发宣传图页2000份,检查旅游服务网点36次,受理并办结投诉、举报4件。大幅下调体育馆运动项目收费标准,更多让利于民,全年免费开放接待人次达18万人次,其中体育馆达9.6万人次。

【主要领导人】 县委书记：余力；县人大常委会主任：陈颖；县长：郑胡勇；县政协主席：李家顺；分管农业副县长：陈冬冬。

天全县编写组

芦山县

【基本情况】 2019年，全县辖6镇1乡1个街道，辖区面积1191.14平方千米。

【文旅项目建设及招商引资】 完善文旅项目库，全县储备文旅项目38个，总投资236.63亿元。新引进文旅康养项目2个——浙商卓越集团投资灵鹫山旅游综合开发项目总投资20亿元、四川吾善旅游开发有限公司投资吾善旅游特色中医康养项目总投资1.5亿元。全年完成涉旅投资2.53亿元，完成目标任务的230%，其中龙门古镇4A级景区提升项目和大川猴山飞瀑旅游项目一期已建成并投入运营；猴山飞瀑旅游项目已完成二期规划；大川河健康旅游开发项目前期工作取得重要进展，已通过四川交投立项审批，并与庐山县签订第一期投资协议（20亿元）。推进根雕文化产业园区入驻招商工作，出台了《芦山县拔尖文化人才、优秀文化作品激励办法（试行）》《芦山县根雕文化产业园区入驻经营优惠办法（暂行）》，已有19家企业签约入驻，入驻率为35%，部分已启动装修布展。

【文旅市场监管】 联合公安、应急、自然资源与规划、市场监管、交通、消防等部门开展文化、体育、旅游联合执法检查8次，检查旅行社及其分支机构60家次、A级景区122家次、星级农家乐46家次，提出整改意见和建议20余条，受理旅游投诉13件，办结13件，结案率为100%，接受旅游咨询200余人次，确保了全县文化旅游市场稳定有序。完善应急预案，加强文化、体育、旅游、广电和文物等领域安全检查，做好地质灾害防控和安全检查，整治安全隐患，全年无重大安全事故发生。开展文化市场整顿和“扫黄打非”工作，出动执法人员1268人次，检查622家次，办结案件3件，警告2家次，警告并罚款1家次；检查印刷复制企业3次、出版物市场7次；开展校园周边文化市场专项整治2次；联合县文化市场执法大队并组织相关人员按照《无线电管理条例》《广播电视管理条例》等法律法规依法对全县可能存在“黑广播”的区域和售卖非法“小锅盖”、安装“小锅盖”进行摸底排查4次，确保意识形态工作责任制落到实处。

【公共文化服务体系建设】 做好博物馆、文化馆、图书馆、体育馆及各乡（镇）综合文化站等免费开放工作，加强对地面无线数字电视、“村村响”广播、景区游客服务中心及旅游设施的日常管理和使用，提升公共服务水平。完成县图书馆入口和儿童阅览室改造提升项目、2019年广播电视民生实事和脱贫攻坚广播“村村响”项目、佛图山发射台进站道路施工项目建设，芦山县纱帽山广播电视发射台基础设施建设项目完成约80%的工程量，公共文化服务基础设施不断完善。以中华人民共和国成立70周年纪念活动为主题，持续开展“送文化下乡”、全民阅读、体育活动等群众活动，其中举办全县性文化活动26场次；开展旅游宣传推介活动6场次。利用体彩公益金为各乡镇、社区采购全民健身活动器材，配置健身路径和农民健身设施，各乡镇健身路径覆盖率达到100%；利用体彩公益金9万余元为各乡镇、社区采购健身器材9套、室外篮球架11个；推进社会化足球场地建设，提升改建龙门晨阳希望小学足球场并向社会开放。芦山县天功金丝楠艺术馆出品的金丝楠手杖、金丝楠小凳、金丝楠镇纸和芦山县马牛山翠香茶厂出品的马牛山茶（玉芽、毛峰）在2019年四川特色旅游商品大赛中获得铜奖。全年共组织11家根雕企业和个体经营户16人携带40余件作品到重庆、成都、武汉、南京等地参加国家级、省级展会，共获得国家级金奖3个、银奖2个、铜奖1个，省级金奖12个、银奖10个、铜奖4个，其中大自然根艺厂的刘欣宜制作的《木雕—乡愁》获得中国工艺美术协会两年一届的最高奖“百花杯”金奖。省级非遗项目芦山县刘氏木雕被文化和旅游厅命名为第一批四川省非物质文化遗产项目体验基地。

【主要领导人】 县委书记：周建华；县人大常委会主任：高永洪；县长：杨俊；县政协主席：马毅强；分管农业副县长：尹清。

芦山县编写组

宝兴县

【基本情况】 2019年，全县辖4乡3镇，辖区面积3114平方千米。

2019年，全县GDP33.56亿元，增长6.8%，其中第一产业增加值6亿元，增长3.1%；第二产业增加值12.74亿元，增长6.6%；第三产业增加值14.82亿元，增长8.5%。

【旅游项目建设】 加快在建项目实施进度，完成宝兴县智慧旅游服务平台项目一期、二期建设，初步建成覆盖神木垒、邓池沟、灵关石城区域的电子票务系统、公共WIFI系统以及景区智慧停车系统；完成夹金山垭口环境整治项目；督促文旅集团针对达瓦更扎试运营发现的问题及时完善相关配套服务设施，在达瓦更扎景区云顶增加厕位16个，同时抓紧推进游客中心及山门厕所建设，解决网络信号保障等问题；督促灵关石城景区做好4A级景区整改提升工作，如期完成相关基础设施修复。

【公共文化服务体系建设】 县文化馆、图书馆、博物馆、红军翻越夹金山纪念馆和各乡（镇）综合文化站全部免费开放。全年做好各类主题宣传活动、免费开放、讲解、服务、接待工作。截至11月，红军长征翻越夹金山纪念馆共接待游客约36万人次，其中团队游客21万余人次、青少年6万余人次、外国游客1万余人次、各单位游客8万余人次，发挥了纪念馆的爱国主义教育职能，成为全县精神文明建设和科普教育的重要窗口，成都军区善后工作办公室为纪念馆授牌“革命传统教育基地”，中国人民解放军三一六六七部队为纪念馆授牌“红色教育基地”。围绕夹金山干部学院建设，开展夹金山干部学院图书馆建设工作，已全面完成图书馆装饰装修、书架和图书购置等相关工作。开展世界读书日全民阅读系列活动，举办“4·23世界读书日全民阅读，共建书香宝兴”系列活动，倡导全民阅读、共建书香社会，传播弘扬中国特色社会主义文化，培育践行社会主义核心价值观，坚守“为人找书、为书找人”的价值理念，竭诚引导、推动、服务全民阅读，并关注少年儿童、老年人、残疾人等特殊群体的阅读需求。春节前后，配合相关单位、部门到灵关镇开展“文艺轻骑走千村、文化惠民进万家暨送文化下乡农民读书月活动”，为基层群众送去文艺节目，免费书写春联500副，免费赠送图书600册、读书宣传单近1000份。为庆祝中华人民共和国成立70周年，弘扬中华民族的优秀传统文化，举办了第三届暑期少儿书画比赛并选送美术作品《我的家乡宝兴》参加全省比赛，获得2019四川省“童心绘祖国”图文创意比赛小学组一等奖。

【非物质文化遗产保护】 利用硗碛藏族“上九节”、三八妇女节和五一劳动节等节庆活动，进行多声部民歌展演，引导参加节庆的游客和群众积极参与硗碛锅庄舞蹈，展示非遗传统体育杂技——天鹅抱蛋，与游客、市民进行互动表演。普及非遗知识，推进非遗文化进校园工作并进行有计划的宣传报道，获得县内外广泛赞誉。开辟多声部民歌课堂，聘请硗碛加绒

客5162.1万人，实现旅游收入476.42亿元，其中乡村旅游收入118.2亿元。

公路通车里程8081.5千米(其中乡村公路6241.177千米)，密度1132.81米/平方千米，23.45千米/万人。社会消费品零售总额567.5亿元，增长10.5%，其中乡村市场消费品零售额216.2亿元，增长11.4%。农村居民年人均消费性支出14801元，增长12.8%。地方一般公共预算收入110.77亿元，同口径增长9.2%；地方一般公共预算支出259.22亿元，增长10.2%，其中农林水支出32.8亿元，占支出的12.6%。年末金融机构本外币存款余额2325.61亿元，增长11.03%；金融机构本外币贷款余额1257.4亿元，增长20.5%。有保险公司33家，全年保费总收入74.77亿元，增长13.4%；农险保费收入8654.38万元；提供风险保障金23.69亿元，其中赔款支出2.5亿元，全省排名第2位。促成农业投资促进项目39个，协议总投资195亿元。国家级、省级和市级龙头企业分别为5家、40家和132家。

有各级各类学校836所(不含教学点、附设班，下同)，在校学生48万人，教职工3.8万人，其中小学176所，在校学生16.64万人；初中165所，在校学生6.86万人；高中26所，在校学生4.45万人；高校12所，在校学生8.44万人；学龄儿童入学率100%。开展省级重点研发5项，2项科技成果获得省级及以上科技进步奖。有艺术表演团体3个，文化馆7个，公共图书馆7个，备案博物馆7个。有医疗卫生机构2139个，实有病床位19943张，医院、卫生院技术人员14351人；门诊人数1594.43万人次，病床使用率达87.17%。全年城乡居民社会养老保险参保人数204.19万人；城乡居民基本医疗保险参保人数267.6万人，支出城乡居民基本医疗保险待遇18.3亿元。

【年度农业和农村经济运行】 2019年，全市实现农业总产值333.19亿元，增长2.6%；全市全年农业增加值达199.16亿元，增长3%；晚熟柑橘、蔬菜、茶叶等特色优势农产品产量保持稳定增长。农民年人均可支配收入达18177元，增长9.7%，总量连续10年居全省第四位。在粮食、生猪、蔬菜生产中，科技投入的占比或科技贡献率59%。全市省级农产品质量安全例行监测总体合格率达99.8%；乡(镇)农技推广机构达162个，农村社区综合服务设施覆盖率达85%。

2019年眉山市主要农产品产量

主要农产品	单位	产量	同比(%)
粮食	万吨	124.96	0.94
水稻	万吨	78.9	1
小麦	万吨	2.62	-2.2
玉米	万吨	30.79	0.62
马铃薯	万吨	5.22	0.97
油菜籽	万吨	12.7	2.9
蔬菜(食用菌)	万吨	139	3.7
水果	万吨	114.05	4.1
肉类	万吨	19.66	-20.4
猪肉	万吨	12.04	-34.5
牛肉	万吨	0.26	6
羊肉	万吨	0.7	3.7
禽肉	万吨	6.06	26.1
兔肉	万吨	0.46	3.3
禽蛋	万吨	5.99	11.8
水产品	万吨	13.3	3.2
牛奶	万吨	12.8	10.4

农业产业化发展。建成泡菜原料基地46万亩，全年泡菜加工量达206万吨，销售收入达200.8亿元，增加19.3亿元。眉山春橘种植面积达6.87万公顷，实现产值95亿元，带动农民人均收入达5300元以上，规模位居全国第一。新培育国家级重点龙头企业1家、市级龙头企业4家，全市国家级、省级和市级龙头企业分别为5家、40家和132家。新培育农民专合社88个，全市农民专业合作社达3347个，其中新创建国家级农民合作社示范社4个，累计达32个；新创建省级农民合作社示范社32个，累计达122个。东坡区被列为全省十个农民合作社质量提升整县推进试点单位之一。全年培育新型职业农民2007人，遴选培育现代农户、家庭农场237个，分别在彭山区实施国家级职业农民制度试点、在丹棱县实施省级职业农民制度试点。

2019年眉山市省级(及以上)农业产业化重点龙头企业名单

企业名称	法人代表	示范等级	主营产品
四川省吉香居食品有限公司	丁文军	国家级	泡菜、调味料
四川省味聚特食品有限公司	管建清	国家级	酱腌菜、调味料
四川李记酱菜调味品有限公司	李国斌	国家级	调味料、小菜
四川茂华食品有限公司	赵建华	国家级	糖果、糕点
四川环龙新材料有限公司	沈根莲	国家级	纸类
千禾味业食品股份有限公司	伍超群	省级	酱油、醋、料酒
四川九升食品有限公司	陈豫川	省级	鹌鹑蛋、鹌鹑肉
四川省川南酿造有限公司	管国如	省级	泡菜、调味品
四川茂华养殖有限公司	李进	省级	生猪
四川大自然惠川食品有限公司	喻文建	省级	酱腌菜、食用菌
四川厨之乐食品有限公司	辛祖民	省级	酱腌菜、调味品
四川菜花香食品有限公司	王跃	省级	酱腌菜
四川省邓仕食品有限公司	邓学燕	省级	酱腌菜、调味品

续表

眉山市东坡果业有限公司	李华	省级	柑橘、农资
四川省眉山万家好种猪繁育有限公司	叶仲华	省级	生猪
四川味之源食品有限公司	黄志军	省级	酱腌菜、调味品
四川茂华现代农业开发有限公司	汪文忠	省级	核桃、花生
四川国威油脂有限公司	潘志国	省级	食用油
四川岷江现代农业有限公司	王云富	省级	蓝莓、柑橘
四川恒星食品有限公司	谭兴惠	省级	红油豆瓣
四川川娃子食品有限公司	唐磊	省级	火锅底料、调味品
中纺粮油(四川)有限公司	王云超	省级	油类
眉山市恒辉粮油有限公司	张启芬	省级	粮食、油类
眉山市彭山区天鑫农业发展有限公司	刘文均	省级	柑橘
四川福仁缘农业开发有限公司	李国通	省级	枇杷饮料
四川仁寿金利纺织有限公司	杨建国	省级	纱线、坯布
四川仁寿江陵食品有限公司	郑友谊	省级	蜜饯
四川仁寿县碧海实业有限公司	向宇	省级	生猪
四川仁寿张三农业科技有限公司	张金辉	省级	芝麻糕
仁寿北斗鑫星生态农业开发有限公司	李明全	省级	柑橘
四川雅妹子生态食品股份有限公司	徐艳红	省级	猪肉腌制品
幺麻子食品股份有限公司	赵跃军	省级	调味品
洪雅县瓦屋山药业有限公司	严光玉	省级	中药饮片
现代牧业洪雅有限公司	李广有	省级	生鲜乳
眉山市金陆捌饲料有限公司	陈显华	省级	配合料、水产料、浓缩料
四川龙田丰生化有限公司	何春阳	省级	肥料
四川彩虹制药有限公司	吴晓洪	省级	藿香正气水、复方板蓝根颗粒
四川省金兴食品有限责任公司	徐仲良	省级	茶叶
四川省丹妮生态生活护理用品有限公司	周骏	省级	纸类
四川省青神县云华竹旅有限公司	陈云华	省级	竹编产品

2019年眉山市国家级示范农民专业合作经济组织名单(前10位)

合作组织名称	注册资金(万元)	法人代表	示范等级	年度产值(万元)	主营产品
眉山市富农水稻种植专业合作社	8000	宁福安	国家级	12800	水稻
眉山市宏鹰果业专业合作社	509	刘桂英	国家级	3200	水果
眉山九升兔业专业合作社	100	黄友林	国家级	1698	兔
眉山市东坡区云阁鹌鹑专业合作社	113	付吉志	国家级	1263	鹌鹑
眉山市彭山区团结鑫隆农业专业合作社	708.4	徐成银	国家级	1200	柑橘
眉山市彭山区观音金果果业专业合作社	500	姜红	国家级	1200	葡萄
眉山市彭山区泽泻农业专业合作社	100	王维清	国家级	1100	中药材
仁寿玛纳斯农业藤椒生产专业合作社	383	汤志勇	国家级	992	藤椒
仁寿县方青椒种植专业合作社	1000	石建中	国家级	900	花椒
仁寿县清见果业专业合作社	200	徐文科	国家级	803	水果

2019年眉山市家庭农场经营情况统计表(前10位)

家庭农场名称	注册资金(万元)	法人代表	年度产值(万元)	主营产品
眉山市东坡区三苏源家庭农场	150	郑继辉	500	晚熟柑橘
眉山市东坡区德盛源生态农庄	50	郭建平	300	晚熟柑橘
眉山市彭山区永丰孔雀山庄家庭农场	100	罗普	700	生猪
眉山市彭山区丰和不知火家庭农场	100	袁春莲	300	柑橘

续表

眉山市彭山区锐源家庭农场	100	袁明贵	200	柑橘
仁寿县联松家庭农场	200	范琨	130	水稻、大米
洪雅春驿家庭农场	30	白灵全	100	水果、餐饮
丹棱县兴农家庭农场	50	黎可学	220	大米种植、销售
丹棱县涵平家庭农场	50	董仁志	260	柑橘、李子种植、销售
青神县涛哥哥家庭农场	200	黄涛	500	玉米、小麦

农用地产权制度改革。全市基本完成承包地确权登记颁证工作，向承包农户颁发《农村土地承包经营权证》69万本。制定《土地经营权预流转服务规范》《土地经营权流转交易服务规范》《土地经营权流转交易风险防范规范》和《土地经营权融资担保价值评估规范》地方标准4个。稳步推进农村土地有序流转，全年流转面积达147万亩，占确权承包地面积的41.1%。

农村集体经济发展。完成1457个村集体经济组织、11892个组集体经济组织清产核资工作并通过省级抽查验收，共清查核实经营性和非经营性资产45.65亿元、资源性资产60.04万公顷。眉山市和东坡区、青神县分别被农业农村厅表彰为年度全省农村经营管理工作市级和县级成绩突出单位。

农产品品牌战略实施。全年“味在眉山”销售总收入达937.8亿元，其中境外销售收入5.49亿元。“眉山春橘”正式申报地理标志证明商标，位列“2019中国农产品百强标志性品牌”榜首；“东坡泡菜”获得四川省品牌建设与防伪协会颁发的“四川省杰出区域品牌”奖；“丹棱桔橙”继续登上中国地理标志产品百强榜，品牌价值44.35亿元，获得全国300个具有代表性特色农产品区域公用品牌，并在亚洲果蔬产业博览会上获评为2019年度中国最具价值20大水果区域公用品牌；“张三芝麻糕”“丹棱桔橙”在第七届四川农业博览会上获得“最受欢迎农产品”称号。

现代农业园区建设。全年整合项目资金13.4亿元支持现代农业园区建设。全市3个园区进入省级现代农业园区培育名单，其中2个园区创建为省三星级、四星级现代农业园区；创建市级现代农业园区5个，引进华侨城集团等39个重大农业项目和1200余个业主，中法农业科技园等项目有序推进。培育国家林业产业示范园区1个、国家级林业重点企业4家、省级现代林业示范园2个、省级花卉产业园区1个、省级森林食品基地2个。

【种植业】 全市农作物播种面积31.8万公顷，增长1.1%，其中粮食作物播种面积19.6万公顷，增长0.6%；油料作物播种面积5.8万公顷，增长1.8%；药材播种面积1941公顷，增长1.8%；蔬菜种植面积4.8万公顷，增长2.5%。全年粮食产量124.96万吨，增长0.94%，其中小春粮食产量6.5万吨，增长1.1%；大春粮食产量118.5万吨，增长0.9%。油菜籽产量12.7万吨，增长2.9%。茶叶产量2.2万吨，增长6.2%；水果产量114.05万吨，增长4.1%；蔬菜（食用菌）产量139万吨，增长3.7%。全市粮食规模化经营面积新增5%。全年种子抽检合格率达100%。编制《眉山市现代种业“十四五”发展规划》和《加快水稻制种大市向水稻制种强市的思考》。

【林业】 全年完成营造林16.22万亩，其中造林7.21万亩，完成道路绿化164千米、水系绿化181.3千米，城乡绿化覆盖率增长到58.04%，森林覆盖率增长到49.77%；创建森林小镇、森林村庄、森林小区、森林人家985个，全国绿化委员会、国家林业和草原局正式授予眉山市“国家森林城市”称号；丹棱县创建为“全国绿化模范县”，全市6区（县）均为省级及以上绿化模范县，其中洪雅县、丹棱县、青神县是全国绿化模范县。仁寿黑龙滩创建为“国家湿地公园”，柳江镇创建为“全国最美森林小镇”，全国共有25个“全国最美森林小镇”，眉山市占3个。全市创建省级森林康养基地4个、森林康养人家4家，市级森林康养基地6个、森林康养人家13家，27个村创建为“国家森林乡村”。第三届中国森林康养与乡村振兴大会在洪雅县召开，洪雅县被评为全国唯一一个“全国森林康养标准化建设县”，七里坪森林康养基地被评为“全国森林康养基地标准化建设单位”，洪雅县雅女湖有机农庄被评为“中国森林康养人家”，丹棱县老峨山被评为全国森林康养基地试点建设单位。全年无较大以上森林火灾发生。

2019年眉山市3000万元以上林业企业招商引资项目表

项目	总投资(万元)	投资内容	投资方	项目进度
竹钢国际生态产业园项目	50000	建设竹钢门窗及家具生产线、大型建筑构件专业生产线，建设工程技术研究中心、办公楼、产品展示厅	洪雅竹元科技有限公司	建设项目监理公司已确定；地基加固施工有序推进；施工图设计文件完成。项目节能报告申报完成；水保方案通过专家会评审；节能报告完成；环评报告编制有序推进
斑布健康竹产业园百万吨竹材生物质精炼项目	350000	新建年产20万吨本色生活用纸竹浆纸一体化工程；升级改造年产12万吨本色生活用纸生产基地；配套建设办公用房和园区基础设施。建设全国最大竹本色纤维材料生产基地，建设成为行业内标杆性现代化、科技示范型企业，打造国内领先的竹资源全价利用生产、研发创新示范基地	四川环龙新材料有限公司	进行研发大楼、综合控制大楼、维修车间和综合库房的主体钢结构和生产车间的基础地基建设

【畜牧业】 全市猪、羊、家禽、兔出栏量分别达166.65万头、47.33万只、3865.11万只、359万只，全年肉类总产量19.66万吨，减少20.4%，其中猪肉产量12.04万吨，减少34.5%；牛肉产量2604吨，增长6%；羊肉产量6998吨，增长3.7%；牛奶产量12.8万吨，增长10.4%；禽蛋产量5.99万吨，增长11.8%；生猪出栏减少34.1%，羊出栏增长3.1%，家禽出栏增长26.4%。生猪存栏94.92万头，减少41.2%；牛存栏4.9万头，增长1.9%。蜂蜜产量1.25万吨，蜂王浆产量500吨，蜂花粉产量1750吨，均居全省第一位。全年共生产饲料、饲料添加剂184.45万吨，实现饲料产值65.22亿元。全年畜牧业产值达84.4亿元，全市创建省级畜禽养殖标准化示范场13个、市级畜禽养殖标准化示范场32个，有眉山温氏家禽育种有限公司国家级家禽核心育种场1个、眉山万家好种猪繁育有限公司省级生猪核心育种场1个。全年畜禽产地申报检疫受理率达100%，屠宰检疫申报受理率达100%。全年屠宰环节开展非洲猪瘟自检53267份，未检出阳性样品。

【水产业】 全年水产养殖面积14312公顷（不含稻鱼综合种养3491公顷），减少4.6%；水产品产量13.3万吨，增长3.2%；实现渔业经济总产值47.04亿元，其中渔业产值19.6亿元，增长3%。全年生产优质水产种苗128亿尾，居全省第1位；鱼种2.2万吨。眉山市是中国西部地区最大的水产种苗繁育生产基地，其中黄颡鱼苗年繁育量居全国第一位、斑点叉尾鮰卵黄苗年繁育量居全国第二位；有水产种苗繁育场（点）556家，储备水产优良品种45种。市、县（区）两级养殖水域滩涂规划（2017—2030）编制完成并经政府发布实施，水产科技贡献率达85%以上。

【乡村振兴】 市委、市政府制定《关于深入实施乡村振兴战略全面推进“六有”新乡村落地落实的意见》（眉委发〔2019〕6号）等系列文件，调整充实市委农村工作领导小组和各县（区）委农村工作领导小组，由县（区）党委书记担任农村工作领导小组组长。研究制定《眉山市实施乡村振兴战略考评激励办法（试行）》以及《农民增收县（区）委书记和县（区）长负责制考评办法》，据实兑现奖励。建立乡村振兴党委政府专项督查和专项约谈制度，市委农村工作领导小组定期研究乡村振兴工作。丹棱县名列全省首批10大乡村振兴先进县第5名，全市2个乡（镇）、15个村上榜全省首批乡村振兴先进示范名单，培育市级乡村振兴先进区县2个、先进乡（镇）10个、示范村50个，全市乡村振兴12条做法被联合国教科文组织在全球推广。

有“产业”新乡村。“味在眉山”实现销售收入937.8亿元，眉山市首个泡菜国际标准项目正式立项。世园会国际竹藤组织园被誉为世园会“竹之眼”，建成国家级森林体验基地3个、省级森林康养基地13个。

有“颜值”新乡村。全市99%的行政村生活垃圾得到治理，具备生活污水处理能力的行政村达54.2%以上，户用卫生厕所普及率达74.6%以上，建成“美丽宜居乡村”达标村300个。丹棱县被评为2019年全国村庄清洁行动先进县并成为全省唯一一个被国务院表彰的全国农村人居环境整治成效明显激励县。建成全国绿化模范县1个、全国最美森林小镇1个、国家森林乡村27个、“绿色村庄”34个，创建市级森林小镇9个、市级森林村庄41个。

有“底蕴”新乡村。建成移风易俗活动示范村145个，评选“星级文明户”示范村126个；命名市级文明乡（镇）12个，县级以上文明村镇覆盖率达59%。眉山市殡葬工作“五突出五到位”的经验做法被民政部评选为全国优秀案例。全年开展农村群众文化活动2300场次以上。全国文化和旅游系统人事工作研讨会暨乡村文化和旅游能人支持项目现场会在眉山市召开，民间众筹文化院坝建设经验在全国交流推广。

有“秩序”新乡村。联建联合党组织35个，整治软弱涣散基层党组织119个，调整撤换村党组织书记43名。完成组建1229个村（居）红白理事会，党组织书记和村主任“一肩挑”的村达237个。探索建立“网格化+大数据”管理模式，配备专职网格员1971名，办结网络事件41万余件。东坡区白马镇、彭山区观音镇果园村、丹棱县杨场镇狮子村、青神县高台乡百家池村4个村镇被评为“全国乡村治理示范村镇”。

有“保障”新乡村。全市第一产业增加值增长3%；农村居民年人均可支配收入18177元，增长9.7%。保有“四好农村路”示范路1000千米，农村集中供水率达83%以上，农村自来水普及率达73%以上，农村电网综合电压合格率达93%以上，宽带普及率达35%以上。眉山市农村养老“四个三”经验在全国交流。

有“活力”新乡村。培育农村实用人才100人，分级评定职业农民526人，命名首批“眉州田园名星”10人。制定土地产权流转等4项地方标准，新增农村土地流转面积4.86万亩，土地流转总面积达123万亩，占二轮承包地面积的47%，其中30亩以上规模流转面积达89万亩，占流转总面积的72%。眉州融资担保公司资本金3.45亿元以1：10放大担保，全市扶贫小额信贷规模近4.24亿元；农业保险参保农户覆盖率达95%以上；打造农村金融综合服务平台示范点30个、助农取款优质服务示范点37个，累计对29.56万户农户、35个村、9个乡（镇）开展信用评定。

【农村扶贫和移民工作】 全市149户398名建档立卡贫困户达到“一超六有”脱贫标准，公告退出；16.2万名建档立卡贫困群众“两不愁”质量水平明显提升，“三保障”突出问题基本解决，贫困群众人均纯收入达8787元；316个已退出省、市贫困村稳定退出。丹棱县张场镇万年村等12个省、市贫困村创建市级乡村振兴示范村，万年村“道德超市”被评为全国乡风文明优秀典型案例（全省2例），眉山市大学生创业联合会扶贫案例入选全球减贫最佳案例（全省8例）。眉山市获得2018年度省委、省政府表扬脱贫攻坚先进县1个（洪雅县）、一线优秀扶贫干部8人；获得省内对口帮扶藏区彝区贫困县先进集体3个、先进个人7名；眉山市连续两年（2017年、2018年）被省委、省政府评为省内对口帮扶藏区彝区贫困县先进集体；获得脱贫攻坚“五个一”帮扶先进集体4个、先进个人7名。

对口帮扶。选派援藏干部168人，拨付金川县、茂县帮扶资金3478万元（市本级2478万元、东坡区1000万元），实施产业、交通、水利、教育、医疗等重点帮扶项目152个（市本级103个、东坡区49个），帮助金川县、茂县巩固脱贫成效。选派干部人才191人到凉山州开展综合帮扶，帮助凉山州攻克深度贫困堡垒。

移民安置。及时、足额兑现全市39852人移民后扶直发直补资金2391.12万元，无截留挪用、错领、冒领现象发生。移民后扶项目扶持19804人，兑现项目扶持资金10428万元。完成穆家沟水库移民阶段性任务；完成龚家堰水库工程建设征地、移民安置工作，申请省政府组织蓄水验收；完成汤坝航电移民工程截流验收；启动虎渡溪航电移民工作。

【乡村旅游】 全年接待游客5162.1万人次，

增长7.75%；实现旅游总收入476.42亿元，增长17.84%，其中乡村旅游收入118.2亿元，增长16.9%；完成乡村旅游项目投入9.2亿元。全年培训乡村旅游管理和服务人员3600人次，开展各类乡村旅游活动125个。丹棱县顺龙乡幸福村被列入第一批全国乡村旅游重点村名录，洪雅县柳江镇获得第一批“四川省文化旅游特色小镇”称号。玉屏山创建省级生态旅游示范区通过省旅资委现场检查；大雅文化旅游景区创建为国家3A级景区，稻香湾梦幻田园景区、春驿花园景区创建为国家2A级景区。斑布竹浆生活用纸系列获得“2019中国特色旅游商品大赛”银奖；斑布竹浆生活用纸系列、观鸟镜获得四川省特色旅游商品大赛金奖，温师傅花生酥、幺麻子藤椒系列产品、峨山老窖·雅等12件（系列）商品获得省级银奖，“张三”牌芝麻糕系列、东坡飘雪、陵州曹家梨膏等16件（系列）商品获得省级铜奖。

【农村水利】 全市争取到位中央及省级投资3.3亿元，水利工程建设投入10.79亿元，综合治理中小河流10.5千米，新建和整治加固江河堤防2.61千米。17条市级河流12月优良水体达到14条，全面消除劣V类水体，水质创河长制实施以来最好成绩。全力争取晋凤水库纳入“长征渠”引水工程规划并取得明显成效，穆家沟水库大坝填筑至安全度汛高程441米。完成881个取水工程（设施）核查登记，工作进度居全省前列。成功应对9次区域性强降雨和10次江河超警保水位洪水，连续实现全市防汛减灾“零死亡”。全市治理水土流失面积83.33平方千米，完成目标任务的138.89%；完成农业水价改革任务11.03万亩；巩固提升5.9258万人饮水安全保障能力，完成民生工程任务的137.8%。全市集中供水率达87%，自来水普及率达85%。长江经济带生产建设项目水土保持监督执法专项行动得到水利部、长江水利委员会的肯定性批示，眉山市在全省水土保持工作现场会上作经验交流。中央环保督察及“回头看”反馈水电站生态流量下泄问题整改按期销号。全市水功能区双因子达标率达100%，全市国家水资源监控能力建设监控系统运行指标综合达标率达95.9%，居全省前列。县级及以上饮用水水源地水质达标率达100%。

【农业机械化】 全年完成机耕作业20.2万公顷，主要农作物耕种收综合机械化水平达68%。全年维修、改造提灌机械3282台次40562千瓦，新增提灌站22座，新增提水设备932台9699千瓦，全市农业机械总动力达220.4万千瓦。全年农业生产燃油消耗10.7万吨。全年提水量22686万立方米，提水保灌面积达154.86万亩。眉山市德心农机专业合作社入选全国首批“全程机械化+综合农事服务”典型案例。全市全年无较大及以上农机安全生产事故发生。

【农村科技】 全年培育市级科技创新新型农业经营主体17个、市级农业科技园区1个、市级农业科技专家大院2家。开展省级重点研发5项、关键技术集成与示范2项、科技扶贫1项，共计460万元。四川田夫农业开发有限公司申报的“四川田夫农业科技双创孵化园”创建为省级“众创空间”；泡菜产业技术研究院承担的“微生物多态发酵解析及调控泡菜生产关键技术研究应用”获得中国轻工业联合会科技进步奖一等奖；四川洪雅县幺麻子食品有限公司申报的“青花椒高值化综合利用关键技术研究与示范”获得省级科学技术奖三等奖。全市建设农业科技示范基地219个，培训基层农技人员805人，培育农业科技示范主体2590人，推介发布农业主推技术36项。与省畜科院等单位联合申报的西南地区奶牛健康养殖关键技术创新集成与示范推广课题获评为全国农牧渔业丰收奖二等奖；丹棱县生态源果业专业合作社理事长陈波获评为全国农牧渔业丰收奖个人贡献奖；好味稻水稻专业合作社获评为省级农业科技示范基地。

【农村教育】 持续实施第三期学前教育行动计划，投入资金1.8亿元，新（改、扩）建公办幼儿园29所，其中2019年建成投用乡（镇）公办幼儿园8所，新增学位1260个。投入资金608万元，新增教玩具470套。投入资金406万元，扶持发展普惠性民办园，普惠性幼儿园覆盖率达76.21%，学前三年毛入园率达100%。启动实施《眉山市义务教育薄弱环节改善与能力提升工作项目规划（2019—2020年）》，规划实施项目140个，总投资5.7亿元。投入资金829万元，改善乡村小规模学校和乡（镇）寄宿制学校116所。推进高中教育攻坚计划，落实兑现500元/生/年公用经费的县级配套政策，高中三年毛入学率达95%。投入360余万元，搭建“眉山市初中学生综合素质评价系统”。全市义务教育学校已开展课后服务305所，覆盖率达89.4%，惠及187732名学生，解决“三点半”难题。

【农村文化】 全市有乡（镇、街道）综合文化站131个、村（社区）文化活动室1363个，全市公共“三馆一站”、村（社区）文化活动室全部实现免费开放。全年开展群众文化活动2300场以上，覆盖群众约300万人。开展2019年迎春灯谜、经典诵读比赛等活动70余场，采购书、报刊10万余本（套），配发盲人听书机400台。新增特色图书馆分馆3个，共建成图书馆馆外阅读点14个；新增全民艺术普及联盟机构3家；新增艺术培训门类6个，开设培训班44个，开展讲座6次，累计培训学员2100余人次。

【农村卫生】 全市有社区卫生服务中心11个、村卫生站（室）1482个。基层医疗卫生机构总诊疗量上升3.66%，其中乡（镇）卫生院、社区卫生服务中心门诊增幅分别为2.18%和11.55%，住院增幅分别为12.26%和7.57%。全市新创省级卫生乡（镇）7个、省级卫生村130个，丹棱县城创建为国家卫生县城。全市家庭医生签约服务率达50.81%，重点人群签约服务率达83.24%。社区卫生机构、乡（镇）卫生院、村卫生室建设达标率100%，贫困村100%完成村卫生室标准化建设，基层医疗卫生机构规范化建设达标率99.29%。100%的社区卫生服务中心和95%的乡（镇）卫生院建设中医馆，100%的社区卫生服务站和93%的村卫生室能提供中医药服务，基层中医药服务量达47%。6个区（县）均建立卫生扶贫救助基金，基金总规模达3570万元，余额2728万元。全年开展卫生健康“三下乡”活动46场次。

【农村法制建设】 全年农村开展法治文艺演出200余场次，印制发放法治文化用品10万余件（份）。对7个全国民主法治示范村（社区）进行检查复核。全市完成规范化司法所建设129个，规范化率达98.47%。全年受理调处纠纷11408件，调解成功11309件，调解成功率达99.13%。建成市公共法律服务中心1个，区（县）公共法律服务中心6个、公共法律服务工作站131个，村（社区）公共法律服务工作室1061个。“农村公共法律服务问题及对策研究”案例被司法部《司法所工作》刊发，“法治文化建设在基层依法治理中的作用发挥”案例被《中国司法》刊发，眉山经验推向全国，市委书记慕新海作肯定性批示。丹棱县、青神县被评为全省“七五”普法中期先进集体，眉山市司法局、东坡区被评为全国“七五”普法中期先进集体。

【农村交通】 全市有农村公路6241.177千米，其中乡道1096.04千米、村道4152.482千米；乡（镇）通畅率达100%，建制村通畅率达100%。全市农村公路完成投资6.6亿元，占全市交通建设投资总额的4.3%。全年共争取到部、省补助农村公路建设资金7864万元，完成农村公路里程419.4千米，其中县、乡公路完成61.1千米，通村公路完成358.3千米。

【农业项目推进】 全市对上争取到中央、省级涉农项目资金共计10.5063亿元。投资120亿元的中德通内斯—德康（眉山）高端肉制品屠宰加工项目预计2020年开工，投资12亿元的泰国正大集团300万只蛋鸡项目有序推进。

眉山市水产科技示范园项目。被确定为市级重点产业发展项目，园区包含东坡区白马镇、象耳镇、尚义镇水产养殖户1368户，养殖面积8374亩。园区建设计划总投资4300万元，其中2019年投资2100万元，完成3条生产线保温设施、4套工厂化育苗设施等建设；试点开展"池塘高位池+净化池"等水产健康养殖模式；引进和开展斑点叉尾鮰"江丰1号"等名优新品种的繁育推广。

东坡区万亩优质晚熟柑橘标准园项目。被列为全市农业重点项目，园区包括太和镇和多悦镇，辖区面积1.7万亩。园区总投资3亿元，建设集生产、良繁、加工、示范、科教于一体的晚熟柑橘产业园。园区引进业主15家，已完成苗木定植9000余亩，配套建成环线道路8.4千米，基础设施已基本建成并投入使用。

西南智慧一期项目。项目规划面积1283亩，总投资15亿元，全套引进荷兰瓦格宁根大学和荷兰道森公司全球领先的智能温室大棚设施和技术，是中国西南地区最大的蔬菜类温室大棚。投入1.5亿元占地面积202亩的一期工程已建成投产，生产全程采用物理病虫害防控，农药零施用，获得全球良好农业标准认证，年产值达1.2亿元。

中法农业科技园项目。已通过眉山市级现代农业园区评选，规划占地面积18平方千米，其中核心区7000亩，计划总投资约300亿元，被列入中法两国重点合作项目。项目已累计投资20亿元。种植150亩农业试种区，启动建设1000亩国际农科先行区。项目深度参与眉山天府新区农村改革试点，探索"国企搭台+项目科技示范+村集体资源入股"模式，共同建设农业科研示范基地。

畜牧业重点项目建设。德康集团与德国通内斯集团签订中德通内斯—德康（眉山）高端肉制品屠宰加工项目，项目总投资120亿元，建成后可年屠宰加工生猪600万头，一期预计2020年开工建设；眉山德康200万头生猪一体化项目开工建设生猪养殖单元586个，完成目标任务的106.55%，其中仁寿县5000头种猪场预计2020年3月投产；正大东坡300万只蛋鸡项目已完成投资5.1亿元，已完成6栋鸡舍强夯财评及施工，蛋品加工车间强夯已施工完成，项目养殖、蛋品分级、液蛋加工、饲料厂生产设备采购完成。

【农村社会保障】 全年城乡居民养老保险参保人数为154.47万人，参保缴费人数为80.24万人，当期基金收入8.45亿元；领取待遇511781人，当期基金支出6.61亿元，基金累计结余21.59亿元；代缴14.7715万名贫困人员城乡居民基本养老保险共1472.37万元。全市城乡居民基本医疗保险个人缴费标准为220/280元/人，财政补助标准达490元/人；参保人数267.6万人，征缴收入7.37亿元，财政补助13.2亿元，报销243.94万人次，待遇支出19.9亿元。全市大病保险筹资标准为59.5元，报销11.23万人次，待遇支出1.6亿元。将农村低保保障标准调整为380元/月、将农村特困供养标准500元/月，将符合条件的2.33万名建档立卡贫困人口全部纳入农村低保范围，占全市建档立卡贫困人员总数的14.3%。全市共纳入农村低保对象69268人、农村特困对象19868人，全年累计投入农村救助资金29019.92万元。为17565名农村困难残疾人发放生活补贴1800余万元，为28800名农村重度残疾人发放护理补贴2340余万元。

【农业信息化推进】 全市建成益农信息社1075个，正常运营1001个，正常运营率达93.12%。全年发布益农惠农信息4.1万余条，话费充值19万余人次，发放益农物资11万余人次，直接解决农民群众疑难问题2.1万余个，增加农民收入90余万元。

【农业执法】 全年办结农业行政处罚案件123件，行政案件办结率达100%。眉山市获评6卷省级农业行政处罚优秀案卷，1卷农业行政执法移送案卷，1卷推送至农业农村部参评部优案卷，获优数量在全省排名第二位。

【农村生态建设及环境保护】 全市累计新建农村生活污水处理设施10.8万座，累计建成农村生活污水处理设施15318座，675个村初步具备生活污水处理能力，占全市行政村总数的55.3%。累计对全市集中式饮用水水源开展水质监测200余次，全市县级及以上饮用水水源水质达标率为100%。全市畜禽粪污综合利用率达85.3%，其中规模养殖场畜禽粪污综合利用率达93.8%，规模养殖场粪污处理设施装备配套率达98.6%。累计投运或调试166座新建及提标升级污水处理厂（站），配套建设管网874千米、生态湿地729亩。建设种养循环示范基地15个，实施种养循环提升工程284个；累计建立化肥农药减量增效示范点68个，种植业化肥减量7.83%、农药减量13.96%。全市规模化池塘养殖户尾水治理率达99.7%，水产标准化健康养殖示范比重达75%，累计创建农业农村部水产健康养殖示范场18个、省级水产良种场7个。全市废旧农膜回收利用率达83%，农药包装废弃物回收率达63.74%；秸秆年度利用量123.74万吨，利用率达92.69%。指导东坡区、仁寿县完成耕地土壤环境质量类别划分试点工作。

【农产品质量安全监管】 全市省级农产品质量安全例行监测总体合格率达99.8%，未发生重大农产品质量安全责任事件。市农业质量检测中心通过"双认证"复查换证和扩项评审，洪雅县创建为第二批"国家农产品质量安全县"。新认证绿色食品20个，复查换证无公害农产品14个，有效期内"三品一标"农产品总量达246个。

【农村市场体系建设】 全年新增涉农贷款58.53亿元，年末涉农贷款余额达578.02亿元。全年累计为金融机构提供支农再贷款3亿元，引导贷款加权平均利率低于同类贷款加权平均利率1.85个百分点。推动组建总规模1.45亿元的乡村振兴农业产业发展贷款风险补偿金，累计为350家新型农业经营主体发放贷款3.49亿元。做好彭山区"两权"抵押贷款试点衔接和增量扩面，指导金融机构新发放贷款1.5亿元。组织实施新型农业经营主体金融服务"主办行"制度，累计培育主体1129户，新发放贷款11.92亿元。开展农业园区金融服务示范创新，累计为全市52个现代农业产业园区内的922户新型农业经营主体提供贷款支持，贷款余额5.52亿元。支持味聚特、九升食品等农业产业化龙头企业通过信用信息综合服务平台实现融资31笔、5.89亿元。持续开展"信用户""信用村""信用乡（镇）"评定，累计评定29.56万户农户、35个村、9个乡（镇）。组织金融机构申报涉农贷款增量奖补等省级财政奖补资金191万元。全市农业保险保费收入8654.38万元，保费规模在全省排名第15位，减少45.03%，增速在全省排名第18位；提供风险保障金23.69亿元；赔款支出2.5亿元，在全省排名第2位。全年累计为全市1560万户农户提供风险保障金658亿元，赔款支出15.28亿元，受益农户达156万户，放大财政资金效用47.5倍，发挥了保险的职能作用。

【数字农业】 全市建成西南智慧农业、津川江渔场、彭山区智慧灌溉项目等20余个物联网示范基地，槽渔滩宏益茶叶物联网示范基地、彭山区果怡公司葡萄物联网基地创建为四川省农业物联网示范基地。建成国家级、省级电子商务进农村示范县4个，电子商务孵化园区和电子商务运营中心7个；建成眉山同城购、甄新鲜宅配等公共服务电商平台10余个，涌现出仁寿网贸港科技、四川蜀商等本土电商企业50余家，全市涉农电商达3.5万余家。全市入驻国家级和省级追溯管理平台主体总量突破500家；持续运营的益农信息社有1062个，覆盖全市所有行政村。

【农村留守老人(儿童)帮扶】 全市注册登记志愿者人数275341人，注册志愿服务团体2306个，共发布志愿者服务项目1167个。在东坡区白马镇、洪雅县中保镇开展农村养老服务体系示范乡(镇)建设，新确定20个乡(镇)开展农村养老服务体系建设。投入2320万元，对18所农村公办养老机构进行改造，提升护理型床位数量和对失能老人的护理能力。全市配备1482名儿童督导员，对全市4073名留守儿童、困境儿童实施精准关爱。全面落实孤儿保障政策，为全市248名孤儿按时足额发放孤儿生活养育金，其中集中供养孤儿养育标准为1400元/人/月、散居孤儿养育标准为900人/元/月。为全市近500名事实上无人抚养困境儿童发放生活保障金200万元。

【劳务开发与返乡创业】 全年新增返乡创业5316人，新创办企业499家，创业吸纳就业17016人，返乡回流再就业45865人。组织开展春风行动系列专场招聘会74场。劳务品牌培训1480人，农民工返乡创业培训1013人。开展"五送下乡"活动，组织企业到市内劳动力资源丰富的乡(镇)招聘，将岗位信息送到劳动者的手中。组织参加全省第七届农民工技能大赛，全市选手获得2银1铜、团体优胜三等奖的成绩。在北京、山西、上海、西藏、新疆、成都等12个地区建立农民工驻外服务站，为在外农民工提供维权及创业就业服务。建立眉山市创业基金，加大创业担保贷款贴息投入。对返乡创业者给予免费培训、免费店门维护、免费仓储等。增加返乡创业者在劳模、先进、拔尖人才和杰出人才评选中的比例，返乡创业人员被吸纳为人大代表46人、政协委员34人、村(社区)干部72人。

【涉农节会会展】 第十七届中国食品安全年会暨第十一届中国泡菜食品国际博览会。11月13日—17日，第十七届中国食品安全年会暨第十一届中国泡菜食品国际博览会在眉山市举办，来自7个国家级行业协会、14个国际商协会出席活动。博览会举办了中国食品安全高峰论坛等各类活动20项，参会嘉宾总人数达1600余人。展会共吸引46万人次现场观展，现场销售1960万元；联合京东商城举办线上线下中国泡菜食品国际博览会，北京、福州、成都等8城互动，销售收入4500万元；签约投资项目47个，总金额192.32亿元。

农业农村部地理标志农产品保护工程启动仪式。6月26日—27日，由农业农村部主办，中国绿色食品发展中心、农业农村厅、市政府承办的地理标志农产品保护工程启动仪式暨全国农产品地理标志培训班在眉山市举行，活动总结了近年来地理标志农产品培育保护工作取得的成效和经验，分析了存在的问题和困难，正式启动实施地理标志农产品保护工程。农业农村部总农艺师马爱国、副省长尧斯丹、市长罗佳明分别致辞，农业农村部、省政府等部门领导，各省(区、市)、计划单列市农业农村部门分管负责人、农产品质量安全监管处处长、农安中心主任、绿色食品发展中心主任、"三州三区"证书持有人代表，以及眉山市相关领导出席活动。

眉山市第二届晚熟柑橘节。1月11日—12日，眉山市第二届晚熟柑橘节暨青神县第九届椪柑节在青神县举办。农业农村部、中央电视台、国务院发展研究中心、中国农科院、农业农村厅有关领导和专家，俄罗斯、日本、韩国、马来西亚、孟加拉国等"一带一路"国家和地区专家和采购商，国内知名水果企业、经销商、电商，市、县(区)有关部门、全市柑橘生产和经营业主、新闻媒体代表等500余人参加。开幕式上对"眉山春橘"进行了品牌发布，颁布了全市8个柑橘生产技术标准。

2019国际(眉山)竹产业交易博览会。9月26日—28日，2019国际(眉山)竹产业交易博览会举办。15个国家和地区38家国际展商、367家国内参展商、537家采购商参会参展，成交5890万元(较上届增加624万元)，意向成交额近2.5亿元(较上届增加6000余万元)；签订投资项目20个，其中产业投资类项目12个、经贸类合作项目8个，总金额183亿元。

世园会国际竹藤园活动。加强与国际竹藤组织的战略合作，共建世园会国际竹藤园，并在园内举行了"四川日"暨"眉山周"启动仪式，副省长尧斯丹以及国际竹藤中心、国际竹藤组织及成员国使节等200余人参加活动。国际竹藤园被誉为世园会"竹之眼"，展出的竹产品近70%来自眉山市，展示了眉山市的竹文化特色和竹产业发展成效。整个会期接待国内外游客100余万人次，180余家中外主流媒体跟踪报道。

第三届眉山樱花节。该届樱花节作为2019四川花卉(果类)生态旅游节主会场，由省林草局与市政府共同主办，市林业局与岷东新区管委会承办，于3月18日开幕、4月8日落幕。期间策划实施了生态之夜晚会、开幕式、高峰论坛等一系列活动，受到了社会各界的广泛好评，带动了全市花卉经济和乡村旅游发展。

【重点乡(镇)选介】 白马镇。位于四川盆地成都平原西南部，距市区7千米，全镇辖区面积37.7平方千米，道路总里程158.21千米。全镇辖7个行政村1个社区居委会7239户18769人，其中农业人口15478人。全镇耕地面积21633亩，依托"中国脐橙之乡"良好基础，推广高接换种技术，柑橘年产量3.7万吨，产值达3.3亿元；依托伟继水产省级水产科技示范园创新封闭式循环水养殖技术，实现污水零排放，年减少污水排放105万立方米，推广特新优鱼苗育苗新技术，年出产鱼苗200亿尾，实现产值1.6亿元；依托医养结合完善养老服务体系，有市养护中心、金叶养老院，接待床位近700张。举办首届樱桃采摘节、首届"走马观花"玫瑰花田艺术节、"爱在七夕情满东坡"七夕文艺晚会等，打造优质乡村民宿酒店6家，每年吸引游客超过20万人，旅游收入年均600万元以上。全镇实现农民年人均可支配收入3.29万元。获得全国重点镇、全国卫生乡(镇)、首批乡村治理示范镇、农业标准化示范镇、省级安全社区、省文明村镇、便民服务中心建设示范镇、农村养老服务体系建设试点镇、乡村旅游示范镇、新"东坡八景"之一，市"十佳乡（镇）”等称号；是“四川十大最美赏花目的地”之一、中德绿色低碳生态城（眉山—东坡区）低碳城合作区域。

曹家镇。位于仁寿县西南方，地处龙泉山脉尾端，有“天府曹家百年梨乡”的美誉，距县城20千米，距国道213线5千米，距仁沐新高速7.5千米。南毗乐山大佛50千米，西接东坡初恋圣地中岩寺40千米，北临黑龙滩景区29千米、南宋虞丞相墓15千米，交通便捷，旅游区位优势明显。全镇辖区面积54.27平方千米，辖2个居民委员会9个村85个村民小组，总人口2.5万余人。曹家镇种梨历史达400年，早在明末清初就有规模种植梨，存活400年以上的老梨树1700余株、100年以上老梨树7万余株，有丰水梨、黄金梨、金花梨等20余个梨品种；创新培育出曹家“六月雪梨”。曹家梨成为眉山市唯一获得农产品地理标志、国家地理标志保护“双地标”产品。2019年，曹家梨总面积达3万亩，年产量达4500万千克，年产值2.3亿元，曹家梨、曹家梨膏获“四川扶贫”集体商标授权，曹家梨膏被评为眉山市非物质文化遗产。规划6千米梨果主题精品旅游环线，梨园内沿线公路、步道、停车场、观景平台、梨主题农家乐、古法梨膏工艺坊等相关配套设施完善。围绕梨全生命周期举办梨花节、采摘节、丰收节等节会活动，已形成“春赏梨花、夏品梨果、秋尝梨膏”的生态旅游模式，年接待游客达50万人次，实现旅游综合收入5000万元，带动果农年人均增收3万余元。曹家镇被评为省级乡村振兴先进乡（镇），曹家镇政府被记为“一等功公务员集体”，曹家镇“梨团委”被评为“四川省五四红旗团委”，曹家镇梨树社区被评为“四川省先进党组织”。

【农村大事记】 1月17日，眉山市眉山晚橘被农业农村部等九部委联合认定为第二批中国特色农产品优势区。

1月17日—20日，眉山市组织10家农民合作社携东坡味道产品参展四川省第十届农民合作社优质农产品迎春大联展，现场销售“山草”手撕兔、“田园”瘦身鸡、“珍秘寨”蜂蜜、“众邦”腊肉、“涛胖”藤椒油、“亿亩园”春见、“三苏湖”柑橘、众享好味稻有机大米等东坡味道特色农产品近12万元。

△ 眉山市东坡区复兴乡艾林村股份经济合作联合社在农业农村部农村集体经济组织登记赋码系统赋码成功，获得全国统一社会信用代码并颁发全市首张农村集体经济组织登记证。

△ 青神县被省委、省政府表彰为2018年度农民增收工作先进县。

1月25日，穆家沟水库完成移民安置截流验收。

1月，眉山市获得全省2018年度农业发展目标考核一等奖第一名。

2月8日，丹棱县引导民间众筹文化院坝建设以西部地区第一名的成绩通过第三批国家公共文化服务体系示范项目终期评审。

2月15日，农业农村部等9部门联合印发《关于公布2018年国家农民合作社示范社和全国农民用水合作示范组织名单的通知》（农经发〔2019〕2号），眉山市中超蔬菜专业合作社、眉山市彭山区农兴种植专业合作社、洪雅县兴盛养猪专业合作社和仁寿县森茂养殖专业合作社4家合作社被评为全国农民合作社示范社，至此，全市全国农民合作社示范社增至32家。

2月，丹棱县获得“2018年度中国乡村振兴先锋榜十大榜样”称号。

3月12日，市政府办印发《研究“眉山春橘”商标注册工作的纪要》（眉府阅〔2019〕19号）。

3月19日，市政府办印发《研究眉山晚熟柑桔产业发展的纪要》（眉府阅〔2019〕23号）。

4月6日，眉山市拨付金川县对口帮扶资金2478万元，指导工作组编制调整《2019年对口帮扶项目实施清单》，确保帮扶项目惠及广大贫困群众。

4月23日，龚家堰水库移民安置蓄水验收通过市级初验。

4月25日，市委农村工作领导小组第一次会议暨全市脱贫攻坚领导小组成员会议召开，会议安排部署了2019年农业农村和脱贫攻坚相关工作，审议了拟以市委农村工作领导小组名义印发的系列文件、19个扶贫专项实施方案和脱贫攻坚工作要点。市委农村工作领导小组组长黄剑东主持会议，副组长冉登祥、肖忠良、孙剑出席会议，市委农村工作领导小组成员参加会议。

4月26日，《丹棱县国有农业投资公司带动桔橙产业发展》和《彭山区国有农业平台公司带动农村产权流转》先进经验被省委农村工作领导小组办公室《三农要情》（农村改革专刊）第4期刊发，供全省参考借鉴。

4月29日，眉山市携手国际竹藤组织亮相2019年中国北京世界园艺博览会。眉山市已形成以“竹编、竹纸、竹钢”为主的竹产业体系，2018年，全市竹产业综合产值达60亿元，竹农竹业人均收入超1000元。

△ 洪雅县柳江镇被文化和旅游厅评为四川文化旅游特色小镇。

5月3日—6日，洪雅县组织参加第八届四川国际茶业博览会。洪雅展馆累计人流量达3.1万人次，达成合作意向150余个，达成采购意向1600万元，茶叶零售额合计达11.5万元，被组委会授予“优秀组织奖”“金奖茶叶”“匠心奖（2个）”等4个奖项。

5月8日，中央农村工作领导小组办公室、农业农村部印发《关于确定农村集体产权制度改革试点单位的函》（中农函〔2019〕17号），眉山市被确立为全国农村集体产权制度改革整市试点市。

5月9日，丹棱桔橙、青神竹编再度上榜中国品牌价值（地理标志产品）百强榜。

5月10日—12日，副市长肖忠良率眉山代表团参加2019上海·全国优质农产品博览会。全市10家“味在眉山”食品企业参展，展示“东坡泡菜”和“眉山春橘”产品近百种，现场零售额10万元。眉山春橘与嘉兴、上海批发市场达成保底意向订单100万元。

5月17日，全省召开《眉山市晚熟柑橘产业发展规划（2018—2022）》专家评审会，《规划》通过专家组评审。

5月20日，农业农村厅将彭山区、仁寿县、青神县纳入省级现代农业园区创建名单。

5月31日，副市长肖忠良率眉山代表团参加2019第十四届东亚国际食品交易博览会，吉香居、李记、味聚特、茂华等10家“味在眉山”食品企业参展。

6月3日—5日，市文广旅局与青神县共同承办的全省2019“百舟竞渡迎端午”集中展演活动启动，副省长杨兴平出席汉阳湖龙舟会开桨仪式。

6月10日，联合国教科文组织主办，市政府承办的“文化2030|城乡发展：历史村镇的未来”国际会议在眉山市开幕。会议推动了文化在乡村振兴、脱贫攻坚和文化传承中的作用，促进了小村落的可持续发展。

6月18日—20日，全国文化和旅游系统人事工作研讨会暨乡村文化和旅游能人支持项目现场会在眉山市召开。

6月25日，第九届全国“人民满意的公务员”和“人民满意的公务员集体”表彰大会在北京市举行。眉山市彭山区农业农村局被中组部、中宣部授予“人民满意的公务员集体”称号。

6月26日，第二届全国“森林小镇”发展

大会暨全国新型城镇化年度大奖颁奖礼在国家会议中心举行。洪雅县柳江镇获评为第二批“全国最美森林小镇”称号。洪雅县瓦屋山镇、柳江镇和青神县南城镇创建为“全国最美森林小镇”。

6月26日—27日，地理标志农产品保护工程启动仪式暨全国农产品地理标志培训班会议在眉山市召开。农业农村部总农艺师马爱国出席并讲话。

6月，眉山市乡村振兴农业产业发展贷款风险补偿金制度推进落实情况接受省绩效考评组现场和非现场考评。

7月3日，眉山市被省委、省政府表彰为对口帮扶藏区彝区贫困县先进集体，洪雅县被省委、省政府表彰为脱贫攻坚先进县。

7月18日，市长罗佳明到省扶贫开发局对接脱贫攻坚工作，副市长肖忠良陪同。省政府副秘书长、省扶贫开发局局长降初参加对接座谈会。

7月23日，丹棱县顺龙乡幸福村被文化和旅游部、国家发展和改革委评为全国乡村旅游重点村。

7月29日，全市落实“两不愁、三保障”回头看大排查工作现场推进会召开，会议对落实“两不愁、三保障”回头看大排查工作进行了再动员、再部署。市委书记慕新海出席会议并讲话，市长罗佳明主持会议，市委副书记黄剑东，副市长肖忠良出席。

8月30日，全市启动水产健康养殖—池塘渔稻种养生态模式关键技术研究与示范课题研究，并在东坡区、青神县试点推行。

9月7日，在中国柑橘学会第六次理事会第三次会议上，副市长肖忠良代表市政府做了申办2021年学术年会的陈述，理事会全票通过眉山市承办2021年学术年会。

9月17日，《关于评定四川省第十一批农民合作社省级示范社的通知》（川农〔2019〕103号）印发，眉山市东坡区三合水稻专业合作社等15家合作社被评为四川省第十一批（2019年度）农民合作社省级示范社。

9月20日，全省生猪标准化规模养殖场建设项目集中开工仪式主会场在仁寿县举行。省政府副省长尧斯丹调研仁寿县德康慈航祖代种猪场建设工作，省委农办主任、农业农村厅厅长杨秀彬陪同调研。

△ 西博会中德欧盟标准生猪屠宰和肉食品加工产业一体化项目签约落户眉山市。

△ 丹棱县被全国绿化委员会授予“全国绿化模范县”荣誉称号。

9月24日，青神县高台乡百家池村（柑橘）被农业农村部认定为第九批全国“一村一品”示范村，至此，全市全国“一村一品”示范村镇达9个。

9月25日，眉山市“脱贫不忘党恩·致富感谢祖国”主题活动启动仪式在丹棱县张场镇万年村举行。市政府秘书长吴江致辞。

9月27日，2019国际（眉山）竹产业交易博览会在青神县开幕。现场签约8个项目，共签约项目20个，投资总金额约183亿元。

10月10日—12日，金融支农创新试点项目管理培训班（北方片区）在彭山区举行。农业农村部计财司二级巡视员王晋臣，农业农村厅党组成员、副厅长卿足平，眉山市政府副秘书长、农业农村局党组书记、局长熊英出席开班仪式。

10月17日，全市上下广泛参与“扶贫日”活动，各级单位和社会爱心企业、爱心人士捐赠现金470.78万元，捐赠物资折款549.41万元，特色扶贫活动捐赠物资折合38.3万元，捐款赠物合计1058.5万元。

11月10日—16日，市农业农村局与市委台办共同组织12名“眉州田园名星”到中国台湾学习考察。该团是全省首个市（州）层面公费组织农民专业合作社和家庭农场负责人到中国台湾学习考察的团组。

11月13日—17日，第十七届中国食品安全年会暨第十一届中国泡菜食品国际博览会在眉山市举行，十二届全国人大常委会副委员长陈昌智出席并致辞。

11月15日，全国绿化委员会、国家林业和草原局正式授予眉山市“国家森林城市”称号。市长罗佳明代表眉山市参加授牌仪式并揭牌。

11月26日，《关于公布第六批农业产业化重点龙头企业的通知》（农产发〔2019〕3号），四川环龙新材料有限公司创建为第六批农业产业化国家重点龙头企业，实现近10年来国家级龙头企业的新增，全市国家级重点龙头企业总数达5家。

12月12日，眉山市和东坡区、青神县分别被农业农村厅表彰为2019年度全省农村经营管理工作市级和县级成绩突出单位；丹棱县顺龙乡幸福村被评为“2019年中国美丽休闲乡村”。

12月13日，“扶贫产品进社区、迎春年货大集”启动暨健康饮水产品捐赠仪式在眉山市旭光小区举行。省扶贫开发协会会长傅志康，省扶贫开发局项目中心主任、省扶贫开发协会副会长王正洪，眉山市政协副主席立胡左格出席启动仪式。

12月，东坡区白马镇、彭山区观音镇果园村、丹棱县杨场镇狮子村、青神县高台乡百家池村被评为全国乡村治理示范村镇；彭山岷江现代农业示范园和丹棱琨玉珑生态农业股份有限公司孵化实训基地分别获得“国家农村创新创业园”和“全国农村创新创业孵化基地”称号。

【主要领导人】 市委书记：慕新海；市人大常委会主任：刘十庆；市长：罗佳明；市政协主席：王影聪；分管农业副市长：肖忠良。

眉山市编写组

东 坡 区

【基本情况】 2019年，全区辖13镇3个街道，辖区面积1330平方千米，其中耕地面积5.6万公顷。全年出生人口8802人，人口出生率9.93‰；死亡人口6104人，人口死亡率6.89‰；人口自然增长率3.04‰，符合政策生育率99.3%。年末户籍户数37.3万户，户籍总人口87.43万人；有常住人口83.8万人，其中城镇人口49.37万人，常住人口城镇化率58.9%。森林面积达5.58万公顷，成片造林2.53万公顷，全区森林覆盖率41.9%。

2019年，全区GDP476.1亿元，增长8%，其中第一产业实现增加值54.64亿元，增长2.9%，对经济增长的贡献率为4.2%，拉动经济增长0.3个百分点；第二产业实现增加值187.67亿元，增长8.2%，对经济增长的贡献率为46.6%，拉动经济增长3.7个百分点（工业实现增加值138.84亿元，增长8.9%，对经济增长的贡献率为42.1%，拉动经济增长3.4个百分点）；第三产业实现增加值233.78亿元，增长9.1%，对经济增长的贡献率为49.2%，拉动经济增长3.9个百分点。一二三次产业结构比由上年的11.7∶39.5∶48.8优化为11.5∶39.4∶49.1。人均GDP达56844元，净增4141元，增长7.9%。

社会消费品零售总额170.1亿元，增长10.6%，其中乡村市场实现消费品零售额35.99亿元，增长11.7%。地方一般公共预算收入22.24亿元，增长8%；地方一般公共预算支出44.62亿元，增长14.7%。金融机构各项存款余额952.73亿元，增长11.4%；各项贷款余额537.79亿元，增长21.5%，其中农业贷款余额81.83亿元，增长0.6%。

有各类学校250所，其中小学54所、初

中37所、高中10所、职业中等学校5所、普通高校3所；在校中小学生8.81万人，其中小学生4.82万人、初中生1.89万人、高中生1.24万人、职业中学学生0.86万人、特校在校学生459人；中小学专任教师总数6311人，其中小学专任教师2637人、初中1905人、高中1313人、职业中学421人；学龄儿童入学率100%，小学毕业生升学率100%，初中毕业生升学率95.31%，高中毕业生升学率88.1%。全区专利申请受理量为520项。专利授权量为485项，其中发明专利21项。全区广播覆盖率达100%，电视覆盖率达100%。

【年度农业和农村经济运行】 2019年，全区农林牧渔实现总产值89.99亿元，增长3.1%。实现增加值55.82亿元，增长3%，其中种植业增加值40.06亿元，增长4.5%；畜牧业增加值9.15亿元，减少4.5%；林业增加值1.43亿元，增长3.8%。年末有效灌面达3.89万公顷。农业机械总动力达57.96万千瓦。农村居民年人均可支配收入达20156元，增加1813元，增长9.9%，从收入构成看，工资性收入8618元，增长6.1%；家庭经营收入8612元，增长14.8%；财产净收入771元，增长16.3%；转移净收入2155元，增长4.7%。农村居民年人均生活消费支出达15533元，增长13%，其中居住消费支出2802元，增长11.1%；衣着消费支出1115元，增长4.8%；医疗保健消费支出1474元，增长29.6%；交通和通信支出2144元，增长23.5%；人均食品烟酒消费支出5430元，增长7.1%，占生活消费支出的比重（恩格尔系数）为35%，减少1.9个百分点。

【种植业】 全年粮食作物播种面积3.78万公顷，增长0.5%，占总播种面积的45.4%；油料作物播种面积1.91万公顷，增长0.4%，占总播种面积的22.9%；蔬菜（含菜用瓜）种植面积2.44公顷，增长2.2%，占总播种面积的29.3%。全年粮食总产量29.46万吨，与上年持平；油菜籽产量4.33万吨，增长1.8%；园林水果产量17.99万吨，增长4.8%；蔬菜产量70.01万吨，增长3.7%；茶叶产量607吨，增长4.1%。

【畜牧业】 全年生猪出栏40.84万头，减少31.9%；牛出栏0.36万头，增长2.6%；羊出栏4.84万只，增长3%；家禽出栏1235万只，增长31%；兔出栏58.87万只，增长1.9%。全年肉类总产量4.93万吨，减少18.6%，其中猪肉产量2.98万吨，减少33.8%；禽肉产量1.77万吨，增长28.6%。禽蛋产量0.87万吨，增长9.4%。牛奶产量2万吨，增长3.4%。蚕茧产量89吨，减少3.8%。

【农村交通】 推进干线公路项目建设，共完成岷东大道（永寿至青神界段）建设8.65千米，岷江一桥改造项目实现双幅通车，工业大道（国道351线至夹江界段）全长21.004千米已基本完成路基和涵洞工程；完成县、乡公路改造30.18千米，村道窄路基加宽86.9千米；撤并建制村通硬化路24.4千米。

【公共文化服务体系建设】 区文化馆、区图书馆、23个乡（镇）综合文化站、3个街道文化中心全部免费开放。全年开展乡村春晚活动318场，参与演出人数达2万人次，现场观众达20万人次，被中央电视台两次报道，被新华社、《人民日报》客户端等主流媒体转载1300余次；举办“东坡区幸福东坡年”“幸福东坡区年回家看春晚”“我的中国梦幸福东坡年文化进万家”“紧跟区委五届三次党代会”“庆国庆暨九九重阳节”等主题系列活动60余场，组织到农村基层演出150余场、群众文化活动540场；打造“东坡文化共享空间”，举办“百坡文化课堂”公益项目，全年共培训5期，服务达9000余人次。区图书馆获得省政府颁发的“金熊猫奖”、省图书馆学会颁发的“2018年全民阅读先进集体”。区图书馆、心连心艺术团通过全国服务农民、服务基层文化建设先进集体四川省级推选审核。

【农村卫生】 全区城乡居民健康电子建档率达96.6%。完成艾滋病检测26.17万人次。孕产妇住院分娩率为100%，无孕产妇死亡。婴儿死亡率、5岁以下儿童死亡率分别为1.53‰、3.52‰。规范实施“七免一补”妇幼重大公共卫生服务项目，全年婚检5341对，婚检率为96.7%；孕检2923对，完成率为94%；完成宫颈癌筛查8000人、乳腺癌筛查4000人，完成率均为100%。

【农村生态建设及环境保护】 全区新建污水处理设施900余个，具备污水处理能力的行政村达119个，占比为54%。开展“全段、全流域、全覆盖”清河行动，投入机具40余台，清理河、渠道50余千米，清理打捞垃圾150余吨，清理淤泥7000余吨。建立健康养殖模式示范点8个。全面实施“户分类、村收集、乡转运、区处理”的农村生活垃圾处理体系，沿线行政村垃圾处理率达100%。建立化肥农药减量示范点2个、面积1675亩，分别降低6.8%、5.2%。打造水岸绿化长度4.6千米、面积190亩。全区空气质量为优良以上天数为293天。

【主要领导人】 区委书记：朱莉；区人大常委会主任：张晓勇；区长：廖小宁；区政协主席：李胜华；分管农业副区长：张妍。

东坡区编写组

彭山区

【基本情况】 2019年，全区辖3镇5个街道，辖区面积465平方千米。年末总人口32.6万人（户籍人口），减少0.5%；人口出生率1.1%，增加1.3个千分点。本地水资源总量3.1747亿立方米，人均占有水资源量962立方米。有林业用地0.94万公顷，有林地面积0.86万公顷，活立木总蓄积量71.2万立方米，森林覆盖率37.6%。

2019年，全区GDP178.03亿元，增长7.8%，其中第一产业增加值15.8亿元，增长3%；第二产业增加值82.12亿元，增长7.4%（工业产值66.13亿元，增长7.7%）；第三产业增加值80.1亿元，增长9.5%。三次产业对经济增长的贡献率分别为4%、50%和46%。劳务输出5.4万人，收入18.79亿元。

公路通车里程695千米（其中乡村公路599千米），密度1510米/平方千米，20.44千米/万人。社会消费品零售总额75.6亿元，增长29%。金融机构各项存款余额260.51亿元，比上年初增长12.5%；各项贷款余额124.07亿元，比年初增长15.4%。

有各类学校61所，在校学生63413人，教职工4395人，其中普通高校2所，在校本（专）科学生22923人，增长31%；普通中学14所，在校学生8681人；小学17所，在校学生15021人；学龄儿童入学率100%。完成省级以上科技成果1项，1项科技成果获得省级及以上科技进步奖。有卫生机构226个，病床位1774张，卫生技术人员1780人。城乡居民养老保险参保人数266354人，参保率98%；城乡居民养老保险参保人数111536人，参保率100%；被征地农民养老保险参保人数5653人，占总人数的100%。

【年度农业和农村经济运行】 2019年，全区实现农业总产值25.4亿元，增长3.6%；全年农业增加值达16.32亿元，增长3.2%。农民年人均可支配收入达20187元，增长9.8%。在粮食、生猪、蔬菜生产中，科技投入的占比或科技贡献率达60%。有农产品初加工企业8家，年加工量2.9万吨；建有50吨、100吨冷藏库共84个，冷藏能力达10300吨。

2019年彭山区主要农产品产量

主要农产品	单位	产量	同比(%)
粮食	万吨	9.45	3.3
油菜籽	万吨	1.1	1
蔬菜	万吨	9.23	9.5
水果	万吨	13.65	6.8
肉类	万吨	1.55	16.6
猪肉	万吨	0.77	—
牛肉	万吨	0.007	—
羊肉	万吨	0.03	—
禽肉	万吨	0.6	—
禽蛋	万吨	0.5	—
水产品	万吨	1.9	—

农用地产权制度改革。总结提升农村产权流转交易服务标准化建设，复制推广“彭山模式”，在试点中将全区自主创新的土地流转“四步机制”经验总结提升，针对预流转服务、交易服务、风险防范、融资担保价值评估等方面，联合农村产权流转交易主要工作部门、重点乡（镇）和试点工作领导小组主要成员单位开展标准研制工作，结合农村产权流转交易服务工作的具体实际，建立健全农村产权流转交易服务标准体系，并对标准体系不断优化补充和修改完善，研制基础性、指导性的重要内控标准65项，直接采用现有的国家标准、行业标准、地方标准20项，其中4项标准在试点过程中上升为眉山市地方标准，覆盖农村产权流转交易全过程，实现标准对流转交易服务覆盖率达100%。同时，简化优化“四步机制”模式方法，为规范土地经营权流转交易行为和形成标准支撑流转交易服务长效机制确立了核心引领作用，也为“彭山模式”和“彭山经验”的复制推广提供了方法支撑。该项试点工作已顺利通过国家标准委专家组验收，并将“彭山模式”进行省级标准化建设申报。

农产品品牌战略实施。整体被认定为无公害农产品生产基地，新申请无公害农产品3个、农产品地理标志1个，“三品一标”农产品总数达18个。确定“武阳春·见”为全区柑橘区域公共品牌。农产品质量安全追溯体系不断完善，“眉山市彭山区农产品质量安全网”已与省对接，新增30家生产主体、10家农资经营主体入驻省级追溯管理信息平台，累计已有53家生产主体、10家农资经营主体入驻省级追溯管理信息平台。鲁州生物科技成为市级龙头企业，生产的鲁州牌果葡糖浆和麦芽糖浆获得“四川名牌”称号。全区有9家企业被列为“四川名牌”企业培育对象。

现代农业园区建设。全区颁布《中共眉山市彭山区委眉山市彭山区人民政府关于实施乡村振兴战略，建设繁荣富裕美好彭山的意见》，提出了“一园三片十点”发展思路，将“两翼”全域发展空间纳入园区范畴，设立彭山区农业园区管委会，统筹协调推动全区农业产业提升、生态修复、文化繁荣、人才振兴、乡村治理等工作，现代农业园区将成为全区全面推进农业农村发展的重要载体。园区已建成规模产业基地20300亩，以葡萄和柑橘为主导，主要分布在平原5个村，其中葡萄面积10500亩，以果园村为核心；柑橘面积9800亩，主要集中于红旗村、马林村和兴崇村。同时，火龙果、李、蓝莓等其他水果在园区亦有少量分布。园区依托天鑫和果怡两大龙头企业，建成农产品初加工基地3处，实现冷链仓储能力3000吨以上；建成柑橘商品化处理生产线2条。同时，建有如新华酒厂等小型家庭作坊。园区主要农产品以鲜食鲜销为主，以当地农产品为原料的深加工企业极少。

园区建成农业公园1处（农业嘉年华科技博览园）、乡村酒店1家（田园里）、民宿1家（稻香民宿）、农家乐4家，其中星级农家乐2家、观光采摘基地多处。自2010年起，连续举办“彭山葡萄节”。2019年，31个优质葡萄品种亮相葡萄节，参与竞选“彭山网红葡萄”活动，500余个家庭农场3万余亩葡萄开园迎客，已成为成都市周边著名的葡萄主题观光基地。园区内有农业企业16家，其中龙头企业5家；专业合作社26个，其中示范专合社3个；家庭农场151家，其中示范家庭农场3家；农业业主625人，其中新型职业农民154人；村级集体经济组织4个。园区有耕地面积25431亩，其中高标准农田22387亩，占园区耕地面积的88%。园区已建成约20千米的农旅观光干道及其他旅游环线，已建成游客中心、生态停车场、服务驿站、景观节点等10余处。

【种植业】 全年农作物播种面积33.51万亩，粮食产量9.45万吨。水果种植面积13.2万亩，总产量13.65万吨，实现总产值9.97亿元，其中柑橘面积10.2万亩，产量9.8万吨，实现产值6.84亿元；葡萄1.84万亩，产量2.57万吨，实现产值2.15亿元。蔬菜种植面积6.1万亩，产量9.23万吨，实现产值3.72亿元。中药材（川泽泻、川芎）种植面积3万亩，产量0.7万吨，实现产值0.95亿元。新发展早晚熟柑橘品种5000亩，通过高接换种等方式改良柑橘品种3000余亩，同时改造提升基地基础设施，配套建设园内田网、路网、渠网5000亩。

【林业】 “创森”工作。开展全民义务植树活动。3月12日，组织区委、区政府、人大、政协“四大班子”领导、党员先锋队、市民代表等200余人在武阳镇岷东大道开展集中义务植树活动，同时各乡（镇）根据实际情况也在辖区内开展形式多样的义务植树活动。全区完成“四旁”植树40万株，其中义务植树40万株，完成全年目标。截至11月底，全区完成成片造林0.6万亩、封山育林0.2万亩、中幼林抚育0.5万亩、迹地更新造林0.2万亩。完成黄丰镇龚家堰饮用水水源保护区种植生态林60亩，龚家堰库区生态涵养林业300亩，保胜乡、谢家镇毛河岸线绿化，凤鸣街道湄洲河凤鸣江渔段岸线绿化；打造公义镇新桥村杨简桥、野鸡简景观节点2个，创建省级森林小镇1个；完成市树市花、绿地牌等标识标牌的制作和安装，开展市树市花宣传活动，宣传市树市花相关知识。按照市创森办有关要求，及时进行创森工作全面安排部署，一是明确细化工作任务。把创森资料收集、创森宣传等工作任务明确细化到各乡（镇）和各责任单位。二是明确工作职责。下发创森资料收集、创森宣传等有关文件，明确各乡（镇）和各责任单位的工作职责。三是区政府多次召开创森工作推进会，并开展督查，及时把握创森进度，已完成工程报告、指标自查、档案资料的收集上报，彭山区创建为森林城市。

河长制涉林工作。为确保河长制涉林工作取得实效，对2018年河长制涉林工作实施项目加强管护，查缺补漏，并在2019年春季进行补植，确保成效。2月，完成彭溪河湿地公园建设，北至前程路，南至国道103线，绿化面积101945平方米（其中草坪72368平方米、灌木26576平方米），栽植黄桷树、银杏等大小乔木2800株，项目建设包括景观道路、铺装、投光灯、草坪灯、庭院灯、公厕等配套设施，总投入223.34万元。2月，在公义镇通济堰野鸡筒实施景观绿化项目，栽植粉竹、兹竹、琴丝竹等60余株，伞草、美人蕉等地被1800余平方米，打造野鸡筒绿化景观共投入资金55.8万元。3月，在府河牧马镇实施河堤绿化，绿化长度2000米、宽度2 ~ 5米不等，绿化树种以草坪、桂花为主，投入资金18万元。王店河绿化工作主要涉及黄丰镇、江口镇，两岸绿地较少，但沿岸农地柑橘较多，主要绿化措施是加强对现有散生树木的管护，禁止采伐；部分地段以现有经济林作为绿化树种。

开展惠民惠农"一卡通"补助资金工作。严格按照惠民惠农财政补贴资金管理办法等相关政策对退耕还林社保卡"一卡通"信息进行收集，确保2019年退耕还林财政补贴资金通过社保卡"一卡通"及时足额发放。

【乡村振兴】 保障体系不断完善。抓组织保障体系建设，坚持书记、区长双组长制，区级分管领导具体抓，各级各部门落实分工职责，整合力量推进乡村振兴工作；抓战略规划体系建设，建立彭山区乡村振兴"1+9+5"工作体系，在全市率先印发出台《2019年农村人居环境整治建设美丽宜居乡村实施方案》等相关文件；抓资金保障体系建设，区委统筹整合各级各部门的涉农资金，每年投入乡村振兴的资金达2亿元以上。同时，彭山区作为全市唯一发行乡村振兴债券的区(县)，已为乡村振兴募集债券资金10亿元，形成了完善的资金保障体系。

产业结构优化发展。按照全区"132"空间发展布局，将"两翼"发展空间全域纳入园区范畴，编制了《眉山市彭山区现代农业园区建设总体规划(2019—2023年)》，对标"10+3"产业体系，规划建设六大园区，形成以柑橘、葡萄为主导，水稻、中药材、猕猴桃为特色，蔬菜为支撑的农业产业格局，彭山岷江现代农业园区获评为国家农村创新创业园区；彭山葡萄现代农业园区跻身省四星级现代农业园区，获得奖补资金2500万元。

人居环境成效初显。创新建立垃圾分类观音机制、生活污水处理管护谢家机制，探索出单户三格式化粪池处理、五格式灰水处理、联户修建沼气净化池等模式，其中联户修建沼气净化池模式被农业农村厅列入《四川省农村厕所革命典型技术参考模式》。全年新建污水处理设施596座、一体化污水处理站33个。全区具备生活污水处理能力的行政村35个，生活污水得到有效处理的行政村21个。全年完成改厕4420户，户用卫生厕所普及率达85.1%；建成"美丽宜居乡村"达标村36个。

村容村貌稳步提升。开展"村社靓化"行动，将凤鸣街道毛菱路作为拆违样板区，在谢家街道投入150万元改造集多功能于一体的综合性文明实践平台"毛河院子"。采用租赁的方式推动"古堰新桥·稻香民宿"和"田野里精品酒店"2个项目的落实落地。实施乡村振兴战略先进示范创建工作，观音街道果园村、黄丰镇丰华村、锦江镇正华村被评为省级示范村，彭山区被评为市级先进县，2镇7村入选市级先进示范镇(村)，果园村被评为"四川生活富裕村"。

【扶贫开发】 全区协同教体、卫生等部门落实各项惠民政策，做好"政策落实最后一公里"。整合社会扶贫资源，树立"大扶贫"观念，开展"栋梁工程""扶贫日"等公益活动，收到募捐扶贫物资和资金100万余元，全部用于救助中小学生和应届高中毕业生和贫困户。通过建立行政村农民夜校88所，加强宣传引导贫困户增强感恩心，以"学习道德模范，脱贫致富光荣"为主题，在全区84个有扶贫任务的村采取多种形式全面开展感恩教育。

【农业机械化】 根据农业产业规划，推进"五良"融合全程机械化发展，促进农机装备提档升级，淘汰落后旧小机具，推广发展大中型、智能化、节能型适用机械，提高农机装备水平。推进智慧节水灌溉，引导建设水肥一体化设施设备；围绕水果初加工，加强分级包装、预冷保鲜储藏等机械化发展；推进粮油生产耕、种、收、高效植保、机械烘干等一体化作业服务。

【农村科技】 全年实施省级科技扶贫项目1项。在凤鸣街道江渔村4社实施"紫花三叉白芨种苗规范化生产与示范推广"项目，解决了江渔村群众务工100余人次，帮助10户建档立卡贫困户户均增收1500元以上。

开展科技示范，发展"一村一品"，围绕全区特色优势产业发展需要，分别在黄丰镇、谢家街道、公义镇、观音街道、凤鸣街道建立3.5万亩优质柑橘，2.5万亩优质葡萄，2万亩稻药，1.5万亩优质猕猴桃，1.5万亩柑橘、5个区级农业科技示范园区。同时建立彭山区区级农业园区管理办法，已在园区开展一系列科技示范活动，园区全年共引进各类新品种35个，推广新技术25项，5个园区共实现产值11.37亿元，带动1万余户农户增产增收。开展农业创新型经营主体调研工作，共创建市级农业科技创新型经营主体4家(眉山市彭山区初心果家庭农场、眉山市彭山区衩町轩家庭农场、眉山市彭山区佛岩鸿阳家庭农场、眉山果源农业开发有限公司)。鼓励企业与四川农业大学、四川省畜牧科学院、峨眉中医药学校等高校合作，建立长期战略合作关系，开展产学研科技服务活动，其中眉山市天鑫农业发展公司与四川农业大学合作完成四川省科学技术成果登记1件——柚优良砧木和新品种选育及其提质增效关键技术研发应用，于3月获得四川省科学技术进步奖三等奖。抓好区科技特派员创业服务团队服务彭山优势产业工作和市级农业科技园区创建工作，推荐谢家稻药园区申报2020年市级农业科技园区，向区委组织部推荐表彰农业科技创新人才2人。

【农村教育】 全年完成固定资产投资目标任务1.6亿元。区新一中建成搬迁，区锦江幼儿园建成并投入使用，原三中校舍并入一小，三中迁入原一中，完成黄丰中学等的"全面改薄"工程。召开全区教育大会，完成机构改革相关工作。全年公招教师19人，引进高层次人才3人，公开考调40余人，轮岗交流专任教师30人；新提拔校(园)长5人(含副职)，交流轮岗1人，交流校级干部3人，新提拔学校中层干部1人；完成各级各类培训2943人次。全区获评全国优秀教师1人、市级优秀教师10人、市级优秀校长1人；参加省、市级教学竞赛，获得省级奖3人、市级奖20人；选派4名教师到金川县援藏，6名教师到凉山州援彝。区职高团委书记刘琼获得"全国优秀共青团干部"称号，为眉山市唯一获得该项称号的干部；区教体局获得"普通高中教育质量管理区县集体一等奖"。新立市级课题10个，省级课题1个。4个市级课题完成研究并结题，15项教学科研成果获得"眉山市第五届教学成果奖"，课题中期成果获得省教科院二等奖2个、三等奖1个。彭山区被评为"2015—2018年全国规范化家长学校实践基地"，鹏利小学创建为"全国文明校园"，彭山四小创建为省级艺术特色学校，实验小学、江口小学创建市传统文化学校。承办眉山市第18届青少年科技创新大赛。协助彭山教育促进会举办"2019彭山第二届教育之春·新年音乐会"，共筹集爱心资金34万元。举行"李密奖学金"发放仪式，奖优奖学48.1万元。全年免除义务教育阶段在校学生40472人次的学杂费、书本费、作业本费共1712.55万元；落实各级各类资助、补助、奖学金共计494.335

万元。学前教育工作被中央电视台《焦点访谈》栏目专题报道。加强学校食品安全管理，草拟了《彭山区学校食品安全突发事件应急预案》，并经区政府第40次常务会通过实施。每月学校隐患排查做到了常态化，对查出的各类隐患进行了及时治理；定期开展道路交通安全综合治理和学校周边环境治理，彭山区第一小学被评为省级爱路护路示范学校，15所学校被评为安全先进单位。

【体育工作】 全年向上争取体育资金102万元。投入40万余元，为2个政府部门、21个村（社区）和3个乡（镇）养老中心安装体育器材26套。承办四川省第二届全民健身运动会广播体操和工间操比赛、群众广场健身操舞比赛，彭山区被评为四川省第二届全民健身运动会"最佳赛区"。举办"四川省百万群众迎新登高健身活动"暨彭山区迎新健身活动。

【农村卫生】 疾病预防控制和卫生应急能力持续加强。加强对不明原因肺炎、人感染H7N9禽流感、狂犬病等急性传染病的防控，做好非洲猪瘟防控知识的宣传，法定传染病报告质量综合评价合格率达100%，甲、乙类传染病发病率在全省平均水平以下。具备GB5749-2006《生活饮用水卫生标准》及区县级要求具备的水质常规指标检测能力，饮用水监测乡（镇）覆盖率达100%。继续巩固消除疟疾、消除碘缺乏病和急性传染病综合防控省级示范区目标成果；持续巩固血吸虫病传播阻断达标成果，全年无急血病例发生；4月，代表眉山市接受省政府春季血防工作督查，获得省级督查组的一致好评。

妇幼和社区卫生服务工作。不断优化社会环境和促进医疗保健机构产科、儿科能力建设，大力推进重大妇幼公共卫生项目工作。其中完成"两癌"筛查及妇女病普查工作任务，宫颈癌筛查3652人，乳腺癌筛查1648人，妇女病筛查8005人。截至11月底，新婚夫妇婚前检查累计参检率达95.48%；孕前优生健康检查2118对，目标人群覆盖率达99.43%，完成了市下达的目标任务。

中医药服务能力快速提升。持续巩固基层中医药服务能力提升工程承诺指标，实现13个乡（镇）卫生院、1个社区卫生服务中心标准化中医馆建设全覆盖，70%以上的村卫生站完成中医角建设，通过全国基层中医药工作先进单位省级考核。

【农村交通】 全区有县、乡、村道合计599千米，农村公路等级公路比例达87%，高等级铺装路面比例达92%，100%的乡（镇）通水泥路或油路，100%的建制村通水泥路，100%的社区通公路，初步形成了"内通外畅"的公路和运输服务网络，全区公路网密度达1.51千米/平方千米，走在全省前列。

管理和运营。区交通运输局路政和运管完成机构改革合并为交通综合执法大队，对重点路段设置限高栏杆，投入近千万元，建成青龙、谢家、武阳3个检测站，实现了对所有进出彭山范围内的货运车辆进行监管。组建机动巡查队伍，实现了固定检测与流动检查相结合的管理体制，遏制了超限超载。结合"雪亮工程"实现资源共享，每个乡（镇）均建有道路监管中心，实现了对每条乡村道路进行全天候专人监控，延长了农村公路使用寿命。

全区推进农村公路"四化"（黑化、美化、亮化、绿化）为抓手，高质量推进"四好农村路"建设，建管养运协调发展格局基本形成，农村公路与脱贫攻坚、农业产业和乡村旅游融合发展成效明显，在平原丘陵地区具有良好的示范引领作用。坚持"四好农村路"建设与国、省干线有机连接，互联互通，形成了境内乡（镇）10分钟内上国省干线，15分钟内上高速公路，半小时到县城的公路路网，解决了农副产品运输和群众安全便捷出行的问题。

【农村社会保障】 全区城乡居民社会养老保险参保人数11.15万人，其中参保缴费6.43万人。为全区符合条件的3482名贫困人口和3620名低保特困人群代缴城乡居民养老保险；提高城乡居民基本养老保障水平，惠及36437人；完成2019年区十大民生工程及20件民生大事目标任务。根据省、市相关文件要求，启动2019年被征地农民养老保障相关工作，一是加强政策培训。由区政府办牵头，召开彭山区被征地农民养老保障部署动员及业务培训会，对新被征地农民养老保障业务经办具体程序做了业务培训。二是加强政策宣传。多次派出工作人员到乡（镇）、村（社区）宣传被征地农民养老保障政策，确保政策人人知晓、深入人心。全区34个被征地农民项目共计5653人全部纳入被征地农民养老保障。

【农村生态建设及环境保护】 科学规划，合理布局。聘请省生态环境科学研究院编制《眉山市彭山区农村生活污水治理专项规划（2020—2022年）》，采用五种模式进行治理。一是接入城镇污水处理厂，各镇、街道污水处理厂（站）均已建成，可接入的农户均已接入。二是在离城镇较远、人口密集的农村地区和安置小区建设集中处理设施，已建成一体化生活污水处理设施24座。三是在经济条件较好的聚居区建设微动力污水处理设施，已建成2座。四是采取几户到十几户农户联建的方式建设沼气净化池，通过"厌氧+人工湿地"模式处理后用于农业综合利用。五是散户采用1个一体化五格池或串联2个一体化三格池。

加强宣传，加强指导。区农业农村局印发了《农村人居环境整治六大行动工作手册》，对治理模式进行了介绍，并定期召开工作现场会和培训会。邀请省农科院沼气研究所、四川农业大学环境学院的专家、教授指导全区农村生活污水治理工作，对存在的不足加以指正。

制订方案，争取补助资金。全区共争取到省级环保专项资金500万元，用于补助农村一体化生活污水处理设施建设。通过一系列措施，结合农村改厕工作，统筹推进农村生活治理，生活污水得到有效处理的行政村个数为35个，占比50.7%。

【农产品质量安全监管】 加强饲料兽药安全生产源头管控，开展饲料药物添加剂使用专项整治工作，检查饲料生产企业20家，抽取生产样品139个，合格率100%；加强对饲料、兽药行业粉尘涉爆企业的安全检查，检查企业20家，出动执法人员117人次，发现安全隐患5处，全部限期整改完成。完成兽药经营企业溯源系统建立，指导全区42家兽药经营企业完成溯源系统注册与上传，实现互联网监管。加强饲料兽药培训工作，全年共组织召开法律法规培训4期、安全生产4期，培训800余人次。

加强屠宰行业监管，开展生猪屠宰专项行动，严格依法开展产地检疫、屠宰检疫，对屠宰场开展巡查510场次，出动执法人员1570人次，屠宰企业屠宰生猪执行"零库存"，产地检疫、屠宰检疫报检率达100%，进场待宰猪耳标佩戴率达100%，未发生畜产品质量安全责任事故；加强对"瘦肉精"等违禁物品的监管与检测力度，与屠宰场签订承诺书，发放、回收检测卡4000余套，未发现一例阳性。

严格春、秋两防和狂防工作，共计免疫牲畜口蹄疫10.8807万头，免疫猪瘟9.801万头，免疫禽流感343.2462万羽，畜禽重大疫病免疫密度达100%；犬只免疫6.8976万只，犬只免疫率达100%。加强生猪屠宰专项整治、屠宰企业监管检查以及对产地检疫、屠宰检疫的监督检查，对屠宰场进行拉网式巡查，杜绝外来违禁生猪流入彭山。

以病虫害测报为基础，加强病虫害监测预警体系建设，继续抓好绿色防控和植物检疫工作，推进专业化统防统治。全区主要农作物专业化统防统治面积11万亩，绿色防控面积12.2万亩，专业化统防统治覆盖率达42.75%，主要农作物绿色防控覆盖率达36.98%。

【市场营销】 全区农产品以坐地销售为主，有柑橘、葡萄营销经纪人200人以上、规模营销经纪人22人，年组织销售柑橘、葡萄6万吨。搭建电商平台13家、个人电商300余家，年销售5000吨以上。举办了第十届黄丰橘花节、第十届彭山葡萄节和第二届彭山农产品品质品牌研讨会。

【农村市场体系建设】 推进规模经营业主农产品电商平台建设，引导规模经营主体普遍建立农产品网上销售平台，并在天猫、苏宁等一线电商平台设立"特色馆""精品店"，实现线上线下同步销售。搭建节会、电商对接平台，全年组织88家企业参加重庆国际博览会、越南—中国（四川）经贸、中国香港国际美食博览会、中国食品餐饮博览会、四川农业博览会、第十七届中国食品安全年会暨第十一届中国泡菜食品国际博览会等国内外节会30余次，其中园区农产品电商销售15660吨，电商销售额占比45%，推广宣传了彭山特色农产品。

创新探索农村金融体制，助推乡村产业发展。针对农业保险信息不对称、专业性强、理赔认定难等问题，发挥政府引导职能，探索开展水果收入保险，选择最具代表性的四大主打水果品种（柑橘、葡萄、猕猴桃和蜜柚）试点，从意外、自然灾害、病虫害（含检疫性病害）到市场价格对水果从种植到销售的整个经营周期风险实现全覆盖，建立"342"工作体系，落实"三确定"，即确定品种、确定保额、确定范围；打造"四平台"，即信息共享平台、技术支持平台、政策扶持平台、监督评价平台；建立"两机制"，即评估定价定损机制、强化风险分担机制。截至2019年年底，全区累计完成投保面积约3.4万亩，涉及品种4个，保额达1.9亿元，赔付456.7万元。承办"全国金融支农创新试点项目管理培训会"，得到农业农村部计划财务司的高度认可。

【劳务开发与返乡创业】 全年吸引8000余名农民工返乡就业创业，其中返乡创业368人，创业吸纳就业近2000人；创业园区吸纳就业人数达3500余人。完成返乡创业培训130人、劳务品牌培训160人（其中中级职业技能培训40人、初级职业技能培训120人），完成市下达的民生工程任务。区人社局、区商务局、区经信局、区科技局、区总工会、团区委联合主办2019年彭山区创业大赛暨创业明星选拔赛，参赛企业获得意向投资累计440万元。组织参加第二届全国创业培训讲师大赛眉山选拔赛，取得第一名、第四名、第五名、第六名的成绩。在重庆、西藏拉萨、广东深圳等彭山在外务工人员较为集中的地方建立流动党员党支部及农民工就业创业服务工作站，在人才回引、就业创业、招商引资、权益保障等方面起到了积极作用。编印《农民工就业创业手册》《致返乡农民工慰问信》等，向农民工宣传就业创业政策、社保、医保、劳动维权等相关内容，鼓励农民工返乡创业就业。

【主要领导人】 区委书记：罗万东；区人大常委会主任：钟建成；区长：郭红；区政协主席：谭福轩；分管农业副区长：王松。

彭山区编写组

仁寿县

【基本情况】 2019年，全县辖2乡22镇3个街道。全县GDP441.8亿元，增长7.3%，其中第一产业增加值增长3%、第三产业增加值增长9%。地方一般公共预算收入完成31.2亿元，增长12.5%，其中税收占比71%，总量、增速、质量均居全市第一位。全社会固定资产投资完成366亿元，增长24.5%，总量、增速均居全市第一位。社会消费品零售总额203.3亿元，增长10.4%。城乡居民年人均可支配收入分别增长8.9%、9.9%。三次产业结构比优化为19.3 ∶ 36.4 ∶ 44.3，其中一产占比下降0.5个百分点，三产占比提升5.9个百分点。位列中国西部百强县第25位、全国百强县第133位，入选天府强县·全国百强县成长之星，在全国绿色发展百强县、全国投资潜力百强县的排位中持续提升。

【年度农业和农村经济运行】 2019年，全县完成高标准农田建设6.26万亩，提质增效枇杷、梨2万亩。慈航德康5000头祖代种猪场建成投用，400余个单元家庭农场开工建设，生猪稳产保供经验被《人民日报》、新华社报道推广。"全国首个乐高乐园落地仁寿"入选2019四川十大影响力事件。黑龙滩国际生态旅游度假区等重大项目有序推进。举办中国农民丰收节、全国半程马拉松锦标赛等重大活动，全年实现旅游收入111亿元，增长15.6%。实施十大民生工程及20件民生大事。全面完成年度减贫任务，通过省级交叉考核检查。创新推行"两自一包、绩效管理"教育模式改革，新建城区中小学2所，改（扩）建乡（镇）幼儿园11所。启动国家组织药品集中采购试点扩围。农民工回引经验被中央电视台宣传报道，创建四川省返乡下乡创业工作先进县。全年实施棚户区改造500户，农村危房改造3831户。新（改）建全域安全饮水供水管网100千米。

【统筹城乡发展】 "城市会客厅"、长平水街、天府大道城区段等重点项目进展顺利，县城区面积拓展至40.3平方千米，人口达42.7万人。推进"三城联创"，实施天府仁寿环卫一体化PPP项目，拆除城区"蓝顶子"5万平方米，完成老城区7条街道提升改造。综合交通建设完成投资35亿元，红星路南延线、成宜高速仁寿段、环天府新区快速通道等项目加快建设。

【农村生态建设及环境保护】 推进中央、省、市环保督察及"回头看"反馈问题整改。90座污水处理厂（站）全面达标排放，配套管网加快完善。整治"散乱污"企业246家。全面退出肥水养鱼。改造农村户厕10万户。越溪河黄龙桥断面水质达到地表水Ⅲ类，总磷改善为地表水Ⅱ类；球溪河发轮河口断面总磷平均浓度下降20.3%。启动黑龙滩水库集雨区面源污染及生活污水治理，库区水质稳定在Ⅲ类以上，水质达标率为100%。全面完成土壤污染源调查、"三线一单"编制，化肥、农药使用量分别减少5.2%、5%。

【主要领导人】 县委书记：梁磊；县人大常委会主任：钟建成；县长：王岳；县政协主席：黄海波；分管农业副县长：黄勇。

仁寿县编写组

洪雅县

【基本情况】 2019年，全县辖12个镇，辖区面积1896.49平方千米，其中耕地面积375707.7万亩，比上年减少0.063%，耕地面积目标任务24700公顷；永久基本农田目标任务21500公顷。年末总人口34.28万人（户籍人口），减少0.8%；人口出生率1.3‰，增加1个千分点；人口自然增长率-0.7‰，减少0.7个千分点。全县水资源总量32.41亿立方米，人均占有水资源量10455立方米。有林业用地13.8万公顷，有林地面积11.4万公顷，活立木总蓄积量1670.7万立方米，森林覆盖率71.68%。

2019年，全县GDP125.85亿元，增长7.2%，

其中第一产业增加值19.49亿元，增长3.1%，农、林、牧、渔及农林牧渔服务业之比为112595（万元）：23747（万元）：53487（万元）：5064（万元）：2817（万元）；第二产业增加值36.13亿元，增长7%（工业产值27.89亿元，增长7.3%）；第三产业增加值70.24亿元，增长9%。三次产业对经济增长的贡献率分别为7.7%、38.2%和54.1%。全县有农村劳动力19.38万人，实现剩余劳动力转移10.42万人，实现劳务收入24.12亿元。全年接待游客1062.15万人，实现旅游收入1004040万元，其中乡村旅游收入234000万元。

公路通车里程1463.8千米（其中乡村公路1087.9千米），密度772米/平方米。地方公共财政预算总收入完成29.69亿元，增长15.43%；公共财政预算总支出26.72亿元，增长17.01%，其中农业投入4.37亿元，占支出的16.2%。金融机构各项存款余额191亿元，增长2.72%；各项贷款余额114亿元，增长10.26%；利润总额2.1亿元，减少27.59%。全年农业保费收入0.081亿元，减少47.55%；处理各项赔款和给付金额1803.97万元，增长67%。

有中等职业教育学校1所，在校学生2054人，教职工134人；普通初级中学16所，在校初级中学生6533人，初级中学教职工558人；小学28所，在校小学生16455人，小学教职工938人；幼儿园83所，在园幼儿10055人，幼儿园教职工656人。完成省级以上科技成果2项，2项科技成果获得省级及以上科技进步奖。有群众文艺队伍200余支，文艺骨干3000余人，艺术表演团体8个，公共文化馆1个，公共图书馆1个，博物馆1个。有卫生机构29个，病床位1617张，卫生技术人员1465人。城乡居民基本医疗保险参保人数303508人，高于上年度同期参保人数；城乡居民社会养老保险参保人数165178人，基本实现全覆盖，待遇领取人数5.15万人，增加0.05万人；基础养老金标准维持在102元/月。

【年度农业和农村经济运行】 2019年，全县实现农业总产值32.6亿元，增长7.8%；第一产增加值19.49亿元，增长3.1%。农民年人均可支配收入达18941元，增长9.7%。省级、县级投入农产品质量安全检验检测经费35万元，部、省、市抽样总体合格率达99%，农产品安全目标基本实现。全县耕地流转总面积达8520公顷，增加2199公顷（以确权实测面积转换）。

2019年洪雅县主要农产品产量

主要农产品	单位	产量	同比(%)
粮食	万吨	10.06	6.9
水稻	万吨	7.64	7.9
玉米	万吨	1.95	4.9
马铃薯	万吨	0.28	-3.5
油菜籽	万吨	1.1	1.3
蔬菜及食用菌	万吨	7.21	5.2
水果	万吨	0.55	4.5
肉类	万吨	1.78	-18
猪肉	万吨	1.07	30.4
牛肉	万吨	0.12	7
羊肉	万吨	0.07	6.3
禽肉	万吨	0.49	15.3
兔肉	万吨	0.03	7.1
禽蛋	万吨	0.36	13.4
水产品	万吨	0.6	8.7
牛奶	万吨	10.36	12.3

农业产业化发展。全县有农业产业化市级重点龙头企业19家，其中有省级龙头企业4家，经对照省、市标准开展龙头企业监测，以上企业监测均合格。全县工商登记注册专业合作社536个，增加41个，增长7.75%；合作社成员18695个，合作社经营收入24600万元；有国家级农民专业合作社示范社4个、省级示范社22个、市级示范社25个。工商登记注册家庭农场263家，其中种植业160家、畜牧业75家、渔业3家、种养结合25家，认定省级示范场10家。在余坪、洪川、中保、将军、东岳等乡（镇）新建藤椒规模化种植基地1万亩；重点扶持藤椒农业产业化省级龙头企业——洪雅幺麻子食品有限公司建设藤椒产业园。根据全县区域优势和产业发展，规划建设六大园区，并聘请专业规划公司开展园区规划编制工作。

农村集体"三资"管理。规范农村集体经济组织"三资"的使用管理，完善农村集体"三资"管理信息平台建设。根据中央、省、市要求，全面开展全县农村集体产权制度改革，完成1407个农村集体经济组织（村级164个、组级1243个）清产核资工作，共清查核实农村集体资产55850.37万元，通过市级核查和省级抽查。在56个集体开展股份合作制改革，颁发《农村集体经济组织登记证》55本。

农产品品牌战略实施。发展绿色食品、有机农产品、地理标志农产品、无公害农产品，全年续展绿色食品1个，新认证有机食品8个。全县"三品一标"企业达32家，产品67个。

【种植业】 结构调整。全县粮、经（含茶叶、蔬菜、瓜果）、饲作物播种总面积70.94万亩，其中粮食作物播种面积21.04万亩、经济作物播种面积42.44万亩、饲料作物播种面积7.46万亩，粮、经、饲比为29.66：59.83：10.52。

粮食作物。全县粮食作物播种面积210355亩，产量100645吨。水稻、油菜、玉米种植面积分别为14.33万亩、8.48万亩、4.78万亩，产量分别为76440吨、10979吨、19525吨。

经济作物。一是茶叶。全县茶园面积达28.5万亩，其中投产面积27万亩，总产量达2.47万吨，增长17.6%。着力洪雅"一杯茶"工程建设，认证有机茶基地12800亩，县境内新注册"小雀舌""紫苁"等6个商标。洪雅县获得"中国十大生态产茶县""中国茶业百强县"称号。二是蔬菜。全县蔬菜基地面积达9.8万亩，年产蔬菜8.52万吨，实现年产值2.2亿元。全县形成以中保、余坪、洪川、将军为核心的万亩蔬菜产业带，有蔬菜企业2家。三是藤椒。制订了《洪雅县2019年产业升级战"六个一"工程"一树椒"行动方案》，明确了目标任务。全县藤椒种植面积2.5万亩，投产面积2万亩，鲜藤椒产量6000吨，实现收入0.84亿元；年加工藤椒油3.2万吨，年综合产值5亿元，洪雅县被誉为"中国藤椒之乡"。四是中药材。全县中药材生产通过开展雅连药材品牌保护、建设标准化基地，提升产业化水平，打造名牌产品。全县中药材种植面积1万亩，产量1000吨，实现产值3000万元，综合产值达0.6亿元。

【林业】 全县林业用地面积为13.8万公顷。有商品林面积6.97万公顷，公益林面积6.83万公顷，经济林面积680.85公顷，竹林面积

1.07万公顷，灌木林地面积1.83万公顷，未成林造林地0.13万公顷，宜林地和无立木林地面积2290公顷。全县活立木总蓄积1670.72万立方米；商品林蓄积839.1万立方米，其中用材林蓄积835.4万立方米；公益林蓄积789.3万立方米；散生立木蓄积、"四旁"树蓄积14.5万立方米。全年森林覆盖率较上年提高0.27个百分点，达71.68%。全年完成天保工程二期年度建设，累计投入项目建设资金1.4亿元。管护森林面积7.61万公顷，落实森林管护人员270人，完成林木采伐28.7万立方米。全年参加义务植树达40万人次，义务植树40万株，完成营造林3333.33公顷，零星植树80万株，绿化覆盖率达82%。创建森林人家27家，建设森林康养基地5个、森林康养人家14家。

林地管理及利用规划。全县围绕"加强征占用林地管理，实现林业可持续发展"的目标，完成102起林地征占用审核审批工作，审批永久占用林地面积210.9公顷、临时占用林地面积40.9公顷，收取植被恢复费2755.5万元。编制《四川省洪雅县林地保护利用规划(2010—2020年)》，提出了符合县实际的林地保护利用具体措施，为林地保护利用提供科学依据，确保如期实现林业发展战略目标，促进县域社会、经济、环境和林业的协调、可持续发展。

退耕还林。全县退耕还林补助标准为生活费补助每亩105元，管护费每亩20元，兑现补助资金1362.5万元。全年实现林业总产值50.78亿元，其中第一产业(培育业)产值9.77亿元、第二产业(林产加工业)产值17.2亿元、第三产业(森林旅游业)产值23.81亿元。

有害生物防控与检疫。全年实施监测面积11.7万公顷，实际监测率达100%。全县林业有害生物发生面积7.54万亩，实施防治面积7.54万亩，防治率达100%；开展"利剑2019"林业植物检疫专项行动，完成出境调运检疫木材5.73万立方米、苗木产地检疫1.65万亩；通过"国家森防信息网"完成中测点虫情快报和短期预报直报，报送林业有害生物信息10篇，与县气象局会商发布预报2期。

【畜牧业】 全县生猪存栏7.13万头、出栏14.76万头，全年肉类总产量17763吨，鲜奶产量103578吨，禽蛋产量3628吨，畜牧业产值达10.94亿元。全年创建国家级奶牛标准化示范场3个、省级标准化示范场3个。建成三大种养循环园区，即以现代牧场为中心的东岳、槽渔滩、中保种养循环园区，以新希望、阳平种牛场为中心的将军、止戈种养循环园区，以雅河猪场为中心的洪川、余坪种养循环园区，铺设管网600千米，灌溉面积达6万亩。

畜产品质量安全。严格遵守《农业部生鲜乳质量安全监测工作规范》，加强生鲜乳运输环节监管，保障生鲜牛奶运输过程的质量安全。开展养殖场、屠宰环节、运输环节"瘦肉精"拉网式监测。加强对养殖场(户)、流通环节及生猪定点屠宰场非洲猪瘟防控检查、卫生监督检查执法。按照《中华人民共和国动物防疫法》《关于加强当前动物重大疫病主控工作的通知》要求，加强病死畜禽无害化处理监督管理工作。

【水产业】 全年繁殖各类鱼苗6000余万尾，其中产鲑、鳟、鲟、鳇等冷水鱼苗400余万尾，产鲤鱼鱼苗5600余万尾；培育规格鱼种920吨。

【乡村振兴】 印发《关于深入实施乡村振兴战略全面推进绿色有机农产品示范区建设落地落实的意见》等系列文件，实施"一杯茶""一树椒""一篮菜""一根竹""一壶酒""一瓶水"六个一工程，乡村产业不断提升。聘请浙江大学生态规划与景观设计研究所编制完成花溪镇乡村振兴规划，并通过市、县专家评审。探索建立乡村振兴考核评价体系，印发《洪雅县实施乡村振兴战略考评激励办法(试行)》。开展省、市乡村振兴先进示范创建工作，花溪镇被评为市级乡村振兴先进镇，七里坪镇七里村、止戈镇青杠坪村被评为省级乡村振兴示范村，中山镇前锋村、瓦屋山镇复兴村等7个村被评为市级乡村振兴示范村。洪雅县被国务院食安办、农业农村部评为国家农产品质量安全县；被农业农村部、应急管理部评为全国平安农机示范县；获得"2019中国十大生态产茶县""2019中国茶业百强县"称号，其中"2019中国十大生态产茶县"为全省唯一。举办第三届中国森林康养与乡村振兴大会。柳江镇红星村、槽渔滩镇兴盛社区被列入第五批中国传统村落名录，三宝镇保坪村被列入第四批省级传统村落名录。

【扶贫攻坚】 印发《洪雅县19个扶贫专项2019年实施方案》，坚持精准施策，精细落实预脱贫人口35户83人(年度任务是35户85人，因动态减少2人)，巩固提升5056户14715名历年已脱贫人口的脱贫质量，经县级验收，全部达到2019年脱贫标准，实现全部脱贫。全年完成农村公路建设17千米、村道硬化及加宽建设42千米，新建网络通信4G基站99个，实现所有行政村通信信号及4G覆盖率100%。全年金融精准扶贫贷款余额为2.77亿元，累计发放扶贫小额信贷1919户，累计发放金额0.7261亿元，扶贫小额信贷覆盖率达37.46%。

做实产业帮扶。以"一杯茶""一树椒""一篮菜""一根竹""一壶酒""一瓶水"六个一工程为抓手，实施农业科技示范基地建设，建成瓜果长廊试验基地2个。实施农业产业发展项目，提高27家农产品初加工企业生产能力，扶持发展15个农民专业合作社及8个家庭农场，新发放金融精准扶贫贷款8744万元，带动服务贫困人口957人。

政策兜底到位。改善103户贫困户住房条件，义务教育有保障100%达标。开展学生资助，完成建档立卡免保教育资助458人、中职学生生活费补助229人、大学学生学费生活费补助140人、教育扶贫救助金额救助3214人。代缴建档立卡贫困户城乡居民医疗保险治疗费用个人支付部分，实施贫困户免费健康体检13339人。

规范资金项目管理。共安排省、市、县三级财政专项扶贫资金5017.8万元，主要用于建档立卡贫困户产业发展、资产收益、"厕所革命"、生活污水治理等项目。

创新"抱团"发展扶贫产业模式。以乡村旅游、茶叶、藤椒优势产业为依托，以村党组织为引领，组织贫困群众"抱团"发展，新实施抱团发展扶贫产业项目17个，累计投入财政扶贫资金1401.6万元，带动社会投资2300万元，与36家新型农业经营主体合作建设36个扶贫产业基地，覆盖贫困户总户数2336户，占建档立卡贫困户总数的45%。

坚持"进城入镇"理念。以生活城镇化促乡村产业化，集中有限资源，提升乡村公共服务和基础设施；整合农村资源，推动农村现代农业发展。通过场镇综合体建设、易地扶贫搬迁、新农村聚居点建设，形成以"产村相融、田园相连、山水相依"为格局的新型城乡形态，中山乡依托茶叶产业优势，打造茶叶交易市场，年销售额突破2亿元。

探索"人才脱贫"模式。开展"百名人才联乡村"行动，选派专业技术人才161名，采用"1个团队+N个联系村"方式助力乡村旅游、藤椒、茶叶等乡村主导产业蓬勃发展。2670余名帮扶干部下沉一线开展结对帮扶，造就出一大批懂农业、爱农村、爱农民的干部队伍，"葡萄书记""VR书记"等一批帮扶先进典型被主流媒体宣传报道。

【乡村旅游】 全县有旅游经营点1529家，其中农家乐(乡村酒店)720家;旅游从业人员1.51万人,床位28279张,餐桌数10845张。创建星级农家乐(乡村酒店)35家。花溪镇、柳江镇、瓦屋山镇、高庙镇被评为省级乡村旅游示范镇,瓦屋山镇复兴村、花溪镇唐坝村等8个村被评为省级乡村旅游示范村;创建省级精品乡村旅游特色业态经营点7家、非精品乡村旅游特色业态经营点8家、特色乡镇2个、精品村寨1个;创建中国乡村旅游模范户1户、金牌农家乐2家、致富带头人2人。在全省率先成立乡村旅游专合组织(已有15家)。3月,洪雅县入围四川省天府旅游名县候选县,柳江古镇被评为文旅特色小镇。全年新增1个2A级景区——稻香湾梦幻田园。全年乡村旅游接待游客435万人次,实现乡村旅游收入234000万元,助农人均增收313元。

【农村水利】 全县向水利部、水利厅汇报、衔接、沟通,分析、研究、跟踪中央财政和省财政水利新投向,共争取到中央、省级项目资金3846万元。建成洪雅县大河坝、百鹤及高峰水库除险加固工程项目;实施完成洪雅县安溪河小流域水土流失综合治理项目;实施洪雅县2019年农村饮水工程维修养护项目,中央补助资金100万元,维修、养护农村集中饮水工程29处,覆盖服务人口3.49万人。巩固提升33户贫困户分散饮水安全问题,投入县级资金5.5万元。

【农村能源建设】 全县总投资1540万元,在四川省新希望奶牛养殖有限公司新建大型沼气工程1200立方米,在洪雅县雅河养猪专业合作社新建大型沼气工程1000立方米,在洪雅县凤凰顶养猪专业合作社新建大型沼气工程1400立方米。

【农业机械化】 全县农业机械总动力达22.672万千瓦,有各类农业机械6.08万台(套)。完成机耕作业面积17809公顷、机播面积6482公顷、机收面积9802公顷、机电灌溉作业面积6533.33公顷,农副产品加工近20万吨,建设农机化生产道路86千米。全年农业综合机械化水平达64.52%。全年农机购置补贴各类农业机械162台(套),受益农户150余户,补贴资金36.63万元。

新技术推广应用。围绕绿色生态茶叶产业,推广茶叶机械4750台(套),建成止戈镇青杠坪村、东岳镇观音村、中山镇前锋村、柳江镇黄家山村等茶叶机械化示范区10余个。

机电提灌。全年新修、改造提灌站26座420千瓦,完成机电提灌设备维修405台次4660千瓦,新增提水控灌设备60台680千瓦。全年提水2850万立方米,保灌面积6533.33公顷。

【农村科技】 推进科技服务平台体系建设。创建专家大院、新型农业经营主体等新型科技服务机构,形成以农业园区、专家大院、专合组织、协会、家庭农场为主的科技服务平台。完善农业科技园区1个、专家大院1个,新认定新型农业经营主体4家。培育幺麻子公司与四川农业大学、瓦屋山药业与成都中医药大学、雅妹子与四川大学等产、学、研联盟3家。

探索龙头企业带动科技扶贫模式和机制。推广“公司+合作社+农户+基地”产业化模式,培育壮大知名品牌,发展优势企业和特色产业,其中幺麻子公司全年收购鲜藤椒6000余吨,带动椒农增收1亿余元,同时拉动物流超过45000吨,通过上下游产业链间接帮扶就业数千人,带动数千农民走上种植藤椒的致富之路。

加强科学普及和技术培训。建立以优秀人才为主体的科技特派团,购买以社会化服务专项培训为辅的补充培训体系。联合科协、农牧局、卫健局等相关部门开展“科技活动周”、科技“三下乡”宣传,向农村农户宣讲政策。组织开展农村种养殖、电商实用技术培训,培养新型职业农民。全年开展科普宣传培训5次,受众1000人次,发放宣传资料10000余份。

【农村教育】 幼儿园教育。全县有全日制公办幼儿园3所、乡(镇)中心小学附设幼儿园24所、民办幼儿园48所。认定普惠性幼儿园36所,普惠园覆盖率达86%。扶持民办幼儿园43所,扶持资金30.9万元。新批办民办幼儿园1所。

义务教育。全县有单设初中8所、单设小学22所、特殊学校1所、九年一贯制学校6所、村小及教学点2个,共有教学班544个(小学397个、初中147个),学生23044人(小学生16489人、初中生6555人)。小学、初中学龄人口净入学率为100%,义务教育阶段初中三年巩固率为100.8%,小学六年巩固率为102.8%,九年义务教育完成率为100%。

德育教育。开展“文明交通劝导”“四创”和旅游志愿服务活动;举办“诵中华经典 迎祖国华诞”庆六一晚会;开展清明祭扫“凭吊革命先烈”活动;举办纪念“五四活动”。

素质教育。开展“宝洁全国学校健康教育培训”活动及“红色研学旅游”活动;644人获得省十五届学生艺术人才大赛奖;在经典诵读、第五季诗词大会上,花溪中学获得一等奖;在“第19届眉山市青少年科技创新大赛”中,76件作品获得市级奖项。

安全教育。各中小学落实《中小学公共安全教育指导纲要》,将安全教育与生命教育、法治教育、心理健康教育、环保教育有机融合,并全面纳入国民教育体系。开展食品安全、交通安全、消防安全、水域安全、假期安全、传染病防控、森林防火等方面的宣传教育。

教育科研。全县有省级课题2项、市级课题19项、县级课题2项,完成1个县级课题的申报立项工作。组织课题研究人员(25人次)参加省、市教育科研培训活动及普教优秀教学成果推广活动。在眉山市人民政府第五届教学成果评奖中,获得一等奖2项、二等奖2项、三等奖4项。在眉山市2019年度教研小课题评奖中,获得一等奖1项、二等奖4项、三等奖2项。在2019年眉山市小学语文优秀论文评选活动中,获得一等奖13人、二等奖17人。组织开展2019年秋季“课堂教学大比武”活动,指导上传优秀课例26个,获得省级一等奖1个、省级二等奖1个、省级三等奖2个,市级一等奖3个、市级二等奖16个、市级三等奖5个。组织全县教师参加省、市课堂教学(教学设计)竞赛活动,获得省级二等奖2人,市级一等奖8人、市级二等奖6人。在2019年四川省小学数学课堂教学专题观摩活动中,实验小学教师获得省二等奖。在2019年四川省小学英语分级群文阅读课堂教学展评活动中,中山小学教师获得二等奖。

【农村文化】 阵地建设。县城有图书馆、文化馆,镇有综合文化站,村、社区有综合文化服务中心,公共文化设施网络已实现全覆盖。全县共计有村文化室137个,文化院坝有13个,有柳江镇曾家园乡史馆1个、瓦屋山镇复兴村村史馆3个、中保镇罗氏宅博物馆1个、幺麻子藤椒博物馆1个。广播“村村响”项目全面完成。全县12个镇61个行政村28个社区广播电视入户率达100%,乡(镇)“村村响”前端12个,“村村响”村级覆盖率达100%。各镇综合文化站、村综合文化服务中心利用农村传统节日,结合当地特色开展各类群众文化活动。开展“洪州大舞台,情暖百姓心 文化惠民乡村行”活动31场次,配送图书、期刊、光碟、春联等近10000册(张、副)。7个镇配备专职文化专干,有专职人员8人,其余5镇为兼职管理,有兼职人员10人;各村文化工作由村干部兼职负责管理。

【农村卫生】 全县新创建省级卫生镇2个、

省级卫生村35个，复审国家卫生镇1个，复审省级卫生镇9个、卫生村72个、卫生单位27个、无烟单位2个，复审市级卫生单位14个，国家卫生镇覆盖率达8.3%，省级卫生镇覆盖率达100%，省级卫生村覆盖率达72.8%。健全病媒生物防治网络，开展病媒生物孳生地调查与治理、“四害”密度监测及消杀效果评估，并通过2019年病媒生物防治单项考核。开展以“烟草和肺部健康”为主题的第32个世界无烟日宣传活动，提升群众对烟草危害的认识，推进控烟工作的健康发展，为“双创”工作奠定基础。以农村为重点，加大整治力度，完善基础设施，解决农村垃圾、污水问题，改善城乡环境卫生面貌，加强饮用水卫生监督，采取多种形式引导群众主动维护公共环境卫生，形成良好的卫生习惯，同时加强督导检查，确保各项工作要求落到实处。全县0 ~ 6岁儿童健康管理1.78万人，孕13周前建册并进行第一次产检产妇1477人；肺结核患者健康管理75例，预防接种2.13万人次。全县无传染病疫情暴发及突发公共卫生事件发生。对学校饮用水、教学环境、传染病防控开展监督检查，全年检查中小学校44所、托幼机构35所。对公共场所卫生许可告知实行承诺办理，事中事后进行监管督导，实现承诺制办理、事后督导全覆盖，累计出动执法人员22人次，培训景区业主300余人次；监督检查公共场所900余家，下达监督意见书200余份。

【农村法制建设】 利用春节“农民工返乡活动”、洪雅县“三下乡”集中服务等活动开展“送法治春联下乡”、法治文艺演出等宣传活动，发放普法读物1000余本、宣传单5000余份、法治春联200余副，受教育群众达5000余人次。七里坪镇七里村、柳江镇黄龙村、止戈镇青杠坪村、中保镇平乐村、中山镇前锋村、将军乡伏钟村、瓦屋山镇复兴村、中山镇建设村8个村被确定为“依法治村”示范点。开展乡（镇）村（社区）干部学习《宪法》专项活动20余次，同时配合县老年协会进步村开展“老年人权益保障法条例”讲座，为洪雅“一地三区”建设夯实了法治基础。

【农村交通】 全力向上争取资金，缓解交通建设瓶颈。全年计划向上争取资金1.4735亿元，实际到位补助资金1.7亿元，完成计划任务的115%，其中省道308线省补助资金1.4亿元、国道351线预防性养护项目资金556万元、渡改桥资金343万元、瓦屋山停车区补助资金25万元、撤并建制村项目897万元。将不能实施的瓦屋山至汉源公路补助资金1250万元分别置换至柳江庄园大道项目和孙坝渡改桥项目。

推进项目进度，完善交通基础设施。全年完成投资12.5亿元。完工东岳连接线、柳江支线、省道429线柳桃路改造工程、七里坪市政大道等8个交通干线项目，完成投资1.43亿元。指导各乡（镇）进行“四好农村路”建设，完成村道建设38.2千米，其中止戈镇、中山乡被市交通运输局评为眉山市第一批“四好农村路”示范乡（镇）。

提升道路管养水平，洁净美化旅游公路。科学安排6条接养乡管县道管养，加大机械作业力度，对景区道路、护栏进行冲洗，打造整洁、美观旅游新路容路貌。

加强交通综合执法，创建天府旅游名县。全年出动执法人员6000余人次、执法车辆1300余辆，纠正查处违章560余辆，处理路产路权赔偿案件27起。开展“扫黑除恶”和“打非治违”专项行动，投入1000万元购买新能源电动公交车25台，下线老旧燃气公交车20台。投入120余万元，改建游客集散中心，全民参与对交通包保区域持续开展“5+2”整治，创建天府旅游名县。

守牢交通安全底线，确保行业稳定安全。全年更换损坏波形防护栏1000余米，更换标志标牌及广角镜90套。成功应对汛期、雨季及冰雪季节抢险保通任务，确保道路畅通。全年接待信访案件209件，均已落实，群众满意度总体提升，全县无一起较大及以上安全责任事故发生。

【涉农招商引资】 签订洪雅“一杯茶”建设加工项目，投资方为四川蜀茶冷链物流有限公司，计划总投资1.3亿元，项目选址在止戈镇片区，加工厂占地面积38亩。

【农村生态建设及环境保护】 农业面源污染治理。一是畜禽养殖污染防治。县政府编制《洪雅县畜禽养殖污染集中治理整改方案》，开展“回头看”，防止反弹，杜绝已关闭养殖户“死灰复燃”；完成河流两岸100余家养殖场粪污设施建设；坚持“以种定养、种养结合、就地消纳、循环利用”，推广循环农业示范园区“大基地+大循环”模式，全县畜禽粪污综合利用率达85.6%，规模化畜禽粪污综合利用率达96.03%。二是养殖水域污染综合防治。推广生态健康养殖理念养殖方式和生产管理技术，安排水产专业技术员深入养殖场对养殖户进行现场指导，引导养殖生产者保护养殖水域。三是农药化肥减量增效行动。制订《洪雅县2019年化肥减量增效工作方案以及化肥减量技术方案》《洪雅县2019年农药减量控害增效工作方案》，在青衣江、安溪河、花溪沿河50米范围内打造化肥、农药减量示范点，共涉及面积500余亩；在中山乡、中保镇、槽渔滩镇等乡（镇）建立绿色防控示范片2万余亩；在中山乡、余坪镇建立茶叶统防统治示范片1万余亩；在中保镇依托业主开展化肥、化学农药零使用试验示范基地，示范面积1000余亩。

沼肥还田利用有机肥替代化肥。一是坚持种养结合，推进畜禽粪污还田综合利用，实施有机肥替代化肥，依托全程社会化服务PPP项目，全年沼液还田63994立方米、沼渣还田7686立方米、管道输送1233.2立方米。二是推广使用商品有机肥替代化肥，以中保镇现代蔬菜产业园为核心，同省农科院合作，打造全县化肥零使用试验示范区，发放商品有机肥160吨。全县主要农作物化肥使用量为7977吨，减少0.38%。三是在全县范围内推广秸秆粉碎还田、秸秆覆盖还田、秸秆堆沤还田等，全县秸秆还田率达82.53%。

农村“厕所革命”。推进农村公厕建设，新建农村公厕5座。印发《2019年洪雅县农村“厕所革命”示范村建设实施方案》，在止戈镇青杠坪村、中保镇平乐村等14个村实施农村“厕所革命”整村推进行动，新（改）建农村户用厕所2322户，实现示范村无害化卫生厕所普及率达90%以上。全县82845户农户中，有卫生厕所的有61724户，农村户用卫生厕所普及率达74.5%。止戈镇青杠坪村采取统一采购材料、统一培训工匠、统一建设标准、统一逐户预算、统一组织施工“五统一”模式，扎实推进改厕工作，确保工程进度和质量，经验做法在全县推广。

秸秆综合利用。制订《洪雅县2019年秸秆综合利用实施方案》，以秸秆农用为重点，推广秸秆粉碎还田、覆盖还田、堆沤还田等。全年主要农作物秸秆理论资源量105299.05吨，可收集资源量89742.19吨；秸秆综合利用量86227.17吨，秸秆综合利用率达95.94%。秸秆肥料化利用量74064.34吨，占“五化”利用率的85.89%。

农膜回收利用。通过使用节膜技术建立回收站、加强检查等措施，全县农膜使用量263吨，减少16吨；回收利用242吨，回收利用率达92.01%。

【农产品质量安全监管】 全年省级、县级投入农产品质量安全检验检测经费35万元。

全面建成服务体系,推进标准化生产,增加绿色供给,推进优势农业品牌发展,监管长效机制基本形成。全县农、畜、水产品质量安全水平明显提高,部、省、市抽样总体合格率达99%,基本实现农产品质量安全目标。10月29日,农业农村部下发《农业农村部关于命名第二批国家农产品质量安全县(市)的通知》(农质发〔2019〕9号),洪雅县创建为国家农产品质量安全县。

【农业保险】 全市农险财务口径保费5473.01万元,减少39.43%。全年农险赔款12122.92万元,增长76%,简单赔付率221.5%。全市农险销售费用合计792.63万元,销售费用率14.48%,减少1.09个百分点。全年农险承办乡(镇)84个,承办份额达64.26%。在仁寿县2019—2021年农险承办机构招标项目中中标;在洪雅县2019—2021年农业保险承办机构公开遴选中得分第一,市场份额稳定在50%以上。从仁寿柑橘、枇杷,彭山水果收入保险入手,做好特色险种扩面工作。创新开展鸡蛋期货价格保险、豆粕期货价格保险(为系统全省第一单),实现保费收入36.93万元。截至11月底,地方特色险种保费收入2437.83万元。促成银保监、市财政、市农业局下发《关于在当前疫病防控期间做好生猪保险承保理赔工作的通知》,明确"验标、戴标承保"、公示期、观察期等合规底线,控制了基层政府死亡通赔、无标投保的违规做法。在承保关口严格执行"戴标承保""实地验标""无标不保""带病不保",理赔关口坚持"查勘到户""无标不赔""免责拒赔"等操作要求,规范经营,最大化减损减亏。做好涉农保险保费补贴专项治理工作,按照《关于印发〈涉农保险保费补贴问题专项治理工作实施方案〉的通知》(川财金〔2019〕45号)以及《关于开展眉山市涉农保险保费补贴问题专项治理工作的通知》(眉财金〔2019〕25号)文件精神,主动自查,配合复查、抽查,采取数据比对、入户核实、风险数据排查、承保理赔资料查阅等方式开展治理工作,截至2019年年底,完成公司自查和市、县两级复查、抽查。

【农业项目建设】 全年实施农业项目53个,各级政府农业总投资10421.86065万元,共15类。其中,病虫害控制项目12个,总投入469.14615万元;农村公益事业项目1个,下达村长论坛经费30万元;防灾救灾项目1个,雅河养猪专业合作社生猪季节性混合感染应急防控经费50万元;动植物保护项目1个,2011年植保工程中央预算内投资(新增)100万元;农产品质量安全项目1个,2019年省级财政农业公共安全与生态资源保护资金55.5万元;其他国有土地使用权出让收入安排的支出项目2个,总投入240万元;农业组织化与产业化经营项目1个,2019年中央财政农业生产发展资金299万元;农业生产支持补贴项目11个,总投入3977.1553万元;其他农村综合改革支出项目2个,总投入261万元;其他环境保护管理事务支出项目1个,自然保护区内关闭退出电站经济补偿、奖励金540万元;征地和拆迁补偿支出项目1个,自然保护区内关闭退出电站经济补偿、奖励金36.35万元;成品油价格改革对渔业的补贴项目1个,2018年度渔业油价补贴资金32万元;土地治理项目1个,2019年止戈镇高标准农田建设项目20万元(农发办指标合并);其他农林水支出项目7个,总投入326.5592万元;其他农业支出项目10个,总投入3985.15万元。

【高标准基本农田建设】 全年完成高标准农田建设任务1.6万亩,总投资3200万元,平整土地1013亩,地力培肥1.6亩;新建及整治田间排灌渠系27.78千米,整治山坪塘4座、渠系附属建筑物1042处(米);新建田间道路25.95千米、道路附属建筑物504处,完成高效节水灌溉面积0.1万亩。

【农村留守家庭(儿童、学生)帮扶】 关爱儿童。全年新建余坪镇大林村等26个村(社区)"儿童之家",完成任务数24个的108%,并组织儿童和家庭开展手工制作、亲子活动、监护能力提升等活动260场次,服务儿童5000余人次。7月25日—31日,县妇联组织7名洪雅籍留守儿童参加由眉山市委、市政府主办的"关爱之旅　亲情相聚"眉山市留守儿童赴京探亲暨游学夏令营活动。团县委新建"童伴计划"项目点位2个,打造关爱活动室2个,开展活动80余次,累计参加活动儿童800余人次。开展"新年心愿、青春微力量"公益暖冬行动,募集社会资金5万元,帮助留守儿童、贫困青少年等实现新年微心愿234个。

关爱青少年。开展"助学成才""五失青少年""我要上大学"帮扶工作,帮助青少年174名,发放救助金24万元;搭建关爱平台,联系社会爱心人士与2名困境青少年建立长期帮扶关系,资助其在校期间的学杂费及生活费。

【劳务开发与返乡创业】 劳务开发。开展中式烹调师、茶艺师、美容师等技能、品牌和创业培训,累计培训660人,提升劳动者的技能水平。完善农民工服务保障平台建设,覆盖全县11个部门、15个乡(镇)、139个村、20个社区的农民工服务平台,在四川农民工APP上编辑农民工服务信息1753条。开展农民工关爱行动,联合县交通局、县公安局制订"春节全覆盖走访慰问""治欠保支""专车专列""证照办理"等专项服务保障工作方案。成立农民工服务管理综合委员会,配合县委组织部到成都、重庆等地挂牌,开展送福送春联等走访慰问活动,走访慰问农民工和农民工家庭2600余人,发放慰问品、慰问金合计2.912万元,发放慰问信5万封。举办返乡农民工等重点群体就业的专场招聘会3场,组织42家企业参加,提供就业岗位1900余个,吸引求职者3000余名。组织25名工匠参加眉山职业技能大赛,参与数控车工、汽车修理等13个项目比赛,获得二等奖4个、三等奖3个。

返乡创业。落实创业担保贷款优惠政策,加强劳动密集型小微企业认定和贷款贴息,为创业者提供有针对性的政策咨询、创业指导、跟踪扶持等服务,全年发放创业担保贷款465万元,带动和稳定就业100余人。举办洪雅县首届返乡下乡创业成果展,全县48个优秀创业项目参展;举办第二届"天府杯"创业大赛,推选的大学生创业代表获得全省第七名。先后组织20余名大学生创业代表举办创客沙龙活动3次,并邀请知名创业导师现场为创业者们进行指导。举办"家乡有约,共襄盛事"洪雅县在外优秀人士就业创业座谈会,为洪雅发展提出宝贵意见。

【主要领导人】 县委书记:阳运良;县人大常委会主任:李文新;县长:宋良勇;县政协主席:王里;分管农业副县长:张锐(6月止);分管农业县委常委、组织部部长:白海涛(7月始)。

洪雅县编写组

丹　棱　县

【基本情况】 2019年,全县辖1乡5镇,辖区面积450平方千米,土地利用总体规划期内(2006—2020年)耕地目标保护任务10900公顷、基本农田保护任务10300公顷。年末总人口16.2637万人(户籍人口);人口出生率9.9‰(出生人口1612人),减少1.4个千分点;人口自然增长率0.9‰,减少0.3个千分点。本地水资源总量4.56亿立方米,人均占有水资源量3060立方米。有林业用地2.62万公顷，有林地面积2.3万公顷，活立木总蓄积量131.1万立方米，森林覆盖率57.41%。

2019年，全县GDP71.4亿元，增长7.2%，其中第一产业增加值12.9亿元，增长3.2%，农、林、牧、渔及农林牧渔服务业之比为66.54：2.26：26.46：3.26：100；第二产业增加值25.1亿元，增长7.4%（工业产值19.1亿元，增长11.3%）；第三产业增加值33.3亿元，增长9.1%。三次产业对经济增长的贡献率分别为8.7%、45.3%和46%。劳务输出5.2万人次，收入65670万元。全年接待游客402.37万人，实现旅游收入36.94万元，其中乡村旅游收入17.06万元。

公路通车里程525.504千米（其中乡村公路443.081千米），密度117030米/平方千米，32.84千米/万人。社会消费品零售总额28.6亿元，增长10.6%。地方公共财政预算总收入完成14.3亿元，增长9.4%；公共财政预算总支出13.97亿元，增长7%，其中农业投入17115万元，占支出的13.8%。全县银行机构人民币存款余额112.5亿元（含国库存款），比年初增加23.11亿元，增速25.85%，增速排名全市第一位；银行机构人民币贷款余额44.14亿元，比年初增加11.61亿元，增速35.69%，增速排名全市第一位；余额存贷比39.24%，排名全市第六位；存贷款余额增速为28.63%，排名全市第一位；不良贷款1.16亿元，不良贷款率2.64%。农业产业化龙头企业省级、市级、县级分别为2家、10家、35家。

有各类学校56所，在校学生19394人，教职工1363人，其中普通高校1所，在校本（专）科学生1345人；普通中学6所，在校学生4094人；小学13所，在校学生7650人；学龄儿童入学率100%。有文化馆1个，公共图书馆1个，博物馆1个。有卫生机构177个，病床位823张，卫生技术人员1346人；门诊人数91.99万人次，病床使用率达92.97%。城乡居民基本养老保险参保人数8.88万人，缴费人数5.06万人，基金征缴853万元。全民参保计划扩面专项行动全面完成，共调查核实15724人。

【年度农业和农村经济运行】 2019年，全县实现农林牧渔总产值21.4亿元，增长3.8%；第一产业增加值12.9亿元，增长3.2%；生猪、茶叶、猕猴桃、水果、蔬菜等特色优势农产品产量保持稳定增长。农民年人均可支配收入达19770元，增长10%。全县省级农产品质量安全例行监测总体合格率达100%；建成5个乡（镇）农业综合服务中心。建成高标准农田1.2万亩。

2019年丹棱县主要农产品产量

主要农产品	单位	产量	同比(%)
粮食	万吨	5.3292	1.4
水稻	万吨	4.1731	1.3
玉米	万吨	1.0266	1
马铃薯	万吨	0.0582	1.3
油菜籽	万吨	0.725	0.1
蔬菜	万吨	2.7882	4.02
水果	万吨	37.2	1.6
肉类	万吨	2.2998	–5.01
猪肉	万吨	1.5762	–17.97
牛肉	万吨	0.074	–2.89
羊肉	万吨	0.0324	7.28
禽肉	万吨	0.4887	16.38
兔肉	万吨	0.1284	–22.7
禽蛋	万吨	0.904	–12.36
水产品	万吨	0.5205	7.4
牛奶	万吨	0.095	–4.6

农业产业化发展。全县以晚熟柑橘为主的果桑茶林特色产业面积51万亩，粮经比例达1：9，特色优势产业产值占比达80%。全县新增申报省级示范合作社3个、市级示范社4个，省级示范家庭农场10家。全县工商登记注册家庭农场253家、农民专合组织435个、专业大户48户。全县发展产值5千万元以上初加工企业21家，修建冷藏库498座，引进桔橙分选线23条、冷链物流车5台，农产品初加工率达90%以上。

农村集体产权制度改革。推进农村集体产权制度改革，完成农村集体经济组织清产核资数据系统审核录入提交工作，全县清产核资农村集体资产5.4亿元、资源性资产61.52万亩，确认成员22964人，实现集体经济组织赋码登记注册零突破；组建10个村集体股份经济联合社，全县成员股权量化总额552.5万元。推进农村土地确权登记，完成颁证面积27.73万亩，发证36970户。新增土地流转1920亩，土地总流转存量面积达76390亩，规模化流转面积57858亩。

农产品品牌战略实施。全县认证“三品一标”农产品26个，其中绿色食品22个、无公害产品3个、农产品地理标志产品1个。全县“味在眉山·丹棱特产”销售收入56.26亿元。举办丹棱桔橙产业互联网论坛暨第三届西部农特产品电商峰会、第四届网上不知火桔橙节、丹棱不知火桔橙暨桃花生态旅游节。先后组织30余家“味在眉山·丹棱特产”产业生产经营主体参加第七届四川农业博览会、第十七届中国国际农产品交易会农产品地理标志展、第十七届泡菜博览会、2019中国香港国际美食博览会、2019上海·全国优质农产品博览会、2019第十四届东亚国际食品交易博览会、“互联网+农业大会、广交会、农交会、农博会”等。“丹棱桔橙”获得2019年全国300个具有代表性特色农产品区域公用品牌、2019年度中国最有价值的20大水果区域公用品牌、省十大优秀区域公用品牌，第三次荣登中国地理标志产品百强榜，品牌价值44.35亿元，并在第七届四川农业博览会上获得最受欢迎农产品称号。农业农村部全国地理标志农产品保护工程启动仪式首站活动走进丹棱。

现代农业园区建设。启动《丹棱县现代农业园区建设总体规划》和《丹棱县丹橙现代农业园区详细规划》编制工作，建设以特色农产品种植、加工、销售为核心的综合性现代农业园区。根据全县农业产业特色，参照省级园区建设标准规划布局五大农业园区，建成6万亩丹橙现代农业园区，规划建设5万亩九龙山现代农业园区、3万亩脆红李现代农业园区、4万亩老峨山绿色茶叶现代农业园区、2万亩安溪河流域现代农业园区。丹橙现代农业产业融合示范园区获得市级现代农业产业融合示范园区认定，并在丹橙现代农业产业融合示范园区先行试点，建设桔橙产业可视化平台，收集、展示、分析园区桔橙生长数据和产业发展趋势，果品流通协会授予全县“全国晚熟柑橘全产业链大数据中心”称号。

【种植业】 全县蔬菜种植面积1.73万亩，产量2.48万吨；茶叶种植面积4.87万亩，产量2.7万吨；水果种植面积23万亩，产量37.2万吨，其中以不知火为主的桔橙产业16万亩，总产值28亿元。大小春粮食作物播种面积11.754万亩，产量5.33万吨，增加733吨，超目标任务1.52%；油料作物播种面积6.55万亩，产量0.75万吨。丹棱县科学粮油专业合作社扩大种植规模，在仁美镇高河村新增规模化经营面积279亩，在仁美镇小桥村新建绿色高产高效示范片2010亩。

【林业】 丹棱县被授予"全国绿化模范县"称号，老峨山被授予"全国森林康养基地试点单位"称号。全年完成营造林1.43万亩。建成杨场镇古井村雷竹产业基地300亩、绿化道路4千米、游步道1千米，河岸绿化2千米，庭院绿化美化40户。创建市级森林小镇1个、森林村庄5个、森林小区3个、森林人家33个。全县森林覆盖率达57.41%，森林蓄积量达128万立方米。全年未出现林业有害生物成灾，没有发生较大以上森林火灾。

【畜牧业】 全县出栏生猪21.5万头、肉羊2.4万只、肉兔108.3万只、家禽309.5万羽，肉类总产量2.3万吨，禽蛋产量0.9万吨，实现牧业产值7.99亿元。举办各类技术培训20场次，培训700余人次。在稳定生猪生产发展的同时，统筹抓好牛羊肉和禽肉等畜产品供给，多渠道满足市场消费，利用2018年现代畜牧业重点县项目新建标准化肉鸡养殖场6个，新增肉鸡出栏30万羽。同时利用闲置的猪场动员养殖户转产，新增家禽出栏50万羽，共新增出栏小家禽80万羽；发放生猪复养手册5000份，抓好防疫技术培训、指导等工作，同时协调落实金融、用地、用电政策等。向上争取项目资金200万元，用于生猪稳产保供建设。

【水产业】 全县养殖面积10880亩，完成水产品总量5205吨，实现产值9035元，其中鱼种投放量1150吨。以优化水产养殖模式、增加养殖效益、保护渔业水域环境、提高水产品质量安全作为工作的重点，全县渔业秩序良好，渔业经济运行平稳，初步形成了以小型塘堰精养、池塘高产套养为主，以小(1)型水库大水面增值、稻田综合种养为辅的渔业生产模式。多批次组织渔政执法和水产专家到水产养殖相对集中区域，面向各养殖场(户)宣传《农产品质量安全法》和开展以如何规范使用鱼饲料、渔药等投入品，实行以水产标准化生产等方面为主要内容的宣传和培训工作，提高广大养殖人员的食品安全意识。组织渔政执法力量对全县范围内的渔药、渔用投入品进行专项检查和常年监督检查，全年出动执法人员120人次，检查水产养殖户、渔药销售门市、水产专业合作社等50余家。开展渔政执法巡查85次，出动执法人员310人次。

【乡村振兴】 全县围绕"产业兴旺、生态宜居、乡风文明、治理有效、生活富裕"二十字方针，提出"打造中国美丽乡村典范"的发展定位，明确把乡村振兴先进县创建工作作为全县"一号工程""一把手工程"，形成"三级书记"亲自抓的格局，印发《丹棱县2019年实施乡村振兴战略攻坚年工作要点》《关于创建四川省乡村振兴先进县、先进乡(镇)、示范村和现代农业园区任务分解的通知》《实施"乡村振兴行动"打造桃源美城工作方案》，统筹做好省级乡村振兴先进县、先进乡(镇)、示范村创建工作。成立以7个县委常委为组长的督导组，以县纪委书记和县人大、县政协联系领导为组长的督查组，每月开展督导督查，推动创建工作。全面完成2018年12个乡村振兴试点村的考核工作，重新确定试点村13个；结合全县实际，重点打造丹棱镇、双桥镇、顺龙乡、仁美镇、杨场镇17个村的坝区片区和张场镇4个省级脱贫村的山区片区两个核心建设区。全县以全省第五的成绩创建为2019年度四川省实施乡村振兴战略工作先进县，齐乐镇狮子村、齐乐镇梅湾村被评为2019年度四川省实施乡村振兴战略工作示范村。

【农村扶贫开发和移民工作】 全县坚持"脱贫不脱政策、脱贫不脱项目、脱贫不脱帮扶"，继续采取强力举措巩固提升脱贫攻坚成果。坚持常态研究部署机制，全年召开县委常委会9次、县政府常务会3次，研究脱贫攻坚工作；专题召开县脱贫攻坚领导小组会议6次、县脱贫攻坚工作会议9次。精准管理扶贫对象，先后开展3次扶贫对象动态调整，完成"两摸一核"工作，全县建档立卡贫困人口调整为2646户7523人。促进脱贫户发展产业增收，全年组织开展技术培训112场次，培训脱贫群众5600人次，为其种养产业早日投产见效提供了技术支撑；发挥龙头带头作用，依托国有丹橙现代果业公司、五大现代农业园区和专合社、种养大户，通过传帮带、入股分红、代种代养等方式，帮助脱贫户巩固农业产业扶贫成果。通过将村产业扶持基金285万元，以股权投资形式入股、委托公司发展产业进行收益分红、借款贫困户发展产业3种方式增加收入。落实各项扶贫政策，全县469名贫困家庭学生没有一名学生因贫辍学；为脱贫户全额代买医疗保险，1344名特殊疾病脱贫户患者被纳入门诊救治，全年为脱贫群众报销医药费6214人次954.82万元；提高低保保障标准到4560元/年，将无法通过产业扶持和就业帮扶稳定增收的1063户脱贫群众全部纳入低保(占脱贫户的40%)，实现"应保尽保、收入稳定、吃穿不愁"。从8月起，持续组织开展"脱贫不忘党恩致富感谢祖国""感党恩、崇孝道"主题活动，引导群众自我管理、自我提升，不等、不靠，实干脱贫。全年全县没有新增一户贫困户、没有一户脱贫户返贫，12月，迎接脱贫攻坚省级交叉检查。做好移民后扶工作，加强对移民后期扶持人口的动态管理；规范实施移民后期扶持项目，2019年上级下达全县移民后期扶持资金491万元，围绕移民生产生活，重点安排实施产业道路、沟渠、山坪塘等促进发展类项目。常态化开展移民政策宣讲，坚守底线，坚决维护移民政策的权威性和严肃性。

【乡村旅游】 全年接待游客402.37万人次，增长11.53%；实现旅游总收入36.94亿元，增长15.7%，其中乡村旅游收入17.06亿元，增长17.25%。全年开展各类乡村旅游活动25场次。丹棱县顺龙乡幸福村被列入第一批全国乡村旅游重点村名录，大雅文化旅游景区创建为国家3A级旅游景区，培育精品乡村旅游点4家。观鸟镜获得四川省特色旅游商品大赛金奖，峨山老窖·雅、素翁纸杯茶获得银奖，麻鬼藤椒油获得铜奖，丹棱·桃花源景区获得2019年度四川省旅游景区满意度评选活动50强。

【农村水利】 全县争取到位水利项目资金2719万元(其中中央水利发展资金项目专项资金1785万元、省级水利发展配套资金129万元、省级财政农业生产救援及特大防汛抗旱资金100万元)，水利固定资产投资完成10075万元。成功应对7月22日和8月5日两次特大暴雨，无人员伤亡，无重大工程损毁，成功度汛。投入2470万元，开展小流域生态修复，思蒙河、安溪河防洪治理工程建设，新增和恢复水域面积1.74平方千米，治理水土流失面积12.18平方千米。依法划定河湖管理范围，完成安溪河、思蒙河、金牛河三条河流的划定工作。县内3条主要河流年度平均水质有所提升，其中思蒙河水质为Ⅳ类，安溪河、金牛河水质为Ⅲ类。完成梅弯、党仲、东风三大水库取水许可证的发放和5个小(1)型水库取水许可证的发放，完成长江经济带丹棱县小水电清理整改综合评估报告编制、审查工作，完成丹棱县取水工程(设施)核查登记阶段工作，登记取水对象96个。全县共有4座水电站，其中保留类2座、整改类2座。

【农业机械化】 全县新增农机总动力0.372万千瓦（含农业产业扶贫新增动力0.132万千瓦），全县农机总动力达22.602万千瓦，主要农作物耕种收综合机械化水平达76.21%。修复、改造提水设备212台3318千瓦，新建和改造提水设备17座17台335千瓦，新增和恢复灌溉面积0.278万亩。全年机电提水保灌面积13.5万亩，提灌站提水1980万立方米。全县无较大以上农机安全事故发生。

【农村教育】 持续实施第三期学前教育行动计划，投入资金3143万元，新建、回购公办幼儿园2所，新增学位720个。创新"1+N"县幼儿园托管乡（镇）公办园优质发展模式，解决学前教育城乡失衡问题。投入106万元，对县幼儿园仁美分园进行校舍改造和设备更新。合理规划布局公办园、强化普惠性民办园认定、"小学化倾向"治理、市级示范园创建，普惠性覆盖率达84.5%，学前三年毛入园率达101%。全面推进义务教育改薄和校舍改（扩）建工作，投入790万元，改善乡村小规模学校和寄宿制学校8所。开展延时服务工作，学生参与率达95%，家长满意率达100%，解决"三点半"难题。贯彻落实教育部《普通高中课程方案（实验）》和各学科课程标准（实验），落实高考考试招生制度改革，注重校本课程的开发利用，借力成都七中和成实外优质教学资源，巩固"端淑班"办学成果，全面提升教育质量。县教体局获得眉山市普通高中教育质量管理一等奖。

【农村科技】 全年培育市级科技创新新型农业经营主体3个，丹棱县生态源果业专业合作社理事长陈波获评全国农牧渔业丰收奖个人贡献奖。开展农业科技成果转化1项，获得项目资金30万元。开展农业产业科技进乡村活动，在全县5个乡（镇）开展特色水果产业、畜牧产业、小家禽产业、茶叶产业技术培训3640余人次。围绕4个省级贫困村，组建4个产业技术服务团队，采取"一带一、一带多"形式，形成以"专家团队+科技特派员+专业合作社+专业技术服务队"的新型农村产业科技扶贫体系，帮助和支持贫困村在解决产业发展中遇到的瓶颈问题和关键技术难题。组织工作专班，专题到科技部汇报国家级可持续发展试验区复评准备相关工作，得到大力支持，7月，通过省级农业科技园验收，提升了全县晚熟柑橘种植水平。围绕橘橙、茶叶、生态鸡等全县特色农业产业，加强与四川农业大学、省农科院等高校院所的合作，实施合作项目。支持高等院校、科研院所专家教授来丹棱县开展科技试验示范，为全县农业产业发展提供技术和智力支持。实施省级职业农民制度试点，培训新型职业农民389人，认定新型职业农民50人。截至2019年年底，全县已试点认定职业农民110人，兑现社保、医保等补助77.093万元。

【农村文化】 全县有文化馆1个（三级馆）、图书馆1个（三级馆）、美术馆1个、博物馆1个（国有博物馆1个），乡（镇）综合文化站7个、村（社区）文化活动室78个。全县公共"三馆一站"、村（社区）文化活动室全部实现免费开放。全年开展群众文化活动1000场以上，覆盖群众约16万人。开展2018年度建设者表扬大会暨迎新春文艺汇演、桔橙（桃花）节、"历史村镇的未来"国际会议幸福古村参观点民俗节目表演、"全国文化和旅游系统人事工作研讨会暨乡村文化和旅游能人支持项目现场会"参观点、第七届中国成都国际非物质文化节眉山分会场节目表演等专题表演23场次。

【农村卫生】 全县有卫生院7个、诊所18个、社区卫生服务中心1个、村卫生室71个。全年基层医疗卫生机构总诊疗53.77万人次，其中乡（镇）卫生院门诊23.57万人次、社区卫生服务中心门诊4.94万人次，分别增长0.54%和17.87%；乡（镇）卫生院住院0.95万人次，社区卫生服务中心住院0.02万人次，分别增长15.72%和81.72%。

【农村法制建设】 全年到农村开展主题法治宣传教育活动12场次，组织开展"法律进乡村"法律宣传活动80余次。杨场镇狮子村创建"全国民主法治示范村"接受市、县复核。在全市率先全面完成规范化司法所建设任务，全县7个司法所被司法厅授予"省级规范化司法所"称号。全年受理矛盾纠纷479件，调解成功478件，调解成功率达99.8%。建成县公共法律服务中心1个、公共法律服务工作站7个、公共法律服务工作室78个，县、乡、村三级公共法律服务覆盖率为100%。建成县司法行政（社区矫正）指挥中心，联通乡（镇）司法所网络，在全市率先实现指挥系统市、县、乡三级联通。"丹棱县以法治强保障助力乡村振兴"工作经验被四川省全面依法治省工作简报刊发，并在全省推广交流。《乡村振兴中的法治保障问题研究》被《眉山法学》杂志刊发。全县被评为全省"七五"普法中期先进集体，1名司法所所长获得司法部表彰，1名工作人员获得全国普法办表彰。

【农村交通】 全县连接各乡（镇）的县道公路、乡道公路以及重要景区的公路全部通达沥青路和水泥路，全县乡（镇）通达率达100%，通畅率达100%。农村公路等级公路比例、高等级铺装路面公路比例均达95%，位居全市第一。

【涉农招商引资】 2019年，全县3000万元以上的农业招商引资重大项目1个，为内资项目；项目总投资5亿元。协议资金50000万元，完成全年任务的100%；到位资金38624万元，完成年度任务的100%。

【农村社会保障】 全县城乡居民养老保险参保人数为8.89万人。全年参保缴费人数5.14万人，当期基金收入4296.78万元；领取待遇2.65万人，当期基金支出3436.4万元，基金累计结余8924.73万元。全年发放养老待遇31.95万人次，共计3434.84万元，基金累计结余8924.73万元；代缴0.7万名贫困人口城乡居民基本养老保险金共70.37万元。城乡居民基本医疗保险个人缴费标准分别为220元/人、280元/人，财政补助标准达490元/人，参保人数13.9万人，征缴收入3788.1万元，财政补助5908.15万元，报销17万人次，待遇支出7348.9万元；大病保险筹资标准59.5元，报销0.5万人次，待遇支出683万元。将农村低保保障标准调整为380元/月、农村分散特困供养标准调整500元/月、农村集中特困供养标准调整600元/月，将符合条件的2328名建档立卡贫困人口全部纳入农村低保、农村特困保障范围，占全县建档立卡贫困人口总数的30.94%，全县共纳入农村低保对象5794人、农村特困对象565人，全年累计投入农村救助资金1520.185万元。为2184名农村困难残疾人发放生活补贴235.8余万元，为2606名农村重度残疾人发放护理补贴184.9余万元。全县注册登记志愿者19894人，有服务记录的志愿者9965人；注册成立志愿服务组织1个，成立自愿服务队180支。投入100万元，建成日间照料中心4个。全县配备儿童督导员14名，对503名留守儿童、困境儿童实施精准关爱。全面落实孤儿保障政策，为全县8名孤儿按时足额发放孤儿生活养育金，散居孤儿标准达900元/月；为全县近32名事实上无人抚养困境儿童发放生活保障金11.52万元。

【农村生态建设及环境保护】 推进农村生活污水治理，全县64个村生活污水得到有效处理，占比达88.9%。全县地表水主要污染物化学需氧量（COD）指标下降10.03%，3条河流考核断面水质均完成市下考核目标，思蒙河、金

现代林业科技示范区合作协议，省林草局已拨付项目资金2000万元支持园区建设。持续加强与省林科院的院县科技合作，县委、县政府主要领导与省林科院领导召开专题工作会5次，讨论研究园区发展规划、"4个1"实施方案的编制和年度工作计划的制订，已达成合作共识。与中国林科院热研所签订合作协议，建成黄花梨等珍贵用材林高效培育示范基地200亩。二是加快科技推广应用。坚持"科技兴园"发展理念，省林科院完成100亩花卉及林木育种基地建设、100亩木本花卉园建设、50亩草本花卉园建设、50亩设施花卉园建设、50亩油橄榄产业基地建设，建成占地约10亩的花卉工程技术中心、占地约40亩的生物基质及专用肥料研发中心，启动组培中心提质建设和300亩珍贵用材林等种质资源收集和培育基地建设，乐兴公司完成狮子桥150亩苗圃基地建设。三是持续改善基础设施。完成1.1千米新天路建设、3500平方米专家楼建设、河道紫荆桥至永兴桥段2千米河道整治及景观绿化、20000平方米产业大棚、3500亩高标准农田、12千米生产作业道、100亩水肥一体化、蒙溪河流域水土保持等项目，启动旅游接待及科教博览展示中心、园区主干道加宽黑化建设。四是加强招商引资。精心编制园区花卉产业基地建设、观音河森林及湿地环境综合治理、孔雀湖森林康养基地建设等招引项目9个。参加西博会、四川商会乐至行、全市路演等活动，进行项目推介。多次与华侨城集团、华西希望集团等国内知名企业进行对接联系，四川蜀椒公司已投资建成1500亩青花椒产业基地，华西希望集团有意投资"乐至·花舞人间"建设。五是争取项目资金。与国、省相关部门进行对接联系，争取对示范区的大力支持。已落实到位省林草局示范区专项建设资金2000万元、市园区专项建设资金400万元、发改系统农村产业融合发展基础设施建设项目资金1000万元。

【林业】 造林绿化工作。一是超额完成营造林任务。践行"绿水青山就是金山银山"理念，组织开展2019年义务植树活动，全民义务植树尽责率达92%，植树成活率达85%以上、保存率达90%以上，并在盐湖公园等地建立义务植树基地，在娑婆山公园建立认捐认养基地。落实产业绿化、森林抚育、新农村绿化等各项工作。截至2019年年底，完成营造林面积3.86万亩，其中人工造林0.32万亩、中幼林抚育3.54万亩，占市下达营造林总任务的110.28%，全县森林面积增加到92.5万亩(其中"四旁"折算面积15万亩)，净增加0.4万亩；森林覆盖率达43.3%，净增长0.2%。全县林地保有量达49.6万亩。二是创建"全国绿化模范县"。组织开展"全国绿化模范县"创建工作，实施城镇、通道、水系、乡村等重点绿化工程，加强森林资源保护管理，县城建城区面积23平方千米，绿地面积809.6公顷，绿地率达35.2%，绿化覆盖率达40%，人均公园绿地达11.2平方米。利用科技下乡活动和"世界环境日"等环境保护纪念日，通过宣传车、宣传栏、广播、电视台、网络等多种形式和载体进行宣传，提高全民绿化意识，全县公民对国土绿化重要性的知晓率达95%，对开展创建全国绿化模范县的支持率达85%。9月，全县被授予"全国绿化模范县"称号。

退耕还林成果巩固工作。巩固全县退耕还林成果11.1万亩。做好前一轮退耕还林工作，2019年涉及惠民补助资金的共有15个乡(镇)，涉及资金2409837.5元，兑现面积19278.7亩，除个别农户因无法联系、社保卡异常、死绝户等情况和工程建设征用、扣除集体地的无法正常兑现资金外，其余全部数据确保进入"一卡通"金保网，保证资金足额兑现到农户手中，兑现率达98%。全县新一轮退耕还林工作退耕还林面积200亩，并对良安镇退耕还林工作进行检查验收，第一年补助资金已全部完成兑现，兑现率为100%。异地置换工作已落实并进行了验收，保证退耕还林面积不变。

森林资源管理工作。一是严格执行森林采伐限额管理。坚持执行限额采伐和凭证采伐制度，将"十三五"期间省政府下达给全县的年森林采伐限额8131立方米分解下达到各乡(镇)，按照《森林法》《森林法实施条例》《四川省林木采伐管理办法》等法律法规加强林木采伐管理，严格采伐许可证的审批发放，并严格加强对已发放的采伐许可证的监督管理和核销。各乡(镇)从严控制林木采伐许可证的发放，以满足农民自用材为主，从严控制商品材指标的审批发放，全县共办理林木采伐许可证4200份，批准采伐蓄积量5025.21立方米，出材量2517.38立方米，占年森林采伐限额的61.8%。继续执行非林地林木采伐审批备案制度。二是全面加强林地审批管理。并严格执行国家林业局第35号令和《四川省林业厅关于贯彻国家林业局〈建设项目使用林地审核审批管理办法〉的通知》(川林资函〔2015〕638号)要求，依法依规做好使用林地上报审批工作。全年共审核报批城市建设用地6批次、林地24.92公顷，全部为长期性使用林地；乡(镇)建设用地4批次、林地2.7738公顷，全部为长期性使用林地；其他项目4件、林地5.7792公顷，其中长期性使用林地2件、临时使用林地2件。全年共收取植被恢复费647.0666万元。

林业有害生物防治工作。一是完成林业有害生物防治。全年实施林业有害生物防治作业面积96508亩，其中蜀柏毒蛾(越冬代)59485亩(人工防治38485亩、飞机防治21000亩)、核桃长足象27978亩、臭椿皮蛾9045亩；使用无公害植物源农药3860千克，投入防治资金114.88万元，其中中央财政资金20万元、县级财政资金10万元、群众自筹84.88万元。二是森林植物检疫执法和野生动物疫源疫病监测工作。开展林木种苗产地检疫1000余亩，签发产地检疫合格证14件、植物检疫证书42件、植物检疫要求书28件，复检177件(其中省内调入152件、省外调入25件)。向省森防网站按时填报工作数据，报送森防工作信息9条。三是完成目标任务，防治"四率"达标。全年林业有害生物预测发生面积156200亩，实际发生面积148824亩，测报准确率为95.3%。全年应实施防治作业面积96508亩，实际防治面积96508亩，使用植物源农药3860千克，无公害防治率为100%。全县苗圃育苗面积0.1万亩，实施苗圃地检疫0.1万亩，种苗产地检疫率为100%。全县一亩以上森林成灾面积为零，成灾率为零。

森林防火工作。一是加强组织领导，落实防火责任。印发《乐至县森林防灭火工作检查和火灾隐患排查整治工作方案》(乐森防〔2019〕2号)等文件，以各级行政首长负责制为核心签订《森林防火责任书》25份；落实护林防火、巡山护林等各项制度，落实政府、林业部门和指挥部成员单位"三线"责任制，健全县、乡(镇)、村三级防火体系，建立军、警、地联合防控应急机制。全年召开森林防火工作会议104次、林业主管部门召开林业干部森林防火会议4次，修订完善《森林火灾扑救应急预案》，加强林区野外火源管控，提高安全防范能力。二是重视宣传教育，提高防火意识。全县累计共发送森林防火宣传短信12万条，每周一、周三、周五在乐至电视台两个频道滚动字幕进行森林防灭火警示宣传。印制《四川省林区野外火源管理办法》《四川省森林防火条例摘要》等资料8万份并发放到乡（镇），乡（镇）、村利用有线广播、LED宣传900屏次，悬挂标语800余条（幅）。新制作安装森林防火宣传警示标牌60块，并安装在各乡（镇）主要道路地段进行宣传，天池镇、宝林镇等乡（镇）制作永久性宣传警示牌约250余块。三是加强后勤保障，严厉火案查处。县森林防火纳入财政预算10万元，在森林植被恢复费中解决森林防火经费40万元，新购买胶扫把1800把、砍刀800把并发放到乡（镇），再由乡（镇）发放到重点村，全县有扑火物资4700余件。全年共查处森林火灾案4起，处理违法人员4人。全县无较大以上森林火灾和人员伤亡事故发生，森林火灾年损失率控制在0.1‰以下。

天保工程建设工作。全县集体和个人公益林面积20.85万亩，减少5.22万亩。根据最新区划界定到户的公益林面积按照国家级公益林15.75元/亩、省级公益林14.75元/亩的补助标准应兑现生态效益补偿资金325.04万元，通过社会保障卡"一卡通"直发完成森林生态效益补偿资金工作。

综合执法工作。一是涉林违法犯罪打击力度持续增强。坚持依法执政，持续打击涉林违法犯罪行为，全年立案刑事案件25件，移送起诉18件，查处涉林行政案件59件，责令补种树木1635株，罚没款14万余元。二是专项整治行动成效显著。组织开展打击破坏野生动物资源犯罪、火案查处、打击整治枪爆违法犯罪、"扫黑除恶"等专项行动，破获了一批非法收购、出售珍贵濒危野生动物、非法狩猎团伙等典型案件，有力地维护了全县森林资源安全。专项行动已立案刑事案件21件，移送起诉15件，其中刑事拘留1人、取保16人、监视居住4人；破获"5·29"特大非法狩猎案，抓获犯罪嫌疑人1人；查处森林火案4起；开展打击整治枪爆违法犯罪专项行动，立案涉枪刑事案件1件，收缴枪支1支。开展"扫黑除恶"专项斗争，成立了以局长为组长、各股室负责人为成员的领导小组，切实加强对专项行动的组织领导和协调指挥。

林权改革工作。坚持农村林地集体所有制，对新造、漏登的林地进行确权颁证，对遗失林权证和林权登记有误的进行补办和纠错，不断提高林地确权的精准度，巩固集体林地家庭承包的基础性地位。全年共办理漏登（新办）林权证26户27本（涉及林地79宗53.07亩），补办林权证88户103本（涉及林地384宗253.36亩），林权证纠错23户24本（涉及林地86宗69.35亩）。组织开展林权纠纷调处工作，排查调处涉林矛盾纠纷事件4起，接待群众来信来访2起，成功接访处置率达100%。结合实际，完善《经济林木（果）权证管理办法（试行）》《林地经营权流转登记管理办法（试行）》等政策，建立林权流转、抵押登记和备案制度，规范林权流转程序，放活林地经营权、盘活森林资源资产，破解了林业融资难题。全县林地经营权流转面积840亩，颁发《经济林木（果）权证》28本，涉及29个村157宗16257.7亩非林地，实现林权抵押贷款2620万元。

林产业发展。一是推进国家林业科技示范园建设。全面完成核心区10000亩建设目标，科技示范区已初步形成，生物技术组培中心建设完成。和省林科院合作开展科技推广应用，继续实施川中丘陵区核桃高产技术研究与示范、珍贵用材林—桢楠、香椿速生林营造技术示范与推广等国、省科研课题30余项，示范科技成果10余项，良种应用率达80%以上。二是开展林业科技培训。在高寺、劳动、良安等11个乡（镇）巩固县级核桃管护示范片1100亩、乡（镇）级示范片1万亩。与县总工会合作邀请核桃专家开展核桃技术培训，覆盖9个乡（镇）18个村，参训农户900余人。重点转化青花椒高产栽培技术和蜀柏毒蛾综合防治技术科技创新成果2项。三是植被恢复项目。金顺镇管家沟村2019年植被恢复项目于4月中旬在管家沟村3社、6社等完成桃树（春美桃）栽植工作，共计90亩，投入9.72万元。5月29日，县林业局完成金顺镇管家沟村植被恢复项目验收工作。

【畜牧业】 全年生猪出栏49.07万头，减少37.7%；存栏24.99万头，减少47.1%。山羊出栏61.58万只，增长4.1%；存栏35.35万只，增长6.1%。全年小家畜禽出栏588.66万只，增长20.9%；存栏496.98万只，增长9.2%。全县生猪规模化率达58%、山羊规模化率达42%。培育畜禽家庭农场264个，畜禽专业合作社147个，省、市畜禽产业化龙头企业5家，累计创建标准化示范场12个（其中部级示范场6个、省级示范场6个）。

畜禽养殖场粪污处理设施设备配套日益完善。全县连续5年集中开展畜禽规模养殖场、饮用水水源、重要河流等各类畜禽养殖污染专项治理，全面关停或搬迁禁养区内的51户规模养殖场和养殖专业户，综合治理规模养殖场63个、规模以下养殖场（户）450家（户）。通过专项整治，全县畜禽规模养殖场新增沼气池5830立方米、干粪堆放场4049平方米、沼液储存池43800立方米，推广建成自动清粪设施设备22套，大功率固液分离机在全县规模养殖场得到普及；县项目村户用沼气池保有量近4万口，建成集中供气项目8处、大中型沼气工程2处，年累计处理粪污310万吨。2018—2019年，全县开展畜禽粪污资源化利用工作，90个畜禽规模养殖场开展节能减排，实施粪污处理设施改造升级工程，安装杯式饮水器4501套，新建干粪堆放场1484.32平方米、沼气池11880.32立方米、沼液储存池33278.63立方米，铺设沼液输送管网122179米，新建粪污异位发酵床28007平方米。截至2019年年底，全县规模养殖场粪污处理设施装备配套率达100%。

畜禽养殖污染防治长效机制落实健全。县农业、环保、国土、水务等部门建立部门联动机制，严把新建养殖场"环保准入关"和"环保三同时"制度，要求新建畜禽规模养殖场必须保质保量配套建设养殖废弃物处理设施。全县新规划建设的养殖场均配套建设相应节水减排设施，配套有粪污收集、处理、贮存设施设备，做到"两分离"（雨污分流、干湿分离）和"两配套"（配套消纳管网、配套有效消纳土地）。按照"生态养殖+特色种植"种养结合循环发展模式，配套特色种植基地实现种养循环就地消纳；对无法落实有效消纳土地的养殖场，在采用异位发酵床等工艺进行处理或全量收集后交有资质的第三方处理。

畜禽粪污资源化利用水平显著提升。通过实施畜禽粪污资源化利用整县推进项目，全县畜禽粪污综合处理量达120.5万吨，畜禽粪污综合利用率达90%，提高3%。畜禽粪污资源化利用主要推行种养循环和粪污肥料化利用等模式。

畜禽产品质量安全及投入品监管工作开展有效。建立健全畜禽产品质量安全全程监管体系，切实加强对畜禽生产、加工、流通各环节的监管力度，规范生产经营行为。加强动物卫生安全监督，严格检疫申报，严把产地检疫、屠宰检疫关口，全年产地检疫生猪35.8732万头、牛0.0523万头、羊2.8142万只、小家禽41.6699万羽，屠宰检疫生猪30.9467万头，检疫申报率达100%，产地、屠宰、运输检疫率达100%，动物检疫合格证明全省联网电子出证率达100%。规范饲料生产、销售、使用等环节和销售备案管理工作，严格实施兽药销售环节GSP达标管理。常态化组织执法监管人员开展以禁用限用兽药经营和使用为重点的专项行动,共监督检查兽药经营企业42家,注销11家;抽查规模养殖企业80余家,对存在的问题责令其限期整改。建立兽药饲料经营门店管理制度,签订兽药饲料经营质量承诺书,依法规范兽药购销台账及规模养殖场(户)养殖档案和台账。严格执行畜禽产品市场准入制度,实行对投入品、养殖、收购、贩运、屠宰、生产、加工、流通、消费的全过程质量监测监管。全县畜禽产品质量安全总体良好,养殖投入品监管工作实现了常态化、全覆盖。

【水产业】 全年淡水养殖面积2361公顷,其中池塘养殖面积1062公顷、水库养殖面积1069公顷、河沟养殖面积230公顷、稻田养殖面积3428公顷(不计入总面积);水产品总产量19742吨,增加327吨,增1.7%,其中养殖产量19284吨,增加455吨,增长2.4%。全县小龙虾养殖面积达410公顷,产量614吨(增加222吨,增长56.6%),产值达2450万元。全年渔业经济总产值达31421万元,其中渔业产值27614万元,占比为87.9%;渔业流通和服务业产值3807万元,占比为12.1%。开展水产品质量安全专项行动,组织开展水产品质量安全宣传62次,发放资料1600余份。加大检查力度,全年共组织开展水产品质量安全检查80次,参加检查人员170余人次。开展水产品质量抽检200批次。严格落实水产品检验检疫、非食用物质添加、滥用添加剂和禁用药物检查等质量安全工作,确保全县水产品质量安全。中天镇广茂农业开发有限公司通过农业农村部水产健康养殖示范场验收。在天池镇对老旧鱼塘进行改造,建成池塘内循环养殖示范基地100亩。示范基地采用先进投料设备确保每次投料没有多余残留;精准使用推水设备,使池塘之水保持循环流动;通过净化区种植的水生植物和放养花白鲢、田螺等,对生态净化后的养殖水体循环利用,控制了养殖水面和源流污染,真正实现养殖废水零排放和水产养殖的可持续发展。

【统筹城乡与新型城镇化】 城镇体系建设。优化完善“一主两副三极五支”城镇建设体系,按照“宜农则农、宜商则商、宜旅则旅”的原则分类打造小城镇。提升场镇人居环境,谋划包装、有序实施乡(镇)基础设施项目,持续加强城镇地下管网、供水供气、排水防涝等基础设施建设。依托做好童家经济发达镇、劳动特色文旅小镇城市副中心建设,有序推进高寺、回澜等“百镇建设行动”试点镇建设,带动其他乡(镇)竞相发展。

小城镇建设。童家镇、劳动镇、大佛镇获批为全省2013—2015年命名的第一批300个“百镇建设行动”试点镇之列,回澜镇、高寺镇、石湍镇、良安镇被列为全省第二批“百镇建设行动”扩面增量试点镇,截至2019年年底,已累计获得省级资金3800万元支持,试点镇各项建设有序推进;高寺镇、回澜镇5月被列为市级特色小城镇名单;劳动镇旧居村被列为第二批“四川最美古村落”。全年完成建设投资7.33亿元,其中房屋投资5.27亿元、市政公用设施投资2.06亿元。试点镇完成市政基础设施项目建设投资1.83亿元、公共服务设施项目建设投资0.33亿元、产业投资1.13亿元,就地就近吸纳农业人口0.35万人,实现试点镇“9+N”项目建设全覆盖。全年建成市政污水管网124.9千米;投入运行污水处理厂25座、村级污水处理设施151个,自5月运行以来,已累计处理生活污水约160万立方米;完成污水治理投入超4.05亿元,生活污水得到有效治理,环境治理有初步效果;全县乡(镇)供水新增管网DN50以上30余千米,新增用水户1800余户,“一户一表”改造200余户;日供水规模达6000余立方米,全年供水量达219万立方米,出厂水质达标率达100%,新增固定投资124万元。

村镇建设管理。通过采取集中培训和以会代训的方式,提高农房建设管理人员及农村建筑工匠的业务水平,对全县农村建筑工匠和乡(镇)农房建设质量安全巡查监督员共计810余人开展集中培训,通过培训,规范了农村建房承揽行为,提高了建管员及建筑工匠的实际操作能力,建筑工匠的安全施工水平得到了提升。加强技术指导,推出《乐至县农村危房改造推荐户型图集》《资阳市新农村优秀农房户型施工图集》《四川省新村建设农房设计方案图集》等通用图集到乡(镇),供建房户无偿选用。增强群众防范意识,做到安全工作警钟长鸣,不断加强农村建房安全主体责任落实,指导乡(镇、街道)加强农房建设监督管理,努力消除农村建房安全事故隐患。

【农村人居环境整治】 加强组织保障。为确保全县农村人居环境整治工作落地落实,县委、县政府成立了以县长为组长的农村人居环境整治工作领导小组,领导小组下设产业振兴、生态振兴等五个专项小组;在县农业农村局成立了工作推进组,从县农业农村局、县生态环境局等相关部门抽调人员组建了工作专班。细化工作责任,制定了全县农村人居环境“1+5”专项整治实施意见(即农村人居环境整治工作实施意见+五大行动方案),由县农业农村局、县综合行政执法局、县生态环境局等相关部门根据职能分工,各负其责,统筹推进农村人居环境整治各项工作。

明确目标任务。结合乡村振兴“三级联创”、“千村示范”、畜禽粪污资源化利用整县推进等项目,按照“面上整体推进、线上重点突破、点上示范引领”的思路,分类有序推进农村人居环境整治“五大行动”,明确了以高寺镇清水村等50个村为重点,整村推进10041户农村户用厕所改造;明确了以县城、24个场镇及新农村聚居点为核心,延伸覆盖村庄、农户,全面完成24个污水处理厂、151个污水处理站、232座化粪池建设;明确了全面建成25个乡(镇)生活垃圾压缩中转站的目标,继续巩固“户分类、村收集、镇转运、县处置”的农村垃圾处置体系建设成果,探索建立“户分类、企业收集、企业转运、县处置”的体系;明确了以10个饮用水水源地为重点,全域开展农村面源污染整治,实施农村集中供气项目,全面提升规模养殖场及规模以下养殖户畜禽粪污处理能力;明确了以农村院落、道路、河塘等为重点,全面开展“村庄清洁”行动。

创新工作机制。以高寺镇“3345”工作法(即建立保洁员网格管理、农村垃圾专项治理和三级督查3项机制;实施产业富民、环境惠民、文明育民3大工程;着力开展4个细胞创建活动,组织成立产业帮扶、新风培育、治安巡逻、环境保护、技能培训5支志愿服务队伍)为创新机制,示范带动全县“五大行动”的推进,高寺镇的创新做法被农业农村厅《三农要情》刊登。创新“积分法”激励模式,开展“幸福基金”激励行动,在87个贫困村设立“幸福基金”,筹集资金1100万元,建立“幸福超市”;开展“洁美家庭”“星级文明户”等活动,将贫困群众表现换积分、积分兑物质。同时,推动创建幸福小家、幸福小院、幸福村落,在全县逐步形成勤俭持家、和睦相处的和谐家风,热心互助、宽容谦让的邻里关系,环境整洁、移风易俗的文明村落。

实现“五大改善”。农村生活污水治理方面,针对场镇,依托“千村示范”项目,建成具有海活特、A/O生物接触氧化、太阳能微动力+人工湿地等16种工艺的污水处理厂19

个，处理后的污水达到一级A标；针对5～15户（15～50人）聚居点，建成污水处理站105个，通过"一体化处理设备+沼气池+人工湿地"，处理后的污水达到一级B标；针对散居农户，结合"厕所革命"，通过"三格式化粪池（沼气池）+人工湿地处理"，实现厕污共治，全县66713户农户的生活污水经处理后排放能达到无害化标准、能还田利用。农村生活垃圾治理方面，依托乡（镇）生活垃圾收集转运处理设施建设项目、垃圾填埋厂扩容建设项目投资10502万元，实施垃圾填埋厂扩容项目1个，修建垃圾压缩中转站5座，治理存量垃圾19处，全县累计建成乡（镇）生活垃圾压缩中转站11座、垃圾池（库）3400余座、再生资源回收站（点）640余个，配备果皮箱1300余个、环卫保洁车575辆、垃圾转运车164辆、环卫人员2300余名，农村保洁员配比率达100%。"厕所革命"专项行动方面，整合乡村振兴"三级联创"等项目资金4790万元、县本级投入500万元、农户筹资5000余万元，为新（改）建完成24638户农村户用卫生厕所提供了强有力的经济保障，全县已累计建成卫生厕所112930户，卫生厕所普及率达76.5%；建成无害化厕所66713户，普及率达42.5%；103座农村公厕达到无害化厕所标准。畜禽污染治理方面，依托畜禽粪污资源化利用整县推进项目，计划投入8306万元，完善养殖场粪污处理利用设施设备55个，建设种植园区1个、区域性粪污集中处理中心1个；投资388.8万元，在全县10个饮用水水源保护地建设沼气池648口。通过连续3年集中开展各类畜禽养殖污染专项治理，全县规模养殖场粪污处理设施装备配套率达95%。推行种养循环和粪污肥料化利用等模式，全县畜禽粪污综合处理量达115.3万吨，畜禽粪污综合利用率达87%；重新划定禁养区、限养区，完成70个规模养殖场、334户养殖专业户的畜禽污染整治工作。村庄"清洁行动"方面，全县依托扶贫新村项目资金1364万元，以畅通沟渠、整治院落、清扫、绿化村（社区）道路、治理河塘为重点，实施"三清两改一提升"工程。推进"四好农村路"建设，全县新建通村联网路、扶贫村村（社区）公路150余千米，安装太阳能路灯1130盏，维修农房440座，整治农村庭院1.2万余户，清理农村生活垃圾1.4万余吨，清理河沟塘淤泥650余吨，张贴标语1000余条；累计建成新村聚居点850个、新农村综合体12个、幸福美丽新村350个。

【扶贫开发】 全县抽调专人对全县5126名贫困人口开展脱贫验收、对22个贫困村进行初验，通过验收，5126名贫困人口全部达到"一超六有"脱贫标准。市脱办组织对全县22个贫困村开展退出验收，根据验收结果，全县实际退出22个，完成率为100%。

加强目标责任，凝聚工作合力。坚持县、乡、村三级书记抓脱贫，建立完善脱贫攻坚责任体系、监督体系、考核体系和保障体系，为打赢脱贫攻坚战提供了制度保障。落实"五个一""三个一"工作机制，全县选派228名"第一书记"、87个驻村工作队到一线抓脱贫攻坚工作，增强脱贫攻坚帮扶合力。

加强机制创新，抓实特色亮点工作。一是抓资源整合，建立精准扶贫"120"，搭起"连心桥"。全力整合产业、资金、人才等方面力量，在全省首创精准扶贫"120"，分设扶贫政策、资金保障、产业就业等7个中心，推行"3天回应"机制，组建专家团队实地处警，"一站式"解决贫困村、贫困户的"疑难杂症"。已累计提供各类扶贫惠农政策及项目资金保障咨询服务7600余人次，被推荐为四川脱贫攻坚典型案例。二是抓产业增收，为贫困群众脱贫拓宽"新路子"。探索推广"贷资入股""农旅结合""村电入网""电商扶贫""代耕代种"五种产业扶贫模式，整合多方资源，形成了紧密的利益联结机制。采用公司化运作模式，通过购买社会服务、组建产业管护队等方式，匹配600余万元对全县87个贫困村1.4万亩成规模的连片产业进行统一管护，引领产业发展、带动群众增收。三是抓机制创新，全面凝聚合力共建"幸福村"。投入1100万元，在87个贫困村设立"幸福基金"，开办"幸福超市"，鼓励群众通过文明行为换取积分，以积分兑换实物。5月起，在贫困村设立"五点钟书屋"，联动学校、村"两委"、家长、社会力量，共同关注留守学生教育、减轻家长负担，探索出一条服务贫困村群众和学生的新路径。

加强政策落实，筑牢脱贫攻坚基础。对全县贫困户住房进行专业鉴定，通过加固、改建等方式，对贫困户C、D级危房予以全面保障，切实解决2637户贫困户住房安全问题；全面落实参保贫困人口医疗保障待遇，为54983名建档立卡贫困户代缴基本医疗保险，贫困人口县域内自付比率控制在10%以内；将9161名建档立卡贫困户纳入农村低保兜底，对219户非建档立卡特殊困难户进行了分类救助，确保贫困人口得到基本生活保障；为1439人次建档立卡残疾人发放扶贫对象生活费补贴248.0945万元，通过各项政策不断弥补工作短板，推动全县脱贫攻坚再上新台阶。

加强排查整改，切实解决关键问题。一是做实大排查。建立工作调度、工作专班、巡回督导、工作保障、责任追究五大工作机制，全面压实工作责任，形成分线作战、合力攻坚的良好局面。对22237户建档立卡贫困户、219户非建档立卡特殊困难户开展了全面排查，共发现问题23121条，其中"两不愁、三保障"突出问题1678户。二是做实问题整改。对排查出的问题分层分类建立问题台账，制定工作措施，明确整改责任，确定整改时限，逐一销号回访。同时，采用对标问题抓整改、举一反三抓整改的方式，统筹做好2018年省级成效考核、省（市）暗访督查等问题整改，及时跟踪问效，确保问题整改到位。

加强统筹监管，精准安排项目资金。统筹推进道路、住房、饮水、用电等项目，87个贫困村生产生活条件大幅度改善，贫困村集体经济全面达标。严格实行县级行业验收责任制，加快扶贫项目验收报账，截至11月底，全县应纳入专库保障的财政扶贫资金19126.63万元，已调拨入金库17980.73万元，省扶贫资金监控平台专库已支出16819.92万元，占入库资金的比例为93.54%。加强扶贫资金监管，实行专户运行、专账核算、专人管理、封闭运行，项目资金程序合规、资金安全、档案规范。科学防控小额信贷风险，通过建立县级风险补偿金、组织人员上门催收等举措，预防了小额信贷逾期、户贷企用等现象的发生。截至11月底，全县累积发放扶贫小额信贷8288.2万元，累计还款1899.73万元，贷款余额6388.47万元；逾期金额30.38万元，逾期率为0.47%。

【乡村旅游】 按照省委提出的"促进文旅深度融合发展，加快建设旅游强省和世界重要旅游目的地"和市委"加快建设巴蜀乡村文化康养旅游目的地"的目标，成立乐至县文化和旅游产业领导小组，确立12345文旅发展思路，唱响"陈毅故里・绿色乐至"文化旅游融合发展品牌，定位建设"全国红色文化旅游目的地""巴蜀美丽乡村旅游目的地"两个目标，推动文旅、农旅、康旅"三个融合"，构建陈毅故里红色经典景区、五彩林乡乡村休闲旅游景区、巴蜀美丽乡村旅游示范带、阳化河乡村旅游观光带"四大组团"，做实项目、品牌、平台、基础、人才"五大支撑"，推动文化旅游深度融合发展，争创天府旅游名县。完成全县"三旅"融合发展布局，完成陈毅故里景区、劳动文旅特色小镇、五彩林乡、龙门报国寺、蟠龙湖、阳化河乡村休闲度假区等重点项目规划方案编制。陈毅故里旅游大道全面建成通车，新（改）建旅游厕所6座，蜀都大道东延线乐简段、省道422线乐至至金堂已启动规划。全年共接待游客766.2万人次，实现旅游收入67.4亿元。

开展申创工作。成立了由市长为组长、市级相关部门为责任单位的创建工作领导小组，以及县委、县政府主要负责同志任指挥长的陈毅故里景区"创5A"工作建设指挥部，为创建工作提供了组织保障。完成规划、策划和咨询单位招标工作，通过省景评委景观质量评价，被文化和旅游厅列为全省重点指导红色旅游创建单位。劳动镇被命名为四川省首批文旅特色小镇，五彩林乡创建4A级旅游景区工作已启动，四季果乡"创3A"和劳动文旅小镇建设有序推进。

开展品牌营销。参与并举办资阳市重点产业项目（企业）投资路演活动、"中外知名企业四川行"乐至县投资推介会，乐至县文旅、农旅、康旅产业融合发展投资上海推介会等文旅项目推介活动，包装推出文旅项目40余个，总投资300余亿元。分别举办第三届中国乐至田园诗会、第十届中国乐至烧烤美食文化旅游节等大型文化旅游节会活动、中国田园诗歌大赛等重大文化活动，宣传和推广帅乡乐至，提高了乐至的知名度和美誉度。

招商引资。按照"项目落地攻坚年"的部署，县委、县政府组织相关负责人到北京、上海、重庆等地开展文化旅游项目招商活动12次、外出招商引资18次，接待蓝城集团、万达集团、中青城投控股集团等企业考察21批次。签订"一带一路"青少年讲习所、予乐世界文旅特色小镇、中国西部红色文化创意产业园等项目协议5个，通过"点对点""一对一"对接，闲宁村民俗旅游度假区已重新开工。

项目入库推进。全年共编制入库项目8个，计划总投资4.795亿元，其中乐至县归原生态旅游度假村建设项目、乐至县孔雀湖观光花园建设项目、奥沙健身俱乐部建设项目、乐至"桑都之都"休闲体验园项目4个已全部开工，乐至县阳化河流域景观建设项目、乐至县薛苞古镇乡村旅游区建设项目、宽带乡村网络提质改造工程、天怡时尚文化广场建设4个续建项目有序开展。

【农村水利】 水利项目建设。编制完成水利项目13个，预计总投资11.21亿元，其中已入库项目4个，完成固定投资6.55亿元。与中央、省、市水利主管部门对接，结合全县实际和上级项目编制要求，提前谋划，上报项目，已争取上级项目资金8450万元、项目11个。高度重视毗河供水工程，全面完成全县18个乡（镇）的征地拆迁和移民安置工作，征收永久土地约3011.4亩，征用临时土地1871.31亩，共拆迁房屋约6万平方米，涉及群众355户1451人，其中通信、电力、燃气等专项设施的搬迁、复建工作已全部结束，全县共支付移民资金1.75亿元。协调乡（镇）、交通、交警、电力等部门，为工程建设提供要素保障。全力做好与乡（镇）的协调和施工单位的沟通，通过政策宣传、工程措施、和群众面谈等方式，督促施工单位加快解决征地拆迁、吃水用水、爆破炮损、民工工资等方面的信访问题。毗河一期乐至段主体工程完成95%以上，完成投资10.7亿元，主体扫尾工作和附属工程施工有序推进。完成《毗河供水二期工程规模及总布置专题报告》编制，水规总院专家对毗河二期工程建设征地实物调查及工作方案进行了审查，为申请停建令和开展实物调查奠定了基础。全县后扶移民项目稳步实施，全年开工移民后扶项目4个、3500元，修建村级公路23.6千米、田间道路4千米，整治山坪塘10座，前期工作总投资4700余万元。完成蒙溪河孔雀段生态清洁型小流域建设项目、通旅小流域水土流失综合治理项目、乐至县天保工程3处涉水土保持项目建设任务，共治理水土流失面积25平方千米，完成财政投资1154.2万元；2019年石湍小流域水土流失综合治理项目完成大部分任务；启动2020年水土流失综合治理项目储备，并完成项目前期方案批复。完成7处水库乡（镇）饮用源水库一级保护区隔离网设施建设工程；完成乐至县2017年、2018节水型社会重点县项目；实施乐至县岩板滩水库灌区配套改造省级试点项目、乐至县吴家湾和陈家湾水库除险加固工程、乐至县2018年水利发展资金维修养护项目、乐至县2019年石堰沟、灵泉寺4座病险水库除险加固项目以及乐至县2019年国有小型维修养护项目、乐至县2019年小型水源工程、乐至县23座水库大坝安全鉴定工作。

水利脱贫攻坚项目。一是扶贫资金安排到位。水利扶贫专项计划安排资金432万元，其中中央资金100万元、省级资金332万元。二是农村饮水工程提升到位。通过新建、扩建、配套、改造、联网等措施全面稳定地解决贫困地区群众饮水问题，大力提高贫困地区农村饮水安全保障程度。投资100万元，在宝林镇双碑村新建大院集中供水站1处，在中天镇6个村建设自来水管网延伸工程。三是"两不愁、三保障"饮水安全问题整改到位。通过工作组走村入户收集到涉及安全饮水贫困户91户，结合贫困户实际意愿，通过新建机井、新接管道、新装净水设备、新通自来水的方式，全力解决贫困户安全饮水问题，全县91户贫困户安全饮水问题已全部完成整改。

水利行业监管。坚持多方发力，水土流失治理科学有效。一是持续开展水保宣传。利用广播、电视、报刊、宣传车等形式大力开展水土保持法律法规宣传活动50余天，共印发宣传资料3万余份，出动宣传车10余台次，展出宣传版面30版次，发表文章5篇。二是深入开展专项执法。组织人员对全县各类水土保持生产建设项目进行了系统排查，共检查项目607个，清查水土保持违法行为的生产建设项目85个，征收水土保持补偿费280余万元，全社会的水土保持意识、法律责任意识得到明显提升。三是全面启动遥感监管。启动生产建设项目"天地一体化"监管，依托遥感和信息技术实现生产建设项目监管全覆盖，利用遥感监管系统对全县85处疑似违法图斑进行了复核。四是推进示范创建。以孔雀小流域水土保持项目区和现代林业科技示范园为载体，申报创建国家级水土保持科技示范园区，并将园区生态治理、生态产业、生态旅游与各项水土保持措施有机结合，基本达到省级水土保持科技示范园区评定标准。坚持齐抓共管，质量安全管理更加规范。一是质量监管更全面。印发《全县水务系统质量提升专项行动计划(2019—2020)工作领导小组的通知》，采取现场抽查、查阅施工质量评定资料等方式开展质量监督，编制质量监督计划6份，确认项目划分6份，出具监督检查整改意见5份，签订质量监督书5份，督促指导参建单位签订质量终身制责任书若干，现场检查工程16处，存在的隐患已全部整改到位，遏制了质量事故的发生。二是安全管理更深入。印发《乐至县水务系统安全生产监督管理制度》《乐至县水务系统2019年安全生产培训计划》《乐至县2019年水利安全生产要点》等文件，修正完善《乐至县水务系统安全生产事故应急预案》，通过会前学法、集中学习、转发文件等方式及时传达省、市、县与安全生产有关的文件精神，形成了良好的安全生产氛围。重点开展元旦、春节、“两会”、“五一”、中秋、国庆等重要节点安全检查，全面落实安全生产责任制。三是“扫黑除恶”更彻底。及时调整“扫黑除恶”专项斗争工作领导小组，召开各类会议21次。按照10个业务股室职能职责，全力开展“扫黑除恶”治乱线索排查和治理，收集水务系统涉乱线索44条，已全部办结。到乡（镇）开展各类宣传活动25次，发放“扫黑除恶”宣传单13000余份、宣传小册子1000余份。

坚持防救结合，防汛减灾更加有力。一是全面落实防汛责任。及时召开全县防汛工作会，安排部署防汛工作。按照“属地管理、部门联动”的原则，全面落实以行政领导为核心、乡（镇）部门联动的工作机制，形成一级抓一级、层层抓落实的工作格局。二是开展汛前检查。定期开展全县水库汛前、汛中、汛末大检查，落实水库度汛责任人，督促各水库管理站（所）完善各类检查资料、台账、值班记录，整理汇总104座水库安全管理和安全度汛责任人报表、防汛预案。三是加强山洪灾害防治。对全县23个自动雨量监测站、70个简易雨量监测站、4个自动水位站、2个水位雨量监测站、4个自动视频监测站、4个自动监测气象站进行检查修护，落实管护监测责任人，时时监控，确保设备总体运行正常。督促25个乡（镇）完成2019年防汛抢险预案的修编，全面落实山洪灾害和防汛责任人。核查25个乡（镇）山洪灾害隐患点，分发防御预案到25个乡（镇）和80个村，敦促各乡（镇）村社填写山洪灾害危险区“两张图”（组织、责任体系图、预警转移流程图）和“明白卡”（山洪灾害防御明白卡），最大程度减小灾害损失。四是严格落实值班值守。加强汛期值班值守，坚持24小时值班，不定时抽查乡（镇）及各级有关部门防汛值班情况。密切联系气象等部门，随时监视天气变化情况。根据对雨情、汛情的监测预报，及时把预警信息等各项措施传达落实到各乡（镇）及防指成员单位，做好及时预警、及时处置、及时转移的准备，最大限度减少人员伤亡。

河（湖）长制工作。一是不断优化工作机制。落实县、乡、村三级河（段）长699名，制定并印发《乐至县全面落实湖长制实施意见》《乐至县2019年全面落实河长制湖长制工作要点》《涪江流域集中整治方案》等。编制完成全县河湖、渠道、塘坝名录。牵头筹备召开乐至县河（湖）长制工作领导小组会议1次、总河长大会2次、涪江流域水环境治理专题会议10次，联合县委督查室开展河（湖）长制工作专项督查4次；与雁江、简阳、安居等8个县（区）河长办建立联防、联控机制；通过水利部河长制工作总结评估。二是全面完成信息填报。修编全县20条河流“一河（湖）一策”管理保护方案；启动实施童家河、蟠龙河等6条重点河流岸线划定；自主拍摄3条宣传短片参加水利部开展的“寻找最美家乡河湖”公益活动宣传大赛；启动50平方千米以下规模河流的“一张图”上图工作。三是不断加强宣传培训。集中组织全县乡（镇）河段长及联络部门开展河（湖）长制工作集中培训2次；结合生态环境保护宣传月、中国水周等主题日，集中开展河长制工作宣传3次，向群众发放各类宣传资料1500余份。四是严格落实考核考评。创新实施河（湖）水生态环境保护考核机制，将44个乡（镇）监测断面纳入考核。琼江支流蟠龙河出境断面实现连续稳定达标，全县60%以上的监测点水质明显改善。

水利改革创新。将全县所有水库收归县管，实行财政全额预算，成立了县水利工程管理总站和8个水库联合管理站，实行统一管理和分片区管理相结合的管理机制。探索水库管理新模式，出台了《乐至县水库管理单位年度考核办法》，起草了《乐至县水库管理运行方案》《乐至县水管单位巡库制度》。定期开展水库日常巡查，对水库雨情、水情、位移、沉降、裂缝等做好详细记载，为领导决策提供了科学依据。出台了《乐至县水利工程维修养护管理制度》，编制了《2018年度水毁渠道修复工程实施方案》，督促水管单位对大坝、溢洪道、放水设备进行常年维护、养护。

加强水政执法和宣传。持续加强行政执法各个环节和涉水法律法规学习宣传。全年水事巡查200余人次，加强对水保违法违规事件进行查处，立案2起，到乡（镇）、村（组）、学校开展宣传，共发放宣传单图册近万份，接收群众咨询近500人次，确保水事秩序好转。

开展节水型社会达标建设。完成《乐至县水资源综合规划》编制，通过水利厅组织的专家评审会并取得专家审查意见，已上报县政府审批。加快农业灌溉计量设施建设，投资4000余万元，通过滴灌系统工程在高寺镇、童家镇等乡（镇）建成高效节水灌面1.2万亩。

【农业机械化】 全县完成农机购置补贴项目投资200余万元（其中央补贴资金59.798万元、购机农户自筹170万余元），补贴农机具197台（套），其中碾米机1台、拖拉机11台、旋耕机6台、微耕机89台、玉米脱粒机37台、收割机49台、水稻插秧机1台、动力喷雾机3台，受益农户和农机服务组织共196户（个）。全年改造提灌站2座，修复提灌站4座。抓好抗旱保栽保收，组织对全县范围内的提灌站进行全面检修，保证了春耕生产及全县排灌用水，提灌机械出勤8269台次、6.61万千瓦，共提水6202万立方米，其中提灌站提水2877万立方米，保灌面积46.7万亩。全县主要农作物耕种收综合机械化水平达50.31%，增加2个百分点，其中水稻机耕面积19万亩、机播面积9万亩、机收面积16.8万亩，油菜机耕面积35万亩、机播面积11万亩、机收面积9万亩。

严格依法依规开展拖拉机和联合收割机的注册登记、年检、转移登记、期满换证等工作，并广泛开展宣传活动，与拖拉机机主、机手签订安全生产责任书、承诺书446份；加强变型拖拉机年检，发现并整治隐患22处，全年实现农机安全零事故。

【农村教育】 抓好“控辍保学”，小学适龄儿童入学率为100%，初中学生入学率为99.98%。

实施特殊教育三年提升计划。一是选送特教教师参加各级各类学习培训，提高教师整体素质。二是加大资金投入，保障特教教育事业顺利发展，全年投入专项资金22.5万元，建成特殊教育康复教室5间。三是加大宣传，通过“集中入学、随班就读、送教上门”等方式保障残疾学龄儿童入学，全县“三残”儿童入学率达95.3%。

教育助学。为741名中等职业学生发放国家助学金74.08万元；为5286名中等职业学生免除学费528.6万元；为603名中等职业建档立卡学生发放生活补助30.15万元；为3438名普通高中家庭经济困难学生发放普通高中国家助学金343.8万元；为3438名普通高中家庭经济困难学生免除学费140.496万元；为12046名义务教育阶段寄宿贫困生发放生活补助748.4875万元；为101947名义务教育阶段学生免除作业本费171.2675万元；为2585名学前教育贫困儿童减免保教费145.415万元；为311名全县户籍本专科建档立卡学生发放特别资助金124.4万元；为4078名建档立卡贫困学生上卡直发救助资金248.1万元；为2401名贫困大学生发放生源地信用助学贷款1746.0197万元；“金秋助学”活动共资助贫困学生255人，资助金额56.97万元。

改善办学条件。一是争取上级对教育的专项资金补助10002.01万元，其中农村中小学校舍维修改造资金1326万元、义务教育薄弱改善与能力提升补助资金818万元、农村中小学公用经费补助资金4214万元、寄宿贫困生生活补助资金645万元、义务教育免作业本费95万元、“三儿”资助省级资金83万元、建档立卡贫困资助资金105.57万元、藏区“9+3”经费1.65万元、教育扶持资金100万元。二是加快民生工程建设，落实民生实事。改善义务教育办学条件3所，已全部竣工，完成率达100%。三是加快重点项目建设。全年重点项目4个计划总投资2.3291亿元（实际已入库3.054亿元）。四是完成义务教育薄弱环节改善与能力提升项目规划。全县规划项目9个，总投资2098万元（其中中央818万元、省级285万元、县级995万元），建设校舍面积8650平方米、运动场面积8400平方米，设备购置40万元。五是完成2019年校舍维修改造建设项目。全县学校校舍维修改造总投资4729万元，改（扩）建校舍面积7万余平方米，并完善食堂设备及安装天然气等，各项工作有序推进。六是完成第三期学前教育规划。宝林镇中心幼儿园和高寺镇中心幼儿园建设工作有序推进，劳动镇中心幼儿园已完工并投入使用。七是提升后勤硬件水平。有序推进学校食堂“明厨亮灶”“关爱厨房”和食堂食品快速检测室建设，新建学校食堂4个、“明厨亮灶”食堂5个、第七批“关爱厨房”2个，全县各级各类学校及幼儿园食堂“明厨亮灶”覆盖率达94.1%。

【农村文化】 实施村级农民体育健身工程，投入资金85万元，为85个村安装体育健身器材85套；投入资金100万元，为通旅镇、凉水乡修建农民体育健身工程项目；投入资金130万元，其中为佛星镇修建骑游健身步道3千米100万元、修建多功能运动场30万元。实施“文化润心超市”公共文化服务体系建设品牌项目。完成21个贫困村文化室、59个文化院坝、3个村史馆、237个基层综合文化服务中心、3个文化馆分馆、3个图书馆分馆，4个市级基层综合文化服务示范中心、1个市级文化扶贫示范点建设。县文化馆、图书馆、纪念馆、乡（镇）综合文化站等所有文化阵地全部实施免费开放。开展“送文化”惠民演出活动100场、戏曲惠民演出50场，举办桃花节、梨花节、葡萄采摘节等“帅乡乐至·诗意田园”品牌文化节会活动14场次。

成资同城化有序推进。深入推进成资同城化“头号工程”建设，分别与简阳市、金堂县、成都市双流区就文化旅游人才交流、文化旅游活动开展、文化旅游资源共享、文化旅游项目共建等方面达成合作意向，已开展对接活动18次。组织乡（镇）文化专干、文艺骨干到金堂县、简阳市学习2批次46人次，与成都市双流区互派节目参加重大文化活动6次。与四川艺术职业学院联合定向培养川剧专业技术人才工作方案已经县委常务会议审议通过，并于11月5日签订定向培养协议。

文化脱贫攻坚。完成21个贫困村文化室建设，完成21个广播“村村响”、4725户电视“户户通”工程。开展“两不愁、三保障”调研和对策研究8次，走村入户400余人次。开展脱贫攻坚文艺演出43场次，开展助耕、文艺指导等帮扶活动18次，108户贫困户收入均高于指标要求，实现了“两不愁、三保障”。指导放生乡青海寺村建设“桑都之都”，建成蚕桑种植基地200余亩。放生乡甘家店村通过省级文化扶贫示范点验收，龙门乡金鼓村被评为资阳市文化扶贫示范村。

【农村卫生】 开展“优质服务基层行活动”，良安镇中心卫生院、石湍镇中心卫生院达到推荐标准。整治城乡环境卫生，实行街道分类管理，规范“七小”行业和重点场所管理，实施病媒生物防制集中消杀，治理卫生死角5000余处，投放各类灭鼠药8114千克，降低了“四害”密度。创建国家级卫生乡（镇）2个、省级卫生乡（镇）8个，创建省级卫生单位15个、无烟单位15个，创建省级卫生村178个。

中医药事业。在全县所有乡（镇）（中心）卫生院和社区卫生服务中心设立中医科，设置中医诊疗服务区，开展中医适宜技术临床应用，全县各乡（镇）中医药服务覆盖率达100%。重点对乡（镇）卫生院卫技专业人员及乡村医生进行中医传承培养，提高基层卫生机构中医诊疗水平。定期选派中医专家到乡（镇）坐诊，进村入户为群众提供中医体质辩证、高血压和糖尿病等慢性病康复诊疗等服务。开展“中医药健康你我他”、“岐黄校园行”、中医药文化科普巡讲等活动，通过义诊咨询、健康讲座、发放科普宣传资料、送医送药等形式展示中医药在维护群众健康、弘扬传统文化中的重要地位。

疾病防控能力持续提升。加强传染病监测预警，全县无甲类传染病和突发公共卫生事件发生。持续加强结核病归口管理，肺结核患者成功治疗率达91.28%，系统管理率达100%，肺结核患者和疑似患者报告总体到位率为97.15%。建立健全“三线一网底”艾滋病防治体系，全年开展艾滋病抗体检测185334人次，检测覆盖率达34.43%；加强抗病毒治疗，治疗覆盖率达93%，抗病毒治疗成功率达88.71%，无艾滋病母婴传播。

人口均衡发展稳步推进。全面实施“两孩”政策，深化计划生育服务管理改革，推进计划生育便民措施有效落实，全面推行网上登记和一站式服务，鼓励群众按政策生育。严格落实计划生育奖励扶助，保障计划生育家庭合法权益，全县累计享受农村部分计划生育家庭奖励扶助对象26316人、计划生育特别扶助对象1567人、计划生育手术并发症扶助对象10人，共计资金3853.968万元。加大对计生特殊家庭的扶助关怀力度，投入资金20.14万元，为760名计划生育特殊家庭对象全额代缴第四档次城乡居民医疗保险；投入资金3.5万元，为350名计划生育特殊家庭对象代缴城乡居民社会养老保险；建立健全计划生育特殊家庭联系制度，全县1077个计划生育特殊家庭“双岗”联系人覆盖率为100%，各级干部走访慰问发放慰问品价值10万余元；全面宣传落实计划生育特殊家庭住院护理补贴保险，协助特扶对象及时报案325人次，理赔39.53万元。

健康扶贫。全县贫困人口县域内住院和特病门诊维持治疗医疗费用个人自付率为8.9%，建档立卡贫困人口县域内就诊率达94.73%；使用卫生扶贫救助基金兜底救助贫困患者226人次，发放救助基金49.77万元；抽调县、乡、村三级骨干医务人员组建贫困人口医疗救治专家诊断组、指导组和健康服务团队，实施分类救助和大病集中救助，全县建档立卡贫困人口免费健康体检58088人，体检率为100%，贫困人口基本医疗有保障全面落实。

【农村法制建设】 用好用活法治扶贫“十个一”，助力脱贫攻坚中心大局。开展“法律进乡村”活动，围绕法治助力脱贫攻坚目标，为全县632个村配齐法律顾问，建设法治阵地700余处，开展法治培训758场次，指导完善全县各村（社区）村规民约1130份次，开展“农民夜校”法治培训2430余场次，全面完成2018年以来的43个贫困村民主法治示范村创建工作。

弘扬帅乡“红德廉”文化，推进法治德治共建共融。立足帅乡文化特色，以“红”文化浸润法治养成、“德”文化推进法治实践、“廉”文化强化机关建设的“红德廉”三大文化为载体，在劳动镇打造“七讲七问七抓”主题活动，通过“七讲今昔，七问干群，七抓执行”的工作思路传承红色基因，推进法德共建。在劳动镇“七讲七问七抓”系列活动中，开展“通络”工程活动村（组）干部法治培训7次，培训900人次；开展脱贫攻坚干群法治培训56场次，培训2000人次，全面提升了基层法治水平。

开展示范普法活动，营造浓厚法治氛围。以“立足本土，载体新颖、形式美观、内容实际”为打造原则，遵循“抓点示范、抓线延伸、抓面扩张”的推进思路，及时创新开展法治示范创建活动。全年打造市级法治示范乡（镇）2个、学法用法示范机关（单位）3个、法治扶贫示范单位4个、依法治校示范校5个、文明和谐宗教场所5个、民主法治示范村24个，选树守法普法示范户35户，形成了典型引领、示范带动的基层普法格局。

【农村交通】 全县累计建成农村公路1965千米，其中县道120千米、乡道257千米、村道1588千米，率先在全市实现100%的乡（镇）、100%的建制村通硬化路，乡（镇）通客车率达100%。

【农村生态建设及环境保护】 开展饮用水水源地水源涵养林造林和加快推进龙门自然保护区规划调整工作。一是水源涵养林造林工作。完成乐至县饮用水水源地生态修复工程设施方案编制，落实乐至县饮用水水源地生态湿地集雨流域森林管护队伍与管护任务，完善乐至县饮用水水源地生态修复工程规划、乐至县饮用水水源地生态湿地集雨流域森林管护区与新造水源涵养林相关的图纸。二是自然保护区规划调整工作。完成《四川省乐至县龙门报国寺自然保护区综合科学考察报告》和4套规划调整方案编制，完成乐至县自然保护地摸底评估报告。完成中、省、市生态环境保护督察和长江生态环境问题整改。完成保护区砖厂的复耕，并向上级提交关于龙门报国寺自然保护区问题整改情况的报告。

全年投入运行污水处理厂25座、村级污水处理设施151个，已累计处理生活污水约160万立方米；完成污水治理投入超4.05亿元。全县乡（镇）供水新增管网DN50以上30余千米，新增用水户1800余户，“一户一表”改造200余户，日供水规模达6000余立方米，全年供水量达219万立方米，出厂水质达标率达100%，新增固定投资124万元。

【农产品质量安全监管】 全面开展全县农产品安全监测工作。一是对全县部分农产品生产基地、专合组织、运输、收购环节的主要蔬菜、水果、食用菌进行农产品质量安全例行抽检，以快速检测为手段，开展种植业产品（蔬菜、水果、食用菌）定性分析，全年抽检样品1011个、检测样品1011个，合格样品1011个，样品合格率为100%。二是完成农业农村厅下达的县级农产品质量安全监测任务。以定量精准检测为手段，抽检蔬菜、水果、食用菌、禽肉（蛋）、水产品样品50个，合格50个，并向农业农村厅报送检测数据及总结。三是完成市农业农村局下达的县级农产品质量安全监测任务。按照市农业农村局下达的监督性抽检任务，以定量精准检测为手段，抽检蔬菜、水果、食用菌样品50个，合格50个，并向市农业农村局报送检测数据及总结。四是配合完成省、市级各项抽样工作。配合广元综合性农产品质量检测中心对全县种养殖业生产基地、农贸市场等开展农产品质量安全例行监测抽样，全年共抽检蔬菜、水果、食用菌等样品108个，畜禽、蜂产品34个。配合市农业农村局开展监督性抽样监测，共抽检蔬菜、水果、食用菌等样品12个，畜禽产品11个，水产品5个，蜂产品2个；配合开展市级专项检测抽检，抽检禽肉（蛋）样品5个。

农产品质量安全追溯体系建设。为加强全县农产品质量安全监管，维护公众健康，保障消费安全，以追溯到责任主体为基本要求，以二维码为产品标识，运用物联网、互联网等技术信息化手段，融合政府监管、主体生产、消费服务等功能，构建乐至县农产品质量安全追溯体系。全县共有71家新型农业生产经营主体入驻国家农产品质量安全追溯信息平台。乐至县被省政府命名为四川省农产品质量安全监管示范县。

【农村市场体系建设】 农村金融。全年发放个人金融精准扶贫贷款6394.33万元，发放产业金融精准扶贫贷款17045万元，发放项目金融精准扶贫贷款59562.88万元；支持新型农业经营主体164个，发放贷款6424万元；发放林权抵押贷款2500万元，农村住房抵押贷款余额72万元，发放家庭农场贷款8293万元、“田园贷”929万元。组织辖内金融机构开展“3·15”消费者权益保护日、金融知识·守住“钱袋子”等宣传活动，开展“金融知识进乡村”，不断提升农村金融消费知识水平和风险防范意识。推进助农取款服务点提质增效，深化农村支付服务环境建设，发展助农取款服务点904个，覆盖全县所有的行政村，全年助农取款业务达92万笔，交易金额19449万元，让农户享受到“不出村、无风险、高效率”的现代金融服务。

农村保险。严格遵循“政府引导、市场运作、农民自愿”原则，增强农业、农村和农民抵御自然灾害的风险能力，提高农业生产风险保障水平，促进农业产业结构升级和现代农业发展，全年政策性农业保险总保费2065.2万元，理赔1654万元。

【农村留守儿童帮扶】 全县加强城乡社区儿童服务阵地建设，共建成“儿童之家”80个，每个“儿童之家”平均开展活动30余场次，惠及儿童及家长32万余人次。一是制度保障。出台《乐至县2019年城乡社区儿童之家项目建设实施方案》，制定“儿童之家”管理办法、“儿童之家”主要职责等规章制度，明确“儿童之家”建设工作思路和重点任务。市、县两级财政共安排资金160万元（其中市级财政补助32万元、县本级财政投入128万元），打造儿童社区平台，打通儿童福利和保护工作最后“一公里”。二是示范引领。采取“以点扩面”的方式，推进“儿童之家”建设工作，在金顺镇金顺社区和孔雀乡八角庙村打造示范型“儿童之家”，全县“儿童之家”规范建设有序推进。组织项目点建设负责人对全县80个“儿童之家”开展交叉检查，取长补短，推动全县80个“儿童之家”建设。三是资源整合。将“儿童之家”与学校、社会、家庭融合建设，整合组织志愿者、大学生、“爱心妈妈”等1.5万人次走进“儿童之家”开展读书活动、假日儿童教育实践、4：30课堂等志愿服务，受益儿童达20万余人次，留守儿童参与率达98%以上。

【劳务开发与返乡创业】 全县有农业人口65.89万人，其中农村劳动力资源约有40万人。全年农民工外出务工29.7万人，其中省内转移16.46万人、省外输出13.32万人；实现劳务纯收入50.55亿元，人均劳务纯收入1.7万元。全年累计返乡农民工5200余人，占常年外出农民工总数的1.7%，实现自主创业1345人，创办各类企业及家庭农场、农业专业合作社等新型农业主体976个，其中第一产业373个、第二产业218个、第三产业385个，累计实现总产值23.35亿元，返乡创业累计吸纳就业总人数1.73万人。

【主要领导人】 县委书记：文勇；县人大常委会主任：黄廷跃；县长：彭玉秀；县政协主席：曾祥；分管农业副县长：管昌平。

乐至县编写组

阿坝藏族羌族自治州

【基本情况】 2019年,全州辖1市12县,辖区面积84.242平方千米。

【年度农业和农村经济运行】 2019年,全州农林牧渔业总产值达115.06亿元,农牧民年人均可支配收入达14252元。依靠产业脱贫人数达2461人,占年度全州脱贫总人数的50.6%。

新型农业经营主体培育。全年新增省级示范社6家、州级示范社9家。全州发展农民专业合作社5737家、家庭农场386家,其中国家级示范社12家、州级示范社140家、省级示范社67家、省级示范场32家。全面启动"空壳社"专项清理,对全州所有合作社进行逐一排查甄别,共清理出"问题合作社"744个,并根据问题进行分类处置和整顿整改,规范和提升了农民合作社发展质量。

农产品品牌战略实施。"净土阿坝"农业投资发展有限责任公司组建步伐加快。"净土阿坝"品牌监管、推介、营销、服务四大平台初步构建,推进"净土阿坝品牌+地域品牌+产品品牌"区域品牌联动模式,全年制修订命名"净土阿坝"品牌产品82个、"净土阿坝"品牌产品生产基地20个、"净土阿坝"品牌产品经销主体15个。红原牦牛奶粉荣登区域品牌(地理标志产品)百强,成为全国2000余个国家地理标志保护产品中唯一上榜乳品。金川香果山雪梨、若尔盖唐古大黄、九寨贡刀党参等地域品牌被确定为四川省优质品牌农产品。

【三产融合发展】 推动初加工、精深加工、综合利用加工协调发展,推进基地、加工、休闲康养等业态深度融合,培育现代农业融合园区,形成三产融合发展新格局,重点推出一批以果林和草原风光为主的精品示范区和线路,打造农旅融合知名品牌。全年建设州级现代农业园区6个,改造提升省级现代农业园区15个,同步建成农产品分级、预冷、烘干等初加工设施11处(年处理能力达1.7万吨)。发展农业主题公园和示范休闲农庄5个,筛选推介2条精品休闲农业旅游线路,休闲农业综合经营性收入突破15亿元。

【农业农村改革】 深化农村集体产权制度改革,完成农村集体资产清产核资,以2017年12月31日为基准日,全州纳入清查范围内的1410个村(社区)资产总计61.59亿元,其中经营性资产8.12亿元、非经营性资产53.47亿元;负债总计为5.11亿元,所有者权益总额为56.48亿元。开展农村承包地确权登记颁证"回头看",进行查漏补缺、信息纠错,将证书颁发到农户手中,确保农户土地承包经营权落到实处,已颁发到户承包经营权证12.67万本,颁证率达95.71%。对已流转的承包地进行全面摸底调查,建立健全流转台账、流入方资格审查制度、流转动态监测机制,规范农村土地经营权流转发专项工作,全州共流转耕地10.91万亩,为农牧民带来近6000万元的财产性收入。

【乡村治理】 结合农业系统9个重点领域,开展以"扫黑除恶"专项整治为重点的乡村综合治理,严控"涉黑、涉恶、涉乱"现象发生。推进幸福美丽乡村、和谐乡村、法治乡村、文明乡村建设,充实乡村振兴战略实施与乡村治理相融共进,实现产业发展和乡村治理相辅相成,推进农业农村高质量发展。

摸清摸准全州农村"厕所革命"现状和底数,进村入户开展宣传教育4951场次167321人次,发放宣传资料158737份,张贴宣传标语9333条。全年投入中央、省级资金4730万元支持农村人居环境整治和农村厕所建设,惠及农户21813户70个村。创新发展具有民族和地域特色的农村手工业,挖掘农村能工巧匠,实施非物质文化遗产传承发展,推荐36名农村手工艺大师参加四川省第三届农村手工艺大师评选活动,打造"立得住、树得起、叫得响、可复制"的样板村。

【乡村振兴】 推进乡村"五大振兴",落实"四个优先",启动乡村振兴战略规划编制工作,出台《阿坝州实施乡村振兴战略考评激励办法》,完成6个县域乡村振兴规划编制,推进州、县、乡的乡村振兴试点工作。创建"美丽四川·宜居乡村"达标村228个,州级乡村振兴先进县2个、先进乡(镇)5个、示范村30个,州级现代农业园区8个;向省推荐申报乡村振兴先进县1个、先进乡(镇)2个、示范村17个。汶川鹞子山养生堂、汶川樱桃体验园、茂县驴子坪羌乡休闲农业园、松潘天堂香谷、金川神农观光园被认定为首批四川省示范农业主题公园。

【农技帮扶】 统筹资金、人才、信息等要素向贫困村重点倾斜,加大对贫困地区的涉农资金投入力度,发挥新型农业经营主体在资金、技术、质量品牌、市场营销等方面的优势,推进贫困地区农业产业化经营,拓展贫困地区农产品销售渠道,带动贫困户发展增收致富产业,实现贫困村驻村农技员全覆盖,组建百名专家技术服务团,实行对单、挂牌服务,提升农牧民科技水平,增强贫困村自我"造血"功能。全年共开展专家服务团巡回服务230余次,技术培训农牧民12.8万人次,发放技术资料12.9万余份(册),解决关键技术问题120个。全年累计下达产业扶贫资金2.08亿元,依靠农牧产业累计实现精准脱贫2039人,占年度全州脱贫总人数的41.93%。

【高标准农田建设】 开展耕地质量保护与提升行动,推进高标准农田和高效节水灌溉建设,邀请省、州专家举办全州高标准农田建设管理培训,推进高标准农田建设区选址、实施方案编制、项目建设程序、相关政策法规、后期检查考评工作。全年下达到县中央和省级财政资金7250万元,项目施工建设抓紧进行。

【耕地质量保护】 守住耕地质量底线,推进农产品产地环境定位监测,发挥监测结果对耕地质量建设与保护的基础支撑作用,完成项目县耕地质量监测实施方案编制,推进耕地质量保护监测。全年共新建耕地质量监测点11个,开展采样化验调查土样133个。完成全州13县2018年度124个耕地质量等级变更调查点资料审核、汇总,并将数据录入《四川省耕地质量监测数据管理系统》,为今后开展测土配方施肥实施耕地质量保护工作提供了数据保障。

【农业机械化】 做好2019年机耕道、机电提灌站省级财政机专项项目的申报、落实、检查验收工作。全年新(改)建农机化生产道路550千米,实现全州村以下机耕道总里程达8132千米。维修、改造机电提灌站15台560千瓦,恢复、改善灌面4500亩。优化农机装备结构,全州各型拖拉机拥有量达到33000台,拖拉机配套农具6700部。机耕作业面积达60万亩,机电灌溉面积达35万亩,机械收获面积达13万亩,主要农作物耕种收机械化水平达48%。

【稳粮增产】 制定政策措施和技术路线,依托"粮食生产能力建设""粮油绿色高产示范"等项目实施抓好新品种、新技术示范推广,提升单产,兑现农业支持保护补贴资金5337.56万元。粮食作物播种面积73.3万亩、产量15.99万吨，实施粮油作物丰产示范面积35万亩（其中完成玉米地膜覆盖10万亩、马铃薯高产栽培10万亩、青稞丰产化栽培8万亩、胡豆丰产化栽培5万亩，油菜高产栽培2万亩）。

【结构调优】 按照“提质扩效、挖潜增量”的发展要求，做精做细特色种植业，重点围绕优质特色产业扩面提质，逐点、逐村、逐区培育、优化、壮大产业，以大白菜、莴笋、青（红）脆李、樱桃、苹果等为主的优质错季果蔬集聚发展，耕地内药材、露地花卉等配套产业不断壮大。全年发展优质蔬菜28.8万亩，产量73.1万吨，增产2.5%；园林特色水果27万亩，产量21.1万吨，增产6.3%；耕地内药材3.9万亩，产量0.5万吨；小金县种植玫瑰12560亩，产量377吨，增产59%。

【草牧业发展】 实施草畜平衡、种草养畜、畜禽改良等工作，示范推广“顺势三结合”“4218”等轮换饲养、标准化养殖模式，推进现代牧草业科学化、规范化、合理化发展。完成畜禽养殖场标准化改造21个，推荐省级标准化示范场1个，全州牦牛标准化养殖场达187家。完成冻配改良开点44个。建植人工草地2.8万亩，改良天然草地18万亩，建设草产品加工基地4个。

【农产品加工】 围绕结构优化、布局合理、特色明显、优势突出的农产品初精深加工布局，实施农产品加工提升行动，提高农产品附加值。落实省扶持资金3000万元，推进现代农业产业园区建设，重点培育汶川、茂县、若尔盖3个省级现代农业园区。推进以清洗、冷链、烘干、分级包装等为主的商品化处理普及，扶持理县和茂县冷链物流建设，加快推进金川、黑水、九寨沟产地集配中心运转。建成农产品分级、预冷、烘干等初加工设施11处（年处理能力达1.7万吨），库容量利用率达76%。

【产品营销】 突出绿色优质特色品牌优势，先后组织品牌产品参加北京、云南“三区三州”产销对接会、第三届中国中西部畜牧业博览会、第七届成都国际都市现代农业博览会、阿坝—成都第五届农商对接，“8·20”汶川泥石流农商对接等推介活动，累计现场销售额680余万元，累计达成意向采购协议8900余万元。加大线上线下营销力度，组织推荐特色农产品入驻红旗、百伦、邻你等连锁超市，引导州内一大批电商企业、微商扩大产品网销覆盖面，全年实现农产品网上交易额超3亿元，增长15.3%。

【项目推进】 抓紧项目申报组织、指导、审核、转报、追踪落实，推进农牧业项目工作，争取各级财政支农项目、中央和省预算内农业项目、浙江援建项目。截至2019年年底，争取到位中央、省级财政农牧业项目资金7.94亿元。启动实施东西部扶贫协作和对口支援特色产业发展项目79个，落实浙江省援建特色产业发展项目资金3.45亿元，所有项目均已开工建设，开工率达100%，完成投资3.12亿元，投资完成率达90%。同时，策划储备一批能带动全州农牧业发展的好项目，逐步形成“策划包装一批、前期推进一批、成熟推介一批”的储备项目推进格局。

【灾后重建】 贯彻落实省、州关于“8·8”九寨沟地震灾后重建工作的各项安排部署，督促、指导灾区县加快推进灾后重建项目，全州8个项目总投资13550万元，累计完成投资13032万元，投资完成率达96.18%。加强金川县曾达乡“6·27”和汶川县“8·20”强降雨特大山洪泥石流灾害对接，争取省级财政调增金川县资金620万元，统筹用于农业产业灾后重建；争取国家和省对汶川县“8·20”灾害农业重建项目19个，估算总投资12625万元，其中中央投资9919万元、省投资2706万元。

【良繁推广】 加强农牧科技示范运用与推广服务，推进“四新”示范和“六良”配套技术，开展白湾辣椒品种提纯改良、棒菜莴笋引种、高原玉米和番茄新品种选育试验，完成2018—2019年度玉米南繁、青稞冬繁工作，申报审定高原极早熟玉米品种2个。首次发行《牦牛标准化生产技术示范》（包括25个技术规范和1个管理规范）6000册，编制标准化生产牦牛肉技术标准。牦牛腹泻性疾病口服液、牦牛拉箱式挤奶机等成果加快推广使用，并辐射推广到青海、甘肃、西藏等地。全年推广适用技术54项，推广优良种品种36个。

【绿色防控】 推进绿色防控，全年农作物病虫害发生面积141.05万亩次，综合防控面积138.51万亩次，占应防面积的98.2%，挽回损失3.82万吨，将农作物病虫危害损失率控制在4%以内。同时，完成绿色防控52.41万亩，覆盖率达37.8%；专业化统防统治27.68万亩，覆盖率达34.6%。

【疫病防控】 全年共组织发放各类重大动物疫病疫苗1602.5万毫升（头份、羽份），牛出败、炭疽等地方流行性动物疫病疫苗2535.8万毫升（头份）。重大动物疫病累计免疫畜禽1234.38万头（只、羽）次，消毒灭源面积38725.36余万平方米，重大动物疫病应免畜禽免疫密度达100%。采购包虫病基因工程亚单位疫苗110万头份、布氏杆菌病疫苗1660万头份、犬类驱虫药130万头份，累计完成牛（羊）免疫640.36万头（只）次、犬119.54万只次。无害化处置若尔盖县非洲猪瘟疫情中病死及扑杀染疫生猪429头，监测采集环境样品、猪全血样品988份，并开展疫情排查和流行病学调查，将损失降到最低。全州累计排查监测生猪养殖场（户）22034家（户），排查生猪26.6万头次；排查生猪交易市场109个次，排查生猪1160头；排查生猪屠宰场830个次，排查生猪22917头。无害化处理全州生猪规模养殖场病死生猪1810头，无害化处理屠宰环节生猪32头，无害化处理率达100%。

【农村人居环境整治】 村庄清洁行动覆盖全州1354个村，共清理农村生活垃圾82103.8吨，回收农药包装废弃物17.2吨，清理村内水塘2738口，清理村内沟渠6768.02千米，清理村内淤泥165557吨，清理畜禽养殖粪污等农业生产废弃物41565.9吨，发动群众投工投劳248648人次，清理残垣断壁1648处。完成大渡河流域4万尾齐口裂腹鱼和4万尾重口裂腹鱼的增殖放流工作。

【农产品质量安全监管】 开展农产品质量安全监管工作，提高“三品一标”的总量规模和质量水平，理县创建为国家级农产品质量安全县，成为全省民族地区首个国家级农产品质量安全县。全州有效使用“三品一标”农产品标志总数达182个（其中绿色食品73个、有机食品21个、地理标志农产品14个、无公害农产品74个）；纳入省农产品质量安全追溯平台总数主体162家、产品数量106个。全年开展省级农产品质量安全例行监测3次，抽检各类农产品样品620批次，合格率达99.8%；开展省、州级监督，抽检各类农产品样品290批次，合格率达100%；开展县种植业产品快速检测样品3720个，合格率达100%。加强农药使用利用率，农药使用量387.29吨（其中生物农药72.03吨），农药利用率达45%以上，实现了农药使用零增长目标。

【农业执法】 结合“3·15”“12·4”“送科技和放心农资下乡”等活动，对农资监管、质量安全、防疫检疫、生态环境保护等方面存在的突出问题开展监督执法。围绕春耕、备耕等不同农资的投入高峰期和生产重点环节开展专项执法检查，共出动执法人员1350余人次，检查农资经营门市424个，整顿市场230余个次，发放各类宣传资料1.2万余份，查获违法行为3起，罚没款500元，下发整改通知书2份。牵头开展农药、兽药、“瘦肉精”、生鲜乳、水产品兽药残留及非法投入品六大专项行动，共出动执法人员3040人次，检查生产经营主体1662个次，现场指导培训生产经营主体35个次、91人次，发放宣传资料5000余份。

【安全生产】 推行安全生产行政首长负责制，建立州、县、乡(镇)、村(组)、民五级责任联动体系，落实农机安全生产主体责任，州、县(市)、乡(镇)责任书签订率达100%。利用现代媒体、发放宣传资料、进行现场宣讲等方式宣传农机安全生产，维护农机安全生产良好秩序，全年发放农机安全宣传材料4657份。开展农机安全作业生产专项整治及汛期农机安全生产专项整治工作，共派出检查组101个，排除一般隐患186起，整治186起，打击非法违法行为108起，整治违规违章行为138起，检查企事业单位20家，全州全年无一起农机重、特大事故发生，保持了农机安全生产良好形势。

【"两联一进"】 全年开展"联户联情"工作52次，参与干部120人次；开展群众宣传教育集中宣讲1次，参与群众260人次，收集群众诉求12条，解决实际困难6个。开展惠民服务4次、法制宣传和核心价值观教育12场，发放品米28袋、油36桶、牛奶4件、慰问金1950元。先后开展"联寺联僧"工作80余人次。

【农村大事记】 3月6日，州农业农村局组建挂牌成立。州农业农村局机构改革送任暨挂牌会议在马尔康市召开。会议宣布了农业农村局领导班子成员任职决定，州委常委、总工会主席金吉昌出席会议并作重要讲话，副州长蔡清礼主持会议。州农业农村局新任领导班子成员及全体干部职工参加挂牌会。

8月2日，川滇藏青交界地藏区农业农村专项协作会召开。会议围绕"融合·创新·发展"主题，坚持以"深化合作领域、创新合作方式、提升合作水平"为原则，共商、共建、共享藏区生态农牧业大发展。州政府副秘书长李元平主持会议，阿坝州农业农村局、阿坝州农牧农村局、云南迪庆州农业农村局、青海玉树州农牧和科技局、四川省龙日种畜场、青海果洛州农牧和科技局等负责人参加会议。

8月6日—8日，浙江省农业农村厅副厅长刘嫔珺带队到阿坝州开展农业合作交流与考察并捐赠帮扶资金60万元。农业农村厅二级巡视员王植力、副州长丁明忠、州政府副秘书长李元平、州农业农村局局长严扎甲等陪同。

9月26日，"净土阿坝"农产品参展第七届四川省农业博览会。全州13个县(市)组织农民专合社、涉农企业共60余家300余种产品参展。省委常委曲木史哈，原农业部党组成员、中国农产品市场协会会长张玉香，副省长尧斯丹，省政协副主席祝春秀共同到阿坝展馆巡展。州委常委、总工会主席金吉昌到阿坝州展厅进行指导并参加产品推介会。副州长丁明忠巡展并参加展会市(州)长重点推介会，对阿坝州特色生态水果——青(红)脆李、阿坝中蜂蜜进行了重点推介。

【主要领导人】 州委书记：刘坪；州人大常委会主任：谷运龙；州长：杨克宁；州政协主席：尼玛木；分管农业副州长：丁明忠。

阿坝藏族羌族自治州编写组

马尔康市

【基本情况】 2019年，全市辖10乡3镇10个街道，辖区面积6626平方千米，其中耕地面积6.72万亩，比上年减少0.53%，人均耕地面积1.96亩；基本农田5.64万亩。年末总人口53674万人(户籍人口)，减少0.9%；人口出生率0.98‰，人口自然增长率0.018‰。全市耕地有效灌面占耕地总面积的24%；本地水资源总量35亿立方米，人均占有水资源量65000立方米。有林业用地42.2万公顷，有林地面积18.5万公顷，活立木总蓄积量4815万立方米，森林覆盖率34.43%。

2019年，全市GDP40.09亿元，增长6.8%，其中第一产业增加值3.38亿元，增长1.2%，农、林、牧、渔及农林牧渔服务业之比为31.5 ∶ 3.7 ∶ 59.3 ∶ 0 ∶ 5.5；第二产业增加值2.08亿元，增长9.7%（工业产值1.21亿元，增长8.3%)；第三产业增加值34.63亿元，增长7.1%。三次产业对经济增长的贡献率分别为1.3%、9.2%和89.5%。劳务输出9125人，收入2.9亿元。全年接待游客112.07万人，实现旅游收入94030万元，其中乡村旅游收入17558万元。

公路通车里程1152.822千米(其中国、省道385.226千米，乡村公路767.596千米)，密度1739米/平方千米，191千米/万人。社会消费品零售总额10.74亿元，增长6.8%。地方公共财政预算总收入完成2.39亿元，增长8.1%；公共财政预算总支出17.43亿元，增长29.69%，其中农业投入6670万元，占支出的3.8%。金融机构各项存款余额244.52亿元，比上年初减少4%；各项贷款余额81.08亿元，比年初增长0.4%。全年农业保费收入156万元；处理各项赔款和给付金额263.2万元。完成农业产业化项目3个，完成投资1726万元。农业产业化龙头企业省级、州级分别为1家、1家。

有各类学校20所，在校学生7378人，教职工618人，其中普通中学5所，在校学生3775人；小学15所，在校学生3603人；学龄儿童入学率99.8%，提高0.1个百分点。完成省级以上科技成果4项。有艺术表演团体4个，文化馆2个，公共图书馆2个，博物馆1个。有卫生机构18个，病床位255张，卫生技术人员325人。新型农村合作医疗参合人数35867人，参合率99%；城乡居民养老保险参保人数21570人，参保率83%；被征地农民养老保险参保人数832人，占总人数的3%。

【年度农业和农村经济运行】 2019年，全市实现农业总产值5.93亿元，增长2.1%；全市全年农业增加值达3.57亿元，增长1.1%。农民年人均可支配收入达14867元，增长10.2%。在粮食、生猪、蔬菜生产中，科技贡献率56%。全市农产品质量抽检合格率比年初提高5个百分点；建成14个基层农业综合服务站。

2019年马尔康市主要农产品产量

主要农产品	单位	产量	同比(%)
粮食	万吨	0.9558	2.38
小麦	万吨	0.756	-2.58
玉米	万吨	0.2862	5.38
马铃薯	万吨	0.2314	0.78
蔬菜	万吨	3.34	0.45
水果	万吨	0.077	-0.26
肉类	万吨	0.6736	-11.5
猪肉	万吨	0.1577	-37.7
牛肉	万吨	0.5029	0.8
羊肉	万吨	0.0067	54.5
禽肉	万吨	0.0063	33.3
禽蛋	万吨	0.0009	持平
牛奶	万吨	1.1401	11.8

农业产业化发展。全年投资200万元，在沙尔宗等乡（镇）建设蚕豆基地1600亩、青稞基地1000亩；投资700万元，在木尔宗乡建设特色生态农产品种植基地；投资184万元，以梭磨河流域及脚木足河流域乡（镇）蔬菜种植区为重点，改造现代经济作物种植基地1500亩；投资80万元，新建或巩固提升养蜂标准化示范场10个；投资160万元，辐射带动贫困户、残疾户及临界贫困户等100余户发展养蜂产业；投资21万元，分别在松岗镇直波村和日部乡巴郎村新建100吨的组装式冷藏库2座。全市有农业产业化龙头企业2家，阿坝州雪松牦牛肉干有限公司固定资产705万元，总资产3470万元，年销售额2369万元。公司在马尔康、卓克基、梭磨、党坝、大藏等乡（镇）的20余个村建立30个订单基地，带动3625户农牧民发展牧草种植和牦牛养殖，其中带动30户贫困户增收16万元，解决4户贫困户就业问题，增加经济收入12.5万元。阿坝州嘉源食品有限责任公司注册资本3000万元，总资产7825万元。公司全年新增劳务派遣经营许可，新增就业岗位20余人，其中残疾人就业12人。全市共有农民专业合作社280个，正常运行241个；推荐申报马尔康绿纯藏香猪养殖专业合作社为四川省第十一批省级示范社。全年新成立家庭农场2个，共有13个。

农用地产权制度改革。成立农村产权制度改革领导小组，制订出台改革实施方案和市、乡（镇）级清产核资工作实施方案等改革配套文件15个。成立市、乡（镇）、村三级清产核资领导小组120个，全市共清查出村集体资产56601.27万元，村集体土地总面积为5955231.79亩（其中农用地1393925.6亩、建设用地17233.28亩）。全面完成13个乡（镇）79个村159个村民小组、6419户的农村土地承包经营权确权登记工作，确权登记耕地地块40478块，调绘地块面积56993.28亩，通过农业农村厅验收并获得“优秀”等级。全年调解土地承包纠纷242件，调解成功率达100%。全市农用地流转规模达3358.13亩。

现代农业园区建设。马尔康市高山蔬菜—生猪种养循环现代农业园区规划总投资估算为2.57亿元，以松岗农畜产品加工物流园区和马尔康市国道317线沿线一带的梭磨乡、马尔康镇、松岗镇、脚木足乡、白湾乡、木尔宗乡6个乡（镇）为重点，规划种植基地面积7500亩，养殖藏香猪规模达10000头，绿色蔬菜基地认证面积达100%，有机蔬菜基地认证面积达10%以上。

【种植业】 全年农作物播种面积74048亩，其中经济作物种植面积2215亩，产量594吨；蔬菜基地种植面积12384亩，产量33400吨；粮食作物播种面积59449亩，产量9558吨。小春粮食作物播种面积1000亩，产量204吨。大春粮食作物播种面积58449亩，产量9354吨，其中青稞基地播种面积11804亩，产量1319吨；马铃薯种植面积12954亩，产量2314吨。全年实现种植业收入11167万元，增加28万元，增长0.25%。全市主要农作物良种覆盖率达95%，绿色防控覆盖率达30%。

【松岗蔬菜产业强镇建设】 科学编制《马尔康松岗镇农业产业总体规划(2020—2023年)》市《马尔康市松岗镇农业产业强镇建设实施方案》，明确建设思路、建设内容、目标任务。立足松岗镇农业资源禀赋和比较优势、农业资源环境承载力和农产品初加工处理能力、主导产业发展现状，按照“生态优先、特色突出、农旅融合、链条延伸”的发展要求，围绕错季莴笋、生态藏香猪、种养循环等重点，以创建“农业产业强镇”为总体目标，布局“一环二园四基地”的产业空间(其中“一环”为雪马山乡村旅游环线；“二园”为马尔康市种养循环农业科技示范园、马尔康市农畜林产品加工园；“四基地”为现代农业化标准生产基地、蔬菜新品种新技术示范基地、藏香猪标准化养殖基地、松岗休闲观光农旅融合示范基地）。松岗镇农业产业强镇建设项目总投资为1.02亿元，其中中央资金1000万元、地方整合资金7751.5万元、社会资金1460.50万元，中央、地方和社会资金已到位6965万元，资金到位比例为68.3%。

【林业】 全年落实天然林管护面积261.6万亩，其中国有林管护面积108.35万亩、集体公益林管护面积108.57万亩、集体天然商品林停伐管护面积44.68万亩，管护合同签订率为100%，管护人员责任落实率为100%。兑现集体公益林面积108.57万亩，兑付资金1703.2万元；兑付集体天然商品林停伐管护补助面积44.68万亩，兑现资金446.53万元；兑现退耕还林面积8000亩(2005年7000亩，2006年1000亩)，兑付前一轮退耕还林工程完善政策补助资金208万元和2017年6000亩补助资金180万元。完成脚梭两河绿色走廊建设82.19千米。加强生态扶贫，选用生态护林员625名、草管员196名，劳务费为每人8150元，管护面积176.02万亩。

【畜牧业】 全年各类牲畜存栏152729头（只、匹），其中牛存栏117725头、马6677匹、羊6659只、猪21668头；各类牲畜出栏64257头（只），增长4%，其中出栏肉猪42213头、肉用牛40201头、肉用羊3409只、肉用家禽42213羽。全年肉类总产量6736吨，减少11.5%；禽蛋产量9吨；牛奶产量11401吨，增长11.8%。投资60万元，在松岗蜂蜜基地建设养蜂技术培训中心1个，用于对养蜂户开展养蜂技术理论和实地培训。

【乡村振兴】 编制出台《马尔康市乡村振兴战略规划(2018—2022)》《马尔康市关于大力实施乡村振兴战略的意见》，为推动全市乡村振兴工作提供了明确的思路和方向；坚持试点先行，对照乡村振兴、脱贫奔康、民生工程建设和城乡人居环境整治要求，确定了卓克基镇、松岗镇为乡村振兴示范乡（镇），确定了毛木初、西索、松岗、洛威、格尔威、沙尔宗、中热7个村为乡村振兴示范村和莱农二村、木尔基、板德龙、大坝口、木尔渣、呷秋里、打扒、雅尔珠8个村为乡村振兴整村推进村。加强项目带动，乡村振兴项目投入总资金8196.902万元，实施项目259个，其中第一批项目109个，投入资金4061.552万元；第二批项目150个，投入资金4070.25万元。

【扶贫开发】 全市坚持把发展产业、就业增收作为脱贫奔康的关键来抓，加大政策扶持力度，推进实施未脱贫人口脱贫、已脱贫人口防返贫、非贫困人口防致贫“三大工程”，确保农户持续增收、稳定脱贫。严格执行《产业扶贫政策》和《农村集体经济发展指导意见》，继续给予家庭贫困人口人均3500元以上的资金扶持；对项目优、管理好、有效益，带动群众尤其是贫困户增收脱贫、增收致富的，继续按程序给予专项资金、小额信贷、贷款贴息等扶持，保障了发展产业资金需求。以“公司+农户”“基地+农户”等模式发展生猪养殖3.4万头，引进示范种植红花和唐古特大黄202亩、青脆李636亩、羊肚菌6亩、油菜1805亩，105个村均形成1 ~ 2个集体产业，确保有能力的农户都有稳定增收项目，每个村当家产业实现全覆盖，既实现产业增收，又确保贫困对象稳定脱贫。推行合作社供销联营模式，带动收购牲畜1230头、蜂蜜500千克，惠及农牧民1045户。加大就业培训、就业扶持力度，坚持每季度开展1次招聘会，向广东、浙江、成都、崇州等地劳务输出972人次，有56名建档立卡户家庭大中专毕业生实现就业、创业。创新生态扶贫就业路径，开发护林、护草、护河岗位1008个，按照“一户一人一岗”的原则，安排880名建档立卡贫困人口、128名有特殊困难的农牧民就业，确保了有劳动能力的建档立卡户家庭至少有1人就业。

【乡村旅游】 全年建成毗卢遮那观景亭、旅游厕所、吊桥、河堤堡坎项目，建成西洞口旅游厕所、松岗天街旅游厕所、松岗村A级旅游厕所。争取省级旅游扶贫专项资金23.9万元，创建民宿达标户17户，每户补助资金1.17万元。完成“三改一整”（改厨、改厕、改客房、平整庭院）工作。争取11个乡村旅游公益性岗位，每人每年补助3600元。松岗柯盘天街创建为国家4A级景区。

【农村水利】 全年建成集中供水工程24处、分散供水工程4处，解决476户2202人（含贫困户53户167人）的饮水安全问题。申报马尔康市脚梭两河水利工程。完成农村饮水工程运行维修养护57个点2975人（其中贫困户663人）饮水安全设施。

【农业机械化】 全市农业机械总动力达80518.86千瓦，其中柴油发动机动力62398.32千瓦、汽油发动机动力4370.54千瓦、电动机动力13750千瓦；拖拉机2834台，农机产业人员4440人，动力为44394.12千瓦。全年完成机耕7.4048万亩。

【农村科技】 落实中药材科技产业基金200万元，采取“农户自筹+政府扶持”模式对农户进行种苗补贴，新增中药材种植基地面积397.1亩。投资15万元，建成兰州百合新品种试验示范基地、羊肚菌等中药材试种及测产基地10.32亩。组织马尔康市生产力促进中心、企业、专合社申报省、州级科技项目13项，已立项6个项目，争取资金143.2万元。投入10万元，累计完成农牧民实用技术培训5000人次，培养“科技明白人”80人，发放各种科普书籍、种养殖技术手册等20000余册。投入30万元，建立完善涉及农业、畜牧、中药材等方面的专家146人和覆盖全市105个村148人的信息员录入制度。

【农村教育】 全年发放学前教育“一免一补”资金205.28万元、义务教育“三免二补”资金636.99万元、普通高中“两免一助”资金124万元。加大教育投入，完善教育设备设施，开展前期建设项目8个，开工建设项目8个。全年为建档立卡贫困学生、农村及城镇经济困难家庭学生发放资助、救助金9.21万元；组织学校接受各类捐赠价值17.58万元；办理生源地助学贷款132人，贷款金额100.32万元；申请教育扶贫救助基金的建档立卡学生581人、非建档立卡学生1075人。开展重大传染病防控及法制教育，受益学生达11000余人次。

【农村文化】 全年投入资金260万元，打造松岗镇松岗村文化旅游示范村；投入资金145万元，实施29个村的农民体育健身工程；投入资金20万元，打造脚木足乡大坝口村和木尔宗乡斯米村文化活动室；投入资金55万元，对11个贫困村文化活动室进行提升。

【农村卫生】 全市创建省级卫生乡（镇）1个、省级卫生村11个、省级卫生单位6个、省级无烟单位12个；评选“卫生家庭”48户、“健康红旗能手”14户。全年开展妇女病普查1735人，治疗813人，医学指导1735人。全市有乡（镇）药具管理服务机构14个、村级提供点105个，有自主发套机16个，全年提供节育器360套，发放避孕套40000只、避孕药600板，结扎手术报账17人次，引产报账1例，药流报账1例；开具少生快富证明1400余份，免费婚检55对、孕检147对（随访350余人次）。完成义诊巡诊病人1196人次，提供政策法律、健康知识等咨询1300余人次，发放卫生宣传资料27500余份，高血压、糖尿病随访、筛查106人次，现场签约56人次。全市3667名建档立卡贫困人员的个人参合费由市级财政全额支付，参合率达100%。市域内住院、依规转诊至市域外住院、慢性病门诊维持治疗医疗费用个人支付占比均控制在5%以内。

【农村法制建设】 开展“法律政策进乡村（社区）”活动，加强农牧民法律宣传教育。全年开展法律法规宣传177场次，受教育31250人次，发放各类宣传资料6400份，张贴标语200条；开展“送法下乡”活动17场次。推进法律顾问进村（社区）工作，选派律师和司法助理员担任108个村（社区）的法律顾问或法律联系人，实现了村（社区）法律顾问全覆盖。全市共创建州级法治示范乡（镇）4个、州级民主法治示范村23个、市级民主法治示范村103个，省级文明和谐寺庙11个、州级文明和谐寺庙20个、市级文明和谐寺庙28个。

【农村交通】 全年投资3644.54万元，完成脱贫攻坚交通项目87个，其中建设通组道路21.84千米、入户道路21.03千米、通组路桥梁40座、挡墙17063.57立方米、波形护栏25.7千米。

【农村社会保障】 全年城乡居民养老保险关系转出17人，转入4人，参保人数21570人，参保率达83%；被征地农民养老保险参保人数833人，占总人数的3%。全年按时足额发放养老金待遇73350人次，待遇发放年初计划安排资金830.06万元，累计发放934.99万元，发放执行率112.64%；完成“三类人员”政府代缴3978人，代缴金额397800元，代缴完成率达100%。

【农村生态建设及环境保护】 投资47万元，对6个空气自动站点进行维护升级。关停砂石加工点63家，依法拆除砂石加工点43家。整改并销号中央环保督察信访举报问题3项和自然保护区专项督察问题1项；中央第五环境保护督察组向四川反馈督察意见涉及马尔康市28项，完成整改任务21项、销号10项，完成率75%；省环保督察反馈问题涉及马尔康市14项，完成整改任务13项、销号12项，完成率93%；省环保督察“回头看”阿坝州督察组移交现场核查问题线索涉及马尔康市6项，完成整改任务4项、销号3项，完成率66.67%。全年出动执法人员236人次，检查56家企业195次。下达整改通知书15份；环境行政处罚案件立案4件，包括移送1件、结案3件，处罚金额28.6万元；当场行政处罚7件，处罚金额0.4万元。

【农产品质量安全监管】 加强监测预警，按时按量完成农产品质量安全例行监测，对无公害农产品生产基地、标准化生产基地、规模化生产基地产品进行监测，发挥了监测的“雷达”作用，增强了抽样的科学性和代表性，确保了抽检结果客观真实反映质量安全状况。全年在生产环节共抽取大白菜、辣椒、番茄、莴笋等蔬菜样品42个，在流通环节共抽取禽蛋类样品9个、菌类样品4个、猪肉样品5个、猪肝样品5个，抽样合格率均在97%以上。发放《致广大农村居民（消费者）的一封信》《农产品质量安全法》《农产品质量安全常识》等各类宣传资料300余份，接待群众咨询80余人次。

【农村留守儿童帮扶】 全市以心灵关爱、健康成长为核心，以农村义务教育阶段留守儿童为重点，建立属地管理、分级负责、部门牵头的工作责任制度，逐步实现对所有农村留守儿童全覆盖、全关爱。一是在留守学生较多的学校设立“留守儿童之家”，并配备电脑、电话以及图书、棋类等设备器材，开通亲情电话和视频聊天QQ等，为留守儿童与家长交流提供便利条件。二是对留守儿童在学习上优先辅导、生活上优先照顾、活动上优先安排、心灵上优先抚慰，给以留守儿童关爱。三是建立社会管理网络和以学校教师为主体的学校管理网络，为留守儿童健康成长提供人力保障。四是在校园内设置留守儿童心理咨询室，开展心理咨询、行为矫正，培养其正确的人生观、价值观。五是建立、完善留守儿童档案卡，及时更新数据信息，全面掌握学校留守儿童的学习和生活动态。

【劳务开发与返乡创业】 全年开展返乡创业培训、驾驶培训、电工、酒店管理、美容美甲和中式烹饪6个专业的品牌培训和技能培训，共培训335人，其中贫困户60人。开展线上线下招聘会7场，提供岗位11442个，吸引2350人次求职者咨询求职，达成初步就业意向697人（其中贫困人口38人），发放各类宣传资料2610余份。开展转移就业，全年转移输出农村劳动力8215人（其中贫困劳动力1328人），实现劳务收入1.9亿元。发放农民工返乡创业担保贷款60万元。开发农村公益性岗位上岗301人，补贴标准为每人每月600元。

【主要领导人】 市委书记：张培云；市人大常委会主任：苏朗格西；市长：窦孝解；市政协主席：昌旺；分管农业副市长：杨成才。

马尔康市编写组

汶 川 县

【基本情况】 2019年，全县辖9镇，辖区面积4084平方千米。全年农林牧渔业总产值达19.39亿元，农牧民年人均可支配收入达14808元。依靠农业产业脱贫879户2643人，占全县贫困人口总数的60%。

【新型农业经营主体培育】 壮大新型农民专业合作社，培育适度规模经营家庭农场，贯彻落实扶持政策，推动家庭经营、集体经营、合作经营共同发展，培育现代农业发展新动能。全年新增省级示范社1家。全县发展农民专业合作社694家、家庭农场369家，其中国家级示范社1家、省级示范社9家、省级示范场6家、州级示范社5家。

【稳粮增产】 制定政策措施和技术路线，依托实施的“粮食生产能力建设”“粮油绿色高产示范”等项目抓好新品种、新技术示范推广，提升单产，兑现农业支持保护补贴资金275.6万元。全年粮食作物播种面积46695亩，产量11071吨，其中玉米地膜覆盖6926亩、马铃薯高产栽培11325亩、油菜高产栽培5070亩。

【畜牧业】 全县共有畜禽规模养殖场42个（其中村集体经济16个）、养殖专业户40户。全县牲畜饲养总量达44.9481万头（匹、只），其中牲畜饲养总量22.0087万头（匹、只）、小家禽饲养总量22.9394万只。全年肉类总产量达6174吨，禽蛋产量达878吨。

动物疫病防控。春防工作期间向全县12个乡（镇）发放猪瘟疫苗9.5万头份、牛（羊）口蹄疫疫苗8万头（只）份、猪口蹄疫疫苗5.5万毫升、牛出败疫苗3.5万毫升、重组禽流感（H7N9+H5N1）疫苗10万毫升、包虫病7.5万头份、布病3.5万头份、犬驱虫药10万片、小反刍兽疫疫苗1万头份、羊三联疫苗4.5万毫升、羊痘0.95万只份。全年累计免疫各类畜禽63.95万头（只、羽），畜禽重大动物疫病免疫完成率为100%，全面完成春防、秋防工作。加强对进场屠宰的生猪常规的查证验物、疫病临床检查、非洲猪瘟（PCR议）的检测，按照进场10%的比例检测，共检测生猪365头，均为阴性。开展“瘦肉精”等违禁药物残留的抽样检测工作，严格实行休药期制度，督促企业每月做好“瘦肉精”自检工作，按照5%的比例对待宰生猪进行监督抽样检测，共抽检生猪160批次。全县共检疫生猪7243头，屠宰检疫率达100%。

【农业农村改革】 深化农村集体产权制度改革，完成农村集体资产清产核资，以2017年12月31日为基准日，全县纳入清查范围内的117个村（社区）资产总计103957.93万元（其中经营性资产12290.33万元、非经营性资产91667.6万元；负债总计为5827.4万元、所有者权益总额为98130.53万元）。开展农村承包地确权登记颁证“回头看”，进行查漏补缺、信息纠错，做到证书颁发到农户手中，确保农户土地承包经营权落到实处，已颁发到户承包经营权证1.35万本，颁证率达95%。对已流转的承包地进行全面摸底调查，建立健全流转台账、流入方资格审查制度、流转动态监测机制，规范农村土地经营权流转专项工作，全县共流转耕地1146亩。

【乡村治理】 结合农业系统重点领域，开展以“扫黑除恶”专项整治为重点的乡村综合治理，严控“涉黑、涉恶、涉乱”现象发生，推进幸福美丽乡村、和谐乡村、法治乡村、文明乡村建设，充实乡村振兴战略实施与乡村治理相融共进，实现产业发展和乡村治理相辅相成，推进农业农村高质量发展。摸清摸准全县农村“厕所革命”建设现状和底数，全年投入中央、省级资金2273万元，支持农村人居环境整治和农村厕所建设，惠及农户15000余户。

【乡村振兴】 推进乡村“五大振兴”，落实“四个优先”，制发《汶川县实施乡村振兴战略考评激励办法》，完成“1+11+2+5”乡村振兴规划体系编制，推进乡村振兴试点示范工作。汶川县创建为州级乡村振兴战略先进县，创建省、州级乡村振兴战略先进镇各1个、县级先进镇4个，省级示范村1个、州级示范村3个、县级示范村8个，“美丽四川·宜居乡村”达标村60个，省三星级现代农业园区1个、州四星级现代农业园区1个。

【乡村旅游】 汶川县创建为四川省首批天府旅游名县，水磨镇被评为文化旅游特色小镇。有星级饭店4家，发展乡村酒店（农家乐）500余家，其中星级乡村酒店（农家乐）151家。制发《汶川县加快推进民宿业发展实施意见》，拟定《野奢民宿体验经济增长极工作方案》，启动民宿集聚发展规划编制工作。加大财政支持力度，统筹资金200万元用于民宿特色村创建、高端精品民宿综合体建设奖补、品牌建设和营销推介等。申报羌年为联合国非遗项目，羌戈大战等5个国家级非遗项目，以及7个省级、23个州级、30个县级非遗项目。发展乡村民宿经济，加快全县农村发展、提高农民收入、延伸乡村旅游产业链。

【三产融合发展】 推动初加工、精深加工、综合利用加工协调发展，推进基地、加工、休闲康养等业态融合发展，培育现代农业融合园区，形成三产融合发展新格局，重点推出一批以果林和草原风光为主的精品示范区和线路，打造农旅融合知名品牌。全年建设州级现代农业园区1个，创造省三星级现代农业园区1个，同步建成农产品分级、预冷、烘干等初加工设施2处，年处理能力达2万吨。发展农业主题公园和示范休闲农庄6个，筛选推介精品休闲农业旅游线路3条，休闲农业综合经营性收入突破5亿元。

【高标准农田建设】 全力推进高标准农田建设，加强耕地质量保护，开展农村土地承包经营权确权登记颁证工作，稳定和完善农村土地承包制度，落实耕地地力保护补贴、农机具购置补贴等支农惠农政策，调动农民生产积极性，加强种子质量和种子市场监管，大力实施有机肥替代化肥试点示范，保持粮油生产稳定。全县农作物总播种面积90137亩，增加3401亩，增长3.92%。

【耕地质量保护】 守住耕地质量底线，推进农产品产地环境定位监测，发挥监测结果对耕地质量建设与保护的基础支撑作用，完成项目县耕地质量监测实施方案编制。推进耕地质量保护监测，全年共新建耕地质量监测点1个，完成开展调查采样化验土样15个。

【农业机械化】 做好2019年机耕道、机电提灌站省级财政机专项项目的申报、落实、检查验收工作。全年新（改）建农机化生产道路43千米，全县村以下机耕道总里程达756千米。新建太阳能提灌站1座，总功率37.2千瓦，恢复改善灌面200亩。继续保持农机良好的发展势头，全县农机总动力达6.1万千瓦。优化农机装备结构，全县各型拖拉机拥有量达780台、拖拉机配套农具30部，全县主要农作物耕种收机械化水平达50%，机耕作业面积达4万亩、机电灌溉面积0.3万亩。

【项目推进】 抓紧项目申报组织、指导、审核、转报、追踪落实，推进农牧业项目工作，争取各级财政支农项目、中央和省预算内农业项目、浙江援建项目。争取到位中央、省级财政农牧业项目资金1.20054亿元（其中中央投资5004.75万元、省投资6799.65万元、州投资201万元）。启动实施康养汶川加速转型发展工作项目90个，项目估算总投资12285万元，年度计划投资11980万元，其中上级资金9639万元、县本级资金2215万元、自筹126万元；所有项目已全面开工建设，开工率达100%；完成投资9845万元，投资完成率为82%。同时，策划储备一批能带动全县农牧业发展的好项目，逐步形成“策划包装一批、前期推进一批、成熟推介一批”的储备项目推进格局。

【农技帮扶】 统筹资金、人才、信息等要素，加大对全县涉农资金的投入力度，发挥新型经营主体在资金、技术、质量品牌、市场营销等方面的优势，推进全县农业产业化经营，拓展全县农产品销售渠道，带动全县“三农”发展增收致富产业，实现全县驻村农技员全覆盖，组建专家技术服务团，实行对单、挂牌服务，提升农牧民科技水平，增强贫困村自我“造血”功能。建立农业产业扶贫技术指导服务团，向36个贫困村派出驻村农技员36名，在全县范围开展农业技术巡回指导服务20次，培训农户6000余人次，发放资料8000余份，指导各村制定产业发展计划、开办农民夜校、举办实用技术培训等；向全县26个村派出驻村工作队队员26名，并为26名驻村工作队队员办理了人身意外伤害保险，落实相关待遇。局26名驻村工作队队员共计驻村2000余天，开展技术培训200余次，培训农牧民5000余人次，累计发放宣传资料10000余份。

【灾后重建】 贯彻落实省、州关于汶川“8·20”强降雨引发特大山洪泥石流灾后恢复重建工作的各项安排布署，督促、指导加快推进灾后重建项目。争取国家和省对汶川“8·20”强降雨特大山洪泥石流灾后恢复重建农业重建项目12个，估算总投资7710万元，其中中央投资6390万元、省投资1320万元。

【良繁推广】 加强农牧科技示范运用与推广服务，推进“四新”示范和“六良”配套技术，开展畜禽改良生猪冷配703头，产仔8436头；引进西门达尔牛486头、大耳羊等126只、冷水鱼43万尾、中蜂284匹、蛋（肉）鸡2.4万羽。

【农村人居环境整治】 作为2019年四川省农村人居环境整治重点县，县委办公室、县政府办公室印发关于《汶川县2019年城乡人居环境大提升及全域无垃圾攻坚行动实施方案》的通知和《汶川县2019年农村“厕所革命”实施方案》的通知，全年共改造卫生厕所2383座；村庄清洁行动覆盖全县111个村（耿达、卧龙除外），各镇、部门共组织干部群众110000余人次全面清理环境卫生死角，纵深推进环境卫生治理，各村共清理农村生活垃圾15200余吨，清理村内水塘800余口，清理村内沟渠2800余千米，清理村内淤泥160000余吨，清理残垣断壁964处，为“美丽汶川·宜居乡村”建设奠定了基础。

【农产品质量安全监管】 坚持源头严控、过程严管、风险严防，推进农产品安全工作，全面试行食用农产品合格证制度，制作并悬挂合格证宣传横幅80余条，张贴合格证告知书200余份，发放宣传资料2000余份，开具合格证8万余份，排名全州第一位，全年未发生重大农产品质量安全事件，农产品质量安全形势持续保持平稳向好的态势。持续打响汶川农产品品牌保卫战，在栽培管理上禁用植物生产调节剂，用史上“六个最严格”的要求确保农产品品质达到安全、优质、营养、健康的标准。整合资源，在西博会、农博会、绿博会、东西扶贫展馆、抖音、微信公众号和快手等平台上同时推送“汶川三宝”，加强品牌整体打造和宣传。“汶川甜樱桃”“三江牛”“汶川跑山猪”等商标相继取得地理证明商标，全县“三品一标”农产品证书达18个，其中种植业“三品一标”生产面积占食用农产品生产总面积的68%，畜牧业、水产业“三品一标”生产量分别占其产品生产总量的73.9%。农产品例行监测合格率为100%，快速抽检合格率为100%。

【农业执法】 为防止假劣种子、农药、化肥、兽药、饲料坑农害农事件发生，保护广大农民群众的切身利益，围绕重点季节、重点地区、重点市场、重点品种，不断加强农资市场专项整治。全年共计出动执法车辆70车次、执法人员400人次，共计检查农资经营门市和专业合作社800余次。开展农药专项检查和果树苗木市场专项执法等专项执法检查30余次。

【农业安全生产】 为全面落实农机安全生产工作责任制，坚持“安全第一、预防为主、综合治理”方针，按照“党政同责、一岗双责、属地管理”的原则，与13个乡（镇）签订《2019年农机安全责任书》，发放《致全县农业机械驾驶操作人员公开信》《拖拉机安全生产7禁止》《拖拉机安全生产“十要十不要、三大纪律、六项注意”》等农机安全宣传资料800余份。与全县45家农资经营户签订2019年农资经营责任书和承诺书270份。协助省、州抽样50个；完成县级抽样快检500个，合格率为100%；指导乡（镇）完成抽样快检1000个，合格率100%。在屠宰检疫环节开展“瘦肉精”等违禁药物残留的抽样检测工作，全县共检测生猪1220头、牛89头、羊91只，检测结果均为阴性。签订畜禽产品质量安全承诺书140份，向养殖户发放无害化处理事前告知书252份，确保了汶川县农畜产品质量安全。全力抓好克枯、水磨2个生猪定点屠宰场的检疫工作。动物卫生监督所有驻场检疫人员4名，实行24小时轮流值班；对全县生猪屠宰场实施驻场检疫，严格按检疫规程进行检疫，检疫率达100%。

【主要领导人】 县委书记：张通荣；县人大常委会主任：郭铭；县长：旺娜；县政协主席：王志勇；分管农业副县长：余理胜。

汶川县编写组

理　县

【基本情况】 2019年，全县辖6镇5乡8个社区居民委员会81个村民委员会，辖区面积6479069亩，其中耕地37728亩、园地41199亩、林地3675100亩、草地2041200亩、城镇工矿用地15884亩、交通运输用地18320亩、水域及水利设施用地62447亩、其他土地586470亩。全县总户数15222户，户籍人口43078人，其中男性21820人，占总人口的

50.65%；女性21258人，占总人口的49.35%。城镇人口11591人，占总人口的26.9%；乡村人口31487人，占总人口的73.1%。藏族23081人，占总人口的53.58%；羌族14443人，占总人口的33.53%；汉族5295人，占总人口的12.29%；回族176人，占总人口的0.41%；其他民族83人，占总人口的0.19%。人口城镇化率为39.52%，提高1.37个百分点。全年出生400人，死亡217人，出生率为8.54‰，死亡率为4.64‰，人口自然增长率3.91‰。

2019年，全县GDP279788万元，增长3.4%，其中第一产业实现增加值29424万元，增长3.2%，对经济增长的贡献率为7.8%，拉动经济增长0.3个百分点；第二产业实现增加值76633万元，减少3.6%，对经济增长的贡献率减少37.7%，拉动经济下降1.3个百分点（实现增加值69055万元，减少3.5%，其中规模以上工业增加值的增速下降3.6%）；第三产业实现增加值173731万元，增长7.9%，对经济增长的贡献率为129.9%，拉动经济增长4.4个百分点。人均GDP58289元，增长5.4%。三次产业结构比为10.5：27.4：62.1。全年接待游客580.94万人次，实现旅游总收入406800万元，分别增长20.8%和25%。

全社会固定资产投资减少26.3%。社会消费品零售总额52550万元，增长6.1%，其中城镇实现零售额39715.6万元，增长6.5%；乡村实现零售额12834.4万元，增长4.8%。地方公共财政预算总收入完成13014万元，增长1.6%；地方公共财政预算总支出129653万元，增长18.6%，其中社会保障和就业支出10376万元。年末金融机构各项存款余额280143.09万元，减少9.36%；各项贷款余额243876万元，增长4.91%。

公路总里程达665.023千米，其中二级公路133.376千米、四级公路531.525千米；客货运总周转量18675万吨千米，增长9.9%。有固定电话用户5620户，其中城镇电话用户3960户、农村电话用户1660户；电信电视用户8334户，移动通信用户14732户，电信宽带用户10159户，中国电信4G移动通信网络乡（镇）覆盖率达100%，行政村覆盖率达100%。

有普通中学3所（含九年一贯制1所、高完中1所、普通初中1所），在校学生1251人，教职工219人，专任教师204人；小学12所，在校学生2034人，教职工449人，专任教师436人，小学学龄儿童入学率达100%；幼儿园8所，在园幼儿1212人。有国有文化机构105个，其中文化馆1个、文化站11个、博物馆（纪念馆）1个、新华书店1个、公共图书馆1个（图书馆总藏书量3.4万册）；农家书屋81个、社区书屋8个；广播电视台1座，有线电视用户4362户，广播、电视人口综合覆盖率分别达95%和100%。有卫生机构（含村卫生室）100个，其中医院2所、专业公共卫生机构3所、卫生院13所、村卫生室81个、个体诊所1所；实有病床位243张，医疗机构病床位使用率为30.48%（县级医疗机构使用率为44.69%，乡/镇医疗机构使用率为10.07%）；卫生技术人员472人（村医81人），其中执业（助理）医师129人、注册护士134人；本地患者县内就诊率达72.68%以上。深入推进家庭医生签约服务，居民健康档案建档率达93.6%。

【年度农业和农村经济运行】 2019年，全县实现农林牧渔业总产值52755万元，增长3.9%，其中农业产值35477万元，增长4.2%；林业产值1419万元，增长16.9%；畜牧业产值12734万元，增长1.1%；农林牧渔服务业产值3125万元，增长8.1%。全县全年农林牧渔业增加值31346万元，增长3.2%。农村居民年人均可支配收入达1.41万元，增长10.3%，从收入结构来看，工资性收入0.37万元，增长8.53%；家庭经营净收入0.85万元，增长11.09%；财产净收入0.08万元，增长21.56%；转移净收入0.11万元，增长3.3%。年人均消费支出1.36万元，其中用于食品支出0.32万元。

【种植业】 全年农作物播种面积3508公顷，减少0.8%，其中粮食作物播种面积1595公顷，粮食总产量7181吨；蔬菜总产量98571吨；水果产量8690吨。

【畜牧业】 全年牛出栏9166头，增长9.8%；存栏34140头，增长0.6%。羊出栏8272只，增长11.8%；存栏14892只，增长1.6%。全年肉类总产量3270吨，其中牛肉产量1224吨、羊肉产量119吨、猪肉产量1149吨、禽肉产量103吨、兔肉产量675吨。奶产量78吨。

【林业】 加强林草资源管护，全年封育管护3.15万亩，人工造林0.69万亩，封山育林0.5万亩，森林抚育0.8万亩，义务植树6.5万株，森林覆盖率达43.82%，获得"全州护林防火先进集体"称号。

【乡村振兴】 以薛城镇全省乡村振兴规划试点为中心，启动米亚罗、古尔沟、薛城、桃坪4个特色小城镇和31个试点示范村建设，整合乡村振兴建设资金13000万元，建设高标准农田6200亩，新增（改良）灌面1000亩，建成通村道路22.3千米、机耕道22千米，建成15个村的污水处理设施和无害化卫生厕所1761户。开展农村亮化、美化、绿化等环境整治工程。

【扶贫攻坚】 坚持政策、工作、责任"三个落实"，持续开展"回头看、回头帮"，实现1191户4325人长效脱贫，完成2019年10户34人脱贫任务，贫困发生率降至0.01%。开展"两不愁、三保障"回头看大排查，全面排查贫困村36个、建档立卡贫困户1182户、特殊困难户19户，整改问题1065条。完成省级脱贫攻坚成效考核交叉检查，整改中央、省、州脱贫攻坚反馈问题132条。整合涉农项目资金8597.68万元，完成14个扶贫专项和22件民生实事。

【农村水利】 在全县各防汛物资储备点共存放铁丝11.4吨、编织袋7800条、铅丝网兜700套、救生衣200件；在薛城电站建立理县防汛物资2号仓库，做好薛城、通化片区防汛物资保障；组建防汛机动抢险队伍16支、抢险人员340余人，并登记造册。对照脱贫攻坚"农村饮用水标准"，对全县建档立卡贫困户1196户4400人的饮水现状进行全面梳理排查，对发现饮水困难问题的地方进行整改，提出可行的方案，做到户户有安全饮用水，饮水安全达标率为100%。全年出动水法宣传车43辆次、执法人员94人次，设置县级河（段）长13名、联络员单位13个、乡（镇）级河（段）长39名和村级河（段）长64名；完成巡河套装发放，开展培训2次，其中集中培训1次。全年各级河（段）长、管护员巡河5088次，发现并解决河道问题336个，问题处理率达100%。全年出动执法人员140人次、执法车辆60车次，其中开展州级检查3次、日常巡查60次、专项打击4次、联合执法4次，下发责令改正通知书2份，巡查笔录80份；立案7起，已结案6起，罚款共计23万元，已交罚款18万元。

【农村通信】 全县共有移动2G基站117个、4G基站167个、传输线路总长1150皮长千米，其中成阿二干线650皮长千米，实现全县11个乡（镇）81个行政村以及毕棚沟景区85%的移动网络覆盖。参与挂包帮村米亚镇罗斯博果村精准扶贫和"两联一进"工作，铺设光缆8.32千米，新增OLT设备1台，建设分纤箱5个，完成宽带光纤"户户通"建设；辅设光缆9.65千米，新增基站设备2套，新建4G拉远小区6个，完成4G信号的全覆盖。联通网络覆盖全县13个乡（镇），覆盖面积100%；

4G网络覆盖13个乡(镇),村联通网络覆盖面积达90%。4G基站已全部覆盖,新建4G基站9个;新建光缆线路74皮长千米;新建OLT2套,新增FTTH接入端口200线,完成10个村的FTTH开通,共计开通559户,户均带宽达100米。

【农村科技】 全年申报省、州项目10个,申请科技项目资金410万元;完成信息咨询911条;举办"四川科技扶贫在线"平台培训会;宣传法律法规政策、科普文化知识和实用技术,发放种养殖技术、群众关注的热点科普资料等宣传手册、物品2000余份,培训农村群众100余人次,发放甜樱桃栽培、青红脆李栽培、花椒栽培等实用技术手册300余册;州科技局深入理县举办道地中药材实用技术培训班,解决种植户实际难题,现场70余人参加培训,发放培训资料200余份。

督查、验收科技项目。浙江省援建的薛城镇塔子村乓乓林下种养殖专业合作社实施的理县道地中药材种植示范小区项目于7月29日通过相关部门现场验收,项目合格并予以结题,资金已全额拨付。县生产力促进中心多次到通化乡三岔村理县三岔羌家生猪养殖专业合作社对理县五杂混血猪养殖基地建设项目进行督察,项目前期已完成标准化基地建设、生态种植饲料基地建设,督察组一行要求项目实施单位加快项目进度,同时严格按照科技项目管理的相关规定,完成《任务合同书》中签订的各项科研任务,按照项目资金预算专款专用专账管理。

【农村社会保障】 开展退役军人事务管理,成立县、乡、村三级服务中心(站)21个,持续推进"双拥"模范县创建,兑付各类优抚优待金206万元。全年清理拖欠农民工工资1214万元。养老保险覆盖人数13272人,全年共征收养老保险费11248万元,支付养老保险金13470万元;城乡居民基本养老保险覆盖人数16958人,参保缴费人数10595人,征收养老保险费221.01万元;城乡居民基本医疗保险参保人数34101人,生育保险参保人数2356人。全年共征缴各类医疗保险基金5434万元。全年纳入农村低保的有713人次,兑现农村低保金179.9万元;纳入农村"特困人员"供养226人,其中集中供养83人;发放困难群众临时救助141人次,发放金额25.68万元;发放医疗救助489人次,发放救助金106万元。

【农村生态建设及环境保护】 全年实施汶马高速场生态修复工作。全面落实"河长制",推进水域岸线环境集中整治,疏浚河道9.22千米。完成第二次全国污染源普查。加强农业面源污染防治,化肥、农药使用量分别下降22%、10.76%,规模化畜禽养殖粪污利用率达95%。投入1063万元,加强饮用水水源保护,出境断面水质保持Ⅲ类标准及以上,环境空气质量优良率达99.7%。推进环保督察问题整改,完成中央、省、州和各类自然保护区等问题整改34项。开展环境执法监管,查处环境违法案件6件,处罚51.89万元;受理投诉信访18件,办结率达100%。创建"节约型机关"4个、"绿色校园"2所;举办4月"生态月"活动,营造了全民共同参与生态环境保护的良好氛围。

【安全生产】 围绕庆祝中华人民共和国成立70周年,开展"防风险、除隐患、迎大庆"专题行动,累计排查、整改安全隐患480处,全年未发生较大以上生产安全事故。深化应急管理和消防救援体制改革,全面落实安全生产责任制,健全安全生产诚信体系。

【地质灾害隐患排查】 全年共开展地质灾害隐患点全覆盖排查4轮,排查出地质灾害隐患点578处,发放"两卡一表"4429份,落实地质灾害群策群防专职监测员446名。落实汛期24小时值班值守制度,汛期共抽查值班4286次,其中重点建设工程抽查46次,在岗情况良好。落实地质灾害治理工程28个,其中地质灾害应急排危(含修复加固)工程20个、治理工程8个,治理资金2684.44万元。排危项目完工3处、治理工程完工4处。实施地质灾害避险搬迁5户15人,已完成验收。完成自动化监测方案编制。

【防震减灾】 开展"5·12"防灾减灾宣传教育活动,利用广播、电视等媒体,联合县红十字会,开展以"提高灾害防治能力、构筑生命安全防线"为主题的防灾减灾宣传活动,发放宣传资料800余份。针对全县中小学校和重点企业、乡(镇)、景区人口密集地区开展宣传,2000余人参加宣传活动,发放宣传资料5000余份。会同县应急局、县市场监督管理局、县环保局等单位,以"加强韧性能力建设,提高灾害防治水平"为主题,在县城法制广场集中开展国际减灾日宣传活动,通过悬挂地震应急知识挂图、设置防震减灾咨询服务台、发放宣传资料等多种形式向县城居民进行防灾减灾知识宣传,发放各类宣传资料1800余份,现场接受100余名群众咨询。8月,理县普降大到暴雨,通化乡、蒲溪乡等部分乡(镇)受灾严重,防震减灾局协同文体旅游局、县公安局等单位组织大巴车40余辆运送及发放帐篷、雨靴、雨衣、矿泉水、棉絮等应急救援物资,转移游客1500余人。

【主要领导人】 县委书记:依当措;县人大常委会主任:葛永兰;县长:王世伟;县政协主席:王勇;分管农业副县长:熊伟。

理县编写组

茂　县

【基本情况】 2019年,全县辖11镇104个村4个社区,辖区面积3903.28平方千米,其中耕地面积13.2231万亩。年末总人口10.94万人(户籍人口),人口出生率7.86‰,人口自然增长率5.1‰。本地水资源总量17.57亿立方米。有林地面积17.4367万公顷,活立木总蓄积量311.04万公顷,森林覆盖率50.32%。

2019年,全县GDP40.6亿元,增长5.4%,其中第一产业增加值7.39亿元,增长2.3%;第二产业增加值15.98亿元,增长1%(工业产值14.07亿元,减少0.3%);第三产业增加值17.23亿元,增长12.6%。三次产业对经济增长的贡献率分别为6.47%、9.1%和84.43%。全县转移和输出农民工18796人次,实现劳务收入5.7亿元。全年接待游客302.39万人,实现旅游总收入223871万元,其中乡村旅游收入51400万元。

公路通车里程1332.5千米,其中农村公路1157.5千米。社会消费品零售总额11.77亿元,增长28.4%。地方公共财政预算总收入完成20.2亿元,减少0.1%;公共财政预算总支出19.06亿元,减少0.3%,其中财政支农资金和乡村振兴资金19657.5万元。金融机构各项存款余额49.71亿元,比上年初增长6.2%;各项贷款余额28.52亿元,比年初增长6.2%。农业产业化龙头企业省级、州级、县级分别为1家、2家、7家。

有各类学校62所,在校学生17379人,教职工1542人,其中普通高校1所,在校专科学生1757人;普通中学3所,在校学生3025人;小学19所,在校学生6841人;学龄儿童入学率100%,提高0.2个百分点。有艺术表演团体1个,文化馆1个,公共图书馆3个,博物馆2个(含民营博物馆1个)。有卫生机构219个,病床位635张,卫生技术人员828人。新型农村社会养老保险参保人数43908人,参保率86.3%;被征地农民养老保险参保人数5656人,占全县参加企业职工基本养老保险总人数的37.1%。

2019年茂县主要农产品产量

主要农产品	单位	产量	同比(%)
粮食	万吨	2.68	6.6
玉米	万吨	1.71	0.1
马铃薯	万吨	0.9	−0.5
油菜籽	万吨	0.06	0.1
蔬菜	万吨	25.4	0.4
水果	万吨	8.77	6.5
肉类	万吨	0.6	−10
猪肉	万吨	0.49	−11
牛肉	万吨	0.08	−3.8
羊肉	万吨	0.03	−12
禽肉	万吨	0.009	7.4
兔肉	万吨	0.0007	−1.4
禽蛋	万吨	0.016	0.89

【年度农业和农村经济运行】 2019年，全县实现农业总产值16.38亿元，增长10.3%；全县全年农业增加值达10亿元，增长10.2%；青脆李、花椒、苹果、生猪、牛肉等特色优势农产品产量保持稳定增长。农民年人均可支配收入达14436元，增长10.2%。在粮食、生猪、蔬菜生产中，科技投入的占比或科技贡献率70%。全县农产品质量抽检合格率比年初提高2个百分点；建成22个基层农业综合服务站。

农用地产权制度改革。有序推进农村土地承包经营权确权登记颁证扫尾工作，自启动以来，已完成11个镇的外业测绘、矢量化图斑、面积公示和农村土地承包合同签订工作，并建立土地确权数据库和农村土地承包管理信息系统，土地确权项目调查面积15.7万亩，其中拟确权面积13万余亩，涉及农户19765户，基本完成土地确权工作目标任务。促进农村土地承包及流转管理规范化、制度化，加强土地承包经营权流转管理和农村土地承包档案管理工作，推广使用《四川省农村土地承包经营权流转合同示范文本》，规范有序进行农村土地承包经营权流转，引导农民专业合作社、家庭农场加入土地适度规模经营健康发展。稳步推进农村产权制度改革工作，全面开展农村集体资产管理，加强清产核资成果运用，定期开展农村集体资产清查。举办产权制度改革业务培训，指导确认农村集体经济组织成员身份及股权设置，已完成91个村的集体经济赋码颁证工作。

农产品品牌战略实施。在被农业农村部认定为“无公害农产品生产基地整体推进县”的基础上，实施品牌战略，加强品牌意识，开展品牌宣传。通过重点扶持培育新型农业经营主体，形成了一批具有一定特色和知名度的农产品品牌，不断提高农产品附加值，全县已获得“茂汶苹果”“茂县李”“茂县花椒”地理标志登记认证3个，羌脆李、脆红李、甜樱桃、枇杷、番茄、莴笋等绿色食品认证24个，木耳村大白菜、莴笋有机产品认证2个。在“净土阿坝”区域品牌下，打造特色品牌“茂县李”、县域品牌“羌地圣果”，全县生态农产品已逐步形成了规模效应和品牌效应。

现代农业园区建设。园区建成田间作业道145千米、池窖564口、沟渠1万余米；“茂县李子+苹果”现代农业园区以突出李子和苹果产业为核心，辐射带动园区周边发展特色水果12700亩；园区电子商务持续推进，搭建农村“双新双创”平台、便民服务站和益农社等，建成气调库400平方米，并与京东达成冷链物流战略合作仓建设协议；园区生态旅游形式多样，依托九鼎山太子岭滑雪场景区，举办各类“李”文化旅游节，发展集观光、采摘于一体的休闲农业；园区主导产品品牌突出，“茂县李”“茂汶苹果”先后获得农业部颁发的农产品地理标志登记证书；园区新型农业经营组织带动性强，培育专业合作社20余家、家庭农场11家，其中罗山脆红李专业合作社获得省级示范社并与农户建立合理分享全产业链增值收益的利益联结机制，带动农民增收。园区全年水果总产量20300吨，实现产值10622万元，其中主导产业总产量17600余吨，实现产值8498万元，占总产值的80%。

【种植业】 全县农作物播种面积201976亩，其中粮食作物播种面积105191亩，产量26826吨；油菜籽播种面积5175亩，产量626吨；各类蔬菜种植面积77215亩，产量253743吨；水果种植面积89952亩，产量87717吨。投入3250万元，建设安乡别立凤毛坪特色水果种植产业园区，新建花椒基地2645亩、果树新品种试验基地133亩。实施州级农业科技项目10个，打造“净土阿坝”品牌旗下产品18个，在4个镇实施耕地轮作休耕制度试点7000亩。

【林业】 实施大规模绿化全县行动，干旱河谷综合治理造林1970亩，修复草原生态33000亩，修复大熊猫国家公园生态2000亩，义务植树27.7万株；完成55048.3亩退耕还林政策性补助资金兑现、社保卡“一卡通”数据信息的采集工作，共计完成425.7665万亩国有林、集体林政策性森林保险投保工作。天然林保护、干旱河谷综合治理植被恢复等重大生态保护工程进展顺利。持续加强自然保护地管理，开展拉网式摸底调查，全县辖省级自然保护区1个（宝顶沟自然保护区89883.6公顷）、省级森林公园1个（土地岭森林公园1159.7公顷）、省级风景名胜区2个（叠溪—松坪沟风景名胜区15700公顷，九鼎山—文镇大峡谷风景名胜区34580公顷）、省级地质公园1个（叠溪松坪沟省级地质公园9978公顷），全县连续46年无重大森林草原火灾，森林覆盖率达50.32%。

【畜牧业】 以推动现代畜牧业持续、快速、健康发展，促进农牧民群众增收为主线，深入开展草原畜牧业建设、产业培育、项目推进、疫病防控、监督执法、生态环境保护及精准扶贫等重点工作，取得了较好的社会成效。全县出栏猪（牛、羊）89050头（只）、家禽61134只，肉类总产量6059.17吨，禽蛋产量162吨；中蜂养殖存栏8021箱，年产蜂蜜72吨。严格落实非洲猪瘟防控“封、堵、防、控”等措施，全年产地检疫各类牲畜50655头（只），共检疫屠宰生猪16596头，切实做到“堵外源、净内源”。

【乡村振兴】 推动产业振兴，优化提升现代农业园区65000亩，建设高标准农田5800亩；着力推动人才振兴，培训新型职业农民382人、农业经理人5人、新型农业经营主体带头人369人；推动生态振兴，持续深化农村人居环境整治三年行动，推进“厕所革命”，改造无害化卫生厕所3357户，实施农村生活污水处理试点项目10个，农村人居环境持续改善；推动文化振兴，加强传统村落保护，弘扬“孝善和俭”传统美德，创建县级文明村40个，南新镇、甘青村、杨柳村乡村振兴试点建设成效明显。

【扶贫开发】 投入扶贫资金20760万元，实施项目544个，住房、饮水、道路及通信网络等基础设施不断提升，教育、卫生、文化等基本公共服务全面达标提质；产业扶贫持续发力，累计使用产业扶持资金2651万元，惠及贫困户2563户，电商扶贫“一户一码”走出“锄头+鼠标”脱贫新路，生态农业综合（扶贫）开发产业园区、成华粮食猪生态养殖等助贫增收效益明显；全面跟进落实脱贫政策，贫困户“扶贫保”参保2040户，低保保障1090人；累计使用教育扶贫基金746.3万元，资助学生3748人；累计使用卫生扶贫基金406.7万元，救助贫困群众2604人。全年完成4个贫困村退出338名贫困人口脱贫的年度任务，实现64个贫困村退出、2042户贫困户7872名贫困人口脱贫。

【乡村旅游】 克服“8·8”九寨沟地震灾害影响，以文旅融合发展引领产业恢复振兴。编制完成《茂县全域旅游规划》，为文旅产业高质量发展奠定了基础；推进拓景扩容，实施文化旅游项目13个，新建旅游厕所5座，杨柳花村、牛尾羌寨创建为国家3A级旅游景区；深入开展全域旅游环境综合整治专项行动，全域旅游发展环境持续优化，举办“安逸有‘李’第二届茂县李文化旅游节”“瓦尔俄足”“羌年”等具有影响力的节庆活动；天府旅游名县、省级全域旅游示范区创建有力有序推进，入围四川省首批天府旅游名县候选县。

【农村水利】 全面完成2019年农村饮水安全巩固提升改造工程，解决全县7个乡（镇）10个村5000余人饮水安全的提升改造问题；投资1738万元，实施完成茂县大河坝—甘青沿线生态堤防工程，新建堤防总长481.47米，新建钢结构玻璃栈道319.92米；统筹整合财政涉农资金1606.99万元，持续完善农田灌溉、安全饮水提升工程、新建防洪沟和新建堤防工程等水利基础设施设备；完成2018年暴雨洪涝灾害救灾应急补助中央预算内基建投资资金项目、凤南土水利工程、渠系配套项目、渭永供水项目、茂县大河坝—甘青沿线生态堤防工程项目等项目的验收工作，不断完善农村水利基础设施，加强灌溉基础设施配套，全力保障人民饮水安全和河道行洪安全。

【农业机械化】 全县严格按照省、州政策实行农机购置补贴，按照带机补贴的原则，保证真实购机、补贴到位，共计补贴金额113.88万元，补贴农户131户，补贴农机具135台，在办理补贴之后，再对全县进行购机补贴核实，确保农机户补贴款到户到卡，补贴款全部兑现。

【农村科技】 组织开展以“科技强国，科普惠民”为主题的全国科普月活动，现场解答咨询群众500余人次，发放地震应急、法律政策、疾病防控等知识宣传资料7万余份。全面推进《川产羌活规范化种植、加工的科技示范及推广》《藏猪适度规模化高效健康养殖技术研究与应用》《九眼独活、旱半夏套种技术研究与示范推广》等15个省、州科技计划项目的验收；督促开展好2019—2020年省级科技项目《茂县科技特派员团队科技扶贫服务项目》《茂县科技扶贫在线平台优化提升与运行维护》《茂县富顺镇唱斗村生态高产水果产业技术集成与示范》等5个项目的实施工作；组织县域内企业、专业合作社等申报省、州科技计划项目。

【农村教育】 按照“十三五”教育规划，结合全县乡（镇）行政区划调整具体实际，深入研究、分析当地及周边乡（镇）经济社会发展状况、人口变化趋势和教育发展现状，落实农村教师生活补助政策，改善镇教师待遇，加强乡村教师待遇保障机制；根据镇、村适龄儿童少年的数量和分布状况，结合城镇化发展需要和乡（镇）行政区划改革，拆并乡级学校5所；制定并及时调整义务教育学校布局规划，坚持适度集中办学与就近入学相结合，根据需要办好镇寄宿制学校，形成县域内城区学校、镇中心学校合理分布的校点布局结构。全县有农村寄宿制小学15所，学生1196人，占全县小学生总数的17.48%；有农村幼儿园23所（含民办），在园幼儿376人，占全县幼儿园人数的9.41%。

【农村文化】 以羌文化为依托，加大对优秀农耕文化、特色民族村寨等的保护力度。实施“一核三治”乡村善治工程，健全村（居）务监督委员会，推动政府治理、社会调节、村（居）民自治良性互动；完成凤仪镇雪花井社区、富顺镇干沟村等10个村级活动室提升，安装“村村响”设备11套；开展羌民族特色文化活动70余场，观众人数达10万余人次；推进“新家园、新生活、新风尚”示范点建设，传扬“孝善和俭”文化，成功创建县级文明村40个，确立红白理事会建设试点村21个；围绕羌文化生态保护核心区建设目标，组织全县文化保护工作者及部分羌文化研学爱好者深入乡（镇）、村（社区）走访调查，对羌语言、音乐、舞蹈、习俗、医药、技艺等进行收录保护，成功申报茂县“中国古羌城”为非遗项目体验基地；完成省级非遗项目“羌族推杆”、国家级非遗项目“释比古唱经”的申报工作。

【农村卫生】 持续推进公立医院取消药品加成，让利群众药品价值214万元。推进中羌医药产业发展，茂县创建为全省中医药产业发展示范县；医疗短板加快补齐，镇卫生院提升改造工程、乡（镇）卫生院污水处理系统购置等项目有序推进；医疗人才队伍增量提质，招录农村订单定向免费医本科生28人、专科生85人，组织开展培训480余人次；地方病、传染病、慢性病防控有力有效，艾滋病“三线一网底”防控体系基本成型；计生服务不断加强，奖励扶助政策全面落实；持续推进县、镇、村医疗卫生服务体系建设，建立居民健康档案10.9万余份。

【农村法制建设】 持续推进农村公共法律服务体系建设，完善乡（镇）公共法律服务站和村（社区）法律服务工作室建设，建成乡（镇）公共法律服务中心11个；持续健全完善公共法律服务体系，实现全县108个村（社区）专职法律顾问全覆盖，提供法律援助咨询1084人次，受理援助案件71件，法律援助事项832件；开展农村法治宣传教育，全面实施“七个一”工程，组建三团两队（普法讲师团、法律服务团、法律顾问团和法律志愿者队伍、法治文艺宣传队伍），设立法律联络站21个，建立法律图书角152个，培养村一级普法员304名和“法律明白人”449名；把“法律政策七进”活动纳入到“法治示范村（社区）”创建之中，共开展“法律政策进乡村（社区）”活动210场次，受教育38500余人次；建立健全基层示范创建全域覆盖，成功创建“全国民主法治示范村（社区）”3个、州级民主法治示范村（社区）22个，民主法治村创建工作取得显著成效。

【农村交通】 加强要素保障和协调服务，重大交通项目建设加快推进，协调推进成兰铁路（茂县段）、茂（县）绵（竹）路建设，完成投资52035万元；实施乡村道路建设项目175个，投入资金6776.63万元；全力保障交通安全，共出动抢险机械178台次、抢险人员2526人次，清理、维修坍方和路面11540立方米，处理道路病害890平方米，清理边沟648.96千米，疏通涵洞89道；叠溪较场1号大桥、太平羌阳大桥顺利竣工并投入使用，国道347线茂（县）红（原）路（茂县段）改造提升工程有序推进；加强交通建设工程环保，加强对茂县“6·24”地质灾害省道448线叠溪至松坪沟公路恢复重建工程、农村公路等在建工程的施工现场管理，严格按照环保要求，对易产生扬尘的原材料加以覆盖，安装喷淋头、设置围挡，施工机械、运输车辆在驶离工地时必须清除泥土，严禁将泥土、尘土带出工地。

【涉农招商引资】 2019年，全县3000万元以上的农业招商引资重大项目1个，为内资项目；项目总投资1.2亿元，协议资金12000万元，到位资金2600万元。

【农村社会保障】 全县抓好城乡居民养老保险的扩面征缴工作，全县共有51554人参加城乡居民养老保险。根据省、州统一安排部署，全县于2017年12月全面启动被征地农民参保工作，及时制订《茂县解决被征地失地农民遗留问题社会保障工作方案》，先后多次召开协调推进会，加强政策宣传和业务培训，全面保障被征地失地农民的合法权益。全县被征地失地农民共计参保5656人，占全县参加企业职工基本养老保险总人数的37%。

【农村生态建设及环境保护】 召开全县乡村振兴暨农村人居环境整治工作推进会议，启动人居环境整治三年行动，向全县农村人居环境发起了攻坚战。坚持绿色生态农业发展导向，测土配方施肥技术推广面积达9.35万亩，覆盖率达90%；编制《茂县畜牧业发展及污染防治规划》，划定禁、限养区，开展畜禽养殖废弃物综合利用，发展种养殖循环产业，全县规模养殖场粪污处理设施率达80%；投资1927万元，实施垃圾资源化利用、农村生活污水处理、垃圾中转站等项目，改善农村人居环境。稳步推进人居环境整治三年行动、国、省交通干道路域环境、全县旅游环境综合整治专项行动，推进"厕所革命"、饮用水源保护、污染防治攻坚，完成厕所改造3357户，渭门和牟托出境断面水质、饮用水水源地水质监测数据均超过Ⅱ类水质标准；二级以上达标天数为359天，达标率达98%。严厉打击破坏林草、土地、水资源的违法行为，全年破获涉林案件80起，罚没款41.8万元；非法采砂案件1起，罚款1.5万元；生态环境保护执法立案6件，处罚金额11.8万元；查处涉矿产资源案件9起，罚没款38.87万元。镇、村建立农村环保责任机制，加强日常检查，着力解决危害农民群众身体健康、影响农业农村可持续发展等突出环境问题。

【农产品质量安全监管】 县政府与11个乡（镇）签订茂县农产品质量安全责任书，全年开展农产品质量安全监管巡查35次，发放宣传资料10000余份，培训农产品质量安全60人次，推行食用农产品合格证制度50家；协助建设完成12家可视化追溯体系，40家入驻国家（省级）农产品质量安全追溯管理平台。全年完成风险监测100个，合格率达100%；快速检测1000个，合格率达100%；协同抽样75个（农产品50个、土壤25个）；通过省级农产品质量安全检测能力验证考核。

【农村市场体系建设】 推进"农业+电商"发展，初步建成了全县三级物流体系，建成96个乡（镇）村电商服务站点并全部正常运行，全年累计开展电商培训3000余人次。实现代买代卖农资农药、金融服务等，通过电商、微商等销售3230万元，主导产业网上销售额占园区销售总额的38%，推进了农村新业态发展。在东兴镇开展玉米政策性农业保险，参保面积698亩，涉及5村95户。

【劳务开发与返乡创业】 立足脱贫攻坚和乡村振兴实际，以党建引领农民工工作为主线，紧盯在外农民工回引、返乡农民工创业支持等方面工作，全面落实农民工服务保障16条措施，发放返乡创业风险基金贷款180万元，加强农民工服务保障工作；扩大劳务转移和输出规模，促进大批农村劳动力就地就近实现就业，全县转移和输出农民工18796人次，实现劳务收入5.7亿元；搭建农民工创业平台，实施各项惠民工程，通过打造灌溉管网、田间产业路等措施，全力保障农村产业交通和供给，为服务农民工队伍奠定坚实基础；按照"主导产业带动、配套产业联动"原则，以实施现代农业产业基地强县为抓手，精心打造特色果蔬核心示范基地28个，辐射带动凤仪、南新等5个万亩示范区建设，其中李子平均亩产达2000千克，亩收入万元以上；突出龙头企业、专合组织和家庭农场等新型农业经营主体示范引领作用，辐射带动5000余户贫困群众增收致富。

【主要领导人】 县委书记：高加军；县人大常委会主任：周启军；县长：唐远益；县政协主席：王斌；分管农业副县长：周耀。

茂县编写组

松潘县

【基本情况】 2019年，全县辖17个乡（镇）12个居民委员会110个行政村288个村民小组26个居民小组，辖区面积8486平方千米，其中耕地面积11317.94公顷、园地400.22公顷、林地465562.38公顷、草地248201.62公顷、商业服务业用地140.79公顷、工矿用地113.17公顷、住宅用地115.57公顷、公共管理与公共服务用地157.71公顷、特殊用地49.48公顷、交通运输用地2889.57公顷、水利设施用地5425.29公顷、其他用地93120.44公顷。全县户籍人口73317人，其中男性37711人、女性35606人；农业人口65863人，非农业人口7454人；常住人口7.6万人，城镇化率41.01%。全年人口出生率6.75‰、人口死亡率4.68‰、人口自然增长率2.07‰。

2019年，全县GDP252538万元，增长5.6%，其中第一产业实现增加值50836万元，增长2.5%；第二产业实现增加值26099万元，增长2.5%（完成工业增加值9641万元，增长0.6%）；第三产业实现增加值175603万元，增长7%。三次产业对经济增长的贡献率分别为8%、6%和86%，分别拉动经济增长0.44个、0.34个和4.82个百分点。三次产业结构比由上年的20.4∶10.4∶69.2调整为20.1∶10.3∶69.5。人均GDP33449元，增长5%。全年共接待游客398万人次，实现旅游总收入350000万元，分别增长63.9%和39.9%，从各景区接待旅游人数看，黄龙景区、牟尼沟景区、松州古城、川主寺景区和红军长征纪念碑碑园分别增长93.1%、10.8%、40.6%、71.9%和207.5%。

公路总里程808.23千米。全年完成客运量40.9万人，旅客周转量5639.7万人千米；完成货运量185.8万吨，货物周转量44028.8万吨千米。完成全社会固定资产投资296284万元，增长13.8%。社会消费品零售总额45015.7万元，同口径增长5.9%，其中城镇市场累计实现零售额33404.6万元，占社会消费品零售总额的74.2%；乡村市场累计实现零售额11611.1万元，占社会消费品零售总额25.8%。地方公共财政预算收入完成8618万元，增长3%，其中税收收入4500万元，减少27.8%；非税收收入4118万元，增长90.4%。地方公共财政总支出200642万元，增长7.1%，其中教育支出36238万元、医疗卫生支出15712万元、科学技术支出1386万元、农林水事务支出36855万元。年末金融机构各项存款余额339415万元，增长3.8%，其中城乡居民储蓄存款185678万元，增长4%；人均储蓄存款余额25325元，增长4.8%。各项贷款余额171126万元，增长22.9%。

有中小学校31所，其中高中1所、初中7所、小学23所，有独立幼儿园3所、民办幼儿园1所、村幼儿教学点36所；在校学生8876人，其中高中生634人、初中生1516人、小学生4374人、在园幼儿2352人；教职工1047人，其中小学专任教师561人、普通中学专任教师225人；九年义务教育完成率100%，小学毕业班学生毕业率100%，初中毕业生升学率92.4%，高中毕业生升学率98.04%。全年实现邮政、电信业务收入41213.6万元；有固定电话用户21843户、移动电话用户77394户、互联网用户32764户，已通电话行政村143个。有国有文化事业机构30个，其中国有专业艺术表演团体2个、群众艺术馆1个、文化馆1个、乡(镇)文化站25个。有纪念馆1个,展览馆1个,公共图书馆1个(图书馆书籍总藏量4万册),农家书屋143个。有县广播电视台1座,有线电视用户2万余户。有体育场5座,体育馆1座。有卫生机构(含村卫生室)173个,其中综合医院1个、乡(镇)卫生院25个、其他卫生服务机构3个、村卫生室143个;卫生机构拥有病床位259张;有卫生技术人员493人,其中执业(助理)医师167人、注册护士170人。分级诊疗制度更加健全,县域内就诊率达90%。健康扶贫采取"一站式"精准服务模式,全年共救治3952人次,自付费用均控制在5%以上;全县143个行政村卫生室、25个卫生院已全部达标。有有线广播站1个,有调频转播发射台2座、电视转播发射台1座,电视覆盖率100%,广播覆盖率100%。

【年度农业和农村经济运行】 2019年,全县实现农林牧渔业总产值91717万元,增长3.6%,其中农业总产值39099万元,增长1.7%;林业总产值6231万元,增长8%;牧业总产值42373万元,增长5.6%;农林牧渔业增加值53534万元,增长3.6%。农村居民年人均可支配收入达14260元,增长10.59%,其中经营性净收入6164元、工资性收入5730元、财产性收入203元、转移性收入2163元,分别占家庭人均总收入的43.23%、40.18%、1.42%和15.17%;农村居民年人均消费支出达13915元,其中食品支出5181元;农村居民恩格尔系数为37.2%。全年农作物播种面积10.33万亩,粮食总产量13154吨,增加16吨,增长0.12%。全年免费放映农村公益电影1716场;开展"送戏下乡,送书下乡"等文化惠民活动150场次。完成村(社区)支部书记培训2期、援藏干部培训1期、脱贫攻坚驻村工作队人员培训1期。

【林业】 全县有森林面积299222公顷,森林覆盖率达35.9%。全年实施森林管护面积763.38万亩、生态公益林面积631.77万亩。全年共设计集体林采伐宗地52宗,核发林木采伐许可证52份,采伐蓄积677立方米,出材338.5立方米。组建27个脱贫攻坚造林专业合作社,964户农户参加合作社,其中建档立卡贫困户677户,占合作社总人数的70.2%。

【畜牧业】 全年出栏牛44591头,增长9.2%;出栏羊34364只,增长10.6%;出栏生猪24685头,减少6.7%。肉类总产量8572吨,增长4.8%,其中牛肉产量6192吨,增长8%;羊肉产量578吨,增长11.8%;猪肉产量1764吨,减少6.7%。奶产量9011吨,增长7%。年末牛存栏122427头,增长2.7%;羊存栏64210只,增长7.9%。

【新型城镇化】 全年共监督房建市政46个,报监报建46个,并加强日常监督管理。川主寺镇林坡村、十里乡大屯村被列入中国传统村落名录,川主寺镇林坡村、传子沟村、安备村、川盘村,小河镇丰河村,小姓乡埃溪村被列入省级传统村落名录,林坡村、大屯村启动实施传统村落保护工程。完成全县脱贫攻坚配套基础设施建设项目,包括新建公厕3座、垃圾回收池35座、消防池5座及附属设施等。全县城镇居民年人均可支配收入达35581元,增长8.58%,其中工资性收入15955元、经营性净收入16181元、财产性收入2944元、转移性收入501元,分别占家庭年人均总收入的44.8%、45.5%、8.3%和1.4%;城镇居民年人均消费支出达19656元,其中食品支出7341元。城镇居民恩格尔系数为37.3%。全年城镇新增就业621人,城镇失业人员再就业50人,困难人员再就业14人,就业失业登记779人,城镇登记失业率3.7%。全年转移贫困劳动力1750人,开发和安置公益性岗位2849人,安置2849人,安排青年就业见习22人。

【扶贫攻坚】 全年实现7个贫困村退出、99户273人贫困人口脱贫,贫困发生率从最初的13.5%降至0.03%。加强特色产业扶持发展,扩建中药材、水浆果种植基地4539亩,推广优质农特产品10个,申创"三品一标"认证农特产品8个,发展贫困户到户产业185户,带动3063户11655名群众在产业发展中实现人均增收1560元。开展职业技能培训48次1552人(含贫困劳动力42人),转移农村劳动力1.39万人外出就业(含贫困劳动力1750人),实现劳务收入3.7亿元;整合开发公益性岗位2849个,安置贫困劳动力2110人次,实现有劳动力的建档立卡贫困户全覆盖,户均增收4.2万元左右。全面推行民族地区15年免费教育,落实"三免两补"政策,发放生活费补助1126余万元;发放教育扶贫救助资金158.39万元,救助扶持贫困学生1677人次;实现贫困家庭学龄儿童1014人100%在校就读。实施卫生扶贫"五大行动",推动先诊疗后结算"一站式"服务,落实"十免四补助",贫困户城乡居民医疗保险参保率达100%;发放贫困户健康扶贫救助资金285.9万元,救助贫困群众4169人次。对因灾受损的5户贫困户和11户非贫困户房屋进行维修加固和重建。精准实施脱贫攻坚项目3批次227个,建设村(组)道路50.5千米、通村桥梁17座、排水沟9千米、波形护栏28千米;实施农村安全饮水项目18处,铺设农村供水管网78千米;改造农村电网168千米。对2014年确定的全县2131户建档立卡贫困户,55个贫困村及责任、政策、工作"三落实"进行全覆盖拉网式排查,并对排查确定的15户非建档立卡特殊困难户进行针对性帮扶;开展脱贫攻坚监测户和边缘户摸底监测,建立脱贫监测户名单11户、边缘户名单15户,同步进行建档立卡数据核实核准,对全县2125户贫困户家庭基本状况、档案材料、系统信息进行核实比对,保障贫困户信息的真实性、准确性、统一性。与京东签订战略合作协议,依托松潘县现有的蜂蜜、天麻、羊肚菌、牦牛肉等高原特色农产品和优质的旅游资源,以"全产业链"为核心理念,打造"11645"的产业体系,实现"五个带动",为松潘县打开电商产业发展新局面,先后孵化松州树的、丹珠梅朵、夏旭冬日等8个品牌,帮助10个贫困村开展"一村一品"扶贫产品销售,通过销售以虫草、牦牛肉、贝母、花椒等为主的高原特色农产品实现电商精准扶贫。培育电商人才,小河乡榨房村贫困户吴忠全、残疾人创业青年吴声刚等一大批群众进行电商创业,从业人员达3500余人,网商个数达2500个,辐射带动贫困群众6000余人,人均增收1万元以上。设立2750万元的"贫困村产业扶持基金"和1542万元的"小额信贷风险基金",通过"基金借支+授信信贷"的方式,帮助55个贫困村1222户贫困户发展村集体经济和到户产业,人均增收1350元。

【农机水利】 全县农业机械总动力达72704千瓦,增长6.6%。全年农村用电量13900万千瓦时,增长4.6%。全年实施山洪灾害防治非工程、堤防、小流域治理、安全饮水、节水灌溉等7个项目,完成投资4595.1万元,新建自动雨量监测站6个、自动雨量水位监测站2个,恢复重建堤防908.3米,解决385名贫困人口安全饮水问题;新增饲草料地灌面1648亩,改善饲草料地灌面1356亩。

【农村科技】 全年共完成专利申请6件、专利授权10件。完成波尔山羊与藏山羊杂交肉用生产技术示范与推广、松潘特色中药材科技示范基地建设等9个省、州科技项目验收。召开松潘县"四川科技扶贫在线"工作推进暨业务培训会2次,县级平台有效信息咨询量达1093条。全年开展农牧民实用技术现场培训15场次，培训农牧民800余人次；培育农业科技示范户200余户、新型职业农民134人；组织30名致富带头人到浙江、大邑进行为期一周的学习。

【农村文化】 全县数字电视覆盖全县25个乡（镇），收视节目达140套，数字电视覆盖率达100%；网内用户达2.8万余户，其中有线电视用户2万余户、地面数字电视用户0.8万余户。建成“户户通”工程2353户、110个行政村公共WIFI；建成村（社区）应急广播管理平台147个、紧急避难场所应急广播点8个，全县应急广播实现全覆盖。

【农村生态建设及环境保护】 全县主要河流出境断面镇坪乡岷江出境断面和小河镇涪江出境断面水质均达到Ⅲ类及以上标准，均为Ⅱ类水质；川主寺镇麻依河坝县城集中式饮用水水源地水质达到《地表水环境质量标准》(GB3838-2002)Ⅱ类标准；17个乡（镇）饮用水水源地水质均达到《地表水环境质量标准》(GB3838-2002) Ⅱ类标准，水质达标率均为100%。全年空气有效监测天数270天，其中优良天数270天，优良天数达标率达100%。全县有农村空气环境质量监测点位1个，为山巴乡山巴村，空气环境质量达到《环境空气质量标准》(GB3095-2012)一级标准。

【农村社会保障】 全县参加城乡居民养老保险人数29805人；参加基本医疗保险人数67613人，其中参加城乡居民医疗保险人数58688人。共确定农村低保户1403户2762人，发放低保金502.76万元。为442名残疾人发放生活补贴35.48万元。共发放困难群体养老金23238人，发放金额236.54万元；资助参保6348人，资助资金63.48万元。共确定城乡特困供养对象291人，集中供养32人。建成社会福利收养机构3个，有床位450张；有城乡日间照料中心1个。

【安全生产】 全年共发生各类非生产经营性事故21起，死亡12人，受伤37人，造成经济损失282.16余万元，其中道路交通事故17起，死亡4人，受伤22人，造成直接经济损失32.16余万元；火灾事故3起，造成经济损失250余万元；其他意外事故1起，死亡8人，受伤15人。全县未发生一般以上安全生产事故。

【主要领导人】 县委书记：贺松；县人大常委会主任：马永香；县长：李建军；县政协主席：马骞；分管农业副县长：何晓。

松潘县编写组

九寨沟县

【基本情况】 2019年，全县辖7乡5镇，辖区面积5288平方千米，其中耕地面积10.179万亩，增长18.84%，人均耕地面积1.52亩。年末常住人口8.2万人，其中户籍人口6.7万人（城镇人口2.61万人、农村人口4.09万人），人口出生率4.2‰，人口死亡率4‰，人口自然增长率11.24‰。本地水资源总量25.11亿立方米，人均占有水资源量3.062195万立方米。有林业用地39.9306万公顷，有林地面积27.9585万公顷，活立木总蓄积量7612.4万立方米，森林覆盖率58.68%。

2019年，全县GDP30.33亿元，增长5.7%，其中第一产业增加值2.93亿元，增长3.6%，农、林、牧及农林牧渔服务业之比为2.34：0.63：1.95：0.43；第二产业增加值5.06亿元，增长5.9%；第三产业增加值22.34亿元，增长5.8%。第二、第三产业对经济增长的贡献率分别为9.5%和74.6%。三次产业结构比为9：17：74。全年接待游客185.51万人，增长6.9倍；实现旅游收入17.6亿元，增长9.3倍。

公路通车里程878.5千米（其中乡村公路421.7千米），密度107.2千米/万人。社会消费品零售总额10.56亿元，增长5%。地方公共财政预算总收入完成1.37亿元，增长42.7%；公共财政预算总支出26.9亿元，减少2%。金融机构各项存款余额48.89亿元，比上年初增长14.12%；各项贷款余额51.75亿元，比年初增长28.8%，其中支持农业产业化发展项目贷款1932万元。全年农业保费收入100.8万元，增长6.44%，其中森林险实现保费收入56.2万元、种植险实现保费收入44.6万元；支付赔款28.43万元。

有各类学校25所，在校学生10120人，教职工1044人，其中普通中学3所，在校学生3229人；小学18所，在校学生4550人；学龄儿童入学率100%。有艺术表演团体12个，文化馆1个，公共图书馆1个。有卫生机构138个，病床位405张，在编卫生技术人员573人。新型农村社会养老保险参保人数30751人，参保率97%；被征地农民养老保险参保人数834人，占总人数的100%。

【年度农业和农村经济运行】 2019年，全县出台了《九寨沟县实施乡村振兴战略推动农业农村发展的意见(2017—2020)》《九寨沟县2019年乡村振兴实施方案》等规划。实现农业总产值2.34亿元，增长5.8%；全县全年农业增加值达1.25亿元，增长5.7%。农民年人均可支配收入达14254元，增长10.79%。在粮食、生猪、蔬菜生产中，科技贡献率85%。全县农产品质量抽检合格率达100%；建成12个基层农业综合服务站。登记注册农民专业合作社605家，培育国家级示范社1家（罗依乡大顺果蔬种植专业合作社）、省级示范社3家、州级示范社14家。

农用地产权制度改革。全年颁发17个乡（镇）119个村14487户的农村土地承包经营权证。印发《九寨沟县三权分置方案》，探索土地流转新机制，引导农村土地规范流转，全县流转土地16187亩，其中分别流转入种养大户260亩、农民合作社14600亩、工商业企业809亩，流转入村集体经济组织30亩、其他主体488亩。

农产品品牌战略实施。开展农产品质量安全检验检测中心双认证，认证李子、辣椒、酿酒葡萄、可食菊花、荞麦5个无公害农产品及酿酒葡萄有机农产品。加大农产品质量安全监管力度，开展农产品生产基地农药残留快速抽检，合格率达100%。实施“九寨沟+”品牌培育计划，推广“净土阿坝”“阳光九寨”区域品牌，授权九寨庄园葡萄酒业公司、九珍党参产业有限公司、阿坝州博文农牧科技有限公司、九寨沟云背篓、九寨沟县高原食品有限公司、九寨沟鑫海种植专业合作社6家企业产品使用“净土阿坝”区域品牌；申报九寨沟柿子、九寨沟蜂蜜、九寨沟刀党、九寨沟猪苓、九寨沟藏香猪5个地理标志产品。

现代农业园区建设。立足丰富的生态和旅游资源，发展特色休闲农业，建成罗依乡九寨沟休闲农庄、九寨沟县鑫海农庄和白河太平生态农庄四川省第二批省级示范农庄3个；重点建设罗依乡、勿角乡苗州村、永丰乡双龙村、白河乡太平村和黑河乡头道城村农旅融合示范园5处。

【种植业】 全年粮食作物播种面积42789亩，产量10929吨；蔬菜种植面积10771亩，产量16367吨；水果种植面积11972亩，产量5650吨；中药材种植面积13892亩，产量1472.2吨。全面落实耕地地力保护补贴面积47900.89亩，补贴农户9597户，补贴标准66.38元/亩。各项春耕物资储备充足，其中储备蔬菜种子品种30余个（1吨）。在罗依乡罗依坝村开展玉米高原中熟组6个品种区试验工作，取得了阶段性成功。

【林业】 全县林业用地面积39.93064万公

顷，占国土总面积的74.44%，建有勿角(73014公顷)、白河(16204.2公顷)、九寨沟保护区(65074.4公顷)、贡杠岭(123878.8公顷)4个自然保护区，1个国家级森林公园。全县林业产业基地面积达33800亩，其中木本油料(核桃)13000亩、木本药材(杜仲)3800亩、特色干果(花椒)17000亩、森林蔬菜2000亩；林下种植业面积4100亩，其中乌干天麻300亩、猪苓1100亩；林下养殖山鸡3000只、红腹锦鸡2000余只、中蜂2000箱；驯养野生动物340头(只)，其中梅花鹿40只、野猪300头。

【畜牧业】 全县兔出栏113697头(只)，增长9.9%；存栏115090头(只)，减少15%。生猪出栏18527头，减少12%；存栏13456头，增长11.6%。牛出栏17693头，增长10.5%；存栏48352头，增长4.8%。羊出栏7344只，增长17.6%；存栏10012只，减少4.3%。全年肉类总产量3629吨，减少2.8%，其中猪肉产量1343吨，减少9.4%；牛肉产量2064吨，与上年持平；羊肉产量126吨，增长28.6%。禽蛋产量54吨，与上年持平。

【水产业】 全年私人养殖的虹鳟鱼产量4万余尾，其中出售1万余尾、剩余3万尾。持续推进禁渔期禁渔宣传工作，张贴《九寨沟县科学技术和农业畜牧局关于全县天然水域春季禁渔的通告》73余张、宣传资料240份，部署召开禁渔工作会议6次。依托"世界水日"和"中国水周"、农村饮水安全大排查工作等宣传活动，宣传《水法》《防汛手册》《水土保持法》等法律法规，制定并发放宣传手册1000份、宣传彩页200余份，制作宣传横幅5幅、展板6个。加强对全县河流巡查力度，共出动车辆37车次、人员180余人次，开展检查巡查40余次。下达水土保持补偿费缴费通知书12份，共征收缴纳836.404万元，其中县级征收273.47万元。全年县级河长巡河累计102人次，乡(镇)河长巡河累计833人次，发现并整改问题208处，整改率达100%。

【乡村振兴】 编制完成《乡村振兴战略规划》，建立"2+4+5+7"工作机制。落实产业发展贷款风险补偿金1287万元，打造现代农业产业融合示范园区5处，申报"九寨沟藏香猪"地理标志产品，120个村集体经济实现收益405万元，国家级农业标准化示范县创建通过验收。投入8500万元，完善17个传统村落的基础设施，完成16个乡(镇)3204户的卫生厕所改造、16个村的污水治理、99个村的垃圾分类、19个村的人居环境整治。完成12个乡(镇)11个增减挂钩项目立项，到位资金2285万元。创建州级村民自治模范村48个，陵江乡七里村被农业农村部认定为"全国乡村治理示范村"。

【扶贫开发】 全县聚焦脱贫攻坚"头等大事"，持续用力补短板、强弱项、兜底线，4月，经省政府批准退出贫困县序列，取得建县以来最大脱贫成效。整合涉农资金1.22亿元、19个扶贫专项资金5.18亿元，投入东西部扶贫协作和省内对口帮扶援建资金4306万元，安排扶贫项目138个，完成20户77人的脱贫任务，产业发展、基础设施、村容村貌大幅提升，17个乡(镇)"一低三有"、48个贫困村"一低五有"、1585户贫困户"一超六有"达标率均为100%，通过省、州考核。"九寨沟县电商精准扶贫案例"被评为2019年全国电商精准扶贫典型50佳案例，创建为国家级电商扶贫示范县。

【农村水利】 推进农村饮水安全巩固提升项目，完成2019年预算内农村饮水安全巩固提升项目建设、2019年涉农统筹资金项目建设，规划实施乡(镇)12个，实施项目27个，总投资3783.6万元，解决"两不愁、三保障"中的饮水问题。完成灾后重建水利设施建设项目3个，总投资14747万元，其中中央、省专项投资13018万元，州、县投资2881万元。总投资3950万元，完成县城堤防维修加固、县城一号桥下游右岸堤防应急抢险、县城堤防清平市场段应急治理、双河乡汤珠河防洪治理、城沟小流域综合治理。

【农业机械化】 全年开展路检路查30天，出动农机执法车辆30台次、农机执法人员120人次，检查14.7千瓦以上自走式农业机械158台次，排查农机安全隐患4起，与17个乡(镇)签订安全责任书；与县交警队建立"警监联合"执法机制，新办拖拉机驾驶证281个，换发驾驶证24个，办理新车入户18台。全年发放购机补贴政策国补资金79.824万元、州补资金79.824万元。

【农村科技】 全年申报实施省、州科技扶贫项目3个，到位资金160万元；建设科技扶贫在线平台，录入专家85 名、信息员173名、科技示范户和贫困户1897名，完成咨询1352条。实施科技扶贫"百千万"工程，建立科技特派员与贫困村结对服务关系，组建"三区"科技特派团，有科技特派员12人、"三区人才"5人，覆盖全县48个贫困村。开展"科技强国科普惠民""科技万里行""五下乡助推科技扶贫"等活动，共计发放宣传资料1400余册，受益群众4600余人。

【农村教育】 投入资金近2.6亿元，实施14个学校新建项目和29个提档升级项目。整合6055万元采购教育教学设施设备。规划投资1990万元，建设第四幼儿园。全县生均校舍面积小学达19.03平方米、初中达18.75平方米、高中达21.82平方米；生均仪器设备值小学达0.24万元、初中达0.2767万元、高中达0.3656万元；学校运动场总面积达73216平方米，所有学校办学条件均达标。全年发放普通高中国家助学金65.8万元，受益学生658人；发挥教育扶贫救助基金作用，资助全县1148名建档立卡贫困家庭学生；拨付营养改善计划资金244.074万元，受益学生6423人，学校食堂供餐实现100%。

【农村文化】 全年文化扶贫投入195万元，完成率达100%；实施项目3个，完成率达100%。完成10个贫困村文化室巩固提升打造，对全县120个行政村的文化室(农家书屋)出版物及寺庙书屋图书进行补充更新并实行文化馆、图书馆、乡(镇)文化站"两馆一站"免费开放。组织开展乡(镇)、村文化员、村文化管家集中专题培训5次，现场实地指导400余人次；开展舞蹈培训1200人次，指导培训广场舞、锅庄等文化活动2000余人次；举办各类文化惠民活动110余场次。

【农村卫生】 全县共有医疗机构23所，在编医务人员573人。县人民医院完善自主就医系统，实现系统挂号、微信支付等功能，医疗条件得到改善。全年卫生健康系统实施灾后恢复重建项目共7个，其中国际旅游应急医疗保障中心(九寨沟县第二人民医院)、九寨沟县人民医院、九寨沟县妇幼保健计划生育服务中心、九寨沟县疾病预防控制中心、九寨沟县乡镇卫生院、九寨沟县村卫生室维修加固6个项目已全部完成，九寨沟县中藏医院建设项目已完成总工程量的57%，规划总投资18479万元，完成投资率达87.5%，到位率达100 %，累计拨付资金10434万元，占完成投资的64.53%。持续推进健康扶贫，"十免四补助"政策减免各项筛查、预防、治疗项目等共计6000余人，减免金额13万元。全面实施"先诊疗后结算"一站式服务，救助贫困患者1510人次，救助金额160.25万元。建档立卡贫困人口家庭医生签约率达100%。常态化开展义诊巡诊，共义诊6082人次，发放价值4.44万元的药品；免费体检贫困人口1000余人；4名护士通过母婴保健技术资格培训考核，取得了助产士资格证。全年儿科符合病种入径率达95%，较上年同期增长94%；妇产科符合病种的入径率达37%，同期增长36%。

全面落实计划生育“三项制度”，享受农村计划生育家庭奖励扶助政策共303人，兑现资金29.088万元；享受计划生育家庭特别扶助政策45人，兑现资金44.694万元；享受“少生快富”政策34户，兑现资金10.2万元；农村、无业居民独生子父母211人，共计兑付2.12万元奖励金，资金打卡兑现率达100%。全县共建立电子档案75832人，健康档案建档率达93.27%；管理糖尿病患者341人，规范管理率达86.11%；管理高血压患者2104人，规范管理率达81.96%；管理严重精神障碍患者163人；管理肺结核患者23人、结案9人；更新健康教育宣传栏95次、举办知识讲座154次、开展咨询活动126次；孕产妇住院分娩率达100%，死亡率为零。基本公共卫生服务下达资金做到专款专用。

【农村法制建设】 全县围绕农村普法“六个一”工程，加强法治教育阵地建设，投入18万元，更新普法专栏130个；投入4.2万元，在全县142个法律图书角（其中村图书角120个、社区图书角10个、寺庙图书角12个）增添法治书籍7100册。全年发放律师、公证法律服务卡1000张，及时充实调整法律服务团46人，并24小时接受人民群众电话和来访咨询；在每村（社区）确定2名以上普法员，培养乡村“法律明白人”338名；推进“法律服务进千村”活动，开展“送法下乡”活动，12个乡（镇）与四川同心律师服务团九寨沟分团签订法律顾问协议，确定7名执业律师免费担任法律顾问；建立“乡镇机关法律政策宣讲骨干网”“乡村法律政策宣讲骨干网”，组建法律宣传小分队18个、30人藏汉双语宣讲团1个，先后到乡村（社区）开展法治宣传活动310余次，发放各类宣传资料70000余份，悬挂横幅60余幅，接受法律咨询550余人次，受教育群众达50000余人。

【农村交通】 全年建成农村公路工程170余千米，累计投资2.32亿元，实现全县12个乡（镇）120个建制村100%通沥青（水泥）路。累计投资244万元，新建农村招呼站台96个，改建五级客运站2个；开通城乡公交线路12条，运营公交车24辆，建制村通客车率达100%，基本完成“两通”兜底任务。

【农村社会保障】 全县城乡居民养老保险参保人数30751人，新增1822人；缴费人数22260人，养老金待遇领取人数6582人，完成“三类人员”代缴保费8710人，每人100元，共87.1万元，其中建档立卡未标注脱贫的贫困人员38人、低保对象8639人、特困人员33人。完成已脱贫的建档立卡贫困人员代缴保费2165人，每人100元，共21.65万元（其中新参保663人），实现所有建档立卡贫困人员“应保尽保”和“应代尽代”。

【农村生态建设及环境保护】 全县累计整改中央环保督察反馈问题17个、省督察组发现问题45个、保护区专项督察问题13个、道路扬尘等环境污染问题40个。推进大熊猫国家公园体制试点。完成第二次全国污染源普查，地表水、饮用水水源地水质达标率均达100%，空气质量优良天数达100%，环境质量居全省前列。坚持山、水、林、田湖草“生命共同体”理念，治理中度沙化土地7500公顷、水土流失面积12.1平方千米，完成河谷造林补植830.12公顷。加快推行“以电代柴”，完成5个试点乡（镇）用电全额补贴，薪柴砍伐率减少25%，县城清洁燃料普及率达97%。推进河湖长制，集中整治河道非法采砂，完成水电站生态下泄流量整改，拆除永竹、彭丰2座小水电站。成立“九寨沟旅游环保法庭”，开授九寨沟生态文明干部学院培训班2期，漳扎镇、南坪镇获得“四川特色气候小镇”称号。

【农产品质量安全监管】 全县已认证有机食品1个、绿色食品1个、无公害农产品11个，开展李子、辣椒、酿酒葡萄、可食菊花、荞麦5个无公害农产品认证，申报九寨沟柿子、九寨沟蜂蜜、九寨沟刀党、九寨沟猪苓、九寨沟藏香猪5个地理标志产品。开展蔬菜、水果基地及种植大户日常监测农药残留快速检测46次，抽检样品18个，数量227个，合格率达100%。宣传《中华人民共和国农产品质量安全法》，普及农资识假辨假和科学使用、农业标准生产知识，培训人员630人次。

【农村市场体系建设】 持续扩大小额农贷规模，支持地方特色产业经济发展，累计发放种养殖业贷款12688.8万元；推进农村种养殖专业合作社融资，发放合作经济组织贷款2934万元。加大对农业龙头企业和种养殖大户及乡村旅游经济合作组织的信贷支持，向九寨沟县瑞达酒店有限公司发放贷款2000万元、九寨沟高原食品有限公司发放贷款700万元、九寨沟县九珍党参产业有限公司发放贷款150万元。

【农村留守家庭（儿童、学生）帮扶】 全县共有农村留守儿童25人，均由其祖父母、外祖父母监护。关爱儿童工作由专人负责，建立留守儿童、困境儿童、残疾儿童、事实无人抚养儿童、社会散居孤儿等多个台账，并对全县农村留守儿童和社会散居孤儿实现信息化管理，一人一档，精准施策，并指导留守儿童受委托监护人签订了《农村留守儿童委托监护责任确认书》。为加强对留守儿童、困境儿童等的统一领导和管理，夯实基层力量配备，在各乡（镇）配备了一名儿童福利督导员、在各村（社区）配备了一名儿童主任，并将相关信息录入“全国农村三留守人员管理信息系统”。贯彻落实80岁以上高龄老人养老金发放政策，累计发放高龄津贴4113人次103.751万元；为60周岁以上散居城镇特困老人每月发放500元供养金，10月调整为700元；为散居农村特困老人每月发放400元供养金，10月调整为600元。同时，根据老人不同的自理情况给予护理补贴。

【劳务开发与返乡创业】 全县全年农村劳动力转移输出1.68万人，实现劳务收入4.41亿元，增长1.6%；返乡农民工创业人数累计170人，新增8人。创建省级就业扶贫基地2个、省级就业扶贫示范村1个，促进返乡农民工就近就业3400人次。

【名优特新农产品】 九寨沟脆红李。九寨沟脆红李是九寨沟县传统栽培水果种类，种植历史悠久，且成熟期集中在8—9月，比内地晚20～30天，具有反季节优势，经济效益好。九寨沟脆红李生长于人间净土九寨沟海拔1800米左右的高原上，由于独特的地理条件，草原、雪山、原始森林优质矿泉水、最原始的嫁接方式，加上九寨沟早晚温差大、日照时间长，使九寨沟脆红李含糖量较高，果粉厚，肉质脆，味道甜；轻轻咬开，微黄的果肉与核分离，青脆甘甜中带有一丝果酸，核小肉厚，肉质细腻，皮薄爽脆，酸甜多汁，入口清爽，口感松脆，脆甜化渣。九寨沟脆红李营养丰富，果实中含糖、微量蛋白质、胡萝卜素、维生素A、多种氨基酸等营养成分，有促进消化、清肝利水、降压、导泻、镇咳、美容养颜的功效，当属炎热夏季健康食品之选，作为传统优势脆红李产地，一直以来，九寨沟脆红李备受当地人和外来游客的喜爱。

随着产业结构的不断调整，近年来，九寨沟县因地制宜，大力发展九寨沟脆红李种植业，着力打造扶贫特色产业，引领村民走出了一条增收致富的高效农业产业发展之路。

【主要领导人】 县委书记：罗智波；县人大常委会主任：汪世荣；县长：陶钢；县政协主席：葛林冲；分管农业副县长：龚学文。

九寨沟县编写组

金川县

【基本情况】 2019年，全县辖3镇19乡，辖区面积5524平方千米。

【年度农业和农村经济运行】 2019年，全县实现农林牧渔服务业总产值70100万元，其中农业总产值25927万元、林业总产值5120万元、牧业总产值35704万元、渔业总产值29万元、农林牧渔服务业总产值3320万元。有农民专业合作社752家，其中国家级示范社2家、省级示范社8家、州级示范社14家。

农村产权制度改革。对112个村(社区)集体所有的资源性资产、经营性资产、非经营性资产进行全面清查核实，农村集体土地总面积为58.34万公顷(其中农用地37.12万公顷、建设用地666.8公顷、未利用地21.14万公顷)。完成全州农村集体资产清产核资工作，并通过州级验收。启动集体经济组织成员身份确认工作。

【种植业】 全县粮食作物播种面积5895公顷，增长0.6%；产量22529吨，减少0.5%，其中小麦播种面积814公顷，减少4.6%；产量2178吨，减少4.9%。玉米播种面积2799公顷，与上年持平；产量13099吨，与上年持平。蔬菜种植面积869公顷，增长1.6%；产量42918吨，减少0.3%。药材产量113吨。水果产量2.03万吨，减少6%，其中梨1.36万吨，增长2%；苹果4801吨，增长1%。

产业结构调整。重点培育金雪梨、绿生食品、华杏农业等本土龙头加工企业并先后入驻杨家湾农副产品加工园，相继推出雪梨膏、雪梨汁等一批特色农产品。截至11月，全县雪梨膏产量达1000吨、雪梨汁产量达2000吨，实现产值7900万元。全县农产品品牌化销售率达60%，“金川雪梨”“金川雪梨膏”“金川辣椒”“金川白瓜子”“金川芫根”获得国家绿色食品认证，“金川秦艽”“金川牦牛”获得国家地理标志产品保护。

【畜牧业】 全县畜禽饲养总量达533817(头、只)，出栏畜禽212750头、只(其中猪59392头、牛13995头、羊11194只、鸡114063羽、兔14106只)。肉类总产量5330吨，其中猪肉3537吨、牛肉1444吨、羊肉188吨、鸡肉144吨、兔肉17吨；禽蛋产量106吨。完成杂交改良35475头，其中三元杂交改良面提高0.6%。在13个乡(镇)开设冷配点30个，引进冻精10000支。完成黄牛改良3450头、牦牛改良3702头，通过牦牛冻精输配黄牛试验，于6月在咯尔成功顺产一头犏牛，打破了黄牛很少产出犏牛的瓶颈，为全州牦牛健康养殖奠定了基础。

动物疫病防控。全年组织发放各类重大动物疫病疫苗170万毫升、包虫病防治犬驱虫药13.2万粒，全县禽流感、口蹄疫、小反刍兽疫、包虫病、布病5种强制免疫的重大动物疫病群体免疫密度常年维持在90%以上，其中应免畜禽免疫密度达100%，免疫抗体合格率全年保持在85%以上。完成包虫病犬只登记规范管理4529只，驱虫投药5.4万只次，完成省、州、县包虫病定点监测区域划定，涉及6个乡(镇)12个村；完成69个包虫病流行村276个犬粪无害化处理池建设任务。

非洲猪防控工作。为防控非洲猪瘟疫情传入，全县多措并举确保养殖业安全、市场供应和社会稳定。一是预防为主，监测全县生猪3.7万头，全力保障生猪市场安全有序。二是严格运输程序，设立临时防控检查站，对生猪产品运输车辆进行备案登记。在马奈设立公路动物临时检查站，严格实施24小时值班制度，严防死守84天，没有放过一头外来猪源入境。三是健全生猪保供体系，稳定货源渠道，引导群众科学消费、理性消费，避免因为非洲猪瘟造成市场恐慌。各乡(镇)实施严防排查，层层签订责任制，县动物卫生监督所对各乡(镇)的防控工作进行督导检查防控工作平均达2轮以上，发放宣传资料5000余份，张贴宣传知识图画100份，督查规模养殖场达184户次，截至11月，全县未发现非洲猪瘟疫情。

动物卫生监督执法。全年完成产地检疫生猪18674头、牛3120头、羊1507只；实施定点屠宰检疫生猪11217头、牛(羊)815头(只)，检出病理动物产品1765千克，全部按要求进行深埋无害化处理，屠宰检疫率达100%；非洲猪瘟屠宰环节PCR荧光检测816份，结果全部为阴性；严管兽药经营企业GSP认证企业4家，监督检测兽药经营连锁企业24家次，没收劣质过期兽药113盒(包、瓶)；开展兽药市场整顿、“瘦肉精”检测等集中专项整治活动7次，全县完成“瘦肉精”抽检10000余份；完成25家饲料及饲料添加剂经营企业的备案监管工作，完成10家养殖场动物防疫合格单位的年度审查工作，抽检辖区内50头以上的规模化养殖场投入品监督管理54场次，抽检“W”、猪瘟、禽流感、猪蓝耳病等重大动物疫病抗体143头份。开展生猪屠宰整治，新建生猪定点屠宰场进入屠宰设备购置安装环节。

【乡村振兴】 实施乡村振兴，产村相融促产业发展，根据村落区域优势，形成“一村一品”。全面推行自治、法治、德治“三治”融合治理模式，形成“自治”新格局、“法治”新观念。

【农村“厕所革命”】 开展整村推进“厕所革命”试点工作。财政奖补资金152.5万元，采取“以奖代补”的方式，在万林乡西里寨、安宁镇莫莫扎村等8个村试点改建，所有无害化卫生旱厕按照700元/厕的标准补贴，所有水冲式三格化粪池(包括成品式三格化粪池)厕所按照2000元/厕补贴，严格改建检查、验收和考评程序。

【重点项目建设】 金眉现代农业园区建设项目。园区规划范围扩大至3乡1镇15个村，产业布局为沙耳、咯尔、庆宁3乡的农旅结合的雪梨主导产业和金川镇特色果药菜产业，其核心区产业面积800公顷。园区内已建成标准化果园生产基地1133.33公顷、绿色防控技术2000公顷，是四川省无公害农产品基地，并育有新型经营主体21家，雪梨、中药材等初加工企业5家，电商8个，借助24个益农社公共服务平台实现电商销售额8000万元，带动农民就业2500人，人均增收4000元以上，园区农民人均可支配收入达13524元。

浙江帮扶金川特色产业发展项目。浙江援建资金总投入1065万元，涉及项目10个，截至11月，已全部完工并验收合格。主要用于推广芥菜种植10公顷、白芨基地13.33公顷，并在全县范围内建成2个标准化养殖基地、以及实施肉牛良种繁育体系建设及产业便道建设。

眉山市帮扶金川特色产业发展项目。眉山市下达援建资金598万元，涉及项目7个，截至11月，已完成产业便道、沟渠、入户通组路、育苗基地、气调库项目及农业基础设施等项目建设。

涉农资金整合项目。全年财政涉农整合资金下达5322.21万元，涉及项目122个，用于发展和壮大集体经济、基础设施建设、产业便道及牧道建设。

高标准农田建设。围绕金川县金眉园区勒乌镇实施333.33公顷高标准农田建设和133.33公顷高效节水灌溉建设项目，项目资金总投入790万元，截至11月，项目进度率达65%，开工建设333.33公顷。

雪梨林保护与综合开发示范建设。一是在咯尔乡金江村实施23.33公顷梨黑心病综合防治示范基地建设。二是在梨核心区的咯尔、沙耳、庆宁实施666.67公顷雪梨整形修剪、病虫害防治建设。三是对神仙包13.33公顷雪梨基地进行提升改造建设。

高原特色马铃薯项目。在全县建立高原特色马铃薯基地736.67公顷，在庆宁乡松坪村开展马铃薯新品种品比试验0.27公顷。加强技术员指导生产，加强病虫害田间监测力度、晚疫病监测和防治力度，马铃薯良种覆盖率达95%以上，病虫害防治面积达到应防面积的95%，配方施肥面积达90%。

小水果基地建设。在勒乌镇八步里村种植草莓基地22公顷、在角木牛村种植草莓基地6.67公顷，部分草莓已挂果。

【农机安全检查】 与22个乡（镇）签订《农机安全生产责任书》和《超载超限交通安全责任书和承诺书》，签订率达100%。开展集中培训、集中考试，新办理拖拉机驾驶证472本、拖拉机年检67台、驾驶证期满换证67本。组织人员到田间地头检查12次，督导检查乡（镇）农机安全生产10次，检查农机经营点5次，检查拖拉机52台，纠正无牌无证15起、违章载人5起、未年检3起；宣传法律法规13次，发放资料1600余份。

【农村科技】 "双增"工程及优质蛋白玉米推广。在玉米主产乡（镇）推广玉米高产栽培技术，落实增粮工程面积666.67公顷，其中包括中心示范片66.67公顷。玉米高产核心示范区分布在沙耳乡沙耳尼村13.33公顷、咯尔乡复兴村20公顷，粮经复合示范0.33公顷。

农业品种良种改良。引进玉米新品种10个，生产示范新品种6个，玉米试验地面积0.33公顷、示范地面积5.33公顷。为满足全县春耕生产所需用种，新调适合金川县种植的优良玉米种60余吨、各类蔬菜种子240千克，全县全年销售玉米良种62.5吨。检查玉米种子经销户3家、蔬菜种子销售网点10余个，抽取玉米种子样品20余个，发放宣传资料500余份。

【农村生态建设及环境保护】 以农环项目建设、农业行政执法为重点，转变工作方式，推动全县农环工作稳步发展并按照中央、省、州、县生态环境督察"回头看"工作要求开展问题整改，并及时报送问题整改进度。一是全县每个村建成物资包装垃圾处理池3～5个，农药使用量呈现零增长。推广使用农膜技术，减少白色污染，农膜回收率达80%以上，从而减少了农膜的残留量。二是县科学技术和农业畜牧局与州局在观音、集沐、勒乌、安宁等6个区域点建立土壤重金属观测点，并建设沼气池8000余口，带动农户改厨、改厕、改圈，推动人畜粪便无害化处理。遵循"资源化、无害化、减量化和综合利用"的原则，采取厌氧处理、土地消纳等方式提高畜禽废弃物资源化利用率，促进家居文明清洁化、庭院经济高效化、卫生环境优良化。鼓励采取免耕覆盖沃土技术、堆沤发酵或者过腹还田等方式处理农作物秸秆，秸秆综合利用率达95%以上，同时鼓励农户实施秸秆还田，增施有机肥，提高土壤肥力，未出现枇杷秸秆焚烧现象。三是借助"3·15""12·4"等法定宣传日开展农业普法知识宣传，发放各类宣传资料3000余份。全年共开展检查6次，出动执法人员100余人次，发放各类资料800余份，未查出销售禁用农药及过期农资。

【农产品质量安全监管】 对进出金川县农贸市场、农业生产大户及基地的蔬菜、水果进行农药残留定性抽检，抽检蔬菜、水果样品1014个，出动检测人员347人次。配合开展省级农产品质量安全交叉抽检1次，抽检检测农产品28个样；配合州农产品质量安全例行检测1次，抽检样品20个样；省级、州级农产品质量安全例行监测合格率达100%。建立农产品产地加工、冷链物流体系。

【食品安全及放心消费城市创建】 农产品质量检验检测站联合执法大队、植保站、种子站相关技术人员对城关、安宁片区进行农资检查5次，检查农资经销商60余家次，出动执法人员80余人次，集中宣传咨询5次，发放各类资料3000余份。利用"3·15"和"放心农资下乡进村宣传周"等活动加强农产品质量安全宣传，向广大群众宣传农业政策、农业法律、农业生产技术等知识，在活动现场设置咨询台、悬挂宣传横幅，向咨询群众讲解有关农产品质量安全法律、法规知识，科学使用农资技术、维权手段与途径、农机安全等相关常识，共接待各类咨询120余人次，发放各类宣传资料3000余份。省级农业公共安全与资源保护利用工程（农产品质量安全）项目打造省优质品牌农产品1个，金川雪梨被纳入优质品牌农产品打造。

【耕地地力保护补贴】 将耕地地力保护补贴与耕地面积挂钩，耕地面积的核定以二轮土地承包面积为基础，按排除法进行调整。对已作为畜牧养殖场使用的耕地、林地、成片粮田转为设施农业用地、非农业征（占）用耕地等已改变用途的耕地，以及长年抛荒地、占补平衡中"补"的面积和质量达不到耕种条件的耕地等不给予补贴。全县补贴面积3605.53公顷，每亩补贴标准为56.26元，补贴总金额304.27万元，涉及94个村13067户。

【主要领导人】 县委书记：卞恩发；县人大常委会主任：申红霞；县长：朱锐；县政协主席：邓真华；分管农业副县长：邓志刚。

金川县编写组

小金县

【基本情况】 2019年，全县辖5镇16乡，辖区面积5571平方千米。

【精准扶贫】 按照省、州、县脱贫攻坚工作要求和农业产业扶贫专项指导意见，结合全县农业产业实际，编制完成科技、农业产业、水利扶贫专项方案，在方案中明确了年度目标和建设内容，并将目标任务分解落实到站到人，确保项目建设如期完工，完成年度目标任务。

【非洲猪瘟防控】 自2018年8月初辽宁省发生首例非洲猪瘟疫情后，全县全力管控生猪及其产品调运。加强餐厨剩余物监管，稳步构建流通环节监管机制，并及时落实应急资金36.2074万元，对现有的180平方米实验室进行布置清理，采购非洲猪瘟检测仪器设备1套，配备检测人员1人。截至2019年年底，共出动执法人员180人次，检查食用农产品集中交易市场12个次，排查肉类产品生产企业9家次、食品销售者446户次、餐饮服务提供者600户次、冷库（肉类产品）28个次，前后共查获并销毁来源不明的猪肉144.9千克。在各乡（镇）张贴《关于开展非洲猪瘟防控工作公告》22份，发放《非洲猪瘟防治科普知识》宣传资料800余份，张贴宣传标语409幅，与餐饮单位签订《严禁使用泔水喂猪承诺书》420余份，通过短信平台发放温馨提示1000余条。非洲猪瘟弱阳病毒检测生猪29批次140头，防范了疫病发生，为全县的生猪及生猪产品健康提供了保障。

【项目建设】 2018年四川省水利发展专项资金小金县达扎沟小流域水土流失综合治理项目。该项目治理水土流失面积20.3千米，主要水土保持措施包括石坎坡改梯45.39公顷，发展经济林7.72公顷，封禁治理1917.95公顷，保土耕作58.94公顷，修建排灌沟渠5630米、沉沙凼28个、生产便道1180米、引水管道4.67千米。项目总投资1154.25万元，到位资金1000万元，已完项目成投资550万元。

2019年农村饮水安全巩固提升项目。该项目涉及3个乡9个行政村4622人的饮水安全问题，其中贫困人口5人。整治取水口1处，改建沉淀池1口，改建各类蓄水池28口，改建减压池55座，安装各类阀门205个，安装各类100级PE管共计113877米。项目总投资649.13万元，到位资金620万元，项目主体工程已完工。

2019年省级水利发展资金日尔乡四大安河堤项目。项目总投资372.79万元，到位资金350万元，综合治理河长281.8米，新建堤防280.5米，该项目已完工。

2019年山洪灾害非工程措施项目。项目总投资225.6774万元，调整自动雨量站3个、自动水位站2个，补充自动雨量站2个，补充自动水位站2个，卫星通信通道4个，更换设备45套，供电保障8个，新建图像监测站点1个，新建视频监测站点1个，预警设施设备、群测群防体系、综合保障体系建设1项。5月6日完成政府采购，8月15日完成验收。

小金县河道划界项目。小金县沃日河河道管理范围划定项目总投资988767.54元。

小金县小金川河河道管理范围划定项目。项目总投资227万元，已完成前期工作。

【水政工作】 砂场整治工作。完成全县13处砂场拍卖工作，拍卖费共计1183.1万元，并于5月13日完成13处采砂点的河道采砂证办理，督促各砂场加快环保措施的建设进度。在开展日常执法工作中共出动执法人员286人余次、执法车辆98辆，现场纠正、制止非法采砂7起，处罚非法采砂1起(罚款2万元)，处罚河道内倾倒垃圾1处(罚款1000元)，共计罚款21000元。

"扫黑除恶"工作。按照"有黑扫黑、有恶除恶、有乱治乱"的总体要求，开展好"扫黑除恶"专项斗争第二年"深挖根治"阶段的相关工作，县科学技术和农业畜牧水务局发放"扫黑除恶"宣传资料500余份，悬挂横幅2条，出动车辆12台次、人员30人次，通过广播、电视等媒体以及现场讲解等形式开展宣传活动，及时完成扫黑除恶办交办的工作，及时上报周报、月报、线索台账。已完成扫黑除恶办交办的案件3起，已全部办结，并向县扫黑办回复结案。对全县13处砂场黑、恶现象进行线索摸排，共摸排47余次，出动执法人员190人次、车辆47台次，未发现涉黑、涉恶线索。

【主要领导人】 县委书记：毛端喜；县人大常委会主任：余志容；县长：姚奇杰；县政协主席：全明；分管农业副县长：吴品俊

小金县编写组

黑 水 县

【基本情况】 2019年，全县辖17个乡(镇)，辖区面积4356平方千米。农村居民年可支配收入达14038元，增加1233元，增长9.6%。

【农产品品牌战略实施】 全年完成申报"三品一标"认证农产品22个，其中完成登记农产品地理标志3个(黑水高山羌活、黑水瓦钵贝母、大白胡豆)、申报绿色农产品11个(甜樱桃、大白菜、马铃薯、辣椒、洋葱、无筋豆、莴笋、甘蓝、萝卜、黑水秦艽、黑水人参果)和农产品有机认证4个(李、大白菜、黑水凤尾鸡、黑水色湾藏香猪)、地理标志商标认证4个(黑水大蒜、黑水大白胡豆、黑水凤尾鸡、黑水色湾藏香猪)。

【农村制度改革】 全县农村土地承包经营权确权登记颁证工作稳步实施，全县农村土地测绘面积114119.63亩，其中承包地面积108913.85亩、自留地面积1880.49亩、村集体机动地面积727.15亩、开荒地面积2598.14亩。全县共计应颁发农村土地承包经营权证13052本(户)，已颁证13052本(户)。全面完成土地承包管理数据库建设和土地确权登记档案资料归档。启动农村集体资产清产核资工作，全县125个清理单位货币资金核实数为208万元，应收款核实数为1110.71万元，库存物资核实数为413.21万元，牲畜(禽)资产核实数为1573.16万元，林木资产核实数为63.45万元，固定资产核实数为21462.31万元，负债核实数为1253.08万元，所有者权益核实数为23577.75万元。扶持壮大发展村集体经济，建立村集体经济88个村，占全县村(社区)总数的70.4%；集体经济累计收益518.5424万元，其中累计收益在1万元以下的27个村(其中贫困村24个)，1万～5万元(含5万元)的33个村(其中贫困村30个)，5万～10万元(含10万元)的9个村(其中贫困村7个)，10万元以上的7个村(其中贫困村4个)。村集体经济收益分配到非贫困人头的最低为3元，最高为5500元；分配到贫困人头的最低为3元，最高为5950元。

【种植业】 全年农作物播种面积11.06万亩，增长2%，其中小春粮食作物播种面积0.022万亩，产量65吨；小春经济作物播种面积0.0853万亩，产量1370吨。大春粮食作物播种面积8.72万亩(包括小麦2.16万亩、青稞0.73万亩、玉米1.55万亩、荞麦0.78万亩、马铃薯2.48万亩、胡豆0.98万亩、豌豆0.04万亩)，产量1.65万吨。蔬菜种植面积2.23万亩，产量4.11万吨。特色水果面积保有量达0.85万亩。

【畜牧业】 全县牲畜总存栏23.2568万头(匹、只)，增长3.5%；总出栏26.4803万头(匹、只)，增长4.2%，其中生猪养殖规模达15.2543万头，存栏9.0231万头、出栏6.2312万头；禽养殖规模达19.1644万只，存栏3.4724万只、出栏15.692万只；兔养殖规模达6.1866万只，存栏2.9642万只、出栏3.2224万只；牛存栏6.0266万头、出栏0.7821万头；羊存栏1.1752万只、出栏0.5526万只；马存栏5953匹。全年肉类总产量5531.93吨，其中猪肉产量4237.22吨、禽肉产量282.46吨、兔肉产量58吨、牛肉产量860.31吨、羊肉产量93.94吨；奶类制品产量692吨。养殖黑水蜂2.75万群，生产成熟中蜂蜂蜜220吨。

【民族团结进步创建活动】 紧扣"中华民族一家亲、同心共筑中国梦"总目标，围绕共同团结奋斗、共同繁荣发展主题，统筹推进民族团结创建、民族文化繁荣等各项工作。一是健全组织机构，明确目标任务。成立工作领导小组，设立了办公室，组织召开全局民族团结进步创建专题会议，安排部署各项工作，明确工作目标和任务。调查研究、召开专题会议，给联系村村民、贫困户、"两联一进"联系户发放《民族团结进步宣传资料》300余份。二是加大宣传力度，营造氛围。以民族团结进步宣传月为契机，将民族团结与脱贫攻坚、改善民生等工作结合推进，组织人员到联系村、贫困户宣传党的民族政策、国家法律法规，把民族团结进步创建活动与解决群众最关心、最急需、最紧迫的现实问题结合起来，让群众得到更多实惠，切实感受到党和政府的温暖，夯实创建活动基础。

【扶贫攻坚】 产业扶贫。一是先后实施2019年产业扶贫推进项目及2019年"回头看、回头帮"产业扶贫推进项目，累计采购并发放藏香猪种猪3202头、中蜂4538群、凤尾鸡56870只、牦牛1059头、黄牛296头、羊214只，完成农业物资、有机肥等的采购发放。二是巩固特色果蔬发展。全年共采购并发放马铃薯种子274.4吨、大白胡豆种子17.2吨，大白菜、萝卜、无筋豆、莴笋、辣椒等生态蔬菜种子2万余袋。在色尔古、双溜索、麻窝、扎窝、知木林、芦花等蔬菜生产集中区种植各类生态蔬菜2万余亩，示范种植面积达4000余亩。全县共栽植羌红脆李二年生带冠树3.42万株、甜樱桃树0.16万株、枣树0.15株。三是按照“政府补助、社会捐助、民主管理、群众监督”的管理模式，设立了产业扶持基金。全县在贫困村预备资金3200万元，共使用产业扶持基金1824.28万元用于种养业及旅游业的发展，其中贫困户借款108.5万元，村集体使用1715.78万元，使用率达57%。

科技扶贫。一是推广发展中药材种植。全县道地中药材规划种植面积1200亩，已完成种植面积390亩，其中种植大黄270亩（知木林乡木都村150亩、晴朗乡竹子村120亩）、莨菪70亩（洛多乡嘎茸村）、蒲公英50亩（石碉楼乡扎基村）。二是加强新品种引种示范工作。新引进“五月脆”“高山牡丹”等新品种，并结合新品种优势，科学持续发展，为全县农业产业做好科技示范，推动农业产业发展。三是实施科技扶贫项目。完成2016年科技扶贫产业类项目“黑水县色湾藏香猪养殖产业扶贫项目”“阿坝州黑水县良种核桃科技示范与推广项目”的验收结题；完成2017年科技扶贫产业类项目“黑水县核桃田间管理及丰产改良技术示范推广”“高原藏区高山秋淡季特菜产业科技扶贫示范”“黑水县青红脆李建设”项目。申报科技扶贫产业类项目1个。组织报送2020年省科技厅科技计划项目3个，其中科技扶贫产业类项目2个、科普类项目1个。四是推动四川省科技扶贫在线工作。组织平台工作人员在17个乡（镇）召开平台业务培训会，并对手机APP操作进行业务培训，对信息员管理和考核办法进行讨论，共培训信息员129人次。全年受理各类在线咨询452条，其中完成回复308条、待专家回复4条；完成供销对接2条，技术供给2条。五是加强中药材实用技术培训力度。利用春耕生产等有利时机，在分发中药材种子种苗时召集各乡（镇）农牧民，由专业技术人员进行“点对点”技术培训2300余人次，通过现场培训和各类宣传活动共发放种植管理技术资料1800余份。邀请成都中医药大学、四川省中医药科学院等专家教授深入基点进行农村实用培训，并组织专家召开座谈会。通过科技项目和示范基地共开展技术培训40余场次，培训技术人员700余人次，全年累计完成培训3000人的目标任务。

水利扶贫。一是实施安全饮水项目14个，投资943万元，包括黑水县2019年中央债务资金安全饮水巩固提升项目和足麻、沙卡等13处散点安全饮水项目。二是西尔芦色及田间渠灌工程进入组织项目验收阶段。三是争取河道疏浚资金300万元，对晴朗扎窝内多段河道疏浚10.5千米，清淤22万余立方米；投资3169.7万元，新（改）建甲足、足麻、沙卡、昌德、德石窝等堤防7处，3784.9米。

【惠农政策】 兑付完成全县种地农户耕地地力保护补贴资金共计6150811.99元，享受补贴面积为87493.77亩，补贴标准为70.3元，涉及全县17个乡（镇）117个村318个组，惠及农户10915户。拨付2018年农机购置补贴32.68万元；到位2019年农机购置补贴中央资金60万元，尚未拨付。兑付2018年县级扶贫发展奖补资金123.17492万元，总计奖补金额为554.846682万元，其中农业产业发展奖补资金总额201.702362万元（土地流转奖补资金137.47132万元、种子种苗奖补资金28.17万元、基础设施奖补（种植业）36.061042万元），已兑付123.17492万元；中药材产业发展奖补资金总额为178.46232万元（其中土地流转奖补资金142.82232万元、种子种苗奖补资金35.64万元），尚未兑付；养殖业奖补资金总额174.682万元，尚未兑付。兑付完成黑水县2018年国家草原生态保护补助奖励政策2笔，兑现到户资金773.5万元（其中禁牧补助资金367.5万元、草畜平衡奖励资金406万元）。开展特色农业保险工作，全县投保牦牛5364头、母猪1465头、育肥猪5593头，合计保险金额124.8645万元，其中财政补贴99.8916万元、牧民自缴24.9729万元。

【主要领导人】 县委书记：刘云建；县人大常委会主任：何晓兵；县长：陈永清；县政协主席：王扎；分管农业副县长：汪明。

黑水县编写组

壤塘县

【基本情况】 2019年，全县辖9乡3镇1个居委会60个行政村131个村民小组，辖区面积664022.29公顷，其中耕地面积3461.64公顷、园地2.23公顷、林地302879.73公顷、草地300913.73公顷、城镇村及工矿用地1053.14公顷、交通用地824.85公顷、水域及水利设施用地4206.15公顷、其他土地50677.82公顷。年末户籍人口46484人，其中男性23494人、女性22990人；农业人口38883人，非农业人口7601人；常住人口43000人，城镇化率26.61%，提高1.61个百分点；人口出生率14.84‰，人口死亡率5.2‰，人口自然增长率9.64‰。

2019年，全县GDP122015万元，按可比价计算，增长5%，人均GDP28709元，增长3.8%，其中第一产业增加值29819万元，增长2%；第二产业增加值6734万元，增长24.4%（工业增加值2085万元，增长7.9%）；第三产业增加值85462万元，增长4.3%。三次产业对经济增长的贡献率分别为8.1%、28.5%和63.4%，分别拉动经济增长0.4个、1.4个和3.2个百分点。三次产业结构比由上年的29.5：25：45.5调整为24.5：5.5：70。全年共接待游客35.17万人次，增长4.4%；实现旅游总收入27706万元，增长1.8%。

公路总里程807千米，其中等级公路807千米。全年完成客运量1.3万人，旅客周转量174.7万人千米；完成货运量4.3万吨，货物周转量1812.4万吨千米。全年新开工项目43个，新增固定资产36536万元；施工项目共70个，完成固定资产投资112588万元，同口径增长9.2%。地方公共财政收入完成2138万元，增长13.8%，其中各项税收收入1293万元，增长15.9%；地方公共财政支出180269万元，增长0.5%，其中教育支出15512万元、医疗卫生支出12767万元、科学技术支出350万元、农林水事务支出47984万元，财政自给率为1.2%。社会消费品零售总额24266万元，同口径增长6.3%，其中乡村消费品零售额5755万元，增长6.4%。年末金融机构各项存款余额175724万元，增长4.1%，其中城乡居民储蓄存款余额69117万元，增长8.3%；各项贷款余额60079万元，增长50.6%。

有各类学校61所，其中小学11所、普通中学2所、高完中1所、幼儿园47所；小学在校学生5801人，普通中学在校学生2080人；小学专任教师325人，普通中学专任教师150人；义务教育阶段入学率为98.76%，小学毕业班学生毕业率为100%。邮政、电信业务收入3111万元，增长1.2%。有固定电话机用户4746户，增长9.5%；移动电话用户26120户，增长8%；国际互联网用户7116户，减少4.5%。

【年度农业和农村经济运行】 2019年，全县实现农林牧渔业总产值50960万元，增长4.3%，其中农业总产值10911万元，减少2.1%；林业总产值2282万元，增长5.2%；牧业总产值34464万元，增长5.7%；农林牧渔服务业总产值3303万元，增长5.4%。农村居民年人均可支配收入达12791元，增长11%，其中工资性收入2429元，增长11%；经营净收入5870元，增长12%；转移净收入4380元，增长10%；财产净收入112元，增长23%。年人均消费支出10860元，增长11%。农村居民恩格尔系数为47.74%。全年农作物播种面积3.5万亩；粮食总产量4142吨，增加742吨，增长21.8%。

【林业】 全县森林面积220596.09公顷，森林覆盖率达33.2%。全年实施森林管护面积242.409万亩、生态公益林面积17.4万亩；共设计集体林采伐宗地27宗，核发林木采伐许可证27份，采伐蓄积3892立方米，出材1946立方米；组建脱贫攻坚造林专业合作社45个，1349人参加合作社，其中建档立卡贫困户1051人，占合作社总人数的77.9%。

【畜牧业】 全年出栏牛48439头，增长10.5%；出栏羊33010只，增长6%；出栏生猪300头，减少9.1%。年末牛存栏171205头，减少2.9%；羊存栏57186只，减少13.2%。肉类总产量7194吨，增长11%，其中牛肉产量6568吨，增长10.7%；羊肉产量603吨，增长15.3%；猪肉产量23吨，与上年持平。奶产量11747吨，增长6.5%。

【新型城镇化】 全年共监督项目121个，其中房建市政项目22个、脱贫攻坚项目99个、报监报建项目108个、招标备案项目15个、消防备案项目1个，并加强日常监督管理。宗科乡加斯满村、吾伊乡修卡村、壤塘乡壤塘村、茸木达乡茸木达村、中壤塘镇布康木达村被列入中国传统村落名录，其中吾伊乡修卡村、宗科乡加斯满村启动实施传统村落保护工程。完成全县脱贫攻坚配套基础设施建设项目，包括新建公厕5座、垃圾回收池37座、消防池7座、洗衣台7座及附属设施等。实施藏区新居建设（农村危房改造）380户、中壤塘镇危旧房棚户区改造608户，完成全县129套“茂县安心工程”认购、分配工作。全年城镇居民人均可支配收入达36245元，增长8%，在家庭总收入中，工资性收入32781，增长8%；经营净收入2316元，增长10%；转移净收入420元，增长4%；财产净收入727元，增长7%。年人均消费支出20943元，增长4%。城镇居民恩格尔系数为41.59%。

【扶贫开发】 全年实现6个贫困村退出、320户1472人贫困人口脱贫，贫困发生率降至0.46%。实现12个乡（镇）、60个行政村通硬化路，完成农村90%的通寨路和入户路建设；农（牧）民饮水难问题基本解决，53个村通国网电、63个村（社区）通信网络全覆盖，完成农村危房改造1185户、易地扶贫搬迁730户2992人，建成幸福美丽新村32个。同时，自筹资金上千万元，实施家居环境改善1488户，为全州唯一一个县。发展生态农牧业，推行“合作社+基地+农户”模式，依托热不卡等蔬菜基地种植高原蔬菜4000余亩，依托壤巴拉慧科生态农业有限公司种植油菜3000余亩，依托云端牦牛等合作社建立29个联户牧场，初步形成有条件乡（镇）“一乡一品”的生态农牧产业格局；发展文旅产业，加快国道317线、国道227线乡村旅游、上寨自驾游营地、腾都驿站等旅游配套建设，支持沿线群众发展乡村旅游；建设以唐卡、藏医药、藏香等非遗文化为核心的“壤巴拉”非遗传习创业园，促进“文化+旅游+扶贫”深度融合。发展电子商务，以建设“国家电子商务脱贫奔康示范县”为抓手，投资880万元，建成县级电商服务中心1个、乡村级电商服务点24个。立足丰富的水资源，新建宗上电站并网发电转入商业运行，告别无规模以上工业水电站的历史；1WM光伏电站全面竣工并发电。组织贫困户在家门口参与工程建设、上山采挖药材等实现劳务创收，实现年人均增收2000元。抓好就业培训，举办各类培训班97期，培训7000余人次。通过东西部扶贫协作、省内对口帮扶等平台，先后输送205名壤塘青年与温州、绵阳企业签约就业。

【农机水利】 全县农业机械总动力达39905千瓦，增长1.1%。全年农村用电量560万千瓦时，与上年同期持平。全年实施安全饮水、水利建设、防洪治理、生态修复项目7个，完成投资8589万元，新建自流饮水15处，建设机电井162口、维修37处，建设筒井50口，解决3536人的饮水问题，其中贫困户52户256人。

【农村科技】 协助“科技扶贫万里行”省、州专家服务团到壤塘县指导培训工作；申报高原蔬菜种植、高原油菜种植、牦牛养殖3个专家服务团，并制订相关工作方案；协助完成省、州各专家服务团来壤塘县开展第三阶段工作任务。全县共有专业技术人员1323人，其中农业技术人员111人。

【农村文化】 参加录制康巴卫视、阿坝州2019年壤巴拉“藏历土猪新年”文艺及藏戏专场晚会。在吾伊乡吾依村组织和指导村文艺小分队开展文艺活动，完成原生态歌手初赛。到浙江省开展文博会展演、“温州壤塘文化周”、壤巴拉锅庄展演、旅游推介会文艺展演，到德阳市参加东方电气集团“壮丽70年，放歌新时代”文艺展演活动，受邀代表阿坝州参加“四川省第三届农民工原创文艺作品颁奖晚会”文艺演出，参加州环境保护局举行的颁奖晚会，受邀到江苏省昆山市参加2019年戏曲百戏（昆山）盛典，向全州、全省、全国展示了壤塘改革开放发展成果，引起社会各界的高度关注。对接绵阳师范学院，在全县开展对口帮扶活动，并分别在县城、茸木达乡及蒲西乡大伊里村进行文艺演出，旨在让壤塘群众感受他地文化的魅力，传播中华民族传统文化。举办阿坝长征干部学院壤塘分院，带领县级机关党员干部重走长征路、实地讲微党课；围绕决战决胜脱贫攻坚，举办县、乡、村三个层面、多个方位的脱贫攻坚专题培训班；9月，举办“不忘初心、牢记使命”主题教育活动县级领导专题读书班；坚持把政治理论教育和党性修养提高贯穿教学始终，指派藏汉双语教师到各乡（镇）为基层党员干部开展藏语宣讲，加强农村党员思想政治教育。协助举办和主办主体班次总计39个培训班次，培训达2775人次，其中举办红色文化教学班9期，有4期培训班185人食宿在宗柯乡石波寨农家，为该村寨农户带来收入共计22200元。完成《壤塘县文化旅游融合发展研究》《精准扶贫群众满意度获得感的壤塘实践》《如何开展壤塘县外出务工人员培训》《壤塘县乡村振兴几点思考》调研文章4篇。完成《永恒的坚守不变的初心》《不忘初心继续前进》《大爱盛开民族团结之花》，微党课课件3篇。

【农村卫生】 全县有卫生机构69个，其中村卫生室51个；开放病床位315张。中藏医院创建甲医院，妇计中心创建二乙医院。全年完成免费孕前优生优育检查199对，免费婚前医学健康检查284对；完成包虫病B超筛查5948人，免费药物治疗208名患者；艾滋病HIV检测7033人次，规范管理肺结核13例。全年婴儿死亡2人，死亡率6.43‰；3岁以下儿童2600人，系统管理2189人，系统管理率达84.19%；住院分娩276人，住院分娩率达88.7%；孕产妇系统管理150人，管理率达81.96%。

【农村社会保障】 全县参加养老保险29066人，其中城乡居民养老保险参保人数23238人；参加基本医疗保险43877人，其中城乡居民医疗保险参保人数39249人。农民工高风险参保人数2470人。截至2019年年底，全县共有431人享受城市居民最低生活保障，17057人享受农村居民最低生活保障，1279人享受农村特困人员救助供养，259人享受集中供养。全县共有农村敬老院6所，开放床位780张。

【农村生态建设及环境保护】 全县主要河流出境断面蒲西乡、茸木达乡水质均达到Ⅲ类及以上标准；两个县城集中式饮用水水源地竹青沟、竹柯沟水质均达到《地表水环境质量标准》（GB3838-2002）Ⅱ类标准；11个乡（镇）饮用水水源地水质均达到《地表水环境质量标准》（GB3838-2002）Ⅱ类标准，水质达标率均为100%。县城空气质量优良天数为322天，优良天数达标率达100%；农村空气环境质量达到《环境空气质量标准》（GB3095-2012）二级标准。

【安全生产】 全年共发生各类非生产经营性事故202起，死亡12人、受伤16人，经济总损失达265余万元，其中道路交通事故182起，死亡4人，受伤15人，直接经济损失65余万元；火灾事故15起，经济损失200余万元；其他意外事故5起，死亡8人，受伤1人。全县未发生一般以上安全生产事故。

【劳务开发】 全年城镇新增就业384人，19名城镇失业人员和就业困难人员实现再就业，城镇登记失业率控制在3.6%以内。建立高校毕业生就业见习基地8个，共收集见习岗位38个，推荐就业见习人员11人。对3700余名城乡劳动者开展27期脱贫攻坚贫困家庭技能培训。

【防震减灾】 全年数字化地震仪器正常运转率高达99.8%。在"4·20""5·12""7·28"特大地震纪念日的宣传过程中，累计发放各种宣传资料12000余份，挂置宣传横幅7幅，参加竞争性谈判12余项。截至10月，全县共开展震情会商53次、月会商10次，其中周报43份、月报10份；编写《地震动态》10期、跟踪监测报告10次、短临跟踪简报10期。

【主要领导人】 县委书记：严华；县人大常委会主任：刘木滚；县长：张德发；县政协主席：马秀珍；分管农业副县长：代胜利。

壤塘县编写组

阿坝县

【基本情况】 2019年，全县辖9乡6镇，辖区面积10125平方千米，其中耕地面积16.5403万亩，与上年持平，人均耕地面积3.46亩；基本农田13.8177万亩。年末总人口8.1614万人（户籍人口），减少0.06%；人口出生率29‰，增加3个千分点；人口自然增长率0.9‰，增加2个千分点。本地水资源总量33.11亿立方米，人均占有水资源量40569立方米。有林业用地21.22万公顷，有林地面积7.85万公顷，活立木总蓄积量2413万立方米，森林覆盖率15.92%。

2019年，全县GDP16.6025亿元，增长6.9%，其中第一产业增加值4.5146亿元，增长3.6%；第二产业增加值1.093亿元，增长29.1%；第三产业增加值10.9949亿元，增长5.7%。三次产业对经济增长的贡献率分别为11.7%、29.9%和58.4%。全年接待游客64.11万人，实现旅游总收入48582万元，其中乡村旅游收入17871万元。

公路通车里程1099.7千米（其中乡村公路602.4千米），密度105米/平方千米。社会消费品零售总额6.8642亿元，增长4.9%。地方公共财政预算总收入完成0.4797亿元，减少10.1%；公共财政预算总支出20.5192亿元，增长1.3%，其中农业投入55372万元，占支出的27%。金融机构各项存款余额23.9906亿元，比上年初增长-2.1%；各项贷款余额8.0636亿元，比年初增长25.4%。完成农业产业化项目18个，完成投资6343.2万元。有农业产业化龙头企业县级2家。

有各类学校29所，在校学生12459人，教职工905人，其中普通中学2所，在校学生3840人；小学27所，在校学生8619人；学龄儿童入学率99.62%，提高0.5个百分点。有艺术表演团体1个，文化馆1个，公共图书馆1个。有卫生机构129个，病床位541张，卫生技术人员434人。城乡居民医疗保险参保人数62272人，参合率97%；新型农村社会养老保险参保人数31131人，参保率88%。

【年度农业和农村经济运行】 2019年，全县实现农业总产值1.0877亿元，增长5.2%。农民年人均可支配收入达14164元，增长10.7%。全县建成21个基层农业综合服务站。

2019年阿坝县主要农产品产量

主要农产品	单位	产量	同比(%)
粮食	万吨	1.4	-21.7
马铃薯	万吨	0.2	-13.83
油菜籽	万吨	0.1	-3
蔬菜	万吨	1	-24.8
肉类	万吨	1.4	4.1
牛肉	万吨	1.3	3
羊肉	万吨	0.0534	4
牛奶	万吨	2.6	7.7

农业产业化发展。创建有机认证示范县，年产绿色有机农产品18000吨，生态农业占比达95%。引进油菜、马铃薯新品种5个，试验1.7万余亩。流转土地2.79万亩，培育专业合作社204家，建设家庭牧场20家，培育种植大户69户。建成划区轮牧围栏30万亩、标准化草场人工饲草地2万亩、牲畜暖棚203个。实施农业产业专项扶贫项目16个，项目投资5989.6万元。建成以黑青稞种子繁育基地、黑青稞种植基地、油菜种植基地、马铃薯种植基地、绿豌豆种植基地、高原中低温食用菌基地为主的万亩种植基地，建成以优良牧草种子繁育基地、人工饲草扶贫基地为主的饲草基地，建成以茸安乡藏鸡示范养殖、阿坝县牦牛扶贫养殖为主的养殖基地。投资4267.58万元，建成村集体经济15个。

农用地产权制度改革。自6月启动农村集体产权制度改革工作以来，已完成全县5个乡（镇）80个村的赋码登记。全县农村土地确权面积164345.85亩，承包地块47017块，发放证书5872本，涉及15个乡56个村149个村民小组5872户35969人。

现代农业园区建设。阿坝县黑青稞产业园区位于阿坝县西北部，园区辐射阿坝镇、各莫乡、龙藏乡等6个乡（镇）。园区以黑青稞和马铃薯种植为主导产业，采取轮作方式耕作。园区以良种标准化栽培为基础、产品精深加工为支撑、有机品牌培育为重点、农业新业态为载体、信息化建设为服务、群众就业增收为关键，完善产供销全产业链，健全联农带农机制，带动全县黑青稞产业持续发展。全年通过土地流转、务工等形式带动园区范围内6769户农牧民26858人（其中贫困户950户4587人）实现人均增收280元。

【种植业】 全年农作物种植面积10.32万亩，其中粮食作物62775亩，产量10137吨（青稞54575亩、6549吨，薯类8200亩、3588吨）；经济作物40450亩，产量11807吨（油菜16300亩、1304吨，中药材135亩，绿豌豆18035亩、5411吨，食用菌480亩、720吨，蔬菜5500亩、4372吨）。全年不定期对青稞、蔬菜等农作物抽样检测160余个，完成农田灭鼠0.3万亩、农田除草1.5万亩；绿色防控覆盖率达20%，绿色防控带动推广面积1.2万亩；专业化防统防治覆盖率达25%；病虫害防治面积占应防面积的95%，病虫害损失率控制在4%以下。

【林业】 做好防火宣传，组织开展宣传活动5场次、"进校园"活动7次，开展应急演练8次；开办森林防火宣传栏目1个，新建生态治理科普宣传平台(LED展示屏)1座、大型宣传牌1座。组织实施义务植树，栽植云杉3.2万株，折合面积290亩；建设宜林荒地46.21亩，栽植各类规格苗木3138株(含补植)，完成阿坝镇南岸新区绿化38.54亩。开展县域内2个自然保护区、2个湿地公园项目工程建设。巩固自然保护区管理面积282744公顷，巩固率为100%；巩固全县湿地面积68384.08公顷，巩固率为100%。完成林木种质资源第一次外业普查工作及2019年林地变更、公益林调整、林地"一张图"工作。

【畜牧业】 全年大牲畜出栏127315混合头，大牲畜存栏634270混合头。全年肉类产量13777吨，牛奶产量25192吨。完成牲畜暖棚建设203个，项目总投资576万元。完成家庭牧场建设20个，项目总投资100万元。完成全县21个乡(镇、场)农牧民补贴4475万元，其中落实草原禁牧355万亩，兑付补助2662.5万元；落实草畜平衡717.8万亩，兑付奖励资金1794.5万元。完成农牧民保险投保牲畜牛投保26万混合头，全年赔付3628.3余万元。完成国家强制免疫病种免疫，其中牛(羊)口蹄疫110.7万余头(只)，牛(羊)布病58.7万余头(只)份，羊包虫病6.7万只份，羊小反刍兽疫6.7万只份，牛炭疽40万头份，犊牛副伤寒20万头份，牛巴氏杆菌52万头份，羊猝狙、羊快疫、羊黑疫、肠毒血症三联四防6.7万头(只)份。全年及时处理口蹄疫零星散发疫情2起、家猪蓝耳病1起、焦虫病3起、其他各类疾病18起。完成全县现有的5户(家)生猪养殖户(场)及生猪屠宰场的定期监测及消毒灭源非洲猪瘟工作，对全县现有的423头生猪每日进行疫情排查，检查消毒运输车辆523台次，消毒圈舍草场1520平方米，开展非洲猪瘟防控工作专项督查12次。

【乡村振兴】 开展农村人居环境整治村庄清洁行动，全县21个乡(镇、场)87个行政村共清理农村生活垃圾48729.9吨，清理村内水塘184口，清理村内沟渠342.1千米，清理村内淤泥359.6吨，清理畜禽养殖粪污等农业生产废弃物164吨，发动农民群众投工投劳35080人次，清理残垣断壁30处，开展进村入户宣传教育14510人次，发放宣传资料9521份，张贴宣传标语562条，财政专项用于村庄清洁行动86.5万元，社会力量投入村庄清洁行动4.1万元。全县新(改)建公厕13座，投资222万元，其中改建公厕7座，新建厕所5座。全县改造提升农村户厕3431座，以户为单位，将任务分解到18个乡(镇、场)65个行政村，新建1092座，改建2339座，其中整村推进任务涉及5个村662户，已全部完成。全年集体经济计划总投资4276.58万元，其中财政投资3660.48万元、自筹616.1万元，建成集体经济18个，其中农业生态型3个、商贸服务型9个、特色旅游型1个、工程机械租赁1个、光伏产业(现代畜牧产业扶贫示范基地项目)4个。

【扶贫攻坚】 对照全县脱贫攻坚工作的总体规划，确定脱贫241户1117名贫困人口，同时实现整县"摘帽"的工作任务。一是编制完成《全县脱贫攻坚年度实施方案及脱贫项目表》《2019年脱贫攻坚工作方案》等，完成23个专项扶贫牵头部门方案和扶贫项目，与各乡(镇、场)部门签订年度脱贫攻坚工作责任书。二是按照"一月一报告"的工作要求，每月月底对全县23个专项方案、项目推进落实的进度、资金报账进度进行搜集汇总，及时统计减贫进度，发现并协调解决在项目政策落实落地中存在的各类问题106项。三是开展贫困户信息系统基本信息管理和动态调整3次，录入、修改、完善各类贫困对象信息愈万条。进行国扶办子系统和"六有"系统培训6次，培训超过800人次。下乡开展内业资料专项指导2次，实现21个乡(镇)全覆盖。四是筹备脱贫攻坚领导小组会议10次、脱贫攻坚工作推进会(含视频推进会)12次。五是组织开展脱贫攻坚"两不愁、三保障""回头看"大排查工作，全县县、乡、村三级1200余名干部分441组对全县所有贫困对象及非建档立卡特殊困难户进行全覆盖拉网式对标排查，排查建档立卡贫困户3317户，排查率达100%；排查贫困村35个；核定特殊困难户73户，共发现12类1014个具体问题，并督促完成整改，提升了全县脱贫质量。六是组织开展2019年年度脱贫攻坚验收，对全县241户预脱贫户"一超六有"、达标情况进行验收，对959户已脱贫户"一超六有"达标情况进行复核，对21个乡(镇、场)300户非贫困户扶贫指标进行调查，对10个预脱贫村"一低五有"进行和21个乡(镇、场)"三有"情况进行初验，完成241户脱贫户实现"摘帽"任务。

【乡村旅游】 全年接待游客64万人次，增长12%；实现旅游收入4.86亿元，增长10%。一是完成阿坝县查理乡神座村生态停车场建设、阿依拉山"朝霞夕照"观光摄影点、麦昆乡草原村"游牧味道"体验点民族特色雕塑建设、"光影览胜"观光摄影点提升项目、安斗乡派克村栈道维修、河支乡色尔古村观景台提升项目。二是河支乡色尔古村旅游露营地建设、莲宝叶则景区观景平台建设项目已进场。三是阿坝县旅游型集体经济配套设施建设项目、莲宝叶则4520观景点采购项目、莲宝叶则旅游景区提档升级采购项目采购工作有序推进。抓好全域旅游环境整治行动，定期或不定期开展城乡环境整治、景区景点环境整治、路域环境整治等工作督查，加强整改问题排查，改善景区景点、公路沿线旅游环境。

【农村水利】 全县共实施水利建设项目14个，总投资17521万元，其中农村饮水安全巩固提升工程5个，总投资2093万元，对全县乡(镇)蓄水池及管网进行维修及新建，共惠及0.2万人；中小河流治理项目2个，总投资3160万元，治理河堤9.48千米，新建堤防7.277千米，保护人口4437人，保护耕地1057亩；小流域水土流失综合工程4个，总投资1211万元，治理水土流失面积24.45平方千米；若果朗水利工程渠系配套项目总投资9845万元，新增有效灌溉面积5.01万亩；山洪沟项目1个，总投资1152万元；维护养护项目1个，总投资60万元。

【农村教育】 加大财政投入。全年落实学前教育阶段资助("一免一助")政策，拨付资金874.678万元，惠及学前教育阶段学生4372名；落实义务教育阶段资助("三免两补")政策，拨付资金3171.48万元，惠及义务教育阶段学生11246名；落实高中教育阶段资助("两免一助")政策，拨付资金163.1376万元，惠及高中教育阶段学生706名。

优化资源配置。全年项目总投资21755.3万元，其中争取资金项目1100万元，实际实施项目55个，投资200万元，购置教学设施设备1000余台(件、套)，促进了教育信息化的发展水平。三是加强教师队伍建设。全县有中小学、幼儿园教职工868人，其中专任教师827人，政府购买服务人员548人，小学教师学历合格率为100%，初中教师学历合格率为100%，高中教师学历合格率为76.5%。组织开展各级各类培训1311人次，超过全县教师总人数，其中国家级培训60人次、省级培训43人次、州级培训186人次、县级培训1022人次，提升了全县教师队伍的整体素质和专业能力。

【农村科技】 组织特派团专家到河支乡、阿坝镇、安斗乡、茸安乡、四洼乡等19个乡（镇）35个贫困村对青杠黑木耳种植、栽培管理和采摘、晾晒管理技术、马铃薯种植、贝母种植、赤芍种植、贾洛羊养殖、动物病防治等进行现场培训及技术指导，现场培训29场。科技扶贫在线平台优化提升与运行维护项目，全县科技扶贫在线平台已注册信息员150名、专家70名，提供咨询信息755条、技术供给1条、供销对接2条、产业咨询2条。聘请州局专家对35个贫困村信息员、专家220人进行培训。中药材育苗基地建立秦艽、大黄、羌活科技扶贫示范点1个20亩，推广新技术2项，开展技术培训4场。

【农村文化】 完成48个村级文化室补充购置设施设备、47个村购置“村村响”设备、52个非贫困村购置图书、10个贫困村补充更新农家书屋书籍、40个贫困村补充购置宣传栏等项目。推进公益电影放映工作，完成农村公益电影放映共计1018场次，观看群众15430余人。开展游客演出18场次，开展“送戏下乡”文艺演出活动114场次、对外交流活动5场次、“四下乡”21场次，完成全县节庆及公益性演出工作。

【农村卫生】 全面实施基本药物制度，实现100%零差率销售基本药物、100%网上采购；各基层医疗卫生机构使用基本药物品种达325种。建立居民健康纸质档案76100人份，达到应建档人数的98.83%；居民电子健康档案74100人份，建档率为96.23%。2019年度基本公共卫生服务项目及十年行动计划补助资金共到位416.9326万元，已拨付416.9326万元，拨付比为100%。免费开展巡回医疗服务1.2万余人次，免费发放药品价值35万余元。从乡（镇）卫生院选派卫生专技人员20名到县人民医院、县藏医院脱产进修3个月，提高乡（镇）卫生院B超、心电图的使用率，促进基本公共卫生服务均等化的提升；选派符合条件的村医10人参加乡村医生中专学历教育，并参加四川省乡村医生资格考试，全县乡村医生合格率为100%。全县基层医疗卫生机构诊疗量占全县总诊疗量的16.11%。全县累计转诊患者959人。推行家庭医生签约工作，组织建立家庭医生签约服务团队23支，全县家庭医生签约服务一般人群签约率达57%，重点人群签约率达84%；建档立卡贫困人口，签约率达100%。签约3351户15500人，免费开展艾滋病抗病毒治疗16人，免费开展抗结核药物治疗36人；免费开展贫困白内障复明手术20人；免费为15781名贫困人口缴纳个人医保。建档立卡贫困人口累计住院5798人次，医疗费用总额3258.04万元，累计报销3072.24万元，贫困人口个人支付费用185.8万元，各年度补偿合格率为100%；贫困人口签约家庭医生3371户，签约人口15781人，签约率为100%。开展艾滋病孕期检测684人次，产时检测51人次。全县共发放叶酸313人，发放率为37.3%；为全县目标人群6～24月儿童累积发放营养包7289盒。全年集中4次对全县乡（镇）妇幼卫生工作人员共100余人进行了系统培训，印发10种共计3000余份的宣传资料；集中培训乡（镇）计生干事1次30余人。组织5名唇腭裂儿童开展省协会和微笑明天慈善基金会的免费唇腭裂手术修复治疗。开展脊髓灰质炎灭活疫苗查漏补种工作，接种率达98%。对900名大骨节病患者免费进行治疗，免费药物价值53万元；对4700名7～12岁儿童进行大骨节病监测；完成包虫病筛查12540人，新发病人11人，推荐手术10人、规范服药10例；在21个乡（镇、场）开展饮茶性氟中毒病情调查。对新增的82例结核病患者进行治疗及追踪随访；共管理高血压患者2890人、糖尿病患者203人、重精144人；完成“3·24”结核病日宣传，发放宣传资料500余份，开展结核病防治督导8次。对全县各乡（镇）小学校进行食堂卫生、环境卫生、人群合理膳食等工作检查2次，覆盖率达100%，发放宣传资料500余份。完成全县所有乡（镇）饮用水水质检测任务。在21个乡（镇）开展妇幼卫生健康免费检查服务活动，免费检查妇女50人，其中精准贫困人员20人，对查出有患病的妇女和儿童给予了相应的药物治疗或合理健康建议等服务。开展“三查”服务2100人次、计划生育免费技术服务707人次，上门咨询4500人次，随访4500人次，发放避孕药具16000只（套），技术人员培训4次，安（取）皮下埋植273例，安（取）环32例。

【农村法制建设】 围绕脱贫攻坚、“扫黑除恶”、民族团结进步等重点工作，以“两联一进”群众工作为载体，突出抓好青少年、寺庙僧尼、农牧民群众等重点对象，以重点带动全面宣传法治教育。抓住“三八”妇女维权周、“3·15”消费者权益保护日、“4·15”国家安全日、重要节点面向社会开展形式多样的普法宣传活动。全县开展法律政策宣传活动650余次，举办法治专题培训280余次，受教群众4.7万余人次，发放宣传资料5.2万余册。二是通过微信公众号平台、微博、抖音等新媒体广泛宣传法律援助工作，及时发布有关法律援助工作的图文信息、视频等，全方位、广覆盖、多角度地宣传法律援助工作，实现了法律援助宣传形式多样化，打造“指尖上的法律服务”平台。成立公共法律服务工作站15个，为群众提供“零距离”的便民服务。拓展村级普惠民生便利化平台，“一村（社区）一法律顾问”工作融合开展，全县19个乡（镇）的35个贫困村实现法律顾问全覆盖。三是为农民工简化手续、扩大援助范围和条件，通过绿色通道提高援助质量和效率。对凡是涉及农民工的讨薪、社会保险待遇、交通事故人身损害赔偿等法律援助案件，优先提供法律援助。根据案件事实及情况，发挥法律服务人员的调解功能，以调解协商方式化解矛盾纠纷。降低农民工维权成本，与对口援建的四川明炬律师事务所开通“互联网+视频网络服务”活动。全年共计涉及民工讨薪咨询121人次、代书112件，涉及诉讼金额132.45万元。五是开展基层法治示范创建活动，全面推进法治示范乡（镇、场）、村（社区）创建活动。创建县级法治示范乡（镇、场）21个、州级法治示范乡（镇、场）4个，县级民主法治示范村24个、州级民主法治示范村19个。六是全面加强人民调解工作。贯彻落实“枫桥经验”精神，实现小事不出村、大事不出镇、矛盾不上交的良好态势。加大对各类社会矛盾纠纷的排查力度，及时发现和解决问题，开展人民调解专题培训6次、专行性调委会联席会1次，排查矛盾纠纷1027次，预防矛盾纠纷237起，调处矛盾纠纷64件。

【农村交通】 投入资金18412.03万元，实施建设项目62个，其中投资3395万元，实施乡道建设项目2个；投资7119.27万元，实施村道建设项目15个；投资1685万元，实施通组道路建设项目9个；投资1752.5万元，实施入户道路建设项目8个；投资3671.8万元，实施桥梁建设项目27个；投资788.46万元，实施养护中心站建设项目1个，实现到乡乡通油路、村村通硬化路。投入资金300万元，完善乡村客运，其中购买3辆17座客车，开通农村客运班线3条；购买农村客运车辆4辆，开通县城至柯河乡、贾洛镇、查理乡3条农村客运响应式服务路线；修建完成87个行政村招呼站牌，建制村和乡（镇）通客车率为100%。

【农村社会保障】 全年发放农村低保49077人，发放低保金48705535元。供养特困人员527人，发放特困供养金520860元。按时足额发放残疾人“两项补贴”，拨付困难残疾人生活补贴1186人次，拨付资金1394700元；拨付重度残疾人护理补贴8382人次，拨付资金687000元。

【农村生态建设及环境保护】 开展农业面源

污染防治，全县使用农膜5.3吨，回收利用率达80%。实施草原禁牧355万亩，推行草畜平衡717.8万亩，改良天然草地6万亩，治理毒害草0.1万亩，划区轮牧30万亩，改良退化草原2万亩。一是对全县各行政村的生活污水处理设施现状进行摸底调查。除纳入城镇污水处理厂的阿坝镇之外，各乡（镇、场）污水处理设施基本空白。查理乡神座村建有污水管网2830米、雨水管网2320米，夺哇村建有排污沟2000米。农户厕所多为土坑旱厕或无厕，旱厕粪便用碳灰或草木灰干化粪回用于农田。二是根据省、州对农村人居环境整治及乡村振兴的要求，结合全县村庄自身区域条件、人口聚集度、污水产生量等，因地制宜地提出了全县农村生活污水处理模式的相关建议，分别对城镇、集中、分散处理设施模式提出了可行性建议。

【农产品质量安全监管】 全县农产品质检项目通过竣工验收。全力试行食用农产品合格证制度，下发开具合格证制度的通知并与市场监督管理局联合发文，将合格证开具纳入巡查检查，并对试行主体实现全覆盖；实施农产品生产经营主体质量安全“两个名单”制度，推进违法违规农产品生产经营主体列入农产品生产主体质量安全“重点监控名单”或“黑名单”工作；持续推进农产品质量安全风险监测预警、加大农产品质量安全监督抽查力度，开展农资打假和农产品质量安全专项整治工作，对本行政辖区内的农资打假和农产品质量安全专项整治“利剑”工作进行部署，查办农产品质量安全案件3件，定期公布本地农资和农产品监督抽查结果。开展放心农资下乡进村宣传活动。加强农产品质量安全追溯体系建设，区域内绿色食品、有机农产品生产经营主体共45家已全部入驻国家（省级）农产品质量安全追溯管理信息平台并开展农产品质量安全追溯与农业农村重大创建认定、农业品牌推选、农产品认证、农业展会等挂钩工作，有有机产品3个（贾洛绵羊、牦牛、燕麦草）、地理标志产品1个（贾洛绵羊）、无公害农产品1个（肉牛）（正在换证）、绿色产品2个（马铃薯、黑青稞）。建立农产品质量安全投诉举报制度并设立举报电话，加强农产品质量安全突发事件应急处置能力建设，完善本级农产品质量安全应急预案。

【农村市场体系建设】 为开展好农业发展风险补偿金工作，加强工作力度，压实工作责任，全县乡村振兴农业产业发展贷款风险补偿金工作由县政府统筹协调，由县科学技术和农业畜牧水务局牵头负责，县财政局（县金融办）、县扶贫开发局、各乡（镇、场）、合作银行、省农担公司等单位按照职责分工协同配合、全力推进。全县乡村振兴农业产业发展贷款风险补偿金共到账587万元，已将补偿金注入“乡村振兴农业产业发展贷款风险补偿金”账户，专项用于风险补偿，未私自调整、挪用、转移用于其他任何方面。全县已有符合要求的企业、农民合作社、家庭农场、种植大户、农户以及返乡创业人员等到金融机构提出贷款共10户，共计金额999.5万元。全年完成农牧民保险投保牲畜牛投保26万混合头，赔付3628.3余万元，种植业投保13745亩，县财政补贴10946元。

【劳务开发与返乡创业】 着力劳务开发。通过实施“千人就业促进行动计划”“生态扶贫工程”开发各类公益性岗位，促进劳动力就近就业4247人，其中解决建档立卡贫困劳动力就业3443人；深化东西部劳务扶贫协作，全年举办就业扶贫专场招聘会2期，输送136人到结对发达地区实现务工就业（其中建档立卡贫困劳动力66人）。

鼓励支持返乡创业。设立创业担保贷款分险基金600万元，对领办、创办经济实体符合条件的创业者提供创业担保贷款，并按规定贴息；对首次创业成功符合条件的高校毕业生给予1万元的一次性创业补贴。全年发放创业担保贷款10户100万元、高校毕业生创业补贴3户3万元。

【主要领导人】 县委书记：苏均；县人大常委会主任：陈旭春；县长：陈宝华；县政协主席：措德；分管农业副县长：杨斌。

阿坝县编写组

若尔盖县

【基本情况】 2019年，全县辖4镇13乡2个牧场，辖区面积10620平方千米，其中耕地面积64311亩，与上年持平。年末总人口79668人，人口出生率13.61‰，人口自然增长率9.08‰。本地水资源总量21.8亿立方米，人均占有水资源量27595立方米。有林地面积234356.8公顷、草地面积596593.7公顷、城镇村及工矿用地面积264.7公顷，森林覆盖率9.9%。

2019年，全县GDP25.9亿元，增长5.3%，其中第一产业增加值10.2亿元，增长2.8%；第二产业增加值1.4亿元，增长2.9%；第三产业增加值14.3亿元，增长7%。第一产业增加值占GDP的39.4%，第二产业增加值占GDP的5.4%，第三产业增加值占GDP的55.2%。全年人均GDP33425元，增长6.1%。三次产业结构比为39.4 ：5.4 ：55.2。劳务输出5800人，收入1.39亿元。

公路通车里程1260.8千米，其中乡村公路677.6千米。固定电话用户10602户，增长5.4%；固定互联网宽带接入用户15264户。社会消费品零售总额60075万元，增长7.1%。地方财政一般预算总收入完成6930万元，增长5.9%；财政一般公共预算支出186724万元，增长16.5%。金融机构各项存款余额250294万元，比上年初增长12.3%；各项贷款余额138311万元，比上年增长15%。农业产业化龙头企业州级3家、县级2家。

有各类学校30所，在校学生16517人，教职工992人，其中普通中学6所，在校学生5897人；小学23所，在校学生7528人；学龄儿童入学率99.83%。有艺术表演团体1个，博物馆1个，公共图书馆1个，文化馆1个，体育馆1个，文化站17个，文物保护108个。有卫生机构23个，病床位310张，卫生技术人员402人。城乡居民基本医疗保险参保人数7442人。

【农业和农村经济运行】 2019年，全县实现农业总产值15亿元，增长4.1%；实现畜牧业产值1.4亿元，增长4.5%。生猪、食用菌、伏季水果、蔬菜等特色优势农产品产量保持稳定增长。农民年人均可支配收入达14165元，增长10.52%。全县农产品质量抽检合格率100%；建成17个基层农业综合服务站。有畜牧标准化养殖基地32个、良种繁育基地4个、牧草种植基地1个。

2019年若尔盖县主要农产品产量

主要农产品	单位	产量	同比(%)
粮食	万吨	0.62	7
油料	万吨	0.09	-0.3
肉类	万吨	2.46	15.3
牛奶	万吨	4.13	19
牛肉	万吨	1.93	17.6
羊肉	万吨	0.44	11
猪肉	万吨	0.09	7.2

【林业】 设置片区森林管护站2个、乡森林管护站9个、护林站6个，落实管护员850名（其中正式职工24人、临聘管护75人、生态护林员751人）并签订合同，对全县149.47万亩森林进行管护。各乡森林管护站和护林检查站均严格按照天然林资源保护和森林管护五大职责要求开展巡护检查工作。实施绿化造林项目4个，总投资418万元。若尔盖县2016年中央财政第二批造林补贴项目完成主体工程施工5000亩。

【畜牧业】 全县牲畜出栏462926混合头（牛156378头、羊291330只、猪15218头），牲畜存栏1023378混合头。生猪存栏9871头，减少14.4%。全年肉类总产量24584吨，增长15.3%，其中猪肉产量891吨，减少7.2%；牛肉产量19298吨，增长17.6%；羊肉产量4395吨，增长11%。牛奶产量41253吨，增长19%。

【统筹城乡和新型城镇化】 完善环卫保洁市场化进程，县城区、国道213线和省道209线沿线环卫保洁工作、国道213线旅游沿线休息区保洁工作全面移交第三方环卫保洁公司，城区环卫保洁已实现市场化运作。9月20日，若尔盖县垃圾收转运体系建设项目进场施工，11月初完工，总投资300万元。开展县城生活垃圾场原址提升改造项目前期工作，10月8日完成开标，并竣工验收。4月20日，完成西区标识标牌采购招标工作；6月底完成采购及安装工作。全年更换破损和丢失的井盖30个、水篦子60个，更换人行道盖板100块，修补破损的路沿石2000米；5—10月，对城区寺院路、党校路、商业街一巷、商业街二巷、建设南街、建设北街、香巴拉南街、香巴拉北街等已损坏的市政设施进行修补，更换、维修市政地砖、盲道地砖及路沿石300平方米。完成360个井盖涂鸦工作，投入资金4.8万元。4—8月，多次组织环卫外包第三方公司对城区内所有的下水道口进行清理，累计投入人工120余人次，清除淤泥25吨；4—10月，完成城区7座公共厕所粪便清掏工作，共清掏粪便85吨。对接2018年涉农资金涉及中心的项目，完成涉农资金项目的采购及资金支付工作；协助处理非洲猪瘟事件。对城区餐厨垃圾进行分开收集、集中清运、消毒深埋，共处理餐厨垃圾440余吨；对各乡（镇）餐厨垃圾处理进行宣传，与乡（镇）签订责任书19份。组织环卫外包第三方公司在城区人行道花箱种植石竹，投入100人次，投入资金3万余元。

【扶贫开发和移民工作】 下达三批财政涉农资金16130万元，启动项目290个。完成98.775万元财政涉农整合项目建设任务，其中到户到人项目67.58万元，涉及8个乡（镇）10个村，支付进度达100%；“四改两建”项目31.2万元，涉及1个乡2个村104户，支付进度达100%。完成扶贫小额信贷贴息45.43万元。

【乡村旅游】 投资1.82亿元，完成花湖景区提升改造和河它温泉谷一期建设项目，花湖生态旅游区创建为国家4A级景区，河它温泉谷创建为国家3A级景区，全县A级景区数量增至5个。投资1286万元，用于黄河九曲第一湾景区旅游基础设施提升项目。完成冻列乡达莫村乡村旅游接待经营点提升改造项目1处，完成崇尔乡麦杠村发展乡村旅游业设施配套项目1处，完成冻列乡达莫村乡村旅游服务点改造提升项目1处。

【农业机械化】 与17个乡（镇）签订《农机安全生产责任书》，覆盖率达100%。全年共新注册登记拖拉机、联合收割机（上户）35台，注销登记2台，转移登记1台，年检1台。全年完成164人的驾驶证考试。拨付农机购置补贴专项资金136.426万元，其中中央补贴资金67.98万元、州补贴资金68.45万元，受益农户31户，补贴各类农机具34台（套）。

【农村科技】 全年建成蔬菜、油菜、马铃薯、青稞、中药材、枣李、菊花等特色产业基地。开展各类新品种试验、示范7个，其中在巴西乡、求吉乡试验、示范种植西兰花30亩；在崇尔乡建设青稞新品种阿青6号扩繁基地100亩；在崇尔乡开展青稞新品种甘青4号引种试验、示范50亩；在求吉乡开展青稞品种区域试验，参试品种15个、面积3亩；在求吉乡、崇尔乡、冻列乡示范推广种植青稞新品种阿青6号1000亩；在农区9乡推广种植马铃薯费乌瑞它、陇薯3号、陇薯6号等新品种8000亩；在巴西乡、求吉乡、阿西茸乡推广种植油菜新品种青杂7号3100亩。全县农业科技示范基地达2个。

全年开展现场培训8期，培训农民160人次，发放宣传资料290份，到田间现场指导农业生产245人次。全年集体培训驻村农牧科技人员2次。通过实施“技术人员直接到户、良种良法直接到地、技术要领直接到人”机制，41名科技人员扎实开展农业产业技术扶贫工作，组织开展各类培训班124个，发放培训资料8945份，培训农牧民8913人次，发布农情信息492条。

【农村文化】 完善提升村文化室10个；新建农民体育健身工程12个；在12个行政村村委会或村委会附近新建室外标准篮球场，面积不小于500平方米；完成全县96个农家书屋出版物补充更新工作，确保每个农家书屋补充图书不少于60种，同时完成农家书屋登记册、广播室登记册补充更新工作。

实现2019年退出的贫困户广播电视“户户通”；抓好14户贫困户基本收视问题；完成14户贫困户广播电视达标认定工作，完成全县“户户通”用户的维修工作，并完成“户户通”系统录入工作；对全县96个行政村“村村响”设备进行检修和维修。

【农村卫生】 完成17所乡（镇）（含社区）卫生院标准建设，并出具达标认定书，全县96个村均完成标准化建设并确保每村有一名合格村医。以各乡（镇）卫生院工作人员为第一责任人、村医为第二责任人，形成“一对一”“一对N”的家庭医生签约服务，签约服务覆盖率达100%。派出34人次的医务人员开展巡回医疗义诊活动，出动救护车16辆，诊治病人1516人次，健康咨询631人次，测血压241人次，发放宣传资料314余份，免费发放药品、免费诊疗费、检查费共计1.84万元。

【农村法制建设】 在乡（镇）司法所外观形象、办公环境、内部标识等方面，严格按照要求继续规范化调整和完善，使司法所规范化建设工作不断提档升级，全面提升司法行政机关的社会形象，乡（镇）司法所便民、利民的服务水平显著提高。完成司法厅省级规范化司法所验收组对若尔盖县乡（镇）司法所规范化建设情况的评审验收迎检工作，授予红星司法所和唐克司法所“省级规范化司法所”称号。

全县社区矫正在册人数33人，全年接收社区矫正人员19人，解矫15人，办理社会调查评估37人次，组织集中教育40人次，个别谈话教育90人次，进行心理辅导20人次；按时完成社区矫正对象基础信息录入。

【农村交通】 投资930万元，完成包座路巴西电站拦水坝至包座乡政府段灾后重建项目，路线全长1.687千米。投资1000万元，完成若尔盖县班佑乡道路路面工程，路线全长6.239千米。投资314.3万元，完成若尔盖县2018年村道安保工程项目，路线全长44.9千米。投资344万元，完成阿阿路、团结路和卓藏路道路维修工程。

【农村生态建设及环境保护】 实施绿化造林项目4个，总投资418万元。若尔盖县2016年中央财政第二批造林补贴项目完成主体工程施工5000亩。实施四川省若尔盖国际重要湿地保护与恢复工程，总投资8880万元，采取填堵排水沟、建设小型拦水坝等工程措施，播草补肥等生物措施，填堵排水沟35.16千米，恢复与保护湿地6400公顷，建成微型拦水坝41个、小型拦水坝2个，安装网围栏1.7万米，播撒草籽1800公顷。投资2206万元，退化草原改良面积24万亩，人工种草面积1万亩，毒害草治理1万亩，黑土滩治理1.8万亩。中央财政草原生态修复治理工程投入专项资金4160万元，实施乡土草种基地0.3万亩，退化草原治理6万亩，鼠害防治70万亩，虫害防治15万亩。

【农村社会保障】 全县城乡居民基本养老保险参保人数覆盖37269人，参保缴费22511人，征收基金300万元。全年救助流浪乞讨人员19人次，其中站内救助11人次、街头救助8人次；发现通过与上级和人像对比仍寻不着亲人1位流浪乞讨人员，将其临时安置在成都市第三福利院。

【农村留守儿童帮扶】 完成若尔盖县达扎寺小学、班佑乡中心校、嫩哇乡中心校、占哇乡中心校、热尔乡中心校、崇尔乡中心校、包座乡中心校、辖曼种羊场小学8所“儿童之家”建设，完成德阳市援建若尔盖县阿西乡上热尔村、巴西乡上巴西村、求吉乡苟哇村、阿西茸乡团结村、占哇乡毕岗村、崇尔乡八玛村、包座乡卓塘村、降扎乡下山村8个乡村“妇女之家”阵地建设。六一儿童节为31名留守儿童、优秀贫困学生发放书包、文具等节日礼物。

【主要领导人】 县委书记：泽尔登；县人大常委会主任：陈万里；县长：余开勇；县政协主席：阿达；分管农业副县长：唐郁鑫。

若尔盖县编写组

红 原 县

【基本情况】 2019年，全县辖5乡6镇，辖区面积8295.6675平方千米，其中耕地面积0.1935万亩，比上年减少0.01%，人均耕地面积0.04亩。年末总人口4.9万人（户籍人口），人口自然增长率7.5‰。全县耕地有效灌面和保证灌面分别达到耕地总面积的100%和85%；本地水资源总量3917亿立方米，人均占有水资源量80166立方米。有林业用地16.9万公顷，有林地面积3.4万公顷，活立木总蓄积量921万立方米，森林覆盖率9.44%。

2019年，全县GDP15.4亿元，增长5.1%，其中第一产业增加值5.2亿元，增长4.1%，农、林、牧、渔及农林牧渔服务业之比为7.3：0.9：88.4：0：3.4；第二产业增加值1亿元，增长7.9%（工业产值0.9亿元，减少10.9%）；第三产业增加值9.2亿元，增长7.9%。三次产业对经济增长的贡献率分别为22.5%、–18.6%和96.1%。劳务输出3400人，收入12500万元。全年接待游客192.7万人，实现旅游收入156090万元。

公路通车里程156.203千米（其中乡村公路772.752千米），密度0.138米/平方千米，237.282千米/万人。社会消费品零售总额3.8亿元，增长5.8%。地方公共财政预算总收入完成0.47亿元，增长2.06%；公共财政预算总支出14.17亿元，增长–2.93%，其中农业投入36219万元，占支出的25.55%。金融机构各项存款余额12.27亿元，比上年初增长7.2%；各项贷款余额13.4亿元，比年初增长46.61%，其中支持农业产业化发展项目贷款123863万元。全年农业保费收入0.71亿元，增长6.7%；处理各项赔款和给付金额5526.5万元，增长29%。完成农业产业化项目11个，完成投资1233万元。农业产业化龙头企业国家级、省级、州级分别为1家、3家、1家。

有各类学校18所，在校学生10692人，教职工781人，其中普通中学2所，在校学生3305人；小学14所，在校学生5413人；学龄儿童入学率99.8%，提高0.1个百分点。有艺术表演团体5个，文化馆1个，公共图书馆1个。有卫生机构17个，病床位430张，卫生技术人员309人。新型农村合作医疗参合人数43862人，参合率89.78%；新型农村社会养老保险参保人数13180人，参保率85.2%。

【年度农业和农村经济运行】 2019年，全县出台了乡村振兴规划、政策。实现农业总产值15.4亿元，增长5.1%。农民年人均可支配收入达14712元，增长10.1%。建成11个基层农业综合服务站。全县共补贴农机具6台（套），补贴资金182640元，其中中央补贴91320元、州级补贴91320元。全县莴笋种植面积2385亩，增加300亩；产量15146吨，增加1449吨。金针菇产量3755吨，增加66吨。

2019年红原县主要农产品产量

主要农产品	单位	产量
蔬菜	万吨	1.5146
肉类	万吨	1.7113
牛肉	万吨	1.6916
羊肉	万吨	0.0197
牛奶	万吨	3.4446

农用地产权制度改革。刷经寺镇7个村开展土地承包经营权确权登记，共颁发农村土地承包经营权证书503户、503本，办证率达100%。制订《红原县2019年耕地地力保护补贴实施方案》，按照方案补贴55.97元/亩。

农产品品牌战略实施。打造“雅克草原”县域公用品牌，借助浙川东西扶贫协作机制，红原特色农畜产品入驻“温州市绿色优质农产品展示体验中心”，推动与大央央等浙江农业企业的合作。全县累计申报认证“三品一标”农产品17个。组织企业参加农博会、农交会、市州长推介会、浙博会、“净土阿坝”品牌授权、农民丰收节等活动20余次。红原县麦洼牦牛特色农产品优势区被评为第二批四川省特色农产品优势区。

现代农业园区建设。全县坚持“生态优先、绿色发展”，坚持用工业化理念谋划现代畜牧业发展，推动麦洼牦牛现代农业园区建设，以园促面，示范带动全县探索具有红原特点、牧区特色的经验模式，促进草原增绿、牧业增效、牧民增收。红原县麦洼牦牛现代农业园区被命名为州级星级现代农业园区。

【林业】 全年兑现年度湿地生态补偿资金1438.6万元，涉及牧户6581户；根据生态护林员选聘方案，聘请182名生态护林员参与森林资源管护。实施完成2017川西生态脆弱区治理项目，综合治理面积5811.16亩，完成鼠虫害治理27万亩。依托绵阳市援建资金，打造诺日桑泊生态公园85亩。

【畜牧业】 全年出栏牛12580头，增长10.3%，出栏羊10887只，增长6.5%。肉类总产量17113吨，增长11%，其中牛肉产量16916吨，增长11.9%；羊肉产量197吨，增长7.1%。奶产量34446吨，增长10%。牛存栏546245头，增长2.4%；羊存栏16645只，减少12.5%。

【乡村振兴】 科学编制乡村振兴“1+5+N”系列规划，建立完善工作体制机制，落实县、乡、村三级书记抓乡村振兴责任制，成立以县委书记、县长为双组长的乡村振兴战略工作领导小组。推进乡村振兴项目，落实第一批乡村振兴项目39个，总投资19223.94万元。制订《红原深入推进农村人居环境整治工作方案》，投资3000余万元用于农村污水、垃圾、厕所“三大革命”建设。

【扶贫攻坚】 全年分别召开县委常委会、县政府常务会专题研究13次、8次，脱贫攻坚领导小组会9次，县委、县政府主要领导基层调研指导65次，做到"摘帽"后靶心不散、力度不减。整合财政涉农资金10464.2万元，投入17个扶贫专项资金29508.5万元，县级配套扶贫资金1803.4186万元，未纳入整合财政专项扶贫资金1046.78万元，实施129个水、电、路、网等惠民富民项目。落实到户产业扶持资金99.6万元166人，发放扶贫小额贷款17万元。组织33名县级领导干部全覆盖联系11个乡（镇）和13个贫困村、4个非贫困村，省、州、县82个单位826名干部职工继续对1346户贫困户全覆盖帮扶，1504名干部职工对全县34个村7200余户非贫困户全覆盖结对，借势借智，借力东西协作、定点帮扶和对口支援，有力落实产业发展、基础设施、教育医疗、人才培训、文化旅游等帮扶项目98个、资金和物资8273.5万元。

【乡村旅游】 全县有国家4A级旅游景区3家、国家3A级旅游景区2家；省级旅游扶贫示范村5个，宾馆酒店114家、牧家乐75家；旅行社2家，涉旅从业人数3100余人。全年接待游客192.7万余人，实现旅游收入156090万元。

【农村水利】 全县整合涉农资金1500万元，实施农村饮水安全巩固提升工程，全县共有集中供水工程19处，其中千人以上集中供水工程10处、千人以下集中供水工程9处，农村集中供水率达92.1%，自来水普及率达95.5%。

【农村科技】 科技扶贫运管中心通过网络平台为全县各乡（镇）、牧户、专业合作社、企业公司上传分诊科技信息咨询270余条，完成有效信息服务200余条。科技扶贫平台新增入库县级专家4名，新增信息人员18名，开展专业操作技术培训14次，累计培训学员500余人；开展各类科技培训6期，累计培训学员550余人，发放培训宣传资料1500余份，推荐上报2020年科技项目8项。

【农村文化】 组织开展各类文化艺术活动20余场，其中到乡（镇）开展文艺活动3次，平均每季度1次，将文艺送到群众家门口；开展较大型文艺活动3次；组织队伍参加各类比赛、交流活动7次，开展文化助力旅游宣传活动13次；邀请民间艺术团体到兰州、西安、杭州、永嘉等地交流表演，递出"红原名片"。开展主题为"读经典 学新知 链接美好生活"的阅读活动，通过开展各类活动持续加大文化供给。

【农村卫生】 加强"医疗、医药、医保"三医联动，不断深化医药卫生体制改革，全县有乡（镇）卫生院11个、社区卫生服务中心1个、村卫生室34个，乡（镇）卫生院编制床位数110张，实有床位数69张；卫生院专业技术人员97人、村医23人，促进基本公共卫生服务均衡化。

【农村法制建设】 以"四下乡"活动和姐妹宣讲团开展"关爱草原母亲"法治政策宣讲活动为契机，推进"法治宣传进乡村"活动，组织开展"以案说法""以调释法"等法治宣传活动；加强对重点对象的法治宣传教育，定期组织开展对村（居）"两委"干部、党员、村（居）民小组长、村（居）民代表等人员的法律培训；培养"乡村（社区）法律明白人"，共培养"乡村（社区）法律明白人"114人；扎实做好"文化扶贫，法律惠民"工作，助力脱贫攻坚。全县县级各部门（单位）、各乡（镇）全年共开展"法律政策七进+N"法治宣传活动175次，举办各类法治专题培训24次、各类法治讲座71次，发放各类宣传资料71420余份、法治文化产品3500余件，受教育牧民群众、干部职工共72540人次。

【农村交通】 全县31个行政村4个社区共有村道35条，均已完成通村硬化路建设，共计807.527千米，其中沥青路面124.366千米、混凝土路面14.24千米、泥结碎石路面668.92千米。

【农村饮用水水源地】 开展饮用水水源地划定工作，全县10处乡（镇）饮用水水源地保护地（除邛溪镇）均完成水源地划定工作并获得州政府批复，且因全县行政村聚集较集中、全县绝大多数行政村与乡（镇）政府所在地、行政村水源地为同一水源地，所以大部分农村饮用水水源地完成划定工作。开展水源地水质监测工作，委托三方机构对全县10处乡（镇）饮用水水源地水质进行监测，为10处水源地水质均达标。

【农产品质量安全监管】 红原县取得农产品质量安全检验检测资质，全年抽取辖区类样品50余个。新增农资监管系统用户1户、企业质量安全追溯体系建设企业1家。全年共计开展食品安全生产宣传活动4次，发放宣传册200余份。参加培训5次，培训13人次。

【农村保险】 全县政策性牦牛保险参保535275头，保费69585750元，理赔24356头，理赔4330.87万元。草原保险参保2608142亩、4426户；目标价格保险参保1450头，防返贫保险参保1836头，保费358020元。

【数字农业】 全县已建成集养殖管理、保险管理、食品溯源、认养认购、电商平台、基地展示、资讯服务、现代农业园区8大板块于一体的"智慧畜牧业管控平台"。平台已入驻畜牧业基地26个、种植业基地6个、其他基地7个，设立环境监测点39个，配备牦牛智能脖环2000套，基本实现全产业链可视化溯源监管。

【农村留守儿童帮扶】 全面排查因父母双方外出务工无法与父母正常长期生活的农村留守儿童161人、无人抚养儿童120人、困境儿童132人，其中80%的儿童由爷爷奶奶看护、20%的寄托亲戚看护，通过细化完善留守儿童关爱保护政策措施，为留守儿童登记造册建立档案，开展结对关护活动、留守儿童兴趣爱好活动，建立留守儿童家长教育联系制度，利用定期家长会、重大节假日定期进行家访。

【劳务开发与返乡创业】 开展中式烹调、乡村旅游、藏式服装制作、畜牧养殖等职业技能和劳务品牌培训9期。全年转移就业农村劳动力3400人，实现劳务收入1.25亿元。为创业大学生和返乡创业农民工发放创业担保贷款149.6万元。

【主要领导人】 县委书记：廖敏；县人大常委会主任：拉旺健；县长：索仓嘉央罗萨；县政协主席：李戎生；分管农业副县长：罗军。

红原县编写组

甘孜藏族自治州

【基本情况】 2019年，全州辖1市17县，辖区面积152629平方千米。全年实现农业总产值100.36亿元，增长4.1%；第一产业增加值66.52亿元，增长2.9%。农村居民年人均可支配收入达12808元，增长10.8%，增幅连续十年排名全省第一位。丹巴县、九龙县被评为

2019年省级农民增收先进县。

【产业适度规模化发展】 优化产业布局，发展蔬、果、菌、药、茶等优势特色产业，在沿"两江一河"流域及国道317线、318线成片成带新(改)建脱贫奔康百公里绿色生态产业示范带31.77万亩，提高贫困地区产业"造血"能力。依托产业示范带建设，在全州加快推进百万亩特色农业产业基地建设，建成特色产业基地94.13万亩，启动建设标准化养殖小区16个、集体牧场13个。建成中藏药材种植基地8.71万亩，加工药材254吨。全州农产品加工能力在9万吨以上，农产品加工产值达4.24亿元。

【农业产业化发展】 理塘县蔬菜现代农业园区被命名为四川省四星级现代农业园区，泸定县食用菌现代农业园区被命名为四川省三星级现代农业园区。指导18个县编制完善县域现代农业园区规划，制定出台现代农业园区建设方案、管理办法及考评激励办法，评定州级现代农业园区4个。全州共引进和培育涉农企业525家、农民专业合作社3555家、家庭农场237家、种养大户3497户。

【农牧业特色品牌创建】 全州累计登记认证"三品一标"农产品196个，认定无公害农产品基地115万亩，新增省级优质品牌农产品3个。全州农特产品通过省内外产销对接和展会活动实现现场销售429万元，现场签约购销协议15.23亿元、意向性协议8030万元。组织参加四川扶贫产品、特色优势农产品展销活动，销售额达3.7亿元。举办首届农特产品产销对接现场会，签约订单113个、资金14.65亿元。得荣县C47干红葡萄酒获得第十届亚洲葡萄酒质量大赛金奖。

【种养殖业】 全年农作物播种面积152.22万亩，粮食产量22.67万吨，油料产量1.71万吨，蔬菜产量41.65万吨。各类牲畜出栏116.65万头(只)，其中出栏肉用猪19.44万头，出售和自宰肉用牛56.18万头，出售和自宰肉用羊41.03万只，出售和自宰肉用家禽24.45万只。全年肉产量9.1万吨，奶产量11.59万吨，禽蛋产量402吨，蜂蜜产量97吨。

【绿色生态农业】 继续实施草原生态补奖政策，兑现草原生态补奖资金53657.5万元；在全州实施草原禁牧4500万亩、草畜平衡7963万亩；加大退牧还草工程建设，在6个县实施退牧还草工程，完成划区轮牧围栏建设74万亩、退化草原改良34万亩、人工饲草地建设7.4万亩、黑土滩治理2.5万亩、毒害草治理2.5万亩。按照"一控两减三基本"的目标，深入推进化肥农药减量增效行动，全州化学农药使用量比上年减少12.88%；落实农药包装废弃物回收措施，回收率达52%；实施绿色防控66.025万亩，专业化统防统治73.62万亩次；加强渔业资源保护，共增殖放流高原冷水鱼类190万尾；完成人工造林12.4万亩、封山育林11万亩，实施城乡庭院节点绿化、美化2105亩，农村绿化、美化工作取得阶段性成效。

【乡村振兴】 紧扣"成渝后花园·康养加休闲"主题定位，集合资金5.09亿元，打造大渡河流域乡村振兴示范区，全面建成康定市孔玉乡色龙、泸定县杵坭乡杵坭村、丹巴县巴旺乡小巴旺村等102个示范村，其中首批打造的42个示范村于"五一""十一"假期开门迎客，共接待游客27.6万余人次，实现旅游综合收入2.56亿元；梯度推进雅砻江、金沙江流域乡村振兴首批试点村建设67个。通过试点示范建设，探索形成重点推进、组团发展相结合的发展方式，形成目的地型、城镇依托型、景区依托型的建设模式，形成国资平台统筹建设、农户及区域利益共享的利益共享机制和"合作社+农户+公司"等管理运营模式。创建省级乡村振兴先进乡(镇)2个、示范社27个，命名州级乡村振兴先进县(市)4个、先进乡(镇)15个、示范村114个。

推动乡村振兴试点示范工作。按照"成都后花园，康养加休闲"主题定位，州、县(市)共投入资金4.9亿余元。大渡河流域乡村振兴42个首批可打造村"五一""十一"共接待游客27.6万余人次，实现旅游综合收入2.56亿元，共提供床位13343张，入住率达90%。按照"先行先试、循序渐进"的原则，抓重点、补短板，启动建设雅砻江、金沙江流域67个乡村振兴试点村。

【农业农村改革】 围绕激发乡村振兴动力活力，以深化农村集体产权制度改革为突破口，加快构建城乡融合发展的体制机制。一是推进农村集体产权制度改革。全州完成农村集体产权确权登记面积128.54万亩，颁发农户承包经营权证书11.9万本，颁证率达98.02%，颁证耕地面积120.11万亩；完成清产核资数据录入2733个村，资产总额95.12亿元。与成都农村产权交易所有限责任公司签订合作协议，依托州级交易平台，对接成都农交所信息平台(网站)，推进农村产权交易。二是推进农村土地制度改革。加强城乡建设用地增减挂钩结余指标分别跨省流转、跨市(州)流转、在市域范围内流转，共计申报增减挂钩项目165个，获得农业农村厅立项73个。推进农村房地一体和集体建设用地确权登记工作。三是持续深化供销社综合改革。总结验收2018年道孚、炉霍、甘孜、丹巴、巴塘5县"两中心、一体系"供销产业扶贫项目，全面推进2019年康定、泸定、雅江、乡城、稻城5县(市)"两中心、一体系"供销产业扶贫项目建设。

【乡村旅游】 发展乡村旅游，在大渡河流域康定、泸定、丹巴3县(市)评定星级乡村酒店34家。开展省级扶贫示范区(村)及民宿达标户创建工作，杵坭村申报为3A级景区，推出精品旅游线路6条，举办红樱桃节、乡村旅游节等，实现农旅融合。

【农村科技】 组织实施13个"院州""校州"合作项目，实现农牧民增收1830万元以上。由84位专家组建18个专家服务团到全州各个县(市)开展农业科技扶贫活动和农业科技培训服务。全州共安排落实驻村农技员1118名、县级专家服务团39个，组建农业技术巡回服务小组(小分队)96个。全年共开展农民实用技术培训33万人次，培训新型职业农民1917人，培育科技示范户4077户，通过省、州专题调训完成基层农技员知识更新培训820人次。引进推广新品种16个、推广新技术12个，解决技术瓶颈问题323个。引进推广优良畜种2406头(只)，开展畜禽改良17.39万头(只)、本品种选育3.5万头(只)。全年实施农机购置补贴资金433.662万元，补贴农机具127台(套)，受益农户114户，全州农机总动力达99.83万千瓦；完成机耕作业98.14万亩、机播作业37.43万亩、机收作业48.02万亩，以小麦、青稞、水稻、玉米、油菜、马铃薯为主的主要农作物综合机械化水平达55.08%。推广地膜覆盖15万亩、测土配方技术110万亩次。通过科技创新转化应用，全州农作物良种覆盖率达93.4%。

【高标准农田建设】 全年农业农村厅安排专项资金2.175亿元支持全州建设高标准农田14.5万亩，项目建设有序推进，建成投用后，粮食亩产将平均提高25千克，可实现旱涝保收。

【农村基础设施建设】 整合资金、人力、项目，加强完善基础设施，提高农业生产能力。启动建设太阳能提灌站7座、农产品产地初加工设施设备43座，推广新机具1176台(套)，新增农机总动力15527千瓦，完成暖棚建设1680户、13.44万平方米。

【农村人居环境整治】 加强州、县整体联动，以农村人居环境整治为抓手，加快推动乡村振兴战略试点示范建设。一是加强农村人居环境整治工作。以建设宜居乡村、开展陋习革命为重点，学习推广浙江"千村示范、万村整治"经验，开展农村垃圾污水治理、"厕所革命"和村容村貌提升等重点行动。新（改）建农村户厕37581户、农村公厕90座、乡村旅游点公厕21座，犬粪无害化处理320.4万只次。以农村人居环境"五大行动"为主攻方向，推进农村人居环境整治，建设"美丽四川·宜居乡村"达标村737个，完成农村"厕所革命"整村推进示范村建设50个。全州农村户用卫生厕所普及率达70%，规模养殖场畜禽粪污处理设施设备配套率达85%。全州60%以上的村已基本配备垃圾处理设施，全州生活污水收集处理率达60%，畜禽粪污综合利用率达92.97%，规模养殖场粪污处理设施装配率达100%，集中式饮用水水源地水质合格率达100%，安全饮水实现全覆盖。

【农村市场体系建设】 以益农信息社为依托，注重利用抖音、微信等新媒体平台拓展"互联网+""飞机+"等渠道，全力推进国家级电子商务进农村综合示范创建。先后投资2000万元建设为农服务中心和电商体验中心各10个，建设基层供销合作社20个。筹集9800万元专项用于农业产业发展贷款风险补偿，与四川省农业融资有限担保公司签订甘孜州"政担银企户"助推脱贫攻坚和乡村振兴合作协议》，全州农业信贷担保体系日趋完善。

【农牧业安全生产】 以"稳生产、保供给、强安全、促转型、增效益"为目标，加强源头管控，全州农产品质量安全检测总体合格率保持在97%以上。一是全力开展非洲猪瘟防控。加强采取自查与专项检查相结合、流动检查与卡点检查相结合、举报检查与暗访督查相结合等多种方式，启动在产屠宰企业非洲猪瘟自检工作，对全州养猪户、屠宰场、菜市场等重点对象进行大排查、大暗访，扑杀并无害化处理生猪12头，查处违反动物防疫法、生猪屠宰管理条例案件22起，查处非法调运猪肉产品案3起，没收销毁产品5车次0.76吨，累计罚款10.84万元；落实防控资金490万元，组织调运防控物资75.7吨，实现非洲猪瘟零发生。二是做好春防秋防工作。采取分地区、分畜种、分阶段进行春秋两季重大动物疫病强制免疫工作，全州全年完成重大动物疫病强制免疫1189.7万头（只、羽），开展常规疫苗免疫1172.88万头（只）次，重大动物疫病群体免疫密度常年保持在90%以上。三是加强草地贪夜蛾监测及防控工作。制订全州草地贪夜蛾防控方案，落实"政府主导、属地责任、联防联控"的工作机制，省级下拨资金13万元，州、县两级共计落实专项资金144万元，分区分点设立100个监测防控点位。全州草地贪夜蛾发生面积共计6819亩，防治面积共计14221亩，实现了限制在边界不向全州纵深发展的目标，保障了农业生产安全。四是开展安全生产清单制监管。全力推行农机专业合作社和沼气工程企业清单制管理，全州26个农机专业合作社和1个沼气工程全面完成"1+3"安全责任清单登记。

【农产品质量安全监管】 加强农产品质量监督检查，全州农产品质量抽检总体合格率达98.33%。全年产地检疫各类畜禽11.71万头（只、羽）、屠宰检疫各类畜禽18.57万头（只、羽），产地检疫率、屠宰检疫率均达100%。全州公路动物卫生监督检查站共检查消毒车辆1592车次，查验活畜2.3092万头、活禽38.011万（羽）、畜产品1085.2吨。对养殖、屠宰、流通环节发现的病死动物及动物产品严格按照"四不准一处理"的规定进行无害化处理，无害化处理率达100%。加强"瘦肉精"抽检，抽检17244头份，检测结果均为阴性。完成农业农村厅下达的10批次兽药抽样送检、5批次药物残留样品监督抽样送检及常规检测任务。履行安全生产"一岗双责"，全面开展安全生产隐患排查。完成重大动物疫病免疫1189.7万头（只、羽）次，重大疫病群体免疫密度保持在90%以上，应免畜禽免疫密度保持在100%，抗体合格率达70%以上。抓好非洲猪瘟防控防堵，将非洲猪瘟防控工作作为头等大事抓紧、抓实，将各项防控措施落实到位，严防疫情传入，在与云南、西藏和州外交界的公路通道增设临时监督检查站点7个，出动执法人员11239人次，共排查调运生猪4364批次10.52万头、生猪产品7829批次5417吨，处置1批次12头、生猪产品21批次2.96吨，立案调查3件，实现全州非洲猪瘟疫情"零"发生。通过执法监督管理，全州未发生重大农产品安全事件、重大动物疫病。

【法治农业建设】 州、县农牧部门始终把依法治农摆在突出位置，加强农业综合执法工作，抓好依法治州工作，全年共查办案件22起，罚款7万余元。开展"七五"普法，在系统开展普法学法工作，州级部门组织开展法治专题学习12次800人次。开展法律"七进"活动，接受法律法规宣传人数达1.6万余人次。深化行政审批制度改革，做好"放管服"和"互联网+政务服务"工作，加强政务服务平台运行，全年办理行政权力事项22件。

【农村大事记】 2月28日，州农牧农村局正式组建，并举行揭牌仪式。

3月20日，四川省食用菌产业发展助推精准扶贫暨重大技术协同推广现场会在泸定县召开。农业农村厅、省农科院、21个市（州）和食用菌重点县相关部门负责人及代表、经营主体代表共计130余人参会。

3月28日，九龙县双富花椒油加工专业合作社的九龙花椒，九龙野人部落种植养殖专业合作社的玉米、马铃薯3个产品通过农业农村部绿色食品专家评审。

4月15日—16日，甘孜州春油菜种植暨化肥减量增效现场培训会在道孚县举办。中国农科院油料所研究员张春雷、副处长余常兵，省科技扶贫万里行油菜专家团队吴永成教授一行到现场进行指导。

6月25日，省农业机械研究设计院与甘孜州农牧农村局签订战略合作框架协议。

7月31日，中国畜产品流通协会牦牛绒分会会长工作会暨牦牛绒产业高端交流会在理塘县召开，理塘县被授予全国首个"中国牦牛绒原料生产基地"称号。

12月31日，农业农村部网站进行第五批中国重要农业文化遗产名单公示，石渠扎溪卡游牧系统上榜。

【主要领导人】 州委书记：刘成鸣；州人大常委会主任：李康；州长：肖友人；州政协主席：向秋；分管农业副州长：何康林。

甘孜藏族自治州编写组

康定市

【基本情况】 2019年，全市辖7乡8镇2个街道，辖区面积11600平方千米。全年接待游客950万人次，实现旅游总收入104亿元，分别增长88.95%和108.26%。

【乡村旅游】 旅游基础配套设施建设。全年改建3A级旅游厕所2座、新建3A级旅游厕所2座、免费开放城市共享厕所23座，在重要旅游公路交叉口、旅游景区（景点）等地设置安装全域全景导览图8处、旅游标识牌44块、固定宣传标语3处，形成布局合理、标准规范的导游导览体系；改建游客集散中心，创建若吉、色龙、鱼通土司官寨、夺拉嘎姆文化旅游园区国家3A级景区4个。加快智慧旅游建设进度，采取整合资源、增添设备、购买软件的方式完成智慧旅游平台和大数据中心建设并投入运行。

乡村旅游建设及旅游从业人员培训。

指导各民居接待户按照标准完善基础设施，完成12家星级乡村酒店创建和15户民宿达标户申报工作。开展旅游培训14期，共培训1400人次；组织开展都江堰市对口帮扶康定市旅游行业人才提升培训，参加200余人次；完成全市旅游行业从业人员持证挂牌上岗工作。

【公共文化服务体系建设】 全面完成文化广电惠民工程建设；完成10个非贫困村文化室设备购置安装工作；完成2个文化扶贫示范村（姑咱镇日地村、麦崩乡为舍村）创建，已申报；完成9套脱贫攻坚惠民"户户通"设备安装，同时为折西片区7乡2镇补充"户户通"设备555套；继续推进文化馆、图书馆和21个乡（镇）文化站等公共文化设施免费开放和服务，开展免费舞蹈培训2期以及群众广场文化活动的组织、编导、排练等；兑现各乡（镇）文化活动专项补助经费，拨付"两馆"及乡（镇）文化站免费开放资金145万元；为推动全市摄影事业发展，成立了四川藏区第一个手机摄影乡村辅导站。

开展"送文化下乡、文艺辅导"活动。全年开展"送文化下乡"活动136场，覆盖全市21个乡（镇），为农牧区群众送去专业性的文艺指导。成立康定市文化志愿者服务队，共招募文化志愿者30名，在大型文艺演出活动中开展志愿者服务活动。

组织开展群众文艺活动。举办了"我们的中国梦·文化进万家"康定市2019春节暨藏历新年、"礼赞新中国成立七十周年·传承文化经典"2019康定"四月八"跑马山转山会、康定市鱼通片区乡村振兴"五一"沉浸式演出及四川省四季音乐季之一"2019康定情歌音乐节"秋季音乐季、"唱响情歌、舞动康定"康定市庆祝"中华人民共和国成立七十周年"暨争创"天府旅游名县"国庆沉浸式文化惠民演出等大型演出活动，举办了"喜迎端午"暨"文化遗产与美好生活"主题摄影展、"壮丽七十年 共舞新时代"邮政金融杯广场舞比赛，组织参加第七届中国成都国际非物质文化遗产节甘孜分会场演出及《中国新歌声》康定赛区海选等系列活动。全年新编排文艺作品8件，其中歌曲5首（《再唱康定》《康定雪》《圣洁甘孜欢迎您》《黎光》），舞蹈1件（《天堑变通途》），曲艺类川剧2个（《别洞仙景》《藏戏变脸》）。

【非物质文化遗产保护】 建立歌舞藏戏数据库，完成全市106个一般文物名录及基础数据库录入并上报州局审核通过；组织非遗项目参加康定市国际情歌节之大渡河乡村沉浸式演出、康定市庆祝"中华人民共和国成立70周年"暨"争创天府旅游名县"国庆沉浸式文化惠民演出、第七届中国成都国际非遗节甘孜分会场演出；开展国家级非遗项目"木雅服饰制作及配饰"申报；组织开展藏戏排演、锅庄培训等非遗文艺活动。

【主要领导人】 市委书记：邓立军；市人大常委会主任：訾正勇；市政协主席：罗秀珍；分管农业副市长：杨恒。

康定市编写组

泸 定 县

【基本情况】 2019年，全县辖7镇5乡145个村民委员会179个村民小组7个居民委员会19个居民小组，辖区面积216535公顷，其中耕地面积4795.4公顷、林地面积143615.79公顷、草地面积62056.8公顷。全县总户数33026户，总人口8.7065万人，汉族占总人口的78.3%，藏族占总人口的14.27%，彝族占总人口的6.47%。全县水资源总量18.75亿立方米（不含大渡河过境水和地下水），人均占有水量2.96万立方米，为全省人均占有水量的9.55倍，为全国人均占有水量的63.5倍。森林覆盖率44.9%。全县规模化养殖场畜禽粪污综合利用率达65%，国家重点生态功能区县域生态环境质量考核排名位列全州第一。先后获得"全省县域经济发展先进县""少数民族地区经济工作十强县"等称号，成为全州首个"摘帽"贫困县。

全社会固定资产投资25亿元，完成78.12%，减少24.2%。地方公共财政预算收入2.19亿元，完成125.25%，增长25.25%。城镇居民年人均可支配收入达30403元，完成100%，增长9.5%；农村居民年人均可支配收入达13536元，完成100%，增长10.5%。三次产业结构比优化为19.6∶38.5∶41.9。

【基础设施建设】 泸石高速、泸荥路建设有序推进，"内延外联、全域覆盖"的交通网络构架初步形成。推进"全域灌溉"，完成投资7255万元，顺河堰主体工程建设基本完成，渠系配套工程建设有序推进，新增灌面2775亩，有效改善灌面8600亩。农村饮水安全达标实现全覆盖。推进农村电网及中心村农网改造，群众用电难、用电不安全问题得到有效解决。完成31个行政村通光纤宽带，信息共享不断提升。

【农村教育及卫生】 全县乡（镇）标准中心校实现全覆盖，生均教学及辅助用房面积、图书及电脑配置、学校师生比、教师学历全部达标，教育"控辍保学"成效明显；城乡居民基本医疗保险参保率达97.5%，困难群众医疗救助覆盖率、建档立卡贫困人口医保参保率均达100%，家庭医生签约覆盖率均达100%。分级诊疗制度稳步推进，乡（镇）卫生院基药制度实现全覆盖。

【主要领导人】 县人大常委会主任：曾维勇；县长：王蕾（代理）；县政协主席：姜健康；分管农业副县长：杨莉。

泸定县编写组

丹 巴 县

【基本情况】 2019年，全县辖3乡9镇，辖区面积5649平方千米。总人口7.02万余人。全年接待游客300.05万人次，实现旅游综合收入33亿元，其中门票收入693万余元。

【乡村旅游】 文旅规划编制及文旅品牌创建。编制完成《丹巴县甲居景区总体策划》《丹巴县梭坡左比村旅游扶贫总体规划》和《丹巴县东谷乡牦牛村旅游扶贫总体规划》。启动天府旅游名县、美人谷国家旅游度假区、丹巴嘉绒文化生态保护区等文旅品牌创建工作。聂呷乡甲居二村创建为全国首批乡村旅游重点示范村。

景区提档升级。甲居景区累计完成投资1.87亿元，"4A复检"工作整体推进良好，游客中心改（扩）建和沿途节点打造工程全面完成，景区观光车开通运行，景区大环线建设、文旅融合项目加紧推进。中路景区累计完成投资6000万元，完成景区大门改造、主线道路改造、步游道建设、观景台建设和景区花卉树木种植及节点打造等工程。梭坡景区累计完成投资6300万元，完成景区主干道、步游道、停车场、观景台和景区花卉树木种植及节点打造等工程。

旅游基础设施建设。配合开展县境内国、省干道旅游综合服务体建设项目征地、拆迁、建设等协调工作，全面完成出入境主干道节点打造、沿线26个标识标牌安装、2个旅游扶贫示范村建设项目，加快推进县内3座旅游公厕及7个旅游服务体公益性岗位配套工作。推进民宿提档升级，打造特色民宿集群，聘请专业团队编制《丹巴县民宿国际旅游目的地总体规划》及《重点村落特色民宿发展规划》，针对甲居、中路、梭坡39户民居接待户采取"一户一策"、"以奖代补"、财政贴息等措施发展特色民宿集群；创建中路、梭坡3A级景区2个；完成三星级乡村酒店4家、四星级乡村酒店8家、民宿达标户10户的申报评选工作；加大对旅游从业人员培训和景区解说词的规范及讲解员培训力度，开展培训8期750人次。

【公共文化服务体系建设】 完成10个非贫困村文化室设施设备采购、配送、安装等工作；为巴底、岳扎等乡（镇）文化站配置图书3500余册，为25个村文化室建设及基层文化活动的开展解决相关工作经费；新创作文艺作品24个，在"两歌两舞一小品"新人新作节目中，2个声乐节目获得全州二等奖。开展"送文化下乡"活动95场次，观众达40000人次。做好文化馆、图书馆、乡（镇）综合文化站免费开放工作，县级图书馆藏书量达40000余册。开展舞蹈、美术、摄影免费培训10期380余人次，指导各（镇）开展各类文化活动培训600人。加强新华书店教材、教辅图书征订发行，完成总销售任务58.55万余元。到全县181个村对广播电视设备进行巡检维修服务，共巡检广播"村村响"170余套，维修广播电视"户户通"设备1380余台，调试广播电视"户户通"设备670余套。与省、州主管局对接，派出骨干技术人员到12个乡（镇）完成州、县节目无线覆盖工程45个发射站点的实地勘察工作，已进入采购阶段。为实现广播电视系统应急预警功能，多次对应急平台建设进行认证。

【非物质文化遗产保护】 加强各级文物安全保护管理工作，与相关单位签订文物安全责任书；开展丹巴古碉群、中路古遗址和石棺葬墓群保护维修项目建设工作，方案评审工作有序推进；启动嘉绒文化生态保护区创建、丹巴文旅资源普查、《丹巴文献集成》编撰等工作。完成省级非遗"成人仪式"申报国家级非遗项目工作，开展"丹巴锅庄""顶毪衫歌"等省级非遗代表性项目高清视频录制工作，建设非遗传习基地4个；丹巴藏族碉楼营造技艺被列入第一批国家传统工艺振兴目录。

【主要领导人】 县委书记：何文才；县人大常委会主任：阿根；县长：王俊；县政协主席：杨朋错；分管农业副县长：谢德刚。

丹巴县编写组

九 龙 县

【基本情况】 2019年，全县辖7乡9镇，辖区面积9770平方千米，其中耕地面积6.7万亩，与上年持平，人均耕地面积1.1亩。年末总人口6.45万人（户籍人口）；人口出生率3.78‰，减少5.22个千分点；人口自然增长率1.8‰，减少4.26个千分点。全县本地水资源总量27.28亿立方米，人均占有水资源量43183立方米。有林业用地37.94万公顷，有森林面积32.99万公顷，活立木总蓄积量5159万立方米，森林覆盖率48.78%。

2019年，全县GDP27.93亿元，增长6.5%，其中第一产业增加值3.72亿元，增长6.3%，农、林、牧、渔及农林牧渔服务业之比为47.19 ∶ 7.55 ∶ 44.46 ∶ 0.07 ∶ 0.73；第二产业增加值12.5亿元，增长8.4%（全县工业增加值12.1亿元，增长9.3%）；第三产业增加值11.71亿元，增长3.3%。三次产业对经济增长的贡献率分别为12.4%、71.5%和16.1%。全年接待游客80万人次，实现旅游收入8.8亿元。

公路通车里程1520千米。社会消费品零售总额3.86亿元，增长11.5%。地方公共财政预算总收入完成2.13亿元，增长5.4%；公共财政预算总支出14.18亿元，增长5%。金融机构各项存款余额22.62亿元，比年初增长3.4%；各项贷款余额24.48亿元，比年初增长5.5%。支持农业产业化发展项目贷款1450万元。完成农业产业化项目87个，完成投资6345.24万元。全年农业保费收入0.804亿元，增长30%，处理各项赔款和给付金额880万元，增长57%。农业产业化龙头企业国家级、省级、州级、县级分别为1家、2家、2家、3家。

有各类学校54所，在校学生13302人，教职工1229人，其中普通中学4所，在校学生4901人；小学30所，在校学生6173人；幼儿园20所，在园幼儿（乡/镇中心校学前班）2228人；学龄儿童入学率99.59%。有艺术表演团体1个，文化馆1个，公共图书馆1个，电影院1个，体育馆1个。有卫生机构22个，病床位330张。城乡居民医疗保险参保人数4.9万人，参保率97%；城乡居民养老保险参保人数3.2万人，发放养老金10124万元。

【年度农业和农村经济运行】 2019年，全县出台了《九龙县扶持农业产业发展财政奖励方案》《九龙县促进民营经济健康发展若干政策措施》《九龙县关于扩大开放促进投资若干政策措施的意见》等文件和政策。实现农业总产值54929万元，增长4.95%；全县全年农业增加值达37400万元，增长6.29%；蔬菜、花椒、茶叶、魔芋、核桃等特色优势农产品产量保持稳定增长。农民年人均可支配收入达15414元，增长10.8%。全县农产品质量抽检合格率比年初提高0.01个百分点；建成18个基层农业综合服务站。全县将义务教育阶段控辍保学专项行动与教育扶贫工作相结合，投入教育经费2.68亿元，增长9.11%。

2019年九龙县主要农产品产量

主要农产品	单位	产量	同比(%)
粮食	吨	21175	2.3
水稻	吨	171	-18.96
小麦	吨	818	6.79
油菜籽	吨	292	52.88
蔬菜	吨	46505	3.65
水果	吨	1910	0.53
肉类	吨	4525	-11.59
猪肉	吨	2051	-9.24
禽蛋	吨	61	0
牛奶	吨	3203	23.14

农业产业化发展。成片成带发展"五朵金花+"特色农牧产业，天乡茶叶园区和万头牦牛产业园区建设有序推进。新（改）建特色农业产业基地1.31万亩，扶持农产品加工企业9家，培育农民专业合作社27个。

农用地产权制度改革。经过土地确权"回头看"及工作整改，全县完成《农村土地承包经营权》18个乡（镇）62个村12187户颁证发证，承包耕地确权面积58939.7亩，自留地面积5658.16亩，开荒地面积302.66亩，颁发农村土地承包经营权证书11708本，颁证率达96%以上。

农产品品牌战略实施。引导企业（合作社）使用"圣洁甘孜+企业品牌"双品牌，新增"三品一标"产品3个。组织经营主体参加省内外各类展示展销活动，提高农产品品牌知名度。

【种植业】 全年农作物播种面积95080亩，其中粮食作物播种面积64930亩，粮食总产量21175吨，增长2.3%；经济作物播种面积30150亩。完成特色农业产业基地建设63140亩，推广地膜覆盖栽培1.3万亩、测土配方施肥4.8万亩次，绿色植保防控2.6万亩次，农作物良种覆盖率达93%以上。

【林业】 全县春季退耕还林补植面积3000亩。完成国有森林抚育建设2万亩、造林绿化6000亩，巩固退耕还林5.8万亩。完成脱贫奔康百公里绿色生态林业产业带建设花椒基地18000亩。

【畜牧业】 全年各类牲畜存栏17.81万头（只、匹），出栏5.76万头（只、匹），牲畜总增率、出栏率、商品率分别为36.69%、32.1%、17.55%；肉类总产量4525吨，奶产量3203吨。完成畜禽改良3万头（只）、本品种选育1500头只。培育指导中蜂养殖示范户20户，建设标准化养殖小区2个、家庭农场8个。

【统筹城乡与新型城镇化】 全县全年共有城乡提升战略项目15个，其中做强县城项目7个、做优乡（镇）项目7个、做美村寨项目1个。开展“九子一线”专项整治，拆除县城违规建筑4处780平方米，收缴违法违章建筑罚款873.6万元，制止未批先建行为5起。清理河道沟渠130千米，查处占道经营行为1118起，处罚车辆乱停行为2040起，清理建渣120余吨、经幡673条、广告980条。

【新村建设】 编制完成全县乡村振兴“1+5+16”规划。新建垃圾房54个，新增农村污水处理管网6000米，新（改）建公厕18座，新（改）建农村户用厕所2779座。创建州级乡村振兴先进乡（镇）1个、省级乡村振兴示范村2个、州级乡村振兴示范村7个；九龙县城创建为甘孜州“最美县城”，烟袋镇、汤古镇创建为州级“最美乡镇”，呷尔镇华丘村等5个村创建为州级“最美村寨”。

【扶贫攻坚】 通过省级第三方考核评估验收和全省脱贫攻坚成效交叉考核，全县如期实现19个村1890户6985人整体脱贫“摘帽”，贫困发生率降至零。整合涉农资金1.08亿元，实施扶贫项目68个，发展特色扶贫产业16个。19个贫困村集体经济收入均超过5万元。发放教育救助基金72.25万元，报销贫困人口医疗费用512.65万元，贫困患者住院自费比例控制在4.53%以内。申报州级就业扶贫基地4个。开发公益性岗位1094个，人均补贴标准提高到每月400元。

【乡村旅游】 全年整合资金1152万元，逐步完善伍须海、猎塔湖等景区基础设施建设，完成伍须海—日鲁库景区3A级创建工作。新增宾馆2家、民宿8家。全年开展旅游培训3期368人次。

【农村水利】 全年完成九龙河三垭段河道综合治理4481米，新建河堤1200米，改善灌溉工程14.32千米。完成全县63个电站生活下泄流量监测系统的安装和规范管理。加强水资源管理制度用水总量、用水效率、水功能区纳污能力“三条红线”指标管控。整合涉农资金630万元，完成各乡（镇）安全饮水巩固提升、河堤修建、河道疏浚及节水灌溉项目建设。

【农业机械化】 全县农机总动力达7.67万千瓦，购机补贴结算进度达90%以上。全年完成机耕作业面积4万亩、机播面积0.62万亩、农机合作社机械化作业面积500亩。拖拉机年检率达20%以上。改（扩）建农机化生产道路3千米。在乌拉溪乡新建农机提灌站1座，完成机电提灌保灌面积500亩。实施高标准农田建设5000亩。

【农村科技】 全年开展“送科技下乡”活动18场次，出动科技骨干131人次，接受科技咨询1150人次，群众参与1335人次，发放种养技术及宣传资料4180份，发放手动喷雾器54台（套）。开展科技培训4次，培训技术骨干20名、新型农民200人次。科技扶贫在线平台完成有效技术服务545次。

【农村文化】 全年投入130万元，建成呷尔镇华丘等10个村文化室；县“两馆”和16个乡（镇）文化站全部免费开放。开展庆元旦·迎新年、粽情端午·非遗展演、秘境九龙文艺采风研讨等文化文艺主题活动10余场次；举办第四届伍须海游海节民族民间舞蹈大赛、徒步穿越赛、祖国你好·我是九龙群众文艺汇演、第二届和谐杯男子篮球赛等大型文体活动。完成10个非贫困村文化设施设备发放工作，全面完成63个行政村公共文化服务设施建设，组建乡村民族民间业余演出队63支，开展“送文化下乡”活动110场次，放映农村公益电影756场次。

【农村法制建设】 推进“扫黑除恶”“缉枪治爆”等专项行动，破获各类刑事案件13起。全年化解各类矛盾纠纷45件，成功率达91%；受理群众来信15件，省、州交办信件13件，办结率达100%；受理群众来访35件，办结率达88.5%。

【农村卫生】 持续为全县城乡居民免费提供基本公共卫生服务，开展义诊义检52场次，城乡居民健康档案电子建档率达94%。9月，国家卫生县城通过复审；创建省级卫生乡（镇）6个、省级卫生村15个、省级卫生单位4个、省级无烟单位4个。

【农村交通】 国道549线九石路完成年度投资8477.8万元，完成路基建设5.5千米。国道549线九稻路和九木路项目前期工作有序推进。开工建设通乡公路108.5千米，硬化通村、通组和联户路92.8千米，建成乡（镇）客运站17个、村级招呼站32个。

【农村社会保障】 全年开展农村实用技术培训2.58万人次，实现转移就业950人。投入1013.6万元，持续提高城乡居民基本养老、基本医疗保障水平，法定人群参保率稳定在95%以上，困难群体参保率达100%。全年发放城乡低保、特困供养、儿童保障等各类救助金1753万元，完成福利机构功能改造3处，新建敬老院1所、“儿童之家”10个。设立退役军人关爱帮扶基金100万元。

【农村生态建设及环境保护】 全县环保督察反馈问题整改率达90%，全年空气质量优良天数达98%。县、乡、村三级河（湖）长开展巡河（湖）3272次。关闭无证采砂企业32家，新办理河道采砂证9家10处。推广测土配方施肥4.8万亩，农业面源污染状况持续改善；完成干旱河谷生态治理1285亩；创建州级生态村2个、国家森林乡村2个。

【农产品质量安全监管】 全年例行检测果菜样品50批次、51个品种、567个样品，合格样品567个，合格率达100%。广元市农业质量检验检测中心到九龙县开展农产品质量安全例行抽检工作，例行抽检蔬菜、肉、蛋共35个样品，全部合格。

【农村市场体系建设】 全县孵化电商企业3家，建成县级电商运营服务中心1个、乡村服务站（点）31个。全年实现外贸出口152万美元，增长49%。

【主要领导人】 县委书记：赵景强；县人大常委会主任：王德宏；县长：宋晓军；县政协主席：四郎汪堆；分管农业副县长：牟晓光。

九龙县编写组

雅　江　县

【基本情况】 2019年，全县辖10乡6镇，辖区面积7681.5平方千米，总人口58900人。

【文旅市场监管】 全县具有合法经营资格的文化市场经营户20家，其中歌舞娱乐场所7家（县城6家、乡/镇）1家）、音像制品经营单位4家、网吧经营场所2家（县城1家、乡/镇1家）、打字复印店8家、书报刊零售5家。

开展春节、两会、“两考”期间文化市场管理和安全生产排查治理专项整治工作，及时消除各类事故隐患，严肃查处各类生产安全事故，确保营造欢乐、祥和、平安的氛围。制订了《岁末年初安全防范工作实施方案》，明确了排查治理范围，重点检查全县经营性娱乐场所、网吧、印刷企业等人员密集公共场所。

加大文化市场日常巡查和执法检查力度。结合全县实际，开展“扫黑除恶”、文化市场专项整治行动，联合有关部门加大对娱乐场所、网吧、音像制品店等文化市场的执法力度，重点打击、取缔含有诱发青少年违法犯罪，以宣扬淫秽色情、暴力、迷信、赌博、恐怖活动等内容的出版物、图书音像店经营非法盗版物、打字复印场所非法印刷，严厉查处超时营业、噪音扰民等违规问题，组织执法人员开展文化市场的日常巡查及检查工作，共出动执法人员450余人次、车辆90台次，检查各类经营场所600余家次，没收无证销售盗版光碟342张，收缴盗版书刊41本，责令整改娱乐场所3家。

开展日常检查和宣传教育活动。执法工作人员到境域内（天路十八弯观景台、121K观景台）各大酒店、旅游行业重点领域和食、住、行、游、购、娱等旅游要素市场开展安全生产日常检查活动，宣传人员在景区明显位置悬挂安全生产横幅，在醒目地点张贴安全生产宣传标语并向景区民居接待户和游客散发旅游安全宣传资料200余份。配合相关部门开展“安全宣传咨询日”活动，在咨询活动现场向广大群众、游客发放高原旅游安全及自驾游安全出行前准备等宣传资料，提供咨询服务，营造浓厚的安全氛围。

【公共文化服务体系建设】 完成2个省级乡（镇）文化站的设备配套工作；开展17个乡（镇）文化站技能培训、免费开放等相关工作；完成12个脱贫村文化室设施设备发放和调试工作；完成县文化馆、图书馆免费开放工作，开展全民阅读、书画、摄影等相关工作，全年文化馆到馆人数达12300人，图书馆到馆人数达6780人。开展县康巴汉子艺术团、乡村文化艺人技能培训工作，共开展技能培训14期；完成11个脱贫村文化室设施设备发放工作（米龙乡米龙村于2018年提前脱贫）。开展“我的中国梦 文化进万家”“文化进校园、进乡村、进寺庙、进军营”等活动，开展“送文化下乡”活动106场次。

【文艺精品创作】 完成10分钟的锅庄音乐（含音乐和唱词）的音乐搜集、整理、编排；以原生态锅庄音乐为基调，创编舞蹈音乐2个、原创歌曲4首，搜集整理创编曲艺作品1首；完成《木雅婚俗》《踩体卓音乐剧》录制工作，丰富了雅江文化的类别。在甘孜州“新人新作”文艺作品大赛中，2个舞蹈、2首歌曲、1个曲艺进入决赛，并获得组织奖1个、二等奖1个、优秀奖4个。

【非物质文化遗产保护】 开展第六批县级非物质文化遗产项目代表性传承人评审工作，确定民间舞蹈、传统手工技艺、民间文学三大类传承人共22人为全县第六批县级非物质文化遗产项目代表性传承人；申报国家级非遗项目2个（雅砻江河谷藏族母系氏族习俗、木雅石砌）、州级非遗项目3个（木雅婚俗、雅江倒话、党谐）及传承人2名（根登降措、格绒仁青）。组织参加第七届国际非遗节甘孜分会场非遗文艺展演活动。

【主要领导人】 县委书记：刘宗建；县人大常委会主任：杨双寿；县长：旦灯；县政协主席：刘进顺；分管农业副县长：郑瑞源。

雅江县编写组

道孚县

【基本情况】 2019年，全县辖5个片区4镇18乡158个村，辖区面积7053平方千米。年末户籍总人口55875人，其中农业人口48055人；总户数14858户，其中农业户数10013户；常住人口6.2万人，其中城镇人口2.4万人，城镇化率38.71%；人口出生率21.8‰，人口死亡率2.99‰，人口自然增长率18.81‰。

2019年，全县GDP134504万元，增长5.8%，其中第一产业29504万元，增长2.3%；第二产业14945万元，增长17.9%（工业增加值9107万元，增长10%）；第三产业90055万元，增长4.8%。三次产业结构比为21.9 ∶ 11.1 ∶ 67。全年接待游客82.96万人次，实现旅游收入9.13亿元。

全社会固定资产投资153837万元，增长24.3%。社会消费品零售总额33413万元，增长16.5%。农村居民年人均可支配收入（农牧民人均纯收入）达12069元，增长10.7%；城镇居民年人均可支配收入达30729元，增长8.8%。

公路总里程1857.567千米，其中国道350线、248线154.111千米，省道220线、314线208.957千米，通乡公路111.215千米，村道1329.789千米，专用道53.495千米，实现全县22个乡（镇）乡乡通公路和158个行政村通达的目标。有货运车辆500余辆、客运车辆53辆，客运量71090人，客运周转量25680000吨/千米；货运量为536000吨，货运周转量263500000吨/千米。有医疗卫生机构167所，其中县级医疗机构4所、中心乡（镇）卫生院5所、一般乡卫生院18所、村卫生室138所、个体诊所2所；共设置病床位193张，每千人拥有病床位3.5张。全年共诊治患者97102余人次，其中门诊患者89425人次、住院患者3447人次。

【种养殖业】 全县各类牲畜存栏14.2万头（只、匹）；各类牲畜出栏3.6万头（只、匹），出栏率为25.7%。牲畜出售总量2.7万头（只、匹）；出售率为19.1%。肉类总产量0.33万吨，奶产量0.55万吨。全县农作物播种面积113950亩，其中粮食作物播种面积75100亩，经济作物播种面积38550亩。

【藏区新居建设】 该建设项目与精准脱贫相结合，重点向建档立卡贫困户、五保户、低保户、贫困残疾人家庭和特困户倾斜。全年开工建设藏区新居365户，开工率达100%；资金拨付1095万元，资金拨付率达100%。已全部竣工验收。

【农村教育】 全县教体系统建设及前期项目涉及35所学校，共有续建和新建项目25个，其中续建项目6个、新开工新建项目19个（重点项目有7个、入库项目6个）；有项目前期工作项目12个。

【农村社会保障】 全县城乡居民养老参保人数29807人，医疗保险参保总人数53405人，其中城乡居民实际参保并缴费46711人。全县农村低保人员为2919户6895人，全年累计发放低保金2290.25万元，其中发放农村低保生活补助金2154.62万元。

【主要领导人】 县委书记：蒲永峰；县人大常委会主任：呷沙东周；县长：扎多；县政协主席：琼措；分管农业副县长：丹巴多吉。

道孚县编写组

炉霍县

【基本情况】 2019年，全县辖4个工委12乡3镇139个行政村（其中纯牧业乡6个、半农半牧乡/镇9个），辖区面积5796.64平方千米。

2019年，全县GDP8.17亿元，增长8.5%。三次产业结构比为36 ∶ 25 ∶ 39。实现工业增加值1.04亿元，增长7%，其中规模以上工业增加值完成0.47亿元增长5%。农村居民年人均可支配收入达11712元，增长10.5%；城镇居民年人均可支配收入达29311元，增长8.8%。全社会固定资产投资12.8亿元，增长23.5%。社会消费品零售总额完成4.28亿元，增长11.7%。地方一般公共预算收入完成0.57亿元，增长5%。

200延米、农村公路安保工程隐患里程63.4千米、拉日马镇色戈村至大盖乡麦科旅游路10千米；完成23个贫困村978户5639人及26个非贫困村1206户7579人安全饮水巩固提升工程；完成27个移动站点建设。投资6960.65万元，完成3个35千伏输变电站主体建设工程和线路架设；完成10千伏农网建设改造，覆盖30个行政村和3个2019年脱贫村；与水电企业协调公益岗位22个，安置就业临时用工138人。为偏远高山牧区吊脚户采购户用式太阳能光伏发电系统260套。乡城新能光伏开发有限公司项目惠及本县贫困户800户1700人，受益金额225.4万元，人均0.13万元。宜宾市对口帮扶新龙县实施项目共8类22个；东西部扶贫协作和对口支援工作规划资金实施项目3个。完成专家入库58名、信息员入库200名，完成在线技术咨询服务574条；开展科普宣传2次、"送科技下乡"4次、科技培训2场次（培训120余人次）；完成各类培训1017人次。

全年到位资金2363万元，其中扶贫发展资金35万元、"两项"资金585万元、以工代赈资金1743万元。根据省、州要求，2018年提前实施2019年易地扶贫搬迁13户83人；制订《新龙县2019年易地扶贫搬迁巩固提升年实施方案》；新建麻日乡下依跨江大桥1座，估算投资1499.1752万元，已完成地勘、设计、风险评估、地质评估、项目立项等工作。兑付385人生产安置资金，搬迁安置65户478人，兑付移民搬迁运输临时措施及补助5.02万元。完成省道217线、县道037线建设，且具备通车条件；完成雅新路至玻璃沟村汽车便道复建工程；完成新龙县电力复建工程、县移动通信设施复建和电信通信一次性补偿工作；兑付县林业局补偿补助资金841万元。

【乡村旅游】 全县接待游客38万人次，实现旅游综合收入4.18亿元。全年培训旅游从业人员150人次。如龙镇创建民宿达标户5户。开展博美乡仁乃村特色村寨和波日桥3A级旅游景区创建工作；与州旅游投资开发集团有限公司签订合作开发措卡湖景区、银多红石山景区框架协议。在"五一"、端午、"十一"等重要节假日开设旅游咨询点4处，对县旅游市场、景区等进行综合检查41次。注册开通"新龙县文化旅游"微信订阅号及官方微博，实时推送道路交通、天气等相关资讯。

【农业机械化】 全县农机总动力达2071千瓦，全年发放微耕机190台，向贫困村发放大型电动石磨机19台，实施2019年太阳能提灌站项目及农机装备建设；与19个乡（镇）签订《2019年农机安全生产责任书》，与机手签订农机安全生产责任书400份，发放安全宣传资料400余份、展板1块，受教育600余人；培训400余人，发放生产资料300份，出动监理人员10人次，纠正违章50台次，消除农机重大安全隐患3次；使用大型收割机20台70次；集中培训拖拉机驾驶员70名，为期7天，签订农机安全生产责任书70份；开展拖拉机驾驶证和行驶证换（补）发等常规性农机监理业务400次，争取省级农机购置补贴资金20万元。

【农村教育】 全县投入资金817.32万元，实施新龙县中学2号学生宿舍续建工程；投入资金1381万元，实施如龙镇第二幼儿园改建、沙堆乡日巴小学教师周转房建设、大盖镇麦柯小学教学综合楼及幼儿园新建、拉日马镇色戈村幼儿园新建、雄龙西乡腰古小学学生宿舍及食堂建设5个新（改）建项目。在全县中小学、幼儿园开展师德师风"大学习、大讨论"活动；开展"立德树人、不忘初心"师德演讲比赛，24名教师参赛。通过特岗计划、全州统一招考、免费师范等途径补充紧缺学科教师20名；安排教师、校长参加各级各类培训930人次。州教体局根据全州1~9年级教学成绩考核，给予新龙县教学质量奖奖金13.28万元；县委、县政府向教学成绩突出的教师、学习成绩优秀的学生及学生家长发放奖金90.49万元。全年办理168名大中专学生生源地助学贷款122.97万元；为29人申请非义务教育阶段贫困家庭学生资助金6.55万元；申报广东省对口支援慈善教育资助17人，发放资金7.1万元；为293名技校、中职学生发放中职生活补助14.65万元；为71名本（专）科学生发放生活补助费2.84万元；为5111名建档立卡贫困户在校学生发放教育扶贫救助金170.24万元。组织39名学生到广州市参加藏汉学生"手拉手""心连心"交流交融活动；与宜宾市各区（县）22所学校建立校对校结对帮扶关系。为5514名义务教育阶段家庭经济困难寄宿生提供生活补助477万元；为6019名义务教育阶段学生提供营养膳食补助466万元；为1686名在园幼儿免除保教费139万元；解决高海拔地区义务教育阶段学生取暖费99万元；支付学前"双语"辅导员劳务报酬437.38万元。

【农村文化】 全县投入资金75万元，完成如龙镇生态旅游厕所项目并交付使用；完成县级数字影院、文化馆装饰装修工程；完成广播电视"户户通"设备采购、安装工程2700套完成新龙县州县广播电视节目覆盖工程的80%；完成乐安乡波日桥永久性修缮工程；完成和平、洛古、麻日等7个乡（镇）图书馆分馆建设。开展"我们的中国梦·文化进万家""提升自我、迎接挑战，三八"汇演等活动9次；组建"康巴红·新龙文化广场舞队"；开展"送文化下乡"114场次。完成1120册儿童新书编目上架工作，在学校阅览室放置学生读物1620册；建设新区"康巴红"书吧180平方米、格萨尔广场"康巴红"书吧200平方米，采购各类书籍17145册。开展"四级"不可移动文物安全大检查13次，出动52人次；完成文物"四有"工作38个；发放非遗宣传册246本、图片20张，观看人数300余人。在第十五届深圳文博会上，阿呷创作的唐卡作品《黑如噶》获得"中国工艺美术创意奖"铜奖；完成观音立体像、十五酥油花、弥勒佛、释迦牟尼十二神像4件药泥面具产品设计，完成"三根本欢喜熏香""除晦雲香"2件藏香、藏金属锻造、魄铁刀4类12件文创产品；四龙降泽获得"四川工匠"称号，同时被聘为2019年民族手工艺品制作扶贫培训特邀讲师。完成藏式申臂桥建造技艺、药泥面具制作技艺、藏历十三节等项目申报为国家级非遗项目的视频拍摄和申报工作；配合省非遗保护中心开展国家级新龙锅庄传承人阿德的抢救性记录，并存入国家文化部省非遗中心数据库；开展扫黄打非"清源""护苗""净网""秋风"4个专项行动和文化市场日常巡查24次，查缴盗版图书90余册、盗版音像制品45张；联合公安、工商、消防等部门出动执法142人次，检查经营单位568家次，整改安全隐患10处。开展农牧民广播电视"村村通""户户通"全面摸排14000户，发放"户户通"明白卡14000张；完成文化室文化设备配送安装调试36个村。

【农村卫生】 全县完成25个脱贫村卫生室建设。在全县19个乡（镇）开展包虫病人群B超筛查、健康教育知识宣传，新发现包虫病人7人，全部纳入管理范围；登记家犬2583只，家犬管理率90%；清理（扑杀）无主犬、流浪犬、疑似疫犬900只，对全县2230只犬驱虫11次，犬粪深埋处理覆盖率达100%；临时屠宰点检疫牛318头，收集处理病变动物内脏104套，羊免疫接种包虫病基因工程苗8万只份。新增中藏医院等艾滋病监测点4个，筛查10306人次，初筛疑似5例，确诊3例，均已纳入治疗；完成孕产妇监测380人，HIV监测率达100%；艾滋病感染者和病人抗病毒治疗覆盖率达87%，抗病毒治疗成功率达100%。免收贫困人口一般诊疗费591人次0.58万元；建档立卡贫困患者住院分娩人数54人，免医药费用14.59万元；建档立卡贫困患者住院治疗卫生扶贫救助629人次，救助金额195.87万元；县域内住院医疗费用个人支付占比控制在5%以内。执行基本公共卫生服务经费标准69元/人；城乡居民健康档案电子建档率达95%以上；报告肺结核患者和疑似肺结核患者总体到位率96.5%以上；严重精神障碍患者管理率达90%以上。实施农村孕产妇住院分娩补助政策，农村孕产妇住院分娩率达94.1%；突发急性传染病有效处置率和突发公共卫生事件及时报告率均达100%；建档立卡贫困户家庭医生"一对一"签约率达100%，一般人群签约率达90%以上。开展妇女病普查18次3510人次，免费发放价值1.7万元的治疗药品；兑现计划生育奖励扶助金337人、独生子女死亡家庭父母特别扶助金21人、"少生快富"奖励金8户。全年出生人口604人，符合政策生育率95.2%，免费技术服务覆盖率达100%，多孩生育率4.8%，人口增长率7.68‰；生育登记率90%以上，计划生育特殊家庭"双岗"联系人覆盖率100%，跨省流动人口信息核查率100%；征收社会抚养费20.2万元。

【农村交通】 全县投入项目资金11.9亿元，全线启动实施省道314线道孚（扎拖）至新龙县城段公路改建工程，里程121千米。投入项目资金5860.68万元，建设银多乡阿色一村通村通畅工程，里程34.66千米；完成雄龙乡古鲁村通村通畅工程。投入项目资金1473万元，完成尤拉西乡、友谊乡、通宵乡和皮察乡"畅返不畅"通乡油路整治工程，里程49.1千米。投入项目资金62万元，完成31个村级招呼站点和4个"双向港湾"站点建设。开通新龙县城至甘孜至格萨尔机场班线。投入资金350万元，清理泥石流、滑坡、塌方40余万立方米，确保汛期主干线公路畅通；以治理脏、乱、差为重点，开展交通环境综合治理工作。

【农村社会保障】 全县新增就业413人，城镇失业人员再就业15人，就业困难人员再就业10人，认定高校毕业生就业见习基地5个；开展技能和创业各类培训22期，培训1575人次；开发公益性岗位2368人次，安置人社公益性岗位212人，转移就业860人次；就业扶贫专场招聘会达成就业意愿402人次，转移就业22人；城乡居民基本养老保险参保人数达25071人；财政代缴5073名困难群体城乡居民基本养老保险个人缴费；受理农民工投诉拖欠工资案件36起，涉及589人，追回拖欠工资款695万元，并为15家企业办理农民工工资专户。全县有农村低保对象2198户8706人，兑现农村低保金2226.88万元。城乡居民基本医疗保险参保人数44292人，财政全额代缴建档立卡贫困户人口基本医疗保险，参保覆盖率100%；医疗救助509人次，发放城乡医疗救助金93.57万元；城乡困难群众121名在州内住院1336天，发放住院补贴0.93万元。有孤儿251人，发放孤儿供养金22.41万元；有特困人员3468人，发放供养金152.74万元；兑现困难残疾人生活补贴4449人次54.43万元、重度残疾人护理补贴6071人次44.66万元；救助流浪乞讨人员48人，救助自主返回48人，救助费用1.58万元；为1116名60岁以上困难家庭失能老人和80岁以上高龄老人提供每人每年300元的居家养老服务，办理老年证28本。一次性慰问城乡困难群众1000人，发放慰问金及慰问物资折合52.8万元。投资1042.07万元，建设大盖敬老院、吴西新区社区服务站，改造如龙镇中心敬老院，建设社区公共服务设施及设备购置，新建日间照料中心2个。

【农村生态建设及环境保护】 委托四川省地质勘查院岩土水质检测中心对全县3个水质断面、19个乡（镇）饮用水水源进行水质监测，落实饮用水水源监测经费70万元，适时发布监测数据，截至2019年年底，全县断面水质、饮用水水源水质均达到国家有关标准。完成农村环境综合整治项目9个村；完成拉日马面源污染治理项目及拉日马、博美、乐安、色威等地饮用水水源地保护项目。建立健全多部门核查认定机制，完成2019年中央环保督察反馈意见整改任务、国家第二次污染源普查工作。开展环保宣传，悬挂横幅5幅、宣传画8张，发放宣传手册1000余本、纪念品600余份，现场提供咨询400人次。

【主要领导人】 县委书记：泽仁汪堆；县长：董德洪；县政协主席：泽翁；分管农业副县长：多吉格西。

新龙县编写组

德　格　县

【基本情况】 2019年，全县辖6镇20乡，辖区面积11025平方千米。

【文化惠民工程】 全县安装和发放"户户通"设备6700台，完成率100%；投入资金181.67万元，按照合同已拨付181.67万元，拨付比例达100%。发放和安装电视机3718台，完成率100%；投入资金352.45万元，按照合同已拨付352.45万元，拨付比例100%。完成196套县级应急广播平台的建设安装，完成率100%；投入资金433.6万元，按照合同已拨付433.6万元，拨付比例100%。贫困村文化活动室设施设备工作已完成29套贫困村及10套非贫困村文化活动室设施设备的发放，完成率100%；已拨付资金179.4万元，拨付比例100%。

【非物质文化遗产保护】 全年申报四川省第三届农村手工艺大师14人。申报德格麦宿片区民族手工艺体验基地为第一批四川省非物质文化遗产体验基地。开展县级非遗传承人挖掘工作，申报县级传承人236名。启动第五批国家级非遗代表性项目推荐申报工作。开展"非遗进校园"活动，培养学生4000余名。以2019年康巴文化高峰论坛为契机，展示宣传推介德格县民族民间手工艺产品和"德真"书法。举办广播电视精准扶贫"四川德格脱贫攻坚、非遗带头人培训班"，培养传统民族手工艺人才。组织非遗传承人参加甘孜州农博会理塘分会场，全面展示全县手工艺产品。加强重点文物保护工作，投入618万元，维护修缮印经院和八邦寺，已竣工。按照《甘孜藏族自治州人民政府办公室关于印发〈第七届中国成都国际非遗文化遗产节甘孜州分会场实施方案〉》（甘办函〔2019〕110号）文件精神，共上报67人参加雪域手造·甘孜州文化传承和创新"工匠杯"手工艺人才选拔活动，"康巴十大工巧大师"10人中德格县有5人，占全州总数的50%；"康巴卓越工匠"30人中德格县有13人，占全州总数的43%；德格县印经院（文物管理中心）、德格县藏艺通旅游文化产业有限公司、德格县多瀑沟噶玛嘎孜文化旅游发展有限公司获得"雪域·康巴文化传承优秀单位"称号，德格麦宿获得"四川省非遗体验基地"称号。举办2019年文化与自然遗产日非遗主题宣传活动，邀请社会各界书法爱好者参加，以网络投票的形式进行评选，起到了良好的宣传作用。参加甘孜州农博会农特产品展销会，以甘孜州第一届农特产品展销对接会为契机，展出德格土陶、藏纸、藤编、木雕、牛毛绒编制、藏香、皮具、唐卡、版画、印经院造型、钦乐等民族手工艺作品。

【文化市场监管】 加大对文化市场的日常巡查力度，发现违规经营行为立即查处，联合公安、消防等部门共检查文化市场经营单位230余家次，立案查处违规经营案件1起并已结案，责令整改行业乱象3起。加强对文化市场经营场所的安全管理，联合县消防大队、工商、公安等部门对印刷企业、网络市场、出版物市场进行大排查10次，对在检查中发现存在安全隐患的单位责令其限期整改。升级网吧视频监控系统，加大对网吧违规接纳未成年人的监管力度；发挥网吧游戏智能监控系统的作用，实时监控网吧内游戏内容。加强重点时段执法工作，在节庆假日期间加大日常巡查的力度和密度，确保文化市场合法有序运行。

【主要领导人】 县委书记：嘎绒拥忠；县人大常委会主任：吴忠贵；县长：黄杰；县政协主席：熊文华；分管农业副县长：李洪俊。

德格县编写组

白 玉 县

【基本情况】 2019年，全县辖13乡4镇2个街道，辖区面积10591平方千米，其中耕地面积8.4万亩，比上年增长0.001%，人均耕地面积14.9亩；基本农田6.4万亩。年末总人口5.6万人（户籍人口），减少1.4%；人口出生率12.61‰，减少2.65个千分点；人口自然增长率11.87‰，减少2.66个千分点。全县耕地有效灌面和保证灌面分别达耕地总面积的76%和100%；本地水资源总量36.37亿立方米，人均占有水资源量8.56立方米。有林业用地25万公顷，有林地面积53万公顷，活立木总蓄积量6600万立方米，森林覆盖率39.61%。

2019年，全县GDP18.8亿元，增长6%，其中第一产业增加值3.5亿元，增长0.3%（农、林、牧业增加值分别为6905万元、3024万元、25439万元，分别增长5.3%、4.9%、0.8%）；第二产业增加值5.3亿元，增长1.4%（工业产值7.6亿元，增长9.3%）；第三产业增加值9.96亿元，增长3.6%。三次产业对经济增长的贡献率分别为28.5%、-125.7%和197.2%。全年接待游客55万余人次，实现旅游总收入5.5亿元，其中乡村旅游收入1.18亿元。

公路通车里程1899千米，密度179.3米/平方千米，321.8千米/万人。社会消费品零售总额4.37亿元，增长27.5%。地方公共财政预算总收入完成1.73亿元，增长13.8%；公共财政预算总支出21.69亿元，增长8.8%，其中农业投入48613.91万元，占支出的22.59%。金融机构各项存款余额31.35亿元，比上年初增长23.78%；各项贷款余额5.53亿元，比年初增长25.14%，其中支持农业产业化发展项目贷款5305万元。全年农业保费收入67.63万元，减少6.5%；处理各项赔款和给付金额82.7万元，减少5.8%。完成农业产业化项目30个，完成投资9676.41万元。农业产业化龙头企业县级为1家。

有各类学校39所，在校学生10914人，教职工601人，其中普通中学2所，在校学生2452人；小学18所，在校学生7009人；学龄儿童入学率99.72%，增加0.18个百分点。有艺术表演团体1个，文化馆1个，公共图书馆1个。有卫生机构158个，病床位491张，卫生技术人员384人。新型农村合作医疗参合人数46842人，参合率100%；新型农村社会养老保险参保人数24843人，参保率48%。

【年度农业和农村经济运行】 2019年，全县出台了农业产业园区建设规划、政策。实现农业总产值0.96亿元，增长5.3%；全县全年农业增加值达0.69亿元，增长5.6%。农民年人均可支配收入达12623元，增长10.8%。在粮食、生猪、白玉黑山羊、高原菊花、蔬菜生产中，科技投入的占比或科技贡献率为50%。全县农产品质量抽检合格率比年初提高0.5个百分点；建成17个基层农业综合服务站。

2019年白玉县主要农产品产量

主要农产品	单位	产量	同比(%)
粮食	吨	9998	-0.1
青稞	吨	7392	0.17
小麦	吨	153	0.58
马铃薯	吨	2453	-1.25
油菜籽	吨	650	0.62
蔬菜	吨	6300	0.31
高原菊花	吨	5	80
藜麦	吨	2	100
肉类	头	5418	0.02
猪肉	吨	51	0.02
牛肉	吨	4460	0.06
羊肉	吨	907	-0.13
牛奶	吨	8315	0.02

农业产业化发展。全县自筹4800万元，组建首家县属龙头企业——白玉藏品农业发展有限责任公司；引进海佳农业公司等3家企业进驻白玉。全年累计流转土地3500余亩。

农产品品牌战略实施。以创建“白瑜藏品”品牌为中心，累计注册商标34件，开发“金顶皇菊”等4个新产品，注册“金丝藏菊”“高原藏菊”等品牌。白玉黑山羊、高原菊花系列产品等4个产品取得有机转换认证和四川省集体扶贫商标授权，并入驻全国扶贫“832”平台，品牌效应逐步形成。

现代农业园区建设。全县累计投入3600余万元，建成白玉县种养生态循环农业产业园区等4个产业园区，以高原菊花和白玉黑山羊为主导产业，配套建设300亩农业试验试种基地、3500亩核心种植基地、白玉黑山羊保种繁育基地等7个基地和农副产品集中深加工及冷链物流中心，形成立体生态、种养循环、三产相融的“四园七基地一中心”园区发展格局。

【种植业】 全年主要农作物播种面积69600亩，其中青稞43719亩、高原菊花3000亩、藜麦500亩、艾草500亩、小麦942亩、马铃薯7339亩、油菜600亩、蔬菜中藏药7600亩。主要粮食作物播种面积52000亩。推广各类作物良种51360亩，其中青稞40659亩、小麦876亩、马铃薯6825亩、高原菊花3000亩，良种覆盖率达93%。开展农作物品种展示及试验490亩，其中藜麦100亩、雪菊150亩、金丝皇菊100亩、胎菊100亩、高产菊花20亩、蔬菜种植10亩；共建成良种繁育基地2750亩。

【林业】 全年实施天然林资源保护公益林建设3万亩，投资530万元，其中封山育林1万亩，投资100万元；国有中幼林抚育1.5万亩，投资180万元；人工造林0.5万亩，投资250万元。开展补植补造工作，共计发放云杉种苗30万株、俄色茶12万株，投资45万元。管护集体公益林22.62万亩、国有林162.38万亩，落实生态护林员272人。

【畜牧业】 全年牲畜存栏28.98万头（只、匹），牲畜总增率、出栏率、商品率分别达24.2%、20.3%、18.4%。全年肉类总产量5418吨、奶产量8315吨。完成牦牛畜种改良1000头；完成本地品种选育3500头（只），其中牦牛2000

头、白玉黑山羊1500只。开展口蹄疫、禽流感等重大动物疫病防控，强制免疫68万头（只、羽）次，动物重大疫病免疫抗体合格率达70%，全年无重大动物疫病发生。全年产地检疫生猪373头，屠宰检疫生猪1774头、禽类7310羽，畜禽屠宰规范化管理率达100%。完成白玉黑山羊保种繁育基地建设，白玉黑山羊存栏3000余只。

【水产业】 开展金沙江鱼类增殖放流活动，放流鱼苗65888尾，其中齐口裂腹鱼50050尾、短须裂腹鱼15838尾。全年开展禁渔宣传8场次，发放禁渔传单300份，张贴禁渔公告20份。

【乡村振兴】 编制完成全县乡村振兴战略规划。开展金沙江流域乡村振兴示范创建，启动河坡、盖玉、昌台3个片区乡村振兴试点；扩大麻绒至金沙偶曲河流域乡村振兴试点范围，建成赠科乡定布村等6个乡村振兴示范村。推进农村人居环境整治“五大行动”，全面提升村容村貌。推进乡村治理体系和治理能力现代化建设，构建“共建、共治、共享”的乡村治理格局。

【扶贫开发】 全县紧扣“两不愁、三保障”，累计投入1.37亿元，突出基础改善、产业发展、住房保障等，完成23个贫困村退出、317户贫困户1361名贫困人口脱贫，全县81个贫困村、2641户贫困户12726名贫困人口全面达标脱贫，贫困发生率从2014年的25%下降至3%以内，并通过第三方评估和省、州考核检查，群众认可度达99.94%，名列全州及全省第二位。

【乡村旅游】 围绕国家全域旅游示范县创建，累计投入6150万元，推进河坡民族手工艺园区等重点旅游项目建设，完成瓦须昌台帐篷城一期工程和拉龙措、河坡镇旅游咨询服务站建设，拉龙措古冰漂湿地4A级景区完成可研评审。加强旅游宣传和营销，实现旅游收入1.18亿元。

【农村水利】 全年实施2019年农村饮水安全巩固提升工程，解决23个贫困村和55个非贫困村共318户1350人饮水问题。投资720万元，开展“回头看、回头帮”，解决409户2113人饮水问题。投入971.46万元，实施安全饮水打井工程，完成安全饮水打井工程90口。投资400万元，实施“两不愁、三保障”回头看、回头帮饮水安全大排查项目，解决280户1338人饮水问题。投资350万元，在沙马乡布格村、火巴村、德拖村，盖玉镇亚达村、郎帮村，安孜乡如须村，金沙乡茂叶村，热加乡奶萨村实施水利水毁修复项目。投资520万元，在建设镇、金沙乡、盖玉镇、绒盖乡、山岩乡实施白格堰塞湖灾后重建项目。

【农业机械化】 全年完成机耕作业面积45326亩，作业水平达69%；机播作业面积14630亩，作业水平达30%；机收作业面积67900亩，作业水平达10%。完成农机购置机具40台（套），补贴总金额190980元。

【农村科技】 推进“四川科技扶贫在线”白玉平台建设，累计建立专家服务队伍75人、信息员队伍270人，完成在线技术咨询服务723次。开展“四川科技扶贫在线”提质增效及业务培训2场次，培训109人次。组织开展“科技下乡”活动4次，共计培训农牧民2126人，发放宣传资料1385份。依托现有科技创新孵化体系全面开展无人机植保、无土栽培、机耕、机播、机收等新技术的推广应用，菊花植保、种植等主导产业先进技术推广应用率达90%以上。与中国农业大学、北京市农林科学院、西南大学、四川农业大学专家技术团队签订技术指导服务，确保科技技术支撑和保障工作。

【农村教育】 实施教育优先发展战略，全面落实教学质量和教师能力提升“两个意见”。累计投入1.2亿元，完成县城区第三完全小学和8个贫困村幼儿园建设；加强抓好“控辍保学”，严格落实“6+3”责任制，1055名适龄少年接受补偿教育和技能培训；全面落实教育扶贫和“三免一补”等政策，选送“9+3”和定向培养59人，引进教师56人，兑现各类资助和奖励资金275万元，惠及3244人次；提升教学质量，开展中小学教师培训500余人次；将教学成果奖提高至200万元，重奖中考成绩优异的师生。

【农村文化】 推进公共文化服务体系建设，累计投入1966万元，完成23个贫困村文化活动室标准化建设，安装“户户通”1617套，开展“送文化下乡”活动102场次，免费放映公益电影1872场次。举办“感恩奋进新时代·盛德白玉新征程”主题晚会和“多彩非遗绽放·扶贫硕果芬芳”主题活动，完成《白玉谣》等7个文艺作品编创，《河坡匠人》舞蹈获得甘孜州2019年“新人新作”一等奖。全面加强文物保护和非遗传承，白玉县获得“四川省第一批非遗体验基地”称号。

【农村卫生】 实施“健康白玉2030”行动，累计投入1亿元，完成县医院改造提升一、二期主体工程，妇幼计生中心、计生服务中心业务用房以及23个脱贫村卫生室标准化建设。全面落实健康扶贫政策，累计兑现补助262万元，救助3907人次。推进县级公立医院改革，县级医疗机构上网采购率和药款支付率均达100%；城乡居民基本医疗参保率和电子健康档案建档率分别达98.2%、93%。持续抓好包虫病、艾滋病、结核病等地方病和重传疾病筛查治疗。加强生育乱象治理，农村孕产妇住院分娩率达98.3%。

【农村法制建设】 全年开展集中法制宣传会和“送法进乡村”活动20余场次，采取集中宣讲、入户宣传、“法律明白人”暨人民调解员巡回培训等方式培养农村“普法骨干”400余人。通过送法下乡、民间传统盛会、群众工作全覆盖、软乡弱村集中整治、“五下乡”活动等途径，围绕服务“三农”和加强基层民主法制建设，广泛开展农村法制宣传教育，共开展各类法治宣传110余场次，覆盖全县各乡（镇），受教群众达2.5万余人，发放普法读物3万余份。加强“扫黄打非”、知识产权保护和文化市场监管，确保文化市场健康繁荣发展。

【农村交通】 实施交通先行战略，全年投入4.05亿元，推进国道215线（白玉至巴塘段）和省道458线（县城经赠科至甘孜机场段）改建工程，完成21个贫困村212千米通畅工程建设，获得“全省通乡、通村公路‘两个100%’完成优秀县”称号。川藏铁路白玉段前期工作加快推进，川藏高速白玉段被纳入国、省高速路网规划，安全便捷、覆盖全域的交通网络逐步形成。

【农村社会保障】 实施全民参保计划，全县城乡居民养老保险基础金提高至106元。按照“应保尽保”原则，全年发放城乡低保、特困补助等各类资金2882万元，安置居家养老服务1105人。加强就业保障，新开发公益性岗位246个，开展劳务技能培训1072人，转移就业1920人。加强劳动监察执法，为130名农民工追回欠薪81万元。全面落实粮食安全县长责任制和“菜篮子”县长负责制，启动社会救助和保障标准与物价上涨挂钩联动机制，发放价格临时补贴177万元。

【农村生态建设及环境保护】 全县开展大规模“绿化全川·白玉行动”，累计投入资金1480万元，完成防沙治沙、生态治理、封山育林、人工造林3.6万亩。从严林政监管和森林草原防灭火工作，查处涉林违法案件27起，森林草原连续三年“不冒烟”；严守生态红线底线，持续打好污染防治攻坚“八大战役”；从严自然资源资产管理，全面落实河（湖）长制，完成生态红线优化调整和省、州环保督察反馈问题整改，白玉县被纳入全国50个生态综合补偿试点县之一。

【农产品质量安全监管】 全县白玉黑山羊、有机蔬菜、高原藏菊等品牌农产品标准体系健全,产品质量、知识产权失信联合惩戒机制运行良好,未出现产品质量安全问题。

【数字农业】 全县农业产业园区配套建成智慧农业和溯源系统,通过在农业生产现场搭建"物联网"监控网络,对气候环境、土壤状况、作物长势和病虫害进行实时监测,实现了农业智能监控、标准化种养殖管理、农产品溯源和生产决策分析,农业综合信息化水平达50%以上。

【农村留守儿童帮扶】 全县共有留守儿童29人,其中小学生7人、中学生22人。建立"留守儿童之家",组织学校到"留守儿童之家"开展活动,让其感受到学校大家庭的温暖;组织教师与其结成"一对一"帮扶,从生活、学习等各方面给予其最大的关心与关爱。

【劳务开发与返乡创业】 全县采用"创业+技能""农民夜校+技能培训"模式开展中式烹饪、摩托车维修、民间手工艺、挖掘机、维修电工等培训班15期,覆盖全县609名建档立卡贫困人口。通过衔接县内各施工企业、公益岗位安置、灵活就业等举措,完成建档立卡贫困户劳动力转移就业1920人。开发公益岗位300个,让贫困人口在家门口就能"挣票子"。开展返乡创业培训2期,完成创业培训30人次。

【主要领导人】 县委书记:康光友;县人大常委会主任:周玉红;县长:阿央邓珠;县政协主席:何康雷;分管农业副县长:尹天林。

白玉县编写组

石 渠 县

【基本情况】 2019年,全县辖4个片区15乡7镇170个行政村(社区),辖区面积25191平方千米。年末总人口104600人,其中城镇人口8349人、乡村人口96251人;人口自然增长率5.41‰。

2019年,全县GDP17.75亿元,增长5%,其中第一产业产值 4.86亿元,增长1.6%;第二产业产值 1.34亿元,增长37.1%;第三产业产值 11.56亿元,增长5.2%。地方公共财政收入完成0.53亿元,增长6.1%;地方公共财政支出13.94亿元,增长0.7%。全社会固定资产投资完成26亿元,增长6.9%。社会消费品零售总额5.01亿元,增长10.2%。金融机构各项存款余额26.12亿元,增长4.2%;各项贷款余额6.09亿元,增长103.26%。广播电视覆盖率100%。新型农村合作医疗参合率99.9%。城镇居民年人均可支配收入达38126元,增长8.9%;农村居民年人均可支配收入达11810元,增长11.1%。全年接待国内外游客53万人次,实现旅游收入5.3亿元。城乡居民养老保险参保率达92%。

【种植业】 全县农作物播种面积5.2788万亩,其中粮食作物播种面积3.74万亩、蔬菜种植面积0.3万亩、油菜种植面积0.38万亩、中药材种植面积0.82万亩、其他农作物播种面积388亩。全年实现良种推广面积3.52万亩,良种覆盖率达94%。全年粮食产量8218吨,蔬菜产量3306吨,油菜籽产量595吨,亩产较上年均实现持续增长。

【畜牧业】 全县各类牲畜存栏39.18万头(只、匹),增加1.8万头(只、匹);出栏8.25万头(只),出售1.8万头(只),出栏率、商品率分别达18%、13%;肉类总产量0.58万吨,奶产量1.42万吨。推进沿省道456线绿色生态畜牧产业示范带和沿国道215线生态农业示范带建设;扎溪卡游牧系统申报为中国重要农业文化遗产;采用"龙头企业+园区+合作社+农户"运营模式,邓玛蔬菜现代农业园区创建为州级现代农业园区;以青藏药谷·特色中藏药材基地为抓手,推动沙棘、人参果、大黄等特色产业规模化发展。

【城乡统筹发展】 全县坚持走城乡融合发展之路,推进《石渠县乡村振兴战略规划》编撰工作。累计投入3.9亿元,实施"做强县城、做优乡镇、做美村寨"项目15个;投入5163万元,完成1721户藏区新居住房改造;投入3000万元,完成333户土坯房改造及附属设施建设;投入1190万元,完成2018—2019年易地扶贫搬迁集中安置点建设及蒙宜镇、邓玛产业园区太阳能路灯安装。推进"厕所革命",新(改)建公共厕所36座;投入2400万元,建设洛须污水处理厂、温波生活垃圾无害化处理厂;投入1300万元,开展城乡环境综合治理;推进"九子一线"整治,打击违圈、违搭、违占、违建行为,加大土地纠纷调处力度,累计拆除违章建筑230处;完成土地"增减挂钩"项目6个、1168亩,收益3.5亿元;实施省道457线石渠至洛须段、新县中学等项目72个,总投资64.7亿元,累计完成投资26亿元。唐蕃风情小镇建设有序推进,洛须镇创建为省级特色小镇,色须镇红旗一村等10个行政村入选省级传统村落,奔达乡满真村入选中国传统村落。

【扶贫开发】 全县紧盯112个贫困村5717户贫困户25444名建档立卡贫困人口高质量脱贫和县"摘帽"总目标,对标政策促落实、盯紧任务抓进度、瞄准弱项补短板、集中力量攻堡垒,实施91个已脱贫村4817户贫困户23679名已脱贫群众"两不愁、三保障"回头看大排查工作,聚焦雅砻江上游深度贫困地区,抓实脱贫成效,突出精准扶贫;推进交通水利、教育医疗、通信电力等19个专项;投入1500万元,新建党群服务中心24个;投入2703万元,实施"以工代赈""四小"及民族团结进步新村项目23个;完成"十三五"期间规划内易地扶贫搬迁住房建设,解决3429户12099名贫困人口住房保障问题;统筹整合财政涉农资金3.47亿元,实施21个贫困村基础设施建设及产业发展项目,完成880户3620名贫困人口脱贫年度目标任务,贫困发生率从识别时的22.88%下降至0.26%,脱贫攻坚成效考核通过省、州验收,退出贫困县序列。

【乡村旅游】 全县实施"全时空、全过程、全人文、全要素"全域旅游战略,通过走"农旅、牧旅、文旅、商旅"融合发展路子,挖掘"世界最美湿地、千年唐蕃古道、石刻艺术王国、吉祥太阳部落"历史文化资源,加快旅游景区及基础设施打造,色须部落文化景区和巴格嘛呢石经墙景区创建为国家4A级景区,完成真达神鹿谷和太阳湖景区提升改造,长沙贡玛的查格村创建为旅游扶贫示范村。成立太阳部落旅游投资开发有限公司,组织旅游企业到石渠县考察指导;与四川民营旅游协会签订战略合作协议;探索落地自驾服务体系;累计完成旅游人才培训475人次。制订《石渠县"吉祥太阳部落·放心舒心消费城市"实施方案》。全年接待游客53万人次,实现旅游收入5.3亿元。

【农村水利】 全县投入4000余万元,实施农村饮水安全巩固提升工程,新建水井610口,维修加固水井326处,解决6340人的安全饮水问题;投入6192万元,实施雅砻江干流扎麦片区中心镇等防洪治理工程6个,新建防洪堤10.57千米;投入1000万元,新建太阳能提灌站5处。加强全县172个地质灾害隐患点监测预警治理,完成金沙江白格堰塞湖重建项目。

【农村电力及通信】 全县投入1332万元,保障458户贫困户用电;投入734万元,完成6个行政村电网改造,安装户表1900户。新建4G通信基站80个;完成21个贫困村光纤全覆盖,新建光缆759千米,实施"宽带进乡村"1832户;推进5G基站建设前期工作,开通大数据点位541个。

【农村教育】 全县有在校学生20925人，增加5156人，“控辍保学”成效显著；发放“三免一补”、贫困学生资助、营养改善计划等教育惠民资金6830万元；选送178名学生到内地就读初高中和“9+3”，邀请金牛名师到县讲学；投入4855万元，实施教育提升项目16个；投入500万元，安装配备电子白板、多媒体教室等，办学条件全面改善。完善应急管理机制，招聘100人组建石渠县应急救援队伍，石渠县民族寄宿制中学、洛须片区寄宿制学校创建为省级防震减灾科普示范校。

【农村文化】 全县举办“青藏高原岩画石渠论坛”庆祖国70华诞“中国·石渠——太阳部落帐篷狂欢节”等系列活动。真达乡麻达寺被评定为省级文物保护单位。全面完成170个行政村（社区）文化活动室设备安装，发放“户户通”“村村响”3000套；开展“送文化下乡”活动132场次，受惠群众达1.8万人次。

【农村卫生】 全县投入5520万元，实施医疗卫生项目23个，招录98名医技人员（含村医），全面落实“十免四补助”、医疗救助、免费健康体检等政策。推进医疗卫生体制改革，分级诊疗模式日趋完善。组建家庭医生服务队23个，实现重点人群全覆盖；兑现“少生快富”“奖励扶助”等妇幼计生补助资金148万元；健全藏医药服务体系，自制藏药45种。全年城乡居民医疗保险参保人数90472人，参保率达99%，医疗保险费用报销4740人次、1769万元。艾滋病、结核病等重大传染病防治能力不断加强，持续巩固包虫病综合防治“石渠模式”，“灭病犬、救病人、奔小康”已成为全县共识，综合防治支持率达98.33%。投入1.16亿元，实施民生工程47个；发放城乡低保、特困人员、残疾人护理等救助金9584万元，受益困难群众达4.36万人次；推进养老服务体系建设，完成养老院维修、改造4座。

【农村法制建设】 推进“扫黑除恶”专项斗争，打掉长须干玛等依托家族宗教干扰群众正常生产生活的黑恶势力团伙；推进“平安石渠”建设，破获刑事案件77起，办理治安案件170起；持续开展缉枪治爆专项行动，推进“雪亮工程”、天网建设，维护更新“一标三实”数据7万条，治安规范化、信息化建设不断提升；完成重大活动期间信访、安保、维稳任务；推进“七五普法”工作，开展“法律七进”活动400场次，调处矛盾纠纷700起，受理法律援助案件12件、事项276件，稳步推进公共法律服务中心标准化建设；深化巩固寺庙达标升级，投入3134万元实施基础设施建设，规范寺庙僧尼、财务等相关制度，全面完成寺庙管理“五个全覆盖”，有序推进未成年人入寺清退“回头看”，调整佛事活动12场次，整顿“经幡乱象”186处，治理露天宗教造像10处。

【农村交通】 全县全面推动国道345线、215线，省道457线等国、省干线建设和县城市政道路、通村通畅改造提升工程，加快推进“四横五纵”乡道基础布局和“一大五小”交通环线建设，完成交通续建项目10个，里程65.4千米；建设农村公路538千米，改造危桥12座；投入6000万元，启动虾扎、阿日扎、温波城镇基础设施建设；新开通县城公交车、出租车及县城至玉树、甘孜、真达等客运班线5条，推动公共服务加快向乡村延伸，丰富外联内通公路网络“毛细血管”。

【劳务开发与返乡创业】 全年招录专技人才142人，开发公益性岗位255个；建成石渠县技术技能培训中心，开展培训班20期，培训1000余人次，劳务输出733人，失业率控制在4.2%以内。全力保障农民工合法权益，追回农民工工资1120万元。

【招商引资】 开展“走出去、引进来”活动，持续深化校地合作，推进对口帮扶；举办“云端石渠·相约蓉城”农特产品暨旅游推介会系列活动，与苏宁易购、徽记集团等企业签订战略合作协议；开展“爱心企业石渠行”活动，组织上海、海南、云南、成都等地优秀企业来县考察洽谈；与深圳市、成都市金牛区、川庆钻探、中粮集团、成都工职院等帮扶单位开展“以购代捐”消费扶贫活动，制定出台《石渠县支持民营经济健康发展十二条措施》；组织县内企业参加各类展销会28场次，签订销售订单1000万元，农特产品销售额达400万元；推进电子商务建设，建成县、乡、村商务站点126个，开展培训44场次，覆盖2190人次；争取商贸流通、中小企业补助资金650万元。

【农村生态建设及环境保护】 全面落实河（湖）长制，打好污染防治“八大攻坚战”，从严落实环保“党政同责、一岗双责”，不断筑牢川西北生态安全屏障，良好生态环境已成为农牧民群众生产生活质量的增长点。启动长沙贡玛国家级自然保护区湿地生态效益补偿建设；完成轮牧围栏、草原补播、人工饲草地建设17.1万亩，治理黑土滩、毒杂草、沙化地2.62万亩，围栏封育、绿化1300亩；栽植各类苗木49.7万株，植被盖度较上年提高10个百分点；发放草补、生态护林员补助等资金1.48亿元。加大生态环境违法行为打击处罚力度，查处违规企业2家，罚款868万元；签订《石渠—德格流域联防联控合作共治协议》，疏浚河道13.5千米；“清河、护岸、净水、保水”工作有序推进。

【主要领导人】 县委书记：袁明光；县人大常委会主任：刘泽；县长：罗林；县政协主席：达瓦绒波；分管农业副县长：尼克月哈。

石渠县编写组

色 达 县

【基本情况】 2019年，全县辖4个片区17个乡（镇）134个行政村，辖区面积9322平方千米。

【文化扶贫】 全县围绕“一低五有”“一超六有”的工作目标有序开展各项工作。一是贫困村文化室达标建设项目。投入资金125万元，推进15个贫困村文化室达标建设，面积不小于20平方米，并配备相应的文化器材，统一标识，健全制度，满足群众文化活动需求。完成27个村级文化室文体设备配套，完成率达180%。二是退出村广播“村村响”项目。投入资金93万元，通过广播电视有线网络、无线调频、地面数字电视等方式，新建村级广播系统15个。完成31个村文化室新建村级广播系统，完成率达206%。三是贫困户覆盖广播“户户通”和电视机项目。投入资金204.43万元，采用有线电视、地面数字电视、直播卫星三种方式解决建档立卡贫困户“看电视难”问题，于9月3日前完成为1334户建档立卡贫困户发放“户户通”和电视机设备，其中2019年预退出贫困户689户、2014—2015年“回头看”建档立卡贫困户645户，基本实现全县建档立卡贫困户“有广播电视”指标，完成率达193.6%。四是农家书屋图书补充更新工作。完成15个预脱贫村农家书屋图书补充更新工作，共计补充更新图书11040册。

【旅游项目建设】 全年计划投入9558万元，实施新建项目4个、续建项目5个，其中新建项目翁达格萨尔藏寨和泥朵镇环保厕所已全面完成建设任务并交由所在乡（镇）管理投入使用；广东省对口援建色达民居接待改造提升项目已按照年初制订的方案全面完成70户特色民居验收工作，资金拨付比例达94%；色达县现代农业产业融合示范园区基础设施建设项目（扶贫产业园区基础设施建设项目）总投资2909万元，已完成总工程量的50%；色达县公共服务设施和黑帐篷体验景区旅游基础设施建设项目已完成总工程量的30%。续建项目甲学乡呷角村和色柯镇约若一村旅游公厕项目已竣工并通过验收；甲学乡阿拉甲学村民族团结示范新村建设项目已竣工；旭日乡旅游综合服务站建设项目已竣工；亚龙乡扎穷村和色柯镇约若一村旅游基础设施建设项目已竣工；金马草原旅游集散中心建设项目已完成总工程量的91%。

【公共文化服务体系建设】 县图书馆和文化馆实行无周末免费开放，全年接待参观游览人数达3万余人次，并开设成人舞蹈、少儿舞蹈、弹唱、藏文补习等培训班共12期。开展“藏戏进乡村、进学校”等特色活动；开展“送文化下乡”活动102场次，观众达28000余人次；创新开展“送藏戏下乡”活动4场次。开展以“国际博物馆日”和“世界读书日”为主题的系列活动；举办《中国好声音》色达分区选拔赛；协助光明社区在金马广场开展文艺广场舞活动。

【主要领导人】 县委书记：何飚；县人大常委会主任：扎西嘎瓦；县长：王东升；县政协主席：秋他；分管农业副县长：罗布。

色达县编写组

理 塘 县

【基本情况】 2019年，全县辖5个片区2镇22乡214个行政村282个村民小组，辖区面积14352平方千米。有常住人口74740人，其中户籍人口68202人；城镇化率39.19%。

2019年，全县GDP182706万元，其中第一产业增加值47224万元、第二产业增加值19974万元（工业增加值16040万元）、第三产业增加值115508万元。三次产业结构比为26∶11∶63。全社会固定资产投资累计完成145999万元。社会消费品零售总额75248.1万元。地方公共财政收入完成11019万元；地方一般预算支出226560万元，其中一般公共服务支出30303万元。金融机构各项存款余额259734.97万元，其中城乡居民储蓄存款余额97701.63万元；各项贷款余额74357.63万元。

【年度农业和农村经济运行】 2019年，全县实现农林牧渔业总产值72136万元。全年城镇新增就业353人，城镇失业人员再就业20人，就业困难人员再就业10人，城镇登记失业率控制在4.18%以内。

【种植业】 全县农作物播种面积5281公顷，其中粮食作物播种面积3471公顷；油料作物播种面积669公顷，蔬菜种植面积767公顷。全年粮食总产量12802吨，减少7.4%；油料作物产量1322吨，蔬菜产量57986吨。

【畜牧业】 全县各类牲畜出栏77705头（只）；各类牲畜存栏304846头（只），其中大牲畜存栏250302头、羊存栏51483只。全年肉类总产量7565吨、奶产量11514吨。

【农村基础设施建设】 全县围绕基础设施、产业升级、民生改善包装和储备各类项目80个，总投资38.44亿元。纳入州级重点项目8个，全年完成投资2.33亿元。投资近1亿元，建成通村公路7条、109千米，通村通畅率达100%；投资2255万元，修建桥梁3座、100余延米；投资5200余万元，完成“畅返不畅”整治工程65千米；投资1200余万元，建成农村机械养护中心站1个、招呼站150个，招聘农村公路养护人员103名。开通24个乡（镇）137个行政村农村客运；完成川藏铁路21处弃土场、2处取土场及2处沙石料场选址工作；完成通用航空枢纽机场的选址报告、飞行程序报告及飞机性能分析报告；完成查马日东水利工程可研报告。投资1594.56万元，实施农村饮水安全巩固提升工程81处，覆盖3393户17974人；投资1904万元，实施打深井项目56口，涉及行政村30个，覆盖1693户9234人；投资480万元，完成上木拉乡高效节水灌溉项目，改善、新增高效节水灌面1000亩；投资2530万元，综合治理河道6.22千米；投资1.27亿元，新建3个35千伏输变电工程，解决7个乡并入国网供电问题；投资3400万元，实施36个农网改造工程，惠及9个乡31个村；投资211万元，发放、安装、调试“村村响”“户户通”设备3130套；投资5940万元，新建4G基站104个；投资270万元，优化移动基站27个。

【城乡提升建设】 投资2500余万元，完成城市生活污水处理厂生化池、组合池等主体工程浇注及主要设备安装；投资4049万元，建设理塘县城市供暖工程1个，已完成地勘招标。实施县城庭院绿化、节点绿化和道路绿化工作，完成扎蚌林卡、萨色林卡建设任务，种植高山柳、云杉、旱柳等适种树种6000余株。完成县城主要区域花卉摆放工作，共摆放孔雀草、杜鹃等10余种鲜花12万余盆，在县城主街道种植云杉、红叶石兰等树木3万余株，基本实现“出门见绿、百米见园”目标，县城绿化率达45%。以创建国家卫生城市为契机，抓好城区保洁物管工作，全面提升城市管理水平。推动县、乡（镇）、村“三位一体”发展，完成5个乡村振兴示范村建设；申报第五批国家级传统村落10个、省级传统村落30个，申报总量分别占全省总数的10%和全州总数的30%。全面推进“厕所革命”，新建城镇公厕11座、改建14座，新建农村户厕205座、改建1938座。投资1803万元，新建村级党群服务中心13个；投资2274万元，实施藏区新居建设458户；投资2130万元，实施援藏及县级补助住房建设427户；完成异地避险搬迁建房18户。实施33个幸福美丽新村“六改三建一加固”2783户，新建入户路18千米，安装太阳能路灯2649盏；实施23个乡村振兴示范村“六改三建一加固”1198户，新建入户路40.45千米，安装太阳能路灯829盏。进行村容村貌治理、基础设施配套，形成良好的村风民俗。

【脱贫攻坚】 全县紧盯“县摘帽”目标，集中人力、财力、物力实施22个扶贫专项。开展落实“两不愁、三保障”回头看大排查，抓好问题整改。严格落实“2+1+N”定点帮扶联席机制，推进东西部扶贫协作和对口支援、省内对口帮扶和定点扶贫。完成37个贫困村退出、1223户贫困户5750名贫困人口脱贫任务，贫困发生率由2014年的38.1%降至0.85%。全县接受省、州级脱贫攻坚验收，于2月经省政府批准退出贫困县序列。

贯彻“131”产业发展工作思路，不断推进产业大发展。一是优先发展文化旅游业。投入资金812万元，完成甲洼镇俄丁村省级旅游示范点创建、奔戈乡卡灰村霍曲牧场农牧产品销售点项目建设，启动濯桑现代农业园区4A级景区创建工作。持续推进勒通古镇·千户藏寨4A级景区提档升级。以“季主题、月活动”的模式开展商贸会、美食节、夜游古镇等系列活动，举办了第三届仓央嘉措诗歌节、八一国际赛马节、第二届G318公路文化产业（理塘）峰会等重要节会赛事。全年累计接待游客110余万人次，增长58.1%；实现旅游综合收入12.18亿元，增长59.4%。二是加快发展高原现代特色农牧业。以国道227线、318线为主轴打造以濯桑现代农业园区、勒通藏系绵羊良种繁育基地为代表、纵贯南北的农业种植产业带和连接东西的现代草原畜牧业发展示范带，其中濯桑现代农业园区被评为州级现代农业园区、省四星级现代农业园区和国家现代农业科技示范园区。开展农业保险试点，全年实现保费收入453.52万元。三是加快发展民族商贸业。加快理塘康藏现代农牧产业加工贸易园区建设，园区入驻和拟入驻企业16家，项目建设累计完成投资2.15亿元，全年总产值达0.62亿元，增长6.9%。招商引资力度不断加大，开展宣传推介活动，落实招商项目9个，到位资金2.69亿元。举办甘孜州首届农特产品产销对接会，现场签约采购订单114项，签约总额15.1亿元。四是加快发展生态能源业。推广以电代燃料，发展战略性新兴能源产业，投资4340万元，建设奔戈乡拉扎村联村光伏扶贫电站1个。坚持保护和开发并重，稳步推进确如多、措洼水电站建设。五是有序发展矿产业。坚持保护和开发并重，规范阿加隆洼金矿生产运行，注销5宗不符合条件的探矿权。

【农村教育】 全县投资1.68亿元，完成君坝九年一贯制学校教学及辅助用房、城关第三完全小学运动场改造工程等新（续）建项目94个。持续抓好"控辍保学"工作，安置7～16周岁适龄儿童入学2955名；开办县级集中技能补偿教育班3个、乡级补偿教育班25个，接受补偿教育1213人，中小学适龄学生入学率达99.53%。落实"三免一补"政策资金3000万元。发放5119名学生资助金463.64万元。新（改、扩）建村级幼儿园21所。全县中小学"校校通""班班通"设备覆盖率达90%。完成中考及1～8年级统测工作，对取得优异成绩的学校和教师发放教学质量奖共计365万元。

【农村文化】 全县依托县文化馆、图书馆和乡（镇）综合文化站实施文化设施免费开放工作，服务1.58万人次。开展"送文化下乡"活动147场次，免费放映农村公益电影2700场次。实现"户户通""村村响"全覆盖。组织格桑花艺术团到成都市、金堂县、成都市新都区等地开展康巴卫视藏历新年及感恩巡演活动，举办万家团圆迎中秋、四海欢腾庆国庆主题晚会、理塘县第二届非物质文化遗产日展览、骑闯天路理塘县资格赛、理塘壹占高城越野赛半程马拉松赛、甘孜州第二届成人业余足球联赛暨理塘县玛吉米杯等活动。申报第九批省级重点文物保护单位7处。成立理塘县融媒体中心，拓展宣传渠道，打造主流舆论阵地。

【农村卫生】 实施"健康理塘"战略，城乡居民健康规范化电子建档6.9万份，规范建档率达94.5%。实施艾滋病人抗病毒治疗150人，管理治疗率达95.54%。生育上限育龄妇女长效节育措施落实人数提升至4074人，节育措施落实率从28.69%提升至92.61%。完成藏医院、县人民医院二级甲等医院创建。初步建成康南骨伤病救治中心、康南急救中心、康南健康管理中心，完成24个乡（镇）卫生院标准化建设、129个贫困村卫生室标准化建设。启动实施贫困人口基本公共卫生保障、贫困地区生育秩序整治等五大行动，重大传染病防控和生育秩序整治工作再上新台阶。

【农村社会保障】 全年农村劳动力转移就业2798人，发放失业保险金84人次、13.46万元。招聘生态护林员1223名，开发公益性和公益类岗位2324个。有针对性地开展技能培训93期4351人，拨付培训资金837.68万元。全年举办专场招聘会1场，提供就业岗位6879个，达成初步就业意向1482人，现场录用107人。维护农民工合法权益，农民工工资建账率、直发率、发放率均达100%。实现城镇职工基本养老保险、城乡居民社会养老保险制度衔接。实施全民参保计划，城乡居民参保率达98%。为退役军人家庭悬挂光荣牌616户，发放兵役优待补助金、优抚金、安置费等199万元。发放城乡居民最低生活保障等社会救助金3149.24万元。

【农村生态建设及环境保护】 全县践行"绿水青山就是金山银山"的发展理念，不断加强生态环境治理。

环境保护能力不断增强。推进污染源"三大战役"防治工作，全年24个乡（镇）集中式饮用水水源地水质达到优良。全年办理各类建设项目环评80个，环评制度执行率达100%。全面推进农村环境连片整治。投资180万元，建成夺曲河饮用水水源地保护区。启动县级环保督查，立案处罚1起，罚款32万元。持续加大"绿色亮剑行动"力度，累计办理行政案件6起，行政处罚1人、4家公司，收缴罚款53万元。

生态文明建设不断巩固。实施生态文明建设战略，完成城南湿地群及义务植树8500株，沙化治理4100亩，人工造林5000亩，封山育林、人工抚育各1万亩；依法有效管护国有林865.5万亩、集体林184.4万亩、湿地129.58万亩，退牧还湿0.56万亩。常态化推进河长制工作，全面建立三级河（湖）长制，编制完成"一河一策"方案，县级河长巡河问河工作达标。

【农村综合改革】 推进行政审批、商事制度、乡（镇）行政区划调整等改革，依法行政能力不断提升。持续推进教育、卫生等事业单位改革，完成公立医院改革。加快推进财税体制改革，完成县税务局改革重组，推进"互联网+精准扶贫"代理记账工作，财政预算管理更加规范。

【依法治县】 全县坚持以依法治县为基石，始终把维护稳定作为第一要务，推进"社会治理"，做实"338"细胞工程，推进"平安理塘"建设。

法治理塘建设不断加强。全面推进"依法治县"，开展"扫黑除恶"等专项行动。全年共侦破9类涉恶案件14件、涉恶犯罪集团案件1件，打击处理涉恶违法犯罪人员26人。查处各类治安行政案件89起，查处率100%。以"法律七进"为载体，开展法治宣讲50余场次，覆盖3.8万余人次。完成118个调委会规范化建设，排查调解纠纷223起。

民族宗教工作不断深化。落实新修订《宗教事务条例》，推进寺庙管理，依法管理宗教事务，做好敏感节点寺庙、僧尼稳控工作，对宗教领域突出问题进行专项整治，承办省委藏区办藏传佛教寺庙管理工作现场会。清退未成年人入寺人员34人，确保无未成年人入寺。广泛开展"爱国爱教爱家乡"教育等活动共计120场次，覆盖僧尼8000余人次。僧侣群众在中华人民共和国成立70周年之际自发组织"晒国旗"活动，获得数十家主流媒体报道，理塘县创建为"全省民族团结进步示范县"。

社会治理体系不断完善。完善安全生产长效管理机制，开展各类应急演练32场次，提升全县应急保障能力。成功应对中木拉乡、曲登乡、君坝乡等6个乡突发自然灾害，出动应急救援人员600余人次，抢险救援车辆、机具30台次，最大限度保障了人民群众的生命财产安全。抓好森林草原防火工作，签订责任书、承诺书2.72万份。全面加强动物疫情防控工作，做好非洲猪瘟抽检自查工作。完成17个乡（镇）人武部正规化达标建设，完成兵役登记623人，登记率达100%。推进"十二乱"专项整治和大棚房及违建别墅清查整治专项行动工作。

【主要领导人】 县委书记：格勒多吉；县人大常委会主任：曲批；县长：郑显峰；县政协主席：王健琼；分管农业副县长：向阳。

理塘县编写组

巴塘县

【基本情况】 2019年，全县辖5个片区19个乡（镇）123个行政村（除3个牧业村外均属半农半牧村），辖区面积8186平方千米，其中耕地面积73586亩。总人口5.3万人，其中农业人口4.6万人。

【旅游项目建设】 持续推进竹巴龙乡水磨沟村旅游基础配套设施建设，已完成项目建设的40%；全面完成夏邛古镇基础设施第一、二期项目建设；完成2019年州旅游局下达产业富民目标任务，修建旅游厕所2座（海子山旅游厕所、中咱旅游厕所)。

【公共文化服务体系建设】 县文化馆、图书馆、19个乡(镇)综合文化站实现日常免费开放。按照全县脱贫攻坚总体部署,全面完成2019年16个贫困村文化活动室建设并投入使用,累计完成全县61个贫困村文化活动室建设任务,并为10个非贫困村文化活动室发放文化设备。启动文化综合大楼提升改造建设,打造集文化馆、图书馆、影院于一体的公共文化服务平台,提供优质公共文化设施、产品及服务。

【文旅市场监管】 加强文化市场执法,依法依规开展执法工作。加大对出版物市场的打击力度,参与校园周边环境整治,文化市场日常监管工作有序开展,将反邪教工作纳入日常监管内容,加强对网吧上网内容的监督检查,截至11月,共出动执法检查人员3659人次,检查经营单位807家次。加大重要节假日及旅游旺季期间旅游联合执法力度,净化旅游环境。履行文化市场监管职责,做到每周至少检查2次,收缴盗版、淫秽色情、凶杀暴力等光碟224盘。开展"扫黑除恶"专项整治活动,由综合执法局牵头对全县娱乐场所、网吧、演艺中心进行安全隐患排查。执法人员对大鹏商城三楼起点网咖未按要求登记上网消费者有效身份证件的该违规经营行为罚款2000元。

【主要领导人】 县委书记:汪玉琼;县人大常委会主任:代龙;县长:张家志;县政协主席:土登郎卡;分管农业副县长:珠扎。

巴塘县编写组

乡城县

【基本情况】 2019年,全县辖3镇7乡57个行政村3个社区,辖区面积5016平方千米,有常住人口3.56万人。

【乡村旅游】 景区建设。加大青德藏乡田园国家4A级景区创建工作力度,完成创建景观价值报告,完成游客接待中心、游客咨询中心改造,完成步游道及信息化建设,完成景区大门改造及景观打造,并于9月24日召开了省级质量等级检查会。

旅游人才培训。为促进酒店业、乡村旅游业发展,加强对旅游从业人员的管理和培训,制订了旅游人才培训方案,并与四川旅游学校对接,分批邀请四川省旅游学校高级讲师团到乡城县开展乡村旅游人才培训4期,县文旅公司、扎西集团旅行社、亲德公司、香巴拉民族文化艺术团讲解人员以及来自各乡(镇)的民宿经营户共计530人参加培训,培训内容包括乡村旅游接待礼仪、餐饮服务技能、导游业务、导游词讲解技巧、旅行社门市管理、旅行社营业网点服务营销技巧等。

文旅宣传营销。加强整体宣传促销推介,香巴拉猫核心IP形象设计及视觉规范、白色灌礼节衍生品计划与实施、"香巴拉猫"+YINJIULONG生活美学品牌的文创产品系列开发设计联名;完成乡城及香巴拉猫IP产品研究报告及文创产品长线产品开发,并生产商品8种。加强旅游商品开发力度,结合全县旅游资源和区位优势,探索以"农户+旅游+电商"模式开发一批创意文化产品、文化的实用产品和旅游化的农特产品,培育打造菩提、唐卡、疯装、泥塑、土陶、木雕六大类旅游商品。

文旅市场监管。对校园周边所有文化市场实施地毯式检查,开展高考、中考期间文化市场集中治理行动,下发考试期间歌舞娱乐场所歇业通知。与公安、消防、宣传、政法、安检等多个部门开展联合执法3次,自主检查210余家,出动630余人次,口头警告2家,责令整改2家,停业整顿2家,发放宣传资料40余册,举办经营单位法人专题培训2期。

旅游扶贫。开展22个专项扶贫工作,开展省级旅游扶贫示范村创建工作。完成农特产品销售点砌筑工程、旅游厕所内部改造、标识标牌安装,完成总工程量的100%;按照《甘孜州旅游扶贫部分项目分配方案》目标要求,选定5户民宿达标户申报户,已完成相关资料的收集,待州级验收;完成4期530人次的旅游从业人员培训工作。

【文物保护】 对全县22处文物保护单位定期开展巡查工作,发现问题及时解决;汛期时分别对尼斯东碉楼(国家级文物保护单位)塔基积水、乡城县红军长征纪念馆(3A级景点)钢架与土墙接缝处大面积渗水、乡城桑披岭寺旧址墙体冰裂等进行了抢救性维护;10月中旬,开展全国第三次文物普查工作,并对县境内的22处文物保护单位和139处不可移动文物进行名称记录与基础信息填报。

【主要领导人】 县委书记:曹建奎;县人大常委会主任:杨健;县长:黄进;县政协主席:丁淑群;分管农业副县长:陈文铭。

乡城县编写组

稻城县

【基本情况】 2019年,全县辖4镇10乡,辖区面积7323平方千米。全年接待游客359.27万人次,增长14.05%;实现旅游收入39.52亿元,增长27.38%。

【文化惠民扶贫】 全县坚持做好"文化惠民扶贫"巩固提升工作,探索文化精准扶贫新路径,文化扶贫、广电扶贫精准到村到户,让广大农牧民群众切实感受文化惠民为其生活带来的变化,并组成工作小组对全县14个乡(镇)55个贫困村进行两轮文化惠民扶贫工作"回头看"大检查。

【全域旅游】 为打造全域旅游新体验,全县坚持"两圈一廊多点"旅游发展布局,初步打造成以亚丁、海子山为核心两圈,海子山至俄牙同贯穿全境的旅游景观廊道,建成旅游综合服务中心4个;完善产业体系,针对团队游、自驾游、骑游、徒步等个性化旅游需求,错位培育观光避暑、民俗体验、山地旅游、休闲康养等多元业态,新建户外运动基地、自驾营地、汽车越野基地,推出"阳光、温泉、冰雪、神山"等八大旅游产品,形成春赏花、夏避暑、秋观叶、冬玩雪的四季旅游市场。为实现与云南迪庆、丽江等旅游区域交通无障碍通行、信息互通及客源互换,制定连接稻城县香格里拉镇至云南省丽江市、泸沽湖"金三角"旅游区的3条精品自驾旅游路线。畅通路网,加强交通建设,丽江至亚丁、迪庆至亚丁、泸沽湖至亚丁的旅游线路已开通,形成大香格里拉旅游环线。

【文化阵地建设】 全年县文广旅局负责人及文化股工作人员多次到各乡(镇)文化站督察,各乡(镇)文化站严格监管设备、用好设备,做好文化站的相关工作;争取10个非贫困村文化活动室设备,已全面完成设备发放及调试安装工作;全面实施"两馆"对外免费开放,规范馆内各功能区的设置。开展"世界读书日"专题宣传活动,共计100余人参加,赠送各类书籍100余册,张贴海报5张、横幅3条。

【非物质文化遗产及文物保护】 推进文物申报工作,214条第三次全国文物普查不可移动文物数据已录入120余条;投入资金5万元,规范和完善省级文物保护单位著杰寺院坝及院内基础设施;全面完成省、州级非遗传承人补贴兑付工作;组织阿西土陶、德沙旋木、泥塑等非遗产品参加省内外各类推介10余次;投入资金6万元,在东义迎春木艺合作社开展木艺技艺指导培训,参训人员达30余人。

【广播"村村响"及"户户通"建设】 广播"村村响"建设。为贯彻落实省级下达的广播影视脱贫攻坚惠民项目建设预期及全县脱贫

"摘帽"省检工作，完成全县55个贫困村及非贫困村的"村村响"设备的统一维护及调试工作，保证全县迎检工作顺利进行；5月，对全县贫困村"村村响"进行统一检修并对村主要管理员进行培训，保障"村村设备能用，村村设备能响"，达到项目建设预期效果，逐步形成了以各镇镇级广播站为枢纽、各村村级前端广播室管理员为基础的布局合理、功能完善的农村广播"村村响"平台长效运行体系。

电视"户户通"建设。按照政府采购程序，采购1000套"户户通"及配件用于基层群众的"户户通"置换工作；在主要片区及每个乡（镇）培训1~2名"户户通"维护人员，就近完成"户户通"的维护及置换工作，做实做牢服务群众"最后一公里"。截至2019年年底，已完成642户群众"户户通"设备及相关配件置换工作，解决了群众看电视难问题，实现广播电视基本公共服务均等化。

【主要领导人】 县委书记：曾关和；县人大常委会主任：唐晓庆；县长：樊玉良；县政协主席：斯朗娜姆；分管农业副县长：思子热太。

稻城县编写组

得荣县

【基本情况】 2019年，全县辖3镇9乡127个村2个社区245个自然村，辖区面积2916平方千米。总人口2.6万人。

【文旅项目建设】 瓦卡镇阿称村旅游厕所建设项目已进入财评阶段。茨巫、白松、毛屋、瓦卡综合服务站4个旅游综合服务体创建工作已完成前期对接，待施工方进场。下拥景区基础设施项目由于涉及生态红线，与生态环境厅、省环科院、州发展改革委、州环保局、州旅游局等部门进行多次对接，已开始进行勘察、设计工作。编制完成《瓦卡风情旅游小镇提升方案》，已向县各级领导汇报，并按照要求进行了修改，修改文本已完成。州、县电视无线覆盖项目已完成勘察设计工作；5户民宿达标户创建目标任务已完成资料整理。文化惠民项目完成16个村的文化设备配送工作，完成14个村的文化设备安装、调试工作，已拨付文化设备购置专项资金80万元。已完成16个村的阅报栏配送工作，完成14个村的阅报栏安装工作。共计投入文化惠民资金4.8万元。全年共维护、维修"村村通""户户通"设备110台（套），维护、维修64个行政村的"村村响"设备，发放并安装白格堰塞湖受灾地区"村村响"设备6套。

【公共文化服务体系建设】 发挥图书馆职能，实行无障碍、零门槛进入，为引导全县广大干部群众爱读书、读好书创造了良好的学习氛围，共接待读者5100余人次；结合"4·23"世界读书日，定期或不定期地开展"送图书进寺庙""送图书进校园""送图书进乡村"阅读系列活动，并在虫草季节组织人员到八日乡开展"送图书"活动。县文化馆排练厅及音响设备实施免费开放，为全县广大舞蹈、音乐爱好者提供了便利的场所，同时为前来学习的人员进行舞蹈及音乐辅导，8月1日—30日，开展"2019年暑假免费艺术培训班"，共有200名学生参加培训。除将12个乡（镇）综合文化站作为各乡群众开展各类文化活动的免费场所外，还向群众免费提供了各乡镇综合文化站文化信息资源共享设施设备。

【文化市场管理】 按照"一手抓繁荣，一手抓管理"的方针，坚持将日常监管和专项治理相结合，联合食药监局、公安局、消防大队等相关部门进行联合执法，开展"扫黑除恶""扫黄打非"及文化市场专项整治行动，共出动执法人员98人次，检查文化经营户126家（其中责令整改8家），发放警示标识牌52套，办理案卷1件，并对全县文化经营单位进行文化市场培训5次。与理塘县文化市场综合执法大队进行交叉检查，促进了两县文化市场的繁荣发展。

【主要领导人】 县委书记：雷建新；县人大常委会主任：阿浪；县长：廖大洪；县政协主席：阿当扎西；分管农业副县长：降巴吉村。

得荣县编写组

凉山彝族自治州

【基本情况】 2019年，全州辖1市16县，辖区面积60294平方千米。

【农业产业化发展】 全州共培育农业产业化国家级龙头企业2家，省、州级119家。全州有依法登记注册的农民专业合作社8154个，增加169个，其中创建国家级示范农民合作社18个、省级示范农民合作社103个、州级示范农民合作社250个；入社成员19.2万户，占全州农业经营户总数的21%。扶持2191名农村妇女开展小养殖、小种植、小作坊等创新创业。探索培训模式，推行"一点两线、全程分段、实训服务"培训形式，已完成各类新型职业农民培训920人。实施新型农业经营主体财政扶持项目，中央财政共下达各县（市）扶持农民专业合作社项目资金2678万元，共扶持合作社175个，其中扶持农民专业合作社联合社1个，每个50万元；扶持州级以上示范社78个，每个30万元；扶持县（市）级示范社96个，每个3万元。中央财政专项资金支持凉山州家庭农场培育工程和示范类工程项目140个，共组织实施家庭农场（培育工程一类）项目96个、示范二类1个、示范三类11个，项目总资金1145万元；家庭农场7717个，其中创建省级示范家庭农场65个、州级示范家庭农场155个；种养大户发展到10万户以上。新引进农业龙头企业26家，建立"龙头企业+合作社+家庭农场+农户"的利益联结机制，带动90%以上的小农户发展。农业产业化经营组织共带动农户85.5万户次，带动面达70%以上。

农用地产权制度改革。全州调查实测地块954万块、面积1047万亩，其中确权登记的承包地面积866万亩，涉及542个乡（镇）3737个村19549个组92万户承包农户，全面完成承包地确权工作；发证29.65万本，实现"地定权、人定心"；落实"三权分置"要求，建立县、乡（镇）、村三级土地流转平台，合理确定流转价格、发布流转信息，依法、有偿、自愿流转土地55万亩，占承包地面积的13%。发展适度规模经营，采取租赁、转包、托管等方式重点支持集体经济组织、合作社、家庭农场、种养大户流转土地，新型农业经营主体共流转土地33万亩，占流转面积的60%，其中家庭农场平均经营土地面积44亩。17个县（市）20064个集体经济组织共清理各类资产175亿元，其中经营性资产16亿元、非经营性资产159亿元、资源性资产5846万亩，数据录入和审核上报率均达100%。

【农村集体产权制度改革】 全州全年村集体总收入为5159万元，村均13779元，其中收入1万元以下的村占45.3%、1万~5万元的村占35.1%、5万~10万元的村占3.5%、10万元以上的村占2.5%。17个县（市）的清产核资结果已全部录入全国农村集体资产清产核资管理系统，完成率和审核上报率均达100%。全州有20064个各级集体经济组织开展农村集体资产清查核实，其中乡（镇）级集体经济组织5个、村级3794个、组级16265个；共清理核实资产总额175.33亿元，比账面数增长111%，其中经营性资产16.69亿元、非经营性资产158.64亿元；负债总额7.68亿元，比账面数增长16%；所有者权益总额（净资产）167.65亿元，比账面数增长119%；资源性资产（集体土地总面积）5846.85万亩，其中农用地5517.95万亩、建设用地173.98万亩、未利用地154.92万亩。全州17个县（市）建立农村土地承包经营纠纷调解仲裁委员会，聘任仲裁员181人，形成了乡村调解、县市仲裁、司法保障的纠纷调处机制，上半年共受理各类农村土地承包经营纠纷361件，调处解决350件。

【现代农业园区建设】 编制专项规划和方案及办法。根据农业产业扶贫和农业园区建设的具体要求，结合全州实际，先后完成《凉山州现代农（林）业园区激励方案（试行）》（凉委办发〔2019〕4号）、《凉山州2019年州级现代农（林）业园区评定管理办法》（凉农领办〔2019〕11号）等方案编制，并编制完成《凉山州‘1+11+N’现代农业园区规划》。

加强农业园区建设与考核工作。州农业园区建设工作从2019年初开始全面实施，共组织召开省、州级农业园区建设方案评审会3次、农业园区现场培训会2次、农业园区技术培训会1次，遴选省、州级农业园区50个，督查指导省、州级农业园区建设20余次。结合昭觉县、布拖县百里产业带农旅融合的实际情况，编写《凉山州昭觉布拖高山特色现代农业“百里产业示范带”农旅融合发展试点指导意见》。

【种植业】 全年大小春、晚秋粮食总播种面积792.23万亩，增加12.26万亩；平均单产310千克，增产2.1千克；总产量245.24万吨，增加5.53万吨，超额完成省下达增产0.5万吨的目标。在小春时节扩种优质高效经济作物，在粮食播种面积调减4.76万亩、单产减2千克、总产量减1.35万吨的背景下，凸显大春和晚秋扩面增粮优势，大春粮食作物播种面积659.74万亩，亩产328千克，总产量216.65万吨，播种面积、单产、总产分别增加17.03万亩、1.45千克、6.89万吨。全州油料作物播种面积23.5万亩，单产140千克，总产量3.28万吨，面积减少0.26万亩，单产增加5.7千克，总产量增加0.1万吨，其中油菜种植面积19.32万亩，单产141千克，总产量2.73万吨，增加655吨，增长2.5%。

蚕业发展。全年生产原种1.2万张（州场）。生产优质蚕种93.5万张（其中州种场40.5万张、市种场53万张），增加10.2万张，完成全年任务的116.8%，蚕种质检合格率达100%，实现量质双升；桑葚产量7.25万吨，完成全年任务的103.5%，占全省桑椹总产量的48.33%；蚕农售果收入3.6亿元，增加8400万元。新建桑园3.5万亩，桑园规模达54.2万亩，占全省桑园总面积的24.63%。全州用于蚕桑基地、基础设施、产业园区建设的资金超过8000万元，其中各级财政专项资金3000余万元，整合涉农、扶贫资金5000余万元，为夯实产业基础、改善养蚕条件提供了支持。

烟草业。全州10个县（市）168个乡（镇）5.18万户烟农共种植烟草86.2万亩，收购计划226.1万担。修订完善《烟叶种植收购管理实施细则》《烟叶种植收购合同管理操作规程》。指导各产烟县（市）局（分公司）与地方党政部门、烟叶保险单位对接，5月完成烟叶种植特色农业保险服务协议续签工作，6月完成行业协调的3017万元、政府部门1293万元保费缴纳到位，保证了烟叶保险各项工作的顺利开展。安排落实上部4 ~ 6叶一次性砍（采）烤40万亩。根据全州烟叶烘烤实际，上部4 ~ 6片烟叶采取“以带茎砍烤为主、以一次性采烤为辅”两种方式烘烤，并安排带茎砍烤示范区做好示范引领。依托院企联创技术平台和合作社推广平台，借力县、站点、烟农三个层级技术力量，牢固农业防控、生物防治、物理防治、精准用药四个防治路径，构建了以烟蚜、烟青虫（斜纹夜蛾）、病毒病、叶部危害、根茎病害五个防治对象为主的“12345”绿色防控体系；完善形成“以烟农合作社为平台组织实施、以行业资金扶持为动力牵引推动、以社会化服务为支撑精准防治”的无人机专业植保模式，在全州6个产烟县（市）的集中连片区推广无人机专业化植保41.5万亩；以6个绿色防控基地单位为核心，扩大辐射范围，全州推广烟蚜茧蜂防治68.8万亩、七星瓢虫防治17.4万亩，绿色防控率达100%。在物理生物防治上，落实虫害诱捕器5万亩、示范食诱剂3万亩、示范防病治病增产剂5.4万亩，推广防黑有机肥15万亩，100%推广免疫诱抗防治病毒病和波尔多液防治叶部斑点病，完善绿色防控体系，形成了“全州统防+分县市统防统治”的植保管理模式。按照国家烟草专卖局2019年收购价格的通知，安排采烤分一体化烘烤5000亩，按照65元/亩的标准对烟农合作社进行补贴，差额部分由合作社与烟农共同协商。依托烘烤工厂或烤房群，由合作社组织开展采、烤（分）一体化烘烤，服务对象选择30亩以上、有服务需求的种植大户。开展“1+N”烘烤20万亩，按照13元/亩的标准进行补贴，用于合作社专业化烘烤服务队的服务费用。专业化育苗政策方面，全州共落实育苗点1388个，根据移栽期倒推播种时间，加强落实网格员全程参与和监督播种、苗管过程，全面精准落实育苗管理九项强化措施，严格育苗期间苗床温湿度管理，烟苗长势良好。肥料套餐政策方面，每亩增加烟草专用复合肥用量5千克，将套餐供应标准中的复合肥增加到50千克。农药补贴政策方面，按照行业规定加强统防统治，将用药补贴标准控制在30元/亩以内，实行行业全额补贴；烟农根据烟叶种植实际情况，按州局（公司）制定的推荐农药使用目录自主选择采购农药，行业、烟农各出资50%，将补贴标准控制在10元/亩以内，超出行业补贴的部分由烟农自行承担。专业化分级政策方面，国内计划专业化分级散叶收购、精准收购、对样收购执行率、实称实打不落地打包执行率实行“六个百分之百”。

植物检疫及病虫害防治。全州各县（市）植保部门在小麦病虫害防控工作中印发技术资料5.726万份，通过手机“农技宝”等服务平台发布病虫害 信息0.9151万条，出动专业技术人员2259人次，培训1.857万人次。使用中央财政农业生产救灾资金对凉山州实施果树全程绿色防控的专业化防治组织购买绿色防控产品（诱杀材料及装置和天敌昆虫等）进行补助，每亩100元，共补助190万元。安排布置在西昌市、会理县、盐源县和宁南县分别建设葡萄全程绿色防控示范区5000亩、石榴全程绿色防控示范区5000亩、苹果全程绿色防控示范区5000亩、桑树全程绿色防控示范区2万亩。全州共有种子种苗基地98个，基地面积11万亩，全年开展种子种苗基地执法检查113次，出动执法人员883人次，检查种子种苗生产繁育单位367个，产地检疫面积7万余亩，发现疫情5种次，签发证书776

份，合格率达100%；媒体宣传19次，普法宣传3600余人次。

【畜牧业】 全州生猪存栏247.51万头，减少26.45%；出栏350.79万头，减少28.74%。牛存栏129.82万头，增长15.42%；出栏36.48万头，增长3%。羊存栏504.22万只，增长4.8%；出栏457万只，增长7.79%。家禽存栏1367.69万只，与上年持平；出栏1911.57万只，增长3.2%。全年肉、蛋、奶产量分别为44.48万吨、2.753万吨和4.59万吨，分别增长-9.9%、1%和0.9%。

现代畜牧业。按照"畜禽良种化、养殖设施化、生产规范化、防疫制度化、粪污无害化"要求，完成新（改、扩）建畜禽标准化养殖场任务45个。全州持有种畜禽生产经营许可证的种畜禽生产场有16个，其中种猪场5个、种羊场3个、种禽场8个。提倡和鼓励发展适度规模养殖，按户出栏生猪20头以上、羊30只以上、牛5头以上的规模口径统计，全州规模养殖户达55976户，减少11285户，其中生猪规模养殖户18791户，出栏生猪144.35万头，占全州生猪出栏总量的41.15%；肉羊规模养殖户30512户，出栏肉羊120.81万只，占全州肉羊出栏总量的26.44%；肉牛规模养殖户6673户，出栏肉牛7.86万头，占全州肉牛出栏总量的21.55%。家蜂产业技术体系中蜂技术扶贫培训班在西昌市举办，全州7个县（市）的畜牧站站长及技术人员、蜂农，州蜂业协会会长等共97人参训；10月，在普格县举办培训1期，培训人员31人；开展2019年"凉山州肉羊标准化生产关键技术"培训8期，培训业务人员、养殖户950余人；在布拖县对农技人员进行牛羊饲养管理技术培训，参训人员133人。开展"520世界蜜蜂日"宣传活动，与西昌市农业农村局联合3家专业合作社共发放宣传资料300份，接待咨询约630余人次。组织10个县18人参加省站肉牛养殖、牛人工授精技术学习并参加技能鉴定。全州有生猪、肉羊、家禽共7个养殖业园区列入培育建设。

防疫监督。全州共免疫猪瘟595.26万头，应免率为100%；猪口型蹄疫595.26万头，应免率为100%；猪A型口蹄疫38.42万头，应免率为100%；牛口蹄疫231.88万头，应免率为100%；羊口蹄疫919.90万只，应免率为100%；禽流感免疫鸡2390.9万羽，应免率为100%；鸭400.62万羽，应免率为100%；鹅101.1万羽，应免率为100%；小反刍兽疫免疫493.28万只，应免率为100%；羊棘球蚴免疫75.97万只，应免率为100%。全州各县（市）共开展猪瘟抗体检测922份，合格率为88.95%；口蹄疫抗体检测2563份，合格率为90.78%；禽流感抗体检测1622份，合格率为86.61%；新城疫抗体检测1031份，合格率为89.96%；小反刍兽疫抗体检测828份，合格率为89.15%。开展猪细小病毒、猪乙脑、猪伪狂犬、猪圆环病毒监测各340份。继续做好非洲猪瘟检测排查工作，全州共排查生猪109910306头次、养殖场26097319个次、生猪交易市场1904个次、生猪屠宰市场6270个次，均未发现不明原因死亡或可疑病例。

屠宰管理。做好生猪屠宰资格清理整顿工作，全州15家生猪屠宰企业全部开展屠宰环节非洲猪瘟PCR自检，自检率达100%。加强非洲猪瘟屠宰环节防控力度，开展联合执法17次，检查屠宰场19个，下达整改通知书19份，查处违法案件4起，捣毁私屠滥宰窝点4个，并对规模养殖场、屠宰场无害化处理工作开展监督检查，做好养殖环节、屠宰环节病死生猪及其产品无害化处理情况统计上报工作。

草原建设。州级及各县（市）完成编制报批《2019年农牧民补助奖励政策实施方案》，主要内容是实施草原禁牧500万亩，发放禁牧补助3750万元；实施草畜平衡2472万亩，发放草畜平衡奖励6180万元，补奖资金共计9930万元。全州通过"金保网"累计发放到农牧民"社保卡"上补奖资金6513.882万元，占补奖总资金的65.6%。使用农业公共安全与生态资源保护利用工程资金支持牧区草牧业生产方式转型升级，下达项目建设资金979万元，其中建设牦牛（羊）养殖标准化圈舍29个，补助620万元（其中木里县使用40万元用于牧区动物防疫专用设施建设）；建设人工饲草基地18个，共计9000亩，补助资金270万元；农牧民奖补信息管理系统运行和维护工作经费89万元。全州草原普法宣传活动共出动车辆153台次、宣传人员1075人次，共悬挂宣传横幅522条，张贴宣传标语7300幅，滚动播放电视公益广告68条；共开展普法赶场283次，现场答疑222个，共发放各种宣传资料58000余份。加强工程项目征占用草原审核审批、草原植被恢复费征收工作，已全面完成普格县大唐风电等19个未批先建项目的行政处罚、草原征占审核审批手续及草原植被恢复费的收缴，完成24个正常报件项目的草原征占审核审批手续及草原植被恢复费的收缴，处罚金额达2208673.64元，收缴植被恢复费20535207元（由省财政收取）。全年各县（市）办理草原临时占用3218亩。

【水产业】 全州水产养殖面积32万亩，水产品总产量2.7万吨，实现水产品产值5.7亿元，渔业经济总产值达6.5亿元。推广池塘高效增氧技术、淡水池塘养殖水质工程化调控技术、池塘微生态制剂水质调控技术、渔用膨化饲料应用技术、池塘鱼菜共生综合种养技术；宣传、培训稻田综合种养技术（稻渔共作、稻鳖共作、稻鳅共作、稻虾共作），支持有条件的县扩大稻田综合种养面积。完善水产苗种生产、引进和产地检疫制度。配合农安科开展水产行业"三品一标"申报和"三鱼两药"专项整治，打击非法添加剂、伪劣饲料、滥用鱼药等投入品的使用等行为。全州春季禁渔时间为2月1日—5月31日，以农业农村部开展"打击非法电捕鱼整治行动年"为契机，开展2019年"中国渔政亮剑"行动，与局综合执法支队协作，在全州范围内组织相关县开展春季禁渔交叉检查。

【产业扶贫】 抓住国家实施脱贫攻坚和乡村振兴战略机遇，实施凉山马铃薯"12345"发展战略，指导会东、盐源、昭觉、喜德、布拖等县开展马铃薯品质提升关键技术示范；指导会理、盐源、昭觉、越西、布拖等县开展马铃薯绿色增产增效生产技术示范；指导会理、盐源、昭觉、美姑、甘洛、越西等县开展马铃薯新品种示范。全州完成马铃薯机耕面积78.98万亩、机播面积4.2万亩、机收面积2.67万亩。探索"互联网+"，11个深度贫困县国家级电子商务进农村实现全覆盖，累计建成乡（镇）电商服务站423个、村级服务点1019个，依托电子商务平台发展特色网店5000余个，培育电商企业500余家，创建"山里淘""优品汇""正中商城"等特色网上电商平台60余个，全州网商总数达30926家。开展"惠民购物全川行动"，11个贫困县共组织1047户商家开展促消费活动456场。组织制定实施无公害农产品标准和生产技术规程，全州已完成67个无公害农产品标准和生产技术规程制定工作，修订实施无公害农产品标准和生产技术规程36个。开展先进技术推广应用，增强"大凉山"农业品牌的核心竞争力，已培育有自主知识产权的粮食新品种18个，新引进培育推广优质粮食作物、特色经济作物、优良畜禽等新品种289个，建设农业科技示范基地175个，推广应用新技术23项，主要农作物良种覆盖率达92.5%。全年共向社会各界发放倡议书4000余份，2072个贫困村与帮扶单位（企业）意向签约达3000个以上，协议金额20

余亿元;全州机关干部职工农产品采购额达4500万元以上,州外党政机关、事业单位、学校、企业、团体等采购额超过5000万元,自活动开展以来,累计实现采购金额4.5亿余元,受益贫困户6.5万户、贫困人口27.84万人。

【幸福美丽新村建设】 全覆盖开办"农民夜校""干部夜校",全面开展新型农民素质提升培训、新型职业农民培训、农村党员干部培训等工程,开展广场舞、篮球比赛、读书会等文体活动。弘扬社会主义核心价值观,开展感恩教育、文明创建、"四好"创建、家风建设、农村人居环境整治等活动,引导群众移风易俗,革除薄养厚葬、高价婚姻、大操大办等陈规陋习,推动形成文明乡风、良好家风、淳朴民风。全州开展乡村振兴战略先进县(市、区)、先进乡(镇)、示范村创建,获评省级先进县(市、区)1个、先进乡(镇)3个、示范村40个,得到省级财政9900万元资金支持。考核评定全州实施乡村振兴战略推进农业农村转型跨越发展工作先进县(市)2个、先进乡(镇)10个、示范村100个,州级一次性补助先进县(市)250万元、先进乡(镇)50万元、示范村20万元财政资金。全州有休闲农业专业村8个、农业主题公园3个。

【高标准农田建设】 全州完成高标准农田建设41万亩,占计划任务的100%;完成高效节水灌溉1.8万亩,占计划任务的100%;新建及整治田间排灌渠道1145.71千米,占计划任务的100.14%;新建及整治田间机耕道路及生产路465.08千米和180.23千米,占计划任务的99.94%;完成田型调整43937亩,占计划任务的100%;新建集雨设施565座,占计划任务的100%;实施地力培肥23.64万亩,占计划任务的100%。全州2019年度高标准农田项目计划总投资65770万元,其中中央预算投资44326万元、省级预算投资16625万元、县级配套资金4819万元。

【农业机械化】 全年完成年度内新建和改造提灌站120座,其中11个贫困县新建和改造提灌站30座;新建农机化生产道路299千米,其中11个贫困县新建农机化生产道路114千米;农机合作社机械化作业面积增长6.2%。全州有农业机械累计拖拉机4.6717万台、大中型拖拉机1.5288万台、稻麦收获机械0.1695万台、排灌机械2.986万台、耕整(微)机械20.074万台、旋耕机械2.7838万台、插秧机0.0155万台、农产品初加工动力机械9.7526万台、机动脱粒机3.8316万台。全年违规发牌发证起数为零,事故起数和死亡人数均控制在省、州目标考核范围内;坚持"安全第一、预防为主、综合治理"方针,按照省厅和州安委会的要求,多形式加大对机手的安全宣传和教育力度,配合公安交通部门加强违章检查,全州未发生较大以上农机安全事故,农机安全生产形势持续稳中向好。推进木里、金阳、昭觉、喜德、越西、甘洛6县的2019年省级财政农业公共安全与生态资源保护利用工程(农业机械安全)项目的实施。组织新进入农机监理行业的人员参加全省农机监理人员培训,通过考试,取得相应资格,提升了全州监理人员的整体素质和水平。

【农村能源】 全州完成农村户用沼气池建设3112口,完成计划任务1700口的183%,其中省下达计划任务1700口、雷波县整合资金210口、盐源县整合县级财政资金300口、普格县整合资金674口、木里县整合资金217口。完成建设新村集中供气15处、供气户1042户,完成计划任务15处的100%。喜德县整合资金1070万元,建设大型沼气工程3处,并大力发展"猪—沼—果(菜、茶)"的庭园经济模式,走出了一条农村沼气服务精准扶贫、服务绿色发展、服务生态环境的循环发展之路。

【绿色高质高效创建】 加强集成创新引领,实施"藏粮于技"战略。全州完成百亩核心攻关5081亩,落实在18个乡(镇);千亩展示示范25084亩,落实在24个乡(镇);万亩绿色高质高效创建192250亩,落实在137个乡(镇)。组织17个县(市)开展马铃薯"百千万"绿色高质高效创建,以点带片、以片促面。在西昌、德昌、宁南、金阳、冕宁、美姑6县(市)建立省级水稻、玉米、马铃薯、苦荞麦绿色高质高效创建,建设苦荞麦示范片6个,示范面积6万亩;在会东、布拖、昭觉、喜德、越西5县建立薯类良种繁育原种生产基地6400亩;在盐源县建立省级"粮改饲"青贮玉米示范区2个,面积1000亩。全州共开展绿色高质高效创建示范面积332.57万亩。全州全年完成高产创建示范面积162.04万亩,增加6.37万亩,其中水稻示范面积32.34万亩,减少1.43万亩;玉米示范面积49.03万亩,增加0.34万亩;其他杂粮(荞麦、燕麦、青稞等)示范面积35.68万亩,增加0.05万亩。在会理、甘洛、会东3县扩大示范酿酒杂交高粱新品种展示300亩;在冕宁县开展大豆新品种引种试验;从中国农科院油研所和德阳科乐作物研究所引进油菜新品种,并在会东、雷波县开展引进油菜新品种引种试验示范;在冕宁、西昌、德昌、会理、会东开展饲用大麦高产配套技术集成示范;在会东县开展饲用青稞引种试验和木里县"昆仑14号"青稞示范。

【农村科技】 农技推广。协助开展农业农村部农业重大技术协同推广计划试点,协调农村能源项目建设管理及农作物秸秆资源回收利用,宣传外来农业物种和农业转基因生物安全知识等工作。组建专家服务团49个、农业技术巡回服务小组138个,招聘特聘农技员92人,建设农业科技示范基地33个,培育科技示范户8791户,开展农民技能培训11582人次,培训贫困户71.35万人次。共新建农业科技示范基地64个,其中种植业基地42个、养殖业基地22个,完成任务的177.8%;共培育科技示范户4326户,完成任务的120.2%;新招募特聘农技员47人,完成任务的156.7%;共培训基层农技推广体系农技人员2707人,其中纳入省人才振兴工程项目的深度贫困县"一村一名农技员"提能培训603人、基层农技推广体系农技员知识更新培训2104人(省级调训122人、州级调训630人、县级培训1352人);共推广农业适用技术22项、优良种品种20个,解决农业关键技术问题18个。

农民科技培训。全州产业脱贫培训农牧民14.1万人次,发放技术培训资料12.8万份;开展督导督查4818人次,新培育新型职业农民332人,新招募特聘农技员36名,建设农业科技示范基地33个,培育农业科技示范户3530户。协助省校在普格县、昭觉县开展对口帮扶工作;参加雷波渡口乡鹿角湾村、箐口乡蕨箕村"一对一"帮扶工作。

【农产品加工】 发展农产品产地初加工和乡村旅游业,雷波县新建农产品产地初加工设施61座。彝谷农产品有限公司完成初加工设备安装,包括真空机4台、绞肉机3台、分割机2台、灌肠机5台、冷藏保鲜库2座112平方米及相关配套设施。

【农村生态建设及环境保护】 全州82%以上的行政村垃圾得到有效治理,23.4%以上的行政村污水得到有效治理,畜禽粪污综合利用率达75%以上;100%的行政村开展村庄清洁行动,100%的行政村配有专职保洁员。全州农村改厕任务数为30424户,其中50个农村"厕所革命"整村推进任务数为17828户、农村户厕新建数为15136户、改建数为9807户,其中50个农村"厕所革命"整村推进完成数为7902户,完成全年目标任务的81.98%。出台《"美丽凉山·宜居乡村"推进方案(2018—2020年)》和《凉山州农村人居环境整治三年行动实施方案》。

【农产品质量安全监管】 在省级农产品质量安全例行监测中，全州农产品质量省级例行监测种植业合格率为99.4%、畜牧业合格率为100%、水产品合格率为100%，全年未发生重大农产品质量安全事件。会理县润物农业开发有限责任公司续展2个绿色食品，德昌县蚕茧公司续展1个绿色食品，中国绿色食品发展中心已发证；西昌瑞星农业开发有限公司新申报绿色食品6个，西昌市箐岭水业有限责任公司新申报绿色食品1个，西昌市康林现代农业发展有限责任公司新申报绿色食品1个，中国绿色食品发展中心已发证；美姑县和丰农业投资发展有限责任公司新申报绿色食品6个，昭觉县日哈乡吉莫马铃薯专业合作社新申报绿色食品1个，昭觉县彝度电子商务有限责任公司新申报绿色食品1个，喜德县广阔农业科技有限公司新申报绿色食品1个。全州全年农牧渔综合执法系统共立案查处案件145件，办结案件138件，处以罚款共计221189.5元，其中农资打假案件66件，办结案件59件，捣毁制假窝点5个，收缴违法产品245千克，涉案货值金额11.564万元。州执法支队共立案查处案件8件，合计涉案货值金额为94240.5元，没收违法所得5947.5元，行政处罚罚款62264元。全州全年累计出动行政执法人员12577人次，检查农资经营门市9523个次，整顿农资市场3111个次，印发各类宣传资料9.92万份。全年开展农产品质量安全监督抽检130个、农药监督抽检25个，实现重点监管主体现场检查率100%、投诉举报案件处理率100%、重大案件查处率100%、涉嫌犯罪案件移送率100%，行政处罚案件信息公开率100%，全年全州无区域性、系统性农产品质量安全事件发生。

【交流合作】 全年共协调组织参加第七届农博会、成都市农博会、"三区三州"扶贫农产品展会等各类农产品展会活动16次，组织120余家农业主体300余种农产品进行展示展销，展会现场销售总额1330万元，开展对接洽谈460余次，签订销售合同（协议）金额20.7亿元；发布农业招商项目110个，投资总额461亿元；签约项目11个，约18亿元。组织参加农业农村厅在成都市举办的第十届全省农民合作社优质农产品迎春大联展，在3天的展销活动中全州8个展位16家合作社现场销售32.59万元（其中贫困县17.92万元），达成协议交易额220万元（其中贫困县114万元）。展会组织120余家农业主体300余种农产品进行展示展销，其中境外7次16家企业30种"大凉山"特色农产品参展。制作《大凉山大品牌大食材》宣传片1部、15秒视频广告1个，投放"大凉山"规范平面广告3处，印制宣传册1500本，投放"大凉山"购物袋1000个。

【主要领导人】 州委书记：林书成；州人大常委会主任：达久木甲；州长：苏嘎尔布；州政协主席：杨文泉；分管农业副州长：向贵瑜。

凉山彝族自治州编写组

西昌市

【基本情况】 2019年，全市辖7乡（其中2个少数民族自治乡）11镇7个街道128个村45个社区1853个村民小组559个居民小组，辖区面积2655平方千米，有户籍人口69.06万人。全市城镇化率61.94%，森林覆盖率51.5%。

2019年，全市GDP567.35亿元，占全州总量的33.85%，增速7.5%，其中第一产业增加值500724万元，增长3.2%；第二产业增加值2356333万元，增长2.9%；第三产业增加值2816464万元，增长12.5%。三次产业占GDP的比重分别为8.83%、41.53%和49.64%。

有道路（不含托管乡）1700.017千米，其中高速公路71千米、国道313.033千米（重复路段116.139千米，实际路段196.894千米）、省道153.224千米（重复路段19.118千米，实际路段134.106千米）、县道81.605千米、乡道171.546千米、村道886.127千米、专用道路23.482千米。

有小学114所（其中民办6所），小学教学点26个；普通中学36所，其中高级中学1所、完全中学8所、初级中学12所、九年制学校14所、十二年一贯制学校1所、初级中学附设高中班1个；特殊教育学校1所；工读学校1所；幼儿园174所；中等职业学校6所。有专任学前教育教师2038人、小学教师2882人、普通中学教师4620人、特殊教育学校教师20人、工读学校教师22人、中等职业学校教师654人，在校小学生87392人、初中生38145人、普通高中生17810人、幼儿园38028人、中等职业学校学生12036人。有高等教育学校1所，在校学生18895人，增长4.98%；专任教师843人。有医院、卫生院67个，病床位6680张，卫生技术人员8155人（其中医生1884人）；卫生防疫、防治机构2个，卫生防疫人员335人；妇幼保健机构2个，卫生技术人员388人；乡（镇）卫生院36个，病床位517张，卫生技术人员647人；乡村医生419人。

【年度农业和农村经济运行】 2019年，全市实现农林牧渔业总产值735673万元，增长3.6%。全市水产品产量11400吨，与上年持平。全年输出农民工10.85万人次，实现劳务收入20.95亿元；技能培训共计培训0.8万人。全市引进17000万元以上的农业招商引资重大项目2个。

2019年西昌市主要农产品产量

主要农产品	单位	产量	同比(%)
粮食	万吨	24.3	0.02
水稻	万吨	13.2	—
蔬菜	万吨	61.2	2.11
烤烟	万吨	0.11	-17.4
水果	万吨	10.74	16.98
肉类	万吨	4.82	-13
猪肉	万吨	3.16	-20.8
禽蛋	万吨	0.71	1.9
牛奶	万吨	4.35	11.6
生猪出栏	万头	40.84	-24.6

农业产业化发展。一是稳定优质水稻产业。全市优质稻面积达20万亩，年产值达3.6亿元。二是壮大精品花卉产业。全市花卉种植面积达1万余亩，年产值达8.5亿元。三是稳定玉米制种产业。加大补贴、鼓励政策的制定出台并加强生产基地管理办法实施和抗御灾害性天气技术研究，全市制种玉米面积达5.03万亩，年产值达1.19亿元。四是做优特色水果产业。建设以葡萄为主的特色水果基地，重点围绕省级现代农业葡萄产业园区创建，建成中国成熟最晚、世界知名的设施葡萄产业基地，争创省级、国家级特色农产品优势区。全市葡萄种植面积达10余万亩，投产6万亩，产值达10亿余元。五是稳定蔬菜特色产业。以创建万亩蔬菜农业产业园区为重点，稳定推进蔬菜产业发展，全市蔬菜种植面积15.8万亩，总产量62.6万吨，实现产值9.92亿元。六是培育壮大生态畜牧产业。优化畜种畜群结构，采

林木4645.13万立方米，9月完成县级自查，并通过州级核查验收和省级抽查验收。

现代农业园区建设。成立由县委书记任第一组长，县委副书记、县长任组长，县委、县政府相关县领导任副组长，31家县级相关部门、乡（镇、街道）、企业主要负责人为成员的现代农业园区创建工作领导小组。领导小组下设创建办公室、技术资料档案组、现代农业园区建设组、宣传报道组、督导组五个工作组负责具体工作开展。各园区分别成立园区管理委员会，细化创建方案，统筹规划园区布局，将园区规划与全县现代农业发展、乡村振兴、经济社会发展等规划统筹衔接。加大财政投入，争取2019年省级现代农业园区培育项目资金1000万元，筹措县本级创建资金500万元。会理县石榴现代农业园区通过省级复核考评，经省政府评定为"五星级园区"，获得省级奖补资金2000万元。全县4个现代农业园区成功创建州级现代农业园区，按照《凉山州农业农村局凉山州林业和草原局关于拨付安宁河流域五县一市州级现代农（林）业园区及关联项目奖补资金的请示》（凉农〔2019〕106号）文件精神，4个州级现代农（林）业园区通过考评并获得奖补资金2000万元，其中会理县石榴现代农业园区、会理县金砂柑橘现代农业园区、会理县鱼鲊芒果现代农业园区、会理县茭白现代农业园区4个核心示范园区分别获得500万元奖补资金。

【种植业】 烤烟生产。全县农村乡（镇、街道）产业覆盖率达100%。全县共种植烤烟24.02万亩，生产并收购烟叶63万担，100%完成州下达任务。烟农收入8.54亿元，烟税1.88亿元。上等烟比例为59.66%，中上等烟比例为88.16%，桔色烟比例为86.48%，中部烟比例为65.34%；亩产量2.62担/亩，亩产值3554元/亩；户均5.66万元，人均1.42万元。全年卷烟营销100%完成任务，川烟超额完成，共销售卷烟1.32万箱，实现销售收入（含税）3.8亿元，增长6.5%；单箱销售收入（含税）2.88万元，增长7.31%，其中川烟三类及以上累计销售2115.61箱，完成年计划1507箱的140.39%，增长63.6%；宽窄系列累计销售207.18箱，完成年计划200箱的103.59%，增长69.63%。全年累计推荐川烟宴事活动1092场次，消费川烟18805条，其中2000元以上15527条、宽窄系列4153条。巩固和提升会理全国现代烟草农业转型升级示范县、全州现代烟草产业主业促收示范区、全国优质片烟存储基地工作，签订种烟乡（镇、街道）28个、种烟村229个、种烟社1162个、种烟农户1.5万户，共育苗174.31万盘，有苗率达100%，壮苗率达95%以上；投入复合肥1.2万吨、有机肥4804吨、地膜1561.3吨、硝酸钾3603吨以及800 ~ 1000千克/亩的农家肥。全县适时规范移栽烤烟24.02万亩。投入抗旱保苗专项资金150万元。突出抓好"三防、两落实"田管核心工作，达到"十无二度"要求，单株留叶达18片以上。引进第三方专业气象服务机构，新增5个雷达站；全县19个高炮炮点、8个火箭点于5月20日全部进入作业阵地，共发布雷电冰雹黄色预警信号45期，实施防雹作业36天；向昆明空管中心申请作业763次，实施作业543次，发射高炮弹6527发、火箭弹470枚。全县冰雹灾（含风灾等）共涉及16个乡（镇、街道）39个村93个组700户烟农，冰雹（含风灾等）受损仅5020亩，减少18788亩，减少79%；保险理赔赔付226.7万元，减少901.2万元，减少79.9%。严格执行技术标准，加强对成熟采收、分类编竿、科学烘烤的培训和指导；推广使用新能源烤房和新能源燃料，推动科学采烤迈上新台阶；夯实整县专分散收、精准收购基础，提高收购现场管理效率，实现烟叶均衡收购，提高服务烟农水平；严格依照《烟草专卖法》加强专卖管理，对烟贩子、烟串串给予严厉打击，坚决杜绝烟叶外流。

石榴生产。全县石榴种植规模40万亩，果品产量70万吨，实现产值50亿元，其中果农收入34亿元，拉动实现二、三产业产值16亿元，果农人均纯收入2.4万元，石榴生产规模继续稳居全国第一位。建成"万亩亿元示范区"10个、石榴专业合作社150家、家庭农场600余家、农业龙头企业17家。建成石榴组装式冷藏保鲜库320座，冷藏保鲜能力达7万吨。引进优良品种，完成石榴园区品种改良7.5万余亩。与中国农科院合作，在铜矿村建成国内首座石榴科技小院，依托高端院校技术优势，因地制宜优化课题，研发增产、增效、节本降耗作用显著新技术，破解产业发展中各种技术难题，试行课题招投标研发管理，研发推广石榴节水栽培综合技术、水肥一体化技术、石榴贮藏保鲜技术、科学施药技术、精准施肥技术、倒春寒综合防控技术，为全县石榴持续稳产、提高果品质量奠定了基础。全年整合各类涉农项目资金6000余万元，推进社会化服务、节水灌溉、水肥一体化、园区道路等现代农业产业基地建设。全年在石榴主产区建成水肥一体化示范面积2万余亩，新建、改造石榴园田间道路40千米，改善园区生产条件。举办第四届会理石榴节暨第二届农民丰收节及全国石榴产业发展研讨会。举办兰州、西藏、广州、杭州、北京等国内石榴品牌推荐会10场次，扩大会理石榴知名度。组织召开会理县石榴生产营销工作会。起草《会理县人民政府关于规范会理石榴营销市场的通告》《致全县石榴种植户和营销从业人员的公开信》，印制《通告》200余份，在各大市场及各村张贴并在会理有线电视台连续播出一个月；印制《公开信》2万份，宣传发放到果农、专合社、经销商。出台《会理县现代石榴产业领导小组关于调整会理县石榴营销工作领导小组的通知》《会理县现代石榴产业领导小组关于整顿规范会理石榴市场的通知》，加强市场营销和监管力度。改变管理模式，适应市场发展需求，顺应市场经济规律，不再实施招标定点生产包装箱，让更多包装箱生产企业平等参与市场竞争，为会理石榴提供价廉物美的包装产品。为维护会理石榴品牌，加强对石榴商品生产、营销服务、包装箱质量的监管，规范标识使用及广告用语。将会理石榴外包装箱生产体制从竞标指定制改为审核备案制，凡具备合法生产资质的包装箱生产企业在规定时间内向县石榴办提请审查备案，在签订"会理石榴商标、地理标志保护产品、绿色食品、大凉山特色农产品标识准用协书""备案承诺书"后，取得"准用备案通知书"即可取得上述系列标识的印制权限，同时对纸箱版面不再作统一要求，经审定无不规范的图案、文字、标识，规范标注原产地"四川会理"即可生产销售。全年共审核备案21家石榴包装箱生产企业、89个版面；会理石榴电商用版面由县商务经济合作外事局负责审核、备案后交联合执法组统一管理。加强石榴内包装管理规范政策宣传教育和引导，减少红色卫生纸的使用量，其中突尼斯软籽石榴包装全部实现网套等新型包装，会理青皮软籽石榴30%应用网套包装，红色卫生纸用量减少40%。成立县石榴市场联合执法组，加强对石榴市场管理相关法律法规的宣传，共出动执法车70余台次、执法人员100余人次，不定期巡察县乡、营销市场50余个次、石榴重点乡（镇）25个次，在田间现场制止2起未成熟早采行为，查处2件传播虚假信息扰乱市场的案件，扣押封存劣质卫生纸2000余件，责令石榴营销企业整改自用包装箱版面标识和文字不规范行为30余件，责令包装经营户整改石榴礼品盒包装文字和标识不规范行为16件，及时处置化解各类购销纠纷5次，接受各类咨询30余次。

植物检疫及病虫害防治。全年完成烤烟调运检疫36.45万担，签证34份；石榴调运检疫997.1万千克，签证469份。开展红火蚁防控阻截工作，在全县建立红火蚁婚飞监测点15个，其中云甸镇9个、城北街道6个，并在疫情发生区开展专业化统防统治，防控面积2万亩。开展农业社会化服务示范县创建，在石榴主产区建立9个社会化服务组织，配备皮卡车12辆、轻卡车6辆、三轮车90台、药泵180个、防护服1800套、无人机4架。开展海岛素免疫诱导技术防控烤烟花叶病试验示范，在六华镇大坪村建立烤烟花叶病预防示范片400亩，示范工作取得成功。开展病虫害专业化统防统治，全县共开展病虫害专业化统防统治面积3万亩，辐射带动专业化统防统治面积10万亩。开展草地贪夜蛾防控，在全县建立草地贪夜蛾监测点217个，其中高空测报灯监测点4个、自动虫情测报灯监测点3个、诱捕器监测点210个，开展专业化防治面积11.8万亩。开展石榴病虫害绿色防控，在鹿厂镇铜矿村、爱民乡红拉村、富乐镇三岔村、彰冠镇代管村、关河镇菜籽园建立石榴病虫害绿色防控示范片7500亩，辐射带动面积10万亩。

种子质量安全监管。完成种子市场质量抽检4次，抽检小春品种2个、蔬菜品种4个、大春品种6个，保障了全县农户的用种安全。组织全县210户种子经销商开展法律、法规和新《种子法》培训，发放资料2350份。完成种子经销商网上备案工作，完成全县23户总代理商网上备案培训。完成州农业农村局小麦（区域试验和生产试验）7个品种，国家、省、州、县玉米189个品种的区域试验、生产试验和品种筛选试验，为全县今后的玉米品种更新换代和种植提供了强有力的试验数据。调解种子种植纠纷事件4起。

【林业】 全年共完成育苗37万株、15亩；全民义务植树120万株；抚育国有中幼林0.9万亩；完成财政转移支付：完成国家重点（其他）生态功能区转移支付资金植被恢复造林工程项目更改作业设计；完成2019年中央财政林业改革发展资金项目方案编制及造林任务。全面完成会理县果元乡九榜村绿化造林工程1000亩，完成9000亩国有林森林抚育计划任务的调查设计并已按设计进入施工阶段。

全年共发生森林草原火灾4起，森林火灾受害率连续44年控制在省、州下达0.8‰、县拟定0.5‰的指标以内。全县共开展督促检查380余次，出动车辆410台次，排查出隐患188处，已全部整改。全年共印发《会理县森林草原防火告知书》16.5万份，制作安装防火标语标牌（横幅）等2500块（幅），出动宣传车1300台次；印发《中小学生森林防火宣传手册》1.5万份，开展“小手牵大手”教育活动，并签订承诺书；移动、联通、电信3家公司向全县用户发送宣传短信20.8万条。

县国有森林管护面积779966亩，其中有林地644737亩、灌木林地133395亩、未成林造林地1834亩，已将管护任务分解落实到山头、人头、地块，落实管护责任单位6个，共落实90名国有林业职工从事国有林森林管护工作，人均管护面积8666.2亩。层层签订责任书，对管护人员开展培训和指导，制定相关管护制度，所有小班均达到管护标准，管护合格率达90%。全县生态公益林补偿金兑现面积272.04万亩，已完成兑现面积271万余亩，全部兑现生态补偿资金4083.72万元，涉及全县29个乡（镇）近8万户农户。

完成草原盛草期县级常规监测禁牧区10个样地30个样方、草畜平衡区10个样地30个样方、5个饲草入户调查任务，并通过县、州、省联网审核。落实2019—2020年会理县草原生态修复治理工程三个方案的调查设计转报审批工作，设计落实退化草地治理1000亩、天然草地改良2000亩。

完成2015年、2017年实施的新一轮退耕还林1.05万亩的检查验收及资金补助兑现工作，做好0.23万亩的补植补造和1.84万亩的抚育、管护工作，并接受省级检查验收，获得好评。完成总面积907亩的前一轮退耕还林检查验收及资金兑现工作，共计兑现补助资金23.58万元，并做好抚育、管护工作。配合开展林地征占用管理，办理工程建设林木采伐许可证37份，蓄积5037.2立方米；办理木材运输证254份，其中县内130份、县外124份；办理林木采伐许可证410份，采伐蓄积8264.48立方米，未出现超额限额采伐、违规办理林木采伐许可证、违规采伐的行为。完成审计发现林地疑似问题321号图斑“回头看”核实。

组织开展2019年度林业有害生物越冬虫情调查，并完成林业有害生物防治实施方案编制。全年防治林业有害生物面积2.45万亩，其中楚雄腮扁叶蜂面积1万亩、天牛危害面积0.2万亩、德昌松毛虫面积0.15万亩、松天牛面积0.6万亩、小蠹虫面积0.6万亩、核桃病虫害面积0.08万亩、红火蚁面积0.02万亩，防治率达100%。对全县苗圃进行产地检疫调查，抽查面积20亩。建立国家级无检疫对象苗圃38个、面积500亩，苗木120万株，花卉20万株。全县共检疫苗木24.7万株、种子550千克、木材1886.3立方米，外调木材复检800立方米，检疫率达100%。

全面完成州下达的“1+X”林业生态产业基地建设项目任务2万亩（新造花椒），完成核桃嫁接改良8万亩。编制完成10个产业园区建设方案及上报工作。指导督促佳禾公司、天鹏公司完成中药材种植示范基地建设400亩，新建林下种养基地1000亩。嫁接、改造核桃低产低效园，提质增效，整合打造“会理核桃”品牌，打造4万亩现代核桃产业园示范基地。组织相关企业、农场主参加2019中国西部林业产业博览会，会理鸡枞油、会理凉园核桃、会理冻干松露均获得金奖。

【畜牧业】 全年生猪出栏69.65万头，肉类总产量7.4万吨，畜牧业产值25亿元。

畜牧业重大项目建设。2016—2019年生猪调出大县奖励资金项目下达资金共计1786万元。县农投公司牵头负责的14万头仔猪繁育场项目完成进场道路等场外基础设施建设，转入场内圈舍等生产设施建设。县农业农村局牵头负责的铁骑力士“1211”生猪代养场建设项目通过立项审批，确定项目户70户，已完成69户，并通过县上验收。2018年山羊良种补贴项目下达补助资金32万元、县级项目配套资金68万元，采购建昌黑山羊种公羊400只，已采购发放种公羊400只。2019年山羊良种补贴项目下达资金8万元，采购发放种公羊100只，申请县级配套项目资金17万元，待批复。2018年肉牛良种补贴（肉牛冻精）项目下达国家补助资金5万元，已完成肉牛冻精采购发放计划。2018年会理县草食畜牧业肉羊标准化项目下达资金20万元，主要用于支持龙国云、罗启发2个肉羊标准化养殖场建设，已完成建设。

畜禽养殖污染防治。对全县畜禽规模养殖场环评手续、污染治理设施建设及运行情况开展核查、监管、指导11次。常年跟踪监测全县畜禽标准化规模养殖场粪污资源化利用情况，对批准新开工建设的畜禽标准化规模养殖场推行“种养结合、循环发展”模式，采取雨污分离、干湿分离、沼气发酵、有机肥加工等无害化处理利用技术措施提高畜禽粪污资源化利用率。开展长江生态环保畜禽养殖污染督察整改问题核查督办4次，调查处理畜禽养殖污染信访举报案件7件次。组织实施会理县畜禽粪污资源化利用整县推进项目，全面完成2019年度项目建设任务及1702万元的投资计划。

动物卫生监督。组织72次参加农业农村部全国农业远程教育平台开展的科技人员知识更新培训。组织全县官方兽医参加官方兽医网络考试。开展执法整治行动350余次，出动执法人员600人次，下发各类告知书、承诺书、宣传单等5万余份。按简易程序实施处罚1起，按一般处罚程序处理案件7起，共计罚款13.94万元，没收并销毁生猪产品207.25千克。

生猪定点屠宰监管。生猪定点屠宰申报率、检疫率达100%，动物卫生监督管理《动物防疫条件合格证》审查率达100%，入场生猪耳标佩戴及回收率达100%，检出病害动物依法销毁处理率达100%；瘦肉精抽查检测5550头份，全部为阴性，抽检率达100%，屠宰检疫证章出证率达100%。入场生猪的检疫检查、索证索票、查验耳标标识、产地检疫证查验回收率达100%，屠宰检疫申报率达100%，肉品品质检验合格证章出证率达100%，无害化处理率达100%。督查全县2家屠宰企业改造检验室、准备检测资料、购买荧光PCR非洲猪瘟检测仪器，7月1日全面开展屠宰企业非洲猪瘟自检工作，屠宰企业非洲猪瘟自检工作实施顺利，检测结果全部为阴性。

追溯体系建设及痕迹化管理。在县域主要交通要道建设的8个规范化动物检疫申报换证点共出具动物检疫证明电子出证A证1149份，检疫动物20400头（羽、只）；动物检疫证明电子出证B证20741份，检疫动物893930头（羽、只）；动物产品检疫证明电子出证A证5份，检疫动物产品5772千克；动物产品检疫证明电子出证B证25056份，检疫动物产品500.54万千克。开展动物卫生监督层级产地检疫督查38次，发现问题22起；开展规模养殖场督查24次，发现问题21起；开展生猪定点屠宰场督查25次，发现问题18起，已发现问题全部整改完善。按照"经营有记录、信息可查询、流向可追踪、责任可追究"要求，对管理相对人生产经营行为进行全程监管；对97辆运载生猪车辆进行防渗漏改造，统一安装GPS定位系统，配备消毒设备，开展信息录入审核等备案登记，在全省处于领先地位。

产地检疫。全面落实"十必须十不得"动物卫生监督规范和非洲猪瘟防控"五要五不要"防控措施，严格养殖场动物卫生监督管理8大制度。全面贯彻执行农业农村部第2号通告，加强动物产地检疫申报程序，根据养殖场（户）委托书、村（组）证明、耳标标识等相关要求和临床检查健康后受理申报和出具动物检疫合格证明，全县动物产地检疫申报率达100%，检疫申报受理率达100%，产地检疫率达100%。

无害化处理监管。全年屠宰环节无害化处理病害猪141头，处理率达100%。以省、州"生猪屠宰扫雷行动""飞行检查行动"和"四川省生猪及生猪产品监督执法与检疫监管专项整治行动"为契机，结合元旦、春节、"五一"、火把节、国庆节、彝族年等节假日，在全县范围内开展动物卫生监督执法工作，促进畜产品质量安全。

动物重大疫病防控。采取"春秋两季集中时间、集中人力、集中防疫，夏冬两季日常适时补免"方法，保证群体免疫密度常年维持在95%以上，畜禽应免免疫密度达95%。全年共免疫国家强制免疫病猪瘟100.16万头次，猪口蹄疫87.26万头次，牛口蹄疫21.61万头次，羊口蹄疫117.2万只次，羊小反刍兽疫28.5万只次，禽流感224.57万羽次；免疫地方性强制病山羊痘48.2万只次；免疫狂犬病2.18万只，免疫率达100%，已免猪、牛、羊戴标率达100%，已免畜禽免疫档案建立率达100%。会理县非洲猪瘟等重大动物疫病防控技术专题巡回培训，共培训各乡（镇）农牧站技术人员及生猪养殖大户515人（其中生猪养殖大户400人），发放《非洲猪瘟防控科普知识》《非洲猪瘟防控工作中消毒剂选择方案》等资料1000余份。建立非洲猪瘟检测实验室，检测非洲猪瘟样品389余份；检测猪瘟、猪口蹄疫、牛羊口蹄疫、禽流感、鸡新城疫免疫抗体1484余份，免疫抗体合格率达85%以上；检测猪、牛（羊）布病560余头（只）份，牛（羊）血吸虫病1000余头份，奶牛结核51余头，均未检测出阳性；向州级部门送检血清样品205余份、组织样品160余份、非洲猪瘟监测样品80余份。

机构改革后，调整非洲猪瘟防控应急指挥部成员，严格按照省"猪九条"和州"猪十条"等相关文件要求落实有效保供措施，指导养殖户提高生物安全防护技术，有序恢复生产秩序，保证市场猪肉产品的供应。采取"灭、查、限、禁"防控措施，共排查生猪养殖场（户）1094.52万家（户）次，排查猪只数量4664.54万头次；排查生猪交易市场419场次，排查猪只数量0.69万头次；排查生猪屠宰场1032场次，排查猪只数量10.6万头次，共计排查场点数1094.66场次，排查生猪4675.83万头次，全部为阴性。加强各大宾馆、饭店、学校食堂等泔水的管理和处置，严禁用泔水饲喂生猪。加强生猪运载车辆跨县调运监管，对在县域主要交通要道设立的皎平渡、黎洪、鱼鲊、凤营石家湾、彰关山柏梁子、云甸甸沙关等非洲猪瘟防控临时检查站的督查力度，全面实施防堵阻击、消毒灭源，全县无重大动物疫情流行和蔓延。

【水产业】 发布《会理县养殖水域滩涂规划(2018—2030)》，全县水产养殖面积382公顷，水产品总产量0.225万吨，产值4573.35万元。配合省水产局全面完成省级水产品质量安全例行抽样监测10个样本送检任务；10月16日，开展水产品质量安全抽样检测，完成3个样本送检任务。下发《会理县人民政府关于2019年天然水域春季禁渔的通知》，2月1日至5月31日在全县范围内天然水域实行禁渔。禁渔期间，开展春季渔业资源保护专项行动，出动5辆执法车，开展巡查50次，查处电鱼案件3起、多人非法捕捞案件1起，现场制止游钓行为为10起，印发《中华人民共和国渔业法》宣传资料1000余份。开展联合执法行动，对城区内渔具销售门市和摊点进行检查和禁渔知识宣传，查处违法销售捕捞禁用渔具2起，没收禁用渔具15套。1月23日，在鲹鱼河太平镇段和槽元乡段组织召开渔业增殖放流现场会，共放流齐口裂腹鱼、细鳞裂腹鱼6.28万尾；6月26日，县农业农村局通过政府采购苗种在锦川武家沟段及六华段放流鱼苗共计7.5万尾。

【乡村振兴】 出台《关于实施乡村振兴战略的意见》《会理县2019年全面落实乡村振兴战略实施方案》等政策。与四川省农业信贷担保有限公司签订《乡村振兴助推农业产业发展信贷担保合作协议》，发展"互联网+农业"模式，建成电商公共服务乡村服务站点8个。补齐乡村发展水电路短板，投资1.29亿元，完成第二批节水型社会建设、高效节水灌溉、益门山洪沟防洪治理、11座病险水库除险加固、城河南阁段防洪治理等工程项目；投入6891.88万元，升级改造农村电网，35千伏新坝变电站建成投运；大富路提升改造工程完工，12条通乡公路提升改善工程完成90%，创建为第三批四川省"四好农村路"示范县，成为全省民族地区唯一获得该项荣誉的县（市）。推进农村"厕所革命"，5个试点村验收合格1462户。投资1300万元，实施农村污水治理试点，新建10个村的污水处理设施。加强巡河APP使用，持续开展"清四乱"和河道采砂专项行动，是全州唯一一个实质性开展河湖划界工作的县(市)，在全州率先实现34座水电站下泄生态流量在线监测。41个土地增减挂钩项目集中安置区开工建设，完成334.6亩拆旧复垦，节余指标261.67亩。完成农村危房改造738户，4324户土坯房改造项目开工。绿化江河渠系50千米、湖库周边1300亩，草原生态修复20万亩，提前完成2万亩“1+X”林业生态产业基地建设、8万亩核桃嫁接改良，建成林下经济种养殖示范基地2个，全县森林覆盖率达58.83%。创建县级以上龙头企业20家、州级以上农民示范社14个。鹿厂镇和河漂村、古桥村、富乐村创建为省级实施乡村振兴战略先进乡(镇)/示范村，会理县、鹿厂镇创建为州级实施乡村振兴战略先进县(先进乡/镇)，城南街道望城村、彰冠镇大发村等11个村创建为州级乡村振兴战略示范村。

【农村水利】 八道河引水工程完工，大海子水利工程进入结算阶段；红旗水库钻天坡引水工程获得国家烟草公司援建资金4736.29万元；横山水库完成立项批复前的所有29个专题要件，省级财政到位资金1.33亿元。

【农田基本建设】 全县建设高标准农田1.9万亩，总投资3100.28万元，其中财政投资2820万元、农户投劳折资和自筹280.28万元，实施土地平整250亩，开挖衬砌渠道44.66千米，新建及整治田间机耕道路27.84千米，新建蓄水池8口，新建提灌站1座，改良土壤培肥地力1.38万亩。大力推广测土配方施肥技术，发放有机无机复混肥223.8吨，投放有机水溶性肥料5.83万袋。

【农村科技】 落实中央投资55万元的会理县基层农技推广体系改革与建设补助项目。组织60名县、乡(镇)农牧系统人员开展“继续教育”和“知识更新”培训(其中省级骨干人员调训2人、州级培训58人)；推动农技推广云平台建设，全县300余名基层农技人员全部纳入农技推广云平台建设，使用好“农技宝”手机终端；开展新型职业农民农村实用技术培训，开展马铃薯、玉米、水稻、石榴、花魔芋、莠瓜等标准化种植以及稻田养鱼、生猪饲养和黑山羊养殖等各种实用技术培训和“送科技下乡”活动；建设农业科技试验示范基地5个，培育农业科技示范户356户。

完成中央财政农业发展资金新型职业农民培育28人，投入经费10万元，其中现代青年农场主2人(含省农科院2018年1人孵化培训任务、2019年省农广校特色产业1人)、农业职业经理人3人(四川农大智能农机装备制造业发展及技术更新培训1人、州级2人)、新型农业经营主体带头人23人。在石榴现代农业园区的5个乡(镇、街道)30个村开展石榴种植生产经营型新型职业农民培训377人，涉及园区业主278人、行政村30个、组220个，占石榴园区总组数的90%。

推广大春16项科技兴粮措施：实施水稻旱育秧2.6万亩，水稻抛秧4万亩，水稻粳糯间栽2万亩，免耕栽培秸秆覆盖3.5万亩；地膜玉米高产栽培10万亩，玉米带状种植30万亩；马铃薯脱毒薯高产栽培10万亩，马铃薯高厢双行垄作10万亩；推广马铃薯新品种青薯9号3万亩，测土配方施肥12万亩；农作物药剂拌种35万亩；科技入户1100户，培训农民2.4万人次；水稻高产栽培示范3万亩，玉米高产栽培示范20万亩，马铃薯高产栽培示范2万亩；病虫害综合防治面达95%以上，杜绝重大病虫害大面积发生。推广10项小春科技兴粮措施：麦类疏株密植13万亩，麦类药剂拌种22万亩，小麦化学除草10万亩，测土配方施肥5万亩，推广优质弱筋小麦20万亩；推广优质双低油菜3万亩；麦类高产示范片1.5万亩，在黎溪、绿水等乡(镇)建立全过程机械化膜下滴灌节水栽培冬马铃薯示范基地3.3万亩；油菜高产示范片1万亩；冬洋芋高产示范片1万亩；病虫害综合防治面达95%以上，杜绝重大病虫害大面积发生。

【惠农补贴】 全县实施2019年村级公益事业建设“一事一议”州级财政奖补项目10个625万元，实施2019农村综合改革转移支付中央资金(农村公益事业财政奖补)资金项目15个304万元。落实兑付惠民惠农2018年稻谷补贴资金330.01万元，涉及24111户农户4.61万亩；2019年项目按照“农户申报、村组确认、各乡(镇、街道)核实”上报的稻谷补贴数据涉及187个行政村1052个村民小组21415户3.93万亩；补贴金额245.42万元。全年计划兑付耕地地力保护补贴资金37.16万亩，涉及91768户4632.9万元，其中上级财政拨款4616.27万元、上年结余资金16.63万元，兑付标准为124.68元，实际兑付90702户37.04万亩4618.17万元，结余资金14.73万元，结余资金结转下一年统一清算兑付到农户。

【脱贫攻坚】 投入资金3418万元，完善基础设施、培育特色产业、壮大集体经济。使用产业扶持基金2231.45万元，制定58个退出贫困村“一村一品”产业发展规划，建成村级产业园24个。投入1210万元，扶持11个试点村村级集体经济发展，全面带动村集体经济发展。全县支农再贷款余额7673.35万元，建档立卡贫困户100%评级授信，个人精准扶贫贷款余额4236万元，小额信贷分险基金规模1303万元。全年开发公益性岗位809个，发放岗位补贴236.6万元。开展消费扶贫，“以购代捐”211万元，认购销售农特产品4868万元；举办“精准扶贫·电商年货”购物节，现场销售111.2万元，达成贫困村农特产品销售协议350万元。2018年新增3户11人自发搬迁建卡贫困人口脱贫退出，2019年新增2户10人贫困人口和4621户已脱贫人口年人均纯收入超过国家扶贫标准，58个贫困村实现稳定脱贫。4164条入户对标达标全覆盖大行动发现问题和2150个“两不愁、三保障”回头看大排查发现问题全部整改到位。统筹资金1416万元，补齐4621户已脱贫户和446户特殊困难户问题短板。4460名已脱贫人口兜底保障标准达到人均4200元/年。投入教育扶贫基金718.82万元，资助贫困学生8083人次。完成失(辍)学人员化解和系统平台销号工作，确保义务教育适龄儿童应读尽读；全覆盖开展学前学普工作，学前儿童普通话抽检测试合格率为100%。197个家庭医生团队开展签约服务。贫困患者住院治疗6252人次，报销住院费用1669.27万元，发放医疗卫生救助基金165.25万元，县域内就诊率和总体报销比例达90%以上。

【农业机械化】 实施2017年省级财政农业干旱河谷地区机电(太阳能)提灌站建设项目，投入资金100万元，5月完工，10月24日通过县级验收。全县农业机械总动力达69.314万千瓦，农业机械原值55634万元，净值37543万元。全年开展农机技术培训267人。全县机耕面积57.6万公顷；机播面积4120公顷；农田机械节水灌溉9.3万亩，机械提水5900万立方米，机电灌溉面积66万亩；机械植保面积4.2万公顷；机收面积36万亩；机械脱粒粮食20.13万吨；机械烘干粮食300吨；机械初加工农产品289000吨；机械化饲草料加工3.05万吨；农机运输作业量18000万吨千米；农机跨区作业面积6200公顷(机耕3200公顷、机收3000公顷)。主要农作物农机化综合水平达66.7%。有农机专业合作社6个384人、修理点43个168人、农机户36451户69872人、乡村农机从业人员46923人、农机培训机构2个。全年共完成申请表428份，受益农户395户，使用农机购置补贴资金138.98万元，补贴农机具428台(其中耕整地机械共341台，补贴金额24.79万元；收获后处理机械2台，补贴金额3.99万元；动力机械71台，补贴金额109.59万元；畜牧机械13台，补贴金额0.54万元；田间管理机械1台，补贴金额0.06万元）。全县在籍拖拉机2138台、联合收割机4台，在籍拖拉机驾驶员2870人。拖拉机新注册登记入户58台，办理变更及换证32起，办理注销登记2198台，检验拖拉机968台；开展拖拉机驾驶培训4期，考试合格发证121人，驾驶证到期换证补证232人。集中年检检验农业机械968台，对3年未年检的2198台拖拉机、联合收割机牌证公示后进行了注销。

农机安全。与拖拉机所有人、驾驶人员签订《农机安全生产责任承诺书》达100%。制定农机安全监理行政许可和公共服务事项办事指南及办理流程，严格按四川省农机监理系统管理证照。驾管严把培训、考试、发证关，做好拖拉机驾驶员培训的开班审批、驾驶员资质审查、警示教育课程、科目考试、中期检查、教练车检验，按规定办理驾驶证许可业务。机管强化存量运输型拖拉机管理消化，按照“增量为零，逐年递减”的原则，逐年递减；严格实行拖拉机、联合收割机安全技术检验责任倒查制，把好拖拉机、联合收割机登记关、检验关和使用关，签订安全责任承诺书。与拖拉机机主和驾驶人签订责任承诺书900余份，拖拉机销售商与购机者全部签订安全责任书；对办理注册登记和参加驾驶培训的拖拉机驾驶人开展常态化安全警示教育300余人次。

开展农机安全生产检查。全年共检查拖拉机及其他农业机械1000余台次，共查处、纠正各类违法违规行为10余起，排查出一般农机安全隐患3类10余起，全部整改，田间、场院无致人伤亡的农机事故发生；对重点地区、重要场所和重要农业生产环节进行安全监管和监控，严厉打击农机安全生产违法违规行为，重点突出对无牌行驶、无证驾驶、未检验作业、违规发放牌证、瞒报谎报事故等违法行为的打击和治理，排除农机安全隐患，全面推进农机安全生产。组成联合执法组针对高风险重点路段开展路检路查，重点检查拖拉机、变型拖拉机行驶证、驾驶证、保险相关手续，开展联合执法检查2次，检查上路行驶拖拉机26台次。

印制《拖拉机和联合收割机驾驶证管理规定》、《拖拉机和联合收割机登记规定》、《农机安全生产宣传手册》、农机安全宣传手提袋共1万余份。组织拖拉机驾驶人员集中学习《新条例》、农机安全操作技术、农机安全作业常识，共发放各类宣传资料4000余份，发送农机安全生产相关信息700余条，组织开展安全生产培训1200余人次，通过会理县农机监理微信群及时发送农机安全信息，对悬挂省内农机号牌变型拖拉机、悬挂省外农机号牌变型拖拉机进行摸底排查。

实施会理县2018年省级财政农业公共安全与生态资源保护利用工程项目（农业机械安全项目农机安全技术检验装备补助、农机事故勘察处理装备补助），该项目获得省级财政项目补助资金10万元、县财政配套3万元。

【农业行政执法】 县农牧渔综合执法大队更名为会理县农业综合行政执法大队，为会理县农业农村局所属事业单位，以会理县农业农村局名义统一执法，负责日常执法检查、一般违法案件查处及组织协调等工作，接受州级主管单位的监督指导和协调。开展农资批发源头进货查验专项检查9次，查验农资产品618个，召回问题产品24个，从源头上杜绝了伪劣产品进入广大农村市场。开展农资打假，全年共出动执法人员362人次，清理整顿大小农资市场81个次，拉网式检查农资经营户892户次；立案查处各类违法违规案件13件并已全部办结，扣押、没收违法违规农牧渔投入品400余千克；依法发出《会理县农业农村局责令整改通知书》32份；开展对石榴种植专合社、大棚蔬菜大户等生产环节的执法检查，下发行政告知书14份，规范了种植户的生产管理行为。

【农村交通】 全县有新建项目5个，具体为总投资121亿元的德昌至会理高速公路，总投资82.81亿元的国道4216线宁南至攀枝花高速公路，总投资2700万元的国道108线30k米路段中修项目，总投资7.77亿元的国道245线会理通安至皎平渡公路改建项目，总投资3.1亿元的省道465线会理云岩村至米易县界段公路项目；有续建项目4个，即发至富乐道路提升改造工程，国道108线至龙肘山段旅游公路，总长为100.16千米的会理县“十一五”新发镇、茗木、通杨、团横、爱民、树堡、黎中、大江、黎河、槽元、江竹通乡公路的改善提升工程，2018年度县、乡道生命安全防护工程（第一批）项目。11月4日，会理县被省政府批准认定为四川省第三批“四好农村路”示范县。

【财政涉农项目】 启动实施2019年度“一事一议”财政奖补项目27个，涉及15个乡（镇、街道）27个村，上级财政下达奖补资金629万元。启动实施2019年度“美丽乡村”建设项目，实施地点为太平镇小村村，上级财政下达奖补资金300万元。启动实施扶持村级集体经济试点项目11个，涉及9个乡（镇）11个村，共预算下达资金1210万元，其中省、州990万元，县财政配套220万元。全年拨付耕地地力保护补贴、草原生态保护补助、退耕还林补贴、生态效益补偿等10156.13万元。

【农产品质量安全监管】 全县农产品生产基地抽检按季节进行果蔬生产基地果蔬农残快速检测，全年共抽检果蔬样品51个批次460个样品，其中速测合格460个，合格率为100%。配合省、州对全县的各种农产品开展专项及例行监测抽检工作，全年共抽检各项样品80个，其中例行抽检蔬菜样品50个、例行抽检水果样品10个、例行抽检畜产品样品10个，专项抽检小麦样品10个，省、州抽检合格率达100%。

农产品质量安全追溯体系建设。继续实施农产品质量安全追溯项目建设，通过政府采购，对获得“三品一标”认证及以石榴、芒果、李子、杏子、冬马铃薯、畜禽、蔬菜等主导产业标准化生产为重点的农业企业、家庭农场、专业合作社开展农产品质量安全追溯体系建设，全县“三品一标”和优质农产品达到“生产有记录、信息可查询、流向可跟踪、责任可追究、产品可召回、监管有效果、质量有保障”，全县34家农产品生产经营主体及10家农资经营门店入驻四川省农产品质量安全追溯信息管理系统。全县所有乡（镇）综合为民服务中心及6个片区农牧站增挂“乡（镇）农产品质量安全服务站”牌子，6个片区农牧站及21个乡（镇）均配置农残快速检测仪器，全县21个乡（镇）共抽检果蔬样品504个批次4536个样品，其中速测合格4536个，合格率为100%。

【主要领导人】 县委书记：黄玉超；县人大常委会主任：刘光平；县长：陈方勇；县政协主席：张顺银；分管农业副县长：沙正才。

会理县编写组

会东县

【基本情况】 2019年，全县辖20个乡（镇）318个村7个社区，辖区面积3227平方千米，总人口42.56万人。

【新型农业经营主体培育】 全县共有工商注册合作社482家，其中国家级3家、省级15家、州级15家；工商注册家庭农场963家，其中省级8家、州级19家。深化新型农业经营主体建设，召开农民合作社"空壳社"专项清理工作联席会议，开展"空壳社"清理，同时开展示范创建。基本掌握全县新型农业经营主体的基本情况及经营状况，培育壮大新型农业经营主体，发挥其示范带动作用。

【农村集体产权制度改革】 全县于6月正式启动农村集体产权制度改革工作，全年已完成317个行政村7个居委会1794个社区农村集体产权制度改革工作中第一阶段清产核资工作，为下一步成员身份认定、股权量化等工作奠定了基础。

【土地确权及流转】 全县农村承包土地确权登记颁证工作进行了一轮、二轮公示，并进行了最后一次核实、纠错、改错；召开全县317个村的群众会，已颁证301个村1717个社区，颁发证书81827本；引导农村土地经营权规范有序流转，支持农民在自愿的基础上在村组内互换并地连片耕种，推广股份合作、经营权流转、土地托管等多种形式的适度规模经营，全县已流转土地3.7万亩，占承包面积的12.3%，涉及农户5562户，共签订土地流转合同3440份，其中规范合同1028份、口头合同2895份。

【农产品品牌战略实施】 依托"中国农民丰收节""双黑美食节"等平台创建"新品牌"，做优做强"大品牌"，稳定现有的"七彩洋芋""嘎吉皮蛋"等，推动特色农产品品牌创建。全县共认证"三品一标"农产品7个，其中无公害农产品2个、绿色食品1个、有机农产品1个、地理标志证明商标3个。

【现代农业园区建设】 全县现代农业产业园区培育实现零的突破，创建州级园区2个，培育省级园区1个，获得园区培育资金2000万元。一是现代烟草产业园区按照构建"产业特色鲜明、加工水平高、产业链条完善、设施装备先进、生产方式绿色、品牌影响力大、农村一二三产业融合、要素高度聚焦、辐射带动有力"的现代农业园区的总要求，规划在小坝乡、姜州镇、铁柳镇、嘎吉镇、乌东德镇、淌塘镇联合打造11万亩现代烟草产业园区，辐射带动全县其余16万余亩烟叶标准化、规范化生产，被纳入省级园区培育项目。二是现代农业高标准蓝莓产业示范园已完成投资8000万元，建成基质栽培1000亩；现代生猪产业园区申报州级现代农业园区，完成投资6500万元，建成母猪后备房、公猪站、1～5号猪舍，建成生猪代养场及小区共15个、圈舍面积37500平方米，年出栏代养育肥猪37500头。

【种植业】 全县农作物播种总面积144.39万亩，其中粮食作物播种面积84.67万亩，产量26.12万吨；油菜播种面积5.95万亩，产量1.1万吨；马铃薯播种面积19.46万亩，鲜薯产量30.35万吨。蔬菜种植面积15.17万亩，产量55.6万吨。水果种植面积13.25万亩，增加1.2万亩。

病虫害防控。科学指导用药，全年发布病虫害简报8期、电视预报7期、防治预案3期。及时准确发布病虫害发生情况及防治意见，为科学指导病虫害防治提供理论依据，全年病虫害发生面积169.78万亩次，防治面积228万亩次，挽回损失49751.5吨。

统防统治。完成"三大粮食作物"9.08万亩、蔬菜4.6万亩、果树4.94万亩绿色防控示范基地建设，绿色防控覆盖率达28%；完成专业化统防统治水稻3.6万亩、小麦3.1万亩、玉米9.2万亩，主要粮食作物病虫害专业化统防统治面积覆盖率达35.9%。加强农药包装废弃物回收工作，粮经作物主产区农药包装废弃物回收率达48%以上；完成种子苗木生产、经营、调入者的检疫，抽查率达31%，植物疫情防控处置率达100%。

农技推广。抓好姜州镇、小坝乡、鲹鱼河镇等乡（镇）10000亩油菜示范片建设，抓好沿江和二半山10000亩小春马铃薯示范片建设，完成种植、管理、收获和试验样品考种以及试验结果分析。在铅锌镇种植300亩饲用燕麦并发放到铅锌镇贫困户手中，用于牛羊养殖。引进昌麦28号、30号、33号在姜州镇、小坝乡开展30亩高产示范。全年稻谷补贴兑付面积为22667.315亩，涉及14个乡133个村502个社区10740户农户，补贴标准为71.55元/亩，发放稻谷补贴资金1620993.29元。争取三峡捐赠资金对野租乡、拉马乡、江西街乡、新街镇、老君滩乡、铅锌镇、松坪镇、淌塘镇、满银沟镇9个乡（镇）所属适宜马铃薯生产的22个贫困村种植青薯9号原种、丽薯6号的贫困户进行种薯补助，合计补助资金49万元。推广配方施肥、病虫草害统防统治集成技术。大春生产调查基点内完成粮食种植面积2213.49亩，每亩补助200元，合计补助442698元。

【烤烟产业】 全县有19个乡（镇）254个村1209个村民小组种植烤烟，有种烟户20748户。全年种植烟叶275658亩，收购烟叶72.51万担（年初计划72.3万担），均价30.01元/千克，上等烟比例为75.66%，实现烟农收入10.88亿元，烟叶收购量、烟农收入、均价、上等烟比例4项指标连续八年位居全省第一，烟叶产量实现全国"五连冠"。会东县被四川省烟草发展工作领导小组评为现代烟草农业发展成效突出县。

政策宣传。通过召开干部会、烟农培训会，发放宣传资料等多种形式，加强对2019年烟叶生产扶持、烟叶价格、农药补贴、防雹减灾和特色农业保险等惠农政策的宣传。按照州下达任务减幅比例，结合各乡（镇）2018年完成任务情况下达2019年计划，引导各项资源逐步向基础条件好的优势区域集中。

良种良育。全县上下把杜绝自留种、劣杂品种上升到保"清甜香"型品牌、保产业发展的高度来认识，坚决清除自留种、劣杂品种，同时把品种管理纳入对各烟区目标责任制考核，确保100%漂浮育苗、100%良种良育、100%商品化供苗、100%壮苗。为确保大田适时早栽，各烟区抢抓农时节令，高海拔地区在2月10日前、其余地区在2月15日前全面完成育苗播种工作。全县共建育苗点570个、育苗中棚16263个、育苗2080500盘，可供27.5658万亩大田移栽（红大种植面积8万亩，占总种植面积的29.01%；云烟种植面积19.5658万亩，占总种植面积的70.09%），实现100%集约化育苗、商品化供苗和漂浮育苗，壮苗培育水平不断提高，并始终坚持做到人员、技术、管理"三到位"，确保苗齐、苗足、苗壮，为烟叶大田适时移栽创造先决条件。

布局调整。突出会东山地烟叶种植特色，优化产业布局，以1个国家级、3个省级、4个州级专业合作社为支撑，集中实施"两区""三线"产业核心示范区带动战略。开展区域、烟农、烟田"三优化"，抓好种植区域和品种结构布局调整，于1月25日计划分解到户，其中培育20亩以上种植大户3423户，完善提升品牌导向型特色优质烟叶生产原料。

基础设施建设。推广新能源生物质烤房改造600座，行业补贴资金480万元；采购烟夹740套，行业补贴资金1311.28万元；新建密集式烤房900座，行业补贴资金1305万元；新采购育苗中棚200套，行业补贴资金273万元；建设硬化路面机耕道10条5.895千米、沟渠2条5.24千米，行业补贴资金514万元；更换烤房设备维修自控仪135台，行业补贴资金14.58万元；新马灌区水源工程、会东复烤厂异地技改（扩）能搬迁等项目建设有序推进。

【蚕桑产业】 全县19个乡（镇、街道）中有14个乡（镇、街道）26835户农户养蚕，有催青室1个、收购站点17个。截至2019年年底，全县有桑园6.6万亩、小蚕共育室1447间。全年养蚕113659张，产茧103506担，蚕农收入2.22亿元。新栽“6215”优质桑园5298亩，其中核心区嘎吉镇新栽桑园3229.99亩；新建共育室16间，新建标准化大蚕房820平方米。

桑园管理。将冬春管理工作纳入乡（镇）全员综合目标绩效考核，分两个阶段对冬春管理工作进行了督促检查，严格按照冬春管理的技术要求进行逐项打分。加强肥料投入，提高桑树单株产叶量，春、夏季共投入肥料补助资金34.6万元，组织供应蚕桑专用复合肥1642吨；注重桑园病虫害统防统治，投入统防药物1852件，补助资金43万元。

蚕种管理。为规范蚕种供应渠道，因外来蚕种无质量保证，给全县蚕区埋下大面积爆发蚕病的安全隐患，开展宣传教育，提高蚕农综合素质，自觉维护蚕桑产业发展环境；加大执法打击，严厉查处违法行为；推广新蚕品种，提高蚕茧质量。春季雄蚕品种饲喂达3720张，增长43%；芳绣白春饲喂达370张。夏季在大崇镇试验新品种三眠蚕26张，3个新蚕品种共达4116张。

小蚕共育。一是加强订种管理，提高量桑订种水平。二是加强共育考核，提高共育质量。每张小蚕的共育费标准为110元，其中收取大蚕农户60元、共育考核补助50元（其中订种考核10元、过程考核10元、单产考核20元、蚕茧质量考核10元）。

大蚕饲养。加强饲养管理，提高养蚕单产。一是加强消毒管理，力争无病高产。保证在大蚕户订种时就能领到消毒药物，确保在规定的时间内有药可消，并在消毒过程中加强督促检查，确保消毒到位，不留死角。二是加强鲜桑饱食、温湿度调节、稀放稀养、眠起处理、通风换气，簇中管理等常规措施的落实。三是在大蚕饲养中推广“薄膜防干育”技术，减轻劳动强度，降低生产成本。

蚕茧收购。正确处理生产发展与蚕农利益的关系，在鲜茧收购上确定随行就市、能升能降的定价机制。在茧丝市场行情低迷的情况下，春季收购综合均价达42.84元/千克，夏茧综合均价为40.36元/千克，正秋综合均价为41.17元/千克，晚秋综合均价为43.77元/千克，全年收购综合均价达41.47元/千克。

科技推广。分区域开展春栽春接、春接春栽、摘芯（剪干）养型和生长期枝接、嫁接苗移栽等新技术试验并获得成功，推动桑树快繁快植、速生丰产工作，缩短桑园成园周期。在姜州镇合作村、嘎吉镇马鞍村开展桑枝食用菌试验，利用桑枝屑作菌棒主料，在大蚕房内试种菌棒6000个，产菇1000余千克，桑枝副产物的综合利用初见成效。

园区建设。在嘎吉镇打造现代蚕桑产业示范园区，以马鞍、大洼、柏岩3个村为核心区新建优质桑园3000亩，辐射带动全镇其余5个村新建优质桑园4000亩。同时，协调改善基础设施，配套相应的生产设施设备。

大户示范。在铁柳镇、嘎吉镇探索土地流转、返包倒租和农户自主流转等模式，新培育50亩以上的蚕桑大户10户。

生产补助。以下达鲜茧收购数作为考核基数，在基数内补助45元/担，超基数1担奖100元，差基数1担惩100元，在各乡（镇）的生产发展补助中，10%由县蚕桑生产领导小组统筹，用于全县蚕业发展重点乡（镇）的重点环节投入；50%作为乡（镇）的生产发展资金；40%投入村级使用（其中10%用于村级集体经济积累、30%用于考核村/组干部），全年共兑现产茧补助109.6万元。

【“两区”划定】 全面划定全县粮食生产功能区286918.84亩，其中划定水稻生产功能区80104.98亩、玉米生产功能区206813.85亩、小麦生产功能区104996.74亩、玉米和小麦复种104996.74亩，并在相关位置设立标志牌，做到全部建档立卡、上图入库，实现信息化和精准化管理。

【畜牧业】 全县生猪出栏41.7259万头，羊出栏68.9528万只，肉牛出栏4.5068万头；肉类总产量达5.0951万吨，减少2291吨，减少4.3%。全县生猪改杂面达100%，肉羊良种及改杂面达99.8%。总投资1.3亿元的22万头生猪现代化循环产业发展项目、存栏10000头能繁母猪的仔猪繁育场建设稳步推进。全年重大动物疫病群体免疫密度为100%，重大动物疫病有效免疫抗体合格率为75%，产地检疫开展面、生猪定点屠宰检疫及肉品检验开展面、生猪规模养殖场和定点屠宰场病死猪无害化处理以及动物卫生及兽药监督执法案件查处率均为100%。全县未发生重大农产品安全事件。

标准化规模养殖场建设。全年建成年出栏生猪50头以上的养殖（场、小区）395户，其中年出栏1000头以上28户；年出栏肉羊30只以上的养殖户3106户，其中年出栏100只以上129户；年出栏肉牛10头以上的标准化养殖场达352户，其中年出栏100头以上5户；存栏蛋鸡500只以上的养殖户186户。生猪标准化适度规模养殖小区（场）达663个，肉羊标准化适度规模养殖小区（场）达697个，生猪规模养殖比重达76.32%，肉羊规模养殖比重达46.15%。

畜禽疫病防控。全年共发放注射猪瘟疫苗74万头、猪口蹄疫苗68万毫升、牛（羊）口疫蹄疫苗246万毫升、口蹄疫O型A型二价灭活疫苗2万毫升、重组禽流感病毒（H5+H7）二价灭活疫苗179万毫升、小反刍兽疫苗82万头、山羊痘疫苗60万只，猪、牛、羊、鸡强制免疫密度分别为100%、98%、100%、99%，家畜免疫标识佩戴率为99%。全年共发放免疫档案万本，“明白卡”万张，重大动物疫病防控告知书万册，注射器把、针头万根，酒精万毫升，药棉磅，应激反应处置药盐酸肾上腺素合，为全县动物疫病防控打下坚实的基础。

动物卫生。省、州农产品安全监测种植业产品和畜禽产品抽检合格率98.8%，水产品抽检合格率100%；全年完成产地检疫生猪19.62万头、牛1.31万头、羊73.68万只、禽3.27万羽；完成产品检疫猪肉141.53万千克、羊肉2.55万千克。全年屠宰场共屠宰34608头，屠宰环节无害化处理133头，养殖环节无害化处理135头，全县无害化处理率达100%。

草原畜牧业发展。完成新一轮草原生态补奖项目实施方案的编制及批复工作，兑付全部资金810万元，其中草原禁牧补贴资金150万元、草畜平衡补贴资金660万元。

【水产业】 全年水产养殖面积665公顷，其中池塘59公顷、水库420公顷、稻田189公顷；水产品总产量1200吨，其中池塘512吨、水库548吨、稻田86吨、捕捞54吨；繁殖各类鱼苗680万尾，实现渔业总产值2297余万元。在春季禁渔期累计张贴禁渔通告100张，发放禁渔通知64份，组织1辆宣传车宣传6天，累计出动执法人员46人次，电视台连续播放通告14次，突击检查集贸市场7次、巡查江河10次、检查餐馆饭店61家次，收缴笼网具4片，查处没收非法捕捞的天然渔获物6千克，教育处理违法人员3人次。

【农业机械化】 全县农机拥有量增加至8.15万台（套），农机总动力达34.4万千瓦，农机装备总值为2.8亿元，主要农作物耕种收综合机械化水平达57%。

农机购置补贴。全县完成推广农业机械购置，补贴各类农业机械146台，补贴资金72.922万元，其中大中型拖拉机（配套旋耕机）39台，补贴资金64.6万元。全年完成主要农作物机耕面积31.8万亩、机播面积1.55万亩、机收面积10.45万亩，其中小麦机耕面积8.6万亩、机播面积1.05万亩、机收面积5.25万亩，水稻机耕面积7.2万亩、机播面积0.5万亩、机收面积4.6万亩，玉米机耕面积9.5万亩，油菜机耕面积6.5万亩、机收面积0.6万亩。

农机监理。全县共有在册拖拉机506台，其中存量运拖（变型拖拉机）12台；在册拖拉机驾驶员2744人。全县乡（镇）驾驶员集中警示教育及培训率均达100%，安全承诺书签订率达100%，镇、村责任书签订率达100%。拖拉机年度检验190台，拖拉机新车注册35辆。拖拉机驾驶证到期换证226个，机化学校开展拖拉机驾驶员培训2期，新办理拖拉机驾驶证132个、补证21个，强制报废拖拉机3台，注销3年未年检在册拖拉机218台。农机监理站联合公安、交通等部门共同开展路面联合执法行动7次，出动联合执法人员65人次，查处变型拖拉机违法行为15起（其中拖拉机违法载人3起、无证驾驶4起、非法改装2起、超载6起）。

【高标准农田建设】 投资1170万元，在嘎吉镇马鞍村、柏岩村、大洼村、乌龟塘村、柳树塘村5个村建设高标准农田0.75万亩。投资1500万元，在铅锌镇实施“1000亿斤粮食生产能力田间工程”项目1万亩。

【农村能源建设】 全年落实项目资金93.26万元，在姜洲镇郑家坝村、中和村新建省级新村集中供气工程2处，供气农户150户。在“进村入户”活动中，全年共开展咨询日活动18次，发放资料7800份，办板报6期，悬挂张贴标语66条，广播宣传5次，播放视频8次；共组织宣讲老师20人次开展宣讲场次20次，听课人数2370人，发放安全资料2370份；共组织技术人员42人走访农户960户，查出户用沼气安全隐患31口，现场排除安全隐患31起并张贴安全挂图960张。全覆盖检查新村集中供气6处，尚未发现安全隐患现象；检查管路管件、灶具、流量计等设备是否损害和出料间盖板是否缺失，对损害的沼气设备进行了维修。

【农民技术培训】 创新公益性农技推广服务方式，遴选科技指导员83人；培育农业科技示范户600户，培训贫困户1.3万人次，发放培训资料1.4万份；完成新型职业农民培训，培育现代青年农场主2人、农业职业经理人4人；完成145名基层农技人员参加5天以上脱产业务省级调训和州级培训；组织开展全县“人才工作月·农业专家基层行”培训，共培训食用菌种植农户及农技指导员共110人；深化基层农技推广体系改革，驻村农技人员到位率达100%，专家服务团指导服务面达100%，完成农业生产社会化服务面积2万亩。

【农产品质量安全监管】 农产品质量安全追溯。组织县内“三品一标”获证主体、重点生产经营主体入驻四川省农产品质量追溯管理平台和国家农产品质量追溯管理平台，全年已有25家主体入驻国家农产品质量追溯管理平台，逐步实现农产品生产从源头到消费终端的正向跟踪监管和逆向溯源追责。

农产品质量安全快速抽样检测。对全县农产品生产基地、种植专合社、农贸市场的农产品进行24个批次共计1250个样品的农药残留快速检测，合格率达99.7%；各乡（镇）对其辖区内蔬菜进行随机抽样检测4171个样品，合格率达99.7%，达到农产品质量安全的标准。

农产品质量安全宣传培训。利用“3·15”“食品安全宣传周”“法制宣传日”等机会开展农产品质量安全宣传活动3场次，发放宣传资料8000余份，接受农民咨询800余人次。开展2019年新型职业农民培训，培训现代青年农场主2人、农业职业经理人4人、新型农业经营主体带头人138人。

【智慧灌溉】 依托2018年省级现代农业发展工程项目，在铁柳镇大柳树村建成农业智慧灌溉试点项目，项目总投资200万元，建成中心控制房1座、控制中心设备1套、灌溉控制器1套、土壤墒情监测系统4套、气象站1座、施肥装置1套，铺设地面PE25毛管5000米，有效智慧灌溉工程面积763亩，全面提高了灌溉利用率。

【农业执法】 县大队根据省、州、县关于农资工作的相关要求，建立了统一领导分工负责的监管工作机制，落实工作责任，加强监管，严控农资经营、使用风险，切实保障农产品质量安全。全年出动执法人员612人次，清理整顿农资市场148个次，检查农资经营户635户次，立案查处违法违规案件9件，罚没款94435.5元；农残快检抽样累计检测1159个，检测合格率为99.5%以上；20个乡（镇）检测站累计检测4000个，检测合格率为99.5%以上；累计开展农残快检技术培训10余次。加强屠宰环节监管，对生猪屠宰企业加大监管力度，督促屠宰企业落实生猪进场检查登记、待宰静养、肉品品质检验、“瘦肉精”自检等质量安全控制措施，严厉打击私屠滥宰，农牧渔业生产经营市场得到规范，筑牢了全县农产品质量安全壁垒。

【主要领导人】 县委书记：环江红；县人大常委会主任：刘朝荣；县长：高峰；县政协主席：李晓娟；分管农业副县长：刘志斌。

会东县编写组

宁 南 县

【基本情况】 2019年，全县辖25个乡（镇）125个村819个村民小组9个社区，辖区面积1670平方千米，其中耕地面积24030.44公顷、基本农田17008.33公顷。年末户籍总户数54275户，户籍总人口200369人，其中女性96709人，占总人口的48.3%；男性103660人，占总人口的51.7%；性别比为107∶100。少数民族人口58746人，占总人口的29.3%，其中彝族人口55229人，占总人口的27.6%。人口出生率11.8‰，人口死亡率5.8‰，人口自然增长率6‰。年末常住人口18.8万人，增加0.1万人，其中城镇人口6.7万人，增加0.3万人；常住人口城镇化率35.64%，增加1.42个百分点。

2019年，全县GDP62.9亿元，增长8%，其中第一产业增加值20.9亿元，增长3.2%，对经济增长的贡献率为12.7%，拉动经济增长1个百分点；第二产业增加值14.6亿元，增长15.8%，对经济增长的贡献率为44.6%，拉动经济增长3.6个百分点；第三产业增加值27.4亿元，增长7.4%，对经济增长的贡献率为42.7%，拉动经济增长3.4个百分点；人均GDP33556元（按常住人口计算）。三次产业结构比为33.2∶23.3∶43.5。全年接待游客85万人次，实现旅游总收入5.1亿元。

公路通车里程2120.097千米，其中国道169.956千米、省道10.831千米、县道105.634千米、乡道290.31千米、村（社区）道1540.461千米、专用道2.905千米；等级公路853.334千米，等外公路66.587千米；有路面里程1419.095千米，无路面里程701.002千米。全县平均每百平方千米拥有公路126.952千米，平均每百人拥有公路1.058千米。固定资产投资同比增长76.8%。社会消费品零售总额27.8亿元，增长10.1%。地方公共财政收入完成4.6亿元，增长8.4%。

有州级示范性高中1所，职业技术学校1所，初级中学3所，小学87所（乡/镇中心校及小学35所、教学点52个），幼儿园20所（公办幼儿园3所、民办幼儿园17所），“一村一幼”幼儿教学点88个；在园（班）幼儿7494人，义务教育阶段学生26776人（初中生8491人、小学生18285人),在校高中生3131人,职业技术学校学生1066人。有文化馆1个,乡(镇)文化站25个,公共图书馆1个,社区书屋8个,乡(镇)图书室25个,农家书屋125个。有卫生机构29个,卫生技术人员764人,编制病床位1461张(实际开放病床位1292张)。全年医疗卫生机构总门诊人次70.4万人次,住院人次5万人次,医疗业务总收入2.46亿元。

【年度农业和农村经济运行】 2019年,全县实现农林牧渔服务业总产值(现价)30.4亿元,增长4.5%,其中农业产值15.3亿元,增长8.3%;林业产值2.8亿元,增长4.5%;畜牧业产值11.6亿元,减少0.3%;渔业产值0.3亿元,增长6.7%;农林牧渔服务业产值0.4亿元,增长10.3%。城镇居民年人均可支配收入达30444元,增长8.7%;农村居民年人均可支配收入达17186元,增长10.1%。全年水产品总产量1199吨。

【种植业】 全县农作物播种面积54.5万亩,增长0.9%,其中粮食作物播种面积37.5万亩,增长0.6%(小春粮食作物播种面积8.4万亩,增长1%;大春粮食作物播种面积29.1万亩,增长0.5%)。粮食产量10.9万吨,增长0.7%,其中小春粮食产量1.3万吨,增长2.3%;大春粮食产量9.6万吨,增长0.5%。马铃薯播种面积10.3万亩,增长0.4%。烤烟种植面积4.8万亩,同比持平;收购烟叶11万担,烟农收入1.17亿元,"清甜香"优质烟叶基地不断夯实。蔬菜种植面积6.3万亩,增长0.7%;产量39.6万吨,增长2.9%。油料产量0.1万吨,增长0.3%;烟叶产量0.6万吨,同比持平。水果产量1.3万吨,增长9.1%。碧窝现代农业产业园区被列入省级园区星级评比示范区,宁南县入选"中国特色农产品优势区"。

【林业】 全年造林面积2185公顷,年末实有森林管护面积78574公顷,全县森林覆盖率达52%。持续开展"绿化宁南"行动,优化提升现代林业产业园区,全年实现林业综合产值8.3亿元。

【畜牧业】 全县生猪出栏20.4万头,减少19.7%;牛出栏2万头,增长7.4%;羊出栏15.8万只,增长3.5%;家禽出栏64.9万只,增长12.9%。生猪存栏14万头,减少28.5%;牛存栏6.2万头,增长1.3%;羊存栏15.7万只,增长0.6%;家禽存栏47.6万只,增长0.4%。全年肉类总产量2.1万吨,减少11.8%,其中猪肉产量1.5万吨,减少17.9%;牛肉产量0.2万吨,增长7.4%;羊肉产量0.3万吨,增长4.6%;家禽肉产量914吨,增长13.9%。全年产茧再创新高,产茧28.2万担,蚕农收入6.1亿元。新建规模化生猪养殖场8个,打造生猪调出大县,市场供应保障平稳,实现畜牧业产值15.07亿元。非洲猪瘟防控坚强有力。

【乡村振兴】 编制《宁南县乡村振兴战略总体规划》,推进幸福镇等5镇10村乡村振兴试点。实施137个土地增减挂钩项目,统筹开展垃圾治理、污水处理、"厕所革命"、村庄清洁、畜禽粪污资源化利用"五大行动",农村人居环境明显改善。

【统筹城乡发展】 全县围绕"宁静致远康养福地·南国天府阳光香城"目标定位,多措并举夯基础、优环境、提品位,推动城乡融合协调发展。以"发展好新城区,改造好老城区"为目标,按照环境优美、城乡互融、特色鲜明、功能配套、旅居结合、全域开发思路初步完成县城总体规划。打通平安路、兴盛路,城区路网更加畅通。客运中心、中心城全面完工,惠风苑、霞光名府、汇民广场等项目快速推进,建成区18万平方米"彩钢棚"整治工作全面完成,垃圾污水处理专项行动卓有成效,试点推进"街长制"工作,店招店牌、车辆停放逐步规范,深入开展交通秩序大整治,礼貌行车、文明行车逐步养成,宁南县创建为国家卫生县城,城市管理水平明显提高,城市功能不断完善、品位全面提升。全面完成党政机构改革和乡(镇)行政区划调整,初步构建起适应高质量发展的机构职能体系和基层治理体系。加快推进农村土地"三权分置"改革,完成土地确权登记颁证工作。"两区划定"全面完成。

【农村扶贫和移民工作】 全县锁定已脱贫退出的36个贫困村和3544户贫困户15757名贫困人口,开展精准帮扶"大走访"活动,对照"一超六有""一低七有""四个好"标准,精准"回头看",再核查校准村情户情,找准突出问题、短板弱项,建立问题台账,精准对接需求,优化帮扶举措。继续抓实"七个一批"和"五个一"帮扶联系制度,开展"回头帮",重点聚焦产业增收薄弱环节,开展"问需式"扶贫。全年投入8.14亿元,着力补齐交通、水利、安全住房等弱项。发展富民增收产业,建档立卡户人均纯收入达7563元,全县36个贫困村集体经济收入累计达310万元,"造血"功能持续增强。开展"两不愁、三保障"回头看大排查工作,全面落实医疗"十免四补助"、教育"三免一补"等惠民政策,开展"学前学会普通话"行动,牢牢织密"控辍保学"责任网,深化基层治理,推进"四好"创建,提升脱贫攻坚成色质量。

服务白鹤滩水电站建设。移民工作稳步推进,建立全员参与移民工作指挥体系,全县1500余名干部"一对一"联系服务移民群众,完成移民人口界定21724人、实物指标分户建档6637户,全县5554户20291人安置去向已全面锁定。国道248线复建工程快速推进,国道353线复建工程、甘葫路、阳葫路、宁会路、转俱路等项目启动实施,12个移民安置点基础场平加快推进并陆续交付。松新南片区一期38户房建主体工程完工,统规联建工作相继启动。白鹤滩、松新片区生活供水工程全面启动,以竹寿水库扩建工程为主的系列水利工程加快推进。启动实施库底清理工作,完成3900余亩生产安置用地筹措,围绕高标准农田和观光旅游目的地开展规划设计,为电站如期下闸蓄水打下坚实基础。

【乡村旅游】 推动医养、康养和文旅融合发展,编制《宁南县全域旅游发展总体规划》,完成百花河谷、布依三寨等项目建设,创建凯地里拉温泉省级中医药健康旅游示范基地,西瑶镇、幸福镇分别被命名为"大凉山旅游名镇"和"大凉山优秀旅游特色小镇",宁南县被授予"嫘祖文化传承发展基地"称号。坚持以节聚商、以节会友、以节造势,举办了四川省第十届乡村文化旅游节(冬季),全方位展示宁南丰富的旅游资源、秀美的城乡面貌以及强劲的发展态势,宁南知名度、美誉度、影响力大幅提升。与成都市温江区、眉山市东坡区、西南石油大学等7个区(县)、高校缔结友好合作关系,启动产业发展、康养旅游等多个领域合作。牵头成立会理会东宁南阳光康养旅游产业联盟,协商制定《推进全州茧丝资源整合方案》等4个合作方案,"三县一体化"取得实质性进展。"走出去"开展精准招商,通过大凉山(安宁河谷)2019文旅康养成都、重庆、兰州、拉萨招商推介会等招商平台签约项目25个。

【农业机械化】 全县耕地灌溉面积13850公顷,治理石漠化面积36.8平方千米。全年机耕面积24500公顷、机播面积2757公顷、机收面积3416公顷,农业机械总动力达10.7万千瓦。全年化肥施用量(折纯)7162吨,减少1.4%;农药施用量48吨,增长11.6%。

【农村电力】 全县有上网小水电站49处,装机总容量74055千瓦。全年上网电量23987万千瓦时、用电量54458万千瓦时,其中农村用电量14905万千瓦时,增长1.6%。

【农村教育】 全县12个"改薄"工程和16个

"一乡一园"、3个"一村一幼"项目竣工并投入使用，四幼、五幼建设快速推进。出台《关于深化教育改革提升教育质量建设教育强县的实施意见》，建立名优校长、教师、学校奖励机制以及教师关爱等6项制度，教育教学质量稳步提升。

【农村卫生】 县妇计中心项目竣工，县医院第二住院大楼开工建设，县中医院住院大楼建设工作加快推进；县中医院创建为"三乙"医院，全国基层中医工作先进单位创建通过省级评审。免费提供基本公共卫生服务，持续深化艾滋病综合防治和生育秩序整治。全县城乡居民参保率达97.7%，符合政策生育率达97.7%。

【农村生态建设及环境保护】 抓好中央、省环保督察及"回头看"发现问题整改，打好污染防治"八大战役"，全面落实河（湖）长制，中央环保督察16项62条整改任务已完成96.6%，省环保督察"回头看"19项整改任务已完成18项，剩余整改任务有序推进；省生态环境保护专项督察6个信访件全部办结。完成第二次污染源普查工作，完成全县小水电站下泄生态流量在线监测和34个集中式饮用水水源地规范化建设，总投资1.78亿元的黑水河鱼类栖息地生态修复项目完成年度目标任务。全县饮用水水源地水质达标率达100%。

【主要领导人】 县人大常委会主任：杜刚双；县长：王潇；县政协主席：殷显国；分管农业副县长：杨正伟。

宁南县编写组

普格县

【基本情况】 2019年，全县辖34个乡（镇）153个行政村8个居委会，辖区面积1918平方千米。总人口21.14万人，其中彝族人口17.9万人，占总人口的84.9%；农业人口18.59万人，占总人口的92.7%。

【新型农业经营主体培育】 全年各级财政下达专项补助资金542万元，支持专业合作社、家庭农场（规模经营户）建设项目27个，其中扶持建设专业合作社10个、家庭农场（规模经营户）17个；项目覆盖农户433户，其中建档立卡贫困户115户，辐射带动1500户农户发展种养殖业。

【农用地产权制度改革】 耕地地力保护补贴面积以二轮承包地的计税面积为准，发放补贴面积174790.63亩，每亩补贴标准为98.17元，发放补贴金额1715.94万元，受补农户28410户，户均补贴金额603.9元。土地确权后全县耕地面积为58.67万亩，承包农户总数为37466户。全县农村土地承包农户有4.3078万户，实际确权的有3.72万户；完成30个乡（镇）的证书颁发，共有36350户农户领取农村土地承包经营权证，颁证率达84.3%。

【村级集体经济发展】 全县共有103个贫困村，2016—2018年已退出的72个贫困村村集体经济收入均达到脱贫标准；2019年退出13个行政村。通过"公司+村支部+农户"模式，贫困村以产业扶持基金入股三阳畜牧有限公司发展养羊项目，从而增加村集体经济收入。全县退出的13个村村级集体经济收入达11.8万元，已全部达标。

【农村集体产权制度改革】 全县村级集体资产总计25598.6万元，其中流动资产2378.71万元、长期资产156万元、固定资产21615.83万元；负债和所有者权益总计为25598.6万元，其中流动负债7.25万元、长期负债2.72万元、所有者权益总额25564.18万元；资源性资产清查登记、以2017年12月31日为登记时点，集体土地总面积3503.48亩，其中农用地面积3454.35亩、建设用地面积49.13亩。全面完成161个村（社区）农村集体经济组织的清产核资工作，并完成全国农村集体资产清产核资管理系统工作的数据录入。

【农产品品牌战略实施】 全年完成5家企业SC认证、2件绿色食品申请、2件有机产品认证、45件农产品区域公用品牌全类别上的注册申请。贫困村企业自主品牌建设打造"一村一品"，已完成135件普通商标的注册申请（包含全县103个贫困村）。已完成6件集体商标注册申请，完成7件地理标志证明商标申请准备。截至2019年年底，全县共申请注册地理标志证明商标4件，分别为螺髻山乌骨鸡、螺髻山黑猪、普格高山乌洋芋、普格高原粳稻米，其中螺髻山乌骨鸡、螺髻山黑猪被认定为国家农产品地理标志，普格高山乌洋芋被认定为生态原产地保护产品。

【现代农业园区建设】 全年新建成现代农业产业园区3个，并申报产业发展重点县。创建农业产业示范园区3个，其中普格县稻渔生态休闲农业示范园位于特尔果乡特尔果村和特博波乌村，结合省、州、县园区建设方案要求，特尔果园区于2018年进行初步规划设计，于2019年10月完成总体规划设计方案和县级认定。园区规划建设集生产、休闲、观光于一体的生态休闲现代农业示范园区，园区规划期限2019—2021年，规划面积1200亩，同时向特补乡甲甲沟村和螺髻山镇黄草坪村辐射延伸，逐步打造成占地3000亩的普格县稻渔生态休闲农业示范园。园区总体布局为"二区"2个产业，即稻渔共生区，规划面积700亩（包括冷水鱼塘，其中核心区300亩）；设施大棚特色蔬菜、特色水果示范区，规划面积500亩。园区以绿色发展理念，按照"公司+支部+专业合作社+基地"的经营模式，通过稻渔综合种养（鱼、虾、泥鳅等）、特色蔬菜水果种植、休闲体验观光打造一体化的现代农业示范园区实现现代农业产业扶贫融合，形成一个持续增收的特色产业。规划区内涉及特尔果乡特尔果村农户91户414人，其中贫困户41户、残疾户7户、贫困人口196人、残疾人7人。全年项目实施就地实现务工收入81878元，其中建卡贫困户实现务工收入25050元，长期务工的6户贫困户户均实现经济收入3920元。全年园区已投入建设资金1250万元，其中广东（佛山）援建资金350万元、县政府整合资金500万元、会理县援建资金200万元、引进业主自筹资金200万元，建设休闲垂钓区30亩、稻渔共生区350亩、特色果蔬种植区150亩、园区核心区530亩，引进业主2个。园区建成低温冷藏库70立方米，基本能满足远销蔬菜、水果低温处理，购买中型拖拉机1台、旋耕机1台、插秧机2台、提灌机2台（套）；园区内安装太阳能杀虫灯13台（套）、黄粘板1万张，严禁使用除草剂和高残留农药，通过绿色防控，阻止了草地贪夜蛾和粘虫等农作物病虫害发生，绿色防控率达93%；推广测土配方施肥，作物施肥以有机肥为主，占施肥总量的70%；秸秆综合利用率达85%，塑料薄膜回收率达100%，机械化综合作业水平达80%；稻渔综合种养等农业绿色技术推广率达80%以上，实现增产增收。园区与四川省农科院合作，2018—2020年聘请副研究员江兴禄指导红谷种植技术，聘请张全军博士指导特色水果、蔬菜种植技术；与西昌学院合作，把园区作为该学院的科研、教学、生产试验、成果应用基地；与四川省农业机械科学研究院合作，试验、示范水稻机插秧面积100亩，2019—2020年聘请所长万勇指导高原粳稻耕、种、收全程机械化技术。4月，县委成立了以县委书记、县长为组长，县委副书记、县委分管常委和政府分管副县长为副组长的领导小组（普委办函〔2019〕13号），领导小组专题召开园区工作会议2次，正、副组长多次到园区现场指导工作和现场办公，解决园区推进中遇到的问题。普格县现代农业蚕桑产业园已建成为县级园区，以普基镇田坝村、大坪乡底古村为核心，辐射带动各蚕桑乡（镇），努力构建二半山以下地区蚕桑产业经济带，成为当地农民脱贫增收的主导产业。园区依托项目资金发放桑苗560万株，新增桑园4000余亩；新建一批智能化、标准化共育室，改善小蚕共育基础设施，提高共育水平；新建一批标准化、省力化养蚕棚（房）、木质蚕台。普格县三阳畜牧现代农业养殖产业园区依托普格县三阳畜牧现代农业养殖产业园区建设，通过“托管代养”方式由村集体产业扶贫基金和农户用小额信贷资金购买小尾寒羊交三阳畜牧公司代养。截至2019年年底，园区共完成投资1.5亿元，其中全县贫困户小额信贷以“托管代养”形式完成入资4500万元，全县贫困村产业扶持金以“托管代养”形式完成入资4000万元，完成园区内1.5千米道路建设投资100万元以及养殖基地内前期通水、通电等设施投资。

【种植业】 全年粮食作物播种面积27.5万亩，减少3.99万亩，减少12.67%；总产量7.95万吨，与上年持平，全县人均占有粮食保持在400千克左右。全县小春粮食作物播种面积3.8万亩，油料作物播种面积3345亩，产量203吨，增长1%。重点建设优质苦荞麦产品发展先行区22000亩、有机燕麦示范区1600亩、金豌豆绿色生产示范区21000亩、高山大春生态油菜绿色生产示范区3000亩；完成千亩稻鱼生态红米生产基地建设1100亩，产量150吨；完成万亩珍珠米生产基地建设12000亩，产量3600吨。水稻地膜育秧技术推广面积3200亩，两段育秧技术推广面积500亩，开厢填心技术推广面积13000亩，玉米地膜覆盖栽培技术推广面积23100亩，带状种植模式推广面积24100亩。高产示范片全县共落实200亩连片示范片10片、示范面积2000亩。

烤烟生产。全县烤烟种植面积40000亩，有种烟乡（镇）25个、村90个、村民小组254个、烟农2007户，户均种植烤烟19.93亩。全年实际收购烟叶79478.61担（其中国内计划70210.1担，完成比例78.83%；出口备货9268.5担，完成比例84.26%），烟农收入8675.23万元，均价21.83元/千克；上等烟比例为59.81%，中等烟比例为40.19%。

蚕桑生产。全年完成桑树嫁接143万株，完成桑树改造600余亩，栽桑2792亩。养蚕14316张，增加627张，增长4.5%；产茧10307.3担，增加155.3担，增长0.15%；产值2073.48万元（因鲜茧价格较上年同期下调10元/千克），减少365.1万元，减少14.9%；销售干茧192吨。

马铃薯生产。全县马铃薯种植面积8.87万亩，减少4.63万亩，减少34%；产量14.64万吨，减少7.96万吨，减少65%。全县建设高山乌洋芋基地1000亩，覆盖11个贫困村，惠及贫困户1047户，项目总投资180万元。

水果生产。全县水果种植总面积1.51万亩，增加895亩，增长49%；产量0.04万吨，增长4.8%；实现总产值2850万元，增加430万元。

蔬菜生产。全县种植各类蔬菜5.2万亩，在荞窝镇、永安乡、普基镇、花山乡等乡（镇）种植南瓜、辣椒、西红柿等反季节蔬菜500亩，其中永安乡扯扯街村100亩反季节辣椒亩产值达4万元以上。在五道箐乡洛果村建立特色大棚草莓基地，优质草莓种植面积从上年的45亩增加到120亩。在荞窝镇、大坪乡、文坪乡建立产业扶贫特色水果种植基地3个，种植面积在845亩以上，带动200户以上贫困建卡户增收。在特尔果乡特尔果村建立产业扶贫特色水果种植基地1个，种植优质水果50亩。采取“企业+村民委员会+建卡户”模式进行造血式扶贫，直接带动特尔果乡特尔果村41户贫困户通过发展农业产业脱贫，带动特尔果乡特尔果村发展壮大村集体经济。推广大棚种植小棚育苗、地膜覆盖、新品种引进和病虫害综合防治的高产栽培技术措施，实现蔬菜产量4.92万吨，增长2.6%；实现蔬菜总产值1.38亿元。新增食用菌（羊肝菌）种植面积80亩，产量12000千克以上，产值达120万元以上。全县种植生姜360亩，总投资200万元；种植魔芋503亩，惠及贫困户575户，总投资200万元。

中药材产业。全县中药材种植面积2090亩（其中续断1700亩、旱半夏90亩、黄精100亩、丹参200亩，增加465亩），增长28.6%。

【畜牧业】 全县生猪存栏6.5545万头，牛存栏3.3256万头，羊存栏15.4862万只，禽存栏32.0354万只，兔存栏6450只。受非洲猪瘟影响，全县生猪养殖数量大量下降，生猪出栏10.42万头（下降18.6%），牛出栏0.99万头，羊出栏14.6775万只，禽出栏37.5047万只，兔出栏7.63只。全年肉类总产量1.1003万吨，其中猪肉产量6839吨，减少22.7%；牛肉产量1337吨，增长5.2%；羊肉产量2377吨，增长1.2%；禽肉产量438吨，增长14.6%；兔肉产量12吨，减少32.2%。

动物疫情防控。在全县34个乡（镇）开展生猪养殖场（户）大排查工作，全覆盖大清洗大消毒工作，共消毒住房8218间，面积412937平方米；圈舍6410间，面积114309.6平方米。在全县范围内设立非洲猪瘟防控临时检查点10个，共查车辆62325车次，其中生猪及其产品运输车辆541车次，没收并无害化处理猪肉及其产品1225千克，全县备案生猪运输车辆共35辆。全年共免疫生猪12.98万头、牛6.78万头、羊27.18万只、高致病性禽流感和新城疫33.2万只（羽），免疫密度达98%；发放狂犬病灭活疫苗8130只份。对畜禽圈舍、养殖环境集中开展全面、彻底的消毒灭源工作，消毒圈舍200万平方米，圈舍消毒面达100%。全年共查处案件3件，其中结案2件，共计罚款1万余元，无害化处理生猪4头。

【草业生产】 全县全年草业生产完成种植7.25万亩，其中光叶紫花苕2万亩、其他一年生牧草5.2万亩、多年生牧草0.05万亩。实施草原禁牧8.6万亩，草畜平衡105万亩；实现减畜任务0.8万个羊单位，兑付资金327万元。完成2017年度退牧还草棚圈建设项目110户，人工饲草地建设3000亩。

【水产业】 全县淡水养殖面积600亩，水产品产量130余吨，实现产值250余万元。在刘家坪乡改（扩）建鱼塘8亩，投放鱼苗8000余尾；在荞窝镇改（扩）建鱼塘约13亩，投放鱼苗13000余尾；在马洪乡新建黄草坪鱼塘10亩，投放鱼苗10000余尾。在特尔果乡特尔果村改（扩）建鱼塘27亩，投放鱼苗9000余千克，其中投放体重200克以上的鲫鱼鱼苗21000余尾、鲤鱼鱼苗42000余尾、草鱼鱼种15000余尾、鲢鱼鱼苗13000尾、鳙鱼鱼苗6000余尾、裂腹鱼鱼苗20000尾，建设以绿色生态养殖方式为主的高山冷水生态养殖示范区。

【农业产业专项扶贫】 全县累计投入农业产业资金11983万元，其中农业产业扶贫专项资金4838万元。依靠农业产业脱贫5300人，其中依靠发展种植业脱贫2100人、发展养殖业脱贫2800人、发展休闲农业脱贫160人、新型经营主体带动脱贫240人；贫困村集体经济经营性年收入累计人均达3元以上。全县建成种植业基地12个，面积达6903亩以上，共投入2511.38万元，依靠发展种植业脱贫2100人；建成养殖业基地3个，面积达20000平方米以上，共投入898万元，依靠发展养殖业脱贫2800人；建设农民专业合作社4个、家庭农场10个，共投入400万元，依靠发展休闲农业脱贫160人。建成高山乌洋芋基地1000亩，覆盖11个贫困村，惠及贫困户1047户；建设中药材基地2090亩，覆盖16

个贫困村，惠及贫困户1978户；建设魔芋种植基地493亩，惠及贫困户575户。建成普基镇文倡村食用菌基地配套供水设施项目，共投入38万元。在大坪、东山、刘家坪等乡（镇）建成生姜基地360亩；完成五道箐、螺髻山镇、特补乡、特尔果乡、荞窝镇、洛甘乡、月吾乡、普基镇8个乡（镇）示范推广种植青贮饲料玉米2000亩的任务，投入资金100万元。完成本地高山燕麦、荞麦品种保护，通过提纯复壮、高标准生产技术、建基地等措施，鼓励培育种植大户，提高农民的种植积极性，以达到品种保护和扩繁的目的。实际投入资金68.356万元，用于燕麦、荞麦的品种保护种植。新建桑园1200亩，新建养蚕大棚31个、7680平方米）新建毛桑路1.1千米，惠及贫困户1368户。培育食用菌产业，带动贫困户增收致富。建成标准化露地蔬菜示范基地3个，分别是红莫乡标准化露地蔬菜示范基地、吉乐乡标准化露地蔬菜示范基地、五道箐标准化露地蔬菜示范基地，项目覆盖3个乡（镇）3个贫困村，惠及贫困户120户；建设桃、柑橘、葡萄等特色水果基地8个，覆盖10个贫困村，惠及贫困户956户；集中采购10000个蜂箱用于103个贫困村，惠及贫困户2000户。在特尔果乡特尔果村新建冷水鱼养殖基地20亩，覆盖6个贫困村，惠及贫困户220户以上。为贫困户建设畜圈200个，每个畜圈面积100平方米。以“贫困建卡户+专业合作社组织”的形式提高贫困户和贫困村的集体经济收益，完成4个贫困村4个农民专业合作社建设，投入资金200万元；完成10个贫困户家庭农场建设，投入资金200万元。

【“四好”创建及移风易俗】 在全县34个乡（镇）分别成立“四好”创建宣讲队，持续开展以感恩教育、“四好”创建、环境整治等移风易俗内容为重点，进村入户，以领导带头讲、专家辅导讲、干部蹲点讲、群众典型现身说法讲、“火塘夜话”、“坝坝会”、“故事会”等方式进行全覆盖彝汉双语宣讲，开展集中宣讲153场次，5个片区中心乡（镇）先后召开“四好”创建活动经验交流会5场次，全县群众参与率和知晓率超过75%。动员群众激发内生动力，自觉加入“四好”创建队伍，对其事迹进行大力宣传，形成榜样标杆效应，用身边人、身边事教育了大部分群众，“等、靠、要”等陈规陋习日益消减，自觉养成了良好的生活习惯。

围绕“文明新风整治”“四好示范”要求，在全县所有行政村开展“四好村”“四好文明示范村”“四好家庭”等创建活动的同时，按照“高山、二半山、沟坝村兼顾”的原则，以2018年申报的省级“四好村”（五道箐乡采洛洛博村和花山乡建设村）为先进典型示范村，通过示范带动实现全县“四个好”如期完成目标。34个乡（镇）每月、每季度开展“四好”创建评比68次，学校全覆盖开展移风易俗“小手牵大手”活动。同时，依托“最美家庭”“好公婆”“好媳妇”“好妯娌”“好夫妻”月评月奖、发放流动红旗，“好家规家风”征集等活动载体，在153个行政村设立村级“四好”创建评比栏，在34个乡（镇）设立乡级“四好村”评比公示栏，开展“四好”创建暨移风易俗进学校活动，抓好个体创建评选，带动乡风村貌转变，村有带头人，户有明白人，村民涉毒、涉赌、涉黄等恶习逐渐减少，开启了村民之间追赶超，争先创优的良好局面逐渐形成。

依托文化院坝规范完善各村《村规民约》，评选优秀《村规民约》。成立红白理事会、村务自治委员会，遏制婚姻高额彩礼、高价退亲费、薄养厚葬以及丧事随意燃放烟花等陋习。以“除陋习、树新风”为目标，县环境整治办每天在全县持续开展城乡环境综合治理，整治乱搭乱建、乱停乱放、拆除违法建设，常态化清理整改占道经营、坐商归店，劝导各类不文明行为。全县牲畜不乱跑、柴火不乱放、人畜粪便不乱排，墙角无杂草、垃圾和漂浮物，电线杆、墙面无乱贴乱画现象、红白事不铺张浪费等文明新风逐步养成。

【“厕所革命”】 按照省、州关于“厕所革命”三年行动计划的要求，普格县农业农村局三年计划任务数为建设户用厕所6171户、农村公厕44座，每年完成总计划的33%，2019年任务数为建设户用公厕2057户、农村公厕12座，已完成户用厕所2057户、农村公厕12座的建设任务，完成率为100%。

【农业机械化】 全县有农业机械957台，其中大中型拖拉机765台、小型方向盘拖拉机163台、手扶式拖拉机29台、收割机3台。全年补换行驶证29本。全年农机装备共计补贴156330元，其中补贴拖拉机、旋耕机2台，补贴金额111930元；联合收割机1台，补贴金额44400元。

【农村沼气】 全年完成户用沼气池建设800口，完成省、州目标任务的400%，项目受益贫困群众800户3600余人；完成新村集中供气项目2个，完成省、州计划的100%，项目受益贫困群众220户990余人。

【高标准农田建设】 全年参与指导2018年土地整理项目14990亩，开展实施2019年高标准农田建设任务2.4万亩。完成42个监测土样点的科学布设和调查采样分析工作，踏查拟选耕地质量监测点2个。完成四川省第二次全国污染源普查农业源普查80个点位的调查及上报工作。先后在荞窝镇、花山乡、五道箐乡等16个乡（镇）启动实施化肥使用量“零增长”行动计划。

【项目建设】 蛋鸡产业发展项目。项目计划总投资1.5亿元（其中固定资产投资1.2亿元），占地400亩，开发建设120万只蛋鸡及其配套青年鸡和有机肥生产项目，年新增生产鸡蛋20000吨，实现年新增销售收入2亿元。已完成项目选址，对蛋鸡产业基地流转土地400亩进行分户实地丈量确认工作。

生态养猪一体化项目。项目占地约800亩，除屠宰加工厂30亩、饲料加工厂30亩工业用地外，其余全部为流转土地。项目将采用“一体化”建设方案，即把种猪场和育肥场建在适度区域地块上，目的是防止疫病交叉感染和外界病原的入侵。项目建设分为三部分：建设5000头基础母猪年出栏10万头猪场1个，占地600余亩；建设年产5万吨的有机肥厂1个，占地30亩；建设年屠宰加工能力30万头生猪的屠宰加工厂1个，占地30亩。项目投产后，提供父母代种猪1万头、肉用仔猪3万头、育肥生猪6万头、生物有机肥5万吨、自宰及代宰生猪30万头。

【耕地地力保护】 全年完成全县享受耕地地力保护补贴农户共23282户1419.06万元补贴资金的兑付，兑付率达83%，年末完成剩余未兑付的5128户。完成对全县12户种粮大户的补贴申报核实工作，稻谷补贴面积2.19万亩。

【基层农技服务体系建设】 全年培育科技示范户500户，辐射带动农户5000户以上；选派35名基层农技员到凉山农校参加“一村一名农技员”提能培训。与省级水果专家团共同开展黄桃种植技术及桃树修剪、压枝技术现场培训，培训128人；与省级中药材专家团共同开展中药材种植技术培训，培训220人。选送35名农村实用人才到凉山农校接受为期一年的免费定向培养；选派村（组）干部7人到湖北省参加农村实用人才带头人培训；选派10人参加基层农技人员省级骨干人才培训班；组织全县103名驻村农技员进行2次业务知识及实用技术培训。全年共开展培训14期，培训611人次。

【机构改革】 根据《中共凉山州委办公室、凉山州人民政府办公室关于印发〈普格县人民政府职能转变和机构改革方案〉的通知》（凉委办〔2014〕116号）和《中共普格县委、普格县人民政府关于县人民政府职能转变和机构改革方案的实施意见》（普委发〔2015〕1号）要求，设立普格县农牧局（简称“县农牧局”），为县政府工作部门。将原县农业和科学技术局的农业管理和服务职责、原县畜牧局的职责、县发展改革和经济商务信息化局的生猪屠宰管理职责、县水务局和水产渔政行政管理职责划入县农牧局。人员编制和领导职数：机关行政编制11名，其中局长1名、副局长2名、纪检组长1名（副科级）；单独管理行政编制3名（人员只出不进，编制随人员减少由编制管理部门逐步收回）；机关工勤人员控制数为2名。

根据《中共普格县委、普格县人民政府关于印发〈普格县机构改革方案〉的通知》（普委发〔2019〕2号）和《中共普格县委办公室、普格县人民政府办公室关于印发〈普格县农业农村局职能配置、内设机构和人员编制的规定〉的通知》（普委发〔2019〕23号）要求，组建普格县农业农村局。将原县委农村领导小组办公室、县农牧局的职责以及县发展改革和信息化局的农业投资项目、县财政局的农业综合开发项目、县国土资源局的农田整治项目、县水务局的农田水利建设项目管理职责以及相关机构的烟草工作职责等整合，组建县农业农村局，作为县政府工作部门，挂县烟草工作办公室牌子。县委农村工作领导小组办公室设在县农业农村局。将县农牧局的渔船监督管理职责划入县交通运输局；将原县委农村工作领导小组办公室承担的劳务开发暨农民工工作职责划入县人力资源和社会保障局，不再保留单独设立的县委农村领导小组办公室、县农牧局。同时，将县农牧局的草原资源调查和确权登记管理职责整合到县自然资源局；将县农牧局的监督指导农业面源污染治理职责等划入凉山州生态环境局派出的普格生态环境局；将县农牧局的草原监督管理职责、自然保护区管理职责整合到县林业和草原局。

组建的农业农村局的行政编制由原来的15名增加到18名（增加农办6名、烟办6名；草原资源调查和确权登记管理6名因工作需要未划出），事业编制由原来的138名增加到153名（增加烟办5名）；县农业农村局行政编制14名（含单独管理行政编制1名，由县委编办根据人员减员情况逐步回收），其中局长1名、副局长2名，正股级领导职数9名，保留机关工勤人员控制数4名。截至2019年年底，全局编制数201人。

【主要领导人】 县委书记：刘若尘；县人大常委会主任：海来日古；县长：沙英；县政协主席：张凌；分管农业副县长：子尔日和。

普格县编写组

布拖县

【基本情况】 2019年，全县辖3镇27乡190个行政村2个社区，辖区面积1685平方千米。年末总人口21.43万人（户籍清理核实后的数据），符合政策生育率94.71%，人口自然增长率控制在10.47‰以内。森林覆盖率为31.9%。

2019年，全县GDP33.18亿元，增长1.8%，其中一二三产业增加值分别完成10.85亿元、5.33亿元、17亿元；三次产业结构比调整为32.7∶16.1∶51.2；工业增加值完成4.57亿元，降低35.7个百分点。全社会固定资产投资35.92亿元，增长52.2%。社会消费品零售总额6.27亿元，增长10.5%。地方一般公共预算收入完成1.25亿元，增长8.1%；地方一般公共预算支出43.74亿元，增长43.8%；税收收入占比增长7.2个百分点。邮政、电信业务总量分别增长6%、153.3%。财政投入民生类支出29.24亿元，占财政总支出的66.34%。城乡消费品零售总额分别达4.01亿元、2.12亿元，分别增长9%、13.4%。金融机构各项存款余额35.83亿元，增长22.48%；各项贷款余额8.08亿元，增长12.93%。全县接待游客30万人次，增长8.34%；实现旅游收入1.2亿元，增长12.15%。

【年度农业和农村经济运行】 全县居民年人均可支配收入达13667元，增长10.85%，其中农村居民年人均可支配收入达9746元，增长11.58%，比全省、全州增速分别高出1.58个、0.78个百分点。2018年国家级电子商务进农村项目和2019年商贸流通脱贫奔康示范县项目加快推进，“两中心一体系”建成并投入使用。举办“火把原乡·燃情阿都”原生态火把节。新增市场主体568户，增长12%。全年实施城乡土地增减挂钩项目41个，取得节余指标1948.17亩，实现交易额3.12亿元；完成土地整理项目3个，新增耕地2433.94亩。

【种养殖业】 全年粮食作物播种面积38.37万亩，产量10.5万吨。“四畜”存栏37.19万头（只）、出栏35.97万头（只），家禽存栏24.12万羽、出栏33.76万羽；肉类总产量1.51万吨，禽蛋产量219吨。马铃薯种植面积21.4万亩，荞麦种植面积4.85万亩。新建舍饲棚圈1200户，建设饲草基地1.3万亩。投入2421万元，建设黑绵羊良种繁育基地。投入380万元，培育黑绵羊、山羊、肉牛养殖合作社19个。发放西门塔尔牛1600头。布江蜀丰现代农业科技示范园完成提档升级，拉达设施蔬菜产业融合示范园、木尔乡高原蔬菜产业园等项目建成并投入运行，创建州级现代农业园区2个、县级园区1个。

【城乡统筹发展】 全县城镇化率比上年提升1.18个百分点，达22.87%。拆除城区“彩钢棚”违建面积4.1万平方米；火把广场升级改造、火把文化传习所、玥场国际综合楼建成并投入使用；城市地下综合管网、城区道路改造提升等项目完成前期工作；滨河新区棚户区改造、布拖±800千伏换流站拆迁户集中安置、县城屠宰场等项目相继开工；国兴商贸综合楼（二期）、乡（镇）“安心工程”和便民服务中心、农村太阳能路灯等项目加快推进。

【扶贫攻坚】 统筹整合涉农资金6.8亿元，实施13类72个惠民项目。“四项基金”规模达1.26亿元，社会帮扶资金达1.91亿元。深入实施《九大提升工程实施方案》和“23+1”扶贫专项规划，精准退出贫困村7个，减贫1245户6172人，贫困发生率降至22.6%。投入24.17亿元，整县推进安全住房建设。投入1.06亿元，新（改）建通村硬化路66.88千米、通组路36.19千米，乌依乡阿布洛哈村通村路实现通行。投入5234.15万元，解决53个村5.28万人的饮水安全问题。投入4508.91万元，完成33个村农网升级改造、35个集中点红线外电力改造。投入3195.48万元，新建（升级）4G基站66座、农村宽带端口4508个。打造附子、川续断、青（红）花椒、高原蓝莓等示范基地5.9万亩。“消费扶贫”“以购代捐”等活动纵深开展，带动贫困群众增收6132万元，累计开发公益性岗位4762个。累计发放项目精准扶贫贷款6158万元、产业精准扶贫贷款4671万元、返乡创业贷款1544万元。定向佛山劳务输出394人，全年累计转移输出劳动力6.1万人次，实现收入8.1亿元。举办两届全县“倡树新风·感恩奋进”评选表扬活动，评选表扬示范户2362户。新时代文明实践站培训10万余人次。开展新型农民素质提升培训7期，培训5787人次。统筹开展“物件补差”行动，发放生活必需品3.82万套、电视机12501台、太阳能4816台、钢制家具4816套。

【农村水利】《布拖县水利发展规划》获得州级批复。交际河防洪治理工程完成建设。投入195万元，实施小型农田水利项目，改善、恢复灌溉面积510亩。投入420万元，实施山洪沟综合治理11.5千米。投入507万元，实施龙潭镇黄家湾沟泥石流治理工程。投入300万元，完成6处地质灾害排危除险。

【农村教育】 全县"学前学普"实现全覆盖，控辍保学有序推进，"异地办班"持续深化，幼儿入园率达82.47%，小学入学率达99.44%，初中入学率达98.01%。投入9.71亿元，加快推进教育园区、36所中小学校、23所"一乡一园"新（改）建项目建设，新建、维修农村幼儿园86所，建成"全面改薄"项目81个。全面落实十五年免费教育、"三免一补"等教育惠民政策，下拨补助资金1.33亿元。学校优化布局调整步伐加快，"互联网+教育"模式创新试点并逐步推广，义务教育均衡发展加速推进，中小学教师"县管校聘"工作全面推进。

【农村文化】 全县完成53个村级文化室、26个村级阅报栏、8302套广播电视"户户通"和51个村级应急广播建设。完成省级非物质文化遗产抢救性记录工程拍摄任务并通过州级验收。文化惠民和"文化下乡"活动持续开展。完成10个配套体育设施和24个农民体育健身工程建设，农体工程实现全覆盖。

【农村卫生】 全覆盖开展"环孕情"检测，检测率达92.68%。推广"皮下埋置"避孕措施，大力开展"优生优育"宣传和社会抚养费征收，累计落实长效节育措施1.02万人，落实率达83.79%，符合政策生育率达94.71%，政策外多孩率降至5.29%；依法征收社会抚养费953万元。全面推广艾防攻坚"木尔模式"，实行重点人群户籍管理制度，规范预防母婴传播干预阻断，创新异地协助检测随访、色标分类管理、图案参照对比服药等方式加强干预治疗，抗病毒治疗覆盖率达95.35%、病毒载量检测率达95.6%、治疗成功率达91.62%，艾滋病母婴传播率下降至4.15%，因艾致孤救助率达100%。投资6000万元的中彝医院完成主体工程建设；重大疾病公共卫生医疗救治中心项目开工建设；县医院综合楼建设项目二期、三期工程加快推进；20个乡（镇）卫生院标准化建设全面完成，145个村卫生室达标。建立健康档案16.95万份，贫困户家庭医生签约覆盖率达98.08%。

【禁毒工作】 全年破获毒品刑事案件52起、"零包贩毒"案件38起，行政查处吸毒人员176人，符合强制隔离戒毒条件人员收戒率达100%，特殊人群外流贩毒人数下降为零。"索玛花"系统管控7866人，社区戒毒（康复）执行率达98%。全国布拖籍和本地新发现吸毒人员分别减少57.5%、56.4%。绿色家园和禁毒业务技术用房建设项目有序推进。

【农村交通】 国道356线县城至金阳界段公路升级改造工程开工建设，昭觉经布拖至普格高速公路、省道464县城至冯家坪段、县城至普格界段公路升级改造工程启动项目前期工作。投入4281万元，整治"畅返不畅"公路87千米。投入804万元，新建便民桥8座。投入5414万元，实施农村公路安全生命防护工程304千米。投入504万元，新建农村客运站6个、港湾站9个、招呼站94个。投入9561万元，新建连接路6条。

【农村生态建设及环境保护】 全县森林覆盖率达31.9%。全年空气质量优良率达100%，地表水省控断面水质达标率达100%，城乡集中式饮用水水源地达标率达100%。投入1105万元，实施国家水土保持重点工程岩日区项目。投入212万元，完成依作老哈项目区水土流失综合治理。投入1400万元，实施乐安湿地、尼姑河流域生态修复工程。常态管护集体公益林69.66万亩；完成森林植被恢复造林2万亩、退耕还草1万亩、天保公益林造林5000亩，统筹推进草原生态修复。启动编制《县级饮用水源地环境突发事件应急预案》《全县土壤污染状况调查方案》，中央、省环保督察反馈问题整改完成率分别达84.7%、90%，25个乡（镇）饮用水水源地一级保护区隔离和29个乡（镇）集中式饮用水水源地水质监测工作全面完成。分别与昭觉县、金阳县、宁南县和云南省巧家县签订"流域联防联控协议"，县、乡、村三级河（湖）长制体系更加健全。组建30个乡（镇）和190个村环卫保洁队伍，投入455万元配备可卸式垃圾车、电动三轮垃圾车。农村环境综合整治、垃圾无害化处理项目完成前期工作，城乡垃圾收转运体系建设项目和龙潭镇污水处理厂建设项目推进实施。

【农村社会保障】 全年失业人员再就业129人。拖觉镇特困人员和孤儿集中供养中心建成并统筹教育资源投入使用，社会福利院升级改造全面完成。全县农村低保人数增至4.26万人，发放城乡低保、特殊困难儿童、残疾人等各类保障救助金1.5亿元。县级代缴特殊困难群众个人自筹医疗保险金741万元、养老保险金399万元，城乡医疗保险参保率达99%，城乡居民基本养老保险参保率达93%。县级配套医疗保险补助482万元，实施城乡医疗救助3689人次、632万元，贫困人口县域内住院和慢性病门诊维持治疗医疗费用个人自付比例控制在5%以内。全年化解处置矛盾纠纷214起，率先在全州建立乡（镇）执法账户30个。

【招商引资】 全年省级平台签约11.32亿元，完成目标任务的188.7%；招商引资到位资金6.59亿元，国内省外到位资金2.14亿元。

【主要领导人】 县委书记：沙文；县人大常委会主任：乃古科且；县长：罗古阿吉；县政协主席：王金秀；分管农业副县长：比布有打。

布拖县编写组

金阳县

【基本情况】 2019年，全县辖34个乡（镇）178个行政村，辖区面积1588.23平方千米，总人口20.41万人（其中彝族人口占81%）。

【公共文化服务体系建设】 四川省文化列车·同心艺术团到金阳县开展"送文化下乡"惠民演出活动，举办迎新春音乐文艺晚会、农民春节联欢晚会、文化惠民演唱会、第四届索玛花文化旅游节、庆祝中华人民共和国成立70周年等系列文化活动。全年开展各类"送文化下乡"活动20场次，开展"不忘初心·牢记使命"文化惠民进万家活动巡演22场次，开展"送戏下乡"惠民演出204场次，满足了基层群众对精神文化的需求。开展公益电影放映2124场次。县图书馆为基层群众送去科学技术类、生活类、文化类、少儿类图书共计1000余册，发放公共文化服务体系建设宣传资料共计500余份，同时利用流动图书车巡回开展"书香金阳·全民阅读"活动。

【旅游项目建设】 全年计划投入资金3515万元，实际到位3515万元，拟在热柯觉乡丙乙底村实施热柯觉乡村生态旅游扶贫配套基础设施项目建设，项目计划于2020年3月动工建设；投入广汉市援建资金100万元，用于县境内重要景点的规划工作，该项目已全部完成，项目资金由广汉市支付使用，已全部支付。

【主要领导人】 县委书记：毛正文；县人大常委会主任：曲木阿呷；县长：方凤华；县政协主席：谭福宣；分管农业副县长：毛勇。

金阳县编写组

昭觉县

【基本情况】 2019年，全县辖47个乡（镇）271个行政村（社区）836个农牧社，辖区面积2700平方千米。总人口33.23万人（其中彝族人口占98.4%），是全省少数民族人口第一大县、全国彝族人口第一大县。

【文旅融合发展，助推扶贫攻坚】 全县提出"一核、两翼、双线、多点"的文旅产业空间布局，做好点、线、面结合的大文章，其中"一核"，即以县城为核心；"两翼"，即东翼、西翼，东翼沿线近600平方千米，有悬崖村—古里大峡谷、日哈万亩索玛花海、竹核温泉小镇等景点，西翼沿线300余千米有谷克德湿地公园、七里坝高原草场、尼地天池、洒拉地坡万亩玫瑰园等生态景点；"双线"，即东北线、西南线，东北线经过"美女之乡"库依、"骏马之乡"金曲等特色乡(镇)，西南线经过博什瓦黑古岩画、三比洛嘎恐龙足迹化石群、土司衙门、好谷军屯遗址、木撮乃妲石板墓群等文物景点；"多点"，即洼里洛、谷莫等高原民俗新村，火普、三河等红色旅游新村，宜牧署觉、署觉洼伍等旅游扶贫示范村，拉青瀑布等生态景点。

"文旅+体育"。谷克德湿地公园冬季覆雪期长达4个月，是避暑休闲和冬季滑雪的极佳旅游目的地，因景区内分布有大面积的高原湿地和10余处高原湖泊，在内设置了欢乐营地、运动营地、高原湿地康养区、高原湖泊区四大功能区，重点打造汽车自驾游、山地露营营地、高原牧场和滑雪场等健康养身旅游项目，"文旅+体育"为谷克德湿地公园带来了人气。

"文旅+农业"。依托当地独特的原始森林、地质奇观和野生动植物等自然资源，悬崖村—古里大峡谷由低至高依次建设牛觉服务中心、缆车索道、天路天梯景观和云顶度假村，重点打造登山探险、集装箱宿营地、峡谷观光、特产销售等农业休闲旅游项目，"文旅+农业"的发展思路打开了村民们的致富思路。谷莫村借助电视剧《索玛花开》的美誉度，建设特色民宿110套，注册"谷莫村"区域品牌。三岔河乡三河村和解放乡火普村规划出"重走习近平总书记温暖之路"旅游线路，因地制宜开发红色旅游产业，筹建村史馆、文化长廊。

【文旅活动】 全年开展文化惠民"送戏下乡"文艺演出380场次；举办庆祝中华人民共和国成立70周年、2019西昌邛海"丝绸之路"国际诗歌周昭觉分会场等大型文艺演出10余场；举办2019昭觉谷克德彝族传统火把节，接待游客10万余人次；彝语栏目《一周要闻》和《视界昭觉》全年共播出51期，用彝语把党的路线方针政策传播到千家万户。

【主要领导人】 县委书记：子克拉格；县人大常委会主任：许世蓉；县长：赫绍洪；县政协主席：吉觉古史；分管农业副县长：王凉萍。

昭觉县编写组

喜 德 县

【基本情况】 2019年，全县辖24个乡(镇)170个行政村3个社区，辖区面积2206平方千米，其中耕地面积3.12万公顷。年末总人口22.5万人(户籍人口)，人口出生率10.9‰，人口自然增长率8.67‰。森林覆盖率41.2%。

2019年，全县GDP31.03亿元，增长6.9%，其中第一产业增加值8.33亿元，增长3.2%；第二产业增加值3.65亿元，增长8.6%；第三产业增加值19.05亿元，增长8.1%。三次产业对经济增长的贡献率分别为12.2%、15.2%和72.6%。全年接待游客250万人，实现旅游收入4.59亿元。

农村公路通车里程1342.7千米，其中国道61千米，省道113.4千米，县、乡道166千米，村道825.3千米。社会消费品零售总额10.05亿元，增长10.4%。地方公共财政预算总收入完成1.78亿元，增长13.26%；公共财政预算总支出32.27亿元，减少0.44%。金融机构各项存款余额46.56亿元，比上年初增长12.1%；各项贷款余额10.93亿元，比年初增长21.9%。全年农业保费收入0.12亿元，处理各项赔款和给付金额622.5万元。

有各级各类学校88所，在校学生53426人，教职工2872人，其中初级中学5所，在校学生10755人；小学46所，在校学生27437人。有文化馆1个，公共图书馆1个，乡(镇)文化站24个。有卫生机构211个，病床位778张，基层医疗卫生机构在岗职工344人。有城乡特困人员541人，农村特困人员和城市特困人员基本生活标准低限分别为500元和705元，共计发放城乡特困人员生活补助207万元。

【年度农业和农村经济运行】 2019年，全县实现农业增加值8.33亿元，增长3.2%。农民年人均可支配收入达9736元，增长11.86%。全年水产品产量0.0135万吨。"学前学会普通话"行动深入实施，全县在园幼儿12945人，入园率达88.36%；完成管理平台系统内失(辍)学学生销号工作。全年新培育省级示范合作社1个、州级示范合作社3个，新培育省级家庭农场1个、州级示范家庭农场4个。全县农村土地确权颁证工作已发证3.7566万本，发证率达95.71%。

"三品一标"农产品建设。喜德阉鸡为农产品地理标志产品。喜德县广阔农业科技有限公司生产的青花椒及其加工产品经中国绿色食品发展中心审核后符合绿色食品A级标准，于12月13日获准使用绿色食品标识(有效期3年)。喜德县绿园种植农民专业合作社生产的克伦生牌葡萄经农业农村厅中心审定后认定符合无公害农产品相关标准要求，于12月13日获准使用无公害农产品标识(有效期3年)。

【种植业】 全县粮食作物播种面积30.62万亩，产量83027吨，其中水稻0.69万吨、小麦0.186万吨、玉米2.21万吨、马铃薯4.43万吨。水果种植面积0.2万亩，烤烟种植面积0.8万亩。

农作物病虫害防治。全年以马铃薯、水稻、玉米为主的病虫草害，绿色防控统防统治面积4.2万亩。马铃薯早晚疫病防治面积0.39万亩，水稻稻瘟病防治0.48万亩，白叶枯病防治0.12万亩，玉米大小斑病防治0.35万亩、锈病防治0.45万亩，玉米草地贪叶蛾虫害防治0.67万亩，大小麦类白粉病防治0.12万亩、蚜虫防治0.36万亩，农田杂草防除7.8万亩。全县农药经营单位检查率达90%，限用农药销售管控措施覆盖率达98%。

【畜牧业】 全年生猪出栏11.875万头。省级农产品质量安全例行检测合格率达98%，饲料产品抽查质量合格率达99%，重大动物疫病免疫有效抗体合格率达72%，畜禽屠宰监管率达100%，兽药规范化管理率达100%，动物源食品兽药残留抽检合格率达99%。

动物防疫。全年共开展强制免疫大牲畜73万头、禽54万只(羽)；督导检查重大动物疫病防控猪2218头、牛265头、羊1472只、家禽6927只(羽)、犬109只，检查结果免疫密度均达100%，猪、牛、羊免疫标识佩戴率均达100%；非洲猪瘟防控调运监管46批次22176头份生猪(查处违法违规调运生猪案3件，罚款2000元；查处未经检疫屠宰生猪案1件，罚款2000元)；实验室检测样本4438份，其中重大动物疫病免疫效果评价抗体检测1220份、非洲猪瘟核糖核酸检测3218头份，检测结果均合格。全年扑杀高热混感综合征病死无害化处理生猪5223头。

【扶贫攻坚】 全县21个贫困村退出，2361户贫困户10863名贫困人口实现稳定脱贫。全年完成4309户彝家新寨住房和12个基础设施建设；甘哈觉莫、则约、火觉莫、中坝等15个易地扶贫搬迁集中安置点全面竣工，实现2361户贫困户11806名贫困人口分房入住；完成638户3126人易地扶贫搬迁和706户自发搬迁户建房任务。取得土地增减挂钩项目节余指标1572亩；改建20个乡（镇）通乡水泥路212千米，建成通村水泥路825.3千米，通乡通畅率、通村通畅率、畅返不畅率均达100%。米市、北山等8个乡（镇）22个村7157名贫困人口饮水安全得到全面巩固提升；新建10千伏线路24.82千米，新增配变92台，容量13.65兆伏安；新建0.4千伏及以下线路260.68千米；2949户贫困户生活用电得到解决。全年投入贫困村产业发展项目资金8650万元，新建设施大棚1100亩；建成扶贫产业生态循环示范基地7个；创建洛发、铁口、塔普3个现代种养循环州级农业产业园区，建成鲁基坛罐窖露地蔬菜园区，新增集体经济种养业基地90个。全年新培育农民专业合作社55个、家庭农场46个，创建省级、州级示范合作社3个、家庭农场2个；培育农民科技示范户220户、种养大户170户；带动贫困户1915户6894人，开展"一拖二"的方式带动贫困户产业发展。选派农牧、林业科技人员34人组建县级农技服务团8个，每个团队覆盖3个乡（镇），到农村指导5826人次。在冕山、贺波洛等9个乡（镇）15个村25个养殖点新建年出栏2000～12000头的生猪代养场45个，实现产值2.63亿元，带动15个村610户贫困户增收，全年依托农业产业脱贫达6350人。中央、省、州定点帮扶单位，东西部扶贫协作等各级各类帮扶力量的帮扶作用充分发挥，帮扶措施更加精准，帮扶领域不断拓宽。全年累计投入帮扶资金9700万元，涉及住房建设、教育文化、医疗卫生、产业发展等57个项目。全县136个贫困村投入村集体经济发展资金4125.89万元，其中投入种植业1544.16万元、投入养殖业2109.06万元、投入其他产业入股1191.97万元。136个贫困村中，以种植业为主的村有11个，以养殖业为主的村有51个，种养殖业均有的村有25个，以投资入股分红为主的村有49个。

【农业机械化】 全县有拖拉机1390台、拖拉机配套农具1025台、耕整机3839台18493千瓦，新建农机化生产道路3千米，农业机械总动力达73791千瓦；检（维）修农业机械3900台次，农机化总投入74万元，农业生产燃油消耗2245吨。全年完成机耕面积82125亩、机械化植保面积65700亩、机收面积55935亩、机电灌溉面积41765亩、机械化秸秆还田面积5300亩，机械脱粒农产品总量29000吨、粮食初加工24000吨。农机购置补贴中央资金批次结算进度达100%，拖拉机年检率达70%，全年未发生较大农机事故。

【农村科技】 全年推广马铃薯新品种"青薯9号"7万亩、马铃薯高厢垄作12万亩。春秋动物防疫免疫密度达100%。加强草场普法、种草绿化宣传和草场鼠虫害防治工作、保护草场和防火意识，控制了鼠虫害的暴发并减少了危害。

【农村卫生】 全年共立案涉毒案件26件，破案26件，打击处置涉毒嫌疑人52人，强制隔离戒毒166人，社区戒毒康复138人。加强艾滋病综合防治，抗病毒治疗覆盖率达93.41%、有效率达89.44%，母婴传播率控制在3.57%以内。全年完成"计生三查"31166人次，重点人群长效节育率达76.99%。

【农村能源建设】 围绕农业产业发展，在全县4个大型生猪养殖场开展粪污处理大中型沼气工程建设，争取县级涉农整合资金1100万元，在沙马拉达乡铁口村、贺波洛乡塔普村、冕山镇洛发村、李子乡大兴村建设大中型沼气工程4处，发酵罐容积4020立方米，储气罐容积1550立方米，计划年处理粪污6.7万立方米，年生产沼气141.3万立方米，年发电207.9万千瓦时，年提供沼渣沼液6.45万吨。按照种养循环理念，通过厌氧发酵生产"三沼"、将沼气用于发电，沼渣和沼液作为有机肥就近还田，实现粪污处理资源化利用，解决和治理养殖场粪污难题。

【农田水利建设】 全年投入资金708.91万元，建设喜德县沙马拉达乡铁口（飞地）农业生态循环产业园田间管网建设项目、光明镇阿吼村雪桃花海观光园田间灌溉管网工程建设项目、贺波洛乡塔普村种养生态循环产业园粪污消纳田间管网工程建设3个项目，建设总面积达5000亩。整合县级财政涉农资金2100万元，用于高标准农田建设项目，建设面积达10400亩。

【主要领导人】 县委书记：曲木伍牛；县人大常委会主任：杨开华；县长：黎平；县政协主席：宋国平；分管农业副县长：龙里体。

喜德县编写组

冕宁县

【基本情况】 2019年，全县辖3乡15镇1个街道，辖区面积4423平方千米，其中耕地面积52万亩，人均耕地面积1.28亩；基本农田34.67万亩。年末总人口40.46万人（户籍人口），人口出生率14.98‰，人口自然增长率10.09‰。有林业用地33.19万公顷，有林地面积26.09万公顷，活立木总蓄积量3478.25万立方米，森林覆盖率62.17%。

2019年，全县GDP115.87亿元，增长3.5%，其中第一产业增加值8.34亿元，增长3.4%；第二产业增加值48.1亿元，增长3.2%；第三产业增加值42.65亿元，增长4%。三次产业对经济增长的贡献率分别为18.4%、38.9%和42.7%。全年接待游客436.53万人，实现旅游收入3077万元。

公路通车里程1449.9千米。社会消费品零售总额55.51亿元，增长10%。地方公共财政预算总收入完成8.22亿元，增长2.69%；公共财政预算总支出24.34亿元，减少12.95%。金融机构各项存款余额112.43亿元，比上年初增长13.15%；各项贷款余额44.36亿元，比年初增长5.56%。农业产业化龙头企业省级、州级分别2家、7家。

有各类学校234所，在校学生88332人，教职工4655人，其中普通中学11所，在校学生16399人；小学43所，在校学生44225人；学龄儿童入学率113.09%。有文化馆1个，公共图书馆1个，博物馆3个。有卫生机构358个，病床位2282张，卫生技术人员1873人。新型农村社会养老保险参保人数173714人。

【年度农业和农村经济运行】 2019年，全县实现农业总产值40.4亿元，增长3.75%；全县全年农业增加值达25.12亿元，增长3.3%。农民年人均可支配收入达16136元，增长10.16%。全县农产品质量抽检合格率比年初提高0.2个百分点；建成19个基层农业综合服务站。

2019年冕宁县主要农产品产量

主要农产品	单位	产量	同比(%)
粮食	万吨	21.76	0.3
水稻	万吨	7.52	-0.6
小麦	万吨	0.67	-0.2
玉米	万吨	4.42	1.1
马铃薯	万吨	4.97	-3
油菜籽	万吨	0.29	3.33
蔬菜	万吨	30.32	7.33
水果	万吨	6.08	16.48

续表

肉类	万吨	3.39	-14.17
猪肉	万吨	2.56	-19.04
牛肉	万吨	0.31	3.79
羊肉	万吨	0.36	3.56
禽肉	万吨	0.15	12.96
兔肉	万吨	0.0012	0
禽蛋	万吨	0.1	4.48
水产品	万吨	0.11	3
牛奶	万吨	0.011	11.11

农用地产权制度改革。全面启动农村集体产权制度改革工作，出台农村集体产权制度改革实施方案。完成全县38个乡(镇)232个村1195个组的集体资产清理及系统录入工作。

现代农业园区建设。全县以现代农业园区为引领推动优势特色产业全产业链融合发展，现代农业园区建设从高标准规划先行、高质量发展推进、高站位融合发展三个方面抓好落实，按照“10+3”产业发展体系，集中打造建设油橄榄、高山食用菌、生猪、蚕茧、烤烟、越夏蔬菜、川贝母、葡萄等产业和园区。全年创建县级示范园区4个，其中冕宁高山食用菌现代农业园区、冕宁县万亩油橄榄现代林业园区被评为州级示范园区。

【种植业】 粮食生产能力不断提高。全县粮食作物播种面积65.81万亩，总产量21.76万吨，其中水稻播种面积14.8万亩，产量7.52万吨；玉米播种面积12.45万亩，产量4.42万吨；马铃薯播种面积16.08万亩，产量4.97万吨。冕宁县获得四川省粮食生产“丰收杯”奖。全县优质马铃薯种植面积5万亩，优质品种率达100%。通过配套实施先进农业技术，新增鲜薯产量1.04万吨，平均亩增产鲜马铃薯208千克，亩增收250元，总增收1250万元。

蚕桑产业发展稳步推进。全县桑园面积累计达41500亩，其中果桑2490亩；养蚕32380张，产茧30980担，售茧收入6598.7万元；桑果产量1000 吨，售果收入 600万元，农户收入700万元，实现综合产值 11804.6万元。建成桑枝食用菌生产厂1个、桑葚烘干厂4个、冷链物流库3个。

发展特色种植业。发展樱桃、李、葡萄等特色水果，特色水果种植面积达4万余亩。建成设施蔬菜0.1万亩、高山食用菌0.3万亩。打造贝母、金银花等中药材种植基地。

加快推进建设。截至2019年年底，全县共建设高标准农田6.94万亩，已完成3.84万亩，新建及整治田间排灌渠道107.39千米，配套建设渠系建筑物60座，实施田形调整6800亩，新建及整治田间道路60.28千米，培训农民及基层农技人员21000人次。

完成粮食生产功能区划定工作。全县“两区”划定粮食生产功能区实际划定面积为222341.38亩，其中水稻生产功能区120006.99亩、玉米生产功能区102334.4亩、小麦生产功能区20035.43亩、玉米—小麦重叠区20035.43亩，并通过省级评定验收。

【畜牧业】 全年生猪出栏34.0632万头，比2015年增长10.43%；肉牛、肉羊、肉禽出栏量分别达2.6422万头、20.241万只、100.51万只，分别比2015年增长9.67%、30.69%、20.21%；肉类总产量3.4万吨，比2015年增长9.68%；禽蛋产量达1073吨，增长11.42%；实现畜牧业产值12.53亿元。畜禽标准化饲养和产业化水平持续提升，全县共发展州级以上产业化畜牧龙头企业3家，创建省级标准化养殖示范场1个、州级标准化养殖示范场1个，畜禽规模养殖比重达20%以上；规模以上畜禽加工企业达4家。畜牧兽医科技支撑体系逐步完善，建立健全畜牧技术推广服务体系，推广畜牧新技术新成果，生猪三元杂交面达71.63%、肉羊杂交面达95.79%、禽良种化率达89.82%，提前完成“十三五”发展目标。

【乡村振兴】 推进农村人居环境整治工作，编制农村“厕所革命”示范村建设实施方案，开展卫生改厕推进工作，新(改)建农村公厕22座、乡村旅游点公厕2座、农村户厕1300户；3个整村推进示范村户厕建设工作有序推进。开展乡村治理、“四好村”创建，全县已创建省级“四好村”32个、州级“四好村”169个、县级“四好村”177个、“四好家庭”1.9万户。开展乡村振兴先进乡(镇)、示范村创建工作，全县已创建省级乡村振兴示范村3个、州级先进乡(镇)1个、州级示范村10个，起到了带动示范作用。

【农业机械化】 推广农机化装备及服务，全县农机总动力达15.34万千瓦，农业综合机械化水平达55.1%。全年完成机耕面积14.07万亩、机播面积2.05万亩、机灌面积8万亩。新建提灌站1座30千瓦；培育州级农机专业合作社1家。

【农产品质量安全监管】 通过宣传培训、检查等方式加强农业投入品的监管工作。继续推进“三品一标”认证工作，全县认证无公害农产品10个、绿色食品3个、有机食品2个、地理标志产品2个。加强农业标准化建设，制定水稻、马铃薯等9个生产技术规程。印发《冕宁县发展无公害农产品生产的实施意见》，全县无公害农产品生产基地面积达23995亩，并在基地逐步开展樱桃、设施蔬菜病虫害绿色防控技术研究示范工作。加强农产品质量安全检测工作，全县农产品质量安全检验检测站已建设完成，并通过省级合格验收，所抽检样品合格率都在98%以上。对认证的“三品一标”农产品，如优质樱桃、枇杷等推行包装标识上市。

【主要领导人】 县委书记：刘俊文；县人大常委会主任：拉一哈古；县长：刘长佐；县政协主席：管军；分管农业副县长：赵支勇。

冕宁县编写组

越 西 县

【基本情况】 2019年，全县辖28乡10镇，辖区面积2256.56平方千米，其中耕地面积48.09万亩，与上年持平；人均耕地面积1.55亩；基本农田35.46万亩。年末总人口37.42万人(户籍人口)，增长0.86%；人口出生率19.19‰，减少2.29个千分点；人口自然增长率13.1‰，减少1.78个千分点。全县耕地有效灌面和保证灌面分别达到耕地总面积的23.91%和22.77%；本地水资源总量25.9亿立方米，人均占有水资源量6921立方米。有林业用地13.71万公顷，其中有林地65554.26公顷、疏林地1283.05公顷、灌木林地57464.37公顷、未成林地2373.6公顷、无立木林地376.2公顷、宜林地9954.66公顷、林业辅助生产用地85.92公顷，活立木总蓄积量537.36万立方米，森林覆盖率39.54%，林木绿化率62.16%。

2019年，全县GDP52.57亿元，增长6.4%，其中第一产业增加值13.68亿元，增长3%，农、林、牧、渔及农林牧渔服务业产值之比为46.07∶11.51∶40.8∶0.28∶1.34；第二产业增加值8.61亿元，增长16.19%(工业增加值8.21亿元，增长15.82%)；第三产业增加值30.28亿元，增长6.78%。三次产业对经济增长的贡献率分别为26%、16%和58%。劳务输出9.22万人，收入11.2亿元。全年接待游客75.6万人，实现旅游收入3.33亿元，其中乡村旅游收入318万元。

公路通车里程1160.48千米（其中乡村公路764.62千米），密度514.3米/平方千米，31千米/万人。社会消费品零售总额22.48亿元，增长9.5%。地方公共财政预算总收入完成1.62亿元，增长0.4%；公共财政预算总支出34.61亿元，减少13.9%，其中农业投入1831万元，占支出的4.57%。金融机构各项存款余额82.89亿元，比上年增长13.19%；各项贷款余额22.5亿元，比年初减少8.6%。全年农业保费收入734.01万元，增长33.41%；处理各项赔款和给付金额241.39万元，减少42.53%。完成农业产业化项目25个。农业产业化龙头企业州级、县级分别为5家、24家。

有各类学校178所，在校学生89426人，教职工3409人，其中普通中学7所（1所为九年一贯制学校），在校学生21139人；小学95所（其中教学点42个），在校学生49174人；特殊教育学校1所，在校学生47人；幼儿园72所（其中公办26所、民办45所、一村一幼1所），在园幼儿18750人；学龄儿童入学率99.86%，提高0.01个百分点。有艺术表演团体8个，表演场所1个，文化馆1个，公共图书馆1个，博物馆1个。有卫生机构49个，病床位950张，卫生技术人员1510人。城乡居民医疗保险参保人数276381人，参保率88.02%；城乡居民养老保险参保人数131364人，参保率77.27%。

2019年越西县主要农产品产量

主要农产品	单位	产量	同比(%)
粮食	万吨	13.5497	5.9
水稻	万吨	1.473	–3.9
小麦	万吨	0.062	–2.2
玉米	万吨	4.1729	2
马铃薯	万吨	6.6939	1.6
油菜籽	万吨	0.5468	–4.1
蔬菜	万吨	9.75	3
水果	万吨	1.93	47.7
肉类	万吨	2.2847	1
猪肉	万吨	1.719	–0.4
牛肉	万吨	0.2017	4.6
羊肉	万吨	0.3109	4.4
禽肉	万吨	0.0531	20.3
禽蛋	万吨	0.0788	0.6
水产品	万吨	0.025	–13.8

【现代农业园区建设】 越西县现代农业产业园区计划总投资1.3亿元，规划面积3200亩，新建矮化密植苹果园2600亩，桃、草莓等特色水果600亩。基地已种植苹果1600亩，丰产期亩产量达4吨，年均产量10400吨，产值6240万元，纯收入4760万元，占园区总产值的95%以上，比当地平均水平高30%以上。

【种植业】 全年小春马铃薯种植面积2万亩，产量2万吨；秋荞种植面积5.2万亩，产量0.72万吨。蔬菜种植面积6.5万亩，产量9.75万吨，实现总产值1.2亿元，其中露地蔬菜种植面积6.45万亩，产量9.55万吨；设施蔬菜种植面积500亩，产量0.2万吨。大春农作物种植面积35.66万亩，其中水稻种植面积4.08万亩、玉米12.76万亩、大春马铃薯18.81万亩。全年收购烟叶12.81万担，烟农收入达1.74亿元，增加800万元。全县水果种植面积5.87万亩，其中投产面积2.76万亩，产量1.93万吨，实现产值10900万元，其中苹果种植面积3.7万亩，产量1.55万吨，年产值6200万元。计划完成政府采购苹果苗木155.9万株（其中矮化中间苹果苗木120万株），完成新发展苹果2万亩。完成重楼、天麻、木香、牛膝等中药材种植2011亩，其中木香270亩、天麻170亩、牛膝152亩、金铁锁242亩、独活30亩、稿本300亩、草血107亩、当归140亩、重楼600亩；中药材产量230吨，实现产值230万元。

【畜牧业】 全年生猪出栏25.63万头、牛出栏1.4万头、羊出栏18.59万只、家禽出栏42.3万只。猪存栏162135头，其中能繁母猪存栏15726头；牛存栏4.7万头；羊存栏19.98万只。

【水产业】 全年水产品总产量250吨，其中淡水捕捞产量56吨、淡水养殖产量194吨；渔业产值达860万元，其中淡水捕捞产值366万元、淡水养殖产值280万元、水产鱼苗产值24万元、渔业流通和服务业产值190万元。

【扶贫开发】 彝家新寨建设方面，省、州下达彝家新寨建设资金9820万元，实施30个村基础设施及公共服务设施、2455户彝家新寨建设任务，项目于2018年9月动工，2019年10月全面完成建设。脱贫攻坚方面，经州、县验收，全年退出贫困村51个、脱贫贫困户3664户16549人，全县贫困发生率降至2.8%。社会扶贫方面，佛山市向越西县投入帮扶资金5101.72万元、慈善捐助654.7万元，用于住房建设、产业发展、人才培训等各帮扶领域；帮受双方互派挂职干部3人、专业技术人才交流14名；向佛山市转移输出贫困劳动力361人；佛山市到越西县落地注册企业3家，新增投资50万元，对接采购农特产品45万余元。德阳市旌阳区投入援助资金821万元，实施住房建设、产业发展等项目29个；派出163名干部到越西县挂职蹲点以及专业技术人才交流26名。中国延安干部学院、省供销社等省级定点帮扶部门累计投入帮扶资金778.259万元，用于住房产业、教育医疗等投入；共派出挂职蹲点干部22名；开展"以购代捐"活动，累计购买贫困户农产品价值30.2万元。中国三峡集团投入资金1800万元，实施4个贫困村的基础设施建设；"万企帮万村"项目投入帮扶资金56.6万元，规划实施项目4个。37名县级领导，101个中央、省、州、县级帮扶单位，904名驻村干部，207名农技员等"五个一"帮扶力量发挥机关优势、人脉优势，协助村"两委"申请政策、确定帮扶项目，共涉及产业发展、基层设施建设、社会事业等项目300余个，涉及资金3100余万元。驻村帮扶方面，坚持把驻村联户工作作为密切党群、干群关系的重要途径，重心下移、关口前移，了解群众所需、所急、所盼，帮助解决群众反映的问题。

【乡村旅游】 加快文昌故里4A级景区提升工程建设，推进观音河流域综合开发，带动中所镇、新民镇、大屯乡、河东乡及丁山乡协同发展，引导河谷城镇壮大特色农业、观光农业、生态旅游业。

【农村水利】 全年新建取水工程40处，改造工程71处；新建蓄水池51口，蓄水容积870立方米；安装输配水管道354.2千米，其中输水管道221.7千米、配水管道132.5千米；安装一体化净水设备36套、紫外线消毒设备359套。巩固提升21239户107707人饮水安全问题。

【农村科技】 全年建立专家队伍119人、信息员队伍916人，完成在线技术咨询服务802次。先后在"四川科技扶贫在线"平台录入供销对接4家，在产业支撑管理窗口收录龙头企业4家，推荐特色农产品4个、技术供给5条，咨询服务信息量达802条。与38个乡（镇）及所属科技信息员（"第一书记"、驻村农技员）签订《科技扶贫目标责任书》。从高校、科研院所引进支援性人才14名到越西县开展科技培训、技术帮扶和科技成果转化工作。推进创新创业，培育"众创"空间，全县"农裔良品"众创空间挂牌运行。以"科技、文化、卫生"三下乡和"周"活动为载体，结合科技工作特点，开展科普、知识产权、创新创业、脱贫攻坚"四进"（学校、企业、社区、农村）专项宣传咨询及文艺汇演等活动20余次，累计发放宣传资料、图书10000余册。建成100亩越西县甜樱桃早产丰产示范基地1个，推广引进新品种3个，购进种苗2万株；建成150亩高标准甜樱桃自动化避雨栽培设施1个；举办基地集中培训2场，培训300余人，直接带动3个贫困村和50户贫困户脱贫。

【农村教育】 锁定义务教育均衡发展目标，着力改善学校办学条件。新建文星小学、文昌中学、文昌小学、普雄民族小学和特殊教育学校；对38所乡（镇）中心校进行改（扩）建，新增学位2万个；推进义务教育均衡发展，于5月通过州级复核、6月通过省级督导、10月通过省级复检。教育信息化加快推进，"三通两平台"建设全部完成，投资9408万元的113万件（套）义务教育阶段学校教学仪器于10月全部安装调试完毕。"六长"责任制和"双线八包"责任制全面落实，全县动态系统疑似失辍学的4470人于12月全部销号完毕。第一期集中编班于6月6日在县职业技术学校集中开班，培训学员128人；第二期集中编班于9月16日开班，培训学员248人。

突出教育改革核心，提升教育教学质量。重视学生体育和艺术教育，组织参加凉山州第三十七届中学生运动会，获得田径比赛高中组男子800米第二名、男子400米第三名，初中组男子三项全能第一名、男子4×400米第二名，足球比赛初中女子组第一名的好成绩。培育和践行社会主义核心价值观，利用课堂主阵地加强中小学德育工作和中华优秀传统文化教育，组织各学校开展经典诵读活动，1个班级获得省级表彰、24名学生和5个班集体获得州级表彰。重视科研，全年立项1个省级课题、7个州级课题、5个县级课题，结题1个省级课题、5个州级课题、14个县级课题。加强小学英语教学，为小学三至六年级每周每班安排2课时的英语教学，并在17所试点校从小学一年级起开设英语课程（双师模式）3课时。

普及学前教育，着力提高幼儿普通话水平。加强291个村级幼教点管理，18个"一乡一园"于9月25日全部开园，共有学生755人、教学班26个、教师38名。在全县幼儿园、幼教点全覆盖推进学前学会普通话行动，幼儿普通话水平迅速提升。

加强"两支队伍"建设，着力增强教育发展后劲。通过公开招考有序补充教师265人，安置5名免费师范生，完成"银龄招募"计划4人，缓解了乡村学校师资缺编和结构性矛盾。通过"国培计划"培训1800人，省、州、县三级培训3256人。借力内江师院，免费学历提升培训教师49人，全面提升教师队伍教育教学水平。县管校聘工作稳步推进，完成教师交流746人。

注重教育公平普惠，着力健全教育保障体系。加大教育惠民政策宣传力度，先后发放政策宣传资料1.5万余册；在园幼儿保教费减免、"三免一补"等政策持续实施，贫困学子入学权益得到保障；义务教育阶段学生100%享受营养改善计划。教育扶贫救助基金成效凸显，全年发放教育扶贫救助基金29.23万元，救助学生551人；办理助学贷款2696人。

【农村卫生】 医药卫生体制改革方面，全县8.2526万户贫困户全部参加城乡基本医疗保险，参保率达100%。全面落实"十免四补助"政策，推进"两保、三基金、三救助"医保报销政策，落实"先诊疗后付费"，个人支付比例控制在5%以内。截至2019年年底，建档立卡贫困患者县域内住院17576人次，医疗总费用6896.69万元，政策范围内总费用6005.4万元；县域外住院132人次，医疗总费用204.896万元，政策范围内总费用153.835万元；实施卫生救助1104人，救助金额34.2万元；实施爱心基金救助1人，救助金额0.25万元；县域内免费实施贫困孕产妇住院分娩服务336人次。落实12所乡（镇）卫生院建设资金2310万元，未达标乡（镇）卫生院均已开工建设，第一批乡（镇）卫生院计划2019年年底前完工并投入使用。截至6月底，已招录"阳光天使"3名，完成20名全科医师转岗培训、29名执业医师资格考前培训，完成县、乡、村三级医务人员2846人次技术能力培训，278名合格村医工作配置，22名全科医师转岗培训，32名执业医师资格考前培训。全年共接待门诊病人17.34万人次、急诊病人1.02万人次、住院病人2.52万人次，业务总收入1.09亿元。组织开展以"共推厕所革命 共促卫生健康"为主题的爱国卫生月活动，举行"第32个世界无烟日"等活动，发放各种宣传单册12000余份、宣传小扇子2000余把，接待群众咨询400余人次。开展卫生乡（镇）、村及卫生单位创建，评选出卫生家庭380户、健康红旗能手85人，创建2个省级卫生镇、2个省级卫生单位、1个省级无烟单位、10个省级卫生村。严格许可审批程序，有序规范证件发放，全年共受理各类卫计行政许可事项24件次，新发和延续公共场所《卫计许可证》25本；出动卫计监督员150余人次，检查医疗机构、学校和公共场所165家；对县自来水公司进行3次监督，下达监督意见书2份，保障了县城居民的生活饮用水安全。

卫生基础设施及人才队伍建设。一是全年订单定向医学生、招聘执业医师、"三支一扶"等项目全年共招聘10名，确保了乡（镇）卫生院满编运行；制订《越西县医疗卫生专业技术人才"县管乡用"管理制度的实施方案》，并协同相关部门对试点的县第一人民医院、中所片区和下普雄片区的服务人口、岗位结构、工作量、交流轮岗、绩效分配等制度进行协商。二是完成53个村卫生室达标建设，各医疗机构均为村卫生室配置医疗设备设施、药品、合格村医。

【农村法制建设】 组织开展"千村万户"禁毒防艾大宣讲教育活动启动仪式暨"1+4"工作推进会，共同构筑全社会群防群控的禁毒防艾工作格局。共计开展"法律进乡村"活动普法宣传活动20余次，发放各类法律宣传资料10000余份、法制宣传物品7000余件。加大农民工维权法治宣传力度，组织2000余名群众进行农民工维权知识宣讲，重点宣讲《劳动法》《劳动合同法》《农民工维权法律知识》《工伤保险条例》《保障农民工工资支付条例》《法律援助指南》等与农民工权益保障密切相关的法律知识，现场为农民工解答有关追索劳动报酬、工伤保险待遇、劳动合同纠纷等热点法律问题，详细告知其遇到矛盾纠纷后的依法维权手段、申请法律援助的条件及方式。

【农村交通】 全县公路总里程1068.06千米，其中国道2条119.9千米、省道2条82.18千米、县道4条90.36千米、乡道36条137.8千米、扶贫和旅游产业路2条11千米、村（组）道路626.82千米。G5京昆高速雅西扩容（金口河至西昌）启动工程可行性研究。省道309线（普雄镇至团结桥）公路改建工程全长34.8千米，项目总投资4.3亿元，预计2020年年底全线路基成型，2021年年底全线竣工；小相岭隧道工程拟建标准为二级公路，总投资3.48亿元，已全部完工通车；中所镇扶贫产业路工程全长3.62千米，总投资2042.93万元，预计2020年10月30日完工。建成9个乡（镇）港湾站和78个村级招呼站，累计完成安保工程100余千米，保障运输安全有序，农村客运和物流服务体系基本健全完善。截至2019年年底，38个乡（镇）289个建制村通客运，乡（镇）、建制村客运通车率均为100%，其中157个村为预约响应式。

【涉农招商引资】 2019年，全县3000万元以上的农业招商引资重大项目2个，均为内资项目。协议资金99000万元，增长990%，完成全年任务的100%；到位资金12000万元，增长100%，完成年度目标任务的100%。

【农村社会保障】 全年城乡居民基本养老保险参保人数13.1364万人，参保率为77.27%；新增参保扩面人数12760人，享受待遇人数31.7279万人次，发放养老金3410.39万元。

【农村生态建设及环境保护】 实施越西县2018年农村环境整治项目，越西县上普雄、中普雄、下普雄片区农村集中式饮用水水源地保护区建设项目，2019年越西县水污染防治激励项目，完成30个乡（镇）水源地保护区建设。对全县37个乡（镇）、1个县城饮用水水源地开展水质监测，均达到Ⅲ类水质标准。对越西河（滨河路段）、尼日河（出境）、越西河（新乡）、梅花乡巴姑村河流监测断面开展水质监测，每月监测1次，均达到Ⅲ类水质标准。

【农产品质量安全监管】 督促越西县德惠超市、越西县众泰市场建立快检室，每天至少完成检测10批次以上，并对快检不合格的食用农产品进行无害化销毁处理。建成3个乡（镇）农产品集中交易市场，市场内固定的农产品经营户共94户，兼营食用农产品的超市共8个。召集全县62户猪肉经营户、1个生猪屠宰场、生猪养殖大户、群众代表及各乡（镇）畜牧兽医召开猪肉市场秩序整治会，约谈27户经营户并签订《价格行为自律依法诚信经营承诺书》，为消费者提供安全放心、价格合理的猪肉。加强市场食用农产品监督抽检工作，严厉打击违法经营不符合安全标准食用农产品的行为，全年共进行食用农产品抽检159批次，发现5批次不合格农产品，立案5起。

【农村市场体系建设】 全县共有各类市场主体10536户，其中个体经营户9019户、企业1079家（其中私营企业882家）、农专社438户。全年新增私营企业215家、个体工商户877户、农民专业合作社190户，共计新增市场主体1201户。推进“先照后证”“多证合一”改革，工商登记前置审批事项由160项减少到28项。全年共办理“先照后证”企业、个体工商户设立登记715户，变更登记120户次。履行“双告知”职责，推进“宽进严管、宽进善管”，向县属相关部门推送涉及后置审批事项以及监管登记信息共计203条，向市场主体发放告知承诺书675份。贯彻落实“多证合一”改革，在“五证合一”“三证整合”登记制度改革工作的基础上继续全面实行“一套材料、一表登记、一窗受理”的工作模式。推进市场登记注册便利化，实施企业全程电子化登记，设置企业登记全程电子化工作窗口，加强网络运行，让企业和群众办事更加快捷便利，共享“互联网+政务服务”发展成果，全年共办理全程电子化企业登记261户。推行企业简易注销登记，对满足条件的拟注销企业优先选择简易注销方式申请，全年共办结简易注销申请54家。依托企业信用信息公示系统，完善市场主体信用信息归集，建立“双随机一公开”抽查、年报公示、经营异常名录、“黑名单”等制度。全年“双随机一公开”抽查共抽检企业118家，随机抽查执法人员200余名到118户市场主体，对企业25项内容、农民专业合作社7项内容进行检查，停业准备办理注销登记企业2家，通过登记住所无法联系企业2家，发现问题已责令改正1户，已迁出1户。按照“谁检查，谁录入”的原则，将抽取结果归集到各市场主体名下，通过国家企业信用信息公示系统向社会进行公示。全县企业年报率达100%，没有纳入经营异常的企业，并全部在国家企业信用信息公示系统进行公示。

【农村留守儿童帮扶】 全县有农村留守儿童2426人（系统录入），其中重病重残289人；签订《农村留守儿童委托监护责任确认书》2000余份。确定40个项目村专（兼）职儿童督导员40名，明确38名乡（镇）儿童督导员及249名村儿童主任专门负责儿童工作。

【劳务开发与返乡创业】 全年实现“三个稳定增长”，一是农民务工人数稳定增长。全县转移输出农村劳动力9.2万人，其中佛山—凉山东西部劳务协作转移输送农民工375人（建档立卡贫困劳动力346人、非贫困劳动力29人）。二是劳务收入稳步增长。全年实现劳务总收入10.5亿元。三是农民务工工资性收入稳定增长。全年外出务工农民人均劳务收入达11413元。全年累计发放创业贷款26笔（其中退伍军人4人、高校毕业生1人、返乡自主创业人员21人），共计310万元。

【主要领导人】 县委书记：袁洪；县人大常委会主任：吉差阿木；县政协主席：谢宇光；分管农业副县长：代松。

越西县编写组

甘洛县

【基本情况】 2019年，全县辖21乡7镇2个街道，辖区面积21.516平方千米，其中耕地面积34.77万亩，与上年持平，人均耕地面积1.28亩。年末总人口23.56万人（户籍人口），增长0.25%；人口出生率16.22‰，减少1.06个千分点；人口自然增长率12.49‰，增加0.59个千分点。全县耕地有效灌面和保证灌面分别达到耕地总面积的18.7%和7.2%；本地水资源总量21.8亿立方米，人均占有水资源量925.29立方米。有林业用地3.2万公顷，有林地面积9.14万公顷，活立木总蓄积量1001.2万立方米，森林覆盖率46.49%。

2019年，全县GDP39.55亿元，增长21%，其中第一产业增加值7.85亿元，增长2.9%，农、林、牧、渔及农林牧渔服务业之比为56390 ∶ 68670 ∶ 76596 ∶ 230 ∶ 136354；第二产业增加值12.53亿元，减少4%（工业产值11.73亿元，减少6%）；第三产业增加值19.18亿元，增长9%。三次产业对经济增长的贡献率分别为19.8%、31.68%和48.5%。劳务输出5.7万人次，收入11.28万元。全年接待游客386万人，实现旅游收入21200万元。

公路通车里程1085千米（其中乡村公路652.6千米），密度503米/平方千米，45.97千米/万人。社会消费品零售总额13.39亿元，增长11%。地方公共财政预算总收入完成3.1728亿元，减少6.96%；公共财政预算总支出29.6315亿元，减少3.88%，其中农业投入28966.365万元，占支出的9.8%。金融机构各项存款余额48.28亿元，比上年初增长3%；各项贷款余额10.4亿元，比年初增长20.6%。农业产业化龙头企业州级、县级分别为1家、2家。

有各类学校104所，在校学生55000人，教职工1963人，其中普通中学6所，在校学生12821人；小学33所，在校学生26948人；学龄儿童入学率100%。有文化馆1个。有卫生机构269个，病床位822张，卫生技术人员688人。新型城乡居民医疗保险参保人数204897人，参保率87%。

【年度农业和农村经济运行】 2019年，全县实现农业总产值5.639亿元，增长2.25%；全县全年农业增加值达78453亿元，增长5.85%。农民年人均可支配收入达9636元，增长11.96%。全县农产品质量抽检合格率100%；建成28个基层农业综合服务站。全年水产养殖面积150亩，产量120吨。4个旅游示范村加快建设。投入资金1.33亿元，实施农村饮水安全巩固提升和净水工程，17.8万名群众喝上"健康水"。推进"扫黑除恶"专项斗争，全年共立案"九类"涉恶案件18起，破案17起；破获刑事案件133件，刑事案件发案数同比下降24%。

2019年甘洛县主要农产品产量

主要农产品	单位	产量	同比(%)
粮食	万吨	10.9643	0.03
水稻	万吨	1.2423	–0.21
小麦	万吨	0.2953	0.92
玉米	万吨	5.8228	0.015
马铃薯	万吨	3.2754	0.09
油菜籽	万吨	0.1092	1.11
蔬菜	万吨	6.3195	4.25
水果	万吨	0.452	6.98
肉类	万吨	1.5432	–14.11
猪肉	万吨	0.9469	–23.96
牛肉	万吨	0.2755	7.7
羊肉	万吨	0.2494	6.8
禽肉	万吨	0.0606	18.35
禽蛋	万吨	0.1133	0.176
水产品	万吨	0.012	–88

农用地产权制度改革。发展农业适度规模经营，按照"依法、自愿、有偿"的原则指导全县农村土地有序流转。投入资金62.5万元，完成农村土地承包经营纠纷仲裁基础设施建设项目。完成农村土地承包经营权确权、清产核资以及家庭农场、合作社培育等工作。全年共计开展业务培训会议263场次，参会人员达4千余人次，发放农民权益义务监督卡6000余份。

农产品品牌战略实施。按照国家对绿色农产品申报工作的要求，开展绿色农产品生产技术指导、申报知识企业培训、国家级及省级质量追溯对接等前期准备工作，申报材料已递交至省绿办。

现代农业园区建设。投资2.3亿元，建设现代农业园区基地9个，其中田坝团结农旅融合示范园区、黑马乡现代农业示范园项目、松树坪高山现代种植示范园、新茶乡茶旅融合园、波波乡花椒产业基地、阿嘎乡千亩绿色果蔬基地、阿尔乡千亩中药材7个园区复工建设有序推进；清水千亩高山绿色蔬菜基地完成建设；甘洛县高山生态牧场完成部分前期工作。

【种植业】 全年农作物播种面积454548亩，其中粮食作物播种面积373683亩，产量109644吨；油料作物播种面积18315亩，产量1156吨；中药材种植面积17865亩，产量2382吨；蔬菜种植面积40965亩，产量63195吨；茶叶产量7吨；水果产量9902吨。

【畜牧业】 全年出栏生猪14.2857万头、牛2.05万头、羊16.386万只、家禽63.582万只，存栏生猪9.3695万头、牛5.634万头、羊17.66万只、家禽45.793万只，肉类总产量1.0902万吨。

【扶贫开发】 全县完成36个贫困村退出、7799名贫困人口脱贫年度任务，实现208个贫困村全部退出、15280户贫困户71061名贫困人口脱贫，贫困发生率由2014年的31.88%下降至0.1%，摘掉贫困县"帽子"。

【农业机械化】 持续开展变型拖拉机专项整治工作，全年受理各类农业机械业务672件，其中拖拉机注册登记112台，转移登记91台，变更登记2台，注销登记105台，年检346台，补换领行驶证16台；受理驾驶证业务187人次；修建太阳能提灌站1座。

【农村教育】 总投资1.84亿元的甘洛中学新校区、民族中学改（扩）建工程和河东新区完全小学建成使用。完成总投资9707万元的10所"一乡一园"和10所幼教点巩固提升工程建设，完成92所薄弱学校改造项目。全面落实各项教育惠民政策，抓好"六长、双线、八包"控辍保学责任落实，实现建档立卡户贫困子女义务教育"一个不漏"。

【农村文化】 全县建成村"1+N"综合体108个，巩固提升村卫生室100个、村文化室229个，新（改）建村民俗活动广场227个，配备公共健身器材1000余件，乡村公共服务阵地全面夯实。

【农村卫生】 全面落实卫生健康扶贫政策，深化医药卫生体制综合改革，贫困人口县域内就诊率达90%。基层医疗卫生服务体系不断完善。抓好艾滋病防治和生育秩序整治，艾滋病抗病毒覆盖率达94.29%，政策外多孩率下降至5.84%。

【农村交通】 2016年以来，全县累计建成通乡、通村公路165条605千米，每个村落连通"致富路"；完成9条60.16千米通乡公路提升改造、44条64.15千米通村公路破损路面整治、80个村级招呼站和16个港湾站建设。

【农村社会保障】 落实全民参保计划，将31728名困难群众全部纳入社会保障。严格落实社会救助政策，共发放各类救助金7730万元，惠及39812人。

【农村生态建设及环境保护】 全县空气质量优良天数达351天。河长制工作有力推进，26个集中式饮用水水源地和尼日河水体水质达标率达100%。完成21个村民聚居点污水处理站建设。

【农产品质量安全监管】 加强农业投入品使用监管，重点排查农药销售、使用情况，全年共开展专项整治活动12次，对全县26家农资销售点进行抽查，发放农产品质量安全宣传资料1500余份。对全县范围内上市和县域内主要果蔬交易市场的蔬菜、水果进行抽样，开展农药残留检测，全年共抽检草莓、黄果柑、芹菜、莲花白、莴笋等果蔬样品306个，检测合格率达100%。

【农村市场体系建设】 在成都、绵竹等地开设6家甘洛农特产品线下直营店，打响了甘洛品牌"走出去"的"第一枪"。全年实现网络销售额2306万元，直营店销售额达1558万元。

【劳务开发与返乡创业】 巩固劳务经济，开发公益性岗位2306个，输出劳动力5.7万人次，劳务创收11.28亿元。实施"治欠保支三年行动计划"，为1685名农民工追回工资1296.48万元。

【主要领导人】 县委书记：陈建生；县人大常委会主任：吉拖哈史；县长：陈华；县政协主席：曹怀香；分管农业副县长：伏敏。

甘洛县编写组

美 姑 县

【基本情况】 2019年，全县辖36个乡（镇）3个居民委员会，辖区面积2573平方千米。年末总人口27.88万人（户籍人口），增长1.2%。

2019年，全县GDP35.91亿元，增长9.9%，其中第一产业增加值11.7亿元，增长3.2%；第二产业增加值4.7亿元，增长26.4%（工业产值4.97亿元，增长49.4%）；第三产业增加值19.50亿元，增长9.7%。劳务输出7.12万人，收入10.25亿元。全年接待游客28.75万人，实现旅游收入1.99亿元。

全县境内公路总里程1419.65千米，其中国道130千米，省道168.65千米，县、乡道19条共140千米，村道289条共981千米。全年公路客运周转量5032万人/千米，公路货运周转量5188万吨/千米。社会消费品零售总额7.74亿元，增长9.6%。地方公共财政预算总收入完成0.93亿元，增长4.7%；公共财政预算总支出48.33亿元，增长32.6%。金融机构各项存款余额43.44亿元，比上年初减少3%；各项贷款余额9.83亿元，比年初增长14%。

有各类学校162所，在校学生49746人，其中高中1所，在校学生2188人；普通中学6所，在校学生7762人；小学150所，在校学生41984人；有幼儿园6所（公办2所、民办2所、公建民营2所）、幼教点296个，接收幼儿3278人；有教职工2588人，其中小学1791人、初中587人、高中94人、幼儿园116人、“一村一幼”辅导员634人。

有体育场馆1个，体育协会1个（足球协会），文化馆1个，图书馆1个，乡（镇、街道）综合文化站34个，村（社区）文化活动室292个。有医疗卫生保健机构346个，其中村卫生室292家、乡（镇）卫生院36家、社区卫生服务中心1家、县妇计中心1家、县疾控中心1家、县医院2家；有民营医院2家、个体诊所11家；卫生机构在岗人员742人，卫生专业技术人才658人，执业（助理）132人，注册护士200人；有病床位538张。新型农村合作医疗参合人数235364人，新型农村社会养老保险参保人数128608人。

【年度农业和农村经济运行】 2019年，全县实现农业总产值4.05亿元，增长8.6%。农村居民年人均可支配收入达9490.85元，增长11.48%；人均生活消费支出7331.55元，增长10.95%。

2019年美姑县主要农产品产量

主要农产品	单位	产量	同比(%)
粮食	万吨	9.69	6.44
蔬菜	万吨	2.12	41.79
肉类	万吨	2.6	4
（出栏）生猪	万头	22.43	-13.5
牛	万头	2.45	2.8
羊	万只	26.43	2.9
禽	万只	96.96	3.33

【扶贫开发】 全县全面完成54个贫困村退出、3451户贫困户17403名贫困人口脱贫任务，贫困发生率降至12.69%，全县贫困面貌发生深刻变化。脱贫攻坚基础设施建设项目“两年任务一年完成”目标基本实现，14495户贫困户安全住房得到保障，义务教育惠及54172人，101385人基本医疗保障达标，21144户88413人饮水安全问题得到解决，20211户实现广播电视达标，19987户生活用电实现达标。投入帮扶资金2亿余元，实施帮扶项目150个。乐美“扶贫工厂”等就业扶贫项目落地落实，开发公益性岗位1087个，完成新型农民素质提升培训5962人。坚持“扶贫扶志扶智”相结合，创建“四好村”92个。完成70个村级多功能活动室、90个贫困村安全饮水巩固提升工程。推进防艾攻坚，加快“1+8”重大疾病公共卫生医疗救治中心建设和九口乡、巴普镇盖茨项目建设。

【乡村旅游】 全年接待游客28.75万人次，增长6%；实现旅游总收入1.99亿元，增长9%。举办庆祝中华人民共和国成立70周年大会、大美彝风—中国美姑2019年诺苏文化旅游节暨第六届“尼姆·约纱茨”民俗活动，美姑县被列为第五届世界非遗节分会场，被授牌“全国避暑旅游样板城市”。

【农村科技】 指导九口乡九口村、井叶特西乡尔波曲村分别建立美姑县九九种养殖专业技术协会和美姑县尔波曲肉牛养殖专业技术协会。一是参加全县“三下乡”活动。参加县委宣传部组织的在全县36个乡（镇）开展的“三下乡”活动。科协设立了咨询台，展出科普知识展板并发放宣传资料，接受群众关于科普知识方面的咨询，向群众赠送科普图书5.6万余册及科普宣传单和科普宣传物品1600件（把）；开展“科技活动周”“科普宣传月”“全国科技工作者日”“会员日”“科普进彝家”“科普大篷车进校园”等系列科普宣传活动，受益群众及师生约5.28万人次。

【农村文化】 全县开展“书香美姑·全民阅读”、达体舞、歌咏比赛、非物质文化展演等文化活动，举办“禁毒杯”摔跤比赛。全县有线广播电视用户达5992户。

【农村法制建设】 全县合法性审查工作已全覆盖，涉及政府决策性文件、规范性文件、行政合同、民事合同等方面。建立重大案件审查工作制，采用集中讨论方式确保重（难）点问题合法性。全年审查规范性文件3件，共出审查意见3份；审查合同15份，共出审查意见12份；审查其他政策性文件10份，共出审查意见5份。加强规范性文件“立改废释”工作，做到规范性文件定时清理和规范报备，清理县政府及办公室政策性文件76份，其中含38份规范性文件和38份政策性文件。起草拟发布《关于严格执行规范性文件管理相关规定的通知》，加强规范性文件监督管理工作。完成行政复议工作平台应用前期相关工作，为行政复议工作信息化奠定基础。加强行政复议平台动态管理，及时录入新增案件，及时更新案件程序。

【农村交通】 乐西高速（美姑段）、椅子垭口隧道工程破土动工。省道217线改（扩）建项目前期工作全面完成。建成新环线公路，新增县城重要通道，打破了县城交通“孤岛”困境。实施县道163毕摩文化园至668停车场道路、环城路以及167.75千米村道路面整治工程。

【农村社会保障】 全县农村居民社会养老保险参保人数117478人；纳入农村最低生活保障支出人数50487人，保障资金支出9835.6万元。城乡居民基本医疗保险参保人数22.64万人。

【农村生态建设及环境保护】 全县8个乡（镇）污水处理厂、10个乡（镇）垃圾压缩转运站项目建设有序推进。乐约乡至依果觉乡公路沿线乡（镇）垃圾收转运体系建设得到完善，生活垃圾处理和分类实现了“四定”模式。美姑河以及集中式饮用水水源地等重点领域环境监管不断加强。严格执行河（湖）长制，持续开展“清河行动”，关停非法采砂点2处。启动53条河流“一河一策”编制，完成水土流失治理面积59平方千米，征收水土保持补偿费292.9万元，新建堤防4.3千米。完成水电生态下泄流量监测设备安装36个。全年累计完成造林5.46万亩，71.95万亩国有林和93.34万亩集体公益林得到有效管护，16.19万亩退耕还林成果进不断巩固，完成1万亩退耕还林新增建设任务。开展环保巡查执法165次，立案查处涉环境违法行为19件，处罚金16.82万元。美姑河地表水监测断面水质达标率、集中式饮用水水源地水质达标率均达100%，生物多样性和生态资源保护力度不断加大，天蓝、水清、地绿的生态美姑建设稳步推进。全面完成矿山企业执法、安全、环保检查工作，全年开展动态巡查150次、366人次，重点区域巡查覆盖率达98%以上。对违规修建房屋，无证开采、加工、销售砂石及小煤窑行为为进行大整治，及时制止违法行为并向当事人发放《责令停止违法行为通知书》130份，将各类违法行为消灭在萌芽状态。

【农产品质量安全监管】 全年食安委成员单位召开4次会议；党政同责实施细则已发送到全县36个乡（镇）；食品安全应急预案已发布，并实施食品安全事故桌面推演1次；在全县范围内开展第三批州级食品安全示范乡（镇）创建活动，2019年申报合姑洛乡等10个示范乡（镇）。全年开展学校食堂食品安全（分春、秋季）检查、食品安全常规检查、特殊食品安全专项整治、非洲猪瘟防控等，共出动执法人员792人次、执法车辆169台次，检查餐饮服务单位1096家次、超市及食品经营户1246户次、食品生产小作坊86家次、食品小摊贩197户次、种类市场22个次、学校食堂158家次（责令整改35家、下达停餐通知书1家）、机关食堂57家（县城19家、乡/镇36家、企业2家）、冷库45个次、食盐批发企业1家；组织开展重大活动餐饮服务驻点保障（含中、高考、校园运动会等）8次，确保了食品安全零事故。完成食用农产品抽检156批次、食品抽检67批次，食品安全快速检测200批次。建立完善食品安全社会监督员制度，县、乡、村（社区）三级聘请食品安全协管员295名。

【农村市场体系建设】 严格落实监管要求和上级工作部署，加大对县域普惠金融业务的拓展，利用“春天行动”“激情仲夏”等专项活动开展形式多样的营销活动，组织客户经理团队走企业、进商区、入乡（镇），开发税银e贷、微捷贷、富农e贷等产品，通过线上线下优势产品，发放税银e贷、微捷贷客户5户，发放贷款161万元、富农e贷323万元、政担银企50万元。重点推广网捷贷业务，推进个人信贷业务转型，加大“住房装修贷款”“房抵贷、随薪贷”等个人消费贷款业务。批量推送营销，以个人客户营销管理系统为抓手，由目标客户的系统管户经理批量发送营销提示短信，对有办贷意向的客户，由个贷客户经理对接服务。精准对接营销，区分不同营销事件和客户种类做好维护拓展；对“智付通”交易客户根据其日常交易特点，推介“个人经营贷款+结算类优惠产品”组合；对经营类贷款到期客户，到期前对客户进行逐一回访，为客户续授信需求开辟绿色通道，实施限时办结，提高办贷效率和服务质量；对大额保险客户，重点推介银行个人保单质押贷款，满足其临时资金需求。

【农村留守妇女（儿童、学生）帮扶】 县妇联利用春节、三八妇女节、六一儿童节等节假日看望慰问贫困妇女及留守儿童120人次，累计赠送价值2万余元的慰问物资。筹集爱心助学金10余万元，资助贫困学生100名。

【劳务开发与返乡创业】 与乐山市人社局、广东省佛山市对接，组织开展专场招聘会3场，完成乐山市转移就业110人次；“佛—凉”东西部协作输出劳动力437人，主要从事工作电器、电子、电机组装工、检验员等岗位，成功稳岗157人，完成率达104%；省内企业帮扶转移就业380人次，完成率达100%；转移输出农村剩余劳动力7.12万人，实现劳务总收入10.25亿元。

【主要领导人】 县委书记：马小宁；县人大常委会主任：沙马拉林；县长：沈海涛；县政协主席：沙明英；分管农业副县长：杜春虹。

美姑县编写组

雷 波 县

【基本情况】 2019年，全县辖43乡4镇9个街道，辖区面积2838平方千米，其中耕地面积37.482万亩，减少0.17%，人均耕地面积1.47亩。年末总人口28.4174万人（户籍人口），增长0.33%；人口出生率13.86‰，人口自然增长率9.54‰。劳务输出77000人，收入14.7亿元。有卫生机构337个，病床位978张，卫生技术人员1103人。

【年度农业和农村经济运行】 2019年，全县实现农业总产值24.3858亿元，增长16.16%。农民年人均可支配收入达10885元，增长11.7%。建成47个基层农业综合服务站。

2019年雷波县主要农产品产量

主要农产品	单位	产量	同比(%)
粮食	万吨	9.1315	-0.026
水稻	万吨	1.0364	0.22
小麦	万吨	0.018	3.45
玉米	万吨	4.9627	-0.285
马铃薯	万吨	2.8729	0.45
油菜籽	万吨	0.1198	0.25
蔬菜	万吨	6.747	4.33
水果	万吨	1.5788	-0.22
肉类	万吨	1.3057	-13.638
猪肉	万吨	0.9186	-19.696
牛肉	万吨	0.1040	2.89
羊肉	万吨	0.2295	3.8
禽肉	万吨	0.0536	16.78
禽蛋	万吨	0.2135	1.137

新型农业经营主体培育。全年申报农民专业合作社省级示范社1个、州级示范社4个，全县实有注册农民专业合作社450个、国家级示范社1个、省级示范2个、州级示范社12个，监测合格11个（其中1个不合格已注销）。全年申报省级家庭农场示范场1个、州级4个，全县家庭农场累计达347个，其中省级家庭农场2个、州级示范场5个。

农用地产权制度改革。一是摸清了农村集体耕地现状。全县外业实测46个乡（镇）266个村1170个组535912个地块，实测面积合计505563.48亩、53874户、213087人，其中实测面积超国土二调面积123888.48亩，超国土二调面积的32.46%；超国土耕园地面积27468.48亩，超国土耕园地面积的5.75%。其中，实测承包地块438317块，承包地实测面积403581.98亩，占实测面积的79.83%，全县应确权承包地面积与二轮承包地总面积之差为216279.98亩，面积增减比例为115.47%；自留地块66411块，自留地实测面积32151.58亩，占实测面积的6.36%；机动地块3625块，机动地实测面积15607.76亩，占实测面积的3.09%；"四荒"地块27559块，"四荒"地实测面积54222.16亩，占实测面积的10.72%。二是界定了农户承包土地权属。本着以二轮土地承包为基础、据实确权登记的原则，查清了全县农户的地块和面积，做到每户户主和共有人等权属信息完整、每块承包地的空间位置和四至界限清晰，并建立了农户土地承包经营权登记簿。三是形成了土地确权登记成果。制作辖区面积2932平方千米的1∶5000的卫星影像工作底图569幅，并建立标准的地理坐标体系，完成所有调查地块矢量化和权属信息化。建立数据库及管理信息系统，海量的信息数据可在平台上运行，可实现"以人查地""以地查人"，提高了土地承包管理的信息化水平。建成农村土地确权档案室52平方米、机房25平方米，实现确权档案集中规范管理。四是调处了土地确权纠纷。在确权登记过程中共发生纠纷73件，其中完成纠纷调处28件、未调处纠纷45件，纠纷调解率达38.4%。五是通过省、州专家组的检查验收。全县土地确权工作通过专家组的检查验收，得分为92.3分，取得全州第二的成绩。2018年12月和2019年4月，全县土地确权数据顺利通过农业农村部和农业厅的两级汇交。

农产品品牌战略实施。完成山葵绿色食品认证申报；完成"马湖莼菜"证明商标的接受转让；完成"雷波脐橙"证明商标的续展；完成2019年"雷波脐橙"品牌维护方案的制订，召开全县"雷波脐橙"品牌维护协调会，并把品牌维护的通知发放到脐橙主产区，截至12月，全县"三品一标"农产品数达6个。

现代农业园区建设。哈洛乡大火地村州级现代农业产业园培育项目完成标准化改土2180亩、太阳能提灌站建设、8.7千米主干道建设、滴灌物联网建设、园区作业便道建设、管网布置、间作花生200亩、脐橙种植2900亩。雷波县彝谷农产品有限公司完成初加工设备的安装，包括真空机4台、绞肉机3台、分割机2台、灌肠机5台、冷藏保鲜库2座112平方米及相关配套设施。

【种植业】 全年粮食作物播种面积294530亩，其中谷物60234吨、豆类1330吨、薯类31227吨；粮油播种面积20975亩，产量1582吨，增长0.65%；其他作物种植面积41090亩。蔬菜种植面积58570亩，增长4.3%；中药材种植面积10250亩，产量408吨；糖料作物种植面积540亩，产量1063吨；茶叶产量771吨。

【林业】 天保工程。完成雷波县2019年度101.0298万亩国有林森林管护任务。建档立卡生态护林员工作稳步推进，2018年度下达雷波县建档立卡生态护林员资金800万元，在38个乡（镇）143个行政村落实建档立卡生态护林员共计1518人，项目为跨年度实施，聘用期限为2018年11月20日—2019年11月19日，管护补助标准定为5088元/人/年，通过金保"一卡通"形式每月向生态护林员兑现管护报酬，已完成生态护林员11个月劳务报酬兑现工作，累计兑现700.84万元，其中购买生态护林员人身意外伤害保险费29.6万元、兑现劳务报酬671.24万元。全年下达雷波县建档立卡生态护林员项目三批补助资金，共计1305万元。确定2019年度生态护林员总指标，涉及40个乡（镇）198个村，共计2521人，11月全面开展2019年度生态护林及资金兑付工作。公益林建设项目完成2018年补植补造和管护任务，其中人工造林3000亩、封山育林5000亩；启动2019年天然林资源二期保护工程新建任务，其中人工造林5000亩、封山育林5000亩。全县集体生态公益林生态效益补偿面积102.1551万亩，下达集体公益林生态效益补偿金共计1583.44万元，涉及47个行政乡（镇）273个行政村，受益农户4万余户，已兑现1330.7万元，并于11月底前完成95%的兑现工作。完成雷波县2017—2019年度天然商品林补助资金共计526.39万元，已兑现412.98万元，于11月底前完成95%的兑现工作。

退耕还林工程。完成上一轮退耕还林工程（4100亩）补助资金106.6万元的兑现工作；完成2015年度新一轮退耕还林工程（15300亩）第五年补助资金612万元的兑现工作；完成2017年新一轮退耕还林工程（15000亩）第三年补助资金450万元的兑现工作。调运17465株嫁接核桃苗，完成2016年度新一轮退耕还林工程5000亩的抚育补植任务；调运42992株嫁接核桃苗，完成2017年度新一轮退耕还林工程3145.4亩的抚育补植任务；完成2019年新一轮退耕还林工程任务10000亩的地块落实工作。

林业产业建设。一是核桃产业基地建设项目。在溪洛米乡水田村、祛里密村投入12.825448万元进行核桃示范基地建设，已完成1545株核桃嫁接改良及14794株核桃施肥整形修剪。二是花椒产业基地建设项目。共建设花椒基地10023亩（其中成片造林4602亩、以株折亩零星造林5421亩），投入总资金225.237416万元，其中2019年投入资金154.92263万元，已全面完成建设任务。三是雷波县易地搬迁集中安置点产业基地建设项目。营建竹产业基地9031亩、花椒基地5550.75亩；在岩脚乡瓦几村共计嫁接核桃660.5亩，共计改良核桃6605株，投入总资金1358.981111万元，其中2019年投入资金823.666666万元。四是竹产业基地建设项目。项目共涉及9个乡22个村，营建竹产业基地23861亩（其中种植实竹21060亩、种植苦竹1716亩、种植三月竹85亩、种植筇竹1000亩），投入总资金3211.600479万元，其中2019年投入资金1920.2405万元。五是2018年"1+X"林业生态产业新建花椒基地项目。共计发放花椒种苗690232株，其中藤椒239582株、大红袍46700株、云南青花椒403950株。

绿化造林。全县共完成义务植树50万株；违建码头"复绿"面积共计21.88亩；投入造林补助资金460.4万元，完成造林面积1万亩；投入资金50万元进行滑坡地治理，新造林44.63亩；完成脱贫攻坚造林专业合作社造林项目，新造林面积16183亩，绿化道路11.76千米，项目位于大岩洞、坪头、马湖等15个乡（镇）。

森林草原防火。全年共签订县、乡、村、街道、社区等各类责任书74538份，发送信息119480条，张贴标语1450条，召开群众会、"坝坝会"2160场次，发放森林防火知识手册30000册、森林防火户主通知书40000份、森林草原防火公告9755份、森林草原防火告知书76450份，建立宣传碑（牌）1560个；共查处野外违规用火141人次，其中治安拘留74人、治安警告2人、林政处罚65人；按规定及时反馈卫星林火热点信息2次，启动Ⅰ级预案1次、Ⅱ级预案1次、Ⅲ级预案1次，因扑救及时，未造成森林、林木损失和人员伤亡。

林业有害生物防治。完成越冬虫情调查及防治工作，共防治面积3000亩（七叶树蚧壳虫2000亩、冷云杉松叶蜂1000亩）。完成2018年雷波县扶贫专项核桃、青椒病虫害防治工作，共防治面积3000亩。完成雷波县松材线虫病虫害春、秋季普查工作，共调查松科植物面积4.2万亩（人工林），清理异常死亡松树14株，在县辖区内未发现松材线虫病害。完成苗圃产地检疫304.5亩、苗木1039.2万株，实施苗木调运检疫130.9万株、锯材321.58立方米，检疫率均达100%。

【畜牧业】 全年牲畜存栏25.6717万头（只），其中大牲畜存栏2.859万头、猪存栏6.5842万头、羊存栏16.2285万只；"四畜"出栏28.2732万头（只），其中牛出栏0.7217万头、生猪出栏13.6354万头、羊出栏13.9161万只；肉类总产量1.3057万吨。全县春秋两防共免疫猪W病157775头次，密度93.29%；猪瘟157775头，密度93.29%；牛W病37874头，密度92.48%；羊W病165855只，密度93.47%；禽流感病446149羽，密度94.63%；猪乙型脑炎病2.1812万头，密度100%；猪伪狂犬病2.1812万头，密度100%；猪细小病毒2.1812万头，密度100%；狂犬病2.13万只，密度100%。全县猪耳标佩戴率达92%，牛、羊耳标佩戴率达90%。

【乡村振兴】 为巩固脱贫成果，有效衔接乡村振兴，在八寨乡甲谷村开展乡村振兴试点工作。按照《乡村振兴战略规划（2018—2022年）》，围绕"产业兴旺、生态宜居、乡风文明、治理有效、生活富裕"的总要求，以实现农牧业高质量发展为主线，以增加农牧民收入为核心，以壮大村级集体经济为突破口，以推进农村牧区人居环境整治为着力点，以深化农村综合改革为根本动力，全面推进实施乡村振兴战略，推动农牧业提质增效、农村文明进步、农牧民增收致富。以产业发展为主线，建立科技园区，已建成翡翠梨园区200亩、桃园区150亩、竹园区2346亩，并在园区发展林下经济，在梨园、桃园套种蒲公英40余亩，制作蒲公英茶200千克；利用天然草场资源修建标准化圈舍，养殖土猪700余头、牛100余头、羊800余只、鸡2000余只。推动村内基础设施提档升级，建成通村硬化路8.5千米、通组硬化路4.5千米、产业路3千米；全力实施饮水安全巩固提升工程，户通水率达100%。加大环境综合整治力度，实施化肥零增长、农药零增长、推进养殖粪污综合利用，解决农田残膜污染，开展秸秆资源化利用等行动，全力抓好农牧业废弃物资源化利用和无害化处理，粪污综合利用率达90%以上，秸秆资源化利用率达86%以上。加强乡风文明建设，突出抓好思想道德建设，引导农牧民注重家庭建设、家教传承和家风培育，形成健康向上的精神风貌。开展"树新风助脱贫"活动，广泛开展"四好"创建、"三建四改五洗"、"洁美家庭"建设，全面推进贫困家庭养成文明习惯、实施科学家教、优良家风，家庭文明建设氛围在彝家村寨日益浓厚，人居环境明显改善。实施各类文化科技惠民工程，通过开展"文化下乡、科技下乡、卫生下乡"和"崇尚科学、破除迷信、拒绝邪教"等宣传活动，宣传社会主义核心价值观，实现了精神文明和脱贫攻坚相互支撑、相互促进的良好态势。开展移风易俗行动，发挥村规民约作用，坚决遏制大操大办、天价彩礼、人情攀比等陈规陋习。加强乡村治理，健全村务监督机制，加强基层党组织建设，以加强村级党组织、带头人队伍和党员队伍建设为重点，推进抓党建促乡村振兴等工作，推动基层党建工作全面提升、全面过硬，推动了乡村和谐发展。创新基层管理机制，加强基层基础设施建设，建成村卫生室1个、40平方米，配备村医1名；村综合体1个、240平方米（含党员活动室、农民夜校、文化室等），有图书1800册、广播器材1套；幼教点1个、320平方米，有教师4名，在读幼儿65人；有民俗活动操场1200平方米、冷冻库综合体1个、防洪沟4条，安装路灯160盏，全村通网络通信。借助"七五"普法，树立"用得上、听得懂、看得见、信得过"的工作理念，发挥老党员、老干部的作用，建立普法宣传员队伍，为幸福美丽新村建设营造了良好的法治环境。建设平安和谐乡村，推进乡村社会治安防控体系建设，开展"扫黑除恶"、禁毒防艾工作，严厉打击黑恶势力、黄赌毒、盗拐骗等违法犯罪，全村治安环境实现了好转。民生保障持续加强，把就业创业作为农民增收主渠道，推进农民工就业创业，全力加强职业技能培训，多渠道促进农村劳动力转移就业创业。加强农村社会保障体系建设，完善城乡居民基本养老保险制度，适时适度提高养老金待遇水平；统筹推进城乡社会救助体系建设，做到农村贫困人口"应保尽保、应兜尽兜"，实现生活共同富裕。

【扶贫开发】 依托"1部47所214室"作战体系，上下联动、分兵把口，县、乡、村三级挂图作战，层层签订责任书、立下"军令状"，实行重大任务承诺制，深化专项扶贫、行业扶贫和社会扶贫"三位一体"的大扶贫工作格局。出台13个方面41条措施，实施"23+1"扶贫专项，"五个一""三个一"帮扶力量、帮扶责任人尽锐"出战"，推进"四季攻势"。调整充实39名县级领导全覆盖联系47个乡（镇）、72个县级部门对口联系171个贫困村，累计选派"第一书记"386名、农技员172名、帮扶队员669名、帮扶责任人4145名进村帮扶。按照《"5+3"特色农业产业发展意见》，采取"公司＋专合社＋基地＋农户"等模式，发展以脐橙、核桃、莼菜、中草药、芋香猪为主的五大农业特色产业，建设竹产业基地2万亩，嫁接改良核桃3万亩，提质增效核桃、花椒2万亩，种植良种马铃薯8.68万亩、山桐子2400亩、中草药560亩，配套建设蔬菜示范片500亩、脐橙标准园4475亩、小水果种植园1404亩、莼菜基地120亩。实施"短平快"项目，对全县满足条件的1.4万余户建档立卡户实施"以奖代补"，实现贫困户每户最高增收3000元。统筹实施易地扶贫搬迁、彝家新寨、工程移民、危旧房改造、土地增减挂等项目，投入17亿余元，建成安全住房20075套，实施"三建四改"16186户，9万余人实现"安居梦"；建设20户以上集中安置点60个，解决了"一方水土养不起一方人"的难题。投入12.4亿元，建成268个村通村硬化路1376.4千米；改造国、省干线76千米，县、乡道路260千米，农村公路通达、通畅率均为100%。投入1.3亿元，实施45个乡（镇）242个村的饮水安全巩固提升工程，解决改善19.05万人的饮水安全问题。投入6.1亿元，实施280个村的农网建设和升级改造项目399个，全面保障了农村生活用电。投入0.6亿元，建成综合体121个。新建中小学3所，改（扩）建36所；实施风貌提升和文化建设59所；开办"一村一幼"306所，开班436个。新建和维修乡（镇）卫生院42个、便民服务中心47个。完成596个通信网络基站建设，全覆盖实施"户户通"和214个村文化室项目，"乡三有""村七有""户六有"全部达标，贫困群众住房难、行路难、上学难、就医难、饮水难、用电难、通信难、增收难"八难"问题有效解决，贫困群众生活环境和农村面貌发生历史性变化。全县年度减贫9793人、退出贫困村30个，累计减贫76735人、退出贫困村171个，综合贫困发生率降至0.13%，在全州率先退出贫困县序列。

【乡村旅游】 全年游客接待人数突破180万人次，增长12.5%；实现旅游收入11.96亿元，增长26.96%。小海村旅游扶贫规划通过专家评审，黄琅镇被评为大凉山旅游名镇，马湖4A级景区、箐口苗寨3A级景区通过州级验收。

【农村水利】 投入资金5509万元，实施农村饮水安全巩固提升和产业发展用水项目140个，建成各类供水水池147口、饮水水窖621口，安装各类饮水管道559.1千米，对271个村的末梢水质31项指标进行检测，安装净化设备86套，全覆盖解决45个乡（镇）147个村104997人（其中贫困人口23852人）的饮水安全问题；投入资金3474.29万元，完成柑子河、西宁河和西苏角河水毁河堤修复治理工程，治理河道约5.8千米，新建河堤5.4千米，疏浚河道7千米。加强防汛防御工作，修订完善防汛应急预案，加强值班值守，确保责任落实到位。开展防汛隐患排查，查出隐患74处（其中重大安全隐患6处），制定措施46项。加快推进马湖病险水库整治前期工作，落实资金181.9万元。抓好预警系统运行维护、防汛物资储备及基层防汛组织建设工作，组建抢险队伍并开展各类应急避险演练271场次，发布预警短信56000余条。积极应对12次强降雨过程，成功避险西宁"8·3"、小沟"8·21"山洪泥石流灾害。开展河湖治理，建立河长巡河每周提醒机制，发送温馨短信9000余条，三级河长累计巡河14900余次；落实河（湖）长信息公开制，维护安装河（湖）长公示牌宣传牌48块。启动金沙江雷波段、西宁河、马湖河湖管理范围划定工作。开展长江岸线利用项目清理整治工作，涉及13个项目，包括11个码头和2座大桥，已完成5座码头的拆除取缔和复绿，下河坝码头、金沙江和大岩洞2座大桥的整改整范工作，并按要求对项目进行了公示、确认。完成金沙江雷波段河道采砂规划编制送审工作，对金沙江溪洛渡库区5个砂场采砂权进行公开拍卖。开展河湖"清四乱"专项行动，打击涉河湖违法行为3次，拆除违章建筑2处，清理垃圾2500吨，全县河湖面貌持续改善。加强行业监管，严格水资源管理，编制完成32座电站"一站一策"，安装水电站下泄生态流量监控设施29座，核查登记取水工程（设施）59处，安装国控水资源监测站点5处，开展小水电清理整改44座。加强水土保持治理，核查疑似违法违规项目72个，下发各类整改通知60余份，征收水土保持补偿费195.24万元，治理水土流失面积30.1平方千米。完善行政审批，优化营商环境，全年共审批权限内建设项目水土保持方案22件、取水许可延续5件、水利工程洪水影响评价2件。开展非法采砂专项整治，清离采砂船6艘，立案查处2起。加大涉水法律法规宣传力度，出动宣传车6次，发放宣传资料1500余份。

【农业机械化】 全县农机总动力达15.0604千瓦，其中拖拉机190台4268千瓦、耕整机3068台16430千瓦、机动脱粒机1325台4370千瓦、提排灌机械（主要是微小型清污水泵）1682台3510千瓦、青饲料切碎机8540台11410千瓦、饲料搅拌机28台53千瓦、联合收割机11台95千瓦、农副产品加工机械59140台110521千瓦。全年完成机耕（耙）12.01万亩、机械植保8万亩、机电灌溉作业面积0.46万亩、机械脱粒3.5万吨、农副产品加工6.9万吨、农机运输作业1320万吨千米。全年共计录入补贴农机具262台，完成补贴资金10.978万元。

【农村科技】 开展各种技术培训，全年共完成中药材培训60人、科技示范户猕猴桃种植技术培训80人、致富带头人培训84人、基层农技人员能力提升培训16人、"一村一名"农技员培训2期32人、凉山农校实用技术人才培训50人、西安农村实用技术人才培训8人，完成新型农民素质提升培训10837人、技能培训2.1万人。加强交流合作，构建内外合作大通道，与4所院校、7家企业、3所院所建成产学研联盟，让"科技扶贫信息跑腿"代替"贫困群众展跑路"的目标逐步实现。推进基层农技服务体系建设，新建有机羊示范项目2个、小凉山土鸡孵化示范基地4个、中药材良繁基地1个，引进50万头生猪养殖项目1个，新培育科技示范基地2个、新型职业农民203人，完成养猪高产技术推广及生猪三元杂交试验示范项目、营盘村芭蕉芋猪基地安装监控设施项目、本地山羊杂交引种试验示范项目、阉鸡育肥技术推广项目。遴选培育科技示范户240户，辐射带动农户2200户以上，示范带动周边农户发展农牧产业。完成科技示范户物化补助和特聘农技员培训3人。调整充实172名驻村农技员进村开展技术帮扶，共开展种养业技术培训1500余次。采取集中培训、田间诊断、入户指导等多种形式，开展种养殖技术、脐橙病虫害防控、农作物施肥禁忌事项、重大动物疫病防控等技术指导40余场次以及走村入户进行技术指导10000余人次，培训农户15000余人次，发放宣传资料18000余份、农业主推技术手册5000份。

【农村教育】 投入17.78亿元实施教育扶贫，落实义务教育免补政策，实行"六长+组长"负责制，推进"控辍保学"，小学、初中阶段净入学率分别达99.6%、95.1%，全省义务教育均衡发展工作现场会、全国少数民族地区"学前学会普通话"行动试点现场会在雷波县召开。全年新建中小学3所，改（扩）建36所，实施风貌提升和文化建设59所；开办"一村一幼"306所，开班436个。投入8.7亿元发展教育事业，金沙二中主体工程基本完工，38个"一乡一园"全面竣工，实施中小学宿舍、食堂、教学楼、周转房等15个项目。

【农村卫生】 新建和维修乡（镇）卫生院42个，232个村卫生室完成达标建设。全面推进分级诊疗制度，县内就诊率达99%。以对口支援为契机，加强医务人员技能培训，通过"传、帮、带"，为卫生院培养专业技术人才，使整体医疗技术水平不断提高。全面实施乡（镇）卫生院和村卫生室农村卫生签约服务工作，贫困人口签约服务率达100%。落实"十免四补助"政策，建档立卡贫困人口100%参与城乡居民基本医疗保险。

【农村法制建设】 "七五"普法深入开展。防范政府债务风险，化解政府隐性债务2.2亿元。开展非法集资、民间高利借贷、互联网金融等专项整治，防控金融风险。开展"迎庆"系列专项行动、"扫黑除恶"专项斗争，延伸"治乱"打击范围，破获九类一审案件12起。深化毒品治理体系建设，破获毒品刑事案件13起，查处吸毒人员117人，抓获外流贩毒人员8名，投运社区戒毒（康复）工作站30个。严厉打击各类违法犯罪，破获各类案件145起，批捕在逃逃犯74人，破获森林火案和破坏野生动物资源违法犯罪案件188起。加大交通违法整治力度，规范农村短途客运车辆165辆。民爆物品管理、监所管理实现全年安全目标。矛盾纠纷化解机制不断优化，安全生产、消防安全、森林防火、防震减灾、自然灾害治理、食品药品安全等工作持续加强，社会形势总体平稳。

【农村交通】 投入12.4亿元，建成268个村通村硬化路1376.4千米，改造国、省干线76千米，县、乡道路260千米，农村公路通达、通畅率均达100%。

【农村社会保障】 开展城乡低保、特困供养、救灾救助、优抚安置、临时救助等工作，累计发放救助资金9025.76万元、低保金134.61

万人次2.5亿元、残疾人生活补助9.09万人次696万元、重度残疾人补助12.59万人次1382.37万元。推进城乡居民参保工作,财政代缴困难群体养老保险286.85万元、贫困人口医疗保险1719.41万元。实行药品零差价销售,让利群众403.06万元。建立“儿童之家”10个,避险搬迁安置17户。维护农民工合法权益,为3042名农民工追讨工资5644.28万元。按时发放农业补贴,下达耕地地力保护补贴资金1796.57万元,已通过“金保网”发放耕地地力保护补贴1697.53万元,兑付率达94.5%;通过“金保网”发放稻谷补贴119.01万元,兑付率达95%。

【农村生态建设及环境保护】 污染防治“三大战役”有序推进,中央和省环保督察反馈问题整改工作有效开展,全县空气质量优良天数达360天。三级河(湖)长制和23条河流“一河一策”全面落实,黄琅马湖污水处理工程全面开工,乐水湖污水处理设施项目全面完成,杉树堡牲畜交易市场完工投用,县医疗废物处置中心完成设备安装。“清四乱”、非法采砂采矿专项整治成效显著,完成7个长江干流岸线利用项目清理整治。治理水土流失面积30.9平方千米。实行“网格化”土壤污染监管机制,完成取土化验样品93个。实施国有林管护、退耕还林、封山育林、人工造林,新增森林面积15.5万亩。实施草牧业生产方式转型升级项目,实施草原禁牧10.5万亩、草畜平衡130万亩,建设人工饲草地面积6.23万亩。推进农业废弃物综合利用,开展农作物秸秆资源调查,全县共调查24个乡(镇)24个村220户农户,秸秆利用率达86%以上,实现了秸秆资源饲料化、燃料化、肥料化、基料化。推进畜禽污防治,大力推广沼气综合利用技术,推行“畜—沼—农作物”综合利用,全年新建户用玻璃钢结构8个、沼气池420户(口),涉及15个乡30个村,受益农户2120人;购置60台(套)沼气池沼渣沼液农业综合保护可循环利用抽排设施。加大“三个整治”和“脏乱差”专项治理力度,门前“五包”责任制全面落实,以街为市、占道经营和“六乱”问题得到有效解决。

【农产品质量安全监管】 投入273.318万元,完成农产品质量安全检验检测站建设,项目已通过验收。配合绵阳市农畜产品检测中心完成农产品质量安全监督例行抽检1次10个样品,其中生产基地样品8个、集贸市场样品2个;配合凉山州农产品质量检测中心对全县荞麦产品进行专项抽检,共抽取样品5个。开展本地果蔬农残快检(有机磷),截至10月底,共检测果蔬样品120个,其中生产基地91个、批发市场9个、集贸市场20个,合格率为100%。

【项目建设】 雷波县50万头优质生猪产业扶贫项目于9月15日与巨星集团签订合作框架协议,合作内容为建成总存栏2万头种猪的智慧型标准化种猪场,年提供优质商品仔猪50万头;建设存栏1200头规模以上的标准化商品猪养殖场约150个,年出栏商品猪50万头。巨星集团与溪洛米乡双龙村芭蕉芋猪养殖场、谷米乡四方石村芭蕉芋猪养殖场签订了代养协议,共代养仔猪3400头,并完成对汶水镇铜厂沟猪场的租赁并对圈舍进行改造;启动雷波巨星公司的本地化注册工作,已完成核名,初步选定箐口乡红岩村后海子为种猪场的建设地,因涉及基本农田,需上报自然资源局对土地进行调规,批准后方可进行勘察设计等前期工作。小凉山土鸡孵化基地建设项目在曲依乡马鞍村,汶水镇颜家湾村,元宝山乡跑马坪村、乡椅子村建设小凉山土鸡生态养殖示范基地,存栏2.4万羽。在八寨乡甲谷村发展生态鸡养殖,发放鸡舍160个,投放鸡苗1920只,带动160户农户(其中建档立卡贫困户142户)。有机羊养殖示范项目在岩脚乡瓦几村、松树乡康家村建设2个有机羊养殖示范基地。生态猪养殖项目在汶水镇彭家山村、溪洛米乡锅落村、八寨乡甲谷村建立3个生态养殖基地,已投入生产,带动建卡贫困户250户,存栏生猪400余头。脐橙、小水果项目完成1195亩顺河脐橙标准园及配套设施建设;完成卡哈洛乡羿子村700亩脐橙园改土、沿江400亩脐橙园零星改土;完成八寨乡甲谷村174亩的梨种植、五官乡鲁沟村400亩猕猴桃园配套设施建设、汶水镇铜厂沟村30亩猕猴桃园配套设施建设、回龙场乡小湾村800亩李子园建设、渡口乡云盘村等6个村的小水果园外水系配套设施建设。莼菜、蔬菜、茶叶项目完成黄琅镇后海村1200亩茶园建设,完成汶水镇红花村等5个村550亩露地蔬菜示范片建设。山葵、芦笋、中药材项目投入资金2159万元,完成中药材种植共计851.81亩,其中天麻349.81亩、芍药250亩、大棚芦笋200亩、黄精60亩;建设中药材良繁基地50亩。

【主要领导人】 县委书记:王荣华;县人大常委会主任:阿木布沙;县长:陈翔;县政协主席:陆青;分管农业副县长:宋平。

雷波县编写组

调查与研究

乡村治理秩序建构的四川法院探索

四川省高级人民法院副院长 刘 楠

乡村治理是国家治理的组成部分，要实现国家治理体系和治理能力现代化的目标，必须以坚持和完善中国特色社会主义制度为基础，实现国家制度优势向治理效能的转化。乡村治理不是纯粹的经济与个体的融合治理，而是建立在特定的社会结构、社会文化、社会习俗之中。乡村治理秩序的建构需要法治但不仅限于法治，应注重发挥乡土资源的作用，将法治道路与传统美德有机结合，形成多元共治的局面。

一、乡村良法善治秩序之解读

乡村良法善治秩序是一种通过构建融自治、法治、德治于一体的"三治并举"的乡村治理体系而实现乡村和谐的社会秩序。在自治、法治、德治"三治并举"的乡村治理体系中，三者之间的关系也要进行合理定位、安排。

构建乡村良法善治秩序，自治是基础。中国最广大的人口仍然居住在农村，实现中国社会现代化的最重要任务之一就是实现农村社会的现代化。乡村社会是一个基于血缘亲属关系和各种人情往来组成的集体社会，传统道德规范和当代法律文化交织其中。如何构建规范有序、富含生机、充满活力的乡村治理体系，有赖于基层乡村社会群众的主人翁意识的激发程度。在构建乡村治理体系的过程中，需把握好传统伦理道德和当代法律价值取向之间的取舍，协调好基层乡村群众特殊的价值取向与法律普适性之间的关系。

构建乡村良法善治秩序，法治是保障。一个司法裁判，其规则无论是否能够作为立法或补充立法，在客观上对此后的类案裁判都构成一种约束和导向，并在此意义上具有规范、引导的作用。基层乡村治理体系之构建，不能脱离当前法律。基层乡村社会是传统道德的聚集地，充斥着大量的风俗民情，其中不乏一些与现代法治理念相冲突的习俗观念。故而，要构建新时代和谐的乡村社会秩序，应强化个体法治意识，在乡村树立法律权威，发挥法治在基层乡村社会化解矛盾纠纷中的作用，通过法律来规制、消除基层治理中的不良习俗，让德治、自治都在法治框架内发挥作用，让基层治理中的一切活动都有法可依，有法必依。

构建乡村良法善治秩序，德治是助力。《民法典》用"公序良俗"概念取代了《民法通则》和《合同法》中的"社会公共利益"概念，明确规定"违背公序良俗的民事法律行为无效"。"善良风俗"，即全体社会成员所普遍认可、遵循的道德准则。如果说法治是"雷霆之厉"，那德治就是"润物之雨"，在基层治理体系构建中，法治之令行禁止固然必不可少，但一味严厉也不利于社会和谐，一张一弛方为永恒，中国人的思想中也有着"法律不外乎人情"的观念，这里的"人情"就是传统习俗、道德中所表现出的温情。以德来感化、引导群众言行，实现禁于将然之前，则有利于降低基层治理的社会成本，推动良法善治之秩序实现。

二、乡村治理存在的法治难题

当前，我国农村地区正在经历着极其重大而迅速的社会转型过程，相应的农村地区矛盾纠纷化解机制建立的基础条件也在转变：一是新生代农民工大量流入城市，农村地区老龄化、"空壳化"现象较为严重。二是熟人社会的基础仍然存在，但已开始逐步动摇。三是传统思想观念仍然根深蒂固，但已受到新兴观念的冲击，这些转变对乡村治理形成了诸多挑战。

（一）农村产权制度改革领域法律风险突出

乡村振兴，产业兴旺是重点。产业兴旺，激活农村市场是关键。农村产权制度改革是激活农村各类生产要素潜能，建立符合市场经济要求的农村集体经济运营新机制的顶层设计。2018年，全国农村集体产权制度改革试点进一步扩大，正在不同地区从省、市、县三个层面推开。在农村集体产权制度改革中，因参与主体法治意识不强、法律知识欠缺而存在较多法律风险点，具体到法院受理的案件中，以土地承包合同、土地承包经营权转让纠纷居多。经具体分析，主要存在以下问题：

一是制度层面，涉及农村土地法律政策还有待完善。土地是财富之母，是农民的安身立命之本，也是乡村治理的关键所在。但当前农村土地纠纷仍然呈现常发、多发状态，影响了乡村经济社会发展。首先，改革先行导致法律适用困境。目前，我国农村土地流转法律制度虽然初具形态，但仍处于嬗变之中。农村土地实行“三权分置”后，立法工作未能跟上实践和政策的脚步，如土地承包经营权的抵押，目前有政策依据，但缺乏法律支撑。同时，有些自下而上的改革探索亦缺乏上位的政策支持，存在较大法律风险。其次，立法空白导致裁判结果不一。通过审判确定规则，为民众提供行为指引，是人民法院服务保障乡村振兴战略实施的重要方面，但立法空白会导致裁判结果不一的现象，如关于改变农村用地性质的合同是否有效，各地分歧较大，难以形成共识。

二是机制层面，农村产权改革所伴随的风险应对不足。首先，基层政府存在越位与缺位现象。在农村产权改革试点地区，存在部分基层政府对改革大包大揽、过度干预或只重视招商引资，不重视监督管理等现象，引发大量法律风险。如个别政府直接充当土地承包经营权合同主体，导致合同无效，损害群众利益。在非试点地区，存在基层政府越位“探索”，触碰法律红线的现象，部分行为形似对农民有利，实则不符合法律规定。此外，因部分基层政府工作人员欠缺法治意识、法律知识，对推行措施的合法性判断出现偏差也是诱发风险的重要原因。其次，新型农业经营主体应对法律风险能力不足。新型农业经营主体防范、应对法律风险的能力不足，也是导致改革中矛盾易发多发的重要原因。有的地方不同程度出现以发展产业为名骗取国家专项资金，又以经营亏损为由恶意停产的现象，严重损害国家和农民的利益。再次，部分农民诚信和规则意识欠缺。缺乏诚信和规则意识是导致农村产权改革中矛盾纠纷群体化、复杂化的重要原因。如部分农民缺乏诚信意识，肆意违约现象较为突出；部分农民缺乏法律意识，对裁判结果不理解、不接受、不执行；部分农民存在对法律法规的曲解误读，信访不信法和“抱团取暖”导致矛盾激化，引发系列关联案件，甚至“民转刑”案件。

(二)农村社会转型附随的各类风险相伴而生

一是乡村环境问题更具复杂性，综合治理需求更为迫切。农村环境问题突出，生态环境治理任务艰巨，比如乡村工业污染的新变化，在原有因乡(镇)企业技术落后、能源消耗高、欠缺防治污染举措的基础上，增加了城市向乡村转嫁污染的更大可能性，由于城市产业结构调整，一些耗能高、污染重、难以管理的企业迁徙到乡村。再如农业污染的新变化，随着农业生产、畜禽养殖集约化、规模化程度更高，因滥用农药、化肥、地膜等造成水、生物、大气污染，甚至危害人民群众健康的现象更为凸显。

二是农村“空心化”问题日益突出，离婚率高发。随着我国城镇化的不断提速，很多农民工长期外出务工，特别是青壮年终年在外，村落常住人口大量消减，农村“空心化”难题日益突出，有的地域出现“空心村”迹象，难以保持乡村的朝气和动力，已成为乡村经济、社会、文化、生态发展的突出阻碍。同时，因全省农业人口众多，农村离婚纠纷案件占到全省离婚案件的70%以上，其中起诉离婚理由排名第一的是分居(占比55.58%)，这与农村“空心化”问题直接相关，成为农村家庭这一社会治理“细胞”不稳定的关键因素。

(三)诉源治理齐抓共管的大格局有待深化

诉源治理是党政主导下社会治理的有机构成。改革还存在“温差”问题，一些地方对诉源治理“是什么、为什么、怎么干”认识不清、把握不准，工作或者浅尝辄止或者观望待动。对这种“冷热不均”、认识不到位的问题，应抓紧转变观念，破除“无能为力”思想，坚定工作自信，主动积极作为，让“规定动作”对标到位，使“自选动作”创新添彩。

三、乡村治理的四川法院探索

从法院内外形势来看，当前乡村振兴战略的实施给法院工作带来了新的挑战和重大机遇。人民法院既要立足审判，发挥职能作用，又要建立审判职能延伸机制，积极参与社会治理。四川省法院坚决贯彻中央、省委、最高法院关于乡村振兴战略的决策部署，不断优化乡村振兴司法供给能力和水平，并主动延伸审判职能，形成了一些推进乡村社会治理法治化的经验做法。

(一)治理路径从法院主推向党政主抓转变，将诉源治理作为法院服务保障乡村治理的重要抓手

社会治理是国家治理的重要环节，也是构建现代治理体系的短板。习近平总书记指出，“要完善党委领导、政府负责、社会协同、公众参与、法治保障的社会治理体制，打造共建共治共享的社会治理格局”。全省法院不断强化诉源治理意识，将乡村治理中的纠纷防范和多元化解作为服务保障乡村振兴战略的重要突破口，力争实现“标本兼治，重在治本”。

一是统筹建章立制。2019年以来，省法院相继出台了《全省法院诉源治理实质化实施意见》，推动省两办印发《关于建立健全诉源治理机制加强矛盾纠纷源头预防和前端化解的指导意见》，将诉源治理纳入地方党委、政府中心工作，实现治理路径从法院主推向党政主导转变，推动矛盾纠纷源头治理、分流化解和诉内治理，做好“未病先防”“已病善治”，防止“病源传染”，不断巩固矛盾纠纷多元化解工作成果，地方诉源治理“一盘棋”工作格局初步形成。2020年1月—8月，全省法院一审收案同比下降3.31%，首次申请执行的衍生案件同比下降1.09%，相关做法受到中央政法委的肯定。同时，诉源治理在全省也已经形成很多成型的经验，比如眉山等地创新发展“眉山经验”，依托成熟顺畅的多元解纷机制开展了卓有成效的工作；凉山州冕宁县法院“德古”调解、攀枝花米易县第三方调解中心、成都法院“和合智解”e调解平台等工作受到最高法院院长周强的充分肯定。

二是建立联调机制。各地法院根据当地涉农纠纷情况，建立与相关职能部门的联调机制。如在婚姻家庭纠纷、农村土地纠纷、房屋纠纷、乡村道路交通纠纷等多发地区，建立与妇联、民政、国土、农牧、交通等部门的协调联动，采取派员入驻和预约调解等方式，设立诉调对接工作室，取长补短，形成解纷合力，提高社会各方的参与度、协同度。2019年，省法院出台《关于深入推进非诉调解协议司法确认工作的意见》，与人力资源社会保障厅、司法厅、省总工会联合印发《关于开展劳动争议多元化解试点工作的实施意见》，大力推进劳动争议等领域的多元化解机制建设。全省法院已设置诉讼服务站813个、诉讼服务点2368个、诉讼辅导室270间，安排诉讼辅导人员441名，208家法院引进人民调解、律师调解、行业调解、公证等2110家第三方解纷组织并已入驻6458名调解员。全省法院积极应用统一的在线矛盾纠纷多元化解平台，零距离承接矛盾纠纷非诉化解。

三是优化大调解机制。广泛借助人民调解、行政调解、行业调解、律师调解等优势资源，并注意引导当事人选择司法确认程序，以便给予国家强制执行力的保障，免除其后顾之忧。同时，对未调解成功案件，

建立“无异议调解方案认可”“无争议事实记载”等机制，缩短法院后期案件审理时间。2019年，省法院与司法厅联合召开全省律师调解暨律师事务所诉讼服务站试点工作视频会议。全省法院已成立律师调解室202个，加入法院特邀调解组织名册、特邀调解员名册的律师调解组织385个、律师调解员2502名。

（二）注重科学谋划施策，建立健全法律风险预判和纠纷防控机制

2018年以来，省法院印发《关于充分发挥审判职能作用服务保障我省乡村振兴战略实施的意见》，对人民法院服务保障乡村振兴战略实施提出了明确要求，发布服务保障乡村振兴战略实施、服务营商环境等典型案例20余件。全省各级法院结合各地乡村差异和发展走势，找准法院服务保障乡村振兴战略的结合点和着力点，出台服务保障乡村振兴战略的具体措施，确保科学定位、因地制宜、循序渐进，将法律风险预判与纠纷防控司法供给与法治教育宣传相结合，从思想上更新认识，从组织上加强保障，从形式上创新丰富，从制度上给予支持，将纠纷止于未然。

一方面，注重利用司法大数据加强风险研判。不仅要从审判实践梳理总结基层干部、农村产业经营主体、传统农民、新生代农民等主体的法律知识短板，也要注重发挥大数据、人工智能等现代科技的预测优势，利用司法大数据对实施乡村振兴战略过程中的法律风险点进行分析预判，主动了解受众的法律困惑，确保供需兼顾，不断增强法律风险预判与防控司法供给的针对性和有效性。截至2020年8月，全省法院大数据平台已汇聚11类案件数据560余万件、电子卷宗数据350余万件。省法院两次召开四川司法区块链建设应用研讨会，积极布局四川司法区块链建设应用。同时，编制《基于司法大数据的2019年四川经济社会运行情况评估报告》《2019年四川法院审判执行运行情况评估报告》等，实现数据共享。

另一方面，注重发挥人民法庭的“战斗堡垒”作用。发挥人民法庭化解基层矛盾纠纷的“触手”功能和贴近乡村、服务群众、高效化解矛盾纠纷等工作优势，切实做好人民法庭工作。在藏区、彝区等交通不便地区，推广“马背法庭”“车载法庭”等巡回审判模式。坚持乡村群众需求导向，推进智慧法院建设，推行网上立案、电话录音公证送达等措施，畅通司法便民“最后一公里”。落实司法公开，以乡村群众“看得见”的方式实现公平正义。贯彻实施《中华人民共和国人民陪审员法》，广泛吸收乡村群众担任人民陪审员，借助其“从乡村群众中来、到乡村群众中去”的优势，更好地发挥其在案件调处、以案释法、沟通民意、法治宣传等方面的作用。全省法院已为全省187个基层法院配备巡回审判用车，在社区、乡村等设立诉讼服务站和诉讼服务点，派遣驻村（社区）法官，形成“庭、站、点、员式”的基层法律服务网络，涌现出贡井法院“红梅党员法官工作室”、叙永法院“摩尼石榴籽调解工作室”等多项改革品牌。

（三）延伸审判职能，加强乡村法治文化建设

一是加强司法建议针对性。司法建议是人民法院延伸审判职能、参与国家治理和社会管理的重要方式之一。全省各级法院通过对个案或者类案的剖析、研判，发现其中折射的经济社会发展问题，以司法建议形式，为党政科学决策、经济健康发展、社会和谐稳定建言献策，在推动法治社会建设中发挥了重要作用。主动围绕当地乡村发展、改革中的普遍性、群体性矛盾纠纷开展审判态势分析，并立足区域特征，向当地党委政府和相关部门提出既能反映问题又措施得当的司法建议。省法院从2011年起组织开展全省法院优秀司法建议评选活动并向全省法院通报，从2018年起邀请专家学者参与评选，并向社会公开发布。2018—2019年度，全省法院共发出司法建议1163件，收到回函671件，对于推动社会法治建设进程起到了积极作用。

二是找准决策参考契合点。深入分析研判总结涉及乡村振兴领域的审执态势，提出既符合法律精神，又保障改革成果的建议，推动实践中行之有效的经验做法及时上升为法律法规、政策制度。针对乡村治理中发现的土地流转、离婚纠纷、环境保护等突出问题，省法院以全省司法统计数据为基础编报的《基层法院反映农村土地流转纠纷呈爆炸式增长现象应引起重视》得到省委书记彭清华等重视并批办；形成《关于我省农村离婚纠纷案件司法数据分析报告》并报送最高人民法院及省委、省政府，被最高人民法院简报刊发；积极推进环境资源审判机制改革，2020年，省法院与重庆高院签订《成渝地区双城经济圈环境资源审判协作框架协议》，并指导省内中基层法院之间或者与兄弟省（市）法院、相关单位先后签订《沱江流域环境资源审判协作协议》《岷江流域生态环境资源保护“8+2”司法协作框架协议》《川陕甘秦岭南麓嘉陵江上游区域环境资源审判协作框架协议》《黄河上游川甘青水源涵养区生态环境保护司法协作框架协议》等，设立大熊猫国家公园片区法庭7个，对跨行政区域管辖、提级管辖进行了有益探索。甘孜等中院与环保、公安部门建立联席会议制度，对州内重大环境资源类案件实行提前通报、提前介入、提前指导，有力保障了川西北生态示范区建设。

三是优化法治宣传影响力。按照“谁执法谁普法”工作要求，不断创新法治宣传形式，在各乡（镇）、村（组）宣传栏开辟法院宣传专栏。在农闲时段，组织法院干警深入田间地头，开展法治讲座、法治咨询活动。发挥典型案件的教育引领作用大力开展以案说法，以案释法，引导农民自觉守法、遇事找法、化解矛盾靠法，营造崇尚法治的良好氛围。在“疫情防控阻击战”宣传活动期间，精心部署、全体动员、全面发声，“线上+线下”组合出拳，及时发布权威信息。全省三级法院在微信公众号、官方微博、官方外网等媒体平台发布疫情防控宣传稿件2.64万篇，阅读量达5000余万次，网友留言评论3.7万余次；发布短视频作品600余条，播放量1000余万次；展播电子宣传标语、视频4万余条；入社区、上街道、进企业开展法治教育宣传2000余场次，有关报道被新华社、《人民日报》、中央电视台、《法制日报》、《人民法院报》等主流媒体转载8000余篇次。

乡村振兴战略背景下的国家审计路径研究

四川省审计厅

民生所指，国运所系；民心所向，政之所行。党的十八大以来，以习近平同志为核心的党中央把脱贫攻坚摆到治国理政突出位置，打响了一场脱贫攻坚战，迎来了历史性的跨越和巨变。党的十九大作出了实施乡村振兴战略的重大决策部署，强调要把实施乡村振兴战

配使用、绩效低下等影响扶贫资金安全有效使用的风险，截留私分、滞留克扣、骗取套取等廉政风险，以及东西部扶贫协作、对口支援工作和扶贫债务资金、小额贷款管理使用中的风险等6个方面、24项风险进行了提示，为省、市、县各级政府及时整改问题，完善风险防范措施，实现"治已病、防未病"提供了问题风险导向，强化了审计成果运用。

（四）完善协作机制，进一步增强审计监督合力，在更高层面整合乡村振兴审计资源

2018年，中央审计委员会的成立是推进国家治理体系和治理能力现代化的一场深刻变革，是推进审计管理体制改革的伟大创举，也是我国审计改革和发展的里程碑。中央审计委员会是落实党中央对审计工作的部署要求的职能部门，加强对党政军审计资源的统筹安排，协调审计资源的合理配置，构建覆盖党政军、人和事的审计监督体系，促进审计在党和国家监督体系中发挥重要作用。

在乡村振兴战略背景下，乡村振兴战略实施情况审计涉及农业、农村、农民的方方面面，涉及财政、扶贫、民政、教育、医疗卫生、交通、水利、保险、银行等多个部门和系统，各自的政策制度千差万别、各自的专业领域博大精深，因此，在党政"一把手"担任主任的审计委员会的集中统一领导下，可以做到以下几点：

一是在审计力量整合上，除审计系统内部的统筹外，可以在充分厘清各乡村振兴战略工作管理部门的职责权限，统筹整合各部门监督优势、专业优势的基础上，形成以审计为枢纽的国家审计监督合力机制，以"审计+专业领域监督"的形式组成审计项目队伍，从更深入、更精准揭示问题的层面上改变目前多头监管、审计实施中各专业领域人员缺乏、基层审计对政策点的把握不准确、问题揭示流于表面等问题。

二是在审计手段上，大数据审计是国家审计信息化建设的重要内容，是完成审计全覆盖任务不可或缺的技术手段。2017年，胡泽君审计长在全国审计工作会议上提出了"科技强审，在审计理念、审计方法上不断创新，向信息化要资源，向大数据要效率"的要求。乡村振兴战略实施过程中更涉及到"农业农村农民"领域中方方面面的数据，海量的数据资源千头万绪，应该在审计委员会的集中统一领导下，从制度顶层设计的层面上跨部门跨领域整合审计大数据，在确保数据安全的情况下，打破"信息孤岛"，改变通过关系要数据而不是通过制度采集数据的情况。

乡村振兴战略是新经济形势下国家治理的重大战略部署之一，是党中央为解决人民日益增长的美好生活需要和不平衡不充分的发展之间的矛盾、实现全体人民共同富裕做出的重大战略决策。国家审计运用审计手段，全局性、过程性地监督、评价及反馈乡村振兴战略，从而能够推动战略的有效落实，有效地发挥了审计在党和国家监督体系中的重要作用，助力乡村振兴战略的有效实施。

科技之花绽放在脱贫攻坚主战场

四川省农业科学院

自脱贫攻坚工作部署以来，四川省农业科学院深入贯彻落实习近平总书记关于扶贫工作重要论述，紧紧围绕党中央作出的打赢脱贫攻坚战的重大战略部署，围绕省委、省政府关于推进脱贫攻坚工作的具体任务和要求，充分发挥农业科技的支撑引领作用，主动作为，分年度制定农业科技进贫困和民族地区行动计划，明确年度责任目标，细化年度工作任务，以产业扶贫推进贫困地区发展，以务实改革创新办法落实"六稳""六保"要求，以决战之心打赢脱贫攻坚决胜之战，让科技之花在全省脱贫攻坚战场中绽放。

一、因地制宜、助推产业，以产业发展提升"造血"功能

2015年，时任省委书记王东明在省农科院呈报的《关于实施"农业科技进贫困地区行动计划"充分发挥农业科技在扶贫攻坚同步奔康中的支撑引擎作用的报告》上做出肯定性批示，省农科院立即以"农业科技进贫困地区行动计划"（简称"行动计划"）为总抓手，成立由院党政主要领导负总责的脱贫攻坚领导小组，组织多个学科和专业领域科技力量编制工作方案，落实保障措施，实施农业科技进县、乡、村、户活动。五年来，在省委、省政府的坚强领导下，全院上下以高度的政治责任感、求真务实的精神，深入贫困地区真抓实干，实施脱贫攻坚项目1752个，建立在全省有影响的"稳粮、增收、调优、调绿"农业产业（科技）示范基地265个，示范应用科技成果500余项次，全院派出科技人员23614人次，现场指导农牧民近30余万人次，接收贫困地区农业技术人员和青年农场主2842人来院跟班学习，直接帮扶34765户贫困户脱贫，完成省委、省政府及有关部门交办的木里县定点帮扶、凉山州产业扶贫，藏区"双百人才"培养工程、深度贫困地区科技扶贫万里行活动、"三区"人才扶贫、深度贫困县千名紧缺人才培养行动等任务，得到了贫困地区干部和群众的赞扬。

（一）着力建立科技定点帮扶责任机制，推动木里县簸箕箩村脱贫攻坚工作新跨越

省农科院是省委确定的木里县精准扶贫单位之一，乔瓦镇簸箕箩村是省农科院的定点帮扶村。为高质量完成省委、省政府交办的帮扶任务，省农科院第一时间建立了院党委、机关处室、蓉内各所对口精准帮扶贫困户的责任机制，编制完成《木里县乔瓦镇簸箕箩村精准脱贫共同奔康村域产业发展实施方案》，规划建设蔬菜、果树、食用菌3个新兴产业百亩增收工程。领导、专家到贫困户开展调研、帮助解决"两不愁三保障"困难和产业发展问题共150余次，开展各类帮扶活动近150场次，先后派出园艺所副研究员鲜小林、经作所副研究员岳福良担任木里县副县长、村第一支书。2018年，增派李永洪等5名青年科技人员作为驻乡、驻村工作队队员，负责各项帮扶措施落地落实。建成设施蔬菜大棚50个（15亩），亩均产值达3.2万元；发展羊肚菌850亩，受益农户300余户，产值达1700万元；种植优质水果120亩，受益贫困户70余户，2019年亩产值达5000元；向建档立卡贫困户投放鸡苗3500余只、种羊4只、仔猪340头，扶持22户养殖大户建设暖棚、改造棚圈。此外，省农科院协调

落实簸箕箩村通组路维修款19万元，赠送特贫户棉衣棉被372套、菜籽油300余桶、大米830余千克、洗漱用品500余套及儿童学习用品；“以购代捐”采购农产品75万元，多渠道助力簸箕箩村脱贫攻坚工作。截至2018年年底，簸箕箩村村民人均可支配收入达6500元，成功退出贫困村序列。2019年，木里县如期“摘帽”，簸箕箩村继续保持脱贫未返贫。2020年，省农科院协调有关资金，启动建设规模养殖基地，进一步推进种养循环模式，助推簸箕箩村成为“木里县农业科技脱贫核心示范村”。

（二）着力引领贫困地区粮食生产和粮食作物提质增效，主要粮食作物屡创高产新纪录

五年来，省农科院着力实施“吨粮田5000元”“旱粮周年高产高效攻关”，开展良种、良法、良制、良壤、良态集成示范和传统粮食作物优质高效示范。在科技引领粮食作物生产方面，在汉源县实施“德优4727”百亩水稻吨粮攻关，107.5亩平均亩产1047.2千克，最高田块亩产1155.56千克，创全省水稻高产新纪录；在德昌县实施花香水稻百亩吨粮攻关，113亩平均亩产1055.51千克，创优质航天水稻全省高产新纪录；在丹巴县实施“成单30”高产攻关，创单块田平均亩产1282.21千克、百亩示范片平均亩产1010.14千克的南方玉米高产新纪录；在道孚县创马铃薯单块田平均亩产5630千克的全省高产新纪录；新冠肺炎疫情期间，在三台丘区，农户自种农田“小麦104”，实现729.7千克的西南近十年最高产新纪录。省委常委曲木史哈在省农科院专报上做出“实践证明，科技是推动农业生产进步的核心力量。感谢四川省农业科学院及相关单位科研人员的贡献。要总结经验、加大科研投入、推行我省粮食新品种的培育研发迈上更高台阶＂的肯定性批示。自2018年起，为木里县依吉乡连续两年秋播赠送适宜本地的小麦新品种，重点从品种和技术两个方面提升小麦生产水平，全乡小麦普遍增产30%～100%，尚未收获即被订购一空，极大地激发了贫困户脱贫的信心和决心，2020年秋季全面完成全乡的小麦品种更新换代；在苍溪县多地示范推广优质航天水稻2000余亩，集成配套优质航天水稻稻渔高效种养模式下的高产栽培技术，实现了优质航天水稻在栽插面积减少10%的情况下与常规栽培模式平产，高产田块亩产达700千克，较大面积种植品种增产50～80千克；在叙永县落业整村推广甘薯新品种“川薯294”“川薯228”300余亩，综合提升产量50%以上，在新品种鲜食商品性大力提升的基础上，依托帮扶建立了“薯道斓”品牌，帮助50%的鲜薯实现对外销售，在满足农户日常生活需求的同时提升综合效益；在阿坝县引进高原藏区高产优质品种“川油36”“饲油36”，连续两年较当地对照品种增产35%以上，产油量提升10%以上，深受农牧民欢迎。三年内，种植面积从0.2万亩快速提升到2.3万亩以上。

（三）着力引领贫困地区新产业发展，助力农业新兴产业登上新台阶

五年来，省农科院依托贫困地区农业资源，开展有针对性的品种、技术创新突破，坚持“创新转化一条线”，引进从无到有新兴产业助力贫困地区农业新兴产业发展壮大。“羊肚菌新品种及商业化栽培”成为支撑全省贫困地区新兴产业发展最响亮的科技成果，在甘孜州泸定县创造平均亩产592.5千克的世界高产纪录，全州最大年播种面积达1.49万亩，成为羊肚菌商业化栽培最大的区域，成功获得“中国高原羊肚菌之乡”称号；“黑花生新品种及富硒高效集成技术”在大竹县贫困乡（村）示范应用1万亩，每亩平均增收1000元，贫困户最高户均增收2万元，全面支撑了“益寿”黑花生品牌建设；“脆李自发气调复合保鲜技术”面向宣汉县5万亩产业基地开展应用服务，延长脆李保鲜期至90天，每亩可增收2500元以上，基本缓解了脆李集中上市、销售期短的问题。

（四）着力引领贫困地区农业供结侧结构性改革，支撑传统优势产业得到新提升

五年来，省农科院坚持优质导向、市场导向、问题导向，着力优化调整科技工作重点，支撑主要粮经作物品种结构及产业结构调整，大力提升贫困地区传统优势产业竞争力。在盐源县集成推广苹果优质高效综合新技术，优果率从2010年的45%提高到目前的65%，面积达43万亩、总产量达50万吨，总产值从7.3亿元增长到26亿元，在部分乡（镇）贫困户的收入中苹果占65%；在雷波县示范转化茶叶保绿增香新工艺2套，支撑雷波5个名优茶产品获得第三届中国（四川）国际茶叶博览会金奖，新创茶叶产值1.8亿元；在普格县建立优质蚕桑科技示范基地150亩，养蚕直接收入达7233元/亩，集成创新的“桑树+马铃薯+青豆+生姜”新模式亩增3628元；在昭觉县洒拉地坡乡和城北乡开展马铃薯生产全程机械化示范及晚疫病综合治理集成技术示范，运用“水肥一体化”技术，马铃薯亩产值达4938元；在理县进行脆红李优质高产集成技术示范，依托自主研发的环保型农林保水剂，实现单果净重提高近20%、糖度提高近2度，平均亩产达4987千克；在石棉县整村推进枇杷新品种及水肥一体集成栽培技术2650亩，实现亩产1.2万元，辐射带动全县农业支柱产业发展壮大。

（五）着力引领贫困地区农业产业转型升级，推动产业融合发展实现新成效

五年来，省农科院坚持将贫困地区特色农业产业转型升级摆在突出位置，着力一二三产业融合发展。在金川县实施“金川雪梨产业提质增效行动计划”，以大树矮化、改换新品种、果园综合利用推动金川雪梨赏花、品果、观叶融合发展，在咯尔乡金江村建成1000亩标准化示范区，雪梨果实可溶性固形物达12%以上，将修剪的枝条用于香菇种植技术，助推果园年产值由210万元增加到560万元，雪梨品质和商品率显著提升；在甘孜州、阿坝州，以新品种、新技术推动油菜产业油、菜、花融合发展，支撑建立的百里油菜产业带成为高原旅游产业增收新模式；在丹巴县推动玉米产业转型升级，以玉米为主导的农旅融合产业发展模式基本形成。2017年，聂呷乡612户贫困户人均增收836.5元；2018—2019年，人均年平均增收超过1000元。

（六）着力建立精准扶贫长效机制，促进院地合作机制模式取得新进展

五年来，省农科院加强院地合作平台建设，推动成果、人才、资金等科技资源向贫困地区流动。省农科院与“四大片区＂所在的市（州）和重点县签订“农业科技+精准脱贫”合作协议，初步探索形成了行之有效的农业科技精准扶贫机制和模式。一是整合资金，共建产业（科技）示范基地。近年来，省农科院每年列出专项经费用于“农业科技进贫困和民族地区行动计划”，年均经费在800万元左右。据不完全统计，调动各市、县两级从本级财政中列支院地合作专资金5000万元以上，申请到国、省、市级产业帮扶项目资金2.4亿元，协助申请到国际农发资金5.54亿元，用于贫困地区产业（科技）示范基地建设。二是探索创建成果转化扶贫产业模式。在甘孜州探索“专家+能人引领+联户合作+帮扶贫困户”羊肚菌扶贫模式；在乌蒙山片区探索建立“项目引+专家团队+新型经营主体带+贫困户学”产业发展模式；攀西分

院创建的“专家团队+示范户+对子户+普通农户+消费者”的科技成果转化新模式(又称“福田模式”)有效破解了攀枝花市贫困山区和少数民族地区农业科技成果转化的难题,得到中央电视台的宣传报道和国家扶贫办的认同,入选四川省干部培训教材《“绣花”功夫四川脱贫攻坚案例选》课本。三是探索创建“省级部门+农业科技”的定点帮扶联动机制。省委办公厅、省委组织部、省直机关事务管理局、省审计厅、省司法系统有关部门在开展定点帮扶中,依托省农科院的科技成果和人才智力优势,按照省农科院制定的顶层规划、产业布局、种销形式,推动帮扶地全产业链建设,带动多个省级部门定点帮扶地实现脱贫“摘帽”。四是强化科技运用,为贫困地区提供科技支持。强化遥感科技运用,组织精干力量,为四川藏区、彝区等15个贫困县约490万亩承包地、西藏自治区47个贫困县约560万亩承包地和新疆维吾尔自治区贫困地区约80万亩耕地确权工作提供科技帮扶和技术支撑,充分利用遥感、地理信息系统、全球定位的3S技术促进土地科学规划、集约利用、规模经营,引导农业产业现代化发展,增加贫困群众收入;强化农产品质量安全检验检测技术运用,对多个贫困地区农产品检测中心开展技术扶贫,举办多期农产品质量安全检测技术培训班,帮扶5家县级以上农产品检测机构通过“双认证”,在贫困地区建立农产品全程控制实验基地8个,为“三品一标”农业高质量发展提供检测技术支持。五是发挥科技资源优势,多形式培训培养各类人才。藏区“双百人才”工程共培养高级专业人才21名,面向凉山州17个市、县派出17个专家团队开展产业扶贫,派出202名科技人员参加“万名农业科技人员进万村技术扶贫行动”,52名骨干专家实施“深度贫困县科技扶贫万里行活动”,161名专家深入56个县实施“三区”人才扶贫,接收9名深度贫困县紧缺人才培养。同时,依托“农业部现代农业技术培训基地”,面向88个贫困县培训基层农技人员和新型经营主体共2842人。

二、总结经验、创新模式,以长效机制提高内生动力

按照习近平总书记“必须打好精准脱贫攻坚战,走中国特色减贫道路”的扶贫新理念,省农科院立足攻坚重点难点,依靠党建引领,创新“四五八”工作机制,破解农业科研与产业发展“两张皮”问题,有效打通了科技成果转化助力产业发展“最后一公里”,建立脱贫攻坚“四川方案”。

(一)创建“四步”工作法,培育产业发展驱动力

2008年以来,省农科院先后派出谢红江、王军、鲜小林、岳福良、李永洪、蒋俊等9名科技人员挂职县政府、乡党委和驻村帮扶,推进凉山州木里县脱贫攻坚定点帮扶工作,建立健全常态化的科技助力产业扶贫帮扶机制,总结出了以规划和培训为前驱动力、以建基地和畅销路为后驱动力的“四步”工作法。一是深入调查研究,编制科学规划,破解产业发展“方向”问题。二是深入田间地头,现场指导产业培训,破解农民主体“观念”问题。三是建设示范基地,全程技术监控,破解产业所需“技术”问题和“技术推广”问题。四是创新产业模式,构建“企业+专合社(农户)+科技”模式,推进产销精准对接,破解销售“市场”问题。四力齐发,破解五大难题,强化科技引领,确保帮扶工作取得实效。

(二)创建“五进”工作机制,打造产业发展支撑力

2015年,省农科院率先启动实施“农业科技进贫困和民族地区行动计划”,以秦巴山片区、乌蒙山片区、甘孜州藏区、凉山州彝区、阿坝州藏区、乐山市彝区为主战场,制定“51133”具体目标,构建完善了由院党政主要领导负总责、院分管领导分片区指导、院属各单位、机关各处(室)全面参与的科技帮扶工作体系,整合院属15个单位、10个分院及60余个学科领域科技力量,聚焦贫困和民族地区农业产业由传统的粮经作物增产增效向特色产业高质量、高效益、可持续发展转变,推动科技帮扶工作由重点帮扶甘孜州以及10个重点县向覆盖全省31个深度贫困县转变,围绕党的建设、生产和加工、人才培养等重点工作,推进农业科技进支部、进基地、进田间、进车间、进学校“五进”工作机制建设,强化科技支撑,助力全省精准脱贫。

(三)创建“八有”工作法则,激发产业发展后动力

2020年,省农科院以未“摘帽”的普格、布拖、昭觉、金阳、美姑、越西、喜德7个贫困县为重点,统筹兼顾2019年“摘帽”的31个县(市、区)和四大片区,建立由院领导牵头的“凉山州‘7+1’决战决胜脱贫攻坚产业扶贫工作领导小组”挂牌督战,围绕高原苹果、中药材、蓝莓、蔬菜等30余个特色产业,创建“八有”工作法则,实现每个帮扶产业有一个院领导分片负责、一个首席专家领衔统筹推进、一个专家团队直接帮扶、一个专项计划项目支撑、一个科技服务平台、一批科技成果示范转化基地、一套切合实际可操作的推进实施方案、一套检查督促考核和激励约束机制,强化工作保障,为精准脱贫攻坚接续乡村振兴高质量发展提供源源不断的动力。

(四)创建“三农”智库长效机制,增强产业发展牵引力

省农科院坚持统筹安排和发挥专家个人专长相结合,拟定年度课题计划,列出专项资金,组织专家团队深入全省贫困地区县、乡、村、社和农户家中开展调查研究,探寻脱贫瓶颈问题,研究提出应对策略,并上报省委、省政府相关领导决策参考。其中《提升我省深度贫困地区优势特色产业发展质量的主要问题与建议的报告》被省委内部刊物《每日要情》采纳登载;《关于开展五大农业科技示范助推精准脱贫的建议》《农业科技为盐源高原苹果产业插上腾飞翅膀》《关于拯救“川果”金字招牌保护天府特色产业的建议的报告》《关于“科技支撑传统粮油产业转型升级,马铃薯产量产值破双万”的报告》《四川茶产业发展现状及今后发展思考》《我省发展甜糯玉米高附加值功能型食品产业助力脱贫攻坚推动乡村振兴的建议》《关于加快小金县高原特色优势产业发展的建议》等41篇不同角度的专题调研报告均获得省领导肯定性的批示并采纳。为凉山州11个深度贫困县农业产业扶贫规划编制工作进行了专业指导,编制省、市、县、乡、村五级区域扶贫产业规划超200个。2020年,新冠肺炎疫情防控期间,省农科院率先启动“战疫情、抓春耕、保供给”农业科技服务专项行动,先后发布《战疫情、稳生产、促就业、调结构—发挥科技支撑作用促进农业增产农民增收的建议》《科学应对新冠肺炎疫情影响助力我省决战决胜脱贫攻坚的对策建议》《关于战胜新冠肺炎疫情切实抓好春茶生产指导的对策建议》等生产和对策建议36期218条,得到省委书记彭清华、省委副书记邓小刚、省委常委曲木史哈、副省长尧斯丹等省领导的肯定性批示并采纳。

三、大胆探索、改革创新,以目标导向彰显必胜信心

2020年是脱贫攻坚全面收官之年,也是中央明确乡村振兴要取得重要进展、制度框架和政策体系基本形成的目标的关键年,省农科院以改革创新精神为引领,深刻理解脱贫攻坚与乡村振兴的内涵,以农业科技为发力点,助力脱贫攻坚与乡村振兴有效衔接。

(一)面向脱贫“摘帽”地区,巩固提升脱贫攻坚科技扶贫成果

持续推进农业科技进贫困和民族地区行动计划,切实加强科技助

力产业扶贫工作力度，聚焦凉山彝区还未“摘帽”的7个深度贫困县以及定点帮扶木里县，重点围绕马铃薯、苦荞、玉米等传统优势粮食产业，建立院领导联系推进“7+1”决战决胜脱贫攻坚产业扶贫工作模式和“一县一专家团队”的科技帮扶机制和示范基地，实施一批产业扶贫项目，为坚决夺取全省脱贫攻坚收官之战全面胜利提供科技支撑。进一步巩固提升对“四大片区”已“摘帽”退出贫困县的科技帮扶成效，整合团队、项目等资源，加强乡村产业、人才、生态建设总体规划，通过产业提质增效、面源污染防控、农技全科人才培养、支持新型经营主体发展等有效途径做好贫困地区脱贫后与乡村振兴的有效衔接，力争早日实现振兴目标。

（二）面向国家战略，主动融入成渝地区双城经济圈建设

为深入贯彻习近平总书记在中央财经委员会第六次会议上关于建设成渝现代高效特色农业带建设的重要指示精神，落实省委《关于深入贯彻习近平总书记重要讲话精神、加快推动成渝地区双城经济圈建设的决定》的部署，省农科院以《四川省农业科学院加快推进现代高效特色农业产业带行动方案》为抓手，不断拓展、深化与成渝地区的合作，重点从顶层设计、总体规划、承担重大科研项目、搭建协同转化平台、培养一批新需求的高水平农业科技人才方面着手，加快建设覆盖成渝地区双城经济圈重点区域的科技服务网络体系，全面助力成渝现代高效特色农业带建设，力争把省农科院建设成为成渝地区双城经济圈农业科技合作的“桥头堡”。

（三）面向四川各生态经济圈，主动融入“一干多支、五区协同”发展战略

根据各区域资源禀赋、生态功能、产业基础、经营主体等差异，因地制宜、分类施策，在成都平原、川南、川东北、攀西、川西北等经济区通过“院地企”合作，加快建设院地合作四川省农业科学院分院和协同集成创新、引进消化创新的现代农业产业技术研究院（应用中心），推进科技成果示范转化，加强新品种、新技术、新模式集成推广，提供适用于不同区域、不同主体的技术解决方案，推动形成各具特色、平衡协调的乡村产业振兴发展新模式。

（四）面向农业产业优势特色，主动融入全省现代农业“10+3”产业体系建设

围绕“川字号”特色农业产业提质增效和高质量发展，依托四川省和中国农业科学院新一轮农业科技合作任务，结合省农科院科技工作实际，全面启动“‘川字号’特色农业全产业链一体化科技支撑协同专项”，组建100名高端人才领衔的川粮油、川茶、川酒、川菜、川果、川药、川鱼、现代农业种业、现代农业烘干冷链物流、智慧农业等“7+3”协同服务团队，联合研发推广100项“川字号”农业产业关键技术（产品），建设提供、储备一批先进成熟的农业科技成果，分类分区、精准服务1000家新型农业经营主体，助力现代农业“10+3”产业体系建设。

构建特色小镇群落　做大做强农民增收渠道

——成都市新都区以特色小镇为抓手促进农民致富增收

中共成都市新都区委　成都市新都区人民政府

2019年8月，市委十三届三次全会深入学习贯彻习近平新时代中国特色社会主义思想和习近平总书记对四川及成都工作系列重要指示精神，明确提出加快建设“美丽宜居公园城市”，就构建城市形态、城市绿态、城市文态和新的生产生活方式作出了一系列安排部署。一年多来，成都市新都区深刻认识“公园城市”建设重大意义，对标落实市委部署要求，积极抢抓融入成都大都市经济圈、成德同城化和大港区一体化等系列重大机遇，依托360平方千米农村区域和38万亩耕地丰厚乡村资源，以构建特色小镇群落为抓手，充分挖掘乡村生态本底和人文资源，着力推动乡村产业、文化、旅游“三位一体”，促进乡村生态、生产、生活“三生融合”，同步做好精细化、专业化、国际化“三化服务”，建成了一批诠释“公园城市”乡村表达的特色小镇和林盘聚落，为农民增收致富奠定了坚实基础。

一、抓顶层设计，促进农商文旅体融合发展

新都区针对特色小镇具有的“产业特而强、功能聚而合、形态小而美、机制新而活”等鲜明特征，打破行政区划束缚，整合乡村优势资源，把特色小镇确定为推动农商文旅体融合、实现生态价值转化的最佳载体，坚持围绕核心项目匹配土地资源、基础设施、公共配套和人力资源，建立了以产业为核心、要素为保障、配套为基础的特色小镇建设运营体系，通过挖掘“火锅+熊猫”IP价值，总投资30亿元打造了1.9平方千米的天府沸腾小镇；依托四川音乐学院，整合音乐创客“一杯时光”工作室、“成都足球第一村”等品牌资源，打造了斑竹园足球音乐小镇；以旱雪运动为引爆点，引入洗心篁等高端民宿和演艺项目，打造了马家洗心小镇，初步形成了主题鲜明、产业聚集、规模适宜、生态宜居、治理有效的特色小镇群落。同时，以绿道消费作串联、林盘聚落为节点、精品民宿驻流量，充分延伸特色小镇利益链条，实现了游小镇、玩绿道、耍林盘、住民宿一条龙消费体验，促进了乡村资源价值的加速转换和大幅提升。2019年，全区实现农产品精深加工营销收入92.6亿元，农业电商销售额4.5亿元，农业文创收入2.1亿元，乡村旅游总收入11.9亿元。

二、抓规划策划，培育特色小镇品牌价值

新都区在充分认识乡村生态价值、美学价值、经济价值和生活价值的基础上，坚持以特色小镇为中心做好片区规划策划，构建特色小镇群落，塑造特色小镇品牌。

一是建立城乡融合发展的规划体系。依托毗河、清白江等自然生态肌理，以及成彭、新青两大绿楔，打破原有行政区划，以城乡统筹单元重构农村区域空间，构建1个中心城区、4个特色小镇群落、多个农村新型社区（林盘聚落）的三级城镇体系，形成功能明确、有机联动、资源集聚、生态转化、效益提升的城乡融合发展格局。

二是组团式构建特色小镇群落。采取“特色小镇+林盘+农业园区”“特色小镇+林盘+景区”“特色小镇+林盘+产业园”等模式，构建以特色小镇（街区）为核心、多个新型社区和林盘聚落环绕分布的“一心多点”组团式布局，重点规划建设木兰山——五龙山大生态

农业农村部总农艺师马爱国（前排左二）出席在丹棱县举行的"地理标志农产品保护工程启动仪式"首站活动，县委书记为其介绍丹棱桔橙地标产业发展情况

眉山市委副书记、天府新区眉山党工委书记黄剑东在中国柑橘产业年会上讲话

有大雅堂、老峨山、梅湾湖、幸福古村等众多旅游景点，属成都近郊少有的生态型"天然氧吧"。

丹棱"区位名片"

丹棱县地处成都经济区和成渝经济区，位于"成都1小时经济圈"，川藏铁路毗邻而过，距双流国际机场90千米、天府机场90千米、眉山东站30千米、蒲江高铁站20千米。国道351线和遂资眉高速横跨东西，省道104线、401线纵贯南北，待蒲丹夹高速通车、通用机场建成后，将进一步完善区域交通网络体系。

眉山市政协副主席立胡左格（右一）到丹棱县调研丹棱桔橙产业发展情况

眉山市副市长肖忠良（前排左三）陪同达州市考察团考察丹棱特色桔橙产业发展、农村人居环境整治

农业农村部农村社会事业促进司副司长何斌（前排左二）到丹棱县调研人居环境整治情况

农业农村部计划财务司一级巡视员宋昱（左二）到丹棱县调研农业产业发展、新型农业经营主体培育情况

丹棱县落实“两不愁三保障” 回头看大排查动员部署会

农业农村部农产品质量安全监管司副司长程金根（左二）到丹棱县调研农产品地理标志保护情况

农村农业部乡村产业发展司副司长邵建成（右三）到丹棱县调研乡村特色产业发展情况

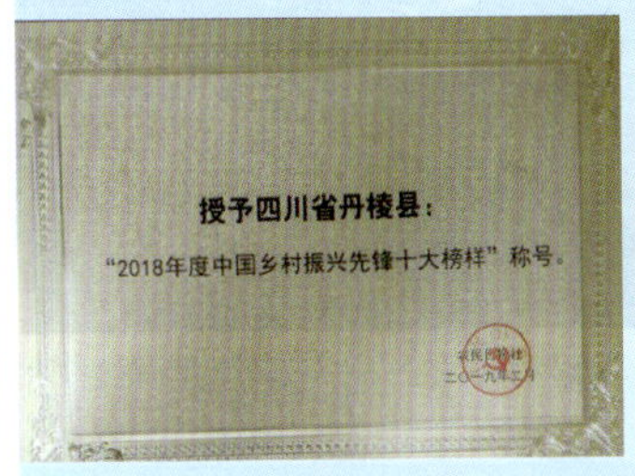

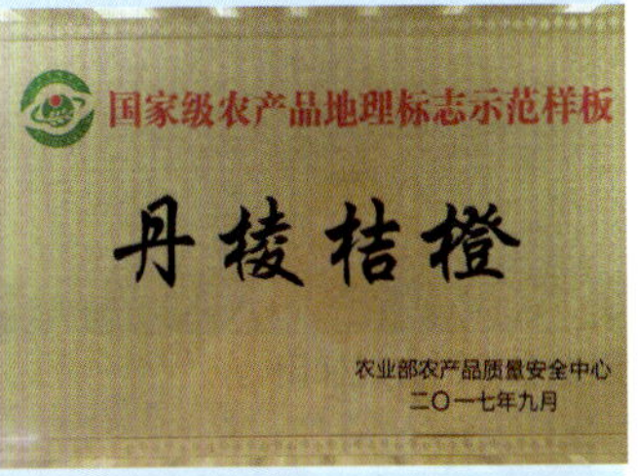

丹棱县第七届不知火种植技术大比武颁奖仪式

水果专家袁兴亮观察树冠覆膜留树保鲜的丹棱桔橙

仁 寿 县

仁寿县2020年创建省级现代农业园区高素质农民培育（生猪养殖）开班仪式

眉山市2020年基层农技人员知识更新培训班（仁寿县第一期）开班仪式

仁寿县位于成都市正南方，境内荣威山脉、二峨山分南北横亘；东接资阳市雁江区、资中县，西邻眉山市东坡区、彭山区、青神县，南接井研县、荣县、威远县，北连成都市双流区、简阳市，辖区面积2716.86平方千米，辖32个乡（镇、街道）216个村147个社区。是成都正南第一城，全域进入天府新区辐射区、影响区，2个镇1个街道被纳入眉山环天府新区经济带，全球最长城市中轴线——天府大道直达县城，紧邻双流、天府两大国际机场，坐拥“成都区位、仁寿成本”比较优势，被评为2018年全国绿色发展百强县、全国投资潜力百强县、中国西部百强县，正全力冲刺全国经济百强县。

中国农科院柑桔研究所特聘研究员李永安（中）指导田间实训

全县户籍人口154.04万人，常住人口120.24万人，常住人口城镇化率为38.15%。能人辈出，古有被毛泽东誉为“伟哉虞公、千古一人”的南宋抗金名相虞允文，近有“东方梵高”石鲁。底蕴深厚，有中华第一胸佛——仁寿大佛等5个国家级文物保护单位，有唱响中央电视台的“抬工号子”等23个非物质文化遗产，有享誉全国的芝麻糕、文宫枇杷、百年曹家梨三大国家地理标志保护产品。

四川省城市职业技术学院副教授张池讲授农产品电商销售模式

眉山职业技术学院副教授周建华讲授柑橘病虫害防治技术

丹棱县知名“土专家”欧阳建（中）指导田间实训

农技站专家指导水稻集中育秧播种

旅游资源独特，属丘陵地貌、山川秀美，国家4A级旅游景区黑龙滩水域面积23.6平方千米，享有“西蜀第一海”的美誉，吸引全球第二大主题公园——乐高乐园成功落户，中铁生态城、长岛国际度假区开发建设。农业资源丰富，是全省三大粮食基地之一，引进云南褚橙、德国通内斯等项目落地。工业资源强劲，全省重点项目、眉山建区设市以来最大工业投资项目——信利国际高端显示项目正式投产，吸引上下游配套企业聚集落户，培育形成千亿级电子信息产业集群。

2019年，全县GDP实现441.8亿元，增长7.3%，其中第一产业增加值增长3%，第三产业增加值增长9%；地方一般公共预算收入31.2亿元，增长12.5%，税收占比71%，总量、增速、质量均居全市第一位；全社会固定资产投资366亿元，增长24.5%，总量、增速均居全市第一位；社会消费品零售总额实现203.3亿元，增长10.4%；城乡居民人均可支配收入分别增长8.9%、9.9%。三次产业结构比优化为19.3∶36.4∶44.3，其中一产占比下降0.5个百分点、三产占比提升5.9个百分点。

四川省现代粮食产业仁寿示范园区

橙色田园——果园

调形后的褚橙庄园鸟瞰图

花椒产业园

文宫镇桂湾村召开枇杷老果园改造培训会

仁寿县生活垃圾焚烧发电厂项目首车垃圾进场

美丽宜居乡村，“厕所革命”先行

洪 雅 县

洪雅县地处四川盆地西南部，背靠峨眉山，坐拥瓦屋山，属成都平原经济区，是天府新区重要节点、成眉同城发展辐射区。全县最高海拔3090米、最低海拔417米，有大小河流330条，素有“七山二水一分田”之称。全县辖区1896平方千米，辖12个镇61个行政村28个社区，总人口35万人。

生态环境，得天独厚。全县森林面积203万亩，森林覆盖率达71.4%，负氧离子平均浓度达国家Ⅰ级标准，全年空气优良天数常年超过300天，具有温度适合、高度适宜、纬度适中、绿化度高、洁静度好、负氧度浓、精气度足、优产度强的天然“八度优势”，被誉为“绿海明珠”“天然氧吧”。县域主要河流青衣江始终保持Ⅱ类水质，全县地表水质均达Ⅲ类及以上，是国家生态县、全国生态文明示范工程试点县、国家生态文明建设示范县，荣获全省唯一、全国仅19个的首届“中国生态文明奖”。

交通便捷，内通外畅。位于眉山、乐山、雅安腹心地带，境内乐雅高速横贯东西，广洪高速连通南北，国道351线贯穿全境，距成都双流、成都天府国际机场110千米，仅1小时车程，属成都“1小时经济圈”。省重点工程“大峨眉”国际旅游西环线县城至柳江段建成通车，柳江至峨眉山零公里段、瓦屋山快速通道加快建设，直升机起降点建成并投用，通用航空机场完成选址，雅眉乐自城际铁路启动前期工作，立体交通体系逐步形成。

工业转型，成效明显。洪雅工业园区成为省级经济开发区，全省首个增量配电业务试点项目落地洪雅，全省首个大型工业锅炉“煤改电”试点项目投产运行，黑科技“竹钢”产品登上世界园艺博览会并受到省委书记彭清华的点赞。成立西南地区首个生态食品产业区，培育了幺麻子食品、瓦屋山药业等一批龙头企业，生态养生食品加工产业成为工业发展的新增长极。培育规模

眉山市人大常委会副主任李启明（右三）调研农村饮水安全工程建设情况

眉山市副市长冉登祥（右四）检查堤防建设情况

县委书记阳运良（前排左一）调研农贸市场（农副产品）“双创”工作

县人大常委会主任李文新（左二）带队检查《水土保持法》贯彻落实情况

县长宋良勇（右四）带队调研美好公司猪肉储存情况

县委常委、组织部部长白海涛（右一）调研金花桥污水厂建设情况

眉山市市场监管局党组书记、局长王世林（左三）到四川新希望乳业有限公司洪雅阳平分公司调研

县农业农村局党委书记、局长余能武（中）调研茶产业发展情况

以上企业38家，规模以上工业总产值达41亿元。

康养旅游，独树一帜。拥有全国首个“抗衰老健康产业试验区”七里坪，国家森林公园、大熊猫国家公园瓦屋山，4A级景区柳江古镇，全国首批森林康养体验基地玉屏山。在全省率先设立县康养产业发展局，成功引进洲际酒店、温德姆酒店等国际国内知名品牌企业，成功举办联合国教科文组织“历史村镇的未来”国际会议、中欧国家音乐周专场音乐会、第三届中国森林康养和乡村振兴大会等会议，先后被评为全国森林旅游示范县、全省唯一的全国森林康养基地试点县、全省旅游强县、全省林业生态旅游示范县。

绿色农业，全省前列。特色农业领跑全省第一方阵，茶叶种植面积28.5万亩，藤椒种植3.8万亩，奶牛存栏1.2万头，居全省区（县）前列。拥有中药材2800余种、生态蔬菜基地3.5万亩，无公害绿色有机农产品基地占耕地总面积的65%，认证无公害、绿色、有机农产品66个，是全市首个国家有机产品认证示范创建区、国家农业循环经济发展示范县、全省现代农业建设重点县，被省委、省政府表彰为农产品主产区县域经济发展先进县、国家农产品质量安全县。

2019年，全县GDP实现125.85亿元，固定资产投资完成104亿元，地方公共财政预算收入完成9.73亿元，城乡居民人均可支配收入分别达32609元、17259元，第一产业增加值增长3.1%，规模以上工业增加值增长8.8%，第三产业增加值增长9%，三次产业比优化为15.5：28.7：55.8，发展质量进一步提高。

国家能源局、水利部考察团到洪雅县调研小水电清理整改情况

省林草局相关负责人到洪雅县检查河长制工作

县水利局召开长江经济带水土保持监督执法专项行动洪雅启动会

县科技局、县司法局等单位到三宝镇开展“三下乡”集中服务活动

县司法局等单位到中保镇开展国家安全集中宣传活动

首届农民丰收节

“一树椒”工程建设现场会暨中国烹饪协会·幺麻子公司·余平镇黄里村“希望”藤椒基地签约启动仪式

依山傍水新农村——汉王乡

慰问百岁老人

脱贫攻坚助农增收

西环线沥青铺筑

脱贫攻坚宣传

东岳镇凌湾村村道

瓦屋山快速通道沥青铺筑

荣誉奖牌

授予四川 省洪雅县

国家农产品质量安全县

中华人民共和国农业农村部

二○一九年十一月

东岳片区高标准农田项目建设鸟瞰图

建成投产的凤凰顶猪场

宜居乡村全景

止戈镇青杠坪村茶园

将军三宝片区高标准农田建设项目鸟瞰图

美丽四川·宜居乡村建设

为洪雅"带盐"稻田艺术

资阳市雁江区

一、基本情况

贫困人口持续达标方面。2020年以来，雁江区紧紧围绕贫困户“一超六有”脱贫标准，开展全年贫困户脱贫持续巩固提升工作。经挂牌督战、问题整改清理行动等工作，全区20570户52622人均达到了“不愁吃、不愁穿”，义务教育、基本医疗、住房安全均得到保障，安全用水、生活用电、广播电视全部达标，雁江区所有贫困户实现稳定脱贫。

贫困村持续达标方面。2020年以来，雁江区严格对照贫困村“一低五有”的省定退出标准，通过持续狠抓巩固提升，实现了63个贫困村（村级建制调整前为76个）贫困发生率均低于3%，通村硬化路、卫生室、文化室、通信网络实现全覆盖达标率100%，63个贫困村集体经济组织全部达到省定标准，雁江区所有贫困村实现稳定退出。

二、工作开展情况

挂牌督战吹响脱贫攻坚“冲锋号”。一是强化指挥体系。严格实行区委书记、区长双指挥长制，以挂牌督战为总抓手，坚持每周调度、每月评比，凝聚区级领导、扶贫干部、驻村力量和社会各界广泛参与脱贫攻坚的强大合力。二是尽锐出战攻坚。严格落实“四个亲自”要求，区级领导“点对点”督战18个镇（街道）、136个重点区域、9个行业扶贫专项、17个薄弱环节，健全区、镇、村三级联动工作机制，扎实推进“问题整改清零”“四大专项行动”和“千人下基层”等重点工作落地见效，统筹解决281户边缘户、132户脱贫监测户稳定增收等难点问题，走好脱贫攻坚“最后一公里”。三是压紧压实责。对18个镇（街道）、13个行业部门、67个帮扶单位开展了5轮督战，对15个单位通报表扬，对39个单位通报批评，对15个单位挂“黄”牌，有力推动挂牌督战取得积极成效。

政策保障打好脱贫攻坚“组合拳”。一是全面夯实工作基础。3月和5月，以“四大专项行动”等工作为契机，开展了两轮脱贫攻坚政策落实清理行动，累计实行63万余人次享受教育、医疗、就业等各类扶贫政策，确保扶贫政策“应享尽享”。二是坚决克服疫情影响。通过开发“疫情防控”公益性岗位500余个、补助个体产业发展资金500万元、加强劳务输出和低保兜底等多种方式，拓宽贫困群众增收渠道。同时，帮助贫困群众外出务工1.6万余人次，同比增长32%，有效防止贫困户“因疫返贫”。三是开展相对贫困试点。作为全省解决相对贫困问题试点县，设立

清水镇滴水村引进业主带动发展规模产业

迎接镇阳光百果园

了解决相对贫困基金2000万元，精准摸排，将低于2019年农村居民人均可支配收入28%的人员以户为单位整户纳入识别范围，按照"农户申请、民主评议、村委初审、街镇复审、区级审定"的识别流程确定相对贫困人口，从政策帮扶、产业引导、整合力量、低保兜底和提升内生动力5个方面落实帮扶措施。

"对症下药"补强脱贫攻坚薄弱点。一是全面摸清家底。扎实开展"问题整改清零"行动，统筹调度各级干部5700余人，组建466个工作单元，领导遍访发现问题146个、全覆盖走访贫困村户发现问题418个。全面开展问题整改"回头看"，核查2016—2019年中央和省、市反馈问题，区级自查发现问题，梳理汇总具体问题98个。二是分类攻坚整改。坚持"共性问题统筹解决、个性问题兜底解决"的原则，区、镇、村、社四级联动，强力推进35057个问题（"大排查"33456条问题、"挂牌督战"939条问题、"回头看"98条问题、领导遍访146条问题、自查418个问题）按期全部整改清零。针对项目资金、住房安全、集体经济等重点问题，组建4个工作专班，统筹调度资金3600万元，确保整改工作落地落实。三是抓牢队伍建设。严格落实"阵型不乱、干劲不松"要求，问责驻村帮扶不力3人，因轮换、退休等原因调整6人，因村级建制改革及时增派94人，持续强化帮扶力量。

示范引领凝聚脱贫攻坚"正能量"。一是突出典型示范。以"四川扶贫印记""讲好脱贫攻坚故事"等活动为载体，总结提炼"两强一带一激"、"飞地抱团"、驻村帮扶"十个一"等典

丰裕镇柑橘种植园

保和镇黄谷村基础设施建设

中和镇干沟村基础设施建设

型经验，杨清文、秦凯被评为全省“脱贫攻坚榜样”，入选市级先进单位（个人）60个，评选区级先进单位（个人）158个。二是抓实宣传引导。依托“全国网络媒体大V资阳行”“两院院士（专家）资阳行”等活动，积极推广宣传雁江晚红血橙、花溪河等扶贫典型。广泛开展“十六个一”宣传活动，增强社会宣传广度和深度。通过干部入户走访、召开院坝会、村村通广播和建立微信群等方式，提升贫困群众的满意度和认可度。三是加强正向激励。“因户施策” 探索创新多元化产业帮扶模式，切实提高贫困群众收入。用好“以奖代补”、劳务补助、“以工代赈”、“幸福超市”等措施，开展文明家庭评比、文化体育比赛等活动，引导贫困群众通过自力更生、艰苦奋斗创造幸福美好生活。

东峰镇大田村新貌

三、特色亮点工作

强化脱贫实效，狠抓机制建设“多方联动”。从实际出发，建立健全“12345”推进机制、“星级激励”机制、“近邻帮扶”机制、驻村帮扶“六个一”干群同步发展机制、商务研判机制、问题就地研判机制等，规范指导全区开展脱贫攻坚工作，形成脱贫攻坚合力，全面巩固提升脱贫攻坚质效。

聚焦产业增收，创新模式实现“飞地抱团”。围绕传统农业转型升级，创新“龙头企业+平台公司+贫困村集体经济组织+贫困户”模式，采取“保底保本分红”模式，由龙头企业为贫困村的集体经济组织发展抵御风险、提供保障。

唤醒脱贫斗志，增强自信开展“星级激励”。完善精准扶贫工作体系，将原精准“识别—帮扶—退出”三级制完善为“识别—定级—帮扶—评星—退出”五级制。“定级”，即结合“五个一批”，把全区贫困人口按脱贫意愿、技能、劳动力等进行分类定级；“评星”，即每季度从文明、卫生、法治、收入和脱贫意愿等方面对每户贫困户进行星级评定。

美丽宜居新明月村

科技脱贫——丹山镇袁桥村贫困户脱贫后购买的小型手扶式水稻收割机

劳作后的幸福

消除帮扶死角，持续创新开展“近邻帮扶”“幸福超市”活动。健全完善“近邻帮扶”工作机制，设立雁江区扶贫公益基金，为无劳动力贫困户就近的邻里安排公益性岗位，帮助改善无劳动力贫困户生产生活条件；在63个贫困村全面开展“幸福基金”积分评定及“幸福超市”兑换活动，引导群众以表现换积分，以积分换物品，逐步形成“思谋脱贫，主动创收，勤劳致富”的社会正能量。

四、2021年工作打算

一是坚决抓好脱贫攻坚“后半篇”文章，加强与乡村振兴相互统筹衔接，巩固和拓展产业就业扶贫成果，做好异地扶贫搬迁后续扶持，加快建设美丽乡村，努力让农业强起来、让农村美起来、让农民富起来。二是加强脱贫攻坚成果运用，注重总结梳理脱贫攻坚中成熟的理论成果、实践经验，把脱贫攻坚取得的成果作为乡村振兴的坚实基础，完善乡村振兴政策体系、制度框架，建立长效机制，奠定乡村振兴基础。三是根据中央和省、市脱贫攻坚相关工作安排，持续开展脱贫攻坚扫尾工作，为雁江区与全国、全省、全市同步全面建成小康社会打下坚实基础。

农技员开展柑橘栽培技术培训，提升贫困户种植技能

健康教育讲座进村社（中和镇）

中和镇高字村“农民夜校”培训班

“科技下乡”推动脱贫致富

丹山镇引进无人机喷洒农药，力挺扶贫项目

社会力量助力脱贫攻坚

石岭镇医院扶贫志愿团队帮助二龙村村民收玉米

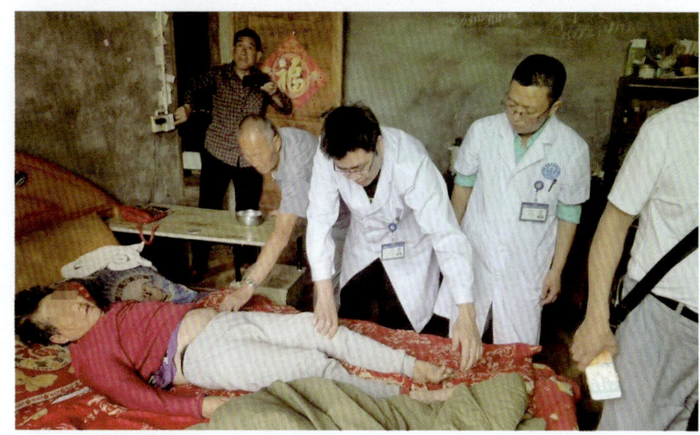
原清水镇卫生院扶贫助残上门服务

保和镇宝顶寺小学教导主任魏雪萍为残疾儿童提供“送教上门”服务

义诊送清凉（丹山镇牌坊村）

中和镇干沟村趣味运动会之踢毽子

老君镇农民运动会

祥符镇排桶村双癌夫妻主动脱贫树立榜样

"第一书记"助推丹山镇袁桥村脱贫攻坚

脱贫村80岁的老人在爱心人士的帮助下圆了多年的二胡梦

航向学子康钦卿和康钦佩书写《感恩》献祖国

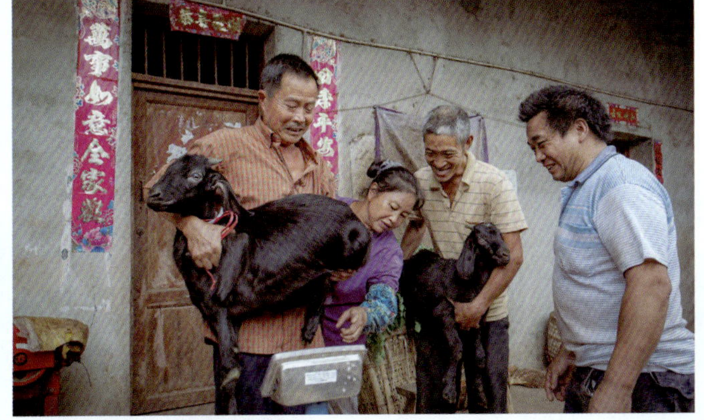

"怀抱希望"——保和镇黑滩村

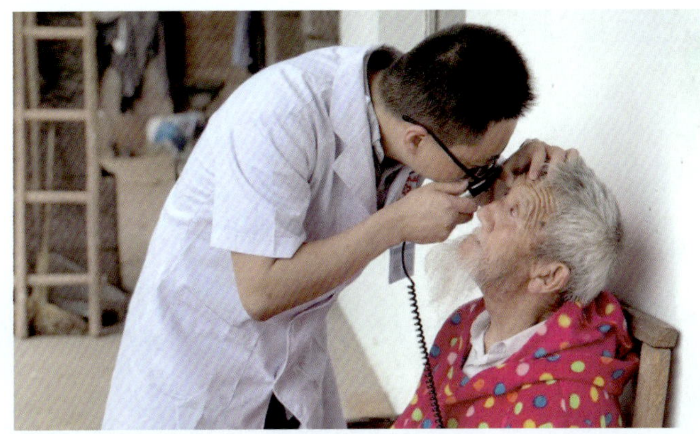

"您的健康我来守护"（中和镇龙虎村）

丹山镇人和村贫困户靠勤劳致富脱贫

村干部到脱贫户家中了解情况

安 岳 县

安岳县历史悠久，文化璀璨，是四川省首批扩权县、四川革命老区县、全省片区外脱贫任务最重的县，地处成渝地区双城经济圈腹心和成渝轴线中点，全县辖区面积2700平方千米，辖46个乡（镇、街道）、553个行政村（社区），总人口158万人，是四川省第一人口大县，被誉为“中国柠檬之乡”。“中国石刻艺术之乡”。全县共有贫困村162个、贫困人口11.9万人（经村级建制调整和历年动态调整，现有贫困村135个、贫困人口10.9万人），贫困村数、贫困人口数和特殊群体总数位居全省片区外第一。党的十八大以来，安岳县坚持把习近平总书记关于扶贫工作的重要论述作为打赢脱贫攻坚战的根本遵循和行动指南，明细思路谋规划、精准管理抓规范、建立机制强推进、创新方式促提升，推动全县贫困村、贫困群众于2019年年底全部顺利退出贫困序列，2020年脱贫攻坚成果持续巩固提升，脱贫攻坚工作取得决定性胜利。

在这场艰苦卓绝、波澜壮阔的豪迈征程中，安岳县上下同欲、勠力同心、担当担责、苦干实干，创新实施“1+N”消费扶贫模式，变“输血”为“造血”，推动贫困群众主动发展生产；设立特困户帮扶和内生动力“两大基金”，全面提升特困群众收入，增强主动脱贫“源动力”；开展贫困户“三个一”和贫困村“四个一”活动，实现致富产业大发展、道路交通大跨越、农田水利大建设、住房医疗大改善、公共服务大提升，切实解决贫困群众行路难、吃水难、用电难、通信难、上学难、就医难等问题；开展内生动力“五大活动”，全力提振广大贫困群众精气神，贫困户思想从“要我脱贫”向“我要脱贫”转变；落实“六个一”帮扶措施，为贫困群众解难事、做好事、办实事，用心用情搭建“连心桥”，有效密切了党群、干群关系，群众的获得感、幸福感、安全感进一步增强。这一系列的举措和办法，有效破解了脱贫攻坚的瓶颈难题，提升了质量和成色。一是破解了贫

文化镇燕桥村宝森柠檬小镇

县脱贫攻坚领导小组会议

困群众增收难题。在贫困村全覆盖建成致富小康产业园，实现贫困群众短期能脱贫、长远能致富。二是破解了村集体经济发展难题。实施"龙头企业+致富带头人+集体经济"发展模式，实现部分村集体经济收入人均超过200元。三是破解了贫困村基础支撑难题，贫困村整体呈现出道路交通纵横交错、水利设施提档升级、安居住房焕然一新，贫困村发生了翻天覆地的变化。四是破解了公共服务保障难题，在贫困村实现一般病症能就近治疗、休闲娱乐能就近开展。五是破解了凝聚社会力量帮扶难题，变"送钱送物"为"以购代扶"，有效构建了专项扶贫、行业扶贫、社会扶贫"三位一体"的大扶贫工作格局。六是破解了内生动力不足难题，实现贫困群众户户安居乐业、人人感恩思进。这些成功经验被国扶办、省脱贫攻坚办和《四川日报》《四川农村日报》等主流媒体广泛宣传报道，被省委、省政府表彰为"四川省脱贫攻坚先进县"，向党和人民交上了一份满意的时代答卷!

领导重视篇

省、市、县领导高度重视，形成上下联动、责任到底、合力攻坚的工作格局。

省委书记彭清华（左二）到文化镇调研柠檬产业及贫困群众就业增收情况

资阳市委书记廖仁松（左三）到大平镇调研脱贫攻坚工作

县委书记贾发扬（右一）到驾大镇凤仪村走访贫困群众

乐至县

省长尹力（右一）调研乐至县国家林业科技示范园

省委副书记邓小刚（左一）到乐至县孔雀乡调研

县委书记文勇（右三）到龙溪乡花祠堂村调研

2019年，全县辖8乡17镇26个街道，辖区面积1425平方千米，其中耕地面积65.7万亩，比上年增长0.09%，人均耕地面积0.93亩；基本农田26.1万亩。年末总人口79.93万人（户籍人口），减少1.5%；人口出生率 7.44‰，减少0.51个千分点；人口自然增长率-10.56‰，减少9.38个千分点。全县耕地有效灌面和保证灌面分别达到耕地总面积的100%和94.3%；本地水资源总量3.14亿立方米，人均占有水资源量351立方米。有林业用地5.2725万公顷，有林地面积4.2881万公顷，活立木总蓄积量238.2156万立方米，森林覆盖率43.3%。

全县GDP187.2亿元，增长7.8%，其中第一产业增加值31亿元，增长2.8%，农、林、牧、渔及农林牧渔服务业之比为

县人大常委会主任黄廷跃（左二）调研农村公路建设

县长彭玉秀在四川省农博会上作招商引资推荐

2019年县委农村工作会议

乐至县2019年脱贫攻坚工作专题会议

49.2：5.81：32.34：3.86：8.76；第二产业增加值61.2亿元，增长7.5%（工业产值43.5亿元，增长9.2%）；第三产业增加值95亿元，增长9.8%。三次产业对经济增长的贡献率分别为6.1%、37.6%和56.3%。乡（镇）中小企业增加值54.2亿元，增长2.1%；从业人员13656人。劳务输出29.7万人，收入50.55亿元。全年接待游客766.2万人，实现旅游收入67.4亿元，其中乡村旅游收入20.86亿元。公路通车里程2300千米（其中乡村公路1608千米），密度1.46米/平方千米、24.7千米/万人。

全县出台了2018—2027年10年农业产业发展规划。县第十四届三次党代会明确把实施乡村振兴战略作为全县今后“三农”发展的首要任务，确定了以坚持农业供给侧结构性改革为主线，坚持以“一元一轴三基地一示范”为目标，强化“组织领导、责任考核、队伍建设”三大保障，印发了《关于实施乡村振兴战略推进新时代“三农”工作新发展的意见》（乐委发〔2018〕24号），2018年全县被成功列入全省22个乡村振兴试点县。实现农业总产值69.75亿元，增长2.1%；全年农业增加值达14.6亿元，增长7.8%。农民年人均可支配收入达17464元，增长10%。

四川省花卉生态旅游示范园区——川中丘陵区现代林业科技示范园

美丽新农村

金色帅乡

“花舞新村”

生态新村

帅乡新村

川中黑山羊产业科技园

林业养殖（草+鸡）

天池镇田家沟村水产养殖基地

宝林镇牛王庙村水稻高产创建示范基地

高寺镇观光农业园

中天镇现代化蔬菜种植基地

蚕桑产业

天龙科技示范园万亩青花椒种植示范基地

通旅镇红紫厂村猕猴桃种植园

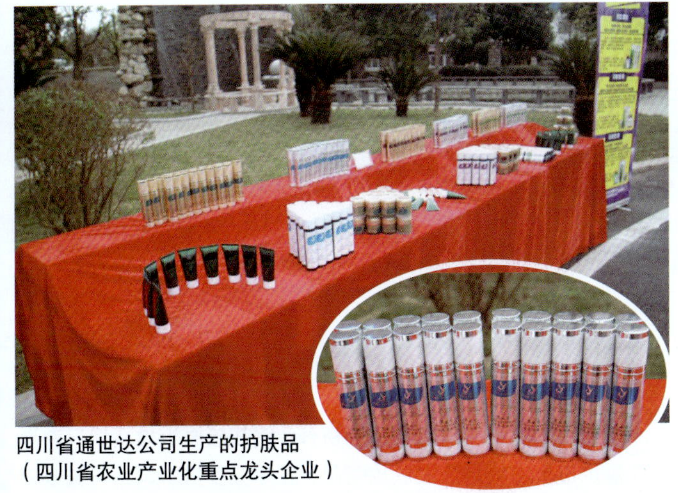

四川省通世达公司生产的护肤品
（四川省农业产业化重点龙头企业）

四川省川龙酿造食品有限公司生产的产品
（资阳市农业产业化重点龙头企业）

四川省牧旺农牧有限公司生猪饲养场（四川省农业产业化重点龙头企业）

省林科院与乐至县政府签订院县科技合作协议

国家林业科技示范园区

荣誉证书

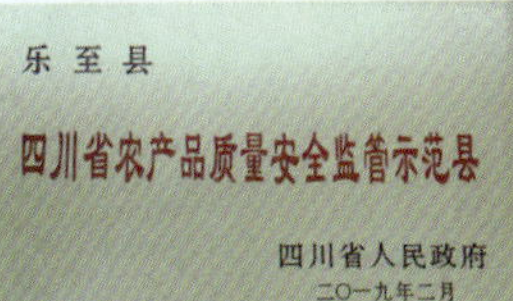

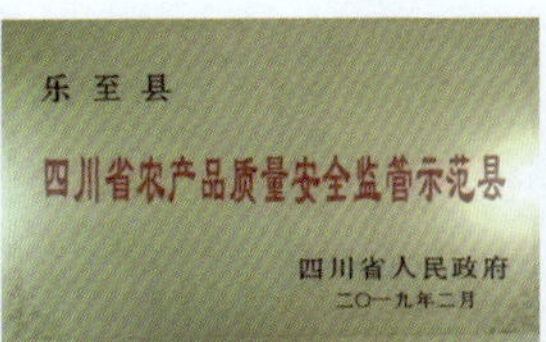

成都市李家岩开发有限公司

根据《四川省人民政府关于成都市李家岩水库工程项目法人的批复》（川府函〔2014〕49号）和《市国资委关于市兴蓉集团设立成都市李家岩开发有限公司相关事宜的批复》（成国资批〔2015〕68号）文件精神，成都环境集团于2015年5月20日注册成立了成都市李家岩开发有限公司，公司经营范围为水利水电工程、灌溉、供水、防洪、发供电、旅游及配套基础设施的投资和经营管理。

成都市李家岩开发有限公司作为成都市环境集团有限公司的全资子公司，是成都环境集团旗下首家从事水利板块基础设施建设的企业。为解决成都市中心城区饮用水源单一的难题，全面提高成都市饮用水源抗风险的能力，李家岩公司担负了成都市应急备用水源李家岩水库工程和配套输水管道工程的建设和经营任务，为成都市创建水源协同保障系统和提高区域服务保障能力打下了坚实的基础，更为成都环境集团的生态服务产业及水生态产业链建设提供了全新的平台。

作为李家岩水库工程项目法人，按照市政府“库管一体、同步建设、同步投运”的要求，由李家岩公司履行李家岩水库工程和输水管线工程建设和运行管理职能。

李家岩水库围堰填筑提前完成

水库工程布置

李家岩水库工程的主要建筑物有：钢筋砼面板堆石坝、右岸表孔溢洪道、右岸导流泄洪放空洞、左岸城乡供水洞、与城乡供水洞共用取水口的引水发电隧洞、坝后电站、供水电站等。

大坝坝顶高程766.8米，最大坝高123米，坝顶宽12米，坝轴线全长373米。

溢洪道布置于大坝右岸，由引渠段、闸室段、泄槽段（缓坡段+陡槽段）、挑坎段及下游渠道段组成，整体在平面上呈直线布置，总长796.2米，闸孔净宽12米。

导流泄洪放空洞布置于大坝右岸，其进口位于大坝轴线上游侧170米，由引渠段、闸室段、无压隧洞段、挑坎段、下游渠道段组成，总长935.1米。

城乡供水洞布量于大坝左岸，其进口位于大坝轴线左岸上游侧约300米，整条洞线由引渠段、闸室段、有压隧洞段（含有压埋管段和有压明管段）、出口阀室段组成，总长共1545.85米。

输水管道工程概况

李家岩水库输水管道工程是李家岩水库工程的配套工程，通过输水管道将水库原水输送至成都市自来水六厂、七厂，工程起点为水库引水隧洞出口消力池（含）。其中：

线路：崇州市→都江堰市→温江区→郫都区；

线路总长：50千米；

管径：DN3000、DN2800、DN2000；

最大输水量：275万立方米/天；

管材：预应力钢筒混凝土管（PCCP管），部分采用钢管；

工程结构：消能站、输水管道、分水井；

工程总投资：50.72亿元；

项目建成后：日常补水45万立方米/天
应急供水275万立方米/天

李家岩水库输水管道施工全面铺开

马尔康市

市委书记张培云（左一）到草登乡泽湾村开展"两联一进"群众工作，入户走访贫困户和特殊困难户

市长窦孝解（左二）到浙江省杭州市参加四川扶贫产品东西部扶贫协作对接活动开幕式并推介马尔康市特色农产品

2019年，全市辖10乡3镇10个街道，辖区面积6626平方千米，其中耕地面积6.72万亩，比上年减少0.53%，人均耕地面积1.96亩；基本农田5.64万亩。年末总人口53674万人（户籍人口），减少0.9%；人口出生率0.98‰，人口自然增长率0.018‰。全市耕地有效灌面占耕地总面积的24%；本地水资源总量35亿立方米，人均占有水资源量65000立方米。有林业用地42.2万公顷，有林地面积18.5万公顷，活立木总蓄积量4815万立方米，森林覆盖率34.43%。

2019年，全市GDP40.09亿元，增长6.8%，其中第一产业增加值3.38亿元，增长1.2%，农、林、牧、渔及农林牧渔服务业

副市长杨成才到木尔宗乡蔬菜种植基地查看蔬菜种植情况

阿坝州脱贫攻坚领导小组第十次会议暨2019年脱贫攻坚第一次推进会议在马尔康市召开

九寨沟县罗依现代农业产业园区生态农业基地

PIC生猪养殖

九寨脆红李

县政府为白河乡南岸家村安装的太阳能热水器、太阳灶、生物质汽化炉，形成多能互补的典型示范村

通村油路

九黄机场

柴门关景区

民族纪念品

民族服饰展示

壤塘县

科技厅党组成员、机关党委书记吴成（左三）到壤塘县调研

县委书记严华（左二）到蒲西乡调研地质灾害风险点勘测工作

壤塘县位于青藏高原东南边缘、大渡河上游、四川省阿坝州西部，地理坐标为北纬31° 29′ ~32° 41′ ，东经100° 31′ ~101° 29′ ，东及东北与马尔康市、阿坝县接壤，东南与金川县毗连，南和西南与甘孜州道孚县、炉霍县、色达县交界，西和西北与甘孜州色达县毗邻，北与青海省班玛县为邻。全县辖12个乡（镇）1个居委会60个行政村131个村民小组；全县户籍人口总数46484人，其中男性23494人、女性22990人；农业人口38883人，非农业人口7601人；常住人口43000人，城镇化率26.61%，比上年提高1.61个百分点；全年人口出生率14.84‰，人口死亡率5.2‰，人口自然增长率9.64‰。全县行政区域总面积664022.29公顷，其中耕地面积3461.64公顷、园地2.23公顷、林地302879.73公顷、草地300913.73公顷、城镇（村）及工矿用地1053.14公顷、交通用地824.85公顷、水域及水利设施用地4206.15公顷、其他土地50677.82公顷。

2019年，全县实现地区生产总值122015万元，按可比价计算，比上年增长5%，其中第一产业实现增加值29819万元，增长2%；第二产业实现增加值6734万元，增长24.4%；第三产业实现增加值85462万元，增长4.3%。三次产业对经济增长的贡献率分别为8.1%、28.5%和63.4%，分别拉动经济增长0.4个、1.4个和3.2个百分点。三次产业结构比由上年的29.5：25：45.5调整为24.5：5.5：70。人均地区生产总值28709元，增长3.8%。全年民营经济实现增加值48584万元，增长5.8%，其中第一产业增

县长张德发（右一）到政府广场为农牧民发放驾驶证

州农业农村局局长严扎甲（右一）一行到壤塘县调研并赠送牦牛拉箱式挤奶器

壤塘县2019年脱贫攻坚决战决胜动员会议

壤塘县文化发展大会

加值19734万元，增长4.5%；第二产业增加值5546万元，增长19.1%；第三产业增加值23304万元，增长2.9%。民营经济对GDP增长的贡献率为49%，占GDP的比重为39.8%。 全年实现农林牧渔业总产值50960万元，增长4.3%，其中农业总产值10911万元，减少2.1%；林业总产值2282万元，增长5.2%；牧业总产值34464万元，增长5.7%；农林牧渔服务业总产值3303万元，增长5.4%。

生物资源。境内野生动植物资源丰富，有脊椎动物200余种，其中被列为国家重点保护的各类珍稀动物有白唇鹿、黑颈鹤、白尾海雕、玉带海雕、胡兀鹫、金雕、班尾榛鸡、水獭、藏原羚等26种；一、二类野生动物有豹、藏羚羊、豺、黑熊、林麝、水鹿、绿头鸭、高山兀、蓝马鸡、白马鸡等；属国家级一类濒危野生动物的兽类有4科5种，鸟类有5科10种；二类保护动物兽类有12科31种，鸟类有9科45种。全县有木本植物35科、109属、207种，中草药122科、218属、245种，其中属国家一级保护植物有1科1种，二级有2科3种，三级有1科4种。

风景名胜与文物保护。壤塘旅游资源集自然景观和人文景观于一体，自然资源由南莫且湿地、香拉东吉圣山、海子山、野人大峡谷和上杜柯峡谷组成；人文资源由棒托寺石刻大藏经、日斯满巴碉楼、觉囊文化中心、本土民俗风情及红色文化资源组成。2014年，县内新增藏家乐、牧家乐等新兴旅游接待平台。2016年，成立中壤塘文化旅游景区管理处。2018年，吾依乡曾克寺被评定为3A级风景区。

壤塘县2019年度县委工作会

壤塘县到浙江省温州市鹿城区开展文化周活动

壤塘县举办职工篮球赛活动

防疫物资发放

“科技扶贫万里行”专家服务团到壤塘县开展技术指导

脱贫攻坚项目检查

集体经济分红

放心农资宣传

尕多拖拉机培训考试

壤塘县水务局挂牌仪式

油菜现场会签约

农产品安全检查

脱贫攻坚基础设施建设之幸福新村建设

亮点工作

四川日报 数字版 2019年03月27日 星期三 09 市州观察·阿坝

壤塘27个非遗传习所评星定级

壤塘县27个非遗传习所评星定级

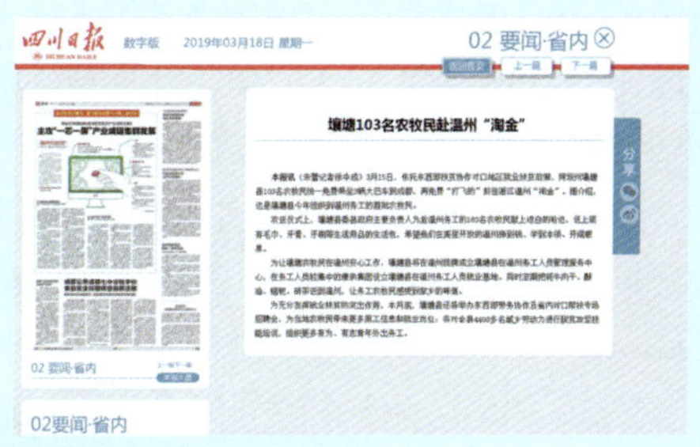

四川日报 数字版 2019年03月18日 星期一 02 要闻·省内

壤塘103名农牧民赴温州“淘金”

壤塘103名农牧民赴温州“淘金”

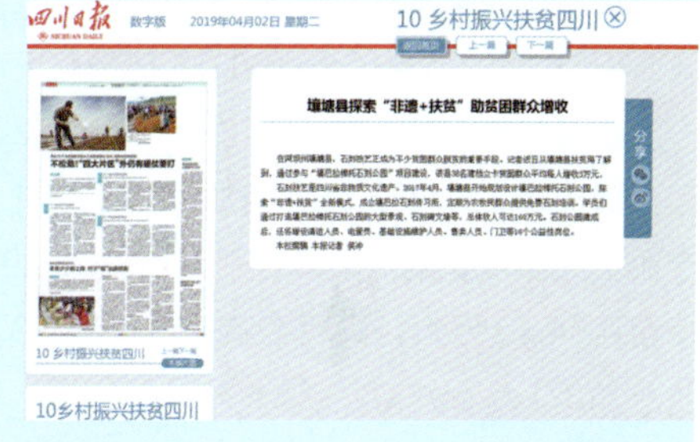

四川日报 数字版 2019年04月02日 星期二 10 乡村振兴扶贫四川

壤塘县探索“非遗+扶贫”助贫困群众增收

壤塘县探索“非遗+扶贫”助贫困群众增收

上南（上杜柯乡至南木达镇）天路

阿坝县

原中央统战部副部长斯塔（右一）一行到阿坝县调研

温州市长姚高员（中）参观温州国际时尚文化产业博览会阿坝县展厅

2019年，全县辖9乡6镇，辖区面积10125平方千米，其中耕地面积16.5403万亩。全县GDP16.6025亿元，增长6.9%，其中第一产业增加值4.5146亿元，增长3.6%；第二产业增加值1.093亿元，增长29.1%；第三产业增加值10.9949亿元，增长5.7%。三次产业对经济增长的贡献率分别为11.7%、29.9%和58.4%。全年接待游客64.11万人，实现旅游总收入48582万元，其中乡村旅游收入17871万元。

乡村振兴。开展农村人居环境整治村庄清洁行动，全县21个乡（镇、场）87个行政村共清理农村生活垃圾48729.9吨，清理村内水塘184口，清理村内沟渠342.1千米，清理村内淤泥359.6吨，清理畜禽养殖粪污等农业生产废弃物164吨，发动农民群众投工投劳35080人次，清理残垣断壁30处，开展进村入户宣传教育14510人次，发放宣传资料9521份，张贴宣传标语562条，财政专项用于村庄清洁行动86.5万元，社会力量投入村庄清洁行动4.1万元。全县新（改）建公厕13座，投资222万元，其中改建公厕7座，新建厕所5座。全县改造提升农村户厕3431座，以户为单位，将任务分解到18个乡（镇、场）65个行政村，新建1092座，改建2339座，其中整村推进任务涉及5个村662户，已全部完成。全年集体经济计划总投资4276.58万元，其中财政投资3660.48万元、自筹616.1万元，建成集体经济18个，其中农业生态型3个、商贸服务型9个、特色旅游型1个、工程机械租赁1个、光伏产业（现代畜牧产业扶贫示范基地项目）4个。

扶贫攻坚。对照全县脱贫攻坚工作的总体规划，确定脱贫

县委书记苏均（左一）、县人大常委会主任陈旭春（右一）慰问群众

县政协主席措德（右一）调研农业农村工作

县委中心组“不忘初心、牢记使命”专题学习会

241户1117名贫困人口，同时实现整县“摘帽”的工作任务。一是编制完成《全县脱贫攻坚年度实施方案及脱贫项目表》《2019年脱贫攻坚工作方案》等，完成23个专项扶贫牵头部门方案和扶贫项目，与各乡（镇、场）部门签订年度脱贫攻坚工作责任书。二是按照“一月一报告”的工作要求，每月月底对全县23个专项方案、项目推进落实的进度、资金报账进度进行搜集汇总，及时统计减贫进度，发现并协调解决在项目政策落实落地中存在的各类问题106项。三是开展贫困户信息系统基本信息管理和动态调整3次，录入、修改、完善各类贫困对象信息愈万条。进行国扶办子系统和“六有”系统培训6次，培训超过800人次。下乡开展内业资料专项指导2次，实现21个乡（镇）全覆盖。四是筹备脱贫攻坚领导小组会议10次、脱贫攻坚工作推进

阿坝县宣传工作业务骨干到德阳市考察交流学习

会（含视频推进会）12次。五是组织开展脱贫攻坚“两不愁、三保障”“回头看”大排查工作，全县县、乡、村三级1200余名干部分441组对全县所有贫困对象及非建档立卡特殊困难户进行全覆盖拉网式对标排查，排查建档立卡贫困户3317户，排查率达100%；排查贫困村35个；核定特殊困难户73户，共发现12类1014个具体问题，并督促完成整改，提升了全县脱贫质量。六是组织开展2019年年度脱贫攻坚验收，对全县241户预脱贫户“一超六有”、达标情况进行验收，对959户已脱贫户“一超六有”达标情况进行复核，对21个乡（镇、场）300户非贫困户扶贫指标进行调查，对10个预脱贫村“一低五有”进行和21个乡（镇、场）“三有”情况进行初验，完成241户脱贫户实现“摘帽”任务。

阿坝州2019年迎新春送文化科技卫生“三下乡”暨法律宣讲活动

阿坝县“烈士纪念日”公祭活动

“阿坝世纪环保行”阿坝县2019年度义务植树活动

驻阿坝县武警四川总队机动第四支队开展爱民助民活动

甘孜藏族自治州

农业农村部副部长张桃林（中）一行到泸定县泸桥镇海子环环村调研乡村振兴及农民夜校情况

甘孜藏族自治州坚定以习近平新时代中国特色社会主义思想为指引，在省委、省政府和州委的坚强领导下，2019年，实现农业总产值100.36亿元，增长4.1%；第一产业增加值66.52亿元，增长2.9%。农村居民年人均可支配收入达12808元，增长10.8%，增幅连续十年排名全省第一位。丹巴县、九龙县被评为2019年省级农民增收先进县。

乡村振兴战略实施。紧扣“成渝后花园·康养加休闲”主题定位，集合资金5.09亿元，全力打造大渡河流域乡村振兴示范区，全面建成康定色龙、泸定杵坭、丹巴小巴旺等示范村102个。首批打造的42个示范村于“五一”“十一”假期开门迎客，共接待游客27.6万余人次，实现旅游综合收入2.56亿元。梯度推进雅砻江、金沙江流域乡村振兴首批试点村67个。通过试点示范建设，探索形成重点推进、组团发展相结合的发展方式；形成目的地型、城镇依托型、景区依托型的建设模式；形成国资平台统筹建设、农户及区域利益共享的利益共享机制；形成“合作社+农户+公司”等管理运营模式。累计创建省级乡村振兴先

全州农办主任、农牧农村局长工作会议

副省长尧斯丹（左二）到泸定县调研

省政协副主席、州委书记刘成鸣（前排左一）带队到大渡河流域调研乡村振兴示范区建设工作

州政府党组书记、州长肖友才（左四）到康定市调研脱贫攻坚工作

州农牧农村局局长杨林（右一）到泸定县兴隆镇下马厂村调研督导乡村振兴工作

进乡（镇）2个、示范社27个，命名州级乡村振兴先进县（市）4个、先进乡（镇）15个、示范村114个。推动乡村振兴试点示范工作，按照“成都后花园，康养加休闲”主题定位，州、县（市）共投入资金4.9亿余元。按照“先行先试、循序渐进”的原则，抓重点、补短板，启动建设雅砻江、金沙江流域67个乡村振兴试点村。

农业农村改革。紧紧围绕激发乡村振兴动力活力，以深化农村集体产权制度改革为突破口，加快构建城乡融合发展的体制机制。一是推进农村集体产权制度改革。全州完成农村集体产权确权登记面积128.54万亩，颁发农户承包经营权证书11.9万本，颁证率达98.02%，颁证耕地面积120.11万亩。完成清产核资数据录入2733个村，资产总额95.12亿元。与成都农村产权交易所有限责任公司签订合作协议，依托州级交易平台，对接成都农交所信息平台（网站），推进农村产权交易。二是推进农村土地制度改革。加强城乡建设用地增减挂钩结余指标分别跨省流转、跨市（州）流转、在市域范围内流转，共计申报增减挂钩项目165个，获得农业农村厅立项73个。推进农村房地一体和集体建设用地确权登记工作。三是持续深化供销社综合改革。总结验收2018年道孚、炉霍、甘孜、丹巴、巴塘5县“两中心、一体系”供销产业扶贫项目，全面推进2019年康定、泸定、雅江、乡城、稻城5县（市）“两中心、一体系”供销产业扶贫项目。

脱贫攻坚夺取新胜利。强力实施扶贫攻坚战略，精准聚焦“两不愁三保障”，投入财政扶贫专项资金132亿元，全面推进贫困村与非贫困村、贫困户与非贫困户统筹发展。新（改）建贫困村现代农业产业基地21.84万亩，新建农业科技示范基地42个。实施中央单位定点扶贫项目25个、东西部扶贫协作和广东省对口支援项目132个、省内对口帮扶项目481个。雅砻江上游4县交界地区24个乡（镇）脱贫攻坚取得显著成效。12个计划“摘帽”县通过省级评估验收，251个贫困村成功退出，7125户31478人实现脱贫，贫困发生率降至0.23%，夺取了脱贫攻坚决定性胜利。

巴塘县五彩田园

草莓种植基地

稻城县芍药种植基地

海螺沟羊肚菌种植基地

泸定县泸桥镇上松村灵芝种植基地

石渠县邓玛生态农业园区

现代农业种植基地

海螺沟玫瑰种植基地

炉霍盛煌农业园区种植的小番茄

传统收割

机械化联合收割

牛养殖基地

黄羊养殖

跑山鸡养殖

牦牛产业发展

省内对口帮扶蒲江县援建的泸定县产业园区

泸定红樱桃

黄草坪红富士苹果

泸定仙桃

泸定花椒

贫困户、10239名贫困人口全部脱贫的目标任务，贫困发生率降至零，累计减贫3042户10503人。

自脱贫攻坚以来，泸定县全面实施“五大扶贫工程”和“五个一批”扶贫攻坚行动，稳步推进大渡河流域百里绿色产业带、“四大产业基地”建设和以优质蔬菜、高产核桃、特色水果为主的“三个五万亩”提质增效工程，开展农村交通建设大提升、水电设施大提质、通讯网络全覆盖、美丽乡村大建设等工程项目建设，实现了乡（镇）和行政村“两个100%”通硬化路，6万名农村人口安全饮水有效保障，户均变压器容量达3千伏安居前列水平，光纤宽带、4G通信网络全面覆盖，5G基站建设有序推进，实施5846户危房改造（藏区新居），72个幸福美丽新村覆盖全县80%以上，18户51人易地扶贫全部搬迁，乡乡建成标准中心校、达标卫生院、便民服务中心。教育事业全面均衡发展，城乡居民基本医保、大病保险“两个100%”参保，贫困患者县域内住

泸定县高半山特色生态经果林苗木基地

泸定县千亩羊肚菌示范基地

普通农户发展的山羊养殖产业

普通农户发展的林下养鸡产业

红军飞夺泸定桥国家4A级景区

杵坭乡樱桃谷

烹坝"高原苹果节"

泸定红樱桃节

院和慢性病门诊治疗费用个人支付占比均控制在5％以内。458户855名贫困群众实现低保兜底，100%为困难群体政府代缴养老保险。开发公益性岗位1503个，解决919名贫困群众就近就地就业。建成特色农林产业23万余亩和1个省级、7个州级现代农业万亩示范区，有效期内"三品一标"农产品认证达22个，发展专合组织451个、家庭农场154个，培育县级以上新型经营主体43个。成功创建海螺沟"5A"，泸定桥"4A"，杵坭樱桃谷、磨西镇磨岗岭"3A"等景区，常年举办泸定红樱桃节、海螺沟冰川温泉节、"5·29"红色记忆等四季节庆活动，被评为"2019年全国避暑旅游十强城市"。东西部扶贫协作广东省江门市、省内对口帮扶蒲江县、省级定点扶贫民建四川省委等12个省直部门累计投入资金2.27亿元，实施340个援建项目，推进乡（镇）、机关、企事业单位、社会组织之间结对帮扶。2015—2020年"10·17"扶贫日活动累计筹集善款746.14万元，救助各类困难群众4千余人，构建起了干群合力、聚力攻坚、众志脱贫的工作大格局。2019年，全县农村居民人均可支配收入达13561元，稳定实现贫困群众"两不愁、三保障"，历史性消除绝对贫困，呈现出经济较快增长、民生持续改善、社会和谐稳定的良好局面，先后多次荣获全省"三农工作先进县""农民增收工作先进县"等殊荣，被确定为省级新农村成片推进示范县、农业产业基地强县和林业强县，为全州脱贫奔康积累了"泸定经验"，创造了贫困落后县逆势崛起的"泸定速度"。

烹坝美食骑游小镇

冷碛村落风貌

泸定春色——农家乐旅游接待

三舍民宿

呷尔镇华丘村中药材种植基地

湾坝乡高标准农田建设

湾坝乡万头牦牛养殖园区

朵洛乡黑颈山羊养殖

三岩龙乡引进的小毛驴养殖场

烟袋镇西门塔尔肉牛养殖场

三岩龙乡森林黑猪养殖场

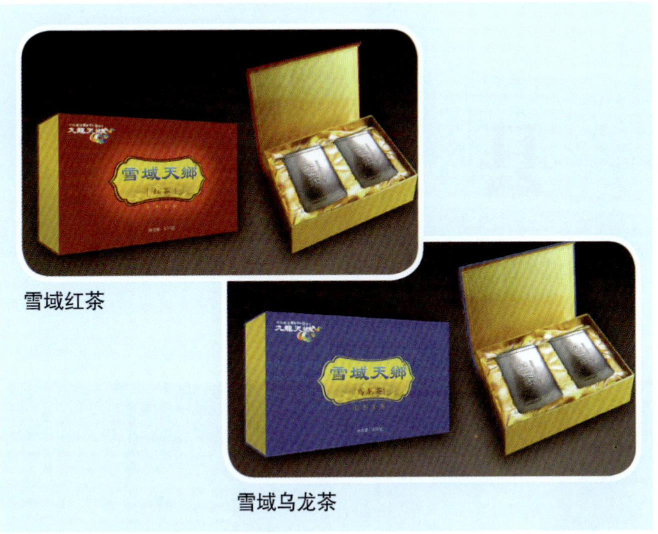

雪域红茶

雪域乌龙茶

乃渠乡双富花椒油加工厂

九龙花椒油

九龙县农产品加工企业参加省农行组织的“情系三州·共享绿色”消费扶贫展卖会活动

农业专家“送教下乡”——乡村振兴农村科普活动

在民族广场开展“服务百姓，健康行动”义诊活动

农机操作技术培训

德格县

德格县脱贫攻坚领导小组大会

国家广播电视总局党组成员、副局长孟冬（右二）到更庆镇杨西村看望贫困户

自脱贫攻坚工作开展以来，德格县委、县政府认真学习贯彻党的十八大、十九大精神和习近平新时代中国特色社会主义思想，按照州委“123456”总体工作格局，始终把脱贫攻坚作为最大的政治责任、最大的民生工程、最大的发展机遇，集全县之智，举全县之力，确保精准扶贫、精准脱贫各项措施落地见效。构建了集规划、实施、宣传、监督、考评、问责、帮扶

省政协副主席、甘孜州委书记刘成鸣（前排右一）到德格县调研脱贫攻坚工作

水利厅党组书记、厅长胡云（前排右三）率工作组一行分别到柯洛洞乡、中扎科乡等地开展调研

县委书记嘎绒拥忠（右二）到马尼干戈镇洞真村调研易地扶贫搬迁工作

县长黄杰（右一）到中扎科乡曲公村检查指导脱贫攻坚工作

中扎科乡卫生院开展“送医下乡”活动现场

中扎科乡产业扶贫物资发放现场

脱贫就业服务培训现场

德格县2019年“10·17”扶贫日募捐主题活动

于一体的脱贫攻坚指挥体系。围绕脱贫攻坚主线，先后出台了《关于全面贯彻落实党的十九大精神坚决打赢深度贫困脱贫攻坚战的决定》等“三个决定”，顶层设计了“3553” 产业扶贫思路、“113+N”扶贫产业体系、“1371”扶贫产业布局，制定了《德格县打赢打好深度贫困脱贫攻坚战三年行动实施方案》，全面打响了“10+5”脱贫攻坚战，深入推进脱贫攻坚三年行动计划落地落实，确保精准扶贫、精准脱贫各项措施落地见效，脱贫攻坚取得了良好成效。据统计，2014年以来，全县累计全口径投入62.47亿元，实现102个贫困村退出，5651户23461名贫困人口脱贫，彻底消除了绝对贫困，取得了脱贫攻坚“全州十一个最”的德格成绩。2018年、2019年均被评为全省脱贫攻坚先进县，群众认可度达99.89%，德格县退出贫困县序列，摘掉了“穷帽”。

年古乡大蒜种植基地

温拖乡产业园区蔬菜种植

错阿镇绒岔村新村风貌

竹庆镇更龙村新村风貌

白 玉 县

甘孜州副州长、白玉县委书记康光友（右二）调研产业园区建设情况

县长阿央邓珠（左一）到热加乡盖公村调研脱贫攻坚工作

白玉，地缘独特有魅力。白玉县隶属甘孜藏族自治州，地处川藏接合部、横断山脉北段、金沙江上游东岸，与西藏昌都地区贡觉、江达两县隔江相望，是连接南北交通的枢纽。全县辖区面积10591平方千米，东西跨越128.8千米，南北纵横143.4千米，辖4镇13乡158个行政村（社区）。位于西北丘状高原山区，全境属沙鲁里山地段，东部为山原地貌，西部及南端为高山峡谷，东北部为浅切割山原及丘原，为大陆性季风高原气候，冬春寒冷干燥，夏季温暖、湿润，干雨季分明，雨量偏少。全县高原山地、高山河谷、森林草原、冰川湖泊、高寒湿地分布广泛，生态系统特色鲜明，具有完备的森林、草原、荒漠、湿地以及农田五大生态系统，是唯有的“浓缩康巴”。

白玉，生态富集有特色。白玉县地处全国生态保护主体功能区的川滇森林及生物多样性生态功能区，位于全省生态保护红线所划定的沙鲁里山核心区域，拥有察青松多白唇鹿国家级自然保护区、拉龙措国家级湿地公园、沙鲁里国家级森林公园，火龙沟省级自然保护区、博美山省级森林公园和阿仁沟密枝圆柏县级自然保护区，总面积达915445.61公顷（9154.45平方千米），属川西北水源涵养与生物多样性保护重要区和长江上游重要生态保护屏障，被誉为“川西北的生态王国和高原氧仓”。县境内共有大小河流230条、高山湖泊112个，河流总长3609千米，流域面积9529平方千米，均属金沙江水系。森林原始状态保持完整，有森林25万公顷，森林覆盖率达39.54％，以松、杉、柏、桦等树

县委常委马春林（右一）到赠科乡高原菊花种植基地调研

副县长尹天林（左一）到农业试验试种基地调研

种为主的活立木蓄积量达4057万立方米，分别居甘孜州第一位、四川省第二位。县境内松茸、虎掌菌、獐子菌等高原特色菌类资源丰富，各类野生真菌达数百种，有虫草、贝母、野生菌等林下资源和野生中藏药材640余种，白唇鹿、黑颈鹤等一、二类保护动物共55种。

白玉，生态产业有优势。矿产资源得天独厚，被誉为“三江成矿带”上的“多金属王国”。已查明矿种36种、矿床160余个，主要以银、铜、铅、锌为主，尤其以昌台谷盆和赠科谷盆矿床矿点高度集中，累计查明铜金属、铅金属、锌金属、银金属资源储量分别为12.4万吨、65.5万吨、104.8万吨、2191.3吨。水

群众在菊花基地务工

白玉藏品农业发展有限责任公司生产的菊花系列产品

脱贫成果

白玉县黑山羊产业园区建设

白玉黑山羊保种繁育基地

察青松多自然保护区的白唇鹿

白玉县现代农业产业园区

白玉县现代农业产业园区种植基地一角

能资源理论蕴藏量达470万千瓦以上，可开发利用量达386万千瓦，开发利用率为82%。全县有可利用优质耕地8万余亩，牧草地分布广泛，天然草原面积57万公顷，可利用草原面积53.4万公顷，牲畜存栏40万头（只），属甘孜州五大牧业县之一，绿色生态、品质优良的优势独特明显，具有极强的开发价值和市场前景。境内大部分地区海拔在3500米以上，气候温和，日照充足，森林、草原与农牧区相互交错，植被种类复杂多样，是野生药材的集中分布区。全县有中藏药材1600余种，其中可供种植的常

盖玉片区集中搬迁安置点

建成后的易地搬迁集中安置点

麻绒乡格塔村宜居乡村建设成果

赠科乡上巴卡村通村硬化路

金沙乡作英村综合服务活动中心

宜居乡村

察青松多自然保护区

用植物药材达700余种，中藏药材每年总贮量达1500吨以上，可生产藏药制剂120余种，藏医药市场潜力巨大。白玉文化底蕴深厚，国家级非物质文化遗产——河坡藏族金属手工锻造技艺被誉为格萨尔兵器基地和“藏民族手工艺之乡”。全县有国家非物质文化遗产1项、省级非物质文化遗产3项、州级非物质文化遗产3项、县级非物质文化遗产5项。

白玉，经济发展有实力。白玉，系藏语译音，译为吉祥圣德之地，距州府康定市622千米，总人口5.7万人。2019年，全县地区生产总值完成18.8亿元，工业增加值完成4.6亿元，全社会固定资产投资完成28.44亿元，地方公共财政收入完成1.73亿元，社会消费品零售总额完成3.9亿元，城镇居民可支配收入完成32220元，农村居民可支配收入完成12623元，全县目标绩效考核在甘孜州加快发展区中排名第一，综合实力持续保持在加快发展区中的“领头羊”地位。

纳塔乡

吉祥藏家（章都乡）

拉拢措国家湿地公园

麦拉降措

凉山彝族自治州

州长苏嘎尔布（中）到布拖县俄里坪乡海特苦村入户调研脱贫攻坚工作

州政府副秘书长、州扶贫开发局局长王永贵（前排右二）到美姑县宣讲习近平总书记视察凉山重要讲话精神

凉山州是全国最大的彝族聚居区、四川民族类别和少数民族人口最多的地区。全州辖区面积6.04万平方千米，辖16县1市，境内有彝、汉、藏、回、蒙等14个世居民族，总人口531万人，其中彝族占55.7%。1935年中央红军长征过凉山，彝海结盟在中国革命史上写下光辉一页，成为党的民族政策实践的开篇典范。1950年凉山解放，1952年成立凉山彝族自治州，1956年实行民主改革，从奴隶社会“一步跨千年”直接进入社会主义社会，1978年与原西昌专区合并成立新的凉山彝族自治州。

凉山州是攀西国家级战略资源创新开发试验区的核心区。清洁能源富甲天下，水能资源技术可开发量达7000余万千瓦，占全国的15%，在建水电站乌东德、白鹤滩装机规模分别居全球第七和第二位。绿色农业资源丰富多样，是全国发展绿色特色农业的最适宜区和四川三大林区、三大牧区之一，已建成全国优质烤烟综合标准化示范州和最大的苦荞麦、马铃薯、石榴生产基地，被授予“中国苦荞之都”“中国茧丝之都”等称号。生态旅游资源绚丽多彩，地处“大香格里拉旅游环线”腹心地带，有代表性景区景点160余个、A级景区38个，邛海泸山、螺髻山、泸沽湖、西昌卫星发射中心等闻名中外。矿产资源得天独厚，已探明矿种103种，轻稀土氧化物保有储量位居全国第二，有色金属矿产储量全省第一，钒钛磁铁矿保有储量位居全省第二，被誉为“中国的乌拉

省、州相关部门领导、授课老师到普格县五道箐乡洛果村农民网校开班现场作指导

医务工作者为普格县永安乡扯扯街村群众检查身体

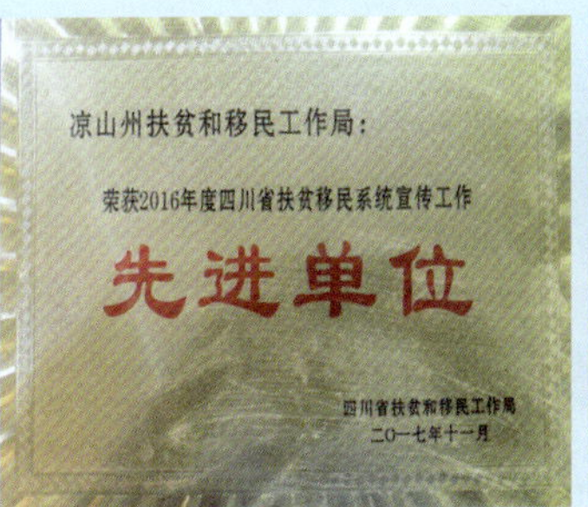

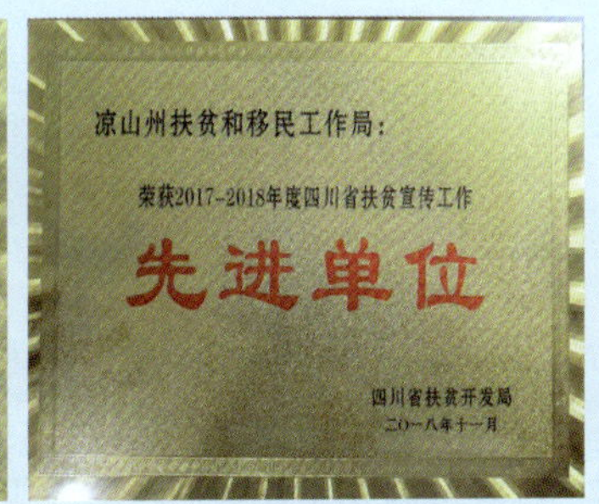

2019年佛山市—凉山州对口扶贫协作党政联席会议

“习近平来到我们村”宣讲活动

尔”。民族文化资源独具魅力，有全世界唯一反映奴隶社会形态的博物馆——凉山奴隶社会博物馆，彝族火把节被列为世界非物质文化遗产备选名录，泸沽湖摩梭文化有“人类母系社会活化石”之称，彝族文化、藏乡文化、摩梭风情等多民族文化交相辉映。

凉山是全国“三区三州”深度贫困地区之一，集中连片贫困地区达4.16万平方千米，占总面积的68.9%；17个县（市）中11个民族聚居县均为深度贫困县，共精准识别贫困村2072个、贫困人口97.5万人，2072个贫困村中贫困发生率在20%以上的有1350个，属于贫中之贫、困中之困、坚中之坚。

近年来，凉山州认真贯彻落实习近平总书记视察凉山重要指示精神，认真落实党中央、国务院和省委、省政府决策部署，聚焦聚力脱贫攻坚“头等大事”、转型发展“第一要务”，统筹推进稳增长、促改革、调结构、惠民生、防风险工作，全州经济稳健发展、民生持续改善、民族团结和睦、社会和谐稳定。2013年以来，累计退出贫困村1772个、减贫80.14万人，4个县“摘帽”，贫困发生率从19.8%降至4%，剩余17.8万名贫困人口、300个贫困村、7个贫困县已进入“摘帽”验收阶段，全面打赢脱贫攻坚战胜利在望。2019年，全州实现地区生产总值1676.3亿元、地方一般公共预算收入153.6亿元，均居全国30个少数民族自治州前列，被命名为“全国民族团结进步创建示范州”。

凉山州脱贫攻坚项目集中开工仪式在喜德县举行

布拖县“倡树新风 感恩奋进”示范户表彰活动

牛羊成群的昭觉县谷克德牧场

金阳县依达乡瓦伍村集体经济——松下养土鸡

省综合帮扶队员帮助盐源县卫城镇大窝村群众推动“小花椒”走出“大凉山”

普格县特补乡庙子湾村贫困建卡户起青花椒苗准备出售

美姑县合姑洛乡推广“青薯九号”规范化种植

莽山缠玉带——雷波县一车乡通乡公路

甘洛县石海乡春禾村

木里县康坞牧场牧民定居点全貌

雷波县元宝山乡跑马坪村安置点鸟瞰图

布拖县拉达乡店子村规划整齐的彝家新寨

广东省佛山市援建的金阳县热柯觉乡丙乙底新村新貌

布拖县易地扶贫搬迁县城集中安置点

社会力量助力凉山脱贫攻坚行动大会

金阳县劳务扶贫协作，携手精准脱贫

普格县农民素质提升工程

越西县开展贫困户集中大规模培训

喜德县冕山镇小山村村民到农民夜校开展“四好”助新风活动

昭觉县地莫乡举办“千村万户”禁毒宣传教育和“树新风、助脱贫”民间艺术暨群众文化节

甘洛县普昌镇哈木足村“学前学普”幼教点孩子在老师的带领下做游戏

中共凉山彝族自治州委组织部

州委常委、组织部部长刘晓博（右二）看望慰问木里县李子坪乡白草坪村联系贫困户

1952年8月，经中共西南局批准，成立中共西康省凉山彝族自治区工作委员会，并设立了组织部。中央凉山彝族自治州委组织部有内设科室19个，下属参公事业单位1个、事业单位3个。

凉山州委组织部是州委主管组织工作、干部工作、人才工作、公务员工作和城乡基层社会治理工作的职能部门，挂中共凉山彝族自治州委非公有制经济组织和社会组织工作委员会牌子，对外保留凉山彝族自治州公务员局牌子。

近几年来，凉山组织工作始终围绕打赢脱贫攻坚战“头等大事”，坚持系统谋划、靶向引领、精准发力，扎实推动攻坚力量向一线聚集、基础保障向一线调配、党员干部在一线尽责、脱贫成效在一线检验，为决战决胜脱贫攻坚提供了坚强的组织保障。

脱贫攻坚系列专题凉山大讲堂

利用“农民夜校”开展种植技术培训

村民拿到集体经济分红

盐源县洼里乡手爬村驻村队员与村组干部召开党建月会

驻村干部与村民一起建设通村公路

美姑县瓦古乡瓦以村综合帮扶队员跋山涉水开展走访入户工作

中科院院士崔鹏（中）为盐源县脱贫支招

喜德县光明镇阿吼村驻村“第一书记”王小兵组织村民开展劳动技能竞赛

越西县城北感恩社区

凉山彝族自治州农业农村局

彝家新寨

农户到德昌县小葱现代农业种植园区务工

根据省委、省政府批复的《凉山州机构改革方案》要求，将凉山州农村工作领导小组办公室、凉山州农牧局的职责，以及凉山州发展和改革委员会的农业投资项目、凉山州财政局的农业综合开发项目、凉山州国土资源局的农田整治项目、凉山州水务局的农田水利建设项目管理职责，相关机构的烟草工作职责等整合，组建凉山州农业农村局，作为州政府工作部门，挂州烟草工作办公室牌子。州委农村工作领导小组办公室设州农业农村局。

目前，州农业农村局领导班子共有11人，马小合为州农业农村局负责人。内设行政科室26个、下属参公单位5个、事业单位37个，有编制613个，在编509人。全州在位驻村农技员2021人，有农技专家服务团66个（其中州级农技专家服务团队1个）、农技巡回服务小组109个，招募特聘农技员54名。

一年来，州农业农村局以习近平新时代中国特色社会主义思想和习近平总书记对四川、对凉山工作系列重要指示精神为指导，坚持把解决“三农”问题作为全部工作的重中之重，坚定不移贯彻落实新发展理念，以实施乡村振兴战略为总抓手，坚持稳中求进的总基调，深化农业供给侧结构性改革，实现量的合理增长和质的稳步提升。结合全面脱贫、补齐短板，加快构建“大凉山”现代农业“10+3”产业体系，持续推进农村人居环境整治，不断深化农业农村改革，提高乡村治理水平，大力推进质量兴农、科教兴农、绿色兴农、品牌强农，提高农业发展质量效益和竞争力，推动农业大州向农业强州迈进，实现确保小康之年农业丰收、确保脱贫攻坚战圆满收官、确保农村同步全面建成小康社会“三个确保”。

越西县大瑞现代农业（苹果）示范园区

良好的生态环境

标准化基本烟田

中共凉山彝族自治州委政法委员会

州委常委、州委政法委书记阿石拉比（前排左三）到布拖县乌依乡阿布洛哈村调研脱贫攻坚工作

州委常委、州委政法委书记阿石拉比（右三）到布拖县特木里镇调研易地扶贫搬迁工程项目建设情况

中共凉山州委政法委始建于1982年4月，是党委领导和管理政法工作的职能部门，是实现党对政法工作领导的重要组织形式。长期以来，州委政法委始终坚持以习近平新时代中国特色社会主义思想为指导，始终坚持党对政法工作的绝对领导，深入贯彻习近平法治思想，贯彻习近平总书记关于政法工作的重要指示批示精神，全面落实中央、省委、州委决策部署，聚焦社会稳定、脱贫攻坚、禁毒防艾、“扫黑除恶”、社会治理等重点工作，坚决履行维护国家政治安全，确保社会大局稳定、促进社会公平正义、保障人民安居乐业主要职责，持续推进“平安凉山、法治凉山”建设，推动全州政法领域全面深化改革，加强过硬队伍建设，深化智能化建设，严格执法、公正司法，创造安全的政治环境、稳定的社会环境、公正的法治环境、优质的服务环境，不断增强人民群众的获得感、幸福感、安全感，为谱写全面建设社会主义现代化凉山新篇章提供坚强法治保障。

州委常委、州委政法委书记阿石拉比（左二）到盐源县巫木乡巫木河村调研脱贫攻坚工作

州委政法委机关党总支书记李创（前排左二）到帮扶联系点盐源县白乌镇宝清村开展走基层暖冬慰问活动

州委政法委驻村“第一书记”王宁峰（右一）帮贫困户找销路

凉山彝族自治州住房和城乡建设局

州住建局局长余明良（中）到喜德县检查农村危房改造情况

“十三五”期间，凉山州农村危房改造总任务数为125205户，其中10个彝区县彝家新寨任务为65524户、木里县藏区新居任务为7371户、安宁河流域“5县1市”农村危房改造任务为24996户、2019年彝区县“三类重点对象”农村危房改造任务为27314户。

一、对基层工作人员开展培训

组织17个县（市）农村危房改造相关工作人员开展业务培训，主要针对“4类重点对象”农村危房改造危险性等级评定、信息系统录入及“一户一档”资料管理进行了20余次培训，参加培训人员近3000余人次，各县（市）农村危房改造工作人员的业务水平得到提升。

二、及时开展督导督办

制定印发《凉山州住房城乡建设系统开展第二轮“明目行动”集中清理扶贫领域工程项目的实施方案》，将农村危房改造纳入“明目行动”进行督导，加强对各县（市）的督促检查，督促各县（市）加大对农村危房改造补助资金使用情况的监管力度，确保危房改造补助资金全额用于农户危房改造。同时，积极配合纪委监察部门，对相关县（市）开展督导。在开展“明目行动”过程中，结合《脱贫攻坚农村危房改造工作专班挂牌督战工作方案》实施全面督战。

三、加强质量监管

一是按照《凉山州脱贫攻坚农房建设质量安全监管实施方案》要求，深入开展全州安全住房建设质量安全督导检查，督促各县（市）采取购买第三方社会服务等方式逐步建立起县、乡、村多级联动的脱贫攻坚住房建设质量安全监管体系，促进脱贫攻坚住房质量安全监管常态化、常年化。二是建立“农房质量安全巡检机制”。在住房和城乡建设厅的亲切关怀和大力帮助下，省、州联动创新建立“农房质量安全巡检机制”，破解农房监管难题，脱贫攻坚农房建设质量安全巡检工作成效显著，监管体系逐步健全。三是推广应用《凉山州农房结构整体性能提升方案》要求。按照《凉山州农房结构整体性能提升方案》要求，有针对性进行农村危房结构维护、性能提升，切实解决农村危房在结构安全方面存在的突出问题和隐患。四是重视脱贫攻坚农房建设建

金阳县农房建设技术培训会

美姑县农村建筑工匠培训会

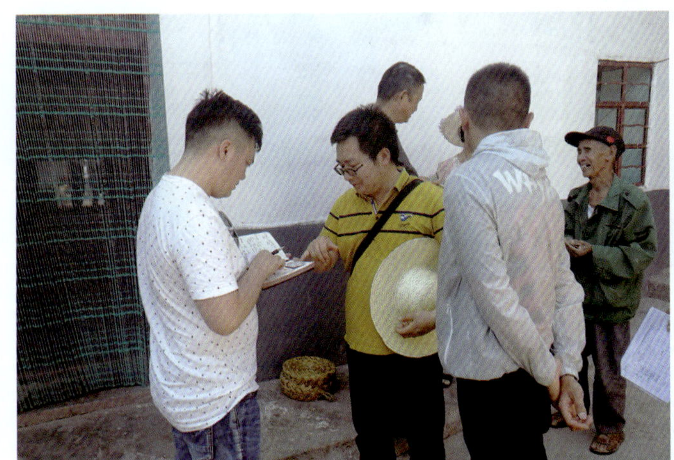
州住建局检查组到会东县开展农村危房改造入户检查

巡检工作组巡检农房质量安全情况

筑工匠培训。认真贯彻《四川省农村建筑工匠管理办法》，提高基层干部农房建设监管水平和建筑工匠技术水平。组织全州17个县（市）住建部门农房建设管理人员进行集中培训，重点对新建房屋地基基础、主体结构、屋面工程、抗震构造措施等监管和技术服务指导方面进行培训，仅2020年培训近200人次。

在各级领导的关心支持下，在各级各部门的合力推动下，全州如期完成了农村危房改造任务，改善了125205户农村困难群众的居住条件，让农村困难群众能住得安心、住得放心。同时，农村危房改造推动了全州的新村建设，将危房改造与整治村容村貌相结合，与村庄道路、美化环境、人畜饮水、农村卫生和农村文化、生产生活相结合实施，有力地推动了新农村建设，为下一步乡村振兴打下了坚实的基础。

危房改造质量安全检查（越西县河东乡）

布拖县阿布洛哈村房建项目

金阳县整合农村危房改造资金实施的彝家新寨住房建设

金阳县热柯觉乡丙乙底村牧民新村

金阳县依达乡保尔村独具特色的错层式农房

越西县大花镇大花村农房建设新貌

昭觉县博洛乡普洛村农房建设

布拖县合井乡雄块村安全住房

普格县五道箐镇特尔果村危房改造

宁南县改造前的农户破旧危房

宁南县改造后的农户新房

美姑县农村危房改造

冕宁县农村危房改造

金阳县丝窝乡尼波洛村农房建设

凉山彝族自治州医疗保障局

省医疗保障局党组成员、副局长张海峰（左二），凉山州医疗保障局党组成员、副局长聂华（右二）到喜德县走访贫困户

凉山彝族自治州医疗保障局是根据《中共凉山州委　凉山州人民政府关于印发〈凉山州机构改革方案〉的通知》（凉委发〔2019〕2号）要求设立的正处级州政府工作部门，职能包括城镇职工和城镇居民基本医疗保险、生育保险、新型农村合作医疗、药品和医疗服务价格管理、医疗救助以及其他医疗保障行政职责。州医疗保障局的设立完成了分散在人社、卫计、发改、民政等部门的医疗保障职能整合，是政府机构改革的重大探索，也是深化医药卫生体制改革的重要内容。

省医疗保障局党组成员、副局长杨俊（左二），省医疗保障局待遇保障处副处长吴天连（右二）与省医疗保障局相关工作人员到凉山州医疗保障局会议室召开脱贫攻坚座谈会

州医疗保障局党组书记、局长熊帷茗（左二）到喜德县走访贫困户

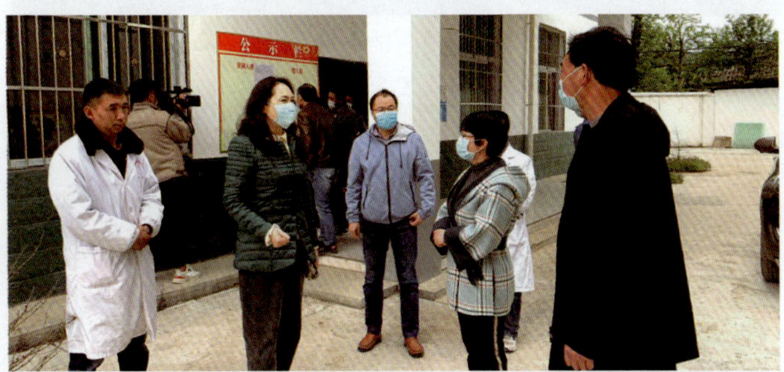

省医疗保障局党组成员、副局长曾宏（左二）到布拖县拉达乡卫生院视察贫困人口住院情况

2019年2月，中共凉山州医疗保障局党组经州委同意设立，现有党组成员5名，其中局长1人、副局长3人、医疗保障事务中心主任1人。局党组带头贯彻落实党的路线、方针、政策，研究决定凉山医保重大问题，团结带领全州医疗保障系统干部职工共同完成党和国家交给的医疗保障任务。

州医疗保障局核定行政编制19名，班子配置1正3副，内设办公室、规划与财务科、政策法规与大数据科、基金监管与经办指导科、医药价格与服务管理科5个科室。

省医疗保障局待遇保障处调研员谭邦均（右二）到美姑县走访贫困户

州医疗保障局召开脱贫攻坚专题会议，局领导班子成员出席会议

四川省红鱼洞水库建设管理局

水库大坝填筑完成

水库渠系工程建设现场

工程概况。红鱼洞水库是全国“172”重大水利项目之一，是巴中市第一座大型水利工程，兼具防洪、灌溉和供水等功能，项目概算总投资31.89亿元。水库控制流域面积316平方千米，最大坝高104.8米，是全国前五的沥青混凝土心墙堆石百米高坝之一，水库总库容1.67亿立方米。灌区覆盖农田40.96万亩，渠系全长156千米，由72个隧洞相连，长达135千米，隧洞占比86%，特殊的地理状况在全省罕见。

工程建设。项目前期工作于2009年正式启动，2014年12月完成。2015年6月工程全面开工建设，计划2024年基本完工。目前，已累计完成投资30亿元（概算外9.5亿元），占工程总投资的94%。枢纽工程。主体工程已基本完成，溢洪道、中闸室等引泄水工程抓紧安装金属结构，预计2020年年底下闸蓄水。渠系工程。在建右总干渠、恩巴支渠等5个标段全长71千米，已完成隧洞开挖45千米，恩阳分干渠等后续标段进入招标阶段。移民安置工程。累计安置移民2300余人，迁建专业项目13个。

推进举措。按照省委、省政府“红黑榜”推进机制要求，巴中市委、市政府深入实施“重大项目年”决策部署，挂牌推进重大水利项目建设。红鱼洞水库建设管理局以党建为统领，常态抓实疫情防控，并以“比质量、比安全、比进度、比规范、比保障、创优质工程”的“五比一创”为抓手，实行流动红旗激励和黄牌警示制度，强力推进工程建设。2020年5月，红鱼洞水库建设管理局被水利厅评为全省水利建设工作先进集体；2020年7月，红鱼洞水库建设管理局代表重大水利项目法人单位在全省作经验交流。

工程效益。红鱼洞水库原生水源符合地表Ⅱ类水质（人饮供水）标准。工程竣工后，可为巴中市提供优质饮用水水源，并利用生态流量发电；可将南江县、巴中市的防洪标准分别由10年、20年一遇提高到20年、50年一遇；可带动旅游业、农业、水产业发展，对加快老区脱贫奔康、乡村振兴步伐，助推建设川陕革命老区振兴发展示范区具有十分重要的意义。

水库效果图

中共西昌市纪律检查委员会 西昌市监察委员会

时任市委常委、市纪委书记、市监委主任刘学强（左三）现场指导马鞍山乡扶贫产业——花卉基地相关工作

市委常委、市纪委书记、市监委主任万东升（左一）走访贫困户

一、强化政治监督

西昌市纪委监委制定市委党风廉政建设主体责任清单，明确工作职责，共发出《2020年履行党风廉政建设“两个责任”责任清单》216份、《履责督办单》78份、《信访举报形势分析报告》60份。建立《西昌市纪委关于加强对市委政府班子监督工作的台账》，实行半年一检查一通报。对全市各部门和乡（镇、街道）开展第二轮“政治生态画像”，全面实施“三单一报告”制度，进一步疏通廉情联络员向市委、市政府班子成员直报渠道，累计汇报问题312个，督促整改312个。

二、深入开展系统治理

深入开展脱贫攻坚“纪律作风保障年”活动，启动第二轮“明目行动”，全面清理工程项目374个，涉及投入资金274.95亿元。针对工程项目审批、质量、进度、资金拨付等各个节点进行全面“体检”，发现并督促整改问题77个，清理退回财政资金214.85万元，处置问题线索26件，立案审查调查13件13人，给予党纪政务处分13人、组织处理13人、移送司法2人、通报曝光10人，督促市发改局对其中12项规避招投标问题给予行政处罚78.02万元。强化督查督办，统筹推进疫情防控纪律保障，累计派出266人次对全市195家单位和335个点位干部纪律作风情况开展督查92次，发现问题151个，已督促全部整改完成。对在疫情防控工作中党员干部作风不严不实问题给予组织处理3人，政务立案1人。做实三级公告公示，对62个乡（镇）、部门和贫困村开展专项检查，反馈问题46个，通报问题13个，并督促整改落实。全年共查处违反“四风”问题26起，处理72人，其中党纪政纪处分26人、组织处理46人。

三、从严推进反腐倡廉

市纪委监委全年共受理信访举报257件，同比下降32.37%，其中检举控告223件，同比下降36.29%；共接待群众来访180余次，接电100余次，处理业务范围外信访件及诉求110余件。组织召开反腐败协调联席会及巡视反思会4次，对收到的10条疑似涉黑涉恶腐败和“保护伞”等问题线索进行分类处置调查核实，立案审查2件14人，党纪政务处理11人，组织处理3人。紧盯违规公款吃喝、违规公车私用、违规收送礼品礼金、违规发放津贴或福利、奢侈浪费等重点问题，开通24小时监督举报电话，向全市各级干部发送廉政短信10000余条次，发放厉行勤俭节约、杜绝铺张浪费倡议书、宣传画40000余份。

市纪委监委深入群众调查案件

市纪委监委与马鞍山乡甘伍村党员干部共建扶贫产业——集体果园

市纪委监委实地监督脱贫攻坚道路修建情况

西昌市马鞍山乡

西昌市委书记马辉（左一）在原乡党委书记米煌（二排右二）、时任乡长曾强（三排右一）陪同下到花卉种植基地调研

书记曾强视察沙土村交通旅游服务区情况

马鞍山乡是西昌市边远彝族聚居乡之一，距西昌市城区65千米，北与巴汝镇接壤，西与盐源县金河镇相邻，东与开元乡、裕隆乡和佑君镇相接，南与磨盘乡相连，乡政府驻马鞍村，辖区面积145.76平方千米。辖4个村1542户7332人，其中常住农户1112户5864人，彝族群众占98%。乡机关共有干部30名（其中事业干部8人），全乡共有6个支部137名党员。原有5个贫困村，贫困户276户1391人（2019年11月）。2015年年底达标脱贫79户395人，2016年年底达标脱贫185户961人，2017年年底达标脱贫12户90人，马鞍山乡原5个贫困村“一低七有”、贫困户“一超六有”各项指标全面达标，在原巴汝片区4个乡中，马鞍山乡的总人口和贫困人口均最多，是群众居住的自然环境和人文环境最复杂、脱贫攻坚任务最重的乡。

沙土村服务区项目推进会

乡长邱有色惹入户慰问贫困户

集中安置点

甘伍村花卉种植基地

昭觉县

昭觉县是全国最大的彝族聚居县，位于四川省西南部、凉山彝族自治州东部，大凉山腹心地带，世居着说“什扎”“阿都”“所地”“依诺”四种方言的彝族群众，享有“彝族文化走廊”“中国彝族服饰之乡”“骏马之乡”等美称。已建成全国半细毛羊商品羊生产基地、全国苦荞麦生产基地、全国绿色食品原料马铃薯生产基地、国家商品用材林基地、无公害肉牛和肉羊生产基地、有机乌金猪养殖基地，羊肉被确认为全国无公害农产品。水电、风电、太阳能发电等再生能源的开发正齐头并进。

一、昭觉县行政区划

昭觉县位于北纬27° 45′ 26″～28° 21′ 18″和东经102° 22′ 04″～103° 19′ 48″之间，东与美姑县、雷波县接壤，南与金阳县、布拖县、普格县连接，西与西昌市、喜德县相邻，北与越西县相连。1987年土壤普查资料时，全县辖区面积为4046449.1亩（2697.63平方千米）。2012年12月，《四川地理省情公报》将昭觉县辖区面积核定为2702平方千米；2017年8月，普诗乡和玛增依乌乡委托西昌市管理后，昭觉县辖45个乡（镇）262个行政村3个社区823个农牧服务社20个居民小组，由彝族、汉族、回族、藏族、蒙古族、苗族、纳西族、布依族、傈僳族、白族、满族、傣族、土家族、侗族、黎族、羌族、朝鲜族、瑶族、维吾尔族、仡族、摩梭人构成。截至2020年，全县户籍总人口34万人，其中彝族人口占98.53%。

二、昭觉的起源及地位

昭觉是彝语的音译，意为“山鹰的坝子”。自1950年4月7日解放至今为昭觉县人民政府驻地，1952年4月30日—1955年9月30日为西康省凉山彝族自治区人民政府驻地，1955年10月1日—1978年10月4日为四川省凉山彝族自治州人民政府驻地，也是凉山彝族“什扎”“阿都”“所地”“依诺”四种方言的文化汇聚之地，故有“不到昭觉就相当于不到凉山”之说。

三、昭觉县建置沿革

西汉元光六年（前129年）司马相如通西夷邛、笮设邛都县后，昭觉地属邛都县。元鼎六年（前111年）昭觉地区西部地属邛都县、东部地属卑水县，东汉、蜀汉、两晋、刘宋朝属之。北周天和三年（568年）昭觉属越巂县，隋唐属之。至唐咸通四年（863年）南诏置建昌府后，昭觉属建昌府。五代、前后蜀、宋，昭觉属大理国的建昌府。元二十二年（1285年）昭觉东部地属中州（县）、北社县，隶罗罗斯宣慰司建昌路。明洪武十五年（1382年）昭觉属碧舍县，隶建昌府。清雍正六年（1728年）昭觉属西昌县，隶宁远府。

清朝宣统二年（1910年）八月丁亥西昌县分置昭觉县，县治昭觉之干海子。民国二年（1913年）废宁远府后，昭觉县属四川省建昌道。民国二十年（1931年），昭觉县属四川省第十八行政督察区。民国二十七年（1938年）九月一日，昭觉县划归西康省，为第三行政督察区属县，不久即改为宁区属县。1950年7月，在西昌组建中国共产党昭觉县委员会，隶属中国共产党西昌地方委员会。同年10月12日，中国共产党昭觉县委员会进驻昭觉。1951年4月22日，成立昭觉县彝族自治区人民政

县城雪景

农业园区全景

高山露地绿色蔬菜

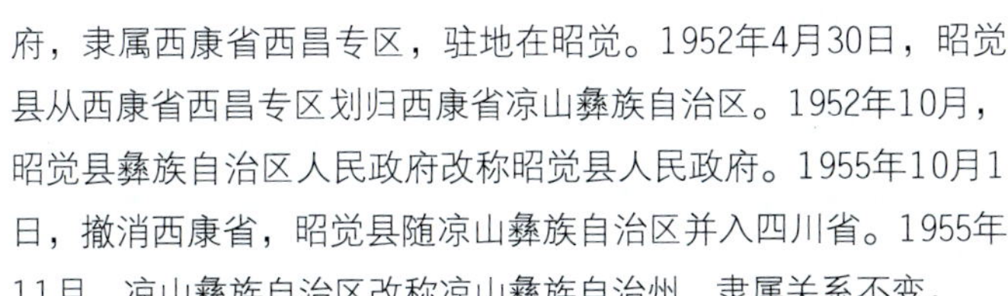

府，隶属西康省西昌专区，驻地在昭觉。1952年4月30日，昭觉县从西康省西昌专区划归西康省凉山彝族自治区。1952年10月，昭觉县彝族自治区人民政府改称昭觉县人民政府。1955年10月1日，撤消西康省，昭觉县随凉山彝族自治区并入四川省。1955年11月，凉山彝族自治区改称凉山彝族自治州，隶属关系不变。

四、县域地质构造

昭觉县地处川滇南北地质构造带。县境西部为米市向斜东部边缘，包括若干较小向斜和背斜组成的次级褶皱。褶皱较宽阔，断裂不甚发育，出露地层主要为较新的白垩系和侏罗系紫色岩，在烂坝向斜盆地和小烂坝向斜河谷等地有第四系沉积物。县境中部褶皱多而紧凑，断层特别发育，并形成了4个较大的断层（普雄河断裂、碧鸡山——木佛山断层、火足门——热口断层、竹核断层），出露地层主要为二迭系玄武岩和灰岩、侏罗系紫色岩、三迭系灰岩和紫色岩以及白果湾组岩层。北部比尔——央摩租一带处于碧鸡村向斜南段的昂扬端，出露地层多为侏罗系紫色岩，同时有第四沉积物。县境东部褶皱较宽阔，断裂不甚发育，出露地层主要为二迭系玄武岩、三迭系石灰岩和紫色岩。

五、县域地貌

县境大地构造属于康滇台背斜东翼，受金沙江水系强烈切割剥蚀，东部浸蚀基准面降低，形成了西高东低的地貌类型。全县地形按地表形态分为低山、低中山、中山、山原、山间盆地、

大棚草莓种植

大力发展花椒产业，让农民增加了致富门路

丰饶的昭觉大地

乔迁喜宴

技能培训

传统技艺——阿玛技能

新学期第一天，孩子们笑容满满

“悬崖村”幼教点

凉山州学前学会普通话启动仪式现场

万人同跳达体舞活动

越 西 县

县委书记袁洪（中）入户调研脱贫攻坚工作

基本县情。越嶲因越过嶲水设郡县而得名，汉武帝元鼎6年（公元前111年）设置越嶲郡。晋太康八年（287年），具有“北孔南张”之说、“主文运，司科举”的文昌帝君张亚子诞生于境内金马山，是文昌文化的发源地。古为南方丝绸之路“零关古道”要塞。越西1950年解放，1959年经国务院批准撤销普雄县并入越嶲后更名为越西县。全县辖区面积2256.47平方千米，辖10镇28乡289个村5个社区，全县总人口约37.4万人，县内有彝、汉、藏、回等10余个民族，是一个以彝族为主体的多民族聚居县。

县域经济基本情况。近年来，越西县将脱贫攻坚作为“头等大事”，把转型跨越作为“第一要务”，紧扣凉山北部区域中心城市定位，深入实施“一带一走廊、一路三园区”“一核统筹、四化同步”发展战略，着力推动“五大重点工程”和“五示范、五品牌、一节点”建设，构建“一干引领、多支协同、干支共同”发展格局，着力打造凉山北向桥头堡，建设美丽繁荣文明和谐新越西。2019年，全县实现地区生产总值52.57亿元，增长6.4%；地方一般公共预算收入完成1.62亿元，增长0.4%；社会固定资产投资33.5亿元，增长16.8%；规上工业增加值增长16.9%；规上建筑业产值2.52亿元，增长56.04％；社会消费品零售总额22.48亿元，增长9.5%；城镇居民人均可支配收入28187元，增长8.75%；农村居民人均可支配收入10764元，增长11.87%。

城北感恩社区

藏族乡禁毒宣传活动

传承发展彝绣传统产业

传承发展彝族漆器传统产业

传承发展银饰传统产业

脱贫攻坚基本情况。越西县1994年被定为国家级贫困县，2001年被列为全国扶贫开发工作重点县，2011年进入乌蒙山片区区域发展和扶贫攻坚规划实施县。截至2019年年底，有建档立卡贫困村208个，占289个行政村的71.9%；贫困人口19369户82483人，约占人口数的21.9%。截至目前，全县已退出197个贫困村，脱贫16968户74417人；剩余的2264户9072名贫困人口、11个贫困村全部通过省、州、县验收，能够顺利脱贫退出。在全县上下艰苦卓绝的努力下，越西县2016年代表四川省接受并顺利通过国家脱贫攻坚第三方评估抽查验收，2017年获得全州脱贫攻坚工作先进县（市），2018年省委、省政府脱贫攻坚成效考核综合评价为“较好”，2019年省委、省政府脱贫攻坚成效考核综合评价为“好”，获得“2019年脱贫攻坚先进县”称号。

鸟瞰新村

漆器

保安尔苏生态农业综合示范园第一期苹果示范园

产业能手

开展素质教育

农家书屋充实村民文化生活

德阳市旌阳区帮扶教师精彩授课

快乐的小朋友

宽敞漂亮的活动场所

瓦曲觉乡河西呷多新村

田园新居

易地扶贫搬迁

从高寒山区到富庶平坝，他们迈进了一个崭新的天地

城北安置小区幼儿园

新村新景

美丽新寨

尝新节

丰收采摘季

文昌故里景区

观音碧潭

碧玉如镜

秋水

甘 洛 县

省委书记彭清华（中）到蓼坪乡清水村调研，入户看望搬入新家的脱贫群众

省长尹力（中）到海棠镇徐家山村调研

省政协副主席、凉山州委书记林书成（中）到蓼坪乡蔬菜基地展厅调研

甘洛县位于四川省西南部、凉山彝族自治州北部、小相岭东麓，素有凉山“北大门”之称，1956年12月建县时名为呷洛，1959年报经国务院批准，更名为甘洛。全县辖区面积2153.55平方千米，辖28个乡镇227个行政村2个社区。成昆铁路穿境而过，东以马鞍山为界，与峨边县、乐山市金口河区交界，南与美姑县、越西县接壤，西与石棉县为邻，北隔大渡河与汉源县相望。县政府驻新市坝镇团结南街，北距省会成都市320千米，南距州府驻地西昌市237千米。

甘洛县处于横断山脉东侧大凉山系，地势东高西低，属山地地貌，中低山面积占总辖区面积的90.8%。最高海拔为东面的马鞍山4288米，最低海拔为大渡河进入金口河境内的水面

俯瞰乌史大桥乡基础设施建设

凉山州长苏嘎尔布（左一）到阿尔乡眉山村产业基地视察

凉山州委副书记龙伟（中）到阿尔乡眉山村调研产业发展情况

凉山州委副书记陈忠义（前排右二）到海棠镇徐家山村视察生态养殖基地建设情况

凉山州委副书记张伟（右四）到甘洛县黑马玫瑰产业园调研

高575米，一般海拔在1200～1900米之间，属中亚热带季风气候区，冬春干旱、夏秋多雨、雨热同季，干湿分明，立体气候明显。

县境内居住着彝、汉、藏、回、苗等多个民族，总人口23.63万人，其中彝族人口占总人口的78.43％，是一个以彝族为主的少数民族聚居县。境内山峦叠嶂、沟壑纵横，自然风光雄奇壮美，名胜古迹声名远播，历史文化浑厚凝重，民族文化绚丽多彩。

县内矿产资源十分丰富，曾被誉为“西部铅都”；水能资源得天独厚，河流较多，属岷沱江水系，集雨面积大于100平方千米的河流有尼日河、甘洛河、田坝河、白沙河、斯觉河、格古河、嘎嘎以打河7条。全县水能理论蕴藏量95万千瓦，可开发量65万千瓦，占理论蕴藏量的68%。农业资源特色突出，是“中国黑苦荞之乡”和“四川省核桃产业十大扶持县”；人文

甘洛至石棉路提升改造工程——海棠改线较场坝段

新市坝镇环山村太阳能提灌站

波波乡乃托村群众实现住上好房子、过上好日子、养成好习惯、形成好风气“四好”目标

阿尔乡眉山新村

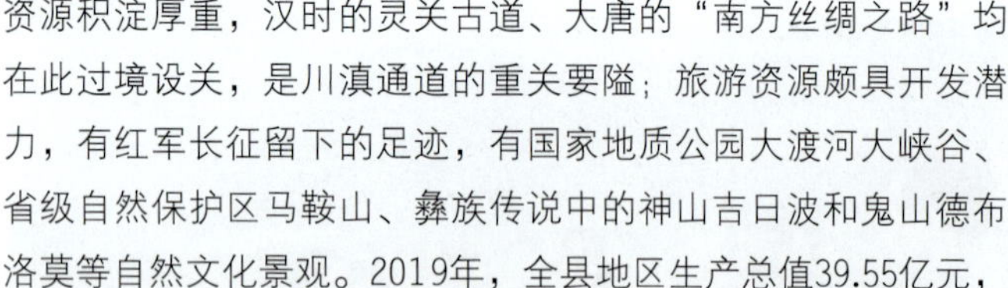

资源积淀厚重，汉时的灵关古道、大唐的“南方丝绸之路”均在此过境设关，是川滇通道的重关要隘；旅游资源颇具开发潜力，有红军长征留下的足迹，有国家地质公园大渡河大峡谷、省级自然保护区马鞍山、彝族传说中的神山吉日波和鬼山德布洛莫等自然文化景观。2019年，全县地区生产总值39.55亿元，增长3.5%；地方一般公共预算收入2亿元；规模以上工业增加值增速减少17.2%；全社会固定资产投资34.2亿元，增长2.9%；社会消费品零售总额13.39亿元，增长11%；城镇和农村居民人均可支配收入分别为28511.16元、9636.2元，分别增长8.5%、11.96%。

田坝—团结农旅融合产业园区瓦姑录村游客集散中心即将建成

黑马乡潘泽洛村入户路

胜利乡胜利村新貌

坪坝至五村公路龙窝沟段（被誉为“白龙现身”）

宜居宜业的高山峡谷小村落——两河乡秀水村

蓼坪乡高山反季蔬菜、特种冷水鱼、特色水果车厘子“三产”同框

天堑变通途

两河乡秀水村蔬菜种植基地水利建设

平坝乡三十户村通村公路航拍

田坝—团结农旅融合产业园区瓦姑录村梨园一角

大山里的阿嘎园区

彝家新寨苏雄镇尔苦村

海棠镇正西村44户移民安置新村

彝家新寨美如画

蓼坪乡清水村秋英花开

大山里的蓼坪乡清水村尔苏藏寨

普昌梯田阿尔乡

普昌梯田水利基础设施建设完善

团结乡瓦姑录村梨花盛开

波波乡达体舞队载歌载舞

民族小学达体舞课间操

雷 波 县

县委书记王荣华（前排右一）、县长陈翔（左三）、县政协主席陆青（左一）、县委副书记曹光辉（左二）一行在相关人员的陪同下到汶水镇、箐口乡调研芦笋、中药材发展情况及汶水镇小田村中药材良繁基地建设情况

县长陈翔（左三）到谷堆乡调研山葵产业发展情况

雷波县位于四川省西南边缘、凉山彝族自治州东部、金沙江下游北岸，辖43个乡4个镇279个村9个社区，人口28.4174万人，其中以彝族为主体的少数民族占总人口的59%。全县辖区面积2838平方千米，其中耕地面积37.482万亩。境内山高坡陡谷深、悬崖峭壁路险，最高海拔4076米，最低海拔380米，年均气温14℃，山地面积占84%，享有“孟获故里”“中国彝族民歌之乡”“中国优质脐橙第一县”等美誉，是国家扶贫开发工作重点县，有171个贫困村、贫困户17057户76296人，贫困发生率为32%，贫困量大、面宽、程度深，是中央纪委、四川省纪委、凉山州纪委三级纪委定点帮扶的深度贫困县。经过3年的脱贫攻坚，全县人民众志成城，攻坚克难，累计减贫76735人、退出贫困村171个，综合贫困发生率降至0.13%，顺利实现脱贫“摘帽”，在全州率先退出贫困县序列。

2019年，雷波县农业总产值24.3858亿元，增长16.16%，三次产业结构比调整为19.95∶44.58∶35.47；城乡居民人均可支配收入分别达27993元、10885元，分别增长8.3%和11.7%。

农业技术专家到谷堆乡开展青薯9号马铃薯种植技术培训

乡村振兴示范村——八寨乡甲谷村

各堆乡大谷堆村山葵种植园

大火地脐橙园区

冕 宁 县

县农业农村局“不忘初心、牢记使命”主题教育动员部署会议

县农业农村局7月党建月会

凉山州非洲猪瘟防控督导组到冕宁县高速卡点检查非洲猪瘟防控工作

冕宁县位于四川省西南部、凉山彝族自治州北部，辖区面积4423平方千米，总人口40.46万人，有汉、彝、藏、回等20余个民族世居于此。冕宁县历史源远流长，早在4000余年前的新石器时代晚期，便有先民在这块土地上耕织狩猎、繁衍生息，是南方古丝绸之路——建宁大道的必经之地，是内地往来于西南边陲的重要通道和藏羌彝民族走廊上的重要节点，也是最早有典籍记载颛顼出生的地方。这里自然资源富甲攀西，远古文化与民族文化交相辉映，古蜀文明与现代文明熠熠生辉，更具有光荣的红色革命传统。1935年，红军长征过冕宁，刘伯承与小叶丹在彝海边歃血为盟，谱写了民族团结的光辉篇章，翻开了中共党史、军史、革命史上的光辉一页。

回龙镇石古村高标准农田

泸沽屠宰场屠宰车间

利源养殖场母猪舍

荞麦种植基地

河边镇波罗村稻渔种养田间工程

24万亩粮食功能区——水稻、麦类生产功能区

脆红李种植基地

石龙镇民主村克伦生葡萄喜获丰收

漫水湾镇曙光村设施蔬菜种植基地

设施甜椒长势喜人

冕宁县金泰农业开发有限责任公司生产的马铃薯精粉

美 姑 县

牛牛坝乡现代农业产业园

依果觉乡甘都村现代农业综合示范基地

洒库乡花椒种植基地

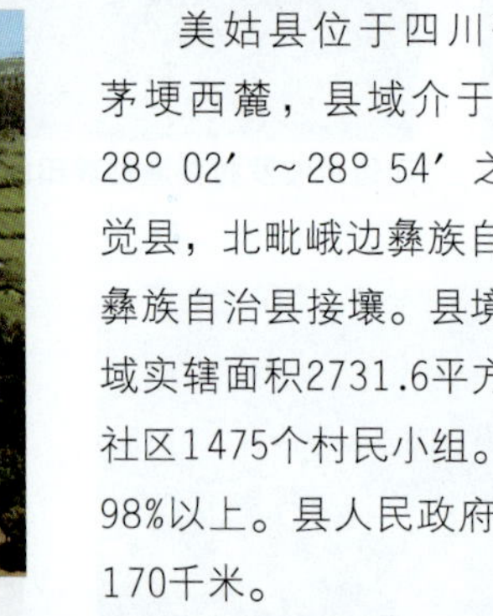

美姑县位于四川省西南部、凉山州东北部、大凉山黄茅埂西麓，县域介于东经102° 53′ ~103° 21′ 和北纬28° 02′ ~28° 54′ 之间。东邻雷波县，西接越西县，南连昭觉县，北毗峨边彝族自治县，西北与甘洛县连界，东北同马边彝族自治县接壤。县境南北长94.8千米，东西宽46.4千米。县域实辖面积2731.6平方千米，全县辖1个镇35个乡291个村3个社区1475个村民小组。2018年年底有27万人，其中彝族人口占98%以上。县人民政府驻地巴普镇，距凉山州州府驻地西昌市170千米。

巴普镇三河村大棚蔬菜种植基地

莲花白种植基地

拉木阿觉乡万亩秋荞种植基地

依洛拉达乡菌袋生产基地

洛俄依甘乡葡萄种植基地

乐约乡脐橙种植基地

洒库乡处火千村乌金猪养殖场

龙门乡肉牛养殖基地

美姑山羊养殖大户

子威乡木子列口村绵羊养殖合作社

美姑岩鹰鸡

瓦西乡冷水鱼养殖基地

蜜蜂养殖

依果觉乡中草药材初加工厂

乐美扶贫工厂

种养殖专业合作社

美姑县电子商务服务中心

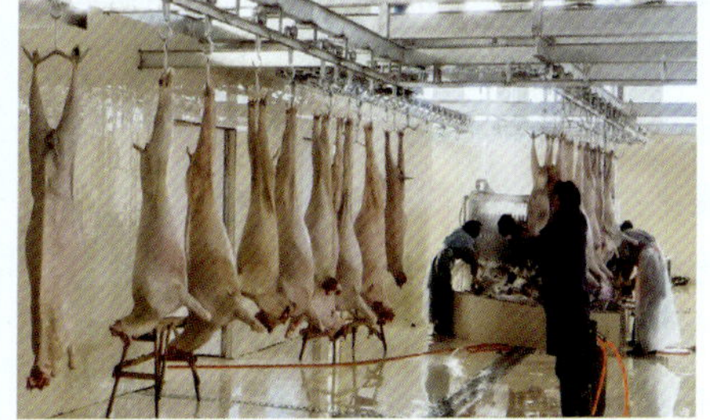
屠宰场

牛牛坝乡刺绣车间及展厅

产品展示

中共越西县委组织部

县委常委、组织部部长、党校校长王晓波（左一）走访看望贫困户

县委组织部到所帮扶的书古镇宣讲党的十九大暨走基层“暖冬行动”

中共越西县委组织部共有在职干部41人，其中男性23人、女性18人，公务员18人、参公人员9人、事业人员14人；党支部共有党员24人，其中男性党员19人、女性党员5人。近年来，中共越西县委组织部紧紧围绕脱贫攻坚“头等大事”，坚持“将政治建设贯穿始终、把务实笃行进行到底”，抓牢抓实党建促脱贫攻坚，勠力为打赢脱贫攻坚收官之战提供坚强组织保障。2020年5月，被省委、省政府评选为“2019年脱贫攻坚‘五个一’帮扶先进集体”；2021年4月，被省委、省政府授予“四川省脱贫攻坚先进集体”称号。

一是抓政治建设，凝聚起脱贫攻坚一线强大精神力量。健全完善推动党中央重大决策部署和习近平总书记重要指示贯彻落实机制，巩固深化主题教育成果，开展“牢记总书记嘱托，坚决打赢脱贫攻坚战”主题党日活动，10000余名党员自觉学理论、担责任、攻堡垒。坚持把政治标准作为干部选任第一标准，将脱贫攻坚“战场”变成干部选任“赛场”，在脱贫攻坚、疫情防控、项目建设等一线选贤任能，407名政治优良、能打硬仗、实绩突出、干群公认的干部得到提拔重用或进一步使用。制定《越西县“正向激励、反向倒逼”脱贫攻坚一线干部确保打赢脱贫摘帽收官战的十条措施》，表彰表扬脱贫攻坚一线干部603名，晋升263名脱贫攻坚一线干部职级。二是抓党建促脱贫，筑牢了脱贫攻坚一线坚强战斗堡垒。以“三化建设”推动基层组织固本强基。印发《越西县农村党支部建设“三化”行动实施意见》，从4个方面8项任务明确建设标准，推动175个村（社区）党组织实现标准化建设、规范化运行、实效化检验。以“双提工程”推动基层干部补短增能。充分利用高校帮扶资源，持续开展农村党员干部能力、学历“双提”工程，免费对212名农村党员干部实施大专以上能力、学历“双提升”。持续实施“雏鹰”培养计划，坚持“七项标准”动态储备1178名村级后备力量。以“一核统领”推动基层治理协调联动。推行易地扶贫搬迁集中安置点“联合组团”片区治理模式，构建“社区党总支+群团组织+社区工作者+网格员”联动治理机制。三是抓自身建设，锻造出脱贫攻坚一线组工铁军。建立部务会“第一议题”制度，将习近平新时代中国特色社会主义思想作为“必修课”，采取领导干部分析解码、股室负责人领学促学、普通干部感悟实践的方式，持续提升政治判断力、政治领悟力和政治执行力。制定《越西县组工干部联乡助村工作制度》，提高组工干部对脱贫攻坚、疫情防控、护林防火等中心工作的把控能力和对一线干部的考察识别能力。建立组工干部“错漏信息”管理台账，并与年度考核和评先评优挂钩，倒逼组工干部形成“文经我手无差错、事交我办请放心”的严谨作风。

县委组织部组织党员到社区开展“双报到”工作

县委组织部开展“暖冬行动”，常务副部长毛建东（右一）为贫困户发放暖冬物资

县委组织部开展“以购代捐”活动，助农增收

县委组织部到所帮扶的书古镇勒品村安排部署驻村帮扶工作

县委组织部党员志愿者参加“7·14”抗洪救灾

县委组织部森林草原防灭火党员先锋队到所帮扶的书古镇开展护林防火工作

乡乡连接高速路——金简路

平泉镇乡道

镇荷桥村、禾丰镇丙灵村等贫困村配置了LED宣传栏、音响及民风廊。实施文体基础设施提升工程，完成平泉镇等10个点位建设。实施广播电视基础设施三年提升行动，完成100个村有线广播电视网络数字化、双向化、智能化升级改造。完成应急广播系统建设规划设计，并通过省局评审。以“庆祝中华人民共和国成立70周年”为主题，市、乡、村开展“文化四季风”群众文化活动、百姓舞台大家乐等文体活动11519场。组织文化志愿者到贫困村开展“书香进农家”活动15场，为农家书屋补充更新图书6.77万册。全年组建23支放映队，播放《我和我的祖国》《红星照耀中国》《预防毒品》等100余部公益电

简州大耳羊

东溪街道龙溪村林下养鸡产业

平泉街道协义村小麦丰收

简阳晚白桃

禾丰镇丙灵村

平泉镇荷桥村

平武镇尤安村

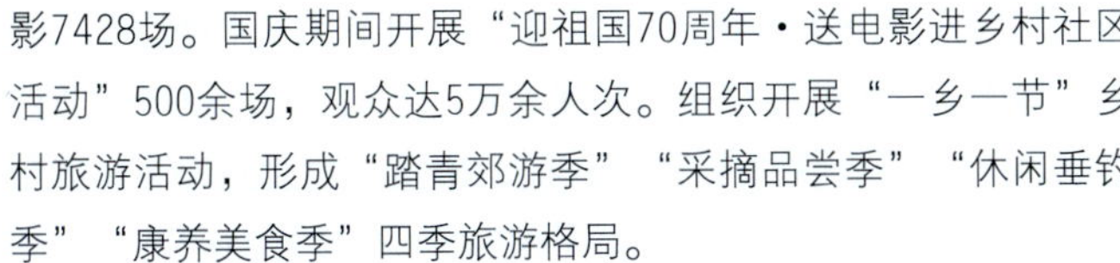
影7428场。国庆期间开展"迎祖国70周年·送电影进乡村社区活动"500余场，观众达5万余人次。组织开展"一乡一节"乡村旅游活动，形成"踏青郊游季""采摘品尝季""休闲垂钓季""康养美食季"四季旅游格局。

农村卫生。全市以"美环境，保健康，促发展"为主题，将城乡环境综合治理、农村风貌打造和新农村建设有机结合，大力开展卫生创建活动。截至2019年年底（机构改革和行政区划调整前），全市已创建国家卫生乡（镇）2个、国家卫生先进单位1个，省级卫生城市（县城）1个、省级卫生乡镇（街道）25个、省级卫生村（社区）355个、省级卫生先进单位110个、省级无吸烟单位81个。

乡乡有标准九年义务教育学校——新市小学

乡村振兴天府惠农服务中心

乡村振兴·天府惠农服务中心招商服务区

广安市扶贫开发局

广安市委书记李建勤（左二）到定点联系帮扶的广安区兴平镇丁坝村、文明村等地检查督导脱贫攻坚工作

广安市历史悠久，有记载的文明史可追溯到3000余年前。自北宋开宝二年（969年）取“广土安辑”之意设广安军，后历朝历代均在此建府设州置县，“广安”之名沿袭至今。广安同时又是一座年轻而又充满魅力的城市，1993年7月设立地区，1998年7月撤地设市，辖广安区、前锋区、华蓥市、岳池县、武胜县、邻水县，辖区面积6339平方千米，总人口460万人。广安是中国改革开放总设计师邓小平同志的家乡，拥有“伟人故里、滨江之城、川东门户、红色旅游胜地”四张名片。

由于历史和地理的原因，加之渠江和嘉陵江流域洪涝灾害、水淹区、华蓥山地质沉降、石漠化等自然条件问题，全市6个县（市、区）全域属于四川省秦巴山区连片扶贫开发特困区域，其中广安区是国家扶贫开发重点县。2014年，广安市精准识别出贫困村820个、贫困人口32.48万人（其中因病因残致贫户占比为76%），贫困发生率为8.6%，贫困程度和脱贫难度均高于全省平均水平。脱贫攻坚工作开展以来，广安市投入财政专项资金59.5821亿元、扶贫专项资金365.69亿元，整合财政涉农资金

广安市召开打赢脱贫攻坚总决战动员部署大会

42.9005亿元，精准落实扶贫政策，有力推动脱贫攻坚工作取得显著成效。2016年，广安区、前锋区、华蓥市在全省首批“摘帽”，脱贫攻坚首战告捷；2018年，岳池县、武胜县、邻水县顺利“摘帽”，实现贫困县全域“摘帽”；2019年，剩余贫困村全部退出、剩余贫困人口全部脱贫，率先消除绝对贫困和区域性整体贫困，脱贫攻坚取得决定性胜利。2020年，严格落实“四个不摘”工作要求，全面巩固脱贫攻坚成果，努力提升脱贫攻坚质量，脱贫攻坚战取得全面胜利。

广安区龙安乡文林村龙安柚产业基地

广安区石笋镇新建成的万头湖羊养殖基地

产业扶贫——华蓥市禄市镇引导农户调整产业结构，发展花木种植产业

新村建设——前锋区观塘镇莲花村易地扶贫搬迁集中安置点

精准扶贫示范村——武胜县三溪镇观音桥村脱贫新貌

四川省东西部扶贫协作现场推进会在广安市召开

生态扶贫——华蓥山区山水林田湖草生态保护修复试点工程华蓥市漩溪河河道综合整治项目（治理后）

交通扶贫——农村公路网进村入户

社会扶贫——建设中的南浔 ·广东东西部扶贫协作产业园

就业促扶贫——前锋区晓鸿服饰贫困就业车间

水利扶贫——贫困群众用上自来水

电商扶贫——岳池县电商产业园

邻水县黎家乡高峰村举办首届电商扶贫南瓜节

教育扶贫——邻水县柑子镇云盘村小学老师与儿童做游戏

文化扶贫——在贫困村开展“共话乡风文明　助力脱贫奔康”文化汇演

伟人故里

红色旅游胜地

川东门户

滨江之城

四川省水电投资经营集团有限公司

四川省水电投资经营集团有限公司（简称“四川省水电集团”）成立于2004年12月，是四川省能源投资集团有限责任公司的控股子公司。公司注册资本36.377亿元，负责投资、经营、管理省级地方电力国有资产，是四川省地方电力系统农网、城网、缺电县、无电地区电力建设项目的总业主。供电面积6.42万平方千米，约占全省总面积的13.23%；供电人口1800万人、560万户，约占全省总人口的22.16%。截至2020年12月底，公司资产总额773.3亿元，拥有控股参股公司40家。

四川省水电集团坚持以资产为纽带实施地方电力企业产权改革，以农网改造升级促进地方电力发展，累计向全省投入296.73亿元实施农网改造升级及无电地区电力建设，累计解决了37.17万无电人口的用电问题，被国家能源局表彰为“全面解决无电人口用电问题先进单位”。率先在全国完成了首例在海拔5000米以上进行110千伏等级送电线路工程施工。

翻越雀儿山的电力线路

勇担社会责任，实施“悬崖村”电网改造升级等电力扶贫工程，提前半年完成“三区三州”农网攻坚三年行动计划；开展甘孜州乡城县等定点扶贫工作，派驻帮扶干部248名，助力52万贫困人口实现脱贫，2021年被省委、省政府表彰为“四川省脱贫攻坚先进集体”。

未来，四川省水电集团将继续深入贯彻党中央、国务院和省委、省政府的决策部署，切实促进全省电力体制改革措施落地实施，扎实推进农网项目建设，着力构建坚强电网，服务“三农”和地方经济社会发展，履行国企社会责任，努力推动集团实现高质量发展。

2004年12月30日，四川省水电集团成立大会

2020年7月22日，省委书记彭清华（中）到三台县景福镇调研，与四川省水电集团永安公司派驻"第一书记"李晓川等座谈

工程掠影

2019年9月25日，四川省水电集团党委书记、董事长曾勇（右四）在大竹县乌木110千伏变电站调研

大竹县云东110千伏变电站

冬瓜山电站

三台县青东坝110千伏变电站

吴家渡电站

雀儿山110千伏输变电工程

珙县余箐220千伏变电站

渠县草街子110千伏变电站

“悬崖村”电网建设

国家能源局领导在“悬崖村”调研电网建设

四川省水电集团召开专题会议，部署“悬崖村”电网建设工作

四川省水电集团昭觉公司电力工人在“悬崖村”实地踏勘电力线路建设

2017年12月28日，“悬崖村”电网改造升级工程竣工

建设中的“悬崖村”电网铁塔

“悬崖村”电力设施

“悬崖村”电网设施——铁塔

建设中的“悬崖村”电网

“三区三州”电网

2020年4月，昭觉县党员服务队在110千伏线路上施工

建设中翻越海拔5050米的德格县电网

金阳县“三区三州”农网项目建设现场

跨越海拔5050米雀儿山垭口的柯洛洞—马尼干戈110千伏输电线路使德格藏族同胞实现一夜跨千年，共享时代文明进步的成果

建设中的110千伏拉青输电线路

2020年6月建成的金阳县110千伏南瓦变电站

四川省水电集团在解放沟投资建设的110千伏变电站

定点帮扶乡城县

省委、省政府表彰奖牌

四川能投集团原党委副书记、工会主席夏公海代表四川能投集团在乡城县慰问

四川能投集团原党委副书记、工会主席夏公海率四川省水电集团党委副书记、工会主席陈涛等在乡城县然乌乡东尔村慰问

由四川省水电集团具体实施，四川能投集团捐建乡城县的六所村级幼儿园移交开园

乡城县然乌乡热麦村幼儿园正式开园，孩子们走进宽敞明亮的校园，脸上洋溢着幸福的笑容

为乡城县城关小学捐赠的电教设备

投入25万元为乡城县然乌乡东尔村修建机耕道

四川省水电集团联系省林科院专家到乡城县实地调研后，援助资金5万元试种10亩花椒，时任“第一书记”赵登全查看花椒长势

所属各公司扶贫

四川省水电集团开江公司党员干部在结对帮扶村为种植大户栽种西瓜秧，助力产业发展

四川省水电集团玉宇公司参加合江县白米镇梨湾村“五有”建设捐赠仪式

四川省水电集团普格公司组织开展第六个扶贫日募捐活动

四川省水电集团万源公司向结对帮扶的鹰背镇鹰背村155户贫困户捐赠化肥、大米、清油等生产生活物资

四川省水电集团渠县公司向三板镇三板村捐赠扶贫资金15万元，该村“第一书记”吴桥和支部书记孙纯建代表三板村接受捐赠

四川省水电集团美姑公司向对口帮扶的米体村捐赠基础设施建设资金

四川省水电集团永安公司参加三台县鲁班镇高店村“补短板、强弱项”帮扶资金捐赠仪式

四川省水电集团平武公司为平通羌族乡新桥村、华光村31户脱贫户发放鸡苗和防疫药物

四川省水电集团大竹公司开展“助春耕、送化肥”帮扶活动，为结对的团坝镇农华村贫困户送去春耕化肥

四川省水电集团昭觉公司向贫困群众发放慰问金

四川省水电集团金阳公司开展“暖冬志愿行”活动，为贫困群众发放爱心衣物

四川省能源投资集团有限责任公司

履行国企使命担当　决战决胜脱贫攻坚

——四川省能源投资集团有限责任公司扶贫纪实

四川能投集团公司党委书记、董事长孙云（中）调研“能投新村”扶贫项目

近年来，四川能投集团坚决贯彻习近平总书记扶贫开发战略思想和中央决战决胜脱贫攻坚要求，以强烈的政治意识和担当精神，充分发挥自身优势，积极主动参与四川省脱贫攻坚工作，先后投入产业扶贫资金320亿元、无偿捐赠帮扶资金6000余万元，派驻帮扶干部43名，对口帮扶30个县46个贫困村，助力46万名贫困人口实现脱贫。2021年，四川能投被党中央、国务院授予“全国脱贫攻坚先进集体”称号，为推动贫困地区顺利脱贫“摘帽”、全面建成小康社会贡献了国企力量。

党建引领强发展，组织带动真帮扶。四川能投党委始终把脱贫攻坚作为重大政治任务，认真履行党建主体责任，坚持领导带头、以上率下、逐级示范，层层压实责任。一是坚持党委主抓，强化组织保障。将扶贫工作列入党委重要议事日程，主要领导亲自抓，分管领导具体抓，每年班子成员深入定点扶贫县（村）20余人次，形成了“领导班子主责、承办机构主推、单位全面主帮、驻村干部主干”“四位一体”帮扶工作机制。二是坚持“扶贫先扶志”，提振致富精气神。把“抓好党建促脱贫”作为思想扶贫、长效扶贫的有力抓手，积极探索实施村企党组织联建工作，组织开展支部结对、党员结对及定点扶贫村“党建月会”，积极探索实践“党支部建在产业链上，党小组建在致富项目上，党员示范在创业岗位上”的党建“三带三联”模式，把党的组织优势有效融入扶贫工作，实现“组织建设、产业发展、脱贫攻坚”多轮驱动、互促多赢。三是坚持建强队伍，确保帮扶有力。通过适时轮换、足额发放津补贴、安排年度体检、组织慰问座谈、择优提拔重用等方式，引导扶贫干部带着真情帮、怀着热情扶，公司及下属10个单位受各级表彰24项，其中省级以上8项；24名扶贫干部受各级表彰35项，其中省级以上13项，有力地推动了定点帮扶乡村加快脱贫奔小康。

立足行业建项目，发挥优势筑基础。四川能投紧紧围绕“两不愁、三保障”目标要求，充分发挥行业优势、整合多方资源，切实帮助群众解决最关心、最祈盼的实际难题。一是建设坚强电网，全力保障供电。投资18.62亿元实施“三州”农网改造及无电地区电力建设，惠及28个县44个村，以电力扶贫带动和辐射产业扶贫，有力改善了贫困地区生产生活条件。其中，投资1800万元，安排精兵强将设计施工，对习总书记牵挂的昭觉县“悬崖村”实施电网改造，施工队伍风餐露宿，吃住在悬崖上，克服材料运送艰险、施工地形复杂、高空作业眩晕等重重困难，彻底解决了该村长期电能动力不足、可靠性低等难题。二是发挥能源优势倾斜项目支撑。在凉山州4个深度贫困县投资建设12.8万千瓦水电项目，投产后每年新增电量5.9亿千瓦时，为当地经济社会发展提供稳定的电力支持；在凉山州会东、美姑、雷波3个深度贫困县投资建设风电项目10个、总装机200万千瓦，项目建成后，每年将减少二氧化碳排量约240万千克，增加地方税收3亿元，解决当地3000余人就业。三是扎实改

2018年中国企业精准扶贫优秀案例证书颁发仪式

四川能投集团获得中央、国务院颁发的“全国脱贫攻坚先进集体”称号

普格现代林业科技扶贫产业园区战略合作协议签约仪式

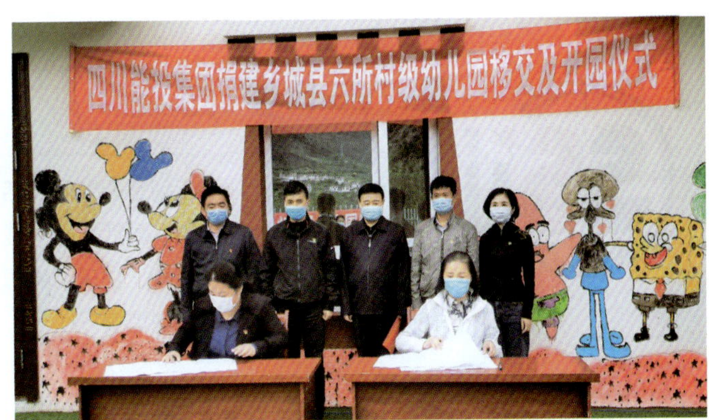

四川能投集团捐建乡城县六所村级幼儿园移交及开园仪式

善贫困户居住条件。投入资金897万元实施普格县各洛村易地扶贫搬迁项目——“能投新村”建设，捐赠约2000余万元为普格县各洛村、洛博村及特兹乡、五道菁乡约400户贫困群众解决住房安全问题。捐资220余万元为甘孜州乡城县新建生产生活用水主渠道，修建机耕道，为东尔村农户住宅新建卫生间，改造藏房室内电力线路。四是整合多方资源夯实民生基础。累计投资约20亿元，实施凉山州越西县和昭觉县土地增减挂钩项目、雷波县乐水湖旅游基础设施及滨湖路项目、乐山市金河口地区交通建设项目、巴中市巴南路改建项目等基础设施建设。

聚焦产业谋长远，多措并举创实效。四川能投在帮助贫困群众保障基本生活的基础上，把增强贫困地区“造血”功能作为工作重点，结合当地自然条件和资源禀赋，健全以龙头企业、产业基地、农村合作社等为支撑的“一核多元”精准扶贫组织体系，突出抓好产业选育，巩固深化脱贫成果。一是加快推动旅游业发展。在甘孜、阿坝、凉山等地投资173.32亿元实施旅游开发项目17个。其中，投资3800万元打造凉山州冕宁县特色旅游小镇——“结盟新寨”，实现111户520名贫困群众入股经营，提供就业岗位300余个、临时用工3000余人次；出资510万元与当地政府组建九寨沟保华乡旅游合作社，5个贫困村的群众从旅游红利中获得稳定收益；在阿坝州金川县捐资720万元用于旅游基础设施建设。二是大力发展种养殖业。推动普格三阳养殖加工基地运营，帮助1000余户贫困群众增收，农户已累计分红500万元；组建会东县大凉山高原艾草全产业链项目公司，着力打造四川省乃至全国重要的高原艾草种植基地；投资建设通江县2279亩核心示范杜仲种植区及科技示范园，带动建档立卡贫困户521户1640人稳定增收脱贫，人均增收1800元以上。派驻三台县王家堰村的“第一书记”李晓川积极推广稻鳅（水稻+泥鳅）综合种养模式，其“产业扶贫、股权量化”的经验被中国国际电视台连续三年向全球推广。三是立体打造综合性生态产业项目。四川能投与省林草局积极推动普格林业扶贫产业园项目。该项目规划占地3万亩，总投资67亿元，以一二三产业融合发展模式为发展思路，将开启绿色可持续发展脱贫新模式。

扶持教育启民智，树德树人斩穷根。按照十九大提出的“注重扶贫同扶志、扶智相结合”的思路和要求，四川能投不断加大对贫困地区教育事业的帮扶力度，通过开设农民夜校、技能培训班、捐建学校、组织支教和教育宣讲活动，切实帮助群众树立脱贫奔康信念、勤劳致富理念和文明生活观念，掌握增收致富技能。近年来，在甘孜州乡城县，四川能投先后捐资660万元新（改、扩）建6所幼儿园，捐资210万元为该县4所中小学购买106套电教设备，并按30万元/年的标准捐资命名乡城县“四川能投青少年教育促进计划”；自2016年起，四川能投与阿坝州中等职业技术学校开展校企合作，计划在5年内，每年根据需要投入资金用于校内基础设施、设备改善和师资培训，签约资助约150名贫困学生零学费入学就读，每月提供人均1300元生活补助，为乡村旅游发展培养一批有用人才。同时，公司投入3.4亿元加快建设凉山州普格县螺髻山中学，解决贫困地区5000名学生教育问题。

结盟新寨

九寨沟县保华乡民宿示范项目

“能投新村”

四川能投集团投资建设的普格县三阳扶贫养殖基地

四川能投集团110千伏柯马线翻越海拔6168米的雀儿山，为藏区人民送去了光明

“悬崖村”农网改造升级工程

空间信息产业发展股份有限公司

企业愿景：一呼百应创空间发展神话；万众一心铸事业共赢平台
企业使命：创造价值、激活爱心、成就梦想
企业精神：亮剑、独特、快乐、感恩
经营理念：优质服务创造美好明天

董事长崔亚军（总裁）

空间信息产业发展股份有限公司成立于1997年，是专业从事地理信息大数据平台运营服务的高新技术企业。

公司是中国地理信息产业百强企业、中国测绘学会理事单位、中国地理信息产业协会常务理事单位、中国卫星导航定位协会农业农村专业委员会副主任单位、科技成果测试评价国家测绘地理信息局工程技术研究中心共建单位、长江经济带地理信息协同创新联盟理事单位、国家注册测绘师专业委员会副主任单位、全国用户满意企业、中国AAA级信用企业、四川省高新技术企业、四川省战略性新兴产业促进会会长单位、四川省测绘地理信息学会副会长单位、四川省地理信息产业协会副会长单位、四川省智慧乡镇产业联盟理事长单位、四川省大数据产业联盟副理事长单位、四川北斗卫星导航产业联盟副理事长单位、四川军民融合高技术产业联盟副理事长单位、四川省应急产学研协同创新联盟副主席企业、四川省县域经济学会企业家委员会副理事长单位、四川省战略性新兴产业促进会数字经济专委会副理事长单位、四川省地理信息产业“十佳测绘地理信息单位”（甲级）、四川省最具行业推动力企业、成都市新经济准独角兽企业、成都市企业技术中心认定企业、成都市守合同重信用企业、成都市知识产权优势单位、武侯区重点优势企业、纳税大户，获得“2019中国品牌影响力（地理信息行业）十大投资价值品牌”荣誉。公司董事长崔亚军（总裁）曾被四川大学、共青团四川省委、四川省青年联合会联合授予“首届川大学子杰出企业家奖”，被四川省战略性新兴产业促进会授予“优秀企业家”，被成都企业联合会、成都企业家协会、成都市工业经济联合会、成都企业文化协会联合授予“最具社会责任企业家”“突出贡献企业家”称号，被成都市武侯区委、区政府授予“优秀民营企业家”称号，被四川省县域经济学会授予“首届四川县域经济创新发展优秀企业家”“2020年成都市大数据领军人才”等荣誉称号。

成都市新经济发展委员会授予公司董事长崔亚军“2020年成都市大数据领军人才”荣誉称号

公司具有双软、计算机系统集成二级和信息系统安全集成服务、测绘甲级（6项）、土地规划甲级等资质，通过了质量、环境、职业健康安全、信息安全、信息技术服务、知识产权管理体系、软件CMMI-5级、高新技术企业、中国诚信企业信用、售后服务（五星级）等认证。公司从业资质合法，执业人员资格合格，市场准入行为规范、守法，社会信誉优良。

公司主营业务数字县域的农业大数据应用、基于人工智能乡村振兴指标评价、智慧农业平台技术（数字中台、支撑平台、服

地址：成都市武侯区武兴五路355号西部智谷A1-1
邮编：610046　业务：400-009-9953　客服：400-016-1319
传真：028-65003399-800　邮箱：kjxx8888@ssii.com.cn　网站：www.ssii.com.cn

在贵阳市举行的中国国际大数据产业博览会上，董事长崔亚军作“国家大数据战略助力乡村振兴战略实践与探讨”专题演讲

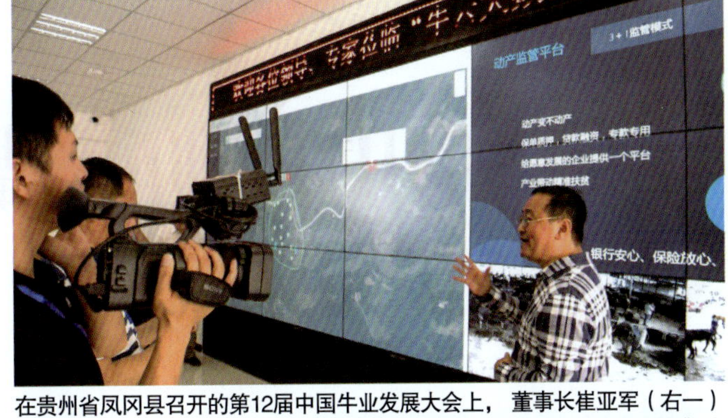

在贵州省凤冈县召开的第12届中国牛业发展大会上，董事长崔亚军（右一）向客商演示并与在线客户互动公司研发的《智慧农业大数据解决方案》成果之一——《凤冈牛云大数据平台》，向听众讲解如何在网上进行牛交易

国家发展改革委城市和小城镇改革发展中心、凉山州发展改革委、冕宁县政府、四川省战略新兴产业促进会与公司联合在北京召开冕宁县数字县域与乡村振兴战略合作推进会

在全国新农民新技术创业创新博览会、全国农村集体产权制度改革试点推进会上，董事长崔亚军（左一）与农业农村部部长韩长赋（前排右一）交谈

务平台）、国土空间规划涵盖地理信息上（数据采集）、中（数据处理）、下游（软件研发与技术应用服务）全产业链。公司拥有低空航空摄影无人机、机载激光雷达摄影系统、移动测量车、数字电子全站仪、电子水准仪、GNSS仪器、全数字遥感测量系统、SmartEarth遥感像素工厂系统、内外一体化调绘专家平板电脑（自主研发）等多种集地理信息大数据采集、处理、成果输出专业生产设备逾2000台（套）。公司在《基于“云内核”的西部空间地理信息网络体系建设》基础上，重点研发了《数字县域建设和运营服务平台》《国土空间规划综合解决方案》《智慧农业大数据平台解决方案》《乡村振兴规划解决方案》《三农基础大数据建设解决方案》《基于数据中台技术的智慧农业时空数据资源管理研究与应用》（数字四川第二届科技成果（产品）最具潜力推广奖）等核心产品。迄今，《空间基本农田信息管理系统》《空间农村承包经营权登记管理系统》《多维一体的全域移动调绘平台》3个产品获得中国测绘地理信息创新产品认定，在全国范围内实施的52个工程项目荣获省（部）级测绘地理信息奖，获得自主知识产权103项（商标权3项、专利权12项、软件著作权88项）。

在未来，公司以打造地理信息大数据龙头企业为目标，将地理信息大数据与乡村振兴战略高度融合，提供以数字县域运营服务为基础，支撑乡村振兴、农业大数据、国土空间规划应用的综合解决方案，助力国家乡村振兴战略的实现，将区域性公司发展成为全国性公司。

来自全国各地的农业农村系统管理干部培训班108人对公司所做的宅基地确权工程项目、软硬件设备、技术工艺、确权成果以及地理信息软件研发中心、成就展示厅等进行考察参观学习，董事长崔亚军（右二）率领团队对到访客人进行详细讲解

在贵阳市召开的中国国际大数据产业博览会上，中国测绘地理信息学会理事长宋超智（右三）参观公司展位、指导公司工作

四川东柳醪糟有限责任公司

董事长唐祥华（中）和专家到贫困户田间查看糯稻生长情况

公司位于“中国糯米之乡”“中国醪糟之都”的大竹县月华食品园，达渝高速（G65）、南大梁高速（G55）互通交汇出口处210国道旁，形成了距达州半小时、重庆、万州1小时、成都3小时、西安4小时的通达格局。公司成立于1995年5月，现有员工450人，其中科技人员48人，占地面积10万平方米。

公司产品有醪糟、糯米粉、醪糟汁饮品、汤圆心子、灯影豆干、免煮汤圆、米酒7个品种和80余个规格，年综合生产能力达6万吨，产品远销北京、上海、成都、重庆等全国各大中城市，出口加拿大、荷兰、英国、法国等30余个国家和地区。

公司是农业产业化国家级重点龙头企业、全国农产品加工业示范企业、全国“守合同、重信用”企业、全国食品工业科技进步优秀企业、中国保健协会会员单位、四川省农业产业化经营重点龙头企业、建设新农村省级示范企业、四川省老字号品牌企业、四川省质量信誉AA级企业、四川省食品行业质量效益型先进企业、四川省旅游商品定点生产企业、四川省“小巨人”企业、四川省成长型中小企业、四川省科技型培育企业、四川省省级企业技术中心企业、四川省质量提升、质量监管示范试点企业、四川省打非治滥示范试点企业、四川诚信建设先进单位、四川省扶贫示范试点企业。

公司产品先后荣获第26届奥运会中国体育代表团标志产品、绿色食品、中国国际农博会金奖、首届巴蜀食品节金奖、四川省第十届运动会指定产品、四川省消费者喜爱产品。东柳醪糟为中国原产地地理标志保护产品和生态原产地保护产品、醪糟酿造技艺，获准为四川省非物质文化遗产，单瓶发酵原窝原汁醪糟新产品通过四川省科技成果鉴定。公司与大专院校、科研院所共同研制开发成功醪糟自动化生产线。2015年，投资6800万元建设的3万吨糯米粉生产线技改项目于2016年1月正式投产，糯米粉生产能力新增3.6万吨，达到4.2万吨。公司2001年通过ISO9001：2000质量管理体系认证，2002年获得出口食品卫生注册，2003年获得自营进出口经营权，2005年通过HACCP认证。

糯稻种植基地（醪糟已成为当地支柱产业）

公司帮助糯稻种植大户机械收割

公司建有出口原料安全生产基地、农业标准化基地、绿色食品糯稻基地10万亩，带动大竹县月华、石河、神合、柏家、庙坝、柏林、文星及邻水县护邻乡等23个乡（镇）80余个村的种植农户3万户10万人增收。基地农户实现糯稻收入2.3亿元，与同等面积的常规杂交稻收入相比，增加纯收入6500万元，户均增加纯收入2200元，人均增加650元。公司大力实施产业精准扶贫计划，采用订单农业，免费发放糯稻种子、农膜等生产资料，采取免费培训、免费机收、补助村委会工作经费等系列措施，使糯稻基地中3506户贫困户、残疾人、特困户10817人实现增收脱贫致富。农户高兴地称赞：“醪糟架起致富路，糯稻成了摇钱树”。一粒糯米致富10万农民，糯稻产业已成为大竹县带动农民发展现代农业、带动农民持续稳定增收、实行精准扶贫奔小康建设新农村的支柱产业。

公司地址：四川省大竹县月华新街168号
公司网站：www.donghanlaozao.cn
电话：0818-6430218　传真：0818-6430663
邮箱：316781407@qq.com

公司产品

公司醪糟就业“扶贫车间”

在醪糟生产车间就业的贫困户

四川东柳醪糟有限责任公司
SICHUAN DONGLIU FERMENT CO.,LTD

四川大学

四川大学党委书记王建国（前排左二）到帮扶幼教点调研

四川大学校长李言荣（右三）到岳池县人民医院开展调研工作

四川大学以党的十九大精神和习近平总书记关于扶贫工作的重要论述精神为行动指南，全面贯彻落实中央决策部署，上下同心，主动作为，积极承担定点扶贫任务。聚焦脱贫攻坚目标，围绕解决“两不愁、三保障”突出问题，坚持百姓所需、政府所急、川大所能，充分发挥综合性大学优势，采取“输血”与“造血”结合、帮扶与合作并举，积极探索教育、科技、医疗、人才、文化、产业等高校精准扶贫模式，创新帮扶举措，建立长效机制，成效显著。

作为在川部属综合大学“执牛耳者”，在扶贫路上，四川大学一直怀揣着强烈的使命感和责任感，自2012年开展对口定点扶贫凉山州甘洛县、广安市岳池县，直接投入帮扶资金1701余万元，引入和协调帮扶资金2581余万元，直接采购农产品932余万元，帮助销售农产品1460余万元，捐赠设备物资价值1483余万元。培训基层干部3134人、技术人员7946人；帮扶2个县4个村1264人脱贫，2县帮扶受益达14.5万人。岳池县累计实现205个贫困村退出、81936名贫困人口脱贫，贫困发生率降至零，于2019年年初脱贫“摘帽”；甘洛县累计退出贫困村208个、贫困户15280户、贫困人口71061人脱贫，贫困发生率降至0.1%，于2019年年底顺利实现脱贫“摘帽”。

四川大学定点扶贫工作多次获得国家考核“好”的评价，2017年度、2018年度、2019年度连续三年荣获“四川省定点扶贫先进单位”称号；四川大学对外联络办公室（扶贫办）被评为“2020年

四川大学副校长侯太平（左一）到甘洛县斯觉镇乌金猪繁育基地调研

四川大学商学院党委副书记张黎明（右一）到岳池县电商产业园实地调研

由四川大学牵头的高校"健康扶贫联盟"成立大会暨首届高校健康扶贫主题研讨会在成都市举行

度四川省脱贫攻坚奖先进集体"；四川大学华西医院王文涛、刘启望两位教师被评为"2020年度四川省脱贫攻坚先进个人"；四川大学党政办冯鸟东、四川大学华西口腔医院赵少峰被评为"四川省优秀第一书记"；荣获四川省脱贫攻坚贡献奖1人；"民族地区学前推普"项目接受中央电视台专访并被教育部推广；"儿童先心病救治"项目被评为教育部第四届十大精准扶贫典型项目。四川大学将坚守初心，不负时代使命和社会责任，继续同心戮力，为打赢脱贫攻坚战、全面建成小康社会做出新的更大贡献。

甘洛县县长陈华（左二）带队到四川大学进行脱贫攻坚工作座谈

学校派驻挂职干部——甘洛县斯觉镇格布村"第一书记"吴先国（右二）到村民家门口进行摸底排查工作

学校派驻挂职干部——岳池县苟角镇石板坡村"第一书记"冯鸟东（右一）到村民家门口进行摸底排查工作

学校派驻挂职干部——甘洛县斯觉镇党委副书记董薇（左一）实地调研格布村气雾大棚基地，向致富带头人了解建设情况

岳池县苟角镇石板坡村脱贫攻坚工作交流会

学校派驻甘洛县支教老师为孩子们讲课

四川大学公共卫生学院到甘洛县斯觉镇开展公共防疫知识培训

四川大学华西第二附属医院先心病救治团队开展儿童筛查工作

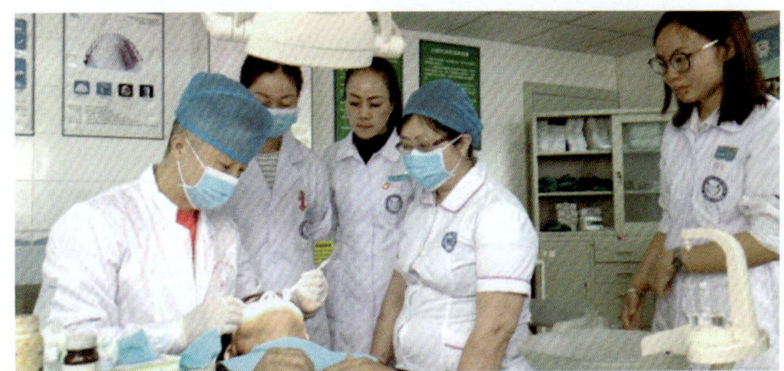
四川大学华西口腔医学院对口帮扶甘洛县人民医院，专家现场演示口腔护理四手操作方法

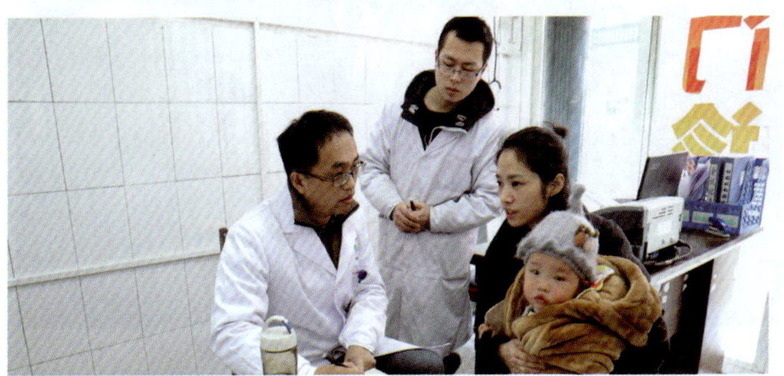
四川大学华西第二医院的专家们到甘洛县开展医疗帮扶义诊

甘洛县斯觉镇格布村贫困户分红仪式

甘洛县举行以“脱贫之路 感恩有你”为主题的2020年全国扶贫日活动

四川大学举办甘洛县·岳池县农特产品展销会

四川大学在彝历新年到来之际为群众拍摄暖心“全家福”

学校志愿者与当地受灾群众进行深入交流，运用专业知识为抗洪一线指挥员、受灾群众给予情感支持与安抚，开展心理疏导

四川大学为甘洛县斯觉镇中心幼儿园捐赠百余张幼儿床（小朋友的第一张午睡床）

学校“青年红色筑梦之旅”师生实践团深入大凉山腹地为当地教育扶贫工作献计献策，并向甘洛县斯觉镇格布村的两个幼教点捐赠文具等学习用品

学校支教团成员

支教团成员给学生上课

四川大学艺术学院开展文化惠民下乡活动

四川农业大学

学校党委书记庄天慧（右二）看望慰问雷波县马湖乡贫困户

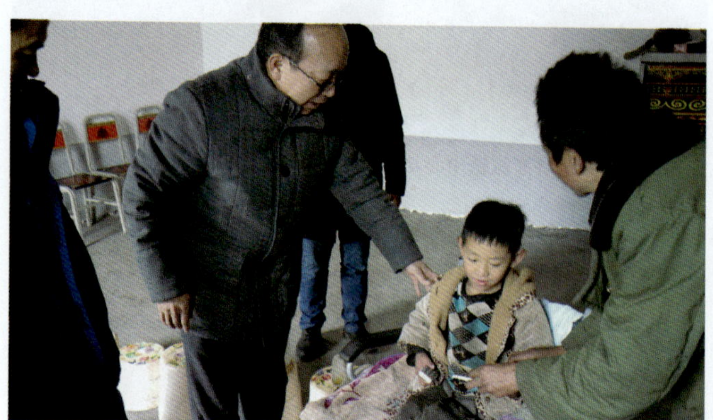

学校原党委书记邓良基（中）带队到雷波县马湖乡唐家山村看望贫困户

“举全校之力，不获全胜，绝不收兵。”长期以来，四川农业大学始终秉承“兴中华之农事”的办学初衷，牢固树立“人才培养是立校之本、科学研究是强校之路、社会服务是兴校之策、文化传承创新是荣校之魂、国际合作是活校之方”的办学理念，坚持以立德树人为根本、以强农兴农为己任，牢记强农兴农的使命，成立由校党委书记任组长的扶贫工作领导小组，由新农村发展研究院负责统筹扶贫工作，充分发挥农业高校智库、人才和科技优势，让各种“治贫方”“脱贫方”“致富方”在贫困地区落地、生根、见效，实现了对四川省88个贫困县（区）科技帮扶全覆盖，为坚决打赢脱贫攻坚战做出了应有实绩。

发挥农业智库优势，做好产业顶层设计。学校主持编制完成《四川省“十三五”脱贫攻坚规划》，先后制订《2015—2020科技扶贫工作方案》和《深度贫困县科技扶贫总体方案》，系统调研形成“四大片区”88个贫困县（区）的贫困档案，为45个深度贫困县量身制订《科技扶贫建议方案》，为贫困地区编制精准脱贫等方面规划170余个，20余篇决策咨询报告得到省、部级领导重要批示，高质量完成2015—2019年度省级脱贫攻坚第三方评估各项工作。

四川农业大学新农村发展研究院获评“四川十大扶贫爱心组织”

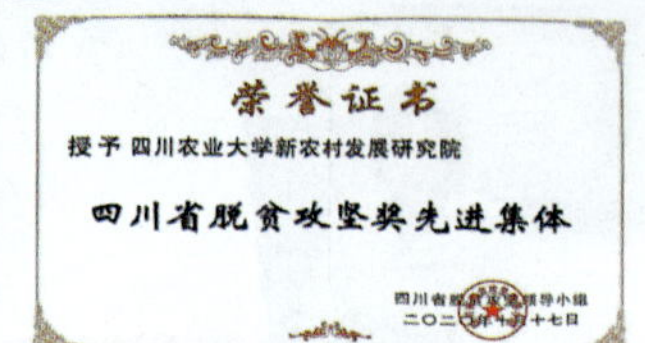

荣誉证书

授予 四川农业大学新农村发展研究院

四川省脱贫攻坚奖先进集体

四川农业大学新农村发展研究院荣获“四川省脱贫攻坚奖先进集体”

发挥人才科技优势，夯实产业发展基础。近5年，学校累计选派科技特派员600余名，组成不同类型对口帮扶科技特派员服务团队60余个，2000余人次专家到贫困地区开展扶贫工作，95位专家入选四川省“科技扶贫万里行”活动省级专家，30余位专家被人力资源

四川省深度贫困地区农业科技扶贫工作会在四川农业大学召开，雷波县与教育厅、四川农业大学签订三方帮扶协议

校长吴德（前排右三）实地调研雷波县马湖乡精准扶贫工作

学校为雷波县千万贯乡和马湖乡捐赠40万元产业帮扶金

学校副校长李明洲（右）与雷波县签订消费扶贫协议

新农村发展研究院院长张敏（右一）等到雷波县帕哈乡磨石村指导紫山药病虫害防治

社会保障厅聘为科技服务专家，300余人（次）专家入选科技厅“三区”人才项目，建成了多层级、广覆盖、机动强的科技特派员工作体系，指导培训5万余人次。

发挥成果优势，培育壮大优势特色产业。学校坚持用科技成果带动产业发展，加快科技成果推广转化，积极培育特色优势产业。实施各类扶贫项目近200个，示范推广新品种、新技术、新成果超230项次，项目核心区农户增收1000元以上，定点帮扶的雷波县、广安市前锋区如期“摘帽”。学校扶贫案例先后入选国务院扶贫办《志愿者扶贫50佳案例》、教育部《省属高校精准扶贫精准脱贫典型项目》、省委组织部《“绣花”功夫 四川脱贫攻坚案例选》；省委书记彭清华充分肯定了学校扶贫工作，《人民日报》《川报观察》等媒体先后200余次报道学校扶贫工作。

郑阳霞（左一）副教授帮扶的雷波紫山药远销海外

汪志辉（中）教授到雷波县开展水果产业调研咨询、技术培训与现场指导

吕秀兰（前排左一）教授到汶川县威州镇布瓦村开展李子配方施肥和整形修剪培训

驻村干部为村民发种子并讲解播种方法

四川师范大学

健全“一平台、三抓手、三扶三促”工作体系 助推脱贫攻坚由“输血”向“造血”转换

按照省委、省政府安排部署，学校定点帮扶甘孜州理塘县、凉山州普格县。五年来，学校积极响应党中央号召，按照省委、省政府和省教育工委要求，充分发挥学校智力人才优势和师范教育特色，紧紧围绕定点帮扶县域发展短板，坚持精准扶贫、乡村振兴、事业发展同向发力，强化教育扶贫、文化扶贫、产业扶贫同频共振，不断丰富扶贫工作内涵，健全“一平台（乡村振兴平台）、三抓手（教育扶贫、文化扶贫、产业扶贫）、三扶三促（扶贫、扶智、扶志，促产、促教、促兴）”精准扶贫与乡村振兴工作体系，奋力助推脱贫攻坚由“输血”向“造血”转换，为理塘县和普格县顺利脱贫“摘帽”、巩固脱贫成果提供了强有力支持。

一、强化组织保障，坚决扛起帮扶政治责任

理塘县和普格县地处“三区三州”深度贫困地区，长期处于贫困“洼地”，贫困人口多、脱贫难度大，属于贫中之贫、困中之困。自定点扶贫工作开展以来，学校领导始终把定点扶贫工作摆在重要议事日程，建立联席会议制度定期研究、统筹谋划扶贫工作，坚持实地调研指导，明确要求加大资金投入，加强帮扶力量，确保帮扶实效。五年来，学校校级领导到定点扶贫点实地调研，协调解决问题推动脱贫攻坚工作近60人次，各职能部门、二级学院赴两地开展扶贫工作共计30余批次。2015年至今，学校选派15名优秀干部教师开展帮扶相关工作，其中6人担任乡（镇）挂职扶贫副书记、驻村干部，深入定点帮扶贫困村下沉到户开展驻村扶贫工作。

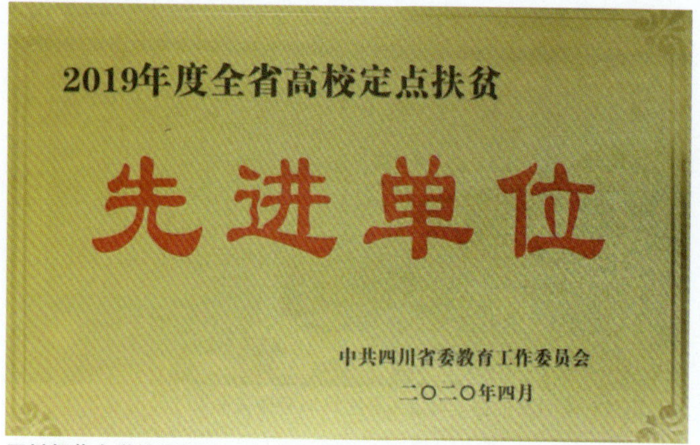

四川师范大学被评为2019年全省高校定点扶贫先进单位

四川师范大学召开2020年扶贫工作领导小组工作推进会

学校党委书记李向成（右三）为四川乡村振兴学院理塘分院揭牌

学校校长汪明义（左五）为四川乡村振兴学院凉山分院揭牌

他们既注重通过协调资源发展产业、推进项目改善民生等方式治理贫困，又着重在治病、治毒、治愚、治超生和移风易俗等方面建立防止返贫长效机制，确保国家扶贫政策和学校扶贫项目落地落实。由于定点帮扶工作成效明显，2017年学校获得全省脱贫攻坚“五个一”帮扶先进集体荣誉称号，2019年学校获得“全省高校定点扶贫先进单位”及“定点扶贫先进省直部门（单位）”荣誉称号，1名扶贫干部获得省级荣誉表彰。

二、搭建一个平台，推进扶贫工作行稳致远

（一）创新形式，挂牌成立“十三个乡村振兴学院”。联合成都中医药大学、原四川理工学院（现“四川轻化工大学”）、四川广播电视大学、四川艺术职业学院组成C5联

学校党委副书记黄钢威（三排右四）看望普格县文倡民族幼儿园暑期社会实践团队

学校援建的理塘县君坝镇若西村村史馆揭幕

学校党委副书记、纪委书记刘鹏（二排右五）和副校长郭朝辉（二排右六）看望顶岗支教学生

学校副校长张海东（右）代表学校“以购代捐”理塘县农副产品50万元

学校副校长王川（左一）出席普格县首届校园足球联赛开幕式

学校副校长蔡光洁（左一）向普格县夹铁乡阿木村捐赠“六件套”

盟，积极推进校地合作，在普格、理塘等13个县（市、区）挂牌成立四川新农村建设学院（四川乡村振兴学院），拓宽教育扶贫途径，推动脱贫攻坚与乡村振兴有效衔接。

（二）对接需求，推进实施“五大教育”。通过各地乡村振兴学院平台，结合地方经济发展需求，系统实施文学艺术教育、乡村治理综合能力教育、新型产业技能技术教育、教育家素质能力教育、卫生健康教育，先后为所在县（市、区）培训了4000余名乡村中小学校长、幼儿园园长、乡村骨干教师、乡村管理干部、乡村致富能手等乡村本土人才，在发展地方教育、提升居民素质、培养新型人才、推进基层治理中起到了重要作用。

（三）发挥优势，出版发行“九部读本”。投资50余万元，组织专家团队编辑出版发行9部“脱贫攻坚、乡村振兴”系列读本，尤其是针对普格县、理塘县量身打造《好孩子 好习惯——普格县“一村一幼”学前教育绘本》《理塘县学前教育绘本》两套“一村一幼”学前教育读本，并向理塘县、普格县和西昌民族幼专捐赠8600本脱贫攻坚、乡村振兴系列读本，为两地开展农民素质提升、扶贫政策宣讲、学前学普等脱贫攻坚重点工作和有效衔接乡村振兴提供了理论借鉴和实践指导。

三、用好三大抓手，促进由“输血”向“造血”转化

（一）用好教育扶贫抓手，推动扶智与促教深度整合

在这场脱贫攻坚的伟大实践中，学校师生纷纷奔赴“一线”，深耕不辍——输送人才燎原教育扶贫之火，开山凿井——搭建平台创新教育扶贫之路，时雨沾洽——项目援助灌溉教育扶贫之花，身体力行为贫困地区提供教育、科技、文化、智力支持，带去了先进的教学理念和教学手段，有效缓解了贫困地区师资不足问题，有力改善了贫困地区教育资源匮乏的现状，极大促进了贫困地区义务教育优质均衡发展。

一是深入开展顶岗支教，强化教育“输血”。2015年以来，累计投入1000余万元，选派1223名本科生和74名研究生前往理塘、普格、布拖等贫困县开展教育顶岗支教。“牵手乡村教育”公益支教、青年红色筑梦之旅以及生命科学学院、法学院、经济管理学院、美术学院等师生团队近200余名志愿者先后在普格县开展暑假社会实践，助力脱贫攻坚。投入近3万元，组织普格、理塘等贫困地区的25名师生赴成都开展“尚美童行、筑梦天府”贫困地区少年儿童暑

学校师生到理塘县和普格县开展教育扶贫顶岗支教活动

学校援建的西昌民族幼专“彝汉同心·共筑师魂”雕塑

期夏令营活动。

二是扎实开展各类培训，增强教育“造血”。投入80余万元开展普格县、理塘县干部、骨干教师、文艺骨干等培训，引用省培资金372万元培训理塘县“一村一幼”辅导员265人、中小学教师660人，引用省培资金80余万元培训普格县中小学教师1340人；通过农民夜校开展现代农业技能等培训1756人，培养致富带头人35人。组织附属小学骨干教师到普格县开展“手拉手·共筑梦”送教上门活动，围绕教学能力提升等方面给予现场帮助和指导。打造特色足球学校，投入10.5万元帮助理塘县、普格县建立专业校园足球队，组织开展教练员、裁判员、小球员技能培训，举办校园足球联赛，提高山区儿童体育素养。

三是加强基础设施建设，改善办学条件。学校按照“缺什么、补什么”的原则帮助定点帮扶县域完善基础设施建设，改善义务教育薄弱学校基本办学条件，持续提升贫困地区义务教育办学水平。为凉山州普格县捐赠铁床累计5000余个床位数，价值120余万元；投入近10万元援建普格县夹铁乡中心校太阳能浴室，解决近千余名师生的洗浴困难问题；为夹铁乡中心校捐赠50台电子琴打造同心音乐室，向夹铁乡中心校和文倡村幼儿园捐赠2000余册图书及儿童用品。投入31.5余万元捐赠普格县中学100台电脑，推动“互联网+教育”帮扶项目在普格县落地生根。在理塘县捐赠4万元援建4个同心音乐室，为君坝九年一贯制学校和甲洼镇中心小学捐赠办公电脑30台，价值17.4万元。为应对新冠疫情，向理塘县、普格县教育系统捐赠12万余元购买防疫物资，全力支持当地疫情防控和复课保障工作。

加大对口支援力度，深化教育改革。2019年开始，学校作为省内8所对口支援西昌民族幼儿师范高等专科学校高校的牵头单位，先后选派2名挂职干部、3名专业教师和4名研究生驻校开展教育帮扶工作，实施“七大工程”（管理水平

四川师范大学在普格县召开乡村振兴系列读本发布会并赠书

四川师范大学编辑出版的脱贫攻坚、乡村振兴系列读本

马克思主义学院董朝霞（前排左一）教授到四川乡村振兴学院理塘分院作讲座

四川师范大学生命科学学院第二党支部与阿木村党支部开展“结对共建”专题组织生活

提升、科研能力提升、教育教学质量提升、校园文化建设、图书馆建设、校园信息化建设、乡村振兴），对西昌民族幼专实施宽领域、深层次对口帮扶，推动西昌民族幼专在人才培养、科学研究、管理水平等方面取得了长足进步，全面提高了西昌民族幼专的综合办学实力。投入47万元捐赠图书，投入44.8万元援建“彝汉同心 共筑师魂”雕塑加强西昌民族幼专校园文化阵地建设。启动凉山彝区“三语教育”改革试点，投入11.6万元编写开发“彝—汉—英”三语教材，开展彝英同步教学，探索在彝区开展多元文化教育。依托教育部体美浸润计划项目，在普格县夹铁乡中心校和瓦达洛小学投资6万元建设1间舞蹈教室，并为其购买了价值2万余元的各类音体美器材，助力山区学校提升体育美育水平。

（二）用好文化扶贫抓手，推动扶志与促兴深度整合

一是开展“文化艺术下乡”，实现文化“输血”。投入近90万元，先后组织200余名师生前往达川、苍溪、仪陇、北川、普格5个县（区）开展“助力精准扶贫、振兴乡村发展”送文化艺术下乡主题展演活动，为近万名群众送上视听盛宴、精神大餐。

二是打造文化建设平台，实现文化“造血”。投入51万元建成理塘县卡娘村、若西村，普格县阿木村和武胜县大通村4个村史馆。投入近10万元，派出相关专家对理塘县甲洼镇进行规划设计和风貌改造，助力特色文化小镇建设。2020年，理塘县甲洼镇卡娘村被评选为“第六届全国文明村镇”。

三是捐赠公共文化设施，助力乡村文化建设。向普格、理塘两县捐赠价值45.7万元的图书、电子琴、电脑、音响、打印复印机等文化设施设备，对乡村文化站、活动室进行升级改造。投入5万元，依托公益组织，为理塘县捐赠图书1万册；投入8万元，援建理塘县卡娘村篮球场。

四是推进支部结对共建，加强战斗堡垒作用。始终把党建扶贫摆在定点扶贫工作重要位置，与普格县、理塘县三个村党支部开展结对共建活动。组织理塘、普格的20余名村（组）干部、致富带头人在成都学习考察现代农业、乡村振兴示范项目。每年派驻党建指导组到村指导党支部建设，联合开展主题党日活动，规范“三会一课”。积极开展结对帮扶贫困户活动，学校主要领导及相关职能部门每年至少两次

理塘县甲洼乡卡娘村村民参观四川师范大学援建的村史馆

前往定点帮扶贫困村慰问结对帮扶贫困户，共累计发放慰问物资及慰问金24.9万元。

（三）用好产业扶贫抓手，推动扶贫与促产深度整合

一是夯实基础设施，积极开展条件“输血”。投入近7万元援建理塘县卡娘村连户路385米，通过提供信息服务、搭建电商平台等方式，帮助理塘县江达村拓展产品市场、树立产品品牌，打造新的经济增长点。为武胜县大通村道路建设、村落改造投入56.56万元。投入4.5万元捐赠普格县阿木村一台四轮电动垃圾车，助力农村人居环境整治。投入25万元用于阿木村建卡户补短“六件套”发放、安全住房配套功能房建设以及“四好创建”新风超市、村庄标志碑和路灯亮化工程等，持续提升阿木村脱贫质量和成色。

二是发展集体经济，奋力加强产业“造血”。五年来，在理塘、普格两地共投入275万余元援建4个特色产业示范基地，形成了由帮扶单位扶持、龙头企业带动、贫困群众参与并受益的益贫带贫机制，推动3个贫困村集体经济全部达标、600余名贫困群众产业致富。帮扶贫困村现代产业从无到有、由小到大，致富路子从窄到宽、由短到长，一排排“川师扶贫大棚”已经成为了当地贫困群众的致富大棚。

三是开展消费扶贫，激发产业发展动力。积极拓宽贫困地区农产品的销售渠道，营造人人皆愿为、人人皆可为、人人皆能为的消费扶贫格局。通过单位定点采购、工会福利团购、附属单位认购和爱心企业助购等方式，五年来累计“以购代捐”贫困地区扶贫产品370余万元，惠及建档立卡贫困农户143户、贫困人口369人。其中，2020年通过国家“贫困地区农副产品网络销售平台”采购140万元扶贫产品；投入39.6万元，线下“以购代捐”理塘县高原土豆90吨；举办理塘县、普格县扶贫产品进校园展销活动6次，吸引了众多师生采购和品鉴，实现现场销售20余万元，学校工会现场认购理塘县食用菌、牦牛肉干等扶贫产品50万元。通过开展爱心义卖、“以购代捐”活动，不仅为广大师生提供了参与脱贫攻坚、爱心助农的机会，又能直接为贫困群众带来增收效益，为贫困地区产业持续发展激发新动能。

四川师范大学结对帮扶贫困户慰问活动

四川师范大学延伸帮扶下甲洼村慰问贫困户活动

“脱贫摘帽不是终点，而是新生活奋斗的起点。”学校将持续深入贯彻落实习近平总书记关于扶贫工作的重要论述，按照“四不摘”要求以更大决心更强力度推进定点帮扶决胜收官工作，帮助贫困地区深化提升脱贫攻坚成色质量，接续推动乡村振兴高质量发展，实现定点帮扶工作从短期向长效、从治标向治本、从“摘帽”向振兴的转变，为决战脱贫攻坚、决胜全面小康贡献无愧于时代的川师力量，在这场历史性的大考中交出精彩的川师答卷。

“党群一条心·精准扶贫情”理塘县感恩川师大文艺汇演

四川广播电视大学

学校党委书记谭文劲（右）看望慰问理塘县村戈乡芒康村贫困村民

学校校长尹析明（前排右一）代表学校与理塘县签订对口帮扶协议

自开展脱贫攻坚工作以来，学校认真贯彻落实省委、省政府及教育厅脱贫攻坚决策部署，坚定不移把定点扶贫工作作为学校的重大政治任务和头等大事抓紧抓实抓好。坚持把定点扶贫工作摆到工作全局突出位置，列入重要议事日程，与学校转型升级重要任务齐谋划、共部署、同落实。在前期摸底调查县情、村情，明确帮扶县、村实际需求的基础上，坚持突出重点，加强分类指导，采取“面”“点”“户”相结合的方式实施精准帮扶。在“面”上，实施基层干部和建档立卡贫困户免费学历提升、普通高职畅通、基层干部能力素质提升、理塘电大计算机房建设等项目，倾力帮扶理塘县；在“点”上，实施“屋顶革命”工程、发展集体产业、开展以购代捐、举办普通话培训、开展洁美家庭创建等项目，精准帮扶芒康村；在“户”上，开展支部结对帮扶、实施“一户一策”、开展“回头看”等项目，全力帮扶贫困户。三年来，学校累计投入帮扶资金571.41万元。在学校真帮实扶下，经过多方共同努力，理塘县于2019年年底实现了脱贫“摘帽”，芒康村也在同年年底实现了整村脱贫退出。如今的芒康村集体经济更活了，人居环境变好了，村容村貌更美了，村民的钱袋子更鼓了，老乡脸上的笑容更甜了，致富奔康的精气神更足了，昔日的深度贫困村如今已成为干净整洁美丽的小山村，芒康村民也踏上了脱贫致富的康庄大道。

学校党委副书记李建川（右）到芒康村慰问贫困村民

学校党委副书记、纪委书记陈标（中）到芒康村调研

学校副校长吴兆华为理塘县党员干部举办专题讲座

学校副校长刘纯龙（左二）到芒康村调研

学校定点扶贫工作由于措施得力、扎实有效，得到了省委、省政府及教育厅的认可和帮扶县、村干部群众的一致好评，学校荣获“2018年全省脱贫攻坚先进集体和四川省高校定点扶贫先进单位”称号；在2019年全省高校定点扶贫工作考核中获得“好”的等次，3名驻村干部被理塘县评为“优秀援藏干部”，1名干部被理塘县评为“建县70周年脱贫攻坚先进个人”。中央、省、市新闻媒体宣传报道学校定点扶贫工作80余次，取得了良好社会效应。三年来，全校上下凝心聚力、迎难而上、全力攻坚，定点扶贫工作有力有序推进，取得了阶段性重要成果，为助推全省按期打赢打好脱贫攻坚战、如期全面建成小康社会做出了积极贡献。

学校副校长杨波（右一）到芒康村调研

学校党委与芒康村党支部开展结对帮扶活动

学校党支部到芒康村开展结对帮扶活动

理塘县年轻干部“铸魂工程”第一阶段培训在学校举行

四川文理学院

党委书记王成端（前排左二）到万源市永宁镇柏树坝村调研

校长刁永锋（左二）到小金县达维镇简槽村调研并看望贫困户

四川文理学院自2015年起与民政厅等单位联系指导万源市精准扶贫工作，于2018年起与省残联等单位联系指导深度贫困县小金县的精准帮扶工作。几年来，学校认真贯彻习近平总书记关于扶贫工作的重要论述，全面落实党中央国务院和省委、省政府的决策部署，精心组织，密切协调，充分发挥高校在服务地方扶贫工作中的优势和作用，紧紧围绕“智力扶贫、教育扶贫、科技扶贫”有效推进各项精准扶贫工作，助力贫困县脱贫“摘帽”。经共同努力，小金县于2018年全县整体脱贫，万源市于2019年整县退出。

学校有对口帮扶村3个，一是万源市永宁乡柏树坝村。该村是学校与达州市教育局等单位精准帮扶的贫困村，有5个村民小组、256户745人，其中建档立卡贫困户67户197人。学校在该村派驻村干部2名，承担建档立卡贫困户12户17人的精准脱贫工作。二是万源市茶垭乡老洼坪村。该村是学校与民政厅等单位精准帮扶的贫困村，有11个村民小组345户1296人，其中贫困人口

学校领导班子到万源市茶垭乡老洼坪村调研

学校为万源市永宁镇柏树坝村万宝山森林康养基地建设捐款

学校向小金县达维镇简槽村捐赠装载机

学校向小金县达维镇简槽村捐赠防护栏

学校捐建的万源市永宁镇柏树坝村通向水洋坪道路开工现场

69户193人。学校承担5户17人的脱贫工作，该村于2017年脱贫“摘帽”。三是小金县达维镇简槽村。该村共376人，常住人口196人，其中贫困人口23户75人。学校承担4户7人的脱贫工作，已于2018年全部脱贫。

学校党委、行政十分重视脱贫攻坚工作，凝心聚力，千方百计安排人员、组织资金，积极配合当地党委、政府，紧紧围绕贫困户“一超六有”、贫困村“一低五有”的脱贫标准，认真落实各项精准扶贫政策，全力推动各项帮扶工作落地见效。

一是加强领导，健全组织机构。学校成立了以主要领导为组长的扶贫工作领导小组，设立扶贫办公室抓具体落实，并指定专人负责协调联络，使各项扶贫工作得以稳步、有序推进。

二是积极对接，统筹推进帮扶。为充分利用学校自身资源助力万源市、小金县的扶贫工作，学校主要领导及办公室、教务处、科技处、校地合作处及相关二级学院分别到万源市、小金县调研指导、联系对接、督导指导扶贫工作。

三是精准施策，狠抓工作落实。在学校领导和各部门的大力支持下，学校积极推进帮扶村基础设施建设，帮扶村的交通条件、村容村貌得到了极大改善；积极推动帮扶村产业发展，村集体经济发展迅速；推进“志”“智”双扶，开展教育培训，提供中小学生心理健康教育服务，组织学校学生在帮扶地开展“三下乡”科技服务活动，开展各类公益讲座，举办大型文化惠民演出等，脱贫攻坚取得了良好实效。

学校捐资新建的万源市永宁镇柏树坝村文化广场

学校向小金县达维镇夹金山红军小学赠送校本教材

学校向万源市茶垭乡老洼坪村捐赠图书及办公用品

马克思主义学院、政法学院到万源市永宁镇柏树坝村开展城乡党建结对

学校学生赴金阳县支教出征仪式

学校学生赴小金县达维镇红军小学开展支教活动

学校学生到万源市永宁镇中心学校开展科技展示活动

学校学生到金阳县支教

学校组织美术学院学生到万源市永宁镇柏树坝村进行墙体美化

学校开展“送文化下乡”——送春联活动

学校开展“送文艺演出到万源”活动

学校组织大学生暑期暗访脱贫攻坚工作成效

学校组织正文集团开展社会帮扶

学校党建促脱贫项目——万源市永宁镇柏树坝村党员示范基地

学校扶贫项目——万源市永宁镇柏树坝村辣椒生产基地

学校扶贫项目——万源市永宁镇柏树坝村水洋坪跑山猪养殖基地

学校扶贫干部协助当地农民销售万源腊肉等农产品

西 昌 学 院

党委书记彭正松（前排右二）检查协调美姑县侯古莫乡沙溪洛村冷水鱼建设项目

院长贺盛瑜（中）、副院长曲木伍各（左二）督查布拖县采哈乡—昭觉县龙恩乡道路桥梁建设情况

2020年是决战脱贫攻坚收官之年，美姑县、布拖县均为凉山州最后退出的7个深度贫困县之一，脱贫任务艰巨繁重。根据对口帮扶的美姑县及侯古莫乡沙溪洛村，布拖县及采哈乡延务村、合洛村需求，西昌学院及时调整帮扶工作重心，加大帮扶力度，优化策略措施，找问题补短板，着力巩固提升定点帮扶村脱贫成果，确保美姑县、布拖县如期通过脱贫国家验收和成效考核。全年还协助教育厅帮扶雷波县马湖乡大杉坪村。

一是健全机构，加强领导，提供组织保障。二是根据美姑、布拖经济社会发展和脱贫攻坚需求，制订《美姑县暨侯古莫乡沙溪洛村2020年帮扶工作计划》《布拖县延务村、合洛村2020年脱贫攻坚帮扶工作计划》，编制《西昌学院2020年定点帮扶美姑县及沙溪洛村实施项目计划》《西昌学院2020年帮扶布拖县暨延务村、合洛村实施项目计划》，同时根据实际情况变化适当调整计划，增减实施项目。全年自筹资金423.5万元（含物资折价），协调资金616万元，在3县4村实施帮扶项目29项。重点开展党建、教育、科技和产业扶贫，开展“四好创建”、疫情防控、禁毒防艾、移风易俗、志愿服务、结对帮扶、“以购代捐”等帮扶活动。三是发挥学科、专业、科技、人才和文化优势，围绕地方经济社会发展和脱贫攻坚需求，从七个方面着手，为凉山州脱贫奔康提供强大的智力支持和人才支撑。四是持续高效的帮扶工作取得了较好的经济和社会效益，受扶地经济发展，社会进步，民生改善。延务村、沙溪洛村、合洛村陆续退出贫困村序列，美姑县、布拖县接受省级专项评估检查，达到贫困县退出标准，已于2020年11月由省政府宣布退出。五是为促进帮扶县的经济社会发展、民生改善和民族团结进步、社会和谐稳定做出了较大的贡献，帮扶工作得到各级组织和社会各界的广泛认可，产生了较大的社会反响。学校帮扶成效自我考核成绩达到95分以上，受扶县、乡、村三级对帮扶单位与帮扶干部的满意度测评均为非常满意。

党委副书记杜正聪、姚云成率队走访慰问美姑县侯古莫乡沙溪洛村12户结对帮扶贫困户，向每户捐赠大米、食用油和春耕化肥（捐赠物品总价值9000余元）

布拖县采哈乡合洛村贫困户集中安置点安全住房

学校农学专家到美姑县侯古莫乡沙溪洛村开展魔芋种植现场培训

美姑县侯古莫乡沙溪洛村冷水鱼养殖场投放首批齐口裂腹鱼鱼苗，西昌学院为其捐赠价值5万元鱼苗

美姑县侯古莫乡沙溪洛村村委会（扶贫前）

美姑县侯古莫乡沙溪洛村村委会（扶贫后）

由凉山州交通局和西昌学院协调，中铁西昌西昭高速有限公司捐资400余万元建成的布拖县采哈乡至昭觉县龙恩乡的幸福桥

2018年6月，世界卫生组织结核病和艾滋病防治亲善大使彭丽媛亲临学校为西昌学院青春红丝带志愿团授旗；教育部部长陈宝生充分肯定我校扶贫工作；学校定点扶贫的典型经验、创新做法被中央电视台、《中国教育报》、《中国商报》、《四川日报》、《华西都市报》、教育导报网、四川学习平台、四川新闻网广泛报道。

西昌学院被省委、省政府授予2020年省直部门（单位）定点扶贫先进集体称号，同时获评凉山州年度帮扶工作先进集体。2021年，又被省委、省政府授予四川省脱贫攻坚先进集体称号，29人获得教育厅记功和嘉奖。

驻美姑县侯古莫乡沙溪洛村综合帮扶队与村“两委”组织开展疫情防控知识和扶贫政策入户宣传

西昌学院举行2019年秋季学期师范生顶岗实习凉山州支教动员大会

西昌学院参加2019年全国文化科技卫生“三下乡”四川省集中示范服务活动

西昌学院青春红丝带志愿团到彝区开展禁毒防艾宣传教育和艾滋病关爱行动

四川建筑职业技术学院

省人大常委会副主任刘捷（左三）到学院定点帮扶村阿坝县安羌镇学尔沟村调研

学院时任党委书记、住房城乡建设厅机关党委书记孔燕（左）到平昌县大寨镇四垭村慰问贫困户

四川建筑职业技术学院2016年作为省直帮扶单位开始定点帮扶巴中市平昌县、阿坝州阿坝县两个深度贫困县，以及平昌县大寨镇四垭村、阿坝县安羌镇学尔沟村两个国家级贫困村，其中大寨镇四垭村全村有建档立卡贫困户85户312人、安羌镇学尔沟村全村有建档立卡贫困户54户278人。

学院坚持以习近平新时代中国特色社会主义思想为指引，不断增强“四个意识”，坚定“四个自信”，做到“两个维护”，始终把脱贫攻坚作为最大的政治责任、最大的民生工程、最大的发展机遇，认真贯彻落实党中央国务院和省委、省政府的决策部署，立足发挥学院自身资源优势、人才优势、技术优势、平台优

学院党委书记李辉（左二）到平昌县大寨镇四垭村调研花椒产业发展情况

学院院长胡兴福（左二）到阿坝县安羌镇学尔沟村走访慰问贫困户

学院党委副书记胡起朝（右一）出席阿坝县安羌镇学尔沟村村小物资捐赠仪式

学院副院长吴明军（左五）到阿坝县安羌镇学尔沟村开展主题教育研讨活动

学院副院长黄志祥（右三）到阿坝县“鲁班课堂进藏区”培训班进行指导

学院副院长肖进（左四）到阿坝县安羌镇学尔沟村走访调研

学院副院长许辉熙（左一）到平昌县通用职校开展教师培训讲座

学院副院长杨转运（左）到九寨沟县开展帮扶慰问活动

势，扎实开展定点帮扶工作。

根据省委、省政府，省教育工委、住房城乡建设厅的有关要求，学院主要领导和班子成员共计深入贫困县、贫困村开展调研指导工作36次，并全覆盖结对建档立卡贫困户，到村开展工作对接、项目指导、干部培训、督导检查和贫困户慰问共计500余人次。认真组织遴选一批高层次优秀骨干充实到脱贫攻坚第一线，累计派出“第一书记”、驻村干部和援藏援彝干部16人次，一半以上具有研究生及以上学历，其中博士1人；学院驻村干部刘浩瀚、梁延龙分别获得“四川省优秀‘第一书记’”“四川省优秀驻村工作队员”荣誉称号。

学院选派党委委员和优秀党务工作者与贫困村党员“一对一”结成帮扶对子开展工作。4年来共计帮扶党员400余次；发放慰问金、慰问物品共计8.5万余元。投入6万元进行村基层党支部建设，投入14.5万元，累计帮扶帮助贫困学生600余人次；学院累计招收定点帮扶贫困县学生292人，减免相关学费及发放奖学金、助学金28.9万元；累计培训就业技能工人300余人，累计增收10万余元，为当地创造了714个就业岗位；投入帮扶资金32.2万元，开展“以工代赈”；投入19.8万元，开展“以购代捐”；先后投入54万元建立集体经济花椒产业园，增加贫困村自我“造血”功能。帮扶县、帮扶村于2019年全部“摘帽”退出。

习近平总书记指出：“脱贫摘帽不是终点，而是新生活、新奋斗的起点。要针对主要矛盾的变化，理清工作思路，推动减贫战略和工作体系平稳转型，统筹纳入乡村振兴战略，建立长短结合、标本兼治的体制机制。”下一步，学院将深入学习贯彻习近平总书记重要讲话精神和党中央决策部署，将巩固脱贫成果纳入“十四五”规划，保持帮扶领导机构和帮扶机制不撤减，全力推进全面脱贫与乡村振兴有效衔接，为帮扶地区实现高质量发展贡献力量。

学院组织阿坝县贫困学生到成都、德阳游学访学

四川省德昌县职业高级中学

校长许德权（前排右一）参加对口帮扶黑龙潭镇一碗水村捐赠仪式

副校长魏寿明（左一）为学历补偿班学员发放床上用品

四川省德昌县职业高级中学位于德昌县城东城区，始建于1985年，是一所由县政府主办，县教体科局主管的省级重点中等职业学校。多年来，学校得到社会各界的大力支持，在各级领导的关怀下，通过全体教职工的共同努力，学校各方面工作取得了飞跃性的发展。因其健全的制度、规范的管理、一流的设备、雄厚的师资、开放的胸襟、锐意进取的精神，迅速崛起成为凉山地区职业教育的一面旗帜。

学校占地面积128亩，建筑面积5万余平方米，实训设备价值5千余万元，现有教职工225人。开办有电子技术应用（省重点专业，中央实训基地建设项目）、数控技术应用（省重点专业，省高技能人才培训基地建设项目）、汽车运用与维修、中餐烹饪、计算机技术、学前教育、电子商务、旅游服务等专业，每个专业都有对应的实训楼。学校坚持将“教会学生一门技术，富裕一个家庭，带动一方经济”落在实处，“送技下乡”“送政策入户”，大力宣传党和国家的各项职教惠民政策，学校规模不断扩大，现有在校学生4232人。

学校秉承内涵发展的办学理念，坚持专家治校、名师治教，以“修身励志、笃学力行”为校训，以“严谨规范，和谐文明”为校风，以“博学善导，厚生乐教”为教风，以“勤学善思，德才兼修”为学风。学校以德育为先导、以规范为准绳，推行“高标准、严要求”准军事精细化管理，走“稳定规模，提高质量，办出特色，争创一流”的发展之路，切实推进“三全”育人，全

德昌职中精准扶贫暖冬行动

2016年眉州东坡集团·德昌职中“眉州班”优秀学生表彰大会

面落实立德树人根本任务。

学校本着“立足德昌，面向攀西，辐射滇川”的发展定位，努力为地方经济社会建设培养服务先进制造业、现代服务业和高技术产业的应用型人才。长期坚持“就业升学双通道”的办学模式，开放办学，订单培养；采用“大赛引领、理实一体、赛训结合”的教学模式，升学率达97%，毕业生就业率达95%以上。

学校先后荣获教育部命名的国防教育特色学校、全国教育系统先进集体、四川省教育系统先进集体、四川省文明校园、四川省职业教育改革创新先进单位、四川省首批中等职业教育内务管理示范校、凉山州先进基层党组织、凉山州精神文明单位标兵、凉山州语言文字规范化示范校等60余项集体荣誉。

学校将坚持以习近平新时代中国特色社会主义思想为指导，深入贯彻党的十九大和十九届二中、三中、四中、五中全会精神，深入学习贯彻全国职业教育大会和习近平总书记、李克强总理对职业教育工作作出的重要指示精神，围绕服务成渝地区双城经济圈建设，始终不忘“办学为民、服务报国”的办学宗旨，不断深化产教融合、校企合作，深入推进育人方式改革，推动职普融通，为把学校早日建成省内知名、攀西一流的省级示范性中等职业技术学校而努力奋斗。

升学就业“双通道”——厦门联通双选会

升学就业“双通道”——华道数据双选会

送技下乡产业帮扶助推地方经济

困难职工（农民工）电工技能培训班开班典礼

四川省烟叶复烤系统在职维修人员制图技能培训班

桑椹樱桃节桑品创意手工制作大赛

烹饪专业樱桃节送技下乡活动

四川省烟叶复烤系统在职维修人员绘图培训

中高职衔接

四川化工职业技术学院中高职衔接合作签字仪式

宜宾职业技术学院专业建设对接交流座谈会

四川航天职业技术学院中高职衔接合作签字仪式

四川信息职业技术学院3+3中高职衔接工作推进会

学校荣誉

四川省职业教育改革创新先进单位

全国教育系统先进集体

四川省重点中等职业学校

四川省脱贫攻坚先进集体

学校专业

电子技术应用

电子商务

计算机技术应用

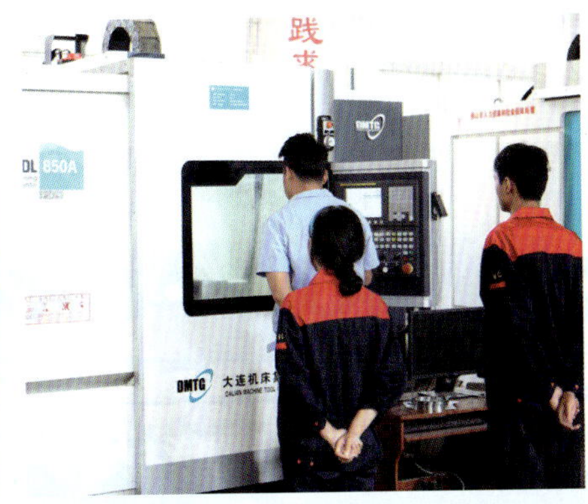
数控技术应用

汽车应用与维修

旅游服务与管理

学前教育

中餐烹饪

日常运营。彭州10家银行、2家保险公司及中国电信(益农信息社)、四川银联等合作机构每月提供固定费用,增加业务拓展费,全面参与试点村站合作共建。根据村站服务区域和服务群体的不同,统筹匹配合作机构服务项目和便民金融机具,自2018年6月首批试点村站正式运行以来,已在村站成功布放助农取款POS机、ATM机、惠农微银行、纸硬币自助兑换机、点验钞机、人民币鉴伪仪等便民金融机具,并通过村站大力推广"云闪付""银迅通""裕农通"等业务,实现了小额取现、转账、耕保金支取、纸硬币兑换、假币鉴定、水电气费缴纳等普惠金融服务的有效下沉落地。截至2019年年底,已通过试点村站新增彭州市"农贷通"平台注册用户5252人,累计发放贷款698笔12002万元,办理农业保险389笔,引荐农村产权交易12宗,初步实现村站收入可持续和服务多样化,在打通农村普惠金融服务的"最后一公里"方面成功"破冰"。

(三)打通"堵点",培育新型农村金融组织,提升金融服务针对性

农业流通环节资金需求量大,周期短,用款急,一方面,传统金融机构无法完全满足这一需求;另一方面,农村大量闲散资金未得到有效盘活。为解决这一难题,彭州市创新培育成都市唯一的农村资金互助合作组织——彭州市旭力农村资金互助合作社,并将其纳入"农金改"工作体系,强化监管,促使其致力于蔬菜产业需求拓展业务,有效弥补了传统金融机构在产品设计、程序管理、担保抵押等方面的金融服务空白,实现最快24小时放款。目前,旭力农村资金互助社累计向社员发放贷款79笔3185万元,未发生一笔不良贷款,直接受益农户达3000余户。因监管有序、运作规范、风险可控,经争取,初步取得四川省首批农村资金互助社增资扩股试点资格,注册资本金从700万元扩充到3000万元,可撬动社会资金近3亿元,极大满足了农业流通环节资金需求,促进了产业发展。

(四)破解"难点",激活信用价值,提高金融服务满意度

农村信用体系建设存在信用信息采集难、信用主体培育难、成果运用难三大"难点",为充分发挥村站采集农村信用信息的优势,政府出台了村级金融服务联络员信用信息采集专项奖励,截至2019年年底,已通过试点村站采集4723户农业经营主体的信用信息。在信用信息有效采集的基础上,创新信用主体培育机制,2017年以来已累计评定4家"信用农业产业化龙头企业"、60家"信用专业合作社"、57家"信用家庭农场"、68名"信用农业职业经理人"。指导金融机构依托村站与当地村委会实现常态化对接,开展信用共建,带动区域信用环境整体改善,已累计评定信用村225个。建立守信激励和失信联合惩戒制约机制,把诚实守信作为享受财政扶持政策的必备条件。鼓励和指导金融机构以发放信用贷款及优惠利率的方式充分运用信用评定成果,2018年、2019年彭州市涉农小额信用贷款增速分别达34%和39%,有效缓解了农村地区抵质押物缺乏造成的融资难困境,满足了广大农户的小额金融服务需求。2019年全年,成功实现2个村整村授信3200万元,改善了区域金融生态环境。

(五)填补"盲点",下沉宣传阵地,提升金融消费者权益保护意识

农村地区长期是金融消费者权益宣传难以覆盖的"盲点"。彭州市结合区域实际,设计印制4万余份《金融消费者权益宣传手册》,拍摄专题宣传片;成立人民银行、国资金融局、农业农村局、金融机构等多部门组成的联合宣讲队,全面普及金融消费者权益保护、远离非法集资、防范网络电信诈骗、提升识假防假能力等金融知识。2018年以来,全市累计召开100余场镇(村)专题宣讲会,实现对12000余名农户的深度宣传。依托村站开展日常宣传,指导村站联络员通过村民议事会、镇村微信群、进村入户等开展渗透式宣传,实现了对彭州市20个镇324个行政村(社区)的宣传全覆盖,满足了农民群众对金融知识的迫切需要,增强了农民群众的消费者风险意识和底线思维,构建了农村地区金融消费者权益保护宣传的长效机制和常态化宣传阵地。

(六)培育"热点",灌溉"金融活水",助力乡村振兴

针对普惠金融服务进入农村面临的风险、信息和市场等障碍,彭州市出台了《彭州市农村产权价值评估管理办法》《彭州市组建乡村振兴农业发展贷款风险补偿金制度实施方案》等10余项配套措施,畅通银行"放心贷"机制。充分发挥央行货币政策的工具撬动作用,累计投放支农再贷款8687万元、支小再贷款3300万元,撬动相关银行配套资金2亿余元。指导金融机构结合自身特色找准参与农村普惠金融的切入点,实现优势互补、良性竞争。彭州市金融机构陆续推出"果蔬贷""安置贷""随贷通""惠农时贷""专业合作社贷"等系列农村金融创新产品,有效覆盖了农业全产业链。针对金融支持农业流通领域的薄弱环节,彭州市政府、人民银行和金融机构共同建立完善农产品仓单质押融资项目10大配套机制,吸引6家银行主动参与。彭州市"农贷通"平台放款总金额、对接成功率、注册用户数等均位居成都县级平台第一位。近两年来,彭州市金融机构累计向农业全产业链投放贷款150余亿元,彭州市涉农贷款连续两年增速超20%。"三农"领域正在逐步成为彭州金融新的热点和增长点,而"金融活水"的灌溉,也将为助力乡村振兴发挥更大作用。

二、下一步思路及举措

下一步,彭州市将针对目前在"农金改"推进中存在的平台运用不足、普惠金融服务深度不够等问题,继续发挥彭州"农金改"先行先试作用,持续深化改革,进一步提升金融服务质量和效率,不断增强农业经营主体获得感。

一是进一步拓展彭州"农贷通"平台的运用和覆盖范围,探索通过平台发放贷款贴息、财政奖补、农业补贴等,增加平台的使用率和客户粘度。

二是全面深化村级金融综合服务站"政府+市场化"运营模式,扩大合作金融机构种类及数量,扩展服务功能,加大金融机具的投放力度,让更多老百姓享受到便捷优惠的普惠金融服务。

三是大力拓展各类农村产权抵押融资业务、积极探索"绿色债""乡村振兴债"等创新融资模式,更好地满足现代农业全产业链和乡村振兴的资金需求。

四是积极开展农产品仓单质押"农贷通+物联网"创新,将通过覆盖所有合作仓库的远程智能监控系统和电子仓单系统,并同"农贷通"平台深度嵌合,实现实时智能监测和全流程线上审批,极大优化贷款流程。

五是依托"农贷通"平台开展政策性农业保险服务试点,通过农村金融综合服务站联络员实现线上线下对接,推动保险服务下沉落地。

六是依托彭州农产品交易市场较为发达、农业产业链较为完整的特点,建立多方合作机制,在四川国际农产品交易中心搭建供应链金融综合服务平台,大力探索农业供应链融资体系。

抱团发展、整镇联动　探索集体经济发展典型案例

彭州市农业农村局

近年来，彭州市大力推进农村产权制度改革，探索壮大集体经济，全市农村集体资产达51亿元（按原值），集体土地面积147万亩。全市坚持将发展农村集体经济作为实施乡村振兴战略、构建长效机制和高标准全面建成小康社会的有力抓手和重要途径，将开展农村集体资产股份化改革与创新发展集体经济协同推进，成功探索了“1+C+N”的集体经济发展模式，群众以现金、闲置资源折价入股形式加入合作社并取得股权证，实现“三级治理、三次分红、股权量化、七项收入”，构建起了整镇抱团发展的集体经济组织集群，其基本模式、组织制度及政策创新值得借鉴。

龙门山镇位于湔江河谷生态旅游区腹心地带，辖区面积465平方千米，有16个村，集体经济组织成员2.5万人。该镇积极探索以农村集体资产股份量化、镇村集体经济组织股权合作、多方利益分配激励为主要内容的农村集体经济联营制，逐步构建形成联建联控集体经济利益共同体，推动了资源变资产、资金变股金、农民变股东，2019年全镇集体经济总收入突破45亿元。

一、整镇联动，构建集体经济发展利益共同体

（一）深入推进集体资产股份化改革

坚持集体所有制不动摇，全面完成16个村集体经济组织成员界定和集体资产清产核资、股份量化，成立了村级股份经济合作联合社并登记赋码，村级联合社按“人口股”占80%、“农龄股”占20%的比例将集体资产量化到集体经济组织成员，累计颁发股权证书6200余本。

（二）建立“1+16+N”三级治理体系

构建权责明晰的“1+16+N”集体经济组织抱团发展利益共同体，即由16个村级集体经济组织共同出资组建“1”个镇级“乡村旅游联合社有限公司”（以下简称“镇联合社公司”），统一运营“N”个镇、村两级集体经济组织投资建设的具有独立法人资格的乡村旅游项目。截至2019年年底，全镇已建设运营集体经济组织联合出资的乡村旅游项目10个以上，“N”项目带动集体经济收入达1.1亿元。

（三）建立年度“三次分红”利益激励分配机制

镇联合社公司以激励为导向，建立年度“三次分红”利益分配机制，严格按照各集体经济组织持股比例进行分红，第一次是按股份对项目盈利进行分配，第二次是镇联合社公司将自己分红的30%或50%让渡给项目所在村集体，第三次是镇联合社公司向所有村级集体经济组织平均分红。2019年，集体经济组织年度分红93.6万元。

二、抱团发展，走绿色生态的集体经济高质量发展之路

（一）坚持“集体经济组织+”抱团发展模式

坚持以镇联合社公司为核心，整合各村集体资源，通过结余集体建设用地指标、合资、入股、统筹各级项目和奖励扶持资金等方式，引进社会资本1.1亿元，打造鱼凫湿地、熊猫的森林、鱼凫香山、心语星宿泡泡酒店等时尚项目，集体经济经营性年收入已达1000万元。同时，创新“镇联合社公司+村集体经济组织+投资主体”的“2+1”集体经济协同发展模式，率先在宝山村和复兴场社区开展试点，大力发展“农业+”等新产业新业态，宝山村、复兴场社区村民年人均分红分别达10万元和9万元。

（二）立足环境友好推进传统农业转型升级

坚持“绿水青山就是金山银山”的理念，大力推进传统农业转型升级。镇联合社公司筹资3000余万元，整理荒山、荒滩1500余亩，以花草种植为重点，建成鱼凫香山紫色鼠尾草花海、铁瓦殿高山杜鹃和湔江两岸山地油菜花观赏基地，实现了“荒山变花山、荒滩变公园”，吸引了大批“驴友”和“摄友”，增加了大量旅游人气；宝山村集体资产管理公司以现代观光和体验农业为主题，投资8000万元建设集参与性、观赏性、高附加值于一体的宝山综合产业园，实现了传统农业效益提升、环境友好的转型升级。2019年，传统农业带动集体经济创收800万元。

（三）立足资源禀赋深入推动农商文旅体融合发展

坚持以农业为本底，深入实施“农业+”融合发展项目，投资10余亿元，建成宝山旅游景区、鱼凫湿地等热门景点；筹资5亿余元，实施长坪滑雪场、回龙沟景区全地形车等精品旅游项目和龙门春天康养项目，加快建设鱼凫竹林、熊猫山谷等民宿集群，让游客住得下、不想走，宝山旅游景区被评为“国家4A级旅游景区”。同时，打造休闲运动场景，建成30千米森林步道；深挖水、鱼、竹、石等本土文化元素，成功举办“鱼凫文化旅游节”、农民运动会等活动；加快发展农村电商，兴建山货市场和山货展销中心，线上线下同步销售生态农产品。多元化发展为农民增收开辟了新的增长点，形成种植、务工、经营、房租、房产增值、集体经济组织分红、股份增值收入七个增收渠道，2019年乡村旅游业收入突破2亿元，年接待游客400万人次以上，集体经济组织成员人均增收7000元以上。

三、经验启示

当前，广大农村大部分农户经营规模散、小、弱，村集体经济存在产业引进难、发展难、辐射难，导致集体经济发展模式单一、结构不齐、规模偏小、竞争力弱等，甚至有“空壳村”，难以辐射带动群众有效增收致富。在乡村振兴的伟大征程中，将发展集体经济作为总抓手，以绿色发展为指引，以村企联营为特色，不断推动村集体经济发展壮大，为乡村振兴提供坚强的保障。以龙门山镇为代表的彭州市农村集体经济发展的探索蕴含着解决一系列共性挑战的普适性实践价值。综合而言，以下三个方面的创新经验值得其他地区借鉴推广。

（一）农村集体经济发展应当突破村域界限

打破传统常规的集体经济单村发展模式，以股权为纽带建立多村抱团的集体经济区域联合体，是彭州集体经济联营制极为重要的制度创新，跨村联合让资源富集村和资源贫瘠村得以实现共生发展、共赢共享。集体经济联营的经验表明，农村集体经济发展应当突破村域界限，既可以以村村合作的方式构建集体经济联合社，也可以鼓励和引导村集体突破本村范围发展飞地经济，从而让分散于不同村集体的各种资源实现有效整合。

（二）农村集体经济发展应当坚持农民主体

“人人有份、按股分红”的集体收益分配制度让农民成为了集体经济发展的主要受益者，进而使集体经济发展得到了农民的积极响应和主动参与，营造了良好的集体经济发展氛围。集体经济联营制的经验表明，集体经济发展必须坚持农民主体，要从制度设计上保证让农民参与到集体经济发展的各个领域和环节之中，既要鼓励农民参与到集体事务的决策监督环节，让农民成为社会治理的基本主体，又要引导农民通过投资众筹、投工投劳等方式成为产业发展的利益主体。

（三）农村集体经济发展应当突出抱团发展

集体经济联营制之所以能够取得较为显著的发展成效，离不开共享发展权的制度设计以实现利益均衡，形成了村集体、政府、项目公司、农民等多元主体的分工协作机制，激发了全体农民的内生动能，从而变集体经济组织的“单打独斗”为多元主体的共同发力。“三级三次”的收益分配机制较好地兼顾了联合社和村集体之间的利益均衡，对农民的股份分红确保了农民成为集体经济发展的主要受益者。集体经济联营制的经验表明，集体经济的发展必须高度重视发展成果和收益的公平共享，尤其是要保障集体经济组织的发展主导权，实现集体经济组织有发展、有积累、强服务，并以来自集体经济收入的持续增加和提高公共服务质量的方式切实强化对农民利益的有效保护。

健全“五良”融合体制机制 加快建设崇州市国家现代粮食产业园

崇州市农业农村局

近年来，崇州市坚定贯彻国家粮食安全战略，把现代粮食产业园作为粮食产业高质量发展的主阵地，千方百计抓好粮食稳产扩面，系统构建现代农业园区良种、良法、良田、良机、良制“五良”融合体制机制，推动粮食产业提质增效，加快建设崇州市国家现代粮食产业园。2019年，崇州市粮油现代农业园区粮食产量达12.8万吨，用全市44%的耕地产出了全市58%的粮食。成功创建国家农村创新创业园区、四川省五星级现代农业园区，被纳入国家现代农业产业园创建管理体系。

一、以种业小镇为载体，构建良种引繁机制

聚焦“科技赋能、良种提效”。一是搭建引繁平台。规划建设集种业研发、中试熟化、育繁推广等功能于一体的隆兴种业小镇，推动新品种率先中试、率先育繁、率先推广。打造集科技研发、成果转化、场景营造、创新创业等于一体的农业科创空间，建成四川农业大学“两化”总部等科研平台6个、长江中上游优质粮油中试熟化基地1000亩。二是建立良繁示范。建立集品种展示、品比鉴定、选种订购等于一体的“田间种子超市”，常年中试品种及组合近1500个。三是强化良种推广。联合中国农科院、中国种业集团等院校企业，引进一级、二级米质水稻品种34个，筛选出59个粮油品种在全省推广，推广适宜机播机收粮油品种13个，园区粮油良种率达100%。孵化培育的隆兴大米获得国家农产品地理标志认证，天健君稳糖米荣获第三届国际创新创业博览会优秀成果奖。

二、以规模经营为路径，构建良法推广机制

聚焦“节本增效、产量提高”。一是构建粮食规模经营机制。深化“土地股份合作社+农业职业经理人+农业综合服务”的“农业共营制”新型经营体系，园区粮食规模经营面达95%以上，水稻产业集中度达98%。二是构建农业生产服务机制。遵循“政府搭台、企业主体、商业化逻辑”，引进中化农业建成MAP服务总部，整合育秧、农机、烘储等社会化服务经营主体，为粮食生产提供品种规划、测土配肥、定制植保、质量检测、农机服务、烘干仓储等“7+3”全程解决方案，推广工厂化育秧、无人机飞防、稻田综合种养等现代农业技术40余项，服务全省10个市（州）36个县85万亩粮油基地。2019年，园区推广的水稻工厂化育秧、水稻机插秧面积占水稻种植面积的90%，植保无人飞机病虫害统防统治面积占粮油面积的95%。三是构建稻鱼综合种养机制。充分盘活和利用好稻田、水产等农业资源，把鱼米有机结合，探索形成稻虾、稻鱼、稻鳅等“一水两用、一田双收”稻田综合种养六种模式。园区每年推广稻鱼、稻虾、稻蟹等稻鱼综合种养2.5万亩，开辟了保障粮食安全、提高种粮效益新路径。

三、以“七网”配套为关键，构建良田统建机制

聚焦“藏粮于地、产能提高”。一是坚持最严格的耕地保护制度。坚持用途管制、规划管控、红线保护，严禁违法占用基本农田；依托农村土地综合整治、拆院并院项目，实施退苗（树）还粮、退房还田、退荒还田。园区耕地保有量达26万亩，2019年粮食种植面积比2015年增加3200亩。二是抓好高标准农田建设。把高标准农田规划建设职能交由园区管委会负责，采取规划统筹、资金统筹、建设统筹和农民主体“三统筹一主体”投建方法，2013—2019年园区共整合涉农资金7.6亿元，建成集中连片高标准农田23.12万亩，高标准农田占园区耕地面积的88.9%，为粮食规模化生产创造了有利条件。三是着力提高农业综合生产能力。统筹推进田网、路网、渠网、观光网、信息网、服务网、农业生产设施用地网“七网”配套建设，提升农田排灌能力、农机作业能力、耕地生产能力“三力”，实现了园区综合生产能力提升。2019年，园区水稻单产达572千克，高出全市平均水平20千克。

四、以装备提能为重点，构建良机应用机制

聚焦“龙头引领、装备提升”。一是培育专业化农机服务主体。引进世界500强——中化集团、农业大数据“独角兽”企业北京农信互联，建成中化集团MAP“空天地”一体化智慧农业系统，建成服务全川的农业社会化共享服务平台。聚焦“全程机械化+综合农事”，园区培育农机服务主体26家。搭建“农机智慧云仓”平台，线上线下结合，实现农情监测、农机调度、机手培训一体化发展，被评为全国首批基本实现主要农作物生产全程机械化示范市。二是搭建大数据农机服务平台。实施“互联网+农业装备”建设，引导秋林农机合作社联合吉峰农机、景观农机等农机产业化企业建成农机大数据库、智

能协作平台，推进农机跨区域协作。三是加大新型农机具推广力度。实施现代农机装备提升项目建设，注重宜机先行、优化农机结构，从耕、播、管、收、烘、储环节集成推广粮油产业链现代农业先进农机具应用，重点推广大型复合、智能环保、绿色高效农业机械。2019年，园区机械化耕作水平达98.6%、粮食作物机播（收）水平达89.1%、经济作物机播（收）水平达56%。

五、以联农带农为核心，构建良制益农机制

聚焦"机制创新、联农增收"。一是引农入社。坚持走好合作化道路，园区发展土地股份合作社96家，农户入社率达92%；培育龙头企业省级3家、市级13家，国家级示范社6家、省级14家，省级示范场5家。引入华川集团等龙头企业发展加工、发展流通，农民抓生产、提品质，促进粮食产业化经营。二是教农学技。培育农业职业经理人1065人，带动农民学习掌握新品种、新技术、新模式、新机制，发展现代粮食生产。三是带农增收。探索构建"龙头企业+合作社+经营联合体"运营机制，联合京东农场、苏宁易购等组建"天府好米联盟"，培育"稻虾藕遇"等特色品牌和"崇耕"公共品牌，隆兴大米成为国家地理标志农产品，园区"三品一标"占比为100%。完善"保底分红""二次分红""超产分成""营销分成"等利益联结机制培育，带动农民分享产业链增值收益。2019年，园区农民人均可支配收入达30800元，高出全市平均水平13.4%。

不忘为民初心　牢记脱贫使命
"脱真贫结良缘"提升脱贫群众幸福指数

中国共产党简阳市委员会

简阳市有省定贫困村116个、建档立卡贫困人口76813人，其中适婚单身5571人。单身贫困群众脱贫后最大的愿望就是找一个伴侣组建幸福家庭、过上美好生活，但受制于贫困村性别失衡、地理位置偏僻，以及家庭经济条件较差、自身文化水平不高、缺乏婚恋交友平台等因素，婚恋较为困难。

让老百姓过上好日子，这既是初心，也是使命。习近平总书记指出，"实现我们的发展目标，不仅要在物质上强大起来，而且要在精神上强大起来。"近年来，简阳市坚持把脱贫攻坚作为首要政治任务，把实现困难群众从物质脱贫到精神脱困作为党委、政府最大的心愿，在全面提升贫困群众经济收入的基础上，坚持以"精神脱贫"深化精准扶贫，创新开展"脱真贫结良缘"行动，帮助100余名脱贫群众成功组建家庭。2016年以来，简阳市连续三年被省委、省政府表彰为"脱贫攻坚先进县"。

一、党政搭台，群众互动

简阳市委、市政府把"脱真贫结良缘"行动作为重大民生工程，纳入全市中心工作统筹安排部署，定期召开市委常委会和工作领导小组会，督促工作落实，协调解决困难问题，做到责任、保障、考评"三个到位"，构建起"党政重视、部门协作、层层有部署、层层抓落实"的工作格局。

帮助脱贫群众过上幸福的家庭生活，不仅需要党委、政府的高度重视、大力推动，更需要社会的广泛参与、积极支持。全市有效整合志愿服务力量，组建"红娘帮帮团"，并聘请专业婚恋培训师开展培训，提升"红娘帮帮团"的专业能力和服务水平。同时，整合全市心理咨询师协会、老年大学（女干协）等10余个社团组织及其他社会力量，参与"脱真贫结良缘"活动，增强帮扶实效。

在建立线下服务队伍的同时，全市还积极搭建脱贫群众恋爱服务平台，通过妇联红娘帮帮团微信服务号建立"贫困单身人员数据库"和"红娘帮帮团成员信息库"，设立"佳人有约、恋爱星空、缘分天空"三大板块，为脱贫群众寻爱建家提供便利。

二、精准施策，贴心服务

全覆盖调研走访，做到识别精准。开展"脱真贫结良缘"走基层大调研活动，组织"红娘帮帮团"志愿者入村社、走群众、访近邻、问个人，对单身脱贫群众按照适龄、健康、自愿等原则分类建档，根据个人兴趣、特长、经历以及主观愿望、内生动力等制定详细脱单帮扶计划，实现菜单式精细化服务，切实提升工作的针对性和实效性。

构建三级网络，做到服务精准。以市妇联为总站，在乡（镇、街道）建立"心相守"服务窗，在村（社区）建立"心相守"流动服务站，构建"红娘帮帮团+服务"模式，定期发布相亲信息，开展政策咨询、单身匹配、相亲技巧培训等服务，打通服务群众"最后一公里"。

实施"三个计划"，做到帮扶精准。实施建家计划，创设"建家"帮扶资金，为成功相亲组建家庭的脱贫群众提供必备的居家生活用品。实施富家计划，为建家的脱贫夫妇提供医疗服务、心理咨询、健康义诊服务，进行政策支持、创业扶持、技能培训、提供就业岗位，确保新建家庭稳得住、能致富。实施"兴家计划"，广泛开展"洁美庭院""最美家庭""好婆婆、好母亲、好媳妇"等系列评选活动，以"小家"带"大家"，促进家庭和谐发展。

三、广泛宣传，创响品牌

着力扩大群众参与度。设计制作"脱真贫结良缘"LOGO，拍摄"红娘帮帮团"志愿者宣传片，根据"红娘帮帮团"事迹改编制作文艺节目，利用微信、微博、电视台等多角度全方位宣传推广，《简阳市"脱真贫结良缘"七夕掀起全城热恋》被搜狐网、四川新闻网、人民网报道。

着力提高相亲成功率。定期或不定期、大范围与小范围组织单身脱贫男女和社会单身人士开展各类专场相亲活动。结合传统节日开展中老年人相亲专场；结合服务"蓉漂"计划、成都东进，开展青年人才专场活动；结合全市旅游节活动，开展乡村专场活动，不断扩大脱贫单身男女的朋友圈、交际圈。

着力提升活动影响力。联合中央电视7套《乡约》栏目，为在"脱真贫结良缘"活动中相亲成功的脱贫户代表、未举办过婚礼的脱贫户代表举办"传统+特色"集体婚礼，既向社会充分展示脱贫攻坚取得的成效，更让脱贫群众切切实实感受到党委、政府的关怀与温暖。

依托集体经济发展平台　促进丘陵地区贫困村农商文旅融合发展

简阳市人民政府办公室

一、基本情况

简阳市平泉街道荷桥村是四川省定贫困村，距简阳城区17千米，距成都主城区60余千米，村域面积2.3平方千米，辖8个村民小组，共有350户1031人，有建档立卡贫困户94户279人。

2017年年底，荷桥村完成脱贫"摘帽"。2018年，成都市启动脱贫成果巩固提升行动计划，荷桥村顺势而为，将巩固"脱贫攻坚"成效和发展"乡村振兴"同步进行，创新"四合一"集体经济模式，实现精准扶贫对象与乡村振兴主体有效衔接，探索出了丘陵地区贫困村农商文旅融合发展的"三新荷桥"样板（新农村新样板、城乡融合新试点、乡村旅游新典范）。截至2019年年底，荷桥村农民人均纯收入达17494元，较上年增长20%（其中贫困人口人均纯收入11983元，较上年增长68.3%）。

更可喜的是，"三新荷桥"还产生了"溢出效应"：两年来，以荷桥村为核心，周围的白合村、石盘村、铁佛村、梓桐村、龙泉村、协议村、太阳村7个村形成连片发展，带动了整个片区的乡村振兴。这个案例在贫困乡村脱贫的可持续性、保护原住民的乡村文化振兴、城乡融合的环境友好、乡村议事的民主自治与监督等方面的有益探索给全球丘陵地区贫困村落的减贫与脱贫提供了典型示范。

二、背景

成都市的贫困村集中在简阳市，荷桥村就是其中之一。2014年，全村有347户1024人，农民人均纯收入4680元，其中有贫困户106户311人，人均纯收入2040元。2017年，荷桥村实现脱贫"摘帽"，全村350户1031人，农民人均纯收入当年达12022元，其中贫困户97户286人，贫困人口人均纯收入达8884.6元。4年时间，村内基础设施面貌得到极大提升，改（扩）建道路13千米，新建渠系3.4千米，新建蓄水池26口。目前，荷桥村正在全力打造"简阳新农村样板"。

但是，荷桥村是具有典型丘陵特征的普通村落，虽已实现脱贫，但尚处于新农村建设的起步阶段，发展仍然存在着诸多问题和挑战。

（一）资源禀赋不充裕

因历史形成和诸多原因，荷桥村基本农田多、红斑覆盖少，特别是可以利用的集体建设用地资源比较匮乏，即使通过"双挂钩"项目也难以满足各类重大产业和项目建设的用地需求，亟需破除用地瓶颈，支撑项目落地。据初步统计，除去村民"双挂钩"新安置点建设和部分公共服务设施建设用地后，荷桥村几乎无集体建设用地指标节约。

（二）产业链条不够长

当前，荷桥村通过大力引进各类实力业主，深入推进农商文旅融合发展，已经彻底改变了过去以麦、玉、苕、豆和种养殖业的传统业态，但一二三产业之间的深度融合还不够，产业链条还比较短，产品附加值还不够高，特别是上下游产业和关联产业、配套产业还不足，全产业链IP还未形成。与此同时，荷桥村周边的村落产业形态还比较低端，需要从整体上、长远上进行整体谋划推动。

（三）乡村振兴人才储备不足

火车跑得快，全靠车头带。现有的大部分居民原来都以务农为生，村中的青壮年劳动力基本外出务工谋生，留在村中的居民多为60岁左右或以上的老年人，荷桥村的8个村民小组的小组长都是在60~70岁之间的老年人。

当前，通过规划指导、产业发展、项目建设、就业吸引、返乡动员、培训交流等渠道，荷桥村已集聚了一批外来人才和本土人才，但相较荷桥村发展所需，目前无论是在人才数量和人才质量上都还存在较大差距，难以支撑长远发展，特别是本土人才比较匮乏，如荷园公司尚处于委托代管阶段，公司运行管理和体制机制还不够健全；再如，"家风荷乡"目前已成立景区管委会，但目前尚无专业管理人员和技术人员，景区设施配套跟不上，景区管理也缺乏相应的运行管理经验。

三、项目实施

脱贫"摘帽"不是终点，而是新生活、新奋斗的起点。打赢脱贫攻坚战是实现乡村振兴的前提和基础，而乡村振兴是为贫困群众实现稳定脱贫致富创造环境，增强"造血"功能。

简阳市荷桥村曾经是一个贫困村，脱贫之后，在巩固脱贫成果的基础上，更多着重如何实现长效发展。面对资源禀赋不充裕、产业链条不够长、人才储备不足等问题，荷桥村探索出一条后脱贫时代的乡村振兴之路。2018年以来，荷桥村着力以乡村振兴连片示范区建设为契机，以"莲香水岸·家风荷乡"为主题，健全"五位一体"工作机制，创新"四合一"集体经济发展模式，积极探索公园城市"荷桥表达"，实现"五个价值"有机统一，努力建设"新农村新样板、城乡融合新试点、乡村旅游新典范"，打造可推广复制的乡村振兴"荷桥模式"。

（一）脱贫不是终点，而是高质量乡村生活的新起点

自脱贫攻坚工作开展以来，荷桥村坚持把脱贫攻坚作为最大的政绩工程、最大的民生实事和最大的发展机遇来抓，精准聚焦"两不愁、三保障"基本要求，紧紧围绕贫困户"一超六有"和贫困村"一低五有"脱贫标准，攻坚克难，持续用力，高质量实现达标脱贫，全面完成了各阶段脱贫攻坚工作任务。

目前，全村贫困人口吃穿问题已全部解决；累计实施贫困户安居工程41户、C级危房改造14户、D级危房改造3户、住房"三改"8户，此外"双挂钩"项目接近尾声，全村群众参与率近90%，村庄面貌及群众居住环境得到极大改善；为全村35名贫困户家庭学生全面落实"三免一补"政策，为16名贫困户家庭学生全面落实教育救助基金，无一人辍学或因学返贫；全村所有贫困户均免费享受农村基本医疗保险和"扶贫保"政策，贫困户门诊及住院费自付比例部分均未超过10%，无一户因病返贫；强化兜底保障，将13户24名贫困人口纳入最低生活保障，为12名贫困户残疾人和3名重残贫困户落实补助政策，脱贫路上未落下一户一人；新建黑化道路13.88千米并开通运行农村微循环公交线路，新建蓄水池、山坪塘、排灌渠、高效节水灌溉系统、污水处理设施、乡村绿道、游客步道等若干，党群服务中心、文化室、卫生室、广播电视、电力通讯、文化院坝等全部达标配备，无线WIFI覆盖全村，小龙溪河治理提升全面完成，自来水、天然气管道已全面铺设并部分投用。

针对群众文化素质普遍不高、缺少增收技能本领的实际，荷桥村组织驻村农技员并邀请致富带头人、农村艺人和岗位能人常态化通过现场培训、"农民夜校""坝坝会""上门送学"等方式提升群众技能本

领，2019年以来，荷桥村已组织开展手工、电工、家政、营养膳食等方面培训17次共800余人次。大力开展农民工"回引工程"，组建荷园公司承接村内劳务输出，积极向蓝剑集团等村内项目实施业主推荐用工，2019年以来，荷桥村已实现村内劳务收入200余万元，16名当地村民与蓝剑集团签订长期劳务合同并购买"五险一金"，月工资收入达4000～7000元不等，一批村民走上了新型职业农民之路。

为切实增强"造血"功能，大力实施产业扶贫，在鼓励和引导贫困户用好用活精准到户资金的同时，荷桥村会同银行机构积极做好小额信贷发放工作，2017年以来已累计为荷桥村贫困户发放小额贷款29笔共计76.8万元，贫困户自主创新创业能力得到进一步增强。

（二）脱贫不是终点，而是探索乡村基层治理模式的新起点

"村看村、户看户、农民看支部"。当前，在一些农村地区还存在党组织软弱涣散、战斗力号召力不强，支部书记能力不足、带动不够，班子成员年龄老化、结构不优，党员干部青黄不接、后备不足等问题，极大地影响了农村经济社会发展。要解决好这些问题，关键是要解决好"人"的问题。2018年以来，荷桥村"两委"和驻村工作队创新思路，探索建立"党组织＋自治组织＋监督组织＋经济组织＋社会组织"五位一体的党建引领农村基层社会治理机制。

一是提升基层党组织组织力。坚持强村带弱村，实施连片示范发展，组建荷桥、龙溪、黄岭三村联合党委。以党支部领导为核心，推进党支部标准化规范化建设，强化班子配备、党员队伍建设，让村党支部真正成为脱贫攻坚和乡村振兴的推动者。

二是强化自治组织基础作用。针对政府性投资项目，以民主决策和村民自治方式，通过村民议事会委托汇众公司实施建设，提高决策的民主性和项目建设的高效性；在全域"双挂钩"群众自建项目实施中，由村民议事会议定与简阳汇众农投公司进行合作，由村建房委员会比选确定施工单位，确保项目公开透明。通过村民议事会民主自治方式，实现群众的事"自己议、自己定"。

三是发挥监督组织监管职能。组建由3名成员组成的村民监督委员会，全程参与民主议事、项目管理、资金使用等过程，确保各项目建设程序规范、质量可控、进展有序、运转高效、群众满意。

四是完善经济组织架构体系。充分利用产权制度改革、集体资产股份制改革成果和脱贫攻坚扶持，搭建"四合一"集体经济发展平台，建立集体资产运营、利益联结机制，成立集体资产股份合作社、集体资产经营管理公司、土地股份合作社、专业合作社等新型农业经营主体，构建农村资产资源经营管理体系，发展壮大村集体经济。

五是用活社会组织资源力量。通过成都市城乡互助同盟会平台引进成都市和谐社区发展促进会、成都市同行社会工作服务中心、"心立方"社工联盟等6家社工组织入驻荷桥，开展走访慰问、关爱帮扶、结对联谊等活动50余次，为实现乡村振兴汇聚了强大合力。

除此之外，在社区治理上，指导党群服务中心实施亲民化改造，提升了村"两委"的服务效率和水平；开展村民坝坝会、农民夜校、"医疗、体育、卫生下乡"等活动累计40余次，引入社会组织共同参与社区建设，提升社区服务水平。为治理垃圾场长期污染问题，解决民生需求，积极促成简阳环保发电厂落地黄岭村，现已开工建设。全年社区治安稳定，上访或治安案件零发生，犯罪、离婚率均为零。群众人居环境得到极大改善，村民幸福感获得感明显提升。

（三）脱贫不是终点，是实现农业产业现代化的新起点

从长远来看，要想在脱贫的基础上进一步实现乡村振兴，就必须实现农业产业的现代化发展。这就意味着，贫困地区的产业发展要从简单的产业扶贫模式转换到产业兴旺的思路上来，通过优化产业结构、延伸产业链条进一步激发乡村发展活力，巩固农村发展成果，这不仅有利于拓宽农民增收渠道，促进农村劳动力转移就业，还能彻底摆脱农民增收、创收后劲不足导致的返贫现象，激发欠发达地区和农村低收入人口发展的内生动力，接续推动农村经济社会发展和群众生活改善。

一是提升规模化经营水平。荷桥村成立土地流转服务中心，研究制定土地流转操作程序和管理办法，在充分尊重群众意愿的基础上，采取整村流转的模式流转土地1874亩、林地1021亩，有序引导村民通过土地经营权、房屋财产权入股、租赁等形式参与产业项目。目前，荷桥村农村土地规模化经营水平已从2017年的20%提升至80%以上。

二是做优产业承载空间。用好各级资金支持，狠抓道路、管网、污水处理设施等公共基础设施配套建设。集中打造生态宜居的荷桥新居、荷桥人家两处新村聚居安置点，利用土地"双挂钩"政策整合宅基地、集体建设用地等土地资源。目前，"双挂钩"项目已与该村289户农户达成协议，群众参与率近90%。

三是引进现代化农业项目。建立全域流转、全域规划、统一建设运营的"两全一统"招商体系。以荷桥村为核心区和起步区，连片相邻7个村，加快建设现代农业产业园区5000亩。其中，指导2个村共流转耕地3100余亩，大力发展优质农产品生产基地和休闲观光旅游。

目前，已引进清华同方与汇众农投公司合作打造智慧农场1600余亩，四川蓝剑集团落户发展"一亩田"定制农业750亩，广西有机农夫有限公司落户发展科技循环农业，重庆"知音元"集团落户发展特色民宿，成都"悠然岛"在火连桥水库打造摄影艺术基地，此外还有蓝剑"米其琳餐厅""咖啡王国""观光工厂""四产院落"等一大批引爆性项目加快有序推进，社会投资实际到位资金总额已超过1亿元。

以"莲香水岸·梦栖荷桥"主题景区建设为依托，加快推进农商文旅融合。投资500万元的小龙溪河治理及景观提升工程施工接近尾声，荷桥村"滨江美景"即将呈现；荷桥车站、荷桥和荷桥坝坝3个景观节点项目已全面完工，兼具景观和经济效益的花卉、果树及莲藕种植全面完成，为游客和村民提供了亲子娱乐、观景休憩、摄影留念的打卡地；深入挖掘荷桥村文化，樊氏祠堂修复项目开工，正在请专业团队进行修缮传承悠久的族谱，接待百余名全国知名作家到荷桥村采风。2019年9月、10月，简阳市首届家风文化旅游节、简阳市第二届农民丰收节在荷桥村举行，累计接待游客近5万人次。"家风荷乡"3A级林盘景区通过成都专家组初验。

（四）脱贫不是终点，是激发乡村经济新动能的起点

在我国广大农村地区，很多资源性资产包括山、水、林、田等，所有权都是集体的。然而，长期以来，作为这笔巨大且宝贵资产的所有者，农村集体经济组织却一直缺位。村集体资产名义上村民"家家都有"，但实际上具体每家有多少并不清楚，发展办法不多、动力不足。针对这一痛点，荷桥村推出了"四合一"集体经济发展平台，让资源变资产、资金变股金、村民变股民，有效探索农民持续增收渠道，激发乡村经济发展新动能。

一是成立集体资产股份合作社。成立平泉镇军翔股份经济合作社，完成清产核资、成员界定、股份量化，清查旧办公楼、旧学校、幼儿园和其他公益性资产，核实村集体资产为79万余元，并将集体资产以股份的形式量化给村集体经济组织成员。二是成立集体资产经营管

理公司。成立简阳荷园现代农业开发有限公司，为军翔股份经济合作社注资20万元组建集体经营开发公司，2019年村集体通过荷园公司经营实现劳务服务收入6.13万元、工程建设收入30.13万元、花卉销售收入11.64万元，预计2020年年底村集体经济收入有望突破100万元。三是成立土地股份合作社。成立全体村民集体入股的梦栖土地股份合作社，同蓝剑亚美天府农业开发有限公司签订土地和林地流转协议，流转土地1874亩、林地1021亩，每年租金收入155万元。四是成立专业合作社。组建荷桥村花卉种植专业合作社，业务范围包括花卉、水果、药材、苗木、果树种植、销售等，发展大棚花卉约10亩，年产草花约200万盆。2019年实现花卉销售收入约11.64万元，目前正在与多家园林公司洽谈长期合作及订单销售事宜，预计到2020年年底实现毛利润50万元。

伴随着"四合一"集体经济发展平台而来的，是集体经济"3+N"增收模式：

土地规模经营创收：利用集体自由土地发展规模种养产业。

集体资产运营创收：利用集体经营性资产、建设用地开展自营或合作经营等方式创造收益。

产业发展运营创收：利用产业发展基金，采用投资、入股等方式创造收益。

综合本村资源情况、人才情况，因地制宜开发劳务、电商、工程、旅游等多渠道发展集体经济。

增收模式的增多，自然而然村民的收入方式也呈现多元化发展：

土地流转有收入：通过承包土地的流转获得固定收入。

农业产业有工资：参与农业产业发展就业实现工资收入。

集体经济有分红：通过壮大集体经济发展实现分红收入。

乡村旅游能致富：通过乡村振兴，农村变景区，实现旅游收入致富。

数据显示，荷桥村人均纯收入由2017年的1.2022万元增加至2019年的1.7494万元，村集体经济收入由2017年的1.4万元增加至2019年的50.7万元。

（五）脱贫不是终点，是抢抓城乡融合发展的新起点

东来春风，进向简阳。作为成都"东进"战略的主战场、主阵地，简阳"一山盼千年"，乘势打破了"隔着龙泉山，风景两重天"的发展瓶颈，城市发展格局迎来"千年之变"。

荷桥村同样迎来了新的使命——打破城乡行政藩篱，重构城乡空间格局，以乡村振兴连片示范的打造巩固提升脱贫攻坚工作成效，积极探索公园城市"荷桥表达"，实现"五个价值"的有机统一，努力建成全市"新农村新样板""乡村旅游新典范""城乡融合新试点"。

一是提升生态价值。加强自然生态环境保护，充分依托丘区山形地势，注重保护林盘聚落、火连桥水库等资源，发挥2024亩耕地、312亩林地、480亩水域湖泊的生态资源优势，做好空间规划编制，筑牢发展生态本底。成为一个远山含翠、碧水映荷、挂得住乡愁的栖息地

二是提升美学价值。聘请知名规划、文创设计单位，参与荷桥总体规划、景观设计和文化、家风挖掘等，打造"莲香水岸·梦栖荷桥"主题景区，整合整田、理水、秀山、护林、植业、绿道等项目，推进农商文旅融合发展，打造川西林盘典范。在现有3千米绿道、1.5千米小龙溪河景观打造提升和荷桥车站、荷桥、荷桥坝坝3个景观节点等项目建成的基础上，以民宿项目为重点开工建设。

三是提升经济价值。推进产业发展，带动群众持续稳定增收，引进蓝剑集团打造蓝剑亚美天府现代农业示范园，建成"一亩田"核心区、蜜桃庄园、玫瑰庄园等430亩，"大田"景观建设基本成型；引进简阳汇众农投、清华同方、松下农业、有机农夫等国内外知名企业发展智慧农业，种植黄金柚、血橙、美国甜橙等1400余亩。

四是提升人文价值。深入挖掘荷桥村文化，邀请百余名全国知名作家到荷桥村采风，重点挖掘优良家风、祠堂文化，提炼总结荷桥家风文化、君子文化。实施樊氏祠堂修复，聘请专业团队修缮传承悠久的族谱，引导群众懂感恩、知奋进。

五是提升社会价值。着力从住房、交通、水利、活动阵地等公共配套设施入手，补齐荷桥公共配套短板，增强群众的幸福感、满意度。加快推进荷桥村全域"双挂钩"项目建设，改善群众住房条件；建成荷桥村产业旅游环线道路19.9千米，高效节水灌溉系统及管网建设、污水处理设施、生产便道等基础设施项目竣工投用；全面更新建设党群服务中心，将老村委办公室改造建成村民活动中心，开展扶老、托幼、助残、志愿服务、爱心厨房、430课堂等活动，成立成都市首支非公企业注资的贫困村社区微基金。

2020年3月19日，在成都市委农村工作会议上，荷桥村被评为2019年度成都市实施乡村振兴战略推进城乡融合发展示范村（社区），未来，荷桥村将成为成都"东进"版图上一片秀美的城市田园风光。

更可喜的是，2020年年初，简阳市将建设扶贫产业功能区提上日程，功能区包括平泉街道、禾丰镇、平武镇3个镇（街道）81个村，总面积约231平方千米，规划构建"一心辐射、四区联动"的整体空间结构。在前期对贫困户进行点对点帮扶的基础上，全力提高脱贫攻坚组织化程度，建立贫困户、贫困村集体经济组织持续增收的长效机制，打造脱贫攻坚"简阳方案"。此外，充分发挥已建园区的产业及基础设施优势，做大做强以荷桥村为代表的农业产业功能区，打造在全省具有影响力的农业产业功能区。

四、成效

2018年以来，荷桥村聚焦乡村振兴"五大振兴"策略，落实"一空间二产业三基础四民居五公服六文商七林盘"七大重点，目前已取得阶段性成效。

（一）空间利用效率提升

坚持"多规合一"，修订完善了《荷桥村乡村振兴总体规划》，形成"一带一环一心多点"的空间布局方案；积极同市交通局等部门沟通协调，完善荷桥村产业环线及入口通道改线方案；结合"双挂钩"项目建新点选址，初步形成荷桥村周家湾精品林盘规划方案；融入蓝剑集团"海岛共生"规划理念，充分考虑土地利用现状和产业发展需求，科学布局村庄产业用地；"双挂钩"建新点规划布局充分考虑未来居住功能转化，植入文旅等功能。

（二）产业经济档次提升

荷桥村成功引入蓝剑集团打造蓝剑亚美天府现代农业示范园，主打的"一亩田"核心区已种植蔬菜80亩，建成蜜桃庄园、玫瑰庄园、台湾枇杷、育苗地、藕田等约350亩，"大田"景观建设基本成型；引进简阳汇众农投公司发展智慧农业，以种植黄金柚、血橙、美国甜橙为主，截至目前种植规模已达1400余亩；组建荷桥村花卉种植专业合作社，积极与成都市双流区园林局、简阳市园林局按订单农业模式开展合作，目前已完成花卉大棚重新选址、基础平整，发展大棚花卉10亩，可年产草花约200万盆，预计实现毛利润50万元。从2019年9月运营至今共6月，已实现纯利润11万元。

（三）基础设施配套提升

荷桥村产业旅游环线道路总长度19.9千米（其中荷桥村境内13.88千米），规格为村道宽6.5米、组道宽5.5米，目前已完工通车；荷桥村高效节水灌溉系统及管网建设项目、污水处理设施建设项目、5千米生产便道、6千米排灌渠、45口蓄水池等一批基础设施建设项目已竣工投用。

（四）民居环境品质提升

举全镇之力加快推进荷桥村全域"双挂钩"项目建设，截至目前，全村348户意向锁定284户，协议签订240户，完成拆房204户（其中核心区152户、意向锁定122户），同时督促建新点项目加紧实施，确保按期交房。2017年投资300余万元修建贫困户安居工程集中聚居点，共安置贫困户20户57人，近期通过美化小区外景、修缮入户菜园等方式完成提档升级。

（五）公共服务水平提升

严格按照社区党群服务中心亲民化改造要求，全面更新党群服务中心，完善线上线下合一、前台后台联动的社区综合服务模式，配置办公自动化和信息化服务设施，打造综合信息服务平台；合理改造老村委办公室，建成村民活动中心，兼具扶老、托幼、助残、志愿服务、爱心厨房、430课堂等功能，并聘请专职管理人员，全面实时向村民开放；成功与成都市龙泉驿区十陵街道江华社区党委、成都市和谐社区发展促进会签订三方互助协议，建立城乡互助交流平台，开展"城乡老人结亲家""中秋饺子宴""乡村欢乐嘉年华""重阳百家宴"等10余次活动，进一步满足了村民精神需求，先后被人民网、《人民日报》等多家主流媒体报道。

（六）文商农旅融合水平提升

以"莲香水岸·梦栖荷桥"主题景区建设为依托，加快推进农商文旅融合。投资500万元的小龙溪河治理及景观提升工程施工接近尾声，荷桥村"滨江美景"即将呈现；荷桥车站、荷桥和荷桥坝坝3个景观节点项目已全面完工，兼具景观和经济效益的花卉、果树及莲藕种植全面完成，为游客和村民提供了亲子娱乐、观景休憩、摄影留念的打卡地；深入挖掘荷桥村文化，樊氏祠堂修复项目即将动工，传承悠久的族谱正在请专业团队进行修缮，成功接待了百余名全国知名作家到荷桥村采风。

（七）生态美学价值提升

整合整田、理水、秀山、护林、植业、绿道等多个项目，加快打造川西林盘典范，截至目前，3千米绿道建设、1.5千米小龙溪河景观打造提升、3个景观节点建设等项目已基本竣工。

（八）农民人均收入大幅增加

截至2019年年底，荷桥村农民人均纯收入达17494元，较2018年增长20%，其中贫困人口人均纯收入11983元，较上年增长68.3%。

五、经验与启示

近年来，荷桥村创新"四合一"集体经济发展平台，加强农村基层党组织建设，着力构建自治、法治、德治相结合的乡村治理体系，使乡村面貌焕然一新。

乡村治，百姓安、国家稳。梳理总结提炼荷桥村推动乡村振兴的经验与启示，不仅有助于荷桥村更好地走城乡融合和高质量发展道路，而且有助于为其他地方更好地推进乡村振兴提供借鉴。

（一）以创新"四合一"集体经济发展平台，破解丘陵地区贫困乡村发展动力不足瓶颈

实施乡村振兴战略的关键是要"有事可做、有钱办事"。以前荷桥村基层组织作为不大、集体经济不强是一大制约因素：同全国大部分乡村一样，荷桥村的农村资源禀赋一般，集体经济家底薄弱，2014年，全村347户1024人，农民人均纯收入4680元，其中贫困户106户311人，人均纯收入2040元。2017年，荷桥村实现脱贫"摘帽"，全村350户1031人，农民人均纯收入当年达12022元，其中贫困户97户286人，贫困人口人均纯收入达8884.6元。

为了通过实施乡村振兴进一步有效巩固脱贫攻坚的成果，2018年，荷桥村创新"四合一"集体经济模式，实现精准扶贫对象与乡村振兴主体有效衔接，以深化农村改革为基础，大胆探索政府主导下多元主体共同参与的脱贫攻坚与乡村建设模式。

在前期完成产权制度改革和集体资产股份制改革的基础上，荷桥村组建由军翔股份经济合作社、荷园现代农业开发有限公司、梦栖土地股份合作社、花卉种植专业合作社组成的"四合一"集体资产运营平台，通过参与工程项目、产业项目等方式实现"农村变社区、农民变股民、资产变资本"，2019年，荷桥村集体经济收入50.7万元。"四合一"模式实施一年多以来，简阳市105个贫困村集体经济收入总额达461.6万元。

（二）以农商文旅融合发展，破解丘陵地区贫困乡村脱贫可持续瓶颈

脱贫"摘帽"不是终点，而是新生活、新奋斗的起点。随着脱贫攻坚战进入收官阶段，建立完善稳定脱贫的长效机制、破解乡村可持续发展难题成为下一个阶段的重要任务。

荷桥村与相邻的黄岭村、龙溪村联合组建成都市首个贫困村村级联合党委，引领带动贫困村发展。荷桥村党支部与"慈善微基金"联合共建，通过"先锋行·精扶汇"平台凝聚非公企业党组织在人力、物力、财力方面的优势，推动荷桥村脱贫攻坚巩固提升，加快实现荷桥村全面振兴，为其他地区脱贫后如何巩固成果、避免再返贫提供了参考。

成立荷桥村土地流转服务中心，研究制定土地流转操作程序和管理办法，在充分尊重群众意愿的基础上，采取整村流转的模式流转土地1874亩、林地1021亩，有序引导村民通过土地经营权、房屋财产权入股、租赁等形式参与产业项目。目前，荷桥村农村土地规模化经营水平已从2017年的20%提升至80%以上。

用好各级资金支持，狠抓道路、管网、污水处理设施等公共基础设施配套建设。集中打造生态宜居的荷桥新居、荷桥人家两处新村聚居安置点，利用土地"双挂钩"政策整合宅基地、集体建设用地等土地资源。目前，"双挂钩"项目已与该村289户农户达成协议，群众参与率近90%。

建立全域流转、全域规划、统一建设运营的"两全一统"招商体系。目前，已引进清华同方与汇众农投公司合作打造智慧农场，四川蓝剑集团落户发展"一亩田"定制农业，广西有机农夫有限公司落户发展科技循环农业，知音元集团落户发展特色民宿，2020年社会投资实际到位资金总额累积超过1亿元。

实施农民增收"3＋N"机制。依托蓝剑集团、火连桥水库等优质资源，完善农村劳动力转移机制，建立农业产业上增收、集体经济上分红、乡村旅游上致富和以其他经济收入为补充的"3＋N"农民增收机制，顺利实现贫困变富裕，2019年荷桥村农民人均纯收入17494元，同比增长20%。

（三）以规划先行环境友好，破解贫困丘陵地区城乡融合破坏环境瓶颈

乡村振兴是一项长期工作，既要有紧迫感，也不可一哄而上。近

年来，荷桥村的乡村振兴之路一直坚持规划先行，谋定而后动，为贫困乡村积极推进城乡融合发展提供了理念上的启示。

突出科学性，坚持"先策划后规划"原则。编制《简阳市超级产业公园策划方案》，做好目标定位、产业布局、业态组合等策划分析，融入蓝剑集团"海岛共生"规划理念，形成《荷桥村乡村振兴规划》，配套制定《简阳市荷桥片区精品林盘建设实施规划》等多个项目规划，构建出"1+1+3+N"的多级规划体系。此外，该村的规划是动态更新的，在执行的过程中可以以实际情况为标准进行修改和完善。

突出生态性，坚持"不设计不建设"原则。荷桥村协调成都市规划设计研究院等设计单位，充分挖掘本土文化元素，尊重原始建筑风貌，依托生态本底优势，设计形成由小龙溪生态发展带、2个新村聚居点、1个绿道环、3个特色产业聚落构成的"一带两心一环三核"空间布局方案，致力打造具有乡愁记忆的精品林盘。

突出衔接性，把乡村振兴与脱贫攻坚、美丽乡村建设、农村人居环境整治行动方案等结合起来。荷桥村以"不砍一棵树、不填一口塘、不挖一座山"为原则，充分利用贫困村脱贫攻坚、成都市乡村振兴战略和简阳市"884"工程为契机，整合各类资金上千万元，全面提升小龙溪河、水美乡村、安置点、高标准农田建设质量。着力从住房、交通、水利、活动阵地等公共配套设施入手，建成荷桥村产业旅游环线道路19.9千米，高效节水灌溉系统及管网建设、污水处理设施、生产便道等基础设施项目竣工投用。

（四）以贫困乡村村民议事的民主自治模式建立风险防控体系

以往村民心里有疙瘩，都私底下议论抱怨，例如财务不公开、账本名目一团麻、项目招标小部分人说了算等等。要谋发展，人心是第一要素，人心不齐，发展寸步难行。荷桥村加快推进村级民主议事，促进乡村治理体系和治理能力现代化，让公示不止只在纸上、墙上，还要直抵村民手中、心中。

荷桥村与龙溪村、黄岭村组建联合党委，建立村支部负责领导乡村振兴全过程、自治组织负责社会事务治理、经济组织负责集体经济发展、监督组织负责村级事务经济发展的全程监管、社会组织负责产业发展的"五位一体"综合治理体系，提高社会治理社会化、法治化、智能化、专业化水平，共同推动乡村振兴。

荷桥村研究制定包含资格审查、第三方保险等内容的风险防控机制，着重收集流转业主基础信息、经营信息、信用信息关键数据，利用大数据实现风险管控；强化土地流传管控、违约"黑名单"等管理措施，引导业主购买农村土地流转履约保证保险，保障农民利益不受损害。

此外，依托人民调解"百米服务圈"、百姓需求27712520"一号通"热线、建立全民信用365体系夯实"点""线""面"三重基石，全面完成"三张清单"调处化解目标任务。2019年，荷桥村共调解家庭纠纷、邻里矛盾等21件，调解成功率达100%，无非法上访事件发生。

（五）以保住原住民为前提，实现文化的深度挖掘与乡村振兴

在乡村振兴战略这篇大文章中，文化振兴既是任务，也是保障。习近平总书记曾用"乡愁"表述了乡村文化建设的意义和价值，既要留住青山绿水，又要传承传统文化，复兴乡村文明就是要让"乡愁"切实落地，让传统文化延续下去，把绿水青山保护下来。在文化挖掘和开发上，荷桥村探索出了一套可复制的方法论。

推动乡村文化振兴，应当深入挖掘传统村落的文化价值。荷桥村依托樊氏宗祠家训，与天府文化、雄州文化结合甄选，积极挖掘先贤事迹、红色家庭等家风故事、家规传统、经典家训，荷桥村梳理形成"天志、古德、正俭、立忠、和孝、为学、知信、明实"8大文化元素。目前，已启动樊氏宗祠修缮工程，将为推动家风文化充实载体。

推动乡村文化振兴，应该选择适宜的文化继承与传播的途径。2019年，荷桥村邀请百余名全国知名作家到荷桥村采风创作，提炼总结家风文化，形成"家风荷乡"文化品牌。组织文联以"家风荷乡"为主题创作家风歌曲、编排家风话剧、巡演家风小品，将"家风荷乡"作为乡村文化的核心理念进行推广。

推动乡村文化振兴，应打造与乡村发展本身相适应的文化场景和文化氛围。邀请中国字道创始人宾春余博士共同打造汇众宾子家风工作站、家风文创产业基地、家风学堂等，利用8大文化元素主题打造8个主题院落、主题景观，积极营造注重家庭、注重家教、注重家风的浓厚文化氛围。

聚焦生态价值转换　农旅融合夯实乡村振兴产业本底

中共蒲江县委书记　刘　刚

蒲江县隶属成都市"半小时经济圈"，辖区面积583平方千米，辖6镇2个街道，总人口28万人，森林覆盖率达66.89%，是全国首批"生态文明建设示范县"和"地名文化遗产千年古县"。依托生态禀赋优势和主导产业基础，蒲江县坚持农旅融合发展，建设国家现代农业示范区，以"产业园+特色镇+川西林盘"模式，有机融合大美乡村空间，全域推进"田园变公园、农房变客房、农产品变旅游商品"，先后获评为全国休闲农业和乡村旅游示范县、国家全域旅游示范区创建单位。2019年，全县农民人均可支配收入达23788元，名列全省第9位，城乡居民收入比为1.55：1，获评为四川省首批实施乡村振兴战略先进县，全县绘就了一幅农业高质高效、乡村宜居宜业、农民富裕富足的振兴画卷。

一、做强主导产业，夯实农旅融合本底

行走蒲江，茶园、橘园和猕猴桃园一望无际、绿波荡漾，掩映在干净整洁的川西民居、四通八达的绿道蜿蜒其中，好一派"青山绿水抱林盘、小镇新村嵌田园"的乡村风貌。

围绕国家现代农业示范区建设，蒲江县坚持"一张蓝图绘到底、一届接着一届干"，持续推进现代农业"四个三"工程，现代农业产业布局不断优化，即坚持优质茶叶、猕猴桃、晚熟柑橘"三业并举"，品种、品质、品牌"三品提升"，规模化、标准化、市场化"三化促动"，农业、农产品加工业、农业休闲旅游业"三产融合"。全县茶叶、猕猴桃和晚熟柑橘三大主导产业种植基地分别达10万亩、10万亩和25万亩，全部获评"国家生产标准化示范区"，助推蒲江先后获评"全国出口食品农产品

质量安全示范区”“国家有机产品认证示范区”“全国农业信息化示范基地”。2019年，“蒲江雀舌”“蒲江丑柑”“蒲江猕猴桃”三大地理标志品牌综合价值达384.9亿元，全部进入全国前50强，其中“蒲江雀舌”入选首批中欧地标保护名录。培育孵化“绿昌茗”“阳光味道”等企业品牌30个，“318雀舌”“水口红”等产品品牌40个，品牌体系不断健全，促进了农产品向旅游商品的转化。

对照国家A级景区标准，蒲江县坚持“政府引导、市场运作、农民主体”，用景观设计的理念着力推动45万亩茶园、果园“景区化”，打造“可进入、可参与”的大地景观，先后建成4A级景区2个、3A级景区1个、2A级景区2个，建成旅游环线公路128千米、绿道慢行系统150千米，实现20余个休闲农业景点、106个美丽新村的有机串联，并扎实推进农村人居环境整治“七改七化”工程，全域覆盖“15分钟生活服务圈”，成为“宜居宜业宜游”的美丽乡村公园。

二、突出园区建设，集聚农旅融合要素

“打造中国西南果都”，这是蒲江县深化农业供给侧结构性改革、推进农业高质量发展，实施现代农业产业园建设的目标。按照“要素集中、产业集聚、企业集群”的园区建设理念，实施现代农业提升行动，建设以柑橘、猕猴桃为主导产业的“特色水果现代农业产业园”和以茶叶为主导产业的“绿色有机绿茶产业园”，并在园区内规划建设特色镇3个、川西林盘10个、农旅融合项目30余个。园区核心区“天府农创园”，既是区域农业综合服务中心，也是集科技贸易、创业孵化、政务服务于一体的科创空间，也是“蒲江雀舌”“蒲江丑柑”“蒲江猕猴桃”以及全县数十种精深加工农产品的品牌展示和体验中心。

2019年，两大园区分别获评“国家现代农业产业园”和“成都市五星级现代农业园区”，形成了“三业两园”的发展格局：全县水果保鲜气调库静态库容达14万吨、先进水果自动分选线35条、水果商品化处理率达80%以上，入驻顺丰、圆通、韵达等寄递物流企业20余家；建成电商产业园1个，培育电商主体4000余家，农产品电商年销售额超13亿元，获评“全国电子商务进农村综合示范县”；培育农产品加工企业211家，其中国家级、省级、市级龙头企业21家；出口备案企业33家，农产品年出口2.6亿元，获评“全国农产品加工示范基地”。

三、营造多元场景，培育农旅融合业态

坚持以节为媒发展休闲农业，蒲江县已连续举办18届郁金香（百合花）旅游节、17届樱桃节、10届采茶节、5届丑柑节、13届猕猴桃节、10届车迷健身节、8届春笋节、3届蓝莓节，不断创新场景模式，促进茶叶、猕猴桃、柑橘等特色农产品转化为上百种旅游商品。

同样，4A级景区“成佳茶乡”坚持以“一茶庄一基地、一茶人、一茶品、一IP”理念打造“茶庄经济”，以参与性、娱乐性、互动性驱动消费升级，成为年接待游客超10万人的“成都市民乡村游学体验基地”。

蒲江县制订《农商文旅体融合发展助推蒲江乡村振兴行动方案》，大力实施“人居环境塑形、全域景观提质、文化品质铸魂、品牌业态聚人”工程，建设特色镇6个、川西林盘15个、农业主题公园3个，建成省级乡村旅游示范镇3个、农旅融合示范村15个；采取建设用地“点状供地”、农村闲置宅基地“有偿腾退”等多种方式供地1000余亩，培育云顶水乡、国际陶艺村、猕猴桃公园、蓝莓谷等一批示范项目，建成特色农庄和乡村酒店民宿105家，农业观光、采摘体验、康体健身、乡村美食、休闲度假一大批农旅融合业态在乡间兴起，促进了旅游综合收入持续增长，2019年，全县接待游客605万人次、实现旅游收入34亿元，分别较上年增长17.2%、18.3%。

四、激发人才活力，强化农旅融合支撑

用7年时间引进文创项目46个、发展乡村旅游业态30余个、获评“中国乡村旅游创客示范基地”，言及明月村的成长，绕不过去的是“人才”。

乡村振兴，关键在人。蒲江县充分发挥农民主体作用，培育专合组织546家、家庭农场352家、职业农民3000余人，新型经营主体领办“三品”认证基地95个10.3万亩、农旅融合项目200余个，实现小农户带动面达95%以上。

蒲江县着力健全乡村人才引进激励机制，设立人才专项资金5000万元，引进1000余名规划、文创、旅游、营销等领域高端人才投身乡村建设，培育乡村工匠、非遗传承人、乡村规划师等乡土人才1800人，获评四川省乡村手工艺大师3人、成都市优秀职业农民4人、“成都工匠”6人、“蒲江果匠”9人、“雀舌传人”7人。建立“农贷通”平台，设立“乡村振兴农业产业发展贷款风险补偿金”，引导大学生、退伍军人等优秀人才返乡创业，支持实施“农业+”项目150余个。

在国家现代农业示范区建设进程中，蒲江县深刻领会“绿水青山就是金山银山”内涵，始终把生态作为最重要的考量，把农业作为最重要的本底，积极构建农旅融合新模式新业态，对标全国生态旅游示范区，以现代农业产业园建设为抓手、以林盘为载体、以绿道为串联，依托三大主导产业“造景、引人、聚财”，激发了农业农村发展新动能，推动了三次产业联动发展，现代农业释放出无限的生机与活力，美丽乡村正日益成为人才、资金、产业汇聚的价值洼地。

共建共享长效保障　助力乡村振兴

——蒲江县农村人居环境整治典型做法

蒲江县农业农村局

蒲江县认真贯彻习近平总书记对四川及成都工作系列重要指示精神，围绕农村人居环境整治“做什么、怎么做、谁来做”，创新“群众动员、投入保障、长效治理”三大机制，以“改水、改厨、改厕、改圈、改院、改线、改习惯；硬化、绿化、美化、亮化、净化、文化、保洁员专职化”（简称“七改七化”）为主要内容，统筹推进“五大行动”，全面提升“六网”建设。2019年，全县农民人均可支配收入达23788元，同比增长10%；建成“美丽四川·宜居乡村”达标村110个，占总数的87.3%，获评“全国‘四好农村路’示范县”和“全省实施乡村振兴战略先进县”，全县农村呈现以“美”促“富”、以“富”带“美”的良好局面。

一、强化责任落实，坚决打赢乡村振兴首场硬仗

（一）建立健全领导机制

将美丽宜居乡村建设作为实施乡村振兴战略的重要抓手，明确县、镇、村三级党组织书记亲自抓，形成县委农村工作领导小组统筹协调，县委农办牵头、职能部门协同、镇（街道）主责、村（社区）主体的工作联动机制。细化工作任务并纳入县级目标管理，实行一月一督查，确保工作推进横向到边、纵向到底、责任到人。

（二）切实凝聚共识共为

各乡（镇、街道）、村（社区）以召开动员大会、发放宣传资料、微信公众号、QQ群、"美丽庭院（小区）"系列评选活动等多种方式持续开展宣传发动。广大党员干部群众的思想和行动切实统一到中央和省、市决策部署上来，在全县形成了凝心聚力抓好人居环境整治、建设美丽宜居蒲江的良好氛围。

（三）精心设计推进方案

全面落实四川省乡村振兴战略规划和"美丽四川宜居乡村"建设工作要求，制定《"美丽蒲江·宜居乡村"实施方案》《蒲江县农村人居环境整治三年行动实施意见》，围绕"三大革命"，分别制定《蒲江县农村生活垃圾分类和资源化利用工作检查考核办法》《蒲江县农村生活污水治理专项规划》《蒲江县农村厕所无害化改造实施方案》等文件，整县推进农村人居环境整治，为全面消除脏乱差、全县村庄环境明显改善奠定了坚实基础。

二、创新"三大机制"，确保农村人居环境整治常态长效

（一）建立群众动员机制，充分发挥群众主体作用

坚持党建引领，共建共享，广泛动员群众参与农村人居环境整治。一是开门规划聚共识。建立乡村（社区）规划师制度，强化农村规划设计专群互动。将"绿化、美化、文化"融入农村环境，编制乡村振兴规划。围绕"改院、改线和净化"等任务，编制农房建筑风貌技术导则等方案。二是示范带动转理念。扎实开展"新村治理专项行动"，培育文明新风，全县党员干部带头清理自家庭院环境，带动广大普通群众主动跟进。与四川大学合作开展乡村振兴"培训培训者"工程，定期组织宣讲"改水、改厨、改厕、改圈、改习惯"。三是价值转换强动力。培育发展文创、餐饮、体验、民宿等新业态，促进人居生态环境价值转换。结合旧村落改造、林盘整治等项目，引进文创、民宿等项目50余个，拓宽了农民增收渠道，增强了群众参与整治的内生动力。

（二）建立投入保障机制，切实解决资金瓶颈

坚持"政府主导、群众主体、市场参与"，强化政策集成，探索构建多渠道投入保障体系。一是强化财政统筹。按照"统筹安排、集中投入"原则，整合财政资金7亿余元用于农村基础设施建设和公共服务配套，按30万元/村（社区）的标准设立村级发展治理保障激励专项资金4200余万元，由村民自主用于村级公共服务。二是引导市场参与。依托灾后重建、土地整理等项目，引导市场主体投入70余亿元，按照"1+8+N"公共服务配套标准建成农村新型社区99个，聚居25970户8.44万人，推动全县自来水覆盖率达99%以上，天然气入户率达68%以上，光网实现全域覆盖。三是发动农户投入。探索建立村庄整治"双承诺"机制，明确"两委"承诺负责公建配套、农户承诺庭院内整治，发动群众投资投劳2000余万元整治散居院落1.5万户。新村全面建立"党建+自治物业服务"制度，群众自主缴纳保洁费300余万元/年。

（三）建立长效治理机制，确保环境整治持续改善

坚持"专业、市场、自治"相结合，积极探索农村人居环境整治长效化常态化运行。一是筑底线定规矩。依据相关法律法规，引导自治组织将农村人居环境整治纳入村规民约，建立完善"硬约束"和"软要求"机制，实现"有规可循"。二是定标准严考评。完善县、乡（镇）、村三级城乡环境综合治理考评机制以及环卫管理、作业质量监督考核办法，实现"有责可追"。三是引市场管长远。坚持"专业事由专业人干"，积极推行政府购买公共服务，引进专业化市场主体运营污水处置、环境保洁、垃圾分类，实现"有人做事"。

三、突出统筹协调，"五大行动"扎实有序推进

（一）着力体系建设，全面推进农村生活垃圾治理

一是农村环卫作业实现全域市场化。农村清扫保洁和清运由专业环卫公司负责，按照"定人、定岗、定时、定任务、定标准"要求开展环卫作业，全县按照80 ~ 100户配1名保洁员的标准实现保洁员专职化，清扫保洁全覆盖。全面实施"户分类、村收集、镇乡转运、县处理"的生活垃圾收运处置模式。二是全面实施"二次四类"生活垃圾分类法。积极创建全国农村生活垃圾分类和资源化利用示范县，生活垃圾基本实现减量化、资源化和无害化处置，生活垃圾实现日产日清，无害化处理率达100%。垃圾分类实现乡（镇、街道）全覆盖，行政村覆盖率达85%。全县农村地区配备保洁分拣员1155人、分类收运员36人、分类督导员161人，发放户分类桶75121个，累计开挖堆肥池9123个，建成垃圾收集点1421个（其中景观化收集点230个），完善再生资源回收站45个，设置奥北可回收物自助投放点"垃圾银行"12个，垃圾变废为宝，群众得到实惠，实现可持续推进。

（二）坚持科学规划，梯次推进农村生活污水治理

编制《蒲江县农村生活污水治理专项规划》和《蒲江县农村生活污水治理五年实施方案》，全面落实河（湖）长制，积极开展水美新村建设，开征农村污水处理费用于农村生活污水治理。全县已建成一体化、地埋式和人工湿地各种形式的农污设施92座、纳管16处，污水处理规模约为8300立方米/天，20户以上农民集中居住区生活污水处理设施（含纳管）覆盖率达85.2%，并全面落实管护责任，消除了黑臭水体。

（三）注重实用实效，分类推进农村"厕所革命"

一是对散居农户制订"水冲式+三格化粪池"改厕方案，将农户粪污资源化处理后用于农业生产，其中拟采用小三格化粪池式改造2950户、大三格化粪池式改造2721户。二是对已建有标准化沼气池的2534户农户实行"一池三改"，对地面以上部分进行水冲式厕所改造，粪污进入沼气池实现资源化利用和无害化处理。三是对于城镇周边有条件纳入城镇污水收集管网的农户，采取水冲式改厕并就近纳管。全县计划完成农村户厕改造8205户，在2018年已完成1220户的基础力争三年任务、两年完成，带动全县户用卫生厕普及率提高到95.7%。

（四）坚持共建共享，深入开展村庄清洁行动

一是开展农房"改院"，以各乡（镇、街道）为主导、村（社区）主责、群众主体、社会协同，开展"蒲江县2019年'最美阳台最美庭院最美小区'评选活动"，动员党员干部、市民群众积极改造生产生活环境、共同参与社区公共空间净化、绿化、美化，实现"最美"系列评选活动村（社区）覆盖率达100%，基本实现群众知晓率达100%。二是紧紧围绕"三清三改一常态"整治标准，推进农村"改习惯"，发挥各类社会组织、自组织、村规民约的积极作用，以传统节庆日、大型活动、村（社区）志愿服务活动等为载体，引导广大群众从"冷眼观""袖手看"到"拍手赞""动手干"的转变。

（五）发挥产业优势，种养循环抓好畜禽粪污资源化利用

一是"一拆一改"实现减量化。优化养殖区域布局，按照统一建设标准、统一处理方式、统一养殖规模"三统一"原则，建设标准化示范养殖场，实现源头减量20%以上。二是对标配套实现无害化。明确无害

化设施配套标准，配套建设粪污处理设施，全县建成沼气池1.33万口、储液池0.43万口、堆腐场1.1万平方米、干湿分离机230台，无害化设施配套率达90%以上。三是种养循环实现资源化。通过就近消纳还田和异地转运还田利用相结合，以“财政奖补+社会资金+群众自筹”模式组建畜禽粪污资源化利用服务队8支，引进成都天星农业等6家有机肥生产市场主体，实现畜禽粪污年转运16万立方米、还田4万亩。

攻坚克难精准施策　全面提质共同奔康

中共自贡市委书记　范　波

党的十八大以来，习近平总书记亲手擘画蓝图，将扶贫开发工作纳入“五位一体”总体布局、“四个全面”战略布局，将脱贫攻坚作为实现第一个百年奋斗目标的重点任务，亲自挂帅出征，取得了前所未有的成就，彰显了中国共产党领导和社会主义制度的政治优势，谱写了人类反贫困的历史性篇章。自贡市委坚持以习近平新时代中国特色社会主义思想为指导，在省委、省政府的坚强领导下，始终坚持目标导向、问题导向、结果导向，全力以赴抓实抓细各项工作。截至2018年年底，全市113个贫困村15.1万名贫困人口全部退出脱贫。

2020年是脱贫攻坚收官之年，3月6日，习近平总书记在决战决胜脱贫攻坚座谈会上发出总攻号令，充分体现了党兑现庄严承诺的坚强意志和必胜信念。省委坚持把脱贫攻坚作为最大的政治责任、最大的民生工程、最大的发展机遇，省委书记彭清华莅临自贡市视察调研时强调，“要针对插花式扶贫特点精准施策，确保贫困群众全面脱贫、全面建成小康社会”，随后在3月11日召开的全省决战决胜脱贫攻坚推进会上专门进行了部署。为确保如期兑现承诺，全市上下始终坚持以习近平总书记扶贫开发重要论述为根本遵循，保持战略定力、坚定必胜信念，运用战略思维、创新思维、辩证思维和底线思维，以“不破楼兰终不还”的决心尽锐出战，奋力推进脱贫攻坚取得成效，走出了一条“插花式”扶贫自贡路子。

一、坚持党的领导，为打赢打好收官之战提供政治保障

中国共产党领导是中国特色社会主义最本质的特征，是实现中华民族伟大复兴的根本保证。在中华人民共和国71年的光辉历程中，中国共产党人坚守为人民谋幸福的初心使命，带领中国创造了人类社会发展史上惊天动地的发展奇迹，迎来了从站起来、富起来到强起来的伟大飞跃。总结脱贫攻坚取得伟大成就的成功经验，关键在于坚持党的领导，建立起一套完整的责任、工作、政策、投入、帮扶、社会动员和监督考核体系，从根本上保证了脱贫攻坚各项工作有条不紊、顺利推进。在脱贫攻坚最后冲刺、攻坚拔寨的关键时刻，习近平总书记强调，“脱贫攻坚越到最后越要加强和改善党的领导”。市委始终牵住这个“牛鼻子”，以上率下压实责任，把党的政治优势、组织优势和密切联系群众优势转化为决战决胜的工作优势。强化机制建设。借鉴运用新冠肺炎疫情防控经验做法，在原有领导小组组织架构的基础上，构建“1+3+7+70”决战决胜脱贫攻坚作战机构，即成立1个指挥部，市委、市政府主要负责人任指挥长、常态指挥调度，6名市领导任副指挥长、专项部署跟进，市级相关部门主要负责人为成员、协同推进落实；设立综合、宣传、督战协调3个工作组，实行“日会商、周调度、月盘点”，全面推动各项工作落地落实落细；组建7个督战队，相关市领导牵头对区（县）和部门既督又战，每日快报、每日交办，倒逼“三个落实”到位；派驻70支突击队、227名精干力量全脱产下沉76个乡（镇、街道），帮助基层决战攻坚。区（县）同步建立相应体系，开展“上下贯通大会战”，通过不断强化党政一把手负总责的责任制，形成了四级书记抓扶贫、全党动员促攻坚的局面。完善政策保障。在制定年度工作要点和N个扶贫专项实施方案的基础上，在深入分析全年决战决胜脱贫攻坚面临的困难和挑战的前提下，按照习近平总书记“要采取超常举措，拿出过硬办法”的要求，市委制订了6个专项工作方案，部署了产业增收、作风建设等“十大行动”，细化指挥部工作制度和突击队管理办法，组织开展脱贫攻坚问题“回头查、回头改”，对重点区域、重点事项、重点项目、重要资金进行挂牌督战，创新开展防止致贫返贫监测和帮扶工作，精心策划2020年脱贫攻坚宣传“十大活动”，打出了一套政策组合拳，这些非常之举有效打通了脱贫攻坚“最后一公里”。提供人才支撑。自实施脱贫攻坚以来，全市累计向基层选派“第一书记”2095名，在全省率先实现向非贫困村全覆盖选派“第一书记”，年轻干部在脱贫攻坚一线得到了政治历练和实践磨练，综合素质明显提升，既是推进脱贫攻坚的生力军，又是2019年抗击疫情的中坚力量。为持续发扬斗争精神、增强斗争本领，坚持在脱贫攻坚一线考验干部、锤炼作风，市委重点从退役“第一书记”、驻村干部中挑选70名市级部门科级干部、157名区（县）干部全脱产派驻有脱贫攻坚任务的乡（镇、街道），不断提升年轻干部解决实际问题的“七种能力”，为确保如期完成脱贫攻坚目标任务提供了有力支撑。

二、坚持正确的方法论，为巩固脱贫成果提供有效路径

辩证唯物主义是中国共产党人的世界观和方法论，我们的事业越是向纵深发展，就越要不断增强辩证思维能力，这也是习近平总书记强调的重要思维方法和工作方法。扶贫开发是一项复杂的系统工程，越是任务繁重，越需要用好辩证思维这个法宝去观察事物、分析问题、解决问题，统筹处理好各项关系，从而确保打赢脱贫攻坚战。就自贡而言，113个贫困村15.1万名贫困人口的减贫任务已在2018年年底全面完成，从2019年以来一直着力于巩固脱贫成果，在2020年的决战中更加注重以辩证思维推动工作，深刻把握反贫困的客观规律，解决当前面临的主要问题。以矛盾分析方法抓问题整改。在抓脱贫攻坚工作中，市委坚持一分为二看问题，正确分析矛盾，抓主要矛盾和矛盾的主要方面，一方面，全面分析，既看到全市通过多年努力，脱贫攻坚取得了巨大成就，也看到工作中还存在很多短板弱项；另一方面，瞄准重点任务和突出问题精准发力，建立健全“345”问题查改机制，以查促改、查改结合，不断提升脱贫攻坚质效。聚焦“三层次”找准问题，突出属地全面查、行业分线查、督战重点查，对存量问题再核实、再核准，对隐藏增量问题再拉网、再排查，对潜在变量问题再防范、再化解，确保所有问题清仓见底。坚持“四合一”整改问题，实行问题、措施、责任、时限“四合一”台账管理，问题梳理到“个”，措施精准到户，责任落实到人，时限明确到点，确保问题整改到位、不反弹。严格“五程序”销号问题，所有存量问题、增量问题、变量问题按照核定措施、确定效果、议定成果、审定结果、认定销号“五定”程序锁定整改成效，实现销号清零。以普遍联系观点抓战疫战贫。新冠肺炎疫情防控和脱贫攻坚都是必须打赢的硬仗，市委既抓好常态化疫情防控，又注重统筹兼顾，找准重点、突破难点，多措并举，将疫情对脱贫攻坚的影响降到最低，全力做好脱贫攻坚目标任务“必答题”和疫情应对“加试题”，保证脱贫奔康路上不掉一户一人。全市456个帮扶单位下沉指导、1445名帮扶干部驻村苦干、2.7万名帮扶责任人真帮实扶，全年共推动实施帮扶项目746个，帮助解决实际困难1.4万个。在疫情防控期间，组建农资配送、农技指导、农机作业、助耕治荒“四支队伍”，解决贫困群众疫情期间生产、销售难题；组建就业促进专班和服务队，制定就业、培训、创业“三张帮扶清单”，大力实施“春风行动”，开通“点对点、一站式”专车服务，5.2万名贫困劳动力实现就业，同比增长13%；组建消费扶贫专班，推行灯会搭台展销、县长带货、“第一书记”代言，畅通扶贫产品销售渠道，销售额超7亿元；倾情关爱贫困学生，疫情期间为高三贫困学生免费提供网络终端授课。以质量互变规律抓巩固提升。任何事物都是质和量的统一，既相互区别又相互联系。虽然脱贫攻坚在减贫任务量上已经完成，但在实现稳定脱贫、致富奔康的质上还有差距，还需要进一步积累，完成从量到质的飞跃。为此，市委坚持把防止返贫致贫作为第一道防线，创新开发防止返贫致贫预警监测系统，科学设定“红、黄、绿”分类标准，定期采集数据，根据贫困户“两不愁、三保障”、边缘易致贫户收入、疫情灾情影响等情况，运用大数据分析，实时动态预警监测。根据监测结果，对标分类跟进“补、扶、引”帮扶措施，全市无一村一户返贫致贫，636户脱贫不稳定户和347户边缘易致贫户全部消除返贫致贫风险，脱贫质量得到大幅提升。

三、坚持战略思维谋划，为推动乡村振兴提供宝贵经验

习近平总书记基于对世界大势的敏锐洞察和深刻分析，着眼全国发展阶段、环境、条件变化，作出了“世界处于百年未有之大变局”的重大判断，要求推动形成以国内大循环为主体、国内国际双循环相互促进的新发展格局，而扩大内需、畅通国内大循环，基础、潜力和后劲都在“三农”。当前，全面建成小康社会、消除绝对贫困的第一个百年奋斗目标即将实现，全市正处于接续推进全面脱贫与乡村振兴有效衔接的关键时期，需要牢牢把握当前社会主要矛盾的变化，从战略全局谋划、思考和处理问题，推动减贫战略和工作体系平稳转型。推进政策衔接，把解决好相对贫困问题纳入实施乡村振兴战略统筹安排，保持财政扶贫专项资金继续投入“三农”。重点做好扶贫专项系列政策和乡村振兴产业、人才、金融等方面政策衔接点的研究，将有效的、管长远的脱贫攻坚举措逐步调整为支持乡村振兴的常态化措施，推动脱贫攻坚形成的扶贫资产与解决相对贫困的长效机制有机结合。推进人才衔接，实行更加积极开放的人才政策，落实县级领导干部和县级部门主要负责人包村制度，整合“第一书记”、驻村干部等人才资源，探索选派乡村振兴指导员。深入实施实用人才“百千万”工程、乡村人才定向委培等人才计划，鼓励和吸引新乡贤、农民工、大学生、退伍军人等返乡创业，动员全社会力量积极参与，夯实乡村振兴人才支撑。推进产业衔接，立足现有扶贫产业，持续深化农业供给侧结构性改革，提高农业综合效益和竞争力，把更多农户集聚到产业链上，筑牢乡村振兴基础。主动对接融入全省现代农业“10+3”产业体系和成渝现代高效特色农业带建设，以现代农业园区为引领、领导抓点示范为抓手，构建自贡“4+4”特色优势产业体系，促进扶贫产业与现代农业发展有机衔接。持续开展消费扶贫，拓展贫困地区产品流通和销售渠道，巩固提升贫困地区产业发展成果。

自贡市乡村振兴路径探析

自贡市农业农村局

党的十九大提出实施乡村振兴战略，强调农业、农村、农民问题是关系国计民生的根本性问题，必须始终把解决好“三农”问题作为全党工作的重中之重。习近平总书记指出：“农业强不强、农村美不美、农民富不富，决定着亿万农民的获得感和幸福感，决定着我国全面小康社会的成色和社会主义现代化的质量。”到2050年实现乡村全面振兴目标，根本就是全面实现“农业强、农村美、农民富”，达到全面小康社会。为此，自贡市必须立足实际，谋划长远，早明思路，早打基础，上下一心，循序推进。

一、自贡要强，农业必须强，关键是推进农业现代化

习近平总书记指出：“乡村振兴，关键是产业要振兴。”在参加十二届全国人大五次会议四川代表团审议时，习近平提出要求：“四川农业大省这块金字招牌不能丢，要带头做好农业供给侧结构性改革这篇大文章，推进由农业大省向农业强省跨越。”

自贡市城市化水平高、农业土地面积小，决定了全市必须率先发展为大城市服务的现代农业，走特色精品农业的发展道路，大幅度提高农业的规模化、标准化、产业化、品牌化水平，打造特色精品农业发展的“自贡模式”。

要以农业园区为载体。根据自贡实际，突出主导产业，着力建设以柑橘、蔬菜、茶叶、青花椒、高粱、笋竹等为重点的特色农产品优势区。按照“大园套小园，小园连片建”的思路，加速推进“一区六园”（集中打造1个100平方千米的市级现代农业示范区和6个10万亩的县级现代农业示范园）建设，实行区域布局，依靠龙头带动，发展规模经营，实行市场牵龙头、龙头带动基地、基地连农户的产业组织形式，用市场需求带动农业规模化、集约化、标准化、优质化。统筹考虑种养规模和资源环境承载力，坚持种养结合、以种定养、种养循环，推进畜牧、水产结构调整，巩固生猪产业，发展比较优势和市场潜力突出的节粮型特色草食畜禽和特种水产，促进粮经饲统筹、农牧渔结合发展。

要以质量兴农为导向。“质量就是效益，质量就是竞争力”。发展乡村产业必须始终坚持质量兴农的导向，深入推进农业供给侧结构性改革，大力改善农产品品质结构，增加特色、绿色、有机等高品质农产品供应数量，以满足市场的需求。提升农产品的质量，需要对农产品产前、产中、产后全产业链进行升级改善，建立全产业链的农产品质量监督体系。加强对农业投入品生产、加工、销售等环节的监管，严厉打击生产和销售假冒伪劣农资等各类违法行为，把好农业投入品源头合格关。借助"互联网+农业"，加强生产基地、标准化、追溯、服务、电商五大平台建设，对农产品生产、加工、物流、销售全程进行质量追溯与监管，保证全市农产品的质量，使"质量好"成为乡村产业发展的首要特色。

要以创新创业为动能。乡村产业的兴旺需要各类社会组织的参与，必须加快培育新型农业经营主体，"让愿意留在乡村、建设家乡的人留得安心，让愿意上山下乡、回报乡村的人更有信心"。农民创业创新是乡村产业发展的新动能，有利于农业供给侧改革，有利于农产品就地加工，有利于拓展农民的就业空间，有利于农民增收，农民创业已经成为推动全市乡村产业发展的新动能，但这种新动能尚处于萌芽阶段，很多经营主体存在规模小、经营管理尚不规范、创业项目处于产业链的初端、创业思路尚不清晰、生产要素严重不足等问题。对此，应充分利用好国家政策，将国家农民创业支持政策进行整合，及时准确地传递给每一个农民，并积极帮助农民申请各类补贴，解决农民创业资金困难问题。继续推进农民创业工作，培育乡村产业发展壮大，在资金、技术、税收等方面给予大力支持；对农民创业带头人进行系统的培训，培育更多的农民企业家；搭建各类平台，为农民创业提供政策、技术、管理等方面的指导和服务等。

要以三产融合为途径。"向开发农业多种功能要潜力，发挥三次产业融合发展的乘数效应，抓好农村电商、休闲农业、乡村旅游等新产业新业态"。乡村产业已经不是仅限于种植业、养殖业，发展的空间更加宽广。目前，全市农村一二三产业融合发展尚刚刚起步，应鼓励创业者积极探索、大胆创新，鼓励和引导返乡、下乡人员按照全产业链、全价值链的现代产业组织方式开展创业创新，让农民更多地分享全产业链的增值收益。鼓励各类主体大力开发农业的多种功能，推进农业与旅游、教育、文化、健康养老等产业的深度融合，特别是要将绿色农业发展与乡村旅游结合起来，相互拉动，相互促进。应着重围绕推进盐帮菜产业化和品牌打造，推动餐饮企业、食品加工企业、原料生产基地融合发展，推动相关联的一二三产业互促共进，构建科研、生产、加工、销售、消费全产业链条，向一体化规模化全产业链要效益。

二、自贡要美，农村必须美，关键是走好绿色发展之路

良好的生态环境是农村发展的最大本钱和核心竞争力。习近平总书记强调："让美丽乡村成为现代化强国的标志、美丽中国的底色。"因此，全市必须牢固树立"绿水青山就是金山银山"的理念，坚持规划先行，从容建设美丽乡村，扎实推进农村人居环境整治，构建"望得见山，看得见水，记得住乡愁"，人与自然和谐共生、生产生活生态有机相融的现代乡村新形态。

要践行"绿色发展"理念。把绿色发展理念贯穿到乡村建设发展的各方面和全过程，推动形成乡村绿色发展的空间格局、产业结构、生产方式和生活方式。推行农业标准化生产，完善节水、节肥、节药激励约束机制，发展种养结合循环农业，深入实施秸秆综合利用行动，助力大气污染防治攻坚战；持续开展畜禽养殖污染防治和化肥农药减施专项行动，助力水污染防治攻坚战；做好农膜回收利用和耕地质量监测，助力土壤污染防治攻坚战。落实"节约优先、保护优先、自然恢复为主"的方针和"少拆、多改、百村百态"的要求，以乡村固有自然人文为根基开展美丽乡村建设。

要坚持规划引领、从容建设。以人的城镇化为核心，以城乡基本公共服务均等化为关键，构建特色镇、新型社区和林盘聚落等空间载体。遵循乡村演进规律特别是人口转移规律，体现个性化、特色化，突出实用性、经济性，通盘考虑土地利用、产业发展、居民点建设、人居环境整治、生态保护和历史文化传承等因素，提升乡村和城镇人口集聚功能，有序引导人口流动，分类推进特色小镇和宜居村落建设。尊重乡村自然环境、生态规律及农业生产生活习惯的传统依存关系，坚持"小规模、组团式、微田园、生态化"建设模式，优化居民点规模和集聚形态，让田园风光尽旖旎，让水更绿、山更青、天更蓝，让游子看得到古迹、捡得到童谣、记得住乡愁。强化规划刚性约束，不能"一任领导一个规划"，确保"一张蓝图绘到底"，"切忌贪大求快、刮风搞运动，防止走弯路、翻烧饼"。

要着力整治人居环境。习近平总书记亲自部署农村人居环境整治工作，把农村人居环境整治作为推进乡村生态振兴的第一仗。要系统谋划，统筹推进，紧紧抓住与农民群众生活最紧密的环节，聚焦垃圾污水整治和改厕、改圈等群众反映最强烈的问题，科学有序实施，突出"三个结合"：与园区打造相结合，按照园区、景区、社区"三区共建"思路，努力做到人居环境与产业发展、基础设施配套相得益彰；与示范创建相结合，将人居环境整治内容纳入乡村振兴示范创建的重要内容，集成治水改厕、粪污利用、村庄清洁综合成果，推动农村整体面貌提升；与新村建设相结合，将人居环境内容贯穿新村建设始终，软件和硬件两手抓，确保建一个成一个、整治一片宜居一片。要因地制宜、分类推进，根据不同的村庄特色和规模细化具体整治措施，因时、因地、因事、因人制定方案，切实解决问题。在学习借鉴浙江"千万工程"、"美丽广西"乡村建设经验的同时，注意把握好整治力度、建设程度、推进速度与财力承受度、农民接受度的关系，不搞千村一面，不吊高群众胃口，实现改善农村人居环境与地方经济发展水平相适应、协调发展。

三、自贡要富，农民必须富，关键是坚持"共同富裕"

习近平总书记指出："小康不小康，关键看老乡""农业农村工作，说一千、道一万，增加农民收入是关键。"作为国家大后方的重要组成成员，只有广大农民的腰包鼓起来、日子好起来，民富国强才有根基、才名副其实。必须充分认识当前和今后一个时期农民增收的艰巨性，咬定农民增收这个"三农"工作中心任务不放松，在富裕农民上花更多的心思、下更大的力气，才能吸引更多流入城市的劳动力重回农村发展。

要着力激发乡村发展活力。农民要富，乡村发展就必须要有活力，要以深化农村改革为抓手，全面落实农村承包地"三权分置"，进一步盘活农村沉睡资源。用好用活全国唯一深化城乡建设用地增减挂钩改革试点政策，不折不扣地执行好用地政策，统筹促进农村新产业新业态发展。要探索土地托管、股份合作、预留转等模式，解决业主用地难、农民土地无人种等难题。学习借鉴安徽省罗平县在宅基地改革中的成功做法，在市内封闭试验有偿使用农村宅基地办法，畅通农村宅基地进、出两个通道。健全农村产权流转交易市场体系，推广土地托管、股份合作、预留转等模式，防止用地风险。

要着力构建"共同富裕"机制。我国有2.6亿户农户，只有2.3亿户是承包农户，其中2/3仍是一家一户经营的小农户。因此，要加大新型农业经营主体培育，要突出抓好家庭农场和农民合作社两类农业经营主体发展，支持小农户和现代农业发展有机衔接，把带动小农户的数量和利益联结程度作为新型农业经营主体培育考核的主要指标，提高新型农业经营主体带动小农户发展的能力，实现共同富裕。"壮大集体经济，是引领农民实现共同富裕的重要途径"，要按照依法、自愿、

10395.8元，增幅达327.3%。三是产业发展综合能力大幅增强。攀枝花市立足地区优势，找准问题短板，做好"阳光文章"，打造提升早春枇杷、晚熟芒果、优质核桃等特色产业基地，持续推进田园综合体等项目建设，建成农业景区17个、产业基地景区16个。开发新山梯田体验游、海塔赏花品果体验游等精品线路，积极发展"康养+农业"新型业态。打造旅游新村16个、幸福美丽新村108个，建成中国乡村旅游模范村2个、中国乡村旅游金牌农家乐15个。

（三）贫困地区群众精神面貌明显提升

全市70个贫困村中有85%为民族地区。自开展脱贫攻坚以来，全市坚持以"四好村"创建为载体，以农民夜校为平台，以文化院坝为阵地，广泛开展感恩奋进教育，深入推进移风易俗。建立健全乡村红白理事会管理制度，专项整治高额彩礼、厚葬薄养、滥办酒席等陈规陋习。组织开展"三下乡""文化进万家""文艺下基层""戏曲进乡村""市民讲坛乡村行"等文化惠民活动300余场，在贫困村每年放映公益电影840余场，向贫困村捐赠图书资料20000册（份）以上。7个贫困村成功创建为全省"文化扶贫示范村"。贫困群众发展意识、感恩意识和发展能力不断提高，贫困地区文明新风逐渐形成。

下一步，全市将继续贯彻落实习近平新时代扶贫战略思想，始终坚持以人民为中心的发展理念，认真落实中央、省委决策部署，保持昂扬的斗志、饱满的热情、旺盛的干劲，扎实做好脱贫攻坚收官之战后半篇文章，着力巩固脱贫成果、做好与乡村振兴衔接等各项工作，向省委、省政府和全市人民交出一份满意的答卷！

精准推进产业扶贫　坚决打赢脱贫攻坚战

攀枝花市扶贫开发局党组成员、副局长　邹　明

攀枝花市有省定贫困村70个，占全市所有行政村总数的20%；有建档立卡贫困人口10770户44335人(2019年年底动态调整数据)，占全市农业人口的8.5%，分布在盐边县、米易县和仁和区3个县（区）。截至2018年年底，全市70个贫困村全部退出；截至2019年年底，全市累计脱贫10181户41414人，贫困发生率下降至0.56%，2020年10月，剩余589户2921人凉山自发搬迁贫困人口已按期实现脱贫。

自开展精准扶贫精准脱贫以来，市委、市政府始终把产业发展作为贫困地区贫困群众脱贫增收的根本之策，立足地区优势，找准问题短板，做好"阳光文章"，在全市贫困地区新建和改造提升芒果、核桃、青花椒等特色产业基地22万余亩，其中2.6万余人依靠发展产业实现脱贫。

一是加大投入发展产业。整合安排涉农项目资金，充分发挥财政专项扶贫资金的导向作用，将发改、农牧、水利、科技、交通、旅游和电力等涉农领域的重点项目和资金优先向贫困地区芒果等产业投放。自开展精准扶贫以来，全市累计整合投入各级各类扶贫资金32.29亿元，其中财政专项扶贫资金8.86亿元。建立产业扶持基金4115万元、扶贫小额信贷风险基金3933万元，撬动银行金融资金2.12亿元，帮助7094户建档立卡贫困户发展产业。

二是科技支撑助力脱贫。科技是产业发展的核心关键，攀枝花市与中国农科院、中国热科院、四川省农科院、四川农业大学、海南大学等科研院所建立了长期的院地合作关系，建成四川省农业科学院攀西分院，并与中国热科院合作建成攀枝花市芒果创新工程中心，与中国标准化研究院合作开展芒果标准化体系建设，采取"公司+合作社+园区+农户"模式，助推攀枝花市全面脱贫致富。2016年以来，在攀枝花市70个贫困村大力实施科技特派员产业扶贫行动。行动以市农林科学院为平台，选派行业专家70名"一对一"指导70个贫困村发展产业，并根据专家专业特长，分类组建芒果、核桃、蔬菜、食用菌、畜牧等专家团队，确保贫困村、贫困户的每一个产业发展技术难题都能得到有效解决。在市级相关主管部门的支持下，市农林科学院在仁和区福田镇探索建立了"科技专家+示范户+对子户+一般农户"的产业精准扶贫新模式——"福田模式"。模式整合行政、科技、资金、劳动力等多方资源，发挥示范基地（区、点）和示范户作用，把扶贫和扶智有机结合，把科研、生产、销售贯通起来，实现了政府推动、专家引领、示范户示范、对子户影响、普通群众全面参与的产业发展良性互动。"福田模式"的重大贡献被央视国内和国际频道、新华社等主流媒体多次报道，吸引了省内外及国内外的领导、专家学者等到基地参观考察学习。全市70个贫困村全面复制推广"福田模式"，开展以芒果生产技术指导为主的集中培训670期，培训2万余人次，培养了大量"土专家""田秀才""经纪人"。累计向贫困村引进新品种137个、新技术82项，建立科技成果转化试验点（片）120余个，建立示范户300余户，辐射带动1万余户农户投入芒果等产业发展大军。

三是加强监管保证质量。落实最严格的耕地、水资源管理和保护制度，全面拆除二滩库区养鱼网箱，建立投入规模达40亿元的污水处理网络，积极推广高效节水、稻菜轮作、种养循环等模式，全市推广测土配方施肥率达80%、秸秆综合利用率达65%以上。坚持"产""管"结合，建成市级农产品质量安全追溯平台，构建"从农田到餐桌"的监管体系，建成国家级出口芒果质量安全示范区，盐边县、仁和区成为全省农产品质量安全监管示范县。全市"三品一标"农产品总数稳定保持在100个左右，其中贫困地区培育"三品一标"农产品27个。

四是主体带动稳定增收。大力培育家庭农场、农民合作社、龙头企业等新型农业经营主体，突出发挥龙头企业在开拓市场、打造品牌、发展产业上的优势，发挥农民合作社组织农户、服务生产的作用，发挥家庭农场和种养大户的示范作用，采取"龙头企业+农民合作社+基地+农户""农民合作社+家庭农场+农户"等模式，以订单、租赁、务工、股份合作等方式把新型农业经营主体与贫困户联结起来，提高产前、产中、产后服务水平，有效抵御自然风险和市场风险，确保贫困户分享产业增值收益。全市成立芒果专业合作社132家，覆盖90%以上的芒果种植户；培育锐华农业、德益果品、鸿鹄农业等11家农业龙头企业。出台了《关于支持农业产业化龙头企业（工商资本）带动脱贫攻坚的意见》，激励引导农业产业化龙头企业（工商资本）主动参与脱贫攻坚，促进全市贫困地区经济社会发展。省、市级农业龙头企业与

贫困村、贫困户签订“一对一”帮扶协议70余份，基本实现70个贫困村都有新型农业经营主体带动贫困户发展。全市新型农业经营主体每年与芒果种植户签订销售订单超8万吨，其中6000余户贫困户实现户均增收3万元以上。

五是多措并举促进销售。制订《攀枝花市关于创新扶贫产品销售体系促进精准脱贫的实施方案》，出台《攀枝花市创新扶贫产品销售直通渠道实施方案》，加大农村电商扶贫力度，建立扶贫产品直通销售渠道，保障贫困群众产业收益。大力推广“直供直销”和“农超对接”销售模式，在大型超市、批发市场等设立扶贫农产品销售专区、专柜和专用平台78个；与沃尔玛、北京华联、永辉、家乐福等知名超市和各地经销商建立长期合作关系；投入资金3000万元，支持新型农业经营主体开展直销门店建设和网上销售，在北京、成都等城市建立了攀枝花特色农产品直销店10个；支持龙头电商企业在天猫、京东等平台举办贫困地区农产品网上销售专场，累计销售额1.4亿元，带动5600余户贫困户人均增收2300余元。鼓励市、县级定点帮扶单位“以购代捐”“易购代扶”，购买或帮助销售贫困地区农副产品，2020年上半年，市、县级定点帮扶单位直接购买贫困地区农产品1835万元，帮助销售贫困地区农产品8667万元。培育芒果出口备案企业6家，与成都九曳、鑫荣懋（香港）和澳门商会建立稳定的芒果出口合作协议，带动攀枝花芒果出口到新加坡、韩国、俄罗斯及哈萨克斯坦等国家，带动1770户贫困群众人均增收3000元左右。

六是多种业态融合发展。近年来，攀枝花市找准产业发展结合点，创新多种业态，推动产业融合，提升农业产业发展质效。围绕“产区变景区”，大力发展观光农业，持续打造提升早春枇杷和蔬菜、晚熟芒果、优质蚕桑等特色产业基地，推进田园综合体等项目建设，建成农业景区17个、产业基地景区16个。围绕“田园变公园”，积极发展体验农业，开发新山梯田体验游、海塔赏花品果体验游等精品线路，形成了集休闲度假、康体健身、赏花摘果、乡村美食、农事体验于一体的“康养+农业”新型业态。围绕“产品变商品”，发展精致农业，推进“产学研”一体化。加快功能农产品示范园区和生产基地建设，大力开发特色农产品，芒果、枇杷、石榴、松露、桑葚干等行销国内外。围绕“农舍变旅舍”，发展乡村旅游，持续打造旅游新村16个、幸福美丽新村108个，建成中国乡村旅游模范村2个、中国乡村旅游金牌农家乐15个。

全面深化农村重大改革　助力乡村振兴

中共合江县委　合江县人民政府

合江县是传统农业大县，是国家第二批农村集体产权制度改革整县推进试点县、全省乡村振兴规划试点县、全省农村改革工作先进县。近年来，合江县把深化农业农村改革作为综合改革的基础性、先导性工程，大胆探索、改革创新，着力赋予农民更多财产权利，持续激发农业农村发展活力，为争创全省乡村振兴战略工作先进县打下了坚实的基础。

一、融合发展，探索农村产权制度改革多种有效组织形式

以现代农业园区发展为引领，以明晰产权、股份合作为基础，以市场需求为导向，建立“经营业主+国有企业+村集体+农户”的融合发展机制。一是推进“镇园合一”。设立正科级县现代农业园区管委会，在园区核心区所在镇设立镇园区管委会，县现代农业园区管委会与农业农村局、镇班子成员交叉任职，构建县、镇齐抓共管、分工协作的工作格局，实现镇园一体化发展。二是开展股份合作。国有企业整合资产资源，通过实施“拨改投”，经营业主与村集体公司、国有企业签订合作协议，按照5∶4∶1的比例分红，实现经营业主盈利、农户增收、村集体资产壮大、国有资产保值增值四重效益。三是共享增值收益。在资产资源流转过程中，创新“地树分离、果树入股”模式，由村集体公司召集农户协调，综合考虑果树的树龄、品种、产量等因素，制定具体量化入股方式。农民从土地解放出来之后，可以通过林下种植、开办农家乐、返聘果园务工等方式增加收入，实现农户收入最大化。

二、开展农村土地“三权分置”，有效保障农业用地

一是探索农业园区“地树分离”模式，创新“地树入股、五五分成”“果树入股、四六分成”等合作模式，累计流转土地3650亩、土地入股2300余户、果树入股5.5万株，带动300余户农户人均增收500元。二是推广法王寺镇天池村“1234”模式，由村集体经济组织集中流转土地、统一管理，引进企业发展菌类、林业加工等产业，林地农户、劳务农户、企业、村集体按照1∶2∶3∶4的比例分红，多方共赢，实现村集体年收入100余万元。三是积极探索以乡（镇）为基本单元开展全域土地综合整治，积极推动农村闲置宅基地、农房、废弃工矿用地等有序退出。

三、通过“三变三带”，探索扶贫基金有效转化形式

设立扶贫基金1.41亿元，向每个贫困村注入不低于50万元的产业扶持基金。一是基金变资本，“小”基金带来大产业。按照“基金+产业基地+专合社+贫困户”模式，在每个贫困村建设一个脱贫奔康产业园，规模发展荔枝、真龙柚、金钗石斛三大特色产业。全年三大特色产业种植面积66.4万亩，综合收入28.5亿元，实现“村村有脱贫产业、户户有致富项目”。二是基金变车间，“小”基金带来大就业。整合数个贫困村产业基金，按照“基金+村集体公司+扶贫车间+贫困户”模式，创办“扶贫车间”并作为村集体资产，通过租赁经营、联合经营、自主经营等方式，向贫困群众提供就业岗位。整合24个贫困村产业基金1250万元建设的大桥镇“扶贫车间”通过招引技能简单、劳动密集型包材企业租赁经营，累计解决510人次群众就业，其中贫困劳动力165人次，月收入不低于3000元，帮助贫困村稳定获取收益不低于2万元/年。三是基金变股金，“小”基金带来大市场。引进温氏60万头一体化养猪项目，按照“基金+龙头企业+村集体公司+贫困户”模式，在每个贫困村建设温氏家庭合作农场，贫困村通过经营、租赁家庭合作农场等方式获取收益，贫困户通过股权量化按股分红。截至2019年，全县已签约建设家庭合作农场145个（单元），生猪规模化养殖率提升至70%，擦亮了合江县“全国生猪调出大县”的金字招牌。

加强气象能力建设　提升保障经济社会高质量发展水平

德阳市气象局党组书记、局长　邓　勃

多年来，围绕保障社会经济建设安全健康发展，气象部门不断强化能力建设，提升科技水平，气象监测预警能力得到显著提升，但对标习近平总书记提出的“监测精密、预报精准、服务精细”要求还有较大差距，还不能完全满足人民群众和社会各界对气象预报预测及服务精细化需求，对此，德阳市气象局对如何进一步提升德阳气象在保障高质量发展中的能力进行了深入的调研。

一、德阳气象发展现状

（一）气象监测体系进一步完善

德阳气象局成立于1994年，但德阳的气象监测始于1954年，经过60余年的发展，形成了较为完备的气象监测预报服务体系。目前，全市5个国家级地面气象观测站的主要观测要素已经全部实现自动化；建成区域自动气象观测站209个、农业小气候站11个、交通气象站12个、国家级农业气象观测站2个（中江、罗江）、生态监测站2个（绵竹、罗江）、风廓线雷达站1个（绵竹九龙）、梯度风观测站1个（什邡）、风云三号和四号地面卫星接收站各1个（罗江）、大气电场仪3个、土壤水分自动观测站10个、车载式移动测雨雷达3部、移动气象观测站5个，时间、空间布局进一步完善，实现常规自动气象站乡镇级布局，地质灾害隐患点村（社区）级布局，移动应急监测补充的监测站网体系。

（二）气象预测预报能力显著提升

多年来，提升预报预测准确率一直是气象部门业务能力建设的核心任务。德阳市气象局借助现代信息技术，构建了以气象专业数据信息传输网为支撑的市—县数据支撑处理平台，实现了收集本区域内自动站数据及质量控制、数据上传和存储、服务产品加工制作等功能。完善预报预测综合业务平台，建成了以雷达、卫星、数值天气预报产品为基础的精细化预报业务系统，重点开展灾害性天气监测预警和短时临近预报订正和跟踪服务。通过《德阳精细化预报系统》等一系列业务科研课题的研究开发，结合智能网格预报产品订正技术，研究了一套适合德阳本地特色精细化预报业务体系。实现制作可用时效达到7天的城镇精细化预报产品（0 ~ 72小时12小时间隔、72 ~ 168小时12小时间隔），增加风向、风速等要素的预报，24小时晴雨预报准确率达81.4%，最高、最低气温预报准确率分别达72.1%和72.3%；建立《德阳乡镇预报系统》，实现制作预报可用时效达到1天的乡（镇）气象要素预报产品（0~24小时12小时间隔）。立足防灾减灾，开展中尺度天气分析业务，建立适应德阳中尺度灾害性天气特点的物理量指标体系及天气概念模型，完成了暴雨、高温、寒潮、大雾等概率预报技术研究，能够对可能出现的灾害性天气进行预警；建立德阳灾害性天气个例库，提供灾害性天气研究的数据基础；完成了德阳暴雨风险区划、暴雨强度公式项目研究，为德阳市地方防灾减灾规划提供了科学依据。

（三）气象防灾减灾能力得到较大提升，气象服务效益显现

德阳市气象局建立了“政府主导、部门联动、社会参与”的气象防灾减灾体系和多灾种气象灾害监测预警部门联动机制，成立了气象防灾减灾领导小组，出台了气象灾害政府应急预案。全市大部分乡（镇）建立了气象信息服务站，绵竹市金花、清平两地获得中国气象局“气象灾害防御标准化乡镇”称号；绵竹市、广汉市、什邡市、罗江区、中江县被中国气象局和省气象局确定为气象为“三农”服务示范点建设县。全市气象信息员达2031人，建成气象预警电子显示屏122个；与水利、国土、农业、环保、国安、应急等部门实施战略合作。

通过构建德阳智慧气象业务体系、国家突发事件预警信息发布系统、德阳气象公共服务平台、“德阳气象”手机APP等，完善气象服务“最后一公里”。基本建立预警信息发布传播机制和“绿色通道”，气象预警信息实现市、县、乡、村四级和关键位置责任人全覆盖，气象预警信息社会单元覆盖率达80%以上。

通过近年来的气象灾害防御实践检验，气象防灾减灾第一道防线作用突出。气象灾害造成的损失占GDP的比重逐年降低，特别是在2018年7月和2020年创历史记录的特大暴雨灾害中，及时准确有效的预报预警服务使德阳市将灾害造成的损失降到了最低，未发生一起因灾伤亡事件，防灾减灾效益突出。

近年来，在气象灾害防御的基础上，为进一步挖掘气象服务潜力，德阳市气象局在气象为农、保障乡村振兴、生态文明建设等方面开展了一些有利尝试。一是面向现代农业由增产转向提质的新要求，开展全市范围内精细化农业气候资源、农业气象灾害普查和区划，围绕水稻、小麦、油菜等大宗粮油作物，以及特色水果、茶叶、药材、花卉等优势特色农业开展精细化农业气候区划业务服务，建立5个平坝、浅丘、山区不同类别的农区农业气候资源利用示范基地。以德阳罗江贵妃枣、青花椒以及广汉樱桃西红柿等特色农业产业为例，建立适宜生长的气象条件模型，开展农业气象指标体系建设。推动地方农产品气候品质认证标准的建立，开展“绵竹大马士革玫瑰”等优质特色农产品气候品质试评，完善气候品质认证的气象业务规范，探索农产品发育期阶段性气候品质研究，积极打造和宣传德阳优质特色农产品，充分利用气象技术和资源提升德阳农产品品牌的影响力和价值链。二是主动助推德阳生态文明建设。充分挖掘德阳气候资源，专题分析研究德阳气候特征，围绕“中国天然氧吧”“气候康养地”“四川特色气候小镇”“气候好产品”等绿色品牌打造主动发力，已成功创建绵竹麓棠、什邡蓥华两个四川特色气候小镇，在围绕“得天独厚”的气候资源打造地方经济新亮点方面做出了有利探索。三是充分依托罗江风云“三号”风云“四号”卫星遥感等地面监测业务体系，开展重污染天气过程解析，加强秸秆焚烧、森林火险监测，做好重污染天气应对和大气环境治理气象保障服务，强化突发环境事件应急气象保障。研究建立与环境和资源保护有关的气象分析评价指标体系，做好乡村生态环境保护的气象服务保障。四是大力提升人工干预能力，发展生态修复型人工影响天气业务。做好全市空中云水资源潜力精细化评估，加大对老旧人影装备实施自动化的更新改造力度，逐步引进新型装备，尽快完成所有炮点的标准化建设。针对频繁出现的强对流天气，利用全市5个区（县）的7个高炮固定作业点依托新一代天气雷达等在枯水期、重污染天气时段开展人工生态增雨，有效增加地面蓄水，减轻污染危害；在强对流天气高发期开展防雹作业，避免和减轻冰雹灾害天气带来的危害。德阳市气象服务立足于气象灾害防御，深耕于气象服务保障能力提升，发展于气象趋利避害的新时代高质量发展气象业务的服务轮廓初显。

二、气象防灾减灾和保障能力建设中存在的问题

经过多年发展，随着气象监测、预报准确度的不断提升，气象服务在当前政府防灾决策、社会经济重大活动保障、城市规划建设、生态文明建设、工农业生产等领域的作用愈发显著，因而各级政府、相关决策部门、社会各行业和广大市民对气象服务提出了更高要求，目前我们气象服务尚不能完全满足保障经济社会高质量发展的气象保障需求。

（一）预报精准度需进一步提升

通过多年的气象现代化建设，德阳气象部门监测体系有了长足进步，已经建成较为完善的空、天、地一体的气象监测体系，地面监测站网加密到乡（镇）级，已经能基本满足常规气温、风、气压、湿度、降水等要素的加密监测。通过融合卫星、雷达、高空、地面观测数据，借助于实时更新的数值预报模式，现代气象预报准确度较以前已显著提升，10天内天气要素的日际变化基本能准确预报，做到重大天气过程不漏报，对政府防灾减灾宏观决策作用巨大，但受限于天气系统本身的混沌效应，我们在最重要的高空观测上的密度远远比不够，平均300 ~ 400千米有1个探空站点，这对于要掌握瞬息万变的大气局地变化是远远不够的。而当前基层面对的服务需求往往要求具体到特定地点和特定时间，也就是常说的定点、定时、定量要求，当前通过精细化的模式预报、智能网格预报有了产品雏形，可以制作逐小时、空间分辨率3千米的预报产品，但是预报产品的准确度尚不理想，离实际业务服务需求有一定差距。

（二）气象服务智能化程度不高，业务平台支撑效果不理想

多年来，气象部门在现代化建设中构建了许多系统和平台用以支撑各业务系统的运行，但是近年来发现一个较大问题，这些平台多以某个处室或部门为主牵头建设，平台建设的目的往往侧重于该处室或部门的业务需求，如侧重于网络监控、数据传输、质量控制、资料存储等，或在使用上仅仅为满足某一层级使用需求，到基层就面临多平台协同，或者在基层某些平台无法使用的尴尬局面，缺乏基层服务端平台。中国气象局国家、省、市、县四级一线的业务体系十分有利于建设统一标准、统一应用的集约化气象服务系统，但近年来各平台系统建设反映出来的问题就是缺乏统一数据标准、平台接口标准，导致各平台互不兼容、智能化程度不高、数据利用率不高，由于多平台重复建设导致对工作效率的提升有限，气象服务效益不高。

（三）缺乏有效的横向交流机制，对地方需求了解不足

长期以来，气象部门自上而下的垂直管理机制导致部门相对封闭，人员、技术、业务与地方政府部门、其他行业缺乏交流，从而对于地方政府的决策需求、行业气象服务需求缺乏深入了解，比如对地方防灾救灾决策机制、流程、响应时间等具体流程缺乏实际操作经验，无法在具体环节上主动提供精细化气象服务；对有关行业气象影响程度、服务需求具体环节、生产流程等缺乏系统了解，导致进一步的细化服务无法开展。对于保障高质量发展要求的气象保障服务，首先要以需要为导向，现在的精细化气象服务需求对这种横向交流提出了更高更深的要求。

（四）面对保障高质量发展要求的生态气象监测手段尚需完善

党的十八大以来，生态文明建设被摆在了突出位置，十九届五中全再次将绿色发展放在了高质量发展的重要位置，在近期召开的第三次长江经济带发展座谈会上，习近平总书记再次强调了生态优先绿色发展，并被摆在了优先位置。气象部门近年来在生态文明建设中也屡被赋予重任，但是由于气象业务布局规划较早，环境生态气象监测站网较少，布局稀疏，当前气象部门根据地方需求也在开展环境气象服务，但基层相关监测站网建设滞后，不能满足有关业务服务需要，特别是在如德阳这种大气环境受气象条件影响较大的敏感地区缺乏相应的环境气象监测设施，对应的环境气象精细化服务效果较差。

（五）人员技术力量较为薄弱

传统上的气象部门技术人员以大气科学专业及其相关专业为主，深耕于气象领域，但在面临如今高质量发展需求时，面向后端应用的诸如政府决策、生态环境、应急指挥以及交通、能源、化工、旅游、医疗卫生、电力、农业生产等细分专业领域的应用型人才缺乏，直接导致气象服务针对性不强、专业性缺乏，面向特定行业的服务技术性不强。而在气象服务的基层一线受人员编制限制，业务人员普遍稀少，目前只能保障基础业务的开展，更加不能开展细分精细化气象服务，目前气象服务尚不能满足“服务精细”的要求。

（六）业务体系尚需完善

多年来，以监测预报为核心的气象业务体系发展迅速，也取得了实实在在的服务效益。但是我们也要看到，在当今各政府决策及各行业发展的气象服务需求上，对于天气因素可能产生的影响结果越来越看重，而不止于以前只需给出天气结论即可，因此对于各种天气因素对于不同行业地区的影响预报的重要性愈发显著，也就是传统监测预报业务需要进一步后延，延伸至细分行业领域，针对不同行业开展研究，建立相应的监测预报体系，开展天气影响预报。因此，需要在现有业务体系中完善后端基于政府防灾建在决策、应急指挥以及如生态环境、能源交通、医疗卫生、旅游服务、气候资源利用等行业气象服务业务体系。

（七）气象预报及服务评价体系尚未完全建立

长期以来，气象服务的科学评价体系尚未完全建立。目前的预报考核机制也不能满足精细化服务要求，科学的评价考核体系应该引领服务需求，而当前在实际业务服务工作中经常面临业务质量考核和服务的矛盾，也就是现有的质量考核体系没起到引导服务的效果。气象服务效益的综合指标评价体系未完全建立，如在一次气象灾害中，准确及时的预报预警到底为减轻灾害损失起到了多大作用、减轻了多少损失、在哪些环节上起到了作用等无法量化评价。人工增雨防雹作业效益的评估也无科学评价体系和指标。对于气象服务的评价主要依托于宏观经济损失、人员损失等可见的指标定性评价，无法细化到气象服务本身的效益评价。

（八）经费保障机制需要加强

气象部门双重计划财务体制在过去保障气象事业快速发展的进程中起到了巨大作用。在当前高质量发展需求下，气象事业亟需各种项目支撑，经费需求较大，在中央和地方事权划分尚未明晰前，气象事业发展保障经费较为缺乏，特别是地方经费的保障责任尚需明确。目前各地经济发展水平参差不齐，财政保障水平差异巨大，而在气象系统内部建设规划则是统一规划实施，在面对各地不同的财政保障力度时，项目实施方式五花八门，进度不一，严重影响气象事业规划的实施效果。

三、气象服务保障高质量发展的一些思考和建议

一是围绕保障社会经济高质量发展这一目标，在“监测精密、预报精准、服务精细”上下足功夫，着力提升预报精准度。构建智能、高效的气象综合业务体系，充分挖掘气象大数据潜力，增强数值预报订正能力，依托智能网格预报加强本地化精细化预报研究，发展人工智能预报技术，提升精细化预报精准度，早日应用于实际业务服务中。

二是加强气象智慧平台体系建设,进一步提高气象服务支撑能力。统一标准,高质量建设满足新时代气象服务需求的智慧化气象业务平台体系,要将包括暴露地面自动气象站、高空气象观测、卫星遥感数据、雷达实时监测数据等在内的气象数据采集、存储、分析集约到统一平台中,融入气象预报分析系统、预报服务产品制作发布系统,形成智能高效的数据采集、预报分析制作、产品分发系统和应用系统。

三是加强气象部门与地方政府、相关部门以及行业的横向交流,提升人员素质。可以采取互派人员交流学习的工作机制,加深气象部门对政府决策、行业需求的了解,掌握气象服务的痛点难点,甚至可以与相关部门共同研究解决有关实际问题。

四是进一步完善当前高质量发展的气象服务必需的气象监测站网等基础设施。深入学习党的十九届五中全会以及第三次长江经济带建设座谈会精神,结合成渝双城经济圈建设,调研研究保障高质量发展气象服务需求,高标准规划建设一批满足未来一段时间服务需求的气象监测服务基础设施,重点完善精细化气象要素监测、生态环境气象监测、卫星遥感应用、雷达精细化应用等方面的基础设施。提升气象信息网络保障水平,建设满足大容量数据传输的气象高速信息网络,充分利用5G技术、物联网技术等提升气象信息保障能力。

五是建立科学有效、以服务需求为引领、激励引导气象服务向更高质量发展的业务考核评价体系。深入研究气象服务科学评价体系的建立和完善,使考核评价指标贴近服务实际,能反映业务水准,真正做到业务质量评价和服务质量评价的统一。研究气象服务效益综合评价指标,使当前评价从宏观定性转向细化定量评价,科学体现气象服务效益。

六是完善气象服务保障机制,进一步明确中央和地方的经费保障责任。气象事业的高质量发展离不开经费的支持,要充分发挥好双重财务体制的优势,积极争取中央和地方在项目、经费上的支持,实现气象事业高质量发展,更好地保障服务地方社会经济的高质量发展。

聚焦“两不愁、三保障” 提升脱贫质量

德阳市旌阳区人民政府副区长 袁 敏

脱贫攻坚是最大的政治任务、最大的民生工程、最大的发展机遇,是全面建成小康社会、实现第一个百年奋斗目标的最大短板。结合“不忘初心、牢记使命”主题教育,围绕脱贫攻坚,9月23日—10月7日,调研组走访了双东镇钻石村、清泉村、中兴村、钱音村、八佛村、青山村、东美村、凉水村、凯江村、金锣桥村共10个村,通过随机入户、走访群众、召开座谈会等方式开展调研,看真实情况、听真实意见、查真实问题。脱贫攻坚全覆盖指导组成员深入双东镇13个村的1366户建档立卡贫困户和非贫困户,坚持以问题为导向,全面摸排脱贫攻坚工作情况,力促调研工作取得实效,现将相关情况报告如下。

一、调研背景及基本情况

双东镇地处丘陵地区,地形复杂,经济发展相对滞后,交通、水利等基础设施薄弱,贫困留守老人较多,脱贫任务重,在全区脱贫攻坚工作中具有代表性。此次调研按照“守初心、担使命、找差距、抓落实”的要求,选取在全区脱贫攻坚工作中具有代表性的双东镇,深入调研、查找脱贫攻坚工作开展过程中存在的突出问题,以期进一步提高全区脱贫攻坚工作成效。

(一)双东镇基本情况

双东镇地处德阳市旌阳区东北部深丘,东与中江县瓦店乡、青市乡接壤,南靠旌阳区新中镇,西邻旌阳区东湖乡,北同旌阳区黄许镇、罗江区蟠龙镇、鄢家镇相连,辖13个行政村2个农村社区2个居委会200个村民小组,辖区面积79.53平方千米。全镇耕地面积41478亩,其中水田18939亩、旱地22539亩。2018年农民人均纯收入为17267元;总人口27235人,其中农业人口20721人;现有劳动力18117个。截至2013年年底,双东镇识别建档立卡人员3405名,占全区贫困人口总数的25%,贫困发生率为14.3%,有市级贫困村13个。近年来,通过实施“五改三建”项目,全镇通村、通组道路均已实现硬化,解决了贫困户出行难的问题。截至2017年年底,全镇贫困发生率降为零,13个市级贫困村全部脱贫。

双东镇党委下辖13个村党支部,所有村党支部班子人员均严格按照要求配备齐全,村党支部中干部队伍结构总体较好,年龄结构相对合理,有5个村党支部实现了书记、主任一肩挑。通过座谈了解,双东镇各村党支部班子战斗力较强,在宣传和执行党的路线、方针、政策,开展党员教育管理,密切联系群众,推进村级综合治理和带领群众增收致富等方面都能较好地发挥作用。

(二)入户基本情况

此次随机走访了清泉村徐成松、李春华,中兴村刘绍琼、龚良琼,钻石村谢杨兴、唐述可6户建档立卡贫困户,与贫困户深入交谈,了解“两不愁、三保障”情况,查看“五改三建”项目实施进度,询问帮扶干部结对情况,查看帮扶手册和帮扶明白卡等资料。

1. 清泉村徐成松。徐成松通过危房改造、“五改三建”政策,新建了房屋、厕所和厨房,人居环境大大提升和改善。他在家务农养牛,儿子在外务工,生活水平逐渐好转。

2. 清泉村李春华。李春华因患骨髓炎腿脚不便,无劳动力,镇(村)干部为其申请了低保、残疾人等补助政策,儿子在外务工,家庭收入稳定达标。该户房屋干净整洁,柴垛、农具摆放整齐,人居环境良好,脱贫成效稳定。

3. 中兴村刘绍琼。刘绍琼因患红斑狼疮无劳动能力,但子女孝顺,赡养情况较好,已住院两次,均享受免费参保政策、住院县域内报销和卫生扶贫基金补助政策,花费1万余元,实际支出900余元,大大减轻了其生活负担,不存在返贫现象。

4. 中兴村龚良琼。龚良琼丈夫和儿子正在服刑,需抚养两个年幼的孙女,在镇(村)干部和帮扶单位的帮助下,养殖猪及鸡、鸭等家禽,种植粮食、蔬菜、春见果树等,为其落实了低保、教育扶贫等政策,3人的生活水平显著提升。因其房屋较为偏僻,为方便其生产运送粮食、接送孙女上学等,通过“五改三建”扶贫项目修建200余米、2米宽的“入户路”,解决了其出行问题。

5. 钻石村谢杨兴。谢杨兴因肢体3级残疾只有半劳动力，家中孙子在读小学，享受了残疾人补贴、医疗救助扶持、教育扶持等政策。同时，在镇村干部的鼓励下，与儿子一起在外务工增加家庭收入，生活水平稳步提升。

6. 钻石村唐述可。唐述可与妻子均患有长期慢性病，被纳入精准扶贫对象，这些年享受健康扶贫、产业扶贫、人居环境改造等政策项目，妻子在家务农，儿子在外务工，收入稳定，家庭情况逐渐好转。

随机走访的6户贫困户均根据实际情况享受了医疗、教育、住房、兜底保障、人居环境改善、产业发展等相关扶贫政策，"两不愁、三保障"均能达标，有稳定脱贫的长效机制。

（三）开展座谈会情况

调研过程中，深入凯江村、金锣桥村、翻身村组织召开座谈会，与村"两委"班子成员深入交谈脱贫攻坚工作开展以来各村发展变化和成效以及存在的不足和努力的方向。

1. 凯江村。凯江村辖11个村民小组，共519户1337人，辖区面积5.27平方千米。全村有建档立卡脱贫户128户323人，产业主要以蔬菜、青花椒、传统粮油作物种植业和家禽、生猪养殖业为主。村级集体经济收入主要以土地流转租金和土地管理费为主，2018年全村村集体经济收入为14500元，2018年全村农民人均纯收入为16584元。全村主要以产业发展带动农户脱贫致富，2019年新建养鸡大棚，年收益12000元；拥有九叶青花椒产业园300亩，预计2020年将实现年收益20万元。基础设施方面，凯江村已于2015年实现道路拓宽硬化，为村民生产生活提供了极大的方便。但该村存在村级工作运行不规范的问题，具体表现在：原村党支部书记因处理历史遗留问题不力造成群众多次向上级反映情况，表达个人诉求，于2018年6月因个人能力不足而主动辞职。同时，村上基础生产设施老旧，少数贫困户内生动力不足，环保意识不足，生活污水自然排放。

2. 金锣桥村。金锣桥村辖11个村民小组，共579户1589人，辖区面积4.76平方千米。全村有建档立卡脱贫户78户200人。全村产业主要以黄府堰贡李、青花椒、传统粮油作物种植业和家禽、家兔、生猪养殖业为主。村级集体经济收入主要以土地流转租金和土地管理费为主，2018年全村村集体经济收入为14933元，全村农民人均纯收入为17205元。早在2017年，金锣桥村率先探索发展九叶青花椒产业，截至2019年年底，全村共种植花椒1500亩，产值达200万元，辐射农户400余户，带动全村98户贫困户发展产业，同时也引领周边村共同发展青花椒产业道路，让九叶青花椒产业成为通江片区的特色产业。但是同样存在农村基础设施建设落后的问题，通往青花椒产业园区无硬化道路，园区周边水利设施建设薄弱。

3. 翻身村。翻身村辖13个村民小组，共571户1419人，辖区面积4.01平方千米。全村有建档立卡脱贫户48户101人。全村产业主要以梨、杏、柑橘、桃子种植和传统粮油作物种植为主，村级集体经济收入主要以土地流转租金和土地管理费为主，2018年全村村集体经济收入为15250元，全村农民年人均纯收入为16986元。该村辖区内的德阳市三间半中药材种植专业合作社被评为市级示范社。翻身村的帮扶单位为区文体旅局，近几年，在帮扶单位的努力下，帮扶形式多元，主要以技能培训为主，例如开展非遗文化潮扇制作传承、职业技能培训等，以翻身村文化产业发展为基点，传授贫困户生产生活技能，激励了贫困户内生动力，提高了农户"造血"功能。然而，翻身村地处双东镇与市区接壤较近的地区，属于区位优势相对明显的村，但该村仍没有支撑全村集体经济收入的主导产业，具体表现在：翻身村"两委"定位全村以发展水果种植业为主导产业，有柑橘、梨子、杏子等种植面积1000余亩，但该村全力打造的柑橘种植业并没有成为支柱产业。同时，个别贫困户存在思想相对落后、自身发展意识不强的问题。

（四）全覆盖指导情况

全覆盖指导组成员共入户走访双东镇13村1366户（其中建档立卡户1284户、非贫困户82户，31户不在家），通过查阅镇村档案资料、入户询问、干部访谈等方式，对脱贫攻坚"三落实"、贫困户"两不愁、三保障"、动态调整、扶贫资金使用和项目实施、大排查工作及整改情况、政策落实等方面进行了指导，总体反映双东镇党委、政府对脱贫攻坚高度重视，镇党委书记、村书记有序开展书记遍访贫困户工作，镇、村两级组织有力，措施得当，帮扶单位鼎力支持，贫困户"两不愁、三保障"均达标，扶贫项目推进有序，贫困户脱贫成效明显，群众满意度较高。

二、双东镇脱贫攻坚现状

旌阳区近年来的脱贫攻坚工作取得决定性的进展，扶贫成效显著，双东镇就是一个成效的缩影，主要体现在以下几个方面。

（一）"两不愁、三保障"全面实现

"两不愁、三保障"是脱贫攻坚的关键标尺，通过几年的努力，双东镇"两不愁、三保障"目标已总体实现。一是实现吃穿不愁。收入稳定是实现不愁吃不愁穿的基础，从入户调研和全覆盖指导反馈的情况来看，群众收入都能达标。部分群众通过外出务工实现家庭收入稳定达标，部分群众通过辛勤劳作发展种养殖业实现不愁吃不愁穿，个别因年老体弱无劳动力的老人户通过子女赡养实现老有所养或通过低保政策兜底实现生活保障。二是住房安全有保障。2014年建档立卡以来，双东镇的土坯房数量在全区位于第一位，破旧低矮、年久失修、跑风漏雨的土坯房非常普遍，存在极大的安全隐患。双东镇通过项目资金、帮扶资金和农户自筹资金，推进贫困户危房改造，在短短四年时间内实施了276户建档立卡贫困户的危房改造，解决了"三保障"中最大的难点，实现了贫困户安全住房的目标。三是医疗扶贫政策到位。在全区建档立卡户致贫原因中，因病致贫比重最大，双东镇也不例外。截至2019年年底，包括双东镇在内的全区所有建档立卡贫困户都被纳入了医疗保障体系，政府免费代缴医疗保险费用，慢性病门诊治疗费用和县域内住院费用报销比例均达90%。同时，设立卫生医疗救助基金，切实减轻了病人的负担，杜绝了因病返贫的情况。四是教育保障到位。教育是阻断贫困代际传递的根本，全区严格执行各类教育扶贫政策，开展多种形式的教育帮扶，在该次"两不愁、三保障"大排查以及全覆盖指导中，双东镇所有贫困户"两不愁、三保障"指标均达标，不存在因家庭贫困而失学辍学现象。

（二）人居环境得到极大改善

行业主管部门和双东镇积极实施安全饮水、广播电视、"五改三建"等项目，改善贫困群众居住环境，保障饮水安全、用电安全。赠送电视机、电饭煲、床、衣柜等生活物品，让贫困户能够喝上干净卫生的饮用水、顺利收看电视节目、住上干净明亮的房屋，大大改善了生活基础条件和人居环境，提高了贫困群众的生产生活水平，同时逐渐引导贫困户转变生活习惯。

（三）产业发展助推脱贫

双东镇以产业发展助推脱贫攻坚，已建成高标准农田3400亩（凉水村、中兴村、东美村）、粮油高产高效示范片10000亩（东潮村、东美村等13个村）、特色花生标准化示范基地1000余亩（钱音村、清泉村）、蔬菜种植园2500余亩(凯江村、东潮村、清泉村)、东美枣产业基地1000余亩;拥有翻身村水果园区500余亩、黄府堰标准化精品李子园1000余亩、八佛村樱桃园500余亩;建成金锣桥村、凯江村花椒产业基地1500余亩,实现销售收入150余万元,花椒种植户户均增收2200元。同时,建成集观光旅游、赏花品果于一体的八佛樱桃谷乡村文化旅游景区,打造优质稻新品牌"旌益态"、东美富硒SOD枣、黄府堰贡李和二百钱花生四大品牌,带动本地贫困群众增产增收。

(四)干部为民服务的意识得到提升

打好脱贫攻坚战是全面建成小康社会的底线任务和标志性指标,任务重,要求严,需要广大基层干部不断转变工作作风和工作方法,提高服务能力,提升为民办事能力。在脱贫攻坚工作中,包括双东镇在内的全区干部做了大量细致耐心的工作,不断摸排每户贫困户的情况,对标制定措施,补齐短板,践行为人民服务、为人民谋幸福的初心,改变以往家长制管理的方式,逐渐转变为更加自由、平等、和谐的相处方式,本着为民服务的态度,解决好"最后一公里"的问题,实现真正的为民服务,既有效锻炼了党员干部,也改善了党群干群关系,巩固了党在农村的执政基础。

(五)中华美德得到传承

在入户走访中,许多贫困户的精神面貌非常好,有着传统农民身上的勤劳质朴,对提供过帮助的人怀有感恩之心,尤其一些家庭母慈子孝,将孝老爱亲真情诠释,不论条件如何艰苦,不离不弃,很好地履行了赡养抚养义务,涌现了一批不等不靠、实干苦干,通过自身努力逐渐摆脱贫困、实现脱贫的人群,过上了好日子、住上了好房子、养成了好习惯、形成了好风气。脱贫攻坚工作充分发挥了贫困群众的主体意识,通过镇村干部、帮扶干部的正面宣传和社会正能量的影响,越来越多的贫困家庭增强了子女赡养义务意识,中华传统美德得到传承。

(六)驻村帮扶工作进一步深入

通过区级领导联系指导41个市级贫困村、区级部门定点帮扶联系村、机关干部结对帮扶联系贫困户、精准选派150余名"第一书记"、驻村农技员、驻村干部到村挂职帮扶、3000余名帮扶干部扎根基层,深化了区级领导联系帮扶、单位包村帮扶、区级结对帮扶、企业合作帮扶、组织人才挂职帮扶"五大帮扶"工作,推动了"五个一""三个一"帮扶力量全覆盖,全区各级干部全身心投入到帮扶工作中。打造了一批沉得下心、留得住的干部队伍,实打实地为民开展具体帮扶行动,与群众密切了感情,党群干群关系更加和谐,收到了良好的效果。

三、存在的问题和不足

(一)帮扶工作不够精细

一是个别帮扶干部对政策理解不到位,对贫困户的宣传不深入,存在个别贫困户对扶贫政策不熟悉、不了解,对自身享受政策情况说不明白的现象。二是帮扶工作不细致。根据该次入户走访了解以及全覆盖指导组反馈情况来看,部分贫困户帮扶手册填写不完善,存在内容单一和不细致的问题,帮扶工作局限于送物资。三是"五改三建"扶贫项目实施效果不佳。个别农户实施改厕项目,虽安装了蹲便器和冲水设施,但未接通水管,达不到如厕冲水的效果,项目实施效果未达预期。

(二)部分村产业发展能力不足

在走访座谈的村中,部分村存在农业产业发展不足,特色产业不突出,业布局、规划后劲不足的问题。青山村早在2010年就被认定为旌阳区农业局科技示范场,但近年来,青山村的农业产业水平没有明显的改善和突破性发展,没有发挥示范带头作用;八佛村在双东镇属于乡村文化旅游产业发展的重点村,拥有八佛樱桃谷、"花海漫步"徒步线等特色旅游产业基础,但村党支部发展壮大特色产业的技术和理念落后,不能充分发挥出八佛村的特色优势,没有对樱桃谷相关基础设施、产业布局等进行合理规划和管理,仍然存在等政府出谋划策、靠政府宣传推广和要政府支持的情况。

(三)贫困农民内生动力不足

一是贫困群众受教育程度普遍偏低,综合素质不高,思想观念落后,存在群众主体作用发挥不明显的现象;个别贫困群众"等、靠、要"思想严重,家中脏、乱、差。二是贫困群众经济活动和收入来源渠道单一,生产经营能力较低,抵御风险和自我发展能力低下。

(四)基层组织建设有待加强

一是村"两委"班子成员总体年龄偏大,学习创新思想落后,服务水平不够,不能发挥"领头羊"的作用。个别村干部思想意识转变不到位,缺乏服务意识和为民情怀。二是个别村的"第一书记"履职不到位,缺乏与村"两委"、上级部门和贫困户之间的沟通,不能顺利推进帮扶工作,工作成效较低。

(五)脱贫攻坚工作与乡村振兴缺乏有效衔接

脱贫攻坚工作对建档立卡贫困户政策扶持力度较大,但也出现了与其他边缘贫困户享受的政策待遇相差悬殊的情况。比如建档立卡贫困户住院费用报销比例较高,可以享受"五改三建"、教育扶贫等政策,日常和节假日期间得到帮扶干部的关心、慰问也较多,造成部分非贫困户群众心理上的落差。双东镇各村推进力度不一样,争取各类项目在本村落实落地有差别。双东镇乃至全区在统筹兼顾整村推进发展方面,还需要结合实施乡村振兴战略通盘考虑。

四、工作对策及建议

(一)压紧压实责任,坚定必胜信心

结合近期开展的"不忘初心,牢记使命"主题教育活动,深入学习习近平总书记扶贫开发思想,避免松懈思想和厌战情绪,坚持目标标准,深化巩固成果,提高脱贫质量,践行脱贫攻坚旌阳承诺。强化政治责任,进一步增强责任感,指导各乡(镇)、行业主管部门、帮扶部门履行好各自责任,继续保持攻坚合力,咬定目标不放松,坚定一鼓作气攻城拔寨的决心。

(二)聚焦精准精细,下足"绣花"功夫

一是不折不扣持续落实住房、教育、医疗、安全饮水等各项政策,保持政策的稳定性、连续性,高标准开展扶贫项目实施工作,筑牢扶贫资金、项目防线。二是以问题为导向,抓实抓牢整改,对标"两不愁、三保障"开展回头看大排查。区级全覆盖指导,由区、镇、村三级自上而下建好问题台账、深入分析、举一反三、落实责任、补齐短板。三是精准精细建好数据平台。系统数据能直接反映帮扶措施实不实、扶贫成效真不真,是脱贫攻坚各项工作的基础,是脱贫考核的依据,必须认真核实核准贫困户的所有信息,并实施动态管理,及时更新数据,为脱贫攻坚决策提供真实准确的第一手资料。四是抓实帮扶工作,用"绣花"功夫做精准文章,用真心情谊开展帮扶,确保帮扶工作务实、脱贫过程扎实、脱贫结果真实。

(三)产业发展再提升,打好乡村振兴基础

一是不断调整农业产业结构,优化产业布局,因地制宜大力发展具有区域特色和比较优势的主导产业,逐步形成"一村一品"的产业发展格局。二是加快发展对贫困户增收带动明显的种养殖业、农产品加工业、休闲农业等产业,促进特色产业提质增效、提档升级。推进农产品认证，加大品牌培育力度，支持企业发展自主品牌和产品品牌。大力推广消费扶贫，积极参与展示展销活动，提升农产品知名度。三是大力发展休闲农业、乡村旅游等新产业新业态，促进农业与旅游业的深度融合发展，拓宽贫困户增收渠道。把发展产业扶贫作为脱贫攻坚的有效措施，夯实乡村振兴的基础。

（四）内生动力再增强，提高“造血”能力

近年来，政策支持和政府、社会各界的帮助大幅提升了贫困群众的生活水平，导致部分贫困群众产生了过分依赖思想，存在“干部干、群众看”、坐享帮扶、不主动积极等现象。高质量脱贫不能只靠救济，扶贫更不能养懒汉，在帮助贫困户通过发展生产来解决生活困难问题，发展经济的前提下，还要把群众作为扶贫开发的决策主体、建设主体和受益主体，充分调动群众参与的积极性和主动性，发挥其主体作用，激发内生动力，变“输血”为“造血”。要进一步加强感恩奋进教育，引导群众知恩图报、不等不靠，用自己勤劳的双手创造幸福美好生活。

（五）基层组织再建设，夯实执政基础

一是加强队伍建设，增强致富能力。首先要选优配强村“两委”班子，把认真贯彻执行党的路线、方针、政策，责任心强、公道正派、有开拓奉献精神、有一定文化知识和能力，能带动群众共同致富的党员选拔充实到村“两委”班子中。二是整顿后进组织，增强服务意识。对软弱涣散、服务意识缺乏的基层党组织进行重点整顿，抓好农村基层党组织的制度建设和法纪监督，要密切党群、干群关系，增强农村基层党组织的战斗力和凝聚力。三是改善党员结构，增强战斗能力。农村基层组织发展新党员时要注重质量，吸纳素质高、致富能力强的优秀人才加入，逐渐改善党员人员结构。四是大力发展村级集体经济。村级集体经济既是村级财力的主要来源，也是农村基层党组织发挥领导核心作用的物质基础，要把发展集体经济作为振兴乡村的一项重要任务来抓，拓宽工作思路，探索符合本地实际的发展道路，寻找集体经济新的增长点，夯实党组织凝聚群众的物质基础，增强党组织的吸引力，使农村基层党组织在一个新的平台上高效、良性运转。

广汉市农村土地流转情况调查与思考

广汉市人民政府副市长　梁筱萍

一、土地流转现状

截至2019年年底，广汉市农村土地流转总面积为15.9万亩，占家庭承包耕地总面积的49.5%，其中30亩以上规模流转面积达14万亩，占土地流转总面积的88%。

（一）流转土地用途、期限及租金

流转的土地主要用于粮食和经济作物种植，基本不改变用地性质。流转期限一般在1~5年，长的达10年以上。租金采取实物计价、现金结算，并实行先预付租金（一般是按年支付）、后用地的支付方式，种植粮食作物的年租金在600~1000元之间（按土地质量的差异），种植经济作物（主要是蔬菜、西瓜、葡萄等）的年租金在1200~1800元之间。

（二）合同签订方式

前几年，由于土地流转面积较小，基本上是在业主和农户之间自发进行，随着农业规模化经营步伐加快，业主流转土地面积增大、涉及农户较多，为简化业主与一家一户签订合同的繁琐和进行规范管理，广汉市提倡采取委托流转的方式进行土地流转，即转出方（农户）先与农业社（村民委员会或土地流转专合社）签订委托流转协议，再由农业社（村民委员会或土地流转专合社）与业主签订土地流转出租合同。

（三）流转对象

主要是种养大户、家庭农场、农民合作社等新型农业经营主体，其次是普通农户及社会工商企业主。2018年流转总面积15.84万亩中，流转给农户（包括大户、家庭农场）8.07万亩、农民合作社6.35万亩、工商企业1.17万亩、其他主体0.25万亩，分别占流转总面积的50.95%、40.08%、7.39%、1.58%。

二、具体做法

一是健全管理体系。建立健全乡（镇）农村土地承包经营权流转服务中心，扎实做好农村土地承包流转服务工作。出台《广汉市农村产权流转交易市场体系建设实施方案》（广府办〔2018〕26号）和《广汉市农村产权入场流转交易办法》（广府办〔2018〕27号）等文件，建设市、乡、村三级农村产权交易体系；加强与德阳所广汉交易中心的合作，做好农村承包地流转的规范交易工作，引导流转双方进入农交所规范交易。全年完成农村产权交易项目190宗，交易金额21905万元，其中农村土地经营权流转项目168宗，流转面积28042.42亩，流转合同金额14771.21万元。

二是制定管理办法。出台《广汉市完善农村土地所有权承包权经营权分置办法实施方案》（广办发〔2018〕56号）、《关于规范农村土地经营权有序流转发展农业适度规模经营的通知》（广办发〔2015〕24号）文件，为推动全市土地经营权有序流转提供政策依据。统一设计印制规范的《广汉市农村土地承包经营权流转合同示范文本》，并发放到村（社区）使用。从2015年起，对一次性流转面积在30亩及以上的，要求乡（镇）做好登记备案工作，建立农村土地流转台账，并每半年向农业农村局报送一次。

三是出台奖励政策。2011—2018年，广汉市政府出台了一系列鼓励种植大户、农民合作社和家庭农场等新型农业经营主体流转土地进行规模种植的奖励政策，8年来广汉市财政共发放奖补资金5000余万元。

四是转变服务方式。将适度规模经营主体作为农业生产主体进行服务，在培训上以培训新型职业农民为主。在技术服务上，改变服务对象，技术指导、技物配套、项目扶持等不再面向全体农户，而是向种养大户、农民合作社、家庭农场等新型农业经营主体倾斜。截至2018年年底，全市共培训新型职业农民2300人，认定新型职业农民231人。

三、存在的主要问题

（一）流转租金偏高，影响种粮积极性

一些经营业主（主要是工商资本）流转土地年平均租金一般在1500元/亩左右，高于农民两季种粮的纯收益，比种植粮食作物的租金翻倍，客观上抬高了土地的流转租金。部分农民为了眼前利益，愿意把土地流转给从事特色果蔬和园林种植的业主，导致一些农户单方面违约或抬高土地流转租金，对粮食种植带来了负面影响。由于广汉市在2019年已取消规模种粮补贴，在部分村（社区）出现了少数从事粮食种植的大户或家庭农场因租金过高要求农户降低租金或退减流转面积、农户又不愿意降低租金或收回承包地自己种的现象，影响了大户的种粮积极性。

（二）改变耕地用途，出现非粮化、非农化倾向

受利益驱动，一些工商企业、农民合作社将流转的土地一般从事果蔬种植、花木种植、农业休闲观光等高收益农业产业，将流转的部分土地用于修建餐饮娱乐、道路硬化等永久性设施建设，改变了土地的耕地用途，如果业主因租地到期或经营亏损撤走，土地难以复耕等后续问题将出现。

（三）拖欠农户租金，影响农村社会稳定

由于农业项目周期长、环节多、利润薄，受自然灾害和市场因素影响较大，加上一些新型农业经营主体不熟悉农业，盲目扩大种植面积和投入资金，造成收益少或亏损，容易出现拖欠农户承包地租金、土地流转合同纠纷增多等问题，给农村社会带来不稳定性。

（四）人员不稳定，管理脱节

广汉市各乡（镇）农村土地承包管理工作由农经员监管，2006年乡（镇）机构改革后，乡（镇）农经站被撤销，农经管理工作被纳入农业服务中心工作范围，熟悉农经管理工作的工作人员很多被调整到其他岗位，目前大部分乡（镇）由1名工作人员（半数为临聘人员）兼职农经工作，多数为非农经专业技术人员，且变动频繁，严重影响了农经工作的顺利开展，造成土地承包流转管理工作脱节，不能很好地为业主、为农民提供流转咨询服务。

四、下一步工作打算及建议

（一）加强土地流转管理和服务

市农业农村局负责农村土地流转管理工作的业务指导，各乡（镇）要加强与广汉市农村产权交易中心的合作，做好信息收集发布、流转价格评估、法律政策咨询、业主资质审查、土地集中连片协调、合同签订指导、合同登记备案等管理和服务工作。要求流转土地的双方必须到广汉市农村产权交易中心进行流转交易，规范流转行为。

（二）加强用途管制

坚持最严格的耕地保护制度，切实保护基本农田。坚决禁止擅自将耕地“非农化”“非粮化”，各乡（镇）要对流转土地的生产经营活动进行日常监管，市自然资源局及相关部门要严肃查处改变土地农业用途等违法违规行为。

（三）引导适度规模经营，发展主导产业

农业农村局和各乡（镇）在土地流转工作中，积极引导业主要以“三带四基地”农业产业发展规划为引领，重点发展相关农业主导产业，进行多种形式的适度规模经营。将从事粮食生产的流转面积控制在100～500亩之间，从事经济作物生产的流转面积控制在20～100亩之间，防止脱离实际、违背农民意愿、片面追求超大规模经营的倾向。

（四）加强对工商企业流转土地的监管和风险防控

严格执行中央、省、德阳和广汉市的《关于进一步引导农村土地经营权规范有序流转 发展农业适度规模经营的实施意见》的文件规定，一是加强对工商企业租赁农户承包地的事前审查；二是实行单个企业租赁农地面积在1000亩以内的上限控制；三是租赁的耕地只能发展农业，不能改变用途；四是对工商企业流转面积在30亩以上的，各乡（镇）按流转土地每亩年租金数额的1~3倍收取风险保证金，统一管理，并专户存储，不能挪用；五是强化监管措施，对工商企业的项目实施情况、经营情况和履约情况等进行经常性监督。

（五）强化工作职责，做好土地流转监管

建立以市农业农村局和乡（镇）人民政府为主体，市自然资源局、市市场监管局等相关部门共同参与，各司其职，协作配合的市、乡（镇）、村分级负责的监管机制。

加快现代农业园区建设　促进中江乡村振兴

中江县人民政府县长　李　霞

现代农业园区是实现农业现代化的重要载体，是实现乡村振兴的“牛鼻子”。近年来，中江县以现代农业园区建设为抓手，深化农业供给侧结构性改革，引领带动乡村产业做大做强，为乡村振兴提供有力支撑。

一、中江县推进现代农业园区建设的路径与成效

（一）明确主导产业，调优产业结构

立足特色优势，确定“2+2”产业（优质粮油、畜牧业两个基础产业+中药材、蚕桑两个特色农业产业）发展方向，着力建设中北部50万亩优质粮油、西部龙泉山区10万亩道地中药材、东南部20万亩优质蚕桑3个产业带，形成“南蚕桑、西药材、中北优质粮油产业带”的空间布局。2019年，全县粮食总产量81.15万吨，油料总产量10.23万吨，肉类总产量11.6万吨，农产品产量排名全省前列。种植中药材11万亩，新建标准化桑园1.2万亩。

（二）强化示范引领，加快基地建设

整合项目资金，集中力量建设一批农业产业基地，示范引领农业产业规模化、现代化发展。建成中江丹参、中江白芍道地中药材基地6.89万亩，优质蚕桑基地2万亩，中江柚基地3.5万亩；龙泉山中药材产业园区成功创建省三星级园区。依托温氏集团，采取“公司+农户”模式，带动扩大生猪、肉鸡等养殖基地建设，实现生猪年出栏90.2万头、肉鸡年出栏1643万只。

（三）坚持绿色发展，提升产品质量

充分发挥省级农产品质量安全监管示范县和国家有机产品认证示范县创建的优势，大力推进农产品“三品一标”认证，全县拥有无公害农产品68个、绿色食品2个、有机食品44个、国家地理标志保护产品3个。建立农业生产技术区域性地方标准58项，其中18项上升为省级标准。77家生产经营主体入驻国家、省农产品质量

安全追溯管理信息平台。

（四）创响特色品牌，扩大区域影响

加强中江特色农产品的包装和营销，鼓励使用"蜀道""味中江""江江好"农产品区域公共品牌，创建、打响了以中江挂面、雄健面粉为代表的粮食品牌，以年丰"纯乡"为代表的油料品牌，以中江丹参、中江白芍为代表的道地中药材品牌，以"中江生猪""爱好蜜""蜀中农夫·救兵粮土鸡蛋"为代表的农特电商品牌。目前，全县共拥有农副产品商标675件，其中国家驰名商标2件、地理标志证明商标3件、国际商标1件。

二、中江县农业园区建设存在的问题

（一）规划引领不足，园区规模较小

园区规划滞后，缺乏整体性中长期规划。产业定位不稳，从2000年年初的13大产业到南羊、北牛、中禽菜、龙泉山脉果药带，再到六大重点产业，直到目前的"2+2"产业，产业定位才日渐清晰。但产业规模化、集中度不足，在现有园区（基地）中，核心面积大多数不到1000亩，大于3000亩的不到10个，达到省、市园区标准的很少。

（二）基础配套较差，产业化程度不高

全县还有2000余千米的村（社区）道路需要硬化，6003座塘堰、1001节石河堰、500千米干支渠、1574千米斗农渠需要整治，大量提灌站需要建设，农村低电压、通讯网络不畅等问题不同程度存在，严重制约了园区发展。现有园区基本停留在种植基地上，大多缺乏产业初加工和后端精深加工，产业化程度低、附加值小、风险大。

（三）要素保障不足，科技支撑乏力

土地保障难，中江县基本农田保有量高达91.3%，很难腾挪出建设用地；农村技术、经营、管理等人才缺乏，全县畜牧类以外农业专业技术人才只有120名；良种培育技术欠缺，中江白芍迫切需要培养良种及脱毒提纯复壮；农业机械化综合水平不高，丹参、白芍机播、机收水平不足10%，统防统治面积仅占耕地面积的6.8%。

三、中江县农业园区建设发展面临的新机遇

（一）政策支持力度加大

农业农村部继续开展国家现代农业产业园创建并给予相关支持；《四川省现代农业园区建设考评激励方案》（川委厅〔2018〕50号）明确每年省财政安排资金5亿元，对认定的省级农业园区给予一次性补助，五星级补助2000万元，四星级补助1500万元，三星级补助1000万元；市级财政每年安排资金1800万元，对认定的市级农业园区给予一次性补助，二星级补助400万元、一星级补助200万元。

（二）示范园区崭露头角

2017年以来，农业农村部已批准创建114个、认定49个国家级产业园，各地共创建1000余个省级产业园和一大批市（县）级产业园。国家级产业园园区农民年人均可支配收入达2.2万元，比所在县平均水平高30%以上。四川省2019年创建国家级现代农业产业园3个，累计创建数达7个，其中眉山市东坡区国家级泡菜产业园年产值实现165亿元，泡菜市场份额占全国的1/3。德阳市规划"双圈层"农业，以"特色小镇+现代农业产业园"模式着力优化产业布局，中江县创建省三星级园区1个。

（三）主体活力不断增强

在乡村振兴战略实施的大背景下，越来越多的社会资本参与到农业发展中来，为农业产业园区建设带来了资金、人力资源和科学技术。就中江县来看，通过整合涉农项目资金、建立乡村振兴农业产业发展贷款风险补偿金制度、实施信贷贴息和保费补贴等措施，扶持县内新型农业经营主体发展壮大，全县已发展市级以上农业产业化龙头企业39家（其中国家级1家）、农民合作社857个、家庭农场60个。

四、加快中江县现代农业园区建设的对策措施

（一）优化产业布局

紧扣"双圈层"布局，坚持"2+2"产业发展方向，围绕优质粮油、现代畜牧、道地中药材、优质蚕桑等主导产业，大力推进现代农业园区建设，优化产业布局。西片以龙泉山脉带为核心，建设50万亩中药材产业带；北片以黄鹿、永太、通济、回龙等乡（镇）为核心，建设10万亩粮经复合优质粮油基地；中片以龙台、玉兴、广福等乡（镇）为核心，建设以G350线为主轴，两边辐射500米，打造万亩稻渔（虾、蟹）种养循环核心示范区，辐射带动周边建设10万亩优质粮油、种养循环、稻田综合养殖现代农业聚集区；中南片建设20万亩蚕桑产业聚集区。

（二）注重示范引领

按照"特色镇+园区""大园区套小园区"发展模式，紧扣省、市星级标准，打造现代农业园区，以大示范区培育现代农业园区聚集区。一是推进"挂面小镇+粮油产业园区"建设。在东北镇建设挂面小镇，在黄鹿、永太、东北、通济、南华、回龙等乡（镇）培育50万亩以优质粮油、粮经复合、稻田综合种养等为主导产业的现代农业园区聚集区。二是推进"芍药养生小镇+龙泉山中药材产业园区"建设。在集凤镇建设芍药养生小镇，在集凤、辑庆等乡（镇）建设万亩核心区，辐射带动培育50万亩以中药材等为主导产业的现代农业园区聚集区。三是推进"沼源小镇+循环农业产业园区"建设。在龙台镇建设沼源小镇，在玉兴、龙台、兴隆等乡（镇）建设万亩核心区，辐射带动南华、悦来、永兴、继光、通山、辑庆等乡（镇）培育10万亩以种养循环、稻田综合种养、粮经复合等为主导产业的现代农业园区聚集区。在永安、柏树等乡（镇）培育以中江柚为主导产业的万亩现代农业园区聚集区。四是推进"蚕桑小镇+蚕桑产业园区"建设。在仓山镇建设蚕桑小镇，在会龙、太安、仓山等乡（镇）建设万亩核心区，辐射带动永丰、冯店、积金、白果、广福、联合、万福、普兴、永兴等乡（镇）培育30万亩以优质蚕桑等为主导产业的现代农业园区聚集区。

（三）突出七项重点

紧扣市级一星、二星，省级三星、四星、五星级的标准，突出重点和特色，逐级创建现代农业园区。一是基地建设。紧扣"2+2"产业，每个基地选择1～2个主导产业培育，种植业基地连片核心区规模应在2000亩以上，稻渔综合种养核心区面积不低于1000亩。推进"一控两减三基本"计划，建立农产品质量安全追溯体系，推进基地绿色高质发展。二是设施装备。加快园区水、电、路、通讯、排污等基础设施硬件建设，加强市场信息、产权流转等公共服务平台软件建设，配套建设冷冻仓储设施、运输通道等冷链物流基础设施，提升园区机械化耕作水平和农业综合信息化水平。三是产品加工。招引、培育龙头企业，发展农产品精深加工。就地就近建设清洗烘干、冷藏保鲜、包装贴牌等商品化处理设施设备，提高农产品产地初加工率。推广园区农产品及其加工副产物综合利用技术。四是品牌培育。统筹运用区域公用品牌，培育企业品牌、产品品牌，争创中国驰名商标、优质品牌农产品。深化国家有机产品示范县建设，发展绿色食品、有机食品、地理标志农产品。五是科技支撑。积极引进、筛选、推广名优特新品种，开展良种展示示范。鼓励园区与科研院所、大专院校合作共建，构建农业科技创新平台，加强科技推广转化，提高科技推广应用水平。六是农业新业态。挖掘历史人文资源，推动文农旅深度融合。积极发展农村电商服务，推进农产品线上线下同步营销。培育覆盖种养、加工、销售、烘干、仓储、科技、金融等多个环节的经营性社会化服务组织，开展专业服务。七是组织方式。创新园区土地承包经营权入股、财政投入股权化、农村集体资产折股投入等制度，探索农户合理分享全产业链增值收益的新模式，促进农民增收致富。

（四）强化保障措施

一是组织保障。成立县级现代农业园区建设领导小组，统筹协调现代农业园区建设管理服务工作，协调落实农业园区建设资金，解决园区建设、管理和服务中的重大问题。省级及以上现代农业园区成立园区管委会，安排专人负责园区营运管理、招商引资和协调服务等工作。二是资金保障。整合各级涉农资金投向现代农业园区。创新财政投入使用方式，提高"新四农"工作对现代农业园区的覆盖率。通过贷款贴息、国有资本和社会资本合作、政府购买服务、设立农业产业贷款分险制度等方式，撬动金融和社会资本投入园区建设。三是用地保障。加快推进土地整理、增减挂钩项目，将耕地占补平衡、土地增减挂钩项目与园区建设相结合。按不低于省级下达年度新增建设用地总量的8%予以单列，支持农村新产业新业态发展。对从事冷链物流、烘干仓储、农产品加工等的新型农业经营主体，辅助设施建设用地可再增加3%。在符合土地利用总体规划的前提下，优化利用农村零星分散的存量建设用地。四是制度保障。支持探索协会会员制、土地托管制、股份合作制、代种代养制、订单制、反租倒包制等多种利益联结机制。探索村集体经济组织股权收益利益联结模式，将财政支持资金按与农业园区主体投入固定资产之和占比量化成村集体经济组织股权，在保底分红的基础上，按股权占比进行收益分配。

促进生猪产业健康发展的调研报告

绵阳市人民政府市长　元　方

农为邦本，本固邦宁。习近平总书记指出，"农业农村农民问题是关系国计民生的根本性问题"。民以食为天，农业稳则天下安。生猪生产是农业的重要组成部分，是关乎国计民生的重要产业，一头连着城乡发展的"菜篮子"，一头连着农民增收的"钱袋子"，对于稳定物价、保持经济平稳运行、助力脱贫攻坚和维护社会大局稳定具有重要意义。

绵阳市作为全国生猪战略保障基地、四川省生猪大市，生猪产业已成为全市农业农村经济的支柱产业、农民增收的重要途径。虽然近年来全市生猪产业综合生产能力明显提升，但产业结构不优、质效不高等问题依然突出，特别是非洲猪瘟疫情发生以来，生猪产业的短板和问题进一步暴露，能繁母猪和生猪存栏下降，产能出现下滑，价格大幅上涨，稳产保供面临较大压力。为促进全市生猪产业转型升级、健康发展，结合"不忘初心、牢记使命"主题教育开展本调研，旨在补齐生猪产业发展短板、加快构建现代生猪产业体系，推动养殖体系从"小散弱"向规模化转变、生产方式从影响环境向环境友好转变、流通体系从"运猪"向"调肉"转变，努力实现更高质量的供给。

一、发展基础：历程与成就

近年来，国家高度重视生猪生产，政策扶持力度不断加大，产业迎来前所未有的发展机遇。在历届市委、市政府的不懈努力下，绵阳生猪产业快速增长，生产能力明显增强，生产效率大幅提升，生猪生产水平进一步提高，保障了城乡居民猪肉消费需求。

（一）发展历程

猪肉，因其应用最广、做法最多，已成为中国人饭桌上的"第一肉"。据考古发现，早在炎黄五帝时期就有将野猪驯化为家猪的证据。《三字经》记载，"马牛羊，鸡犬豕，此六畜，人所饲"。虽然猪肉很早就是人们餐桌上的肉食，但并非自古以来就是中国人的主要肉食来源。农耕文明时期，"牛主耕、羊主肉、猪主饲"，早期养殖生猪的主要目的是为农田积肥，加之生猪饲养成本较高，因此比较珍贵。从魏晋到明朝长达千年的时间里，中国肉食以羊肉为主，猪肉占有率不高。宋朝以后，随着苏东坡等文人大力宣传猪肉美食，蒲松龄从积肥角度提出养猪乃"种田之要务"，大力推动养猪事业发展，生猪圈养逐渐普及。在此过程中，生猪凭借其产量高、繁殖力强、饲养场地小、持续供给有机肥的优势实现逆袭，在民间得到人们普遍认同，成为中国主肉食。中华人民共和国成立前，由于常年战火，养猪业遭受极大打击。新中国成立后，国家将养猪和农业施肥结合在一起，使猪肉地位逐步上升，毛主席表示赞同将猪放在"六畜"之首。改革开放初期，居民收入水平整体偏低，猪肉在我国肉类饮食中占比处于绝对领先地位，消费量占肉类消费总量约90%。2000年以来，在肉类消费中，居民收入因素影响逐渐降低，饮食偏好因素上升，猪肉消费占比略有下降但总体稳定。猪肉占比从1978年的90%下降到目前的73%，仍占据主导地位。2018年，全国生猪出栏6.93亿头，占国内肉类总产量的42.5%；猪肉产量5590万吨（自产5404万吨、进口215.5万吨、出口29.5万吨），从事生猪产业关联人员达到上亿人，养殖业产值达万亿元 以上，种植业、饲料、兽药疫苗以及屠宰场和肉制品加工厂等上下游产业链总产值超过3万亿元（见图1和图2）。

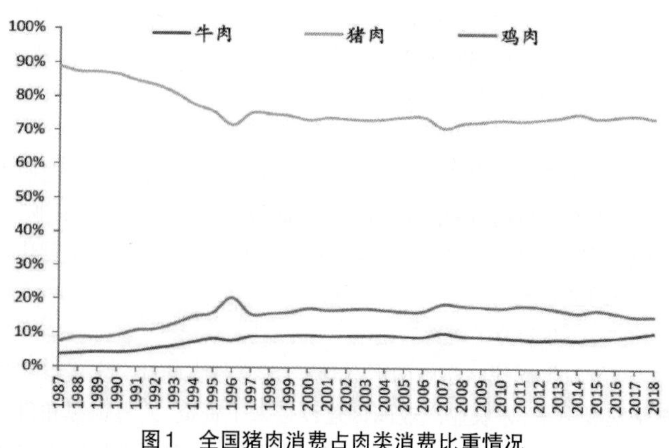

图1　全国猪肉消费占肉类消费比重情况

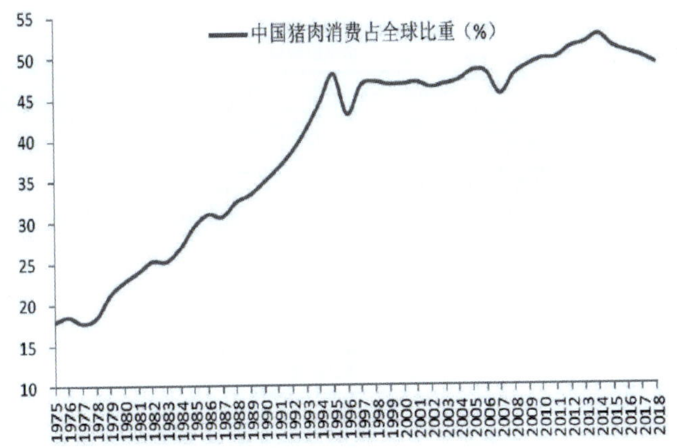

图2　全国猪肉消费占全球比重情况

对于绵阳而言，自中华人民共和国成立以来，养猪业不断发展，养殖业规模85亿元，占农业比重达16.17%，在全市农业发展中占据重要地位。主要分为四个阶段：

第一阶段，统购统销阶段（1949—1984年）。主要农副产品实行有计划的统购统销政策，生猪生产实行“调五留五”政策。这一时期，全市生猪产业以散养为主，养殖规模小、生产水平低，生产和消费严格按国家计划调配，生猪供给严重不足，人均猪肉消费较低。1984年，全市猪肉产量10.97万吨，人均占有量仅为8.3千克，猪肉产量占肉类总产量的比重为95%，猪肉产量年均增速为2.4%。

第二阶段，市场放开阶段（1985—1997年）。随着家庭联产承包责任制的推行，极大地调动了畜禽养殖积极性，生猪产业进入新的发展阶段。1985年建市之初，国家逐步取消生猪派养派购，实行自由上市、随行就市、按质论价，生猪购销政策放开，猪肉产量大幅提升。“菜篮子”工程和生猪产销经营体制改革深入推进，小规模生猪养殖逐渐增加，居民猪肉消费大幅提高。1997年，全市猪肉产量15.7万吨，人均占有量增加到16.25千克，猪肉产量占肉类总产量的比重为82%，猪肉产量年均增速为5.3%。

第三阶段，快速发展阶段（1998—2006年）。生猪产业进入结构化调整时期，大型生猪养殖企业逐渐出现，生猪养殖开始向优势区域集中，从以数量增长为主逐步向数量质量并重、优化结构和增加效益为主转变，产业整合速度加快，更加注重质量安全和可持续发展，肉品消费开始呈现多元化趋势。2006年，全市猪肉产量25.17万吨，人均占有量增加到47.2千克，猪肉产量占肉类总产量的比重为71.7%，猪肉产量年均增长6%。

第四阶段，转型升级阶段（2007年至今）。生猪产业规模化加快，超大型化、集约化生猪养殖企业不断出现，并逐渐向全产业链发展，生猪养殖规模化、标准化水平大幅提升，良种覆盖率逐步提高，现代生猪产业转型升级步伐加快。在此过程中，生猪和猪肉价格呈现周期性大幅波动，肉品消费多元化结构明显。2018年，全市猪肉产量25.59万吨，人均占有量增加到52.76千克，猪肉产量占肉类总产量的比重为65.68%，猪肉产量年均增长1.66%。

（二）发展成就

近年来，全市大力推动生猪产业发展，生猪产业综合生产能力进一步增强，产业素质大幅提升，科技支撑能力显著增强，公共服务体系不断完善，龙头企业带动作用明显加强，组织化程度逐步提高，现代产业发展基础进一步夯实。

1. 生猪大市地位持续巩固

近年来，全市生猪生产总体保持增长态势，逐步发展成为国家优质商品猪战略保障基地、全国商品仔猪外销基地和西南种猪繁育基地。2018年末，全市有生猪养殖场（户）12.06万户，生猪存栏231.71万头；生猪出栏356.23万头，占全省的5.37%，在全省7个区域中心城市（除达州未公布外）总量中居第4位。全市猪肉产量达25.59万吨，占肉类总产量的65.68%。拥有国家生猪核心育种场3个，占全省的50%；建有全省唯一的川藏黑猪原种场，全市原种猪存栏量居全省第1位（见图3）。

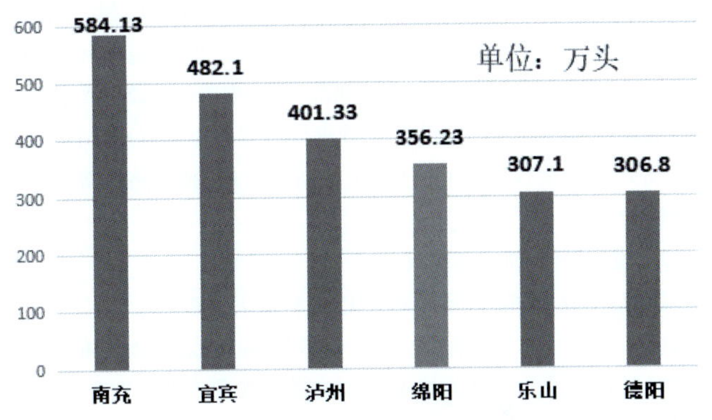

图3　2018年四川省区域中心城市生猪出栏情况

2. 标准规模养殖快速发展

2018年，全市生猪养殖规模化率达49.44%，生猪规模养殖场（户）已成为猪肉市场平稳供给的重要支撑。特别是随着近年来生猪产业形势趋好，正大、新希望、正邦等龙头企业纷纷加大生猪产业投入，对全市标准化规模化养殖起到了示范带动作用，基本建成三台100万头生猪产业园、盐亭50万头优质生猪产业基地和梓潼50万头优质生猪产业基地。创建部省级生猪标准化示范场40个、市级示范场152个、市级以上畜禽标准化养殖示范场360个，生猪“三品一标”农产品达15个，居全省前列。羌山农牧、恒力通2家本地生猪养殖企业在“新三板”上市。全市龙头企业出栏生猪170万头，占生猪出栏总数的47.7%。

3. 现代种业工程加快实施

加快建设国、省级核心育种场、一级扩繁场、二级扩繁场，建立现代生猪良种繁育体系，实施生猪遗传改良计划，生猪综合生产能力不断提高。参与国家级生猪现代种业建设和育种攻关，建成种公猪站、种猪性能测定中心、种猪遗传评估中心、生猪遗传资源保护中心和生猪分子育种中心创新育种平台5个。铁骑力士与四川农业大学联合育成“天府肉猪配套系”，成为四川省首个通过国家审定并具有完全自主知识产权的优质瘦肉型配套系，获得国家畜禽遗传资源委员会新品种证书，被农业农村部列为畜禽主推产品。

4. 全产业链发展积极推进

以生猪规模养殖、屠宰、猪肉产品精深加工为主的产业链条日益完善，现代畜牧业转型升级步伐加快。全市有119家三证屠宰企业，其中A级屠宰企业16家、B级屠宰企业103家；猪肉产品精深加工企业2家，双汇、长林年产值分别达35亿元、15亿元。梅林正广和二期工程竣工投产，2018年出口肉类罐头1.7万吨，实现销售收入2.72亿元。在生猪产业带动下，全市市级以上龙头企业达491家，其中农产品精深加工规上企业156家，产值达360亿元。

5.生猪行业监管有力有效

加强检疫执法,加强生猪调运监管,严格落实企业主体责任,强化屠宰场监管措施,开展私屠滥宰专项治理,口蹄疫、高致病性猪蓝耳病等疫病得到严格防范和有效处置。特别是2018年全市非洲猪瘟疫情发生后,及时启动应急预案,成立非洲猪瘟防控应急指挥部,全面落实疫情排查、禁调限运、消毒灭源等措施,推动盐亭疫区42天顺利解除封锁。针对调运环节,全市累计备案生猪贩运车辆835辆,出动执法人员20.34万人次。应免畜禽免疫密度、畜禽圈舍消毒面均达100%。建立“两场”生物防疫安全体系,编制出台《非洲猪瘟防控工作指引》,为全省生猪产业健康发展做出了积极贡献,相关工作走在全国、全省前列。在全省率先开展共建无疫小区、生猪养殖场(户)疫病根除工程、场社进出物料交换规范、利用中兽医药增强生猪抗病能力等课题研究,聚焦“生物安全管理体系建设生猪养殖小区(合作社)”等环节开展探索,为后猪瘟时代防控措施、技术路线等提供了宝贵经验。

二、发展形势:机遇与挑战

当前,世情、国情、农情深刻变化,乡村振兴战略深入实施,生猪产业既面临一系列重大机遇,也存在一系列风险挑战,必须要准确研判当前宏观形势,把握绵阳发展态势,才能推动生猪产业转型升级、稳步发展。

(一)发展态势

2019年以来,受非洲猪瘟等多种因素影响,猪肉价格持续上涨并创历史新高,生猪产业迎来了“超级猪周期”。“猪周期”是指生猪生产和猪肉销售过程中的价格周期性波动。2006年以来,全国大致经历了四轮“猪周期”,主要呈现以下特点:一是每轮猪周期基本上在3 ~ 4年,下行时间略长于上行时间,主要是因为在下行阶段,利润下行但只要未亏损,养殖户退出的意愿不强;二是每轮猪周期均伴随疫病助推,但最近的猪周期相较过去明显存在非市场化的政策因素,比如环保因素;三是规模化和技术进步导致需要的能繁母猪和生猪存栏量下降,因此新一轮猪周期产能恢复后,对应的存栏量将低于前期;四是不同于历次猪周期,本轮猪周期仅影响CPI,并未传导至PPI,核心CPI和非食品CPI下行、PPI连续为负,宏观环境是总需求不足。前三轮猪周期均历时4年左右,上行周期分别为2年、15个月和2年,最高涨幅分别为132.6%、98%和76.6%。绵阳与全国基本一致,也经历了四轮“猪周期”,前三轮最高涨幅分别为97.5%、48.6%和35.2%。

从本轮超级猪周期来看,涨幅大、速度快,价格上涨幅度为历次猪周期之最,预计上升周期可能延长至2020年下半年。主要有四个方面原因:一是环保禁养存在扩大化倾向,各地制订了划定禁养区和区内污染养殖户搬迁计划,个别地区存在层层加码扩大化。二是规模化养殖升级导致散户大量退出,猪肉供给下降,但仍未改变我国散户养殖占比较高、规模化养殖率不高的格局。全国年出栏量小于100头的散养农户数从2007年的8100万户下降至2017年的3700万户,降幅54%,而同期年出栏头数超过1000头的规模养殖场(户)数量从4万户增至8.2万户,增幅达105%。但是,养殖500头以下的养殖户数占比仍高达99.4%,500头以上的出栏数占全部出栏数的49.1%。三是部分地区生猪感染非洲猪瘟,截至目前,全国共发生非洲猪瘟疫情143起,导致生猪存栏减少。四是非洲猪瘟前,上一轮猪周期中积累的过剩产能逐渐出清完毕,新一轮猪周期已经启动,猪肉价格存在内生上涨动力(见图4)。

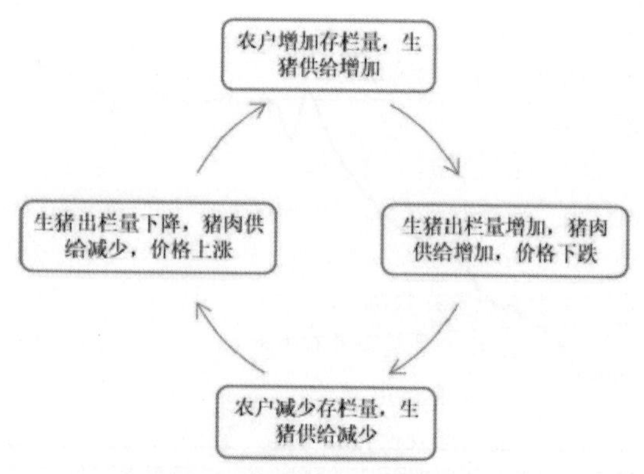

图4 “猪周期”示意图

对绵阳来讲,超级猪周期将在宏观、中观、微观3个层面产生较大影响。从宏观上看,近年来,猪肉价格和CPI指数相关系数达0.82,远高于CPI篮子中其他商品。本轮超级猪周期以来,全市生猪调运规模持续下降,CPI物价指数不断上涨。尽管实施了稳价保供措施,但目前猪肉价格仍达15元/千克左右,年内全市CPI可能突破3%。从中观上看,全市生猪养殖行业集中度较低,虽然生猪年出栏50头以下的养殖场(户)户数从15万户减少到11.8万户,生猪养殖规模化率从35.6%上升到49.44%,但养殖100头以下的养殖场(户)占比仍高达90%,出栏生猪占比30%。本轮超级猪周期将加速生猪规模化养殖,推动行业集中度提升,进一步增加冷链猪肉运输比重,生猪产业模式将发生极大变化。从微观上看,猪肉价格上涨将增加居民消费支出。从目前猪肉消费情况看,城镇高收入群体(城镇居民中,收入最高的10%人群)年猪肉消费支出占总支出为4%;城镇低收入群体(城镇居民中,收入最低的10%人群)支出占比高达10%。此项消费支出比例随居民收入降低而不断升高,因此猪肉价格上涨对低收入家庭影响更大(见图5)。

图5 近年来全国猪肉价格情况

(二)发展机遇

虽然当前受非洲猪瘟、环保政策等因素影响,生猪产业发展形势比较严峻,但也面临一系列发展机遇。

一是国、省重视支持。国家层面,2019年9月,国务院出台《关于稳定生猪生产促进转型升级的意见》,建立了约束与激励机制,明确发展生猪生产,保障市场供应,并进一步完善了政策支持体系;农业农村部等国家部委也密集出台了实施生猪规模化养殖场(户)建设补助、加大信贷支持、完善生猪政策性保险政策、落实和完善用地政策等一系列鼓励措施。省级层面,8月26日,农业农村厅、省发展改革委等15部门联合印发《促进生猪生产保障市场供应九条措施》(简称四川“猪九条”),从稳定生产、保障市场供应、促进生猪产业发展等方面提出了9条解决举措。

二是产业转型升级。本次疫情暴露出部分中小养殖场(户)在防疫方面存在突出问题,大型养殖场(户)在检验检疫、养殖技术、疫病防控等方面标准更加严格、技术实力更加雄厚,抗风险能力较强。比如,正大在梓潼投资建设的181个“1+5”规模化养殖场(户)存栏生猪达20万头,去年10月至今没有出现一例非洲猪瘟疫情。大型规模养殖场(户)对未来生猪市场看好,养殖意愿强烈。可以看出,生猪养殖体系从小散弱向规模化转变是大势所趋,也是未来生猪产业发展的必由之路。

三是居民消费转变。随着人们收入水平的提高以及健康消费理念的不断深入,消费者对安全、优质、品牌化和具有特色的猪肉产品更加喜好,消费将越来越多样化。猪肉作为我国居民最主要的肉食种类,安全、健康、有特色的猪肉以及猪肉精深加工产品将是未来市场的发展方向。

(三)发展挑战

一是规模化水平不高。从总体规模来看,2018年,全市生猪出栏356.23万头、增长2.4%。与全国闻名的养猪大市广东茂名市相比,2018年出栏生猪近700万头,增长2.9%,生猪养殖规模是全市的2倍,增速高于全市0.5个百分点。从规模化率来看,市内发展差距较大,梓潼(62%)、盐亭(54%)、三台(51%)等地规模化养殖率高于全市平均水平,但江油(44%)、游仙(35%)、安州(29%)、平武(17%)等地低于全市平均水平(见图6)。

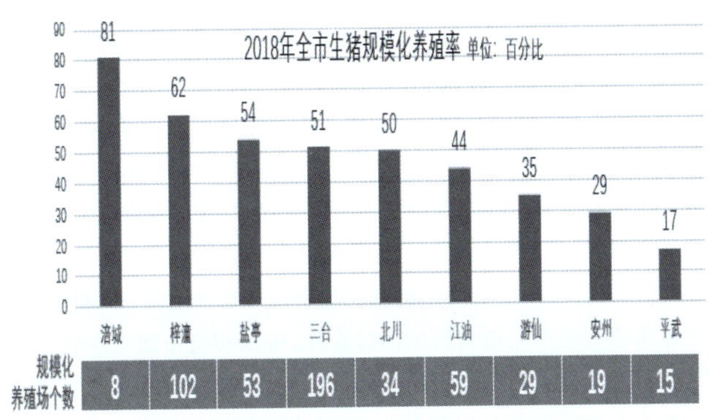

图6 2018年绵阳市各地生猪养殖规模化情况

二是产品附加值不高。从加工能力看,全市有生猪屠宰企业119家,2018年屠宰总量近300万头。其中,16家A级屠宰加工企业年加工能力在650万头左右,2018年屠宰190万头,占全市的2/3,屠宰加工能力过剩69%,反映了全市生猪产品主要以初级产品为主,产品竞争力不强。从纳税情况看,全市有其他饲料加工、肉制品及副产品加工、肉禽类罐头制造等3个行业23家生猪上下游产业链企业,已纳税0.96亿元,说明全市生猪生产、屠宰、精深加工等产业链条不长,产品附加值较低。

三是抗风险能力不强。全市生猪疫病流行状况总体十分复杂,病种多、流行广,稳定生猪生产发展、保障市场供给任务重压力大。特别是非洲猪瘟疫情发生以来,生猪产业跌宕起伏。截至9月底,全市生猪存栏185.91万头,下降20.9%,其中能繁母猪17.06万头,下降20.2%,猪肉价格同比涨幅超过100%,说明全市养殖场(户)防疫体系薄弱、设施设备简陋,从业人员防疫意识不强,生猪保险覆盖面低等问题还比较突出。

四是从业人员素质不高。全市有生猪养殖从业人员25万余人,平均年龄在45岁以上,80后和90后仅占从业人员的17%,其中初中及以下文化程度从业人员占比超过80%,专科及以上文化程度仅占7.5%。多数从业者文化素质偏低,仅接受过简单技术培训,接受新知识新理念的能力较差。

五是资源要素不畅。农业资源环境和生产要素约束加剧是制约规模化种养业等农业产业发展的主要难题。从资金方面看,现代畜牧业发展面临最大问题就是融资难,主要原因是养殖场(户)土地和圈舍等资产难以确权,很难进行抵押贷款。据调查,三台县46个生猪养殖场(户)总投资5000万元,龙头企业担保金融机构贷款仅为800万元,仅占总投资的16%。从土地方面看,随着规模化养殖比重逐渐提高,用地需求不断增加。目前,全市龙头企业规划待建的5个种猪场因选址问题导致一直无法落实。同时,许多种植基地被划为基本农田,未预留农业设施建设用地,养殖场(户)无法进入,难以形成有效的种养业结合。

三、发展定位:思路与目标

(一)总体思路

坚定以习近平新时代中国特色社会主义思想为指导,全面贯彻党的十九大和十九届二中、三中、四中全会精神,认真落实中央、省、市决策部署,积极践行新发展理念,坚持稳中求进工作总基调,发挥市场在资源配置中的决定性作用,立足当前恢复生产保供给,着眼长远转变方式促转型,强化政策扶持和机制创新、科技创新、品牌创新,以提升现代生猪种业、标准化养殖、动物疫病防控能力、饲料安全生产保障能力、生猪产业化发展和品牌打造为重点,一手抓疫情防控、一手抓生猪产业发展,不断完善生产体系、经营体系和产业体系,加快构建生产高效、资源节约、环境友好、布局合理、产销协调的生猪产业高质量发展新格局,推动全市由生猪养殖大市向生猪产业强市跨越。

(二)基本原则

坚持转变方式。大力发展适度规模养殖,推广标准化、规范化饲养,提高集约化、机械化、自动化水平,实现数量增长向数量质量效益并重转变。强化质量意识,提升生猪产业装备水平,实现养殖到屠宰全程可追溯。

坚持绿色发展。贯彻绿色发展理念,以种定养、以养促种、种养循环,推进生产、生态协调发展。根据资源禀赋和环境承载能力,调整优化生猪生产结构和区域布局,发展绿色清洁养殖,促进资源循环利用。

坚持产业融合。坚持农林牧结合、种养加一体、一二三产业融合,推进种植、养殖、屠宰、加工、流通、消费等全产业链各环节协同升级。大力发展“互联网+现代农业”,推广订单模式、网上交易和期货等,提升生猪产业信息化水平。

坚持市场引领。充分发挥市场配置资源的决定性作用,引导鼓励金融和社会资本积极投入,建立企业投入为主、政府适当支持、社会资本积极参与的运行机制。顺应消费结构升级趋势,满足多元化消费需求,以消费升级带动产业升级。

(三)发展目标

生猪产业结构进一步优化,生产效率进一步提高,生产、生态更加协调,安全保障更加有力,质量效益明显提升。到2021年,新(改、扩)

建生猪标准化规模养殖场(小区)300个,生猪产能达到400万头,实现产值100亿元以上。到2023年,新(改、扩)建生猪标准化规模养殖场(小区)650个,生猪产能达到600万头,实现产值200亿元以上;具备分割加工能力的屠宰企业占比达到75%,加工企业精深加工产品的比重达到50%,“育、繁、推”生产体系、“产、加、销”市场体系基本形成。到2025年,新(改、扩)建生猪标准化规模养殖场(小区)1000个以上,养殖规模化率达到80%以上,粪污资源化综合利用率达到98%以上;生猪产能达800万头左右,实现产值300亿元以上;生猪产业转型升级取得突破性进展(见图7)。

主要目标		2021	2023	2025
生产目标	猪肉产量(万吨)	28.1	42.3	56.5
	出栏500头以上规模养殖比重(%)	60	70	80
	规模企业屠宰量占比(%)	85	90	95
效率目标	出栏率(%)	215	225	230
	规模养殖场一头母猪年提供上市商品猪数(头)	22	24	26
	劳动生产率(头/人)	1100	1500	2000
	育肥猪饲料转化率	2.5	2.4	2.3
生态目标	粪便综合利用率(%)	95	96	98

图7 绵阳市生猪产业发展目标

四、发展方向:方法与路径

坚持以习近平总书记“三农”思想为指引,以发展现代生猪产业为主线,以农民持续增收和猪肉“稳价保供”为核心,切实抓好“建基地、育主体、促融合、抓改革、防风险”五个方面工作,走规模养殖、品牌引领、生态循环、利益联结、健康发展之路,促进生猪产业持续健康发展。

(一)建基地,走规模养殖之路

规模化养殖是未来生猪产业发展的趋势。一是优化产业布局。综合考虑环境承载能力、资源禀赋、产业基础和区位条件等因素,充分发挥区域比较优势,分类推进重点发展区、适度发展区和稳定发展区生猪生产协调发展。以三台、江油、盐亭、梓潼为重点发展区,依托现有发展基础,加快产业转型升级,提高综合生产能力和市场竞争力;以北川、平武为适度发展区,实行合理承载,推动绿色发展,突出区域特色,推行生态养殖,发展优质高端特色生猪产业;以涪城区、游仙区、安州区为稳定发展区,稳定现有生产规模,推进精深加工和品牌化发展。抓好国家核心育种场、扩繁场和川藏黑猪繁育基地建设布局,切实提升生猪种质资源保障水平。二是推进标准化生产。按照“畜禽良种化、养殖设施化、生产规范化、防疫制度化、粪污处理无害化”五化要求,对养殖场(户)生猪生产、环境控制、动物防疫、粪污资源化利用等环节进行标准化改造和设备更新,引进节水、节料、节能养殖工艺和干清粪、微生物发酵等实用技术,推广应用机械化、自动化、智能化设施设备。加大生猪标准化示范场(小区)创建力度,鼓励养殖场(户)积极争创部、省级标准化示范场(小区),全面提升标准化养殖水平。三是推动集群发展。依托新希望、正大、铁骑力士等龙头企业,建设一批国内领先、省内一流的生猪养殖示范场,打造生猪核心产业带集群。发挥示范场的辐射带动作用,支持有条件的小农户稳步扩大规模,发展规模适度、生产集约、管理先进、效益明显的现代家庭农牧场,推动形成以产业集群链接标准化养殖场(户)、以标准化养殖场(户)辐射家庭农场的三级基地模式。力争到2020年,生猪规模化养殖场(户)达到1200家,规模化率达到55%,新增产能10万头、新增产值10亿元。四是建立生猪现代产业园区。认真落实省委、省政府关于建设现代农业“10+3”产业体系的部署要求,围绕生猪主导产业,集聚政策、资金、人才等要素,大力推行“园区+新村”“园区+基地”等模式,加快建设“设施装备先进、产业链条完整、业态发展良好”的现代农业特色园区。力争到2020年,建成以生猪为主导产品的现代农业园区2个,实现产值40亿元。

(二)育主体,走品牌引领之路

加强生猪品牌建设是推动生猪大市向生猪强市跨越的必然选择。坚持以提高效益为核心,按照《绵阳市现代农业重点产业、主导产品及空间布局方案》《优质生猪主导产品发展行动方案》,加快培育生猪产业龙头企业,延伸产业链,提高生猪产业一体化经营程度,推动全市生猪产业做大规模、做优品质、做响品牌。一是大力培育引进龙头企业。支持现有企业加快发展,用好中央财政生猪调出大县补贴资金,扶持培育一批规模上万头的生猪养殖企业。持续加大招商引资力度,重点引进集养殖、屠宰、精深加工等于一体的大型企业集团。推动新希望、铁骑力士等项目尽快开工建设。力争到2020年,全市新引进龙头企业2家,生猪产业龙头企业达20家,年出栏生猪达200万头。二是支持中小养殖场(户)发展壮大。鼓励铁骑力士、羌山农牧等龙头企业与养殖大户、家庭农场、养殖专业合作社建立“公司+家庭农场”“公司+产业基地+农户”等新型合作机制,采取收购、入股、合作、代管等形式,改造提升传统养猪场,优化生产经营结构。支持龙头企业在同一区域内布局全产业链,推行“育、繁、养、宰、加、销”一体化融合发展新格局。引导散养农户、贫困农户通过劳务输出、资金入股等方式融入现代养殖体系。力争到2020年,带动500户散养户成长为规模化养殖户。三是大力实施生猪产业“品牌化”战略。加强生猪及其产品质量安全监管能力建设,落实肉品质量安全主体责任,推进以保障肉品质量安全、防范失信风险为核心的屠宰企业诚信管理体系建设,确保食品安全,提升全市“国家优质商品猪战略保障基地”建设水平。加强产销对接,充分利用粤川、浙川扶贫协作机制和消费扶贫有关政策,加强与广东、浙江等高端生猪产品消费区的衔接合作,推动在全市建立生猪“菜篮子”生产基地,建立长期稳定的供需机制。适应市场多元化产品需求,依托龙头企业培育壮大川藏黑猪、天府肉猪等绵阳特色生猪品种,打造绵阳生猪知名品牌。力争到2020年,全市国、省级生猪产业知名品牌达5个(见图8)。

图8 新型合作养殖模式

（三）促融合，走生态循环之路

生态循环是生猪产业发展的根本出路。按照“以种定养、以养促种、种养循环”思路，推动生猪产业内部粮经饲统筹、种养加一体，外部与工业、服务业融合，以生猪产业的融合发展推动农业增效、农村繁荣、农民增收。一是强化废弃物综合利用。积极鼓励规模化畜禽养殖场（小区）采取全过程综合治理技术处理污染物，推广利用“微生物”转化技术将畜禽粪污转变为优质有机肥料。大力实施粪污资源化利用项目，推进现有规模养殖场（户）粪便污水治理设施改造升级，提升生猪养殖产业附加值。力争到2020年，全市规模养殖场（户）粪污处理设施装备率达到100%，生猪废弃物综合利用率达到98%，实现附加值1.2亿元。二是加快发展屠宰加工业。调整优化屠宰行业产业结构和产业布局，推动屠宰业向生猪产业核心基地转移，推进生猪养殖户与屠宰加工企业利益融合，逐步取消活猪中间流通环节，推进生产者与屠宰场的直接联系，逐步形成以现代屠宰加工企业跨区域流通和本地屠宰企业供给并重、流通有序的产业布局。推行猪肉产品冷链调运，加快建立冷鲜肉品流通和配送体系，实现“集中屠宰、品牌经营、冷链流通、冷鲜上市”。力争到2020年，全市创建省级标准化屠宰企业2家，规模屠宰加工企业达到12家，实现产值20亿元。三是推动生猪产业多元发展。依托大型“互联网+”企业，推进物联网、云计算、移动互联网等现代信息技术应用于生猪业。支持国家生猪交易市场——四川市场发展，鼓励市场在发展“互联网+生猪流通”的同时，探索发展“流量经济”，为生猪企业提供生猪期货交易、生猪金融等农业增值服务，增强市场影响力。按照发展创意农业、观光农业、休闲农业的思路，推进生猪养殖业与旅游、文化等产业深度融合发展，大力推广发展观光牧场、生猪养殖体验、生猪认领等农旅融合模式，加快建设雪宝乳业鸿丰观光牧场、三一国际农场等农旅融合项目，拓展生猪养殖产业链。力争到2020年，国家生猪交易市场——四川市场年交易生猪40万头，实现交易额15亿元；全市生猪产业农旅融合企业达4家，实现产值1.3亿元（见图9）。

图9　生猪屠宰、运输配送体系

（四）抓改革，走利益联结之路

助农增收，是推进生猪产业健康发展的根本目的。充分运用改革创新办法，以集体经济壮大、农民增收致富为方向，进一步激活要素、激活市场、激活主体，实现集体经济有发展、农民群众有收入。一是加快推进农村集体产权制度改革，壮大农村集体经济。积极开展成员资格界定、股权量化等工作，加快建立产权关系明晰、组织机构健全、经营管理规范的新型村级集体经济体系。推行建立生猪合作社等合作组织，引导鼓励养殖主体、屠宰加工龙头企业通过与合作社联建、签订订单等方式建立稳定的生产、加工、销售合作机制，带动农民养殖增收。坚持因地制宜，充分利用废旧房屋、撂荒土地等集体空闲资产发展生猪养殖产业，着力盘活集体资产，壮大集体经济。积极推进农超对接，引导大型连锁超市、县乡农贸市场、生猪产品流通龙头企业等与农村专业组织合作，增强生猪产销率。力争到2020年，全市生猪合作社达到320个，年产值达到15亿元。二是健全完善农企利益联结机制，推动农民稳定增收。通过“公司+合作社+农户”等模式，构建经营主体与农民共同发展的利益联结机制，推动实现互利互惠。建立“股份式”利益联结机制，鼓励农民以扶贫贷款、政府补助、土地使用权等折股入社，养殖龙头企业通过与合作社联合经营、返聘农民务工等方式向农户支付股金、租金、薪金，推动资源变资产、资金变股金、农民变股民，实现长期稳定增收。建立“托管式”利益联结机制，积极建设生猪养殖、加工、销售社会化服务体系，引导龙头企业与农户签订托管协议，积极推行生产托管、技术托管、销售托管、管理咨询等托管服务，将小农户生产引入现代化生猪养殖轨道，提高生猪养殖规范化、专业化、科学化水平，提升农户养殖效益。力争到2020年，全市10%的生猪养殖农户加入合作社，实现养殖年收入1.8亿元，劳动生产率达1000头/人（见图10）。

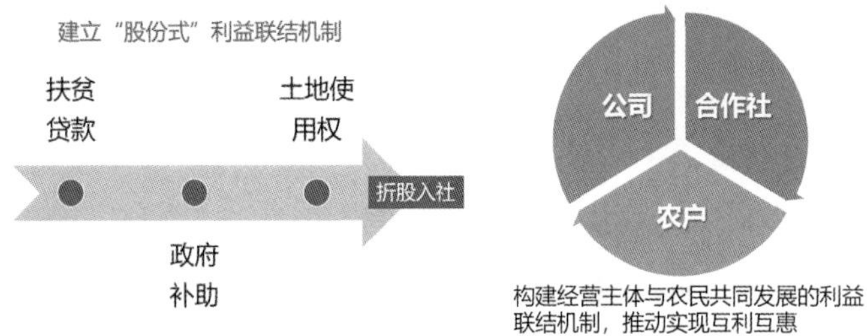

图10　农企利益联结机制

（五）防风险，走健康发展之路

增强生猪产业抗风险能力，对于稳定物价、保持经济平稳和社会大局稳定十分重要。要坚持内外并重，加强生猪生产、质检、仓储、调运等关键环节管控，构建生猪产业风险防控体系，切实做到稳产保供。一是对内加强疫病防控，降低养殖风险。坚持物防、人防、技防多管齐下，健全动物疫病监测预警、防疫技术支撑、卫生监督执法、疫病预防控制、兽药质量监察等防控体系，统筹做好非洲猪瘟、口蹄疫、高致病性猪蓝耳病等重大动物疫病防控，努力确保不发生区域性生猪重大疫情。强化生物安全隔离带建设，依托生猪遗传资源保种场、部省级核心育种场、规模种猪场及规模猪场，对周边3公里范围内的生猪小散养殖场（户）实行统一疫病检测和动物检疫，强化联防联控，规范疫情处置，严防疫情扩散。打好非洲猪瘟疫情防控持久战，按照《绵阳市非洲猪瘟防控工作指引》，加强疫病防控、技术培训和分类指导。加快推进三台县非洲猪瘟无疫小区示范点建设，统筹设置“核心无疫区、生物隔离区、防控缓冲区”，由“政府、企业、集体经济组织”三方共建共享，努力形成疫病防控、产业发展、群众增收协调同步的典型经验，在全市广泛推广应用，不断提升养猪场生物安全防护水平。认真落实政策性生猪保险、生猪价格指数保险和商业性生猪保险，提高保险保额，扩大保险规模，及时理赔发放，并与病死猪无害化处理联动，降低生猪养殖风险。力争到2020年，全市95%的生猪养殖户纳入保险范围，病死猪集中无害化处理率达50%以上。二是对外健全流通体系，降低市场风险。坚持“生产”与“市场”相结合，推进生猪产销一体化建设，推动实现养殖屠宰匹配、产销顺畅衔接。加快推进生猪屠宰行业供给侧结构性改革，淘汰化解落后屠宰产能，推动生猪屠宰企业标准化、规模化升级，优化生猪养殖和屠宰加工布局，努力提升生猪就近屠宰加工能力和屠宰肉品上市质量。积极推动猪肉供应由“运猪”向“调肉”

转变，加大仔猪及冷鲜猪肉恢复执行鲜活农产品运输“绿色通道”及高速通行免费等政策宣传，培育一批冷链物流企业，支持新建和改造智能化冷链仓储设施，健全完善冷鲜肉品流通和配送体系，不断提升全市冷链物流配送能力和水平，力争到2020年，培育农产品冷链流通企业5家，2家成为全省农产品冷链流通标准化试点企业。强化市场预警分析，推行生猪养殖网格化管理，掌握猪肉价格变动及市场供求情况，引导养殖场（户）科学调整生产结构，适时启动猪肉收储和投放，稳定猪肉市场供应，减少价格波动幅度，规避市场风险（见图11）。

- 绵阳市“两场”非洲猪瘟防控生物安全技术指引
- 绵阳市生猪养殖非洲猪瘟防控风险评估与技术指引
- 无非洲猪瘟小区管理技术指引
- 养殖场（户）防控非洲猪瘟网格化管理指引
- 野猪监测非洲猪瘟防控技术指引

图11　非洲猪瘟防控五大指引

五、发展保障：组织与要素

推动生猪产业转型升级，需要采取强有力的政策措施，做好组织保障与要素保障，加速恢复生猪生产，有效确保市场供应。

（一）加强组织领导

坚持分级负责、属地管理，做到机构健全、责任明确、工作落实。一是落实地方职责。加大“菜篮子”市长负责制落实情况考核力度，市级层面为市长负责制，县市区、园区为行政“一把手”负责制。各县（市、区）、园区履行非洲猪瘟防控和生猪稳产保供主体责任，统筹谋划本地生猪生产、市场供应等工作。扎实开展包片防控，县区领导包片到乡（镇），乡（镇）干部包片到村（社区），村（社区）干部包片到养殖场（户），做到疫病防控无死角。二是强化协调联动。部门之间加强协作、密切配合，做好市场监测预警、价格补贴发放、保障生猪养殖用地、冻猪肉储备投放等工作。同时完善信息互通机制，及时研究解决生猪生产过程中出现的新情况和新问题。三是壮大基层力量。加大基层动物防疫和动物卫生监督执法机构建设力度，配强防疫机构队伍，落实防疫设备设施，提升突发疫情处置能力，为促进生猪产业发展打牢底部基础。

（二）优化金融服务

金融在支持恢复和稳定生猪生产、保障市场供应、促进生猪养殖行业转型升级中发挥着重要作用。一是加强信贷支持。鼓励金融机构创新金融产品，构建生猪产业“金融链”。探索将土地经营权、养殖圈舍、大型养殖机械等纳入抵质押物范围，加大对生猪养殖、屠宰加工、冷链物流等市场主体信贷的投放力度，对养猪场和屠宰加工企业不盲目限贷、抽贷、断贷，进一步拓宽生猪产业融资渠道。二是用好生猪政策性保险。落实能繁母猪和生猪养殖保险政策，对属于保险责任范围的赔偿，开通理赔绿色通道，及时足额赔付。加大保费补贴支持，鼓励支持中小养殖户投保生猪保险，推动实现应保尽保。探索创新金融保险支持生猪产业发展政策，鼓励保险机构积极参与发展生猪保险，提高保险保额、扩大保险规模、拓展保险险种，充分调动恢复生猪生产的积极性。三是强化财政保障。进一步完善生猪疫病紧急处置补助救助机制，对在疫病预防、控制、扑灭过程中无害化处理的生猪给予生产救助补贴。落实加强财政奖补政策，做好种猪场和规模养猪场流动资金的贷款贴息工作，重点支持种猪场、规模养猪场恢复和扩大生产，稳定基础产能。

（三）落实土地保障

认真落实国、省支持政策，推进生猪规模化养殖，奠定生猪产业转型升级坚实基础。一是依法科学划定禁养区。除饮用水水源保护区、风景名胜区、自然保护区的核心区和缓冲区，城镇居民区、文化教育科学研究区等人口集中区域以及法律法规规定的其他禁止养殖区域之外，不得超范围划定禁养区。进一步规范全市生猪禁养、限养区域划定，保障生猪产业持续发展空间。二是严格落实用地政策。合理增加附属设施用地规模，取消15亩上限规定，将饲料、养殖、屠宰、加工、物流、病死动物无害化处理、粪污处理与资源化利用等生猪产业用地纳入当地国土空间规划。在不占用永久基本农田的前提下，合理安排生猪养殖用地空间，允许生猪养殖用地使用一般耕地。鼓励利用低丘缓坡、荒山荒坡、灌草丛地、滩涂等未利用地和地力难以提高、低效闲置的土地建设规模化标准化养殖场（户）。三是加大支持力度。对养殖区内符合环保要求的种猪场、规模养猪场，确因产业结构及规划调整需关停的，安排用地支持异地重建。对因设施设备陈旧落后不达标的养殖区规模养殖场（户），在满足环保要求的前提下，支持其在原址进行升级改造或重建。

绵阳市游仙区争创省级乡村振兴战略先进县的实践路径

中共绵阳市游仙区委　绵阳市游仙区人民政府

游仙区是中国科技城核心区、绵阳市主城区、成渝绵“创新金三角”重要组成部分，辖区面积1018平方千米，辖1个省级高新技术产业园区1个经济试验区3个街道8个镇112个村60个社区，总人口56.8万人，其中农村人口24.4万人。近年来，游仙区认真贯彻落实中央、省委乡村振兴有关决策部署，将实施乡村振兴战略作为新时代“三农”工作的总抓手，推动全区经济社会持续健康发展。2019年，实现区属地区生产总值357.4亿元，三年连跨两个百亿台阶，从2016年的180亿元左右发展到360亿元左右，几乎翻番，在全省的排名从68位上升至32位。截至2019年年底，实现农业生产总值53.6亿元，农村居民人均可支配收入达18933元，增长10.3%。先后被确定为全国农村集体产权制度改革整县推进试点区、全国平安农机示范区、国家区域性蔬菜良种繁育基地、四川省农产品质量安全监管示范区、四川省特色农产品优势区、四川省成渝地区双城经济圈建设县域集成改革试点区、四川省全面依法治县示范试点区，1镇5村分别获评为省级实施乡村振兴战略先进镇、示范村。近年来，坚持三大抓手推动乡村振兴。

一、抓工作保障，全面做到“四个优先”

（一）强化工作机构，在干部配备上优先考虑

2018年以来，游仙区全面启动乡村振兴示范区创建工作，建立区委书记、镇党委书记、村党组织书记三级抓的乡村振兴工作机制。配强区委农办工作力量，由区级分管领导兼任区委农办主任，统筹协调全区“三农”工作。各镇设置乡村振兴办公室，把最优秀的干部充实到“三农”一线，打造了一支“懂农业、爱农村、爱农民”的三农干部队伍。结合党政机构和乡（镇）行政区划调整改革，在全区抽调32名优秀干部组建城乡融合发展试验区，成立党工委和管委会，由区委书记、区长分别兼任党工委书记和管委会主任，区政府分管副区长兼任党工委副书记，区委办主任兼任常务副主任，配备1名专职副主任，设置4个办事机构和7个农业专业园区推进办，全面协调推进城乡融合发展。

（二）坚持条块结合，在要素配置上优先满足

在编制完成《绵阳市游仙区乡村振兴规划（2018—2022）》的基础上，对112个行政村因地制宜、科学编制“多规合一”的村庄规划，绘制全域乡村振兴“一张图”，实现镇村规划全覆盖。在制订2020年土地利用年度计划时，安排8%的新增建设用地指标用于农村新业态新产业用地，实际用于乡村重点产业及项目用地占比10.3%。调查摸底可整理农村闲置宅基地207户260亩，编制游仙区农村产业融合发展规划等重点规划，吸引各类社会资本3.2亿元、金融机构资金2.2亿元。

（三）统筹各方资源，在资金投入上优先保障

始终坚持把乡村振兴投入作为区级财政支出的优先保障领域，通过盘活存量、优化增量、增加总量，形成了支农投入稳定增长机制。近三年，全区乡村振兴总计投入55.2亿元（2018年14亿元、2019年17.8亿元、2020年预计投入23.4亿元），其中基础设施建设投入13.5亿元、民生事业投入15.4亿元、公共服务投入11.8亿元、人居环境投入9.4亿元、科学技术投入1.3亿元，预计2020年乡村振兴投入在一般公共预算支出中占比为79.1%，较上年增长31.5%。总投资14.8亿元的“芙蓉花溪”乡村振兴综合项目抓紧建设，计划2020年年底基本完工，这个兼具交通路、旅游路、产业路三大功能于一体的综合项目将成为推动游仙乡村振兴的新引擎。积极对接金融机构加快乡村振兴发展贷款，搭建平台，畅通银行企业合作渠道，已协助农业企业落实贷款90.1亿元，全力保障“钱”流向农村。

（四）突出民生导向，在公共服务上优先安排

坚持将城乡义务教育经费全面纳入财政保障范围，近三年，推进41所义务教育学校扩容建设，重点向农村倾斜，最大程度实现教育资源均衡化。探索构建“八区三中心”医疗卫生服务新体系，确保基层基本医疗“全覆盖”，让农村群众在“半小时”医疗救治圈内实现“小病完全能看好、大病基本不用跑”。对全区符合城乡低保、城乡特困救助的困难群体做到“应保尽保”“应扶尽扶”，改造提升19个农村公办养老机构和福利机构，加快推动城乡基本公共服务均等化。全面提升农村基础设施保障能力，新（改）建县、乡道82.4千米，村道342.4千米，城市公交通达所有乡（镇）。着力建设“水美游仙”，投资5882万元，新（精）修塘堰103口，新修水渠283千米；大力实施“引沉济芙”“引清济芙”等水系连通工程，全区渠系水利用系数由0.67提升到0.85，灌溉时间缩短5~10天，水费成本降低近40%。农村地区公路硬化率、卫生饮水率、4G覆盖率、电气通达率均达100%。

二、抓关键环节，全面推动五大振兴

（一）建设现代农业园区，助推乡村产业转型升级

以“优质粮油、绿色蔬菜、花卉林果、优质蚕桑、生态养殖”五大产业为基础，大力发展“花舞游仙、果满山川、桑梓家园、渔虾稻田、粮油制种、道地药材、川菜硅谷”7个现代农业园区，在每个园区内推行“科学种田、种养循环、生态田园”，依托园区发展农机装备和冷链物流，高标准推进现代农业园区建设。2019年，举办首届农业产业招商推介会，成功招引农业产业项目8.4亿元。依托园区发展“三品一标”农产品131个，培育农业企业223家、专合社430家、家庭农场293家、种养大户455户，搭建起“接二连三”的现代农业产业体系。

（二）实施“人才回引”工程，集聚乡村振兴职业农民

搭建优秀农民工服务平台和回引机制，共新吸引420余名优秀人员回乡创业、54名优秀农民工到村任职、12名退休干部归乡开办家庭农场。鲜明提出要把“根”在农村、家在农村、产业在农村的人员选拔为村干部，鼓励村干部带头在农村从事生产经营活动，规范村干部经商办企业行为，重构村干部与村民的利益链接关系，推动实现“好人治村”向“能人治村”转变，全区村级党组织书记平均年龄45岁，比上届下降2.5岁。通过培训班、宣讲会、“传帮带”，就地培养爱农业、懂技术、善经营的新型职业农民1455人次，有新型职业农民的村民小组占比达75%。与中科院亚热带农业生态研究所合作共建“印遇龙院士工作站”，与省农科院、西南大学等院校围绕现代农业园区建设、特色产业培育等领域加强合作，不断增强游仙乡村振兴的人才支撑、技术支撑。

（三）着力信义游仙建设，全面引领提升文明乡风

以传承和弘扬红色文明、培育和发展绿色文明、倡导和推进精神文明、宣扬和推动法治文明为目标，广泛开展文明村镇、星级文明户、“新乡贤”评选等创建活动25场次，评选“新乡贤”50人。大力推进“新时代文明实践中心”建设，建立1个中心、12个所、172个站、312个点，辐射全区所有群众聚居点，促进文明活动更接地气、更有人气。引导全区干部群众遵从认同“党员有信仰、企业重信誉、群众守信用，尊重发展规律遵道义、忠诚组织家庭尽忠义、关爱弱势群体讲仁义”的信义文化，着力培养文明乡风、良好家风、淳朴民风。近三年，成功创建全国乡村治理示范村1个、全国文明村镇2个、省级文明村镇1个，县（区）级及以上文明镇占比为100%，县（区）级及以上文明村占比为62.2%。

（四）开展人居环境整治，大力建设“美丽宜居乡村”

聚焦农村生活垃圾治理、污水治理、“厕所革命”、村容村貌提升“四大工程”，组织动员全体区级领导、部门深入镇（村）开展农村环境大整治志愿服务活动，先后有干部、群众18万人次参与环境秩序大整治、家庭卫生大扫除、个人言行好习惯“两大一好”专项行动。近三年，先后投入1.2亿元完成仙鹤湖等饮用水源地规范化整治，投入7000余万元用于农村环卫建设。全区112个行政村中，生活垃圾得到有效处置的村占比100%，生活污水得到有效处理的村占比93%，农村户用卫生厕所普及率达95%，秸秆综合利用率（占可收集资源量）达100%，成功创建国家级生态乡（镇）1个、省级生态乡（镇）15个，“美丽四川·宜居乡村”实现全覆盖创建。全国农田水利建设管理座谈会、全国灌区管理办法修订工作研讨会和全省农业水价综合

改革工作现场会、全省农村能源助推成渝现代高效特色农业带建设现场会、全省农作物秸秆综合利用重点县建设工作推进会先后在游仙区召开。

（五）围绕两项改革“后半篇”文章，提升基层治理能力

在镇、村建制调整改革中，56%的乡（镇）和49%村被撤并，全市减幅最高，努力形成大村带小村、强村带弱村、资源集约、人口聚集、治理有序的基层治理新格局。结合镇、村建制调整改革，首批向乡（镇、街道）下放148项权限，全面提升基层政权运行能力和干部服务群众能力。全区112个村全部完成村规民约修订工作。按照党组织、经济组织、社会组织三个“三分之一”原则，重新优化使用村级组织活动场所。大力推进基层公共法律服务体系标准化建设，充分发挥“电管家”、网格员、河（湖）长等人员作用，支持辖区内春天社工、一凡公益等21个社会组织向农村发展延伸，聚焦养老、文化、培训、公益等领域提供高质量社会服务，全省矛盾纠纷多元化解创新工作推进会在游仙区召开，获评“四川省村民自治模范区”，2020年被列为全省全面依法治县示范试点单位。

三、抓改革创新，全面激活内生动力

（一）探索创新建设“山湾农庄”，趟出一条丘陵地区乡村振兴之路

立足辖区浅丘地形地貌，一个个山湾聚落形态，坚持从微观基本单元入手，开创性提出“山湾农庄1235”发展思路，力争让每一名村（社区）干部和每一家农户都能找到参与乡村振兴的着力点，让每个山湾成为一个利益共同体、乡村新业态、发展新空间。按照产业带动型、生态康养型、农旅结合型、种养循环型等类型建成“山湾农庄”50个，力争2022年覆盖全区所有村组。鹤林绿洲成功入选全国森林康养基地试点单位，原创小品《山湾农庄的笑声》获得四川省2020年乡村艺术节群众文艺作品大赛戏曲类第三名。

（二）扎实推进全国农村集体产权制度改革试点，破解农村产权关系不明晰的问题

全面清理出农村集体资产12.7亿元，确认农村集体经济组织成员33.8万人，建立农村集体经济组织2282个。积极探索资源入市、资金入股、村民参股等模式，实现集体经济和农民收入“双提升”。探索推行“三大模块强监督、四屏联动便查询、三级响应问效率”机制，有效遏制农村集体“三资”领域微腐败。试点经验入选第二批全国60个农村集体产权制度改革典型经验并推广。

（三）先行先试开展农村宅基地“三权分置”改革试点，激活农村资源要素

探索农民闲置宅基地和闲置农房试点政策，分类开展宅基地权益保障、宅基地有偿使用和自愿有偿退出改革，赋予农民更多财产权利。截至目前，试点镇已腾退宅基地202亩，复垦260亩，整理集体建设用地511亩，解决产业发展用地84.5亩，为集体增收870万元，相关做法得到副省长尧斯丹的充分肯定，经验材料在省委农办《三农要情》刊发并推荐上报农业农村部。

（四）搭建农业社会化服务渠道，打通服务“三农”“最后一公里”

创新打造全省首个农业社会化服务“一站式”综合体，设立农机驾驶培训学校、新型职业农民技术培训学校和农机、农资、农能、农信、农技服务平台等多个社会化综合服务门市，一站调度农机、指导农技、发放农资，得到省委常委曲木史哈等的高度评价。建成“游仙农事一体化服务”平台，通过微信小程序链接职业农民经理人，一键解决所有农业生产要素服务。成立全市首家土地托管中心，采用全托、半托、代管三种方式服务3县10镇3228户农户，托管土地14335亩，改革经验入选第二批全国农业社会化服务典型案例。

新时代安州区党建引领农民工服务乡村振兴的调查研究

中共绵阳市安州区委常委、组织部部长　江保权

党的十九大报告提出了实施乡村振兴战略，而实施乡村振兴战略的关键难题是人才。随着农村大量青壮年劳动力外出务工，农村劳动力老龄化、农村发展内生动力不足、“空心化”等各类问题日益突出，所以，回引优秀农民工返乡发展成为乡村振兴战略的重要环节。按照主题教育部署要求，围绕深入学习贯彻习近平新时代中国特色社会主义思想特别是习总书记关于农村基层党组织建设、乡村振兴等方面的重要论述，作者联系全区组织工作实际，确立了“党建引领农民工服务乡村振兴”这个调研课题，先后到18个乡（镇）170余个村（社区）走访调研，陆续到深圳、上海、江苏、北京4个驻外农民工流动党支部调研情况，进一步加深了对该课题的思考研究。

一、党建引领农民工服务乡村振兴的探索及成效

全区出台了一系列政策措施强化农民工党建工作，并把构建农民工党建点面联动体系作为区委书记项目来抓，探索“五联四帮三带”农民工党建工作模式，以新的思路提升农民工党建工作质效，更好地服务于乡村振兴。全区总人口44.4万人，有农村人口31.57万人，常年外出农民工12.1万人，其中外出务工贫困户6000余人、农民工党员3392名，主要集中在上海、广东、江苏等地，2018年外出务工农民工人均月收入5300元。已回引优秀农民工730人，发展农民工党员215名，从优秀农民工中储备村后备力量422人，295名优秀农民工进入村“两委”班子，其中担任村支部书记62人、村主任75人。

（一）健全组织体系

一是内外联动延伸组织触角。坚持“为用而建、建用结合”原则，在流入地建立流动党支部11个，同步跟进建立农民工服务工作站、农民工之家、农民工维权工作站11个，吸纳流动党员400余名，覆盖服务农民工40000余名。在流出地分级分点建立区农民工服务中心（综合党委）、乡（镇）返乡农民工之家（党支部）、村返乡农民工交流站，最大限度整合资源，延伸组织服务管理触角。二是线上线下过好组织生活。线上建立区、乡、村三级微信矩阵，开展网上主题党日活动，定期推送党员教育、就业创业等信息。结合“不忘初心、牢记使命”主题教育，开通红色邮路，为农民工党员寄送“两书一章”300余套。推广“想家视频连线系统”，强化外出流动党员管理服务，使流动党员有效参与村级事务。线下坚持流动党支部与流入地党组织组织生活同过、活动同开展、事务同商议、学习同步调，相融互动；与流出地党组织信息联通、人员联管、事务联商、经费联筹、后备力量联培，合作共赢。秀水镇驻

深圳流动党支部组织流动党员开展“庆祝新中国成立70周年·我们都是追梦人”主题活动，拍摄的微视频“我和我的祖国”被市委组织部采编。三是双向共管强化组织凝聚。实施农民工党员发展专项计划，探索推行“双向培养、双项评议、双向考察、原籍吸纳”发展办法，开辟发展农民工党员“绿色通道”，流出地、流入地党组织对优秀农民工开展双向培养，对入党积极分子开展双项评议，对发展对象进行双向考察，在原籍吸纳后流动党支部进行接续培养，构建了双向共育共管的工作格局，驻外流动党支部已收到入党申请书12份。

（二）优化服务保障

一是发挥政策引擎作用。把握返乡创业试点县（区）政策机遇，制发强化农民工服务保障系列政策措施，策划、包装乡村旅游、特色养殖等项目60个。深化“1234”低成本、快捷土地使用模式，建成返乡创业基地170个，带动2.8万余名群众就地就近就业。区委、区政府多次动员他回乡创业，并积极帮助优秀农民工金华协调解决用地、融资等方面困难，返乡后，他成立指代心红猕猴桃种植专业合作社，年主营业务收入1050万元，吸纳周边群众就业218人。二是发挥导师引路作用。组建“创业导师”团队20个，积极引入职业经理人制度，采取“1名导师+1个项目”和“一对一”“一对多”的方式为返乡人员提供创业辅导，通过“辅导+投资”模式提高创业成功率。充分发挥“劳务经纪人”作用，举办服务农民工专项招聘活动6场。三是发挥维权引领作用。依托驻外流动党组织、法律援助联络站，有效整合司法、人社、公安、住建、工会等部门力量，实施治欠保支“三年行动计划”，推动重点企业、行业签订农民工权益集体合同，今年累计为农民工追回被拖欠工资443.8万元，维权50余人次。乐兴镇白云村农民工高春宝在江苏省周庄务工时被设备砸伤左手手指，在维权无门之时，在驻周庄镇流动党支部和维权工作站的帮助下，联系律师成功维权追偿损失，最终获得2万元的工伤补助。四是发挥感情引导作用。分级建立留守人员定期巡访制度，配备村级专（兼）职留守儿童、空巢老人帮扶人员，定期走访慰问、协助解决就学、就医等实际困难，并在农忙时节组织人员开展“抢种抢收”。在党员干部中广泛开展“我为农民工做件暖心事”活动，在农民工中广泛开展“我为家乡发展献条‘金点子’”活动，引导他们关心支持家乡建设。今年以来，全覆盖走访慰问农民工12.5万人次，各级党员干部为农民工、农民工家庭做“暖心事”2352件，帮助解决就学、就医等实际困难263件次，征集“金点子”82个。

（三）聚力回引培养

一是注重细化举措。将培育优秀农民工纳入全区人才工作计划，县级领导带头深入联系村传递家乡党委政府的关怀，乡（镇）领导班子成员每季度走遍辖区所有村，乡村干部全覆盖走访优秀农民工家庭，建立完善外出务工人员、优秀农民工、农民工党员等“七本台账”，全面摸清优秀农民工基本情况。今年积极赴北京、上海、江苏等安州籍农民工集中的省（市）开展探望慰问活动，召开农民工党建座谈会10场次，区委书记带队到驻深圳流动党支部向广大安州籍农民工介绍家乡发展变化和优惠政策，传递“亲情乡音”，动员优秀农民工返乡创业就业。二是注重定向培育。制定服务支持农民工村后备力量五项“直通车”制度，从诉求倾听、导师帮带、交流谈心、实岗锻炼、关心激励5个方面加强对农民工村后备力量的培养，举办农民工后备力量专题培训班，遴选300余名业务骨干组建3个导师服务团，手把手对农民工村后备力量带路子、出点子、教法子。花荄镇太平村蒋军回乡创办壮源生态农业科技开发有限公司，吸纳周边33名群众就业，被评为“安州区十大返乡创业明星”，太平村党支部根据其本人意愿，按程序将其吸纳进党组织，并作为村后备力量跟踪培养。三是注重选好用活。充分发挥优秀返乡农民工引领带动作用，结合软弱涣散党组织整顿、村“两委”班子综合分析研判，及时选拔优秀返乡农民工进入村“两委”班子，探索推进书记、主任“一肩挑”，适当兼职兼薪，让返乡农民工担任村干部有盼头、有奔头。

二、党建引领农民工服务乡村振兴进程中存在的主要问题

虽然全区农民工党建工作已经取得初步成效，但在推动乡村振兴进程中仍然存在一些问题亟待解决。

（一）驻外农民工党组织未完全覆盖，存在“口袋党员”问题

全区驻外党组织均是以乡（镇）为单位建立，大量的农民工党员找到了组织，过上了正常的组织生活。但是，乡（镇）在建立驻外党组织时，大多数选择在本乡（镇）农民工相对集中的区域建立，覆盖面较小，统筹性和全局性受限，不平衡现象略有体现。例如，在重庆市务工的安州籍农民工党员有50名，但分散到各乡（镇）后体量变小，各乡（镇）一方面是不太愿意建，另一方面是找不到党组织带头人，所以，在重庆市还未建立驻外党组织，导致在当地的安州籍农民工党员成为“口袋党员”，而在成都、深圳等地农民工相对集中，分散到各乡（镇）体量也大，优秀农民工、党组织带头人相对较多，所以，成都有2个驻外党支部，深圳也有2个驻外党支部。

（二）流入地党组织与流出地党组织双向互动未完全实现，存在“单打独斗”问题

尽管全区农民工党建工作在流入地与流出地双向互动方面进行了探索，并取得了一定的成效，周庄镇党委派驻1名党建指导员对乐兴镇驻周庄镇党支部进行专项指导，宗言村党支部也将于近期到乐兴镇民生村党支部实地走访调研，捐助资金帮助民生村修建学校。但从面上情况看，流出地和流入地在流动党员的教育、管理、服务等方面的力量依然没有深入融合，流出地党组织“鞭长莫及”，流入地党组织也没有接到“临危受命”的通知，双向互动的长效机制没有形成，导致驻外党支部在活动阵地建设、组织活动开展时没头绪、不专业，甚至有些还会“四处碰壁”。

（三）驻外农民工党组织作用未完全激发，存在“点好面差”问题

总体来看，全区驻外党组织能有效将农民工党员凝聚在一起，也能正常开展组织活动，尤其是乐兴镇驻周庄镇党支部、秀水镇驻深圳党支部以“不忘初心、牢记使命”主题教育为契机，坚持每月组织开展主题党日、参观江阴市革命教育基地，健全休息日轮流坐访制度，建立党群先锋队，积极化解劳务纠纷、工伤赔付等矛盾纠纷，在“七一”、国庆等节假日走访慰问困难农民工，获得了当地农民工和农民工党员的一致好评和认同。但是其他驻外党组织大多按照规定动作开展组织活动，在深化党员教育方面也是“照本宣科”，没有与主题教育相结合、没有与农民工实际相结合，也没有在如何更好地服务农民工、发展农民工党员、关心关爱困难农民工方面动脑筋、想办法，组织作用不能得到有效发挥。

（四）返乡农民工创业就业营商环境还未完全优化，存在“望而却步”问题

全区市场发育的成熟度和党政部门的服务意识虽然有了大幅度提升，营商环境在不断改善，但与东部发达地区相比，仍然有较大差距，调研中发现其实有大部分安州籍农民工企业家、高精尖人才愿意重回故里、建设家乡，但是项目的确定、融资、审批等办事流程复杂麻烦，窗口很多但遇事诉求无门，甚至因“新官不理旧账”而导致招商承

诺无法兑现，项目完工后资金难以收回现象也时有发生，这些都让他们对返乡创业就业"望而却步"；还有一些因为宣传不到位，对家乡的发展、政策、项目等知之甚少，"不知道回来干什么"成其犹豫返乡的首要问题。

（五）农民工服务保障机制常态效应未完全形成，存在"留不下来"问题

尽管全区在农民工服务保障方面下了大力气，出台了系列政策办法，但在作用发挥方面仍旧有所欠缺，在经费保障落实上还有差距，部分农民工回引返乡后，或是短期内没有看到创业就业带来的收益，或是还未享受到创业优惠政策，或是纳入村"两委"后备力量培养后，又认为村干部工作多、压力大、待遇低，没有"长三角""珠三角"大城市机会多收入高，所以又选择继续外出务工；还有部分致富能手能把自己发展好，但不一定擅长带领村民致富，也不一定能带领好村"两委"班子，后续培养措施若不能跟上，在一定程度上就造成了人才浪费。

三、加强新时代农民工服务乡村振兴的对策建议

习近平总书记说："乡村振兴，人才是关键。"所以，要全面强化农民工工作，改变人才由农村向城市单向流动的局面，让曾经"走出去"的优秀农民工"走回来"，成为服务乡村振兴的生力军。

（一）进一步激发流入地与流出地双向互动

在建立健全农民工组织服务网络上，充分调动流出地和流入地"两个积极性"，建立内外联动协调机制，整合流出地、流入地、驻外招商机构等各方资源，抓实农民工服务平台管理，常态摸排、动态更新、定向联系农民工，实现双向发力、双向互动。

（二）进一步理顺组织管理体系

推动以乡（镇）建立的驻外党组织管理权限逐步过渡到由区农民工服务管理综合党委统一管理，统筹推进农民工集中地党组织建设全覆盖，力争所有安州籍外出务工党员都能就近找到组织、依靠组织。各地纷纷建立驻外党组织，建议省委借助驻京办等机构统筹全省力量，统一管理指导全省驻外农民工党组织，更好地服务于川籍农民工。

（三）进一步加大跟踪培养力度

大力实施"将优秀农民工培养成致富带头人，将致富带头人培养成党员、将党员致富带头人培养成村干部"的"三向培养"计划，建立定向回引制度，"一人一策"实名制精准回引培养。启动优秀农民工培训提能计划，分层分类开展培训，提升农民工培养的针对性、实效性，在"量""质"中形成使用的规模效应。结合"不忘初心、牢记使命"主题教育，进一步优化营商环境，加大返乡创业就业优惠政策、项目等宣传力度，充分释放优秀返乡农民工村支部书记代表苏仁良、"兰花书记"赵波等先进典型的激励引导效应。

（四）进一步健全服务保障长效机制

针对农民工实际需要，在维权救助、务工便利等方面"量身定制"服务保障措施，构建农民工返乡创业就业服务保障长效机制，落实农民工村干部激励保障制度，健全村干部基本报酬正常增长机制，探索书记、主任、村级集体经济组织三职"一肩挑"；加大面向优秀农民工村干部考录乡（镇）机关公务员、招聘事业单位工作人员力度，完善从优秀村党组织书记中选拔乡（镇）领导干部机制，积极推荐优秀农民工村干部担任各级"两代表一委员"；常态化开展走访座谈，及时了解农民工生产生活中的困难问题，收集意见建议，开展慰问交流，真挚关爱、真情帮助、真诚服务，让农民工感受到"娘家人"的温暖，把服务保障工作做到农民工的心坎上。

在创新中找出路

——梓潼县脱贫攻坚"1+5"做法

中共梓潼县委书记　周　琳

梓潼，地处四川盆地西北部，属典型的丘区农业县，全县辖区面积1443.92平方千米，总人口38万人，其中农业人口30万人，占总人口的79%；有贫困村29个、建档立卡贫困人口6458户19581人。截至2020年9月底，29个贫困村全部退出、6458户19581人顺利脱贫，贫困发生率降至零。

一、精准聚焦突出问题，创新实践"1+5"生态循环产业扶贫模式

为破解产业扶贫中缺资金、缺技术、缺市场等普遍问题，梓潼县探索出"1+5"生态循环产业扶贫模式，得到国家级领导的肯定性批示。具体做法是：县委、县政府是产业扶贫的统筹组织者，通过科学制定种养殖规划、搭建互助平台、落实扶贫政策等，促进产业扶贫精准发力；龙头企业制定生猪养殖技术标准和操作手册，提供全程生产原料和技术服务，回收产品进行深加工，打造生猪全产业链，实现生猪养殖扶贫产业转型升级；金融部门通过代养合同质押担保，为贫困户提供信贷等金融服务，破解筹资难题；扶贫专业合作社通过健全合作社章程构建利益分配机制，选择职业经理人经营，促进科学管理；农场主通过依法流转土地连片种植果园，消纳生猪粪便，推动种养循环；贫困户使用扶贫贷款折股入社，按股分红。

二、统筹各方力量联动攻坚，推进扶贫资源多方集聚、成果人人共享

搭建平台，实现"多方合作"。以股份合作的形式组建扶贫专业合作社（贫困村以村组建，非贫困村以乡/镇组建），贫困户用扶贫贷款入股，集体经济组织用扶贫周转金入股，合作社依据贫困户人数的多少修建生猪代养场（30户以下建1栋、30户以上建2栋），生猪代养收入由集体经济组织和贫困户按股分成，最终实现共同脱贫奔康。

打捆使用，实现"资金整合"。握指成拳、聚财聚力，通过整合水利、交通、供电等涉农资金项目，无偿解决扶贫代养场基础设施建设费用。修建一栋代养场约需110万元，每栋生猪代养场县财政补助40万元（其中无偿补助20万元量化为贫困户的股本金、周转扶持金20万元量化为集体经济组织的股本金，五年内逐年归还）贫困户向农商行贷款70万元（户均2万～4万元，由财政担保贴息）量化为贫困户的股本金。

按股分红，实现"长效脱贫"。建立扶贫专业合作社章程，健全合理的利益分配机制，龙头企业在养殖环节让利贫困户，把赢利点放在

饲料生产、畜产品深加工、品牌溢价等环节，确保每栋生猪代养场年纯收入在30万元以上。扶贫专业合作社收益除逐年归还农户贷款和扶贫周转金外，全部用于贫困户和集体分配，形成收入稳定、良性循环、防止返贫的良好局面。

三、变劣势为优势，创新产业扶贫成效多点开花

增强村级党组织的凝聚力和战斗力。全县投产并实现分红扶贫代养场56栋，配套种植蜜柚1.6万余亩。28个贫困村以产业扶持基金入股合作社，贫困村集体经济年增收2万元以上，贫困户年人均分红2000元以上。"插花式"非贫困村以乡（镇）为单位，统筹推进"1+5"生态循环产业扶贫，在解决"插花式"贫困人口增收的同时，不仅使村集体经济"空壳"问题得到彻底解决，基层党组织也可以通过自身的经济实力解决许多群众期盼的问题，带领贫困户实现脱贫致富梦想。

充分激活土地等生产要素，农业生产向规模化转变。在产业发展中，梓潼县共流转土地15万亩，其中生猪代养场（含扶贫代养场）共流转土地6.2万亩，主要用于生猪代养和蜜柚种植，全县100亩以上大户达107户。针对重病、重残、缺劳动力、贫困户收入低的问题，将其全部纳入专业合作社，农户不仅获得土地租金收益，还能就近务工增加劳务收入，并掌握先进的种养殖技术。以扶贫代养场为例，2020年户均分红最低0.18万元，成为贫困家庭纯收入的主要渠道之一。

健全分配机制，充分激发贫困群众内生动力。通过健全"浮动"分红机制，将贫困户的勤劳致富、孝老爱亲、遵纪守法、环境卫生、参与公益等脱贫精神面貌指标进行量化考核，考核结果被纳入"浮动"分红，不仅增强了贫困群众内生动力，还极大地促进了乡村文明建设和农村人居环境整治。随着"1+5"生态循环产业扶贫模式的深入推广，规模化、标准化、市场化、生态种养殖、分红、环保、"公司+农户"等现代农业观强烈冲击着传统观念和传统种养殖模式，一大批懂经营有技术的新型农民队伍正在形成。

产业链不断延伸，助推县域经济发展。在现代农业示范带动下，也撬动了社会资本的注入，为构建社会扶贫大格局奠定了基础。目前，梓潼的蛋鸡、水稻制种、生猪、蜜柚四大优势产业实现全省"四个第一"（即分别是规模和销量全国第一，产业规模全国第三、全省第一，全产业链项目现代化程度全省第一，基地规模全省第一）。截至2020年年底，全县共建成生猪代养场238栋，出栏生猪50.03万头；存栏优质蛋鸡256万羽，蛋品产量超过3.32万吨；水稻制种面积达5万亩；蜜柚种植面积达20万亩，梓潼已建成川西北最大的蜜柚种植基地，"金柚谷"产业园规划建设有序推进，进行全产业链综合深加工，在持续助农增收的同时为梓潼县建设四川丘区经济强县提供了重要支撑。

四、积极探索创新，为助力脱贫攻坚、推进乡村振兴积累了宝贵的经验和启示

精准是产业扶贫的重要保证。一方面，产业选择要精准。必须坚持以市场为导向，结合各区域实际规划布局产业，做到长短结合、以短养长、多产联动；另一方面，资金投放要精准。加强对各类资金的整合使用，充分发挥扶贫资金的产业导向作用，靶向投入扶贫产业，变"大水漫灌"为"精准滴灌"。

特色优势是产业扶贫的关键支撑。梓潼县结合自身资源优势，做足特色文章，大力发展优势产业，探索出以"生猪+蜜柚"为代表的种养多元结合的产业扶贫模式，实现了产业由小到大、由弱到强、由强到精的跃升，持续增强产业扶贫的广泛性、带动性和持久性。

市场主体带动是产业扶贫的主要途径。贫困户要想脱贫，必须借助市场主体带动。梓潼县坚持以建设大基地、扶持大龙头为目标，利用扶贫专项资金、贷款担保补助、税费减免、保险保费补助等措施，大力支持扶贫专业合作社、龙头企业发展，以龙头带基地，基地连贫困户，实现助农增收。

贫困户参与是产业扶贫的首要前提。产业扶贫的出发点和落脚点是贫困户增收脱贫，只有贫困户积极参与，这一目标才有望实现。梓潼县坚持将贫困户纳入扶贫代养场，用扶贫贷款折股入社，按股分红，实现"扶助"向"自立""输血"向"造血"的双重转变。

咬定目标　做实保障
梓潼县积极决战决胜脱贫攻坚战

梓潼县扶贫开发局

梓潼县地处四川盆地西北部，辖区面积1443.92平方千米，其中耕地71万亩、林地92.1万亩；总人口38万人，其中农业人口30万人，属典型的丘区农业县。2014年，全县精准识别贫困人口1.96万人、省定贫困村29个，全县贫困发生率为6.3%，其中"插花"式贫困人口1.55万人，占比79.4%。八年来，县委、县政府综合考虑梓潼经济社会实情、脱贫攻坚急需和"三农"改革发展形势，始终坚持从政治高度上加以重视，从发展角度上加以谋划，攻坚目标方向更明确、基础保障更扎实、策略措施更科学，走出了一条"梓潼脱贫攻坚"路子，奏响了一曲"梓潼脱贫攻坚"凯歌。

一、坚持目标导向，统筹推进全县脱贫攻坚连战连胜

脱贫攻坚是政治责任，也是民生大事。县委、县政府高度重视全县脱贫攻坚的全局谋划和的统筹推进。

（一）着力脱贫达标，着眼农村发展，定立梓潼脱贫攻坚战略目标

根据习近平总书记"2020年现行标准下农村贫困人口全部脱贫"的总体目标要求，县委、县政府主动履行脱贫攻坚主体责任，多次召开县委常委会议、县脱贫攻坚领导小组会议，结合本县农业农村发展实情和趋势，研讨确定梓潼脱贫攻坚"三级目标"。一是到2020年全县农村贫困人口在现行标准下全部高质量脱贫；二是全县农村道路交通基础设施充分完善，农村产业发展基础更加坚实；三是全县农村住房、饮水条件更大程度改善，全面打造和美人居环境，助跑全面小康。八年来，梓潼县始终坚持这一目标导向，分阶段、分区域，组织带领贫困人口逐步脱贫致富，29个贫困村提前两年全部退出，贫困人口提前一年全部脱贫。

（二）立足政策保障，聚焦贫困堡垒，锁定梓潼脱贫攻坚主攻方向

遵照省委书记彭清华关于脱贫攻坚是"最大的政治责任、最大的

民生工程、最大的发展机遇”重要指示精神，县委、县政府主要领导切实落实“挂帅出征”职责，从大局全局统筹谋划，从过程环节狠抓落实，团结带领全县人民瞄准三个方向发起进攻。一是全面足额兑现政策保障，严格落实脱贫不脱政策要求，切实解决重病、重残、无劳动力贫困家庭稳定脱贫问题。二是全面全力统筹项目建设，汇聚全县财力和资源，扎扎实实解决农村道路、饮水、住房三大难题。三是做实做强产业和就业两大脱贫支撑，不断拓宽农村农民增收路子。八年来，累计落实《绵阳市脱贫不脱政策清单》33项政策4万余户次和56万余人次；累计投入资金9.7亿余元，完成项目建设1100余个；累计投入扶贫产业资金1.5亿余元，转移贫困劳动力就业4.3万余人次。

二、坚持问题导向，切实保障全县脱贫攻坚提质增效

脱贫攻坚属历史首创，无先例可鉴，发现问题和解决问题是推动脱贫攻坚不断提质增效的最佳途径。

（一）强化抓党建促脱贫，凝聚攻坚人心

党的十八大以来，党的建设成为最基础、最核心的伟大工程。无论是脱贫攻坚战的紧急需要，还是农业农村的发展形势所趋，都必须加强农村基层党组织建设。一是选优任贤，强化农村党支部队伍建设。包括直接选派“第一书记”和吸引贤能达人进入农村基层党组织任职。2014年以来，全县选派“第一书记”三批次135人，吸引当地贤能达人100余人进入基层党组织，其把外面的思想、见识、智慧和经验带进农村，在带动发展的同时也帮助培养了一大批的农村干部。二是开展活动，强化农村党支部职能建设，包括举办农民夜校、开展“三会一课”以及新年联欢会、农民运动会等活动。2014年以来，全县农民夜校课程内容丰富，课堂形式灵活，给广大农民搭建了学技术、悟思想的广阔平台；“三会一课”既讲组织纪律强党性，又讲政策法律强修养，还讲文件指示强认识；联欢会、农民运动会等群团性活动为群众打开交流、汇聚共识、增进情谊提供了时空条件。三是示范引领，强化书记脱贫攻坚责任落实。严格按照省委“五级书记抓脱贫”要求，建立健全县委“三级书记抓脱贫”工作机制。提出具体工作要求，加强工作落实督查，把“脱贫攻坚第一政治要务”的思想自觉落实在实实在在“深入一线”工作中。2016年以来，县委书记深入全县贫困村调研、指导和参与扶贫200余次，乡（镇）和部门党委（组）书记深入贫困户检查、督导和参与扶贫人均超过500次，村支部书记和“第一书记”深入贫困户开展帮扶工作人均超过1000次。

（二）激发脱贫内生动力，鼓舞攻坚士气

脱贫攻坚如同“攻城拔寨”，不仅需要扶贫干部的“外援”，更需要贫困群众的“内功”。针对贫困群众“等、靠、要”等不好的苗头，深入调研找“病根”，讨论研究配“良方”。一是着力防范和化解扶贫产业的市场风险问题，切实增强贫困群众依靠产业增收脱贫的自信心。2016年以来，积极引进国际先进养殖科技，以高产出和高品质增强市场竞争力，贫困群众稳定收益率超过30%；种植业方面，依托龙头企业，组建专合社，开发优质品种，拓宽销售渠道，加上“以奖代补”政策奖补，产业收益更丰厚更稳定。二是切实解决技术能力问题，增强贫困群众脱贫致富积极性。提升中等职业教育、农村教育质量，引进高端社会办学，促进贫困群众文化素质和知识技能普遍提高；加大教育资助力度，提升劳动后备力量的技术能力水平；每年开设“扶贫专班”达4期，实现规模化种养殖小班巡回培训全覆盖，切实帮助贫困群众解决生产技术问题。三是不断改善和完善农村基础设施，优化人居环境，增强群众幸福感，提升脱贫致富动机。四是加强政策宣传和感恩励志教育，解决“等、靠、要”思想问题，推动贫困群众自主、自觉脱贫。五是把贫困群众股份分红同自主脱贫、文明守法等考核结合起来适当浮动，打破吃大锅饭和平均主义，引导激励贫困群众自觉转变脱贫思想和态度。

（三）发扬优良革命传统，增强攻坚动力

脱贫攻坚战是新时期的“又一次长征”，需要长期坚守和艰苦卓绝的奋战。梓潼县是革命老区，也是红军长征途经和战斗的地方，有优良的革命传统和优秀的红色基因。县委、县政府号召全县人民“承长征志，砺攻坚心，赢连战连胜佳绩”，一是学习红军长征本领，锻造英勇善战的攻坚能力，聚力打好农村农民饮水、住房、道路三大攻坚战役。二是发扬红军长征精神，用砥砺吃苦耐劳的攻坚决心全面抓好脱贫攻坚责任、政策、工作三个落实。三是传承红军长征情怀，用开阔一心为民的攻坚胸襟积极推进“1+5”“以奖代补”“协会+”三种产业扶贫模式。2014年以来，全县人民聚焦聚力，战“穷关”一如长征过“雄关”，逐步夺取脱贫攻坚战的全面胜利。

三、坚持标准导向，创新谱写全县脱贫攻坚新篇章

标准是脱贫攻坚各项工作开展落实的“靶心”和成效评估的“细则”。梓潼县始终聚焦脱贫攻坚标准这个“靶心”，凝聚全县智慧经验和思想，汇聚全县人、财、物资源，以“实干”为本，以“创新”为用，开创全县脱贫攻坚大格局，赢得全县脱贫攻坚大战绩，谋取全县农业农村大发展。

（一）创新推出“1+5”生态循环产业扶贫模式

产业扶贫是贫困群众稳定可持续增收的支撑和保障。梓潼县结合发展实情和脱贫攻坚实际所需，创新推出“1+5”生态循环产业扶贫模式，该模式入选“2016年四川省十大改革转型发展案例”，多家主流媒体予以专题报道和总结推广，多位领导予以签批肯定。一是充分发挥传统农业、农村资源和扶贫政策三大优势，巧做“生猪+蜜柚”“1+5”两道加法题。1座生猪养殖场配套种植260亩蜜柚，粪污作为有机肥料被充分吸纳，蜜柚更能净化空气，实现经济效益和生态效益“双赢”。“1”代表政府，“5”分别代表龙头企业、银行、贫困户、扶贫合作社、农场主，“六方”合作切实解决融资、技术、供给、销售、管理等方面的实际困难。二是正视资产、市场和疫情三大风险，扭住技术和管理两个“牛鼻子”。以合作社抱团发展，以代养合同链接利益，以政府担保、价格保险消除后顾之忧，产业收益始终大于风险。三是实现稳定增收、面貌改观、乡村振兴“三大红利”。2016年以来，全县累计建成扶贫生猪代养场56栋，成立养殖专业合作社38家，配套流转土地1.5万亩，直接参与贫困户2330户、贫困村28个，户均累计分红0.8万元，村集体平均累计分红10万元。围绕该产业建设道路44.58千米、蓄水池38口，整治土地1000余亩。在该产业模式的带动下，自主养殖生猪年均7.8万头，建设生猪代养场220栋，年产值达15亿元；蜜柚种植20万亩，年产值达7亿元，“天宝蜜柚”品牌走向国外。

（二）创新举措，确保政策落实精准精细

政策是“定”的，落实政策的策略措施是“活”的。一是把紧四个“度”，精准落实易地扶贫搬迁政策。强化对象精准、面积红线、自筹红线、建新拆旧和搬迁必易地、质量能抗震“六个红线”，布局上讲究协调性、规划上注重科学性，确保政策落实“准度”；严守搬迁选址、工程质量、资金拨付、资料归档四“关”，确保工作推进“速度”；突出产业发展、技能培训和兜底保障，确保后续帮扶“深度”；完善基础设施、教育引导和组织建设，确保民生工程“温度”。2016年以来，全县累计落实易地扶贫搬迁政策709户1918人，均圆满实现“挪出穷窝窝”“成真安居梦”的政策“初衷”。二是走好“4321”四步，选准“三点”发力，精细落实健康扶贫政策。建好《贫困户疑似慢性病台账》《贫困户慢性病认定台账》《贫困户慢性病认定合格台账》《贫困户慢性病认定不合格台账》4本台帐、出台3个1/3减免政策（即检查费用由县财政补助1/3、医院减免1/3和贫困户自付1/3）、开展2轮全覆盖认定、发放1张认定卡。精细落实慢性病门诊维持治疗政策，年内已完成疑似慢性病鉴定1227例，累计落实慢性病政策1594人1812人次。制作政策宣传展板、开设政策宣传栏、印发政策宣传单，在政策宣传上发力；落实住院自付费控费比例、“十免四补助”、医保财政代缴、免费健康体检等政策，在政策落实“不漏项”上发力；统筹用好基本医保、大病保险、卫生扶贫救助基金，在资金统筹和保障上发力，足项、足额全面落实健康扶贫政策。三是强化责任、规范管理、热情服务，倾情落实社会保障政策体系。压紧压实党委统筹协调责任、班子成员主管分管责任、业务干部具体实施责任，完善数据建设确保多线口径一致，加强低保动态管理，强化残疾办证管理，关切特殊困难群众，狠抓养老服务建设，全面落实社会保障政策体系，全方位保障社会弱势群体衣、食、学、医无忧。

（三）聚焦贫困堡垒，开辟项目建设“三大主战场”

脱贫攻坚是“一场硬仗”，只有聚焦聚力才能攻坚克难。一是两保障、两到位推进落实安全住房建设。通过融资贷款和争取专项专款，充分确保资金保障；组建专业技术队伍，开展专业培训，充分提供技术保障；成立专项督查小组，开展全面督查，确保督查到位、推进到位；建立专项整改方案，务实解决发现问题，整改到位完善提升工作质效。累计争取中央、省资金3821.6万元，融资2.92亿元，完成农村危房改造3272户、土坯房改造29750户、住房安全保障和功能完善3910户和65个农村集中安置点及基础设施配套建设。二是改革创新，科学规范，大力实施城乡供水一体化建设。改革农村供水管理体制，将原有乡（镇）供水站业务统一移交县汇智水务公司统一运营管理，实行“建管结合”模式和城乡供水一体化模式；创新投融资渠道，通过银行贷款、专项债券等多渠道解决主体工程建设资金，通过社会捐赠、财政补贴等方式解决贫困户入户工程建设资金；科学规划区域性骨干网络建设，扩大集中工程覆盖面。全县已累计投入资金1.4亿元，新建规模水厂1处、供水主管网2000千米，解决11万余人用水问题；“十四五”期间计划投资8.4亿元，新建和改造水厂3处，建设供水管网8000千米，全面解决全县16个乡（镇）农村人口用水问题。三是为产业发展奠基，为美好生活助力，大力实施“四好农村路”建设。2014年以来，全县累计新建村（社）道路512千米，改造升级农村公路201千米。

（四）汇聚全县力量开创大扶贫格局

脱贫攻坚战不是一个人的战斗，众志成城方能战无不胜。一是教育人送“教育礼”，“绣花功夫”还需“玲珑心思”。一送政治思想，帮助贫困村加强党建工作。局党委始终坚持把帮扶工作纳入首要政治任务，党委会议专题研究每年不少于6次，局党委书记入村指导党建工作每年不少于5次，并亲自讲党课传达十九大精神；组织机关干部近10人次动员“能人”参加村干部选举。二送方针政策，帮助贫困群众做脱贫攻坚明白人。组织教师入户逐条讲解政策，讲细讲透办理方法，让贫困户不仅了解政策是什么、怎么用，还搞清楚为什么和凭什么，既明白政策，更明白感恩。三送教育真情，帮助贫困群众争做脱贫致富文明人。用细腻心思和不惜“体力”真帮实干，激发贫困户求“富”求“美”求“文明”的主动性和积极性。全县教师结对帮扶贫困户1600余户，占比超过25%；年均开展入户帮扶近1万次，年均投入帮扶资金近60万元。二是严格“五到位”要求，6000余帮扶干部“贴身”帮助贫困群众脱贫奔康。抓实抓细入户帮扶，力求政策宣传到位；抓精抓准策略措施，确保脱贫达标到位；抓紧抓牢驻村入户，力争基础资料到位；抓强抓稳教育引导，力求环境卫生到位；抓全抓好志智双扶，力保满意认可到位。三是宣传发动全社会力量，齐心协力夺取脱贫攻坚全面胜利。101个县级帮扶单位帮扶村项目150余个，筹措资金近2亿元；22个市级帮扶单位帮扶村项目30余个，筹措资金并投入资金3000余万元。29家民营企业参与“百企帮百村”，投入资金300余万元，以购代扶购买和帮助销售贫困户农产品累计超过1.2亿元，社会各界扶贫捐款累计超过800万元。

平武县着力构建“三大体系” 补齐脱贫攻坚“精神短板”

中共平武县委 平武县人民政府

龙州大地，广袤沃土，文明乡风劲起，美丽乡村如画。近年来，平武县委、县政府始终着力构建“村规民约、道德评价、乡风监督”三大体系，以健全自治、法治、德治“三治合一”的乡村治理体系践行社会主义核心价值观，着力培育文明乡风、良好家风和淳朴民风，培养新型农民，繁荣农村文化，建设优美环境，不断丰富广大农民群众的精神家园，提升农民群众精神风貌。

深化农村精神文明建设，提高乡村社会文明程度，提升农民精神风貌，打赢脱贫攻坚战，最终达到乡村经济社会全面协调发展、实现乡村振兴。

自“三大体系”建设工作开展以来，响岩镇的廖文、龙安镇的李海燕和县公安局的胡启飞等10余人分别被评为“全国孝亲敬老之星”“感动绵阳十大人物”和“道德模范”等称号。各乡（镇）评选“五星级文明户”3000余户，评选各类“脱贫之星”“孝顺之星”“清洁卫生户”5000余户，农村村容村貌有了显著改善，人居环境干净整洁，乡村文化蓬勃发展，孝老敬亲、诚实守信、知恩感恩、自立自强的榜样越来越多，全县文明习惯、社会风气有了大的好转，干群关系和谐，群众精神饱满，文明乡风逐步形成，为打赢脱贫攻坚战、乡村振兴凝聚了磅礴力量。

一、坚持问题导向，找准乡风文明建设“痛点”

环境脏乱差、婚丧嫁娶陋习难改、好吃懒做盛行……随着经济社会的逐步发展，与广大农村道路基础设施等“硬件”改善形成鲜明对比的是乡风文明“软件”建设严重滞后，若不及时采取切实有效的措施，乡村就难以焕发勃勃生机、保持井然的秩序。

近年来，平武县通过因地制宜狠抓农村精神文明建设，不少地方乡风文明有了新的起色。但是，由于平武地处山区，幅员辽阔，民族众多，紧靠单一的评选文明户的做法很难有效地引领各地的乡风文明建设，只有全面系统地抓好以村规民约体系、道德评价体系、乡风监督体系为重点的"三大体系"建设，才能既"治标"又"治本"。

在全面推进"三大体系"建设前，平武县在锁江羌族乡槐窝村和江油关镇党家沟村进行了试点推进，两块"试验田"为全县分批次、纵深推进该项工程积累了宝贵的经验。平武县在前期充分调研的基础上印发了《在全县开展"三大体系"建设促进乡风文明建设工作的通知》，对全县各地开展"三大体系"建设工作提出了指导性意见。

在推进"三大体系"建设过程中，平武县要求坚持四个指导原则：坚持群众主体，充分宣传发动群众、教育引导群众，始终以人民群众为主体、唱主角；坚持问题导向，查找本地在乡风文明建设等方面存在的突出问题，紧密结合扶贫与扶志、扶智相结合的要求予以解决；坚持简便易行，始终突出针对性、操作性、实效性，使之可以长期坚持，可以广泛推广；坚持载体多样，将文明与文化结合，积极开展丰富多彩的文化活动，以喜闻乐见的群众文化活动去凝聚群众、宣传引导群众。

同时，县级层面科学的顶层设计也为乡（镇）、村两级结合自身实际情况推进提供了很好的遵循，有效地防止了"一刀切"现象，而乡、村两级又可结合自身实际作出"自选动作"。

二、坚持全面系统，破解乡风文明建设"难点"

"槐窝儿女孝当先：要孝敬长辈、赡养父母；为人处世诚立身：要言而有信、说到做到……"这些简洁、务实、易记的话语是试点村槐窝村反复修改后制定的村规民约。为确保群众对村规民约真正"易记、易懂、易行"，帮扶部门与县、乡等相关工作人员一起反复沟通，前后修改提升了10余次。

简洁、务实、管用、易记的村规民约是"三大体系"建设中极其重要的一环，也是涵养村风民风的关键之一。《在全县开展"三大体系"建设促进乡风文明建设工作的通知》要求必须充分调动当地群众积极性并结合脱贫攻坚、乡村振兴、文明创建等重点工作来制定；要围绕乡风、家风和民风建设，把爱清洁讲卫生、诚实守信、勤劳致富等内容纳入其中。同时，平武县还要求通过文艺小分队宣演等形式对村规民约进行解读宣讲、表扬示范、教育引导，营造良好氛围。

紧随村规民约建设之后的是道德评价体系建设：以遵守村规民约为基础，对村民在文明乡风、良好家风、淳朴民风等方面的实践进行评议和评价，让这一过程变成村民自我教育、自我管理的过程，使道德评价具体化、项目化、品牌化。在评议评选中坚持以正向激励为主，形成人人争当道德标兵的良好氛围。

在乡风监督体系建设方面，通过采取购买社会化服务或由村级组织聘请的方式选聘文明乡风监督员，对村民遵守村规民约和文明乡风实践活动进行指导和监督。监督员主要在乡、村范围内挑选离退休的老干部、德高望重的老同志、有正义感和公信力的村民来担任，发挥"监督员、宣传员、连心桥"的作用，以好的党风、政风带动文明乡风、良好家风、淳朴民风的形成。

村规民约、道德评价体系以及乡风监督体系形成了一个闭环，为平武落地乡村振兴战略提供了切实有效的路径。

三、"育""选"并举，疏通乡风文明建设"堵点"

在豆叩羌族乡荣华村，随处都可以看到房屋墙壁上以乡风文明为主题的宣传画，无论是游客还是村民，只要路过，都会在潜移默化中接受传统道德的浸润，而这些宣传画更是在村民们的心里烙下了深深的印记。在此引领下，荣华村先后涌现出多个星级文明户、清洁卫生户等先进典型，努力争创文明户，争做知礼明德好群众的氛围也日益浓厚，一大批乡村道德模范不断涌现，切实推进了村民自治以及深化精神文明创建。

平武县以文化院坝、密集院落为载体，集中制作了一批宣传社会主义核心价值观、孝老爱亲、勤劳致富的宣传画和展板，向群众传递正能量；农民夜校、院落会、坝坝会邀请"道德模范""致富能手"从自身角度宣讲党的十八大以来的新气象、新变化、新成就等一系列内容，"育"出了新农民。同时，平武县以文明村镇创建为抓手，深入开展身边好人、道德模范、"十星级文明户""十佳文明乡村""十佳文明窗口"和最美家庭、最美儿媳等先进典型评选活动，申报市级文明家庭5户、市级文明村10个，设立农村精神文明建设工作示范点——三新村，通过这一系列的评比活动，选出了新楷模。

充分调动广大群众参与村级管理、参与幸福美丽新村建设的主动性和积极性，为实现乡村振兴提供强大正能量。培育乡风文明，可以引导农民在思想观念、道德规范、知识水平、素质修养以及行为操守等方面继承和发扬民族文化的优良传统，最终把民心凝聚在希望的田野上。

四、做实"三大工作"，夯实文明基础"重点"

为了更好地夯实乡风文明的基础，平武县从开始抓"三大体系"工程以来，自始至终坚持做好群众主体、因地制宜、注重问题导向三大工作，为农村乡风文明建设增添新内涵。

乡风文明建设，群众是主体，平武县始终坚持以当地群众为中心的发展理念，坚持群众主体，充分宣传发动群众，教育引导群众，体现人民群众的主体地位，大力激发群众的内生动力，充分调动群众的主动性，让群众的心热起来、手动起来，始终让人民群众为主体唱主角，在辛勤劳动中收获自尊、收获信心。

针对不同区域、民族风俗不同等特征，平武县坚持因地制宜，突出特点特色，尤其重视突出地方特色，把当地人民群众最认可的、具有地标性的、有良好传统的好民风、好家风进行梳理，予以总结和强化。例如，豆叩羌族乡杨柳村一直有制作羌族特色豆腐的传统文化，该村在梳理时把勤俭持家、清白做人作为好民风予以巩固和弘扬，并在2018年5月举办了"不忘初心、清白做人"乡村文化旅游节，大力弘扬清廉之风。

此外，在"三大体系"工程建设过程中，平武县注重将问题导向和目标导向相结合，针对广大农村存在的环境卫生、孝敬老人、大操大办、封建迷信和"等、靠、要"思想等乡风文明中存在的薄弱环节，由村"两委"组织，通过坝坝会、村民代表会等形式，发动群众查摆、讨论本地在乡风、家风、民风方面存在的突出问题，找准乡风文明建设的切入点和着力点，使之更有针对性、操作性。

2018年9月13日，平武县法院公开开庭审理了一桩"80岁老人孤死家中，五子女未尽到赡养义务"的案件，分别判处相关人员有期徒刑两年到一年六个月、缓刑两年不等，让其子女既受到了道德的谴责，又受到了法律的制裁。平武县将此案件刻录成260余张光碟分发到全县各个村，教育引导群众孝老敬亲、遵纪守法，树立文明新风尚。

五、丰富"三大"载体，筑牢脱贫攻坚"支点"

平武县在构建"三大体系"推动乡风文明工作中，杜绝空洞说教，而是通过文艺宣演、农民夜校、干部帮带等多种方式进行。

平武全县20个乡（镇）和县文化馆、县"春之声"艺术团、县职业中学共成立28支文艺宣演小分队，以学习贯彻十九大精神、建设文明乡风为主要内容，创编《扶贫路上赶春光》《形成好风气》《幸福虎牙》

《十九大报告暖心窝》等富有乡土气息、符合时代特征群众喜爱的歌舞、小品、快板、三句半等文艺作品30余个，并深入乡（镇）、村开展文艺宣演活动150余场。在宣演中，特别注重把脱贫攻坚政策、各种先进典型宣传好，全面推进社会主义核心价值观与脱贫攻坚、乡村振兴的一体化建设，提升农民精气神，为文化扶贫凝心筑魂。

平武县各乡（镇）党委把“农民夜校”作为提高群众思想水平、培育良好乡风的重要载体，把乡风文明作为“农民夜校”五大课程之一，通过宣传身边的模范事迹、先进典型传递正能量，弘扬真善美，传播文明新风。同时，组织村社（区）干部、群众代表等到高村乡民主村、豆叩羌族乡银岭村等地实地参观学习文明乡村建设经验，把“夜校”摆在了农村精神文明建设的现场，既开阔了眼界，又提升了思想认识、文明素养。

在脱贫攻坚中，平武县把乡风文明建设与扶贫结对帮扶相结合，互为促进。帮扶过程中，每名干部都要帮扶几户贫困户，联系几户非贫困户，对群众进行文明卫生知识、文明行为习惯养成等方面的宣传引导，尤其重点对清洁环境卫生、孝老敬亲、感恩奋进等方面进行宣传教育。对环境卫生等做得比较差的，由帮扶干部和群众共同打扫、整理、收拾，带着群众干，做给群众看；对不赡养父母的，帮扶干部动之以情、晓之以理，通过召集召开家庭会议、完善赡养协议、调解矛盾纠纷等方式，促进家庭和谐、子女孝顺，收到了很好的效果，仅豆叩羌族乡就签定赡养协议60余份，不仅强化了子女赡养老人的法律义务，更逐步形成了孝老敬亲的良好风气。

而今，无论你是走在平武的藏乡还是羌寨，无论是来到高山还是到平地，只见平武县农村涌现了一批又一批文明清洁户、孝老敬亲户、勤劳致富户、遵纪守法户。高村乡“做文明村民，创美好家园”已成为群众共识、代坝村徐家三兄弟用“背篓上的爱”孝顺父母、黄羊关藏族乡七旬老人杨正德自创“扶贫歌”唱给党听、水晶镇竹柏村盲人陈习华种植100亩的中药材等典型层出不穷，平武县“三大体系”工作的开展强势推动了平武县打赢脱贫攻坚战，持续推进巩固拓展脱贫攻坚成果同乡村振兴有效衔接，为绵阳市加快建设中国科技城和西部现代化强市贡献了平武力量。

聚力“1+5”生态扶贫
平武县全面聚焦脱贫奔康路

平武县人民政府县长　黄　骏

近几年来，平武县的生态旅游已经成为县林业现代化建设的一个大亮点，成为推动脱贫攻坚工作、促进经济社会发展和改善民生福祉的一个大事业。实践表明，生态旅游是实现“不砍树也能致富”的“发动机”，是助力脱贫攻坚的“动力源”，也是推动平武全域旅游发展的“主力军”。

平武县地处四川盆周山区与川西高原过渡地带和川、甘两省的交汇点和岷山山系大熊猫A种群腹心地带，特殊的地理位置孕育出宜人的气候、独特的人文资源和奇特的地形地貌：有林地面积4760平方千米，森林覆盖率达74%以上，常见优势树种有23科、37属、78种，有优势建群树种等32种，草被植物有96科、332属、573种……一组组数据形象地说明了平武林业生态资源的富集。

脱贫攻坚以来，平武县通过树立“绿水青山就是金山银山”的理念，立足国家重点生态功能区的特殊县情，始终坚持“脱贫攻坚生态先行”这一主线，全面贯彻落实习近平总书记关于新时期推进精准扶贫的重要战略思想和中央、省、市各项决策部署，按照“五个一批”要求，坚持扶贫开发与生态保护相统一，加大对贫困村生态保护修复的力度，通过林业生态工程建设、生态补偿、资源开发、增加就业等措施厚植生态优势，加快绿色发展，生态扶贫工作取得显著成效。

一、聚力生态补偿扶贫，立足生态“想法子”

平武县将生态补偿作为增加贫困群众转移性收入的重要来源，优先实施退耕还林，将退耕还林任务向边远、边界、边角的贫困乡村倾斜，让贫困人口在参与生态保护与修复中得到更多实惠，实现巩固生态屏障和群众增收致富“双赢”。自实施退耕还林以来，平武县累计完成退耕还林14.3万亩，覆盖全县20个乡（镇），涉及农户24786户，其中建档立卡贫困户3014户，退耕17271.4亩，2015年至今累计兑现资金1233.28万元，贫困户每年户均增收1412.8元。

与此同时，平武县紧紧抓住深化集体林权改革机遇，为困难群众划定“自留山”，长期经营无偿使用。集体山林按“均山到户”“均股到户”原则，通过家庭承包、流转经营等方式盘活资源助农增收，并及时兑现个人和集体所有公益林生态效益补偿资金，积极帮助贫困人口增收致富。

根据统计，平武全县20万亩个人所有公益林、136.4万亩集体所有的公益林近4年累计兑现公益林补偿资金9228万元，帮助贫困户每户实现年均增收500余元。同时，整合生态补偿资金1600余万元，用于20个乡（镇）162个村（包括60个贫困村）公共服务设施、基础设施建设和产业发展，助力全县精准扶贫精准脱贫，让农民群众特别是贫困群众共享“生态红利”。

此外，平武县积极推行保护发展生态资源相关举措，加强生态防火和林业有害生物防控，保护林地资源和古树名木，打击一切破坏生态的违法犯罪行为，从各个环节确保了生态资源安全。同时，围绕生态旅游发展加大基础设施投入，完善和改造通往各生态旅游区的道路，建设生态游步道，外围提升了九环东线道路，九绵、广平高速项目在平武境内相继开工，“二高二横三纵两环”的交通骨架和通村达社的毛细血管路网初见雏形，平武已基本实现了“发展路”与“民生路”互补、“扶贫路”“旅游路”“产业路”同步推进的道路格局。

通过软硬双管齐下，平武县聚力生态补偿扶贫，为县域经济的跨越式发展创造了良好的条件。

二、聚力生态产业扶贫，扭住增收“牛鼻子”

四月的平武，气温依然略显寒冷，但在阔达藏族乡的种蜂繁育场里，人们忙碌的身影却频频出现。

这是一片长满蜜糖的土地，走进种蜂繁育场，即便是春季，也能够从空气中闻到淡淡的蜜香，平时来种蜂繁育场学习培育技术的村民更是络绎不绝。如今，响岩镇中峰村和木皮藏族乡关坝村已经形成规模，成为远近闻名的平武“中蜂村”。

在种蜂繁育场，已经能感受到农业越来越有干头，农民越来越有奔头了。近年来，平武县紧紧围绕“产业助推脱贫攻坚”总体思路，发挥地域优势、资源优势、基础优势，牢牢牵住产业“牛鼻子”。针对平武独特的自然环境优势，县委、县政府探索出具有平武特色的“中蜂+”产业，通过种植一级蜜源经济植物和二级蜜源经济植物等多种措施，进一步优化和调整全县农业产业结构，为积极发展生态环境友好型产业、坚决淘汰落后产能起到了强大的推动作用。

同时，依托良好的生态优势，平武县因地制宜，以平武绿茶、平武核桃、平武中药材为清漪江片区、九环线片区和上山区三大片区支柱产业，以平武大红公鸡、平武黄牛、生态黑猪、平武食用菌和高山蔬菜为五大跨域产业，形成了所有行政村确定N个“一村一品”特色产业的产业扶贫新格局和“全域规划、突出特色、龙头带动、联动推进、全域覆盖”的良好发展态势。

此外，平武县安排涉农整合资金4000余万元，重点支持“135N”产业示范园、基地建设、品牌创建和技术培训推广。在全县所有行政村安排产业扶持基金5600余万元，支持村级集体经济发展和贫困户特色产业发展。通过近两年的发展，全县建成“平武中蜂+产业示范园”84个、水果产业园8个、蔬菜产业园6个，配套产业园4个、养殖生态园4个；新建农业产业示范基地13个。全县发展茶园13.46万亩，投产茶园8.4万亩，总产值1.2亿元；中药材生产面积达42.3万亩。

三、聚力生态建设扶贫，提升设施“筑底子”

“看得见山，望得见水，记得住乡愁。”这句话用来描述平武县龙安镇义佛山村恰如其分。蓝天白云下，清澈的两岔河水从山村脚下奔流而过；翠林掩映下的房屋错落有致；村道小路、房前屋后干干净净；路边花坛里铺满了随风摇曳的杜鹃、三角梅……随意走进村子一处院落，都仿佛走进了一幅幅恬静安祥的田园画卷。

2014年前的义佛山，道路泥泞通行不畅，无产业、群众生产条件差，饮水困难，群众居住条件差……但随着脱贫攻坚的开展，县委、县政府结合义佛山自然、人文景观条件、地理交通优势，聚力生态建设扶贫，大力推动农村各项事业全面发展，改善乡村面貌、完善精准灌溉工程、实施道路硬化工程等一批基础设施建设项目，将义佛山建设成为宜居、宜业、宜游、生态特色的生态旅游观光型村落，以农村元素为主，做足乡村旅游品味，让人找到“乡愁”，游客既可以游览沿线山林风光、感受乡土文化，也可以品尝农家美食、购买生态农产品。

峰峦叠嶂间，曾经偏远的旧村落如今迎来美丽的转身。义佛山村借力脱贫攻坚，在县委的指导和各级部门的配合下，紧抓全域旅游发展机遇，依托现有车厘子基地，引导农户开发体验式、参与式的旅游项目，大力发展乡村旅游，同时带动本地特色农产品销售，提升产品附加值。

平武县通过将项目建设作为夯实生态建设底部基础的重要着力点，筑牢脱贫奔康的“家底子”。近年来，累计投入资金1960万元完成营造林18万亩，其中6600余户贫困户完成营造林2万余亩。结合扶贫产业发展需求，大力发展毛叶山桐子种植，累计投入资金757万元，以73个贫困村为重点建成毛叶山桐子基地4.26万亩。

同时，平武县坚持每年组织开展“我为脱贫攻坚植棵树”活动，县乡干部、帮扶人员走村入户，帮助每户贫困户栽植毛叶山桐子等经济林木100株，待3 ~ 5年投产后，将形成稳定收入来源，促进贫困户可持续增收。

此外，平武县积极推进脱贫攻坚造林专合社建设，引导造林大户、涉林专合组织成立脱贫攻坚造林专合社，明确专合社成员中贫困户数量不低于60%、贫困社员劳务费用不低于造林项目政府投资的27%等要求，千方百计安排造林专合社承接造林项目。已组建造林专合社7家，吸纳贫困社员200余人，2018年秋季开始承接造林任务。

四、聚力生态就业扶贫，就地务工“挣票子”

脱贫攻坚以来，平武县结合自身特点，将生态就业作为实现贫困户就地增收的重要抓手，努力推动“就业一人、脱贫一户”。同时，致力解决森林资源管理粗放等问题，将有劳动能力的贫困人口就地转化为生态护林员，让建档立卡贫困群众在家门口实现就业脱贫。

据统计，平武县林业部门共选聘生态护林员664名，每年可为全县664个贫困家庭（约占全县贫困户总数的10%）增收5000元。值得一提的是，平武县明确新聘用的天保管护人员优先在贫困人口中选聘，王朗、雪宝顶2个国家级保护区分别落实资金20万元，用于聘请保护区周边社区贫困户参与生态保护，切实帮助贫困人口脱贫。积极开展自然保护小区试点，在木皮藏族乡关坝村建立全省第一个自然保护小区，组建的森林管护队伍吸纳贫困人口5名，人均年增收近4000元。目前，保护小区建设经验该模式正在推广复制。

同时，结合森林康养、生态旅游，平武县大力开展自然教育，培养10余名贫困群众作为生态导览员，在保护地开放线路内进行生态导览工作。

例如，平武县古城镇青羊村猕猴桃产业园作为衢江——平武东西部扶贫协作项目，在注重产品品质的同时更加注重扶贫效益。猕猴桃属于劳动密集型种植业，200余亩的猕猴桃产业园人工需求量巨大，从前期的栽种、看护，再到授粉、采摘，任何一个环节都离不开人工，仅一般情况下的除草工作每天都需要20余人同时在岗，这对当地贫困户和困难群众增收帮助极大。

五、聚力生态公益扶贫，创新实践“探路子”

紧扣脱贫攻坚大局选人，平武县明确公益性岗位开发重点支持深度贫困户的总原则。在岗位设置上向贫困村倾斜，贫困村每村可开发5个农村公益性岗位；非贫困村每村可开发4个农村公益性岗位用于安置贫困家庭劳动力，16 ~ 60周岁，有劳动能力和就业愿望且未退出全国扶贫开发信息系统的农村建档立卡贫困家庭劳动力均可纳入，总共安置1500余人。

同时，平武县立足长远发展需要育人，把公益性岗位作为培养贫困群众技能、提升素质的“大学堂”。招聘上岗位后，按照“谁用人、谁管理”的原则，明确双方的权利和义务，增强用人单位和公益性岗位人员的责任意识。经常性组织公益性岗位从业人员参加职业技术培训，通过职业技能培训，提高工作技能水平。加强工作纪律、工作作风等方面的培训教育，充分调动公益性岗位从业人员的工作积极性。建立公益性岗位人员数据库，公益性岗位人员上岗后，及时将人员信息录入公益性管理信息系统，建立个人档案，健全基础资料，做到人数、岗位、聘用时间、发放补助、社会保险底数清楚。

此外，平武县将探索创新作为生态扶贫的活力源泉，积极引进公益组织参与生态扶贫。构建“公益保护地共建模式”，引进四川西部自然保护基金会，在老河沟建立摩天岭县级自然保护区，投入资金1.8亿元，建成国际一流的集生态监测、科学研究、生态教育和生态体验等综合功能于一体的公益保护地，带动20余名贫困人口参与生态巡护，年人均增收3840元。

2017年3月，阿里巴巴宣布将平武县作为阿里扶贫模式首个试点县，阿里巴巴脱贫基金会、中科院生态环境研究中心、山水自然保护中心和桃花源生态保护基金会联合通过支付宝蚂蚁森林平台联合推出关坝保护地森林2.7万余亩，被1179万名网友认管。

2017年8月，在关坝自然保护区蜂蜜采收前夕，通过阿里巴巴的生态体系、借助蚂蚁森林等多个渠道进行预售，首批1万斤蜂蜜不到1小时即全部售罄，开创了阿里扶贫的新起点，成为贫困地区特色农产品通过网络走向世界的成功范例。

打好“三张牌” 推进都市农业高速发展

中共广元市利州区委 广元市利州区人民政府

广元市利州区全面贯彻落实中央和省委、省政府及市委、市政府关于“三农”工作的决策部署，把乡村振兴战略作为新时代“三农”工作总抓手，紧扣全面建成小康社会目标任务，集中力量推进脱贫攻坚战和补上全面小康“三农”领域突出短板。坚持现代都市农业发展方向，推动现代农业园区提质增效，着力构建“5+3”农业特色产业体系，推进“一乡一品”建设，大力发展品牌农业、精品农业，着力打造“产业布局区域化、产品生产标准化、产业经营集群化、农业环境生态化、农业保障体系化”的现代精品农业体系。2019年，第三届四川村长论坛暨村社发展大会在利州区白朝乡月坝村举行，并得到省委常委曲木史哈的高度肯定。利州区被省委、省政府表彰为2019年度“全省农村改革工作先进县(区)”。

一、打好产业发展“基础牌”

构建“5+3”农业产业体系，着力推进绿色果蔬、生态养殖、木本油料、道地中药材、四季花卉五大主导产业发展，夯实现代农业种业、现代农业装备、现代农业烘干冷链物流三大先导性产业支撑基础。抓布局调整、政策引导、精深加工和科技支撑4件大事，推动产业集群化、全链式发展。全区五大特色产业总产值达38.1亿元，其中绿色果蔬、生态养殖、木本油料、道地中药材产值分别达10.6亿元、12.7亿元、10.3亿元、0.5亿元。

二、打好设施保障“先行牌”

坚持“建设一个现代农业园区就是一个旅游景区”的目标定位，按照产业发展、设施完善、科技示范、新村建设、改革创新、公共服务“六位一体”的建设路径，东、西、南、北全方位布局现代农业园区，持续推进现代农业园区、村特色产业园、户办特色产业园三园联建，相继建成三江食用菌、大荣、龙潭等10个现代农业区，128个村特色产业示范园，15000个户办特色产业园。一方面，通过加强旅游道路建设、完善标识标牌、新建旅游厕所等措施提升基础设施，大力整治环境卫生；另一方面，在乡村旅游运行管理、服务能力水平提升方面，通过“走出去、请进来、手把手”等方式加大培训，共培训乡村旅游运营人才1000余人次。

三、打好农旅融合“升级牌”

按照山区、河谷走廊、城郊“三区”以及农业发展“远近、高低、深浅、前后”四个维度空间布局，结合休闲农业与乡村旅游，紧紧围绕精品旅游线路，因地制宜发展桃、梨、李、草莓、葡萄等特色小水果，满足游客春赏花、夏纳凉、秋品果，互动采摘等需求。举办龙潭乡草莓和无花果采摘节、大石镇石笋木竹春笋采摘节、月坝年夜饭等，吸引市区及周边省、市居民到利州区旅游和消费，满足游客游、住、吃、购、娱等多样化需求。全年乡村旅游接待游客1038万人，实现农副产品及旅游收入37.5亿元。休闲农业和乡村旅游正成为全区农业产业转型升级、产城一体、融合发展的新业态。

昭化区“四结合”探索产业扶贫新路径

广元市昭化区农业农村局

广元市昭化区着力抓好“四结合”，确保贫困户与扶贫产业有效衔接，成功探索出一条产业扶贫新路径。2018年，全区28691名贫困人口人均产业纯收入4550元，顺利实现整区脱贫“摘帽”。

一、主导产业与因户施策相结合，确保户有增收门路

按照“一乡一主业、一村一特色”的产业发展思路，在产业选择上对不同类型的贫困户实施精准帮扶，对症下药，确保在产业扶贫的道路上不落一户、不少一人。一是聚焦主导产业。针对有劳动能力无特长的贫困户，利用乡村主导产业在连片发展、技术支持等方面的优势，引导贫困户聚集在乡村主导产业链条上，全区已有70%左右的贫困户跟着乡村主导产业发展户办产业，实现抱团发展。二是自主“生血造血”。针对有劳动能力、有一定专长的贫困户，鼓励其结合自身优势，自主确定户办产业。射箭乡晒金村虽以蔬菜和羌脆李为主导产业，但贫困户贾贵勇有10余年的养鸡经验，因此该村扶持其发展养鸡产业，年均增收1.5万元，被评为脱贫示范户代表。三是入股“兜底”增收。针对无劳动和经营能力的贫困户，一方面，采取土地或财政扶持资金入股农民合作社或农业企业的方式，每年可实现1000 ~ 3000元的分红收入；另一方面，将贫困户8000元产业发展资金入股到村集体，村集体再整合特色产业园建设等项目资金，发展村特色产业示范园，实现红利增收。

二、大园区与户办产业相结合，推进产业优势互补

充分发挥现代农业园区、优势特色产业集聚区的示范引领作用，规范培育新型经营主体，推动园区建设及户办产业协同发展。一是协同布局谋长远。按照“长藤结瓜、连线成片”的思路，将63个贫困村特色产业示范园串进全区9个万亩示范园区，8000余户贫困户户办产业园串进村特色产业示范园，形成万亩园带千亩园、特色示范园联户办小庭园、绿色种植园套生态养殖园的协同发展格局。二是共同发展闯市场。将万亩示范园区打造成特色产业标准化示范基地、科技应用示范基地、农民技术培训基地，为户办产业提供发展样板，同时推行统一品牌、统一质量标准、统一技术服务、统一销售渠道、统一利润分配"五统一"，实现户办产业和园区"捆绑"式发展，提升市场竞争力，共同壮大。三是合作共赢促增收。发挥新型经营主体的联结纽带作用，采取"园区+经营主体+贫困户""大园区+小业主"的方式，推行订单、股份合作、代种代养、土地托管等模式，年均签订种养订单6000份以上，全区45%以上的农业企业、农民合作社、家庭农场、种养大户等新型经营主体与贫困户实现利益联结。

三、长线产业与短期产业相结合，实现种养收益叠加

按照"长线产业增后劲，短期产业见实效"思路，创新推行三大种养模式，确保贫困户持续稳定增收。一是立体种植模式。以猕猴桃、核桃等长线产业为主导，在林下套种蔬菜、中药材、食用菌等见效快的短期产业，通过"果+菜、药""林+药、菌"等立体种植模式，全区发展林下经济4.6万亩，田地套作2.5万亩，农户收益同比增长2倍以上。二是稻渔综合种养模式。挖掘下湿田、低洼田等资源，大力推行"水稻+田鱼""水稻种植+田内小池塘养殖"相结合的稻渔综合种养模式，实现一水两用、一田多收，稻谷、稻鱼收购价分别高出市场价50%、20%以上，2018年农户每亩增收2150元以上，昭化区成功跻身国家级稻渔综合种养示范区之列。三是种养循环模式。推行"猪(土鸡、肉羊)+沼(有机肥厂)+菜(果)"的生态发展模式，建立适度规模、低碳循环的种养基地1.9万亩，发展农村生态家园模式2.1万户，推广沼液施肥、浸种6万余亩。通过粪污资源化，户均节约化肥和粪污处理费用近400元，发展种养产业户均增收1300元。

四、农产品基地与工旅融合相结合，助推三产互动发展

立足"4+2"优势特色产业，深入推进农工融合、农旅融合、农商融合，不断延长产业链条，提高产品附加值。一是"基地+加工"。引进和培育雨润、天垠、三禾等农业企业34家，建成特色农业产业基地29万余亩，配套建设猕猴桃、蔬菜等农产品仓储、保鲜设施，大力发展生猪、土鸡等优质畜禽产品深加工。二是"基地+旅游"。依托紫云万亩猕猴桃、柏林沟万亩樱花、昭化千亩草莓、青牛峡垂钓等基地，2018年举办不同主题的体验活动11场次，吸引万余名游客前来观光、采摘、垂钓，现场销售和签订订单金额达3000万元以上，农户通过节庆活动人均增收4000元左右。三是"基地+电商"。深化与淘宝、京东等电商企业的合作，通过电商平台将绿色、生态种植基地与大型超市、销售企业、经营门店有机联结起来，推动生态猕猴桃、大朝腊肉、茯苓粉等30余个特色农产品常态化线上销售，实现农产品网上销售2500万元以上，成功创建为国家级电子商务进农村综合示范县区。

山地田园梦　大道朝天行

——广元市朝天区建设现代田园城乡实践探索

中共广元市委常委、广元市朝天区委书记　蔡邦银

美丽中国田园博览会是全国型多功能农业农村博览会，是集中展示新时代乡村振兴发展成果的重要平台，对于践行"两山理论"，建设美丽中国、美丽乡村、美丽田园具有重要意义。

广元市朝天区地处秦岭南麓、川陕结合部、嘉陵江上游，是中国北方气候和南方气候的交汇地，是千里古蜀道和千里嘉陵江的交汇地，是中原文化和巴蜀文化的交融地。朝天，因唐天宝年间唐玄宗避"安史之乱"幸蜀，蜀中百官在此接驾朝拜天子而得名，素有"秦蜀锁钥""川北门户"之美称。全区辖区面积1613平方千米，辖12个乡(镇、街道)，有人口21万人。朝天区生态优美、历史悠久、文化厚重、资源富集，是"中国核桃之乡""中国高山生态蔬菜之乡""中国民间文化艺术之乡""菜祖文化之乡"，先后获得全国生态文明先进区、四川省县域经济发展先进县(区)、四川省农民增收先进县(区)等荣誉称号。

乡村，让城市更向往；田园，让生活更休闲，这既是不变的理念，也是永恒的追求。党的十八大以来，朝天区始终坚持以习近平新时代中国特色社会主义思想为指导，坚定践行"绿水青山就是金山银山"的发展理念，积极依托优良的生态资源、厚重的历史文化、美丽的乡村元素、独特的民俗风情，大力实施乡村振兴战略，加快建设生态山水园林宜居城镇，打响了"栈道之都、养生天堂"对外文化名片，形成了建设现代田园城乡的生动实践。

一、坚持绿色发展，建设生态康养重要目的地

优良的生态环境是朝天最大的资源优势，也是最核心的竞争力。朝天区坚持生态优先、绿色发展，作为嘉陵江上游的重要生态屏障和远近闻名的"养生天堂"，朝天绿色生态资源得天独厚，年均气温15.8℃，年均降雨量1120毫米，森林覆盖率达65.7%，全年空气质量优良率天数稳定在350天以上，大山、大水、大森林特征突出，是建设生态山水园林城市的坚实基础，先后建成国家卫生城市、国家森林城市、全国百佳深呼吸小城。朝天区坚持城乡一体、融合发展，着力构建"一心三副、六区协同"的发展新格局，规划建设了康养小镇、蓝调小镇、深呼吸小镇等一批极具地方特色的风情集镇，成功创建了一批中国十佳田园美邑、全国百佳避暑小镇、省级特色小镇、全国全省重点城镇，成为远近闻名的亲山、亲水、亲林、亲绿、益养、益寿、宜居、宜游的目的地；始终坚持"小规模、组团式、微田园、生态化"发展新路径，大力推动"一村一景、一村一韵"建设，建成了覆盖全域的5条幸福美丽新村走廊和4个幸福美丽新村示范片，成功创建为中国美丽乡村建设示范县(区)。

二、坚持产园联动，擦亮农业金字招牌

重农固本是安民之基、治国之要。一直以来，朝天区牢记习近平总书记关于"擦亮四川农业金字招牌"的工作要求，大力实施质量兴农战略，奋力推动农业升级、农村进步、农民富裕。全区立足资源比较优势，大力发展核桃、蔬菜、畜牧、食用菌、蚕桑五大农业特色产业，成功创建全国绿色农业示范区、全国绿色食品原料(蔬菜)标准化生产基地、全国蔬菜产业发展重点县(区)。聚力打造特色园区，突出

“农区变景区、田园变公园”，走农旅文康融合发展之路，建成了10万亩现代农业产业园区，打造了20余个集农业观光、农耕文化、果蔬采摘、精品民宿于一体的农业综合体，曾家山创建为中国农业公园。坚守质量发展理念，实施质量兴农、品牌强农战略不动摇，“朝天造”农产品招牌愈发闪亮，有8个产品获得国家绿色食品A级认证、75个产品获得有机转换产品认证、8个产品注册为国家地理标志证明商标、4个产品被认定为国家地理标志产品保护，“曾家山蔬菜”创建为中国驰名商标。

三、坚持资源整合，创建全域旅游示范区

迷人的山水田园风光、独特的养生文化魅力，让朝天近年来成为广大旅游爱好者的梦想之地。全区坚持全域规划、全面发展，高标准建成了曾家山、明月峡、龙门阁、水磨沟4个国家4A级旅游景区，培育了剑门—蜀道文化旅游走廊、生态康养旅游核心区以及5条乡村旅游示范带，成功创建为四川省乡村旅游示范县、省级旅游度假区和生态旅游示范区；坚持以节会为平台，积极举办核桃文化旅游节、避暑节、冰雪节等地方特色活动，以及全国村长论坛、中国生食蔬菜节、国际山地超级马拉松等重要节会赛事活动，每年超过500万人到朝天旅游观光、畅享惬意，“栈道之都、养生天堂”美名远扬。坚持龙头带动、核心支撑，着力打造“蜀道亚高原、康养曾家山”，曾家山位于朝天区东部，辖区面积586平方千米，平均海拔1400米，夏季平均气温23℃，生态优良，森林覆盖率达74%，负氧离子每立方厘米达2万个以上，是“绿色氧吧”、避暑胜地，连续4年入选中国十大避暑名山，2020年首次跻身百座“世界避暑名山”，2020年夏天每天到曾家山的游客超过10万人。曾家山资源富集，有中草药400余种、高山露地蔬菜30万亩，成功创建为首届美丽中国田园博览会“十佳田园城市”、第二届美丽中国田园博览会“2020美丽中国山地田园发展范例”。曾家山潜力无限，正在规划建设的京昆高速复线穿越曾家山，七盘关至曾家山旅游快速通道2021年将全面竣工，随着荣乐养生谷、曾家山原乡等一批重大项目的落地建成，曾家山发展机遇潜力巨大。

四、坚持文化赋能，创建“中国民间文化艺术之乡”

“源远者流长，根深者枝茂”。朝天区拥有7000年的悠久历史和文化底蕴，舜帝道德文化代代传承，中子细石器、先秦栈道古风依然，朝天是巴蜀文明重要发祥地，是菜业先祖诸葛亮屯垦农耕文化传习地，是红四方面军长征出发地，也是先秦古栈道文化的集中展现地和中国蜀道文化、三国蜀汉文化的核心走廊。全区坚持传承与弘扬并重，在传承中弘扬优秀传统文化、做靓优秀文化品牌，挖掘和培育了中子细石器文化、蜀道文化、养生文化、民俗文化、红色文化“五张文化名片”。坚持创新与创造共举，大力开发利用民间文化，平溪傩戏、李家狮舞、川北山歌等特色民俗源远流长、历久弥新，国家级非物质文化遗产麻柳刺绣两度成为“国礼”，走进联合国和瑞士达沃斯论坛。2018年，朝天区成功创建为“中国民间文化艺术之乡”。

朝天区将深入践行绿色发展理念，立足生态和资源优势，坚持农旅文康融合发展路径，努力构建农业、旅游、文化、大健康产业品牌竞相发展的新格局，建设美丽中国田园城市新地标，打造世界级田园文化旅游综合体，开创新时代乡村振兴和城乡融合发展新局面。

坚持“农业多贡献”　稳住发展基本盘

中共广元市朝天区委　广元市朝天区人民政

“农，天下之本，务莫大焉”。农村稳则天下安，农业兴则基础牢，农民富则国家盛。2020年，面对突如其来的新冠肺炎疫情，朝天区扎实做好“六稳”工作，全面落实“六保”任务，强力推进“农业多贡献”，牢牢稳住农业发展基本盘。

一、抓粮油，稳生猪，全力保障基本民生

“藏粮于地、藏粮于技”。全区坚持把保障基本农产品供给作为“三农”工作的头等大事，下大力气稳定粮油生产。投入项目资金3000余万元，全力抓实农田水利基本建设，建成高标准农田2.6万亩；采取托管、租赁、助耕、代耕等方式，推进撂荒地复耕复种3534亩；大力推广节本降耗栽培新技术，抓实农作物病虫害防治，严密监测草地贪夜蛾。全区小春粮油生产保持稳定，实现粮食产量3.8万吨、油菜籽产量6580吨，同比分别增长0.37%、0.69%；大春粮食扩面7200亩，播种面积达25.97万亩。

生猪生产事关战略安全，稳产保供是政治任务。坚持把生猪稳产保供作为“书记工程”，制定出台了《朝天区促进生猪生产十六条措施》，明确抓认识、抓产能、抓来源、抓激励、抓责任、抓防控“六抓”举措，促进生猪恢复生产。全区共投入财政补助资金1200万元，全力扶持生猪养殖业，新（改、扩）建生猪规模养殖场30个，年新增产能10万头以上，生猪产业规模化、标准化生产水平大幅提升。

二、建园区，提质效，推动产业转型升级

（一）持续推进“三园”联动建设

全区坚持把现代农业园区建设作为“三农”工作的重要抓手，实行“一园区一园长”“一园区一措施”，突出农旅文康深度融合发展园区、经营主体与农户深度融合经营园区、多元投入深度融合建设园区、多要素深度融合提升园区。大力推动新一轮园区建设，朝天蔬菜现代农业园区争创省四星级园区建设任务基本完成，维修、整治道路3千米、河堤2千米、蔬菜大棚2.6万余平方米，配套建设综合农事服务中心和田园博览区。高标准建设朝天核桃现代林业示范区，加快推进中转宣核桃园区市等级园区创建，新栽植核桃树1万余株，完成品种改良1.1万亩，新建园区道路10.6千米、生产便道30千米，建成朝天核桃博览馆、朝天核桃科技研发中心。坚持“一园一策”，加快老旧园区提质增效，中子核桃、羊木食用菌、羊西食用菌3个老旧园区全面改造提升，改造食用菌大棚26万余平方米，新建道路3千米、河堤6.5千米。累计提升村特色产业示范园341个、户办特色小产业园2.3万余个。全市现代农业园区建设现场会考察了朝天区平曾现代农业园区和两河口现代农业园区，朝天区在大会上作园区建设经验交流发言。

（二）持续提升“5+N”特色产业质效

全区完成核桃品改3万亩、综合管护50万亩，核桃产量突破5万吨，连续12年位居全省县（区）第一。优化蔬菜种植结构，开展蔬菜新品种新技术试验示范，深化“院地”科技合作，川东北山地蔬菜专家大院成功落户曾家山，蔬菜产销两旺，蔬菜种植面积40万亩，产量100万吨。大力推广国家畜禽遗传资源“广元灰鸡”品种，突破性发展肉牛（羊）。引进羊肚菌、猴头菇等高端食用菌品种，提升食用菌产业发展质效。推进蚕桑产业转型升级，着力实现“六个转变”。加强藤椒管护，积极发展小水果、中药材等特色产业。全区“5+N”特色农业综合产值将突破105亿元，增收带动力显著提高。全省现代农业“五良”融合暨农业装备转型升级推进会、全省高山蔬菜产业发展现场会、全市山地蔬菜（山珍）产业发展推进会先后在朝天区召开。

三、创品牌，搞加工，倾力打造全产业链

（一）擦亮农业金字招牌

持续强化农产品质量安全监管，朝天区国家农产品质量安全县（区）成果得到巩固。全力推进国家有机农产品认证示范区和曾家山蔬菜全域有机创建。加强“三品一标”认证，全面落实奖励补助政策，马铃薯、甘蓝等8个产品获得国家绿色食品A级认证，山葵、茄子等75个产品通过有机或有机转换产品认证，“曾家山辣椒”等10个产品注册为国家地理标志证明商标，“朝天核桃”“曾家山蔬菜”创建为中国驰名商标，“朝天核桃”“曾家山甘蓝”等4个产品获得国家地理标志产品保护。

（二）健全完善农产品加工销售链条

大力支持产地初加工发展，培育农民合作社45个、家庭农场73家，新建高山蔬菜产地冷库22座、初加工设施100余处，建成曾家山高山蔬菜冷链物流与商品化处理中心，建成在全省高山蔬菜基地中处于领先地位的一体化成套蔬菜采后商品化处理生产线并在全省蔬菜基地中率先使用移动式智能压差预冷装置。培育农产品加工龙头企业，提升精深加工能力，核桃精深加工水平进一步提升，蚕茧缫丝工艺得到提高。不断健全销售体系，改造完善核桃、蔬菜产地集中交易市场3.2万平方米；加快建设电商小镇，搭建网上销售平台，农产品生产、加工、销售全产业链发展格局基本形成。

四、强基础，促融合，全面助推乡村振兴

（一）深入实施乡村振兴战略

继续推进“强村行动”“兴乡行动”“城乡融合行动”三大行动，按照每年完成两个以上片区全域新村建设目标坚持查漏补缺，2020年将全面完成朝天、中子、沙河、曾家4个镇8180户全域新村建设。持续开展省、市级乡村振兴先进示范创建，力争2020年创建省级乡村振兴先进乡镇1个、示范村6个，市级先进乡镇1个、示范村10个。

（二）持续开展农村人居环境整治

全力推进2020年农村人居环境整治项目和12座厕所整村推进示范村项目建设，已有92%的行政村农村生活垃圾得到有效治理、50%以上的行政村生活污水得到有效处理，农村卫生厕所普及率达89%，畜禽粪污资源化利用率达85%。

（三）积极推动农旅文康融合发展

建成了一批采摘观光、休闲旅游、农事体验园，沙河镇打造增彩添香示范点800亩，曾家镇建成增彩添香廊道10千米，羊木镇新山村、沙河镇元西村建成增彩添香示范村；曾家山入选2020中国十大避暑名山并荣登2020世界避暑名山榜，两河口镇老林村成功入选中国美丽休闲乡村，曾家镇响水村创建为“国家森林乡村”。成功举办了2020四川花卉（果类）生态旅游节分会场暨第五届四川·朝天核桃文化旅游节、第二届美丽中国田园博览会暨中国农民丰收节广元市庆丰收活动，朝天区被授予“菜祖文化之乡”荣誉称号。

站在新的起点，朝天区将坚定贯彻落实“农业多贡献”部署要求，抢抓成渝地区双城经济圈建设发展机遇，争创全省农民增收工作先进县（区）、国家有机产品认证示范区，不断推进农业高质量发展，实现整体连片脱贫到全面小康的跨越。

坚决打赢脱贫攻坚收官战
扎实推进脱贫攻坚与乡村振兴有效衔接

中共剑阁县委书记　张世忠

习近平总书记在决战决胜脱贫攻坚座谈会上指出，“脱贫‘摘帽’不是终点，而是新生活、新奋斗的起点。要针对主要矛盾的变化，理清工作思路，推动减贫战略和工作体系平稳转型，统筹纳入乡村振兴战略，建立长短结合、标本兼治的体制机制。”习近平总书记的重要指示精神深刻阐明了推动脱贫攻坚与乡村振兴有效衔接的重大意义、总体思路、基本要求和重点任务，要深入领会、切实遵循，以高度的政治自觉、思想自觉和行动自觉将脱贫攻坚和乡村振兴统筹规划、协同推进、有效衔接，坚决完成脱贫攻坚任务，为乡村振兴奠定坚实的基础。

一、准确把握脱贫攻坚与乡村振兴的辩证关系，推动理念方法的有效衔接

脱贫攻坚是全面建成小康社会的底线任务和标志性指标，乡村振兴是关系全面建设社会主义现代化国家的全局性、历史性任务，两大任务既一脉相承、前后相接，又存在目标任务、政策机制、举措方法差异，必须坚持辩证思维，消解差异性，增强衔接性，做实关联性。

一是把准战略目标的特定性与全局性关系，做到目标体系有机衔接。脱贫攻坚的战略指向是消除绝对贫困和区域贫困，乡村振兴的战略指向是实现农业农村现代化，前者是托底、聚焦基本民生需求，后者是摸高、着眼乡村全面振兴。消除绝对贫困后，乡村振兴进程中仍然存在相对贫困问题，要把解决相对贫困问题贯穿于乡村振兴战略实施，用乡村振兴战略引领解决相对贫困。

二是把准历史方位的阶段性与长期性关系，做到推进机制平稳转型。脱贫攻坚战是阶段性任务，更多的是集中人力物力财力打攻坚战、歼灭战；而缓解相对贫困和促进乡村振兴将是长期任务，更多的将是常态化的阵地战、持久战，既要把脱贫攻坚中好的政策措施和管用打法战法继续运用于乡村振兴，更要把脱贫攻坚夯下的精神和物质基础巩固提升作用于乡村振兴。

三是把准工作对象的局部性与整体性关系，做到工作重点相互贯通。脱贫攻坚的工作对象是绝对贫困人口和贫困区域，乡村振兴的工作对象是整个农村地区，两者发展基础、矛盾问题、利益诉求不尽相同。因此，在政策设计、方法方略、工作对象等方面既要有效衔接、又要相应调整，形成局部助力全局、全局引领局部的工作格局。

四是把准政策举措的特惠性与普惠性关系，做到政策体系无缝对接。在超常推进脱贫攻坚的过程中，各地都出台了系列临时性、特惠性的政策措施，对帮扶贫中之贫、困中之困起到了极大作用。要深入研究临时性帮扶政策措施的可持续性，构建起开发式扶贫与保障式扶贫并进的新态势和更有质量、更可持续的社会保障政策体系。

二、严格遵循脱贫攻坚与乡村振兴衔接的基本原则，推动形成良性互动格局

脱贫攻坚与乡村振兴衔接应遵循以下三个基本原则：

一要坚持精准扶贫思想。脱贫攻坚的成效证明了精准扶贫思想的科学性，在衔接过程中，要将“精准”原则贯穿脱贫攻坚和乡村振兴的始终，以习近平总书记关于扶贫工作和实施乡村振兴战略的重要论述为指导，坚持精准衔接、分类施策，进一步巩固脱贫攻坚成果，推动乡村全面振兴。

二要坚持分阶段有序推进。2020年之前，以脱贫攻坚夯实乡村振兴基础，将“产业兴旺、生态宜居、乡风文明、治理有效、生活富裕”的乡村振兴战略总要求融入到具体的脱贫攻坚行动。2020年以后，以乡村振兴引领扶贫工作，为巩固提升脱贫成果提供新要求、新动力和新保障。

三要坚持分地区逐步推进。由于不同地区的自然禀赋和经济社会发展基础等方面存在差距，脱贫攻坚的进度和质量各不相同。因此，应当坚持因地制宜、分类推进的原则，针对各乡（镇）、村（社区）的发展基础和阶段的差异性，先行先试，逐步完成衔接。

三、始终坚持脱贫攻坚与乡村振兴的目标导向，推动重点工作的有效衔接

剑阁是传统农业大县和旅游资源大县，要立足县情农情，遵循乡村建设规律，认真践行新发展理念，抓重点、补短板、强弱项，实现乡村产业振兴、人才振兴、文化振兴、生态振兴、组织振兴，促进农业全面升级、农村全面进步、农民全面发展。

一是聚力乡村产业发展，推动产业扶贫与产业振兴有机衔接。坚持把产业作为脱贫攻坚和乡村振兴的根基。一要加快构建现代特色农业“5+3”产业体系，按照“四区四园”空间布局，大力推进县域北部区域10万亩现代特色产业园区、县域中南部区域10万亩优质粮油现代农业园区、亭子湖库区生态康养园区和升钟湖库区柑橘现代农业园区建设，以现代农业园区建设为引领，以一、二、三产融合发展为路径，持续推进优质粮油、生态猪牛渔、剑门关土鸡、绿色果蔬药和醇香烤烟五大优势特色农业延链融合发展。按照产业发展需求，夯实与产业相匹配的现代农业种业、现代农业装备、现代农业烘干冷链物流三大先导性产业支撑，严格遵循产业规划布局，保持发展定力，集聚资源要素，着力调结构、扩规模、强品质、延链条、促融合，高质量实现农业大县向农业强县的跨越。二要积极提高劳务产业质量，克服新冠肺炎疫情影响，进一步加强农民工就业技能培训和务工信息收集和宣传，提高农民工外出就业率和返乡创业能力，同时加大公益性岗位开发和鼓励县域内项目建设业主使用本地农民工，促进农民工就近就地就业。三要大力发展村级集体经济，破解发展瓶颈，充分利用好农村集体产权制度改革成果，年内完成村建制调整后的364个行政村（社区）的村集体股份经济合作社的登记赋码工作，全面消灭村集体经济“空壳村”，各村集体经济收入保持年增长10%以上；高质量完成26个中央、省专项资金扶持村的集体经济项目建设，并将其建设成为全县村集体经济发展的示范村。四要持续深化农业农村改革，变革生产经营方式、资源配置和农民收益机制，大力推行农村土地“三权分置”，有序规范土地经营权流转，促进土地适度规模经营，创新乡村产业发展模式，大力探索农村宅基地有效利用方式，积极支持利用农村闲置分散的建设用地发展新产业新业态，推动乡村资源、农民资产转化为资本、产业和收益。

二是聚力人力资本开发，推动扶志扶智与人才振兴有机衔接。坚持把人才作为脱贫攻坚和乡村振兴的支撑。一要大力提高农民群众特别是贫困群众的自我发展能力，采取评选勤劳致富星、精准培训、新型农业经营主体带动等方式有效解决观念落后、生产粗放、市场意识缺乏等问题，切实提高经营资产、资源转化商品水平。二要整合农业人才培训项目，培育壮大新型职业农民队伍，选择一大批有基础、有条件的农民群众，瞄准一个村、一个乡（镇）发展目标定位，培育成为产业发展带头人、农业经理人、特色业态经营人。三要大力实施城市居民进乡、优秀人才下乡、成功人士返乡、龙头企业兴乡、社会团体助乡“五到乡工程”和“紧缺专业大学生定向培养计划”“归巢创业计划”，鼓励社会各界投身乡村建设。

三是聚力培育文明乡风，推动新风培育与文化振兴有机衔接。坚持把乡风文明作为脱贫攻坚和乡村振兴的保障。一要持续抓好教育引导，以喜闻乐见、听得懂、愿参与为基本考量，安排内容、改进方式，引导群众听党话、跟党走，提高文明素养。二要普遍规范推行文明新风积分管理制度，构建“县级部署、乡（镇）组织、村（社区）实施”推进体系，每月考评打分、每季按分授星、每年总结表扬，坚持不懈养成文明习惯。三要加强新乡贤队伍建设，在有条件的农村地区推广“乡贤议事会”等各种形态的乡贤组织，发挥“新乡贤”推动乡村建设、参与乡村治理等重要作用。四要积极推进乡村志愿服务，吸引支持企业家、党政干部、律师、技能人才等通过下乡投资兴业、法律服务等方式服务乡村振兴。

四是聚力乡村绿色发展，推动生态扶贫与生态振兴有机衔接。坚持把生态宜居作为脱贫攻坚和乡村振兴的关键。一要统筹山水林田湖草系统治理，推动西河流域、炭口河流域和亭子湖、升钟湖库区等重要生态系统重大生态保护修复工程，认真落实河（湖）长制，常态化抓好抓实农业面源污染防控和治理工作，扎实抓好“一江两湖五河”（嘉陵江干流剑阁段，亭子湖、升钟湖，西河、闻溪河、清江河、炭口河、汞河）十年禁渔工作，深入推进绿化全川“剑阁行动”，让群众望得见山、看得见水、记得住乡愁。二要认真贯彻落实习近平总书记的生态文明思想，学习借鉴浙江“千村示范、万村整治”经验，全力推进农村人居环境整治，加大资源整合力度，统筹规划，先易后难，有序整村推进农村生活垃圾治理、“厕所革命”、污水治理、畜禽粪污资源化利用和村容村貌提升、农村居民文明素养提升“4+2”行动，建设宜居、宜业、宜游的美丽乡村。三要以每月最后一周星期五下午全县总动员搞环境卫生为抓手，全域常态化开展村庄清洁行动，以更加严格、更大力度抓好乡（镇）场镇、村公共服务场所、每家每户环境卫生工作，确保生产生活环境干净整洁。四要依托首批天府旅游名县金字招牌，以创建全国全域旅游示范区为契机，大力发展森林康养旅游、休闲采摘农业、河湖湿地观光等，打造一批特色生态旅游村镇和精品线路，将全县优越的生态乡村优势转化为生态经济优势。

五是聚力乡村基层基础，推动党建扶贫与组织振兴有机衔接。坚持把农村党组织作为脱贫攻坚和乡村振兴的战斗堡垒。一要在脱贫攻坚巩固期内，对稳定脱贫任务较重、集体经济薄弱、党组织软弱涣散的村，继续保留帮扶部门、"第一书记"、农技员，并向返贫风险户、相对贫困户安排帮扶责任人继续帮扶。二要坚持城乡基层党组织结对共建，选好村党组织书记，不断提升农村基层党组织领导基层治理、推动农村经济发展的能力。三要坚持精准方略，培育基层干部精细作风，在及时发现问题、精准解决问题中推进工作，确保工作精准到村到户到人。

决战剑门关

——剑阁县脱贫"摘帽"纪实

剑阁县脱贫攻坚指挥部（领导小组）办公室

剑阁县是秦巴山区贫困县、川陕革命老区县、汶川地震重灾县。2014年，全县精准识别建档立卡贫困村163个、贫困人口32893户97665人。2020年2月18日，经省政府批准退出贫困县序列。至2020年10月，累计实现163个贫困村退出、32924户96885人脱贫，贫困发生率降至零。为全国易地扶贫搬迁现场会提供了参观现场，承办了全省就业扶贫现场会、全省社会扶贫现场推进会等重要会议。脱贫攻坚项目库建设"433模式"在全国扶贫工作会议上作经验交流，《人民日报》、中央电视台、《四川日报》、四川电视台等媒体多次报道剑阁脱贫攻坚先进经验。

一、全力打好产业发展"增收战"

全县围绕产业扶贫这个脱贫根本之策，累计投入3.13亿元，建成现代农业园区16个、特色产业基地15万亩、贫困村特色产业示范园285个、贫困户户办特色产业园2.7万个。发展专合社938家、家庭农场1271家，联结农户5.2万户，带动了贫困户增收脱贫。

龙头带动增收。引进四川巨星、广元耕鑫、中农标准剑阁三分田、蜀道元牛、深圳中谷、成都福果、四川共裕、江苏吴氏生物等龙头公司，实施万亩东宝贡米基地、万亩有机农业园区、美好生活科技示范园、剑门关精品土鸡、肉牛全产业链、百万头优质生猪扶贫、中医药产业园等重点项目建设，建成全省最大的安格斯肉牛养殖场存栏能繁黑母牛2100余头、全省第一的美国PIC原种猪场存栏种母猪1.5万头、全市唯一的剑门铁皮石斛培育园200亩配套连栋温室大棚10个1.6万平方米、中农标准剑阁三分田公司果蔬大棚7.4万平方米、四川福果农业高端水果出口基地5000亩，形成了优质粮油、生态畜禽、绿色果蔬、道地药材、休闲农业等主导产业，带动了全县扶贫产业蓬勃发展。大力推行"订单生产+保底收购"自主经营、"保底分红+二次返利"股份合作经营、"产品分成+劳务收入"经营模式，着力构建"园区+贫困户""企业（合作社）+贫困户""村集体+贫困户"带动机制，新型农业经营主体年均支付就地就近贫困户等务工收入2800余万元、兑付村集体及贫困户股权量化分红760余万元。

科技支撑增收。广泛开展"县校（院）合作"，省农科院梨、李、猕猴桃首席专家常年进田指导，省畜科院设立专家服务站4个，与川农大、西科大政、产、学、研深度融合。全县派驻贫困村驻村农技员163名，组建农业产业技术服务团7个、农业产业技术专家服务团57个、非贫困村农业产业技术巡回小组149个、产业发展指导员670名，为贫困户提供"菜单式、保姆式"技术服务。全县年均举办各类培训750场次，印发技术资料5万余份，培训3.5万人次，实现进村入户培训指导全覆盖，到位率达100%，"一村一名农技员"工作得到农业农村厅的高度肯定。

品牌引领增收。创建四川省著名商标2件、四川省名牌产品4个，注册地理标志证明商标1件、国家地理标志保护产品1个，认证"三品一标"农产品49个。组织20余家农业企业4批次参加在重庆、西安、成都等地举办的西博会、农博会、农交会等展会，以及"川货全国行""万企出国门"等活动，让"剑阁造"农产品"走出去"，在国内主要大中城市落地生根。全县开设农超对接窗口27个，建成县、乡、村三级电商服务体系和物流配送体系，29家企业371个产品获批使用"四川扶贫"商标；建成移动端微商城"剑阁严选"、淘宝"中国特产剑阁馆"、京东"中国特产剑阁馆"三个线上商城，上线剑阁特色农产品100余款，年均网销农产品2亿余元，促进了贫困群众增收致富。

2019年，全县实现地区生产总值143.15亿元，农村居民人均可支配收入12919元，贫困人口人均纯收入为9292.36元，分别为2014年的1.72倍、1.8倍、3.69倍。

二、全力打好基础建设"攻坚战"

打好脱贫攻坚战，基础设施须先行。基础设施及配套建设不完善，一直是制约剑阁脱贫攻坚的最大瓶颈。六年来，全县坚持把加快基础设施建设作为脱贫攻坚战的主要工程，紧盯贫困村交通、水利、电力、通信等基础设施，着力补起基础设施"短板"，让贫困山区插上"腾飞"的翅膀。

攻坚乡村路网。剑阁地处偏僻，交通闭塞，"行路难、快修路、修好路"成为群众最期盼的呼声。全县大力推进农村公路建、管、养、运一体化发展，新（改）建县、乡公路44条832.1千米；建成通村（组）水泥路6890千米；乡（镇）全部通沥青混凝土路面或水泥路面公路，建制村（社区）通村水泥路实现全覆盖。乡（镇）道路通畅率、村（社区）通村路通畅率均达100%，形成了村组道路硬化全覆盖、串户通道全链接、产业路网全贯通，彻底改变了制约贫困村经济发展的交通瓶颈，获得四川首批"四好农村路"省级示范县称号。投入资金3634.38万元，新建办公场所、爱心超市、电商平台、卫生室、文化活动室、农民夜校等设施62个，改（扩）建活动阵地97个；实现建档立卡贫困户32893户电视"户户通"；创建省级"文化扶贫示范村"7个；163个脱贫村均建有200平方米的活动广场、固定乡村大舞台、50平方米的文化墙，配套了电脑、照相机、投影仪等设备。全面完成69所乡（镇）标准中心校、57所乡（镇）卫生院、57个乡（镇）便民服务中心达标建设，543个行政村便民服务代办站规范化建设，不断提升基本公共服务能力。

攻坚水利设施。按照"因地制宜，精准配置，产水相融、整村推进"的思路，投入水利扶贫资金32532.96万元，新建村集中供水工程、联户供水工程、分散供水工程、管网延伸工程共计3430处，铺设供水主管网1785千米，解决58.1万名农村居民饮水不安全问题，实现农村人口安全饮水全覆盖。整治及新建山坪塘747口，整治及新建石河堰22道，新建蓄水池98口，整治及新建渠道108.8千米，治理水土流失面积69.96平方千米，整治小(2)型病险水库33座，河道综合治理1.65千米，实施高效节水灌溉面积6508亩。

攻坚电力通信。先后投入农网改造资金58867.63万元，新建(改造)10千伏线路622.38千米；10千伏配变1418台，容量112.01兆伏安；低压线路5355.62千米。完成全县320余个易地扶贫搬迁安置点、1500余户易地搬迁安置户及100余项扶贫产业的用电接入和电力配套建设，实现163个贫困村光纤接入。利用直播卫星、有线电视、地面数字电视、IPTV四种方式，实现广播"村村响"、电视信号"户户通"，为脱贫攻坚提供了可靠的电力保障。投入资金6801万元，完成412个行政村光纤网络建设，网络接入能力不低于12Mbps。新建4G基站732个，农村及偏远地区光纤宽带、4G移动网络基础设施建设得到全面改善，农村地区宽带网络覆盖能力大幅提升。

三、全力打好民居改造"提质战"

剑阁农村土坯房多，特别是贫困边远地区，土坯房的比例高达60%以上，存在着极大的安全隐患。为改变这一现状，全县推行"建、改、保、拆、美、配"模式，累计投入30.63亿元，实施农村住房建设48308户，其中易地扶贫搬迁14732户42690人、危房改造24031户(贫困户7434户)、土地增减挂钩9545户(贫困户1571户)，贫困户住房安全保障率达100%。

实施危旧房改造。印发了《剑阁县农村危房鉴定技术导则》等11个业务指导性文件。聘请22名建筑工程师、监理师负责技术指导，组织全县农村钢筋工、抹灰工等工匠进行业务技能培训3600人次。对全县所有农房进行安全状况评定，根据危房等级、危险程度等具体情况，制定了科学合理的维修加固实施方案。坚持政府主导、群众主体，按照"规划先行、因地制宜、宜散则散、宜聚则聚"的原则，充分征求群众意愿，科学合理进行选址规划，做到"三避让一集中"，通过争取中央和省级财政资金、农村人居环境整治金融贷款、县本级投入、农户自筹一点、投工投劳等方式，投入资金3.75亿元，实施危旧房改造24031户，实现了农村群众住房安全有保障。

推进易地扶贫搬迁。按照剑阁县"十三五"易地扶贫搬迁整体规划和年度规划，围绕"五年任务四年完成"的奋斗目标，总投资24.5亿元，实施易地扶贫搬迁14732户42690人，建成6户以上集中安置点358个。新建安置区村组道路2410千米，整治山坪塘1304口，建成人饮管道310千米、垃圾分类处理点890处，贫困群众行路难、上学难、治病难、增收难、娶妻难等突出问题得到有效解决，搬迁群众满意度达99%以上。2017年全县易地扶贫搬迁工作在全省全覆盖督导交查考核荣获第一。中央电视台七套《聚焦三农》栏目专题播放了剑阁县易地扶贫搬迁专访片——《我在扶贫路上：故土难离》。

开展搬迁后续扶持。扎实做好易地扶贫搬迁"后半篇文章"。将产业项目资金向安置区倾斜，推动现代农业园区向集中安置区延伸，加快优势特色产业连片成带发展。采取"公司+村集体+专合组织+农户"等多种利益联结模式助推发展。加强产业技能培训，培育新型职业农民、贫困村致富带头人，带动搬迁户发展土鸡、生猪、水果、蔬菜、药材、藤椒、稻田综合种养等特色产业。开展易地搬迁贫困劳动者技能、创业培训，认定就业"扶贫车间"59个，吸纳易地搬迁贫困劳动者就业110人，实现转移就业3914人，公益性岗位托底安置1007人。探索建立"法治建平安村庄、德治建文明村庄、自治建和谐村庄"的安置区治理体系，促进乡风文明、治理有效。

四、全力打好政策保障"阵地战"

剑阁县把政策保障放到全面建成小康社会、实现"两个一百年"奋斗目标的高度来审视，放到"五位一体"总体布局、"四个全面"战略布局中来把握，切实加强脱贫攻坚政策保障体系建设，筑牢解决贫中之贫、困中之困、坚中之坚的最后防线，让脱贫攻坚的成色更足、质量更高。

强化资金保障。制定出台《剑阁县统筹整合使用财政涉农资金管理办法》《剑阁县财政专项扶贫资金县级报账制实施办法》《剑阁县村级产业扶持基金使用管理实施细则(暂行)》等资金管理办法，理顺制度衔接、扎紧制度笼子，着力构建起保障有力、措施有效、责任落实、覆盖全面的财政扶贫资金监管制度体系。2014—2020年，累计投入各类扶贫资金740829.47万元，主要用于农村基础设施建设、产业扶贫、社会保障和社会事业发展、四项扶贫基金投入、金融扶贫、易地扶贫搬迁、农村危房改造、商务扶贫等多个方面，形成了"多个渠道引水、一个池子蓄水、一个龙头放水"的扶贫投入新格局，为打赢脱贫攻坚战提供了资金保障。

强化政策保障。构建"1+8"社会保障体系，做到应保尽保、应兜尽兜，动态管理、应退即退。全县有农村低保对象2.75万户3.95万人，其中贫困户纳入低保1.17万户1.82万人，发放低保金等社会救助资金1.1亿余元。全面落实义务教育阶段贫困学生"三免一补"政策，综合运用学生资助、教育救助基金、"雨露计划"等政策，实现12437名建档立卡贫困家庭学生应助尽助，7672名义务教育阶段建档立卡贫困家庭适龄儿童少年无一人因贫辍学。实行健康扶贫"七大行动"和县域内住院"一站式"结算服务，全面落实签约服务和医疗救助政策。2017年以来累计代缴贫困户医疗保险7613.21万元，贫困患者享受精准扶贫医疗政策支付18.52万人次13622.86万元(其中医保倾斜支付9188.10万元、一站式支付4434.76万元)。贫困人口县域内住院和慢性病门诊维持治疗自付比例严格控制在10%以内。

强化组织保障。制定《剑阁县打赢脱贫攻坚战三年行动实施方案》《党员干部担当作为六条措施》等15项制度，分年度制订扶贫专项实施方案和工作清单，22个行业扶贫牵头部门分线负责、分线推动。以县为统筹、乡(镇)为战区、村为阵地、组为网格、户为重点，实行县领导挂乡(镇)，省、市、县部门联村、工作队驻村、党员干部包户帮扶，形成"四位一体"的脱贫攻坚帮扶体系。29名县领导、158家单位挂联帮扶57个乡(镇)、163个贫困村和396个非贫困村，选派"第一书记"及驻村工作队员1601人、驻村农技员163人、农业巡回服务小组149个，6876名党员干部包户帮扶。大力实施"精准扶贫党建工程"，226个城市党组织与525个农村党组织共建共享；实施"千名农民工回乡创业""千名后备干部拉练""双千计划"，回引兴业创业带头人880名，培养农民工村干部297名，储备35岁以下后备干部1264名。"剑阁县做实党建扶贫硬保障"案例被省委组织部《党课》杂志刊载。

五、全力打好内生动力“提升战”

按照习近平总书记关于“注重扶贫与扶志扶智相结合”要求，剑阁县广泛开展“三项教育”活动、能力倍增行动动、百佳示范评选活动，着力解决贫困群众的“思想贫困”和“意识贫困”，摒弃“等靠要”颓丧思想，充分唤醒贫困群众的主体意识，培养和增强发自内心的脱贫致富的强烈愿望和内生动力。

唤醒脱贫意识。出台了《进一步激发内生动力促进精神脱贫十八条措施》。精心挑选业务精通、政策熟悉、责任心强的32名党员干部组成“三项教育”宣讲团，常态化开展以“政策法治、感恩奋进、文明新风”为主要内容的“三项教育”活动，做到理论大众化、内容通俗化、成效显著化，增强了全县农村干部群众的法治意识、感恩意识、文明意识。全年为贫困村农民工提供法律援助143件，举办法治讲座200余场次，提出法律建议400余条。组成农村文艺小分队，举办“脱贫攻坚促发展·和谐致富奔小康”送文化下乡活动，弘扬正能量，传递党声音。组织贫困群众现场观摩、现场体验、现场学习，分村组召开群众“坝坝会”，引导贫困群众真心实意讲感恩、谈变化、说帮扶，引导贫困群众树立不等不靠、自强自立的精神。实行“道德积分”奖励引导制度，开展环境卫生户、勤劳致富户、遵纪守法户、孝敬老人户等评选挂牌活动，先后评选各类示范户500余户，凭道德积分兑换商品总价值达75万元。

提升脱贫技能。将163个贫困村符合条件且有培训意愿的贫困劳动者纳入职业技能提升培训计划，做到“应训尽训、不落一人”，累计培训贫困劳动者8144名(其中技能培训5748人、创业培训972人、劳务品牌培训1240人、扶贫专班培训184人)。积极拓展培训内容，聚焦地方特色，开办剑门豆腐制作、剑门土鸡养殖等品牌和林下套种、小龙虾养殖、稻田养鱼等新型种养殖技术精品“扶贫专班”培训，突出“针对性”和“品牌性”，巩固提升搬迁群众户均1亩增收脱贫产业园；确保有培训意愿的搬迁群众至少掌握1项就业技能、有劳动能力和就业意愿的搬迁家庭至少有1人就业，实现“培训一人、就业一人、脱贫一户”的目标。

培树脱贫典范。开展百佳示范户评选活动，树立、宣传一批具有代表性、事迹典型的脱贫群众榜样，培树身边典型，增强贫困群众脱贫信心。在全县97665名贫困群众中，按照推荐申报、审核公示、表彰奖励三个阶段挑选出不等不靠、自力更生、自立自强的脱贫示范户、产业发展示范户以及在“四好村”创建过程中涌现出的弘扬文明新风、践行公民道德规范的好公婆、好儿媳、好邻居、好妯娌、好家庭，表彰了“剑阁百佳示范脱贫户”300户、“剑阁十大最美扶贫人”30名，编纂书籍《主角》，弘扬脱贫攻坚工作正能量，充分发挥典型示范的带动引领作用，引导广大群众树立不甘贫困、战胜困难的思想，激发其“拉一把站起来”的内生动力。

全面奔小康的青川答卷

中共青川县委　青川县人民政府

在脱贫攻坚的收官之年、决战决胜之年，青川干部群众以习近平总书记关于扶贫工作的重要论述以及重要指示精神为指引，把脱贫攻坚作为最大的政治责任、最大的民生工程、最大的发展机遇，用汗水浇灌收获，以实干笃定前行，精准绣花、苦干实干，虽然受到新冠肺炎疫情的严重影响，但仍然鼓足干劲“两手抓、两手硬”，齐心协力战贫困，奏响了脱贫攻坚铿锵旋律，在脱贫攻坚的道路上迈出了一个又一个坚实的步伐，贫困群众获得感、幸福感显著提升。

回望砥砺奋进的脱贫攻坚之路，青川踏石留印、抓铁有痕——通过八年的集中攻坚，全县累计减贫9809户30338人，71个贫困村全部退出(村级建制调整改革前79个)，2018年实现脱贫“摘帽”，彻底摘掉了“贫困帽子”，全面消除绝对贫困，同步全面小康取得决定性胜利。2018年、2019年连续两年获得全省脱贫攻坚先进县、东西部扶贫协作先进县。连续两年获得全省脱贫攻坚先进县、东西部扶贫协作“好”等次，以优异成绩通过脱贫攻坚成效、东西部扶贫协作“两场收官国考”。

一、精准发力，超常规兑现庄严承诺

青川是“5·12”汶川特大地震极重灾区、秦巴山连片扶贫开发重点地区，属盆周山区、革命老区，贫困面广、量大、程度深，2014年识别贫困村71个，贫困发生率达16.59%，摆脱贫困、告别贫穷，是世世代代青川人民的共同期盼。打赢攻坚战、摘掉“贫困帽”是县委、县政府对全县人民的庄严承诺。八年来，全县坚决贯彻习近平总书记关于扶贫工作的重要论述，大力弘扬“两幅标语”精神，抱定必胜信心，保持昂扬斗志，以前所未有的重视程度超乎寻常的推进力度，在3216平方千米的青川大地上展开了一场规模空前的脱贫攻坚大决战。

(一)提高政治站位，主动担当作为，坚决扛起脱贫攻坚政治责任

全县坚决向总书记看齐、向党中央看齐，时刻将贫困群众放在心中，切实将脱贫责任扛在肩上。一是坚定对标看齐，确保党中央、省委、市委脱贫攻坚重大决策部署落地落实。自觉将脱贫攻坚作为树牢“四个意识”、坚定“四个自信”、做到“两个维护”的具体实践，县委十一届七次全会通过了《关于举全县之力打赢扶贫开发攻坚战确保同步实现全面小康的决定》，确定了2018年实现整县脱贫“摘帽”、2020年同步全面建成小康社会的目标。精准制定《青川县“十三五”脱贫攻坚规划》，高质量召开脱贫攻坚誓师大会、脱贫“摘帽”动员大会等系列重大会议，切实把全县人民的思想和行动统一到党中央决策部署上来，把智慧和力量凝聚到脱贫攻坚主战场上来。二是强化组织领导，着力构建系统集成、协同高效的脱贫攻坚责任体系。成立了由县委书记、县长任组长，县“四大班子”全体成员为副组长，52个县级部门负责人为成员的脱贫攻坚指挥部(领导小组)，组建了6个协调组和21个专项指挥部，构建起青川脱贫攻坚史上规格最高、力量最强、运行最畅的“1+6+21”指挥体系。严格落实分指挥长包行业、县级领导包乡(镇)、乡(镇)干部包村、帮扶干部包户“四包”责任机制，全县6251名干部积极投身脱贫攻坚主战场，形成了凝心聚力、决战决胜的攻坚合力。创新出台《超常推进脱贫攻坚三十三条措施实施方

案》《关心爱护脱贫攻坚一线干部激发干事创业活力实施方案》等政策措施，落实容错纠错机制，有效激发广大干部干事创业动力。三是广泛汇聚力量，推动形成党政主导、多方参与的脱贫攻坚工作格局。配强能征善战的工作力量，为县扶贫开发局核增专业技术领导职数1名，核增编制5名，将局长安排进入县政府党组班子；为教育、卫健、农业等行业部门增加机构9个，调剂核增编制172名，脱贫攻坚重点部门行政编制占全县行政编制的36.46%；采取“岗编适度分离”的方式，从县级部门抽派263名精干力量充实到脱贫攻坚、东西部扶贫协作、以工代赈一线。汇聚攻坚克难的强大合力，青川脱贫攻坚工作得到了省扶贫开发局、省通信管理局、四川日报报业集团、四川邮电职业技术学院等省级部门和20个市级部门的结对帮扶和鼎力支持，全县统筹组建贫困村驻村工作队79个，240名队员（“第一书记”）长期驻扎基层，全身心开展帮扶工作。广泛动员社会力量，36家国有企业、52家农业产业化龙头企业、100余个新型农业经营主体主动参与脱贫攻坚。与浙江省湖州市吴兴区签订《携手奔康结对帮扶协议》，吴兴区59家企业与71个贫困村、12个乡村振兴示范村开展结对帮扶，结成帮扶对子133对，为青川脱贫攻坚注入了强大动力。四是坚持先行先试，积极探索符合县情实际的脱贫路径。中华人民共和国成立以来，青川县先后开展了“八七”扶贫攻坚、十年扶贫开发等多轮扶贫行动，得到了对外经贸部、九三学社、省国防科工办等部门的大力支持。从1996年起，浙江对青川经历了对口帮扶、灾后重建、长效帮扶、东西部扶贫协作四个阶段接续24年帮扶合作，给予了青川大力的支持和无私帮助。在党中央、国务院和社会各界的关心支持下，全县扶贫开发工作取得显著成效，扶贫攻坚越温达标工作受到省委、省政府表彰。“5·12”汶川特大地震灾后重建结束后，县委、县政府迅速将工作重心转移到解决绝对贫困问题上来，于2011年率先启动第一轮特困村建设，在贫困程度最深的14个村展开了三年集中攻坚行动，探索出了一套贫困山区“精准脱贫”的有效解决方案，得到国扶办的充分肯定。

（二）保持战略定力，落实精准方略，持续下足精益求精“绣花”功夫

全县坚持把精准方略贯穿脱贫攻坚全过程，对扶贫项目实行精细化管理，对扶贫资源实行精确化配置，对扶贫对象实行精准化扶持，着力解决“扶持谁、谁来扶、怎么扶、如何退”的问题。一是精准识别扶贫对象。探索推行“五步两公示一公告”精准识别程序，严格执行“六不纳入”政策和“四比四优先”原则，通过“七字法”常态化开展“回头看”，对不符合条件、群众不认可的坚决予以清退，做到“卡内无硬伤，卡外无真贫”。二是精准安排扶贫项目。按照“因地制宜、对标补短、缺啥补啥、群众参与”原则，严格村申报、乡审核、县评审程序，精准制定专项扶贫规划、村规划和户规划，把扶贫政策精准谋划落实到项目上。按照“六到户”要求，列出项目任务清单和工作清单，严格执行按单作业、按单考评、按单问责“三单”模式，全力推进项目实施。三是精准使用扶贫资金。统筹整合财政资金13.39亿元，形成“多个渠道引水、一个池子蓄水、一个龙头出水”的扶贫资金精准投放格局。制定扶贫项目资金使用规划，探索推行财政专项扶贫资金“二次报账制”，出台东西部扶贫协作资金管理暂行办法，严格扶贫资金项目监管，全面推广“阳光村务”精准监督公开体系，切实提高了扶贫资金使用效率。四是精准落实帮扶措施。对具有劳动能力的19003名贫困群众实行产业培育扶持和就业帮扶；对居住地生存环境恶劣、生态环境脆弱、不具备基本发展条件的1856户5605名贫困群众，通过实施易地扶贫搬迁实现脱贫解困；将丧失劳动能力、无法通过产业扶持和就业帮扶实现脱贫的2866户5203人全部纳入最低生活保障。五是精准选派帮扶力量。建立帮扶干部精准对接机制，通过“四选法”精准选派“六个一”帮扶力量，建立培训、考核、召回、激励、问责5项机制，以精准考核促进精准帮扶。2015年来，共调整轮换“第一书记”177人。连续四年获得全省驻村帮扶工作“好”等次，其中2016年驻村帮扶工作满意度测评位居全省第一。六是精准实现脱贫成效。坚持把脱贫质量放在首位，把自查自纠和督查检查作为发现问题、解决问题的重要抓手，按照“责任制+清单制”的方式，建立问题整改台账，逐一销号落实，并常态化开展“回头看”，坚决防止数字脱贫、虚假脱贫，确保脱贫过程扎实、结果真实，努力让脱贫攻坚成效经得起实践和历史检验。

（三）强化产业支撑，突出就业帮扶，着力解决贫困群众增收难题

全县坚持把因地制宜发展产业、精准对接带动就业作为脱贫攻坚的根本之策，帮助贫困群众短期能脱贫、长远能致富。一是大力发展生态农业。引导贫困群众因地制宜发展六大农业特色产业，着力推进“三园联动”，建成现代农业产业园10个、村特色产业示范园190个、户办产业小庭园1.39万个。安排财政资金5882万元，支持和引导8038户贫困户自主发展特色农业产业。2万余名贫困群众采取“三资入股+五金运作”的方式实现稳定增收。引导贫困群众发展畜禽养殖、蔬菜种植、食用菌栽植等“短平快”产业，增加生产经营性收入。探索推行“四字法”集体经济发展模式，2020年全县71个贫困村集体经济收入达273.73万元，实现人均收入54.42元。二是大力发展生态旅游。精准实施旅游扶贫，创建为省级旅游扶贫示范区，建成省级旅游扶贫示范村8个，培育乡村民宿达标户62户，带动8100余户贫困户通过“创业得利、入股分红、务工增收”等方式实现脱贫致富。创新推行的旅游扶贫模式入选联合国减贫组织现场教学案例，总结探索的“三三”联动旅游扶贫案例入选2019年度中国脱贫攻坚与精准扶贫十佳案例。三是大力发展生态工业。依托“一区四园”平台，积极承接浙江、重庆、成都等地产业转移，2019年规上工业增加值增长11.6%，生态工业的快速发展有力助推了脱贫攻坚进程。四川青川经济开发区积极协调新招工企业，将20%的就业岗位定向提供给贫困户，帮助贫困群众实现就近就地就业。农业加工企业在贫困村建设生产基地2400余亩，带动500余户贫困户增收致富。四是大力发展电子商务。抢抓国家电子商务进农村综合示范县和电子商务试点县建设机遇，建成1个县级电商服务中心、100个农村电商服务点，带动1.8万农户参与关联产业发展。创新探索“4+1”电商扶贫模式，助推青川优质农产品实现从“卖掉”到“卖俏”的华丽转变，青川荣获“四川电商十强县”。“全球十佳网商”赵海伶带领贫困群众增收致富，荣获2020年全国脱贫攻坚奉献奖。五是大力推动就业扶贫。探索实行“四个三”工作模式，着力就业帮扶“四个精准”，帮助贫困群众改穷业奔小康。累计开展招聘53场次，实现转移就业4.97万人次。培育就业“扶贫基地（车间）”46家，建成返乡创业示范园6个、就业扶贫示范村7个，吸纳贫困人口561人。加大公益性岗位开发力度，3758名建档立卡贫困户从事生态护林工作，年人均增收4800元。托底安置643人次从事保洁、道路维护等公益性岗位。就业扶贫专项工作考核连续三年名列全省前列，工作经验在2019年全省就业扶贫现场会上作交流。

（四）夯实发展基础，提升公共服务，切实改善群众生产生活条件

全县坚持将打基础、利长远、惠民生作为脱贫攻坚的着力重点，对照县“摘帽”“一低三有”、村退出“一低五有”、户脱贫“一超六有”标准，着力补短板强弱项、提质量增效益。一是对标完善基础设施。1856户5605人实施易地扶贫搬迁，6584户群众通过危旧房改造住上了安全住房。新建各类供水工程1008处，实现了贫困村、贫困户生产生活用水、安全饮水全覆盖。坚持“要想富、先修路”理念，全县累计建设完成县、乡、村、社道路2839千米，便民桥100余座，全县行政村通村公路、贫困村通社道路通畅率均达100%。在全省88个贫困县中率先实现贫困村全部通光纤，并率先向自然村延伸。二是优化提升公共服务。大力推进县、乡、村医疗机构建设，县人民医院、县中医医院、县疾控中心创建为“二级甲等”，县第一人民医院、县妇幼保健院创建为“二级乙等”，青川县成为全省首批健康促进县。全县所有乡（镇）卫生院、贫困村卫生室全面达标，乡（镇）卫生院分别与县级、市级多家医疗机构建立对口支援协作关系，农村群众在家门口就能“看上病、就好医”。全面提升教育水平，青川中学创建为省二级示范高中，在全市率先创建为国家义务教育发展基本均衡县。普惠金融服务深入推进，建成金融扶贫综合服务站点77个，发展助农取款服务点332个，农村群众享受到更加便捷的金融服务。三是深化东西部扶贫协作。创新实施“十大工程”，投入资金1.473亿元，累计实施帮扶项目81个，带动贫困人口1.1万人。建成全市首个东西部扶贫协作特色产业园和“扶贫车间”联盟。通过中国扶贫“832”、浙江“政采云”等实现县外销售7.3亿元，消费额位居全省第一。“白叶一号”茶苗落户青川，建成捐赠白茶基地1517亩，今年试采试制的“白叶一号”小茶包，在全国“两会”期间送进人民大会堂，《一片感恩叶，携手奔康路》报道在中央电视台新闻联播头条放送，“白叶一号”管护经验被中央办公厅《每日汇报》刊载。四是加快推动乡村振兴。高标准编制乡村振兴战略规划，全域开展乡村振兴示范创建，建成全国文明村3个、省级“四好村”29个、省级乡村振兴先进乡（镇）1个、示范村7个。青溪镇成为全省乡村振兴规划试点镇，阴平村被评为四川省十大幸福美丽新村，四川省乡村振兴与文化旅游发展研讨会在青川成功举办。

（五）坚持扶志扶智，发内生动力，持续增强群众自身“造血”功能

全县坚持把激发贫困群众内生动力、增强发展能力作为根本举措，引导贫困群众破除陈规陋习，树立新风正气，变“要我发展”为“我要发展”。一是扎实推进党建扶贫。大力实施乡村振兴提能工程，全覆盖培训村（社区）“两委”常职干部，扎实开展软弱涣散党组织整顿提升工作，深入实施“优秀农民工定向回引培养工程”，不断充实和加强农村基层骨干力量。创新推行的“三联双带”返乡创业模式得到省委常委、组织部长王正谱的充分肯定。遴选培养贫困村“领头羊”“乡村振兴精英”650余人，设立“英才编制库”，持续开展“引才高校行”活动，大力实施“人才回引计划”“金燕归巢”计划，建立“青年人才创新创业联盟”，推动青年人才助力脱贫奔康。二是扎实推进精神扶贫。探索建立家庭道德积分激励机制，定期组织开展“十个好”评比、“十颗星”量化积分、“两公示”积分亮晒等活动，90%以上贫困村建成文明村，涌现出各级各类道德模范130余人。“志愿行·小康梦”脱贫攻坚志愿服务项目荣获“全国‘四个100’最佳志愿服务项目”。《破除群众“等靠要”思想》在新华社内参选编作深度报道。三是扎实推进法治扶贫。依托农民夜校、“雪亮工程”终端、“阳光村务”等载体，构建法治扶贫大宣传格局。农村公共法律服务体系不断健全，为所有贫困村免费聘请法律顾问。创新开展“精准扶贫·平安摩托”法治惠民帮扶行动，扎实开展信访积案“三量”三年全面清仓攻坚行动，涉贫矛盾纠纷得到及时有效化解，青川综治满意度综合测评位居全省前列，其中群众对社会治安安全感、满意度评价全省第一，连续两年被评为“全省平安建设先进县”。

二、背水一战，高质量完成收官任务

全县上下深入学习贯彻习近平总书记在决战决胜脱贫攻坚座谈会上的重要讲话精神，持续保持“背水一战”的攻坚态势和“不胜不休”的坚定斗志，千方百计克服疫情影响，着力推进巩固脱贫成果和乡村振兴有效衔接，确保责任落实、政策落实、工作落实，实现了疫情防控阻击战与脱贫攻坚收官战“双胜利”。

（一）严格落实“四个不摘”，坚决把脱贫责任扛在肩上

牢记习近平总书记殷切嘱托，“摘帽”后始终保持决战决胜攻坚态势，做到靶心不偏、焦点不散、标准不变，让脱贫成果经得起历史和人民的检验。一是做到“摘帽”不摘责任。继续实行“四包”责任制，全年县委常委会12次、政府常务会9次专题研究脱贫攻坚工作，33位县领导常态深入挂联贫困村调研指导工作，县委、县政府主要负责人遍访贫困村，全县上下履职尽责、尽锐出战，形成了齐心协力夺取收官战全面胜利的良好局面。二是做到“摘帽”不摘政策。始终保持攻坚期内政策稳定，逗硬落实保障性政策，巩固优化发展性政策，精准兑现普惠性政策。持续加大资金投入，县级财政安排专项扶贫资金3371万元，县统筹整合财政涉农资金2.27亿元，同比增长11.26%。三是做到“摘帽”不摘帮扶。坚持“大稳定、小调整”原则，乡（镇）行政区划调整和村级建制调整改革后，开展“六个一”驻村帮扶力量综合分析研判2次，调整县级联系领导4人、贫困村“第一书记”5人。严格落实帮扶力量稳定“八条措施”，全力保障脱贫户不返贫、边缘户不致贫。四是做到“摘帽”不摘监管。将强化致贫返贫风险防控、扶贫资金使用效率、扶贫领域作风建设等作为监管重点，县委、县政府不定期听取汇报，人大政协持续强化监督，脱贫攻坚督导组常态化开展督查。全面推行“五查合一”工作机制，逗硬开展督查督办，真正将压力传导到位，工作督导到位。

（二）全力克服困难挑战，坚决把疫情影响降到最低

面对突如其来的新冠肺炎疫情，所有驻村队员第一时间返岗开展疫情防控和扶贫帮扶。县委成立农村工作专班，认真落实克服疫情影响促进贫困群众稳定增收八条措施，严格执行“四个一”项目推进机制，确保了抗疫情与保畅销、保生产、保增收同部署同推进。一是着力稳产保供。针对不能外出务工群众，开展产业补短行动，大力引导贫困群众发展蔬菜种植等“短平快”产业，着力解决短期增收问题。制定了《青川县促进生猪生产十二条措施》等政策措施，通过“财政资金补助一点、养殖企业让利一点、帮扶部门解决一点”帮助贫困群众购买仔猪，率先完成全年生猪填槽任务。2020年，全县粮食播种面积45.44万亩，实现产量12.97万吨，分别同比增长0.56%、2.39%。二是着力稳岗就业。针对疫情期间劳动力返岗复工难问题，及时成立农民工服务工作专班，开展“点对点、一站式”服务，有序组织贫困人口返岗就业651人。用好贫困人口转移就业支持政策，开展“送岗到户到人”帮扶就业行动，组织开展贫困劳动力技能培训22期446人，举办招聘会11场，组织贫困人口外出就业1331人。推动扶贫重点企业有序复工复产，促进贫困劳动力就近就地务工，新建续建东西部就业“扶贫车间”4个，吸纳贫困人口就业45人。三是着力消费扶

贫。建立“龙头企业+专合组织+基地+贫困户”的消费扶贫带贫机制，务实推进单位购销、结对助销、企业营销等“十大消费扶贫行动”，开设“吴上兴鲜—携手青川”扶贫馆、湖州龙之梦特色扶贫产品青川展销专区。组织认定扶贫产品812个、价值总量15.78亿元，通过电商平台、扶贫专柜、以购代捐等销售农特产品3.99亿元，带动贫困人口3099人增收。

（三）持续巩固脱贫成果，坚决把短板弱项补齐做强

聚焦“两不愁、三保障”目标，全力以赴打好“四场战役”，持续巩固拓展脱贫成果，不断提升脱贫质量成色。一是坚持问题导向，全面确保问题清零。深入开展问题整改清零行动，按照核定措施、确定效果、议定成果、审定结果、认定销号“五定”工作法，梳理历次巡视巡察、成效考核、回头看大排查、省市督查暗访以及审计监督反馈问题，实行“台账式”管理，逐一对账销号，6月底前全面完成整改。组建5个督导小组，常态化开展“回头看”，确保问题真清零、不反弹。二是坚持目标导向，全面完成年度任务。严格落实控辍保学“六长”责任制，建立“阳光工作室”59个，为39名残疾儿童送教上门，有效杜绝了贫困学生因贫辍学现象。严格落实健康扶贫各项政策，贫困人口基本医保个人缴费部分由财政全额补贴，参保率达100%。为3万余名贫困人口进行了免费体检，大病患者救治率和回访率均达100%。扎实推进安居扶贫，对农村4类重点对象住房进行了安全复核鉴定，完成2618户土坯房和危房改造。全覆盖开展贫困户饮水安全“回头看”，“清单式”整治隐患点，确保饮水安全户户达标。扎实开展“聚焦脱贫标准再比对，对标政策落实再过滤，着眼效益发挥再规范”行动，及时对标补短，确保扶贫产业和基础设施项目发挥效益。三是坚持结果导向，全面阻击返贫致贫。建立返贫预警监测机制，针对61户返贫预警监测对象，加派乡（镇）和帮扶部门（单位）主要负责人帮扶，因人因户落实政策，解决具体问题，严防返贫致贫。开展解决相对贫困长效机制试点，识别相对贫困户52户142人，构建“风险预警—问题收集—风险分级—风险阻击—提能销号”风险防控体系，精准落实扶持政策，拓宽多元增收渠道，有效解决相对贫困问题。

三、创新实践，深层次拓展青川成果

艰难困苦，玉汝于成。近年来，省委书记彭清华、时任省长尹力等省领导，市委书记王菲、市长邹自景等市领导亲临青川调研指导脱贫攻坚工作。浙江省委、省政府高度重视浙川扶贫协作工作，省委书记袁家军、省长郑栅洁亲自协调、亲自促成、亲自部署，并就“白叶一号”作出批示。时任浙江省委书记车俊，时任浙江省委常委、纪委书记、监委主任任振鹤，时任浙江省委常委、常务副省长冯飞等浙江各级领导亲临青川开展扶贫协作。在党中央和省委、市委的坚强领导下，在浙江省的倾情帮助下，县委、县政府牢记习近平总书记谆谆嘱托，感恩奋进、砥砺前行，一年接着一年干、一仗接着一仗打，脱贫攻坚取得了重大胜利，在同步全面建成小康社会的新征程中迈出了坚实步伐。

（一）八年脱贫攻坚、八年持续奋斗，全县破解了一批难题

全县牢牢把握脱贫攻坚这个最大机遇，大力推进基础设施建设，不断完善城乡公共服务体系，因地制宜发展富民产业，有效破解了群众出行难、公共服务保障难、长效增收难等现实困难。全县在不断完善乡村道路的同时，建成了西成高铁青川站、兰渝铁路姚渡站、兰海高速广甘段，积极推进广平高速建设，三条铁路、三条高速纵横全境的交通网络格局基本形成，绿色崛起的基础更加扎实。公共服务体系日渐完善，城乡差距逐步缩小，群众增收渠道更加通畅，农村居民人均可支配收入增速连续两年位居全市第一。

（二）八年脱贫攻坚、八年持续奋斗，全县形成了一批成果

全县坚持以脱贫攻坚统揽经济社会发展全局，坚定践行“两山”理念，厚植绿水青山高颜值，推动绿色发展高质量，努力将得天独厚的生态优势转化为富民强县的发展优势，获得国家全域旅游示范区、国家有机产品认证示范区、国家生态原产地产品保护示范区、国家卫生县城、国家生态农业试点县、全国绿色食品原料标准化基地县、全国最具魅力生态旅游县、“中国名茶之乡”、“中国食用菌之乡”等一批成色十足的“生态青川”金字招牌。

（三）八年脱贫攻坚、八年持续奋斗，全县创造了一批经验

全县始终坚持因地制宜、精准施策，充分调动广大人民群众的积极性、主动性、创造性，探索了“飞地扶贫”“三资入股”“电商扶贫”“旅游扶贫”“生态扶贫”“道德积分”“党建扶贫”等经验做法，走出了一条边远山区脱贫奔康的青川路径。承办了全省农田水利基本建设现场会、秦巴山区驻村帮扶培训会、全省农村贫困监测工作培训会、全省青春扶贫行动重点工作推进会、全省创业致富带头人培训会、全省扶贫车间现场会等重要会议，在第三届中国共产党领导力论坛上汇报交流青川脱贫经验，在全国全域旅游培训班上分享青川发展全域旅游、推动旅游扶贫经验，与吴兴区联合主办了第三届世界乡村旅游大会，为脱贫事业贡献了青川智慧。

（四）八年脱贫攻坚、八年持续奋斗，全县锻炼了一批干部。

全县把脱贫攻坚一线作为培养锻炼干部的主阵地，把脱贫攻坚的业绩作为了解干部、识别干部、检验干部的重要标尺，激励广大干部在脱贫攻坚主战场上建功立业，300余人受县级以上表彰表扬，110余人得到提拔重用，为青川“三大目标”建设锻造了一支忠诚、干净、担当的干部队伍。

（五）八年脱贫攻坚、八年持续奋斗，全县凝聚了党心民心

广大扶贫干部舍小家顾大家，长年累月奋战在脱贫攻坚一线，殚精竭虑帮扶济困，同心同德攻坚克难，以“铁肩挑重担、亮剑斩穷根”的勇气和“抓铁有痕、踏石留印”的作风，践行着共产党人的初心和使命，用自己的辛苦指数换来了群众的幸福指数。广大群众吃水不忘挖井人、永远感恩共产党，实现脱贫致富的贫困户纷纷向帮扶单位和帮扶干部送来感谢信、锦旗，表示将永远感党恩、听党话、跟党走，撸起袖子加油干，用勤劳双手创造美好生活。

脱贫“摘帽”不是终点，而是新生活、新奋斗的起点。青川将认真贯彻落实中央、省、市关于脱贫攻坚系列决策部署，抢抓新时代推进西部大开发和成渝地区双城经济圈建设机遇，积极融入新发展格局，统筹发展和安全，推进治理体系和治理能力现代化，加快建设嘉陵江上游大蜀道腹地高颜值高质量发展的生态硅谷，为巩固脱贫成果同乡村振兴有效衔接，全面建设社会主义现代化青川开好局、起好步。一是建立长效机制，高质量巩固脱贫成效。将质量水平体现到每一环，强管理、严监督、提质效，建立完善防范返贫长效机制，持续巩固扩大脱贫攻坚成果，全面解决相对贫困群众返贫致贫风险，确保真脱贫、脱真贫，脱贫质量经得起全方位检验。二是推动乡村振兴，高标准实现绿色崛起。将脱贫攻坚和乡村振兴有效衔接，持续总结推广脱贫攻坚经验做法，统筹谋划“十四五”扶贫开发的战略定位、目标任务和政策措施，调整减贫战略新思路，拓展减贫群体新范围，培育减贫推进新动能，加大改革创新力度，积极为解决相对贫困提供“青川

经验”。三是坚持以人为本，高水平增进民生福祉。始终坚持以人民为中心的发展思想，深入推进“十项民生工程”及“十件民生实事”，精准实施“十大救助制度”。进一步巩固拓展医疗、教育、基础设施等领域的发展成果，不断增强人民群众的获得感、幸福感、安全感。

创新机制　融合共享
高质量建设“山区版”现代农业园区

广元市昭化区双凤现代农业园区

广元市昭化区围绕七大重点，突出全产业链互补融合、全要素集聚提升、全路径富民增收，创新投入、经营、管理机制，高标准规划、精细化建设、强力度推进，高质量建成覆盖3个乡（镇）9个村、72平方千米的双凤现代农业园区，探索出一条盆周山区现代农业园区建设之路。

一、产业当先，立体布局，特色组团建园区

立足山区自然资源和地域地貌特点，连片串组开发，着力构建农工商旅深度融合的现代农业产业体系。一是产业兴园。根据不同海拔、小气候等特点，立体布局以特色水果为主、生态养殖为辅的产业园，串点成线、连线成片，全域实施综合种养，规模发展特色水果1.2万亩，大力发展林下土鸡养殖、“果药”、“果蔬”套作，当季套种中药材每亩收入达5600余元，真正实现以短养长、多渠道增收。着力发展农产品产地加工，配套建设集挑选分级、冷藏保鲜、包装贴牌于一体的加工基地，商品化处理能力达80%以上。大力发展绿色有机农特产品，实行品种错季、品质验证、品牌背书，推进订制农业及线上线下同步销售，产品订单销售率达60%以上。依托昭化古城、剑昭古蜀道旅游资源，围绕传统院落、特色果园、磨刀文化等，推动“农业+旅游”深度融合，打造双凤朝阳、天斧石岩、刘家庄子、桃文化长廊等节点，建成川东北地区规模最大、品种最全的“桃博园”，秦岭南北交界“花果山”初具规模。二是组团建园。坚持种养循环、绿色发展，突出错位分布、带状开发，打造乡愁照壁、果香红寨、绿色灯杆、多彩柏凤、滨湖坪林、诗画牛头六个功能互补、业态相生的特色组团。推进区、乡、村、户四级共建，形成现代农业产业园、乡村特色示范园、户办小庭园“三园”联动共赢格局。三是基础强园。统筹兼顾生产、生活、生态功能配套，科学布局，高质量推进农业田网、水网、路网、观光网、服务网、信息化网、设施农业配套用地网“七网”同建，高标准农田占比达86%。积极推广农业物联网、水肥一体、智能温室等现代农业生产设施，园区设施化水平达70%。同时，按照产业集中成园、民居集聚成点“园村一体”要求，坚持把农村建设得更像农村的理念，统筹推进“小组微生”村落民居建设，全力建设记得住乡愁的生态宜居乡村。

二、“大园区+小农户”，多股联营，全链条利益共享

积极推进资源变资产、资金变股金、农民变股东，建立健全利益联结机制，让农户聚在产业园、富在产业链，分享全产业链增值收益。一是“土地入股+反租倒包”助农增收。以村为单位组建股份经济合作社或集体资产管理有限公司，将农户土地承包经营权按每亩每年300 ~ 400元的标准折价入股到合作社或公司，进行土地整理、统一建园，再反租倒包给农户适度规模经营，实现土地分红和自主经营双重收益。园区农户土地入股8200余亩，参与经营面达80%以上。二是“股权量化+保底分红”实现三方共赢。将财政投入到园区形成的3200万元经营性资产按1：2：7的比例量化到村集体、新型经营主体及园区内农户，由企业（业主）代种代管，统一经营，按不低于同期贷款利率标准向农户、村集体保底分红，持续增加资产性收益。三是“村企联股+按股分红”壮大集体经济。全面开展农村集体资产清产核资，将集体土地、林地、房屋等资产折价入股园区企业，参与特色种养、农产品加工、休闲旅游、农村电商等市场营运，收益按股分红，拓宽集体经济增收渠道。园区投产后，村集体经济年经营性收入人均可达100元以上，农民人均可支配收入年增长20%以上。

三、整合撬动，挖潜开源，多元投入强保障

创新财政投入、放大扶持资金、激活市场资本，为园区建设发展提供可持续强劲动力。一是“增减挂钩”以地生钱。通过实施园区土地增减挂钩项目，将新增建设用地指标流转收益的20%反哺园区建设，共计投入0.32亿元。同时，依托区农业担保公司和扶贫小额信贷分险、产业扶持等“四大基金”，撬动金融资本0.86亿元投入园区建设。二是“四步法”用活财政资金。按照“渠道不变、投向不乱、集中使用”原则，构建“因需筹钱、开源找钱、精准用钱、严格管钱”的财政资金“四步”整合机制，变“事等钱”为“钱等事”，整合涉农资金0.61亿元，有力保障园区重点项目建设。三是“五补五改”撬动社会资金。积极推进财政支农补助改投资、改基金、改股份、改贴息、改担保，出台支持品牌创建、示范主体培育等二十三条硬措施，大力开展招商引资、回引返乡创业，培育专合社、家庭农场45个，吸引浙江、成都等省内外16家企业（业主）入驻园区，吸纳社会资金达1.08亿元。

四、党建引领，统筹联动，管服并重长效发展

坚持党建引领，全域推进组织、治理、发展和服务融合，实现园区共抓、发展共谋、人才共育、治理共管。一是园区党委引路。打破行政区划和行业界限，联合所在乡（镇）和农业、旅游等区级部门推行“1+N”融合党建模式，形成“融合大党委集中领导、园区党工委统筹推动、乡（镇）党委主体带动、基层党组织协同联动”的“四位一体”园区管理格局。二是“剪刀干部”带头。全覆盖实施“剪刀干部”培育计划，与清华大学、四川省农业科学院等院校合作，采取课堂与现场结合、测试与操作互促、外行与内行结对等方式，将区、乡、村、社四级干部培养成熟练掌握种养、保鲜储藏、市场营销等实用技术的“剪刀干部”，为园区产业发展提供全程全域全面服务，切实让干部既是“管家”更是“行家”。三是“一站式”服务。突出大党委组织功能和服务职能，依托党组织活动阵地，高标准建成集智慧农业、便民服务、教育培训为一体的党群公共服务中心，让园区业主、群众在家门口就享受到“一站式”服务。依托产业基地、红色资源和民俗文化，建成初心广场、柏杨村史馆。创新推行村级依法治理“四个一”新模式，开展农村家庭道德积分和感恩教育等活动，传承乡土文明，提振精气神，让其成为意气风发脱贫奔康的新农民。

多措并举脱贫成效勇“夺魁”
戮力同心再创佳绩得“四好”

蓬溪县扶贫开发局

蓬溪县既是传统的丘陵农业大县，也是典型的工业弱县、财政穷县。特殊的地理位置和国土空间布局，决定了蓬溪既有加快推进工业化、城镇化的繁重任务，也面临消除贫困、改善民生、逐步实现共同富裕的巨大压力。截至2013年年底，全县有建档立卡贫困人口5.2万人、省定贫困村83个，两项指标在全市5个区（县）中均“名列前茅”，深入推进脱贫攻坚就成为县扶贫开发局助力全县加快全面建成小康社会的坚定抉择。

一、“三创”融合，多管齐下“夯”基础

蓬溪县扶贫开发局充分发挥脱贫攻坚牵头揽总的职能职责，通过高频率会议部署、高密度调研排查、高强度压实责任，团结带领县、乡、村三级干部投身脱贫攻坚爬坡上坎、拓荒开路。

创新合作机制，提高工作效率。县扶贫开发局清醒认识到，脱贫攻坚年年都要打硬仗、年年都要啃硬骨头，精准扶贫、精准脱贫成效的取得要立足于全县各级干部的凝心聚力，按照“人无我有、人有我特”的创新思路，在全省扶贫系统创新建立“5+3”作战机制，即在原有的驻村帮扶“五个一”帮扶力量之上，新增一家爱心帮扶企业、一名金融联络员、一名法治村官，形成“5+3”作战体系，确保脱贫攻坚各项工作顺利推进，运行高效。

创新排查机制，提振整改实效。聚焦“两不愁、三保障”回头看大排查重点难点，先后组织1767名县、乡脱贫攻坚业务骨干开展专项培训90余次，动员0.5万余名帮扶责任人全覆盖走访贫困人口，并录入问卷2.57万份。全局干部赴一线、聚智慧、出实招、共研判，在全省创新形成《关于落实全省“两不愁三保障”回头看大排查工作分析报告》，得到省扶贫开发局局长降初的高度肯定，《报告》的形成无疑是脱贫攻坚“蓬溪经验”的又一次推广。

创新复习机制，提升脱贫成色。就如何做好已脱贫人口的对标巩固提升，局机关有关干部走遍了千家万户、说破了万语千言，一方面赴基层“观症状”，另一方面找人员“寻良方”，超前谋划全县脱贫攻坚对标查短补短方式方法，在全省范围内创新编制“1+3”复习提纲，即全县脱贫攻坚政策总纲、23个扶贫政策专项提纲、脱贫攻坚年度数据台账和脱贫攻坚“百问百答”。同时，加快完善“扶贫保”“防贫保”实施细节，构建全方位预防贫困户“返贫”体系，全面提高贫困户抗风险能力。

二、“四方”联动，产销共促“增”收入

坚持把“产业+就业”扶贫作为脱贫攻坚主抓手，以全省农村改革综合试验区优势，县扶贫开发局提出了“环线串园区、园区建基地、基地带农户”的模式，优化利益联结，切实增强“造血”能力。

政府主导，“培强育壮”助发展。县扶贫开发局以敏锐的政治嗅觉，将全县产业发展重点聚焦全市现代农业园区一体化大环线，积极向县委、政府建言献策，建成10万亩现代农业示范园区3个和东雨特色水产产业园、本之草药材产业园等中小规模的特色园区30余个。为破解龙头企业引进难题，积极推行“大园区+小业主”发展新模式，在降低产业风险和去除产业同质化的同时布局发展蔬菜、青花椒、中药材和特色水产1.71万亩。

部门联合，“帮产帮种”破瓶颈。筹集资金250万余元（户均50元），帮助贫困户购买农资物品及发展“短平快”养殖业，贫困户人均可增收230元以上。积极备耕，组织村干部、驻村工作队、帮扶干部帮助贫困户春耕备耕，为贫困户购买化肥120吨、农膜17吨、种子53吨、农药6吨。在全县范围内组织20余支“志愿者助耕队”，解决缺劳贫困户耕种难题。

企业主责，“利益链结”保分红。找准新型农业经营主体、村集体、贫困户在产业发展中的利益结合点，探索建立“委托代耕”“按户连片”“土地寄种”“家庭农场”“股份合作”等多种稳定的利益联结机制，实现了产业健康发展、企业和专合社（村集体）发展壮大、贫困户增收致富的共赢局面，以《探索多种路径模式，创新农业经营机制》为题在全省农村改革工作推进会上作交流发言。

全民参与，“电商扶贫”拓销路。推进“农商双链”，创新“龙头企业+电商平台”“园区+电商平台”“电商经纪人+农户”等农村电商共营模式，建成县级电子商务运营服务中心1个，全部乡（镇）实现数据接入并开办服务站，建成村级益农信息社487个，培育农村电商经纪人260人；自有农村电商平台“蓬溪购”已上线运行，入驻企业、专合社等75家，以“遂宁鲜”公用区域品牌上线优质农产品品牌80余个，年销售额达1.5亿元，贫困村优势特色农产品通过电商平台已走向省内外。

三、“五法”同谱，返岗就业“开”门路

2020年是脱贫攻坚的收官之年，更是荆楚大疫爆发14万华夏儿女的战“疫”之年，县扶贫开发局积极响应“疫情就是命令、时间就是生命”的总攻号令，将战“疫”和战“贫”同步推进。

派发“政策红包”扶持创业。针对疫情结束对有创业意愿和创业能力的贫困劳动力，县扶贫开发局牵头组织“双创”孵化中心开展“职业技能+创业技能”培训，推荐投入少、风险小、见效快的项目，并派专人“蹲点”指导，提供政策咨询、入园孵化、后续跟踪等创业服务，并按政策给予10000元/人的创业奖励。

增设“公益岗位”帮助就业。投入资金108万余元，设置精准扶贫公益性岗位751个，其中新增公益岗位203个、新增疫情期间临时性公益公岗127个，并按政策给予300元/人/月的岗位补贴。主要从事协助做好辖区内武汉务工和返乡人员信息摸排统计、疫情防控知识宣传、卡点检查、预防消毒、隔离安保等工作，实现了防控疫情和就地就业两不误。

落实“就业奖补”增强信心。在复工复产阶段，积极引导用工企业大量招聘贫困户，凡与贫困户签订1年以上劳动合同并按规定缴纳社保的本地企业给予1000元/人一次性奖补，截至目前，共招聘贫困户3000余名，发放奖补318万元。

开通“返岗专列”保障出行。与县人社局等部门共同开展贫困户“返岗专车”行动，组织开展“点对点、一站式”直达运输服务，得到副省长王凤朝的高度肯定。累计输送贫困户外出务工2313人（其中“春风行动”输送104人），共发放300元/人的一次性求职补助70余万元。中央电视台先后两次报道蓬溪县“春风行动”，人民网、新华网、四川在线、遂宁新闻网等中央、省、市媒体关注报道。

推行"居家作坊"助力增收。积极发挥扶贫部门服务作用，建立扶贫车间"服务专员"制度，确保每1个"扶贫车间"有1名扶贫服务专员给予"点对点"联系。针对疫情防控需要，鼓励"扶贫车间"集中生产向居家生产转变，目前，全县共建立居家式扶贫作坊26个，吸纳贫困户320余名，月人均增收800余元。

谁无暴风劲雨时，守得云开见月明。蓬溪县扶贫开发局将继续以打造"忠诚、担当、廉洁、服务、学习"五型机关为目标，真抓实干，持续抓好已脱贫人口巩固提升，全系统干部职工定用满腔豪情书写蓬溪追赶跨越全面建成小康社会新征程史上的壮美篇章。

压实工作责任　聚焦精准施策

——内江市委组织部强力推进脱贫攻坚联系帮扶工作纪实

中共内江市委组织部

旗帜引领方向，道路决定命运。"脱贫攻坚路上，一个都不能少"，这是以习近平同志为核心的党中央向啃下脱贫攻坚这块"硬骨头"、坚决打赢脱贫攻坚硬仗的威严"宣战"，是对全面建成小康社会、全国人民共享小康成果作出的庄严承诺。在党中央的号召下，在省委、市委的统一安排部署下，内江市委组织部坚决响应、坚决担当、坚决落实脱贫攻坚联系帮扶工作要求，全体党员干部践行初心使命，积极投身其中，沉下去、走进去，用心用情、用实际行动帮助联系贫困村发展，帮助联系贫困户脱贫增收。

截至2019年年底，内江市委组织部联系帮扶的资中县银山镇金紫铺（东凌寺）村、隆昌市普润镇兰家田村、隆昌市云顶镇加速村累计脱贫374户、1061人，全部实现整村脱贫退出。3个村水、电、气、讯、路等基础设施大幅度改善，群众生产生活水平得到明显提高。

一、肩扛责任凝聚脱贫攻坚力量

健全机构，领导带头开展帮扶。内江市委组织部始终将脱贫攻坚联系帮扶作为一项政治任务来抓，纳入部领导每年党建领办项目，成立联系帮扶工作领导小组，每季度至少研究1次脱贫攻坚联系帮扶工作，提出意见建议20余条，并牵头建立了定点扶贫工作联席会议制度，对联系帮扶规划、村级产业发展、基础设施建设等重要工作都召集帮扶单位会商研究。市委常委、组织部部长定期研究联系帮扶工作，不定期到村开展调研及政策宣讲，每季度至少到村入户1次；常务副部长经常了解帮扶情况，开展调研走访，协调项目资金，帮助解决实际困难；其他班子成员认真落实联系帮扶责任，发挥职能作用，针对性为联系帮扶村、贫困户指导产业发展提供脱贫参考。自开展联系帮扶工作以来，部领导走访慰问联系贫困户240余人次，争取扶贫项目资金等200余万元。

健全机制，全员联动结对帮扶。内江市委组织部建立起由机关党委牵头、各党支部负责、部办公室配合的脱贫攻坚联系帮扶责任体系，形成党员领导干部带头、其他党员同志全面参与，层层落实的工作格局。建立"一对一"联系帮扶、月提醒督促、帮扶情况反馈等机制，根据人事调整及时完善《市委组织部精准帮扶工作台账》，每月最后一周星期一收集干部职工联系帮扶情况并提出次月工作要求，保证机关干部职工每人联系帮扶1~3户贫困户，每两月开展1次走访慰问，每年帮助贫困户解决生产生活问题1个以上，针对性制定并落实"一户一册"帮扶措施，确保联系帮扶贫困户稳定脱贫。

担当责任，倾力派员驻村帮扶。在人手紧缺的情况下，内江市委组织部仍然按照全市脱贫攻坚工作部署，坚持派员驻村帮扶，及时轮换调整帮扶，确保帮扶工作的连续性、延续性、实效性，增强脱贫攻坚帮扶力量。2014年以来，内江市委组织部先后选派1名同志担任资中县银山镇金紫铺（东凌寺）村"第一书记"，1名同志担任资中县银山镇金紫铺（东凌寺）村驻村工作队员，轮换2名同志担任资中县球溪镇亢溪桥村驻村工作队员，"第一书记"、驻村工作队员组织关系全部转到所驻地，全脱产开展驻村帮扶工作。同时，部机关严格落实工作经费、生活补助、年度体检、职级晋升等各项待遇，主要负责同志亲自前往帮扶干部所驻村关心、谈心，倾力解决各种困难，提供各种保障，实现驻村工作队员用心用情、亲力亲为抓帮扶。

二、科学有效夯实稳定脱贫基础

科学有效帮助落实政策。规定就是规矩，无规矩不成方圆。在开展联系帮扶过程中，内江市委组织部高度重视对脱贫攻坚政策规定的宣传解释，常委部长带头，班子成员轮流到联系帮扶村进行座谈宣讲，其他党员干部纷纷利用进村入户的时机向贫困户宣传低保、扶持就业、教育补助等惠民政策，指导联系帮扶村按照脱贫攻坚政策要求落实低保政策兜底一批、扶持生产和就业发展一批、教育扶持一批"三个一批"等工作任务。自开展联系帮扶工作以来，共帮助指导联系贫困村落实低保政策兜底182人，解决公益性岗位34人，解决贫困户在就近企业等务工186人，支持102户贫困户利用自身力量发展产业，累计为128户贫困户提供"两免一补"、助学金、学费补偿等相关教育帮扶政策资金40万余元。

科学有效指导教育培训。内江市委组织部注重利用基层党组织建设职能优势，在开办农民夜校、培养"农村家庭能人"等方面为联系帮扶村提供强有力的工作指导。金紫铺（东凌寺）村采用"农民夜校+实训基地+能人宣讲"、鼓励发动种养殖大户与贫困户结成帮扶对子等方式，对贫困户开展职业培训、技能培训，近五年来，举办农民夜校144场次，建成金盛水产、宇晨种植、吴家种植和泰之源水产养殖等农村家庭能人实训基地4个，为村民提供产业技术、电子商务、柑橘种植等技能培训600余人，培养农村家庭能人865名。兰家田村围绕"挣得到钱、当得好家、待得来人、走得正路"目标，依托农民夜校、远程教育站点、实训基地等，培养农村家庭能人的数量达总户数的75%，帮助每户有劳动能力的农村家庭培养了1名以上农村家庭能人。加速村创新"合作社+农民夜校+致富带头人"模式，发动水产专合社、种养殖大户与贫困户结对，为全村贫困群众开展柑橘种植、稻鱼稻虾（小龙虾）养殖、生猪养殖等技术培训200余人次。

科学有效防止返贫致贫。脱贫不脱责任、不脱政策、不脱帮扶、不脱监管，内江市委组织部一直以来都这样认为，也坚决按照党中央、省委和市委要求这样做。尽管联系帮扶的3个贫困村现均已实现脱贫

"摘帽"退出，但联系帮扶工作仍在持续，工作力度仍在加大，特别是在2020年初新冠肺炎疫情爆发后，组织部机关帮扶责任人全覆盖安装"四川扶贫APP"，通过信息化手段及时了解贫困户生产生活状况，委托驻村工作队发放消毒液、口罩等防疫物品、生活物资，帮助其渡过难关。在疫情得到控制之际，常务副部长第一时间前往联系帮扶村全覆盖调研，与"第一书记"、支部书记、驻村工作队员座谈，走访贫困户和群众，了解统筹推进疫情防控与经济社会发展的情况，就科学合理安排务工就业、防止贫困户返贫致贫等情况进行安排部署。新冠肺炎疫情发生以来，3个贫困村累计帮助务工就业1355人，没有出现贫困户返贫和新增致贫的情况。

三、因地制宜着力发展助力增收

群策群力整合帮扶资源。内江市委组织部充分发挥联系帮扶牵头部门作用，整合各方面帮扶资源，全力投入联系帮扶村发展建设。在资中县银山镇金紫铺（东凌寺）村，专门召集内江师范学院、资中县交通局等帮扶单位，研究制定村脱贫攻坚规划，提出了制定一个科学规划、培塑一个党建品牌、建立一套脱贫机制、发展一批特色产业、培养一批农村电商、建设一批基础设施、润育一村文明新风等"七个一"发展规划，协调争取到省级财政农业改革创新科技示范奖补项目600万元发展高位池养殖和血橙种植，争取到科技试点项目资金3万元试点开展食用菌种植项目。在加速村，积极协调内江市规划设计院、内江市水务部门，帮助制定总体村庄规划、村水利建设规划，对村产业发展、基础建设进行了长远谋划。在兰家田村，积极协调各帮扶单位实施"亮化工程"，协助筹集资金13万元在环村路安装太阳能路灯74盏，协助筹集资金6万元建设扶贫项目公路路基1.2千米。

紧盯配套抓好基础建设。"基础设施好，百业发展好"。内江市委组织部自开展帮扶工作以来，就非常关心联系贫困村的基础设施建设，有了完善的基础配套，一方面保证产业引得进来、做得起来，一方面保证产品走得出去、销得及时。2014年以来，内江市委组织部通过帮助争取中央、省、市扶贫项目资金，协调市属国有企业资金，划拨机关行政运行经费，赠送办公设备、健身设施等方式，帮助联系贫困村加强路、水、电、气、讯、防"六网"等基础设施建设，为引进产业、稳定增收、脱贫致富、乡村振兴夯实了基础。截至2020年7月，联系帮扶的3个村累计修建村级公路、黑化道路、硬化通社路、便民路、游步道81余千米，带动了村特色产业和集体经济的发展；新建提灌站12座，解决了3750亩土地的灌溉问题；安装供水管网32千米，建设三隔式污水处理池+湿地净化系统，集中处理生活污水受益670余户。

产业深化壮大集体经济。内江市委组织部坚持把产业发展作为精准扶贫的重要抓手，全力指导联系帮扶村拓宽产业发展思路，创新多元化发展模式，用好用活扶贫专项资金，促进产业往纵深化发展。金紫铺（东凌寺）村围绕"科技兴农、产业强村、产业富农"发展思路，以水产养殖、血橙种植、葡萄种植三大产业为主导，同时发展肉牛养殖和黑猪养殖，将血橙标准化种植与现代渔业高密度养殖有机融合、优势互补，建成"中国橙堡鱼乡融合发展示范园"，推动产业多元化发展，增加农民收入；加速村采取"村集体+合作社+公司+农户"的经营模式建成500亩标准化柑橘（稻鱼）园区，形成以柑橘（稻鱼）为主导产业，配套发展村级特色水产养殖（小龙虾）的生产模式，村集体经济实现从无到有；兰家田村以"村集体+专业合作社+农户"的模式发展无公害稻虾大米700余亩，生产打造"隆兴甜"周兴大米品牌，让产品走得更远，长效创收。2019年，金紫铺（东凌寺）村集体经济收入突破10万元，人均集体收入21元；加速村集体经济收入2.24万元，人均集体收入13.4元；兰家田村集体经济收入超7.4万元，人均集体收入约32.9元。

四、党建结对筑牢基层治理堡垒

党建结对抓组织建设。内江市委组织部机关党委与联系帮扶村开展党建结对，指导帮助村党总支建设成为凝聚力强、富有战斗力的堡垒，切实发挥在脱贫攻坚中的领导、把关、引领作用。指导金紫铺（东凌寺）村党支部抓实"四项工作"促引领：常态化抓"两委"班子学习和党员干部教育；严格落实"三会一课"、组织生活会等党内政治生活制度；重大事项始终坚持"四议两公开"制度；开展村"两委"集中讲、组干部分片讲、组员会议集中讲、村村响广播随时讲的脱贫攻坚政策宣传活动。指导兰家田村党支部"三个强化"固班子：强化学习教育、提高班子素质；强化责任担当、落实党建工作责任制；强化党建引领、助力脱贫攻坚深入发展。指导加速村党总支部壮大"三个力量"强领导：集中优势资源，调整充实"第一书记"、驻村干部，壮大村级脱贫攻坚核心力量；吸纳本土优秀人才进入基层党组织，壮大村"两委"班子后备力量；积极争取帮扶部门的资金扶持和农业技术指导，壮大村集体经济发展帮扶力量。

党建结对抓力量储备。内江市委组织部着眼于巩固脱贫攻坚工作成果，进一步培养发展乡村振兴带头人，加强指导联系帮扶村"两委"配齐配强班子成员，抓好优秀农民工回引、村级后备干部培养等工作，切实将优秀农民工引回来、留下来，对符合条件的发展成党员，培养成村级后备干部。指导金紫铺（东凌寺）村"两委"实施农民工回引培养"归雁聚合"工程，为农民工提供回乡发展的平台和思路，精准推介村集体经济创业项目、宣传创业政策，吸引有返乡创业意愿的农民工到家乡领办项目、进入村"两委"班子，目前，已有1名优秀农民工进入村"两委"，10名返乡人员发展产业。指导兰家田村成立专业合作社引回、留住在外务工人员，带动群众发展种养殖业，同时积极培养返乡优秀农民工加入党组织，充实支部力量，现已培养村后备力量3人。指导加速村党支部拓宽带头人选配渠道，注重从全村表现优秀的现任社干部、致富能手、农民专业合作组织负责人、复员退伍军人、外出务工返乡的农民党员、返乡大中专毕业生中选拔带头人"主心骨"，先后选拔2人进入村委班子，培养村级后备力量2人。

党建结对抓农村治理。在全市上下深入开展新冠肺炎疫情防控、文明城市创建、"双报到"志愿服务基层治理等工作之际，内江市委组织部利用党建结对这一重要抓手，指导联系帮扶村全面加强村级治理工作，切实为群众解决一批操心事、烦心事、揪心事，建设成为"住上好房子、过上好日子、养成好习惯、形成好风气"的"四好村"。金紫铺（东凌寺）村党总支大力推进"四约四引"模式抓好基层工作治理，用"党员公约"引领党员担当有为、做好表率；用"村规民约"引领村民崇法向善、同心同德；用"联动集约"引领各方资源集聚、共促发展；用"共富合约"引领组织运营有序、发挥作用。兰家田村开展"文明户"评选活动，引领文明好风气，2019年评选出遵纪守法示范户11户、和谐家庭示范户11户、道德文明示范户11户、环境卫生示范户22户、勤劳致富光荣户11户，引导示范户发挥模范带头作用，营造全村良好的文明氛围。加速村建立"村事民议、村事民治"治村原则，通过村议事会讨论、表决各项惠农政策保证惠农措施有效落实；通过开展"最美家庭、好公婆、文明户、致富能人"等村上自主评比活动，以道德评议和舆论力量促使村民改变等、靠、要思想；通过村党员干部包片入户、走访调查，调解村民民事纠纷10起。

聚焦关键　强化引领
凝聚决战决胜脱贫攻坚磅礴力量

中共内江市委常委、组织部部长　苟小莉

习近平总书记强调:"农村贫困人口如期脱贫、贫困县全部摘帽、解决区域性整体贫困,是全面建成小康社会的底线任务,是我们作出的庄严承诺。"内江市坚定贯彻习近平总书记的重要要求,始终坚持把脱贫攻坚作为最大的政治责任、最大的民生工程、最大的发展机遇,强化党建引领,发挥组织优势,凝聚了决战决胜脱贫攻坚磅礴力量。从2017年起,内江市连续3年获评为全省脱贫攻坚先进市。截至2019年年底,全市21.78万名贫困人口全部脱贫、301个贫困村全部退出,贫困发生率由2013年年底的6.9%下降为零,比全国、全省提前一年完成目标任务。

一、聚焦"关键少数",牵好"牛鼻子"

抓"牛鼻子"是习近平总书记治国理政的重要方法论。抓住领导干部这个"关键少数",推动各级领导干部在思想上重视起来、在落实上行动起来、在责任上担当起来,就等于抓住了决战决胜脱贫攻坚的"牛鼻子"。在脱贫攻坚战中,内江市突出抓"关键少数",组织各级领导干部全体攻坚,在脱贫攻坚一线考验领导干部的政治觉悟、检验领导干部的能力水平,推动各级领导干部把主要精力集中到脱贫攻坚上来。一是推动在思想上重视起来。坚持把习近平总书记关于扶贫工作的重要论述作为领导干部教育培训的重要课程,把决战决胜脱贫攻坚纳入"不忘初心、牢记使命"长效机制建设的重要内容,每年分层开展市、县\乡、村四级书记谈心谈话,切实增强各级领导干部抓脱贫攻坚工作的政治自觉、思想自觉、行动自觉。二是推动在落实上行动起来。坚持层层压实领导责任,积极推行"五个走遍",即每年县(市、区)委书记走遍贫困村、联系帮扶领导走遍联系贫困村、乡(镇)党委书记走遍贫困户、市(县)组织部门部务会成员走遍贫困村和贫困户,推动形成各级领导干部带头抓、带头推的良好氛围。三是推动在责任上担当起来。科学制定《领导班子和领导干部政绩考核实施办法》《贯彻落实干部考核条例八条措施》,把脱贫攻坚工作作为考核重要内容,考核结果作为选拔任用、评先奖优、问责追责、能上能下的重要依据,倒逼各级领导干部履职尽责,在决战决胜脱贫攻坚中发挥了中流砥柱的作用。

二、聚焦"关键领域",提升"加速度"

习近平总书记强调:"要优先解决主要矛盾和矛盾的主要方面,以此带动其他矛盾的解决。"在脱贫攻坚战中,内江市牢牢把握习近平总书记提出的这一辨证关系和方法论,始终聚焦脱贫攻坚的主要矛盾和矛盾的主要方面,抓住"关键领域",瞄准"主战场",发动基层党员群众全力攻坚,有效提升了脱贫攻坚的"加速度"。一是聚力建强村党组织战斗堡垒。以选拔"好班长"、配强"好班子"、建强"好队伍"、制定"好规划"、建立"好机制"、开展"好服务"农村"六个好"建设为抓手,扎实做好村级建制调整改革及"后半篇"文章,大力整顿软弱涣散贫困村党组织,推动贫困村"一肩挑"比例提高到100%,实现了贫困村党组织全面进步、全面过硬。二是聚力发展壮大村级集体经济。大力推动贫困村集体经济提升计划、党员精准扶贫示范工程"三百示范"计划等,制定扶持村级集体经济15条措施等系列政策,建立"红色扶贫信贷",推行"支部+合作社(协会)+基地+产业大户+贫困户"模式,全面消除年收入低于10元/人的贫困村,极大增强了贫困村的"造血"功能。三是聚力培育贫困群众内生动力。坚持扶贫与扶志、扶智相结合,实施"农村家庭能人"培养计划,培养"农村家庭能人"78.51万人,确保了有劳动力的贫困户家庭每户至少有1人。同时,组织开展"万名优秀农村家庭能人典型宣传""百名能人走千村"等活动,大力引导贫困群众感恩奋进、勤劳致富。

三、聚焦"关键力量",淬炼"生力军"

习近平总书记强调:"脱贫攻坚是干出来的,首先靠的是贫困地区广大干部群众齐心干。用好外力、激发内力是必须把握好的一对重要关系。"在脱贫攻坚战中,内江市在激发内力的同时,注重用好外力,坚持推动各方优势力量向脱贫攻坚一线集聚,源源不断为脱贫攻坚"主战场"输送了"新生力量"。一是坚持全方面集聚帮扶力量。深化"311"干部帮扶基层行动,大力选派驻村帮扶队员、农技员、科技人才、"甜城英才"等到贫困村对口帮扶、结对帮扶。建立全覆盖选派村"第一书记"长效机制,选派村"第一书记"1144人,成为全省为数不多实现行政村"第一书记"全覆盖选派的市(州)之一。实施优秀农民工回引培养、"大学生进农村"等计划,推动一大批人才向脱贫攻坚一线集聚。同时,坚持全省"一盘棋"思想,选派186名队员到凉山州开展综合帮扶,为全省实现全面脱贫贡献了内江力量。二是坚持全类型培训帮扶力量。注重加强对驻村帮扶干部以及各类人才的培训提能,依托党校、"农民夜校"、乡村振兴学院等,每年市、县、乡三级分别举办脱贫攻坚一线干部专题培训班,择优推荐新任脱贫攻坚一线干部参加省级培训,既讲明最新政策规定,又传授具体帮扶方法,切实提升了帮扶力量脱贫攻坚的战斗力。三是坚持全方位管理帮扶力量。全面建立脱贫攻坚干部人才库,健全落实村"第一书记"、驻村帮扶干部、农技员调整轮换逐级报批备案制度,规范"第一书记"和驻村工作队员请销假制度,进一步提升帮扶力量管理规范化水平。建立市、县组织部门部务会成员划片包片联系督导制度,常态化组建业务指导专班开展实地暗访、蹲点督查、挂牌督战,推动广大扶贫干部集中精力全力攻坚、顽强奋斗。

四、聚焦"关键保障",凝聚"正能量"

习近平总书记强调:"对奋战在脱贫攻坚一线的同志要关心他们的生活、健康、安全,对牺牲干部的家属要及时给予抚恤、长期帮扶慰问。"脱贫攻坚一线干部长期在农村和边远地区开展帮扶,工作任务重,生活条件差,困难多、压力大,加强对其的关心关爱十分必要且重要。在脱贫攻坚战中,内江市始终聚焦激励保障,制定出台《切实关心爱护脱贫攻坚一线干部激发干事创业活力的实施办法》等政策文件,坚持把资金往脱贫攻坚一线投入、政策向脱贫攻坚一线倾斜、干部在脱贫攻坚一线发现"三个一线"原则,旗帜鲜明支持奋斗者、激励创新者、保护担当者、宣扬奉献者。一是注重组织激励。加大对脱贫攻坚一线干部的表彰表扬力度,坚持实绩突出、群众公认导向,全市249名脱贫攻坚一线干部先后获得省委、省政府及市委、市政府的表彰表扬。

二是突出政治激励。注重在脱贫攻坚一线考察识别干部，对受到省、市表彰表扬的优秀“第一书记”、优秀凉山州综合帮扶工作队队员、优秀扶贫干部、优秀驻村工作队队员、优秀农技员，符合条件的100%得到提拔重用或职级晋升。三是落实经济激励。全面落实“第一书记”工作生活经费贫困村3万元/年、非贫困村1.5万元/年的补助标准，驻村工作队按每年不低于5000元的标准发放。全面推行贫困村干部“基本报酬+考核绩效+集体经济发展创收奖励”报酬制度，常态化开展“第一书记”及援彝干部“暖心行动”，累计落实保障激励经费5700余万元。四是强化精神激励。建立健全定期走访慰问脱贫攻坚一线干部“四必谈、四必访”制度，广泛宣传内江扶贫干部的先进事迹，反映内江乡村干部并在当地取景拍摄电视剧《月是故乡明》在中央电视台播出，充分激发了广大扶贫干部的战斗激情。

坚持精准方略　决胜脱贫攻坚

南充市扶贫开发局

近年来，南充市深入学习贯彻习近平总书记关于扶贫工作的重要论述，全面落实中央、省委关于打赢脱贫攻坚战的系列决策部署，弘扬“工匠精神”、狠下“绣花功夫”、做足“精准文章”，聚焦聚力、冲刺冲锋、连战连胜，脱贫攻坚取得决定性进展。

一、聚焦目标任务，全力打好攻坚硬仗

南充市是全省脱贫攻坚任务最为繁重的市（州）之一，全市9个县（市、区）中有4个国贫县、3个省贫县。2014年，全市有建档立卡贫困村1290个，建档立卡贫困人口19.1万户57.8万人，居全省第3位。五年来，全市牢固树立“最关心的事、最后的堡垒、冲在最前方”的攻坚意识，始终将脱贫攻坚作为“最大的政治责任、最大的民生工程、最大的发展机遇”，始终将其“当作天大的事、使出天大的力、尽到天大的责”，打响了一场轰轰烈烈的精准脱贫攻坚战，取得了脱贫攻坚的决定性进展。一是脱贫任务高标完成。对照县“摘帽”“一低三有”、村退出“一低五有”、户脱贫“一超六有”标准，2018年在全省率先实现所有贫困县高分值“摘帽”，2019年年底实现1290个贫困村高水平退出、57.8万名贫困人口高质量脱贫。二是群众收入稳定增长。2020年前三季度，全市农村居民人均可支配收入10677元，同比增长9.2%；贫困户家庭人均可支配收入9176.8元，较2014年的2893元增长217.2%。三是农村变化翻天覆地。扶贫产业兴旺发达，新（改）建扶贫产业基地222.1万亩，建设产业扶贫示范村230个；基础设施和人居环境极大改善，建成农村公路8730.5千米，完成89631人易地扶贫搬迁和6.7万户贫困户农村危房改造，所有贫困户实现有安全饮水和生活用电；教育医疗政策全面落实，农民生活水平大幅提升。四是精神面貌焕然一新。坚持“扶志”同“扶智”相结合，贫困群众内生动力有效激发，增收能力有效强化，生活信心有效提振。五是党的领导全面加强。3万余名党员干部转作风、敢担当、真帮扶，为民情怀全面彰显；与群众吃在一起、住在一起、干在一起，干群关系鱼水情深；用心用情、真抓实干、攻坚克难，治理能力明显提升。

二、聚焦成果巩固，扎实抓好年度工作

2020年，按照全省打好脱贫攻坚“五场战役”的总体部署，立足南充实际，夯基础、添举措、抓落实，确保圆满收官。一是着力加强工作谋划。制订《南充市脱贫攻坚三年行动2020年工作方案》，对9个方面39项具体工作进行了安排，并配套出台了挂牌督战、专项巡察、监测预警、总结宣传等系列工作方案，坚决把工作抓具体、抓到底。二是着力化解疫情影响。出台应对疫情影响的20条举措，1万余个扶贫项目按图推进，引导22万名贫困劳动力外出务工，销售滞销扶贫果蔬1600余吨。三是着力巩固脱贫成效。抓实产业就业、强化政策保障、核实核准数据。防范化解项目资金、小额信贷、涉贫信访舆情等风险，清收扶贫小额信贷3.43亿元。清仓销号大排查发现的21335个问题，开展问题整改“清零行动”和“两不愁、三保障”回头看大排查等发现问题整改情况全覆盖检查，对问题进行彻底整改。开展脱贫攻坚薄弱环节挂牌督战和脱贫攻坚专项巡察。协助凉山州“摘帽”县开展挂牌督战，助力啃下深度贫困“硬骨头”。加强易地扶贫搬迁后续扶持，开展贫困动态监测预警和常态化帮扶，确保稳定脱贫不返贫。四是着力抓好普查调查。嘉陵区、南部县、阆中市、仪陇县和蓬安县高质量完成国家脱贫攻坚普查工作，得到省脱普办的通报表扬。顺庆区、高坪区、西充县和营山县圆满完成省级调查工作。五是着力抓好总结宣传。制定《2020年南充脱贫攻坚宣传工作方案》，安排6个方面19类共33项工作，讲好重要论述、伟大成就和脱贫故事，刊发新闻报道2100余篇，创作文艺作品260个，编撰书籍11册，营造了浓厚的决战氛围。

三、聚焦力量凝聚，营造浓厚攻坚氛围

五年来，全市始终把脱贫攻坚作为“最大政治责任、最大民生工程、最大发展机遇”，确保脱贫工作务实、过程扎实、结果真实。一是坚定不移强化思想引领。坚持以习近平总书记关于扶贫工作的重要论述为遵循，坚持“念兹在兹、唯此为大”，集中人力、集中物力、集中财力抓好脱贫攻坚。二是坚定不移落实攻坚责任。坚持挂帅出征、挂图作战、挂责问效，市委、市政府主要领导以身作则、率先垂范，其他市级领导以上率下、一线督战，市、县、乡层层签订责任书，层层挂出作战图。纪检、组织、扶贫“三方联动”考评问责，强力推动责任落实。三是坚定不移实施精准方略。科学谋划脱贫时序，先后出台《南充市“十三五”脱贫攻坚规划》《关于抓实抓好巩固提升坚决打赢脱贫攻坚战三年行动实施方案》等文件。聚焦“两不愁、三保障”，因村帮扶、因户施策，既不降低标准、影响质量，也不调高标准、吊高胃口，确保“六个精准”。四是坚定不移汇聚攻坚合力。坚持构建专项扶贫、行业扶贫、社会扶贫等多方力量、多种举措有机结合和互为支撑的大扶贫格局，有效整合“五个一”帮扶、东西部扶贫协作、定点帮扶、社会帮扶力量。五是坚定不移抓实作风建设。深入开展扶贫领域作风问题专项治理、纪律作风保障年行动和扶贫领域突出问题“3+X”专项整治，探索“以上率下+左右联动、关心激励+严格约束、纪检监察+巡视巡察、正面教育+反面警示”的“四加”模式，加强扶贫领域监督执纪问责，动真格、下狠招、出重拳，坚决查处形式主义、官僚主义、弄虚作假等问题，以作风攻坚助力脱贫攻坚。

四、聚焦工作创新，着力探索有益经验

近年来，全市始终坚持目标导向、责任导向、实干导向，积极创新机制体制，探索了一些做法经验。“日暗访日通报”工作机制得到汪洋的肯定批示；“脱贫奔康产业园”模式和激发贫困群众内生动力等经验做法被全国多地借鉴推广，中央电视台、《人民日报》等中央媒体多次宣传报道；率先在全省开展问题大整改、风险大排查、贫困动态监测帮扶、专项巡察等工作。全国扶贫督查与信息工作培训会、全国深度贫困地区激发内生动力研讨会、全国检察机关国家司法救助工作助力脱贫攻坚战推进会、全省产业扶贫现场会、全省脱贫攻坚大数据平台操作培训会等20余个国、省脱贫攻坚现场会先后在南充市召开，全国上百个代表团到南充学习交流。一是坚持把暗访督查作为推动落实的重要手段。组建专业的暗访组每天进村入户暗访，编印《每日快报》，并限期整改回访。二是坚持把发展产业作为稳定脱贫的重要出路。通过政府引导、群众主体、龙头带动、金融支持、合作社组织五方联动建设脱贫奔康产业园1234个，带动9.1万户贫困户持续增收；在贫困村设立产业发展风险基金，解除贫困群众后顾之忧。强力推动消费扶贫，2020年入选国家扶贫产品名录的产品销售额达10.8亿元。三是坚持把促进就业作为群众增收的重要支撑。大力实施就业扶贫“千户千策”“千村千园”“千企千岗”“千人千技”四千工程，开展送岗位下乡活动874场次，举办各类招聘会676场，提供岗位28万个次。四是坚持把激发动力作为增强后劲的重要方式。针对贫困群众发展缺资金、缺门路、缺技术等问题，通过组织贫困群众外出学习参观、接受技能培训、开展感恩教育等方式调动其脱贫致富的积极性，充分发挥他们的主体作用，激发内生动力。五是坚持把监测预警作为防止返贫的重要途径。2019年实现全面“摘帽”后，出台《南充市全面“摘帽”后脱贫攻坚战推进方案》，安排8个重点27项具体工作。率先出台《南充市贫困动态监测预警和常态化帮扶工作方案》，确定了成立机构、确定对象、入户监测、预警帮扶、解除预警、完善档案“六步工作法”，锁定脱贫不稳定户2220户5562人、边缘易致贫户2394户6887人，并逐户落实补短帮扶措施。在9个县（市、区）同步开展探索建立解决相对贫困长效机制试点，提出“科学制定一个标准、精准确定两类对象、有效做到三个结合、建立健全四大机制、重点抓住五个关键”的思路，坚决防止返贫致贫。

脱贫“摘帽”不是终点，而是新生活、新奋斗的起点。下一步，全市将坚定以习近平新时代中国特色社会主义思想为指导，按照党的十九届五中全会和省委十一届八次全会部署，认真编制谋划“十四五”扶贫规划，持续巩固拓展脱贫成果，有效衔接乡村振兴，坚决确保与全国、全省同步全面建成小康社会。

脱贫路上“一个都不能少”

——南充市嘉陵区决战决胜脱贫攻坚战纪实

中共南充市嘉陵区委　南充市嘉陵区人民政府

在脱贫攻坚战场，扛起最大的政治责任；在急需急盼领域，实施最大的民生工程；在决战决胜时刻，抓住最大的发展机遇！

嘉陵区是国家扶贫开发重点县，总人口70万人，有建档立卡贫困村143个、贫困户20871户65350人，贫困发生率为11.52%。近年来，全区认真贯彻落实党中央、国务院决策部署和省委、省政府工作部署，按照市委、市政府工作要求，始终把脱贫攻坚作为最大的政治责任、最大的民生工程、最大的发展机遇，作为天大的事、使出天大的力、尽到天大的责，念兹在兹、唯此为大，驰而不息撸起袖子加油干。

2018年7月，嘉陵区以“零漏评、零错退、群众认可度达98.89%”的成绩顺利实现脱贫“摘帽”。2019年，现行标准下全区贫困人口全部脱贫、贫困村全部退出，贫困户在脱贫路上一个不能少、一个不掉队。全区两次获得全省脱贫攻坚成效“好”等次，荣获“全省脱贫攻坚先进县”称号。

一、尽锐出战，全面动员合力攻坚

千钧重担人人挑，人人肩上有指标。自2014年以来，嘉陵区数万人共赴一场史无前例的脱贫攻坚大会战，用初心和使命谱写了一曲气壮山河、可歌可泣的扶贫战歌，136名干部因公负伤，3名干部永远倒在了脱贫攻坚路上……他们把脚印留在了贫困村的田坎上、烙在了贫困户的心坎上，极大振奋了贫困户的精气神和脱贫信心，由“要我脱贫”向“我要脱贫”转变；党员干部“5+2”战、“白加黑”干，用不舍昼夜的“辛苦指数”换来贫困群众的“幸福指数”，用党员干部的“奉献指数”换来人民群众的“满意指数”。

（一）全员上阵全力帮扶

持续压紧压实35名区级领导、106个帮扶单位、472名“第一书记”、160名农技员、近9000名干部职工的帮扶责任，深入对接中央、省、市机关（单位）对口帮扶以及浙江省武义县东西部扶贫协作，积极倡导社会力量参与扶贫，开展“万村帮万村”、“人大再行动”、“政协三帮”、乡友商会扶贫等行动，形成全员作战、全域作战强大合力，扶贫成效显著。

（二）“挂图作战”全力推进

严格按照省、市专项扶贫计划，结合本地实际，逐年编制专项扶贫计划，把脱贫任务逐一项目化、实物化、具体化，逐项形成挂帅出征、“挂图作战”、挂责问效的“任务书”“时间表”“线路图”，确保在脱贫任务推进上“一项不漏”、在脱贫目标实现上“一步不迟”、在扶贫对象覆盖上“一个不少”。

（三）聚合资源全力保障

全面兑现“两不愁、三保障”，农村发展实现“一步跨十年”，农村群众千年未有之大变局是嘉陵区用真心实意、用真金白银换回来的。通过财政挤、社会筹、银行贷、整合用等方式，穷尽一切资源、想尽一切办法，坚持将90%以上的财力投入脱贫攻坚，将100%的项目资金投入贫困村、贫困户，累计投入扶贫资金近60亿元。

二、精准施策，顺利实现脱贫“摘帽”

始终坚持落实精准扶贫基本方略，始终坚持健康扶贫体系建设向广度和深度发展，始终坚持“应保尽保、应改尽改”，嘉陵区狠抓扶斗志，以脱心气之贫；狠抓扶底线，以脱保障之贫；狠抓扶产业，以脱根源之贫。贫困群众从未像今天这样，挺起腰杆直面吃穿、教育、医疗、住房、饮水等民生需求。

（一）夯实发展基础

坚持需求导向，着力打通路、水、电、信、房等基础设施"最后一公里"，夯实发展底部基础，搭建致富奔康平台。自开展脱贫攻坚以来，累计新建住房11498户，改造13294户，拆除闲置危旧房屋22628户，统筹排危除险、完善功能45253户，保护修缮38处，确保住有安居。累计整治小型集中供水工程1700余处，安全饮水全面达标。累计新（改）建农村公路4000余千米，水泥路通村率为100%、入户率为95%；贫困村文化室、卫生室达标率为100%，通信网络覆盖率为100%。

（二）聚焦稳岗增收

一是狠抓"三大途径"拓路子。围绕"就业、产业、兜底"，2020年新增外出务工2396人。累计建成生猪、柠檬、蚕桑、粮油4大特色增收基地，培育新型经营主体558个、龙头企业7家，带动8644户贫困户稳定增收。2020年为应对新冠疫情影响，区财政投入1500万元，按每村5～8人安排新增临时岗位3488人；投入2000万元对养殖业种苗给予奖补，激发动力。二是狠抓"三个平台"促消费。依托"832、四川扶贫、南充扶贫"平台，积极组织24家供应商申报认定扶贫产品216个，成功申报"四川扶贫"公益品牌11家。全区销售总额达1.65亿元，完成率达98.5%，其中国家"832"平台销售总额达2360.68万元，受益贫困户7712户，销售总额位列全省前列。三是狠抓"三项奖补"增动力。每年度财政投入资金2500万元，对就业务工、种养殖和孝老爱亲实现增收的贫困户分别按年度收入的3%、10%、1/12的标准进行限额奖补，激发贫困群众内生动力。

（三）落实政策保障

全面落实医疗扶贫"十免四补助""八个100%"等政策，建立区级医疗救助基金，开展"防贫保"试点，对实施基本医疗保障后仍困难的家庭给予特别救助，坚决防止因病返贫现象发生；加大建档立卡贫困家庭子女入学资助及金秋助学、中职教育资助等投入，全力阻断贫困代际传递，全区贫困家庭学生无一人因贫失学辍学；严格落实社会保障政策，全区所有贫困人口全覆盖参保，社会兜底保障达17839人，实现"应兜尽兜"，确保特困群众吃穿无忧。

三、久久为功，不断巩固脱贫成效

脱贫"摘帽"不是终点，而是新生活的起点。嘉陵区充分发挥政府、社会和群众各自的作用，打好乡村振兴"组合拳"，用市场手段扶产业脱根源之贫，用"看不见的手"再把贫困户"送一程"。通过接续做好脱贫攻坚成果巩固与乡村振兴的有效衔接，不断培育长效脱贫机制，切实巩固来之不易的脱贫攻坚成果，努力绘就乡村振兴的壮美画卷。

（一）深入开展"回头看"

坚持实行动态管理，定期开展摸排走访，确保贫困群众应退尽退、应留尽留，该扶的一个不少。2020年，全区动态调整贫困人口1547人；建立边缘户和监测户监测预警机制，针对贫困户家庭困难变化，及时调整完善帮扶举措，不断提升帮扶的针对性、实效性。深入开展问题清零行动，对大排查回头看、成效考核、第三方评估、审计、绩效评价等各方面反馈的问题进行全面梳理，拉网式整改，1890个问题全部实现清零。坚持开展扶贫项目大清理，严格落实"三盯三公开"要求，出台《项目库操作指南》《财政涉农整合资金管理指南》《扶贫资金项目清理工作指南》，累计入库项目8403个，清理资金32亿元，发现并整改问题106个。

（二）接续实施"回头帮"

坚持"摘帽"不摘责任、"摘帽"不摘政策、"摘帽"不摘帮扶、"摘帽"不摘监管，在全区实现脱贫"摘帽"后，迅即出台了《嘉陵区关于贯彻落实脱贫攻坚"四个不摘"的实施意见》，对县级领导、专项部门、帮扶单位、乡（镇）街道、帮扶责任人、"第一书记"等责任作出定性定量要求，倒逼工作落地落实。持续深化就业、教育、医疗等政策举措，加大扶贫项目后期监管力度；通过巡察、审计、督查等方式，切实加强政策落实监督，确保帮扶力量稳定、帮扶政策稳定、帮扶成果稳定。

（三）全力推进"补短板"

坚持以乡村振兴为统揽，深入推进"交通互联网""水利互联网"建设和农村电网改造，扎实推进农村人居环境"三大革命"，群众生产生活条件持续改善；借助"世界长寿乡""中国桑茶之乡""中国蚕丝被之乡"等金字招牌，加快发展20万头标准化生猪养殖基地、20万亩柑橘柠檬、10万亩茶（果、蚕）桑、10万亩木本油料等特色产业，进一步完善产业扶贫利益联结机制，夯实脱贫奔康基础；持续开展"五星"示范农户评选和"四好村"创建，深入开展"四讲"活动，群众好风俗、社会好风气、农村好风貌加速形成。

四、挂责问效，始终保持最优作风

历史是忠实的记录者，它默默地为这场伟大的脱贫攻坚战书写了精彩注脚。在这幅波澜壮阔、举世瞩目的战贫篇章中，"责任"二字熠熠发光。嘉陵区以高效务实、实用管用的机制层层传导压力、压紧压实责任，倒逼各级干部围绕脱贫攻坚转、围着脱贫攻坚干，为决战决胜脱贫奔康提供了坚强组织保证和作风保障。

（一）"八方同责"压紧压实责任

建立区级领导干部、行业部门负责人、帮扶单位负责人、乡（镇、街道）党政主要负责人、"第一书记"、村"两委"负责人、结对帮扶责任人、督查组"八个主体"考核同责机制，实行有功同奖、有过同罚，层层传导压力，步步压实责任。

（二）"三项授权"强力督查督办

选派88人组建21个督战组，授予建议区委对干部就地停职、启动问责、岗位调整"三项权力"，采取温馨提示、督办指令、工作通报、现场问责4种递进方式监督监管，实行一日一通报、一周一排名、一月一拉练，倒逼工作落实落地。另外，按照省脱办统一调度，嘉陵区还抽调30名干部组成项目、数据、资料等7个"尖刀小组"轮流赴喜德县挂牌督战，协助整改问题1200条。

（三）"三个一律"严肃追责问责

实行脱贫工作与绩效考核、评先评优、职务晋升相挂钩，对未完成任务或挪用、侵占扶贫资金的个人和单位，坚决实行"目标考核一律一票否决、有关领导一律就地免职、追责问责一律从重从严"。深入开展扶贫领域形式主义专项治理活动，累计查处违纪问题29起。

在"十四五"开局之年，嘉陵区正进一步巩固脱贫成果，满怀豪情开启全面建设社会主义现代化嘉陵新征程。无数嘉陵儿女奋勇争先、永不停歇，稳步推进脱贫攻坚与乡村振兴有机衔接，向着乡村全面振兴的宏伟目标奋勇前进。在这片充满无限希望的田野上，嘉陵区必将以奋斗与担当描绘新的光荣与梦想！

坚持"扶志""扶智"相结合　打好脱贫攻坚战　助力乡村振兴

阆中市扶贫开发局

一、阆中市基本情况

阆中市位于川中丘陵区向川北低山区过渡地带，属于秦巴干旱区走廊腹心，低山、深丘、中丘地貌面积占幅面积的92%，自然条件较为恶劣，是国家扶贫开发工作重点县、秦巴山区连片扶贫开发重点县。全市辖区面积1878平方千米，辖5个街道23个乡（镇），总人口88万人。

1986年，阆中市被国务院确定为国家级贫困县。在大规模开发式扶贫阶段（1986—1993年），阆中市成立了扶贫开发领导小组，设立了办公室，开启了有计划、有组织、大规模的扶贫，截至1993年年底，全市农村贫困人口下降到21.5万人，占农村总人口的比重下降到35%。在"八七"扶贫攻坚阶段（1994—2000年），阆中市制订了《阆中市"二二〇七"扶贫攻坚计划》，从增粮增收工程、治水基础工程、长效产业工程越温脱贫三大关键工程推动扶贫工作，1998年，阆中市胜利实现了整体越温目标。在新世纪十年扶贫开发阶段（2001年—2010年），阆中市制定了《阆中市十年扶贫开发规划》，以建设扶贫新村为主线、以产业扶贫为着力点，夯实发展基础，推动新村、卫生和移民"三大扶贫工程"建设，巩固提升越温脱贫成效。在秦巴山区连片扶贫开发阶段（2011—2013年），阆中市实施了41个贫困村扶贫开发整村推进及连片扶贫开发。

2014年，阆中市共有建档立卡贫困村142个、贫困人口2.2万户6.4万人，贫困发生率为10%。经过后续的行政村建制调整和贫困人口动态调整，现共有建档立卡贫困村122个、贫困人口2.3万户6.5万人。因病、因残是阆中市贫困人口的主要致贫原因，73%因病致贫、14%因残致贫。贫困人口分布在27个乡（镇、街道）281个村（社区），其中38%分布在二龙、老观、千佛等偏远地区，贫困人口分布广、贫困程度深。

二、脱贫攻坚开展以来的减贫成效

自开展脱贫攻坚以来，全市认真贯彻中央、省、南充市关于脱贫攻坚的决策部署，紧盯贫困户脱贫"一超六有"、贫困村退出"一低五有"、贫困县摘帽"一低三有"工作目标，扎实推进脱贫攻坚各项工作。经过6年的攻坚克难，全市摘掉了贫困县的"帽子"，贫困村、贫困户全部脱贫退出，其中2014年脱贫1万人，2015年脱贫1.2万人，2016年脱贫1.6万人、退出33个贫困村，2017年脱贫0.6万人、退出33个贫困村，2018年脱贫1.8万人、退出61个贫困村，2019年脱贫0.4万人、退出15个贫困村。2019年2月，全市顺利通过贫困县"摘帽"省级第三方评估；4月，省政府正式批准全市退出贫困县序列。截至2019年年底，全市完成所有贫困人口、贫困村的脱贫退出任务，绝对贫困得到全面治理。

三、脱贫攻坚主要做法

全市始终把脱贫"摘帽"作为最大的政治责任、最大的民生工程、最大的发展机遇，是天大的事，使天大的力、尽天大的责，尽锐出战、苦干实干、不胜不休。

（一）强化组织保障，明确工作职责

一是构建统筹有力的领导机制。组建由书记、市长任双组长的脱贫攻坚领导小组，下设综合协调组、住房安全保障组等10个工作推进组，夯实领导力量。二是形成三会并行的政策研究协调机制。及时召开脱贫攻坚领导小组会，不定期召开专项工作推进会、行业部门协调会议，分层分级研究政策、解决问题、推进工作。三是强化一线推进的责任机制。实行常委包片、县级领导包村，所有县级领导按照"属地管理"和"一岗双责"原则对所联系乡（镇）和分管行业的脱贫攻坚工作一包到底，深入一线开展责任落实、问题排查整改等工作。

（二）健全帮扶机制，实现精准帮扶

一是强化帮扶力量。严格落实"五个一"帮扶要求，推动274个单位结对帮扶贫困村和非贫困村，派出375名"第一书记"、11个农业技术巡回服务小组、142名农技员和1.6万余名帮扶干部对贫困户和非贫困户全覆盖联系。二是强化帮扶能力。对帮扶干部开展多轮扶贫政策、帮扶业务培训，编制脱贫攻坚工作手册、"五个一"帮扶工作手册，让帮扶干部懂政策、善帮扶。三是强化帮扶考核。出台系列考核管理办法，强化帮扶力量考核，将工作表现与个人生活补贴、评先评优、提拔任用和所在单位的目标考核挂钩。自开展脱贫攻坚以来，共有310名脱贫攻坚一线干部得到提拔重用。

（三）加强扶贫投入，严格资金管理

一是坚持大力度整合。按照"多个渠道引水、一个龙头放水"的思路，坚持上级资金源头整合、本级投入全力整合、社会捐助尽力整合的原则，累计投入扶贫资金80余亿元，实施1.7万余个扶贫项目。二是坚持高效率使用。对涉农资金采取"大类间打通、跨类别使用"，实行扶贫资金专人管理、专账核算、专款专用，加快下达进度，简化报账程序，确保使用效益。三是坚持无缝隙监管。出台财政涉农资金管理系列办法，全过程跟踪项目实施、资金拨付、竣工验收、审计结算，确保扶贫资金封闭运行、安全使用。

（四）坚持问题导向，坚决补齐短板

组建百人脱贫攻坚现场督导组，对照脱贫退出标准和阶段性工作重点，包乡（镇）常态化开展暗访督查，发现问题、照单交账、督促整改；实行脱贫攻坚"双周报"、开通24小时扶贫热线，全方位收集问题。开展"大排查""挂牌督战""大盘点""自查自纠"等整改清零行动，找不足、补短板、清问题；健全问题整改机制，建立问题整改台账，明确整改责任、整改时限，到期回访销号；推行"现场会诊"和片区剖析，10个片区的包片常委组织相关县级领导、部门、乡（镇）召开"现场会诊会"和片区剖析会，现场找"病因"、开"药方"，对工作推动差的单位或个人发出"黄牌"警告，倒逼整改落实。

（五）动员社会力量，凝聚攻坚合力

一是抢抓定点扶贫机遇。充分发挥中国电子信息产业集团、省政协办公厅等国、省帮扶优势，引进资金3500余万元，引进企业5家，扶持龙头企业和农村合作社3家。二是抢抓东西部扶贫协作机遇。深化与浙江天台县在人才交流、产业合作、劳务协作等方面的合作，天台县给予全市1.05亿元的资金支持，实施46个东西部扶贫协作项目。三是抢抓社会扶贫机遇。广泛动员社会各界力量，积极开展"万企帮万村"、"雨露计划"、国奶扶贫、顶梁柱公益保险等活动，凝聚脱贫攻坚最强合力。

四、脱贫攻坚工作成效

七年来，全市紧紧围绕脱贫退出目标任务，倾全市之力、尽全市之智，全力推进脱贫攻坚各项建设，脱贫攻坚工作取得明显成效。

（一）基础设施由差变好，乡村面貌更宜人

累计改造县、乡道路近300千米，建成通村硬化路2989千米，群众出行难问题得到解决；建成农村单（联）户井3478口、集中供水设施156处、千吨万人供水工程6处，管网延伸7060千米，基本形成了城乡一体化的供水格局，群众吃上了安全水、放心水；建基站、铺光缆、接光纤，实现行政村4G网络全覆盖；完成339个村电网升级改造，实现群众“用好电、好用电”的目标；持续开展农村人居环境整治、农田水利基础配套等建设，制约“三农”发展的短板不断得到弥补。

（二）民生保障从弱到强，群众生活更美好

完成1.1万人易地扶贫搬迁、近5万户“四类重点对象”危房改造、便民路修建1259千米，群众居住环境显著改善；所有贫困人口由财政全额代缴城乡居民基本医疗保险费用，落实基本医保报销、大病报销、卫生扶贫基金救助等六重保障，累计报销医疗费用5亿元，看病难问题得到切实解决；发放各项教育资助资金3.6亿元，资助学生46.1万人次，因贫辍学率为零；累计发放到户产业发展资金1.2亿元、低保兜底资金1.7亿余元。2020年，全区贫困户家庭年人均纯收入达8292元，较2014年增长231.5%。

（三）公共服务由劣变优，服务水平更优质

持续推动公共教育资源向农村延伸、医疗资源向农村覆盖、文化资源向农村倾斜，对61所农村薄弱学校进行全面改造，配齐教学设施，优化师资队伍，全面推进教育信息化；建成达标卫生院49个、达标村级卫生室142个，切实改善基层就医条件；建成文化活动阵地156个、文化活动广场7.5万平方米，同步配齐健身器材、图书资料，满足广大群众精神文化生活需要；坚持改建结合，完成所有乡（镇）便民服务中心标准化建设，规范设置320个村级便民服务代办站，推动政务服务均等化、全覆盖。

五、脱贫攻坚经验做法

全市在扎实做好脱贫攻坚各项工作的基础上，大胆创新、勇于实践，探索出了一些经验和做法。

（一）大力推动产业扶贫，实现长效增收

以大园区、奔康园、小庭园三园同建模式建成总规模18万亩的江东、江天、江西、江北四大扶贫产业园，122个脱贫奔康产业园，1万余个家庭小庭园，形成了“东柑、西椒、南果、北药”的特色产业格局，农业产业实现“大小结合”“长短结合”，持续带动了贫困群众增收。借力古城旅游品牌，着力打造“四片联动、五线串联”的旅游新格局，采取“政府引导+国有企业主导+社会资本参与+协会组织连接+千家万户受益”五方共建的模式标准化发展乡村旅游。全年乡村旅游共接待游客375.5万人次，实现旅游收入25.5亿元，带动2.3万名贫困人口增收。

（二）全力推行城乡供水一体化，有力保障安全饮水

全市按照“以大管网集中供水为主、小型供水站为辅、分散供水为补充”的原则，坚持全市一盘棋，统筹推进城市供水向城周和乡村延伸，形成了以河溪、天柏、木兰等6个集中供水工程为主，文成、妙高等16个乡（镇）集中供水为辅，在高山偏远村建设小型集中供水或分散供水工程为补充的“1+6+16＋N”城乡供水一体化格局，农村集中式供水率达85%。

（三）多方助力消费扶贫，帮助产品“出山”

全市以内销、北上、东进、网销四种渠道推动农产品走向全国。在阆中古城景区建设“扶贫产品展示展销中心”，引导工会、食堂和职工参与认购，鼓励企业以购代捐、以买代帮采购贫困村产品，各方力量共同推进产品内部销售。借助东西部扶贫协作契机，在浙江天台建立“大农场体验馆”，推动产品向东进军。利用定点帮扶资源，在北京市朝阳区建立阆中特色农产品展示展销馆，带动产品打入北京市场。充分利用四川巴郡文化旅游公司成熟的电商网络，推动扶贫产品网络销售，全年销售额达700余万元。

（四）全面落实“脱贫公约”约束机制，激发内生动力

坚持扶贫同扶志、扶智相结合，探索制定了《脱贫公约》。按照“因村制宜、一村一策”的原则，每村推荐一名贫困户和一名非贫困户为代表，与村“两委”成员共同协商起草《脱贫公约》。组织专人成立《脱贫公约》宣讲团和讲解小组，进村入户宣讲，让村民更深入地了解《脱贫公约》，大大激发了贫困群众脱贫致富动力。

探索“三六三”路径　争当农业农村改革排头兵

中共西充县委　西充县人民政府

近年来，西充县紧紧围绕中央省、市关于农业农村改革的决策部署，始终坚持农业农村优先发展，坚持以省级农村改革综合试验和城乡融合发展综合改革试点为契机，深入实施乡村振兴战略，统筹推进农村改革试点，全力打造改革助推乡村振兴示范样板。2019年获得全国村庄清洁行动先进县、国家有机食品生产基地建设示范县、四川农村改革工作先进县、四川省粮食生产“丰收杯”、四川省五星级现代农业园区，凤鸣镇双龙桥村等6个村分别荣获“全国乡村治理示范村”和“四川省实施乡村振兴战略工作示范村”称号。

一、健全“三大机制”，联调联动强力推进

（一）健全统筹机制

成立以县委主要领导为组长的农业农村体制改革领导小组，分管县级领导靠前指挥，相关部门分工负责，定期组织召开领导小组会、部门联席会、业务培训会等，及时推进工作、通报情况、解决问题，逐步构建党政主导、部门协同、社会参与的农村改革新局面。

（二）健全工作机制

精准对接农村改革试点年度目标任务，科学制订16项农村改革试点方案，建立农村改革试点任务总台账，细化任务92项，配套制度56项，逐项制定“作战图”，做到挂图作战、照图施工、按图“验靶”，确保任务有人领、工作有人抓、项项有落实。

（三）健全督查机制

坚持将农村改革试点工作纳入年度考核并加大权值比重，建立健全“月查月报和年终考评”机制，对相关行业主管部门、乡（镇）开展改

革工作并进行跟踪督办，严明督查考核，做到“一月一督查、一季一评议、半年二小结、年终大检查”，以刚性的奖惩措施倒逼工作推进。

二、完善“六大体系”，分类分线重点突破

（一）完善农村产权制度体系

全面落实农村土地“三权分置”政策，深入推进农村产权制度改革，加快完善农村产权价值评估体系，建成县、乡、村三级联网的农村产权流转交易服务平台，逐步构建“归属清晰、权责明确、保护严格、流转顺畅”的现代农村产权制度。全年共颁发各类农村产权权属证书45万余本；完成产权价值评估697宗，标的18.5亿元；产权流转交易服务平台组织交易1526起，交易额达2.4亿元。

（二）完善农业生产经营体系

创新“户改场、场联社、社接企”新型农业经营主体发展模式，成功培育家庭农场（业主大户）1699家（户）、专业合作社1087家、农业龙头企业127家。建立农村土地股份合作社516家，规模流转土地39万亩。

（三）完善农业支持保护体系

深入推进“拨改投、补改投”和农村承包土地经营权抵押贷款试点，加快完善农村承包土地经营权评估、担保、收储、贷后监管等机制，采用政府与社会资本合作模式引导更多社会资本投向农业农村。全年新增、整合涉农项目资金2.5亿元，吸引金融资金和社会资金18亿元投向农业农村。发放各类产权抵押贷款268笔、10.2亿元，农村承包土地经营权抵押贷款试点成效位居全省前列。

（四）完善乡村人才引领体系

加快推进新型职业农民制度试点和激励农业科技人员创新创业专项改革试点，大力实施新型职业农民培育工程，不断完善职业培训、就业服务、劳动维权“三位一体”的工作机制，实现城乡劳动者平等创业就业。全年开展新型职业农民培训1.5万人次，成功培育新型职业农民3335人，引入返乡、下乡人员5200人。

（五）完善城乡民生共享体系

编制完善城乡融合发展乡村振兴规划，大力实施基础设施综合治理工程和文明示范村镇创建工程，全面提升农村交通路网、水利设施，积极推进城乡基本公共文化服务均等化。全年新建提升通乡、通村公路27.4千米、产业道路58.3千米，整理土地1万亩，新建高标准农田1万亩，改建、提升农村敬老院16个，创建县级文明乡（镇）21个、文明示范村293个。

（六）完善农村基层治理体系

深入实施基层党建创新引领示范工程，积极开展“四强基层党组织”“五好党支部”创建活动，大力培育农村“党员致富能手”“党员业务标兵”“党员服务明星”。全年成功创建基层党建示范村15个，培育乡村振兴战略推进优秀党支部12个、基层党建示范园区8个，全县乡村自治组织健全率、管理制度完善率、必备设施配套率、重点服务到位率均达95%。

三、促进“三大融合”，共建共享改革成果

（一）改革促脱贫

坚持以改革思路探索扶贫模式和扶贫机制，成功探索“脱贫奔康产业园”产业扶贫发展模式和“龙头带动抱团经营、专合服务自主经营、村（社区）主导集体经营、能人引领委托经营”产业扶贫机制，并在全省推广。

（二）改革优建设

坚持以改革促革新，扎实推进新村建设，创新和推广“小组生微”规划新村、“建改结合”建设新村、“十有为径”创建“四好”新村“三种模式”，着力打造“依山傍水、错落有致”的“田园式川东北幸福美丽新村”。建成双龙桥、书房山等新农村综合体6个，新村聚居点136个，改造旧村落157个，改造农村危房3.1万余套。成功创建省级“四好村”36个、市级“四好村”156个、县级“四好村”300个。

（三）改革强治理

坚持以法治进村活动为载体，大力开展普法教育，探索和推广“支部+合作社”“支部+互联网”“支部+三留守”等乡村治理模式，推进基层治理改革创新，全面构建党支部引领下的自治、法治、德治基层治理体系，成功打造双凤镇跳蹬河村等43个农村综合改革示范村。

坚持经济发展与扶贫开发双轮驱动、区域发展与精准扶贫统筹推进助力乡村振兴

广安市广安区扶贫开发局

广安市广安区是邓小平的家乡，取“广土安辑”之意而得名，地处“川东门户”，面积1030平方千米，辖19个乡（镇）6个街道，总人口89.8万人，属国家级贫困县、秦巴山区集中连片特困地区。2014年识别认定贫困村136个、贫困人口16807户54483人，贫困发生率为8.3%。

奋力推进脱贫攻坚，全面建成小康社会，既是头号政治任务，也是不辜负邓小平同志“一定要把广安建设好”谆谆嘱托的历史使命。自实施精准扶贫以来，广安区以此为重、唯此为大，深刻领会习近平总书记扶贫开发战略思想，按照省委“树旗帜、立标杆”要求，坚持经济发展与扶贫开发双轮驱动、区域发展与精准扶贫统筹推进，制定“十个一”工作标准，全域全程全面推进脱贫攻坚。2017年10月，广安区退出国贫县序列，成为全国28个、四川省2个首批“摘帽”的国贫县之一，被评为全省脱贫攻坚先进县（区），脱贫成效在中央电视台、凤凰卫视、人民网等媒体播出刊载，在全国2016年贫困县退出试评估检查工作会和全省2017年计划“摘帽”贫困县工作推进会上作交流发言，各地到广安区考察学习100余批次。2019年已实现脱贫指标100%完成、贫困村100%退出、贫困户100%脱贫的目标。

一、坚定“一个信念”，唯此为大摘“穷帽”

突出思想先导，提高政治站位，增强行动自觉，以必胜信心坚决打好脱贫攻坚战。深入学习贯彻习近平总书记来川视察重要讲话精神和省委十一届三次、四次全会精神，按照省委彭清华书记对广安工

作提出的“五个要求”，始终将脱贫攻坚作为最大的政治责任、最大的民生工程、最大的发展机遇，坚定不移贯彻落实中央、省委重大决策部署。召开脱贫攻坚领导小组会44次、工作推进会（培训会）36次，适时召开区委全委会、常委会、区政府常务会、脱贫攻坚领导小组会，研究解决全区扶贫领域重大事项，安排部署具体工作，每季度召开一次现场推进会，总结成效、解决问题，表彰先进、鞭策后进。明确“区域发展与精准扶贫统筹推进”指导思想，确定“全域覆盖、全程精准、因地制宜、靶向施策”工作导向，提出“资金服从脱贫标准、力量服从脱贫需要、时间服从脱贫质量”工作要求，全区上下始终保持“功成不必在我”的精神境界和“建功必须有我”的使命担当，以千军齐发、攻城拔寨的态势坚决向脱贫攻坚发起最后总攻。

二、注重“三大统筹”，聚合资源齐攻坚

区委、区政府提出，不惜一切代价，调动一切资源，以前所未有的重视程度、投入力度和推进速度向脱贫“摘帽”发起最后总攻。

（一）统筹规划，形成全域化发展格局

坚持连片开发，规划建设涉及22个乡（镇）、覆盖40余万人的5个现代农业园区，优先集中项目资源、倾斜惠民政策，增强整体发展能力。紧扣省委现代农业“10+3”产业体系和市委现代农业363产业布局，高标准完成乡村振兴“1+6”规划编制，制定《广安区现代农业园区建设总体规划(2019—2022)》，深入推进覆盖全区的“1园4区5基地+N示范片”发展规划，促进乡村振兴示范片区、现代农业产业园区、乡村旅游核心区“三区融合”。分年度印发脱贫攻坚工作要点、工作方案和专项扶贫方案，运用国家级现代农业示范区建设经验，坚持“缺啥补啥”“一镇一产业”，逐村编制136个贫困村发展规划，集中打造一批主导产业特色鲜明、绿色发展、三产融合、链条完整的现代农业园区。

（二）统筹资金，形成多元化投入格局

始终注重专项扶贫、行业扶贫、社会扶贫资源大统筹，完善以财政资金撬动金融、社会、群众多元投入格局。成功争取中央、省项目400余个，增收产业全部有项目支撑。按照“资金服从脱贫标准、确保随要随调”原则，将新增财力90%以上投入脱贫攻坚，80%以上项目资金投入贫困地区。完善金融扶贫政策，继续发放“免抵押、免担保”扶贫小额信用贷款，帮助贫困户发展产业增收。在全省率先建立财政涉农资金整合使用制度，近年来，将贷款、统筹、整合的56亿元资金全部用于扶贫开发。对所有脱贫项目工程优先立项、评审、实施、审计和拨付资金，确保特事特办、加快进度。实行区乡村、扶贫移民局、财政局共同参与的“三级两部门会审报账制”，成立巡查组严查截留、挪用等违规行为，招选26家审计中介机构对乡（镇）扶贫资金项目进行“一对一”审计，严格扶贫资金监管，确保扶贫资金一分一厘都用在“刀刃”上。

（三）统筹力量，形成全方位扶贫格局

实行党政主要领导“双组长”负责制，整合区“四大班子”领导成立“指挥部”，乡（镇）建“指挥所”，村建“作战室”，将136个贫困村划分为5大战区，分片作战、分责落实，形成三级联动高效攻坚体系。建立区级领导包乡（镇）、帮扶部门包村、帮扶干部包户的帮扶责任机制，31名区级领导带头示范、牵头揽总，95个帮扶单位定点联系贫困村，1万余名公职人员结对帮扶贫困户，实现领导全参与、部门全动员、帮扶全覆盖。实行村支部书记“坐班”制和“星级管理”制，4000余名组干部纳入乡（镇）直接管理，村（组）干部个个有责任、人人有任务。开展“感恩小平作贡献”“百企联百村”活动，中国建筑百强江苏华建集团、南浔沃克斯电梯等企业引领各界捐款捐物3.2亿元。脱贫攻坚既有主力军，也有协同部队，形成千军齐聚、攻城拔寨之势。

三、聚焦“八大重点”，精准施策拔穷根

坚决不为脱贫而脱贫，打破贫困户、非贫困户界线，始终坚持全覆盖，将“两不愁、三保障”作为靶心用力，看真贫、扶真贫、真扶贫，聚焦重点难点，攻城拔寨、步步为营，攻克最后堡垒，奋力夺取脱贫攻坚全面胜利。

（一）锁定住房安全，坚持易地搬迁、危房改造、“四改三建”多管齐下，让贫困群众住上好房子

一是以工匠精神建新居。坚持易地搬迁与乡村旅游、美丽新村、产业发展“三结合”，实行规划选址、户型设计、建设标准、工程验收“四统一”，推进基础建设、文明提升“双配套”，确保建成一个安置点，带动一片产业发展，形成一道乡村风景线。整合易地扶贫搬迁农户原宅基地，实施城乡建设用地增减挂钩试点项目，解决贫困群众住房安全问题和土地增减挂钩资金来源问题，土地增减挂钩实现收益6.6亿元，每个集中安置点配套10万元以上产业发展资金，确保搬得出、能致富。全面建成投资8亿元、广安市体量最大、涉及4360户12226人137个新村的易地扶贫搬迁工程，实现两年任务一年完成，成为全省先进典型。推进水电气路通信和环境改善“六到农家”工程，硬化拓宽村级公路200千米，配建文化室、休闲广场、农家超市，促进群众生活更舒适安逸。二是以人文精神改旧房。实行新居建设与旧房改造并举，不分贫困户和非贫困户，每年对全区房屋进行全覆盖拉网式排查；不设资金底线，对C级危房修旧如旧，将D级危房建成川东民居，改造危房11784户，维修加固9300套土坯房、穿逗结构房、屋面漏雨透风房，把全区凡是长期有人居住、属农户唯一住房的破漏房屋全覆盖整修一遍，确保不让一户群众在危房里奔小康。三是以革新精神优环境。实施改厕、改厨、改水、改圈、建庭院、建入户路、建浴室的“四改三建”7531户。逐村逐户排查农户饮水安全，建立台账、制定举措。深化“百姓安全饮水”工程，新建2座万吨供水厂，延伸18个贫困村供水管网，农村集中安全自来水覆盖率达85%以上，打机井5100余口，安全饮水全面达标。开展“用双脚丈量河流”行动，推进乡（镇）污水处理实现全覆盖，全面取缔网箱网栏施肥养鱼，关闭搬迁55个沿江（河、库）和禁养区畜禽养殖场，农民生活品质得到大提升。

（二）锁定不愁吃穿，坚持产业发展、就业创业、政策兜底多路跟进，让贫困群众过上好日子

一是产业增收“造血”。把产业扶贫作为核心工程来抓，区财政在每村100万元项目资金的基础上，再匹配30万元产业发展专项资金和10万～20万元产业周转金，大力发展“长短结合”增收产业。注重给贫困户谋好长远“致富路”，以长效产业“挣大钱”。以创建国家现代农业产业园为目标，不断做大做强龙安柚主导产业，累计发展龙安柚25.5万亩，荣获“四川省优秀农产品区域公用品牌”，通过国家地理标志产品保护示范区验收。以现代农业园区为依托，大力发展优势产业，先后建成“四网配套”的现代农业产业基地12个，建成优质粮油、蔬菜、柠檬基地42万余亩。根据地域条件和资源优势，在石笋、恒升等地建成杨梅、花椒等产业基地4.4万亩，农业产业规模和品牌效应不断增强。龙安柚现代农业园区创建成为四川省五星级现代农业产业园，白马柠檬产业园成功创建第二批国家农村创新创业园区。挖掘旅游资源，推进乡村旅游发展，打造浔栖江南、大地花谷等13个农旅结合

基地，建设区域旅游小环线20千米，串联大地花谷、浔栖江南度假区、百美村宿、龙安柚产业园等景点，建设西南水乡—大龙滨江生态休闲农业产业园，开启了农业旅游脱贫的绿色新通道，成功创建为全省首批天府旅游名县。注重给贫困户算好短期经济账，强化“龙头”带动，通过利益联结“攒闲钱”。引进龙头企业、专业大户216户，带动整乡整村发展支柱产业，推进土地流转，全面解决土地撂荒问题，采取股份制、联营、托管等模式，吸纳贫困户以资金、土地、劳动力入股，让资源变资产、资金变股金、农民变股东。推动工商资本进农村，通过发展庭院经济“赚快钱”。以“扶贫小额信贷+贫困户+龙头企业”模式，引导致富能人帮助贫困户发展花椒、泥鳅、稻蛙鱼等小种植、小养殖增收，把“血液”输到“静脉”，确保有能力的贫困户都有增收项目。同时，积极探索“电商+扶贫”模式，每村培育1名电商带头人，通过电商平台拓宽产品销售渠道，延长扶贫产业价值链，电商扶贫工作在2019年全国“两会”上得到商务部部长钟山的充分肯定。提高农户组织化程度，组建村级农业公司，统购统销土特产品，村集体经济收入平均达到6万元。二是就业增收“补血”。强化就业创业“找工钱”，以贫困群体能力提升实现脱贫攻坚动力转换。全区向外输出贫困劳动力1.2万人，实现务工收入近2亿元，驻外商会、产业园区、城乡企业吸纳864名贫困群众优先就业。利用浙江省湖州市南浔区接对帮扶优势，组织实施东西部扶贫协作定点就业行动，在湖州市设立农民工服务中心常态化办公，共同研究人员招聘、工资补助等办法，实行交通补贴、就业补贴等“八大补贴”，贫困群众最高可获得补助2.6万元，疫情期间仅南浔区37家企业就提供岗位1572个。开展就业援助，实施“订单式”技能培训，4093名贫困群众通过能力提升实现就业，培育了一批自力更生、勤劳务实的脱贫户。开发护路、护林、保洁等公益岗位2667个，促进无技能的老弱贫困劳动力就近就业。对高校毕业生和创业实体给予1万～10万元的补贴，带动1000余名贫困群众就业，有劳动能力贫困家庭均实现“一人务工、全家脱贫”。三是兜底保障“输血”。将上级政策全部落实到村到户、完整兑现，实现低保兜底、特困供养、临时救助、残疾人扶持、养老保险代缴五个100%全覆盖。率先实行低保、贫困“两线并轨”，极度贫困户最低生活保障提高到每人每月350元，残疾低保对象生活补贴提高到每人每月100元，临时救助标准最高可达到低保标准的6倍，并设立500万元特别救助专项资金，对实施救助制度后仍困难的贫困家庭予以特别扶持。

（三）锁定教育保障，坚持改善硬件、提升软件、帮扶资助多策并用，阻断贫困代际传递

一是强化投入夯基础。投入4亿余元，改（扩）建农村幼儿园10所、学校26所及教学用房、运动场，添置教育教学设施设备，建成教育信息化平台，全面改善136个贫困村学校办学条件，农村学校全部达到义务教育均衡发展验收标准。二是配强师资提实力。实行农村教师优先配置、交流选派、培养帮扶机制，向农村学校补充教师805名，交流轮岗优秀骨干教师276名，城区学校60名教师与农村学校教师结成“一带二”帮教对子，保障贫困村孩子享受优质教育资源。三是资助帮扶全覆盖。落实财政资金2059万元，募集社会助学资金1350万元，资助贫困家庭学生，实施“金秋助学计划”“我要上大学”等助困入学关爱行动，实现对贫困学生从学前教育到高等教育帮扶全覆盖，杜绝因学返贫现象发生。对贫困家庭学生实施跟踪帮扶，每名贫困学生都有1名以上结对帮扶责任人，不毕业不脱贫不脱钩。

（四）锁定医疗保障，坚持提升水平、保证基本、救助重困多措并举，让贫困群众看得起病、看得好病

一是提升基层医疗水平。投入1600万元，建成136个贫困村标准化卫生室，投入6千余万元添置乡（镇）卫生院设备，新聘189名卫生专业技术人员充实基层一线，实现区人民医院与重庆市肿瘤医院协作办院，试点推行区人民医院与乡（镇）卫生院联合办院，促进优质医疗资源衔接下沉，区妇女儿童医院建成投用，区人民医院中医康复科建成省级医学重点专科，紧密型区域医共体启动组建，区人民医院成为省人民医院医联体单位。在此基础上，实现贫困人口预防保健、家庭医生签约、免费健康体检“三个100%”全覆盖。二是强化基本医疗保障。实现“八免五补助”、新农合、大病救助、特殊门诊补偿、住院免起付线、先诊疗后结算六个100%覆盖。全面启动贫困人口免费体检，建立健康档案。出台推行兜底保障和医疗救助29条硬性政策，免收2.7万人次贫困群众一般诊疗费和院内会诊费，区内就诊率达95%以上。区财政自筹资金，将无法纳入上级医疗政策保障的已脱贫户全部纳入区级保障，全额代缴新农合参保金、全额报销区内住院医疗费，确保脱贫不脱政策。三是扎实开展重困救助。针对贫困户因病因残致贫占比达80%以上、重病重残人员达8297人的实际，将贫困户全部纳入医疗救助范围，建立医疗爱心基金，对实施基本医疗保障后仍存在较大困难的重困家庭给予特别救助，特殊救助26种慢性病和94种重特大疾病，部分需长期用药的贫困户“药罐子”得到保障，群众举债看病、全家受穷现象得到有效解决。

（五）锁定特殊群体，坚持集中托养、住房配套、特别救助多方联动，让精准脱贫不留死角

一是建立集中托养模式。针对贫困户因病因残致贫占比70%的实际，开展重病重残特困人口集中供养试点。采取“财政资金+社会扶持”投入模式，利用农村闲置学校或租用农村闲置房屋，建立托养中心，聘请专门护理人员集中照顾重病重残特困人口，把家庭健康劳动力解脱出来，通过发展产业、实现就业带动家庭脱贫，这一创新做法被中央电视台专访。二是推行“住房保障”配套。针对长期外出务工群众返乡后“无安全住房”问题，制定出台“统一修缮管护、预租安全住房、村级廉租房或闲置资产安置、城区保障性住房安置”四大举措，将廉租房制度拓展到农村，修建农村廉住房2000余套，配套城区公共租赁房1000套，切实解决非贫困户中的五保低保残疾无房户、多年外出务工返乡的贫困无房户、进城务工多年的贫困无房户等无经济能力维修新建房屋人群的住房问题，推动“住上好房子”真正实现无缝全覆盖。三是实行特别救助。在落实国家普惠性社会保障政策的基础上，区财政再筹资金，叠加实施差异性保障政策。设立500万元特别救助专项资金，对现行救助制度暂时无法覆盖或实施后仍然困难的家庭予以特别扶持。设立区级低保，按照国家低保标准兜底保障所有政策无法覆盖解决的事实孤儿、智障、无户籍人口等特殊贫困群体，坚守最后一道保障关口，实现无死角全覆盖政策兜底，真正让脱贫奔康路上不落下一户一人。

（六）锁定移风易俗，坚持感恩教育、自我管理、“四好”创建全面着力，让贫困群众养成好习惯、形成好风气

一是开展“扶贫扶志大行动”。开办农民夜校，开展“文化下乡”等活动，引导贫困户克服“等、靠、要”不良心态，形成感恩党和社会、主动脱贫的良好氛围。组建20余支志愿者服务队和新时代“小喇叭”宣讲团开展“暖冬行动”和“春季攻势”，淡化贫困户、非贫困户界线，

全覆盖进行思想教育引导,形成广泛共识。二是创新乡村治理机制。开展“洁净水”“城乡环境综合治理”等行动,结合美丽乡村示范带建设,常态整治脏乱差。推进法治乡村、调解文化大院建设,村民自定村规民约和文明卫生公约,建立互评管理机制,群众从“不愿管”变成了“热心管”。扎实开展“扫黑除恶”专项斗争,打掉黑恶势力犯罪集团6个,侦破九类涉恶案件54件,乡恶、村霸等恶势力得到有效打击,社会大局平稳可控,被评为全省第二批省级法治示范区。三是深化“四好村”创建。每村补助5万元推进“四好村”创建,出台农户环境卫生10条标准,定期评比乡风文明,广播通报“文明黑榜”,物资奖励“文明红榜”。每半月在区电视台排名公布乡风文明情况,促进乡风文明提升,36个贫困村创建为省、市级“四好村”。

(七)锁定携手奔康,坚持农业增效、工业挑梁、农旅融合三产联动,打造东西部扶贫协作样板

一是以大国企带小国企发展特色农业。借力东西部扶贫协作,南浔交投集团与广安国投集团共同出资组建合资公司,引进湖羊、跑道鱼、红美人柑橘等特色农业项目,沿渠江11个乡(镇)布置24个农业项目,新(扩)建产业基地8900余亩,形成70平方千米农业产业扶贫示范带。大力实施“湖羊入川”和“湖羊致富”工程,规划建设3个万只湖羊基地、5个湖羊种养循环基地、100个湖羊幸福农场,覆盖108个贫困村,配套建设浔味江南食品加工产业园,延伸产业链条,同时,建立“国企+专合社+贫困户”经营模式,村集体组织贫困户以土地入股、务工投劳等形式参与,国企按协议保底收购农产品,贫困群众、村集体、专合社按6 ∶ 2 ∶ 2的比例分红,将湖羊产业做成广安又一特色品牌和拳头产业,带动群众致富奔康。二是以国企带民企共建产业园。由南浔区城投、交投、新城集团等平台公司出资购买土地,交由广安国企负责具体施工,采取民企定制、平台建厂、先租后转的模式,计划建设总投资18亿元、占地630亩的南浔·广安东西部扶贫协作产业园。产业园从谋划到开工仅用100天时间,引进沃克斯电梯等16个总投资达13亿元的项目,创造了“南广新速度”。目前,已启动建设559亩,建成标准厂房19.7万平方米,在建15.2万平方米,引进沃克斯电梯、世友地板、南洋电机等7家企业入驻园区,其中排名全国行业前6名龙头企业4家,可吸纳1000余名贫困群众就业。南浔·广安东西部扶贫协作产业园被国家发改委列为中西部承接东部地区产业转移示范区之一。三是以国企带动乡村旅游发展。借助广安丰富的山水田园自然资源和南浔旅游业发展的先进经验,由南浔旅投投资1.3亿元建设浔栖江南、浔梦江南、浔果江南等农旅融合扶贫项目,将大龙乡光明村15幢农村安置房改造装修成具有江南水乡特色的度假村,打造成集康养、体验、游乐于一体的川东渝北高端民宿群。创新“国企带村集体”模式,村集体以土地等资源入股分红,发动贫困户配套销售农副产品和旅游商品增收,成功举办第六届龙安柚旅游文化节,筹备首届湖羊文化节。“三产联动”“国企引领”东西部协作扶贫模式入选国务院扶贫办东西部扶贫协作典型案例。

(八)锁定成效巩固,坚持回头看、回头帮、回头查常态化开展,让贫困群众不漏一户一人全面脱贫

一是不放松、细致部署推进。市、区、乡、村、组五级干部和帮扶责任人层层签订军令状,工作做不好甘愿受罚。制定持续增收、住房安全、医疗保障、教育保障、安全饮水、兜底保障、教育引导不漏一户一人,易地搬迁、软件资料不错一户一人,资金使用不浪费一分一厘的“十个一”工作标准,不分贫困村贫困户、非贫困村非贫困户,对照国检标准项项排查整改。二是不懈怠、全民发起冲刺。掀起“百日大会战”,建立区、乡、村三级联动责任体系,统筹整合2000余名党员干部,组建1个挂牌督战组、16个定点督战组、8个专项督战组,逐村逐户逐人逐项“过筛子”、查问题,1万余名党员帮扶干部全部下沉,人人戴党徽、个个亮身份,吃住在农家,宁掉一身肉,不丢一张脸,真情融入贫困家庭。乡(镇)统筹市、区两级帮扶力量全面开展安全住房、安全饮水、环境整治、政策落实“四清理”工作,广泛宣传“脱贫不脱政策、致贫赓即享受政策”,包人包户实施项目、完善资料、引导群众、解决问题。三是不侥幸、自我补齐短板。深入推进落实“两不愁、三保障”回头看大排查工作,成立以区委书记、区长任组长的大排查工作领导小组,整合3457名各级领导干部组建620个工作队,逐村逐户全覆盖开展对标排查,当天反馈问题、交办整改。坚持排查问题与解决问题相结合,对排查出的问题进行全面系统梳理,区、乡、村、部门分级列出问题清单、制定整改措施,逐一对账销号整改。针对上级政策无法覆盖的相关问题,出台《农村危房分类处理实施意见》《进一步落实医疗保障政策的通知》等系列政策措施,不计代价补齐短板。

四、创新“三大机制”,全程紧逼打硬仗

建立脱贫攻坚有力保障机制,压实责任、铁腕执纪,以严实作风打好打赢脱贫攻坚战。

(一)以“三项授权”强力督办

成立以区人大常委会主任为组长的督查组,抽调20余人分片交叉、高密度不间断督查,每天通报、每周约谈。区委授予督查组“三项权力”:有权决定干部停职、有权启动问责、有权决定岗位调整。凡是脱贫攻坚的重要工作安排,均召开区、乡、村三级干部参加的千人大会统一部署,避免工作要求层层打折扣。乡(镇)党委书记定时向区委、区政府主要领导、分管领导短信汇报当天工作情况。区委、区政府适时汇总情况,分析问题,研究整改措施。创建脱贫攻坚微信群,晒进度、谈感悟、剖不足,推动比学赶超。

(二)以“三个挂钩”逗硬考核

出台考核奖惩办法和年度奖励实施细则,实行脱贫工作与绩效考核、评先评优、职级晋升“三挂钩”。脱贫攻坚以来扣减不作为、慢作为、帮扶不力的80名机关干部、126名村(组)干部绩效奖。强化正面激励,采编《脱贫攻坚先锋》,推荐先进荣获省、市表彰。出台《关心爱护脱贫攻坚一线干部的激励措施》,从培养使用、待遇保障、人文关怀等方面提出28条举措关爱扶贫干部。对做得好的村组干部和踊跃支持参与的群众也分类制定了奖励措施,逗硬兑现,营造了全民攻坚的良好氛围。

(三)以“四个一律”从严问责

对未完成脱贫任务的,科级及以下干部一律就地免职;责任单位、责任人取消评先评优资格,绩效考核一律一票否决;村(组)干部在“两委”换届中一律不提名为候选人;专业技术人员2年内一律不得晋升专业技术职务。如因区级领导干部履职不力导致工作出现严重问题的,由区委提出追责问责建议,报请市委处理。脱贫攻坚以来,全区立案查处干部112人,约谈4个乡(镇)领导班子,4名干部被停职检查,31名干部被诫勉谈话,以最严纪律保障了脱贫攻坚战务必打胜。

五、彰显“五大成效”,心齐势足奔小康

精准扶贫深入人心,正引领着农村工作方式发生深刻改变,全力助推乡村全面振兴。

(一)凝聚了党心民心

干部与群众更近了,群众对党的感情更深了。脱贫攻坚顺党心、

合民意，进一步凝聚起了党心民心，增强了党的向心力，夯实了党的执政基础。

（二）惠及了广大群众

广安区始终没有忘记"全域全程全面"推进脱贫攻坚的初心，除达到"两不愁、三保障"外，想得更多的是真正提高群众的获得感和幸福感。为统筹区域发展，投资近30亿元建设岳广华、广花、广恒等快速通道，新建乡村公路宽度至少达4.5米，实现村村通砼化路、户户通便民路。为改善农业生产基础，连点成片建设田、水、路、电网及设施设备配套，农田水利设施达到现代农业示范区标准。为让群众享受更好公共服务，推动乡乡实现"三有"（有标准中心校、达标卫生院、便民服务中心）、村村实现"五有"（有集体经济收入、硬化路、卫生室、文化室、通信网络）、户户实现"三有"（有安全饮水、生活用电、广播电视），不但整体改善了农村条件，更全面提高了群众生活品质。

（三）净化了乡风社风

围绕"村美院美生活美"目标，让贫困户自觉养成了健康卫生的生活习惯，让农村曾经的"脏乱差"变成了现在的"洁净美"，让好吃懒做的"真贫困户"克服了"等着扶、躺着要"的不良心态，让比穷装穷的"假贫困户"树立了贫困可耻的自强思想，让眼红妒忌的"非贫困户"消除了不平衡心理，让逃避赡养责任要党委、政府"代行孝"的"碰瓷者"重拾了百善孝为先的传统美德，感动了社会各界，原来没有参与帮扶的非公企业、商会、外地乡友、个体户、志愿者队伍等受到影响，纷纷主动加入进来，让脱贫攻坚不再是党委、政府的"独角戏"。

（四）破解了疑难问题

脱贫攻坚虽不能解决所有"三农"难题，但它却是破解农村难题的抓手和关键。脱贫攻坚中，解决了农村发展中的交通、水利、电力、通信、公共服务等"最后一公里"问题；通过产权流转，缓解了农村"无人种地"的问题；通过区级低保，解决了事实孤儿、智障、无户籍人口等农村"边缘化"人群"无人管"的问题；通过不断选任干部和下派"第一书记"，解决了基层党组织战斗堡垒作用不强的问题；通过全覆盖帮扶整改，化解了很多闹访、缠访的农村历史遗留问题，全区农村信访总量比前几年下降了30%。脱贫攻坚促进了农民思想的大转变和精神面貌的大改观，实现了农业经济的大发展和社会环境的大和谐。广安区多次荣获全省"三农"工作先进县、农民增收工作先进县、全省农村改革和农民增收工作先进县（市、区）称号。

不辱使命　担当作为
奋力在常态化疫情防控中夺取脱贫攻坚全面胜利

中共巴中市委书记　罗增斌

自新冠肺炎疫情发生以来，习近平总书记高度重视，亲自指挥、亲自部署，指导推动疫情防控工作有力有序开展；在疫情防控取得阶段性成果的基础上，专题召开决战决胜脱贫攻坚座谈会，向全党、全国人民发出决战决胜总攻号令。巴中市作为革命老区、秦巴山区、贫困地区"三区叠加地区"，脱贫攻坚原本就是一场硬仗，突如其来的新冠肺炎疫情又给这场硬仗带来了新的挑战。面对这场艰巨大考，巴中市深入学习贯彻习近平总书记系列重要指示精神，认真落实中央和省委决策部署，始终把脱贫攻坚作为最大的政治责任、最大的民生工程和最大的发展机遇，着力"战疫"与"战贫"两手抓两促进，在常态化抓好疫情防控的同时扎实推进脱贫攻坚，确保巴中与全国、全省同步实现全面小康。

一、坚持底线思维，全民动员、全域阻击，把农村疫情防控作为决胜脱贫攻坚的重要防线

习近平总书记强调，要以疫情防控为切入点，加强乡村人居环境整治和公共卫生体系建设，扎实抓好农村疫情防控工作。客观上讲，广大农村地区特别是贫困山区外出务工人员众多、公共医疗卫生条件较差、信息渠道不畅，是疫情防控大局中的敏感区和薄弱点。全市深刻认识到，农村疫情防控阵地一旦失守，势必会对决胜脱贫攻坚、同步全面小康造成毁灭性打击，可能导致前期积累的脱贫成果"付诸东流"。面对57594名湖北等疫情高发地区来巴、返巴人员的巨大压力，全市始终把农村作为疫情防控的重中之重，坚持关口前移、重心下沉，着力构筑联防联控、群防群控严密防线。全市24例确诊病例中无1例农村本地确诊病例，以良好的战"疫"成果有力保障了脱贫攻坚成果巩固。

一是突出"组织动员"凝聚防控力量。全面压实6700余个基层组织的属地责任、行业责任和主体责任，坚持上下"一盘棋"、全域"一张网"，确保把防控网络触角延伸到基层"神经末梢"。组织全市12.8万名党员干部和返乡大学生到常住地村（社区）报到，组建524个临时党支部、1898支党员突击队，战斗在排查走访、医疗救治、隔离服务、宣传引导工作一线。充分运用广播电视、微信、抖音、"村村响"广播、宣传标语等方式大力宣传中央和省委、市委关于疫情防控的最新动态和工作成效，积极回应群众关切，增强防疫信心，营造疫情防控良好氛围。

二是突出"内外并举"全面排查阻击。先后制定出台《关于进一步做好农村地区新型冠状病毒感染肺炎疫情防控工作的通知》《巴中市农村地区疫情防控指南30条》等文件，组织5万余名基层干部和网格力量采取"户户敲门、人人见面"的方式，对在疫情高发地区有居住、停留经历及相关密切接触人员等"四类人员"开展三轮全覆盖大排查。对排查出的来自疫情高发地区人员，创新推出"十户联防"、"2盯1"跟踪随访、动态管理监测机制，对密切接触者第一时间进行隔离观察。在所有村（社区）设置检查卡点，对进出流动人员开展体温监测、动态监控和行踪登记，切断疫情传播途径。

三是突出"协调联动"加强物资保障。战"疫"阻击战，打的也是后勤保障战。安排疫情防控专项资金，采取委托企业开展全球性采购、接受社会捐赠、盘活生产企业等方式拓展医疗物资筹集渠道，实行市级统一调度，优先保障农村基层医疗救护和排查防控人员需要。火线恢复口罩生产线1条，新引进生产线40条、体温仪生产线1条，口罩日产能超300万个，有效保障了医疗物资供给。统筹抓好生活物资市场保供工作，依法严厉打击哄抬物价、囤积居奇等行为，确保市场供应充足、价格稳定。

全市准确把握中央和省委关于常态化疫情防控要求，坚持“外防输入、内防反弹”防控策略，毫不放松守住“四条战线”，对境外来巴人员实行全员核酸检测和集中隔离医学观察，顶格执行防控举措，确保全市特别是农村地区疫情防控常态化推进，坚决防止反弹。

二、坚持精准思维，因户施策、对标补短，把最大限度降低疫情影响作为决胜脱贫攻坚的关键一战

习近平总书记反复强调，“全面建成小康社会，一个也不能少；共同富裕路上，一个也不能掉队”“打好脱贫攻坚战，成败在于精准”。习近平总书记关于精准扶贫的重要论述抓住了主要矛盾和矛盾的主要方面，体现了一切从实际出发、坚持实事求是、具体问题具体分析的辩证唯物主义，既是认识论也是方法论，为全党提供了强大的理论指导。

在决胜脱贫攻坚收官之战中，如何最大限度降低疫情影响，持续巩固49.7万名已脱贫人口的脱贫成果、确保1942名未脱贫人口如期实现高质量脱贫将是至关重要的一仗。全市扭住目标任务，突出精准导向，因户施策、对症下药，努力把疫情损失降到最低。

一是坚持不懈“沉下去、贴着帮”。始终坚持脱贫攻的坚统揽地位，全面压实党政“一把手”的第一责任人责任，聚焦国家普查标准，以一封信的方式向乡（镇）党委书记提出“六项工作要求”、向6.2万余名党员干部明确“五件事”，制定《帮扶责任人决胜脱贫攻坚对标工作清单》，细化明确驻村工作队“二十条任务”，制定落实8个方面的考核激励措施。压实“一对一”帮扶责任，特别是对剩余贫困对象和监测户、边缘户、临时困难户，明确帮扶干部所在单位班子成员的叠加帮扶，沉下心来和群众一项一项梳理问题、一桩一桩帮助解决，确保帮扶措施到户、到人。

二是集中力量解决就业、增收难题。就业、增收是贫困群众脱贫的根本和关键，也是受疫情影响最大的两个方面。全市近60%的贫困人口常年在外务工，劳务收入占家庭经济收入的70%以上，稳就业就是稳收入、稳人心。及时出台《应对新冠肺炎疫情影响做好贫困人口务工就业和产业发展稳定增收六条措施》，全面摸排建档立卡贫困户、边缘户务工意愿，建立跟踪服务台账，实行清单式管理、保姆式服务，实施返工就业、定点消纳、开发安置“三个一批”计划。通过东西部扶贫协作“点对点”、农民工返岗“春风行动”和网上春季大型招聘会等方式，帮助17.3万名贫困劳动力外出返岗就业；通过引导本地企业按照不低于30%的比例设置贫困劳动力专岗，吸纳1.6万名贫困群众实现就近就业；通过开发公共卫生、消毒保洁、疫情监测等临时性公益岗位，帮助4700余名贫困群众实现短期就业。通过对接大型商超、网络直播带货、远程配送等方式，帮助贫困群众销售滞销农副产品9000余吨，实现收入6623万元。同时，组织乡（镇、街道）开展全覆盖走访摸排，对1.5万余名特殊困难群体开展临时救助，保障基本民生需求。

三是有序组织扶贫项目企业复工复产。开辟“绿色通道”、优化服务保障，实行防控物资、手续办理、资金调拨、建材保障“四个优先”，“挂牌推进”重点项目在做好疫情防控基础上有序复工复产，扶贫项目于3月底前全面复工。精准落实支持政策，出台稳增长九条意见和支持企业渡难关八条措施，帮助全市18家扶贫龙头企业、10个“扶贫车间”全面复产复业。对吸纳因疫情影响就地就近就业贫困劳动力的中小企业，按照1000元/人的标准兑现专项补贴，有力保障了企业稳岗保产。

三、坚持辩证思维，化危为机、危中寻机，把构建特色优势产业体系作为决胜脱贫攻坚的持久动能

辩证法告诉我们，危机是“危”与“机”的矛盾统一体，它们相互依存、互为条件，在一定条件下可以相互转化。回顾党的奋斗历史，我们党之所以能够从小到大、由弱变强，历经艰难困苦不断创造新的辉煌，很重要的一条就是始终正确认识和把握“危”与“机”之间的辩证关系，采取有力举措应对困难、战胜挑战，一次次化危为机、转危为安，取得一个又一个伟大胜利。

决胜脱贫攻坚、巩固脱贫成果，最重要的就是要抓好产业发展，把贫困群众铆在产业链上持续稳定增收。巴中作为后发地区，产业基础薄弱，加之受疫情冲击，贫困群众赖以为生的特色产业培育面临较大压力。我们审时度势、因势利导，把握贫困劳动力集中在家、位于成渝地区“大后方”等危中之机，趋利避害、靶向施策，坚定不移培育壮大特色优势产业，全力为决胜脱贫攻坚、同步全面小康夯实长效支撑。

一是发挥富余农村劳动力优势持续培育壮大特色优势产业。发挥受疫情影响失去固定工作岗位滞留在家的贫困劳动力年富力强的优势，积极鼓励引导其参与春耕生产，及时落实“增种增养”“代种代养”“轮种轮养”等激励措施，大力发展核桃、茶叶、道地药材、生态养殖四大特色农业。全市新增特色农业基地近30万亩，出栏青峪猪5.1万头、南江黄羊9.2万只、巴山土鸡240万只，南江黄羊、金银花园区成功创建为国家级现代农业园区，巴州道地药材、通江银耳等5个省级农业园区建设提质增效，贫困群众持续稳定增收的产业支撑进一步夯实。

二是围绕融入成渝地区双城经济圈建设着力打造优势产业集群。中央财经委第六次会议明确指出，“推动成渝地区双城经济圈建设，在西部形成高质量发展重要增长极”。这是中央着眼全局、科学精准的设计考量，为我们在提升合作能级、拓展合作空间、释放合作潜能上提供了前所未有的发展机遇。巴中位于北向出川出渝大通道，相对于成渝地区的现代化大都市，全市生态优势突出、绿色资源丰富，有“三品一标”认证农产品367个、地理标志证明商标41件，拥有量均居四川省第一位；石墨、天然气等特色资源极具勘探开发潜力，与成渝地区优势产业“上下衔接、互为补充”，产业协作配套潜力巨大、空间广阔。抢抓国家战略机遇，发挥自身资源优势，大力发展食品饮料、生物医药、新能源新材料、电子信息四大新型工业和旅游、康养、商贸物流、文化创意四大现代服务业，积极谋划推进天然气产能基地和石墨新材料产业集群建设，打造巴蜀文化旅游走廊，推动巴文化中心、古蜀道文化走廊和光雾山—诺水河高品质旅游景区、川陕苏区王坪红色旅游景区建设，让更多贫困群众在优势互补、独具特色的现代产业体系中实现稳定就业、增收致富。

三是深化关键领域改革创新切实破解产业发展瓶颈。针对扶贫产业发展中基地规模不大、市场机制不活、科技支撑不强等问题，全市着力补短板、强弱项，通过深化改革创新，不断增强产业发展动力活力。打破行政区划壁垒，因地制宜推进乡（镇）行政区划调整改革和村级建制调整改革，全市减少乡（镇）30.5%、村（社区）37.3%，着力把地域相近、产业相融的乡（镇）和村连成一片，重塑地理经济版图，聚合做大扶贫产业基地。运用市场手段破解发展难题，设立37.5亿元的巴中川陕革命老区振兴发展基金，精准投放12家扶贫龙头企业，积极引导其进军多层次资本市场，巴山牧业、市公用事业集团在“新三板”挂牌。

组建市绿色农业创新发展研究院、秦巴石墨产业发展研究中心，实施"巴山优才"计划，加强专业人才引进和跟踪培养，不断强化产业发展的科技和人才支撑。

四、坚持系统思维，统筹联动、同向发力，把汇聚各方力量作为决胜脱贫攻坚的有力保障

习近平总书记强调，"其作始也简，其将毕也必巨"。脱贫攻坚越是进入收官决胜阶段，面临的困难挑战也就越多，加之疫情带来的诸多不利影响，如期顺利实现脱贫奔康的难度更大、任务更重。所谓"分则力散、专则力全"，脱贫攻坚作为一项系统工程，必须慎终如始，整体联动、相向而行，汇聚决战决胜强大合力。全市在冲刺决胜的最后关头充分发挥基层党组织的引领作用，激发贫困群众内生动力，统筹用好对口帮扶、定点扶贫、社会扶贫等各种力量，形成决战决胜工作合力。

一是着力"三个引领"充分发挥党的组织优势。"上面千条线，下边一根针"。农村党支部扎根基层、直面群众，只有坚持抓基层、打基础，凝聚思想共识增强战斗力、优化基层党组织提升凝聚力、发挥先锋模范作用强化引领力，党旗才能在脱贫攻坚一线高高飘扬。思想引领提振士气，将习近平总书记关于扶贫工作的重要论述纳入各级党委（党组）中心组必学内容、党校培训班必讲内容、"三会一课"必选内容，推动脱贫攻坚各项决策部署深入基层一线、走进千家万户。组织引领聚合力量，大力推广跨区域联建党组织经验做法，科学合理设置基层党组织；分领域倒排确定集中整顿一批软弱涣散基层党组织，增强引领力、号召力，把贫困群众紧紧团结在党组织周围。队伍引领示范带动，创新开展医疗卫生、基层治理、脱贫攻坚等紧缺人才靶向引才活动，实施村干部队伍优化提升行动，全面推行村（社区）党组织书记、村（居）委会主任"一肩挑"，充分发挥其"头雁"的作用。

二是着力"三个强化"充分激发群众内生动力。实践充分证明，群众是脱贫攻坚的主体，扶贫首要扶好志。在决战决胜脱贫攻坚中，全市充分发挥贫困群众的主观能动性，持续增强内生动力。强化感恩教育，通过巴中村政学院、农民夜校、晏阳初讲堂、坝坝会等方式引导贫困群众感恩习近平总书记和党的扶贫政策，用美好的生活画卷和翻天覆地的发展变化激发其追求幸福美好生活的奋斗意识。强化考评激励，大力推广巴中首创的"道德银行"经验做法，围绕爱党爱国、勤劳致富等5个方面47项标准考核贫困群众道德行为，以银行理念量化道德积分，存入个人账户，按月按积分给予一定的物资激励，引导群众转变思想观念、提升道德修养。强化技能培训，组织行业专家和农村"田秀才""土专家"成立"送培训下乡"小分队，采取"手把手""点对点"等方式，常态举办流动培训班、特殊群体小灶班、远程视频网络班，让每个贫困家庭至少有一人掌握实用技术，为贫困家庭植入"造血"功能。

三是着力"三个统筹"充分凝聚社会各方力量。统筹浙江省丽水市东西部扶贫协作和香港各界扶贫促进会定点帮扶力量，有针对性地开展产业扶贫、教育技术扶贫、医疗卫生扶贫，累计实施项目150个，到位资金4.7亿元，带动13.9万名贫困群众脱贫致富。统筹群团组织、社会组织、爱心人士等社会扶贫力量，通过定点帮扶、结对资助、定向捐赠、"以购代捐"等方式吸纳社会资金57.2亿元，把涓涓细流汇聚成决战决胜脱贫攻坚的强大合力。统筹"万企帮万村""创引帮""光彩事业巴中行"等平台力量，推动937家企业与732个村结对帮扶，通过培育特色优势产业、搭建产销对接平台、拓宽就业门路等方式帮助贫困群众实现稳定就业增收、同步全面小康。

服务乡村振兴战略　夯实基层执政基础

——巴中市在建设高素质村干部队伍中的新担当、新作为

中共巴中市委组织部　巴中广播电视大学

村干部能力素质和学历水平的高低对农村经济社会发展至关重要。近年来，巴中广播电视大学发挥系统网络办学的优势与特色，面向基层和农村，直接针对农村广大村干部的能力素质培养和学历水平提升提出并实施村干部学历提升计划。这个计划很快在巴中落地落实，并取得实效，彰显了电大在建设高素质村干部队伍中的新担当、新作为。2018年，巴中市2565名村（居）委会主任中，大专以上学历仅占7.5%；5440名村级后备干部中，大专以上学历占35.5%。2018年，巴中市委、市政府全面启动村干部学历提升计划，依托四川电大在巴中的电大办学系统，用3年时间全面提高村干部综合素质，确保每村的村干部或后备干部中有一名大学生。计划自2018年1月开始招生，目前开设3个专业（农村行政管理、农村经济管理、畜牧兽医），已有首批302名学生毕业。四川电大在巴中市实施村干部学历提升计划，成为巴中市实施乡村振兴战略的重要举措。三年来，巴中市委组织部、巴中广播电视大学大胆创新，通过实践探索，走出一条特色鲜明、效果明显，适宜自身村干部学历水平及能力素质提高的新路子，大幅提高了教学质量，为四川电大在全省实施村干部学历提升计划提供了有益借鉴。

一、助力脱贫攻坚，构建"组织保障链"

基于乡村人才振兴对村干部能力快速提升的需求，着眼长远，为乡村振兴提供基层人才支撑，既要考虑学员接受知识的能力大小，又要结合学员所在农村的工作实际需求，使学员选择的专业和课程不但能够实现学历提升目的，更重要的是在学员毕业之后切实能够利用学到的知识和技能为助力乡村振兴做出较大贡献。为此，巴中市委组织部、财政局、教育局三部门2018年联合发文《关于开展村干部学历提升教育的通知》，启动了当时全省范围内规模最大的村干部学历提升计划。该计划采取"政校合作""财政补贴"的方式，针对具有高中（中专）学历的40岁以下的在职村干部和35岁以下的村级后备干部，依托巴中广播电视大学实施学历提升培训。巴中电大认真履行自身职责，对相关部门报送的农村"两委"干部入选对象进行严格的终端筛选，把好学员入选关。村干部学员"不离乡，不离岗"，边工作边学习，既能学到知识和技术，提升自身能力，又能获得国家认可的大学学历。

2020年7月29日,《中共巴中市委组织部巴中市教育和体育局巴中市财政局关于持续深入开展村(社区)干部学历教育的通知》出台,这是继2018年三部门联合发布的《关于开展村干部学历提升教育的通知》的升级版。新版《通知》要求持续深入推进村(社区)干部学历提升教育工作,保持制度支持不变、补助方式不变、补助标准不变,同时释放了3个新的信号:将开展学历提升教育的对象及条件由以前的村扩展到村、社区、乡(镇)在职干部、后备干部;在职干部的年龄也进一步放宽到45岁,后备干部年龄放宽到40岁;学历层次也从第一轮的专科提升至本科,促进村(社区)干部学历提升教育提档升级,以更大投入将村(社区)干部学历提升教育推上更高的台阶。

二、创新教学模式,健全"导学促学链"

村干部学历提升的学习对象是来自农村一线的农村干部,学员的年龄、个人学历、学习经历、肩负的任务等与一般成人教育学历提升的普通学员情况有所不同,相对比工学矛盾更突出,学习上的困难更多。如果在教学过程中不能结合学员所在农村的实际情况,教学内容"一刀切",缺乏针对性、实用性,学员就会消极懈怠,学习积极性不高,即使学员勉强完成了学业,也很难实现学以致用。为保证教学效果,电大针对村干部的实际情况量身定制培养方案。在达到学分标准的前提下,给学员提供自主选择感兴趣且有利于开阔知识视野、有利于开拓创新、有利于农村经济发展的选修课程机会。为此,在四川电大的指导和支持下,巴中广播电视大学在开设农村实用公文写作、乡村旅游、产业发展规划、农村村务管理、农村依法治理五门地方特色课程教学的同时,针对农村工作实际,开设了地质灾害预防、食物中毒、公共卫生、邻里纠纷、酒席之风等20个热点难点问题的教学专题;分期分批组织学生进行研讨交流,利用QQ、微信为学生建立起网络群,鼓励学员在群里交流工作与学习心得,及时分享各自工作中成功经验与做法。发动学生结合本职工作,按照一个学期提交一个案例,定期在论坛上进行交流分享。学员之间还自发开展了村村"联姻"、结对发展,实现了产业互补、产销互帮、资源共享,推动了区域内农村经济蓬勃发展。

自2018年实施村干部学历提升项目以来,巴中广播电视大学坚持以项目为依托,以思政为引领,以课程为载体,以线上线下辅导为手段,借助案例教学、现场教学等培训方式,增强学员基层工作能力,不断提高村干部综合素质。据全省电大学情数据统计与分析,教学模式改革带来了较好的学习效果,巴中电大学员的学习积极性和主动性明显加强,在线学习活跃度明显提升,学习效率和效果明显提高,学员考试成绩总体良好,90%的课程一次及格率在90%以上,探索出了一条依托电大系统、党政校联动、线上线下结合、学历教育与技能培训衔接融通的农村干部培养新路径。

三、总结经验成果,锻造"跟踪培养链"

项目开展以来,在各方面的共同努力下,学员的能力和素质均有了不同程度的提升,为当地新农村建设培养了一批留得住、用得上、懂农业、爱农村、爱农民的农村干部队伍,达到了预期的培养目标。对第一轮培训学员的调查表明,98%以上的学生认为圆了大学梦,弥补了遗憾;92%的学生认为课程安排合理,实用性、针对性强;90%的学生认为能力素质有了大的提升,工作起来更加得心应手;40%的学生表示还要继续参加本科层次的学习,助推了学员事业和人生的提升。通过学历提升,基层干部专、本科比例显著提高,学历结构不断优化,纵向比有了很大进步。广大基层干部一边在基层一线参加工作实践,一边在专业书本上学习理论知识,学以致用,知行合一,切实破解了工作中存在的难题,提升了工作履职能力,为实现乡村振兴贡献了力量,彰显了巴中市村干部学历教育计划的成功。米涛春是2018春农村行政管理班学员,已顺利毕业,2015年回乡创业,开垦荒坡地300余亩,种植了皂角和丹参,建成年出栏2000头的生猪养殖场,带领全村脱贫,2017年3月当选为巴州区凤溪镇元盘村村主任;被授予"四川省优秀网格员""脱贫攻坚先进个人"等称号的杜学现任平昌县江口街道临江社区副主任。米涛春2018年进入电大学习,将所学知识灵活运用到脱贫攻坚与基层治理工作中,协助社区"两委"坚持问题导向,对焦《居民公约》,依靠群众智慧,推行居民自我管理、自我教育、自我服务和自我监督,探索总结出城乡结合部"12345"居民自治工作模式,并受邀在第六届全国"村官大讲堂"上作经验交流。通过跟踪培养,努力拓宽学员出口和晋升渠道,让学员既"成长"又"成才",全市学员中101名村副职学员成为村"两委"主要负责人,857名村后备干部进入村"两委"班子,打造了一支实施乡村振兴、推动乡村治理的农村骨干人才队伍,增强了农村基层党组织的凝聚力、战斗力。

"火车跑得快,全靠车头带",培养能够带领群众共同发展致富的带头人,是被实践证明了的、行之有效的乡村发展途径。通过近3年的学历提升教育,基层干部学历结构不断优化,纵向比有了很大进步,但横向比依然有差距,培训覆盖面相对较小。因此,村(社区)干部学历提升教育工作要制度化、常态化,并持续推动。在第一轮培训的基础上,科学审视当前村干部学历提升计划开展现状,系统分析存在的问题原因,还需今后在各个方面、各个环节不断修正和完善,从而达到项目质量整体水平的提升。以学员实际需求为出发点,培养最接地气的乡村振兴所需要的人才,以期为全面提升农村干部的学历水平、为加快社会主义新农村建设、推进终身学习型社会建设贡献力量。

关于发展特色农业的几点思考

巴中市巴州区人民政府代理区长　何光平

特色农业通常是指立足于区位优势、资源优势、环境优势和技术优势,根据市场需求和社会需要发展起来的具有一定规模的高效农业。近年来,巴中市巴州区紧紧围绕建设特色农业强市的目标,以推进农业供给侧结构性改革为主线,以农村一二三产业融合发展为载体,以绿色生态发展为导向,以农民增收为目的,坚持调结构、强特色、促融合、增收入,走出了产出高效、产品安全、资源节约、环境友好的特色农业现代化道路,推动了特色农业稳步发展。

一、坚定发展主导产业信心,优化产业布局

近年来,市委、市政府在充分调查研究、反复进行论证和优势比较的基础上,确定了大力发展以茶叶、核桃、道地药材、生态养殖为主导的四大特色农业产业。全区根据自然条件、气候特点以及水利设施等因素，结合传统优势，统筹考虑产业布局，确立了道地药材、有机果蔬、优质粮油、生态畜禽四大特色农业产业，持续优化品种、结构和规模等，但在产业总体布局上仍有不足，例如在发展道地药材中，虽然全区面上总面积达7万余亩，但种植零碎化，没有成规模、上水平、连线成片的产业基地，在产村相融、基础设施配套等方面还有差距。优化产业布局重点要解决的是规模化发展、标准化种植的问题，一是在品种选择上，品种若太多太杂则形不成规模、显不出特色、做不大品牌，要谋划从320余个中药材品种中选择适合本地自然条件、符合本地种植习惯、具有良好发展基础的品种；在选择方向上，考虑精选适销对路的木本、草本药材品种各1～2个，木本解决长远问题，草本解决当前问题，长短结合，以短养长，做特巴州品牌。二是在种植面上，将区、乡两级集中起来，按照"大园区+小业主"的方式，每年连片扩面建设一批万亩、5000亩和1000亩的川产道地药材示范种植基地，解决主导产业散、乱、小、杂的问题，做大巴州农业产业。

二、持续培优做强各类市场主体，延长产业链条

龙头企业、农民专合社、家庭农场、种养殖大户等新型农业经营主体是发展特色农业的关键，对提高产业化水平至关重要。首先，要加强市场分析研究，结合本地特色农业发展情况，把生产技术新、市场竞争力强的优势农业企业作为重点培育对象、引进对象、扶持对象，鼓励龙头企业提高特色农产品的综合加工能力，拉伸产业链条，加快农业产品向市场化商品转变，最大化提升农产品附加值。其次，要把农民专业合作社做强，一方面，要持续加大专合社扶持力度，优化小农户与农业新型经营主体利益融合，引导更多农民"合伙人"入社发展、共同发展、抱团发展、抵御风险；另一方面，要有条不紊开展"空壳"专合社清理，让真正懂农业、爱农业的能人安心兴业。最后，要把家庭农场培育成产业发展的中坚力量，在技术、项目、资金、保险等方面予以扶持，推动种养殖单元经营实现精细化管理，解决有"货"可卖、优"货"优卖的源头性问题。

三、不断优化资源供给和配置，激发产业活力

在政策措施上，要推动"普惠性补助"向"特色型奖励"转变。比如，在对道地中药材的奖励上，要逐步探索将原来"按种植面积确定补助标准"的做法转变为"向主导品种补助"；在目标考核上，把巴药产业单独考核和奖励，对乡（镇）进行单独奖励和考核，通过巴药发展这个"钱路子"让大家得到奖励，把业主吸引进来；在基础配套上，把包括园区道路、土地整理、水利等基础设施项目和相关政策在内的都要汇集到这些重要产业项目、重点产业基地上去，实现既有赚头、又有干头、还有看头；在力量保障上，当前乡（镇）农业服务机构"网破、线断、人散"，要以机构改革为契机，进一步理顺政府和市场界限，乡（镇）一级要把责任落实到"一把手"头上，加快构建以政府为引领的集约化生产、专业化管理、组织化经营，以社会化服务为支撑的新型农业经营体系；在资金投入上，要积极发挥各类财政基金作用，综合考虑运用贴息、担保、市场融资、风险补偿等多种方式，发挥政策性金融机构和开放性保险资金作用，通过财政撬动、贴息贷款、融资担保、产权入股等模式，引入更多的金融和社会资本，解决建设资金来源；在处理遗留问题上，要将化解历史矛盾和诚信政府建设一并牢牢抓在手中，既尊重历史、又面对现实，分类施策、逐步有序消化。要筑牢底线、防范风险，防止"一哄而上"，有效防范产生新的"烂摊子"，带来新的"后遗症"。

对巩固提升脱贫攻坚成果的思考与建议

巴中市巴州区人民政府副区长、区扶贫开发局局长　周永红

近年来，巴中市巴州区脱贫攻坚取得重大成效，截至2018年年底，全区累计减贫77941人，退出贫困村105个，贫困发生率降至0.93%；2018年8月，经省政府批准，巴州区正式退出国家贫困县序列。但实现全区脱贫"摘帽"后，极少数贫困人口仍有返贫风险，严重削解了脱贫攻坚成效，影响了全面小康成色。为此，调研组通过查阅资料、召开座谈会、入户走访、实地调查等多种方式，聚焦深度贫困地区，对巩固提升脱贫攻坚成果情况进行了专题调研。

一、脱贫攻坚主要做法和成效

（一）基础设施建筑牢

2014年以来，全区通过实施"交通大会战""水利大会战"等，大幅改善农村基础设施条件和公共服务水平，累计新（改）建、改造国、省、县、乡、村五级公路等2092千米，建成农户入户路480千米；投入4.45亿元，解决农村饮水不安全问题，农村集中供水率达85%以上；新建、改造高低压线路4500千米，3.4万户农户用上了天然气；行政村通信网络和光纤宽带覆盖率均达100%，4G网络覆盖率达95%以上；乡乡建有标准化中心校、达标卫生院和便民服务中心，所有贫困村公共服务配套齐全。

（二）产业增收门道宽

按照"区有示范园区、乡有产业基地、村有当家产业、户有增收项目"的思路，大力实施万亩巴药、万元增收、万人培训"三万工程"，新增巴药种植面积2.16万亩，带动贫困户人均增收600元以上；1.8万户贫困户实施"万元田""万元圈""万元水""万元林""万元店"等，壮大庭院经济，户均增收1万元以上；邀请高级农艺师、"土专家"、"田秀才"开展果树嫁接等集中培训80余次，培训贫困人口1.5万人次以上，村集体经济持续壮大，农户增收基础不断夯实。

（三）"挂包"帮扶责任强

出台《进一步务实开展挂包驻帮工作的通知》，实行战区"包干"不卸责、乡（镇）"包保"不松劲、干部"包扶"不断档"三包三不"帮扶机制，真正实现扶上马、送一程、奔小康。继续推行战区"包干"负责制，及时调整战区指挥长，确保28名战区指挥长履职到位。持续强化乡（镇）主责，与区、乡（镇）、行政村层层签订脱贫奔康承诺书、责任书，压紧压实脱贫攻坚和社会发展责任。坚持"5431"帮扶机制不动摇，及时调整补充69名"第一书记"、帮扶干部，全区11249名党员干部职工帮扶全区24888户贫困户，始终做到帮扶全覆盖。

（四）基层治理成效显

以“四好村”创建为载体，坚持村规民约自主制定、行权履责自主监督、社区物业自主管理“三自主”原则，推动基层治理向纵深发展。积极引导群众主动参与讨论和制定涉及社会治安、村风民俗、设施管护等方面的村规民约，解决法律管不了、陋习无据管的问题，依法立约、以约治村的良好格局基本形成。选举产生村务监督委员会，全程监督村级重大事项决策及落实、村务财务公开、村（社区）干部履职等，为“微权力”运行规范、干部责任履行到位保驾护航。在聚居点民主选举业主委员会，负责物业管理、新居配套建设等工作，“大事有人管、小事有人做、环境有人治、难事有人帮、资产有人护、安全有人保”的管理网络基本建成。2018年，全区创建省级“四好村”17个、市级37个、区级90个。

（五）深化感恩创先优

以“一堂一站一评”为载体，教育引导群众自力更生战贫困，感恩奋进奔小康。用活“一堂”，依托全区373所晏阳初道德讲堂，用身边人讲身边事，用身边事教育身边人；建好“一站”，设立区、乡、村三级设立“群众信访站”，做好政策问题宣传解释，群众满意度不断提高；突出“一评”，每月评选一批幸福家庭，每年评选一批脱贫光荣户，2018年共评选脱贫光荣户35户。

（六）民生扶贫覆盖广

安居扶贫方面。坚持“建、改、保”相结合的原则，整合实施易地扶贫搬迁、土地增减挂钩等七大项目，2014年以来，全区累计新建、改造、保护农村房屋5.1万套（其中建成聚居点678个），惠及15万余人，贫困户安全住房保障率达100%。教育扶贫方面。2014年以来，累计投入6.91亿元，改善农村办学条件；构建国家政策性资助、地方财政补助、部门学校扶助、企业群众捐助“四重保障”机制，发放各类教育资助补助资金3.9亿元，惠及学生37.8万人次，贫困家庭学生资助救助实现全覆盖，适龄儿童无一人因贫失学。健康扶贫方面。投资6.4亿元完成3所区级医疗机构的扩建和升级，24个乡（镇）卫生院、412个村卫生室全面达标；区财政全额代缴全区建档立卡贫困人口基本医疗保费，2014年以来，全区累计保障住院和特殊疾病建档立卡贫困人口达7.7万人次，报销医疗费用3.38亿元。

二、亟待解决的几个问题

（一）基础设施管护机制不健全

受农村地区特别是贫困地区基础设施建设发展水平低、基础设施建设主体与受益主体分离等因素制约，农村贫困地区基础设施建后的管护机制还未完全建立健全，突出表现在农村通村公路、人畜安全饮水、水利灌溉、渠系配套等基础设施管理维护主体不明、责任不清，资金、人员保障不到位，农村贫困地区基础设施重建设、轻管护、损毁快的现象还一定程度存在。

（二）贫困户持续发展动能不足

有的地方后续帮扶手段简单，将后续帮扶理解为“送钱、送物”。个别地方对脱贫“摘帽”的成绩沾沾自喜，有完成任务、松口气的想法，对脱贫成果巩固重视程度减弱。有的地方或盲目跟风，扶贫产业没有因地制宜，存在一定的市场风险，或因增收产业发展不足“被脱贫”，持续增收致富奔小康压力大。有的地方村支“两委”班子弱，凝聚力缺乏，发展观念落后；贫困户文化水平低下、生产经营技能缺乏，自我发展能力不足。

（三）陈规陋习尚未全面改变

受长期生活习惯、经济发展水平等因素制约，部分贫困群众自身缺乏自强不息的精神，依赖思想严重、惰性依旧，对脱贫攻坚实施的惠民、兜底政策产生更大的依赖和期望，攀比心理、“等靠要”思想依然存在。部分贫困户没有从根本上养成好习惯、形成好风气，个别农村生产生活陋习依旧存在，环境脏乱差现象死灰复燃。

三、几点对策建议

（一）“三个落实”加强保障

一是落实动态管理机制。坚持整体推进与“插花”扶贫并重，建立“动态清零”制度，根据具体情况，对因病、因残、因灾、失业等特殊原因致贫、返贫的农村居民进行临时救助，切实阻断贫困路。建立实施“回头看”“回头帮”制度，及时查找、发现、分析、解决出现的新情况、新问题。二是落实贫困群众生活兜底政策。进一步加强农村最低生活保障制度与扶贫开发政策的有效衔接，根据现实情况扩大建档立卡贫困户医保报销病种、困难人群范围；为特困家庭学生免除学杂费、办理免息或低息助学贷款，为长期无法依靠产业扶持和就业帮助脱贫的特困户实行政策性保障兜底。进一步理顺和完善农业经营主体与农民的利益联结机制，切实维护好贫困农民的土地承包权收益。三是落实返贫风险防控措施。建立完善救助基金帮扶机制，探索构建“保险+扶贫”模式，为贫困户量身定制农业保险、大病保险等“一篮子”保险产品，充分发挥保险业助推脱贫攻坚的作用。针对个别脱贫户中儿女不履行赡养义务的行为积极探索司法干预机制。

（二）“三个重点”夯实基础

一是重点保障发展资金。抓住中央及省重点投入脱贫攻坚、全民奔小康和乡村振兴的历史机遇，积极向上争取项目资金。强化资金整合力度，建立资金整合部门会商协调机制，充分发挥项目资金规模效益。建立脱贫攻坚财政投入增长机制，结合贫困村实际，采取一次性奖补、建立基础设施管护专项巩固提升资金等方式重点对村集体经济发展、公共服务体系建设、基础设施后续维护等方面予以支持。二是重点扶持培育长效产业。大力推进农村一二三产业融合发展，实行“旅游+农业”“生态+农业”“文化+农业”“互联网+农业”，积极发展休闲农业、乡村旅游、生态康养业、创意农业、农村电商和农产品加工业，延伸产业链条，提高农产品竞争力和附加值。三是重点建立健全基础设施长效管护机制。对在脱贫攻坚“摘帽”过程中建成的农村基础设施按照有关规定进行确权，并重点加强对基础设施建成后的管理、使用、维护，明确管护主体，落实管护经费，建立健全长效管护机制。

（三）“三项制度”激发动力

一是建立新文化新风尚教育制度，从习惯守旧上治懒。继续通过村民大会、“农民夜校”、送文化下乡等方式和载体，进一步强化思想教育，引导群众真正养成好习惯、形成好风气，提振“精气神”，实现精神挺立、物质富裕的同步发展。二是建立技能提升培训制度，从手段贫乏上治愚。进一步抓好农民技能提升培训教育，着力通过开展科技知识、市场知识、劳动技能培训，引导帮助贫困农民树立科学的就业观、致富观，努力提升贫困农民就业增收致富的能力和收入水平，不断提高其生活质量。三是建立脱贫致富奔小康表彰制度，从思想落后上治穷。建立表彰制度，有针对性地加大对脱贫户增收致富奔小康的扶持力度，发挥“领头雁”作用，形成正向激励机制，引导带动广大群众脱贫不返贫、致富奔小康。

汇聚合力尽锐出战践承诺 精准施策决战贫困奔小康

——平昌县脱贫攻坚工作实践

平昌县扶贫开发局

自开展脱贫攻坚以来，平昌县深入贯彻落实习近平总书记关于扶贫工作的重要论述，坚定落实中央和省委关于打赢脱贫攻坚战的系列决策部署，全面聚焦“两不愁、三保障”，刚性落实“六个精准”，奋力打好脱贫攻坚战。截至2020年年底，全县现有在库建档立卡贫困人口38465户124772人全部脱贫，146个（区划调整后133个）贫困村全部退出，国家扶贫开发重点县实现“摘帽”。全县农民人均可支配收入增长幅度高于全省平均水平，稳定实现“两不愁、三保障”；基本公共服务主要领域指标接近全省平均水平，发展环境明显改善，主导产业体系基本形成，基本公共服务均等化初见成效，基本养老保险和基本医疗保险、大病保险实现贫困人口全覆盖，最低生活保障实现“应保尽保”；镇有标准中心校、达标卫生院、便民服务中心，贫困村有集体经济、硬化路、卫生室、文化室、通信网络，村村通动力电，贫困户有安全住房，教育、医疗有保障，有安全饮用水、生活用电、广播电视，有稳定增收门路；所有行政村人居环境达到干净整洁的基本要求，基层治理更加高效。2019年年底顺利通过贫困县省级“摘帽”验收，2020年2月被省政府正式批准退出贫困县序列，2020年6月顺利通过国家对“摘帽”贫困县的抽查评估，2020年8月完成国家脱贫攻坚普查。

一、强化领导责任，系统谋划脱贫攻坚战略布局

在组织领导上，坚持党政“一把手”负总责全面统筹。成立平昌县脱贫攻坚领导小组，实行县委书记、县长双组长负责制，一名县委副书记任领导小组办公室主任，并组建县精准扶贫中心，负责指导督导全县精准扶贫、精准脱贫工作。出台《关于追赶跨越加快发展全力打赢扶贫开发攻坚战的决定》《打赢脱贫攻坚战三年行动实施方案》系列政策措施，明晰脱贫攻坚的思路方向、战略路径。在工作推进上，科学制定“作战图”聚力攻坚。将全县划分为六大片区，实行一个片区“一名指挥长、一名副指挥长、一支监督检查力量、一支业务指导队伍”的“四个一”攻坚推进机制，片区指挥长对片区脱贫攻坚工作负总责，确保脱贫攻坚高效有序推进。在责任落实上，层层立下“军令状”尽锐出战，将年度减贫任务逐一落实到乡（镇）和村居，明确县级领导的挂联责任、乡（镇）党委的主体责任、驻村工作队的直接责任、县级部门的帮扶责任、帮扶干部的工作责任，切实把任务精准到人、责任压实到人。

二、突出精准导向，全力提升脱贫攻坚工作成效

强化精准识别，解决“扶持谁”的问题。自2014年开展初次识别贫困人口以来，多次开展贫困对象识别工作“回头看”和户内人口增减动态调整，对有争议的农户再次入户调查、逐户甄别，确保扶贫对象精准。强化精准帮扶，解决“谁来扶”的问题。全面落实“五个一”“三个一”驻村帮扶力量，精准选派4000余名干部组建517个驻村工作队，各级196个单位开展驻村帮扶，1.67万余名帮扶干部沉下去、贴着帮，确保了村村有驻村工作队、户户有帮扶责任人。强化精准施策，解决“怎么扶”的问题。紧盯致贫原因，充分利用“五个一批”政策措施，统筹使用各类扶持政策，按照“缺啥补啥”的原则，一户一方案，一人一措施，因户、因人精准施策，确保扶到点上、扶到根上。强化精准管理，解决“如何退”的问题。刚性执行贫困人口退出标准，严格按照“一评议、一核查、两公示、一公告”贫困人口退出程序组建验收核实专班，对“两不愁、三保障”每项指标逐户核查，随机抽查已脱贫户巩固情况。

三、聚焦“两不愁、三保障”，着力解决脱贫攻坚突出问题

充分发挥财政资金的主导作用，最大限度整合涉农资金，突出资金的使用绩效，2014年以来共投入财政资金85.56亿元（整合资金36.72亿元），切实解决了群众行路难、吃水难、增收难、住危房等实际问题。在义务教育保障方面，建立0～17周岁儿童少年、6～15周岁适龄儿童少年和贫困户子女接受教育“三本台账”，落实“一保四包六到位”控辍保学机制和“六长”责任制（“一保四包六到位”：“一保”，确保适龄儿童少年全部进入学校就读；“四包”，校长包校、中层领导包年级、班主任包班级、科任教师包学生；“六到位”，领导到位、措施到位、责任到位、经费到位、督查到位、执法到位；“六长”责任制：县长、教科体局局长、乡（镇）长、校长、村长或社区主任、家长），依托“免、补、助、奖、贷”五种途径全程助学，累计资助学生152.35万人次，发放减免补助资金10.1亿元，全县104309名适龄儿童少年无一人因贫辍学。2018年，平昌县被国家认定为“全国义务教育发展基本均衡县”。在基本医疗保障方面，建立“基本医疗+大病保险+医疗扶助”与基金救助、扶贫保、东西部扶贫协作资产收益相结合的医疗保障机制，有效控制贫困人口自费比例，累计救助37种慢性病患者21327人次，发放补助资金5392.7万元，贫困患者县域内住院17.31万人次，医疗总费用6.79亿元，个人自付0.44亿元（占比6.58%）；家庭医生签约服务覆盖全部贫困人口。在住房安全保障方面，统筹建立易地扶贫搬迁、危房改造、土地增减挂钩、地质灾害避险搬迁等政策支撑的多位一体住房保障机制，累计解决安全住房69437户，其中完成易地扶贫搬迁安置13945户46366人、危房改造49096户、地质灾害避险搬迁1143户、土地增减挂钩项目安置5253户。2018年易地扶贫搬迁年度实施方案被国家发改委作为优秀方案向全国推荐。同时，注重功能配套，所有农户通生活用电、有电视信号，都能看上电视。在安全饮水方面，围绕让农村人口喝上放心水，大力实施城乡一体化供水工程，建成7个骨干供水工程，铺设主管网430余千米、到户支管网1.6万余千米，全县19.8万户群众喝上了同网同质安全自来水，其中贫困户3.7万户。在群众增收方面，大力发展花椒、茶叶、生态养殖+乡村旅游的“3+1”农业主导产业，建立贫困户与大产业利益联结机制，强化科技服务产业支撑，全县发展花椒产业35万亩、茶叶产业22万亩，规模畜禽养殖场196家、农产品加工企业487家，带动4.3万名贫困人口实现脱贫增收。2020年6月14日，中央电视台新闻直播间以“因地制宜，花椒经济助推脱贫攻坚”为题对平昌青花椒进行了专题报道，2020年8月24日高质量承办全省现代农业园区建设现场会。大力发展乡村旅游，助推脱贫奔康，建成省级乡村旅游示范乡（镇）6个、省级旅游扶贫示范村15个，辐射带动90个村（39个贫困村）近2万名贫困人口通过旅游扶贫实现增收致富。成功创建“绿水青山就是金山银山”实践创新基地，2019年入选全国乡村旅游

发展典型案例。因户发展小椒园、小禽园、小菜园、小果园等小微经济，促使贫困户稳定增收。大力发展劳务经济，年均劳务输出30余万人，实现劳务收入100亿元以上，成为农民家庭的主要收入来源。在解决群众出行难方面，坚持把交通作为脱贫攻坚的先导工程，2014年以来，实施村道公路加宽1700千米、通组路硬化3490千米，实现了全县393个村居互联互通，同步新(改)建国、省干线公路378.7千米，乡乡通沥青路或水泥路，村村通硬化路。2017年、2018年连续两年被交通运输部、农业农村部、国务院扶贫办命名为全国"四好农村路"示范县。在政策兜底保障方面，坚持把低保兜底作为基本防线，精准打好社会保障扶贫政策"组合拳"。自开展脱贫攻坚以来，累计发放农村低保金4.38亿元，其中建档立卡贫困户1.86亿元；为贫困残疾人发放扶贫生活补贴5314人次604万元，发放城乡低保困难残疾人生活补贴5333.94万元、重度残疾人护理补贴4032万元，为全部建档立卡贫困人口代缴医疗保险、养老保险。落实公益性岗位5986个。

四、坚持多方参与，广泛汇聚脱贫攻坚强大合力

持续深化东西部扶贫协作，围绕发展"三大产业"、办好"三件实事"、锻造"三支队伍"("三大产业"：茶叶、花椒、旅游；"三件实事"：青田—平昌扶贫"双创"园、青田—平昌进口商品城、青田伯温小学；"三支队伍"：党政干部、企业家、农村实用人才)，统筹推进人才交流、项目实施、产业合作、劳务协作等各项工作。2018年以来，承接扶贫协作资金1.098亿元，建成东西部协作"双创"产业园、土兴花椒产业基地等32个项目，转移贫困人口就业4335人。有效承接做好定点扶贫，司法部、省税务局、中国铁路成都局集团有限公司、四川建筑职业技术学院等单位先后选派44名干部到全县开展帮扶工作，各定点扶贫单位领导多次到平昌县指导工作，帮助解决各类实际问题和困难，为全县打赢脱贫攻坚战提供了有力保障。在司法部的帮助下，在天猫开办了"平昌原产地产品"官方旗舰店，真正实现了平昌特色农产品出川出海。中国铁路成都局集团"川之味"公司帮助平昌农特产品进站上车，进职工食堂、家庭，在铁路系统建立了平昌农特产品销售窗口。积极开展社会扶贫，深入开展"万企帮万村"精准扶贫行动，248家民营企业、商(协)会结对帮扶贫困村。写好金融扶贫这篇文章，县内金融机构累计发放扶贫小额信贷4.85亿元，惠及贫困户1.32万余户。大力实施回引创业工程，回引成功人士2000余名，发挥了其带动群众增收致富的主力军作用。

五、紧盯问题整改，切实强化脱贫攻坚底线保障

抓实"挂牌督战"推进问题整改清零，建立县级领导督战到镇到村、帮扶部门督战到村到户、镇督战到户到人、行业部门督战到项目到点位的"四级挂牌督战体系"，对落实"两不愁、三保障"回头看大排查发现的突出问题以及开展脱贫攻坚以来在成效考核、巡视巡察、督查调研、审计等发现的各类问题逐一采取"户户过、一表清"，全面梳理存在的各类问题短板，按照"五定"工作法("五定"工作法：核定措施、确定效果、议定成果、审定结果、认定销号)，项项对标整改，户户清零销号。深入推进扶贫领域腐败和作风问题专项治理，扎实开展脱贫攻坚纪律作风保障年行动，重拳整治扶贫领域突出问题，查处典型问题215件。2017年11月，在全国率先开展脱贫攻坚专项巡察，集中2个月时间对全县所有乡(镇)和贫困村进行了全覆盖巡察，其经验做法在中央巡视办西南片区巡视巡察座谈会上作了交流发言；2019年，集中3个月时间对脱贫攻坚进行了巡察回访全覆盖。全面加强扶贫资金监督管理，确保每一分钱都用在刀刃上。切实加强考核督导，出台脱贫攻坚考核办法，全县"六大片区"实行交叉考核，重点工作和"五个一"驻村帮扶实行专项考核。组建脱贫攻坚监督检查指挥中心，常态开展巡回督查，及时查纠扶贫领域突出问题，有效发挥了监督检查的利剑作用。

六、克服疫情影响，多措并举巩固提升脱贫成果

以"三个一增收措施"为抓手稳就业促增收。2020年春，为应对疫情对群众增收的影响，平昌县大力实施"三个一"增收措施，全力稳住三农"基本盘"，有劳动力的贫困户家庭人均种植1亩春玉米。狠抓春玉米生产，建立农业部门主导、乡(镇)主抓、村居主责的工作机制，全县种植玉米30余万亩，42万亩油菜、35万亩水稻喜获丰收，确保贫困群众有粮吃、能增收。5月16日，央视以"巧做'田坎'文章，扩种玉米增收"为经验进行了专题报道。有劳动力的贫困户家庭人均养殖1头生猪。全力以赴恢复生猪生产，采取规模养殖、合作养殖、农户养殖的发展模式，在温氏已有的30万头生猪一体化养殖基础上新建76个千头以上养殖场，新发展温氏对接户282户，全县2.3万户贫困家庭养殖生猪6.08万头。5月29日，央视以"圈舍标准化改造，推动生猪养殖规模化"为经验进行了专题报道。有劳动力的贫困户家庭至少1人外出务工。切实解决群众外出务工受阻问题，扎实开展"春风行动"，精准组织农民工安全外出返岗，向县外共输出劳动务工人员27.8万人以上，其中贫困人口5.499万人；出台支持中小企业共渡难关十三条措施，"一企一策""一地一策"推动开工复工，创新开展消费提振行动，在科学防疫的基础上率先在全市开放餐饮业、理发业、旅游景区景点，有序复工208个市、县重点项目，多措并举开发县内就业岗位，1.71万名贫困人口就地就近就业。3月19日，中央电视台以"春风行动农民工返岗就业，助力企业复工复产"为经验进行了专题报道。以"三类重点群体"为关键抓巩固防返贫。牢牢盯住计划脱贫户、脱贫监测户、边缘易致贫户"三类重点"对象，常态建立防止返贫监测和帮扶机制，动态监测"两不愁、三保障"变化情况，对计划脱贫户每户增加1名正科级以上领导干部帮扶，对边缘易致贫户每户增加1名副科级以上领导干部帮扶。同时，因户落实低保兜底、公益性岗位等保障性政策增收措施，对计划脱贫户、监测户使用东西部扶贫协作专项基金全覆盖跟踪补充保障。今年以来，全县"三类重点"对象中享受低保兜底478户1074人，落实生态护林员、地质灾害监测员等公益性岗位149人。同步加大对临时困难户的救助力度，发放救助金224.7万元。2020年减贫任务全面完成，计划脱贫户已全部实现脱贫。以"三大服务"为重点补短板强保障。在教育服务上，疫情期间对全县88234名学生开通线上网络教学，对无上网终端和无网络信号的530名学生及时采取措施，确保停课不停学；对受疫情影响家庭困难的学生落实补助资金21.5万元，其中贫困学生191人、16.63万元；同步开展中小学心理健康教育，及时疏解学生心理压力。在医疗服务上，实施城乡一体紧密型县域医共体改革，3月，成功组建3个医疗集团，进一步推进县级优质医疗服务资源下沉，有效提高公共卫生防治能力。同时，疫情期间对贫困户小病采取送医送药上门、大病实行预约就诊、基层签约医生定期随访，就诊救治贫困患者14882人次，报销医疗费用5494万元。在便民服务上，大力推进不见面审批，建立审批绿色通道，实施"电话预约、网上办理、村级代办"三大举措，最大限度降低疫情对群众办事的影响。全县电话预约办理23458件、网上办理15217件，586名村(居)代办员帮助代办外出务工健康证明达20万件、政务服务事项12037件。

聚力谋脱贫　砥砺奔小康

中共雅安市名山区委　雅安市名山区人民政府

近年来，雅安市名山区委、区政府深入学习贯彻习近平总书记关于扶贫工作的重要论述，把脱贫攻坚作为最大的政治责任、最大的民生工程和最大的发展机遇，聚焦重点难点、尽锐出战、精准"绣花"，坚决打赢脱贫攻坚硬仗。全区有42个贫困村（建制村调整后34个）、5489户15860人建档立卡贫困户，2017年所有贫困户全部脱贫，2018年所有贫困村全部退出，获得"全省脱贫攻坚先进县（区）"荣誉。2020年高质量通过国家脱贫攻坚普查，圆满完成省、市脱贫攻坚既定目标任务。

一、聚焦责任落实，健全体制机制，把牢"总开关"

建立健全组织领导体系。建立党政主要领导任组长的脱贫攻坚领导小组，完善区领导联系镇（街道）制度，实行"党政主导推进、领导小组协调、镇街部门落实"的指挥机制。召开领导小组会议22次，常态学习习近平总书记关于扶贫工作的重要论述、讲话、指示和中央、省、市脱贫攻坚决策部署，全面增强脱贫攻坚的政治自觉。

建立健全帮扶力量体系。成立"五个一"帮扶力量协调小组，25名区领导下沉一线联系贫困村，61个区级单位下沉贫困村共谋发展，选派42名"第一书记"、85名驻村工作队员全脱产驻村，落实1814名帮扶责任人"一对一""一对多"结对帮扶贫困户，实现帮扶力量、帮扶责任人全覆盖。

建立健全责任落实体系。严格落实区委、区政府的主体责任，镇（街道）党委、政府的直接责任，行业部门的主管责任，帮扶单位、驻村工作队、帮扶责任人的帮扶责任，村"两委"的具体责任，切实做到党政同责共管同抓、"四大班子"以上率下、全区上下全员上阵，构建横向到边、纵向到底的"三级书记"抓脱贫工作格局。

二、聚焦政策落实，注重精准施策，抓准"关键点"

抓好产业就业扶贫，助力贫困群众稳定增收。一是产业发展有支撑。生产带动，增加农业生产经营性收入。发展茶园35.2万亩，3500余户建档立卡贫困户依靠鲜叶采摘建立稳定收入来源；探索发展特色农产品订单农业，依托加工企业签订农产品购销合同，连续2年与四川西府食品厂签订蔬菜种植收购订单3600余亩，带动3个镇（街道）9个贫困村300余贫困户发展蔬菜种植。就业带动，增加工资性收入。鼓励企业和农民合作社等生产经营主体创建就业扶贫载体参与就业扶贫，促进贫困劳动力在家门口就业。新建区级就业扶贫基地1个、"扶贫车间"1个、扶贫基地3个，有新型农业经营主体的贫困村21个、新型农业经营主体21个，带动400余户贫困户就近就业增收。资产收益带动，增加财产性收入。探索股权量化带动发展新模式，将扶贫资金投向专合社，合作社将资金用于扩大生产规模、壮大村集体经济，贫困户以股东身份参与生产活动，获取劳务收入、保底分红收入和二次分红三重收益保障；投入400万元，扶持蒙峰茶叶种植农民专业合作社、蒙和源水果种植农民专合社、名建猕猴桃种植专合社、康乐脆红李种植专合社、鑫鑫中药材林下种植专业合作社，带动量化股权贫困村5个、贫困户120余户。二是就业扶贫增动力。开展各类就业扶贫专场招聘会60余场，为贫困劳动力提供省内外岗位2.8万余个。新冠疫情期间举办大型招聘会2场，达成贫困人员就业意向1400余人；致力自主创业创新，培训贫困劳动力1400余人次，落实创业奖补14万元、公益性岗位840人，兑现职业技能培训补贴65.5万元、生活费30.1万元。

抓好基础设施建设，大力推进"四项工程"。一是推进交通扶贫工程。成功创建"四好农村路"省级示范县和全国美丽乡村路，提升改造农村公路317.6千米，改造危桥15座，实现镇镇通油路和村村通硬化路"两个100%"、建制村全部通客车的目标。二是推进饮水提升工程。投资2.17亿元建成农村供水总厂、投资900余万元建设蓄水池和延伸管网，农村集中供水率达99%以上。三是推进电网改造升级工程。投入农网改造资金1.63亿元，全面消除农村"低电压"问题，贫困村全部实现村村通动力电。四是推进通信建设工程。累计投入资金1.4亿元，升级改造通信网络，实现通信信号和宽带互联网全覆盖。

抓好民生保障落实，增强贫困群众获得感。一是开展住房安全保障行动。灾后重建、危房改造、房屋改造提升齐头并进，完成农户灾后重建14644户、农村危房改造324户、改造提升2207户。二是开展教育扶贫行动。严格落实学生资助政策，构建幼儿阶段到本专科贫困学生全覆盖资助政策体系，建档立卡的义务教育阶段适龄学生全部入学。三是开展健康扶贫行动。投入2238万余元，优化提升贫困村卫生室，落实卫生医疗扶贫政策，常住贫困人口家庭医生签约率达100%，四类慢性病人群管理率、履约率均达100%。四是开展低保助残行动。落实低保兜底贫困对象1686人；兑现残疾人护理补贴35468人次、203万余元，生活补贴16161人次、161万余元。

抓好文化服务引导，增强脱贫内生动力。一是实施文化惠民扶贫工程。实施美丽新村文化院坝项目，打造贫困村"一院一坝一品牌"，实现"文化室村村有、广播村村响、电影月月放、演出人人看"。二是实施内生动力培育工程。成功创建延源村、沙河村、康乐村、瓦子村4个省级"文化扶贫示范村"，选树了一批文明村镇和星级文明户；万古镇沙河村成功创建省级"旅游扶贫示范村"。三是实施社会扶贫助推工程。争取隆力奇集团投入1500万元实施帮扶"五大行动"，"扶贫日"系列活动募集捐赠资金百万余元，"万企帮万村"行动汇聚区内外企业结对帮扶贫困村、贫困家庭。

三、聚焦工作落实，紧盯关键环节，找准"发力点"

围绕精准识别，扎实开展动态管理。建立贫困户家庭人员自然变更台账，一月一变更、一季一清洗、一年一调整，及时更新贫困户、贫困村基础信息，全区从原建档立卡5489户15860人动态减少到4997户14121人，确保账账相符、账实相符。

围绕结对帮扶，着力提升帮扶实效。区领导到村调研指导600余次，协调解决问题1300余个；61个帮扶单位争取帮扶项目803个，协调投入帮扶资金1.46亿元；驻村工作队创新发展"泉水村羊肚菌""沙河村黄金茶""康乐村脆红李""六合村蔬菜种植"等特色产业；1814名帮扶责任人常态入户，帮助制定致富增收各项有效措施。

围绕项目资金管理，切实提高项目质量效益。一是强化精准投入。建立扶贫资金精准使用、项目精准投放制度，每年开展一次专项整治行动，着力解决突出问题，2020年安排财政专项扶贫资金4424万元，比2014年增加3964万元，增长8.6倍。二是从严管好用活"四项基金"。出台"四项基金"管理实施细则，实行封闭运行，规范资金使用，目前建立"四项基金"规模达3844万元，已使用(周转)2725.76万元，惠及贫困群众3.9万人次。三是扎实推进金融精准扶贫工作。加大对建档立卡贫困户的金融支持力度，实现应贷尽贷，建档贫困户已贷款681户，放款金额3397.88万元，财政贴息155.39万元。

四、聚焦质量提升，巩固脱贫成效，打好"收官战"

积极应对疫情影响，打好脱贫目标"守卫战"。一是千方百计保障茶叶稳产增收。在茶叶种植上，特发"三农物资配送车通行证"，做好肥料、农药等农资产品保障供应工作；在茶叶采摘上，摸核春茶采摘用工缺口，及时推送春茶用工信息，制发"外来采茶人员采茶证"，并实行网格化管理；在茶叶销售上，规范"鲜叶交易流通证"管理，外商凭"茶商证"进入茶叶交易市场交易；拓宽线上线下茶叶销售渠道，带动茶叶销售200余万元。二是千方百计做好稳岗就业。落实免费健康服务、返岗服务、就近就业服务等各项政策，防范就业人员失业风险，截止2019年年底，脱贫群众外出务工达4773人，同比增长5.7%。三是千方百计降低灾情影响。积极应对8月暴雨灾害，紧急转移安置2286人，发放自然生活补助金26.65万元、棉被290套、临时过渡帐篷54顶，实现返贫、致贫零发生。

扎实开展问题"清零"行动，打好问题整改"突击战"。一是突出"清存量"。聚焦顽固问题抓整改，全面梳理并形成清单，逐项分解明确到位，及时采取有效措施补齐短板。二是突出"消增量"。聚焦短板问题抓整改，全面整改贫困户收入达标不稳定、帮扶措施不精准等问题，对边缘户生产生活方面的短板问题进行全面整改。三是突出"防变量"。聚焦苗头问题抓整改，积极防范化解信访舆情等，问题"清零"行动实现既定目标。

建立长效帮扶机制，打好巩固成果"持久战"。一是严格落实"四不摘"要求。保持政策、措施和资源的投入力度不减，今年财政专项资金到位4424万元，15个扶贫专项计划总投资2.39亿元，巩固脱贫成效。二是强化返贫监测和帮扶工作。落实《雅安市名山区防止返贫监测和帮扶工作方案》《雅安市名山区返贫监测预警机制实施方案》，采取七步工作法使100户脱贫不稳定户和边缘易致贫户全部消除返贫(致贫)风险。三是广泛开展消费扶贫行动。成立消费扶贫专班，开展"四川扶贫"产品认定，17家企业29个产品成功申报使用"四川扶贫"公益品牌；落实"三专一平台"推广使用，确定24个扶贫产品专柜投放点选址工作；完成贫困地区农副产品线上采购430余万元、线下采购713万元。

统筹脱贫攻坚与乡村振兴衔接，打好脱贫"破局战"。一是筹备谋划"十四五"规划。认真贯彻落实党的十九届五中全会精神，认真总结"十三五"规划经验，科学规划"十四五"总体布局，实现脱贫攻坚与乡村振兴有效衔接。二是打造乡村振兴实施有效载体。建成四川省蒙顶山合作社发展培训学院，以培训学院、培训产业为载体，坚持组织联建、产业联动、文化联塑"三项联动共融"，推动学院发展与农村各领域发展有机衔接，实现乡村人才振兴带动乡村全面振兴。三是建立完善乡村振兴组织体系。提前总结提炼产业、生态、人才、文明、组织五大振兴经验做法，形成脱贫攻坚与乡村振兴衔接的有效体制机制，促进在乡村振兴中持续巩固脱贫攻坚成果。

唱响脱贫主旋律，打好总结宣传"阵地战"。一是讲好重要论述。举办理论研讨、学术论坛、征文征集，运用通俗易懂的形式把"大原理"变成"小故事"，把"大道理"变成"小常识"，形象生动地向广大贫困地区的干部群众宣讲宣传，让理论宣讲更接地气、更具力量。二是讲好伟大成就。制订宣传方案，精心策划一系列重大宣传活动，统筹运用传统媒体和新兴媒体广泛宣传脱贫攻坚取得的重大物质成就、工作成就和制度成就，全方位报道全区贫困对象贫穷面貌发生的重大变化。三是讲好脱贫故事。扎实开展脱贫攻坚奖评选和宣传活动，宣传基层干部脱贫攻坚的动人事迹、贫困群众的自力更生精神，在中央、省、市各级媒体宣传报道名山区脱贫攻坚信息200余篇，唱响了感恩奋进的主旋律，传递了致富奔康的正能量。

关于发展民宿旅游助力乡村振兴的调研报告

中共眉山市委　眉山市人民政府

按照"不忘初心、牢记使命"主题教育的安排，眉山市围绕"发展民宿旅游助力乡村振兴"课题进行了深入调研，通过实地考察全市民宿项目、走访民宿业主、与有关部门进行对接等，收集梳理出了一些问题，结合到湖北恩施等地考察了解到的情况，对民宿发展的前景、存在的问题等进行了认真分析，同时有针对性地提出了一些建议意见，形成了该调研报告。

一、全市民宿旅游发展现状和存在的问题

近年来，民宿旅游由于很好地结合了地方文化、田园农家、人文情怀和自然景观等，成为了一种新业态，实现了快速发展。全市民宿旅游也取得了一定发展，同时也面临着一些发展中的问题。

(一)民宿的分布和规模情况

全市民宿旅游经济处于自我发展状态，主要依托山水村落、湖泊山林等优良的自然生态资源发展民宿旅游，彭山区、洪雅县、青神县等区(县)发展起来了一些民宿旅游，出现了一些有品质的民宿项目，有的民宿还处于提档升级的农家乐阶段，缺乏文化性，民宿整体数量偏少，没有形成品牌效应、示范效应、聚集效应，缺乏有影响力、有地方特色的高品质精品民宿。虽然民宿旅游的蓬勃发展引起了相关部门和个别区(县)的高度重视，但市、县(区)两级尚未对民宿产业发展出台相关规划和指导意见，没有出台引导和鼓励社会资本投资民宿旅游的优惠政策，社会资本吸引力不足，特别是对优秀民宿经营企业的投资吸引力较弱。

(二)民宿的开发和管理情况

全市民宿旅游投资业主主要有两类，一类是企业投资，这类规模较大。如由四川雅湖文化旅游公司投资的洪雅县自新村传统村落民宿项目，该公司通过注入资金成立洪雅县首个民宿经营发展合作社，村民以房屋作价出资，参股合作社，对各自新村整体进行打造。另一类是个人投资，这类规模较小，多为单体民宿，如洪雅县六七山居民宿等。从调研情况来看，全市民宿业主包装策划水平较低，产品特色不鲜明，营销能力、宣传力度、产品特色等还有待进一步提高，产品单一，体验项目较少，淡旺季经营收入差距较大。目前，全市没有出台民宿管理办法，对民宿的管理还处于沿用旧的旅馆业管理的有关规定，许多民宿无法达到消防标准，无法通过消防审批，拿不到《特种行业许可证》，业主处于办证而不能办的状态。

（三）民宿的发展要素保障情况

通过调研了解到，民宿旅游发展存在土地要素保障比较困难的情况。特别是企业投资开发的民宿项目，由于规模较大，往往需要配建一些基础设施、经营用房等，但难以获得用地指标。个人改造农房经营民宿的业主为满足经营，在原农房周边往往会占用一些小量零星土地，由于属于农村宅基地的管理范畴，难以解决用地问题，导致可能产生非法建筑。从全市层面来看，民宿开发、管理、经营、营销等方面的人才缺乏，还没有形成一批专业的人才队伍。环保基础设施缺乏，垃圾处理模式滞后，难以保证优良的自然环境。民宿进入乡村后，随着人流的增加，生活垃圾、污水等也随之增加，但垃圾处理模式还停留在过去的农村治理模式，且处理能力有限，大型民宿项目自建污水处理设施运营成本难以承受。在一些地方，各种杂乱无章的架空线路破坏了美丽的风景。

二、民宿旅游的发展前景分析

（一）国家政策大力支持民宿旅游发展

从“五位一体”“四个全面”的战略布局到实施乡村振兴战略和脱贫攻坚，都为民宿旅游的发展奠定了坚实基础。中央“一号文件”继续提出，“充分发挥乡村资源、生态和文化优势，发展适应城乡居民需要的休闲旅游、餐饮民宿、文化体验、健康养生、养老服务等产业”，再到文旅融合发展战略，都明确了发展民宿旅游的意义和使命，为民宿旅游的发展提供了政策保障。发展民宿旅游，是践行“绿水青山就是金山银山”的生动例证，是加快推进文旅融合发展的重要抓手，是贯彻实施乡村振兴战略的重要载体。

（二）民宿旅游市场需求旺盛

大众在旅游方面的需求日益多样化和个性化，而民宿旅游作为农文旅深度融合的新产品、新业态，很好地契合了人们体验文化、享受自然、放松身心的渴求，使得对民宿旅游的需求不断增加，为民宿旅游发展带来了机遇。在调研中了解到，全市有的民宿节假日通常提前一周就被预定一空。全国来看，各地正抢抓民宿发展机遇，积极引导投资建设，如2018年彭州市举办了首届中国·彭州龙门山民宿发展论坛，民宿项目建设总投资约3.5亿元；近几年，江浙一带民宿发展特色鲜明，渐成规模；湖北恩施州将民宿旅游作为少数民族地区脱贫攻坚的重要抓手，总结出了“利川奇迹·恩施经验·湖北样板”的发展模式。

（三）全市发展民宿旅游的优势

一是生态优势突出。瓦屋山、七里坪、黑龙滩等稀缺的生态旅游资源，加之各区（县）都有特色鲜明、生态优良的乡村景点和传统村落，这些自然风光、特色村落等独特资源为民宿发展提供了广阔的舞台和良好的基础。二是地方文化鲜明。眉山是“三苏父子”的故乡，文化资源得天独厚，形成了以三苏文化、长寿养生文化、竹编文化为代表的文化资源，有东坡泡菜、仁寿抬工号子、丹棱唢呐、洪雅复兴要锣鼓等地方特色文化。三是区位优势明显。眉山环抱千万人口大城市——成都，高速公路、快速通道、农村道路等路网完备，游客到各区（县）、主要景点、相关村落都具有快速的通达性、便利性。

三、建议意见

（一）充分发挥自身优势，统筹做好规划布局

各区（县）应着力保护好优良的自然生态环境，把生态环境作为民宿产业发展的最好资源，在绿色发展中布局民宿产业，根据自身乡风乡貌、生态环境、旅游资源等条件，制定完善民宿产业发展规划、指导意见和扶持引导政策等，为民宿产业管理提供依据，如成都市、彭州市均出台了《关于促进民宿业健康发展的指导意见（试行）》等相关政策，对民宿项目报建、扶持奖励、监督管理、消防安全等作出了明确规定。科学合理布局适宜发展民宿产业的重点区域、特色区域，防止一哄而上、遍地开花，破坏自然生态资源，如彭州市规划建设了“龙门山·柒村”精品民宿产业园。

（二）确立民宿发展示范区，着力打造一批精品民宿

单体民宿的市场风险大、客流保障难、基础设施投入大，民宿集聚发展能汇聚更多优质资源，带来更大的效益，可以合理确定并试点打造全市民宿旅游示范村或集聚区，依靠有实力、专业化的社会资本，探索对村民的闲置农舍因地制宜地进行规划和改造，着力打造一批文化特色鲜明的高品质精品民宿，通过合理的规划和有效的引导，逐步形成民宿旅游集聚区和示范引领作用。如彭山市可利用彭祖山—江口沉银一带，结合长寿文化等打造扶持一批示范民宿；丹棱县顺龙乡幸福村作为全国第一批乡村旅游重点村，可以借此重点打造一批精品民宿；洪雅县可以突出高山避暑特色，发展养生度假民宿。

（三）加大要素保障力度，鼓励社会资本投资民宿产业

着力在政策、土地、人才上提供保障。抓住自然资源厅出台的“发展乡村旅游、休闲农业等使用建设用地的，探索实施点状供地”的政策，在土地要素上强化保障。重点加强民宿产业发展区域的公共基础设施建设，改善民宿旅游环境治理、电力、通信、交通等配套设施，畅通景区、交通主干道等与民宿聚集区之间的连接通道，吸引和鼓励有实力、有情怀的企业投资发展民宿旅游。引导企业利用好闲置农舍发展民宿，坚持原汁原味、因地制宜，防止大拆大建。准确定位客户群体，丰富全市民宿产品，形成高中低档产品有效配置。利用环成都的优势，抓住都市游客周末“上山下乡”的消费需求，开展民宿品牌营销。开展民宿经营管理人才培训，并将其纳入乡村振兴或就业保障扶持政策培训，如彭州市成立了农门山民宿产业研究中心和民宿学院，进行民宿专业人才培训。

（四）坚持行业标准，实现高品质发展

在民宿产品的大量供给后，必然出现一些民宿品质不高、特色不鲜明、同质化发展的问题，因此文化和旅游部出台了《旅游民宿基本要求与评价》行业标准，要切实贯彻和坚持标准，做好引导和市场监管，提升民宿品质。探索成立民宿行业协会，加强行业自律和标准化、规范化建设。开展精品民宿星级评定，促进和提升民宿产业服务质量，防止低质化发展。

（五）坚持文化引领，打造地方特色品牌

深入挖掘各地特色文化资源，丰富和提升乡村民宿文化内涵，抓住民宿旅游的乡村性、文化性，突出自然风光、人文情怀、生态环境、田园农家等特色优势，展现民宿独有的“情怀”。开发生态农产品、中药材种植采摘等农耕体验项目，举办乡风民俗节等，增强民宿旅游的体验性、互动性，让游客体验特有的乡风民情，打造“民宿+乡土文化”“民宿+特色农业”“民宿+重点景区”等多业联动、多业融合的民宿特色。

坚持开放引领　实施重大项目
推动眉山都市现代绿色农业转型升级

眉山市人民政府副市长　肖忠良

根据《2019年度市委重点课题调研方案》要求，由副市长肖忠良牵头、市农业农村局负责，开展"加快眉山都市现代绿色农业转型升级研究"。结合深入落实市委"建设环成都平原经济圈开放发展示范市"和"推进三农工作转型突破"的重要工作部署，课题组经讨论，决定以近年来实施的重大农业项目为切入点，研究眉山都市现代绿色农业发展的经验成效、未来趋势、思路建议。为此，课题组制订了调研方案，下发了调研通知，收集了眉山市天府新区和6个区（县）的工作情况，先后赴仁寿县、东坡区、天府新区进行了实地调研，形成本调研报告。

一、实现"三个跨越"，重大农业项目引领都市现代绿色农业发展取得明显成效

近年来，全市通过招商引资、国有投资公司融资、项目整合投资等方式，实施了一系列重大农业项目，推进眉山都市现代绿色农业实现了"三个跨越"。

（一）地方产品到优势产业的跨越

10年前，眉山泡菜仅是东坡区小有名气的地方农产品，晚熟柑橘只在各个区（县）零星种植，畜牧业还以农户散养为主导模式，近年来，全市通过引进韩国希杰集团、涪陵榨菜集团、恒星集团等国际国内一流的泡菜龙头企业，带动吉香居、惠通等本土企业技改升级、市场拓展、集群发展，实现了"小泡菜"到百亿大产业的跨越，创造了"六个全国第一"；通过实施褚橙、菲特能特、丹橙果业等重大项目，带动晚熟柑橘标准化基地建设、产品初加工、品种改良和品牌创建，使"眉山春橘"做大做强、香飘全国，建成全国最大的晚熟柑橘基地，整市创建晚熟柑橘全国特色农产品优势区；通过引进蒙牛、华西希望、温氏、正大、德康等重大项目，带动奶业、禽蛋、生猪产业转型升级，跃居全省现代畜牧业高质量发展第一方阵。

（二）基地到园区的跨越

以前全市的农产品基地规模小、结构单一、现代化程度低，通过近年来实施的重大项目，使农产品基地逐渐弥补了基础设施、种养循环、现代装备、三产融合等方面的短板，向现代农业园区不断迈进。东坡区依托岷江国有资产投资公司，加快"中国泡菜城"基础设施和泡研院、泡菜博物馆、会展中心等公共服务设施建设，成功创建首批国家现代农业产业园，排名全国第一位。东坡区、彭山区依托好味稻、凤鸣花谷、西南智慧农业、农业嘉年华、果怡农业等重大项目，带动岷江现代农业园区整体提升，成功创建全国农业产业化示范基地、中国农业公园。仁寿县依托龙头企业福仁缘公司，建设集标准化基地、深加工、生态观光于一体的"中华枇杷园"，被列入全国一二三产业融合发展示范园区创建名单。

（三）千元到万元的跨越

在传统农业模式下，全市粮食亩产千斤左右，年收入不超过2000元。经过重大项目带动全市农业结构调整，形成了全国、全省知名的优势主导产业，农民收入大幅度提高。全市柑橘种植面积近100万亩，投产84万亩，年总产值87亿元，平均亩产值超万元。彭山果怡农业公司260亩设施葡萄基地平均亩产值达4万元以上。西南智慧农业项目一期工程占地202亩，通过运用智能温室技术，年总产值有望达到1.2亿元，亩产值超过50万元。东坡区正在建设的正大300万只蛋鸡项目占地700亩，投产后预计年产蛋5.2万吨、蛋鸡转换肉鸡200万只，年产值可达8亿元，平均亩产值100余万元。

二、面向"四化发展"，都市现代绿色农业转型升级需要重大项目支撑

全市农业正处于发展的关键时期，需要适应乡村振兴战略的新形势，不断推进农业生产方式、经营方式、资源利用方式转变，进一步向规模化、集约化、生态化、融合化转型升级。正在实施的中法农业科技园、正大300万只蛋鸡、德康眉山200万头生猪等重大项目将为转型升级发挥强有力的推动作用。同时，眉山市还需要引进更多农业大项目，提升一产、突破二产、开拓三产，形成支撑农村一二三产业融合增加值持续快速增长的强大动力，为全市经济社会发展做出更强有力的贡献。

（一）向规模化发展转型升级，需要重大项目带动

全市50亩以上的规模种植比重约为粮油5%、蔬菜5%、茶叶10%、水果20%，规模养殖比重约为水产30%、畜禽35%，距现代农业发展要求还有较大差距。根据调查，仁寿县实施的"天府农耕"项目流转土地2.5万亩、"褚橙"项目流转土地6100亩、"中华枇杷园"流转土地3400亩，东坡区正大300万只蛋鸡项目建成后的产能相当于全市鸡蛋的总产能。实践证明，实施农业大项目，是提高全市农业供给能力、推进区域布局、扩大规模经营的必然选择。

（二）向集约化发展转型升级，需要重大项目投入

全市高标准农田面积占比还不到50%，农业园区覆盖面还较窄，先进种养技术、现代机械推广还面临不少瓶颈。调研组调查的西南智慧农业一期工程通过引进荷兰瓦格宁根大学先进技术，建成全国最大的单体蔬菜温室大棚，每平方米西红柿产量最高可达75千克，相对于传统种植提高了近10倍。实践证明，引进一流农业公司实施农业大项目，能为全市带来先进品种、先进技术、先进机械、先进管理理念、国际国内市场资源和大额资金投入，是真正实现少占地、多产出、高效益，推进农业集约化发展的有效路径。

（三）向生态化发展转型升级，需要重大项目落实

全市畜禽粪污资源化利用率为85%，小散农户（养殖户）中客观存在违规排放、过量施用农药化肥、不按要求防控疫病、质量追溯难以落实的现象。调研组调查的德康项目仁寿县曲江镇卓阳农牧示范场总投资4000余万元，建设生猪养殖单元48个，配套了大型沼气池、储液池、异位发酵床、输送管网等粪污处理设施，并租用周边耕地1000余亩实施种养循环，建成后年提供商品肉猪6万头，而且可以避免水、土、气环境污染。中法农业科技园践行"生命美学、生活美学、生态美学"，打造集科技示范、生态文旅、品牌文创于一体的现代农业生态科技园区。实践证明，实施农业大项目，是加速全市农业绿色环保、科学防疫、质量追溯进程的重要动力来源。

（四）向融合化发展转型升级，需要重大项目推进

全市农产品深加工企业总体较少，农业产业链短、加工率低、附加值不高、品牌不响，休闲农业发展处于初级阶段，一二三产融合发展任重道远。据调查，青神县引进神果环球食品公司建成3条果品加工生产线，年初加工水果近万吨，销往俄罗斯、加拿大、中东、东南亚等10余个国家和地区，出口额可望达1000万美元；洪雅县通过扶持壮大幺麻子公司，藤椒油产量跃升全国第一，占据全国85%的同类市场。实践证明，实施农业大项目，可以更好地推动全市农业实现三次联动、创建农产品知名品牌、拓展“双线”市场，从而在持续的市场竞争和促农增收中立于不败之地。

三、发挥“六大作用”，构建农业重大项目全方位推进机制

调研组在调查中发现，全市近年来在农业重大项目的引进、建设、管理运营过程中也不同程度地出现了用地难、用工难、融资难、增加政府债务风险等问题。调查组认为，全市在今后的都市现代绿色农业发展工作中，应该始终坚持开放引领、项目带动、转型升级，进一步强化部门联动、上下联动、内外联动，加速农业重大项目落地见效。

（一）发挥两张清单对重大项目的引导作用，解决“引”的问题

一是建议由农业农村、发改等部门牵头，根据农业产业规划、乡村振兴规划、区（县）实际需求，编制农业重大项目“政府招商清单”，明确引进的产业门类、区域地点、投资规模、环保要求、企业信誉等要求，通过媒体、展会、对外交流等方式广泛发布，让投资者明白。二是建议由经济合作、经信、农业农村等部门牵头，通过多种形式广泛收集农业投资项目意向，编制“企业需求清单”，明确投资企业在人、地、钱、服务等方面的要求，让各级政府明白。通过“两张清单”的协调一致、政企双方的共商共建、各种审核的提前介入，促进全市农业重大项目引得多、引得快、引得准。

（二）发挥国有投资公司对重大项目的建设作用，解决“建”的问题

建议由国资、金融工作、农业农村等部门牵头，促进国有投资公司在农业重大项目的土地流转、项目实施、配套建设、融资创新等方面更好地发挥作用，或者利用国有投资公司掌握的土地资源、项目资金与投资方合股开发，加速重大项目的建设进程。同时，健全国有投资公司风险防范机制，避免对项目大包大揽，防范加重政府债务风险。

（三）发挥重大项目对园区和农户的带动作用，解决“带”的问题

建议由农业农村、园区管委会、区（县）政府等牵头，在重大项目建设过程中以及建成后注重统筹协调布局、完善利益联结机制，充分发挥重大项目在农业园区建设、促农增收中的“龙头”作用。在园区建设方面，采取“项目自身建园区”“种养循环带园区”“三产联动带园区”等形式，促进农业园区的培育形成和提升完善；在利益联结方面，采取“代养模式联农户”“股份模式联农户”“培训模式联农户”等形式，防止单一化的土地租用模式，促进小农户共同发展和持续增收。

（四）发挥乡村振兴合伙人对重大项目的服务作用，解决“人”的问题

建议由组织、人社、农业农村等部门牵头，建立健全全市乡村振兴合伙人制度和乡村人才库，建立“乡村产业合伙人”人才库，包括粮油、水果、蔬菜、茶叶、水产、畜禽养殖等方面的技术人才、管理人才、营销人才等，积极培育新型职业农民；建立“乡村治理合伙人”人才库，包括驻村农技员、驻村文化指导员、农业园区管理人员、脱贫攻坚“第一书记”等；建立“乡风文明合伙人”人才库，包括乡村非物质文化遗产传承人、能工巧匠、乡村规划师、热心乡村的各界之士等。同时，对三个“人才库”实行动态管理、社会公示，为农业重大项目业主提供“点单式”服务，解决重大项目在经营管理过程中用人难、用人贵、用人不对口的问题。

（五）发挥村庄规划和综合政策对重大项目的落地作用，解决“地”的问题

建议由自然资源、农业农村、发改等部门牵头，加快全市村庄规划编制，以“地”为核心，引导农村产业、民居、公共设施等合理布局，特别要考虑到养殖用地、农村建设用地安排；统筹利用设施农用地、土地规划及年度用地计划、建设用地流转、点状供地、土地整理、土地增减挂钩项目等政策，有效对接解决农业重大项目的建设用地、设施用地、配套种养循环园区用地等问题。

（六）发挥政府投入对重大项目的撬动作用，解决“钱”的问题

建议由财政、国资、金融工作等部门牵头，对农业重大项目实行“一企一策”，采取政府补助撬动业主投资、政府分险撬动金融贷款、政府贴息降低融资成本、部门资金整合完善公共设施等方式，发挥农担公司融资增信、农业产业基金、乡村振兴贷款风险补偿金、险资直投等作用，解决重大项目建设和运营的资金难题。同时，加强软硬件环境建设，实行部门主动介入、集中办证、优化服务，推行定点联系、会商协调、挂图作战，确保农业重大项目“进得来、建得成、留得住、发展得好”。

眉山市晚熟柑橘产业发展情况报告

眉山市农业农村局

一、现状与优势

（一）种植历史悠久，产业规模大

眉山柑橘在唐朝时即为贡品，距今已有1200余年的历史。近年来，在各级政府的高度重视和强力推动下，晚熟柑橘产业快速发展，已成为眉山市第一大水果产业。2018年，全市柑橘种植总面积98万亩，是四川省最大生产基地，其中晚熟杂柑面积65万亩、不知火面积20.8万亩、春见面积16.7万亩、“爱媛38号”面积11.5万亩、清见面积7.3万亩，均是全国最大生产基地。

（二）品种技术先进，产品品质优

立足生态环境优势，先后引进晚熟柑橘品种50余个，筛选出不知火、春见、“爱媛38号”、清见、大雅柑、沃柑、马克斗7个主推品种。集成推广高接换种、绿色防控、肥水一体化等先进栽培技术，“优质杂柑新品种选育及高效栽培技术集成应用”获得农业农村部农牧渔业丰收奖、眉山市科技进步一等奖。优良品种加上先进技术，使得全市晚熟柑橘品质显著提升，不知火、春见、沃柑等品种含糖量13%以上，最高可达18%，甜酸多汁、脆嫩化渣、风味浓郁，深得消费者喜爱。

(三)新型主体壮大,产业链条全

培育柑橘生产经营企业、家庭农场等新型农业经营主体1973个,其中50亩以上规模种植业主1171个,种植面积15.4万亩;柑橘初加工业主57个,有初加工生产线74条,冷库库容4万吨,年初加工量33万吨;柑橘电商20000余个,年销售额5亿元以上。

(四)品牌宣传有力,产业效益高

眉山市被农业农村部等9部委评为中国特色农产品优势区,先后创建"中国特产之乡"7个、农产品地理标志保护产品2个、产地证明商标1个、有机食品和绿色食品20个。通过举办晚熟柑橘节、推介会,参加全国展销会、名优水果评选等活动,眉山晚熟柑橘的市场知名度和影响力不断提升。2018年,全市柑橘总产值86亿元,178万名农民人均柑橘收入达4831元,晚熟柑橘成为全市助农增收第一产业、脱贫攻坚重点产业。

国内柑橘行业专家评价眉山市柑橘产业发展"四个最":全国晚熟柑橘生产最适宜区、全国最大的杂柑生产基地、全国柑橘效益最好的地区之一、全国柑橘种植管理技术水平最高的地区之一。

二、问题与不足

一是气候灾害偶有发生。总体上讲,眉山市相对于江西、广西、南充、广安等地区出现低温冻害的年份少、时间短。但是,2018年年初,仁寿、彭山柑橘产区出现了-5℃左右的极端低温天气,其他区(县)产区出现了-2℃左右的低温天气,严重影响了柑橘品质。

二是优质果比例不高。全市真正做到路渠通畅、改土培肥、水肥一体、绿色防控等标准化建设和管理的果园不到20%,标准园比重低。栽培管理不科学、病虫病防治不到位、肥料施用不合理、商品化处理率较低等问题较普遍存在,导致柑橘品质不高。全市柑橘高品质果率仅为30%左右。

三是科技研发较滞后。全市没有专门的柑橘研究机构和专职科研人员,多数为"土专家"在带动周边农户进行技术推广,在一定程度上存在凭经验、不严谨、不全面的问题。特别是在适宜眉山气候选育品种、减肥减药安全生产、机械化生产管理等方面没有针对性的研究,新品种、新技术、新机械研究滞后,不利于产业发展转型升级、提质增效。

四是龙头企业带动弱。全市种植柑橘在500亩以上的业主有26个,经营面积仅占全市的2%;有柑橘初加工企业57家,年加工量33万吨,仅占柑橘产量的26%;有冷藏设施604个,每次冷藏能力仅4万吨。同时,全市还没有一家柑橘深加工企业,如果发生柑橘滞销,可以调节的空间不充分。

五是整体品牌影响小。目前,"眉山春橘"区域品牌已经市委、市政府审定通过,正在实施宣传营销工作,品牌知名度小。县级区域品牌中仅"丹棱桔橙"影响稍大,其他区(县)的区域品牌知名度还较低,缺乏全国知名的企业品牌。

六是疫病传播有隐患。黄龙病、溃疡病是柑橘检疫性病害,在我国江西、广东、广西、福建等柑橘主产区普遍发生,在攀枝花市、宜宾市已有发现。虽然全市加强柑橘种苗繁育和调运监管,对外地引回来的疑似带病树苗、树桩进行了销毁处理,但近年来工商资本投资增多,部分业主对带病苗木没有辨识能力,有盲目引种现象,存在疫病传播的风险。

七是市场竞争有压力。广西省、江西省、浙江省等柑橘主产区前几年由于黄龙病影响,柑橘种植大面积减少,这也是前几年柑橘价格居高不下的主要因素之一。近年通过统防统治技术的应用和新基地建设,全国柑橘主产区面积迅速恢复。同时,四川省将晚熟柑橘确定为重点发展产业,南充、广安、自贡等市(州)也开始快速发展,柑橘产业基地面积的扩大必将导致供应量增加,如果全市晚熟柑橘不在品质、品种、品牌上提升,市场竞争压力将日益增加。

三、思路与举措

一是坚定发展目标,建设全国晚熟柑橘优势区。到2021年,全市将建成柑橘产业基地100万亩,其中晚熟柑橘达70万亩,形成规模化的产业带和高标准的融合园区;实现柑橘产业产值100亿元,晚熟柑橘在全国市场的占有率不断提升;带动100万人增收致富,晚熟柑橘成为全市农业发展的拳头产业,将全市打造成全国规模最大、品质最优、品牌最响、效益最好的晚熟柑橘优势区。

二是实施园区工程,建设全国一流产业基地。坚持全域推动,突出重点,因地制宜,规划建设4条晚熟柑橘跨区域产业带,力争在产业规模、集中度、优质化方面全国领先。坚持园区示范,集成现代要素,建设一批万亩以上高标准晚熟柑橘产业园区,做到生产、加工、物流于一体,规模化、标准化、品牌化、一二三产业融合发展。

三是实施品牌战略,唱响"眉山春橘"区域品牌。通过新闻媒体、交通要道、展销会节等方式,宣传营销"眉山春橘"区域品牌,不断提升品牌知名度和影响力。鼓励企业注册商标,认证绿色食品、有机食品,创建企业品牌。积极承办全国性会节,组织参加国内外重要商贸活动,宣传推介"眉山春橘"优质产品。

四是推进融合发展,提高晚熟柑橘综合效益。加大招商引资力度,引进发展一批一二三产业新型经营主体,延伸产业链条,提高产业效益。加强标准园建设,推广标准化生产,提升产品品质。加强筛选分级、包装贴牌、储藏冷库等初加工设施建设,提高柑橘商品化处理率。推进柑橘基地景区化建设,发展休闲农业与乡村旅游。

五是强化保障措施,确保各项工作顺利推进。建立完善市、区(县)、乡(镇)三级工作机构,引进培养一二三产业发展专业人才,统筹协调各方力量推进晚熟柑橘产业发展。设立柑橘产业财政扶持专项资金,整合涉农项目,扶持产业发展。创新金融支农政策和金融保险服务,引导和集聚信贷资金、社会资金投入晚熟柑橘产业发展。

创新土地流转机制　构建"大园区+小业主"经营模式

中共眉山市彭山区委　眉山市彭山区人民政府

近年来,眉山市彭山区以全国第二批农村改革试验区建设为契机,坚定不移实施乡村振兴战略,突出规划引领、要素保障、培育扶持,创新土地流转"四步机制",发展适度规模经营,构建"大园区+小业主"现代农业经营模式,引进培育业主1200余个,带动16万户农户增收，全区农民年人均可支配收入位居全省前列。

一、突出规划引领，奠定农业园区现代化基础

一是全域规划。按照"全域园区"理念，高标准编制现代农业示范园总体规划，形成"一园三片"格局，分为"康养东山"示范片、"智慧岷江"示范片、"乐活西山"示范片。依托设施葡萄、晚熟柑橘、水稻制种等优势主导产业进行功能分区，高起点打造葡萄现代农业园区、柑橘现代农业园区、稻药现代农业园区等6个园区，形成产业特色突出、区块联系紧密、相互融合的格局。

二是夯实基础配套。基于园区规划，按照"渠道不变、用途不变、打捆使用"的原则，整合涉农资金近20亿元，建成高标准农田17万亩、旅游观光大道32千米、生产通道500余千米、沟渠800余千米，形成田成格、渠成网、路畅通，电力通信全覆盖，有效提升农业综合生产能力。

二、强化要素保障，推动现代农业适度规模经营

一是创新土地流转"四步机制"，规范土地高效流转，推进适度规模经营。针对农村长期以来在土地流转方面存在的"农民怕业主跑路、业主怕农民难缠、政府怕无限兜底"等难题，彭山区由财政出资组建国有正兴农业投资公司，创新"三级土地预推—风险前置审查—平台公开交易—出险应急处理"土地流转四步机制，全程高效服务、化解流转风险，达到"农民流转有收益、业主投资得效益、政府服务保权益"三方受益的效果。全区实现集中流转土地面积16.5万亩，流转率达68.9%，流转1400余宗，其中50亩以内的占30%，50 ~ 100亩的占60%，100亩以上的占10%，分布合理，规模适中，与现有生产力水平相适应。

二是推进农村土地经营权抵押贷款，助力现代农业可持续发展。针对农村长期以来面临的"融资难、融资贵"等难题，彭山区借助农村"两权"抵押贷款试点平台，构建农村土地经营权抵押贷款"产权交易—产权评估—风险缓释—产权处置—产品创新"五大体系，引导全区8家银行主动"下水"，推出"产权+设施""产权+机具""产权+仓单""产权+订单"等贷款产品16个，全方位支持现代农业发展。全区共发放农村土地经营权抵押贷款1603笔、8.16亿元，平均每笔资金50.9万元，形成了银行主动参与、业主便捷融资的良好态势。

三是推出特色水果保险，保障农户收益。针对农业靠天吃饭、市场风险大等难题，彭山区创新推出特色水果保险，覆盖全区葡萄、柑橘、猕猴桃等优势水果产业，农户只承担35%的保费，其余均由财政补贴。在赔付方面，自然灾害最高赔付达6000元/亩。自2010年以来，仅区财政就累计补贴近4000万元用于特色水果保险，实现了农业生产经营"双保险"。

三、注重培育扶持，提升新型农业经营主体质量

一是强化新型职业农民培育。着力解决农业生产职业保障不足的问题，多次开展调研和专题讨论研究，建立起新型职业农民的认证、培训、激励、扶持制度体系，培育"爱农业、懂技术、善经营"的新型职业农民，并制定了《实施方案》，对符合条件的领军型新型职业农民参加基本养老保险的，给予每人每年补助4000元；对参加基本医疗保险的，给予每人每年保费50%的补贴。已对认定的49名领军型新型职业农民进行了政策兑现，真正实现了从职业农民由户籍身份向职业身份转变，推动农业创新创业。

二是加强服务指导。针对社会资本进入农村缺技术、缺服务的难题，创新涉农补贴与社会化服务相结合的模式，培育各类农业社会化服务组织265个，分别在土地托管、育苗育种、病虫害统防统治、电商物流、劳务服务等方面提供专业化、组织化服务，不断提升农业生产效率。组建以家庭农场为基础单元的家庭农场联盟，引领园区家庭农场抱团发展。截至目前，全区用于补贴农业社会化服务的资金累计近3000万元，并采取推荐、派驻的形式，将农业、畜牧、水产、林业等农业科技人员投放到园区担任科技特派员，引领农村产业兴旺。全区共在88个村下派科技人员200余名，带领农户发展优势产业2万余亩，农民亩均增收4000元以上。

三是全力扶持新型农业经营主体。组建彭山区现代农业园区管委会，出台《眉山市彭山区培育壮大农民专合社和家庭农场九条措施》《星级家庭农场认定管理办法》等扶持新型农业经营主体的政策举措16条，在土地流转、农机补贴、社会化服务、金融支持、品牌营销等方面为入驻园区的各类主业提供全方位的服务。开展星级家庭农场、现代农业示范户评选，打造龙头企业，引领新型农业经营主体蓬勃发展。截至目前，共引进培育业主1200余个，注册家庭农场900余家，并以此为核心辐射全区，形成以葡萄、柑橘、蜜柚、红心猕猴桃为主的六大优势产业基地，3645个新型农业经营主体共同发展的现代农业发展格局。

眉山市彭山区创新"选、育、管、扶"组合拳 强力推进新型职业农民培育

眉山市彭山区委副书记、区人民政府区长　郭　红

作为新型职业农民培育国家级专项试点区，眉山市彭山区聚焦"科教兴农、人才强农、新型职业农民固农"，创新"选、育、管、扶"组合拳，强力培养培育爱农业、懂技术、善经营的新型职业农民，。截至目前，已认定新型职业农民100人，完满完成每村1名新型职业农民的培育目标任务。职业农民领办家庭农场70家，家庭农场人均可支配收入预计突破2.5万元，较全区水平高出35%以上，形成了以职业农民为引领，辐射带动周边群众，吸引高学历青年投身农业农村事业的大好局面。

一、坚持"精选"，科学确定职业农民类型

研究制定《眉山市彭山区新型职业农民认定管理指导细则》，以农业从业者自愿为基础，根据所从事的行业、工作，科学确定职业农民类型。一是生产经营型职业农民。重点包括以农业为职业、占有一定的资源、具有一定的专业技能、有一定的资金投入能力、收入主要来自农业的现代农业从业者，涵盖家庭农场经营者、农民合作社带头人、农业企业负责人等80人，其中从事种植业的需年种植粮食作物类面积在50亩以上或种植经济作物类面积在20亩以上，从事养殖业的需保留3年以上的畜禽养殖场或年水产养殖面积30亩以上。二是专业技能型职业农民。重点包括在农民合作社、家庭农场、农业企业等新型农业生产经营主体中较为稳定地从事农业劳动作业，并以此为主要收入来源，具有一定专

业技能的农业劳动者，涵盖农业工人、农业雇员等14人。三是社会服务型职业农民。重点包括在社会化服务组织中或以个体形式直接从事农业产前、产中、产后服务，并以此为主要收入来源，具有相应服务能力的农业社会化服务人员，涵盖农村信息员、农村经纪人、农机服务人员、统防统治植保员、村级动物防疫员、农产品安全监管员、农业技术指导员和农资营销员等农业社会化服务人员6人。

二、坚持"细育"，全面提升职业农民素养

研究制定《眉山市彭山区新型职业农民培育管理暂行办法》，建立"专门机构+多方资源+市场主体"的多元教育培训体系，着力提升农民职业技能和创业发展能力。一是精选培训机构。聚焦种植、农机等农业急需技能、农民紧缺知识，按照政府购买服务等方式，精选成都博易农职业技能培训学校、眉山永恒应用科技职业培训中心等培训机构开展职业农民培训，邀请四川省农业科学院、四川农业大学专家教授及行业带头人专题授课。在岷江现代农业园区、正兴农业发展投资有限公司等现代农业园区、农业龙头企业设立实训基地。二是优选培训内容。建立"公共基础课+专业技能课"培训模式，其中公共基础课重点培训职业素养、涉农政策法规、农业生态环保、农村人居环境治理、农产品质量安全、农产品品牌化经营、现代农业经营管理、农村金融等内容；专业技能课重点培训与粮油果蔬种植、畜禽水产养殖相关的关键生产技术、标准化生产、新品种推广应用、病虫害防治、农业机械化技术等内容。三是灵活培训方式。探索"系统知识培训+跟踪指导服务""线上+线下""本地培训+异地培训"培训方法。生产经营型职业农民培训时间累计不少于15天，专业技能型和专业服务型职业农民培训时间累计不少于5天。结合农业生产周期，分时段培训，每段培训时间不超过3天；理论课和实践课时间按1∶2安排。截至目前，全区共培育培训365人，考核合格者颁发《新型职业农民培训证书》。

三、坚持"严管"，严格确保职业农民质量

研究制定《新型职业农民三级人才库管理办法》，建立规范统一、信息完整、内容真实的信息档案，全面掌握职业农民基本情况。一是梯次管理人才。建立农业人才库（Ⅰ类库）、新型职业农民后备人才库（Ⅱ类库）、新型职业农民人才库（Ⅲ类库）三级人才库，实现农村人才梯次度管理。其中，Ⅰ类库涵盖农村创业兴业的农民工、中高等院校毕业生、退役士兵、科技人员962人；Ⅱ类库涵盖参加新型职业农民培训并合格的专业大户、家庭农场经营者、农民合作社带头人、农业企业骨干365人；Ⅲ类库涵盖取得农业主管部门认定的新型职业农民100人。二是动态管理人才。建立新型职业农民监测评估制度，推动新型职业农民认定动态管理，凡存在发生农产品质量安全事件、骗取财政支农惠农补贴资金、有违法行为和不诚信生产经营的行为、有破坏生态环境的行为、有其他违法违规行为、连续两年监测不达标的，依法予以退出。三是大力使用人才。支持新型职业农民参与农业科技创新和成果转化，鼓励新型职业农民担任村级农业技术推广员、农产品质量监管员、农药协管员、农业信息员、防疫安全协管员等公益性农业技术服务岗位，提供政策信息、关键技术、品牌建设、产品营销、电子商务等服务，并给予相应岗位补贴。

四、坚持"优扶"，着力保障职业农民发展

研究制定《眉山市彭山区关于扶持新型职业农民监测评估制度》，建立新型职业农民政策保障体系，让农业成为有奔头的产业，让农民成为体面的职业。一是强化产业扶持。经营型新型职业农民发展农业适度规模经营的经营型新型职业农民，优先享受财政支持的基础设施建设项目和农机补贴政策支持，给予购买农机的补贴50%。将牵头发展或合办的新型农业经营主体，纳入财政出资设立的政策性农业担保机构的服务范围。农民合作社、家庭农场由新型职业农民负责生产经营的农民合作社、家庭农场，作为推荐申报评定市级以上示范农民合作社和家庭农场、享受相关扶持资金的必备条件。二是强化社保补贴。支持符合条件的新型职业农民以个体身份参加社会养老保险，区财政对参保人员每人每年补助0.4万元，通过"先缴后补"的方式给予补贴。支持符合条件的新型职业农民参加城镇职工医疗保险，区财政对参保人员给予每人每年保费50%的补贴。每位新型职业农民的社保、医保补贴以2年为一个周期，届时根据相关政策调整。三是强化金融扶持。区级农业政策性平台（或担保）公司，对经营型新型职业农民牵头发展或合办的新型农业经营主体，根据投资和经营等情况给予一定额度的担保贷款支持，减免担保费用。结合全国农村"两权"抵押贷款试点，协调8家金融机构进行授信，贷款利率原则上上浮幅度不超过30%，区财政根据财力状况给予不超过50%的贴息补助。经营型新型职业农民从事规模种养生产的经营型新型职业农民，且参加了政策性农业生产保险的，对其应自交保费部分给予20%的补助。

乡村振兴战略中的统一战线研究

洪雅县委常委、统战部部长　万勤芳

实施乡村振兴战略，是党的十九大作出的重大决策部署，是相对漫长的系统工程，需要调动全社会各界的智慧和力量，持续发力，久久为功。统一战线人才荟萃、智力密集、联系广泛、优势突出，如何加强统一战线主动担当作为，有效凝聚起各条战线上的智慧和力量，在实施乡村振兴战略中发挥积极推动作用，是新形势下统战工作的思考和实践的重点方向之一，更是引领统一战线新时代展现新形象的重要渠道。

习近平总书记在党的十九大报告中指出，农业、农村、农民问题是关系国计民生的根本性问题，必须始终把解决好"三农"问题作为全党工作的重中之重，实施乡村振兴战略。统一战线如何在乡村振兴中发挥作用、如何在乡村振兴战略中巩固和发展好统一战线，成为新时代统战工作亟待研究的关键问题。带着思考和疑惑，县统战部组织对乡村振兴战略中统一战线的优势、存在的问题、工作着力点和保障措施进行了系统研究。

一、乡村振兴战略中统一战线的优势

（一）乡村振兴支撑在人才，统一战线有人才荟萃的优势

实施乡村振兴战略，关键在人。统一战线覆盖面宽、联系广泛、人才层次多元，有农业、畜牧、林业、水利等方面的技术人才，有熟悉乡村发展和本地文化的乡土人才，更不乏新媒体、新社会组织、文化传播等

领域的专业人才，这些人才可以培养为乡村振兴的实践者，更能分行业、分领域为农业升级、农村进步提供技术性指导和智慧支撑。

（二）乡村振兴基础在产业，统一战线有农业方面的优势

产业兴旺是实现农民富裕的重要途径。统一战线中的非公有制经济领域所涉及的产业很大一部分是从农业产业中起步，或者与农业相关。非公有制经济在依托农业发展的同时能促进农业发展，具有融合双赢的优势。

（三）乡村振兴涉及面宽，统一战线有联系广泛的优势

乡村振兴战略涵盖经济、文化、社会等领域，在实施过程中涉及多方面的协调发展。统一战线工作具有联系广泛的特点，负有协调各方关系的职责，在助力“三农”发展、招才引智、外来投资、创新创业等方面具有显著优势。

二、统一战线助推乡村振兴战略的差距与短板

一是找不准切入点，优势发挥渠道不畅。部分统一战线代表人士因为所在领域的限制、从事行业的特殊性，在服务发展和发挥积极作用方面还需要进一步为其提供引导、协调和对接，协助他们找到作用发挥的切入点和着力点。

二是达不到高标准，助推发展办法不多。就目前来看，统一战线在服务农村发展方面思路还不够开阔、创新还不够，还普遍局限于直接帮扶、点对点协助解决问题等陈旧方式，在激发乡村发展内生动力、倡导文明新风等方面标准不高、办法不多。

三是形不成共同体，形成推动合力不够。从近年来统一战线在服务和助推“三农”发展实践看，普遍存在各自为阵、埋头单干的现象，横向沟通交流较少、纵向上报联系不足，在整合各方力量方面还有待提升。

三、乡村振兴战略中统一战线作用发挥着力点的研究

（一）推动涉农非公企业发展，促进乡村产业兴旺

涉农企业的健康发展，对带动农业产业发展意义重大。要按照“质量兴农、绿色兴农、品牌强农”的要求，引导涉农非公有制企业依托当地优势优化产业和调整产业结构，发挥农业龙头企业的示范带头作用。要着力解决企业发展问题，构建一流的营商环境，支持企业延伸产业链，提高农产品附加值，向观光农业、效益农业延伸。统一战线中的新媒体人才和电商运营人才要积极宣传当地特色农产品，打开网络销售渠道，促进农业增收增效。要引导非公有制经济人士富而思源、回报农村，在一定范围内加大对农村基础设施建设的投资力度，改善农村生产生活条件。

（二）引导参与美丽乡村建设，促进乡村生态宜居

加强生态环境保护、建设美丽乡村是乡村振兴的必然要求。统一战线要运用专业优势，通过专题宣传、主题活动等方式，引导农村基层组织把环境综合整治放在突出位置，加快转变现有的生产方式和生活方式，全面推进农村生产生活方式生态化、绿色化。要引导农民提升环保意识和文明素质，同时群策群力帮助农村完善环保配套设施和服务体系，科学指导农民开展垃圾分类处理、农村污水处理、秸秆还田。统一战线中的规划设计人才和投资人才要积极参与民宿经济发展和新农村综合体建设，以互惠互利为基础，投入智力智慧和发展资金，找到共同发展的途径。

（三）支持弘扬优秀传统文化，促进乡村乡风文明

乡风文明是乡村振兴的重要内容和重要保障。要发挥基层统战工作干部、乡村文化人才和乡村能人等新乡贤的带头示范作用，将社会主义核心价值观融入农村精神文明建设的方方面面。要持续深化统一战线，宣传移风易俗行动，广泛开展道德评议、村民评议等活动，推动形成文明生活方式。要整合统一战线力量，开展各种乡村文化活动，加强对优秀传统文化的整合利用，深入挖掘其中蕴含的优秀思想观念、人文精神、道德规范，发挥其凝聚人心、淳化民风的作用。要支持统一战线中的知识分子参与“农民夜校”“道德讲堂”科技普及等活动，助力提升农民的文化素质。

（四）积极投身基层治理实践，促进乡村和谐稳定

基层协商民主是统战工作在基层发挥作用的重要载体，更是形成乡村治理体系的重要抓手。要发挥乡（镇）、村（社区）统战工作队伍作用，推动基层协商机制的建立和完善，建立协商民主议事机构，让群众自主参与村务的决策、实施和监督，通过协商民主找出问题症结所在，细心进行疏导。积极探索基层社会治理新模式，形成民事民议、民事民办的多层次基层协商格局。要通过发展基层民主、完善村规民约、强化村务公开引导群众进行平等和充分的协商，寻求各方利益最大公约数，促进农村和谐稳定、农民安居乐业。要注重发挥民族团结进步创建活动和宗教正能量，团结引导少数民族群众和信教群众自觉投身社会主义新农村建设。

四、保障统一战线投身乡村振兴战略的思考

（一）加强指导营造氛围

分类组织开展统一战线助推乡村振兴动员部署、学习培训和职能部门协调，指导工商联（商会）、统战团体制订工作方案并广泛征求意见建议，共同出实招，不断丰富行动内涵，增强活动的针对性。加大对统一战线助力乡村振兴行动的宣传力度，弘扬正面典型。

（二）搭建平台畅通渠道

要深入挖掘统一战线的资源优势，开辟统一战线助力乡村振兴的渠道和途径。要在深化“村企对接”“同心共建”等载体的基础上，积极探索专项调研、主题座谈、意见建议收集反馈等机制，搭建和畅通智力平台和融资平台，破解乡村发展难题。

（三）适当配套鼓励政策

要有效进行引导和激励，充分调动广大统一战线成员在乡村振兴战略实施方面的积极性和主动性，助推乡村振兴成为党外人士代表队伍特别是党外干部队伍建设的实践基地和考场。要加大对投身乡村振兴的非公有制企业、新社会组织的帮扶力度，适当给予政策支持。

关于争创农产品主产区（县）先进县的调研报告

洪雅县人民政府副县长　杨曲冰

按照县委、县政府工作安排，结合分管工作，洪雅县围绕了解民情实情、搞清问题症结、破解困局难题，采取实地调研和召开专题座谈会

等形式，对农产品主产区（县）考核办法的指标一一进行了分析研究，并提出了工作目标及举措，现将调研的主要内容报告如下。

一、对标先进，找准差距

在2018年度县域经济发展农产品主产区（县）考核中，洪雅县总得分为80.0797，排名35个农产品主产区（县）第31名。排名前四位的分别是渠县、米易县、中江县、三台县，考核总得分分别为84.4339分、84.3292分、83.8066分、83.5666分，与县域经济先进县分别相差4.3542分、4.2495分、3.9318分、3.4869分。

（一）从五大考核指标来看

1.经济发展指标(6项)。年度考核得分为24.3421分，与先进县得分差距分别为2.3294分、1.574分、3.0581分、3.5212分。

2.城乡发展指标(4项)。年度考核得分为18.1301分，与先进县得分差距分别为1.3419分、0.455分、1.0093分、-0.2233分。

3.民生改善指标(3项)。年度考核得分为15.4471分，与先进县得分差距分别为0.7597分、0.9671分、-1.0135分、-0.3656分。

4.生态环境指标(4项)。年度考核得分为17.9764分，与先进县得分差距分别为-0.0606分、1.4556分、0.0336分、-0.0616分。

5.风险防控指标(1项)。年度考核得分为4.184分，与先进县得分差距分别为-0.0162分、-0.2022分、0.8443分、0.6162分。

洪雅县与先进区（县）差距主要在经济发展和城乡发展两类指标上，民生改善类因城镇居民、农村居民人均可支配收入两项指标总量靠前，考核得分高于中江县、三台县，生态环境类考核得分与米易县有较大差距（见图1）。

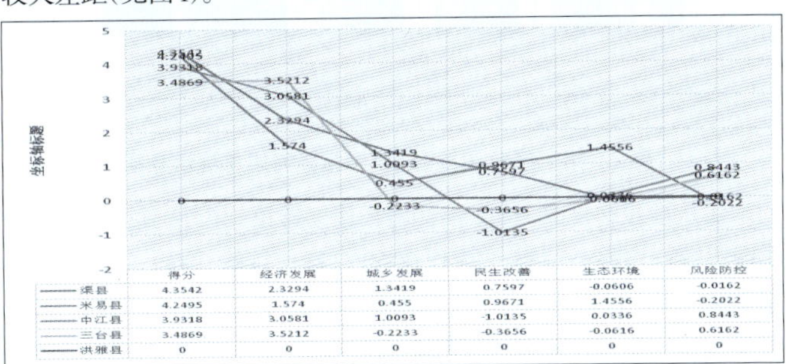

图1 五大考核指标得分示意图

（二）从考核指标总量及排位情况来看

目前，共收集到第一产业增加值、服务业增加值等8项指标2018年完成情况及在35个农产品主产区（县）中的排位情况。具体情况详见表1。

表1 考核指标总量及排位情况表

县	第一产业增加值				服务业增加值				民营经济增加值			
	绝对数（亿元）	排序	增长(%)	排序	绝对数（亿元）	排序	增长(%)	排序	绝对数（亿元）	排序	增长(%)	排序
洪雅县	17.84	32	3.8	10	46.45	24	9.7	20	73.22	28	7.2	30
渠县	65.48	5	3.7	21	116.02	4	10.6	7	172.41	2	8.4	17
米易县	14.99	34	4.1	3	57.06	15	8.5	27	96.56	15	7.8	27
中江县	87.49	1	3.6	31	152.94	1	11.3	4	243.22	1	9.3	5
三台县	81.06	3	3.8	10	113.09	5	11.5	3	160.81	6	8.7	13
县	社会消费品零售总额				城镇居民人均可支配收入				农村居民人均可支配收入			
	绝对数（亿元）	排序	增长(%)	排序	绝对数（元）	排序	增长(%)	排序	绝对数（元）	排序	增长(%)	排序
洪雅县	46.01	31	11.9	22	32609	9	8.1	30	17259	2	9.1	30
渠县	133.92	4	12.5	5	30095	23	8.9	3	14657	18	9.4	19
米易县	40.83	32	11.2	30	34600	1	8.2	26	17211	3	9.1	30
中江县	184.76	1	12.5	5	31026	18	8.3	23	14176	23	8.9	35
三台县	177.44	2	12	20	32016	13	8.3	23	15593	8	9.1	30
县	粮食总产量				环境空气质量达标率				—	—	—	—
	绝对数（吨）	排序	增长(%)	排序	绝对数(%)		排序		—	—	—	—
洪雅县	94102	33	1.6	1	80.6		31		—	—	—	—
渠县	648137	4	0.6	8	87.1		19		—	—	—	—
米易县	111206	31	0.4	17	96.2		2		—	—	—	—
中江县	812471	1	0.1	27	81.7		27		—	—	—	—
三台县	658830	3	-0.1	29	51.6		28		—	—	—	—

1.从指标完成总量来看：除城镇、农村居民人均可支配收入2个收入指标外，第一产业增加值、服务业增加值、民营经济增加值、社会消费品零售总额及粮食总产量除与米易县接近外，与其他3个区（县）的差距均在1倍以上。

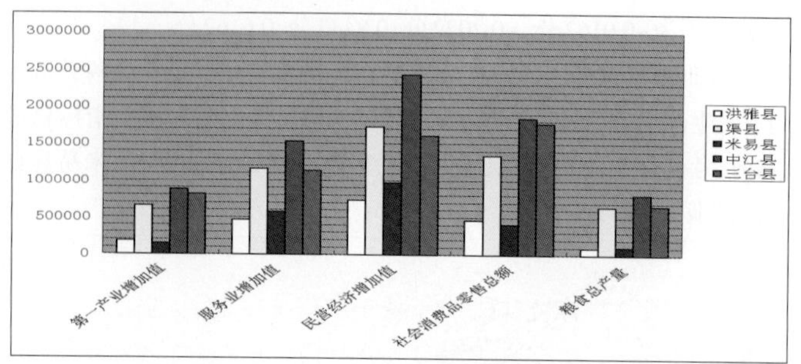

图2 第一产业增加值等5个指标完成总量示意图

2.从增长速度来看:除粮食增长速度排第1位外,其余指标均在10名以外。第一产业增加值增速3.8%,增速排第10位。服务业增加值增速9.7%,排第20位。社会消费品零售总额增速11.9%,排第22位。民营经济增加值增速7.2%,排第30位。粮食总产量增速1.6%,排名第1位。城镇居民人均可支配收入增速8.1%,排第30位。农村居民人均可支配收入增速9.1%,排第30位(见图2)。

(三)结论与建议

一是与先进区(县)相比,主要差距体现在经济发展和城乡发展两类指标,争取先进县就要抓住经济发展和城乡发展重点指标补短板。

二是在经济发展指标中,总量完成情况是最大的差距,按照经济发展的规律,总量排位在短期内变化不大,第一产业增加值等5项指标总量排位将难以改变在近年内处于靠后位置的现状。总量小、基数小,在增长速度上有较大的提升空间,增长速度要确保排名进入前4,力争更好名次,才有机会在考核时补齐总量短板。

二、工作目标及举措

(一)突出增速,缩小差距,加快经济发展

2018年,第一产业增加值增速排名第1位是4.3%、第4位是4.1%,服务业增加值增速排名第1位是12.7%、第4位是11.3%,社会消费品零售总额排名第1位是13.3%、第4位是12.7%,民营经济增加值排名第1位是9.9%、第4位是9.5%。

提质绿色有机农业。确保第一产业增加值增速达4.5%以上,总量达186432万元,增率保持在前10位。一是夯基础。聘请专业公司高标准编制现代农业园区规划,整合项目资金并重点向园区倾斜,根据园区主导产业发展情况,整合高标准农田建设、高效节水、农业信息化等项目,强化农业基础设施建设,提高园区机械化耕作水平和信息化水平,其中2019年落实高标准农田建设1.6万亩。二是促产业。以"一杯茶""一树椒""一篮菜"为主抓手,新培育有机茶基地5000亩,全县累计认证有机茶园达1万亩以上任务。在余坪、洪川、中保等乡(镇)新发展藤椒1万亩,力争3年内藤椒种植面积达10万亩。在中保、余坪、三宝、瓦屋山等乡(镇)选址建设单个片区连片种植规模500亩以上优质蔬菜种植区,建成优质蔬菜基地2000亩。启动2500头母猪场建设。以汉王、柳江、高庙、七里坪等乡(镇)为重点抓好中药材基地建设。积极与省厅对接,争取项目和资金,支持瓦屋山药业、汉王王沟药王谷等中药材新型经营主体发展。

做优现代服务业。截至2019年年底,全县三产增加值增速完成10%的目标,力争到2020年三产增加值增速提升为11.4%。一是争创天府旅游名县,深化洪雅康养品牌建设,确保瓦屋山5A级景区、七里坪国家级度假区创建成功。以四季峨眉、华熙国际、PVCP太阳季等重大项目为支撑,升级康养产业。二是确保涉及三产14个主要行业目标稳中提升,其中公路运输总周转量增速达14%,邮政业业务总量增速达40%;金融机构存贷款余额增速达18%,保费收入增速达14%;电信业务总量增速达35%;地方公共财政八项支出增速达18%;批发业商品销售额增速达18%,零食业商品销售额增速达18%,住宿业营业额增速达18%,餐饮业营业额增速达18%;商品房销售面积增速达45%,房地产从业人员增速达10%,房地产从业人员劳动报酬增速达20%;其他营利性服务业企业营业收入增速达45%。

创造良好民营经济发展环境。2019年,全县民营经济增加值79.07亿元,增速目标任务为8%;2020年,全县民营经济增加值86.58亿元,增速目标任务为9.5%。一是要抓好对外引进,主动接受中心城市产业辐射,承接发达地区产业转移,瞄准世界500强、国内100强品牌企业精准招商,引进国内百强企业或10亿元以上重大项目2个,2020年力争引进国内百强企业或10亿元以上重大项目3个以上。二是要抓好存量培育,重点培育县域骨干企业、行业龙头企业和"专精特新"企业。拓宽企业融资渠道,拓展企业销售市场,大力支持中小微企业发展,鼓励企业建立现代企业制度,促进"个转企""小升规",不断优化企业发展"五个环境"。三是要营造良好环境,严格落实中央、省、市关于促进民营经济发展的决策部署和县委、县政府《关于印发民营经济健康发展的实施意见》(洪委〔2019〕6号)文件精神,不断完善"书记、县长接待日""特别行动队""特别服务队"等机制,构建"亲""清"政商关系。健全促进民间投资健康发展的工作机制,建立吸引民间资本投资重点领域项目库,持续向民间资本推介项目,民间投资比重达60%以上,全年引进项目12个以上,协议投资200亿元以上。

(二)稳中有升,统筹兼顾,推动城乡融合

提升粮食总产量。力争粮食产量增率达1.5%以上,总量达95513吨,增速保持在前3位。与县统计局、县国家调查队衔接开展培训指导,确保应记尽记、应统尽统,真实、客观反映情况。

保障耕地保有量稳中有升。建议上级相关部门颁布耕地保护补偿激励的相关文件,确定补偿激励制度的大体方向;确保地方财政有固定的专项资金来源用于耕地保护补偿激励办法的实行;加强日常巡查监督,及时避免土地用途的违法改变。

提高污水垃圾处理率。截至2019年年底,污水处理率县城达85%,建制镇达50%以上,县域生活垃圾无害化处理率达100%。加快瓦屋山场镇污水处理厂、王坪群贤村污水处理站、金花桥射亭村污水处理站、七里坪新区污水处理厂4座厂站建设。实施江北城区排水管网综合整治项目工程,并在余坪镇、三宝镇配套建设生态湿地。加强县城生活垃圾清理,加强县域生活垃圾处理场监管。建立健全巡查工作机制,每周至少开展一次巡查、督察,对巡查中发现的问题及时与运营公司协商、沟通,第一时间整改到位,确保垃圾场正常运转。

提高农村户用卫生厕所普及率。截至2019年年底,全县农村户用卫生厕所普及率达72.2%,力争2020年农村户用卫生厕所普及率达85%。坚持整村推进、连片建设,以农村户用厕所改造建设为重点,以点扩面、稳扎稳打、有序实施,坚持短期目标与长远打算相结合,尽力而为,逐步提升全县农村卫生厕所普及率。坚持监管结合,积极构建长效运行机制。

(三)量速齐抓,共建共享,增进民生福祉

力争农村居民年可支配收入增率达9.8%以上,总量达18950元,总量保持前3位。一是加强农村居民90个样本户的结对联系,定期开展培训指导,做好调查点记账户记账工作,提高记账质量。二是强化青年农场主、农业职业经理人等职业技能培训，引导和鼓励返乡农民工、中高等学校毕业生、退役士兵等人员到农村创业。三是持续推进绿色、有机和地理标志产品认证的财政补贴工作，抓好藤椒种植补贴和县级现代农业园区激励政策的落地落实。四是及时兑现农业支持保护补贴、农机购置补贴、退耕还林补助等各项强农惠农政策。

力争城镇居民年可支配收入增率达8%。一是努力扩大就业。结合洪雅县旅游经济发展实际，充分发挥第三产业优势，加大第三产业投入和开发力度，增加就业岗位。二是拓宽增收渠道。加强落实担保贷款、创业补贴等惠民政策，鼓励下岗失业人员、高校毕业生等群体自主创业，努力加大经营性收入和财产性收入在家庭总收入中所占的比重。三是提高工资收入水平。建立合理的工资增长机制，加强对最低工资标准以及企业工资指导执行情况的检查，保障劳动者合法权益，促进职工工资收入稳定增长，提高城镇居民收入水平。四是关注弱势群体。落实大病医疗救助、困难群众临时救助、最低生活保障等惠民政策，完善城镇居民最低生活保障制度，提高低收入家庭收入水平，扩大中等收入者比重。

力争常住人口基本公共服务人均支出水平稳中有升，预计2020年常住人口基本公共服务人均支出水平为2767.39元。进一步加大对上级财力性转移支付的争取力度，培植财源，增加洪雅县可用财力。在确保达到中央、省制定的标准上，在财力范围内争取2020年常住人口基本公共服务人均支出水平在2019年基础上增幅达到1%。

（四）加强保护，改善生态环境

一是确保万元地区生产总值能耗降低3%以上；二是力争空气质量优良天数达300天；三是集中式饮用水水源水质达标率达100%；四是森林覆盖率达71%以上。认真落实好森林资源管理目标责任制，加强森林资源保护法律法规的宣传，在日常工作中加大对林木采伐、林地占用、天然林保护等的巡查力度。

（五）预防风险，稳定财政收入

加强重点税源、非税收入征管，加快盘活土地资源，加大土地出让力度，做大基金收入，增强财力，降低综合债务率、利息支出率。切实加大债务化解力度，力争2020年综合债务率＜100%，利息支出率＜10%，逾期债务率=0%，隐性债务化解完成率100%。

因地制宜　分类收集　村民自治　市场运作

——丹棱县推行农村生活垃圾处理新模式情况介绍

中共丹棱县委　丹棱县人民政府

丹棱县辖区面积450平方千米，山区、丘区、坝区面积各占1/3，辖7个乡（镇）70个村499个组，有农户4万余户、农业人口13万余人。2011年以来，全县按照中央、省、市部署，丹棱县探索推行了以“因地制宜、分类收集、村民自治、市场运作”为主要内容的“户分类、村收集、县处理”的农村生活垃圾收运处理机制，解决了农村生活垃圾处理投入难、减量难、监督难、常态保持难问题，走出了节俭、实用、可持续的农村生活垃圾处理路子。

一、主要做法

归结起来，丹棱县推进农村生活垃圾处理的主要做法是探索推行了“因地制宜、分类收集、村民自治、市场运作”的模式。

（一）因地制宜，建分类收运设施

垃圾收集设施和转运设备怎样才能适合分类的特点，怎样才能节俭实用，丹棱县在全县推行“龙鹄模式”的基础上，逐步形成了“因地制宜、三级连贯”的做法。一是农户自备垃圾分类设施。农户根据自家实际最少自备4类垃圾收集设施，厨房设厨余（可腐）垃圾和其他垃圾收集桶，杂物间或房屋角落设有害垃圾和可回收物堆放桶（袋）。二是村组统一修建垃圾收运设施。打破乡（镇）、村（组）行政区域界线，统一布局垃圾分类亭和其他垃圾收集池。根据农户分布，按照“方便农民、大小适宜”的原则，分别修建带宣传栏的“丹”字形分类收集亭和简易分类收集点（池），在能通行县上压缩式垃圾车的村道旁建设村收集站。三是统一转运处理。将村收集站的垃圾转运和处理实施工作打捆外包，由环卫公司统一转运处理。

（二）分类收集，实现源头减量

根据农村垃圾的组成特点，怎样才能实现大幅减量、减少转运处理成本？丹棱县探索了“农户主体、源头减量”的做法。通过制定《村规民约》、印发宣传画入户指导村民正确分类处理垃圾。要求农户按四类进行分类处理：一是将烂水果、烂菜叶等可腐（厨余）垃圾单独放桶后倒入沼气池或还田处理。二是将有害垃圾（主要是农药包装废弃物）单独存放后送到指定点兑换物品或抵扣现金。三是将可回收物单独存放后，自行出售。四是将其他垃圾单独收集后，就近投放到垃圾分类收集亭的灰桶或垃圾池中。从垃圾分类收集处理情况看，全县垃圾日产量为110吨，其中工程焚烧35吨、入沼气池或还田约60.2吨、可回收约6吨、其他8.8吨；无害化处理率约为92%，分类减量率约为60%。

（三）村民自治，发挥群众主体作用

在垃圾收集过程中，谁来发动群众、谁来筹资收集、谁来监督保洁？丹棱县探索了“群众主体、三方监督”的做法。一是以村“两委”为主，充分发挥群众参与。各村通过广泛宣传、召开大会、入户做工作，在群众中强化了“自己产生垃圾自己收集”的观念，增强了群众在垃圾收集上的主体责任意识。二是按照村民自治法有关规定，采取“一事一议”方式筹集承包收集费用。乡（镇）和村“两委”在发动群众的基础上，引导村民自愿确定交纳垃圾收集费。每位村民每月交纳不低于1元的垃圾收集费用，不足部分由村集体经济收入和县财政补助解决。三是建立三方监督互动管理机制，实现及时收集保洁。各村又通过制定村规民约形成了村组干部、承包人、村民三方监督的互动管理办法。各村都组建了卫生管理小组和村民代表卫生监督小组，村组干部人人都是卫生管理员，既监督村民，又监督承包人；承包人要做到常态保洁，主动监督村民是否按要求进行初分类和定点倾倒，监督村（组）干部有没有管理村民；村民缴纳保洁费后，增强了主人翁责任意识，主动监督承包人有没有及时清运，监督村组干部有没有尽责管理承包人，确保了保洁到位、分类到位和清运到位。

县委、县政府在抓脱贫攻坚工作方面做到“三个优先”,即工作优先研究、资金优先保障、项目优先推动。在日常工作中,尽量进村入户走访了解扶贫工作开展情况。在走访调研中,采用“望、闻、问、切”的方式全面精准了解脱贫攻坚责任、工作和政策落实情况以及存在的具体困难和问题,为下一步工作安排和政策制定掌握最真实的基础资料。

全县的财力一直比较薄弱,要保障162个贫困村10余万名贫困对象持续稳定退出的资金需求,压力很大。但是,为了打赢这场硬仗,必须多方筹措资金,务必保障脱贫攻坚的资金需求。县财政采取“各端各的菜、共办一桌席”的办法,以财政资金为“引子”,整合撬动各类项目资金、社会资本等投入脱贫攻坚。从统计数据看,仅2019年,全县财政就安排预算扶贫专项资金9350万元,整合撬动各类资金3.45亿元投入脱贫攻坚。近五年来,全县财政专项累计投入达7.37亿元,每年县级预算同比增长11.5%以上,累计整合投入各类资金14.45亿元,保障了脱贫攻坚的资金需求,在解决了责任和资金问题后,各项工作的落实也就变得快速有效。

二、改善基础设施建设,解决群众最急最盼

县财政安排专项资金实施以“三改两建一维修”为主的人居环境整治项目,对全县贫困户的住房、厨房、厕所等进行集中改造、修缮,进一步改善其生活条件。

全县以项目建设为支撑,始终贯穿“抓项目、重落实、促发展、保民生”这条主线,将全县162个贫困村作为交通扶贫、水利扶贫、能源扶贫的主战场,加大投入,努力解决群众最急最盼的现实问题。近几年,全县对改善贫困村基础条件的投入是巨大的,贫困村面貌变化也是巨大的。全县新(改)建农村公路300余千米,实现了道路、客车、邮政“三通”,70%以上的农户实现了户通小板路,群众出行条件得到很大改善;通信网络实现了“村村通”,广播电视、生活用电实现了“户户通”;修建了一批山坪塘、屯水田、排灌渠、蓄水池等水利设施,旱天缺水现象基本得到解决。2019年,在贫困村都达到退出标准后,全县把工作重心放在了人居环境整治上,积极组织推动农村生活垃圾处理、污水治理、“厕所革命”、村庄清洁、畜禽粪污资源化利用等工作,全县农村人居环境质量得到有效改善。

三、发展经济,脱贫必须着眼长远

在帮助贫困户发展经济上,县脱贫办和各行业牵头部门结合本地支柱产业,进一步深化帮扶措施,拓宽增收渠道,完善利益联结机制,让贫困老百姓有稳定的收入来源,真正做到衣食无忧。

第一是抱团发展柠檬产业。全县依托发展成熟的柠檬产业优势,指导贫困村采取“龙头企业+专合组织+基地+农户”运作模式,因地制宜大力发展柠檬产业。这几年,全县已培育以柠檬为主导的“龙台河产业扶贫示范带”1个,带动140余个贫困村发展柠檬产业8万余亩,惠及8万余户农户,直接带动8000余名贫困户人均增收1800余元。同时,还推出“赏柠檬花、摘柠檬果、观柠檬景、吃柠檬宴”乡村旅游项目,群众通过入股分红和就近务工增加了不少收入。

第二是大力发展生猪产业。安岳县作为生猪产出大县,有不少的成功案例和典型经验。经过考察,全县引进广东温氏股份有限公司、新希望集团等龙头企业,采取“龙头企业+村级集体经济+贫困户”等模式带动10余个贫困村村集体和贫困户发展生猪促增收,这种发展模式安全高效、收入可观,值得推广。在最近的一次调研时,镇子镇狮子坝村村支部书记汤远登介绍,全村集体经济发展有柑橘、花椒、生猪等产业,这两年村集体经济收入人均超过200元,而最主要的收入来源是与温氏合作的生猪养殖产业,年增收近20万元。目前,全县建成扶贫家庭农场13个、“温氏生猪”扶贫家园30个,实现年产猪苗30万头以上,解决就业岗位3000余个,带动1000余户3100余名贫困户增收致富。

第三是建立帮扶基金。为进一步增加特殊群众的收入,全县投入3370万元设立特困户帮扶基金,投入1100余万元设立内生动力基金,由村集体主导发展产业,将产生的收益全部分配给特困户,这样对于全县特殊群体来说又多了一笔稳定的收入。对于那些有劳动能力的贫困户,除了帮扶其发展产业外,还通过组织开展技能培训,推荐其外出务工和居家灵活就业;针对有“等靠要”思想、好吃懒做的贫困户,既做“加法”又做“乘法”,千方百计让其转变观念、提升能力。这两年,县脱贫办组织人员到阆中、遂宁、宜宾、南充等地学习先进经验,并结合全县实际,探索出以“感恩奋进教育、文化体育活动、特困户帮扶、幸福美丽家园建设、文明家庭评比”等为载体的“五大活动”,通过提升认识、增加收益有力激发了贫困户的主动脱贫意识。

四、感恩奋进,安岳一定迎来美好明天

全县开展帮扶干部与贫困群众共学一次扶贫政策、共商一次扶贫措施、共叙一次农家话语、共干一次农家活儿、共吃一次农家饭菜、共解一件农家困难的“六个一”帮扶活动。通过开展活动,帮扶干部把工作做到了老百姓的心坎里,群众的满意度、获得感大幅提升。

2019年12月22日,安岳县代表全省片区外的县接受国家脱贫攻坚成效考核。全县组织相关部门进行研究,并形成一致意见,按照原来的工作部署,利用现有时间持续开展补短板、强弱项工作,进一步提升脱贫质量,将全县脱贫成果真实地展示给考核组,争取好的考核成绩。2020年1月12日,考核组完成考核工作并进行了交流反馈。从考核组反馈意见看,全县前期的安排部署及努力得到了回报。

全县干部群众一道,不负韶华、不辱使命,以不胜不休的勇气和滴水穿石的坚持,圆满完成了脱贫攻坚各项目标任务,取得了决定性成效。在全面小康的路上,这场轰轰烈烈的脱贫决战,这份沉甸甸的民生答卷,必将激励158万安岳人民砥砺奋进,在实现中华民族伟大复兴中国梦的征程上书写更加辉煌的时代华章!

安岳县多措并举助力脱贫攻坚

安岳县扶贫开发办公室

一、安岳县健全“四大机制”提高脱贫质量

安岳县贫困人口基数大,是全省片区外脱贫任务最重的非贫困县。近年来,安岳县深入贯彻落实上级关于脱贫攻坚决策部署特别是习近平总书记在解决“两不愁三保障”突出问题座谈会上的重要讲话精神，健全落实“四大机制”，推动脱贫质量不断提高。

一是完善组织架构，健全合力攻坚机制。强化扶贫开发工作领导责任制，健全完善“组织指挥、定点帮扶、激励约束”机制，形成一级抓一级、层层抓落实的工作格局。组织指挥机制。成立以县委书记、县长任双组长的脱贫攻坚领导小组，明确县委副书记直接分管、1名县委常委协助分管、1名副县长主抓主推，县级领导齐上阵，形成上下联动、责任到底、合力攻坚的责任落实体系。通过召开县委常委会、县政府常务会、领导小组会、脱贫攻坚现场会、工作推进会常态化研究部署，推动脱贫攻坚工作落地落实。定点帮扶机制。实行贫困村一名挂联领导、一个帮扶部门、一个驻村帮扶工作队、一名“第一书记”、一名驻村农技员“五个一”和非贫困村一名“第一书记”、一名帮扶责任人、一个农技巡回服务小组“三个一”帮扶工作机制，坚持市、县联动，组建驻村帮扶工作队162个，每户贫困户明确1名帮扶责任人，实现帮扶力量全覆盖。激励约束机制。统筹县纪委监委、县委督查室、县政府督查室、县脱贫办力量，加大集中督查、暗访督查力度，制定问题清单并及时印送提示县级挂联领导并交办给行业部门和乡（镇），督促整改落实。发挥考核“指挥棒”的作用，将驻村帮扶工作成效与年终考核、评先评优、提拔任用挂钩。2015年以来，全县累计提拔重用脱贫攻坚一线干部67名。

二是聚焦核心指标，健全带贫益贫机制。聚焦“两不愁、三保障”精准发力，充分发挥“规划引领、两大主导产业带动、系列政策兜底”带贫益贫作用，确保脱贫退出“不漏一户”“不落一人”。规划引领机制。围绕总体目标和年度目标，印发实施打赢脱贫攻坚战三年行动实施意见、打好精准脱贫攻坚战实施方案，明确产业扶贫、兜底保障等目标任务和具体举措。集中力量、集聚要素、集成项目，研究制订农业产业扶贫、社会保障扶贫、健康扶贫、教育扶贫等17个扶贫专项实施方案。产业带动机制。采取“龙头企业+”“农民专合社+”等模式，健全贫困户产业增收利益联结机制。累计建成贫困村集体经济组织162个，柠檬、生猪两大主导产业惠及贫困人口2.2万人，分别带动贫困群众年人均增收1800元、3000元以上。政策兜底机制。筑牢因学返贫、因病返贫、因灾返贫“三道防线”，2019年资助贫困学生近7万人次，贫困群众住院费用个人自付比例为8.82%，贫困户住房安全得到有效保障。坚持“应保尽保、应兜尽兜”，发放农村贫困人口低保金等补贴44万人次、8500万元。

三是坚持由内向外，健全动力激发机制。坚持把扶志放在首位，强化职业技能培训，搭建就业平台，激发脱贫攻坚内生动力。扶志机制。设立内生动力基金，广泛宣传脱贫攻坚政策，深入开展感恩教育、特困户帮扶、“小手牵大手”活动，大力宣扬脱贫先进典型，引导贫困群众增强脱贫主体意识，摆脱“意识贫困”。从调查情况看，95%以上的贫困户认为脱贫光荣，希望通过自身努力摆脱贫困。扶智机制。强化职业技能培训，联动推进农广校实用型培训、职教中心订单式培训、就业局转移型培训、“农民夜校”补充式培训、驻村农技员点对点培训，让贫困群众学习掌握最适宜的种养技术和致富技能，摆脱“能力贫困”。加大义务教育“控辍保学”力度，从根本上阻断贫困代际传递。就业机制。坚持政企联动、集体经济带动，大力开发农村公益性岗位，建立扶贫基地，举办就业招聘会和送岗位下乡活动，帮助有劳动力的贫困群众转移输出和就地就近就业，摆脱“机会贫困”。2019年，全县实现贫困劳动力务工就业3.4万人，占有劳动力贫困人口总数的83.3%。

四是强化资金统筹，健全投入保障机制。加大脱贫攻坚投入，统筹各类资金，形成以财政投入、项目投入和金融投入、社会投入相结合的资金保障机制。财政专项投入机制。健全脱贫攻坚财政投入稳定增长保障机制，积极向上争取资金，加大财政投入，强化预算安排，有力地保障了脱贫攻坚资金需求。2016—2019年，全县共投入各级财政专项扶贫资金6.96亿元，其中县级财政投入2.89亿元，占财政专项扶贫资金总额的41.5%，年均增加1600万元以上。项目整合投入机制。整合各类项目特别是涉农项目资金，坚持向贫困村倾斜、资金跟着项目走，最大限度发挥整合资金效益，持续改善贫困村、贫困户生产生活条件。2016—2019年，全县共整合安排部门专项扶贫资金14.87亿元。金融精准投入机制。完善精准扶贫信贷政策，聚焦产业发展和生产经营，为贫困村、贫困户量身定制金融精准扶贫产品，累计发放扶贫小额贷款6386.9万元，惠及贫困户1963户。建立小额信贷分险基金，筑牢金融风险“防火墙”。社会参与投入机制。坚持以脱贫攻坚为引领推进乡村振兴，动员组织社会力量开展精准“造血”、精准助困、精准强志等活动，营造全社会参与支持脱贫攻坚的浓厚氛围。2019年，筹集社会资金300余万元，在济困济医、助学助残等方面对贫困群众给予帮扶。

二、创新推行“四大模式”，发展柠檬“黄金果”助力脱贫奔康

安岳被誉为“中国柠檬之都”，全县柠檬种植面积52万亩，产量58万吨，占全国市场份额80%以上，实现产值110亿元。在脱贫攻坚工作中，安岳县认真贯彻落实习近平总书记关于扶贫工作的重要论述，坚持把打赢打好脱贫攻坚战作为最大的政治责任，围绕“两不愁、三保障”总体目标，借助柠檬这个特色优势产业，创新推行“四大模式”，带动贫困群众增收致富，助力如期脱贫奔康。

一是创新推行新型经营主体带动模式。大力推行“龙头企业+专合组织+基地+农户”运作模式，开展“市场营销+订单农业”“电子商务+示范基地”“种养结合+循环发展”等模式，以龙台河为轴线，培育了一个以柠檬为主导的“龙台河产业扶贫示范带”，建成标准化柠檬产业园5万余亩，带动全县141个贫困村发展柠檬产业8.1万亩，年产柠檬9万余吨，贫困户户均种植柠檬1亩以上，人均纯收入1800余元。

二是创新推行土地流转入股分红模式。积极引进华通、安德利等农产品加工龙头企业，推进柠檬精深加工，带动农户进行有主导方向的土地流转；积极引导农村致富能人回乡创办新型农业经营主体，通过致富能人的影响力和号召力带动贫困户进行土地流转。据不完全统计，全县各类新型农业经营主体流转了贫困村10% ~ 30%的耕地，贫困户通过租赁土地，每亩土地租金在650 ~ 910元左右。建立“村集体+公司+基地+贫困户”模式，由村集体负责统筹安排村级扶贫基金，组建公司、建立基地为贫困户提供柠檬苗、种养技术和销售渠道，贫困户以土地入股，所得收益由村集体、龙头公司与贫困户按照一定比例分红。贫困户通过土地入股年终分红年人均纯收入可提高60 ~ 100元。

三是创新推行返乡创业带动模式。突出安岳良好生态本底，发挥柠檬产业优势，吸引在外务工人士回乡创新业，依托柠檬园组建贫困村柠檬生态旅游专合社，推出“摘柠檬果、赏柠檬花、观柠檬景、吃柠檬宴”乡村旅游项目，打造集吃、住、游、购、采摘体验于一体的柠檬生态度假休闲区，不断拓宽柠檬文化展示载体，促进农文旅融合、一三产业互动，带动贫困户通过入股、就地务工增收致富。

四是创新推行金融信贷帮扶模式。针对贫困户柠檬种植贷款难与贵的问题，结合安岳柠檬种植特点，引导县农商银行联合县内金融机构量身定制柠檬种植贷款产品，通过“金融服务+全产业链”“企业+银行+贫困户”“银行+柠檬从业者”等多种帮扶模式，着力解决周期错配等问题，支持贫困户发展柠檬产业，有效解决了贫困户发展柠檬产业资金不足的问题。

三、安岳县突出贫困户就业服务“三性”，做好培训、转移、吸纳“三篇文章”

安岳县是四川省片区外贫困人口最多的县，贫困劳动力达70564人。近年来，安岳县围绕解决贫困家庭“零就业”难题，始终坚持把就业作为脱贫的关键之举，全力做好培训、转移就业和就地吸纳“三篇文章”，持续巩固脱贫攻坚成果。2019年，全县转移输出和就地吸纳贫困劳动力稳定就业达3.4万人，占贫困人口总数的48.4%，贫困劳动力务工年人均收入超过3万元。主要做法是：

一是突出培训“精准性”，因人施训提高就业技能。精准掌握贫困劳动力就业现状，部门帮扶责任人和镇村联动，紧盯重点对象宣传引导，广泛动员其参加技能培训，切实提高了培训的覆盖面。精准掌握贫困劳动力培训意向，对口开发培训工种，科学编制培训目录，柠檬种植工、农村电商工、服装定制工、居家保洁工和月嫂工、钢筋工等工种深受贫困劳动力欢迎，切实提高了培训的针对性。不断精准培训方式，联动推进县农广校实用型培训、县职教中心定单式培训、县就业局转移型培训和“农民夜校”补充式培训、驻村农技员点对点培训，切实提高了培训的实效性。仅2019年的技能培训脱贫行动就开展“送培训下乡”扶贫专项培训10期，定向培训贫困劳动力333人，有效促进了劳动力就业能力的全面提高。

二是突出转移“引导性”，政企联动扩大转移规模。积极开展“春风行动”“就业援助月”“鞋服产业专场招聘”等系列活动，搭建转移平台，提供岗位信息，免费职业介绍，有组织引导贫困劳动力转移就业。深化与成都市武侯区、重庆市大足区等地的区域劳务开发协作，推进岗位信息共享、网络平台共用、人力资源共训、输出主体共育、现场招聘共促，引导贫困劳动力向重点区域输出。依托县、乡、村三级就业服务体系，扎实开展送岗位信息下乡，分区域、分行业举办“就业扶贫专场招聘会”，2019年全县贫困劳动力转移就业规模达25362人，占目标任务的235%；新增转移就业3561人，占目标任务的365%。

三是突出吸纳“灵活性”，主体带动拓展吸纳空间。突出发挥返乡创业带动灵活就业作用，组织开展返乡创业项目推介，2019年新增返乡创业5033人，农民专业合作社、家庭农场等新型主体带动贫困劳动力灵活就业超过10万人次。突出发挥企业吸纳就业牵引作用，引导鸿星尔克、华通柠檬等龙头企业履行社会责任，建立贫困劳动力务工优先机制，重点开发、及时发布适合贫困劳动力的工作岗位，着力生活关心、待遇倾斜与教育培养并重，促进贫困劳动力内生动力的充分激发，一批贫困劳动力逐步成长为业务骨干。突出发挥农村公益性岗位在灵活就业中的兜底作用，因地制宜开发清扫保洁、道路养护、治安巡防、社保协管和留守老人、儿童看护等岗位，有效促进老龄、残疾等贫困人口就地就业，2019年新安置农村公益性岗位人员372人，全县在岗农村公益性岗位人员达1060人。

四、做精做实健康扶贫，全面解决因病致贫返贫难题

近年来，安岳县认真贯彻落实习近平总书记关于扶贫工作系列讲话精神和省、市、县脱贫攻坚决策部署，紧紧围绕让贫困人口“看得起病、看得上病、看得好病”目标，紧盯健康扶贫工作重点任务，坚持精准识别、精准救治、精准管理，通过提高保障水平、提高服务能力、提高健康水平等措施，扎实有效解决全县贫困人口因病致贫、因病返贫问题，为夯实全面建成小康社会基础提供了有力保障。

（一）聚焦医疗精准优质服务，大力开展免费体检和慢病随访

安岳县对农村贫困人口严格实行“一户一策”精准施治，对贫困人口进行家庭医生签约，为辖区内所有建档立卡的贫困人口建立居民健康档案，以村卫生站为基础、乡（镇）卫生院为中枢、县级医疗专家团队为补充，对不可逆转维持治疗、慢性病贫困人口开展“1+1+1”服务。采取集中和入户相结合的方式，深入开展血压、肝功、心电图等免费体检和慢病随访，宣传健康知识和扶贫政策，对患病贫困人口自我保健等进行指导，及时准确掌握其身体状况，有力促进贫困人口健康素养的形成，确保贫困人口公共卫生服务落到实处。2019年1月—11月，辖区内免费健康体检贫困人口58163名，贫困人口居民健康档案建档率达100%。

（二）综合施策促保障全覆盖，严格落实政府代缴和一站结算

安岳县严格落实贫困人口医疗保险政策，确保医保、大病保险、医疗救助“三重”保障全覆盖。一是政府全额资助代缴。县财政全额资助代缴参保个人缴费部分，实时调整人员信息，确保全县贫困人口及时享受医疗保障待遇，防止出现因人口流动等原因导致的断保、漏保等情况。2019年，全县建档立卡贫困人口参保率达100%。二是全面实施“一站式”服务。全面实行农村贫困人口住院“先诊疗后结算”“报账一站式、结算一次性”服务，减化贫困户住院治疗流程，从制度层面杜绝贫困户因资金问题不能得到及时救治的问题。三是严格降低贫困户自付比例。加大资金保障力度，确保贫困人口就医自付比例控制在10%以内，切实解决贫困人口“看病难、看病贵”难题。2019年1月—11月，全县贫困人口县域内就医共计报销住院76986人次，个人支付2570万元，个人支付占比为8.82%，实现了农村贫困人口县域内住院医疗费用“微支付”。

（三）强基固本扩大诊疗范围，强力推进大病专项救治和管理

安岳县优化就医流程，规范医疗行为，强化重点专科建设，提升大病救治服务能力，有效解决因病致贫和因病返贫问题。根据县域内发病特点和县外转诊情况，对心血管内科、呼吸内科等科室进行重点打造，建成省、市重点专科16个。确定定点医院，推进临床路径管理，针对全县贫困户大病发生的实际情况，筛选出较为普遍的大病病种扩充到大病专项救治病种范围，对新增病种和新发病患者实行发现一例、管理一例、治愈一例、销号一例，确保大病诊疗及管理的连续性、规范性，做到贫困群众各种病症都能得到及时、有效的救治。2019年1月—11月，贫困人口大病专项救治2384人次，县域内就诊率达98.96%。

五、安岳县“三大平台”推动消费扶贫，助力贫困群众增收致富

安岳县紧紧聚焦贫困人口稳定脱贫和持续增收，深入开展“以购代扶”消费扶贫，着力搭建“三大平台”，不断拓宽农产品销售渠道，提升农产品供应水平和质量，推动贫困群众致富增收，实现“两不愁、三保障”。

一是搭建产品展示展销平台。由安岳县委、县政府主办，每年至少开展1次扶贫产品展示展销，为全县扶贫产品搭建供销平台。以成都资阳同城化发展为契机，策划举办“安岳·味道”名优特产进成都市机关活动，动员四川华通柠檬、安岳雨露柠檬等获评“四川扶贫集体商标”授权的企业和城北乡安堂村、岳源乡宝林村等贫困村的农副产品参加展销，销售额达400余万元。2017年以来，先后举办了2017迎春购物月活动、第十届柠檬节展销活动、首届安岳柠檬杯汽排球赛特色商品展示展销活动、2018年资阳迎春购物暨“资味”新春大拜年活动、“10·20”安岳柠檬网销节展示展销活动、2019年新春大集市暨扶

贫产品展示展销活动，累计达成扶贫产品交易订单超过1800万元。

二是搭建“以购代扶”销售平台。改变简单的“送钱、送物”帮扶方法，深入实施“以购代扶”模式，引导各帮扶单位积极内购帮扶贫困村的扶贫产品，充分激发贫困群众发展生产的主动性和积极性。同步鼓励全县162个贫困村与党政机关、社会团体等单位对接，实现扶贫产品直接进入机关、企业、学校、医院等单位餐桌，形成协议帮扶单位与贫困村双方各取所需的可持续良性互动工作格局。2019年以来，各乡（镇）和帮扶单位共开展“以购代扶”活动500余场，采购贫困村、贫困户特色农副产品交易金额达400余万元。

三是搭建线上线下销售平台。推行“电商+扶贫”模式，组织扶贫产品对接邮政、永腾商贸等本地电商企业，将扶贫产品上线到柠檬小仙、邮乐小店等线上营销平台，帮助贫困群众展示销售农特产品。指导华通、雷蒙等电商企业搭建“京东扶贫馆”“苏宁易购馆”，支持永腾商贸、华柠等企业对接阿里巴巴平台举办“兴农扶贫”农产品销售活动。组织爱心电商企业帮助贫困群众策划、设计、制作、销售农产品包装，全面提升农产品销售形象和附加值。同时，发挥全国电商进农村示范县优势，建成电商精准扶贫便民服务网点119个，占全县贫困村总数的73%，为村民代购生产生活必需品，提供代收包裹快递、代缴水电气费等便民服务。2017年以来，通过各站点和平台累计达成扶贫产品交易订单2100万元，受益贫困群众12000余人。

全面深化农业农村改革　探索牧区改革“红原经验”

中共红原县委副书记　蒋明平

近年来，红原县认真贯彻落实中央、省委和州委关于农业农村改革工作部署，围绕“牧区增绿、牧民增收、牧业增效”目标，积极探索实践符合牧区实际、体现红原特色的农业农村改革路径，取得明显成效，2019年，被评为全省农村改革工作先进县，红原的机制模式和经验做法得到充分肯定和高度评价。

一、全面加强县委领导

认真贯彻《中国共产党农村工作条例》，全面加强县委对推进农业农村改革的领导，压紧压实县委农村工作领导小组和县委深改委农村改革专项小组责任，充分发挥好决策参谋、统筹协调、政策指导、推动落实、督导检查等作用，聚焦打赢脱贫攻坚战和补上全面小康“三农”短板两大重点任务，结合红原是全州唯一纯畜牧业县的实际，科学谋划部署推动农业农村改革各项工作，精心制定年度工作要点和台账，明确目标任务、落实改革措施，确保改革有人抓、抓得好、出成效。结合“不忘初心、牢记使命”主题教育和“两联一进”群众工作，围绕推进脱贫奔康、实施乡村振兴、培育特色产业、建立利益联结、壮大村级集体经济等，开展专题调研43次，形成调研报告17篇，同时注重调研成果运用，突出问题导向、分析症结原因、提出解决办法，有效把在调研中形成的好想法、好办法转化为破解难题的工作措施和实实在在的工作成效。

二、扎实推进重点改革

紧盯重点领域和关键环节，扎实推进各项改革工作。围绕农村集体产权制度改革，完成村级集体经济改革试点，清理核实经营性资产1.41亿元、非经营性资产1.91亿元，投资8800万元。推进农村土地“三权分置”，完成农村土地承包地确权面积1011亩，颁证497本。结合供销综合改革，建成更攀农牧民专业合作联合总社，提升农牧民专业合作社43个，有效盘活村集“三资”，实施多方股权量化，探索推广“联合社+企业+基地+合作社+牧户”利益联结机制。围绕农业供给侧结构性改革，实施国家现代农业示范区、全省现代草原畜牧业试点示范县建设，投入各类资金8亿余元，实施草原生态保护、基础设施建设、生产方式转变、牧民转产创业、经营机制创新5个方面18个重点项目建设，建成现代家庭示范牧场301个、联牧规模经营区4个、草产业经营大户8户、健康养殖基地9个、牦牛选育基地2个，创办全国首家“牦牛电商平台”，建成县级电商服务中心1个、村级服务站点34个，7家本土企业及30余个合作社20余种农畜绿色产品上线销售，草原生态明显改善、畜群结构全面优化、基础设施不断配套、抗灾能力明显加强、经营主体更加多元、产业体系逐步完善、优质绿色农牧产品供给结构更加合理多元。围绕州级乡村振兴试点县建设，落实专班推进机制，实施建设项目39个，完成投资1.27亿元，乡村基础设施短板明显改善。投资3000万元，推进农村人居环境整治和污水、垃圾、厕所“三大革命”试点，乡村环境整洁优美、规范有序。鼓励农牧民从事三产服务，发展乡村特色旅游，建成上规模的牧家乐18家、家庭旅游示范户170余家，700余户牧户近3000人转产成为商户和经营者，户均增收1.5万元。围绕农牧业对外开放合作，与新西兰、俄罗斯等签订合作协议，引入国航、北控滨南、新希望等一批实力集团。与川甘青藏等牧区交流协作，建成“青藏高原牦牛产业大联盟”。

三、有力助推脱贫奔康

立足资源禀赋、产业基础和贫困现状，探索推广了多种产业脱贫模式，有效促进了群众增产增收。龙头企业联带模式。企业通过招聘贫困户就业、优先收购畜产品等方式带动贫困户增收。牦牛乳业、遛遛牛、月亮湾等企业招聘了380余名建档立卡贫困人员入企就业，月收入3000元以上。牦牛乳业公司年均支付建档立卡贫困户奶款170余万元，户年均增收4250余元。集体经济联营模式。全县13个建档立卡贫困村拥有集体经济项目18个，通过盈利反哺、轮换饲养和资源入股等方式，900余名贫困人口人均收益3160元。发展基金联扶模式。整合绵阳援建、浙江东西协作、贫困村产业扶持资金3000万元，支持发展畜牧养殖、畜产品加工和旅游服务等吸纳人数多、带动能力强、扶贫效果好的产业项目，确保贫困户“资产收益保底、量化股权分红”，惠及1420户贫困户，户均年增收720元。社会力量联合模式。开展体制外帮扶，充分发挥统战、工商联等和帮扶部门的桥梁纽带作用，引导社会各方资源向贫困人口汇聚，激发脱贫内生动力。成立“爱·红原”社会救助慈善基金，解决特困人员医疗、教育等困难。金融保险联动模式。推动金融保险机构创新金融服务产品，通过政策性牦牛保险、冬春草场火灾保险等各类农业保险减少贫困户因灾损失。依托小额信贷分险基金，支持有能力发展产业的贫困户申请贴息贷款购买生产资料，支持无产业发展条件的贫困户以贴息贷款入股企业、合作社，定期分红。

红原县将紧密结合乡（镇）行政区划调整和村级建制调整改革工作，聚焦农村土地制度、经营制度与产权制度改革，科学编制“十四五”农业农村发展规划，建立完善体制机制，充分发挥农村基层党组织的战斗堡垒作用，不断激发群众内生动力，在脱贫奔康、乡村振兴、农村改革等方面探索实践更多可复制、可推广的经验模式。

全面深化改革　为康定高质量发展贡献力量

中共甘孜藏族自治州委常委、康定市委书记　邓立军

2019年以来，康定市坚定以习近平新时代中国特色社会主义思想为指导，深入贯彻党的十九大和习近平总书记对四川工作系列重要指示精神，全面落实中央和省委、州委全面深化改革决策部署，紧紧围绕全市总体工作布局，全力推动重点领域、关键环节改革，改革工作扎实有效推进，取得了阶段性显著成效。但同时必须清醒认识到，当前，康定市全面深化改革已迈进了攻坚期和深水区，改革的复杂性、敏感性、艰巨性更加突出，全市上下要按照中央、省委、州委既定改革部署任务，坚持一手抓改革方案制订，一手抓改革举措落实，着力提高改革的针对性和实效性，为建设“四个康定”注入新的活力动能。

一、统一思想，坚定推进全面深化改革的政治自觉

全面深化改革是以习近平同志为核心的党中央站在新的历史方位作出的事关全国全局的重大战略部署，体现了党中央敢于向积存多年的顽瘴痼疾开刀的政治勇气和智慧。全市上下始终坚持以习近平新时代中国特色社会主义思想为指导，深入学习贯彻习近平总书记关于全面深化改革重要论述，准确把握、认真落实中央和省委、州委各项改革部署和具体要求，用改革的思维、改革的办法、改革的理念破解前进中的困难，创造性地开展工作，做到适应新形势有新思路、应对新情况有新办法、解决新问题有新举措；始终坚持以解放思想为引领，立足甘孜看康定、放眼全省看康定，在改中求新、在改中求进、在改中求突破，不断释放潜能、增创优势、破解难题、攻克难关；深刻认识全面深化改革是推动康定经济社会高质量发展的必然选择，是顺应全市人民对美好生活向往的现实需要，必须始终将全面深化改革放在事关康定发展全局的重要位置来谋划、来推动、来落实，持续啃硬骨、涉险滩，坚决将改革事业推向前进。

二、巩固成效，全面高质量完成机构改革任务

机构改革工作启动以来，康定市严格按照中央和省委、州委深化机构改革的部署要求，制定落实时间表、路线图、任务书，“一盘棋”统筹推进机构改革，各项工作推进有力有序，实现了组织架构重建，完成了机构职能调整，为实现治理体系和治理能力现代化奠定了坚实基础。但仍有大量工作需要完善，必须坚持以加强党的全面领导为统领，以推进机构职能优化协同高效为着力点，扎实做好机构改革“后半篇文章”，推动机构改革成果巩固深化。一是健全党对重大工作的领导机制。深入学习把握机构改革中形成的加强党的领导的理论创新、制度创新和实践创新，进一步完善保证党的全面领导的制度安排，切实改进党的领导方式和执政方式，不断提高党把方向、谋大局、定政策、促改革的能力和定力。二是推动“三定”规定落实到位。重点评估机构改革后各部门“三定”规定是否落实、职能转变是否到位、工作职责是否履行到位以及部门间协调配合机制是否健全完善、分工是否明确等情况，坚决防止职责真空、任务悬空、责任落空等问题发生，确保“三定”规定落实不变形、不走样。三是提高履职尽责能力水平。聚焦主责主业，突出重点关键，把工作职责、运行机制、人员力量有效整合起来，推进机构、职能、人员全面融合，确保全市各个职能机构运转顺畅、发挥作用，不断提高履职尽责能力水平。四是抓好机构改革配套任务落实。按照“政事分开、事企分开、管办分离”原则，深化事业单位分类改革，优化结构布局，强化公益属性，提高事业单位公益服务质量水平。不断加快全市行政执法事项、执法力量整合，进一步健全运行机制，完善执法体系，规范执法行为。进一步加大简政放权力度，持续深化“放管服”改革，解决好“中梗阻”和“最后一公里”问题。六是依法加强机构编制管理。从严从紧控制机构编制，建立健全管理评估机制，加大对机构编制违纪违法行为的查处纠正力度，坚决维护机构编制管理的严肃性、权威性。

三、把握重点，努力推动全面深化改革向纵深发展

全面深化改革已进入承前启后的关键时期，全市上下要推动思想再解放、改革再深入，努力在一些重点领域和关键环节实现更大突破。一是深入推进经济体制改革，持续加大企业招引、项目招引、资金招引等方面改革力度，建立健全推动县域经济发展、区域协调发展、民营经济健康发展体制机制，着力推动资源优势向经济优势转化，实现县域经济又好又快高质量发展。二是深入推进国有企业体制改革，加快国有资本整合，建立健全国资运营监管体系，不断完善国有企业现代管理制度和市场化经营机制，实现国有资本向优势资源、优势领域延伸，不断提高国有资本效率、增强国有企业活力，实现做大做强做优。三是深入推进生态文明体制改革，以建设川西北生态示范区为抓手，建立健全“五大体系”。完善“五大机制”，全面落实河（湖）长制，加快推进山长制，高质量推进“山植树、路种花、河变湖”系列工程，全力构筑“山上戴帽子、山腰挣票子、山下饱肚子”的立体生态格局，坚决守好生态保护红线。四是深入推进农业农村改革，大力实施乡村振兴战略，全力抓好乡村振兴示范工程建设。统筹抓好“五大振兴”，强化“自治法治德治”三治结合。加快推动城乡融合发展综合改革试点，深入推进农村产权制度改革，探索建立乡村振兴贷款风险金制度，不断激活激发农业农村活力。五是深入推进民主法制领域改革，探索建立基层民主制度，健全民主协商工作制度，深化企事业单位民主管理制度改革。进一步健全完善依法执政的体制机制，统筹推进依法执政、科学立法、严格执法、公正司法、全民守法。六是深入推进社会体制改革，积极构建社会化、信息化、法治化、网格化、精细化的藏区常态治理体制机制，大力提升推广新时代“枫桥经验”，不断健全社会矛盾纠纷化

解机制，营造共建、共治的共享社会治理格局。七是深入推进文化教育卫生体制改革，着力解决群众最直接最关心最现实的利益问题，构建全民公平享有公共资源的服务体系，打造民生改善升级版。八是深入推进党的建设制度改革，突出党的组织制度、干部人事制度、基层组织建设制度、人才发展体制机制四个方面改革任务，坚持问题导向，全力破解党的建设中的重点、难点问题，不断增强党自我净化、自我完善、自我革新、自我提高的能力。九是深入推进纪律检查体制改革，持续深化派驻机构改革，建立完善的监督管理机制、有效的权力制约机制、严肃的责任追究机制，不断强化对公权力和公职人员的监督全覆盖，更好促进干部履职尽责、干事创业。

四、狠抓落实，坚决确保全面深化改革取得实效

改革工作难在落实、重在落实，必须切实将推动全面深化改革的责任扛在肩上，任务记在心上，工作抓在手上，坚决推动各项工作落地落实，取得更大成效。

（一）主体责任再落实

市委深改委负责人要带头示范，亲自抓谋划、抓部署、抓督察、抓落实，定期分析推进过程情况，研究解决困难问题，安排部署阶段性工作。各专项小组要对照年度改革台账细化完善工作措施，加强与上级对应职能部门的沟通交流，主动协调有关专项改革方案的制定和实施，确保各项改革不折不扣落实落地。各涉改部门负责人要做到重要改革亲自部署、重大方案亲自把关、关键环节亲自协调、落实情况亲自督察，切实解决好改革“最后一公里”问题。市委改革办要发挥好参谋助手作用，加强统筹协调，及时分解任务，传导压力，做好跟踪督促，确保全面深化改革各项工作有力有序推进。

（二）目标任务再盯紧

全市各级各部门要始终紧盯目标任务，紧盯改革事项，紧盯时序进度，按照“清单制+责任制+限时办结制”工作要求，一件一件地抓好落实，确保改革取得实实在在的成效，特别要高度重视、重点抓好改革试点工作，着力发挥改革试点的带动示范作用，以点带面推动全面深化改革。各专项小组要加强对改革典型的总结提炼，积极探索创造具有康定特色、符合藏区实际、可复制推广的改革经验，让改革成果惠及更多群众。

（三）督察督办再加力

一是突出督察重点，按照“一个专项改革方案、一份督察评估报告、一张督察评估事项表”的要求，逐一对方案推进落实情况进行督察评估，推动各项任务如期销账、交账。二是健全督察机制，进一步落实改革办、市委办、市政府办、专项小组、牵头单位的督察责任，完善精准督察问责机制，实现常态化、全方位、全过程督察。三是注重结果运用，健全完善考核评价机制，加强工作督察和日常考核，将动态管理和日常督察作为绩效考核的重要依据，绝不能“干与不干一个样、干多干少一个样”。

康定市全面深化改革进入了攻坚拔寨的阶段，全市上下要以全力冲刺攻坚，以目标倒逼责任，以时间倒逼进度，不断推动各项改革部署落地落实，为实现康定市高质量发展做出新的更大贡献。

推进城乡融合改革　激发乡村发展活力

康定市人民政府

近年来，康定市在推进城乡融合发展综合改革试点中认真贯彻落实中央和省委、州委全面深化改革决策部署，以实施乡村振兴战略为引领，大胆探索，狠抓落实，积累了改革经验，开创了康定“三农”工作新局面，农村经济实现稳定增长。2019年，康定市荣获“全省农业农村改革先进市”称号。

一、工作推进情况

一是抓住试点契机，推动融合发展。认真落实《康定市开展城乡融合发展综合改革试点实施方案(2018—2020年)》确定的试点工作任务，在构建城乡融合发展的人才保障、新型集体经济发展、乡村治理机制、公共服务融合、统筹推进等关键领域和关键环节积极创新、大胆探索。二是坚持绿色发展，培育富民产业。引导传统农业向高效、特色、观光农业转变，扩大聚集效应，推动农牧业、加工业和旅游服务业等产业融合发展。建设高原有机蔬菜、黑青稞、羊肚菌、小杂水果、中藏药材等特色产业基地10.8万亩，建设畜禽标准化养殖小区17个，培育新型农业经营主体600余个。强化农产品产销对接，搭建“互联网+农产品”平台，实现线上销售11.3亿元。大力发展康养、山地、文化、民俗、体验旅游，全年接待游客950万人次，实现旅游总收入104亿元。三是千方百计助力农民增收。拓宽就业渠道，着力增加工资性收入。2019年，全市农村居民可支配收入14773元，同比增长10.5%。采取“技能培训+推荐就业”的方式，将就业技能和就业岗位送到群众家门口，提供就业岗位9000余个，开发公益岗位1492个，就近就地转移就业2万余人，实现劳务收入1亿元。全面落实惠民惠农政策，保障转移性收入稳定增长，发放各类补贴6.7亿元。四是坚持示范引领，展现乡村颜值。紧紧围绕“成都后花园・康养加休闲”主题定位，整合资金2.05亿元，实施大渡河流域乡村振兴“一核七园”建设，打造28个示范村，以点带面推动乡村全面振兴。五是坚持综合施策，培树文明新风。纵深推进基层组织“六个标准化”建设，实施“情歌故里党旗红”党建先锋工程，将160名优秀人才选拔为村“两委”干部，把346名党员培养成为致富能手。深入推进“润育工程”，开展宣讲活动3027场次，教育引导群众转观念，满足精神追求。实施“平安乡村”建设行动，扎实开展“扫黑除恶”专项斗争，实现农村和谐安定。

二、存在的困难和问题

一是城乡公共资源配置仍不合理。农村基础设施和公共服务设施短板依旧突出，脱贫攻坚“临界”村、“踩线”村基础设施还有待完善。二是现代农业产业体系尚不健全。产业规模小，产业链短、附加值低，支农体系仍然相对薄弱。村级集体经济底子薄，收入来源窄。三是人力资源匮乏。本乡本土人才不足，人才队伍结构欠佳，实用人才较少、学历层次较低，缺乏后备力量，激励机制、培训体系不健全。

三、下步重点工作

一是坚持规划先行，科学布局。牢固树立“城乡融合、一体设计、多规合一”理念，启动编制《康定市国土空间规划》《康定市十四五乡村振兴规划》《康定市农村经济发展规划》，构建“八星拱月”空间结构，逐步实现大美乡村与现代城市交相辉映、人城境业和谐统一。

二是坚持城乡一体，开展示范创建。继续推进乡村振兴示范创建工程，每年建设示范村8个，总结典型经验，形成符合实际、可复制、可借鉴的乡村振兴之路。推进脱贫攻坚与乡村振兴有机衔接，逐步补齐脱贫攻坚“临界”村、“踩线”村基础设施短板。建立“第一书记”派驻长效工作机制，探索将脱贫攻坚帮扶力量逐步转化为乡村振兴帮扶力量。

三是坚持业态升级，加快产业融合。按照“一区二谷三景四园五基地”的产业布局，以园区建设为引领，推动八大特色产业融合发展，培育形成特色鲜明、结构合理、链条完整的现代农业产业体系。以全域旅游为统揽，推动山旅、水旅、农旅、牧旅、文旅深度融合，创建5个休闲农业示范村。

四是保障财产权益，深化土地制度改革。深入落实承包地“三权分置”，巩固承包地确权登记颁证成果，引导土地规范流转，积极发展多种形式的适度规模经营。基本完成“房地一体”的农村宅基地、集体建设用地确权登记颁证工作，促进闲置宅基地和闲置住宅通过自主经营、合作经营、委托经营等方式盘活利用。

五是激发内生动力，加大人才培育力度。出台《康定市柔性引进人才实施办法》，修订《康定市高层次人才引进办法》《康定市鼓励引导人才向基层流动稳定基层人才队伍十七条措施》。实施优秀农民工回引培养工程，深入实施农村创新创业带头人培育行动。建立“创业贷款风险基金”200万元，力争打造3个就业扶贫基地。

六是盘活资源，发展壮大集体经济。基本完成农村集体经济组织成员身份确认，118个村完成集体经济组织登记赋码，规范建立村民集体所有的村合作经济组织。鼓励村集体围绕特色产业，领办创办各类服务实体，为农业经营主体提供农机作业、物资、流通、仓储等有偿服务，对现有合作社提质升级。

全市深入贯彻党的十九大和习近平总书记对四川工作系列重要指示精神，全面落实中央和省委、州委全面深化改革决策部署，抓好涉农改革试点，加快推进农业增效、农村发展、农民增收，为全面小康建设奠定坚实基础。

精准脱贫谱新篇　奋蹄扬鞭奔小康

——泸定县脱贫攻坚工作纪实

中共泸定县委　泸定县人民政府

泸定县地处川西北生态经济区，是甘孜的“东大门”，位于汉藏彝交融结合带，自然独特、历史悠久，文化深厚、风情浓郁，因1935年5月29日中国工农红军奇、绝、惊、险地“飞夺泸定桥”而蜚声中外。全县辖区面积2165.35平方千米，辖8镇1乡145个行政村（村级建制调整改革后为90个），居住有汉、藏、彝等25个民族，总人口8.8万人。长期以来，泸定县受制于山高坡陡、沟壑纵横等地理状况，贫困面广、量大、程度深。2014年，全县精准识别贫困村44个、建档立卡贫困人口3043户10493人，贫困发生率为15.6%，是四川省“四大片区”88个贫困县（市、区）之一和全省45个深度贫困县（市、区）之一。

党的十八大以来，面对脱贫攻坚的艰巨挑战和空前机遇，县委、县政府深入学习贯彻习近平新时代中国特色社会主义思想和关于扶贫工作重要论述，始终把脱贫攻坚作为最大的政治责任、最大的民生工程、最大的发展机遇，作为“不忘初心、牢记使命”主题教育的生动实践，紧扣同步全面小康，着眼全州示范引领，团结带领全县各族群众打好打赢以“高标准、高质量、示范性”为主题的“率先脱贫、率先小康”攻坚大决战。通过上下齐心，聚力攻坚，在精准、精细上下足“绣花”功夫，2018年8月，以脱贫攻坚群众认可度99.16分的优异成绩经省人民政府批准成为四川省第二批和甘孜藏族自治州首个国定“摘帽”贫困县，脱贫攻坚取得关键性胜利，荣获“全省2017年‘摘帽’工作先进县”称号。县“摘帽”后，县委、县政府保持攻坚力度不减，与乡村振兴有机结合，聚焦“摘帽”不摘责任、“摘帽”不摘政策、“摘帽”不摘帮扶、“摘帽”帽不摘监管，扎实开展“回头看、回头帮”，做实巩固提升，切实防止返贫，截至2019年年底，全面实现44个（村级建制调整改革后为34个）贫困村退出、2961户、10239名贫困人口全部脱贫的目标任务，贫困发生率从2014年年底的15.6%下降至2019年年底的零，累计减贫3042户10503人。先后多次被评为全省“三农”工作先进县、农民增收工作先进县等，被确定为省级新农村成片推进示范县、农业产业基地强县和林业强县。

一、牢记“最大使命”，自觉担当率先脱贫的“泸定责任”

面对“面广、量大、程度深”的贫困现状，要在脱贫攻坚这场硬仗中取得完胜、交出满意答卷，离不开坚强的领导、健全的机制、“绣花”的功夫，全面推进责任落实、政策落实、工作落实。

（一）深学习、明思路，以使命扛实责任

泸定县始终将深入学习习近平新时代中国特色社会主义思想和习近平总书记关于扶贫工作的重要论述作为首要任务，不断领会精神、分析形势、研判县情，提出了紧紧围绕“率先脱贫、率先小康”这一目标打好“脱贫奔康、水电移民、依法治县”三场硬仗，实现“管党治党能力、经济发展水平、社会治理效率、绿色生态理念、城乡统筹效果”五个提升的“135”工作思路，先后作出了“关于集中力量打赢扶贫开发攻坚战，确保同步全面建成小康社会的决定”等决策部署，自觉担当和扛起了坚决打好打赢脱贫奔康攻坚战、实现全县8万人民对美好生活需求的“为民之责”，作为甘孜藏区条件相对较好地区率先脱贫的“引领之责”，与全国同步全面建成小康的“时代之责”。

（二）强组织、抓领导，用机制靠实责任

建立以县委、县政府主要领导为“双组长”的脱贫攻坚指挥体系，形成县、乡、村三级联动、目标责任书和承诺书“两书”定责、全县上下“一体”发力的“321”扶贫攻坚工作机制。落实县级领导督查、县委巡察、脱贫攻坚办指导检查、目标督查办常态督查、驻村帮扶办随机抽

查、乡村交叉检查"六查"机制，做到了领导带头蹲点督战，各级各部门、各帮扶责任人手上都有"责任书"，眼里都有"倒计时"，胸中都有"作战图"，确保脱贫攻坚有力有序。

（三）共参与、全覆盖，定任务压实责任

探索创新"双县级干部（一名县委常委加另一名县级干部）+共建共创单位"帮扶贫困村和"联系乡（镇）县级领导+乡（镇）干部+结对认亲干部"帮扶联系非贫困村的县级领导"双联机制"，全体县级和科级领导干部"全覆盖"结对联系贫困村、贫困户；44名"第一书记"和90名驻村工作队员全脱产到贫困村任职，71名农林技术员"全覆盖、无缝隙"帮扶贫困村、非贫困村；3000余名公职人员按照"三问、三看、三比对""八个一""三百、三零、四级四访、一督查"要求，与全县1.9万余户农户"结对认亲"、常态走访、帮扶发展，构建起了干群合力、齐心攻坚、众志脱贫的工作大格局。

二、抓好"最大民生"，奋力书写率先脱贫的"泸定作为"

坚持以习近平总书记"四个切实""六个精准"扶贫开发战略思想为指导，聚焦脱贫标准，主动作为奋战，抓好民生保障，推进民生改善。

（一）早谋划、先作为，奠定脱贫攻坚强基础

针对90%的贫困人口居住在高半山的县情实际，自2012年起，县委、县政府直面问题、超前谋划，率先打响"高半山脱贫攻坚战"。科学编制《高半山特色生态农业产业发展规划》，持续实施"交通三年攻坚""水电两年惠民"和"三个五万亩特色产业发展"等专项行动。自精准扶贫、精准脱贫攻坚战全面打响后，乘势加力、顺势而上，进一步编制实施《泸定县"十三五"农村扶贫规划》，打出脱贫攻坚"3+N+10"组合拳，大力推行"金融+""基础+""农业+""旅游+""民生+""社会+"精准扶贫模式，全力实施"22个扶贫专项规划"，推动了全县基础设施、民生改善、产业发展水平不断提升，为决战攻坚、率先脱贫奠定了坚实基础。

（二）建机制、强落实，保障脱贫攻坚真实效

强化"县委、县政府统筹，'五个一'帮扶力量，22个专项部门负责，各乡（镇）具体落实"工作机制，形成了党政主责、部门主抓、乡（镇）主推、干部主帮的脱贫攻坚工作格局。全面落实产业扶贫、教育扶贫、健康扶贫、就业扶贫、易地扶贫搬迁等政策，制定《财政涉农资金统筹整合方案》《精准扶贫财政金融互动政策实施方案》《建档立卡贫困村贫困户产业扶持周转金管理办法》等，建立扶贫担保基金和精准扶贫专项基金增长机制、指标分配体系，出台（落实）财政专项扶贫资金保障政策6项。截至2020年年底，设立产业扶持基金3231万元，已用活1861.49万元，累计惠及2008户建档立卡贫困户，支持村集体经济发展867.19万元；设立扶贫小额信贷分险基金1015万元，累计发放扶贫小额信贷4042.3万元，惠及贫困户1036户；设立卫生扶贫救助基金503.22万元，已发放345.16万元，累计救助贫困人口2595人次；设立教育扶贫救助基金916.8万元，已发放820.75万元，累计救助贫困学生11956人次。

（三）重教育、强引导，激发脱贫攻坚内动力

坚持"扶贫"与"扶志"并重、"脱贫"与"脱困"齐抓，既注重"外扶帮拉"，更注重内生动力激发。大力实施"润育工程"，深入开展"感党恩、爱祖国、守法治、奔小康"主题教育，开办145所农民夜校，编制以案说法、文明行动、乡村文化、创业致富等多类型、实用性本土教材。广泛开展"好媳妇""好公婆""星级文明户"评选活动，多形式举办"乡村春晚"等活动，用"身边人"讲"身边事"传承传统文化，引领新风正气。推进乡村治理，实施"厕所革命"。扎实开展"法律七进"，指导村村制定"村规民约"，引导农村群众养成好习惯，形成好风气。累计创建省级"四好村"12个、州级"四好村"79个。

（四）全覆盖、大排查，整改突出问题补短板

按照"一村一村地查，一户一户地过，一项一项地问"要求，动员全县800余名骨干力量开展贫困户"两不愁、三保障"回头看大排查工作，整改完成突出问题3个、其他问题5个、非建档立卡特殊困难户问题2个及其他各类民生诉求问题858个。按照"找定问题、核定措施、确定效果、议定成果、审定结果、认定销号"六定工作法，全面完成2016年以来中央、省、州、县脱贫攻坚成效考核、巡视巡察、督查调研、审计、媒体暗访等发现的扶贫领域各类问题417个，整改率达100%，实现所有问题整改清零。

（五）抗疫情、两促进，打好脱贫攻坚收官战

坚持将抗击新冠肺炎疫情与决胜脱贫攻坚两手齐抓、硬核施策、科学应对，建立群防群治监测网，及时隔离处置疑似患者，加强对农贸市场的监管和野生动物的管控，派遣优秀医疗骨干4人到道孚县支援抗疫。围绕"两不愁、三保障"和薄弱环节开展决战决胜脱贫攻坚"百日大会战行动"，实施挂牌督战，有力有序推动脱贫攻坚进入全力冲刺状态。着力解决生产发展和产品积压难题，帮助150余名贫困群众开展滞销农副产品"清零"行动。做好务工人员信息摸排采集工作，鼓励支持3817名贫困人口外出务工；举办2020年"春风行动"和蒲·泸互动线上招聘会3场，提供岗位信息704个。运用现代化技术手段开展扶贫项目设计、评审等前期工作，并提前备工备料，促进开工复工。全面摸清贫困户产业帮扶、发展需求，落实困难群众扶贫小额信贷受疫情影响给予最长不超过6个月的还款延期制度。

（六）固脱贫、防返贫，提升脱贫质量促成色

聚焦"四个不摘"，保持县"摘帽"后攻坚态势不变和扶贫政策总体稳定，先后制发《泸定县打赢脱贫攻坚战三年行动实施方案》《泸定县巩固脱贫成果防止返贫工作实施方案》《泸定县防止返贫监测和帮扶实施方案》等措施文件。统筹调配资源要素，2018—2020年共投入各类财政扶贫资金6.78亿元，精准安排实施523个扶贫项目，持续围绕农村基础设施提档升级，做实产业就业、教育医疗、社会保障、公共文化服务、易地扶贫搬迁后续扶持等重点工作，常态开展易返贫致贫边缘户预警监测，落实2户边缘户、1户监测户动态帮扶，探索建立解决相对贫困长效机制工作试点，推动减贫战略体系平稳转型，以高质量的脱贫成色和可持续的脱贫成效顺利通过国家脱贫攻坚普查。

三、下足"最细功夫"，扎实走好率先脱贫的"泸定路径"

自脱贫攻坚以来，共统筹整合财政涉农资金10.22亿元，开展农村交通建设大提升、水电设施大提质、通信网络全覆盖、美丽乡村大建设等工程项目建设，实现了乡（镇）通硬化路和行政村通硬化路"两个100%"，解决了6万余人的安全饮水问题，全县行政村实现农户电网延伸供电，户均变压器容量达3千伏安的前列水平。光纤宽带、4G通信网络全面覆盖，5G基站建设有序推进。实施5846户危房改造（藏区新居）、72个幸福美丽新村建设，完成18户51人易地扶贫搬迁，乡乡建有标准中心校、达标卫生院、便民服务中心，农村生产生活条件持续改善，城乡面貌发生了翻天覆地的变化。截至2019年年底，全县农村居民人均可支配收入达13561元，实现了"高标准脱贫"目标任务。

（一）固堡垒、夯根基，以党建的"强引领"保障脱贫攻坚

坚持"抓党建促发展惠民生，抓党风促政风带民风"理念，重点以

"三项建设"为抓手,持续开展服务型基层组织、基层组织规范化、能力建设和基层党组织核心领导能力建设,全力打造"百里党建示范长廊",把基层党组织战斗堡垒作用切实转化为脱贫攻坚优势,形成党建统领、示范带动、创新实践的生动局面,通过推行"支部+合作社+公司+农户"等模式,累计培育州级种养大户408户,打造2个省级先进基层党组织,24个州级红旗示范党组织。完成全县152个村(居)委会集体资产清产核资4.9亿元,资源性资产161.31万亩,确认集体经济组织成员12937人,量化资产1017.61万元,组建村级经济股份合作社57个。

(二)抓优势、促壮大,以产业的"优发展"支撑脱贫攻坚

按照"宜农则农、宜牧则牧、宜林则林、宜旅则旅"的产业发展原则和"一圈一带一走廊"及"脱贫奔康百公里产业带建设"的产业发展区域布局,打造以优质蔬菜、高产核桃、特色水果为主的"三个五万亩"提质增效工程和无公害蔬菜示范片、畜禽标准化养殖"两个基地"建设,建成以"特色水果、优质干果、绿色蔬菜、道地中药材、优质食用菌、生态畜牧业"为主的六大特色农林产业23万余亩,成功打造泸桥镇、烹坝镇果蔬产业带,金鸡坝村桃子产业带,瓦斯营盘村果桑基地、泸定万亩仙桃产业基地等产业带和产业基地,建成1个省级、7个州级现代农业万亩示范区,食用菌现代农业园区被命名为全省三星级现代农业园区。全县有效期内"三品一标"农产品22个,培育"泸定红樱桃""雪域野农苹果""泸定幸福仙桃""泸定有机羊肚菌""贡日夏藏香猪""雪森美好核桃油""泸定野花蜂蜜""磨西老腊肉""磨岗岭木耳""金康源羊肚菌"等本土品牌,20个产品申报使用"四川扶贫"商标,9类产品入选"圣洁甘孜"知名产品,4个品牌入选"商务领域知名品牌";引进元正食品等7家龙头企业,带动发展专合组织451个、家庭农场154个,引导注销"空壳社"162个。培育县级以上新型农业经营主体43个,其中省级24个、国家级2个。10家企业入驻电商公共服务中心,建成4个乡(镇)电商服务站、57个村级电商服务点,166个农特产品参加广东、山东、成都、蒲江等地的农产品展销会、博览会,泸定红樱桃等农产品上线京东、淘宝。筹集资金100万元,启动"红色泸定·悦生活"——企业联动促消费系列活动,实现了"企业赢利、群众受益"。立足"红+绿"旅游资源,全力打造"红城绿谷、康养泸定"品牌,成功创建海螺沟5A级,泸定桥4A级,杵坭樱桃谷、磨西镇磨岗岭3A级等景区,常年举办泸定红樱桃节、海螺沟冰川温泉节、"5·29"红色记忆等四季节庆活动,开展杵坭、田坝、德威"康养休闲产业试验区"建设,乡村旅游累计带动人均增收5000余元,并被评为"2019年全国避暑旅游十强城市"。

(三)惠民生、大兜底,以政策的"全保障"兜底脱贫攻坚

落实控辍保学"六长"责任制和"双线包保"工作机制,实施教育"三大工程",全县基础教育入学率、巩固率、升学率均超国家标准,义务教育均衡发展通过国家评估验收。全面改造薄弱学校,实现全县教职工空编率低于1%,生均教学及辅助用房面积、图书及电脑配置、学校师生比、教师学历全部达标,实现教育扶贫。所有乡(镇)卫生院、贫困村卫生室实现标准化、信息化建设,县人民医院、县民族医院达到二级甲等医院水平,县疾病预防控制中心、县妇幼保健计划生育服务中心达到二级乙等医院水平,县疾控中心在全州率先通过实验室检验检测机构资质认定,贫困人口全部被纳入三重保障制度覆盖范围,城乡医保、大病保险"两个100%"参保,建档立卡贫困患者县域内住院和慢性病门诊维持治疗医疗费用个人支付占比均控制在5%以内,实现健康扶贫。打出"技能培训、转移就业、创业帮扶"就业扶贫组合拳,建成贫困家庭劳动力"一库五名单",通过东西部劳务协作省份广东省、省内对口帮扶县蒲江县、甘孜州、泸定县等地企业提供的岗位信息举办线上、线下招聘会7场,累计提供岗位6500余个,达成就业意向1300余人,带动420名贫困人口就地就近就业;整合部门公共服务岗位资源,开发农村公路养护、护林员、护草员、水利巡管员、村级保洁员等公益岗位1503个,解决919名贫困群众就地就近就业;打造冷碛镇1个精品基层就业和社会保障服务站,实现就业扶贫。落实低保"两线合一",低保兜底贫困户458户、855人,资助特困救助供养对象323人,落实830名困难残疾人生活补贴、1189名重度残疾人护理补贴,累计为485人次建档立卡贫困残疾人发放扶贫对象生活补贴,兑现社会救助和保障标准与物价上涨挂钩联动机制,困难群体人员养老保险政府代缴率达100%,累计发放特殊生活补助、低保金、残疾补贴等资金1.38亿元,实现社会保障扶贫。

(四)抓治理、重保护,以绿色的"全生态"筑牢脱贫攻坚

牢固树立"绿色青山就是金山银山"理念,全县森林覆盖率提高至44.93%,常年管护国有林90.64万亩,补偿集体公益林107.42万亩。实施"一河两线"生态植被恢复工程,公路沿线绿化率达95%,城乡庭院及节点绿化850亩,人工造林1830亩。大力实施"河变湖(湿地)"工程,授牌省级康养基地2个、省级森林人家14个。农村土地整治19个村362户贫困户,修建大江大河堤防8.66千米,治理水土流失面积9180公顷;打好大气、水、土壤污染防治等"八大战役",地表水质长期保持在Ⅱ类以上水质。建成农村户用卫生厕所16279户,普及率为75%;畜禽粪污资源化利用率达80%,农村生活垃圾得到有效处理的行政村达90%。

(五)借智力、聚合力,以社会的"大帮扶"助力脱贫攻坚

一是深化东西部对口支援和扶贫协作,广东江门累计投入资金1.38亿元,实施县人民医院附属设施、农村环境综合整治等17个援建项目。二是深化定点帮扶,借智借力省委台办、民建四川省委等12个省级部门,投入帮扶资金6263.19万元,实施得妥镇金光村旅游新村等196个援建项目,选派18名优秀中青年干部到泸挂职蹲点帮扶。三是深化省内对口帮扶,2017年以来,与蒲江县达成"蒲江·泸定互补型、跨区域、一体化发展战略协议",投入帮扶资金2680万元,实施"贡嘎中蜂"养殖等127个项目。推进乡(镇)、机关、企事业单位、社会组织之间结对帮扶,选派70名优秀中青年干部到泸挂职交流、支医支教。四是深化社会扶贫。扎实开展"10·17"扶贫日系列活动,2015—2020年,累计收到社会各界捐款共计746.14万元(其中定向捐赠377.66万元),支出669.27万元(其中定向捐赠416.95万元),救助各类困难群众4千余人。开展"万企帮万村""千企帮千村"帮扶项目,募集爱心企业捐款316万元,构建起了"全民扶贫,聚力攻坚"的大格局。

(六)抓衔接、提质量,以率先的"高姿态"接续脱贫攻坚

深刻领会习近平总书记在决战决胜脱贫攻坚座谈会上关于"接续推进全面脱贫与乡村振兴有效衔接"的重要论述,科学认识、精准把握"推进全面脱贫与乡村振兴有效衔接、相辅相承的关系",立足"成渝后花园·康养加休闲"总定位,切实把巩固脱贫"摘帽"成果与实施乡村振兴战略紧密结合,全力打造"红城绿谷·康养泸定"新品牌。加快推进牛背山、二郎山森林公园、贡嘎东湖旅游综合体等重点旅游项目开发,打造大渡河乡村康养休闲旅游度假带,开展9个乡村旅游示范村建设,成功打造泸桥镇海子环环村、海子坪村"长河云端·海子山居",冷碛镇杵坭村、金鸡坝村"醉美樱桃谷、幸福桃花渡"等农旅融合发展样板,杵坭樱桃谷景区成功创建为3A级景区,杵坭乡获评"首批

省级森林小镇”。成功创建星级乡村酒店、星级农家乐27家，省级森林康养基地2个、森林康养人家4家、森林人家23家，旅游扶贫新村6个。

四、啃下“最硬骨头”，总结提炼率先脱贫的“泸定经验”

只有始终加强思想武装，发扬革命理想高于天的长征精神，把学习好、领会好、贯彻好习近平总书记关于扶贫工作的重要论述作为首要政治任务，内化于心、外化于行、转化为果，与贫困群众“同吃同住同劳动”，“不落下一户一人”，齐心攻坚、众志脱贫，才能确保脱贫“摘帽”方向正确。

只有始终做到真帮实扶，发扬要为群众谋幸福的长征精神，不做“盆景”“垒大户”，统筹兼顾贫困村和非贫困村。以干部作风带动村风民风，深入开展脱贫攻坚领域作风整治，廉洁扶贫、阳光扶贫；“不降低标准、不吊高胃口”，不断激发群众内生动力，才能赢得脱贫“摘帽”群众满意。

只有始终夯实发展基础，发扬一切从实际出发的长征精神，整合使用好涉农资金，紧盯脱贫硬指标，“缺啥补啥、固牢基础”，实现“三保障”和农村水、电、路、通讯等基础设施全覆盖。紧抓泸定产业优势，坚持三产融合，助推产业发展，助农增收致富，才能确保脱贫“摘帽”基础牢固。

只有始终坚持问题导向，发扬严守纪律、立行立改的长征精神，建立“六查”机制，落实问题整改“五签字”，将问题“点球式”发到部门、乡（镇）、个人，以“清单制+责任制+限时办结制”方式及时交办、限期整改、到期复查，才能巩固脱贫“摘帽”工作成效。

只有始终坚持责任担当，发扬不怕艰难、不畏险阻的长征精神，全县上下践行“不脱贫、不撤军”，主动放弃周末、节假日，“5+2”“白+黑”奋战一线，全覆盖走访贫困户、非贫困户和“五类重点户”，逐户制定帮扶措施、实施帮扶项目、真心真情帮扶，才能汇聚脱贫“摘帽”强大合力。

只有以上带下示范引领，发扬顾全大局、紧密团结的长征精神，在各级各部门领导深入泸定蹲点督导、悉心指导下，在社会各界的关心、支持和帮助下，通过各级领导把脉会诊、排忧解难，才能收获脱贫“摘帽”优异成果。

完善多元增收机制　带动群众脱贫致富

中共九龙县委书记　赵景强

近年来，九龙县委、县政府高度重视农牧民增收工作，全面落实书记、县长责任制，坚决推动党中央和省、州系列惠民政策及决策部署落地落实落细，坚持以特色产业为引领，拓宽稳定增收多元化渠道，实现了农牧民人均可支配收入持续较快增长的可喜成绩，2017—2019年，全县连续三年获得“全省农村改革和农民增收工作先进县”荣誉称号。2019年全县农牧民人均可支配收入达15369元，同比增长10.5%，已连续六年，居全州第一位。

一、完善产业发展机制，激发稳定增收动力

立足生态资源禀赋和地理条件，坚持走“名特精优”的产业化路子，优化形成牦牛、花椒、核桃、魔芋、茶叶“五朵金花”+生物药材、特种养殖、特色果蔬立体农业产业发展思路，持续推动农牧产业结构调整升级，激发产业助农稳定增收的动力、活力。一是完善特色发展机制。坚持“人无我有、人有我优”原则，制定完善《九龙县农业产业发展规划》《天乡茶叶现代产业融合示范园区方案》《万头牦牛园区建设项目实施方案》《毛驴特色养殖发展总体规划（2018—2025年）》等，扎实推进九龙牦牛、九龙花椒、天乡茶叶、毛驴、生猪、中藏药6个特色农业产业园建设，特色产业提档升级、做大做强。建成特色产业基地9.85万亩，特色畜禽养殖基地2个、养殖场3个；申报“三品一标”农产品23个，开发农副产品5类36种，培育省、州名牌产品、知名商标5个，有效扭转了“千村一面、万户一业”的旧状。二是完善融合发展机制。推进农旅深度融合发展，大力培育观光农业、体验农业等现代农业新业态，重点开发一批休闲农庄、特色民宿等乡村休闲度假产品，并在“延链补链强链”上做文章，构建“种养+加工+销售+旅游+农户”的产业增收体系，推进三次产业融合发展，形成了乡乡有产业、村村有实体、户户有门路的增收格局。三是完善开放发展机制。推广“互联网+实体经济”发展模式，多举措培育电商产业，新建县级电子商务服务中心和冷链仓储物流配送中心，全覆盖建立乡（镇）电商服务站。深入实施品牌强县战略，提高供给质量，包装打造、销售松茸、牦牛肉、藏香猪、矿泉水、花椒、茶叶等农特产品，充分借助省内外对口帮扶平台积极参加农博会、蓉欧会等，近三年同新希望集团、阿胶集团等签订了战略合作协议，签约到位资金3.2亿元。

二、完善政策支撑机制，筑牢稳定增收根基

学深吃透国家和省、州关于推进精准扶贫、促进民营经济发展、实施乡村振兴等重大政策，因势利导在政策机制层面出实招、求突破，扶持壮大市场主体。一是完善产业发展政策机制。出台促进民营经济健康发展若干政策，扶持村集体经济发展试点方案，加快农业产业发展意见和“以奖代补”、分险基金管理办法等政策措施，加大财政、用地、减税等支持力度，提供金融贷款担保和60%贴息，整合资金940万元建立了全州首支产业分险类基金，撬动各类资金4.47亿元投向农业农村，兑现奖补资金1000万余元，政策红利持续惠及广大群众。二是完善就业创业政策机制。落实财政担保贷款财政贴息、促进就业相关政策，健全职业农民与农民工职业技能培训机制，坚持市场导向、需求导向，开设特色种养殖、餐饮服务、叉车技能等培训班，提升管理和技能水平，增强就业创业能力，仅2019年开展有关技能培训27期、1299人。健全公益性岗位配套政策，整合2580万余元开发乡村公益性岗位6349个。健全就业招聘机制，充分借助省内外对口帮扶平台，定期举办广东省东莞市、成都市青白江区对口援助九龙县就业扶贫专场招聘会等，组织劳动力外出就业务工，目前在县外省内稳定就业368人、省外稳定就业438人。三是完善增减挂钩政策机制。健全城乡建设用地增减挂钩结余指标有偿使用机制，建立集体经营性建设用地入市制度和宅基地有偿腾退制度，按照“政府主导、市场主力、乡村主推、群众主体”的运作模式，厘清相关部门和乡（镇）、村（组）的各自职责，形成推进合力。全年成功交易指标81.59亩，实现收益2447万元；计划拆旧复垦面积1675.31亩，交易土地700亩，力争实现收益2亿元以上，切

（六）村庄风貌优化和集镇秩序提升

学习借鉴浙江省“千村示范、万村整治”工程经验，扎实推进“美丽四川·宜居乡村”建设。按照“清脏、治乱、增绿、控污”要求，推进乡（镇）场镇秩序整治，全面实施旧村改造与村容村貌提升。开展村庄清洁行动，严格农房建设风貌设计，大力实施农村危旧房改造和民居风貌塑造、农村居民房前屋后环境整治，大力改善农村生态环境，推进绿色村庄建设，加强对传统村落的保护利用等。

（七）乡风文明建设工作

构建新时代农村核心价值体系，深入推进文明乡村创建，大力培育文明乡风、良好家风、淳朴民风，提升农民群众精神面貌。加强农村公共文化建设，深入推进文化惠民工程，抓好农村义务教育。

（八）乡村治理工作

发挥基层党组织的领导核心作用，创新农村社会治理，健全村民监督机制、便民服务机制和依法治村机制，大力推行村支部书记、村委会主任“一肩挑”改革。深入推进“扫黑除恶”专项斗争，健全立体化治安防控体系建设，加强矛盾纠纷排查化解，进一步指导完善村规民约。

（九）民生社会事业建设工作

拓展农民增收渠道，农村居民人均可支配收入保持较快增长，劳动力有稳定的就业，农户有安全舒适的住房，全面解决无房户、危房户、住房困难户住房问题。大力开展电、水、路、广播电视、通信网络、天网管理等基础设施和村级公共服务中心建设，整治乱拉乱设网线现象，加大城乡居民医疗保险、低保、特困人员救助、养老保险保障力度。

德格县层层压实责任　扎实推进精准脱贫

德格县人民政府

一、县情概况

德格县位于甘孜州西北部，地处川青藏三省区结合部，国道317线、省道217线贯穿全境，是西进西藏、北入青海的重要交通枢纽，是安康稳藏的前沿阵地，也是典型的深度贫困地区。在自然条件上：面积大、海拔高、气候寒。县域面积1.2万平方千米，辖23个乡（镇）162个行政村。县平均海拔4325米，县城海拔3280米，春秋相连、长冬无夏，年平均气温6.7℃。境内森林、草原、湖泊、冰川、河流资源丰富，是甘孜州面积大县、生态大县和牧业大县。在生活条件上：居住散、交通远、条件差。农牧区居住分散，每平方千米仅7人。23个乡（镇）中距县城100~200千米的乡（镇）有7个、200千米以上的乡（镇）有11个。雀儿山以东的14个乡（镇）曾经是甘孜州居住条件最差的地区之一。在人文条件上：藏民聚、寺庙多、文化浓。全县总人口10万余人，藏族人口占97.8%。藏传佛教五大教派俱全，有57座寺庙、3个尼姑安置点，在编僧人5985人，居全州之首，是甘孜州维稳重点县。文化底蕴深厚，属康巴文化中心、格萨尔王故里、南派藏医药发祥地、全国藏族传统手工艺之乡，是甘孜州文化大县。在经济条件上：欠账多、底子薄、指标弱。2019年，全县地区生产总值14.91亿元，全社会固定资产投资17.07亿元，工业增加值2381万元，地方公共财政收入6480万元，社会消费品零售总额3.48亿元，农村居民人均可支配收入11965元，各项经济指标处于全省“底部”。

二、贫困情况

德格县致贫原因复杂交织、层层叠加，面广、量大、程度深，是国家扶贫开发工作重点县，也是“三区三州”贫中之贫、坚中之坚的深度贫困地区，在涉藏州（县）中具有很强的代表性和典型性。一是扶贫任务最为繁重。2014年，精准识别出贫困村102个、贫困人口5703户23448人，贫困发生率为27.46%，乡乡有贫困村、村村有贫困户，是得荣县、稻城县、乡城县贫困人口的总和，贫困人口占全州贫困人口总数的11%左右。二是基础设施最为落后。脱贫攻坚以前，交通差：除国、省干道上的乡（镇）外，其余所有乡（镇）没有一条通乡油路，绝大多数行政村不通硬化路，大部分行政村没有硬化主通道和联户路，是甘孜州交通条件最差的县之一；通讯差：70%的行政村没有手机信号和网络光纤；用水差：80%的村民只能喝山泉水或溪沟水；用电差：农村电网覆盖率低，50%的村民小组不通电，50%的贫困户没有电视机或接收设备。三是住房条件最为困难。脱贫攻坚以前，全县有农牧区危房4000余户、土坯房（棚圈房）3900余户，是甘孜州农牧民住房条件最差的县。四是群众收入最为单薄。脱贫攻坚以前，德格贫困群众“靠天吃饭”问题突出，群众收入主要依靠采挖虫草、政策性收入等，收入来源单一，农村人均可支配收入长期位于全州末尾。五是产业发展最为滞后。脱贫攻坚以前，德格受地理气候、区位条件、发展理念等因素影响，产业发展严重滞后，规上产业几乎为零，产业扶贫是德格脱贫攻坚的最大短板。六是内生动力最为欠缺。开展脱贫攻坚以前，德格贫困群众文化素质普遍较低，内生动力严重不足，“等靠要”思想严重，好吃懒做现象突出。

三、脱贫攻坚工作情况

自脱贫攻坚工作开展以来，德格县认真学习贯彻党的十八大、十九大精神和习近平新时代中国特色社会主义思想，按照州委“123456”总体工作格局，结合德格实际，明晰了“1616”重大发展举措，始终把脱贫攻坚作为最大政治责任、最大民生工程、最大发展机遇，集全县之智、举全县之力，确保精准扶贫精准脱贫各项措施落地见效，脱贫攻坚取得了良好成效。据统计，2014年以来，全县累计全口径投入62.47亿元，实现102个贫困村退出、5651户23461名贫困人口脱贫，彻底消除了绝对贫困，取得了脱贫攻坚“全州十一个最”的德格成绩。近年来，省、州先后10余次在德格县召开脱贫攻坚现场会，2018年、2019年均被评为全省脱贫攻坚先进县。2019年，经第三方评估，群众认可度达到99.89%；2020年初，省政府正式批复德格县退出贫困县序列，摘掉了“穷帽”。

（一）勇担“唯此为大”时代使命，深入推动脱贫攻坚责任落实

一是提高政治站位，充分发挥县委、县政府及脱贫攻坚领导小组统筹全局协调各方的“主引擎”作用。县委、县政府始终把脱贫攻坚的责任扛在肩上，构建了集规划、实施、宣传、监督、考评、问责、帮扶于一体的脱贫攻坚指挥体系。围绕脱贫攻坚主线，先后出台了《关于全面贯彻落实党的十九大精神坚决打赢深度贫困脱贫攻坚战的决定》等

"三个决定",顶层设计了"3553"产业扶贫思路、"113+N"扶贫产业体系、"1371"扶贫产业布局,制订了《德格县打赢打好深度贫困脱贫攻坚战三年行动实施方案》,全面打响了"10+5"脱贫攻坚战,深入推进脱贫攻坚三年行动计划落地落实。

二是整合项目资金,充分发挥县级行业部门分工负责、结对帮扶的"主渠道"作用。县委、县政府切实履行扶贫资金整合使用主体责任,按照"各做一道菜,共成一桌席"原则,力求扶贫规划与行业规划深度融合和精准对接。整合各类涉农资金15.97亿元,县级财政配套资金3850万元,集中用于脱贫攻坚。67个县级行业部门派出107名帮扶干部,驻村蹲点落实帮扶项目,形成纵向对口、横向对接、分工负责、方向统一、精准发力、整体推进的良好态势,确保"好钢用在刀刃上"。

三是层层压实责任,充分发挥乡、村两级"靠前作战"的"主干线"作用。制定了《关于2019年整县摘帽攻坚期间全域德格实行战时管理的实施意见》《贫困村"第一书记"管理办法》等制度,设立了整县"摘帽"期间战时管理领导小组和战时管理总指挥部,划分了七大片区协同作战机构,成立了26个乡(镇)脱贫攻坚战区、171个村级作战小组、28个扶贫专项推进领导小组及办公室,层层压实责任,层层传导压力,层层签订"军令状",凝聚起"六个实干兴德"的普遍共识,形成了"抓落实在现场"的工作格局。

四是深入攻坚一线,充分发挥党员干部投身脱贫攻坚的"主力军"作用。始终把脱贫攻坚作为锤炼干部的"大熔炉",一方面,强化教育培训,不断提升队伍能力,累计开展培训4188人次,选派37名干部"上挂"锻炼;另一方面,注重严管厚爱,兑现驻村干部各类补贴2046万元,实施基层政权建设"六小工程",解决基层干部"行路难、办公难、吃饭难、洗澡难"等问题。同时,将扶贫干部作为重点培养对象,提拔任用"脱贫攻坚一线"优秀干部154人,表彰表扬"脱贫攻坚一线"干部92人。

五是对准目标任务,全力攻坚户脱贫、村退出、县"摘帽""主阵地"。紧紧围绕"两不愁、三保障"目标,按照户脱贫"一超六有"、村退出"一低五有"、县"摘帽""一低三有"标准,聚焦脱贫攻坚"主阵地",以"背水一战"的勇气打赢了"最艰苦一仗";聚焦扶贫产业,以战略布局的手笔打赢了"最基础一仗";聚焦扶贫项目,以披星戴月的态度打赢了"最高效一仗";聚焦民生改善,以倾情倾智的毅力打赢了"最扎实一仗"。

六是注重思想引领,全域唱响"感党恩、爱祖国、守法制、奔小康"主旋律。实行单位包村、干部包户,扶贫与扶志、扶智相结合,用群众听得懂的语言逐村逐户常态宣讲,让群众思想观念明显转变、主动脱贫意识明显增强、致富激情明显高涨、法治思维明显养成、精神风貌明显改观、发展能力明显提升、生活环境明显改善、生活质量明显提高,让广大贫困群众深刻认识到"脱贫全靠党的政策好,奔康要靠自己加油干",实现物质与精神"双脱贫""同奔康"。

七是聚焦责任落实,组织推动层层递进"下深水"。坚持党政主要领导"双组长"责任制,出台县委常委"八个带头"规定。坚持县委书记亲自抓工作统筹,县委常委带头抓工作落实,部门乡(镇)党委书记及村支部书记抓工作执行,始终把脱贫攻坚"两个责任"扛实、扛牢。县委、县政府、县脱贫攻坚领导小组坚持每月至少专题研究一次脱贫攻坚工作,党政正职坚持每个月至少5个工作日用于扶贫,县级联系领导每月到乡到村到户指导帮扶工作不少于2次,帮扶单位每月到乡到村到户指导帮扶工作不少于3次,帮扶责任人到贫困户家中每月不少于1次,切实增强各级干部的政治担当、责任担当和行动自觉。

八是聚焦精准扶贫,书记遍访层层递进"下深水"。把"五级书记遍访贫困对象行动"作为落实习近平总书记"不漏一村、不落一人"指示精神的具体行动,印发《关于开展乡(镇)党委书记和村党支部书记遍访贫困户行动的通知》,坚持立足于精准识别、帮扶计划、扶贫项目、脱贫实效四个方面,聚焦薄弱环节,解民情、通民心、做实事、求实效,实现"三级书记"访贫问苦全覆盖,确保"不留死角",把脚步留在老百姓的家里,把温暖送进贫困群众的心里。

九是聚焦问题短板,监督检查层层递进"下深水"。紧扣脱贫攻坚中心工作,采取日常监督与巡视巡察"双管齐下",把整治和查处扶贫领域腐败和作风问题作为执纪问责的重要任务,形成《深化扶贫领域"3+1+2"专项治理工作方案》,共计处置扶贫领域问题线索79件;对扶贫领域各类违纪违法问题立案36件,结案34件;给予党纪政务处分33人、降低岗位等级1人、开除公职2人;针对扶贫领域出现的各类违纪违法问题追责问责81人次,通报曝光33件34人。

十是聚焦稳定脱贫,后续帮扶层层递进"下深水"。针对贫困群众后续增收难的实际,对"户和村"以"小菜园、小牧场、小手艺、小基地、小农庄"为抓手,实施"万头奶牛扶持计划",为2991户贫困户发放牦奶牛11766头,是全州发放牦奶牛数量最多的县。实施"万亩庭院经济计划"1.9万亩,是全州庭院蔬菜种植面积最大的县。实施"万名就业培训计划"11907人次(其中培育民族手工艺匠人2000名),是全州培育民族手工艺匠人最多的县。对"村级"产业注重"一村一基地","贫困村"落实每村不少于50万元的产业扶持金,组建村级合作社102个;对乡(镇)和片区产业注重小基地融入大产业,抓实"三个百村"抱团发展产业园区建设,通过"飞地产业"推动区域产业协调发展;对县域产业注重"1371"扶贫产业布局,实现"一主多元化",分步骤、分阶段有序推进产业发展。

(二)抓住"精准帮扶"核心要义,深入推动脱贫攻坚政策落实

一是围绕"好支部"目标,抓实政策落实"最后一公里"。充分发挥基层党组织在脱贫攻坚战中的政治功能和服务功能,大力推动党建引领脱贫攻坚"六大工程""六大行动"。通过创新推进"党建+"模式,着力建设能够带领贫困群众脱贫致富的"好支部",着力建设农牧民群众衷心拥护、自觉跟党走的"好支部",村党支部凝聚力、战斗力逐渐增强,发生了"群众围着寺庙转"向"群众围着支部转"的根本性转变。

二是围绕"好房子"目标,抓实农牧区住房安全"五造"工程。针对德格县是甘孜州住房条件最差地区的实际,采取点上实施"农村危房改造、土坯房(无房)新造、易地搬迁重造、避险迁造"工程,让所有群众住上安全、实用的"美丽藏房";面上实施"整村住房提升改造"工程,把所有贫困村寨打造成幸福美丽新村。累计投入7.27亿元,实施"农房五造"工程16140户(新建房6973户),其中投入5965.6万元,完成整村住房提升改造6900户;投入5436.6万元,完成危房改造2267户;投入23532万元,完成土坯房(无房)新造4961户;投入36650万元,完成易地搬迁重造1732户;投入1120万元,完成避险迁造280户,是全州农房建设量最大的县。

三是围绕"好条件"目标,抓实基础设施改造及生态扶贫工程。聚焦"乡乡通油路、村村通硬化路、村村有通信网络、户户通联户路、户户有安全饮水、户户有生活用电、户户通广播电视"目标,全力推进基础设施改造工程建设。投入12.17亿元,完成通乡油路319.51千米、通村硬化路建设1069.49千米;投入8822万元,完成村内主通道287千米、联户路建设10105户;投入2.1415亿元,巩固提升19757户安全饮水;投入8925万元,改造提升8446户生活用电;投入750万元,解决5968户电视机和

接受设备；投入4.96亿元，新建通信基站356个，解决171个村的通信网络，是全州基础设施建设量最大的县。同时，深入推进天然林保护、退耕还林、河（湖）长制等重大生态建设工程，兑现集体公益林生态补助、草原生态奖补等资金3.1亿元，惠及农牧民8万余人。

四是围绕“好场所”目标，抓实党群活动中心建设工程。采取活动室、文化室、卫生室、幼儿园、农牧民夜校打捆建设方式，推动“1+6”村级公共服务标准化建设。投入1.9亿元，新（改）建村级党群服务中心105个，新增建筑面积2.4万平方米并配套完善相关设施设备，是全州党群活动中心改造量最大的县。

五是围绕“好保障”目标，抓实民生保障政策落地落实。紧扣“吃不愁、穿不愁”目标，抓好惠民政策落实、家庭产业扶持和各类精准帮扶，做到贫困户一年四季“有粮、有油、有肉、有炉、有水、有衣、有被、有鞋、有床、有柜”，确保每户贫困户都有一个“温暖的家”；紧扣“幼有所育、学有所教”目标，推动教育扶贫政策全面落实。投入3.48亿元，建设乡村幼儿园66个、标准化乡（镇）中心校24所、片区寄宿制学校3所，并配套各类设施设备及物资。开展十五年免费义务教育，落实教育扶贫救助基金600万元，累计兑现救助金500万元。深入开展“控辍保学”专项行动，印发“1+7”工作方案，清理并安置未成年人入寺少年儿童620名，全县在校学生达18222人，确保“人人有学上、人人都上学、人人上好学”，努力阻断贫困代际传递；紧扣“病有所医”目标，推动健康扶贫政策全面落实。投入1.05亿元，完成26个乡（镇）卫生院标准化建设，建成村卫生室102个。全面落实“十免四补助”政策，落实卫生扶贫救助基金1876.81万元，累计兑现救助金1115.19万元；紧扣“弱有所扶”目标，推动社会保障政策全面落实。投入2.04亿元，全面落实特困人员供养、困难残疾人生活补贴、重度残疾人护理补贴、城乡社会救助、贫困户高海拔补助等社会保障政策。同时，在全州建立了第一支“防止致贫返贫基金”；紧扣“老有所养”目标，推动农村养老政策全面落实。投入662万元，实现贫困人口养老保险全覆盖；紧扣“劳有所得”目标，推动就业扶贫政策全面落实。投入4000余万元，开展政府性就业促进工作，通过劳务输出、产业就业、订单培养、政府购买服务及提供公益性岗位等方式促进贫困人口就业增收；紧扣“事有所办”目标，推动县、乡便民服务中心建设。投入8071万元，全面完成26个乡（镇）便民服务中心标准化建设和县级政务服务中心建设，是全州便民服务中心建设量最大的县。

六是围绕“好日子”目标，抓实“六个一批”精准滴灌。扶持生产和就业发展一批。投入1.3亿元，新建现代农业产业园区3个，发放良种1385吨、农业机具120台，流转土地3200亩，新建各类种养殖基地5200亩、冬暖式蔬菜大棚114个，粮食年产量1.55万吨，牲畜存栏39.9万头（只、匹）、出栏9.3万头（只），建成庭院经济1.9万亩，开展贫困人口技能培训11907人次。落实公益性岗位2950名，是全州公益性岗位安置贫困人口最多的县之一。低保政策兜底一批，累计兑现低保资金9623万元，对2755户10466名贫困人口实行低保兜底全覆盖，是全州低保兜底量最大的县。移民搬迁安置一批，按照“四贴近、破六难、抓五线”的德格模式，投入3.66亿元，实施易地搬迁1467户、同步搬迁265户，其中全县集中搬迁10户以上点位33个，百户以上点位6个，整村搬迁4个，是全州易地扶贫搬迁量最大的县之一。医疗救助扶持一批，严格落实“十免四补助”等救助政策，政府代缴贫困户购买医保资金1247万元，实现农村医保贫困户全覆盖；累计报销医疗费用2084.2万元，救助11073人次，县域内个人医疗支出严格控制在5%以内。援藏项目受益一批，投入高新援藏资金2.59亿元，启动建设3个“百村抱团”发展产业园区和实施“万头奶牛”扶持计划。金融扶贫创收一批，落实小额信贷分险基金2110万元，评级授信3167户，发放小额信贷资金7915万元。

七是围绕“好习惯”目标，抓实“四好村”创建和“移风易俗”专项行动。投入1823.5万元，建设农村公厕117座；投入1317.3万元，建设垃圾处理池110个，购置垃圾转运设备77台；投入4045.5万元，安装太阳能路灯5528盏。全县已创建省级“四好村”2个、州级“四好村”19个、县级“四好村”40个，通过“六洗、两剪、一扫、一整理”专项行动，培养群众养成良好卫生习惯、改变陈规陋习。

八是围绕“好风气”目标，抓实润育工程“六个一进农家”和“百千米群众宣传长廊”专项行动。紧扣“感党恩、爱祖国、守法制、奔小康”主题，先后投入1707万元，大力开展“六个一进农家”和“百千米群众宣传长廊”专项行动，提高贫困群众的国家意识、公民意识、法治意识和民族团结意识，让群众知道“惠从何来、恩向谁报”。

九是围绕“好机制”目标，抓实东西协作帮扶、定点帮扶、对口帮扶“携手奔康”专项行动。充分利用国家广电总局、广东（深圳）东西扶贫协作、水利厅、省银监局、华夏银行、水电七局、成都市第一人民医院、四川水利职业技术学院、四川民族学院、四川文化艺术学院、成都市高新区（简阳市）11支援藏帮扶力量，大力实施“携手奔康行动”。帮扶单位先后选派援藏干部315名，落实帮扶资金近18亿元，实施援藏项目125个，形成“全域化、立体化、多元化”定点帮扶机制，是全州各级帮扶单位投入最大的县。在推动脱贫攻坚中，援藏帮扶干部成为投身脱贫攻坚的一支“重要力量”，援藏帮扶项目成为推动脱贫攻坚的一个“重要渠道”，援藏帮扶平台成为推动德格开放发展的一扇“重要窗口”，援藏帮扶机制成为体现社会主义制度优越性和藏汉民族团结交往、交流、交融的一个“生动典范”，为共同携手奔康奠定了坚实基础。

十是围绕“好未来”目标，抓实稳定增收扶贫产业培育。针对贫困群众持续增收是“最大难题”、产业发展是“最大短板”的实际，结合德格县是牧业大县、面积大县、文化大县、生态大县的优势，着力构建“1371”扶贫产业布局。“1”，即一个高原牦牛产业圈。日处理鲜奶21吨的马尼干戈牛奶加工厂已经正式投产；“3”，即3个百千米产业带。已建成蔬菜基地1800亩、大蒜基地1300亩、中藏药材基地262亩、核桃基地900亩、花椒基地800亩、水蜜桃基地330亩；“7”，即“七个产业园区，建设康巴文化中心博览园等7个扶贫产业园区，部分园区已经开园试营业；“1”，即“一个景区景点群。”成功创建印经院、玉隆拉措、圣仙沟、独木岭牧俗文化体验景区、康巴文化博览园、麦宿民族手工艺传承园等4A级、3A级景区，加快建设错通三联湖、多普沟等一批旅游扶贫景区景点群，着力打造德格“六旅”品牌。

（三）务求“下沉一线”攻坚克难，深入推动脱贫攻坚工作落实

一是瞄准“真脱贫、脱真贫”，切实抓好“动态化”建档立卡户识别与退出。为做到真脱贫、脱真贫，扶贫队伍深入基层、深入群众，逐村逐户了解核实农户基本情况，同群众一起算账，让群众自己评价，确保识别和退出的所有环节“阳光操作”，防止出现“穷人落榜、富人戴帽”现象，确保应纳尽纳、应出尽出、群众认账。坚决杜绝“数字脱贫”“假脱贫”“被脱贫”现象。通过多次开展建档立卡“回头看”和动态调整，未发现漏评户和错退户。

二是围绕“过程扎实、结果真实”，切实抓好“实效化”扶贫开发项目组织实施。紧紧围绕脱贫攻坚规划和贫困退出验收标准，因地制宜、

因人施策、缺啥补啥,更加科学合理建设扶贫项目库,积极推行“财政奖补、一事一议”等建设模式。同时,在项目申报中更加注重需求导向,进一步畅通贫困户的利益表达渠道,自下而上逐级申报扶贫项目,变政府“端菜”为贫困户“点菜”,实现贫困户需求与政策供给之间的有机衔接,以实实在在、没有水分的脱贫成效切实提升贫困群众的获得感和满意度。

三是用心“真帮实扶、真情厚爱”,切实抓好“全域化”驻村结对帮扶。深入贯彻落实贫困村“五个一”帮扶、非贫困村“三个一”帮扶机制,在“选、派、配、管、用”等重点环节上下功夫,为102个贫困村和69个非贫困村落实29名县级联系领导、87个帮扶单位、171名“第一书记”(驻村工作队长)、1930名帮扶责任人,选派驻村工作成员306名、驻村农技员79名,实现“五个一、三个一”全覆盖,形成帮扶在一线、督导在一线、培训在一线、服务在一线的工作态势。

四是注重“真金白银、真出实效”,切实抓好“封闭式”扶贫资金拨付使用与管理。严格执行扶贫资金管理规定,做到扶贫资金专款专用、封闭运行、公告公示,确保资金始终不脱离财政管理轨道,确保把各类扶贫资金精准使用到村、到户、到人到项目,有效地解决了各级各部门的扶贫资金“管用分治、渠道分流、使用分散、效率不高”问题。同时,积极推行代理记账制度,全面完成“一卡通”清理工作,从机制上构筑起坚实的“防火墙”。

(四)聚焦“决战决胜”收官目标,深入推动脱贫攻坚任务落实

一是吹响“总攻号角”,集中火力“最后冲刺”。2020年,全县紧紧围绕中央、省、州决战决胜脱贫攻坚工作的部署要求,全力以赴做好决战决胜脱贫攻坚各项工作,确保实现高质量脱贫。实施“百日攻坚”,啃下“最硬骨头”。紧紧围绕中央、省、州决战决胜脱贫攻坚的安排部署,严格落实“四个不摘要求”,在巩固提升脱贫成效的同时,深度攻坚雅砻江上游9个深度贫困乡(镇),压紧压实工作责任,抓深抓细工作举措,确保啃下深度贫困这块“硬骨头”。实施“挂牌作战”,消除“最后贫困”。紧紧围绕剩余贫困人口脱贫目标,坚持现行脱贫标准不变、帮扶力度不变、时间节点不变,实行“挂牌作战”,一户一策打好绝对贫困歼灭战。目前,已完成剩余137户536名贫困人口脱贫退出(计划脱贫140户、单人单户死亡3户),全面消除了绝对贫困。实施“清零行动”,展现“最优成色”,深入开展扶贫领域问题“清零行动”,全面整改完成“两不愁、三保障”回头看大排查问题4031条,其中脱贫攻坚以来中央和省内脱贫攻坚成效考核、巡视巡查、督查调研、审计、媒体暗访等发现各类问题600条,县、乡、村自查发现问题19条,完成了问题整改清零目标,有效提升了脱贫攻坚成色。

二是克服“疫情影响”,统筹推动“高质发展”。坚决守牢“零确诊”防线,认真贯彻落实“六稳”“六保”要求,统筹推进疫情常态化防控与社会经济发展。“抓实复工复产”,抓好项目前期工作,加快项目建设进度,马尼干戈牧旅商结合产业园区、独木岭“康巴阿尔卑斯”风情园已具备开园条件,康巴文化中心博览园等重点园区项目已完成项目总体的95%以上。“抓实消费扶贫”,深入贯彻落实消费扶贫要求,举办“德格县2020年扶贫大礼包推介会”,通过消费扶贫、以购代捐等形式为贫困村优质特色产品打通销售渠道,已累计实现收入199.3万元。“抓实稳岗就业”,落实各类政策资金600余万元,向外输出劳动力340人,举办招聘会6次,提供就业岗位1000余个,开发公益性岗位232人,实现贫困群众外出务工5774人。

三是巩固“脱贫成效”,构建形成“长效机制”。构建形成“1123+15”的防止致贫返贫长效机制,“1”,即着力强化扶贫产业这一重要支撑;“1”,即充分彰显消费扶贫这个重要一环;“2”,即有效发挥基金救助和监测预警两大基础作用;“3”,即全力夯实教育扶贫、健康扶贫、就业扶贫三大保障基础;“15”,即深入实施脱贫攻坚“大普查”、基础设施“补短板”、精准帮扶“稳脱贫”、控辍保学“回头看”、特殊帮扶“解民困”等“十五个专项行动”。

四是总结“德格经验”,讲好“脱贫故事”。全县先后承办了中央电视台财经频道“走村直播看脱贫”、东南卫视“中国正在说”等全国性活动,协助中央电视台拍摄了扶贫题材的网络电影《玛尼堆上的秋天》。承办了四川交通广播《雪域花开走进德格》、四川广播电视台《乡约小康》《主播看四川》等省内大型宣传活动。2020年10月,德格县被国务院扶贫办列为四川省涉藏州县脱贫攻坚典型案例的代表县之一(全省仅4个),并派中国农业大学调研组在德格县开展蹲点式调研,挖掘提炼了一批可推广、可复制的典型案例。“四贴近破六难抓五线”的易地扶贫搬迁德格模式和“以点带面以小做大”,充分发挥以工代赈项目“乘法”效应的德格经验已在全省、全国推广。

四、战略衔接情况

全县始终坚持以习近平新时代中国特色社会主义思想为指引,深入贯彻落实中央第七次西藏工作座谈会精神,严格落实脱贫攻坚“四个不摘”要求,切实以脱贫攻坚在产业、生态、组织、文化、人才等方面取得的成效为基础,推动要素配置、资金投入、公共服务向农业农村倾斜,做好脱贫攻坚与乡村振兴战略的有机衔接。

一是紧扣“产业富民”目标,着力抓实“1371”扶贫产业发展布局。加快推进“百村抱团发展”文化旅游扶贫产业园区(康巴文化中心博览园)、柯洛洞乡独木岭村牧俗文化旅游扶贫产业园区、阿须格萨尔文化产业园区、马尼干戈牧旅商结合产业园区等扶贫产业园区建设,串联推动“三个百千米产业带”建设,高质量开发景区景点,确保实现精彩亮相。

二是紧扣“品牌培育”目标,着力推动“7566”现代“三农”体系落地见效。坚持以市场需求为导向,以现代农业园区为载体,全力推动“7566”现代“三农”工作体系落地见效,不断夯实乡村发展振兴基础,“7”,即着力培育善地“蔬”产业、善地“肉(奶)产业”、善地“粮”产业、善地“药”产业、善地“菌”产业、善地“水”产业、善地“酒”产业七大善地产业;“5”,即着力实施“农户小菜园”“集体小牧场”“农闲小手艺”“产业小基地”“旅游小农庄”“五小工程”;“6”,即着力形成善地·沿雅砻江百千米有机农业产业带(一带)、雀儿山以东高原牦牛产业圈(一圈)、金沙江流域青稞、马铃薯暨芫根产业(一域)、麦宿藏药材种植片区(一片)、民族手工艺扶贫车间群(一群)、317线乡村旅游美丽藏寨群落(一串)“六个一”农牧产业布局;“6”,即着力夯实基础设施、人居环境整治与生态环境、科技与人才、农村农业改革、冷链物流电商、种业园区及配套基地“六大基础支撑”。通过全力抓好“7566”现代“三农”工作体系落地落实,不断丰富产业结构,形成特色农牧品牌,为脱贫攻坚与乡村振兴的有机衔接奠定坚实基础。

三是紧扣“文旅融合”目标,着力构建“一廊两区”全域旅游发展格局。立足德格是康巴文化中心、格萨尔王故里、南派藏医药发祥地、全国藏族传统手工艺之乡等特色文化品牌,构建形成以德格印经院为核心的“一廊两区”全域旅游发展格局,即康巴文化中心风情走廊、大阿须格萨尔文化风情深度体验区、民族手工艺+南派藏医药传承深度体验区。沿国道317线串珠式打造乡村旅游新村、星级乡村酒店、民

宿民居等，“双向培养”旅游人才，带动群众致富增收。

四是紧扣“逐绿前行”目标，着力深化“3336”生态文明建设示范县创建。坚决贯彻习近平总书记关于“绿水青山就是金山银山”的重要发展理念和践行彭清华书记来甘孜州调研时做出的“坚持生态优先、绿色发展理念”重要指示精神，结合德格实际，持续深化“3336”生态文明建设示范县创建(即严格三项责任落实、开展三大专项行动、突出三个治理要害、推进六大系统工程)，积极构建山顶戴帽子、山腰挣票子、山下饱肚子的“三级生态安全”格局，集中打好大气、水、土壤污染防治“三大战役”，持续抓好中央、省环保督察反馈问题整改，奋力争创国家生态文明示范县。

白玉县脱贫攻坚成效巩固实践

——白玉县探索种养循环模式发展现代高原特色农牧产业

白玉县人民政府

白玉县隶属甘孜藏族自治州，位于四川省西部边缘川藏结合部、横断山脉北段、金沙江上游东岸，与西藏贡觉、江达两县隔金沙江相望，属川西北生态示范区。全县平均海拔3500米以上，辖区面积10591平方千米，辖4镇12乡132个行政村(社区)，总人口5.7万人，藏族人口占95%以上。长期以来，受地理区位、自然条件和传统观念等因素影响，全县社会发育程度偏低，经济发展相对滞后，基础设施短板明显，贫困程度较深，脱贫难度较大。2014年，全县精准识别贫困村81个、贫困人口2641户12726名，既是全国“三区三州”连片贫困县之一，也是全省45个深度贫困县之一。

近年来，全县深入贯彻习近平新时代中国特色社会主义思想，全面落实党中央、国务院和省委、省政府决策部署，始终把改善民生作为根本追求，聚焦“两不愁、三保障”，全力抓好住房安全、基础设施、产业发展、就业帮扶、教育保障、卫生健康、生态扶贫等重点任务，于2019年全面实现81个贫困村退出，2641户12726名贫困人口“摘帽”，贫困发生率从2014年的25%下降至3%以内，群众满意度测评居全省第二位。同时，全县始终坚持把产业发展作为攻克深度贫困堡垒、带动群众持续增收、巩固脱贫成果的治本之策，聚焦川西北高原高寒地区现代农牧产业发展，抢抓被纳入全国50个生态综合补偿试点县契机，突出将生态优势转化为产业优势和发展优势，大力探索种养循环模式，强力推进农业试验试种、赠科万亩核心种植基地与白玉黑山羊灯龙保种繁育基地种养循环示范园区建设，切实在实践探索中走出了一条具有“康巴风情”“高原特色”的脱贫致富和成效巩固的新路子。

一、主要成效

该园区位于建设和赠科、灯龙3个乡(镇)，覆盖12个贫困村，主要由农业试验试种、赠科乡万亩核心种植、白玉黑山羊保种繁育三个基地组成，其中农业试验试种基地适种规模为30余亩，已成功试验试种高原藏菊、藜麦、金银花、大马士革玫瑰、玉米、马铃薯、中藏药、牧草良改等新品种120余个；赠科乡万亩核心种植基地种植规模为10500余亩，已建成管理用房、仓储库房、道路、围栏、喷灌及标识牌等基础设施，大面积种植高原藏菊、藜麦、燕麦、良改牧草等作物；白玉黑山羊灯龙保种繁育基地规划面积为2000亩，已建成7栋羊舍、1栋生活管理用房、1栋饲料贮备仓库、1栋种草机具仓库、1座化粪池，以及智慧畜牧养殖质量安全可视化追溯与物联网大数据监测控制平台等基础设施，年循环出栏黑山羊达2000余头。近年来，该园区坚持市场导向，优化产业布局，注重科技培育，强化品牌打造，促进产业融合，推动农牧产业种养循环发展和绿色发展，实现年产值达5000余万元，惠及贫困群众510户1100余人，成为全县打赢脱贫攻坚的重要支撑。

(一)注重龙头引领

针对地理位置偏远、市场化程度较低、产业辐射带动能力不足和特色农牧产业缺乏实力企业引领带动等实际，全县本级财政筹资4800万元，组建县内首家涉农国有独资企业——白玉藏品农业发展有限责任公司，负责经营白玉黑山羊灯龙保种繁育基地、藏菊抚育基地、赠科乡万亩核心种植基地等重点产业发展项目。同时，采取“企业+合作社+农户”模式，统筹园区集中管理和统一生产，为有效带动高原现代生态特色产业科学化、集中化、连片化开发奠定了基础。

(二)强化规模拓展

针对农牧产业“小、散、乱、弱”的现状，全县整合各类土地1.4万亩(其中征用土地500亩、流转土地3000余亩)，带动种养大户种植6000余亩，建成农业试验试种、赠科万亩核心种植基地与白玉黑山羊灯龙保种繁育基地种养循环农牧产业园区。赠科农业产业园区核心种植基地结合试验试种成果转换、万亩连片优质耕地和赠科水利工程运营，推广流转种植高原藏菊、藜麦、艾草、中藏药材等4500亩；黑山羊灯龙保种繁育基地2019年优质核心种群存栏规模达1800余只，2020年循环出栏规模将达3000余只；农业试验试种基地先后成功试验试种高原藏菊、藜麦、金银花、大马士革玫瑰、玉米、马铃薯、中藏药、牧草良改等新品种120余个，择优重点示范推广种植高原藏菊、藜麦、中藏药、牧草等产出效益高的品种3000余亩。同时，做好“飞机+”文章，依托甘孜格萨尔机场(待省道458线建成后，园区距机场仅100千米左右)，加快文旅农产业融合发展，建成高原藏菊观赏基地1个、茶用菊体验中心1个、农业科普示范基地1个，园区农业新业态发展稳步推进。

(三)突出效益最大

一方面，突出种植效益。该园区以农业试验试种基地、赠科万亩核心种植基地、黑山羊灯龙保种繁育基地三大基地为依托，通过试种基地试验新品种，择优推广效益最高的高原藏菊、藜麦、中藏药、改良牧草等品种，确保种植效益最大。2019年，赠科万亩核心种植基地推广流转种植藏菊花、藜麦、艾草、中藏药材等4500亩，产值达2500余万元。另一方面，突出循环效益。按照“牧草+黑山羊=有机肥料”的理念，突出种养循环，在核心基地种植改良牧草500余亩，年产鲜草10余吨，供黑山羊基地使用。同时，黑山羊基地年产有机肥450余吨，产值达225万元，部分用于核心种植基地使用，部分投入市场销售，确保种养循环效益最大。2019年，该园区产值达4750余万元，其中农业试验试种基地产值达1000余万元；循环出栏黑山羊2000余只，年销售收入达1500余万元。

（四）着眼品牌创建

针对农副产品面临"有渠道认知、无大众认可"的窘境，全县坚持把特色品牌创建作为增强市场竞争力、提高农牧产品效益的重要抓手，充分依托白玉黑山羊、高原菊花等地方特色优势产品，注重在"三品一标"申报上下功夫，在产品定位、包装、宣传、推介和营销上花心思，不断增强全县农特产品的品牌知名度、影响力和竞争力。近年来，白玉黑山羊、昌台牦牛先后通过国家地理标志认证，白玉黑山羊、高原菊花、马铃薯、燕麦4个产品取得农产品有机转换认证；注册"白瑜藏品"商标涵盖34类产品，获得四川省集体扶贫商标授权，品牌农产品产量占比达75%以上。2019年，全县高原藏菊、黑山羊等特色产品得到市场的广泛认可，达到供不应求的状态，"酒香不怕巷子深"的效应正在形成，一大批有特色、价值高、影响大的白玉品牌越擦越亮，促进"农业多贡献"迈出坚实的步伐。

（五）保障群众增收

全县创新完善利益联结机制，引导农牧民与入园经营主体开展多种形式合作，鼓励村集体以集体资产量化入股等形式参与园区建设。特别是采取"公司+合作社+基地+农户"经营管理模式，通过土地流转、劳务转移、务工就业、收购产品等方式，直接带动3个乡（镇）12个村510户1059人贫困人口增收达410余万元，其中农业试验试种基地带动建设镇扎盘村等群众务工收入达70余万元；赠科万亩核心种植基地带动赠科乡定布村、扎马村、上比沙村、下比沙村四村土地流转、务工就业收入达260余万元；灯龙黑山羊保种繁育基地带动灯龙乡7个行政村占股分红、务工就业、牧草种植回收收入达80余万元，当地群众可支配收入持续稳定增长，2019年高于全县农牧民人均纯收入30%以上。

二、经验做法

（一）以打破思维定式、创新工作举措为前提

全县传统农牧业发展基础较好，有可利用优质耕地8万余亩，牧草地分布广泛，有天然草原855万亩、耕地面积83792亩（其中赠科乡整体联片可利用耕地3万亩），牦牛、黑山羊等各类牲畜存栏30万头（只），属甘孜州五大牧业县之一。全县树立"小县也能办大产业"的理念，打破传统思维，大胆探索尝试，创新工作举措，充分结合县域生态优势和自然资源优势，全面推广以高原藏菊、改良牧草、白玉黑山羊等为主的种养循环产业发展模式，由养殖基地提供羊粪至种植基地，由种植基地提供各类优质草料至养殖基地，实现种养结合、循环发展目标。

（二）以统筹优势资源、突出多元投入为保障

全县注重创新完善园区组织管理机制，实行由县委、县政府主要领导任"园长"的推进机制，有效统筹整合优势资源，创新完善要素投入保障，建立各方共同参与的多元投入机制。一是整合各类资金。累计整合各类资金3658.5万元（其中县级统筹整合资金1996.5万元、广东对口援建资金472万元、成都市武侯区对口帮扶资金890万元、县农发公司投入300万元）用于园区基础设施建设和相关设备配套，为实现园区种养结合、循环发展目标打下坚实基础。二是撬动社会资本。积极落实招商引资优惠政策，全力营造企业发展良好氛围，引进成都四季花语有限公司和牧旺农业公司参与园区建设和运营管理，累计引入社会资本投入300万元。同时，投资1.9亿元的赠科水利工程即将建成，届时该工程主渠将覆盖3万亩整体连片优质耕地。三是引导群众参与。按照"开发一方资源、致富一方百姓"的目标，采取"园区+企业+农户"方式，强化群众思想宣传教育，增强群众主动务工的积极性，引导园区建设地周边群众就地就近就业1000余人，带动增收近200万元。同时，重点推广菊花、藜麦等种植，累计培育种养大户188户、家庭牧场6个、合作社96个。

（三）以引进科研院所、提供技术支撑为关键

一是引技术。先后与中国农业大学、北京市农林科学院、西南农业大学等专家技术团队签订技术指导服务，挂牌"北京市农林科学院花卉研究中心""西南大学教学科研实习基地"，并与四川农业大学签订《校地合作协议》，成功开发"金顶皇菊"等4个新产品，引进大疆T16、MG-1植保无人机设备及技术2项。二是搞培训。聘请技术专家深入园区建设地开展种植、加工和销售等业务培训，主导产业先进技术推广应用率达90%以上，园区从业人员培训覆盖率达100%。三是抓主体。出台《白玉县新型职业农民培养实施方案（试行）》，组建农机服务队，建立健全职业农民认定、管理、培训、扶持、社会保障、退休养老等制度，全面开展灯龙乡康通村、粪巴村等9个村的职业农民培养工作，推广银灰地膜、节水灌溉等新型农业技术，确保园区农业社会化服务面达40%以上，园区新型职业农民村民小组占比达75%以上。

（四）以强化产品营销、注重市场拓展为核心

一是加强对外宣传。组织参加农博会、西博会、成都端午食博会、四川省直部门（单位）定点扶贫成效展等活动，全力做好对外宣传，着力打响"金沙林海·天然白玉"城市名片，为引起社会关注、引进龙头企业、引入技术人才夯基垒台。二是用好帮扶平台。依托司法厅、财政厅、广东省中山市、成都市武侯区、旅游学院、交通职业技术学院、科技职业技术学院和成都市第七人民医院等帮扶平台，加大对接协调，积极争取支持，2019年消费扶贫金额达540万元。同时，依托对口帮扶平台，加强与内地红旗、伊藤等大型超市和企业的沟通，初步达成一致的合作意向，将有效为白玉小产品打开内地大市场。三是拓展县内市场。进一步建立健全经营体系，充分与叶巴滩水电站和呷村矿等重点在建项目企业对接，按照就地就近取材方式，消化吸纳一批园区产品，有效避免产品滞销、货物囤积等情况。四是加快电商发展。不断延伸产业链条，结合脱贫攻坚电商扶贫，实现益农信息社建设全覆盖，园区农产品进驻国家扶贫"832"平台、中国移动和圣洁甘孜电商平台，网络销售渠道逐步建成，2019年电商销售额达50余万元，占比10%，预计2020年将超过30%。

三、启示

白玉县通过发展高原高寒地区特色种养循环产业园区，不仅打造了地方特色产业，也为持续巩固脱贫成果奠定了基础，切实为当地农牧民群众带来了实惠。同时，从全县高原高寒地区农牧种养循环产业园区建设中可以得到以下几点启示。

（一）发展种养循环产业园区，是坚持生态优先、绿色发展的迫切需要

近年来，全县紧紧围绕省委"一干多支、五区协同"区域发展新格局，始终坚持以高质量发展为引领，立足川西北生态示范区，树牢"绿水青山就是金山银山"理念，坚定不移走"生态优先、绿色发展"之路，特别是以推进农业供给侧结构性改革为主线，以生态农牧产业发展为支撑，着力加快建设现代农业"10+3"产业体系，因地制宜培育新品种，强化引领制定新标准，集中力量发展新品牌，坚定不移朝着园区做大、产品做好、产业做强的方向努力，以农牧产业带动支撑经济社会实现高质量发展。

(二)发展种养循环产业园区,是带动群众增收、巩固脱贫成果的核心关键

"授人以鱼不如授人以渔"。扶贫先扶智、治穷先治愚在高原高寒地区显得尤为重要。全县树立"立足当前靠政策、持续增收靠产业、谋划长远抓教育"的脱贫奔康思路,通过发展种养循环产业园区逐步引导群众转变观念,激发内生动力,树立艰苦奋斗、自强不息、感恩奋进的价值理念,形成全社会关注、支持、参与的良好氛围,充分调动广大群众的积极主动性,充分激发贫困群众的内生动力,为贫困群众探索出一条稳定增收的致富路,为脱贫攻坚决战决胜和成效巩固奠定了坚实的基础。

(三)发展种养循环产业园区,是凝聚人心、夯实基础的有力举措

近年来,全县充分发挥基层党组织的战斗堡垒作用,充分调动广大农牧民群众参与,通过产业带动提高农牧产品集约化、商品化水平,切实将资源优势转化为经济优势,促进区域经济发展,不仅有效改善了广大群众生产生活水平,也有力转变了群众思想观念、激发内生动力、凝聚发展合力,更是在不断夯实涉藏地区长治久安和脱贫奔康物质基础的同时为大力实施乡村振兴战略,为实现长期建藏、富民兴藏、依法治藏奠定了坚实的民心基础。

关于如何做好高原地区脱贫攻坚"后半篇"文章的思考

中共白玉县委常委、科协主席　马春林

党的十八大以来,全县上下坚持以习近平总书记扶贫重要论述为根本遵循,坚决贯彻省、州关于脱贫攻坚系列决策部署,始终把脱贫攻坚作为最大的政治责任、最大的民生工程和最大的发展机遇,凝聚全县攻坚合力,大力实施住房安全、基础设施、产业扶贫、就业扶贫、教育扶贫、健康扶贫和生态扶贫"七大攻坚"行动,实现了整县"摘帽"、81个贫困村退出、2641户贫困户12726名贫困人口脱贫,贫困发生率从25%下降到3%以内。全县顺利实现整县"摘帽",但"摘帽"并不意味着脱贫攻坚工作的结束,全县从夺取决定性胜利到夺取全面胜利还有较大差距,高原藏区产业发展竞争力弱、气候条件恶劣、区位劣势明显、群众思想观念落后等问题还未得到彻底解决,因此,要持续巩固脱贫攻坚成果还应持续抓好四个方面的工作,做好政策的精准落实,才能书写好脱贫攻坚的"后半篇文章"。

一、认清严峻形势,牢记初心使命强化责任担当

2020年3月6日,习近平总书记在决战决胜脱贫攻坚座谈会上强调:"我多次讲,脱贫攻坚战不是轻轻松松一冲锋就能打赢的,从决定性成就到全面胜利,面临的困难和挑战依然艰巨,决不能松劲懈怠。"眼前,脱贫攻坚已经进入决战决胜、全面收官的紧要关头,脱贫攻坚取得了阶段性胜利,但还要清醒认识到存在的思想滑坡、行为松懈等主观问题和灾害风险等客观难题。因此,我们必须紧密团结在以习近平总书记为核心的党中央周围,必须坚持将习近平总书记系列重要指示精神贯穿决战决胜脱贫攻坚始终,坚定必胜信心,深度聚焦到户到人,认清形势、超前应对、及时化解,坚决扎实巩固脱贫攻坚成果、坚决实现脱贫攻坚完美收官、坚决走好脱贫攻坚"最后一公里",确保按期高质量实现全面建成小康社会的历史使命和庄严承诺,向党和人民交上一份满意答卷。

二、聚焦稳定增收,最大程度巩固脱贫攻坚成果

(一)在就业增收上下"实功"

一是抓技能培训。立足资源禀赋,建立培训基地,集中在本地开展绘画、雕刻、锻造、喷绘等手工艺技术培训,实现文化传承和本土就业。发挥资源优势,创新培训机制,分散在异地开展焊工、电工、旅游服务等现代技术培训,实现视野拓展与能力提升。二是抓稳岗增收。要充分发挥行业部门上级配套资金优势,依托旅游开发、环境保护等专项工作,继续大力开发公益岗位,让贫困留守人员在家门口"挣票子"。同时,要进一步明确工作职责和强化监督管理,杜绝出现"挂名拿钱"、无所事事等问题。三是抓劳务输出。积极研究创业就业激励政策,完善脱贫攻坚"歇帮"机制,发挥定点扶贫、东西协作、对口帮扶等资源优势,引导贫困劳动力到县外转移就业,让贫困劳动力跨出山门"挣票子"。

(二)在产业增收上出"实招"

一是抓牢传统产业。围绕种植、养殖两大传统产业,通过示范带动、农技培训、鼓励激励和刚性约束相结合的方式,引导群众从懒种、懒养向善种、善养转变。二是做实现代产业。围绕高原资源优势,结合现代产业发展趋势,以园区建设为载体,以优化产业结构为契机,着力培育壮大本土龙头企业,不断丰富产业发展业态,实现绿色农业、生态养殖、传统文化、精品旅游融合发展。三是树牢区域品牌。全县高原藏区生态优势突出但区位劣势明显,发展规模产业的优势不及内地,因此要坚持把特色品牌创建作为增强市场竞争力的重要抓手,充分依托地方特色优势品种,在区域品牌注册和"三品一标"申报上下功夫,在产品定位、包装、宣传、推介和营销上花心思,不断增强农产品品牌的知名度、影响力和竞争力。三是深化消费扶贫。通过"政府+社会""政策+市场"相融合的方式,有序推进消费扶贫"三专一平台"建设,集中推广、展销、采购扶贫产品,保障群众持续稳定增收。同时,要发挥省内定点扶贫、东西部协作、对口援藏等帮扶单位的资源优势,通过"以购代帮"等方式大力拓宽扶贫产品销售渠道。

(三)在观念转变上谋"出路"

一是强化宣教引领。实施"宣传教育、陋习革命、'厕所革命'、环境整治、树立典型、农民夜校"六大行动,大力倡导现代文明理念、现代生产方式和现代生活方式,引导群众摒弃"等、靠、要"思想。二是倡树文明乡风。积极开展乡风文明建设,健全完善村规民约,倡导赡养老人、抚养残疾人,营造互帮互爱的和谐氛围。同时,大力推树先进典型,探索物质奖励和精神激励机制,带动更多贫困群众自力更生。三是持续激发内力。持续在激发群众"主人翁"意识上下功夫,开展移风易俗、破旧立新,不断激发内生动力,引导群众持续养成好习惯、形成好风气,实现思想观念大转变、法治意识大提升、生活习惯大改善、文明程度大提高。四是施加刚性约束。出台完善脱贫攻坚"歇帮"机制,

将惠民政策与农牧民群众种、养情况挂钩，着力解决“有地不种”“有畜不售”等问题。

三、坚持预防为主，健全完善防贫监测帮扶机制

习近平总书记在3月6日决战决胜脱贫攻坚座谈会上强调，“要加快建立防止返贫监测和帮扶机制，对脱贫不稳定户、边缘易致贫户以及因疫情或其他原因收入骤减或支出骤增户加强监测，提前采取针对性的帮扶措施，不能等他们返贫了再补救”。

（一）明确责任主体

按照县级统筹指导、乡村具体落实的原则，由村“两委”、贫困村“五个一”驻村帮扶、非贫困村“三个一”驻村帮扶力量兼任监测员，负责对辖区内的农业户籍和农村常住人口全部实施防贫监测预警。

（二）明确申报标准和程序

严格按照收入和“两不愁、三保障”标准，重点对因病、因灾或因其他原因收入骤减或支出骤增户加强监测。通过村级监测员预警、农户自主申报、村级初审、乡级复审和县级确认等程序，综合确定预警监测对象。

（三）强化对标补短

一是建立联席机制，县扶贫部门负责组织县级行业部门召开联席会，针对申报的预警监测户帮扶需求，逐一分析原因，研究制定帮扶方案，落实帮扶举措，及时对标补短。二是强化资金保障。落实防贫监测帮扶专项资金，由县扶贫部门统一管理，主要针对行业部门通过相关政策帮扶后仍存在具体困难的预警监测对象，及时启动防贫专项资金予以救助，确保不发生返贫、致贫现象。

四、突出战略结合，有序推进脱贫攻坚平稳转型

（一）持续落实驻村帮扶机制

习近平总书记强调，脱贫攻坚越到最后越要加强和改善党的领导，要层层压紧压实责任，坚持五级书记一起抓，认真落实省负总责、市县抓落实的工作机制。县级领导要带头履责，继续践行“五个一线”工作法，定期专题研究、加强调研督导，聚焦“三保障”，全面推动分管领域和联系乡（镇）脱贫攻坚工作，确保两手抓、两手硬。乡（镇）党委、政府要切实担负起主体责任，合理布局力量、理清工作主次，对标“三率一度”等指标，全面查漏补缺，全面巩固脱贫成果。各行业部门要切实把行业优势转化为扶贫优势，确保扶贫资金及时到位、项目建设序时推进、扶贫政策落地落实、短板漏洞全面补齐。各帮扶单位和帮扶责任人要常态化到村到户开展工作，全面掌握了解群众生活困难诉求，及时协调解决问题。“第一书记”、驻村干部要继续坚守脱贫一线、力量不减，常态化、精准性抓实脱贫“摘帽”后续工作，因村、因户、因人制定巩固脱贫成果措施，指导群众发展产业，着力提升群众持续稳定增收能力。

（二）持续抓好规划有机衔接

系统研究谋划2020年后的脱贫攻坚后扶时期工作思路，推动脱贫攻坚战略和工作体系平稳转型，探索做好脱贫攻坚战略、项目规划、政策措施、基础设施“四个融合”，将有效的、管长远的脱贫攻坚举措逐步调整为支持乡村振兴的常态化帮扶措施，推进扶贫工作重心、扶贫方式的有效转变，推动乡村振兴战略规划与脱贫攻坚规划的有效衔接。同时，要结合乡（镇）区划调整和村级建制调整，做好规划衔接、政策衔接、投入衔接、工作衔接、机制衔接、人才衔接，把产业培育、提升基层治理能力作为巩固脱贫成果、抓好后续工作的重中之重，切实运用改革成果，将日常性帮扶措施转变为常态化民生政策、福利性政策转变为提升乡村能力的发展性政策，让全部农牧民共享政策红利。

（三）有序推进政策有机衔接

围绕巩固提升脱贫成效、防止返贫和持续攻坚的原则，保持脱贫攻坚政策不变、扶贫力度不减，逐步研究建立解决相对贫困的长效机制，推动脱贫攻坚与乡村振兴有机衔接。一是健全监测预警机制，加强对脱贫不稳定户、边缘易致贫户的动态监测，在做好贫困人口收支台账月登记制度的基础上，按月采集辖区所有农户收支情况，及时掌握群众生产生活状况，将因病、因灾导致返贫人口和新发生贫困人口要及时纳入帮扶范畴，持续巩固脱贫攻坚成果。二是研究完善政策措施，全面对标“两不愁、三保障”脱贫标准，研究制定产业、就业、创业、教育等方面的政策措施，逐步推动脱贫攻坚与乡村振兴有效衔接、有机结合。三是逐步转移工作重心。按照中央和省、州关于扶贫工作重心转向解决相对贫困，扶贫工作方式由集中作战调整为常态推进的要求，全县各级各部门、各乡（镇）要逐步聚焦相对贫困户困难问题，并根据村“两委”职责发挥情况、村民爱国感恩意识等方面，综合落实各类扶贫政策。

坚持以脱贫攻坚带动区域发展
加快打造全国深度贫困地区脱贫奔康示范区

中共凉山凉山彝族自治州人民政府州长　苏嘎尔布

2018年6月，省委十一届三次全会出台了《关于全面推动高质量发展的决定》，提出了“大力实施‘一干多支’发展战略，构建‘一干多支、五区协同’区域发展新格局”的战略部署。2018年7月和2019年1月，州委分别召开八届五次、六次全会，作出了“优化区域发展布局，加快构建干支协同新格局，推动凉山高质量发展”的谋划部署，并于2019年4月出台了《关于构建干支协同发展新格局全面推动高质量发展的指导意见》，将17县（市）分为安宁河谷同城化发展区、凉山南向开放一体化发展区、大凉山脱贫奔康示范区、凉山北向联动发展区和大香格里拉农文旅绿色发展区“五大区域”，整体谋划区域经济社会发展，旨在充分发挥以西昌市为中心的安宁河谷发展“主干”引领辐射带动作用和各区域经济板块“多支”联动作用，加快构建干支协同发展新格局，实现产业结构优化、创新活力旺盛、区域布局协调、城乡发展融合、生态环境优美、人民生活幸福，以高质量脱贫推动高质量发展，加快建设美丽幸福文明和谐新凉山。

大凉山脱贫奔康示范区包括昭觉、布拖、金阳、美姑、雷波和普格6个深度贫困县，辖227个乡（镇）1379个行政村（社区），辖区面积1.33万平方千米，占全州总面积的22%；总人口154.8万人，占全州总人口的29.2%，其中彝族人口135.1万人，占示范区总人口的87.3%。该区域是从奴隶社会“一步跨千年”直接进入社会主义社会的彝族聚居区，是凉山州最为典型的深度贫困地区。从贫困程度看，截至2019年年底，示范区6县尚有贫困人口23.6万人、贫困村433个，分别占全州总数的74.4%、70.1%，除雷波县外，其余5县贫困发生率均超过18%，远高于全州平均水平，其中金阳、布拖是全省仅有的两个贫困发生率超过20%的县。从经济发展看，示范区6县经济总量仅占全州总数的14.9%，规上工业企业户数和工业增加值分别仅占全州总数的10.3%、27.7%，产值过亿元的农业龙头企业只有1家，4A级景区也只有1家。从基础条件看，示范区6县均未通高速公路或铁路，公路密度低于全省平均水平3.6千米/百平方千米，仍有20个建制村不通班车，尚需建设通组路5000余千米；大镇集镇仅占乡（镇）总数的7.5%，常住人口城镇化率仅为23%，低于全州14.1个百分点，城镇辐射带动能力不强，就业吸纳能力较低。

为此，州委、州政府提出，推动大凉山脱贫奔康示范区跨越发展，主要目标任务是“全面打赢脱贫攻坚战，发展短板问题得到切实解决，社会文明新风进一步养成，特色优势产业进一步培育壮大，初步建成深度贫困地区脱贫奔康示范区。”

近年来，示范区6县始终坚持以习近平新时代中国特色社会主义思想为指导，深入贯彻习近平总书记视察凉山重要指示讲话精神，全面落实党中央国务院、省委、省政府和州委、州政府关于区域协同发展的重大战略部署，坚持以脱贫攻坚统揽经济社会发展全局，以经济发展带动脱贫攻坚，推动示范区跨越发展取得阶段性成效。一是脱贫攻坚取得关键性进展。2015年以来，示范区6县始终将脱贫攻坚作为最大的政治责任、最大的民生工程、最大的发展机遇，牢记嘱托、感恩奋进，尽锐出战、精准发力，共减贫37.2万人、退出贫困村789个，分别占全州总数的46.1%和44.5%，其中雷波县已于2019年“摘帽”。二是经济运行持续健康向好。面对经济下行压力持续加大的复杂严峻形势，示范区6县坚持稳中求进工作总基调，认真践行新发展理念，保持定力稳增长、促改革、调结构、惠民生、防风险、保稳定，区域经济持续健康发展。2019年，示范区6县GDP总量同比增长4%，其中美姑县增速达9.9%，居全州第一位，高出全州平均增速4.3个百分点。三是发展制约短板加快补齐。州委、州政府抢抓国家、省加大基础设施领域补短板力度等重大机遇，全力向上争取，规划建设了一批具有支撑性、引领性、示范性重大项目、重大工程，示范区6县主动融入、积极参与。目前，涉及示范区6县的基础设施类的重大工程项目中，乐西高速加快建设，宜攀高速公路下年将全面开工建设，西昭高速下年内可实现控制性工程开工建设，昭觉至普格高速公路正积极争取纳入省“十四五”规划；雷波麻柳湾和美姑联合水库预计下年年底前分别完成大坝填筑、蓄水验收工作，昭觉斯穆布约水库、金阳波洛水库、布拖洛嘎莫水库等正加快推进前期工作。这些重大项目建成后，制约示范区发展的瓶颈将加快突破，发展后劲将更加坚实。

随着各级各类支持政策的汇聚叠加，推动示范区跨越发展恰逢其时、正当其势、大有可为，政策优势方面，近年来，国家部委针对深度贫困地区相继出台了土地、财税、金融、人才、教育、卫生等专门支持政策，省上在原有政策的基础上又出台了34条政策措施、16条工作措施，新增财政投入200亿元支持凉山州，社会各界的关心支持力度更是前所未有，2015年至今，中央、省、州财政专项扶贫资金累计投入206亿元，示范区占总数的61.2%；社会帮扶资金累计投入73.5亿元，示范区占总数的47%。资源优势方面，据测算，示范区通过土地开发整理、增减挂钩等预计可获得流转指标12.35万亩，实现收益276.3亿元。示范区磷矿储量占全省总数的59.8%，水、风、光、清洁能源技术可开发量均占全州20%以上，只要守住绿水青山，做好综合开发利用，将产生巨大经济效益。另外，示范区劳动力总数占全州总数的38%，只要加强技能培训，可以为区域跨越发展提供有力的人力资源保障。发展潜力方面，主要体现在一产和三产上，示范区马铃薯、苦荞、核桃、花椒种植面积分别为94.2万亩、16.99万亩、163.8万亩、387万亩，分别占全州总数的39.4%、39.5%、46.2%、35.5%；金阳青花椒、雷波脐橙等优质农产品有很好的知名度和美誉度，土猪、土鸡、马铃薯等特色农产品受到广大消费者青睐。随着城乡居民收入水平的不断提高，群众对绿色、有机、生态产品的消费需求越来越大，特色农产品拥有巨大的市场空间。同时，该区域是彝族文化保存最完整、内容最丰富、最具代表性的地区，拥有国家级和省级非物质文化遗产35项，占全州总数的27%；雷波马湖、昭觉谷克德等景区（景点）逐步提档升级，随着交通等基础设施的不断改善，只要深度挖掘，做好市场结合，文旅产业将拥有广阔的发展空间。

按照州委、州政府对示范区跨越发展的定位，推动示范区跨越发展，前提是坚决啃下深度贫困这块硬骨头，在此基础上，再进一步打通优势资源向商业价值转化的路径，补齐基础设施短板，挖掘区域比较优势，增强区域发展协调联动和龙头企业带动，真正形成推动持续发展的造血能力。为此，凉山州将从以下五个方面持续发力。

一是保持冲锋决战姿态，坚决攻克深度贫困最后堡垒。全面落实州委“两不愁、三保障”回头看大排查整改方案要求，按照“个性问题解决在村里、共性问题解决在县里、全州普遍性问题由州上统筹研究解决”要求，确保涉及帮扶责任、帮扶措施和群众满意度的问题年底前全部整改落实，其余问题下年6月底前彻底整改到位。同时，持续通过劳务输出、开发公益岗位、发展产业等多方着力、精准施策，切实增加贫困群众收入，将确实无业可扶、无力脱贫的及时纳入低保兜底。持续加力推进禁毒防艾、“控辍保学”、计划生育、移风易俗等各项重点工作，抓好自发搬迁群众精准扶贫和规范管理，不断提高脱贫成效。持续深化扶贫领域作风建设，抓好第二轮“明目行动”和“三盯”“三公开”。深入开展扶贫工程项目专项治理，加强扶贫资金监管。

二是发展壮大优势产业，加快打造特色区域经济板块。农业方面，全面实施《6个深度贫困县农业产业扶贫规划(2018—2020)》，着手打造以昭觉县为中心的“大凉山脱贫奔康农业产业示范带”，构建起“生产有基地、加工有企业、营销有组织、流通有市场”的产业化经营布局，推动特色农业做大做强。工业方面，由于示范区6县均为国家重点生态功能区，限制发展高耗能、高污染行业，重点在一、二产融合发展上做文章，主要引进农产品精深加工企业等，发展绿色工业。文旅融合发展方面，加快螺髻山、马湖等景区创建提升工作，办好谷克德火把节、布拖火把节、金阳索玛花节等节庆活动，同时深入推进旅游扶贫，以全域旅游为引领，促进服务业转型升级发展。

三是突出抓好城市规划建设，大力推动城乡融合发展。城市建设方面，围绕建设昭觉全州东部区域中心城市，统筹考虑昭觉县及周边县城经济发展水平、资源承载能力、产业支撑、生态环境、基础设施等因素，高标准、高水平修编城市总体规划，并保持规划的稳定性和连续性，不断提升城市发展活力、人居环境质量、人民生活品质、城市综合竞争力，进一步提高对示范区各县的辐射带动能力。乡村振兴方面，高质量、高标准全覆盖编制乡村振兴战略规划，将脱贫攻坚与乡村振兴有效衔接，扎实推动农村人居环境整治、粮食综合生产能力建设等工作，通过构建以城带乡、以工促农、城乡互促融合发展机制实现乡村产业兴旺、生态宜居、乡风文明、治理有效、生活富裕。基础设施建设方面，以实施城镇污水和城乡垃圾处理设施建设三年行动、城市“双修”等为契机，统筹规划布局城乡供水、供电、信息和垃圾污水处理等设施，把重要公用设施向城市郊区乡村和规模较大的中心镇延伸，并合理确定统一管护运行模式，实现城乡基础设施统一规划、统一建设、统一管护。

四是加快建设东南开放门户，全面拓展对外合作新空间。规划实施宜宾至西昌、昭觉至普雄（沙马拉达）新建铁路项目，形成横贯川南和攀西的铁路干线，更好地服务以昭觉为核心的大凉山彝区农产品集散中心建设。围绕实现“县县通高速”目标，加快推进乐西、沿江、西昭高速公路建设，同步规划实施西昌至宁南、乐山至云南、昭觉至布拖至普格高速公路项目。完成国、省干线公路提升改造任务，规划实施一批隧道、桥梁、过场镇绕避公路项目，提升干线公路通行水平。加快推进昭觉、雷波通用机场规划建设。依托金沙江向家坝、溪洛渡库区航运工程，大力推进沿江港口作业区项目建设，协调推动向家坝枢纽翻坝转运体系扩能建设和溪洛渡翻坝转运体系建设，更好满足沿江资源开发外运需求。

五是深化体制机制创新，充分激发县域竞相发展活力。遵循“政府主导、市场运作、分类分步、有序推进”原则，建立权责一致、分工合理、决策科学、执行有力、协调高效、监督到位的管理体制，落实州上支持县域经济高质量发展的“七大行动”和20条支持政策，完善与示范区跨越发展要求相适应的考核评估体系和容错纠错机制，充分调动各级领导的工作积极性、主动性、创造性，确保各项工作落地落细落实。

共担责任迈向小康新时代　共促振兴开创凉山新未来

——奋力实现脱贫攻坚连战连胜奠定全州高质量发展坚实基础

凉山彝族自治州人民政府副秘书长、州扶贫移民局局长　王永贵

凉山州是全国市（州）一级贫困村最多的地区，近年来，全州始终把脱贫攻坚作为最大的政治责任、最大的民生工程、最大的发展机遇，聚焦聚力11个重点县，采取超常举措，下足“绣花”功夫，决战贫困顽疾，通过努力，全州贫困村、贫困人口分别从2013年年底的2072个、88.1万人减少至2018年年底的618个、31.7万人，贫困发生率从19.8%降至7.1%，至此，全州脱贫攻坚已完成近70%的工作任务。同时，2018年实现500个贫困村退出、19.94万名贫困人口脱贫的攻坚战绩，真正在2016年首战首胜、2017年再战再胜的基础上取得了2018年脱贫攻坚战连战连胜。

一、回望来时路，党的惠民光辉始终照耀彝州获得更多

（一）从改革开放的角度看，彝州扶贫持续得到党的关心关爱

自改革开放暨西凉合并以来，全州扶贫事业主要经历了四个阶段，历时已33年，主要从1985年的“二六”扶贫开始到现在的精准扶贫阶段，每一个阶段都得到了党的大力扶持和真情投入帮助，每一年党中央的政策都得到了贯彻落实，彝州人民的获得感一个阶段比一个阶段多，彝州人民的幸福感更是一年比一年强。在1985—1992年的8年间，党每年安排200万～300万元，大力发展农业生产，以解决温饱为中心任务，让全州260万名绝对贫困人口初步解决了温饱问题；在1994—2000年的7年间，党累计投入财政扶贫资金5000万元，稳定解决了全州210万名贫困人口的温饱问题；在2001—2010年的10年间，党将全州17个县（市）中的昭觉、越西等11个县纳入国家扶贫开发工作重点县，1188个村纳入重点扶持贫困村，并始终把加快全州扶贫开发作为重中之重，累计投入各级扶贫资金40.9亿元，农民人均纯收入从2000年的1361元增加至2011年的5538元；在2011年至2019年的8年间，党又对扶贫开发更加重视，将扶贫开发上升为脱贫攻坚战略，并明确提出实施精准扶贫，不落下一个民族、不落下一户人，实现全覆盖精准帮扶到位，切实将全州作为深度贫困地区聚焦聚力帮扶，真正确保2020年全州与全国全省一道实现全面小康。

（二）从领导关怀的角度看，彝州深贫始终得到党的深情厚爱

自1991年以来，江泽民、胡锦涛、李鹏、朱镕基、乔石、李瑞环、吴邦国等党和国家领导人先后到凉山视察，对全州扶贫开发工作和经济社会发展给予了大力关注和支持。2016年以来，汪洋、赵乐际、刘云山、刘延东、胡春华等10余位党和国家领导人深入全州视察调研脱贫攻坚工作，为全州坚决打赢深度贫困地区脱贫攻坚这场硬仗指明了前进道路。党的十八大以来，习近平总书记多次在多个场合关心凉山，分别于2014年9月在中央民族工作会议上讲到“彝族兄弟对中国革命是有重要贡献的，要继续加强政策支持，加大工作力度，确保彝区与全国全省同步实现全面小康”；2017年3月8日，在参加十二届全国人大五次会议四川代表团审议时，专门听取了州委书记林书成的代表发言；2017年6月23日，在山西省太原市主持召开全国深度贫困地区脱贫攻坚座谈会时，再次听取了全州工作汇报。党的十九大以后，2018年2月11日，习近平总书记到昭觉县三岔河乡三河村、解放乡火普村调研脱贫攻坚工作，对全州深度贫困地区脱贫攻坚作出了一系列重要指示，为全州坚决打赢脱贫攻坚这场硬仗坚定了信心，鼓足了干劲；2018年6月21日，世界卫生组织结核病、艾滋病防治亲善大使习近平总书记夫人彭丽媛携女儿深入昭觉县考察基层艾滋病防治工作，为全州坚决打赢脱贫攻坚“禁毒防艾”人民战争筑牢了信心决心。

（三）从精准扶贫的角度看，彝州治贫始终得到党的高度关注

一是中央层面精准对标靶向用力。2017年11月，针对凉山州等“三区三州”地区的深度贫困问题，中共中央办公厅、国务院办公厅专门出台《关于支持深度贫困地区脱贫攻坚的实施意见》，首次提出了“三区三州”深度贫困地区概念，明确将国家新增脱贫攻坚资金、脱贫攻坚项目、脱贫攻坚举措主要用于深度贫困地区。2020年刚开年，国务院副总理胡春华在西昌市主持召开了“三区三州”脱贫攻坚工作座谈会，进一步助力全州早日脱贫。

二是国家部委重点研究给予支持。2015年6月，国家发展改革委、

国家民委出台《关于支持四川省凉山彝族自治州云南省傈僳族自治州甘肃省临夏回族自治州加快建设小康社会进程的若干意见》，给予“三州”重点支持。2014年6月，国土资源部根据全州特殊困难需求，专门出台《关于支持凉山彝族自治州扶贫攻坚的意见》，明确“十九条”具体政策支持凉山脱贫攻坚。2017年11月，国土资源部再次出台《关于支持深度贫困地区脱贫攻坚的意见》，明确对深度贫困地区基础设施、易地扶贫搬迁等用地足额保障，同时还明确深度贫困地区节余增减挂钩指标可在东西部扶贫协作和对口支援框架内跨省域交易流转使用。

三是省委、政府持续用力给予扶持。2014年，省委在大小凉山彝区启动实施“十项扶贫工程”；2015年，研究出台大小凉山彝区17条特殊政策，细化落实住房、教育等7个方面的支持举措；2017年，出台加快推进深度贫困县脱贫攻坚的《意见》和《实施方案》，还特别为全州量身制定加强凉山州禁毒防艾配套《意见》；2018年，继续聚焦全州特殊困难，出台《精准施策综合帮扶凉山州全面打赢脱贫攻坚战的意见》，从教育发展、禁毒防艾等12个方面提出34条支持措施，三年新增200亿元资金，精准支持凉山脱贫攻坚，同时，根据《凉山州脱贫攻坚综合帮扶工作队选派管理实施方案》要求，从全省已“摘帽”县和相关行业系统选派5700名优秀干部组成11个综合帮扶工作队分赴全州11个深度贫困县开展为期三年的综合帮扶工作；2019年1月4日，省委办公厅、省政府办公厅印发《关于深入落实综合帮扶凉山州脱贫攻坚政策的若干工作措施》，明确了16条具体工作措施，进一步打通了政策落地的“最后一公里”，推动全州综合帮扶政策见效。

二、建功新时代，党的扶贫政策始终助力彝州获得更实

（一）最显著的成就，脱贫奔康“拦路虎”得到切实攻克

一是精准瞄向打击毒品这只“拦路虎”。全州强力推进“毒品治理·凉山行动”，围绕预防教育、源头管控等关键环节，建立三年禁毒攻坚制度、任务、责任“三大体系”，加快推进“1+15+N”禁吸戒治康复布局，持续实施“2+3+X”继续戒治康复，升级优化“索玛花工程”，并结合“扫黑除恶”加大缉毒执法力度，全州戒毒康复人员管控率达92%，吸毒人员新增人数减少51%，贫困家庭吸毒人员实现全员戒治。

二是精心筛查遏制艾滋这只“拦路虎”。全州坚持以“政府投入为主、分级承担、多渠道筹资”为原则解决艾防资金，上年已为84个重点乡（镇）分别下拨专项经费，及时推行全民健康体检和艾滋病筛查，全州共体检筛查134.6万人，4个艾防重点县全人群健康体检完成率达96%以上，艾滋病病死率由5年前的12.2%降至6.5%，全州艾滋病抗病毒治疗覆盖率达81.8%、有效率达78.1%，彭丽媛大使在凉山调研时对艾防工作给予了充分肯定。

三是精细管控整治超生这只“拦路虎”。专门制定出台《关于实施精准扶贫人口计生专项行动的意见》和《凉山州生育秩序整治行动实施方案》，细化目标任务、方法步骤和主要措施，选派100名计生专干到100个重点乡（镇）开展驻村工作，集中开展生育秩序整治行动，11个深贫县长效节育措施落实率达76.7%；政策外多孩率降至8.21%，较上年同期下降3.48个百分点。

四是精确对标严控辍学这只“拦路虎”。明确义务教育有保障是脱贫验收的关键性指标，“控辍保学”是保障义务教育的重要之举，并于上年11月召开凉山州控辍保学攻坚大会，实行最严格的“双线八包”控辍保学制度和“六长”责任制，出台《义务教育控辍保学“一方案三办法十制度”》，着力通过依法控辍、行政控辍、扶贫控辍、质量控辍、情感控辍“五控并举”，确保贫困家庭学生一个不少地接受义务教育，全州义务教育阶段学生达82万人，11个深度贫困县小学、初中入学率分别达99.59%、96.98%。

（二）最突出的标志，基础设施硬件得到飞速改善

一是住房基础得到切实改善提升。统筹抓好易地扶贫搬迁、彝家新寨、藏区新居等安全住房项目建设，大力推进农村“厕所革命”，同步完善厨房、圈舍等能功能配套。在加快住房建设的同时，持续做好“六件套”发放工作，累计发放取暖灶、桌椅、物柜、碗柜6.1万套，电视机、太阳能热水器9.1万台，贫困户由家徒四壁变为“睡有床铺、衣有储柜、炊有灶台、餐有桌凳、娱有电视”，让267.9万名、67.2%的农村居民实现“住有新居、住得安全”。

二是道路基础得到切实提档升级。2013年来，全州先后实施两轮“交通大会战”，建成国、省干线1196.4千米，农村公路10628.3千米，西昌市到各县主干线实现畅通，乡（镇）和村通畅率分别达94.9%、87.4%，基本形成了对外通畅、对内通达的交通格局，为贫困群众架起了脱贫路、小康路。

三是电网基础得到切实覆盖完善。全面对未改造地区的农村电网按照新的建设标准和要求进行改造，彻底解决遗留的农村电网未改造问题，已完成81.9万户农户入户用电建设，彻底消灭了“无电村”。

四是水利基础得到切实贯通入户。采取“以大带小、以城带乡，以大并小、小小联合”的方式，大力实施“治水兴村”战略，大力发展水利民生，优先做好贫困地区“最后一千米”渠系建设，恢复新增蓄水能力826.6万立方米，新增有效灌面37.3万亩，解决了172.96万人饮水安全问题。

（三）最给力的变化，贫困群众内生动力得到显著提高

一是大力开展移风易俗，带动群众接受文明新生活。2013年以来，先后开展“板凳工程”“现代健康文明新生活”行动，着力解决彝区群众思想因循守旧、观念抱残守缺等突出问题。创新开展“小手牵大手”和“三建四改五洗”等系列活动，坚持从小事抓起，从点滴抓起，引导群众从饮食起居到衣食住行事事处处养成好习惯、形成好风气。

二是大力开展技能培训，带动群众主动创收摘“穷帽”。2017年6月以来，整合全州所有培训资源、资金和项目，依托党校、职校、中小学寄宿制学校，实施“建卡贫困户新型农民素质提升工程”，培训期间免费发放生活洗漱用品、床单被套、迷彩服、误餐补助、往返车费，并购买意外保险等，已累计整合投入资金1.02亿元，培训5.8万人，真正实现了“培训1人、改变1家、脱贫1户、带动1片”。

三是大力开展各类教育，带动群众养成生活好习惯。通过健全村规民约，成立“红白理事会”“彝俗会”等方式，扎实推进婚丧嫁娶高额彩礼和铺张浪费问题集中整治，推进婚育新风、厚养薄葬的形成，增强群众自身财富积累意识。同时，全州还通过开展“倡树新风、感恩奋进”教育有效提升脱贫攻坚的群众满意度。

（四）最鲜明的成效，长短结合脱贫得到十足体现

一方面，围绕产业实现贫困户稳定增收。始终把产业富民作为彝区脱贫攻坚的重要支撑，突出地方特色和比较优势，宜种则种、宜养则养，大力培育发展高山错季蔬菜、中药材基地、特色生态养殖基地、产业加工园区等。近年来，全州累计建成林业产业基地2208.5万亩（核桃1192.9万亩）、马铃薯239万亩、水果138万亩、蔬菜128万亩、中药材4.5万亩，培育扶持种养大户10万余户。

另一方面，围绕旅游和劳务实现贫困户快速增收。大力发展阳光休闲度假游和乡村旅游，科学布局“农家乐”、观光农业、生态旅游等新

业态，上年创建省级旅游扶贫示范区2个、示范村24个，带动3318户农户增收。同时，始终把劳务输出作为群众增收"短平快"、最直接的一项措施，专门制定出台《关于深入推进全州建档立卡贫困户劳动力转移输出的指导意见》，转移输出建卡贫困劳动力5.91万人，实现劳务收入8.33亿元，其中向广东省佛山市定点输出6159人，完成率达112%。

三、高质谋发展，党的全面部署始终指引彝州奋楫破浪

凉山州脱贫攻坚已进入后半程，处于决战决胜的最紧要关头，今后两年脱贫攻坚任务仍然还异常艰巨，为此，州委按照党中央和省委安排部署及时召开州委八届六次全会，进一步把打赢脱贫攻坚战作为底线任务和根本前提，以高质量脱贫推动整体跨越发展，实现全域村村脱贫、户户小康、件件高质、事事振兴。

（一）用足"绣花""，示范引领确保四县率先"摘帽"退出

一要高位推动冲刺，压实压紧各级责任。州委、州人大、州政府、州政协应率先垂范，强化落实"四大班子"主要负责领导联系督导雷波、甘洛、盐源、木里4个"摘帽"县；州脱贫办分片包县精心指导，各级干部将脱贫"摘帽"作为头等大事，特别是4县干部要真正拿出白天进村入户、晚上研究解决问题的"绣花"精神，才能确保一炮打响4县2019年率先"摘帽"攻坚战。

二要高度重视问题，着力提高群众满意度。始终坚持问题导向，真正将发现的问题作为最大财富，不断在发现问题、整改问题中查漏补缺、提升成效。特别是4县应采取自查、乡（镇）交叉检查、县级全覆盖督查等多种方式，把问题找准找透，不折不扣把推进问题整改作为促进识真贫、扶真贫、脱真贫的重要法宝，进而增进群众获得感、提高群众满意度。

三要用心准备内业，全面完善软件资料。细节决定成败，细节也体现担当，州脱贫办要按照《关于进一步做好脱贫攻坚档案资料清单删繁就简工作的通知》要求，针对4县重点给予权威性、规范性指导，同时4县也要务必全方位用心组织、用心完善规范好内业资料，确保为全面"摘帽"提供有力佐证。

四要用情做好普惠，整体达到"摘帽"标准。第三方评估"纪律严、要求高、范围宽、样本全、方法活"，为此，只有将工作做扎实才能有底气迎接评估验收，在工作过程中4县要及时运用好土坯房改造、广东省佛山市对口帮扶资金等政策和资金，统筹做好非贫困户享受普惠政策、改善住房等基础设施。

（二）用尽"洪荒力"，万无一失确保全域全面实现小康

一要扎实开展精准对标回头看。对照贫困户脱贫"一超六有"、贫困村退出"一低七有"、贫困县"摘帽""一低三有"标准，扎实开展精准对标回头看，认真查找"六个精准"方面存在的问题，全面摸清底数，找准工作差距，深刻剖析原因，采取针对性措施，进行挂账整改，做到有的放矢。

二要全面开展安全住房达标认定。由规建部门组织力量或通过政府购买服务聘请第三方组织机构对所有建档立卡贫困户住房进行安全鉴定，同时对住房安全有异议的非贫困户一并进行鉴定，以求真务实的态度实现贫困户脱贫住房安全有保障。

三要瞄准弱项补齐全面小康短板。加快安全房建设和通乡柏油路、通村硬化路建设，补齐贫困村退出通村硬化路建设短板，同时要积极推进十五年义务教育、"9+3"免费职业教育，全面构建教育资助体系，严格落实"控辍保学"责任制，采取随班就读、编班就读、学业补偿等多种方式积极劝返义务教育阶段辍学学生就学就读，全面实现义务教育有保障。

四要强化督查着力问责问效。强化督查问责问效，常态化开展脱贫攻坚暗访督查，定期发布督查通报，并进行定期回访。坚持问题整改台账管理，以"清单制+责任制+限时制"的方式将问题"点球式"发到县、到部门、到乡、到村，发到联系领导、包村单位、驻村工作队、帮扶责任人进行交办，限时整改，做到整改完成一个、销号一个。

（三）用好衔接器，五向协同确保全州高质发展振兴

不谋万世者，不足谋一时，不谋全局者，不足谋一域。州委八届五次全会已明确提出要着力构建全州"一干多支、干支协同"发展新格局，在具体工作落实过程中，要超前谋划，做好工作有序衔接，将凉山州的脱贫攻坚与高质量发展一体考虑，真正实现精准振兴。

一要结合脱贫攻坚，依托西昌中心城市主要干流部署，全面谋划跨越发展。在脱贫攻坚期内，西昌市在除做好脱贫巩固提升工作和防止返贫外，应主动担当，发挥带动作用，积极探索走民族地区县域创新发展、转型发展、跨越发展新路子，全面建成现代化生态田园城市，持续成为全州经济增长的"发动机"和"稳定器"。

二要结合脱贫攻坚，依托安宁河谷同城发展支流部署，全面推进乡村振兴。西昌、德昌、冕宁3县（市）统筹同城同体，在脱贫攻坚期内，应时刻高度重视自发搬迁贫困群众的脱贫攻坚工作，进一步抓实产业发展，助力贫困户稳定脱贫。同时，在乡村振兴方面应超前一步，快走一程，真正实现基础同建、交通同网、旅游同线、环境同治。

三要结合脱贫攻坚，依托南向开放一体发展支流部署，全面实行改革开放。会理、会东、宁南3县要高度重视民族聚集区和边远地区贫困群众返贫问题和巩固提升，真正确保"全面小康不漏一户、不落一人"。在此基础上，快速衔接抓住并用好国家推进长江经济带及乌东德、白鹤滩水电站、昭攀大铁路及宜攀高速公路等建设重大机遇，摈弃县域狭隘观念，跳出县域谋划好一体化发展，真正建成凉山州第二经济增长极、四川南向开放门户桥头堡。

四要结合脱贫攻坚，依托脱贫奔康示范发展支流部署，全面实现同步小康。昭觉、布拖、金阳、美姑、雷波5县属于"富饶的贫困"，历史欠账多，全面小康难度大，在脱贫攻坚期内，应唯此为大、念兹在兹、心无旁骛抓脱贫、促小康。在推进高质量发展和乡村要求中，应首要兼顾脱贫攻坚这一最大的政治责任，用脱贫攻坚抓总，统筹兼顾其他功能布局。

五要结合脱贫攻坚，依托北向创新示范发展支流部署，全面抓实创新创造。甘洛、越西、喜德3县脱贫压力大，且现有的脱贫属于低质量脱贫，在脱贫攻坚期内，还应将重要精力全部投入到脱贫过程中，确保在坚决走创新发展之路的同时能如期摘掉贫困帽，同步建成小康。

六要结合脱贫攻坚，依托农文旅绿色发展支流部署，全面抓实协同发展。盐源、木里2县将于2019年整县"摘帽"，应高度重视迎检，做好脱贫攻坚各项工作的查漏补缺。同时，应全面运用好泸沽湖创5A级景区、大香格里拉钻石线路打造、洛克九百里"国家步道"、全国精品森林旅游地建设契机，真正打造好最具特色魅力的彝藏农文旅生态示范走廊。

历史终将见证，唯有实干拼搏者不负岁月，唯有为民务实者不负信任，进入新时代、迈步新征程，让我们始终紧密团结在以习近平同志为核心的党中央周围，坚定以习近平新时代中国特色社会主义思想为指导，全面落实中央和省、州委决策部署，切实打赢脱贫攻坚战，推动全州高质量发展。

坚决响应总攻决战号令　夺取脱贫攻坚收官全胜

中共凉山州彝族自治州委常委、组织部部长　刘晓博

凉山州是国家"三区三州"深度贫困地区之一，脱贫攻坚任务艰巨繁重。2020年，全省未退出的7个贫困县全部在凉山，成为全国脱贫攻坚最后的堡垒。全州牢记习近平总书记视察时的关怀嘱托，坚决贯彻落实中央和省委决策部署，不放松、不停顿、不懈怠，采取超常之举、下足非常之功，突出抓党建促脱贫攻坚，为全面打赢凉山脱贫攻坚冲刺决胜之战提供坚强保障。

着力在提升政治站位中强化责任落实。坚决贯彻习近平总书记关于"越到最后越要紧绷这根弦"的重要指示要求，以政治担当推动形成决战之势。一是及时学习贯彻。强化思想政治教育，跟进学习习近平总书记重要讲话精神，制定抓落实的《分工方案》和打赢"收官之战"、强化组织保证的《实施方案》。二是从严挂牌督战。建立健全挂牌督战体系，州级领导督战到县、向乡村两级延伸，县级领导督战到村，乡（镇）干部包村包户，36名州领导干部定点督战7个未"摘帽"县、延伸到124个乡、304个村，贫困县200余名班子成员全员下沉到乡到村，对工作滞后的乡（镇）由负责联系的县级干部兼任乡（镇）党委"第一书记"抓落实。三是全员承诺践诺。开展"牢记嘱托、担当使命"主题党日活动，组织全州1.04万个基层党组织、21.9万名党员重温总书记视察凉山的谆谆嘱托，推动党员干部承诺践诺，充分汇聚打赢疫情防控阻击战、脱贫攻坚战"两场硬仗"的磅礴动力。

着力在推动全员会战中精准调配力量。坚决贯彻习近平总书记关于"脱贫攻坚任务能否高质量完成关键在人"的重要指示要求，充实一线攻坚力量。一是调配优势兵力。坚持把"好钢用到刀刃上"，实施脱贫攻坚、疫情防控一线"晋升选用"计划和"三个一批"计划，在脱贫攻坚一线统筹择优选拔优秀干部充实县、乡党政班子，已选拔一线优秀干部1000余名；从州、县部门和已"摘帽"县抽调精兵强将组建"决战收官攻坚队"，驰援未"摘帽"县。二是下沉一线大会战。坚持在一线锤炼干部，聚焦易地扶贫搬迁、农村危房改造、饮水安全等重点领域关键短板，省、州联动组建45个工作专班集中攻坚，推动8.2万名干部一半时间在一线作战。三是汇聚多方人才力量。充分发挥集中力量办大事的显著优势，组织9000余名帮扶队员与村（组）干部、教师、医生全域结对，帮乡带村。大力实施"千名英才·智汇凉山"行动，确保年底贫困县公务员空编率降至3.8%以下。

着力在提升组织力中建强战斗堡垒。坚决贯彻习近平总书记关于"给钱给物更要建个好支部"的重要指示要求，逐村建强贫困村党组织。一是持续整顿软弱涣散党组织。巩固"不忘初心、牢记使命"主题教育成果，对未出列贫困村党组织进行再排查再体检，限期解决突出问题。配套财政资金2.3亿元，大力扶持壮大贫困村集体经济。二是实施村党组织带头人整体提升行动。分层分类开展实战培训，建账管理优秀农民工村党组织书记1649名，实现"一肩挑"2135名，确保带头人个个过硬。三是开展村党组织升级评优活动和基层治理示范村镇创建行动。跟进加强易地扶贫搬迁集中安置点党组织建设，以9个3000人以上集中安置点为突破口，探索党建引领基层治理新路径，切实提升党组织带领群众稳定脱贫能力。

着力在落实战时激励中增强决战动能。坚决贯彻习近平总书记关于"注重在一线考察识别干部"的重要指示要求，以鲜明导向激励干部担当作为。一是强化"战时"考察。鲜明把干部考察前置到第一线、把"能上""能下"落实到第一线，结合换届优先提拔使用一批在脱贫攻坚工作中表现优秀、实绩突出的干部。二是强化"战时"关爱。落实关心爱护脱贫攻坚一线干部26条措施，将脱贫攻坚综合帮扶工作队队员的年度考核"优秀"等次比例提高到40%，对25名因公殉职干部的家属和145名因公负伤帮扶干部落实专人联系帮扶。三是强化"战时"作风。协同纪委监委重拳整治形式主义、官僚主义，问责处分60余个单位、300余名干部，鞭策激励全州上下真抓实干，夺取脱贫攻坚收官全面胜利。

大凉山上党旗红

——凉山州抓党建促脱贫攻坚工作综述

中共凉山彝族自治州委组织部

2020年是凉山州历史上极不平凡的一年，通过艰辛努力，千百年来困扰彝区群众的绝对贫困问题即将历史性地划上句号，凉山州将与全国全省一道全面建成小康社会。

脱贫攻坚战打响以来，全州组织工作坚定贯彻习近平总书记精准扶贫精准脱贫基本方略和视察凉山重要指示讲话精神，始终坚持目光向决胜攻坚聚焦、思想为决胜攻坚凝聚、力量朝决胜攻坚调集、堡垒在决胜攻坚中建强、实绩用决胜攻坚检验，着力让党的组织优势成为决胜攻坚的强大引擎。

一、守初心、担使命——砥砺众志成城、不胜不休的昂扬斗志

2018年2月11日，习近平总书记来凉山州看望慰问贫困群众，在彝家的火塘边说："我一直牵挂着彝族群众。让人民群众脱贫致富是共产党人始终不渝的奋斗目标。共产党给老百姓的承诺，一定要兑现！"

习近平总书记的讲话为凉山州坚决打赢脱贫攻坚制定了行动纲领，指明了前进方向。全州组织部门以习近平总书记视察重要指示和讲话精神为统领，扎实开展"不忘初心、牢记使命"主题教育，州委常

委班子带头开展"牢记嘱托、担当使命,坚决打赢凉山疫情防控阻击战和脱贫攻坚战"主题党日活动,全州1.03万个党组织、21.3万名党员立足岗位做承诺、见行动;州委常委会15次专题听取贯彻落实习近平总书记重要讲话指示精神责任分工落实情况的汇报;以习近平总书记系列重要指示精神教育为内容,分层分类培训干部16.8万余人次,组织22万人次干部参加"脱贫攻坚凉山实践""凉山大讲堂""一线干部实战能力提升"系列专题培训,6800余名党员干部接受"凉山州脱贫攻坚知识能力大赛"检验,各级各类党员干部攻坚能力得到全面淬炼和提升。

贫困群众是扶贫攻坚的对象,更是脱贫致富的主体。凉山州率先开办"农民夜校",全面宣传党的政策,用群众身边人身边事讲脱贫政策、讲奋进故事、讲新村变化,累计培训党员群众600万人次;创新实施新型农民素质提升工程,累计投入资金1.8亿元,培训贫困户劳动力12.8万余人次,带动17.5万余名贫困群众逐渐改变陈规陋习,促进12万余名贫困群众增收18亿元;创建省、州级"四好"村913个、"星级"和"四好"文明家庭48.8万户,在志智双扶过程中全面增强群众脱贫动力。

二、用精兵、建实功——配强攻城拔寨、克难奋进的硬核力量

习近平总书记强调,"深度贫困是坚中之坚,要派善打硬仗的人"。全州组织工作始终鲜明"重实绩、重实干、重一线"的用人导向,从驻村"第一书记"、驻村工作队员、乡(镇)事业等人员中公开遴选850余人进入乡(镇)领导班子,提拔重用脱贫攻坚一线干部270余名,调整补充乡(镇)领导班子成员509名,选派2072名优秀干部到建档立卡贫困村担任驻村"第一书记",全面补齐配强村"两委"班子空缺岗位,持续保持贫困县、乡(镇)领导班子成员只增不减。

深入开展"担当尽责·建功一线"行动。推动全州1.02万家帮扶单位、8.2万名干部全面下沉至攻坚一线履职尽责。全面推行党员领导干部抓脱贫攻坚重大任务落实综合评价办法,各级党员领导干部带头做出承诺,州扶贫专项牵头部门和11个贫困县做出重大事项承诺290余项,县级部门和乡(镇)、村分解细化任务1800余项,全面促进补短板、强弱项。

充分发挥综合帮扶特战队作用。凉山州坚持把好钢用在刀刃上,把省、州选派的1.1万名帮扶干部配强到11个深度贫困县最吃劲的攻坚前沿,在支撑决胜全面收官、破解特殊瓶颈问题、增强长远发展造血功能等各个主战场上成为不可替代的中坚力量。

在决胜攻坚最紧要的关头,抽调已脱贫四个县的182名骨干队员驰援攻坚任务最重的布拖、昭觉、金阳、美姑县。甘洛县前进村驻村"第一书记"作为当年贫困户的儿子,主动请战奔赴美姑县驰援树窝乡斯一勒比村,他发挥经验优势、帮助对标补短,仅用三个月时间构建起了"能人示范+群众参与"的产业发展模式、"党组织+产业+群众"的产业发展利益链接运行模式,制定出集体经济管理办法。在全州范围内统筹抽调153名有专业技术特长、作战经验丰富的帮扶队员组建农业、教育、卫生等10个综合帮扶专家巡回指导组,开展对标补短精准指导;在已经退出的1772个贫困村开展学理论、学经验、学榜样,提升脱贫质量成色"三学一提升"活动;组织帮扶队员围绕成熟型人才"五项标准",结对培养村级成熟型人才3022人,为凉山州续写脱贫攻坚"后半篇"文章打下了坚实的工作基础。

严格执行部门包村、干部包户制度。把户脱贫作为工作重心,逐村逐户打赢"收官之战",出台强化决战脱贫攻坚组织保障"五项措施",对事关全局、工作强度高、任务时间短的瓶颈短板,组织全员集中会战。在"百日攻坚"工作中,组织全州各级各类帮扶单位和帮扶干部全面下沉到村,逐户梳理排查,逐一对标补短,确保各类问题清零、所有指标达标。

为脱贫攻坚提供有力人才智力支撑。凉山州先后出台"菁英计划"实施办法和资助资金管理办法,向首批193名高层次人才发放"凉山英才卡",招募150余名急需紧缺专业大学生顶岗实习,首次举办凉山籍优秀青年学子家乡行系列活动,选派35名专业技术人才到广东省、浙江省学习。召开全州"县管乡(校)用"改革推进会,一体推进农业农村、文化旅游、自然资源等行业领域"岗编适度分离"改革。精心组织开展"科技扶贫万里行"活动,足额申报定向培养紧缺专业大学生、农村实用人才、乡村医生1300余名,开展"一村一医""一乡一全科""一村一名农技员"专项培训1.8万余人。

强化战时激励,出台关心激励脱贫攻坚一线干部26条措施、关心爱护干部8条措施,实施脱贫攻坚、疫情防控一线"晋升选用"计划,将脱贫攻坚综合帮扶工作队队员的年度考核"优秀"等次比例提高到40%,州、县累计提拔使用、晋升职级、表彰表扬脱贫攻坚一线干部4000余名。

昭觉县谷莫村原驻村"第一书记"罗雅宏在实践中走出了一条大小凉山集中连片特困地区"加减乘除"四类举措并举、多维融合发展的脱贫攻坚新路径,2017年就使谷莫村年人均纯收入达8700元,2018年10月荣获"全国脱贫攻坚奖创新奖",同年12月被破格提拔为金阳县人民政府副县长。

三、固根本、培元气——筑牢巩固成果、促进振兴的坚固堡垒

农村基层党组织是党在农村全部工作和战斗力的基础,是带领农村脱贫致富奔小康的"桥头堡"。凉山州坚持把党建挺在脱贫攻坚的最前沿,充分发挥农村党组织在脱贫攻坚中的战斗堡垒作用和党员的先锋模范作用。

创新实施"筑底强基·凝聚民心"党建工程。通过乡村"党建月会"精准掌握脱贫攻坚政策标准,全面安排部署脱贫重点任务。常态化开展党组织分类提升行动,累计整顿软弱涣散党组织1300余个,调整撤换不胜任、不适宜干部200余名。回引培养优秀农民工村干部6700余名,为每村储备2名以上农民工后备力量。全面启动村干部学历提升教育,试点从自主择业军转干部中选派驻村"第一书记",在建强基层战斗堡垒的过程中服务保障打赢脱贫攻坚战。

农村富不富,关键看支部。2015年,全州集体经济"空壳村"比例高达85%,村级组织无钱办事,凉山州抓住脱贫攻坚重大机遇,落实财政配套扶持资金2.3亿元,扶持壮大215个村集体经济,增强"造血"功能。制定《关于进一步发展壮大村集体经济的意见》《凉山州发展壮大村集体经济奖励办法(试行)》,重点指导2020年未脱贫的300个贫困村的集体经济发展,抓好中央、省、州扶持的215个扶持村项目建设。整合项目、资金,培育农村党员"致富新星"600余名。盐源县梅子坪镇马丝绺村"第一书记"曾成绪两年前与村"两委"班子探索发展"稳定型(公司入股)+风险型(牦牛养殖)+增值型(门面出租)""三型"集体经济。如今,马丝绺村集体资产超120万元,流动资金超10万元,年收益10万元,成为全州16个县中首个在西昌市有集体经济门面资产的极度贫困村。

全面加强易地扶贫搬迁集中安置点基层治理工作。凉山州累计实施易地扶贫搬迁7.4万户35.3万人,占全州贫困人口总数的38%,占全省易地扶贫搬迁总任务的25.6%。全州以24个800人以上集中安置点治理与后续发展为工作重点，探索推出基层组织建设、人口管理、就业创业等各项配套政策，推进基层组织、就业创业、公共服务、民生保障、移风易俗、人才队伍“六大体系”建设。加强对昭觉、布拖、金阳、美姑四县大型集中安置点党组织班子成员、乡（镇）分管领导集中培训，全面提升基层治理能力和服务群众水平，让全州30余万名搬迁群众在新家园安居乐业。

越西县城北感恩社区聚焦“搬得出、稳得住、能致富”目标，着力推动教育、医疗、产业、就业、社会保障、稳定、便民服务、党建“八个全覆盖”等方面，努力将社区建设成基层党组织领导基层治理的新型示范社区。

唯有务实笃行，方能筑底强基；唯有筑底强基，方能凝聚民心；唯有凝聚民心，方能无往不胜。在党中央、省委、州委的坚强领导下，凉山州以“为有牺牲多壮志，敢教日月换新天”的意志，以“黄沙百战穿金甲，不破楼兰终不还”的决心，全面如期完成脱贫攻坚历史性任务，交出了一份让党和人民满意的答卷！

强化市场导向　创新发展现代生猪养殖产业

中共喜德县委书记　曲木伍牛

喜德县坚持把产业扶贫作为贫困群众增收脱贫的重要抓手，与铁骑力士集团深度合作，发展现代生猪养殖项目，不断通过整合资源资金、创新经营模式、优化利益链接机制助农实现产业增收。

一、多元化投入，建立“1+N”养殖模式

一是建立集中繁育场。统筹整合涉农财政资金、广东佛山援建资金、县农旅投自筹资金1.5亿元，在冕山镇洛发村建成“铁骑力士实业标准化繁育场”，其中县财政涉农资金和广东佛山援建资金投入占比为55.7%，县农旅投投入占比为44.3%，繁育场建成后交给铁骑力士实业有限公司经营，常年母猪存栏1.5万头。二是设立代养点。整合涉农财政资金、业主自筹资金、贫困户小额信贷资金2.2亿元，采取“公司+集体经济+贫困户+保险”模式，在全县11个乡（镇）26个贫困村建成83个标准化代养点，按年出栏2000~1万头的代养点吸纳10~20户贫困户、1万头以上的吸纳60户贫困户原则，吸纳1000余户贫困户参与。83个代养点年出栏生猪30万头以上，年产值达7.5亿元。三是实施统供统销。生猪代养项目统一采取由铁骑力士公司提供猪苗、药品疫苗、饲料、技术管理、包价回购、品牌促销，代养点按照标准化流程养殖的模式，铁骑力士集团与代养点签订协议，确保每头生猪保底代养费在150 ~ 250元，提高代养点抵御市场风险的能力，切实解决群众怕“瘟”不敢养的问题。

二、多节点吸纳，扩大群众增收途径

一是流转土地增收。按照搬迁后原有土地所有权不变的原则，积极引导贫困户将土地流转给企业建设代养点，扩繁场和83个标准化代养点共流转土地3196.72亩，扩繁场每年实现租金收入1000万元，代养点每亩年收入400元。二是参与代养增收。参与代养的贫困户以每户2万~5万元小额信贷入股代养场，贷款金额利息由国家贴息，本金由代养点企业还款，目前，受益贫困群众占全县贫困户总数的37%。三是基地务工增收。繁育场和代养点为贫困户提供饲养、管理、清洁等就业岗位，每年可解决240余名贫困户就近在生猪养殖基地务工，每年可为贫困户增收700余万元工资性收入，基地务工人员年均增收3万元以上。四是循环发展增收。开展养殖点粪肥资源化循环利用，在各代养点建设沼气集中供气池，科学设置管网，沼气就近输送到农户家中使用，沼液直接排引到田间地头，实现“菜-猪-沼-菜”生态循环种养，已辐射带动5000余户农户发展种植业6729亩。

三、多样化分红，创新利益联结分配机制

一是重点扶持分红。县级涉农财政、广东佛山援建资金投入扩繁场的股份收益2020年、2021年将分配给易地搬迁贫困户、特殊困难户等，2022年起将结合脱贫攻坚后续政策及乡村振兴战略重新调整使用。政府对代养点补贴资金的10%作为贫困村集体经济入股代养点，带动贫困村集体经济年增收2.7万元。二是代养收益分红。设定代养收益分红期限为15年，前3年内每年按股权额度的8%给贫困户分红，第4年至第15年每年按股权额度的12%给贫困户等分红。目前，全县实现代养收益7500万元，带动贫困户户均年增收4000元。三是奖勤奖优分红。建立年度先进激励分红机制，对年人均纯收入达9000元以上的贫困户给予“脱贫攻坚勤劳致富激励股”，分红2500元；对年人均纯收入达5000 ~ 9000元的贫困户给予“脱贫攻坚苦干实干激励股”，分红2000元。

打好脱贫攻坚战　助力乡村振兴

中共甘洛县委　甘洛县人民政府

一、甘洛县脱贫攻坚历程

甘洛县是国家扶贫开发工作重点县，也是凉山州2019年首批“摘帽”的4个深度贫困县之一。2014年，全县识别并上报上级审批，共有贫困村208个（占全县行政村总数的91.6%）、建档立卡贫困人口67433人，贫困发生率为31.88%。经多轮精准识别动态调整，全县共有建档立卡贫困人口15320户71759人。自脱贫攻坚战役打响以来，县委、县政府举全县之力，奋力攻坚，“绣花”用功，脱贫减贫取得巨大成效，2014年减贫1455户7364人；2015年减贫1672户8250人；2016年减贫

1304户6169人，退出贫困村25个，工作成效考核综合评价位列全州前茅；2017年减贫5262户24549人，退出贫困村92个，位列中国扶贫效率"百高贫困县"榜首；2018年减贫3774户17410人，退出贫困村55个，工作成效考核综合评价位列全省"好"序列；2019年减贫1794户7802人，退出贫困村36个，以漏评率为零、错退率为零、综合认可度99.92%高质量实现贫困县"摘帽"，工作成效考核综合评价位列贫困县"摘帽""好"序列，贫困发生率从2014年的31.88%下降至0.11%；2020年将减贫59户215人，届时贫困人口将全部清零。

二、甘洛县脱贫攻坚的主要做法与成效

在这场没有硝烟的战役中，全县坚持把脱贫攻坚作为最大的政治责任、最大的民生工程、最大的发展机遇，以习近平总书记扶贫开发战略思想为统揽，聚焦"两不愁、三保障""四个好"目标，构建"1+12+4"指挥体系，坚持"谋划全局与重点突破相结合、总体部署和专项布置相补充、规定动作和自选动作相辅助"工作主线，狠抓"六个精准"、倾注"工匠精神"、下足"绣花功夫"，强力推进精准扶贫精准脱贫，昔日贫困落后的山村发生了翻天覆地的变化，甘洛县实现第二次"一步跨千年"的飞跃。

（一）聚焦动态管理，确保扶持对象精准

始终坚持把"扶持谁"作为脱贫攻坚根本，动态精准管理扶持对象。一是全覆盖识别。严格按照"两公示一比对一公告"要求，逐人逐户精准化、精细化识别，先后开展3轮比对核查，保证识别过程公开透明、识别结果公平公正。二是动态化管理。整合部门监督、群众监督、社会监督力量，开展信访举报受理、纪委跟踪督办等工作，先后组织开展10轮精准识别动态调整，做到"应进则进、应出则出、整户识别、动态管理"。三是常态化复核。精心组织开展"回头看、回头帮"、"两不愁、三保障"大排查及达标摸底"大走访"等行动，对问题"一对一"安排整改提升，帮扶干部"点对点"跟踪落实，确保脱贫路上不落一户、不落一人。

（二）聚焦"缺啥补啥"，确保项目安排精准

按照"缺啥补啥"的原则，在全州率先组建脱贫攻坚项目库，入库项目5392个，共计金额76.66亿元，做到脱贫攻坚项目全覆盖、全保障。一是建好基础设施。新建成通村硬化路156条、里程559.7千米，新建成通乡硬化路9条、里程45.2千米，"甲古甘洛"唯有"天路"，再无"天梯"；实施安全饮水巩固提升工程，惠及群众19.6万人，家家户户都吃上了自来水；全面实施农村电网升级改造项目和通信基础设施项目，实现群众家家通电、甘洛村村有网。二是建好公共设施。投资11674万元，实现28个乡（镇）卫生院、标准中心校、便民服务中心全达标，建成村"1+N"综合体108个，巩固提升村卫生室100个，配备村医227名，乡村公共服务阵地全面夯实。三是建好文化设施。新（改）建村民俗活动院坝227个并配备公共健身器材1000余件；巩固提升村文化室100个，配套图书38.45万册；全面解决贫困群众广播电视信号弱问题，群众文化生活更加丰富多彩。

（三）聚焦"用管"并重，确保资金使用精准

将脱贫攻坚作为财政投入的重点，优先保障、多元整合、精准投放、撬动金融、强化监管。一是加大投入，发挥资金效益。2016年以来，全县共计投入各类扶贫资金49.5亿元，其中仅县级财政配套专项扶贫资金就达1.29亿元；充分用好涉农资金整合特殊政策，完成涉农资金整合21.27亿元，实现"多个管道进水、一个池子蓄水、一个龙头放水"。二是撬动杠杆，做实金融扶贫。落实扶贫小额信贷风险基金3808万元，累计发放贷款1.8亿元，财政贴息889万元，并积极推行"扶贫保""惠农保"，投保群众获赔1240.73万元；在全州率先承办脱贫攻坚返贫责任保险，有效帮助贫困群众抵御风险。三是强化监管，确保资金安全。开展扶贫闲置资金清理，强化扶贫资金绩效评价，落实扶贫资金公开公示制度，开展扶贫领域工程项目专项清理，共清理扶贫项目5388个，确保扶贫资金使用不缩水、不变通、不浪费。

（四）聚焦因户施策，确保措施到户精准

根据不同致贫原因和各户实际情况，量体裁衣定制帮扶措施。在做好"五个一批"的基础上，结合凉山实际实施治毒戒毒救助一批和移风易俗巩固一批。一是发展生产脱贫一批。尊重市场规律，适度扩大产业规模，着力培养新型农业经营主体，全面提升群众生产经营组织化水平。2016年以来，全县新栽核桃31.59万亩，总规模达64.8万亩；种植花椒8.33万亩，发展特色农业26.26万亩，修建产业路113千米；成立农民专合社787个、家庭农场263个，培养致富带头人797人；累计实施技能培训12950人（其中贫困户10637人），开展新型农民素质提升培训9148人，输出务工人员27.44万人次，实现创收42.47亿元；全县实现村集体经济总收入319.37万元，人均收入14.2元。二是易地扶贫搬迁脱贫一批。坚持主体建设与配套建设一起抓、质量保障与进度保障一起抓、生活改善与环境改善一起抓、公共服务与生活服务一起抓，着力推动后续帮扶及产业支撑，实施易地扶贫搬迁4977户21362人，确保搬迁群众实现"搬得出、稳得住、能致富、生活好"。同时，实施彝家新寨建设6699户，土地增减挂钩项目2690户（贫困户893户），改造非贫困户住房5845户，改造"三类人员"住房526户，实施地质灾害搬迁434户（贫困户16户），佛山市和绵竹市援建426户，让彝区群众告别了生活在土墙房、茅草屋的日子。加强设施配套，修建农业生产用房，发放"六件套"12567套，确保群众住得放心、住得安心。三是生态补偿脱贫一批。实施新一轮退耕还林工程6000亩，巩固退耕还林成果13.02万亩，全县共计发放退耕还林政策补助、生态效益补偿等资金1.24亿元。同时，选聘生态护林员1221人，开发公益岗位3125个，着力解决特殊困难群体就地就近就业问题。四是发展教育脱贫一批。投资5.83亿元，全面落实十五年免费教育、"三免一补"等惠民政策；投资6.02亿元，实施教育基础建设项目148个，以98分的高分通过义务教育均衡发展省级评估检查；建成幼教点210个，新建"一乡一园"10所、青少年体验馆1所，阻断贫困代际传递的能力不断增强。五是社会保障兜底一批。财政代缴贫困人口医疗保险，全民健康体检实现全覆盖，对贫困人口免收诊疗费8.97万人次，发放医疗救助金863.34万元，落实签约服务家庭医生团队55个，切实把医疗保障各项政策落到实处。全面落实农村低保政策，低保兜底9850户26802人（贫困户3440户12612人），纳入困难残疾人生活补贴2100人（贫困户840人）、重度残疾护理补贴2459人（贫困户994人），财政代缴贫困户养老保险685.64万元。六是治毒戒毒救助一批。强力打好治毒硬仗，坚决遏制因毒致贫返贫问题，2016年以来，全县共破获毒品案件262起；强化吸毒人员管理，全县共有在册吸毒人员5278人，转入索玛花系统社区戒毒（康复）1482人，社区康复执行率达99%。同时，强抓艾滋病防治和生育秩序整治，驱除影响彝区社会深陷贫困的"鬼魅"。七是移风易俗巩固一批。推动精神脱贫与物质脱贫齐头并进，深入开展"习近平总书记到凉山"等系列主题教育活动，开展"懂感恩、知奋进"教育，着力转变群众"等、靠、要"思想，激发群众自主发展、自力更生的意愿。以"巾帼行动""四好创建""倡导五洗""新时代文明实践"等活动为载

体，建成新风超市226个，促进群众养成健康文明的思想观念和生活习惯。创建省级“四好村”2个、州级“四好村”125个，评定“星级四好家庭”4.7万户。

（五）聚焦选优配强，确保因村派人精准

高度重视脱贫攻坚力量选派和管理，为推动各项工作落实提供不竭动力。一是择优选人派人。实行38名县级领导联乡、定点督导；92个帮扶单位包村、同奖同惩；208个贫困村、19个非贫困村“第一书记”，649名驻村工作队员，223名农技员驻村帮扶；2713名干部结对帮扶，全县干部面对面察民情、心连心解民忧、手牵手帮民困。二是强化作用发挥。大力实施“筑底强基·凝聚民心”工程，覆盖开展“担当担责·建功一线”行动，抓好基层党组织制度建设，提升党基层组织战斗能力，累计培训干部3.54万余人次，形成各级组织强抓脱贫攻坚、会抓脱贫攻坚的良好格局。三是突出严管厚爱。把脱贫攻坚工作作为识别选拔干部的“试金石”“赛马场”，从脱贫攻坚一线选拔干部362人次，占比52%。深入开展扶贫领域作风建设，扎实开展“清卡行动”，从严处置脱贫攻坚领域不良问题，给予党纪政纪处分117人，提醒谈话35人次，谈话函询60人，诫勉谈话4人。四是凝聚攻坚合力。坚持把承接帮扶、汇聚力量作为打赢脱贫攻坚战的重要途径。佛山市南海区、绵竹市、南充市等对口帮扶县（区），四川大学、省冶金局、省地矿局、州国资委等34个县外定点帮扶单位和92个县内帮扶单位共计投入帮扶资金3.03亿元，派驻帮扶干部1295人（其中县外定点帮扶单位派驻646人），助推甘洛脱贫攻坚进程。

（六）聚焦“三个落实”，确保脱贫成效精准

全县上下组织领导围绕脱贫攻坚、政策落实聚焦脱贫攻坚、工作督办盯紧脱贫攻坚，确保工作落地落实、效果突出。一是到人到事压实责任。县、乡、村层层签订《责任书》，人人立下“军令状”，全面构建起书记、县长担第一责任，县级领导担包保责任，乡（镇）党政担主体责任，村“两委”和“第一书记”担直接责任，帮扶单位担联保责任和纪检监察机关担监督责任的“六级责任体系”。二是承上启下落实政策。出台《“十三五”脱贫攻坚总体规划》《关于集中力量打赢扶贫攻坚总决战确保同步全面建成小康社会的实施意见》等系列文件，制定“23+1”扶贫专项方案、深度贫困县脱贫攻坚专项实施方案，并结合全县实际创新“县财政奖补实施彝家新寨”“扶持非贫困户实施危房改造”及“农业产业发展奖励补助”等一批自选特殊政策。三是督查督办改进作风。组建县级领导挂帅的8个综合督查组，设立6个重点工作落实督导暗访组，常态化全覆盖巡回督查暗访，发现问题，当天交办、限期整改，对整改不到位的层层轨迹剖析，全县大会检讨并从严追责。

（七）聚焦短板弱项，全力推升脱贫质量

坚决贯彻落实“四个不摘”要求，着力巩固脱贫成果、补齐短板、提升质量。一是强化监测预警。组织开展“两不愁、三保障”再排查，出台《防止致贫返贫监测和帮扶工作方案》和《脱贫攻坚巩固提升工作方案》，突出以667户监测户和1296户边缘户等群体为重点，采取自下而上方式，严格按照“七步工作法”，每月常态组织开展“回头看”，第一时间锁定疑似返贫致贫对象。二是注重应急救助。针对监测预警发现的问题和因病、因灾等突发情况，及时落实项目资金，通过整合县级层面危房改造和“三建四改”政策解决安全住房，通过引导外出务工、公益性岗位安置、扶持发展种养业“短平快”项目、低保兜底等措施稳定增加群众收入，确保了所有脱贫指标全部达标。三是突出问题整改。采取“清单制+责任制+销号制”方式，严格按照核定措施、确定效果、议定成果、审定结果、认定销号“五定工作法”，全面梳理“两不愁、三保障”回头看大排查问题、中央和省反馈问题及2020年以来自查发现的问题整改工作情况，并通过定点督导、专项督导、行业督导，切实加大各级反馈问题整改力度，全县13484个问题已全部完成整改。四是规范项目管理。以扶贫领域作风专项治理为抓手，深入推进“明目行动”，组织开展“三盯三公开”，全力为脱贫攻坚保驾护航。已完成2016—2018年、2019—2020年两轮“明目行动”，清理扶贫领域项目5388个，涉及投入资金68.91亿元，发现问题780个，已完成整改750个，正在整改30个。

三、经验启示

自脱贫攻坚启动以来，甘洛县既坚决贯彻执行中央、省、州决策部署，又结合甘洛实际，创造性推动工作，取得了一些特色亮点、有益经验，获得了认可和推广。

（一）坚持工作理论和具体实践互相结合

在省、州扶贫行业部门的指导下，全县率先在全州试点开展脱贫攻坚“三落实”工作，紧紧围绕责任落实、政策落实、工作落实的理念要求，贯穿统领全县脱贫攻坚方方面面，梳理形成《脱贫攻坚“三落实”工作清单》，细化明确县、乡、村三级责任如何落实到人，政策如何落实到底，工作如何落实到位，有效将科学的工作理念转化成实实在在的工作措施。通过“清单式”管理，进一步帮助县、乡、村三级干部理清工作思路、细化工作举措，推动了脱贫攻坚各项工作落地见效。

（二）坚持特惠政策与普惠政策相结合

自脱贫攻坚工作开展以来，贫困户生活发生了翻天覆地的变化，相对于非贫困户特别是边缘户享受了更多的政策红利，导致两者之间矛盾不断加大，甚至出现争当贫困户的不良倾向。对此，全县充分释放脱贫攻坚政策红利，整合各类资金资源，统筹解决了贫困户与非贫困户的问题。以住房为例，综合实施易地扶贫搬迁、彝家新寨、土地增减挂钩、危房改造、地质灾害避险搬迁等住房建设共计21597户，其中贫困户13011户，占比60.24%；非贫困户8586户，占比39.76%，在全面解决好贫困户住房安全的基础上极大程度改善了非贫困户的生产生活条件，统筹兼顾了贫困户与非贫困户的发展需要，切实将“特惠”与“普惠”有机结合。

（三）坚持试点先行与全面推广相结合

脱贫攻坚是一项系统性、整体性工程。在工作推进中，全县在高质量完成核心指标的同时，特别聚焦贫困山区人畜混居、客厅生火、席地而坐等陋习，以“实用、生态、节约”理念为指导，按照“政府补助一点、社会帮扶一点、群众自筹一点”方式，在全县高山地区、二半山地区和河谷地带各选择一些村，率先推行“三建四改”试点，用试点的成效推动干部群众认可，激发干事创业激情。全县共实施“三建四改”20665户，进一步完善了群众住房功能，以“生活条件的提升”促进了“生活方式的转变”，着力提升了综合满意度，解决了视觉贫困问题。

四、下一步工作任务及措施

脱贫“摘帽”不是终点，全面小康刚刚起步。下一步，全县将遵照习近平总书记“防止返贫和继续攻坚同样重要”的指示精神，认真贯彻落实党的十九届四中全会精神，持续精耕细作、攻坚克难，推动精准扶贫与乡村振兴有效衔接，确保23万甘洛人民与全州、全省、全国一道实现同步全面小康。

（一）聚焦“两个重点”，着力解决相对贫困问题

高度重视，突出重点，精准施策，持续做好“后脱贫时代”各项工

作。一是聚焦年度目标精准施策。针对预减贫的59户215人贫困群众，围绕“一超六有”指标，因户施策，集中人力物力点对点全力攻坚，确保在规定时间内如期高质量脱贫，实现同步全面小康。二是强化预警监测巩固成效。严格落实《防止致贫返贫监测和帮扶工作方案》，加强监测预警，强化应急救助，确保相对贫困群众不因特殊困难问题出现致贫返贫，持续巩固脱贫成效。

（二）坚持“四个不摘”，确保实现长期稳定脱贫

坚持做到“四个不摘”，严防反弹返贫，提高脱贫成色。一是“摘帽”不摘责任。坚持把“‘摘帽’不摘责任”当成全县各级干部的工作“标配”，进一步做到责任再落实、工作再细化、措施再精准、考核再严格，确保脱贫成果稳得住、脱贫群众能奔康。二是“摘帽”不摘政策。本着“扶上马、送一程”原则，继续对脱贫户全覆盖落实产业、教育、医疗、低保、金融等现有扶持政策，坚决防止政策调整或“缩水”，影响脱贫成果。三是“摘帽”不摘帮扶。坚持“五个一”帮扶力量不变、工作不断，确保扶贫工作的连续性，因工作变动出现人员空缺的，第一时间补位，确保帮扶力量不断档、帮扶工作不掉链。四是“摘帽”不摘监管。始终把防止返贫放在重要位置，保持政策稳定性、连续性，常态开展“回头看”“回头帮”，做到帮扶精准，确保群众稳定脱贫。

（三）抓好“三个持续”，不断夯实乡村振兴基础

坚持以脱贫攻坚夯实乡村振兴基础，以乡村振兴巩固脱贫攻坚成效，实现脱贫攻坚与乡村振兴有效衔接。一是持续抓好精神脱贫，不断提升农民素质。延续“精准”思路，创新举措，持续抓好“四治并举”和“四好创建”等重点工作，全面激发群众致富奔康内生动力。用好“巾帼行动”“新风超市”等创新载体，抓好精神扶贫，引导群众移风易俗，形成文明新风，着力培养新时代的新村民。二是持续抓好扶持培育，不断推动农业发展。抢抓乡村振兴发展机遇，拓宽农业产业发展思路，引入市场经济竞争机制，以全县9个农业产业园区为示范带动，扎实推进农业产业发展。全面健全集体经济收益与群众利益联结机制，激发群众发展生产、脱贫致富内生动力，确保村村有增收产业、户户有奔康门路。三是持续抓好资金投入，不断改善农村面貌。进一步抓好涉农资金整合，持续加大农业基础设施投入力度，继续改善全县农村道路交通、农田水利、医疗教育、电力通信等基础设施，整体提升贫困村和非贫困村、脱贫户和未脱贫户的公共服务水平，全面夯实乡村振兴基础。

美姑县决战脱贫攻坚　助力乡村振兴

中共美姑县委副书记　刘文武

全县深入贯彻习近平总书记关于脱贫攻坚系列重要讲话精神和省委十一届七次全会、州委八届九次全会关于推进成渝地区双城经济圈建设重要精神，上下坚定信心、汇聚合力，抓紧机遇，采取超常举措，抓紧抓实全县产业发展工作，坚决夺取脱贫攻坚收官全胜，以产业发展为推动，加快构建美姑县乡村振兴新格局。

一、统一思想，把握机遇，进一步提升全县产业发展认识

习近平总书记指出：“发展产业是实现脱贫的根本之策。要因地制宜，把培育产业作为推动脱贫攻坚的根本出路”，这是我们做好产业发展工作的根本遵循。产业发展是促进贫困地区发展、增加贫困群众收入的有效途径，对培育主导产业、发展县域经济、改善基础设施、提供就业岗位具有重要意义，是扶贫开发的战略重点和主要任务，事关全县脱贫攻坚事业成败，既是实施乡村振兴战略“产业兴旺、生态宜居、乡风文明、治理有效、生活富裕”总要求的首要任务，更是实现美姑县经济社会跨越发展的关键核心。

省委书记彭清华提出，要始终把脱贫攻坚作为最大的政治责任、最大的民生工程、最大的发展机遇，深入贯彻落实习近平总书记关于“三农”工作的重要论述，以现代农业园区为引领，推动十大优势特色产业全产业链融合发展，夯实三大先导性产业支撑，着力构建现代农业产业体系，建立健全“省分片、市抓县、县管园”的“10+3”产业体系工作推进机制，加快实现四川由农业大省向农业强省的跨越。

省委十一届七次全会和州委八届九次全会相继召开，就推动成渝地区双城经济圈建设做出了重大决策部署。全县要进一步提高政治站位、顺势而为，把美姑县产业发展思路深度融入“一极两中心两地”省级战略和建成“清洁低碳能源生产基地、新材料示范基地、优质农产品供应基地和阳光康养度假旅游目的地”州级目标，进一步坚定把美姑县建成大凉山优质农产品生产基地和中国彝文化民族风情生态康养旅游目的地的产业发展目标定位。

自县委十二届三次全会召开以来，全县逐步探索出一条高度契合省、州产业发展战略的工作思路，坚持以现代农业发展为理念，调结构、上规模、重质量、树品牌，加快发展特色养殖业、特色林产业、特色种植业、劳动密集型加工业，实现循环农业发展模式、农旅融合产业形态、三产联动建设路径的发展方向。着力抓循环发展促生态，抓农旅融合促特色，抓园区创建促效益，抓长短结合促增收，抓主体培育促带动，坚持创园区、建基地、兴大户，实施产业发展“十百千万”工程。主动参与四川省“10+3”现代农业体系，美姑大红袍花椒被纳入“川菜”基地县成果，努力实现优质肉牛“1个园区+60个基地”和美姑山羊“1个原种场+5个扩繁场+12个基地”建设任务，提升全省“川牛羊”基地县实力。

美姑县脱贫攻坚能不能实现高质量“摘帽”退出，能不能及时对接乡村振兴，产业发展成效是关键。当前，全县产业发展时间紧、任务重、要求高，更需要行业部门和各级党委政府共同参与、共抓落实，牢固树立抓产业就是抓脱贫、抓产业就是抓发展的责任意识，全面激发各级干部谋事干事热情和广大群众致富增收内生动力。坚决贯彻落实县委产业发展系列决策部署，高位推动、一抓到底，始终坚持干实事、务实功、求实效，始终把产业发展作为工作重点，着眼巩固脱贫成效、确保稳定脱贫，长短结合、以短养长，着力实现村村有发展支柱、家家有产业带动、户户有就业增收。

二、肯定成绩，查找差距，更加坚定全县产业发展信心

在县委的坚强领导下，成立“县产业扶贫工作推进领导小组”及其办公室，并抽调综合帮扶工作队中的专业技术人才组建“产业攻坚队”，负责全县产业发展政策制定、项目推进、质量监管和技术指导等工作。

坚持以市场和效益为导向，聚焦群众稳定增收，推进农业立县、产业强县、文旅兴县，先后制定印发《美姑县脱贫奔康产业发展激励奖补办法（试行）》《美姑县建档立卡贫困户脱贫奔康产业发展激励奖补办法（试行）》等产业发展政策文件，2019—2020年，全县整合涉农资金3.904亿元，打造农业产业示范项目183个，全县产业发展成效初步显现。

（一）现代农业产业体系初步形成

以屠宰冷链为支撑，推动现代特色养殖大发展。规划建设1个A级屠宰场，建成240平方米综合性气调库1个、1000平方米综合性气调库1个、360平方米冻库1个、屠宰场1个，推动特色养殖向全产业链发展。投入整合资金7751万元，新（改）建标准化肉牛养殖场62个，其中24个已完成基础设施建设，22个已投产；引进省级龙头企业四川绿初原牧业集团，拟投资5亿元建设10000头规模肉乳兼容“翠优牛业产业园”；建设县级冻精改良站1个、乡（镇）冻精改良点36个，扩大本地黄牛杂交改良覆盖率；投资11697万元，新建1个美姑山羊原种场、16个美姑山羊扩繁场（养殖场）、7个绵羊养殖场、5个岩鹰鸡养殖场、1个蛋鸡养殖场、9个乌金猪养殖场及6个高山冷水鱼养殖基地。

以酒业发展为支撑，推动传统特色种植上规模。依托州文旅投和环球佳酿公司，建成村级小酒坊24个，可实现年产优质原酒600余吨，产值3000余万元。种植春荞10.2万亩，计划播种秋荞8万亩，种植玉米14.9万亩，种植燕麦近万亩，有效带动全县传统优势特色农产品扩大种植规模，提高产品质量。

以泡菜咸菜为支撑，推动高山露地蔬菜增效益。瞄准市场，巩固“川菜”基地县目标，大力发展高山露地绿色蔬菜种植，生产优质泡菜咸菜。在拉马、大桥、牛牛坝、龙门及峨曲古等地种植生姜2000亩；在巴普镇建设高标准蔬菜育苗大棚2000余平方米，带动全县发展露地蔬菜种植3000余亩；引进订单农业，发展辣椒种植约2000亩；带动全县10万余亩圆根萝卜走进市场，有力提升经济价值，助力群众增收。

以电商平台为支撑，推动优质特色产品创品牌。蓬勃发展的各类电商平台有效拓展了美姑特色农产品社会扶贫和消费扶贫模式，强力助推“三品一标”建设，全县成功申请2个国家农产品地理标志、6个绿色食品，3个有机食品商标。推动建成依洛拉达等9个乡18个村食用菌90亩，40万袋菌袋生产加工基地1个；建成依果觉乡中药材加工厂、巴普镇基伟核桃加工厂、龙门乡塔哈村花椒加工厂，有力提升农特产品附加值；新建大红袍花椒、车厘子、黄金梨、清脆李示范种植园等特色种植项目11个，种植面积2万余亩；新建金银花、川续断、附子种植基地13个，种植面积6500亩；黄花菜、魔芋等绿色健康农产品种植近千亩。

以园区、基地为支撑，推动现代农业提质增效。积极创建农作乡甲谷村美姑山羊产业园、拉木阿觉乡青花椒产业园、龙门美姑山羊一级扩繁场、洛俄依甘现代农业示范园区、牛牛坝乡卡俄果蔬产业园等13个省、州、县级现代农业产业园区，因地制宜建成现代种植业、现代养殖业、现代林产业基地163个，实现财政资金、社会资金和农户投入的有效结合。全县农业基础设施大大改善，抗灾能力显著增强，土地流转机制进一步健全，产品质量和规模效益得到有效提升，有力推动了社会、经济和生态效益协调发展。

以新型农业经营主体为支撑，推动集体经济有序发展。全县以养殖牛、羊、生猪和种植花椒、果蔬、食用菌等为主，以旅游开发、商贸劳务为辅，采取“村村联办”“村企合作”“村社合作”等多种发展模式创办集体经济项目167个，村集体经济规模进一步扩大。全县原有各类专业合作社362个、家庭农场297个，新增申报138个，集体经济活力明显提升。村集体经济管理人员、驻村“第一书记”、村“两委”成员、致富带头人懂经济重发展意识明显增强，全县全面消除“空壳村”，272个村集体经济已全面达标。

通过产业奖补政策精准滴灌到户资金4115.297万元，鼓励全县23195户建档立卡贫困户、边缘户大力发展种养殖业，实现“应种尽种、应养尽养”，实现户均产业增收6000元以上。

（二）产业发展差距依然较大

展望未来，随着成渝地区双城经济圈的推进建设和乐西高速、宜攀高铁的建成通车，美姑县必将迎来经济社会跨越发展的重大历史性机遇。两年来，在县委的坚强领导下，全县产业发展取得了长足进步，现代农业体系初步形成，但客观上还存在规模小、进度慢、效益低等突出问题，必须坚持不懈抓好巩固提升。

资金使用差，项目实施管理不规范。拨付比例较低，截至7月31日，全县各类产业到位资金累计51026.35万元，拨付34274.59万元，拨付比例达67.17%；部分乡（镇）、村（组）未按规定使用资金，资金长期滞留在账上，资金效益没有得到有效发挥；部分项目推进不力、进度迟缓；执行“四议两公开”不到位，部分项目不符合“一事一议”条件，但仍按“一事一议”来确定施工单位；部分项目涉及建设内容及实施地点调整的，未按规定和程序进行报批。

群众发动差，各类工作主体责任发挥差。实现群众增收是发展产业的最终目的。当前，在全县产业发展的浪潮中，广大群众参与的积极性不高，参与程度不深，大部分群众对产业发展政策不清晰不了解，产业发展“最后一公里”没有打通。同时，“五个一”帮扶力量、乡（镇）、村（组）和帮扶责任人主体责任发挥较差，有的甚至认为抓产业是农村农业局和林草局的事，片面地将产业发展与脱贫攻坚和帮扶工作孤立起来，没有树牢抓产业就是抓脱贫、抓产业就是抓巩固、抓产业就是抓发展的意识。

富农带贫成效不明显，效益优先思路不明确。相关部门执行产业奖补政策存在一定的形式主义和官僚主义，如大户奖补政策没有落到实处，全县整合产业大户奖补资金3500万元，实际拨付奖补资金1909.9万元；建档立卡贫困户产业激励奖补政策执行走样，很多村（组）将其作为普惠性政策，搞平均主义，每户都顶格申报2000元；有的直接根据农户现有种养殖规模进行申报，没有广泛发动宣传，没有充分利用奖补政策刺激群众添种新养。产业发展必须坚持市场优先、效益优先，但部分乡（镇）要项目时拍胸脯、管项目时拍屁股，重建设、轻管理，养殖基地长期空置，种植园区杂草丛生，长期无人管护。

人才培养、主体培育、招商引资力度不够。对本县产业技术人才、引进人才和帮扶干部中的专业人才不重视、不信任，“内引外联”效果差，村级致富带头人示范作用不明显，很多项目缺乏技术指导。当前全县产业发展主体单一，绝大部分是村集体专合社，缺少龙头企业和大户带动，全县第一批验收合格的大户仅有64户。招商引资和营商环境较差，相关部门服务招商项目、为企业排忧解难意识缺乏。

当前，产业发展“全县一盘棋”意识还有差距，各级各部门和乡（镇）村组协调配合、保障服务能力较差，特别是对产业发展所需的土地、融资、劳动力和电力等基本要素保障力度不够。

三、增添措施，压实责任，努力实现全县产业发展新跨越

（一）进一步坚定目标

全面对接省、州产业发展战略，服务脱贫攻坚，着眼乡村振兴，坚持“一条主线、两大定位、三带九品、四大工程、五大抓手”产业发展思路和工作推进举措不动摇。坚持以市场和效益为导向，聚焦群众稳定增收，以屠宰冷链、酒业发展、泡菜咸菜和电商平台为支撑，持续壮大以肉牛羊养殖为核心的现代优质养殖业规模；持续巩固以苦荞、玉米种植为核心的传统特色种植业质量；持续提升以大红袍花椒、食用菌、特色水果、道地中药材为代表的经济作物附加值；持续拓展“以购代捐”“直播带货”等多种消费扶贫模式；持续扩大风力发电和光伏发电规模，建设新能源基地；主动谋划发展玄武岩纤维产业，打造新材料生产加工基地。

（二）进一步落实责任

要始终坚持产业发展“全县一盘棋”，“说了就算、定了就干、干就干好”，统筹协调乡（镇）及相关行业部门主动作为、主动担当，为产业发展提供保障支撑，尤其是要着力解决当前产业发展中出现的项目推进落地难、资金拨付进度慢、资金使用限制多、政策支持力度弱等突出问题。

县级联乡领导作为产业发展分管责任人，督促指导联系乡产业发展。各乡（镇）要突出产业发展的主体地位，想尽一切办法、穷尽一切手段、拼尽一切力量，推动产业项目落地落细。县产业扶贫工作推进领导小组办公室作为全县产业发展工作的指挥中枢，始终坚持“5+2”“白+黑”的工作状态，拿出“拼命三郎”的精神，一个项目接着一个项目干。

要充分发挥考核“指挥棒”作用，制定科学合理的结果考核办法，将产业发展成效作为提拔重用干部的重要指标，激励引导全县干部和综合帮扶工作队员主动作为、主动担当，广泛调动贫困群众发展产业的积极性、主动性、创造性，形成“上下一心、团结一致”推动产业发展工作的强大合力。

（三）进一步突出重点

一是突出富农带贫。积极采取“专合社+农户”或“龙头企业+专合社+农户”等多种合作方式，鼓励群众以土地、资金、劳动力等要素参社入股。完善产业发展体系建设、层级分工架构。加快推进落实“黑母猪行动”和“基础母牛入户”等到户激励奖补政策，引导贫困群众产业致富，巩固脱贫成效，阻击返贫。对产业发展大户奖补政策进行再深化，引导群众争创产业发展大户，提升全县产业规模和质量。

二是突出就业增收。紧紧围绕美姑县大量贫困群众易地扶贫搬迁入住新形势，积极发展农业园区、“扶贫车间”、农特产品加工厂等劳动密集型后扶产业。发改、农业、林草、人社等部门要加大搬迁群众的技能培训和外出务工力度，进一步加大争取退耕还林、退牧还草指标力度，妥善解决搬迁后居住地与生产资料距离较远的矛盾，切实维护搬迁群众权益。

三是突出人才培养。大力实施“双培”工程，实现农村党的建设与经济建设有效结合，为全县产业发展提供人才支撑。

四是突出主体培育。深化“放管服”改革，进一步简化办事流程，提升行政效能。支持鼓励创办各类种养殖专业合作社。优化营商环境，积极招引一批有实力的龙头企业入驻美姑，促进民营经济健康发展。

五是加快农田水利基础设施建设。积极开展高标准农田建设，建成土地平整、集中连片、设施完善、农电配套、土壤肥沃、生态良好、抗灾能力强，与现代农业生产经营相适应的高标准农田，同步完成田间道路和水利基础设施建设，最终实现旱涝保收，高产稳产。

六是大力发展立体循环农业，实施绿色种植和有机认证。因地制宜开展林下套种，提高亩产效益。在产品生产过程中，禁止使用农药、化肥、除草剂等人工合成物质，推广使用农家肥及生物农药。建立健全农产品质量追溯体系，积极开展有机绿色农产品认证。

（四）进一步强化保障

一是加大财政投入。充分发挥财政资金的杠杆作用撬动更多社会资金投向产业发展。二是加大金融扶持。研究建立完善产业项目风险准备金，提高对企业、村组和农户产业的贷款标准。三是加大保险保障。建立完善的农产品保险制度，降低农业产业发展风险，增强产业发展信心。四是加大培训力度。特别是农业、林草、人社、商务部门要围绕畜牧家禽、经济作物、劳动技能，针对性开展专题培训班和现场教学，主动对接省级部门挂牌督战机会，邀请省级专家来美姑县指导。五是加大国有投资平台建设。加快县国投、县农投等实体化建设，充分发挥国有企业作为主体领办领建产业项目的作用。

美姑县产业发展正处于重点突破、整体成势的关键时刻，全县上下要进一步统一思想、凝聚力量，坚定信心、顺势而为，让政府有形之手、市场无形之手、群众勤劳之手同向发力，助力推进各类产业项目落地生根，开花结果，坚决夺取脱贫攻坚收官战全胜，为美姑县加快推进乡村振兴奠定坚实基础。

美姑县发展特色农业产业　助力脱贫攻坚

美姑县农业农村局

美姑县委、县政府历来高度重视产业在推动经济发展、改善民生、促进社会大局稳定中的重要作用，始终把发展扶贫产业贯穿脱贫奔康富民全过程，在省委农业“10+3”、工业“5+1”、服务业“4+6”等现代产业体系有效做法和州委“大凉山”特色品牌打造思路的引领下，立足全县自然资源和气候特点，坚持“宜农则农、宜林则林、宜牧则牧”的原则，大力发展肉牛、美姑山羊、马铃薯、苦荞、花椒、水果、竹子、中草药等特色种养殖业，制定了“十、百、千、万”的农业产业发展规划，“一园两轴三带九品多基地”的农业产业呈现一片欣欣向荣的良好发展局面，并被农业农村厅列为第41个“川菜（花椒类）”基地县和第71个“川牛羊”生产基地县。

一、农业基础设施得到有效改善

美姑县地形地貌特殊，普遍存在山高、坡陡、谷深、路险、平地少的特点，加之地理位置偏僻，社会发育程度低，全县农业灌溉、排涝、防洪等农田水利及交通等基础设施匮乏，抵御自然灾害的能力弱，不利于农业产业发展。自实施脱贫攻坚以来，全县加大农业基础设施投入，农业生产条件得到有效改善。近两年来，全县共建设高标准农田4.2万亩，建成联合水库1个，大桥山坪塘1个，牛牛坝、乐约提灌站2个，巴普镇车厘子、拉马阿觉乡青花椒水肥一体化灌溉设施等。2020年落实整合资金5000万元，用于建设水、电、路、“三通一平”等基础设施建设；计划在九口、尔合、树窝等乡（镇）建设山坪塘6个，规划建设拉马灌区1个、合姑洛水库、九口水库等灌溉设施。农业生产水、电、路等基础设施得到有效改善，为全县农业产业发展奠定了坚实的基础。

二、农业产业取得新成效

（一）以屠宰冷链为支撑，推动现代特色养殖大发展

规划建设1个A级屠宰场，建成240平方米综合性气调库1个、1000平方米综合性气调库1个、360平方米冻库1个、屠宰场1个，推动特色养殖向全产业链发展。投入整合资金7751万元，新（改）建标准化肉牛养殖场62个，其中24个已完成基础设施建设、22个已投产；引进省级龙头企业四川绿初原牧业集团，拟投资5亿元建设10000头规模肉乳兼容“翠优牛业产业园”；建设县级冻精改良站1个、乡（镇）冻精改良点36个，扩大本地黄牛杂交改良覆盖率；投资11697万元，新建1个美姑山羊原种场、16个美姑山羊扩繁场（养殖场）、7个绵羊养殖场，建设8个乌金猪养殖场、5个岩鹰鸡养殖场、1个蛋鸡养殖场、9个乌金猪养殖场及6个高山冷水鱼养殖基地。

（二）以酒业发展为支撑，推动传统特色种植上规模

依托州文旅投和环球佳酿公司，建成村级小酒坊24个，可实现年产优质原酒600余吨，产值3000余万元。种植马铃薯21万亩、春荞10.2万亩，秋荞计划播种8万亩，种植玉米14.9万亩、燕麦近万亩，带动全县传统优势特色农产品扩大种植规模，提高产品质量。

（三）以巩固“川菜”基地县为目标，推动高山露地蔬菜增效益

在拉马、大桥、牛牛坝、龙门及峨曲古等地种植生姜2000亩；在巴普镇建设高标准蔬菜育苗大棚2000余平方米，带动全县发展露地蔬菜种植3000余亩；建成依洛拉达等9个乡18个村食用菌90亩、40万袋菌袋生产加工基地1个；引进订单农业，发展辣椒种植约2000亩；带动全县10万余亩圆根萝卜走进市场，有力提升经济价值，助力群众增收。

（四）以电商平台为支撑，推动优质特色产品创品牌

蓬勃发展的各类电商平台有效拓展了美姑特色农产品社会扶贫和消费扶贫模式，强力助推“三品一标”农产品建设，全县成功申请2个国家农产品地理标志、6个绿色食品、3个有机食品商标。

（五）以加强农产品加工为支撑，推动农产品提质增效

加快苦荞、中药材、花椒和核桃等农产品加工项目落地投产，已建成依果觉乡中药材加工厂、巴普镇基伟核桃加工厂、龙门乡塔哈村花椒加工厂、洒库乡万佛花椒加工厂，提高了农产品转化率，提升了农特产品附加值；新建大红袍花椒、车厘子、黄金梨、清脆李示范种植园等特色种植项目11个，种植面积2万余亩；新建金银花、川续断、附子种植基地13个，种植面积6500亩；种植黄花菜、魔芋等绿色健康农产品近千亩。

（六）以园区、基地为支撑，推动现代农业提质增效

积极创建农作乡甲谷村美姑山羊产业园、拉木阿觉乡青花椒产业园、龙门美姑山羊一级扩繁场、洛俄依甘现代农业示范园区、牛牛坝乡卡俄果蔬产业园等13个省、州、县级现代农业产业园区，因地制宜建成现代种植业、现代养殖业、现代林产业基地163个，实现财政资金、社会资金和农户投入的有效结合。全县农业基础设施大大改善，抗灾能力显著增强，土地流转机制进一步健全，产品质量和规模效益得到有效提升，有力推动了社会、经济和生态效益协调发展。

（七）以新型农业经营主体为支撑，推动集体经济有序发展

全县以牛、羊养殖，食用菌种植等主导产业为主，采取“村村联办”“村企合作”“村社合作”等多种发展模式创办集体经济项目167个，村集体经济规模进一步扩大。全县原有各类专业合作社362个（390个）、家庭农场297个（461个），全年新增申报138个，集体经济活力明显提升。村集体经济管理人员、驻村“第一书记”、村“两委”成员、致富带头人懂经济、重发展意识明显增强，272个贫困村集体经济已全面达标。

（八）以招商引资为支撑，推动农业产业标准化、规模化发展

制定优惠政策，利用财政资金撬动社会资本带动农业产业发展。招引四川绿初原、云南牧斯、九九专业合作社、晓川牧业、苍溪立石等农业企业入驻美姑，并大力培育鸿利、顺金、古候等农业企业参与全县农业产业发展，农业产业标准化、规模化进程加快。

三、农业产业发展存在的问题及下一步打算

一是农业基础设施仍然匮乏。脱贫攻坚期间，全县农业基础设施虽然得到了一定程度的改善，但仍然受到灌溉、运输、耕作条件、生产用电等方面的制约。下一步，全县将进一步加大和争取资金，以农田小微水利为抓手，大力开展山坪塘、灌溉渠系、田间生产道路、农业生产用电等基础设施建设。

二是冷链物流、加工销售短板仍然突出。截至2019年年底，全县冷链物流和加工销售虽然实现了零的突破，但仍然处于初级阶段，在运营管理、货源组织、农产品营销体系、农户思想观念等方面的短板依然突出。下一步，全县将加强宣传和指导，引导企业转变观念、规范管理，搭建营销网络，推动农产品转化，提高产品附加值。

三是农户生产经营理念、种养殖技术依然缺乏。在农业生产过程中，普遍存在生产观念落后、种养殖技术欠缺、管理粗放的现象。在下一步工作中，全县将借助广东省佛山市、乐山市对口援建的东风，组织种养大户、农业经营主体、专业技术骨干到外地考察学习，同时加强与省州农业主管部门、科研院所的交流合作，加强种养殖技术培训，提升农户生产技能。

四是农业企业引进困难，农业生产管理人才缺乏。受地理位置、人文环境、生活习惯、交通运输等多方面的影响，大中型农业企业大多不愿入驻美姑，农业管理人员严重缺乏，农业生产发展受到严重影响。在下一步工作中，全县将加大自身宣传力度，进一步制定落实招商引资政策，加强农业科技人员的引进和培养。

下一步，全县将加大农业基础设施建设力度，积极争取资金，立足省“川牛羊”和“川菜（花椒）”生产基地县的品牌影响力，紧密围绕美姑山羊、优质肉牛、中药材、食用菌、花椒、苦荞等特色优势产业，制定和完善农业产业发展规划，加快园区基地建设，推进产业标准化、规模化、现代化发展，为全县早日脱贫奔康做强产业支撑。

发挥生态优势做强特色农业　为脱贫攻坚提供产业支撑

中共雷波县委书记　王荣华

雷波县地处川西高原边缘和金沙江干热河谷地带，辖区面积2838平方千米，森林覆盖率45%，最低海拔380米，最高海拔4076米，山地

面积占总面积的84%，属于典型的亚热带山地立体气候，“一山有四季、十里不同天，一天有四季、十里不同温”，不同海拔区域、地理单元、地貌单元构成了得天独厚的生态优势。笔者立足县情实际，围绕资源优势、产业现状，深入乡村、产业园区调研，通过调查研究，探索适合本地特色产业发展的思路和举措。

一、生态资源优势分析

习近平总书记指出：“发展产业是实现脱贫的根本之策。要因地制宜，把培育产业作为推动脱贫攻坚的根本出路。”在脱贫攻坚实践中，雷波县深刻体会到发展产业对助力脱贫、实现奔康至关重要。进入21世纪后，绿色发展理念深入人心，绿色、生态成为经济发展的主要趋势，在产业发展中坚持经济效益、社会效益、生态效益相统一，雷波县具备发展特色产业所需的优越自然条件。

一是水资源丰富。水是农业的命脉。县境内水资源分布广、储量大、天然纯净，有两座天然湖、两座人工湖，一条大江、三条河流，常年蓄水量超过100亿立方米。有全国第三大高山深水湖、国家级地质公园马湖，蓄水量达5亿立方米。有溪洛渡水电站、向家坝水电站两座库区“高峡平湖”，常年蓄水量在90亿立方米以上。西宁河、西苏角河、溜筒河“三条大河”从高山奔流而下。

二是光热资源丰富。县内地形以山地为主，地势西高东低，最高海拔4076米，最低海拔380米，属典型的亚热带山地立体气候，年均日照总时数为1250小时，年均气温为14℃，年均相对湿度为70%，年均PM2.5指数为36，月平均负氧离子浓度为1752~2120个/立方厘米，年均降雨量为900毫米，无霜期270天以上，优质天气330天以上，四季分明，气候垂直变化明显，极适宜多种经济作物生长，是发展优质、高产、高效、生态农业的理想之地。

三是农业资源丰富。在实施天然林禁伐前，雷波县是四川省重要的硬杂木基地县，被誉为“亚热带动植物基因库”，优越的自然生态环境造就了一批绿色、生态、安全、优质的农特产品，全县有天然林148万亩、竹林120万亩、天然草场131万亩、核桃85万亩、青花椒21万亩、脐橙5万亩、茶叶6万亩、莼菜1200亩、山葵1200亩，雷波脐橙、茶叶、核桃、中草药、青花椒、白魔芋、山葵、马湖莼菜、野生罗汉竹笋、芭蕉芋猪、小凉山土鸡十一大特色农产品久负盛名，2018年成功创建为“四川省有机产品认证示范县”。

二、特色产业分布及发展现状

近年来，雷波县大力发展“四带”经济，加快发展“一乡一业、一村一品”产业，围绕“1+11”优势产业培育富民产业。

（一）金沙江干热河谷经济带

海拔在900米以下的沿金沙江水岸线干热河谷地带土壤以沙土为主，透气性好，日照丰富，有利于脐橙生长、结果和糖分积累，是最适宜脐橙生长的地区之一。雷波于1991年开始农业厅引进朋娜、纽荷尔、奈维林娜等几十枝脐橙穗条高接换种品比试验，经过近10年的试种确定纽荷尔为主栽品种，现有脐橙种植面积4.8万亩、86家脐橙种植专业合作社。雷波脐橙在中国农业博览会、中国西部农业博览会上多次获得金奖。2006年，雷波县被中国食品工业协会授予“中国优质脐橙第一县”称号；2010年，成功注册“雷波脐橙”地理标志证明商标、地理标志保护产品；2014年“雷波脐橙”获得“四川省著名商标”“四川省名牌产品”；2016年，在国家质量监督检验检疫总局开展的区域品牌价值评价工作中，“雷波脐橙”品牌价值评估为25.77亿元；2018年，“雷波脐橙”增创中国区域知名品牌创建活动通过验收，成为全省、全国知名的精品脐橙生产基地。2018年，实现脐橙产量3.5万吨、产值近5亿元，主产区果农户均收入达4万元。

（二）西宁黄琅温湿经济带

西宁、黄琅属于亚热带温湿气候，常年平均降雨量1000毫米，区域内植被良好、空气清新、水质清澈，是竹笋和茶叶的主产区。西宁黄琅现有茶叶种植面积约1.2万亩，在清朝时期就被选为宫廷“贡茶”，2015年荣获第四届中国（四川）国际茶叶博览会金奖。马湖莼菜生长环境条件极为苛刻，全国产地极少，与皎白、鲈鱼并称“江南三大名菜”，年产845吨，也是国家级地理标志保护产品，现有种植面积1200亩。

（三）二半山多种经济带

在海拔900~1600米地带，土壤从沙土向壤土过度，气候温和多风，适宜发展核桃、花椒及芋香猪、小凉山土鸡等农产品。最新引进的芦笋现种植面积达830亩，其中大棚种植130亩，市场供不应求。已种植核桃85万亩，产值达1.6亿元；青花椒21万亩，产值达2.1亿元；小凉山土鸡、芋香猪自然生长、味道纯美，已成为雷波吸引游客的新名片。

（四）高山特色经济带

在海拔1600米以上的地带地域广阔，适宜发展生态牛羊养殖业，同时阴冷的气候适宜高山生态特色蔬菜山葵、中药材种植和野生罗汉竹生长。目前，全县高山生态牛、羊分别存栏牛约3万头、羊20万只，是高山贫困群众主要增收产业之一。野生罗汉竹笋年产上万吨，产值1.63亿元，已成为农民收入来源之一。山葵被称为“植物黄金、植物青霉素”，是高端调料品和上等蔬菜，在谷堆乡大谷堆村、咪姑乡普芦甲谷村、斯古溪乡干沟村共种植山葵1200亩，年产量0.3吨。山葵主茎、山葵酸菜、山葵开胃菜、山葵香辣酱和山葵海鲜酱出口外销，现已成为带动高寒山区群众脱贫致富的新兴产业。从2018年开始种植天麻、黄精、白芨、党参等中药材2200亩。投资2350万元，在汶水镇小田村建成占地50亩的中药材良繁基地1个，项目建成后将成为集种苗培育、旅游、观光、培训学习于一体的综合园区，带动全县中药材产业发展。

三、特色产业发展存在的问题

自脱贫攻坚以来，雷波县加强涉农资金整合，加大对农业产业基础设施的投入、大力扶持农业产业龙头企业、积极培育专业合作组织、强化农民技术指导，大力发展脐橙、莼菜、中药材、竹产业、芋香猪等特色农业产业，发挥自身优势，做大做强做特农业产业，助推脱贫攻坚。但是，当前全县特色农业对农民增收的支持度还比较低，对脱贫攻坚推动作用有限，主要存在以下方面的问题。

一是规划引领滞后。就雷波农业来讲，必须走园区引领带动的路子，但全县现代农业园区建设总体规划还未经审定，园区建设还处于低端、传统、粗放阶段，需加强多元投入、宽松用地、科技人才、补贴奖励等要素保障措施。

二是主体培育不足。特色农业产业必须要念好“优、绿、特、强、新、实”六字经，要产业特色鲜明、加工水平高、产业链条完善、设施设备先进、生产方式绿色、品牌影响力大，力求一二三产业融合、要素高度聚焦、辐射带动力强，搞特色农业产业发展靠传统生产方式是行不通的。资金投入、技术力量、管理运营都达不到要求，需要加大招商引资，加强对龙头企业、专业合作社、家庭农场的主体培育，引领带动特色农业发展。

三是规模化发展条件差。县境内最高海拔4076米、最低海拔380

米，山高坡陡谷深，地无三尺平，集中连片搞规模化的特色农业产业地理条件差，规模不大，产量不高，产业链延伸困难，产业化发展制约因素多，市场竞争力弱，要引进龙头企业、引进资金、引进技术。

四是标准化生产困难多。因地理地形复杂，山地立体气候差异大，要人为控制生产温度、湿度、光照，实现水肥一体化大面积的标准化生产成本高、困难多，导致生产科技推广难，生产经济效益差。

五是生产现代化制约多。全县多数生产区域都是悬崖峭壁路险，水、电、路等基础设施经过脱贫攻坚有了很大改善，但机械化作业条件依然有限，生产现代化制约因素多，生产资料二次转运主要还是要靠传统的人背马驮，采摘等工作主要还是靠手工作业，交通运输、劳动力成本高。

四、特色农业产业发展思路及对策

（一）发展目标

按照“人无我有、人有我优、人优我精”的特色农业产业发展思路，发展适度规模、具有市场竞争力的特色优质农业产业，主要包括脐橙、核桃、青花椒、中草药、山葵、莼菜、竹笋、芋香猪、小凉山土鸡，力争到2021年，特色农业产业发展格局基本形成，“一乡一业、一村一品”效益凸显。

脐橙产业。新建标准脐橙园2万亩，脐橙种植面积力争达到7万亩以上；建成金沙江优质脐橙“百里长廊”，年产量达到10万吨以上，年产值达15亿元以上，全县脐橙种植户人均收入达5万元以上。建设采后无创称重分级流水线1条，建成果蔬检测中心与电商交易中心，建成集种植、加工、贮藏、保鲜、物流于一体的产业链条，形成体系完整的现代脐橙产业集群。

核桃产业。种植面积达到100万亩，其中新发展15万亩、提质增效10万亩、品种改良15万亩、标准化基地达到20万亩，年产干果1.5万吨，产值达1.5亿元以上。

花椒产业。种植面积达到30万亩，其中新发展8.24万亩、提质增效3万亩、品种改良5万亩、标准化基地达到5万亩，年产干果0.4万吨，产值达3亿元以上。

蔬菜产业。莼菜种植面积达到3000亩，山葵种植面积达到4000亩，露地蔬菜达到5000亩，产值达2亿元以上。

生态养殖产业。芋香猪产业基地达到20个，发展适度规模养殖户1000户，年出栏达到50万头；有机羊年出栏达到10万只；小凉山土鸡年出栏达到20万羽；产值达10亿元以上。

⑹茶叶产业。种植面积达到2万亩，年产量达到2000吨，产值达1亿元以上。

中药材产业。种植面积达到1.5万亩，产值达1亿元以上。

竹笋产业。种植面积达到130万亩，产值达3亿元。

西宁河生态鱼养殖业。养殖冷水鱼600亩，产值达1.5亿元以上。

（二）基本原则

一是坚持统筹规划，突出绿色发展。完善《雷波县“十三五”产业发展规划》，以省级有机示范县创建为抓手，坚持统筹以脐橙、核桃、花椒、蔬菜、生态养殖突出生态、绿色、有机为支撑，以茶叶、中药材、山桐子为补充的“5+3”特色农业产业发展体系总体规划，促进全产业链绿色化，实现经济效益、生态效益、社会效益有机统一。

二是坚持优化布局，突出创新驱动。优先发展“3+1”经济带，助推“5+3”特色农业产业发展。在900米以下河谷地带发展优质脐橙产业带；在海拔900～1600米发展核桃、花椒、茶叶、莼菜、芋香猪等多种经营带；在海拔1600米以上发展生态牛羊、高山生态蔬菜种养殖带。建立以竹产业为主的西宁片区农旅结合农业园区，以山葵产业为主的咪姑蔬菜产业园区，以核桃产业为主的八寨乡核桃加工园区，以芋香猪、莼菜为中心的马湖乡产业融合园区。加快科技成果转化和信息技术应用，促进农业新旧动能转换，推动优势特色产业提质增效。

三是坚持项目牵引，突出主体带动。遵循市场法则和经济规律，围绕产业发展重点，科学谋划实施一批促当前、利长远的重大项目，促进一二三产业融合发展，推动项目可接续、发展可持续。积极发展特色产品加工，拓展产业多种功能，大力发展休闲农业、乡村旅游和森林旅游休闲康养，拓宽贫困户就业增收渠道。充分发挥龙头企业、专合社、种养大户在产业发展中的作用，加快培育一批领军龙头企业，建立紧密的产业链利益联结机制，打造发展新引擎，提升核心竞争力，促进产业协同推进、融合发展和农民增收。

四是坚持市场主导，突出方式转变。进一步发挥市场配置资源的决定性作用，完善家庭经营、集体经营、合作经营、企业经营等农业经营方式。加快转变农业发展方式，以新发展理念为引领，以市场需求为导向，以完善利益联结机制为核心，以制度、技术和商业模式创新为动力，着力构建农业与二三产业交叉融合的现代产业体系。从过去主要依靠化学农业支撑产量增长的增长导向型政策转变为以绿色农业为支撑、追求质量和效率的质效导向型政策，着力调整农业支持补贴、技术支撑、农业金融等方面的政策。加强农业科技研发和推广应用，聚焦动植物新品种选育、绿色增产与节本增效等领域技术需求，加强基础理论研究以及技术攻关，持续提高农业核心竞争力；充分发挥“互联网+农业”技术支撑作用，利用大数据、云计算等信息技术系统设计和架构强化农业科技服务云平台建设，加强农业科技创新体系、农业产业技术体系和农业技术推广体系的衔接。通过试点试验探索现代农业发展的多元化模式，以现代农业产业园、科技园、创业园以及现代农业示范区、农业可持续发展试验示范区等为载体，积极开展特色农产品标准化生产、化肥农药减量、地膜清洁生产、农业物联网、农作物生产全程机械化等多领域试点示范，充分发挥其示范、引领和标杆作用，逐步建立县、乡（镇）多层次、多领域、多类型的现代农业发展示范体系。

（三）工作建议及对策

一是突出规划引领。科学分析全县资源禀赋、产业现状、市场空间、环境容量、新型主体带动能力和产业覆盖面，科学规划特色产业发展布局，避免盲目跟风和“杂、乱、散”局面发生。每个产业制定一个总体规划、一个推进措施，组建一个专家团队指导，形成一个加工体系。

二是推进标准化生产。坚持清洁生产、安全生产，把农业产前、产中、产后各个环节纳入标准化生产和标准化管理轨道。以质量安全为核心，制（修）订一系列可操作性强的农产品质量标准，涵盖从生产环境（土壤、水质、大气等）、生产过程（肥料、农药、生长调节剂等施用量、施用方法、施用时间、施用次数技术规程）到产品品质（外观、营养、卫生质量等）、加工包装（保鲜、贮藏、分级、包装等）等环节，形成一整套农产品质量从土壤到餐桌的全过程质量控制标准指标体系，并健全产品评价认证体系，评价农产品状况、监督农业标准化进程、促进实施农产品品牌名牌战略。

三是建设产业示范基地。在依法自愿的基础上，采取承包、租赁、转让、入股等多种方式探索并推行“三权”分量改革，促进农村土地经营权流转。加快农产品示范基地建设，走精品化、规范化、适度规模化的质量发展之路。坚持基础设施项目为产业配套，对达到一定规模的基地优先配套建设产业道路和土地整理、水利灌溉等项目。

四是培育新型农业经营主体。加大扶持力度，整合项目资金，培育壮大龙头企业、专业合作社、种养大户等新型农业经营主体，支持其通过土地托管、牲畜托养、吸收农民土地经营权入股等途径带动贫困户增收。建立稳定的利益联结机制，建立保底分红、订单带动、利润返还、股份合作等与农户利益联结机制。全面推行财政支农项目资金形成资产转交农民专合社、农村集体经济组织持有和管护，并量化为成员股份参与盈余分配，探索建立农户政策红利分享机制，允许将财政资金特别是扶贫资金量化到农村集体经济组织和农户后，以自愿入股方式投入新型农业经营主体，让农户共享发展收益。整合涉农项目资金，加大财政资金对新型经营主体的扶持力度。完善社会化服务体系，培育新型社会化服务主体，引导和鼓励返乡农民工、中高等学校毕业生、退役士兵等开发农村特色资源，发展特色产业。推进新型农业社会化服务体系建设，实现小农户和现代农业发展的有机衔接。对新型经营主体在贫困村发展特色产业、向贫困户提供全产业链服务、提高产业增值能力和吸纳贫困劳动力就业能力等方面予以扶持。鼓励支持培育易地扶贫搬迁安置点的新型农业经营主体，加大对搬迁群众后续产业发展的扶持带动力度。

五是加大品牌创建。充分发挥农业龙头企业、农民合作社、家庭农场等新型经营主体在农业品牌建设中的主体作用，引导提高品牌化发展意识，开展农产品区域公用品牌和企业产品品牌及优质特色农业品牌培育。鼓励新型经营主体实施品牌发展，开展“三品一标”农产品认证，提高农业发展质量。建立农业品牌目录制度，将具有一定影响力的区域公用品牌、企业品牌、特色农业品牌等形成目录，统一发布，动态管理。授权生产经营状况好且守诚信的企业和新型经营主体使用区域品牌、地理标志等。以“雷波脐橙”为核心品牌形象引领，利用各类展会、节庆活动等平台进行联合推介、捆绑式宣传推广，传统媒体与网络新媒体同步，宣传与营销并重，塑造雷波县农产品品牌形象，提高雷波县农产品市场占有率。

六是强化人才和科技支撑。加强与省林科院、川农大、川农科院、宜宾职业学院、西安木本油料研究所等科研院校的联系与合作，采取校(院)地、校(院)企合作等多种方式引进和聘请知名学者、专家组建技术团队，具体开展产业发展中的科研和技术指导推广。利用驻村农技员、特聘农技员、“科技扶贫万里行”、农业系统综合帮扶工作队等力量提供全覆盖农技服务，解决产业发展过程中技术支撑保障不足问题。采取“请进来、送出去”方式大力培养技术人才，达到项目区农户每户有1个以上技术“明白人”，每个专业大户、专合社、家庭农场有1个以上技术骨干人才的目标。

总之，发挥生态优势、发展特色农业、实现一二三产业融合发展是雷波巩固脱贫攻坚成果的保障，是雷波实现高质量脱贫的支撑。随着乐(山)西(昌)、宜(宾)攀(枝花)高速公路的动工建设，雷波作为凉山东部经济的桥头堡，特色农业发展的区位优势将更加突显，特色农业发展将迎来新的春天，雷波脱贫奔康的步伐将走得更加坚实有力。

提高贫困群众满意度的思考

雷波县人民政府县长　陈　翔

“小康不小康，关键看老乡”。党的十九大报告把解决好“三农”问题摆在了至关重要的位置。深入贯彻落实党中央决策部署，大力实施扶贫开发，努力提高群众生活水平、提升群众获得感、满意度，是践行习近平总书记“以人民为中心”的发展理念。雷波县地处“三区三州”贫困连片地区，是国家级贫困县，基础差、底子薄，加快推进脱贫攻坚步伐，同步实现全民小康，责任重大、任务艰巨。笔者结合雷波县实际，通过大量的进村入户走访、调查研究，以召开座谈会、访谈贫困户和一般群众代表的形式广泛听取大家对提升脱贫攻坚工作群众满意度的意见和建议，以查找不足，提出解决对策。

一、提高贫困群众满意度的重要意义

群众满意度也叫群众认可度，是指脱贫户，县、乡、村干部，县、乡人大代表、县政协委员及贫困户、一般农户等，对脱贫攻坚政策、帮扶措施及程序、脱贫退出等的认可情况。从综合评价而言，就是对贫困县脱贫攻坚决策部署、重大政策措施落实、后续帮扶计划及巩固提升工作安排等情况提出综合评价意见。从精准帮扶来说，主要指因村因户帮扶政策落实、帮扶措施落实、帮扶工作成效等方面的群众认可度。

近年来，随着脱贫攻坚工作的全面推进，在各级干部的努力下，各项扶贫政策全面落实，贫困户对脱贫攻坚工作的满意度也不断提高。由于群众满意度是脱贫攻坚工作考核评估的重要指标，是倒逼脱贫攻坚责任落实、政策落实、工作落实的制度设计，是检验脱贫成效的“试金石”，因此，提升群众满意度工作意义十分重大，是真正实现高质量、高成色脱贫的有效途径。

二、制约雷波县贫困群众满意度提高的表现形式

(一)政策落实方面

一是脱贫政策知晓率不高。雷波县西部地区属“直过聚居区”，由于受历史、自然和社会环境等诸多因素影响，贫困群众文化程度普遍偏低，对扶贫《政策指南》《惠民政策手册》《明白卡》等知识的理解一知半解，不够深入，导致对政策的解读出现“以偏概全”的现象。二是扶贫政策前后有差异。部分扶贫政策连续性不够，新老政策前后不一，发展资源过于集中在贫困村、贫困户，不能兼顾非贫困村和非贫困户，造成同一地方不同群体政策享受不同，没有享受到政策实惠的群众意见较大。三是抢抓政策意识不强。个别县级部门、乡(镇)工作主动性不够，对抢抓脱贫攻坚政策“窗口期”，借助各级帮扶力量优势，积极争取项目、申请资金、吸纳人才助力脱贫攻坚的认识不深刻。四是政策宣传不深入。由于缺乏专门的扶贫政策宣传机制和宣传力量，部分扶贫政策没有及时宣传到位。

(二)扶贫举措方面

部分贫困群众由于思想观念固化滞后、缺乏拼劲闯劲、创新发展意识不足，对现代农业、市场经济规则等缺乏必要的了解，仅依靠传统落后的种、养技术，欠缺脱贫致富的一技之长，又因长期处于贫困状

况，对脱贫的信心决心不足，对国家扶贫政策视而不见或消极应付；部分贫困劳动力因受教育程度低，劳动技能不高，脱贫无门路，外出务工仅靠苦力，很难找到能够脱贫致富的工作；还有一部分贫困群众年龄偏大，劳动力弱，也难以持续稳定脱贫致富。极个别基层政策“执行者”在落实政策上不公开、不公平、不透明、不精准，甚至优亲厚友，致使政策执行有偏差、不深入，责任落实没压紧，措施落实没到位，导致群众对政府的扶贫政策及措施不理解、不支持、不认可、不满意。

（三）内生动力方面

一是脱贫信心不足。雷波山高坡陡谷深、悬崖峭壁路险、生态环境脆弱，贫困群众受教育程度呈现出东西部两极分化差异，西部民族聚居区贫困群众由于长期处于贫穷状况逐步减弱了其脱贫过好日子的信心。二是依赖思想严重。受过去帮扶慰问给贫困户买油、买米，甚至送鸡、送羊、送牛等“输血”式扶贫方式的影响，部分贫困群众以当选“贫困户”为荣，依赖思想有待引导转变。三是教育引导不够。少数帮扶干部面对上有压力、下有难度，只求应付而忽视脱贫质量，甚至急于求成的短期思想不同程度存在，极个别贫困户自身好逸恶劳，游手好闲，西部聚居区贫困户中“等、靠、要”思想还较为突出。

（四）其他方面

由于专业人员欠缺，心理扶贫机制尚未建立，关于如何更加准确、有效地进行心理扶贫，目前尚未建立起有效的心理扶贫工作程序，正是由于缺乏完善的心理扶贫机制，不能够准确地进行贫困人口心理扶贫，也降低了精准扶贫工作的有效性。

三、制约雷波县贫困群众满意度提高的原因分析

主观原因上，部分贫困群众认为国家和省、州、县给的扶贫项目、资金、物资，他们理所应得，这是他们必须得到的，稍有一点不如意或因不符合条件不能享受到政策实惠，便不满意；一些贫困群众认为上级会议文件和领导讲话都说了要坚持以人民为中心、以人为本，有的便以偏概全地认为所有的工作都应围绕着他们转，稍有一点诉求没有达到就指责这里还不行、那里没干好；有的群众认为所有政策和资源都集中给了贫困村和贫困户，自己没有得到好处，想不通，不满意；更有群众认为各级干部职工下来搞扶贫只是做样子、混工资、领差旅补助，对干部所做的帮扶工作不认可、“不领情”。同时，个别帮扶干部职工认为群众思想落后，依赖思想重，要让他们脱贫奔康太难，帮扶信心弱、苦干实干不够，工作怠慢，导致群众不满意。

客观原因上，确实有个别行业主管部门和人员，以及基层干部和驻村工作人员主动作为不够，下沉调研群众关切热点、难点问题不及时、不全面，宣传解释政策不到位，执行政策不公平、不公开，或因以权谋私等原因，导致工作不落地、政策不落实、责任不落靠，没有打通政策连接群众的“最后一公里”，致使群众满意度不高。还有在工作中，不同程度地存在形式主义、官僚主义作风，比如工作才安排部署几天就要求上报成果材料、密集的督查检查、不解决问题的调研和入户、人为地提高要求和吊高胃口等，让基层干部和群众有抵触情绪，从而影响群众满意度。

四、提高雷波县贫困群众满意度的几点意见建议

（一）在为民服务上下功夫，推进各项政策落实

将群众满不满意作为检验脱贫成效的最终标准，通过落实各项政策，努力为人民服务，提高群众满意度。一是及时传递党的关怀。多途径、多形式宣传党中央的扶贫政策，特别是习近平总书记来凉山、赵乐际书记来雷波的工作精神，通过专题片、宣讲团、文艺作品等方式进行宣传宣讲，让群众真切感受到党中央、习近平总书记的关心关怀。二是认真宣传和严格落实扶贫政策。系统梳理各类扶贫政策，采取“清单制+责任制”方式，由联乡帮扶县领导牵头落实，全面落实医疗“十免四补助”、15年免费教育等政策，用好教育救助基金、医疗救助基金，加大对高中、大学阶段贫困学生的帮扶救助力度。持续开展“清卡行动”，规范惠民资金发放，提升群众在每一项扶贫政策中的获得感和幸福感。三是创新方式服务群众。量化驻村工作队、帮扶责任人职责，积极指导帮助群众申请产业扶持基金，规范乡（镇）、村用好用活产业发展资金，落实好产业发展政策，让贫困户持续稳定增收。引导群众参与土地增减挂钩项目和土坯房改造项目，通过帮助申请县财政补助等方式统筹解决村内基础设施、公共服务设施和非贫困户安全住房建设资金难题，延伸政策覆盖面，提高满意度。四是不断改善群众生产生活条件。进一步细化工作措施，强化责任落实，全力加快推进脱贫攻坚基础设施项目建设。抓好查漏补缺，按缺啥补啥的原则，补齐基础设施短板，在全面完成贫困村各项硬件建设任务的情况下全面摸排非贫困村基础设施、非贫困户情况，改善非贫困村群众生产生活条件，实现贫困村与非贫困村基础设施与公共服务均衡推进。

（二）在促增收上下功夫，强化产业支撑

采取多种途径增加群众收入，提高群众满意度。一是增加农业产业经营性收入。积极发展农业特色产业，以“5+3”产业为指导，充分发挥五大产业攻坚组的作用，通过招大引强，引进有实力、有市场、有信誉的龙头企业，按照“公司+合作社+农户”的模式建立利益联结机制。要坚持种、养结合，长短结合原则，全面推动“沿江百里脐橙长廊”、良种马铃薯、竹笋、核桃、蔬菜、青花椒、猪、鸡、羊、马等体量大、带动力强、覆盖面广的特色农业产业落地生根。要结合实际，发展“一乡一业”“一村一品”，充分发挥龙头企业、东西部扶贫协作、省内对口帮扶、以购代捐等桥梁纽带作用，确保产得出、卖得出，加快形成基地、品牌、加工、销售的产供销一条龙产业体系。二是增加工资性收入。加强劳务产业发展，积极组织具备劳动能力和外出务工意愿的贫困群众通过参加技能培训提高其就业能力，输送到广东省佛山市、宜宾市翠屏区等发达地区务工，增加群众工资性收入，实现“一人就业、全家脱贫”。统筹分配好农村公益性岗位，将其重点用于无法通过外出务工和产业发展脱贫的贫困户，确保其稳定增加收入，实现脱贫。三是增加财产性收入。努力壮大产业发展规模，积极宣传引导群众在房屋出租、土地流转、土地转租、土地入股等方面的各项利好政策，促进产业的规模化发展，建立利益分享机制，增强产业与群众的利益链接，让群众土地等资源变股份、资金变股金、农民变股民，增加群众财产性收入。四是增加转移性收入。认真分析研判，吃透政策，针对低保户、五保户、孤儿等政策兜底群体，让政策对他们应保尽保，增加该类贫困群众的转移性收入，确保其收入达标。

（三）在扶志与扶智上下功夫，增强内生动力

一是坚持“群众利益无小事”，始终把保障和改善民生作为一切工作的出发点和落脚点，以“护民生、促脱贫”为主题，对群众诉求合理的问题解决到位，对诉求无理的教育引导到位，对具体困难的帮扶救助到位，对行为违法的依法依规处理到位，切实抓好全县矛盾纠纷大排查，聚焦户脱贫、村退出、县“摘帽”脱贫标准，紧盯“三率一度”主要指标，针对涉及脱贫攻坚、易地扶贫搬迁安置、干部作风、教育卫生政策落实、社会治安、户籍管理等方面存在的信访维稳矛盾隐患开展全覆盖大排查、大化解，通过化解矛盾让群众心顺气消，提高满意度。

二是多措并举向群众宣讲习近平新时代中国特色社会主义思想、宣传党和国家的好政策，宣讲致富的典型及近年来家乡村容村貌，路、水、电、通信等基础设施和生产生活条件的大变化，增强群众的获得感。利用体育活动、文艺比赛、知识竞赛等丰富群众文娱活动，转变群众观念，引导贫困群众树立勤劳致富、脱贫光荣的思想，不断激发群众内生动力。三是以"四个好"为目标，通过开展感恩教育、法纪教育、自强教育、习惯风气教育和以"美丽乡村·文明新风"为主题的"四进农家"等活动，引导群众不等不靠、自尊自强，切实提高群众满意度。

（四）在提升公共服务能力上下功夫，增强群众幸福感

一是牢固树立为民情怀，抓好各项政策的落地落实。要抓好政策的宣传解释，让群众知晓政策、理解政策、享受政策，在政策的执行上处理好"普惠"与"特惠"之间的关系，做到公平、公正、公开，让享受到政策好处的群众能感恩，让没有享受到政策好处的群众能理解、无疑惑。二是加大教育、医疗类社会高度关注、群众高度敏感，事关社会民生，事关千家万户幸福的资金投入，持续巩固、改善提升全县教育、医疗服务水平和质量。三是充分发挥驻村帮扶工作队、"万名干部结穷亲"帮扶责任人的作用，压实帮扶责任，通过他们帮助群众联系并协调解决现实中的困难和问题，特别是帮助就医联系和医疗费用报销、孩子就读、手续帮办等事项，不断提高群众对帮扶工作的认可度、满意度。四是加强机关干部队伍管理，持续加强机关干部作风建设和工作能力建设，努力塑造服务型机关，切实解决"门难进、脸难看、事难办"和"推拖阻"等问题，通过机关作风和干部作风的转变提高群众满意度。五是扎实推进"扫黑除恶"专项治理工作，提升城乡治安水平，努力营造感恩奋进、崇尚文明、和谐安康的社会氛围，提高广大干部群众的幸福指数。

坚守初心勠力同心　带领群众奔小康

西昌市马鞍山乡党委　西昌市马鞍山乡人民政府

西昌市马鞍山乡党委、政府始终将脱贫攻坚作为最大的政治任务，坚持以习近平新时代中国特色社会主义思想为指导，紧紧围绕"两不愁、三保障"全力抓实各项工作。

一、如期脱贫"摘帽"，持续巩固脱贫成果

全乡上下众志成城，于2016年年底顺利实现脱贫"摘帽"，完成"乡三有、村七有"各项目标，贫困户"两不愁、三保障"各项指标全部对标达标，如期完成脱贫攻坚各项任务。"摘帽"后，乡党委、政府持续狠抓脱贫攻坚成果巩固，以不断提升全乡脱贫成色质量。

（一）脱贫攻坚成果稳步夯实

全乡认真贯彻落实省、州、市关于脱贫攻坚大排查、"回头看"等政策，村"一低七有、户一超六有"在脱贫"摘帽"的基础上得到进一步巩固和提升，成效明显。整改完成全乡276户贫困户住房安全问题，贫困户人均收入全部超标，没有失学、辍学情况发生等。持续发展壮大村集体经济，实现集体经济收入累计达130余万元。

（二）产业培育实现开拓跨越

一是狠抓品种改良等重要环节，实现畜牧产值900余万元/年；二是扎实抓好核桃、青红花椒提质增效工作，累计嫁接优质核桃苗近30万枝，种植青红花椒20万余株，年产值达1000余万元；三是扩大种植羊肚菌、中药材、高山有机蔬菜等特色产业规律。

（三）基础设施全面上马加力

抢抓脱贫攻坚这一最大的发展机遇，先后积极争取上级支持解决水、电、路等基础设施方面的资金累计5900余万元，修建通达公路79千米；建成最大供水工程等。通过项目的实施，极大改善了全乡群众的出行、生产、生活等各方面的条件。

二、"闯"字当头，开拓创新先行先试

（一）支部引领，发展壮大村集体经济

在原甘伍村引进企业总投资约300万元，建成高山索玛花卉基地142亩（即西昌市首个"扶贫车间"项目），预计可实现该村集体经济增收40万元/年；在沙土村以党支部牵头，整合市级各部门资金510万元，建成马鞍山乡交通旅游服务区，以32万元/年的租金对外承包获得村集体收入；引进市供排水公司建成海拔1500米的山泉水厂，预计可实现村集体经济增收50万元/年，闯出了民族地区村集体经济持续壮大的新路径。

（二）表彰先进，激发群众内生动力

在甘伍、马鞍2个村组织开展"脱贫奔康大比拼"活动，通过对贫困户住房建设、文明风气等6个大项进行比拼，对产业发展示范户、移风易俗示范户等共计23户19人进行了表彰，同时连续三年表彰优秀大学生344人。通过活动的开展有效激发了群众的内生动力。

（三）化风成俗，"小厕所推动大革命"

曾几何时，脏乱差、无厕所是马鞍群众无奈的"乡愁"。为此，乡党委、政府组织开展了"小厕所、大革命，争当移风易俗排头兵"活动。全乡通过党员带头、先进引领等方式，用"小厕所"掀起了一场移风易俗的"大革命"。结合易地搬迁、避险搬迁、"三建、四改、五洗"推进"厕所革命"。全乡累计动员群众新（改）建厕所861户，厕所普及率从0%提升到71.5%。"厕所革命"工作获得"2018年西昌市十大党建创新项目"称号。

三、建强党建堡垒，全面扭转党风政风民风

在脱贫攻坚阶段，针对马鞍山乡长期以来基层党组织弱化，家支关系复杂，民风彪悍、告状成风等历史遗留问题交叉重叠的现状，乡党委、政府对两级党组织进行了全面整顿。乡党委严格落实全面从严治党要求，结合市委巡察问题整改，建立乡、村两级干部廉政档案90份，受理信访举报6件，批评教育6人次，党纪处分3人。同时，通过过好主题党日、民主生活会等党内组织生活营造了乡党委班子、乡政府机关团结奋进的良好氛围。村级组织突出加强党的全面领导，整顿软弱涣散的沙土村党支部，全覆盖完成"一肩挑"工作，调整人员8人。经过持续发力，全乡干部群众精神面貌焕然一新，党风、政风、民风得到全面扭转。马鞍山乡党风廉政建设社会评价评分从历史最低83.8分达到90.7分，在民族乡（镇）中排名第一。

马鞍山乡分别于2018年、2020年高质量通过省级脱贫攻坚交叉考核组的考核评估，各项脱贫攻坚成果经受住了群众及上级的检验。

聚力脱贫攻坚 谱写保险央企扶贫奋进华章

——中国人寿四川省分公司精准扶贫工作纪实

中国人寿保险股份有限公司四川省分公司 冯 强 姚 兰

近年来，四川国寿按照中央、银保监会和省委、省政府关于打赢脱贫攻坚战的决策部署，将精准扶贫作为四川国寿的政治责任。自开展精准扶贫以来，四川国寿全省系统定点帮扶的143个联系点全部"摘帽"退出。2020年5月，四川国寿被省委、省政府评为"2019年定点扶贫先进省直部门(单位)"；12月，四川国寿被四川省地方金融监督管理局、四川日报社授予"金融扶贫创新案例"奖项；被四川银保监局授予"2019年度金融扶贫工作先进单位"。

一、有高度——深化党建引领，"三个必须"构建保障机制

自精准扶贫工作开展以来，四川国寿始终把脱贫攻坚责任扛在肩上，充分发挥党建引领作用。在扶贫专题工作会上，中国人寿总公司业务总监，四川省分公司党委书记、总经理张红路明确提出"三个必须"：必须强化扶贫组织领导，各级公司党委要定期专题研究脱贫攻坚工作；必须强化扶贫责任担当，切实落实经营班子的主体责任和各职能部门的工作责任；必须完善扶贫工作机制，将行业特点和地方扶贫需求紧密结合起来，深化扶贫成效。全省国寿系统建立起脱贫攻坚领导机构，为扶贫工作提供了有力的组织保障。

四川国寿党委班子成员、机关各党支部每年深入对口扶贫点——营山县新店镇千坵村开展调研慰问和结对帮扶，并与当地12户贫困户结成对子。通过党课辅导、座谈研讨、慰问困难老党员等形式，定期开展结对共建活动。四川国寿斥资70万元打通的入户道路不仅解决了当地群众"出行难"的痛点，更有力助推了全村群众脱贫奔小康。通过多方努力，千坵村旧貌换新颜。随着2019年2月营山县成功退出贫困县序列，千坵村12户贫困户也如期实现脱贫。

二、有广度——全方位帮扶，多点使劲凝聚攻坚合力

党建引领下的高质量脱贫攻坚如何落实？四川国寿总结为：从基础设施、教育、产业、消费扶贫等开展全方位帮扶，多点使劲、凝聚合力。

在基础设施扶贫方面，四川国寿通过捐建千坵村"党群活动室"，以"阵地共同建设、活动共同组织、作用共同发挥"为主旨，不断增强联系点党支部的向心力、凝聚力和战斗力。

在教育扶贫方面，以"造血式扶贫"激发内生动力，四川国寿数次向千坵村小学捐赠教学设备，配置现代化电教室。2020年，出资30万元开展"国寿小画家"扶贫公益活动，为该校孩子们搭建起了绘制梦想的"绘画图书室"。

在产业扶贫方面，切实帮扶贫困群众增收。国寿巴中分公司因地制宜帮扶通江县诺水河镇碗厂沟村确立"村委会项目资金投入，合作社技术营销服务，农户劳动力土地入股"的产业发展模式，实现了"户户有支柱产业，家家有庭院经济"的目标。

在消费扶贫方面，四川国寿在持续推进"以购代扶"等传统消费扶贫模式的基础上，以国寿自主开发的"心意"扶贫农产品购销平台为载体，不断拓宽贫困群众增收渠道。2020年购买贫困地区农特产品价值201.84万元。

正是多维度的持续发力，让四川国寿将扶贫力量精准注入脱贫路上细微的末端。数据显示，四川国寿前后共投入扶贫资金1575.39万元，选派驻村帮扶干部95人，助力帮扶点开展各类扶贫项目252个，帮扶贫困人口达3848户，助力12396人实现脱贫。

三、有温度——关注贫困群众特殊需求，"小切口"彰显"大关爱"

随着脱贫攻坚的深入推进，通过实施彝家新寨新生活项目，布拖县拉果乡阿尔马之村村民拉马吉土从高山上搬进了彝家新寨，新家是一楼一底的新楼房，四川国寿又送来两张新床，让他过上了"居有屋，睡有床"的好日子。

2020年4月，四川国寿与凉山州扶贫开发局签订捐赠协议，向美姑县、布拖县捐赠扶贫资金200万元，专项用于购置当地贫困群众实际生活所需的钢架床3462张，助力彝家新寨新生活项目的实施，有效解决了当地贫困群众"睡觉难"的问题。

这只是四川国寿众多扶贫措施中以"小切口"彰显"大关爱"的一个暖心侧面。为助力深度贫困地区脱贫攻坚，四川国寿还通过中国人寿慈善基金会向炉霍县3000名贫困儿童捐赠保险100万元、风险保障2亿元。

四、有深度——聚焦"三区三州"，助推打赢深度贫困歼灭战

"三区三州"自然条件差、经济基础弱、贫困程度深，是打赢脱贫攻坚战难度最大、任务最重的地方之一。决战深度贫困，啃下最难啃的"硬骨头"是四川国寿扶贫工作的重中之重。

2020年以来，四川国寿先后召开了"三区三州"扶贫工作专题部署会及扶贫工作推进会等，制订了《2020年"三区三州"深度贫困地区扶贫工作实施方案》，围绕中国人寿"扶贫保"工程六大体系，确定10项重点举措，持续加大帮扶力度。从面上看，四川国寿共帮扶阿坝州两个贫困点、甘孜州1个贫困点、凉山州10个贫困点的419户1846人实现脱贫，选派驻村帮扶干部3人，向阿坝州、甘孜州和凉山州共投入扶贫资金及物资471.63万元。

四川国寿加速在甘孜、阿坝、凉山新设分支机构，在2020年年底前筹建开业阿坝州、甘孜州2个州中心支公司，同时加快在"三区三州"筹建1个县级支公司和11个营销服务部，大力强化保险对扶贫的支撑保障。不仅如此，四川国寿发挥集团军"作战"优势，联合广发银行、国寿财险等兄弟单位在"三区三州"协同推进金融扶贫。

涓涓细流终汇聚成河，四川国寿真抓实干，推动脱贫攻坚快速见到实效，被凉山州脱贫攻坚领导小组办公室授予"社会力量助力凉山脱贫攻坚行动"荣誉证书。

五、有力度——保险力量攻坚，开辟精准扶贫特色路径

保险业务扶贫既是脱贫攻坚的重要举措，也是体现国寿特色、建立扶贫长效机制的有效途径。

自脱贫攻坚战打响以后，四川国寿始终坚持发挥保险的保障功能助力精准扶贫，积极探索扶贫保险创新模式。公司第一时间加入由四川银保监局牵头规划设计的四川特色"扶贫保"项目，以保险扶助为抓手助力贫困群众稳定脱贫。2018—2020年，"扶贫保"为全省480.5万人次建档立卡贫困人口提供了约1338亿元的风险保障，赔付案件

54344件，赔付金额达8118万元。

坚持立足于行业之本，筑牢贫困群众的保险网，是四川国寿一以贯之的“行动纲领”。为有效防止困难群众因病致贫、返贫，四川国寿通过降低贫困人口大病保险起付线、提高贫困人口各分段赔付报销比例等方式实施大病保险扶贫倾斜政策，2020年全省大病保险建档立卡贫困人口252.43万人，赔付26742.2万元，受益贫困人口206885人次；“经典产品”——农村小额人身保险在四川农村地区“流行”十年之久，形成了与“新农合”互为补充的农村医疗、意外保障体系；关爱全省精准扶贫驻村帮扶干部，四川国寿通过省扶贫基金会捐资275.5万元，2018年、2019年连续两年为全省137748名帮扶干部购买综合意外伤害保险，类似案例不胜枚举。通过精准高效扎实的帮扶，四川国寿定点扶贫成果不断呈现。自开展精准扶贫以来，全省系统多家公司被各级党委政府予以表彰鼓励。

脱贫攻坚是一场硬仗，越到最后越要紧绷这根弦。在这场战役的冲刺阶段，四川国寿将铆足干劲、勠力前行，以咬定青山不放松的韧劲、不破楼兰终不还的拼劲，发挥保险央企优势，推动构建稳定脱贫的长效机制，与全川人民一道决胜全面建成小康社会、决战脱贫攻坚。

坚守初心使命　践行大学责任

——四川大学定点扶贫成就成果纪实

四川大学

四川大学以党的十九大精神和习近平总书记关于扶贫工作的重要论述精神为行动指南，全面贯彻落实中央决策部署，上下同心，主动作为，积极承担定点扶贫任务。聚焦脱贫攻坚目标，围绕解决“两不愁、三保障”突出问题，坚持百姓所需、政府所急、川大所能，充分发挥综合性大学优势，采取输血与造血结合、帮扶与合作并举，积极探索教育、科技、医疗、人才、文化、产业等高校精准扶贫模式，创新帮扶举措，建立长效机制，成效显著。

作为在川部属综合大学“执牛耳者”，在扶贫路上，四川大学一直怀揣着强烈的使命感和责任感，自2012年开展对口定点扶贫凉山州甘洛县、广安市岳池县。直接投入帮扶资金1701余万元，引入和协调帮扶资金2581余万元，直接采购农产品932余万元，帮助销售农产品1460余万元；捐赠设备物资价值1483余万元。培训基层干部3134人、技术人员7946人，帮扶2个县4个村1264人脱贫，两县帮扶受益达14.5万人；岳池县累计实现205个贫困村退出、81936名贫困人口脱贫，贫困发生率降至零，于2019年初脱贫“摘帽”；甘洛县累计实现208个贫困村退出、15280户贫困户、71061名贫困人口脱贫，贫困发生率降至0.1%，于2019年年底顺利实现脱贫“摘帽”，为定点扶贫县打赢脱贫攻坚战做出了积极贡献。

一、强化责任落实，形成帮扶工作“四责一体”

四川大学强化政治责任，坚持党政同心，奋力搭建定点扶贫工作组织领导的“四梁八柱”。学校成立了以书记、校长为组长，多名副校级领导为副组长的扶贫工作领导小组，领导班子中有一名校领导分管扶贫工作，下设定点扶贫工作办公室，统筹协调扶贫工作。编制了学校《进一步推进定点扶贫工作的实施办法》，制定了扶贫工作规划，建立了部门、学院联络员制度和二级单位“一对一”帮扶机制。将定点扶贫工作作为学校各二级单位的重要工作之一，分解了年度帮扶项目任务，形成了责任清单，并建立了考核督查机制。校内80余个参与扶贫工作单位把扶贫工作成效纳入单位年度工作考核指标体系。校领导班子成员坚持每年分赴定点扶贫县开展调研督导脱贫攻坚工作，落实常委会定期研究扶贫工作议题和每周召开扶贫工作调度会的工作制度，学校各级领导干部赴甘洛调研和督导达236人次、专家教师1243人次。经过多年实践，构建起“确权定责、清单明责、制度履责、严肃问责”四责一体的定点扶贫工作格局。

二、开展教育扶贫，扶贫扶智筑牢脱贫攻坚根基

四川大学深入开展教育扶贫工作，建立多内容、多层次、多时段、多方式的地方人才培养培训体系，坚持将学历教育与非学历教育相结合、脱产进修与送教下乡相结合，长期多轮次系统培训与单一专题培训相结合，现场教学与网络教学相结合，实现定点扶贫县的县、镇、村三级各类人才培训全覆盖。

一是关注学前教育，阻断贫困代际传播。针对甘洛县学前教育短板，依托四川大学第一幼儿园、第二幼儿园、华西幼儿园3所成都市示范性幼儿园，发挥学校幼教领域资源优势，创新开展了“校地合作教育扶贫之幼儿教育”项目。2018年4月，借着甘洛县实行“一村一幼”的契机，四川大学与甘洛县斯觉镇幼儿园共建共创项目落地实施，建立起双向互动机制，定期开展入园指导，四川大学每学期从附属幼儿园选派两名优秀青年教师到斯觉镇中心幼儿园驻园支教。开展“影子跟岗”培训等活动，累计开展跟岗培训6期，完成专项培训150人次，普遍惠及甘洛县幼儿教师。投入40万元，搭建起远程互动教学平台，实现了斯觉镇中心幼儿园、格布村幼教点与四川大学附属幼儿园的“零距离”互动教学，通过传递先进教育理念和教学经验，帮助贫困地区学前教育走向规范化，打造出少数民族地区幼儿教育示范园1个。同时，以着力解决留守儿童的心理健康问题为切入点，组织设立了四川大学心理健康教育培训甘洛工作站，邀请专家进行情感矩阵与儿童心理健康专题培训，帮助当地教师提升心理疏导水平。推进双语教学，推广普通话，开设普通话培训课，通过举办汉语朗诵比赛、演讲比赛等激发孩子学习兴趣，为其未来的学习、发展打下语言基础。加强卫生健康教育，落实晨午检制度。开展健康科普活动，纠正不良习惯，培养孩子健康意识。通过对幼儿学习生活习惯的改变，对新生一代的“移风易俗”工作产生了积极影响。

二是扩展继续教育，引入现代科学理念，提升基层治理能力。四川大学始终坚持扶贫与扶智相结合，持续在定点扶贫县开展继续教育系列培训活动，形成了多类型、多层次、多形式、多渠道的继续教育帮扶体系。依托先进网络教育（现代远程教育）办学优势，摸索出一条“互联网+教育扶贫”的崭新道路，“互联网+教育扶贫”项目由四川大学成人继续教育学院发起，在学校定点扶贫的地区开展。组织制定“甘洛县青少年教育质量促进计划”，通过实施“翻转课堂教师培训”等项目，对甘洛县中小学教育信息化等方面提供支援。不断扩展培训对象，丰富培训内容，培训对象涉及党、政、医、技、学等，培训内容涉及能力提升、心理健康、医疗技术、信息技术、电商营运等，共培训两县党政干部、中小学教师、医务人员、农技人员等11080余人，远程培训医疗人员15156人次，减免培训费用597余万元，逐步提升了当地干部和专业技术人员的综合素质，培养了更多用得着、留得住、能干事的实用型、高素质人才。

三是助力地方基础教育，促进教学相长。四川大学积极响应团中央、教育部号召，参加“中国青年志愿者扶贫接力计划研究生支教团项目”。四川大学研究生支教团甘洛分团自2013年成立以来，累计派出研究生支教团53名成员赴甘洛支教，累计授课5万余课时，覆盖学生近5000人次，曾先后服务于甘洛中学、甘洛县民族中学、甘洛县民族寄宿制学校，现服务于甘洛县职业技术学校，教学科目涵盖数学、英语、历史、物理、电子等高考科目以及通用技术等素质课程，教学覆盖15个班级的700余名学生；开办两期“川大梦想班”，第一期“川大梦想班”高考升学率达100%。联络77名爱心人士，筹集善款6万余元，定向帮扶62名贫困学生；募集扶贫物资7万余元，发放至5所农村小学，涉及2000余人；开展“雏鹰”成长计划夏令营、冬令营活动，组织当地71名师生代表赴四川大学和成都市近距离接触文学、艺术、科技、文化等现代文明，以开拓眼界，构建梦想。

同时，实施校企联动，助推“控辍保学”。通过粤东校友会校友创办的职业技术学校、校友企业与甘洛县开展“控辍保学”职业技术教育和就业合作联动，着力解决4744名劝返学生“留得住”、“学得好”、“能成才”等关键环节的难点问题。

三、开展智力帮扶，为地方脱贫攻坚和经济发展出谋划策

把握“县域经济新发展”的重点，组织学校专家团队聚焦“政府所急”，立足解决实际问题，为定点帮扶县提供全面的智力帮扶。一是组织专家帮助甘洛县编制“4·20”芦山地震灾后恢复重建项目总体规划，“十三五”“十四五”经济发展规划，贫困村脱贫发展规划等县、镇、村级专业规划143个，出具帮扶项目分析报告8份。二是持续跟进“政府和社会资本合作”项目实施技术方案的解决。指派专业团队帮助开展PPP项目策划、包装、入库等工作。三是为当地农副产品输出提供市场营销策划。撰写《2017年国家级电子商务进农村综合示范县申报书》，帮助甘洛县成功申报国家级电子商务进农村综合示范县，获得中央财政补助资金1500万元。四是针对2019年、2020年夏天甘洛县遭受暴雨泥石流严重灾害，四川大学及时组织水利专家团队赴甘洛县，就甘洛河、田坝河流域管理与防灾减灾进行对接，投入资金100万元，开展“山区河流智慧管理及防灾减灾平台”合作项目，帮助水情、灾情信息的采集与共享，提升当地河流管理和灾害预警防控能力。2019年入汛以来，甘洛县先后遭遇“7·16”“8·30”暴雨灾害，致使全县各地不同程度受灾，多处房屋倒塌，道路、饮水管道、河堤、学校等基础设施受损严重，对甘洛县巩固脱贫攻坚成果和推动经济社会高质量发展带来了极大挑战。灾情发生以来，四川大学高度重视，统一协调部署，在物质、人力、心理疏导等方面给予甘洛县大力支持，随后又选派4名富有灾后重建经验的精干力量帮助指导开展《甘洛县“7·16”“8·30”暴雨灾害灾后恢复重建项目规划》编制工作，为甘洛灾后重建贡献川大智慧。由院士牵头，专家带队对岳池县医药产业园区发展、区域交通治理规划、地道川菜食材基地空间布局等项目会诊把脉，规划设计。

四、开展医疗扶贫，推动贫困地区卫生健康发展

为解决“基本医疗有保障”的突出问题，发挥四川大学华西医疗资源优势，逐步加大医疗帮扶的力度和范围。一是加强培训力度。2016年以来，培训力量向下延伸，除了常规培训县级医务人员982人外，还重点关注基层医疗力量的培训工作，派出专家到甘洛县对223名乡村计生卫生人员开展业务培训，与凉山州卫健委合作编印《乡村基层医生实操系列丛书》。通过进修、现场培训、远程教学等方式，累积培训医疗医护人员3320余人次，开展门诊3226人次。二是加强重点专科建设业务指导，在提供免费医疗及管理培训、捐赠医疗设备、开展医疗救助及推进医联体建设、联合会诊手术等方面加大帮扶力度。开展大病、疑难病集中诊治，共计指导141人次，开展门诊3226人次，开展远程医疗会诊16例次、手术85例，义诊服务群众190人次。开展实施新技术11项，向甘洛县捐赠核磁共振成像装置等医疗设备和器械价值逾千万元。在格布村、岳池县苟角镇红朝门村各建立标准化村卫生室各1个，帮助提升两县医疗技术和服务水平。2020年，在新冠肺炎疫情防控吃紧、医疗资源急缺的情况下，向甘洛县支援防护服及一批红外体温枪，并通过远程会诊体系帮助其提高防控水平，助力甘洛打赢疫情防控阻击战。三是着眼于贫困地区先心病患儿救治困难环节，充分整合大数据资源，实现对先心病儿童的全生命周期管理，累计筛查儿童2.5万余名，募集救助资金3000余万元，扶植7支先心病介入手术团队，免费救治先心病儿童1200余名，该项目被评为“教育部第四届直属高校精准扶贫精准脱贫十大典型项目”之一。四是聚集全国多所知名高校学科优势资源，推进高校组团式开展健康扶贫工作，根据教育部统一安排部署，四川大学牵头成立了高校“健康扶贫联盟”并担任会长单位，将立足联盟互联平台，形成帮扶合力，助力脱贫攻坚与乡村振兴有效衔接。

五、开展文化扶贫，传播脱贫攻坚正能量

为更好地提升贫困人口的获得感和脱贫的内生动力，积极开展文化扶贫。一是加强对地方宣传从业人员的专业培训。免费发放“书香川大”数据库远程访问卡800张，提供数字图书10万册和有声图书3万集。二是策划并指导甘洛县拍摄了快闪——《我和我的祖国》，充分展现“绿水青山·大美甘洛”。三是组织艺术学院师到帮扶县开展艺术培训和文艺下乡惠民演出，走访22个村落，举办25场演出，为6100名乡村群众送去了文艺盛宴。四是结合暑假社会实践到贫困村开展知识宣讲和文化慰问活动。五是发挥学科优势，组织文学新闻学院专家成立脱贫攻坚专项任务组，就近年来彝族地区经济、社会发生的重大变迁形成报告文学、新凉山民族志、纪录片多位一体的成果体系。

六、开展人才支持，打造“1+N”干部人才精准帮扶体系

为缓解地方专业技术人才缺乏的“痛点”，持续实施由我校首创的“1+N”精准人才帮扶工程。结合四川大学人才、学科等优势和甘洛县重点领域人才需求，在选派1名县级领导和1名“第一书记”的基础上，积极选派经济、城市规划、水利、计算机等学科领域的专家学者、优秀干部，创新构建了1名县级副职+3至4名县局级副职+1名乡（镇）副职+1至4名驻村干部，覆盖县、乡（镇）、村三级的“1+N”干部人才精准扶贫新模式。全校已累计向定点帮扶县派驻帮扶干部30人，平均年龄35岁，具有硕博士学历人员占80%，为地方脱贫攻坚、经济社会发展提供了人才支撑。

七、开展民生帮扶，改善贫困村人居环境

选派建筑领域专家，通过整体设计打造，将格布村"两委"会议室、村党群活动中心、阅览室、农民夜校、村幼教点、卫生室、村史走廊等集为一体，划拨专项资金370余万元，建成格布村多功能一体化活动中心，成为该村标志性建筑；划拨40余万元，修建上学路、入户路和安装路灯；投入18.8万元，完成"三建四改"提升建设，为贫困户添置价值23余万元的生活家具，捐赠电视机、电饭煲、发放鸡仔养殖等，增强帮扶群众的获得感、幸福感；组织开展"新风超市"家庭卫生评比，半月一查、每月一评，根据卫生环境评定结果发放激励券换购超市物品，引导村民逐渐形成保护环境、讲卫生的好习惯；投入102.648万元，对岳池县苟角镇安家坝村、红朝门村、石板坡村等贫困村基础设施进行提档升级，公共服务水平得到有效提升。为更精准地发现问题短板，确保脱贫和脱贫不返贫，组织学校16个学院225人次师生深入帮扶村开展结对帮扶工作；结对单位一把手到一线发现和解决问题，着力解决每一户贫困户的"负面清单"，及时发现问题短板，积极对接寻求解决途径，确保真脱贫、脱真贫、不返贫；加强对脱贫攻坚及乡村振兴共奔小康的政策宣讲，特别是宣讲"四不摘"政策的内容，以打消老百姓心理上的担忧和不愿主动脱贫致富的思想。

八、开展产业扶持，强村富民建长效

积极谋划帮扶村产业发展和集体经济壮大，以产业帮扶形式向甘洛县斯觉镇格布村捐赠380余万元，采取"村集体合作社＋公司＋基地＋农户"模式，引入企业和技术，培养致富带头人，陆续建成特色乌金猪繁育基地、智能气雾培蔬菜大棚、稻菇轮作种植基地、香椿种植基地、药用菊花种植基地等高附加值种养殖示范项目。成功推出岳池特曲、顾县豆干等13家企业70余种特色产品；促成爱斯特（成都）生物制药股份有限公司、四川博众医药有限公司与岳池县成功签约，签约金额18亿元；共建产学研平台4个〔银丰食品院士（专家）工作站、"岳池米粉精深加工技术研发联合实验室"、四川大学i创街－同兴源广安岳池创新创业园区合作基地〕，促进岳池传统产业转型升级。同时，探索村集体经济"产业＋商贸"发展之路，实现农民、当地农产品企业、集体经济和消费者多赢，以格布村集体经济为例，2019年实现分红10万余元，村集体经济从无到有，由弱渐强，因地制宜开辟出了一条"破冰之路"。2020年以来，四川省人民政府官网、"学习强国"、《四川在线》、《凉山日报》专题报道格布村集体经济"脱空"记；6月，格布村被评选为"凉山州集体经济发展示范村"；7月，入选《凉山州发展壮大村级集体经济案例选编》。

在发展和壮大帮扶村集体经济的同时，开展消费扶贫，扩大贫困人口受益面。通过四川大学后勤直接采购、设立学校超市扶贫专柜、开辟实体门店直销、举办现场和网上平台展销会等一系列方式，在消费扶贫方面形成多方合力，截至2020年10月，已为帮扶县提供消费帮扶达2392余万元。

四川大学定点扶贫工作多次在国家考核中获得"好"的评价；2017年度、2018年度、2019年度连续三年荣获"四川省定点扶贫先进单位"称号；四川大学对外联络办公室（扶贫办）被评为"2020年度四川省脱贫攻坚奖先进集体"；四川大学华西医院王文涛、刘启望被评为"2020年度四川省脱贫攻坚先进个人"；四川大学党政办冯乌东、四川大学华西口腔医院赵少峰被评为"四川省优秀'第一书记'"；荣获四川省脱贫攻坚贡献奖1人；"民族地区学前推普"项目接受央视专访并被教育部推广；"儿童先心病救治"项目被评为教育部第四届十大精准扶贫典型项目。四川大学将坚守初心，不负时代使命和社会责任，继续同心戮力，为打赢脱贫攻坚战、全面建成小康社会做出新的更大贡献。

用科技之光照亮脱贫致富之路

四川农业大学

"举全校之力，不获全胜，绝不收兵"。四川农业大学积极参与全省脱贫攻坚工作，以对口帮扶广安市前锋区和雷波县为核心区，全面覆盖全省88个贫困县（区），为科技创新驱动全省农业供给侧改革、脱贫攻坚和现代农业大省向农业强省转变等谱就华丽新篇章做出了应有贡献，先后荣获"四川省高等学校优秀服务型党组织"、"四川十大扶贫爱心组织"、全省脱贫攻坚"五个一"帮扶先进集体、"2019年高校定点扶贫工作先进单位"、"2019年定点扶贫先进省直部门（单位）"等荣誉称号，相关扶贫案例入选省委组织部主编的《"绣花"功夫四川脱贫攻坚案例选》、教育部《省属高校精准扶贫精准脱贫典型项目》和国务院扶贫办"志愿者扶贫50佳案例"等；学校扶贫干部葛飞荣获"2020年全国向上向善好青年——扶贫助困好青年"，田孟良、严泽生等多位专家荣获"科技部优秀科技特派员""四川扶贫十大好人"等称号。四川农业大学以强农兴农为己任，积极助力全省农业产业发展，助推脱贫攻坚，成效显著，得到广泛赞同。省委书记彭清华充分肯定其扶贫工作，《人民日报》《川报观察》等国家和省、市级主流媒体先后60余次报道其扶贫工作。

一、深入一线摸情况，科学分析精准施策

为摸清贫困地区的自然条件和资源禀赋，因地制宜制订扶贫方案，学校组织专家对秦巴片区、乌蒙片区、大小凉山彝区、高原藏区的资源状况进行了系统调研，制订了《2015—2020科技扶贫工作方案》，明确了科技扶贫7项主要任务，细化了对口帮扶15项重点工作，并设立了科技扶贫专项经费200万元/年。分门别类形成"四大片区"88个贫困县（区）的贫困档案，明确致贫原因，精准制定扶贫办法。

为让各种"治贫方""脱贫方""致富方"在贫困地区落地、生根、见效，川农人不仅做到了心中有谱，而且还做到了脚下有路。针对全省45个深度贫困县的实际情况，制订了《四川农业大学深度贫困县扶贫方案》，构建"1+1+1+1"扶贫模式，即每县1个方案、1名首席专家、1个专家团队、发展1个特色农业产业的"一对一"帮扶模式，在雷波县帕哈乡、杉树堡乡、箐口乡、马湖乡、千万贯乡、八寨乡、松树乡、黄琅镇等10余个乡（镇）均留下了川农人的足迹。专家们根据实地调研情况为该县制定了《优势特色产业精准扶贫规划》和《仿野生天麻生态种植可行报告》等产业发展和扶贫规划报告。

学校还充分发挥其在农业领域的思想库和智囊团作用，先后与省扶贫移民局共同编制《四川省"十三五"农村扶贫开发规划总体思路》，完成四川省2015年度精准脱贫成效第三方评估工作。积极承担《四川省"十三五"农村扶贫开发规划》编制任务，为广安市、巴中市、阿坝州等地编制现代农业、特色产业、精准扶贫方面规划170余个。20余篇精准扶贫方面决策咨询报告得到省、部级领导的重要批示。

二、多措并举转观念，科技扶贫深入人心

要脱贫，思想上先要脱贫，解放思想是前提。学校探索创建了"四川农业大学雅安新型农村科技服务体系"，即雅安模式，搭建了"总站—服务中心—服务站"三级科技服务平台，实现学校和地方科技与行政主管部门的有机融合。几年来，"雅安模式"制定5大产业技术日历，建立专家大院16个、科技示范基地40个，形成四川省地方标准10余套、企业标准和技术规范30余套，新增经济效益9.5亿元。推广"雅安模式"，建成遂宁、彭州、川南、内江、攀西、德州六大分院，覆盖四川主要生态区，向贫困山区源源不断地输送科技成果和提供技术支撑，带动了地方农业产业发展。

同时，借助学校基层党建优势，积极组织学校基层支部赴贫困地区开展基层党组织互联共建，以党建为引领，统筹各项帮扶工作，探索建立了"高校+地方政府+贫困村"三级联动的"党建+"模式，通过"党建+扶贫""党建+乡村振兴"模式，将高校的党建工作延伸到乡村，将文章写在大地上。学校新农村发展研究院直属党支部先后与雷波县唐家山村、大水井村、汉源县涂家山村等党支部签订支部共建协议，通过"三会一课"、专题讲座、技能培训、学习考察等学习活动支持贫困村加强支部党建阵地建设。学校派驻唐家山村的帮扶干部张韬利用党建月会、入户走访等机会让贫困村解放思想，强化"产业扶贫"理念，深入分析科技在脱贫攻坚中的作用，指导发展高山蔬菜和林下养殖，强化唐家山村自身"造血"功能，让科技致富观念深入人心。

三、扎根基层传技术，高山峡谷点亮科技之光

学校大力发挥人才和科技优势，选派专家或科技人员到贫困地区工作，发挥人才在扶贫攻坚中的支撑作用。先后选派近50位专家赴地方挂职科技副县长或副局长，各级科技特派员600余名形成对口帮扶科技特派员、产业科技特派员、项目科技特派员等服务团队60余个；组织2000余人次专家到贫困县（区）开展科技扶贫工作，在重点抓实抓好广安市前锋区、雷波县对口帮扶工作的同时，实现了对全省其他86个贫困县（区）的全覆盖；实施各类扶贫项目100余个，开展专题讲座300余次，现场培训和技术指导2000余次，指导培训5万余人次，有效提升了贫困地区科技人员和农民专业技能，增强了贫困户的"造血"功能。

通过手把手培训示范，川农大的科技成果在全省粮食主产区、盆周丘陵地区和高原藏区落地开花，成功让西甜瓜在海拔4000余米海拔的高原藏区扎根，让盆周丘陵地区荒山荒坡变成美丽牧场，使得巴蜀之地柑甜李脆。挂职干部胡剑锋和葛飞在千万贯乡建立3个"玉—草—蜂—畜"示范基地、20群以上规模养蜂场5个，每个示范区带动种养殖户30余户；汪志辉教授为广安市前锋区解决3万余亩龙安柚种植管理不善、杂株多、味道酸等问题，建立绿色鲜食柚类示范基地1个，辐射周边基地1万亩，示范基地每亩年纯收入0.8～1万元，辐射基地亩增收0.2万～0.4万元。

四、凝心聚力强产业科技引领脱贫致富之路

产业发展是实现高质量、可持续脱贫的根本途径。学校坚持用科技成果带动产业发展，科学开发贫困地区资源，加快科技成果推广转化，积极培育特色优势产业，着力增强贫困地区可持续发展能力。探索建立以新农村发展研究院为主体的高校科技扶贫体系，有组织、有计划、有步骤地推进精准扶贫工作，带动贫困地区找准适合当地发展的特色支柱产业，推动形成"一村或数村一果、一乡或数乡一业"的产业发展格局。先后在阿坝、凉山、乐山、宜宾、广元、广安等多个贫困县（区）示范推广作物、林果、蔬菜、中药材、畜禽等新品种230余项（次），有力助推了地方农业产业发展。

在大小凉山彝区，蔬菜专家郑阳霞教授示范带动绿色蔬菜种植，新发展莼菜种植面积200亩、山葵300余亩、紫山药50余亩，其中莼菜平均亩产值达1万元以上，紫山药平均亩产值达2万元以上，带动当地100余贫困户通过种菜脱贫；在高原藏区，水果专家吕秀兰通过打造样板基地示范带动水果产业发展，使汶川甜樱桃、茂县羌脆李等成为深度贫困地区脱贫增收的摇钱树；在乌蒙山区和秦巴山区，唐茜教授带领团队深入贫困县种（做）给茶农看，带着茶农干，领着农民富，让茶叶成为沐川、旺苍、北川等贫困县农业增效、农民增收的重要产业。

四川农业大学结合深度贫困县农业发展和科技需求，举全校之力投身全省脱贫攻坚，通过农发院有效整合了学校科技、人才资源，实现了集团军式的科技扶贫。学校充分发挥农业高校科技和人才优势，组织专家团队为贫困地区按需提供产前、产中、产后系列化服务，因地制宜培育特色优势产业，推动了全省农业产业发展，助推了贫困地区持续脱贫，以实际行动体现了农业高校和科技工作者的社会担当，为全省同步建成小康社会做出了川农成绩、贡献了川农力量。

四川师范大学为决战脱贫攻坚贡献师生力量

四川师范大学校友工作与校地合作处副处长、扶贫工作办公室副主任　冯　庆

2020年10月17日是我国第7个扶贫日，也是第28个国际消除贫困日。打赢脱贫攻坚战，全面建成小康社会，寄托着中华民族几千年来的希冀，也浓缩着近百年来中国共产党人矢志不移的初心、孜孜以求的情怀。党的十八大以来，在以习近平同志为核心的党中央的坚强领导下，在全党、全国、全社会的共同努力下，我国脱贫攻坚取得了决定性成就。打赢脱贫攻坚战，中华民族千百年来存在的绝对贫困问题将在我们这一代人的手里历史性地得到解决。

一直以来，四川师范大学积极响应党中央号召，按照省委、省政府和省教育工委要求，扎根巴蜀大地办大学，致力于引领区域教师教育，促进地方经济社会发展，服务国家重大需求，始终把定点帮扶和对口支援工作作为最大的政治责任、最大的民生工程、最大的发展机遇，充分发挥学校智力人才优势和师范教育特色，紧紧围绕帮扶地区发展短

板，牢牢把握教育扶贫、文化扶贫、产业扶贫和乡村振兴这4个工作重点，切实取得了定点帮扶工作的显著成效。2017年，学校获得四川省脱贫攻坚"五个一"帮扶先进集体荣誉称号；2019年，学校被教育厅评为"全省高校定点扶贫先进单位"，被省政府授予"定点扶贫先进省直部门（单位）"荣誉称号。

扶贫先扶智，根本在教育。教育扶贫肩负着"两不愁、三保障"保障义务教育、"五个一批"发展教育脱贫一批、阻断贫困代际传递等重要任务，是扶贫开发的长远之策和根本大计。在这场脱贫攻坚的伟大实践中，四川师范大学师生纷纷奔赴"一线"，深耕不辍——输送人才燎原教育扶贫之火，开山凿井——搭建平台创新教育扶贫之路，时雨沾洽——项目援助灌溉教育扶贫之花，身体力行扎根巴蜀大地，为贫困地区提供了教育、科技、文化、智力支持，带去了先进的教学理念和教学手段，有力地缓解了贫困地区基础教育师资不足问题，有力地促进了贫困地区义务教育均衡发展，绘就出一幅幅教育扶贫的美好蓝图。截至2020年7月，学校在教育扶贫相关工作中累计投入1157.56万元，累计捐赠价值242.3万元的教育、文化设施设备，累计派出5名驻村干部，利用乡村振兴学院等平台开展干部培训、中小学教师培训、农民夜校等各级各类培训，累计培训3600余人次。

扶贫扶长远，基础在产业。"授之以鱼不如授之以渔"，产业扶贫是实现脱贫的根本之策，只要发展一个产业就能带动一方经济、富裕一方百姓。只有发展产业才能实现从"输血扶贫"到"造血扶贫"的根本转变，形成脱贫攻坚的造血功能和内生动力，才能防止返贫，巩固脱贫成果。一直以来，学校坚持"扶持产品促消费、扶持产业促增收、扶持智力促振兴"的产业扶贫模式，不断夯实贫困地区产业发展根基，帮助贫困群众实现更稳定、更有质量的脱贫。近年来，学校根据定点帮扶县域资源禀赋投入近275万元援建了一批特色产业示范基地，形成帮扶单位扶持、龙头企业带动、贫困群众参与并受益的益贫带贫机制，一排排"川师大棚"已经成为了当地贫困群众的致富大棚。同时，学校大力开展消费扶贫，以产品为媒介、用消费搭桥梁，让更多扶贫产品走出大山、走进校园。参与消费扶贫，人人皆可为、人人皆能为，一次次爱心义卖、以购代捐不仅让广大师生不出校门就能品尝到特色优质农产品，也为广大师生提供了参与脱贫攻坚、爱心助农的机会，又能直接为贫困群众带来增收效益，有助于调动贫困人口依靠自身努力实现脱贫致富的积极性，促进贫困人口稳定脱贫和贫困地区产业持续发展。2018年以来，学校通过"以购代捐""以买代帮"等方式购买、销售扶贫产品200余万元（普格县96.65万元、理塘县102.5万元、雷波县3万元）。

扶贫促振兴，关键在衔接。脱贫"摘帽"不是终点，而是新生活、新奋斗的起点。习近平总书记指出，"要千方百计巩固好脱贫攻坚成果，接下来要把乡村振兴这篇文章做好，让乡亲们生活越来越美好。"当前，我国正处于脱贫攻坚与乡村振兴统筹衔接的历史交汇期，做好二者的有机衔接和协同推进，既有利于巩固脱贫攻坚成果，培育长效脱贫机制，又有利于促进农业农村优先发展，推动乡村全面振兴。作为教育、智力、科技、文化资源的集聚地，大学应自觉肩负起服务经济社会发展的崇高使命，为实施乡村振兴战略服务。近年来，学校积极响应国家实施乡村振兴战略的号召，联合地方政府建立起12所四川乡村振兴学院分院，系统实施"五大教育"，提升"五大能力"，积极拓宽教育扶贫路径，推动脱贫攻坚与乡村振兴有效衔接。

百年梦想，咫尺相逢。我们有幸书写历史，我们有幸见证历史。当前，脱贫攻坚战役已到了大考交卷、决战决胜的最关键节点，学校上下要深入贯彻落实习近平总书记关于扶贫工作的重要论述，以更大的决心、更强的力度推进定点帮扶决胜收官工作，帮助贫困地区深化提升脱贫攻坚成色质量，接续推动乡村振兴高质量发展，实现定点帮扶工作从短期向长效、从治标向治本、从"摘帽"向振兴的转变，为决战脱贫攻坚、决胜全面小康贡献无愧于时代的川师力量，在这场历史性的大考中交出精彩的川师答卷。

四川广播电视大学定点帮扶理塘县脱贫奔康实践探索

四川广播电视大学

打赢脱贫攻坚硬仗是全面建成小康社会的标志性指标和底线任务。为全面加强全省深度贫困县脱贫帮扶力量，2017年12月，省委办公厅、省人民政府办公厅下发文件，新增包括四川广播电视大学在内的部分高校参与深度贫困县定点扶贫工作，根据省委、省政府的部署安排，学校定点帮扶甘孜州理塘县。

自被确定为理塘县帮扶单位以来，学校认真贯彻落实省委、省政府及教育厅脱贫攻坚决策部署，坚定不移把定点扶贫工作作为学校的重大政治任务和头等大事抓紧抓实抓好。3年来，全校上下凝心聚力、迎难而上、全力攻坚，定点扶贫工作有力有序推进，取得了阶段性重要成果，为助推全省按期打赢打好脱贫攻坚战、如期全面建成小康社会做出了积极贡献。

一、基本情况

理塘县位于甘孜州西南部，地处青藏高原东南缘，是全省深度贫困县，脱贫任务艰巨。理塘县村戈乡芒康村是学校定点帮扶村，全村共有73户家庭（今年11月原康珠村合并入芒康村），其中贫困户37户、非贫困户33户、五保户3户。芒康村气候条件恶劣，土壤贫瘠，村民思想守旧，文化水平低，产业单一，是典型的贫中之贫、困中之困，脱贫攻坚任务时间紧、任务重。

为圆满完成省委、省政府交办的脱贫攻坚任务，学校积极贯彻落实省委、省政府脱贫攻坚决策部署，把帮助贫困县、贫困村和贫困群众脱贫与发展作为己任，高标准、高质量地推进定点扶贫工作开展。学校与理塘县签订了3年对口帮扶协议，根据理塘县需求实际，结合学校优势和特点，因需制宜制定出年度对口帮扶方案和帮扶计划，确定了以教育扶贫为根本、以产业扶贫为支撑的工作思路，在理塘县、芒康村部署实施了学历提升、产业发展、基础设施建设、结对帮扶等20余个大项帮扶项目。为确保帮扶工作顺利推进，学校选派出3名思想好、作风正、能力强的党员干部驻村全脱产开展帮扶工作，把学校实施的帮扶项目一一落地落实，成为推动理塘县、芒康村脱贫攻坚的重要力量。

二、主要成效

学校坚持把定点扶贫工作摆到工作全局突出位置，列入重要议事日程，与学校转型升级重要任务齐谋划、共部署、同落实。学校在前期摸底调查县情、村情，明确帮扶县、村实际需求的基础上，坚持突出重点，加强分类指导，采取“面”“点”“户”相结合的方式实施精准帮扶。在“面”上，实施基层干部和建档立卡贫困户免费学历提升、普通高职畅通、基层干部能力素质提升、理塘电大计算机房建设等项目，倾力帮扶理塘县；在“点”上，实施“屋顶革命”工程、发展集体产业、开展以购代捐、举办普通话培训、开展洁美家庭创建等项目，精准帮扶芒康村；在“户”上，开展支部结对帮扶、实施“一户一策”、开展“回头看”等项目，全力帮扶贫困户。3年来，学校累计投入帮扶资金571.41万元。在学校真帮实扶下，经过多方共同努力，理塘县于2019年底实现了脱贫“摘帽”，芒康村也在同年底实现整村脱贫退出。如今的芒康村集体经济更活了，人居环境变好了，村容村貌更美了，村民的“钱袋子”更鼓了，老乡脸上的笑容更甜了，致富奔康的精气神更足了，昔日的深度贫困村如今已成为干净整洁美丽的小山村，芒康村民也踏上了脱贫致富的康庄大道。

学校定点扶贫工作由于措施得力、扎实有效，得到了省委、省政府、教育厅的认可和帮扶县、村干部群众的一致好评，学校荣获“2018年全省脱贫攻坚先进集体和四川省高校定点扶贫先进单位”称号，在2019年全省高校定点扶贫工作考核中获得“好”的等次，3名驻村干部被理塘县评为优秀援藏干部，1名驻村干部被理塘县评为建县70周年脱贫攻坚先进个人。中央、省、市新闻媒体宣传报道学校定点扶贫工作80余次，取得了良好社会效应。

三、特色亮点

（一）加强组织领导，压紧压实工作责任

学校高度重视定点扶贫工作，成立了以党委书记为组长，党委副书记、校长，纪委书记和组织部门领导为副组长的扶贫工作领导小组，领导小组下设办公室，构建起学校主要领导亲自抓、分管领导具体抓、各责任部门主推落实、扶贫办具体协调的工作机制。学校先后召开7次党委会、4次校长办公会、13次扶贫工作领导小组专题会议研究定点扶贫工作，总结、分析扶贫工作开展情况，及时解决工作中出现的问题和面临的困难，有力推动了工作开展。学校认真总结扶贫工作经验和做法，撰写简报63期，按时完成了材料报送、平台数据填报等教育厅部署的“规定动作”。

（二）紧盯目标任务，真抓实抓工作开展

学校精准识别帮扶需求、精准制定帮扶举措、精准实施帮扶项目，各帮扶项目在理塘县、芒康村落地生根、开花结果。

1. 在扶智扶志上下功夫，着力解决“富脑袋”问题

⑴夯实学历教育这个“压舱石”

理塘县人才匮乏，基层干部能力不足、业务水平不高，制约了脱贫攻坚工作的开展。“治贫先治愚，扶贫先扶智”，学校充分发挥现代远程教育和系统办学优势，紧紧牵住教育这个脱贫攻坚的“牛鼻子”，依托四川电大甘孜州分校和理塘电大站，面向理塘县基层干部和建档立卡贫困户实施免费学历提升项目，该项目已举办3期，开设有行政管理、小学教育、会计等10个本（专）科专业，251名基层干部和贫困户就读电大，学校累计投入资金195万元，为理塘县培养了一批下得去、留得住、用得上、懂政策、能力强的脱贫攻坚和乡村振兴骨干力量和生力军。

为确保免费学历教育项目出成果显实效，学校投入资金33.35万元建设理塘电大站计算机房，进一步改善了理塘电大站办学条件，努力把理塘电大站打造成理塘县学历教育和非学历培训的支撑平台及甘南学习中心。为拓展理塘籍学生接受高等教育的途径，学校组织实施高等职业教育畅通项目，通过华新学院单招录取理塘籍学生2名，对这2名学生实行免学费的优惠政策，努力为理塘县培养更多的高素质人才。

⑵用好业务培训这个“加速器”

一是举办好普通话培训。芒康村地处理塘县高寒牧区，村民文化水平普遍较低，不会说、不会写、不会用普通话是芒康村民存在的普遍现象，语言交流不畅是影响村民外出打工和发家致富的最大障碍，严重制约了他们脱贫奔小康的进程。为贯彻落实推普助力脱贫攻坚部署安排，充分发挥普通话在脱贫攻坚中的“扶智”和“扶志”作用，进一步加强与芒康村村民之间的沟通联系，持续巩固脱贫攻坚成果，学校积极发挥高校优势，在充分调研芒康村民需求实际的基础上实施普通话培训项目，已举办3期，培训人次150余人次，并设立专项帮扶资金对普通话水平较高和学说普通话进步明显的村民进行了实物奖励。同时，学校还通过定期开展面授培训、“小手拉大手、推普一起走”等活动，以及利用“语言扶贫”APP等多种方式在芒康村开展普通话推广工作。通过培训，芒康村民特别是年青村民已经能够使用普通话进行简单的日常交流，为化解村民学习技术、外出务工经商等存在的语言障碍、提升其就业创业能力奠了坚实基础。学校实施的普通话培训项目得到了省领导的高度认可，省人大常委会副主任陈文华对此作出批示：“贫困的原因有很多，语言贫困是其中之一。帮助藏区群众多学习汉语，推广普通话，助力脱贫攻坚，很有意义”。

二是开展好业务培训。学校把业务培训作为打赢脱贫攻坚站的一把“金钥匙”，作为脱贫攻坚的重要举措狠抓落实。学校1名副校长赴理塘县举办专题讲座2次，邀请理塘县基层党员干部参加学校“不忘初心、弘扬红船精神”主题教育活动、“不忘初心、牢记使命”主题教育网络培训和省教育厅组织开展的高校驻村扶贫干部能力素质提升培训，承办理塘县年轻干部“铸魂工程”递进班，先后2次组织芒康村干部和致富带头人到成都学习。通过学习培训，进一步提高了基层干部自我发展能力，增强了其带领群众脱贫致富的信心和动力。学校通过“送进去、请出来”的方式，持续提升了理塘县基层干部的工作能力和水平，为理塘县脱贫攻坚和实施乡村振兴战略凝聚了内生动力。

⑶织密爱心帮扶这个“保障网”

由于受家庭经济条件限制和传统观念的影响，芒康村村民长期以来不重视教育问题，不让适龄子女接受义务教育的现象普遍存在。3年前，芒康村有适龄儿童46人，其中失学儿童33人，失学率为72%。为让适龄儿童接受义务教育，学到知识，进一步阻断贫困的代际传递，学校开展了爱心助学活动。3年来，学校累计向芒康村民发放助学金共计6.2万元，资助贫困学生157人次。学校还广泛发动社会力量参与帮扶工作，组织社会爱心人士捐赠书包、书籍、衣物等物资折合人民币9.9万元，共同助力“控辍保学”工作的开展。经过3年的帮扶，芒康村民已经充分认识到上学的重要性和必要性，如今的芒康村已经不存在适龄儿童失学现象，家庭条件较好的村民还主动把子女送到县城上学。

学校还充分用好农民夜校这个载体宣传党的大政方针和脱贫攻坚政策，累计举办农民夜校累计39期，宣讲精准扶贫“五个一”“四个好”“控辍保学”等内容，引导村民争做扶贫政策的明白人和脱贫奔康的行动者。

2. 在产业扶贫上花力气，着力解决“富口袋”问题

(1) 产业扶贫筑起了村民增收“蓄金池”。3年前，芒康村产业结构单一，村民仅靠游牧业、采挖虫草等维持生计，尚无村集体经济收入，村民收入低。发展产业，实施产业扶贫是脱贫攻坚最直接、最有效的办法，是增强贫困地区“造血”功能的长远之计。2018年，学校捐赠32万元为芒康村建设飞地蔬菜大棚，使该村拥有了第一个集体经济。2019年，蔬菜大棚实现收益2.87万元，312名村民享受到集体经济分红，户均增收600余元。随后，学校帮助芒康村发展起集体牧场和“爱心扶贫”超市2个集体经济。2020年，蔬菜大棚、集体牧场和“爱心扶贫”超市共实现收益7.15万元，50户村民享受到利益分红，户均增收1400元，推动了芒康村村民持续稳定增收。

(2)“以购代捐”拓宽了村民增收致富路。为帮助理塘县、芒康村贫困群众增收脱贫，学校积极开展消费扶贫，助力脱贫攻坚。3年来，学校定向采购理塘县(芒康村)价值118万元的农副产品，以“以购代捐”方式在芒康村“爱心扶贫超市”为贫困村民购买了价值5.9万元的日常生活用品，在832扶贫产品平台集中采购价值35.33万元的农副产品。学校通过“以购代捐”方式促进了当地农牧业发展，实现了村民持续增收，进一步增强了贫困村民的自我“造血”能力。

3. 在民生工程上出实招，着力解决“住好房”问题

住上好房子、改善居住条件是芒康村贫困村民的热切期盼，同时也是实现“两不愁、三保障”现行脱贫标准和建设“四好村”的应有之义。芒康村村民传统的藏式平顶土坯房顶难以承受长时间的风雨侵蚀，出现了屋顶渗水、漏水等问题，存在较为严重的安全隐患。学校急群众之所急，解群众之所忧，在做好前期调研的基础之上，安排资金90万元，助力芒康村、康珠村46户现有集中住户实施屋顶改造，在平顶藏房上加盖斜面钢构树脂瓦屋顶，同时对房屋主体进行加固，既排雨防漏，保障了村民的住房安全，又美化了村容村貌，提升了牧区村落整体形象，学校把这项民生工程办成了芒康村民满意和认可的民心工程，得到了村民的高度赞扬，该工程被作为改善牧民居住环境的样板工程在理塘县推广。

4. 在支部共建上做文章，着力解决“强组织”问题

芒康村党支部党员人数少，制度不完善，工作基础薄弱，支部带动能力弱，党员的先锋模范发挥不充分。为把基层党组织建设成带领群众脱贫致富的坚强战斗堡垒，学校与芒康村党支部开展支部结对共建活动，制定了四川电大党支部与芒康村党支部开展结对共建工作方案，与芒康村党支部成立联合党支部，指导芒康村党支部落实“三会一课”制度，向村党支部党员赠送学习书籍，发放慰问金，鼓励党员认真学习党务知识，争做优秀共产党员。在学校党委的指导和帮助下，芒康村党支部培养入党积极分子11人，发展村“两委”后备干部7人、致富带头人3名，村党支部工作制度更加完善，组织生活也逐渐开展起来，脱贫攻坚的党建工作根基得到夯实夯牢。

5. 在结对帮扶上谋实事，着力解决“暖人心”问题

芒康村村民居住环境普遍较差，缺乏必需的生活用品，个别家庭家徒四壁、一贫如洗。为提升芒康村村民的生活水平，增强其发展动力，学校积极开展结对帮扶活动，与芒康村37户贫困户实现结对帮扶全覆盖。3年来，学校开展支部结对帮扶集体慰问活动6次、分散慰问活动20余次。为把扶贫扶在点子上、扶到群众心坎上，学校组织实施了“一户一策”项目，筹集资金15万元，为芒康村贫困户添置了藏床、藏桌、藏凳、冬被、洗衣机等家居和生活用品，进一步改善了村民的生活条件，家里整洁了，房子变漂亮了，人居环境变好了，吃穿用度不愁了，村民的生活环境得到极大改善，生活水平得到持续提高，学校的真心、真情、真帮扶得到了广大干部群众的高度认可和一致赞许。

6. 在加强精神文明建设上动真格，着力解决“增信心”问题

芒康村文化教育滞后，村民思想守旧，观念落后，卫生条件差，文化活动设施不足，脱贫攻坚动力不强，存在一定的等靠要思想。扶贫先扶精气神。加强乡风文明建设、去除沉疴痼疾、树立文明乡风是做好脱贫攻坚“后半篇”文章的重要举措，为此，学校积极推进移风易俗，开展“四好村”和洁美家庭创建工作，组织村民开展卫生大扫除，进村入户评选，对家庭卫生保持良好的村民给予奖励，努力使村民养成好习惯、形成好风气。组织开展感恩奋进教育，为芒康村50户村民拍摄“全家福”，教育、引导村民爱党敬党颂党，增强了村民感谢党恩之情、奋力奔康之志。为进一步加强芒康村精神文明阵地建设，学校捐赠芒康村文化活动室LED显示屏和话筒，修复了村上广播系统，让芒康村民聆听到了“党中央”的声音；捐赠篮球架1个，进一步丰富了芒康村民的业余文化生活。学校替然色巴二村捐赠3万元改造村文化活动室，极大改善了文化活动室条件，理塘县在此基础上成立了该县第一个村级社区教育活动中心。

学校在芒康村开展的移风易俗、树立文明乡风工作得到省领导的高度肯定，省人大常委会副主任陈文华对我校工作作出批示：“帮助理塘人民养成生活好习惯，工作细致，开展评比，对藏区群众搞好卫生，提高健康，建设美丽乡村很有意义”。

(三) 强化督导检查，真抓实促项目落实

3年来，校班子成员到理塘县及芒康村累计开展专项督导和实地调研39人次，处级干部走访调研71人次，检查“屋顶革命”工程、基层干部和建档立卡贫困户学历提升、理塘电大站计算机房建设等帮扶项目落实情况。为确保工作顺利开展，学校扶贫工作领导小组召开专题会议研究帮扶项目推进事宜，要求各责任部门要以高度负责的态度把帮扶项目抓在细处、落在实处。为进一步整合学校和理塘县脱贫攻坚合力，学校2次向理塘县人民政府发送脱贫攻坚督导建议函，督促理塘县政府落实脱贫攻坚主体责任，坚决打赢脱贫攻坚这场硬仗。

四、未来展望

脱贫攻坚是一场必须打赢打好的硬仗。学校将认真贯彻落实习近平总书记关于脱贫攻坚重要讲话重要指示精神，继续把定点扶贫责任扛在肩上、任务抓在手上，按照省委、省政府和教育厅脱贫攻坚决策部署，聚焦“两不愁、三保障”现行脱贫标准，继续保持攻坚态势，保持帮扶措施稳定，善始善终、善作善成，不获全胜决不收兵；充分发挥学校脱贫攻坚机制作用，逐户逐项查漏补缺、补齐短板，采取有力措施巩固拓展理塘县、芒康村脱贫攻坚成果，并在此基础上实现同乡村振兴的有效衔接，助力理塘经济腾飞、人民幸福。学校要在理塘县委、县政府的支持下，继续开展洁美家庭评比、“四好村”创建、普通话培训及其他培训工作，进一步加大培训力度，拓展村民视野，开阔眼界，提高村民综合素质，持续增强其脱贫攻坚内生动力。

聚焦农村带头人队伍建设　助力脱贫奔康和乡村振兴

——四川广播电视大学农民大学生培养的探索与实践

四川广播电视大学乡村振兴学院

四川广播电视大学是根据邓小平同志的倡导和批示，于1979年成立的一所省属本科新型高校。41年风雨兼程、筚路蓝缕，从无到有，由小变大，如今成为了四川乃至全国办学规模最大的新型高等学校。四川电大从诞生之日起，就始终坚持扎根巴蜀大地办学，深深地烙上了亲民的印记，从电大教育的覆盖面和在读学员的年龄、职业、地区分布分析，电大开展的学历教育与非学历继续教育在很大程度上就是面向基层和农村的开放教育，给基层和农村的各类人群提供了上大学的机会，有效助推了教育公平。2020年12月，省政府批准电大更名为四川开放大学。学校将继续坚持面向基层和农村办学，把这所"互联网+"大学办在老百姓身边，"开放共享、面向人人、贡学于民、育达终身"的办学特色将会更加凸显。

四川电大办学系统包括省电大、20所市（州）（行业）电大及所属127所县级电大分校，搭建了覆盖全省城乡的远程开放教育办学系统。学校长期坚持"面向基层、面向农村、面向边远地区和少数民族地区"的办学方向，扎根基层、农村和边远山区，具有开放办学、资源共享等独特优势。依托这一办学系统，四川电大把教学服务和优质资源实时送到农村，送到学员身边，能有效解决异地学习、工学矛盾等问题。自2004年以来，学校发挥自身优势，相继实施"一村一名大学生计划"、村（社区）干部学历提升、农村带头人学历提升等办学项目，探索农民大学生培养模式，积极开展农民大学生培养，累计为全省培养了2万余名农民大学生，为四川"三农"建设做出了应有的贡献。

一、多年实践探索，为农村带头人队伍建设奠定坚实基础

实施"一村一名大学生计划"。2004年，"一村一名大学生计划"作为教育部农村人才培养的一项重要举措开始在全国范围试点，四川电大积极响应，面向全省农村举办农民大学生培养项目。截至2016年年底，共计为全省培养农民大学生9600余名。

实施村社干部学历提升项目。为助力脱贫攻坚和乡村振兴，2017年，四川广播电视大学对全省12个市（州）19877个行政村79476名村干部开展调研，其中大专及以上学历17464人，占21.97%；高中及以下学历62012人，达78.03%。由此说明，学历层次低、知识结构不完善、能力不足仍是全省农村基层干部队伍存在的主要问题。为擦亮四川农业金字招牌贡献力量，四川电大于2018年在全省开展农村村社干部学历提升项目，并成立了乡村振兴学院。在市、县组织部门的大力支持下，广元、巴中、达州、自贡、宜宾、资阳、内江、三台、沙湾、五通桥、大英、邻水、岳池、德昌、资中、珙县16个市、县相继实施了该项目，2019年全省招生4000余人，项目获评为"四川省教育改革创新发展典型案例"。

实施农村带头人学历提升项目。在省委组织部的关心和重视下，全省农村村社干部学历提升项目进入了"升级版"。2020年4月，省委组织部在关于印发《贯彻落实〈2019—2023年全国党员教育培训工作规划〉任务分工方案》的通知中明确要求四川广播电视大学作为责任单位，与省委组织部、民政厅、农业农村厅共同实施四川省农村带头人队伍优化提升行动，结合村级后备力量储备开展农村带头人学历提升项目。截至2020年6月，学校已累计为全省培养2万余名农民大学生，其中村（社区）干部是主体，他们留得住、用得上、干得好，成为全省打赢脱贫攻坚战的重要力量。

二、发挥优势特色，为项目实施提供质量保障

四川广播电视大学开展农民大学生培养优势明显，一是可以做到读书上学"不离乡、不离岗"，工作学习两不误。二是可以做到"一次入学、一步到位"，既能学到知识和技术，提升能力和素质，又能拿到国家认可的大学学历，圆了村干部一个大学梦。三是能有效克服一般大学生村干部流动性大、难以扎根的不足，培养"永久牌"高素质村干部。四是可以为乡（镇）干部队伍建设提供源源不断的人才支撑。

学员人选把关，组织部门备案。四川电大坚持把加强党的领导作为根本要求，旗帜鲜明强化党的领导，严格落实农村带头人从个人申请、乡村推荐、县（区）组织部门审核到市委组织部备案的推荐程序。

教学过程把关，科学规划教学组织与管理流程。四川电大根据各地组织部门的具体要求和学员的实际情况，提供注册入学或考试入学两种录取方式，实行统一入学、统一管理、统一教学、统一考试、统一阅卷，抓好人才培养关键环节，确保过程与目标的统一。

培养质量把关，坚持以学习者为中心。四川电大紧扣农村基层人才实际需求，将政治理论、基层党建、基层治理、"三农"政策、乡村振兴等重要内容纳入课程体系，提高教学的针对性和实效性。结合四川区域经济发展和乡村治理的实际需要开设特色课程，例如开设特色经济作物栽培技术、农村产业发展实务、农村村务管理、农村实用公文写作、农村党建实务、农村常见法律纠纷处理技巧等课程，其中特色经济作物栽培技术课程还可以根据各地产业发展的实际需要进行细化，如广元市开设油橄榄、核桃种植技术课程，巴中市开设茶叶栽培和茶叶加工技术等课程。教学实行"网络学习＋面授课堂＋田间课堂"的教学模式，非常适合农村带头人"不离乡、不离岗"的学习需求。

教学反馈把关，相关部门积极参与。各级广播电视大学配合当地组织部门、教育部门，共同建立教学效果诊断及改进机制，确保人才培养的规格和质量。

三、助力乡村振兴，农村带头人项目亮点纷呈

四川广播电视大学发挥办学优势特色，坚持实施农村党员干部素质能力提升项目，并取得明显成效，并涌现出了筠连县腾达镇春风村党支部书记、十八大代表、全国劳模、全国优秀党务工作者王家元，2020年全国劳动模范、巴中市南江县沙河镇五郎南江黄羊养殖专业合作社负责人汪其德，威远县黄荆沟镇太平村党支部书记、四川省创先争优优秀共产党员、四川省技能明星、四川省自强模范刘晋阒等一批优秀乡村干部和致富带头人。

助力全省农村基层党建工作。通过学习，基层干部党务村务管理能力、政策水平和协调管理能力明显增强，服务群众、改变家乡面貌

的责任感更加强烈，他们在乡村脱贫致富、基层党组织建设中发挥了重要的示范带头作用。从2018年开始实施村社干部学历提升项目以来，巴中市2061名学员（电大学员1935名）参加村干部学历提升，其中857名后备力量进入村“两委”班子、101名成为村“两委”主要负责人（79人担任村党组织书记）。

培养了一批立足农村的技术和管理人才。通过学习，农村基层干部本专科比例提高，学历结构优化，纵向比有了很大进步。广大基层干部一边在基层第一线参加工作实践，一边在专业书本上学习理论知识，学以致用，知行合一，切实破解了工作中存在的难题，提升了工作履职能力，为实现乡村振兴贡献了个人力量，也成为了乡村经济发展的带头人和新兴力量。乐山电大井研分校宝五乡金丝堰村一组村民李德华毕业后被选为村长，在家乡积极开展现代农业试验，发展养殖业，带动村民致富。拥有类似经历的学员成百上千，他们为带动其所在乡村地区的经济发展起到了积极而显著的作用。

助力农村精准扶贫，推动产业经济发展。通过实行“网络学习+面授课堂+田间课堂”的教学模式，为实施精准扶贫培育了技能人才，引领贫困地区广大农民脱贫致富。在苍溪县开展“猕猴桃种植实验园”项目，该项目让976名村民学会了种植技术，栽植树苗1500株，新增种植户43户、示范种植面积20亩，培养技术人员200人，带动当地农户家庭年人均增收3000元，该类猕猴桃实用技术还辐射到全县其他具有种植条件的乡（镇）、村（组）；在荣县开展“果农课堂”项目，该项目使当地柑橘种植面积扩大到4万亩，产量达2万吨，每亩提高收入3000 ~ 5000元。“田间课堂”为引领贫困地区广大农民脱贫致富、培育技能人才、促进当地经济发展起到了十分重要的作用。

探索培养农村基层人才的新路径。借助省、市、县三级办学网络优势，四川电大充分利用现代远程教育技术，融合先进的教学模式，将高等教育送到农村和偏远地区，优势明显。围绕农村基层管理和技术人才，针对“学什么”“怎么学”以及如何有效组织学习、如何确保教学质量等问题，开展教育教学改革与创新；进一步完善网络学习平台，构建教、学、练、考、评、管的一体化、混合式教学与管理模式，探索“党政校企”多方联动运行机制，形成线上线下结合、学历教育与技能培训衔接、专业学习与创新创业融通的人才培养模式。根据对2018年秋季学期巴中毕业学生的跟踪调查数据表明，有98%以上的学生认为圆了大学梦，弥补了遗憾；有87%的学生每天都在网上学习；有92%的学生认为课程安排合理，实用性、针对性强；有90%的学生认为能力素质有了大的提升，工作起来更加得心应手；有40%左右的学生表示还要继续参加本科层次的学习，助推了学员事业和人生的提升。

今后一段时期，四川广播电视大学（四川开放大学）将结合全国党员教育培训规划的落地落实，继续加紧实施农村带头人学历提升项目，助推全省农村党员教育培训提质提效，为全省脱贫奔康和乡村振兴做出新的更大贡献。

决战决胜脱贫攻坚　全面建成小康社会

四川文理学院

脱贫攻坚是全面建成小康社会的关键举措，是实现建党100年目标的重要步骤。四川文理学院党委认真贯彻习近平总书记关于扶贫工作的重要论述，全面落实党中央、国务院和省委、省政府的决策部署，立足自身特色，充分发挥教育、科技、人才、文化、管理等智力优势，积极主动参与到脱贫攻坚的伟大决战中，多措并举推进各项帮扶落实落地，得到了贫困地区干部群众的好评。

一、精准扶贫工作基本情况

根据省委办公厅、省政府办公厅和省脱贫办要求，学校自2015年起参加由民政厅牵头联系指导万源市精准扶贫工作，2018年起参加由省残联牵头联系指导深度贫困县小金县的精准帮扶工作。按照中央扶贫工作部署，学校在省委、省政府的正确领导下，精心组织，密切协调，充分发挥高校在服务地方扶贫工作中的优势和作用，紧紧围绕“智力扶贫、教育扶贫、科技扶贫”有效推进各项精准扶贫工作，助力贫困县脱贫“摘帽”，其中小金县于2018年整体脱贫、万源市于2019年整县退出，学校在万源市和小金县帮扶的3个贫困村均已顺利实现脱贫。在帮扶村脱贫后，学校继续协助结对帮扶村在基层党建、乡村治理，以及道路、通讯、水、电、危房改造、人居环境改善、村容村貌打造等基础设施建设以及养蜂、养猪、黑鸡、猕猴桃、树花菜及中药材种植等相关产业发展方面提供帮助。同时，积极谋划乡村振兴，为乡村振兴打下坚实基础。学校继续向两个对口帮扶贫困县各派驻全职驻村干部2名、向布拖县派出1名“四治”专干。驻村干部按照学校工作部署积极配合当地政府认真落实各项扶贫政策，大力推动各项帮扶工作落实落地。

二、主要帮扶措施及成效

（一）提高政治站位，加强组织领导

学校高度重视脱贫攻坚工作，为推进各项帮扶工作落实落地，成立了以学校主要领导为组长，书记、校长为组长，分管校领导为常务副组长，其余校领导为副组长，各职能部门和二级学院党政负责人、驻村干部为成员的脱贫攻坚工作领导小组。在校地合作处设立办公室，统筹推进各项工作，指定专人负责联络协调帮扶单位及万源市、小金县相关单位和部门，使各项帮扶工作得以稳步、有序推进。六年来，共组织召开扶贫专题会议11次，主要领导到万源市、小金县贫困村调研指导工作30余次，组织干部职工到万源市、小金县帮扶2000余人次。

（二）开展教育培训，推进志智双扶

六年来，学校充分发挥教育、人才等优势，拓展校内各部门及相关二级学院等各类资源，变“输血”为“造血”，改“大水漫灌”为“精准滴灌”。根据万源市和小金县需求，共计培训中小学教师300余人、干部220余人、实用人才330余人、中小学生心理健康教育20000余人；组织开展大学生“三下乡”22批400余人次，顶岗实习学生260余人次；组织学校四川革命老区发展研究中心、川陕革命老区发展振兴研究院等相关单位协调重庆师范大学、西华师范大学等高校的相关专家到万源市开展精准扶贫、乡村振兴、红色文化等各类调研40余次，参与人员300余人;组织学校的人大代表、政协委员、知联会等党内党外专家学者到万源市和小金县开展健康知识讲座和乡村振兴战略政策宣讲等各类讲座34场次;组织万源市贫困村青少年外出参观学习36人次。2018年以来,学校团委和相关二级学院共组织8支暑期社会实践活动小分队到小金县及达维镇开展实践服务活动,其中省级优秀社团"星行支教社"两次在夹金山红军小学开展为期15天的暑期夏令营支教活动,智能制造学院开展2次科技宣传与家电维修服务活动,青马工程学员省级法治中国小分队开展普法惠农宣传活动,政法学院川西藏区乡村治理田野调查队开展问卷走访活动,直接受益学生达230余人次,干部、居民群众达580余人次。

(三)搭建文化连心桥,组织惠民文艺演出

2016年以来,学校累计在万源市和小金县举办以"巴山文理情""携手奔康""感恩奋进"为主题的大型文化惠民演出3场,其他小规模巡回演出6场,直接惠及群众4000余人。同时,创作《魂铸巴山》《雨润巴山》等富有万源地方特色的文艺作品,组织专业教师、学生为万源市融媒体中心提供专业的文化宣传服务。

(四)多渠道筹措资金,加大村上基础设施建设

六年来,学校累计捐助资金100余万元用于万源市永宁镇柏树坝村和太平镇老洼坪村基础设施建设,协调相关单位共投入资金近2000万元,硬化改造通组路10.89千米,修建生产便道近4千米,新建米柏树坝文化广场、村卫生室、村文化室700平方米,安装太阳能路灯100盏;协助建设易地扶贫搬迁聚居点2个;投入50余万元,修建饮用水蓄水池6个;投入资金15万元,组织大学生志愿者赴柏树坝村开展"美丽乡村"墙绘活动;协调建设通讯基站2个,解决柏树坝村通讯畅通问题;组织协调开展"以购代捐",多途径购买马铃薯、黑鸡、黑鸡蛋、蜂蜜、腊肉等农副特产品300余万元;组织美术学院12名专业师生为小金县达维镇简槽村、达维村活动室、文化大院墙体进行了为期9天的墙体彩绘,共计绘制29处约550平方米,价值6.6万元;投入0.5万元,把简槽村党员活动室打造成了基层党支部标准活动室。

(五)因村因户施策,多措并举帮助贫困村贫困户脱贫

自实施脱贫攻坚以来,学校领导班子和主要部门负责人作为帮扶责任人结对帮扶万源市贫困户17户48人,每年都深入贫困户家中了解实际困难,因户施策制定帮扶措施,帮助解决其资金、技术、就医、上学等问题,培养脱贫带头人2人,培育种植天麻、茯苓,养鱼等小产业2户,确保17户贫困户按时高质量脱贫。2018年以来,学校先后为小金县达维镇简槽村村民赠送价值0.5万元的医疗急救包和电子血压计;为简槽村捐赠价值5万元的装载机1台,安装价值7万元的村道防护栏600米;捐赠办席用餐厨具1套,价值2.96万元;捐赠党建书籍、杂志等数百册;为夹金山红军小学捐赠价值2万元的电脑4台,价值1.52万元的一体式复印机1台,价值1.06万元的照相机1台等;四川革命老区发展研究中心和美术学院完成对夹金山红军小学《夹金精神铸校魂》校本教材内容的重新润色校对、封面设计,校地合作处出资为该校印刷了500本校本教材;2次组织教职工主动购买小金县贫困户和致富带头人养殖的价值13万余元的跑山鸡、鸭;2次购买6户村民种植的滞销胡萝卜2750千克,价值1.125万元;7次购买简槽村19户贫困户、困难家庭种植的马铃薯3.185万千克,价值8.1816万元,其中为贫困户户均销售价值3800余元的马铃薯,为小金县个体民营企业购买价值6.23万元的野樱桃酒、沙棘饮品,为稳定脱贫成果、持续增加困难群众特别是贫困户的收入起到了积极的保障作用。

(六)谋划产业发展,壮大集体经济

在学校的大力支持下驻村干部积极推进万源市永宁镇柏树坝村高山蔬菜基地建设,通过集中成片流转土地,采取"基地+农户+专业合作社+万源市荣飞专业合作社"的生产模式,采取"七个统一"(统一布局品种、统一生产标准、统一提供种苗、统一供应物质、统一指导技术、统一产品购销、统一生产管理)的原则,已种植450亩韩国红辣椒、10000株藤椒、100亩珍珠花菜、40亩红心猕猴桃,并与本村种养大户合作经营生猪养殖、堰塘养鱼、中药材种植,念好"山经"促发展,使该村村集体经济不断壮大。同时,在小金县达维镇简槽村发展30亩大黄特色种植业,帮助村民增产增收。

(七)发挥专业优势,助力乡村建设

学校建筑工程学院帮助小金县达维镇统一规划、设计有民族特色的民宿四户,为万源市易地搬迁安置点进行规划选址。组织专业书法教师撰写春联,每年为贫困村每户村民赠送一幅春联。马克思主义学院、政法学院党总支与简槽村党支部共建,开展"三会一课"、打造标准化基层活动室、联系指导培养入党积极分子等活动。组织专业团队为帮扶县提供各类专家评审、旅游规划等服务,在万源市创作以巴山为题材的舞蹈、音乐等文艺作品,以及进行红色文化和民俗文化研究。以小金县致富带头人陈望慧的创业故事为素材,组织创作1篇报告文学,助力玫瑰企业的对外宣传。为柏树坝村和老洼坪村制定旅游规划可行性报告1份、新村规划1份。组织专业教师参与万源市的各类评奖16人次。

(八)巩固基层党组织,抓党建促脱贫

学校积极开展城乡党建结对共建活动,每年组织党员、干部及党建专家到万源市、小金县和帮扶村开展结对共建和指导调研活动3次以上,并派出党建专家到村上党课,指导党建,促进了帮扶村基层党建工作。几年来,学校马克思主义学院、政法学院党总支与柏树坝村和简槽村党支部共建,派驻党建工作经验丰富的专职教师培训村上的党员干部,宣传党的各项政策,开展指导打造标准化村"两委"活动室、联系指导培养入党积极分子等活动。通过指导、帮助建设村级党组织,以党建促脱贫,以党建促发展,加强了村"两委"班子成员和党员的思想工作,充分发挥了党员干部的积极性和先进性;通过开展干群连心联户活动,加强了对党员干部的日常管理与细化考核,培养了党员干部的模范带头作用,提升了党员干部的治理水平。

(九)积极参与督导检查,全方位推进帮扶工作落实落地

2015年以来,学校领导到万源市堰塘乡、茶垭乡、永宁乡、青花镇等地开展督导检查7次,派出人员积极配合由民政厅牵头和储备局、工行、华西二医院等兄弟单位到宜宾、内江、巴中、达州市的宣汉县、达州市通川区开展督导检查和脱贫验收5次。组织大学生到万源市开展暑期大学生脱贫攻坚暗访督查1次,提供督查报告1份。

六年来,学校的帮扶工作在人民网、新华网、《教育导报》、《中国农村报》、《达州日报》等各类媒体均有报道,调研成果获得省人大常委会副主任、达州市委书记包惠肯定性批示2次,学校2名驻村干部受到省委、省政府表彰。

三、典型经验

(一)加强联系指导

一是成立专门的联络办公室。为协调省级帮扶单位和市级帮扶单位以及2个贫困县相关单位和部门,学校成立扶贫办公室并指定

专人负责协调联络，使各项扶贫工作得以稳步、有序推进。2015年以来，学校领导参加10余次联系指导扶贫工作联席会议、20余次帮扶贫困村联席会议。二是积极对接，推进工作开展。为充分利用学校自身资源，助力贫困县扶贫工作，仅2019年度学校主要领导和班子成员、办公室、组织部、校地合作处、教务处、科技处等及相关二级学院就到贫困县调研指导20余次。三是狠抓落实，注重实效。几年来，在学校领导和各部门的大力支持下，驻村干部全身心投入帮扶工作，全面落实各项帮扶措施，及时解决各类问题，确保脱贫实效，在年度考核、脱贫成效考核、三方评估、全面普查等各类考核中都得到了“良好”等级评价。

（二）精准施策，推进精准扶贫

学校针对贫困县、贫困村实际，因地制宜及时出台相关措施，推进精准扶贫工作。一是加强村级组织建设，建好基层堡垒，发挥脱贫攻坚的先锋作用。二是多方协调，加快推进基础设施建设。三是因地制宜，不拘一格推进相关产业发展。四是倾心做好结对帮扶，密切联系群众，做群众的贴心人。五是充分发挥好自身在文化、教育、智力、管理等方面的优势，加强对联系贫困县的帮扶。

（三）巩固脱贫成果，推进全面脱贫

加强与乡村振兴的有效衔接，今年以来主要采取以下措施：一是继续保持力量不减、队伍不散，坚持“四不摘”，聚焦稳定脱贫和产业发展，做好脱贫攻坚与乡村振兴的有效衔接。二是继续加强村党组织建设，加强后备干部队伍建设，培养一批自生的、留得下来的发展力量。三是继续巩固学校与帮扶县签订的战略合作协议，加强校地合作，续写帮扶友谊，为帮扶县、帮扶村的发展贡献力量。

坚持党建引领　聚焦“智志”双扶　彰显政治担当

四川信息职业技术学院

党的十八大以来，中央把全面建成小康社会作为实现第一个百年奋斗目标的重点任务，做出了一系列重大部署和安排，全面打响了脱贫攻坚战。

四川信息职业技术学院作为一所地处秦巴连片贫困地区的省属高职院校，忠实履行高校职能，坚定落实中央、省委和广元市委脱贫攻坚决策部署，学院先后承担广元市苍溪县、旺苍县，甘孜州得荣县和达州市开江县等4县5村1高职2中职的对口帮扶精准扶贫任务。党委书记亲自挂帅，科学分析受扶对象需求，结合学院实际，确立“教育帮扶、科技帮扶、信息帮扶、产业帮扶”思路，聚焦“智志双扶”，精心谋划帮扶规划和年度计划，以党的建设引领脱贫攻坚，谱写了高职院校服务脱贫攻坚“高校样板”。学院先后被省委、省政府评为2018年脱贫攻坚先进集体，被省教育工委、省教育厅评为2018年度、2019年度全省高校定点扶贫先进单位，被广元市委、市政府评为2017年、2019年脱贫攻坚先进集体，党委组织部（扶贫办公室）被省脱贫攻坚领导小组评为2019年四川省脱贫攻坚奖先进集体。

一、聚焦“政治担当”，建立健全帮扶机制

坚持以党的建设引领脱贫攻坚，把“两学一做”学习教育、党性教育融入脱贫攻坚主战场，构建党建引领脱贫攻坚载体，打牢脱贫攻坚的政治基础。

（一）创新结对帮扶模式

创新提出并组织实施“1+1、N+1、1+N”结对帮扶模式，充分发挥基层党支部、党员干部在脱贫攻坚工作中的示范引领和战斗堡垒作用，凝聚起脱贫攻坚的强大合力。50余名党员领导干部先后与旺苍县柏杨村35户贫困户开展结对帮扶，12个基层党组织先后与旺苍县黎明村、钟岭村、苍溪县东红村68户贫困户开展结对帮扶，3个基层党总支先后与广元市旺苍县柏杨村、苍溪县东红村和甘孜州得荣县曲贡村开展支部联建共建。党委书记、院长及领导班子成员先后165人次深入县、乡、村和贫困户调研指导脱贫攻坚工作，党员干部1365人次深入贫困户开展对口帮扶，凝聚起脱贫攻坚强大合力，打牢了高校服务脱贫攻坚的政治基础。

（二）建立健全保障体系

坚持把脱贫攻坚主战场作为培养锻炼年轻干部的主渠道之一，先后选派6名优秀年轻干部担任驻村“第一书记”、工作队员，先后选派4名干部挂职中等职业学校副校长、县旅游局副局长，选派多名专家担任职教咨询专家、乡村旅游规划专家，先后选派6名专业教师对口支教。制定《精准扶贫驻村干部驻村期间工作生活保障暂行规定》，为脱贫攻坚提供了良好的人才和制度保障。

二、聚焦“改善民生”，筑牢脱贫发展根基

坚持把解决“两不愁、三保障”基本民生问题作为夯实贫困村脱贫发展根基的主要任务，下足“绣花”功夫，集中力量加强贫困村住房、交通等基础设施建设，不断夯实贫困村、贫困户脱贫发展根基。

（一）推进基础条件改善工程

集中力量建设贫困村住房、交通等基础设施，着力解决贫困群众生活出行困难。投入专项资金210余万元，协调专项资金2718余万元，建成生态移民安置点2个，解决了56户226人的居住问题；为5个村党群服务中心配套设施设备，建成标准化阵地5个；为141户贫困户改厨、改厕、改水；为110户贫困群众硬化村组道路、入户道路41.9千米；为贫困村安装太阳能路灯93盏，修建文化挡墙、农业灌溉水渠2.3千米，贫困村、贫困户脱贫发展根基进一步夯实。

（二）推进基本民生保障计划

常态开展“走基层、送温暖”活动，全力解决贫困群众、特困群体生产生活基本保障。投入36.5万元，为110户贫困群众送去棉被429床、大米635袋、食用油1270桶、电视机21台；为贫困户送去化肥等生产物资，价值5万元；为2户特困户提供住房建设资金10万元；为10名大病群众提供特困补助金2.4万元；68名帮扶干部坚持每年送“春节红包”；通过“以购代捐”“以买代帮”等方式，定向认购、临时团购、个人爱心认购帮扶对象农产品、手工艺品等价值40余万元，贫困户基本民生问题得到充足保障，脱贫发展信念与意志进一步坚定。

三、聚焦“绿色生态”，培育壮大特色产业

坚持“绿水青山就是金山银山”理念，把推进贫困村绿色生态产

业转型作为贫困群众持续增产增收的主要手段，科学谋划、大力扶持。

（一）科学谋划绿色产业转型道路

科学分析贫困村生态资源优势，组织召开专题会20余次、村组干部会30余次、村委“一事一议”会议10余次，科学谋划旺苍县檬子乡柏杨村“林上蜜蜂养殖+林下天麻种植”的绿色产业转型发展思路，构建“专合社+贫困户+农户”绿色产业转型发展模式，得到了当地政府和群众的高度认可，并将这一理念应用到得荣县茨巫乡曲贡村，建成1000亩的生态毛桃种植基地和藏香猪养殖基地各1个，两个深度贫困村均成功实现绿色产业高质量转型。

（二）不断培育壮大绿色产业规模

通过支部带群众、大户带小户、示范户带普通户等多种模式，持续培育壮大绿色产业规模。投入150余万元，建成生态种植基地7个、养殖基地5个，培育现代新型家庭农场1个，指导成立专业合作社6个、村级农业开发公司1家，建设天麻烘烤房1个、“互联网+”电商服务站2个，培育致富带头人44人，贫困户增产增收路越走越宽，贫困村集体经济规模不断壮大。

四、聚焦“智志双扶”，阻断贫困代际传递

提出并持续实施“檬芽助学”工程，大力加强贫困群众技能培训，协同推进职业院校提升服务地方经济社会能力，着力构建阻断贫困代际传递长效机制。

（一）持续推进“檬芽助学”工程

坚持把教育帮扶作为长效脱贫的主要手段，认真落实教育帮扶计划，为5个村贫困户在读子女发放“檬芽助学金”31.94万元，帮助贫困户子女完成学业；投入80余万元，为旺苍县檬子乡中心小学开发应用家校互动管理APP系统、门禁管理系统、校园LED显示屏；为苍溪职中、檬子小学、得荣中心校捐赠图书16500余册；改善得荣县幼儿园、茨巫乡曲贡村联合幼儿园基础办学条件；对中小学教师免费开展计算机网络技术、多媒体设计与制作、信息化教学手段培训；免费接受职业中学专业课教师来院进修；组织开展“贫困学生高校行”活动；为得荣县开展乡村旅游从业人员技术技能培训，着力构建阻断贫困代际传递长效机制。

（二）推进区域职业院校提升能力

依托学院牵头组建的广元职业教育集团、四川电子信息职教联盟先后立项区域职业教育发展研究课题40余项，组织开展专题讲座20余场，培训干部教师1000余人次，免费接受学生实习500余人次，提供专家智力支持30余人次；投入35万元，为中等职业学校建立实验实训室，培育领办中职学校特色优势专业，提升贫困县职业教育水平，不断探索贫困地区中高职院校服务县域经济建设路径、模式与机制，着力构建贫困地区阻断贫困代际传递的长效机制，为连片贫困地区脱贫攻坚、乡村振兴贡献“川信力量”。

2014年以来，学院所帮扶的5个贫困村全部高质量脱贫退出，苍溪县、旺苍县和得荣县顺利“摘帽”，苍溪职中、开江职中成功创建省级示范性中职学校；先后立项省、市级脱贫攻坚科研课题9项，2篇扶贫理论研究论文被四川省脱贫攻坚领导小组评为习近平精准扶贫重要论述征文二等奖、三等奖，2个扶贫案例被教育部规划发展司、省直机关工委收录推荐。学院脱贫攻坚工作先后在2019年全省高校对口帮扶推进会和秦巴论坛2017年、2019年年会上作经验交流；学院扶贫工作先后被国务院扶贫开发领导小组办公室官网宣传报道1篇次、被四川省直机关工委网站宣传报道32篇次、被省市级新闻媒体报道100余篇次。

发挥职教优势精准施策　多措并举助力脱贫攻坚

——雅安职业技术学院精准扶贫案例

雅安职业技术学院

雅安职业技术学院立足职业教育的特点，充分发挥自身在医药卫生、师范教育和机械电子等方面的专业、人才和资源优势，结合帮扶的省级贫困县——雅江县和雅安市级贫困村——天全县新华乡铜山村、仁义镇老场村以及结对帮扶的汉源县职业高中等帮扶对象的实际情况，重点从教育、健康、文化、产业等方面着力，通过帮助改善医院和校园的基础设施条件，帮扶提升当地医疗、教育水平，推动产业提档升级，体现出高职院校的扶贫特色，激发贫困地区脱贫的内生动力，使扶贫成效当下看得见、未来可预期，实现扶贫由“输血”式向“造血”式转变。

一、发挥医药卫生资源优势，着力医疗健康的对口帮扶

开展巡回义诊服务活动，将专家门诊开进贫困村，将健康知识送到贫困户。学院充分发挥医疗资源优势，加强对贫困村、贫困户的医疗服务和健康知识宣讲。挑选具有丰富临床经验的内科、外科、中医康复科、妇科、儿科等科室专家组成立义诊志愿服务队，参加志愿服务的专家达100余人次，先后赴雅江县、天全县、汉源县开展义诊和健康知识宣传服务活动60余次，受益人员达5000余人次，让贫困户实现了不出村就可以看专家门诊，不进课堂就能掌握基本的健康知识，切实提高了当地老百姓“无病早预防、有病早治疗”的健康意识。

开展村医技能培训，提升对口帮扶地区的基层医疗水平。学院针对雅江县基层医疗人员匮乏和医疗技术普遍过低的情况，一方面，选派教学经验丰富、临床资历较深的专家教师30余人，采用“理论培训+实践教学”“集中+分散”的授课方式，对雅江县村卫生室人员进行技能轮训，共开展三轮7期的护理、妇科、外科、内科、公卫、中医康复等课程理论知识集中培训，培训村医300余人；另一方面，学院附属医院接收雅江县卫计局选派的县、乡、村三级医疗机构的医务人员来院进修，已完成两批共7人的进修工作。在送教培训、进修的同时，学院在承办“四川省基层医疗卫生机构管理者能力建设高级研修班”时额外接收了由雅江县推荐的镇卫生院优秀院长代表参与培训研修，通过培训进修，进一步提高了当地医务人员的业务水平，提升了当地基层医疗水平。

建立高寒藏区地方病就医“绿色通道”。学院组建了1支由40余人组成的高寒藏区地方性疾病筛查诊治医疗队，前后8次赴雅江县波斯河乡、柯拉乡、祝桑乡、木绒乡、西俄洛乡等11个乡（镇）开展“骨关节疾病筛查巡诊”活动，筛查骨关节疾病患者1246人次（其中重度骨关节病120余人），并根据患病程度进行了诊治，诊治费用经中医保报销后的剩余部分由学院提供专项补贴，补贴资金近20万元，让建档立卡贫困户真正实现了诊疗费用“零支付”。

二、发挥教育资源优势，聚焦教育文化的对口帮扶

搭建中高职衔接桥梁，共建特色专业。作为结对帮扶对象，学院将汉源县职业高中作为学院首批合作的中高职衔接试点学校，将汽车运用与维修专业作为“3+3”中高职一体化衔接改革试点专业，通过联合教研、师资培训、捐建实训室、“3+3”中高职一体化衔接等方式，共建汽车运用与维修等特色专业；建立建档立卡贫困家庭子女入学“直通车”，构建中高职衔接“立交桥”。

开展基础教育师资培训，提升教育教学水平。根据雅江县小学教育师资能力水平普遍不高的情况，学院精准对接雅江县教体局的需求，选派优秀教师“驻点送教”，并对全县遴选的小学科学、语文、数学等科目的130余名教师开展了教学能力和信息化技能培训，提升了当地小学教师的教学水平。组织开展的雅江县首届气球动力小车比赛受到了当地民众的广泛关注和欢迎。针对教师和青壮年牧民开展普通话培训，提高了教师的教学能力，为藏区牧民加强对外沟通交流扫除了语言壁垒。

以文化人，开展“送文化进村”，营造乡村文化新气息。学院充分发挥教育以文化人方面的优势，从贫困村的文化氛围营造、政策宣讲、科普培训等方面着手，在雅江县和天全县的对口帮扶村以农民夜校的方式举办了健康知识、实用技术培训、政策法律知识宣讲、感恩教育、形势政策、十九大精神宣讲等培训讲座20余期，涉及村民1000余人次。在天全县新华乡、仁义镇小落村投入5万余元，组织师生40余人次在入乡、入村道路两旁，农户住房外绘制以“脱贫攻坚”“乡村振兴”为主题的大型文化墙11幅，作为乡村文化建设的新载体，美化了村容村貌，传播了社会主义核心价值观，让村民们在欣赏墙绘时能在潜移默化中受到教育和影响，促进村民自觉遵守社会公德、提高自身修养。学院通过六一儿童节、“世界读书日”、暑期科技文化卫生“三下乡社会实践”、新年走基层送文化下乡志愿服务等节日节点开展文化艺术慰问活动30次，受益村民5000余人次。此外，学院在雅江县捐建了波斯河乡中心校、柯拉乡中心校和八角楼乡日基小学等学校的校园文化建设项目，改善了校园环境。

三、发挥社会服务优势，注重“造血”式的产业帮扶

培育特色产业，发展村集体经济，助力当地经济发展。为增强天全县铜山村、小落村、老场村脱贫致富的持久动力，带动全村贫困户和其他农户发展种养殖业，对接学院实验用兔子的需求，学院帮助建设新华乡铜山村“鼎盛养兔基地”，建成1200余平方米的兔舍，年均生产肉兔8000余只，实现年产值近30万元，有效提高了村级集体收入和贫困户收入。针对铜山村绿友蔬菜种植合作社销售不畅的问题，对接学院食堂，将其种植的时令蔬菜供应给学院三个校区的食堂，适销对路，解决了合作社蔬菜的销路问题。学院出资帮助天全县仁义镇小落村建设蔬菜基地、“荷田+”立体种养殖基地以及养猪场，积极鼓励、支持小落村利用蔬菜基地生产加工辣椒酱、菜籽油等农副产品，促进小落村发展村集体经济，带动贫困户增收。学院还出资由天全县老场村委会入股天荣木业和天全县荷韵养殖农民专业合作社，以入股分红的形式持续增加村集体经济收入，增强村集体经济的“造血”功能。

帮助完善农村基础设施，采用多种方式提高贫困户收入。为解决雅江县波斯河乡松茸采摘地临时居住点的饮用水问题，出资修建饮水工程，彻底解决了牧民饮水难的问题。采取以奖代补的方式帮助贫困户发展各类家禽、家畜养殖，并通过以购代捐、集体采购等方式购置贫困户的农副产品，购置金额共计近30万元，帮助提高了贫困户收入。为使当地村民能有持续性收入来源，出资帮助雅江县祝桑乡奔达村采购油菜种子、肥料、除草剂等农用物资。

党建联建聚合力，携手共建促发展。学院基层党支部与贫困村党支部开展党建联建，组织学生志愿服务队、教职工党员志愿服务队广泛开展医疗义诊送医送药下乡、送文化下乡、“六一”儿童节欢乐送、“七一”建党节红色教育、重阳节慰问、寒冬送温暖、扶贫济困爱心捐助、打造美丽新村文化墙、举办农民夜校讲座等各类活动。学院多措并举、务实有效的扶贫工作，在助推结对贫困村全部如期顺利实现村退出、户脱贫的目标任务中做出了积极贡献。

巩固脱贫攻坚　聚力乡村振兴　助力学子圆梦

——德昌县职业高级中学发展侧记

德昌县职业高级中学党总支书记、校长　许德权
德昌县职业高级中学办公室主任　李华麟
德昌县职业高级中学优秀青年教师　唐雅琦

高山仰止，江河行地，时间的洗礼掩盖不了历史的沧桑，艰难的历程无法阻挡我们前进的步伐，穿过岁月的长空，风雨如磐，我们即将走进如火的7月。伟大的中国共产党，穿越血与火的历史长河，历经建设与改革的洗礼，即将迎来她100岁的诞辰。

作为肩负教书育人使命的我们，责任不言而喻，我们是教育岗位上的普通教师，工作平凡、平淡，但是我们却有一个响亮的名字——辛勤的园丁，因为这个名字，我们有责任、有义务用实际行动去履行教师的职责，去诠释教师对教育事业的忠诚。

习近平总书记指出：“要把发展教育扶贫作为治本之上，确保贫困人口子女都能接受良好的基础教育，具备就业创业能力，切断贫困代际传递。”无论贫穷多么遥远，都没有被党和国家所遗忘。自2015年脱贫攻坚的号角吹响，到2020年年底所有贫困人口全部退出，昔日贫困落后的大凉山已经发生了翻天覆地的变化，德昌职中的发展正是教育扶贫成效的有力见证。

德昌职中坐落在风景秀丽的安宁河畔，是1985年经教育厅批准、德昌县政府主办、县教育局主管的一所省级重点职业高级中学，

同时也是省、州、县三级劳务输出培训基地，先后荣获全国教育系统先进集体、四川省教育系统先进集体、四川省文明校园、四川省职业教育改革创新先进单位、四川省首批中等职业教育内务管理示范校、凉山州优秀基层党组织、凉山州精神文明单位标兵、凉山州语言文字规范化示范校等60余项集体荣誉。

学校在1985年建校时占地面积仅26亩，建筑面积5000余平方米，校舍全部都是1972年建立中屯村小学时修建的土木、砖木结构瓦房，只有15间教室，无学生宿舍、实作实训室，办学条件极为简陋，在校生不足400人，教职工仅有30多人。自2007年开始改（扩）建至今，学校建筑面积已增加到32399平方米，新建了教学大楼两幢、学生宿舍楼、图书艺术楼、办公大楼、学生食堂、运动场等，并对校园进行了绿化、硬化、亮化。与此同时，还建立了数控生产性实训基地、烹饪实训中心、汽修实训中心等一大批设施设备一流的高档实训中心。走过36年的光辉岁月，学校从原来26亩的旮旯之地发展成为占地128亩，环境优美、设备一流、师资雄厚、在校生规模4000余人的优质职业高中，这离不开党和政府的正确领导，更离不开国家脱贫奔康政策的大力支持。

学校现开设有数控技术应用、汽车运用与维修、中餐烹饪、旅游服务与管理、计算机技术应用、电子商务、电子技术应用、学前教育八大特色专业。学校在德昌县委、县政府和各级教育主管部门的领导下，高度重视自身能力建设和服务社会担当。自2018年脱贫攻坚三行动开展以来，学校积极发挥职业教育优势，坚持抓好职教攻坚、现代职业教育体系建设、职业教育改革……切实助力决战决胜全面建成小康社会。除了积极参加各级各类大赛，提升师生技能水平，学校始终将立德树人放在首位，重视学生技能培养，在培养学生良好行为习惯的同时，致力培养其掌握一技之长，确保从学校毕业的学生能就业、就好业，从而实现“就业一个，脱贫一家”。

特别值得一提的是旅游专业毕业生甚碧香，出生在一个贫寒的特殊家庭，6岁时，母亲改嫁，父亲也体弱多病，家中还有一个失明的老奶奶，老实本分的父亲只要身体好点就出门打零工，8岁开始就和大自己4岁的姐姐寄居在大伯家。家里的生活几乎是靠亲戚的接济维持，成绩优异的姐姐为了照顾奶奶和妹妹，初中毕业只好放弃了学业，到县城酒店里打工。甚碧香本人刚来学校时，性格很内向，不爱和他人交流。经过了解得知甚碧香本也不打算读书的，但是在学校老师下乡招生动员时，告诉她来职业学校读书有国家助学金，同时旅游专业以后就业容易，还能学到一技之长，能够养活全家，就这样，甚碧香来到德昌职中就读旅游管理专业。班主任了解到她的家庭情况后经常找她聊天，帮助她树立信心，还送衣服和鞋子给她。在老师和学校的关心帮助下，顺利考上了四川水利职业技术学院，在大学期间甚碧香边打工边学习，在校的第三年甚碧香报考了专升本的考试，顺利考上了本科。2018年甚碧香来到母校德昌职中，给旅游专业的学弟学妹们上了一堂励志的职教扶贫的课。在甚碧香来学校演讲的前一个月他的父亲因肺癌离开了人世，甚碧香没有因家庭的不幸而自暴自弃，而是通过职教之路实现了自己的理想，今年甚碧香就职于西昌一所培训学校，同时甚碧香还兼职于凉山州的著名景区泸沽湖做导游。除此之外，甚碧香还有一个身份就是农产品代言人，带动乡亲在网络上销售家乡自产的水果、蜂蜜。现在甚碧香在西昌买了房、买了车，让原本贫寒落魄的家庭过上了小康生活。这样鲜活的例子还有很多。多年来，学校培养出了众多的优秀教师和优秀毕业生，据不完全统计，学校就业学生近三年累计创收近2000万元。

学校严格落实各项资助补助政策。对高一、高二年级符合条件的在校学生按2000元/年的标准发放国家助学金，三年脱贫攻坚行动开展以来，累计发放1660余万元的职业教育补助，惠及学生7000余人；对建档立卡贫困家庭中职学生另行资助每生每期500元；有110人获得每生1500元的困难毕业生求职创业补贴。在抓好就读学生精准帮扶的同时，通过“送技下乡”、产业帮扶、捐资助教等形式对德昌县黑龙潭镇一碗水村实施对口帮扶，为一碗水村幼教点捐赠了2.7万元的教学设备，给55户贫困户发放了花椒苗并指导培育，多次进村开展农民夜校种养殖产业培训，有力助推了一碗水村顺利脱贫。此外，学校还发挥职业教育优势，开展控辍保学学业补偿培训，对因贫因困失辍学人员开展技能帮扶培训，先后多次配合德昌县委、县政府，美姑县委、县政府做好失辍学人员的化解工作，承担德昌县、美姑县举办的控辍保学培训任务。脱贫攻坚以来，累计开展学业补偿教育645人次。德昌、美姑两县对“控辍保学、学业补偿”的联合攻坚加深了两县间的交流，使这一别具人性关怀的国家富民政策的培训效果更加凸显，意义更加深远。学校也于2021年获评为“四川省脱贫攻坚先进集体”。

一直以来，学校都坚持把“修身、励志、笃学、力行”的校训落实到各项工作中，学校教师更是以身作则，他们讲政治、有信念，始终保持“对党忠诚可靠”的赤子情怀；他们讲奉献、有作为，始终保持“衣带渐宽终不悔”的真挚情怀。近年来，学校开放办学，订单培养，分别与四川机电职业技术学院、四川交通职业技术学院、北京眉州东坡酒楼、富士康、比亚迪、四川幻维万息信息技术发展有限公司等高校和企业开展联合办学，形成了鲜明而富有特色的内涵外延同步发展的办学之路，提升了学校的办学层次与育人水平。鲜明的办学特色吸引了州内外教育考察团到学校学习考察，学校知名度不断提升，成为教育厅面向社会公开推荐的25所优质中职学校之一。

2021年是“十四五”规划的开局之年，为实现巩固拓展脱贫攻坚成果同乡村振兴的有效衔接，学校结合专业特点，扎实开展社会服务，实现学校专业对接地方产业，大力服务乡村振兴。一是发挥烹饪、旅游专业优势助力乡村旅游。持续组织学生服务“端午坝坝宴”“角半樱桃节”和“桑葚节DIY大赛”，深入服务德昌旅游业，在培养小导游和小厨师的同时利用师资优势帮助餐饮经营户、农家乐和度假酒店开发菜品、提升管理服务质量，推动乡村旅游和文化产业繁荣发展。二是发挥计算机、电子商务专业优势助力农村电商。持续与德昌县电商联盟紧密合作，培养优秀学生进入农村电商行业，指导帮助农户通过网络平台销售德昌特色蔬菜和水果，促进德昌特色产业发展和农民增收，助推德昌乡村全面振兴。三是发挥数控专业优势助力农业机械化。利用数控专业“产教融合、校企合作”基地，开展新型农机、农具研发、保养维修，加强农村急需紧缺人才职业技能培训，为乡村振兴提供技术和人才支撑。四是发挥“校—地”合作联络人优势，持续与四川农业大学联系，服务德昌琵琶、桑葚、樱桃、草莓、早市蔬菜等特色产业发展；持续与四川建筑职业技术学院联系，服务德昌农房建设改造；持续与四川旅游学院联系，服务德昌旅游品质提升。

在党的100生日来临之际，在“十四五”规划开局之年，学校将在党中央和各级党委、政府和教育主管部门的正确领导下，继续坚持“立足本职岗位，强抓内涵提升，全力以赴把德昌职教事业做大做强”的中国梦信念，为巩固脱贫攻坚成果推动乡村振兴，建设“攀西最美县城”奋力扬帆起航。

筚路蓝缕奋进路 坚毅前行结硕果

——四川省水电集团十六年发展成就综述

四川省水电投资经营集团有限公司

十六年风雨兼程，迎来春华秋实。2004年12月30日，四川省水电投资经营集团有限公司（以下简称“四川省水电集团”）在成都金牛宾馆正式挂牌成立。十六年来，在省委、省政府和省国资委、四川能投集团的正确领导下，四川省水电集团高举中国特色社会主义伟大旗帜，以改革创新为主线，以创造可持续价值为使命，在探索中前行，在困境中奋进，在改革中发展，走过了不平凡的发展历程，公司从无到有、从小到大、由虚到实，成功发展成为以电力为主，产城融合、多种经营等产业协同发展的地方电力产业集团，资产规模、竞争能力、行业地位显著提升，为全省经济社会发展做出了积极贡献。

始终牢记初心使命，积极应对市场竞争和各种挑战，实现了国有资产的保值增值。四川省水电集团成立16年来，资产总额从25.75亿元增长到773.3亿元，累计实现营业收入576.87亿元，发电量、供电量分别增长6倍、12倍，成为四川能投集团改革发展的重要基石。控股22家县级电力公司，管理的地方电网提升为省属电网，成为四川省能源基础保障的重要力量。

始终坚持服务“三农”初心，切实履行电力普遍服务责任，保障电力供应，为服务国民经济发展大局做出积极贡献。截至2020年年底，四川省水电集团累计向全省投入296.73亿元实施农网改造升级及无电地区电力建设，建成川南、川东、凉山东部、平武青川4个区域电网，率先在全国完成首例在海拔5000米以上进行110千伏等级送电线路工程施工，累计解决14个县9.68万户37.17万无电人口的用电问题，被国家能源局表彰为“全面解决无电人口用电问题先进单位”。通过农网改造升级及农电体制改革，与2005年相比，供电可靠率、电压合格率分别提升16.32个百分点、12.43个百分点，综合线损率下降6.86个百分点；农村到户电价平均下降0.5024元/千瓦时，年均直接减轻农民负担7.59亿元。千方百计保障电力供应，圆满完成各类重大保电任务，尤其是在2008年严重雨雪冰冻灾害、汶川地震灾害和九寨沟地震灾害、2020年新冠肺炎疫情面前，水电人克服种种困难，全力保障电力供应，积极投身抢险救灾，为灾后重建、疫情防控做出了重要贡献。

始终贯彻落实国家能源战略，把握体制机制变革趋势，全力推动公司可持续、高质量发展。经过发展和探索，四川省水电集团聚焦主业主责，积极参与市场竞争，推动电力、电源、售电、工程等各板块互补共进，部分业务经过整合后，成为四川能投集团“1+3+2”新型产业格局的重要组成部分。整合电力优质资产，控股的四川能投发展2018年在香港联交所主板成功挂牌上市，成为内地第一家登陆香港资本市场的发配售一体化电网企业；积极参与电力体制改革，所属四川能投售电公司市场化售电量位居全省第二，综合能源服务业务逐步落地，构建省级售电平台初具雏形。

始终坚持把管理提升融入企业工作的全过程、全环节，不断增强发展动力活力。四川省水电集团充分调动总部与基层积极性，促进治企能力和盈利能力大幅提升。通过建立现代企业制度，充分调动了各方创新创效的积极性，一大批老企业重新焕发出勃勃生机。坚持安全发展理念，始终把安全生产作为重中之重，在电网规模不断扩大、区域电网逐渐形成的情况下，十六年来没有发生有责大面积停电事件，没有发生较大及以上电力生产安全事故。持续推进提质增效，主要生产技术指标持续向好。

始终坚持党对国有企业的领导，推进党的建设与生产经营深度融合，为做强做优做大四川省水电集团提供坚强保障。坚持“围绕中心抓党建，抓好党建促发展”的理念，各级党组织深入贯彻党的十七大、十八大、十九大以及历次全会精神和省委、省政府重大决策部署，认真履行职责，将政治优势转化为企业核心竞争力；广大党员勇担重任，冲锋在前，出色完成各种急难险重任务，成为推动公司改革发展的中坚力量。坚持德才兼备、以德为先的选人用人标准，畅通人才晋升通道，把反腐倡廉建设贯穿于公司改革发展的全过程，推动构建大监督格局，“诚信做人、规矩做事”的行为理念深入人心，形成风清气正、干事创业的良好氛围。加强群团工作，开展职工技能培训和喜闻乐见的活动，切实解决基层企业和员工实际困难。认真履行社会责任，大力实施“悬崖村”电网改造升级等电力扶贫工程，提前半年完成“三区三州”农网攻坚三年行动计划。开展乡城县等定点扶贫工作，一大批挂职干部、驻村“第一书记”、帮扶人员奋战在脱贫攻坚第一线。由于精准扶贫工作成效显著，四川省水电集团被省委、省政府表彰为“四川省脱贫攻坚先进集体”。

不忘初心，方得始终。四川省水电集团在省委、省政府和省国资委、四川能投集团的坚强领导下，攻坚克难、锐意进取，紧紧抓住电力体制改革机遇，聚焦主责主业，加快企业转型升级，肩负使命，敢于担当，真抓实干，以创新驱动引领企业高质量发展，为四川能投集团全面完成“十四五”发展目标、奋力推动新时代治蜀兴川再上新台阶、助推全省“一干多支”“五区协同”发展战略做出新贡献。

践行脱贫攻坚使命 书写国企时代答卷

中共四川省水电投资经营集团有限公司委员会

近年来，四川省水电投资经营集团有限公司（以下简称“四川省水电集团”）累计投入电力扶贫资金及专项资金218.01亿元，无偿捐赠扶贫资金和物资2500余万元，先后投入1623万元对口帮扶甘孜州乡城县，统筹推进教育扶贫、产业扶贫、公共设施建设等，派驻帮扶干部59

名，助力52万名贫困人口实现脱贫……一串串数字的背后是四川省水电集团切实践行脱贫攻坚使命而书写的一份满意答卷。

2021年4月22日，四川省水电集团被省委、省政府授予“四川省脱贫攻坚先进集体”荣誉称号。

一、电力扶贫送光明

作为四川省省属国有地方电网企业、四川能投集团旗下核心子集团，四川省水电集团在四川能投集团的坚强领导下，始终把脱贫攻坚作为重大政治任务，坚持电力先行，全力推进贫困地区电网升级改造，为广大群众脱贫致富提供坚强的电力保障。

2017年12月28日，总投资达1800万元的凉山州昭觉县阿土列尔村“悬崖村”电网建设改造升级工程竣工，这项光明工程彻底解决了阿土列尔村及相邻的熟租村、康复村共3个村庄的用电难题，当地村民从此告别了电压不稳的历史，“悬崖村”群众脱贫致富的梦想有了坚强的电力保障，正一步步变成现实。

“悬崖村”电网建设只是四川省水电集团打赢深度贫困地区脱贫攻坚硬仗的一个缩影。2012年以来，四川省水电集团累计投入电力扶贫资金及专项资金218.01亿元，组织实施以“悬崖村”为代表的偏远地区电网建设、贫困村通动力电、异地扶贫搬迁电力设施建设等一系列重大扶贫民生工程。无电地区电力建设工程和德格县农网升级改造工程彻底解决了德格县无电、缺电的历史，为地方经济社会的长期稳定发展注入了活力；电力建设脱贫专项攻坚行动惠及11个市（州）31个县20.79万人；易地搬迁配套电网建设惠及837个行政村55.05万人，实现了“贫困户把房子建在哪里，电就通到哪里”。2020年6月，四川省水电集团提前完成“三区三州”农网改造升级攻坚三年行动计划，彻底解决了当地贫困地区群众用电问题，为打赢脱贫攻坚战奠定了坚实的电力基础。

二、定点帮扶显担当

百年大计，教育为本。2020年6月4日，在甘孜州乡城县，由四川省水电集团捐建的6所村级幼儿园正式移交并开园。这些幼儿园分布在沙贡乡同颠村、水洼乡白格村、水洼乡雨洼村、香巴拉镇冷龙村、香巴拉镇热郎宫村和然乌乡热麦村，每个幼儿园均设有幼儿活动室、幼儿午休室、教师办公室、教师寝室、厨房、厕所和户外活动场地及一应的教学电器设备，新幼儿园的建成让孩子们可以接受更加优质完善的学前教育。

自2012年对口定点帮扶乡城县以来，四川省水电集团先后派驻4名扶贫干部，投入1623万余元实施系列帮扶，助力该县按期脱贫“摘帽”。

在教育扶贫方面，除捐建6所村级幼儿园外，还捐赠106套一体化教学设备，覆盖全县中小学所有教学班级；为16所中小学采购1万册课外书籍；设立“东尔村大学生奖励基金”，为“青少年教育促进计划”提供资金支持，已拨付60万元。

在基础设施建设和产业扶贫方面，投资90余万元为水洼乡白格村建设引水渠道2.6千米，让家家户户喝上了自来水。在然乌乡东尔村投入207万元，为63户群众修建了卫生厕所，修建村级机耕道8.5千米，免费为全体村民改造室内电力设施，聘请专家指导试种花椒10亩，开展村民小庭院改造和猪圈建改项目，对全村小庭院、猪圈项目和太阳能热水器安装给予定额补助，多次组织员工开展扶贫捐款共计66万元，通过“以购代销”的方式解决了村民苹果的销售难题。

三、结对扶持助脱贫

脱贫攻坚工作开展以来，四川省水电集团积极支持各公司按照地方党委、政府安排开展精准扶贫工作。

在大竹县团坝镇农华村，“十八里吊瓜长廊”成为产业一景。在四川省水电集团大竹公司派驻队员蒋明旺的带领下，小小吊瓜已成为脱贫致富的“黄金瓜”，仅2020年，贫困户就实现务工收益18万余元，土地流转收益6万余元。

彝族汉子毛顺泽是四川省水电集团美姑公司九柳供电所的运行值班员，也是凉山州美姑县牛牛坝乡尔库村驻村“第一书记”。在毛顺泽的辛勤努力下，2018年尔库村70户383名建档立卡贫困人口顺利脱贫，2019年整村成功退出贫困村序列，2020年脱贫成果不断巩固。

8年来，四川水电集团所属13家电力企业共计无偿捐赠资金和物资折合2502万元，向15个对口帮扶贫困村派出驻村“第一书记”和驻村工作组成员59名，1380名党员干部职工与2232户贫困户结成对子，通过结对帮扶慰问、完善基础设施建设和扶持种养殖产业发展等帮扶措施，助力52万名贫困群众如期实现脱贫，彰显了国有企业的使命担当。

由于精准扶贫工作成效显著，四川省水电集团被国家能源局表彰为“全面解决无电人口用电问题先进单位”，为四川能投集团荣获“全国脱贫攻坚先进集体”贡献了水电力量；所属大竹公司被评选表彰为全省脱贫攻坚“五个一”帮扶先进集体，永安公司对口帮扶的三台县景福镇王家堰村被中国国际电视台选为精准扶贫“中国方案”之“三台经验”全球直播现场点。与此同时，四川省水电集团涌现了众多扶贫先进人物，他们奋力拼搏、攻坚克难，为打赢脱贫攻坚战贡献了自己的一份力量。未来，四川省水电集团将擎旗奋进，不断巩固拓展脱贫攻坚成果，助力四川省乡村振兴大业，不断书写新时代治蜀兴川再上新台阶的水电答卷。

附 录

表 彰

2019年度“全国十佳农民”名单(四川省部分)

序号	姓名	出生年月	从业领域	所在村组	推荐单位
1	杨萍	1979.09	种植业	广汉市连山镇锦花村9组	德阳市农业农村局
2	罗洪	1967.01	现代农业	苍溪县黄猫乡君寨村二组	广元市农业农村局
3	胡运海	1974.04	茶叶产业	万源市白羊乡三清庙村老林湾组	达州市农业农村局

全国乡村优秀青年教师培养奖励计划名单(四川省部分)

杜爱明 女 泸州市古蔺县大寨苗族乡大寨中学
李 信 女 德阳市中江县太平乡中心学校
邓海燕 女 北川羌族自治县桂溪镇小学
李佳莅 女 青川县七佛乡中心小学校
徐 丽 女 乐山市金口河区吉星乡小学校
龚璐璐 女 阆中市垭口乡中心学校
罗春燕 女 广安市岳池县东板小学校
贺沙沙 女 广安市广安区蒲莲乡国际商报社希望小学校
张 丹 女 广安市武胜县龙庭初级中学
李霁翰 女 宣汉县峰城中学
徐 琴 女 雅安市宝兴县明礼乡中心校
郭红波 女 眉山市彭山区锦江乡净皇学校
熊 乐 男 资阳市乐至县东山镇中心小学(踏水桥村小教学点)
唐 雄 男 资阳市安岳县石羊中学
程 艳 女 康定市金汤片区寄宿制学校
张选琴 女 丹巴县川口寄宿制学校
何 俊 男 盐源县藤桥乡小学
宋 磊 男 会理县益门片区中心小学

2019年国家森林城市名单(四川省部分)

四川省眉山市

2019国家级湿地公园名单(四川省部分)

四川遂宁观音湖国家湿地公园
四川仁寿黑龙滩国家湿地公园(方案)
四川新津白鹤滩国家湿地公园(方案)

2019第三批国家生态文明建设示范市(县)名单(四川省部分)

成都市金牛区
大邑县
北川羌族自治县
宝兴县

2019第三批“绿水青山就是金山银山”实践创新基地名单(四川省部分)

稻城县

2019年“中国美丽休闲乡村”名单(四川省部分)

成都市蒲江县甘溪镇明月村
德阳市绵竹市孝德镇年画村
雅安市汉源县九襄镇三强村
广元市利州区白朝乡月坝村
宜宾市兴文县仙峰苗族乡群鱼社区
泸州市江阳区分水岭镇董允坝村
眉山市丹棱县顺龙乡幸福村
甘孜州泸定县杵坭乡杵坭村

2019首批国家全域旅游示范区名单(四川省部分)

成都市都江堰市
乐山市峨眉山市
广元市青川县

2019第一批全国乡村旅游重点村名单(四川省部分)

成都市蒲江县甘溪镇明月村
德阳市绵竹市孝德镇年画村
成都市郫都区唐昌街道战旗村
凉山彝族自治州昭觉县支尔莫乡阿土列尔村
眉山市丹棱县顺龙乡幸福村
甘孜藏族自治州丹巴县聂呷乡甲居二村
成都市彭州市龙门山镇宝山村
乐山市峨边县黑竹沟镇底底古村
南充市阆中市天林乡五龙村
成都市都江堰市柳街镇七里社区
泸州市纳溪区大渡口镇民强村
达州市宣汉县三墩土家族乡大窝村

2018—2020年度“中国民间文化艺术之乡”名单(四川省部分)

成都市崇州市道明镇:竹编
德阳市绵竹市:年画
绵阳市盐亭县:嫘祖文化
广元市朝天区:麻柳刺绣
遂宁市蓬溪县:书法
雅安市石棉县蟹螺藏族乡:尔苏、木雅文化
巴中市平昌县龙岗镇:翻山铰子
巴中市南江县杨坝镇:民歌
资阳市安岳县:石刻
甘孜藏族自治州得荣县瓦卡镇:学羌
凉山彝族自治州昭觉县新城镇:彝族服饰

第三批中国特色农产品优势区名单(四川省部分)

广元市朝天核桃中国特色农产品优势区
通江县通江银耳中国特色农产品优势区
凉山州凉山桑蚕茧中国特色农产品优势区
宜宾市宜宾早茶中国特色农产品优势区

第六批农业产业化国家重点龙头企业名单

四川好医生攀西药业有限责任公司
四川环龙新材料有限公司
四川省远达集团富顺县美乐食品有限公司
苍溪县猕猴桃食品有限责任公司
台沃科技集团股份有限公司
四川德康农牧食品集团股份有限公司
齐全农牧集团股份有限公司
四川天王牧业有限公司
攀枝花市锐华农业开发有限责任公司
四川道泉老坛酸菜股份有限公司
四川蒙顶山跃华茶业集团有限公司

四川森态源生物科技有限公司
四川早白尖茶业有限公司
成都市花中花农业发展有限责任公司
巴中市巴山牧业股份有限公司
四川唯鸿生物科技股份公司
四川茂华食品有限公司
凉山州中泽新技术开发有限责任公司
仁寿元宝农业科技有限公司

2019第四批国家林业重点龙头企业名单（四川省部分）

内江市瑞景种植有限公司
四川环龙新材料有限公司
四川华象林产工业有限公司
宜宾纸业股份有限公司

2019年国家现代农业产业园创建名单（四川省部分）

广汉市现代农业产业园
邛崃市现代农业产业园
安岳县现代农业产业园

2019年部级畜禽养殖标准化示范场名单(四川省部分)

申报单位名称	畜禽养殖代码	地　址	养殖种类	备　注
富顺德康生猪养殖有限公司	510322010001868	自贡市富顺县互助镇万古村5组	生猪	—
仪陇温氏畜牧有限公司	511324010004787	南充市仪陇县福临乡中心村	生猪	国家级贫困县
阆中大北农农牧食品有限公司	511381010024608	南充市阆中市桥楼乡落阳村	生猪	国家级贫困县
芦山钱记鲜蛋养殖有限公司	511826010000556	雅安市芦山县龙门乡红星村	蛋鸡	—
武胜天兆畜牧科技有限公司	511622010001644	广安市武胜县中心镇郭家坪村	生猪	省级贫困县
宣汉大巴山牧业有限公司	511722010003592	宣汉县七里镇民主村	奶牛	国家级贫困县
四川古蔺牛郎牧业投资发展有限公司	510525010007045	泸州市古蔺县护家镇农场村	肉牛	国家级贫困县
广元佳和中驰牧业有限公司	5108110100037145	广元市昭化区王家镇方山村4组	生猪	国家级贫困县
万源市蜜之源农业科技开发有限责任公司	5117811010004312	达州市万源市沙滩镇党家坡村三合面组151号	蜜蜂	国家级贫困县
纳溪温氏畜牧有限公司	510503010003436	泸州市纳溪区护国镇大营村	生猪	—
绵竹德康生猪养殖有限公司	510683010006868	绵竹市绵远镇三泉村	生猪	—
江安德康生猪养殖有限公司	511523010004811	宜宾市江安县蟠龙乡柏香村三块石组	生猪	—

2019年度全省农村改革工作先进县(市、区)名单

成都市郫都区、彭州市、富顺县、攀枝花市仁和区、合江县、绵竹市、三台县、广元市利州区、射洪市、威远县、夹江县、西充县、宜宾市南溪区、广安市广安区、渠县、巴中市巴州区、雅安市雨城区、眉山市彭山区、安岳县、红原县、康定市、宁南县

四川省实施乡村振兴战略先进县(市、区)、先进乡(镇)、示范村名单

一、先进县(市、区)名单

成都市蒲江县　成都市邛崃市
泸州市江阳区　绵阳市涪城区
眉山市丹棱县　宜宾市翠屏区

攀枝花市米易县　　达州市通川区
乐山市峨眉山市　　凉山州西昌市

二、先进乡（镇）

（一）成都市
温江区万春镇　　郫都区唐昌镇
青白江区福洪镇　　新津县兴义镇
（二）自贡市
沿滩区永安镇　　富顺县狮市镇
（三）攀枝花市
仁和区大龙潭彝族乡
（四）泸州市
泸县云龙镇　　龙马潭区双加镇
（五）德阳市
广汉市高坪镇　　什邡市师古镇
（六）绵阳市
游仙区新桥镇　　三台县芦溪镇
北川县擂鼓镇
（七）广元市
苍溪县运山镇　　旺苍县东河镇　　剑阁县剑门关镇
（八）遂宁市
射洪市瞿河镇　　蓬溪县天福镇
（九）内江市
资中县银山镇　　市中区永安镇
（十）乐山市
井研县集益镇　　犍为县舞雩镇
（十一）南充市
阆中市天宫镇　　南部县八尔湖镇　　蓬安县新园乡
（十二）宜宾市
江安县阳春镇　　南溪区裴石镇
（十三）广安市
广安区龙安乡　　岳池县白庙镇　　华蓥市禄市镇
（十四）达州市
大竹县庙坝镇　　达川区万家镇　　宣汉县庙安乡
（十五）巴中市
恩阳区下八庙镇　　巴州区水宁寺镇　　南江县红光镇
（十六）雅安市
名山区百丈镇　　汉源县清溪镇
（十七）眉山市
东坡区尚义镇　　仁寿县曹家镇
（十八）资阳市
安岳县文化镇　　乐至县高寺镇
（十九）阿坝州
汶川县映秀镇　　理县薛城镇　　阿坝县阿坝镇
（二十）甘孜州
稻城县香格里拉镇　　丹巴县甲居镇
（二十一）凉山州
德昌县德州街道　　会理县鹿厂镇

三、示范村名单（500个）

（一）成都市（42个）
龙泉驿区：柏合街道宝狮村
青白江区：城厢镇十八湾村
新都区：斑竹园街道三河村、新繁街道汪家村
温江区：万春镇幸福村、万春镇和林村、万春镇高山村、寿安镇岷江村、寿安镇天星村
双流区：永安镇松柏村、永安镇白果村
郫都区：唐昌镇战旗村、唐昌镇先锋村、安德街道安龙村、安德街道广福村、三道堰镇青杠树村
简阳市：平泉街道荷桥村、贾家街道菠萝村
都江堰市：天马镇金陵社区、青城山镇泊江社区、蒲阳街道棋盘社区
彭州市：隆丰街道迎春村、龙门山镇宝山村、葛仙山镇熙玉村
邛崃市：羊安街道界牌村、固驿街道开元村、桑园镇艾河村
崇州市：隆兴镇群安村、白头镇五星村、道明镇龙黄村、观胜镇联义村
金堂县：又新镇祝新村、栖贤街道梨花沟村、竹篙镇风岭村
新津县：永商镇烽火村、花源街道东华村
大邑县：安仁镇新福村、沙渠街道祥和村
蒲江县：甘溪镇明月村、鹤山街道狮子树村、寿安街道插旗山村、大兴镇炉坪村
（二）自贡市（13个）
自流井区：荣边镇雨潭村
贡井区：桥头镇白房村、龙潭镇中坝村
大安区：三多寨镇八甲村、何市镇蔡家村
沿滩区：沿滩镇詹井村、永安镇云丰村、黄市镇红旗村
荣县：长山镇得胜村、铁厂镇山王村、来牟镇一洞桥村
富顺县：狮市镇马安村、狮市镇花园村
（三）攀枝花市（7个）
仁和区：大龙潭彝族乡混撒拉村、大田镇片那立村
米易县：草场镇龙华村、撒莲镇禹王宫村
盐边县：红格镇龙头村、红格镇昔格达村、红格镇红格村
（四）泸州市（18个）
江阳区：分水岭镇董允坝村、黄舣镇马道子村
龙马潭区：特兴街道走马村、特兴街道慈竹村
纳溪区：护国镇梅岭村、大渡口镇民强村、大渡口镇平桥村
泸县：喻寺镇谭坝村、玉蟾街道龙桥社区、云龙镇伏耳村
合江县：榕山镇回洞桥村、荔江镇柿子田村、真龙镇瓦房村、荔江镇河嘴村
叙永县：石厢子彝族乡堰塘村、江门镇青云村
古蔺县：双沙镇白马村、箭竹苗族乡富强村
（五）德阳市（17个）
旌阳区：东湖街道高槐村、孝感街道红伏村、新中镇龙居村
罗江区：白马关镇万佛村、调元镇顺河村、金山镇大井村
广汉市：三水镇友谊村、高坪镇水磨村、连山镇锦花村
什邡市：皂角街道城东村、皂角街道箭台村、马祖镇马祖村
绵竹市：孝德镇年画村、孝德镇年俗村、九龙镇棚花村
中江县：永太镇高坝村、南华镇三塘村
（六）绵阳市（36个）
涪城区：杨家镇团阳寺村、吴家镇三清观村、新皂镇刘家坪村
游仙区：魏城镇铁炉村、新桥镇同福村、仙鹤镇洛水村、新桥镇岳

家村、魏城镇白鹤村

安州区：花荄镇联丰村、塔水镇七里村、花荄镇红武村

江油市：方水镇白玉村、新安镇黑滩村、太平镇普照村、大康镇星火村、大康镇官渡村

梓潼县：许州镇天宝村、许州镇栏杆村、文昌镇东风村

平武县：高村乡民主村、虎牙藏族乡上游村

北川羌族自治县：曲山镇石椅村、坝底乡通坪村、擂鼓镇田坝村、通泉镇井泉村

三台县：芦溪镇涪城村、芦溪镇五柏村、永明镇万家坎村、新德镇崭山村、永明镇木林村、古井镇枣林村

盐亭县：巨龙镇天水村、高渠镇白虎村、大兴回族乡林园村、巨龙镇胜利村、黄甸镇保安村

（七）广元市(27个)

利州区：白朝乡月坝村、白朝乡徐家村、盘龙镇深沟村、龙潭乡建设村、宝轮镇泥窝社区

昭化区：昭化镇战胜村、昭化镇天雄村、射箭镇晒金村

朝天区：羊木镇新山村、李家镇易兴村、沙河镇罗圈岩村、朝天镇明月村

旺苍县：张华镇松浪村、尚武镇寨梁村、木门镇青龙村

剑阁县：盐店镇五指村、金仙镇西河村、城北镇红双村

青川县：沙州镇青坪村、青溪镇阴平村、乔庄镇张家村、乔庄镇茶树村

苍溪县：云峰镇狮岭村、元坝镇将军村、五龙镇三会村、亭子镇长江村、白驿镇岫云村

（八）遂宁市(22个)

船山区：保升镇宝凤村

安居区：三家镇芦城村、三家镇春木村、拦江镇广福村、安居镇高滩坝村、横山镇打鼓村、会龙镇静严村、安居镇红岩嘴村、磨溪镇老木垭村

射洪市：大榆镇龙凤泉村、沱牌镇二教寺村、大榆镇永乐村、金华镇西山坪村

蓬溪县：常乐镇拱市村、任隆镇八角村、宝梵镇宝梵村、金桥镇翰林村、荷叶乡涪兴坝村、大石镇牛角沟村

大英县：玉峰镇斗笠村、卓筒井镇为干屏村、回马镇山河村

（九）内江市(22个)

市中区：永安镇马家寺村、朝阳镇黄桷桥村、永安镇太平寺村

东兴区：田家镇正子村、高梁镇杨岭村、郭北镇九根树村

隆昌市：普润镇印坝村、金鹅街道光照村、古湖街道古宇村、圣灯镇三台村、金鹅街道五星村

资中县：银山镇岗石村、公民镇高石坝子村、银山镇老场村、鱼溪镇人民村、重龙镇杨柳滩村、球溪镇双峰寺村、明心寺镇茅店子村

威远县：连界镇船石村、界牌镇桥凼村、向义镇四方村、严陵镇兴家村

（十）乐山市(22个)

市中区：苏稽镇程扁村、大佛街道棕桥村、安谷镇金灯村

五通桥区：金山镇杏林村、金粟镇刘家山村

沙湾区：太平镇罗一村、福禄镇龙柱村

金口河区：金河镇曙光村

峨眉山市：符溪镇战斗村、九里镇红卫村

犍为县：寿保镇邓坝村、罗城镇团结村、舞雩镇高龙村

井研县：纯复镇田家沟村、王村镇集体村、研经镇王家沟村

夹江县：新场镇东风村、甘江镇新生村、马村镇龚沟村

沐川县：沐溪镇三溪村

峨边彝族自治县：毛坪镇建华村

马边彝族自治县：劳动乡福来村

（十一）南充市(39个)

顺庆区：搬罾街道干堰塘村、潆溪街道板凳垭村

高坪区：江陵镇江陵坝村、江陵镇元宝山村、阙家镇利光村、青居镇烟山村

嘉陵区：一立镇塘湾村、双桂镇广孝寺村、一立镇蒋氏祠村

阆中市：天宫镇五龙村、天宫镇天宫院村、洪山镇良善垭村、思依镇大益湾村、飞凤镇桥亭村

南部县：八尔湖镇纯阳山村、东坝镇打鼓山村、盘龙镇玉龙山村、伏虎镇正觉寺村、万年镇碾盘村

西充县：凤鸣镇双龙桥村、古楼镇过江楼村、古楼镇赵家庙村、双凤镇跳蹬河村、义兴镇盐水垭村

仪陇县：新政镇安溪潮村、马鞍镇险岩村、日兴镇黎明村、新政镇三条沟村、赛金镇潮水坝村、赛金镇雷家坝村

营山县：渌井镇兴云村、黄渡镇兰武村、新店镇千垭村、回龙镇龙坝村

蓬安县：利溪镇花房子村、相如街道油房沟村、正源镇红豆村、巨龙镇分水岭村、相如街道塔子山村

（十二）宜宾市(30个)

翠屏区：宋家镇胡坝社区村、牟坪镇龙兴社区村、李庄镇高桥社区村、金秋湖镇明威社区村、宋家镇丘陵社区村

南溪区：刘家镇大庙村、裴石镇月亮湾社区村、仙临镇高新社区村、仙源街道长江社区村

叙州区：樟海镇和丰社区村、樟海镇瓦房社区村、蕨溪镇后坝社区村、安边镇治和社区村

江安县：阳春镇姜庙社区村、怡乐镇青龙村、怡乐镇丰产村

长宁县：梅白镇洪谟村、竹海镇永江村、竹海镇农林村

高县：来复镇大屋村、嘉乐镇人民村、庆岭镇文武社区村

筠连县：腾达镇春风村、巡司镇银星村

珙县：上罗镇代家村、底洞镇锦绣村

兴文县：僰王山镇水泸坝社区村、僰王山镇永寿社区村

屏山县：大乘镇双峰社区村、锦屏镇锦屏社区村

（十三）广安市(28个)

广安区：白马乡白马村、大安镇南桥村、大龙镇果坝村、悦来镇灯塔村、彭家乡白阳村、石笋镇鳌山村

前锋区：代市镇会龙村、观塘镇白鹤村、代市镇岳庙村、龙滩镇高岭村、大佛寺街道黄锋村

华蓥市：高兴镇宋家垭村、阳和镇偏岩子村、高兴镇高兴村、明月镇三合团村

岳池县：乔家镇廖坝村、九龙街道办马鞍山村、罗渡镇三官店村、朝阳街道办牛王庙、朝阳街道办九道拐村、顾县镇东板村、苟角镇古坟梁村

邻水县：石滓镇大步口村、丰禾镇柏垭头村、石滓镇升坪村、石滓镇大河坝村、两河镇庙堡村、袁市镇天华村

（十四）达州市(30个)

通川区：磐石镇谭家沟村、青宁镇岩门社区、磐石镇盐井坝村、碑

庙镇石笋村、江陵镇千宁村、金石镇高兴村

达川区:万家镇双桥村、龙会乡花石岩村、陈家乡大田坝村、双庙镇南岳寺村、罐子镇和平村

万源市:八台镇天池坝村、白羊乡三清庙村

宣汉县:君塘镇洋烈社区、庙安乡八庙村、明月乡大渔池村

大竹县:庙坝镇长乐村、庙坝镇五桂村、中华乡倒桥坝村、清水镇老书房村、黄滩乡平桥村

渠县:李馥镇凤凰村、临巴镇凉桥村、岩峰镇回龙村、安北乡平桥村、定远镇团寨村、万寿乡灵感村

开江县:靖安乡竹溪村、回龙镇锁口庙村、任市镇三清庙村

(十五)巴中市(25个)

巴州区:化成镇长滩河村、清江镇巾字村、梁永镇宏福村、水宁寺镇枇杷村、曾口镇寿星村、水宁寺镇新庙村

恩阳区:下八庙镇万寿村、明阳镇高店子社区、群乐镇新河社区、下八庙镇安居村、双胜镇天良村、关公镇西南村

南江县:赤溪镇西厢村、正直镇长滩村、正直镇百坪村、红光镇黑池村、元潭镇康家岭村

通江县:民胜镇鹦歌嘴村、民胜镇弯柏树村、广纳镇龙家扁村、沙溪镇王坪村

平昌县:江口镇大运村、白衣镇黄鹤村、驷马镇当先村、云台镇龙尾村

(十六)雅安市(13个)

雨城区:草坝镇魏家村、草坝镇塘坝村

名山区:茅河镇香水村、万古镇红草村

天全县:仁义镇禾林村

芦山县:龙门镇青龙场村、龙门镇隆兴村

宝兴县:大溪乡曹家村

荥经县:荥河镇课子村

汉源县:九襄镇申沟村、清溪镇新黎村

石棉县:美罗镇坪阳村、安顺场镇安顺村

(十七)眉山市(15个)

东坡区:尚义镇龚村、太和镇元宝村

彭山区:锦江镇正华村、观音街道果园村、黄丰镇丰华村

仁寿县:大化镇水利社区、曹家镇梨树社区、珠嘉镇棚村村、文宫镇石家社区

洪雅县:止戈镇青杠坪村、七里坪镇七里村

丹棱县:齐乐镇狮子村、齐乐镇梅湾村

青神县:青竹街道兰沟村、高台镇百家池村

(十八)资阳市(21个)

雁江区:保和镇晏家坝村、中和镇明月村、丹山镇大佛村、丰裕镇高洞村、伍隍镇铺子村、东峰镇大田村、丰裕镇丹桂村、丹山镇八字墙村

安岳县:文化镇燕桥村、文化镇隆恩村、岳阳镇柳溪村、岳阳镇水观村、乾龙镇廻龙村、乾龙镇鱼山村、石桥铺街道办事处干拱村、姚市镇道林村、岳新乡桃坝村

乐至县:高寺镇清水村、东山镇孔雀寺村、龙门镇农科村、宝林镇万斤沟村

(十九)阿坝州(14个)

马尔康市:梭磨乡毛木初村

金川县:安宁镇莫莫扎村

小金县:沃日镇木栏村、四姑娘山镇长坪村

阿坝县:查理乡神座村

若尔盖县:铁布镇然多村

红原县:邛溪镇热坤村

壤塘县:中壤塘镇壤塘村

汶川县:映秀镇渔子溪村

理县:朴头镇庄房村

茂县:凤仪镇甘清村

松潘县:进安乡包座村

九寨沟县:漳扎镇中查村

黑水县:沙石多乡羊茸村

(二十)甘孜州(27个)

康定市:时济乡若吉村、孔玉乡色龙村、麦崩乡为舍村

丹巴县:巴旺乡小巴旺村、中路乡克格依村

九龙县:湾坝乡湾子村、乌拉溪乡河坝村

雅江县:八角楼乡松茸村

理塘县:甲洼镇卡娘村

巴塘县:莫多乡郎翁村

乡城县:然乌乡克麦村、青德镇仲德村、青麦乡巴麦村

得荣县:瓦卡镇瓦卡村、日龙乡丹麦村、奔都乡俄木学村

道孚县:麻孜乡沟尔普村、八美镇雀儿村

炉霍县:宜木乡虾拉沱村

甘孜县:拖坝乡四村、甘孜镇河坝村

新龙县:博美乡麦巴村

德格县:龚垭乡雨拖村

白玉县:麻绒乡德来村

色达县:翁达镇翁达村、甲学乡甲学村

石渠县:洛须镇龙溪卡村

(二十一)凉山州(32个)

西昌市:大兴乡建新村、安宁镇凤凰村、海南街道办事处核桃村、琅环镇红星村

德昌县:乐跃镇高丰村、乐跃镇沙坝村、巴洞镇裕民村

会理县:黎溪镇河漂村、彰冠镇古桥村、彰冠镇富乐村

会东县:鱼城街道鱼山村、姜州镇民权村、新街镇河边村、铅锌镇迎春村

宁南县:松新镇碧窝村、幸福镇茶岭村、六铁镇中坪村、宁远镇梓油村

普格县:五道箐乡洛果村

布拖县:龙潭镇红旗村

昭觉县:特布洛乡谷莫村

金阳县:热柯觉乡丙乙底村

雷波县:八寨乡甲谷村

美姑县:拉木阿觉乡移民村

甘洛县:玉田镇觉铁村

越西县:中所镇五里牌村

喜德县:冕山镇五合村

冕宁县:复兴镇建设村、石龙镇民主村、石龙镇桃园村

盐源县:卫城镇大堰沟村

木里县:项脚乡项脚村

四川省首批天府旅游名县候选县、文化旅游特色小镇和文化旅游产业优秀龙头企业名单

一、四川省首批天府旅游名县候选县

成都市：锦江区、武侯区、成华区、温江区、郫都区、邛崃市、崇州市、大邑县

自贡市：大安区

攀枝花市：米易县

德阳市：广汉市、绵竹市

绵阳市：北川县

广元市：朝天区、青川县

遂宁市：大英县

南充市：仪陇县

宜宾市：翠屏区、兴文县

达州市：宣汉县

巴中市：南江县

雅安市：雨城区

眉山市：东坡区、洪雅县

阿坝州：理县、茂县、松潘县、九寨沟县

甘孜州：康定市、丹巴县

二、文化旅游特色小镇

成都市：邛崃市平乐镇、崇州市街子镇、大邑县安仁镇

自贡市：沿滩区仙市镇

泸州市：合江县尧坝镇、古蔺县太平镇

德阳市：罗江区白马关镇

绵阳市：江油市青莲镇

广元市：昭化区昭化镇

遂宁市：船山区龙凤镇

内江市：隆昌市南关石牌坊古镇

乐山市：犍为县罗城镇

宜宾市：翠屏区李庄镇

巴中市：恩阳区恩阳古镇

雅安市：雨城区上里镇

眉山市：洪雅县柳江镇

资阳市：乐至县劳动镇

阿坝州：汶川县水磨镇

甘孜州：道孚县八美镇

凉山州：会理县会理古城

三、文化旅游产业优秀龙头企业

四川省旅游投资集团有限责任公司

四川日报报业集团

成都文化旅游发展集团有限责任公司

腾讯科技（成都）有限公司

华侨城西部投资有限公司

咪咕音乐有限公司

四川省峨眉山乐山大佛旅游集团总公司

峨眉山旅游股份有限公司

首批四川省级全域旅游示范区名单

成都市：青羊区、锦江区、温江区、邛崃市、崇州市、蒲江县

南充市：阆中市

宜宾市：兴文县、长宁县

泸州市：纳溪区

达州市：宣汉县

广元市：剑阁县

绵阳市：北川县

阿坝州：汶川县、九寨沟县、松潘县

凉山州：西昌市

四川省首批天府旅游名县命名县名单

成都市：青羊区、都江堰市

广元市：剑阁县

乐山市：峨眉山市

南充市：阆中市

宜宾市：长宁县

广安市：广安区

阿坝州：汶川县

甘孜州：稻城县

凉山州：西昌市

2019年四川省中医药健康旅游示范基地名单

序　号	市(州)	基地名称	申报单位
1	成都市	天府红谷・耕读桃源	四川瑞景康禾旅游开有限公司
2	广元市	中国・苍溪药文化博览园	四川金瑞中药材有限公司
3	南充市	醋文化博览园	四川保宁醋有限公司
4	宜宾市	蜀南花海中医药健康旅游示范基地	长宁县和乐观光农业开发有限公司
5	凉山州	凯地里拉中医药健康旅游示范基地	四川凯地里拉有限责任公司

第二批四川省级示范农业主题公园名单

成都市(7个)
大邑县稻香渔歌田园综合体
郫都区成都多利农庄有机农业主题公园
都江堰市都江堰·玫瑰花溪谷
金堂县四川玉皇养生谷农业主题公园
彭州市濛阳蔬菜主题公园
青白江区“我的田园”农业主题公园
温江区寿安花木编艺公园
自贡市(2个)
大安区长滩河柑橘主题公园
荣县石笋沟茶叶主题公园
攀枝花市(2个)
仁和区26度农业公园
盐边县红格镇昔格达村农业主题公园
泸州市(3个)
合江县荷塘荔色主题公园
纳溪区梅岭茶叶主题公园
古蔺县云上牛郎现代农业主体公园
德阳市(3个)
旌阳区中国“和海”田园综合体
罗江区后乐园
绵竹市汉旺吉祥农业主题公园
绵阳市(3个)
北川县石椅羌寨
江油市贯山镇稻香渔村农业主题公园
安州区红花源农业主题公园
广元市(2个)
昭化区双凤现代农业园区
利州区月坝农业主题公园
遂宁市(2个)
蓬溪县常乐镇拱市村佛莲生态公园
船山区十里荷画农业主题公园
内江市(2个)
隆昌市普润印坝渔果农业主题公园
东兴区长江田园
乐山市(3个)
井研县集益晚熟柑橘农业主题公园
井研县三青台休闲渔业农业主题公园
犍为县犍为·世界茉莉花博览园
南充市(4个)
高坪区中法农业科技园南充港航园区
仪陇县三条沟农业主题公园
西充县来有生态农业主题公园
营山县兴云·龙坝十村连片现代农业产业融合暨脱贫攻坚示范园
宜宾市(3个)
翠屏区“翠屏·橘香小镇”农业主题公园
兴文县僰王山镇水泸坝农业公园
高县大雁岭茶文化主题公园
广安市(2个)
岳池县中药材健康旅游主题公园
邻水县钰锦洪河生态园
达州市(3个)
达川区帝源生态农业主题公园
渠县秀岭春天农业主题公园
宣汉县铭远生态农业主题公园
巴中市(2个)
巴州区高观茗香农业主题公园
平昌县三十二梁茶旅融合主题公园
雅安市(2个)
名山区浪漫茶乡—月亮湖农业主题公园
雨城区云台山国家农业公园
眉山市(3个)
洪雅县前锋茶叶主题公园
彭山区中法农业科技园
丹棱县天府橙都主题公园
凉山州(2个)
西昌市樟木箐乡“茅坡樱红”农业主题公园
会理县小黑箐茭白主题公园

四川省2019年度(第七批)省级水利风景区名单

成都市
邛崃市平乐水利风景区
邛崃市竹溪湖水利风景区
南充市
仪陇县思德水库水利风景区
眉山市
洪雅县烟雨柳江水利风景区

第一批创建四川省现代公共文化服务体系示范县名单

自贡市荣县、攀枝花市东区、泸州市泸县、德阳市什邡市、广安市武胜县、达州市达川区、阿坝州茂县

2019年“文化扶贫示范村”名单

自贡市
荣县新桥镇沙湾村
富顺县板桥镇石龙村
大安区永嘉乡瓦高村

攀枝花市

盐边县温泉彝族乡四呷左村

仁和区中坝乡大纸房村

泸州市

古蔺县桂花镇田坝村

古蔺县龙山镇向田村

古蔺县太平镇高笠村

古蔺县茅溪镇青龙村

叙永县摩尼镇簸箩村

叙永县枧槽苗族乡观音桥村

合江县石龙镇松柏村

绵阳市

北川羌族自治县青片乡上五村

北川羌族自治县曲山镇石椅村

北川羌族自治县贯岭乡复兴村

北川羌族自治县青片乡高峰村

北川羌族自治县马槽乡明头村

北川羌族自治县通口镇井泉村

北川羌族自治县曲山镇黄家坝村

北川羌族自治县禹里镇石纽村

北川羌族自治县安昌镇建国村

北川羌族自治县片口乡松柏村

北川羌族自治县贯岭乡水埝村

北川羌族自治县擂鼓镇猫儿石村

北川羌族自治县擂鼓镇楠竹村

安州区秀水镇珍珠村

安州区秀水镇青松村

三台县双乐乡宋观庙村

江油市铜星乡五佛村

江油市石元乡石瓶村

江油市云集乡牛郎村

江油市义新镇保宁村

江油市六合乡六合村

盐亭县玉龙镇新家沟村

盐亭县金鸡镇樵村

盐亭县高灯镇高华村

盐亭县八角镇青松村

平武县高村乡光一村

平武县白马藏族乡伊瓦岱惹村

梓潼县二洞乡二洞村

梓潼县文兴镇照耀村

梓潼县大新镇里仁村

广元市

苍溪县唤马镇金刚村

苍溪县龙山镇先锋村

苍溪县石门乡中梁村

旺苍县东河镇凤阳村

旺苍县龙凤镇人民村

剑阁县普安镇白虎村

剑阁县开封镇白云村

剑阁县鹤龄镇翠柏村

青川县乐安寺乡向阳村

青川县青溪镇和平村

青川县三锅镇黄水村

利州区白朝乡新房村

利州区金洞乡清河村

昭化区青牛乡莲池村

昭化区清水乡清凉村

昭化区张家乡刘庄村

朝天区大滩镇自然村

朝天区蒲家乡罗圈岩村

遂宁市

射洪市金华镇伯玉村

射洪市金鹤乡长房村

大英县隆盛镇黎明村

大英县回马镇新龙桥村

船山区唐家乡花果村

安居区大安乡凉水村

安居区观音乡侍郎湾村

蓬溪县吉祥镇双江村

内江市

资中县骝马镇窑厂村

资中县甘露镇糖坊村

隆昌市李市镇三合村

隆昌市山川镇光华村

市中区伏龙镇水口村

威远县碗厂镇双石村

东兴区杨家镇王家庵村

东兴区顺河镇高升村

乐山市

金口河区和平彝族乡蒲涕村

井研县竹园镇高石坎村

马边彝族自治县苡坝乡水平溪村

马边彝族自治县劳动乡福来村

马边彝族自治县老河坝乡桃溪村

峨边彝族自治县五渡镇胡坝村

峨边彝族自治县五渡镇田村

南充市

顺庆区渔溪镇渔溪桥村

高坪区胜观镇龙王塘村

高坪区江陵镇牌坊村

嘉陵区金宝镇普贤寺村

嘉陵区太和乡老家沟村

嘉陵区李渡镇枣垭寺村

阆中市洪山镇良善垭村

阆中市文成镇白庙村

阆中市宝台乡柳太坪村

阆中市治平乡罗汉湾村

南部县踵盘乡磨刀石村
南部县东坝镇园坝寺村
南部县石泉乡府君村
南部县大王镇雨台山村
西充县常林乡亭子垭村
西充县西踵乡敬二垭村
仪陇县义路镇金石头村
仪陇县二道镇葵家村
仪陇县杨桥镇水竹村
营山县新店镇千垢村
营山县太蓬乡西门村
营山县木顶乡桥亭村
蓬安县罗家镇五马村
蓬安县巨龙镇分水岭村

宜宾市

高县大窝镇陈坝村
高县四烈乡苗儿村
高县来复镇高凤村
高县庆符镇苊芦社区
高县来复镇文和村
长宁县硐底镇七坝村
江安县江安镇红岩村
筠连县联合苗族乡甜竹村
筠连县大雪山镇槐坪村
南溪区刘家镇石塔村
珙县洛表镇飞跃村
珙县珙泉镇永福村
兴文县大坝苗族乡小寨村
屏山县锦屏镇中和村

广安市

岳池县白庙镇郑家村
岳池县顾县镇南桥坝村
岳池县罗渡镇化龙桥村
岳池县普安镇黄泥墙村
邻水县观音桥镇高房村
邻水县长安乡秀峰村
邻水县冷家乡汤坝丘村
武胜县飞龙镇梅托村
武胜县万隆镇飞来石村
武胜县鸣钟乡龙庙村
武胜县猛山乡皂桷村
武胜县宝箴塞农林村
武胜县乐善镇棕柿桥村
武胜县金光乡钟鸣村
前锋区虎城镇玉河村
前锋区桂兴镇渔桥村
广安区杨坪乡双溪村
广安区兴平镇文明村

达州市

宣汉县三墩土家族乡大窝村
宣汉县渡口乡马老村
宣汉县漆碑乡杉木村
宣汉县南坝镇丰乐村
宣汉县东林乡罐山村
宣汉县清溪镇常宁村
达川区沿河乡大林沟村
达川区香隆乡云木寨村
达川区桥湾镇文家村
万源市固军乡大岭包村
万源市堰塘乡布带溪村
万源市黄钟镇长虹村
万源市石塘镇瓦子坪村
万源市太平镇牛卯坪村
开江县灵岩镇白竹山村
开江县回龙镇乐园村
渠县李馥镇凤凰村
渠县临巴镇麻园村
大竹县高穴镇官家村
大竹县中和镇狮子村

巴中市

南江县朱公乡百坪村
南江县赤溪镇西厢村
平昌县元石镇黄梅村
平昌县兰草镇梁铜村
平昌县白衣镇长岭村
平昌县镇龙镇老鹰村
平昌县江口镇石庙村
巴州区清江镇蔡家湾村
巴州区寺岭镇大寺村
巴州区枣林镇牌坊梁村
恩阳区关公镇老林村
恩阳区尹家乡元岭村
通江县板凳乡范家坝村
通江县陈河乡西浴溪村

雅安市

天全县老场乡大庙村
天全县新华乡柏树村
雨城区晏场镇三江村
名山区建山乡安吉村
石棉县蟹螺藏族乡新乐村
宝兴县蜂桶寨乡光明村
芦山县龙门镇隆兴村

资阳市

雁江区迎接镇东庵村
雁江区石岭镇高峰村
安岳县乾龙乡福渠村
安岳县努力乡狮子村

乐至县放生乡甘家店村
乐至县石湍镇朝阳店村

阿坝州

金川县勒乌镇角木牛村
金川县马奈乡卡卡足村
金川县庆宁乡新沙村
小金县抚边乡墨龙村
小金县两河口镇前锋村
小金县汗牛乡足木村
小金县崇德乡海坪村
阿坝县洛尔达乡苟扎村
阿坝县柯河乡尼门达村
红原县色地镇让里村
壤塘县中壤塘镇布康木达村
壤塘县石里乡下大石沟村
壤塘县蒲西乡斯跃武村
汶川县绵虒镇克充村
茂县县永和乡道财村
松潘县青云镇东山村
松潘县大寨乡水草坝村
九寨沟县安乐乡阳坡村
黑水县瓦钵梁子乡瓦钵村
黑水县知木林乡热窝村
黑水县卡龙镇俄寨村
黑水县石碉楼乡苦瓜村

甘孜州

康定市呷巴乡俄达门巴一村
泸定县兴隆镇下马厂村
泸定县德威乡堡子村
泸定县冷碛镇黑沟村
丹巴县中路乡俄满村
丹巴县格宗乡开绕村
丹巴县半扇门乡大邑村
稻城县赤土乡阿西村
稻城县金珠镇额依扒戈村
九龙县踏卡乡甲铺子村
理塘县甲洼镇卡娘村
巴塘县亚日贡乡亚日贡村
巴塘县措拉镇德西村
巴塘县党巴乡麻顶村
巴塘县莫多乡郎翁村
得荣县徐龙乡莫丁村
得荣县瓦卡镇阿洛贡村
乡城县青麦乡黑达小村
乡城县青麦乡仁堆村
乡城县燃乌乡热麦村
乡城县水洼乡郎冲村
乡城县青麦乡新村
炉霍县雅德乡交纳村
炉霍县仁达乡易日村
道孚县各卡乡约呷村
甘孜县生康乡学巴底村
甘孜县卡攻乡亚书村
德格县窝公乡曲西村
德格县竹庆镇更达村
白玉县纳塔乡纳塔村
白玉县灯龙乡洞拖村
色达县杨各乡亚旭村
色达县年龙乡日撒玛村

凉山州

普格县五道箐乡洛果村
普格县祝联乡威拉体村
普格县耶底乡塞果洛村
普格县荞窝镇施加村
金阳县老寨子乡溪底村
金阳县山江乡老寨子村
金阳县丝窝乡尼波洛村
金阳县南瓦乡地洛村
喜德县贺波洛乡卓古村
喜德县沙马拉达乡马布村
昭觉县特布洛乡谷莫村
昭觉县解放乡彬土村
昭觉县四开乡梭梭拉打村
昭觉县庆恒乡庆恒村
木里县卡拉乡草坪村
木里县乔瓦镇簸箕萝村
木里县屋脚乡屋脚村
甘洛县阿尔乡眉山村
甘洛县石海乡布哈村
盐源县大草乡黄草坝村
盐源县长柏乡柏杨村
盐源县官地镇麻纱纱村
盐源县前所乡上村村
美姑县龙门乡树布村
布拖县觉撒乡博作村
布拖县火烈乡若普村
布拖县补尔乡呷且村
布拖县美撒乡本子村
雷波县八寨乡甲谷村
雷波县元宝山乡椅子村
雷波县千万贯乡马颈村
雷波县大岩洞乡大岩洞村
越西县乐青地乡瓦曲村

第三批四川省“四好农村路”示范县名单

平原地区(6个)

成都市:崇州市、都江堰市、邛崃市

德阳市：绵竹市、广汉市、什邡市

丘陵地区(7个)

南充市：营山县

遂宁市：蓬溪县

达州市：宣汉县

广安市：华蓥市

内江市：隆昌市

宜宾市：长宁县

自贡市：富顺县

山区(3个)

巴中市：南江县

泸州市：古蔺县

乐山市：金口河区

民族地区(1个)

凉山州：会理县

第六批四川省农产品质量安全监管示范市、县名单

一、四川省农产品质量安全监管示范市

自贡市、绵阳市、雅安市

二、四川省农产品质量安全监管示范县

绵阳市涪城区、平武县、乐至县、石棉县、自贡市贡井区、屏山县、自贡市自流井区、绵阳市游仙区、梓潼县、资阳市雁江区、荥经县

四川省星级现代农业园区名单

一、五星级园区

成都崇州市粮油现代农业园区

内江隆昌市稻渔现代农业园区

遂宁市船山区生猪种养循环现代农业园区

雅安市名山区茶叶现代农业园区

南充市西充县香桃现代农业园区

广安市广安区龙安柚现代农业园区

凉山州会理县石榴现代农业园区

绵阳市三台县麦冬种养循环现代农业园区

二、四星级园区

内江市资中县柑橘现代农业园区

巴中市南江县黄羊种养循环现代农业园区

达州市开江县稻渔现代农业园区

广元市旺苍县茶叶现代农业园区

达州万源市茶叶现代农业园区

甘孜州理塘县蔬菜现代农业园区

自贡市富顺县柑橘现代农业园区

攀枝花市仁和区芒果现代农业园区

泸州市合江县荔枝现代农业园区

眉山市彭山区葡萄现代农业园区

广安市武胜县蚕桑现代农业园区

凉山州宁南县蚕桑现代农业园区

三、三星级园区

成都市新津县稻渔现代农业园区

宜宾市南溪区酿酒专用粮现代农业园区

乐山市犍为县茉莉花茶现代农业园区

广元市朝天区蔬菜现代农业园区

遂宁市蓬溪县食用菌现代农业园区

甘孜州泸定县食用菌现代农业园区

雅安市汉源县花椒现代农业园区

广元市昭化区猕猴桃现代农业园区

乐山市井研县柑橘现代农业园区

南充市南部县柑橘现代农业园区

眉山市青神县柑橘现代农业园区

资阳市雁江区柑橘现代农业园区

南充市仪陇县蚕桑现代农业园区

阿坝州汶川县樱桃现代农业园区

德阳市中江县中药材现代农业园区

政策法规选编

四川省人民政府关于推进“5+1”产业金融体系建设的意见

川府发〔2019〕2号

各市(州)人民政府，省政府各部门、各直属机构，有关单位：

为深入贯彻《中共四川省委 四川省人民政府关于加快构建“5+1”现代产业体系推动工业高质量发展的意见》，促进产业与金融相互融合、互动发展、共创价值，提高金融服务实体经济的能力，积极构建与全省“5+1”产业高质量发展相适应的产业金融体系，特制定本意见。

一、总体要求

（一）指导思想。坚持以习近平新时代中国特色社会主义思想为指导，全面贯彻党的十九大精神，深入学习贯彻习近平总书记对四川工作系列重要指示精神，认真落实省委十一届三次、四次全会部署，紧紧围绕构建“5+1”现代产业体系，以推动经济高质量发展为目标，以金融支持先进制造强省建设为导向，以推进产业金融创新发展为路径，按照政府引导、政策激励，聚焦产业、突出重点，整合资源、共创价值，统筹谋划、联动推进，防控风险、积极创新的原则，构建高效、精准的产业金融生态，加快建设实体经济、科技创新、现代金融、人力资源协同发展的现代产业体系。

（二）总体目标。用5年时间，基本建成功能完备、高效精准、风险可控的产业金融体系，金融服务“5+1”产业发展的质量和效率进一步提升，全省“5+1”产业规模不断扩大，产业结构、区域布局更趋合理完善，形成产业与金融相互融合、互动发展、共创价值的良好格局。到2022年，以“5+1”产业为引领的规模以上工业增加值年均增长8%左右；全省工业融资规模由1万亿元增长到1.5万亿元，工业直接融资占工业融资规模的比重力争达到15%，工业企业信贷融资占全行业企业信贷融资比重与经济发展结构相适应；带动实现全社会技改投资累计达到3万亿元，工业投资累计突破4万亿元；5个万亿产业的总规模超过6.2万亿元，数字经济规模突破2万亿元，以“5+1”产业为带动的现代产业体系基本形成。

二、主要任务

（三）围绕产业发展整合金融资源。聚焦发展优势产业。引导金融资源聚焦我省“5+1”产业，支持电子信息、装备制造、食品饮料、先进材料、能源化工五大万亿级支柱产业，大力发展大数据、5G、人工智能等数字经济，根据产业属性、发展阶段和多样化需求开展多元化金融服务，重点支持产业发展关键领域和薄弱环节，促进产业结构优化和企业转型升级。（责任单位：经济和信息化厅、省发展改革委、科技厅、省地方金融监管局、人行成都分行、四川银保监局、四川证监局。列首位的为牵头单位，下同）

引领区域产业协同。围绕产业布局组织金融活动，加强项目组织、优化资源配置、推进区域协调，构建支撑“一干多支、五区协同”区域发展新格局的产业金融布局。围绕支持成都打造具有国际竞争力的现代产业体系和产业生态圈，开展产业金融创新示范。围绕支持环成都经济圈加快建设全国重要的先进制造业基地，为高端制造提供优质金融服务。围绕支持川南经济区加快老工业基地调整改造和传统产业改造升级，加大金融支持。围绕支持川东北经济区加快特色资源开发利用及承接产业转移，提升金融综合服务质效。围绕支持攀西经济区深入推进攀西战略资源创新开发试验区建设，引导金融助力战略资源创新开发。围绕支持川西北生态示范区加快建设国家级清洁能源基地，开展绿色金融特色服务。（责任单位：经济和信息化厅、省发展改革委）

服务乡村产业振兴。推动金融资源向农产品加工园区汇聚，着力打造一批省级农产品加工示范园区。用好货币信贷政策工具和大数据监测分析系统，引导金融机构对接农产品加工园区金融需求，做好乡村产业振兴融资对接和金融服务监测。（责任单位：经济和信息化厅、省地方金融监管局、人行成都分行、四川银保监局）

支持产业“走出去”。抢抓“一带一路”国家战略发展机遇，为“四川造”海外布局提供金融支持。引导金融机构综合运用国际结算、贸易融资、外汇保函、银团贷款等，为企业深化国际产能合作提供多元化金融服务。促进跨境贸易和投融资便利化，推进以跨境投融资、跨境结算为重点的改革创新。支持符合条件的企业在境外市场募集资金，拓宽境外融资渠道。推进跨区域产业金融合作，助推产业跨区域发展。（责任单位：省发展改革委，经济和信息化厅、商务厅、省国资委、省地方金融监管局、人行成都分行、四川银保监局）

拓展产业链金融。实施更精准的产业发展引导和差异化支持政策，推进产业建链、延链、补链、强链。探索产业链融资模式创新，鼓励金融机构、产业链核心企业等建立产业链金融服务平台，为上下游企业提供高效便捷融资支持。推动应收账款融资提质扩面，稳步推广以核心企业带动为特点的应收账款融资“长虹模式”，力争到2022年累计新增应收账款融资5000亿元。（责任单位：经济和信息化厅、省发展改革委、财政厅、省国资委、人行成都分行）

鼓励地方创新示范。鼓励各地培育壮大地方法人金融机构，以产融合作为抓手，建立区域性产业金融服务机构、园区产业金融服务中心等，为区域性产业集群协同发展提供专业化、定制化金融服务。鼓励自由贸易试验区、军民融合示范区等引领金融领域改革创新。探索中小微企业信用评级和名单制管理，支持各地完善应急转贷机制、贷款风险补偿机制、担保（保险）风险分担机制等，推动信用贷款、无还本续贷、循环贷款等政策实施，探索形成产业特色突出、金融服务精准的模式路径。（责任单位：经济和信息化厅、财政厅、商务厅、省地方金融监管局、人行成都分行、四川银保监局、四川证监局）

（四）围绕产业发展完善金融服务。创新金融产品服务。推动金融机构开发新产品、开拓新业务，加强对产业重点领域和薄弱环节的服务。大力发展绿色信贷、绿色债券等金融产品。鼓励金融机构通过设立专业支行、特色支行、产业金融服务中心（事业部）等，实行差异化指标体系管理，建立审批“绿色通道”。组织“产业金融创新示范产品（服务）”评选，推动新产品研发、应用和市场推广。积极争取金融新产品、新业务、新模式优先在四川市场探索、应用和推广。根据国家统一安排开展投贷联动试点，鼓励银行与外部投资公司、各类基金开展合作，利用信贷、债券、基金、保险、租赁等多种产品组合，为产业提供集成化的金融整体解决方案。（责任单位：省地方金融监管局，省发展改革委、经济和信息化厅、财政厅、生态环境厅、商务厅、人行成都分行、四川银保监局、四川证监局）

用好要素交易市场。推进国有产权、知识产权、环境权益等交易市场建设，完善区域性股权融资平台，支持创新型、科技型、成长型企业挂牌、融资。支持天府（四川）联合股权交易中心在重点产业发展区域设立服务分支机构，拓展“军民融合”“一带一路”“科技金融”“双创企业”等特色业务板块。（责任单位：省地方金融监管局，经济和信息化厅、科技厅、省国资委）

发挥龙头企业在产业金融中的核心作用。在防范风险前提下，鼓励符合条件的龙头企业带动产业与金融融合发展，将金融打造为推动产业和企业发展的核心竞争力。鼓励国有企业依法合规开展产业投融资、园区建设运营、孵化创新平台等产业金融一体化服务，充分发挥国有企业在经济社会发展中的主力军作用。（责任单位：经济和信息化厅，省国资委、省地方金融监管局、人行成都分行、四川银保监局、四川证监局）

发挥保险市场作用。进一步完善产业保险体系，加快发展科技保险、责任保险、信用保证保险等业务。调整完善四川省首台套首批次首版次保险补偿机制试点政策，扩大保险补偿支持范围。按规定在高风险领域建立环境污染强制责任保险。大力推进险资入川，通过债券、股权、基金、资产支持计划等形式，为产业转型发展提供更加有力的资金保障。（责任单位：四川银保监局，经济和信息化厅、财政厅、生态环境厅）

推进金融科技发展。积极发展数字经济、智能经济、分享经济等新经济，培育一批网络经济、数字经济独角兽企业，打造天府数字经济产业聚集区。推动金融与科技深度融合，引导金融机构充分运用大数据、云计算、人工智能等金融科技，创新金融行业信用风险管理模式，拓展金融服务应用场景和领域，提高金融服务效率。（责任单位：经济和信息化厅，省发展改革委、科技厅、人行成都分行、四川银保监局、四川证监局）

（五）围绕产业发展优化融资结构。推动重点企业改制重组。推进全省规模以上工业企业规范化公司制改制，建立现代企业制度。以省属国有上市公司为重点，推动上市公司兼并重组，鼓励具备条件的企业开展海外并购。支持设立四川国企改革ETF基金（华夏中证四川国企改革交易型开放式指数证券投资基金），打造深化国企改革样本。（责任单位：经济和信息化厅，省国资委、省地方金融监管局）

培育优势企业上市融资。大力开展企业上市梯度培育，支持更多企业通过主板、中小板、创业板、“新三板”、天府（四川）联合股权交易中心开展直接融资，促进企业发展壮大。用好贫困地区企业、独角兽企业上市融资“绿色通道”，加快重点企业上市步伐。到2022年末，力争沪深上市工业企业累计达到120家，上市企业空白市（州）实现零的突破。（责任单位：省地方金融监管局，省发展改革委、经济和信息化厅、四川证监局）

鼓励创投助力小微企业。培育服务产业发展的优质私募基金，鼓励各类创业投资机构加大对种子期、初创期创新型企业投资力度。通过提供企业管理、商业咨询、财务顾问等多元化服务，加快创新型企业从科技研发到商业推广的成长历程。支持符合条件的创业投资企业、股权投资企业等发行企业债券，促进创新型、创业型小微企业发展。（责任单位：经济和信息化厅，省发展改革委、科技厅、省国资委、省地方金融监管局、四川证监局）

扩大企业债券融资规模。鼓励符合条件的企业发行债券融资，力争每年50%以上省属大型国有企业（集团）、各市（州）符合条件的企业、信用评级在AA+以上的上市公司及其大股东实施债券发行计划。（责任单位：省地方金融监管局，省发展改革委、经济和信息化厅、科技厅、省国资委、人行成都分行、四川证监局）

加强民间资本投资引导。进一步放开民间投资市场准入，拓宽民间投资领域，改善民间投资环境，激发企业投资活力。鼓励外资、民间投资等社会资本优先投向符合布局优化要求的产业项目。推动私募基金发展，鼓励民间资本参与产业投资和国有企业混合所有制改革，推动重点领域投资主体多元化。（责任单位：省发展改革委，经济和信息化厅、省国资委、四川证监局）

（六）围绕产业发展组织财政资源。发挥财政专项资金引导带动作用。整合优化产业发展专项资金，创新支持方式，落实税收优惠政策，支持产业金融加快发展。采用专项补助、融资贴息、以奖代补、保险补偿、股权投资、定向财力转移支付等方式，重点加强对五大万亿级支柱产业和数字经济的支持。（责任单位：财政厅，经济和信息化厅）

强化财金互动政策激励。落实新增客户首贷奖补、支农支小贷款奖补、实体企业贷款风险补贴、小微企业贷款风险补贴、融资担保代偿分担、直接融资奖补等财政金融互动政策，引导金融资源向重点产业聚集，引导金融机构扩大增量服务、释放存量资源，提高金融服务精准度，促进产业优化融资结构、提升发展质效。（责任单位：财政厅，经济和信息化厅、人行成都分行）

撬动基金投资重点领域。统筹产业基金支持方向，重点支持产业发展布局、工业强基工程关键领域和薄弱环节。发挥政府产业基金示范作用，引导社会资本投向重点产业，形成政府产业基金与商业性基金错位发展、互为补充的格局。有序推进重点行业和重点领域政府引导基金设立，探索省级基金间、省市基金间的协同运作方式。科学规范产业基金投资行为，完善基金绩效评估、考核激励和风险分担机制，建立基金管理运作容错机制。（责任单位：经济和信息化厅，省发展改革委、科技厅、财政厅、省国资委）

（七）围绕产业发展营造金融环境。夯实完善服务平台。整合产业、金融、政策信息资源，构建政府引导、社会参与的产业金融服务体系。推广“盈创动力”金融服务模式，鼓励社会组织和第三方投融资机构打造“一站式”金融服务平台，提供纵向覆盖省市县、横向覆盖多产业的中小企业全生命周期金融服务。引导市（州）、县（市、区）和各类产业园区开展多形式产业与金融常态化对接，促进供需双方高效互动、合作共赢。（责任单位：经济和信息化厅，省发展改革委、科技厅、财政厅、商务厅、省国资委、省地方金融监管局、人行成都分行、四川银保监局、四川证监局）

完善信用体系建设。做好企业信用信息归集和整理工作，与省社会信用信息平台相衔接，构建数字信用平台，鼓励第三方机构根据企业资质许可、质检、奖惩、诉讼、纳税、生态环境等开展企业信用评级。探索开展“信易贷”工作，建立健全信用信息共享共用、风险共担、安全保护机制。完善融资增信服务体系，引导再担保机构与政府性融资担保机构深入合作，通过再担保增信、分险等形式，为中小微企业融资提供服务。（责任单位：省发展改革委，经济和信息化厅、生态环境厅、人行成都分行）

提升企业融资能力。实施“小微企业融资能力提升专项行动”，提高企业资金管理水平和风险防控能力。开展送服务到企业活动，帮助企业深入挖掘银行保理、承兑汇票、应收账款、仓单、履约保函、信用证、知识产权、碳排放权、排污权、机器设备等融资资源，提升融资可获得性。帮助企业拓宽增信渠道，整合企业水、电、气、税费、社保等缴纳信息，提升企业融资信用。（责任单位：经济和信息化厅，科技厅、生态环境厅、省国资委、省地方金融监管局）

筑牢风险防控底线。构建政府主导、部门协作、社会力量参与的市场化风险防范和处置机制，依法合规、积极稳妥推进产业金融工作，坚决守住不发生系统性、区域性金融风险的底线。积极稳妥降低企业杠杆率和负债水平，有效防范和化解企业经营风险。鼓励和引导金融资产管理公司积极参与不良资产处置工作，稳妥处置“僵尸企业”和过度负债，支持企业开展市场化债转股。坚持金融机构独立审核、自主决策、自担风险的原则，注重从源头把控风险，防止多头授信、过度授信。及时发布失信主体“黑名单”，防范企业逃废债务、虚假诈骗融资等失信行为。加强金融监管技术支撑，防范可能存在的信息安全及金融风险。（责

任单位：省地方金融监管局、省发展改革委、经济和信息化厅、科技厅、省国资委、人行成都分行、四川银保监局、四川证监局）

三、保障措施

（八）强化组织领导。建立四川省“5+1”产业金融推进工作部门联席会议制度，由经济和信息化厅牵头，省直相关部门、金融监管机构为成员单位，研究推进全省产业金融工作，推动意见实施和相关政策落实。

（九）完善统计监测。建立产业和金融部门统计协调机制，加强数据联动和信息共享，构建总量与结构、数量与质效、存量与增量相结合的产业金融统计框架。加强经济运行监测预警，提升产业发展综合研判水平，促进企业技术进步、行业供需衔接和产业优化发展。

（十）抓好督促落实。各地各有关部门（单位）要研究制定具体工作措施，明确责任分工，逐项、逐年分解任务，把工作落到实处。联席会议办公室定期召开工作推进会议，根据工作需要，制定专项工作安排，督促检查重要工作落实情况。

四川省人民政府

2019年1月3日

四川省人民政府
关于加快推进农业机械化和农机装备产业转型升级的实施意见

川府发〔2019〕24号

各市（州）人民政府，省政府各部门、各直属机构，有关单位：

为贯彻落实《国务院关于加快推进农业机械化和农机装备产业转型升级的指导意见》（国发〔2018〕42号），推动全省农业机械化和农机装备产业转型升级，结合我省实际，制定本实施意见。

一、发展目标

到2020年，全省农机装备产业科技创新能力持续提升，十大“川字号”产业耕种收等环节机械化短板加快补齐，农机作业“宜机化”条件加快改善，农机推广和社会化服务领域加快拓展，农机使用效率进一步提高。全省农机总动力超过4800万千瓦，主要农作物耕种收综合机械化率达到63%，大宗经济作物全程机械化生产体系基本建立，设施农业、畜牧养殖、水产养殖和农产品初加工机械化取得突破。

到2025年，适应农业农村现代化需要的农机装备产品和技术供给基本满足，全省主要农作物耕种收综合机械化率达到70%以上，其中丘陵山区达到55%以上。薄弱环节机械化全面突破，其中马铃薯种植、收获机械化率均达到45%，油菜种植、收获机械化率分别达到50%和60%。现代农业机械化、智能化、数字化装备水平持续提高。

二、加快推动农机装备产业高质量发展

（一）提升农机装备产业创新能力。支持农机科研院所、高校、农机企业和农机合作社等强化合作，共同组建农机装备制造产业联盟，联合建设农机装备工程技术（研究）中心、重点实验室等协同创新平台，共同建立农机装备产业发展项目库。省直有关部门根据实际情况设立相应农机装备产业发展专项资金，重点支持农业“10+3”产业体系缺门断档现代农机装备研发。在重点新产品研发补贴、首台（套）认定及市场化应用补助、重点研发和科技成果转化等计划中，加大对农机装备新技术和新产品研发的支持力度。利用省级工业发展资金、财政支农资金，支持高校、科研院所和企业实施智能农机装备创新赶超工程。（经济和信息化厅、科技厅、财政厅、农业农村厅等负责。列首位的为牵头单位，下同）

（二）推动农机装备全产业链协同发展。支持农机装备产业链上下游企业间协同攻克基础材料、基础工艺、电子信息等“卡脖子”问题。鼓励零部件企业与整机企业建立成本共担、利益共享的新型合作机制，开展核心零部件研发，加快关键技术产业化。加快构建农机装备制造、科研、销售、应用、维修、培训全产业链体系，重点建设四川省现代农机产业园区（新都）。建立健全现代农机流通体系和售后服务网络，创新现代农机服务模式。到2025年，全省现代农业装备全产业链产值突破1000亿元、农机流通服务龙头企业产值达到100亿元。（经济和信息化厅、农业农村厅、商务厅、科技厅等负责）

（三）支持农机装备产业做优做强。将农机装备制造纳入《“四川制造”品牌提升三年行动计划(2019—2021)》，支持中小企业向“专精特新”方向发展，培育一批农机行业“单项冠军”和“小巨人”企业。吸引具有国际国内技术领先优势的企业入驻四川，打造“四川造”农机品牌。鼓励先进农机装备企业实施“走出去”战略，落实出口退税政策。鼓励开展农机装备展览、成果推介等活动。开展农机产品质量监督抽查，推进检验检测机构事中事后监管系统建设，提升省级农机试验鉴定实验室试验鉴定能力。督促农机装备行业大力开展诚信自律行动和质量提升行动，开展增品种、提品质、创品牌“三品”专项行动。（经济和信息化厅、省市场监管局、农业农村厅等负责）

三、着力推进农业生产全程全面机械化

（四）增强十大“川字号”产业装备供给能力。开展十大“川字号”产业农机装备需求调查，编制农业“10+3”产业体系农机技术与装备支持推广目录，重点研制引进推广粮油机播（收）、果茶椒采摘、精准施药、水肥一体化、蔬菜药材栽植和收获、畜牧水产养殖精准饲喂、环境控制、粪污综合利用、林竹采伐、农产品初加工和储藏冷链、设施农业工厂化育苗、智能调控和信息化管理等急需装备技术，优先列入国家购机补贴范围，做到“应补尽补、敞开补贴”；对薄弱环节机具在政策限额内实行上限补贴。（农业农村厅、经济和信息化厅、科技厅等负责）

（五）开展全程全面机械化示范行动。聚焦十大“川字号”产业，率先在国家级省级现代农业园区和农业科技园区开展全程全面机械化示范行动，着力整村整乡整县推进。在粮食生产功能区、特色农产品优势区开展主要农作物全程机械化示范县（市、区）创建行动。制定全程全面机械化示范激励办法，将符合相关要求的县（市、区）纳入相关支农项目支持范畴。将先进适用农机装备列入省级现代农业园区培育、奖励资金使用范围。到2025年，按规定创建1000亩以上全程全面机械化示范区（基地）300个、示范县（市、区）60个。（农业农村厅、

财政厅、经济和信息化厅、科技厅等负责)

(六)构建丘陵山区高效机械化生产体系。支持涉农企业、科研院所、高校建立农机农艺融合科研基地、试验场(站),开展丘陵山区农业机械化技术路线、机艺融合模式研究,优先支持涉及农机农艺融合的地方标准立项。大力推广适宜丘陵山区耕地、作物和适度规模生产的中小型、轻简化农业机械。将丘陵山区机械化生产适应性作为重要指标纳入科研育种、栽培或养殖模式、产后加工、农田基本建设等工作考核体系。将农机农艺结合紧密的机型、作物品种、种植养殖和产后加工等设备及技术优先列入省级农业农村部门发布的主推技术范围。(农业农村厅、科技厅、省市场监管局等负责)

四、大力提高农机装备智能化水平

(七)开展农机装备智能化提升示范。支持研制、引进一批适用的智能化农机装备和技术,推动信息感知、互联网和智能控制等技术应用于农机装备,支持有条件的地方通过涉农资金等渠道,对农机装备配备卫星导航、作业监测等智能终端给予专项补贴。建设"互联网+农机作业"信息化平台,推广农机远程运维管理服务。将智能采收、变量施肥播种、精量植保、智慧灌溉、精准饲喂、环境调控等智能农机装备列入省级重点科研专项支持计划。在政府购买社会化服务项目中优先支持智能农机装备作业服务。(经济和信息化厅、农业农村厅、科技厅等负责)

(八)加强数字农业示范应用。制定数字农业园区建设技术规范,建设一批现代农业园区数字农业试点工程,开展物联网、大数据、遥感等技术在农业生产、管理环节的应用示范。实施"互联网+农产品"出村进城工程,开设"川字号"特色农产品馆和精品店,发展鲜活农产品直供直销、休闲农业网络营销等电商项目,扶持专业化、本土化的农业电商平台。到2025年,全省建设30～50个数字农业示范基地、20～30个农业电子商务示范企业。(农业农村厅、商务厅等负责)

五、积极开展农机化共享服务

(九)推动农机社会化服务创新。实施"引机入川"计划,免费发放跨区作业证,按规定免收跨区作业的联合收割机(包括插秧机)及其运输车辆通行费。建设一批"全程机械化+综合农事"服务中心,推广运用农机应用程序(APP)、农机跨区作业平台,推广应用网络订单作业服务和新技术新装备。落实农业保险、信贷担保、融资租赁等政策,扶持发展农机合作社、农机大户、农机作业公司等新型农机服务主体。通过政府购买服务、财政支农项目等,支持农机合作社开展订单作业、全程托管服务。到2025年,建成"全程机械化+综合农事"综合服务中心100个。(农业农村厅、交通运输厅、自然资源厅等负责)

(十)提升农机公共服务能力。推进农机安全监管"放管服"改革,按规定开展"平安农机"创建活动。优化农机鉴定程序,实施新产品、首台(套)等适用性农机产品专项鉴定,提高农机公益性试验鉴定能力。建立健全农机化发展统计、评价指标体系,加强农业机械化行业发展监测工作。强化农机维修网点建设,鼓励有条件地区将农机维修纳入政府购买服务内容。健全县乡农机推广机构,配齐配强农机推广人员,提升农机推广服务能力。到2025年,按规定创建全国"平安农机"示范县(市、区)20个。(农业农村厅、省委编办等负责)

六、持续改善农机作业基础条件

(十一)改善农机作业基础条件。将"宜机化"纳入高标准农田建设、农村土地整治重要内容,制修订相关制度、标准、规范和实施细则。整合涉农项目资金支持丘陵地区开展农机生产道路建设,切实解决农机下田"最后一公里"问题。合理布局农机具存放和维修、农作物育秧育苗、农产品产地烘干存储及初加工等农机作业服务配套设施。将晒场、烘干、机具库棚等配套设施纳入高标准农田建设范围。在年度建设用地指标中,优先安排新型农业经营主体配套设施建设用地。到2025年,高标准农田、现代农业园区农机通达率达到95%以上。(农业农村厅、自然资源厅、财政厅等负责)

(十二)推动农村机电提灌站建设。落实丘陵山区农村机电提灌发展规划,推进沿江、沿河、沿湖机电提灌站建设和老旧提灌站更新改造。加强新能源、新技术、新材料和新设备应用,在干热河谷地区、太阳能资源丰富地区重点推动太阳能提灌设施建设。开展提灌设施标准化、智能化、信息化示范建设,大力推广滴灌、喷灌、微灌等节水灌溉设施设备,重点推进智慧灌溉落地现代农业园区。到2025年,新建改造提灌站15000座,保障常年机电灌溉能力2000万亩。(农业农村厅、财政厅、水利厅等负责)

七、积极落实扶持政策

(十三)创新完善农机购置补贴政策。鼓励开展农机化发展综合奖补、新产品补贴试点,对新型经营主体开展薄弱环节机械化作业给予补贴。对购置或租赁大中型、高性能农业机械的农业生产主体给予贷款贴息或融资租赁补助。对国外引进的先进适用农机技术和装备,同等享受国内购机补贴政策。积极推动农机报废更新补贴工作。鼓励具备条件的地方,对大马力、复合型、高性能以及适合丘陵山地的农业机械等实行累加补贴。推广使用补贴机具二维码管理、手机APP申请和审核、物联网监控"三合一"平台,优化补贴政策便民利民措施。(农业农村厅、财政厅、四川银保监局等负责)

(十四)加大财税金融支持力度。用好省级财政现代农业发展项目政策,支持开展农机科技创新攻关、全程全面机械化示范、农机装备智能化提升示范、农机推广服务、数字化示范应用、农机作业基础条件建设等。加大县级涉农资金整合力度,将农机化发展纳入乡村振兴农业产业发展贷款风险补偿金政策支持范畴。按国家规定落实农机融资租赁服务、农业机械耕作服务增值税优惠,企业从事农机作业和维修服务所得免征企业所得税等政策。引导金融机构加大农机装备制造企业、农机新型服务主体信贷投放力度,开展农机装备抵押贷款、融资租赁和信贷担保服务。鼓励有条件的市县选择重点农机品种,支持开展农机保险。(财政厅、四川省税务局、四川银保监局、农业农村厅等负责)

八、加强人才培养和组织领导

(十五)注重农机人才培养。支持省内高校加强农业工程学科、专业建设,扩大农业工程类专科生、本科生、研究生培养规模,开展农业工程领域本、专科人才培养模式改革,支持农业工程类专业实施"卓越人才教育培养计划",建设一流专业。鼓励农机高端人才国际交流合作,支持农机专业人才出国留学、联合培养。通过政府购买服务、统筹用好涉农项目政策等方式支持农机生产企业专业技术人员的岗位培训,培养"农机工匠",支持新型职业农民农机操作维修技能培训,遴选和培养一大批"农机标兵"。鼓励大中专毕业生、退伍军人、科技人员等返乡下乡创办领办新型农机服务组织,打造一支懂农业、爱农村、爱农民的一线农机人才队伍。(教育厅、人力资源社会保障厅、农业农村厅等负责)

(十六)建立健全组织实施机制。建立农业农村厅、经济和信息化厅牵头的省农业机械化发展协调推进机制,统筹协调农业机械化和农机装备产业发展工作。完善粮食安全省长责任制等政府目标考核中的农业机械化内容,落实部门责任,加强经费保障,强化工作推动。各市(州)人民政府要将加快推进农业机械化和农机装备产业转型升级作为推进农业农村现代化的重要内容,纳入本地区经济社会发展规划和议事日程。按规定表彰农业机械化先进县。(各市〔州〕人民政府、人力资源社会保障厅、省粮食和储备局、省委农办等负责)

本实施意见自发布之日起施行,《四川省人民政府关于促进农业机械化和农机工业又好又快发展的实施意见》(川府发〔2011〕7号)同时废止。

四川省人民政府

2019年9月2日

四川省人民政府办公厅
关于加强古镇古村落古民居保护工作的意见

川办发〔2019〕36号

各市(州)人民政府,省政府有关部门、有关直属机构,有关单位:

古镇古村落又称历史文化名镇名村和传统村落,是指历史文物丰富、历史建筑成片、保留传统格局风貌的镇和村,具有重要的历史地位。古民居是指具有一定保护价值,能够反映历史风貌和地方特色,未公布为文物保护单位或历史建筑的民居。古镇古村落古民居是美丽"乡愁"的重要载体,凝聚了中华民族的精神、理念和智慧。加强古镇古村落古民居保护,对于传承中华优秀传统文化,推动乡村振兴具有十分重要的意义。为进一步加强全省古镇古村落古民居保护,传承优秀传统文化,经省政府同意,现提出如下意见。

一、总体要求

(一)指导思想。以习近平新时代中国特色社会主义思想为指导,全面贯彻党的十九大精神和习近平总书记对四川工作系列重要指示精神,认真落实省委十一届三次、四次全会部署,坚持活态保护和创新发展,以传承乡土文化、彰显巴蜀特色、促进利用发展为方向,加大古镇古村落古民居保护力度,切实让古镇古村落古民居成为"乡愁"守望地。

(二)基本原则。

——保护优先,统筹利用。坚持保护为主、合理利用、加强管理的原则,健全完善保护体系,适度发展特色产业,严禁大拆大建和破坏性开发建设,系统保护古镇古村落古民居历史文化遗存的真实性、完整性和可持续性。

——改善环境,有机更新。延续和恢复古镇古村落古民居原有格局和风貌特征,大力提升人居环境水平,合理改善传统建筑内部设施和外部条件,满足居民现代生活需求。

——活态传承,突出特色。大力引导原住民和社会各方力量共同参与,加强非物质文化保护传承,将文化的传承、展示与特色塑造融入古镇古村落古民居保护利用全过程。

(三)总体目标。到2025年,全省古镇古村落古民居统一实施建档挂牌保护,培育创建"最美古镇"20个、"最美古村落"100个,建立健全适宜新时代保护与发展需要的技术体系和管理体系,进一步彰显古镇古村落古民居的历史、文化和生态价值,形成全社会参与的良好态势,将古镇古村落古民居塑造成为乡村振兴的靓丽名片。

二、主要任务

(四)摸清古镇古村落古民居家底。开展全省古镇古村落古民居普查建档,全面挖掘梳理历史文物、历史建筑、传统建筑、传统文化和非物质文化遗产(以下简称非遗)等历史文化资源要素,系统研究其历史脉络、空间分布、文化价值和精神内涵。健全完善古镇古村落档案,积极将符合条件的古镇古村落申报为国家级历史文化名镇名村和传统村落,支持具有较高历史文化价值的古民居申报文物保护单位。建立"四川古民居保护名录"和档案数据库。(责任单位:住房城乡建设厅,文化和旅游厅、省文物局。排名首位的为牵头单位,下同)

(五)科学编制规划和方案。坚持原真性、整体性和系统性保护原则,开展全省古镇古村落古民居相关研究和保护规划编制工作,明确保护范围、保护要求和建设管控措施,建立规划编制与实施监管体系,并加强与国土空间规划、乡村振兴规划等衔接。加快编制修缮利用方案,科学确定重点项目、实施计划,对空间景观环境和建筑修缮利用进行详细设计。(责任单位:住房城乡建设厅,自然资源厅、农业农村厅、文化和旅游厅)

(六)加强管理和保护修缮。严格执行保护规划,加强规划实施监管,严控核心保护区域内各类建设活动,禁止拆旧建新、拆真建假,依法依规拆除核心保护区域违法违规建筑。推行"拯救老屋"行动,加快修缮有价值的古民居,恢复传统街巷院落风貌。推进古民居抗震节能改造,开展改水、改厨、改厕、改院,补齐古民居现代生活功能。积极引导社会主体和社区居民共建共管,有效降低古民居闲置空置率。(责任单位:住房城乡建设厅,农业农村厅、文化和旅游厅、省文物局)

(七)提升农房品质和乡村风貌。积极推广应用现代夯土技术,鼓励使用竹、木、砖、瓦等地方性乡土材料,推动传统工艺传承创新。创新改良建造方式,研究适宜古镇古村落特点的设计和施工方法,减少大挖大填、大机械施工对传统环境的破坏。支持依托古镇古村落古民居开展农房建设试点,编制优秀乡土建筑图集和技术指引,形成一批传承乡土文化、体现地域民族风貌、适宜现代生活需要的川派民居样本。加强对古镇古村落整体风貌的管控和恢复,积极整治背街小巷,消除私搭乱建和乱堆乱放现象,逐步恢复乡村农耕风貌与乡土气息。(责任单位:住房城乡建设厅,农业农村厅、文化和旅游厅)

(八)补齐基础设施短板。依托农村生活垃圾、污水治理和"厕所革命"、村庄清洁行动等,健全适宜古镇古村落的生活污水垃圾治理体系,系统治理周边水环境,推进水、电、路、通讯等基础设施改造升级,加强物流集散等设施建设,改善宜居宜业基础条件。推行生态透水路面,鼓励在古镇古村落内使用石板、青砖等传统路面。加强消防设施、避险疏散场地等重点防灾减灾设施建设。(责任单位:农业农村厅,生态环境厅、住房城乡建设厅、交通运输厅、水利厅、文化和旅游厅、应急厅)

(九)开展“最美古镇古村落”创建行动。在省级以上历史文化名镇名村和传统村落中,选择基础较好、保存完整、特色鲜明的一批镇村,开展“最美古镇古村落”评选和培育创建工作,不断创新古镇古村落发展动力,形成具有较高影响力和认知度的“四川最美古镇古村落”品牌。(责任单位:住房城乡建设厅,省委宣传部、财政厅、农业农村厅、文化和旅游厅)

(十)活态传承优秀传统文化。支持古镇古村落挖掘保护民间文学、民间传说、民俗节庆、传统技艺等各类非物质文化资源,加强对濒危非遗项目抢救性保护。组建非遗专家队伍,培育非遗文化传承人,支持传承人开展传承传习活动。加强镇志村史编撰整理和非遗档案管理工作,推动乡情村史陈列室、非遗传习所和乡村博物馆建设。(责任单位:文化和旅游厅,省委宣传部、农业农村厅、省广电局、省档案局、省地方志办、省文联)

(十一)促进利用发展。积极引导支持古镇古村落创新发展特色农业、文旅文创、健康养老、传统手工业等产业。大力推动文旅融合发展,打造一批主题旅游线路,促进文化旅游、演艺娱乐和艺术创意等新兴业态开发。支持一批传统村落创建国家3A级(含)以上旅游景区。推动川茶、川菜、川酒、川医、川药和巴蜀画派、蜀锦蜀绣、民族歌舞等特色文化产业扎根古镇古村落。建立健全古镇古村落产业促进机制,充分利用文化节庆活动推介四川古镇古村落特色产品与项目。(责任单位:文化和旅游厅,经济和信息化厅、农业农村厅、商务厅、省经济合作局、四川博览集团)

(十二)系统保护山水林田湖草生态环境。加强古镇古村落外部山体水系、田园风光、森林湖泊、绿化植被等方面整体保护。优先在古镇古村落周边和古民居集中区域实施退耕还林还草、天然林修复、河湖湿地水生态修复、生物多样性恢复、清洁河道行动等工程,有效修复提升古镇古村落自然生态环境品质。严禁在古镇古村落周边开山采石、伐木填湖、违法排污、倾倒垃圾。(责任单位:自然资源厅,生态环境厅、住房城乡建设厅、水利厅、农业农村厅、省林草局)

三、支持政策

(十三)强化要素保障。统筹农村人居环境整治、文物保护、传统村落、宜居乡村建设、农村危房改造等现有政策资金,支持古镇古村落古民居保护。整合相关资金和政策,对培育创建成效显著的“最美古镇古村落”进行支持,优先安排基础设施建设和产业项目。加强土地整治和城乡建设用地增减挂钩、集体经营性建设用地、农民闲置宅基地和闲置农房政策等对古镇古村落的支持力度,积极预留部分规划建设用地指标用于单独选址的展示服务、文化旅游等设施和项目建设。(责任单位:财政厅,自然资源厅、住房城乡建设厅、农业农村厅、文化和旅游厅)

(十四)健全法治基础。加大古镇古村落有关法规规章政策的制定和执行力度,加快推动四川省传统村落保护条例立法进程,不断加强文物保护执法力度。鼓励各地因地制宜,出台地方保护政策。鼓励对具有重要历史文化价值的古镇古村落制定保护管理办法。强化法治宣传教育,增强全社会的保护意识。(责任单位:住房城乡建设厅,司法厅、自然资源厅、文化和旅游厅)

(十五)加强人才培训。加强乡镇文化、旅游、建设管理队伍建设,建立重心下移、力量下沉的管理体制。开展多层次多形式的文化、旅游、建设管理和古建筑修缮等培训,建设一支理念先进、业务过硬的基层保护队伍。加强古镇古村落古民居保护、文化产业运营、娱乐演艺人才招引,加大非遗传承人培养,大力培育“传统工匠”“名匠”,打造一支历史文化保护与文化产业发展人才队伍。(责任单位:住房城乡建设厅、文化和旅游厅,人力资源社会保障厅)

四、保障措施

(十六)加强组织领导。各地要加强古镇古村落古民居保护和监督管理,科学制定保护规划和修缮利用方案,有序推进各项保护工作。住房城乡建设部门要牵头会同文化和旅游、农业农村、财政、自然资源等省直有关部门,切实强化协作配合,各司其职,各尽其责,形成工作合力,推动古镇古村落古民居保护。(责任单位:各市〔州〕人民政府、住房城乡建设厅,财政厅、自然资源厅、农业农村厅、文化和旅游厅)

(十七)调动各方力量。将古镇古村落古民居保护内容纳入“村规民约”,并引导群众自觉遵守。积极拓展投融资渠道,创新金融支持手段,引导和鼓励企业、社会组织和个人通过捐资捐赠、投资、入股、租赁等方式共同参与,推动建立市场运作、多元投入的资金筹措机制。大力开展文化名人、旅游机构、规划师和建筑师等下乡行动。(责任单位:住房城乡建设厅,文化和旅游厅、农业农村厅)

(十八)营造良好氛围。综合运用电视、广播、报纸、网络、新媒体等多种渠道,开展专题宣传,加强文化展示传播,充分展示我省古镇古村落优秀传统文化魅力。加强传统文化教育,充分利用传统节日、重大历史事件和中华历史名人纪念活动,深入开展传统文化教育,支持古镇古村落建设传承传习基地。(责任单位:省委宣传部,住房城乡建设厅、农业农村厅、文化和旅游厅、省广电局、省地方志办、省文联)

四川省人民政府办公厅

2019年6月3日

编　写　组

《四川农村年鉴》省级部门编写组

单位名称	编写组组长	成　员
四川省高级人民法院	熊　焱	殷　恒　沙敞长
四川省人民检察院	余　丽	郑钰飞　刘雷霆
中共四川省委宣传部	王利华	宋文军　罗　红
中共四川省委台湾工作办公室	罗治平	刘　浩　林　萍　吴红松　陈志龙　赵少飞
中共四川省委农村工作领导小组办公室	毛业雄	李　林　王晓勇　杜　超
四川省发展和改革委员会	邓长金	田雪松　黄建军　彭成刚　李　杰　程　超　刘宏业　严　翔　宋汶庭
四川省经济和信息化厅	何开华	罗　广
四川省教育厅	谢志道	苏盐生　史燕莉
四川省科学技术厅	蔡　红	董文刚　蔡文开
四川省民族宗教事务委员会	张富国	刘向鸿　周发成　吴　军
四川省公安厅	陈　忠	吴　坤　罗　智
四川省民政厅	张晓玲	彭啸涛
四川省司法厅	王　彬	郑　涛　张筱千　周　杰　王　辉　单天乐　龙婷婷　潘传林
四川省人力资源和社会保障厅	李一漫	赵华文　曾礼勇　侯月菊
四川省自然资源厅	田　文	朱宇千　朱玥亭　李佳弋　陈爱文　彭　刚
四川省生态环境厅	王　波	李岳东　彭　勇　蒲　彬　芮永峰　王　忠　康　宁　常　青
四川省住房和城乡建设厅	杨　搏	刘宇飞　王建欣　安士龙
四川省交通运输厅	黄　丽	王　谦

续表

单位名称	编写组组长	成　　员
四川省水利厅	何　骐	王培瑾　孙晓红　蒋光雄　陆　波　张宛棠　胡京祚　周　波　冯　江　王　茜　万竹昀　向虹宇　卢燕霞
四川省商务厅	尹奇志	陈雯洁　艾明月
四川省文化和旅游厅	游　勇	李东倜　朱盈盈
四川省卫生健康委员会	赵汝鹏	赵永红　丁　波　赵晓恒　向晓莉　孙　英　王景会
四川省审计厅	康东进	吴孝良　陈良龙
四川省市场监督管理局	李　明	罗　丽
四川省体育局	杨利民	张　弦　徐庆愿　邹　魁　胡莉娟　雷　磊
四川省统计局	李兴怀	潘晓秋　曹　昊　雷　蕾
四川省扶贫开发局	唐　义	阿育木加　白　楠
四川省信访局	杨　实	冯广宇　叶旭聪
四川省地方金融监督管理局	史绍伟	王　然
四川省经济合作局	吴燕翔	李　伟
四川省林业和草原局	陈宗迁	田延方　雷付彬
四川省广播电视局	李　酌	云　鹏　王维强
四川省农业科学院	张　雄	刘永红　周评平　蒋　馨　龚一耘　杨双羽
四川省粮食和物资储备局	张丽萍	王青年　付　丹　柳　易　张　弛
四川省中医药管理局	徐　涛	廖　建　谭莉业　王　磊
四川省监狱管理局	肖乾华	苏虎彪　余智明
四川省药品监督管理局	张海峰	许　钟　柏　松　田　晶
四川省供销合作社联合社	杨武秀	陈　珉　何玮玮
中华人民共和国成都海关	潘旭东	刘　强
四川省通信管理局	贺宏亮	郭　欢
四川省气象局	陈忠明	上官昌贵　贾舒涵　冯培春　赵洋平
四川省烟草专卖局(中国烟草总公司四川省公司)	李恩华	肖　瑞　宋纪江　张羽翔　伍仁军　吴　迪　步　克　郭明全　徐忠良　杨　宇　罗柱石　何成伟　蒲　适　刘兴红
国家统计局四川调查总队	谢洪波	刘仁鹏
四川省水产局	何　强	何　川　郑华章　夏明明　任鑫汇
四川省总工会	任远明	唐东平　张　骁
共青团四川省委	任世强	刘　勇　管　雷　唐语茉　卿丹丹　田永富
四川省妇女联合会	张怀青	吴咏梅　胡　慧　包雪梅
四川省工商业联合会	袁　明	陈方国
四川省残疾人联合会	黄卫德	袁　飞　何　章
四川省关心下一代工作委员会	杨　顺	黄晨希　王　超　王武谊
中国银行保险监督管理委员会四川监管局	杨立旺	罗崇东　弓　灿　邓荥川　王会雨　庞　洁　徐长春
中国农业发展银行四川省分行	朱万权	黄　敏　李　燃
中国农业银行股份有限公司四川省分行	温学宇	陈建宏　范　君　谭　毅　朱南苗　夏　斌
四川省农村信用社联合社	艾毓斌	郭佳莲　王　龙　王方林
国网四川省电力公司	陈云辉	贺兴容　李龙江　李梓玮
中国邮政集团公司四川省分公司	程　伟	钟　劲　赖煜寰
四川省自然资源科学研究院	谭小琴	项　丽

《四川农村年鉴》市（州）编写组

城　　市	编写组组长	成　　员
成都市	刘旭光	张俊国　李晓东　吴　刚　郭　凯
自贡市	鲜光鹏	彭长林　曾宏伟　刘　军　李健铭　曾荣耀　朱荣新　岳顺念
攀枝花市	李仁杰	陈计全　杨明勇　沙孟旭
泸州市	薛学深	李仁军　傅浩然　赵付平　牟光彬　杨国超　刘　康　常　敏　李支勇　谭德卫　罗安平
德阳市	刘会英	毛文华　王　涛　张国际　黄　琦　屈　直　张全科　陈春平　冯　军　蔡绣鸿　叶　科　王　宏　廖立新　何升元　黄　剑　肖　静　王　宁　杨方清　唐　平　曾　蓉　谭德明　李　嵘　罗万举　潘　鹏　周　洪　张　铭　周录学　张志强　牛光炳　罗刚承
绵阳市	郑志恒	贾友忠　曾德军　熊帮照　邹　懿　刘　洋　鲁　松　刘　光　罗　英　任春红　黄祥跃　谢贵强　刘　强　李　铃　谢雪兵　陈　宁　李　兵　王　强　刘　伟　何　松　何　杰　李　静
广元市	谢晓东	朱国勇　何开莉　蒲友松　蒲玉明
遂宁市	雷　云	勾中进　徐建军　裴泽敏
内江市	徐炼英	黎兆武　付海霞
乐山市	陈长明	广　兵　缪　骏　罗　宁　杨登廷　甘　麟　张　羽
南充市	沈一凡	马家斌　滕　兴　罗　荃　罗　睿　李　旭　陈玲琳
宜宾市	张　平	罗世俊　左利勇　覃鸿杰　何胜伟　吴邦玉　周川宁　何元垓　李香泉　段　翊　齐　明　杨　桦　袁西昌　熊隆芳　彭文芳　罗　强　林飞雪　朱世凯　朱建强
广安市	尹黎明	刘　健　朱小龙　龚显军　章　锋　刘代忠　李华昌　滕　忠　李唯维　李永先　许定全　宋　刚　王焕棋　李茂霞　邱春生　陈治全　唐正荣　谭纯初
达州市	王全兴	王全兴　张益海　刘　迪　王一芃
巴中市	王　毅	程　秋　王　伟　冯金光　杨志强　苟斌才
雅安市	王双全	蒲丹会　曹晓玲
眉山市	肖忠良	熊　英　罗　敏　张　刚　王建祥　胡　波　徐智勇　吴建清　赵友中　牟德明　邹成双　刘友洪　黄大贤　程志春　瞿泽林　郭建国　蔡卫东　段　超　杨德勇　王志丹　王　松　黄　勇　张　锐　肖　琳　宋麒麟　钟利东　乐　军　金中华
资阳市	赵　璞	陆明辉　唐致朋　李析芮
阿坝藏族羌族自治州	严扎甲	杨培君　马吉元　周成江　赵　怡
甘孜藏族自治州	何康林	杨　林　王朝鸣　王清强　西绕让布
凉山彝族自治州	马小合	王天成　曾　斌　崔亚波　刘　犁　周　斌　王　建　母　鑫　王开军　赵　超　刘　健

《四川农村年鉴》县（市、区）编写组

城　市	单位名称	编写组组长	成　员
成都市	锦江区	王 庆	杨 刚
	青羊区	詹 庆	王志刚 赵艳艳 李 浩 徐宝清 马 兰
	金牛区	贾迎霜	王旻轩 张 蓉
	武侯区	潘永革	孙 奇 徐敬国 伍三雄 王伦平
	成华区	韩际舒	周海云 马 智 郭 伟
	龙泉驿区	曾勇达	陈建伟 汪治宏
	青白江区	张 彬	邱方林 谢 静 王 睿 汤仕芬
	新都区	马兴华	陈 莉 王俊波 谢启强
	温江区	刘宇彤	景仁志 石秀蓉 黄凤华 王通文
	双流区	刘 伟	胡劲松 周化杰 李 云 杜贤文 骆 程 曾 琦 龙 伟 宋道亮 余昌洪 王义建 陈雯廷
	郫都区	张怀东	王成富 舒 东 尹华龙 胡 斌 范海桥 唐 梅
	都江堰市	张文斗	周 辉 何书群 周 帮 王明静 刘爱君 付岷霞 朱春蓉 兰 勇 刘 军 吴枝建 斯 灵
	彭州市	龚昌华	李世彬 张冲明
	邛崃市	代会明	曾 毅
	崇州市	欧 昭	尹念红 王成龙 郑文学 罗加勇 李 毅 黄春江 黄 建 徐 宏 张舜阳 王东红 杨成伦
	简阳市	罗 胤	吴良先 李 毅 吴 俊 张 静 王 燕
	金堂县	陈 黎	蒋增兵 陈小毅 吴文强 董玉洁 邓纯柱 王勇齐 周 垚 刘 挺 张 艺 陈 帅 陶琴君 伍家玲 王 权 王 诗 邱家凤
	大邑县	李建康	周 宇 陈建康 胡文田 蒲玉忠 林 强 徐尚义 杨 斌
	蒲江县	陈 贵	刘富程 杜如德 杨 敏 王海燕 邓 娟
	新津县	苏德付	林 静 路 微 唐 钦
自贡市	自流井区	向 军	贾小龙 胡大江 吴国富 张绍赢 易 佳 赖 斌
	贡井区	张洪涛	吴正刚 刘 勇 高学礼 曾光银 刘 利 陈 琳
	大安区	刘 勇	刘严明 刘 丹 刘华贵 代一波 詹 明 陈 平 周 平 董 顺
	沿滩区	徐浩泳	曾义刚 张 州 余大洋 黄小龙 周一明 张 英 陈 利 黄 伟 宋 潮 张 伟 陈 名 常佳丽
	荣 县	刘纯忠	朱和能 郭孝谦 易敬水 吴 舫 白 乐 朱绍先 罗晓鹏 张茂松 钟沛峰 黄 珉 祝小虎 但汉军 张丽萍 游利平 余 珊 丁自芳 杨逢明 邹华宇
	富顺县	曹友良	王揖辉 胡世刚 陈武亨 漆 敏 刘 波
攀枝花市	东 区	张 波	宋楠川 韩林霖 李 登
	西 区	龙 勇	胡昱冰 叶 勇 袁大勇 程 砾 胡彦杰
	仁和区	罗雪明	唐光辉 张 桦 赵春贵
	米易县	江 波	李维华 雷正洲
	盐边县	李晓康	贺积强 李承峻
泸州市	江阳区	夏围禄	罗 杰 李春芳 韩明波 张富钧 黄亚婷 张 俊 白连群 许云峰
	龙马潭区	徐 峰	熊兴建 贾光灿 罗安平 卢建伟 程 勇 汪 倩
	纳溪区	徐 利	谭荣兵 熊 杰 蔡宗炜 冯怀玉 雍 涛 任廷刚 徐学义 王晓兰 徐廷超 郑永贵 唐廷俊 彭取敏 杨铁森

续表1

城　市	单位名称	编写组组长	成　员
泸州市	泸县	肖刚	张文杰 先泽平 赵德伦 李清华 田伟 张怀华 罗万宣 王毅 周宇 熊霞 邱玫 曾奎 李祖菊
	合江县	胥兴贵	张毅 梁启书 程焕超 冯图 明佛辉 袁良海 赵光勇 黄亚南 李斌 姚录平 王世福 匡红兰 廖永生 匡蓉 陈勇 赵经纬 梁暇 胡方钢 李波 罗偲夏
	叙永县	童正乾	聂洪财 严萍 郑廷聪
	古蔺县	兰杰	李小波 刘定厚 刘礼伦 周怀平 祁联飞 王崇东 徐哲正
德阳市	旌阳区	袁敏	杨净 杨帆 王丽 杨昌平 何木刚 唐克斌 李丹 廖启钧 贾国兵 邱海文 石强 胡朝全
	罗江区	屈志新	唐华明 聂股 周世坤 李竞
	广汉市	梁筱萍	唐晓玮 郭邦富 瞿强 卢敏 曾义 郑杨国 贺扬 冯世伟 张路 李明惠 刘娟 罗进银
	什邡市	赖朋	彭显杰 潘玉兰 尚海 邢凯 龙顺兵 陈述荣 刘天龙 李鉴 李钰娇
	绵竹市	田竞	冷静 刘廷福 陈静
	中江县	袁海	王行之 李纯全 周适 谢颖
绵阳市	涪城区	王静	李长碧 李蔓君 马冬梅 唐怀林
	游仙区	陈华斌	林檬 刘辉 吴先强 吴波 刘晓东 张礼兴 王丽峰 李进 陈绍亮 钟加兵 叶飞 张代利 胥洪林 王斌 唐莉萍 李慧 崔婷婷 刘绍彪
	安州区	刘军	张志勇 李长青 杨言富 周鹏 潘昕 刘鹰 王博 刘明 吴敏 易木林 钟思成 王华 张诗林 王武 江媛 张淦钦 杨新民 赵宪华 邓锐 廖海婷 何静 周鹏
	江油市	李克勇	张泽民 程锦 田春燕
	梓潼县	周琳	刘强 邓志军 黄建 汪敏 王杉 张怀勇 罗彩超 罗惠元 白杨 张艺虹林 吴洁
	平武县	王春莲	王俊 陈金遥
	北川羌族自治县	陈仁毅远	蒋聪 任昭宴 杨晓坤 肖坤 淳淼 廖贵军 何浩宇 母敏
	三台县	景安荣	陈凤琼 杨红艳 杨雨凡 廖敏 秦艳月
	盐亭县	赵红军	陈江 蒲来均
广元市	利州区	李昱隆	郭祖炎 李兴鸿 张磊 李依芮 张志宏 赵德国 谢志杨 樊文强
	昭化区	陈正永	龙兆学 王静 王建 王壮 付健 王振江 邹贤良 唐勋 翟金生 田德贵 朱福旭 郑小平 梁洪波 曾彦华 吴朝波 徐国刚 张群 李松 张红 吴泽川 李建生 高桂平 张三奎
	朝天区	蔡邦银	伏玉琼 张开翅 甘兴礼 苏科年 杨金军 张久全 马天星 贾长城 王发全 杨清明 周密 郭友凤
	旺苍县	余飞宇	林佳 李斌 何家纲
	剑阁县	张世忠	范为民 张大勇 刘强 李季航 冀健华 张晓军 郑东方 袁加洪
	青川县	罗云	刘自强 李彦江 牟滓华 张文斌 罗建中 刘会方 翟文生 江永发
	苍溪县	杨祖斌	张祥 奉猛 邢小川 范毅邦 赵斌 任斌 周胜华 刘丛华 陈太栋 王纪清 温仕雄
遂宁市	船山区	黄钰	郑良 聂华 姜木 刘勇 唐欣 陈洪敏 向福连 姜黎
	安居区	余继德	唐文林 高娟
	射洪县	何小江	张朝平 杨太勇
	蓬溪县	刘定华	周刚 冯友才
	大英县	杜锐	李小龙 黄霁阳 李永顺 刘春燕 杨鹏飞 骆跃华 肖圣全 黄建 许六星 刘文志

续表 2

城　市	单位名称	编写组组长	成　员
内江市	市中区	柳永胜	粟学书　魏新征
	东兴区	罗　洁	肖　斌　李仕永
	隆昌市	梁　虹	钟　辉　苏　虎　黄汇婷　王　华
	资中县	欧明松	陈　涛　罗文超
	威远县	王学斌	夏年方　黄雨谭　闵　洁
乐山市	市中区	邓清清	赵　亮　侯　静　肖　拉　唐雯佼
	五通桥区	李　良	陈德全　张志鸿
	沙湾区	孙慧娟	王旭东　罗　勇
	金口河区	段俊辉	马　跃　石广超　杨秀英　时天云　王树琴　常　杰
	峨眉山市	吴小怡	谢建平　张永剑
	犍为县	王　勇	王永超
	井研县	刘　勇	罗　卉　李学良
	夹江县	漆　宾	胡　超　李晓英
	沐川县	余　斌	赵　星　伍　刚
	峨边彝族自治县	栗那针尔	简先林　马文富
	马边彝族自治县	沙万强	曲别曲一　立克浩茂
南充市	顺庆区	杜　彬	付德勇　杨　波　范　虎　邓丽红
	高坪区	苟小军	马长青　何　涛
	嘉陵区	史　燚	申庆超　陶　刚　严　军
	阆中市	蒋良成	邓　健　杨君文　张　清　刘　鹏
	南部县	吴　熠	李　阳　梁德华
	西充县	何德清	程忠良　程克良　梁树祥　贾常春　胥　渊　吴　鹏　罗友安　梁国才　杨　蛟　田　华　张建军　刘　欢
	仪陇县	张北平	许　轩　孙逸翔
	营山县	罗明远	陈　伟　蹇建生
	蓬安县	陈　崛	王　勇　费尚全
宜宾市	翠屏区	兰宏彬	邹　建　吴　平
	南溪区	罗春涛	谢明春　韩仕奎
	叙州区	陈良云	向　华　杨　伟
	江安县	宿　斌	王文华　李　林
	长宁县	灌　宇	陈万彬　叶雨琴
	高　县	黄修国	何　彬　詹　彬
	筠连县	李　勇	刘　伟　王化府　夏启林　唐　肃
	珙　县	徐创军	李　智　文玉川
	兴文县	石　进	赵仲康　申晓川
	屏山县	代　军	沈蜀华　彭　超
广安市	广安区	龙　涛	罗　钧　程海奎　刘　伟
	前锋区	鲁崇兵	杨东南　邹春林　吴德军　吴嘉明
	华蓥市	周其彦	王　军　贺大军　王东宁
	岳池县	莫如他	陈高林　赵　毅　范昭东　罗小萍　陈富威
	武胜县	刘　勇	段秋林　杨　姣
	邻水县	杨　成	赵宏剑　蒋明勇
达州市	通川区	覃永利	庞启来　何恩源
	达川区	向建平	张顺超　任　洪
	万源市	倪　欣	李　根　胡孝刚
	宣汉县	冯永刚	黄冬冬　张顺超
	大竹县	李志超	宁小礼　刘高鹏

续表3

城　　市	单位名称	编写组组长	成　　员
达州市	渠　县	王飞虎	徐远航　贺翔云
	开江县	周建平	黄橹洁　熊　涛
巴中市	巴州区	冯　钰	陈廷玺
	恩阳区	田　霞	侯　兵　包晓鹰　岳永国　屈富民　周峰民　杨　程
	南江县	赵燕飞	何大宏　赵卢桂　马　明　石　忠　杨雪峰　张　江
	通江县	万学成	杨　文　王青松　陈尚诗　屈天海　文显成
	平昌县	何修德	邓仕军　龚显伦　秦长斌　方　彬　韩文德　赵　君　张　明　张　娜
雅安市	雨城区	高福强	陈建伟　廖　鹏　周雅军　冯林海
	名山区	周万有	廖春雷　朱大峰
	天全县	余　力	郑胡勇　高志祥
	芦山县	周建华	杨　俊　尹　清　文光金
	宝兴县	冯俊涛	罗显泽　杨现康　文光金　张　忠　彭　伟
	荥经县	李　蓉	古玉军　晋兆平　李　力
	汉源县	郑朝彬	覃建生　李树敏　吴大斌　曾代松
	石棉县	罗　刚	张瑜锋　韩世康　宋　朝
眉山市	东坡区	王志丹	何　波　豆成杰　彭　刚　余东海
	彭山区	郭　红	王　松　张杰茜　邓文杰　赵庆晓
	仁寿县	黄　勇	赖利军　辜小洪　林　勇　范　敏　刘泽文　马　兰　郑梦秋
	洪雅县	白海涛	陈天容　张　源　余能武　伍联新　冉　锋　谢　烨　冯学东　底　抗　余　松　周建华　廖建如　黎　勇　杨林华　向永君　杜国勋　刘卫权　刘体良　韦　薇　朱　波　刘霞霞　李兴伦　董　伟　白小华　沈孝请　郑亚娟　贾　明　侯　霞
	丹棱县	肖　琳	叶晓梅　鲁　华　刘　兵　严忠池　殷　花　罗朝俊　易玉琴　徐　毅　蒋　林　顾建峰　赵　进　李光兰　陈光烨　黄建军　段　炼　彭建华　王　芳
	青神县	宋麒麟	余成昆　李春晖　胡晓玲　张　博
资阳市	雁江区	欧阳建	童利锋　岳　林　刘羽洁
	安岳县	邹武超	龙林文　彭　丹
	乐至县	管昌平	文国光　伍　辉　陈吉军　唐勇军　郭　娅　李　萍　赵剑光　罗　斌　姚书银
阿坝藏族羌族自治州	马尔康市	杨成才	吴　均　朱学军　常玉春　李联明　张智励
	汶川县	岳洪春	刘　艳　唐琼芳　吴　丽　唐金福
	理　县	岳云刚	冯丽娟
	茂　县	周　耀	钟　宇　周　斌　苏泽松　谭　平　周顺友　全学军　曾雪梅　任国华　刘光华　汪建康　雍　茂　张成定　唐莉萍　苏泽民　万力基　赵子强　胡华宇
	松潘县	华尔白	曹林志　何　雲
	九寨沟县	龚学文	尤志强　廖红成　高浩双
	金川县	卢永波	覃　旭　贺菡松　张红军　赵明垚　蒋承岑
	小金县	黄　敏	黄仁炎　吴品俊　马兴武　张　伟　王崇安　黄　河　薛劲松　袁兴露　牛显文　杨　成
	黑水县	汪　明	胥德平　董平居　任青云　何　军　王维东　方　毅　梁栎彬
	壤塘县	王志蓉	刘　玲　李　玮

续表4

城　市	单位名称	编写组组长	成　员
阿坝藏族羌族自治州	阿坝县	杨　斌	温朝平　王昌建　范文辉　马顺兴　赵　林　吴　麟
	若尔盖县	孙玉波	蒋祖建
	红原县	蒋明平	袁友兴　贡波华清　蒲娟娟　唐月华　冯忠武　冯　澜　鲍　莉　邓仕强
甘孜藏族自治州	康定市	邓立军	甲　么　杨　恒　杨国勇
	泸定县	王　蕾	甲足约呷　杨　莉　秦　建　万俊蓉　王　云
	丹巴县	何文才	王　俊　谢德刚
	九龙县	宋晓军	牟晓光　马文才　杨　勇　郭玉成　强文杰　杨永建　袁　玲　李元富　程　瑜
	雅江县	刘宗建	郑瑞源　刘迪娃　周晋康　杨明珠
	道孚县	扎　多	丹巴多吉　彪青多吉
	炉霍县	巴　登	赵　晶　杜　梅　黄　琳
	甘孜县	龙明阿真	仁青彭措　郑富明　余兰英
	新龙县	多吉格西	银　虹　杨　梅
	德格县	黄　杰	泽翁罗布　李洪俊　毕代刚　游　科
	白玉县	马春林	任志刚　张　杰　李忠文　杨长命
	石渠县	王朝伟	廖华远
	色达县	王东升	罗　布　殷志勇　志　玛
	理塘县	郑显峰	夏进孟　马新平　向　阳　俄　扎　王小明　达　瓦　周　冰　郭长生　胡文太　唐于峰　铁　民　廖　忠　雷红生　翁　登　格　绒　王建军　钮海江　孙建平
	巴塘县	张家志	珠　扎　王朝杰　格桑梅朵
	乡城县	黄　进	陈文铭　谢红军　拥　初
	稻城县	曾关和	樊玉良　思子热太　曾小平　李华竹
	得荣县	廖大洪	降巴吉村　曾明友　斯郎拉错　阿　车　阿　姆
凉山彝族自治州	西昌市	刘远清	丁　松　吴贤康　杨　梅　欧宇超
	木里藏族自治县	普　祖	张武科
	盐源县	罗科霖	冯明国　张申康　辜　红
	德昌县	李悬古	杨　晓　周　洁　陈　星
	会理县	沙正才	杨昌菊　康露曦
	会东县	刘志斌	杨自国　徐　彬
	宁南县	周　平	张正权　江农华　邹　英
	普格县	叶忠林	阿库里夫　李长生
	布拖县	向国华	姚仲华
	金阳县	毛　勇	海　波　阿力色堵
	昭觉县	王凉萍	罗　俊　吉尔史博
	喜德县	赵生亮	孙　凡
	冕宁县	赵支勇	孔庆林　黄蜀粤
	越西县	陈光平	许安友　刘潇霄
	甘洛县	王世均	蒋　雪　杨秋璇　王　冲
	美姑县	孙学元	洁　松　普　云　廖加伟　阿比阿曲　阿苦鲁清
	雷波县	宋　平	谷凉勇　胡　俊　李　灵

索 引

说 明

一、本索引按内容主题性质分类，以关键词首字按英文字母排序排列，页码后的a、b、c分别表示页面的左右栏。

二、本索引收录词条字体、字号设定和疏密安排均以方便读者查阅检索为要，欢迎读者提出宝贵意见。

T

W

X

Y

Z